江西省志

1991—2010

江西省地方志编纂委员会　编

江西人民出版社
Jiangxi People's Publishing House
全国百佳出版社

江西省地方志编纂委员会

（2018 年 9 月）

主　任	易炼红				
副主任	毛伟明	孙菊生	张小平	梅　宏	
委　员	夏克勤	张国轩	王　俊	吴永明	张和平
	杨贵平	叶仁荪	谢光华	张　强	刘金接
	朱　斌	刘三秋	张圣泽	卢天锡	王爱和
	罗小云	胡汉平	池　红	丁晓群	陈德勤
	胡立文	万庆胜	吴治云	方维华	梁　勇
	周　慧	杨志华	刘建洋	谢一平	梅　亦
	李江河	犹　瑾	于秀明	曾文明	王水平
	谢来发	王少玄	张鸿星		

（2019 年 8 月）

主　任	易炼红				
副主任	毛伟明	孙菊生	张小平	樊雅强	甘根华
委　员	杨志华	周　慧	王　俊	吴永明	夏克勤
	张国轩	张和平	叶仁荪	万广明	杨贵平
	叶国兵	刘金接	王国强	朱　斌	刘三秋
	张圣泽	陈小平	卢天锡	王爱和	罗小云
	胡汉平	刘翠兰	池　红	丁晓群	欧阳泉华
	龙卿吉	辜华荣	赵　慧	陈德勤	王福平
	万庆胜	方维华	梁　勇	胡立文	刘建洋
	谢一平	刘　锋	李江河	犹　瑾	于秀明
	曾文明	王水平	谢来发	王少玄	张鸿星

凡 例

一、本志以马克思列宁主义、毛泽东思想、邓小平理论、“三个代表”重要思想、科学发展观、习近平新时代中国特色社会主义思想为指导，坚持党的路线、方针、政策，坚持辩证唯物主义和历史唯物主义，全面系统记述江西省自然、政治、经济、文化、社会等各方面的情况。

二、本志总名《江西省志》，系首轮《江西省志》续志，由独立出版的各分志构成。各分志名称为《江西省志·××志（1991—2010）》。分志为通志的不标注断限年份。

三、本志断限。上限原则上为1991年，与首轮《江西省志》下限相衔接，纵贯详记。首轮未修志书的分志上限不限，从事物发端写起；为全面、完整、系统地记述改革开放历史进程，部分分志上限上溯至1978年。下限为2010年底。为了反映机构撤并、领导班子换届、重大工程竣工等内容的完整性，部分分志下限适当下延。各分志断限，参见各分志《编纂说明》。

四、本志基本依照行业、部门设置分志，为反映江西地方特色，将《鄱阳湖志》《景德镇陶瓷文化志》《江河志》《名山志》《山江湖工程志》《茶志》《客家志》从相关行业、部门中分离出来，成为独立设置的7部分志。

五、各分志篇目根据科学分类和社会分工相结合的原则拟定，采用章节体，运用述、记、志、传、图、表、录等7种体裁，以志为主。

六、各分志根据需要设“人物”部分，收录本行业、本部门具有重要影响和作出重大贡献的人物。人物籍贯一律标注省县（市、区）名，城区名前标注设区市名。

七、本志除设《市县概况》分志外，各分志根据需要设“设区市概况”，记述设区市范围内本行业、本部门相关内容。

八、本志一律使用规范的语体文，以第三人称记述，述而不论，寓褒贬于记述之中。

九、本志纪年，一般采用公元纪年。1912年1月1日以前的，采用历史纪年括注公元纪年；1912年1月1日至1949年9月30日根据需要括注民国纪年。

十、行文中人物的职务、职称、军衔等冠于人名之前。

十一、本志语言文字、标点符号、计量单位、数字等表述执行国家标准和相关规定。

十二、志书编纂运用的数据以政府统计部门公布的法定数据为主，专业部门数据、调查数据为辅。

十三、本志采用统计部门、档案部门及相关单位提供的资料一般不注明出处。专用名词、特定事物、外文缩写等，随文括注。

十四、本《凡例》为《江西省志》全志通用体例，各分志的特殊问题，在各分志《编纂说明》中加以说明。

江西省志

烟草志

1991—2010

江西省地方志编纂委员会 编

江西人民出版社
Jiangxi People's Publishing House
全国百佳出版社

《江西省志·烟草志》编纂委员会

（2019 年 6 月）

主　　任	王劲栋	温东奇			
常务副主任	胡义强	王迪汗			
副 主 任	徐素珍	李　民	宁　伟	张胜健	赵明强
	秦日伦	罗丽珍			
委　　员	薛　平	邓俊杰	许化峰	彭曦远	周　胜
	刘　健	卓莉萍	谭　俊	袁　球	李细红
	左荣华	刘莉红	肖福元	黎茶根	凌成国
	温永新	徐明发	熊建昌	郑　鸣	涂向真
	张军莲	刘在强	旷　麟	王　健	林建伟
	肖红武	朱辉明	揭东轲	刘　辉	熊晓雯
	熊体科	余　坚	何福荣	钟海峰	刘一心
	陈　昱	廖为发	徐建春	何宽信	黄剑文
	廖新尧	刘志辉	梅丽伟	蒋　捷	冷雪静
	金　翔	章筱毛	吴　刚	赵长军	刘沪明
	张金泉	蔡继宝	李　江	付武军	胡　勇
	冯　文	熊小雄	潘　静	罗　飚	何善懋
	毛小东	华　刚			

《江西省志·烟草志》编纂办公室

（2012 年 4 月）

主　　任　陈速明（兼）

副 主 任　肖福元　张金泉

责任编辑及办公室成员：

彭中勤　王　萱　付　凯　肖茂员　施受谦

揭李文　刘宇聪　郭　磊　周平庭　夏晨娣

李前进

（2012 年 11 月）

主　　任　陈速明

副 主 任　肖福元　潘　静

责任编辑及办公室成员：

王　萱　章凤英　肖茂员　施受谦　彭中勤

揭李文　刘宇聪　郭　磊　周平庭　夏晨娣

李前进

《江西省志·烟草志（1991—2010）》编纂指导

胡瑞云　　余日蓉　　赵　岩

《江西省志·烟草志（1991—2010）》审稿人员

初　审	梅　宏	周　慧	杨志华	胡瑞云	余日蓉
	王小军	赵　岩	顾厚武	左荣华	肖福元
	何宽信	林建伟	余　坚	张　菁	
复　审	王迪汗	左荣华	何宽信	邓俊杰	梅　宏
	周　慧	杨志华	胡瑞云	余日蓉	张满满
	赵　岩				
验　收	孙菊生	樊雅强	甘根华	彭道宾	周榕芳
	王劲栋	左荣华	张　菁		

1992 年 12 月，省委书记毛致用（右二），省委副书记、省长吴官正（右一）视察南昌卷烟厂

1995 年，省委书记吴官正（左一），省委副书记、代省长舒圣佑（右二）视察江西省烟草专卖局、中国烟草总公司江西省公司

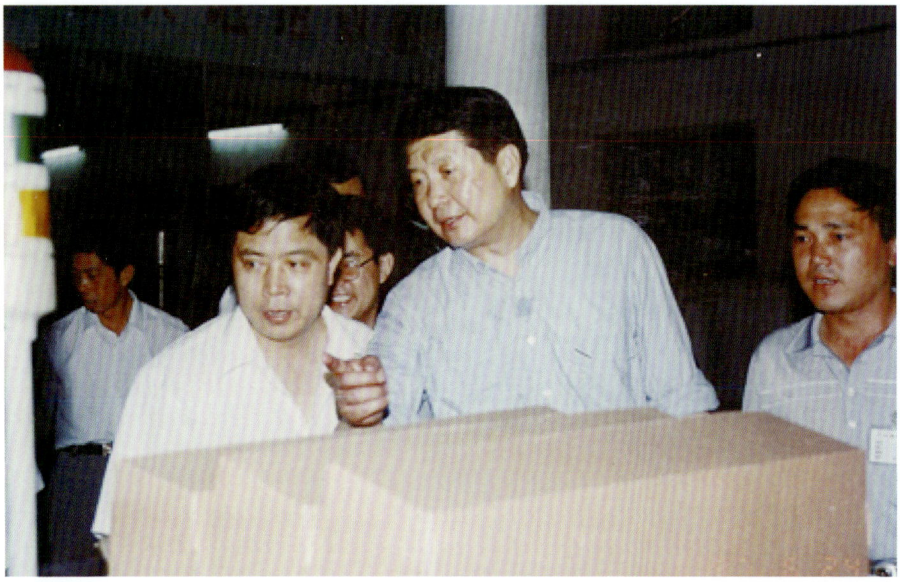

1997年6月24日，省委书记舒惠国（右二）视察广丰卷烟厂

2003年10月1日，省委副书记、省长黄智权（右一）视察南昌卷烟厂技改工地

1994年7月，省委副书记、省委政法委书记、省政协主席朱治宏（中）视察广丰卷烟厂

1999 年 7 月 1 日，省委副书记钟起煌（右）视察赣南卷烟厂

1999 年 12 月，副省长朱英培（左三）视察南昌卷烟厂

2000 年 3 月 1 日，副省长王君（右二）视察赣南卷烟厂

2001 年 12 月 25 日，省委常委、常务副省长彭宏松（前排左二）出席南昌卷烟厂“十五”易地技改项目奠基仪式

2003 年 3 月 26 日，省委常委、省委组织部部长董君舒（左二）视察广丰卷烟厂

2003 年 5 月 6 日，省委副书记、常务副省长吴新雄（前右二）视察南昌卷烟厂技改工地

2004 年 10 月 22 日，省人大常委会党组副书记、副主任钟家明（右三），副主任蒋仲平（右一），副省长凌成兴（左一）等人大代表一行 60 余人视察南昌卷烟厂技改工地

2006 年 2 月 22 日，省委副书记、省纪委书记傅克诚（前右二）视察南昌卷烟总厂

2006 年 3 月 22 日，省人大常委会副主任孙用和（左二）视察南昌卷烟总厂

2007 年 2 月 27 日，副省长洪礼和（左一）视察南昌卷烟总厂

2008 年 1 月，常务副省长凌成兴（前排中）、副省长洪礼和（前排右一）出席全省烟草工作会议

1996 年 2 月 2 日，国家烟草专卖局局长江明（前中）视察井冈山卷烟厂

1996年，国家烟草专卖局局长倪益瑾（前排中）视察江西省烟草专卖局、中国烟草总公司江西省公司

2008年7月3日，国家烟草专卖局局长姜成康（前左二）视察江西烟草烟叶生产

1993年，国家烟草专卖局副局长关政林（左二）视察赣南卷烟厂

1994年，国家烟草专卖局副局长、副总经理马尔赤（左一）视察江西烟草大厦工地

2000年5月12日，国家烟草专卖局副局长潘必兴（左二）视察赣南卷烟厂

2002年9月28日，国家烟草专卖局副局长杨传德（左一）视察南昌卷烟厂技改工地

2005年2月26日，国家烟草专卖局副局长李克明（左三）视察南昌卷烟厂

2006年5月11日，国家烟草专卖局副局长张辉（中）出席江西省卷烟打假总结表彰暨“打击制售假烟网络年”动员大会

烟叶生产

观察烟叶生长情况

大棚育苗

烟叶丰收

烟叶分级

烘烤后的烟叶

连片种植

条包输送线

烟支卷制

卷接包设备

制丝生产线

“金圣香”天然植物提取线

卷包全景

卷烟经营

电话订货呼叫中心

现代物流送货车

物流分拣线

走访客户

服务客户

销毁假冒商标卷烟场景

被查处的地下生产卷烟窝点设备

江西省烟草专卖局、江西省公安厅联合表彰打私打假先进单位和个人

执法宣传

回报社会

捐资贫困地区建学校

2005 年 6 月 15 日，南昌卷烟厂向高安市龙潭镇希望小学捐赠电脑

2007 年 12 月，江西中烟工业公司向江西省慈善总会捐赠人民币 100 万元设立“金圣学子助学基金”

2008 年 2 月 5 日，江西省烟草专卖局、中国烟草总公司江西省公司、江西中烟工业公司向江西受冰冻灾害地区捐赠 300 万元

2008 年 5 月，江西省烟草专卖局、中国烟草总公司江西省公司组织干部职工为汶川地震灾区捐款

2009年9月21日—22日，江西省烟草专卖局、中国烟草总公司江西省公司举行“责任烟草”辩论赛

2009年10月，江西省烟草专卖局、中国烟草总公司江西省公司举行第一届职工运动会

2007年10月，南昌卷烟总厂举行第三届职工运动会

2008年2月25日—28日，江西省烟草专卖局、中国烟草总公司江西省公司在南昌举行第三届文艺汇演

2000年12月18日，南昌卷烟厂举行建厂50周年文艺演出

行业荣誉

1996 年，“金圣”品牌卷烟荣获第 24 届日内瓦国际发明与新技术展览会金奖

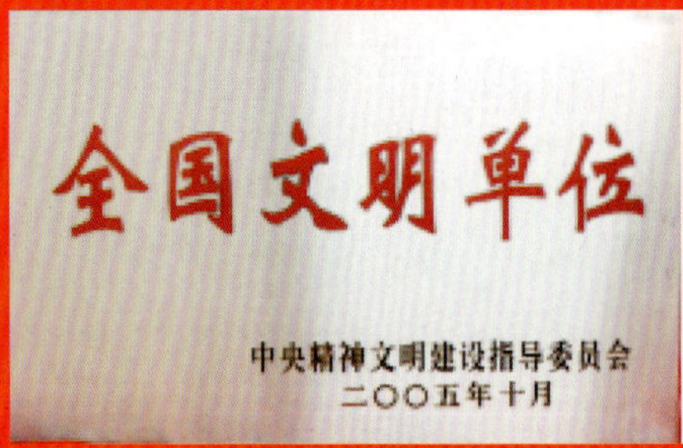

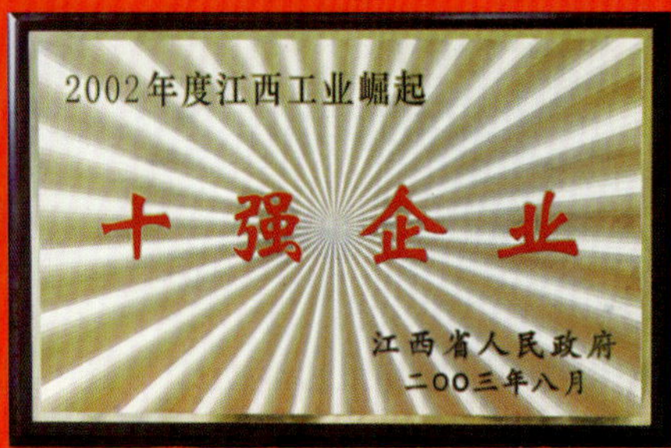

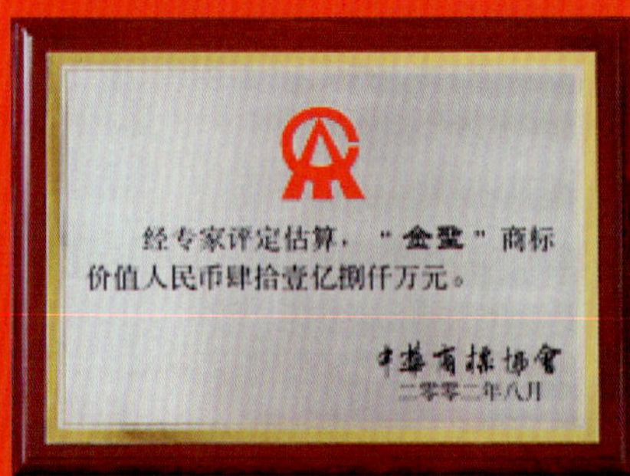

金圣（软）（南昌卷烟厂出品，1994— ）

金圣（硬）（南昌卷烟厂出品，1994— ）

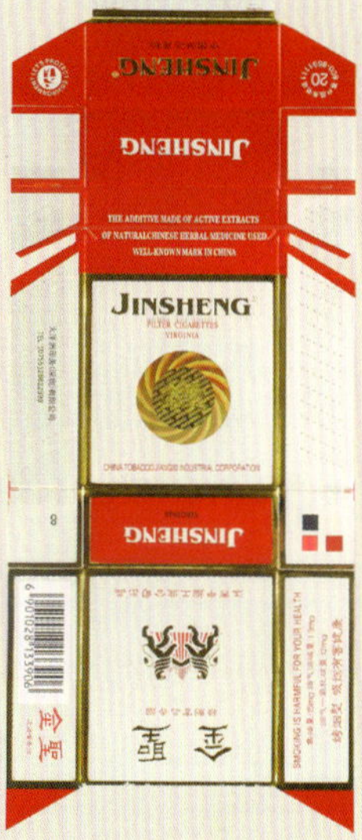

金圣（古品）（南昌卷烟厂出品，1998— ）

金圣（硬典藏）（南昌卷烟厂出品，2004— ）

金圣（盛世典藏）（南昌卷烟总厂出品，2007— ）

金圣（典藏本草香）（江西中烟工业公司出品，2009— ）

庐山（黄精品）（南昌卷烟厂出品，2004— ）

庐山（精品）（南昌卷烟厂出品，2000— ）

卷烟品牌

百花洲（赣南卷烟厂出品，1988—1999）

瓷都（赣南卷烟厂出品，1989—1999）

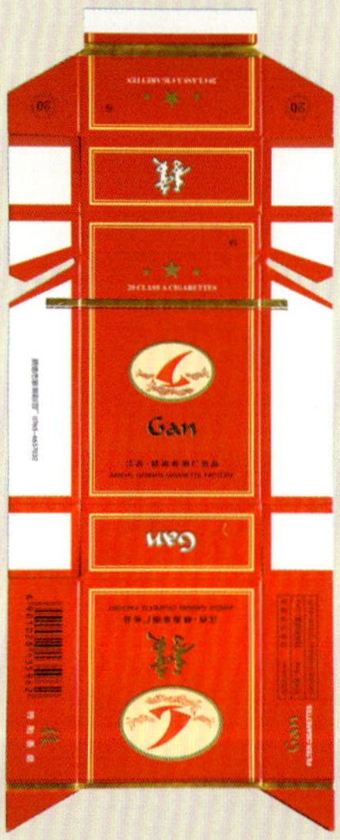

赣（赣南卷烟厂出品，1988—）

月兔（广丰卷烟厂出品，1992—）

黄洋界（井冈山卷烟厂出品，1991—2006）

井冈松（井冈山卷烟厂出品，1998—2002）

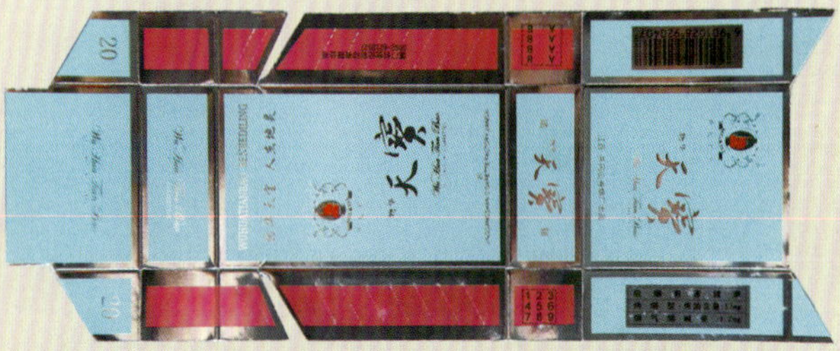

天宝（井冈山卷烟厂出品，2000—2006）

客家（兴国卷烟厂出品，1999—2005）

序

以史为鉴，可晓兴替；以志为鉴，可知兴衰。编史修志是中华民族的优良传统。20 世纪 90 年代末，第一部《江西烟草志》问世。弹指一挥，转眼廿载。2012 年 4 月，《江西省志 · 烟草志（1991—2010）》编纂工作正式启动。烟草工商通力合作，众志成城，精益求精，数易其稿，耗时八载，始成此志，可喜可贺！

1991 年至 2010 年，江西烟草经历烟草专卖管理、卷烟流通体制完善，实现了扭亏为盈、“两烟”经营税利逐年上升；经历工商分设，建立烟草工商新型合作关系，促进烟草经济支柱稳步协调发展；经历母子公司体制改革和大规模技术改造，完善了法人治理结构，实现了技术装备的脱胎换骨、生产工艺的快速进步和管理水平的不断提升，卷烟生产经营效益不断攀高。

本志书全面展现了江西烟草 1991 年至 2010 年的改革发展历程，真实反映了江西烟草人在国家烟草专卖局和中共江西省委、省政府的正确领导下，始终践行“国家利益至上，消费者利益至上”的行业共同价值观，同心同德、艰苦奋斗、锐意进取、攻坚克难，以昂扬向上的斗志、坚忍不拔的毅力、敢闯敢干的勇气和求真务实的作风，推动江西烟草经济蓬勃发展的过程。本志书的出版，是对江西烟草 20 年发展成就的一次大展示，为全社会了解江西烟草、认识江西烟草提供了翔实的参考资料，也为江西烟草把握未来发展方向提供了宝贵的历史借鉴。

自 20 世纪 80 年代组建江西烟草至今，几代烟草人经过不懈的努力和拼搏，描绘出了江西烟草宏伟壮丽的画卷，江西烟草站在了新的起点。“路漫漫其修远兮，吾将上下而求索。”江西烟草的未来，必须始终把发展作为第一要务，坚持目标引领，坚持烟草专卖制度，坚持稳中求进总基调，坚持贯彻新发展理念，勇于开拓、脚踏实地、真抓实干，主动适应经济发展新常态，不断推动高质量发展，不断开创江西烟草工作新局面，为江西经济发展继续做出更多的贡献。

我坚信，江西烟草的明天会更加美好灿烂！

2020 年 6 月 1 日

凌成兴，江西省委原常委、常务副省长，国家烟草专卖局原党组书记、局长，中国烟草总公司原总经理。

编 纂 说 明

一、本志力求全面、客观、准确地记述1991年—2010年期间江西烟草行业的改革发展状况，重在突出烟草特色，反映行业探索创新的历史进程。

二、本志以烟草事业为主线，对与主线密切相关的重要事件和主要工作内容做恰当记述。

三、本志记述的时间断限上至1991年1月始，下至2010年12月止。为保证对事物记述的完整性，个别地方做了适当往前追溯，对个别重大事件做了适当延续。

四、本志记述的地域范围为江西省，文中出现“省”“全省”字样而未注明者，均特指“江西省”。

五、本志以志为主，兼容述、记、图、表、传、录等体裁。志体采用章、节、目结构，全书共分9章56节，目以下设子目或分层次记述，主要图片置于卷首，有些图表穿插文中，力求图文并茂。

六、本志行文采用语体文、记述体和第三人称记叙，力求文风严谨、朴实、简洁、流畅、规范。同时遵循“事以类从、类为一志”和“横排门类、纵述始末”的原则编写。详记起始、变化和现状，体现行业特色和工作亮点；一般叙而不议，个别非议不可的，则力求画龙点睛，与史实记述融为一体；交叉事物非重复不可的，力求详此略彼，详略互补。

七、本志年代表述为公元纪年，凡以“年代”为时期的，均应在年代前加上20世纪或21世纪。

八、本志使用的各种称谓，包括国名、人名、地名、职务、机构、企业、产品、牌号等，均按资料原文或沿用当时称谓，在容易引起歧义之处加注说明；产品牌号名称一般不加引号。一般不使用简称。因烟草体制的特殊性，如使用简称时，“国家烟草专卖局”“中国烟草总公司”简称为“国家局”“总公司”；“江西省烟草专卖局　中国烟草总公司江西省公司”简称为“省局(公司)”，“江西省烟草专卖局”简称为“省局”；“江西中烟工业公司”和“江西中烟工业有限责任公司”简称为“江西中烟公司”；文中“江西烟草”是“江西省烟草专卖局、中国烟草总公司江西省公司、江西中烟工业公司及江西中烟工业有限责任公司”的总称。南昌、九江、上饶、抚州、宜春、赣州、吉安、景德镇、萍乡、新余、鹰潭等11个市烟草专卖局、江西省烟草公司××市公司简称为“××烟草”，如：南昌市烟草专卖局、江西省烟草公司南昌市公司简称为“南昌烟草”；江西省烟草专卖局驻南昌铁路烟草专卖局简称为“驻南铁烟草”。

九、本志计量单位，一般使用中华人民共和国成立后法定计量单位。鉴于烟草行业的特殊性，少数计量单位，如“亩”“万亩”“担”“万担”等沿用习惯用法，每担等于50千克。卷烟计量单位使用支、包、条、万支(件)、箱，凡未注明支数的箱(大箱)均为50000支装，件(小箱)均为10000支装，包或盒(合)为20支装，条为10包，即200支装。卷烟品名以注册商标为准。数字书写，执行国家有关规定。

十、本志的大事记收录，主要是在1991年—2010年期间省部级以上领导来江西烟草视察调研活动，主要领导更换情况，生产、经营、管理活动中的重要决策、重要事件、重要改革、重大举措、重大变化和重大活动情况，以及获得重要荣誉等。

十一、本志的人物收录，主要是在1991年—2010年期间获得省部级以上奖励者或被授予荣誉称号的单位和个人，副厅级以上领导干部和高级职称人员；获得国家级或国家烟草专卖局重要荣誉或国家级专利发明、出席国家重大活动的个人作人物简介，按照生年排列；厅级以上主要领导干部作简历介绍，按照任职先后排列，副厅级以上领导干部、获省部级奖励或被授予荣誉称号的单位和个人只纳入名录。

十二、本志资料来源于省局（公司）、江西中烟公司及直属单位搜集及历史档案、报刊、著作和经严格考证核实的调查访问资料，并汇集成《〈江西省志·烟草志〉资料长篇（1991—2010）》四册。志书内容除少数作说明外，一般不注明出处。

目　录

概 述

1991年至2010年,江西烟草改革发展历经1991年至1995年初步扭亏脱困,1996年至2000年良性发展,2001年至2005年跨越发展和2006年至2010年高速发展四个重要时期。江西烟草坚持烟草专卖制度,坚持规范、改革、创新,以市场化为取向,强化专卖管理,不断深化改革,着力科技创新,加强队伍建设,充分发挥全体干部职工积极性、主动性、创造性,实现了全省烟草行业持续健康发展。1991年至2010年,累计向国家上缴税金503.28亿元,上缴税后利润37.06亿元;2010年,实现税利112.32亿元,是1991年的29.84倍;上交国家税金84.83亿元,是1991年的26.04倍;总资产175.47亿元,是1991年的11.24倍。江西烟草发展质量和效益不断提高,为振兴江西经济、促进全国烟草行业持续健康发展做出了贡献。

随着1992年1月《中华人民共和国烟草专卖法》和1997年7月《中华人民共和国烟草专卖法实施条例》颁布施行,江西烟草专卖法律法规和制度体系不断健全完善。1998年8月,《江西省烟草专卖条例》颁布实施,江西烟草专卖管理和生产经营走上了法制轨道。这一时期,经国家烟草专卖局批准,成立了三家地方卷烟厂,1991年成立广丰卷烟厂、井冈山卷烟厂和赣南卷烟厂兴国卷烟分厂。进入新世纪后,江西烟草认真落实国家烟草专卖局深化行业改革的要求,积极稳妥地推进全省系统体制改革。2003年,撤销96个县级公司法人,在全国行业较早结束了撤销县级公司法人的工作。井冈山卷烟厂、兴国卷烟厂、广丰卷烟厂相继于2003年、2004年、2006年上划为中央预算内企业。2004年10月28日,江西烟草顺应行业工商管理体制改革的要求,实行工商分设,组建成立了江西中烟工业公司,主要承担烟草制品生产和销售,烟草物资、烟机零配件经营及其他相关的生产经营任务。江西中烟公司成立以后,积极推进联合重组和管理体制改革工作,2005年12月28日,南昌卷烟厂、井冈山卷烟厂、兴国卷烟厂联合重组为南昌卷烟总厂;2006年12月28日,南昌卷烟总厂与赣南卷烟厂、广丰卷烟厂再合并重组,全省卷烟工业实现"五厂合一",与江西中烟公司、中国烟草总公司构建三级母子公司体制;2007年12月28日,江西中烟公司与所属南昌卷烟总厂合并重组为一个企业法人实体,直接从事卷烟生产经营,与中国烟草总公司构建二级母子公司体制。

进入20世纪90年代,卷烟产品由卖方市场向买方市场转变。江西烟草切实贯彻国家烟草专卖局"狠抓基础,稳中求进"指导思想和"大企业、大市场、大品牌"战略构思,认真落实"一要规范、二要改革、三要创新"的工作重点,1993年提出"一年打基础,两年卸包袱,三年上台阶"的总体思路,各项工作取得突破性的进展。从1993年到1994年底,99个商业企业43个扭亏为盈,为江西烟草步入良性循环打下了坚实基础,得到国家烟草专卖局和省人民政府的嘉奖。在此基础上,1996年确立"狠抓基础、稳中求进、抓住时机、能快则快"的发展观,制定了"九五"发展思路:即突出"一条红线”(思想作风建设),推进“两个转移”(工作重心由省外烟转移到省产烟上来、经营方式由大进大出卖大户转到培育本地市场上来)、坚持“三大原则”(以市场为导向、以省产烟为重点、以效益为中心)、落实“四个大抓”(大抓工业主导环节、两个网络建设、名优烟宣传扩销和烟叶生产)、把握好“五个关系”(基础与发展、工业与商业、专卖与销售、省产烟和省外烟、直属烟厂和地方烟厂),努力实现良性循环。进入21世纪后,坚持贯彻“做精做强主业,保持平稳发展”行业经营方针,实行大企业、大市场、大品牌和深化改革、推动重组、走向联合、共同发展的发展战略,着力完善体制机制、优化资源配置、加快结构调整、全面提升水平,全面推进传统烟叶生产向现代烟草农业转变、传统烟草商业向现代卷烟流通转变、传统工厂制向现代企业制度转变,努力转变发展方式,全面建设现代烟草。2010年,坚持贯彻“卷烟上水平”行业基本方针和战略任务,制定实施方案,全面推进品牌发展、原料保障、技术创新、市场营销、基础管理上水平。

江西中烟公司自成立以后,紧紧围绕建立烟草现代企业制度和提升江西卷烟工业总体竞争实力,提出坚持“做精做优、保持特色、缩小差距、增强实力”的发展定位,坚持联合重组、品牌整合、市场创新、管理变革的工作重点。2008年,着力于体制机制改革、管理优化、品牌培育、注重创新,努力用三年时间实现金圣品牌从区域性品牌向全国性品牌的跨越、主要经济指标从低水平向达到全国平均水平的跨越。2010年,江西中烟公司提出在当前和今后一段时期全面贯彻落实烟草行业“卷烟上水平”的基本方针和战略任务,以加快发展为核心,以“两个跨越”为目标,以工作上水平为抓手,更加注重发展方式转变,更加注重提高经济运行质量和效益,做大总量,做强品牌,做实企业,努力把金圣品牌打造成定位清晰、特色明显、满足消费、持续创新的全国知名品牌,把中烟公司打造成严格规范、富有效率、充满活力的创新型企业。

二

江西烤烟种植主要分布在赣州、抚州、吉安、上饶等地区,其中上饶市于2010年不再种植烤烟。20世纪90年代初,江西烤烟种植经历几度起落后,全省烤烟生产得到快速发展。1993年,全省烤烟种植面积24.77万亩,收购47.8万担,收购的烤烟,除基本满足省产卷烟配方需要外,还有部分销往省外。进入21世纪,全省烟叶生产逐步恢复正常并步入平稳发展的轨道。2004年10月召开江西省烟叶发展战略研讨会后,江西烟叶生产有了跨越式的发展。到2008年,烟叶收购创历史新高。当年共收购烟叶86.86万担,全省平均亩产值2319元。全省烟草立足于传统农业向现代烟草农业的转变,持续推进现代烟草农业建设,适度扩大规模,着力提升质量,加强基础建设,狠抓市场开拓,烟叶发展明显加快,可持续发展能力明显增强。至2010年,全省共安排现代烟草农业试点39个,总面积2.01万亩,试点户均种植面积19.12亩。2005年至2010年,烟叶基础设施共投入6.81亿元,完成单体项目30700个,长度1913.26千米,容量12079万立方米。全省有326个种烟村完成350个重点项目建设,在抗洪救灾中发挥了积极作用,得到产区烟农和党委政府一致好评。

新中国成立以来,江西烟叶除晒烟有部分出口和销往外省外,烤烟长期要向云南、贵州、河南、山东等省购进。20世纪90年代,全省着力发展烤烟种植,走科技兴烟的道路,将烤烟种植向适宜地区集中，实行良种化、区域化、规范化的“三化”生产方针，初步形成了营养袋育苗、平衡施肥、科学烘烤、国标分级等一套技术规范。在此期间，全省推行“厂县挂钩”，派出烟叶技术干部常年驻守基地，指导烟农种植、管理、采摘、烘烤、分级和收购。21世纪初至2010年，通过特色烟叶开发和现代烟草农业建设，江西烟叶生产已步入优质高产的轨道，初步实现了由数量效益型向质量效益型的转变。江西烟叶已初步形成以石城水田为代表的清香型特色烟叶和以信丰紫色土旱地为代表的浓香型特色烟叶。

20世纪90年代，江西烤烟主要以省内销售为主，一直持续到1997年开始转变。到2010年，烟叶经营工作历经县公司经营，省、县公司二级经营，省、市公司联合经营等三个时期。2006年以后，江西烟叶以省外销售为主，主要销往红塔集团、上海集团、川渝中烟、山东中烟、福建中烟、广东中烟。特别是红塔集团2010年采购江西烟叶量近20万担，成为江西烟叶省外调拨量最大的工业公司。

为加强烟叶生产的科学技术推广和研究，1994年省局与江西农业大学密切配合，组建了江西省烟叶科学研究所。2010年江西省烟叶科学研究所选址在南昌市安石路，基本具备了烟草育种、栽培营养、生理生化、烘烤调制、质量评价及植物保护等科研条件。同时，全省加强市、县和烟叶收购站三级等级质量技术管理体系建设，加大烟叶收购等级质量的过程督查，工商交接等级合格率基本稳定。

2009年10月，江西赣南烟叶复烤有限责任公司成立，位于江西省赣州市开发区，隶属于中国烟草总公司江西省公司管理并控股，有中国烟草总公司江西省公司，江西省烟草公司赣州、抚州、吉安市公司，江西中烟、红塔烟草集团、川渝中烟、山东中烟、湖南中烟、上海烟草集团、浙江中烟、广东中烟等12家股东。

二

20世纪90年代以来，随着卷烟制造技术装备和工艺水平的显著提升以及烟草行业管理体制和生产经营模式的不断改革和调整，江西卷烟工业取得了长足的发展和进步。

原料资源供应合理配置。卷烟工业原料供应主要包括烟叶采购、烟叶基地建设、烟叶加工、烟叶储藏和运输等。20年间，江西卷烟工业原料供应经历了由各卷烟厂各自采供保管至“统购分存”的两个时期。通过不断理顺全省卷烟工业原料供应管理体制机制，至2010年，形成了江西石城县丰山、云南省曲靖市陆良县活水新台子、云南省红河州泸西县午街3个国家级烟叶基地，实现了对接金圣品牌原料需求的基地烟叶定向栽培。

辅料供应管理模式优化。江西卷烟工业辅料供应实现了由分散采购走向集中采购的转变，实行统购分存管理模式，即统一采购，多点存放，物资采购职能和保管配送职能相对分开。专卖品卷烟材料采购供应，实现了由传统订货向网上订货的转变；非专卖品卷烟材料采购供应，逐步建立完善了供应商资质认证和定期评审的动态管理机制，采购工作采取集中采购和分散采购相结合，主要采取公开招标方式。

卷烟制造水平得到提升。长期以来,江西卷烟工业的卷烟产量和制造能力与全国烟草行业先进水平相比,存在比较明显的差距。1991 年至 2004 年,全省卷烟产量增速比较缓慢,仅从 46 万箱增长到 65.2 万箱;2005 年以来,随着江西中烟公司成立、品牌发展、联合重组,卷烟产量增速提升,到 2010 年,卷烟产量达到 111.8 万箱,年均增长 9.4%。在卷烟生产组织方面,积极顺应行业生产经营管理体制变革的需要,完善生产管理流程及相关配套制度,逐步实现了对全省卷烟生产的统一安排、统一调度,生产组织水平和效率得到极大提升。在生产工艺和技术装备方面,随着卷烟生产的发展和"七五""十五"两次重大异地技术改造项目的实施,江西卷烟工业生产设备的专业化、自动化水平不断提升,卷烟制造工艺持续优化升级。至 2010 年,全省卷烟工业企业共有制丝线 5 条、卷接设备 55 台(套)、包装设备 61 台(套)、成型设备 20 台(套)。生产能力和生产工艺的提升,推动了品牌合作生产,2007 年开始作为输入方开展跨省品牌合作生产,至 2010 年,卷烟品牌合作生产单位由 1 家增加到 3 家,合作产量规模由 1.5 万箱增加到 17.8 万箱。

卷烟品牌得到整合。1991 年至 2010 年,江西卷烟工业五家卷烟厂品牌众多,但全国知名的品牌较少,一些品牌生命周期较短。据统计,20 年间 5 家卷烟厂累计生产品牌达 116 个,其中名优卷烟品牌 18 个。1992 年,南昌卷烟厂与江西中医学院中药研究所合作成立卷烟研究课题组,并于 1994 年 7 月成功研制独具特色的金圣品牌卷烟。经过多年的不懈努力,至 2002 年,金圣品牌商标价值已达 41.8 亿元。2005 年,江西中烟公司逐步开展卷烟品牌整合工作,集中力量、集中资源培育金圣、庐山两大品牌,完成了海鸟品牌向庐山品牌的整合过渡,全省卷烟工业由 19 个品牌 73 个规格减少至 7 个品牌 25 个规格。至 2010 年,自主品牌整合至 5 个品牌 28 个规格。

产能得到更新换代。长期以来,江西卷烟工业总量小、基础差、底子薄的面貌一直没有得到根本改变。卷烟工业企业为积极适应全国烟草行业发展趋势,紧紧围绕提高产能、提升质量、完善配套的目标,先后实施了"八五""九五""十五""十一五"技术改造。尤其是南昌卷烟厂"十五"易地技改项目,是江西卷烟工业投资规模最大的一个项目;其他卷烟厂本着量力而行的原则,分别实施了中小规模投资的技术改造。技术改造的实施,淘汰了落后产能,逐步实现了技术装备更新换代,提升了卷烟加工工艺。据统计,20 年间,江西卷烟工业累计投资 221461.43 万元实施技术改造,其中,南昌卷烟厂技术改造工程资金累计为 154591 万元,企业产能由 1989 年的 25 万箱增加至"十五"技改后的 60 万箱。

三

20 世纪 90 年代,卷烟经营开始向市场化方向进行转变,国家局、省局不再向市公司下达销售目标,卷烟经营由计划经济向市场经济逐步过渡,开创了卷烟销售新局面。1991 年至 2006 年,全省烟草卷烟经营管理体制不断改革和完善,努力开拓省内外市场并做好服务工作,规范卷烟经营,经济效益持续提高。

卷烟调拨走向统一。20 年间,江西卷烟工业的卷烟调拨逐步由各卷烟厂自主调拨走向统一调拨。20 世纪 90 年代以来,卷烟调拨由省局(公司)统一管理,作为计划内卷烟工业企业的南昌、赣南卷烟厂分别设立卷烟调拨站，向各地市烟草公司供货；广丰、井冈山和兴国卷烟厂由当地政府进行管理，调拨总量按省局（公司）下达的生产计划进行。随着体制的变化，江西中烟公司设立市场营销部，负责所属5家卷烟厂的调拨管理，各卷烟厂在公司市场营销部的指导管理下安排卷烟调拨。2006年，江西中烟公司及所属各卷烟厂原有的营销机构和营销队伍进行整合，组建公司市场营销中心，负责统一组织全省卷烟工业企业的卷烟调拨销售。

不断完善卷烟销售模式。1991年，国家放开卷烟价格。1992年，全省烟草为培育省产烟，推行以地市烟草为龙头的专销品牌。1994年，全省烟草开始探索推行农村网点建设，全面推进全省卷烟流通网络建设，初步走上自主经营模式，取代委托批发。2004年，根据国家局"按客户订单组织货源"的思路，对烟草行业市场进行细分，全面推进"电话订货、网上配货、电子结算、现代物流"的全新网建模式。2006年底，省局（公司）顺利完成理顺资产关系、建立母子公司体制的改革，撤销江西省卷烟销售公司，省公司全面退出卷烟经营，卷烟经营由省公司计划调控向市公司市场体制转变。

加强卷烟销售网点建设。1991年至1994年，各县（市）烟草公司均设立卷烟批发站，其下设批发点，县城主要委托副食品公司批发，乡镇主要委托基层供销社批发。各批发部采取坐店开票，零售户上门批烟的营销方式。1994年后，开始建立自主经营的农村销售网点。1997年开始建立城市卷烟销售网点。2001年，撤销城市销售网点改建访销部，所有访销部及销售网点均取消坐店经营，全面实行上门访销、送货制。2004年，各市级烟草公司成立烟草电话呼叫中心，实行集中电话订货、统一配送、电子结算的现代营销方式。2006年，实行母子公司体制改革后，全省原有的访销部和销售网点全部改为客户服务部。2010年，全省系统"城乡网络一体化、业务流程规范化、客户服务个性化、管理控制信息化、岗位分工专业化"的卷烟营销网络新体系和"电话订货、网上配货、电子结算、现代物流"的卷烟现代流通业务模式基本建成，电话订货、农村网点建设、"按客户订单组织货源"、信息采集、网上订货、精准营销、客户经理基本工作法、运营模式、营销常态化工作制、货源供应管理和营销队伍初步完善。至2010年，全省系统实有农村网点156个、城镇网点86个、零售户172677户。

实行卷烟销售配送。全省烟草卷烟销售配送主要分为四个阶段。1995年以前为坐店经营阶段。1996年至2000年为"访送合一"阶段，其间，全省烟草初步建立了"以我为主、由我调控、归我管理"网络体系，并通过国家局开展的行业农网建设验收。2001年至2004年为"访送分离"阶段。2004年至2010年为"现代物流"阶段。到2010年，全面实现"电话订货、网上配货、电子结算、现代物流"的建设目标。

着力省产烟销售和培育大品牌。1991年至1994年，省产烟基本上在省内市场销售，由于卷烟工艺落后、卷烟市场比较混乱和经营理念陈旧等诸多原因，省产烟长期处于亏损状态。1995年至2001年，随着金圣烟的上市，卷烟工艺提升，品牌升级改造，经营理念变化，规范管理深入，网建工作推进，市场销量逐步增长，省产烟销售比较稳定，省产烟销售收入实现了由亏到盈的根本性转变。2002年开始，国家局提出大力发展"双十五"重点品牌的宏观政策，在尊重市场前提下，全省烟草提高了省外卷烟调拨、销售比重，持续推进产品结构调整，整合压缩调入省外烟卷烟牌号50%，基本上做到优化结构与销量稳定的有机结合。2005年至2010年，由于卷烟经营市场化力度进一步加大，以及市场不同需求量的提升,省产烟的市场份额有所降低,2005年销售卷烟105万箱,其中省产卷烟销售75.4万箱,比重为71.8%;2010年,销售卷烟126.2万箱,其中省产烟销售68.6万箱,比重为54.35%,金圣卷烟销售20.23万箱,占省产烟比重29.49%。

四

1992年1月1日,《中华人民共和国烟草专卖法》正式实施,标志着烟草专卖管理走上了法制轨道,1997年7月3日,《中华人民共和国烟草专卖法实施条例》颁布施行,标志着烟草专卖管理法制的进一步完善。

加强证件管理。江西烟草专卖管理部门严格按照《烟草专卖许可证管理办法》要求,坚持"按证"生产、"凭证"经营、"持证"运输的原则,有步骤地开展烟草专卖许可证发放,并逐步健全年审专卖许可证的管理工作,实行烟草专卖许可证年检审查制度,加强对烟草专卖执法检查证管理。

加强烟草市场管理。重点抓好日常管理和专项整治工作。1991年,主要在卷烟生产、销售、进出口三个环节上加强专卖行政管理工作。1992年主要查处违章行为,严厉打击走私贩私、地下批发和制售假冒伪劣卷烟活动,遏制计划外卷烟流入区内,认真清理整顿委批、零售网点。1993年加强守法经营宣传教育,进一步加强专卖队伍建设,加大对走私烟、计划外卷烟检查力度,遏制违章卷烟进入市场。1994年,强化内部管理,重点抓好法规化、规范化建设,实现与有关部门齐抓共管、共同治理。1996年,开始对查处的各类违法违规卷烟实行登记管理,对办理的零售商户实行建卡管理。1999年,全面启动卷烟实行加贴烟草专卖标识的管理制度。2001年,全面加强和推进专卖户籍化管理工作。2003年,开始推行零售户诚信等级管理工作,开展"诚信示范户"评选活动。2004年在全省开展烟草专卖社区化管理和卷烟零售户诚信经营自律小组建设工作。2006年至2010年,全省各级利用"3.15"消费者权益日,先后5次集中销毁假冒卷烟。1991年至2010年,全省共关闭和取缔了省内的19个自由卷烟批发交易市场,破获各类烟草违法大案要案2260起、涉烟网络案件204起,查获卷烟519008万支、违法烟叶烟丝2446吨,刑拘1526人,判刑539人,上缴罚没款25010万元,市场净化率在95%以上。

加强烟草内部专卖管理。烟草内部专卖管理是江西烟草重要工作之一,贯穿于烟草生产经营工作全过程。2002年,开展对全省烟草行业不规范经营行为进行了专项整顿和认真整改,使整个生产经营秩序明显好转。2005年,开展了全面加强内部管理监督工作,在专卖部门增加内部专卖管理监督职能,增设内管岗位。2005年至2010年,建立健全了定期检查制度、内部专卖管理监督报告制度、举报监督制度、案件移交制度等各项规章制度,基本建立了专卖内部管理监督长效机制。通过多年的集中整顿和内部专卖管理监督长效机制建设,全省烟草"两烟"生产经营秩序明显好转,生产经营企业规范自律意识明显增强,保证了全省烟草的健康、有序发展,江西省内部专卖管理监督工作进入全国先进行列。

五

20世纪90年代以来，全省烟草不断健全科技管理体系，紧紧围绕烟草生产经营需求，在烟叶品种、烟叶栽培技术、烤烟烘烤技术、"金圣香"、卷烟工艺、烟用原材料、卷烟降焦、卷烟营销等领域开展研究和创新，并不断推动学术团体的发展壮大，开展各种学术活动和科普教育，推进教育培训和技能鉴定工作。

构建科技管理体系。自1987年设立江西省烟草监督检测站，1989年设立科技教育处，1993年设立江西省烟叶科学研究所，建立"新混合型（保健型）卷烟研究课题组"以来，全省烟草不断推动科技创新工作，初步构建了省局（公司）有烟草监督检测站、烟叶科学研究所、3个产烟市烟叶技术中心、5个重点产烟县烟叶实验站，江西中烟公司有技术研发中心，包括本草香研究所、中草药添加剂精提研究等特色实验室的江西烟草科技管理体系。

科技研究成果丰富。1991年至2010年，全省烟草培育烟草杂交组合3个，筛选适应江西种植的优质烤烟品种2个，育苗方式由传统薄膜直播育苗改变为先进的湿润育苗，提出了三段五步烘烤法，烟叶单产由60公斤/亩提升至150公斤/亩；形成21项专利，其中2项发明专利、5项外观设计专利、14项实用新型专利；形成科研成果33项，其中省部级鉴定成果7项，参与并形成国家标准1项、行业标准2项。其中《应用中医药理论研究开发金圣牌新混合型高档卷烟》成果是江西烟草20年最重要科研成果之一，江西卷烟工业在此基础上，不断推进中草药降低卷烟危害的毒理学评价与机理研究、本草减害技术研究。

推进信息化建设。江西烟草信息化工作起步于20世纪90年代后期，经历了从单机应用到网络运行、从局部应用到核心业务过程支撑的发展过程，形成了"统筹规划、顶层设计；统一架构、两级分布；业务驱动、安全同步"的信息化建设格局。全省烟草系统统一建设了30多个应用信息系统，覆盖了全省两烟生产经营、专卖管理、人财物管理、综合办公等主要业务领域。1999年至2010年，全省烟草信息化建设共投入51213万元，其中，机房建设2440万元，服务器、存储等硬件26173万元，应用软件开发约21000万元，数据库、中间价等系统软件购置1600万元。

高度重视员工教育培训。从1991年"八五计划"起，全省烟草行业每五年制订一次全省烟草教育培训计划，纳入全省烟草总体发展计划，并在1991年至1998年，成立了培训中心和井冈山传统教育基地，形成了由人事劳资部门主管，各部门负责，培训中心和井冈山传统教育基地承办，省、市、县烟草和烟厂分级管理办学的教育培训管理体系，员工队伍整体素质得到提升。1991年末，全省烟草有职工5921名，其中，大专学历57人、本科学历17人；到2010年末，全省烟草有职工13467名，其中大专学历3709人、本科学历1618人、研究生学历158人。

六

江西烟草以规范为主线，以专项整顿为手段，以信息化为支撑，加强计划管理、财务管理、审计监督、投资管理、质量管理、整顿规范和信息化建设,为"两烟"生产经营秩序明显好转夯实了基础。

加强计划管理。严格执行卷烟生产、调拨、烤烟收购及调拨计划,加强对全省系统卷烟生产品种和品种调拨计划指导。2004年后,全国烟草工商企业依据总的产销计划,每半年开展一次订货,做到以销定产、以销促产。2005年至2010年,统计工作逐步向信息化转变,建立以"两打三扫"(工业企业入库打码、出库扫码,商业企业入库、出库扫码,然后在分拣机上打码到条)为基础,以卷烟"两打三扫"量核定生产经营数量的生产经营决策管理系统集成平台,以行业生产经营决策管理系统为纽带的现代统计制度基本形成。同时完善了《统计工作管理办法》、《工商数据采集系统数据报送制度》等一系列统计工作规章制度。

加强财务管理和审计监督。1991年开始实行省烟草公司、地市烟草公司(卷烟厂)、县市烟草公司按行政区域三级管理核算,即"统一管理、三级核算、自负盈亏"的管理体制,此后不断完善会计制度、强化资产管理、加强资金安全、推行预算管理。充分发挥审计的监督管理作用,实行财务、审计人员委派制,加强对所属各单位内部的财务经济活动的审计,根据国家的相关法律法规和国家局(总公司)的有关制度,开展了财务收支、经济责任、固定资产投资及其他专项审计。全省烟草各级审计部门参与了同级物资采购、工程投资等招投标过程的监督工作。

加强投资管理。全省烟草投资主要有固定资产投资和多元化投资。固定资产投资主要有卷烟生产经营、卷烟物流销售、打叶复烤、后勤保障等主营业务的基本建设项目,多元化投资项目主要有非主营业务的全资控股的中国烟草井冈山传统教育基地、锦峰大酒店、景德镇金叶大酒店、江西金圣实业有限公司等多元化企业的投资,以及参股国盛证券、南昌银行、江西大厦的投资。1991年至2010年,江西烟草固定资产投资累计386973万元,多元化投资累计69663万元。

加强质量管理。20世纪80年代末,江西烟草开始逐步推进质量管理体系建设,1997年开始,南昌、赣南、广丰、井冈山和兴国卷烟厂陆续贯彻ISO9000系列标准并通过认证;2010年完成11个市局(公司)质量管理体系的构建。从完善质量检测、强化质量监督与考核、持续质量改进三个方面,提升产品质量控制水平,卷烟产品在全国、全省统检、抽检中持续保持100%合格率。高度重视群众性质量管理活动的开展,1993年至2010年,累计有70项QC成果获得全省、行业、全国奖项。烟草质量检测的软硬件水平大幅提升。

加强整顿规范。自1995年开始,江西烟草生产经营管理逐步走向规范。2001年至2005年,全省烟草开展烟叶生产经营秩序专项整顿、卷烟体外循环专项治理和财经秩序专项整顿工作,烟叶生产经营、卷烟经营行为和财务管理体制得到进一步规范。2006年至2008年,开展内部管理监督检查和同级审计检查工作,实现了内部管理监督的制度化、规范化、日常化,有效防范违法违规问题的发生。2008年至2009年,针对物资采购、广告促销、工程投资项目开展"三项检查"工作,促进了管理的制度化、常态化、规范化。2009年至2010年,全省烟草全面推进办事公开民主管理工作,完善以职工代表大会为基本形式的民主参与、民主决策、民主监督制度。

20年的江西烟草,斗转星移、沧桑巨变,取得了可喜的成绩,生产经营和专卖管理等各项工作都有了长足进步,烟叶生产得到适度发展,卷烟生产稳步提升,卷烟销量逐步提高,实现利税逐年增长,为今后江西烟草事业的持续、健康、稳定发展奠定了坚实的基础。但江西的烟草基础还比较薄弱,烟草生产的基础地位还未真正稳固,与一个农业省份的地位还不相称;卷烟产销结构还不适应市场需要;经济效益水平还未跟上全国同行业的发展步伐;基础管理工作还有许多亟待解决的问题。当前改革开放正在深入发展,江西烟草事业的机遇与挑战同在,希望与困难共存。

展望未来,江西烟草事业仍然任重而道远,需要继续艰苦奋斗,克服困难,深化改革,开拓前进,为江西经济持续发展和财政增收做出更大的贡献。

大 事 记

1991 年

1 月 8 日　省政府办公厅印发《关于开展烟草市场专项整治加强烟草专卖管理的通知》。

1 月 25 日　省局、省商业厅、省供销社联合发出《关于发挥国合商业主渠道作用扩大省产卷烟销售的决定》。

2 月 11 日　南昌卷烟厂技改扩建一期工程完成,年产 30 万箱进口制丝生产线安装到位。

3 月　吉安卷烟厂更名为井冈山卷烟厂。

4 月 17 日　江西广丰烟丝厂更名为江西广丰卷烟厂。

4 月 19 日　省政府以明传电报发出《关于坚决查堵计划外卷烟的通知》。

4 月 20 日　省委常委、常务副省长舒圣佑到南昌卷烟厂视察。

4 月 27 日—28 日　省局(公司)在南昌召开首次全省边界烟草工作会议。

6 月 18 日　省烟草学会在庐山召开成立大会。学会受江西省科协领导,挂靠在中国烟草总公司江西省公司。会议选举第一届理事 35 名,常务理事 13 名,黄向东任理事长。

是日　经中国企业评价中心、国家统计局评审,南昌卷烟厂被评为江西 1991 年度 50 家最佳经济效益工业企业第 1 名。

6 月 24 日　赣南卷烟厂引进的德国产制线生产线(关键设备)投产。

6 月 26 日　赣南卷烟厂兴国卷烟分厂成立。

7 月 1 日　省外卷烟调入改由省公司集中调入、统一分配。调出外省的烟草制品准运证由市级局管理,凭边境检查站的出境证明,每月报省局专卖办审核一次,改为由省局办理。

7 月 21 日　省委副书记、省长吴官正到广丰卷烟厂视察。

8 月 21 日　国务院下发《关于对现存计划外烟厂处理意见的批复》,江西省保留广丰卷烟厂、井冈山卷烟厂,合并保留兴国卷烟厂。

8 月 29 日　省委副书记、省长吴官正为广丰卷烟厂及井冈山、兴国卷烟厂作出重要批示:要千方百计,争口气,把这三个烟厂搞上去。

是月　井冈山卷烟厂纳入国家计划内管理,生产和销售列入国家计划,核发生产许可证。

11 月 6 日　中共中央原副主席汪东兴视察广丰卷烟厂,并题词:一定要办好广丰烟厂。

11 月 11 日　省物价局、省局联合颁发《关于放开省产卷烟零售价格的通知》,省产卷烟的出厂价和调拨价格不放开，仍按现行规定执行。

11 月 25 日　省局（公司）批复波阳县人民政府，同意兴建烟叶复烤厂，基建投资由烟草和地方共同投资 650 万元，年复烤能力 20 万担。

12 月 1 日　省标准局批准实施省烟草公司制订的《烤烟烘烤技术规程》、《烤烟良种繁育技术规程》和《烘烟试验调查记载标准》。

12 月 8 日　南昌卷烟厂“七五”扩建技改竣工典礼在南昌市朝阳洲抚生路新厂区举行，省、市主要领导和国家局领导参加典礼。

12 月 10 日　省局（公司）批准石城烟叶复烤厂基建投资 530.17 万元，年复烤能力 16 万担。

12 月 24 日　南昌卷烟厂引进的 4 组英国莫林斯公司 MK9-5 卷接机、意大利 SASIB 公司全包横包机组的卷烟生产线投产，总投资 5935 万元，其中外汇 672 万美元。

是年　中国烟草总公司授予江西石城县“全国烟叶生产先进县”称号，获奖伏尔加轿车 1 辆指标。

是年　全省烟草为解决省产烟销售倒挂现象，着力推行以地区为单位，与烟厂联手开发培育专销牌号卷烟的经营模式，制定严格调控措施。

是年　省局（公司）成立培训中心，负责具体承办各类培训项目。

1992 年

1 月 1 日　省烟草公司直属专业公司江西省卷烟销售公司成立，该公司具有法人资格，负责经营全省卷烟销售、分配、储存、运输以及国产旅游烟的分配销售，承担全省卷烟市场预测，商情信息、市场开发等任务。

1 月 6 日　国家局核发广丰卷烟厂《地方烟草专卖生产企业许可证》。

4 月 16 日　江西遭受特大水灾，全省烟草直接经济损失 4510 余万元。中国烟草总公司来电，向江西遭受洪水灾害的灾区人民和烟草职工表示慰问，并拨付给省烟草公司救灾款 50 万元，另向江西省政府捐赈灾款 50 万元。

是月　省委常委、常务副省长舒圣佑到井冈山卷烟厂视察。

6 月　井冈山卷烟厂一期技改竣工投产。

7 月　南昌卷烟厂居中国 500 家最大工业企业第 411 名。

是月　省委副书记、省长吴官正到兴国卷烟厂视察。

8 月 8 日　国家局党组任命凌成兴为省局（公司）局长（经理）、党组书记。

9 月 2 日　省经济委员会、省局发文批复赣南卷烟厂“八五”技改第三期工程，核定投资 2989 万元。

12 月　省委书记毛致用，省委副书记、省长吴官正视察南昌卷烟厂。

是月　江西省烟草专卖局驻南昌铁路烟草专卖局成立。

是年　峡江、石城、波阳 3 家烟叶复烤厂建成投产。

是年　广丰、井冈山和兴国卷烟厂三家地方烟厂纳入卷烟调拨计划管理。

1993 年

1月1日　省局(公司)下发《关于改革省产卷烟营销管理体制的决定》,从1993年1月起对省产卷烟实行“五、二、三”的调拨管理体制。

1月7日　省物价局、省局转发《〈关于放开卷烟的出厂价、调拨价格和安排计税基础出厂价格的通知〉的通知》,结合省产卷烟1993年调拨计划管理的改革办法,自1993年1月1日起,实行指令性计划的50%仍执行现行出厂、调拨价格,另50%由工商双方协商定价。

1月8日　国家局局长江明及有关部门领导在北京听取江西省烟草专卖局(公司)工作汇报并作了重要指示。

2月7日　省委副书记、省长吴官正视察南昌卷烟厂新生产线。

2月19日　全省烟草工作会议在南昌召开。省委副书记、省长吴官正,省委常委、常务副省长舒圣佑,副省长张云川到会并作了重要讲话。会议提出全省烟草“一年打基础、两年卸包袱、三年上台阶”的三年总体发展思路。

3月9日　《江西烟草》创刊,为全省烟草系统内部刊物。

3月16日　省经济体制改革委员会批准,成立江西省烟草物资公司和江西省烟叶购销公司,两家公司分别具有法人资格,实行自主经营,自负盈亏,隶属江西省烟草专卖局(公司)。

3月21日　省局批准成立江西省烟草机械研究所,七〇七厂原属行政关系不变,业务上受省局的行业管理。

5月1日　广丰卷烟厂投资4500万元的一期技改工程完成,副省长张云川到厂剪彩。该厂形成年产10万箱生产能力,当年完成利税4800万元。

是月　南昌卷烟厂被国家局列为中国卷烟进出口公司卷烟生产基地。

6月　南昌卷烟厂生产的混合型“兰山”牌卷烟首次出口荷兰,出口量达840箱。

8月17日　省局根据省政府批示,将国家局(总公司)拨给江西的50万元救灾款进行分项支配,其中灾区烟农救济20万元,灾区烤烟收购站点基础设施修复补助20万元,老区发展烤烟生产10万元。

8月31日　省局(公司)印发《关于贯彻〈烟草行业全民所有制工业企业转换经营机制实施意见〉(试行)意见的通知》。

9月24日　省局印发《关于严厉打击卷烟走私、制销假冒商标卷烟犯罪活动的通知》,成立“打假、打私”领导小组。

9月28日　省局批复南昌卷烟厂,成立江西省烟草专卖局打击假冒商标卷烟稽查队,实行省局专卖办公室和南昌卷烟厂双重领导。

是月　南昌卷烟厂与江西中医学院中医研究所开始合作研发金圣品牌卷烟。

10月7日　广丰县、安远县、黎川县、广昌县、上饶县、石城县的晒红烟,广丰县、信丰县的晒黄烟被列为国家名晾晒烟。

10月9日　国家局批准德兴、瑞昌、乐平、丰城、樟树等5市享有跨省经营卷烟、雪茄烟批发业务经营权。

10月28日　省局印发《江西省烟草专卖局烟草专卖管理若干规定(试行)》。

11月2日　省局(公司)决定撤销驻南昌铁路烟草专卖局及其所属的卷烟经营部。

11月6日　国家局批复,省局(公司)机关处室及直属机构的规格明确为正县(处级)。

11月10日　省政府印发《关于进一步加强烟草专卖管理的通知》。

12月29日　《江西日报》头版头条刊登“调整结构、强化销售、建立基地、提高效益,烟草行业实现利税超5亿元”的报道。

是年　国家局副局长关政林视察赣南卷烟厂。

是年　南方牌专销卷烟销量达9.3万箱,占全省省产烟总产销量的30.39%。

1994年

1月8日　江西烟草大厦在南昌市站前西路繁华地段破土动工兴建,1996年12月建成。

2月27日　中央办公厅主任曾庆红到井冈山卷烟厂视察。

3月24日　国家局、省政府明确省局(公司)为正厅级单位。

4月1日　江西省烟叶科学研究所成立,聘请江西农业大学教授肖文俊任所长。

5月10日　《江西省烟草志》编纂领导小组成立,下设修志办公室,正式开展省烟草志的编修工作。

6月16日　省委副书记卢秀珍到广丰卷烟厂视察。

7月　省委副书记、省委政法委书记、省政协主席朱治宏,省委常委、省委组织部部长舒惠国视察广丰卷烟厂。

是月　省烟草物资公司卷烟材料厂建成投产,主要生产过滤嘴棒,年生产能力2.4万箱。

8月25日　经国家局组织,由中国预防医学科学院、白求恩医科大学、郑州烟草研究院、浙江中医学院等13个单位和部门的专家、教授及全国评委进行评审,金圣牌卷烟通过科学技术成果鉴定。

10月20日　国家局和省局在北京人民大会堂组织召开金圣牌卷烟科技成果推广会,受到应邀到会的王光英、程思远等原党和国家领导人的关注。

10月31日　省局(公司)印发《关于加强对省外卷烟调入管理的决定》。

11月　南昌卷烟厂与澳门银信控股集团有限公司签约合作开发伯爵牌卷烟。

12月　国务院发展中心、《管理世界》、中国企业评价中心授予赣南卷烟厂全国500家最佳经济效益工业企业。

是年　国家局副局长、副总经理马尔赤视察江西烟草大厦工地。

1995 年

1月12日　省委副书记、常务副省长舒圣佑到广丰卷烟厂视察。

2月21日—22日　省局(公司)在南昌召开全省烟草工作会议。省长吴官正,省委副书记、常务副省长舒圣佑到会并做讲话。会议明确要选准增长点,实现“五七九”(烤烟收购50万担、全省烟草职工人均年收入超过7000元、工商税利9亿元)。

6月　井冈山卷烟厂投资6700万元引进仿德国虹尼公司技术的制丝生产线投产。

9月　按照国家局“以我为主”的要求,在宜春市宜丰县局开展农村网络建设试点工作。

10月　“应用中医药理论研究开发金圣牌新混合型高档卷烟”荣获第九届全国发明展览会金奖,是历届展览会唯一获发明金奖的卷烟产品,中共中央书记处书记温家宝向南昌卷烟厂常务副厂长郑伟颁发金奖和荣誉证书。

11月　国家局党组任命揭国雄为省局(公司)局长(经理)、党组书记。

是年　省委书记吴官正,省委副书记、代省长舒圣佑视察江西烟草。

是年　“应用中医理论研究开发金圣牌混合型高档卷烟”项目荣获江西省1995年度科技进步三等奖。

是年　经营模式由过去的被动经营转变为主动经营,由卖大户转变为直接面对每一个卷烟零售户,大兴城乡卷烟销售网络建设,全省烟草共建立自办经销店520个。

是年　烟叶生产步入最低潮,烤烟收购量只有20.04万担。

是年　省局(公司)进一步改革省产烟营销管理体制,对2家计划内卷烟厂和3家地方烟厂实行五五管理体制,即50%为定点指令性计划,50%在专卖体制下面向市场,放开经营。

是年　南昌卷烟厂停止生产无嘴烟。

1996 年

1月26日　国家局局长江明到南昌卷烟厂视察。

是月　省局(公司)改革和完善省产烟调拨管理体制,将以税为主的考核体制,转变为考核调拨销售额和省产烟利润。

2月2日　国家局局长江明到井冈山卷烟厂视察。

是月　全省系统全面推进农村网络建设和卷烟销售网络建设工作。

3月1日　对全省系统生产经营不规范行为实行黄牌警告制度。黄牌警告由省局(公司)各主管部门核查办理,由省局(公司)发布。

4月22日　金圣牌卷烟获第24届日内瓦国际发明和新技术博览会金奖。

5月2日　副省长黄懋衡视察广丰卷烟厂。

5月12日　省长舒圣佑视察南昌卷烟厂。

5月21日　副省长朱英培视察南昌卷烟厂。

6月13日　省委书记吴官正视察南昌卷烟厂。

6月25日　省委常委、省纪委书记马世昌视察南昌卷烟厂。

9月　金圣牌卷烟荣获世界发明金奖新闻发布会在北京举行，国家局局长江明发表讲话。

10月　中国烟草井冈山传统教育基地建立。

12月13日　“一种中药保健型香烟及制造方法”获发明专利证书（专利号ZL94 1 16600.7；国际专利主分类号A24B/15/18）。

是年　国家局局长倪益瑾视察江西烟草。

是年　全省烟区推广应用膜下小烟苗深窝移栽技术。

是年　全省开始推广烟草包衣丸粒化种子技术。

是年　赣南卷烟厂停止生产无嘴烟。

1997年

1月18日　锦峰大酒店揭牌并试营业。省局机关同时迁入办公。

4月18日　省局印发《江西省乡镇烟草专卖管理所验收评分标准》及有关规章制度，明确基层专卖管理所的职能。

6月24日　省委书记舒惠国到广丰卷烟厂视察。

7月5日　副省长朱英培到广丰卷烟厂视察。

8月　经中华商标协会商标专家委员会评估，金圣品牌商标无形资产评估价值12.8亿元。

9月30日　国家局局长倪益瑾视察南昌卷烟厂。

是月　省局印发《强化烟草行业内部专卖管理实施细则》。

12月23日　南昌卷烟厂与中国烟草总公司烟草薄片试验室、开封汽配厂共同研制的BY72型烟草薄片纤维加潮与烟粉混合装置通过部级技术鉴定，填补国内空白，2006年获得国家发明专利。

是年　江西烟草在南昌、九江分公司开展城市网建试点工作。

1998年

3月　省长舒圣佑到井冈山卷烟厂视察。

4月2日　副省长朱英培、省长助理凌成兴等到南昌卷烟厂视察。

6月　全省烟草各市级局（分公司）、烟厂全面实行微机开票。

8月21日　《江西省烟草专卖条例》由省人大正式颁布实施。至1998年11月，全省18个非法卷烟交易市场全部被关闭。

是月　副省长朱英培到井冈山卷烟厂视察。

9月29日　南昌卷烟厂与江西财经大学联合成立“金圣企业发展研究所”。

是月　全国政协副主席毛致用到兴国卷烟厂视察。

是年　卷烟经营实行访销制度,建立卷烟配送中心,各分公司辖区内20%以上的经营户纳入直接配送范围。

1999年

1月14日　副省长朱英培到广丰卷烟厂视察。

2月5日　全省烟草首届“金圣”杯职工文艺会演在南昌市江西省艺术剧院举行,有15个单位45个节目300多名职工参加演出。

3月16日　赣南卷烟厂与昆明卷烟厂烟草经济合作意向书在昆明签字,副省长朱英培出席签字仪式。

4月15日　副省长朱英培、省长助理凌成兴视察南昌卷烟厂。

4月26日　中国烟草井冈山传统教育基地(金叶大厦)竣工,投资5500万元,建筑面积1.2万平方米。

7月1日　省委副书记钟起煌到赣南卷烟厂视察,对赣南卷烟厂提出增强市场竞争、科技创新和抵御风险三大能力的希望。

8月1日　锦峰公司所属锦峰旅行社有限公司成立暨第一届股东会议在南昌召开。锦峰旅行社有限公司于9月13日正式挂牌营业。

8月5日—10月11日　省局举办全省烟草首届“金圣”杯职工篮球赛。

8月16日—20日　国家局党组成员、纪检组长葛祥久到省局督查、指导“三讲”教育工作。

8月18日　省委书记舒惠国到广丰卷烟厂视察。

8月30日　中共中央原副主席、中顾委委员汪东兴到广丰卷烟厂视察。

9月17日　锦峰大酒店荣膺四星级旅游饭店新闻发布会在南昌举行,副省长朱英培、省长助理凌成兴出席会议。

12月3日—17日　国家局副局长杨传德一行5人赴江西省调查研究烟草工业企业结构调整问题,考察广丰、井冈山、兴国三个地方卷烟厂和南昌卷烟厂,省长舒圣佑、副省长王君会见了杨传德一行。

12月27日　省局在南昌举行全省烟草专卖行政执法人员统一佩戴烟草专卖行政执法标志新闻发布会,省人大常委会副主任华桐、省政府秘书长王飚分别在会上讲话。

12月　副省长朱英培视察南昌烟厂。

是年　省烟科所开展的烟草直播漂浮育苗技术试验取得成功。

2000年

3月1日　副省长王君到赣南卷烟厂视察。

3月27日　省公司下发《卷烟经营管理规定》。

4月11日　省局制定出台《江西省烟草行业卷烟入网销售管理办法》。

5月1日　省长舒圣佑到广丰卷烟厂视察。

5月8日—14日　国家局党组成员、副局长潘必兴出席吉安地区局“三讲”教育动员大会并作重要讲话,先后视察南昌烟厂、赣南烟厂、井冈山烟厂和井冈山传统教育基地。

6月18日　省长舒圣佑到武宁县烟草公司鲁溪卷烟批发部视察。

是月　国家经贸委副主任(正部长级)石万鹏视察井冈山卷烟厂。

9月6日　南昌卷烟厂构建的质量体系经中国质量协会质量保证中心审核,符合GB/T19002-1994标准要求,并通过ISO9002质量体系认证和英国皇家质量保证组织(UKAS)认证,获得国内和国外质量体系两张证书。

10月12日—14日　国家局副局长姜成康、纪检组长葛祥久先后视察南昌卷烟厂。

11月6日　省长舒圣佑到赣南卷烟厂视察。

11月17日　南昌卷烟厂捐资100万元至南昌慈善总会成立“金圣助学基金”,每年资助100名“1168”爱心工程的学生。

12月11日　省局(公司)开始进行机关机构调整及人事劳动制度改革。调整后,省局(公司)机关设置处室9个、事业单位4个、直属公司4个、群众团体1个。连任五年以上的处级干部原则上进行轮岗交流。

12月18日　南昌卷烟厂建厂50周年庆典大会在江西艺术剧院隆重召开。副省长王君、省长助理凌成兴,省政府副秘书长胡宪、南昌市市委副书记李豆罗出席大会。

2001年

1月13日　国家民政部副部长范宝俊参观广丰卷烟厂。

2月11日　全省烟草工作会议召开,明确“十五”期末实现卷烟生产70万箱、卷烟系统外销售100万箱、烟叶种植35万亩、收购量80万担、税利总额35亿元左右的奋斗目标。副省长王君出席会议并作重要讲话。

2月14日　副省长朱英培到赣南卷烟厂视察。

4月中旬　由省整顿和规范市场经济秩序领导小组和国家局牵头协调,省烟草专卖局、质量技术监督局及公安机关共同组成联合执法队伍,在南昌某大型企业突击查处一起非法组装倒卖烟机案件,现场查封已经包装待运的YJ14-16烟机后身8台,拘传了主要涉案人员。此案被列为公安部当年重拳打击的9起大案之一。

是月　省委书记孟建柱到兴国卷烟厂视察。

6月22日　全省烟草纪念《中华人民共和国烟草专卖法》颁布10周年专卖法律法规知识竞赛决赛在省电视台演播大厅举行。来自各市局、烟厂、省局机关等17支代表队参加比赛。省人大常委会副主任华桐作讲话。

6月29日　省委书记孟建柱,省委常委、秘书长、政法委书记彭宏松,副省长王君一行视察南昌卷烟厂。孟建柱要求南昌卷烟厂以国内前五位烟厂作为追赶目标。

7月10日　省局(公司)局长、经理揭国雄在上海代表江西省烟草专卖局(公司)与上海烟草(集团)公司签署《上海烟草和江西烟草就两地加强经济合作的会议纪要》,进一步推动沪赣两地烟草的经济合作。

8月6日　省局(公司)印发《进一步推进企业内部工资分配制度改革的实施意见》。

8月10日　国家局下发《烟草行业外贸出口"十五"计划》,将南昌卷烟厂列为卷烟出口货源基地和卷烟出口科技开发基地。

11月22日　江西省烟草专卖局驻南昌铁路烟草专卖局正式恢复成立暨铁路卷烟经营部开业仪式在南昌举行。

12月11日　国家局批复南昌卷烟厂"十五"易地技术改造总体规划,易地改造规模为45万箱/年(按3班制计算)。

12月25日　省委常委、常务副省长彭宏松,副省长凌成兴等领导出席南昌卷烟厂"十五"易地技改项目奠基仪式。

是月　南昌卷烟厂被国家工商行政管理总局评为"全国'守合同重信用'企业",成为首批入选企业。

是年　金圣品牌被国家局评为"全国烟草行业名优卷烟"。

2002年

2月26日　实行全省卷烟所有牌号批发一价制,允许各分公司根据当地实际情况适当上浮价格,不得下浮。省公司对卷烟价格实行动态管理。

3月18日　南昌卷烟厂首批550件金圣牌卷烟出口东南亚。

3月21日　副省长凌成兴到广丰卷烟厂调研,对广烟做好"两篇文章(品牌运作、资本运作),实施八大工程(开发、质量零缺陷、营销、广告、管理、文明、人才、技改)"给予充分肯定,要求企业站在助推江西工业崛起高度上,不断尝试创新。

4月9日　由江西金圣实业发展有限公司、亚先(香港)国际有限公司共同出资5000万元组建的中外合资江西金圣印刷包装有限公司成立。

4月22日　省局(公司)决定对南昌、赣南卷烟厂生产的一、二类卷烟实行一级调拨,卷烟批发价格不变。

4月26日　副省长凌成兴到赣南卷烟厂视察。

是月　副省长凌成兴到兴国卷烟厂视察。

是月　南昌卷烟厂被省统计局、省经贸委核定为大二型工业企业。

5月　赣南卷烟厂厂歌《红土香》在文化部主办的"中国企业歌曲电视大奖赛"获创作一等奖和演唱一等奖。

6月1日—2日　江西省首次参与开发的广昌、石城国际型优质烟基地通过国家局组织的专家小组验收,认为江西省国际型优质烟基地烟叶大田长势均衡、营养协调、发育正常,达到全省17个国际型优质烟开发基地的中上水平。

6月19日　副省长凌成兴视察南昌卷烟厂。

8月16日　省人大常委会副主任张克迅到赣南卷烟厂调研。

8月22日　全省烟草在南昌举办首届“金圣杯”职工歌手大赛。

9月4日　省局印发《江西省烟草专卖品准运证管理办法》。

9月27日　《江西省烟草专卖条例》经省第九届人民代表大会常务委员会第三十二次会议修正实施。

9月28日　国家局副局长杨传德一行到南昌卷烟厂易地技改工地视察。

9月29日　国家局副局长杨传德,副省长朱英培出席全省烟草专卖稽查岗位技能大比武开幕式,全省11个市局603名队员参加竞赛,赣州市局、九江市局、吉安市局分别获团体总分前三名,抚州市局、上饶市局获得组织奖。

10月16日　国家局组织对卷烟工业企业1999年至2001年三年主要经济技术指标进行测评,将南昌卷烟厂列入36户重点卷烟工业企业行列。

11月1日　副省长凌成兴,中华商标协会评估专家、中国广告协会副会长刘保孚出席南昌卷烟厂在赣江宾馆举行的金圣商标价值41.8亿元新闻发布会。

12月16日　省委副书记、南昌市委书记吴新雄到南昌烟厂技改工地视察。

2003年

2月11日　省局(公司)首次在全省烟草公开选拔正处级领导干部。经过资格审查、笔试、面试、组织考察及任前公示,其中两位同志分别任省局(公司)政策法规与体制改革处处长和省烟草物资分公司经理。

2月23日　由江西金圣实业发展有限公司、亚先(香港)国际有限公司共同出资5000万元组建的中外合资江西金圣印刷包装有限公司在南昌高新区举行奠基仪式。

3月26日　省委常委、省委组织部部长董君舒视察广丰卷烟厂。

3月27日—28日　省烟叶购销分公司、科教处、质检站在南昌联合举行首届全省烟叶分级技能竞赛。全省烟草共23名选手参加。

4月2日　省委书记孟建柱率省委常委、秘书长陈达恒,副省长危朝安以及省委办公厅、政研室,省农业厅、民政厅、交通厅、水利厅、林业厅、扶贫办、电力公司等部门的负责同志一行10多人,到烟叶生产的主产区石城、广昌县视察烟叶生产。

4月3日—4日　全省烟草网建工作汇报交流会在鹰潭召开,就全省烟草新一轮网建工作做出具体部署。会议组织参观鹰潭分公司“电话订货”,观看卷烟销售电话订货系统软件演示。

4月8日　国家局批准井冈山卷烟厂自2003年1月1日起正式上划为中央预算内企业,人财物和产供销实行以烟草系统为主的管理体制。

4月17日　省委常委、南昌市委书记余欣荣到南昌卷烟厂视察。

5月6日　省委副书记、常务副省长吴新雄,省委常委、南昌市委书记余欣荣等省市领导到南昌卷烟厂技改工地检查指导工作。

5月27日　省局(公司)向吉安市捐款100万元用于防治“非典型肺炎”。

是月　副省长凌成兴到井冈山卷烟厂视察。

6月6日—7日　全省系统商业企业组织结构调整工作座谈会在鹰潭召开。

6月10日　省局(公司)印发《全省烟草系统商业企业组织结构调整的实施意见》。

7月5日　全国人大常委会原副委员长王光英视察南昌卷烟厂。

7月29日　南昌卷烟厂在南昌高新区举行综合办公楼奠基仪式,标志着“十五”易地技改项目全面开工。2005年2月26日,南昌卷烟厂“十五”易地技改项目竣工典礼在金圣工业科技园举行。省委书记孟建柱,省委副书记、省长黄智权,常务副省长吴新雄,国家局副局长李克明,省政协主席钟起煌等出席典礼,副省长凌成兴主持竣工典礼。

7月31日　副省长凌成兴在南昌市副市长凌学仁以及省政府办公厅、省经贸委、省重点办、省局(公司)、省电力公司、南昌海关、市供电局、高新区管委会等有关领导的陪同下,视察南昌卷烟厂技改工地,并在技改工地会议室召开省重点工程现场办公会。

8月25日　国家局副局长张保振一行在副省长凌成兴的陪同下,到南昌卷烟厂技改工地视察。

10月1日　省委副书记、省长黄智权,副省长凌成兴,南昌市市长李豆罗以及有关部门领导到南昌卷烟厂技改工地视察。

11月10日　国家局下发《关于成立江西中烟工业公司有关问题的批复》,同意成立江西中烟工业公司,主要承担烟草制品生产和销售,烟草物资、烟机零配件经营及其他相关的生产经营任务。工业公司注册资本为人民币2000万元,由中国烟草总公司出资。江西中烟工业公司与江西省烟草专卖局(公司)脱钩,实行机构、职责、人员、财务“四分开”。

11月30日　省委副书记、常务副省长吴新雄到南昌卷烟厂技改工地察看施工情况。

是年　全省卷烟销售突破100万箱,实现税利9.67亿元。

2004年

2月13日—17日　国家局局长姜成康、副局长李克明和法规体改司、财务管理司、经济运行司、发展计划司、办公室负责人等一行视察江西烟草工作,并深入南昌烟厂技改工地、井冈山烟厂调研。省长黄智权、副省长凌成兴会见姜成康一行。

2月25日　经国家工商行政管理总局商标局审查通过,南昌卷烟厂“金圣”及图商标被认定为“驰名商标”。

7月1日—3日　承担省内国家级烟叶标准示范县项目的石城县烟草营销中心通过国家局考核验收。依据《国家级烟叶标准化示范县考核验收办法(试行)》,石城县被认定为国家级烟叶标准化示范合格单位。

8 月 30 日　国家局任命郑伟同志为江西中烟工业公司副总经理,主持江西中烟工业公司工作。

9 月 21 日—22 日　全省烟草庆祝江西烟草成立 20 周年文艺调演活动在江西艺术剧院举行。17 个单位演出了 46 个节目,反映了江西烟草成立 20 年来的改革与发展。

10 月 22 日　省人大常委会党组副书记、副主任钟家明,副主任蒋仲平、万学文等人大代表一行 60 余人,在副省长凌成兴的陪同下视察南昌卷烟厂技改工地。

10 月 27 日　副省长凌成兴、国家局副局长张辉出席庆祝江西烟草组建 20 周年职工文艺晚会。

10 月 28 日　副省长凌成兴、国家局副局长张辉在南昌出席江西中烟工业公司揭牌仪式,并为公司揭牌。

是月　江西省锦峰实业有限公司改隶江西中烟工业公司管理。

11 月 4 日　副省长凌成兴到赣南卷烟厂视察。

11 月 12 日—13 日　江西烟叶发展战略研讨会在赣州市举行。省委副书记傅克诚给研讨会发贺信。赣州市市长王昭悠、抚州市副市长柯建中,省局(公司)主要领导和分管领导,江西中烟工业公司主要领导,河南农业大学刘国顺教授,省委、省政府有关部门领导参加研讨会。

12 月 7 日　国家局批准赣南卷烟厂兴国卷烟分厂自 2004 年 1 月 1 日起上划为中央预算内企业,人财物和产供销实行以烟草系统为主的管理体制。

12 月 13 日　省局与省公安厅召开开展百日联合卷烟打假专项行动电视电话会议。

12 月 30 日　省政府组织召开江西卷烟工业发展座谈会,副省长凌成兴主持会议。省政府办公厅、省发改委、省经贸委、省财政厅领导参加会议。

是年　全省烟草从安徽利辛县引进 4 座板块结构气流下降式密集烤房,分别在信丰、广昌和峡江进行示范。

2005 年

5 月 20 日　南昌卷烟厂、井冈山卷烟厂和兴国卷烟厂联合重组协议签约仪式在金圣工业科技园举行。

5 月 24 日　副省长凌成兴出席省局与省公安厅在南昌召开百日联合卷烟打假专项行动总结表彰大会并颁奖。

7 月 1 日　全国烟草行业生产经营决策管理系统在全省卷烟工业企业正式全面运行,各卷烟厂生产的卷烟全部实行打码下线、扫码出库,生产调销数据当日上报国家局。

7 月 14 日　国家局批准南昌卷烟厂更名为南昌卷烟总厂,南昌卷烟总厂与井冈山卷烟厂、赣南卷烟厂兴国卷烟分厂联合重组成为一个企业法人实体,取消井冈山卷烟厂、赣南卷烟厂兴国卷烟分厂法人资格。原井冈山卷烟厂、赣南卷烟厂兴国卷烟分厂成为南昌卷烟总厂的生产点,对外分别称南昌卷烟总厂井冈山卷烟厂、兴国卷烟厂,实行内部核算和目标管理。

7 月 30 日　省局牵头在井冈山召开福建、广东、浙江、安徽、湖北、湖南和江西省局第一届七省卷烟打假协调会。国家局副局长张辉给会议致信,专卖司副司长魏树琦到会指导。会议制定了《闽粤浙皖鄂湘赣七省卷烟联合打假工作制度》。

8月30日　全省系统管监一体化工作推广现场会在鹰潭召开。

10月20日　国家局副局长张保振一行视察南昌卷烟厂金圣工业科技园,要求江西卷烟工业走特色路,做特色烟,吃特色饭。

10月28日　南昌卷烟厂发布以"奋斗就有可能,功到自然成"为主题的"金圣"品牌新形象。

11月4日　省局下发《关于加强全省烟草行业内部专卖管理监督工作实施办法》。

11月15日　省局、省公安厅在南昌召开联合打击制售假烟网络工作联席会议。

11月21日—22日　全省烟叶工作会议在南昌召开。副省长危朝安出席会议并讲话,主要产烟市、县的分管领导应邀参加会议。会议明确了江西烟叶今后发展的总体思路。

12月12日　副省长凌成兴主持召开专题会议,听取省局(公司)和江西中烟公司工作情况汇报。省发改委、经贸委、财政厅、国税局、地税局等有关部门负责人参加汇报会。

12月28日　由南昌、井冈山、兴国烟厂三厂联合重组的南昌卷烟总厂正式挂牌成立。

12月30日　国家工商总局认定月兔品牌为中国驰名商标。

2006年

2月15日—16日　国家局副局长何泽华在副省长凌成兴、省政府副秘书长朱希的陪同下,考察南昌卷烟总厂以及烟叶生产和卷烟销售工作。

2月22日　省委副书记、省纪委书记傅克诚到南昌卷烟总厂视察工作,就开展治理商业贿赂专项工作进行调研。

3月9日　全省烟水配套工程验收培训现场会在石城县召开。中国烟叶公司原总经理、研究员赵兴到会指导,会议进一步明确和统一了全省烟水配套工程验收标准、验收程序、验收办法和验收时间。

3月22日　省人大常委会副主任孙用和到南昌卷烟总厂视察。

4月17日　南昌卷烟总厂技术中心被江西省经济贸易委员会认定为第八批"江西省省级企业技术中心"。

4月20日　国家发改委副主任欧新黔在副省长凌成兴的陪同下,到南昌卷烟总厂视察。

5月11日　国家局副局长张辉、副省长凌成兴、公安部治安局副局长鲍遂献等领导出席省局与省公安厅在南昌联合召开的2005年全省卷烟打假总结表彰暨2006年"打击制售假烟网络年"动员会议。同日,张辉视察南昌卷烟总厂。

5月18日　国家局批复同意广丰卷烟厂上划为中央预算内企业,财务关系自2005年9月1日起上划至江西中烟工业公司管理,人财物和产供销由烟草行业统一管理。

5月20日　省委副书记王君在省委组织部、省农业厅、吉安市委和峡江县委、县政府等有关部门领导的陪同下,深入峡江县烟叶产区调研烟叶生产工作。

6月27日　广丰卷烟厂上划为中央预算内企业接收仪式在广丰举行。核定年产卷烟12万箱、生产人员980人。

7月3日　副省长凌成兴主持召开江西卷烟工业企业联合重组座谈会,研究南昌卷烟总厂与赣南卷烟厂、广丰卷烟厂联合重组有关事宜。

9月21日　省局稽查总队会同省公安厅治安总队、抚州市公安局特警支队破获一大型卷烟制假窝点,案值达1000余万元,涉及广东、福建、江西等地。

是日　南昌卷烟总厂、赣南卷烟厂、广丰卷烟厂在南昌高新开发区金圣工业科技园签署《南昌卷烟总厂、赣南卷烟厂、广丰卷烟厂合并重组协议书》。

10月13日　国家局同意中国烟草总公司江西省公司建立母子公司体制改革。中国烟草总公司江西省公司是中国烟草总公司的全资子公司,投资设立11个市级全资子公司,分别是江西省烟草公司南昌、九江、上饶、宜春、抚州、吉安、萍乡、新余、赣州、景德镇、鹰潭市公司。市级公司在县级行政区划内已设立的营销部作为市公司的分公司,对外称:××市烟草公司××分公司。

10月16日　国家局党组成员、驻国家局纪检组组长葛祥久视察南昌卷烟总厂。

10月18日　省局驻江西中烟工业公司专卖管理监督办公室正式挂牌运作。

11月10日　省委副书记、代省长吴新雄,副省长凌成兴视察广丰卷烟厂。

12月7日　国家局下发《关于江西卷烟工业企业合并重组和建立母子公司体制的批复》,同意原南昌卷烟总厂与赣南、广丰卷烟厂合并重组为一个企业法人实体,保留南昌卷烟总厂的企业名称,取消赣南卷烟厂、广丰卷烟厂法人资格,成为南昌卷烟总厂的生产点。南昌卷烟总厂与江西中烟工业公司、中国烟草总公司构建三级母子公司体制。

12月28日　南昌卷烟总厂与赣南卷烟厂、广丰卷烟厂合并重组成的新南昌卷烟总厂挂牌。

是年　金圣品牌荣获中国烟草“十大梦想品牌”称号。

是年　南昌卷烟厂建立液相微萃取——气相色谱联用的新方法,用于控制烟用香精香料质量的稳定性。

2007年

1月23日　金圣卷烟在降低卷烟危害方面的核心技术得到实质性突破,取得国内领先的最新科技成果,江西中烟公司、南昌卷烟总厂举行新闻发布会,中国军事医学科学院研究员朱茂祥博士、中国毒理学会秘书长周平坤博士、江西中医学院张文惠教授等专家参加会议。

1月30日—31日　省委常委、常务副省长凌成兴,副省长洪礼和出席全省烟草工作会议,并为获奖单位颁奖。凌成兴要求2007年要确保实现“三个5”、力争跨大步,狠抓“三个着力点”。确保“三个5”,即确保工商利税新增5亿元,确保南烟计划新增5万箱,确保烟叶收购新增5万担(即55万担);力争跨大步,即力争基本实现产销卷烟百万箱、上交税金50亿的战略目标,迈出江西烟草新跨越的关键一步;狠抓“三个着力点”,即用好计划指标,强化专卖管理,堵塞亏损漏洞。

是月　在首届中国品牌节上,金圣品牌荣获“品牌中国总评榜(2006-2007)·金谱奖——中国烟草行业年度10佳品牌”称号。

2月27日　副省长洪礼和等省市领导一行到南昌卷烟总厂视察指导工作。

4月13日　副省长洪礼和到广丰卷烟厂视察工作。

5月15日　省局党组决定在全省系统开展签订廉政及规范经营承诺书活动,至6月30日,全体干部职工全部签订廉政和规范经营承诺书。

5月21日　根据《国家烟草专卖局关于中国烟草总公司江西省公司建立母子公司体制的批复》,省局撤销江西省烟草质量监督检测站、江西省烟叶科学研究所事业单位法人资格,并作为中国烟草总公司江西省公司专业部门继续保留。

6月8日　国家局在南昌召开江西中烟公司南昌卷烟厂“十五”易地技术改造项目总体竣工验收会。经现场测试和分组审议,专家组一致同意该项目通过验收。

6月11日　省政协九届二十五次常务会议考察团到江西中烟公司考察指导工作。省政协主席傅克诚,省政协副主席殷国光、刘运来、金异、雍忠诚、朱张才,秘书长胡剑平以及政协常委等200多人参加考察。

7月17日　国家发改委主任马凯在省委副书记、省长吴新雄,省委常委、常务副省长凌成兴的陪同下,到南昌卷烟总厂视察。

7月27日　副省长洪礼和深入广昌县考察调研烟叶生产。充分肯定烟水配套工程建设项目和烟叶生产势头,并对烟叶生产各项工作做出指示:要特别注意落实各项惠农政策,保护烟农的种烟积极性;要深入研究和组织解决好土地流转问题,让烟农有田种烟;要切实降低种烟劳动强度,让烟农轻松种烟;要建立健全风险保障机制,让烟农放心种烟;要大胆科技创新,让烟农高效种烟。

是月　江西中烟公司向江西省革命老区爱心基金会捐款100万元。

9月6日—22日　省局稽查总队会同公安部门在省内昌樟、昌九、沪昆等高速路段连续查获四起百万元假烟运输案,共查获80余个品牌的假烟2735.62万支,案值约662.8万元。

10月18日—19日　锦峰大酒店顺利通过国家旅游局星评检查组的最终评审,成为南昌市第一家按照新标准评定的五星级酒店。11月,锦峰大酒店经国家旅游星级饭店评定委员会委托江西省星评委审核评定,成为江西省第一家“金叶级”绿色旅游饭店。

12月12日　根据《国家烟草专卖局中国烟草总公司关于江西卷烟工业企业管理体制改革的批复》,江西中烟工业公司与南昌卷烟总厂合并重组为一个企业法人实体,2008年1月1日起正式运行,继续使用“江西中烟工业公司”名称,与中国烟草总公司构建二级母子公司体制。

12月18日　南昌卷烟总厂本部因主动将抚生路老厂的CFC-11(氟利昂)烟丝膨胀线彻底拆除,被国家局、国家环保总局、联合国工业发展组织授予“中国烟草行业淘汰氟利昂贡献奖”。

12月28日　江西中烟公司向江西省慈善总会捐赠100万元成立“金圣学子”助学基金,专项资助每年考上重点大学的贫寒学子。

是月　在“品牌·责任”2007中国烟草大型公益活动颁奖典礼暨新闻发布会上,金圣品牌被评为“中国烟草最具特色品牌”。

是年　由石城等县从福建引入的以聚氯乙烯塑料托盘为手段,以育苗盘放置营养池底为特征的湿润育苗技术在全省烟叶生产中推广应用。

是年　南昌卷烟厂从淫羊藿、太子参等天然本草植物中超纯萃取活性益效因子，有效降害，成功将在产金圣（软红）、金圣（硬红）焦油量降至10毫克/支。

2008年

1月8日　国家局副局长张保振到江西中烟公司考察指导。张保振希望金圣烟由区域性品牌变为全国性品牌，成为“一低一高”的特色品牌，真正做到“块头小、价值高、影响大”，希望江西中烟公司做一个“钻石型”的企业。

1月18日　锦峰公司所属锦峰大酒店开业10周年暨全省首家“五星级”及“金叶级”绿色旅游饭店挂牌仪式隆重举行。省委常委、常务副省长凌成兴及省、市相关部门领导出席庆典挂牌仪式。

是日　全国政协常委、经济委员会副主任石万鹏视察江西中烟南昌卷烟厂。

1月29日　省委常委、常务副省长凌成兴，副省长洪礼和出席全省烟草工作会议。洪礼和作重要讲话，强调要进一步强化市场开拓，加快金圣由区域性品牌向全国性品牌转变；进一步完善体制机制，加快江西中烟由管理型单位向经营实体转变；进一步发展烟叶生产，加快烟叶产业由传统农业向现代烟草农业转变；进一步提升销售水平，加快卷烟市场体系由传统商业向现代流通转变。

2月5日　省局（公司）、江西中烟公司在全省“抗击冰雪”爱心捐款活动中，向灾区群众捐款300万元。

2月25日—28日　省局（公司）在南昌举行全省系统第三届文艺汇演。节目以自创自编自演为主，并推荐三个节目参加国家局的文艺调演。

3月1日　省局（公司）电话投诉中心正式运行。

3月6日　全省系统“按客户订单组织货源”动员视频会议在南昌召开。会议强调“按客户订单组织货源”的推广工作要夯实两个基础（工作基础、市场基础）、提高三个水平（营销水平、服务水平、管理水平）、争取四个突破（争取在需求预测能力上有所突破、争取在工商协同品牌培育机制的建立上有所突破、争取在省际工商之间“网上配货”与支持促进工业企业按客户订单组织生产上有所突破、争取在客户经理队伍建设上有所突破）。

3月18日　省局（公司）召开首批外派干部跟班学习动员大会。此次省局（公司）在全省系统共选派郝占民等共21名年轻干部到浙江跟班学习，时间为1个月。

是月　江西中烟公司在全省系统推进教育培训积分制管理。

4月28日　省局（公司）印发《内部审计派驻管理暂行办法》。

5月6日　省局（公司）监督委员会成立。分管领导任主任，纪检监察处主要领导任副主任，办公室、人劳处、专卖处、计划处、安全处、财务处、审计处、法规处主要领导任委员。监委会下设办公室（简称监委办）和廉政监督工作小组。

5月12日　国家局党组任命雷万春为省局（公司）局长（总经理）、党组书记。

5月13日　国家局党组成员、驻国家局纪检组组长潘家华到江西中烟公司视察指导工作。

5月16日　省局(公司)和江西中烟公司机关开展为四川地震灾区捐款献爱心活动,共计捐款17.2万元。

5月22日　省局机关140名党员和江西中烟公司102名党员分别交纳“特殊党费”184085元和69650元支援抗震救灾工作。

是日　在由省委、省政府发起,省电视台举办的“为了我们的兄弟姐妹”赈灾晚会上,省局和江西中烟公司分别向省慈善总会捐款200万元和500万元。

6月3日　东南片区毗邻地区烟叶收购边界协调会在南昌召开。广东、福建、湖南、广西、江西等5个省局(公司)、12个市局(公司)烟叶、专卖、整顿办有关人员参加会议,并签订《省际间毗邻地区烟叶收购协议书》,承诺共同抓好边界毗邻地区的烟叶收购工作。

6月10日　省局印发《打击制售假冒卷烟和非法经营卷烟活动进行奖励补助的实施办法》。

7月3日—5日　国家局局长姜成康到江西烟草视察工作。省长吴新雄,省委常委、常务副省长凌成兴会见姜成康一行,并就江西烟草改革发展有关事宜交换意见。姜成康先后到抚州市黎川县长洋、河塘乡,临川市唱凯镇,南昌卷烟厂就烟叶生产经营、现代烟草农业试点、卷烟销售网建、卷烟生产等进行专题调研。

7月10日　中国烟草总公司下发《关于江西省锦峰实业有限公司股权无偿划转事项的批复》,同意江西中烟公司将持有的江西省锦峰实业有限公司长期投资账面值112453393.89元无偿划转给中国烟草总公司江西省公司。

是月　金圣品牌被国家局纳入“20+10”全国性卷烟重点骨干品牌。

9月17日—18日　全省烟草系统内部专卖管理监督工作现场会在赣州召开,推广赣州市局内部专卖管理监督经验和做法,全面推进内部专卖管理监督长效机制建设。

是月　江西省锦峰实业有限公司划至省局(公司)管理。

10月　由中国企业报社、中国民(私)营经济研究会、中国国际品牌协会、中国管理科学研究院名牌与市场专家委员会等机构组织的“30年中国品牌”暨“首届中国品牌国际化发展高层论坛”在北京人民大会堂隆重召开。金圣品牌荣获“30年中国品牌创新奖”。

11月　由中国卷烟销售公司主办、江西中烟公司承办的金圣品牌市场咨询与诊断暨“本草香”品类构建研讨会在南昌召开。

12月18日　省局召开全省烟草专卖许可证换证工作电视电话会议,全面部署烟草专卖零售许可证换证工作。

12月29日　江西中烟公司投资4500万元的“金圣香”精提中心建设项目在金圣工业科技园奠基开工,标志着全国烟草行业唯一具有中草药提取生产线的特色工艺生产线将落户南昌,并将成为全国烟草行业本草减害技术的研究中心和中试基地。

是年　全省种植烟叶26.7万亩,收购烟叶86.86万担,亩单产325斤,创历史最高水平。

是年　全省卷烟生产首次超百万箱,实现税利48.15亿元,提前2年完成省政府“十百千亿工程”的税利目标。

2009 年

3 月 1 日　省委常委、常务副省长凌成兴出席江西中烟公司举办的金圣品牌百万箱下线庆典仪式，并启动金圣品牌百万箱下线。省政府专发贺信。

3 月 16 日　省局在南昌启用“12313”卷烟打假举报电话。

3 月 24 日—26 日　国家局副局长何泽华到江西烟草考察调研，先后考察南昌市新建县乐化卷烟销售网点、赣州市卷烟配送中心、南昌卷烟厂、兴国卷烟厂、赣南卷烟厂生产一线，深入赣南烟区察看烟叶生产和基础设施建设以及现代烟草农业建设工作，重点了解旱地烟在当地的发展情况。何泽华要求江西中烟公司坚持走技术领先、技术特色的路子，充分发挥自己的优势，以更快速的反应，努力把技术转化为生产力、战斗力，努力加快企业的发展。

4 月 1 日　全省“按客户订单组织货源”网络运营模式正式运行。

4 月 10 日　省烟草质检站《烟草行业实验室信息管理系统-LIMS》项目通过由国家烟草专卖局、国家烟草质检中心、省局有关部门专家共同组成的验收小组的验收。

4 月 13 日　省局（公司）召开企业文化建设项目成果视频发布会，标志着省局（公司）母文化构建工作基本完成。

5 月 19 日　省局（公司）和红塔集团在南昌召开“协同发展，共育品牌，两烟发展战略合作研讨会”。会议就培育红塔品牌、促进江西烟叶发展、进一步加强工商协同进行了研讨。

7 月 17 日　省局在南城县局召开创建全国优秀县级烟草专卖局试点动员会。

8 月 24 日—27 日　国家发展改革委员会主管中国机电设备招标中心、《中国招标·烟草包装》杂志举办的 2009 中国卷包装研讨会暨“2008 中国十大烟标”颁奖典礼上，江西中烟金圣（典藏·本草香）荣获“2008 年中国十大烟标”称号。

8 月 25 日　全省烟草科普服务站建设试点座谈会在会昌县召开。省科学技术协会副主席梁纯平到会讲话，并为赣州周田科普服务站揭牌。

9 月 4 日　国家局（总公司）印发《关于江西中烟工业公司更名改制和建立董事会的批复》，同意江西中烟工业公司更名改制为“江西中烟工业有限责任公司”，按照现代企业制度要求，建立董事会，设立监事会。

9 月 10 日　省局（公司）在九江召开全省商业系统卷烟订单工作现场管理观摩会。

9 月 15 日　江西赣南烟叶复烤有限责任公司创立大会暨首次股东大会在赣州召开。省公司、江西中烟、红塔烟草集团、川渝中烟、山东中烟、湖南中烟、上海烟草集团、浙江中烟、广东中烟以及赣州、抚州、吉安市公司共 12 家股东单位的股东代表和非职工董事、监事候选人参加会议。

9 月—10 月　全省烟草商业系统第一届职工运动会隆重举行。省局机关、各市局（公司）共 12 支代表队参加比赛。

10 月 19 日—20 日　全省整体推进现代烟草农业建设暨烟叶工作研讨会在南昌召开。会议研讨了全省整体推进现代烟草农业建设和江西特色优质烟叶开发的实施意见，以及 2010 年烟叶计划安排、种植布局等措施,强调继续完善提高烟叶生产基础设施建设。

10 月 26 日　省局(公司)分别与红塔、红云红河集团签订两烟发展战略合作协议书。

10 月 29 日　江西中烟工业有限责任公司揭牌仪式在金圣工业科技园举行。副省长洪礼和、国家局副局长张辉出席仪式共同揭牌。

11 月 14 日—15 日　国家人力资源和社会保障部职业技能鉴定中心质量管理体系认证审核专家组对全省烟草鉴定站质量管理体系实施状况及符合性、有效性进行现场认证审核。专家审核组作出“推荐通过认证”的现场审核结论。

11 月 15 日　副省长洪礼和、赣州市市长王平出席江西赣南打叶复烤生产线项目奠基开工仪式。

是月　江西中烟公司向江西省慈善总会捐款 1000 万元救助灾害。

是年　省局(公司)制定《教育培训体系建设的实施意见》,每 5 年对单位所有员工轮训一遍。

是年　全省密集烤房技术全面推广,密集烘烤率达 90%以上,基本实现了烟叶烘烤的密集化、简单化和智能化。

是年　全省卷烟工业的卷烟销量首次突破百万箱,金圣品牌销量首次突破 20 万箱。

2010 年

1 月 4 日　副省长洪礼和率省直有关部门负责人到江西中烟公司视察。

是日　省局(公司)机关“效能年”活动获得省委省政府通报表扬。

2 月 2 日—3 日　副省长洪礼和率省直单位有关领导出席全省烟草工作会议。洪礼和要求全省烟草行业坚持多措并举,千方百计壮大卷烟产销总量;紧抓品牌培育,千方百计做强做大金圣品牌;稳定烟叶规模,千方百计打造江西烟叶品牌;狠抓内部管理,千方百计提升企业可持续发展能力。

3 月 5 日　国家局组织有关专家对省烟草质检站进行烟草行业产品质量监督检验机构现场复评审,同意继续授权江西省烟草质量监督检测站承担烟草相关的检验业务并颁发审查认可授权证书。

3 月 9 日　省公司与浙江中烟工业有限责任公司在南昌举行工商战略联盟合作协议书签订仪式。

3 月 18 日—19 日　国家局副局长张保振到江西烟草调研,考察了南昌市公司物流中心、“金圣香”精提中心和南昌卷烟厂。张保振强调要围绕“卷烟上水平”,抓好服务品牌建设,将服务品牌建设与“卷烟上水平”的战略目标结合起来,与当地社会经济发展结合起来,与生产经营目标结合起来,与队伍建设结合起来,全力推动卷烟上水平,并勉励江西中烟公司做名金圣,服务大局,打牢基础,拓展服务,努力使金圣品牌闪烁发光、具有价值。

3 月 30 日　国家质检总局特种设备局副局长崔钢一行对南昌卷烟厂特种设备安全管理工作进行调研。

3月31日　全省系统卷烟销售、财务业务一体化数据对接工作顺利完成。

是日　省局(公司)印发《继续深化用工分配制度改革的意见》。

4月13日　省公司卷烟市场信息采集网络建设试点工作正式启动。

是月　江西中烟公司向云南省曲靖市捐赠抗旱救灾款80万元。

5月4日　省局与省公安厅等部门联合部署开展严厉打击利用互联网等信息网络非法经营烟草专卖品专项行动。

5月12日　省人大常委会副主任朱秉发一行到江西烟草开展《中华人民共和国烟草专卖法》《江西省烟草专卖条例》贯彻实施情况执法调研。

5月23日　由江西中烟公司承担的江西省科技支撑计划“现代中药技术在金圣卷烟降害中的应用研究”项目通过鉴定委员会专家组的鉴定。

5月27日　省局印发《江西省烟草专卖行政处罚听证制度》。

6月8日　省政府批复同意江西中烟公司将赣南卷烟厂和兴国卷烟厂整合进行易地技改,成立新的赣州卷烟厂。

6月25日　省局(公司)决定下拨灾区烟农生活困难救助资金42万元,帮助受灾烟农渡过难关。其中,抚州市局(公司)25万元、吉安市局(公司)12万元、赣州市局(公司)5万元。

6月28日　国家局党组任命徐璒为省局(公司)局长(总经理)、党组书记。

7月　江西中烟公司向省红十字会捐赠300万元。

8月7日—9日　省局(公司)在南昌举办全省系统首届卷烟商品营销职业技能竞赛。9名选手被授予“江西省烟草专卖局(公司)系统烟草技术能手”荣誉称号。

8月8日　在第四届中国品牌节上,金圣品牌荣获“品牌中国总评榜(2009—2010)金谱奖——本草减害创新品牌”称号,成为烟草行业唯一获得此项称号的卷烟品牌。

8月11日　省局(公司)完成全省系统网络通信线路改造工作。省公司到各市公司主用通信线路提速到6Mbps,备用线路提速到4Mbps。

9月28日　省科协在抚州黎川举办以“推动烟草科普工作,服务县域经济发展”为主题的第二十六期系列学术沙龙。省科协副主席梁纯平、顾厚武副总经理出席专题沙龙活动。

是月　南昌卷烟厂被国家局确定为18家合作生产定点工厂之一。

10月18日　省质量技术监督局组织专家评委对省局质检站进行资质认定复评审,同意对江西省烟草质量监督检测站继续授权。

10月23日　由省总工会、省烟草专卖局、省企业文化促进会联合举办的“责任烟草杯”江西和谐企业文化职工诗书画作品展在南昌画院开幕。

10月23日—26日　全省烟草选派3位选手参加第八届全国烟草行业职业技能竞赛暨第一届全国烟草行业卷烟商品营销职业技能竞赛,宜春市局李慧颖、抚州市局米佳璐选手获得综合成绩第23名和第29名。

12月3日　省局(公司)至国家局的通信线路迁移割接成功,顺利完成行业骨干网线路扩容实施工作。

12月9日　国家局下发《关于江西中烟工业有限责任公司赣州卷烟厂易地技术改造项目的批复》,同意江西中烟公司投资13.9亿元,在赣州开发区香港产业园北区购置土地730亩,按照60万箱/年制丝能力、40万箱/年卷包能力一次规划,分期实施赣州卷烟厂易地技术改造项目。

是月　江西中烟公司为四川省小金县灾后重建捐赠820万元。

是年　全省卷烟总销量达到126.2万箱,比销售最低潮的1995年增长171.98%,比2000年增长56.96%。

是年　江西中烟公司加强对新引进的HXD高温气流线的研究,完成庐山(精品)卷烟从传统加工到分组加工的转换。

是年　全省烟草实现税利突破百亿元大关,达到112.32亿元。

是年　根据财政部、中国烟草总公司有关文件,中国烟草井冈山教育基地资产无偿划转给中国井冈山干部学院。中国烟草总公司批复同意井冈山教育基地异地重建,新地址位于井冈山市茨坪镇长坑路9号。

第一章　烟叶生产与经营

20 世纪 90 年代初，广丰、广昌两县是江西和全国重要晒烟出口生产基地。1990 年—1993 年，江西烤烟生产迈入历史上第一个快速发展期。1992 年，全省烤烟收购量达 49.69 万担，不仅可以基本满足省内卷烟工业的需要，而且开始向省外调拨。1995 年，烟叶生产步入最低潮，烤烟收购量只有 20.04 万担。从 2000 年开始，全省烤烟年产量稳定在 30 万担以上。2006 年—2010 年，全省烤烟生产进入新的快速发展期，2008 年全省烤烟收购量达历史最高 86.86 万担，与之配套的基础设施建设初具规模，现代烟草农业建设扎实推进，显示了今后烤烟生产发展的巨大潜力。

江西烤烟由于独特的地理位置和良好的生态条件，具有典型的南方浓香型优质烟叶质量特征，表现为叶片结构疏松，身份适中—稍薄，色泽金黄—桔黄，色质纯正，色度较浓；香气细腻、成团性好；劲头适中，烟气浓度较高，透出清甜上扬的烟气特征，在卷烟配方中亲和性较好、配伍性较强，长期受到广大用户欢迎。调拨使用江西烤烟的单位，从江西中烟逐年扩大到红塔集团、上海集团、川渝中烟、福建中烟、山东中烟等国内重点卷烟工业企业。2006 年—2010 年，省外销售总量达 234.85 万担，占同期全省烟叶收购总量 71.38%。

第一节　种植区划

中国曾 3 次开展全国烟草种植区划，将江西分别划分在华中烟区、长江中下游烟区、东南烟草种植区。2003 年，由国家烟草专卖局组织牵头，郑州烟草研究院和中国农业科学院技术负责，在全国 21 个烟叶产区的共同参与下，用将近 5 年的时间，完成第三次烟草种植区划研究，出版《中国烟草种植区划》。2004 年，江西省在信丰县、赣县、瑞金市、会昌县、石城县、广昌县、峡江县、鄱阳县，开展采样点田块选定、烟株挂牌、叶位标记，完成区划采样点 GPS 定位，地理坐标和海拔标记工作。按照《中国烟草种植区划》江西被划分在东南烟草种植区，并分为闽西赣南粤东丘陵烤烟区、皖南赣北丘陵烤烟区。

20 世纪 90 年代初，江西根据当时全省烟草分布状况、生产特点及自然条件，结合行政区划，将烤烟种植区划分为赣南烤烟区、赣中烤烟区和赣西、赣北烤烟区。晒烟生产区划为赣东晒烟区。

烤烟区划

《中国烟草种植区划》采用二级分区制，将全国烟草种植区划分为 5 个一级烟草种植区和 26 个二级烟草种植区。江西、海南、广东、广西、福建、浙江、台湾等省(自治区)全部,江苏省、安徽省的南部,湖南省东南部、湖北省东部划在东南烟草种植区。按二级分区制,江西划分为闽西赣南粤东丘陵烤烟区、皖南赣北丘陵烤烟区。

闽西赣南粤东丘陵烤烟区　该烟区包括江西省赣州市、福建省龙岩市、三明市、南平市和广东省梅州市及浙江省丽水地区。赣州市烟区含信丰、大余、崇义、安远、宁都、于都、兴国、会昌、石城、瑞金等县(市)。该区烟叶生产历史悠久,烟草生产在全国曾居重要地位。生产的烤烟质量优良,已发展成为中国主要清香型烤烟产区之一。烤烟2月上中旬至3月上中旬移栽。生产中使用的主栽品种为K326、云烟87、云烟85、翠碧1号等。

该区总体属烤烟生长的适宜区,闽西赣东南和粤东北存在一定比例的最适宜区。烤烟生长的生态条件较好,赣南地区年平均气温17.9℃~19.7℃,≥10℃的年积温5598℃~6340℃,日平均气温稳定通过10℃的天数237天~249天,无霜期270天~305天,年均降水量1434毫米~1706毫米。该区北部属中亚热带,分凉区和温区,两者气温差异较大,山地阴凉潮湿。盆地丘陵温暖湿润。全区热量资源相对其他南方烤烟区略低,但水资源丰富。年平均气温17℃~19.5℃,≥10℃年活动积温5150℃~6150℃,无霜期220天~300天,年降水量1550毫米~1900毫米,4月—6月的降水量占全年降水量的50%~60%。主要植烟土壤有水稻土、红壤。土壤有机质23.4克/千克,土壤pH5.0左右,氯离子含量15.6毫克/千克,土壤速效磷和速效钾含量分别为28.7毫克/千克和70.6毫克/千克。

该区生产的烤烟颜色金黄(稍深),身份相对较薄,外观质量和物理特性较好,化学成分协调性较好。烟叶化学成分特点是糖和钾离子含量相对较高,氮含量相对较低。中部烟叶还原糖含量多在22%以上,平均23.03%;钾离子含量多在2.5%以上,最高可达3.81%,平均2.63%;总氮含量多在2.0%以下,平均1.79%;烟叶氮碱比值相对较低,中部烟叶氮碱比值为0.5%~0.8%,平均0.69%。烟叶清香特征明显,香气质好,香气量足,杂气较轻,配伍性和耐加工性均好,是中国主要的主料型烟叶之一。

闽西赣南粤东丘陵烤烟区烟叶主要化学成分

表1-1-1

项　目	烟碱(%)	总氮(%)	总糖(%)	还原糖(%)	钾(%)	氯(%)	淀粉(%)	糖碱比值	氮碱比值	钾氯比值
最大值	4.27	2.43	32.23	29.15	3.81	1.17	8.82	19.24	1.09	29.84
最小值	1.44	1.05	14.85	14.02	1.83	0.11	1.98	3.79	0.40	2.27
平均值	2.67	1.79	26.36	23.03	2.63	0.30	5.24	9.17	0.69	10.91

皖南赣北丘陵烤烟区　该烟区包括安徽省芜湖市、宣城市、黄山市,江西省上饶市、吉安市、抚州市,3个烟区含峡江、永丰、广昌、上饶、广丰、鄱阳等县(市)。该区从20世纪70年代开始发展烤烟生产。区内烤烟生产分布广泛,但未形成较大规模的烟叶产区。区内还有少量晒烟生产,如列入

全国名晒烟的江西广丰紫老烟和广昌黑老烟。紫老晒红烟叶肉肥厚,虎斑紫红,桂圆香味,光泽赤亮,组织细致,油分足,弹性强,烟味浓烈;黑老晒红烟叶片大且厚,颜色深,烟味浓,劲头大,燃烧性好,风味独特。该区江西烤烟3月上中旬移栽,生产中使用的主栽品种为K326、云烟87、云烟85等。烟叶生长前期低温及干旱是影响烟叶生产的主要不利因素。

该区总体属烤烟生长的生态适宜区,具备优质烤烟生长的生态环境条件。江西省烟区基本地貌以山地、丘陵为主。该区属中亚热带湿润季风气候,其特点是光热资源充足,雨量充沛。赣北年平均气温16.2℃~18.3℃,≥10℃的年积温5040℃~5809℃,日平均气温稳定通过10℃的天数235天~254天,无霜期241天~283天,年平均日照时数1496.1小时~2105小时,年均降水量1341毫米~1917毫米,雨热基本同季。植烟土壤以红壤为主。土壤有机质含量22.3克/千克,土壤pH5.3左右,氯离子含量14.6克/千克,土壤速效磷和速效钾含量分别为19.7毫克/千克和95.0毫克/千克。

该区生产的烤烟颜色金黄至橘黄,身份相对较薄,烟叶外观质量和物理特性较好,化学成分基本适宜。烟碱和钾含量较高是该区烟叶化学成分的主要特征,中部烟叶钾离子含量多在2.50%以上,平均2.51%。香气质量尚好,具有浓香型特征,配伍性和工业可使用性较好,适于做主料或半主料型烟叶使用。

皖南赣北丘陵烤烟区烟叶主要化学成分

表1-1-2

项　目	烟碱(%)	总氮(%)	总糖(%)	还原糖(%)	钾(%)	氯(%)	淀粉(%)	糖碱比值	氮碱比值	钾氯比值
最大值	3.49	2.33	26.17	23.04	3.09	0.40	6.75	11.4	1.09	14.00
最小值	1.68	1.57	20.61	19.05	1.64	0.20	2.85	5.67	0.56	4.08
平均值	2.73	2.00	23.62	21.19	2.51	0.28	4.89	8.30	0.78	9.83

晒烟区划

江西晒烟产区分布广泛,东起武夷山,西至罗霄山脉,南起南岭山,北迄幕阜山脉,历史上以广丰、龙南、瑞昌、鄱阳等县产量最丰。1988年全省58个种植晒烟县,面积在5000亩以上县有2个,即广丰、广昌县;1000亩~5000亩县有18个,即赣县、信丰、南康、安远、上犹、宁都、于都、会昌、兴国、瑞金、石城、泰和、遂川、万安、上饶、金溪、黎川、南城县。1000亩以下县有38个。

1988年后,根据烟草种植区划,将江西赣东、赣东北部分晒烟生产区划为赣东晒烟区。20世纪90年代初,赣南烟区大力发展烤烟生产,种植面积达12万亩以上,并由著名晒烟产区转变成为省内烤烟重点产区。1993年,全省晒烟种植面积9.81万亩,总产15.96万担。

上饶、抚州两地区的上饶、广丰、南丰、南城、黎川、广昌等县,是传统的晒烟著名产区。其中,广丰、广昌两县国家确定为晒烟出口基地县。

赣东晒烟区适宜种烟面积60万亩以上。全区土壤多为红、黄土和紫色土,土质深厚,发育良好,呈微酸性,有机质含量高。全区年平均气温16.7℃~18.2℃,日照数1600~2000小时,无霜期255天左右,降雨量1600毫米~1900毫米。根据区划要求,赣东晒烟区主要是加强名优品种的提纯复壮,逐年扩大面积,提高烟叶品质和产量,以适应出口和发展混合型卷烟的需要。到1993年,上饶、抚州两地区的晒烟种植面积和产量之和,分别达6.5万亩和10.3万担,约占全省2/3左右。

第二节 晒烟生产与调拨

江西晒烟产区分布广泛,种植历史悠久。20世纪90年代前,经过调整产业结构,全省晒烟逐步集中在58个县种植。1988年,抚州地区广昌县、上饶地区广丰县晒烟种植面积均在5000亩以上。20世纪90年代初,全省晒烟主要集中在广昌县、广丰县种植。1993年,全省收购晒烟16841担,其中广昌县13600担、广丰县3241担。在此期间,两县外贸出口也迅速增加。1992年,广昌"黑老红"烟出口量6308担;1993年,广丰"紫老红"烟出口量4900担;分别达到两县晒烟出口最高年。1994年后,全省除广昌、广丰县外,其他县不再有商品晒烟生产。

晒烟采用育苗移栽,一般是秋末播种,冬天育苗,翌年春天移栽,秋初采收晒制。广昌晒红烟苗床期110天,大田生育期125天左右。广丰晒红烟苗床期140天~160天,大田生育期100天~110天。

晒烟中耕3次。第一次浅,于移栽后7天~10天进行;第二次深,于移栽后20天~25天进行;第三次于移栽后30天~35天进行,锄松表土,锄深畦沟,围严烟株根部。

烟田需肥量比较大,农家肥多做基肥,化肥一般用作追肥。大田前期薄施肥,旺长期前重施优质肥,大培土(上烟行)追施速效氮肥(尿素、人尿)。

晒烟习惯于见花打顶,然后及时抹杈,以消除养分消耗,促进烟株开杆开片。烟株留叶数决定于晒烟类型和耕作制度等条件。广昌晒红烟实行烟—稻连作或烟芋、烟薯套种,每株留叶20片~30片;烟—秧—稻连作制,每株留叶数20片。广丰晒红烟留叶12片~14片。

广丰晒红烟晒制方法,是将叠好叶片的烟搭背向外,面向里靠在烟梆的南北面,让其日晒夜露(除雨天)。待到叶面转黄时,夜间收集室内,早晨搬出室外,背朝上,面朝下,平放于晒场,让其吸露收色,日出时搬动烟搭,面向外,背朝里,斜靠烟梆南面。大约经过一天左右时间,将烟搭背朝上平放在晒场上,让叶背直接受阳光暴晒,直至主脉晒干为止。

广昌的晒红烟采用以晒为主,晾、晒结合的调制方法。一般是晴天晒阴天晾,白天晒夜间晾,直至叶片主脉干燥为止。从采摘晒制出成品,需30天时间。晒干后的烟叶适当回潮后,从晒烟搭上取下,根据颜色、部位、油分、大小、厚度、破损程度等不同情况,进行扎把,每把20片~30片。

20世纪90年代中后期至21世纪初,石城、广昌、黎川等名晾晒烟产区,大力发展烤烟生产,加上晒烟生产技术改进缓慢,产量难以提高,质量下降,烟农种植晒烟经济效益降低,全省晒烟种植面积逐年萎缩。

1997年后,由于国内混合型卷烟生产量大幅下滑,晒烟出口计划取消,烟草公司不再组织收购晒烟,省内晒烟生产逐步萎缩,但广丰、广昌等县仍有部分烟农少量种植。2005年以后,广丰县不再种植晒烟。2010 年,广昌县晒烟也只有零星种植。

重点产区介绍

广昌县　广昌晒红烟以铁赤烟为主,已有 360 多年种植历史,系广昌县传统的地方栽培品种,原名木杓烟。广昌“黑老虎”晒烟历史上曾经声名显赫,清末已远销广东、江苏、武汉等地,外贸出口到东南亚、中东等国家。

1973 年,广昌县驿烟研究所对木杓烟进行提纯复壮研究,经提纯复壮后的种子取名铁赤烟,因晒制后叶片红里透黑,烟气浓烈,吃味丰满,称为“黑老红”烟,俗称“黑老虎”。经原轻工部烟草研究所鉴定,广昌晒烟是生产低焦油混合型香烟和雪茄烟的上乘原料。

1978 年被列入江西省晒烟外贸出口基地县,1986 年被国家烟草专卖局定为晒烟生产基地。1992 年被《中国烟草大辞典》称为中国著名晒红烟产区“广昌烟区”,同年被国家列为全国 36 个出口烟生产基地之一。1992 年和 1993 外贸出口量最多,分别达到 6308 担和 6120 担。

广昌晒烟常年种植面积在 1000 亩以上的有驿前、赤水、头陂、贯桥等乡,种植 500 亩左右的有尖峰、麻塘、头陂、杨溪、大株、塘坊、新安等乡镇。1997 年,广昌县种植晒烟为历史最高达 28760 亩,总产量 64240 担,主要分布在驿前、赤水、头陂、杨溪、高虎脑、新安等乡镇。1997 年后,由于未对晒烟进行统一管理,加上传统的生产技术产量难以提高,质量下降 1 个~1.5 个等级,广昌晒烟生产规模急剧萎缩,自 2004 年开始,全县面积在 2000 亩上下徘徊。2010 年种植晒烟 2500 亩,产量 5660 担。

广丰县　广丰晒烟分为晒红烟、深色晒黄烟(金黄)、浅色晒红烟(白黄、姜黄)。晒红烟种植比较集中,产区有横山、砰阳、东井等乡。栽培品种以大牛舌、小牛舌为主,系广丰县传统的地方栽培品种,至今已有 300 多年种植历史,产量高而稳。因晒后呈紫红色,故称“紫老红”烟,1984 年,广丰县被国家烟草专卖局指定为名优烟生产基地,1986 年 2 月被确定为全国出口烟生产基地。

20 世纪 90 年代初,通过提纯良种,合理轮作,广丰县晒烟种植面积及出口量迅增。1993 年,全县晒烟产量历史最高,达到 14400 担,其中“紫老红”烟的出口量达到 4900 担。1994 年起逐年减少,到 2001 年只有 5880 担。2005 年以后,全县几乎无人再种植“紫老”红烟。

上饶县　上饶晒红烟主要品种有大牛舌,小牛舌、大杆烟。1979 年全县种植晒烟 417 亩,1986 年为 944 亩,总产 1240 担。1987 年以后不再种植晒烟。

安远县　安远晒黄烟主要产地濂江乡,栽培的地方品种称“硬骨高秆烟”和“软骨矮秆烟”。以顶部叶为好,颜色以微带黄斑虎黄为佳,油分充足,叶大而厚,组织细致,香味醇郁,劲头足,烟灰白,燃烧性能强,评吸为芳香型。1988 年全县种植晒烟 4200 亩,产量 6680 担;1991 年起,安远晒烟种植面积逐年萎缩。1994 年,因统一生产布局需要,县烟草公司停止烟叶生产收购工作。县内零星种植,绝大部分经简单加工后制成烟丝自吸或流向本地及附近县(市)市场。

黎川县　黎川晒黄烟历史上在中外享有一定声誉。以“黎川圆烟”“黎川长烟叶”“黎川短烟叶”为主栽品种,具有叶皮大,肉质厚,色黄味香,绵软如绸等特点。加工成烟丝后,香、色、味、性均具特色。烟丝分特级、甲级、乙级、丙级。特级烟丝有“飘香”“丹桂”等雅称。1991 年种植面积

1300 亩,收购 172 担。因市场需求变化,晒烟面积大幅缩减,1994 年停止种植。

信丰县　信丰晒黄烟品种分“青梗烟”和“黄壳烟”,主要分布在小河、正平、同益、蕉坑等乡。多种于山坡丘陵地的紫色土耐肥、耐旱,抗逆性强。晒制后叶片适中,叶色柠檬黄,色泽鲜明匀净,有油分,弹性好,香气浓。新上市的烟略有地方青杂气,陈烟醇香丰满。1985 年,收购晒烟 1835 担。进入 20 世纪 90 年代初,信丰晒烟逐渐被烤烟取代,烟农处于自产自吸,少量市场零售。

石城县　石城晒红烟品种主要有柳叶烟和蒲杓烟。烟叶花纹似虎,经一二年醇化,色呈紫红或深红,烟味浓,后劲大,燃烧性好,弹性强,俗称黑烟或乌烟。曾在 20 世纪 50 年代列为全国地方名晒烟之榜首,并定为出口晒烟品种之一,销往闽、粤等地和东南亚、欧美等国。1989 年,全县晒烟产量 8960 担。1992 年后,晒烟被烤烟取代,全县只有零星种植,烟农处于自产自吸自销。

名优晒烟

江西著名晒烟产品有黑老红烟、紫老红烟。1990 年,江西省晒烟有晒红烟、晒红黄烟、晒黄烟 3 种类型,共 14 个品种。晒红烟是全国主要名晒烟,有 5 个品种。其中铁赤烟、大牛舌分别是江西晒烟知名产品黑老红烟、紫老红烟的骨干品种。

1993 年 10 月 7 日,广丰县、安远县、黎川县、广昌县、上饶县、石城县的晒红烟,广丰县、信丰县的晒黄烟,被国家烟草专卖局列入名晾晒烟名录。2003 年 2 月,广丰县、广昌县、石城县的晒红烟,信丰县、广丰县的晒黄烟,黎川县、安远县的晒红黄烟,被国家烟草专卖局列入名晾晒烟名录。

黑老红烟　产于广昌县驿前地区,俗名黑老虎、黑老烟。其物性是叶大肉厚、组织细致,晒干后叶片红里透黑,经一二年醇化后,深红发黑,色泽鲜亮,油光发亮,香气浓郁,吃时味醇劲足,燃烧性好,刺激性大,风味独特。色、香、味俱佳。是加工低焦油混合性卷烟和雪茄烟的优质原料,烟叶出口的名牌产品。

紫老红烟　产于广丰县境南部的横山廿四都、关里地区。晒后呈紫红色,俗称紫老烟。属雪茄烟型晒红烟种类,具有叶肉肥厚、虎斑紫红、桂圆香味、手握如绸、抓不碎、抓得拢、放得出等特点。烟叶加工后,吸时醇香四溢,经久不散,被称为烟叶中的上品。“石马紫老”是国内外知名度很高名优晒烟,清朝中叶,即远销海外。

收购调拨

20 世纪 80 年代至 1997 年,全省晒烟收购一般采取由供销社代购管理。代购手续费、保管费按省烟草专卖局(公司)规定执行。

1984 年,根据国家颁布的《烟草专卖条例实施细则》规定,广丰县、广昌县的晒红(黄)烟列为国家名晾晒烟,分级标准根据当地烟叶质量情况自行制定相关规定,报省级有关部门批准后执行。

分级标准　晒烟标准系江西省地方性标准。1967 年,由江西省供销社牵头,江西省轻化工业厅、江西省农牧渔业厅参加,在 1956 年制定的晒红烟、晒红黄烟、晒黄烟六级标准基础上,对部位、颜色、品质和损伤度都做了具体规定。20 世纪 70 年代—90 年代,全省晒烟收购一直执行此分级标准。

1967 年—1997 年晒红烟分级标准

表 1-2-1

等级	部　位	颜　色	品　　质	损伤度%
一级	顶叶、上下二棚	紫红、深红	细致柔软　油分足	15
二级	上二棚、腰叶	深红、赤红	尚细致　油分有	20
三级	腰叶、下二棚	赤红、红黄	较细致　油分少	25
四级	下二棚、脚叶	红黄、微红	油分差	35
五级	脚叶	赤褐带红	油分缺	40
等外	不限	不限	除带茎梗烟杈(芯)外,其他不限	不限

收购价格　晒烟收购价格实行一县一价,不计地差。1984 年,省烟草公司成立后根据国家局指示精神,分别于 1985 年、1988 年和 1995 年,对 1 级~5 级晒烟收购价进行调整。1996 年后,全省晒烟种植面积急剧减少,至 2010 年收购价格未作调整。

1988 年与 1995 年晒烟收购价格调整情况

表 1-2-2　　单位:元/担

等级	1985 年价格	1988 年调整	调幅%	1995 年调整	调幅%
一级	176.00	185.00	5.11	264.00	42.70
二级	143.00	153.00	6.99	214.50	40.19
三级	110.00	118.00	7.27	165.00	39.83
四级	83.00	90.00	8.43	123.00	36.94
五级	50.00	60.00	20.00	74.25	23.75

调拨价格　1985 年 5 月,省烟草公司在调整烤烟调拨价的同时,对 1 级~5 级晒烟调拨、供应基价作了调整。调整后的价格以全国烟价基点县信丰为例。

1985 年信丰县晒黄烟价格一览

表 1-2-3　　单位:元/担

等级	产地收购价	工商统一税 40%	调拨基价
一级	147.00	58.80	236.11
二级	120.00	48.00	193.67
三级	96.00	38.40	155.96
四级	69.00	27.60	113.55
五级	40.00	16.00	69.14

调拨流向　1990 年—1994 年,全省收购晒烟 11.21 万担,其中 1992 年为最多的一年,收购量达 3.02 万担;1994 年收购总量最少,仅为 0.6 万担。20 世纪 90 年代,江西大部分晒烟按照国家计划实行统一销售调拨给福建、广东、东北等地烟厂和上海烟草进出口公司等企业。1992 年,广昌黑老红烟出口量 0.63 万担,1993 年,广丰紫老红烟,出口量达到 0.49 万担,分别是区内晒烟销售最大的一年。

1990 年—1994 年晒烟收购及省外销量

表 1-2-4　　单位:万担

年　度	收　购　量	省　外　销　量
1990	4.29	3.69
1991	1.62	2.34
1992	3.02	0.98
1993	1.68	3.61
1994	0.60	0.56
合　计	11.21	11.18

第三节　烤烟生产

1987 年,江西省人民政府出台发展烟叶生产的七条优惠政策,促进了江西烤烟生产的快速发展。1991 年,全省烤烟总产 46.2 万担,比 1986 年增长 12.8 倍。1994 年开始,全国出现卖烟叶难,江西烤烟进入低谷期,部分产烟县由于种植分散,收购量少,结构调整,逐步退出烤烟种植行列。省局(公司)通过厂县挂钩,开发优质烟基地,全省烟叶生产规模得到稳定。

2004 年底,省局(公司)在赣州召开全省烟叶发展战略研讨会,随即出台一系列扶持烟叶生产发展的政策;2005 年,按照国家局总体部署,江西烟区全面开展烟水工程建设,大力推行标准化生产和现代烟草农业建设,全省烤烟生产迈入新的快速发展期。2006 年,全省烟叶总产 51.40 万担,结束了江西烟叶年产量长期徘徊在 30 万担左右的局面。2008 年,全省烤烟总产达到 86.86 万担,比 2006 年增长 68.99%。2010 年,全省烤烟调整到赣州市、抚州市、吉安市的 16 个县种植。

面积与产量

1991 年—2005 年,江西烤烟生产经历了由高到低,再恢复发展的过程。全省第一个小高峰期出现在 1991 年—1993 年,最高年 1992 年种植烤烟面积 26.34 万亩,收购烟叶 49.69 万担;随后跌入 3 年低谷,最低年 1995 年种烟面积 17.63 万亩,收购烟叶 20.04 万担;直到 1997 年才有所恢复,种烟面积 26.6 万亩,收购烟叶 48.73 万担。后期,全省烤烟收购量徘徊在 30 万担上下。

20 世纪 90 年代初,全省有 6 个地区、19 个县种植烤烟。包括赣州地区石城、信丰、兴国、会昌、宁都、瑞金、赣县;吉安地区峡江、安福、泰和、吉安、万安县;上饶地区鄱阳、余干县;抚州地区临川、乐安县;宜春地区宜丰、万载县;九江市都昌县。1992 年,赣州地区收购烟叶 23.55 万担,占全省总量47.39%;其次是吉安地区14.5万担,占全省总量29.18%;上饶地区6.91万担,占全省总量13.91%。

峡江、信丰、石城、鄱阳4县,为20世纪90年代初全省的烤烟重点县。1991年,峡江、石城、信丰、鄱阳4县收购量占全省总量67%。1992年,鄱阳县收购烟叶6.2万担,占全省总量12.48%。1993年,峡江县、石城县、信丰县分别收购烟叶14.2万担、7.93万担、6.57万担,分别占全省收购总量29.71%、16.59%和13.74%。

2006年—2010年,全省烤烟生产进入新的快速发展期。期间,抚州市大力发展烤烟生产,一跃成为江西第二大烟区。2008年,全省4个市、17个县种植烤烟27.03万亩,收购烟叶86.86万担,平均亩产3.21担,创历史最高水平。其中赣州市种烟面积12.70万亩,收购烟叶39.86万担,占全省总量45.89%;抚州市种烟面积10.46万亩,收购烟叶34.07万担,占全省总量39.22%。烟叶收购量达到6万担以上的县(市)有7个,其中石城县收购烟叶13.29万担,占全省总量15.3%;广昌、峡江、黎川县收购烟叶10.29万担、8.85万担、8.48万担,分别占全省烟叶收购总量的11.85%、10.19%和9.76%。

1991年—2010年全省烤烟情况

表1-3-1

年　份	面积(万亩)	亩产(担)	收购量(万担)
1991	25.99	1.78	46.20
1992	26.34	1.89	49.69
1993	24.77	1.93	47.80
1994	22.50	1.43	32.07
1995	17.63	1.14	20.04
1996	18.90	1.35	25.59
1997	26.60	1.83	48.73
1998	16.80	1.57	26.33
1999	14.98	1.88	28.12
2000	14.95	2.07	30.94
2001	14.52	2.41	35.01
2002	15.63	2.14	33.50
2003	12.10	2.69	32.56
2004	12.80	2.37	30.36
2005	15.30	2.26	34.51
2006	19.43	2.65	51.40
2007	19.13	2.92	55.92
2008	27.03	3.21	86.86
2009	23.75	3.16	75.00
2010	23.71	2.55	60.57

2008年各县烤烟种植情况

表1-3-2

设区市	种烟县(市)	种植面积(万亩)	收购量(万担)
赣州市	石城县	3.87	13.29
	瑞金市	2.45	7.99
	会昌县	2.29	7.26
	赣　县	1.16	3.63
	信丰县	1.30	3.25
	兴国县	1.10	3.32
	宁都县	0.39	1.03
	全南县	0.03	0.08
	全市合计	12.59	39.85
抚州市	广昌县	3.33	10.29
	黎川县	2.66	8.48
	乐安县	1.87	6.74
	资溪县	0.76	2.38
	宜黄县	1.84	6.17
	全市合计	10.46	34.06
吉安市	峡江县	2.53	8.85
	安福县	0.98	2.93
	永丰县	0.27	0.91
	全市合计	3.78	12.69
上饶市	鄱阳县	0.09	0.26
全省合计		27.03	86.86

布局调整

1989年—1998年,由于全国卖烟叶难,烟农种烟效益低,以及布局调整,上高县、丰城市、修水县、都昌县、上饶县、余干县、万载县、宜丰县、吉安市、吉水县、莲花县、遂川县、永新县、宁冈县、吉安县、临川县、崇仁县、南城县、金溪县不再种植烤烟。2007年—2010年,广丰县、全南县、鄱阳县退出烤烟种植。其中9个县是5000担以上规模的县。

都昌县　1988年,全县试种烤烟1617亩,收购烟叶1600担。1993年达到3000亩,收购烟叶6500担,为历史最高年份。1994年开始,随着县政府扩大植棉面积,退出烤烟种植。

余干县　1988年,全县34个乡镇都试种了烤烟,1992年收购烤烟8200担,为历史最高年。1994年退出烤烟种植。

宜丰县　1988年,全县试种烤烟2000亩,1993年种烟面积10400亩,收购烟叶15500担。1995

年收购烟叶 16000 担,为历史最高年。1996 年退出烤烟种植。

吉安县　1988 年,全县试种烤烟 1210 亩,收购烟叶 1230 担。1993 年种植面积 3120 亩,收购烟叶 6890 担。1994 年开始,烟农零星种植,1998 年退出烤烟种植。

万载县　1989 年,全县试种烤烟。1993 年种植面积达 3500 亩,收购烟叶 6136 担,为历史最高年。1995 年退出烤烟种植。

临川县　1991 年,全县试种烤烟 11849 亩,产量 1.3 万担。1993 年种植面积 2.1 万亩,收购烟叶 2.7 万担,为历史最高年。从 1994 年开始,烤烟生产持续下滑,1998 年后退出烤烟种植。

广丰县　1998 年,全县收购烤烟 5353 担,2003 年收购烤烟 4627 担,以后逐年减少,2006 年收购烤烟 646 担。2007 年退出烤烟种植。

全南县　2003 年,全县试种烤烟 8280 亩,涉及 9 个乡(镇)。2005 年种植面积 2300 亩,收购烟叶 3280 担。2006 年后烤烟生产持续下滑,2009 年赣州市局(公司)取消全南县烤烟试种计划,退出烤烟种植。

鄱阳县　1987 年,全县试种烤烟 2000 亩。1992 年烤烟收购 6.2 万担,为历史最高年。1997 年收购烟叶 2.16 万担。以后逐年下降,2008 年仅收购烤烟 0.21 万担。2009 年省局(公司)不再下达烤烟计划。

品种推广

江西烤烟种植的品种基本上从省外引进。1991 年—2010 年,全省烤烟种植品种主要有 G140、G28、G80、NC89、K326、K346、K394、翠碧一号、云烟 85、云烟 87 等优良品种。

20 世纪 90 年代,全省主要种植的品种有 K326、G28、G80 及少量 G140 和 NC89 等,其中 K326 是美国杂交培育品种,1986 年—1988 年中国引进试验,1989 年赣州地区引进试验,于 1990 年开始种植,1992 年大面积推广后,一直沿用至今,已成为江西烤烟主栽品种。

2004 年—2010 年,全省主要种植的品种有 K326、云烟 85、云烟 87 及少量 9601、红花大金元等,其中云烟 87 是由云南省烟草科学研究所杂交选育而成,2000 年经全国烟草品种审定委员会审定为推广良种,2002 年全省开始推广,一直沿用至今,已成为江西烤烟主栽品种。

2004 年—2010 年烤烟主要种植品种

表 1-3-3　　单位:万亩

年份＼品种	K326	云烟 87	其他品种
2004	7.75	4.29	0.61
2005	6.91	7.70	0.60
2006	5.68	10.35	3.40
2007	4.72	13.89	0.52
2008	4.07	20.70	2.26
2009	1.58	21.42	0.75
2010	16.93	6.74	0.04

种植技术

耕作制度　江西烤烟耕作与晒烟相同,多属轮作制,即水稻田为烟稻轮作;旱地在收完烤烟后种一季甘薯或秋芝麻,或者套种甘薯或秋芝麻、晚大豆。烟田轮作年限为2~3年,烟田轮作方式为水旱轮作,即烟稻或烟莲轮作。轮作作物以禾本科作物为主。烟田不与茄科、十字花科等作物轮作。在基本烟田区域内,根据当地生产习惯选择轮作方式和年限。按照相对集中的原则,根据当地的地形、地貌,以主要河流、道路为界限将基本烟田规划为不同区块,依次循环轮作。

播种育苗　江西烤烟育苗技术发展大致分为四个阶段,四种育苗方式。20世纪90年代中期在推广包衣种子以前,主要采用薄膜育苗。该育苗方法采用裸种与细砂拌种后,直接撒播到事先已整理好的苗畦上进行薄膜保温育苗,八叶一芯时移栽到大田。

1993年开始在江西省烟区推广采用营养袋假植育苗。选择前两年未种过烟草或其他茄科作物的较肥沃半泥沙土或塘泥50%,过筛火土灰30%,腐熟猪粪15%,草木灰5%,充分混匀后加入复合肥,硫酸钾、磷肥充分混匀后进行堆沤发酵配制营养土,在移栽前20天左右,当烟苗在长到四叶一芯时,便把烟苗从苗畦上移到营养袋上进行假植,一钵一苗,假植后及时浇足定根水,盖膜保温。

1995年,省烟科所引进试验成功烟草包衣种子。1996年,全省组织示范推广包衣种子育苗面积1.91万亩,此后包衣种子育苗面积逐年扩大,1999年全省推广率达97%。2003年开始,全省统一采购玉溪中烟种子有限责任公司生产的包衣种子。

1999年省烟科所试验成功漂浮育苗技术,2000年开始在石城、宁都、赣县等产区进行漂浮育苗试验示范,2004年江西省全面实行漂浮育苗。利用该项技术,全省烤烟育苗改变了以往分散育苗的方式,实现了工厂化、集约化、商品化育苗。

2006年试验示范湿润育苗技术获得成功,2007年开始大面积推广。2010年,全省育苗面积25.72万亩,其中漂浮育苗面积17.88万亩,比例69.5%;湿润育苗面积7.84万亩,比例30.5%。全省商品化育苗比例93.06%。

大田移栽　20世纪90年代初,全省烤烟移栽一般在3月中下旬至4月初,采用单行高垄栽培,行距1米~1.1米,株距0.55米~0.6米,根据烟田肥力情况,亩栽1100株~1300株。漂浮育苗与覆膜移栽技术的推广,全省移栽期提前10天~15天,且实行宽行窄株栽培,行距1.2米~1.25米,株距0.5米~0.55米,平均亩栽1100株左右。

江西绝大部分烟区移栽时气温较低,一般选择回暖天气移栽。移栽期赣南为2月底至3月初,赣中为3月上中旬,赣北为3月中下旬。赣南南部信丰移栽较早,高海拔地区移栽较晚。部分采用膜下小苗移栽的产区,一般可提前7天~10天左右进行移栽。为确保大田长势长相一致,产区移栽时间相对集中,一个县在7天之内,一个村在5天之内,一个农户在2天~3天内完成。

地膜覆盖　地膜覆盖栽培是农业生产普遍采用的一项技术,地膜覆盖的主要作用在于保温、保湿、防杂草、有效改善土壤理化性状。1996年起,省局(公司)将地膜覆盖、包衣种子育苗、烤房改造和三段式烘烤,作为江西烟叶重点实施的“三项工程”之一,第一年全省推广地膜覆盖面积0.5万亩。此项技术一经推广,成效较好,特别是膜下小苗移栽,由于适当提早移栽,可以促进烟株早生快发,大田生产期前移,提高烟叶产质量,而深受广大烟农的欢迎。1997年,全省地膜覆盖面积就达到

4.05万亩,增幅达6.9倍。2004年,全省地膜覆盖面积已达95%以上。

平衡施肥　20世纪90年代后期,全省开始使用添加镁、硼等中微量元素的烟草专用肥以及硝酸钾、烟草有机无机肥,禁用尿素和碳铵。并根据当地烟田土壤状况,推行稻草还田、施用石灰或白云石粉改良土壤,并严格控制氮肥用量,增施硝态氮肥,稳磷、增钾、控硫;增施优质有机肥,针对性地补施中微量元素肥料,确保烟株营养平衡。全面推广分层施肥技术。基肥采用宽沟条施,推广双沟条施。氮素60%~70%作基肥,40%~30%作追肥施用,砂性重、渍水田块适当增加追肥比例;有机肥和磷肥作基肥,大力推广硝酸钾追肥。所有肥料于移栽后25天~35天分2次~3次结合扒蔸和中耕大培土进行追施完毕。

2004年,全省已基本完成了植烟土壤养分普查工作,平衡施肥技术方案细化到村。全省统一配方比价采购的烟草专用肥4657.32吨,各产区根据施肥方案和产购合同面积,捆绑供应所需农资数量。2005年9月,省局(公司)成立全省烟叶农资采购公开采购委员会,第一次召开烟叶农用物资公开采购会,采购烟草专用肥9919吨、农用硝酸钾2960吨、农用硫酸钾1380吨、有机活性肥1080吨。2010年,全省全面推广平衡施肥,"控氮降碱"工作得到较好落实。

中耕培土　移栽后10天~15天进行扒蔸小培土。结合追肥伸手至膜内,将烟株四周泥扒至茎基部,使茎基部土壤厚实、饱满,并封好膜口。连作田或有既往病史的田块采用营养土或客土填平烟穴,防止扒蔸时传染病害。移栽后30天~35天,烟株进入团棵期进行揭膜大培土。培土前揭除地膜,摘除2片~3片底脚叶,然后锄松垄底两侧,锄尽垄表杂草,深锄沟底,将垄培高达40厘米以上,呈龟背形,培高茎基部。全省植烟季节由于雨量大、降雨集中,培土后可重新覆盖地膜,此时地膜不再压紧盖实,其作用防止雨水冲刷,保持土壤疏松。

打顶抹杈　全省烟区打顶方式大同小异,分为扣心打顶、现蕾打顶、初花打顶、盛花打顶4种。打顶5天后开始抹杈,每隔3天~5天进行一次,整个大田抹杈5次~7次,打顶抹杈选在晴天上午进行。1991年开始推广施用抑芽敏一次性化学抑芽,比人工多次抹杈省工省时,效果更好。20世纪90年代末,为了改善上部叶结构,开始推广见花打顶,即在中心花开30%~50%,花蕾伸出顶叶15厘米时结合打除短于15厘米的顶叶进行一次性平顶或二次打顶,单株留叶数18片~22片。

标准化生产　2001年,石城县作为全国第三批国家级烟叶标准化示范县项目承担单位,按照统一、简化、协调、优选的标准化原则,于2002年成功建立并发布石城"紫石牌"烤烟生产综合生产标准体系,内容包括紫石牌烤烟基础标准、种子标准、质量标准、技术标准、管理标准五大体系。2004年通过国家质量技术监督局、国家烟草专卖局组织的专家验收,石城县成为国家级烤烟生产标准化示范县。

2008年,国家局下达关于全面推进烟叶标准化生产意见,各产区市按省局(公司)要求编制烤烟标准化生产体系。2009年,全省推广标准化比例85%以上,受到国家局标准化检查组的肯定。全省漂浮育苗、湿润育苗技术全面推广,土壤改良16.06万亩,轮作面积新区达85%以上,老区70%以上;控氮降碱、成熟采收与烘烤取得明显成效,烟叶质量受到卷烟企业的认可。全国烟叶收购等级抽查,全省烟叶收购平均等级合格率71.6%。

病虫害防治

江西烟草病害有30多种,虫害有100多种,与其他产烟大省相比,病虫害种类基本齐全,其中为害较重的病虫害有烟草花叶病、烟草青枯病、烟草黑胫病以及烟蚜、烟青虫、小地老虎和斜纹夜蛾等。在全省开展统防统治工作以前,据统计,每年因病虫害所造成的烟叶产量损失都在10%以上。

烟草花叶病以普通花叶病(TMV)和黄瓜花叶病(CMV)危害为主。盛发期是烟叶团棵至旺长阶段,烟株感病越早受害越重,现蕾后抗病性增强,此期感染的烟株症状轻,对产量影响亦小。1998年冬季气温偏高,蚜虫及其他害虫越冬基数大,1999年早春气候温暖,蚜虫向烟田迁飞期早,迁飞量大,致使赣州烟区普遍发生花叶病。赣州地区烟科所调查,当地所种烟叶蚜虫害占100%,小地老虎占8.4%。以石城县受害面积最多达4000多亩、兴国县2500多亩、信丰县2000多亩。2004年全省推广集约化育苗以来,由于较好控制病害的苗期侵染,花叶病基本得到控制,仅局部发生。

烟草青枯病遍布全省各烟区,每年都有不同程度的发生,平常年份以零星发病为主,平均病株率在10%以下;病害流行年份发病早,发病面积大,危害加重。

一般年份青枯病于5月中、下旬始发,6月中、下旬为发病高峰,流行年始病期往往提前。南部烟区发病早于其他烟区,老烟区发病重于新烟区,旱地烟重于水田烟。紫色土烟田发病最轻,沙性土病情最重。

烟草黑胫病是江西烟区传统的重要病害,自采用春烟—晚稻种植模式以来,病情明显减轻;烟草野火病常在烤烟生长的中、后期暴风雨多的年份发生。

烟草赤星病在烟叶成熟采收期明显可见,由于强调烟叶成熟度,采收延迟,赤星病危害呈逐年加重趋势。

烟草气候斑点病每年必发,在烟叶团棵期遇到强寒潮、降雨、病害会暴发。

2005年,全省建立烟草病虫害预测预报及综合防治网络,下设1个二级测报站,设在省烟科所;3个三级测报防治站,分别设在3个市技术中心;17个县级测报防治点。同年2月18日,在南昌召开全省烟草农药比价采购会,根据农药比价情况,第一次组织有关市局(分公司)对各县所需农药品种、数量进行了确认。由于统一了"两病一虫"预测预报方法,实现了集中采购"两病一虫"防治农药,在当年烟田病虫害发生较重的情况下,有效地指导了全省开展主要病虫害的统防统治工作,遏制了烟草主要病虫害的流行,并且规范了烟田用药和降低了种烟成本。

2006年,全省在各产烟县设立25个省级综合防治示范点,各产烟县设立县级示范点,烟技员建立综合防治示范户。通过推广普及综合防治技术,各综合防治示范点主要病害的发病率、病情指数与非示范点相比要轻得多,综合防治示范点病害的防治效果平均达到65%以上。

2007年,由省烟草病虫害预测预报及综合防治网络,明确烟草花叶病、烟草青枯病、烟蚜为全省重点防治对象,强调对烟草黑胫病、烟草赤星病、烟草野火病、小地老虎、烟青虫、斜纹夜蛾的监测,制定《江西烟草病虫害综合防治技术规范》《烟草病虫害预测预报技术和工作规范》及《烟草农药合理使用技术规范》等3个技术规范,编印出适合当地的"病虫害防治模式图"。同年,全省统一招标,采购主要烟草病虫害防治药剂、抑芽剂、除草剂达37.91吨。

2008年,全省植保工作体系建设更加完善,综防示范点面积达到移栽面积50%以上。黄色粘板、性诱捕剂、杀虫灯等物理防治面积扩大，农药使用量减少，烟叶安全性和对环境的保护力度得到提高。据赣州市统计，2008 年全市病虫害综合防治示范面积 6.39 万亩，占移栽面积 50.4%，比上年综防面积增加 21.6%；全市因病虫危害所造成的烟叶产量损失 1.67 万担，占收购量(39.85 万担)的 4.19%，与去年产量损失 7.26%相比下降 3.07%。同时，降低防治成本，亩产量、亩产值、均价等均有不同程度的增加，确保了烟农种烟效益。

江西省烟草病虫害综合防治模式(一)

表 1-3-4

阶段	育苗期	移栽至团棵期	团棵至旺长中期
时间	上年 11 月底至 2 月底	3 月初至 4 月中旬	4 月中旬至 4 月底
节气	小雪、大雪、冬至、小寒、大寒、立春、雨水	惊蛰、春分、清明	清明、谷雨
主要管理措施	合理利用优质抗病品种，避免品种单一化，选择背风向阳、供水条件好、排水方便的地块育苗，苗床远离烤房、村舍 50 米以上，严禁在原烟草种植地、菜园地和邻近的田块地上育苗。采用包衣种子和漂浮育苗技术。对已使用过的苗盘要消毒，育苗用水须是井水，坚持卫生操作。管理人员入棚前要用肥皂水洗手，未洗手的人员不准接触烟苗；间苗、剪叶前一天要喷防病毒剂；剪叶工具要用肥皂水消毒，剪下的碎叶带出棚外集中处理；叶面有水珠不剪叶，一般中午或下午剪叶，不得在棚内吸烟或吃带果壳零食。育苗棚内要保温防寒、防高温、通风排湿。	在移栽前 10 天整好地，做到田间“三光”，采用除草剂或人工清除烟田周围及田间杂草，施足底肥，盖膜待栽，整地要求精细、垄沟平整，及时开好腰沟围沟，并低于垄沟 15 厘米~20 厘米，达到雨停水干的要求，切忌随翻随种。确保移栽质量，选择整齐健壮烟苗移栽，拌匀穴肥，及时浇足定根水、肥、药、及时查苗补苗、以保证烟苗及时成活，促使烟苗早生快发，严格剔除病苗、弱苗；同一地段 2 天~3 天内移栽结束。测土平衡施肥，适当增施磷、钾肥，提高烟株抗病能力。及时扒蔸、围蔸，结合中耕小培土，垄面深中耕，垄高达 35 厘米以上，清理垄沟，便于排水，移栽后 30 天内，分 2 次~3 次施完追肥。	适时中耕大培土，垄面浅耕或不耕，进一步清理垄沟，培高垄面达 35 厘米以上。合理排灌，应及时清理烟田排灌系统，保证烟田不积水，当烟株缺水时，及时灌跑马水，水不上垄面。田间操作按照先健株后病株的原则进行，操作一行后要用肥皂水洗手，初见花叶病株或少量青枯病、黑胫病株时，立即连根拔除，集中晒干烧毁，切不可随地乱扔，并对病穴施药消毒。
防治对象	炭疽病、立枯病、猝倒病、根腐病、黑胫病、病毒病、藻类、蚜虫。	病毒病、青枯病、黑胫病、蚜虫、地老虎、蛴螬、蜗牛、蛞蝓。	病毒病、青枯病、黑胫病、根腐病、蚜虫、烟青虫、斜纹夜蛾。
防治药剂与方法	苗床消毒：32.7%威百亩(斯美地)50 毫升/平方米进行土壤熏蒸。旧盘消毒：用 5%福尔马林液均匀喷在苗盘上，再将苗盘堆放于平地，用薄膜覆盖密闭 24 小时；或将苗盘用 20%漂白粉水溶液浸泡。烟苗进入大十字期，用 1∶1∶160~200 倍波尔多液或 25%甲霜灵 500 倍液、50%代锰锌 800 倍液、50%退菌特 500 倍液防治炭疽病、立枯病、猝倒病、黑胫病。剪叶、间苗、假植等操作前一天，用金叶宝 400 倍液或 1.5%植病灵(Ⅱ)600 倍液或菌克毒克 250 倍液预防病毒病，苗床期一般喷雾 2 次，气温高时，揭膜后用不低于 22 目的防虫网覆盖苗池避防蚜虫。	移栽前一天喷一次病毒抑制剂，栽后每 7 天~10 天连续喷病毒抑制剂 2 次~3 次，选用菌克毒克 250 倍液或 1.5%植病灵(Ⅱ)600 倍液或毒消 900 倍液喷雾。栽前可用持效期长的药剂对烟田周围的油菜、蔬菜、杂草等喷药，阻止蚜虫向烟田转移，选用 10%吡虫啉 3000 倍液喷雾，栽后加强虫情调查，及时防治蚜虫。在历年青枯病、黑胫病发病较重田块，移栽后即用农用链霉素 200 单位(或 20%青枯灵 500 倍)与 25%甲霜灵 500 倍液均匀混合，作定根水浇灌烟蔸，每株 50 毫升。结合定根水，移栽后用 50%辛硫磷 2000 倍或 2.5%敌杀死 3000 倍或 90%敌百虫 1000 倍或速灭杀丁 5000 倍配成药液浇灌烟株，每株 200 升；或用敌百虫 200 克用 2 千克稀释，喷于碾碎的 20 千克枯饼上拌匀，于傍晚撒施于烟苗周围，防治地老虎。土壤湿度大或雨水多时，每亩用密哒 24 克拌土 10 公斤，撒于烟苗基部周围，防治蜗牛、蛞蝓。	加强病情调查，必要时再喷病毒抑制剂 1 次~2 次，同时可叶面喷施钾肥，提高烟株抗病能力，当烟田土温在≥20℃ 6 天~10 天时，用药喷淋烟株基部，防治青枯病、黑胫病、根腐病，7 天~10 天后再用药一次，药剂可选用农用链霉素或 DT 或青枯灵，加上敌克松或甲霜灵。用 40%乐果乳油 1000 倍或 10%吡虫啉 3000 倍喷雾防治蚜虫，数量少可挑治。在烟青虫、斜纹夜蛾幼虫三龄以前用药防治，选用万灵 3000 倍液、氯氰菊酯 2500 倍液或敌杀死 2500 倍液，喷在烟株中上部叶正反面。

续表

阶段	育苗期	移栽至团棵期	团棵至旺长中期
时间	上年11月底至2月底	3月初至4月中旬	4月中旬至4月底
节气	小雪、大雪、冬至、小寒、大寒、立春、雨水	惊蛰、春分、清明	清明、谷雨
注意事项	烟草病虫害综合防治技术必须遵循“预防为主、综合防治”的植保方针,以农业防治为主,结合化学药剂保护,从种植规划至烟草育苗、大田生长、成熟采收全过程,农业防治技术措施贯穿始终。药剂的使用应在病虫监察基础上,于病虫害发生前或发生初期使用,并做到统一用药品种、统一用药时间、统一用药剂量、统一用药方法。 一律选用已在烟草上登记使用的农药,并建立农药使用档案,烟叶采收前7天~10天不使用农药。 农药的包装袋、瓶等及时收好、妥善处理,不得遗留在田间或路上,药械使用后应当天清洗干净,并注意残留农药不得污染饮用水。		

江西省烟草病虫害综合防治技术模式(二)

表1-3-5

阶段	旺长中期至打顶期	成熟采收期	冬季空闲期
时间	4月底至5月上中旬	5月中旬至7月中下旬	10月上中旬至次年2月下旬
节气	立夏、小满	小满、芒种、夏至、小暑、大暑	秋分至小寒、大寒
主要管理措施	根据烟株长势和地温高低,适时揭膜,摘除底部2片~3片脚叶,带出田外妥善处理,不可随地乱扔,以减少田间再侵染菌源数量,并有利于田间通风透光,降低田间湿度,适时打顶,合理留叶,使烟株呈筒形或微塔形,避免伞形型出现,摘除腋芽,可减少烟蚜、蟏象食料。打顶、抹杈严禁在雨天或田间烟株带水时进行,顶、杈叶带出田外处理。全部采用化学抑芽,减少病毒传播机会,遇灌水时,水不上畦,减少根茎病害传播。	及时采收下部叶,增加田间通风透光,及时清除田间病株残体,减少病原菌再侵染数量。采收结束后,清除烟田所有烟株残体,集中暴晒,统一销毁,不得留在次年植烟地段腐烂;若需烟茎作燃料,收烟后烟茎远离烟田,集中暴晒,堆放,并在次年2月前烧完,以杀灭在茎秆中越冬的幼虫和蛹,灰烬不入烟田。	尽早规划来年种植区域,坚持水旱轮作,根茎病害严重的地块次年禁止继续种烟,冬季深翻晒地,清除田间杂草及其他作物残体,实行田间“三光”,尽量做到稻草还田和施用石灰,改善土壤酸碱度,杀死在土中越冬的病源和虫源。积造农家肥、火土灰,充分堆沤发酵有机肥和农家肥,提高肥效,减少病源和虫源数量。
防治对象	蚜虫、烟青虫、斜纹夜蛾、蟏象、青枯病、空茎病、野火病、角斑病、赤星病。	烟青虫、赤星病、斜纹夜蛾、青枯病、野火病、角斑病。	
防治药剂与方法	注意虫情调查,数量少时可挑治或捕杀,在幼虫三龄前喷药防治烟青虫、斜纹夜蛾和蟏象;可选用40%氧化乐果1000倍液或2.5%敌杀死2000倍或90%敌百虫800倍液喷雾。田间初发现赤星病病斑时,可结合采收脚叶摘除病叶,并妥善处理病叶,可降低田间再侵染菌量。田间发现野火病、角斑病病株时,即可用200单位农用链霉素或50%DT3000倍液喷雾,每周喷一次,连用2次~3次。注意青枯病病情调查,必要时增加用药次数灌根防治。	病害有进一步上升趋势时,应喷药防治,最好在每次采收后当天喷药,赤星病用40%菌核净或10%宝丽安;空茎病、野火病和角斑病用农用链霉素或50%DT。虫害可结合采收时人工捕杀。	
注意事项	烟草病虫害综合防治技术必须遵循“预防为主、综合防治”的植保方针,以农业防治为主,结合化学药剂保护,从种植规划至烟草育苗、大田生长、成熟采收全过程,农业防治技术措施贯穿始终。药剂的使用应在病虫监察基础上,于病虫害发生前或发生初期使用,并做到统一用药品种、统一用药时间、统一用药剂量、统一用药方法。 一律选用已在烟草上登记使用的农药,并建立农药使用档案,烟叶采收前7天~10天不使用农药。 农药的包装袋、瓶等及时收好、妥善处理,不得遗留在田间或路上,药械使用后应于当天清洗干净,并注意残留农药不得污染饮用水。		

采收烘烤

成熟采收　20世纪90年代，江西烟叶采收按照“熟一片、采收一片”的原则采收烟叶，普遍存在下部叶采摘过熟、上部叶采摘欠熟问题。2002年，全省开始推广二次停烤采收技术，明确提出成熟采收标准，以成熟度为中心，严格执行下部叶适熟早采，中部叶适熟采收，上部叶充分成熟采收技术。2005年，全省开始推广顶叶带竿烘烤技术，即顶部4片~6片叶充分成熟后集中一次性带竿砍采，有效提高顶叶烤后质量，改善烟叶色泽。2007年，全省顶叶带竿烘烤技术推广比例达40%。

烘烤设施　主要指烤房和附属设施。1996年以前，全省烟区使用的烤房为结构简单、底棚低、升温排湿差的普通小烤房，烤后烟叶容易出现烤青、杂色、挂灰等现象。江西烤房多次进行升级换代，主要分为三个阶段。1996年—1998年，为第一阶段。全省大力推行标准化烤房，按省烟科所统一图纸，对老烤房进行标准化改造和新建烤房群。1999年—2003年，为第二阶段。1999年开始引进热风循环烤房，至2003年全省基本普及。应用此烤房能有效缩短烘烤时间，减轻烤房排湿压力，节省燃料和劳力，提高烟叶烤后质量。2004年—2009年，为第三阶段。2004年以后全省着力推广密集烤房，至2009年全省烤房结构逐步优化，密集烘烤率达90.8%。

2002年，省烟科所在热风循环烤房的基础上，模拟人工操作方式，自主开发研制成功“烟叶烘烤温湿度自动控制仪”，并逐步在热风循环烤房上推广应用。烟农在烟叶烘烤过程中，利用该自动控制装置，精确控制烤房内的温度，自动开关天窗和地洞，将湿球温度稳定在设定的范围内，并可按一定的周期自动开启风机进行循环，大大减少普通烤房人工多次开关风机和天窗地洞的烦琐工序，提高烟叶烘烤质量。2004年开始，烟叶烘烤温湿度自动控制系统作为标准配置在全省密集烤房配套使用。

2004年，省局（公司）决定在全省烟区实施烟叶采收烘烤技术攻坚计划，邀请青州烟草研究院研究员孙福山讲解烘烤技术课程，被录制成1600盘光盘下发各产烟县培训烟技员和烟农。自5月中旬开始，全省集中所有技术力量，层层开展培训、召开采收、烘烤现场会，为烟农统一印发“烟叶成熟采收通知单”“烘烤技术指导联系本”“烤烟三段式烘烤技术图表”。省局组织的暗访督察表明，全省基本做到下部烟适时早采、中部叶适熟采收、上部叶充分成熟采收标准，烘烤质量较往年有明显提高。

烘烤工艺　1994年—1996年，省烟科所在全国三段式烘烤工艺的基础上，结合江西烟叶烘烤实际情况，经过反复试验摸索，总结提出“三段式五步烘烤”法。该工艺最大的优点是在“三段式”烘烤工艺的技术上，根据江西生态和烟叶的烘烤特性，细化了关键温度、湿度控制点，各阶段目标任务明确、操作简便，大幅度降低了烤坏烟比例，提高烟叶烤后质量，增加烟叶的工业可用性，烤后烟叶在身份、油分、颜色、光泽及含青度、杂色等方面都有不同程度的改善。

2004年—2009年，密集烤房在全省快速发展，为江西烟叶质量的提高起到了重要作用。省烟科所在沿用原有“三段式五步法”工艺的基础上，开展密集烘烤工艺与烟叶质量关系研究，从装烟密度、风机转速和烟叶主要变黄温度、定色期升温速度等方面进行优化，提出了适合多雨生态地区的密集烘烤工艺技术，有效保障了密集烘烤的快速发展，提升了烘烤质量和效果。

三段式五步法烘烤技术要点

表 1-3-6

阶段	操作步骤
变黄凋萎	第一步　正常天气时,烟叶装烤后,关严门、观察窗、进出风口、热风洞和天窗,点火后以每小时升温1℃的速度,将烤房内温度上升至35℃~36℃,使底棚烟叶叶尖变黄6厘米左右,防止底棚烟叶青尖。 第二步　以每小时升温1℃的速度将温度上升至38℃左右(湿球温度35℃~36℃)稳温,直到底层烟叶变黄5成~9成(一般下部叶5成~6成,中部烟叶7成~8成,上部叶8成~9成),同时叶片开始变软。温度上升至38℃后,及时开启风机进行内循环或内外循环,一般每开2小时~3小时停风机30分钟~60分钟(档位:低、中档),促进烤房内各层烟叶温湿度的平衡,确保烟叶变黄、干燥基本协调。 第三步　干球温度每2小时升1℃的速度升至40℃~42℃(湿球控制在36℃~37℃)稳温,直到二层烟叶青筋黄片、叶片变软,底层烟叶全黄、主脉变软,呈凋萎状态,并有部分烟叶勾尖,三层烟叶7成~8成黄。此时要加大排湿,开启风机进行内外循环或外循环,一般每开2小时~3小时停风机30分钟~60分钟(档位:中、低档)。
干叶定色	第四步　干球温度以每2小时~3小时升温1℃的速度升至45℃(湿球温度控制38℃~39℃)稳温,使三层以上烟叶全部黄筋黄片,底棚烟叶达勾尖卷边状态。然后以2小时~3小时升温1℃的速度升到46℃~48℃(湿球温度39℃左右)稳温,直到全烤烟叶黄片黄筋,底层烟叶达小卷筒状态。再以每1小时~2小时升温1℃的速度升至52℃~55℃,湿球温度控制在39℃~40℃稳定,直到全烤烟叶叶片全干,呈大卷筒状态。
干　筋	第五步　干球温度以每小时升1℃的速度升至60℃(湿球温度控制在41℃~42℃)稳温,待全烤烟叶主脉2/3干燥时,再以每2小时~3小时升温1℃的速度升至65℃~68℃(下部烟叶65℃,中上部烟叶68℃),湿球温度控制在41℃~42℃,不超过43℃,直至全烤烟叶主脉全干后停火。60℃后要逐步关小热风洞及天窗。

烟叶品质

外观特征　江西烟叶营养状况较好,成熟度较好,叶片结构多为疏松,颜色橘黄,光泽强,中部烟叶身份稍薄——中等,上部叶稍厚——中等,下部叶身份薄——稍薄,油分多——有。

2009 年省内烟叶外观特征评价

表 1-3-7

品种	部位	成熟度	颜色	叶片结构	油分	身份	色度
K326	下部	成熟	橘黄	疏松	稍有	稍薄	中
云烟 85	中部	成熟	柠檬黄-橘黄	疏松	稍有-有	稍薄-中等	中-浓
云烟 87	上部	成熟	橘黄	尚疏松	多-有	稍厚	强-浓

2009 年省内烤烟外观质量鉴定

表 1-3-8

品种	等级	颜色	成熟度	叶片结构	身份	油分	色度	产地
云烟 87	下橘二	金黄	成熟	疏松	稍薄	有 20% 稍有 80%	强 15% 中 85%	石城县木兰乡木兰基站
云烟 87	中橘三	金黄 30% 深黄 70%	成熟	疏松	中等	有	强	
云烟 87	上橘二	金黄 10% 深黄 90%	成熟	尚疏松	中等 10% 稍厚 90%	有 35% 稍有 65%	强 55% 中 45%	

续表

品种	等级	颜色	成熟度	叶片结构	身份	油分	色度	产地
云烟 87	下橘二	金黄	成熟	疏松	中等 15% 稍薄 75% 薄 10%	有 40% 稍有 60%	强 25% 中 75%	石城县木兰乡木兰基站
云烟 87	中橘三	金黄 85% 深黄 15%	成熟	疏松	中等 90% 稍薄 10%	有 85% 稍有 15%	强 80% 中 20%	
云烟 87	上橘二	深黄 90% 杂色 10%	成熟 90% 尚熟 10%	疏松 15% 尚疏松 85%	中等 15% 稍厚 85%	有 65% 稍有 35%	中 85% 弱 15%	
K326	下橘二	金黄 95% 深黄 5%	成熟 70% 尚熟 30%	疏松	中等 85% 稍薄 15%	有 75% 稍有 25%	中	信丰县小河镇小河基站
K326	中橘三	金黄 60% 深黄 30% 杂色 5% 微带青 5%	成熟 90% 尚熟 10%	疏松 75% 尚疏松 25%	中等 90% 稍厚 10%	有 80% 稍有 20%	中	

物理特性　江西烟叶物理特性指标整体较好。下部烟叶除少部分样品厚度偏薄，叶片密度偏低外，其他物理指标基本适宜；中部烟叶多数样品物理特性指标基本适宜；上部烟叶有少部分样品厚度偏厚，叶片密度偏大，填充值相对偏低。

2009 年省内烤烟物理特性检测

表 1-3-9

品种	等级	厚度（毫米）	叶面密度（克/平方米）	平衡含水率（%）	拉力（N）	伸长率（%）	填充值（立方厘米/克）	含梗率（%）	产地
云烟 87	下橘二	0.083	56.37	14.01	1.35	18.44	4.12	36.06	石城县木兰乡
云烟 87	中橘三	0.121	69.25	14.67	1.42	20.21	3.97	30.86	
云烟 87	上橘二	0.132	85.63	14.02	1.53	15.07	3.76	29.63	
云烟 87	下橘二	0.057	49.29	12.95	1.23	23.19	4.39	35.61	石城县高田乡
云烟 87	中橘三	0.081	56.28	14.29	1.42	22.04	3.99	34.92	
云烟 87	上橘二	0.118	79.82	13.48	1.69	22.75	3.77	30.86	
K326	下橘二	0.062	57.33	13.74	1.39	15.41	4.32	34.34	信丰县小河镇
K326	中橘三	0.077	71.09	13.96	1.46	16.85	4.00	32.02	
K326	上橘二	0.114	82.38	13.71	1.78	18.04	3.70	31.78	

化学成分　据江西烤烟风格特征和区域定位研究课题组《2009 年江西烤烟主要化学成分研究报告》，江西烤烟总氮含量平均 1.42%，磷 0.53%，钾 2.91%，总糖 24.69%，还原糖 20.29%，烟碱 2.49%，氯含量 0.35%，两糖比 0.82，糖/碱比 9.0，钾氯比 15.87。其中，钾、磷、烟碱、钾/氯比等，符合优质烟要求的频率分别达 100%、89.03%、87.10%和 90.32%；还原糖、两糖比的符合频率分别达 67.10%和 61.29%；同时，烟叶钾含量都>2%，烟碱含量都在 3.5%以下。不同部位总氮、烟碱、还原

糖、钾含量、糖/碱比等存在显著差异,但属于部位差异的规律性表现。总体看,江西烤烟主要化学成分的含量(比值)适宜、协调。

2009 年省内烤烟化学成分检测

表 1-3-10

品种	等级	总植物碱%	总氮%%	还原糖%	总糖%	钾%	氯%	淀粉%	醚提取物总量%	pH	产地
云烟 87	下橘二	2.17	1.91	23.17	28.64	2.94	0.55	2.6	4.76	5.66	石城县木兰乡木兰基站
云烟 87	中橘三	2.89	1.70	24.55	28.67	2.55	0.22	4.89	5.44	5.63	
云烟 87	上橘二	4.04	2.21	19.08	20.96	2.38	0.26	4.17	7.34	5.66	
云烟 87	下橘二	1.94	1.62	24.87	30.85	2.90	0.2	2.80	4.55	5.72	石城县高田乡高田基站
云烟 87	中橘三	2.50	1.75	24.53	29.83	2.60	0.19	2.96	4.78	5.71	
云烟 87	上橘二	3.27	2.04	23.98	25.14	2.64	0.24	4.07	6.37	5.34	
K326	下橘二	2.26	1.73	25.35	32.37	2.87	0.29	3.13	4.36	5.33	信丰县小河镇小河基站
K326	中橘三	2.99	2.00	25.22	31.13	2.46	0.43	4.08	5.39	5.43	
K326	上橘二	3.55	2.19	24.83	28.60	2.39	0.46	3.69	5.93	5.38	

2005 年—2009 年省内烤烟常规化学成分含量

表 1-3-11

年份	部位	烟碱%	总糖%	还原糖%	总氮%	钾%	氯%
2005	上部	4.07	19.78	18.48	2.52	1.77	0.46
	中部	2.56	25.22	23.34	2.13	2.03	0.32
	下部	2.17	21.77	19.69	2.15	2.81	0.44
2006	上部	4.32	21.34	21.04	2.51	1.73	0.90
	中部	2.55	27.44	25.51	1.99	2.44	0.30
	下部	1.59	21.95	20.16	2.27	3.07	0.32
2007	上部	3.38	26.60	20.1	2.12	2.47	0.31
	中部	2.79	2.26	24.37	2.14	1.88	0.32
	下部	1.31	26.97	22.45	1.93	3.13	0.31
2008	上部	3.57	20.88	20.02	2.31	2.38	0.39
	中部	2.38	27.84	24.35	1.92	2.04	0.28
	下部	1.10	32.56	28.96	1.87	2.66	0.32
2009	上部	3.71	21.84	20.58	2.27	2.43	0.40
	中部	2.49	26.93	23.97	2.01	2.51	0.48
	下部	1.51	32.11	28.63	1.68	2.76	0.35

感官质量 江西烟叶香气量足、香气质好、吸味醇和、地方性杂气轻,具备优质烟叶品质。省产烟叶已成为金圣等名优卷烟产品的主要配方原料,省外需求量也逐年增多。烟叶香气质中等、香气量有——尚足,浓度和劲头多为中等,杂气和刺激性多为有,余味尚舒适,质量档次中等——中偏上。

据《江西烤烟风格特征和区域定位研究》项目报告,从不同地区看,赣州地区烟叶香型差异较大,其中以石城为代表的是清香型烟叶,以兴国代表的是浓香型烟叶,以会昌为代表的是中间香型烟叶;抚州地区广昌、黎川烟叶主要呈中偏清,资溪、宜黄为中间香,乐安表现为中偏浓;吉安地区主要表现为中偏浓香型。赣南“云烟 87”品种大样烟气特征以烤甜、焦甜为主,略带清甜韵,属中偏浓香型,香气量和浓度较高,较清晰透发,丰富性较好,底蕴较厚实,杂气不重,口感较干净,略有焦枯回味,较均衡。上橘二烟碱高于上限、非烟碱氮低、两糖差小,中橘三、下橘二两糖差小。综合质量:上橘二良、中橘三优、下橘二优;可用性:较好。

2009 年省内烤烟感官质量鉴定

表 1-3-12

品种	等级	香型	香气质	香气量	浓度	劲头	杂气	刺激性	余味	工业可用性	产 地
云烟 87	下橘二	中间香	5.5	5.5	5.5	5.0	6.0	6.0	6.0	C	石城县高田乡
云烟 87	中橘三	中间香	6.0	6.0	6.0	5.5	6.0	5.5	6.0	C	石城县高田乡
云烟 87	上橘二	中间香	6.0	6.0	6.0	6	5.5	5.5	5.5	C	石城县高田乡
云烟 87	下橘二	中间香	6.0	6.0	6.0	5.5	6.0	5.5	6.0	B	石城县木兰乡
云烟 87	中橘三	中间香	6.0	6.5	6.0	6.0	6.0	6.0	6.0	B	石城县木兰乡
云烟 87	上橘二	中偏浓	6.0	6.5	6.5	6.5	5.5	5.5	6.0	B-C	石城县木兰乡
K326	下橘二	中偏浓	6.0	6.0	6.0	6.0	6.0	6.0	5.5	B-C	信丰县小河镇
K326	中橘三	中偏浓	6.0	6.0	6.5	6.5	6.0	6.0	5.5	B	信丰县小河镇
K326	上橘二	中偏浓	6.0	6.5	6.5	6.5	5.5	6.0	6.0	B	信丰县小河镇

重点产区

烤烟重点产区:2008 年是江西烤烟规模的最高年份,全省烟叶收购量在 5 万担以上的县有 8 个。根据烤烟种植历史、发展速度和地区间差别,全省重点产区侧重介绍赣州市石城县、信丰县,抚州市广昌县、黎川县,吉安市峡江县、安福县。

石城县 石城位于江西省东南部,地处闽赣交界处的武夷山西麓,北纬 25°57′至 26°36′,东经 116°05′至 116°38′之间,是一个具有丘陵山区特色的综合农业县。全县属亚热带季风性湿润气候,全年平均气温 15℃ ~ 25℃,日照时数 2800 小时,无霜期 276 天,大于或等于 10℃ 的活动积温

6924℃,平均海拔为356米。境内热量充足,雨量充沛,四季分明。年平均降水量为1760毫米以上,4月~6月为降水集中期,占年总降水量的一半左右。全县土地面积237.3万亩,2008年实有耕地面积22.7万亩,其中水田20.97万亩,全县宜烟耕地15.65万亩,经过10余年的发展,种烟田块已相对集中连片。

全县植烟土壤pH值4.73~6.87,有机质含量11.7%~33.10%、全氮0.55克~1.91克/千克、全磷0.46克~1.22克/千克、全钾12.00克~45.40克/千克、速效氮72.00毫克~184.00毫克/千克、速效磷22.80毫克~52.80毫克/千克、速效钾32.00克~90.00毫克/千克、活性氯17.04毫克~51.12毫克/千克。

1960年始种烤烟,其后逐年发展。1990年全县种植烤烟51787亩,收购烤烟叶7.2万担,均列全省第一,被评为全国烟叶生产收购先进县。1993年县委、县政府改革烟草生产收购体制,全县设立15个乡镇烟草站,实现烟叶生产收购由烟草公司统一管理,石城烟叶生产水平和烟叶声誉不断提高,烤烟已成为石城县经济的一大支柱产业,石城烟叶从此开始进入省外市场。1994年以来,由于坚持走规模经营,科技兴烟之路,狠抓优质烟基地建设,到1997年全县种植烤烟7.3万亩,收购烟叶13.2万担,实现烟叶税750万元,基本形成“稻、烟、莲”三分天下的种植格局。石城烟叶成为南昌烟厂专销品牌“南方”牌卷烟的主配方,并销往广东、安徽、湖南、云南等地。

石城县分别于1990年、1994年、1995年、1996年和1997年被评为全国烟叶生产收购先进县,荣获国务院农村发展研究中心等单位授予的“中国烟叶之乡”称号。2004年,国家质量技术监督局、国家烟草专卖局授予石城县国家级烤烟生产标准化示范县。

信丰县　信丰位于江西省南部,地处北纬24°59′至25°33′,东经114°34′至115°19′之间,境内一般海拔200米~400米,全年气候温和、光照充足、热量丰富、雨量充沛,属中亚热带季风湿润气候,具有四季变化化分明、春秋短夏冬长、冰雪期短、无霜期长、夏少酷暑冬少严寒等特点。年平均气温19.5℃,日照时数1812.7小时,无霜期298天,年平均降雨量1623.7毫米,降水的区域差异明显,四周山地多,中部平地少,南部大于北部,水分蒸发量1208.7毫米。

信丰县土壤大部分为紫色页岩风化而成的紫色土,紫砂泥田和水稻土。根据土壤检测,土壤pH值5.5~7.5、有机质含量22克/千克、速效氮含量94毫克/千克、速效磷20毫克/千克、速效钾133毫克/千克,P、K含量丰富,富含多种微量元素,土壤质地比较疏松,非常适宜种植烤烟。

20世纪90年代初,信丰种植烤烟面积达5.71万亩,收购烤烟10.2万担,其中旱地烟面积3.2万亩,收购6万担。信丰县一直致力提升水平,主攻质量,以做精做优烤烟产业为主要目标。1987年,根据省政府《关于发展烟叶有关问题的通知》精神,率先在全省推行“三化”生产。1992年被国家局评为全国烟叶生产收购先进县,1993年原赣南卷烟厂在信丰县建立优质主料烟生产基地。2001年全县推行国际型优质烟叶生产基地,2004年全县实施部分替代进口烟叶生产基地。2008年红塔烟草集团在信丰县建立优质烟叶生产基地,推行标准化生产,并结合旱地烟开发,着力打造特色烟叶。2010年,信丰县作为全国整县推进基地单元现代烟草农业建设试点单位,全县烟叶生产整体水平和烟叶质量得到大幅度提升,受到广大烟农和红塔烟草集团的普遍好评。

广昌县　广昌位于江西省东部,五夷山西麓,地处北纬26°30′至26°39′,东经116°6′至116°

34′。全县地形东、南、西三面环山，中北部较为低平。境内地势顺盱江河谷走向，呈东西高，中部低，由南向北倾斜。根据海拔高度和相对高度，划分为低山、高丘陵、中丘陵、低丘陵和河谷阶段地五种地貌，山地占77%，丘陵13%，平原10%，具有“一田半水七五山，一分道路和庄园”特点。

广昌属中亚热带季风温润气候区。四季分明，气候温和，光照充足，雨量充沛，据气象资料，年平均无霜期273天。年平均日照1800小时左右，年平均气温18.1℃，稳定通过10℃的活动积温5400℃左右，年降雨量1700毫米左右。气候条件十分有利于烟叶生长。

广昌烟叶主要在海拔300米以下的中、低丘陵和河谷阶地的水稻土、潮土、紫色土中种植。广昌有丰富的紫色土资源，主要分布在沿盱江河东岸，呈带状分布，适宜种植烤烟的面积有万亩之多，其生产的烟叶颜色鲜亮、色度饱满、油分多、香气量足，内在成分协调，是广昌比较理想的种烟土壤。1997年，广昌试种植烤烟0.88万亩，收购烟叶1.6万担，并逐年迅速发展。进入21世纪后产量一直稳居全省第二，2008年，全县收购烟叶10.29万担，达到历史最高峰。

黎川县　黎川位于江西省中偏东部，五夷山脉中段西麓，地处北纬26°59′至27°35′，东经116°42′至117°10′。全县地形东、西、南部三面环山，西北部靠洪门水库，地势西高北低，地貌以丘陵为主，山地和丘陵面积占土地面积的89%。属亚热带湿润季风气候区，气候温和，光照充足，水量丰沛，四季较为分明。年无霜期278天，年均日照时间1176.6小时，年平均气温17℃~18℃，年均降水量1749.2毫米，是烟叶种植最适宜产区之一。

黎川县土壤类型有水稻土、红壤、潮土、山地黄壤、山地黄棕壤。其中水稻土面积34.78万亩，占土壤类型总面积14.6%；红壤面积190.88万亩，占土壤类型总面积80.3%。全县耕地面积23万余亩，种植烟叶的土壤大多数为水稻土。

2002年，全县试种烤烟128亩，2004年种烟面积1052亩，收购烟叶3341.53担。2005年—2008年，为黎川县烤烟快速发展阶段，2008年全县种植烤烟26848亩，收购烤烟8.48万担，被省、市烟草部门誉为烤烟生产的“黎川速度”，跻身全省重点产烟县行列。2009年—2010年，围绕“巩固、调整、提高”的指导思想，经历以提高烟叶生产技术为主的稳定发展时期。2010年，全县15个乡（镇、场）、86个村委会、1637户烟农，种植烤烟22298亩，收购烟叶5.81万担，实现烟叶总产值4212.36万元，烟叶税926.72万元，种烟亩均纯收入800余元。烤烟产业已成为黎川县农业生产的一项支柱产业和农民致富的好门路。

峡江县　峡江位于江西省中部，地处北纬27°24′至27°45′，东经114°52′至115°32′。境内属江南丘陵区，四周高中间低，海拔最高处“五朵梅花主峰”644米，海拔最低处“仁和镇涂家赣江江心”26米。气候属中亚热带季风性湿润气候，雨量充沛、光照充足、四季分明，无霜期长，年平均气温17.6度，年均日照时数1872.3小时，年均降水量1592.4毫米，无霜期278天，是烟叶种植适宜地区。全县耕地面积37.6万亩，其中水田面积35.8万亩，人均耕地1.72亩。土壤类型主要有水稻土、红壤等，土壤熟化程度较高，结构疏松。土壤有机质含量较高，土壤中速效N、P、K及其他需要的烟叶必需养分含量均较高。

1986年，峡江县开始种植烤烟。1991年—2010年，全县烟叶发展有过辉煌，也有低谷。1993年，全县烤烟种植实际进烤面积8.5万亩，收购烟叶14.2万担，为全省之最。2003年，全县种烟面积0.6万亩,收购烟叶1.6万担,为峡江县种植烤烟的最低谷。2006年以来,全县烟叶生产从“数量面积型”向“质量效益型”转变,烟叶生产水平不断提高,烟叶品质大为改善,烟叶生产综合经济效益不断攀升。从2008年开始,全县种植面积稳定在2万亩以上,烟叶收购量6万担~8万担,烟叶税1000万元左右。

安福县 安福位于江西省中部偏西,吉安市的西北部,地处北纬27°4′至27°36′,东经114°至114°47′。地势西北高,东南低,三面环山。全境属亚热带季风湿润气候。年平均气温17.8℃。最热月为7月—8月,平均气温28.9℃,最冷月为1月,平均气温5.9℃。极端最高、最低气温分别为40.8℃和-8.3℃。年均降水量1553毫米,年均降水日166天。降水明显集中在春季和初夏。年均日照时数1734.7小时,山区日照偏弱偏少。年无霜期279天,最长323天,最短247天。适宜农作物和林木生长,具备满足优质烤烟生产的气候条件。

安福县耕地面积67.63万亩,其中水田面积64.18万亩。从土壤质地、酸碱度、土壤肥力、排灌条件等指标综合评价,全县宜烟耕地21.65万亩,发展潜力很大。土壤种类有水稻土、潮土、石灰土、紫色土、红壤、山地黄壤、山地黄棕壤、山地草甸土等。全县种烟土壤大都为水稻土,有机质较为丰富,中氮、磷钾稍缺,土壤偏酸性。根据测定土壤地力3级和3级以上土壤占95.78%,4级土壤4.04%,5级以下土壤0.18%,完全能满足优质适产烟叶生产的需要。

1987年安福县试种烤烟。1991年,全县种植烤烟10263亩,实际进烤7020亩,收购烟叶12492担,平均亩产值达到356元,中上等烟比例达到78.25%,居全区之首。1992年开始,由于受基础设施、科技水平和种烟效益低等条件的影响,烟农种烟积极性逐年降低,全县种烟面积不断缩小,收购量锐减。2001年,全县收购烟叶880担。2003年,全县种烟面积恢复到898亩,收购烟叶2348担。

2004年开始,安福县通过引进K326,推广优质烟叶生产技术,加上广大烟技人员深入农户大力宣传烟草行业及当地政府出台的各项优惠政策,全县掀起了新一轮烟叶生产热潮,种烟面积与收购量逐年增加。至2010年,全县6个乡镇、42个行政村种植烤烟10805.6亩,其中寮塘、严田和洋溪3个乡镇面积达10150亩,占全县烤烟面积93.4%。烟农种烟效益逐年提升,烟叶平均亩产值2050元,烟粮比价达7.6∶1,种烟收入已成为烟农家庭收入的主要来源。全县收购烟叶2.98万担,实现烟叶总产值2220万元,烟叶税488.4万元。

1991年—2010年烤烟重点产区收购情况

表1-3-13　　单位:万担

年份＼县别	石城	信丰	广昌	黎川	峡江	安福
1991	9.74	5.12	—	—	11.03	1.25
1992	6.72	9.46	—	—	12.34	0.58
1993	7.93	6.57	—	—	14.25	1.96
1994	3.05	2.56	—	—	4.11	—
1995	4.44	1.05	—	—	3.64	—

续表

年份\县别	石城	信丰	广昌	黎川	峡江	安福
1996	7.82	2.59	0.04	—	4.92	—
1997	13.2	4.93	1.60	—	9.80	—
1998	5.54	1.54	1.03	—	3.92	—
1999	4.07	0.34	2.26	—	4.15	—
2000	4.70	1.95	2.43	—	5.58	—
2001	4.97	3.20	2.60	—	4.98	0.09
2002	8.20	3.30	4.29	0.03	3.09	0.15
2003	7.52	1.21	4.28	0.09	1.64	0.23
2004	8.85	1.63	5.18	0.33	2.60	0.47
2005	9.13	2.21	5.60	1.91	2.46	0.72
2006	9.46	3.20	7.61	3.65	5.15	1.79
2007	9.85	3.30	7.78	3.81	6.99	1.58
2008	13.31	3.25	10.29	8.48	8.85	2.91
2009	11.83	2.74	9.16	7.38	6.80	3.47
2010	9.05	2.87	5.92	5.81	5.82	2.98

第四节　烟基设施

20世纪90年代起，省局（公司）通过加强基层建设、基地建设，全省烟草农业基础进一步稳固。21世纪初，国家局提出传统烟叶生产向现代烟草农业转变的烟叶发展战略思路，实现现代烟草农业建设“一基四化”的目标：即基础设施建设，规模化种植，集约化经营，专业化分工，信息化管理。2005年10月，省局（公司）成立省烟叶生产基础设施建设领导小组。各产区市、县烟草专卖局相应成立烟叶生产基础设施建设组织机构，制定基础办工作制度，明确基础办工作人员岗位职责。各产区市、县烟草专卖局在基本烟田范围内，根据国家局和省局（公司）相关要求，积极开展烟水工程、机耕路、烤房、育苗设施和烟草农业机械及烟叶收购站建设。

基层建设

烟草工作站　20世纪90年代，全省烟叶产区基层烟站建设比较薄弱，1998年全省中心烟站38

个,建筑面积(含库房)2.39万平方米。烟技人员办公无场所,吃住无去处的现象较为普遍。

1999年,省局(公司)定在全省新建烟叶收购工作站6座,其中石城3座、赣县、宁都、广昌各1座;改造收购站4座,其中信丰2座、峡江2座。对符合省建设标准的,规模在0.5万担、1万担的新建烟叶收购站,每座补贴15万元和20万元;改造并符合省标准的收购站,每座补贴8万元。

1999年—2004年,全省烟草行业累计投入资金1200多万元,在主产烟乡(镇)新建烟草工作(收购)站27座,总建筑面积5.6万平方米。

2005年以后,烟叶工作站建设项目由市局申请立项,省局批复同意后,由市局投资建设,作为行业固定资产管理。根据国家局烟叶工作站建设规范和烟叶工作站设计标准要求,全省制定了烟叶收购工作流程图、标准单元各功能区面积参考指标、验级厅各功能区平面布置图。明确烟叶收购量稳定达到0.5万担以上的产烟乡(镇),2007年底前要完成基层站的建设,在2008年烟叶收购前投入使用。小型站收购量0.5万担~1万担,占地面积控制在10亩以内;中型站收购量1万担~1.5万担,占地控制在12亩以内;大型站收购量1.5万担以上,占地控制在15亩以内。

2005年—2010年,全省烟草行业投入烟草工作站建设资金9914.13万元,共新建或改建烟草工作(收购)站(点)73座,建筑总面积110827.2平方米,其中赣州市50座,抚州市10座,吉安市13座。在建烟站14座,批复建设资金5783.72万元,其中抚州10座、吉安4座。

2010年抚州基层烟站(点)基本情况

表1-4-1

县别	基层烟站(点)名称	所在地址	管辖自然村(个)	烟站(点)规模		行业投入资金(万元)	建成时间
				占地面积(亩)	建筑面积(平方米)		
乐安	戴坊烟草中心工作站	戴坊镇商贸城附近山上	103	10.00	1950.00	100.00	2005.1
广昌	甘竹镇烟叶收购工作站	甘竹镇朝华村	11	4.95	1394.00	213.00	2008.7
	千善乡烟叶收购工作站	千善乡街上	7	2.09	536.92	121.00	2008.5
	头陂镇烟叶收购工作站	头陂镇头陂村	12	4.28	310.00	240.00	2009.5
	塘坊乡烟叶收购工作站	塘坊乡村里村	15	3.00	2000.00	91.43	2001
	盱江镇烟叶收购工作站	盱江镇羊面岭	18	5.74	3828.00	69.13	2003
	尖峰乡烟叶收购站	尖峰乡黄坊村	12	2.97	1980.00	166.19	2002
黎川	熊村烟叶工作站	熊村乡下街村	9	10.00	3526.27	200.00	2008.12
资溪	乌石烟叶工作站	乌石镇草坪村	9	10.00	4500.00	612.00	2008.4
	高阜烟草工作站	高阜镇工业园区	29	20.00	3600.00	680.00	2009.4
合计		10	225	73.03	23625.19	2492.75	

2010年吉安基层烟站(点)基本情况

表1-4-2

县别	基层烟站(点)名称	所在地址	管辖自然村(个)	烟站(点)规模		行业投入资金(万元)	建成时间
				占地面积(亩)	建筑面积(平方米)		
峡江	罗田烟草工作站	罗田镇安山村	10	5.10	1710.00	48.00	1992.6
	金江烟草工作站	金江乡白港村	6	4.40	1963.00	49.00	1992.6
	福民烟草工作站	福民乡娄屋仔村	5	4.00	1795.00	31.00	1992.6
	水边烟草工作站	水边镇郭家村	7	3.70	1258.00	46.00	1987.5
	马埠烟草工作站	马埠镇刁家村	8	6.80	2460.00	172.00	2007.6
	戈坪烟草工作站	戈坪乡舍龙村	5	9.40	2460.00	231.00	2007.6
	沙坊烟草工作站	罗田镇沙坊村	5	5.20	1984.00	71.00	1992.6
	巴邱烟草工作站	巴邱镇五街	5	3.00	837.00	65.00	1985.1
	砚溪烟草工作站	砚溪镇鹏溪村	10	30.00	2926.30	485.00	2011.8
	桐林烟草工作站	桐林乡桐林村	5	20.00	2432.50	390.00	2011.8
安福	严田烟草中心工作站	严田镇楠桥村	29	42.00	4587.00	535.00	2011.10
	寮塘烟草工作站	寮塘乡口塘村	46	8.00	2500.00	280.00	2008.9
泰和	苑前洲刘烟草工作站	苑前镇洲刘村	11	2.50	960.00	129.00	2009.10
合　计		13	152	144.10	27872.80	2532.00	

2010年赣州基层烟站(点)基本情况

表1-4-3

县别	基层烟站(点)名称	所在地址	管辖自然村(个)	烟站(点)规模		行业投入资金(万元)	建成时间
				占地面积(亩)	建筑面积(平方米)		
会昌	站塘烟草工作站	站塘乡站塘村	10	3.00	1258.04	98.04	2003.1
	洞头烟草工作站	洞头乡官丰村	7	2.97	992.95	81.47	2006.2
	中村烟草工作站	中村乡中联村	6	5.35	1145.36	132.19	2008.12
	周田现代烟草农业示范区收购点	周田镇小田村	19	4.00	480.00	129.13	2008
	庄埠烟草工作站	庄埠乡庄埠村	6	3.30	506.00	98.00	2007
	庄口综合工作站	庄口镇庄口居委会	12	0.40	261.16	15.69	2001.11
赣县	小坌烟草工作站	韩坊镇小坌村	8	1.72	855.80	56.33	1998.5
	韩坊烟草工作站	韩坊镇韩坊村	26	2.64	1628.70	200.47	2008.12
	长演烟草工作站	韩坊镇长演村	4	6.21	740.60	66.72	2002.12
	王母渡烟草工作站	王母渡镇浓口村	8	2.51	714.10	51.91	2000.11
	大埠烟草工作站	大埠镇长湖村	42	3.58	1616.00	157.04	2009.1
	长洛烟草工作站	长洛乡长洛村	18	1.88	508.10	42.75	2002.12
宁都	固村烟草工作站	固村镇固村村	15	3.21	1260.33	58.37	2001.3
	石上烟草工作站	梅江镇水东村	8	3.27	832.05	34.68	1990.12

续表

县别	基层烟站(点)名称	所在地址	管辖自然村(个)	烟站(点)规模		行业投入资金(万元)	建成时间
				占地面积(亩)	建筑面积(平方米)		
瑞金	古松烟草工作站	小松镇罗源村	14	11.22	1661.94	210.34	2008.12
	龙岗烟草工作站	龙岗乡龙岗村	30	7.48	1800.00	175.00	2011.7
	丰山烟草工作站	丰山乡街上	24	6.30	1493.08	181.02	2008.3
	屏山烟草工作站	屏山镇街上	13	6.45	1158.44	155.27	2008.12
	大由烟草工作站	大由乡大由村	14	6.34	1450.35	180.40	2010.5
信丰	小松新街烟草工作站	小松镇街上	8	3.53	2282.54	172.52	2005.7
	琴江烟草工作站	琴江镇街上	6	6.34	1245.02	125.62	2006.6
	丰山新烟草工作站	丰山乡丰山村	1	1.81	960.00	77.78	2010.5
	木兰烟草工作站	木兰乡木兰村	14	11.55	4033.52	398.02	2010.6
	木兰新河烟草工作站	木兰乡新河村	17	2.05	1031.00	117.99	2009.6
兴国	岩岭烟草工作站	横江镇丹阳村	10	8.45	2820.67	66.41	1987.1
	横江烟草工作站	横江镇洋地村	19	7.04	2350.00	94.07	1997.7
	洋地烟草工作站	小松镇桐江村	13	4.97	3306.00	97.50	2007.11
石城	小松桐江烟草站	横江镇小姑村	—	3.37	641.44	23.63	1989.11
	小姑烟草工作站	琴江镇长天村	—	0.20	374.22	6.20	1993.7
	长天烟草工作站	屏山镇屏山村	—	0.74	439.82	23.38	1993.8
	屏山新烟草站	大由乡大由村	—	0.19	311.01	11.47	1994.12
	大由新烟草工作站	琴江镇坝口村	—	0.13	145.83	8.48	1995.3
	观下(坝口)烟草工作站	高田镇湖坑村	—	0.27	622.35	16.57	1996.1
	高田新烟草工作站	龙岗乡龙岗村	—	1.95	1359.30	249.43	1999.12
	龙岗乡烟草站	珠坑乡街上	—	6.36	1831.08	188.16	2001.12
	珠坑乡烟草工作站	丰山乡丰山村	4	1.31	609.00	16.16	1995.7
	丰山中心烟工作站	小松镇罗源村	3	2.48	948.55	60.37	1997.5
	站塘烟草工作站	站塘乡站塘村	8	0.61	517.97	21.42	1996.7
	洞头烟草工作站	洞头乡官丰村	12	0.92	480.78	27.23	1997.12
	中村烟草工作站	中村乡中联村	7	0.24	192.62	4.56	1998.11
	周田现代烟草农业示范区收购点	周田镇小田村	11	5.81	1036.96	68.77	2001.4
	庄埠烟草工作站	庄埠乡庄埠村	4	0.82	410.65	15.57	2001.6
	庄口综合工作站(原为营销部办公场所)	庄口镇庄口居委会	15	2.65	1083.03	87.45	2001.12
	小坌烟草工作站	韩坊镇小坌村	12	5.38	1554.99	108.91	2003.6
	韩坊烟草工作站	韩坊镇韩坊村	9	4.18	1489.46	94.67	2003.6
	长演烟草工作站	韩坊镇长演村	7	0.83	710.65	31.77	2007.3
	王母渡烟草工作站	王母渡镇浓口村	9	5.77	1873.49	191.77	2003.6
	大埠烟草工作站	大埠镇长湖村	6	5.48	1506.92	168.40	2008.1
	长洛烟草工作站	长洛乡长洛村	7	1.52	966.26	96.22	2008.1
	固村烟草工作站	固村镇固村村	9	6.36	1831.08	94.08	2011.6
合计		50	495	185.14	59329.21	4889.38	—

烟技员管理 20世纪90年代末到21世纪初，省局（公司）要求全省烟技员队伍必须全部归口烟草公司管理，按每150亩~300亩1名烟技员的标准，配足烟技力量。烟技员不足的，可以向社会公开考核招聘，也可以引进省外或省内先进产区的优秀烟技员。烟技员由各县公司自行聘请，由地分公司申报审核后报省烟叶分公司审定。

1999年—2001年，省局（公司）按照国家局在3年内对基层烟技人员，分期分批进行技术轮训和送到大中专学校学习，使之达到中等专业水平的要求，每年组织部分产区烟草站长和技术骨干到广东、山东烟草中等职业学校参加学习和技术培训。

2002年—2003年，省局（公司）制定江西省烟技员队伍建设与目标管理考核办法，进一步明确全省烟技员职责、人员配备、招聘条件、工资待遇和培训、管理、考核办法。要求烟技员在考核业绩达标情况下，年收入不低于6000元~8000元，其中40%作基本工资，60%与业绩挂钩。各县结合实际制定严格的管理办法，提高烟技员的整体待遇，并对烟技员进行分阶段量化考核，实行报酬与考核业绩挂钩，对工作漂浮，业务素质差，年度考核倒数几名的烟技员采取末位淘汰制，较好地调动烟技员的积极性。

2004年4月，全省县以下（含县公司）从事烟叶生产管理、技术人员共607人，其中正式工74人。全省有职业资格的技术员389人，有专业职称的技术员41人。全省烟草工作站75个，聘用合同制烟技员533人。

2005年5月，通过清理、整顿烟技员队伍，淘汰和解聘一批不合格人员，开展面向社会，公开招聘一批年轻力壮、具有一定的烤烟种植技术水平、热爱烤烟种植事业的合同制烟技员，全省烟技员总数达到937名，基本能满足当年全省烤烟种植需求。

2007年4月，省局（公司）出台关于加强烟叶基层建设的实施意见，提出完善管理体制，明确职能定位，充实烟叶基层岗位，加强队伍建设，加强基础建设，完善生产保障，加强基层管理，提升管理水平。明确分类设置烟技员，交通便利的老产区按照每300亩~400亩配置1名烟技员，相对分散的老产区按照每200亩~300亩配置1名烟技员，新区和试种区按照每100亩~200亩配置1名烟技员。按照分步到位的原则，2007年、2008年、2009年的人员到位率要分别达到60%、80%和全部到位。

2007年10月，省局（公司）分两期举办全省烟叶基层管理人员培训班。培训内容为江西烟叶发展战略、烟叶基础管理、收购管理、基础设施建设管理、烟叶生产技术、基层烟站建设等，培训对象为基层烟站站长、产区县局烟叶股长和其他生产技术管理人员，聘请省内外长期从事烟叶生产管理工作的专家授课，取得良好效果。

为提高基层人员和烟技员的业务和管理水平，省局（公司）每年选派有关烟技人员参加全国性的技术培训，举办全省烟叶生产技术研讨会暨科技协作会，邀请全国知名专家到江西进行专题学术讲座，会议将调研文章和科研论文汇编成册。每年分生产季节，分片组织烟技员参加烤烟育苗、烤房建设、采收烘烤、烤烟国标、综合防治等技术培训。

2005年—2007年，省局（公司）公开招聘、考试，择优录用15名大学毕业生充实到烟叶基层队伍；2006年由省局统一招考的109名后备烟技员，经过一年系统的烟叶专业培训，绝大部分已在生产一线发挥作用。

2010年,全省合同制烟技员1093人,其中赣州市388人,抚州市432人,吉安市273人。全省高级工49人、中级工212人、初级工271人、技师4人。

基地建设

优质烟基地 1992年,省局(公司)认为逐步建立优质主料烟基地是有关江西省烟叶生产发展的重大举措,决定在前几年优质烟生产综合示范的基础上,选择一些基础较好的产区乡镇,进行厂县挂钩,联合开发优质烟,建设优质主料基地,以期探索开发优质烟生产途径,推动全省烟叶生产整体水平的提高。

1993年,省局(公司)制定了全省优质主料烟生产技术方案和优质主料烟基地管理办法,在信丰县大塘埠镇、赣县韩坊乡共建立面积2万亩优质主料烟基地,并同期在峡江县水边镇下痕村试点。1994年,在信丰、石城、赣县共建立4.7万亩优质主料烟叶基地,峡江县优质烟试点面积扩大至0.2万亩,全省基地比上年扩大3万亩。

1998年,全省烟叶生产工作贯彻“市场引导,主攻质量,狠抓基础,稳步发展”的指导思想,坚持厂县挂钩,巩固开发优质烟叶生产基地。全省基地县增至石城、信丰、赣县、广昌、瑞金、会昌、宁都、峡江、乐安、鄱阳等10个县,计划面积12.3万亩。省局出台“全省优质烟基地管理办法”“优质烟基地县考核办法”“优质烟基地实施办公室管理人员考核办法”。1999年,全省计划厂县挂钩基地面积12.65万亩。

2000年,省局(公司)确定优质烟基地扶持根据实际收购量,采取在非基地烟叶省内调拨价基础上适当上浮的形式给予补贴。基地烟叶一律由县烟草公司单独收购、单独全等级调拨。未经挂钩烟厂和省烟草公司许可,不得擅自外调,否则按非基地烟叶调拨价结算。

2004年,江西5家卷烟厂在省内建立厂办基地8.7万亩,占全省实种面积的65%,其中南昌烟厂4.6万亩,赣南烟厂1.5万亩,广丰烟厂1.4万亩,井冈山烟厂0.7万亩,兴国烟厂0.5万亩。基地烟叶收购调拨量达到省产烟叶省内总需求量的70%。辽宁红塔集团营口卷烟厂也与江西共建1万亩优质烟基地。

1992年以来,通过厂县挂钩优质烟基地建设,工商联合制定烟叶生产技术方案,针对性强,技术切入点准确,形成优质烟生产开发技术体系,烤烟质量明显改善,外观质量有较大提高。南昌卷烟厂对基地烟叶外观、内在化学成分、评吸质量进行鉴定,认为基地烟叶成熟度、身份和色泽等指标明显优于非基地烟叶,内在化学成分比例协调。具体表现在下部叶和上部叶外观质量方面:基地烟叶表现成熟,结构疏松至稍密,身份中等至稍厚,色泽强至浓,油分从稍有到多,颜色一致,叶尖与叶基部的差异较少,而非基地烟叶与基地同等级烟叶相比颜色偏淡,色泽偏弱,结构稍密至密,身份稍薄,叶片表观油分没有基地多;基地烟叶内在化学成分比例协调,烟碱含量明显降低,糖碱比适宜,特别是下二棚和上部烟的化学成分有明显的改善;基地烟叶与同等级的非基地烟叶相比,在刺激性、杂气和余味等方面一定程度上有所减轻,特别是基地种植的K326品种其B2F比非基地同等级烟叶在评吸质量上有显著提高，扩大与提高基地开发上部烟的可用性。

特色烟叶基地　2002 年，国家局在广昌、石城两县各安排了 1000 亩国际型优质烟基地开发，在郑州烟草研究院的具体指导和基地开发人员的共同努力下，严格按照要求，准确落实各项生产技术措施，取得成功。国家局专家组认为江西省国际型优质烟基地烟叶大田长势达到全国 17 个国家型优质烟基地中上水平。单独收购表明，国际型基地上等烟比例 44.5%，均价 9.8 元/千克；上部烟叶成熟度明显好于其他产区，有进口烟叶的外观特征。工业验证由南昌卷烟厂承担，经南昌卷烟厂定位取样检测，化学成分协调，烟碱含量适中，总体质量接近进口烟叶。

2003 年，国家局安排江西国际型优质烟基地 2000 亩，全省仿国际型优质烟基地 8000 亩。省局（公司）将万亩国际型优质烟基地作为全省重点基地重点建设，由各县公司推荐，省公司审核。当年石城、广昌等县的国际型优质烟基地烟叶大田长势和烟叶质量基本符合国家局优质烟标准。

2004 年，省局（公司）提出替代进口烟叶基地开发实施方案、技术考核方案以及加强烟田水利设施完善工作。广昌、瑞金、信丰等三县（市）开展替代进口烟叶试验示范项目。2005 年全省替代进口烟叶开发规模由上年 600 亩扩大至 2000 亩。根据对瑞金、广昌两县（市）项目抽查结果看，瑞金、广昌两县（市）通过强化管理，狠抓技术落实，示范点烟叶长势整齐一致，烟株营养均衡，上中等烟比例有了明显提高，初步解决了江西烟叶成熟度不够、烟叶僵硬、香气不足等问题。

2008 年，石城县承担江西中烟特色烟叶开发项目。2009 年，该项目顺利通过国家局验收。2010 年，赣州石城与江西中烟、抚州广昌与红塔集团联合实施的全国特色烟叶开发工作扎实推进，基本实现收购烟叶 10 万担目标。

通过工商研共建特色烟叶开发项目，以“商业主体、工业主导、科研主力”的工商研协同机制初步形成。紫色土浓香型烟叶开发规模快速增加，初步形成一套优质烟生产开发技术管理体系。建立了烟草公司、卷烟企业、科研部门和烟农紧密结合优质烟生产开发途径是提高烟叶可用性的有效模式。

经过多年基地开发，基地烟叶质量达到或接近国际先进水平、部分省产替代进口烟叶在南昌卷烟厂高档卷烟配方中使用，不仅大大提高省产烟叶的可用性，而且拓宽南昌卷烟厂优质原料调拨途径。江西中烟认为石城基地烟叶风格特色以中间偏清为主，具有清新飘逸的香气风格和回甜的烟气口感特征，主要在“金圣”品牌中使用，综合质量较好，工业可用性较高，在“金圣”品牌配方中作主料烟使用，贡献率 8%～10%。

江西烟叶在红塔集团卷烟叶组配方中一直占有一定使用比例。红塔集团认为江西基地烟叶以烤甜、焦甜为主，略带清甜韵，属中偏浓香型，综合质量较好，可用性较好，烟叶特征较“温和”。2006 年以前主要用于玉溪、红塔山卷烟系列产品。2007 年以来，由于数量原因，江西烟叶主要用于玉溪、红梅卷烟系列产品。

现代烟草农业建设

2008 年开始，全省采取项目申报形式，由各产区县局申报现代烟草农业建设试点方案，经市局审核,省局批复后实施。至2010年,全省共设立39个国家级、省级和市级试点,试点面积2.01万亩,农户1051户,户均种植规模达到19.12亩。试点隔年轮作,在规模化种植、机械化耕作、专业化分工和社会化服务等方面,初见成效。

2010年,全省种植专业户8852户,种植面积148660亩;家庭农场37户,种植面积7242亩;烟农作社20个,种植面积10275亩。现代烟草农业示范点建设已成为全省烟叶生产的样板,同时还是当地现代农业建设的样板。

基地单元　2010年信丰县作为全国32个整县推进基地单元现代烟草农业建设的试点单位,与红塔集团共建红塔山品牌基地单元1个,基地系统实施基本烟田、烟水、烟路、烟站、密集烤房、育苗工场、农机具、防灾减灾体系等八大基础设施建设。全县种植紫色土浓香型优质烟叶1.6万亩,分布在大塘埠、正平、小河三个片区,31个村,892户。2011年,信丰基地单元顺利通过国家局基地单元验收。

信丰县基地单元明确红塔集团在品牌导向型原料基地建设中起主导作用,成立品牌导向型原料基地建设工作领导小组,共同制订"工商协同共建品牌导向型原料基地实施方案"及符合红塔集团卷烟品牌发展要求的品种结构、烟叶生产区域布局和烟叶生产技术标准体系,导向型原料基地科技项目研发及推广运用体系。包括组织机构、人员、技术和经费的保障机制,基地烟叶生产、入库调拨及烟叶质量的评价机制,对区域布局、品种结构、育苗、移栽、中耕管理、成熟采收、烘烤、单收单调、等级结构、上中等烟比例、工商交接与烟叶采购合同、烟叶外观质量、内在化学成分、感官评吸质量与工业可用性的评价标准。

信息化建设　1997年开始,全省逐步推行微机收购,微机开票。2002年,江西被国家局列为全国"烟叶信息管理基础软件"试点单位,率先在全国推广"烟叶信息管理基础软件"。至2004年,全省共投资400多万元,购买海晟系统软件250余套,建成省、市、县、站四级联网,覆盖面达到90%以上,基本实现全省烟叶生产、收购、调拨工作网络化管理。自烟叶信息管理系统建成后,全省烟叶交售数据能够实现即日传输,对数据收集整理和提升烟叶工作效率发挥重要作用。该软件也在使用过程中不断升级改造,2010年完成第一期项目改造。

基础设施建设

2005年10月,省局(公司)成立江西省烟叶生产基础设施建设领导小组,由省局(公司)领导任组长,烟叶、投资、审计、监察等相关部门参加。领导小组下设办公室,具体负责日常事务。

省烟叶生产基础设施建设领导小组办公室设在烟叶管理处。其职责指导、审核各地区烟叶生产可持续发展规划、基本烟田规划和烟叶生产基础设施建设规划,制定全省烟叶生产基础设施建设总体规划,报国家局审核备案。确定本省基础设施建设项目内容和建设标准,指导、审核各地区年度实施计划及资金预算,报国家局审核批准。指导、监督、管理各地区基础设施项目实施和验收。对补贴资金使用与管理承担主要责任,负责规范建设资金预算、按项目建设进度预拨资金、项目验收结算、同步监督审计,向国家局提交相关报告等,并配合专项审计。

产烟地(市)、县级局成立烟叶生产基础设施建设项目办公室。其职责按国家局和省局(公司)统一要求,规划界定基本烟田,建立保护制度;制定烟叶基础设施建设规划,上报审核备案。制定年度实施计划及资金预算,上报审核批准。严格项目管理,做好项目组织实施、质量监督、竣工验收、维护指导等工作。严格资金管理,保障资金规范、安全、高效使用,自觉接受当地纪检、审计部门和上级部门同步监督。

产烟地(市)、县级局成立烟叶生产基础设施建设项目办公室。其职责按国家局和省局(公司)统一要求,规划界定基本烟田,建立保护制度;制定烟叶基础设施建设规划,上报审核备案。制定年度实施计划及资金预算,上报审核批准。严格项目管理,做好项目组织实施、质量监督、竣工验收、维护指导等工作。严格资金管理,保障资金规范、安全、高效使用,自觉接受当地纪检、审计部门和上级部门同步监督。

基本烟田　全省基本烟田规划建设与保护,是以珍惜和合理利用土地资源,加强宜烟耕地管理,切实保护宜烟耕地为前提,统筹规划,逐年建设治理,切实保护,讲求实效,确保在"十一五"规划末全省建立基本烟田 70 万亩~80 万亩,实现江西烟叶的稳步健康可持续发展。

2005 年 12 月,产区各级烟草公司根据省局"十一五"规划末实现烟叶收购 80 万担~100 万担目标,以及全国基本烟田规划保护指导意见,结合本地实际制定烟叶生产可持续规划和基本烟田规划。2008 年 7 月,省烟叶生产基础设施建设领导小组办公室制定"江西省基本烟田保护制度试行办法"。要求在基本烟田保护区科学安排不同作物组合和耕种方式,建立以烟为主、用养结合的耕作制度,确保基本烟田不被挤占。

2008 年 12 月,全省规划基本烟田面积 80 万亩,其中 2010 年前规划建设面积 47 万亩,2011 年及以后规划建设 33 万亩。2011 年 1 月国家局批复江西省基本烟田规划面积 80 万亩,其中赣州市 35 万亩、抚州市 30 万亩、吉安市 15 万亩。同时以调整后基本烟田规划面积为起点,做好基础设施建设"十二五"总体规划与年度实施计划的编制工作,确保基础设施项目有序配套实施。

烟水工程　2005 年,省局(公司)按照"先试点后推广",开展烟水配套工程试点工作。全省投入资金 1400 多万元(包括地方政府配套资金近 500 万元),在 28 个重点产烟村开展烟水配套工程项目建设试点。

2009 年 4 月开始,省基础办在全省烟区全面推广"双面立模、一次成型"砼现浇矩形渠施工工艺。该工艺在混凝土现浇矩形沟渠施工中,采用双面模板,钢架固定,机械振捣,使渠道双面立模、渠底、渠墙三面一次成型,具有占地少、造价经济、施工进度快、线型美观、质量易达标、监管方便等优点。市、县两级加强施工管理,参照有关定额把好工程造价关。

至 2010 年,全省有 326 个产烟村完成 350 个烟水配套工程项目区建设,在抗洪救灾中发挥积极作用,得到产区政府和烟农的一致好评。

2005 年—2010 年,全省完成烟水工程单体项目 5684 个,总长度 1647.43 千米,其中管网 119 条,长度 281.08 千米;沟渠 3949 条,长度 1355.93 千米;其他 770 条,长度 10.41 千米。水池 109 座,容量 12079 万立方米。

2005 年—2010 年烟水配套工程项目情况

表 1-4-4　　单位:个

县　别	项目	村数	项　目　所　在　村
广昌县	53	48	甘竹镇龙溪村、洙溪村、答田村、鹅龙村、朝华村、大嵊村、东源村、樟树村、坪上村;尖峰乡沙背村、东营村、观前村、新建村、黄坊村、沙背村、双湖村、营前村;盱江镇个赤岸村、文会村、赤岸村、下坪村、大塘村;长桥乡上凡村、双港村、长桥村、中堡村、株市村、塘坊乡村里村、新溪村、张坊村、大株村、熊坊村;头陂镇柯树村、龙虎村、龙港村、锡坊村;千善乡上堡村、盖竹村、千善村、高洲村;赤水镇龙水村、回辛村、杨坊村;杨溪乡张江背村、高排村;水南圩乡水南村、张杨村;驿前镇横路村
黎川县	39	32	湖坊乡营心村、湖坊村、石陂村、大排村、塘坊村、枧源村;熊村镇坊坪村、中站村、坊坪村、甘竹村;潭溪乡五星村、河塘村、长洋村;德胜镇黎明村、新店村、德胜村;厚村乡会沅村、三源村、厚村村;日峰镇点山村、下桥村;中田乡公村村、营前村;樟溪乡东港村、店上村、西城乡丰南村;荷源乡芦油村;洵口镇皮边村;龙安镇宋洲村;宏村镇丁路村;社苹乡社苹村;华山场华联村
资溪县	9	9	乌石镇横山村、关刀山村、茂林村、草坪村、陈坊村;高阜镇高阜村、石陂村;马头山镇彭坊村;高田乡城上村
乐安县	23	21	戴坊镇仲溪村、龙兴村、甘竹村、竹山村、红光村;湖溪乡尧门村、沙港村、社背村;龚坊镇炉下村、殷坊村、濂坑村;山砀镇龙义村、山砀村;南村乡南村村、前团村;增田镇东湖村、增田村;招携镇望仙村、高望村;罗陂乡力下村;大马头镇召尾村
宜黄县	18	15	桃陂镇大港村、荣前村;棠阴镇建设村、永兴桥村;圳口乡圳口村、固源村;东陂镇梅湾村、江北村;中港镇龙岗村、东港村;黄陂镇芒坳村、罗湾村;二都镇河口村;南源乡下坪村;新丰乡东门村
抚州市合计	142	125	—
宁都县	8	7	黄陂镇大桥坝村、增坊村、金坑村;固村镇岚溪村、中旻村;长胜镇大岭背村、真君堂村
瑞金市	37	34	九堡镇黄渡村、石角村、下宋村、沙垅村、密溪村、谢村村、羊角村、小陂村、堑下村、慈坑村;壬田镇现代烟草示范基地、高轩村、圳头村、中潭村、洗心村、柏坑村、青龙村、横坑村、凤岗村;冈面乡渡头村、陈坑村、沙排村、上田村;叶坪乡大胜村、山岐村、合龙村、脚陂村;日东乡陈野村、赣源村、樟坑村、湖洋村;黄柏乡直坑村;沙洲坝镇河坑村;泽覃乡新丰村
石城县	53	50	琴江镇沔坊村、场乐村、宜福村、何坑村、大畲村、小别村、坝口村、琴口村、湖下村、长乐村;小松镇耸岗村、小松村、蜀口村、江口村、丹溪村、罗源村、石田村;木兰乡新河村、小琴村、陈联村、杨坊村、木兰村、田江村、东坑村;丰山乡福村村、丰山村、下坑村、沿沙村、沿沙村、河田村;大由乡庙子谭村、大由村、河斜村、高背村;高田镇湖坑村、田心村、上柏村、琴生村、郑里村、祠江村;横江镇友联村、秋溪村、齐贤村;屏山镇万盛村、罗陂村、河东村;珠坑乡塘台村、坳背村、竹溪村;龙岗乡龙岗村
赣　县	15	14	阳埠乡新联村、坳背村;韩坊乡梅街村、遇龙村、大营村、韩坊村、长演村;沙地镇蟠岩村、石鼓村、坳上村;王母渡镇胜利村、浓口村;大埠乡大坑村;长洛乡中坑村
信丰县	19	19	西牛镇虎岗村、上龙村、天龙村、老屋场村;正平镇腾岭村、正坳村、晒禾村、潭口村;新田镇金鸡村、坪地山村、新田村;嘉定镇上坑村、洞高村、柏树村;小河镇旗塘村、长陵村;大塘镇大塘村、樟塘村;大阿镇明星村
兴国县	24	21	高兴镇长迳村、老圩村、合兴村、山塘村;均村乡均村村、中治村;古龙岗镇乐团村、江夏村;梅窖镇梅窖村、店山村;兴江乡杉村村、墅田村;城岗乡城岗村、迴龙村;长冈乡园塘村、秀水村;良村镇厚村村、前村村;方太乡方太村;埠头乡桐溪村;城岗乡白石村

续表

县　别	项目	村数	项　目　所　在　村
会昌县	24	29	周田镇小田村、岗脑村、长江村、连丰村、周田镇半岗村、上营村;站塘乡官村村、罗坊村、社山坝村、南坑村;中村乡洋光村、半溪村、中联村;筠门岭镇小照村、下阳村、黄陂村;庄口镇大排村、黄沙村、大陂村;永隆乡益寮村、案背村;麻州镇下堡村、前丰村;白鹅乡狮子村;富城乡寨头村、桂坑村;洞头乡官丰村;庄埠乡庄埠村;珠兰乡上照村
赣州市合计	180	174	—
峡江县	19	17	砚溪镇砚溪村、鹏溪村、步溪村、灼岭村;马埠镇马埠村、朱家村、凰洲村、上盖村;桐林乡桐林村、炎田村、流源村;金江乡城上村、黑虎村、港村;罗田镇安山村;戈坪乡舍龙村;巴邱镇大陂岭下村
安福县	6	7	寮塘乡思塘村、青塘村、谷口村、冻边村;严田镇楠桥村、花桥村;洋溪镇牌头村
永丰县	2	2	鹿冈乡高坑村;石马镇东湖村
泰和县	1	1	苑前镇洲刘村
吉安市合计	28	27	—
全省总计	350	326	—

机耕路　分为主干路和分支路两类,机耕路路面分砂石路面、硬化路面和其他类型路面。机耕路建设项目的申报、审批、项目组成立、补贴合同签订、招投标、项目施工、工程监理、资金使用、财务处理、纪检监察、资料归档等方面的管理遵循国家相关法律、法规及国家局、总公司关于项目管理和资金管理的有关规定。

机耕路建设资金由中国烟草总公司、省内烟草行业、烟农或村民委员会(村民小组)三方共同筹集。烟农或村民委员会(村民小组)以建设用地、建设材料或投工投劳等方式参与机耕路建设。项目竣工后,产权人负有运行管护的责任。

2005 年—2010 年度,全省机耕路项目区 836 个,其中砂石机耕路 681 个,砼硬化(混凝土)机耕路 155 条,总长度 265.84 千米,受益基本烟田面积 2.63 万亩,受益农户 0.14 万户。

烤房改造　20 世纪 90 年代中后期,全省有各种烤房 8.7 万座。1995 年以前,全省主要是普通小烤房,结构简单,棚距小(70 厘米),底棚低(150 厘米),大多为土坯房,靠自然通风,升温排湿差,易烤青、易黑。

1996 年开始,省局(公司)连续 3 年在全省烟区推广老烤房标准化改造和新建烤房群,统一按省烟科所设计图纸,建设规格为 2.67 米×2.67 米,容量 150 竿的气流上升式标准化烤房。

1999 年,从福建宁化引进普通热风循环烤房,该烤房结构在标准化烤房基础上改进,从各地反映能有效提高烘烤质量,减轻劳动强度。2002 年—2004 年,全省大力推行热风循环烤房,新、改建热风循环烤房 21984 座。

2004 年,从安徽引进 4 座密集烤房试验示范取得成功,江西省烟科所自主开发研制的“烟叶烘烤温湿度自动控制仪”投入使用。2005 年新建 8 米×2.8 米气流下降式密集烤房 77 座。2006 年新建密集性烤房 1558 座,2010 年密集式烘烤达到 90.8%。

2005 年—2010 年,全省建设烟叶调制设施 20716 个,其中 2.7 米×8 米密集烤房(含编烟棚)11306 座,2.7 米×6 米密集烤房 782 座,2.7 米×4 米密集烤房 2380 座,普改密烤房 5055 座,烤房重建或维修(水毁工程)1191 座,烘烤工场附属设施 2 个(50 座以上的烤房群,具有收购功能)。

育苗设施　2005 年—2010 年,全省新建育苗设施 844 个,受益基本烟田面积 5.73 万亩,受益农户 0.20 万户。

2010 年,省局(公司)出台了育苗工场建设管理的实施意见,指出育苗工场建设项目设计要严格依照建设程序,实施过程管理,强化管理监督,确保工程质量和资金安全,并规定了验收内容、验收程序。按照规定做好育苗设施项目竣工验收,完善有关档案资料。

烟草农业机械　2009 年,国家局将烟叶生产用农机具纳入烟叶生产基础设施补贴项目,包括通用机械和专用机械。省局(公司)按照国家局有关要求,从烟草农机的分类、补贴对象和标准、申请和审批、产权和管护、监督与管理等方面作了规定,明确烟草农机建设的目标任务、补贴范围与标准。力争用 3 年时间(2009 年—2011 年),全省烟叶生产基本实现翻耕整地机械化、播种剪叶机械化、大培土机械化、植保施药机械化,大力推广施肥盖膜、移栽、采烤编烟机械化作业,全省烟叶生产平均每亩用工减少到 20 个~25 个,实现烟叶生产减工、降本、增效的目的。

2010 年 8 月,全省 2009 年度烟草农业机械补贴工作已完成,并投入生产。同年 9 月,在全省烟叶生产基础设施建设调度会上,省局(公司)明确要求:农机建设重点推广起垄机、培土机、剪叶机、喷雾机等成熟机械,加大烟夹、编烟机、覆膜施肥一体机等机械对比试验力度。同年 11 月,省局(公司)在安福县召开的全省烟草农业机械演示会,省内外 14 家厂商,携 9 类烟草农机(起垄机、中耕培土机、多功能耕作机、拔杆机、植保机械、剪叶机、播种机、编烟机、烟夹)参会。经会议研究,2009 年度全省烟草农业机械为第一期补贴名录。2010 年的补贴名录为第二期名录。根据评委评分排名,前 3 名的起垄机和前 4 名的培土机,进入第二期使用补贴名录。植保机械由各市局推荐,经省局基础办批准同意后进入补贴范围,其余参加演示的农机列入试用补贴名录。

2009 年—2010 年,全省烟草行业对 2838 台(套)烟草农业机械进行补贴,其中通用设备 876 台(套),专用设备 1962 台(套),受益基本烟田 7.42 万亩,受益农户 0.17 万户。

第五节　政策扶持

1991 年—1993 年,江西烟叶生产支持政策以政府政策扶持为主,实行收购环节的价外补贴和生产环节的肥料、烤房建设补贴以及政府低息或无息贷款扶持生产。1994 年—2004 年,除收购价外补贴受省政府的政策控制外,其他烟叶生产政策扶持多以产区县根据自身的财力和发展重视程度自行制定,有的县每年在烟叶税中提取一定比例的资金用作烟叶生产发展基金,有的县实行烟叶税县、乡、村分税制,用于扶助烟叶生产发展。2004 年,江西烟草起动新一轮烟叶大发展,先后出台一系列的政策扶持。包括对烟农产前、产中、产后的育苗物质补贴、生产资料补贴、技术措施补贴、烤房建设补贴、抗击自然灾害的救灾补贴，还有基础设施建设补贴、农机补贴。这些补贴、奖励资金主要以烟草行业补贴资金为主。2005 年—2008 年，全省烟叶生产补贴按每担 120 元左右的标准执行，具体指标由省公司确定，市公司分单项进行补贴，总额要求以不突破每担的标准为准。2009 年，国家局规定生产补贴按收购资金的一定比例统一控制总额度，2009 年—2010 年，全省烟叶生产补贴资金总额度在年收购资金的 21%以内。

生产扶持

1993 年—1995 年，全省烟叶生产扶持费分为基地烟、赣南非基地烟和赣中、北产区三档，其中第一档基地烟：15 级标准上等烟增加 80 元/担，中三 50 元/担，中四 75 元/担；40 级标准比照 15 级标准，增加中部橘黄、中部柠檬黄、下橘二、下橘三等 17 个级的生产扶持费。

1996 年，全省实行烤烟 40 级标准收购，基地每亩扶持费 50 元，1997 年调整为每亩 80 元。1998 年，基地补贴政策改亩补为每担合格商品烟补贴，具体由厂县签订优质烟基地协议书，实行挂钩烟厂按照要求对经检查、评审达到优质标准的烟叶进行补贴，其中上等烟（含 X2F）调拨价上浮 40 元/担，中等烟上浮 30 元/担。1999 年，每担上、中等烟分别增加 10 元补贴标准。补贴费用由挂钩烟厂和结算单位各承担 50%资金主要用于技术培训、新技术引进推广、物资补贴和相关管理经费等。

2005 年，省局（公司）根据江西省烟叶主产区粮烟比价、实际生产水平和周围省市烟农收入的实际情况，对烟农的直接扶持标准根据赣南烟区与赣中、赣北烟区烟叶质量和经营状况的不同，制定赣南烟区、赣中北烟区两个标准，其中赣南烟区为 90 元/担、赣中北烟区为 50 元/担（不含煤炭补贴 20 元/担）。全省统一新技术推广费定为 10 元/担～20 元/担，替代进口烟叶开发试点每亩投入资金 150 元，并列入省局烟叶专项开发经费。

2006 年，省局（公司）参照周边先进产区的发展经验，结合烟叶生产实际，适当调整全省烟叶生产扶持政策。对烟农的直接扶持标准不再区分赣南、赣中北烟区，统一实行产前、产后扶持各 50 元/担（含煤炭补贴 20 元/担），新技术推广费调整为烟叶生产技术推广费用不低于 30 元/担。同时明确规定建立烟叶风险保障机制，继续采取省、市、县三级烟草部门和产烟县政府按照共同筹措资金建立烟叶生产风险保障机制，对受灾严重的烟农进行救助。遇到重大特殊灾害年份，增加资金筹措力度。同时探讨商业保险的办法，统一投保、统一赔付。

2008 年，对烟农的生产扶持继续按照产前、产后各扶持 50 元/担（含煤炭补贴）的标准执行，产前主要用于肥料、地膜、农药的补贴；烟叶生产技术推广费调减为 20 元/担，主要用于商品化育苗、病虫害综合防治、集约化烘烤等技术项目投入；单列土壤改良和农机具补贴项目，补贴标准为 10 元/担～20 元/担。烟叶风险保障金按照当年收购计划，由省、市、县烟草部门各按每担 1 元的标准安排预算。

2009 年，为防止烟叶过热发展，国家局要求全国各产区适当降低烟叶生产扶持标准。经江西省积极争取，国家局批复江西省实际执行的烟叶生产扶持标准为收购价格的 14%，将烟叶生产补贴标准调整为每担 103.95 元，比 2008 年实际每担补贴 113.27 元减少 9.32 元。

种烟奖励

20世纪90年代,省局(公司)基地建设奖励基金分为三部分:一是对认真完成烟叶收购调拨任务的乡、村干部进行奖励;二是对认真支持优质主料烟基地建设,并按要求完成各项指标的县政府实行奖励;三是奖励从事优质主料烟基地建设的技术人员、管理人员和烟技员。奖励在烟叶收购调拨结束后,由对口厂家提供兑现。

1995年,省局(公司)决定对种烟大户实行奖励,设立特等奖:种植烤烟15亩以上,交售烤烟40担以上,奖励4000元;一等奖:种植面积12亩以上交烟30担以上,奖励2400元;二等奖:种烟10亩以上,交烟25担以上,奖励1500元;三等奖:种烟8亩以上,交烟20担以上,奖励1000元。全省获奖种烟大户为73户,其中获特等奖2户、一等奖1户、二等奖11户、三等奖59户。

1996年,省局(公司)继续对种烟10亩以上的大户实行奖励,设特等奖:种植面积40亩以上,交售自产烟叶100担以上,上等烟35%以上,上中等烟85%以上,奖励5000元;一等奖:种植面积25亩以上,交售自产烟叶62.5担以上,上等烟35%以上,上中等烟85%以上,奖励2500元;二等奖:种植面积20亩以上,交售自产烟叶50担以上,上等烟35%以上,上中等烟85%以上,奖励1500元;三等奖:种植面积15亩以上,交售自产烟叶37.5担以上,上等烟35%以上,上中等烟85%以上,奖励1000元;鼓励奖:种植面积10亩以上,交售自产烟叶25担以上,上等烟30%以上,上中等烟85%以上,奖励400元。全省获奖种烟大户205户,其中获特等奖4户、一等奖13户、二等奖7户、三等奖41户、鼓励奖140户。

1998年,省局(公司)决定对坚持合同生产、收购,坚持科技兴烟,坚持国家标准收购的先进乡(镇)予以表彰奖励。设一等奖:收购量万担以上,奖励10000元;二等奖:收购量8000担以上,奖励8000元;三等奖:收购量6000担以上,奖励5000元。石城县小松镇、高田镇、丰山乡,赣县韩坊乡获一等奖,峡江县砚溪镇、鄱阳县谢家滩乡获二等奖,石城县木兰乡、广昌县塘坊乡、宁都县固村镇获三等奖。

2003年,省局(公司)对烟叶生产规模达8000担以上,整体生产水平有显著提高的先进乡镇给予表彰和奖励。其中收购量达到万担以上的石城县高田镇、丰山乡、琴江镇、小松镇,赣县韩坊镇获一等奖,各奖励10000元;收购量在8000担~10000担的广昌县圹坊乡、尖峰乡,石城县木兰乡获二等奖,各奖励8000元。

设施补贴

2005年—2010年,江西省完成烟叶生产基础设施建设单体项目30700个。全省烟草行业投入补贴资金68135万元,其中国家局补贴资金35275.03万元,省内补贴资金32859.98万元。

烟水工程　2006年10月,省局(公司)明确了烟水工程项目补贴范围及标准。2009年1月,国家局对烟水工程补贴政策进行了调整,取消了烟农投工投劳和地方配套,项目建设资金由行业全额补贴,国家局补贴为项目总造价的60%,其余40%的资金由省内行业承担。

2005年—2010年,全省烟草投入烟水配套项目补贴资金32132.52万元,其中国家局补贴

14664.57万元,省内行业补贴17467.95万元,受益基本烟田面积40.04万亩,受益农户12.87万户。

2005年—2010年烟叶生产基础设施建设补贴项目及补贴标准

表1-5-1

项目(工程)类型		补贴标准	其　中		
			国家局补贴	省局补贴	市局补贴
水池		90元/立方米	40元/立方米	25元/立方米	25元/立方米
小塘坝		投资额的95%	投资额的35%	不含土方 投资额的30%	不含土方 投资额的30%
排洪渠		投资额的95%	投资额的35%	不含土方 投资额的30%	不含土方 投资额的30%
主干渠	浆砌石	150元/米	60元/米	45元/米	45元/米
	现浇砼	120元/米	60元米	30元/米	30元/米
支渠	浆砌石	110元/米	40元/米	35元/米	35元/米
	现浇砼	90元/米	40元/米	25元/米	25元/米
管网		15元/米	15元/米	—	—
提灌站		投资额的95%	投资额的35%	不含土方 投资额的30%	不含土方 投资额的30%

机耕路　2008年,国家局规定机耕路项目计划,列入各单位烟叶生产基础设施建设年度计划,投资比例要控制在当年烟叶生产基础设施项目建设投资总额的20%以内。机耕路造价(不含投工投劳)控制:1. 砂石路面类型的主干路建设造价控制在每千米15万元(即150元/米)以内,分支路建设造价每千米控制在10万元(即100元/米)以内。2. 硬化路面类型的主干路建设造价控制在每千米20万元(即200元/米)以内,分支路建设造价控制在每千米15万元(即150元/米)以内。3. 其他类型路面的机耕路建设造价从实际出发,按合理造价编制预算,但不得突破每千米15万元(即150元/米)。机耕路建设资金由总公司、省内烟草企业、烟农或村民委员会(村民小组)三方共同筹集。总公司按工程结算总造价(不含投工投劳)的35%进行补贴。烟农或村民委员会(村民小组)以建设用地、建设材料或投工投劳等方式参与机耕路建设。

2005年—2010年,全省烟草投入机耕路补贴补贴资金3846.09万元,其中国家局补贴2002.52万元。

烤房设施　1996年起,省局(公司)决定用三年时间每年筹措200万元,推广标准烤房,改造老烤房。要求按省公司图纸,统一改造,统一编号造册。1996年—2004年,省局(公司)投入烤房补贴资金890.38万元。补贴标准:1996年,验收合格的标准烤房,每座补贴100元。1997年,新、改建标准烤房每座补贴300元。2002年—2004年,新、改建热风循环烤房每座补贴100元。

2005年,对每座密集烤房补贴1万元(省公司和市公司各承担0.5万元),用于购置密集烤房应配套设备。2008年,不再安排中、小型密集烤房建设,对大型密集烤房(2.7×8米以上)单座补贴

1.8万元/座(含国家局补贴1.4万元),3座以上的烤房群每座补贴不低于2.1万元(具体由市局确定)。普改密烤房(热源外置密集式改造225座)0.6万元/座(含国家局补贴0.4万元)。2009年,密集式烤房每座补贴1.8万元。2010年,新建密集式烤房(含编烟棚)每座补贴2.5万元,烘烤工场附属设施(50座以上的烤房群,具有收购功能)增加补贴50万元,用于收购辅助设施建设。

2005年—2010年,全省烟草投入烤房等设施补贴资金29744.05万元,其中国家局补贴资金17293.58万元。

育苗设施　2010年,省局(公司)规定要严格控制育苗工场总造价,防止超成本、超规模、超标准建设,烟草行业投资控制在260元/亩以内(按供苗面积计算)。对批准立项育苗工场建设造价超过260元/亩,国家局补贴部分按60%,即156元/亩的标准补贴,其余补贴由市局(公司)承担。

2005年—2010年,全省烟草投入育苗设施补贴资金1182.90万元,其中国家局补贴资金576.69万元。

烟草农业机械　2009年,省局(公司)对通用机械按每台(套)购机发票核定价格的30%进行补贴,专用机械按购机发票核定价格的70%进行补贴,补贴资金由中国烟草总公司承担60%,产区市公司承担40%。烟草行业按照种植面积平均每亩农机补贴投入不超过200元。原则上单机最高补贴额不超过1万元,如单机最高补贴超过1万元,须报省局(公司)备案。

2009年—2010年,全省烟草投入烟草农业机械补贴资金1229.45万元,其中国家局补贴资金737.67万元。

2005年—2010年全省烟叶基础设施(项目)补贴情况

表1-5-2

项目名称	项目区数量(个)	数量(个、条、座)	长度(千米)	容量(万立方米)	烟草行业投入资金(万元)	其中国家局补贴资金(万元)	其中省内配套补贴资金(万元)	受益基本烟田面积(万亩)	受益农户(万户)
一、烟水配套项目	350	5684	1647.43	12079	32132.52	14664.57	17467.95	40.05	12.87
水池	—	109	—	12079	398.08	178.23	219.85	—	—
管网	—	119	281.08	—	1886.23	981.89	904.34	—	—
沟渠	—	3949	1355.93	—	26118.72	11959.77	14158.95	—	—
其中:主干渠	—	1636	568.46	—	12514.49	5790.93	6723.56	—	—
支渠Ⅰ型	—	1941	623.51	—	8458.91	3812.79	46546.14	—	—
支渠Ⅱ型	—	25	9.49	—	57.12	19.00	38.12	—	—
排洪渠	—	346	154.32	—	6060.29	2739.07	3321.22	—	—
倒虹吸等	—	1	0.15	—	2.12	0.00	2.12	—	—
机井	—	3	—	—	9.49	5.69	3.80	—	—
提灌站	—	62	—	—	779.49	368.70	410.79	—	—

续表

项目名称	项目区数量（个）	数量（个、条、座）	长度（千米）	容量（万立方米）	烟草行业投入资金（万元）	其中国家局补贴资金（万元）	其中省内配套补贴资金（万元）	受益基本烟田面积（万亩）	受益农户（万户）
小塘坝	—	672	—	—	2671.81	1160.67	1511.14	—	—
其他	—	770	10.41	—	268.70	9.62	259.08	—	—
二、机耕路	—	836	265.84	—	3846.09	2002.51	1843.58	2.63	0.14
砂石机耕路	—	681	206.83	—	2904.71	1437.68	1467.03	—	—
砼硬化机耕路	—	155	59.01	—	941.38	564.83	376.55	—	—
三、烟叶调制设施	—	20716	—	—	29744.05	17293.58	12450.47	28.51	1.78
2.7米×8米新建密集式烤房（含编烟棚）	—	11306	—	—	25907.38	14584.83	11322.55	—	—
2.7米×6米新建密集式烤房	—	782	—	—	725.98	378.10	347.88	—	—
2.7米×4米新建密集式烤房	—	2380	—	—	1457.18	1190.00	267.18	—	—
普改密烤房	—	5055	—	—	1405.76	1007.50	398.26	—	—
烤房重建或									
维修（水毁工程）	—	1191	—	—	121.92	73.15	48.77	—	—
烘烤工场附属设施（50座以上的烤房群，具有收购功能）	—	2	—	—	125.83	60.00	65.83	—	—
四、烟草农用机械	—	2838	—	—	1229.45	737.67	491.78	7.42	0.17
通用设备	—	876	—	—	156.72	94.04	62.68	—	—
专用设备	—	1962	—	—	1072.74	643.65	429.10	—	—
五、育苗大棚	—	844	—	—	1182.90	576.69	606.21	5.73	0.20

灾害补贴

2005年，全省烟区连续遭受两次持续时间长、强度大的自然灾害，烟叶受灾面积达到43190亩，其中绝收面积11190亩，倒塌或水浸烤房225座，直接经济损失3073.71万元。由于全省建立烟叶风险保障基金，在国家局的支持下，省、市公司共筹措烟叶救灾补助专项资金345万元，产区政府配套资金85万元，在收购期间及时全部发给受灾烟农，稳定了烟农队伍。

2009年,省局(公司)正式出台烟叶生产自然灾害捐赠救助管理办法,明确救助对象和救助标准。捐赠救助标准由省、市烟草公司根据年度筹集的捐赠救助资金总额、烟叶种植面积和实际受灾程度等因素综合考虑确定。以补贴烟农的实际生产物资投入为主,适当考虑劳力成本。苗床期每亩最高救助标准为50元,大田期每亩最高救助标准为800元。

1. 苗床期遭遇的严重灾害:因冰雪灾害造成苗棚倒塌,50%~70%烟苗死亡的按苗床期最高救助标准的50%以内进行救助;70%以上烟苗死亡并影响烟叶种植的按苗床期最高救助标准的100%以内进行救助。

2. 团棵期前遭遇的严重灾害:绝收的按当年度最高救助金额的40%以内救助;重大经济损失的按当年度最高救助金额的20%以内救助。

3. 旺长期遭遇的严重灾害:绝收的按当年度最高救助金额的60%以内救助;重大经济损失的按当年度最高救助金额的40%以内救助。

4. 成熟烘烤期遭遇的严重灾害:绝收的按当年度最高救助金额的80%以内救助;重大经济损失的按当年度最高救助金额的60%以内救助。

5. 烟叶储存期间遭遇的严重灾害:烟叶全部损失的按当年度最高救助金额的100%以内救助;重大经济损失的按当年度最高救助金额的80%以内救助。

6. 烤房严重受损并及时重建完工的:烤房整体倒塌的,每座救助5000元;烤房部分倒塌或损毁严重的,每座救助2000元~4000元。

2010年,江西省遭遇特大洪涝灾害,全省烟叶受灾面积117120亩,占烤烟种植面积49.4%;受灾烟农14470户,占全省种烟农户72.49%;全省烟叶平均亩产2.55担,同比减少0.66担;烟农经济损失近6000万元。省局(公司)第一时间将42万元救助金下发到因灾困难烟农,全省共发放烟叶生产救助资金2174.92万元。争取国家局烟叶生产救灾资金1600万元、捐赠救灾资金1000万元、烟叶生产基础设施损毁修复资金1542万元。

第六节 复烤企业

20世纪80年代后期,随着全省烤烟生产规模的不断扩大,省内主要卷烟企业的省产烟叶收购量不断增长。由于各产烟县调来的烟叶都是初烤烟叶,其水分含量高低不一,一般都在16%以上,不仅青杂气较重,而且易生虫,入库后不易保管,时常发生霉烂现象,从而加大仓储损耗,同时对卷烟产品的质量也有较大的影响。为此,初烤后的烟叶转为卷烟工业生产原料要经过复烤。通过烟叶复烤的作用调整水分,防止霉变;排除杂气,净化香气;杀虫灭菌,有利储存;保持色泽,利于生产。经过再次加热干燥的复烤烟叶,水分约12%,适合于长期贮存醇化或人工发酵。

1988年赣南卷烟厂率先利用老车间改建了一个烟叶复烤车间,1991年南昌卷烟厂建造了一个复烤车间。1992年,为进一步解决烤烟复烤能力不足的困难,江西又在石城、峡江、波阳县兴建3个烟叶挂竿复烤厂,总面积8.5万多平方米,固定资产2600多万元。1993年赣南卷烟厂再次扩建一个新的复烤车间。至1994年底,全省共有烟叶复烤机组5台(套),年复烤能力达到4万吨左右。

2001年2月,国家局印发《关于推行原烟交接、委托加工的实施意见》(国烟法〔2001〕70号),明确要求同一烟叶生产经营区域内,凡打叶复烤生产f线已建成投产的,原则上不再挂杆复烤烟叶,到2003年全部淘汰挂杆复烤企业。2007年,江西关停了所有挂杆复烤厂,省产烟叶需运往广东、福建打叶复烤。

为推进江西烟叶产业健康发展,经省人民政府向国家烟草专卖局沟通,省局(公司)多次申报,2009年获国家局批准设立江西赣南烟叶复烤有限责任公司,建设12000千克/小时的打叶复烤生产线。

地方复烤厂

石城烟叶复烤厂　石城复烤厂由石城县人民政府与赣州烟草共同兴建。1991年8月经原江西省计委赣计工字(1991)55号批复,批准新建石城烟叶复烤厂。1992年元月破土动工,7月份试机投产。

石城复烤厂位于石城县琴江镇西华北路16号,占地面积11391.7平方米,建筑面积11380平方米,复烤车间面积1080平方米,仓库面积8496平方米,钢混框架结构建筑。总投资为637万元,其中老建扶持资金99万元。主要设备DK-86-3型挂竿复烤机1台,液压打包机两台,DZL4-1.25-WⅡ3型锅炉1台,简易货梯2台。生产工艺采用整叶挂杆蒸气供热机械化连续复烤工艺,生产能力为每小时2.5吨,年复烤能力为16万担。至2004年累计复烤原烟85万余担,上缴税利2000多万元,其中上缴税金近1000万元。

石城复烤厂原定为赣州烟草分公司的下属单位,1994年6月起划归石城县烟草专卖局主管,为科级全民所有制联营企业,实行独立核算,自负盈亏,具备二级法人资格,对县烟草专卖局负责。2004年由于国家烟草专卖局全面淘汰挂杆复烤,全面推行打叶复烤先进工艺,企业主营业务消失,于2007年关闭。

峡江烟叶复烤厂　峡江复烤厂属吉安烟草、峡江县政府双重领导。于1991年11月1日,由江西省计划委员批准兴建。1992年9月6日建成投产。全厂固定资产1310万元。

峡江复烤厂位于峡江县水边镇,占地面积286亩,总建筑面积38139平方米,其中厂房面积3187平方米,仓库面积22027平方米。工程总投资1437万元。主要设备SK86-6烟叶蒸汽双挂杆复烤机1台、打包机3台、锅炉1台,其他配套设备7台。台时产量设计为6000千克/小时,实际为4000千克/小时~5000千克/小时,班产量500担。1992年至1994年,共复烤原烟26.74万担,产值6441.1万元。

峡江复烤厂于2006年破产改制,部分厂房、仓库由吉安烟草接收,企业职工由峡江县政府负责安置。

鄱阳烟叶复烤厂　鄱阳复烤厂属鄱阳县财政局,人事属县政府、县经贸委。由上饶烟草担保贷款550万兴建。于1991年12月由江西省计划委员批准建立。1992年3月动工,9月6日建成投产。全厂固定资产原值707.8万元。

鄱阳复烤厂位于鄱阳县田坂街镇塔山岭,占地面积3.6万平方米,其中厂房1.3万平方米,生活设施占地面积2600平方米。工程总投资650万元。全厂共有生产设备61台(套),其中复烤设备44台(套),其他配套设备1台(套)。年复烤能力16万担。1992年至1993年,共复烤烟叶3.47万担,产值936.9万元。

2006年5月1日,上饶市烟草公司停止鄱阳复烤厂生产经营,清理所有库存烟叶。2007年3月停产,2009年11月破产改制,全部职工和资产由鄱阳县政府处置。

复烤车间

南昌卷烟厂复烤车间 南昌卷烟厂复烤车间系南昌卷烟厂烟叶科下属单位。1990年10月,南昌卷烟厂正式成立复烤车间筹建小组。1990年11月动工,1991年6月在南昌市半边街建起一座上下三层,总面积为5700平方米的复烤车间。1991年7月投产,1999年停产,2003年5月按规定办理报废手续。

主要设备有河南许昌烤烟厂生产,型号为XX-86-6,外形尺寸为54米×5.8米×2.9米,产量为6吨/时,总功率为71.6千瓦的烟叶蒸汽复烤机。后引进XK-88-0挂杆式烟叶复烤机,设计台时产量6000千克/小时,年复烤能力9.70万担。1991年至1998年,除1996年外,7年共复烤原烟56.72万担,成品烟52.83万担。

赣南卷烟厂复烤车间 赣南卷烟厂复烤车间为赣南卷烟厂烟叶科二级单位。1988年6月赣南卷烟厂利用老车间改建成一个烟叶复烤车间,1993年再次扩建一个新的复烤车间,该车间占地面积2500平方米,建筑面积达3000平方米,主要设备DK-86-3挂杆式烟叶复烤机,生产能力为2000千克/小时~2500千克/小时。1988年—1994年,7年共计复烤原烟41.93万担。2002年停产,2003年按规定办理报废手续。

赣南复烤公司

2009年8月18日,国家烟草专卖局批准江西省烟草公司建设12000千克/小时打叶复烤项目。同年,11月27日,国家烟草专卖局、中国烟草总公司批复设立江西赣南烟叶复烤有限责任公司,注册资本45000万元。

该项目于2009年11月15日在赣州市黄金开发区香港工业园动工,建设用地400亩,配置一条12000千克/小时打叶复烤生产线,全面建成总投资达85150万元,包括主厂房、选叶车间、原烟库、成品库、生产辅房、综合办理、后勤服务楼等设施共107318平方米。2010年7月全省烟叶备货,计划2011年8月正式投产运营。该项目投产后,年处理原烟80万担,年实现税利3000万元。

赣南烟叶复烤有限责任公司由省烟草公司牵头,联合赣州、抚州、吉安市烟草及江西中烟、红塔烟草集团、川渝中烟、山东中烟、湖南中烟、浙江中烟、广东中烟和上海烟草集团共12家省内外烟草工商企业共同投资兴建的国有股份制企业。

江西赣南烟叶复烤有限责任公司属现代企业管理结构,成立股东会、董事会和监事会。江西省烟草公司出资12000万元，赣州烟草6000万元，抚州烟草5000万元，吉安烟草3000万元，江西中烟6000万元，红塔烟草（集团）4000万元，川渝中烟2000万元，山东中烟2000万元，湖南中烟2000万元，上海烟草（集团）1000万元，浙江中烟1000万元，广东中烟1000万元。

赣南烟叶复烤有限责任公司内设综合部、营销部、生产设备部、工艺质检部、财务部、监察部、安全环保部、省局内审派驻办、省局内管派驻办9个机构。人员编制141名（不含季节工和劳务派遣工）。

生产车间设备　打叶复烤生产加工线，年设计生产加工能力60万担。该生产线采用国际先进的柔打技术，全线实现分段集中控制，各工段关键工艺参数均采用自动控制，并设上位机集中监控系统，生产完全实现机械化、连续化和自动化。线上有真空回潮工序、一次润叶工序、二次润叶工序、烟片复烤工序、烟梗复烤工序、碎片工燥工序属高温工序，可以灭杀有可能经烟叶整选、动态选叶、筛砂工序后依然存留的有害生物。主要设备包括真空回潮机、六路人工铺把机、二级润叶机、五级打叶机十二级风分机、四区干燥一区冷却二区回潮叶烤机、二用一备预压打包机、整线全过程除尘系统。全线采用SCADA网络控制系统进行全自动控制、监控模式。生产辅房、在线工艺质量监测、动力车间、仓储环节等辅助性机构。

质量检测设备　赣南烟叶复烤有限责任公司检验室，拥有国内先进的大中片检测机、叶含梗检测机、旋打分选机、粉碎机、布拉本德烘箱、宾德标准烘箱、NDC快速水分仪、布鲁克近红外光谱分析仪、在线微波水分（含烟箱密度）检测仪器、数据实时采集系统等国内外先进检测设备，能够满足卷烟工业企业对打叶复烤原烟、在制品、成品水分、烟叶叶片结构、杂物、化学成分及辅料等线上、线下各项指标的检测要求。

复烤监管

20世纪90年代至21世纪初，烟叶交易方式主要是“挂杆复烤、把烟交接”，由各产区烟草商业公司统一进行挂杆复烤后，再与卷烟工业企业进行把烟交接。

2001年，国家局明确要求重点骨干卷烟生产企业到2002年要全部实现原烟接收，就地就近委托打叶复烤企业复烤加工烟叶，实现片烟投料；其他卷烟生产企业在2003年前实现原烟接收、委托加工。加工期间，卷烟工业企业安排相关人员对委托打叶复烤加工工作进行全过程监督。在江西中烟设立原料供应部之前，监督打叶复烤工作主要由各卷烟厂技术质检人员或烟叶采购人员具体负责。

2008年，江西中烟设立原料供应部，建立第一支专业的打叶复烤监督保管队伍。主要工作职责是原烟交接保管、协助原烟清选、片烟加工在线监督及成品返回发运等，主要由原南昌卷烟厂烟叶科相关工作人员组成，并根据工作需要分别从井冈山、赣南卷烟厂抽调部分具有烟叶工作经验的人员。

根据采购产区分布，结合烟叶调拨片区经理负责制，实行烟叶监打片区主任负责制，将所有产区划分为4个片区，其中，云南、福建为云南片区；贵州、湖北为贵州片区；江西、四川、重庆为江西片区;湖南、河南、山东为湖南片区。各片区设主任1人,主要负责片区监打工作的整体安排、沟通衔接、人员管理、技术培训等。

2008年—2010年,江西中烟公司共监督加工原烟277.92万担,产出成品片烟446817箱(每箱重量200千克)。

第七节　烤烟收购调拨

1997年以前,全省烟叶调拨主要以省内销售为主。1997年开始,全省集中资源主攻省外市场开拓,21世纪初省外销售量逐年增加,2006年实现以省外销售为主。省外销售由省烟叶购销分公司、市分公司统一对外签订购销合同,统一组织调拨,统一按省际调拨价结算。

江西烟叶省外销售工业企业主要有红塔集团、上海集团、川渝中烟、山东中烟、福建中烟、广东中烟。2010年,江西调拨红塔集团烟叶达到了近20万担,成为红塔集团省外调拨量最大的省份。红塔集团把江西省作为省外烟叶主基地。

烟叶收购

收购计划　全省烟叶收购计划的下达与分配,主要体现"以销定购、以购定产"原则,由省内烟厂提报省内到县烟叶需求计划,各产烟县提报预计生产收购量和可以销售量,省局(公司)在此基础上平衡。

20世纪90年代末期,国家局严控种烟面积、收购计划,省局(公司)统一印刷烟叶生产收购合同,与烟农约定种植面积、收购量,较好地稳定了全省烟叶生产规模。1998年—2005年,国家局下达江西烤烟收购计划35万担。2005年以前,全省很多年份没有完成国家收购计划。2006年,全省烤烟收购总量51.4万担,结束江西烟叶长期徘徊在30万担左右的局面。在全国严格控制烟叶生产规模情况下,国家局同意适当增加江西省烤烟收购计划为55万担,长期困扰江西烟叶发展计划问题得到缓解。

收购标准　1980年,江西省根据国家有关部门的通知精神,全省烤烟收购试行15级制分级标准。当年由省农业厅、省轻化工业厅、省供销社等部门,共同研究并仿制烤烟15级样品,组织收购人员培训,按仿制样品的等级质量收购烟叶。

1986年7月1日,全国颁布实施新的15级制烤烟国家标准。为使烤烟分级更便于操作,全省统一实行新的15级制分级标准。新标准强调以成熟度为中心,增加代号、成熟程度、厚度、叶片结构、叶片长度,叶片颜色增加橘黄色,去掉土黄色等内容。

1996年,按国家局要求,全省终止15级制烤烟国家标准。

1986 年烤烟 15 级制分级标准

表 1-7-1

组别	级别	代号	成熟程度	油分	厚度	叶片结构	颜色	光泽	叶片长度(厘米)	杂色与残伤		
										杂色允许程度	允许占叶面积的%	其中残伤允许占叶面积的%
中下部黄色	中黄 1	ZH1	成熟	多	适中	疏	金黄、橘黄	强	40	轻微杂色	7	5
	中黄 2	ZH1	成熟	较多	适中	疏	正黄、金黄	较强	40	轻微杂色	10	7
	中黄 3	ZH1	成熟	有	尚适中	稍疏	淡黄、正黄	较强	35	稍带小花片	20	15
	中黄 4	ZH1	尚熟	稍有	稍薄	稍松	淡黄	中等	35	小花片	25	20
	中黄 5	ZH1	尚熟	稍有	薄	松	淡黄	弱	30	较多小花片或稍带大花片	35	30
	中黄 6	ZH1	尚熟	—	薄	松	—	—	25	较多大花片	50	35
上部黄色	上黄 1	SH1	成熟	较多	稍厚	稍疏	橘黄、深黄	较强	40	轻微杂色	10	7
	上黄 2	SH2	成熟	有	稍厚	稍密	深黄	中等	35	稍带小花片	20	15
	上黄 3	SH3	尚熟	稍有	较厚	稍密	红黄	中等	35	小花片	30	20
	上黄 4	SH4	尚熟	稍有	厚	密	棕黄	弱	30	较多小花片或稍带大花片	40	25
	上黄 5	SH5	尚熟	—	厚	密	—	—	25	较多大花片	55	35
青黄色	青黄 1	QH1	尚熟	有	尚适中	稍松	黄带浮青	较强	35	稍带小花片	20	15
	青黄 2	QH2	末熟	稍有	稍厚	稍松	黄多青少	中等	30	小花片	25	20
	青黄 3	QH3	末熟	—	薄厚	松、密	青黄	弱	25	较多小花片或稍带大花片	30	25
	末级	MJ	—	青多黄少、褐片灰片、严重花片								40

说明:凡颜色栏有“—”者,其色为等级低限色,其余有“—”者,均视为无具体要求。

1992 年,国家技术监督局正式批准并发布《烤烟》40 级国家标准(GB2635-92 烤烟)。同年,省局(公司)在信丰县大塘埠镇试收购 40 级制烤烟 2151 担,其中上等烟比例 34.7%。

烤烟 40 级国家标准经过 1998 年和 2000 年两次修订,增加 C4F 和 C4L 两个等级,成为烤烟 42

级国家标准。根据质量品吸和价差情况,42 级标准依质量序列划分上等烟 11 个:C1F、B1F、C2F、C1L、H1F、C3F、B1R、B2F、C2L、B1L、X1F;中等烟 19 个:B2R、H2F、B3F、C3L、C4F、C4L、B2L、X1L、B2V、C3V、B3R、B4F、X2F、X2L、X2V、S1、B3L、B3V、X3F;下低等烟 12 个:B1K、X3L、CX1K、S2、B4L、B2K、X4F、GY1、X4L、CX2K、B3K、GY2。

2000 年烤烟 42 级分级标准品质规定

表 1-7-2

	组别	级别	代号	成熟度	叶片结构	身份	油分	色度	长度(厘米)	残伤%
下部(X)	柠檬黄(L)	1	X1L	成熟	疏松	稍薄	有	强	40	15
		2	X2L	成熟	疏松	薄	稍有	中	35	25
		3	X3L	成熟	疏松	薄	稍有	弱	30	30
		4	X4L	假熟	疏松	薄	少	淡	25	35
下部(X)	橘黄(F)	1	X1F	成熟	疏松	稍薄	有	强	40	15
		2	X2F	成熟	疏松	稍薄	稍有	中	35	25
		3	X3F	成熟	疏松	稍薄	稍有	弱	30	30
		4	X4F	假熟	疏松	薄	少	淡	25	35
中部(C)	柠檬黄(L)	1	C1L	成熟	疏松	中等	多	浓	45	10
		2	C2L	成熟	疏松	中等	有	强	40	15
		3	C3L	成熟	疏松	稍薄	有	中	35	25
		4	C4L	成熟	疏松	稍薄	稍有	中	35	30
	橘黄(F)	1	C1F	成熟	疏松	中等	多	浓	45	10
		2	C2F	成熟	疏松	中等	有	强	40	15
		3	C3F	成熟	疏松	中等	有	中	35	25
		4	C4F	成熟	疏松	稍薄	稍有	中	35	30
上部(B)	柠檬黄(L)	1	B1L	成熟	尚疏松	中等	多	浓	45	15
		2	B2L	成熟	稍密	中等	有	强	40	20
		3	B3L	成熟	稍密	中等	稍有	中	35	30
		4	B4L	成熟	紧密	稍厚	稍有	弱	30	35
	橘黄(F)	1	B1F	成熟	尚疏松	稍厚	多	浓	45	15
		2	B2F	成熟	尚疏松	稍厚	有	强	40	20
		3	B3F	成熟	稍密	稍厚	有	中	35	30
		4	B4F	成熟	稍密	厚	稍有	弱	30	25
	红棕(R)	1	B1R	成熟	尚疏松	稍厚	有	浓	45	15
		2	B2R	成熟	稍密	稍厚	有	强	40	25
		3	B3R	成熟	稍密	厚	稍有	中	35	35

续表

<table>
<tr><th colspan="2">组别</th><th>级别</th><th>代号</th><th>成熟度</th><th>叶片结构</th><th>身份</th><th>油分</th><th>色度</th><th>长度（厘米）</th><th>残伤%</th></tr>
<tr><td colspan="2" rowspan="2">完熟叶(H)</td><td>1</td><td>H1F</td><td>完熟</td><td>疏松</td><td>中等</td><td>稍有</td><td>强</td><td>40</td><td>20</td></tr>
<tr><td>2</td><td>H2F</td><td>完熟</td><td>疏松</td><td>中等</td><td>稍有</td><td>中</td><td>35</td><td>35</td></tr>
<tr><td rowspan="5">杂色(K)</td><td rowspan="2">中下部(CX)</td><td>1</td><td>CX1K</td><td>尚熟</td><td>疏松</td><td>稍薄</td><td>有</td><td>—</td><td>35</td><td>20</td></tr>
<tr><td>2</td><td>CX2K</td><td>欠熟</td><td>尚疏松</td><td>薄</td><td>少</td><td>—</td><td>25</td><td>25</td></tr>
<tr><td rowspan="3">上部(B)</td><td>1</td><td>B1K</td><td>尚熟</td><td>稍密</td><td>稍厚</td><td>有</td><td>—</td><td>35</td><td>20</td></tr>
<tr><td>2</td><td>B2K</td><td>欠熟</td><td>紧密</td><td>厚</td><td>稍有</td><td>—</td><td>30</td><td>30</td></tr>
<tr><td>3</td><td>B3K</td><td>欠熟</td><td>紧密</td><td>厚</td><td>少</td><td>—</td><td>25</td><td>35</td></tr>
<tr><td colspan="2" rowspan="2">光滑叶(S)</td><td>1</td><td>S1</td><td>欠熟</td><td>紧密</td><td>稍薄、稍厚</td><td>有</td><td>—</td><td>35</td><td>10</td></tr>
<tr><td>2</td><td>S2</td><td>欠熟</td><td>紧密</td><td>—</td><td>少</td><td>—</td><td>30</td><td>20</td></tr>
<tr><td rowspan="4">微带青(V)</td><td>下二棚</td><td>2</td><td>X2V</td><td>尚熟</td><td>疏松</td><td>稍薄</td><td>稍有</td><td>中</td><td>35</td><td>15</td></tr>
<tr><td>中部</td><td>3</td><td>C3V</td><td>尚熟</td><td>疏松</td><td>中等</td><td>有</td><td>强</td><td>40</td><td>10</td></tr>
<tr><td rowspan="2">上二棚</td><td>2</td><td>B2V</td><td>尚熟</td><td>稍密</td><td>稍厚</td><td>有</td><td>强</td><td>40</td><td>10</td></tr>
<tr><td>3</td><td>B3V</td><td>尚熟</td><td>稍密</td><td>稍厚</td><td>稍有</td><td>中</td><td>35</td><td>10</td></tr>
<tr><td colspan="2" rowspan="2">青黄色(GY)</td><td>1</td><td>GY1</td><td>尚熟</td><td>尚疏松至稍密</td><td>稍薄、稍厚</td><td>有</td><td>—</td><td>35</td><td>10</td></tr>
<tr><td>2</td><td>GY2</td><td>欠熟</td><td>稍紧密至紧密</td><td>稍薄、稍厚</td><td>稍有</td><td>—</td><td>30</td><td>20</td></tr>
</table>

推行40级制过程　1993年，省局（公司）在信丰县优质烟基地大塘埠镇、赣县优质烟基地韩坊乡，全面推行40级制烤烟标准收购，取得成功，当年收购烟叶8365担，其中上等烟比例42.27%。1994年，全省除信丰县大塘埠镇、赣县韩坊乡外，赣县基地王母渡乡、石城县基地木兰乡也实行40级制收购，当年收购烟叶20090担。

1995年，全省优质烟基地县（含部分试点）收购40级制烟叶9.97万担，占全省烤烟总量的49.75%。当年，全省收购15级制烟叶10.07万担。

从1993年开始，全省从上到下、从点到面，层层举办烤烟40级国家标准培训班。省级重点培训县级主检人员、烟厂验级人员。在收购开始前，全省统一制作送审样、仿制样，统一审定收购样品。各级烟草公司、乡（镇）烟草站烟技人员带着样品，上门入户宣传烤烟40级制国家标准，培训、指导烟农分级。1996年，全省举办40级制烤烟国家标准培训班60期（次），3万余人参加培训。在国家局规定的期限内，全省用4年时间全面推行烤烟40级制标准收购，同时所有收购站（点）全面实现由烟草公司一家收购。

从2005年开始，全省全面推行烟叶收购预检制。省局（公司）统一印制《烟农基本情况表》《预检交售安排表》《烟叶预检通知单》《烟叶预检日报表》《烟农交售通知单》和打包《三员卡》。通过预检式收购和建立“三员卡”，进一步规范收购流程，细化工作步骤，每个环节都能对烟叶质量进行追踪,有效地提升全省烟叶收购等级合格率。

2007 年,国家局组织全国烟叶收购等级合格率检查,江西烟叶收购平均等级合格率达到 67.2%。2009 年—2010 年,国家局连续 2 年对江西烟叶等级合格率检查,全省烟叶收购平均等级合格率分别为 71.6%和 78.4%。

收购价格　烟叶收购价格由国家统一制定。1993 年,国家局下达烤烟 40 级和 15 级标准级收购价。

1994 年,全省收购价一律按 1993 年国家局下达收购价执行。其中 15 级标准级收购价,中下部四级 105 元/担;40 级中准级收购价,下桔二 150 元/担。1995 年,国家局最后一次调整 15 级收购价,中下部四级 165 元/担。

1996 年,国家局对烤烟 40 级收购价作了调整,下桔二收购价 180 元/担。该年,江西省局(公司)将全省烟区划分为信丰片、石城片和赣中北片区,在国家收购价基础上,制定了不同片区烤烟收购价外优质烟补贴和基地农资补贴标准。以下桔二为例,优质烟补贴信丰片 310 元/担、石城片 320 元/担、赣中北片 240 元/担,基地农资补贴相同为 60 元/担。

1999 年,国家局将全国烤烟区划为 5 个价区,要求各省将烟叶补贴并入烟叶收购价。江西统一按照国家二价区价格收购。2005 年,全国调整为 4 个价区。江西、广东、福建等省划在二价区。

1999 年—2009 年,国家局对烤烟收购价进行过五次调整。以中准级下桔二为例,1999 年收购价 410 元/担;2005 年 500 元/担。在 2005 年基础上,国家局连续对烤烟收购价调整了三次。第一次各等级增加 20 元/担,第二次上部和中部的上中等烟叶提幅较大,第三次下部烟叶提幅较大。同样以下桔二为例,2007 年收购价 520 元/担,2008 年 625 元/担,2009 年 730 元/担。

1999 年—2009 年全省烤烟收购价格调整情况

表 1-7-3　　　　单位:元/担

等　级		中文简称	收　购　价		
			1999 年	2005 年	2009 年
上等	C1F	中桔一	810	860	1060
	C2F	中桔二	727	790	960
	C3F	中桔三	625	690	870
	C1L	中柠一	757	790	970
	C2L	中柠二	645	710	880
	B1F	上桔一	685	690	900
	B2F	上桔二	565	560	790
	B1L	上柠一	548	590	770
	B1R	上红一	565	550	760
	H1F	完熟一	590	580	840
	X1F	下桔一	550	605	830

续表

等级		中文简称	收购价		
			1999 年	2005 年	2009 年
中等	C3L	中柠三	545	605	790
	X2F	下桔二	410	500	730
	C4F	中桔四	—	540	760
	C4L	中柠四	—	500	710
	X3F	下桔三	318	400	610
	X1L	下柠一	507	580	790
	X2L	下柠二	400	465	680
	B3F	上桔三	437	395	670
	B4F	上桔四	325	235	520
	B2L	上柠二	410	410	640
	B3L	上柠三	298	245	500
	B2R	上红二	460	460	620
	B3R	上红三	357	285	490
	H2F	完熟二	495	480	670
	X2V	下微二	310	310	450
	C3V	中微三	485	500	710
	B2V	上微二	378	375	540
	B3V	上微三	288	275	450
	S1	光滑一	288	220	420
下等	B4L	上柠四	168	150	360
	X3L	下柠三	260	300	580
	X4L	下柠四	133	180	460
	X4F	下桔四	173	210	500
	S2	光滑二	155	105	280
	CX1K	中下杂一	200	200	370
	CX2K	中下杂二	103	135	280
	B1K	上杂一	188	185	350
	B2K	上杂二	113	100	270
	GY1	青黄一	85	80	220
低等	B3K	上杂三	60	80	190
	GY2	青黄二	38	60	180

烟叶调拨

省内调拨　20世纪90年代,全省烟叶因收购量少,遵循“先省内、保出口、再省外”的原则,基本供应省内烟厂,少部分销往省外。基地烟叶全部销往挂钩烟厂。

省外调拨　江西烟叶销往省外,由省烟叶购销分公司和市分公司,统一对外签订调拨合同。2004年,根据国家局烟叶必须集中网上交易要求,全省首次签订调出省外供需合同10万担,省内外烟叶调入合同65万担。2010年,江西烟叶已经形成了较为稳定合理的市场格局,在巩固扩大省内烟厂原料供应基础上,省外市场开拓进展较快,多年来全省没有出现商业库存积压。在稳定进入省内名优卷烟品牌配方的同时,也进入玉溪、上海、重庆、营口等多家卷烟企业部分大品牌卷烟配方。

1991年—2010年全省烤烟收购及调拨情况表

表1-7-4　　　　单位:万担

年　份	收购量	省内调拨	省外调拨	年　份	收购量	省内调拨	省外调拨
1991	46.20	44.30	1.90	2001	35.01	27.7	7.31
1992	49.69	47.38	2.31	2002	33.50	26.27	7.23
1993	47.80	47.41	0.39	2003	32.56	25.97	6.59
1994	32.07	28.65	3.42	2004	30.36	20.86	9.50
1995	20.04	16.16	3.88	2005	34.51	21.01	13.50
1996	25.59	22.70	2.89	2006	51.40	24.6	26.80
1997	48.73	41.93	6.80	2007	55.92	20.82	35.10
1998	26.33	23.01	3.32	2008	86.86	23.5	63.36
1999	28.12	22.23	5.89	2009	75.00	13.15	61.85
2000	30.94	23.50	7.44	2010	60.57	12.83	47.74

调拨价格　烟叶调拨价格分为初烤烟和机烤烟。省内调拨、供应基价为县公司调供卷烟厂价格,调省内复烤厂扣除1%利息。省际调拨基价按国家调整的收购价和税率计算。自1990年以来,国家多次调整烤烟收购价格,省(局)公司也相应调整省内、省际初烤(复烤)烟调拨、供应基价。调拨、供应基价以收购价为基础,加上收购流通环节税金、费用和利润以及利息、技术改进费等各项制定。

1993年,省局(公司)规定,初烤烟15级标准级(中黄四级)调拨供应价178.15元/担,40级中准级(下桔二)调拨供应价251.14元/担。

1996年,按照规定省内调拨价由含税调拨价(1998年改为县公司结算价)、综合差率(调供差)和“三项费用”(技术推广费、烟叶生产风险金、基层站点建设维修费)三部分组成,分片区下达。初烤烟(下桔二)调拨总价(含税)信丰片 735.23 元/担,石城片 747.01 元/担,赣中北片 652.77 元/担。

1999 年开始,省内调拨价分县公司结算价和省、市分公司结算价。国家局规定的“三项费用”和“购销物资差”列入省、市分公司结算价,此项费用由省、市分公司统一管理使用。省际调拨价在调拨基价基础上 15%内上下浮动。初烤烟(下桔二)调拨结算价县公司 574 元/担,省、市公司 668 元/担。

2004 年,县烟草公司退出烟叶经营,省内 3 家挂竿复烤厂也先后关闭。国家局规定烟叶调拨实行原烟交接,不再制定复烤烟价格。

2005 年,省局(公司)规定,省内调拨价赣南烟区(赣州各县、抚州广昌、黎川、资溪、吉安安福县)按国家基准价格结算,赣中、赣北烟区(吉安峡江县、抚州乐安县、上饶鄱阳县、广丰县)按国家基准价格下浮 5%执行。初烤烟(下桔二)调拨基价赣南烟区 973 元/担,赣中、赣北烟区 924 元/担。省际调拨价在基价基础上 15%内上下浮动。

2007 年,省烟草公司(本级)退出烟叶经营,省内烤烟调拨结算由各产烟市公司与南昌卷烟总厂直接协商、直接结算。省内调拨价在国家下达初烤烟调拨基价的基础上,以不超过上下 15%范围内浮动。初烤烟(下桔二)调拨基价 978 元/担。省际调拨价在基价基础上 15%内上下浮动。

经营方式

2003 年前,全省烟叶经营主体为县烟草公司。2004 年—2010 年,烟叶经营主体是市烟草公司。经营方式为赣州、抚州、吉安市公司联合经营,2011 年开始,各产烟区市公司独立开展烟叶经营,直接面向市场,面向卷烟工业企业。

1993 年,江西省烟叶购销分公司成立,取得烟叶经营资格。1993 年—2003 年,烟叶经营方式为省、县公司二级经营。

1991 年—2003 年　县公司收购的烟叶分别销售给省烟叶购销分公司、市公司、卷烟厂(复烤厂)。20 世纪 90 年代初,县公司调往省内烟厂、复烤厂的烟叶,执行省定调拨基价。调省外烟叶,可根据烟叶质量、市场供求自行确定调拨价格。

2004 年,县公司取消法人,结束烟叶经营。同期,峡江、石城、鄱阳烟叶复烤厂先后关闭,结束烟叶经营。

2006 年,省烟叶购销分公司改为省局烟叶管理处,退出烟叶经营。

2009 年,江西省局取消上饶市烤烟种植计划,上饶市烟草公司结束烟叶经营。

二级经营　1993 年,省局(公司)明确规定省、地、县三级管理全省烟叶生产、收购、调拨工作,省公司统筹安排全省生产、收购、调拨计划,统一管理,全省烟叶经营由省烟叶购销分公司采取“三级管理、省县二级经营、分公司分利”的经营、管理方式。销往省外的烟叶,由省烟叶分公司统一对外签订供需合同,统一组织调拨,统一进行结算。避免多头对外,造成竞相压价的状况。

1993 年—1998 年,省内烟叶调拨,由县公司直接调往烟厂,按调拨价与烟厂结算,其中作价规定的调供差,向省烟叶购销分公司结算。产区调往省外的烟叶,由县公司直接调运、直接结算,其调供差由县公司上缴分公司。分公司收取各县公司的调供差,由各分公司统一上缴省烟叶分公司。

1999年,省内烟叶调拨,由县公司与所在地分公司或省烟叶购销分公司签订合同、结算,分公司与烟厂签订合同、结算。县公司、分公司分别执行分、县公司结算价。调省外的烟叶,由有关分公司统一组织调拨,统一结算。

通过省、县公司二级经营方式,改变省产烟叶调拨一直以省内调拨为主的局面。1997年全省调往省外烟叶6.8万担。2000年—2003年每年省外调拨量保持在7万担左右水平,并成功进入红塔烟草集团等全国知名企业。

联合经营　2004年开始,省局(公司)对烟叶经营模式进行了改革。全省烟叶经营调拨模式,实行"集中备货、统一调拨"。通过有效整合全省烟叶资源,坚持联大靠优,江西烟叶使用大品牌的用量逐年增长。共经历了两个阶段。

第一阶段(2004年—2006年)　2004年开始,省烟叶购销分公司和赣州、抚州、吉安市局(公司)实行了联合经营的管理模式。全省烟叶经营工作由经营管理组集中统一管理,主要的运作模式以省烟叶购销分公司为管理和经营主体,各产烟市公司参与。省烟叶分公司从各产烟市公司买入烟叶,再统一对省外签订合同和调拨结算。集中统一经营发生的费用由省烟叶购销分公司承担,产生的利润原则上由省烟叶分公司和产烟市公司对半分成。2006年,省局(公司)本级退出"两烟"经营。

第二阶段(2007年—2010年)　2007年,省产烟叶经营由赣州、抚州、吉安市局(公司)三方,在"统一运作、集中调拨,费用分摊,利益共享"的原则下,签订"烟叶集中统一经营合作项目协议书",约定由全省烟叶集中统一经营管理委员会负责烟叶经营管理工作。管理模式为省局(公司)烟叶管理处和三个市局(公司)派人组成备货组,负责全省烟叶经营管理工作。具体衔接烟叶调拨计划,协调安排烟叶调拨合同的签订和结算,集中整合烟叶资源,统一组织对外经营。按各市公司实际烟叶调入数量合理分配经营利润,分摊经营费用。

江西烟叶经营实行"集中备货、统一调拨"模式,能有效规范烟叶经营秩序,平衡收购等级眼光,促使全省形成合力抓市场开拓,确保产区集中精力抓发展。全省烟叶集中统一备货工作得到了产区上下一致好评,也得到省外厂家的一致认可。全省烟叶市场竞争力和知名度不断提高,推动了江西烟叶的健康快速发展。

2006年—2010年,省外累计销售234.85万担,比2001年—2005年全省销售44.3万担增加190.55万担,增幅达4.3倍。上海烟草集团每年的调拨量保持在2万担~4万担,红塔烟草集团调拨量由2006年的4万担逐年增加到2010年20万担,江西烟叶作为江西中烟的传统基地得到了巩固。同时新增湖南中烟、广东中烟等国内重点骨干卷烟工业企业,成功进入红塔山、玉溪、骄子、中华等重点骨干品牌配方。

2004 年—2010 年江西烤烟外销情况

表 1-7-5　　单位:万担

年份 厂家	2004	2005	2006	2007	2008	2009	2010
省外小计	9.50	13.50	26.80	35.10	63.36	61.85	47.74
川渝中烟	1.00	4.00	10.50	12.50	11.95	12.00	3.00
红塔集团	4.50	2.00	4.00	7.50	15.17	19.50	20.00
上海集团	1.00	3.00	3.00	3.00	4.80	4.00	2.40
福建中烟	—	1.30	5.50	3.00	4.50	5.00	3.00
山东中烟	—	—	—	0.60	10.00	10.00	7.00
陕西中烟	—	—	—	3.00	5.60	3.00	2.84
安徽中烟	—	—	—	2.00	4.50	1.00	1.00
河北中烟	—	—	—	2.00	2.00	1.00	1.50
广东中烟	—	—	—	—	1.60	2.00	2.80
湖南中烟	—	—	—	—	—	2.00	2.80
浙江中烟	—	—	—	—	—	1.00	0.50
福建进出口	—	—	—	1.50	2.24	1.35	0.90
新疆进出口	—	—	—	—	1.00	—	—
其他厂家	3.00	3.20	3.80	—	—	—	—

说明:2006 年、2007 年调红塔集团烟叶,各含南昌卷烟总厂调剂 3 万担;2008 年含南昌卷烟总厂调剂 2 万担。

第二章　卷烟生产

20世纪90年代以来,随着卷烟制造技术装备和工艺水平的显著提升以及烟草行业管理体制和生产经营模式的不断调整,江西烟草工业取得长足的发展和进步,卷烟原料供应资源合理配置,辅料供应管理模式进一步优化,卷烟生产制造能力大幅提升,产能由1991年的59.5万箱提高到2010年的131万箱;卷烟品牌结构不断整合,尤其是金圣品牌卷烟逐步成为江西的重点名牌产品,2010年销量达到22.8万箱;技术改造投入不断加大,生产制造设备更新换代。

第一节　原料供应

卷烟生产的原料包括烤烟型烟叶、晾晒烟叶、白肋烟叶、香料烟叶、烟草薄片、烟梗以及烟丝、膨胀烟丝、梗丝等,主要为烤烟型烟叶。原料供应主要包括烟叶基地建设、原料采购、烟叶加工及储运管理等原料保供工作。1991年—2010年,江西烟草工业原料供应历经由各卷烟厂各自采供保管到由江西中烟公司"统购分存"的变化。2004年江西中烟公司成立之初,设立物资供应部作为负责烟叶管理及烟用物资经营管理的职能部门,但原料供应的各项具体工作实际上仍由各卷烟厂自行负责。2005年,南昌卷烟厂与井冈山、兴国卷烟厂联合重组为南昌卷烟总厂,由南昌卷烟总厂负责上述3家卷烟厂的原料供应;同时,赣南、广丰卷烟厂仍自行负责本单位的原料供应。2006年,南昌卷烟总厂与赣南、广丰卷烟厂合并重组为一个企业法人实体,保留南昌卷烟总厂的企业名称;赣南、广丰卷烟厂的产供销及人财物关系均由南昌卷烟总厂负责。2008年1月,江西中烟公司与南昌卷烟总厂合并重组为一个企业法人实体并正式开始运行,继续使用"江西中烟工业公司"名称。2008年3月,江西中烟公司设立原料供应部,承担原料调拨、加工、储运、基地建设等工作职责,对全省烟草工业原料供应实行"统一规划、统一调拨、统一质量标准(验级、加工)、统一仓储管理、统一调度使用、统一结算",并实行分散仓储、烟叶养护安全属地管理的二级管理模式;各卷烟厂在实施中遵循"统一组织、分级负责、层层把关、质量追溯"的原则。2008年12月,江西中烟公司出台《烟叶采购计划管理规定》《烟叶供方管理规定》《烟叶业务结算管理细则》《烟叶合同管理规定》《烟叶基地管理办法》《烟叶原料到货确认及准运证管理办法》《烟叶原料调拨信息统计管理规定》《烟叶原料仓储管理规定》等管理制度,为理顺全省烟草工业原料供应管理体制机制提供了必要的制度保障。新的管理模式进一步实现了全省烟草工业原料资源的合理配置,保障了卷烟生产原料供应和品牌持续发展。

烟叶基地

开展烟叶基地单元建设是烟草工业获得稳定优质烟叶原料供应的有效途径。烟叶基地是烟草工商两家协商一致，在一定烟叶种植区域内由烟草商业企业按照烟草工业企业需求的烟叶品种和数量组织烟叶生产、经营和管理，服务特定卷烟品牌的基本单位。

自主型基地　1992年底，南昌卷烟厂与赣州赣县烟草公司签订协议，在赣县韩坊乡建立一个优质烟叶基地。基地建设模式为：由双方组成基地生产技术领导小组，南昌卷烟厂派出专业技术骨干进驻负责基地全面工作。1993年11月，广丰卷烟厂在上饶广丰县（今广丰区）、波阳县（今鄱阳县）建立烤烟基地；1996年，在沙田、桐畈等乡镇发展烤烟种植面积1.25万亩。1990年—2000年，全省烟草工业企业陆续在省内的赣州会昌县、抚州广昌县、吉安峡江县以及省外的云南宣威、贵州务川、河南漯河等多个烟叶产区建立种植基地。

紧密型基地　2001年，南昌卷烟厂与赣州石城县烟草公司建立第一个紧密型烟叶基地，形成紧密的新型工商基地关系。基地建设模式为：双方共同组建基地管理机构，南昌卷烟厂派出基地技术员长期深入基地一线驻点，全过程参与基地生产技术指导，在烟叶育苗、移栽、施肥、培土、采收、烘烤等各个重要环节对烟农进行技术培训和指导，指导烟农做好烟叶分级扎把，使广大烟农在种植好烟叶的同时能够卖好烟叶，保证烟农种烟效益。同时，在国家政策允许范围内，对烟叶调拨价格进行适当上浮，帮助基地改善生产基础设施，推广烟叶生产实用技术。围绕提质增香，与产区共同立项开展科技研究，创新烟叶生产技术，帮助产区不断提升烟叶生产水平。引导基地烟农建立专业生产合作社，实现专业化分工、社会化服务。通过合作互助、规模生产，提高农用机械使用效率，做到病虫害统防统治，降低烟农劳动强度，提高劳动生产效率，达到减工增效目的，使烟叶生产逐步向现代烟草农业转变。同时，烟草工业企业与烟叶产区结成“同舟共济、共谋发展、利益共享、风险共担”的共同体，丰年共享发展成果，歉年共渡难关，在遭受严重自然灾害的年份由烟草工业企业向基地提供赈灾扶助。

2007年，为加快收购调拨进度、提高烟叶等级纯度，南昌卷烟厂开始在石城推广原收原调工作，采用“一打一扫”的新型烟叶调拨模式，即工商双方根据基地协议，实行全等级调拨。工商双方依据共同制定的烟叶交接样品组织收购，在烟叶工作站成包打码，工商交接时出库扫码。这种调拨模式，进一步加快了收购调拨进度，提高了烟叶收购的等级纯度，维护了烟农利益。2000年—2007年，石城基地烟叶调拨量由3.3万担提高到10万担，收购均价也有明显提高。

定向型基地　2008年，全国烟草行业启动烟叶资源配置方式改革，逐步确立以烟草工业需求为导向，国家局、总公司综合平衡的烟叶资源配置方式，实现烟叶生产布局更趋合理、优质烟叶产区稳步发展，烟叶生产水平不断提升、质量和结构明显改善，资源配置效率不断提高、优质烟叶保障能力明显增强的目标。2009年，国家局、总公司全面推进现代烟草农业建设，启动特色优质烟叶开发重大专项工作。同年，经国家局、总公司批准，江西中烟公司与赣州市烟草公司合作建设全省首个国家级特色优质烟叶基地——石城县丰山基地，烟叶生产规模为3万担。2010年，江西中烟公司又建立2个国家级现代烟草农业基地——云南省曲靖市陆良县活水新台子基地、云南省红河哈尼族彝族自治州泸西县午街基地,烟叶生产规模分别为3万担和2万担。江西中烟公司紧紧围绕满足主导骨干品牌原料需求的目标,在上述基地组织开展不同品种、肥料及生产技术措施研究,优化基地特色品种布局,集成推广先进适用生产技术,实现对接金圣品牌原料需求的基地烟叶定向栽培。

原料采购

烟叶属烟草专卖品,其采购严格执行国家指令性计划。烟叶调拨计划为农业年度(每年7月至次年6月)计划,一般是烟草工业企业每年根据对下一年度卷烟生产数量、规格的预测情况,编制下一年度烟叶等级用量计划和烟叶需求量,并根据国家局、总公司下达的年度烟叶核定量与各烟叶产区进行计划衔接,签订年度烟叶购销协议,而后根据生产经营实际情况进行均衡采购。

烟叶购销管理　1994年7月,为建立健全社会主义市场经济体制下的烟叶流通体制,正确处理烟草企业之间的利益关系,维护烟叶购销环节正常秩序,国家局、总公司印发《烟叶购销合同暂行办法》。1995年起,烟叶采购合同不断得到规范,必须经供需双方签章后,由双方省级公司签章以及主管领导签字,最后由总公司审核签章后方能生效。2003年起,烟叶采购实行网上交易,签订电子合同。烟叶网上交易系统包含购销合同、进口烟叶购销合同、加工合同、联营调剂、购销协议等5个业务模块,烟草行业各单位在取得国家局、总公司下达的核定量后方可上网交易。2005年,南昌卷烟总厂在综合考虑烟叶采购时间、数量等因素的基础上,将烟叶采购产区划分为4个片区,每个片区内包括若干产地(区)。每个片区设片区经理1名及业务员若干名。烟叶采购合同必须由片区经理及至少1名业务员共同签署,或经片区经理书面授权后由2名业务员共同签署。烟叶采购新模式的实行,实现了对烟叶产地的集中化管理,强化了烟叶的采购过程控制、成本控制和人员控制,有效缓解了调拨期间由于业务量增加而导致的人员紧张问题。2008年,江西中烟公司设立原料供应部后,继续沿用烟叶采购片区经理负责制模式。

国内烟叶采购　20世纪90年代后期,烟叶生产较为规范,国家局、总公司在宏观上加强调控,烟叶供应趋于平稳,采购渠道逐步缩小。江西中烟公司成立之前,各卷烟厂均有各自的原料采购渠道。除江西本省以外,各厂省外原料采购渠道分别为:南昌卷烟厂采购渠道主要为云南、贵州、河南、湖南、福建、重庆、黑龙江等地,赣南卷烟厂采购渠道主要为河南、山东、安徽、云南、贵州等地,井冈山卷烟厂采购渠道主要为云南、贵州、湖南、河南、山东、四川、黑龙江等地,兴国卷烟厂采购渠道主要为云南、贵州、山东、黑龙江、河南等地。广丰卷烟厂主要采购省内鄱阳县烟叶,并与安徽、云南、贵州、山东等地烟草工业企业互换部分烤烟。

南昌卷烟总厂成立后,省外烟叶主要从云南、贵州、福建、湖南、湖北、河南、陕西、重庆、四川、内蒙古、山东等地采购。2008年,江西中烟公司设立原料供应部后,全省烟草工业企业烟叶采购工作由该部门统一负责,采购渠道主要为云南、江西、湖南、河南、贵州、重庆、湖北等地。2008年—2010年,江西中烟公司烟叶采购量分别为1073351担、965000担、748590担。

进口烟叶采购　烟草行业进口烟叶由国家局、总公司统一对外采购，再按计划分配给各烟草工业企业。进口烟叶作为优质原料资源，长期处于需求紧张的状态。2000 年，南昌卷烟厂进口烟叶仅 1.34 万担。江西中烟公司成立后，进口烟叶采购量逐步增加，采购渠道主要为津巴布韦、美国及巴西。2008 年—2010 年，江西中烟公司进口烟叶调入量分别为 32664 担、40392 担、19800 担。

原料仓储

按照“统购分存”（即江西中烟公司统一采购、统一调运，各卷烟厂分别储存）的管理原则，各卷烟厂承担仓储管理职能，主要负责各自原料收发存信息统计上报及对仓库内贮存的烟叶进行经常性的保养维护工作，在确保质量安全的同时，做到减少费用、降低仓耗，充分提高烟叶的使用价值。各卷烟厂的原料仓库分为自有仓库和外租仓库。2010 年，各卷烟厂共有自有仓库 147378 平方米、外租仓库 127680 平方米，年末库存片烟共 1689106 担。

南昌卷烟厂　1990 年，半边街原料仓库面积为 9500 平方米。1993 年在抚生路厂区新建了 204 库，建筑面积为 9691 平方米，供烟叶生产中转、工艺配方挑选以及烟叶贮存使用。到 1999 年，抚生路厂区原料仓库面积为 5700 平方米，自有仓库总面积达 20000 平方米。2005 年，金圣工业科技园原料仓库正式启用，库区面积为 36000 平方米，仓库容量为 27.8 万担。“十一五”技改期间，又对抚生路厂区 101 库、205 库进行改造。至 2010 年，南昌卷烟厂自有原料仓库面积达 79807 平方米，仓库容量 54.4 万担，其中，抚生路厂区原料仓库面积为 29507 平方米，仓库容量 19.8 万担；半边街原料仓库面积为 14300 平方米，仓库容量为 6.8 万担。

1990 年，外租原料仓库面积为 36180 平方米，主要是土产公司及乐化、五纬路、外贸、黄溪等地的仓库。1991 年，开始租用省储备局的两处洞库，即 370 库和 673 库；1999 年，外租原料仓库面积达 58800 平方米，其中，大塍库 20200 平方米、673 库 19600 平方米、370 库 16600 平方米、五纬路库 2400 平方米。2000 年—2008 年，外租原料仓库主要集中在南昌、宜春、崇仁、鹰潭等地，面积由 2000 年的 68920 平方米增加到 2008 年的 101930 平方米。2008 年起，外租原料仓库统一由江西中烟公司原料供应部管理。2010 年，外租原料仓库面积增加到 127680 平方米。

赣南卷烟厂　东山原料仓库始建于 1987 年，1993 年全部完工，占地 60.728 亩，共有 12 栋仓库，总面积为 28419 平方米，总库容为 176375 担，自建成后一直在用。

广丰卷烟厂　1997 年以前，广丰卷烟厂无自有原料仓库，全部使用外租仓库，主要是上饶本地的仓库，面积约为 5000 平方米。1997 年，在广丰县（今上饶市广丰区）下溪镇建设了 3 栋框架混凝土结构仓库，总使用面积为 28497.5 平方米，内空面积为 25220.24 平方米，满负荷存放片烟 17 万担、烟梗 1.3 万担。至 2010 年，广丰卷烟厂自有仓库面积 25220.24 平方米，可存放 17.6 万担片烟，其中，下溪 1 号库使用面积为 12000.24 平方米，仓库容量 83740 担；下溪 2 号库面积为 6610 平方米，仓库容量 46130 担；下溪 3 号库面积为 6610 平方米，仓库容量 46130 担。下溪仓库投入使用后，不再使用外租仓库。

井冈山卷烟厂　自有原料仓库中，1 号、3 号、4 号库于 1986 年投入使用，仓库面积合计 1620 平方米;2号、5号、6号库于1993年投入使用,仓库面积合计3980平方米;7号库于1995年投入使用,仓库面积为1564平方米。1993年—1999年,外租仓库面积为2000平方米,2000年增加至12000平方米,2004年减至10000平方米,2007年继续减至4000平方米,2008年开始不再外租仓库。至2010年,自有原料仓库面积为7164平方米,库容量约为4万担。

兴国卷烟厂　至2010年,共有原料仓库3个,其中,1995年、1996年分别投入使用平房库1个,建筑面积合计3920平方米,仓库容量17640担;2003年投入使用楼房库1个,建筑面积为3800平方米,仓库容量16880担。

第二节　辅料供应

卷烟辅料是指卷烟生产过程中所需要的辅助材料,通常又称为"卷烟材料"或"烟用物资"。卷烟生产所用的辅助材料种类较多,一般分为专卖品卷烟材料和非专卖品卷烟材料两大类。

1984年省局(公司)成立后,设立原料物资供应科,后于1987年改设烟叶物资处;1993年,省局(公司)设立烟草物资公司;1995年,撤销烟草物资公司,成立省烟草公司烟草物资分公司;1996年,撤销烟叶物资处,并明确烟草物资分公司为省局(公司)直属正处级单位。此后,为进一步加强卷烟辅料供应管理,先后于1996年9月印发《江西省卷烟主要辅料使用管理办法》,1996年10月印发《江西省卷烟物资经营管理试行办法》,1998年3月印发《江西省烟用专卖品物资管理暂行规定》,1999年4月印发《江西省烟草行业卷烟纸专卖管理实施办法》,1999年9月印发《江西省烟草专卖局烟用物资采购管理规定》。

2004年江西烟草工商分设,省烟草公司烟草物资分公司撤销,江西中烟公司设立物资供应部,负责省内烟草工业企业卷烟辅料供应管理;各卷烟厂自行负责本单位卷烟辅料供应。

2005年底,南昌卷烟厂与井冈山、兴国卷烟厂联合重组为南昌卷烟总厂,产供销、人财物由南昌卷烟总厂集中统一管理。此后,南昌卷烟总厂供应科负责南昌、井冈山、兴国3家卷烟厂辅料采购供应。

2006年6月,江西中烟公司印发《江西省烟草非专卖品物资采购管理办法(暂行)》,同年底,南昌卷烟总厂与赣南、广丰卷烟厂合并重组为一个企业法人实体。南昌卷烟总厂供应科负责的辅料采购供应采购范围全面覆盖南昌、赣南、广丰、井冈山、兴国5家卷烟厂。2007年底,江西中烟公司与南昌卷烟总厂合并重组为一个企业法人实体。

2008年起,江西中烟公司物资供应部负责全省烟草工业企业卷烟辅料的集中采购工作。2009年2月,江西中烟公司成立物资采购领导小组,负责审批物资采购管理制度,审批确认供应商目录,审定物资采购价格,对采购过程实施全过程监督。领导小组由公司总经理担任组长,由物资供应部及相关部门主要负责人担任成员。同年,江西中烟公司印发《物资采购管理规定》《物资采购供应商管理办法》《物资采购合同管理办法》《专卖品卷烟材料采购管理办法》《非专卖品卷烟材料采购管理办法》《烟用材料采购管理实施细则》等6项管理制度。

专卖品卷烟材料

专卖品卷烟材料是指由国家局、总公司或省局(公司)统一调配、统一集中管理的卷烟材料,包括二醋酸纤维丝束(一般称为“醋纤丝束”)、聚丙烯纤维丝束(一般称为“丙纤丝束”)、滤嘴棒、卷烟纸及成型纸。

采购管理 1993年,省烟草物资公司成立。该企业性质为全民所有制企业,实行独立核算,自负盈亏;主营卷烟纸(国产、进口)、醋纤丝束、丙纤丝束及其滤嘴棒,兼营铝箔纸等卷烟配套材料、汽车、燃料和建筑材料,同时开发烟用物资和其他物资。1994年,省烟草物资公司成立卷烟材料厂,作为该公司下属全民所有制加工企业,正科级编制,主要生产范围是将醋纤丝束、丙纤丝束加工成滤嘴棒,供应对象主要为赣南卷烟厂。1995年,省烟草物资公司撤销,成立省烟草公司烟草物资分公司。1996年,省局(公司)撤销烟叶物资处,明确烟草物资分公司为省局(公司)直属正处级单位,不具有独立法人资格,并调整烟用物资经营、管理的品种范围。经营品种主要为醋纤丝束、丙纤丝束及其滤嘴棒、高透气度卷烟纸,管理品种主要为国产卷烟纸、铝箔纸、透明包装材料。1999年,国家局为规范烟用丙纤丝束和烟用滤嘴棒的委托加工及经营,对上述卷烟材料的加工、生产、经营、进出口实行专卖管理,并实行烟草专卖许可证制度及准运证制度,同时要求未经国家局批准,任何部门不得自行筹建烟用滤嘴棒生产企业。2000年,省烟草公司烟草物资分公司下属卷烟材料厂注销。

2004年,江西烟草工商分设,省烟草公司烟草物资分公司撤销,江西中烟公司设立物资供应部,由该部门对专卖品卷烟材料实行统一计划、统一采购、统一调拨、统一结算、统一管理。结合江西烟草工业生产企业数量较多、规模较小、布局分散的特点,采用统购分存管理模式,即统一采购、多点存放。采购职能和仓储职能相对分开,物资供应部主要履行采购管理职能,各生产企业主要履行仓储管理和物资配送职能。

采购计划 1990年后,除醋纤丝束采购计划由国家局、总公司下达省局(公司)调配外,其余卷烟材料全部列入自行采购范围。1991年7月,省局(公司)将卷烟纸(包括进口卷烟纸)全部纳入计划管理,并将卷烟纸的管理与醋纤丝束的计划分配挂钩。1993年,省烟草物资公司成立后,又将卷烟纸、醋纤丝束、丙纤丝束及其滤嘴棒逐步纳入计划管理。1999年,省局(公司)将醋纤丝束、丙纤丝束、滤嘴棒、卷烟纸、成型纸纳入计划管理,实行专营。之后,上述5种专卖品卷烟材料一直采取计划管理的方式。

采购方式 1985年以前,专卖品卷烟材料的供应由国家统一调配。20世纪80年代中期,随着物资调配数量逐渐减少,计划内的专卖品卷烟材料由国家局、总公司从上而下分配下达,不足部分由各卷烟厂供应科自行采购,弥补计划供应缺口。1990年起,仅醋纤丝束由国家局、总公司下达给省局(公司)调配,其他卷烟辅料全部列入自行采购范围。

1993年起,为加强烟用滤嘴材料的管理,国家局规定进口烟用滤嘴材料由中国烟草进出口总公司统一对外询价、谈判、成交,统一安排客户,统一分配货源,由拥有烟用滤嘴材料进口经营权的各家公司分头签约、履约。同时,烟用滤嘴材料实行烟草专卖许可证制度及准运证制度。各卷烟厂、滤嘴加工厂只能向烟草行业内有经营权的公司购买烟用滤嘴材料,并鼓励各卷烟厂自行组织成型加工滤嘴棒。1995年起,国产丝束由中国烟草物资公司按照国家局确定的出厂价进行收购,并按照国家局确定的调拨价进行分配和结算。

1999年起,醋纤丝束、丙纤丝束、滤嘴棒、卷烟纸、成型纸由省局(公司)调拨供货,统一定价、统一结算。专卖品卷烟材料逐步实现统一集中管理,烟用物资经营管理机构和职能逐步调整,采购方式及流程监管也实现逐步转变和完善。

2000年起,专卖品卷烟材料交易采取集中交易和日常交易两种形式,并以集中交易为主,日常交易作为集中交易的补充方式进行。集中交易主要是指集中订货会形式的交易方式。

2002年,国家局开始取消集中订货会形式,推行资质认证工作的开展,并采用网上订货和传统订货相结合的方式签订专卖品卷烟材料的订货合同。2003年起,专卖品卷烟材料全部采用电子商务合同,同时,专卖品卷烟材料供需企业必须持有国家局核发的烟草专卖许可证且是中国烟草物资电子商务网的注册用户,方可获得交易资格。

2006年—2010年全省烟草工业烟用丝束、卷烟纸采购数量

表2-2-1 单位:吨

年度	丝束	卷烟纸	年度	丝束	卷烟纸
2006	5100	2200	2009	6700	2650
2007	5540	2430	2010	7230	2990
2008	5700	2600			

非专卖品材料

非专卖品卷烟材料是指接装纸、商标纸、烟膜、香精香料、内衬纸、卡纸、纸箱、封签、拉线、增塑剂、胶类等。

1985年起,非专卖品卷烟材料的采购实行供销分离管理,由各卷烟厂负责自主采购和供应。2008年,江西中烟公司物资供应部开始负责省内各卷烟厂卷烟辅料的集中采购工作。2009年,各卷烟厂先后撤销供应科,设立物资管理科,主要负责卷烟材料、卷烟成品的仓储管理以及机物料消耗管理,并负责江西中烟公司授权范围内的物资分散采购工作等。

采购计划 各卷烟厂供应科根据生产计划编制非专卖品卷烟材料采购计划,经审核批准后,按采购计划签订合同并实施采购。2008年起,根据月度生产计划,结合库存量及采购标准,编制月度采购计划,经审核批准后实施采购。新产品所需非专卖品卷烟材料的定价由江西中烟公司物资供应部填制《材料价格审批表》并提出初审建议,提交公司物资采购领导小组审核,现有非专卖品卷烟材料价格调整由公司物资供应部负责人初审并提交公司物资采购领导小组审核后,报公司总经理批准后执行。

采购方式 为降低采购及库存成本,1996年广丰卷烟厂开展非专卖品卷烟材料配送制试点工作,取得比较明显的成效,并向其他卷烟厂进行推广。

2002年,为进一步规范烟草工业企业非专卖品材料采购行为,强化非专卖品卷烟材料采购管理,开始全面推行公开招标、比质比价等采购方式。

2006年6月,江西中烟公司印发《江西省烟草非专卖品物资采购管理办法(暂行)》,要求各卷烟厂分别成立非专卖品烟草物资采购工作领导小组，由相关领导及供应、技术、财务、监察、质检、审计、车间等部门负责人组成；下设供应商资质认证工作小组，由供应、技术、财务、质检、审计、车间等部门相关人员组成。对于适合招标采购条件的部分大宗非专卖品材料，各卷烟厂根据工作需要，选择合格供应商名录内的厂商实行招标采购。

2009年起，江西中烟公司对非专卖品卷烟材料采购实行集中采购和分散采购相结合的方式。集中采购采取制订集中采购名录的方式，纳入名录的采购项目由公司物资供应部实行集中采购，采购合同由物资供应部与供应商签订。分散采购采取授权采购方式，采购合同的签订由各卷烟厂根据需求数量与供应商签订并报公司物资供应部备案。烟用材料采购采用公开招标、邀请招标、竞争性谈判、单一来源采购、询价等5种方式，其中，公开招标作为非专卖品卷烟材料的主要采购方式。

供应商认证　1997年起对烟用香料香精实行定点生产和经营制度，对烟用香料香精的供应采取定点许可证制度。凡在烟草行业从事烟用香料香精经营活动的企业，必须经国家局批准，取得国家局统一制发的《烟用香料香精定点供应企业证书》。各卷烟生产企业从1998年7月起，只能购进国家局定点的137家“合格企业”和66家“基本合格企业”供应烟用香料香精企业的产品，不得采购无证企业的产品。

为了进一步推动非专卖品卷烟材料资质认证采购工作的深入开展，2003年8月，成立省烟草行业非专卖品卷烟材料资质认证采购工作领导小组并下设办公室（设在省烟草公司烟草物资分公司），负责资质认证采购的日常工作。

2006年，各卷烟厂逐步组织开展供应商资质认证工作。资质认证基本内容包括：供应商基本经营状况、企业信誉度、产品及服务质量、企业管理水平、产品研发能力、产品价格及持续配套供货能力等。各卷烟厂在非专卖品物资合格供应商名录内，根据生产经营需要，自主选择供应商进行谈判，签订采购供货协议。对供应商实行动态管理，建立供应商信息库。各卷烟厂对其供应商经营状况、供货价格、供货质量、售后服务、技术支持等资质内容每年进行1次年度评审，更新供应商信息库，并将有关情况以书面材料报江西中烟公司备案。

2008年起，新增的非专卖品卷烟材料供应商须根据江西中烟公司的技术要求提供样品，样品试用后出具试用报告。对已建立供货关系的供应商实行动态管理。江西中烟公司每年组织1次合格供应商的重新评价，对其进行跟踪控制。建立的供应商目录须经公司物资采购领导小组审批确认。

2006年—2010年全省烟草工业主要非专卖品卷烟材料采购情况

表2-2-2

年度	商标纸（万张）	烟箱（只）	烟用胶（千克）	烟膜（千克）	接装纸（千克）	内衬纸（千克）	框架纸（千克）
2006	159945.64	2977200	522230	967828.57	986790.46	1695248.82	1017087.73
2007	183264.77	3599566	588555	1152533.15	1156952.34	2149400.00	1259621.64
2008	203880.71	4406472	819385	1337175.11	1352453.51	2609581.98	1557252.23
2009	233517.21	5401449	1006230	1521263.75	1599109.27	2893081.94	1715802.21
2010	307594.59	5620169	1121920	1708597.06	1774037.62	3078423.78	1804599.54

说明:2005年底,南昌、井冈山、兴国卷烟厂合并成立南昌卷烟总厂,由总厂供应科负责上述3家卷烟厂非专卖品卷烟材料采购供应;2006年底,南昌卷烟总厂又与赣南、广丰卷烟厂合并重组,由总厂供应科负责上述5家卷烟厂非专卖品卷烟材料采购供应;2008年底,江西中烟公司设立物资供应部,所属各卷烟厂主要非专卖品卷烟材料全部由公司物资供应部实行统一集中采购。

第三节　卷烟制造

卷烟是用卷烟纸将烟丝卷制成条状的烟草制品,又称为"香烟""纸烟""烟卷",可分为滤嘴卷烟和无滤嘴卷烟。根据《中华人民共和国烟草专卖法》的规定,国家对烟草专卖品的生产、销售、进出口依法实行专卖管理,并实行烟草专卖许可证制度。烟草工业企业生产制造卷烟必须经烟草专卖行政主管部门批准,取得烟草专卖生产企业许可证,并经工商行政管理部门核准登记;烟草工业企业根据烟草专卖行政主管部门下达的年度产量计划,在本企业范围内组织开展卷烟生产制造。

生产管理

在江西中烟公司成立之前,由省局(公司)直接向两家计划内卷烟厂(南昌、赣南卷烟厂)下达指令性生产计划,生产企业按下达的计划组织生产。省局(公司)于1984年设立生产技术科,1987年改设生产技术处。省局(公司)一般于每年初召开全省烟草工业现场生产工作会议,每季度组织召开卷烟产销衔接会,协调全省生产管理工作。进入20世纪90年代,全国卷烟产大于销、市场饱和,国家局对卷烟实行限产压库政策,不允许烟草工业企业超计划生产。

各卷烟厂生产管理的组织结构一般为科室、车间、班、组四个层次,车间下设机修班、生产运行班,班内设若干生产小组,为生产组织的最小单位。生产调度指令由生产科科长根据生产计划情况下达到车间,车间安排班、组执行。同时,建立生产动态分析制、厂部日常会议制、车间日常会议制。厂务会议、车间会议和车间小组会议一般每星期召开1次,会议主要内容为总结生产情况,研究改进生产工作,布置下一阶段的生产任务。

1991年,南昌卷烟厂新厂房试车生产,增加1名生产调度员;新厂房投产后,新、老生产线各执行两班生产,生产调度员增加到4名。1992年,新线制丝车间实行四班三运转,生产调度员增加到6名。1995年底,蓼洲街厂区老生产线撤销,无滤嘴卷烟自此不再生产。1998年6月,增加生产、工艺现场管理职能,1999年4月,制丝车间改成三班两运转。随着生产发展和管理水平的不断提高,车间均设有调度员、核算员、统计员、机械员、检验员。

2004年,江西中烟公司成立之初,即设立生产安全管理部,沿用省局(公司)管理模式,直接向两家计划内卷烟厂(南昌、赣南卷烟厂)下达指令性生产计划;当年开始以南昌卷烟厂实施省内联营生产,即井冈山、兴国卷烟厂按照南昌卷烟厂提出的需求,大部分生产当时南昌卷烟厂的品牌。生产调度管理按照"以销定产"的原则制订生产计划,一般先由市场营销部门于每月中旬提出下一月度的卷烟产品规格需求,再由生产管理部门根据市场需求,结合设备及工艺水平等情况,初步制订月度生产计划预安排(包括省内联营生产数量),而后,召集营销、原料、物资、技术、财务等相关部门对预安排进行讨论,并协调解决品牌生产先后顺序及原辅材料配备等一些生产中的问题,形成统一意见后制订正式安排,下达至有关单位、部门。

2005年,根据国家局《关于行业卷烟生产经营决策管理系统全面运行的通知》精神,为保证烟草行业卷烟生产经营决策管理系统在江西烟草工业的顺利实施,江西中烟公司成立卷烟生产经营决策管理系统工作组,并于当年完成5家卷烟厂的设备安装调试、人员培训、系统初验、试运行等工作,烟草工业卷烟生产经营决策管理系统全面投入试运行。

2007年,根据国家局建设“四大中心”的有关要求,江西中烟公司对生产调度流程进行梳理和优化,制订完善《生产计划调度管理办法》《烟箱贴码系统管理规定》《卷烟生产经营决策管理系统运行管理办法》《卷烟生产经营决策管理系统职责及操作规程》,按照及时响应市场原则,做好生产安排和控制。各卷烟厂根据月度计划制定生产作业计划(包括生产作业时间安排、品牌生产顺序等),江西中烟公司通过生产管理系统和CRM系统掌握各卷烟厂每天实际投料、生产成品数量和入库出库数量,保证各卷烟厂均按照生产作业计划实施。根据市场营销中心或其他有关部门提出的调整要求,及时调整生产计划,每个卷烟产品规格的库存量一般控制在5天~7天发货量。在密切关注生产计划执行的同时也关注各卷烟厂滤棒、薄片的生产及调拨,确保卷烟生产计划的顺利实施。每月初总结上一月度的生产情况,包括各卷烟厂生产计划完成情况,生产时间、生产班次安排,滤棒、薄片完成及调拨数量,促销烟、试制烟、烟模生产情况,是否有影响生产的外部和内部因素,生产过程中一些好的经验做法等。同年,为进一步加强卷烟生产调控,科学制订月度卷烟生产计划,提高卷烟产品响应市场的能力,确保生产所需各种原辅材料的供应,江西中烟公司开始定期召开卷烟生产月度协调会,参加人员为公司生产管理、市场营销、财务管理、物资供应、技术研发等部门负责人,南昌卷烟总厂本部分管生产的副厂长及生产科、供应科、烟叶科负责人;另外,根据需要不定期通知赣南、广丰、井冈山、兴国卷烟厂参加会议。各卷烟厂根据月度生产计划,申报滤棒、薄片、试制烟、烟模等需求,公司生产安全管理部汇总协调后下达相关生产计划,并分配下达计划码段。至此,江西中烟公司生产调度管理得到全面统一。

2008年,江西中烟公司与南昌卷烟总厂正式合并重组为一个企业法人实体后,设立经济运行(安全保卫)部作为负责全省烟草工业经济运行、设备管理、生产调度管理、质量管理、工艺技术管理的职能部门。同年,公司对原有生产调度流程进行梳理和优化,修订《生产计划调度管理办法》并完善生产控制程序;建立覆盖滤棒、薄片、促销烟、试制烟、烟模等的生产调度体系,所有产品的生产均下达生产调度令,并制定工艺文件,促销烟、试制烟的生产也全部纳入生产计划进行管理;每月初,针对上一月度生产情况进行总结,不断促进计划制定的科学性,提高计划执行的严肃性,提高生产管理水平。同时,随着公司信息化水平不断提升,生产调度文件流转由原来纸质的、通过传真方式流转改变为通过办公自动化(OA)系统流转,在有效提升流转效率的同时,进一步加强痕迹化管理。2010年,在公司OA系统中增设“生产调度管理”栏目,将所有卷烟生产相关文件均存放在该栏目中,便于归档查询。

1991年—2010年全省烟草工业各卷烟厂卷烟产量

表2-3-1　　　　单位:箱

年度	南昌卷烟厂	赣南卷烟厂	广丰卷烟厂	井冈山卷烟厂	兴国卷烟厂
1991	275060.00	175030.00	22000.00	17100.00	15900.00
1992	276988.00	185820.00	22000.00	17100.00	15900.00
1993	265515.00	187073.00	22000.00	17100.00	15900.00
1994	246262.00	162998.00	22000.00	17100.00	15900.00
1995	231606.00	150998.00	22000.00	17100.00	15900.00
1996	232647.00	98646.00	22000.00	17100.00	15900.00
1997	232849.00	67828.00	22000.00	17100.00	15900.00
1998	253474.00	61685.00	22000.00	17100.00	15900.00
1999	265153.77	100021.00	22000.00	17100.00	15900.00
2000	325306.31	122960.00	22000.00	17100.00	15900.00
2001	346166.96	142965.00	22000.00	17100.00	15900.00
2002	357519.28	143076.20	22000.00	17100.00	15900.00
2003	373359.34	132886.40	22000.00	85500.00	15900.00
2004	382420.00	142906.40	22000.00	85500.00	15900.00
2005	417131.24	156994.20	94220.00	82300.00	70000.00
2006	480952.18	140396.80	120000.00	82300.00	74400.00
2007	545387.87	155000.00	111800.00	80000.00	70800.00
2008	608698.63	141100.00	116100.00	82900.00	74200.00
2009	617199.89	165100.00	120200.00	83000.00	72500.00
2010	661999.77	170000.00	130000.00	85000.00	71000.00

合作生产

2000年开始,由于卷烟市场需求增加,计划资源不足,南昌卷烟厂开始输出自有品牌实施联营生产,先后与贵州的毕节、贵定卷烟厂以及安徽的滁州卷烟厂、湖北的广水卷烟厂开展品牌输出联营加工生产业务,输出卷烟产品主要为软新赣叶、浔阳楼、硬迎喜、硬千禧南方、南方(精品)、硬南方、硬海鸟等规格,以缓解南昌卷烟厂卷烟产品在市场上供不应求的矛盾。南昌卷烟厂以商标使用权及技术转让的方式许可有关卷烟厂在协作期内加工输出品牌卷烟产品,其生产量纳入有关卷烟厂的生产计划指标并由有关卷烟厂就地纳税。至2005年,品牌输出联营加工生产业务基本停止。

2000 年—2005 年南昌卷烟厂品牌输出联营加工情况

表 2-3-2　　单位:万箱

加工企业	加工时间	加工规格	加工数量
毕节卷烟厂	2000—2005	软新赣叶、软浔阳楼、硬迎喜、硬千禧南方、硬海鸟	22
贵定卷烟厂	2001—2004	软新赣叶、硬迎喜、硬千禧南方、硬海鸟、硬井冈山	10
滁州卷烟厂	2002—2003	软新赣叶、软浔阳楼、硬千禧南方	6
广水卷烟厂	2002—2003	软南方、硬千禧南方	5

自 2007 年起,国家局开始在全行业范围内推进卷烟品牌合作生产,江西中烟公司开始输入福建中烟公司七匹狼品牌安排在赣南卷烟厂生产;2009 年,开始输入广东中烟公司双喜品牌安排在南昌卷烟厂生产;2010 年,开始输入云南红塔集团红塔山品牌安排在南昌卷烟厂生产。为此,江西中烟公司专门印发《品牌许可生产管理办法》,加大公司之间、卷烟厂之间多层次交流,学习行业先进企业的工艺技术和管理要求,提升自身生产制造水平。2010 年,为更好适应各品牌输出方的要求,切实做好合作生产工作,江西中烟公司分别成立七匹狼、双喜、红塔山等品牌项目组,保障合作生产工作顺利实施。

2007 年—2010 年全省烟草工业卷烟品牌合作生产情况

表 2-3-3　　单位:万箱

年度	合作生产数量			合计
	福建中烟公司	广东中烟公司	云南红塔集团	
2007	1. 50	—	—	1. 50
2008	3. 80	—	—	3. 80
2009	3. 80	3. 00	—	6. 80
2010	5. 30	6. 00	6. 50	17. 80
总计	14. 40	9. 00	6. 50	29. 90

生产设备

烟草工业的主要生产设备有制丝设备、卷接设备、包装设备、成型设备以及动力设备和其他通用设备。其中,制丝设备主要有真空回潮机、打叶机、润叶润梗机、切丝机、烘丝机、贮丝机、加香机、加料机及其他辅联设备等;卷接设备主要有卷烟机、接装机等;包装设备主要有小包机、小包透明纸机、条包机、条包透明纸机等;成型设备主要有嘴棒成型机、嘴棒发射机等。20 世纪 90 年代以后,随着卷烟生产的发展,特别是几次重大易地技术改造项目的实施,江西烟草工业生产设备的专业化、自动化水平不断提升。

制丝设备　南昌卷烟厂“七五”期间,引进德国 HAUNI 公司 3000 千克/小时制丝生产线。“八五”期间,新增白肋烟旁线设备 42 套,由湛江烟机厂仿 COMAS 设备设计生产的提升喂料机、振筛、加里料机、振槽,其他设备主要为昆船公司仿德国HAUNI公司制造;购置中国航天工业总公司第十一研究所设计制造的烟丝膨胀设备,全线均由计算机控制。“九五”期间,新增自动化烟叶配方及辅料输送系统、1条5000千克/小时制丝生产线,淘汰原3000千克/小时制丝生产线。“十五”期间,引进德国HAUNI公司制造的制丝生产线主机,其他辅联设备均为国产设备。制丝生产线主要包括制叶丝生产线、制梗丝生产线、二氧化碳膨胀烟丝生产线以及香糖料厨房和专供金圣品牌卷烟的药物提炼生产线。这条生产线使用进口设备的比率高达80%,生产能力可达到80万箱/年。其中,制丝生产采用“一头两尾”的形式,片烟预处理段为1条8000千克/小时生产线,叶丝段5000千克/小时生产线,梗丝段为1500千克/小时生产线;二氧化碳膨胀烟丝生产线是1条570千克/小时生产线。“十一五”期间,引进了1条意大利GarBiuo公司制造的5000千克/小时在线气流干燥烟丝生产线(HXD)。

赣南卷烟厂“七五”期间的制丝生产线采用当时较为成熟的工艺设备,主要为德国HAUNI公司制造的以烘丝机、烘梗丝机为主机的叶丝线和梗处理线,打叶线、叶片处理线及其他配套设备以昆船公司产品为主,制丝能力达到3000千克/小时。1998年,对打叶线进行立卧打叶结合改造,在保留原有立式打叶机的同时,引进徐州机械厂制造的卧式打叶机组,使打叶质量得到明显提升。2001年,根据卷烟生产工艺的重大变化,对梗丝膨化线进行改造,购置常州智思公司研制的闪蒸梗丝膨化装置和梗丝膨化干燥塔,同时购置萧山烟机厂制造的旋鼓式喂丝机对风力送丝系统进行改造。2004年—2005年,更新切叶丝机、切梗丝机各1台,把原来使用的烟丝风送系统改成烟丝超级提升机,同时,改造双层贮叶柜。2007年,完成薄板式顺流烘丝机和隧道式叶丝回潮机更新改造。2008年,行业内基本采用片烟进行投料生产,将打叶机、真空回潮机拆除,采用昆船公司制造的滚筒式叶片回潮机对叶片进行加工处理,梗处理线将螺旋式烟梗回潮机投入使用。

广丰、井冈山、兴国卷烟厂在江西中烟公司成立前后尚为地方烟厂,制丝生产线均为1500千克/小时打叶线。至2010年底,上述3家卷烟厂打叶线进行了技术改造,制丝生产全部实现片烟投料。其中,广丰卷烟厂制丝生产线的生产能力为2000千克/小时,井冈山、兴国卷烟厂制丝生产线的生产能力为1500千克/小时。

卷接设备 南昌卷烟厂“七五”期间引进5台英国MOLINS公司制造的MK9-5卷接机组(5000支/分钟)。“八五”期间,引进1台英国MOLINS公司制造的SUPER-9卷接机组(6500支/分钟)。至“八五”末期、“九五”初期,南昌卷烟厂配有MK9-5卷接机组6台、SUPER-9卷接机组1台、许昌烟机厂制造的YJ14/23卷接机组21组。“九五”期间,引进2组英国MOLINS公司制造的PASSIM卷接机组(8000支/分钟)。“十五”期间,引进3组PASSIM卷接机组(8000支/分钟),购置1组许昌烟机厂消化吸收英国MOLINS公司PASSIM机型而制造的ZJ19卷接机组。“十一五”期间,引进2组英国MOLINS公司制造的PASSIM卷接机组(8000支/分钟),购置8组许昌烟机厂制造的ZJ19卷接机组。

赣南卷烟厂“七五”期间卷接设备以12组许昌烟机厂制造的YJ14/23卷接机组为主,此机组是引进MK8-MAXⅢ卷接机组的制造技术,经改进后于20世纪80年代开始制造的卷接机组,是当时中小型卷烟厂的主导设备。1996年—2000年,购置1组YJ15/24卷接机组(6500支/分钟),引进英国 MOLINS 公司制造的 MK9R/MAX-S/TF3 和 MK9R/MAX-S 卷接机组各 1 组，其中 YJ15/24 卷接机组是引进英国 MOLINS 公司制造的 SUPER-9 卷接机组和 PA9 接装机制造技术国产化的一种机型，当时属国内先进水平，具有较高的机电一体化水平。2005 年—2008 年，购置 1 组 ZJ19E 卷接机组和 1 组 SUPER6500 卷接机组。

至 2010 年，广丰、井冈山、兴国卷烟厂卷接设备共计 19(台)套，其中，广丰卷烟厂配有 ZJ17 卷接机组 3 组、MK9-5 卷接机组 3 组，井冈山卷烟厂配有 MK9-5 卷接机组 7 组，兴国卷烟厂配有 MK9-5 卷接机组 6 组。

包装设备　南昌卷烟厂"七五"期间引进 4 组意大利 SASIB6000 软包横包机组(300 包/分钟)、1 组德国 FOCKE 翻盖硬包机组。"八五"期间，引进 1 组 GDX_1 软包装机组(400 包/分钟)。至"八五"末期、"九五"初期，南昌卷烟厂包装设备以 SASIB6000 软包横包机组为主力机型，其中，SASIB6000 软包横包机组 5 台、国产 6000 型包装机组 3 组、ZB25 软包机组 1 组、FOCKE 翻盖硬包机组 1 组、YHB3000 软包机组 12 组。"九五"期间，引进 FOCKE 翻盖硬包机组 1 组、GDX_2 硬包机组 1 组、HLP4-250 包装机组 2 组。"十五"期间，引进 2 组 GDX_2 硬包机组，购置 ZB25 及 ZB45 包装机组各 1 组。

赣南卷烟厂 1991 年引进意大利 SASIB6000 软包横包机组 1 组，购置 YHB3000K 包装机组 3 组和 ZB21 包装机组 1 组。1992 年，购置 YHB3000C 包装机组 3 组。1994 年购置 1 组德国 FOCKE 公司制造的 FOCKE350 包装机组(400 包/分钟)，结束了该厂无硬包机组的历史。2001 年开始陆续引进 ZB43A 包装机组(180 包/分钟)，至 2010 年共有 ZB43A 包装机组 8 组。"十五"期间，从南昌卷烟厂调入 2 组 FOCKE350 包装机组，使该厂 FOCKE350 机组数量增至 3 组。

江西中烟公司成立之初，广丰、井冈山、兴国卷烟厂尚为地方烟厂，包装机主要为 ZB21、ZB43 软包机。至 2010 年，上述 3 家卷烟厂包装机组共计 25 组，其中，广丰卷烟厂配有 ZB43 包装机组 9 组，井冈山卷烟厂配有 ZB21 包装机组 2 组、ZB43(ZB41)包装机组 6 组，兴国卷烟厂配有 ZB21 包装机组 4 组、ZB43 包装机组 4 组。

成型设备　南昌卷烟厂"八五"前期有 5 台宁波轻工机械厂制造的 YL11/YL21 型成型设备。"八五"期间，购置沈飞公司制造的仿 KDF2 嘴棒成型机(400 米/分钟)1 台，开始对 YL11/YL21 型成型设备进行置换。"九五"期间，陆续购置仿 KDF2 嘴棒成型机 4 台，基本满足生产需要。"十五"期间，引进英国 MOLINS 公司制造的 MDU2000 嘴棒发射机 3 组，购置 MDU3000 嘴棒发射机 1 组，实现嘴棒自动发射。"十一五"期间，成型设备开始更新换代，至 2013 年，5 组仿 KDF2 嘴棒成型机全部更换为 6 组常德烟机厂、许昌烟机厂生产的 ZL26 型成型机；同年，将原有嘴棒发射机一次性全部置换为 6 组许昌烟机厂生产的 YF25 型嘴棒发射机。

赣南卷烟厂 1994 年购置上海烟机厂制造的 AF2/KDF2/HCF80 型嘴棒成型机组(400 米/分钟)1 组。2001 年，购置 YL11/YL21 型成型设备 2 组，从沈飞公司购置 YL12/YL22/YJ35 嘴棒成型机组 1 组。2008 年—2010 年，从南昌卷烟厂调入沈飞公司制造的 ZL22C 嘴棒成型机组(400 米/分钟)2 组。

2010年江西烟草工业主要装备情况

表2-3-4　　单位:条、台

设备 \ 单位		南昌卷烟厂	赣南卷烟厂	广丰卷烟厂	井冈山卷烟厂	兴国卷烟厂	合计
制丝设备	制丝生产线	1(5000千克/小时)	1(2000千克/小时)	1(2000千克/小时)	1(1500千克/小时)	1(1500千克/小时)	5
	二氧化碳膨胀烟丝生产线	1	—	—	—	—	1
	辊压法薄片生产线	—	—	2	1	—	3
卷接设备	卷接机组	18	11	6	7	6	48
	卷接机组联接装置	7	—	—	—	—	7
包装设备	包装机组	18	11	9	9	8	55
	装封箱机	6	—	—	—	—	6
成型设备	滤棒成型机组	6	4	2	—	4	16
	滤棒发射机组	4	—	—	—	—	4

生产工艺

南昌卷烟厂　南昌卷烟厂经过“七五”易地技改后,位于南昌市抚生路的厂区于1992年正式投产。制丝生产线由打叶生产线、叶片线、梗线、膨化烟丝线和烘丝、掺配线组成。其中,打叶线烟包回潮设备为真空回潮机,回潮后把烟经人工切尖、解把,将叶尖切下,叶把经立式打叶机打叶,叶尖掺回叶把打出的叶片中。叶线、丝线采用传统的叶片加料、滚筒烘丝、烟丝加香工艺。梗线有润梗、压梗、切梗丝、梗丝回潮和烘梗丝等主要工序,其中,润梗、梗丝回潮采用HT回潮机,烘梗丝采用滚筒烘丝机。另配置有烟丝膨化、辊压法烟草薄片设备,产出膨化烟丝、薄片丝与回收烟丝均通过定量喂料设备掺用。卷包车间SUPER-9卷接机组、GDX_1包装机各1台,PASSIM卷接机组2台、GDX_2翻盖包装机组1台。

1997年上半年,打叶线进行技术改造,取消摆把切尖工序,增加卧式打叶工艺设备,主要有筛砂机、一次润叶机、二次润叶机、卧式打叶机及两级风分设备。1997年底到1998年初,梗线进行技术改造,用洗梗取代润梗,取消压梗工序,用超级回潮机(带加料系统)取代HT回潮机,用塔式膨胀设备取代滚筒式烘丝机,增加梗丝加香工序。

2001年,增设片烟线,主要增加滚筒式片烟回潮机、片烟预配和定量喂料设备,并将薄片丝掺配改为薄片掺配,掺配点改到叶片加料。

2005年,南昌卷烟厂经过“十五”易地技改建成的位于南昌市高新开发区的新厂区正式投产。制丝车间配置5000千克/小时叶丝线(叶片段8000千克/小时)1条、1500千克/小时梗丝生产线1条以及国产膨胀烟丝生产线(570千克/小时)1条。关键工序工艺设备多采用德国HAUNI公司产品,如片烟切片机 TSV-AM、片烟松散回潮机 TB-L、叶片加料机 KAS、隧道式回潮机 HT、滚筒式烘丝机 KLD、流化床冷却分选机 VAS、烟丝加香机 FLT、烟梗回潮机 TB-K、压梗机 IB-F、流化床式梗丝干燥机;其他工艺设备采用昆船、北京机科等公司较先进型号。卷包车间配置 PASSIM 卷烟机(及国产化型号 ZJ19)、GD 包装机(国产化型号 ZB25、ZB45)、FOCKE 包装机、CONCORD 储存输送机以及国产 ZB43 包装机等先进设备。物流设备采用日本大福公司高架库及 AGV 送料车、ABB 公司机械手等。

2010 年,根据卷烟分组加工的需要,南昌卷烟厂添置英国 DICKINSON 公司 HXD 气流干燥线(5000 千克/小时)1 条,并对制丝生产线流程进行局部调整改造。

2010 年南昌卷烟厂工艺流程图

图 2-3-1

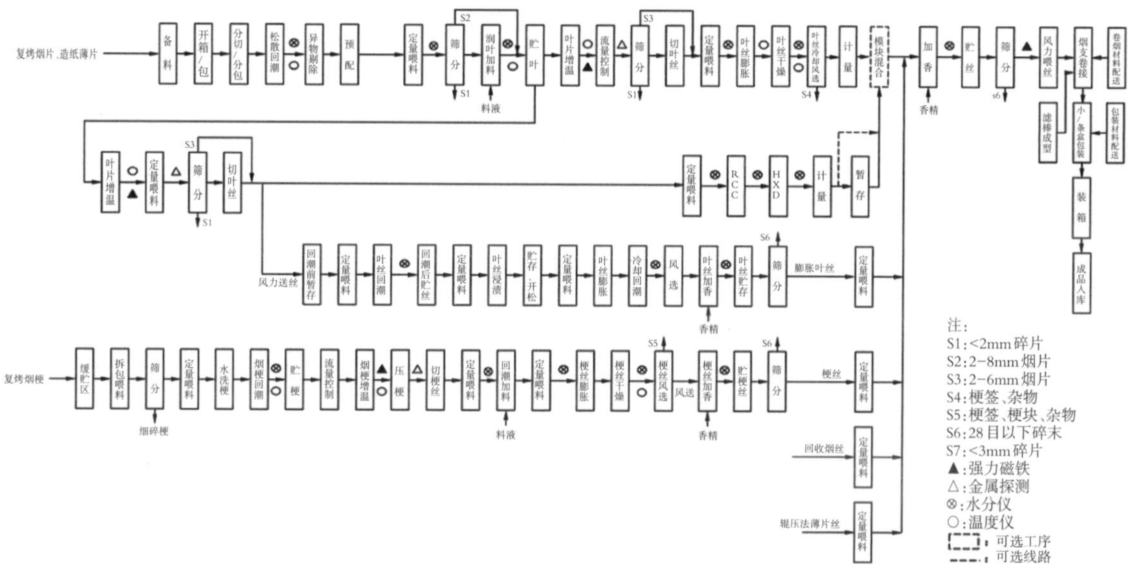

赣南卷烟厂　1991 年,赣南卷烟厂经过“七五”技改新建 3000 千克/小时的制丝生产线 1 条,主要工艺为:全把烟投料,经真空回潮、切尖解把、立式打叶后再分叶片处理线和烟梗处理线,各自切丝后混合掺配成烟丝,再经加香、贮丝后送至卷包车间卷接。该条制丝生产线采用昆船公司 YG1901 真空回潮机、YA4501 立式打叶机组,梗丝膨化采用隧道式,梗丝掺配没有计量控制,采用同批次梗丝对应掺配方式。在新线生产的同时,保留老线生产至 1996 年,主要用于生产部分高档精品卷烟。薄片生产采用辊压法生产。卷包分为滤嘴卷烟和无嘴卷烟两条生产线,其中,滤嘴卷烟卷包主要设备为 MK8 卷接机和 SASIB6000 包装机,烟丝输送采用烟丝车人工输送。

1994 年,引进 FOCKE 公司的 FOCKE350 包装机,单机包装速度由原来的 6000 支/分钟提高至 8000 支/分钟。增加嘴棒成型生产,加工设备为上海 AF2/KDF2/HCF80 嘴棒成型机组,滤棒供给由外购改为自产和外购结合。1995 年,薄片丝生产线改造,淘汰原薄片生产线,购置许昌烟机厂 YZ90 薄片生产线,仍采用薄片切丝工艺。1996 年起,全部取消无嘴卷烟生产。1997 年,购置许昌烟机厂 ZJ15 卷接机组,逐步淘汰 MK8 卷接机组。

2001年,实施梗丝膨化改造,购置常州智思SY6A/3T-750梗丝膨化干燥塔,梗丝膨化由隧道式膨化改为闪蒸塔式膨化;同年,实施风力送丝改造,烟丝输送小车输送由改为风力送丝。2002年起,逐步购置天津ZB43包装机组,淘汰6000型软包机组。2005年调入PASSIM8K接设备1组,原LOGA卷接机组下线;对3组贮叶柜进行改造,由单层贮柜改为双层贮柜,扩大生产能力;调入B1机组1组,恢复软包卷烟生产。2007年,实施烘丝机更新改造,采用昆船公司SH612B薄板式顺流烘丝。2008年,实施片烟线改造,烟叶投料改为片烟投料,取消真空回潮机、打叶机,片烟切片采用人工分包方式,片烟、烟梗分开投料加工,主要回潮设备为昆船公司WQ3311滚筒式叶片回潮机、常州智思WQ323滚筒式烟梗回潮机,片烟线增设松散回潮、预混、星辊除杂等工序,增加加香、加料及掺配等工序的计量控制功能,梗丝制造改用洗梗、蒸梗、压梗等加工方式;同年,实施除尘系统改造,制丝、烟丝风送、卷接除尘改为集中除尘,主要设备采用常州智思DEC2除尘器。

2010年赣南卷烟厂工艺流程图

图2-3-2

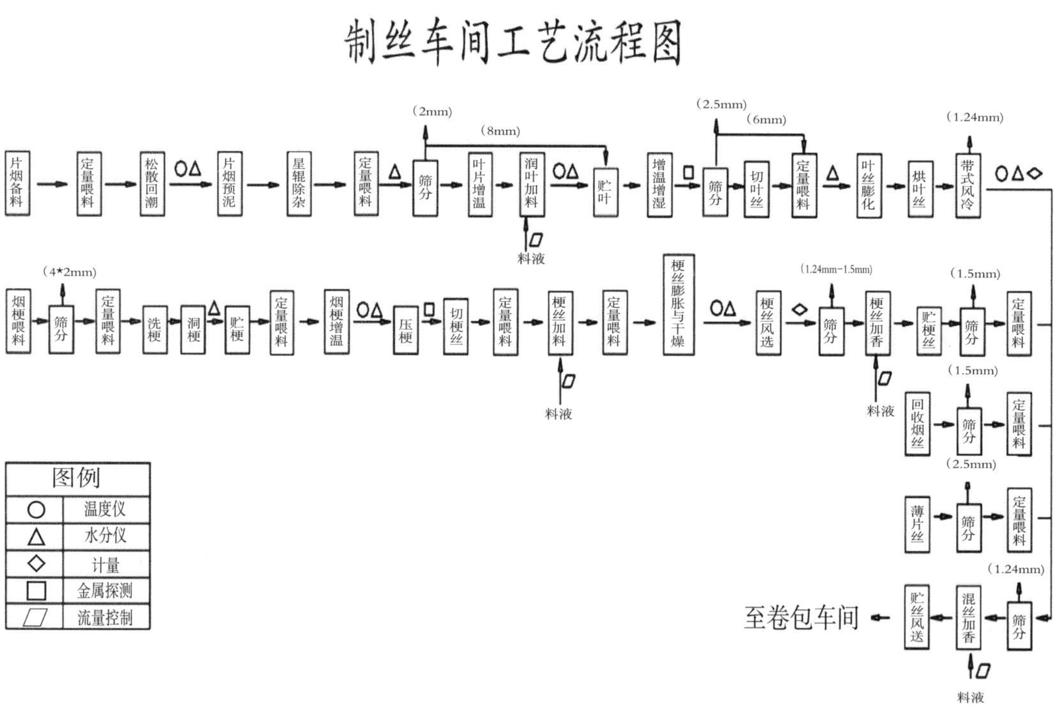

广丰卷烟厂　1991年—1993年,广丰卷烟厂制丝采用单机生产方式,工序之间由人工输送物料,烟支卷接则先由YJ11卷烟机卷制无嘴烟,然后采用YJ21、YJ22接嘴机接装滤嘴,最后手工包装。1993年—2005年,制丝车间引进把烟真空回潮及打叶等叶片加工设备,增设电子皮带秤、水分仪进行物料流量、水分监控,部分工序关键指标实现电控闭环控制,生产自动化程度有所提高;卷接设备从YJ14/23卷接机向ZJ17卷接机更新换代,包装方式从手工包装向包装机自动包装转换。

2006年,广丰卷烟厂上划。叶片处理工段以把烟为原料,经过烟叶选料→备料→真空回潮→喂料→筛分→一次热风润叶→二次热风润叶→卧式打叶→三次润叶→立式打叶→加料润叶→贮叶等工序,将把烟叶加工成符合切叶丝工艺要求的烟片,同时将经过卧式打叶、立式打叶风分出来的烟梗加工成合格的梗丝供掺配使用。卷包车间共有 YJ14/23 卷接机 8 组、ZJ17 卷接机 3 台、YB13 直包机 2 台、ZB43 硬盒包装机 9 台;同年 11 月,取消手工硬盒包装, YB13 直包机 2 台相应下线,硬盒包装全部采用机包。2008 年,从南昌卷烟厂调入 MK9-5 卷接机 1 台,YJ14/23 卷接机 2 组下线。

2009 年,取消打叶生产线,完成片烟生产线的改造,增设滚筒式叶片回潮机、贮柜、隧道式叶片回潮机、加料机等主机,星辊输送机、振动筛分机、隧道式叶片回潮机排潮系统、加料装置等附联设施以及计量管、电子皮带秤、片烟线电控系统等在线控制设施和红外水分仪等在线检测设施,原有真空回潮机 1 台、润叶机 3 台、卧式打叶机 1 台、立式打叶机 1 台、加料机 1 台、核子秤 1 台、微波水分仪 1 台下线。同年,从云南大理卷烟厂调入 MK9-5 卷接机 2 台,剩余的 YJ14/23 卷接机6 组下线,卷接机组实现由低速向中高速转变;增加风力圆盘喂丝机 3 台,原贮丝柜出口核子秤 5台相应下线,原来的手工小车送丝改为风力送丝,减少人为因素的影响和配丝容易混牌的质量隐患。

2010 年广丰卷烟厂工艺流程图

图 2-3-3

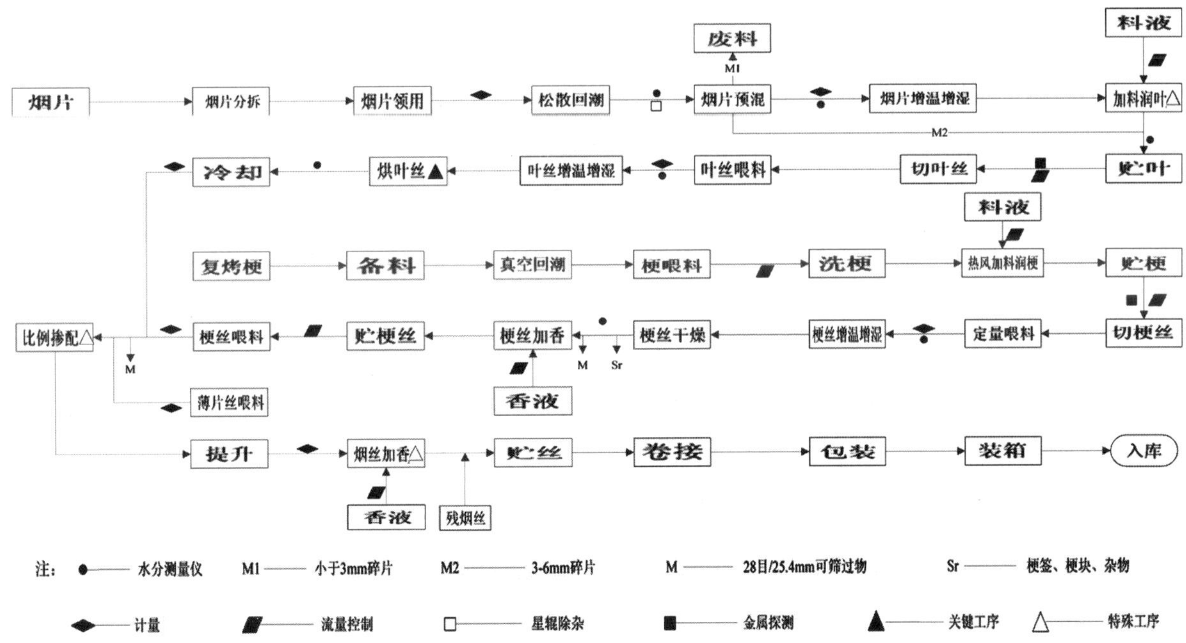

井冈山卷烟厂 1992 年—1995 年,井冈山卷烟厂先后进行两期技改,技改完成后制丝生产线主要工艺设置为:全把烟投料,经真空回潮、立式打叶后分别进行叶片处理和烟梗处理,制成叶丝和梗丝后,混合掺配成烟丝,再进行加香、贮丝。制丝主要工艺设备有 YG1907 真空回潮机、YA4502 立式打叶机、SH68A 滚筒烘丝机,卷包主要设备为 YJ14/23 卷接机 14 组、YB22 软包机 4 台和 ZB43 硬包机 2 台。

2003 年—2005 年,烟叶原料为把烟,经过局部调整改造后,制丝主要工艺为:烟叶先进行真空回潮,再进行解把润叶和热风润叶;烟叶打叶采用立式打叶机;切叶丝机 YS14、切梗丝机为 YS44;烟丝采用烟丝车送丝到卷接。卷包车间配置 ZJ14 卷接机 4 组、MK9-5/PA85 卷接机组 4 组、6000 型软包机组 4 台、ZB43 硬包机组 4 台、ZB41 硬包机组 1 台。

2006 年—2010 年,烟叶原料改为片烟,制丝主要工艺为:取消打叶线即立式打叶机,新增薄片丝掺配旁线,增加风力送丝系统。切叶丝机由 YS14 改为 SQ311,切梗丝机由 YS44 改为 SQ36A,筛分加料为蒸汽辅助加料。2007 年起烘叶丝机更新为 SH612B。卷包车间配置 6000 型软包机 2 台、ZB43 硬包机 6 台、ZB41 硬包机 1 台、MK9-5/PA85 卷接机组 7 组。

2010 年井冈山卷烟厂工艺流程图

图 2-3-4

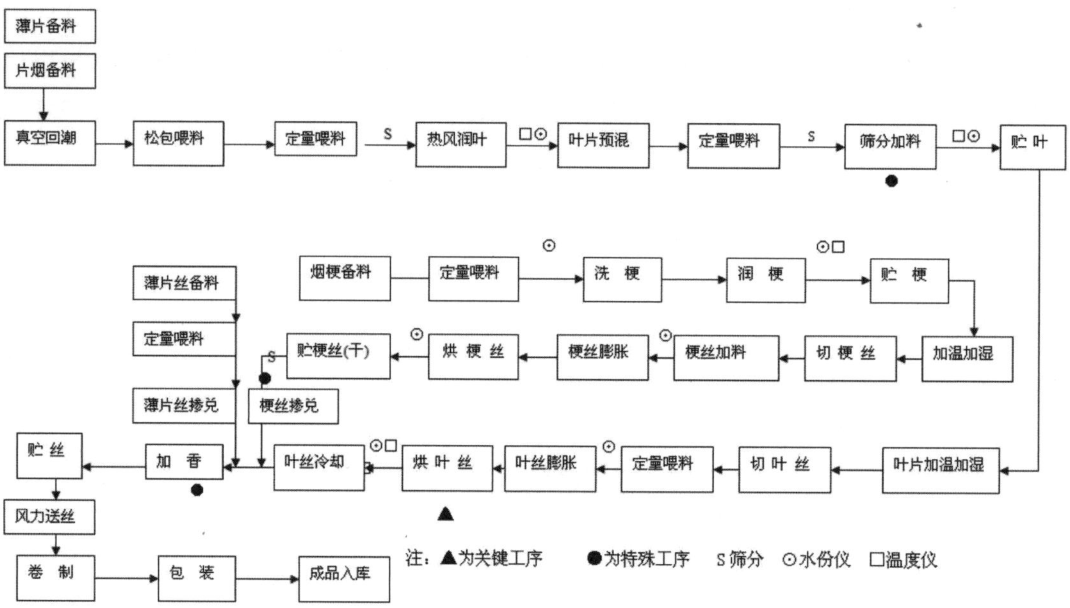

兴国卷烟厂　1991 年,兴国卷烟厂有简易制丝生产线 1 条,制丝主要工序有备料、制叶片、制叶丝、制梗丝、掺配混合加香等。卷接包送丝、烟支转运、装封箱均采用人工方式,卷接包设备有 YJ13A 卷接机 3 台、YJ21 接嘴机 2 台、70S 包装机组 1 组、84S 包装机 1 台、小透包机 1 台;1992 年,实施第一期技改后有 YJ14 卷烟机 4 台、YT23 装接机 2 台、3000 型包装机 2 台;1994 年,增加 YJ14/23 卷接机组 2 组、YB22A 横包机 1 台。1995 年,实施制丝生产线改造,引入昆船公司 1000 千克/小时制丝生产线 1 条、RC4 切丝机 4 台。"九五"期间,新增 ZJ15 机组 3 台、YJ14/23 卷接机组 10 组、YB21-6000 仿 SASIB 包装机组 3 组、YB41-3000 翻盖包装机组 1 组、YB22A-3000 包装机组 7 组。2001 年,购入 KJF1 成型设备 3 台。

2004 年—2006 年,配置有生产能力 2000 千克/小时的制丝生产线 1 条,主要工艺设备均为昆船公司制造,叶丝线为把烟立式打叶方式。2004 年—2005 年,卷包车间配置 ZJ14 卷接机 14 台、ZB43 硬包机 2 台、3000 型软包机 4 台。2006 年 10 月,由南昌卷烟厂调入片烟生产线 1 条,因消化库存把烟原料需要,叶丝线采用把烟、片烟混合生产方式。2009 年 7 月,把烟立式打叶设备退出制丝生产线。2007 年起,卷包车间陆续配置 MK9-5 卷接机 6 台、ZB43 硬包机 4 台、SASIB6000 软包机 4 台。

2010 年兴国卷烟厂工艺流程图

图 2-3-5

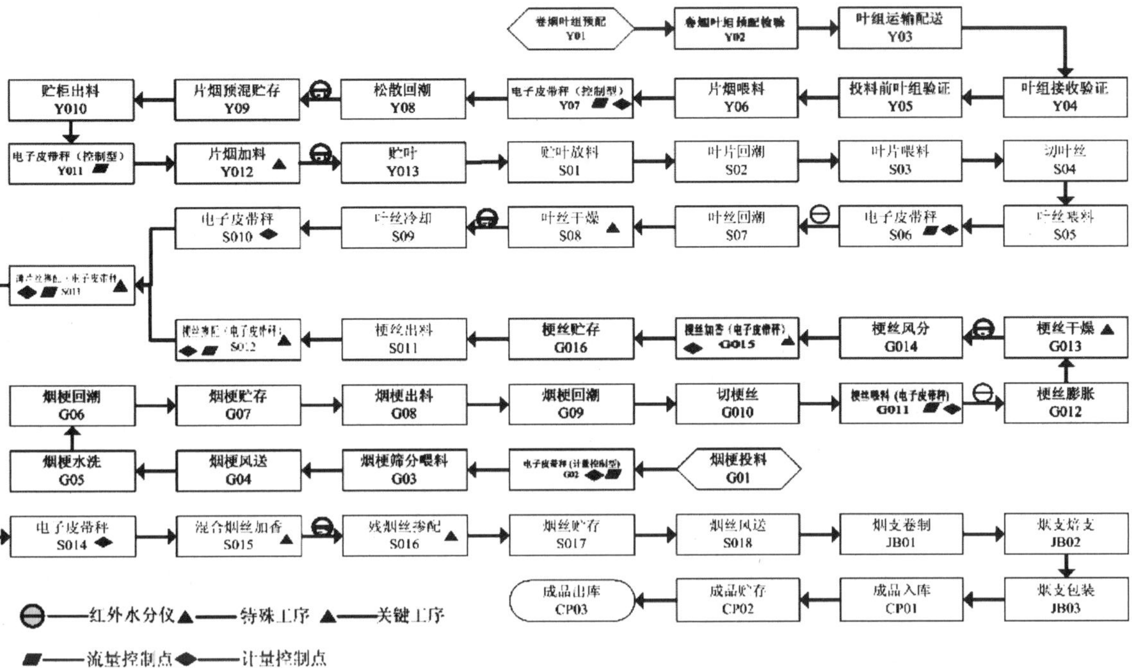

第四节　卷烟品牌

2004 年江西烟草工商分设前，5 家卷烟厂各自申报、注册、管理品牌，品牌归属各卷烟厂。江西中烟公司成立后，品牌归属江西中烟公司，由公司统一申报、注册、管理。1991 年—2010 年，江西烟草工业累计生产品牌达 116 个，其中，名优卷烟品牌 18 个。至 2010 年，江西中烟公司卷烟品牌有金圣、庐山、南方、赣、月兔 5 个品牌 28 个规格。

南昌卷烟厂

1991 年—2006 年，南昌卷烟厂共生产过 47 个卷烟品牌，其中，名优卷烟品牌 10 个。江西烟草工商分设之前，南昌卷烟厂品牌众多，更替频繁，但全国知名的品牌较少，一些品牌生命周期较短。1992 年—2006 年，南方、金圣、庐山、海鸟品牌相继开发、改造上市，屡次获奖，品牌规模逐步扩大，成为南昌卷烟厂的主导品牌。至 2010 年，南昌卷烟厂原有品牌仅剩金圣、庐山、南方品牌在产。

金圣　金圣品牌是南昌卷烟厂与江西中医学院合作，运用中医药学宝贵遗产与烟草相结合研制，并于 1994 年上市的产品，是烟草行业利用科技创牌时间最早、自主创新时期最长、技术应用最为成熟的中式低害卷烟之一。该产品选用云南、巴西、津巴布韦两年以上的上等原料，加入中药添加剂，辅以高档专用香精，采用先进技术精制而成。通过持续开展技术创新和品类构建工作，金圣品牌已成为本草香型品类代表品牌和中式低害特色卷烟代表品牌，并被国家局列为全国卷烟重点骨干品牌视同品牌、行业减害技术和增香保润专项研究的重点品牌,曾被国家局称赞为“中国的骄傲、江西的光荣”,先后获得上海首届名酒名烟系列产品博览会创新金奖、全国第九届发明展览会金奖、第24届日内瓦国际发明与新技术展览会金奖、全国名优卷烟等奖项。2002年,经中国企业商标评估中心评定并报中华商标协会鉴定,金圣品牌商标价值41.8亿元,成为江西最高价值品牌。2010年,金圣品牌卷烟销量达到22.8万箱。

庐山 庐山品牌是南昌卷烟厂于1957年创牌的烤烟型乙二级卷烟,2003年改造开发再次上市。该烟选用云南、贵州、河南、山东等地烟叶为主要原料,烟丝颜色淡黄、光泽较油润,香味充实谐调,杂气及刺激小。先后被评为“江西省轻工优秀产品”“江西省优质产品”和轻工业部“部优产品”“全国卷烟优质品”。2003年被评为“江西省著名商标”和“江西省用户满意产品”,2004年被国家局纳入《卷烟产品百牌号目录》,2005年获“江西省名牌产品”称号,庐山(珍品)卷烟获“江西省2005年度优秀新产品一等奖”。2010年,在产规格有精品庐山、黄精品庐山、好运庐山、银庐山、硬庐山、新庐山、软庐山,卷烟销量达到60.46万箱,是江西烟草工业年销量最大的卷烟品牌。

南方 南方品牌是南昌卷烟厂于1991年创牌的烤烟型乙级84毫米滤嘴卷烟,最早是与宜春市局(公司)联合开发的在宜春地区销售的专供烟。选用人工发酵的江西、湖南、云南、河南等地中等烟叶为主要原料,运用科学配方和先进技术,烟丝颜色金黄、光泽油润,香味浓郁谐调,杂气少,烟气柔和舒适,燃烧性能好。随着产品不断更新,相继开发特醇南方、精品南方、红南方、千禧南方、世纪南方等多个规格,其中,特醇南方卷烟在1996年填补了南昌卷烟厂中档烟的空白。1997年,南方品牌年产量达到13.94万箱,是全省第一个产量突破10万箱的卷烟品牌。1994年荣获上海首届世界名烟名酒系列产品博览会“金叶奖 ”,1995年获华东区卷烟质量鉴定会乙级卷烟评比金奖和“江西省名牌产品”,1997年被评为“江西省用户满意产品”,是当年江西市场占有率最高的卷烟品牌,1999年被评为“江西食品展销洽谈会优秀产品”“江西省用户购买首选品牌”“江西十大明星产品”,2000年被评为“江西省著名商标”。2010年在产规格有千禧南方、软红南方。

海鸟 海鸟品牌是南昌卷烟厂于1959年创牌的烤烟型无嘴丁级卷烟。1998年产品改造升级为烤烟型一级硬盒翻盖过滤嘴卷烟,先后开发普通海鸟、精品海鸟、珍品海鸟等规格,具有焦油量、烟碱含量低和包装新颖等特点。曾获第二届中国(上海)国际食品博览会金奖,2003年被评为“江西省著名商标”“江西省用户满意产品”。其中,精品海鸟卷烟被国家局评为“2000年度卷烟优等品”“2003年度卷烟优等品”。2007年停产退市。

井冈山 井冈山品牌是南昌卷烟厂于1960年创牌的甲二级烤烟型卷烟。该产品选用云南、贵州、河南等地上等烟叶为主要原料,烟丝色泽好,香味丰满谐调,基本无杂气,余味舒适纯净。1979年被省轻工业厅评为“甲二级烤烟型优质产品”,1999年获“江西食品展销洽谈会优秀产品奖”。2006年停产退市。

南昌 南昌品牌是南昌卷烟厂于1970年创牌的卷烟产品,曾生产过烤烟型和混合型两种类型,选用云南、河南、江西上等烟叶为主要原料,配用专用香精,采用现代化设备精制而成。烟丝颜色金黄、光泽油润,烟香清雅、丰满谐调,余味纯净舒适,劲头适中,抽吸通畅。1988年被授予“江西省优质产品”称号。1991年,与郑州烟草研究院共同改造升级该产品,1994年在上海首届世界名酒

名烟系列产品博览会上评为优秀奖。2003 年停产退市。

壮丽　壮丽品牌是南昌卷烟厂 1967 年创牌的烤烟型乙一级无嘴卷烟,1987 年开始生产烤烟型乙级滤嘴软包卷烟。1983 年被省政府授予"江西省优质产品"称号。1996 年停产退市。

鸳鸯喜　鸳鸯喜品牌是南昌卷烟厂于 1987 年创牌的甲级烤烟型卷烟。选用云南、贵州、河南等地烟叶为主要原料,烟丝色泽金黄,香味高雅,吸味醇和,劲头适中,余味纯净舒适。1989 年被省政府授予"江西省优质产品"称号,1990 年被南昌市政府授予"1989 年优秀产品"称号,1994 年在上海首届世界名酒名烟系列产品博览会上被评为优秀奖。2003 年停产退市。

高士　高士品牌是南昌卷烟厂于 1990 年创牌的烤烟型甲级卷烟。选用云南、贵州、河南、山东等地上等烟叶为主要原料,烟丝颜色金黄、光泽油润,香味浓郁谐调,余味纯净舒适,劲头适中,焦油含量适中。1991 年被授予"江西省优秀产品"称号。1993 年停产退市。

潮汕　潮汕品牌创牌于 1998 年,是南昌卷烟厂与广东省汕头市烟草公司共同研制生产的烤烟型一、二类滤嘴卷烟。选用省内外优质烟叶为主要原料,香气清雅、丰满谐调,吸味纯净舒适。1998 年获上海国际食品博览会"新产品开发奖""江西省市场食品质量优胜产品奖"。2001 年停产退市。

1991 年—2006 年南昌卷烟厂卷烟品牌情况

表 2-4-1

品牌名称	上市年份	退市年份	品牌名称	上市年份	退市年份
庐山	1957	在产	吉洲	1991	1997
梅雀	1959	2002	南方	1992	在产
海鸟	1959	2007	女神峰	1992	1996
井冈山	1960	2006	赛江南	1992	1997
壮丽	1967	1996	白鹭洲	1992	1998
南昌	1970	2003	浔阳楼	1992	2005
安源	1970	2005	玉茗	1992	2005
可可	1979	1993	兰山	1993	1994
天乐	1985	1994	皇冠	1993	1995
泰平	1994	2005	American	1994	1995
滕王阁	1986	1996	名品	1994	1995
迎喜	1986	2006	东方	1994	1995
朝花	1987	1993	南山	1994	1995
鸳鸯喜	1987	2003	Kingsmen	1994	1996
天虹	1987	2005	豪	1994	1996
春光美	1988	1993	新大地	1994	1997
万寿宫	1989	1993	春江	1994	1997
赣叶	1989	2005	长寿鸟	1994	1997
绳金塔	1990	1993	金圣	1994	在产

续表

品牌名称	上市年份	退市年份	品牌名称	上市年份	退市年份
高士	1990	1993	伯爵	1995	1999
聚宝盆	1990	1993	金波阳	1996	1998
三阳开泰	1990	1996	军星	1998	2000
西汉	1991	1993	潮汕	1998	2001
花轿	1991	1993			

赣南卷烟厂

1991年—2006年,赣南卷烟厂共生产过20个卷烟品牌,分别为赣州桥、香叶、黑虎、鄱阳湖、百花洲、赣、瓷都、国宝、神鹿、强手、隆福、怡圈、赣东、烟水亭、蝶恋花、明烟、红灯笼、香叶、一枝花、红日,其中,赣、百花洲、瓷都、赣州桥为名优卷烟品牌。至2010年,赣南卷烟厂原有品牌仅剩赣品牌在产。

赣　赣品牌是赣南卷烟厂创牌于1988年的烤烟型软包卷烟,1998年产品改造升级为硬盒翻盖过滤嘴卷烟。采用江西、云南、贵州等省上等烟叶为主要原料,烟丝色泽金黄,香气优雅。曾列为江西省名优特供烟,1992年获全国“七五”星火计划博览会金奖。2010年在产规格有硬红金赣、佳品赣、蓝赣。

百花洲　百花洲品牌是赣南卷烟厂创牌于1988年的烤烟型软包卷烟,1998年产品改造升级为硬盒翻盖滤嘴卷烟。主要以省内优质烟叶加香加料精制而成,具有香味浓厚、入喉和顺等特点,该产品在1989年华东第三协作区五省一市15家烟厂57个牌号的质量评比中获得总分第一。曾列为江西省名优特供烟。1999年停产退市。

瓷都　瓷都品牌是赣南卷烟厂创牌于1989年的产品,采用省内外上等烟叶经科学配方而成,具有香气突出、吸味醇厚、劲头适中等特点,1989年被评为“江西省优质产品”。曾作为北京天安门参观纪念品。1999年停产退市。

赣州桥　赣州桥品牌是赣南卷烟厂创牌于1969年的烤烟型无嘴丁级卷烟。1983年产品改造升级为烤烟型软包卷烟。采用省内外中、上等烟叶为主要原料,经科学配方而成,吸味和顺、纯正,劲头适中,物美价廉。1988年被评为“江西省优质产品”。2000年停产退市。

1991年—2006年赣南卷烟厂卷烟品牌情况

表2-4-2

品牌名称	上市年份	退市年份	品牌名称	上市年份	退市年份
赣州桥	1969	2000	隆福	1993	不详
香叶	1972	1993	怡圈	1993	不详
黑虎	1978	1994	赣东	1993	1994
鄱阳湖	1987	1999	烟水亭	1993	1994

续表

品牌名称	上市年份	退市年份	品牌名称	上市年份	退市年份
百花洲	1988	1999	蝶恋花	1993	不详
赣	1988	在产	明烟	1995	1996
瓷都	1989	1999	红灯笼	1996	1998
国宝	1990	1998	香叶	1997	不详
神鹿	1991	不详	一枝花	1997	1999
强手	1992	不详	红日	2000	2004

广丰卷烟厂

1991 年—2006 年，广丰卷烟厂共生产过 11 个卷烟品牌，分别为大金黄、蜻蜓湖、三清山、三岩、博山、红星、广烟、白银鹅、月兔、五环、红土地、夕阳红、江湾，其中，月兔是名优卷烟品牌。至 2010 年，广丰卷烟厂原有品牌仅剩月兔品牌在产。

月兔 月兔品牌是广丰卷烟厂第一个注册卷烟品牌，创牌于 1992 年，先后开发月兔王、特醇月兔、极品月兔、小王子、小红星、月兔春、小月兔、保健月兔春等规格。1993 年获“江西优秀产品二等奖”，1994 年特制月兔卷烟获首届中国优质与名牌产品博览会金奖和第二届中国科技之星国际博览会金奖，1996 年被评为“江西省著名商标”，获江西省新产品、新发明、新专利奖，月兔王卷烟获江西省交易会新科技成果、新产品金奖。2006 年，对月兔系列进行压缩，月兔春、新派月兔王、小月兔、特醇月兔卷烟为主销规格。2010 年在产规格有小月兔、硬月兔。

1991 年—2006 年广丰卷烟厂卷烟品牌情况

表 2-4-3

品牌名称	上市年份	退市年份	品牌名称	上市年份	退市年份
大金黄	1988	1989	广烟	1991	2002
蜻蜓湖	1990	1993	白银鹅	1992	1997
三岩	1988	1990	月兔	1992	在产
博山	1989	1990	五环	1993	1994
三清山	1991	2003	江湾	2003	2005
红星	1992	2006			

井冈山卷烟厂

1991 年—2006 年，井冈山共生产过 21 个卷烟品牌，分别为红杜鹃、吉泰、禾河、黄洋界、庐陵、金庐陵、红都、万城、德胜门、富临门、苍松、苍龙、飞碟、中发、井冈松、富林、新年好、福神、天宝、宝石玉、旗帜，其中，黄洋界、井冈松、天宝为名优卷烟品牌。2005 年，井冈山卷烟厂品牌有天宝、黄洋界、福神、旗帜、宝石玉，2006 年全部停止生产。

黄洋界 黄洋界品牌是井冈山卷烟厂创牌于 1991 年的烤烟型卷烟。采用多种新材料，注重产

品的科技含量,有效降低卷烟的危害性。产品香气浓馥,吸味醇正,余味舒适甜润,回味悠长。低焦油精品黄洋界卷烟获“2002年度江西省优秀新产品二等奖”,2003年被评为“江西省名牌产品”。2006年停产退市。

井冈松　井冈松品牌是井冈山卷烟厂创牌于1998年的烤烟型卷烟。产品商标设计以井冈山五指峰为主图案,突出井冈山风景,体现品牌内涵。吸味风格上,以云、贵、赣、豫等省的优质烟叶进行科学配方,产品开发投放后市场反应较好。1998年,硬盒井冈松被省经贸委认定为“江西省1998年新产品”。2003年停产退市。

天宝　天宝品牌是井冈山卷烟厂创牌于2000年的烤烟型卷烟。先后开发软天宝、绿天宝、精品天宝等规格。2000年,被确定为江西省质量技术监督系统重点保护产品。2002年荣获吉安市科学技术特等奖。2006年停产退市。

1991年—2006年井冈山卷烟厂卷烟品牌情况

表2-4-4

品牌名称	上市年份	退市年份	品牌名称	上市年份	退市年份
红杜鹃	1991	1992	苍龙	1996	1997
吉泰	1991	1994	飞碟	1996	1997
禾河	1991	2004	中发	1997	2001
黄洋界	1993	2006	井冈松	1998	2002
庐陵	1992	1992	富林	1999	2000
金庐陵	1992	1993	新年好	1999	2002
红都	1993	1995	福神	1999	2006
万城	1993	1995	天宝	2000	2006
德胜门	1994	1997	宝石玉	2001	2006
富临门	1995	1996	旗帜	2003	2005
苍松	1995	2004			

兴国卷烟厂

1991年—2005年,兴国卷烟厂共生产过17个卷烟品牌,分别为山狮、红军桥、富来临、魁星阁、兴国、均竹、老友、国兴、客家、东河、天润、苹果园、太子龙、福满堂、国都、庐山恋、鑫山。2005年兴国卷烟厂原有品牌仅剩客家品牌在产,2006年停产退市。

1991年—2005年兴国卷烟厂卷烟品牌情况

表2-4-5

品牌名称	上市年份	退市年份	品牌名称	上市年份	退市年份
山狮	1991	1994	东河	2001	2004
红军桥	1991	1993	天润	2002	2003

续表

品牌名称	上市年份	退市年份	品牌名称	上市年份	退市年份
富来临	1991	1995	苹果园	2002	2004
魁星阁	1992	1995	太子龙	2003	2004
兴国	1992	1993	福满堂	2003	2004
均竹	1992	2004	国都	2003	2004
老友	1992	2005	庐山恋	2004	2004
国兴	1993	1999	鑫山	2004	2004
客家	1999	2005			

江西中烟公司

"十一五"期间,国家局在全国烟草行业大力推进大企业、大品牌、大市场建设,加快品牌定向整合,逐步实现资源优化配置。江西中烟公司成立后,开始启动品牌整合工作,集中培育金圣、庐山两大品牌。2005 年,南昌卷烟厂完成海鸟品牌向庐山品牌的整合过渡,全省烟草工业的卷烟品牌由 19 个品牌 73 个规格减少至 7 个品牌 25 个规格。2005 年—2007 年,江西中烟公司陆续将井冈山、兴国、赣南、广丰卷烟厂的品牌逐步向金圣、庐山品牌置换整合。2008 年,江西中烟公司卷烟品牌减至 5 个品牌 31 个规格,其中,以金圣品牌为主、庐山品牌为辅,并有少量南方、赣、月兔品牌。至 2010 年,江西中烟公司卷烟品牌有 5 个品牌 28 个规格。

第五节　金圣品牌

1993 年,南昌卷烟厂与江西中医学院(今江西中医药大学)中药研究所通过广泛市场调查,发现一般卷烟消费者长期吸食卷烟对肺部或咽部有不适感,且不少人具有肾虚体征,决定通过添加天然本草植物,研制一种能够降低卷烟危害的新型卷烟。为此,南昌卷烟厂与江西中医学院合作成立了"新混合型(保健型)卷烟研究课题组"。课题组依托江西得天独厚的本草植物资源,以中医药理论为指导,历时两年终于成功在传统卷烟中添加天然本草复方植物精华,完成了新型卷烟的研发。1994 年,金圣品牌卷烟研发课题正式通过国家局组织的鉴定,并于同年 10 月由国家局和省局(公司)联合在北京人民大会堂组织召开金圣品牌卷烟科技成果推广会,填补了江西烟草工业无高档卷烟的一大空白。

1994 年获"上海首届世界名烟名酒博览会创新金奖";1995 年获"第九届全国发明博览会金奖";1996 年获"第 24 届日内瓦国际发明和新技术展览会金奖",被国家经贸委认定为"国家级新产品";1997 年,中国商标协会商标专家委员会对金圣品牌商标无形资产评估价值 12.8 亿元。当时,在获得各种荣誉的同时,金圣品牌卷烟也被消费者誉为神奇的"魔烟",20 世纪 90 年代末期脍炙人口的广告语"抽金圣烟,太太高兴",便是对金圣品牌卷烟功能性特色形象的最佳注解。金圣品牌销量从 1994 年的不足百箱增长到 1998 年的 17024 箱,上缴税金从 35 万元增长到 2 亿元,实现利润从

13 万元增长到 1 亿元,为南昌卷烟厂实现扭亏为盈做出了重要贡献。

1999 年—2000 年,金圣品牌连续两年被评定为“国家级名优烟”;2001 年,被国家局评为“全国烟草行业名优卷烟”;2002 年,“金圣”品牌商标价值评估为 41.8 亿元,进入烟草品牌商标价值前十名行列,标志着金圣品牌迈入升级发展的新阶段。金圣品牌致力技术创新,在本草减害降焦、提升品质、保持特色、降低成本及调香技术等方面取得了明显进步,“金圣香”核心技术研究日趋成熟,初步建立本草减害的理论体系、技术体系、评价体系。产品规格从创立阶段的 2 个规格逐步发展为高中低搭配的 13 个规格。品牌广告语从 1999 年的“吸烟有害健康,金圣与众不同”到 2000 年的“金圣,功到自然成”,实现了金圣品牌文化从功能性诉求向文化诉求的转变。2002 年,首批 550 件金圣品牌卷烟出口东南亚,开拓了江西卷烟“走出去”的新局面。2003 年,“金圣学子”助学活动正式启动,金圣品牌逐渐成为省内著名公益品牌,品牌美誉度和知名度得到提升;同年,被评为“江西省著名商标”。2004 年,被国家局列入《百牌号卷烟目录》,并被国家工商总局认定为“中国驰名商标”,成为烟草行业第 7 个获此称号的品牌。金圣品牌销量从 1999 年的 32670 箱增长至 2004 年的 90641 箱,实现税金从 3.9 亿元增长至 11.4 亿元,实现利润从 2.3 亿元增长至 3.3 亿元,成为支撑江西经济发展的重要品牌和行业技术创新的代表品牌。

2004 年江西中烟公司成立后,先后提出“做精做优、保持特色、增强实力、缩小差距”的品牌发展战略和“做强金圣,做大庐山”的品牌发展思路。2005 年形成广东、浙江、江苏、安徽等四大省外主导市场,省外市场销量首次突破 1 万箱。2007 年发布“自然生香,金圣道路”的品牌宣传语,全面开展金圣品牌特色宣讲工作;2008 年金圣品牌市场咨询与诊断暨“本草香”品类构建研讨会召开,标志着“本草香”品类的正式确定,同年组织开展的“金圣·AC 米兰”互动中国活动被评为 2008 年中国营销盛典“营销创新奖”和“中国十大营销事件”;2010 年,金圣品牌被列入全国卷烟减害和增香保润两个重大专项试点品牌。金圣品牌销量 2005 年 103522 箱,2009 年 197142 箱并实现了第一个百万箱下线,金圣品牌成为江西经济发展的支柱品牌和全国知名的特色品牌。

品牌系列

金圣品牌创牌以来,产品规格不断丰富发展,从 1994 年只有硬盒金圣、软盒金圣 2 个规格,至 2010 年已形成典藏、经典、时代三大系列,共计 16 个规格。

典藏系列:金圣品牌卷烟中的高端产品,在保持本草减害效果的同时,更加突出本草精华与烟草香气的谐调性,吸味柔和,本草增香效果突出,代表产品有硬盒盛世典藏金圣、软盒典藏本草香金圣、硬盒典藏金圣。

经典系列:金圣品牌卷烟中的传统产品,采用药香浓郁、风格独特的第一代“金圣香”添加技术,其本草香韵浓郁,吸味饱满透发,吸后满足过瘾,代表产品有硬盒吉品金圣、硬盒金圣、软盒金圣。

时代系列:金圣品牌卷烟中的创新产品,采用第三代“金圣香”提取液添加技术,经精油化提纯后,纯度更高,抽吸过程中感觉不到明显的药味,但药效不减,具有低焦油、低危害的双低特征,代表产品有硬盒时代 15 金圣、硬盒时代金圣、硬盒祥和金圣、新软盒金圣。

2010 年金圣品牌卷烟主要规格

表 2-5-1

<table>
<tr><td rowspan="5"></td><td>卷烟名称</td><td colspan="3">金圣(盛世典藏)</td></tr>
<tr><td>卷烟价类</td><td>一类</td><td>批发价</td><td>640 元/条</td></tr>
<tr><td>零售价</td><td>1000 元/条</td><td>焦油量</td><td>12 毫克</td></tr>
<tr><td>产品广告语</td><td colspan="3">集大成者　盛世典藏</td></tr>
<tr><td colspan="4">产品简介:精选云贵高原小产区极其稀有的清雅型烟叶,融合巴西、津巴布韦香醇饱满、极富陈韵的顶级名贵烟叶。经纯手工挑选、包装,成品香气清雅、吸味醇顺。</td></tr>
<tr><td rowspan="5"></td><td>卷烟名称</td><td colspan="3">金圣(典藏本草香)</td></tr>
<tr><td>卷烟价类</td><td>一类</td><td>批发价</td><td>450 元/条</td></tr>
<tr><td>零售价</td><td>600 元/条</td><td>焦油量</td><td>12 毫克</td></tr>
<tr><td>产品广告语</td><td colspan="3">自然香韵　本草典藏</td></tr>
<tr><td colspan="4">产品简介:运用金圣独有的烟叶天然醇化窖藏、小产区专供定制烟叶、纯手工烟叶逐片精选、小批次特色加工等先进工艺,确保了支支奢华。独特香气柔和飘逸、自然清雅。</td></tr>
<tr><td rowspan="5"></td><td>卷烟名称</td><td colspan="3">金圣(硬典藏)</td></tr>
<tr><td>卷烟价类</td><td>一类</td><td>批发价</td><td>320 元/条</td></tr>
<tr><td>零售价</td><td>360 元/条</td><td>焦油量</td><td>12 毫克</td></tr>
<tr><td>产品广告语</td><td colspan="3">精工细琢的高贵</td></tr>
<tr><td colspan="4">产品简介:经纯手工精选,三年天然醇化,烟叶金黄、油润、极富自然醇香。自然烟香,纯正、醇和,高雅飘逸,独特吸味柔顺淡雅、余味悠长。</td></tr>
<tr><td rowspan="5"></td><td>卷烟名称</td><td colspan="3">金圣(吉品)</td></tr>
<tr><td>卷烟价类</td><td>一类</td><td>批发价</td><td>207 元/条</td></tr>
<tr><td>零售价</td><td>230 元/条</td><td>焦油量</td><td>12 毫克</td></tr>
<tr><td>产品广告语</td><td colspan="3">吉品金圣 15 年　特色再创新经典</td></tr>
<tr><td colspan="4">产品简介:经天然本草植物精华精提、膨化烟丝、专用烟叶、综合降低焦油和烟气烟碱含量等 10 多项科技创新,使吉品金圣的经典品质有了质的飞跃。超越,更显大不同!</td></tr>
<tr><td rowspan="5"></td><td>卷烟名称</td><td colspan="3">金圣(时代 15)</td></tr>
<tr><td>卷烟价类</td><td>二类</td><td>批发价</td><td>135 元/条</td></tr>
<tr><td>零售价</td><td>150 元/条</td><td>焦油量</td><td>8 毫克</td></tr>
<tr><td>产品广告语</td><td colspan="3">畅享本草新时代</td></tr>
<tr><td colspan="4">产品简介:传承中式本草文化精髓,运用金圣独有的“第三代金圣香”本草添加减害核心技术,产生生物活性成分和有益因子,有效去除烟草刺激和杂气,降低卷烟危害,香气优雅飘逸、温润清新。</td></tr>
<tr><td rowspan="5"></td><td>卷烟名称</td><td colspan="3">金圣(硬时代)</td></tr>
<tr><td>卷烟价类</td><td>二类</td><td>批发价</td><td>115 元/条</td></tr>
<tr><td>零售价</td><td>130 元/条</td><td>焦油量</td><td>10 毫克</td></tr>
<tr><td>产品广告语</td><td colspan="3">好香　好醇　好味道</td></tr>
<tr><td colspan="4">产品简介:添加天然本草植物精华,使烟香与本草香充分融合,降低吸烟危害,呈现出高品质的吸食感受。</td></tr>
</table>

续表

<table>
<tr><td rowspan="5"></td><td>卷烟名称</td><td colspan="3">金圣(硬)</td></tr>
<tr><td>卷烟价类</td><td>三类</td><td>批发价</td><td>99 元/条</td></tr>
<tr><td>零售价</td><td>110 元/条</td><td>焦油量</td><td>12 毫克</td></tr>
<tr><td>产品广告语</td><td colspan="3">硬盒金圣——江西人的名片</td></tr>
<tr><td colspan="4">产品简介:经典品质一脉相承,香气纯正厚实,自然醇和,吸味纯净舒适,1996 年硬盒金圣代表金圣品牌以其优良品质的低害功效,获得第 24 届日内瓦国际发明展览会金奖。</td></tr>
<tr><td rowspan="5"></td><td>卷烟名称</td><td colspan="3">金圣(硬蓝色经典)</td></tr>
<tr><td>卷烟价类</td><td>三类</td><td>批发价</td><td>99 元/条</td></tr>
<tr><td>零售价</td><td>110 元/条</td><td>焦油量</td><td>12 毫克</td></tr>
<tr><td>产品广告语</td><td colspan="3"></td></tr>
<tr><td colspan="4">产品简介:通过特别添加的天然名贵植物精华,烟香和本草香的充分融合,透发出独特的本草香韵,既大幅度提升了卷烟香气,又显著降低吸烟危害,香气浓郁、纯正,清爽透发,满足过瘾、余味悠扬。</td></tr>
<tr><td rowspan="5"></td><td>卷烟名称</td><td colspan="3">金圣(硬时代祥和)</td></tr>
<tr><td>卷烟价类</td><td>三类</td><td>批发价</td><td>88 元/条</td></tr>
<tr><td>零售价</td><td>100 元/条</td><td>焦油量</td><td>11 毫克</td></tr>
<tr><td>产品广告语</td><td colspan="3">本草为纲　和顺舒畅</td></tr>
<tr><td colspan="4">产品简介:运用独有的中式本草减害科技,让您在尊享烟草满足的前提下,以本草减害获得超值享受,烟气舒畅平顺、润口少咳、和谐绵长。吐纳间,传递着焕发的精神状态,高香气、低危害的和谐之感,祥和畅享。</td></tr>
<tr><td rowspan="5"></td><td>卷烟名称</td><td colspan="3">金圣(软)</td></tr>
<tr><td>卷烟价类</td><td>三类</td><td>批发价</td><td>63 元/条</td></tr>
<tr><td>零售价</td><td>70 元/条</td><td>焦油量</td><td>12 毫克</td></tr>
<tr><td>产品广告语</td><td colspan="3"></td></tr>
<tr><td colspan="4">产品简介:精选云南、贵州及进口烟叶,辅以中草药天然植物草本精华。香气淡雅飘逸、自然醇和;吸味独特,劲头适中,口感纯净。</td></tr>
<tr><td rowspan="5"></td><td>卷烟名称</td><td colspan="3">金圣(软红)</td></tr>
<tr><td>卷烟价类</td><td>三类</td><td>批发价</td><td>63 元/条</td></tr>
<tr><td>零售价</td><td>70 元/条</td><td>焦油量</td><td>12 毫克</td></tr>
<tr><td>产品广告语</td><td colspan="3">本草特色　超值享受</td></tr>
<tr><td colspan="4">产品简介:采用云贵高原和美国优质烤烟,香气浓郁、吸味醇和、饱满透发。创新与中式卷烟降焦减害,使烟香与药香充分协调融合,显著降低吸烟危害,同时保证了纯正的烟草香气。采用国际先进的软包硬做制作包装工艺,保持了新软盒金圣外形的挺拔、方正。</td></tr>
<tr><td rowspan="5"></td><td>卷烟名称</td><td colspan="3">金圣(硬红)</td></tr>
<tr><td>卷烟价类</td><td>三类</td><td>批发价</td><td>63 元/条</td></tr>
<tr><td>零售价</td><td>70 元/条</td><td>焦油量</td><td>11 毫克</td></tr>
<tr><td>产品广告语</td><td colspan="3">本草特色　超值享受</td></tr>
<tr><td colspan="4">产品简介:针对消费者升级研发的高科技新产品,具有典型的低焦油、低危害、高香气特征。</td></tr>
</table>

品牌销售

1994 年—2010 年,金圣品牌卷烟累计销售 135.24 万箱,创造税利 203.76 亿元,其中,税金 150.77 亿元、利润 52.99 亿元。

1994 年—2010 年金圣品牌销量、税利情况

表 2-5-2

年份	销量(箱)	实现税利(万元)	税金(万元)	利润(万元)
1994	53	44	31	13
1995	1359	1594	1153	441
1996	11079	16469	10077	6392
1997	11441	19516	12361	7155
1998	17024	27081	16521	10560
1999	32670	54084	30922	23162
2000	49169	93428	51949	41479
2001	60669	110658	72883	37775
2002	65004	112510	82793	29717
2003	72815	125981	93530	32451
2004	90641	136408	103116	33292
2005	103522	144673	111936	32737
2006	108604	162661	126730	35931
2007	137430	206066	155341	50725
2008	165836	238710	182900	55810
2009	197142	277576	217369	60207
2010	228022	310232	238250	71982
合计	1352480	2037691	1507763	529928

金圣品牌自 1994 年创牌以来,实现了从无到有、从小到大,从另类产品到省内主流、再到中式卷烟本草香品类的历史性跨越,在市场开拓上也实现了 1996 年销量过万箱、2005 年超 10 万箱、2010 年超 20 万箱的阶段性突破。

品牌创立阶段(1994 年—1998 年),金圣品牌的销售市场主要集中在省内,1998 年导入北京、江苏、浙江、福建、深圳、广东和海南市场,当年,金圣品牌销售 17024 箱,其中,省内 14452 箱、省外 2571 箱。

升级发展阶段(1999 年—2004 年),金圣品牌在巩固省内根据地市场的同时,加大开拓省外市场,逐步导入辽宁、黑龙江、山东、大连、内蒙古、吉林、湖南、西藏、上海和重庆等市场,并于 2002 年首次销往境外市场。2004 年,金圣品牌销售 9.064 万箱,其中,省内 83677 箱、省外 6964 箱。

整合提升阶段(2005 年—2010 年),金圣品牌省内市场基础得到进一步夯实,省外市场覆盖面

进一步扩大,逐步形成以江苏、广东、浙江为代表的一批规模市场和亮点市场。2005年,省外市场销量首次突破1万箱。2010年,金圣品牌销售23.07万箱,其中,省内20.23万箱、省外2.84万箱。

品牌调拨

1994年,金圣品牌调拨52.8箱,其中,金圣(硬)0.4箱、金圣(软)52.4箱。

1995年,金圣品牌调拨1358.6箱,其中,金圣(硬)541.8箱、金圣(软)816.8箱。

1996年,金圣品牌调拨11078.8箱,其中,金圣(铁盒)68箱、金圣(硬)9859.6箱、金圣(软)1151.2箱。

1997年,金圣品牌调拨11441箱,其中,金圣(铁盒)79.6箱、金圣(硬)11125.6箱、金圣(软)235.8箱。

1998年,金圣品牌调拨17024箱,其中,金圣(铁盒)39.3箱、金圣(硬盒极品)271箱、金圣(硬)13838.9箱、金圣(软)2835.2箱。品牌导入北京、江苏、浙江、福建、深圳、广东和海南市场,省外调拨2571箱。

1999年,金圣品牌调拨32670箱,其中,金圣(铁盒吉品)11.09箱、金圣(铁盒)17.4箱、金圣(吉品)4448.2箱、金圣(硬)24937.4箱、金圣(软)3238.2箱。品牌导入辽宁、黑龙江、山东和大连市场,省外调拨4018箱。

2000年,金圣品牌调拨49169箱,其中,金圣(铁盒吉品)27.12箱、金圣(铁盒)6.4箱、金圣(贡品)458.3箱、金圣(吉品)8181.4箱、金圣(硬)36981.4箱、金圣(软)3051箱。品牌导入内蒙古、吉林、湖南和西藏市场,省外调拨4764箱。

2001年,金圣品牌调拨60669箱,其中,金圣(铁盒吉品)6.94箱、金圣(铁盒)0.4箱、金圣(贡品)824.2箱、金圣(吉品)10927.4箱、金圣(硬)42905.2箱、金圣(软)5180.4箱。品牌导入上海和重庆市场,暂时退出吉林市场,省外调拨6588箱。

2002年,金圣品牌调拨65003.73箱,其中,金圣(铁盒吉品)8.83箱、金圣(尊品)1625.6箱、金圣(贡品)1091.5箱、金圣(吉品)19605箱、金圣(硬)40481.8箱、金圣(软)8671箱、金圣(出口贡品)10箱、金圣(出口吉品)330箱、金圣(出口硬)180箱。品牌导入天津、安徽和湖北市场,同时少量出口,暂时退出重庆市场,省外调拨8811箱。

2003年,金圣品牌调拨72814.66箱,其中,金圣(铁盒吉品)3.36箱、金圣(尊品)1821.6箱、金圣(贡品)1041.1箱、金圣(吉品)14715.4箱、金圣(硬)41952.4箱、金圣(软)11920.8箱、金圣(出口吉品)1080箱、金圣(出口硬)280箱。品牌重新导入吉林、重庆市场,省外调拨9875箱,出口东南亚、北美市场1360箱。

2004年,金圣品牌调拨90640.92箱,其中,金圣(听装典藏)141.84箱、金圣(铁盒吉品)10.38箱、金圣(典藏)296.4箱、金圣(贡品)764.1箱、金圣(吉品)14402.6箱、金圣(醇66)3953.8箱、金圣(硬蓝)89箱、金圣(硬)32492.8箱、金圣(蓝)18074.8箱、金圣(软)8562.6箱、金圣(软红)11132.6箱、金圣(出口吉品)480箱、金圣(出口硬)240箱。

2005年，金圣品牌调拨103522.3箱，其中，金圣（听装典藏）114箱、金圣（典藏）762.6箱、金圣（贡品）271.9箱、金圣（吉品）13999.2箱、金圣（醇66）1400.6箱、金圣（硬蓝）755箱、金圣（硬）37889.2箱、金圣（蓝）26744.8箱、金圣（软）7142.8箱、金圣（软红）14062.2箱、金圣（出口吉品）160箱、金圣（出口硬）220箱。品牌导入河南、河北和四川市场，省外调拨10518箱。

2006年，金圣品牌调拨108603.7箱，其中，金圣（听装典藏）108箱、金圣（典藏）951.1箱、金圣（贡品）154箱、金圣（吉品）16513.4箱、金圣（钻石）276.4箱、金圣（醇66）735箱、金圣（硬蓝）100箱、金圣（硬）49186箱、金圣（蓝）12478箱、金圣（软）20760.8箱、金圣（软红新）2197箱、金圣（软红）4904箱、金圣（硬出口）240箱。省外调拨6410箱。

2007年，金圣品牌调拨137429.78箱，其中，金圣（盛世典藏）88.4箱、金圣（听装典藏）162.08箱、金圣（典藏）1794.7箱、金圣（吉品）22401箱、金圣（钻石）80箱、金圣（黑带）20箱、金圣（醇66）134箱、金圣（硬蓝）40箱、金圣（硬）57169.6箱、金圣（蓝）7960箱、金圣（软）39986箱、金圣（软红新）6725箱、金圣（软红）1169箱。省外调拨9010箱。

2008年，金圣品牌调拨165836.38箱，其中，金圣（盛世典藏）188.9箱、金圣（听装典藏）163.28箱、金圣（典藏）2490.6箱、金圣（吉品）24547.4箱、金圣（黑带）2375箱、金圣（硬）61927.4箱、金圣（蓝）5459箱、金圣（祥和）2892.2箱、金圣（软）57829箱、金圣（软红）7963.6箱。省外调拨12156箱。

2009年，金圣品牌调拨197142箱，其中，金圣（盛世典藏）384.6箱、金圣（听装典藏）254.48箱、金圣（典藏本草香）246.8箱、金圣（典藏）3576.8箱、金圣（吉品）28286.4箱、金圣（尚品200）260箱、金圣（黑带）645.6箱、金圣（硬）68607.2箱、金圣（蓝）3063箱、金圣（祥和）13137箱、金圣（软）73887箱、金圣（软红）78396箱。省外调拨15953箱。

2010年，金圣品牌调拨228021.8箱，其中，金圣（盛世典藏）584.8箱、金圣（听装典藏）118.16箱、金圣（典藏本草香）603.6箱、金圣（典藏）4114箱、金圣（吉品）32349.8箱、金圣（尚品200）501箱、金圣（时代15）60箱、金圣（黑带）10箱、金圣（赣）1724.2箱、金圣（硬）68206箱、金圣（蓝）2420箱、金圣（时代祥和）530箱、金圣（祥和）7277.6箱、金圣（软）82731.6箱、金圣（软红）18994.8箱、金圣（硬红）7914.4箱。品牌导入云南市场，省外调拨27035箱。

第六节　技术改造

1991年—2010年，全省各卷烟厂为提高产能、提升质量、完善配套，累计投资221461.43万元实施技术改造。其中，重大技术改造主要集中在南昌卷烟厂，尤其是南昌卷烟厂“十五”易地技术改造是江西烟草工业投资最大的一项技术改造项目，赣南、广丰、井冈山、兴国卷烟厂实施的技术改造基本为中小规模项目。

南昌卷烟厂

1991年—2010年，南昌卷烟厂先后经历2次易地技术改造，分别为“七五”易地技术改造扫尾工程和“十五”易地技术改造,以及“八五”“九五”“十一五”填平补齐式技术改造,总投资154591万元,生产能力由1989年的25万箱增加至60万箱。

“七五”易地技改于1989年8月动工,1991年12月竣工投产,1994年6月竣工验收,总投资15765.61万元。厂区在南昌市朝阳洲桃花乡,占地面积10.8公顷,共建设主厂房、综合库、办公楼、食堂及浴室、医务所等建筑物面积达68055.8平方米,购置德国HAUNI公司3000千克/小时制丝生产线等工艺设备63台(套),购置英国MOLINS公司MK9-5(5000支/分)卷接机5台、意大利产SASIB公司6000支/分包装机4台、德国佛克公司产FOCKE硬盒包装机1台,除尘器、风力送丝机等配套设施12套,配置制冷空压站、10吨锅炉2台、10千伏高压配电所、4座变电所等若干公用配套设施,制丝、卷接包装设备达到20世纪80年代国际领先水平。技改后,企业年生产能力达到30万箱以上,其中,滤嘴卷烟生产能力达到10万箱以上。

1992年2月,国家局正式批复同意南昌卷烟厂“八五”技改专项可行性研究报告。此次技术改造是在“七五”易地技改的基础上进行的配套完善项目,总投资4747万元,改造从1993年10月开始,至1995年底结束。技改内容主要为购置白肋烟旁线1条、G13C烟丝膨胀线1条、仿KDF2滤棒成型机1台,新建1栋10000平方米的烟叶成品库,引进SUPER-9卷接机组、GDX_1包装机组各1台及中央除尘系统、无油空压机各1组。技改后,南昌卷烟厂在30万箱生产能力不变的情况下,滤嘴卷烟生产能力增加至18万箱,车间生产环境得到改善,解决了烟叶仓库不足、嘴棒产量增加所需滤嘴材料等问题,其他配套设施逐步完善。

“九五”期间,南昌卷烟厂主要以调整产品结构、理顺工艺流程、采用先进技术、提高产品质量为目标,实施部分项目技术改造,重点对设备进行完善和更新。此次技改总投资1.5亿元,引进英国MOLINS公司PASSIM8K卷接机组(8000支/分钟)2台、意大利GD公司GDX_2翻盖包装机1台、德国FOCKE公司FOCKE包装机组1组、英国MOLINS公司HLP4 250包装机组2组、唐纳森中央除尘系统1组、阿特拉斯无油空压机1组,购置20吨锅炉1台、香港永通中央空调3组、薄片生产线1条,并将单层贮丝柜改造为双层贮丝柜。

“十五”期间,面对烟草行业“壮大一批、扶强一批、搞活一批、淘汰一批”的发展战略,为了适应行业联合重组的要求,提高产能,改善装备水平,解决制丝生产线、原料贮存条件和生产环境不能满足片烟生产新工艺和物流自动化要求等问题,南昌卷烟厂重新选址,实施建厂以来投资规模最大的一次易地技术改造。2001年12月,国家局下达批复文件,正式批准南昌卷烟厂“十五”易地技术改造总体规划。2002年8月,项目破土动工,2005年2月竣工投产、4月完成整体搬迁。此次技改总投资10.92亿元,全部由企业自筹解决,建成后生产能力增加至45万箱,并预留发展空间。新厂区位于南昌高新技术产业开发区,占地442.46亩。其间,新建联合生产工房(包括制丝车间,卷接包车间,动力中心,原料、辅料、成品高架库及生产配套生活辅房),总建筑面积76406.45平方米;片烟仓库,建筑面积62503.33平方米;锅炉房,建筑面积1521平方米;综合办公楼,建筑面积23460.8平方米;污水处理站及浴室,建筑面积842平方米。制丝生产线方面,购置6000千克/小时制丝生产线1条(叶丝线5000千克/小时、梗丝线1500千克/小时),其中10组主机设备引进自德国HAUNI公司;引进英国NTM公司S200型废烟处理机1台,购置570千克/小时CO_2膨胀烟丝生产线1条、其他制丝生产设备283台套；片烟预处理段使用美国SRC VISION公司TSB-480型异物剔除机1台，采用德国HAUNI公司的梗剔除器，提高了烟丝的纯净度；建立香糖料厨房系统1套，对提高加香、加料的控制精度和稳定性起到重要作用；新建中草药提炼系统1套、制丝生产线集中控制系统1套，购建工艺集中除尘系统及风力送叶丝、送梗丝、送梗系统各1套。技改后，工艺控制实现了工艺参数由人工管理向系统自动管理的转变。卷包生产线方面，引进英国MOLINS公司PASSIM8000型卷接机组3台、PEGASUS2000滤棒发射机3台，德国FOCKE公司FK486C型自动装封箱机5台；引进意大利GD公司GDX_2包装机组2台；购置ZJ19型卷接机组1台，ZB45、ZB25型包装机组各1台；建立工艺集中除尘系统、风力送丝系统、集中除梗系统、包装机负压集中系统。自动化物流系统方面，引进今天国际物流有限公司集成的原料、辅料及成品自动物流系统（日本大福株式会社制造）1套，其中，堆垛机9台、穿梭车4台、机器手2台、AGV激光引导小车6台，实现了原、辅料运配送自动化和成品入库自动化。公用设施方面，配置比利时进口25立方米/小时、35立方米/小时无油螺杆式空压机，真空泵3台，德国劳斯卧式燃油蒸汽锅炉3台（1台10吨、2台20吨）以及制冷、空调等系统。信息工程方面，建成制丝生产线现场总线控制及管理系统、卷包数据采集系统、一卡通系统、动力能源监控管理系统、空调制冷系统、生产指挥系统和综合布线网络集成系统等7个系统。

“十一五”期间，南昌卷烟厂技术改造主要围绕“十五”易地技改项目进行配套完善和填平补齐。至2010年12月，已完成投资17153万元。其间，投资4592.38万元新建“金圣香”精提中心，建筑面积6916平方米；投资2276.19万元改造抚生路厂区闲置的101#、205#仓库，建筑面积27759.24平方米，可存放20万担烟叶；投资853.85万元新建1栋职工活动中心，建筑面积2497.6平方米；投资642.26万元新建1栋危险品仓库、1座垃圾清运站，建筑面积分别为861平方米和138平方米。

赣南卷烟厂

1991年—2010年，赣南卷烟厂经历1次易地技术改造扫尾工程和4次填平补齐式技术改造，总投资16404万元，生产能力由1990年的15万箱增加至24万箱。

1993年6月，赣南卷烟厂投资4999万元的“七五”技改竣工投产，引进德国HAUNI公司产制丝生产线1条、意大利SASIB公司6000型包装机1组，YHB3000K包装机3组、YHB3000C包装机1组、ZB21包装机2组、卷接机YJ14/23卷接机组12组。

“八五”期间，赣南卷烟厂对“七五”技改设施进行填平补齐，增添空压、除尘设备，改造锅炉房。1993年投资3735万元，引进德国FOCKE公司FOCKE硬盒包装机1台。

“九五”期间，赣南卷烟厂投资5780万元实施技术改造。1996年在资金紧张的情况下，向全厂干部职工集资300万元引进长城卷接机组1组；1998年投资480万元改造制丝车间打叶机，添置卧式打叶线；1999年投资2000万元改造卷接包设备、梗丝膨化、车间空调、锅炉、配电系统、除尘系统；2000年投资近3000万元改造制丝膨化及加香、加料装置，购置硬盒包装机3组、卷接机2组，增加1台锅炉，并改进空压机等设施。

“十五”期间,赣南卷烟厂投资2691万元购置除湿机、卷接包机组、膨丝设备等生产设备。

“十一五”期间,赣南卷烟厂投资4198万元实施技术改造。2008年完成以制丝工艺改进项目和制丝集中除尘项目为主要内容的技术改造。此次技术改造规模大、改造项目多、施工难度大、配套协作单位多、停产时间长。技改后,制丝生产工艺流程得到明显优化,生产作业环境得到明显改善,水、汽、物料的跑冒滴漏现象明显减少,烟丝结构得到明显提高,制丝能耗指标得到明显降低,贮丝填充值平均达到4.36立方厘米/克,梗丝填充值平均达到6.67立方厘米/克以上。2009年完成投资495万元的东山仓库改造以及分别投资140万元、98万元的长城机组改造和ZB43A翻盖包装机组维修改造。2010年,主要针对提高工艺水平,设备添平补齐开展改造工作,投资310万元购置切梗丝机和残烟机,投资210万元实施空压机改造,并从南昌卷烟厂调入1组滤棒成型机组,逐步提高设备运行的稳定性和设备综合性能。

广丰卷烟厂

1991年—2010年,广丰卷烟厂经历4次技术改造,总投资27855万元,生产能力由14.8万箱增加至20万箱。

“八五”期间,广丰卷烟厂投资7431万元,新建制丝、卷接包、硬包、薄片、动力、机修等6个车间;购置当时国内较为先进的制丝生产线以及YJ14/23、3000型卷接包装机组,购置A3自动化学分析仪、气象色谱仪、吸烟机、薄片检测仪、辅助材料检测仪等检测设备。1995年3月,在广丰县(今上饶市广丰区)下溪乡大坪村新建烟叶仓库,建成仓库占地面积37.21亩,实际使用面积25830平方米。

“九五”期间,广丰卷烟厂投资1.23亿元实施技术改造。1996年投资1320万元实施以制丝打叶段空压系统、除尘系统、薄片生产等为重点的技术改造。1997年投资5000万元购置ZJ17高速卷接机组,全面改造制丝车间烘丝段主机,全面检修3000型包装机组、YJ14/23卷接机组、薄片设备、锅炉、切梗丝机等设备。1999年投资5980万元改造叶线及梗丝线部分设备,购置打叶机、切丝机、蒸梗机、切梗丝机及相关辅连设备,新增6吨锅炉1台和电控设备,开展打叶线“合二为一、立卧结合”改造,增加卧打设备,改善叶片结构,减少打叶造碎。

“十五”期间,广丰卷烟厂投资6234万元引进SQ311切丝机及自动加香机1台,改造储丝房,购置硬盒包装机1台、高速卷接机组1组、水环式真空泵1台、空压机及附件1套、双层储丝柜9组,实现分组、分层计量及计算机管理;更新切叶丝机及辅联设备1台、6吨锅炉1台、制冷机组1组、中央空调1台,更新烘丝机,增设冷丝机及垂直提升机;对立式打叶机进行大修;更新热风润叶机,增设核子秤,实现叶片加料自动控制。由人工上丝改为自动吸丝,减少造碎,对所有设备的空压、真空管道及部分电缆、除尘风管重新布置。

“十一五”期间,广丰卷烟厂投资1889.63万元实施片烟线改造,新增风力送丝系统、冷却塔制冷机、红外水分仪、滤棒检测设备、自动报警系统、监控系统等,建设污水处理工程、片烟分拆房,实施下溪烟叶仓库改造和ZB43卷接机组大修。

井冈山卷烟厂

1991 年—2010 年,井冈山卷烟厂经历 4 次技术改造,总投资 14002 万元,生产能力由 1.71 万箱提高至 15 万箱。

“八五”期间,井冈山卷烟厂投资 8543 万元实施扩建年产 3 万箱卷烟生产线技改项目,投资 946 万元改建烟叶仓库,投资 2009 万元新建制丝车间和卷包车间,1995 年 2 月竣工投产。1994 年,投资 4897 万元对原制丝生产线及配套工程的设备进行技术改造(采用昆船公司 1500 千克/小时制丝生产线),扩建建筑面积 18640 平方米,其中包括生产主大楼、成品仓库、烟叶仓库、锅炉房等,1995 年 6 月竣工投产。

“九五”期间,投资 1861 万元购置制丝生产线,新建单身职工宿舍、餐厅等。

“十五”期间,投资 1837 万元购置硬盒包装机组 4 组、梗加料机 1 台、水分仪 5 台、储柜 4 组和薄板烘丝机、薄板烘梗丝机,安装生产经营决策系统和局域网等信息化系统,新建空压机房和招待所。

“十一五”期间,共投资 1761 万元购置切叶丝机、空压机、溴化锂吸收式冷水机、叶丝回潮机、梗丝回潮机、风力送丝设备以及检测设备,安装火灾报警系统、烟叶仓库灭火系统、自动灭火系统等信息化系统;2006 年投资 526 万元新建综合用房,占地面积 651.18 平方米,总建筑面积 3373.06 平方米,2008 年 1 月投入使用。

兴国卷烟厂

1991 年—2010 年,兴国卷烟厂经历 4 次技术改造,总投资 8609.8 万元,生产能力由 3 万箱提高至 12 万箱。

“八五”期间,投资 1290 万元改造厂房、仓库 2 万平方米。技改后,产能达到制丝 8 万箱、卷接包 3 万箱,基本实现制丝成线、卷接包配套的生产。

“九五”期间,投资 5800 万元新建厂房 15798 平方米,其中,制丝车间、卷接车间、成品仓库、原辅材料仓库共 5266 平方米。引进德国 HAUNI 公司制丝生产线 1 条,采用自动解把全打叶、烟丝膨化,自动加香、加料等技术,改造后制丝能力达到 20 万箱。新增空压机 2 台、真空泵 2 台、锅炉 1 台以及空调、电梯、变压器等其他配套设施。

“十五”期间,投资 1003 万元购置切叶丝机、切梗丝机、硬包机、中央空调一体化制冷机,实施梗丝线改造和关键工序改造。

“十一五”期间,投资 516.8 万元改造卷烟机组、片烟线、烘丝机、厂区工程。

第三章　卷烟经营

1991年—2010年,江西烟草卷烟经营总体历经两个阶段。工业卷烟调拨,2004年工商分设前的各卷烟厂自主向各地市级、县级烟草公司调拨卷烟;工商分设即江西中烟公司成立后,由江西中烟公司统一向各地市级烟草公司调拨卷烟。商业卷烟销售,由1993年前的委托代批经营,逐步转变为自主批发经营。

1991年—1993年,江西烟草围绕以省产卷烟经营为主的战略思想,在经营理念上由产量速度效益型转变为质量结构效益型,卷烟经营逐步迈向市场化,以市场需求调整卷烟结构,研制开发新产品、专销牌号卷烟,全力以赴抓省产卷烟销售,以销省产卷烟业绩论英雄,通过抓委批点扩销、零售商可以自由选择区县级的批发企业进货,中国烟草总公司江西省公司(以下简称省公司)不再向市公司下达销售目标计划,卷烟经营由计划经济向市场经济逐步过渡等措施,开创卷烟销售的新局面。

1994年,江西烟草试行探索推行农村网点建设,全面推进卷烟流通网络经营,实行三级批发(省公司为一级批发,市公司为二级批发、县公司为三级批发。三级批发是县公司从市公司调进卷烟后,再批发给市场卷烟零售户经营销售)的销售模式,通过建立自己的经营网点,初步走上自主经营模式,取代委托批发。2001年,全面实行上门访销送货制;2004年,11个地市烟草成立烟草电话呼叫中心,实行集中电话订货、统一配送、电子结算的现代营销方式;2010年,全省烟草城乡网络一体化、业务流程规范化、客户服务个性化、管理控制信息化、岗位分工专业化的卷烟营销网络新体系和电话订货、网上配货、电子结算、现代物流的卷烟现代流通业务模式基本建成,电话订货、农村网点建设、按客户订单组织货源、信息采集、网上订货、精准营销、客户经理基本工作法、运营模式、营销常态化工作制、货源供应管理和营销队伍初步完善。

1994年前,省产烟基本在省内市场销售,由于生产工艺落后,经营理念陈旧等诸多原因,省产烟长期处于亏损状态;1992年开始,全省各地烟草着力培育省产专销牌号卷烟,其中宜春烟草以宣传扩销南方牌专销烟率先在全省实现卷烟经营扭亏为盈,其他各地逐步实现省产烟销售不亏或少亏或略有盈利。1994年—2001年,随着金圣牌卷烟上市,卷烟工艺提升,卷烟经营规范管理深入,网建工作推进,省产烟市场销量逐步稳定,省产烟销售收入逐步实现扭亏为盈;2002年开始,随着国家烟草专卖局宏观调控政策出台,卷烟市场开放力度进一步加大,江西烟草不断优化省外卷烟调拨结构,整合压缩调入卷烟牌号50%,努力实现优化结构与销量稳定的有机结合,市场卷烟销量逐年提升。至2010年,全省烟草年销售卷烟126.2万箱。

第一节　卷烟调拨

1991年—2004年，卷烟调拨由省公司统一管理，南昌、赣南、广丰、井冈山、兴国卷烟厂按照行业规定自主安排卷烟调拨工作，各卷烟厂业务科、生产科、物资科和计划科等部门在前一个月制订出下一个月的调拨计划，并组织生产，供货给各地市的烟草公司。其中，1990年省公司设立南昌、赣南卷烟调拨站，南昌和赣南卷烟厂通过南昌和赣南卷烟调拨站向各地烟草公司供货；广丰、井冈山和兴国卷烟厂由当地政府进行管理，调拨总量由省公司进行管理。2004年，江西中烟公司成立后，该公司设立市场营销部，负责所属卷烟厂的调拨管理，各卷烟厂在市场营销部的指导管理下安排卷烟调拨。2005年12月28日，南昌卷烟厂、井冈山卷烟厂、兴国卷烟厂联合重组为南昌卷烟总厂，原南昌、井冈山、兴国卷烟厂调拨由南昌卷烟总厂进行统一管理，赣南和广丰卷烟厂自主调拨。2006年12月28日，南昌卷烟总厂、赣南卷烟厂、广丰卷烟厂合并重组为新的南昌卷烟总厂，同时成立南昌卷烟总厂营销中心，与江西中烟公司营销中心合署办公。江西中烟公司（南昌卷烟总厂）营销中心的组织以原公司市场营销部为平台，以原南昌卷烟总厂营销中心的组织架构为基础，对一部三厂的市场营销机构、职能进行撤并、整合，搭建江西中烟公司市场营销中心，负责统一组织全省卷烟工业企业的卷烟调拨销售。自此，卷烟调拨由江西中烟公司营销中心实现集中统一管理，取消各烟厂自主调拨销售权利。每年由江西中烟公司营销中心与省内外各地市局（公司）签订购销协议，统一调拨、物流。

管理机制

江西卷烟工业的卷烟调拨主要以省内调拨为主，1991年—2010年省内调拨量总计1130万箱。

1990年，省公司印发《省产名优卷烟实行集中管理、统一分配问题的通知》，加强省产名优卷烟调、销管理，对赣牌、百花洲、鸳鸯喜、万寿宫、牡丹亭等牌号名优烟，实行集中管理、统一分配、专项下达、执行调拨的办法。

1991年4月，为加强对调拨工作的管理，省公司对各县烟草公司、南昌和赣南卷烟调拨站下达省产卷烟调拨管理暂行办法，执行以省产烟为主，以本地市场为主的方针，逐步实施营销策略的调整，要求南昌和赣南卷烟调拨站按市场细分法则，不同的市场调配不同的品种，控制流向流量，加强调控，市场上出现名优新牌号省产烟价格低于牌价，不予供货；各分、县烟草公司引导消费，保护省产烟信誉，相互之间不得相互冲击，变相甩货低价竞争，严禁用省外烟配销省产名优新牌号卷烟；在两厂调拨站调拨运输的省产卷烟，一律需经省公司委托南昌、宜春、赣州市公司设卡验证核查后运出，未经核查的不作为省产烟调拨计划。

1992年，省公司以调整卷烟税率，放开卷烟价格为契机，改革省产烟营销管理体制和生产经营运行机制，实行“五二三”调拨管理办法，即50%为定点指令性计划；20%为选点指令性计划，允许在计划内两厂之间选择货源，面议价格，互抵计划；30%在专卖体制下，面向市场，放开经营，引导烟草企业全面走向市场。1993年,此政策开始在广丰、井冈山、兴国3家地方烟厂实施。

1993年,省公司开始对专销牌号实行一个龙头放水的政策,严格控制每一个品种的流向、流量和生产、调拨,当年南方、南昌、鸳鸯喜等7个品牌在市场上均有顺差,卖1箱烟最多可赚1000余元。

1994年,省公司进一步改革省产烟营销管理体制,对2家计划内卷烟厂和3家地方烟厂实行五五管理体制,即50%为定点指令性计划,50%在专卖体制下面向市场,放开经营。

1996年1月,省公司改革和完善省产烟调拨管理体制,将原来以税为主的考核体制,转变为考核调拨销售额和省产烟利润。

1998年6月,全省烟草市级公司、烟厂全面实行微机开票,结束手工开票的时代。

2002年4月,省公司开始对南昌、赣南卷烟厂生产的一、二类卷烟实行一级调拨,卷烟批发价格不变。

江西卷烟工业企业生产的卷烟产品在省外市场的调拨,一直以来都无指令性计划。由各卷烟厂通过国家局主办的一年两次的全国订货会,与省外烟草公司签订购销协议,再通过企业自主开拓市场,培育品牌,实现调拨销售。2003年,国家局取消全国订货会,改为一年两次的网上集中订货。至2010年,省外调拨量达到25万箱。

省内调拨

1991年,国家计委调整全国卷烟产量,压缩卷烟库存,解决产大于销,库存过大和资金占用过多的矛盾,省产卷烟调拨由50万箱下调至49万箱,同时,为了确保完成既定销售任务,省公司要求南昌和赣南卷烟厂大力向省外调拨省产卷烟并下达计划:南昌卷烟厂3000箱,赣南卷烟厂3000箱,合计6000箱。

1992年,广丰、井冈山和兴国卷烟厂3家地方烟厂纳入卷烟调拨计划管理。省公司分两块下达省产烟调拨计划,计划内烟厂45万箱,其中南昌调拨站26.6万箱(自销0.9万箱),赣南调拨站16.9万箱(自销0.6万箱);地方烟厂4.5万箱,烟厂所在地区安排50%,余下50%安排全省各地。1992年6月,由于江西省遭受水灾,为了弥补水灾造成的损失,省政府要求烟草再增加5万箱卷烟的省产烟调拨计划。省公司要求南昌卷烟调拨站增加3万箱卷烟,赣南卷烟调拨站增加2.5万箱卷烟调拨计划。

1995年9月,省公司印发《开好产销衔接会的实施意见》,各烟草公司和各卷烟厂每月19日召开全省产销衔接会,在产销衔接会上由产销双方对下月供货计划进行协商。同时,省公司还定期对省产卷烟订货合同执行情况进行通报。1999年,省公司印发《全省烟草1999年生产经营责任目标考核办法》,规定工业企业完成省局下达的卷烟调拨指标90%,计30分,完成90%以上的,每超一个百分点加0.5分,超额完成的,每超一个百分点加1分,卷烟调拨量的核定以省局规定的时限货款回笼后的实际出库数为准。

1991 年—2004 年省产卷烟省内调拨情况

表 3-1-1　　　　单位:箱

年份	省内	其　中	
		南昌卷烟厂	赣南卷烟厂
1991	490000	290706	177500
1992	420669	298868	189100
1993	390523	58034	192100
1994	440000	55227	163200
1995	306000	235097	152100
1996	340000	237805	84700
1997	352000	231765	61100
1998	386000	226939	55500
1999	430000	235400	96900
2000	550000	354200	128600
2001	666000	340700	147400
2002	712000	360800	127000
2003	744000	365200	127300
2004	762000	428000	148900

说明:省内调拨量含地方烟厂调拨量。

2005 年—2010 年省产卷烟省内调拨情况

表 3-1-2　　　　单位:箱

年份	省内	年份	省内
2005	754000	2008	702633
2006	725238	2009	712077
2007	731562	2010	682992

说明:由江西中烟公司统一调拨。

省外调拨

从 20 世纪 90 年代初开始,南昌卷烟厂生产的南方、金圣等新开发品牌先后向部分省外市场调拨销售,使省内市场品牌知名度和美誉度提升,卷烟品牌在省内市场的销售快速增长,为江西烟草工业扭亏增效创造良好条件。

1992 年,南昌卷烟厂专门组建省外市场销售队伍,通过参加一年两次的全国卷烟订货会,开始将江西烟草工业卷烟品牌向省外市场推广。这一时期,南昌卷烟厂先后研发南方等新款卷烟产品,其中,软南方迅速在湖南郴州、长沙等地市场引起广泛好评;此后,特醇南方、翻盖南方等规格,分别在江苏、浙江等地市场热销。南方品牌卷烟向省外市场调拨,引起省内消费者的消费热情,开始在省内各地市场销售并取得较好的成绩,为南昌卷烟厂效益增长和扭亏脱困打下重要基础。

1994年,金圣品牌研发成功后,软金圣首先是在福建晋江、石狮等地市场热销。此后,硬金圣、吉品金圣等规格分别率先在广东深圳、山东威海、北京顺义、浙江温州等省外市场投放,促进销量较快增长;同时,该品牌在省内鹰潭、新余、南昌等地市场陆续上市推广,至2000年已覆盖全省所有地市。经过多年的发展,江西卷烟工业调拨销售已由最初的“省外带动省内”转变为省内市场调拨销量远远超过省外市场。

2004年江西中烟公司成立以后,在继续保持省内市场调拨销量大于省外市场的基本格局的同时,省外市场开拓步伐进一步加快,特别是随着品牌集中度的不断提升,金圣品牌在省外市场的发展日益加快。

2004年—2010年江西卷烟工业省外市场卷烟调拨销售情况

表3-1-3　　单位:箱

年份 地区	2004	2005	2006	2007	2008	2009	2010
上海	480	300	560	1300	1970	1860	1880
江苏	50	1145	5070	6860	9575	8327	5608
浙江	10	250	340	—	3459	6527	8276
广东	1768	596	818	1500	3100	7455	9693
北京	410	650	1280	3660	4505	5110	4820
河北	—	770	13143	20187	31756	46730	47980
天津	24	330	1100	1500	2630	3270	3310
福建	3582	4887	8736	10219	6984	6355	6869
安徽	10	140	830	2210	3864	4161	3148
西藏	—	90	500	930	70	190	400
山西	590	3340	11440	20271	25827	29410	23613
内蒙古	6	1416	16696	38861	36084	38640	32957
河南	36	872	3285	7893	12797	11964	9208
海南	668	7210	7830	5990	8190	8416	7133
陕西	20	—	1550	2300	7354	7615	7205
四川	—	—	—	—	60	—	—
甘肃	165	—	—	—	—	—	—
宁夏	—	—	200	660	1015	805	644
重庆	—	400	1000	913	360	320	130

续表

地区＼年份	2004	2005	2006	2007	2008	2009	2010
辽宁	326	2920	13445	18506	23560	24801	23704
大连	149	10	2210	6200	5736	5010	5600
云南	—	—	—	—	—	—	5
吉林	5	800	10094	5676	5980	11810	9380
黑龙江	94	220	70	1198	722	1110	389
山东	3113	9750	48010	41352	46411	50960	27715
深圳	1227	1270	1910	1500	2360	1636	2130
湖南	216	2688	4450	2025	4421	9155	8325
湖北	10	—	—	—	—	100	310
广西	29	—	—	—	—	—	—
合计	12988	40054	154567	201711	248790	291737	250432

2004 年—2010 年省外市场金圣品牌卷烟调拨销售情况

表 3-1-4　　　　单位:箱

地区＼年份	2004	2005	2006	2007	2008	2009	2010
上海	170	140	240	260	430	440	830
江苏	50	195	170	560	1775	2417	3850
浙江	10	—	—	—	360	2592	3452
广东	1568	596	818	650	680	1488	2693
北京	410	650	370	620	800	730	1250
河北	—	—	156	369	754	895	1640
天津	24	10	—	170	530	633	1081
福建	866	1734	1536	1605	1210	870	1396
安徽	10	140	830	2210	3301	2991	2208
西藏	—	30	20	60	—	—	—
山西	90	13	—	5	63	405	569
内蒙古	6	—	150	213	—	171	717
河南	36	—	—	80	45	70	383
海南	300	110	130	150	270	281	983
陕西	20	—	—	250	60	60	450

续表

地区\年份	2004	2005	2006	2007	2008	2009	2010
四川	—	—	—	—	—	—	—
甘肃	165	—	—	—	—	—	—
宁夏	—	—	100	—	—	70	524
重庆	—	20	—	—	10	28	—
辽宁	260	80	—	—	—	160	1107
大连	149	10	10	120	—	10	50
云南	—	—	—	—	—	—	5
吉林	5	—	—	8	—	—	—
黑龙江	24	130	50	20	2	—	39
山东	513	402	495	600	492	491	1725
深圳	837	390	795	720	1170	871	1300
湖南	110	—	—	—	50	240	473
湖北	10	—	—	—	—	100	310
广西	29	—	—	—	—	—	—
合计	5662	4650	5870	8670	12002	16013	27035

第二节　卷烟销售

江西烟草卷烟经营经历一个从不规范到规范，从省产烟亏损到工商双赢的漫长过程。20世纪90年代初，由于卷烟产品质量问题和经营不规范、卖大户、低价竞销比较严重。1991年，省产卷烟70%品牌为降价销售，工商企业经济效益差，虚赢实亏问题比较突出；1992年止，全省烟草工商企业累计亏损挂账5.03亿元，其中商业企业亏损挂账1.2亿元。1991年—1992年，全省烟草为解决省产烟销售倒挂现象，经营理念有所转变。继续坚持多调省外烟获取盈利来弥补省产烟卷烟经营亏损；着力推行以地区为单位，与烟厂联手开发培育专销牌号卷烟的经营模式，创建以南方牌为代表的多个专销卷烟品牌，制定严格调控措施。1993年5月7日，全省专销烟流动现场办公会暨扭亏增盈工作会议在丰城市召开，会上局长(经理)凌成兴代表省局(公司)肯定丰城市烟草经营南方专销烟的做法，会后全省各地市烟草将省产专销烟经营作为企业扭亏为盈重要经营项目。1993年—1994年，县、市公司消化亏损挂账42家，江西烟草基本摆脱虚赢实亏的经营状况，工商企业消化亏损2.21亿元，其中商业6100万元，商业企业卸包袱目标初步实现。

1995年，全省卷烟经营模式得到根本改变。由过去的被动经营转变为主动经营，由卖大户转变为直接面对每一个卷烟零售户，城乡卷烟销售网络建成，同年年底，全省烟草共建立自办经销店 520 个，扩大省产卷烟销售的覆盖面。

1996 年，卷烟经营局面有明显好转，全省商业利润超 2 亿元，其中省产烟 4000 万元。1997 年，省公司又提出继续坚持以市场为导向，以省产烟为重点，以效益为中心的生产经营方针，实现省产烟创名牌、拓市场、增效益的突破目标，用“以省产烟论英雄”衡量各单位工作业绩、班子工作能力等，实行工效挂钩、奖惩兑现工作措施，省产烟销售稳步提升，同比增长接近 10%。

1999 年，全省烟草网建工作由探索奠基阶段进入调整发展的新阶段，卷烟经营进一步规范，步入良性循环。省产卷烟销售进一步增长，省产卷烟调拨 43 万箱，同比增长 11. 4%，工商企业实现税金 10. 3 亿元，比上年净增 2. 2 亿元，圆满完成省政府新增税金 2 亿元的任务。金圣烟生产达到 3. 22 万箱，销售达到 3. 26 万箱，商业实现利润 2. 54 亿元，同比增长 40%。

2000 年，省产卷烟结构调整已初显成效，但随着卷烟市场的变化，省外卷烟经营管理问题较为突出，盲目进货，品牌混杂，不顾效益，低价竞销，违规操作等现象仍然比较严重，地方烟厂超产、瞒产现象仍然存在，省公司提出坚持一个龙头放水的调控策略，并对省外烟准入提出严格要求。2003 年，江西烟草系统外销售首次突破百万大箱。2004 年，省公司全面退出经营，同时取消县公司法人资格，确立烟草经营以市公司为主体，卷烟经营全面进入规范化轨道。

1991 年—2010 年，江西烟草卷烟经营经历一个由坐商到行商的转变，由省产烟亏损到省产烟盈利的变化。通过不断转变经营理念和方式，坚持不懈的加强省产烟培育，强化省外烟的调控，坚定不移地坚持内部规范管理，以及连续 10 年网建工作，全省市场省产卷烟占有率明显提升。2005 年销售卷烟 104. 91 万箱，比 2000 年增长 30. 64%；省产卷烟销售 75. 38 万箱，比 2000 年增长 36. 88%；金圣卷烟牌号销售 8. 99 万箱，比 2000 年增长 83. 27%。2006 年—2010 年，为进一步做大做强江西烟草，实现中等烟草强省的工作目标，加大了金圣卷烟品牌的培育力度，到 2010 年，全省卷烟总销量达到 126. 2 万箱，比销售最低潮的 1995 年增长 171. 98%，比 2000 年增长 56. 96%；其中销售金圣卷烟品牌 20. 23 万箱，比 2000 年增长 125%。

省产卷烟经营

省产专销烟　省产专销烟是指江西卷烟生产企业为某地专门生产并指定在该地市场销售的卷烟牌号。1991 年在省产烟销售十分困难的情况下，研制省产专销烟投入市场。在专销烟的开发销售中，宜春烟草走在全省前头，与南昌卷烟厂联手开发的南方牌卷烟。在众多的专销烟中成为全省的畅销品牌，扭转省产卷烟产销被动局面。1992 年年底省公司在宜春市靖安县召开专销烟销售现场会，会后全省省产专销烟宣传促销活动频繁，制定出台省产烟促销扩销政策及市场调控管控手段，在销售过程中严格的检查和对市场违规行为作出行政处罚（考核中的黄牌警告）。1993 年，全省专销烟总销量达到 12. 3 万箱，占省产烟总产量的 31. 09%。1995 年，南方牌号专销卷烟销量达 9. 3 万箱，占全省省产烟总产量的 30. 39%。宜春烟草 1991 年—2000 年共经营专销烟 33. 68 万箱，其中：南方牌专销烟 28. 68 万箱，实现专销烟经营利润 1. 3 亿元。2004 年多数专销烟停止生产。

1991 年—2004 年省产专销品牌卷烟分布情况

表 3-2-1

销售地	专销品牌	销售地	专销品牌
南昌市	鸳鸯喜、滕王阁、南昌	吉安市	井冈山、吉洲、白鹭洲
九江市	浔阳楼、烟水亭	赣州市	百花洲、赣州桥、赣烟
上饶市	女神峰、赛江南、鄱阳湖、泰平	景德镇市	三羊开泰、瓷都
抚州市	玉茗、红盖南方	萍乡市	安源
宜春市	南方、红灯笼、硬盒月兔	新余市	天虹

金圣品牌　金圣牌号卷烟自 1994 年上市以来,受到消费者的青睐,成为工商企业双赢品牌卷烟。1994 年—2010 年,金圣品牌省内销量最大的市场是九江、南昌、赣州、上饶和宜春,分别销售金圣烟 17.78 万箱、17.04 万箱、15.17 万箱、13.52 万箱、11.44 万箱;2005 年,全省销售金圣品牌卷烟 5.82 万箱;2006 年,全省销售金圣品牌卷烟 10.35 万箱;2007 年,全省销售金圣品牌卷烟 13.14 万箱;2008 年,全省销售金圣品牌卷烟 14.93 万箱;2009 年,全省销售金圣品牌卷烟 17.89 万箱;2010 年,全省销售金圣品牌卷烟 20.23 万箱。

赣烟品牌　赣烟品牌卷烟自 1988 年开发上市以来,是当年计划经济中的特供品牌卷烟,并成为江西烟草主要卷烟骨干品牌之一,品牌规格不断扩展,赣州是赣烟品牌销售的最大市场,总销量为 83.11 万箱。随着卷烟市场的开放力度加大,从 2007 年开始,销量由逐年提升转为逐年下降。2005 年,全省销售赣品牌卷烟 7.99 万箱;2006 年,全省销售赣品牌卷烟 9.17 万箱;2007 年,全省销售赣品牌卷烟 7.76 万箱;2008 年,全省销售赣品牌卷烟 6.49 万箱,2009 年,全省销售赣品牌卷烟 6.61 万箱;2010 年,全省销售赣品牌卷烟 5.58 万箱。

庐山品牌　庐山品牌卷烟是江西烟草的老牌卷烟,品牌规格根据市场的需要进行扩展,经历多次调整提升,得到市场认可。九江、宜春、南昌和赣州是销量最大的市场,1991 年—2010 年,分别销售庐山品牌卷烟 49.45 万箱、32.52 万箱、31.22 万箱、26.88 万箱;2005 年,全省销售庐山品牌卷烟 10.61 万箱;2006 年,全省销售庐山品牌卷烟 27.92 万箱;2007 年,全省销售庐山品牌卷烟 38.51 万箱;2008 年,全省销售庐山品牌卷烟 38.59 万箱;2009 年,全省销售庐山品牌卷烟 39.44 万箱;2010 年,全省销售庐山品牌卷烟 37.755 万箱。

2005 年—2010 年省内市场销售金圣赣烟庐山品牌情况

表 3-2-2　　单位:箱

销售地	金圣销售数量	赣烟销售数量	庐山销售数量
南昌市	145691	24588	293797
九江市	114063	27105	316189
上饶市	118487	43237	218598
抚州市	72407	16790	165709

续表

销售地	金圣销售数量	赣烟销售数量	庐山销售数量
宜春市	77829	34710	308205
吉安市	72321	42124	120880
赣州市	111760	209230	220666
景德镇市	47927	25205	82826
萍乡市	13308	4286	74786
新余市	18429	4869	66243
鹰潭市	31781	4202	60823

省外卷烟经营

省外烟主要品牌　由于江西是卷烟销大于产的省份，一直以来，江西烟草商业大多从省外调入卷烟。1991 年—2010 年，从省外调入卷烟主要是上海、云南、贵州、湖南等地产的卷烟品牌，省外卷烟重点调入的品种有：中华、红塔山、利群、芙蓉王、白沙、阿诗玛、红河、石林、红梅、双喜、红双喜、画苑、红芙蓉、红豆、红金龙、白金龙、黄果树、贵烟、黄山、前门、南京、云烟、玉溪、七匹狼、黄鹤楼、都宝、恒大、牡丹、茶花、红山茶、大重九等 31 个。其中：

2005 年，省外烟经营士要品牌包括：白沙、芙蓉王、红梅、小熊猫、红河、阿诗玛等，销量达 11. 42 万箱，占总销量的 15. 62%。

2006 年，省外烟经营主要品牌包括：白沙、芙蓉王、红梅、小熊猫、红河、阿诗玛等，销量达 17. 59 万箱，占总销量的 16. 21%。

2007 年，省外烟经营主要品牌包括：白沙、芙蓉王、红梅、红塔山、红河、云烟、利群、西湖、大红鹰、双喜、红玫、红双喜、前门、牡丹、中华等，销量达 33. 65 万箱，占总销量的 29. 19%。

2008 年，省外烟经营主要品牌包括：白沙、芙蓉王、利群、雄狮、双喜、红玫、红梅、红塔山、红双喜、前门、中华等，销量达 37. 2 万箱，占总销量的 31. 97%。

2009 年，省外烟经营主要品牌包括：白沙、芙蓉王、利群、雄狮、双喜、红玫、红塔山、红梅、红双喜、前门、中华、牡丹等，销量达 40. 94 万箱，占总销量的 33. 52%。

2010 年，省外烟经营主要品牌包括：白沙、芙蓉王、利群、雄狮、双喜、红玫、红塔山、红梅、红双喜、前门、中华等，销量达 45. 39 万箱，占总销量的 35. 96%。

省外烟调入　1991 年—2010 年，江西烟草年调拨省外烟量约占据市场份额 30%~45%。1991 年，调入省外烟 34. 6 万箱；1996 年，调入省外烟 14. 6 万箱；2000 年，调入省外烟 25. 2 万箱；2005 年，调入省外烟 19. 85 万箱；2010 年，调入省外烟 57. 6 万箱。

2005 年，调入省外主销品牌卷烟 19. 85 万箱，其中：云南购进卷烟 5. 70 万箱，占全部购进卷烟的 28. 7%；湖南购进卷烟 5. 57 万箱，占全部购进卷烟的 28. 07%；浙江购进卷烟 2. 03 万箱，占全部购进卷烟的 10. 23%；湖北购进卷烟 1. 58 万箱，占全部购进卷烟的 7. 95%；上海购进卷烟 1. 39 万箱，占全部购进卷烟的 7%；其他省份购进卷烟 3. 58 万箱，占全部购进卷烟的 18. 04%。

2006年,调入省外主销品牌卷烟32.57万箱,其中:湖南购进卷烟8.36万箱,占全部购进卷烟的25.67%;云南购进卷烟7.78万箱,占全部购进卷烟的23.89%;浙江购进卷烟4.40万箱,占全部购进卷烟的13.51%;上海购进卷烟3.46万箱,占全部购进卷烟的10.62%;广东购进卷烟2.28万箱,占全部购进卷烟的7.03%;其他省份购进卷烟6.29万箱,占全部购进卷烟的19.31%。

2007年,调入省外主销品牌卷烟42.20万箱,其中:湖南购进卷烟10.87万箱,占全部购进卷烟的25.76%;云南购进卷烟6.29万箱,占全部购进卷烟的14.91%;浙江购进卷烟6.10万箱,占全部购进卷烟的14.45%;广东购进卷烟5.35万箱,占全部购进卷烟的12.68%;上海购进卷烟5.16万箱,占全部购进卷烟的12.23%;其他省份购进卷烟8.43万箱,占全部购进卷烟的19.97%。

2008年,调入省外主销品牌卷烟47.07万箱,其中:湖南购进卷烟12.73万箱,占全部购进卷烟的27.04%;浙江购进卷烟6.80万箱,占全部购进卷烟的14.45%;广东购进卷烟6.43万箱,占全部购进卷烟的13.66%;云南购进卷烟6.28万箱,占全部购进卷烟的13.34%;上海购进卷烟5.68万箱,占全部购进卷烟的12.07%;其他省份购进卷烟9.15万箱,占全部购进卷烟的19.44%。

2009年,调入省外主销品牌卷烟51.32万箱,其中:湖南购进卷烟14.26万箱,占全部购进卷烟的27.79%;浙江购进卷烟8.43万箱,占全部购进卷烟的16.43%;广东购进卷烟6.89万箱,占全部购进卷烟的13.43%;云南购进卷烟6.06万箱,占全部购进卷烟的11.81%;上海购进卷烟5.82万箱,占全部购进卷烟的11.34%;其他省份购进卷烟9.86万箱,占全部购进卷烟的19.2%。

2010年,调入省外主销品牌卷烟57.6万箱,其中:湖南购进卷烟15.28万箱,占全部购进卷烟的26.53%;浙江购进卷烟9.25万箱,占全部购进卷烟的16.06%;广东购进卷烟8.08万箱,占全部购进卷烟的14.03%;云南购进卷烟7.36万箱,占全部购进卷烟的12.8%;上海购进卷烟5.43万箱,占全部购进卷烟的9.43%;其他省份购进卷烟12.2万箱,占全部购进卷烟的21.15%。

1991年—2010年全省烟草商业系统卷烟销售情况

表3-2-3　　单位:箱

年份	销量	其中		年份	销量	其中	
		省产烟	省外烟			省产烟	省外烟
1991	836000	490000	346000	2001	918000	666000	252000
1992	799514	420669	378846	2002	954000	712000	242000
1993	734777	390523	344254	2003	1006000	744000	262000
1994	556000	440000	116000	2004	984000	762000	222000
1995	464000	306000	158000	2005	1050000	754000	296000
1996	488000	340000	146000	2006	1088000	732000	356000
1997	524000	352000	172000	2007	1152000	734000	418000
1998	556000	386000	170000	2008	1164000	700000	464000
1999	662000	430000	232000	2009	1222000	712000	508000
2000	804000	552000	252000	2010	1262000	686000	576000

进口卷烟经营

国家为发展国产卷烟,对进口卷烟经营总体控制较紧。江西烟草经营进口卷烟,是根据国家局下达的计划调入。由于江西卷烟市场的消费习惯不同,对进口卷烟需求不大,调入量也不多。从调入数据显示,2008 年调入 370 箱为最多一次。零售进口卷烟由当地烟草专卖局定点经营,并需办理烟草专卖特种零售许可证。主要定点为国营和集体性质的大型商场、商店,并对零售价有明确要求。

1991 年—2010 年,调入进口烟的品牌有:555、爱喜、万宝路、希尔顿、剑牌、良友、柔和七星、南洋双喜、美国 1 号、云丝顿,全省主销 555、爱喜、万宝路:2005 年调入 19.32 箱;2006 年调入 160.7 箱;2007 年调入 323.27 箱;2008 年调入 370.63 箱;2009 年调入 265.37 箱;2010 年调入 320.33 箱。南昌市是江西销售进口烟最大的消费市场,主销 3 个品牌:555、爱喜、万宝路。2004 年—2010 年,南昌烟草购进进口烟 1873 箱,销量 1476 箱,毛利 472 万元。

第三节　物流建设

1990 年—2010 年,江西烟草的卷烟物流先后经历 1995 年前的坐店经营阶段,1996 年—2000 年的访送合一阶段,2001 年—2004 年的访送分离阶段,2005 年—2010 年的现代物流建设阶段。

1995 年前,烟草经营主要是坐店经营,各县级烟草公司主要在城区设立卷烟批发部,卷烟零售户上门购烟提货经营。物流方面只有仓储职能,仓储条件较差。1995 年推进农网建设,部分县级烟草公司开始在主要乡镇设立自有批发部及分库,主库与分库间采用货车运输,终端送货则利用三轮车、摩托车等工具对部分客户送货上门。

1996 年实行访送合一经营,城区批发部采取营销员上门收集订单,用摩托车送货。农村利用小型汽车预领卷烟给零售客户边访销、边送货。

2001 年,各单位逐步采取访送分离经营方式,各县级公司开始电话访销,次日送货,取消城市网点坐店批发和零售业务。2002 年,访送分离模式从城区延伸到农村网点。2003 年,各单位根据省公司印发的《2003 年—2005 年网络建设规划》,逐步推进城乡一体、统一运行、全面访销、集中配送的现代物流建设,推动一库制的配送模式。2004 年,各市公司开始设立配送中心,至 2005 年初 11 个地市级烟草公司全部成立配送中心,全省烟草已初步形成访、送分离互控,协调互动的物流格局。

2005 年以后,按照以市级公司为市场主体的要求,各单位在一库式配送的基础上,陆续开展本单位物流建设规划,建设新配送中心,添置手工、半自动分拣线,仓储管理信息系统、GIS 地理信息系统等信息化系统上线。

配送中心

2008 年 5 月,经省公司批准,销售管理处设立物流管理科。2009 年 1 月,省公司设立物流建设管理办公室。2009 年 2 月,省公司成立现代物流领导小组。2010 年 7 月,省公司正式设立物流管理处。至 2010 年底,全省烟草共设 11 个配送中心:南昌、景德镇、萍乡、九江、新余、鹰潭、赣州、宜春、吉安、上饶、抚州烟草配送中心。配送中心在终端送货层面,市级行政区域打破县级行政区划,实行跨县(市)送货,设11个送货部(直送组)和57个中转站。全省烟草配送中心总占地面积280亩,总建筑面积4.8万平方米,总仓储能力9.5万箱。分拣线28条,其中半自动分拣线11条。各类叉车168辆,其中升降叉车28辆。送货车518辆,其中终端送货车495辆,备用车21辆。物流从业人员1471人。

南昌物流　南昌烟草物流配送中心于2009年6月投入使用,占地面积30亩,联合工房面积6860平方米。仓储区采用窄巷道4层横梁货架,最大储量15000箱卷烟。分拣区面积3900平方米,选用3条半自动高速分拣线,单条分拣线分拣能力为48箱/小时。

九江物流　2004年,九江烟草租赁棉麻公司的7栋标准库房作为卷烟配送中心,总建筑面积约6812平方米(包括6300平方米的仓储、分拣、暂存区面积和512平方米的办公区面积)。仓储方式是3层横梁货架和平地堆放,最大储量12000箱卷烟。分拣为用3条电子标签辅助手工分拣线,单线分拣能力为32箱/小时。

上饶物流　上饶烟草物流配送中心于2008年6月投入使用,占地面积48亩,联合工房面积4056平方米。仓储区采用3层横梁货架,最大储量7812箱。分拣区面积2016平方米,选用1条半自动高速分拣线和2条电子标签辅助手工分拣线。

抚州物流　抚州烟草配送中心于2009年9月投入使用,占地面积13亩,联合工房面积4337平方米。仓储区采用3层横梁货架,最大储量7560箱卷烟。分拣区面积2776平方米,选用1条半自动高速分拣线和2条电子标签辅助手工分拣线。

宜春物流　宜春烟草物流配送中心于2009年5月投入使用,占地面积25亩,联合工房面积3605平方米。仓储区采用3层横梁货架,最大储量7056箱。分拣区面积1575平方米,采用3条电子标签辅助手工分拣线。

吉安物流　吉安烟草物流配送中心于2010年8月投入使用,占地面积42亩,联合工房面积7349平方米。仓储区采用3层横梁货架,最大储量11232箱。分拣区面积3000平方米,采用1条半自动中速分拣线和1条电子标签辅助手工分拣线。

赣州物流　赣州烟草物流配送中心于2007年11月投入使用,占地面积27亩,联合工房面积15632平方米。仓储区一层采用2层横梁货架,二层采用地面存放,最大储量12000箱。分拣区面积3264平方米,采用2条半自动高速分拣线。

景德镇物流　景德镇烟草物流配送中心于2008年3月投入使用,占地面积8亩,联合工房面积5000平方米。仓储区采用3层横梁货架,最大储量6552箱。分拣区面积2321平方米,采用1条半自动高速分拣线和2条电子标签辅助手工分拣线。

萍乡物流　萍乡烟草物流配送中心于2010年2月投入使用,占地面积7亩,联合工房面积3454平方米。仓储区采用3层横梁货架,最大储量4800箱。分拣区面积1487平方米,采用1条半自动中速分拣线和1条电子标签辅助手工分拣线。

新余物流　新余烟草物流配送中心于2010年12月投入使用,占地面积13亩,联合工房面积3080平方米。仓储区采用3层横梁货架,最大储量5106箱。分拣区面积1190平方米,采用2条电子标签辅助手工分拣线。

鹰潭物流 鹰潭烟草物流配送中心于2009年12月投入使用，占地面积8亩，联合工房面积2592平方米。仓储区采用3层横梁货架，最大储量5964箱，分拣区面积1000平方米，采用1条半自动中速分拣线和1条电子标签辅助手工分拣线。

2010年全省卷烟物流节点分布

表3-3-1　　单位：个

单 位	配送名称	中转站设置	中转站数量
南昌烟草	南昌市卷烟配送中心	进贤、安义	2
九江烟草	九江市卷烟配送中心	彭泽、湖口、都昌、星子、瑞昌、德安、永修、武宁、修水、庐山	10
上饶烟草	上饶市卷烟配送中心	鄱阳、婺源、广丰、德兴、余干、弋阳、玉山、铅山、万年、横峰	10
抚州烟草	抚州市卷烟配送中心	南丰、广昌、乐安、南城、黎川、金溪、资溪、崇仁、宜黄	9
宜春烟草	宜春市卷烟配送中心	丰城、高安、樟树、宜丰、铜鼓、奉新、上高、万载	8
吉安烟草	吉安市卷烟配送中心	永丰县、遂川县、安福县、永新县、峡江县、井冈山市	6
赣州烟草	赣州市卷烟配送中心	信丰、大余、安远、龙南、寻乌、瑞金、于都、宁都、兴国、崇义、石城	11
景德镇烟草	景德镇卷烟市配送中心	乐平	1
萍乡烟草	萍乡市卷烟配送中心	—	0
新余烟草	新余市卷烟配送中心	—	0
鹰潭烟草	鹰潭市卷烟配送中心	—	0
合 计	11	—	57

物流管理

2006年江西烟草着重提升物流管理能力，开展统一的物流建设规划，由省公司主导全省烟草物流配送中心的审批，对主要工艺设备进行统一选型，制定卷烟配送中心建设项目申报与审批程序。2010年，江西烟草物流管理实现五统一：统一建设审批、统一设备选型、统一送货时限、统一核算方式和统一管理模式。

统一建设审批 2006年3月，省公司制定卷烟配送中心建设项目申报与审批程序，文件主要规定配送中心项目建设必须申报的内容和审批流程。委托烟草合肥设计院为全省烟草各配送中心的工艺设计单位，委托第三方的工艺评审单位。在配送中心建设审批过程中，把握科学建设、加快建设、节约建设的思路，避免投资过大、自动化程度过高、豪华装修等不应有的浪费。全省烟草各单位已建成的配送中心，基本符合国家局提出"合理规划、统一标准、经济适用、综合配套"的要求。

统一设备选型 2007年上半年，省公司组织开展仓储管理信息系统的全省统一招标。2008年，省公司组织7个主要物流设备（半自动分拣线、叠烟机、裹膜机、PE热收缩膜、货架、叉车、仓储管理系统软件）和2个呼叫中心设备（呼叫中心硬件平台、软件平台）的统一招标工作。2010年上半年，开展RFID整托盘出库项目的全省统一招标工作。

统一送货时限　2009年,省公司将全省烟草的访送模式统一为当日访次日送,即卷烟订货的当天安排分拣,第二天送货到户,客户电话订货后的48小时内送货到手。在2009年12月29日的全省销售网建视频会上,省公司对此项工作做出初步的部署和要求。2010年3月4日,全省烟草销售网建视频会上进一步强调访送模式要求。2010年底前,全省烟草实施卷烟当日访、次日送的运行模式。

统一核算方式　2009年,省公司制定下发《物流费用管理办法》《核算规程实施细则》,统一成本核算口径,建立三级二线物流费用核算体系。三级是指省、市、县各级均要设置物流费用核算岗位,二线是指省、市、县各级财务部门和物流部门共同参与物流费用的分割和核算。在核算内容上,明确仓储分拣费用、配送、卷烟物流管理费用三大块,并细分成34小项。在物流共用费用分摊上,确定分摊原则。2010年,江西烟草单箱物流成本151.76元,位居行业经济质量指标排名第一位。

统一管理模式　2011年,省公司编制印发《关于卷烟物流管理模式、机构设置及岗位配置的指导意见》(赣烟物〔2011〕177号),确定垂直管理原则:根据各市公司2011年的卷烟配送量,全省烟草物流配送中心分为两类,配送量为10万箱(含本数)以上的为一类物流配送中心,配送量为10万箱以下的为二类物流配送中心。一类物流配送中心实行业务垂直管理,二类物流配送中心实行集中统一管理。业务垂直管理是指全市配送工作分两级管理主体:物流配送中心负责本级行政、物流业务管理工作、直送客户服务工作和干线运输管理,负责全市线路设置和优化、中转站(接驳点)设置、配送业务安排等,负责全市物流人员绩效考核和物流费用核算。中转站的人员劳动关系、日常送货服务、政治理论学习、物流费用归集、送货车辆管理、综治安全、事故处理、地方协调等由所在地县级公司管理。业务集中统一管理是指物流配送中心对全市配送工作实行集中统一管理。物流配送中心负责全市物流人员的考核,负责线路设置、物流费用管理和送货车辆管理,物流人员劳动关系归属市公司物流配送中心。通过纵向整合,实现物流管理机构扁平化,管理层、操作层界定清晰、职责明确。

五统一的物流管理模式建成后,江西烟草开始探索试行跨行政区域的卷烟物流送货服务。到2010年,景德镇市公司负责上饶市公司鄱阳、婺源辖区卷烟经营户物流送货工作,鹰潭市公司负责上饶市公司余干、万年辖区卷烟经营户物流送货工作。

物流设施设备

2005年,各单位配送中心的联合工房、分拣设备还比较落后,普遍采用电子标签手工分拣线,仅有吉安烟草采用1条半自动分拣线。各单位仓储方式也以平地堆放,无托盘、无电动叉车,平地搬运用地牛。分拣设备主要采用手工分拣线,下线口采用周转箱、烟箱或塑料袋。2005年省公司开始推动全省烟草物流配送中心的规范化建设和主要物流设备的统一选型和招标,各单位的设施、设备的现代化程度和自动化程度有了较大提高。

物流从业人员

2010年7月,省公司正式设立物流管理处,后全省各地市局(公司)相继设置物流从业岗位,至2010年底,全省烟草物流用工人数1471人,其中54人获物流从业资格证书,占比为3.67%。

2010 年全省卷烟配送中心物流设施设备情况

表 3-3-2

单位	仓储设备	包装设备（台）	分拣设备		搬运设备			承载设备	送货车辆（辆）	
	托盘位（个）		半自动分拣线（条）	电子标签分拣线（条）	小计	升降叉车（辆）	平移叉车（辆）	托盘（个）		
南昌烟草	2500	6	3	—	19	2	17	3000	—	58（干线 1/终端 57）
九江烟草	700	—	—	3	19	3	16	2100	—	72（干线 0/终端 72）
上饶烟草	1302	4	1	2	10	3	7	1400	260	86（干线 0/终端 86）
抚州烟草	1260	3	1	2	10	2	8	1380	—	41（干线 0/终端 41）
宜春烟草	1176	3	—	3	26	2	24	1430	—	57（干线 0/终端 57）
吉安烟草	1872	2	1	1	12	4	8	1395	—	50（干线 0/终端 50）
赣州烟草	210	4	2	—	34	2	32	3200	—	58（干线 0/终端 58）
景德镇烟草	1092	4	1	2	10	2	8	1300	200	28（干线 2/终端 26）
萍乡烟草	800	2	1	1	10	2	8	850	62	20（干线 0/终端 20）
新余烟草	851	2	—	2	7	2	5	750	45	12（干线 0/终端 12）
鹰潭烟草	994	2	1	1	9	3	6	900	—	15（干线 2/终端 13）
合　计	12758	32	11	17	166	27	139	17705	565	495（干线 5/终端 492）

表 3-3-3

2010 年卷烟配送人员情况

单位	合计	部门领导	储配部				送货部					行政助理	综合管理员	成本核算员	安全助理	安全管理员	其他人员	获得物流师资格人员	
			经理	仓库保管员	分拣配货员	叉车工	经理	区域中转站站长	综合管理员	送货员	驾驶员							人数	比例(%)
南昌烟草	232	4	1	7	34	4	1	2	2	69	72	兼	3	1	兼	1	31	6	2.59
九江烟草	236	1	—	17	40	2	1	11	—	75	81	—	1	1	—	1	5	2	0.85
上饶烟草	49	1	1	2	37	2	1	—	—	—	—	—	—	—	1	1	3	—	—
抚州烟草	165	2	1	4	21	4	1	10	13	47	46	1	2	1	—	1	11	7	4.24
宜春烟草	187	1	1	4	37	2	1	10	—	61	59	—	1	—	—	—	10	—	—
吉安烟草	164	1	1	2	23	3	1	11	5	63	53	兼	—	兼	1	—	—	—	—
赣州烟草	166	1	1	3	外包	外包	1	—	13	73	73	兼	—	—	1	—	—	36	21.69
景德镇烟草	90	1	1	6	17	3	1	1	—	20	23	—	1	—	1	—	15	—	—
萍乡烟草	75	1	1	5	16	—	—	2	—	26	19	1	1	—	1	兼	2	1	1.33
新余烟草	46	2	1	1	12	—	1	—	2	12	14	兼	1	兼	兼	兼	—	1	2.17
鹰潭烟草	61	2	1	4	18	1	1	—	—	16	16	—	1	—	—	1	—	1	1.64
合　计	1471	17	10	55	255	21	10	47	35	462	456	2	11	3	5	5	77	54	3.67

第四节　终端建设

江西烟草卷烟营销网络建设始于1991年，是农村网建奠定基础阶段。卷烟营销网络建设的特点是县级公司为卷烟经营主体，以卖大户为主要经营模式。1991年—1999年上半年，部分县级公司利用自有办公场所改造，或在县城及乡镇所在地租赁或购买少量店面建成批发部。各批发部之间相互孤立、零散、不成系统。1995年11月，省公司成立卷烟销售网络建设领导小组，负责对全省卷烟销售网络建设工作统一规划和决策。各设区市公司分别成立电话订货工作室，按规定设置岗位并配备人员，统一推广应用电话订货平台软件。2003年，初步建成电话订货、电子结算、城乡一体、统一运行的卷烟销售网络体系。至2004年底，全省烟草电话订货面达到100%；2006年初，省公司提出当日访、次日送卷烟营销运行新模式，经不断探索完善、稳步推广，至2010年，全省烟草城乡网络一体化、业务流程规范化、客户服务个性化、管理控制信息化、岗位分工专业化的卷烟营销网络新体系和电话订货、网上配货、电子结算、现代物流的卷烟现代流通业务模式基本建成，电话订货、农村网点建设、按客户订单组织货源、信息采集、网上订货、精准营销、客户经理基本工作法、运营模式、营销常态化工作制、货源供应管理和营销队伍建设初步完善。

至2010年底，全省烟草网建从业人员3446人，平均年龄33岁，其中省公司招录员工1010人，市级公司自主招录员工2436人，实有农村网点156个，城镇网点86个，零售客户172677户。

卷烟经营网络

1991年—1992年，江西烟草建立农村网点8个，分别是南昌2个、上饶3个、赣州3个。1993年8月，省公司要求在萍乡市的老关、上栗及莲花县界化隆，宜春市的万载黄茅、铜鼓排埠及兹化等地设立6个批发网点，标志着江西烟草农村网络建设的加力推进。至1993年底，农村网点增加到25个，1994年增加到88个，1995年增加到181个，2000年达到最多有304个。

1991年—2010年全省卷烟经营网络建设情况

表3-4-1

年份	客户(户)	农村网点(个)	城镇网点(个)
1991	33489	8	23
1992	36673	8	24
1993	39625	25	30
1994	44105	88	59
1995	48917	181	94
1996	53855	224	107
1997	58556	202	108
1998	61855	221	118

续表

年份	客户(户)	农村网点(个)	城镇网点(个)
1999	67196	272	119
2000	93629	304	109
2001	112393	292	92
2002	125263	250	95
2003	144413	221	83
2004	132717	173	82
2005	135897	136	80
2006	149235	128	81
2007	156187	152	82
2008	161420	162	85
2009	147452	158	79
2010	172677	156	86

网点建设　1999 年,省公司提出两个网络建设一起抓的总体思路,要求各市公司根据辖区客户分布状况、地理位置特征以及管理服务模式、网点设置标准、客户经理配备标准等方面实际情况,统筹考虑,科学规划,合理设置营销网点。网点选址要求根据地形、地貌、交通、人口密度、零售户数等情况综合考虑,原则上在距离县城 30 千米~50 千米,对周边两个以上乡镇具有辐射力的重要集镇上设置客户服务部。县域面积在 2000 平方千米、人口在 30 万以上的县级公司必须根据需要设农村网点;县域面积在 1500 平方千米、人口在 20 万以上的县级公司原则上应设农村网点。

2007 年,省公司明确规定在农村网点任职的客户经理人均办公室面积原则上不少于 6 平方米,每人配备一台电脑和专用工作台,配备工作所必需的自动化办公设备并与网络连通;配备功能比较齐全的厨房及用餐场所;网点员工宿舍人均住宿面积一般不少于 8 平方米,并给予适当装修,确保采光、透气性能较好,环境整洁清爽,每个宿舍均需配有电视机;工作间、住宿间、餐厅要配备空调或电风扇;要有专门的洗浴间,配备热水器、洗衣机,有冲水式厕所;要配备相应的安全、消防器材和相应的劳保用品;订购相应的报刊、书籍,配备必要的文化体育设施。有条件的农村网点,还尽可能开辟汽车、摩托车等交通工具停放场所、有一定面积的员工活动场地、客户活动场所,并有一定的绿化面积。至 2009 年,全省农村网点基本按照每名客户经理服务 90 名~130 名客户的标准配备到位。由于工作流程的不断优化,2010 年省公司在广泛调研分析基础上,将客户经理服务户数标准调整为:乡村 160 户~180 户、城镇 200 户~220 户。至 2010 年,全省各市级公司农网建设到位并全部达标。

电话订货　为更好适应卷烟营销新模式,2003 年初省公司提出以地市为单位成立电话订货呼叫中心,全面推广应用电话订货平台,并以城镇为重点,实现由上门访销向电话订货、客户经理(营销员)上门走访答疑的工作模式过度。2004 年上半年,省公司结合应用过程实际,对电话呼叫系统进行升级和系统功能完善。2004 年底，全省烟草电话订货覆盖面达到 100%。

2010 年，全省建立 11 个电话呼叫订货中心，配备电话订货员 295 人，其中：南昌烟草配备电话订货员 44 人，九江烟草配备电话订货员 39 人，上饶烟草配备电话订货员 36 人，抚州烟草配备电话订货员 24 人，宜春烟草配备电话订货员 35 人，吉安烟草配备电话订货员 28 人，赣州烟草配备电话订货员 44 人，景德镇烟草配备电话订货员 14 人，萍乡烟草配备电话订货员 13 人，新余烟草配备电话订货员 10 人，鹰潭烟草配备电话订货员 8 人，覆盖卷烟零售客户 172677 户，电话订货员人均服务客户 585 户。电话订货员的主要任务是根据每日工作任务分解完成订单采集、录入、确认工作；通过电话服务进行品牌介绍、宣传和推广；收集、记录客户及市场需求信息，为订货中心提供市场分析数据；收集、汇总客户需求及异常订单信息，及时反馈；分析客户订单信息，填写工作日志。

2003 年—2010 年全省电话订货人员服务客户情况

表 3-4-2

年　份	客户(户)	电话订货员(人)	人均服务数(户/人)
2003	144413	244	592
2004	132717	317	419
2005	135897	326	417
2006	149235	313	477
2007	156187	300	521
2008	161420	308	524
2009	147452	299	493
2010	172677	295	585

客户经理管理

2006 年，省公司在鹰潭烟草开展客户经理分级管理试点，根据工作业绩、管理协调能力和社交公关能力等，将客户经理划分为三个等级：初级客户经理、中级客户经理、高级客户经理。初级客户经理为 35 周岁以下具有高中及以上文化程度，在本职岗位任职 1 年~2 年；中级客户经理为 40 周岁以下具有高中及以上文化程度，在本职岗位任职 3 年~5 年，已获得初级及以上营销员资格；高级客户经理为 48 周岁以下具有大专以及上文化程度，在本职岗位任职 6 年以上，持有中级以上卷烟商品营销员资格，在行业内省级以上刊物发表专业论文 1 篇以上。2007 年 6 月，在试点基础上制订出台《客户经理分级管理暂行办法》。2008 年重新梳理制订以“六段八步”为主要内容的客户经理基本工作法。2010 年初，省公司提出营销常态化工作制，将营销、物流部门每周开展业务工作所需时间由 5 天调整为 4 天，剩余时间机动，用以保证员工调休补休、忙时加班，开展学习培训、车辆设备维修保养及文体活动。

六段八步工作法　将客户经理的主要工作归纳为六个阶段和八个步骤，在全省烟草客户经理中全面推广应用，以此规范客户经理工作的流程和方法步骤。

六段主要工作内容:1. 每月1日至4日在室内办公完成月度总结,收集整理上月工作资料,对上月工作情况进行分析与总结,按照市公司发布的营销指导信息做好当月的拜访计划;2. 每月5日—8日实地进行样本拜访,选取服务区内30%~40%左右有代表性的客户,建立样本客户群,对样本客户进行日常拜访;根据市公司营销中心提供的卷烟销售指导意见为样本客户提供具体的经营指导;了解并如实记录客户群下月卷烟需求,包括品牌(规格)、数量;3. 每月9日—10日室内完成需求预测,通过对样本客户群的需求记录逐步进行分析,在CRM系统的支持下,建立需求预测数学模型,对服务区下月度卷烟销售总量、品类销售总量及重点关注品牌销售做出预测;4. 每月11日—20日实地拜访客户,对辖区除样本客户外的其他客户进行日常拜访;根据市公司营销中心提供的卷烟销售指导意见为客户提供具体的经营指导,落实品牌培育工作;5. 每月21日—23日室内进行分析策略,根据市公司营销中心下达的下月销售策略,对服务区预测数据与市公司销售策略的差异进行分析,拟出服务区内所有需求满足差异较大需上门拜访沟通解释的客户名单;6. 每月24日到月底实地上门沟通解释,主要对需求满足率偏低的客户进行走访,上门进行沟通和解释,向客户表示歉意,希望客户理解和支持。对需求能满足或能基本满足的客户,进行电话告知。

八步主要工作内容:1. 上门拜访工作流程即问候客户,到达客户经营场所使用规范文明语言,向客户问候致意,向客户介绍拜访目的;2. 查看出样,查看客户卷烟出样(包括有无违规经营卷烟)并提出改进意见;3. 协助客户维护标价签摆放,保持标价签的整洁和完整;4. 督导客户做到明码实价;提供资讯,通报公司的营销、服务政策以及其他信息,如市场信息、产品信息、促销活动计划等;5. 指导经营,结合拜访前对样本客户的分析结果,在规范经营、经营环境改善、品牌结构调整、经营策略调整、保持合理库存等方面为客户提供经营指导(重点);6. 了解需求,了解并如实记录样本客户下月卷烟需求,包括品牌(规格)、数量(重点);培育品牌,根据营销中心品牌培育工作要求,执行品牌培育方案,努力促成客户与公司间的协同配合(重点);7. 收集信息,了解片区客户基础信息变化及卷烟动销等情况;听取并记录客户意见、建议;按市公司要求登记客户卷烟库存,填写客户商情簿,简要记录本次拜访情况;8. 告别客户,用规范文明语言向客户告别,离开客户经营场所。

晋升评级标准　客户经理的晋升通道设计为双通道:非管理岗位通道和管理岗位通道。以非管理岗位通道晋升为主线,将客户经理划分三级八档。三级分别为初级、中级、高级,其中初级设1、2、3档,中级设4、5、6档,高级设7、8档。对客户经理的档级晋升评定实行二级负责制,先由县公司负责,根据各等级客户经理的评定条件和评定资格以及当年工作业绩、工作质量考核情况等,每年进行一次客户经理等级评定并申报,市公司客户经理管理改革领导小组负责审核认定。在年度考核中,对表现优秀或有突出贡献的,且符合评定标准的客户经理,根据情况晋档、晋级;对年度考核结果不称职者,降档、降级使用,实行末位淘汰。初级客户经理年度考核不称职者,保留级别降低档次使用,调离岗位或解聘。中级、高级客户经理年度考核不称职者,给予降档或降级处理。

考核考评机制　对客户经理的考核包括月度考核和年度考核。每月由客户经理所在客户服务部对其日常工作完成情况进行检查并做好记录,期间由县公司考核组组织考核检查,月末由县公司按照客户经理工作质量考核标准对其当月工作质量进行考核评分,满分为100分。县公司于每月4日前将工作质量考核结果上报市公司督察考评中心和营销中心,市公司督察考评中心于每月20日后组织相关人员进行二级考核，在各县公司一级考核的基础上进行复查和抽查，每月对考核情况进行通报。月度工作质量考核情况作为年度考核的重要依据。常规考核由市公司督察考评领导小组根据客户经理月度考核成绩进行全年度考核评分。附加考核指年度内对客户经理的综合素质考核，内容主要包括：客户经理理论知识、业务技能的培训学习情况，受表扬或投诉情况，遵纪守法情况，参加公司组织的各类集体活动获奖情况等。附加考核的情况由各相关部门提供，督察考评中心、营销中心组织评定。考核评定得分在常规考核得分基础上进行加减后，即为该客户经理年度考核得分。年度考核与年度绩效工资分配挂钩，并作为客户经理晋级晋档、评优评先的依据。

客户订单管理

2007 年，国家局提出按订单组织货源工作要求，为快速响应按客户订单组织货源工作，2008 年 1 月，省公司成立按客户订单组织货源工作领导小组，2009 年 3 月，成立按客户订单组织货源工作督导小组，2009 年 12 月，完成按客户订单组织货源过程控制项目系统开发，并在萍乡烟草进行试点，为全面推广应用按客户订单组织货源软件平台做好充分准备。

市场需求预测　市场需求预测分为月度需求预测、半年需求预测和年度需求预测。

月度需求预测：由市公司营销中心综合信息助理向市公司营销中心主任、采供部经理、市场经理、客户经理发布与月度需求预测相关的信息和建立本月使用的数学预测模型，然后由客户经理根据实地采集的样本客户卷烟需求数据和发布的数学模型完成片区预测，市场经理汇总片区客户经理卷烟需求预测形成客户服务部月度需求预测，县、区公司副经理审核辖区各客户服务部需求预测结果，形成县、区分公司月度需求预测表，品牌经理形成品牌月度需求预测，再由综合信息助理汇总客户服务部、品牌经理需求预测，并根据月度需求会议讨论结果，形成市公司月度需求预测，确定全市卷烟需求预测结果后，报省公司管理部门备案。

半年需求预测：先由综合信息助理根据采供部的半年卷烟市场调研方案和市场调研报告、品牌经理的半年品牌测评报告形成半年卷烟市场分析报告，确定半年需求预测数学模型，然后根据县区公司副经理的半年卷烟需求预测和品牌经理的半年品牌需求预测，生成半年需求预测汇总，提交市公司需求预测领导小组会议讨论确定后，报省公司管理部门备案。

年度需求预测：由采供部经理根据货源管理员的年度卷烟消费调查方案和市场调研报告、品牌经理的品牌测评报告、综合信息助理的市场分析报告以及数学预测模型，形成年度卷烟需求预测报市营销中心，再由营销中心主任负责召开年度预测小组会议讨论，在营销管理系统上报年度需求预测。

订单组织　国家局提出按订单组织货源工作，其经营模式由工→商→零推动营销模式转变为零→商→工拉动营销经营，实现以市场为导向，由零售客户发起订单，联动整个卷烟供应链合理、有效、快速满足消费者真实需求的卷烟营销。2010 年，省公司搭建按客户订单组织货源和客户关系管理工作软件平台，主要是为管理者提供订单供货流程监视与控制。通过该平台，管理者可以看到订单供货流程的实时运行状态，对订单供货流程的运转进行有效控制，为各岗位工作人员提供自动指引与控制机制,清晰地指引操作人员在系统上操作的顺序,并给有时间要求的工作节点设置时效限制,提供事前预警,逾期督察功能。整个订单供货流程为管理提供流转控制及业务留痕的功能,方便订单供货工作的考核评价。

按客户订单组织货源和客户关系管理工作平台要求,烟草公司根据零售客户发起订单,通过网上信息交互、与工业协同磋商,确认采购计划(含月度、半年度、年度采购计划),与工业企业签订购销合同。根据市场需要,再按照月、季、年采购计划进行调入衔接,以保障市场卷烟供应和满足客户需求。到2010年5月,订单组织系统即按客户订单组织货源和客户关系管理信息系统重新修改、完善需求预测、货源组织、货源供应、品牌管理四大模块的业务工作流程。

订单供应　订单供应是将客户提出的卷烟需求按照烟草货源供应策略进行操作供货,并力求使卷烟订单供货的安排公平、公正、公开,最大限度地满足客户需求市场需求。订单供应先由采供部提供月度调运计划信息,制定供应策略,客户服务助理根据客户货源满足率指标确定客户分类别的定量标准,向客户发布品牌目录与定量标准,订单部电话订货员记录零售客户的需求,再根据定量标准形成订单,配送中心按订单将卷烟产品分拣、配送到户,同时客户服务助理监控各类别客户的货源供应满足度变化,收集市场反馈信息,及时调整定量策略。市公司营销中心采供部经理结合需求预测结果与工业企业进行协调,确定下月工业企业可供品牌规格、调拨量和调运计划。市公司营销中心根据下月可供货源情况及卷烟库存情况,分别确定下月紧俏品牌、自主选择品牌和新品牌的投放规格及数量。营销中心客户服务根据下月卷烟具体投放规格和数量,按照货源分类供应顺序表,确定不同类别客户的紧俏品牌规格、新上市品牌规格的供应量,以及自选品牌合计供应总量上限。对特殊类客户,统一的限量标准无法满足其经营需要的,由客户提出申请,客户经理确认后,经市场经理、巡查中队长、县区公司经理签署意见后上报市公司营销中心同意,报省公司部门把关审批后执行;每逢节日需扩大月销售限量的,由营销中心提出申请,报市公司分管领导批准,报省公司有关部门备案,营销中心客户服务通过系统调整客户限量;对因特殊情况需对客户进行个性化品牌投放策略调整的,由客户经理提交调整意见,按相关程序报批实施。

品牌管理　品牌管理是为进一步明确企业品牌发展的总体目标和各类别、品类、主销品牌发展的总体构架,制定相应工作措施,保证目标任务的完成。品牌管理需要市公司营销部门品牌培育助理草拟本区域卷烟品牌发展规划;营销部门负责人对卷烟品牌发展规划进行审阅、修改;分管业务领导对卷烟品牌发展规划进行审核;品牌管理领导小组召开会议对卷烟品牌发展规划进行讨论、审定;省公司管理部门对各市公司卷烟品牌发展规划进行审批并予以备案;市公司按照报批后的卷烟品牌发展规划开展品牌管理。任何一个新品牌卷烟引入,都需通过可行性研究和试销评估分析,再对品牌市场情况进行跟踪反馈,通过了解客户的库存情况、了解新品牌销售情况,以及新品卷烟试销满3个月和满6个月后,品牌培育助理进行新引入品牌两次评估,形成相应市场评估报告及扩大销售经营建议或退出市场建议。品牌培育助理根据季度卷烟品牌评估报告和品牌动态研究分析报告,对正常经营品牌是否应该纳入退出阶段进行判断,连续两次在品类当中评价排名最后的品牌应纳入退出阶段;对准备纳入退出程序的正常经营品牌,品牌培育助理进行分析,提出调整、整改建议,在市公司营销部门负责人、分管业务领导审批同意后,有关分析数据和建议书面告知工业企业。

由于宏观调控和生产经营调整,导致品牌退出市场或整改未达到要求的品牌,由品牌培育助理提出品牌退出报告,经营销部门负责人审阅、分管业务领导审核、品牌管理领导小组审定、省公司管理部门备案后,品牌予以退出。

信息采集管理

2009 年,根据国家局的部署和要求,经过近半年时间的调研、试点和反复论证,于 12 月初正式启动全省卷烟市场信息采集网络建设工作,要求各市公司根据市场实际,选取 1%以上具有代表性的零售终端作为信息采集点,信息采集员定期采集所有在销品牌(规格)的零售包价、零售条价、市场批发价、库存、需求量及实际订单量等信息,并按规定格式及时上报省公司。全省共落实信息采集点 1880 个,对应信息采集员 376 人,人均 5 个采集点。同时,为提高采集信息质量,客户经理被确定兼任信息采集员后,各市公司适当调整其服务客户的数量和范围,原则上信息采集员负责 100 名零售客户的服务工作。2010 年初,市场信息采集网络收归省公司销售管理处直接管理,优化采集点布局、扩大信息采集范围,省公司及时成立卷烟市场信息采集网络建设领导小组和试点工作协调管理小组,4 月安排在吉安烟草启动卷烟市场信息采集网络建设试点工作,安排专人负责,在试点完善的基础上, 5 月底面向全省推广,至 2010 年底,全省卷烟市场信息采集网络建设工作全面完成。

信息采集点选择标准　守法经营,一年内无违法、违规经营记录;自愿作为烟草零售终端信息点,能够积极支持配合信息采集员工作;被纳入零售终端信息点的零售户的卷烟销量、结构在同类客户中有一定的代表性,能够反映一定区域内、同业态类型的基本市场动态;零售市场信息采集点的选择标准要代表重点区域,以城区为主、城郊接合部为辅、农村为补充,其中城区、县城、农村采集点原则上按 5∶3∶2 的比例分配,也可根据当地实际自行设定;零售市场信息采集点布局覆盖不同经营规模的各个业态。食杂店和便利店的比例应大于 70%,烟酒店和小型超市的比例在 20%左右,大型商场、超市和娱乐场所的比例在 10%以下。

信息采集员工作职责　按要求定期采集汇总零售客户分品牌(规格)的价格、库存及销量等信息;按照规定格式按时上报有关信息;密切关注卷烟品牌走势和消费者需求,把握市场动态,并及时上报有关情况;对卷烟市场信息采集内容、方式等提出改进建议,不断提高市场信息采集的质量和效率;妥善保管信息采集系统登录密码。

供货策略管理

2009 年 3 月,省公司制订出台《卷烟营销策略制定办法(试行)》,进一步明确客户分级、常规类客户货源策略的制定、执行营销策略几种常见现象的处理和执行策略应注意的问题等,并安排在景德镇烟草开展试点工作。2010 年 11 月面向全省烟草推广实施。根据总公司提出的 42 类客户分类意见, 12 月,省公司结合实际提出江西烟草客户分类分档分级标准和依据,并要求各市公司对辖区卷烟零售客户进行重新分类、分档、分级。

卷烟零售客户分类　根据国家烟草专卖局《关于印发〈烟草零售业态分类标准〉的通知》及《关于进一步规范卷烟零售客户分类工作的通知》要求,依照市场类型(城镇、乡村),零售业态(直营店、便利店、超市、商场、烟酒商店、娱乐服务类、其他类),经营规模(大、中、小)三个维度来分类零售客户,共计42类。

烟草零售业态分类标准

表3-4-3

市场类型	规模分类	零售业态标识						
		食杂店(Z)	便利店(B)	超　市(S)	商　场(N)	烟酒商店(Y)	娱乐服务类(F)	其他类(Q)
城镇	大	CZ1	CB1	CS1	CN1	CY1	CF1	CQ1
	中	CZ2	CB2	CS2	CN2	CY2	CF2	CQ2
	小	CZ3	CB3	CS3	CN3	CY3	CF3	CQ3
乡村	大	XZ1	XB1	XS1	XN1	XY1	XF1	XQ1
	中	XZ2	XB2	XS2	XN2	XY2	XF2	XQ2
	小	XZ3	XB3	XS3	XN3	XY3	XF3	XQ3

说明:标识中的"C"代表城镇;"X"代表乡村;"Z"代表食杂店;"B"代表便利店;"S"代表超市;"N"代表商场;"Y"代表烟酒商店;"F"代表娱乐服务类;"Q"代表其他类。标识中的"1""2""3",分别代表大中小规模客户。

江西卷烟零售客户分类,根据《江西烟草卷烟营销策略制定办法》(赣烟销〔2010〕40号),按照国家局42类分类方法进行划分。客户分类是烟草公司了解和掌握客户基本情况的一种方式和渠道,不直接与卷烟货源供应产生对应关系。主要是识别客户特征,为各种业态、各种经营规模、各种市场类型的客户提供针对性的个性服务。

卷烟零售客户分档　全省卷烟零售客户统一按照月平均销售总量划分为八档,其中月均销量在10件以上的客户分为三个档(即第一、二、三档),月均销量在10件以下的客户分成五档(即第四、五、六、七、八档),这五个档对应的月均销量区间由省局制定,全省统一。具体为:20件以上、14件~20件、10件~14件、7件~10件、4件~7件、2件~4件、1件~2件、1件以下(各档上限均含本数)。客户分档的侧重点主要是直观展示客户的月销量区间,作用是确定客户的卷烟月度供应总量,以实现均衡销售、减少市场不规范行为发生的可能;在分档的基础上,再从规模和结构两个维度分级:按照经营规模,依据测评期(测评前12个月)内客户经营能力值大小将同档客户划分为大规模、中规模和小规模客户;按照销售结构,依据测评期(测评前12个月)内客户平均单条均价的大小,将同档客户划分为高结构、中结构和低结构客户。

卷烟零售客户分级　按照年度分级、季度调整、月度补充的方式进行,即每年确定客户分档和分级的标准;每季度末最后一个工作日由计算机系统根据客户当年的经营状况,按照上述标准对所有客户进行分档和分级;每月对特殊情况的客户进行分档和分级的个性补充,调整后,于下一个月开始执行。对客户的月供应总量上限的设定按照客户所处档位进行,每一档位客户的月供应总量上限取本档位的最大划分标准值设定。高价位紧俏品牌供应根据客户经营能力值的大小,由高到低平均供应,卷烟零售客户的销售结构决定供应的紧俏品牌(规格)档次,客户经营能力值决定客户可供紧俏品牌的总价值。同时,根据高、中、低档紧俏品牌的参考价值标准和大、中、小经营规模客户月度可供紧俏品牌的总价值比例,以及公司货源状况,为每个级别的客户设置具体的供应品牌及供应量。

网上订货管理

网上订货平台为烟草行业服务卷烟零售客户、消费者的电子商务平台和烟草产销供应链一体的网络社区,拥有体验式交易、互动式运作、互助式家园、共享式社区。网上订货系统运作模式为省公司管理,市公司为经营主体,省公司集中部署,2010 年初全省卷烟网上订货推广实施工作正式启动。

网上订货客户申请流程:由零售客户提出网上订货申请,客户经理实地走访,了解零售客户是否具备网上订货的条件,区域营销部对提交申请的零售客户信息进行审核、汇总,并提交市公司营销中心备案,通知零售客户签署网上订货协议,并进行订货前培训,在业务系统中维护零售客户的网上订货相关信息。

日常订货操作流程:由零售客户在有效订货周期内(网站每周初始开放时间至区域营销部与零售客户约定订货周期的截止订货时间前)登录网站,填报所需货源订单并保存,在营销中心确认前可进行订单修改。

货源供应流程:营销中心根据月度需求预测制定下月货源供应策略,每月末通过网站向客户公布下月商定订货总量,营销中心制定下一订货周期货源供应策略,并在业务系统中维护货源策略,同时提前在网站公布货源信息,对每日的订单进行跟踪,原则上确保在同一订货周期内货源策略的稳定和一致性。

信息互动流程:包括咨询互动和信息发布,咨询互动就是信息受理员接受客户提报的咨询、投诉信息,对信息进行分类,可即时回复的信息,由信息受理员答复,不能即时回复的,按规定转相关部门处理完毕后回复客户,信息受理员每日记录、每周汇总分析信息,信息发布主要是收集、编制、整理需要发布的信息,交相关部门审核后在网站上发布。

网上订货推广实施的原则:遵循客户自愿、有效货源保障供应、前后台统一运行、工商协同和统一规范,重点是科学准确划分零售客户类别、完善信息公开制度、完善大户管理办法、顺畅实现信息互动。

至 2010 年底,全省烟草仅景德镇烟草一家单位实行网上订货,且网上订货客户总数仅有 165 户,占全市正常经营户的 0.23%,全省正常经营户的 0.09%。至 2014 年底,网上订货客户总数达 183898 户,占全省正常经营户的 95.54%。

第四章 专卖管理

国家为维护国家利益和消费者利益,对烟草实行专卖专营制度,并进行严格的控制和管理。1983年,国务院颁布《中华人民共和国烟草专卖条例》,1992年1月1日《中华人民共和国烟草专卖法》实施,1997年7月3日,国务院发布《中华人民共和国烟草专卖法实施条例》,1998年8月21日,江西省出台《江西省烟草专卖条例》。

省局按照国家法律规定,对全省范围内的烟草业务实行专卖、专营监管。负责拟订烟草专卖管理监督制度,核发烟草专卖许可证件,监督检查烟草专卖品的生产经营活动,组织、指导并承办违反烟草专卖法律法规案件的查处,打击假冒走私和非正常渠道购销烟草专卖品等违法活动。

自实行烟草专卖以来,省局进一步完善专卖组织机构,建立健全各项规章制度,依法行政、文明执法,严厉打击非法经营烟草制品的违法犯罪行为,不断提高市场净化率,维护卷烟市场的正常流通秩序,确保烟草市场的稳定繁荣。

第一节 专卖证照

1983年,全国实行烟草专卖管理制度,江西省开始发放烟草专卖许可证。根据《中华人民共和国烟草专卖法》规定,烟草专卖许可证分为生产企业许可证、批发企业许可证、特种经营企业许可证以及零售许可证,并具体规定烟草专卖许可证办理的条件和程序。2004年7月起,全省范围内取消办理许可证的所有收费项目。

许可证

生产经营类许可证是指烟草专卖行政主管部门对具备法定条件的申请人发放的准许其从事生产、批发及零售业务的证明文书。包括生产企业许可证、批发企业许可证、特种经营企业许可证以及零售许可证。

生产企业许可证 《中华人民共和国烟草专卖法》第12条规定,开办烟草制品生产企业,必须经国务院烟草专卖行政主管部门批准,取得烟草专卖生产企业许可证,并经工商行政管理部门核准登记;其分立、合并、撤销,必须经国务院烟草专卖行政主管部门批准,并向工商行政管理部门办理变更、注销登记手续。未取得烟草专卖生产企业许可证的,工商行政管理部门不得核准登记。《中华人民共和国烟草专卖法实施条例》第21条规定,设立烟草制品生产企业,应当由省级烟草专卖行政主管部门报经国务院烟草专卖行政主管部门批准,取得烟草专卖生产企业许可证,并经工商行政管理部门核准登记。

申请烟草专卖生产企业许可证,应当具备与生产烟草专卖品相适应的资金;有生产烟草专卖品所需要的技术、设备条件;符合国家烟草行业的产业政策要求及企业组织结构调整的需要;国务院烟草专卖行政主管部门规定的其他条件。

烟草专用机械生产企业申请烟草专卖生产企业许可证,还应当具备下列条件:1. 有生产烟草专用机械产品所需要的技术条件,对申请生产经营的烟草专用机械设备具有自主或合法授权的知识产权;以新型烟草专用机械设备进行申请的,产品样机应按照相关规定通过由国家局组织的样机鉴定或验收;2. 有生产烟草专用机械产品所需要的设备条件,能够保障生产经营烟草专用机械所需的质量标准与水平;3. 符合烟草专用机械工业生产布局的基本原则,申请生产经营的烟草专用机械设备应具有较强的创新性或实用性,利于在烟草制品企业推广使用,有一定规模的市场应用前景。

1991 年—2010 年,取得生产企业许可证的单位包括南昌卷烟厂、广丰卷烟厂、井冈山卷烟厂、兴国卷烟厂、赣南卷烟厂、石城烟叶复烤厂、峡江烟叶复烤厂、鄱阳烟叶复烤厂、江西省烟草物资公司卷烟材料厂、抚州丙纶厂、井冈山造纸厂、赣南复烤厂、江西天绅化纤有限公司。1996 年,抚州丙纶厂更名为江西天绅化纤有限公司。至 2010 年,南昌卷烟厂、广丰卷烟厂、井冈山卷烟厂、兴国卷烟厂、赣南卷烟厂、赣南复烤厂依法持证生产;江西省烟草物资公司卷烟材料厂 2001 年停止生产,注销生产企业许可证;峡江烟叶复烤厂 2003 年停止生产,注销生产企业许可证;江西天绅化纤有限公司 2004 年停止生产,注销生产企业许可证;石城烟叶复烤厂 2005 年停止生产,注销生产企业许可证;井冈山造纸厂、鄱阳烟叶复烤厂分别在 2009 年期间停止生产,注销生产许可证。

批发企业许可证　《中华人民共和国烟草专卖法实施条例》第 13 条规定,申请领取烟草专卖批发企业许可证进行跨省、自治区、直辖市经营的,应当向省级烟草专卖行政主管部门提出申请,由省级烟草专卖行政主管部门审查签署意见,报国务院烟草专卖行政主管部门审批发证。

申请领取烟草专卖批发企业许可证,在省、自治区、直辖市范围内经营的,应当向企业所在地烟草专卖行政主管部门提出申请,由企业所在地烟草专卖行政主管部门审查签署意见,报省级烟草专卖行政主管部门审批发证。申办烟草专卖批发企业许可证应当具备下列条件:1. 有与经营烟草制品批发业务相适应的资金;2. 有固定的经营场所和必要的专业人员;3. 符合烟草批发企业合理布局的要求。4. 国家局规定的其他条件。至 2010 年,全省烟草所属的 99 个县级局(公司)和 11 个地市级局(公司)、1 个驻南铁局均取得烟草专卖批发企业许可证。

1991 年—2010 年共发批发企业许可证 114 份,其中:2004 年取消省烟草物资公司持有烟草专卖批发企业许可证、2007 年取消卷烟销售公司持有烟草专卖批发企业许可证和烟叶购销分公司持有烟草专卖批发企业许可证。

1997 年 4 月,省局对南昌卷烟厂、广丰卷烟厂、井冈山卷烟厂、兴国卷烟厂、赣南卷烟厂、石城烟叶复烤厂、峡江烟叶复烤厂、波阳烟叶复烤厂、江西省烟草物资公司卷烟材料厂、江西滤嘴材料厂、抚州丙纶厂、井冈山造纸厂、兴国卷烟盘纸切割厂等 13 家领有烟草专卖品生产许可证的生产企业进行依法检查,在生产、经营、管理等环节中未发现违法事件。

1998年,省局印发《已取缔卷烟交易市场名单和换发跨省卷烟经营许可证的通告》,共取缔卷烟交易市场6个,包括南昌县莲塘卷烟交易市场、东乡县卷烟交易市场、丰城市卷烟交易市场、樟树市卷烟交易市场、新余市新亚新抱石公园卷烟交易市场、贵溪市卷烟交易市场。对尚未取缔的南昌洪城卷烟调剂中心、南昌龙王庙卷烟交易市场、抚州星洲卷烟交易市场,由所在地南昌、抚州市烟草暂发临时跨省经营许可证,1999年3个市场被取缔。

特种经营企业许可证　《中华人民共和国烟草专卖法实施条例》第15条规定:申请领取特种烟草专卖经营企业许可证、经营烟草专卖品进出口业务和经营外国烟草制品购销业务的,应当向省级烟草专卖行政主管部门提出申请,由省级烟草专卖行政主管部门审查签署意见,报国务院烟草专卖行政主管部门审批发证。申请领取特种烟草专卖经营企业许可证,在海关监管区内经营免税的外国烟草制品购销业务的,应当向企业所在地烟草专卖行政主管部门提出申请,由企业所在地烟草专卖行政主管部门审查签署意见,报省级烟草专卖行政主管部门审批发证。

特种烟草专卖经营企业许可证,申请人为从事烟草专卖品进出口业务、免税烟草制品批发或罚没国外烟草制品拍卖业务的企业、或从事外国烟草制品批发业务、罚没国外烟草制品批发业务的地市、县级烟草公司。至2010年,全省烟草所属的99个县级局和11个地市级局、1个驻南铁局均取得特种烟草专卖经营企业许可证,共发特种烟草专卖经营企业许可证111份。

从2004年1月1日开始,全国取消特种烟草专卖零售许可证,所有卷烟零售商可以兼营国产卷烟、进口卷烟。取消特种烟草专卖零售许可证,仅仅是在卷烟零售环节上由原来的两证管理变成一证管理,不再把进口卷烟区别出来单独领证,并非经营进口卷烟就可以不受许可证管理制度的约束,更不是国家烟草专卖制度的取消。特种烟草专卖零售许可证、卷烟零售许可证两证合一后,经营卷烟零售业务仍然要受烟草专卖制度的约束,所有卷烟产品(包括进口卷烟)仍必须通过统一的分销机构即各地烟草公司进行经营;凡是涉及卷烟、烟叶等烟草专卖品的对外贸易、经济技术合作,必须由国家烟草专卖局统一组织。

卷烟零售许可证　烟草专卖零售许可证,是指烟草专卖行政主管部门或受委托的工商行政管理部门准许具备法定条件的申请人从事烟草制品零售业务的证明文书。

《烟草专卖许可证管理办法》第14条规定:申请烟草专卖零售许可证,应当具备:1. 有与经营烟草制品零售业务相适应的资金;2. 有与住所相独立的固定经营场所;3. 符合当地烟草制品零售点合理布局的要求;4. 国务院烟草专卖行政主管部门规定的其他条件。申请人提出烟草专卖零售许可证申请时,应当提供以下申请材料:烟草专卖许可证新办申请表;个体工商户、法定代表人或企业负责人的身份证明;房屋权属证明或房屋租赁协议;审批机关规定需要提供的其他材料。申请人委托代理人提出申请的,代理人应当提供委托书、委托人及代理人的身份证明,委托书应当载明委托事项和代理人的权限。

根据《烟草专卖许可证管理办法》规定,烟草专卖行政主管部门应当自受理行政许可申请之日起20日内作出行政许可决定,20日内不能作出决定的,经本单位负责人批准,可以延长10日,并应当将延长理由告知申请人。根据《中华人民共和国行政许可法》相关规定,行政许可工作中的时间规定均是指工作日,遇到法定节假日的,工作日顺延。

1991 年,根据个体烟草专卖零售许可证年检通知,决定自 1991 年 4 月 10 日至 7 月 30 日对个体烟草专卖零售许可证进行专卖年检,手续费 3 元。

1998 年,省局印发《换发烟草专卖经营许可证的通知》,要求对全省范围内的烟草专卖批发企业许可证、特种烟草专卖经营企业许可证、烟草专卖零售许可证进行更换。同年,决定取消全省烟草零售许可证封皮工本费、许可证镜框工本费两项收费标准。

零售户在取得烟草专卖零售许可证后,需亮证经营,卷烟零售户应当将取得的烟草专卖零售许可证正本摆放在经营场所的显著位置。取得烟草专卖许可证的公民、法人或者其他组织,应当按照有关法律、法规、规章的规定,接受烟草专卖行政主管部门的监督检查。1. 依法变更,烟草专卖零售许可证登记事项发生变化的,零售户应当到发证机关办理变更手续。取得烟草专卖零售许可证的公民、法人或者其他组织,在许可证有效期内企业名称或字号、经营场所地址名称发生变化的,应当自变更事项发生后 30 日内提出变更申请。2. 依法延续,烟草专卖零售许可证有效期限届满需要继续经营的,应当在该烟草专卖零售许可证有效期限届满 30 日前向原发证机关提出延续申请。3. 先申请后停业,卷烟零售户需要暂停烟草制品零售业务的,应当在停业前 7 日内提出停业申请,停业期限最长不得超过一年。停业期间,许可证正副本交由原发证机关暂行保存。4. 依法恢复营业,停业期满或者提前恢复营业的,持证人应当提出恢复营业的申请,办理相关手续后方可恢复营业。5. 依法补办,持证人在有效期内遗失或者损毁许可证的,应当向原发证机关申请补办许可证。6. 依法歇业,发生《烟草专卖许可证管理办法》规定的有关情形时,持证人或者利害关系人应当在规定情形发生后 30 日内申请歇业。7. 重新申领,烟草专卖零售许可证的持证人因主体、企业类型或者地址发生改变的,应当重新申领烟草专卖零售许可证。

2001 年,省局印发《加强卷烟经营零售许可证管理的通知》,要求各市烟草专卖局严格执行烟草专卖许可证管理制度,经营卷烟必须办理烟草专卖许可证,全面实现入网管理,并对经营户进行全面清理,建立许可证发放明细登记制度和统计季报制度。各市局负责收集、分类、汇总,核发工作自 2001 年 12 月 20 日开始,至 2001 年 12 月 28 日止。12 月,省局转发国家局《推迟换发烟草专卖许可证及做好核发烟草专卖许可证延长有效期限工作通知》,明确各生产、经营及个人领取的各类烟草专卖许可证,有效期延长至 2003 年 12 月 31 日止。

2003 年 9 月,省局转发国家局《适用烟草专卖许可证管理办法有关问题的通知》,明确取得专卖批发企业许可证的主体资格,烟草企业内不具备法人资格的单位单独申领批发许可证,经营外国烟草制品零售业务的从业资格。11 月,省局印发《统一换发烟草专卖许可证有关事项的通知》,涉及许可证换发时间、范围、换发方式、配置系统所需要的计算机硬件和软件、许可证内容、编号等 15 个方面的内容。

烟草专卖许可证管理系统自 2003 年 12 月 20 日正式启用。2004 年,省局印发《烟草专卖零售许可证换发有关事项的补充通知》,对换证所需材料,营业执照等问题予以明确。要求换证材料可先行保存复印件,等换完新证再行扫描录入,烟草专卖许可属前置程序,无论是否有工商营业执照,都应先行申办或换发。

2004 年 5 月,省局转发国家局《核发烟草专卖零售许可证适用合理布局规定有关问题的通知》。《通知》规定,卷烟零售点的合理布局规定可由县级以上(含县级)烟草专卖局制定。制定合理布局需举行听证,对不符合合理布局的,要说明理由并出具不予办理通知书。7 月,根据国家局的要求,江西省范围内从 7 月 1 日起取消烟草专卖许可证收费。

2007 年,国家发改委颁布《烟草专卖许可证管理办法》,《办法》对烟草专卖许可证的分类、申请及受理、审批与发放、管理使用及监督作出规定。

至 2010 年,全省持有卷烟零售许可证经营户 256444 户。

准运证

烟草专卖品准运证是国务院烟草专卖行政主管部门根据《中华人民共和国烟草专卖法》有关规定统一制定的,省局依法负责签发江西省范围内的卷烟、雪茄烟、烟丝、烟叶、复烤烟叶和卷烟纸等专卖品准运证。

1994 年,国家局发布《烟草专卖品准运证使用管理规定》,明确国家局签发的准运证是全国范围有效,省际运输国产卷烟、雪茄烟、烟叶、复烤烟叶、烟丝、卷烟丝,必须持有调出调入双方省级烟草专卖局签发的准运证和国家烟草专卖直属的各业务主管部门及中国卷烟批发市场鉴章的购销合同,无鉴章合同的,必须持有调出调入双方省级烟草专卖局签发的准运证,省际运输不得超过 45 天。

1998 年 5 月,国家局颁布《烟草专卖准运证管理办法》,规定准运证由省级以上烟草专卖行政主管部门签发,特殊情况,可委托省级以上烟草专卖行政主管部门代签。准运证只能一次使用,省际运输有效期限最长不得超过 35 天。

1998 年,省局根据国家局《烟草专卖准运证管理办法》,制定印发《江西烟草省内运输烟草专卖品准运证管理办法》,明确全省省内烟草专卖品准运证的签发、申办、省内运输烟草专卖品准运证的使用及监督与检查以及罚则、附则。

2000 年,省局下发《省内运输烟草专卖品必须开具烟草专卖品准运证的通知》,重申烟草生产经营部门必须带头严格执行《中华人民共和国烟草专卖法》,省内跨县(市)运输烟草专卖品必须持有烟草专卖品准运证。如有违反一经查获,将从严按照烟草专卖法律法规规定处罚,并对责任人按照内管规定、烟草行业行政处分暂行规定严肃处理。

2001 年 1 月,省局开始启用省内烟草专卖准运证专用章。

烟草专卖准运证专用章

图 4-1-1

江西省烟草专卖局准运证专用章

江西省烟草专卖局委托市局
开具准运证使用编号专用章

2001 年 8 月，启用烟机和烟用物资准运证计算机网络管理系统，同时对启用时间、适用范围以及管理的有关问题予以明确要求。

2001 年 12 月，国家局通知办理烟草专卖品准运证使用申办单的规定，要求自 2002 年 1 月 1 日起，凡办理跨省、自治区、直辖市及省内、区内运输烟草专卖品准运证的必须使用申办单。

烟草专卖品准运证申办单样

图 4-1-2

开具准运证号：(　　　　　　)至(　　　　　　)

<table>
<tr><td colspan="2">专卖品种类</td><td colspan="6"></td><td colspan="3">合同(调拨单)号</td><td></td></tr>
<tr><td colspan="2">调出单位</td><td colspan="6"></td><td>调入单位</td><td colspan="3"></td></tr>
<tr><td colspan="2" rowspan="2">运输方式</td><td>直运</td><td colspan="6"></td><td colspan="2" rowspan="2">准运证份数</td><td rowspan="2"></td></tr>
<tr><td>联运</td><td colspan="6"></td></tr>
<tr><td colspan="2">发货地点</td><td colspan="2"></td><td colspan="3">到货地点</td><td colspan="2"></td><td colspan="2">申请运输期限</td><td>(　　)天</td></tr>
<tr><td colspan="2">品名</td><td>规格</td><td colspan="5">数量</td><td>品名</td><td colspan="2">规格</td><td>数量</td></tr>
<tr><td colspan="2"></td><td></td><td colspan="5"></td><td></td><td colspan="2"></td><td></td></tr>
<tr><td>申请单位</td><td colspan="4">(盖章)
负责人：
经办人：
年　月　日</td><td>开证单位</td><td colspan="4">批准人：
经办人：
年　月　日</td><td>备注</td><td></td></tr>
</table>

2002 年 5 月，省局专卖处会同有关部门于 5 月 15 日—16 日对全省部分卷烟生产、经营企业，从生产、运输、经营环节进行监督检查。被检查的生产、经营企业大多数遵守烟草专卖法律、法规和规定，依法生产经营，检查组通报批评存在不规范问题的生产、经营企业，并责令立即整改。7 月，为了加强烟草专卖品准运证的管理，规范烟草专卖品流通秩序，省局转发国家经济贸易委员会《烟草专卖品准运证管理办法》。该《管理办法》共分为 6 章 38 条，包括总则、准运证的签发、办理程序、监督管理、罚则、附则。根据《管理办法》规定，申请办理烟草专卖品准运证的单位一般情况下为依法持有生产经营类烟草专卖许可证的法人企业；非法人企业运输烟草专卖品的，要由其上属具有法人资格的企业提出烟草专卖品准运证办理申请。烟草专卖品准运证的有效期限，应当由签发机关根据申请人申请运输烟草专卖品的运输距离、运输方式等情况进行合理确定；公路运输最长不得超过 20 天，其他运输方式最长不得超过 30 天。烟草专卖品准运证的有效期限，从签发之日开始计算。同时，准运证只能在有效期限内使用 1 次。9 月，省局制定下发《江西省烟草专卖品准运证管理办法》。《管理办法》分 6 章，包括总则、准运证的签发、申请条件和办理程序、监督管理、罚则、附则，共 31 条。

2003 年，国家烟草专卖局开始启用烟草专卖证件管理系统，所有准运证的签发均按程序依法办理，并通过专卖证件系统进行网上审批、网上制证、网上打印。系统中烟草专卖品准运证分为烟叶准运证、卷烟准运证和烟机、烟用物资准运证。

2006 年 7 月,省局通知进一步规范烟草专卖品准运证开具工作,要求上饶、吉安、赣州在开证过程中,在省局授权范围内开具烟草专卖品准运证;认真审核申办材料;严禁超计划开具准运证。7 月,国家局印发《启用 2006 版烟草专卖品准运证的通知》,《通知》规定准运证启用时间、适用范围、准运证样式以及防伪设计等内容。

烟草专卖品准运证样(2000 版)

图 4-1-3

(　)烟专运字 NO　　　　微机编号:　　　　合同(调拨单)编号:

<table>
<tr><td>调出单位</td><td colspan="2"></td><td>调入单位</td><td></td></tr>
<tr><td>品名</td><td>规格</td><td>单位</td><td>数量</td><td>起止地点</td></tr>
<tr><td></td><td></td><td></td><td></td><td></td></tr>
<tr><td colspan="2">运输方式</td><td colspan="2">有效期　　日</td><td>开证日期　　年　月　日</td></tr>
<tr><td>备注</td><td colspan="3"></td><td>签发机关(印章)</td></tr>
</table>

经办人:　　　　批准人:　　　　领证人:

专卖管理许可证系统运行上线之前,所有准运证均以纸质手工形式开具,数量较大,难以统计分类。系统运行后,问题得到较好解决,准运证开具数据准确统计、合理分类、及时汇总。2008 年—2010 年,以省局为例,总开具卷烟准运证 23427 份,烟叶准运证 7058 份。

携带证

根据法律法规和国家烟草专卖局的管理要求,异地携带卷烟的专卖管理实行携带证制度。《中华人民共和国烟草专卖法》第 23 条规定,邮寄、异地携带烟叶、烟草制品的,不得超过国务院有关主管部门规定的限量。关于异地携带卷烟的管理规定散见于准运证管理文件中,个别规定之间甚至还有矛盾,始终没有形成专门、完备的管理规定。

2008 年,国家烟草专卖局印发《关于规范异地携带卷烟管理和携带证使用的通知》,对异地携带卷烟数量、烟草专卖品个人携带证开具和使用做了具体规定。明确个人携带最高限量为每人次 50 条,工商企业公务人员跨地(市)携带业务用烟为每人次不得超过 250 条。携带证最长期限不得超过 10 日。烟草专卖品个人携带证样式由国务院烟草专卖行政主管部门确定,统一制作后,分发各省级烟草专卖行政主管部门。

烟草专卖品个人携带证样

图 4-1-4

推带人单位：　　　　　　　　　　携带人姓名：　　　　　　　　　　编号：

<table>
<tr><td>品　名</td><td>规　格</td><td>计量单位</td><td>数　量</td><td>起　止　点</td></tr>
<tr><td></td><td></td><td></td><td></td><td>自　　至</td></tr>
<tr><td></td><td></td><td></td><td></td><td>自　　至</td></tr>
<tr><td></td><td></td><td></td><td></td><td>自　　至</td></tr>
<tr><td></td><td></td><td></td><td></td><td>自　　至</td></tr>
<tr><td></td><td></td><td></td><td></td><td>自　　至</td></tr>
<tr><td colspan="5">有效期(　　),过期作废</td></tr>
<tr><td colspan="3">签发单位：
(盖章)年　月　日</td><td colspan="2">备注：</td></tr>
</table>

经办人：　　　　　　　　　　　　　　批准人：

卷烟工商企业的公务人员申请办理烟草专卖品个人携带证,应当向有权签发烟草专卖品个人携带证的烟草专卖行政主管部门提交书面申请,并加盖所在单位公章。书面申请内容应包括:携带人姓名、所在单位及部门,需携带卷烟的牌号、规格和数量,携带起止地点和携带人选乘的交通工具,申请期限及携带卷烟事由说明等。

烟草专卖品个人携带证的签发机关应当根据携带起止地点的距离、携带人选乘的交通工具,结合携带人的申请期限,合理确定烟草专卖品个人携带证的有效期限。烟草专卖品个人携带证的有效期限,从签发之日起计算,最长不得超过 10 日。烟草专卖品个人携带证仅限携带人本人使用,不得转借他人。烟草专卖品个人携带证原件应随携带的卷烟同行,证货相符。一份烟草专卖品个人携带证只能签发给一名携带人。

烟草专卖品个人携带证的签发机关应当将申请材料及烟草专卖品个人携带证存根存档保存,保存期为 3 年。

2009 年,省局印发《江西省异地携带卷烟和烟草专卖品个人携带使用管理规定》,明确个人可携带卷烟的数量,签发机构,使用有效期限等。规定个人乘坐车、船、飞机等交通工具,跨地(市)携带卷烟的最高限量规定,个人乘坐车、船、飞机等交通工具,跨地(市)携带卷烟的最高限量为每人次 50 条。个人在最高限量以内携带卷烟,不需办理携带证明。卷烟工商企业的公务人员跨地(市)携带业务用烟规定,卷烟工商企业的公务人员跨地(市)携带业务用烟,超过个人携带卷烟最高限量的(每人次 50 条),必须向烟草专卖行政主管部门申请办理申请烟草专卖品个人携带证。卷烟工商企业的公务人员跨地(市)携带业务用烟的数量每人次不得超过 250 条。携带证的有效期限,从签发之日起计算,省内最长不得超过1日,省外最长不得超过3日。

执法检查证

根据《中华人民共和国行政处罚法》《中华人民共和国烟草专卖法实施条例》等法律规定,参与行政检查的工作人员执行公务时,应当出示执法身份的检查证件。执法检查证全称烟草专卖执法检查证件,是烟草专卖管理人员在法定职权范围内依法执行公务时的资格和身份证明。烟草专卖管理人员依法执行公务时,应当持国务院烟草专卖行政主管部门统一制式、省级以上烟草专卖行政主管部门核发的检查证。

1996年,国家局清理整顿专卖执法队伍,在全国范围重新换发执法检查证。

2003年,全省烟草专卖开始办理新版行政执法检查证,并印发《申领换发新版烟草专卖执法检查证的通知》,《通知》规定新版检查证的申领、审批条件和程序,明确新版检查证的管理要求。要求申领对象必须取得全国烟草行业专卖执法人员统一考试合格证书,在专卖岗位从事专职专卖管理或稽查工作,聘用人员必须持有有效的当地政府法制部门颁发的江西省行政执法证,并与用人单位签订规范的劳动合同。对离开专卖岗位的人员,要及时收回检查证并填报注销申请表,上报省局。

2004年,国务院《全面推进依法行政实施纲要》明确要求,行政执法人员实行资格制度,没有取得执法资格的工作人员不得从事行政执法工作。根据国家局的要求,检查证由国务院烟草专卖行政主管部门统一制式,省级以上烟草专卖行政主管部门核发。

检查证正面样式

图4-1-5

2009年1月,省局制定《江西烟草专卖执法检查证管理办法》。《管理办法》分为5章,包括总则,检查证的申请和受理、办理、使用、样式、制作以及附则共26条。其中管理办法还规定,申领执法检查证应当符合下列条件:年满18周岁且具有完全民事行为能力;具有高中以上文化程度;能坚持原则、品行端正、忠于职守、遵纪守法;未受过行政记大过以上的行政处分或刑事处罚;在烟草专卖行政主管部门中直接从事烟草专卖管理工作;熟悉烟草专卖管理业务和相关的法律法规知识,并通过法律知识考试和业务知识考核(考试)。检查证有效期限最长为5年。当检查证有效期届满时,由县级以上烟草专卖行政主管部门负责收回本单位的检查证,交由省级烟草专卖行政主管部门统一销毁,省级烟草专卖行政主管部门将检查证核销情况报国务院烟草专卖行政主管部门备案。如果原检查证持有人确有需要继续持有检查证的,可以按照换领程序提出换领申请,并提交相应

材料。

《管理办法》还要求，各地市局登录江西省烟草检查证管理信息系统，由申请人所在县级烟草专卖局录入单位意见及检查证审批表内容，上传审批表原件至市级局，市局在收到材料 5 日内完成审核，同意的上传省局，不同意的，注明理由退回材料。省局在 10 个工作日内做出审批决定。

至 2010 年，全省烟草共发放执法检查证 2200 余个。所有执法检查证采取一人一证制，新进执法人员需参加省局法规处组织的执法考试合格后，方才申领检查证。专卖执法人员离职离岗，均需及时收回执法检查证，并由所在单位专卖管理部门向省局专卖处提出注销申请。

执法督察证

督察证是烟草专卖主管部门发给督察人员在法定职权范围内依法执行督察任务时的资格和身份证明。主要督察内容是法律、法规及规范性文件在本级和下级专卖机关是否得到认真贯彻实施，执法和遵纪中有哪些问题需要解决的；专卖机关和专卖执法人员中有哪些违法违纪问题需要纠正或向有关部门反映予以处理；是否存在有法不依、执法不严，甚至违法违纪等方面情况，需要采取措施予以纠正的；建立督察制度是加强和完善专卖机关内部监督机制和强化专卖队伍建设的重要举措，也是保护专卖机关、专卖执法人员和公民合法权益的途径。

2004 年，省局开始启用烟草专卖执法督察证，并对下属的各市、县局专卖执法活动进行全面检查、督促、纠正。5 月，督察证件的申领、签发、管理等内容进行明确：大设区市局指定 3 名，小设区市局指定 2 名本级局督察人员。申请督察证的人员，应当具备：有良好的政治、业务素质和良好的品行；具有大学专科以上学历；具有两年以上执法工作经历和法律知识、烟草专卖业务知识；在烟草专卖行政主管部门中直接从事烟草专卖督察工作；省级以上烟草专卖行政主管部门规定的其他条件。上报省局烟草专卖行政主管部门审批后，报国家烟草专卖局备案并领取证件。督察证启用时间自 2004 年 6 月 1 日起。至 2010 年，全省烟草共发放督察证 30 余个。

烟草专卖执法督察证版样

图 4-1-6

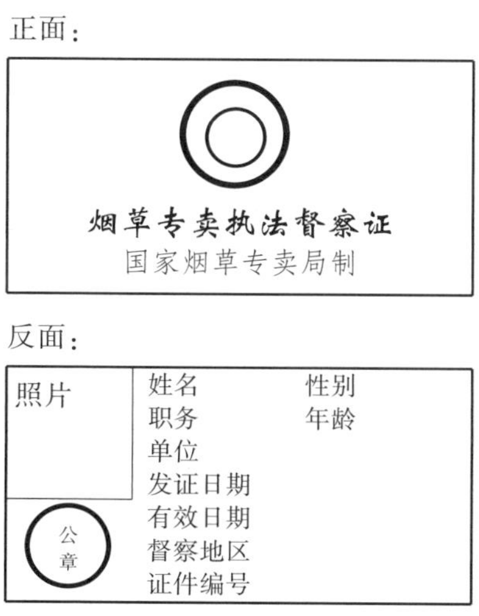

说明：

证件：长 84 毫米
宽 54 毫米

正面圆圈代表国家局公章式样
反面圆圈代表省级局缩微公章（直径：18 毫米）
照片：长 22 毫米
宽 31 毫米
高上墙 2 毫米
高左墙 4 毫米
公章与照片相隔 1 毫米
公章与底墙距离 2 毫米

文字排布格式与上图一致，使用小四号字。文字的最上墙（姓名一行）应与照片的最上墙相平，最下墙（证件编号一行）与公章下断相切。

证件编号需与持证人的执法标识号码一致。

烟草专卖执法督察证申领表样

图 4-1-7

填表日期:

<table>
<tr><td>姓　　名</td><td></td><td>性别</td><td></td><td>出生年月</td><td></td><td rowspan="3">照片</td></tr>
<tr><td>单　　位</td><td></td><td>入党(团)
时　　间</td><td colspan="3"></td></tr>
<tr><td>文化程度</td><td></td><td>参加工作
时　　间</td><td colspan="3"></td></tr>
<tr><td>籍　　贯</td><td colspan="3"></td><td colspan="2">民　　族</td><td></td></tr>
<tr><td>职　　务</td><td colspan="3"></td><td colspan="2">督察地区</td><td></td></tr>
<tr><td>个人简历</td><td colspan="6"></td></tr>
<tr><td>所在单位意见</td><td colspan="6">年　月　日</td></tr>
<tr><td>省级局审批意见</td><td colspan="6">年　月　日</td></tr>
</table>

第二节　行业监管

烟草行业监管是各级烟草专卖局对行业内所有依法取得烟草专卖许可证,从事烟草专卖品生产、销售和进出口业务的企业遵守烟草专卖法律、法规及有关规定的情况进行全过程的管理监督。监管对象包括:烟叶种植收购调拨企业;卷烟、雪茄烟、烟丝、烟草薄片生产企业;卷烟、雪茄烟批发企业;烟叶复烤加工企业;卷烟纸、烟用丝束、滤嘴棒、烟草专用机械生产企业;烟草专卖品进出口企业。

江西烟草行业内部监管主要是全省行业内两烟(卷烟生产经营、烟叶生产经营)生产经营企业进行监管,根据具体监管对象分为烟叶种植收购调拨企业监管、卷烟生产企业监管和卷烟批发经营企业监管。

2005 年之前,省局抽调地市局、县局专卖管理人员(驻厂员)到各个卷烟厂监督烟厂生产经营情况。2005 年始,省局在全省烟草专卖监督管理部门增设内管职能岗位,成立内部专卖管理监督处,归属专卖监督管理处,设置专职内管岗位,各地市局设立内管科,县区局设兼职内管员,至 2010 年,全省烟草商业共有内部专卖监督管理员 242 人。

2005 年—2010 年,全省烟草通过开展行业内部专卖管理监督重点检查,进一步健全机构,完善机制，狠抓落实，先后制订江西烟草行业内部专卖管理监督暂行规定、江西烟草行业内部专卖管理监督工作实施办法，对监督主体、监督对象和职责进行划分，对监督措施、考核、责任和追究等方面做了详细规定和要求，建立健全定期检查制度、内部专卖管理监督报告制度、举报监督制度、案件移交制度等规章。通过多年的集中整顿和内部专卖管理监督长效机制建设，全省行业两烟生产经营秩序得到改善。

烟叶环节监管

江西烟叶生产监管主要是对烟叶种植收购调拨企业生产经营活动全面的、全过程的监管，并形成监管记录，及时发现生产经营中的问题，并督促整改。烟叶种植收购工作主要由县级烟草公司实施，烟叶的加工、调拨、购销以地市级烟草公司作为主体进行，根据经营主体的不同和工作内容不同，江西烟叶监管主要根据烟叶生产经营的各个环节开展实施的，监管重点集中在三个阶段：计划分解及合同签订阶段，生产、烘烤阶段，收购及调拨阶段。从 2004 年开始，省局加强各项烟叶生产监管工作，完善规章制度，开展烟叶生产监督检查，及时有效地发现和遏制各类违法违规收购行为和异常现象。

工作机制　省局注重烟叶生产监管制度建设，加强烟叶生产经营的规范意识。2005 年，为加强对烟叶种植、收购、加工和经营的专卖管理监督，进一步规范烟叶生产经营秩序，省局制定《加强烟叶专卖管理实施意见》，进一步强调规范烟叶生产经营秩序，提高对烟叶专卖管理工作的认识，严肃查处烟叶收购中的违规违纪案件；加强内部监管，不准擅自经营和变相经营烟叶，严禁无合同、跨区域和擅自加价收购烟叶；加强烟叶加工调拨、仓储运输环节的专卖管理及对废弃烟草原料的监督管理；加强监督检查力度，重点加强烟叶产购合同、烟叶收购秩序、非烟叶产区过境烟叶的检查以及加强证件方面管理；制定处罚标准，对一些违法违规行为给予直接责任者和有领导责任者行政处分。2008 年，为维护烟叶计划的严肃性，印发《严格执行烟叶种植收购计划的紧急通知》，要求重点做到：切实维护行业各项规章制度；切实抓好控制烟叶生产规模的责任落实；切实加强对烟叶生产的内部专卖管理监督；严格执行责任追究制。2009 年，为进一步强调对烟叶的日常监管，印发《进一步加强烟叶收购调拨的紧急通知》，强调对烟叶种植、收购、调拨的七条要求和五条纪律。

七条要求是：1. 严格按合同收购，制止超计划收购；2. 完善服务措施，提高服务质量。推行收购预检制，技术员分片入户，帮助烟农售烟；3. 严格执行价格政策，及时兑现烟农货款；4. 坚持烟叶国家标准，确保等级质量；5. 强化专卖管理。严禁跨区收购，严厉打击内外勾结，坚决杜绝体外循环；6. 加强监督检查。成立烟叶收购工作督查组和质量检查组，检查国家各项收购政策的落实，协调毗邻边界收购秩序，检查收购和工商交接等级质量，接受社会监督；7. 健全领导责任制。

五条纪律是：1. 严禁不按合同收购，违者一经查实，视情节轻重，对直接责任人给予记过、记大过、降级、撤职处分；对负有领导责任者给予记过、记大过处分；2. 严禁跨区收购，违者一经查实，视情节轻重，对直接责任者人给予记过、记大过、降级、撤职处分；对负有领导责任者给予记过、记大过处分；3. 严禁加价收购，违者一经查实，视情节轻重，对负有领导责任者给予记过、记大过、降级、撤职处分;4. 严禁内外勾结,体外循环,非法从系统外收购烟叶,违者一经查实,视情节轻重,对直接责任者给予撤职、留用察看、开除处分;对负有领导责任者给予记大过、降级、撤职、留用察看处分;5. 严禁降低标准收购烟叶,凡执行国家烟叶标准不到位、收购等级合格率和工商交接等级合格率严重偏低的,全行业通报批评,视情节轻重,分别给予直接责任者和负有领导责任者记过、记大过、降级、撤职处分。同时对烟叶收购环节,经营、烟叶运输和仓储环节,废弃(含级外)烟叶环节实行严格的监管,并有详细的管理规定。

同年制定《烟叶收购、调拨专卖监管工作实施方案》,对烟叶收购工作进行重点考核,由烟叶收购考核领导小组从痕迹化管理、收购烟叶等级质量、费用管理、单项奖罚、评先创优五个方面,统一对产烟县、市级公司进行对标百分制考核,考核情况与相关责任人的工资奖金挂钩。明确烟叶收购工作奖罚措施,公布烟叶收购违纪违规监督举报电话,接受群众监督。

监督检查　从2004年开始,省局对各项烟叶生产及烟叶规范经营开展检查,重点对烟叶收购、调拨、运输的规范进行监督检查,整顿烟叶生产经营秩序,对检查中存在不规范烟叶经营行为的单位,省局依据国家局《2004年烟叶收购工作的要求和纪律》进行严肃处理,维护烟叶生产经营秩序。

2004年—2009年,烟叶监管突出把握重点,根据烟叶种植调拨各个环节开展实地调查。每年4月,开展全省烟叶种植合同签订及烟叶移载落实情况的检查,重点抽查烟叶种植合同签订和计划落实情况以及合同管理情况、烟叶移栽种植面积的进一步核实。5月,再次组织人员对检查中发现的问题整改情况进行复查。9月,开展对各产烟市、县公司和烟叶收购站(点)的烟叶收购、调拨检查工作,重点是全面检查对省局(公司)下达的收购计划执行情况、各产烟区合同签订情况,烟叶烘烤情况、预检情况、收购程序、烟叶调拨情况、进出存情况以及废弃(含级外)烟叶产生、处理情况。通过检查进一步加强烟叶监管,完善烘烤监管制度和表格,未发现有违规情况。同时在检查报告中要求产烟县和各烟站(点)汇总上报烟叶入出烤数、出烤有效杆数和出烤干烟重量数、平均单产、受灾情况等,准确掌握烟叶生产原始数据,为收购环节监管打下基础。各产烟区把12313市场监管举报电话宣传张贴在各烟叶站点的醒目位置,鼓励烟农、烟技员积极举报在烟叶生产、收购过程中发现的违法违纪行为。

2010年,开展烟叶监管专项检查,进一步细化烟叶监管项目,定期派驻专职烟叶监管员分赴产烟县实地抽查烟农的烟叶生产经营情况,全面检查烟叶种植面积计划、收购计划、调拨运输、烟农合同执行、烟种发放、烟苗点株、剩余烟苗回收销毁、烟叶烘烤、预检、库存、收购款、资金补贴发放等情况。省局(公司)开展对赣州、抚州、吉安、上饶4个地市的烟叶种植收购合同的检查,检查采取实地与烟农座谈、走访抽查商品化育苗农户、烟田实地点株等形式进行,了解掌握全省烟叶生产合同签订、育苗、移栽等实际情况,江西烟叶种植、烘烤、收购、调拨工作依法依规有序进行。

工业环节监管

2006年9月18日,全省根据国家局《烟草行业内部专卖管理监督实施意见》和省局《关于设立内部专卖管理监督办公室的通知》,成立省局驻江西中烟工业公司内部专卖管理监督办公室(以下简称驻江西中烟专卖办),主要负责对全省烟草制品、烟叶、烟丝滤嘴棒、专用设备等专卖品的计划、合同、加工、打扫码、调拨销售等日常监管,防止生产企业瞒产超产、体外循环、违规购销等情况的发生。

2006 年驻江西中烟专卖办成立,9 月任命第一任驻中烟办公室主任,先后组织人员赴山东、江苏、安徽等地考察学习,学习内容为专卖管理监督的长效机制建设情况。建立《江西烟草行业内部专卖管理监督暂行规定》,全面开展江西卷烟工业企业生产经营情况日常监管。2007 年 4 月,驻江西中烟专卖办第一次随同国家局检查组对江西中烟公司及所属各卷烟厂的内部专卖管理监督工作和 2006 年以后生产经营进行监督检查。2007 年—2010 年,驻江西中烟专卖办每年对全省卷烟工业企业进行一次全面检查,未发现重大违规情况。

卷烟计划　对江西工业企业卷烟生产监管主要是对工业企业生产计划、码段使用、车间机台产量等情况进行监督。监管方式以调阅上级下达的卷烟生产计划,包括生产计划通知单、生产计划调整通知单、码段计划、日生产计划表、卷包机台安排表、卷包和制丝车间机台产量月报表、报送备案的生产计划报表、码段使用报表、成品库卷烟入库报表等数据,与生产情况进行比对。经检查,2007 年下达生产计划数 95. 8 万箱;2008 年下达生产计划数 100. 8 万箱,实际生产 100. 8 万箱;2009 年下达生产计划数 105. 8 万箱,实际生产 105. 8 万箱;2010 年下达生产计划数 111. 8 万箱,实际生产 111. 8 万箱。2007 年—2010 年实际生产量均按生产计划组织生产。

卷烟准运　卷烟准运证监管是对工业企业成品卷烟销售及原辅材料等烟草专卖品运输过程中的监督。监管方式以调阅、核查成品卷烟准运证和卷烟原辅材料准运证,准运证开具情况统计表,以及按合同申请开具准运证等资料,与实际运营发生情况进行比对。经检查,2007 年—2010 年,江西卷烟工业企业销售的卷烟都开具准运证,卷烟原辅材料准运证数与实物相一致,宣传促销卷烟无证携带的情况通过整改,有明显的改善。

专用设备　烟草专用设备监管是对工业企业机械设备购进、维修、报废等过程的申请、批复及相关购置合同等情况进行监督。监管方式以调阅、核实烟草机械设备立项及预算文件、申请报告和上级批文、购置合同、烟草专用机械报废申请表等资料,与实际情况进行比对。经检查,2007 年—2010 年,江西卷烟工业企业共购进烟草专用设备 83 台(组),大修烟草专用设备 58 台(组),报废烟草专用设备 241 台(组),购进、维修、报废专卖设备手续齐全。

原辅材料　原辅材料的监管是对工业企业原辅材料的购进、使用,库存以及合同执行情况进行监督。监管以调阅、核查烟叶、卷烟纸、丝束、滤嘴棒等原辅材料下达的计划、合同以及入库、出库、库存和准运证数量。经检查,2007 年—2010 年,原辅材料购进、使用、库存和报废各项数据相一致。江西卷烟工业企业按计划购进、调拨原辅材料,并全部开具准运证。对检查发现的废弃烟草专卖品存在堆放混乱、仓储简单无护栏以及没按时报当地所属烟草专卖局问题,在提出整改意见后,已全部整改到位。

经营环节监管

江西烟草卷烟经营监管内容主要是卷烟、雪茄烟批发企业遵守烟草专卖法律、法规及行业规范经营有关规定的情况,是对辖区内卷烟、雪茄烟批发企业生产经营活动全面的、全过程的监管,形成监管记录,及时发现生产经营中的问题,并督促整改。卷烟经营监管主要是监督和约束卷烟经营单位的经营规范和有关业务人员的行为规范,涵盖卷烟购进、存储和销售的各个环节。

2005 年,省局在全省各级专卖监督管理部门增设内管岗位,2006 年全省烟草配备内管人员 134 人,至 2010 年内管人员增至 242 人,占比全省专卖管理人员的 11.59%。各地市级局按照国家局《关于加强专卖管理组织机构建设的指导意见》相继设立内部专卖管理监督机构。2008 年 5 月为广泛调动全员参与内部专卖管理监督工作格局,及时发现和查处各种卷烟违法违规行为,省局设立内部专卖管理监督举报电话 0791-86535167 和举报邮箱 neiguan_zm@ jx. tobacco. gov. cn。

2005 年—2010 年,省局注重内管人员培训,每年开设新进人员培训和业务技能培训,组织有关内管方面专家分片区到各个地市现场授课,累计授训人次达 1 万人。2008 年 6 月,为进一步提高内管水平,从全省选拔抽调省市县三级局部分内管专职人员赴全国内管试点先进单位山西省局进行为期半个月的内管工作跟班学习,以更新全省内管人员的工作理念,使内管工作更系统、更规范、更实效。

内管制度　2005 年 9 月,省局制定《江西烟草行业内部专卖管理监督暂行规定》,对卷烟批发企业专卖管理监督、烟叶生产专卖管理监督、卷烟生产企业专卖管理监督、卷烟原辅材料生产加工企业专卖管理监督等方面都做了明确要求。11 月,制订《加强全省烟草行业内部专卖管理监督工作的实施办法》,对监督主体、监督对象和职责进行划分,明确内部专卖管理监督的措施,考核、责任和追究等方面内容,为江西省烟草行业内部专卖管理监督提供有力保障。

2007 年,在原有内管制度的基础上,各市局建立健全管销联席会议、到货确认、供货公开监督、送货抽样、规范经营检查、违规责任追究等制度和规定,同时制订完善内管工作流程、内管工作要点、重点监管品牌和目录。

2008 年 6 月,出台《内部专卖管理监督考核暂行办法》,明确对长效机制的建立和执行、同级监管和日常监管、内管机构设置和人员配备、专卖行政执法监管、企业内控机制建设、教育培训工作等情况开展内部监管考核。考核纳入全省专卖目标考评,占考评总分的 30%,内部专卖管理监督考核结果作为各市局领导班子成员年终业绩评定和专卖目标考评奖励处罚的重要依据。8 月制订印发《内部专卖管理监督员工须知》,对营销、配送部门不规范经营行为以及客户经理、送货员、电访员、自营店等员工不规范经营行为进行明确详细的定义和阐述,有效防范违法违规经营行为发生。9 月制定《内部专卖管理监督责任追究暂行规定》,明确责任追究,坚持有法必依、有错必纠、有过必罚、教育与惩戒相结合的原则,对违反内部规定,不规范生产经营的单位和个人,按情节轻重要追究行政处分或经济处罚,《规定》中列举“两烟”(烟叶、卷烟)生产经营各个环节的不规范经营行为,并归纳内管监督过错行为的情形。对不规范行为有明确的行政处分要求。《员工须知》和《内部监管责任追究制度》的出台,使内部监管体系和长效机制进一步完善,对违规生产和违规经营的企业、个人违法违规敲响了警钟,也使全省内部专卖管理监督工作进一步夯实。

2009 年制定出台全省内管工作资料备案备查统一目录及标准,统一工作制度、标准、流程和考核,以及内管工作备案备查资料和目录统一标准,实现内管工作制度化、规范化、日常化。12 月开始在三个市局试运行,2010 年全省推广正式运行。2010 年 3 月,为进一步完善内部监管考核机制,出台《江西烟草内部专卖管理监督的考核办法》,对内管考核进行量化,明确考核内容为内部专卖管理监督各项制度措施的制订、完善、执行情况和内部专卖管理监督的实际效果,考核方式采取百分制,按定期考核和日常检查相结合的方式进行。考核周期为每半年进行一次。

信息平台　2008 年,省局着手开发建设专卖内管信息系统。内管系统主要包括日常监管、商业预警、烟叶预警、工业预警、流程处理、内务管理等 6 大功能模块。其中,烟叶预警、工业预警模块,由于没有对应的烟叶和工业系统,暂时在内管系统中只有预留的扩展接口,待将来有系统可立即对接数据。

日常监管功能是由内管人员主动监管,包括零售户停歇业监管、零售户属性变化情况监管、零售户销量异常监管等。

商业预警功能是内管人员通过查看系统自动跳出的预警,进行分析判断,确定预警是否正常,并对异常预警进行调查处理的过程,主要包括客户管理预警、订单预警、供货合理性预警、进货异动预警等。预警由系统根据预警计算规则自动计算并生成预警记录,预警计算规则包括异常订单预警规则、异常客户预警规则、供货合理性预警规则等。

流程处理功能是对内管员处理异常预警、举报投诉、上级交办等情况进行流程的定义。规范的内管工作流程,主要包括下发任务流程、上级交办流程、异常情况处理流程、下级上报问题处理流程、重点检查工作流程等。

内务管理功能是实现内管的规范制度管理、内部案件管理、责任追究管理等。

内管信息系统在 2008 年试运行基础上,2009 年 1 月 1 日起在全省烟草正式全面使用内管信息系统。组织全省内管人员进行 3 期内管信息系统功能和操作培训,并制订《江西烟草内部专卖管理信息系统操作及管理规范》,明确规定内管信息系统的操作管理和省市县三级内管人员每天的工作重点、工作时间等,保证全省内管信息系统高效运行。9 月,省局制定出台《全省烟草内部专卖管理监督信息系统使用管理办法》,进一步细化全省内管信息系统各岗位职责、操作管理,明确安全管理和责任追究规定。

专项治理　2003 年,烟草行业首次提出治理卷烟体外循环,也是江西烟草内部专卖管理监督工作开始。省局开展一系列的专项治理活动,治理内容包括全面落实卷烟到货确认制度、卷烟跨省流通的监管、违法违规经营行为查处。整顿卷烟经营秩序,初步建立治理卷烟体外循环的长效机制,治理工作得到国家局检查组的充分肯定。2004 年,按照国家局专项治理卷烟体外循环的工作部署,省局对全省 14 家工商企业根据规范经营自律能力的高低建立分类管理制度,成立 7 个检查组,以折单分摊、假入网形式进行体外循环为突破口进行检查。对 17 家工商企业的专项治理自查情况进行检查核实,对查出问题的单位有关负责人严格严肃处理,共处理 33 人,其中行政降级 1 人、行政记过大过 2 人、行政记过 5 人、行政警告 25 人,另有 50 人扣罚效益业绩工资,近 10 人被调离工作岗位。同年 6 月,省局下发通知对卷烟促销活动提出规范要求:各卷烟工业企业在省内为卷烟宣传促销而设立的办事处或派驻厂代表必须在省局专卖监督管理部门备案。各卷烟工业企业在各县(市)进行卷烟宣传促销活动,必须先报所在设区市级局专卖监督管理部门批准,在设区市必须报省局专卖监督管理部门批准。卷烟工业企业在赣办事机构或派驻厂代表一律不允许从事访销送货等经营性活动,以及以经济手段或其他变相的方式委托访销员、送货员从事经营和宣传活动。各级烟草专卖局要进一步规范卷烟工业企业在赣办事机构或派驻厂代表的卷烟促销活动。各市级烟草专卖局对工业企业在本地设立的办事机构人员要进行一次全面清理登记,对存在的问题进行整顿。2004年全省烟草专卖管理目标考评考核方案中,首次将卷烟到货确认监督到位和凭准运证入库监督到位等内容纳入考核。通过专项整顿和治理卷烟体外循环工作的开展,全省依法依规生产经营秩序明显好转。

行业检查　2005年—2010年,省局不断加强内部专卖管理监督工作,全省行业建立健全两烟生产经营全方位的内部专卖管理监督制度,烟叶种植收购、卷烟生产经营、专卖品辅助生产销售等一系列专卖管理监督制度;健全组织机构,充实内部专卖管理监督力量,加强监督检查,把内部专卖管理监督纳入目标考核管理。

2006年,省市局均成立内部专卖管理监督领导小组,落实各项责任制,建立内管自查工作逐级负责、层层问责的制度,企业厂长、公司经理作为企业法人代表,是内管自查工作的第一责任人,必须在自查报告和自查表上签字,对自查结果的真实性负责。同时将内管自查任务和责任分解落实到每一个相关岗位的具体人,使自查工作更具有针对性和操作性。2月,省局开展2005年全省烟草内部专卖管理监督检查工作,对卷烟生产企业、卷烟经营企业、烟叶生产经营企业、烟叶复烤加工企业以及相关烟草专卖品生产经营企业进行全面系统检查。4月—6月,组成自查督导组参与企业的内管自查工作,与有关企业一起对2005年的生产经营业务进行彻底清查,对企业自查中存在的问题提出指导意见;6月—7月,组织全省烟草认真开展内管自查回头看活动,各单位对内管自查工作进行认真总结。8月3日—31日,省局对全省烟草21个单位的内部专卖管理监督检查自查工作进行全面复查,内管复查工作取得阶段性成效,复查面达到100%。

2007年,省局接受国家局组织的行业内部专卖管理监督检查,重点抽查省局、赣州和景德镇市局。检查组充分肯定省局在组织开展专卖内管检查自查和复查查出的问题及整改、建立专卖内管长效机制等方面取得的成绩。为了巩固内部监管所取得的成绩,确保整改落实的问题不再重复出现,同年10月对全省烟草工业、商业企业开展一次内部监管检查,检查结果良好,未发现有重大违法违规生产经营问题。

2009年7月,国家局内部专卖监督管理检查组对江西烟草工商企业内部专卖监督管理工作进行为期7天的检查。分别对南昌烟草、九江烟草,江西中烟工业有限责任公司及所属南昌卷烟厂、井冈山卷烟厂就内管工作开展和两烟生产经营全过程等方面进行检查,检查组认为江西烟草内部专卖监督管理工作和两烟生产经营规范方面所取得的成效走在全国烟草行业前列。

同年,省局建立和落实内管情况通报制度,要求每月通报一次省市县级局专卖内管机构履责情况、定期检查和日常监管查处的问题、专卖内管工作好的经验和存在的问题以及重大违规案件等,作为年度专卖内管工作考核的重要依据,加大对工作进展不大的单位的检查督导力度,对监控发现的问题下发内部专卖管理监督质询函,并启动内管调查核实程序,全年各级局共处理内管信息系统各类预警197049起,其中正常处理175380起,启动调查核实程序21669起,预防和遏止一批不规范经营行为的发生。严格责任追究,2009 年,共行政处分 68 人(其中开除 8 人、撤职 1 人、记大过 8 人、记过 7 人、警告 44 人),经济处罚 75 人,通报批评 33 人。充分发挥内管信息系统功能,整顿治理不规范经营行为。各级内管人员充分发挥监管效能,找准查处违规经营的切入点、日常监管的突破口,突出加强对异常销量、异常订单、异常品牌、异常客户四异的重点监管,保证行业内部经营规范。

第三节　市场管理

1991 年—2010 年,江西烟草专卖管理历经从重营销、轻专卖,到以监管卷烟零售市场为主、以打私打假为突破口、从路查转为严格监管内外部的工作变迁。在打击违法违规经营卷烟上,省烟草专卖局与地方政府携手治理卷烟零售市场,彻底改变卷烟市场经营秩序混乱的局面,关闭和取缔全省 19 个非法卷烟批发交易市场,查处各类涉烟违法案件 390963 起,卷烟零售持证户数从 1991 年的 8622 户发展 2010 年的 19 万余户,零售户入网监管率 2010 年达到 95%、卷烟经营户持证率达到 98%、市场净化率达到 95%。

日常监管

20 世纪 90 年代初,烟草生产迅速发展,烟草市场比较活跃,假冒走私卷烟市场普遍存在,市场经营秩序比较混乱。1991 年—1992 年,省局根据省政府下发明传电报要求,进行整顿卷烟市场,强化边境地区专卖管理,查堵计划外卷烟。1993 年,省局成立打私打假领导小组,开展严厉打击走私、制销假冒商标卷烟犯罪活动,要求各级烟草部门不得以任何形式参与或支持贩私、销私和销假的犯罪活动;要主动配合、参与打击制售假冒商标卷烟和卷烟走私的犯罪活动;烟草部门工作人员若有徇私舞弊、渎职、贪赃枉法、包庇制售假冒商标卷烟和走私卷烟构成犯罪的,应移交司法机关处理;不构成犯罪的,要给予党纪、政纪处分。1994 年,省局以打击长途贩私、贩假,查处非法销私、销假,整顿卷烟市场作为检查重点,对 105 国道、206 国道及南昌子固路市场进行重点监管;同时,江西省人民政府还要求进一步加强专卖管理,严厉打击各种违法生产、经营活动,对未经国家批准擅自兴建计划外烟厂,无证经营、无证批发、无证运输和非法倒卖卷烟、制售假冒伪劣卷烟,以及擅自开办卷烟交易市场的行为进行重点打击。1995 年,省局进一步加强法制建设,加大宣传力度,继续清理整顿卷烟自由批发市场,为了调动专卖人员的工作热情和积极性,省局对全省专卖管理工作实行目标管理,并制定专卖管理工作目标考核办法。1996 年各地市局相继采取一些整治措施,抚州、萍乡、鹰潭市局将专卖管理目标予以量化。1997 年宜春市局 7 个县成立警务区、检察室加强市场整治,省局要求各地市局在卷烟条包上加贴卷烟区域标志、防伪标志,进行拉网式市场检查,对发现的市场整治力度不够、公开摆卖走私假冒卷烟、暗中倒卖卷烟以及生产厂家法制意识淡薄等行为问题进行严厉惩处。同时,请南昌电视台曝光焚毁假烟现场,以震慑违法违规分子,市场整治取得阶段性的成效。

1994年共查处各类违法违章案件7950起,查获卷烟42207箱,其中走私烟2604箱,查获并烧毁假冒卷烟7297箱。1995年查获并没收走私烟1716箱,焚毁假烟340箱。1996年没收走私烟1173箱,1997年1月至6月,没收走私烟24箱。1998年,查处走私烟114箱、假冒烟1520箱,取缔非法卷烟批发交易市场9个。

1999年,全省基层专卖管理所按照目标量化、分片包干、责任到人的原则,强化专卖管理人员的职责和考核。同时进一步规范卷烟流通渠道,落实卷烟销售加贴专卖标志制度,严防死守,巩固取缔非法卷烟交易市场的成果。

2000年,省局设立省烟草稽查总队、烟草专卖稽查支队、烟草专卖稽查大队,明确相应的职责范围、稽查管辖、办案程序和人员管理及稽查纪律。8月,全省烟草专卖管理网络建设现场会在抚州市局召开,会议观摩推广临川市唱凯镇专卖管理所实施户籍化管理的经验,标志着江西烟草专卖户籍化管理全面展开。为进一步提高市场净化率和市场占有率,江西烟草坚持以专卖户籍化管理为中心,服务为根本,全面下伸专卖管理网络,对持证经营户实行分类、动态管理,加强对市场的监管力度。省局开展创三无(无假冒烟、无走私烟、无计划外烟)城区、乡镇、商店、烟摊的活动,卷烟市场基本做到无公开摆卖假、私、非、超卷烟,经营户持证率100%,入网管理率达到90%以上。

2001年—2005年,省局提出专卖监督管理工作的三项目标:第一项目标:彻底纠正地方保护的专卖执法行为;第二项目标:加强行业内部管理,彻底遏制两烟体外循环;第三项目标:加强市场监管能力,基本建立规范的卷烟零售市场管理体系。至2005年,零售户发证率降至3‰左右,经营户入网管理率100%,市场净化率95%,确保不出现制假区域和非法卷烟交易市场。2003年,省局开展双诚信(诚信执法、诚信经营)活动,在上饶、抚州、吉安、赣州、南昌等市局试点,推动全省卷烟零售户诚信等级管理工作,以专卖管理信息化为支撑,初步实现诚信等级的规范化和标准化,全省共评出诚信示范户近千户,有效激发零售户诚信经营的自觉性和主动性。

2004年,省局积极探索推进社区化管理模式,9月在赣州市开展烟草专卖社区化管理现场会,动员部署专卖社区化管理工作。

2005年,各级局按照政府主导、部门联合、群众参与的原则,寓管理于服务中,稳步推进专卖社区化管理和零售户自律小组建设。全省有烟草专卖社区577个,社区开展面达到40%;成立自律小组2736个,参与自律小组卷烟零售户61538户,卷烟零售户(乡镇以上)参与自律小组率达85%;实现社会、行业、经营者、消费者四满意的目标。

2006年,省局要求各级局继续深入推进专卖社区化管理和零售户自律小组建设工作,在提供服务的同时,坚持对零售户依法管理,保护合法经营,查处违法经营,维护市场秩序,提高市场净化率。认真贯彻落实国家局加强县级烟草专卖局专卖管理工作意见,加强县局建设,强化县局专卖管理和市场监管的基础作用,坚持四不变:专卖管理职能不变、执法主体不变、属地管辖不变、监管市场任务不变。

2007年,全省保持卷烟打假打私高压态势,内外联动,与公安部门建立卷烟打假长效机制,深入贯彻落实联合打击制售假烟违法犯罪活动工作制度,加大执法人员打假业务培训和情报网络建设工作力度,提高打假破网工作质量和水平。深入开展专卖社区化管理和零售户诚信自律小组建设,实现烟草、社区、零售户共管卷烟市场。

2008 年，省局强化卷烟打假责任落实，打假工作重点从重查非法渠道烟转移到重打走私、假冒卷烟；从重查摊点转移到重破网络案件；将打击制售假烟网络案件纳入年度专卖管理目标考核体系，完成情况与专卖评先评优和县级局主要领导的收入挂钩。

2009 年 7 月，省局在宜春市万载县局召开全省烟草优秀县级局创建活动动员大会，要求各级局把创建工作纳入日常工作议程，按照重心下移、着眼基层、突出服务、加强基础的工作方针，建章立制、注重实效，建立创建活动长效机制。12 月，省局在宜春市万载县局和抚州市南城县局分别召开全省烟草县级局工作流程及规范试点现场会和优秀县级局创建工作试点现场会。要求各县级局推广试点工作经验，贯彻落实好县级局工作流程及规范，抓好优秀县级局创建工作；认真做好春节前后卷烟市场监管、年终各项检查、专卖管理调研及《江西省烟草专卖条例》执行情况总结和检查工作。2009 年优秀县级局创建验收达标单位 18 个。

2010 年，省局继续开展优秀县级局创建工作，紧紧围绕强化县级局基层执法主体建设这条主线，全面落实优秀县级局创建在班子建设、队伍建设、文化建设、内部监管、市场监管、证件管理和中队建设 7 个方面各项创建要求。2010 年优秀县级局创建验收达标单位 46 个，完成优秀基层达标率在 50%以上的工作目标。

专项整顿

20 世纪 90 年代初，一些无证经营单位和个人非法批发，降价倾销，市场失去控制，全省卷烟工业受到冲击，县一级烟草公司均发生经营性亏损，烟草专卖市场管理的形势非常严峻。

1991 年—1995 年，省人民政府要求开展烟草市场专项整治，加强烟草专卖管理，进一步清理整顿卷烟批发交易市场。省局开展打击制售假冒省产名优卷烟专项整治，打击非法运销、地下批发、倒买倒卖行为；打击走私、贩私进口卷烟，制造、销售假冒和手工卷烟的违法行为；取缔无证、无照经营和卷烟黑市交易；查处卷烟经营中偷漏税收、哄抬物价、欺行霸市等违法行为；查堵计划外卷烟；清理整顿卷烟批发、委托单位和零售单位及个体摊点。整治后，卷烟零售市场假冒、走私、非法批发卷烟经营行为得到有效遏制。

1994 年，省局深入开展“三打击一整顿”活动（打击非法走私、贩私、销私活动，整顿卷烟市场）。当年查办案件 7950 起，查获各类卷烟 42207 箱。其中走私烟 2604 箱，走私烟案件 1896 起，货值总值 3909 万元；罚没款 1288.69 万元；查获和烧毁假冒卷烟 7297 箱。

1996 年，省局组织与工商、公安、检察院、消协等部门开展打击制售假冒省产名优烟专项整治活动，集中人员、集中时间联合办公，集中力量开展拉网式的市场清理，以打私、打假为突破口，对各地的卷烟自由批发市场和委批点进行清理整顿，防止现存的卷烟批发市场成为假冒省产名优烟的交易所和集散地。

1997 年，省局清理整顿卷烟批发市场，查缴走私烟 829 箱，假冒烟 6555 箱，送公安机关的违法烟贩 7 人，摧毁省内制假窝点 3 处，卷烟批发市场明显萎缩。南昌市洪城卷烟批发市场经营户从

1995年的500多户减少到160多户;九江市批发市场经营户从1995年的100多户减少到60多户;抚州五皇殿批发市场经营户由1995年的130余户减少到65户,依法取缔吉安市水沟镇卷烟批发市场、万载县卷烟批发市场2个非法卷烟批发交易市场,卷烟流通秩序有所好转。1997年后,省局把清理整顿卷烟批发交易市场摆到专卖工作的首位,在全省范围内清理整顿卷烟批发交易市场,取缔卷烟批发户230户,取缔卷烟交易市场9个,即南昌县莲塘交易市场、东乡县卷烟交易市场、丰城市卷烟交易市场、樟树市卷烟交易市场、新余市新亚新抱石公园卷烟交易市场、贵溪市卷烟交易市场、南昌市洪城卷烟调剂中心、南昌市龙王庙卷烟交易市场、抚州市星洲卷烟交易市场。1998年,开展为期3个月的打假、打私专项整治活动,共查缴假冒卷烟1676箱,走私烟38箱,端掉制假窝点2个,端掉销假窝点79个,依法拘留违法烟贩96人次,判刑8人。1999年,全省关闭和取缔8个卷烟交易市场:乐平市赣东北卷烟交易市场、鹰潭市赣东商城卷烟交易市场、贵溪市卷烟交易一条街、九江市卷烟调剂市场、湖口县大岭卷烟交易市场、上饶市渡口卷烟交易市场、宜春市卷烟一条街、新建县昌北卷烟批发市场。1997年—1999年,全省共关闭和取缔19个非法卷烟批发交易市场,整顿卷烟批发市场工作通过国家局检查验收。

2000年,由省经贸委牵头,省局与省委宣传部、省工商局、技监局、国税局和公安厅联合召开江西省打击制售假冒商标卷烟专项整治活动新闻发布会,成立江西省打击制售假冒商标卷烟专项整治活动领导小组。2001年,省烟草专卖局、省公安厅在南昌联合召开全省打击制售假烟违法犯罪活动专项行动会议。赣州市重点整治非法拼装倒卖烟机、制假贩假行为;南昌市重点整治制假贩假及地下批发卷烟行为;景德镇市重点整治制假贩假及地下批发卷烟和暴力抗法行为;抚州市重点整治利群机械厂下属单位非法拼装倒卖烟机、制假贩假行为;上饶市重点整治制假贩假及地下批发卷烟行为。2000年—2004年,查获假冒卷烟3675箱、走私烟210箱,捣毁贩假窝点31个,摧毁制假窝点12个;查缴烟机18台、烟叶烟丝1361吨,违法犯罪分子判刑51人,劳教6人。全省卷烟市场公开摆卖假私非超卷烟现象明显被遏制。

2005年,省局相继在全省烟草开展代号为“夏日风暴”“金秋飓风”“冬季会战”等卷烟打假专项行动。“夏日风暴”打假专项行动,查处制假贩假案件109起,查获假冒卷烟384箱,走私烟38.6箱,非法渠道卷烟588箱,捣毁制假窝点5个,摧毁贩假窝点33个,查获烟丝烟叶97吨,切丝机19台,YJ14/23卷烟机组3台套,刑事拘留53人,行政拘留30人,判刑13人。“金秋飓风”打假专项行动,查处制假贩假案件1132起,查获假冒卷烟522箱,走私烟68箱;捣毁贩假窝点10个,查获烟丝烟叶96.51吨;刑事拘留75人,判刑18人,劳教1人。“冬季会战”打假专项行动,查获各类案件3908起,查处制假贩假案件691起,查获假冒卷烟392箱;捣毁制假窝点1个,摧毁贩假窝点14个;缴获大型烟草机械5台(套);拘留40人,判刑4人。2005年全省查获各类案件22729起,5万元以上大要案件237起, 10万元以上案件151起,破获制售假烟网络31个,符合国家局制售假烟网络标准的有4个;查获各类违法违规卷烟4537箱;摧毁贩假窝点92个,查获制假窝点5个、烟叶烟丝287.8吨;缴获大型烟草机械11台(套);拘留263人,劳教3人,判刑45人。

2006年,集中开展百日攻坚打击制售假烟网络专项行动,查处各类违法案件4355起,其中5万元以上大要案38起;查获假冒卷烟589箱、走私卷烟44箱、非正规渠道购进卷烟170箱;破获符合国家局标准的假烟网络案件3起，捣毁窝点3个；刑事拘留28人，判刑8人。6月中旬至9月底，在全省范围开展为期100天的打击非法经营大户的专项行动，打掉带有批发性质、辐射能力强的非法经营大户308户。

2008年，省局与省公安厅、省交通厅、省工商局、省质监局联合，先后在全省范围内开展代号为“金网1号”“金网2号”卷烟打假打私打非法经营专项行动。全年查处各类卷烟违法案件25910起，其中假烟案件5199起，5万元以上大要案件257起；查获假冒卷烟4141箱；摧毁贩假窝点67个；拘留279人，劳教4人，判刑87人。全省破获符合国家局标准的制售假烟网络案件20起、符合省局标准的制售假烟网络案件16起。其中，赣州、上饶、宜春、鹰潭各有一个假烟网络案件被列为国家局、公安部部督案件。

2009年3月，在全省开展打击制售假烟翻番工程专项行动，打击制售假烟网络破网数量及追刑力度达历年之最，全年查处各类卷烟违法案件25325起，其中假烟案件3351起，走私烟案件261起，5万元以上大要案件158起；查获假冒卷烟1616箱，走私烟36箱，烟叶烟丝59.44吨；拘留188人，劳教12人，拘役10人，判刑127人。破获符合国家局标准的制售假烟网络案件33起、符合省局标准的制售假烟网络案件18起。

2009年12月—2010年2月底，省局与省公安厅联合开展为期三个月的“金网3号”打击制售假烟网络攻坚专项行动，专项行动期间，联合公安、工商、质监部门出动执法人数40000余人次，组织18次大规模市场交叉检查、市场整治行动，查处各类卷烟违法案件4054起，5万元以上大要案34起，查获各类卷烟5235箱，拘留43人，劳教5人，判刑11人。

2010年，省局联合省公安厅、省通信管理局、省工商管理局等部门联合开展代号为“金网4号”打击非法经营烟草专卖品专项行动。省局与省公安厅等部门联合部署开展严厉打击利用互联网等信息网络非法经营烟草专卖品专项行动，全省查处各类涉烟违法案件23604起，同比下降6.8%，其中假冒商标卷烟案件2606起，同比下降22.2%，无证经营案件6090起，同比下降16.2%，非法渠道进货案件14079起，同比增长1.1%，无证运输案件297起，同比增长42%。查处各类违法卷烟2401箱，同比下降17.6%，其中真烟1598箱，同比增长23.1%，假烟803箱，同比下降50.3%；查处烟丝3.03吨，同比下降78%；查处烟叶51.7吨，同比增长33.7%。全省烟草破获符合国家局标准的制售假烟网络案件27起、符合省局标准网络案件16起，完成省标以上案件年任务的116%。赣州、抚州、宜春、鹰潭市局4起重大网络案件先后被国家局、公安部列为部督案件。

第四节　案件查办

案件查办是专卖管理工作的重要手段之一。依法打击不法卷烟制造和销售，才能保护国家的利益和消费者的利益不受侵害。江西烟草专卖管理部门，认真贯彻烟草专卖法和实施条例，借助公安、工商、质检、法院、检察院等部门的力量和手段，有力打击从事烟草的种种不法活动，维护烟草市场秩序。20年间，共查办大要案件2260起，查缴烟机32台，判刑539人，劳教42人。

举报机制

1998年,省局规定:对检举烟草专卖违法行为有功的人员按照该案罚没收入10%以上20%以下的标准给予奖励;没有罚没收入的,可按涉案物品货值金额10%以内的标准给予奖励。

2000年,省局要求:落实打假责任制,加大重点地区的打假力度,狠抓大案要案,设立卷烟打假专项奖励基金,建立打假报告制,向社会公布举报电话12313。

2008年,根据实际情况,对举报奖励规定进行细化,查获假冒一类品牌卷烟的,按货值的6%给予奖励;查获假冒二、三类品牌卷烟的,按货值的8%给予奖励;查获假冒四、五类品牌卷烟的,按货值的10%给予奖励,每案奖励金额最高不超过人民币5万元。查获制造、销售、运输、藏匿的假冒伪劣半成品卷烟的,按每公斤15元给予奖励,每案奖励金额最高不超过人民币3万元。查获销售、运输、藏匿的制假用烟叶、烟丝(经质检部门鉴定,烟草公司无法收购,卷烟工业企业无法利用)的,按每担(50公斤)给予30元奖励,每案奖励金额最高不超过人民币1万元。查获YJ14卷烟机、YJ13卷烟机、YJ23接嘴机、YJ22接嘴机、3000型包装机、嘴棒成型机等大型制假用烟机设备,按每台5万元给予奖励;查获新中国牌卷烟机、赣南牌卷烟机及生产能力与此类似的中型制假用烟机设备,按每台1万元给予奖励;查获其他电动分切烟叶、烟丝,电动卷制和包装卷烟烟机设备及生产能力与此类似的小型制假用烟机设备,按每台500元给予奖励;简易性分切、加工烟叶、烟丝设备,按每台100元给予奖励。查获用于制假的设备不能正常运转,按相应奖励额度的50%计算;无生产能力的制假设备,不予以奖励;查获印刷卷烟牌号商标和卷烟包装物品的,根据印刷规模和查获数量给予1000元至10000元奖励。对在全省有较大影响的大要案件的举报,需要提高举报奖励标准的,奖励数额可由各单位根据具体情况确定,报省局批准后方可执行。查办假烟案件属于无主案件的,举报奖按实际奖励基数折半兑现。举报行为被查实为骗取举报奖的,不予奖励。查获非法经营卷烟案件的,按照罚没款的10%~20%奖励。举报奖实行一案一奖。对两人以上(含两人)共同联名举报同一案件的,由联名者一起领取奖金。同一案件被不同举报人多次举报的,按举报时间的先后顺序,主要奖励第一时间举报人,但其他举报人提供的情况对查获案件有直接作用的可酌情给予奖励。

2009年3月16日,在全省范围内正式启用12313市场监管举报电话,仅1个月全省共接听举报电话41起,其中业务咨询5起、投诉11起、案件举报25起,根据案件举报查实17起。2010年底,全省烟草有332部打假打私举报电话。

2009年—2010年,12313市场监管举报电话接听1765起(不含无效举报投诉428起),其中案件举报824起,售假投诉420起、内管投诉4起、执法投诉89起、违法投诉1起、业务咨询427起。共查实投诉举报卷烟1582件,处罚金额102.62万元,查实执法投诉案件12起,辞退员工1人。

协办机制

2005年,省高级人民法院、省人民检察院、省公安厅、省局建立烟草制品打假协作机制,要求各司其职、各负其责,密切配合,严厉打击违反烟草专卖管理犯罪活动,并依法查处生产、销售假冒伪劣烟草制品案件,惩治违法犯罪分子。建立联席会议制度,有关职能部门定期召开联席会议,每半年召开一次,协调组织大要案的督促检查;负责疑难案件督导以及重点地区查处非法制售烟草制品违法犯罪案件的督促检查;指导、协办进入司法程序的制售假烟、非法拼装烟机、倒卖烟用辅料等重大疑难案件工作,出台协办奖励机制方案,定期开展评选卷烟打假先进个人、先进集体活动,对有突出贡献的单位和个人予以表彰奖励。

同年,福建、广东、浙江、安徽、湖北、湖南和江西省局第一届七省卷烟打假协调会在井冈山召开。这次会议,多方共同制定并发布闽粤浙皖鄂湘赣七省卷烟联合打假工作制度,制度除规定多方合作交流、定期调研以及互通信息外,明确重点打击对象是跨省制假贩假售假、走私贩私售私网络、为非法卷烟提供运输便利的托运单位、制假贩假团伙以及负案在逃的制售假烟违法犯罪分子。

2008 年,省局细化协办单位奖励补助。协助查处假冒卷烟案件,原则上按相应举报奖额度的 100%补助协办单位;协助查处制售假冒卷烟网络案件,原则上按法院最后认定涉案值的 5%~10%补助协办单位,每案补助金额不得超过 50 万元;协助查处涉烟非法经营案件,原则上按照罚没款的 10%~20%补助办案单位;独立查处假冒卷烟案件并移交给烟草专卖行政执法部门,每件卷烟补助 100 元;独立查处涉烟非法经营案件,并委托烟草专卖局处理罚没卷烟,变价款交由该委托机关上缴财政。

罚没卷烟

2007 年之前,对罚没卷烟的管理主要依据《中华人民共和国烟草专卖法》《中华人民共和国烟草专卖法实施条例》的相关规定,管理较为粗放。2007 年,为加强对罚没卷烟的管理,规范罚没卷烟的处理程序,国家局制定《烟草行业罚没卷烟管理办法》(试行),省局对涉案卷烟的保管、鉴别检验、处理程序、处理价格、财务管理、监督检查等程序方面提出具体工作措施,要求各级烟草专卖局对涉案卷烟的保管,在结案前要设立专门仓库进行分案管理和单独封存,指定专人负责并建立涉案卷烟台账、保管制度、涉案卷烟出入库交接表、涉案卷烟清查盘点、涉案卷烟统计报表、监督检查制度;依法收购或没收的卷烟必须进行真假烟鉴别和卷烟质量检验;其他执法机关委托烟草专卖局处理罚没卷烟,必须提交立案决定书、鉴别检验报告、罚没卷烟委托处理函、移送物品清单、行政处罚决定书或刑事拘留通知书、批准逮捕决定书、刑事判决书等相关文书,由所在地的同级烟草专卖执法部门负责办理交接手续,同时将案件情况抄送省局专卖处、同级人民检察院侦查监督部门备案后进入罚没卷烟处理程序。委托处理的罚没卷烟变价款全部交由该委托机关作为罚没收入上缴省财政或同级财政;购进罚没卷烟实行属地管理原则。所在地的地级市烟草公司销售部门根据立案报告、鉴别检验报告、指定收购书、行政处罚决定书或刑事拘留通知书、批准逮捕决定书、刑事判决书等相关文书,必须购进辖区内各级烟草专卖执法部门查处或其他执法机关委托烟草部门处理的罚没卷烟,并通过卷烟销售系统入网销售;依法收购、没收的罚没卷烟有包装破损、出厂时间超过两年等情况的,由查办案件所在地的地市级涉案卷烟估价小组进行认定。单牌号(规格)10 件以上或估值 5 万元以上的,报省局涉案卷烟估价小组核定。单牌号(规格)10 件以下(含 10 件)或估值 5 万元以下的,由地市级涉案卷烟估价小组进行认定,报省局备案后执行;各市级烟草专卖局每季度要对辖区涉案卷烟管理工作情况进行检查,每半年向省局报告辖区涉案卷烟的案件查处、仓储保管、销毁处理、变价处理、监督检查情况。把涉案卷烟管理工作纳入专卖管理目标考核中,并进行不定期抽查,对违规处理涉案卷烟、管理不规范的单位要进行通报批评和扣分。

大要案例

“5·15”百万元假烟案 2006年5月中旬,鹰潭市贵溪烟草专卖局稽查人员根据手机短信举报称夜晚常有人推销金圣卷烟,价格特别便宜。通过半个多月的蹲守,6月1日,贵溪市局稽查人员会同当地公安人员,在一处民房制假窝点查获大量假冒盖金圣、吉品金圣条盒、滤嘴盘纸等制假材料及成品假冒金圣系列卷烟,经清点,成品假冒金圣系列卷烟2.88箱,涉案金额7.83万元。经调查,此案涉及江西、浙江、云南、福建、湖北、河南、广东等多地,非法交易金额160余万元。查处涉案人员23人。

“9·21”生产制售假烟案 2006年9月21日凌晨,省局稽查总队、省公安厅治安总队、抚州市公安局特警支队一举端掉抚州黎川的一大型制假窝点,当场查获YJ14/22、YJ14/23卷烟设备2套,案值达1000余万元。此案涉及广东、福建、江西等地。现场抓获4名主犯、多名非法生产的犯罪嫌疑人,刑事拘留27名。

“2·3”销售假冒卷烟案 2007年2月,某卷烟消费者举报称他怀疑在张某某处购买的软中华卷烟是假烟。于都县局鉴别,初步判断为假冒商标卷烟。于都县局立即与县公安局经侦大队取得联系,在公安的配合下对百佳福超市依法进行检查,当场查获假冒盖中华卷烟5条,之后根据监控掌握的情况在2月4日凌晨对张某某经营场所也依法进行检查,在其仓库内依法查获假冒盖中华卷烟18条、假冒软中华卷烟8条。该批假冒卷烟均打有360700、360721专卖标识的激光喷码。经调查,涉案总金额1033.078万元,涉及运输、分销、零售三个环节和江西省、广东省、福建省3个省。刑事拘留12人,其中判刑2人。

“5·14”销售假烟网络案件 2007年5月,上饶市信州区烟草专局在城区查获胡某某的利群、520、万宝路、more等品牌违法卷烟4.4箱。因案情重大,信州区局立即将其移交区公安局,会同区公安局共同侦破案件,历经5个月的调查取证,该案涉案金额226万元(其中查实199万元),涉案人员26人,其中刑事拘留17人。

“7·17”千万售假网络案 2007年7月,南昌市烟草专卖局得知福建云霄县徐某某准备在南昌建立一个销售假冒卷烟网络。南昌市烟草专卖局与公安部门协作,经过一段时间监控,初步摸清该网络的情况及人员组成。徐某某负责从福建云霄提供假冒卷烟至南昌,并由中间人赵某某找分销商浙江临海人胡某某,分销涉及12个零售店,涉案金额超千万。9月19日,徐某某前往洪城大市场提货时,被当场抓获,此案共涉及17人,其中判刑2人。

“5·9”运输假烟案 2008年5月,鹰潭市局会同市公安局破获“5·9”非法运输假冒卷烟网络案。假冒卷烟主要流向山西、天津等地。涉案人员来自福建、江西、山西、天津、辽宁、黑龙江、吉林、内蒙古、河南、河北、山东、陕西、湖北等12个省市。涉嫌组织销售、运输，主要为云烟、玉溪、南京、红金龙、白沙、小熊猫、红塔山等系列卷烟15682箱。查实的假冒卷烟576箱，标值894万余元。8月15日省公安厅将此案列为省级挂牌督办案件，11月7日公安部和国家烟草专卖局将此案列为部级挂牌督办案件。此案涉嫌参与运输车辆20余辆，涉嫌承运、销售假冒卷烟人员50余人，其中刑事拘留12人，批捕4人。

“3·24”非法运输烟叶网络案　2009年3月24日，黎川县烟草专卖局会同县公安局接群众举报后，查获“3·24”宋某非法运输烟叶网络案件。经调查，黑龙江佳木斯市程某某通过当地人魏某某、赵某某收购烟叶，由宋某、张某某驾驶黑D18898的东风牌货车运输至福建云霄县，再由林某某接货并负责将货送到云霄县地下烟厂生产。生产的假冒伪劣卷烟再由林某某通过广州市冠通停车场山西货站业主陈某某运至山西省怀仁县，销售给曹某某，分销到河北、山西等地。经调查，此案是一个集非法收购烟叶、生产、运输、仓储、销售等环节的重大假烟网络案件，因从事假烟收购、生产、销售活动时间较长，已经形成固定产、供、销渠道，有组织的收购烟叶、固定的仓库进行仓储，有地下烟厂进行非法生产、有固定的下线人员进行销售假冒卷烟，具有明显的非法收购、生产、运输、储存、分销、团伙的特征，人员来自12个省17个地市。查实销售烟叶80余吨、假冒卷烟356箱，涉案金额406万余元。涉案29人，其中判刑2人。

“11·7”销售假冒卷烟网络案　2009年11月7日，赣州市章贡区烟草专卖局通过举报线索，在沙河花园别墅街2号及罗某某的住处内查获卷烟2.9箱，立即与公安机关成立专案组展开调查，锁定犯罪嫌疑人，通过调查取证，掌握当事人的基本违法犯罪事实，破获这起涉及面广、影响面大的销售假冒卷烟网络案件。该案涉及购进、储存、销售三个环节，查实涉案金额50余万元，刑事拘留2人，劳教1人。

“10·4”销售假冒卷烟网络案　2009年10月4日，在萍乡市公安局的协助下，抓获网上追逃人员欧阳某某。该案涉及购进、储存、销售三个环节，查实涉案金额51万余元，逮捕犯罪嫌疑人3人，其中判刑2人，劳教1人。

“11·21”销售假冒卷烟网络案　2009年11月21日，西湖区局在公安人员的协助下，抓获销假网络案的主犯杨某某、杨某某。专案组对当事人从福建云霄购进假冒卷烟，运至南昌市进行销售的情况逐一核实，该案涉及购进、运输、零售三个环节，查实涉案金额51万余元，判刑2人。

1991年—2010年全省烟草违法案件查处情况

表4-4-1

年份	查处案件数(起)	其中大要案(起)	违法卷烟(箱)	违法烟叶、烟丝数(吨)	罚没款(万元)	查获烟草机械(台、套)	涉烟网络(个)	刑拘(人)	判刑(人)	劳教(人)
1991	28543	—	—	—	1857.10	—	—	—	—	—
1992	12371	152	2287	—	940.00	—	—	—	—	—
1993	5865	—	—	—	1667.00	—	—	—	—	—
1994	9531	—	42207	—	1627.90	—	—	—	—	—

续表

年份	查处案件数(起)	其中大要案(起)	违法卷烟(箱)	违法烟叶、烟丝数(吨)	罚没款(万元)	查获烟草机械(台、套)	涉烟网络(个)	刑拘(人)	判刑(人)	劳教(人)
1995	15144	—	6396	2.46	2313.09	—	—	—	—	—
1996	9727	112	5487	47.70	1908.04	—	—	—	—	—
1997	—	82	8052	42.25	1636.06	—	—	—	—	—
1998	12275	61	9697	183.00	2764.91	—	—	—	—	
1999	74699	69	9903	6579.40	1826.63	—	—	—	—	—
2000	23827	81	3619	95.51	9112.93	—	—	—	—	—
2001	6413	73	3639	165.00	1985.31	—	—	—	—	—
2002	15680	67	5473	377.23	1845.20	—	—	114	12	6
2003	14751	177	2351	96.22	1993.07	5	—	69	23	—
2004	22559	106	3381	627.31	2646.57	13	—	45	16	—
2005	20729	237	5246	487.23	2114.86	2	31	171	35	2
2006	21251	196	6226	295.53	1803.67	4	22	219	47	7
2007	22759	230	7107	122.56	1365.25	4	21	191	73	6
2008	25910	257	8081	323.55	1824.02	—	36	283	87	4
2009	25325	158	2950	59.44	1652.94	4	51	188	137	12
2010	23604	202	2401	54.70	1360.15	4	43	246	109	5

第五节　法规宣传与执法监督

2003 年 2 月 10 日江西省烟草专卖局政策法规与体制改革处正式成立，主要负责承办法律咨询、行政复议、法制宣传教育，研究制定行业相关规范性文件，提出对地方性法规、规章、政策执行及行业体制改革政策措施，指导企业改革和专卖行政执法监督。

2003 年—2010 年，通过建章立制，建立健全烟草专卖零售许可、自由裁量权、行政处罚程序、行政复议、案卷评查等制度，使专卖行政执法迈入规范化、制度化轨道。各设区市局单独设立法规科，县区局配备法规员，并采取多形式开展普法宣传教育工作，努力提升执法人员素养和管理水平。对经济运行相关业务合同开展审核工作，规范业务合同管理，降低法律风险。至 2010 年，全省有法规人员 133 人，其中，省局 5 人，市级局 25 人，县级局 103 人；专职法规工作人员 30 人，兼职法规工作人员 103 人。

地方烟草法规

《江西省烟草专卖条例》于 1998 年 8 月 21 日经江西省第九届人民代表大会常务委员会第四次

会议通过,共32条,从烟叶生产到烟叶收购,从烟草专卖品生产到经营,从国产烟经销到进口烟销售,从烟草专卖品合法经营到烟草专卖品违法处罚,从烟草专卖品证件核发到烟草专卖品证件管理,从烟草专卖品省内运输到烟草专卖品省际运输等各个领域的活动都做了明确的规范和规定。2002年9月27日,江西省第九届人民代表大会常务委员会第三十二次会议通过修改《江西省烟草专卖条例》的决定。修改内容主要是对烟草专卖品在生产经营过程中违法行为的处罚细化和补充。

《江西省烟草专卖条例》起草,主要依据《中华人民共和国烟草专卖法》、国务院《关于进一步加强烟草专卖管理的通知》、国家局《烟草专卖许可证管理办法》《烟草专卖品准运证使用管理规定》、国家局、国家工商行政管理局、公安部、海关总署《关于严厉打击卷烟走私整顿卷烟市场的通告》,国家局、国家工商行政管理局、国家技术监督局、公安部《关于打击制售假冒商标卷烟整顿卷烟市场的通告》和其他有关的烟草专卖法规。

普法教育

普法教育工作从1999年开始,主要内容是积极宣传宪法、国家基本法律、烟草专卖法律法规和与行业生产经营管理密切相关的法律法规。普法教育的主要对象是主要分为行业外部和行业内部人员,行业外部人员主要包括卷烟零售户、烟农和广大消费者等,行业内部人员主要是省、市、县烟草领导干部、专卖执法人员和生产经营管理人员。通过多年普法教育,不断推进依法决策、依法行政、依法生产经营工作。

普法工作五年规划　2000年—2010年,省局就“三五”“四五”“五五”普法工作制定普法工作要点和普法工作考核验收标准,在全省范围内开展普法总结验收活动。检查验收采取自查与抽查相结合的形式,对全省11个设区市局进行全面检查验收,不定期召开卷烟零售户座谈会,认真听取意见,主动接受社会监督。同时,经过自荐和验收评比,对成绩特别突出的单位和个人由省局推荐到国家局进行表彰,景德镇市局等12个单位获全省烟草法制宣传教育工作先进单位荣誉称号,陈龙等15位同志获全省烟草法制宣传教育工作先进个人荣誉称号。

法制宣传　1998年8月21日,省第十九届人民代表大会常务委员会第四次会议通过《江西省烟草专卖条例》后,在全国各类报纸刊登全省烟草打击假冒卷烟活动和宣传法律法规文章385篇,电台广播1100余次。自2001年起,每年11月至12月组织全省烟草开展“12·4”法制宣传日活动,围绕宪法、烟草专卖法律等内容,以举办领导干部理论专题研讨班、法治讲座、党组中心组学习、法律知识竞赛形式,以标语、宣传栏、黑板报、橱窗、网络、座谈会为载体向全体员工和广大零售户、烟农开展宣传普法活动。

烟草法规学习培训　1999年—2010年,先后围绕《中华人民共和国烟草专卖法》《中华人民共和国烟草专卖法实施条例》《烟草专卖品准运证管理办法》《烟草专卖行政处罚程序规定》《烟草专卖许可证管理办法》《江西省烟草专卖条例》《中华人民共和国行政许可法》《中华人民共和国公司法》《中华人民共和国劳动合同法》《中华人民共和国行政复议法》等法律法规举办培训班。培训对象主要是专卖执法人员及中层以上管理人员,培训后统一组织考试,考试成绩进行备案。至2010

年,组织培训班20余次,考试及格率为100%。

普法考试 每年均组织开展全省烟草干部职工普法考试,考试由省局统一命题,各市局法规部门负责考务工作,个人考试成绩均记录在册。从2003年起,组织开展全省烟草经营管理人员法律知识统一考试。各单位在考前均开展考前培训,以省局统一印发的生产经营一线员工专卖法律法规知识考试学习资料作为培训教材,考试合格者由国家局统一制发全国烟草行业经营管理人员法律知识统一考试合格证书,并以此证书作为从事烟草行业经营管理资格的必备条件和业务经营人员考核定级的重要依据。

上岗考试 2002年开始对新增执法人员,根据国家局严格考试、合格发证、持证上岗、佩徽执法精神和要求,开展上岗考试。省局组织全省烟草专卖、稽查及法规工作人员参加全国、省、市三级专卖执法人员执法资格考试,考试合格者由国家局统一颁发烟草专卖法律考试合格证书,作为专卖管理和执法工作的门槛。考试之前,各市局均组织对考试不合格、漏考及新增专卖执法人员进行培训和考试,聘请具有丰富教学经验的专家、教授授课。持有烟草专卖法律考试合格证书的人员向省局提交执法证的申请,由省局进行审核,审核通过后核发检查证。

执法监督

2006年8月29日,省局制定《江西烟草专卖行政执法社会监督员管理办法》,在全省烟草建立烟草专卖行政执法社会监督员制度,对烟草专卖行政执法部门和专卖执法人员依法履行职责、行使职权、文明执法情况进行评议和监督,建立烟草专卖行政执法外部监督机制,从卷烟零售户、消费者或者公职人员等系统外聘请监督员,实现省、市两级聘请、两级管理制度。省局在各设区市聘请1至2名、市局在各县聘请1名监督员,全省烟草聘请68名烟草专卖执法社会监督员。2010年8月3日,省局印发《法规机构设置及工作职责》,明确各设区市局单独设立法规科,人员编制2人~4人,各县级局至少配备1名专职法规员,正式建立全省烟草法规机构和执法监督队伍。在制度建设方面,制定烟草专卖行政执法立案工作制度、回避工作制度、调查取证工作制度、案件移送工作制度、送达工作制度、听证工作制度、行政处罚执行工作制度、案卷评查工作制度、行政执法层级监督工作制度、行政执法内部监督工作制度、行政执法罚缴分离制度、案卷归档工作制度、行政处罚自由裁量权适用规则及规范行政处罚自由裁量权执行标准和行政处罚案件法律审核监督制度共计14项制度,建立烟草专卖行政执法的内部制度体系。

专卖行政执法责任制考核 2001年7月26日,在全省范围推行行政执法责任制评议考核制。年初制定行政执法责任制考核评议办法,考核范围涉及组织领导、专卖执法主体依据和职责分解、专卖执法及法制内部监督制度建设和执行、法制宣传教育、行政执法内部监督、行政处罚自由裁量权执行、案卷评查、创新专卖执法方式和执法机制等方面。年末,省局成立由法规处、人事处、专卖处和监察处等部门组成的考评组,负责每年各市局专卖行政执法责任制落实情况的考核评议。考核评议主要采取听取各单位关于执法责任制工作情况汇报、查阅各单位相关档案资料、抽查县级局和中队行政执法责任制度分解落实情况、召开卷烟零售户座谈会、抽样问卷随机调查管理相对人对

专卖执法的满意程度等方式进行。2006年，赣州、萍乡、抚州烟草获全省专卖行政执法责任制先进单位荣誉称号。2007年，九江、南昌、鹰潭烟草获全省专卖行政执法责任制先进单位荣誉称号。2008年，南昌、宜春、萍乡烟草获全省专卖行政执法责任制先进单位荣誉称号。2009年，赣州、萍乡、抚州烟草获全省专卖行政执法责任制先进单位荣誉称号。2010年，吉安、新余、赣州烟草获全省专卖行政执法责任制先进单位荣誉称号。

执法案卷评审　自2006年起，省局每年组织开展全省烟草案卷评查工作；省局案卷评查工作主要是从各地市、县区局随机抽取不同类型的案卷，由各地市推荐的案件审理员作为评查人员进行交叉评查。评审活动严格按照《江西省烟草专卖行政处罚案卷评审标准》（试行）《江西省烟草专卖行政许可案卷评审标准》（试行）以及烟草专卖管理员岗位技能鉴定培训教材的标准进行。评审内容主要有行政执法主体是否合法；行政执法适用的法律、法规、规章是否正确；行政执法事实是否清楚，证据是否充分，定性是否准确；行政执法程序是否合法，内部运作程序是否规范；做出的行政处罚决定是否合法、适当；是否遵循行政处罚自由裁量标准作出行政处罚决定；行政执法文书、案卷材料是否完整齐备，文书使用是否规范，卷宗制作归档是否符合标准；当事人的合法权利是否依法予以维护；其他需要评审的内容。评审结束后，对结果和存在的问题进行通报，要求各单位整改，对先进单位进行表彰。至2010年，省局组织开展6次案卷评查活动，专卖执法案卷制作更加规范。

执法人员资格监督　2009年9月2日，省局对全省烟草所有专卖执法人员的执法证件进行全面清理，严格审查，并对所有专卖执法人员信息实行档案化管理。专卖执法人员的姓名、单位变动后，需及时上交老检查证进行注销，后申办新检查证。执法证有效期截止前一个月，申请更换新检查证。专卖执法人员调离专卖岗，需将执法证上交本单位，由本单位提交省局进行注销。至2010年，全省烟草执法证的持有人数2189人。

执法主体资格监督　2006年5月26日，省局对全省各级局的执法主体资格证书进行认真清理，对不具备执法主体资格的地市直属局提出整改意见，促进各地市局撤销直属局，成立区级烟草专卖局。2008年2月4日，在全省范围内开展烟草专卖行政执法主体资格认定管理工作。该证由各市、县局申请，提交规定的材料，省局审核认定后报省政府法制办统一核发。至2010年，全省共110个单位具有烟草专卖行政执法主体资格。

执法标志监督　1999年12月27日，省局在南昌举行江西烟草专卖行政执法人员统一佩戴烟草专卖行政执法标志新闻发布会，首次统一烟草专卖行政执法标志。2004年3月，在全省烟草范围内开展专卖执法人员统一着装的清理整顿工作，将现有专卖执法人员的工作服装和徽章全部收回封存，对曾经在专卖执法岗位的工作人员的服装和徽章也基本收回封存。6月16日，在南昌统一销毁全省烟草清理回收的专卖执法大檐帽和执法标志。2005年3月，省局下发《全省烟草专卖执法徽章管理办法》，《办法》规定只有通过烟草行业专卖执法人员法律知识统一考试，才能取得执法徽章。徽章发放流程是由省局专卖处统计全省需求情况，法规处对人数和资格进行审查，审查向国家局上报书面材料。烟草专卖执法徽章实行定人定号管理，人号对应，离开专卖岗位的，需及时将执法徽章上交本单位，在30个工作日内将徽章提交省局进行注销。

执法事后监督　行政复议是对烟草专卖执法行为进行事后监督的重要手段。因行政相对人不服江西省各市级局做出的行政处罚或行政许可决定,由行政相对人向省局提出复议申请。行政复议工作机构是江西省烟草专卖局行政复议工作委员会,行政复议具体经办部门是省局法规处。行政复议实行书面审查制度,省局法规处以法律、法规、规章以及上级行政机关依法制定和发布的具有普遍约束力的决定、命令为依据,对具体的行政处罚或行政许可决定是否合法和适当进行审查,审查后提出意见,经部门负责人审核同意,报行政复议工作委员会集体讨论后,作出行政复议决定。省局应在收到复议申请书之日起60日内应作出复议决定。至2010年,省局未出现由市局作出的行政处罚和行政许可提出复议的案件,市局出现由县局作出的行政处罚和行政许可提出复议案件共3件,均维持原具体行政行为。

经济合同审核　经济合同的审核范围主要是包括买卖、租赁、技术服务、承揽、建设工程合同等各类经济合同,但不包括劳动合同。承办部门将相应材料提交法规处,法规处在3个~5个工作日内,对送审合同进行审核,主要从合同订立程序和实质性条款两方面进行审核,合同订立程序主要包括项目是否立项及项目是否列入年度预算;实质性条款主要包括合同条款的完备性、严密性、准确性和合法性。提出法律审核修改意见,填写合同法律审核表,并由法规处负责人复核签署意见。2006年—2010年,省局共审核把关合同和规范性文件270余份,提出法律意见602条。

第五章　科技教育

全省烟草始终坚持科学技术是第一生产力的指导思想,不断加强科技创新工作力度,1991 年—2010 年,科技研究队伍得到加强,至 2010 年,有高级职称 38 人、全国技术能手 4 人,全省烟草中专以上人员由 1991 年的 4814 人提高到 2010 年的 11368 人,增加约 138%。

围绕烟草生产经营需求,在烟草品种选育、育苗方式革新、栽培方式改进、烘烤工艺优化、卷烟生产配方及工艺改进、专卖营销、物流配送信息化等方面开展技术研究和技术革新。培育烟草杂交组合 3 个,筛选适应江西种植的优质烤烟品种 2 个,推广先进的湿润育苗,创新三段五步烤烟烘烤法,每亩烟叶产量由 60 千克提升至 150 千克,每支卷烟焦油平均值由 2000 年的 17.04 毫克降至 2010 年的 11.50 毫克。形成科研成果 33 项,其中省部级鉴定成果 7 项,获省、部级科技进步三等奖 6 次;形成专利授权 21 项,其中获国家发明专利 2 项。《应用中医药理论研究开发金圣牌新混合型高档卷烟》成果是江西烟草 20 年最重要科研成果之一。江西卷烟工业在此基础上,不断推进中草药降低卷烟危害的毒理学评价与机理研究、本草减害技术研究。

信息化建设起步于 1997 年,分别经历了初始、传播、控制等三个阶段,以建立推广实施的烟叶生产、收购、调拨管理信息系统、专卖管理信息系统、2005 版营销系统和卷烟生产经营决策管理系统(一号工程)为标志,逐渐实现部门间信息共享,信息系统覆盖了企业日常生产经营和决策管理全过程。

第一节　科研团队

全省烟草不断加大科技投入,重视科技人才引进和培养。1992 年,南昌卷烟厂成立新产品开发科研小组,开始开展添加中草药降低卷烟危害的研究;1993 年 10 月,江西省烟叶科学研究所成立;2004 年 9 月,组建南昌卷烟厂技术中心,2008 年 1 月,设立江西中烟公司技术研发中心;2009 年,赣州、吉安、抚州 3 个产烟市成立烟叶技术中心;省局(公司)在信丰、瑞金、峡江、宜黄等重点产烟县设立烟叶实验站;2010 年,省烟科所有高级农艺师 2 人、博士 2 人、硕士 4 人,江西中烟公司技术研发中心共拥有专职研究人员 75 人,其中博士 3 人、硕士 20 人、大学本科 26 人。

科研机构

广昌县驿烟研究所　20 世纪 70 年代初,广昌县驿前公社成立驿烟科学研究所,设在驿前公社农科所内,主要进行晒烟的栽培试验工作。1987 年 12 月,驿前公社烟科所升格为广昌县驿烟科学研究所,设在县农科所内,拥有实验土地 185 亩及生物培养、组织培养等全套设施。2009 年,县农科所撤销,驿烟研究所亦随之撤销。

省烟草质量监督检测站　1987 年,江西省烟草质量监督检测站成立,为全国烟草质量监督检测二级站,受省局(公司)直接领导,为独立法人,业务受江西省技术监督局和国家烟草质量监督检测中心指导。设有物检、烟气、常规及样品实验室,配有二级站所必需的仪器设备,为烟草制品及主要原辅材料的质量,提供准确可靠的检测数据;承担省内各卷烟厂新产品投产前的质量鉴定检测,以及卷烟质量认证检验和仲裁检验。1988 年,该站经省计量局计量认证合格。1990 年,经总公司验收认证合格,1993 年、1994 年,分别通过省计量局、总公司复查验收。该站设有卷烟评吸委员会,每月举办一次评吸会,为有关卷烟厂提供卷烟质量信息。2007 年,撤销法人资格,作为省局(公司)专业部门继续保留。

省烟叶科学研究所　1993 年,江西省烟叶科学研究所成立,由省局(公司)直接领导,成立初期设在江西农业大学内,聘任该校教授为所长,省局(公司)派出一名工作人员为所长助理,科研项目按实际需要确立,从江西农业大学、各地农科所、烟科所和卷烟厂聘任兼职研究人员,按课题项目签订科技合同,承担科研任务。2007 年,烟科所被撤销法人资格,2009 年重新恢复法人资格。

赣州市烟草科学研究所　1997 年,赣州市烟草科学研究所成立,成立时名称为赣州地区烟草科学研究所,为赣南科学院直属副县级事业单位,设办公室、植保室、育种栽培研究室、品质分析研究室等 4 个职能科室。2000 年赣州地区撤地设市,更名为赣州市烟草科学研究所。2009 年 2 月赣州市烟草科学研究所与赣州市农业科学研究所分立,4 月增挂赣州市旱作物科学研究所,新增科研管理办公室、开发办公室、经济作物研究室和财务科等 4 个职能科室。

南昌卷烟厂科研中心　1992 年 8 月,南昌卷烟厂新产品开发科技小组成立,开始开展添加中草药降低卷烟危害的研究,并进行市场调研和实验预研。1994 年 2 月 28 日,南昌卷烟厂新产品开发科技小组增加产品开发科研小组职能,下设工艺科和新产品开发办公室,负责工艺研究和产品开发工作。1999 年,南昌卷烟厂成立集产品开发、市场营销策划与质量检测体系等为一体的科研中心,内设"五室一站",即产品研究室、工艺研究室、原料研究室、金圣研究室、综合室和质量监督站。2001 年 3 月,南昌卷烟厂科研中心工作职责进一步扩大,负责产品标准制订、产品检测与放行、市场抽检、香精香料、产品研究、原料研究、工艺研究、装潢设计、知识产权、科技管理、科技信息、降耗、烟叶等级鉴定。2004 年 9 月,在科研中心的基础上组建南昌卷烟厂技术中心,内设"四室一办一站",即产品研究室、工艺研究室、原料研究室、理化生物研究室、综合管理办公室和质量监督监测站。南昌卷烟总厂技术研发中心成立后,南昌卷烟厂科研中心撤销。

南昌卷烟总厂技术研发中心　2005 年 12 月,南昌卷烟厂、井冈山卷烟厂、兴国卷烟厂联合重组为南昌卷烟总厂,随后成立南昌卷烟总厂技术研发中心,内设办公室、产品研究室、原辅材料研究室、工艺研究室、生化研究和三级站。2008 年 1 月,南昌卷烟总厂技术研发中心撤销。

江西中烟公司技术研发中心　2006 年 12 月,江西中烟公司设立技术研发中心,与南昌卷烟总厂技术研发中心一套人马两块牌子。2008 年 1 月,江西中烟公司撤销南昌卷烟总厂技术研发中心。

原南昌卷烟总厂技术研发中心人员成建制上划至公司技术研发中心，下设综合办公室、产品研究室、工艺研究室、原料研究室、金圣研究室、金圣文化研究所和质量检测站。2009 年 9 月，在金圣研究室的基础上组建本草香研究所。2010 年 8 月，增设科技管理室、材料研究室，产品研究室分设产品研究一室和产品研究二室。公司技术研发中心拥有 4600 余平方米实验研究场所及办公场所，设立产品研发、烟气分析、气相分析、液相分析、常规化学、质量检测等专业实验室，建立中草药添加剂精提研究等 30 余间特色实验室，配置了气相色谱仪、液相色谱仪、高效液相色谱仪、气质联用仪、液质联用仪、多功能离子色谱仪等总价值达 5000 万元的高级精密分析仪器，满足产品、工艺、原料、材料等各个领域的研究及分析检测需要。

烟叶技术中心　2009 年，赣州、吉安、抚州 3 个产烟市烟草局（公司）成立烟叶技术中心，作为市局（公司）一个部门，承担本级烟叶科学研究工作，与烟叶科合署办公。2010 年抚州市局（公司）烟叶技术中心单设。

烟叶实验站　2009 年，省局（公司）在信丰、瑞金、峡江、宜黄 4 个重点产烟县设立烟叶实验站，主要承担烟叶科学试验、新技术（新成果）的转化示范和生产技术调研等任务，并负责所在区域的病虫害预测预报点的工作。

科研队伍

20 世纪 90 年代，广昌县驿烟研究所有农技人员 252 人，省烟草质量监督检测站有技术人员 9 名，省烟叶科学研究所、赣州市烟草研究所亦有多名专职研究人员。

2009 年，省局（公司）开始组建烟叶三级研发服务体系，重新恢复省烟叶科学研究所事业法人，同时在赣州、抚州、吉安 3 个产烟市局（公司）及信丰、瑞金、峡江、宜黄 4 个重点产烟县成立烟叶技术中心和重点烟叶实验站，逐步充实科技研究队伍。

2010 年，省烟科所有人员 10 人，其中高级农艺师 2 人、博士 2 人、硕士 4 人；赣州市烟草研究所有人员 8 人，3 个产烟市局（公司）烟叶技术中心共有人员 9 人，重点产烟县实验站各有兼职实验员 2 人~3 人不等，各产烟县局（分公司）根据种植烟叶面积大小配备烟叶技术人员。全省共有烟技员 1093 名，其中赣州市 388 名、抚州市 432 名、吉安市 273 名，主要负责所辖片区内烟叶生产技术指导工作和新技术的推广工作。

2007 年—2010 年，江西中烟公司先后从郑州烟草研究院、河南农大、厦门大学、上海交通大学、中国科学技术大学、中国科学院研究生院引进本科毕业生 2 名、硕士毕业生 13 名、博士毕业生 1 名、副教授 1 名。至 2010 年，江西中烟公司技术研发中心共拥有专职研究人员 75 人，其中，博士 3 人、硕士 20 人、大学本科 26 人；具有高级职称 3 人、中级职称 17 人、助理级职称 30 人；2 人担任全国评烟委员会委员，5 人担任国家烟草质量监督检验中心质量检验委员会委员，初步形成一支专业结构合理、学历层次较高的技术研发队伍。

第二节　科技研究

全省烟草行业紧紧围绕烟草生产经营需求,在烟草品种选育、育苗方式革新、烤房结构、烘烤工艺优化,卷烟生产配方、工艺改进,专卖营销、物流配送信息化等实际应用方面积极研究创新,取得了一定的成效。

改良烤烟品种

杂交育种　1994 年—2005 年,省烟科所对广丰铁赤烟雄性不育突变株进行研究,转育成功烤烟雄性不育系、保持系,选育出赣杂 1 号、赣杂 2 号、赣杂 3 号等多个杂交组合,并在省内烟区进行示范种植。2008 年,省局(公司)与江西农业大学合作启动优质抗病适产烤烟杂交种选育项目,开展烤烟优良雄性不育系及恢复系培育筛选和优质、抗病、适产杂交组合的选配工作,为后续品种选育提供具有潜质优势的品种资源。

品种筛选　2008 年—2009 年,在峡江县亩施氮量 9 千克的前提下利用云烟 87 和 K326 开展对比试验,对两品种进行综合评价。

生育期:在同期播种、栽移的前提下,K326 生育进程慢于云烟 87,伸根期慢 2 天左右;大田生育期 128 天~132 天,较云烟 87 慢 4 天左右。

农艺性状:K326 株型塔形,叶形长椭圆形,叶色深绿、主脉较粗,茎叶角度较大,打顶后株高 101.6 厘米,留叶数 19.2 片,茎围 10.58 厘米,最大腰叶长 76.9 厘米、宽 31.8 厘米。云烟 87 株型筒形,叶形宽椭圆形,叶色浅绿,主脉粗细中等,中上部叶茎叶角度较小,打顶后株高 118.2 厘米,留叶数 17.4 片,茎围 9.87 厘米,最大腰叶长 80.7 厘米、宽 31.2 厘米。

抗病性:K326 易感花叶病、赤星病、中抗青枯病。云烟 87 易感气候斑点病、感青枯病、耐普通花叶病、中抗赤星病。

采收烘烤特性:K326 烘烤特性分层落黄好,下部叶适熟采收,中部叶成熟采收,上部叶充分成熟采收。下二棚叶片大而薄,含水量多、烟筋粗,控制不当会产生青筋、挂灰、糟片等烤坏烟现象。中上部叶易烘烤。一般变黄期温度 32℃~42℃,时间 50 小时~60 小时,定色期 43℃~55℃,时间 30 小时~40 小时。干筋期温度不超过 68℃,时间 25 小时~30 小时。该品种易烤性较好,耐烤性一般,总体不易烘烤,但耐贮藏,烤后黄烟多,青烟少,杂烟略多。云烟 87 下部叶片节距稀,叶片厚薄适中,分层落黄,易烘烤,采收时严格掌握成熟度,成熟采收,不采生叶。较 K326 更易烘烤。叶片较 K326 薄,主脉较 K326 细,烟筋更易变黄。云烟 87 变黄较 K326 快,一般 8 小时~10 小时。变黄定色和失水速度比较容易协调一致,尤其是在 40℃前失水速度明显比 K326 快,烟叶变黄后能够及时变软,烤后较不易产生杂色烟。该品种耐烤性较好,烘烤特性较好。烘烤变黄期主要温度 36℃~42℃,定色期温度 52℃~54℃,将叶肉基本烤干,干筋期在 68℃以下,烤干全烤烟叶,保证香气充足。烤后烟叶较 K326 不耐贮藏,易变色,应加强保管。烟叶变黄达要求后,及时转火升温定色,否则会导致叶片薄、颜色淡等不良表现,特别是中下部叶。

主要经济性状：K326 上等烟比例 48.7%~43.0%,下低等烟比例 12.4%~8.0%,亩产量 171.0 千克~157.8 千克,均价 12.73 元/千克~14.58 元/千克,亩产值 2176.8 元~2300.6 元。云烟 87 上等烟比例 54.5%~45.0%,下低等烟比例 11.4%~7.0%,亩产量 183.8 千克~159.6 千克,均价 13.03 元/千克~14.82 元/千克,亩产值 2394.7 元~2365.1 元。

内在质量：K326 香气量下部叶尚足、中上部叶香气量较足,烟气较饱满;香气质下部叶和中部叶较好、较纯,上部叶较好;杂气较轻;劲头下部偏小、中部中等、上部适中;烟气浓度下部适中,中上部叶较浓;余味下中部较舒适、上部尚舒适。云烟 87 香气量下部和中部叶不足、上部叶欠足,中上部叶烟气量偏小成团性差;香气质下部稍差、中部中等、上部较差;杂气下部和中部叶较重、上部叶偏重(枯焦气);劲头下部较小、中部偏小、上部中等;烟气浓度下部较小,中部叶较淡、上部叶中等;余味下部叶尚舒适、中部稍欠舒适、上部欠舒适。

外观质量：K326 烤后烟叶成熟,颜色多橘黄,色度中,油分有,叶片结构疏松,身份中等;整体看相、卖相不如云烟 87 ,但工业使用价值高。云烟 87 烤后烟叶成熟,颜色橘黄,色度强,油分有,叶片结构疏松,身份稍薄;烤后原烟外观质量相对 K326 较好,尤以颜色均匀性好,基尖差小,卖相好,烟农比较喜欢种植该品种。

结构优选　2005 年—2007 年,全省栽培品种结构比较单一,主要为 K326、云烟 87 和云烟 85,布局缺乏规划,尤其赣南烟区云烟 87、云烟 85 种植面积较大。2007 年,省烟科所在石城、峡江等产烟县开展烤烟新品种筛选试验与示范,主要试验品种有云烟 201、云烟 202、云烟 203、Nx203。2010 年,省烟科所联合赣州、抚州、吉安市局(公司)启动"优质高抗新品种筛选及其配套技术研究",采用多年多点品种区域对比试验的方法,对综合性状表现较好的多个品种进行筛选和生产示范,对其配套栽培技术进行本地化研究。2011 年,项目纳入"浓香型特色烟叶开发"重大专项研究,烤烟品种优选工作力度得到加强。通过 4 年筛选出在生育特性、农艺性状、抗病特性、烘烤特性和烤后质量等方面表现良好的 NC297、粤烟 98 等优质高抗新品种。

生育特性:两个品种大田早期烟株生长势强,与 K326 相比,NC297 团棵期提前 2 天~3 天、粤烟 98 提前 4 天~5 天;中后期生长烟株生长较稳健,能正常落黄成熟。

农艺性状:两个品种成熟期株型为腰鼓型,分层落黄较明显,鲜烟素质较好。NC297 株高 108.8 厘米、有效叶 20 片~22 片,最大腰叶长 81 厘米、宽 34 厘米,顶叶平均长 66.3 厘米、宽 21.6 厘米;粤烟 98 株高 115.7 厘米、有效叶 21 片~22 片,最大腰叶长 75.6 厘米、宽 34.3 厘米,顶叶长 64.8 厘米、宽 22.8 厘米。

抗病特性:NC297 抗病性较好,抗青枯病、赤星病危害轻于 K326;粤烟 98 中抗黑胫病和青枯病,综合抗病性与 K326 相当。

烘烤特性:两个新品种叶片厚度适中,较易烘烤。NC297 变黄和失水速度较 K326 慢,烘烤特性与 K326 相似;粤烟 98 变黄和失水速度中等,易烤性和耐烤性较好。

烤后质量:两个新品种烤后烟叶橘黄,颜色均匀,结构较疏松,成熟度较好,色度较浓,烤后质量与对照 K326 相当,感官评吸质量较好。

育苗技术研究

20世纪90年代,全省烤烟育苗经历了冷床育苗——直播通床育苗——营养袋假植育苗的变革,之后随着烟草包衣丸粒化种子的推广普及,烟草集约化育苗技术迅速扩展。在21世纪初,又历经了烟草直播漂浮育苗技术——烟草直播湿润育苗技术的变革。

通床育苗技术　20世纪80年代,全省烤烟育苗主要实行传统的冷床育苗方法。20世纪80年代末期至1992年,在试验示范成功的基础上,全省推广直播通床育苗。据石城、乐安、峡江等地观察结果,该项育苗方式改变了传统的冷床育苗方法育苗时间长的不足,使育苗时间缩短10天左右。

假植育苗技术　1993年—2000年,主要推广营养袋、假植育苗为特征的两段式营养袋假植育苗。据1994年省烟科所试验结果,营养袋假植育苗方式假植时烟苗主根被切断,之后侧根生长更快,至移栽时侧根较多,根系发达,营养面积增多;未假植烟苗侧根25条~32条,假植烟苗侧根65条~97条;移栽时很少伤害根系,基本无返苗期,成活率达98%~100%,育苗时间较薄膜育苗相对缩短5天~10天。试验示范结果还表明,该种育苗方式要求用洁净的土壤配置营养土,实际操作过程中常因营养土配置不当而导致病害发生,加之烟苗假植后每袋烟苗0.5千克~1.0千克,移栽时劳动强度大且速度偏慢。

包衣丸化技术　烟草种子非常细小,千粒重仅0.06克~0.09克,过去常因播种量大,密度高而影响烟苗素质。1995年,省烟科所从江苏省六合县引进烟草包衣丸粒化技术,该项新技术选择烤烟裸种分4层包衣,由内向外第1层为保护层,第2层为营养层,第3层为扩大层,最外1层为染色层,起区分品种的作用。1995年—1998年,包衣后的重量是裸种重量的80倍~100倍,之后统一为60倍~70倍。1996年,省烟科所把K326、G80的包衣种和裸种分别播于苗床上进行对比试验,包衣种出苗率为84.5%、高于裸种4.1个百分点;至移栽前,烟苗出叶数增加0.43片/株,增幅9.78%;最大叶长、叶宽、苗高、侧根数、地上部重、地下部重增幅分别达14.59%、9.89%、19.42%、29.48%、70.59%、125%。包衣种播种后出苗期虽较裸种长2天~8天,但出苗后生长较快,到达"5叶1心"时间早于裸种烟苗2天~3天,移栽后各生育期较裸种提前2天~3天,采收终期提前4天,可与裸种同期播种,无须早播。该项技术1996年开始示范推广,1997年在全省普及,达到节省烟草种子数量,提高出苗率,加大繁殖系数,加强统一供种、统一种子处理和预防病害的作用,也为后续漂浮育苗、湿润育苗的快速推广打下基础。1996年—2003年,烟草包衣种子由省烟科所生产并向全省提供,2004年以后转由玉溪中烟种子有限责任公司提供。

漂浮育苗技术　1999年—2006年,主要试验、示范、推广以聚苯乙烯育苗盘加悬浮营养液等为手段,以包衣种子直播、剪叶、炼苗和集约化为主要特征的烟草直播漂浮育苗技术。1999年,省烟科所开始试验烟草直播漂浮育苗技术,并取得成功。该技术是一种无土育苗技术,是在温室、塑料大棚或小拱棚里,将填充基质放在育苗盘上,播上种子,播种后将育苗盘悬浮在有完全营养液的水池中,让种子萌发、生长、成苗的育苗过程。采用的育苗盘长、宽均为50厘米,每盘可育225棵烟苗,每亩6盘左右,育苗时营养池水深控制在10厘米;采用经过高温炭化的稻谷壳等作为育苗基质,育苗卫生条件更好,基本实现烟草育苗集约化、工厂化、商品化,有效减轻育苗的劳动强度。该项技术能提高烟苗整齐度,提升烟苗素质,减少大田病害发生,消除早花,增加有效叶片数,促进顶叶开片。

2000 年,省烟科所在省内开展多点试验,采用漂浮育苗技术培育的烟苗,移栽前主茎高度、根系长度和根系鲜重分别达 14 厘米、26 厘米和 2.5 克/株,分别高于营养袋烟苗 0.4 厘米、14.7 厘米和 0.3 克/株。移栽后旺长期生长速度较快,较营养袋苗更有优势,旺长时间较营养袋苗长 7 天左右,现蕾后有效片数多 1 片~2 片,对花叶病的感病率明显下降,试验田中漂浮育苗烟株花叶病发病率为 0,对气候性斑点病也有较好的防治效果。移栽时劳动强度低、速度更快,但移栽后返苗期较长。漂浮育苗烤后烟叶亩产量与营养袋育苗相当,烤后烟叶均价、亩产值、上等烟比例和上中等烟比例分别达 8.75 元/千克、1315.44 元、35.8% 和 91.0%,分别高出营养袋育苗 0.44 元/千克、18.56 元、1.2 个百分点和 1.6 个百分点。该项技术 2000 年同步在省内烟区进行示范推广,之后推广面积逐步扩大,并于 2005 年在省内烟区全面推广。

湿润育苗技术　2007 年—2010 年,主要推广以聚氯乙烯塑料托盘为手段,以育苗盘放置营养池底为特征的湿润育苗技术。其间,由省烟科所统一组织,借助全省烟叶科技协作网络平台,先后在赣州、抚州和吉安烟区开展湿润育苗的播种期、移栽期、基质、水量及养分和温湿度管理等对比试验,2009 年提出《江西实际的烟草直播湿润育苗技术规范》。2008 年,吉安市公司峡江分公司开展漂浮育苗和湿润育苗两种育苗方式对比试验,结果显示,湿润育苗能够促进侧根的生长,形成有效根群,烟苗移栽到大田后抗逆性强、还苗期缩短。在同期播种条件下,湿润育苗要比漂浮育苗更早出苗、更早进入十字期,成苗期比漂浮育苗早 8 天,移栽时苗高、茎粗、出叶数、最大叶长和最大叶宽分别比漂浮育苗增加 1.22 厘米、1.5 毫米~2 毫米、1 片、2.4 厘米和 0.9 厘米;移栽后,湿润育苗无返苗期,到达团棵、现蕾和脚叶成熟期分别比漂浮育苗早 5 天、7 天和 5 天,烤后烟叶单叶重,下部叶、中部叶和上部叶均比湿润育苗的更高,成熟期湿润育苗农艺性状株高、茎围、节距和有效叶数分别为 80 厘米、11 厘米、5 厘米、19 片/株,分别比漂浮育苗减少 11.5 厘米、0.3 厘米、1.4 厘米和 0.5 片/株。2009 年,湿润育苗技术在全省进行示范推广,2010 年在省内全面推广。湿润育苗仍然采用人造基质,以克服传统的土壤育苗所具有的缺陷,同样需要剪叶、炼苗。不同之处在于采用聚氯乙烯塑料托盘为育苗盘,且育苗盘摆放在育苗池底,育苗前期营养池水深控制在 1 厘米~2 厘米,中后期保持干湿交替,养分和水分在烟苗封盘前由营养液通过基质的毛细管作用供给,封盘后水分和养分由人工喷浇盘面供给烟苗的根系吸收利用。采用的育苗盘长 53.6 厘米、宽 28 厘米,每盘可育 128 棵烟苗,每亩 9 盘~10 盘。

烤房技术革新

1992 年之前,普通小烤房整体结构形式比较简单。烤房全部为自然通风气流上升式,装烟区和加热区上下设置,烤房四周墙基部开设 8 个冷风洞,房顶开设 2 个正方形简易天窗,用土坯或砖瓦砌筑卧式火炉,以散煤为燃料,用瓦管平走串通成为火管散热。其间,烤房规格也比较混乱,农户种烟面积不同烤房规格不同,一般烤房内挂烟 2 路~3 路,可挂 3 层~5 层烟叶,底棚高 150 厘米、棚距 70 厘米左右。该种烤房主要依靠自然通风,升温排湿能力较差,加煤次数多,烘烤劳动强度高,操作不当很容易导致烤青、蒸片、糟片和挂灰等问题。

1993年—1997年,主要推行规格2.67米×2.67米、容量150竿的气流上升式标准化烤房,底棚高200厘米、层距80厘米,挂烟2路,可挂4层~5层烟叶。该烤房地下增设热风管道,地面开设6个热风洞出口,火管分5路,中间1路主火管、两侧各1路边火管、主火管和边火管之间各1路中火管,采用内翻下扎式排列,推广通脊长天窗。通过以上措施的改进,有效地解决了烟叶蒸片、糟片和挂灰等问题。

1998年—2003年,大力推行普通热风循环烤房,全部为气流上升式烤房。即在标准化烤房基础上改卧式火炉为蜂窝煤双炉膛,以蜂窝煤为燃料,加煤次数明显减少。烤房外面在天窗和热风洞之间增设热风循环管道,配套150瓦循环风机,烤房内风速明显提高。烘烤过程中变黄期上下层温差仅0.9℃、干湿差1.9℃,分别比普通烤房少1.0℃、1.5℃;定色期上下层温差仅1.0℃、干湿差4.0℃,分别比普通烤房少1.8℃、1.1℃。应用该烤房,能够有效缩短变黄和烘烤时间、减轻普通烤房的排湿压力、节省燃料并降低烘烤烟叶的劳动强度,有效提高烟叶烤后质量。

2004年以后,随着规模化种植水平的提高,全省着力推广密集烤房。2004年从安徽省利辛县引进4座板块结构气流下降式密集烤房,分别在信丰、广昌和峡江进行示范。2005年,示范推广77座大型砖混结构气流下降式密集烤房,烤房墙体及内部装烟设施和围护结构本地化生产,内部配套金属加工件从安徽引进。该烤房挂烟三层两路,装烟室和加热室并列设置,装烟室长800厘米、加热室长200厘米,宽度280厘米、高度300厘米,能烘烤18亩~20亩的烟叶,装烟量是普通烤房的2倍~3倍。装烟室底棚高90厘米,层距70厘米;墙体两侧在预定挂烟梁位置做成挂烟槽,安装排湿窗、烟叶变化观察窗各3个,装烟室门1扇,加热室维修门2个,门窗均为木质结构。房顶自隔墙每60厘米安装1块分风板。加热室内采用金属隧道悬浮式蜂窝煤炉膛,炉盖半圆形由生铁铸造而成,散热器主散热管(2根)直径40厘米、长度200厘米、用3毫米厚钢板卷制焊接而成;使用7.5号低转速、风压、大风量的轴流式风机,风机——电机连轴传动。使用4/8极变极调速三相异步电动机,匹配5千瓦柴油发电机组;配套使用烟叶烘烤温湿度自动控制系统。2005年以后,全省密集烤房推广面逐年加大,2009年全面推广,密集烘烤率达90%以上,基本实现烟叶烘烤的密集化、简单化和智能化。

2006年始,采用气流下降式、隧道悬浮式蜂窝煤双炉膛、耐腐蚀金属散热器、4/8极变极调速连轴传动电动机和7.5号大风量风机、回风量调节阀及回风挡板、温湿度自动控制系统和柴油机。在此基础上,结合本省烘烤季节多雨、烟叶含水量大等实际情况,逐年针对装烟容量、烤房规格、分风结构、排湿效率、配套门窗、群体结构、炉膛结构、散热设备等方面对烤房结构和内部配套设备进行优化。同步推广大型、中型和小型砖混结构密集烤房,装烟室长度分别为800厘米、600厘米、400厘米,大型烤房总高320厘米、底棚高95厘米、层距75厘米;2007年,烤房总高330厘米、底棚高100厘米、层距80厘米;2008年,烤房总高340厘米、底棚高110厘米、加热室长170厘米。2010年以后,烤房高度固定在350厘米。

2006年—2009年,在全省多点调查发现,相对普通烤房,密集烤房控温控湿能力明显增强,提高烘烤安全性;烘烤操作简单,减轻劳动强度,每千克干烟烘烤人工成本0.50元、燃煤及耗电等烘烤成本0.64元,分别低于普通烤房0.15元、0.07元。密集烘烤的整体效果好于普通热风循环烤房,均价、上等烟比例分别达 11.35 元/公斤、61.27%,高于普通烘烤 0.86 元/公斤、21.97 个百分点。烤后烟叶青筋、青尖烟、叶耳带青、光滑和挂灰烟比例分别为 20%、0%、5.5%、10.5%、160%,较普通烤房分别减少 10、8.5、7、2、11.5 个百分点,密集烤房烤后烟叶闻香更突出。

通过 5 年的密集烘烤环境优化研究,总结形成了大型砖混结构气流下降式 JXMK 型密集烤房。该烤房使用 7.5 号轴流风机,配套 4/8 极变极调速三相电动机和柴油机,控温控湿能力强,且安装维修方便,节电效果明显;采用砖混结构隧道悬浮式蜂窝煤双炉膛,加煤操作劳动强度较低;炉膛上安装半圆形耐火材料炉盖,确保炉膛保温性,方便起火;采用 304 不锈钢焊接带翅片散热器,散热面积大且散热效率高,安装方便且使用寿命较长,达 10 年以上。采用分风板斜坡分风和回风挡板调节循环方式并控制循环风量,确保分风均匀,有效解决了过去烘烤操作劳动强度大、烘烤成本高、升温不畅热量损失偏大和配套设备使用寿命不长等问题。

烘烤工艺研究

1990 年以前,烟叶烘烤主要为三段式烘烤工艺,烘烤过程划分为变黄、定色和干筋三个阶段,以追求黄、鲜、净为目标,烘烤操作主要采取“高温快烤”的操作技术,易造成烤黑、挂灰和烤青等现象。1991 年—1994 年,全国统一推广这种三段式烘烤工艺。

1994 年—1997 年,省烟科所根据本省烘烤季节雨水偏多、湿度大等实际,通过开展“江西省优质烟烘烤技术研究”,提出了五步烘烤法。按烘烤过程温湿度及烟叶变化要求,将烘烤过程设立五个步骤,变黄阶段划分为“变黄”“凋萎”2 个步骤,定色阶段分为“定色”“干叶”2 个步骤,干筋阶段设“干筋”1 个步骤,每个步骤目标明确,指标具体,可操作性强。1996 年,在信丰、石城、峡江经过对比试验,五步烘烤法较传统烘烤法上等烟比例、均价、产量平均提高 11.6 个百分点、0.68 元/千克、7.58%,外观品质各项指标平均改善率为 24.73%,特别是颜色和光泽改善率分别达 34.73% 和 37.74%。烟叶的内在化学成分各项指标更接近优质烟的适宜值,且比例更趋协调。内在品质也有较大改善,评吸鉴定结果表明,五步烘烤法烘烤的烟叶总得分 76 分,高于传统烘烤法烘烤的烟叶 1.4 分。1996 年后,该工艺逐步在省内推广应用,有效解决了南方多雨烟区的烟叶烘烤问题。1997 年 12 月,该项目通过省科委主持的技术鉴定,并于 1998 年获得江西省科技进步奖三等奖。

2004 年以后,全省大力加强密集烤房结构及配套设施的创新工作,烘烤工艺主要沿用原有普通烤房五步法烘烤工艺。2009 年,随着密集烤房结构的优化和设施的完善,省烟科所和抚州、赣州、吉安市烟草公司共同承担省局(公司)项目“密集烘烤工艺与烟叶质量关系研究”。该项目针对江西烟区烘烤季节雨水多、空气湿度大、烟叶含水量大等实际,围绕烟叶烤香等问题,开展采收及装烟配烤研究和烘烤工艺研究。通过 4 年的研究,最终提出烘烤变黄前期注重预热、变黄中期提前加强排湿的“同步预热低湿变黄烘烤工艺”。该工艺将烘烤过程划分为“变黄”“定色”“干筋”3 个阶段,每个阶段对应划分为 3~2~1 个步骤,即变黄阶段划分为“预热”“变黄”“凋萎”3 个步骤,定色阶段分为“定色”和“干叶”2 个步骤,干筋阶段仍为“干筋”1 个步骤。该工艺变黄前期不排湿或少排湿,有效促进全烤烟叶同步预热;38℃主要变黄阶段主动降湿,有效应对多雨条件下烟叶烘烤定色不及时、内在养分消耗多的问题,提高了中后期烟叶烘烤的安全性;变黄后期适当延长稳温时间,促进香气前体物的形成。烤后烟叶成熟度好,颜色大多橘黄,青黄、微带青和杂色烟叶比例低,有效解决烤后烟叶身份偏薄、颜色偏淡及香气量不足等问题。项目研究成果辐射到抚州、赣州、吉安等烟叶产区推广应用。全省累计推广同步预热低湿变黄烘烤工艺 24.76 万亩,烤后上等烟 54%,上中等烟 94.1%,均价提高 0.22 元/千克,烟农增加收益 33.38 元/亩,取得较好的社会效益和经济效益。

金圣香研发

1993 年,南昌卷烟厂与江西中医学院中药研究所通过广泛市场调查,发现一般卷烟消费者长期吸食卷烟对肺部或咽部有不适感,不少人具有肾虚体征。南昌卷烟厂通过添加有效中药成分,来研制一种具有保健特色的新混合卷烟,达到健肺利咽、补肾壮阳的目的。并与江西中医学院中药研究所联合成立"新混合型(保健型)卷烟研究课题组"。针对吸烟可能导致的人体呼吸道、心血管和其他疾病,课题组从《本草纲目》和《中国药典》里,遴选 100 多个具有清咽、利嗓、改善心肺功能、提高机体免疫和抗氧化功能的中草药配方中,选取 5 味天然植物,采用现代制剂学和现代生物学的提取、分离及纯化技术提取活性成分,从中成功地萃取到能与优质烤烟结合而且能够有效降低卷烟有害物质的精华浸膏。为使该浸膏运用于卷烟,课题组运用现代调香技术,不断丰富复合香气内涵,最终形成天然草本香气与烟草本香相结合,具有自然优雅、浓馥清逸、让人印象深刻的独特香型。由于该香型浸膏具有综合降低卷烟危害的作用,对人体器官有一定的调理,因而取中医传统肺为"金"、肾取"圣"的谐音相结合,命名为"金圣香"。将"金圣香"应用到金圣品牌卷烟中,研究开发出金圣品牌新混合型高档卷烟。"金圣香"顺利通过国家局组织的部级科学技术成果鉴定,并于 1995 年荣获江西省科技进步三等奖。

2003 年,南昌卷烟厂与江西中医学院合作开展"一种添加中草药提取物的低危害、低焦油卷烟的研制开发"项目,被列入国家局科技项目计划。该项目运用先进技术提取中药有效成分,结合 β-环糊精包合的抗氧化剂,制成添加剂,调配到烟丝中去。

2004 年,通过自主设计中草药提炼生产线,建立"金圣香"Ⅰ代提取车间,成为全国烟草行业首条降害烟用中草药提炼生产线。当年,南昌卷烟厂与中国军事医学科学院启动"中草药降低卷烟危害的毒理学评价与机理研究"项目,开展对"金圣香"Ⅰ代及卷烟生物安全性评价,为确立金圣品牌的中式低害卷烟领军地位提供科学依据。

2006 年,南昌卷烟总厂技术研发中心与中国军事医学科学研究院、江西中医学院等院校开展"金圣"卷烟降害机理和"金圣香"的提纯工艺研究。2007 年,"金圣香"Ⅱ代研发成功。"金圣香"Ⅱ代在"金圣香"Ⅰ代的基础上,采用超临界流体提纯的高科技分离技术、温度数字化控制等全新工艺,在天然草本植物中进行精油提取,既保留有效成分,又使精油自然纯净,保证各种有效成分在烟丝中的均匀性和保留率,进一步发挥"金圣香"的减害作用和香气特色。和"金圣香"Ⅰ代相比,"金圣香"Ⅱ代基本没有多余的杂质和其他成分,与烟草本香的协调性好,不会对卷烟吸味产生不良影响,进一步增加卷烟的香气及透发性。

2007 年,启动“金圣药液的精提研究”“中式卷烟中中草药添加剂量与减害效果相关性的研究”“功能性单体香料在金圣系列卷烟中作用评价研究”等 5 项重大科研项目的合作研究。

2008 年,江西中烟公司深入开展“金圣香”降害机理研究、“金圣香”药用植物分析研究、中草药添加及应用研究等 29 项科研项目,其中,与清华大学、厦门大学分别合作开展“金圣香化学物质基础研究及其有效成分的精制”“中药精提中试平台的开发和建设”研究;参与国家局增香保润、减害降焦重大专项和烟用中草药添加剂应用规范标准项目研究,以及“中式卷烟风格感官评价方法研究”“卷烟配方设计对主流烟气 7 种有害成分的影响规律研究”等 2 项行业重点科技开发项目;牵头承担烟草行业标准制修订项目“卷烟用中草药添加剂应用规范”;与华宝食用香精香料(上海)有限公司合作开展“金圣香提取工艺优化及精制研究”,采用水沉醇沉精制工艺研究制备“金圣香”;开展“金圣香中药材产生溯源及其质量控制方法的研究”课题研究。

2009 年,“金圣香”的制备取得重大突破。当年 12 月,“金圣香”精提中心建成投产,引进德国 E&E(易恩)工艺技术有限公司提供的天然植物提取线,采用最新现代中药提取技术—低温动态逆流提取技术及超临界流体萃取技术来提取“金圣香”,保证活性成分不受破坏、提取完全;利用多元溶剂精制技术,提高金圣本草香型卷烟的特色香气;利用不同极性溶剂,采用膜分离技术、大孔树脂吸附技术、絮凝沉降技术、高速离心分离技术等浓缩精制“金圣香”,提高和纯化金圣本草香型卷烟的特色香型;应用现代制剂技术,如微型包囊技术或 β-环糊精的包合技术,稳定本草香型卷烟的特色香气。“金圣香”精提中心正式投入生产后,根据新设备、新工艺的特点,将精提中心生产的“金圣香”提取液命名为“金圣香”Ⅲ代。牵头承担行业减害技术重大专项项目“利用滤嘴添加中草药技术降低‘金圣’卷烟烟气中氢氰酸含量研究”,行业重点科技项目“‘金圣’本草香品类香气特征分析及特征香原料的开发”以及省级科技计划项目。金圣品牌因其独有的减害技术特点被国家局列入减害技术重大专项重点试点研究品牌、增香保润重大专项试点研究品牌。

2010 年,“金圣香生产及使用规范”项目研究取得成功,形成“金圣香浸膏”等 22 个标准和“金圣香”精提中心生产安全管理条例,填补金圣本草香品类标准的空白,对建设和发展中式卷烟品类标准具有较高的参考意义。围绕“金圣香”核心技术研究,初步探明“金圣香”燃烧前后化学成分的物质基础,成功召开本草减害技术研讨会并取得较大反响。以本草香品类构建及特色香原料开发项目为依托,对“金圣香”致香成分进行分析,使新工艺、新技术精提的“金圣香”在金圣系列卷烟中得到很好的应用,进一步提升金圣系列卷烟的产品核心技术。“利用中药技术降低金圣卷烟危害研究”项目,通过省科技厅技术鉴定,并获省 2010 年科技进步三等奖和烟草行业 2010 年度科学技术进步三等奖。

卷烟工艺改进

1997 年 12 月 23 日,南昌卷烟厂与中国烟草总公司烟草薄片试验室、开封汽配厂共同研制的 BY72 型烟草薄片纤维加潮与烟粉混合装置通过部级技术鉴定。该工艺采用的是先水解,后脱水加湿纤维,纤维经松散,借助含有的60%左右水分使干烟粉附着在湿纤维的表面上,干烟粉与湿纤维通过高速搅拌,使纤维烟粉和液料成均匀混合状态,满足生产工艺要求。该工艺及设备不仅完全达到国家局指标要求,并且在加纤量5%~6%的情况下,烟草薄片的各项物理指标都远远超过无纤薄片,并且吃味不受影响,达到烟草薄片最终成片而不切丝的目的,满足烟草薄片与烟叶同步加工的生产工艺,提高掺兑的均匀性,减少造碎,利用率达到90%以上,填补了国内空白。

2001年开始,南昌卷烟厂对制丝线进行系统的工艺测试,并通过"走出去、请进来"等方式,加强卷烟工艺技术交流与合作,开展"辊压法薄片起皱技术""片烟线HT、TBK、VAS工艺的采用"等研究,在郑州烟草研究院的大力支持下于2005年顺利完成新制丝线工艺参数优化测试工作。

2004年,南昌卷烟厂作为国家局"制丝工艺技术集成推广"科技项目的8家单位之一,参与承担卷烟生产工序质量评价技术和提高膨胀烟丝质量技术的推广应用研究;井冈山卷烟厂对稳定并提高醋纤滤棒吸阻手段开展研究,形成成果材料《醋纤丝束滤棒成形控制对滤棒吸阻影响探讨》在《全国烟草统计论文集》上发表,获得全国烟草统计论文评比优秀论文奖。

2005年,南昌卷烟厂参与国家标准《卷烟第3部分:包装、卷制技术要求及储运》(GB5606.3-2005)的修订工作。井冈山卷烟厂对梗丝厚度控制进行工艺研究,形成成果材料《利用统计方法建立梗丝厚度与刀辊转速和排链转速比值的预测模型》,在《江西烟草》上发表。

2006年,为解决无纤辊压法薄片耐加工性差、造碎大,而加纤薄片因需加入较多木浆纤维使吸味变差的问题,赣南卷烟厂与广州柯内特生物科技有限公司共同开展研究和实验,开发出一种新型的无纤辊压法薄片生产工艺,使用一种高性能的改良胶取代传统的纤维素、甘油、香精等添加剂,提高薄片的耐加工性和内在品质。

2008年,井冈山卷烟厂针对真空回潮工序对烟叶感官质量的影响进行工艺研究,将《真空回潮工序对烟片感官质量影响的探讨》形成成果。

2009年以后,江西中烟公司与郑州烟草研究院合作开展"分组加工工艺技术研究",该项目通过对单料烟叶、配方模块加工特性的试验研究与评价,建立了庐山(精品)、金圣(软)品牌配方原料分组的基本方法。以配方模块为基础,以产品质量风格为目标,确立南昌卷烟厂分组加工工艺流程及设备布局,形成一套较为完善的分组加工技术方法,实现庐山(精品)、金圣(软)卷烟的分组加工生产。井冈山卷烟厂对烘叶丝工序进行参数优化研究,将《烘叶丝工艺参数对叶丝质量和卷烟质量的影响研究》形成成果。

2010年,江西中烟公司进一步加强对加工工艺的研究,尤其是对新引进的HXD高温气流线的研究,完成了庐山(精品)卷烟从传统加工到分组加工的转换。

原材料应用研究

2000年前,卷烟原材料的研究应用比较少,也比较粗放,主要集中在包装外观及高速包装机材料的适应性等方面。在开发金圣(硬)、金圣(极品)等卷烟中,首次采用全息防伪标识、珠光接装纸等新技术和新材料,提高产品的防伪性能,彰显产品的包装效果。随着高速卷接包机组投入使用,开展英国 MOLINS 公司 PASSIM 高速卷接机组、德国 FOCKE 公司高速包装机组的卷烟材料适用性的研究，提高配套卷烟材料的生产适用性和生产效率。

三纸一棒　2001 年—2005 年，卷烟工业开始对卷烟“三纸一棒”（卷烟纸、成形纸、接装纸、滤嘴棒）的降焦油技术进行研究和应用。

2005 年—2010 年，江西卷烟工业企业完成联合重组，卷烟新产品开发力度不断加大，卷烟原材料研究、标准化工作取得较大突破。金圣（软红）、金圣（典藏本草香）采用新型软盒硬包小盒包装材料。金圣（盛世典藏）、金圣（典藏本草香）等超高档卷烟规格，采用纸板异型包装条盒、转移接装纸等材料，提升了产品的档次和形象。为了提高企业清洁生产水平，以直镀内衬纸、转移金（银）卡商标原纸、转移框架纸为代表的环保卷烟材料开始得到推广和大规模的替代应用。在卷烟材料标准化方面，进一步规范、完善企业卷烟材料标准体系，建立江西中烟公司卷烟材料质量安全标准体系。在卷烟材料研究方面，参与烟草行业 2007 年重点科技开发项目“卷烟辅助材料参数对主流烟气 HOFF-MANN 分析物的影响研究”，转移激光包装材料替代复合激光包装材料开始在新产品中推广使用。

香精香料　2005 年，南昌卷烟厂开展烟用香精香料的分析研究，对国内外广泛使用的香精原料逐一进行分析，从香气特征、作用机理等方面进行深入研究，并对当时使用的香精香料运用高效液相色谱法进行指纹图谱分析，实现对香精从物理指标到化学指标的质量监控。2006 年，建立液相微萃取——气相色谱联用的新方法，用于分析烟用香精的挥发性和半挥发性成分，开展烟用香精香料指纹图谱分析和不同批次烟用香精混批勾兑研究，控制烟用香精香料质量的稳定性。2007 年，与郑州烟草研究院合作开展“功能性单体香料在金圣系列卷烟中作用评价研究”项目，深入开展单体香精对金圣卷烟香气香味影响的技术研究。

烟叶醇化技术　2005 年，南昌卷烟厂对采购的主要产地、主要等级烟叶，从糖、氮、碱、氯、淀粉等常规指标，有机酸等化学成分，致香成分，主流烟气指标进行测试分析，建立起数据分析和查询系统，烟叶化学成分数据库初步建立。

2007 年，与郑州烟草研究院合作“烟叶醇化养护管理体系研究”项目，深入开展烟叶醇化技术研究，包括不同档次片烟的醇化养护模式、最佳醇化期。

片烟在醇化过程中外观质量发生明显变化。烟叶颜色随醇化时间延长而加深，醇化仓库不同，颜色的变化程度不同。在洞库醇化，片烟颜色变化较慢，在常规仓库醇化，颜色变化较快，在醇化后期出现褐变。在常规仓库醇化 12 个月后转入洞库，颜色在转库前变化较大，转入洞库后变化较小。醇化前期，油润感随醇化时间延长而增强，醇化后期略有下降；光泽随醇化时间延长而变暗，醇化环境不同，光泽变化程度不同，洞库醇化光泽变化较小；均匀度和饱和度随醇化时间延长而加强；醇化后期略有下降。

片烟在醇化过程中化学成分发生明显变化。总植物碱、还原糖、总糖和挥发性碱含量呈下降趋势，挥发性酸含量呈上升趋势，pH 值下降。醇化仓库不同，各化学成分指标的变化幅度不同，其中洞库的变化幅度较小。

片烟在醇化过程中感官质量也有明显变化。随着醇化的进行，香气质变好，香气量增加，杂气和刺激性减轻，余味得到改善。片烟产地、等级不同，最佳醇化期不同；醇化模式不同，最佳醇化期亦不同。

初步得出如下结论:适当提高醇化仓库的温度可加快片烟醇化速度,在醇化的前12个月宜采用洞模1的温湿度管理模式,但片烟醇化12个月后,宜采用洞模2的温湿度管理模式。此项研究首次以油润度、光泽、饱和度、均匀度等外观指标分析贮存片烟的外观质量;并基本确定不同产地、等级片烟的醇化养护模式以及不同产地、等级片烟的最佳醇化期和适宜醇化期。

2007年片烟醇化养护模式研究情况

表5-2-1　　单位:月

楼模1			洞模1		
产地等级	最佳醇化期	适宜醇化期	产地等级	最佳醇化期	适宜醇化期
江西石城X2F	14	10-18	江西石城C3F	26	22-30
湖北秭归C4L	22	18-26	云南宣威C3F	30	26-34
贵州务川B3F	22	18-26	湖南郴州B2F	30	26-34
楼模2			洞模2		
产地等级	最佳醇化期	适宜醇化期	产地等级	最佳醇化期	适宜醇化期
江西石城X2F	14	10-22	云南宣威X2F	18	14-26
楼模2			洞模2		
产地等级	最佳醇化期	适宜醇化期	产地等级	最佳醇化期	适宜醇化期
贵州务川X2F	14	14-22	江西石城C3F	22	14-26
贵州铜仁X2F	18	10-22	云南宣威C3F	22	14-30
贵州务川C3F	22	14-26	云南玉溪C3F	22	14-26
湖北秭归C3F	18	14-26	湖南郴州C3F	22	18-30
湖北秭归C4L	18	14-26	河南郾城C3F	22	18-30
江西石城B2F	22	18-30	贵州务川C3F	22	18-30
江西石城B3F	22	18-30	贵州铜仁C3F	22	14-26
云南宣威B2F	18	18-26	江西石城B2F	26	22-34
湖南郴州B2F	22	18-30	云南宣威B2F	22	18-30
贵州务川B2F	26	18-30	湖南郴州B2F	22	18-30
贵州务川B3F	22	18-30	巴西MOA/S	18	18-34
贵州铜仁B2F	22	18-30	津巴布韦BIOHT	18	14-30
湖北秭归B2F	22	18-30			

说明:楼模1,使用地面楼房仓库,不作特别的醇化库温调控,按常规的养护措施进行片烟醇化养护;楼模2,使用地面楼房仓库,在醇化前15个月充分利用外界的高温条件加速醇化(库外温度高于库内时通风,以提高库内温度),醇化15个月后采用尽可能降低库内温度(在库外温度低于库内时通风)的温度管理模式进行片烟醇化养护;洞模1,新采购的片烟直接放入洞库储存养护;洞模2,新采购的片烟,先在一般楼房仓库存放至第二年的10月底,然后再转入洞库进行片烟醇化养护。

卷烟降焦

根据国家局提出“2001年7月以后焦油含量17毫克/支(含)以上的卷烟不许上市、2005年卷烟焦油必须下降到15毫克/支”的规定要求,2000年—2005年,南昌卷烟厂在叶组配方、辅助材料、香精香料、卷烟工艺等方面深入研究稀释率与焦油变化趋势、卷烟燃烧长度与焦油关系及吃味关系等,并于2000年开发出15毫克/支的贡品金圣、千禧南方。通过积极运用综合降焦技术,卷烟焦油平均值由2001年的15.81毫克/支下降至2005年的13.96毫克/支。

2007年,采用“金圣香”Ⅱ代,从淫羊藿、太子参等天然本草植物中超纯萃取活性益效因子,有效降害,成功将金圣(软红)、金圣(硬红)焦油量降至10毫克/支。

2008年,根据国家局提出的“2009年产品盒标焦油量不得高于13毫克/支”的目标要求,开展梗丝、膨化烟丝、再造烟叶以及“三纸一棒”的集成研究和应用。卷烟焦油平均值由2007年的12.63毫克/支下降到2008年的12.50毫克/支,2009年下降至11.69毫克/支,其中,金圣系列产品焦油平均值从2007年的14.76毫克/支下降到2008年的13.63毫克/支,2009年下降至12.79毫克/支。金圣品牌被列为全国卷烟减害重大专项试点品牌。

2010年,牵头承担行业卷烟减害技术重大专项项目“6毫克/支金圣品牌低焦油卷烟产品开发”。

管理软件开发

2008年—2010年,随着省局(公司)对“订单供货过程控制”“江西省卷烟市场监测”“专卖GIS管理地理信息系统”等多个项目科技创新工作力度的加大,陆续开展“客户关系系统改造”“内部管理监督系统”“网络及信息综合监督管理系统”“跨区域配送模式研究”“江西烟草行业成品卷烟运输工商物流对接模式研究”“卷烟访销配送工作流程改造”“RFID项目市场监测管理系统”“物流作业管理全程信息化系统研发”“涉烟刑事案件经典案例研究”“精准营销信息系统”等项目研究,内容涵盖专卖、营销、物流、信息、基础管理等多个领域。

“江西烟草卷烟销售订单供货过程控制技术与系统实现”项目梳理了全省“按客户订单组织货源”工作流程,提出符合工作实际的,规范、完整的需求预测、货源组织、货源供应、品牌管理四大模块工作流程以及客户经理工作流程;全面分析、研究营销业务系统功能,结合已经重新整理的“按客户订单组织货源”工作流程对现有营销业务系统进行全面升级改造,利用工作流引擎为核心对全部工作流程进行控制,以利于加强管理。依托改造、完善后的营销业务系统,建立起全省统一的“按客户订单组织货源”工作流程监控系统,由相关督查部门对即时的工作流状态进行监督,能及时发现一切不规范操作,并在此基础上建立起完善的业绩考评体系,使上级对下级、企业对员工的考核更客观公正。研究成果被国家局和省外同行专家鉴定为行业首创,实现了全省烟草商业性项目成果的历史性突破。

“物流作业管理全程信息化系统研发”项目采用高度信息化、适度自动化的卷烟配送中心物流工艺,降低卷烟配送中心的建设成本,提高卷烟配送中心的物流标准化和精细化管理水平,有效地降低了物流运行成本,同时采用区域物流协作的思想,把专卖策略和物流营运目标进行有效整合,实现地市烟草公司之间的物流协同;在规范经营的前提下,降低卷烟供应链的总体成本,较好解决了物流作业各个环节信息孤岛问题,实现低成本下的物流作业。

成果与专利

1994年—2010年,通过成果鉴定的科研成果33项,其中,省部级鉴定成果9项,参与并形成国家标准1项、行业标准2项。其中,"应用中医药理论研究开发金圣牌新混合型高档卷烟"获得省1995年江西省科技进步三等奖,"南昌卷烟厂三级站检测数据处理采用网络信息系统管理技术"获1998年国家局科技进步三等奖,"江西省优质烟烘烤技术研究"获1998年江西省科技进步三等奖,"物流作业管理全程信息化系统研发"获2010年国家局科技进步三等奖。"利用中药技术降低金圣卷烟危害研究"获得2010年江西省科技进步三等奖和国家局科技进步三等奖。

1996年—2010年,全省烟草形成21项专利,其中2项发明专利、5项外观设计专利、14项实用新型专利。南昌卷烟厂1996年获得的《一种中药保健型香烟及制造方法》发明专利,填补了行业空白。2001年,省烟科所成功研制出烟叶烘烤温湿度自动控制系统,在全国率先使烟叶烘烤中温湿度控制实现智能化,2002年该项技术获得国家实用新型专利,并陆续在全省乃至全国推广,有效降低烘烤劳动强度。

1994年—2010年全省烟草重大科研成果

表5-2-2

名　称	类　型	完成年份	获奖情况	完成单位	主要完成人
应用中医药理论研究开发金圣牌新混合型高档卷烟	国家局鉴定成果	1994	江西省1995年科技进步三等奖	南昌卷烟厂	郑伟、张文惠
辊压法烟草薄片纤维应用工艺及设备研究	部级鉴定成果	1996	—	中国烟草总公司烟草薄片研究室、河南开封汽车配件厂、南昌卷烟厂	贾玉鑫、周长顺、黄平、杨纯志等
江西省优质烟烘烤技术研究	部级鉴定成果	1998	江西省科技进步三等奖	省烟科所	刘齐元、何宽信、李立新、王志彬等
南昌卷烟厂三级站检测数据处理网络信息系统	部级鉴定成果	1999	国家局科技进步三等奖	南昌卷烟厂	杨纯志、李赤林、辜菊香(女)、汪剑、张菁(女)
卷烟第3部分:包装、卷制技术要求及贮运(GB5606.3-2005)	国家标准	2005	—	江西中烟工业公司	王迪汗
制丝工艺技术集成推广应用	国家局鉴定成果	2006	—	南昌卷烟总厂	王迪汗、王军、汪剑、刘发根、殷和文、王华君、欧阳敏

续表

名　　称	类　型	完成年份	获奖情况	完成单位	主要完成人
烟草及烟草制品 1,2-丙二醇、丙三醇的测定气相色谱法(YC/T243-2008)	烟草行业标准	2008	—	江西中烟工业公司	廖堃、胡纲
烟用中草药添加剂安全使用规范	烟草行业预研标准	2009	—	江西中烟工业有限责任公司	郑伟、王迪汗、谭明杰、张文惠、周会舜
利用中药技术降低金圣卷烟危害研究	部级鉴定成果	2010	中国烟草总公司科技进步三等奖、江西省科技进步三等奖	江西中烟工业有限责任公司	郑伟、王迪汗、蔡继宝、周会舜、邓宇等
卷烟辅助材料参数对主流烟气 HOFFMANN 分析物的影响研究	郑州烟草研究院验收成果	2010	—	郑州烟草研究院、川渝中烟工业公司、江西中烟工业有限责任公司等	聂聪、何书杰、于川芳、缪波、谭明杰等
卷烟配方设计对主流烟气 7 种有害成分的影响规律研究	郑州烟草研究院验收成果	2010	—	郑州烟草研究院、湖北中烟工业有限责任公司、江西中烟工业有限责任公司等	聂聪、刘惠民、王迪汗、谭明杰等
烟草及烟草制品 果胶的测定 离子色谱法(YC/T436-2010)	烟草行业标准	2010	—	江西中烟工业有限责任公司	廖堃
物流作业管理全程信息化系统研发	国家局鉴定成果	2010	国家局科技进步三等奖	南昌市局(公司)	陈向峰、勒中坚、李文、刘文国、熊建昌、万群、周胜(女)、郭锡翀、罗春兰(女)等 19 人

1994 年—2010 年全省烟草专利成果

表 5-2-3

名　　称	类　型	专利号	发明人	授权年份
一种中药保健型香烟及制造方法	发明专利	ZL94116600.7	郑伟、陈涟如、王迪汗、张文惠、汪国华、曹洪涛、王军	1996
烟叶烘烤温湿度自动控制系统	实用新型	CN02266494.7	何宽信、陈世坤、李立新等	2002
烟草皱纹薄片的制造方法	发明专利	ZL03124416.5	王迪汗、王军、付曲鹏、舒荣如、王华君、赵肖云、欧阳敏、程祖萍(女)、程坚正	2006

续表

名　称	类　型	专利号	发明人	授权年份
卷烟包装箱(金圣盛世典藏)	外观设计	ZL200730069729.5	郑伟、王迪汗、李江、詹少文、周平	2007
卷烟接装纸(金圣盛世典藏)	外观设计	ZL200730069688.X	郑伟、王迪汗、李江、詹少文、周平	2007
卷烟包装条盒(金圣盛世典藏)	外观设计	ZL200730069686.0	郑伟、王迪汗、李江、詹少文、周平	2007
卷烟包装烟盒(金圣盛世典藏)	外观设计	ZL200730069687.5	郑伟、王迪汗、李江、詹少文、周平	2008
香烟包装盒	实用新型	ZL200720062515.X	郑伟、王迪汗、李江、詹少文、周平	2008
香烟包装盒	实用新型	ZL200820052297.6	李江、胡纲、詹少文、周平	2008
香烟包装盒	外观设计	ZL200830057362.X	詹少文、胡纲、李江、周平	2009
一种卷烟机水松纸和盘纸接头检测剔除装置	实用新型	ZL201020187889.6	付干文、邓武明、胡继云、万玮	2010
一种用于卷接机组最终切割装置的传动联接器	实用新型	ZL201020257039.9	吴迪	2010
一种水松纸定位装置	实用新型	ZL201020223600.1	熊承松、蒋文峰、吴迪、宁承福	2010
一种质量流量计疏通器	实用新型	ZL201020169187.5	廖志良、邓秋生、李强、凌斌	2010
一种用于振动筛的梗丝松散器	实用新型	ZL201020169202.6	胡坤建、吴卫国、李强、邓件荀	2010
一种三通球阀	实用新型	ZL201020187799.7	熊海鹰、吴卫国、李强	2010
一种光电管调整装置	实用新型	ZL201020257024.2	熊海鹰	2010
倒锥形提取罐罐底盖	实用新型	ZL201020204792.1	邓宇、樊海燕(女)、韩波、蔡继宝、周平	2010
一种倒锥形提取罐	实用新型	ZL201020204693.3	邓宇、樊海燕(女)、蔡继宝、韩波	2010
倒锥形提取罐金属过滤网板	实用新型	ZL201020204756.5	樊海燕(女)、韩波、邓宇、蔡继宝	2010
倒锥形提取罐出渣门锁紧装置	实用新型	ZL201020204758.4	樊海燕(女)、蔡继宝、邓宇、韩波	2010

第三节　科技学术活动

江西烟草重视相关科技理论研讨,通过江西省烟草学会(以下简称学会)在科学技术理论探讨、科学技术的普及、科技人才的成长、科学与经济的结合等科技学术方面组织各种科技学术交流活动。1991 年学会经省民政厅批准成立。省科学技术协会为业务主管单位,行政管理挂靠省局(公司)。2004 年增加江西中烟公司为挂靠单位。下设农业、工业、经济、专卖、流通五个专业委员会,至 2010 年有团体会员 20 家,个人会员 1238 名。学会设有理事长 1 名、副理事长 2 名、常务理事若干名,设秘书长、副秘书长各 1 人。

1991 年—2010 年,分别组织 1000 余人次参加学术论文交流活动,其中 19 篇学术论文获选全国优秀论文。

厂会挂钩协作

1997 年,中国科学技术协会在全国范围内组织 1000 个学会同 1000 个企业(主要是国有企业)建立技术经济协作关系,实施以加速企业技术进步提高经济效益为内容的“千厂千会协作行动”。1999 年 5 月,学会与赣南卷烟厂建立厂会挂钩协作,把赣南卷烟厂作为扭亏脱困企业联系点。先后开展技术培训 1200 人次,基本上全厂职工接受了一次以上技能培训。聘请南昌大学、中国烟草研究院等多名专家进行高层次的企业管理、科研开发等理论学术讲座,开阔该厂科技人员和管理干部的视野。赣南卷烟厂至 1998 年累计亏损 13810 万元,1999 年底,赣南卷烟厂实现销售收入 2.4 亿元,上缴税金 6000 万元,消化亏损 4000 万元;据 2001 年 10 月统计:2001 年 1 月—9 月卷烟产量 82752 箱,与 2000 年同期同比增长 31.73%,实现工业总产值(90 年不变价)18390 万元,与 2000 年同期同比增长 27.77%;调拨卷烟 90733 箱,与 2000 年同期同比增长 48.8%;实现销售收入 22673 万元,与 2000 年同期同比增长 82.66%;利润 4 万元,同期减亏 1251 万元。2002 年,学会与赣南卷烟厂挂钩协作项目荣获国家经济贸易委员会、中国科学技术协会颁发的“千厂千会协作行动”优秀项目成果奖。

1999 年,学会与南昌卷烟厂的挂钩协作,主要是帮助宣传重塑企业新形象,先后在有关刊物发表文章图片 30 余篇(幅)。举办多种多类培训班,如贯标知识培训班、中层干部理论知识班、挡车工培训班、初级工培训班、中级工培训班。南昌烟厂生产的金圣品牌卷烟被誉为“魔烟”,1999 年至 2000 年,连续两年被评为国家级名优烟。2010 年,企业综合指数在全国计划内 129 家卷烟工业企业中由 2000 年的 59 位跃居第 16 位。

学术期刊

《江西烟草》由省局(公司)、江西中烟公司和学会主办,省新闻出版局批准。此刊为内部刊物,以刊载学术论文为主。1993 年创刊初期为季刊,每期发行 1000 册。1993 年创刊栏目分为“政治思想工作”“调查报告”“专卖管理”“烟叶生产”“烟草趣谈”6个栏目。2004年改为双月出刊,每期发行1900册。期刊栏目分为“学习‘三个代表’”“基层风貌”“工作研究”“诚信服务”“专卖管理”“网络建设”“基层报道”“政工天地”“艺苑”“简讯”10个栏目。2005年开始发行每年一期学术增刊,每期发行1900册。增刊栏目分为“领导讲话”“品种”“育苗”“栽培”“植保”“烘烤”“收购”“信息化”“烟农协会”“质量评价”“烟水工程”11个栏目。至2010年,《江西烟草》17年共发行94期,总共发行20400册。期刊栏目有“卷首语”“领导论坛”“政策看台”“观察”“专栏”“特稿”“学术”“热镜头”“理事论坛”“知识棱镜”“基层报道”“文苑”“烟草人物”13个栏目,共发增刊6期,刊发学术论文150篇。

学术交流

论文　学会依托各专业委员会参加全国学术年会,开展全省学术年会。1991年—2010年,学会共组织100余人次,推荐580篇学术论文参加全国学术论文交流活动,其中19篇论文获选优秀。分地区分专业组织举办全省性的学术交流活动共20多期,组织科技人员学术交流2000余人次,交流学术论文2000多篇。

《试论烟草专卖地方立法》获国家烟草专卖局办公室1997年论文比赛优秀奖。文章提出烟草专卖地方立法是指自治区、直辖市的人民代表大会及其常务委员会,在与宪法、法律、行政法规不相抵触的前提下,根据烟草专卖行政管理的需要,制定地方性的法规。如何才能认真贯彻执行烟草专卖有关政策法规切实加强烟草专卖管理,制定地方性法规是其必由之路。

《降低卷烟中危害物质开发“金圣”牌新型混合型卷烟》收入1997年《全国降低卷烟(烟草)有害成分科技成果研讨会论文集》。文章探讨在开发研制金圣品牌新型混合型卷烟时,如何运用传统中医理论与现代科技手段相结合,研发解除烟草之弊的低害特色卷烟。文中指出通过对金圣卷烟烟气的药理、药效、毒理和化学成分分析及临床试验,解决近百个技术工艺难题,研制开发出一种既可满足吸烟者吸食需求,又能减少吸烟危害、具有镇咳祛痰、补益肾肺,对人体免疫功能有一定调节作用的高档卷烟,为提高卷烟工艺指明方向。

《吸烟与健康的法律思考》获得2003年中国烟草学会与中国环境学会交流优秀论文。文章列举国际国内部分烟草诉讼案件,对由此引发的吸烟与健康的法律问题进行初步分析。提出在控烟法律法规逐步完善的今天,烟草行业应注意和避免的问题,以及应对“WTO”的措施和建议。结论是烟草行业必须走依法治烟之路。

《烟草企业提升品牌竞争力的有效管理》获得2005年第十二届国家级企业管理创新成果二等奖,从打造品牌“三力”的角度详细论述烟草行业如何扩大知名度和美誉度的方式方法,并提出应对舆论生态及宣传要求的路径。

《烟草事业长足发展必须落实科学发展观》收入2005年《中国科协年会优秀论文》。文章指出落实科学发展观是烟草行业持续、健康、稳步发展的主要举措。本文根据基层烟草企业现状,着重强调落实科学发展观的重要性,旨在通过科学管人抓好队伍建设;科学整合资源提升配送服务效率;依托信息支持提升科学流程整体效能;调整产品结构确立合理的品牌体系;利用现有资源实现可持续发展等几个方面进一步落实科学发展观。

《卷烟生产企业以KPI为核心的部门绩效管理》获得2008年第十五届国家级企业管理创新成果二等奖,以确保内部分配制度的健康运行,实现激励员工、尊重人才为目的,将全厂各部门均纳入绩效管理体系,以KPI为核心实行绩效管理的PDCA循环,开展全方位正向激励,在全局范围内建立和实施对各类人员的业绩考核制度,构筑符合卷烟生产企业实际的员工业绩考核体系,有效推动了企业管理水平。

1997年—2010年全省烟草获选全国优秀论文情况

表5-3-1

论文标题	作者	入选类别
试论烟草专卖地方立法	段海如、黄立新	1997年国家烟草专卖局专卖管理优秀论文
降低卷烟中危害物质开发“金圣”牌新型混合型卷烟	郑伟、王迪汗、曹洪涛	1997年全国降低卷烟(烟草)有害成分科技成果研讨会优秀论文
吸烟与健康的法律思考	肖茂员	2003年中国烟草(环境)学会联合交流优秀论文
浅论烟草行政执法程序中的几个问题	刘欣	2004年中国烟草学会年会交流优秀论文
端正执法思想,实现执法为民	李浪	2004年中国烟草学会年会交流优秀论文
解决梗丝膨化系统自燃起火问题	焉红林	2004年中国烟草学会年会交流优秀论文
构建企业业绩评价指标体系思考	陈建辉、王珍(女)	2004年中国烟草学会年会交流优秀论文
对烟草专卖管理依法行政的思考	张志勇	2004年中国烟草学会交流优秀论文
规范病虫防治措施 净化烟草生长环境	冯小虎	2004年中国烟草学会交流优秀论文
没食子酸丙酯-β-环糊精包合物的制备工艺研究与红外光谱鉴别	王迪汗、王军、邓宇	2004年中国烟草学会交流优秀论文
试谈强化烟草专卖“柔性管理”之策略	龚志清	2004年中国烟草学会交流优秀论文
无公害烟叶生产的意义和可行性浅析	钟正荣、刘小琴(女)	2005年中国科协年会优秀论文
注重维护生态环境 科学发展烟草经济	肖茂员	2005年中国科协年会优秀论文
江西烟草工业可持续发展战略研究	曾旭(女)	2005年中国科协年会优秀论文
烟草事业长足发展必须落实科学发展观	程玉芳(女)	2005年中国科协年会优秀论文
烟草企业提升品牌竞争力的有效管理	郑伟等	2005年第十二届国家级企业管理创新成果二等奖
CO2膨化不同产地、部位烤烟的质量变化	欧阳敏	2006年收入《中国烟草学会工业专业委员会论文集》(2006.10)

续表

论文标题	作者	入选类别
以身作则 做好企业信息化“两个利益维护”工作	罗余作	2006年国家行政学院“落实科学发展观”优秀理论成果
卷烟生产企业以KPI为核心的部门绩效管理	张胜健等	2008年第十五届国家级企业管理创新成果二等奖

1991年—2010年,在各大媒体上共发表论文1642篇,其中,在《江西社会科学》刊发论文75篇,《烟草研究与管理》刊发论文1篇,《改革·探索·发展》刊发论文1篇,江西学术专刊刊发论文35篇,《江西烟草》刊发论文1511篇,《江西日报》刊发论文26篇,2000年科学出版社出版专著1本(《烤烟营养原理》,作者:胡国松、郑伟、王振东、李智勇、招启柏等)。

1991年—2010年全省烟草学术论文刊载情况

表5-3-2

报刊名称	刊载篇数
江西社会科学	75
烟草研究与管理	1
改革·探索·发展	1
江西日报	26
江西省企业管理协会	13
烟草科技	2
价格月刊	1
轻工机械	5
机床与液压	2
中国烟草学报	2
分析测试学报	3
江西烟草	1511
总　计	1642

学术沙龙　2009年12月,“本草与卷烟降害的理论和应用研究”学术沙龙在南昌举行。沙龙由学会工业委员会承办。江西中烟公司技术研发中心本草香研究所负责人担任本次沙龙的首席专家,来自江西中烟公司技术研发中心、江西中医学院、江西省烟草质量监督检测站的9位专家、科技人员参加沙龙活动,就本草与卷烟降害的有关内容进行研讨。沙龙共20余人参加,对卷烟“降焦减害”提出新概念,沙龙提出低危害乃至无危害“中式卷烟”或可会在不远的将来出现,在卷烟中添加中药材的方法可以上升更高层次,降低卷烟危害等学术观点。

2010年9月,“推动烟草科普工作,服务县域经济发展”专题沙龙活动在黎川县召开。沙龙由学会农业委员会承办,共30人参加。省局(公司)分管领导、省科学技术协会分管领导出席活动。省局(公司)烟叶科技人员及全省系统烟叶生产、科研部门的专家和烟技员、烟农代表紧紧围绕“推动烟草科普工作,服务县域经济发展”这一主题,联系烟草基层站建设、人才引进和烟叶科研成果推广等问题,广泛开展交流和研讨,沙龙提出提升烟草科普工作能力,促进县域经济更好更快发展的观点。

烟草经济共话　2010年4月,“烟草经济共话”系列论坛首期活动“全面推进卷烟上水平·品牌发展与市场营销”论坛在南昌举行,论坛参加人员共40人。省局(公司)主要领导及分管领导4人出席论坛。江西财经大学、南昌大学专家,江西中烟公司有关部门领导应邀出席论坛并作专题演讲,论坛共有专题演讲5个,从心理契约与烟草渠道管理、江西工商协同共育卷烟品牌之策、市场营销上水平评价体系、加强营销队伍建设、江西烟草商业企业品牌发展策略研究等方面展开探讨。论坛提出随着全行业全面推进卷烟上水平,工商共育金圣品牌面临着全新的形势,推进“市场营销上水平”可以从品牌培育能力、客户服务能力、基础管理能力和队伍建设能力四个方面入手对体系进行总体评价,通过设置总体评价体系和关键评价指标来分别进行定性和定量评价的观点。

10月,省局(公司)政工处、学会共同主办的“烟草经济共话——保持良好精神状态 努力开创‘卷烟上水平’新局面论坛”在上饶举行,共40人参加,论坛提出江西烟草要实现“卷烟上水平”战略目标,需要人才、技术、智力、创新力等诸多重要因素的支持。创建学习型江西烟草是实现培养人才、掌握技术、开启智慧、增强创新力的有效途径。随着计算机技术、网络通信技术的日趋成熟和广泛应用,人类开始进入信息网络时代,现代网络对现时的政治、经济、文化和科技产生巨大的影响,政府上网、电子商务、远程教育、远程诊断等等层出不穷。只有建立“学习型企业”才能适应这种网络社会,以谋求生存和发展的观点。

10月,“烟草经济共话之烟草技术创新与品牌发展论坛”在江西中烟工业公司举行。江西中烟公司分管领导出席论坛并致词。论坛得到江西省科协的高度重视和支持,被列为首届江西省科协学术年会第十六分会场,江西省科协分管领导出席论坛并做讲话。清华大学、南开大学、中国科学技术大学和江西中烟公司技术研发中心有关教授、专家作专题演讲。学会及学会农业、流通、专卖、经济专业委员会,省图书馆学会,江西中烟公司机关及各直属单位共110余人参加论坛。论坛围绕烟草技术创新主题,重点探讨化学计量学、烟草生物标志物、生物技术及信息学在烟草中的应用,技术创新与金圣品牌的发展等问题。

科学普及

学会利用期刊、网站,重点围绕烟草学科发展、现代烟草农业建设、节约能源资源、保护生态环境、保障安全健康、倡导低碳生活以及前沿科技等内容开展科学普及,全面落实《全民科学素质行动计划纲要》,开展省局(公司)机关科普展和“会前科普十分钟”活动。

2008年,为纪念中国科协成立50周年,普及科学知识,学会先后组织编印《江西烟草科普读本——关于地震》《江西烟草科普读本——烟草专卖管理》《江西烟草科普读本——卷烟工艺》《江西烟草科普读本——烟叶种植》等4种科普读本,共印刷18000册,面向烟农、系统员工和零售户发行。

2009年在省局(公司)内网上开辟科普专栏,开展全省烟草网上科普知识竞赛。在产烟区选点开展烟草科普服务站建设,在鹰潭、赣州和吉安市局(公司)建成6个"三室一窗"(宣讲室、标本室、图书室,宣传橱窗)健全的科普服务站,鹰潭锦江科普服务站和赣州会昌科普服务站定为江西省科普教育基地。2009年—2010年,烟草学会先后在鹰潭、抚州、吉安、赣州市局(公司)建成6个烟草科普服务站。

第四节　学习培训

从1991年起,全省烟草每五年制定一次教育培训计划,纳入全省烟草总体发展规划,1991年成立培训中心,1998年成立井冈山传统教育基地,形成了由人事劳资部门主管、各部门负责、培训中心和井冈山传统教育基地承办,省、市、县三级烟草专卖局(公司)、卷烟厂分级管理办学的教育培训管理体系。

江西中烟公司还根据人才规划,每五年制定一次全省人才培养集中轮训计划,逐步确立公司人力资源部归口管理、各直属单位人力资源部门分级管理的教育培训管理模式,明确以专业管理、专业技术、专业技能三类人才为重点的人才培养方向。

学历教育

20世纪90年代,全省烟草员工学历普遍不高,1996年中专及以上人员占总人数比例73%,为了改变这一现状,省局(公司)采取"变招工为招生"的办法,提高新员工入职学历门槛;与大、中专院校开展合作,分期分批组织推荐职工参加在职学历教育,为员工自行参加继续教育提供保障,到2010年,员工整体学历有较大提高,中专及以上人员占总人数比例上升到84%。

1999年,南昌卷烟厂选派2名优秀员工参加国家局举办的在职硕士研究生水平进修班,均获得结业证书。

2001年,南昌卷烟厂选派7名优秀员工参加国家局和省经贸委举办的在职研究生班,均获得学历证书。

2003年,九江市局委托湖北省经济管理干部学院对58名员工进行工商管理专业进修,均获得大专学历。

2005年,省局(公司)与中国科技大学开展合作,开展现代远程教育,67名职工获得本科学历。

2007年,省局(公司)印发《在岗职工学历教育管理规定》;江西中烟印发《公司本级员工教育培训管理办法》,明确规定员工参加学历学位教育的审批程序、请假要求、报销标准、报销程序和培训期间的福利待遇;职工参加学历教育的,最高享受与在岗同等的工资、福利待遇。当年,全省烟草共200余人主动申请参加在职教育学历,其中有1人攻读博士学历,100多人申请攻读本科以上在职学历教育。

2008 年,省局(公司)与江西财经大学合作举办为期 2 年的 MBA 核心课程研究生进修班,面向全省系统择优录取 50 名学员,有 30 余人参加攻读硕士学位。至 2010 年,进修班学员均获得结业证书;有 20 余人获硕士学位。3 月,江西中烟公司开始在全系统推行教育培训积分制管理。员工教育培训积分主要分为外培积分、内训积分、个人学习积分三大类。员工可通过多种方式获得培训积分,所在单位根据员工培训积分对其进行相应奖惩。公司机关和各直属单位、中心根据各自情况,确定不同的积分方式、积分标准与奖惩机制。

2009 年,兴国卷烟厂与南昌大学合作举办 MBA 培训班项目,参加学习的 44 人全部获得结业证书。

1991 年—2010 年,全省烟草通过脱产学习、电大、夜大、函大、职大学习并取得有关学历证书的人员有 1328 人,其中大专 896 人、本科 408 人、研究生 24 人。

1991 年—2010 年全省烟草员工学历情况

表 5-4-1　　　　单位:人

年份	初中及以下	中专、中技、高中	大专	大学本科	研究生
1991	1107	4752	57	17	2
1992	1461	5031	131	19	3
1993	1831	5124	254	20	3
1994	2124	5855	391	22	3
1995	2613	6129	524	27	4
1996	2499	6193	653	33	4
1997	2381	6275	782	54	5
1998	2273	6343	916	63	5
1999	2164	6217	1042	75	6
2000	2349	6714	1179	97	7
2001	2153	9317	1334	122	9
2002	1932	10055	1442	184	10
2003	1980	9516	1676	242	12
2004	1595	10197	1502	222	15
2005	3209	7074	2570	671	40
2006	2851	8930	2847	808	54
2007	2936	7482	3224	1273	72
2008	2336	7134	3513	1325	103
2009	2326	6803	3562	1498	117
2010	2099	5902	3709	1618	158

专业培训

全省烟草根据经营管理和自身发展的需要,采取自办培训班、委托办学和选派人员参加培训等方式,对干部职工进行专业技术培训、岗位资格培训等,使干部职工的专业技术水平和业务素质得到不断提高。

自主培训　1991 年,省局(公司)成立培训中心,负责具体承办各类培训项目。每年,省局(公司)各业务主管部门都会根据自身业务发展需要,举办 1 期~2 期培训班,培训项目涵盖人力资源、销售网建、烟叶生产、专卖执法、财务审计、纪检监察、办公文秘、信息化、安全、法律法规等各方面知识和技能。1991 年—2010 年,全省烟草自办各类业务培训班 994 期,参加培训人员超过 12 万人次。

2003 年,赣湘两省烟草系统非专卖品资质认证采购培训班在南昌举办,湖南中烟公司和江西烟草系统的代表共 32 人参加培训。

2004 年,省局(公司)举办《中国共产党党内监督条例(试行)》专题讲座,聘请省纪委、省委组织部、省检察院有关专家、学者讲授,省局(公司)党组成员,各市局、卷烟厂主要负责人和省局(公司)机关副处以上干部 80 余人参加学习。

2005 年,省局(公司)举办 2 期计算机操作技术培训班,并组织参训的 70 多名员工参加全国计算机一级 B 等级考试,大部分考试合格。

2006 年,江西中烟公司组织学习全省“五五”法制宣传教育材料,重点学习《公司法》《行政许可法》《公务员法》《公证法》《个人所得税法》《江西省企业负担监督管理条例》等。为了提高机关干部职工对计算机知识的应用能力,组织开展计算机知识培训,开展现场“单兵教练”,提高干部职工对计算机知识“应知、应会”能力。

2008 年,省局(公司)邀请专家学者作“企业文化理念培训”“烟草行业发展和竞争态势培训”“烟草收入分配制度改革理念及实施培训”讲座;举办绩效考核实用工具学习班和薪酬体制改革培训讲座;举办学习宣传贯彻《劳动合同法》培训班和法律法规专题培训,并组织全省法律知识考试。

2009 年,省局(公司)制定《江西省烟草专卖局(公司)教育培训体系建设的实施意见》,每 5 年对单位所有员工轮训一遍。江西中烟公司组织政工、党务工作者业务培训班,系统学习新时期党建工作的特点及先进的理念等党务知识;组织 4 期基层班组长专项培训,并与湖南中烟、江铃集团、清华泰豪等企业进行班组建设交流;开展中层管理人员的人力资源管理培训。为提高专业技术、专业技能人员科学选题的能力,提升专业论文撰写、科技项目和职称材料申报的水平,公司聘请上海烟机集团专家举办知识讲座,近 400 人参加。南昌卷烟厂建立 AB 岗制度,开始推行岗位锻炼机制;青年职工在新的岗位锻炼,学习新岗位的业务知识和技能,至 2010 年,岗位锻炼 23 人次,培养出一批一专多能的复合型人才。

2010 年,江西中烟公司开始将复退军人培训与新进大学生入职培训合并进行,采取集中课堂授课、到生产一线观摩学习、团队融入训练为一体的培训形式。江西中烟公司建立机关月度专家报告会制度,保证“每月一课”的系统学习。当年邀请国内知名专家举办“管理认知”“向毛泽东学领导”“授权与激励”等 3 期专家报告会。南昌卷烟厂建立“南烟学堂”,以此为依托,分类开设各类训练营,7月举行"南烟学堂"中层管理人员训练营开营仪式暨"九项修炼"的导入专题培训。南昌卷烟厂开始推行OPL(One Point Lesson)单点课的培训方式。OPL单点课是一种在现场进行培训的教育方式,员工可以集中在现场不脱产进行训练。这种培训方式鼓励员工针对班组中某一人的疑问事项,包括技术问题或难点故障等等,由能够较好地解决问题、处理故障的人员编写教材1页~2页,召集相关人员进行集中讲解,OPL单点课已成为员工培训的重要补充。井冈山卷烟厂引进上海时代光华在线学习平台,把专业管理类的重要岗位、专业技术类岗位和后备人才岗位列为参训对象,开展网络在线培训。

选派培训　按照上级要求和业务需要,全省烟草定期选派干部职工到国家局(总公司)党校、总公司职工进修学院和各类烟草职工培训学校等培训机构参加培训。培训内容包括领导干部岗位培训、任前培训、新进人员岗前培训等。

2004年—2010年,国家局党校举办岗位培训班,对所属单位领导干部进行轮训,省局(公司)共选派37名市局(公司)班子成员和20名县局(分公司)主要负责人参加;江西中烟公司共选派49名处级干部参加国家局党校的研修班学习。同时期,省局(公司)每年从机关选派2名副处级和2名科级年轻干部参加省直工委党校政治理论培训班;江西中烟公司共选派12名处级、14名科级干部参训。

委托培训　针对部分专业性较强的培训项目,全省烟草通过与专业培训机构开展合作办学、委托办学的方式,提升教学层次,保证培训质量。

1993年3月—4月,省局(公司)委托合肥经济技术学院举办两期文秘培训班,每期培训时间1个半月。

2005年,江西中烟公司开始举办复退军人岗前培训,当年36名复退军人参训,35人顺利通过湘潭烟草中专学校的结业考试。公司复退军人考试培训工作得到国家局的肯定,应邀参加全国烟草复转军人培训工作经验交流。

2006年,江西中烟公司与湘潭烟草中专学校确定复退军人岗前培训长期培养方案。与省国资委联合举办"北京大学工商管理EMBA(江西)高级研修班",公司机关和各卷烟厂31名同志参加学习。

2007年,江西中烟公司与南昌大学联合举办中青年干部脱产培训班,24名骨干经过推荐选拔参加此次培训。

2008年,江西中烟公司安排新进的46名复退伍军人到湖南省烟草职工培训学校接受岗前培训,46人均获得培训机构颁发的结业证书,南昌卷烟厂与江西制造职业技术学院合作举办机电基础知识培训,培训时间半年,共有250余人参加。井冈山卷烟厂在吉安东方红职业技术学校开设机械维修、电气维修、制图(Autocad)专业课程三个班,共有130人参加培训。赣南卷烟厂与江西制造职业技术学院联合举办机械电气基础知识培训班和钳工技能培训班,共有179人参加培训。

2009年,南昌卷烟厂与江西制造学院合作开设电气培训班、机械培训班,共有96人参加培训。省局公司与清华大学合作举办"国学智慧与管理方略EMBA培训班",借助视频会议系统,此次培训的范围扩大到全省系统的干部员工。

第五节　技能鉴定

全省烟草职业技能鉴定工作起始于 1994 年,依据国家职业资格证书制度的有关规定,对通用专业工种(含车工、钳工、焊工、电工、仪表修理工、无线电调试工、汽车修理工)和烟草特有工种(烟机设备操作工、烟机设备修理工、烟草检验工、烟叶保管工、烟叶分级工、卷烟商品营销、烟草专卖管理)等相关从业人员进行所应掌握的技术理论知识考试和实际操作能力的客观测量和评价。

1997 年 11 月,由劳动部批复成立江西省烟草行业特有工种职业技能鉴定站,江西省烟草专卖局主管。1999 年开始开展工业特有工种职业技能鉴定,2003 年开始开展烟叶分级工职业技能鉴定,2004 年开始开展营销师(卷烟商品营销)职业技能鉴定,2008 年开始开展烟草专卖管理岗位技能鉴定。鉴定等级为国家职业资格三级(高级工)、国家职业资格四级(中级工)、国家职业资格五级(初级工)三个等级;同时协同国家烟草专卖局鉴定指导中心实施国家职业资格二级(技师)和国家职业资格一级(高级技师)的鉴定工作。

2010 年 3 月,成立江西中烟工业公司特有职业(工种)职业技能鉴定站,负责全省烟草工业各职业(工种)的技能鉴定工作。

至 2010 年底,全省烟草共有 4 人荣获"全国烟草技术能手"称号,共组织 20538 人次参加各职业(工种)技能鉴定,13949 人取证,鉴定通过率 67. 92%。职业技能鉴定队伍共有职业技能鉴定高级考评员 11 人、考评员 109 人、裁判员 7 人、行业专家组成员 10 人、质量督导员 8 人。

通用工种

1994 年—1998 年,职业技能鉴定职业(工种)主要是非烟草专业工种(含车工、钳工、焊工、电工、仪表修理工、无线电调试工、汽车修理工),由省局(公司)劳资部门委托地方劳动部门进行考评和等级评定。

1994 年,5 人参加汽车指导驾驶员培训,经过综合评定,全部取得汽车指导驾驶员资格。

1997 年,62 人参加高级汽车指导驾驶员等工种的培训,经过综合评定,6 人取得高级汽车指导驾驶员资格;56 人取得高级技工资格。

1998 年,47 人参加省劳动厅组织的汽车指导驾驶员技师培训考核,经过江西省劳动厅认定,均获得汽车指导驾驶员技师资格。

1999 年—2010 年由各单位自行与当地劳动部门洽办各类通用工种的技能鉴定。

特有工种

卷烟制造　1999 年开始进行特有工种职业技能鉴定工作,主要是对南昌卷烟厂、赣南卷烟厂、广丰卷烟厂、井冈山卷烟厂和兴国卷烟厂开展特有工种职业技能鉴定。涉及烟机设备操作工、烟机设备修理工、烟草检验工、烟叶保管工等工种,鉴定等级为国家职业资格三级(高级工)、国家职业资格四级(中级工)、国家职业资格五级(初级工)三个等级;同时协同国家局鉴定指导中心实施国家职业资格二级(技师)鉴定工作。鉴定标准按照烟草行业相应职业标准或鉴定规范执行。理论知识模块采用闭卷笔试的鉴定方式进行,操作技能模块采用实际操作的鉴定方式进行。

1999 年,821 人参加特有工种五级鉴定,鉴定通过 817 人,通过率 99. 51%;293 人参加特有工种四级鉴定,鉴定通过 257 人,通过率 87. 71%。

2000 年,399 人参加特有工种五级鉴定,鉴定通过 393 人,通过率 98. 50%;172 人参加特有工种四级鉴定,鉴定通过 134 人,通过率 77. 91%;49 人参加特有工种三级鉴定,鉴定通过 23 人,通过率 46. 94%。

2001 年,52 人参加特有工种三级鉴定,鉴定通过 22 人,通过率 42. 31%;13 人参加特有工种二级鉴定,鉴定通过 6 人,通过率 46. 15%。

2002 年,293 人参加特有工种五级鉴定,鉴定通过 291 人,通过率 99. 31%;93 人参加特有工种四级鉴定,鉴定通过 39 人,通过率 41. 94%;30 人参加特有工种三级鉴定,鉴定通过 18 人,通过率 60%。

2003 年, 12 人参加特有工种二级鉴定,鉴定通过 4 人,通过率 33. 33%。

2004 年,223 人参加特有工种五级鉴定,鉴定通过 217 人,通过率 97. 31%;74 人参加特有工种四级鉴定,鉴定通过 21 人,通过率 28. 38%;14 人参加特有工种三级鉴定,鉴定通过 2 人,通过率 14. 29%。

2005 年,7 人参加特有工种五级鉴定,鉴定通过 2 人,通过率 28. 57%;74 人参加特有工种四级鉴定,鉴定通过 21 人,通过率 28. 38%;14 人参加特有工种三级鉴定,鉴定通过 2 人,通过率 14. 29%。

2006 年,209 人参加特有工种五级鉴定,鉴定通过 204 人,通过率 97. 61%。

2007 年,157 人参加特有工种五级鉴定,鉴定通过 144 人,通过率 91. 72%;433 人参加特有工种四级鉴定,鉴定通过 202 人,通过率 46. 65%。

2008 年,140 人参加特有工种五级鉴定,鉴定通过 95 人,通过率 67. 86%;466 人参加特有工种四级鉴定,鉴定通过 260 人,通过率 55. 79%;139 人参加特有工种三级鉴定,鉴定通过 95 人,通过率 68. 35%。

2009 年,269 人参加特有工种五级鉴定,鉴定通过 99 人,通过率 36. 80%;428 人参加特有工种四级鉴定,鉴定通过 218 人,通过率 50. 93%;66 人参加特有工种三级鉴定,鉴定通过 39 人,通过率 59. 09%。

2010 年,225 人参加特有工种五级鉴定,鉴定通过 109 人,通过率 48. 4%;299 人参加特有工种四级鉴定,鉴定通过 161 人,通过率 53. 85%;60 人参加特有工种三级鉴定,鉴定通过 30 人,通过率 50%。井冈山卷烟厂实现高级工“零”的突破,参加高级工鉴定 18 人,通过鉴定 16 人,通过率 88. 89%。

烟叶分级　烟叶分级国家职业资格鉴定工作从 2004 年开始进行,主要是针对南昌卷烟厂及三个产烟地市即抚州市局(公司)、吉安市局(公司)、赣州市局(公司)从事烟叶分级工作的人员开展鉴定工作,鉴定职业等级包括初级(国家职业资格五级)、中级(国家职业资格四级)、高级(国家职业资格三级)。各单位人事劳资科负责鉴定申报和鉴定前培训工作。鉴定标准按照烟草行业《烟叶分级工职业标准(试行稿)》《烟叶分级工国家职业标准(修订稿)》执行。理论知识模块采用闭卷笔试的鉴定方式进行,操作技能模块采用实际操作的鉴定方式进行。

2004 年,1 人参加烟叶分级工四级鉴定,鉴定通过 1 人,通过率 100%;2 人参加烟叶分级工三级鉴定,鉴定通过 2 人,通过率 100%。

2005 年—2006 年,343 人参加烟叶分级工五级鉴定,鉴定通过 328 人,通过率 95.63%。

2007 年,198 人参加烟叶分级工五级鉴定,鉴定通过 195 人,通过率 98.48%。

2008 年,20 人参加烟叶分级工五级鉴定,鉴定通过 2 人,通过率 10%;26 人参加烟叶分级工三级鉴定,鉴定通过 19 人,通过率 73.08%。

2009 年,103 人参加烟叶分级工五级鉴定,鉴定通过 82 人,通过率 79.61%;90 人参加烟叶分级工三级鉴定,鉴定通过 57 人,通过率 63.33%。

2010 年,119 人参加烟叶分级工五级鉴定,鉴定通过 75 人,通过率 63.03%。

卷烟商品营销　卷烟商品营销国家职业资格鉴定工作从 2003 年开始进行,主要针对全省系统 11 个市局(公司)从事卷烟市场营销及管理的人员开展鉴定工作,包括初级(国家职业资格五级)、中级(国家职业资格四级)、高级(国家职业资格三级)。各单位人事劳资科负责资格申报工作和鉴定前培训工作。鉴定标准按烟草行业《卷烟商品营销员鉴定规范》(试行稿)、《卷烟商品营销员职业标准》(2007 版)执行,初级、中级、高级理论考试均为客观题,采用填涂标准答题卡方式进行,专业技能鉴定采用书面笔试方式进行。

2003 年,2190 人参加营销师(卷烟商品营销)五级鉴定,鉴定通过 1279 人,通过率 58.40%。

2004 年,1301 人参加营销师(卷烟商品营销)五级鉴定,鉴定通过 1165 人,通过率 89.55%;484 人参加营销师(卷烟商品营销)四级鉴定,鉴定通过 127 人,通过率 26.24%。

2005 年,925 人参加营销师(卷烟商品营销)五级鉴定,鉴定通过 817 人,通过率 88.32%;1095 人参加营销师(卷烟商品营销)五级鉴定,鉴定通过 250 人,通过率 22.83%。

2006 年,557 人参加营销师(卷烟商品营销)五级鉴定,鉴定通过 516 人,通过率 92.64%;970 人参加营销师(卷烟商品营销)四级鉴定,鉴定通过 482 人,通过率 49.69%;60 人参加营销师(卷烟商品营销)三级鉴定,鉴定通过 60 人,通过率 100%。

2007 年,484 人参加营销师(卷烟商品营销)五级鉴定,鉴定通过 413 人,通过率 85.33%;792 人参加营销师(卷烟商品营销)四级鉴定,鉴定通过 611 人,通过率 77.15%;88 人参加营销师(卷烟商品营销)三级鉴定,鉴定通过 77 人,通过率 87.50%。

2008 年,237 人参加营销师(卷烟商品营销)五级鉴定,鉴定通过 181 人,通过率 76.37%;602 人参加营销师(卷烟商品营销)四级鉴定,鉴定通过 359 人,通过率 59.63%;95 人参加营销师(卷烟商品营销)三级鉴定,鉴定通过 70 人,通过率 73.68%。

2009 年,104 人参加营销师(卷烟商品营销)五级鉴定,鉴定通过 45 人,通过率 43.27%;392 人参加营销师(卷烟商品营销)四级鉴定,鉴定通过 91 人,通过率 23.21%;135 人参加营销师(卷烟商品营销）三级鉴定，鉴定通过 65 人，通过率 48.15%。

2010 年，335 人参加营销师（卷烟商品营销）五级鉴定，鉴定通过 238 人，通过率 71.04%；503 人参加营销师（卷烟商品营销）四级鉴定，鉴定通过 331 人，通过率 65.81%；138 人参加营销师（卷烟商品营销）三级鉴定，鉴定通过 87 人，通过率 63.04%。

烟草专卖管理　烟草专卖管理员岗位技能鉴定工作从 2008 年开始进行，主要针对全省 11 个市局（公司）从事对烟草专卖品生产经营活动实施专卖监督和管理的人员开展鉴定工作。鉴定岗位等级包括初级（岗位资格等级五级）、中级（岗位资格等级四级）、高级（岗位资格等级三级）。各单位人事劳资科负责鉴定申报和鉴定前培训工作。鉴定标准按照《烟草专卖管理员岗位标准（试行）》执行。鉴定内容包括理论和技能鉴定，均采用书面闭卷笔试方式进行。

2008 年，95 人参加烟草专卖管理员岗位五级鉴定，鉴定通过 88 人，通过率 92.63%。

2009 年，544 人参加烟草专卖管理员岗位五级鉴定，鉴定通过 389 人，通过率 71.51%；866 人参加烟草专卖管理员岗位四级鉴定，鉴定通过 704 人，通过率 81.29%；42 人参加烟草专卖管理员岗位三级鉴定，鉴定通过 36 人，通过率 85.71%。

2010 年，184 人参加烟草专卖管理员岗位五级鉴定，鉴定通过 122 人，通过率 66.30%；738 人参加烟草专卖管理员岗位四级鉴定，鉴定通过 530 人，通过率 71.82%；138 人参加烟草专卖管理员岗位三级鉴定，鉴定通过 114 人，通过率 82.61%。

2001 年—2010 年全省烟草特有工种技能鉴定情况

表 5-5-1　　　　单位：人

年　份	参加人数	取　证　情　况			
		卷烟制造	烟叶分级	卷烟商品营销	烟草专卖管理
1999	1114	1074	—	—	—
2000	620	550	—	—	—
2001	65	28	—	—	—
2002	416	348	—	—	—
2003	2202	4	—	1279	—
2004	2099	240	3	1292	—
2005	2115	25	—	1067	—
2006	2139	204	328	1058	—
2007	2152	346	195	1101	—
2008	1820	450	21	610	88
2009	3039	356	139	201	1129
2010	2757	316	75	656	766

技术能手

2007 年，抚州市黎川县局烟技员冯小虎，经过省局（公司）推荐评审，国家局复审被评为“全国烟草技术能手”。冯小虎自 1990 年参加工作以来，一直从事烟叶生产实用技术的指导和推广工作，参与了“国际型优质烟叶基地开发”“以成熟度为中心的优质烟基地开发”“替代进口烟叶基地开发”“密集型烤房自动化控制设备对比试验”等国家级项目和“江西晒红烟—江西铁赤烟提纯复壮”“新型密集型烤房烘烤”等省级项目的研究开发与推广应用。并在行业内外的报纸、杂志发表论文28篇,其中《云烟85品种特性及生产技术要点调查报告》荣获2001年全省系统烟叶生产论文调研一等奖,《塘坊乡2002年度烟草青枯病调查与分析》荣获2002年全省学术论文二等奖;参与举办技术培训班200余期,培训2万余人次。

2010年8月,省局(公司)举办第一届江西省烟草专卖局(公司)系统省级二类卷烟商品营销职业技能竞赛,全省烟草共60人参加此次竞赛。宜春市局(公司)李慧颖、李芹,抚州市局(公司)米佳璐获得竞赛前三名,按国家局“获奖选手按参赛人数5%的比例,由国家局(总公司)授予全国烟草技术能手称号”的有关规定,李慧颖、李芹、米佳璐获“全国烟草技术能手”荣誉称号。11月,国家局举办第八届全国烟草行业职业技能竞赛暨第一届全国烟草行业卷烟商品营销职业技能竞赛,全国烟草行业150名选手参赛,李慧颖、米佳璐进入全国前30名,再次获得“全国烟草技术能手”荣誉称号,由国家局颁发全国烟草技术能手证书、奖章和3000元奖金。获得“全国烟草技术能手”荣誉称号的人员全部纳入全省烟草系统高级技能人才库。米佳璐由短期合同制聘用员工转为无固定期限劳动合同制员工。

管理规范

职业技能鉴定机构质量管理规范工作自2009年1月启动,11月顺利通过国家人力资源和社会保障部职业技能鉴定中心质量管理体系认证审核专家组现场审核。2010年2月获得人社部职业技能鉴定中心颁发的职业技能鉴定机构质量管理体系认证证书。

按管理规范体系运行规定,授权鉴定站最高管理者和管理者代表,配置综合管理岗、鉴定考核岗及考务管理岗的专职鉴定工作人员,明确各相关岗位职责;规范鉴定业务的运行流程;建立质量方针“公平公正、科学规范、优质服务、开拓创新”和质量目标:鉴定服务满意度≥95%;鉴定报名准确率≥95%;阅卷评分准确率≥95%。注重以顾客为导向,提高服务水平,通过满意率测评、内部审核和管理评审等形式,不断寻找自身的管理短板,并加以改进;注重加强鉴定过程的质量控制,通过设立监督公示、顾客投诉等监管措施,加大了对资格申报、鉴定现场、阅卷评分及投诉举报等违规违纪现象的查处力度。

鉴定站质量管理规范体系文件由1部质量手册、20个程序文件、16个作业文件,62个质量纪录组成。其中质量手册包括颁布令、授权令、鉴定站简介、目的和范围、规范性引用文件、术语和定义、质量管理体系、管理职责和权限、资源管理、鉴定服务的实现、信息管理、测量分析和改进、质量手册管理和8个附件组成;20个程序文件包括文件控制程序、记录控制程序、沟通管理程序、管理评审程序、人力资源管理程序、基础设施和工作环境管理程序、鉴定服务实现策划程序、试卷管理程序、鉴定考务控制程序、考评人员管理程序、质量督导员管理程序、职业资格证书管理程序、未达标服务控制程序、鉴定考点管理程序、顾客投诉处理控制程序、顾客满意的监视和测量控制程序、内部审核控制程序、鉴定信息和数据分析管理程序、持续改进控制程序、纠正和预防措施控制程序；16 个作业文件包括鉴定档案管理规定、鉴定报表规定、公示规定、保密规定、考务管理系统使用规定、质量督导员工作守则、考评人员工作守则、考务人员工作守则、理论知识考试规则、实操技能考核规则、鉴定考场规则、回避规定、考务管理工作规程、鉴定申报资格条件、安全管理规定、证书发放管理规则。

第六节 信息化建设

全省烟草信息化工作起步于 20 世纪 90 年代后期，经历了从单机应用到网络运行、从局部应用到纵横互联的发展过程。随着信息化工作的大力推进，形成“统筹规划、顶层设计；统一架构、两级分布；业务驱动、安全同步”的信息化建设格局。统一组织建设烟草生产、卷烟销售、专卖、烟叶购销、综合办公、视频会议、人力资源、卷烟销售分析查询、内部专卖管理监督分析、物流系统、工商营销共享平台、统计应用项目、调控管理系统、投资管理系统、资金监管系统以及在线审计等 30 多个应用信息系统，涵盖全省两烟生产经营、专卖管理、人财物管理、综合办公等主要业务领域。全省烟草建设中心机房 18 座；建设了覆盖各直属单位（厂）、部门、各县局（分公司）的专用信息网络；各厂（站）、卷烟营销网点、烟叶基层站点等基层单位通过虚拟专用拨号网（VPDN）等方式接入，与行业网络实现互联互通。计算、存储等基础设施建设日趋完善，拥有主要服务器 332 台、数据存储设备 43 套以及核心网络设备 95 套；建立了近 200 人的信息化专业队伍。不断增强网络安全措施，保障系统信息通畅、无重大事故。

1999 年—2010 年，全省烟草信息化建设共投入费用约 51213 万元，其中，机房建设 2440 万元，服务器、存储等硬件投入 26173 万元，应用软件开发投入约 21000 万元，数据库、中间件等系统软件购置 1600 万元。

基础设施

1998 年—2010 年全省行业机房建设投资约 2440 万元。

省局（公司）1998 年建设省局（公司）第一代网络机房，租用锦峰大酒店七楼办公室进行改造，主要应用于机关局域网建设，实现国家局、省局、市局、县局四级单位网络互联，提供省局（公司）内部网站、域名等基础网络服务。

1999 年—2001 年，为适应卷烟销售管理系统联网运行需求，各单位结合当时办公大楼实际情况，投资建设计算机机房 115 个（中心机房 18 个），建立各单位局域网。全省行业建立内部数据通信专用网络，并通过烟草行业卫星通信网与国家局网络互联，省、市（厂）两级单位通过中国电信 64K bps DDN（数字数据网）通信线路实现广域网互联，县级公司、卷烟销售网点、专卖稽查大队通过中国电信 PSTN（公共交换电话网络）实现与行业网络拨号互联，并通过卫星通信网与国家局网络互联，实现行业各级单位互联互通，满足业务数据传输需要。

2002 年—2003 年，省局（公司）建设烟草综合办公大楼，同步设计、建设中心机房，总面积为

150 平方米,设置在大楼 11 层,分为主机房和监控室两部分。省局(公司)启用新建机房,采用中国电信 2M bps SDH(同步数字线路)线路与 11 个市公司、5 个烟厂互联,同时租用电信公司的 10M bps 线路接入因特网。

2006 年,省局(公司)新增 11 条中国电信提供的 2M bps MSTP(基 SDH 的多业务传送平台)线路,与原 2M bps SDH 广域网线路互为备份,接入因特网速率提升至 50M bps。

2007 年,对机房就地改造,重点加强机房保温隔热、防雷、监控等基础建设,完善机房供配电、不间断电源、空调、消防、门禁、漏水检测等环境设施监控系统,能对相关基础设施运行故障进行即时短信报警。机房配备海洛斯机房专用精密空调 3 台,不间断电源系统 3 套,机房环境温度控制在 22℃左右,相对湿度控制在 50%左右,供电电压控制在 220V 左右。机房安装运行 IBM 小型机服务器 10 台、X86 服务器 71 台、存储设备 6 套,核心网络交换机 2 台、路由器 4 台,承载着行业统一部署、全省集中以及省局机关自身运行的信息系统。

2008 年,租用电信 30B+D 线路,用于支持省局(公司)电话投诉中心运行。

2010 年开始,采用虚拟化技术,对计算、存储设备进行统一规划、统一调配,主要信息系统数据库部署在虚拟化的小型机、存储环境,应用程序部署在虚拟化的小型机或 X86 服务器环境,WEB 服务统一部署在具备应用负载均衡条件的 X86 服务器环境,重要业务系统均实现服务器的热备及数据异地备份。同年,适应信息系统省局(公司)集中部署要求,省局(公司)对局域网核心网络设备进行改造,采购 2 台 H3C 9508E 交换机代替原来的 CISCO6509 交换机,并进行虚拟化,达到网络冗余备份的效果;省局(公司)至各市局(公司)通信线路从原来的 2M SDH+2M MSTP 升级并提速至 6M MSTP+4M MSTP,进一步提高通信网络稳定性和安全性。

烟草商业网络拓扑图

图 5-6-1

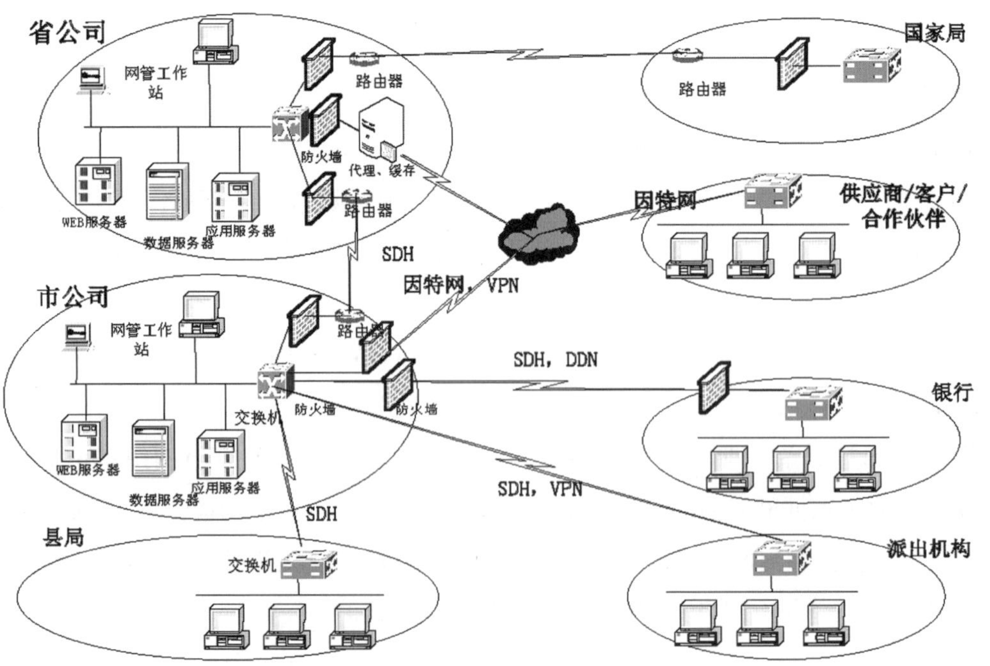

江西中烟公司　2004 年公司成立之初,借用南昌卷烟厂机房。该机房与南烟综合办公楼同步建设,按机房 C 级标准,以满足南昌卷烟厂信息化需求建设;2004 年底,江西中烟公司建立主干为千兆光纤、百兆铜缆到桌面的局域网,同时租用 1 条 100M 的电信互联网链路接入互联网,2005 年正式投入使用。

2006 年,通过租用联通 2M SDH 链路上联到国家局,实现与行业骨干网的连接;租用 4 条 2M 的 SDH 电路,用于连接赣南、广丰、井冈山、兴国卷烟厂,建成省域网,同时实现各卷烟厂与行业骨干网的联通。2009 年省域网升级到 4M MSTP 专用线路,至此公司本级及各卷烟厂都形成了内部高速网络系统,最终实现统一网络,借助管理平台实现对网络有效的统一管理,满足日常访问、办公和业务系统运营的需要。

2009 年,江西中烟公司机房原地改造项目立项。项目总投资 193 万元,对机房的综合布线系统、供配电系统、空调通风系统、环境监测系统、KVM 系统、机房标识、布局、装修等 8 个方面进行改造或新建。机房面积 134 平方米,部署有综合布线系统、UPS 供配电系统、空调系统、防静电和防雷接地系统。机房设备包括 UPS2 台、空调 3 台、IBM 小型机 9 台、X86 服务器 18 台、存储设备 3 台、核心网络交换机 4 台、路由器 4 台、防火墙 3 台、入侵检测设备 1 台、网页防篡改 1 台、视讯会议系统设备 2 台、光纤交换机 3 台、磁带库设备 2 台,实现局域网互联并接入行业网络,承载着公司系统运行的各业务应用系统。

烟草工业网络拓扑图

图 5-6-2

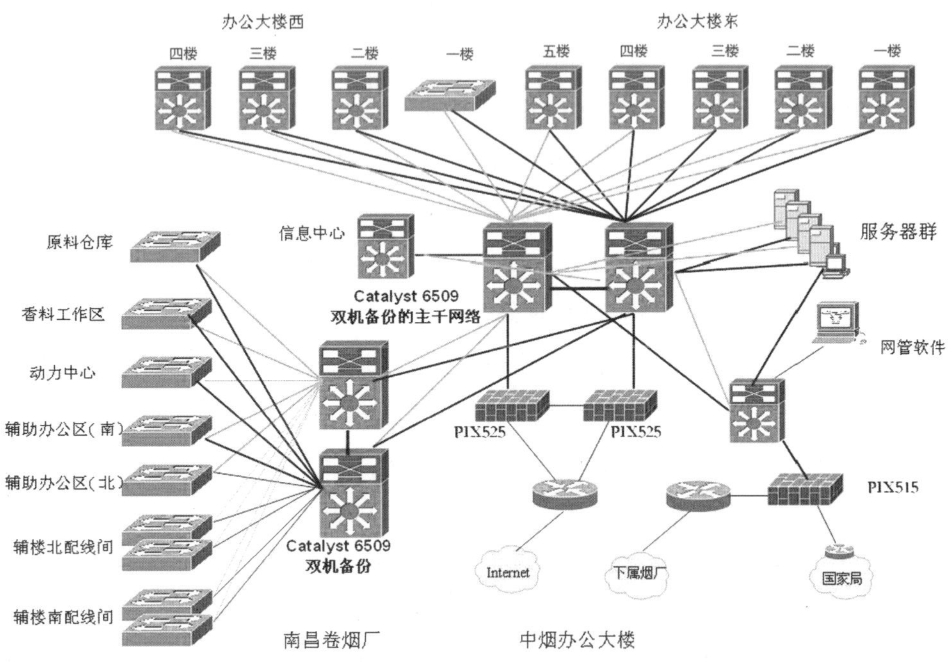

南昌烟草　2001 年开始机房建设,面积 20 平方米;市局架设路由器 1 台,各县级局(分公司)通过 MODEM 与市局按需连接。2003 年,随新建办公大楼,建设 30 平方米的机房;组织实施通信网络技术改造,租用电信及移动公司提供的 15 条数字电路,各县、区局(公司)与市局(公司)之间通

信速率提升至2M bps。2008年,市局(公司)租赁电信30B+D线路,用于改造电话订货中心。2010年,对机房进行异地改造,改造后的核心机房面积62平方米。机房配置3台不间断电源、2台机房专用精密空调;安装有设备智能监控系统,对机房供配电、不间断电源、空调、消防、门禁、漏水检测等环境设备具有完善的监控功能,对发生的各种设备故障,实时电话短信报警,实时事件记录。机房内配备5台IBM小型机、2台HP刀片服务器、2台IBM PC服务器、5台DELL PC服务器、存储设备3套,网络交换机4台、路由器2台。实现各区、县局局域网互联并接入行业网络,承载着全市系统运行的行业生产经营决策系统、营销管理系统、地理信息系统、综合办公系统等业务应用系统以及省局(公司)数据镜像系统。2010年7月,租用10M电信宽带连接互联网,并通过防火墙、VPN、IDS等上网行为管理系统进行信息安全防护。

九江烟草　2001年开始机房建设,面积约30平方米;市局架设路由器1台,各县级局(分公司)通过MODEM与市局按需连接。2003年,市公司组织实施通信网络技术改造,租用电信公司提供的13条数字电路,各县局(公司)与市局(公司)之间通信速率提升至1M bps,内网采用Mcafee网络病毒防护系统。2006年,随物流中心重建,面积约108平方米,机房配置2台不间断电源、2台机房专用精密空调,安装有设备智能监控系统,对发生的各种设备故障,实时电话短信报警,实时事件记录。市局(公司)机房内安装运行5台IBM小型机、15台X86服务器、存储设备2套,核心网络交换机2台、路由器2台。承载着全市系统运行的生产经营决策系统、营销管理系统、地理信息系统、综合办公系统等应用系统。2007年,市局建设网络管理平台,通过入侵检测系统来监控内网安全。2008年,市局(公司)租赁电信30B+D线路,用于改造电话订货中心。2010年,采购部署山石网科防火墙,控制内网对因特网的访问,并禁止因特网对内网的访问;启用VPN服务,通过VPN拨入的方式满足移动办公需求。

上饶烟草　2001年开始机房建设,面积50平方米;市局架设路由器1台,各县级局(分公司)通过MODEM与市局按需连接。2003年,市公司组织实施通信网络技术改造,租用移动公司12条数字电路,各县局(公司)与市局(公司)之间通信速率提升至2M bps。2005年,部署神州数码防火墙,控制互联网访问,保障局域网安全。2006年,设有Mcafee网络病毒防护系统,加强计算机病毒防护。2008年,市局(公司)租赁电信30B+D线路,用于改造电话订货中心。2012年,随市局(公司)新建办公大楼,参照《电子计算机机房设计规范》B级标准新建150平方米的机房,机房配置1台不间断电源、2台机房专用精密空调;安装有设备智能监控系统,对机房供配电、不间断电源、空调、消防、门禁、漏水检测等环境设备具有完善的监控功能,对发生的各种设备故障,实时短信报警,实时事件记录。机房内安装2台IBM小型机、3台浪潮K1800服务器、存储设备2套、核心网络交换机1台、路由器2台,实现各县局局域网互联并接入行业网络,承载着全市系统运行的生产经营决策系统、营销管理系统、地理信息系统、综合办公系统等业务应用。

抚州烟草　2001年开始机房建设,面积30平方米,市局架设路由器1台,各县级局(分公司)通过MODEM与市局按需连接。2003年,市公司组织实施通信网络技术改造,租用电信公司10条数字电路,各县局(公司)与市局(公司)之间通信速率提升至2M bps。2005年改造机房面积50平方米。2006年,设置Mcafee网络病毒防护系统,加强计算机病毒防护;应用天融信防火墙实现内外网逻辑隔离。2008 年,市局(公司)租赁电信 30B+D 线路,用于改造电话订货中心。2009 年,随新建办公大楼建设成的中心机房,面积 218 平方米。机房分为中心机房、UPS 电池室以及控制室三部分,配备 2 部精密空调、2 台灭火器、2 台不间断电源及 1 组电池、3 个小机机柜、6 个网络机柜以及 12 个服务器机柜。安装有全方位的视频监控以及消防系统,对机房供配电、不间断电源、空调、消防、门禁、漏水检测等环境设备具有完善的监控功能,对发生的各种设备故障,实时电话短信报警,实时事件记录。机房内安装 4 台 IBM 小型机、20 台 X86 服务器、存储设备 3 套、核心网络交换机 2 台、路由器 2 台,实现各县局局域网互联并接入行业网络,承载着本市系统运行的生产经营决策系统、营销管理系统、地理信息系统、综合办公系统等业务应用。2010 年,对代理服务器进行软硬件升级,加强因特网访问控制。

宜春烟草　2001 年开始机房建设,面积 30 平方米,市局架设路由器 1 台,各县级局(分公司)通过 MODEM 与市局按需连接。2000 年—2002 年采用两层交换机实现市公司网络互联,2002 年—2004 年县市公司分别购置路由器,采用电话线拨号连接,连接带宽 56KB,实现县公司卷烟销售数据上传。2005 年,市局机房采用三层交换机互联,内网开始分区域管理并配备防火墙,省、市、县开始采用专线连接,连接带宽 2M;各县市公司组建本地局域网,安全策略主要通过虚拟网络划分、防火墙白名单策略实现。2006 年改造,机房面积增加到 60 平方米。机房部署有防雷接地系统、消防报警系统,机房配备不间断供配电设备 1 台、空调 2 台、1 台不间断电源。机房内安装运行 3 台 IBM 小型机、11 台 X86 服务器、存储设备 2 套、核心网络交换机 2 台、路由器 3 台,防火墙 1 台、上网行为控制服务器 1 台。实现各县局局域网互联并接入行业网络,承载着全市系统运行的生产经营决策系统、营销管理系统、地理信息系统、综合办公系统等业务应用以及全省主要数据备份系统。2008 年,市局(公司)租赁电信 30B+D 线路,用于改造电话订货中心。2010 年网络升级及改造,县市互联带宽 10M(兆),网点至县公司带宽 4M(兆),市公司通过增加互联网访问控制策略、线路备份、核心网络设备双机冷备等方式提高网络可用性与安全性。

吉安烟草　2001 年开始机房建设,面积 30 平方米,市局架设路由器 1 台,各县级局(分公司)通过 MODEM 与市局按需连接。2002 年,市公司组织实施通信网络技术改造,租用电信公司数字电路,各县局(公司)与市局(公司)之间通信速率提升至 2M bps。2005 年,设有天元龙马防火墙,实现内外网逻辑隔离。2006 年随新办公楼重建,机房面积为 125 平方米。机房部署有供配电系统、综合布线系统、空调通风系统、消防报警系统、防雷接地系统、安防系统、动环监控系统等七大系统,配备不间断供配电设备 2 台(并机,配置电池 32 节)、机房专用精密空调 2 台,安装有设备智能监控系统,对机房供配电、不间断电源、空调、消防、门禁、漏水检测等环境设备具有完善的监控功能,对发生的各种设备故障,实时电话短信报警,实时事件记录。机房内安装 5 台 IBM 小型机、18 台 X86 服务器、存储设备 3 套、核心网络交换机 2 台、路由器 5 台、防火墙 1 台、数据备份带库 1 台、网络审计平台设备 1 套、上网行为管理设备 1 台、入侵检测设备 1 台。实现各县局局域网互联并接入行业网络,承载着全市系统运行的生产经营决策系统、营销管理系统、地理信息系统、综合办公系统等业务应用。2007 年,市局(公司)增购核心交换机 1 台,实现核心交换设备备份运行,采用 macfee 防病毒网关和 IDS 入侵检测设备,加强内网安全防护。2008 年,市局(公司)租赁电信 30B+D 线路,用于改造电话订货中心。

赣州烟草　2001年开始机房建设,面积25平方米。市局架设路由器1台,各县级局(分公司)通过MODEM与市局按需连接。2005年12月,与电信公司签订协议,租用1条15M光纤接入赣州电信VPDN系统中心,组建以市局(公司)中心路由(中心机房)为中心点,建设全市各县(市)分支网点为终端的星形网络。各网点采用宽带1M VPDN方式接入专用网络,并要求将每个VPDN的ADSL账号与指定的承载电话绑定,即某个VPDN ADSL账号只能在指定的承载电话上使用,并只能访问烟草公司内网。2006年,市公司组织实施通信网络技术改造,租用电信公司17条数字电路,各县局(公司)与市局(公司)之间通信速率提升至2M bps。2006年10月,随新办公楼重建,机房面积为95平方米。机房主要存放所有信息系统服务器,使用DELL KVM设备实现服务器远程控制。防雷方面采用三相电源防雷箱(B级+C级)及IDS信号防雷器,并使用防雷接地铜线及铜排。供电方面采用国产动力配电柜和科士达供电模块控制,使用1台科士达10KV主机4小时电池组和1台优尼泰克8KV主机4小时电池组的在线式UPS为机房设备供电。机房实行每日巡查,记录机房的温度、湿度、各类设备运行状况。市局(公司)机房内安装4台IBM小型机、15余台X86服务器、存储设备1套、核心网络交换机2台、路由器2台。承载着全市系统运行的生产经营决策系统、营销管理系统、地理信息系统、综合办公系统等业务应用。2007年,租用电信公司1对光纤,实现市局(公司)办公楼与物流中心互联。2008年,市局(公司)租赁电信30B+D线路,用于改造电话订货中心。

景德镇烟草　2001年6月开始机房建设,面积15平方米。市局架设路由器1台,各县级局(分公司)通过MODEM与市局按需连接。2003年,市公司组织实施通信网络技术改造,租用电信公司8条数字电路,各县局(公司)、物流仓库与市局(公司)之间通信速率提升至2M bps;市局(公司)租用1条2M宽带接入,设有1台天元龙马防火墙控制互联网访问。2004年,同电信公司合作,开通VPDN用于农村网点到市局机房的连接。2005年,增加外单位中国银行接口用于电子结算代扣。2008年,市局(公司)租赁电信30B+D线路,用于改造电话订货中心,互联网接口升级为10M。2008年3月,随办公大楼及物流中心整体搬迁,新建面积约130平方米的中心机房。配置2台不间断电源、2台机房专用精密空调;安装有设备智能监控系统,对机房供配电、不间断电源、空调、消防、门禁、漏水检测等环境设备具有完善的监控功能,对发生的各种设备故障,实时电话短信报警,实时事件记录。机房内安装5台IBM小型机、11台X86服务器、存储设备3套、核心网络交换机2台、路由器2台,防火墙2台,实现各县局局域网互联并接入行业网络,承载着本市系统运行的生产经营决策系统、营销管理系统、地理信息系统、综合办公系统等业务应用。

萍乡烟草　2000年开始机房建设,面积25平方米;市局架设路由器1台,各县级局(分公司)通过MODEM与市局按需连接。2003年,新建办公大楼,建成30平方米的机房租用电信公司10M线路接入因特网。2007年扩建,面积81平方米,市公司组织实施通信网络技术改造,租用电信公司8条数字电路,各县局(公司)与市局(公司)之间通信速率提升至2M bps,租用2条ADSL用于VPDN组网,实现各网点与公司网络高速互联;同年,市局因特网接入速率提升至100M。2008年,市局(公司)租赁电信30B+D线路,用于改造电话订货中心。2010年随配送中心建设重建,机房面积达到138平方米,分隔成操作区、设备区、电源区。机房配置2台不间断电源、2台机房专用精密空调,安装设备智能监控系统,对机房供配电、不间断电源、空调、消防、门禁、漏水检测等环境设备具有完善的监控功能,对发生的各种设备故障,实时电话短信报警,实时事件记录。机房内安装3台IBM小型机、14台X86服务器、存储设备2套、核心网络交换机2台、路由器2台,实现各县局局域网互联并接入行业网络,承载着全市系统运行的生产经营决策系统、营销管理系统、地理信息系统、综合办公系统等业务应用。县局(公司)与市局(公司)之间通信网络从原来的2M SDH+2M MSTP升级并提速至6M MSTP+4M MSTP,实现广域网线路备份运行。

新余烟草　2001年开始机房建设,面积30平方米;市局架设路由器1台,各县级局(分公司)通过MODEM与市局按需连接。2007年机房升级改造,面积60平方米。同时组织实施通信网络技术改造,各县局(公司)、网点与市局(公司)之间通信速率提升至2M bps。机房配备不间断电源系统2套、精密空调系统1套;配置有智能报警系统,对机房供配电、UPS电源、精密空调、消防、漏水等子系统进行监控,如发生故障实时进行短信报警。机房内安装4台IBM小型机、12台X86服务器、存储设备3套、核心网络交换机2台、路由器2台。承载着全市系统运行的生产经营决策系统、营销管理系统、地理信息系统、综合办公系统等业务应用。2008年,市局(公司)租赁电信30B+D线路,用于改造电话订货中心;部署网康上网行为管理系统,配置相关软件进行上网行为控制与流量控制。

鹰潭烟草　2003年开始机房建设,面积60平方米;市局架设路由器1台,各县级局(分公司)通过MODEM与市局按需连接。2003年,市公司组织实施通信网络技术改造,租用电信及移动公司6条数字电路,各县局(公司)与市局(公司)之间通信速率提升至2M bps。市局(公司)租赁电信30B+D线路,用于改造电话订货中心。2010年,随新建办公大楼,建成112平方米的机房;机房配置2台不间断电源、2台机房专用精密空调;安装设备智能监控系统,对机房供配电、不间断电源、空调、消防、门禁、漏水检测等环境设备具有完善的监控功能,对发生的各种设备故障,实时电话短信报警,实时事件记录。机房内安装5台IBM小型机、12台X86服务器、存储设备1套、核心网络交换机1台、路由器6台,实现各县局局域网互联并接入行业网络,承载着本市系统运行的生产经营决策系统、营销管理系统、地理信息系统、综合办公系统等业务应用。租用50M电信宽带和100M移动宽带连接互联网,并通过防火墙、VPN、IPS及上网行为管理设备进行安全防护。

南昌卷烟厂　1998年开始机房建设,机房面积30平方米,主要设备是台式服务器和网络交换机。1999年建成计算机局域网。2000年租用1条10M电信互联网链路接入互联网,并通过行业卫星通信网与国家局互联。2004年底南昌卷烟厂搬至金圣工业科技园与公司共用同一局域网及其相关资源。2008年底,南昌卷烟厂计算机中心机房立项获批,2009年11月底开始施工,2010年1月完成装修和系统设备安装,2010年3月完成核心交换机和信息系统服务器的迁移,投入使用。机房投资98.58万元,面积53平方米,安装机柜系统、照明及供配电系统、防雷与接地系统、精密空调及新风系统、计算机网络系统、综合布线系统、动力环境监控系统、机房集中管控KVM系统、消防报警系统、安防系统。机房除配备市电外,配置不间断供配电设备UPS3台、空调2台;安装有区域监控,基本实现对机房供配电、不间断电源、空调、消防等环境设备的监控功能。机房内安装服务器15

台、磁盘存储设备 1 台、光纤交换机 2 台、核心网络交换机 3 台,实现企业局域网互联并接入行业网络,确保企业各信息系统的安全可靠运行。

赣南卷烟厂　2004 年 1 月开始机房建设,同年 9 月投入使用,面积约 30 平方米。机房安装供配电系统、综合布线系统、机房空调系统、防雷接地系统、安防系统,配备不间断供配电设备 1 台(配置电池 64 节)、机房专用空调 1 台。机房内安装有监控系统,实现对机房供配电、不间断电源、空调、消防环境设备的监控功能。机房内安装 3 台 IBM 小型机、5 台 X86 服务器、存储设备 1 套、核心网络交换机 1 台、路由器 1 台、防火墙 1 台、入侵检测 1 台、上网行为管理设备 1 台,实现企业局域网互联并接入行业网络,承载着全厂系统运行的各业务应用系统。租用 1 条电信公司 10M 光纤接入互联网,通过思科防火墙对内网进行安全防护。2006 年设有入侵检测设备,2008 年设有上网行为管理系统规范网络应用,2010 年部署防病毒网关。

广丰卷烟厂　1996 年组建厂域网。1997 年通过代理服务器接入互联网,2000 年开始机房建设,机房面积 12.6 平方米。2003 年租用移动公司 1 条 15M 光纤接入互联网,通过防火墙实现内外网逻辑隔离,并部署瑞星杀毒软件对局域网进行防病毒入侵检测;2005 年核心交换机升级为华为 65 核心交换机。机房安装综合布线系统、供配电系统、空调系统、防静电和防雷接地系统、消防报警系统、安防系统。机房除配备市电外,配置不间断供配电设备 UPS2 台、空调 2 台;安防系统安装有区域监控,基本实现对机房供配电、不间断电源、空调、消防等环境设备的监控功能。机房内安装 3 台 IBM 小型机、6 台 X86 服务器、存储设备 1 台、核心网络交换机 2 台、路由器 1 台、防火墙 1 台、入侵检测设备 1 台、上网行为管理设备 1 台,实现企业局域网互联并接入行业网络,承载着本厂系统运行的各业务应用系统。

井冈山卷烟厂　2004 年 10 月开始机房建设,面积 80 平方米,安装综合布线系统、UPS 供配电系统、空调系统、防静电和防雷接地系统、消防报警系统,企业局域网建设,机房架设防火墙 1 台、路由器 1 台、CISCO3750 核心交换机 1 台,通过 MODEM 与吉安县电信公司连通,内部通过机房核心交换机与各功能生产、销售、动力、仓库和办公场所架设的五台底层交换机 CISCO2960 实现企业内部互联互通。2007 年增设安防系统。机房除配备市电外,配置不间断供配电设备 2 台(双机热备,配置电池 2 组)、机房专用空调 1 台。安装机房内区域监控,基本实现对机房供配电、不间断电源、空调、消防、门禁、漏水检测等环境设备的监控功能,安装运行 IBM 小型机 3 台、X86 服务器 6 台、存储设备 3 套、核心网络交换机 1 台、路由器 1 台、防火墙 1 台,实现企业局域网互联并接入行业网络,承载着本厂系统运行的各业务应用系统。升级机房 CISCO3825 路由器 1 台、CISCO4503 核心交换机 1 台,新增 CISCO3560 交换机 1 台,租用电信公司数字电路提高到 16M。2008 年 12 月建成瑞达时代 R-AM200 上网行为管理系统。

兴国卷烟厂　2004 年开始建设机房及综合布线项目,同年 9 月投入使用,面积约 30 平方米。机房安装供配电系统、综合布线系统、空调系统、防雷接地系统、安防系统、监控系统,实现对机房供配电、不间断电源、空调、消防等环境设备的监控功能。配备不间断供配电设备 1 台(配置电池 32 节)、机房专用空调 1 台,安装 IBM 小型机 3 台、X86 服务器 4 台、存储设备 1 套、核心网络交换机 1 台、路由器 1 台、防火墙 1 台、上网行为管理设备 1 台。租用 1 条电信公司 10M 光纤接入互联网,通过思科防火墙对内网进行安全防护。2008 年开始使用上网行为管理系统规范网络应用。

系统软件开发应用

营销管理系统　2001 年开发运行，投资 170 万元；2003 年采用办卡式电话订货，全省投资 380 万元以市局（公司）为单位建立电话订货中心。2004 年—2005 年全省投资 618 万元，以“电话订货、电子结算、网上配货、现代物流”为模式，重建卷烟营销网建业务流程，对营销管理系统实施全面省级改造，系统包含卷烟进销存、电子结算、客户关系管理和营销业务管控等功能模块，建立以市局（公司）为单位的集中访销配送的业务模式。2006 年，投资 126.5 万元按照《烟草商业企业电话订货管理信息系统软件标准规范》的功能标准、流程标准、数据标准要求，对系统进行升级改造，改造包括统一客户分级、货源策略管理、呼叫数据上报等功能，完善电话订货功能，做到全面、及时、准确采集零售客户的需求订单，实现了“按客户订单组织货源”工作目标。

江西中烟公司营销管理系统由南昌卷烟厂客户关系管理系统改造而来。项目投入 90.5 万元，于 2004 年 12 月启动建设，2006 年 6 月完成验收。系统为部门级应用，包含客户管理、成品库存、销售调拨、物料及费用管理等功能，实现营销中心日常销售、库存等业务数据的管理、整合、统计的规范化。

制丝管控系统　2002 年，南昌卷烟厂开始实施制丝管控系统项目，项目投资 978 万元，2005 年通过验收。系统由现场层的电控系统、中控系统和管理系统三大部分组成。电控系统采用工业以太网技术 Industrial Ethernet 和现场总线 Profibus 技术，彻底实行现场设备的分布式控制。现场配有电控柜组 16 组、控制子站 400 余个及若干智能型仪表，共同实现制丝设备的自动控制，保证制丝生产的连续性和稳定性。中控系统以西门子（SIEMENS）公司的 WINCC 为平台，采用先进且成熟的 C/S 结构，及其双机热备的冗余解决方案，系统采用三维立体设计，在工控领域内体现人性化的设计风格，在完备生产监控和操作功能的同时，美化用户使用界面。管理系统采用先进的以 .NET 为框架的 B/S 结构，后台依托功能强大的 ORACLE9I 数据库，将制丝信息和数据以网站的形式发布到厂级网络上，厂级网络上的任何一台电脑均可通过一定的授权使用本系统。B/S 结构式的制丝管理系统的应用，实现了自上而下的计划排产、任务下发、操作监控、现场控制的生产调度，以及自下而上的现场监控、数据采集、生产统计、质量报告、设备信息等信息反馈，做到将底层过程控制系统与生产管理系统紧密集成。

动力管控系统　2003 年，南昌卷烟厂开始实施动力能源管控系统项目，项目投资 658 万元，2005 年 7 月通过验收。系统综合运用计算机技术、网络技术、现代通信技术、智能测控技术、自动控制技术等领域成果，根据空调、锅炉、空压机和真空泵、厂区变配电系统、给排水设备等公用设备的自身特点，对其进行遥测、遥信、遥控，实时监控其运行参数，检测和处理故障，记录和处理相关数据，实现对动力设备的自动控制，公用设施的无人值守和集中维护，运行数据的采集并分析管理，提高设备维护的效率和可靠性，减少维护人员的工作。系统在多用户操作、监控管理软件、网络结构、机房工业监控平台、实时操作系统、前端数据采集系统、智能设备接入系统、非智能设备转入系统等方面具有独到之处。系统由动力车间自主管理,24小时人员值班监视各系统参数。系统选用先进的软件开发平台、运行环境和高性能监控设备,使得整个监控系统具有安全可靠、易于操作、便于维护的优点,同时具有很强的横向和纵向扩展功能。

卷接包数采系统　南昌卷烟厂卷接包数据采集系统项目分为三期进行,项目投资379万元。一期项目于2003年8月签订合同,2005年11月完成验收,主要实现对南昌卷烟厂8台套卷接包机组、4台成型机、3台卸盘机、3台发射机及7台装封箱机等设备运行数据采集与分析管理。二期项目于2006年11月签订合同,2007年10月完成验收,主要将新增卷包机组3台套,成型机、发射机各1台纳入数据采集;实现在南昌卷烟总厂(后为江西中烟公司)层面上对下属5家烟厂的生产管理需求。三期项目于2008年10月签订合同,2011年12月完成验收,主要是将新增4台套卷包机组、2台成型机、1台发射机等纳入数据采集,并将卷接包机组所有辅料消耗纳入数据采集系统,在管理系统上实现南昌卷烟厂部分生产管理需求。

一号工程　该工程是国家局统一部署的系统,项目涉及生产、销售、库存等经营数据统计业务,由系统服务器端程序、打码机客户端程序、销售与库存扫描客户端程序等组成的软件系统和由小型机、磁盘阵列柜、光纤交换机等设备组成的硬件系统,以及配套的辅助软硬件设施构成。江西中烟公司于2004年9月启动该项目,承建单位为北京中软国际信息技术有限公司,2005年12月完成验收。其间,完成公司本级及5家卷烟厂的系统部署,实现生产点与公司、公司与全行业打码入库、扫码出库业务应用的集成。2010年后,根据国家局要求,在行业一号工程系统平台上,分别部署行业卷烟生产经营数据统计和行业调控信息支持系统等应用,变生产经营数据的事后统计为在线统计,实现计划管理体系与工商业务系统的集成应用。

生产管理系统　2006年,为满足生产管理需求,该系统在江西中烟公司和南昌卷烟厂部署开发,项目投资439万元。公司系统完成两期开发,主要用于向各烟厂统一下发生产计划,接收各厂产、质、耗等生产汇总数据上报。南昌卷烟厂系统完成三期开发,实现制丝、卷接包等主要环节的设备数据自动采集和显示,以及"一键式"成本考核,为车间成本考核提供现代化工具,在一定程度上缓解生产数据分析和即时成本分析的压力。

中心管理系统　2007年—2008年投资228万元建成省局(公司)、地市局(公司)互联的呼叫中心管理系统,主要包括客户管理、座席业务、外拨服务、录音监控等功能,实现按配送区域电话订货和客户投诉管理职能。

仓储管理系统　2007年—2008年投入468万元建设该系统。主要有入库管理、出库管理、在库管理、仓库库区货位分配、损益管理、盘库、仓储可视化、接口管理、调度管理、基础资源管理、绩效考核、物流监控等功能,实现以储位管理为核心的卷烟数字仓储管理。

综合查询系统　2008年—2010年省局(公司)投资268万元,采用省集中模式建成该系统,系统包含经济运行分析、营销分析、网建分析、投诉分析、市场状态分析、零售终端等功能,实现对全省系统卷烟销售数据的分析查询统计、网建报表,监控全省经济运行和投诉举报工作管理。

信息采集系统　2010年—2011年,该系统采用分级部署建设,项目投资193万元。系统主要包含:基础信息管理、采集样本管理、信息采集员管理、信息采集数据录入(手工、自动)、采集执行监控、采集数据还原、采集数据分析、采集智能简报等功能，支撑零售客户卷烟销售、价格、库存数据的采集，对卷烟市场信息进行监测。

行政管理软件应用

专卖管理系统　2002年—2003年建设，2009年对系统进行全面升级，共投入530万元，省、市两级部署，包含许可证管理、零售户管理、案件管理、队伍建设、涉案物品管理、统计查询等功能，实现零售户档案动态管理，智能办案。

综合办公系统　省局（公司）办公自动化系统于2005年—2006年建设，2009年升级改造，共投入561.5万元，采用省、市两级部署，包含公文处理、档案管理、信息门户、事务管理、网上审批等五大应用体系，实现全省行业内部公文的网上运转、信息共享和工作协同，有效提升了公文处理能力和行政办公效率。江西中烟公司办公自动化系统建设从2007年开始，分两期进行，共投入621万元。系统采用2台IBM小型机、ORACLE数据库、J2EE平台，部署于公司本级。2008年6月正式上线运行，构建一个现代化办公协同平台，实现了各类公文的电子化流转和签报、督办、申购等事务的网络化审批，形成了标准的、统一的三级知识文档管理体系，建立主要业务信息系统的单点登录和简单协同。办公自动化系统使员工之间、部门之间、上下级之间沟通更方便，信息反馈更通畅。2009年底，二期项目实现新老门户系统的并行使用，门户系统的升级换代，公文流转的深入应用，建立数据上报子系统，开展资产管理。

业务监督系统　2008年—2009年，省局（公司）投入188万元省、市两级部署建设。该系统包含卷烟经营监管、烟叶监管、复烤监管、工业企业监管、综合管理、真烟管理、工作协同、队伍建设、查询分析等功能，实现对内部有效监管。

视频会议系统　2007年，省、市两级部署建设，全省烟草投入1689.4万元，包含国家局及全省烟草双向视频会议、培训等功能。到2010年，全省烟草共建视频会议室128个，其中：省局（公司）2个、江西中烟公司2个、南昌烟草6个、九江烟草14个、上饶烟草15个、抚州烟草13个、宜春烟草12个、吉安烟草15个、赣州烟草20个、新余烟草5个、萍乡烟草8个、景德镇烟草5个、鹰潭烟草4个、井冈山教育基地烟草2个，赣南、广丰、井冈山、兴国卷烟厂和驻南铁局各1个。

人力资源系统　按照国家局"一个中心、两级部署、三级用户、四个统一、十大管控"的行业人力资源管理信息系统基本建设思路，江西中烟公司于2010年组织建设人力资源管理系统，搭建一个规范、统一、集中的全省信息化人力资源管理平台，支撑公司干部、后备干部、青年后备人才的培养机制，形成包含组织机构、人员信息、薪酬福利、培训、绩效等方面管理的数字化人力资源体系。该项目2010年3月招标，中标单位为厦门用友烟草软件有限责任公司，项目投资234万元，2011年验收运行。

财务一体化　2009年，江西中烟公司基于烟草工业企业原辅料核算方法定制化需求，开发成一套集中财务管理和供应链管理系统两个部分为一体的数据集中共享的财务业务一体化应用系统，使用人员范围涵盖公司原料供应部、物资供应部、财务管理部、技术研发中心及各卷烟厂相应的部门，统一管理烟草原料、物资、烟机配件的计划、采购、质检、库存、生产调配、成本结算等供应链信息,并建立国家局要求行业统一实施的会计核算集中财务管理平台。

2009年—2010年,江西中烟公司采用集中部署方式,共投入304.7万元。包含总账、固定资产、现金银行、集团报表、存货核算、应收管理、应付管理、费用管理,以及财务业务协同系统中卷烟业务、烟叶业务、烟用物资等功能模块。实现对核算系统的统一,会计核算内容的统一,将烟草商业经营全过程纳入会计核算体系,实现部门归口环节管理、业务数据共享,规范会计核算行为,解决数据可比性、实效性、准确性。

数据采集　国家局组织开发,国家局、省局(公司)、市局(公司)统一实施。2004年—2005年建设一期工程,实现卷烟工业环节按计划取码生产、打码出库,商业环节市公司扫码入库,全省烟草投资约446万元。2007年—2008年建设二期工程,商业环节市公司实现卷烟出入库扫描,卷烟分拣按零售户打喷码到条,各市公司订单采集抽取、传输至国家局,全省烟草投资约600万元。2010年—2013年建设三期过程,以行业卷烟生产经营决策管理系统采集的物流数据作为统计数据源,按统计制度的要求采集和加工物流数据;建立三级统计指标支撑、统计数据管理以及统计报表生成、报送体系,实现物流数据的统计应用和服务,全省烟草投资约324万元。

计划调控　2008年—2013年建设,属于国家局重点工程项目,共投入143.3万元。系统通过计划赋码、监控执行、定向调控,全面实现行业计划管理信息化,加强计划的统一性和严肃性;通过与专卖准运证集成,进一步延伸卷烟物流跟踪,加强行业专卖管理;通过完善零售终端的信息采集,为精准营销奠定基础;通过拓展电子商务平台应用,加强市场预测,实现工商协同。

1999年—2010年省局(公司)信息化应用系统建设情况

表5-6-1

应用系统名称	建设年份	设置方式	技术架构
营销管理系统V3版(含分销管理、客户关系管理、呼叫中心订单采集管理、客户经理工作管理等、精准营销、“135”工作法)	1999年卷烟销售网点基础管理系统单机应用;2001年卷烟营销管理全省联网应用;2005年按照市公司卷烟经营主体建设	市集中	B/S
专卖管理系统	2002年建设,2005年升级	省、市分布	B/S
电子邮件	2002	省公司	EX2K
域名服务	2002	省、市分布	
准运证管理系统	2003	国家局集中	B/S
到货确认系统	2003	国家局集中	B/S
网上交易平台	2003	国家局集中	B/S
卷烟生产经营管理决策系统	2004	国家局集中	B/S
工商营销信息共享平台	2007	国家局集中	B/S
投诉中心系统	2007	省集中	B/S

续表

应用系统名称	建设年份	设置方式	技术架构
综合办公系统(内外部网站、公文流转)	2007	省、市分布	B/S
视频会议系统	2007	省、市分布	
内管分析系统	2008	省集中	B/S
卷烟数字化仓储管理系统	2008	市集中	B/S
配送规划调度(GIS)信息系统	2008	市集中	B/S
质检机构数据采集分析系统	2008	省集中	B/S
综治安全管理	2008	省集中	B/S
烟叶管理系统(现代农业烟草信息系统烟站基地单元系统)	2009年,其中烟叶购、调、存管理建设于2002年	省集中	B/S
卷烟营销分析系统	2009	省集中	B/S
财务预算、核算、资产管理系统	2009	省集中	B/S
烟草学会网站	2009		
行业CA数字认证系统	2009	省集中	B/S
卷烟市场信息采集系统	2010	市集中	B/S
订单供货过程控制系统	2010	市集中	B/S
人力资源系统	2010		
基础平台			
投资项目管理系统	2010	国家局、省局分布	B/S

2002年—2010年烟草工业信息化应用系统建设情况

表5-6-2

应用系统名称	建设年份	设置方式	技术架构
南昌卷烟厂外部网站(企业文化、产品宣传、防伪鉴别、企业新闻、行业动态等)	2002	市集中	B/S
南昌卷烟厂内部网站(企业动态、部门专栏、文件共享、规章制度、职工园地等)	2003	市集中	B/S
烟叶信息管理基础软件	2004	国家局、中烟公司2级	c/S
卷烟生产经营管理决策系统	2004	国家局、中烟公司、卷烟厂3级	B/S

续表

应用系统名称	建设年份	设置方式	技术架构
投资项目管理系统	2009	国家局、中烟公司分布	B/S
卷接包数采系统	2003	各烟厂	B/S
空调、制冷自控系统	2003	各烟厂	C/S
动力能源管控系统	2004	各烟厂	C/S
片烟高架库系统	2004	各烟厂	C/S
成品高架库系统	2004	各烟厂	C/S
辅料高架库系统	2004	各烟厂	C/S
一卡通系统	2004	各烟厂	B/S
考勤系统	2004	各烟厂	B/S
营销管理系统	2004—2006	市集中	B/S
电子邮件	2005	省集中	B/S
视频会议系统	2007	中烟公司、各烟厂分布	
办公自动化系统	2008	省集中	B/S
统一会计核算软件	2009	中烟公司集中	B/S
财务供应链管理系统	2009	中烟公司集中	B/S
制丝 SPC 过程控制系统	2009	各烟厂	B/S
人力资源管理系统	2010	中烟公司集中	B/S

技术规范

全省烟草制订《信息化工作管理办法》《网络与信息安全管理办法》《机房运行维护管理办法》《信息系统账户及权限管理制度》《数据备份管理办法》《计算机及移动存储设备信息安全管理规定》《信息化工作管理机构及岗位职责》《信息系统技术管理规范》《网络与信息安全管理办法》《非烟草制品投资项目内部审批管理规定》《电子计算机机房管理制度》《信息系统维护制度》《计算机设备管理办法》《软件管理制度》《资料管理制度》等十几项管理制度，构筑以信息安全为核心的防范体系。

网络和信息安全　“预防为主、安全第一”是网络和信息安全管理工作的指导方针，对信息系统项目从规划、立项、开发、验收、运行、维护到废止各个环节要进行安全监管。在人员管理中，设置信息安全管理员、系统管理员、网络管理员、业务操作员等岗位,明确工作职责和内容;在网络安全管理中,明确网络建设项目的建设流程和审批事项,规定互联网接入要求,设置网络运行安全管理节点,对设备密码、网络配置、日志备份、定期查杀病毒、网络扫描监控进行规范。在系统运行管理中,对使用部门建立安全操作制度,对系统数据、系统变更和发布、口令密码、文档安全、应急处理等环节进行全面规范。

机房运行维护　全面规范机房运行维护管理,保障机房持续、稳定、健康的运行,并对日常巡检、突发事件处理进行规范。明确信息中心机房管理的职责和内容,并设置机房管理专职岗位对机房进行全面管理。在日常管理中,规范机房进出入行为、实施门禁系统和值勤管理;在施工管理中,规范监理和现场管理;在设备管理中,规范网络与主机设备、资产管理账表、机柜空间管理、综合布线管理等标准;在安全管理中,规范日常巡查、存储、用电、消防等工作流程。

账户及权限　信息系统账户及权限管理制度是依据国家信息安全等级保护工作要求,并结合全省烟草行业信息化实际应用情况制定的,对账户进行系统维护、系统管理、岗位操作的分类,并明确符合性、最小授权和有效性原则。根据信息系统账户和职责的特点,将账户分为系统维护类、系统管理类和系统操作类账户,要求在账户及权限管理中遵循符合性、最小授权和有效性原则;明确全省系统各单位信息安全工作领导小组是本单位信息系统账户和权限管理工作的监管机构,并设置具体工作职责;规范账户及权限的建立、变更、注销管理流程,要求密码设置要符合标准并定期更换,对身份论证进行管理。

数据备份　全省烟草数据备份对象包括所有主机操作系统、数据库、中间件、应用软件及其配置、程序代码和相关文档。全省烟草商业确定南昌烟草机房为核心信息系统异地容灾备份中心。在备份方式方面,各单位根据实际需要,要采取磁带、光盘、磁盘、异地和远程备份,明确了不同方式对应的存储介质;运行在小型机平台上的应用系统、数据库原则上采用 IBM TSM 的 LAN-FREE 方式进行,辅助采用 LAN 方式实现异地备份;在备份策略方面,操作系统每季度进行一次完整备份,备份样本保持至少 2 个,并存放在不同物理位置;应用软件应做好初始版本和不同历史版本的备份,通过磁盘、光盘或磁带备份方式实现;生产数据每日采用增量备份方式,每周至少完成 1 个全量备份,保存期限一般为 3 个月;配置文件,包括操作系统、数据库、中间件、应用软件以及小型机分区信息等的备份,主要采取磁盘或光盘备份方式实现,配置文件至少保留 2 份以上最新和上一次两个版本备份,保留期均为长期。对出现故障的系统,在处理故障前及时备份生产数据和应用系统,临时备份保存期限为 1 个月。在备份的检查和恢复方面,要求对备份数据每月进行一次以上有效性检查,每半年对备份数据进行恢复测试,同时,在数据恢复前,要对现行环境进行备份。

移动存储设备　移动硬盘、优盘、光盘、存储卡、云盘等一系列可移动的存储介质为移动设备。规定新配发或重新安装的计算机,要求进行相应安全配置后方可使用,移动设备采用技术手段完全清除里面信息后方可使用;对报废的计算机和移动存储设备,除清除设备保留的信息外,要求物理毁损;移动设备只能在单位内部使用,不得流出;严禁存储敏感及涉密信息;未经审核,严禁通过拨号、无线等方式,自行接入互联网;在注册管理中,计算机要接入行业内部网站,需经过申请、审批、登记、备案等流程,未经批准,不得任意更改信息中心所分配的 IP 地址。

第六章　综合管理

全省烟草行业依法进行烟草生产经营活动,在人、财、物、产、供、销等方面实行垂直综合管理。

计划管理以执行国家指令性计划为主,同时拟订全省行业发展战略,组织实施全省烟草及其制品的销售、库存、进出口的年度计划,监督检查计划执行情况。建立以信息自动化为基础的统计制度。执行财政部以及国家局(总公司)拟定的财政法律法规,对国有资产进行运营管理;行业主要财务收支均纳入预算,依法对行业经济活动进行审计监督。卷烟定价按价格管理规定履行报批或备案手续。对行业各类投资项目的全过程按规定权限进行审批管理。对烟草产品的生产和销售以及体系运行的质量进行监管;建立质量管理体系,不断加强内部生产经营秩序监管,对办事公开、民主监督、综合治理、安全生产等工作进行规范管理。

第一节　计划与统计

卷烟生产及调拨、烤烟收购及调拨均属于国家指令性计划,必须严格执行;卷烟生产品种和品种调拨为指导性计划。全国烟草工商企业依据总的产销计划,每半年开展一次产销订货,做到以销定产、以销促产,使得计划资源更有效利用。

1991年—2010年,全省烟草处于发展期,烟叶收购计划、卷烟生产计划和卷烟销售计划基本都实现了翻番。2010年全省烤烟种植计划为23.97万亩,比1991年减少25%,收购计划为75万担,比1991年增加275%;2010年卷烟生产计划为111.8万箱,比1991年增长148.4%;2010年卷烟销售计划为127.5万箱,比1991年增加99.2%。

2005年之前,烟草行业统计工作以人工统计为主;2005年,国家局规定以“两打三扫”数据核定生产经营数量(两打三扫:工业企业入库打码、出库扫码,商业企业入库、出库扫码,卷烟配货分拣机打码到条),通过计算机采集卷烟出入库的扫码打码数据作为生产经营统计数据,统计工作由人工统计向计算机智能统计转变。

计划

烟叶生产　江西烟草种植历史悠久,曾经是重要的晒烟生产基地。进入20世纪90年代后,受卷烟配方需求的制约,晒烟市场逐渐萎缩。

江西烤烟由于生产规模小,收购量少,主要以省内销售为主。1991 年—2010 年,江西烤烟生产出现比较大的波折。20 世纪 90 年代初期发展较为迅速,1992 年出现一个高峰期,当年烤烟种植计划为 44.7 万亩,比 1991 年增加 49%,烤烟收购计划为 48.6 万担,是 1991 年的 2.43 倍。之后因全国卷烟销售困难,给烤烟产区的种植生产造成很大影响,1994 年烤烟种植收购计划开始下降,其中种植计划下降到 22.6 万亩,收购计划下降到 36 万担。1994 年—1997 年,烤烟种植计划在 18 万亩到 23 万亩之间,收购计划在 36 万担到 50 万担之间。

1998 年全国烟叶生产出现过热现象,国家计委和国家局加强烟叶种植和收购计划管理,逐步压减烟叶库存。江西烟草也受到影响,烤烟种植面积和收购计划严格按照国家局"控制面积产量、提高质量、消化过多烟叶库存"的原则开始下调。1998 年—2005 年,烤烟种植计划调整到 15 万亩,收购计划为 35 万担,这段时期是全国烟叶也是江西烤烟发展的低谷。

2006 年开始,随着发展的需要,烤烟种植和收购计划开始增加,其中烤烟种植计划恢复到 20 万亩,收购计划恢复到 55 万担,烤烟种植、收购进入一个稳定增长时期。2010 年烤烟种植计划为 25 万亩,比 2005 年增加 66.7%,收购计划为 75 万担,比 2005 年增加 133.6%。

1991 年—2010 年全省烤烟种植、收购计划与收购量

表 6-1-1

年份	种植计划(万亩)	收购计划(万担)	收购量(万担)
1991	30	50	46.20
1992	30	50	49.69
1993	30	50	47.80
1994	18	40	32.07
1995	18	40	20.04
1996	18	40	25.59
1997	18	40	48.73
1998	15	35	26.33
1999	15	35	28.12
2000	15	35	30.94
2001	15	35	35.01
2002	15	35	33.50
2003	15	35	32.56
2004	15	35	30.36
2005	15	35	34.51

续表

年份	种植计划(万亩)	收购计划(万担)	收购量(万担)
2006	20	55	51.40
2007	20	55	55.92
2008	20	55	86.86
2009	20	55	75.00
2010	25	75	60.57

卷烟生产　卷烟生产计划属于指令性计划,受外部环境和政策变化因素影响,生产计划调整比较频繁。

1991 年,在国家计委和国家局(总公司)出台限产压库促销政策(即限制生产、压缩库存、促进销售)情况下,全省生产卷烟 50 万箱,超出生产计划 5 万箱。

1994 年,国家局(总公司)出台名优卷烟"串换政策"(允许在指令性指标范围内,省与省之间进行卷烟生产指标的相互协商调剂)。这一政策使得各省市之间卷烟生产计划的调整较频繁,全省生产卷烟 46.4 万箱。

1994 年—2000 年,国家局核定给江西的年度卷烟生产计划 50 万箱左右,但受名优卷烟串换政策等因素影响,在实际操作中多有调整,实际产量波动较大,在 36 万箱~51 万箱之间徘徊。

2001 年,生产卷烟 56 万箱,超出计划 8.5 万箱。同时,省局(公司)对南昌、赣南卷烟厂卷烟生产计划进行调整,调减赣南卷烟厂生产计划 3 万箱,调增南昌卷烟厂生产计划 3 万箱。

2003 年,生产卷烟 59.3 万箱,超出计划 14.8 万箱。

江西中烟公司成立后,随着井冈山、兴国、广丰卷烟厂的陆续上划,全省卷烟年度生产计划逐年增长。从 2005 年的 81.8 万箱增加至 2010 年的 111.8 万箱,增长 36.67%,年平均增长 6 万箱。

1991 年—2010 年全省卷烟生产计划与完成情况

表 6-1-2　　单位:万箱

年份	生产计划	实际完成	南昌卷烟厂	赣南卷烟厂	广丰卷烟厂	井冈山卷烟厂	兴国卷烟厂
1991	45.00	50.00	27.20	17.30	2.20	1.71	1.59
1992	50.00	51.80	27.70	18.60	2.20	1.71	1.59
1993	44.50	50.10	26.60	18.00	2.20	1.71	1.59
1994	50.00	46.40	24.60	16.30	2.20	1.71	1.59
1995	50.50	43.50	22.90	15.10	2.20	1.71	1.59
1996	50.00	38.40	22.40	10.50	2.20	1.71	1.59

续表

年份	生产计划	实际完成	南昌卷烟厂	赣南卷烟厂	广丰卷烟厂	井冈山卷烟厂	兴国卷烟厂
1997	50.00	36.00	23.70	6.80	2.20	1.71	1.59
1998	50.00	39.50	26.20	7.80	2.20	1.71	1.59
1999	50.00	41.00	25.70	9.80	2.20	1.71	1.59
2000	50.00	51.00	33.20	12.30	2.20	1.71	1.59
2001	47.50	56.00	36.20	14.30	2.20	1.71	1.59
2002	46.00	55.50	35.70	14.30	2.20	1.71	1.59
2003	44.50	59.30	37.20	13.30	2.20	5.01	1.59
2004	50.00	65.20	38.17	14.30	2.20	7.74	2.79
2005	81.80	81.83	41.71	15.70	9.42	8.00	7.00
2006	89.80	89.81	48.10	14.04	12.00	8.23	7.44
2007	95.80	96.30	54.54	15.50	11.18	8.00	7.08
2008	100.80	102.30	60.87	14.11	11.61	8.29	7.42
2009	105.80	105.80	61.72	16.51	12.02	8.30	7.25
2010	111.80	111.80	66.20	17.00	13.00	8.50	7.10

卷烟销售　卷烟销售计划是国家计委下发的年度销售计划，属于指令性计划。1991年—2010年，历经“县级法人自负盈亏、省级公司加强计划管理、县级法人取消、生产经营管理目标考核、强化突出考核重点”等阶段，销售计划管理能力逐步增强，计划目标考核重点突出，考核导向作用日益明显。

1991年—1993年，卷烟销售计划从64万箱增长到74万箱，保持稳定增长；1993年卷烟销售出现困难后，销售计划开始调减。

1994年—1996年，销售计划维持在46万箱~55万箱之间。

1999年，省局（公司）将金圣品牌卷烟列入销售计划考核，盖金圣和软金圣分别为1.8万箱、0.6万箱。

2000年后，随着县公司法人地位的逐步取消，通过强化卷烟销售计划管理，卷烟销售计划开始快速增长。2000年实际完成卷烟销售80.4万箱，同比多销14.2万箱。

2002年，省局（公司）对计划目标下达内容做出调整，在当年全省烟草系统计划目标中，明确各卷烟厂和各市局（公司）的卷烟销售目标，并在基本目标的基础上，新设定加奖目标，全年销售卷烟95.4万箱。

2004年，工商分离之后，全省卷烟销售管理进一步加强，经济运行考核办法更加详细和具体，从系统外销售、百牌号销售、低档烟销售、金圣品牌销售、省产烟销售等方面对各地市下达基本销售计划目标和奋斗目标,卷烟销售计划一直稳定在100万箱以上,销售实际与计划基本持平。

2006年—2008年,为促进省产烟的快速发展,省局(公司)连续3年制定金圣品牌销售计划考核目标,金圣品牌销售的基本目标从7.8万箱增加到13万箱,增长66.7%,加奖目标从9.2万箱增加到14.2万箱,增长54.35%。

2010年销售计划达到127.5万箱,比2000年增加47.5万箱,增幅为59.38%;卷烟实际销量达到126.2万箱,比2000年增加45.8万箱,增幅为56.96%。

1991年—2010年全省卷烟销售计划与实际完成情况

表6-1-3　　单位:万箱

年份	销售计划	实际完成	年份	销售计划	实际完成
1991	64.00	83.60	2001	78.00	91.80
1992	69.00	79.95	2002	92.00	95.40
1993	74.00	73.48	2003	100.00	100.60
1994	55.00	55.60	2004	100.00	98.40
1995	64.00	46.40	2005	99.00	105.00
1996	48.00	48.80	2006	103.00	108.80
1997	65.00	52.40	2007	110.00	115.20
1998	63.00	55.60	2008	115.60	116.40
1999	61.00	66.20	2009	124.00	122.20
2000	80.00	80.40	2010	127.50	126.20

五年规划

“八五”期末主要经济发展指标为:1995年全省烟叶种植20万亩,比1990年下降9.91%;烟叶收购量20.04万担,比1990年下降24.94%;卷烟生产43.5万箱,比1990年增长57.44%;卷烟销售46.17万箱,比1990年下降19%。

“九五”期末主要经济发展指标为:2000年全省烟叶种植14.95万亩,比1995年下降25.25%;烟叶收购量30.94万担,比1995年增长54.39%;卷烟生产51万箱,比1995年增长17.24%;卷烟销售80.3万箱,比1995年增长73.92%。

“十五”期末主要经济发展指标为:2005年全省烟叶种植15.3万亩,比2000年增长2.34%;烟叶收购量34.51万担,比2000年增长11.54%;卷烟生产81.8万箱,比2000年增长60.39%;卷烟销售104.91万箱,比2000年增长30.65%。

“十一五”期末主要经济发展指标为:2010年全省烟叶种植23.71万亩,比2005年增长54.97%;烟叶收购量60.57万担,比2005年增长75.51%;卷烟生产111.8万箱,比2005年增长

36.67%;卷烟销售126.23万箱,比2005年增长20.32%。

说明:五年规划资料保存不全,数据缺失较多。

统计

1991年—2000年,省局(公司)执行全国工商业统计制度,基层统计人员将卷烟销售票据手工分类后计算编成统计报表,各市局(公司)、卷烟厂将统计报表数据汇编后上报省局(公司)和报送当地统计局,同时,每月报送统计分析材料,并按照企业经营需求进行统计调查和分析。

2001年—2004年,统计数据采用计算机单机版汇编形成统计报表,上报省局(公司)和报送当地统计局。

2004年江西烟草工商分设,工业统计职能由省局(公司)划归江西中烟公司。按照行业、地方政府统计报表制度以及公司统计工作要求,统计报表实行按月按层级报送方式,各卷烟厂报送报表、资料给江西中烟公司,江西中烟公司汇总各卷烟厂数据后再报送至国家局、地方政府,统计范围包括产值、产销存、物资消耗以及效益、成本费用、资产负债类等。

2005年,各市局(公司)卷烟销售统计数据由营销管理系统05版自动编辑形成,从计算机网络自动上报省局(公司),同时报送当地统计局。同年,烟草行业推进统计信息化工作,在全行业实施卷烟生产经营决策管理系统(生产经营决策管理系统包括产品数码跟踪即"两打三扫"、工商数据采集、数据中心及展现三个部分)。江西中烟公司所辖具有法人资格的各卷烟厂直接通过卷烟生产经营决策管理系统采取手工填报方式报送产销存日报,产值类、物资消耗、节能减排等月度报表至国家局。

2006年,江西中烟公司报送行业统计报表采取双轨制报送方式,即分层级汇总报送和使用生产经营决策管理系统的工商数据采集模块进行统计数据报送。

2007年,行业报表取消分层级汇总报送方式,仅通过生产经营决策管理系统的工商数据采集模块进行统计数据上报。

2008年,随着江西中烟公司所辖卷烟厂法人资格相继取消,工商数据采集由公司综合计划部、市场营销中心填报产购销存日报报表,由公司综合计划部、物流中心、物资供应部等部门填报产值类、原辅材料购耗存、节能减排月度报表,最后由公司综合计划部统一汇总上报至国家局。生产经营决策管理系统集成平台建立后,基础数据的采集生成实现自动化,可以全面、及时、准确掌握行业卷烟生产和经营环节的产量、价格、库存、成本、销量和流向等信息,对卷烟生产经营进行实时监控,为行业经济运行分析的日跟踪、旬分析和月调度作好了技术支撑。

2008年12月,江西中烟公司印发《统计工作管理办法》,明确统计工作的职责权限、工作程序和要求,规范原始记录、统计台账的设置、保存统计基础工作,统计报表报送和统计资料的管理进行规范。

2010年,生产经营决策管理系统集成平台建立后,基础数据的采集生成实现自动化,标志以行业生产经营决策管理系统为纽带的现代统计制度基本形成。同时完善《统计工作管理办法》《工商数据采集系统数据报送制度》等一系列统计工作规章制度。统计职能部门认真做好统计数据的采集、核对和上报,使统计工作做到有章可循、有据可查。

1991 年—2010 年全省烟草主要统计数据

表 6-1-4

年 份	卷烟产量(万箱)	工业总产值(亿元)	销售总量(万箱)	年末从业人员人数(人)
1991	50.00	5.51	83.60	5921
1992	51.80	6.31	79.95	6631
1993	50.10	7.27	73.48	7218
1994	46.40	7.69	55.60	8381
1995	43.50	7.98	46.40	9283
1996	38.40	7.99	48.80	9368
1997	36.00	7.78	52.40	9473
1998	39.50	10.69	55.60	9586
1999	41.00	13.91	66.20	9490
2000	51.00	17.49	80.40	10332
2001	56.00	22.31	91.80	12921
2002	55.50	32.91	95.40	13609
2003	59.30	39.51	100.60	13412
2004	65.20	43.85	98.40	13517
2005	81.83	54.27	105.00	13560
2006	89.81	58.58	108.80	14476
2007	96.30	68.72	115.20	14973
2008	102.30	77.11	116.40	14397
2009	105.80	82.94	122.20	14292
2010	111.80	93.57	126.20	13467

说明:工业总产值指采用现行价计算的在报告期内以货币形式表现的工业最终产品和提供工业劳务活动的总价值量。

第二节 财务与审计

财务主要职能是对国有资产进行管理,审计则是对经济活动的监督。全省烟草企业统一执行财政部制定的《企业财务通则》《企业会计准则》《工业企业财务制度》《工业企业会计制度》《商品流通企业会计制度》《商品流通企业财务制度》等“两则”“四制”。国家局(总公司)结合烟草企业的实际，制定《烟草企业财务办法若干问题》《烟草企业卷烟成本核算示范办法》《烟草企业新旧制度衔接的财务处理》《烟草企业会计报表》《烟草企业计算机会计应用软件介绍》等办法及规定，全省烟草企业会同"两则""四制"一起执行。

财务会计

全省烟草遵守国家和各级政府制定的财政法律法规，执行烟草行业财务制度，严格控制成本核算，税利逐年增长。1991 年—2010 年实现工商税利 663.9 亿元，上缴税金 502.7 亿元，其中 2001 年—2010 年实现工商税利 589.28 亿元，是 1991 年—2000 年 74.64 亿元的 7.89 倍，平均 3 年左右实现翻番。2010 年实现税利 112.32 亿元，上缴税金 84.83 亿元，占年度全省地方财政收入 1226 亿元（数据引自江西省财政厅政务公开网）的 6.92%。

1991 年，实行省级公司、地级分公司、县级公司按行政区域三级管理核算，即"统一管理、三级核算、自负盈亏"的管理体制。南昌卷烟厂和赣南卷烟厂由省局（公司）管理，报表逐级汇总上报，税款向当地税务机关交纳。

1999 年，省公司对所属二级单位启动会计委派，对单独设置会计机构的二级单位委派会计机构负责人，对不单独设置会计机构的单位委派会计主管人员。至 2010 年，共向二级单位委派财务科长、副科长 46 人次。

2004 年，江西烟草工商分设，江西中烟公司及南昌、赣南、广丰、井冈山、兴国卷烟厂单独设置财务部门进行账务处理，按照属地管理申报缴税。2006 年起，南昌、井冈山、兴国卷烟厂的企业账务合并至南昌卷烟总厂。2007 年，赣南、广丰卷烟厂账务合并至南昌卷烟总厂。自 2008 年起，5 家卷烟厂账务全部合并至江西中烟公司，各卷烟厂在财务管理上主要负责本单位成本费用归集、费用报支及其他财务管理任务。税款支付按照省财政厅确定的税款基数分成属地缴纳。

2008 年，各县（区）级烟草公司取消经营法人资格，成立相应的县级卷烟营销部，资产上划到市级烟草公司，在财务管理上实行报账制。

成本控制　1995 年，省局（公司）印发《江西省烟草公司本级企业内部财务管理办法》，对企业内部财务管理体制、企业财务基础工作、低值易耗品、固定资产、差旅费用等方面做出明确管理规定。

1998 年，省局（公司）在原有财务管理制度的基础上印发《防止资金流失管理暂行规定》，要求所属单位在生产经营管理活动中，严格遵守财务管理规定；严格按照规定的权限和程序办理资金的有关手续；严禁设立"小金库"；各种经营活动中产生的回扣、让利均应入账。严禁为个人和系统外单位提供贷款担保；严禁向系统外单位和个人借出资金及向系统内个人借出超出其偿还能力的资金；多种经营投资必须经过充分论证，集体决定；100 万元以上的项目必须经省公司批准，县公司 10 万元以上的项目必须经分公司批准；严格控制公益赞助；公益赞助必须经集体研究决定；因工作失职造成资金流失 5 万元以上，因工作渎职造成资金流失 5000 元以上的，均应立案查处，责成相关人员追回流失资金。

2002 年，成本核算由手工核算转为软件电算化核算，并对成本控制的基础工作进一步规范；增加“业务招待费的管理”“会议经费的管理”“车辆维修管理”“房屋等固定资产维修管理”“专卖办案经费管理”等经费审批规定。实行预算管理,成本控制关口前移,由事中、事后控制转为事前、事中、事后共同控制。

2005年8月,江西中烟公司印发《内部资金安全管理暂行规定》。同年,成立预算管理委员会,启动公司预算管理工作。江西中烟公司印发《公司本级预算管理制度》《公司预算管理暂行办法》,明确预算范围、内容、组织机构、编制和审批、执行与控制、预算调整、考核与评价管理办法。

2006年,省局(公司)委托江西用友公司开发全省烟草预算管理软件,借助信息平台实现预算的硬约束。

2007年,全省烟草使用久其软件公司开发的“烟草系统预算信息管理系统”作为预算、编制、上报、汇总管理软件。同年,省局(公司)开始对各市烟草公司预算进行批复。同年5月,江西中烟公司建立预算管理考核制,对各单位、各部门预算编制、执行、管理进行考核,并根据公司生产经营重点逐步完善预算考核内容。

2007年11月,江西中烟公司印发《资金管理办法(暂行)》,对现金及银行存款、有价证券、应收款项等资金流的流量、流向进行安排、管理和监控。

2008年,国家局(总公司)在预算编制指导意见中要求“各单位2008年预算决算额与预算额的差额要控制在预算额的正负5%幅度内”。同年,省局(公司)把执行预算完成情况纳入企业业绩评价体系进行考核。

2008年,省局(公司)对审批事项进行修订,印发《江西省烟草专卖局(公司)机关财务事项资金审批暂行办法》,分别明确资本性项目资金使用,会议费、培训费资金使用,专卖办案经费资金使用,车辆维修资金使用,房屋等固定资产维修资金使用,出国费用资金使用,办公费用资金使用以及对外捐赠、赞助资金使用等9个类别的资金支付审批程序和审批权限。

2009年2月,江西中烟公司规范商务卡报账管理,在公司市场营销中心、原料供应部及办公室等部门开始实行业务人员商务卡报账管理模式,通过使用商务卡进行业务费用开支,规范经济业务行为,加强费用的事中事后控制,业务活动及资金安全均得到保障。同年,省局(公司)印发《中国烟草总公司江西省公司预算管理办法》。

2010年,省局(公司)印发《中国烟草总公司江西省公司预算管理办法实施细则》,启用用友公司开发的全面预算管理系统软件,作为统一会计核算平台的子模块,与会计核算总账模块对接,实现核算、预算一体,达到预算控制实时化目的。同年8月,江西中烟公司预算管理推行专业小组管理制,成立计划管理、生产管理、薪酬管理、行政管理、广告宣传、科技管理等6个预算管理专业小组,发挥专业小组的专业职能作用对本专业预算实行归口管理,预算编制工作按照“自上而下、自下而上、自上而下”的流程要求进行。江西中烟公司按照国家局下达的次年预算编制的总体要求,制定印发预算编制工作方案,经国家局(总公司)批复后,再由公司分解批复至各基层单位执行。

成本控制成为全省烟草企业管理的一种重要手段,运用科学的考核监督评价体系,已形成一整套严谨的刚性成本控制制度。

2006年—2010年全省烟草商业企业主要财务指标预算执行率情况

表6-2-1　　单位:%

年份	税利合计	利润总额	营业收入	营业成本	三项费用合计
2006	125.00	123.88	107.85	106.44	100.49
2007	111.63	110.84	96.73	93.69	103.27
2008	102.38	103.69	103.43	103.03	108.45
2009	100.99	103.05	101.26	101.14	98.56
2010	101.91	102.92	101.00	100.51	105.55

2008年—2010年全省烟草工业企业主要财务指标预算执行率情况

表6-2-2　　单位:%

年份	税利合计	利润总额	营业收入	营业成本	三项费用合计
2008	99.00	108.54	98.44	98.22	92.92
2009	101.40	110.28	101.26	100.99	93.20
2010	105.72	120.46	103.02	103.01	92.62

以上两表说明:1. 三项费用是指管理费用、营业费用、财务费用;2. 预算执行率=预算执行金额/年度预算金额。

账务规范　1997年,根据国家局(总公司)统一部署,全省烟草企业开展会计基础工作规范化,选择南昌卷烟厂、抚州地区烟草分公司、九江市烟草分公司、宜春地区烟草分公司、奉新县烟草公司、庐山烟草公司作为信息交流联系点,交流信息,推广经验。同年,省局(公司)开始会计电算化推广工作,统一使用用友财务软件DOS版本。

1998年1月,南昌卷烟厂和南昌烟草购销中心正式采用用友财务软件进行会计账务处理,并相应制定会计电算化工作程序、规定及操作管理制度和数据管理办法,经过6个月的运行,计算机与手工核算结果一致,基本具备实行会计电算化的条件。

1998年,省局(公司)印发《江西省烟草系统会计基础工作规范化管理实施办法及考核标准》《江西省烟草系统会计基础工作规范化五年规划及实施措施》,确定全省烟草会计基础规范的目标。

1999年5月,省局(公司)制定《江西省烟草系统会计电算化内部管理制度》。同年,对全省烟草系统财会人员进行培训,培训人员达256人,经考试合格240人,合格率为93.75%,提升了电算化水平。

2000年,全省烟草开展《会计法》执行情况检查工作,检查分自查自纠、交叉检查、抽查三个阶段进行。2001年,省局(公司)组织人员进行《会计法》执行重点检查,抽查面达到41%,检查情况良好。当年,首批63个单位为会计基础规范化合格单位,至2002年底,全部企业合格,会计基础工作规范化五年规划目标顺利实现。2002年开展《会计法》执行"回头看、限期整改"活动,组织力量对全省30余户烟草工商企业《会计法》执行情况进行重点抽查,抽查结果表明,《会计法》得到有效实施。

2002 年,会计核算软件从用友 DOS 版本升级到用友 U821 版本。各市、县烟草公司基本实现计算机凭证录入、审核、记账、凭证汇总、报表自动生成等功能,报表报送由传真、邮寄改为软盘邮寄方式,同年 12 月,国家局(总公司)财务管理与监督司组织评审小组对省局(公司)本级财务处计算机替代手工记账工作进行评审,同意省局(公司)本级自 2003 年 1 月 1 日起计算机替代手工记账。随后,全省各所属单位计算机替代手工记账工作亦通过省局(公司)评审,全省烟草实现了计算机替代手工记账。

2003 年,统一全省烟草行业会计凭证、账簿的规格,同时对原始凭证内容具备基本要素、填制的基本要求、规格,记账凭证内容具备基本要素、填制的基本要求、规格,会计凭证的粘贴和装订,会计账簿的设置、启用规定及规格,会计档案和内部会计管理等规范化要求进行重申,全省烟草行业会计基础规范化水平再上台阶。

2005 年,各市烟草公司依据用友 U8-Web 版软件技术,建立以市烟草公司为平台的"内部制衡、相互制约、流程高效、科学合理"的会计核算体系,实行"统一管理、分级应用、远程核算、集中记账"的网络会计核算方法,对会计科目、核算部门、员工档案、客户档案、供应商档案、权限设置统一设置。

2007 年,省局(公司)依据《中国烟草总公司关于统一会计科目名称及编码有关规定的通知》,实施统一的会计科目名称及编码。同年,全省烟草执行新的《企业财务通则》,规范财务核算,同时调整固定资产折旧年限、折旧方法及残值率,变更折旧政策的累计影响额在当期损益予以反映,并统一固定资产分类、折旧年限、残值率、折旧方法。7 月,江西中烟公司建立会计信息考核制度,重点考核会计报表和数据信息资料的真实性、完整性、准确性和及时性,以及经济活动分析的透彻性、针对性和逻辑性等,对于日常重大或异常财务事项实行"遇事即报、一事一报"制。

2008 年开始,按照国家局(总公司)统一会计核算软件实施工作的部署,全省烟草逐步统一使用用友 NC 版会计核算软件,建立以省级公司为会计核算平台,财务数据集中在省级公司管理,全省烟草统一会计政策,统一会计科目和基础档案设置,通过财务岗位角色权限设置和部门角色权限设置,强化财务人员会计核算过程是的内控管理。同年,全省烟草商业企业开展财务会计规范化管理工作大检查,会计基础工作规范良好。

2010 年,全省烟草商业企业实行财务业务一体化,卷烟营销数据从浪潮 V3 系统(卷烟营销管理软件)自行导入会计核算系统,确保财务业务数据一致,减少财务人员手工录入卷烟营销数据的工作量,达到提高效率目的。

资产与产权　1994 年 3 月 31 日 24 时,江西烟草全面开展以资产清查、所有权界定、资产价值重估、资金核实、建章建制为主要工作内容清产核资工作,通过此次清产核资,经国家局(总公司)同意核销流动资产损失 4708 万元,企业潜亏挂账 383 万元,土地评估增值 7781 万元,核实后批准入账价值 3890.5 万元。

2001 年,江西烟草工业企业核实资产 206883 万元,清查出资产损失 23347 万元;商业企业核实资产 201945 万元,清查出资产损失 3419 万元。

2004 年,将南昌县等 78 家县级烟草公司撤销后的全部资产、负债、所有者权益分别无偿划转给南昌、九江、抚州、赣州、上饶、萍乡、宜春、吉安等9家分公司。同时，南昌县等78家县级烟草公司注销产权登记。江西烟草工商分设后，省局（公司）无偿划转给江西中烟公司资产总计127469268.96元，其中长期投资127099459.44元、固定资产净值369809.52元，所有者权益总计127469268.96元。

2005年12月31日，江西中烟公司（含所属企业）净资产1477624857.83元，全省烟草商业企业（含11户地市公司及多元化单位）净资产2838372376.17元，无偿划入中国烟草总公司。总公司将此净资产以投资形式投入到江西中烟公司和省局（公司），江西中烟公司和省局（公司）再按原企业净资产上划数分别以投资形式投入到所属企业、11户地市公司及多元化单位。

2006年—2007年，江西中烟公司开展两次清产核资工作，清理出的资产损失包括流动资产损失130笔，金额4013.41万元；存货损失形成增值税进项税转出10笔，金额389.52万元；固定资产损失342笔，金额1325.37万元，分别占总损失金额比例的70.06%、6.8%、23.14%。

2007年，通过清理并经会计师事务所审定确认的资产损失总额69.61万元、资产盘盈6.00万元，盈亏相抵后实际损失为63.61万元。清查出应收款项总额为29149.8万元、应付款项总额为39265.6万元，闲置资产131项，登记应有权属证明的资产2666项，账面价值97096万元，全部为无争议资产。其中，房屋建筑物产权证不完整的240项，未办土地证的土地33项，缺少行驶证的运输工具57辆。根据《关于烟草行业2007年清产核资工作中往来款项整改意见的通知》要求，至2007年12月31日，已收回应收款项为21856.15万元，占基准日应收款项总额的74.98%；已支付款项为35250.08万元，占基准日应付款项总额的89.77%；补办权证13项，办理资产变更过户85项。

2002年—2010年，全省卷烟工业累计获得国家局划拨扶持资金总额11.32亿元。拨款资金专款专用，为金圣品牌卷烟的科技项目创新、提高技术含量提供资金保障，推动江西省卷烟工业系统联合重组，消化历史包袱，推进赣州、井冈山卷烟厂技术改造，提高生产能力和质量。

至2010年，全省烟草共有资产总额175.47亿元，其中固定资产原值54.23亿元，是1991年的20.11倍，是2001年的3.56倍；流动资产133.1亿元（包括现金及各种存款、存货、应收及预付款项等），是1991年的12.77倍，是2001年的10.06倍，；所有者权益金额合计135.72亿元，是1996年23.52倍。

1991年—2010年全省烟草商业企业资产经济指标情况

表6-2-3

年份	资产总计（万元）	资产负债率（%）	总资产贡献率（%）	总资产报酬率（%）
1991	69983	86.76	15.99	11.30
1992	124341	91.75	13.09	8.85
1993	132300	89.04	16.19	11.72
1994	122261	83.56	13.52	9.39
1995	132792	75.45	23.58	15.21

续表

年份	资产总计(万元)	资产负债率(%)	总资产贡献率(%)	总资产报酬率(%)
1996	147640	69.74	23.72	16.35
1997	164143	67.03	20.89	12.56
1998	169466	62.86	17.25	10.86
1999	183736	59.84	23.71	14.40
2000	229851	54.72	35.11	23.80
2001	223092	51.39	24.20	15.53
2002	248818	45.55	37.63	24.08
2003	237362	27.89	39.82	28.02
2004	275049	23.77	54.42	40.95
2005	345482	19.46	55.40	43.09
2006	446277	15.20	57.44	44.39
2007	594532	19.79	57.77	44.97
2008	742684	7.88	53.12	41.11
2009	891112	9.65	51.85	32.66
2010	1056781	12.01	51.02	28.14

1991年—2010年全省烟草工业企业资产经济指标情况

表6-2-4

年份	资产总计(万元)	资产负债率(%)	总资产贡献率(%)	总资产报酬率(%)
1991	86041	77.30	37.01	1.74
1992	87268	92.26	35.01	-1.13
1993	98159	94.93	40.16	1.87
1994	107257	89.98	40.44	3.25
1995	119119	92.18	34.16	3.46
1996	125394	89.60	37.71	3.58
1997	149501	87.38	34.53	8.19
1998	150370	94.87	34.29	-6.31
1999	157044	88.80	47.36	8.04
2000	192975	82.84	63.48	9.70
2001	229298	71.97	79.27	17.26
2002	253648	64.68	77.62	13.99

续表

年份	资产总计(万元)	资产负债率(%)	总资产贡献率(%)	总资产报酬率(%)
2003	309749	63.09	83.42	15.07
2004	495876	69.96	59.70	7.84
2005	507985	70.91	63.44	8.16
2006	555251	63.11	70.07	13.00
2007	538229	51.92	82.93	15.06
2008	562893	44.87	87.21	15.10
2009	705208	48.54	78.06	11.31
2010	697932	38.77	90.59	13.34

1991 年—2010 年全省烟草固定资产原值情况

表 6-2-5　　单位:万元

年份	商业企业	工业企业	合计
1991	7195	19772	26967
1992	8292	21809	30101
1993	11342	26024	37366
1994	14860	30896	45756
1995	21735	35693	57428
1996	24988	36941	61929
1997	34198	38704	72902
1998	42746	41282	84028
1999	48590	60726	109316
2000	58223	77517	135740
2001	64043	88098	152141
2002	82849	93845	176694
2003	107555	105226	212781
2004	116453	115951	232404
2005	125822	224831	350653
2006	143254	241488	384742
2007	162031	247639	409670
2008	193272	257621	450893
2009	220403	264965	485368
2010	269155	273158	542313

1991 年—2010 年全省烟草流动资产情况

表 6-2-6　　单位:万元

年份	金额	年份	金额
1991	104220	2001	132355
1992	173157	2002	138140
1993	118552	2003	110768
1994	101587	2004	496539
1995	101416	2005	540832
1996	106661	2006	674912
1997	107842	2007	800054
1998	99703	2008	949462
1999	104974	2009	1197115
2000	143904	2010	1331125

2002 年—2010 年国家局(总公司)划拨工业资金情况

表 6-2-7　　单位:万元

年月	金额	具体用途
2002. 12	2500	四、五类烟补贴
2004. 1	20	科技补贴
2005. 3	50	科技补贴
2005. 12	2640	低档卷烟补贴
2005. 12	11768	烟草行业发展资金(重组补助资金)
2006. 12	8638	行业发展资金
2006. 12	23990	行业发展资金
2007. 12	15000	行业发展资金
2008. 12	5000	注册资金
2009. 12	30000	注册资金
2010. 12	13600	增加投资
合　计	113206	

1996 年—2010 年全省烟草商业企业所有者权益情况

表 6-2-8

年份	所有者权益金额(万元)	资产保值增值率(%)	年份	所有者权益金额(万元)	资产保值增值率(%)
1996	44678	137. 05	2004	209667	122. 50
1997	54119	121. 13	2005	278268	132. 72
1998	62947	116. 31	2006	378441	136. 00

续表

年份	所有者权益金额（万元）	资产保值增值率（%）	年份	所有者权益金额（万元）	资产保值增值率（%）
1999	73790	117.23	2007	476894	126.02
2000	104066	141.03	2008	684156	143.46
2001	108435	104.20	2009	805145	117.68
2002	135478	124.94	2010	929847	115.49
2003	171165	126.34			

说明：2010年含多元化企业所有者权益。

1996年—2010年全省烟草工业企业所有者权益情况

表6-2-9

年份	所有者权益金额（万元）	资产保值增值率（%）	年份	所有者权益金额（万元）	资产保值增值率（%）
1996	13035	140	2004	147690	129
1997	18864	145	2005	147762	100
1998	7709	-59	2006	204812	139
1999	17592	228	2007	258798	126
2000	33108	188	2008	310326	120
2001	64281	194	2009	362811	117
2002	89583	139	2010	427350	118
2003	114322	128			

税金　1991年—2010年，全省烟草累计实现税金428亿元，年均增长18.6%。

1993年6月30日前，全省烟草交纳企业所得税和国有企业调节税，所得税按减征15%后的40%税率计缴，全省烟草工业企业同时课征产品税。

1991年—1993年，全省烟草工业企业实现产品销售税金107103万元。

1994年税制改革后，全省烟草应缴纳的税种还有营业税、城市维护建设税、房产税、土地使用税、车船使用税、印花税、教育附加、地方教育附加等全国烟草行业执行国家新的统一工商税制。烟草企业课征17%的增值税和33%的所得税（2008年起，税率调整为25%），另对烟制品在烟草工业生产领域课征消费税，按定额税率和比例税率双重征收。

1994年—2004年，实现增值税191026万元，实现消费税778074万元。

2009年，国家税务总局对卷烟消费税税率进行调整，将烟草进口和生产环节从价税率调至56%和36%两档，同时在烟草商业企业卷烟批发环节加征5%的从价税。当年全省烟草商业企业实现消费税52510万元，上缴45999万元；全省烟草工业企业实现消费税336949万元，上缴327466万元。

2010 年,全省烟草商业企业实现消费税 98651 万元,上缴 96631 万元;全省烟草工业企业实现消费税 379367 万元,上缴 380225 万元。

2006 年—2010 年,全省烟草商业企业共实现烟叶税 47662 万元,上缴 47565 万元。

利润　1991 年—2010 年,全省烟草根据财政部和总公司规定,分别通过上缴承包利润、烟草集中留利、烟草专营利润、烟草商业税后利润、国有资本收益及投资收益形式,上缴税后利润 37 亿元。

1991 年—1993 年,按照"包死基数、不再递增、确保上缴、超收全留、歉收自补"的原则续包 3 年(称第二轮承包)。在第二轮承包经营中,上缴承包利润分别为 791 万元、791 万元、100 万元。

1994 年—1995 年,国家局(总公司)仍按全省烟草商业利润总额(应纳税所得额)的 3%集中省级公司所得税后部分利润,称烟草集中留利益,1994 年—1995 年分别上缴 107 万元、118 万元。

1996 年始,全省烟草商业企业按应纳税所得额计算的税后利润的 15%上缴烟草专营利润,由财政部驻江西省财政监察专员办事处负责征收。1996 年—2002 年,共上缴 22587 万元,各年分别为 2002 万元、1789 万元、1799 万元、2623 万元、4941 万元、3814 万元、6094 万元。

2003 年始,财政部停止征收烟草商业专营利润,同时改为征收烟草商业税后利润,按照中央所属烟草行业商业企业利润总额减去应缴纳企业所得税后的净利润的 15%征收,由财政部驻江西省财政监察专员办事处负责征收,收入全额上缴国库,先收后支,专款专用。2003 年—2006 年,共上缴烟草税后利润 46629 万元,各年度分别为 6500 万元、10319 万元、13072 万元、16738 万元。

2007 年始,全省烟草上缴投资收益,按会计决算报表中归属于母公司所有者的净利润金额,在弥补以前年度亏损、提取 10%的法定公积金、上缴 10%的国有资本收益后,作为投资收益计缴基数,按 30%比例上缴国家局(总公司)的投资收益。2007 年—2010 年,全省烟草共上缴投资收益 29.9 亿元。

1991 年—2010 年全省烟草实现税利情况

表 6-2-10　　　　单位:万元

年份	类别	实现税利	年份	类别	实现税利
1991	商业	7291	2001	商业	54813
	工业	30348		工业	161748
	工商合计	37639		工商合计	216561
1992	商业	8359	2002	商业	88791
	工业	26378		工业	184763
	工商合计	34737		工商合计	273554
1993	商业	11609	2003	商业	96789
	工业	34000		工业	228204
	工商合计	45609		工商合计	324993

续表

年份	类别	实现税利	年份	类别	实现税利
1994	商业	17208	2004	商业	139422
	工业	38191		工业	257767
	工商合计	55399		工商合计	397189
1995	商业	30068	2005	商业	171880
	工业	34747		工业	283517
	工商合计	64815		工商合计	455397
1996	商业	33261	2006	商业	227385
	工业	36371		工业	342035
	工商合计	69632		工商合计	569420
1997	商业	32564	2007	商业	300662
	工业	40545		工业	427018
	工商合计	73109		工商合计	727680
1998	商业	28779	2008	商业	355171
	工业	47053		工业	482000
	工商合计	75832		工商合计	837171
1999	商业	41868	2009	商业	423592
	工业	66821		工业	544050
	工商合计	108689		工商合计	967642
2000	商业	72606	2010	商业	496877
	工业	108297		工业	626355
	工商合计	180903		工商合计	1123232

说明:2006年以前工业数据只含南昌、赣南卷烟厂,不含其他工厂数据。

1991 年—2010 年全省烟草实现和上缴税金情况

表 6-2-11 单位:万元

年份	类别	实现税金	上缴税金	年份	类别	实现税金	上缴税金
1991	商业	2984	3903	2001	商业	19653	25642
	工业	30346	28491		工业	130930	145660
	工商合计	33330	32394		工商合计	150583	171302
1992	商业	4120	4399	2002	商业	31965	51316
	工业	32151	32648		工业	153647	166595
	工商合计	36271	37047		工商合计	185612	217911
1993	商业	3200	5380	2003	商业	28675	53283
	工业	35497	35428		工业	192544	203030
	工商合计	38697	40808		工商合计	221219	256313
1994	商业	5253	8013	2004	商业	34509	72671
	工业	38191	37764		工业	217916	233772
	工商合计	43444	45777		工商合计	252425	306443
1995	商业	10667	13144	2005	商业	38190	93477
	工业	34747	34237		工业	242255	249141
	工商合计	45414	47381		工商合计	280445	342618
1996	商业	10335	20860	2006	商业	51654	114198
	工业	35986	38165		工业	284755	337300
	工商合计	46321	59025		工商合计	336409	451498
1997	商业	12983	18792	2007	商业	66636	150254
	工业	36215	37931		工业	351919	394398
	工商合计	49198	56723		工商合计	418555	544652
1998	商业	10666	20392	2008	商业	80289	168744
	工业	60863	55058		工业	405400	432775
	工商合计	71529	75450		工商合计	485689	601519
1999	商业	16432	14072	2009	商业	156773	218120
	工业	60440	63449		工业	470633	474584
	工商合计	76872	77521		工商合计	627406	692704
2000	商业	23383	37417	2010	商业	222850	289840
	工业	95641	89970		工业	539121	558468
	工商合计	119024	127387		工商合计	761971	848308

说明:1. 实现税金中不包含企业所得税,上缴税金中包括企业所得税;2. 1991 年—2006 年工业只含南昌、赣南卷烟厂数据。

1991年—2010年全省烟草实现利润情况

表6-2-12　　　　单位:万元

年份	类别	实现利润	上缴总公司利润	年份	类别	实现利润	上缴总公司利润
1991	商业	4307	791	2001	商业	35160	3814
	工业	2			工业	30918	
	工商合计	4309	791		工商合计	66078	3814
1992	商业	4239	791	2002	商业	56826	6094
	工业	-5773			工业	31116	
	工商合计	-1534	791		工商合计	87942	6094
1993	商业	8409	100	2003	商业	68114	6500
	工业	-1497			工业	35660	
	工商合计	6912	100		工商合计	103774	6500
1994	商业	11955	107	2004	商业	104913	10319
	工业				工业	39851	
	工商合计	11955	107		工商合计	144764	10319
1995	商业	19401	118	2005	商业	133690	13072
	工业				工业	41262	
	工商合计	19401	118		工商合计	174952	13072
1996	商业	22926	2002	2006	商业	175731	16738
	工业	385			工业	57280	
	工商合计	23311	2002		工商合计	233011	16738
1997	商业	19581	1789	2007	商业	234026	50246
	工业	4330			工业	75099	11435
	工商合计	23911	1789		工商合计	309125	61681
1998	商业	18113	1799	2008	商业	274882	67128
	工业	-13810			工业	76600	14449
	工商合计	4303	1799		工商合计	351482	81577
1999	商业	25436	2623	2009	商业	266819	60215
	工业	6381			工业	73417	5161
	工商合计	35060	2623		工商合计	340236	65376
2000	商业	49223	4941	2010	商业	274027	71793
	工业	12656			工业	87234	18552
	工商合计	61879	4941		工商合计	361261	90345

说明:1991年—2006年工业只含南昌、赣南卷烟厂数据。

审计监督

全省烟草自1986年设立专职审计机构以来,充分发挥审计的监督作用,加强对所属各单位内部财务经济活动的审计,根据国家相关法律法规和国家局(总公司)有关制度,开展财务收支、经济责任、固定资产投资及其他专项审计。2006年12月,江西中烟公司设立审计部,负责管理公司本级及各卷烟厂的审计工作。完善任期经济责任审计制度、内部审计管理办法、大额资金监管制度、基建投资项目审计等规章制度。各级审计部门参与同级物资采购、工程投资等招投标过程的监督工作。1991年—2010年,共审计出违纪金额8405.35万元,核减工程造价36969.09万元,提出审计建议448条。

财务收支审计 1991年—2010年,省局(公司)对所属26家企业的财务收支管理是否符合国家有关法律法规和行业规定,会计信息是否真实、完整,账证、账账、账表是否相符,企业会计核算是否合规,企业财务管理中是否存在问题,税款是否及时、足额解缴等情况进行财务收支审计,共查出违纪金额3422.35万元。

2004年—2010年,江西中烟公司共开展财务收支审计38次,全面审计会计基础工作、成本费用核算、税金及各项财务指标的真实性、合法性,披露问题金额4983万元,均进行了调账处理。

1991年—2010年全省烟草财务收支审计情况

表6-2-13

年　份	被审单位数量(个)	涉及问题金额(万元)	审计意见
1991—1992	4	96.94	调账
1993	1	2.30	调账
1994	2	10.55	调账
1995	3	3.56	调账
2006—2010	54	8292.00	调账
合　计	64	8405.35	

经济责任审计 1991年—2010年,省局(公司)对119个企业的负责人在任职期间应负经济责任的履行情况进行经济责任审计。审计的内容主要包括企业资产、负债、损益的真实性,国有资产的安全、完整和保值增值,企业对外投资和资产的处置情况,企业收益的分配及与上述经济活动有关内部控制制度及执行情况,检查遵守国家财经法规情况,查清单位负责人个人有无侵占国家资产,有无违反与财务收支有关的廉政规定和其他违法违纪的问题,并对各法定代表人或负责人任期内的工作业绩进行了全面客观评价。共提出审计建议448条,并得到整改。

2006年—2010年,江西中烟公司对各直属单位、中心主要负责人开展经济责任审计11人次,审计内容主要包括企业执行力和内部管理、任期目标完成、控本降耗增效、资产和财务管理情况、"三重一大"经济决策情况、内部控制建立和执行情况、遵守国家财经法规情况等。

1991 年—2010 年全省烟草经济责任审计情况

表 6-2-14

年　份	被审单位负责人(人)	审计建议(条)
1991	3	6
1992	3	9
1993	2	3
1994	3	6
1995	6	7
1996	1	5
1997	5	10
1998	8	15
1999	3	10
2000	5	20
2001	5	10
2002	12	25
2003	9	42
2004	6	30
2005	14	102
2006—2008	18	77
2009	6	27
2010	10	44
合　计	119	448

基建投资审计　1994 年—2010 年,省局(公司)对固定资产投资项目进行审计。包括基本建设项目、固定资产购置、技术改造项目及投资、园林绿化、修缮、装饰项目、零星基建项目和其他项目。其主要内容是:参与开工前工程的招投标;检查是否超计划投资或无计划投资;审计施工合同条款是否符合国家有关法律法规;检查项目修建材料、设备采购是否按招投标有关规定操作;审查新增工程签证建筑材料的价格核定是否合理、合规;审查建设进度与付款是否一致,按进度预付工程款是否控制在实际完成工程投资额的 75%以内;审查施工单位报送的工程结算书计算是否正确等。共审计 650 个工程项目,核减工程造价 35633.09 万元。

2010 年,对赣南复烤、吉安、新余、景德镇、抚州、萍乡、宜春、南昌、上饶、鹰潭、赣州、锦峰公司、井冈山传统教育基地的 1000 万元在建工程项目开展全过程跟踪审计抽查,重点对工程招投标、工程造价预算、施工合同签订、工程变更签证、工程进度款支付等环节进行过程审计,发现并纠正部分单位工程招投标文件书写不规范、合同价款不清、工程变更签证不及时和超进度付款等问题,并逐一下发整改通知书,督促各建设单位重新修订相关制度,完善工程监督程序。

2007年—2010年,江西中烟公司累计开展概算和结算工程审计42个项目,送审总额为12907万元,审减总额为1336万元。2007年首次开展工程项目投资竣工结算审计,2008年首次开展工程投资项目概算审计和实施重大工程项目过程审计监督工作。

1994年—2010年全省烟草固定资产投资审计情况

表6-2-15

年　份	审计项目数量(个)	核减金额(万元)
1994	1	7.06
1999	2	30.46
2000	16	1323.17
2001	9	261.46
2002	20	476.02
2003	11	12896.00
2004	6	2270.50
2005	28	1011.96
2006—2008	186	3317.61
2009	119	3310.85
2010	294	12064.00
合　计	692	36969.09

专项核查审计　1991年,省局(公司)对南昌卷烟厂、赣南卷烟厂潜亏进行审计。审计建议两家卷烟厂健全成本管理、资产管理、库存管理、人员薪酬管理制度,坚持严格的内部经济责任制和考核制度,同时把调整产品结构加快技改步伐,作为扭转亏损,提高效益的重点工作来抓,围绕市场需求,培植拳头产品、提高产品质量和信誉,以减少企业管理经营性亏损。

1995年,省局(公司)对南昌、景德镇、抚州市公司资金管理情况进行审计,要求各单位及时追回货款,使国家财产损失降至最低。

2000年,省局(公司)对1999年度中央财政国家储备烟叶贴息资金、1998年度国家局20%专营利润资金返还款、南昌卷烟厂1999年度中央财政工业亏损补贴资金、1998年度中央财政工业企业技改补贴资金的使用情况进行审计,未发现违规使用资金情况。

2007年,省局(公司)对2003年—2006年通过财政资金、原商业专营利润资金、商业税后利润资金下拨的烟草打假经费和烟田基础设施补助等专项资金使用情况进行审计。共审核国家局下拨的专项资金9200万元,查出问题资金并退回国家资金63万元,建议规范打假经费核算、严格烟田基础设施补贴资金支付程序,督促财务、专卖、烟叶等部门提出整改措施和完善相关制度,加强了全省系统专项资金内控管理。

2007年,江西中烟公司对广丰卷烟厂重组前往来款项报损事项专项审计,核实报损款项的真实性,提出完善报损资料,规避审计风险、账销案存,加大清欠力度;对市场营销中心省外部销售费用的专项审计，提出建立与完善宣传用品、劳务费、差旅费、促销费用管理制度，规范宣传用品审批流程的建议。

2008年，省局（公司）对江西烟草商业2008年在建工程投资项目进行全面检查。针对项目可行性不细，投资决策随意，项目重复审批，拆分项目，招投标存在虚标、假标和漏标，有意回避招投标等问题提出整改意见，要求控制超概算、超标准项目，压缩搭车项目，完善工程项目管理制度。同年，江西中烟公司对市场营销中心的后续专项审计，提出进一步健全与完善各项管理制度，定期对制度执行情况进行专项检查，加强促销费用监督和使用效果的评价，不断提高销售费用使用效率，加强工作流程的痕迹化管理等建议。

2009年，省局（公司）开展烟叶基础设施建设专项资金和烟叶生产投入补贴资金（简称“两项资金”）专项审计。核实两项资金使用情况，查处个别基层烟站滞留烟用物资款等方面的违纪问题，规范内部控制制度和流程，确保专款专用，更好地发挥烟叶两项资金的作用。同年，江西中烟公司对营销费用进行专项审计，针对促销费、劳务费、差旅费管理等需改进之处，提出完善相关制度并强化执行力，提高物料、费用使用台账管理水平，加强促销活动效果评估管理等建议。

2010年，江西中烟公司对营销费用和广告宣传费用进行专项审计，提出进一步完善广告宣传促销管理制度，建立宣传促销督导建议整改落实机制，加强和规范销区台账管理，强化宣传用品采购计划管理，加大预算执行控制力度等建议。

第三节　价格管理

对烟草及其制品的价格进行严格管理是烟草行业实行垄断经营的重要手段之一。全省烟草各级单位设有专职或以物价工作为主的兼职物价员，成立企业定价小组，建立价格信息网络。每月分别向省局（公司）和江西中烟公司物价主管部门报送当地卷烟重要品牌实际批发价格，省局（公司）和江西中烟公司物价主管部门定期向各地反馈价格信息，对价格进行宏观调控。

烟叶

烟叶调拨、收购价格由国家计委和国家局共同制定，省局（公司）严格按照国家计委和国家局所确定的价格执行。随着市场经济的不断发展，烟叶价格多次进行调整。

1992年以来，为不断提高烟叶质量，增加烟农收益，稳定烟农种烟积极性，处理好烟农、产区和卷烟工业企业三者利益的关系，省局（公司）每年度按照国家局烟叶收购价格政策进行相应部署，及时下发相应烟叶调拨、收购价格。

1996年，省局（公司）开始执行国家新的烟叶经济政策，将烟叶生产扶持费并入烟叶收购价，并对烟叶收购价格进行相应调整，随着市场经济快速发展，烟叶调拨、收购价格迅猛增长。

1999年，省局（公司）按照国家局严格控制烟叶种植面积和收购数量，提高烟叶品质和保持合理烟粮比价关系的要求，制定新的烟叶调拨、收购价格。

20年间,烟叶价格总体呈现上扬趋势,鼓励"以质取胜",实现优质优价。如:中一等级初烤烟基价从1992年的415.46元/担到2010年的1872元/担,增加1456.54元/担,增长350.58%,年增幅9.26%。

1992年—1995年烤烟省内调拨基价

表6-3-1 单位:元/担

等级	1992年		1993年		1994年		1995年	
	初烤烟	复烤烟	初烤烟	复烤烟	初烤烟	复烤烟	初烤烟	复烤烟
中一	415.46	500.30	457.04	508.40	506.36	566.19	653.26	741.77
中二	348.10	388.05	352.61	394.98	426.01	478.56	539.32	616.86
中三	260.62	293.05	263.83	298.57	313.54	355.90	409.08	474.09
中四	173.16	198.05	175.30	202.42	217.15	250.77	278.77	331.24
中五	109.54	128.97	110.90	132.48	112.71	136.86	132.28	170.76
中六	66.59	81.99	67.40	85.23	64.51	84.29	67.76	99.37
上一	332.19	370.76	336.28	377.25	377.37	425.89	490.48	563.32
上二	236.78	267.15	239.71	272.37	273.37	312.08	355.84	393.81
上三	157.26	180.79	159.21	184.95	185.01	215.71	221.89	268.89
上四	101.60	120.33	102.84	123.73	104.67	128.09	107.95	143.90
上五	45.95	59.88	46.51	62.55	40.40	57.99	42.84	72.60

1996年—1999年烤烟省内调拨基价

表6-3-2 单位:元/担

等级	1996年		1997年		1998年		1999年	
	初烤烟	复烤烟	初烤烟	复烤烟	初烤烟	复烤烟	初烤烟	复烤烟
C1F	1199.94	1409.28	1222.48	1350.42	1214.83	1430.36	1092.00	1233.00
C2F	1004.91	1122.23	1093.36	1212.36	1101.21	1299.90	984.00	1116.00
C3F	968.26	1000.46	1027.88	1142.54	984.70	1166.02	852.00	971.00
C1L	1004.70	1124.33	1115.16	1235.58	1130.68	1334.60	1023.00	1158.00
C2L	967.26	1002.33	993.34	1105.37	969.60	1151.64	878.00	1000.00
B1F	1036.15	1072.51	1037.08	1152.15	1049.29	1241.38	930.00	1056.00
B2F	885.04	915.65	876.74	980.75	891.00	1060.25	775.00	886.00
B1L	735.42	763.47	768.40	864.85	825.89	985.50	753.00	862.00
B1R	760.74	787.52	761.16	857.17	816.90	974.40	775.00	886.00
H1F	883.29	915.18	859.35	961.67	876.46	1045.10	807.00	922.00
X1F	877.52	907.18	841.33	942.87	848.92	1011.94	755.00	865.00
C3L	792.56	821.90	817.36	917.21	776.01	930.98	749.00	858.00

续表

等级	1996 年		1997 年		1998 年		1999 年	
	初烤烟	复烤烟	初烤烟	复烤烟	初烤烟	复烤烟	初烤烟	复烤烟
X2F	710.37	735.23	721.62	814.93	720.94	865.81	574.00	667.00
X3F	513.64	535.94	514.2	592.93	514.51	633.57	455.00	537.00
X1L	721.14	748.88	749.64	844.78	752.93	903.97	700.00	804.00
X2L	533.66	547.24	563.15	645.29	594.18	724.07	562.00	653.00
B3F	611.12	635.35	616.31	702.18	586.89	715.86	609.00	705.00
B4F	395.10	415.80	389.13	459.06	338.40	435.92	465.00	547.00
B2L	573.28	597.18	563.20	644.78	572.88	699.97	574.00	667.00
B3L	427.93	448.31	495.27	465.29	347.91	446.23	430.00	508.00

2000 年—2003 年烤烟省内调拨基价

表 6-3-3　　　　单位:元/担

等级	2000 年		2001 年		2002 年		2003 年	
	初烤烟	复烤烟	初烤烟	复烤烟	初烤烟	复烤烟	初烤烟	复烤烟
C1F	1092.00	1233.00	1290.00	1309.00	1827.35	1854.95	1340.00	1506.00
C2F	984.00	1116.00	1145.00	1167.00	1618.05	1645.65	1197.00	1349.00
C3F	852.00	971.00	1000.00	1025.00	1411.05	1438.65	1075.00	1215.00
C1L	1023.00	1158.00	1187.00	1208.00	1680.15	1707.75	1236.00	1392.00
C2L	878.00	1000.00	1044.00	1068.00	1475.45	1503.05	1091.00	1232.00
B1F	930.00	1056.00	1020.00	1045.00	1440.95	1469.70	1067.00	1207.00
B2F	775.00	886.00	864.00	892.00	1212.10	1239.70	875.00	996.00
B1L	753.00	862.00	837.00	866.00	1223.60	1251.20	912.00	1037.00
B1R	775.00	886.00	864.00	892.00	1212.10	1239.70	904.00	1028.00
H1F	807.00	922.00	897.00	925.00	1262.70	1290.30	940.00	1067.00
X1F	755.00	865.00	820.00	850.00	1192.55	1220.15	890.00	1013.00
C3L	749.00	858.00	865.00	894.00	1164.90	1191.30	899.00	1023.00
X2F	574.00	667.00	649.00	682.00	905.30	927.30	707.00	812.00
X3F	455.00	537.00	504.00	540.00	643.00	662.00	540.00	629.00
X1L	700.00	804.00	779.00	809.00	1043.90	1064.80	810.00	925.00
X2L	562.00	653.00	620.00	654.00	769.00	788.00	663.00	764.00
B3F	555.00	646.00	549.00	584.00	604.00	623.00	524.00	612.00
B4F	406.00	483.00	359.00	399.00	352.00	365.00	246.00	308.00
B2L	549.00	639.00	562.00	597.00	678.00	697.00	589.00	683.00
B3L	406.00	483.00	332.00	373.00	369.00	383.00	336.00	406.00

2004 年—2010 年初烤烟叶省内调拨基价

表 6-3-4　　　　单位:元/担

等级	2004 年	2005 年	2006 年	2007 年	2008 年	2009 年	2010 年
	初烤烟	初烤烟	初烤烟	初烤烟	初烤烟	初烤烟	初烤烟
C1F	1345	1610	1610	1615	1818	1872	1872
C2F	1247	1495	1495	1500	1689	1716	1716
C3F	1107	1325	1325	1330	1504	1558	1558
C1L	1243	1491	1491	1496	1670	1724	1724
C2L	1129	1357	1357	1362	1529	1576	1576
B1F	1100	1322	1322	1327	1516	1597	1597
B2F	912	1101	1101	1106	1302	1403	1403
B1L	956	1153	1153	1158	1296	1384	1384
B1R	892	1078	1078	1083	1250	1351	1351
H1F	937	1131	1131	1136	1303	1472	1472
X1F	983	1185	1185	1190	1342	1477	1477
C3L	947	1137	1137	1142	1316	1377	1377
X2F	803	973	973	978	1130	1272	1272
C4F	863	1033	1033	1038	1190	1318	1318
C4L	803	967	967	972	1110	1238	1238
X3F	664	815	815	820	951	1086	1086
X1L	913	1103	1103	1108	1253	1375	1375
X2L	755	915	915	920	1087	1195	1195
B3F	639	806	806	811	1007	1169	1169
B4F	401	575	575	580	769	951	951
B2L	652	827	827	932	1013	1128	1128
B3L	414	590	590	595	784	926	926

卷烟

卷烟价格历经严格统一控制、逐步放开等阶段,省局(公司)及江西中烟公司先后出台相应价格管理政策。

价格调整　1991 年 12 月,省局(公司)确定省产卷烟批发、零售价格放开政策:卷烟零售价格的制定,主要参考市场情况和省局(公司)下达的主要牌号批发最低保护价。省产卷烟的批发价格仍由省局(公司)制定。省产卷烟的地区差价作价办法仍执行原规定。

1992 年 4 月,省局(公司)明确省产卷烟主要牌号全省批发最低保护价由省局(公司)根据省内市场时间销售情况制定和调整，并要求全省各地严格按照省定批发最低保护价执行。同年 12 月，实际销售出厂价和调拨价分步放开。

1992 年省产卷烟主要牌号全省批发最低保护价格

表 6-3-5　　　　单位：元/条

产地	牌号	规格	价　　格
南昌	南昌	84 毫米全包装	18.18
南昌	三阳开泰	84 毫米全包装	14.09
南昌	高士	84 毫米全包装	12.73
南昌	天虹	84 毫米全包装	11.36
南昌	西汉	84 毫米全包装	13.18
南昌	鸳鸯喜	84 毫米全包装	9.09
南昌	赣叶	84 毫米全包装	6.82
南昌	滕王阁	27 * 27 筒装	2.50
南昌	壮丽	27 * 27 筒装	2.00
南昌	庐山	27 * 27 筒装	1.60
南昌	花轿	27 * 27 筒装	3.27
赣南	赣烟	84 毫米全包装	17.27
赣南	百花洲	84 毫米全包装	14.55
赣南	国宝	84 毫米全包装	15.45
赣南	瓷都	84 毫米全包装	6.36
赣南	赣州桥	27 * 27 筒装	3.18

1994 年 10 月，要求全省各地市公司卷烟新产品定价必须抄报省局（公司）备案后正式执行，老牌号、各地市专销牌号调拨价格的制定和调整也应同时抄报备案。全省各地市卷烟批发价格和零售价按照行政区划和地区差别实行不同的批零价格。

2001 年 7 月起，全省不分行政区划和地区差别实行各市局（公司）卷烟主要牌号全省统一批发价和零售价（简称“一价制”），实行全省“一价制”的牌号及价格由省局（公司）确定，牌号增减及价格调整由省局（公司）发文通知。实行全省“一价制”的牌号，价格不允许向下浮动，原则上也不要向上浮动，因特殊情况确需上浮的必须报省局（公司）备案。实行全省“一价制”的牌号只能在本地入网销售，特殊情况需跨地区调剂的必须报省局（公司）销售公司同意。实行卷烟主要牌号全省“一价制”后，较好地适应整顿和规范市场经济秩序，促进卷烟产销结构的调整。

2001年—2004年全省"一价制"重点卷烟牌号价格

表6-3-6　　单位:元/条

省产烟			省外烟		
牌　号	批发价	系统内零售价	牌　号	批发价	系统内零售价
贡品金圣	320.00	350.00	软中华	450.00	500.00
极品金圣	220.00	240.00	盖中华	310.00	350.00
盖金圣	105.00	115.00	软咀前门	14.00	16.00
咀金圣	66.00	72.00	软咀飞马	13.00	15.00
珍品海鸟	62.00	70.00	盖红塔山	66.00	72.00
精品海鸟	40.00	45.00	盖阿诗玛	58.00	65.00
世纪南方	32.00	35.00	盖红梅	38.00	42.00
盖海鸟	22.00	25.00	软红梅	36.00	40.00
软特醇南方	18.50	20.00	精品白沙	73.00	80.00
千禧南方	16.80	20.00	盖白沙	37.50	42.00
软南方	13.00	15.00	金装玉溪	300.00	330.00
赣叶	6.50	8.00	金装红塔山	90.00	100.00
红金赣	120.00	130.00	盖恭贺新禧	76.00	85.00
小月兔	27.00	30.00	专销茶花	45.00	50.00
精品赣(绿)	80.00	88.00	环保白沙	78.00	85.00
金红日	75.00	85.00	软白沙	32.00	35.00
佳品赣(蓝)	50.00	55.00	软长沙	24.00	27.00
佳品赣(红)	46.00	55.00			
佳品赣(黄)	56.00	62.00			
一品赣	32.00	35.00			
盖红日	16.80	20.00			
盖赣(蓝)	26.00	30.00			
软新赣	11.60	13.00			
瓷都	6.80	8.00			
贵族小月兔	36.00	40.00			
绿天宝	35.00	40.00			
珍品客家(金)	45.00	50.00			

2004 年—2006 年省产卷烟牌号调拨价格

表 6-3-7　　　　单位:元/条

牌号	工业含税调拨	牌号	工业含税调拨价
金圣(硬)	85.00	硬海鸟	20.00
金圣(吉品)	156.00	蓝珍品海鸟	48.00
硬盒金圣(贡品)	216.00	红珍品海鸟	48.00
金圣(软)	51.00	精品海鸟	35.10
金圣(醇 66)	88.00	硬阳光海鸟	30.00
金圣(硬出口)	31.31	庐山(黄精品)	36.00
金圣(吉品出口)	53.79	庐山(特制)	57.73
金圣(听典藏)	408.00	硬盒庐山(红)	20.01
金圣(蓝)	70.00	硬庐山(白)	20.01
金圣(软红)	51.00	硬精庐山(红)	36.00
硬盒金圣(红)	70.00	庐山(精品)	36.00
金圣(硬典藏)	216.00	硬盒庐山	20.01
南方(软)	12.00	硬盒井冈山	20.00
南方(千禧)	15.56	世纪迎喜	16.00
南方(软红)	16.20	硬盒迎喜	16.00
软盒南方(省外)	12.00	金圣(钻石)	153.00
软盒金圣(红新)	51.00	庐山(新)	19.30
硬盒庐山(海鸟)	19.30	庐山(银)	22.00
铁盒吉品金圣	225.80		

2007 年—2008 年省产卷烟牌号调拨价格

表 6-3-8　　　　单位:元/条

牌号	工业含税调拨价	牌号	工业含税调拨价
金圣(盛世典藏)	480.00	赣(珍品)	45.00
金圣(听典藏)	408.00	赣(精品)	30.00
金圣(硬黑带)	101.00	赣(富贵)	15.66
金圣(钻石)	153.00	庐山(珍品)	48.00
金圣(硬典藏)	216.00	赣(硬红金)	85.00
金圣(蓝)	70.00	赣(佳品)	36.00
金圣(软红)	51.00	小月兔	21.00
金圣(吉品)	156.00	南方(千禧)	15.66

续表

牌号	工业含税调拨价	牌号	工业含税调拨价
金圣(软)	49.50	赣(蓝)	20.00
金圣(硬)	85.00	庐山(银)	22.00
庐山(硬)	19.30	庐山(软)	11.68
庐山(精品)	36.00	庐山(黄精品)	36.00
庐山(新)	19.30	庐山(好运)	28.80
金圣(祥和)	66.00	庐山(鸿运)	43.20

2009 年—2010 年省产卷烟牌号调拨价格

表 6-3-9　　单位:元/条

牌号	工业含税调拨价	牌号	工业含税调拨价
金圣(盛世典藏)	422.40	庐山(银)	21.60
金圣(典藏本草香)	337.50	赣(佳品)	33.75
金圣(硬典藏)	211.20	赣(蓝)	21.60
金圣(吉品)	147.68	小月兔	21.60
金圣(硬)	76.50	庐山(硬)	19.13
金圣(蓝)	67.50	庐山(新)	19.13
金圣(软红)	47.25	庐山(软)	11.48
金圣(软)	47.25	月兔(硬)	15.30
庐山(精品)	33.75	南方(千禧)	15.30
庐山(黄精品)	33.75	南方(软红)	15.30
庐山(好运)	28.80	赣(硬红金)	86.25
七匹狼(白)	48.75	双喜(硬)	51.00
双喜(软)	40.50	红塔山(硬经典)	47.25
金圣(硬红)	47.25	金圣(赣)	86.25
金圣(硬时代)	86.25	金圣(硬时代祥和)	66.00
金圣(硬蓝色经典)	75.00	金圣(尚品 200)	127.80
金圣(硬时代 15)	101.25		

区域联动　2004 年开始,实行六省、区、市(闽、赣、湘、粤、深、桂)和中南八省、区、市(闽、赣、鄂、湘、粤、深、桂、琼)统一批发价格,加快实现全国区域统价联动。2007 年,国家局组织召开全国三个统价区域统一批发价格协调会议,就某些牌号的市场引入退出和统一批发价格调整达成一致意见,及时更新区域统一批发价格目录。当年,江西中烟公司在产的庐山(硬)卷烟于 6 月份调整为调拨价 19.3 元/条、批发价 22.5 元/条;零售价 30 元/条的赣(蓝)、庐山(银)、小月兔的批发价于 8 月份统一调整为 27 元条。

2004年—2005年六省(区、市)卷烟重点品牌统一批发价格

表6-3-10 单位:元/条

省产烟		省外烟	
牌号	批发价	牌号	批发价
硬盒典藏金圣	320.00	软盒中华	480.00
硬盒蓝金圣	90.00	硬盒中华	340.00
硬盒金圣(醇66)	120.00	沪红双喜	62.00
软盒金圣	66.00	硬盒玉溪	180.00
珍品海鸟	62.00	硬盒红塔山	63.00
硬盒海鸟	22.00	硬盒阿诗玛	58.00
精品南方	28.50	红硬盒利群(新版)	116.00
硬盒赣	17.00	盖芙蓉王	208.00
硬盒赣(红金)	120.00	精品盖白沙	74.00
硬盒月兔(小)	26.00	盖白沙	42.00
软盒典藏金圣	420.00	软长沙	27.00
硬盒精品海鸟	40.00	蓝软芙蓉王	500.00
精品硬盒庐山	45.00	蓝盖芙蓉王	290.00
硬盒庐山	23.00	佳品盖芙蓉	25.00
千禧硬盒南方	18.00	黄盖芙蓉	17.00
特制硬盒庐山	82.00	软盒红枚	21.00
硬盒井冈山	23.00	硬盒红枚	30.00
硬盒阳光海鸟	36.00	硬盒好日子	62.00
硬盒世纪南方	32.00	软盒好日子	50.00
软盒特醇南方	18.50	硬盒甲天下	33.00
软盒南方	13.20	软盒甲天下	45.00
礼盒赣(听装)	450.00	使盒恭贺新禧	65.00
软盒赣(红金)	180.00	软盒阿诗玛	56.00
硬盒赣(佳品)	45.00	硬盒红梅	36.50
硬盒赣(99)	58.00	黄软盒红梅	35.00
硬盒赣(珍品)	62.00	软盒白红梅	26.50
硬盒赣(蓝)	26.00	硬盒甲红河	44.00
硬盒赣(精品)	36.00	软盒甲红河	37.00
软盒赣	9.20	软盒乙红河	23.00
硬盒月兔春	45.00	软苏烟(金沙)	380.00
硬盒月兔(特醇)	18.50	硬盒苏烟(金沙)	350.00

2005 年—2010 年中南八省(区、市)卷烟重点品牌统一批发价格

表 6-3-11　　单位:元/条

省产烟		省外烟	
牌　号	批发价	牌　号	批发价
硬盒典藏金圣	320.00	软盒中华	530.00
硬盒蓝金圣	90.00	硬盒中华	370.00
硬盒金圣(醇 66)	120.00	沪硬盒红双喜	62.00
吉品硬盒金圣	213.00	硬盒玉溪	183.00
硬盒金圣	102.00	硬盒红塔山	63.00
软盒金圣	66.00	硬盒阿诗玛	58.00
硬盒珍品海鸟	62.00	红硬盒利群(新版)	116.00
硬盒海鸟	22.00	盖芙蓉王	208.00
硬盒庐山(新)	22.50	精品盖白沙	74.00
硬盒庐山	22.50	盖白沙	42.00
硬盒赣(红金)	115.00	红硬盒七匹狼	125.00
硬盒月兔(小)	26.00	软长沙	27.00
软盒典藏金圣	420.00	蓝软芙蓉王	500.00
硬盒精品海鸟	40.00	蓝盖芙蓉王	290.00
精品硬盒庐山	45.00	佳品盖芙蓉	25.00
硬盒庐山	22.50	黄盖芙蓉	18.00
千禧硬盒南方	18.00	软盒红枚	20.00
特制硬盒庐山	82.00	硬盒红枚	30.00
硬盒井冈山	23.00	硬盒好日子	62.00
硬盒阳光海鸟	36.00	软盒好日子	50.00
硬盒世纪南方	32.00	硬盒甲天下	33.00
软盒特醇南方	18.00	软盒甲天下	45.00
软盒南方	13.50	硬盒恭贺新禧	65.00
礼盒赣(听装)	450.00	软盒阿诗玛	56.00
软盒赣(红金)	180.00	硬盒红梅	36.00
硬盒赣(佳品)	45.00	黄软盒红梅	35.00
硬盒赣(99)	58.00	软盒白红梅	27.00
硬盒赣(珍品)	62.00	硬盒甲红河	44.00
硬盒赣(蓝)	26.00	软盒甲红河	38.00
硬盒赣(精品)	36.00	软盒乙红河	24.00
软盒赣(吉祥)	13.50	软苏烟(金沙)	400.00
硬盒月兔春	45.00	硬盒苏烟(金沙)	400.00
硬盒月兔(特醇)	18.00	软盒黄金龙	13.50
软盒江湾	148.00	硬盒黄金龙	18.00

卷烟分类价目　各牌号卷烟调拨价格目录按国家政策规定有不同调整。2009 年,江西中烟公司印发《关于调整部分卷烟牌号价格及统计类别的通知》发布卷烟分类标准。

2009 年省产卷烟分类标准

表 6-3-12

卷烟类别	不含增值税调拨价格
一类卷烟	每标准条(200 支)不含增值税调拨价 100 元以上
二类卷烟	每标准条(200 支)不含增值税调拨价 70 元(含)~100 元
三类卷烟	每标准条(200 支)不含增值税调拨价 30 元(含)~70 元
四类卷烟	每标准条(200 支)不含增值税调拨价 16.50 元(含)~30 元
五类卷烟	每标准条(200 支)不含增值税调拨价低于 16.50 元

定价流程　1994 年 10 月,根据国家局关于认真贯彻国务院进一步加强物价管理工作重要指示的有关通知精神,卷烟新产品定价必须抄报省局(公司)备案后正式执行。

1998 年 8 月,省局(公司)成立由企业有关负责人及物价、统计、销售、生产、财务和专卖等部门负责人组成的定价机构。明确定价原则,工业环节:制定卷烟出厂价格应保证各类卷烟获得合理利润;各卷烟厂调拨价不得低于计税基础价。商业环节:制定批发价应根据市场行情,考虑进货成本和合理费用,保证经营环节获得适当利润,不得亏损经营;注意培养市场,选准价位,避免价格大起大落。同时,要求各卷烟厂调拨价在 6 个月内不得调整,批发价在一周内保持相对稳定。

2003 年 7 月,要求各卷烟厂凡开发的新牌号(规格)卷烟价格,按照国家局价格梯次化要求报省局(公司)同意后,由省局(公司)报国家局备案。同年 11 月起,执行所有新牌号规格卷烟的调拨价格由生产企业报省局(公司)同意,其全省统一批发价格由省局(公司)按国家局梯次化标准归档并报国家局向全行业发布后执行。

2006 年,国家局通过逐步压缩小牌号规格卷烟的批发毛利率,为重点骨干品牌发展创造条件。按 2006 年产量计,全国共有 322 个牌号规格(共 1437.32 万箱)高于标准批发毛利率。因此,国家局第一批对 215 个牌号规格(共 331.19 万箱)调高调拨价以缩小批发毛利率,增加工业销售收入,减少商业销售收入。本次调整共涉及江西中烟公司的小月兔(盖)、赣(蓝)、赣(珍品)、金圣(醇 66)、赣(红金)、赣(红金)等 6 个牌号规格。

2006 年部分省产卷烟牌号调拨价格调整情况

表 6-3-13

品牌(规格)	限量档位	统一批发价(元/条)	参考零售价(元/条)	现批发毛利率(%)	标准批发毛利率(%)	产量(箱)
小月兔(盖)	1	26	30	0.19	0.17	35094
赣(蓝)	1	27	30	0.26	0.17	50528

续表

品牌(规格)	限量档位	统一批发价(元/条)	参考零售价(元/条)	现批发毛利率(%)	标准批发毛利率(%)	产量(箱)
赣(珍品)	4	62	70	0.27	0.25	2627
金圣(醇66)	5	120	130	0.27	0.25	756
赣(红金)	5	115	130	0.26	0.25	5264
赣(红金)	7	180	200	0.28	0.25	174
合　计						94443

同年,国家局要求严格控制超高档价位卷烟(零售价300元/条以上)的价格核准工作。每个省级工业公司允许核准1个,新开发品牌规格则“进一退一”,并按批发毛利率15%核准调批价。卷烟工业企业产品改造、品牌整合和新产品开发的卷烟产品,按以下标准核准其批发和调拨价格:

2006年卷烟批发、零售价格核准标准

表6-3-14

零售价(元/条)	批发价(元/条)	批发毛利率(%)	零售价(元/条)	批发价(元/条)	批发毛利率(%)
40元以下	36元以下	20	70元~280元	63元~250元	25
40元~65元	36元~58元	20	300元以上	270元以上	30

监督调控　1994年—2010年,全省各地市和各卷烟厂均建立起价格信息网络,各单位指定专人作为卷烟价格信息报送员,负责卷烟市场价格采集、整理、分析和上报工作。采取每周、月、季向省局(公司)价格主管部门报送当地卷烟重要品牌实际批发价格形式,省局(公司)定期向各地反馈价格信息,对全省价格进行宏观调控。省局(公司)对各地市局和各卷烟厂实行江西省卷烟价格信息报表考核奖惩制度。信息报送时间为每月14日—15日、29日—30日各1次,考核方式采取扣分制,分别设立一、二和三等奖,对获奖单位给予一定经济奖励,对经常出现缺报、迟报、错报单位,除通报批评外,在单位交纳的价格保证金中进行相应扣除。

省局(公司)对各级工商企业采取不定期经常性的检查方式,检查是否存在低于省局(公司)规定的最低出厂限价、最低批发价,新产品未按规定报批价格,中心指导价调控不力,不顾大局明显低于全省价格水平抛售卷烟,专销烟批发价格低于烟厂调拨价和经营所有牌号卷烟零售价超过1000元/条(含)等情况,对有问题的单位实行通报批评、黄牌警告、罚款或停产、停销等处罚,对于情节严重的,追究当事人和单位领导的责任,并给予一定的行政处分。1998年—2010年,全省烟草通报批评价格检查违规单位10次,扣减相关市局(公司)卷烟调拨量32978件,扣减相关卷烟厂卷烟调拨额1176万元。

第四节 投资管理

全省烟草投资主要有固定资产投资和多元化投资。固定资产投资项目主要是卷烟生产技术改造、设备更新购置以及生产辅助设施,经营业务用房、卷烟物流配送中心、烟叶工作站、卷烟销售网点、卷烟仓库、辅助生产设施、后勤保障设施等基本建设项目以及打叶复烤生产线项目。多元化投资项目主要是非主营业务的全资控股的中国烟草井冈山传统教育基地、锦峰大酒店、景德镇金叶大酒店、宜春阳光大酒店、江西金圣实业有限公司、江西客家实业有限责任公司等多元化企业的投资以及南昌银行、上饶城市信用社、国盛证券、江西大厦的参股投资。

至 2006 年末,全省烟草商业企业有多元化企业共计 14 户,投资金额共计 16014.8 万元;全省烟草工业对外投资多元化企业 18 户,投资金额 20188 万元,其中,主业直接投资多元化企业 7 户,投资金额 18243 万元;多元化企业再投资企业 11 户(江西锦峰会议服务有限公司系主业和多元化均投资,合并算为多元化投资 1 户),投资金额 1945 万元。

2007 年,全省烟草商业完成对江西赣申烟草有限责任公司、江西省烟草公司井冈山卷烟购销经理部、江西省烟草公司吉安市公司华圣韶山路直营店、赣州市金叶实业有限公司、萍乡市鑫圣贸易有限公司、江西省烟草公司南昌分公司综合开发公司、锦峰旅行社等 7 户多元化企业的清理,继续保留井冈山金叶大厦、景德镇市金叶大酒店、江西省烟草培训中心等 3 家全资控股多元化经营企业,继续保留对国盛证券有限责任公司、江西大厦股份有限公司、南昌市商业银行、江西省锦峰实业有限公司等 4 家企业的股权投资。江西烟草工业保留江西锦峰实业有限公司、江西金圣实业有限公司、江西金圣购物有限公司及江西金圣文化传播有限公司等 4 家多元化经营企业。

1991 年—2010 年,全省烟草固定资产投资 386973 万元,多元化投资 69663 万元。

固定资产投资

1991 年—2010 年,全省烟草历经“八五”“九五”“十五”“十一五”技术改造的实施建设。从卷烟工业联合工房、生产管理用房、卷烟经营用房以及生活服务用房等基础设施,到配合安全保卫、生产自动控制等方面的信息化基础建设;从烟草商业基层网点,到卷烟现代物流等基础设施建设,固定资产有较大规模投入。

生产设备 1991 年—2010 年,全省烟草工业生产设备购置共投入 148770 万元。

1991 年—1995 年,全省烟草工业生产设备购置共投入 21172 万元。其中,南昌卷烟厂投入 13600 万元,购置 4 组 MK9-5 卷接机组、2 组 6000 型包装机组、1 组 PASSIM 卷接机组、3 台切叶丝机、3 组储叶丝柜、2 组储梗丝柜、4 组水分仪、发酵房使用的通风设备,更新叶丝线电控柜;赣南卷烟厂投入 3735 万元,购置 1 组 FOCKE350 包装机组;广丰卷烟厂投入 3485 万元,购置 6 台 YJ11 型卷烟机、4 台 YJ22 型滤嘴接装机、4 组 YB22 型软包机、烘丝机、制丝线、6 组 YJ14/23 卷接机组和中央空调;井冈山卷烟厂投入约 30 万元,更新供水系统;兴国卷烟厂投入 322 万元,建设制丝工艺平台和车间工艺管道。

1996年—2000年,全省烟草工业生产设备购置共投入34157万元。其中,南昌卷烟厂投入25000万元,购置2组PASSIM卷接机组、1组FOCKE包装机组、1组GDX2包装机组、2组HLP4 250包装机组1组、唐纳森中央除尘系统、1组阿特拉斯无油空压机,购置1台20吨锅炉、3组香港永通中央空调、1条薄片生产线等设备;赣南卷烟厂投入2293万元,引进1组长城卷接机组,购置卧式打叶线、3组硬盒包装机、2组卷接机、1台锅炉;广丰卷烟厂投入3029万元,购置3组YJ14/23卷接机组、2台烘丝机、切丝机、真空回潮机、立式打叶机、薄片线、2组ZJ17卷接机组等生产工艺设备;井冈山卷烟厂投入1753万元,购置制丝线、洗梗机等设备;兴国卷烟厂投入2082万元,购置1条仿德国HAUNI公司制丝生产技术线,购置空压机LSZOS-I50HWCKT、LG20-10/TB、2台真空泵SKZT、锅炉以及储柜、空调、电梯、变压器等其他配套设施。

2001年—2005年,全省烟草工业生产设备购置共投入61522万元。其中,南昌卷烟厂投入51900万元,购置1条6000千克/小时的制丝线(其中10组主机设备引自德国HAUNI公司)、3组PASSIM卷接机组、2组DX2包装机组、1组ZB45包装机组、1组ZB25包装机组、1组ZJ19型卷接机组、3组PEGASUS2000滤棒发射机组、5台FOCKE-486C型自动装封箱机、1台S200型废烟处理机、1台TSB-480型异物剔除机、其他制丝生产设备283台套、工艺集中除尘系统及风力送叶丝、送梗丝、送梗系统各1套、香糖料厨房系统及中草药提炼系统各1套;广丰卷烟厂投入5061万元,购置9组ZB43包装机组、3组成型机组、1组ZJ17卷接机组、2组切丝机、3组3000型横包机组等设备;井冈山卷烟厂投入约1597万元,购置4组硬盒包装机组、水分仪、储柜和薄板烘丝机等设备;兴国卷烟厂投入544万元,购置切叶丝机、切梗丝机、硬包机、中央空调一体化蒸制冷机等设备。

2006年—2010年,全省烟草工业生产设备购置共投入31919万元。其中,南昌卷烟厂投入30000万元,购置10组卷接机组、9组包装机组、3组成型机等设备设施;赣南卷烟厂投入180万元,购置1台SQ314型切丝机;广丰卷烟厂投入808万元,购置风力送丝系统、冷却塔制冷设备、红外水分仪、滤棒检测设备等生产设施;井冈山卷烟厂投入931万元,购置切叶丝机、空压机、溴化锂吸收式冷水机、叶丝回潮机、梗丝回潮机、风力送丝设备以及检测设备。

基础设施　1991年—2010年,全省烟草工业基础设施建设共投入60317.9万元。

1991年—1995年,全省烟草工业基础设施建设共投入12046.9万元。其中,南昌卷烟厂投资7100万元,主要用于建设1栋烟叶库、复烤车间、综合楼、办公楼、高压配电所等基础设施以及300多套职工宿舍;赣南卷烟厂未对基础设施进行建设改造;广丰卷烟厂投资2200万元,建设主厂房、配电房、成品烟仓库、配电房;井冈山卷烟厂投资2225万元,对制丝车间、卷包车间、除尘房、招待所和烟叶仓库等进行建设和扩建,面积达21171平方米;兴国卷烟厂投资521.9万元,建设成品仓库、发酵房、烟叶仓库、培训室等设施。

1996年—2000年,全省烟草工业基础设施建设共投入3435万元。其中,南昌卷烟厂投入458万元,主要用于建设薄片车间、危险品仓库、配电房、准备车间铝合金仓库,修缮厂区围墙、路面、车棚等生活配套设施;广丰卷烟厂投入2539万元,建设工业区厂房、下溪烟叶仓库2#库房,改造薄片车间和发酵房,扩建主厂房;井冈山卷烟厂投入108万元,建设单身职工宿舍和招待餐厅,改造原销售公司办公楼;兴国卷烟厂投入330万元,建设办公大楼、职工宿舍、车间及五金仓库、改建烟叶仓库。

2001年—2005年,全省烟草工业基础设施建设共投入41828万元。其中,南昌卷烟厂异地技术改造项目,投入38200万元,在南昌高新技术开发区征地350亩,新建联合生产工房(包括制丝车间,卷接包车间,动力中心,原料、辅料、成品高架库及生产配套生活辅房)、片烟仓库、锅炉房、综合办公楼、污水处理站及浴室,总建筑面积164733平方米,同时修建职工更衣室、老干部活动中心等设施;赣南卷烟厂投入270万元,修缮职工食堂和培训大楼;广丰卷烟厂投入1131万元,建设下溪烟叶仓库2#库房、3#库房以及综合仓库、贮丝房;井冈山卷烟厂投入50万元,修建改造空压机房和招待所;兴国卷烟厂投入2177万元,建设生产厂房、员工食堂、烟叶仓库、员工活动中心等设施。

2006年—2010年,全省烟草工业基础设施建设共投入3008万元。其中,南昌卷烟厂投入1576万元,建设职工活动中心、综合办公楼停车场雨棚及园区配套道路;赣南卷烟厂投入601万元,对招待所、东山仓库和空压机房进行建设改造;广丰卷烟厂投入135万元,改造下溪烟叶仓库,建设片烟分拆房、污水处理工程等设施;井冈山卷烟厂投入526万元,新建1栋综合用房;兴国卷烟厂投入170万元,改造招待所、职工食堂、职工宿舍、废品房、老年活动中心等设施。

赣南打叶复烤生产线项目　2009年8月,国家局批复项目总投资4.46亿元,建筑总面积98500平方米,选址在赣南市经济开发区,征地400亩,按照年处理原烟60万担设计。项目资金由各股东出资,具体为省公司12000万元、赣州分公司6000万元、抚州分公司5000万元、吉安分公司3000万元、江西中烟公司6000万元、红塔烟草(集团)有限责任公司4000万元、川渝中烟公司2000万元、山东中烟公司2000万元、湖南中烟公司2000万元、上海烟草(集团)公司1000万元、浙江中烟公司1000万元、广东中烟公司1000万元。至2010年底,该项目土建部分基本完工,实际完成投资30439万元。

1991年—2010年全省烟草固定资产投资情况

表6-4-1

项目分类	投资金额(万元)	项目(个)	建筑面积(平方米)
卷烟生产设备购置	1981	5	—
整体(局部)技改	156172	22	—
卷烟生产辅助设施建设	5081	2	—
打叶复烤生产线项目	30439	1	98500.00
卷烟物流配送中心项目	32380	11	—
烟叶工作站及烟叶仓储项目	13208	25	70787.00
卷烟销售网点及专卖管理网点项目	5648	16	21656.00
卷烟仓库及配套经营用房项目	2794	16	18161.00
经营业务用房项目	126795	101	338128.70
后勤保障设施项目	12475	18	26486.00
合　计	386973	217	573718.70

多元化投资

江西省烟草公司劳动服务公司　1987年11月成立,注册资金20.4万元,实行独立核算、自负盈亏,其主要任务是组织发展集体经济,为省局(公司)机关员工提供后勤保障服务。劳动服务公司下设财务科、办公室和鸳鸯喜商店等3个部门。20年来,劳动服务公司先后兴办商店、理发店、洗衣店、农场、机关职工宿舍食堂等业务,为员工创造服务价值485万元;购置固定资产和设施163万元;先后安排公司员工待业子女和下岗职工83人就业。1998年8月,租赁新建县石埠乡土地创办农副产品基地,租赁土地总面积为122亩。1999年—2007年,共生产农副产品价值314.3万元。2007年底,农副产品基地共有资产170万元。2008年初,农副产品基地退回新建县石埠乡政府。2008年6月,劳动服务公司撤销。

景德镇金叶大酒店　1996年批准建设项目,由景德镇分公司出资50万元并直接管理,酒店主营场所(酒店大楼)为景德镇分公司资产,以租赁方式经营。金叶酒店于1996年按照三星级酒店标准进行建设,占地3600平方米(其中金叶大酒店占地1300平方米,老办公楼及停车场占地2300平方米),地上21层,地下2层,建筑面积16800平方米,于2002年1月正式投入使用。由于酒店硬件设施存在许多安全隐患,于2009年12月底歇业。

中国烟草井冈山传统教育基地(以下简称井冈山教育基地)　于1996年10月建立,坐落在井冈山市茨坪镇红军北路18号,功能定位是烟草行业干部职工党性教育和红色培训的教育基地。1999年1月成立下属实体井冈山金叶大厦。1998年动工兴建①号楼,共6层,投资5800万元,1999年4月竣工营业。2003年兴建②号楼,共6层,基建投资1100万元。占地面积19.78亩,总建筑面积16797平方米,包括①号楼、②号楼、设备楼等3幢主体建筑,建筑均为钢筋混凝土结构。拥有客房195间、床位365张、餐位400个、大小会议室9个。1999年4月至2009年12月,营业总收入16500万元,共上缴税金365.6万元,年均接待客人在5万人次左右,年培训烟草系统内干部职工1000人次左右。资产原值为72734629.32元,至2009年12月资产净值为41959330.30元。2010年12月,根据财政部、总公司有关文件精神,井冈山教育基地资产无偿划转给中国井冈山干部学院。2010年,井冈山金叶大厦注销,只保留井冈山教育基地牌子,办理了事业单位法人登记。2010年12月,总公司批复同意井冈山教育基地易地重建。新址位于井冈山市茨坪镇长坑路9号。

江西省锦峰实业有限公司(以下简称锦峰公司)　1997年7月成立,省公司管理,注册资本金1000万元,其中,省公司出资900万元、江西省烟草培训中心出资100万元。锦峰公司主要从事旅游服务业。1999年1月,锦峰公司注册资本金增至6800万元,其中,省公司出资2500万元(含江西省烟草培训中心转让的100万元)、南昌卷烟厂1000万元、南昌分公司1000万元、宜春分公司500万元、抚州分公司500万元、赣州分公司500万元、上饶分公司200万元、鹰潭分公司200万元、萍乡分公司200万元、景德镇分公司200万元。2000年12月,锦峰公司注册资本金增至23314.9万元,其中,省公司19014.9万元(新增注册资本金为:省公司以货币资金投入3642397.64元和省公司1994年投资兴建的锦峰大酒店按评估价161506602.36元以实物形式转为对锦峰公司投资)、南昌卷烟厂1000万元、南昌分公司1000万元、宜春分公司500万元、抚州分公司500万元、赣州分公司500万元、上饶分公司200万元、鹰潭分公司200万元、萍乡分公司200万元、景德镇分公司200万元。2004 年 10 月,江西烟草工商分设,锦峰公司改隶江西中烟公司管理。注册资本金 23314.9 万元,其中,省公司将其持有锦峰公司 16014.9 万元股本金无偿划转给江西中烟公司。2008 年 9 月,锦峰公司重新划转至省局(公司)管理。注册资本金 23314.9 万元,其中,江西中烟公司和南昌卷烟厂将其持有锦峰公司 16014.9 万元、1000 万元股本金无偿划转给省公司。

锦峰公司的主营实体是锦峰大酒店,坐落在南昌市站前西路 281 号,于 1994 年 1 月奠基施工,1997 年 12 月竣工。由省公司投资 1.612 亿元兴建,隶属于锦峰公司管理。锦峰大酒店主体建筑地上 22 层、地下 2 层和 5 层裙房。1998 年 1 月正式营业,1999 年 8 月被国家旅游局评为"四星级旅游饭店",2007 年 10 月被国家旅游局评为"五星级旅游饭店",11 月被国家旅游局评为"金叶级绿色旅游饭店"称号。1997 年 12 月开业至 2011 年 12 月底,共实现营业收入 52247 万元、经营利润 8338 万元,扣除折旧及因改造影响提前报废的固定资产后,实现利润总额 4847 万元。2003 年 7 月至 2011 年 12 月共投资 1.32 亿元对酒店进行升级改造。锦峰大酒店自 1998 年 1 月起委托上海锦江国际酒店管理公司管理,形成了一套完整的管理体系,成为江西旅游行业知名品牌,在全国旅游行业内也具有一定的影响力。锦峰大酒店开业以来,多次获得"江西省优秀旅游饭店""江西省食品卫生 A 级单位"等荣誉。2000 年 12 月,省公司将酒店以实物方式转为对锦峰公司的投资。

1999 年 9 月,江西省锦峰旅行社有限公司成立,由锦峰公司出资 50 万元控股、景德镇分公司出资 30 万元、鹰潭分公司出资 30 万元、九江分公司出资 30 万元。根据国家局对多元化企业优化整合的要求,锦峰旅行社于 2007 年 6 月关闭。

投资南昌银行　1997 年,南昌市局(公司)投资南昌银行 300 万元,持股比例 0.1259%。至 2010 年底投资收益累计分红 131.64 万元。

江西金圣实业发展有限公司(以下简称金圣实业公司)　1999 年成立,由南昌卷烟厂与南昌卷烟厂劳动服务公司依照《公司法》共同组建,主要从事五金、交电、化工(危险品除外)、预包装食品(副食品、保健用品)、文化用品、建筑材料、卷烟原辅材料、工艺美术品、玻璃制品的批发、零售,商品仓储;卷烟、雪茄烟零售(仅限分支机构有效许可证经营)。注册地址为南昌国家高新技术产业开发区京东大道 201 号金圣工业科技园。金圣实业公司注册资本 300 万元,其中,南昌卷烟厂投资 255 万元,南昌卷烟厂劳动服务公司投资 45 万元。2001 年 4 月,金圣实业公司为扩大发展,向南昌卷烟厂员工募集资金 1100 万元,金圣实业公司股东变更为南昌卷烟厂和南昌卷烟厂工会基金管理委员会,注册资本 1400 万元,其中,南昌卷烟厂投资 300 万元,南昌卷烟厂工会基金管理委员会投资 1100 万元。2003 年,金圣实业公司再次募集南昌卷烟厂员工股份 1400 万元,注册资本变更为 2800 万元,其中,南昌卷烟厂投资 300 万元,南昌卷烟厂工会基金管理委员会投资 2500 万元。2004 年 5 月,金圣实业公司股东同比例减资 20%,注册资本调整为 2240 万元,其中,南昌卷烟厂投资 240 万元,南昌卷烟厂工会基金管理委员会投资 2000 万元。2006 年,依照新修订的《公司法》并根据管理需要,金圣实业公司变更为南昌卷烟总厂全资公司,注册资本调整为 448 万元。2009 年,金圣实业公司股东变更为江西中烟公司,注册资本不变。2000 年—2010 年,金圣实业公司共实现销售收入 35500 万元,实现利润 6972.9 万元,累计上缴税金 4751.73 万元。

宜春阳光大酒店　2000 年 1 月正式营业,由广丰卷烟厂与宜春市烟草公司共同投资,其中广丰卷烟厂投资480万元。酒店有客房110余套,拥有1200余平方米的阳光食府及1000余平方米的宴会大厅、10余间高档包厢。2004年,作为宜春市特邀接待宾馆之一,成功接待第五届全国农民运动会组委会及运动员代表。广丰卷烟厂2006年上划为中央预算内企业后,根据行业多元化企业清产核资和清理整顿的要求,于2007年3月与宜春市烟草公司终止合作,注销对宜春阳光大酒店投资。

江西客家实业有限责任公司　2000年4月,由兴国卷烟厂与兴国县国有资产管理局共同出资组建,注册资本355万元,分别占股86.2%、13.8%。根据烟草行业多元化企业清产核资和清理整顿的要求,于2006年3月关闭。

投资上饶市城市信用社　2001年10月,广丰卷烟厂投资上饶城市信用社200万元。2007年收回投资,同时取得投资收益68.87万元。

江西金圣购物有限公司　2001年12月由金圣实业公司、南昌卷烟厂工会分别占股90%、10%共同投资成立。2003年7月,依法变更为江西金圣购物有限公司(简称"金圣购物公司"),主营销售烟、酒、茶等高档礼品,实行独立核算、自负盈亏,注册资金100万元。同年成立啤酒部,分别与南昌啤酒厂、燕京啤酒厂合作生产金圣啤酒。2006年5月,与江西武功山矿泉水有限责任公司签订生产合同,推出金圣牌矿泉水。2009年5月,与江西天波实业有限公司合作,生产新的金圣牌矿泉水,年产量12700余箱。2002年—2010年,金圣购物公司累计实现销售额1.89亿元,实现利润313.97万元。

投资国盛证券　2002年6月,省局(公司)投资国盛证券900万元,持股比例1.79%。2006年,增加投资90万元,增资后共投资990万元,增资后持股比率为1.67%。2008年分红投资收益198万元。

投资江西大厦　2003年11月,省局(公司)投资2000万元建设江西大厦(即江西省政府北京办事处),持股比例5.814%。至2010年底无投资收益分红。

建章立制

1997年3月,省局(公司)印发《基本建设投资暂行管理办法》,规定基本建设投资管理原则、投资范围、申报立项程序、工程管理程序、报表制度等。规定一次性投资5万元以上的基本建设项目必须申报立项,5万元~20万元的项目由分公司审批并报省局备案,20万元以上的项目均应报省局(公司)审批。

2002年10月,修订《基本建设投资暂行管理办法》,更名为《基本建设投资管理暂行办法》,其中对申报立项程序做了修改,规定50万元以下的项目由分公司审批;一次性投资50万元(含50万元)以上的基本建设项目必须申报立项,报省局(公司)审批;300万元(含300万元)以上的项目由国家局审批。

2005年6月,江西中烟公司对江西卷烟工业非烟草制品投资项目内部审批管理进行明确,总投资额1000万元以上的项目,由江西中烟公司转报国家局(总公司)审批;总投资额1000万元以下、300万元以上的项目由江西中烟公司审批;总投资额300万元以下的项目由各卷烟厂根据预算和统一规划自主决定。

2007 年 5 月,江西中烟公司对投资项目的内容、项目的申请、项目的批准和备案、项目的变更与调整、监督与责任方面予以明确,进一步规范投资项目管理程序。明确单项金额 10 万元以上的固定资产项目和维修项目均须立项申报并报江西中烟公司审批。

2008 年,省局(公司)制定《江西省烟草公司投资管理委员会工作职责》,明确省局(公司)投资管理委员会主要职责对全省烟草公司系统和省公司机关重大投资行为进行决策。根据国家局有关文件精神及江西烟草商业的实际情况,省局(公司)制订《机关投资项目管理办法(暂行)规定》和《投资项目管理的暂行规定》,分别对机关投资管理项目及全省烟草商业企业投资管理项目从申报立项到竣工验收全过程管理进行规范。在《投资项目管理的暂行规定》中,明确投资项目按投资金额分级进行管理:1000 万元(含)以上的主业投资项目和 500 万元(含)以上的多元化投资项目由省公司上报中国烟草总公司审批;50 万元(含)至 1000 万元的主业投资项目和 500 万元以下的所有多元化投资项目由省公司审批;50 万元以下的主业投资项目(不含信息化项目和各种车辆购置)由各单位自行审批。制订《车辆购置管理办法》,规定公务用车购置批准权限、配置数量标准等。

2009 年,省局(公司)制订《投资项目招标投标活动实施细则(试行)》,重新修订《投资管理委员会议事规则》,完善《投资项目管理办法》,确定各单位每 5 年要编制投资中长期规划,每年编制年度投资计划;进一步明确省局(公司)管理职责和项目实施单位管理职责。确定省局(公司)项目审批权限是 500 万元以下的所有多元化投资项目,县级局(分公司)新建、改扩建、迁建、购置总投资 1000 万元以下楼堂馆所项目,总投资在 50 万元以上 3000 万元以下的信息化建设项目,非烟草制品生产企业固定资产投资项目及其他项目。省局(公司)直属单位审批的项目为 50 万元以下的投资项目。同年,江西中烟公司对固定资产投资进一步明确,500 万元以上的多元化投资、3000 万元以上的信息化建设等项目由江西中烟公司转报国家局、总公司审批;上述项目限额以下、10 万元以上的项目报江西中烟公司审批;总投资额 10 万元以下的项目由各卷烟厂根据预算和统一规划自行审批。

2010 年 3 月,省局(公司)制订《工程投资物资采购宣传促销项目管理规定(试行)》,其中规定工程投资项目决策机构是省局(公司)投资管理委员会。制订《多元化经营企业重大事项报告制度实施细则(试行)》,明确重大事项报告范围、报告程序等。

第五节 质量管理

江西烟草始终把质量视为企业的生命线。全省烟草工业企业从 20 世纪 80 年代开始推行全面质量管理,到 2010 年质量管理体系标准化建设全面形成,构建了江西中烟公司机关、技术研发中心、市场营销中心和所属 5 家卷烟厂的质量管理体系。全省烟草商业企业从 2006 年初开始推进质量管理体系建设工作,至 2010 年 11 个市局(公司)全部形成质量手册。

全省烟草工业企业高度重视产品质量监控,扩大在线质量检测范围,完善质量检测设备和设备在线监测装置,加强现场工艺管理,贯彻实施卷烟国家质量标准,强化质量监督与考核,开展质量改进,卷烟产品在全国和全省统检、抽检中持续保持 100%合格率。

积极开展群众性质量管理小组活动(简称QC活动),1993年—2010年,累计有70项QC成果获得江西省、全国烟草行业、国家有关部门颁发的奖项。

持续提升烟草质量检测能力,累计投入3000余万元配套检测设备,检测项目由40多个增加至133个。

管理体系建设

全省烟草的质量管理体系建设工作2005年前由各卷烟厂独立开展,2006年起,以江西中烟公司、省局(公司)为平台,统一主导全力推进。

1993年1月,国家局下发关于贯彻执行《国务院关于进一步加强质量工作的决定》,要求行业加强对质量工作的领导,执行国际质量管理标准,完善质量体系。自1997年开始,各卷烟厂陆续推进ISO9000系列标准的贯标工作,并陆续通过体系认证。

南昌卷烟厂最早推行全面质量管理是在20世纪80年代初,初步建立质量管理体系,1991年通过由省市计量局组织的计量定级评审,评为“二级计量合格单位”,至20世纪90年代末开始贯彻ISO9000系列标准。2000年,企业ISO9002质量管理体系经中国质量协会质量保证中心审核,通过ISO9002质量体系认证和英国皇家质量保证组织(UKAS)认证。2003年,经上海质量体系审核中心审核,通过ISO9001:2000版质量管理体系认证。2006年,南昌卷烟厂顺利通过上海质量体系审核中心ISO9001:2000版质量管理体系复评,再次获得ISO9001:2000版质量管理体系认证证书。

井冈山卷烟厂1993年6月通过吉安地区企业计量管理二级达标验收,1993年8月通过吉安地区企业标准化建设达标。1999年开始推行质量管理体系建设,2001年12月30日通过长城(天津)质量保证中心GB/T19001:1994版质量体系认证,2007年通过长城(天津)质量保证中心GB/T19001-2006版质量体系认证,2010年1月18日通过上海质量体系审核中心GB/T19001-2008版质量体系认证。

广丰卷烟厂1997年开始导入ISO9000系列标准,1998年10月通过中国方圆标志认证中心审核,获得质量管理体系认证证书。1999年3月,通过ISO9002质量管理体系认证,成为江西烟草行业第一个通过质量管理体系认证的企业。2003年5月,广丰卷烟厂通过上海质量审核中心认证审核,并取得GB/T19001-2000版质量管理体系认证证书。

赣南卷烟厂1999年开始贯彻ISO9000系列标准,2000年4月通过1994版质量体系认证,2003年3月通过2000版质量体系认证,2003年—2005年连续三年通过认证监督审核。2007年,为适应企业联合重组的需要,赣南卷烟厂对ISO9000质量管理体系文件重新梳理换版,并通过复评。

兴国卷烟厂2002年通过广东质量体系认证中心GB/T19001-2000/ISO9001:2000版认证。2005年依据GB/T19001-2008/ISO9001:2008版完成质量管理体系的换版。

江西中烟公司2007年一季度开始推进基于公司平台的质量管理体系建设工作。江西中烟公司的质量管理体系基本框架是在原南昌卷烟厂质量管理体系的基础上整合而成,同年7月正式发布质量管理体系A/0版文件。

2008 年开始,江西中烟公司每年召开 1 次年度管理评审会,开展 2 次公司级体系内部审核,各卷烟厂采用滚动审核方式每季度开展 2 次以上内部审核,至 2010 年审核方式调整为集中式审核、工艺质量专项检查、内部滚动式审核等相结合。其间,江西中烟公司完成 5 家卷烟厂质量体系运行模式的整合,初步实现全省质量管理体系建设的统一规划、统一组织、统一实施,确立“一丝不苟、不优不休”的质量理念,形成质量手册(C 版)、23 份程序文件、467 份第三层次文件,基本覆盖卷烟设计、生产、销售和服务的全过程。各卷烟厂开展工厂级季度内部审核和岗位自检活动,建立健全体系文件 13 份,各卷烟厂共进行不合格品控制 1197 次,并根据不合格问题实施梗加料筒清洁、贮丝柜加罩、条盒质量检测等项目的技术攻关活动,对卷烟材料配送隐患进行整改。2010 年 3 月,江西中烟公司启动管理体系标准化建设,制定了包含卷烟设计、生产和服务等主要过程,及人力资源、信息管理、财务和环境与安全管理等支持性过程在内的管理标准 93 项,促进管理体系真正发挥基础管理平台的作用,构建江西中烟公司机关、技术研发中心、市场营销中心和所属 5 家卷烟厂的质量管理体系,并于 2013 年 2 月顺利通过上海质量体系审核中心 GB/T19001：2008 质量体系认证。2010 年,江西中烟公司文件执行率本级(含两中心)94%、南昌卷烟厂 97%、赣南卷烟厂 93%、广丰卷烟厂 95%、井冈山卷烟厂 97%、兴国卷烟厂 92%;国家局和省局(公司)市场抽检合格率连续保持100%;消费者满意度从 2007 年的 75.87%上升到 2010 年的 79.81%;卷烟焦油量从 2007 年的12.63 毫克/支下降至 2010 年的 11.50 毫克/支。

省局(公司)自 2008 年开始,在全省烟草商业企业内采取“先行试点、总结经验、以点带面”的方法,开展质量管理体系建设工作。2008 年 3 月,成立省局质量管理体系建设工作领导小组,同年 7 月,下发质量管理体系建设工作方案,明确景德镇、九江、南昌、抚州 4 个市局(公司)为试点单位,正式启动商业系统质量管理体系建设试点工作。

景德镇市局(公司)于 2006 年初开始推进质量管理体系建设工作,2007 年 1 月取得管理体系认证证书。2009 年,南昌、九江、抚州市局(公司)发布质量管理体系文件,明确各岗位职责,梳理工作流程,建立年度工作目标。2009 年 5 月,省局(公司)在景德镇市召开企业管理现场会,总结推广质量管理体系建设工作。上饶、宜春市局(公司)等 7 家非试点单位成立机构,制定工作方案,开始编写体系文件。2010 年,7 家非试点单位均完成质量管理体系文件编写,并顺利发布,投入运行使用。至 2010 年,全省烟草商业企业共形成质量手册 11 个(每个单位 1 个)、程序文件 208 个。GB/T 19001-2008/ ISO 9001：2008 要求建立的程序文件共 6 个,分别是:文件控制程序、记录控制程序、内部审核程序、不合格品控制程序、纠正措施程序、预防措施程序。有的单位在此基础上进一步做细程序文件,达到 39 个程序文件;工作手册 143 个(每家单位每个部门 1 个)。2010 年 11 月,组建质量管理体系建设省级审核员队伍,当年对试点单位质量管理体系开展内审工作。

产品质量监控

1991 年—2010 年,全省烟草工业企业产品质量监控工作,历经从各卷烟厂各自独立开展,到省级主管部门统一指导产品质量管理的过程。卷烟产品在全国和全省统检、抽检中持续保持 100%合格率,实现卷烟成品日常全项检验合格率100%,南昌卷烟厂、赣南卷烟厂、广丰卷烟厂多次荣获“江西省用户满意企业”,南昌卷烟厂还荣获“全国用户满意企业”,金圣、庐山、南方、赣、月兔等品牌多次荣获“江西省用户满意产品”称号。

检测　在线质量检测主要是包括卷烟厂生产线在线检测仪器的检测,操作工的首、自、互检和质检部门的专、巡检。主要检测内容包括:物理指标类的长度、圆周、重量、吸阻、通风,外观指标类的空头、漏气、爆口、皱纹、接装纸搓接、烟用材料少缺、小盒包装外观、小盒透明纸包装、拉线偏位、条盒包装、箱装等。

20世纪90年代以前,全省烟草各卷烟厂产品质量控制水平相对比较落后,既无先进的产品检测仪器,检测检验制度也不完善,产品质量的检验、控制主要通过眼看、手摸、鼻闻、嘴吸等经验鉴别。质量检测设备也非常匮乏,大多数卷烟厂的在线及离线检测设备仅配置手动压杆式水分仪和台式天平,检测能力受到限制。1991年—2000年,各卷烟厂都加大质量检测设备的投入,先后添置薄片厚度仪、薄片耐破度定量冲样器、薄片耐水冲样器、抗张强度仪、薄片耐水仪、薄片耐折仪、薄片柔软度仪、抗张耐折冲样器、薄片柔软度冲样器、薄片撕裂冲样器、烟草投影仪、卷烟滤棒圆周激光测量仪、吸烟机、AA3自动化学分析仪、气相色谱分析仪、恒温恒湿机、恒温恒湿箱、烘箱、电子天平等现代化的检测设备,质量检测能力得到大幅度提高。

在不断更新离线检测设备做好产品放行检验的同时,各卷烟厂加强对设备在线监测装置的投入,例如在制丝线上增加水分仪、温度仪,包装机组增加小包外观检测、小盒烟膜散包检测、条外观检测等,有效提升在线质量控制水平。随着设备和产能的增加,逐步增加离线和在线综合测试台,用于加强过程卷烟物理指标的检验。多功能综合测试台配备信息化平台,可以直观地反应在线卷烟产品的物理指标完成情况和趋势水平,有利于过程控制。

各卷烟厂在制丝、卷接包、成型车间均设置分班检验员。2001年,南昌卷烟厂建立现场工艺管理员队伍,现场工艺管理员以卷烟工艺规范、现场工艺管理办法等制度、标准为依据,规范工艺纪律行为,纠正违规操作,并根据环境、原材料等变化及时指导调整工艺指标,过程质量控制方式由单纯的事后检验把关转变为事先预防、事后把关方式并重。同时,各卷烟厂逐步规范员工行为,在质量管控和预控手段上进行策划和实施。强化参数化控制,通过文件规定参数的更改调整权限,利用参数管理对过程产品质量进行追踪,特别是制丝和成型环节。南昌卷烟厂依据合作生产经验形成制丝参数化管控模板,能对批次产品及时进行有效评价,提升批次间卷烟产品质量的稳定性。同时,规范生产一线操作员工的首自检工作,强化一线操作工是质量主体的责任意识,完善首自检工作标准和检查制度,明确首自检流程、频次和内容。梳理质检部门专巡检业务流程,强化过程控制要素,将质量检测器点检、设备运行参数、首自检管理要求巡查等纳入到质检员巡检内容中,通过过程管理来实现良好的结果。

1991年—2010年,全省烟草工业企业先后经历两次卷烟国家质量标准的贯彻实施,分别为1997年开始实施的1996版卷烟国家质量标准,2006年开始实施的2005版卷烟国家质量标准。结合国家和行业卷烟质量标准,全省烟草工业企业不断完善制订企业质量标准和检测操作规范,满足新的质量要求,先后对质量管理、产品检测、工艺要求等陆续出台相关制度,包括《标识和可追溯性管理程序》《产品检验控制程序》《不合格品控制程序》《工艺控制程序》《卷包工艺卡》《成型工艺卡》《现场工艺管理细则》《在制品质量检验办法》等管理类和技术类文件，为不断提升的产品质量提供制度保障。

根据2005年发布的GB5606-2005《卷烟》系列新版国家标准，江西中烟公司对卷烟产品质量检测项目进行完善。

2005年—2010年省产卷烟成品质量检测项目

表6-5-1

卷烟成品质量检测类别	卷烟成品质量检测检测项目
包装标识	箱包装标识、盒包装标识、条包装标识
包装卷制质量	箱装、条装、盒装、吸阻、质量、圆周、硬度、总通风率、外观、长度、含水率、空头、爆口、熄火、端部落丝量
感官质量	光泽、香气、谐调、杂气、刺激性、余味
主流烟气化学指标	焦油量、烟气烟碱量、烟气一氧化碳量

监督机制　为进一步加强质量监督，全省烟草工业企业通过明确质量内部监控目标的方式强化质量控制。2000年，南昌卷烟厂确定“支支一流，包包精品；追求卓越，顾客满意”的质量方针和“市场抽检合格率100%、顾客投诉反馈率100%、卷烟焦油量每年下降3%”的质量目标，内控目标包括行业质量抽检、产品检验、公司质量监督检验、卷烟材料进货质量验证、不合格品处理、质量事故、产品质量安全、焦油加权平均值、许可生产要求等。其他各厂设立相应的质量目标和质量要求。2005年以后，江西中烟公司每年初下发年度产品质量内部监督实施计划，各卷烟厂对照监督计划进行质量目标分解，并通过开展对标活动和质量目标纳入制度考核等方式，确保完成质量目标计划。

2008年，启动“金圣质量计划”，严格控制金圣品牌生产从原料投放到成品入库的各环节质量，并建立可视化操作手册。同年，南昌卷烟厂开始在生产现场开展烟虫综合治理工作，扭转虫蛀卷烟现象。并开始推进质量预警，控制、纠正、预防过程不合格。制定和实施《冰灾期间生产现场温湿度异常情况下的产品质量控制方案》《卷烟吸阻异常预警》《高档卷烟烟支硬度异常预警》《卷烟端部落丝异常预警》等产品质量预警预案。

各卷烟厂加强质量统计分析，质量分析层面由分析到车间转变为分析到班组、机台，分析主体由质量管理部门分析为主转变为与车间、科室共同分析质量问题的成因、拟定解决措施，分析频次由以月分析为主转变为日、周、月质量分析。南昌卷烟厂2009年建立制丝车间SPC系统，通过信息化手段提高质量控制水平，确立叶片回潮、叶片加料、烘叶丝、掺配加香等8个工序37个参数过程监控点，建立异常报警规则，规范异常处置流程，设置并运用SPC批过程数据综合判定准则，建立以SPC系统功能为主的质量考核制度，并通过运用控制图对生产过程进行分析评价，根据反馈信息及时发现异常波动，实施纠正及预防：杜绝制丝工艺过程指标类原因造成的批量性质量问题，即杜绝关键指标的连续超标和频繁波动;减少批次间的波动,实现产品均质化。

在质量考核方面,南昌卷烟厂1993年就开始实行以质计产,以产计酬,上不封顶,下不保底,部分工资与奖金捆在一起浮动,奖金分配向一线倾斜的经济责任制考核,转变过去只顾产量,不顾质量的局面。其他卷烟厂也在内部考核中根据实际情况不断调整质量责任制考核权重,提高考核的导向性,增强质量改进的目标性。同时,各卷烟厂均建立质量事故管理制度。2000年以后,逐步完善质量事故管理,对产品质量事故实行分类分等管理,推行对质量事故的责任追究;建立质量事故整改、质量风险金管理等制度,实现以过程质量信息、工艺检查信息、用户投诉信息确定整改内容及目标,下发纠正预防措施通知单和整改通知单,以多部门、多渠道跟踪验证效果的整改机制。2005年,江西中烟公司在出台年度产品质量内控目标时相应出台考评细则,主要包括内控目标考评和过程控制考评两个方面,有效评价产品质量内部监控工作成果,为各卷烟厂分解落实厂级内控目标提供指导。

2010年江西中烟公司卷烟质量内控目标

表6-5-2

质量内控项目	质量内控目标
卷烟产品和所使用主要材料(指卷烟纸、接装纸、商标纸、内衬纸、滤棒、香精香料,下同)质量监督检验合格率	在国家局组织和委托省局(公司)质检站的各类质量监督检验合格率为100%;
卷烟产品监督检验合格率	卷烟产品在江西中烟公司技术研发中心全年质量监督检验和省内市场抽检合格率不低于98%,其中,金圣品牌卷烟监督检验合格率为100%;
卷烟产品包装与卷制质量平均得分	卷烟产品在公司技术研发中心全年质量监督检验和省内市场抽检的包装与卷制质量平均得分应满足:金圣品牌高于92分、其他产品高于88分;
卷烟产品焦油量加权平均值	卷烟产品焦油量加权平均值不高于12mg/支;
成品检验合格率	各卷烟厂成品检验合格率不低于97%,且成品中的不合格品实施纠正措施率为100%;
卷烟材料进货质量验证率	各卷烟厂使用的卷烟材料进货质量验证率达100%,其中不合格品处理率为100%;
卷烟产品质量不合格品(含顾客抱怨和投诉)处理率	卷烟产品质量不合格品(含顾客抱怨和投诉)处理率为100%。

改进提升 1991年—2004年,各卷烟厂强化质量控制,不断探索质量提升空间。1991年南昌卷烟厂开展工艺纪律整顿,推进标准管理和计量管理,并晋升为二级计量单位。广丰卷烟厂在1995年,针对加胶咀棒的应用和烟草薄片的生产开展质量改进,提高品质的同时降低生产成本,当年产品合格率稳定在98%以上。2000年,南昌卷烟厂为提升卷烟包装质量,3组GD包装机加装条包整容装置,6组包装机改进小包透明纸负压吸风及成型装置,8组卷接机组改进纸辊传送系统;2003年

进行 GDX2(ZB45)内框纸缩短的设备改造,由长度 36.6 毫米缩短至 32.46 毫米,5 组卷接机组料斗改造,解决卷烟机料斗密封性较差的问题,减少生产过程中漏烟丝现象,降低烟丝消耗。2001 年后,又陆续解决条装缺盒、错混牌、小盒盒盖缺损、小盒商标纸和烟支断残、烟支重量控制精度、水松纸长短、新牌号卷烟材料适应性、水松纸翘边等质量顽症。

2004 年,南昌卷烟厂成为国家局"制丝工艺技术集成推广"应用示范项目的 8 家单位之一,圆满完成卷烟生产工序质量评价技术推广应用及提高 CO2 膨胀烟丝质量技术推广应用项目的研究、试验,2006 年获国家局科技项目现场验收专家组通过。该项目使加工工艺参数得到优化,单箱消耗显著降低,感官质量、过程加工工艺质量稳定性、焦油波动等方面均得到较明显的改进。

群众性质量管理活动

1991 年—2010 年,全省烟草工业企业高度重视群众性质量管理活动的开展,成立群众性质量管理小组(简称 QC 小组),每年定期组织 QC 攻关和成果发布,并选送优秀的 QC 成果参加省质协、烟草行业和全国质协举办的评比。1993 年—2010 年,累计有 70 项 QC 成果获得全省、行业、全国奖项,其中全国烟草行业优秀 QC 成果发布会一等奖 3 项、二等奖 5 项、三等奖 7 项,全国食品行业优秀 QC 小组成果奖 1 项,江西省 QC 成果发布会一等奖 21 项、二等奖 26 项。南昌卷烟厂、江西中烟公司先后获得"全国质量管理小组活动优秀企业"和"江西省质量管理小组活动 30 周年组织推动奖",南昌卷烟厂 2 次被评为"江西省质量管理小组活动优秀企业",21 个 QC 小组被评为"全国优秀 QC 小组"。

1993 年—2010 年全省烟草工业 QC 成果获奖情况

表 6-5-3

年份	获奖单位	成果名称	获得奖项
1993	赣南卷烟厂一车间 QC 小组	《整治设备提高梗丝填充值》	江西省 QC 成果发布会一等奖
1994	南昌卷烟厂工艺技术科 QC 小组	《"南方"牌卷烟新产品的开发》	全国烟草行业第五届优秀 QC 成果发布会三等奖
1996	南昌卷烟厂动力车间 QC 小组	《改进空调工艺结构提高空调热交换效率》	全国烟草行业第七届优秀 QC 成果发布会三等奖
1998	广丰卷烟厂制丝车间 QC 小组	《改造制丝工艺提高叶丝填充值》	全国食品行业优秀 QC 小组成果奖
2000	南昌卷烟厂薄片车间 QC 小组	《完善工艺,解决纤维在薄片中的分散均匀性》	全国烟草行业第十一届优秀 QC 成果发布会二等奖
2000	赣南卷烟厂动力车间 QC 小组	《降低生产煤耗》	江西省 QC 成果发布会三等奖
2000	赣南卷烟厂三车间 QC 小组	《解决 FK 机组硬小盒透明纸松皱问题》	江西省 QC 成果发布会三等奖
2000	兴国卷烟厂卷接车间 QC 小组	《YJ23 全吸风改造,提高产品质量》	江西省 QC 成果发布会二等奖

续表一

年份	获奖单位	成果名称	获得奖项
2001	南昌卷烟厂一车间 QC 小组	《降低立卧叶中含梗率》	全国烟草行业第十二届优秀 QC 成果发布会一等奖
2001	赣南卷烟厂动力车间 QC 小组	《减少锅炉作业环境烟尘》	江西省 QC 成果发布会二等奖
2001	赣南卷烟厂动力车间 QC 小组	《设计滤筒清洁装置,消除粉尘污染》	江西省 QC 成果发布会二等奖
2001	广丰卷烟厂制丝车间 QC 小组	《加强在线管理提高制丝质量》	江西省 QC 成果发布会一等奖
2001	井冈山卷烟厂包装车间 QC 小组	《软包机改硬包机,提高企业效益》	江西省 QC 成果发布会二等奖
2002	南昌卷烟厂一车间 QC 小组	《提高成品水分合格率》	中国质量协会《现场管理》杂志社举办的“中铁四局”杯 QC 小组成果比赛一等奖
2002	南昌卷烟厂三车间 QC 小组	《防止 GDX2 条盒不合格品流入市场》	全国烟草行业第十三届优秀 QC 成果发布会二等奖
2002	赣南卷烟厂动力车间 QC 小组	《改造锅炉放灰系统》	江西省 QC 成果发布会一等奖
2002	赣南卷烟厂制丝车间 QC 小组	《提高叶丝填充值》	江西省 QC 成果发布会一等奖
2002	赣南卷烟厂制丝车间 QC 小组	《降低梗丝含丝率》	江西省 QC 成果发布会一等奖
2002	井冈山卷烟厂包装车间 QC 小组	《提高硬条盒包装质量》	江西省 QC 成果发布会一等奖
2003	南昌卷烟厂制丝车间 QC 小组	《提高打叶后中片率》	全国烟草行业第十四届优秀 QC 成果发布会二等奖
2003	赣南卷烟厂动力车间 QC 小组	《改造空调排水系统》	全国烟草行业第十四届优秀 QC 成果发布会三等奖
2003	赣南卷烟厂制丝车间 QC 小组	《提高梗丝分离效果》	江西省 QC 成果发布会一等奖
2003	赣南卷烟厂制丝车间 QC 小组	《提高烘丝质量》	江西省 QC 成果发布会二等奖
2003	井冈山卷烟厂包装车间 QC 小组	《提高小盒质量得分》	江西省 QC 成果发布会二等奖
2003	井冈山卷烟厂制丝车间 QC 小组	《改造梗丝膨胀机排潮风管》	江西省 QC 成果发布会二等奖
2004	南昌卷烟厂制丝 QC 小组	《开发辊压法起皱薄片》	全国烟草行业第十五届优秀 QC 成果发布会一等奖
2004	赣南卷烟厂制丝车间 QC 小组	《消除梗丝膨化系统自燃起火隐患》	江西省 QC 成果发布会二等奖
2004	赣南卷烟厂制丝车间 QC 小组	《提高烘丝质量》	江西省 QC 成果发布会二等奖
2004	井冈山卷烟厂包装车间 QC 小组	《减少 YB43 硬盒机卡包次数》	江西省 QC 成果发布会二等奖

续表二

年份	获奖单位	成果名称	获得奖项
2004	井冈山卷烟厂制丝车间 QC 小组	《解决梗丝提升机漏料问题》	江西省 QC 成果发布会二等奖
2005	南昌卷烟厂卷包车间 QC 小组	《降低烟盒铝纸缺损缺陷率》	全国烟草行业第十六届优秀 QC 成果发布会二等奖
2005	广丰卷烟厂薄片车间 QC 小组	《提高薄片丝质量》	江西省 QC 成果发布会一等奖
2005	井冈山卷烟厂包装车间 QC 小组	《降低 YB43 三部件盒片堵纸次数》	江西省 QC 成果发布会二等奖
2006	南昌卷烟厂制丝车间 QC 小组	《提高润梗出口水分 CPK 值合格率》	全国烟草行业第十七届优秀 QC 成果发布会二等奖
2006	赣南卷烟厂动力车间 QC 小组	《提高出渣机整体性能》	江西省 QC 成果发布会二等奖
2006	赣南卷烟厂包装车间 QC 小组	《提高"彩纸"水松纸在 FOCKE 机组适应性》	江西省 QC 成果发布会二等奖
2006	广丰卷烟厂薄片车间 QC 小组	《提高薄片丝含水率稳定性》	江西省 QC 成果发布会一等奖
2006	广丰卷烟厂制丝车间 QC 小组	《改善流化床干燥机出口水分不匀》	江西省 QC 成果发布会一等奖
2006	井冈山卷烟厂包装车间 QC 小组	《降低条盒缺包检测剔除器误剔次数》	江西省 QC 成果发布会二等奖
2006	井冈山卷烟厂制丝车间 QC 小组	《降低回潮水渍烟》	江西省 QC 成果发布会二等奖
2007	南昌卷烟厂制丝 QC 小组	《提高梗丝填充值合格率》	全国烟草行业第十八届优秀 QC 小组成果发布会一等奖
2007	广丰卷烟厂薄片车间 QC 小组	《提高薄片丝长度合格率》	江西省 QC 成果发布会一等奖
2007	井冈山卷烟厂包装车间 QC 小组	《减少 ZB43 硬盒包装机卡包频数》	江西省 QC 成果发布会一等奖
2007	井冈山卷烟厂制丝车间 QC 小组	《稳定加料机叶片流量》	江西省 QC 成果发布会二等奖
2008	南昌卷烟厂制丝车间 QC 小组	《降低 VAD 出口截面水分差异性》	全国烟草行业第十九届优秀 QC 成果发布会三等奖
2008	赣南卷烟厂动力车间 QC 小组	《降低空压机房水耗》	江西省 QC 成果发布会一等奖
2008	赣南卷烟厂制丝车间 QC 小组	《提高烟丝掺配均匀性》	江西省 QC 成果发布会二等奖
2008	广丰卷烟厂薄片车间 QC 小组	《创建学习型班组》	江西省 QC 成果发布会二等奖
2008	广丰卷烟厂卷包车间甲班 QC 小组	《降低 YB43 五部件榨包》	江西省 QC 成果发布会二等奖
2008	井冈山卷烟厂包装车间 QC 小组	《减少烟包在线不合格品出现频次》	江西省 QC 成果发布会二等奖

续表三

年份	获奖单位	成果名称	获得奖项
2008	井冈山卷烟厂包装车间 QC 小组	《创新管理,减少设备故障停机率》	江西省 QC 成果发布会三等奖
2009	南昌卷烟厂卷包车间金圣 QC 小组	《卷烟机水松纸接头检测剔除系统的研发》	全国烟草行业第二十届优秀 QC 小组成果发布会三等奖
2009	南昌卷烟厂制丝车间祥和 QC 小组	《提高松散回潮出口温度 CPK 值合格率》	全国烟草行业第二十届优秀 QC 小组成果发布会三等奖
2009	赣南卷烟厂制丝车间 QC 小组	《提高烟梗回潮回透率》	江西省 QC 成果发布会二等奖
2009	赣南卷烟厂制丝车间 QC 小组	《降低单箱水耗》	江西省 QC 成果发布会三等奖
2009	广丰卷烟厂卷接包车间	《降低 ZJ17 空头率》	江西省 QC 成果发布会一等奖
2009	广丰卷烟厂制丝车间 QC 小组	《完善复烤梗预处理》	江西省 QC 成果发布会一等奖
2009	广丰卷烟厂薄片车间 QC 小组	《降低薄片丝连丝并条率》	江西省 QC 成果发布会二等奖
2009	井冈山卷烟厂卷包车间 QC 小组	《降低硬包烟小盒透明纸折皱率》	江西省 QC 成果发布会一等奖
2009	井冈山卷烟厂制丝车间 QC 小组	《利用电控技术降低水膜除尘耗水量》	江西省 QC 成果发布会三等奖
2009	兴国卷烟厂制丝车间 QC 小组	《贮梗丝遮盖装置的研制》	江西省 QC 成果发布会一等奖
2010	赣南卷烟厂制丝车间 QC 小组	《提高烘后叶丝填充值》	江西省 QC 成果发布会一等奖
2010	赣南卷烟厂卷包车间 QC 小组	《改进卷接机组拼接头剔除》	江西省 QC 成果发布会二等奖
2010	赣南卷烟厂卷包车间 QC 小组	《降低 FOCKE350'S 香烟漏斗烟支阻塞频次》	江西省 QC 成果发布会三等奖
2010	广丰卷烟厂基建科和动力车间联合 QC 小组	《提高锅炉水膜除尘废水回用率》	全国烟草行业第二十一届优秀 QC 小组成果发布会三等奖、江西省 QC 成果发布会一等奖
2010	广丰卷烟厂卷接包车间 ZB43 机组 QC 小组	《YB99 透条机缺包检测器的研制》	江西省 QC 成果发布会一等奖
2010	广丰卷烟厂薄片车间 QC 小组	《提高薄片丝抗张强度》	江西省 QC 成果发布会一等奖
2010	广丰卷烟厂卷接包车间乙班月兔 QC 小组	《降低 YB99 透条机玻璃纸卡纸频次》	江西省 QC 成果发布会二等奖
2010	井冈山卷烟厂卷包车间 QC 小组	《减少 SASIB6000 软盒包装机小盒商标纸消耗》	江西省 QC 成果发布会二等奖
2010	井冈山卷烟厂制丝车间 QC 小组	《提高切叶丝宽度合格率》	江西省 QC 成果发布会三等奖

1996 年—2010 年全省烟草工业质量管理获奖情况

表 6-5-4

年份	获奖单位	获得奖项
1996	广丰卷烟厂制丝车间 QC 小组	全国优秀质量管理小组
2000	南昌卷烟厂	全国质量管理小组活动优秀企业
2000	南昌卷烟厂动力车间 QC 小组、“南方”包装 QC 小组	全国优秀质量管理小组
2001	南昌卷烟厂二车间“南方”QC 小组、设备科 QC 小组	全国优秀质量管理小组
2002	南昌卷烟厂一车间 QC 小组、嘴棒成型 QC 小组、制丝 QC 小组	全国优秀质量管理小组
2003	南昌卷烟厂二车间“南方”QC 小组、二车间电气 QC 小组、金圣 QC 小组	全国优秀质量管理小组
2003	南昌卷烟厂	江西省质量管理小组活动优秀企业
2004	南昌卷烟厂制丝 QC 小组、卷包车间金圣 QC 小组	全国优秀质量管理小组
2004	赣南卷烟厂动力车间 QC 小组	全国烟草行业第十五届优秀 QC 小组
2006	南昌卷烟厂金圣 QC 小组、嘴棒成型 QC 小组	全国优秀质量管理小组
2007	南昌卷烟厂制丝 QC 小组、卷包车间 QC 小组	全国优秀质量管理小组
2008	江西中烟公司	全国质量管理小组活动优秀企业
2008	南昌卷烟厂动力车间 QC 小组	全国优秀质量管理小组
2009	江西中烟公司	江西省质量管理小组活动 30 周年组织推动奖
2009	南昌卷烟厂卷包车间金圣 QC 小组	全国优秀质量管理小组
2010	南昌卷烟厂	江西省质量管理小组活动优秀企业
2010	南昌卷烟厂卷包车间金圣 QC 小组	全国优秀质量管理小组
2010	广丰卷烟厂基建科和动力车间联合 QC 小组	全国优秀质量管理小组

烟草质量检测

1986 年，省局（公司）组建江西省烟草质量监督检测站，行政上受省局（公司）管理，业务上受省质量技术监督局和国家烟草质量监督检验中心指导，为全国烟草行业质量监督检测的专业站。主要承担全省卷烟市场在销品牌卷烟(含省外品牌)的产品质量监督检验及安全检测。2006年,江西中烟公司技术研发中心质检站成立,主要承担省产卷烟的产品质量监督检验及安全检测。至2010年,省烟草质检站有各种检测设备40台(套),江西中烟公司质检站有各种检测设备70台(套),设备原值共计3000余万元。

常规分析　1996年起,省烟草质检站先后参加卷烟烟气、卷烟物理性能、烟用滤棒以及烟叶常规化学成分分析等全国共同实验,完成卷烟、滤棒、烟叶三类产品共17个参数的能力验证实验。2006年开始开展GB5606-2005《卷烟》国标要求的全项技术指标和烟草及烟草制品常规成分、卷烟纸、烟用接装纸、卷烟条与盒包装纸、内衬纸、滤棒等主要物理指标以及烟用香精料液的全项指标的检测,检测项目共计70项。2008年增加卷烟纸白度、荧光白度、不透明度3个检测项目,2009年—2010年开始开展卷烟主流烟气7种代表性有害成分等检测。至2010年,卷烟产品、烟叶、烟用添加剂及烟用材料的常规检验检测项目达133项。

安全性指标　1996年起,省烟草质检站先后参加卷烟烟气、卷烟物理性能、烟用滤棒以及烟叶常规化学成分分析等全国共同实验,完成卷烟、滤棒、烟叶三类产品共17个参数的能力验证实验。开展卷烟、烟用辅料、烟气、烟叶香豆素、黄樟素、VOCs、烟叶重金属含量、部分烟叶农药残留以及烟气中有害成分氢氰酸、苯并[a]芘等安全性指标检测,每年检测烟叶样品80个左右、卷烟样品50个左右。2010年起,全面开展烟草质量安全性检测,商标纸、内衬纸及接装纸中有机挥发性成分,烟用添加剂中砷、铅及香豆素、黄樟素检测。

真假鉴别　2008年—2010年,省烟草质检站共完成专卖部门委托的卷烟产品鉴别检验批次(涉案数量)分别为1545批次(543079.8条)、2631批次(557448.7条)、4238批次(544337.9条);烟叶等级质量鉴定批次(涉案数量)分别为5个批次(380余担)、4个批次(490余担)、12个批次(640余担),出具相关的鉴定报告。

感官评吸　烟草感官质量评吸是根据光泽、香气、谐调、杂气、刺激性和余味等对抽查烟草样品进行感官质量评吸评价,2004年前每个月开展一次,每月评吸样品20个左右,2004年后每个季度开展一次,每季度评吸样品30个左右;还特别对省内重点卷烟品牌金圣进行连续监督检验,并将质量异动情况向卷烟生产企业反馈。

烟叶等级　1991年—2010年,每年抽查300多个批次收购烟叶和工商交接烟叶等级质量和商品质量。

第六节　其他管理

全省烟草其他管理工作主要涵盖生产经营秩序的规范、综治、安全管理等方面内容。

省局(公司)和江西中烟公司分别于2001年和2005年成立整顿和规范市场经济秩序领导小组,下设办公室,负责牵头、协调、综合、指导全省烟草各专项整顿规范工作。

2001年—2010年,省局(公司)先后印发《物资采购管理办法》《宣传促销管理办法与促销品和营销宣传用烟管理规定》《办事公开民主管理暂行办法》《工程投资物资采购宣传促销管理委员会工作规则》《采购管理办法》《五种采购方式程序规范》等制度,以制度和程序形式将专项整顿工作成果予以固化。江西中烟公司先后印发《内部专卖管理监督检查自查工作制度》《烟草专卖品调运准运证管理规定(试行)》《废弃烟草专卖品管理办法(试行)》及《内部专卖管理监督考核办法(试行)》等规范性制度22项,制定《关于进一步推进企业办事公开民主管理的实施办法(暂行)》,明确公开事项的范围、内容、形式和程序等。通过专项整顿和制度建设,全省系统建立起整顿规范工作长效机制,干部员工规范意识逐步增强,管理制度逐步健全,管理机制逐步完善,管理水平逐步提高,生产经营秩序更加规范。

全省烟草一直把综合治理列入行业管理的重要工作,实现从根本上预防和治理违法犯罪,化解不安定因素,维护社会治安持续稳定的目标,多次获得综治安全工作荣誉。省局(公司)连续11年(1999年—2009年),江西中烟公司连续7年(2004年—2010年)被省综治委评为"全省社会治安综合治理目标管理先进单位",江西中烟公司连续3年(2005年—2007年)被省信访局评为"全省信访工作先进单位"。

安全生产在全省烟草得到足够重视,各级单位均设立安全监督管理部门以及安全工作领导小组、防霉杜损领导小组和义务消防队(组)等机构,把安全管理列为重要工作,纳入年度考评。运用现代安全管理原理、方法和手段,围绕经济运行的总体目标,从技术上、组织上和管理上采取预防为主、全员参与、层层责任落实的有力措施,解决和消除各种安全隐患,较好地防止各类事故的发生。着重对各卷烟厂、烟叶收购站、仓储、楼堂馆所、车辆交通、网络信息等重点部位、环节进行重点防控。依据《安全生产法》,确立各单位、各部门、各岗位安全目标,落实目标责任制,通过不断投资、改造基础设施,完善规章制度,最终实现全省烟草25年(1984年—2010年)无重大安全责任事故。2006年,省局(公司)被省安委会评为全省"十五"期间"安全生产工作综合先进单位"。

内部专项整治

烟叶生产经营秩序整顿　2001年—2002年,按国家局统一部署,省局(公司)开展烟叶生产经营秩序专项整顿工作。制订《烟叶生产经营秩序整顿规范工作方案》,把烟叶种植、收购、加工、调拨等4个环节的合同落实作为整顿重点,对合同执行、入户预检、站点设置、收购价格、收购标准、仓储管理以及收购秩序进行检查,并公布相关制度和禁令以及举报电话。

在整顿过程中,完善烟叶经营体制,加强对各卷烟厂的烟叶调拨管理,严格实行合同调拨,运、存跟踪,规范结算。监督合同签订与执行,组织检查烟叶种植计划的分解、烟叶种植收购合同的签订、农户按合同种植烟叶,防止各类无合同和超合同收购烟叶。国家局下达的烟叶收购调拨计划得到落实,烟叶流通秩序得到规范,没有发现坑农损农事件。2002年此项整顿通过国家局的复查验收。

卷烟体外循环整顿　2001年—2003年,按国家局统一部署,省局在全省烟草开展治理卷烟专卖体制外无序倒卖(简称体外循环)专项治理工作。围绕假入网销售、拆单分销、跨区供货三个重点,坚持教育为主、领导为主、预防为主的原则,对省产烟严格按辖区计划调拨、省外烟以辖区实际所需定购、严格执行省产烟及省外烟限价令、规范落地销售等政策指令和制度规定的执行情况进行检查。以“卷烟入网落地销售”为落脚点,对内部经营进行自清自查,不定期对销售票据进行检查,查处卷烟经营不规范行为。专项治理过程中,制定有关制度和规定,加强对生产经营全过程的监督和市场管理,统一分配货源、统一分配订单、统一配送线路、统一打码配送,严禁虚假订单、严禁虚假入网、严禁“捆绑”搭配销售、严禁卖大户,调控卷烟投放,确保价格稳定,使卷烟经营行为进一步规范,市场进一步净化。

财经秩序整顿　1994年,省局(公司)在全省烟草开展财经秩序整顿,要求各单位清理案件、挽回损失、整章健制、完善管理。

2000年1月—2003年3月,重点落实商业企业有关资金、资产、样品烟等让利财物的入账用途及其相关税金的缴纳等情况。通过三年财经秩序专项整顿,清理了账外账、小金库,治理了工商企业间不规范的让利行为,查处和制止超产瞒产、乱给乱要钱物等不规范行为,建立健全全省烟草财务管理规章制度。

2003年—2005年,按照国家统一部署,省局对2000年以来全省烟草有关财务活动进行全面清查,开展财经秩序专项整顿工作。商业企业以清理整顿账外资金和“小金库”为重点。针对扎账时间不规范、原始凭证不合法、资产管理不科学、财务收支不合规、核算不实、手续不全等问题,进行自查自纠,在深化会计基础,完善财务管理体制方面进行整改。规范会计核算、原始记录、财产清查的操作、传递、交接手续,落实资金、商品、资产的管理责任,强化内部控制,使管钱管账管物严格分工,相互核对,相互监督,防止经营活动中的失误差错,保障各财务环节安全运转。2005年6月30日止,共查补税款2849.17万元,清理注销多元化企业16户。

两项检查　2006年—2008年,按照国家局统一部署,全省烟草开展内部专卖管理监督检查和同级审计检查工作(简称两项检查)。省局(公司)成立3个工作组,检查全省“两烟”(烟叶、卷烟)生产经营企业,以及从事其他烟草专卖品生产经营的企业,其中,工业企业5家、商业企业14家、相关烟草专卖品生产经营企业2家,覆盖面100%。江西中烟公司检查内容包括生产所需的烟叶、烟机、卷烟纸、烟用丝束等烟草专卖品的购进、使用、库存及报废处理情况;卷烟生产、销售、打码、扫码、库存、购销合同签订、准运证开具使用情况;试制烟、促销用烟的生产使用情况。重点自查有无违规购进、报废处理烟草专卖品的问题,有无超计划生产或瞒产的问题,有无不列入计划生产试制烟、促销用烟的问题,有无违规销售卷烟的问题,有无违反准运证管理规定的问题,有无违反打码、扫码有关规定的问题等。整顿过程中,通过加强宣传教育,坚持专卖管理“外打、内管”(即打击社会上不法行为,管住内部违规行为);开展打击“大户控制小户”(即卷烟经营额较大的经营户操控小量卷烟经营户)专项行动;加强对工业企业内部专卖监督管理工作等措施,完善制度,严格落实内部专卖管理监督要求,实现内部管理监督的制度化、规范化、日常化,有效防范违法违规问题的发生。建立专卖内管半年度检查、年度检查的定期常规检查机制。2007年3月29日—4月25日,国家局检查组先后对省局(公司)、赣州市局、景德镇市局3家单位以及江西中烟公司及所属烟厂等6个单位进行重点抽查,对全省烟草开展内部专卖管理监督检查工作和做法给予充分肯定。

三项检查　2008年—2009年,按照国家局统一部署,全省烟草针对物资采购、广告促销、工程投资项目开展“三项检查”工作。自查阶段,成立物资采购、宣传促销、工程投资3个专项检查组,分别细化《实施方案》,对自查工作进行具体部署、督查、指导。检查组对全省烟草2008年度上半年实施的物资采购、广告促销和工程投资项目进行检查和复查,发现全省烟草在工程投资、物资采购、宣传促销领域内不同程度地存在制度不健全、决策不科学、管理不到位、程序不严密、运作不规范、资料有缺失等问题。2009年2月,再次对2008年以来实施的所有物资采购、宣传促销和工程投资项目进行"回头看"。针对自查、复查、"回头看"发现的问题,全省烟草分类整改:省局(公司)先后制定《投资项目管理制度》《基建项目实施管理办法》《省局机关投资项目管理规定》《投资委员会职责》等13项规章制度,将省局审批的基建项目投资额下限从300万元改为50万元,缩小市局审批权限,与生产经营无关建设项目一律不批,严格控制装修标准,对已批准的经营业务用房建设项目,不予追加投资;坚决纠正建筑面积过大、办公场所过于豪华、部分设施过于超前、搭车建设项目过多的"四个过于"。针对物资采购项目,制定了《招标、采购活动廉政监督实施办法》《车辆购置管理办法》《物资采购管理办法》,发挥预算、薪酬、监督和投资4个委员会作用,委员会的决策实行票决制;完善实施过程,每个环节建立清晰的工作流程,保存完整的痕迹化资料。针对宣传促销项目,制定《宣传促销管理办法》《关于宣传促销品和营销用烟管理的意见》,明确宣传促销的业务需求、申报内容、决策程序、费用预算、规范运作、效果评估、过程监督等规则。江西中烟公司印发工程投资、物资采购、烟机零配件采购、宣传促销和综合类规范性制度22项。2009年3月,国家局"三项检查"组对全省烟草"三项检查"工作进行重点抽查,充分肯定全省烟草通过健全制度、规范流程、严格监管,促进"三项工作"管理的制度化、常态化、规范化的成效。

办事公开民主管理　2009年—2010年,按照国家局统一部署,全省烟草全面推进办事公开民主管理工作,省局(公司)和江西中烟公司均印发《办事公开民主管理暂行办法》和《办事公开民主管理实施方案》。明确办事公开的内容,涵盖专卖管理、"两烟"生产经营、政策法规、经济运行、人事劳资、投资管理等生产经营管理各方面,利用内部网站、公示栏、专题通报、企业刊物、各类政务信息、简报等形式予以公开。特别是注重做好采购管理事项的公开,将采购管理网上运行作为推进公开、加强监管的重要手段,促进采购管理同办事公开民主管理有机结合,实现采购管理权力的公开化,真正让权力在阳光下运行。健全完善以职工代表大会为基本形式的民主参与、民主决策、民主监督制度,落实职工代表大会各项职权;完善预算、投资、薪酬、监督4个委员会职能;建立员工表达合理诉求的渠道;定期召开干部职工代表座谈会,听取职工群众对企业发展改革和经营管理的意见。

2010年8月,省局(公司)在赣州召开全省烟草商业办事公开民主管理工作座谈会。试点单位分别介绍办事公开民主管理试点工作情况及经验做法,办事公开民主管理工作进入常态化。同年,在全国厂务公开民主管理工作经验交流暨先进单位表彰电视电话会议上,南昌卷烟厂被全国厂务公开协调小组授予"全国厂务公开民主管理先进单位"称号。

综合治理

1993年,省局印发《中共江西省委、江西省人民政府关于批转〈江西省社会治安综合治理一票否决制实施办法〉的通知》,要求综治工作与领导业绩、工资晋升、提拔和评先评优挂钩,工作措施不到位的,引起危害社会治安突发重大事件的实行一票否决,取消责任单位和责任人的工资晋升、评先评优和提拔重用。

1994年—1995年,全省烟草各单位认真贯彻落实综治一票否决制度,层层签订责任状,加强治安防范,未出现危害社会治安突发重大事件。

1996年—1997年,以无刑事案件、无治安案件、无人员犯罪为综治工作目标。下发全年综治工作要点,与各单位签订综治责任状,开展检查督促,落实各项措施。

1998年,全省烟草以无重大政治、经济、治安案件综治工作目标。根据省综治委、省纪委等五家单位印发的《关于社会治安综合治理领导责任制进一步规范化、制度化的意见》,明确"社会治安综合治理八项制度",即要情报告制度、督办查办制度、通报讲评制度、一票否决制度、联席会议制度、大案责任追究制度、政绩考核制度、考核评比制度。

1999年,以确保不发生群体性越级上访、不发生重大政治事件和责任事故、不发生重大恶性事故为综治工作目标,与各单位签订综治责任状,下发全年综治工作要点和考评办法,组织检查考评,各项工作得到落实。

2000年—2003年,以确保全省烟草不发生群体性事件、不发生重大政治事故、不发生重大刑事治安案件为综治工作目标,开展治安隐患排查,对排查出的问题和隐患及时处理和化解。

2004年,通过签订责任状,加大检查考核力度,注重结果与业绩挂钩,对各种隐患和重点人员登记造册,对"法轮功"人员积极引导转化,落实帮扶措施,没有发生"法轮功"人员滋事事件及其他案件。

2005年—2006年,印发《关于进一步做好稳定和信访工作的意见》,开展全省烟草工业企业领导干部集中接访月活动,进一步完善信访工作管理机制,明确信访工作受理、接待和信访事项登记、交办、督办、办结、回复及综合分析制度。同年建立紧急信息报送责任制和迟报、漏报、不报责任追究制。坚持每季度排查一次矛盾纠纷,每月上报内部矛盾纠纷排查调处工作报告,建立内部治安排查整治工作台账。未发生各类影响安全稳定的事件、事故,完成了工作目标。

2007年,开展平安单位创建活动,引导广大员工主动参与社会治安综合治理工作,切实维护合法权益,努力促进社会治安防控体系建设,维护社会稳定。印发《信访工作管理办法》,明确信访渠道、处理信访事项的基本要求、信访事项的提出、信访事项的受理、信访事项的办理和督办等内容,实行信访案件领导干部包案制。

2008年,印发《全省行业矛盾纠纷排查调处工作规程》,进一步规范矛盾纠纷排查调处工作制度流程。

2009年,印发《进一步加强社会治安综合治理基层基础建设实施意见》,加强组织网络建设,壮大群防群治队伍,加强综治基础工作,完善综治工作制度和提高综治保障水平,把社会治安综合治理的各项部署和要求落到实处。开展"三个排查"集中行动(排查调处矛盾纠纷、排查整治治安乱点和突出治安问题、排查治理公共安全隐患)和"信访积案化解年"活动,30个信访件实行领导包案,22件结案。

2010年,签订责任状,目标分解,任务落实,措施到位。围绕工作目标,开展综治宣传月和法制宣传日等宣传活动,对周边环境、治安乱点开展专项整治工作。

安全生产

全省烟草从1990年开始，大力推行安全保卫责任制，按照“谁主管、谁负责”和一级抓一级、层层抓落实的安全工作原则，实行安全重大事故一票否决制。1991年—2010年，全省烟草安全设施建设共投入资金8128万元。

目标责任　1990年—1995年，全省烟草以杜绝特大事故的发生为安全保卫工作的总目标，做到避免重大事故，将一般事故减少到最低限度，工伤负伤频率控制在3‰以下。

1996年—2001年，全省烟草安全工作实现“六无一控制”目标。即无火灾事故、无重大被盗事故、无重大设备事故、无重大卷烟烟叶霉变事故、无重大责任交通事故、无重大因工伤亡事故、轻伤事故频率控制在2‰以下。

2002年—2004年，全省烟草安全工作实现“七个为零，一个控制”目标。即火灾事故为零、爆炸事故为零、重大责任交通事故为零、重大被盗事故为零、重大设备事故为零、重大卷烟烟叶霉变事故为零、重大因工伤亡事故为零，工伤事故频率控制在2‰以下。

2005年—2010年，安全生产责任制不断完善，明确单位主要负责人、分管安全工作负责人、分管其他业务负责人、单位各部门以及部门负责人的安全责任；把安全生产责任制考核结果作为考核、评定干部晋升和单位负责人政绩的重要条件，对考核被一票否决的单位取消年度工作目标考核奖，同时落实三级安全责任制和安全风险抵押金制度。其间，实现安全生产工作目标“八个为零”，即重大火灾事故为零，重大交通事故为零，重大资金安全事故为零，重大因工伤亡事故为零，重大设备事故为零，重大食物中毒事故为零，重大烟草物资被盗、霉变事故为零，重大网络与信息安全事故为零。

重点防控　1991年开始，针对工厂、库房、楼堂馆所等重要部位以及资金、货流等重要环节，全省烟草各单位出台一系列安全管控措施：建立义务消防队（组），卷烟仓库普遍建立健全商品进库验收、存库、养护、出库复核、库区消防值班制等，落实防火、防盗、防霉变、防差错事故的“四防”工作，实行责任、效益、奖罚“三挂钩”。各卷烟仓库普遍添置防火、防盗设施，防盗门、防盗报警器、消防栓、灭火器、水枪、火钩等一应俱全。库区严禁烟火，照明使用防爆灯，电线加用塑料套管、电线线路经常检查和更换，冬季晚间坚持巡逻等。

1996年，南昌卷烟厂成立企业消防队，配有干警21名，投资100多万元建造营房、训练场，购置消防车及专业火火器等装备，并建立20余项规章制度。

2002年，进一步加强电气线路、锅炉、压力容器和易燃易爆品等安全重点部位的监控管理，预防火灾和爆炸事故。工业企业、宾馆对消防设备、设施进行全面检测，切实加强防火监控系统维护与检修，保持系统正常运行。

2005年起，在生产经营场所和“两烟”仓库安装视频监控、自动报警、自动灭火“三项系统”，加强要害部门和重点部位的防范管理，对烟叶仓库、成品仓库等重点部位安装“三铁一器”，建立定期巡查制度。为保障送货途中的卷烟及资金安全，采取配送车辆安装保险柜，大额现金直接入柜，送货现金当日存入银行，重点线路、特殊时段增配送货人员，逐步扩大电子结算面，提高电子结算率等措施，防止资金、货物安全等各类事故的发生。

2009年，对所属仓库进行全面对照检查，新建、改建和正在使用的烟叶、卷烟、辅料等存放丙类以上火灾危险性物质的仓库均符合《建筑设计防火规范》(GB50016-2006)的规定,仓库建筑均达到二级以上耐火等级。

车辆管控从2003年起将交通安全管理纳入到安全生产管理范围。单位主要领导负交通安全领导责任,安全管理部门负责机动车辆交通安全的监督管理,车辆主管部门负责对驾驶员进行业务技能鉴定、培训、考核统一核发驾驶员上岗证,各单位每年均与本单位持有"上岗证"的驾驶员签订"交通安全责任书",每年组织车辆安全检查,开展行车安全教育,积极参与当地公安交通管理部门组织的各项活动。公务车辆由本单位指定的管理部门统一调度、统一管理,车辆在执行公务时,必须持有本单位车辆管理部门签发的与所执行任务相符的"机动车派车单"。节假日期间车辆一律实行"三交一封"制度(交钥匙、交上岗证、交车辆行驶证,封车),节假日和夜间所有车辆应停放在单位指定的安全可靠的场所。各直属单位共投入资金625万元,陆续装配车辆GPS系统,配置保险柜、灭火器等安全设备,防止各类交通事故的发生。

网络防护　2003年起,全省烟草网络系统通过构筑、更新防火墙,部署安装最新防病毒软件,开展安全等级保护测评与整改,建设CA认证系统,建设网络安全审计管理平台,进行数据同步备份建设等技术措施,逐步加强网络信息安全的技术保障。

应急预案　2005年起,全省烟草制订处置火灾事故、处置特大道路交通事故、突发公共事件总体应急预案以及突发事故灾难、突发自然灾害、突发公共卫生事件、突发社会安全事件等95个应急预案,发布突发公共事件信息报告制度,形成涵盖总体预案、专项预案和现场处置预案三个层次的预案体系。

2007年,全省烟草工商企业分别成立突发公共事件应急指挥部,负责领导、组织、指挥、协调所属单位突发公共事件的应急管理和应急处置工作。建立应急救援队伍44支,应急队员1010名。针对各类可能发生的事故和重点危险源,应急救援队组织开展二氧化碳膨化线应急预案演练、消防疏散演练、煤气泄漏应急抢险演练、消防演练、火灾应急预案演练、工伤事故应急预案演练、食物中毒应急预案演练、锅炉缺水防爆等应急预案演练和义务消防员消防器材使用演练等136次,提高救援装备水平,完善应急物资储备。

职业健康　2005年,开始建立职业健康安全管理体系。南昌市局(公司)、九江市局(公司)为第一批试点单位。2006年增加宜春市局(公司)、萍乡市局(公司)两家试点单位。2007年,根据国家局《关于烟草行业实施职业健康安全管理体系的意见》,全省烟草11家市局(公司)和5家卷烟厂全面展开。2007年下半年至2009年上半年,陆续通过第三方审核,取得认证证书。推行职业健康管理体系以来,每年组织开展危险源辨识、体系内审和管理评审活动,对单位安全绩效进行测评,查找存在的安全隐患,制定措施持续改进。每年组织职工健康体检、普及健康科普知识、推动全员健身活动、落实带薪休假制度。2007年—2010年全省烟草未发生重大群体感染和伤亡事故。

公文管理

1991年—2010年,全省烟草公文管理经历了由针式打印机办文到电脑一体化办公、由纸质批办意见到电子公文与纸质办理并行的转变，公文处理办法不断完善，公文处理流程不断规范，办文速度不断提升。

1991 年，江西烟草公文处理工作参照《国家行政公文处理办法》进行。

1995 年，省局（公司）制定《机关公文处理办法》。

1996 年，完善省局（公司）机关公文审核制度。

1998 年，重点解决公文差错问题。

1999 年，省局（公司）修订《机关公文处理办法》，规范公文主题词表、公文编号办法、主送单位规范、公文格式印制标准等，规定常用公文文种为：决定、通告、通知、通报、报告、请示、批复、函、会议纪要 9 类；同年，全省烟草开展推广电子邮件进行公文传递工作。统一组织开发文档一体化软件，提出微机写作和无纸化办公等工作目标，要求各级领导及文秘人员熟悉和掌握计算机操作技术，做到会查询、会上网、会打字。为推进办公自动化迈出的重要一步，公文处理工作步入信息化时代。

2001 年，省局（公司）再次修订《机关公文处理办法》，增加公告和意见，常用公文文种调整为 11 类。明确省局（公司）党组日常工作及有关专卖法规、行政管理、生产经营等方面的公文，由办公室负责处理；有关纪律检查工作、精神文明建设、机关党务工作等方面的公文，分别由纪检组、机关党委负责处理。规定机关各部门及直属单位以本单位名义发出的函件由办公室统一管理。

2006 年，印发《电子公文处理办法》，细化电子公文收、发文办理，签报办理，电子公文归档及管理五项流程，全省烟草办公自动化实现上下对接，以及机关各部门之间的公文流转办理、远程传递。

2007 年 1 月，全省烟草实行行业内不涉密公文全部网上传输，网上办理。

2010 年，完善修订《机关电子公文处理办法》，实行办公自动化，除行业外公文与涉密公文还需纸质办理外，全省烟草与国家局、各直属单位发文、收文网上流转办理基本实现无纸化。

档案管理

全省烟草档案管理工作起步较晚，1984 年，开始建立专门的档案室，1991 年—2010 年，按照国家局、省档案局有关要求，对档案进行重新分类、合理组卷，逐步完善硬件设备，健全完善规章制度，档案从纸质保管向电子、纸质双套保管转变。初步开展档案编研工作，省局（公司）完成组织机构变革、江西烟草大事记、省局（公司）机构及领导变动情况等文献编撰归档。江西中烟公司完成组织机构沿革、江西中烟大事记、创新成果汇编、标准文件汇编、公司主要领导讲话汇编等编撰归档。至 2010 年底，全省烟草商业企业存有档案总卷数 42669 卷，档案总件数 472321 件；工业企业共库存文书档案 7021 卷，档案总件数 24337 件。

1991 年—2010 年，省局（公司）机关建设 300 平方米的档案密集架库房，配有微机、空调机、去湿机、吸尘器等设施。江西中烟公司机关设立综合档案室，库房面积约 110 平方米，配有整理室、阅览室，配备各类型种类现代化、信息化档案办公设备。省局（公司）档案室存有各种类别和载体的档案 1725 卷，以件为单位保管的档案 11011 件，资料 1077 册，荣誉档案 101 件，图片 238 张，光盘 12 盘，《案卷目录》《全引目录》《归档文件目录》等档案检索工具共 45 卷，5000 条文件级电子目录数据库。江西中烟公司档案室存有各种类别和载体的档案8268件,科技档案2卷,会计档案2181卷,录音带、录像带66盘,照片档案144张,电子光盘162张,实物档案205件,其他资料151册,并有《案卷目录》《全引目录》《归档文件目录》等档案检索工具共20卷,8940条文件级电子目录数据库。

至2010年,各直属单位(除九江烟草外)共建立15个专门的标准化档案室,实行档案库房、工作室两分开,库房用于长期存放档案。烟草商业共存有各种类别和载体的档案40944卷、以件为单位保管的档案461310件。烟草工业共库存文书档案7021卷、16069件,科技档案3029卷,会计档案12959卷,录音带、录像带56盘,照片档案876张,磁带69盘,电子光盘359张,实物档案374件,其他资料816册。根据省档案局要求,向省档案馆移交1990年以前党群工作类、行政管理类永久、长期保管档案84卷、1998版江西烟草志等档案资料。

全省烟草有14个单位档案工作通过省局(公司)与省档案局进行的联合考评,1994年—1997年南昌、赣南烟厂先后被认定为国家二级档案管理先进单位,新余、景德镇、萍乡、赣州、吉安、抚州、宜春市局被评为省一级单位,省局(公司)机关和上饶、九江、南昌市局被评为省二级单位,鹰潭市局被评为省三级单位。

事务管理

全省烟草行业机关事务管理主要职能是对本级机关固定资产、公务用车、公务接待等相关工作进行管理。

固定资产　2009年,省局(公司)印发《机关固定资产实物管理办法》,对固定资产进行分类管理,建立卡物一致的固定资产管理台账,并将固定资产落实到相关部门和个人进行管理;同时明确资产购置、维修、转移、盘点、处置等管理工作流程,对固定资产丢失者,按净值的50%赔偿,对人为损坏的按净值的20%赔偿,强化相关部门和个人的资产管理责任,杜绝资产流失。

公务用车　1991年—2007年,全省烟草按照省政府和国家局相关规定,配置和管理公务用车;2008年,省局(公司)机关对公务用车管理进行改革,对干部员工上班交通费给予适当补贴,收回分散在各部门管理的公务车辆,改为由机关服务中心集中统一管理,公务用车一律实行统一的派车制。对车辆派遣条件及程序,车辆用油、车辆维修、驾驶员奖惩等做出详细规定。

公务接待　1991年—1999年,全省烟草公务接待执行省政府规定的标准;2000年,省局(公司)印发《机关接待工作规定》,明确机关公务接待管理工作程序和接待标准,对接待部门陪同人员作出不超过2人的规定。2009年,根据国家局和省政府有关规定以及当时业务管理工作和物价指数情况,再次明确接待原则、接待范围、接待分工、接待程序和接待标准,用餐以食堂为主,饮食以赣菜为主,酒水以省产酒为主的要求,并规定公务接待归口到机关服务中心管理,对口部门严格按接待费用标准进行接待。

第七章　企业文化

企业文化建设工作是精神文明建设的一部分，也是江西烟草整体工作的一个重要组成部分。全省烟草根据自身特点，开展企业文化建设，形成了自己独特的文化理念。全省烟草商业提炼出系责于心、履责于行的责任文化。江西中烟公司以责任文化为金圣品牌文化核心，形成金圣宣言文化理念，并逐步通过各类活动向企业渗透，向社会彰显。

文化建设工作始终以培育有理想、有道德、有文化、有纪律的员工为目标，深入开展各种群众性精神文明创建活动，以科学的理论武装人，以正确的舆论引导人，以高尚的精神塑造人，以优秀的作品鼓舞人，使员工素质和文明程度有了新的提升，为全省烟草改革发展提供了强大的精神动力。

全省烟草在文化建设中，坚持回报社会，积极参与公益慈善事业和希望工程建设，帮助困难地区建设学校，帮助困难乡村发展经济，帮助灾区恢复生产，帮助困难群体解决适龄儿童入学和生活困难问题，1991 年—2010 年全省烟草累计捐助扶贫和公益活动资金 9004.10 万元。

第一节　责任文化

江西烟草开展以企业文化建设为主线、思想道德建设为根本、能力建设为重点、作风建设为基础、制度建设为保证。构建适应行业改革发展要求，体现维护国家利益和消费者利益，具有明显行业特色的文化主题活动，在增强企业凝聚力、激发员工创造力、提高企业核心竞争力，实现企业发展与员工发展和谐一致、企业文化优势与竞争优势和谐一致、企业效益与企业形象和谐一致，为江西烟草的持续稳定协调健康发展提供坚实的思想保证。

2005 年，全省烟草商业的企业文化建设工作正式启动，2006 年 12 月，吉安烟草在全国烟草行业第二次企业文化建设工作会上作交流发言，并参加中国烟草企业文化建设成果展示展览。2007 年，省局(公司)通过企业文化项目公开招标，与开锐管理咨询公司签订合同，共同进行全省烟草商业企业文化体系建设。2008 年 11 月—12 月，省局和 11 个市局统一参加省委宣传部、国资委、经贸委举办的江西省企业文化周活动，向社会各界展示江西烟草商业企业文化建设成果。2009 年 4 月，召开企业文化建设项目成果视频发布会，标志着全省商业责任文化体系正式形成。

文化建设

2003 年，全省烟草通过学习实践“三个代表”重要思想。联系实际，统一认识，以网络建设为切入点,以优质服务贯穿网络建设全过程。把“三个满意”,即工业企业满意、零售客户满意、消费者满意,作为考核评价网建工作的主要标志。烟草公司为烟厂服务,做到烟厂满意。现有体制既对烟草公司赋予了实行专营的权力,也给了各地烟草公司为烟厂服务的责任,是必须履行的责任。烟草实行专卖是国家垄断而不是一般意义的垄断,其目的是为了维护国家利益,维护消费者利益。

2004年,开展“维护国家利益,维护消费者利益”的大讨论,通过大讨论、把“三个代表”重要思想贯彻落实到每个干部、员工的实际岗位上,树立服务意识,为工业企业服务,为烟农服务,为零售户服务,为基层服务。从思想上认识到烟草没有自身的特殊利益,更不能以烟谋私。落实维护国家利益,维护消费者利益是每位员工一切工作的出发点和落脚点。

2005年8月,根据国家局党组《中国烟草企业文化建设纲要》,省局(公司)印发《江西省烟草专卖局(公司)系统关于企业文化建设实施意见》。为全省开展企业文化奠定了思想基础。《意见》明确要求专人负责,要为企业文化建设提供资金支持和物质保障,要结合全省烟草行业正在深入开展的牢固树立“国家利益、消费者利益至上”的价值观大讨论活动,“建设和谐平安江西,共创富民兴赣大业”的主题教育活动,进一步加强干部队伍的思想政治建设,真正把“两个至上”,“两个维护”作为企业的核心价值观在实践中推行。

是年,确定吉安、南昌、九江烟草为企业文化建设试点单位。先后组织全体员工广泛参与企业文化提炼活动,总结出员工熟悉、有企业特色的企业精神。

2006年印发《江西省烟草专卖局(公司)企业文化建设规划》确立江西烟草共同价值观、培育优秀企业精神、塑造良好企业形象。“国家利益至上、消费者利益至上”的共同价值观是企业文化建设的核心内容。“诚信、创新、业绩、和谐”是烟草行业的核心经营管理理念。

是年12月,吉安烟草作为国家局红色文化建设试点单位,在全国烟草行业第二次企业文化建设工作会上作交流发言,并参加中国烟草企业文化建设成果展示展览。

2007年,省局(公司)结合江西烟草特点,提炼出全省烟草商业核心文化、经营文化、管理文化、形象文化四个方面共19个具体文化理念。

2008年11月—12月,省局和11个市局统一参加省委宣传部、国资委、经贸委举办的江西省企业文化周活动,向社会各界展示江西烟草商业企业文化建设成果。

2009年4月,省局(公司)召开企业文化项目成果发布会,将责任文化作为全省烟草商业企业文化理念。企业责任文化体系包含四方面内容:

核心文化。文化内核是:系责于心、履责于行;企业使命是:创造价值、报效国家;企业愿景是:科学发展、更大作为;企业精神是:勇于超越、追求卓越;企业作风是:严谨务实、开拓进取。

经营文化。服务理念是:点滴满意、价值凝聚;网建发展理念是:优于服务、胜在效率;营销管理理念是:优化市场、成就品牌;专卖管理理念是:谕之以理、律之以法;物流管理理念是:心系客户、精益管理;烟叶管理理念是:携手烟农、打造特色。

管理文化。决策管理理念是:广开言路、善谋慎决;沟通管理理念是:真诚互信、理解包容;员工成长理念是:志之向导、才之伯乐;安全管理理念是:安全为天、平安共建;成本管理理念是:全员参与、降本增效;信息化理念是:数字烟草、支撑发展;纪检监察理念是:正心、正行、正风;思想政治工作理念是:关注心、关爱人。

形象文化。企业公众形象是:金的品质、叶的奉献。

2009 年 6 月,全省烟草商业召开服务品牌现场会,标志着由文化建设延伸的服务品牌建设工作正式启动。2009 年—2010 年,运用各种载体对企业文化理念进行不同角度的宣传,通过举办企业文化辩论赛和企业文化知识竞赛等文化落地宣传活动,使全体员工对文化管理模式、责任文化的基本内涵有了深刻理解。

2009 年 12 月,省局(公司)企业文化与各市局(公司)企业文化顺利对接。各市局(公司)在母子文化管理框架内正确定位,结合自身实际和地域特色,形成本单位的企业文化理念。

南昌烟草的"澄"文化,形成执行力、创新、协作、规范、服务、真诚的核心理念和人心齐、香自溢的企业精神。

九江烟草的"水"文化,形成善、容、聚、勇、柔、变的核心理念和金的品质、叶的奉献的企业精神。

上饶烟草的"上"文化,形成以人为本、以和为贵、以实为重、以信为上的核心理念和向上向善、图新图强的企业精神。

抚州烟草的"笃行"文化,形成责任、笃行的核心理念和勇于超越、追求卓越的企业精神。

宜春烟草的"宜人宜春"文化,形成和谐、敬业、文明、进步的核心理念和创新创优、阔步向前的企业精神。

吉安烟草的"山"文化,形成倾心服务、和谐共生的核心理念和规范、实干、团队、创新的企业精神。

赣州烟草的"火"文化,形成诚信务实、以人为本的核心理念和创新、团队、奉献、责任的企业精神。

景德镇烟草的"精品有道"文化,形成砺器悟道、器以载道的核心理念和创新、超越、和谐的企业精神。

萍乡烟草的"平实"文化,形成厚德平实、敬业乐群的核心理念及企业精神。

新余烟草的"敬业"文化,形成责任敬业的核心理念和求真务实、廉洁高效、团结拼搏、勇创一流的企业精神。

鹰潭烟草的"道"文化,形成以人为本、循道致远的核心理念和团结创新、自强自励的企业精神。

文化载体

内刊《江西烟草》1993 年创刊,省局(公司)和烟草学会主办;2004 年—2010 年,由省局(公司)、江西中烟公司和烟草学会主办。共发行 94 期,初为季刊,2004 年改为双月出刊,发行量由 1000 册逐步增加到 3000 册,栏目由 6 个逐步增加到"卷首语""领导论坛""政策看台""观察""专栏""特稿""学术""热镜头""理事论坛""知识棱镜""基层报道""文苑""烟草人物"等 13 个。

第二节　金圣宣言

江西中烟公司企业文化建设随着卷烟工业的改革发展经历了由局部到整体、由分散到统一的过程。20 世纪 90 年代,5 家卷烟厂均围绕各自特色,以企业内刊为宣传阵地推进文化建设,提出各自的文化理念。江西中烟公司成立后,在南昌卷烟厂企业文化基础上,融合其他 4 家烟厂企业文化,提炼出江西中烟的核心文化理念——《金圣宣言》,并借助企业内刊、网站等载体广泛传播,在全体员工中得到广泛践行。

文化建设

南昌卷烟厂于 1999 年发布企业形象识别系统(VI),2001 年启动企业理念识别系统(MI)设计项目,"崇尚创造、追求卓越""以质取胜、以诚取信""三种精神、两种意识""果树理论""链条理论""梯子理论""以为企业发展做贡献论英雄"等理念初步构成南烟文化体系。2004 年,首次提出"竞争性企业文化",2005 年"责任文化"成为"金圣"品牌文化核心,并逐步向企业文化渗透。2006 年,南昌卷烟厂被评为"江西省企业文化建设优秀单位"。2007 年,首次提出"感恩文化",倡导员工学会感恩。2008 年—2010 年,南昌卷烟厂企业文化建设与生产管理结合更加紧密,以"文化柔化管理,管理固化文化"为指导,结合 6S、TnPM、用工分配制度改革、人力资源管理等开展文化建设工作,修炼以"感恩、责任、竞争、创新"为特质的南烟性格。

广丰卷烟厂 1998 年确定以"务实、高效、创新"为企业精神,2004 年形成"超越不平凡"的文化核心理念。

赣南卷烟厂 2000 年成立赣烟艺术团,与红日文化推广有限公司、江西卫视联合拍摄 6 集电视专题片《发现金赣》。赣烟文化以赣文化为切入点,以江西人文、历史和自然景观为背景,多种形式展现烟文化与赣文化的互动。2008 年提出以"完美执行、快乐工作"为核心的文化理念,在江西中烟公司"母文化"的基础上构建赣南卷烟厂的"子文化"。

兴国卷烟厂 2004 年以客家先辈精神和客家文化底蕴为源泉,以吃苦耐劳、敢于拼搏、勇于创新塑造企业精神,精心组织开展客家企业文化研究。2005 年形成了"劲往一处使""与总厂共进退""大河有水小河满""与总厂共荣辱"意识。2007 年提炼出"不断创新、功到事成"的金圣精神与"用心做事、诚实做人"的客家秉性相融合的企业文化精髓,并从"两个至上""大河有水小河满""用心做事、诚实做人"三个层面开展主题活动。

2007 年 8 月,江西中烟公司成立企业文化建设领导小组,正式启动企业文化建设工作。2008 年制定《江西中烟工业公司 2008 年—2010 年企业文化建设三年规划》。通过调研访谈、调查问卷、专题讲座、理念征集等活动,在南昌卷烟厂企业文化基础上,融合其他 4 家烟厂企业文化,2009 年 8 月形成江西中烟企业文化理念体系——《金圣宣言》。其核心价值观是:国家满意、客户满意、员工满意。企业使命是:在满足客户生理和心理、现实和潜在需求的同时,应用本草资源不断把卷烟的危害降到最低,为社会为员工创造价值。企业愿景是:做全球中式低害卷烟的领跑者。企业精神是:上善若水、以水为师。企业哲学是:功到自然成。企业风尚是:讲责任、讲贡献、讲合作、讲感恩。经营理念是:以协同创多赢、以特色创未来。管理理念是:注重流程、注重细节、注重执行、注重效率。品牌理念是:在大同世界里创造大不同。人才理念是:以为企业发展作贡献论英雄。危机理念是:没有问题是最大的问题、无视危机是最大的危机。创新理念是:日思日进、日进日新。质量理念是:一丝不苟、不优不休。员工信条是:用心做好每件事,找方法不找借口。员工作风是:节奏要快、标准要高、工作要实、状态要好。员工形象是:诚信友善、开朗开明、创新创造、坚韧进取。

文化载体

内刊《金圣》报于2007年初由南昌卷烟厂划归江西中烟公司主办。每月一期,每期四版,版面分别为头版、综合、聚焦、文苑,设置“中烟资讯”“金圣时评”“图片新闻”“基层动态”“管理天地”“营销平台”“视点新闻”“和谐相册”“中烟艺苑”“员工风采录”等近20个栏目。同年,《金圣》报荣获全国优秀企业报刊一等奖。至2010年底,《金圣》报共出报50期。

内刊《南烟工人》于1985年创刊,南昌卷烟厂主办。1989年4月改为铅印版,1990年2月更名为《南烟报》,每月一刊。1996年更名为《南方烟草报》,1998年更名为《南方烟草》。2000年6月,《南方烟草》荣获优秀中国企业内部报刊一等奖、优秀编辑一等奖、优秀专栏一等奖。2004年6月,更名为《金圣》报,2005年,《金圣》报获省新闻出版局内资号第076号准印证,同年再次获优秀中国企业内部报刊一等奖。2007年,《金圣》报划归江西中烟公司,南昌卷烟厂内刊改为《南烟信息》,每月一期。

内刊《赣烟报》于1998年7月创刊,赣南卷烟厂主办。1999年更名改为《赣烟人》,每期发行量由10000份增加到40000份。2008年更名为《快乐人》报,每期发行量1000份。

内刊《广烟报》于1996年10月创刊,广丰卷烟厂主办。创办初期不定期发行,一般为每月一期。2000年1月,更名为《月兔人》;9月,《月兔人》与广丰卷烟厂销售公司创办的《广烟信息》两报合一,更名为《月兔信息》。2008年《月兔信息》荣获优秀中国企业内部报刊三等奖。2010年10月,《月兔信息》更名为《广烟之窗》,每期印刷2000多份,最多一期印刷7万份。同年获江西省新闻出版局优秀连续性内部资料三等奖。

内刊《井烟工人》于1998年创刊,井冈山卷烟厂主办。2010年更名为《井烟信息》,每季度发行一期,每期发行量500份。

内刊《客家新世纪》报于2000年5月创刊,兴国卷烟厂主办。每月发行一期。2005年1月,更名为《兴烟简讯》,每月发行一期。

第三节　文化活动

全省烟草文化建设活动始终与精神文明建设相结合,以培育有理想、有道德、有文化、有纪律的员工为目标,以开展各类活动为平台,加强思想政治和思想道德教育,积极履行社会责任,积极参与各类公益事业活动,在经济上帮助困难地区和个体。深入开展各种群众性精神文明创建和专题社会责任教育活动,使员工思想素质和文明程度有了新的提升,为全省烟草改革发展提供了强大的精神动力。

专题活动

1991年开始,全省烟草坚持每年召开全省系统思想政治工作会议,研究部署全省系统思想政治和作风建设工作。至2010年底,召开5届政研会、1次思研会秘书长座谈会和2次精神文明建设工作会议,表彰和奖励政研会先进单位20余家、优秀政研工作者90余名、优秀政研成果100余篇,编辑出版《江西烟草政工论文集》。2008年,全省烟草职工思想政治研究会创新工作理念,分赣西北和赣东南两个片区,分别开展思想政治研究工作,每年坚持思想政治研究成果论文交流活动。

2005年10月,江西中烟公司成立职工思想政治工作研究会,2008年—2010年,每年开展1次思想政治论文征集活动,选送获奖论文报送华东东北地区烟草职工思想政治工作研究会交流,2010年2篇论文入选中国烟草职工研究会2010年论文集。南昌卷烟厂分别在1999年—2000年度、2003年—2004年度、2009年—2010年度获得“江西省职工思想政治工作先进单位”称号;广丰卷烟厂分别在1995年度、1997年—1999年度、2003年—2004年度获得“江西省职工思想政治工作先进单位”称号。

2005年,江西中烟公司开展牢固树立国家利益、消费者利益至上的价值观大讨论活动,引导全体员工树立国家利益、消费者利益至上的思想。

2006年7月—12月,省局(公司)机关开展抓作风、促效能、创事业主题实践活动,分学习教育、组织实施、督查总结三个阶段进行,通过活动进一步转变机关作风,提高员工服务意识,提升员工工作效率。

2006年,江西中烟公司组织开展以知荣辱、树新风为主题的“八荣八耻”主题教育活动(即:以热爱祖国为荣,以危害祖国为耻;以服务人民为荣,以背离人民为耻;以崇尚科学为荣,以愚昧无知为耻;以辛勤劳动为荣,以好逸恶劳为耻;以团结互助为荣,以损人利己为耻;以诚实守信为荣,以见利忘义为耻;以遵纪守法为荣,以违法乱纪为耻;以艰苦奋斗为荣,以骄奢淫逸为耻。),举办专题学习讨论活动,撰写学习心得体会,制作宣传栏等多种方式,引导干部职工铭记和实践社会主义荣辱观,塑造文明意识,倡导文明行为。

2007年,全省烟草开展“两个至上在岗位”主题实践活动。活动分三个阶段进行,通过活动,进一步把“两个至上”行业共同价值观落到工作实处,不断提高干部职工思想道德素质。

帮扶捐赠

1995年—1997年,全省烟草先后向对口扶贫点峡江县福民乡口里村提供40万元,帮助建设防洪闸、通水泥路、办烟用刀片厂、修引水渠、开发50亩果园和700亩竹林、开通有线电视等。

1997年,向峡江县提供38万元,帮助建起峡江县金圣希望小学。同年,捐资扶贫20万元,在石城县建起金圣希望小学。

1998年—2000年,对包乡扶贫点广昌县尖峰乡进行帮扶,为县政府贷款50万元提供贴息,帮助烟叶生产,新建烤房536座,提供49万元建设2座密集型烤房;积极争取扶贫资金,大力开展黄花梨开发，帮助尖峰乡改造低产油茶林200多亩；为全乡唯一没有通电的芹香村通电，建设开关厂，为东山村新建公路，为黄坊村新建变电站；帮助乡政府联系外商捐助20多万元建设福和希望小学。

2001年11月，南昌卷烟厂青年志愿服务队被团省委授予“全省第三届青年志愿者行动江西十大杰出志愿服务集体”。

2001年—2003年，对挂点扶贫村广昌县甘竹镇樟树村开展帮扶工作，提供28万元新建樟树烟叶培训站、2所樟树村小学和基地引水渠。

2002年3月，广丰卷烟厂被中华全国总工会授予“送温暖工程先进单位”。

2002年11月，南昌卷烟厂被团省委、省青年志愿者协会评为“江西十大杰出青年志愿服务集体”。

2004年—2006年，省局（公司）对挂点扶贫村广昌县尖峰乡沙背村提供50万元，建成公路2条、村委会办公楼（培训中心）、黄毛田水陂和格边水陂。

2007年，兴国卷烟厂被省总工会授予“模范职工之家”称号。

2007年—2010年，江西中烟公司定点帮扶黎川县熊村镇坊坪村，通过省委组织部、省移民扶贫办的检查验收，荣获“党旗引领致富路、携手共建新农村定点包扶贫困村工作年度先进单位”。

2007年—2010年，对挂点扶贫村广昌县驿前镇驿前村提供96万元，建成人畜安全饮水工程、水渠护河堤、田南桥、村综合楼。

2001年—2010年，南昌卷烟厂对抚州市乐安县湖溪乡沙港村提供21.8万元，用于扶贫和新农村建设。

2007年9月，江西中烟公司提供31万元扶贫黎川县熊村镇坊坪村，建成5千米长、3.5米宽的胡家至笛林水泥路以及300多米长的坊坪至曾家湾水泥路，解决了7个村小组、800多人口的出行问题；为坊坪村新（扩）建机耕道5.5千米，维修硬化排洪渠坝160多立方米。

2007年—2010年，赣南卷烟厂向南康市唐江镇白石村提供26万元，用于新农村建设。

2008年8月，江西中烟公司提供1.8万元资助省委农村工作部新农村建设。12月，向黎川县熊村镇坊坪村提供12.5万元用于新农村建设扶贫，新建标准化篮球场、乒乓球桌、环形跑道、标准旗杆观礼台，硬化学校路面200余平方米。

2009年11月，江西中烟公司向黎川县熊村镇坊坪村提供23万元用于新农村建设扶贫，为坊坪小学新建一幢教学楼，并向学校捐赠液晶电脑、饮水机、篮球、乒乓球拍、图书等文体器材。

2009年，江西中烟公司被团省委、省青年志愿者协会授予“江西省青年志愿服务贡献奖”。

2010年8月，江西中烟公司提供15.47万元用于黎川县熊村镇扶贫，主要用于建立党员活动室、文化活动室等。12月，向高安市龙潭镇提供8万元的扶贫助学款。

1991年—2010年，全省烟草累计捐助扶贫资金2077.06万元、救灾资金4911.48万元、公益活动资金2015.56万元，三项共计9004.10万元。

1991年—2010年全省烟草扶贫资金支出情况

表7-3-1　　单位:元

单　位	金额	单　位	金额
省局(公司)	3910000	景德镇烟草	354300
江西中烟公司	827700	萍乡烟草	1457700
南昌烟草	1317000	新余烟草	403500
九江烟草	1554000	鹰潭烟草	431600
上饶烟草	2511000	南昌卷烟厂	218000
抚州烟草	1299500	赣南卷烟厂	260000
宜春烟草	959100	广丰卷烟厂	140000
吉安烟草	1275200	井冈山卷烟厂	620000
赣州烟草	3080000	兴国卷烟厂	149000

1991年—2010年全省烟草参与捐赠情况

表7-3-2　　单位:元

单　位	捐　赠　事　项	金　额
省局(公司)	赈灾捐款活动	3069610
	向九江灾区献爱心活动	1000000
	抗击冰雪爱心捐赠活动	1507330
	为四川地震灾区捐款献爱心活动	102000
	“特殊党费”支援抗震救灾工作	184085
	向四川地震灾区捐款	2000000
	青海玉树地震灾区捐款活动	66605
	向抚州、吉安、赣州下拨灾区烟农生活困难救助资金	420000
江西中烟公司	向石城县慈善会捐款用于烟农救灾	400000
	向九江地震灾捐款和救灾物资	920000
	九江地震灾后重建捐款	2000000
	酉阳土家族自治区救灾捐款	200000
	南方雨雪冰冻灾害捐款	1700000
	汶川特大地震灾害捐赠	5975100
	向江西省慈善总会捐款救助灾害	10000000
	四川小金重建捐赠	8200000
	慈善捐款	6650000
	向云南曲靖市捐款用于抗旱救灾	800000
	助学捐赠	1400000
	灾区捐赠	2520100

说明:捐赠包括单位和个人。

公益捐赠

1991年—2010年,省局(公司)机关每年按照省直机关工委要求,坚持开展省妇联发起的春蕾计划,帮助失学女童入学,职工不定期参加每人捐10元活动、金秋助学活动、慈善一日捐活动和义务献血等公益活动。

1996年,南昌卷烟厂捐资60万元在峡江、石城、万安等革命老区建设3所金圣希望小学。

2000年,南昌卷烟厂捐资100万元给南昌慈善总会,设立金圣助学基金,赞助1570名贫困中小学生顺利完成学业。

2001年8月,南昌慈善总会在南昌卷烟厂举行金圣助学基金发放仪式,资助500名特困学生。

2003年8月,南昌卷烟厂捐款24万元,发起第一届金圣学子——希望工程阳光助学行动。

2003年,金圣助学基金增加到120万元,并启动金圣学子助学特别行动,每年拨出专款资助省内考入北大、清华的贫困学生,当年资助100名学生。

2004年7月,启动第二届金圣学子——希望工程阳光助学行动基金,捐款55万元,50名北大、清华贫困学子每人得到8000元资助。

2004年8月,南昌卷烟厂向希望工程捐款52.51万元。

2005年7月,广丰卷烟厂捐款26万元建设江西弋阳方志敏希望小学。

2005年8月,南昌卷烟厂捐赠20万元参与南昌慈善总会组织的"金秋助学"活动。

2006年9月,南昌卷烟总厂向南昌慈善总会捐款20万元用于"金秋助学"活动。

2006年,80余名高校贫困学子得到江西中烟公司的资助。

2006年12月,江西中烟公司被中华慈善总会授予"中华慈善事业突出贡献奖"。

是月,南昌卷烟总厂被江西省红十字会授予"江西省首届杰出公益奖";广丰卷烟厂被授予"江西省首届十大爱心单位"。

同年,南昌卷烟总厂荣获江西省红十字会、江西省文明办联合颁发的"江西省首届杰出公益奖"。

2007年1月,江西中烟公司向贵州务川希望工程捐款30万元。

2007年7月,南昌卷烟总厂被省总工会、共青团省委、省工商联、江西日报社、省红十字会联合授予"江西十大和谐企业"称号。

2007年12月,江西中烟公司捐资100万元,联合江西慈善总会成立金圣助学基金,每年资助50名贫困学生每人5000元上大学。

2008年7月,江西中烟公司向贵州务川希望工程捐款30万元。

2008年8月,江西中烟公司向江西慈善总会"金圣助学"基金捐款20万元。

2008年,在江西省首届慈善双十评选活动中,江西中烟公司荣获"江西十大慈善单位称号"。

2009年,江西中烟公司捐赠30万元设立江西师大附中慈善阳光班,资助家境贫寒、成绩优秀的初中毕业生完成高中阶段学业。

2009年7月,在中华慈善总会成立15周年暨中华慈善事业突出贡献奖表彰大会上,江西中烟公司被中华慈善总会授予"中华慈善突出贡献(企业)奖"称号。

2009年8月,江西中烟公司向江西慈善总会"金圣助学"基金捐款20万元。2010年8月,江西中烟公司向江西慈善总会“金圣助学”基金捐款30万元。

2010年,面对抚州等地发生洪灾,江西中烟公司将“金圣助学”基金的助学名额从50名增加至70名,50%以上的受资助学生为灾区学子。

1991年—2010年全省烟草公益捐赠情况

表7-3-3

单位:元

单　位	金　额	单　位	金　额
省局(公司)	7349630	景德镇烟草	277150
江西中烟公司	34745200	萍乡烟草	784800
南昌烟草	2076500	新余烟草	109000
九江烟草	597800	鹰潭烟草	116000
上饶烟草	356000	南昌卷烟厂	16977600
抚州烟草	443800	赣南卷烟厂	100000
宜春烟草	874100	广丰卷烟厂	1260000
吉安烟草	944500	井冈山卷烟厂	80000
赣州烟草	2080000	兴国卷烟厂	451060

说明:公益活动捐款包括单位和个人。

文艺活动

1993年,全省烟草举办纪念毛泽东诞辰100周年歌咏比赛。

1996年,全省烟草举办职业道德知识竞赛。

1999年2月2日—5日,在南昌举办全省烟草首届“金圣杯”职工文艺汇演,共有舞蹈、声乐、器乐、小品等46个节目参加演出。

2001年,全省烟草举办首届职工美术书法摄影作品大赛,共有236件作品参赛。

是年,全省烟草举办迎接建党80周年党的知识竞赛活动。全省烟草15个参赛队2000余名党员干部参赛,抚州烟草、赣州烟草、南昌卷烟厂获得组织奖,评出一、二、三等奖。省局(公司)代表队参加省直厅局建党80周年党的知识竞赛获得第二名。

2002年,全省烟草举办“金圣杯”首届职工歌手大赛。南昌卷烟厂、赣州市局、上饶市局、赣南卷烟厂获得优秀组织奖,评出一、二、三等奖和优秀奖。

2003年,全省烟草举办“红金赣杯”弘扬井冈精神、兴我江西烟草演讲赛。全省烟草14个单位44名选手参赛。比赛评出一等奖2名、二等奖4名、三等奖6名。特别组织奖:赣南卷烟厂,团体奖:赣州市局、宜春市局、新余市局、南昌卷烟厂。

2004年,省局(公司)举办庆祝江西烟草成立20周年文艺调演活动。全省烟草16个单位46个节目参加比赛，并对一、二、三等奖和优秀创作、创作节目进行颁奖。

是年，全省烟草举办“弘扬井冈精神兴我江西烟草”和学习“三个代表”重要思想征文活动，收集文章209篇。

2005年9月12日，江西中烟公司举行“牢固树立国家利益、消费者利益至上的价值观”演讲比赛，共有6个单位12名选手参赛，经评委评选，南昌卷烟厂2人并列获一等奖，井冈山卷烟厂1人荣获三等奖，井冈山卷烟厂、公司机关各1人获优秀奖。

是年，省局（公司）举办“牢固树立国家利益消费者利益至上的价值观”演讲赛，共有25名选手参加演讲，对一、二、三等奖选手进行颁奖。

2006年11月，省局（公司）举办金叶风采摄影书法比赛。共有156幅作品参赛，参赛作者85人。宜春市局获得摄影类作品组织奖，九江市局获得书法类作品组织奖。

同年，全省烟草举办“两个至上在岗位——听客户讲你我的故事”专题演讲赛，共有17个单位36名选手参赛。

是年，全国烟草行业举办“牢固树立国家利益，消费者利益至上共同价值观”演讲比赛，全省烟草4名选手分别荣获一等奖1个、二等奖1个、三等奖2个。

2007年，省局（公司）举办企业文化建设成果展和金叶风采摄影书法展，共有54件作品参加展览。

是年，省局（公司）举办“领导干部践行两个至上”演讲赛，分别有11名市局（公司）领导和11名县局（分公司）领导参加。

2008年1月，江西中烟公司举行首届迎春文艺晚会。

是年2月，省局（公司）举办第三届文艺汇演，共有12个单位、30个节目、300多人次参加汇演，南昌市局获得优秀组织奖。经专家评委评定，在声乐、舞蹈、综合语言三类节目，分别产生一、二、三等奖和优秀奖，同时评出优秀创作奖。

是年4月，全省烟草选送9个节目参加全国烟草行业第四届文艺汇演并全部获奖。其中江西中烟公司获一等奖1个、二等奖2个、3等奖1个。

2008年，省局（公司）举办“我为两个至上添光彩”演讲比赛。全省烟草商业11个市局、驻南铁局共计21名参赛选手参加比赛。比赛现场在全省烟草系统视频转播。

2009年，省局（公司）举办“责任烟草”辩论赛，11个市局（公司）和省局（公司）机关等12支代表队参加辩论赛。经过初赛、复赛、半决赛和决赛，评出3个优秀团体、2名最佳辩手、10名优秀辩手。

2010年，由省局（公司）联合省总工会、省企业文化促进会举办“责任烟草杯”企业文化职工诗书画作品展。全省烟草商业共选送8幅作品展版、11个作品获奖。

体育活动

1999年8月，全省烟草举办首届金圣杯篮球赛，评出3个优秀组织奖，分别对女子队前3名、男子队前8名和优秀运动员进行颁奖。

2001年,全省烟草举办第一届乒乓球比赛,共14支队伍105名运动员参赛,对获奖团队和个人进行颁奖。

2005年,全省烟草工商联合举办迎国庆金圣杯羽毛球比赛。全省烟草共有20支代表队、196名选手参加比赛。分别对团体总分、男子团体、男子单打甲组、男子单打乙组、女子单打甲组、女子单打乙组、男子双打获得名次者和获得体育道德风尚奖的单位进行颁奖。

2006年,全省烟草商业举行第二届职工乒乓球比赛。14支代表队、100名运动员参加比赛。分别对团体总分前3名、混合团体赛前3名、处级干部单打前3名、男子甲组单打前3名、男子乙组单打前3名、女子甲组单打前3名、女子乙组单打前3名和获得文明风尚奖的单位进行颁奖。

2007年,省局(公司)派出代表队参加江西省第三届全民健身运动会,羽毛球比赛项目获领导干部团体赛第六名,1人获社会部厅级干部单打第二名,1人获社会部处级干部男子单打第一名,1人获社会部处级干部男子单打第四名,1人获社会部处级干部男子单打第8名,1人获"体育道德风尚奖运动员"荣誉称号。同年举办首届网球赛。省局(公司)机关代表队获团体赛第一名,吉安烟草代表队获团体赛第二名,九江烟草代表队获团体赛第三名。

2007年10月,江西中烟举办第一届金圣杯乒乓球赛。南昌卷烟总厂本部代表队、南昌卷烟总厂广丰卷烟厂代表队、南昌卷烟总厂赣南卷烟厂代表队分获团体第一、二、三名,江西中烟公司机关代表队获体育道德风尚奖。

2007年10月27日,南昌卷烟总厂第三届职工运动会在南昌举行。11支代表队、283名运动员,以及60名裁判员参加。比赛中共有12人打破运动会纪录。

2008年,全省烟草第二届乒乓球工商联谊赛在上饶市乒乓球俱乐部举行,此次比赛由江西中烟工业公司主办、江西中烟广丰卷烟厂协办。

是年,江西中烟公司举办第二届金圣杯乒乓球赛。8支代表队,59名选手参加比赛,南昌卷烟厂代表队、赣州卷烟厂代表队分获团体第一名和第二名,公司机关代表队和广丰卷烟厂代表队并列团体第三名。

2009年9月—10月,全省烟草商业举办第一届职工运动会,共有12支代表队参加,设立赛项18个,分别为网球团体赛、羽毛球团体赛、乒乓球团体赛、4×100米混合接力团体赛、袋鼠跳团体赛、6人7足30米跑团体赛、三分钟跳大绳团体赛、定点投篮团体赛及男子100米、女子100米、男子400米、女子400米、男子1500米、女子800米、男子铅球(5千克)、女子铅球(4千克)、男子跳远、女子跳远单项赛。九江烟草获得团体总分第一名,南昌烟草获得团体总分第二名,萍乡烟草获得团体总分第三名,省局(公司)机关获得优秀组织奖,宜春烟草获得体育道德风尚奖。

2009年10月,江西中烟公司举办第一届"金圣杯"职工运动会。此次职工运动会设14个田径项目和羽毛球团体、乒乓球团体以及男子网球双打、男女网球单打等比赛项目。

第四节 争先创优活动

2009年,国家局在全行业开展优秀基层单位创建活动。全省烟草商业和工业在县级局、县级分公司、卷烟工厂、烟叶收购站、车间班组等五类基层单位中广泛开展此项创建活动。

优秀县级局创建

2009年，省局根据国家局优秀县级局创建活动实施方案要求，制定优秀县级局创建活动实施细则。7月17日，在南城县局召开创建全国优秀县级烟草专卖局试点动员会。7月28日—29日，在宜春市万载县召开全省烟草商业优秀县级局、烟叶收购站创建动员大会。12月3日—5日，在宜春市万载县局和抚州市南城县局分别召开全省系统县级局工作流程及规范试点现场会和优秀县级局创建工作试点现场会，围绕《县级局工作流程规范》重点部署，确定2010年在18个试点单位基础上50%县级局全面实施。

在创建活动中，抚州市南城县局作为全行业优秀县级局试点单位，认真对照国家局优秀县级局评价标准中的六项内容和省局关于中队建设的要求，积极开展优秀县级局创建制度及规范文本的清理和完善工作，共整理文本图表200余个，删除40余个，增加21个，修改73个，并进行分类整合，编印成册。组织全体工作人员找差距、说亮点、提建议、献良策，征集有效建议36条，对自查出存在的问题和差距，逐项落实完善。梳理出以增强"六力"为关键的总体思路，即增强班子建设的领导力、制度规范的执行力、队伍建设的战斗力、市场监管的控制力、内部管理的创新力，文化建设的凝聚力。在全局开展"我为创建献良策"活动，以专卖管理员岗位技能鉴定为抓手，有计划有重点地组织开展岗位培训，强化对烟草专卖业务知识、业务技能和法律法规的学习，专卖管理人员中有12人取得岗位技能鉴定证书，其中，高级职称2人、中级职称9人、初级职称1人，占专卖管理人员总数的71%。对专卖人员共开展法律知识集中培训及考试6场次，首次考试通过率达90%。

2009年全省烟草优秀县级局创建验收达标单位有18个，2010年优秀县级局创建验收达标单位有46个。其中，南城县局（分公司）被国家局、总公司授予"2009年—2011年度全国烟草行业县级烟草专卖局（分公司）标兵单位"荣誉称号，成为全国烟草行业首批99家基层县级局（分公司）标兵单位之一。

优秀县级分公司创建

2009年—2011年，省局（公司）根据国家局关于深入开展创建优秀县级营销部（分公司）活动实施方案要求，采取试点先行的方式，全面开展优秀县级分公司创建活动。确定吉安市遂川县分公司和宜春市万载县分公司为全省烟草优秀县级分公司创建活动典型示范单位。2009年8月，召开优秀县级烟草分公司创建工作动员视频会议，确定除景德镇、新余、鹰潭市公司整体推进外，其余各市公司选择1个县级分公司进行试点。2009年全省烟草商业优秀县级分公司创建工作达标单位有13个。2010年7月，在遂川县召开全省系统县级分公司创优工作现场会，总结推广县级分公司创优试点经验，表彰2009年度全省系统优秀县级分公司。

在创建活动中，遂川分公司提出"围绕一个中心，狠抓三大建设，提升四种能力"创建工作思路，即围绕卷烟上水平这个中心,狠抓“班子建设、队伍建设、企业文化建设”三大建设,提升科学管理、规范经营、品牌培育、客户服务四种能力。明确科学发展、廉洁高效、明示承诺、安全第一、客户满意、规范经营、快乐工作七项创建工作原则。

万载县分公司确定“以突出流程有效运作为关键,以建立考核体系为重点,以信息化推进为有效手段,以强素质、促活力为重点,以抓管理、促规范为重点”的主线,积极构建“行为规范、运转协调、保障有力、公正透明、廉洁高效”的运行机制,工作中坚持人人有职责、事事有程序、干事有标准、过程有痕迹、绩效有考核、改进有保障,在执行上做文章,在规范上下功夫,在创新上找突破,不断提升管理水平。坚持“四个凡是”,即:凡是岗位都明确职责,凡是主要工作都确定流程,凡是流程都要有标准,凡是工作都要有考核,建立起一套集组织机构、部门职能、岗位设置、岗位职责、工作内容、工作流程、工作规范、考核办法于一体的工作流程及规范。通过试点运行,为优秀基层创建提供了新经验,基层管理水平得到明显提升,班子建设、队伍建设、文化建设、经营业绩、客户服务、规范经营等实行评价计分。

优秀卷烟工厂创建

随着烟草行业卷烟工厂陆续取消法人资格,为了实现重心下移、着眼基层、突出服务、加强基础,2009年,国家局在全国烟草行业开展优秀基层单位创建活动。江西中烟公司按照《国家烟草专卖局关于在全国烟草行业开展优秀基层单位创建活动的意见》精神,全面开展优秀卷烟工厂创建活动。根据公司所属5家卷烟厂的实际情况,创建活动以南昌卷烟厂为典型示范单位,要求2010年实现达标,其他4家卷烟厂积极参与,引导指标提升。创建活动以20项工作标准和10项主要经济技术指标为评价标准,逐年提高指标水平。其间,公司加强组织领导、组织课题攻关、完善制度流程、搭建交流平台,努力发挥创优工作组织协调、谋划推动的主导作用。各卷烟厂结合对标管理认真查找存在的问题和不足,层层分解创优指标,细化完善工作内容,制定具体工作计划和目标任务,积极发挥卷烟工厂的主体作用。

12345工作法　南昌卷烟厂在创建活动中形成8个矩阵式课题组和“12345工作法”,即一个方法、两个抓手、三轮驱动、四步循环、五力提升(以找问题工作法为核心,以基础管理和基层建设为抓手,通过管理、队伍、文化三轮驱动,按照PDCA四步循环,实现制造力、组织力、执行力、文化力、创造力系统提升)。

2009年12月,行业优秀卷烟工厂创建活动简报刊登南昌卷烟厂深入推进优秀卷烟工厂创建的经验,并进行点评,认为该厂在创建工作中积极发挥主体作用,大胆创新,工作有亮点,氛围浓、措施实、效果好。南昌卷烟厂厂长张胜健代表企业连续4次在全国烟草行业卷烟工厂厂长培训班上,围绕推进优秀卷烟工厂创建活动作了经验交流。2012年4月,总公司授予包括南昌卷烟厂在内的行业11家卷烟工厂“全国烟草行业卷烟工厂标兵单位(2009年—2011年度)”称号。

管理方法科学化专题研究　2011年3月,国家局印发通知,对以专题为载体推进“优秀卷烟工厂”创建活动工作进行了部署和安排,成立9个专题推进工作小组。南昌卷烟厂作为管理方法科学化专题牵头单位,组织洛阳、梅州、合肥、青州、零陵、深圳、广丰、四平等行业8家卷烟工厂开展专题研究工作。专题组各成员单位对行业各卷烟工厂运用管理方法情况进行全景调研,共收集各厂运用较多、效果较好、感悟较深的管理方法共20类314个,统计分析各种管理方法运用的比例、成效、时间及成功因素,形成卷烟工厂管理现状调研报告;根据各厂推荐的17类138个管理方法,整理后形成了卷烟工厂各管理领域推荐管理方法;收集行业外有借鉴价值的管理方法17类273个,整理出行业外各管理领域常用管理方法汇总。2012年4月,结题形成专题研究工作综述篇、卷烟工厂管理方法运用白皮书、13个管理领域管理方法研究丛书等研究成果。

优秀烟叶收购站创建

2009年,省局(公司)根据国家局优秀烟叶收购站创建活动实施方案的要求,制定全省系统优秀烟叶收购站创建活动实施方案。按照先行试点、以点带面、有效推进的工作思路,确定广昌甘竹和石城丰山烟站为全省烟草优秀烟叶收购站试点单位。全省各烟站坚持合理定位、提高效率、服务好烟农的基本原则,按照"合同种植、入户预检、编码收购、原收原调"模式优化烟叶工作流程,统一各环节工作标准、技术标准和管理标准,实施精、细、严管理。同时,按照岗位职责、业务流程、工作要求,全面实行生产组织、技术服务、过程监督和工效考核相挂钩的基层员工绩效薪酬管理。通过建立总体要求、设施管理、现场管理、质量管理的计分标准,在坚持烟叶生产户籍化管理的基础上,实行技术人员承包责任制并将烟农的经济效益和技术人员的收入挂钩,分阶段逐环节考核奖评。通过优秀烟叶收购站创建活动,全省烟草烟叶收购种植合同管理制度进一步完善;标准化生产进一步落实,达到"减工降本、提质增效"的目的;烟叶收购站的管理制度进一步完善,工作流程规范;痕迹化管理机制进一步健全,提高烟叶收购现场及过程化管理成效;等级质量管理体系初步建立,工作责任和考核奖惩措施得到强化,烟叶收购等级质量管理水平提高。2011年底,全省优秀烟叶收购站创建活动目标基本达到。

先进车间班组创建

2009年6月,江西中烟公司按照《国家烟草专卖局关于在全国烟草行业开展优秀基层单位创建活动的意见》精神,在卷烟工厂开展创建先进车间班组活动,创建评价指标涉及生产、质量、成本、设备、班组、安全、现场、培训等8个方面60项指标。江西中烟公司在创建先进车间班组活动中发挥主导作用,加强规划与引导,树立典型,有效推动创建工作全面开展;基层班组发挥主体作用,全面实行班委制和班组例会制度,勇于创新,形成自己的创建特色。其中,南昌卷烟厂以打造一流车间、创建优秀班组为创建目标,开展内部立标、对标活动,评选出标杆班组、标杆机台,以"每日一题、每周一课、每月一赛"形式举行岗位练兵活动;形成优秀改善成果汇编,实现成果共享。赣南卷烟厂以"五型班组"建设为目标,积极打造技能型、效益型、安全型、创新型、和谐型的"五型班组"。开展改善之星、月度明星等评选活动,组织编写先进、典型案例,通过板报、班前会等形式推广。井冈山卷烟厂建立亮点和问题查摆机制,开展红旗机台、每月之星、质量能手等评比活动。兴国卷烟厂以班组管理“五化”为创建目标推进创建工作,即班组长和班组管理工作标准化、班组管理目视化、班组管理和班组建设系统化、班组长和班组绩效提升持续化、班组长和班组管理考核评估数据化。

2010年8月,江西中烟公司开展全省基层班组现状调研。2011年2月,公司开展先进车间、先进班组评选,南昌卷烟厂卷包车间、井冈山卷烟厂卷包车间被评为2010年度先进车间,南昌卷烟厂制丝车间乙班、赣南卷烟厂制丝车间一班、广丰卷烟厂卷包车间乙班、井冈山卷烟厂卷包车间甲班、兴国卷烟厂制丝车间机电班被评为2010年度先进班组。

第八章　组织机构

江西省烟草专卖局、江西省烟草公司 1984 年 1 月成立。1985 年 1 月,上划中国烟草总公司统一管理,改名为中国烟草总公司江西省公司,实行中国烟草总公司与江西省人民政府双重领导,以总公司为主的管理体制;江西省烟草专卖局名称不变,实行“统一领导、垂直管理、专卖专营”烟草专卖体制,实行“人财物、内外贸”一条龙管理,人事权和业务管理权归国家局(总公司),属中央直属单位。

2004 年,按照烟草行业体制改革要求,工商分设,成立江西中烟工业公司,正厅级单位,主管卷烟生产。随着改革的深入,5 家卷烟厂先后取消法人资格,江西中烟工业公司成为企业法人实体;省局对省内生产经营实行全面监管职能不变,并确定县级烟草专卖局的主体执法地位;中国烟草总公司江西省公司对省内烟叶生产经营和卷烟经营进行宏观管理,确定市烟草公司为经营主体,取消县公司企业法人。

2010 年,省局(公司)管辖 11 个市局(公司)及驻南昌铁路烟草专卖局、江西赣南烟叶复烤有限公司、中烟井冈山传统教育基地、锦峰公司等 15 个直属单位,机关设置 23 个管理部门;江西中烟公司下属 5 个卷烟厂和 1 家多元化经营企业(江西金圣实业发展有限公司),机关设置 16 个管理部门。

第一节　省局(公司)管理机构

1991 年—2010 年,省局(公司)经历 5 任领导班子;2010 年,所属 11 个市局(公司)及驻南昌铁路烟草专卖局、江西赣南烟叶复烤有限公司、中国烟草井冈山传统教育基地、锦峰公司等 15 个直属单位,机关设置 23 个管理部门。

历任领导

1990 年—2010 年省局(公司)历任领导班子成员任职情况

表 8-1-1

时　间　段	姓　名	职　务	任职时间
1990. 9—1992. 8 班子成员	郭文华	党组书记、局长、经理	1990. 9—1992. 8
	黄向东	党组成员、副局长	1988. 3—1994. 5
	雷万春	党组成员、副经理	1989. 2—1997. 4

续表

时 间 段	姓 名	职 务	任职时间
1992.8—1995.10 班子成员	凌成兴	党组书记、局长、总经理	1992.8—1995.10
	揭国雄	党组副书记、副局长、副总经理	1992.8—1995.10
		党组纪检组组长(兼)	1994.5—2000.6
	雷万春	党组成员、副总经理	1989.2—1997.4
	黄向东	党组成员、副局长	1988.3—1994.5
	张正蝉	党组成员、副局长	1995.9—1996.10
1995.10—2007.12 班子成员	揭国雄	党组书记、局长、副总经理	1995.10—2007.12
		党组纪检组组长(兼)	1994.5—2000.6
	雷万春	党组成员、副总经理	1989.2—1997.04
		党组成员、副局长、副总经理	1997.4—2007.12
	张正蝉	党组成员、副局长	1995.9—2006.7
		党组纪检组组长(兼)	2000.6—2003.5
	罗年安	党组成员、副总经理	1997.4—2005.6
		党组成员、副局长、党组纪检组组长(兼)	2005.6—
	郑 伟	党组成员、副总经理	2000.6—2004.8
	郑 京	党组纪检组组长	2003.5—2005.6
		党组成员、副总经理	2005.6—
	陈建辉	总会计师	2007.8—
2007.12—2010.6 班子成员	雷万春	党组成员、副局长、副总经理(主持工作)	2007.12—2008.5
		党组书记、局长、总经理	2008.5—2010.6
	罗年安	党组成员、副局长、党组纪检组组长(兼)	2005.6—
	郑 京	党组成员、副总经理	2005.6—
	魏 平	党组成员、副局长	2007.8—
	陈建辉	总会计师	2007.8—
2010.6—2012.7 班子成员	徐 王莹	党组书记、局长、总经理	2010.6—2012.7
	罗年安	党组成员、副局长、党组纪检组组长(兼)	2005.6—
	郑 京	党组成员、副总经理	2005.6—
	魏 平	党组成员、副局长	2007.8—
	顾厚武	党组成员、副总经理	2010.6—
	徐素珍(女)	党组成员、副总经理	2010.6—
	陈建辉	总会计师	2007.8—

内设机构

1984 年 5 月，省局（公司）机关内设党委办公室、行政办公室、专卖管理科、劳动人事科、计划统计科、生产技术科、财务物价科、原料物资供应科、销售储运科 9 个职能部门。

1987 年 1 月，省局党组正式成立，省局（公司）机关内部机构改设为办公室、专卖处、计划统计处、财务物价处、生产技术处、基建技改处、劳动工资处、审计处、政治处、纪检组、卷烟销售处、烟叶物资处和烟草质检站 13 个职能部门，是年，增设保卫处，成立劳动服务公司。

1988 年，增设人事教育处（与政治处合署办公），专卖处改为专卖办公室。

1989 年，设立机关党委、行政处。

1990 年 12 月，成立老干部工作办公室，与人事教育处合署办公，负责全省烟草系统离退休干部管理工作，规格为正处级。

1991 年，增设科技处，成立烟草培训中心、江西省烟草学会、江西省卷烟销售公司（与销售处合署办公）、国有资产管理处（与财务物价处合署办公）。

1993 年，国家烟草专卖局明确省局内设机关和直属机构为正处级；成立烟草物资公司、烟叶销售公司；科技处并入生产技术处合署办公。7 月，安全保卫处的综合治理、机关内保职能划归办公室，劳动保护、安全生产职能划归劳动工资处。

1994 年，成立审计师事务所、烟叶科学研究所；撤销保卫处、基建技改处；财务物价处更名为财务会计处，专卖办公室更名为专卖管理处。

1995 年，撤销江西省卷烟销售公司、江西省烟叶销售公司、江西省烟草物资公司，成立江西省烟草公司卷烟销售分公司、江西省烟草公司烟叶购销分公司、江西省烟草公司烟草物资分公司。

1996 年，撤销卷烟销售储运处、烟叶物资处，烟叶购销分公司改名为烟叶生产购销分公司，明确三家分公司为省局（公司）直属正处级单位。

1999 年，江西省烟草专卖稽查总队成立，与省局专卖管理处合署办公，规格为正处级，主要负责处理省内违反烟草专卖法规的大要案件。

2000 年，经过机构改革，省局形成以 9 个内设机构、6 个专业部门、4 个专业公司为体系的机构设置格局。9 个内设机构：办公室、人事劳资处（离退休人员管理办公室）、经济运行处、专卖监督管理处（稽查总队）、发展计划处、财务管理处（审计处）、科技教育处、监察处、思想政治处（机关党委）；6 个专业部门：机关服务中心、烟草质量监督检测站、职工教育培训中心、烟叶科学研究所、特有工种职业技能鉴定站、烟草学会；4 个专业公司：卷烟销售分公司、烟叶生产购销分公司、烟草物资分公司、锦峰实业有限公司。

2001 年，国家局批准省局职能配置、机构设置和人员编制方案，省局（公司）内设机构 9 个：办公室（外事办公室）、发展计划处、专卖监督管理处、经济运行处（安全处）、财务管理与监督处（审计处）、科技教育处、人事劳资处（离退休人员管理办公室）、监察处（与党组纪检组合署办公）、思想政治工作处（机关党委）。成立机关基建项目筹建处（临时机构）。成立整顿和规范市场经济秩序工作领导小组办公室（整顿办）。

2003 年，设立政策法规与体制改革处。

2004 年，单独设立审计处、安全保卫处。是年，省局机构设置调整为 11 个职能处室、6 个专业部门、2 个专业公司。11 个职能部门：办公室（外事办公室）、专卖监督管理处（稽查总队）、人事劳资处(离退休管理办公室)、综合计划处(经济运行处)、财务管理处、审计处、安全保卫处、科技处(信息中心)、监察处(与纪检组合署办公)、思想政治工作处(机关党委)、法规处(即政策法规与体制改革处);6个专业部门:机关服务中心、烟草质量监督检测站、烟草职工教育培训中心、烟叶科学研究所、烟草职业技能鉴定站、烟草学会;2个专业公司:卷烟销售分公司、烟叶生产购销分公司。

2006年,设立驻江西中烟工业公司专卖监督管理办公室。5月21日根据《国家烟草专卖局关于中国烟草总公司江西省公司建立母子公司体制的批复》精神,省局撤销江西省烟草质量监督检测站、江西省烟叶科学研究所事业单位法人资格,并作为中国烟草总公司江西省公司专业部门继续保留。撤销卷烟销售分公司,设立卷烟销售管理处,撤销烟叶购销分公司,设立烟叶管理处。

2007年,省局设13个职能处室、8个专业部门。13个职能部门:办公室(外事办公室)、综合计划处(经济运行处)、专卖监督管理处(内部专卖管理监督处、稽查总队、驻南昌铁路烟草专卖分局)、政策法规与体制改革处、财务管理处、审计处、人事劳资处、监察处(与纪检组合署办公)、思想政治工作处(机关党委)、科技处(信息中心)、安全保卫处、卷烟销售管理处、烟叶管理处;8个专业部门:驻江西中烟工业公司专卖监管办公室、机关服务中心、离退休人员管理办公室、江西省烟草质量监督检测站、江西省烟草职工教育培训中心、江西省烟叶科学研究所、行业特有工种职业技能鉴定站、烟草学会。

2008年,信息中心划归专业部门挂靠在科技处。成立投资管理处。设立驻北京办事处(副处级),挂靠办公室管理。

2009年,设立物流建设管理办公室(临时性机构,行使独立部门职能)。整顿办挂靠纪检监察处。

2010年设立物流管理处。

2010年省局(公司)机关内设机构

图8-1-1

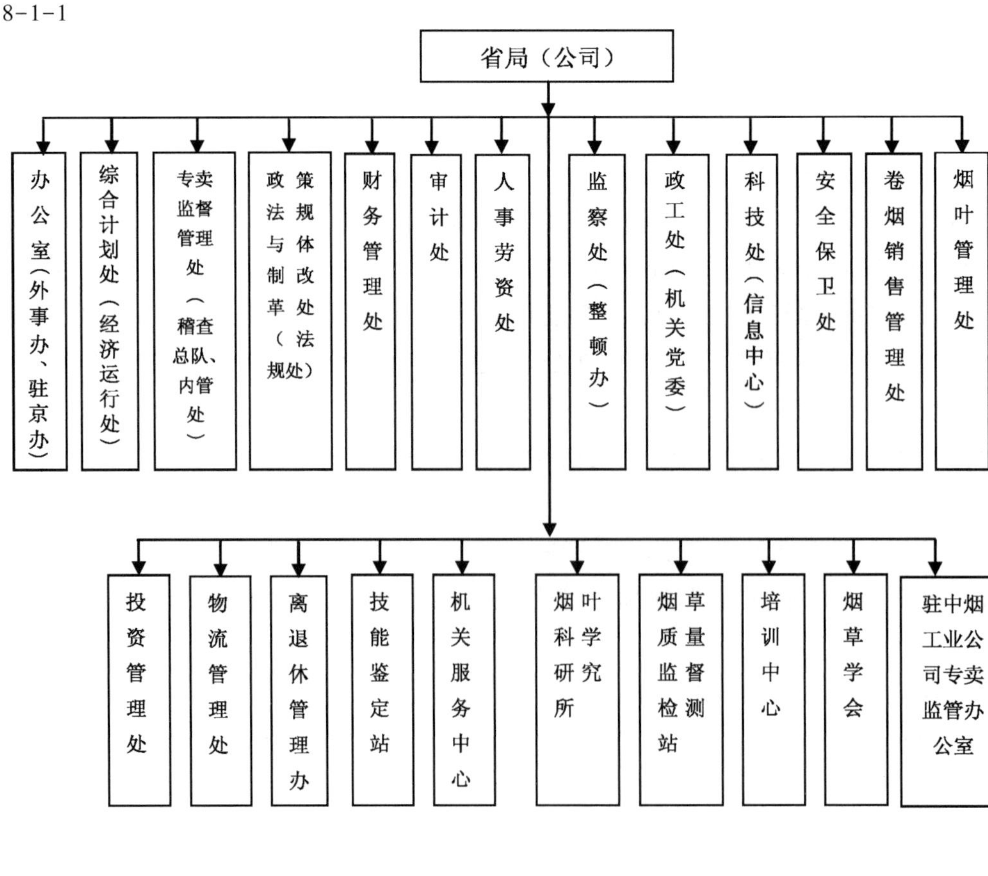

1991 年—2010 年省局(公司)各部门与负责人变更情况

表 8-1-2

部门名称	姓　　名	职务名称	任 职 时 间
办公室(外事办、整顿办、驻京办)	张忠勇	主　任	1989. 8—1995. 7
	郑　京	主　任(兼外事办主任)	1995. 7—2000. 12
	李定芳	主　任(兼外事办、整顿办主任)	2000. 12—2007. 11
	岑　俭	主　任(兼外事办、整顿办主任)	2007. 11—
	刘　辉	驻京办主任(副处)	2008. 7—
计划统计处、发展计划处、综合计划处(经济运行处)	赵启香(女)	处　长	1987. 9—1991. 1
	吕道鉷	计划统计处处长	1991. 8—1996. 12
	郭培祥	副处长(负责)	1996. 12—1999. 10
		发展计划处处长	1999. 10—2004. 12
	吴建国	处　长	2004. 12—2008. 11
	陈雪萍(女)	处　长	2008. 11—
经济运行处(安全处)	李　文	处　长	2001. 1—2004. 12
专卖办公室 专卖监督管理处(稽查总队、内管处、驻中烟办)	罗　俊	专卖办公室主任	1991. 7—1994. 7
	葛　凯	处　长	1994. 7—2000. 12
	魏　平	处长、总队长	2000. 12—2004. 12
	殷小奇	处　长	2004. 12—2007. 11
	顾厚武	总队长	2004. 12—2010. 6
		专卖监督管理处处长	2007. 11—2010. 6
		内管处处长	2007. 11—2010. 6
	陈代龙	驻中烟办主任	2006. 9—2008. 6
	黄理金	驻中烟办主任	2009. 7—
法规处(体制改革工作领导小组办公室)	郑　京	主　任(兼)	1997. 2—2000. 12
	李定芳	主　任(兼)	2000. 12—2003. 3
	张志勇	处　长	2003. 3—2004. 12
	熊尚彬	处　长	2004. 12—2009. 2
	旷　麟	处　长	2009. 5—
财务处	陈建辉	国有资产管理处 财务物价处副处长(负责)	1991. 4—1997. 11
		处　长	1997. 11—2007. 11
	谭　俊	处　长	2007. 11—
审计处	罗　俊	处　长	1994. 7—2000. 12
	陈建辉	处　长(兼)	2000. 12—2004. 12
	万　峻	处　长	2004. 12—

续表一

部门名称	姓　　名	职务名称	任　职　时　间
生产技术处	李仲良	处　长	1993.4—1994.7
	解少林	处　长	1994.7—2000.12
科技处(信息中心)	詹国华	处　长	2003.8—2009.2
		信息中心主任	2004.12—2009.2
	刘文国	信息中心主任	2009.2—
	何宽信	处　长	2009.2—
烟草质量监督检测站	王良忠	站　长	1990.9—1996.7
	李仲良	站　长	1996.7—2004.12
	许化峰	副站长(负责)	2005.1—2006.9
		站　长	2006.9—
人事劳资处	葛　凯	人事教育处处长	1991.1—1994.7
	李定芳	副处长(负责)	1994.7—1996.11
		人事教育处处长	1996.11—2000.12
	徐仲良	劳动工资处处长	1996.12—2000.12
		处　长	2000.12—2004.9
	章建华	副处长(负责)	2004.9—2005.7
		处　长	2005.7—
离退休人员管理办公室	李定芳	主　任(兼)	1999.12—2000.12
	徐仲良	主　任(兼)	2000.12—2004.9
	章建华	主　任(兼)	2004.12—2008.10
	梁　静(女)	主　任	2008.10—
思想政治工作处(机关党委)	万　峻	处　长	2000.12—2004.12
		机关党委专职副书记	2001.2—2007.12
	章建华	副处长(兼)	2004.12—2005.7
		处　长	2005.7—2007.11
	陈速明	处　长	2007.11—
		机关党委专职副书记	2007.12—
	秦　军	机关党委副书记	1989.7—1994.6
	郭阿龙	机关党委专职副书记	1994.7—2001.1
	李欢娥(女)	机关工会主席(副处)	1994.7—2000.12
	岑　俭	机关工会主席(副处)	2003.8—2004.12
	梁　静(女)	机关工会主席(副处)	2004.12—2009.4
	陈荼春(女)	机关工会主席(副处)	2009.4—

续表二

部门名称	姓　　名	职务名称	任　职　时　间
监察处(整顿办)	林贻奎	处　长	1990.3—1994.12
	徐仲良	处　长	1994.12—1996.12
	谭一粟	副处长(负责)	1996.12—1998.7
		处　长	1998.7—2000.3
	龙学勤	处　长	2000.3—2006.9
	徐新华	处　长	2006.9—2009.2
	孙　宏	处　长	2009.2—
安全保卫处	郭阿龙	处　长	1989.10—1991.7
	邓俊杰	副处长(负责)	2004.12—2006.9
		处　长	2006.9—2009.5
	邹建国	处　长	2009.5—2010.1
	齐波浪	处　长	2010.2—
烟叶物资处(烟叶生产购销公司、烟草物资公司)	朱悦如	处　长	1994.7—1996.1
		江西省烟叶购销公司经理	1993.4—1996.1
		烟叶购销分公司经理	1996.1—1997.12
	郑　伟	烟叶生产购销分公司经理	1997.12—1999.1
	彭志勇	烟叶生产购销分公司经理	1999.1—2000.12
	王志彬	烟叶生产购销分公司经理	2001.1—2003.2
	袁　球	烟叶生产购销分公司副经理(负责)	2003.8—2004.12
		烟叶生产购销分公司经理	2004.12—2007.2
		处　长	2007.2—2010.3
	黎茶根	处　长	2010.3—
	姜伯根	烟草物资公司经理	1997.12—2000.12
	彭志勇	烟草物资公司经理	2000.12—2001.10
	冯　文	烟草物资公司经理	2003.3—2004.10
销售处(卷烟销售公司、卷烟销售分公司)	吴集祥	江西省卷烟销售公司经理	1991.3—1995.12
		卷烟销售分公司经理	1996.1—1996.12
	吕道鉷	卷烟销售分公司经理	1996.12—2000.12
	郑　京	卷烟销售分公司经理	2000.12—2003.6
	罗年安	卷烟销售分公司经理(兼)	2003.8—2004.12
	李　文	卷烟销售分公司经理	2004.12—2007.2
		处　长	2007.2—2007.9
	殷小奇	处　长	2007.11—

续表三

部门名称	姓　　名	职务名称	任　职　时　间
物流管理处	熊建昌	物流建设管理办公室主任	2010.3—2010.7
		处　长	2010.7—
机关服务中心	吕继军	主　任	2003.8—2009.5
	温永新	主　任	2009.5—
职工教育培训中心	王洪宪	筹建培训中心主任	1991.3—1991.5
		主　任	1991.5—1991.11
	谭一粟	主　任	1991.11—1996.11
	黄文福	副主任(负责)	1996.11—1999.10
		主　任	1999.10—2004.12
	吴书溶(女)	主　任	2004.12—2007.11
	陈雪萍(女)	主　任	2007.11—2008.11
	邹建国	副主任(负责)	2008.11—2009.5
	殷亚军	主　任	2009.5—
烟叶科学研究所	肖文俊	所　长	1994.2—2000.2
	彭志勇	所　长	2000.2—2001.4
	王志彬	所　长(兼)	2001.4—2003.2
	何宽信	所　长	2004.12—
烟草学会	沈训文	副会长兼秘书长	1994.7—1994.8
	吴木水	副理事长兼秘书长	1994.10—1996.12
	肖茂员	副理事长兼秘书长	1996.12—2000.12
		秘书长	2000.12—2006.9
	左荣华(女)	副秘书长(负责)	2007.11—2008.10
		秘书长	2008.10—
投资管理处	吴建国	处　长	2008.11—
基建技改处	吴成琳	处　长	1989.3—1991.3
	解少林	处　长(兼)	1991.11—1994.7
基建项目筹建处	吴建国	处　长	2001.1—2004.12
劳动服务公司	吴书溶(女)	经　理	1991.7—2007.12
	陈雪萍(女)	经　理(兼)	2007.12—2008.6
打叶复烤筹建处	唐胜团	处　长	2008.6—
大厦筹建处	王洪宪	处　长	1994.07—2000.12

专卖管理机构

专卖管理工作紧密围绕卷烟打假、市场监管、规范经营等主要职责。至 2010 年底，专卖管理部门为：专卖管理处（稽查总队）、内管处、江西省烟草专卖局驻江西中烟工业公司专卖监督管理办公室（简称“驻中烟专卖办”）、政策法规与体制改革处（简称“法规处”）。

专卖管理处前身为 1984 年设立的专卖管理科，1987 年改为专卖处，1988 年更名为专卖办公室，1994 年更名为专卖管理处。主要负责监督、检查《中华人民共和国烟草专卖法》《中华人民共和国专卖法实施条例》及有关政策规章在全省的执行情况；依法办理烟草专卖品许可证、准运证，做好证件管理，打击制假售假、走私贩私烟草制品的违法行为，为合法的烟草专卖品经营活动提供保护。1999 年，稽查总队升格为正处级，市县两级相应建立起稽查支队和稽查大队、稽查中队。

2010 年全省烟草专卖管理机构

图 8-1-2

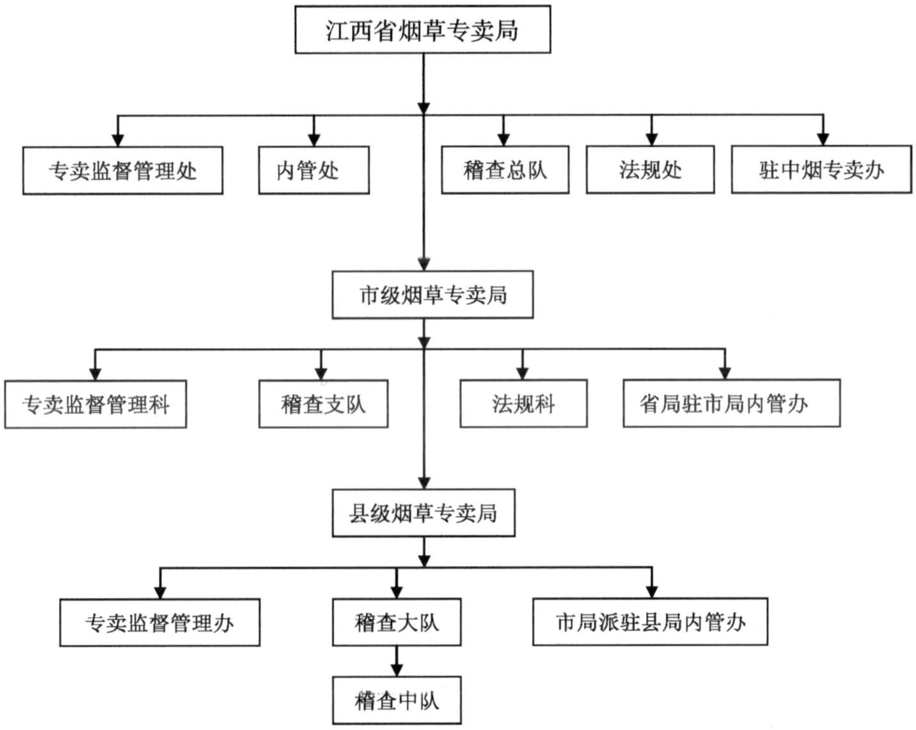

法规处于 2003 年 2 月 10 日设立，主要工作职责是，负责研究提出有关全省烟草地方性法规、规章和政策，组织制定全省烟草有关规范性文件，承办法律咨询和行政复议工作，研究提出全省烟草体制改革的政策措施，按照现代企业制度的要求，指导企业改革，负责全省范围的专卖行政执法监督工作，负责全省烟草法制宣传教育工作。随后，又在全省各设区市局单独设立法规科，在各县级局配备专职法规员。2003 年以前的法制宣传教育工作由办公室承担。

2005 年行业提出加强内部管理监督概念，省局在专卖部门增加内部专卖管理监督职能，增设内管岗位，在市级局设立专职内管员 1 名，在县局设置兼职内管员 1 名。2007 年正式设立内部管理监督处，与专卖管理监督处合署办公，到 2010 年，全省共有内管人员 134 人。

驻中烟专卖办于2006年9月18日设立,根据《烟草行业内部专卖管理监督实施意见》文件精神,主要负责对江西省卷烟工业企业的生产经营情况进行日常监管,同时加强与江西中烟公司有关专卖监督管理工作的日常沟通与协调服务。

生产经营管理机构

计划统计处原为计划统计科,设立于1984年,1987年更名为计划统计处。2000年设立发展计划处,与计划统计处合署办公。2004年,更名综合计划处(经济运行处),负责国家局计划管理和经济运行管理方针、政策和规章的贯彻执行,全省烟草经济运行、企业管理及计划、统计、价格工作等方面的指导、督促检查。

卷烟销售管理处为原销售储运科,设立于1984年,1987年更名为卷烟销售处(卷烟销售经理部)。1991年,江西省卷烟销售公司成立,与销售处合署办公。1995年,卷烟销售公司更名为江西省烟草公司卷烟销售分公司。1996年销售处撤销,卷烟经营业务由卷烟销售分公司负责。2006年,卷烟销售分公司撤销,重新设立卷烟销售管理处。销售处(销售公司)的职能经历了由经营主体向宏观管理转变的过程,2003年以前,销售公司具备独立的法人资格,代表省公司负责全省卷烟的销售管理与调拨调控。"十五"期间,根据行业统一部署,江西烟草撤销县级烟草公司法人资格。2006年,根据行业相关要求,省公司全面退出卷烟经营,相关职能由市级烟草公司承担,销售处的职能转变为对全省卷烟营销工作进行宏观指导。市县两级公司的销售部门为营销中心、营销部和营销网点。

烟叶管理处的前身为原料物资供应科,设立于1984年,1987年更名为烟叶物资处(烟叶物资经理部)。1991年成立江西省烟叶销售公司,与烟叶处合署办公;1993年成立江西省烟草物资公司;到1995年,两家公司更名为江西省烟草公司烟叶购销分公司和烟草物资分公司;1996年,烟叶物资处撤销,烟叶购销分公司更名为烟叶生产购销分公司,全省的烟叶生产经营工作由烟叶生产购销分公司和烟草物资分公司负责。2004年撤销烟草物资分公司,2006年撤销烟叶生产购销分公司,重新设立烟叶管理处。2003年以前,烟叶生产购销分公司和烟草物资分公司具有独立法人资格,负责参与全省烟叶的生产经营工作。经过"十五"期间撤销县级公司法人资格和2006年省公司退出生产经营,烟叶生产经营职能由市级烟草公司负责,烟叶处的职能转变为宏观指导和政策研究推广。市县两级公司的烟叶生产经营部门为烟叶科和烟叶管理部、烟叶收购站。

物流处设立于2010年,负责全省物流建设的组织指导、组织开展配送中心建设、制定全省物流运行管理规范等工作。市县两级公司相继成立物流中心、配送中心和物流中转站。物流处成立前的物流管理工作由销售处、烟叶处负责。

生产技术处的前身为生产技术科,设立于1984年,1987年更名为生产技术处,1993年与科技处合署办公,主要负责生产技术、研发改造和推广工作,于2000年撤销。

2010年全省烟草生产经营管理机构

图 8-1-3

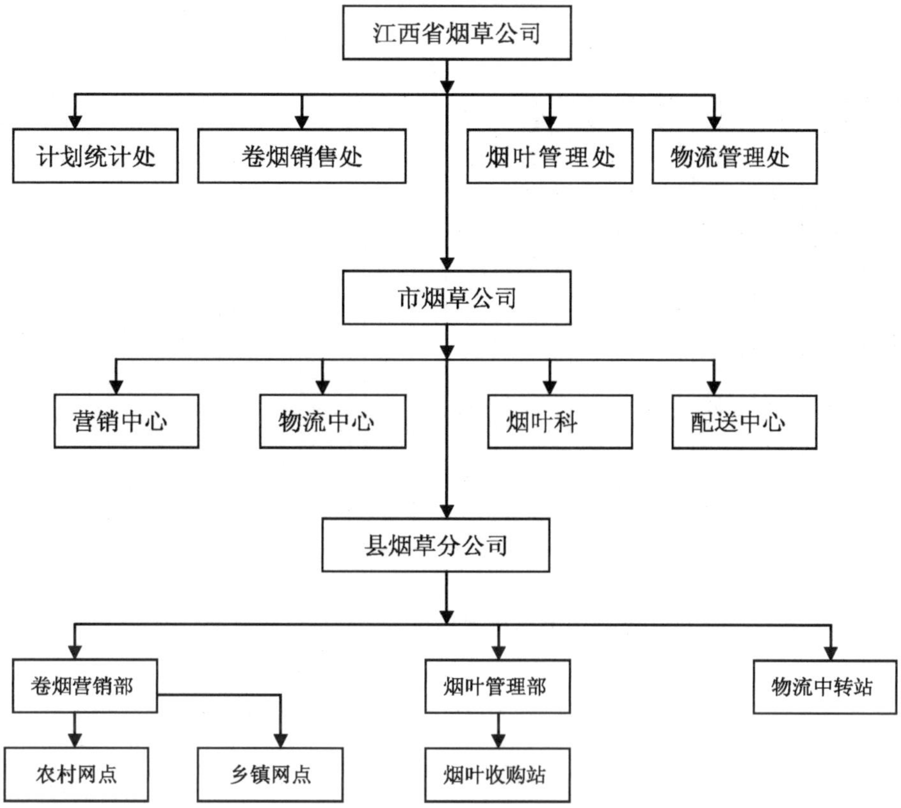

直属单位

1984年—1985年，全省烟草相继成立抚州、赣州、南昌、新余、萍乡、景德镇、宜春、上饶、鹰潭、吉安和九江市局（分公司）。2003年，南昌、赣南卷烟厂划给江西中烟公司管理。至2010年末，全省系统共有15家直属单位，98家县局（分公司）。

1992年10月，为加强铁路沿线的烟草专卖管理，省局（公司）与南昌铁路分局联合成立江西省烟草专卖局驻南昌铁路烟草专卖局，主要负责铁路沿线的专卖管理工作，为省局（公司）派驻机构。驻南铁局于1993年撤销，2001恢复成立。

1997年7月8日，江西省锦峰实业有限公司（以下简称"锦峰公司"）成立。

1998年1月，中国烟草井冈山传统教育基地正式成立。

2009年12月，江西赣南烟叶复烤有限责任公司成立。

2010年省局(公司)直属单位

图8-1-4

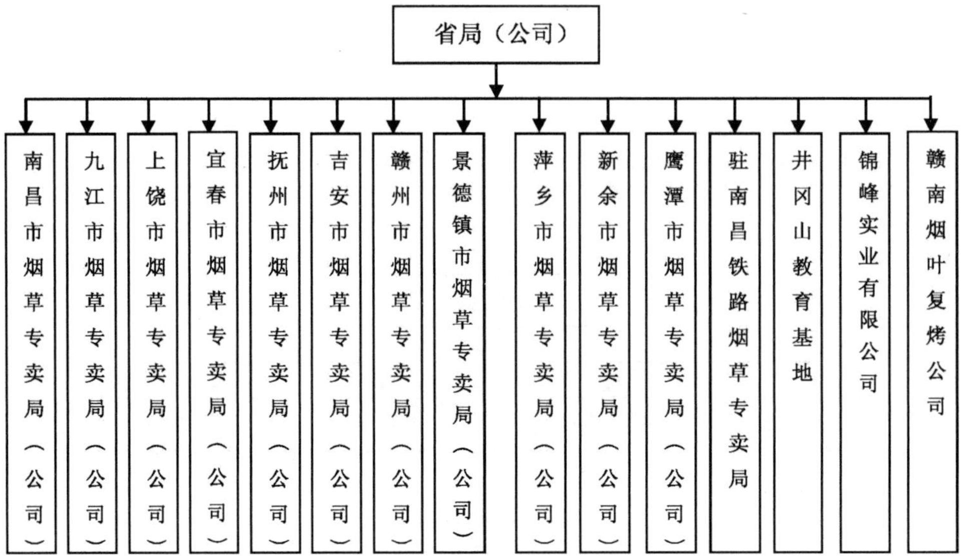

1991年—2010年南昌烟草主要领导任职情况

表8-1-3

姓　名	职　务	任　职　时　间
谢正楷	局长、经理	1984. 12—1994. 1
卓正富	党委书记	1989. 3—1993. 12
	局长、经理、党委书记	1994. 1—1998. 7
殷小奇	局长、经理、党委书记	1998. 7—2004. 12
魏　平	局长、经理、党委书记	2004. 12—2007. 9
李　文	局长、经理、党委书记	2007. 9—

1991年—2010年九江烟草主要领导任职情况

表8-1-4

姓　名	职　务	任　职　时　间
曾俊岚	局长、经理、党委书记	1983—1991. 1
胡声宇	局长、经理	1991. 1—1995. 1
	党委书记	1994. 5—1995. 1
龙学勤	局长、经理、党委书记	1995. 1—2000. 3
刘　淳	局长、经理、党委书记	2000. 3—

1991年—2010年上饶烟草主要领导任职情况

表8-1-5

姓　名	职　务	任　职　时　间
马体良	党委书记	1985.3—1988.6
余茂槐	局长、经理	1985.3—1986.3
	局长、经理党、党委书记	1988.6—1992.1
	党委书记	1992.1—1993.2
彭志勇	局长、经理	1992.1—1992.5
舒　萍	副局长、副经理(主持工作)	1992.8—1993.2
	副局长、副经理、党委副书记(主持工作)	1993.2—1994.1
郑　京	代局长、代经理、代书记	1994.1—1995.7
黄东发	代局长、代经理、代书记	1995.8—1996.11
	局长、经理、党委书记	1996.11—2004.12
熊也农	局长、经理、党委书记	2004.12—

1991年—2010年抚州烟草主要领导任职情况

表8-1-6

姓　名	职　务	任　职　时　间
邓宁庆	局长、经理、党组书记	1989.3—1995.1
胡声宇	局长、经理、党组书记	1995.1—2003.2
叶福建	局长、经理、党组书记	2003.2—2010.2
袁　球	局长、经理、党组书记	2010.2—

1991年—2010年宜春烟草主要领导任职情况

表8-1-7

姓　名	职　务	任　职　时　间
韩德生	局长、经理	1985.3—1991.4
	党委书记	1985.9—1986.12
张正蝉	党委书记	1986.12—1996.3
	局长、经理	1991.5—1996.3
邓　云	局长、经理、党委书记	1996.3—1999.1
孙亚平	局长、经理、党委书记	1999.1—2003.3
傅火祥	局长、经理、党委书记	2003.3—2006.9
胡义强	局长、经理、党委书记	2006.9—2009.2
詹国华	局长、经理、党委书记	2009.2—

1991年—2010年吉安烟草主要领导任职情况

表8-1-8

姓　名	职　务	任　职　时　间
黄光华	局长、经理	1985.6—1995.1
	党组书记	1986.11—1995.1
肖启裕	局长、经理、党组书记	1995.1—1998.6
辛焕荣	局长、经理	1998.6—2009.2
	党组书记	1998.6—1999.3
		2000.3—2009.2
罗建武	党组书记	1999.2—2000.3
卢卫铭	局长、经理、党组书记	2009.2—

1991年—2010年赣州烟草主要领导任职情况

表8-1-9

姓　名	职　务	任　职　时　间
方敏球	局长、经理、党委书记	1986.8—1995.1
刘汉文	党委书记	1994.5—1996.11
邓宁庆	局长、经理、党委副书记	1995.1—1996.11
	局长、经理、党委书记	1996.11—2003.2
罗建武	局长、经理、党委书记	2003.3—2009.2
肖启裕	党委书记	2009.2—
胡义强	局长、经理	2009.2—

1991年—2010年景德镇烟草主要领导任职情况

表8-1-10

姓　名	职　务	任　职　时　间
米海泉	局长、经理	1985.1—1991.1
	党委书记	1985.1—1993.8
谢纯安	局长、经理	1991.1—1993.12
	党委书记	1993.8—1993.12
江传峰	局长、经理、党委书记	1994.1—2003.2
	党委书记	2003.2—2004.12
熊也农	局长、经理	2003.3—2004.12
徐素珍(女)	局长、经理、党委书记	2004.12—2011.1

1991 年—2010 年萍乡烟草主要领导任职情况

表 8-1-11

姓　名	职　务	任　职　时　间
钟振谷	党委书记	1985.1—1991.1
王金元	局长、经理	1985.1—1991.1
	党委书记	1991.1—1995.2
陈新华	局长、经理	1991.1—1995.2
殷小奇	局长、经理、党委书记	1995.2—1998.6
王毅力	局长、经理、党委书记	1998.6—2009.2
熊尚彬	局长、经理、党委书记	2009.2—

1991 年—2010 年新余烟草主要领导任职情况

表 8-1-12

姓　名	职　务	任　职　时　间
吴　筠	局长、经理、党组书记	1985.3—1992.3
龙学勤	局长、经理、党组书记	1992.3—1995.1
万　峻	局长、经理、党组书记	1995.1—1998.6
肖启裕	局长、经理、党组书记	1998.6—2009.2
刘光辉	局长、经理、党组书记	2009.2—

1991 年—2010 年鹰潭烟草主要领导任职情况

表 8-1-13

姓　名	职　务	任　职　时　间
郑衔太	局长、经理、党组书记	1985.5—1994.1
舒　萍	党组书记、代局长、代经理	1994.1—1996.11
饶福娣(女)	副局长、副经理、党组副书记(主持工作)	1996.12—1998.8
	局长、经理、党组书记	1998.8—2000.3
罗建武	局长、经理、党组书记	2000.3—2003.3
刘润发	局长、经理、党组书记	2003.3—2004.12
陈小平	局长、经理、党组书记	2004.12—

1998 年—2010 年中国烟草井冈山传统教育基地主要领导任职情况

表 8-1-14

姓　名	职　务	任　职　时　间
张正蝉	主任(兼)	1998.1—2004.12
梁崇桃	主　任	2004.12—2007.11
辛焕荣	主　任(兼)	2007.11—2010.1
邹建国	主　任	2010.1—

1992年—2010年驻南铁烟草主要领导任职情况

表8-1-15

姓　名	职　务	任　职　时　间
徐仲良	局　长	1992.10—1993.10
徐新华	局长、支部书记	2001.6—2006.10
	支部书记	2009.3—
郭才芳	副局长(主持工作)	2006.10—2007.10
	局长、支部书记	2007.10—2009.4
邓俊杰	局　长	2009.6—

1996年—2010年江西省锦峰实业有限公司主要领导任职情况

表8-1-16

姓　名	职　务	任　职　时　间
雷万春	董事长(兼)	1996.12—2004.10
王洪宪	总经理、党总支书记	1996.12—2004.9
孙　宏	总经理	2004.9—2009.3
罗　俊	党总支书记	2004.9—2007.11
徐仲良	董事长(兼)	2004.10—2008.8
吴夏农	党总支书记	2007.11—2010.11
罗年安	董事长(兼)	2008.9—
李　民	总经理	2009.3—

2010年江西赣南烟叶复烤有限责任公司主要领导任职情况

表8-1-17

姓　名	职　务	任　职　时　间
唐胜团	总经理	2009.10—
顾厚武	董事长(兼)	2010.10—

第二节　江西中烟公司管理架构

2004年,工商分设后成立江西中烟公司。至2010年,江西中烟公司下属5家卷烟厂和1家多元化经营企业(江西金圣实业发展有限公司,委托南昌卷烟厂代管),机关设置16个管理部门。

公司领导班子

2004年—2010年江西中烟公司领导班子情况

表8-2-1

姓 名	职 务	任 职 时 间
郑 伟	党组副书记、副总经理(主持工作)	2004.8—2007.12
	党组书记、总经理	2007.12—
徐仲良	党组成员、副总经理	2004.8—2008.11
王志彬	党组成员、纪检组长	2005.7—2008.10
	党组成员、副总经理	2008.10—
于明芳(女)	党组成员、副总经理	2007.12—2010.10
任用锴	党组成员、纪检组长	2008.10—

2009年—2010年江西中烟公司董事会成员、监事任职情况

表8-2-2

姓 名	职 务	任 职 时 间
王彦亭	董事长、董事	2009.9—
郑 伟	董事	2009.9—
王志彬	董事	2009.9—
于明芳(女)	董事	2009.9—
穆重林	董事	2009.9—
王洪宪	董事	2009.9—
黄翠萍(女)	董事	2009.11—
任用锴	监事	2009.9—

内设机构

2004年,设立办公室(外事办)、人力资源部、生产安全管理部、财务审计部、法律与改革部、市场营销部、物资供应部、科技开发部。

2006年,财务审计部拆分为财务管理部和审计部,增设投资管理部、监察部。

2008年,办公室增设后勤服务中心职能,生产安全管理部改为经济运行(安全保卫)部,财务管理部与投资管理部合并为财务管理(投资管理)部,增设综合计划部、原料供应部、信息中心、政治思想工作部(机关党委、团委、工会);撤销科技开发部,增设技术研发中心;市场营销部改为市场营销中心。

2010年,增设特有职业(工种)职业技能鉴定站、董事会办公室。

2010年江西中烟公司机关内设机构

图8-2-1

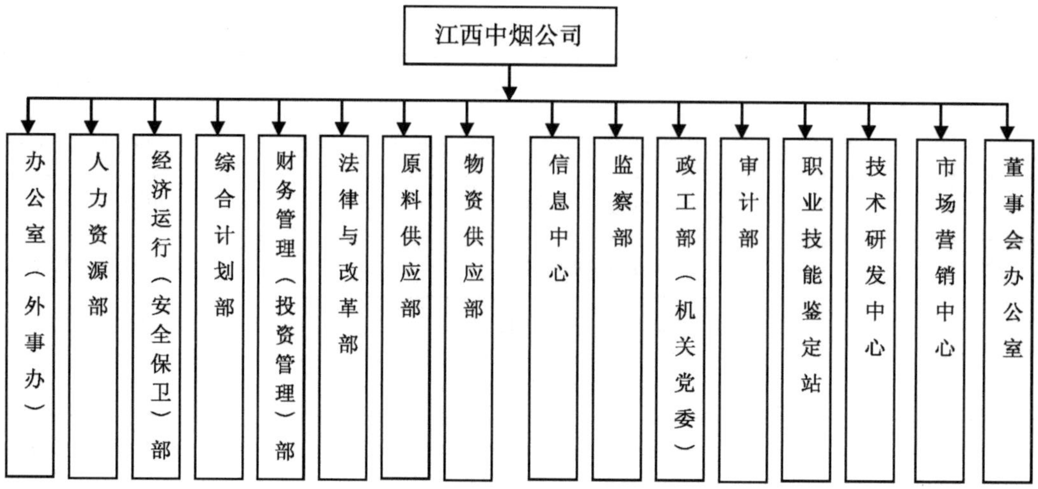

2004年—2010年江西中烟公司机关部门及主要负责人变化情况

表8-2-3

部　门	姓　名	职　务	任职时间
办公室(外事办)	张志勇	主　任	2005.1—
人力资源部	任用镨	部　长	2005.1—2009.12
	何善懋	部　长	2009.12—
生产安全管理部	孙亚平	部　长	2005.1—2008.3
财务审计部	罗丽珍(女)	副部长(负责人)	2005.1—2005.6
		部　长	2005.6—2006.12
法律与改革部	王洪宪	部　长	2005.1—2009.12
	孙亚平	部　长	2009.12—
市场营销部	刘润发	经　理	2005.1—2008.3
物资供应部	冯　文	经　理	2005.1—2008.8
	缪　波	经　理	2008.8—
科技开发部	方茶华(女)	助理调研员(负责人)	2005.6—2006.12
投资管理部	罗丽珍(女)	部　长(兼)	2006.8—2006.12
财务管理部(投资管理部)		部　长	2006.12—
信息中心	冯　文	主　任	2008.8—

续表

部　门	姓　名	职　务	任职时间
审计部	曾　平	负责人	2006. 12—2007. 12
		部　长	2007. 12—
监察部	任用锴	部　长	2006. 2—2006. 12
		部长(兼)	2006. 12—2008. 9
	蒋　捷	副部长(主持工作)	2008. 9—2010. 2
		部　长	2010. 2—
政治思想工作部	聂江宁	副部长(负责人)	2008. 3—2008. 7
		部　长	2008. 7—2010. 3
	王洪宪	部　长	2010. 3—
综合计划部	张　菁(女)	副部长(负责人)	2008. 3—2008. 7
	何善懋	部　长	2008. 7—2009. 12
	刘一华	部　长	2009. 12—
经济运行部 (安全保卫部)	孙亚平	部　长	2008. 3—2009. 12
	廖新尧	部　长	2009. 12—
原料供应部	付武军	副经理	2008. 3—2008. 7
		经　理	2008. 7—
职业技能鉴定站	聂江宁	专职副站长(正处实职)	2010. 3—
董事会办公室	张志勇	主　任(兼)	2010. 7—
技术研发中心	缪　波	常务副主任(正处实职)	2006. 12—2008. 8
	王迪汗	常务副主任(正处实职)	2008. 8—
市场营销中心	赵明强	经　理	2008. 3—

直属单位

江西中烟公司所属5家卷烟生产企业,即:南昌卷烟厂、赣南卷烟厂、广丰卷烟厂、井冈山卷烟厂、兴国卷烟厂。

2010 年江西中烟公司直属单位

图 8-2-2

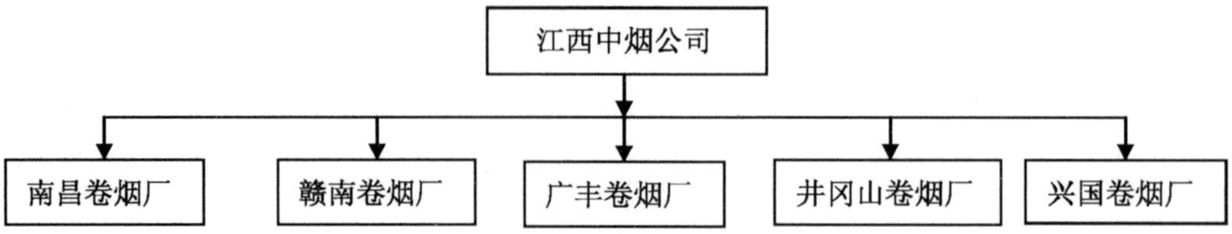

南昌卷烟厂

1990 年,南昌卷烟厂设职能科室 15 个、1 个公司和技改指挥部、10 个车间。

1991 年,老厂向新厂搬迁,1-4 车间设在蓼洲街老厂为粗支烟生产线,5-7 车间设在抚生路新厂为咀烟生产线。1995 年底,粗支烟生产线全部淘汰。

1997 年,南昌卷烟厂机构设置为 7 个车间、40 个行政职能科室。

1998 年,南昌卷烟厂精简机构,科级建制部门 21 个,分别为 6 个车间、14 个职能科室、1 个公司(销售公司,属副厂级建制),销售公司下设一室、一中心、二科(办公室、信息中心、省外销售科、省内销售科),并管辖南方卷烟经营 1-6 部及金圣超市。新成立的多种经营办公室主要管辖下属三产企业,金圣宾馆隶属厂办管辖,绿化公司隶属行政科管辖。部门人员由主业向三产企业分流,形成了企业多元化格局。

2005 年 12 月,由南昌卷烟厂、井冈山卷烟厂、兴国卷烟厂联合重组而成的南昌卷烟总厂正式挂牌成立。南昌卷烟总厂共设 19 个职能科室、4 个车间、2 个多元化公司(江西金圣文化传播有限公司、江西金圣实业发展有限公司)。

2006 年 12 月,南昌卷烟总厂与赣南卷烟厂、广丰卷烟厂合并重组,南昌卷烟总厂本部(南昌卷烟厂)设 4 个车间、21 个职能科室和 2 个公司(江西金圣文化传播有限公司、江西金圣实业发展有限公司)。

2007 年 12 月,江西中烟工业公司与所属南昌卷烟总厂合并为一个法人实体,南昌卷烟厂更名为江西中烟工业公司南昌卷烟厂。撤销南昌卷烟总厂财务部、技术研发中心、市场营销中心、信息中心。共设 18 个职能科室、4 个车间和 2 个多元化公司(江西金圣文化传播有限公司、江西金圣实业发展有限公司)。

2009 年 11 月,江西中烟工业公司南昌卷烟厂更名为江西中烟工业有限责任公司南昌卷烟厂。设有 18 个职能科室、4 个车间和 2 个多元化公司(江西金圣文化传播有限公司、江西金圣实业发展有限公司)。

2010 年 1 月,人事教育科更名为人力资源科。

2010 年南昌卷烟厂管理机构设置

图 8-2-3

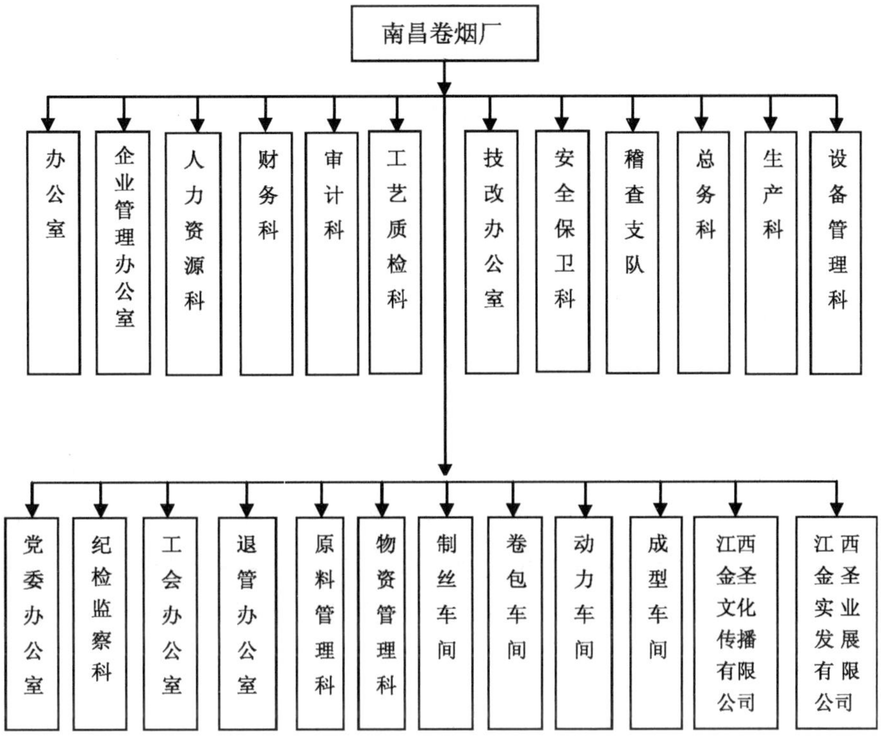

1991 年—2010 年南昌卷烟厂主要领导任职情况

表 8-2-4

部　门	姓　名	职　务	任　职　时　间
南昌卷烟厂	徐仲良	厂　长	1991. 2—1992. 5
	曾庆振	党委书记	1989. 3—1991. 2
	解少林	副厂长(主持全面行政工作,行使厂长职权)	1989. 3—1991. 2
	谌祖彬	党委书记	1991. 2—1995. 5
	彭志勇	厂　长	1992. 5—1999. 1
		党委书记	1995. 8—1999. 1
	郑　伟	厂　长	1999. 1—2005. 12
		党委书记	1999. 1—2003. 2
	王志彬	党委书记	2003. 2—2005. 12
南昌卷烟总厂	郑　伟	厂　长	2005. 12—2007. 12
	王志彬	党委主要负责人	2005. 12—2007. 12
南昌卷烟厂	王迪汗	厂　长	2006. 12—2008. 8
	张胜健	厂　长	2008. 9—
	叶华英	党委书记	2008. 9—

赣南卷烟厂

1991 年,赣南卷烟厂设厂长办公室、劳动人事科、教育科、监察科、审计科、企业管理办公室、综合计划科、技术改造办公室、基建科等 34 个部门。

1992 年,撤销安装队、联营办公室,设立动力车间。

1993 年 3 月,撤销综合计划科、销售科,成立赣南卷烟销售公司、生产计划科、翻盖车间。

1994 年,撤销企业管理办公室、教育科,企业管理办公室职能划入生产计划科,设立清产核资办公室、对外经济协作办公室、烟叶仓库办公室。

1995 年,增设安全科。

1998 年,增设赣南金叶股份有限公司、党群工作办公室、技术改造设备科、工艺质量科、第三产业办公室,赣南金叶股份有限公司为赣南卷烟厂下属企业。

2007 年,撤销销售公司、销售系统综合部、调拨储运部、省内市场部、省外市场部、品牌管理部、驻京办事处、工艺技术科、质量检测站,成立品质科、调拨储运科、销售公司留守办公室。

2008 年,撤销销售公司留守办公室、烟叶科、供应科,成立物资供应科,原烟叶科、供应科职能划归物资供应科;撤销调拨储运科、仓储科,成立调拨仓储科,原调拨储运科、仓储科职能划归调拨仓储科;撤销安全科、保卫科,成立安全保卫科,原安全科、保卫科职能划归安全保卫科。

2009 年,成立 16 个部门,原厂内设机构相应撤销。

2010 年赣南卷烟厂管理机构设置

图 8-2-4

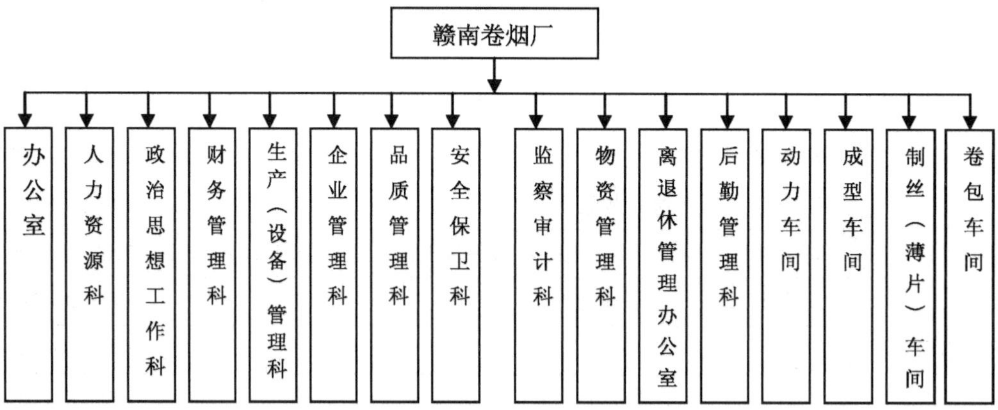

1991 年—2010 年赣南卷烟厂主要领导任职情况

表 8-2-5

姓　名	职　务	任　职　时　间
肖启裕	党委书记	1988. 5—1991
刘汉文	厂　长	1989. 7—1994. 1
江传峰	党委书记	1993. 3—1994. 2

续表

姓　名	职　务	任　职　时　间
李仲良	厂长、党委书记	1994. 2—1996. 3
罗建武	主持全面工作	1996. 3—1996. 7
	厂长、党委书记	1996. 7—1999. 2
黄　平	厂长、党委书记	1999. 2—

广丰卷烟厂

1988 年,江西广丰烟丝厂设立第一车间、第二车间、第三车间。

1991 年,江西广丰烟丝厂更名为江西广丰卷烟厂,第一车间更名制丝车间,第二车间更名卷接车间,增设包装车间,设立财务科,撤销供销科,分设供应科和销售科。

1992 年,设立总务科、保卫科、质检科、工艺技术科、计生办、烟叶科、设备科,撤销设备维修科。

1993 年,撤销销售科,设立销售公司;设立党委办公室、劳资科;成立广丰卷烟厂工会委员会;卷接车间、包装车间合并设立卷接包车间,增设动力车间、硬包车间。

1994 年,设立技改基建办公室、医务室、机修车间、薄片车间。

1995 年,厂办、党办合并办公,统称办公室。

1996 年 1 月,设立企管办、审计科、质检站、农务科(负责基地烟叶种植、生产、收购及基地建设工作),办公室与党委办公室分设,撤销销售公司,设立广丰卷烟产品购销总公司。

1997 年,设立微机管理中心、打假办、烟草科学技术研究所、贯标办。

1998 年,成立江西月兔集团有限公司,下设广丰卷烟厂。2001 年,设立月兔集团财务部、采购公开招标办公室、职工教育培训中心、整顿办,设立成型车间,撤销广丰卷烟材料总厂。

2002 年 1 月,组建月兔经济专修学院,设立法律顾问室、纪检人武科、投资管理部,设立党群工作部、人力资源部、清欠办,撤销党办、劳资科、整顿办。

2003 年,微机管理中心更名为信息中心。

2005 年,广丰卷烟厂上划为中央预算内企业,撤销广丰卷烟产品购销总公司,设立销售部。

2007 年,工艺质量科与科研所合并,设立品管科;撤销政研室,设立体制改革办公室,撤销硬包车间,并入卷接包车间。

2008 年,撤销销售部,设立储运科;撤销保卫科,设立安全保卫科;撤销技改办,设立基建科;撤销打假办,设立信访办;群工作部更名为党办,人力资源部更名为人力资源科,财务部更名为财务科,纪检人武科更名为纪检监察科。

2009 年,撤销农务科,并入烟叶科;撤销清欠办,并入财务科。

2010 年 5 月,医务室并入总务科归口管理,设立全员营销办公室,负责金圣品牌产品营销及品牌形象宣传推广、工商协同工作。

2010 年广丰卷烟厂管理机构设置

图 8-2-5

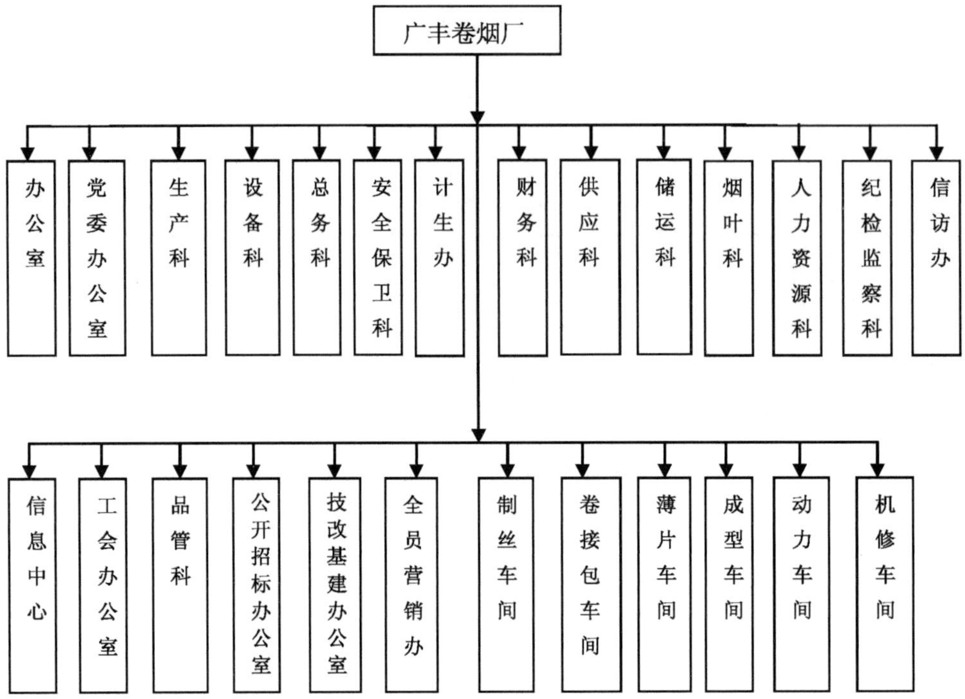

1991 年—2010 年广丰卷烟厂主要领导任职情况

表 8-2-6

厂　名	姓　名	职　　务	任　职　时　间
江西广丰烟丝厂	程时渭	厂长、支部书记	1990.12—1991.4
江西广丰卷烟厂	程时渭	厂长、支部书记	1991.4—1991.5
		支部书记(主持工作)	1991.9—1991.10
	周重明	厂长、支部书记	1991.5—1991.9
	管群良	厂长、支部书记	1991.10—1992.1
	汪德和	厂长、支部书记	1992.1—1992.3
广丰卷烟厂	汪德和	厂长、党委书记	1992.3—1996.11
	徐信国	厂长、党委书记	1996.11—1997.11
	梅志亮	厂　长	1997.11—1998.4
	汪德和	党委书记	1997.11—2000.12
江西月兔企业集团有限公司广丰卷烟厂	梅志亮	集团总经理、烟厂厂长	1998.4—2001.6
	杨　斌	集团董事长、总经理,厂长、党委书记	2001.6—2002.11
	余小斌	集团董事长、总经理	2002.11—2005.12
		厂长、党委书记	2005.12—2006.12
广丰卷烟厂	余小斌	厂长、党委书记	2006.12—2010.8
	徐辉广	党委副书记(主持党委工作)	2010.8—
	毛小东	副厂长(主持行政工作)	2010.9—

井冈山卷烟厂

1991 年，井冈山卷烟厂设六科一室三个车间。

1992 年，随着企业生产规模扩大，增设总务科、车队、烟叶科、销售经营部、企管科，生产车间分设卷接包车间、制丝车间、机电维修车间。

1993 年，调整优化部门设置，共有 14 个部门。

1994 年，为搞活企业经营，撤销销售经营部，成立卷烟销售公司。

1996 年，增设厂工会办公室、工艺技术科，卷接包车间分设为卷接车间、包装车间，生技科分设为生产科、技术改造办公室，动力车间改名为机修车间，车队调整为厂部办公室二级机构，增加广告信息策划科。

1998 年，增设党办、全质办、薄片车间、嘴棒车间，广告策划公司划归卷烟销售公司管理。

2000 年，撤销技改办，其职能划入设备科；撤销全质办，其职能划入企管科。

2001 年，重新设立广告策划科，撤销原隶属卷烟销售公司管理的广告策划公司；包装车间改名为包装一车间，硬盒车间改名为包装二车间，机修车间改名为动力车间；增设市场监察科（打假办公室）。

2006 年，重新调整内部组织机构，设置办公室、党群办等 21 个内部机构。

2008 年，实施内部组织机构调整和干部人事制度改革，通过新设和撤并调整为 14 个部门。

2010 年井冈山卷烟厂管理机构设置

图 8-2-6

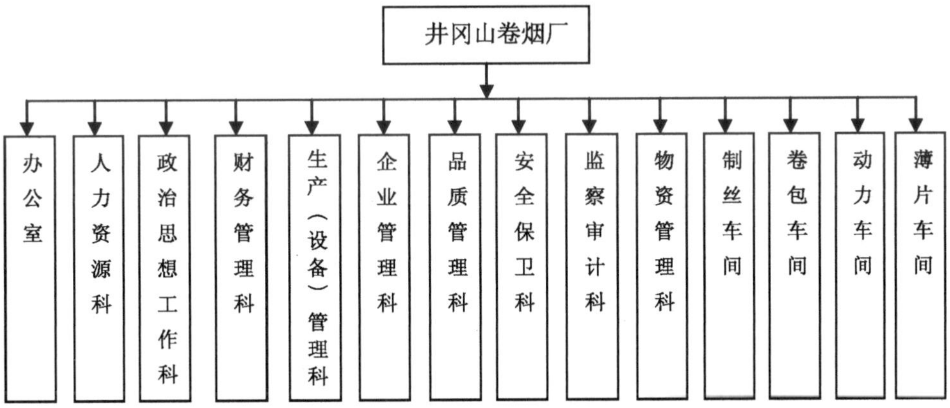

1991 年—2010 年井冈山卷烟厂主要领导任职情况

表 8-2-7

姓　名	职　务	任　职　时　间
刘祥庆	厂　长	1991.4—1996.6
	党支部书记	1992.6—1996.6
万华隆	厂　长	1996.6—2000.1
	党委书记	1996.10—2000.1

续表

姓　名	职　务	任　职　时　间
刘一华	厂　长	2000. 1—2009. 12
	党委书记	2005. 6—
任用镨	党委书记	2000. 1—2005. 1
刘沪明	副厂长(主持工作)	2009. 12—2010. 10
	厂　长	2010. 10—

兴国卷烟厂

1991年,兴国卷烟厂设办公室、生产技术科、财务供销科、制丝车间、卷烟车间5个部门。

1992年,增设工艺科,财务供销科拆分为财务科和供销科两个部门。

1993年,增设烟叶科、设备科、保卫科、销售科等13个部门。

1999年,增设党办、监察科、车队、动力车间、手工包车间等5个部门,成立销售公司下辖20个部门,原有部门一并撤销。

2000年3月,兴国卷烟厂实行公司制改造,成立江西客家实业有限责任公司,兴国卷烟厂成为客家公司下属企业,公司本部设置13个部门,销售公司设置18个部门,兴国卷烟厂设置生产设备车间、动力车间、制丝车间、卷接车间、硬包车间5个部门,原有部门一并撤销。

2004年12月,兴国卷烟厂上划为中央预算内企业,随后成立办公室、人事科等12个部门,其他部门撤销。

2009年,撤销党委办公室,增设政治思想科、监审科、全员营销办公室,全厂共有部门14个。

2010年兴国卷烟厂管理机构设置

图8-2-7

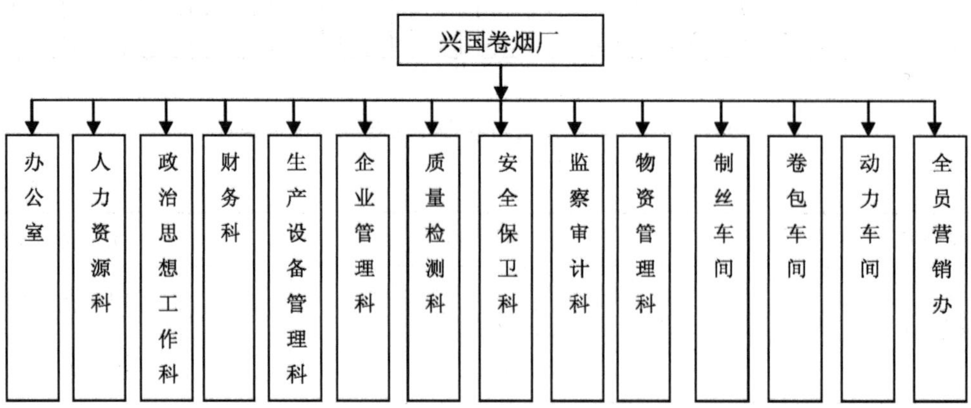

1991 年—2010 年兴国卷烟厂主要领导任职情况

表 8-2-8

厂　名	姓　名	职　　务	任　职　时　间
兴国卷烟厂	吕先富	筹建负责人、厂长	1991. 8—1992. 10
	周玄发	厂　长	1992. 11—1998. 7
	廖新尧	副厂长(主持工作)	1998. 7—1998. 8
		厂　长	1998. 8—2000. 3
江西客家实业有限责任公司	缪　波	董事长、党委书记	2000. 3—2005. 4
	廖新尧	总经理	2000. 4—2005. 4
兴国卷烟厂	缪　波	厂长、党委书记	2005. 5—2007. 12
	廖新尧	副厂长、党委副书记(主持工作)	2008. 1—2009. 8
		厂长、党委书记	2009. 9—2009. 11
	罗　飚	副厂长、党委副书记(主持工作)	2009. 12—2010. 10
		厂长、党委书记	2010. 10—

说明:2000 年兴国卷烟厂改制为江西客家实业有限责任公司。

第三节　体制改革

1984 年 1 月 1 日,经省政府批准,江西省烟草专卖局、江西省烟草公司成立,规格为正县级。1985 年 1 月,江西省烟草专卖局、江西省烟草公司上划中国烟草总公司统一管理,实行中国烟草总公司与省政府双重领导,以总公司领导为主的管理体制,省局名称不变,省公司改为中国烟草总公司江西省公司,实行一套机构,两块牌子,一直沿革至今。1986 年 11 月,省委将省局(公司)的级别提升为副厅级,并列为省政府直属局,1987 年 2 月,改为省计委协调管理。1994 年 3 月,国家局与省政府商定,明确省局(公司)为正厅级单位。

2003 年—2010 年,全省烟草经历工商分设后,分别实施工业体制改革和商业体制改革,重新构建全省烟草工业和商业体制。

烟草商业体制改革

2004 年,随着改革的深入,省局对省内生产经营实行全面监管职能不变,并确定县级烟草专卖局的主体执法地位;省公司对省内烟叶生产经营和卷烟经营宏观管理,确定市烟草公司为经营主体,取消县公司企业法人,设立××市烟草公司××营销部。

2006 年 10 月,国家局批准省公司建立母子公司,省公司是中国烟草总公司的全资子公司。省公司投资设立 11 个市级全资子公司,分别是江西省烟草公司南昌、九江、上饶、宜春、抚州、吉安、萍乡、新余、赣州、景德镇、鹰潭市公司。市级公司在县级行政区划内已设立的营销部作为市公司的分公司,对外称:××市烟草公司××分公司。

省公司工商注册的经营范围为:卷烟经营、烟叶生产经营、资产经营和综合管理等。主要从事资产经营和综合管理,指导、服务、协调、监管全省卷烟销售和烟叶生产经营,指导全省卷烟销售网络建设,对卷烟销售价格、品牌、库存、结构等进行宏观监测与质量监督,推广普及科学种烟技术,增强烟草自主创新能力。

卷烟工业体制改革

2003 年 11 月,国家局下发《关于成立江西中烟工业公司有关问题的批复》,决定成立江西中烟工业公司(简称江西中烟公司),并按照精简、统一、效能的原则设置内部管理机构,明确要求由江西中烟工业公司领导和管理所属卷烟工业企业,按照干部管理权限任免所属企业的领导班子成员,同时保留卷烟工业企业的法人资格和现行运行机制。

2004 年 8 月,国家局党组下发《关于成立江西中烟工业公司党组及干部任职的通知》,决定成立中共江西中烟工业公司党组。

2004 年 10 月 28 日,江西中烟公司在南昌正式挂牌成立。江西中烟公司共有 5 家卷烟生产企业,其中,南昌卷烟厂、赣南卷烟厂属于中央预算内企业,井冈山卷烟厂、赣南卷烟厂兴国卷烟分厂、广丰卷烟厂为地方自办企业。

江西中烟公司成立后,着手开展省内卷烟工业企业联合重组和体制改革工作。2005 年 5 月,南昌、井冈山、兴国卷烟厂在南昌签署联合重组协议;2005 年 7 月,国家局下发《关于设立南昌卷烟总厂重组江西卷烟工业的批复》,同意南昌卷烟厂更名为南昌卷烟总厂,南昌卷烟总厂与井冈山卷烟厂、赣南卷烟厂兴国卷烟分厂联合重组为一个企业法人实体,取消井冈山卷烟厂、兴国卷烟厂的法人资格,原井冈山卷烟厂、兴国卷烟厂成为南昌卷烟总厂的生产点,其产供销、人财物由南昌卷烟总厂实行集中统一管理。12 月,南昌卷烟总厂正式挂牌成立。

2006 年 7 月,省政府在南昌召开江西卷烟工业企业联合重组座谈会,专题研究南昌卷烟总厂与赣南、广丰卷烟厂联合重组有关事宜。9 月,南昌卷烟总厂与赣南、广丰卷烟厂签署合并重组协议书。12 月,国家局下发《关于江西卷烟工业企业合并重组和建立母子公司体制的批复》,同意南昌卷烟总厂与赣南卷烟厂、广丰卷烟厂合并重组为一个法人实体,保留南昌卷烟总厂的企业名称,取消赣南卷烟厂、广丰卷烟厂法人资格,原赣南、广丰卷烟厂成为南昌卷烟总厂的生产点,并明确江西中烟公司是中国烟草总公司的全资子公司,南昌卷烟总厂是江西中烟公司的全资子公司,正式构建三级母子公司体制。至此,全省 5 家卷烟工业企业重组为一个法人实体。

伴随着 5 家卷烟企业的联合重组,井冈山卷烟厂、兴国卷烟厂、广丰卷烟厂先后于 2003、2004、2006 年上划为中央预算内企业。

2007 年 12 月 12 日,根据国家局、总公司《关于江西卷烟工业企业管理体制改革的批复》,江西中烟公司与南昌卷烟总厂合并重组为一个企业法人实体,继续使用“江西中烟工业公司”名称,与中国烟草总公司构建二级母子公司体制,并于 2008 年 1 月 1 日正式运行。

2009 年 9 月，根据国家局、总公司《关于江西中烟工业公司更名改制和建立董事会的批复》，同意“江西中烟工业公司”依法更名改制为“江西中烟工业有限责任公司”（简称“江西中烟公司”），按照现代企业制度要求，建立董事会，设立监事，逐步完善法人治理结构。10 月 29 日，江西中烟公司举行揭牌仪式并召开第一届董事会第一次会议。

第四节　党的组织

全省烟草各级党组织始终坚持围绕中心抓党建，抓好党建促发展的工作思路，紧密结合新形势新任务，不断加强思想建设、组织建设、作风建设、制度建设、反腐倡廉建设、纯洁性建设，充分发挥各级党组织的政治核心作用、党支部的战斗堡垒作用和党员的先锋模范作用，积极履行经济、政治和社会责任，不断深化改革，持续推动发展，党的建设工作在继承中加强、在实践中改进、在创新中提高，有力推动了全省烟草的改革与发展。

组织建设

1990 年—2010 年，各单位党组织按照《中国共产党党章》《中国共产党党和国家机关基层组织工作条例》和《中国共产党基层组织选举工作暂行条例》等党的法规，坚持保障党员的民主权利、群众公认和民主集中制原则，坚持按时换届选举。建立和完善党员学习教育、党员管理、干部队伍建设、民主参与、联系群众、党建责任等工作机制，建立和完善三会一课、党组议事、党组民主生活会、谈心交心等制度。1998 年 6 月，井冈山卷烟厂荣获省委组织部颁发的“全省国有企业‘两个目标、一面红旗’表彰活动”先进基层党组织。

2007 年，省局（公司）机关党委提出把支部建在处室，凡是 3 名以上党员的处室均设立党支部。每年年底开展支部书记述职述廉，采取支部党员与基层群众代表评议相结合的方式进行；党员开展年度评议，采取自评与互评相结合的方式进行。全省烟草各单位党组织按照属地管理、上级单位党组织协助管理的原则，认真开展党务活动。

1991 年初，全省烟草共有党员 1282 人。2010 年底，全省烟草共有党员 3588 人，基层党组织 237 个。

学习教育

1991 年 5 月，开展基本国情与基本路线教育活动，重点对全省系统职工进行历史与国情、建设与改革、传统与使命教育。

1992 年—2010 年，省局（公司）成立党组中心学习组，党组书记为中心组学习组长。每季度组织一次党组中心组学习。采取岗位自学和集体学习相结合，封闭式学习和体验式学习相结合，专题讲座、观看电教片和讨论交流相结合，系统学习国内国际形势、领导方法和领导艺术、高新科技发展动态、经济、党建、政治学、管理学、法学等内容。学习期间，中心组成员交流学习体会，党组书记作学习小结。

1999年6月—2000年10月,在省委和国家局党组的统一部署下,全省烟草以讲学习、讲政治、讲正气为主要内容的“三讲”教育,以发扬延安整风运动精神为着力点,采取自上而下、分期分批的形式,通过党内批评和自我批评相结合的方式,开展了一次深刻的党性党风教育。1999年7月,省局(公司)机关作为第一批“三讲”教育单位,经过四个阶段,历时68天,党组和各支部共集中学习讨论115次。系统各直属单位作为第二批教育单位,于2000年5月开始,同年10月结束。这次为期1年多的教育活动,使广大党员干部提高了政治素质,加强了党性修养,端正了思想作风,进一步增强了在改造客观世界的同时改造主观世界的自觉性。

2003年1月,举办领导干部十六大专题学习班。同年11月,举办全省烟草处级领导干部“三个代表”重要思想专题研讨班,分两期进行,90余名处级领导干部参加学习研讨。

2005年1月—2005年9月,在省委和国家局党组的统一部署下,全省烟草开展共产党员先进性教育活动,活动分学习动员、分析评议、整改提高三个阶段进行,并开展了回头看活动,建立健全了保持党员先进性教育的长效机制。活动期间,共发放征求意见(函)表381份,召开座谈会27次,互相谈心935人次,征得意见321条,经认真归纳梳理分为8类41条。制定整改方案13份,个人整改措施84份,提出整改工作意见、措施共230余条。通过这次教育活动,进一步提高了基层党组织的创造力、凝聚力、战斗力,进一步改进了党员干部的作风,各级党组织和党员服务群众的行动更加自觉。

2005年,江西中烟公司开展“牢固树立国家利益、消费者利益至上的价值观”大讨论活动,引导全体员工牢固树立“国家利益、消费者利益至上”的思想。

2006年,江西中烟公司组织开展以“知荣辱、树新风”为主题的“八荣八耻”主题教育活动,通过向全体职工发出“知荣辱、树新风、促和谐”倡议书,印发“八荣八耻”座右铭,举办以“八荣八耻”为内容的专题学习讨论活动,撰写学习“八荣八耻”的心得体会,制作以“八荣八耻”为主题的宣传栏等多种方式,引导干部职工铭记和实践社会主义荣辱观,塑造文明意识,倡导文明行为。

2006年,江西中烟公司组织开展学习贯彻党章的主题教育活动,公司机关及5家卷烟厂分别举办一次专题讲座,每个党支部开展一次专题学习讨论活动,每位党员撰写一篇学习党章心得体会。

2007年,江西中烟公司开展“学十七大精神,促改革发展”专题学习,机关处级以上党员干部每人撰写2篇、党员撰写1篇以上学习体会文章。

2008年2月,省局(公司)举办处级干部学习贯彻党的十七大精神集中轮训班,分三期对全省烟草商业130余名处级干部(含调研员、副调研员)进行全脱产集中轮训。

2008年,省局(公司)机关举办8期处长论坛活动,就系统改革发展、行业政策落实、作风建设、党风廉政建设、提高机关干部素质和工作水平等方面进行研讨交流。

2008年5月—12月,在国家局的统一部署下,全省烟草开展创建严格规范、富有效率、充满活力的江西烟草主题活动。活动分四个阶段进行,对查摆问题做到逐一整改,重点解决了规范和活力的问题。

2008年10月—2009年8月,在省委和国家局党组的统一部署下,全省烟草商业和工业企业分两批开展深入学习实践科学发展观活动。活动分学习调研、分析检查、整改落实三个阶段进行。活动期间,召开各种形式座谈会,发放调查问卷和征求意见表900余份,废止24项不适用的规章制度。先后召开专题会议，分别对相关重点工作进行集中研究、落实。江西中烟公司机关153名党员公开承诺事项800项，各卷烟厂近1300名党员也做出公开承诺。通过此次活动，影响和制约科学发展的突出问题以及党员干部党性党风党纪方面群众反映强烈的突出问题得到有效解决。

2009年9月，省局（公司）召开专题会议，学习贯彻党的十七届四中全会、省委十二届十一次全会精神以及国家局局长姜成康在国家局党组理论学习中心组2009年第三季度集中学习时的讲话。

2005年—2010年，江西中烟公司坚持理论学习制度和"三会一课"制度，开展专题辅导教育和主题教育活动，举办专题报告会，各支部或部门也有计划地组织党员、职工开展学习教育活动。

2009年，江西中烟公司开展以提高员工素质、提高工作效率、提高工作水平为主题的机关建设年活动，以网上调查问卷的形式，向基层员工广泛征求意见，查找机关存在的差距与不足；组织全体员工结合节奏要快、标准要高、工作要实、状态要好的要求，对"三提高"内涵进行广泛深刻的学习讨论，明确努力方向。

2010年6月，根据省委的工作部署，全省烟草商业开展创先争优教育活动。活动期间，建立党员领导干部创先争优活动联系点制度，形成领导示范、上下联动、相互促进的活动氛围。

2010年，全省烟草商业开展创建学习型江西烟草活动，活动分四个阶段进行。组织广大干部员工认真学理论、学业务、学法规、学先进，兴起全员学习热潮，树立终身学习理念，提高了全体员工的思想、文化、业务素质。

1991年—2010年，全省烟草累计举办理论学习班150期以上，参加培训人数逾18000余人次，选派到党校参加理论学习的领导干部超过5000余人次。省局（公司）机关支部坚持每周一次学习，加强党员教育。

第五节　纪检监察

纪检、监察主要工作是维护党章、党纪，保证党的路线、方针、政策的贯彻执行；监督检查行政监察对象贯彻执行国家法律、法规以及行业重大决策、主要部署、改革措施、各项规章制度的情况；协助党组织加强党风廉政建设，开展党风党纪和廉政勤政教育，抓好党风廉政建设责任制的落实，对各级党组织及其班子成员进行党章范围内的监督；对行政监察对象和有关职能部门进行行政监察；受理对党的组织、党员和监察对象违法违纪行为的检举、控告；调查处理党的组织、党员和监察对象违法违纪案件与重大问题，按照规定提出处理建议，或者决定与取消对党员、行政监察对象的纪律处分；开展效能监察工作，履行监督职能，加强对权力运行的制约监督，重点加强重大问题决策、重要干部任免、重大项目投资决策、大额资金使用的"三重一大"方面工作监督，开展事前监督和过程监督，防止腐败现象发生，树立行业的良好风气。

廉政建设

党风廉政教育　1991年—1998年，廉政警示教育注重将日常教育和集中教育相结合，示范教育和警示教育相结合,定期组织干部员工观看《赌之害》《警钟》《忏悔》《慎交友警示录》《国有企业领导人员廉洁从业若干规定解读》《铁人》《远山》《警钟》等电影电教片,听取《预防职务犯罪》等党风廉政建设专题讲座,引导干部员工树立正确的人生观、价值观,筑牢干部员工反腐防变思想防线。深入推进惩防体系建设,大力开展党的宗旨、党纪条规、从业道德和行业形势等教育,各级纪检监察部门通过上廉政党课、签订廉洁承诺书、组织廉政约谈、进行廉政考试等形式,对履新干部、新录用员工开展入门式教育,对重点岗位干部开展提醒式教育,对重点工程参建人员开展约束式教育,组织宣传教育活动400余次,受教育人数达13000人次。

1999年,在"三讲"教育中,组织领导干部对照廉洁自律各项规定进行自查自纠,结合"三讲"进行党性党风教育,强化领导干部的廉洁自律。汇编《烟草行业领导干部廉洁自律手册》等读本,印发并纳入日常学习,形成自学常态。

2000年—2005年,结合中纪委查处的胡长清、成克杰等重大典型案件,在党员干部中开展警示教育,利用现实和身边事例进行反腐倡廉正反典型教育,开展算好经济、家庭、未来三本账的腐败成本教育,监察处派人在全省烟草巡讲。结合"三个代表"的学习,认真开展了致富思源、富而思进的学习教育活动,印发反腐警示录,狠抓党纪法规学习,增强了干部拒腐防变能力。

2005年—2007年,印发贯彻落实建立健全教育、制度、监督并重的惩治和预防腐败体系实施纲要的实施意见,明确反腐倡廉工作任务,加强党风廉政宣传教育工作。开展党章学习教育活动,聘请专家学者进行党课专题讲座,对99%以上的党员进行了党章知识测试和知识竞赛活动。开展"八荣八耻"教育和做党的忠诚卫士、当群众的贴心人主题实践活动,选派人员参加中纪委北戴河纪检监察工作业务培训。

2008年—2010年,各直属单位认真组织学习贯彻,并结合实际研究制定本单位建立健全惩治和预防腐败体系(2008年—2012年)工作规划的实施意见。专门组织1000多名党员干部开展党纪条规及三项法规(《中国共产党巡视工作条例(试行)》《关于实行党政领导干部问责的暂行规定》《国有企业领导人员廉洁从业若干规定》)知识考试。各直属单位主要负责同志带头上党课,受教育人数达13000余人次。各直属单位以"党风廉政建设教育日"、廉政文化月、演讲比赛、廉政文化展览等活动为载体,组织干部职工到监狱接受警示教育2000余人次,利用红色教育资源开展革命传统教育,节前发送廉政短信3800余条;通过活动造廉、进门观廉、基地育廉、网络传廉,探索廉政文化建设新平台,开辟党风廉政建设专栏,通过公司局域网刊登、更新廉政法规政策、案例分析、廉政研讨和廉政信息等,结合企业文化建设落地宣贯,推进廉政文化进机关、进基层、进网点,营造廉洁、祥和氛围。

领导干部廉洁自律　定期召开领导干部廉洁自律专题民主生活会,通过领导干部收入申报和个人重大事项报告,严格处级以上领导干部的配偶、子女及其配偶从业情况登记。围绕人、财、物、事四权,建立健全规章制度,建立健全红包上缴和上缴情况定期报告制度,特别是针对容易产生腐败的关键部位和薄弱环节,进行了机制制度创新,铲除腐败滋生的土壤和环境。

1994年—2004年,印发国有企业领导干部廉洁自律四条规定,对领导干部把经营、管理活动中收取的折扣、中介费、礼金据为己有,个人私自经商办企业以及利用职权为家属及亲友经商办企业提供各种便利条件等情况进行了检查。重点查处公款吃喝、娱乐等问题，对轻微现象进行及时提醒纠正，全省烟草未发现违反四条规定的严重问题。印发《“两烟”流通领域中违纪违法案件查处规定》，并根据规定对亏损单位领导实行责任追究。2000 年，全省烟草上交礼品礼金 21 人次，折合人民币 3.4 万元，拒收礼品礼金 26 人次，折合人民币 5.03 万元，有效制止了送礼歪风。2002 年，全省烟草拒贿 93 人次，折合人民币 43.72 万元。2004 年，开展专项治理领导干部违反规定接受和赠送“红包”工作，主动上交“红包”款人民币 2.26 万元。

2005 年—2008 年，根据《中纪委关于 2005 年元旦、春节期间严格遵守廉洁自律规定坚决禁止奢侈浪费行为的通知》，开展督促检查。经自查和抽查，未发现领导干部违反规定收送现金、有价证券和支付凭证的情况；未发现领导干部“跑官要官”的情况；未发现公车私用等情况。推行明示和承诺制度，规范廉洁从政和从业行为，开展签订廉政及规范经营承诺书活动，将廉政承诺书与员工劳动协议有机结合，承诺不搞人情烟和关系烟，不利用职权谋取私利等，全省烟草签订明示承诺 6000 余份，基本覆盖科级以上干部和涉及采购管理、财务管理、营销业务等重要岗位的职工。对违反承诺的，给予待岗或解除劳动协议，全省烟草共计待岗 5 人，解除劳动协议 12 人。2005 年，3 名干部主动上交人民币 19.5 万元，22 名干部拒收红包、礼品、礼金折合人民币 4.86 万元。

2009 年—2010 年，推行重大问题决策、重要干部任免、重大项目投资决策和大额资金使用等“三重一大”事项必须由领导班子集体决策。对领导干部个人重大事项报告、民主生活会、述职述廉、诫勉谈话和函询等制度的贯彻执行进行了监督检查。制定下发《实行领导干部及重要岗位员工问责的暂行办法》，对涉及重大决策、重要干部任免、重大项目安排和大额度资金使用等事项，不按规定程序和议事规则进行，造成严重后果等十六种情形的领导干部及相关责任人实行问责。下发《开展重点岗位廉政风险防范管理工作实施方案》，开始逐步建立以岗位为点、程序为线、制度为面环环相扣的廉政风险防控机制。江西中烟公司机关及各直属单位共 58 个部门、362 个工作岗位、67 道工作程序、514 名工作人员对应的岗位职责、权力事项、廉政风险点均被一一列出，并全部向职工群众公示。共梳理权力事项 1182 项，查找廉政风险点 2740 个，制定防控措施 3120 条，初步形成“风险定到岗、制度建到岗、责任落到岗”的廉能管理机制。江西中烟公司作为全省第一批 14 家廉政管理工作试点单位，在试点工作中取得的工作成效得到省纪委、省监察厅的肯定。

党风廉政落实　1991 年—2010 年，根据国家局党组和省局（公司）党组要求，全省烟草将党风廉政建设和反腐败工作目标管理考评全面纳入综合目标管理考评内容。每年年初制定年度党风廉政建设和反腐败工作目标管理责任考评方案，量化考核指标，与经济工作同部署、同检查、同落实、同考核。定期检查党员干部落实党风廉政建设的情况，评选党风廉政建设目标管理先进单位及达标单位。与下属单位签订党风廉政建设工作责任状，推行主要领导、分管领导、班子成员廉政建设一岗双责，实行党风廉政建设对经济工作的一票否决制，并将考核结果作为各级领导班子及其成员业绩评定、奖励惩处、选拔任用的重要依据，列入党政领导干部问责的重要内容。20 年来，各直属单位未发生严重违反党风廉政建设目标考评规定的问题，党风廉政检查没有出现“一票否决”单位或不达标单位，对于一般的违纪行为进行经济处罚或警告记过等处理。

责任追究　1991 年—2010 年，全省烟草共查处违纪案件 132 起，给予停职检查 5 人次、行政警告处分73人次、行政记过28人次、行政记大过处分21人次、开除党籍7人次、留用察看12人次、行政降级4人次、撤职13人次、开除16人次、责任追究22人次。其中,因卷烟体外循环和违法经营处理112人次,违反财经纪律行为处理29人次,贪污受贿和收受礼金处理7人次,妨碍社会管理秩序处理5人次,侵犯党员公民权利处理人员2人次,失职渎职行为等处理29人次。

效能监察

通过办事公开、管监一体化和效能立项,实施效能监察,促进烟草行业科学决策,严格管理,督促部门认真履行职责,改进工作作风,提高办事效率。管监一体化主要是明确"两烟"生产经营和管理岗位工作人员职责和流程,根据职责和流程实施监督管理,纪检监察部门对主要环节和重要流程进行再监督管理。重点开展"两项检查"和"三重一大"事项监督,主要涉及物资采购管理、干部人事管理、宣传促销管理、重大工程项目四类监督工作。2004年6月,开始在销售、专卖、烟叶和财务领域进行试点。2006年,将销售、专卖、烟叶、财务四个领域的管监一体化规范性文件汇编成册,在11个地市局全面推广。同时,在景德镇、宜春市局(公司)开展人事用工、内部综合管理管监一体化试点。2007年,推广人事用工和内部综合管理管监一体化试点工作,确立为管监一体化落实年,继续深入开展管监一体化和公开办事工作。

办事公开　2002年以来,全省烟草开展厂务企务公开、物资采购公开活动,强化源头预防和腐败治理力度,成立网上审批和电子监察系统项目建设领导小组,推进办事公开制度建设和权力阳光运行。健全工作流程,完善烟草行业公开办事实施办法,实行决策结果、财务收支、物资采购、基建工程项目和人事用工等公开,按照定公开内容、定公开时间和定公开形式的"三定"要求,每季对办公费、招待费、电话费和车辆运维费采取上网张榜等形式公示,公布监督举报电话,纪检监察参与监督。对于应当公开而未公开的单位,由省局(公司)牵头部门进行提醒,督促改正,未及时改正的全省烟草通报,年终考评扣分;对于虚假公开的,直接在全省烟草通报,让职工知企情、议企政、务企事,提高企业经营和内部管理的公开透明度。

销售管监一体化　确定卷烟品牌引入、采购、进出库、访销配送和货款结算为销售监管一体化工作重点,实行过程控制,确定各部门岗位职责和操作流程,按职责区分责任,细化流程,哪些权力可用,哪些权力不可用,在实际工作流程中固化。如选择宣传广告合作伙伴,要有市场采购部和品牌宣传部等2个以上部门认证,在选择过程中市场采购部和品牌宣传部参与洽谈,对洽谈记录备案,确定基本意向后经主要负责人审批,签订合同。省外烟的采购要有2个以上部门参与;卷烟进出库、访销配送要填写商情簿、录入电脑,进行痕迹化操作,货款由两个以上人员结算签字,日清日结,建立流程清晰、相互制约、相互监督的过程化管监模式。通过团队之间的沟通协作,使营销人员权力行使公开化和过程化;通过团队成员之间的相互制约和相互监督,杜绝暗箱操作。纪检监察部门作为再监督者介入对宣传广告合作、卷烟销售等重点环节、重点岗位的督查,确保管监一体化流程执行到位。2004年—2010年,通过一体化监督规范经营14次、卷烟销售网络建设9次立项监督,对过程痕迹化记录跟踪,逐步实现卷烟销售规范化、标准化、效率化,建立健全销售经营管理职责流程制度,实现卷烟销售利税每年呈两位数的增长。

专卖管监一体化　2004年设置专卖举报投诉、烟叶收购、市场执法、证件管理、案件查处和罚没财物为关键工作流程,明确专卖不同岗位的工作职责和流程要求,结合过程管理和业绩考核,对烟草专卖管理人员进行管理监督。如案件办理人员在接到举报电话或检查后,首先需进行现场勘验,进一步调查取证确定是否立案或撤销终结,在当事人陈述申辩后提交领导审批,依据案情做出处罚决定,送达当事人,执行处罚决定后结案归档。专卖管理人员对本辖区卷烟经营户的持证、亮证和守法经营情况进行日常监督检查必须亮证,发现违法行为应做好检查勘验记录和清点扣押,询问笔录和抽样取证必须严格程序要求,对违规行为由管理人员或上级部门及时纠正,在全过程纪检监察部门实行再监督,并按季度对专卖管理关键环节、重点岗位、重要权力运行点进行再监督检查。2004年—2010年,对专卖市场执法管理一体化监督8次,对查处罚没烟一体化监督2次,专卖执法程序进一步严格清晰,罚没烟处理也更加公开透明化。

烟叶管监一体化　明确烟叶种植计划落实、烟用物资供应、扶持政策、收购、调拨、资金和生产基础设施建设为烟叶生产关键环节和重要流程监管内容。细化岗位职责、流程、监督管理和实施办法。如烟叶种植首先由烟草公司下达计划指标,按计划落实面积,县营销中心与种烟农户签订产购合同,坚持合同种植,按种植合同和实际收购量兑现扶持政策;烟用物资统一实行公开采购,由省农用物资公开采购委员会或分公司阳光采购小组确立大宗烟用物资采购的供应商、品种、价格和数量,烟技员根据种植合同,具体负责烟用物资供应到户工作,纪检监察部门进行监督;烟农须凭烟叶产购合同交售烟叶,严禁烟叶收购站收购无合同和超合同的烟叶,严格执行合同调拨,坚持原级原调,对烟叶生产经营资金和费用实行预算管理,县营销中心自主使用,分公司监督,不得超越权限进行预算外开支,实行烟叶基础设施建设项目申报审批制,严格烟叶生产基础设施建设项目实施过程的监管审计,纪检监察部门对烟叶生产过程中主要环节和重要流程进行再监督管理。2004年—2010年,对烟水配套工程一体化监督12次,对烟叶生产经营资金和费用管理立项监督6次,建立健全烟水配套工程招投标专家库,完善制度8个,实现中标价与预算价资金节余1000余万元。

财务管监一体化　确立预算管理、财务报销、现金管理、收入资金入账、大额资金支出、担保抵押、票据与印鉴管理等7个重点环节,设置财务管理关键岗位权限和责任,明确审批权限。如财务报销流程首先需领导授权或预算,再提交报销凭证,经过初审确认,由会计审核票据,签批后才能付款。主要领导作为公司财务第一责任人行使审批权,同时对年度财务预算执行情况、资金安全情况、公司财务活动及财务管理监督执行情况等进行监督;财务科长行使审核权,对公司财务收支凭证的合法性、完整性负责,同时对单位领导、会计、出纳的财务活动进行监督;会计人员行使初审权,出纳主要对财务科长和会计的财务活动进行监督,对审批手续不齐全的报销单据有权拒付,对于存在违反财经法律法规的行为及时向科长、领导和有关部门报告,形成管理闭环、过程受控、相互制约。纪检监察部门对财务管理关键环节、重点岗位、重要权力运行点进行再监督检查。2004年—2010年,对财务规范管理一体化监督8次,费用管理一体化监督11次,建立健全财务预算审批制度,规范财务岗位管理人员工作流程,消除了账外账现象。

人事管监一体化　坚持纪检监察部门对干部考核选拔的全程监督,严格执行拟提任干部廉政考察制度，坚持领导干部任前廉政谈话、述职述廉、诫勉谈话和执行个人有关事项报告等制度。明确干部选拔任用、专业技术资格评审聘用、劳动用工、工资分配、教育培训、员工招聘和绩效管理等作为人事监管一体化的关键环节和重要流程内容。细化岗位职责、流程、监督管理和实施办法，纪检监察部门对人事劳资工作中主要环节和重要流程进行再监督管理。如员工招聘则根据上级批示进行，发布公示招录条件，报名后初审，再进行笔试、面试和体检程序，干部选拔任命遵循民主推荐、民主测评、组织考察、党组集体讨论、任前公示和组织任命程序，逐步推广公开竞争上岗，对拟任职务等进行考察及任前公示，针对干部选拔任用工作特点，规范干部任免监督8条签署意见，与人事部门一同考察，签署意见，公布监督举报电话，接受群众监督。同时，工资分配和绩效管理等都有相应程序要求，纪检监察部门进行监督，未按流程开展工作的，及时纠正并给予相应处理。2006年—2010年，对人事用工分配一体化监督5次，队伍管理建设一体化监督2次，完善公开选拔和招录制度7个，规范了人事审批监督流程。2007年—2010年，全省烟草共开展领导干部任前廉政谈话638人次、诫勉谈话59人次、领导干部述职述廉2077人次，党员领导干部执行个人有关事项报告制度1685人次。2010年开始，监察部门参与直属单位后备干部集中调整及领导班子年度考核专项工作，当年对2009年以来各直属单位提任干部工作进行群众满意度测评，对146名拟提拔干部进行了廉政审核，纠正了个别单位突击提拔干部和选拔程序不规范等问题。

综合管理管监一体化　逐步推行物资采购公开招投标工作。明确物资采购、工程建设、车辆管理、服务采购为综合管理重点内容，对易发生问题的岗位、重要权力点明确职责、流程并建立制度加以监督。管监一体化领导小组、物资采购领导小组和纪检监察部门作为监督部门，制定完善招标、采购活动廉政监督实施办法和责任追究管理办法，规范烟机零配件、宣传促销物品、车辆、烟用物资等采购流程，加强对采购的监管，严格执行询价制度、责任追究制度、外部监督机制，形成事先控制、事中监督、事后检查的监管机制。明确规定10万元以上的基建工程实行公开招标，10万元以下的维修基建工程要采价议标，工程结算等纪检监察部门参与监督，聘请与设计方无利益关系的第三方审核评估。如招标采购在“三项工作”管理委员会批复后，承办部门在招投标项目启动前填报事前、事中、事后监督表，由监察部门牵头组建廉政监督工作小组，监督小组派人参与采价、抽取专家和招投标现场监督，对过程和结果进行监督记录。车辆管理监管流程分车辆预算、配置、更新、购置审批、日常使用、维修、费用管理、旧车处理和事故管理等9个方面，细化重点监管流程和监管内容，适时由纪检监察部门组织再监督检查。2006年以来，对内部综合事务管理一体化监督14次，对车辆管理一体化监督11次，公车私用问题得到逐步解决。2008年起，执行《烟草行业招标采购活动廉政监督工作暂行规定(试行)》，开始加强对物资采购、信息化建设维护、管理咨询等项目招投标工作的监管，当年参与招投标、竞争性谈判以及询价比价共80余次，进一步理顺采购流程，合理分解采购权，累计降低采购成本210余万元。2009年开始，建立健全内控机制，将采购申请、合同签订、合同执行、物料验收、款项支付等5个岗位相分离，实现“需求的不询价、询价的不谈判、谈判签约的不付款”，形成监督闭环，全年节约采购资金470余万元。2009年，江西中烟公司专门抽调纪检、审计、财务人员组成效能监察工作小组，对市场营销中心部分重点销区开展了为期2个月的专项检查，重点检查宣传促销活动执行、物料管理使用和销售费用开支情况，通过查阅原始凭证、记录以及谈话了解、现场核查等方式,发现宣传促销方案存在“先执行后审批”和宣传物料出入库台账记录不符等问题27项,下达整改建议书,涉及9条建议,限期予以整改;并对个别营销人员违纪问题进行处理,挽回经济损失。2010年,开始推进烟用物资采购分权制衡、阳光采购,执行采购与管理相分离,采购信息、程序和结果三公开,实现对采购活动全过程闭环监督。当年,拉线、内衬纸、商标纸等资金量大、用量多、比重高的烟用物资开始公开招标,通过公开招标、比质比价节约采购资金1700余万元。2010年,加大对广告宣传促销工作的监督检查,当年开展营销工作督导巡查20余次,检查宣传促销项目115项,及时发现和纠正了个别销区在人员管理、物料使用、制度执行方面存在的问题。根据国家局《关于加强烟草企业宣传促销管理的意见》,对50万元以上宣传促销品采购和服务采购项目公开招标工作进行严格把关,规范决策和运行过程,完善宣传效果评估机制,健全促销品收、发、存台账,当年参与监督宣传促销项目招标谈判87项,保证宣传促销费用的有效使用。2010年通过公开招标采购节约资金3800余万元,每年通过物资采购监督与预算相比节约资金达8%以上。

重大工程管监一体化 加强重大工程项目的监管,相继出台项目管理、预算管理、合同管理、工程监理管理、监督检查、工作报告等制度,形成业主、施工、监理三方相互制约、相互监督的廉政责任体系,初步建立项目决策、实施、监督的规范运行机制。2008年,江西中烟公司针对南昌卷烟厂烟叶仓库改建项目和技术研发中心金圣香精提炼中心项目等重点工程,从项目立项审批开始参与监督,专门成立项目监审组,聘请第三方对设计方案进行评估,对项目概算进行审计,仅精提中心项目就核减概算183万元。并设立履约保证金和资金共管账户,加强对工程材料收管用流程的监管,加强对材料质量和监理单位的监督。2009年,印发工程建设、技术改造项目管理办法(试行),按照谁主管谁负责的原则,落实项目责任制;明确管理权限、管理机构与职能、实施单位职责、管理内容和程序。当年,重点对金圣香精提中心项目开展专项检查,从项目设计、招标、合同、付款、验收等环节进行全方位、多角度的监督,通过聘请无利益关联的第三方对工程设计方案及造价概算进行审核评估,共核减概算269.15万元,对设计漏项及不合理设计提出修改和完善意见,优化设计方案,预防了招标后中标方因合同变更追加合同款的风险。并通过将第三方审计结果进行延伸,作为招标拦标价,防止了围标、串标哄抬价格的行为,共节约资金69.28万元。

2010年,江西中烟公司印发《重大技改项目工程廉政监督实施细则》,加大对100万元以上大额工程投资项目的监管,建立“基建办+监督小组+专业公司”的管理模式,对重大工程设计、招标、施工、付款、验收等各环节进行全方位、多角度的监督,当年纪检监察部门参与重大工程监督12项,涉及金额1360万元,节约建设资金64.25万元。南昌卷烟厂通过将第三方监督进行延伸,聘请专业工程管理公司对方案设计、招标拦标价、隐蔽工程、进度质量等进行再监督、再控制,实现对工程的全程掌控。

效能立项 2000年起,全省烟草开展效能监察立项工作,主要集中在专卖管理、烟叶生产、卷烟经营、人事用工、资金管理、工程建设、宣传促销、生产成本、物流运输、资产处置、物资采购、车辆管理、费用管理、烟箱管理等事项,各单位结合实际选取重点工作进行立项监察,设立领导机构,跟踪记录,提出改进建议,督促整改落实,堵塞管理漏洞,降低廉政风险。2000年—2009年,效能监察累计节约资金和费用7400余万元,并对全省烟草效能监察成果进行汇编印发给各单位。

2000年共收集汇编成果报告30篇,涉及规范经营的8篇、基建工程2篇、财务3篇,赣州市通过规范经营管理效能监察立项,销售收入同比增加475万元,增长55%,费用支出减少25万元,同比下降20%。

2001年共收集汇编成果报告31篇,涉及物资采购处置的4篇、车辆管理4篇、基建工程3篇、经营管理6篇,南昌卷烟厂对规范废旧物资管理立项监察,实现废旧物资管理的规范化,为企业创造利润12万余元。

2002年共收集汇编成果报告39篇,涉及网络建设的7篇、基建工程4篇、车辆管理4篇、财务3篇,宜春市通过直属局网点模式改革立项监察,实行科学划分路线,交叉挂钩考核等,卷烟市场占有率达到85.4%,同比增长10.3%,销售毛利增长57%。

2003年共收集汇编成果报告24篇,涉及生产经营的5篇、物资采购4篇、基建工程3篇、财务2篇,全省专卖管理进一步标准化,财务管理进一步制度化,物资采购进一步公开化,全年节约成本600多万元。

2004年共收集汇编成果报告20篇,涉及物资采购的6篇、规范管理5篇、用工管理2篇,九江市通过规范物资采购立项,建立健全规章制度,明确职责程序,节约采购资金32万余元。

2005年共收集汇编成果报告31篇,涉及内部管理的11篇、基建工程1篇、物资采购3篇,南昌烟厂针对企业资金管理、物资采购、建设工程的薄弱环节和突出的问题,实施效能监察;60万元在峡江、石城、万安等革命老区建起3所“金圣希望小学”。赣南卷烟厂开展卷烟商标印制专项效能监察,通过公开招标采购,节约资金572.28万元。上饶市局通过机关效能建设立项,建立行风建设责任制,行风测评满意率由77.33%提升到92.4%,排名由倒数第4名移到第14名。

2006年共收集汇编成果报告25篇,涉及费用管理的8篇、基建工程2篇、队伍建设2篇、物资采购1篇,赣南烟厂选取涉及职工利益的关键节点进行立项,对职工宿舍水管改造工程开展专项效能监察,节约企业财务费用96万元,萍乡市局以车辆维修和招待费管理为切入点,抓建章立制及跟踪管理,招待费列支比预算减少42万元,维修费列支比预算减少26万元。

2007年共收集汇编成果报告26篇,涉及基建工程的7篇、规范管理4篇、专卖执法3篇,景德镇市局通过对物流中心建设工程监督立项,健全完善基建办和工地会议制度,严把工程质量和采购关,装修工程铝塑板每平方米报价降低60元,砂浆平地坪每平方米报价降低100元,直接为企业节约40多万元。江西中烟公司围绕工程项目、成本控制、预算管理等重点领域效能监察18项,通过招投标、议标、比质比价等方式,共节约生产和采购成本860余万元。

2008年共收集汇编成果报告24篇,涉及基建工程6篇、内部管理3篇,围绕重点工程、宣传促销活动、物资采购和废旧物资回收等重点领域效能监察18项。德安县局通过对县局投资860万元的综合业务大楼进行立项监察,完善工程进度和付款等环节监督,仅内部装修工程就节约资金10万元。江西中烟公司设立招标办、询价小组,理顺采购流程,合理分解采购权,全年参与招投标、竞争性谈判及询比价80余次,累计降低采购成本4700余万元。

2009年共收集汇编成果报告34篇,涉及专卖行政执法的5篇、基建工程3篇、费用管理3篇、物资采购3篇,开展重大工程项目、物资采购招标、广告宣传费用等重点领域效能监察18项。江西中烟公司发现违纪违规问题 2 件，提出改进管理建议 42 条，建立健全企业内控制度 33 项，避免和挽回经济损失，节约资金近 200 万元。鹰潭市局通过规范执法行为立项，规范法律文书制作和执法过程监督，查获违规卷烟 2303 件，同比增长 6%，收缴罚没款 37.92 万元，同比增长 12%。

2010 年，开展基建维修、制度执行、物流运输、招标采购等重点领域效能监察 18 项。严肃查办废品废料处置中失职渎职行为，查处违规人员 2 人，挽回经济损失近 200 万元。

专项活动

小金库治理　1994 年，全省烟草全面清理小金库，各单位主要负责人作书面承诺，在自查的基础上由省局(公司)组成检查组对各单位财务往来账目、固定资产管理、大额资金支出、废旧物资处置、专卖罚没款等进行检查，重点检查金额较大的会议费、劳务费和咨询费开支情况，并对行政乱收费、卷烟过境收费和停薪留职人员等三个方面进行专项清理，逐渐形成长期治理机制。全省烟草共开展小金库治理 6 次，2009 年，3 个单位自查出违规金额 168.3 万元，对涉及的问题和金额及时进行了纠正。因小金库与企业参股入股结合紧密，全省烟草同时开展清理与烟草主业有关联的多种经营企业参股入股工作，共计清理股金 896.71 万元。

专项清理　1997 年—2001 年，对全省烟草进行统一督查，由省局(公司)纪检监察部门牵头，检查全省烟草职工私欠公款和赊销货款、乱开具保证金和滥用牡丹卡等问题。对 1997 年发生亏损的单位进行重点检查，发现问题及时处理，扣罚本人和担保人的全部月收入，对不严格执行规定的及时纠正，通报相关工作情况。全省烟草对 1997 年—2001 年发生亏损的 18 名市县企业领导实行责任追究，分别给予记大过、记过或警告等处理。

行风评议　2007 年—2008 年，根据省委省政府工作部署和烟草行业自身发展实际要求，省局(公司)制定专项纠风活动的实施意见和民主评议政风行风工作实施方案，落实专项纠风活动要求，在销售、专卖、烟叶窗口领域开展纠风工作，对三个窗口工作人员的工作进行全过程监督。重点检查直属单位开展行风建设情况，并在行业进行通报。参与省政府纠风办、省广播电台联合举办的“政风行风热线”节目，现场解答咨询和投诉，提升行业形象。

2007 年在全省民主评议政风行风工作总结表彰电视电话会上，省局(公司)受到省政府通报表彰，并被授予“2007 年全省民主评议政风行风工作优秀组织奖”。萍乡、鹰潭、景德镇市局(公司)同时被授予“2007 年全省民主评议政风行风人民群众满意的行政管理部门”荣誉称号。

2008 年，省局(公司)民主评议政风行风工作在全省 56 个被评单位和行业中名列前 10 名，在 19 个行政执法单位(行业)中名列第四，被省政府授予“2008 年全省政风行风建设先进单位”。

机关效能　2009 年根据省纪委和省局(公司)党组工作部署，全省烟草各级机关参与效能年活动，对机关工作人员在行使职权、组织和管理活动中履行职责情况及其工作效率、效果、效益进行监督检查，促进机关改进作风，提高工作效能。参与“政风行风热线”节目 24 次，向有关单位和部门发出征求意见函 1600 余份，印发宣传资料 20 余万份，被各类媒体采用信息稿件 1549 篇。通过效能年活动的实施，各级机关建立健全了岗位责任制和服务承诺制，坚持因事设岗，明确岗位职责任务，凡是涉及基层、外单位和群众利益的事情一律优先处理,凡是来机关办事的都做到热情接待、细心解释、诚心帮助,并完善投诉渠道,公布电话和邮箱,群众办事更为方便快捷。在全省机关效能年综合考评中,省局(公司)综合考评成绩在全部参评行政执法单位中列第5名,获得了省委省政府通报表彰。

创业服务年 2010年,响应省委省政府的号召,积极开展创业服务年活动。省局(公司)为切实转变工作作风,提出以服务创业、富民兴赣为主题,以服务卷烟工业企业、卷烟零售户、烟农和消费者为重点,以打造最优发展环境为目标。将工作任务细化分解,落实到具体的工作岗位,认真参加"百千万"内设机构测评活动,专卖处、烟叶处作为服务创业的窗口部门,实行限时办结制和首问负责制、一次性告知制、AB岗制,向社会发布了公开承诺,承诺优质高效服务、行政审批时间缩短30%,主动接受社会各界的监督。按时认真核查省效能办批转的督办函并及时予以反馈,编发创业服务年活动简报,推动活动的深入开展。省局(公司)荣获"2010年全省创业服务年活动单项工作先进单位"称号。

第六节 员工队伍

全省烟草在职员工队伍分为在册员工和聘用员工,主要来源是烟草公司组建时的员工包括原工业卷烟厂实行公私合营时的员工、原副食品公司和供销社负责卷烟、烟叶购销业务人员,历年招收的工人,统一分配的复员退伍军人、大中专毕业生和补员顶替等。1991年,全省烟草共有在职员工5921人。至2010年,全省烟草共有在职员工13467人,其中,在册员工8908人、聘用员工4559人;商业企业有在职员工8704人,其中,在册员工4145人、聘用员工4559人,工业企业有在职员工4763人,其中,在册员工4523人、聘用员工240人。

员工管理

在册员工 1993年,省局(公司)制定《江西省烟草系统劳动人事管理规定(试行)》,明确新进干部的招录渠道,即:按计划规定成建制划转人员,国家统配人员(大中专、技校毕业生)和接收复、退、转军人。各级烟草机构组建以来,经省局(公司)统一规划与安排,在系统内的招工指标中逐步解决了大部分员工待业子女的劳动就业问题,1993年为员工开辟子女优惠委培大中专学生的渠道,有14名考生被录取。特别是1994年集中分两批为1232名符合招工条件的待业子女办理了全民制招工手续。

1995年,国家教委发布《关于1995年进行普通高等学校招生和毕业生就业制度改革的意见》,高校应届毕业生就业由国家统配向自主择业过渡。全省烟草根据这一政策,开展高校应届毕业生的自主招录,按照"凡进必考"的原则,通过考试选拔录用新进人员。

2004年,全省烟草商业企业招录高校应届毕业生48名,其中,硕士研究生2名。

江西中烟公司成立后,录用新员工的途径主要有两种,一是根据政府计划接收安置的复转军人,二是通过考试录用的高校毕业生。在复转军人接收安置方面,每年都积极与省军转办和安置办协调,在充分考虑公司实际的情况下合理确定安置计划,并按照“凡进必考”要求组织岗前培训资格考试。经考试合格后,安排到湘潭烟草学校进行岗前培训,取得岗前培训合格证书后方可安排上岗。在高校毕业生录用方面,坚持“进出平衡”原则,根据岗位需求确定每年的录用计划。江西中烟公司统一组织笔试,各卷烟厂分别组织面试,笔试和面试成绩汇总后,按成绩从高到低排序确定录用人选。

2007 年 1 月,江西中烟公司印发《管理体制改革阶段员工调入、借用、聘用及其薪酬的暂行管理办法》。

2008 年 6 月,江西中烟公司印发《加强借用员工管理工作暂行办法》,明确借用员工在借用期间,编制、劳动工资关系和党、团、工会组织关系保留在原所在单位,由原所在单位人力资源等相关部门统一管理,党、团、工会临时组织关系转入借用单位,并明确借用员工与公司编制员工享有同等政治待遇,以同等条件参与公司或借用单位组织的评优评先、岗位竞争、职称评定、绩效考核等;同时,按照科学考核、严格管理、动态管理原则,借用员工与公司编制员工同样实行岗位管理,参与公司有关部门定期考核,对年度考核评定为不称职的借用员工,退回原所在单位。

2008 年 7 月,江西中烟公司印发《关于职工带薪年休假指导意见》。

2009 年 3 月,江西中烟公司印发《关于加强所属卷烟厂人事等重要岗位干部任免管理的通知》,对各卷烟厂人力资源科、财务管理科、监察科、审计科等部门的科长、副科长任免实行报批备案制度。

2009 年,全省烟草商业企业招录的 99 名本专科毕业生全部经统一考试择优录用,31 名退复军人全部参加国家局组织的招录考试。

2010 年,省局(公司)仍然拿出部分招录计划安置在册员工子女高校毕业生和复退军人,其中,高校毕业生按 60%的比例实行统一招录、统一分配,但以后逐年降低比例,增加社会公开招录比例,退复军人则按照《兵役法》规定的政策进行安置。同年,全省烟草商业企业录用的 115 名本专科毕业生和 48 名退复军人,分别参加省局和国家局组织的招录考试。

聘用员工　全省烟草商业企业自各级公司组建以来,双轨制用工形式一直客观存在,2010 年,聘用员工占员工总人数的 52.4%,聘用员工为全省烟草商业企业的发展做出了积极贡献,但在福利待遇、职业晋升等方面一直处于相对弱势的地位,全省烟草商业企业自上而下不断在政策范围内出台相关优惠政策,逐渐改变这一局面。

1996 年,全省烟草推行劳动合同制,将聘请和雇用的计划外用工、临时工、临时农民工、季节工等纳入劳动合同签订范围,充分保障其劳动权益。当年 10 月底前,全省烟草各级用人单位与所有在职员工签订劳动合同。

2003 年,省局(公司)制定《聘用人员劳动工资管理暂行办法》,明确聘用员工的工资由基本工资和浮动工资组成,基本工资应小于浮动工资且不低于当地最低工资标准;用人单位应当为聘用员工办理社会保险。省局(公司)的历次分配制度改革均体现向一线员工、聘用员工倾斜的趋势。

2008 年,全省烟草实施用工分配制度改革,将岗位分为管理类岗位、专业技术类岗位、生产操作类岗位、业务类岗位以及服务类岗位等五类。管理类综合管理序列实行以年薪制为主要内容的薪酬管理,管理类专业管理序列、专业技术类各序列、生产操作类各序列、业务类各序列岗位实行岗位绩效工资制,服务类岗位实行与当地劳动力市场工资指导价位相衔接的协议工资制。全省烟草商业企业逐渐按照岗位而非用工编制形式来确定工资收入。

2010年,省局(公司)制定《继续深化用工分配制度改革的意见》,明确聘用员工收入增长幅度要大于在册在岗员工增长幅度;打破身份界限,力争通过3年的时间,达到市级局(公司)副科级岗位任职人员聘用员工占5%以上、县级局(分公司)股级岗位任职员工聘用员工占20%以上。当年,新增效益工资分配重点向一线员工、聘用员工进行了倾斜,省局(公司)管理层收入与基层员工收入、在册员工收入与聘用员工收入差距逐渐缩小。

干部管理

1994年3月,国家局与省政府商定,明确省局(公司)的行政级别由副厅级调整为正厅级。此后,按照国家有关干部管理的规定,全省烟草的管理岗位分为领导职务层次和非领导职务层次。领导职务层次分为厅局级正职、厅局级副职、县处级正职、县处级副职、乡科级正职、乡科级副职,非领导职务层次分为巡视员、副巡视员、调研员、副调研员、主任科员、副主任科员、科员、办事员。全省烟草干部管理执行“下管一级”的原则,即省局(公司)任命与管理县处级正职、县处级副职干部,地(市)级局(公司)任命与管理乡科级正职和乡科级副职干部,省局(公司)机关处室的科级、副科级干部由所在处室提请人事部门任免,其中,省局(公司)部分处室正职须报国家局、总公司备案,地(市)级局(公司)主要负责人的任命应事先征求地方党委组织部门的意见。

根据中共中央、省委和国家局党组有关指示精神,全省烟草对干部制度改革、领导班子建设等各个方面,作了具体部署和政策性规定。1991年制定《全省烟草行业工作人员回避的暂行规定》。1993年制定《江西省烟草系统劳动人事管理规定(实行)》。2000年制定《江西省烟草专卖局(公司)机构调整、深化人事劳动制度改革实施意见》。2007年省局(公司)和江西中烟公司分别印发《关于党员领导干部报告个人有关事项的规定》,首次在全省烟草实行领导干部个人事项报告制度。2008年印发《处级干部改任非领导职务管理办法》和《江西省烟草专卖局系统企业内部退养管理办法》。2010年印发《贯彻深化干部人事制度改革规划纲要的实施办法》,明确处级领导干部男年满55周岁、女年满52周岁改任非领导职务;新提拔处级干部实行任前公示制度;规范干部选拔任用提名制度,健全考核评价长效机制,加大竞争性选拔干部力度,坚持和完善从基层一线选拔干部;实行干部任职回避制度。

选拔任用 全省烟草根据上级人事管理制度,建立了一系列干部选拔任用制度。省局(公司)党组1991年实施的干部制度改革,明确领导干部实行任期制,中层以下干部实行聘任制,新提拔的干部实行试用制,党群干部实行选举制,继续实行干部交流制度。2002年印发《县处级领导干部任职公示办法(试行)》,2003年全省处级干部大专以上学历由2001年的72.9%提高到78.8%,平均年龄下降到48.5岁。2008年印发《省局(公司)机关科级干部选拔实施意见》。2006年11月,江西

中烟公司印发《江西烟草工业系统企业领导班子和领导干部年度考核实施办法(试行)》,明确考核的标准、程序、结果运用。2009年印发《机关处级领导干部选拔任用工作实施办法(暂行)》,2010年印发《贯彻深化干部人事制度改革规划纲要的实施办法》,明确干部选拔任用的公示程序、民主推荐程序和党管干部原则,规范干部选拔任用提名制度,健全考核评价长效机制,加大竞争性选拔干部力度,坚持和完善从基层一线选拔干部的制度。

20年间,全省烟草开展一系列干部选拔任用工作。

1998年,省局(公司)机关公开选拔3名处级干部,并首次从基层选拔2名干部到省局(公司)机关工作。

2000年12月,省局(公司)公开选拔任用4名副处级干部。

2003年,省局(公司)首次面向全省烟草商业企业公开选拔2名正处级领导干部,6月,又公开选拔10个处级干部。

2005年,省局(公司)面向全省烟草商业系统选调15名工作人员到省局(公司)机关。

2008年,江西中烟公司面向全省卷烟工业系统公开选拔7个部门9个岗位的副处级干部,本着公开、平等、竞争、择优的原则,经过民主测评、笔试、面试、组织考察、公示等程序,7位同志走上副处级岗位。同年,还面向全系统公开选用部分工作人员,为原料供应部、物资供应部、政工部等有关部室调配了34名工作人员。

2009年,省局(公司)机关面向全省烟草商业系统先后开展三个批次的干部选拔,从基层单位选拔6名副处长、24名工作人员到省局(公司)机关工作。各直属单位在科级干部管理上参照省局(公司)的相关做法,也陆续开展科级干部公开竞聘选拔等工作。

锻炼培养　全省烟草通过干部挂职交流、外派学习、后备干部选拔培养等方式,进行干部的锻炼培养。

1993年,省局(公司)印发《关于省局(公司)机关中青年干部下基层挂实职锻炼的有关规定》,明确下派选调对象是40岁左右的处级干部和30岁左右的其他青年干部,挂职期限每期10个月。1993年—1994年,省局(公司)选派28名中青年干部到有关市、县两级烟草专卖局(公司)挂职锻炼。

2000年12月,省局(公司)对连任5年以上的机关处级干部进行轮岗交流。

2001年,《江西省烟草系统领导班子后备干部管理实施细则(试行)》明确后备干部按正职1∶2、副职1∶1的比例确定,年龄一般在45岁以下;后备干部由组织人事部门考察,党组提名,报上一级组织人事部门备案;有针对性地加强对后备干部进行思想政治教育、理论培训、学习深造和实践锻炼。

2008年,省局(公司)印发《省局(公司)干部上挂下派工作实施办法(试行)》和《关于选派干部到省外兄弟单位跟班学习的实施意见》,明确干部上挂下派及外派跟班的范围和条件、管理与待遇。当年组织21名外派干部分赴浙江嘉兴、台州及四川凉山等地的烟草专卖局(公司)跟班学习,同时选派9名省局(公司)机关干部(含1名处级干部)到市局、县局挂职锻炼,从市局、县局抽调21名年轻干部到省局(公司)机关挂职锻炼。

2009年,省局(公司)安排2名机关年轻干部到基层挂职锻炼,选拔5名基层干部到省局(公司)机关挂职锻炼,组织21名专卖内管人员到山西省跟班学习。

2009年9月,江西中烟公司全面启动“青年才俊计划”,印发《青年后备人才队伍建设实施办法》等配套制度。“青年才俊计划”实施以来,先后有8名青年后备人才走上处级领导岗位。

2010年10月,江西中烟公司印发《干部挂职锻炼管理办法》,公司机关和各直属单位采取“上挂”和“下派”两种形式开展干部挂职锻炼。

离退休人员管理

1993年,省局(公司)建立健全离退休干部工作机构,定期召开离退休干部座谈会,建立走访看望老同志的制度,倾听老同志意见,落实离退休干部政治待遇,安排组织生活,组织离退休人员参加一些重要会议和重大政治活动,落实中央明确政策规定给离退休干部的各项补贴。

1996年1月开始,全省烟草适当提高离退休人员的生活补助,建立补充养老保险制度。每次在职职工调整岗位津贴标准,同时给离退休人员增加一定的生活补贴。

2004年7月16日,明确要求各直属单位建立离退休人员活动室。至2010年,全省烟草共建有老年活动中心(站、室)48个,总建筑面积4217.98平方米,总投资816.95万元。

2008年,江西中烟公司对原补充养老保险进行升级,建立企业年金制度,进一步保障职工退休后的生活水平。

2008年11月,逐步完善老同志在学习、阅文、情况通报、参与重大决策方面的长效机制,明确部门和工作人员岗位职责,对老同志住院探视、信访接待、丧葬等工作纳入管理流程。

2010年3月,江西中烟公司印发《调整企业离退休人员生活补贴的指导意见》,对生活补贴的内涵、原则、最低标准、调整机制等做出规定,指导各所属企业制定相应的生活补贴调整方案。

薪酬管理

1991年以后,全省烟草实行工资总额与经济效益挂钩,执行企业工资制度。

1992年,省局(公司)决定,按员工贡献、技术、劳动强度与环境优劣等情况确定工资待遇,使工资分配向关键岗位和一线员工倾斜,扩大浮动工资比例,用于浮动的部分不少于员工收入的50%。

1993年以后,省局(公司)进一步深化工资分配制度改革,商业企业推行购销费用大包干,对专销烟实行重奖重罚。

1994年,经国家局(总公司)批准,省局(公司)制定《工资制度改革方案》对全省烟草工资制度进行较大调整。商业企业实行岗位效益工资制,包括岗位工资、效益业绩工资、年功工资、特殊奖励工资4个部分。其中效益业绩工资占工资总额的35%,与单位税利和本人业绩考核结果挂钩。工业企业实行岗位技能工资和辅助工资标准,体现分配向生产一线、艰苦岗位和技术高、责任重的岗位倾斜,效益业绩工资根据企业每年的发展侧重点需要,不断地进行调整。

1995年,省局(公司)制定《深化企业内部用工和分配制度改革的意见》,在全省烟草全面开展用工制度改革,全面推进劳动合同制,建立企业考试考核制度,各单位根据本企业经济效益以及对员工劳效评价、业绩考核的结果，每两年调整一次岗位工资档次，并不再执行地方政府出台的有关调整工资收入的政策。

1998 年，为了配合行业三年解困的目标，全省烟草将效益业绩工资和奖金实行全额浮动，主要与省产烟工作业绩挂钩，在企业内部实行二次分配；年功工资根据员工的工龄和调入烟草行业的工作时间确定，两项合并计算；特殊奖励工资仅针对做出突出贡献的员工发放，占工资总额的 1%~3%。

1999 年，省局（公司）制定《调整工资的实施方案》，加大岗位工资比重，实行岗位工资制，由岗位工资、年功工资、效益工资三部分组成。其中岗位工资分为管理岗位，设 13 级，最高标准为 1900 元；专业技术岗位，设 6 级，最高为 1300 元；工人岗位，设 6 级，最高标准为 1000 元。年功工资根据员工参加工作时间长短确定，取消烟草系统的行业工龄工资。效益工资根据企业经济效益状况确定。当年，省局（公司）将岗位工资也实行浮动，与省产烟调拨量挂钩。工业企业的工资由岗位工资、年功工资、效益工资、技术等级津贴四部分组成，实行控制最低、最高工资标准倍数的指导性岗位工资标准，最高 1400 元，其他人员岗位的设置和岗位工资标准确定，由企业自主决定。

2008 年—2010 年，全省烟草对用工分配制度进行重大调整，将全系统岗位分为管理类岗位、专业技术类岗位、生产操作类岗位、业务类岗位以及服务类岗位。管理类综合管理序列实行以年薪制为主要内容的薪酬管理，管理类专业管理序列、专业技术类各序列、技能类各序列岗位实行岗位绩效工资制，服务类岗位实行与当地劳动力市场工资指导价位相衔接的协议工资制。其中岗位绩效工资制由岗位工资、绩效工资、津补贴（医疗补贴）等构成。

2010 年 1 月，江西中烟公司正式运行新的薪酬和考核体系。年底，公司修订职能部室用工分配制度改革实施方案和岗位绩效考核方案。各卷烟厂、中心也按照公司用工分配制度改革总体方案，制订相应的实施方案，并完善配套制度。江西中烟工业公司基本建立管理类、专业技术类、生产操作类、业务类、服务类构成的岗位体系，岗位绩效工资体系以及岗位考核和绩效考核相结合的考核体系。

第九章　设区市烟草及驻南铁烟草概况

江西省烟草专卖局(公司)有11个市局(公司)及驻南昌铁路烟草专卖局。1984年7月至1985年9月,抚州、赣州、南昌、新余、萍乡、景德镇、宜春、上饶、鹰潭、吉安和九江市烟草专卖局(分公司)相继成立。1992年10月,为加强铁路沿线的烟草专卖管理,在南昌铁路分局的支持下,成立江西省烟草专卖局驻南昌铁路烟草专卖局(以下简称:驻南铁烟草),1993年撤销,2001年11月恢复,属省局(公司)派驻机构。随着烟草管理体制改革的不断深入,2003年,省公司全面退出经营业务,确立市公司为经营主体,市分公司改名为市公司;明确县(市、区)局为烟草专卖执法主体地位;同时撤销县(市、区)公司的法人资格,改名为县(市、区)分公司。

第一节　南昌烟草

南昌又名豫章、洪都、英雄城,是江西省省会,全省政治、经济、文化、科技、交通中心,所辖南昌县、新建县、进贤县、安义县、东湖区、西湖区、青山湖区、青云谱区、湾里区,总面积0.74万平方千米,总人口500余万人。

南昌市烟草专卖局(公司)(以下简称南昌烟草),组建于1985年5月,2004年初,南昌烟草取消县(市)级烟草公司经营主体,改由市公司为经营主体,县(市)级局为执法主体,县(市)级公司为非法人实体运作模式,即营销中心,后更名为分公司。到2010年,辖区内共有零售户1.8万余户。有在岗员工910人,离退休150人;大学以上学历人员138名,大专学历262人;员工平均年龄为36岁;取得专业技术和职业技能资格人数为480人,其中高级职称3人。卷烟销售网络从业人员379人,获得职业资格证书314人;专卖稽查从业人员221人,获得职业资格证书人员97人。

2005年8月,南昌烟草递交的关于申请注册名为香澄企业文化商标获得国家工商行政管理总局商标局批准。南昌烟草企业文化以香橙为形象载体,蕴含企业内澄外实、知行合一的哲学,体现企业多S多希望、多C多精彩的核心价值观,演绎人心齐、香自溢的企业精神,表达南昌烟草注重执行力,追求内外和谐的团队文化。同时,努力践行把南昌烟草打造成集学校、军队、家庭于一体的美好家园。2005年9月,南昌烟草为搭建公司与广大零售客户沟通桥梁,塑造南昌烟草优秀文化展示平台,创办内部刊物,命名为《南昌烟草报》,每月一期,到2010年12月31日,共刊发64期。

卷烟经营

1991 年—2010 年，南昌烟草在省局党组的正确领导下，实现卷烟系统外销量 2116038 箱、卷烟销售额 2549265 万元、利润额 307433 万元、税利 415786 万元；资产总额由 1991 年的 9981 万元增长到 2010 年的 148446 万元，其中固定资产由 1991 年的 907 万元增长到 2010 年的 22556 万元。

1991 年—1995 年，全市省产烟销售一直处于亏损状态，仅 1991 年—1992 年，省产烟亏损额达 900 余万元。1993 年，南昌烟草把南昌卷烟厂生产的鸳鸯喜牌卷烟定为专销牌号（1999 年底鸳鸯喜牌卷烟退出南昌市场）。1996 年 7 月 24 日，赣南卷烟厂研究推出特醇百花洲卷烟，同年 8 月 5 日，省公司决定将特醇百花洲牌卷烟列入省产名优卷烟，并在南昌全区进行专销，实行价格管理，采取全省最低保护价，销售价出厂为每条 27.5 元，全省最低批发价为每条 31 元。至 1996 年年底，全区共调拨专销烟 16570 箱。

从 1995 年开始，南昌市辖的各县区公司陆续实现省产烟扭亏，新建县公司实现省产烟销售由扭亏转盈利 40 余万元，成为全省烟草第一个将省产烟扭亏的县公司。全区烟草利润、专销烟、调拨税金和职工收入均超历史，实现利润 1644 万元，扭亏 801 万元，较 1994 年增长 2 倍。

1999 年，南昌县公司与赣南卷烟厂合作开发红日牌系列卷烟。红日卷烟由于宣传到位、调控得力，仅 8 个多月的时间，在南昌地区实现销售 7828 箱，获毛利 548 万元，改变过去卖赣南烟亏损的局面，重塑赣南卷烟厂的企业形象和品牌声誉。

2000 年开始，省产卷烟销售稳步增长，省外卷烟销量逐渐下降。2007 年开始，省外卷烟逐渐与省产卷烟销量持平，逐步形成省产省外卷烟同步发展势态。

1991 年—2010 年南昌烟草卷烟销售情况

表 9-1-1　　单位：箱

年份	销售总量	省产烟	省外烟	年份	销售总量	省产烟	省外烟
1991	91469	35900	55569	2001	106666	59244	47422
1992	74960	26980	47980	2002	113269	70582	42687
1993	55608	14000	41608	2003	103333	79233	24100
1994	62586	25790	36796	2004	135224	88542	46682
1995	55532	14369	41163	2005	108330	75060	33271
1996	51312	14312	37000	2006	157117	101466	55651
1997	51274	21090	30184	2007	169430	99411	70019
1998	60553	41000	19553	2008	166774	89704	77070
1999	81027	20474	60553	2009	170038	86357	83681
2000	92967	49876	43091	2010	172430	83057	89373

网络建设

1995 年之前，由于省产烟亏损严重，主要以依靠销售云南的红梅、红塔山、阿诗玛等，以及上海品牌卷烟填补省产卷烟亏损。1995年,南昌烟草狠抓省产烟单箱减亏和省产高档名优烟扩销以及省外烟单箱增盈,落实上级提出的一个争取、两个加快、三个结合、四种形式的工作要求,坚持以本地市场为主,以销售省产烟为主,以自营批发点为主,逐年建设自营批发网点17个,其中销量达千箱网点6个。

1998年,南昌烟草抓住总公司对江西烟草农村网点验收这一契机,进一步提高原有农村网点的建设质量,努力改善网点硬件,建设9个农村自由房屋产权网点,增建专卖所3个,基本实现营销、通讯、安全、交通和生活设施五配套。在各网点积极推行定时间、定人员、定路线、定对象的四定送货服务制度,积极加强客户服务。2000年,南昌烟草步入发展的快车道,围绕规范、改革、创新的工作重点,以网络建设为手段,以提高企业经济效益为中心,以专卖管理为依托,实现南昌烟草全面、均衡、超速的发展,终端网络建设、业务经营等各项工作朝着规范、高效、务实的方向稳步发展。2000年,全区自办网点由22个增至31个,基层网点人数由过去的不足150人增至250余人。至2010年,全市建设农村网点16个(新建县公司5个、南昌县公司5个、进贤县公司6个),其中自主产权网点5个(新建县自主产权网点为西山、长埈网点,进贤自主产权网点有温圳、下埠、民和网点)。

2003年,南昌烟草被列入全国36个重点城市卷烟销售网络建设联动名单,省局(公司)党组、市局(公司)党委对南昌烟草参加全国网建联动非常重视,成立由省公司副总经理罗年安任组长的南昌烟草网建联动工作领导小组,各县公司也成立由一把手任组长的网建联动领导机构。4月,南昌烟草根据《中国烟草总公司全国36个重点城市卷烟销售网络建设联动工作方案》《江西烟草2003年—2005年网络建设规划》,制定《南昌烟草网络建设联动工作实施方案》。2003年设立订货部,开展全市集中电话订货,办公地点设在市公司办公大楼,订货部成立时有18名订货员,全区电话订货户11031户,电话订货面70.9%,其中市公司本级为98.7%。2004年7月,订货部从南昌烟草办公大楼9楼迁至南昌县公司暂时办公,每个县公司抽调2~3人作为订单员,同时订货部更名为订单部,人员增加到38人。2007年,南昌烟草配送中心新办公大楼基建完成,订单部办公地点正式迁至物流配送中心二楼,设立订货服务电话。

物流建设

1991年,设立包括湾里在内的五个区卷烟经营部,实行三级批发模式,即采取市、县、经营部三级仓库储存卷烟,凭业务科开票,到市、县、经营部三级仓库提货的模式。2001年11月29日,市公司物流中心成立,下设综合部、物流部,与业务科合署办公,采取边访边送模式,各县区局(公司)自行配送卷烟。2003年年底实行一库式卷烟配送。2004年,全面开展集中电话订货、物流配送工作。电话订货和物流配送办公地点设在南昌县局(营销中心),日平均卷烟仓储量68箱,手工分拣,无固定配送车间,全市卷烟配送线路100余条。至2010年,全市卷烟配送线路优化到20条、物流配送人员138人。

为进一步确立以电话订货、电子结算、网上配货、现代物流为核心的卷烟销售网建模式,结合多年网建工作经验,重新整合现有仓储和运输等物流资源,建立一个统一调配的现代物流中心仓库,实施一库式配送,增强南昌烟草销售网建的核心竞争力,改变南昌烟草集中电话订货、物流配送条件不足的限制。2004 年 6 月,南昌烟草开始在象湖公园南面筹建物流配送中心,总建筑面积约 12000 平方米,其中卷烟仓库 5000 平方米,车库 3000 平方米,配送作业区 3000 平方米,营业场所 1000 平方米,项目预算资金 2600 万元,2009 年竣工投入使用。

仓储分拣　仓库采用的是四层窄巷道货架,共有 2640 个货位,可储存卷烟 1.5 万余箱;有 3 条普天半自动分拣线,分拣效率为 52 箱/小时,峰值时可达到 68 箱;卷烟仓储分拣能力可达 30 万箱/年。通过优化线路的设计,配送车辆从 55 辆精减到 46 辆。中心实现集仓储管理、地理信息优化、车辆卫星监控导航系统(GPRS)、RFID 全程信息技术于同一个作业平台、现代物流作业模式转变。

物流管理　2009 年—2010 年,配送中心加强分拣设备管理,开展技术革新和小发明,成功解决分拣线关键部件打击带易损、卷烟卡坏、延长摇臂皮带使用寿命等难题,同时,开展 3 条分拣线效率统计、设备故障类型分析和异型烟分拣机械化作业等研究。

专卖管理

1991 年开始,先后成立青云谱区局、西湖区局、东湖区局。2005 年 12 月,设立第一直属局、第二直属局,第一直属局管辖东湖、青山湖区域市场,第二直属局管辖西湖、青云谱区市场,为正科级单位,分别定编 20 人。2008 年 1 月,因机构调整,第一、二直属局撤销。2000 年 10 月 3 个区局解散,专管理人员并入市局专卖科,成立 6 个大队,分别按辖区管理市场。1991 年—2010 年,南昌烟草不断创新工作办法,提高监管水平,扎实基础工作,注重文明执法。20 年来,专卖累获硕果,稳步发展。1991 年—2010 年,全市烟草共查处案件 72288 起,查获违法卷烟 29080.28 箱,罚没款 5740.57 万元。

证件管理　烟草专卖零售许可证发放从 1992 年开始执行,即《中华人民共和国烟草专卖法》实施后,县局自己发放、城区局由市局统一发放,直至 2005 年第一直属局和第二直属局成立后,城区许可证由直属局发放。许可证办理方式由 2000 年以前零售户上门办理转变为 2001 年开始的送证上门,开启专卖由管理转变为服务的开端。2010 年底,共发放烟草专卖零售许可证数 92993 户次;登记经营户数为 19507 户。

市场管理　1992 年以前,烟草专卖法还未颁发实施,外加卷烟销售历史原因、改革开放市场经济的初级阶段和烟草法制建设的不健全等因素,烟草网络基本处于空白状态,国有烟草商业企业在市场占有率和批发市场占有率的规模相比,基本处于弱势,批发市场在卷烟市场具有主导地位,一般的零售终端均在批发市场购进卷烟用于销售,烟草商业企业只有利用批发市场进行卷烟的销售。在这种情况下,导致市场上假烟、走私烟猖獗,烟草销售利润绝大部分进入个体批发商的口袋,国家税收大量流失,消费者利益得不到保障,企业效益低下。1988 年以来,以龙王庙、昌北为主的卷烟自由批发市场不断壮大,走私烟、假冒商标卷烟十分猖獗。直至 1992 年烟草专卖法开始实施,市局开始启动卷烟自由批发市场的疏导、监控和取缔工作。虽然经过一段时期的宣传和执法,但由于个体商户严重的阻扰,卷烟自由批发市场一直无法彻底取缔。1993年,市局根据当时的卷烟市场环境,在南昌市委、市政府的大力支持下,加大疏导和管控力度,取缔龙王庙卷烟批发市场,同时在榕门路(子固路)设立南昌市卷烟调剂中心。随着南昌市整体布局的变化,南昌市卷烟调剂中心整体搬迁到洪城大市场(五华市场),直到1999年南昌地区卷烟自由批发市场基本取缔。卷烟自由市场取缔后,南昌烟草加大卷烟网络建设,采取为卷烟零售户办证,直接为其订货并配送卷烟,从而使卷烟市场不断得到规范,国家税收不断得到提高,市场上假烟逐年萎缩,消费者利益得到充分保障。

案件查处　2006年3月,南昌市烟草专卖局青山湖区局联合公安部门查获涉嫌假冒卷烟盖牡丹7箱、软牡丹6.024箱,涉案金额178.71万元。涉案司机2人被刑拘。

2007年5月,进贤县烟草专卖局根据举报,会同进贤县交警大队于当天下午在进贤境内的京福高速及梨温高速交叉口截获一辆大型解放牌货车,查获该车上非法卷烟132.2箱,经检测均为假冒卷烟,涉案金额97.75万元,假冒卷烟全部销毁。涉案人员中,2人被判刑。

2008年4月,南昌市烟草专卖局西湖区局在货运市场查获假冒卷烟134.48箱,涉案金额154.97万元。因该批卷烟为无主卷烟,西湖区局依法对该批卷烟进行销毁。

2009年4月,南昌县烟草专卖局会同县公安部门在市场查获假冒卷烟0.56箱。随即在当事人两处仓储地南昌县塘南镇北星村肖家自然村、南昌县莲塘镇小兰经济开发区邓埠自然村查获假冒卷烟8.136箱,涉及金额52.09万元。涉案人员中,1人被刑拘。

法规宣传　2005年3月15日开始,每年3月15日,南昌市烟草专卖局都会组织和参加"3·15"国际消费者权益日大型宣传咨询活动,发放烟草专卖法宣传资料,向消费者讲解真假卷烟的识别方法。2005年3月15日至2010年3月15日间,南昌市局共计发放法律法规宣传资料37500份。

1991年—2010年南昌烟草专卖查处案件情况

表9-1-2

年份	查处案件(起)	罚没款(万元)	大要案(起)	涉烟网络案(起)	刑拘(人)	判刑人(人)
1991	1582	339.10	11	—	—	—
1992	1375	370.80	9	—	—	—
1993	1109	260.15	15	—	—	—
1994	867	218.84	17	—	—	—
1995	942	277.52	13	—	—	—
1996	804	176.43	22	—	—	—
1997	1056	200.35	24	—	—	—
1998	1466	230.57	26	—	—	—
1999	1633	213.30	21	—	—	—
2000	1856	222.00	29	—	—	—
2001	2135	298.85	20	—	—	—

续表

年份	查处案件(起)	罚没款(万元)	大要案(起)	涉烟网络案(起)	刑拘(人)	判刑人(人)
2002	6011	280.55	23	—	—	—
2003	1418	266.70	25	—	—	2
2004	8993	733.00	27	—	—	16
2005	8056	397.84	21	6	18	12
2006	7073	220.65	20	5	16	16
2007	8481	259.67	19	2	15	10
2008	8772	269.15	17	7	25	24
2009	5284	229.00	21	7	31	27
2010	3375	276.00	43	5	17	23

说明：大要案是指5万元以上(含5万元)的违法卷烟案件。

历年利税

1991年，南昌烟草实现利润349万元，实现税利599万元。1991年—1999年，南昌烟草实现利税额18074万元，其中1995年为最高值4485万元；1995年—1999年，利税额呈下降趋势，到1999年，仅为1178万元。为改善局面，南昌烟草积极开展各项工作。2000年开始，全市烟草税利逐步增长，由2000年的税利3835万元、利润总额2884万元逐年增长为2010年的实现税利81307万元、实现利润总额47547万元。2001年，实现税利首次破亿元，达到10716万元。2002年，实现利润总额首次破亿元，达到10179万元。2003年以后，利润总额以及利税额实现两位数稳步增长。2007年，利润总额、利税额较2006年分别增长58.7%和56.2%，均创20年来最高增幅。到2010年，利税总额以及利税额均保持两位数增长。

1991年—2010年南昌烟草实现利税情况

表9-1-3　　　　单位：万元

年份	利润总额	利税额	年份	利润总额	利税额
1991	349	599	2001	8430	10716
1992	373	609	2002	10179	13242
1993	324	666	2003	11485	14843
1994	1412	1570	2004	16801	22184
1995	4149	4485	2005	22819	28378
1996	4168	3754	2006	28597	35822
1997	2182	2386	2007	45210	55964
1998	1642	2827	2008	49403	59733
1999	512	1178	2009	48968	71688
2000	2884	3835	2010	47546	81307

所属单位

1985 年 5 月,江西省南昌市烟草专卖局、江西省烟草公司南昌分公司成立。同时,南昌县、进贤县、安义县烟草专卖局(公司)成立。新建县烟草专卖局(公司)于 1984 年成立。1991 年,在东湖区、西湖区、青云谱区、市郊区、湾里区分别成立烟草专卖分局(正科级机构)并同时设立卷烟经销部(三级批发)。

2003 年,根据省局批复,撤销县(市)级公司法人资格,成立非独立法人营销机构,即营销中心,后改为分公司。2005 年 12 月,第一直属局、第二直属局成立,依照法定权限履行县级烟草专卖局专卖管理职责。2007 年 2 月,市局(分公司)更名为市局(公司),同时成立东湖、西湖、青山湖、青云谱 4 区和南昌、新建、进贤、安义 4 县烟草专卖局(分公司)。2008 年 1 月,因东湖区、西湖区、青山湖区、青云谱区局(分公司)成立,第一、二直属局撤销。

2010 年南昌烟草直属单位

图 9-1-1

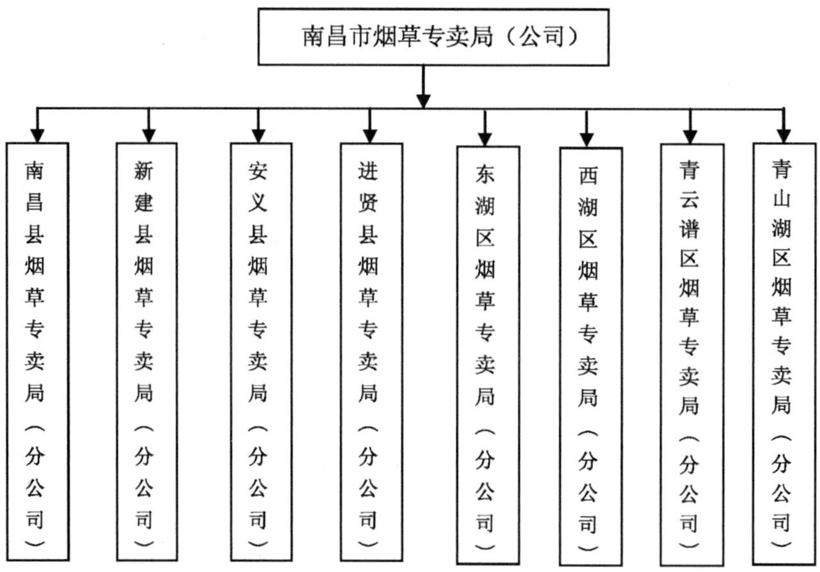

部门设置

1991 年,南昌市局共设立办公室、人劳科、党办、开发公司、业务科、专卖科、财务科 7 个部门。

1998 年 6 月,南昌烟草分公司成立第四卷烟经营部,隶属于分公司业务科。

2000 年成立烟草专卖稽查支队。

2001 年 2 月 8 日,党办与劳资科合并,成立人事劳资科。7 月计统财会科与审计科合并,成立财务审计科。11 月成立配送中心,下设综合部、物流部;随后,成立信息中心和督察中心。

2003 年 6 月撤销分公司访销中心,成立营销中心。

2004 年 6 月设立审计科,2008 年 6 月将审计科更名为派驻审计办公室。

2007 年 6 月增设内部专卖管理监督科,与专卖科(稽查支队),法规科合署办公。

2008 年 6 月撤销综合开发公司。同时成立江西省烟草公司南昌市公司香橙零售连锁分公司，接管综合开发公司的资产、人员以及业务，并内设综合办公室、业务科，管辖站前西路、青山路、南昌县、新建县、进贤县、安义县 6 个连锁店。

2010 年，南昌烟草机关内设 13 个部门。

2010 年南昌烟草机关部门设置

图 9-1-2

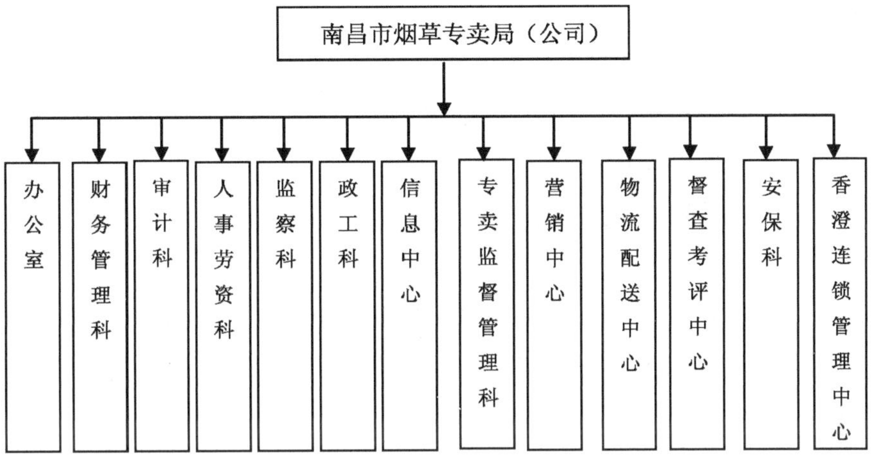

第二节　九江烟草

九江市位于江西省北部，是京九、长江两大经济开发带的交叉点，所辖九江县、武宁县、修水县、永修县、德安县、星子县、都昌县、湖口县、彭泽县、瑞昌市、浔阳区、庐山区、九江经济技术开发区、共青城市、庐山风景名胜区管理局。总面积 1.88 万平方千米，全市常住人口总数为 472.88 万人。

九江市烟草专卖局(公司)(以下简称九江烟草)组建于 1985 年 3 月，所属九江县、武宁县、修水县、永修县、德安县、星子县、都昌县、湖口县、彭泽县、瑞昌市、庐山区、共青城、城区 13 个烟草专卖局(分公司)。2004 年初，九江烟草取消县(市)级烟草公司经营主体，改由市公司为经营主体，县(市)级局为执法主体，县(市)级公司为非法人实体运作模式，即营销中心，后更名为分公司。九江烟草下设 13 个科级机构，即办公室、综合计划科(督察考评中心)、专卖监督管理科(稽查支队)、法规科、内部专卖监督派驻组、财务管理科、审计科、人事劳资政工科、监察科、信息中心、营销中心、物流配送中心、安全保卫科。县级局(分公司)下设营销部、专卖办、综合办、中转站 4 部门。

2010 年，九江烟草有在职员工 805 人，其中：卷烟营销人员 217 人，专卖人员 206 人，物流配送 125 人；具有行业专业岗位职业技能人员 409 人，其中具有高级岗位职业技能 59 人，中级岗位职业技能 221 人，初级岗位职业技能 123 人。

2009 年,九江烟草通过导入 VI 视觉识别系统(即企业文化标识牌),将企业的经营理念、文化精神透过独特的视觉符号传达给社会大众,并在以江西烟草责文化为核心的企业文化体系中,打造具有九江地域特色的水文化支流。对内征得员工的认同感、归属感,加强企业凝聚力,对外树立企业的整体形象,整合资源,有控制地将企业的信息传达给公众,不断强化受众意识,使企业在社会公众中获得更多的信任、支持和信誉。

卷烟经营

1991 年—2010 年,九江烟草实现卷烟系统外销量 2192555.8 箱、卷烟销售额 2226183 万元、利润额 104912.7 万元、税利 250601.7 万元;资产总额由 1991 年的 9981 万元增长到 2010 年的 148446 万元,其中,固定资产由 1991 年的 582.2 万元增长到 2010 年的 20640 万元。

1991 年—1994 年,市场管理较为混乱,一批不法分子利用运输车辆走私卷烟,导致省外烟的大量流入,严重冲击省产烟销售。1992 年,九江烟草执行以省产烟为主的方针,开展省产烟宣传月活动和省产烟评吸会。在第六届全国屈原杯龙舟赛暨中国庐山杯国际龙舟邀请赛期间,举办九江烟草联谊会,赣南烟厂为九江市生产的烟水亭卷烟指定为龙舟赛产品。1993 年,在榕门路(子固路)南昌市卷烟调剂中心设立九江分公司南昌卷烟经销部,以销售浔阳楼为主。至 1994 年,全市系统外销售卷烟 98805 箱,实现销售总额达 58826 万元,消化老亏损 2462 万元,9 个亏损单位有 6 个基本卸掉历史包袱。全市 6 个经销点销售省产名优烟 1623 箱。

1995 年,下发《清理卷烟市场联营、承包门店的通知》,撤销卷烟市场经理部,重新设立市场管理办公室,实行送货制度,开展连锁经营。

1996 年,在九江市举办庐山国际旅游节之际,适时推出庐山、精品庐山卷烟。年底,开展一次全市大型省产名优烟巡回宣传活动。

1997 年,省局以一金(金圣系列卷烟)二特(特醇月兔、南方特醇)求效益,开展促销省产名优烟活动。

1998 年,市公司加强驻南昌办事处力量,强化品牌调控,对金圣系列实行一个龙头放水,加强庐山烟调控管理,将庐山烟调拨销售、调控权交给市区公司。

2001 年,卷烟销售为历史最高年份,实现税利 5837 万元,同比增加 3414 万元,增长 140.9%,超额完成年初九江市人民政府提出的税利翻番目标。销售、税利经济指标均创历史最好成绩。

2008 年,实现系统外销售 131665 箱,人均销售 7.2 条,在全省大地市中名列第二。销售金圣系列卷烟 20419.8 箱,单箱销售额全省第一。

2010 年,全面推行网上订货前期工作,优化整合营销线路,实现全市烟草统一的"当日访、次日送"工作模式。开展县级分公司和基层(网点)客户服务部创建"抓规范、稳价格、强基础、上水平"营销主题实践活动。"润"服务品牌在全省烟草率先获得国家知识产权局外观设计专利。

1991 年—2010 年九江烟草卷烟销售情况

表 9-2-1　　单位:箱

年份	销售总量	省产烟	省外烟	年份	销售总量	省产烟	省外烟
1991	95684	55845	39839	2001	104240	59272	44968
1992	89664	57505	32159	2002	110214	65541	44673
1993	82967	47643	35324	2003	112562	70322	42240
1994	98805	53401	45404	2004	121339	76481	44858
1995	98828	58176	40652	2005	129245	83685	45560
1996	92898	54686	38213	2006	130519	88706	41813
1997	98472	51405	47068	2007	133800	94028	39772
1998	93086	52930	40156	2008	131655	86810	44845
1999	92106	52373	39734	2009	138095	90376	47719
2000	97986	55716	42270	2010	140390	86600	53790

网络建设

1991 年,为开拓农村市场,九江烟草在修水远离县城 70 千米的边界集镇大桥设立卷烟批发点,至年底,全市农村已有各种形式批发网店 26 个,其中烟草公司直接下伸的 7 个,烟草公司参与统购联销的委批点 19 个。

1996 年,以抓好网点建设,开拓农村市场,发挥主渠道作用为基点,卷烟销量达千箱网点有 6 个,网点工作人员 146 人。2001 年,两个网络建设运行框架基本成型,全市县城以上全部实现先访后送,农村实行同访同送,全面取消坐店经营。2002 年,根据前两年网建工作所取得的成效和存在的问题,确立巩固、调整、提高的网建方针,明确全面访销、集中配送的网络运行模式,至 2002 年底,全市烟草基本完成全面访销,集中配送的组织实施工作。2004 年,以电话订货、网上配货、电子结算、现代物流为主要特征的新一轮网建稳步推进。出台九江烟草网络建设标准化管理文件,全面实施对客户分级服务,将客户重新划分为效益型、规模型、便利型 3 个客户群体,并根据群体的划分实行不同营销服务和品牌策略。

2003 年,九江烟草以城乡一体、访送分离、集中配送、专销结合为主的网建模式和以电话订货、网上配货、电子结算、现代物流为特征的现代营销运行体系取得进展。同年 9 月,全面开展电话订货工作,电话订货部办公地点设在九江市公司办公大楼,设立订货服务电话 0792-8210000。39 名订货员负责全市 19600 户卷烟零售户的订单采集工作,平均每天呼叫 4400 多户,人均呼叫量 130 户,全市订货面 98%以上。2006 年,将 800 免费投诉电话与 8210000 订货服务电话两线合并,统一管理。至 2010 年,全市共有自由产权网点 7 个,分别是彭泽东升客户服务部、永修虬津客户服务部、修水渣津客户服务部、修水白岭客户服务部、修水黄港客户服务部、修水溪口客户服务部、都昌蔡岭客户服务部。

物流建设

九江烟草物流中心于2001年11月成立,下设综合部、物流部。物流中心成立后,全市卷烟统一配送。2004年,开展集中电话订货。因九江烟草条件限制,无自有配送车间,一直租借市棉麻仓库使用。物流中心成立初,全市设立配送线路90余条,中转站9个。2005年,推进物流集中管理,统一送货车型与标识,对县城以上客户全部采用物流周转箱送货。

仓储分拣　因租借市棉麻公司仓库,使用年限较久,卷烟仓储分拣只能采用双层窄巷道货架;有3条电子标签和3条人工分拣线,分拣效率为30~32箱/每小时,峰值时可达到32箱/每小时;卷烟仓储分拣能力16万箱/年。2004年,九江烟草斥资1000万元,采用数字化仓储和分拣系统,实行分拣到户、一户一码、电子结算、集中配送的现代物流模式。2010年,通过优化线路设计,配送车辆控制到64辆。

物流管理　2003年10月,九江烟草与市工商银行正式推出卷烟经营电子结算服务,开办货款批量代扣和移动POS机制卡结算业务。2010年,与九江市工商银行合作推出电子结算牡丹联名卡,开展润速电子结算户抽奖活动,全市电子结算率达96.22%,电子结算面达96.44%。2012年,九江烟草启动新物流配送中心建设项目,建设规模为仓储卷烟容量20万箱,总投资11373万元,位置在九江市白水湖路以东,滨江东路南侧,占地面积约为56亩,建筑面积13500平方米。

专卖管理

1993年,经省局(公司)批准,成立九江市烟草专卖局直属分局,负责辖区内专卖市场管理。2000年,成立市稽查支队,下辖16个大队、28个中队,其中有一支女子稽查大队。2006年,九江烟草开展诚信自律小组建设,设立卷烟诚信经营小组1080个,加入小组卷烟零售户17293户,占全市卷烟零售客户91%。2005年,女子稽查大队解散。20年间,九江烟草共查处各类违法违规案件34515.4起,缴获违法卷烟14340箱,上交国家罚没款5076万元。

证件管理　1991年,九江烟草根据江西省人民政府办公厅《关于开展烟草市场专项整治,加强烟草专卖管理的通知》,对个体烟草专卖零售许可证进行专卖年检工作,自此拉开卷烟经营户户籍化管理序幕。1992年《中华人民共和国烟草专卖法》实施后,烟草专卖零售许可证发放开始执行,市局所辖12个县局自行发放,九江城区及周边由市局发放。1993年,直属分局成立,九江城区及周边客户改由直属分局发放。2001年,零售许可证服务方式发生改变,由零售客户上门办理转为送证上门,客户服务质量、满意度得到较大提升。2002年,九江烟草以户籍化管理为手段,再次全面加强对市场的有效监管。2010年,全市烟草专卖零售许可证数20900户。

市场管理　1990年,卷烟市场较为混乱,导致当时卷烟市场假烟、走私烟猖獗,卷烟利润绝大部分落入个体批发商和不法商贩的口袋,国家税收大量流失,消费者权益受到严重侵害。是年,省政府批准九江市设立修水大桥、武宁钮丝、瑞昌码头、九江阎家渡、彭泽马垱、都昌蔡岭、湖口渡口和湖口水上等8个烟草检查站。1991年1月,根据省人民政府办公厅《关于开展烟草市场专项整治,加强烟草专卖管理的通知》,九江烟草与公安部门协同查处违法经营行为。是年,大要案39起,没收、收购卷烟2049箱,其中进口卷烟587箱。收缴、销毁假冒伪劣、霉变卷烟317箱,查封无证经营120户,取缔浔阳区孤溪梗的卷烟黑市交易一条街和修水县北门车站、德安农贸市场、永修县桥头、湖口县城关云亭路等7个黑市交易市场。1993年,九江烟草加强与公安部门的协作,严查各种违法经营行为,年末会同九江军分区后勤部、市工商局部门,在九江汽车站附近建立九江卷烟调剂交易市场,并取缔以市区湓浦路为主的非法卷烟批发市场。1995年,继续开展"三打击一整顿"活动,在网点设立烟草专卖管理所,并下发《关于清理卷烟市场联营、承包门店的通知》,撤销卷烟市场经理部,重新设立市场管理办公室。1997年,国家颁布《中华人民共和国烟草专卖法实施条例》,继续推动卷烟防伪标识工作,加强基层专卖所建设,推进萎缩卷烟交易中心经营户工作,烟草市场控制能力得到提升。

案件查处 2002年8月28日,九江市烟草专卖局会同市公安局刑侦大队在九江化纤厂附件的姑塘镇香积村,查获一起非法贩运烟丝案,当场查获烟丝4500公斤。涉案人员中,8人被刑拘,1人被判刑,3人被劳教。

2005年1月18日,修水县烟草专卖局根据群众举报,会同修水县公安部门在修水境内查获一制造假烟窝点,抓获制假者7名,共缴获莫林8牌YG23-14卷烟机2台,切丝机2台,烘干机一台,烟丝13000公斤,烟叶50公斤,无牌卷烟纸132盘,红豆等51个牌号卷烟纸297盘,香料50公斤,滤嘴棒(2400×5)42件,杂支烟16袋,不同牌号的成品假烟257件以及原辅材料一批,涉案金额300万元。涉案人员中,5人刑拘、3人判刑、1人劳教。

2006年4月4日,九江市城区烟草专卖局接到群众举报,称有一辆车号为皖E-20635的蓝色江淮JAC轻型厢式货车,藏有违法卷烟。该局迅速联合九江公安部门在九江市昌九荷花垄收费口进行拦截,拦下嫌疑车辆经现场清点,车内装有贴有广东省揭阳、珠海、汕尾、海丰、潮州等地烟草专卖标识的特醇盖南京、盖佳品南京等10个品牌的28.4箱卷烟,涉案金额60余万元。涉案人员中,3人被刑拘,1人被判刑。

2006年5月12日,九江市烟草专卖局接到举报,称有一辆牌号为赣F12826的蓝色厢式车,从武汉装载百箱左右的假冒中华卷烟,九江城区烟草专卖局直属分局立即与九江市公安人员取得联系,并在凌晨6时20分在高速收费站拦截该车,现场查获车被伪装的假冒中华卷烟21.6箱,涉案金额286万元。涉案人员中,2人被劳教,4人被判刑。

2007年9月30日下午3时,湖口县烟草专卖局接到群众举报,称有一辆车牌号为晋M×××的平头蓝色东风高栏货车装有违规卷烟,途经湖口。湖口县局立即与县公安部门取得联系,经过仔细排查,于下午4时在九湖高速公路三里收费处将该车截获,当场查获用茶叶、电器纸箱伪装的黄红梅、云烟、一品黄山、盖白沙等12个品牌的卷烟165.8箱,涉案金额100万元,当场抓获涉嫌犯罪人员3名。涉案人员中,3人被刑拘,1人被判刑。

2007年12月16日,九江市城区烟草专卖局城东中队接到群众举报,称有人非法运输卷烟,九江市城区烟草专卖局立即与公安部门取得联系,在九江长江大桥泊水湖收费口将嫌疑车辆查获。经现场勘查,该批卷烟涉及恒大、红山茶等16个品牌105.76箱卷烟,涉案金额180万元左右。涉案人员中,5人被刑拘,3人被判刑。

法规宣传　1998年,九江烟草与政府有关部门配合,通过传媒和其他方式开展宣传《中华人民共和国烟草专卖法》《江西省烟草专卖条例》活动,公开曝光重点案例,先后6次请电台、报纸记者到现场采、拍、制作5项专题报道,引起极大反响。2004年,制定《九江市卷烟零售户合理布局实施办法》,举办零售户合理布局听证会。自"3·15"活动开展以来,每年3月15日,市局专卖科都会组织所辖各县局参加"3·15"国际消费者权益日大型宣传咨询活动,在活动区域设立宣传点,向过往群众和咨询群众发放专卖法宣传资料及投诉举报电话,现场讲解真假卷烟的识别方法及违法卷烟带来的危害。2005年—2010年,向咨询客户及消费者发放宣传资料累计35700余份。

1991年—2010年九江烟草专卖查处案件情况

表9-2-2

年份	查处案件(起)	罚没款(万元)	大要案(起)	涉烟网络案(起)	刑拘(人)	判刑(人)	劳教(人)
1991	5143	210.36	39	—	—	—	—
1992	2061	220.87	9	—	—	—	—
1993	992	260.15	15	—	—	—	—
1994	1551	218.84	43	—	—	—	—
1995	1966	277.52	—	—	—	—	—
1996	1273	176.43	17	—	—	—	—
1997	1056	200.35	24	—	—	—	—
1998	1307	230.57	26	—	—	—	—
1999	1633	213.30	21	—	—	—	—
2000	1856	222.00	29	—	—	—	—
2001	1198	298.85	20	—	—	—	—
2002	2046	280.55	23	—	25	2	3
2003	1418	266.70	25	—	—	2	—
2004	1843	346.70	27	—	—	16	—
2005	2370	397.84	20	—	11	6	1
2006	638	220.65	13	2	3	6	2
2007	406	259.67	12	2	15	4	—
2008	1686	269.15	13	7	20	3	1
2009	1881	229.00	21	4	6	8	—
2010	2191	276.00	3	4	24	9	—

说明:大要案是指5万元以上(含5万元)的违法卷烟案件。

历年利税

1991年，九江烟草实现利润211.8万元，实现税利391.83万元。1991年—2010年，税利呈现两个波段上升趋势，即1991年—2005年，年均增长在5%以上，其中1991年—1999年，利税保持在百万元之间，2000年—2005年，利税则维持在千万元之间。2006年—2010年，年均增长在4%以上，其中2005年为利税高峰，突破1亿元大关，2006年突破2亿元。2007年突破3亿元，2009年突破4亿元，2010年突破5亿元，达到5.77亿元。

1991年—2010年九江烟草实现利税情况

表9-2-3　　单位：万元

年份	利润总额	利税额	年份	利润总额	利税额
1991	211.80	391.83	2001	2627.00	5837.00
1992	243.10	415.33	2002	4724.00	8445.00
1993	360.00	440.24	2003	4960.00	9336.00
1994	381.60	466.65	2004	6858.00	9896.16
1995	404.49	494.64	2005	9688.00	10489.92
1996	478.80	544.10	2006	12039.00	24409.00
1997	798.00	883.00	2007	16800.00	35000.00
1998	845.88	930.88	2008	15317.00	36267.00
1999	930.47	1015.47	2009	24479.00	46531.00
2000	1023.52	1108.52	2010	30600.00	57700.00

所属单位

1985年5月7日，江西省九江烟草专卖局、江西省烟草公司九江分公司成立。所属九江县、武宁县、修水县、永修县、德安县、星子县、都昌县、湖口县、彭泽县、瑞昌市、庐山区、共青城、城区等13个烟草专卖局（分公司）。1993年，经省局（公司）批准，成立九江市烟草专卖局直属分局、江西省烟草公司九江市市区公司。2004年改名为江西省烟草公司九江市城区烟草专卖局（分公司）。1999年，省局将庐山区、共青城烟草专卖局（分公司）定为副处级建制。

2004年，根据省局批复，撤销县（市）级公司法人资格，成立非独立法人营销中心，后改为分公司。

2010 年九江烟草直属单位

图 9-2-1

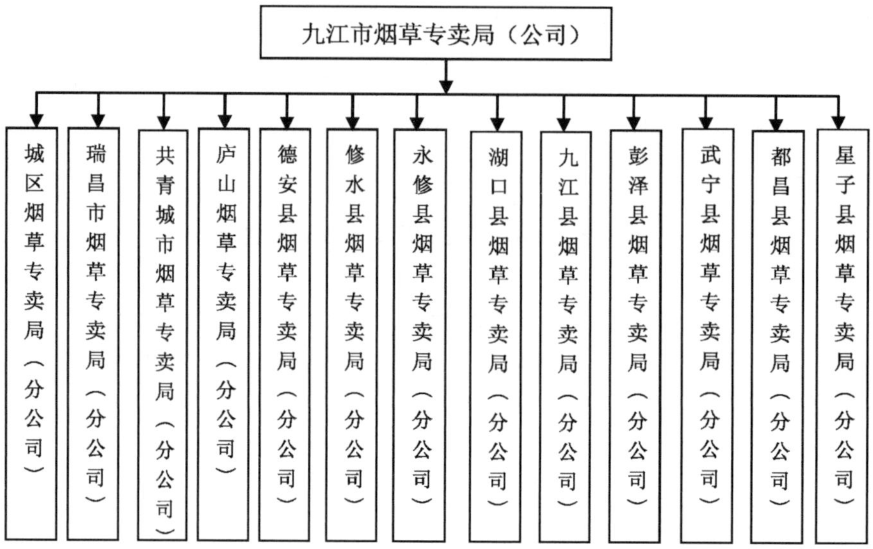

部门设置

1985 年,九江市烟草专卖局(公司)根据职能划分,共设立行政办公室、专卖办公室、劳动人事科、保卫科、监察科、业务科、财会物价科、审计科、劳动服务公司、计划统计科、储运科 11 个部门。到 2010 年,在原有的 11 个部门基础上,再增设专卖内管派驻办。

1993 年,在南昌市子固路卷烟调剂中心设立九江分公司南昌卷烟经销部,以销售浔阳楼卷烟为主。将机关 11 个科室合并为 7 个,新成立业务一科,负责全市专销烟营销管理。经省局(公司)批准,成立九江市烟草专卖局直属分局、江西省烟草公司九江市市区公司。

1994 年,设立江西省烟草公司九江卷烟销售公司和九江分公司业务科,两块牌子一套人马。

1995 年,成立稽查大队。1998 年,增设业务二科。

2010 年,九江烟草根据职能,机关内设置 13 个部门。

2010 年九江烟草机关部门设置

图 9-2-2

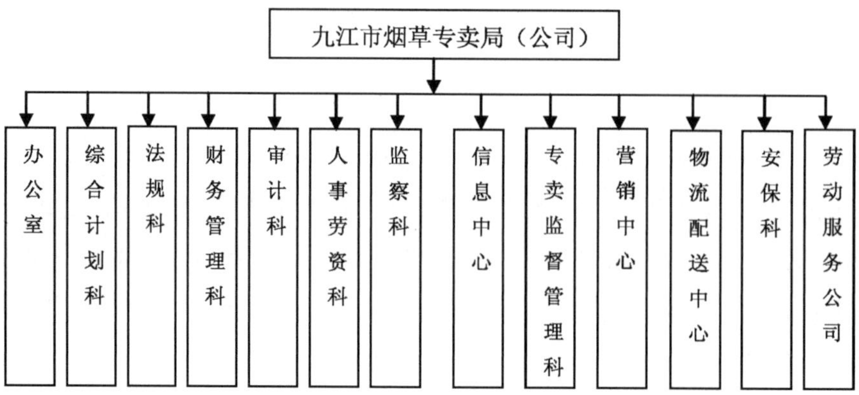

第三节　上饶烟草

上饶市与景德镇、九江、南昌、鹰潭、抚州5市接壤。辖信州区、上饶县、广丰县、玉山县、铅山县、横峰县、弋阳县、鄱阳县、余干县、万年县、德兴市、婺源县,全市土地总面积2.28万平方千米,人口共计716.2万人。

上饶市烟草专卖局(公司)(以下简称上饶烟草)组建于1985年2月,2004年初,上饶烟草取消县(市)级烟草公司经营主体,改由市公司为经营主体,县(市)级局为执法主体,县(市)级公司为非法人实体运作模式,即营销中心,后更名为分公司。2010年末,全市烟草有员工1080人。其中:正式员工464人,聘用员工616人。在岗人员中,初中及以下文化程度23人;中专及中技、高中601人;大专330人;大学118人;研究生及以上8人。

上饶烟草从1984年成立至2010年,历经艰辛创业(1984年—1990年)、努力奋斗(1991年—1998年)、完善基础(1999年—2002年)和良性发展(2003年—2010年)四个阶段。在抓好内部改革和生产经营的同时,注重企业文化建设,坚持以人为本,狠抓班子建设,大力构建学习型企业,大力推进党风廉政建设和精神文明建设。2007年,信守"国家利益至上、消费者利益至上"行业共同价值观,拓优质服务之路,上和谐发展之途,凝练出向上向善、图新图强的上文化,以向上向善、图新图强的精神,朝着呈上品服务,创上等业绩,做上好企业愿景而精进。

烟叶生产

上饶地区烟叶种植有悠久的历史,清顺治年间,晒红烟在广丰县境扎根,其中以关里为最佳,后称紫老。至清道光年间紫老已远销埃及。上饶烟叶种植主要分布在广丰县、上饶县、余干县、鄱阳县。1986年全国出口烟叶基地会上广丰县被定为全国出口晒烟生产基地之一。1990年,鄱阳县被列为江西省四大烤烟生产重点县之一,1994年种植面积减少,2009年退出烟叶种植。1991年前,广丰晒烟,特别是廿四都的紫老红生产一直是县政府的支柱产业,1991年后,由于烟粮差价大、烟叶种植投资多、技术要求高等因素致使烟叶生产呈下降趋势。1994年,余干县不再种植烟叶。2001年开始,广丰县紫老红烟和晒烟种植面积大幅下降。2005年,广丰县退出烟叶种植。2006年5月1日起,上饶烟草停止鄱阳烟叶复烤厂的生产经营,清理所有库存烟叶。2010年,上饶烟草退出烟叶生产经营。

烟叶管理制度　1993年,为进一步做好烟叶收购调拨管理工作,确保烟叶收购质量,上饶烟草制订烟叶收购调拨管理办法。明确初烤烟叶收购调拨、复烤烟叶收购调拨管理办法,以及烟叶经营、初烤烟叶和复烤烟叶结算方式。1997年,地区分公司实行四十级标准收购及一条鞭收购法,一改过去委托基层供销社代购代收造成的混等混级现象,杜绝打白条情况,完善收购体系。

烟叶种植　1992年,全区共收烤烟6.9万担,上中等烟比例达90%,同比增长3%,烟叶质量上了一个新台阶。余干县烟叶生产发展为0.5万担以上规模。1997年,鄱阳县种植烟叶13500

亩,入烤面积11153亩,新建烤房1967座,收购烟叶2.16万担,是前三年收购总和的13.5倍,基本恢复到1993年的生产水平,实现财政增收、农户增益、企业增效。1999年,广丰县被列为江西省烤烟生产基地。2002年,上饶烟草推行产烟县公司按计划配置烟技员,烟技员由产烟县公司自行聘请,实行优胜劣汰的聘用制等一系列举措,烟叶工作质量有明显提升。鄱阳、广丰县更新品种,建立2个百亩以上的种烟示范区,超额完成省公司下达的烤房改建计划,当年,两县收购烟叶2.02万担。

1991年—2010年上饶烟草烟叶生产收购调拨情况

表9-3-1

年份	种植面积(亩)	收购数量(担)	调拨数量(担)	年份	种植面积(亩)	收购数量(担)	调拨数量(担)
1991	23711	66400	66400	2001	12000	19100	74000
1992	43000	69000	69000	2002	7211	20200	20200
1993	11445	32000	32000	2003	5607	15700	15700
1994	3375	400	400	2004	2504	7700	7000
1995	3500	1000	1000	2005	1976	6700	5500
1996	3200	200	200	2006	1583	11900	4400
1997	13500	21600	21600	2007	2214	3700	6200
1998	6321	23600	17700	2008	918	2600	2600
1999	5964	16200	16700	2009	709	2100	2000
2000	8571	23800	24000	2010	—	—	—

卷烟经营

1992年前,由于各方面原因,上饶全区累计挂账达3000多万元;1997年,由于江西省产烟低价往外省倒卖,造成大量的亏损,亏损将近8000万元;2001年,上饶烟草消化全部亏损挂账。

1992年,上饶烟草提出以云南为重点,全方位、多省份、有计划、大批量调进省外卷烟,提高全区经济效益。1993年,为了开创卷烟市场的新局面,上饶烟草坚持以销省产烟为主,立足本地市场,拓展农村市场的卷烟经营思想,建立农村专销烟委销网点,组织精干力量到省外推销新老专销烟。1992年—1997年先后与烟厂合作研制女神峰、赛江南、鄱阳湖、泰平、金波阳精泰平等专销烟,专销卷烟的开发、经营为上饶烟草扭亏为盈和快速发展做出积极的贡献。

1998年—1999年,重点培育省产名优卷烟,加大省产金圣品牌烟宣传力度,提高省产烟市场占有率,形成企业经济效益新支柱。

2000年,县(市、区)公司的二级指导经营权取消。2001年开始实行全面送货制,推行访送分离,开展联责联利销售。至2002年,全市网点除极少数偏远山区外,基本形成访送分离为主、访送一体为辅,集中配送为主、分散配送为辅的经营格局。2003年开始,全面实施电话订货,按客户订单组织货源工作,制订《卷烟连锁经营工作实施方案》和《按客户订单组织货源工作流程》,开展"周计划"(每周做一次营销计划)工作。2009年出台客户需求预测、货源组织、品牌管理工作规范。至2010年,全市卷烟销售量达到17.53万箱,为1991年—2010年的最高峰。

1991年—2010年上饶烟草卷烟销售情况

表9-3-2　　单位:箱

年份	销售总量	省产烟	省外烟	年份	销售总量	省产烟	省外烟
1991	97796	52300	45496	2001	117329	46980	70349
1992	98399	55033	43366	2002	125500	48696	76804
1993	79070	45349	33721	2003	134359	103538	30821
1994	106924	51163	55761	2004	132152	104112	28040
1995	63395	36152	27243	2005	143245	111575	31670
1996	75165	63311	11854	2006	154030	108782	45248
1997	68412	62052	6360	2007	165452	113547	51905
1998	72944	21023	51921	2008	168272	107096	61176
1999	71450	30315	41135	2009	172473	104734	67739
2000	98315	37275	61040	2010	175257	100563	74694

网络建设

1994年,上饶烟草借景德镇现场会的东风,在全区掀起网点建设的高潮。全区网点建设投入资金约30万元,建点151个,其中自办32个。1995年,全区建立自办经销点44个,其中设在农村乡镇的有29个,建立委批点59个,基本形成覆盖全区的经营网络。1997年,农村网点销售送货率达100%。

2000年,国家局全面取消县(市、区)级公司的二级批发经营权,省外卷烟购销活动被禁止,全省以建城乡网点经营为主,上饶全区有城乡网点80个,其中城市网点5个,农村网点75个;二级配送站51个。

2001年,以全面入网、全面访销、全面送货为工作重点,坚持全面访销、多级配送、访送分离、营销结合、严格管理、规范运作经营模式,城市网点实行访送分离,全面开展联责联利销售工作(2003年9月1日上饶烟草停止卷烟联责联利销售工作)。

2002年,全市访送分离的卷烟访销配送模式由城市网点延伸至农村网点,上饶烟草有访销中心、配送中心各12个,访销部60个,配送站22个,访送站27个,网络从业人员1146名,集中送货面81.9%,市场占有率由上年的87.3%提高到94.7%,形成以访送分离为主、访送一体为辅,集中配送为主、分散配送为辅的覆盖全市卷烟销售网络。同年,上饶烟草获得全省两个网络建设验收评比第一的好成绩。

2003 年,实施电话订货试点工作,在信州城区及上饶县城区成立电话订货呼叫部,配备 4 名电话呼叫员。2004 年 11 月,全市全面开展集中电话订货。

2005 年 3 月,在信州区开展周计划工作试点,4 月,全面开展周计划工作。

2007 年 8 月,设立 30 个农村客户服务部,17 个外派客户服务站(作为客户服务部的派出机构,隶属客户服务部管理)。2009 年,出台按客户订单组织货源工作流程,对需求预测、货源组织、品牌管理进行规范,并全面启动按客户订单组织货源工作,着力实现由传统商业企业向现代流通企业全面转变。

2010 年,为巩固基层网建工作,对全市农村网点及城镇网点进行合理布置和优化,到年底全市有基层网点 49 个,其中自有产权网点 40 个(广丰县 4 个、鄱阳县 3 个、万年县 3 个、婺源县 4 个、余干县 4 个、玉山县 6 个、横峰县 2 个、信州区 3 个、德兴市 2 个、铅山县 3 个、上饶县 5 个、弋阳县 1 个)。

物流建设

2003 年,全面推进全面访销、集中配送和一库式配送。2006 年,根据总公司下发《地市级烟草公司卷烟销售网络业务规范》精神,成立配送中心。3 月 17 日,国家局(总公司)同意上饶烟草建设卷烟配送中心和综合用房项目,总投资 1915 万元。2008 年 6 月,卷烟配送中心正式投入使用。卷烟配送中心 9600 平方米(含卷烟仓库 6000 平方米,分拣、堆放区 3600 平方米),最大储存量 7812 箱,对卷烟的入库存储、养护、分拣喷码等环节实行全市仓储集中、统一管理,实现卷烟分拣半自动化、货物仓储数字化、安全防卫高科技化,组织管理集中化,配送作业标准化,内部运行规范化。物流配送中心下设 10 个中转站(鄱阳县、婺源县、广丰县、德兴县、余干县、弋阳县、玉山县、铅山县、万年县、横峰县);配送线路 316 条。

仓储分拣　为积极探索现代物流的实践形式,上饶烟草与景德镇烟草协商,委托景德镇烟草为婺源县公司配送卷烟。2005 年下半年,上饶烟草在余干县设立卷烟仓储分库,对余干县、万年县、鄱阳县实行一库式配送。2006 年 6 月,各主、分库的仓储分拣实现数字化物流管理。2009 年,半自动分拣线的分拣效率为每小时 40~48 箱卷烟,由于分拣速度快,设计上不够科学完善,在分拣过程中,叠烟时造成的条烟破损率高达 0.01%以上,高于总公司制定的 0.001%标准,每年给公司造成近 10 万元的经济损失。经过分析研究,将分拣线叠烟机的 5 个光电感应头增加到 10 个,最终解决了叠烟机破损卷烟的问题,大幅度降低条烟破损率。2010 年 4 月,上饶烟草圆满完成跨区域设分库工作,在鹰潭设置分库,将余干县、万年县的仓储分拣和干线运输移交鹰潭烟草配送中心。配送中心的卷烟分拣配送工作,严格执行一户一码,打码到条工作要求。

物流管理　自 2010 年 6 月开始,全市 12 个县级分公司改变原有的当日访、隔日送的营销模式,实行当日访、次日送的营销模式,将电访分成 2 个订单组,一组负责余干、万年、鄱阳、婺源 4 县订货,一组负责其余 8 个县(市、区)共 4 个批次的订货,分拣则采用 2 条电子标签线。

专卖管理

1995年,在全区主要乡镇设立32个专卖管理所。1997年,上饶烟草成立上饶地区烟草专卖稽查大队,由烟草、公安、技术监督等部门和广丰烟草抽调人员组成。2001年,全市成立1个支队,14个大队,中队68个,配备专卖稽查人员384人,配备稽查车辆72部,摩托车109台,基本形成一个健全的烟草专卖管理网络体系。2006年,全市共建稽查支队1个,稽查大队14个,稽查中队20个,巡查中队61个,有专卖管理人员382人。

证件管理　2003年,上饶烟草制定《卷烟零售户许可证管理办法》《卷烟零售户合理布局工作流程》,全市清退不符合合理布局要求零售户3690户。2004年,为继续推进合理化布局工作,上饶烟草在全市开展清理无证经营卷烟行为专项整顿活动。2005年,省局提出要将游离于网外的客户纳入管理,同时建立无证户档案入网管理。至2005年底,全市3000余户无证经营问题已经基本得到解决,其中发证1600余户,取缔1400户。2008年,全面完成零售户合理布局的法定程序和文件的制定工作。至2010年,全市有效卷烟零售户24602户。

市场管理　上饶是江西的东大门,东邻浙江,南毗福建、北接安徽处。1989年,上饶烟草与工商、公安、物价、林业等部门设立卷烟检查站27个。1994年10月,国家局、公安部、国家工商行政管理局、海关总署联合发布《关于严厉打击香烟走私、整顿香烟市场的通告》,开始实现多部门联合、全区烟草市场交叉整顿常态化。上饶市渡口卷烟市场为自由批发市场,无证经营、无证运输、乱渠道进供货等非法活动猖獗,是全区走私烟、假冒烟的集散地。1997年,上饶市政府发布《关于取缔渡口卷烟自由交易市场的通告》,10月30日,上饶烟草取缔上饶市渡口卷烟自由交易市场。2000年,实行户籍化管理,对全市2.2万余经营户分成A、B、C三类。2001年,全面实行户籍化管理。坚持零售户动态管理、分类管理。专卖稽查人员对卷烟经营户实行分片包干、责任到人、管理到户的户籍化管理,市场占有率达79.88%,入网率达到100%,市场净化率达90%。2004年,开展烟草专卖社区化管理工作。在卷烟零售户自愿的基础上,建立自愿参与、自主管理、自我约束、相互监督的卷烟零售户自律小组。在信州区城区、弋阳全县、横峰县葛源、玉山县樟村、上饶县五府山、铅山县(自选乡镇)进行试点,2005年1月至2010年全面推广。

案件查处　2005年,婺源县烟草专卖局与婺源县公安局通过查获以1条假冒卷烟,侦破一个跨粤、浙、赣三省的假冒卷烟销售网络大案,捣毁一个有生产、有贩运、有仓储、有分销、有规模、成团伙的制售假烟网络,涉案总金额达200万余元,查实金额128万元,抓捕和锁定犯罪嫌疑犯11名,捣毁分销点23个。涉案人员中,1人在逃,3人被取保候审,4人被刑拘,1人被判刑。

2008年4月22日,信州区烟草专卖局会同信州区公安局治安大队在市区渡口圆盘查获金某存放于金某隔壁店内的卷烟1.98箱。经省烟草质检站检测确认,假冒注册商标卷烟,涉案金额5.42万元。经调查,当事人金某自2007年开始自2008年4月22日,伙同南昌人鄢某、李某等11人利用长途托运的方式大肆进行假冒卷烟销售,总涉案金额达450余万元,涉及江西南昌、湖南长沙、广东广州等地。此案被列为公安部督办大案,也是江西省烟草首例部督的假冒注册商标卷烟案件。涉案人员中,3人被刑拘,3人被判刑。

2010年,万年县烟草专卖局稽查大队会同县公安局治安大队在经营户吴某仓库查获中华(硬)等

0.7箱。经江西省卷烟质量检测站确认均为假冒他人注册商标卷烟。该案涉案金额达73.198万元,涉案假冒卷烟11.88箱,当场查获假冒卷烟0.7箱(标值5.066万元),总计涉案金额153.472万元,已查实金额103.515万元。涉案人员中,1人在逃,1人投案自首,5人被刑事拘留,1人被取保候审。

法规宣传　1991年—1994年,市、县级局在法制宣传月(12月份),以主要街道、闹市区和卷烟经营户门店前悬挂路街横幅标语宣传《中华人民共和国烟草专卖法》,设立法律咨询站、宣传站。1995年—1998年,利用电视、广播、报刊、宣传车、板报、标语等多种形式开展《中华人民共和国烟草专卖法》《中华人民共和国烟草专卖法实施条例》宣传教育工作。2002年—2010年,利用"四五""五五"普法、"3·15"消费者权益日等时机,积极开展一法两条例(烟草专卖法、烟草专卖法实施条例、江西省烟草专卖条例)及相关法律法规宣传和真假烟识别活动。自"3·15"活动开展以来,每年3月15日,市局组织各县级局参加"3·15"国际消费者权益日大型宣传咨询活动,向群众和咨询群众发放专卖法宣传资料,并现场讲解真假卷烟的识别方法。2003年,制定《上饶烟草许可证管理办法》,连续在电视台、报社上进行报道和整版宣传。2006年,制定《开展法制宣传教育的第五个五年规划》,法制宣传教育从2006年10月底开始,至2010年结束。2010年10月,上饶市烟草专卖局成立法规科。

1991年—2010年上饶烟草专卖查处案件情况

表9-3-3

年份	查处案件(起)	罚没款(万元)	大要案(起)	涉烟网络案	刑拘(人)	判刑(人)	劳教(人)
1993	3341	241	—	—	—	—	—
1994	1781	88	—	—	—	—	—
1995	1632	292	—	—	—	—	—
1996	916	271	—	—	—	—	—
1997	1911	237	—	—	—	—	—
1998	1389	722	—	—	—	—	—
1999	2567	180	—	—	2	2	1
2000	6099	119	—	—	—	—	—
2001	8208	214	—	—	25	1	—
2002	2578	63	—	—	8	3	4
2003	3594	280		—	9	—	—
2004	2804	452	—	—	1	1	—
2005	2737	171	—	—	—	—	—
2006	3700	157	11	—	38	3	—
2007	2122	99	3	3	32	3	—
2008	2489	78	22	2	36	4	—
2009	2008	70	7	6	21	11	—
2010	1499	153	16	5	36	8	—

说明:1. 大要案是指5万元以上(含5万元)的违法卷烟案件;2. 缺失1991年—1992年专卖查处案件数据。

历年利税

1991年,上饶烟草实现利润363万元,实现税利542万元。1992年—2000年,上饶烟草实现税利虽偶有徘徊,但总体来说仍逐年提升,利润从401万元增加至1403万元,税利从724万元增加至2258万元,期间,1994年、1997年、1999年三次税利下降,尤其是1994年的税利额是1991年—2000年的最低。从2002年起,全市烟草利润总额和税利均大幅度增长,2002年,实现利润6757万元,实现税利9199万元;2003年,实现税利11048万元,税利首次突破亿元大关。至2010年,全市烟草实现利润38411万元,实现税利66588万元。

1991年—2010上饶烟草年实现利税情况

表9-3-4　　单位:万元

年份	利润总额	利税额	年份	利润总额	利税额
1991	363	542	2001	1371	2753
1992	401	724	2002	6757	9199
1993	546	759	2003	7690	11048
1994	35	181	2004	12257	16147
1995	1714	2574	2005	16574	21185
1996	2196	3288	2006	20495	26929
1997	900	1748	2007	33754	42435
1998	1630	3066	2008	38778	48261
1999	305	1374	2009	37694	56988
2000	1403	2258	2010	38411	66588

所属单位

1985年2月,江西省上饶地区烟草专卖局,中国烟草总公司江西省上饶分公司成立。1984年—1985年,余干县、弋阳县、横峰县、广丰县、玉山县、万年县、上饶县、德兴县、婺源县、鄱阳县、铅山县11个县相继成立烟草专卖局(公司)。其中,德兴市是1991年5月经国务院批准撤县改市,更名为德兴市烟草专卖局(公司)。2000年,国务院撤销地区,设立地级上饶市,原江西省上饶地区烟草专卖局)分公司)更名为江西省上饶烟草专卖局(公司)。撤销上饶市(原县级市、现信州区)烟草专卖局(公司),成立上饶市烟草专卖局信州分局,江西省烟草公司上饶分公司卷烟经营部。

2003年,根据省局批复,撤销县(市)级公司法人资格,成立非独立法人营销机构,各县(市、区)级局(公司)更名为上饶市烟草公司××县营销中心,保留县(市、区)级烟草专卖局。2007年,各县级营销中心更名为上饶市烟草公司××县(市、区)分公司。到2010年,上饶烟草下辖12个县(市、区)局(分公司)。

2010 年上饶烟草直属单位

图 9-3-1

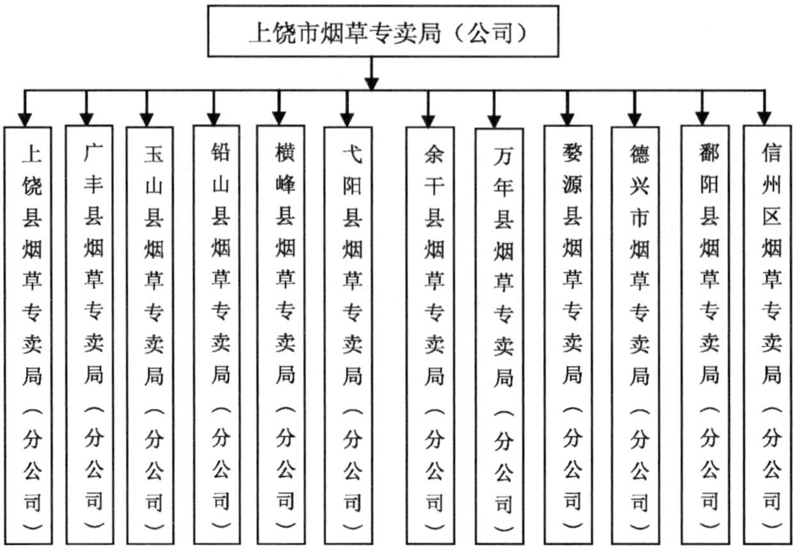

部门设置

1985 年 2 月,江西省上饶地区烟草专卖局,中国烟草总公司江西省上饶分公司成立,下设人秘科、业务科、财统科、储运科、专卖办公室。

2001 年 9 月,设立金叶汽车修理厂,2004 年 7 月撤销。

2003 年,内设机构调整为:政工科、办公室、财务科、监审科、计统科、业务科、烟叶科、投资管理科、网建办、专卖管理办公室(稽查支队)。

2005 年,内设机构调整为财务科、办公室、专卖监督管理科、业务科、投资科、烟叶科、监察科、网建办、安保科、连锁总店、呼叫中心、审计科等 15 个管理科室。

2010 年,上饶烟草机关内设 13 个部门。

2010 年上饶烟草机关部门设置

图 9-3-2

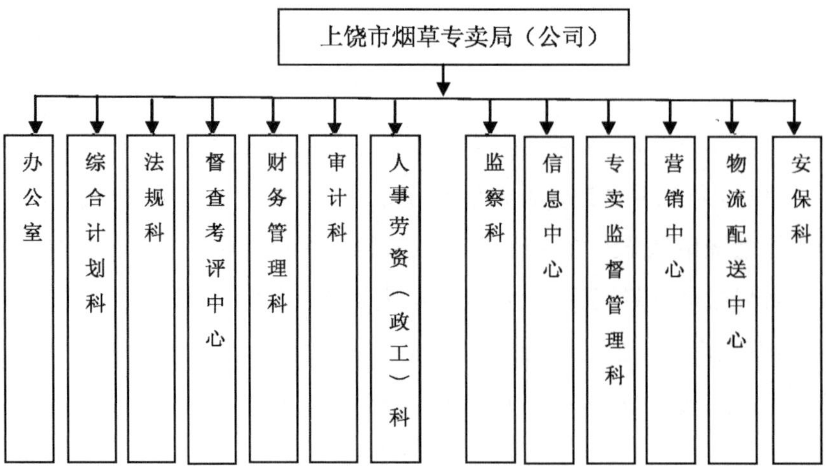

第四节　抚州烟草

抚州市所辖南城县、黎川县、南丰县、崇仁县、乐安县、宜黄县、金溪县、资溪县、东乡县、广昌县和临川区。全市总面积1.8817万平方千米，常住人口总数为391.2万人，其中居住在城镇的人口145.5万人，居住在乡村的人口245.7万人。

抚州市烟草专卖局(公司)(以下简称抚州烟草)组建于1984年，2003年7月前，县烟草专卖局为执法主体，县(市区)烟草公司为经营主体；2003年7月28月，先后撤销县(市、区)烟草公司，取消县(市)级烟草公司经营主体，改由市公司为经营主体，县(市)级局为执法主体，县(市)级公司为非法人实体运作模式，即营销中心，后更名为分公司。2006年12月，实施体制改革，建立母子公司体制，市公司作为市场经营主体，同时设立县(市、区)烟草分公司。1991年全区烟草有正式职工272人，2000年有正式职工327人，至2010年底，全市烟草从业人员1301人，其中在编职工448人，聘用职工853人；获得高级职称1人，中级职称19人，初级职称32人。

2008年，抚州烟草在汲取中华传统文化和抚州地域文化的优秀因子的基础上，在众多先贤名人中，以汤显祖蜚声海内外的“临川四梦”为索引，孕育出以点燃才智，追逐梦想为核心的抚州烟草逐梦文化。

烟叶生产

烟叶种植　抚州晒烟种植至今有400年的历史，先于广昌、黎川等县开始试种，后逐渐扩散至南城、南丰、宜黄、乐安等县。由于晒烟价格未得到相应调整，到了90年代，除广昌县外，其他县基本上没有商品晒烟生产，至1997年全市种植晒烟28760亩，产量64240担。之后，受种种原因影响，晒烟未列入统一管理，不再统一组织生产和销售，但广昌县仍有部分烟农自发种植。根据地方统计部门数据显示，至2010年，全市仅广昌县种植晒烟2500余亩，产量5660担。

抚州烤烟生产从20世纪60年代开始种植，1991年全区种植烤烟2.1万亩，产烤烟2.2万担。1994年，全区烤烟生产出现严重滑坡，面积仅有1000余亩，产烤烟2037担。之后的两年时间一直在1000亩左右的种植规模徘徊。1997年，全区烤烟种植规模有了突破性发展，种植面积达到1.8万亩，产烤烟2.8万担。1998年，全市烤烟生产出现大幅下滑，面积仅有9000余亩，产烤烟1.5万担。2003年开始，抚州烤烟迎来新的发展机遇。2003年—2006年，抚州先后重新开发黎川烟区，发展资溪、宜黄新区；2003年—2008年，全市烤烟种植面积由2.76万亩发展到10.46万亩，烟叶收购量由6.3万担上升到34.07万担。2009年—2010年，由于受到国家烟草专卖局烟叶防过热政策和烟区自然灾害的影响，全市烤烟产量有所下降，但种植面积仍分别达9.28万亩和9.04万亩，收购烟叶30.29万担和23.18万担(受重大洪涝灾害影响)。

基地建设　1997年，广昌县、乐安县分别被列为南昌烟厂和广丰烟厂的烟叶基地县。2000年，广昌县建立3000亩以上的示范基地，优质主料烟开始步入基地化生产的轨道。2002年广昌县在全省范围内率先开展国际型烟叶开发以及替代进口烟叶试验示范工作，开展水田和旱地种植烟叶试验示范工作,得到国家局检查组专家的高度评价。2009年—2010年,抚州烟草连续两年开展上海烟草(集团)公司广昌优质烟叶开发基地建设科研项目。同时,抚州烟草与红塔烟草集团在广昌县盱江镇和甘竹镇合建紫色土特色优质烟叶开发基地,建立红塔集团广昌龙溪特色烟基地单元、红塔集团宜黄黄陂基地单元。

技术推广　科技兴烟90年代后期,地膜覆盖栽培在乐安县开始试行推广。1990年,临川、黎川等地引进南雄88-A系列节能型烤房。1996年,抚州境内引进推广三段式烘烤型节能烤房,到2004年,抚州境内新建烤房全部采用此型。同年,抚州境内开始引入普改密烤房和大型密集型烤房,同时对普通热风循环烤房进行密集化改造,逐步实现烘烤过程智能化控制。至2010年,密集烘烤普及率达到100%。

1998年,江西省烟叶科学研究所开始试验示范漂浮育苗,1999年抚州市开始引进并逐步推广,到2006年全市全面实行漂浮育苗。

现代烟草农业　从2007年底开始,抚州烟草在全市各烟叶产区开展现代烟草农业试验示范工作。2008年,全市现代烟草农业探索试点9个,试点烟农有386户,示范面积7750亩。其中,黎川河塘现代烟草农业试点建设得到国家局局长姜成康、副局长何泽华的高度评价。2009年,全市5个产烟县、10个乡镇和12个村整村推进现代烟草农业建设,试点面积5248亩,烟农278户,户均种植18.9亩。2010年,全市继续安排各类现代烟草农业示范点,示范点烟农228户,示范面积4747亩,户均种植20.8亩,使专业化分工、社会化服务有突破,集约化育苗、商品化供苗、机械化整地、病虫害统防统治逐步实现100%覆盖。至2010年,全市成立烟农协会等各种新型组织48个,烟叶生产新型组织方式创新有突破。

基础设施　烟水烟路工程2005年—2010年,全市在5个产烟县共实施烟水烟路工程项目区137个,建设水池6个,管网2条、1.61千米,沟渠506.26千米,小塘坝287个,提灌站15个,机耕路93.72千米。烟草行业补贴金额11131.99万元,其中国家局补贴金额5242.4万元,省内行业补贴金额5889.59万元,受益基本烟田面积13.14万亩。

1991年—2004年,全市建设热风循环烤房6486座。2005年—2010年,全市共建设气流下降式密集烤房5115座,其中大型密集烤房4320座,中型密集烤房134座,小型密集烤房661座。2006年—2008年,全市普通烤房密集化改造2274座。烟草行业补贴金额11448.25万元,其中国家局补贴金额6857.78万元,省内行业补贴金额4590.47万元,受益基本烟田面积10.06万亩。

2010年全市启动育苗设施项目建设,建设固定式育苗工场12个,可拆卸育苗钢架棚391个。烟草行业补贴金额633.22万元,其中国家局补贴金额254.83万元,省内行业补贴金额378.39万元,受益基本烟田面积3.06万亩。

2009年—2010年,全市购置烟草农机1600台,其中起垄机434台,剪叶机37台,培土机1109台,多功能管理机3台,制煤机1台,拔杆机10台,编烟机6台。烟草行业补贴金额723.53万元,其中国家局补贴金额434.12万元,省内行业补贴金额289.41万元,受益基本烟田面积3.62万亩。

2010年6月18日,广昌县、黎川县、乐安县、宜黄县、资溪县五个产烟县遭受特大洪涝灾害,部分烟水工程遭到水毁。全市共修复小塘坝37座,沟渠8.90千米,机耕路2.48千米,重建密集烤房

251座。烟草行业补贴金额1252.54万元，其中国家局补贴金额615.44万元，省内行业补贴金额637.1万元。

烟叶调拨　1991年—2004年，县公司收购的烟叶分别调拨给省烟叶购销分公司、市公司、卷烟厂。2004年县公司取消法人资格后，县公司负责烟叶的种植和收购管理，由市公司和省烟叶购销分公司对外销售烟叶。进入21世纪，烟叶经营模式改革经历两个阶段：2004年—2006年，省烟叶购销分公司和产烟市公司实行联合经营管理模式。2006年—2010年，省公司本级退出两烟经营，由省烟叶管理处和产烟市公司派人组成备货组，采取集中备货、统一调拨、费用分摊、利益共享的原则开展烟叶经营合作。烤烟收购由1991年的22430担到2010年达到231800担，增长10倍，所产烤烟由主要供应省内厂家，发展到供应红塔集团、福建中烟、广东中烟、上海烟草集团、江西中烟等十多家省内外卷烟工业企业，受到省内外卷烟工业的青睐。

1991年—2010年抚州烟草烟叶生产收购调拨情况

表9-4-1

年份	种植面积（亩）	收购数量（担）	调拨数量（担）	年份	种植面积（亩）	收购数量（担）	调拨数量（担）
1991	21139	22430	19245	2001	21503	36182	35868
1992	22659	39144	42872	2002	23400	55786	55800
1993	33000	49463	49463	2003	27600	62841	62800
1994	1240	2037	2037	2004	28550	78452	56000
1995	1288	1665	1208	2005	43200	105800	89100
1996	840	1067	1060	2006	56400	155000	116400
1997	18038	28398	26963	2007	59900	178700	195800
1998	9468	15080	14655	2008	104600	340700	315600
1999	15657	25500	26014	2009	92800	302900	309500
2000	18030	33749	33914	2010	90400	231600	241700

卷烟经营

1991年—1994年，抚州烟草卷烟经营主要是通过卖大户批发卷烟，由卷烟批发部负责卷烟销售工作，销售人员采取坐店开票，经营户上门购烟的营销方式。1991年末，与南昌卷烟厂协作生产玉茗牌香烟，1992年抚州专销烟有玉茗和赣东牌卷烟。1996年上半年，为响应省公司提出的强攻中档烟号召，与南昌卷烟厂联合开发研制红盖南方烟，专销抚州地区市场。1996年，省产烟首次出现盈利573万元，虽未能消化往年亏损，但结束自1988年以来经营省产烟年年亏损的局面。全区烟草从1996年起，没有出现新的亏损。1998年，卷烟货源实行由抚州分公司统一调进和分销。1999年年底，全区有亏损的单位仅为5个，临川、宜黄、黎川、金溪、东乡县公司。2000年，临川、宜黄、黎川、金溪、东乡5个县（市）公司签订当年的扭亏脱困目标责任书。2001年10月，抚州烟草取消坐店经营，开始实行访销员上门访销送货，城市实行访送分离，农村实行访送结合。2003年建立全市统一呼叫中心,实行电话访销,送货到户,基本实现一库制管理的全面访销分离。2009 年 4 月份,抚州烟草停止卷烟批条行为,所有卷烟产品都要按营销策略通过零售户正常投放市场,做到 100%入网销售。

1997 年,抚州烟草卷烟销售 107143 箱,是 1991 年—2010 年销量最高的年份。2005 年开始实行按客户订单组织货源,卷烟销量相对稳定,2005 年总销量为 87773 箱。2010 年卷烟销量为 97001 箱。1991 年人均销量 7. 49 条,1997 年人均销量达到 7. 71 条,为 20 年的最高值。2000 年以后人均销量从 5. 34 条开始,稳步增长,2010 年达到 6. 2 条。

1991 年—2010 年抚州烟草卷烟销售情况

表 9-4-2　　　　单位:箱

年份	销售总量	省产烟	省外烟	年份	销售总量	省产烟	省外烟
1991	99193	40738	58455	2001	85951	58259	27692
1992	106276	37082	69194	2002	90300	66407	23893
1993	89383	35585	53798	2003	93500	54687	38813
1994	68680	37805	30875	2004	84634	64598	20036
1995	71085	32631	38454	2005	87773	62872	24901
1996	76664	29109	47555	2006	88401	60091	28310
1997	107143	26722	80421	2007	89854	58596	31258
1998	55789	30948	24841	2008	90742	56350	34392
1999	64966	35679	29287	2009	95962	57945	38017
2000	77063	38353	38710	2010	97001	53273	43728

网络建设

1993 年前,卷烟销售都是通过自身批发部或委托供销社进行批发卷烟。1994 年 8 月国家局(总公司)在重庆召开全国卷烟销售工作会,提出建立以我为主的卷烟销售网络,抚州烟草开始起步建设农村网络。1995 年全区建立农村网点 26 个,分别分布于临川区的唱凯镇和展萍乡、南丰县的白舍镇、东乡县的岗上积镇、黎川县的宏村镇、资溪县的鹤城镇等。1997 年开始建设城市网点。到 2000 年,全区烟草城乡网点发展到 61 个,其中自有产权网点 36 个,租赁网点 25 个,形成一个辐射全市,营销结合,城乡一体,三网并举的卷烟销售网络。2001 年,抚州烟草全面实现入网销售和顺价销售,网点开票、报表等经营管理活动全部实现微机操作,并对 30 个城乡客户服务部(12 个城市客户服务部和 18 个农村客户服务部,其中:25 个自有产权网点,5 个租赁网点)进行优化和调整,统一装修设计企业文化 VI 标识,改善软、硬件办公设施。2002 年,黎川县、宜黄县、资溪县、南城县公司实行电话订货业务。2003 年抚州烟草开始实行访送分离,建立全市统一呼叫中心,实行电话访销,送货到户,同年 10 月,全面推行全面访销、集中配送新网建模式,从各县区抽调人员到市烟草公司呼叫中心,各县区电话访销员负责本单位的电话访销工作,有电话访销员 31 人。2004 年,电话订货迅猛发展,零售户电话订货面达到82.16%。2008年,抚州烟草设立800免费服务热线电话,专门接受卷烟零售户的服务需求和投诉,把三员(订单员、营销员、配送员)的服务质量直接置于广大零售户的监督之下。2009年,电话订货员达到28人。4月,抚州烟草取消自供卷烟批条销售,取消电话订货员与客户绑定呼叫的做法,把全市划分4个片区实行系统分片区自动分配拨打任务。2010年,制定按客户订单组织货源相关业务流程和客户经理工作流程,规范营销人员工作流程,狠抓需求预测关键环节,整合客户经理管辖线路,合理调整客户分类标准。同年,开始推进卷烟网上订货,货款结算方式采取网上批量代扣、POS机刷卡、现金等多种方式。

物流建设

抚州烟草卷烟仓库在20世纪80年代根据市、县烟草公司销售规模,按照三级批发模式建设而成,由于设施陈旧、电器老化,存在较大的安全隐患。2003年,抚州烟草撤销县级公司法人资格,因抚州烟草本级仓库只有880平方米,卷烟最大仓储量为2000箱,受仓储条件限制,各县仍旧保留原有仓库,抚州烟草本级仓库只有880平方米,卷烟最大仓储量为2000箱。2004年10月,物流中心从业务科(网建办)分离,单独成立抚州市烟草公司物流中心。2006年3月,撤销物流中心,设立配送中心。同年,对新配送中心建设用地进行选址。

2009年9月,新配送中心(位于抚州市迎宾大道)建成投入使用,分卷烟仓储区、分拣作业区、机关办公区和配套服务等4大功能区。新配送中心投资2729.21万元,占地约10亩,其中卷烟仓库2430平方米,分拣仓库1944平方米,办公区域494平方米。卷烟仓库标准存储量为7560箱。

仓储分拣　2005年,抚州烟草先后购买2条中鼎手工电子标签分拣线,负责临川区、东乡县、宜黄县、崇仁县、乐安县卷烟分拣打码,其他县局按订单每日发货,粘贴防伪标签,在各县局进行二次分拣;2009年9月,抚州烟草新购买1条普天半自动分拣线,通过运用数字化仓储管理、一号工程等系统,开始对全市零售户实行一户一码分拣到户。配备2条分拣线(1条普天半自动分拣线,1条中鼎手工电子标签分拣线),其中中鼎手工电子标签分拣线分拣效率为28~36箱/小时,普天半自动分拣线分拣效率为40~52箱/小时。采取当日分拣、次日中转、隔日送货的方式,由配送中心委托外包方将分拣好的卷烟送到各县公司,各县公司隔日送货到户。2010年1月,卷烟营销配送模式改为当日访,次日送,配送中心分拣好各县卷烟后,在当日由外包方送到各县公司,各县公司次日送货到户。

物流管理　2005年初,各县仓库卷烟与配送中心库存卷烟数据合并。全市烟草货物集中在一个物流管理平台上整合运作,全市卷烟货物的购进、存储、调剂、配送实现集约管理对全市实行一库式分拣、配送。2009年9月配送中心开始对全市零售户实行一户一码分拣到户,并用激光打码,使用塑包膜打包,确立一个中心、集中分拣打码、二级中转的卷烟集中配送模式。2009年9月,为进一步加强分拣、仓储设备管理,按照ISO9001质量管理体系规范要求,建立设备固定资产、日常运行维护2个台账,完善设备操作流程和物流管理及卷烟配送应急预案,突出操作规范化,设备故障率、安全隐患进一步降低。

专卖管理

抚州地区烟草专卖局成立之初,地、县两级下设专卖办公室,是烟草专卖的职能科室。1991年,在全地区主要乡镇设立15个烟草专卖管理所,2002年,成立1个稽查支队,11个稽查大队,38个专管所(中队),配备市场专管员、协管员238名,开始实行信息化办公,配备台式电脑50台,办案车29辆,摩托车90辆。2010年底,抚州烟草有1个稽查支队,11个稽查大队,30个中队,办案车13辆,配备专卖人员240人。1991年—2010年,抚州烟草上缴财政罚没款3319.89万元。

证件管理　抚州烟草行政许可经历片面追求卷烟零售户率→间苗→合理化布局→消除游离于网外客户→修订合理化布局的过程。因受省产烟销售任务压力的影响,1998年前,零售户率远达不到省局(公司)4‰~4.5‰的要求。2001年开始,抚州烟草对零售商户实行户籍化登记,对全市所有卷烟零售户进行一户一档管理。2003年,根据上级精神,抚州烟草各县级局制定《零售点合理布局规定》。2005年,将游离于网外的客户纳入管理,同时建立无证户档案入网管理。2008年,抚州各县(市、区)结合本辖区实际,重新修改印发《零售点合理布局规定》。至2010年12月31日,全市有效卷烟零售户达14186户。

市场管理　1991年1月1日,省政府办公厅下发《开展烟草市场专项整治,加强烟草专卖管理的通知》,1月16日,抚州烟草市场专项整治领导小组成立,开展一次为期半年规模较大的烟草市场专项整治工作。

1996年1月,抚州烟草各县(市)基层专卖管理所正式成立后,开始对查处的各类违法违规卷烟实行登记管理,对办理的卷烟经营许可零售商户实行建卡管理。1999年6月,全区烟草开展以源头堵、市场查、摊点清、窝点打的打私、打假专项整治活动。11月25日,在当地地方政府和有关部门的支持与配合下,取缔临川市星洲卷烟非法交易市场(即五皇殿)和东乡农贸市场内的卷烟摊位。2003年3月,抚州烟草联合市公安局下发《联合打击制售假冒卷烟违法犯罪活动工作制度》,建立健全联席会议、信息沟通、联合执法检查等制度,对定期开展联合市场检查、查抄窝点以及路检路查、打击无证运输假冒卷烟行为作了明确的规定,抚州烟草、公安联手打击制售假冒卷烟活动成为一项常态化工作。2005年11月17日,抚州市人民政府下发《开展烟草专卖社区化管理和卷烟零售户诚信经营自律小组建设工作的通知》,成立由市政府副市长任组长的领导小组,各县(区)人民政府相继成立烟草专卖社区化管理和卷烟零售户诚信经营自律小组建设工作领导小组,全面开展卷烟零售户社区化管理工作。

案件查处　2002年4月,抚州市烟草专卖局联合市公安局经侦支队对抚州利群机械厂一分厂非法生产、销售、拼装烟机一案立案侦查。在原侦查的基础上,通过和公安部门的紧密配合,跨越三省一市,行程近7000千米,于2002年4月22日深夜在广东省深圳市将主要犯罪嫌疑人原利群机械厂一分厂厂长、法人代表王某抓获。由于该案主要犯罪嫌疑人王某属法人犯罪,抚州市公安局依法对当事人进行取保候审处理。

2003年11月14日,根据群众举报,抚州市烟草专卖局会同市公安部门及时捣毁位于市荆公路水厂对面的不法烟贩赵某和地处公园路中段不法烟贩万某两家礼品回收店的调包基地,当场查缴中华、金圣等假冒卷烟10.2条和47枚假烟草专卖标识。涉案人员中,3人被刑拘。

2004 年 6 月 4 日，根据群众举报，抚州市烟草专卖局直属分局在公安部门的配合下，从日常市场检查查获的 3 条烟入手，破获以陈某、饶某夫妻为首，建立以南湖路、体育路、二纺、剪子口、西门口、北门及农村一带等 10 多条地下送货、销售网络案。依法对涉案人员做出罚款 3 万元处理。

2005 年 9 月 27 日，南城县烟草专卖局根据举报，在南城县洪工机械厂门口查获 1 辆（车牌号为赣 AC8957）现代瑞风商务车，用开心梅标志果脯黄纸箱伪装的卷烟 5.76 箱，涉案金额 28 万余元。通过不断地深入调查，抚州市公安局治安支队干警在宁波市公安局的配合下，于同年 10 月 23 日在浙江省余姚市将主犯李某抓捕归案。经审讯，主犯李某交代违法违规经营行为，涉案金额 250 余万元，为抚州首例符合国家局标准的制售假烟网络案件。涉案人员中，2 人被判刑。

2009 年 7 月 18 日，临川区烟草专卖局会同市公安局临川分局在京福高速抚州收费站依法查获汪某和张某雇请 1 辆（车号为豫 C68161）货车非法运输聚丙烯丝束，当场查缴聚丙烯丝束 12.8 吨，涉案金额 12.6 万元。通过近一年的深入侦查，该案涉案烟用丝束达 90 多吨、滤嘴棒约 53388 箱、滤嘴成型机 3 台、假冒卷烟金额 200 万元左右，涉案总金额 2000 余万元；案件涉及湖北、江西、福建、河南、江苏、广西 6 省的 8 个地市。该案锁定上线 3 人，下线 12 人，与案件有重大关系的原国有企业（抚州丙纶厂）工作人员 8 人。涉案人员中，2 人被判刑。

法规宣传　1996 年 10 月 30 日，抚州烟草印发第三个五年普法教育规划，要求全区烟草结合单位实际制定相应规划。1998 年，烟草专卖法实施条例和省产卷烟扩销规范、省外卷烟品牌销售管理意见相继出台，抚州烟草在全区开展全方位、多层次、声势浩大的宣传学习活动。2001 年，市局承办由政府、市政协有关领导和公、检、法、司法、工商、技监等部门主要领导参加的抚州市人大纪念烟草专卖法颁布 10 周年座谈会。2001 年始，建立行政执法责任制考核评议机制，行政执法监督、法制宣传教育、行政执法督察、错案责任追究制度。2010 年 8 月，抚州烟草通过国家烟草专卖局“五五”普法验收，9 月 2 日，法规职能从专卖监督管理科划出，单独设立法规科。

1991 年—2010 年抚州烟草专卖查处案件情况

表 9-4-3

年份	查处案件(起)	罚没款(万元)	大要案(起)	涉烟网络案(起)	刑拘(人)	判刑(人)	劳教(人)
1991	2043	118.00	50	—	—	—	—
1992	595	43.90	20	—	—	—	—
1993	103	85.27	22	—	—	—	—
1994	86	200.00	—	—	—	—	—
1995	323	154.86	—	—	—	—	—
1996	320	443.75	—	—	—	—	—
1997	885	329.25	—	—	24	—	—
1998	885	329.25	—	—	—	—	—
1999	1568	343.82	—	—	8	—	—

续表

年份	查处案件(起)	罚没款(万元)	大要案(起)	涉烟网络案(起)	刑拘(人)	判刑(人)	劳教(人)
2000	1240	166.32	—	—	31	—	—
2001	1023	145.71	—	—	—	—	—
2002	951	176.19	—	—	19	—	—
2003	677	60.00	—	—	31	—	—
2004	683	86.20	—	—	7	—	—
2005	869	95.57	19	—	11	2	1
2006	316	57.08	18	3	21	3	—
2007	359	25.70	13	1	20	7	—
2008	845	204.60	21	2	9	3	—
2009	1262	173.30	20	8	18	16	—
2010	1527	81.12	17	6	18	12	—

说明:大要案是指5万元以上(含5万元)的违法卷烟案件。

历年利税

烟草行业对国家和地方经济建设做出重大贡献。1991年,抚州烟草实现利润251万元,实现税利528万元。1991年—2000年,抚州烟草实现税利虽偶有徘徊,但总体逐年提升,实现利润从251万元增加至963万元,实现税利从528万元增加至2101万元。

从2001年起,利润总额和税利均大幅度增长,2004年,实现利润7575万元,实现税利10658万元,税利首次突破亿元大关。至2010年,抚州烟草实现利润23617万元,实现税利45143万元。

1991年—2010年抚州烟草实现利税情况

表9-4-4

单位:万元

年份	利润总额	利税额	年份	利润总额	利税额
1991	251	528	2001	2325	4477
1992	259	683	2002	4425	6845
1993	457	986	2003	4726	7492
1994	525	943	2004	7575	10658
1995	1652	2172	2005	10071	13571
1996	1796	2542	2006	13478	19964
1997	2792	4391	2007	23217	30526
1998	838	1490	2008	26874	38580
1999	226	868	2009	25487	44282
2000	963	2101	2010	23617	45143

所属单位

1984 年 8 月，抚州地区组建地区烟草专卖局、烟草分公司，后相继成立崇仁、宜黄、金溪、资溪、黎川、南城、南丰、广昌、乐安、乐乡、临川县烟草专卖局(公司)。2003 年 7 月，根据省局批复，撤销县级烟草公司的法人资格，成立非独立法人营销机构，保留县烟草专卖局。2007 年 4 月，因体制改革需要，撤销原各县(市、区)营销中心，设立各县(市、区)烟草分公司。2008 年，县(区)局(分公司)内设综合管理办公室、专卖监督管理科(内管科、稽查大队)、卷烟营销部、烟叶产区县级局(分公司)增设烟叶管理部。

2010 年抚州烟草直属单位

图 9-4-1

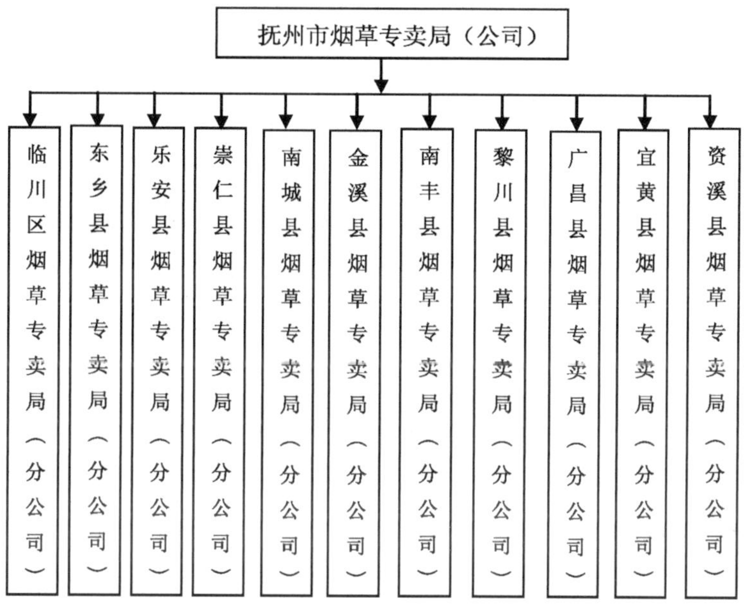

部门设置

1989 年 8 月 4 日，抚州烟草设置人秘科、业务科、监察科、财会科、计统科、烟叶原料科、保卫科及烟草专卖办公室、党组纪检组 8 个部门。1993 年，设立行政办公室。1997 年 1 月，成立金叶园艺场。2001 年 3 月，设立政工科(含党建、工会)，财会科更名为财务审计科，人秘科更名为人事劳资科，烟叶原料科更名为烟叶科，与基础办合署办公。2004 年 6 月，财务与审计职责剥离，设立财务管理科、审计科、安全保卫科。2006 年 3 月，撤销业务科、网建信息科、物流中心，设立营销中心、督察考评中心、配送中心。12 月，行政办公室调整为办公室。2009 年 8 月，成立烟叶技术中心。2010 年 9 月，法规工作职责与专卖监督管理科(稽查支队、内部专卖管理监督管理科、法规科)剥离，设立法规科，专卖监督管理科(稽查支队、内部监督管理科)履行原烟草专卖办公室工作职责。同时，审计科更名为审计派驻办。

2010 年，抚州烟草机关内设 15 个部门。

2010 年抚州烟草机关部门设置

图 9-4-2

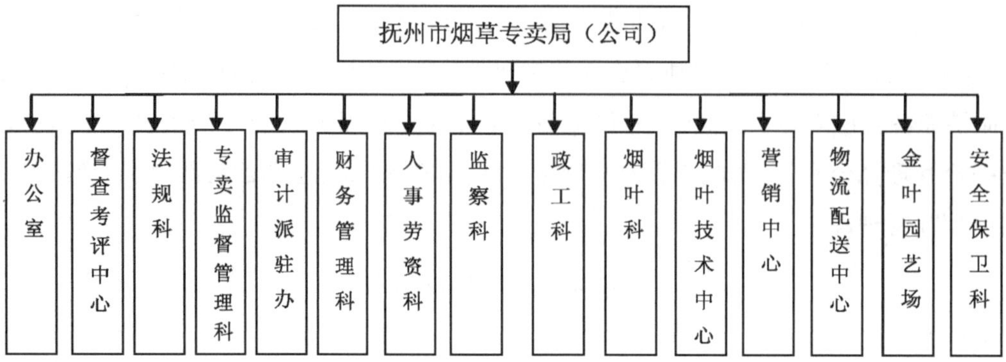

第五节　宜春烟草

宜春市所辖袁州区、丰城市、高安市、樟树市、万载县、上高县、奉新县、宜丰县、靖安县、铜鼓县。总面积 1.87 万平方千米,全市总人口为 557.93 万人,其中:农村人口 394.88 万人。

宜春市烟草专卖局(公司)(以下简称宜春烟草)组建于 1985 年 1 月 1 日,2003 年 12 月前,宜春烟草是以县(市)级烟草专卖局为执法主体,县(市)级烟草公司为经营主体;2003 年 12 月,宜春烟草取消县(市)级烟草公司经营主体,改由宜春市公司为经营主体,县(市)级局为执法主体,县(市)级公司为非法人实体运作模式,即营销中心,后更名为分公司。宜春烟草下设营销中心(下设综合管理部、品牌采供部、订单采集部、市场服务部),配送中心(下设卷烟仓储部、卷烟分拣车间),督察考评中心,信息中心。县级局(分公司)下设营销部、专卖办、综合办、中转站 4 部门。2010 年,宜春烟草有员工 837 人,其中:营销人员 394 人,专卖人员 265 人,物流配送人员 181 人。

2008,宜春烟草努力构建精准营销、现代监管、精细管理、人才队伍四大体系。高度重视企业文化和精神文明建设,构建和实生物、宜人宜春的宜烟企业文化和创造价值,回报社会,服务客户,成就员工的企业核心理念和使命。宜春烟草的不断进步发展得到宜春市委、市政府、广大卷烟零售户和消费者的认可,并连续 19 年荣获市级文明单位荣誉称号、连续 12 年荣获江西省文明单位荣誉称号。

烟叶生产

1991 年省烟草公司下达宜春地区种植烟叶计划 1 万亩,烤烟收购计划为 1.5 万担。当年收购 2.2599 万担,比上年增长 205.5%,烤烟收购实现经营利润 30 多万元,为地方财政创造税利 72 万元。其中:万载县烟叶种植面积 6000 亩,新建烤房 2345 个,收购烟叶 0.76 万担,中上等烟叶占 72%,验收合格率为 83%,烟叶均价 0.925 元/千克,每亩平均收入 407 元,烟农收入 132.7 万元,地方税收 30.1 万元。宜丰县烟叶种植面积 10200 亩,收购烟叶 0.75 万担。

1992 年省烟草公司下达宜春地区种植烟叶计划 2 万亩、其中万载县 1 万亩、宜丰县 1 万亩。烤烟收购计划为 3 万担,其中万载县 1.5 万担、宜丰县 1.5 万担。当年收购烤烟 1.5525 万担,烤烟收购实现经营利润 83.5 万元,为地方财政创造税利 105.4 万元。其中:万载县烟叶种植面积 4000 亩,新建烤房 200 个,收购烟叶 0.64 万担,中上等烟叶占 87.45%,验收合格率为 85%,烟叶均价 0.88 元/千克,烟农收入 112.3 万元,地方税收 19 万元。

1993 年省烟草公司下达宜春地区种植烟叶计划 2 万亩,其中万载县 1 万亩,宜丰县 1 万亩。烤烟收购计划为 3 万担,其中万载县 1.5 万担、宜丰县 1.5 万担。当年收购烤烟 2.1636 万担,为地方财政创造税利 82.9 万元。其中:万载县烟叶种植面积 3500 亩,收购烟叶 0.6136 万担,烟农收入 101 万元,地方税收 29 万元。宜丰烟叶种植面积 10400 亩,收购烟叶 1.550 万担,烤烟收购实现经营利润 14.5 万元,地方税收 53.9 万元。

1994 年宜春地区实现烤烟收购 1.51 万担(其中宜丰县 1.43 万担、万载县 0.08 万担),烤烟收购实现经营利润 20 万元,为地方财政创造税利 29.3 万元。

1995 年宜丰县收购烟叶 1.6 万担。1995 年后停止烤烟种植与收购。

1991 年—1995 年宜春烟草烟叶种植收购情况

表 9-5-1

年份	种植面积(亩)	收购数量(担)
1991	16200	22599
1992	14000	15525
1993	13900	21636
1994	10000	15100
1995	10000	16000

卷烟经营

至 1991 年,宜春烟草经营省产烟累计亏损挂账 2000 多万元。为贯彻省局(公司)坚持以销省产烟为主,立足本地市场,拓展农村市场的卷烟经营思想,宜春烟草与南昌烟厂合作开发研制适合宜春消费者口味的南方牌专销卷烟。1993 年南方烟投放市场后,卷烟经营扭亏为盈。同年省公司连续出台多项优惠政策鼓励各地专销烟的开发、促销、稳价、增量。根据南方专销烟成功经验,宜春烟草提出以专销卷烟为龙头,抢占快车道,实现宜春烟草上台阶,在全省占排头的卷烟经营思路。

1991 年—2000 年,宜春烟草先后与省内外多家烟厂以多种形式,开发或签订 10 多个档次品种的宜春专销卷烟,省内品牌有;软包南方、硬包南方、软包红灯笼、硬包红灯笼、红盖月兔、明牌、井冈松、鑫塔、华木莲、精品南方、红盖特醇南方、软包特醇南方。省外品牌有:泽牌、五华山、云雾山、小康、三塔、沙椤,专销烟的经营取得较好经济效益。

1995 年,全省农村两个网络建设在宜春地区宜丰县进行试点,通过省局(公司)验收后在宜春烟草进行推广,并将卷烟经营从原来的重省外名优烟调入、销出经营,轻本地市场经营的思想,转变到以本地市场销售为经营重点,以省产名优烟为龙头的企业经营模式上来。1997年宜春烟草按照全省统一模式进行农村卷烟经营的网络建设,提出网建发展三年目标为:以我为主,由我管理,归我调控的卷烟经营方针。县(市)级公司卷烟经营必须面向本地市场,以省产烟经营为重点,打通城乡渠道,改善服务态度,变坐商为行商,实行送货上门,努力提高本地销售水平。

2000年,宜春烟草完成农村卷烟销售网点的合理布局建设,实行卷烟销售统一计算机开票的规范经营,当年本地市场卷烟销量首次突破10万箱,达到10.2万箱,年人均销量超过5条。2001年,宜春烟草卷烟销售实行全区一价制,卷烟开始执行计算机联网销售管理。2003年,宜春烟草下发《2003年—2004年网络建设实施方案》,目标为:建立电话订货、电子结算、网上配货、现代物流的新型网络运行体系。实行全面访销、集中配送、专销结合的网建模式。坚持以专卖管理为先导,以服务至上、顾客至尊为理念,以提高三率(市场占有率、市场控制率、访销送货率)水平及省产烟品牌市场占有率为根本;坚持以市公司为经营主体,横向访销、送货、稽查三线即独立运作又互相监控,纵向三级考核与二级抽查相互结合,全面提高市场控制力,提高客户满意度,提高规范管理水平,提高企业经济效益,提升网建运行质量,完善客户服务体系,降低运行成本,实现从传统商业向现代流通业的转变。

2004年,宜春烟草所属县级公司法人资格取消后,市公司主动转变观念,在卷烟销售上打造以市分公司为经营主体,整合业务流程,实现"五统一",即统一采购、统一货源调控、统一订货、统一信息平台、统一销售规定。2007年宜春烟草按照国家局(总公司)实行按订单组织货源的要求,成立各级卷烟需求预测领导小组,建立起卷烟需求预测管理办法,明确市场需求预测流程。加强营销队伍的卷烟需求预测业务培训,切实转变营销理念,丰富营销思路,提高一线客户经理的预测能力。2008年相继制订和完善2008年按客户订单组织货源推广工作实施方案、按客户订单组织货源业务操作规范、货源供应管理办法、零售客户分类标准、紧俏货源供应管理办法等一系列规范性文件。

1991年—2000年,宜春烟草销售专销烟336875箱,其中:南方专销烟286842箱,占专销烟总量的85%,实现专销烟经营利润1.3亿元,为全省创名牌和南方烟扩销奠定基础。

2010年,宜春烟草卷烟销售15.9万箱,比1991年的9.2万箱增长72.8%,省产烟销售9.28万箱,比1991年的5.9万箱增长57.3%,年人均销量7.15条,比1991年人均销量的4.38条增长63.2%,实现从传统商业到现代流通模式质的飞跃。卷烟市场管理有序、服务到位、按需供货、价格稳定、淡旺季销售相对平稳。卷烟经营模式初步达到现代流通体系的雏形,实现按客户需求组织货源、访送分离、电子商务、集中配送。企业初步形成:情系客户、触手生春的服务理念;人为本、客为尊、和为赢的经营理念;规范经营、过程管理、协同营销、痕迹服务的管理模式。

1991年—2010年宜春烟草卷烟销售情况

表9-5-2　　　　单位:箱

年份	销售总量	省产烟	省外烟	年份	销售总量	省产烟	省外烟
1991	92146	59100	33046	2001	118034	89541	28493
1992	107505	62546	44959	2002	116631	94483	22148
1993	117000	63348	53652	2003	127948	99814	28134

续表

年份	销售总量	省产烟	省外烟	年份	销售总量	省产烟	省外烟
1994	83290	65283	18007	2004	128428	107504	20924
1995	83109	58663	24446	2005	133489	103361	30128
1996	79978	55292	24686	2006	135931	99632	36299
1997	80309	61700	18609	2007	141566	101113	40453
1998	89013	69091	19922	2008	143676	94283	49393
1999	98611	62098	36513	2009	153819	96424	57395
2000	100219	74927	25292	2010	159356	92801	66555

说明:1991 年—1993 年省产烟销售数据含销往省外市场。

网络建设

1991 年,宜春烟草城市卷烟销售以烟草公司批发部为主,农村卷烟销售主渠道为供销社卷烟经销店,同时各县市烟草公司在农村市场增设各种形式的代批点,实行送货下乡,组织流动批发,各县重点培植 1~2 个供销社销售省产烟的典型。1992 年宜春烟草在每个乡镇设立南方专销烟委托销售点 2 个,在农村设立卷烟委托销售点 60 个。

1995 年,宜春烟草在全区试行农村两个网络建设(销售和专卖网络),农村市场卷烟批发经营的主渠道转为以烟草公司下伸农村批发网点为主。全区建农村批发网点 31 个,下伸销售人员 80 多人,自有产权的批发网点固定资产达 313 万元,流动资金 969 万元,同年销售省产烟 5.86 万箱,全区有 12 个网点年销省产烟在千箱以上。农村有卷烟委批点 70 个。

1996 年宜春烟草投入农村网点建设资金 200 多万元。全区进一步推进和落实农村两个网络的建设,加强网点的制度建设、生活设施、绩效考核,全区农村网点增加到 45 个。1997 年 6 月,全省烟草统一农村卷烟销售网点的账、表、卡的设置,提出农村卷烟销售网点三年要达到的目标是:建立形成规范的统一店面装修,统一网点标识、统一价格销售、统一货源分配、统一规章管理、统一服务规范、统一核算办法、统一销售信息、统一考核验收的经营网络体系。乡镇按每 6~8 万人设置 1 个网点,每个网点延伸到村的连锁店 6~9 个,每个网点有职工 3~5 人,网点自有产权率达 60%。自办网点各项制度健全,各类账目规范清楚,各类报表及时、准确、真实;挂图清晰规范。1998 年宜春烟草新增自有产权的农村网点 7 个。

2000 年宜春烟草开始实行电话订货,要求营销人员对农村网点所在地的卷烟经营户先访后送(电话访销),在送货的前一天对卷烟经营户进行电话拜访再确定送货时的品种数量。制订出台《宜春烟草 2000 年—2001 年卷烟销售网络建设目标考核方案》,统一装修农村网点、统一招牌,统一配备空调、电视机、音响、冰箱、报警器、灭火器、验钞机、保险箱及生活设施。为实现卷烟销售的全面规范经营,宜春烟草所有销售网点实现卷烟销售由计算机统一开票。2001 年实行卷烟销售大配送,要求卷烟经营户按照销售网点隶属划分,由所在销售网点进行全面电话访销,送货员根据电话访销后的销售小票进行送货。电访员每周对卷烟零售户电话访销 3 次或 2 次,少数零售户访销 1

次。2003 年宜春烟草卷烟电话订货作出规定:1.县市公司电话订货部隶属营销部;2. 1 个电访员服务 360~450 户零售户;3.对 1~3 级零售户每周订货 2 次,4~5 级零售户每周订货 1 次,电话订货员每天接听电话约 120 次;4.电话订货部统一按省局(公司)规定的标准装修和配置设备。

2004 年 2 月,按照全省网建规划两个集中(电话订货、卷烟配送)工作要求,全市对卷烟销售电话订货系统进行整合集中,10 月份撤销各县市的电话订货部,将全市 64 名电话订货员整合精简集中到宜春市袁州区,成立隶属宜春烟草分公司营销中心的电话订货部,负责对全市零售户的卷烟订货进行全面访销,将电话订货员精简到 30 人。与中国银行合作开发卷烟货款电子结算系统,全市城市 2635 个卷烟零售户中试行电子结算。2006 年与工商银行实行电话访销货款实时电子结算。2008 年宜春烟草对全市农村网点进行统一规划、合理布局,统一命名为宜春市烟草公司××分公司××客户服务部。在农村网点导入 VI 视觉识别系统,全市 18 个自有产权农村网点全部达到省局(公司)VI 改造要求。2008 年投资 300 万元改善农村网点工作、生活软、硬件环境,在待遇上向农村网点一线员工倾斜,农村网点从业人员月奖人均基数比城区工作人员高 100 元,年终奖倾斜幅度不得低于 25%;在政治待遇上,优先考虑农村网点人员,明确规定县级局中层干部必须有农村网点工作经历等。至 2010 年,宜春烟草有客户服务部(简称网点)27 个,其中农村客户服务部 17 个,自有产权网点 22 个(其中:袁州区有城区、柏木网点,丰城有城区、洛市、梅林、张巷、荣塘网点,高安有城区、杨圩、八景网点,万载有城区、三兴网点,樟树有城区、临江、黄土岗网点,上高有城区、徐市网点,宜丰有城区网点,奉新有城区、上富网点,靖安有城区网点,铜鼓有城区网点)。

物流建设

宜春烟草组建初期,全区卷烟储存仓库大都是副食品公司的老旧建筑,其设施陈旧、电器老化,存在较大的安全隐患。1991 年全区卷烟库存积压严重(库存量达 10000 多箱,少数品种卷烟积压时间长达 3 年以上),每年卷烟仓储都有卷烟霉变和降价处理现象。1992 年全区烟草统一对老旧仓库进行维修、安装空调、吸潮机、红外线报警系统,存放 1 年以上的卷烟全部做销售处理。全区规划县(市)公司陆续新建卷烟储存仓库和批发部仓库。2001 年,宜春烟草实行卷烟销售大配送,采取二级管理,一级配送制模式,宜春分公司中心仓库从马家园搬迁到租用的新华书店仓库,并按照卷烟集中分拣、配送的模式对仓库进行技术改造。2004 年全市烟草按照一个中心库、两个分库的网建物流方案布局,全市以袁州、高安、丰城 3 个仓库分拣卷烟,全面实行卷烟送货到户,为下一阶段的全市集中物流配送做准备。2005 年将丰城库撤并到高安库使全市的卷烟物流配送进一步集中优化。2009 年 5 月,宜春烟草新配送中心的投入使用,实现卷烟仓储托盘化、品种分拣半自动化、货物管理数字化、安全防卫科技化,组织管理集中化,配送作业标准化,货款回笼电子化、内部运行规范化,初步达到现代物流的雏形。2010 年宜春烟草通过 GIS 的使用对配送线路进一步优化,全市共调整 47. 7%的零售户访销、送货线路,调整 36. 5%的零售户访销周期,打破行政区送货的零售户为 1259 户,占总零售户的 6%,送货车辆从原来的 64 辆精简为 51 辆,单车平均装载量从原来的 9. 2 箱增加为 12. 6 箱,车辆装载率提高 24. 3%,每周送货行车里程减少 2331 千米,每周送货时间减少

4466分钟，物流配送成本降低20.4%。经过10年的物流配送不断发展，宜春烟草形成企业自有的物流管理理念：高效快捷、经济实用、电子商务、现代物流，卷烟配送服务理念：安全及时、准确无误。

仓储分拣　2001年，全面推行卷烟配送制管理模式，宜春烟草实行卷烟销售大配送，配送制采取二级管理，一级配送制模式。2003年，推行全面访销，集中送货的运行模式。全市各县（市）烟草公司卷烟物流配送实施人工卷烟二次分拣机械打码的运行模式（烟草公司仓库手工分拣货源到网点，送货人员和配送站手工分拣卷烟到零售户）。2005年，宜春烟草首次打破全市行政区划分限制，按照就近送货的原则将袁州区慈化、楠木乡的卷烟送货划给万载县营销中心管理，市配送中心在两个中心库（袁州、高安）安装浙江创联公司的电子标签辅助手工皮带式卷烟分拣线（平均分拣速度为36箱/小时），电话订货生成物流订单后数据传到两个中心库，卷烟分拣线按零售户订单数进行分拣和喷防伪码，并用纸箱或周转箱包装。2009年5月，新配送中心安装有3条电子标签辅助手工步进式分拣线（平均分拣速度为80箱/小时），平时分拣人员为两个班组，在节日旺季招聘少数临时工，分为3个卷烟分拣班组，确保卷烟分拣的按时按量完成当日任务，保证节日卷烟物流配送。

物流管理　1991年宜春烟草成立限产压库工作领导小组，对全区卷烟库存进行全面的质量检查，对库存卷烟进行及时处理，将省局（公司）下达宜春的年末卷烟库存控制数10000箱的任务分解到各县（市）公司严格控制执行。2006年宜春烟草制定卷烟配送工作标准化管理文件，规定配送人员各岗位的职能、工作流程、质量标准、考核办法。2007年配送中心试行的卷烟物流成本核算和分析成为卷烟物流管理的基本内容，市烟草配送中心配备专职物流费用核算员，对全市的卷烟物流费用统一建账合算，每月按时上报物流费用报表，并进行卷烟物流成本分析研究工作。将卷烟干线运输业务外包给市邮政物流公司，卷烟送货效率提高，运输费用减少，卷烟运输风险降低。

2010年，宜春烟草配送中心对卷烟物流管理主动引入JIT工作法（工作的准时制管理体系），制定《物流配送工作工作流程准时制管理办法和破损卷烟管理办法》，工作流程包含：客户服务、电访订单、数据传输、信息处理、卷烟出库、分拣包装、装货通知、车辆到站、卷烟装货、卷烟运输、卷烟卸货、验收交接。适用范围为：营销中心电访部、信息中心、配送中心、宜春邮政物流公司、各县市卷烟中转站。监督职责为：后一个流程工作岗位监督前一个工作流程完成情况并记录在案，督考中心每月对工作流程执行情况进行考核，对违反规定的单位和个人进行通报批评，并按规定扣罚当事人绩效工资。

专卖管理

宜春地区烟草专卖局成立后，地、县两级下设专卖办公室，是烟草专卖的职能科室。1994年，宜春烟草有专职专卖人员113人。丰城、樟树、宜春、万载、上高、宜丰烟草专卖局与公安、检察院部门联合成立烟草警务区、检察室、执行室。1995年在全地区主要乡镇设立31个烟草专卖管理所。2006年全市成立稽查支队1个，稽查大队10个，稽查中队15个，巡查中队35个，专卖管理人员320人。全市专卖人员共有高级专卖管理员资格证书18人，中级167人，初级46人，专卖人员持证率达到93%以上。

证件管理　宜春烟草卷烟零售许可证管理经历宽松发证→严格控制→间苗→合理化布局→消除游离于网外客户→修订合理化布局的过程。2003 年出台《烟草零售许可证管理办法》,采取计分管理,计分达到 30 分的吊销专卖零售许可证。

2007 年,宜春烟草专卖管理进一步完善许可证办理程序,按照《烟草专卖许可证管理办法》,结合宜春烟草实际,在全省率先制定并修改办理烟草专卖零售许可证申请材料一次性告知书、烟草专卖零售许可证申请予受理通知书等共 14 项办证表格文书,完善烟草专卖零售许可证的办理程序。开辟烟草专卖零售许可证办理高速通道,减少烟草专卖零售行政许可审批办理时间,组织零售户合理布局听证,制定《宜春烟草卷烟零售点合理布局听证会组织实施指导意见》,明确开展合理布局工作的指导思想、基本原则、布局标准和听证会相关要求。至 2010 年 12 月 31 日,全市有效零售户 22369 户。

市场管理　宜春是江西的西大门,烟草组建初期宜春卷烟市场计划外流入的湘产烟冲击严重。1986 年,宜春烟草在湘赣边境设立 4 个烟草检查站(西村、慈化、黄矛、排埠)。1991 年全区大的乡镇建立烟草专卖管理小组,充分依靠乡政府、派出所、工商所、税务所和供销社的力量管好农村卷烟市场,坚持三堵、二查、一换证,严堵 320 国道、105 国道和万载、铜鼓两条边界线,严查无证经营和假冒卷烟。1994 年宜春烟草专卖管理部门与检察院、公安局联合设立地、县两级烟草检察室、烟草警务室,开始联合执法。1995 年对烟草公司批发的卷烟实行加贴防伪标志管理。

21 世纪后,宜春烟草专卖管理根据时代的进步逐步将对零售户的管理从纯粹的堵、查、管、转变为以服务、疏导为主、管理为辅、零售户自律相结合的管理模式。2000 年全区开始实行卷烟经营户籍化管理。2004 年全市烟草专卖城市实行专卖进社区、农村实行卷烟零售户诚信自律小组的管理模式。2005 年 5 月,组织联合检查组对宜春烟草以清查到货确认、拆单分摊、假入网问题为重点,严格执行五查两落实,对省外烟调拨、销售情况进行检查。2006 年全市成立烟草社区 128 个,占全市社区 78%,成立卷烟零售户诚信自律小组 542 个,加入自律小组零售户 14480 户,占全市零售户的 79%。AA 诚信示范户 369 户,占总零售户数的 2%。2006 年—2010 年,宜春烟草坚持端窝点、断源头、破网络、抓主犯的工作思路,建立卷烟联合打假机制,全方位、多角度,毫不懈怠地打击卷烟制假售假违法犯罪活动。2008 年,丰城市局被国家局、公安部评为全国卷烟打假工作先进集体。2006 年—2010 年,全市共出动打假 104530 人次;开展集中专项整治行动 482 次;查处各类涉烟违法案件 7904 起,其中假烟案件 1390 起,走私烟案件 75 起,5 万元以上大要案件 65 起;查获假冒卷烟 698.6 箱,真烟 853.5 箱,走私烟 13.4 箱,罚没款 546.97 万元;摧毁贩假窝点 7 个;涉案人员中,拘留 169 人,劳教 5 人,拘役 5 人,判刑 57 人,专卖管理工作跃居全省烟草先进行列。

案件查处　1994 年 4 月 29 日,高安市烟草专卖局稽查人员在 320 国道祥符路段查处石脑供销社违法贩运假冒商标卷烟案共 20 箱,涉案金额 19 万元。高安市烟草专卖局依法对全部假烟予以没收,吊销经营户卷烟委托批发许可证,对外公开烧毁假烟。

1994 年 6 月 29 日、7 月 8 日、7 月 10 日樟树市烟草专卖局连续破获 3 起走私烟大案,查获走私卷烟 320 箱,涉案金额 340 万元,其中专供出口白沙烟 290 箱,软石林 5 箱,烟贩为南昌人,卷烟是从广东省普宁县走私购进,该卷烟无任何准运手续证明。国家烟草专卖局 1994 年 12 期《专卖动态》对该案进行通报。

1997 年,按照省政府的统一部署,在全省开展打击制售假冒省产名优烟专项整治活动,集中打假人员 2772 人次,查获假冒卷烟 481.6 箱,其中:上高县局查获假冒南方烟 88 箱,高安县局端掉两个造假窝点,公安部门依法拘留制假贩假分子 4 人,江西电视台对此事进行报道。

2008 年 6 月 8 日,丰城市烟草专卖局稽查人员依法检查送烟嫌疑人杨某摩托车后箱,查缴 6 条假冒卷烟。经调查,该案涉有广州上线人员和省内其他县市下线人员,涉及广东省、福建省、湖北省和河南省多个地市。11 月,该案被列为公安部、国家烟草专卖局的部督案件。查实该案涉及储存、购进、运输、销售 4 个环节,涉案金额 2625 万余元,其中查实 218 万余元;分销卷烟零售点 31 个,查实 27 个;锁定上线犯罪嫌疑人 5 人、假烟仓库 3 处、运输车辆 6 辆、假烟包装厂 2 个、承运假烟货运部 2 个、假烟品牌 42 个(查实 32 个)。涉案人员中,4 人被刑拘,2 人被判刑。

2009 年 9 月 10 日,万载县烟草专卖局会同当地公安部门查获王某涉嫌销售假冒卷烟。经调查,该案跨粤、湘、闽、赣、桂、晋、苏 7 个省,广州市、惠州市、深圳市、长沙市、常德市、漳州市、宜春市、玉林市、南宁市、临汾市、南京市等 11 个地市,系一个从原辅材料的购进、地下工厂生产、运输,再到定点配送销售至全国各地的一条龙假烟网络案件,该案涉案金额 4077 万元,查实金额 510 万元,扣缴非法运输烟草专卖品的车辆 6 辆。涉案人员中,10 人被刑事拘留,4 人被判刑。

2010 年 11 月上旬,高安市烟草专卖局查获李某非法贩卖卷烟,从长沙浏阳收购利群等品牌烟销至高安市场,累计非法经营数额 105.9 万元。该案被国家局、公安部列为部督办案件。2010 年 11 月 17 日,高安市人民法院对 2 名主犯分别判处有期徒刑 7 个月和拘役 4 个月。

2010 年,樟树市烟草专卖局会同当地公安部门破获一起售假烟网络案,该案被国家局、公安部列为部督案件。此案涉及湖南株洲上线 5 人,樟树、高安、丰城等地下线 77 人,非法经营数额 101 万元。涉案人员中,4 人被拘留,2 人被判刑。

2010 年,奉新县烟草专卖局会同当地公安部门查获非法销售卷烟案件,本案跨江西、湖南两省,涉案金额 100.8 万元,查实卷烟金额 100.8 万元。查明涉案上线人员 8 人、下线人员 30 人,涉案车辆 1 部。涉案人员中,3 人被判刑。

法规宣传　1991 年 12 月是《烟草专卖法》宣传月,宜春烟草大力宣传烟草专卖法,组织全市人员学习法律,举办专职副局长、专卖办主任培训班,组织宣传彩车在城乡巡回宣传,组织 500 余人上街咨询。1996 年,国家局授予靖安县烟草专卖局全国烟草行业"二·五"普法先进单位,授予上高县烟草专卖局傲志勇为"二·五"普法先进个人称号。1997 年对各级政府和相关部门上门宣传法律、法规,将烟草有关法律、规定印成小册子发给他们,请分管烟草的政府领导发表电视讲话,政府发通告,部门发通知,烟草专卖部门积极向卷烟经营户进行宣传,在"3·15"期间大力宣传烟草专卖法和识别假烟的常识,开展公开烧毁假冒卷烟的活动。2006 年下发《开展法制宣传教育五个"五年规划"》。2007 年组织学习贯彻国家局《烟草专卖许可证管理办法》,印发宣传资料 3 万余份,召开零售户自律小组座谈会 600 余次。

2010 年 1 月,宜春市烟草专卖局成立法规科,市、县两级局分别组织全体人员对新修订的烟草专卖法及烟草专卖行政处罚程序规定进行闭卷测试,开展烟草专卖法律法规网上答题活动。组织法规知识竞赛,加强各类合同协议审核,进一步提升全员法律意识和依法行政管理水平。

1991 年—2010 年宜春烟草专卖查处案件情况

表 9-5-3

年份	查处案件数(起)	罚没款(万元)	大要案(起)	涉烟网络案(起)	刑拘(人)	判刑(人)	劳教(人)
1991	6069	300.00	9	—	—	—	—
1992	2521	249.50	—	—	—	—	—
1993	837	394.80	20	—	—	—	—
1994	986	381.80	—	—	—	—	—
1995	555	487.70	—	—	—	—	—
1996	576	154.00	6	—	—	—	—
1997	329	303.80	4	—	4	—	—
1998	466	200.62	6	—	—	—	—
1999	486	164.91	6	—	2	—	—
2000	547	142.75	2	—	—	—	—
2001	724	130.56	4	—	—	—	—
2002	1001	126.80	4	—	1	—	—
2003	1004	117.58	6	—	13	—	—
2004	1336	186.33	—	—	14	8	—
2005	1336	128.58	—	—	47	1	—
2006	1609	114.00	1	3	46	1	—
2007	2691	106.60	1	3	21	5	—
2008	3604	126.30	3	3	32	14	—
2009	3415	117.70	18	6	35	17	1
2010	2661	85.40	6	6	24	17	—

说明:大要案是指 5 万元以上(含 5 万元)的违法卷烟案件。

历年利税

1991 年,宜春烟草账面实现利润 396 万元,实现税利 862 万元,实际省产烟经营亏损挂账 2000 多万元,1993 年南方专销烟畅销获利,卷烟经营扭亏为盈,销售省产烟经营利润突破千万。1994 年全区公司经营利润达到县县过百万,企业经营总利润突破 2000 万元。1995 年企业经营总利润突破 3000 万元,1991 年—1995 年宜春烟草在全省经济指标考核中连续五年名列第一。2004 年实现利税突破 1 亿元,2006 年—2010 年企业利税增长年年突破亿元大关,2010 年税利达到 63516 万元。

1991 年—2010 年宜春烟草实现利税情况

表 9-5-4　　　　单位:万元

年份	利润总额	利税额	年份	利润总额	利税额
1991	396	862	2001	2620	4333
1992	373	890	2002	5094	7654
1993	1608	2247	2003	6978	9716
1994	2385	3897	2004	10909	18302
1995	3007	4962	2005	12210	19980
1996	2364	4383	2006	14966	25907
1997	2738	5012	2007	24149	38964
1998	2708	4774	2008	29989	45258
1999	465	1596	2009	30316	53747
2000	1639	2868	2010	31608	63516

所属单位

1985 年 1 月,江西省宜春地区烟草专卖局、江西省烟草公司宜春分公司成立。当年丰城、高安、樟树、万载、上高、奉新、宜丰、靖安、铜鼓 9 个县相继成立烟草专卖局(公司)。1992 年成立袁州区烟草专卖局(公司)。2000 年,国务院撤销宜春地区,设立地级宜春市,江西省宜春地区烟草专卖局(分公司)更名为江西省宜春市烟草专卖局(分公司)。2003 年,根据省局(公司)批复,撤销县(市)级公司法人资格,成立非独立法人营销机构,各县(市、区)级局(公司)更名为宜春市烟草公司××县营销中心,保留县(市、区)级烟草专卖局。2007 年,各县级营销中心更名为宜春市烟草公司××县(市、区)分公司。2010 年宜春烟草下辖县市烟草专卖局(分公司)10 个。

2010 年宜春烟草直属单位

图 9-5-1

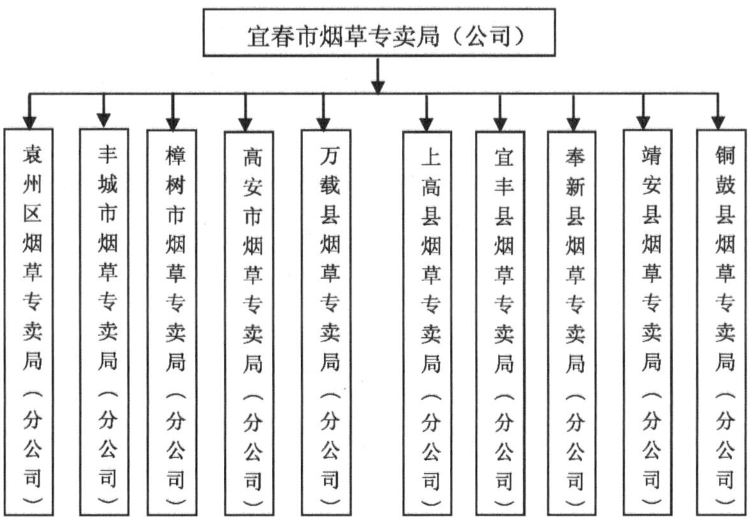

部门设置

1992年,宜春烟草在组织机构从原来11个科室精简到8个,为业务科、批发部、纪检监察科、储运科、专卖监督管理科、行政办公室、政工科、财会审计科。

2006年11月,宜春烟草实行机构改革。江西省烟草公司宜春分公司更名为:江西省烟草公司宜春市公司,原下属县级公司更名为分公司(无法人资格)。宜春烟草下设营销中心(下设综合管理部、品牌采供部、订单采集部、市场服务部),物流配送中心(下设卷烟仓储部、卷烟分拣车间)督察考评中心,信息中心。县级局(分公司)下设营销部、专卖办、综合办、中转站4部门。

2010年,宜春烟草机关内设14个部门。

2010年宜春烟草机关部门设置

图9-5-2

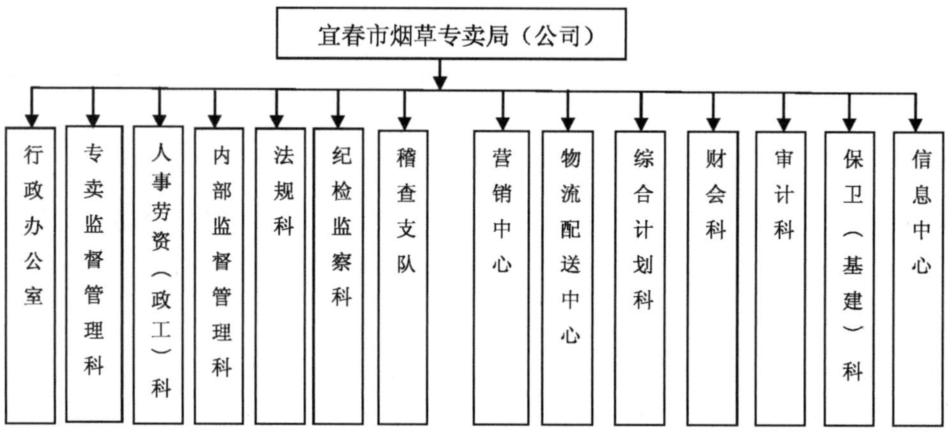

第六节　吉安烟草

吉安市辖吉州区、青原区、吉安县、新干县、永丰县、峡江县、吉水县、泰和县、万安县、遂川县、安福县、永新县、井冈山市,全市总面积2.53万平方千米,人口490万人。

吉安市烟草专卖局(公司)(以下简称吉安烟草)组建于1985年5月。2004年初,取消县(市)级烟草公司经营主体,改由市公司为经营主体,县(市)级局为执法主体,县(市)级公司为非法人实体运作模式,即营销中心,后更名为分公司。2010年,共有在职员工978人。其中:卷烟营销人员181人,专卖人员196人,烟叶生产人员218人。中学以上学历745人,大专以上学历325人,研究生3人。具有专业技术职称人员170人,其中具有中级技术职称41人,初级技术职称129人。离退休(含内退)人员245人。

吉安烟草践行团结、务实、廉洁、高效的企业精神,树立国家利益至上,消费者利益至上的企业核心价值观,凝练出外化于形、内化于心的山文化理念。其寓意为:山之体——实在、有度;山之魂——井冈山精神;山之形——宏阔、大气。

烟叶生产

1991 年,吉安地区烟叶生产种植范围从峡江县迅速扩充到吉安市(原县级市)、吉安县、泰和县、安福县、莲花县、宁冈县,1992 年又扩展到永新县、万安县、遂川县等 8 个县。在这一阶段,全区烤烟生产以峡江为龙头,峡江县烤烟生产 1993 年达到 14.2 万多担,为全省烤烟生产第一大县。

1993 年,全国烟叶市场供大于求,烟叶总量严重饱和,出现卖烟难的局面。从 1994 年开始,全区烟叶生产一下滑入低谷,大多数县完全放弃烤烟生产,只有峡江县在党委政府决不放弃的要求下,坚持烟叶产业的发展,当年种植面积 5.3 万亩,收购烟叶 4.1 万担。另外还有安福县、吉安县保持 1~2 个村组的零星种植,生产量 500 担左右,处于放任自流的生产状态。至此 2003 年滑入最低谷,全区当年只种植 6000 亩左右,收购烟叶 1.6 万多担。吉安县于 1998 年彻底放弃种植。安福县也处于年产几百担烟的零星种植状态。

2004 年底,省局(公司)、吉安烟草重新定位烟叶生产发展战略,出台一系列扶持烟叶生产发展政策,开启烟叶生产的稳步发展阶段,成为吉安烤烟发展的第二个恢复上升期。以峡江县、安福县烤烟为基点,再次逐步壮大。2004 年,全市峡江、安福两县共种植烤烟 0.97 万亩,收购烟叶 3.27 万担。2006 年,永丰县开始试种烤烟。至 2008 年,全市峡江、安福、永丰三县共种植面积 3.78 万亩,共收购烟叶 12.67 万担。2009 年再发展泰和县的苑前镇试种烟叶。在 2009 年和 2010 年全国烟叶市场饱和的形势下,吉安烤烟以稳定规模发展为主基调,种植区域也稳定在峡江、安福、永丰、泰和等县。

优质主料烟　1997 年,为了进一步提高全省烟叶生产水平,促进卷烟产品结构的调整和优化,南昌卷烟厂将峡江县砚溪、戈坪乡列入优质主料烟基地,赣南烟厂将峡江县桐林、马埠乡列入优质主料烟基地。同年,井冈山烟厂也与峡江县挂钩,签订基地计划 1.9 万亩。

2007 年开始,福建中烟厦门卷烟厂就把安福县作为一个意向性烟叶基地单元给予大力支持,并在烟叶生产技术方面进行指导,开展安福县烟叶基地单元建设项目研究。通过工商合作,安福烟叶有了自己的风格特色。

特色烟叶开发　以泰和县紫色土特色烟开发和以安福浓香型特色烟开发为代表的吉安紫色土浓香型开发项目,自 2008 年实施以来,取得阶段性开发成果,吉安烟叶风格特征定位已基本确定,特色烟生长规律、肥料需求规律、肥料元素配比等主要生产指标基本确定。

泰和县位于江西省中部偏南,拥有丰富的紫色土资源,主要分布在苑前、灌溪、万合、冠朝、马市等乡镇,以苑前镇面积最大。经化学分析,其紫色土中含有的多种微量元素非常适于浓香型特色烟叶的生产。

2008 年,泰和苑前镇试种烤烟 20 亩获得成功。2009 年为了利用优质紫色土资源种植开发特色烟叶,支持新农村建设,吉安市烟草公司筹建泰和县苑前现代烟草示范点,在苑前镇种植烤烟 261 亩,当年即上缴税收 11.86 万元,烟农纯收入达到 1500 元/亩,形成该地一个新的经济增长点。

泰和县紫色土旱地烟因其独特的颜色金黄、香味浓郁、叶质柔韧、口感纯正等特色而享誉省内外,被省局(公司)列为全省特色烟四个重点区域之一。

为壮大产业规模,提升产业档次,苑前镇成功与云南红塔集团签约,成为红塔集团烟叶生产基地之一。2010年,将浓香型特色烟种植面积扩种到700亩,在洲刘、书院、王山、中洲、贡塘等5个村建立大型烟叶种植基地。

2007年11月,吉安烟草上报2007年度烟水工程项目立项建的请示,向省局(公司)申报7个烟水配套工程项目点,计划改造烟田6091亩,烟农受益1046户。省局(公司)批复吉安烟草2007年度烟水配套项目点5个,分别是峡江县金江乡黑虎村、马埠镇郭家村、戈坪乡舍龙村、桐林乡炎田村、砚溪镇灼岭村。计划建设沟渠67条、提灌站1座、机耕路4条,总投入资金617.1万元,其中烟草行业投入599.6万元。

烟叶调拨　2002年以前,县级烟草公司未取消法人资格前,县公司、峡江复烤厂、地区烟草分公司都具有烟叶调拨经营权。1993年全区各县烟叶收购后调拨到峡江复烤厂,由其统一复烤,调拨给卷烟工业进行经营。峡江县一直生产规模大,烟叶收购量也大,其烟叶主要由峡江公司组织经营,地区分公司虽有经营权,但受人力不够等因素的制约,实际上没开展经营工作。2002年后,烟叶调拨经营权全部收归至市烟草公司,由市公司统一调拨经营。吉安烟叶在每年的5月下旬或6月初,开始采摘烘烤。2004年之前,收购时间一般在6月中旬开始,各县烟草公司就组织人员进行统一收购,种植规模大的县如峡江,因人力、物力不够,会委托各乡镇供销社代收购。收购上来的烟叶,各县烟草公司按照省、市烟草公司安排的调拨计划和流向,把烟叶组织调拨到省内南昌、赣南卷烟厂或省外卷烟厂或省公司所属的烟叶公司。2004年前,烟叶调拨流向主要是省内卷烟厂,包括当时的地方性计划外烟厂井冈山烟厂和广丰烟厂等。2004年,江西烟草出台新的扶持政策,启动江西新一轮烟叶发展时期。鉴于当时江西烟叶规模小,为解决烟叶经营结构性供求矛盾,集中资源,优化结构,更好地开拓省外烟叶市场,满足工业的需求,省公司烟叶处(烟叶公司)从2005年至2010年共6年在赣州开展全省烟叶集中备货,经等级清选后,代理省内3个产烟市公司统一对外调拨经营。经营利润以各市集中备货的烟叶量和等级按比例分成。

1991年—2010年吉安烟草烟叶生产收购调拨情况

表9-6-1

年份	种植面积(亩)	收购数量(担)	调拨数量(担)	年份	种植面积(亩)	收购数量(担)	调拨数量(担)
1991	104200	131000	131000	2001	23000	49700	48000
1992	85000	145000	135000	2002	13500	30000	30000
1993	140000	166600	165000	2003	6000	16000	16000
1994	63000	42000	42000	2004	10000	34000	34000
1995	43000	37000	37000	2005	12000	33700	33000
1996	30900	49800	49800	2006	22200	73300	73000
1997	44500	101000	101000	2007	29200	88700	88300
1998	21000	41000	41000	2008	37800	126700	121500
1999	22000	42500	42000	2009	36500	114800	114500
2000	24000	56700	56000	2010	36900	103600	85000

卷烟经营

1991 年—2010 年吉安烟草卷烟经营历经打基础(1991 年—1997 年)、卸包袱(1998 年—2001 年)、上台阶(2002 年—2010 年)三个阶段。1991 年—1998 年,吉安烟草经营省产卷烟亏损 2635 万元,沉淀资金 2364.5 万元,主要依靠云南(红梅、红塔山、阿诗玛等)以及上海品牌卷烟销售利润弥补省产卷烟经营亏损。1999 年,各县、市局(公司)陆续实现省产烟扭亏。至 2000 年,全市烟草消化沉淀资金及历史亏损 2500 万元,亏损单位由 2000 年初的 9 个减少为 2001 年初的 2 个。2001 年底,吉安烟草彻底甩掉历史亏损包袱。至 2010 年,全市卷烟经营利润由 1991 年的 473 万元增长到 2010 年的 24816 万元,税利由 1991 年的 1409 万元增长到 2010 年的 45352 万元。

20 世纪 90 年代初期,卷烟调拨销售主要以完成省产烟调拨任务为重点来开展,由于当时烟草公司内部经营不太规范,区内卷烟市场比较混乱,市场和价格基本上掌握在个体经营户手中,全区烟草陷入一种省产烟卖得越多就亏得越多的怪圈中。为了扭转这种被动局面,吉安烟草确立主销省产烟、兼销省外烟、开发专销烟、搞好地产烟销售的指导思想,同时根据市场变化,不断改进销售方法。1991 年,市公司发挥国合商业主渠道作用,在全市相继建立具有合作性质的连锁店 12 个,各县(市)公司则采取与各乡镇供销社签订协议的办法,进行让利销售。

1992 年,吉安烟草在严格执行国家局(总公司)、省局(公司)有关省外烟调拨的规定和政策允许的范围内,采取销售省产烟和省外名优烟两条腿走路的办法开展卷烟经营,在省外烟经营方面市公司抓大头主攻云南市场,县(市)公司则四面出击,面向全国市场。地、县两级烟草公司购销市场遍布云南、广东、浙江、福建、海南、贵州、山东、河北、湖南、内蒙古等 10 多个省市,有的县(市)公司还与广东、福建、湖南等周边省开展边界贸易,有的县(市)公司则两头在外,大进大出,扩大卷烟购销业务。省外烟热销一定程度弥补省产烟的倒挂亏损。但是由于缺乏严格内控机制,加上业务人员素质参差不齐,全员倒烟,多头在外,恶性竞争等原因,省外烟经营也出现货款被骗、购销价格倒挂、个别单位经营省外烟出现严重亏损的混乱局面。为此,吉安烟草开始积极探索开发培育专产专销烟,把它作为甩掉亏损的有效途径。1992 年—1993 年,吉安烟草分别与省内南昌、赣南两个直属烟厂通力合作,开发专销烟,南昌卷烟厂为吉安烟草生产专销品牌吉州、赣南卷烟厂则生产花轿,工商两家共同培育取得初步成功,两个牌号在吉安的销售开局良好。1994 年,南昌卷烟厂又为吉安地区量身打造白鹭洲(软盒)品牌,通过工商两家的精心开发和培育,成为吉安市场畅销烟,实现顺价销售,利润十分可观。1995 年省局(公司)将南方牌卷烟定为面向全省市场的专销烟,白鹭洲牌被南方牌所取代。因销售冲击,白鹭洲牌卷烟当年就退出市场。

从 1995 年开始,吉安烟草实行卷烟经营指导思想的调整,由过去以省外烟经营为主转到以省产烟为主,由靠两头在外,大进大出的外地市场为主转到以本地市场为主和加强内部管理上来。以金圣、井冈山、南方 3 个品牌作为省产烟的主销牌号,大力宣传、精心培育。经过几年的努力,这 3 个牌号逐渐替代同档次的省外烟,成为吉安市场的主销卷烟品牌。

2001 年,由于国家税制改革,赣南卷烟厂大幅度减少低档烟的生产和投放,遂川、万安、永丰等县的销量受到较大影响,销量减少。吉安烟草及时调整决策,扩大金圣系列、南方系列、井冈山系列、海鸟系列、赣烟系列和天宝系列的销量,到省外积极组织货源,调入一定数量的省外低档烟满足市场供应。在此过程中,吉安烟草尽可能减少差价小的卷烟牌号的调拨和销售,为盈利大的中高档烟腾出市场,并根据各县市场的销售特点、消费水平,有针对性地投入适销对路的中高档烟。2001年,五大品牌(硬金圣、绿天宝、软南方、白井冈山、蓝赣)销售 13258 箱,比 2000 年增长 78.43%;五大系列(金圣系列、南方系列、井冈山系列、赣烟系列、天宝系列)销售 42453.85 箱,比上年增长 40.55%,南昌烟、赣南烟、地产烟的销售均价和毛利都大幅增长。2001 年,在前 9 年陆续消化老亏损的基础上,吉安烟草甩掉了亏损帽子。2003 年,吉安烟草全面取消县级公司法人资格,地市级烟草公司为市场经营主体,卷烟经营由市级公司集中统一管理业务流程。2008 年,全面铺开按客户订单组织货源工作。2010 年,全市卷烟销量由 1991 年的 98145 箱增长到 2010 年的 120145 箱,经济运行保持平稳发展。省产卷烟销量自 2000 年开始突破 6 万箱,至 2010 年一直保持在 6 万~8 万箱之间的销量,最高年份 2003 年省产烟销量达到 8.6 万箱,人均销烟 6.27 条。

1991 年—2010 年吉安烟草卷烟销售情况

表 9-6-2　　单位:箱

年份	销售总量	省产烟	省外烟	年份	销售总量	省产烟	省外烟
1991	98145	39121	59024	2001	128364	82274	46090
1992	101040	40298	60742	2002	122484	85900	36584
1993	102151	40981	61170	2003	131498	86072	45426
1994	119803	53600	66203	2004	96705	82162	14543
1995	105940	40121	65819	2005	98155	72653	25502
1996	112100	41120	65819	2006	102106	68918	33188
1997	104506	42395	62111	2007	106947	62777	44170
1998	108519	41442	67077	2008	108511	60918	47593
1999	103406	49649	53757	2009	114416	63207	51209
2000	106400	66540	39860	2010	120145	62898	57247

网络建设

1998 年—2001 年 4 月,为进一步发挥网点的功能,提升质量,扩大销量。1999 年,吉安烟草在原市局(公司)本级试点,建立全面访销,全面配送,访送一体,营销结合的吉安网建模式,走出一条适合吉安烟草自身发展的新路子,得到省局(公司)的充分肯定,10 月在吉安地区召开全省网建工作现场会,会上提出"远学南通,近学吉安"口号,要求全省烟草按照吉安的模式。2008 年,在认真总结、借鉴行业订单供货、订单生产试点经验的基础上,订单供货工作开始在吉安烟草全面铺开。2001 年 4 月赴武汉参观之后,按照武汉网建模式,在吉安市区和有条件的县城,从过去的访送一体向访送分离转轨,撤销原直属公司,成立配送中心,由配送中心集中统一大配送,运转情况正常,市场占有率和控制力得到明显提高。2002 年各县(市)级局(公司)根据市局要求,相继设立配送中心(内设访销部和配送部),偏远地区设立配送分中心。至 2003 年,全市形成以市场为向导、综合现代营销手段、实行电子化全面访销、集中配送、专销结合、优质服务、访送分离的信息化网络系统。全市通过网上配送，统一由市分公司配送中心按时间、线路将卷烟送到县（市），再有配送中转站将卷烟送到客户手中，在县城实现网上银行贷款结算，卷烟配送更快捷安全。

2010年全市烟草销售收入首次突破20亿元大关，达22.06亿元，并率先在全省烟草启动市场信息采集网络建设工作的试点，两次得到国家局（总公司）检查组的充分肯定。

物流建设

2002年11月5日，吉安烟草制定上报全面访销，集中配送实施方案，从2003年1月1日起全市开始实行全面访销，集中配送工作。网建办（业务科）在全市11个县市公司设立营销中心，营销中心下设访销部、送货部，对交通不便、偏远山区暂时保留网点配送分中心。其中吉安市公司设立配送中心，负责全市的访销和配送工作。

2003年6月9日市局（公司）决定从2006年下半年开始，逐步撤销县级烟草公司法人资格实施组织结构调整。撤销县级公司后设立各县营销中心，其中县级营销中心下设访销部和配送部。

仓储分拣　2005年底吉安烟草撤并12个县（市）的卷烟仓库，引进2条分拣作业系统：昆船半自动分拣系统，工作效率为36箱/小时；创联人工分拣系统，工作效率为32箱/小时。全市卷烟的入库、存储、养护、分拣喷码等环节实行统一管理、集中配送作业，配备非全日制工人20人，计件取酬。2008年1月，新配送中心启动建设，2010年8月建成投入使用，它位于吉安市吉州区长塘镇吉安北高速路口1.5千米处，占地55亩，建筑面积8300平方米，其中：仓储区3629平方米，分拣区2700平方米，办公区1031平方米，附属楼940平方米。总投资约6500万元，总库容量1.1万箱，共有托盘位1872个，包装设备2台，半自动分拣线1条，电子标签分拣线1条，叉车12辆，其中升降车4辆，液压平移车8辆，托盘1395个，送货车50辆。是一个集仓储、分拣、配送、信息于一体的现代化物流配送中心。

物流管理　根据省局（公司）网建三年规划和全省卷烟销售网络建设整体推进、全面提升实施方案要求，吉安烟草制定卷烟销售网络建设整体推进、全面提升实施方案。2004年吉安市、吉安县完成一库式配送，2005年4月其他县（市）公司完成一库式配送，整合配送人员、车辆、路线，实现优质高效的一库式配送。2003年7月1日始试运行省内卷烟到货确认制。2005年5月，卷烟全面扫码管理，及时向省局全面上报物流配送数据信息。至2010年，吉安烟草现代物流体系雏形基本建成，全市货物集中在一个物流管理平台上整合运作，全市卷烟货物的购进、存储、调剂、配送实现集约管理。

专卖管理

1991年—2010年，吉安烟草在省局、吉安市委市政府的正确领导下，与有关部门大力配合，注重文明执法，创新工作办法，不断提高市场监管水平，扎实开展专卖基础工作。20年来，专卖管理工作成效显著，促进烟草稳步发展，全市烟草在日常执法及专项整治中，共破获案件33475起，其中大案要案237起,涉烟网络案40个,查获卷烟17404.6箱、违规烟叶2475担,判刑34人,刑拘294人,上缴罚没款2944万元。

证件管理　1993年11月11日—1994年1月31日,全区开展换(领)发烟草专卖零售许可证工作。1998年11月,开展烟草专卖零售许可证的换发工作。2003年12月1日—2004年3月31日,全市各县级局开展1998年换证以来核发的各类许可证(除特种烟草专卖经营企业零售许可证外)。

为进一步加强烟草专卖零售许可证的管理,合理布局卷烟零售点,根据2003年《中华人民共和国行政许可法》,吉安烟草先后在2004年、2008年举行两次听证会,广泛听取社会各方面对全市卷烟零售点合理布局的意见,在中华人民共和国烟草专卖法及其实施条例规定的范围内,对申请取得烟草专卖零售经营资格条件进行细化,更有利于依法保护卷烟零售户的合法经营活动。根据国家局有关文件规定,从2004年1月1日起,市局取消特种烟草专卖零售许可证的审批发放,取得烟草专卖零售许可证(个体)的零售户即可从合法渠道获得外国卷烟零售。

2008年,全市开展零售许可证的大换证工作,换发许可证从2008年12月15日开始,至2009年3月31日结束,此次换证改变历年来手工填写的模式,通过05版专卖管理信息系统零售许可证管理模块,按照许可证延续申请业务流程进行机打,实行不收费制度。2010年全市共有卷烟持证零售户17900户。

市场管理　1991年以来,全区(市)和各县(市)(原县级市)相继成立烟草市场专项整治领导小组,设立联合办公室,并以政府或政府办公室的名义制定、印发整治方案。

2008年开始,市烟草专卖局、市公安局、市交通局、市工商行政管理局、市质量技术监督局联合开展代号"金网1号""金网2号""金网4号"卷烟市场专项整治行动。重点取缔无证经营、无证批发、查处无证运输、严禁乱渠道进货、打击贩私和经销假冒卷烟活动。2010年,重点对制售假烟、走私烟、乱渠道进货、无证运输及卷烟回收店、名烟名酒店等区域、场所进行监管和打击。市场上的假、私、非烟数量明显减少。

案件查处　1994年1月17日,吉安地区烟草专卖局根据举报,分别在105国道对上海美林达集装箱运输公司的上海01—90923和上海01—90926号大型集装箱货车进行检查,发现车厢内装有云烟(硬)等13个品牌卷烟309.4箱、茶花牌卷烟条包合皮2000张、红塔山牌卷烟条包合皮3000张、硬红塔山小包合皮8500张、烟用包装玻璃纸若干。经江西省烟草质量监督检测站鉴定所查卷烟均为假冒卷烟。吉安地区烟草专卖局没收非法所得3万元,同时处以2.7万元罚款,责定该公司对其司机及其有关人员进行严肃处理。因案件当事人在交通事故中死亡,生产和销售的线索中断,外调无法深入,已结案。

1996年4月7日,吉安地区烟草专卖局根据举报,在105国道泰和县征费站查获车号为赣F30123货车车厢内装有的阿诗玛(软)等7个品牌卷烟88.4箱。经江西省烟草质量监督检测站鉴定均为假冒卷烟。吉安烟草对承运人处以2万元罚款,没收全部假冒卷烟并公开销毁。

1996年2月5日,根据举报,吉安地区烟草专卖局会同吉安地区公安处在105国道吉安市路段,将车号为粤B09969大型集装箱货车依法拦停,车厢内查获装运的红山茶(软)等共8个品牌卷烟196.8箱,集装箱门上有假冒海关铅封。经江西省烟草质量监督检测站鉴定均为假冒卷烟。吉安烟草没收全部假冒卷烟并公开销毁。

1996 年 4 月 23 日，吉安地区烟草专卖局根据举报，在 105 国道吉安市路段一洗车场，依法查获一辆赣 B60741 东风货车，货车车厢内藏有红山茶（软）等 6 个品牌卷烟 147.6 箱，集装箱门上有假冒海关铅封。以上卷烟经江西省烟草质量监督检测站鉴定均为假冒卷烟。吉安烟草对承运人处以 5000 元罚款，没收全部假冒卷烟并公开销毁。

2006 年 12 月 22 日，吉安市吉安县烟草专卖局查获陈某某将广东一烟贩吕某（批捕在逃）送来的卷烟装车，23 日凌晨，在途经赣粤高速公路吉安服务区时被查获，当场从车上查出用印有文具、陶瓷等字样纸箱包装的金钱树、月兔等 6 个品种卷烟 60.2 箱。经江西省烟草质量监督检测站鉴定，全部为假冒伪劣卷烟，涉案金额 32 万元。吉安县烟草专卖局没收并公开销毁。

2008 年 2 月，吉安市永丰县烟草专卖局联合永丰县公安局经侦大队侦破一起故意以他人名义骗取烟草专卖零售许可证经营假烟为主、真烟为辅的网络案。永丰县公安局抓获 2 名上线及在永丰县的 2 家下线归案，传唤 7 名涉案人员永丰县烟草缴获非法经营卷烟 1.48 箱（其中假烟 0.28 箱），涉案金额 50 多万元。方某、陈某被永丰县人民法院判拘役 5 个月，分别被处罚金 4 万元、2 万元。

2008 年 4 月 28 日，吉安市城区烟草专卖局联合吉安市公安部门在赣粤高速公路吉安段，查获一起无证运输卷烟案。所查获的卷烟用化工桶及纸箱伪装，有中华等 10 余个品牌，共计卷烟 32.1 箱，涉案金额 110 余万元。城区烟草专卖局没收无主卷烟 32.1 箱变卖，变卖款上缴国库。

2008 年 6 月 24 日，吉安市万安县烟草专卖局根据举报，会同万安县公安部门在大广高速万安路段依法查获一起无证运输卷烟案。查获卷烟 8.3 箱，涉案金额达 21.5 万元。万安县烟草专卖局没收卷烟 8.3 箱，对承运人（司机）罚款 3.2 万元。

2010 年 10 月 20 日，根据举报，吉安市烟草专卖局会同吉安市公安局治安支队干警，在武吉高速吉安境内对贵 J04017 大货车进行依法检查时，当场查获黄果树、云烟、中华等各类品牌卷烟 77.4 箱，并抓获司机覃某、夏某。经江西省烟草质量监督监测站鉴定上述 77.4 箱卷烟均为假冒伪劣卷烟，涉案金额 119 万余元。该犯罪团伙销售烟叶达 200 余吨，假烟 800 余箱，涉案金额高达 2000 万元。此案被列为国家烟草专卖局、公安部部督案件。吉安市中级人民法院分别判处主犯韦某有期徒刑 8 年并处罚金 12 万元，张某有期徒刑 6 年并处罚金 5 万元，郑某有期徒刑 6 年并处罚金 5 万元，段某有期徒刑 5 年并处罚金 3 万元，罗某有期徒刑 5 年并处罚金 3 万元。

法规宣传　1991 年—2010 年，吉安烟草以宪法为核心，深入宣传宪法、国家基本法律、烟草专卖法律法规以及与专卖管理和卷烟生产经营管理密切相关的法律法规规章。每年通过法律知识竞赛、岗位大练兵等形式，与队伍建设、岗位技能鉴定工作结合起来，制定培训计划并针对性地开展培训，每年全市烟草人员定期组织普法考试，进一步增强全体烟草职工的法律意识和法律观念，提高领导干部和管理人员依法治理、依法办事的能力和水平。

1991 年以来，吉安烟草借助每年的“3·15”“12·4”法制宣传周或宣传日设立宣传台，散发宣传材料宣传烟草法律法规，通过专卖执法人员市场检查和客户经理拜访宣传烟草法律法规，形成走访中有宣传、管理中有宣传、服务中有宣传。召开零售户座谈会等形式，提供了解和参与法律实践的机会，教育和引导零售客户在经营中掌握烟草法律知识，增强法律意识和法律素质。

1991年—2010年吉安烟草专卖查处案件情况

表9-6-3

年份	查处案件(起)	罚没款(万元)	大要案(起)	涉烟网络案(起)	刑拘(人)	判刑(人)	劳教(人)
1991	3955	191.50	23	—	—	—	—
1992	1083	54.18	—	—	—	—	—
1993	618	155.70	5	—	—	—	—
1994	900	147.50	19	—	—	—	—
1995	1835	256.20	6	—	—	—	—
1996	150	35.00	—	—	—	—	—
1997	2461	197.90	—	—	—	—	—
1998	3054	216.00	—	—	—	—	—
1999	3097	308.00	—	—	—	—	—
2000	3747	266.50	—	—	—	—	—
2001	2669	304.00	—	—	—	—	—
2002	792	89.00	—	—	—	—	—
2003	915	96.00	68	—	46	1	—
2004	410	40.00	—	3	35	1	3
2005	671	70.00	31	6	61	3	—
2006	743	92.00	19	3	35	11	—
2007	609	130.00	29	1	36	1	3
2008	520	200.00	33	—	34	5	—
2009	2281	117.03	20	4	12	5	—
2010	2965	73.49	23	5	35	7	—

说明:大要案是指5万元以上(含5万元)的违法卷烟案件。

历年利税

1991年—1995年,吉安烟草一直处于省产烟经营亏损阶段,1996年开始扭亏,直到2000年全面扭亏,步入良性循环。2001年,利税达到5240万元;2004年,实现税利超亿元,进入快速发展阶段;2010年,税利达到45352万元。

1991年—2010年吉安烟草实现利税情况

表9-6-4　　单位:万元

年份	利润总额	利税额	年份	利润总额	利税额
1991	473	1409	2001	2935	5240
1992	766	2270	2002	4648	7004

续表

年份	利润总额	利税额	年份	利润总额	利税额
1993	804	2302	2003	5457	7963
1994	521	1371	2004	8279	10754
1995	521	1618	2005	9109	11744
1996	1603	2831	2006	12446	17556
1997	663	1938	2007	19604	25363
1998	84	1002	2008	26003	54233
1999	-212	1245	2009	24398	38809
2000	545	1937	2010	24816	45352

所属单位

1985 年 5 月，组建吉安地区烟草专卖局、烟草分公司，后相继成立各县(市)烟草专卖局、烟草公司。

至 2003 年 7 月，吉安市烟草专卖局(公司)下辖 12 个县(区)局(公司)。2003 年 8 月，根据省局批复，撤销县级烟草公司的法人资格，成立非独立法人营销机构，保留县烟草专卖局。2007 年 2 月，因体制改革需要，撤销原各县(区)营销中心设立江西省烟草公司吉安市公司各县分公司。2008 年，县(区)局(分公司)内设综合管理办公室、专卖监督管理科(稽查大队、内管科)、客户服务部、配送中转站、烟叶产区县级局(分公司)增设烟叶部。

2010 年吉安烟草直属单位

图 9-6-1

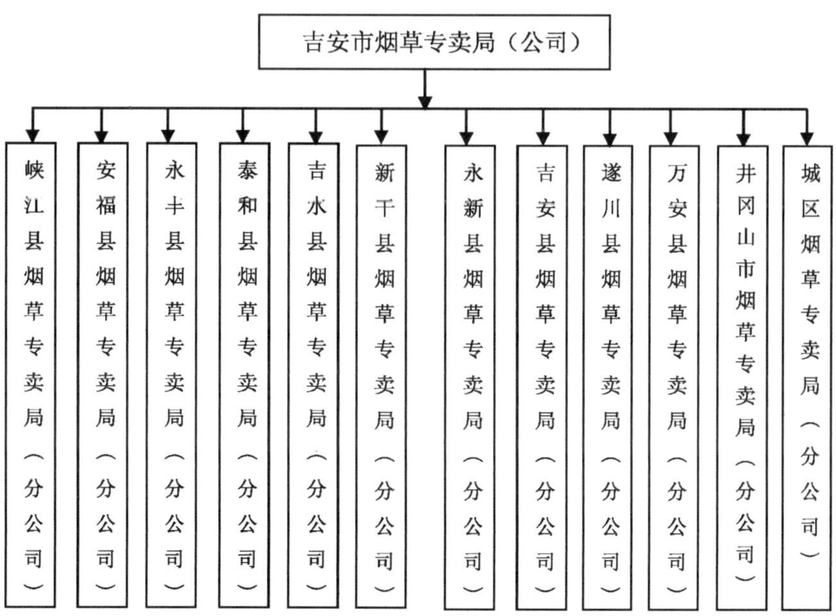

部门设置

2010 年,吉安烟草设立工作部门 16 个:办公室、信息中心、人劳科、政工科、烟叶科、营销中心、物流配送中心、专卖监督管理科(稽查支队)、法规科、烟叶生产基础设施建设办公室、审计科、财务科、综合计划科、监察科、安全保卫科、综合服务科。

2010 年吉安烟草机关部门设置

图 9-6-2

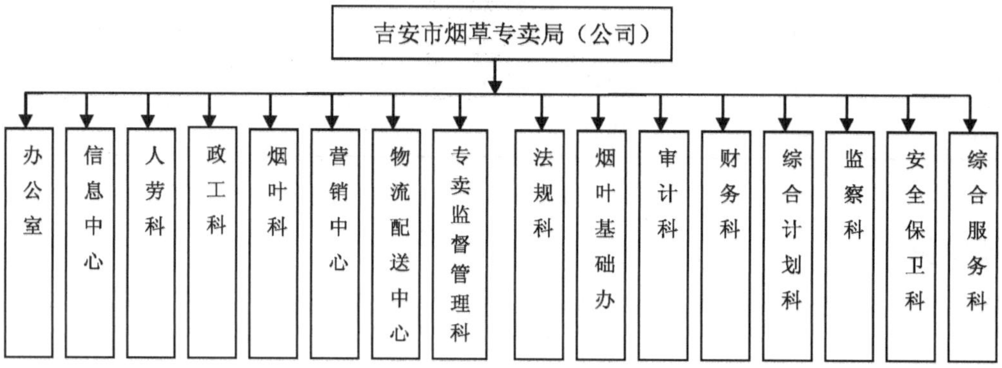

第七节　赣州烟草

赣州市毗邻福建、广东、湖南,是江西省的南大门,所辖章贡区、瑞金市、南康市、赣县、大余县、信丰县、上犹县、崇义县、安远县、龙南县、定南县、全南县、于都县、宁都县、兴国县、会昌县、寻乌县、石城县,总面积 3.94 万平方千米,总人口为 918.26 万人。

赣州市烟草专卖局(公司)组建于 1984 年 8 月,2004 年初取消县(市)级烟草公司经营主体,改由市公司为经营主体,县(市)级局为执法主体,县(市)级公司为非法人实体运作模式,即营销中心,后更名为分公司。1991 年,赣州烟草有职工 469 人,至 2010 年末,全行业员工总人数 1538 人。其中:正式员工 553 人,聘用员工 904 人。有大专学历 396 人,大学学历 135 人,研究生及以上 5 人。取得专业技术职称人员 101 人,其中高级 1 人,中级 19 人,初级 81 人;取得职业技能资格 1331 人,其中初级有 810 人,中级有 433 人,高级有 88 人。

2007 年 12 月,赣州烟草提炼出"火"文化理念。赣州烟草企业文化建设以火为特色,通过解读火的激情、热情等内涵,衍生一种健康、积极向上的企业文化,把赣州烟草逐步建设成为文化先进、管理科学、诚信规范、形象良好、实力雄厚、竞争力强、效益显著的国有烟草企业。

烟叶生产

赣州市地处中亚热带南缘,属亚热带丘陵山区湿润季风气候,年平均气温为 18.8℃,平均降水量 1400~1700 毫米,无霜期在 270~300 天,日照时数年达 1500~1978 小时,自然环境与生产优质烟相吻合,为烟草生产创造良好条件。2010 年底有烟农 9811 户。

1980年—2010年，赣州烤烟生产经历三起三落，即1980年—1982年为第一个小高峰，1983年—1987年为第一个低谷期；1988年—1992年为第二个小高峰，1993年—1995年为第二个低谷期；1996年—1998年为第三个小高峰。1998年，烟叶生产扶持政策下降，烤烟种植下滑，全市烤烟收购134226.5担，仅有上年的25%。1999年，全市烤烟生产跌至第三个低谷，仅收购烤烟84259担。2000年后，随着烤烟生产优惠政策的调整，烟叶生产逐年发展，至2008年达到历史最高水平，收购烤烟39.86万担。2009年，国家对上等比例及中部烟比例实行控制，当年收购烤烟34.3万担。2010年，赣州各烟叶县遭受水灾，在大灾之年烤烟收购只有27.034万担。

烟叶基地　20世纪90年代初，由南昌、赣南卷烟厂出资，以石城为中心，辐射瑞金、宁都，开展优质主料烟生产。1992年，在信丰县大塘乡进行万亩乡规范生产和四十级制收购。1994年，扩大到信丰、赣县、石城、瑞金的10个乡镇。1995年，石城全县和会昌县列入优质烟基地。1997年，为进一步突出石城烟叶风格特色，增强金圣卷烟特色优质烟叶保障能力，在石城县丰山、木兰2个乡开发3万担特色优质烟叶。2000年，在石城县、赣县各建立3000亩以上的示范基地，优质主料烟开始步入基地化生产的轨道。2002年，赣州市国际开型烟叶开发安排在基地种烟条件较好的石城实施，烟叶质量有了大幅度提高。2010年12月，赣州烟草初步完成江西中烟石城县琴江、屏山2个特色烟叶基地单元规划，并提请省局（公司）组织规划评审，准备在2011年实施琴江基地单元。

烤房建设　20世纪90年代，各地烤房规格不一，大多为土坯房；1999年从福建宁化引进热风循环烤房，2003年全市基本普及；2005年开始从安徽引进密集烤房，至2010年普及率达到90%，减轻烟叶烘烤的劳动强度，提高烘烤质量。1999年—2006年，全市建设热风循环烤房7860座。2005年—2010年，全市共建设密集烤房5799座，其中大型密集烤房4813座，全部为气流下降式烤房。普改密烤房于2006年度实施，全市改造2020座，多为热源内置式烤房。

烟叶科技　在烟叶种植历史中，农家肥一直是烟农长期使用的肥料，在20世纪90年代中期，赣州全面推广烟草专用复合肥，全面实行平衡施肥。2000年开始在石城、宁都、赣县等产区进行漂浮育苗试验示范，2004年全市全面实行漂浮育苗。

现代烟叶　2007年底开始，在各烟叶产区开展现代烟草农业试验示范工作。2008年，赣州烟草示范面积2400亩。2009年，经省局（公司）安排，在全市7个产烟县、8个乡镇和10个村整村推进现代烟草农业建设，其中省级试点6个（8个村），市级试点2个，总投入资金2321万元。2010年，信丰作为红塔集团烟叶基地，整县推进现代烟草农业基地单元建设，落实种植面积1.64万亩，烟农892户，户均种烟19.39亩。

烟叶基础　2005年—2010年，在7个县（市）的182个村实施烟水配套工程项目区182个，单体工程数量为3068个，烟草行业补贴金额14191.8万元，受益基本烟田21.21万亩，受益农户9.06万户；2007年—2010年，建设机耕路303条，长度137.34千米，赣州烟草行业补贴金额1941.05万元，受益基本烟田6.47万亩。

烟叶调拨　1991年—2004年，县公司收购的烟叶分别销售给省烟叶购销分公司、市公司、卷烟厂。2004年县公司取消法人后，县公司负责烟叶的种植和收购管理，由市公司和省烟叶购销分公司对外销售烟叶。进入21世纪，烟叶经营模式改革经历两个阶段：2004年—2006年，省烟叶购销分

公司和产烟市公司实行联合经营管理模式。2006 年—2010 年,省公司本级退出两烟经营,由省烟叶管理处和产烟市公司派人组成备货组,采取集中备货、统一调拨、费用分摊、利益共享的原则开展烟叶经营合作。

1991 年—2010 年赣州烟草烟叶生产收购调拨情况

表 9-7-1

年份	种植面积(亩)	收购数量(担)	调拨数量(担)	年份	种植面积(亩)	收购数量(担)	调拨数量(担)
1991	264280	217582	217852	2001	107000	160389	153369
1992	281850	235514	223738	2002	104440	214390	214389
1993	270580	229813	211697	2003	86960	204096	200014
1994	86341	87597	82341	2004	72624	169132	163861
1995	53993	62487	61531	2005	89478	199012	195003
1996	106500	117100	104263	2006	115551	279072	279762
1997	229000	336091	330728	2007	99828	288240	278164
1998	104000	134227	136733	2008	119457	398617	381197
1999	84407	81955	78370	2009	106800	343000	344824
2000	89721	148795	118674	2010	109674	270340	268478

卷烟经营

20 世纪 90 年代初期,受省外烟冲击和国外走私烟的渗透,加上赣南卷烟厂的产品缺乏竞争力,省内各地市为了完成赣南卷烟计划,竞相甩卖卷烟到赣州。赣州各县公司为完成年度计划,不得不削价销售,造成地产烟销售亏损。1991 年,全区卷烟销售 90404 箱,人均销售 3.14 条,经营省产烟亏损 900 余万元。1992 年,为扭转省产烟经营亏损,赣州烟草把百花洲、一枝花列为地区专销产品,实行一个龙头放水的原则,由分公司组织投放和管理,实行最低限价政策,同时向省局(公司)提出要求增拨 1500 箱云南产的红塔山、阿诗玛,鼓励条件许可的单位开展卷烟边贸业务,将购进省外烟销售到省外,带出地产滞销卷烟。1993 年,赣州烟草提出保市场、保价格、保品种、增效益的三保一增销售策略,把宏喜烟列为赣南烟草专销产品,制定《调拨该产品质量管理办法》,成立农村卷烟销售公司下设销售点,当年销售超过 10 万箱,人均销量达到 3.54 条,省产烟盈亏持平,省外烟盈利 170 万元;1995 年,嘴赣州桥被列入赣州专销烟,并经省公司批准,统一由赣州烟草在全省范围内实行统一调控。同时,南昌卷烟厂的特醇南方和赣南卷烟厂的明牌卷烟都列入本区特殊专销烟供应。2000 年,国家局(总公司)全面取消县(市、区)级公司的二级批发经营权。2002 年,建立访、销、管三分离的网建模式。2003 年实施电话订货。2005 年 7 月始,全面开展月计划周安排业务模式,并执行卷烟营销周策略。2009 年,赣州烟草制定"六段八步"基本工作法,实施卷烟营销全过程表单化质量管理,促进营销业务流程规范化。至 2010 年,全市卷烟销售 203354.41 箱,人均销量达 6.08 条。

1991 年—2010 年赣州烟草卷烟销售情况

表 9-7-2　　　　单位:箱

年份	销售总量	省产烟	省外烟	年份	销售总量	省产烟	省外烟
1991	90404	81906	8498	2001	145401	103639	41762
1992	98238	85467	12771	2002	168250	120618	47632
1993	103227	88362	14865	2003	174440	120746	53694
1994	94776	79944	14832	2004	209237	142386	66851
1995	74188	62066	12122	2005	148486	64447	84039
1996	79403	65865	13538	2006	150594	107450	43144
1997	71464	58029	13435	2007	167092	112140	54952
1998	77314	629119	14403	2008	173186	111963	61223
1999	100156	73363	26793	2009	190012	122331	67681
2000	119291	94998	24293	2010	203354	117459	85895

网络建设

县级烟草专卖局(公司)成立之初,工作人员少,卷烟供应渠道面不宽,主要委托国营部门和供销社代批发。至 1991 年,全区已有 182 家委批点。1993 年,赣州烟草在全区除赣州市(现章贡区)、安远县外的 16 个县成立 21 个农村卷烟销售公司下设销售点。1999 年,全区自办网点 115 个,网点人员 832 人,辐射乡镇 373 个。网点拥有车辆(含摩托车)438 辆,入网销售率 98%,网点送货率 64%。2007 年,完成农网拓展规划,对全市 43 个农村网点(其中乡镇 25 个)进行统一规划、合理布局。至 2010 年,全市有卷烟网点 37 个,其中自有产权网点 32 个,租赁网点 5 个。

2003 年以前,赣州烟草订货模式经历坐店经营——边访边送——先访后送的过程。2003 年开始,先后在章贡区、信丰、瑞金设立 3 个呼叫中心,承担全市的电话订货工作任务。2005 年 5 月,成立市公司呼叫中心,对全市电话订货员实行集中统一管理。2009 年,取消电话订货员与客户绑定呼叫的做法,把全市划分 6 个片区实行系统分片区自动分配拨打任务。2009 年 3 月,赣州烟草全面启动按客户订单组织货源工作,努力实现由传统商业企业向现代流通企业的全面转变。

物流建设

2004 年 10 月,赣州烟草设立物流配送中心。2005 年,在赣县火车东站租赁宏业仓库设立配送总库,在信丰县局设立配送分库,以周边 8 县(市)为试点,逐步推行一库式配送。2006 年 4 月,赣州烟草开展卷烟配送垂直管理体制改革,确立一个总库、一个分库、集中分拣打码、二级中转的卷烟集中配送模式,并在全市下设 17 个中转站。

2007 年 11 月,位于赣州市经济技术开发区华坚南路 63 号的新配送中心建成投入使用。新建配送中心占地面积 20 亩,投资 0.5 亿元,总建筑面积 1.7 万平方米,库容 1.2 万箱,对卷烟的入库存储、养护、分拣喷码等环节实行全市仓储集中、统一管理。

仓储分拣　2007 年,赣州烟草配送中心引进 2 台贵阳普天半自动化卷烟分拣机械设备及数字化仓储管理系统,分拣效率由原来的20~28箱/小时提高到36~48箱/小时。2009年—2010年,配送中心加强管理,日均分拣效率48箱/小时以上,物流峰值期分拣效率达52箱/小时,是全省同类设备中分拣效率较高的单位之一;卷烟机损率由2009年的万分之一降低到2010年的十万分之一;卡烟数量由2009年的每台分拣设备平均每月卡烟损耗200条下降到2010年的20条,损耗率下降90%。

物流管理　2005年起,赣州烟草配送中心开始实施干道运输外包模式,外包给第三方赣州市邮政物流机构将卷烟送达各中转站,采取当日分拣、次日中转、隔日送货的方式送达各零售户。2010年1月,赣州烟草尝试当日访次日送营销配送模式。推行以合理装载量确定送货户数配送线路整合工作,同时打造直送组、龙南、瑞金等3个卷烟一小时配送圈,将9个县的配送资源集中管理,减少管理环节,节约配送成本。2009年—2010年,配送中心建立设备维修、保养体系和日保、周保、月保三级设备保养制度,同时开展技术革新和小发明。其中利用废气冲开薄膜的创新,在省局(公司)管理创新金点子评选活动中获得一等奖。

专卖管理

赣州市烟草专卖局成立之初,地、县两级下设专卖办公室,是烟草专卖的职能科室。1997年6月,在全地区主要乡镇设立44个烟草专卖管理所。2006年11月,在全区设立66个农村中队。2010年10月,赣州市局将基层专卖管理中队设置整合为40个中队。2010年年末,全市有专卖人员335人。赣州烟草自建立专卖以来,一直重视烟草案件的查办工作。2005年—2010年,赣州烟草查处符合国家局标准网络案件12起,符合江西省局标准网络案件5起,有220人被拘留、18人被劳教、53人被判刑,多次被国家局授予先进集体称号。

证件管理　赣州烟草行政许可经历片面追求零售户率→间苗→合理化布局→消除游离于网外客户→修订合理化布局的过程。因受省产烟销售任务压力的影响,1998年前,零售户率远达不到省局4‰~4.5‰的要求。2003年,赣州各县级局制定零售点合理布局规定。2005年,省局提出要将游离于网外的客户纳入管理,同时建立无证户档案入网管理。2008年,赣州各县级局重新修订零售点合理布局规定,提高烟草专卖零售许可证的含金量。至2010年12月31日,全市有效零售户37589户。

市场管理　赣州是江西的南大门,毗邻福建、广东等制售假烟重灾区。1989年,赣州烟草与其他部门共同设立5个联合检查站。1993年,经江西省政府批准,在赣州地区的11个县设立14个烟草检查站举报点,当时烟草罚没款收入大部分来自检查站。

1991年后,先后与检察院、公安局联合设立地、县两级烟草检察室、烟草警务室,开始联合执法。1994年10月,烟草、公安、工商、海关开始实现多部门联合、全区烟草市场交叉整顿常态化。进入21世纪,赣州烟草对零售户的管理从纯粹的堵、查、管、打转变为以服务、疏导为主、管理为辅、零售户自律相结合的管理模式。2000年开始对卷烟经营户实行户籍化管理。

案件查处　1995年10月25日,瑞金县烟草专卖局在瑞金黄沙检查站查获2辆海关封关的三菱大货车,车内装有专供出口金桥卷烟264箱,价值184万元。依法没收全部卷烟,并对两辆承运车辆车主各处以8万元罚款。

2008年3月20日，上犹县烟草专卖局、公安局从经营户罗某查获1.4条假冒精品红玫卷烟入手，查获一起符合国家局、公安部部督标准案件。该案涉及6个省的众多地区和人员，涉案金额3000余万元，涉案人员49人。涉案人员中，12人被刑事拘留。

2008年10月8日，赣州市烟草专卖局在高速公路依法查获一车无证运输卷烟的违法行为。2009年3月23日，公安机关立案侦查，该案件涉及五省一市，锁定上线5人，下线3人，涉案非法运输假烟司机18人，涉案总金额4000余万元，查实金额600万元。涉案人员中，9人拘留，5人被判刑，3人劳教。

2009年4月9日，赣州市公安局、烟草专卖局对彭某、阮某等人生产、销售假冒伪劣卷烟网络案立案侦办。该案涉及四省六市三县，涉案人员27人，涉案金额3500余万元，查实金额1400余万元，涉案运输车辆7台。该案由公安部和国家烟草专卖局挂牌督办。涉案人员中，26人被刑拘，其中3人劳教，6人被判刑。

2010年1月27日，赣州市信丰县公安局、信丰县烟草专卖局对张某某销售假冒卷烟网络案件立案侦办。该案涉及十三省二市及赣州市的南康市等一市五县，涉案人员44人，涉案金额1037余万元，查实金额400余万元。被国家烟草专卖局、公安部列为部督案件。涉案人员中，2人被列为网上追逃对象，7人被判刑。

法规宣传　1991年，《中华人民共和国烟草专卖法》颁布，12月18日，赣州烟草联合赣州行署和赣州市人民政府在赣南宾馆礼堂举办新闻发布会，宣传《中华人民共和国烟草专卖法》，把学习、宣传、贯彻烟草专卖法列入本地区“二五”普法教育内容。1993年，为搞好烟草专卖法颁布实施1周年宣传活动，向卷烟经营户和群众发放烟草专卖法手册18000余份；之后每年在法律法规宣传月、烟草专卖法律法规颁布实施纪念日、“3·15”“12·4”法制宣传日等，利用广播、电视、宣传车、标语、通告、墙报、板报、报刊等各种传媒广泛宣传《中华人民共和国烟草专卖法》。2007年5月，完成烟草专卖执法手册的编写，这本书注重于实用性和便于操作性，除了烟草相关法律法规，还收入省高院、省检察院、省公安厅、省局《关于办理违法烟草专卖管理刑事案件适用法律若干问题的意见》等相关文件，同时重点选编10起烟草专卖执法典型案例，对专卖执法办案起到较好指导作用。2001年，为了配合烟草专卖法颁布10周年和“四五”法制宣传教育工作的起步年，举办全市烟草专卖法律法规知识竞赛。同年，建立行政执法责任制考核评议机制，行政执法监督、法制宣传教育、行政执法督察、错案责任追究制度，规范专卖行政执法行为。

2001年—2010年赣州烟草专卖查处案件情况

表9-7-3

年份	查处案件数（起）	罚没款（万元）	大要案（起）	涉烟网络案（起）	刑拘（人）	判刑（人）	劳教（人）
1991	5451	132.00	—	—	—	—	—
1992	3423	256.00	—	—	—	—	—
1993	2709	1057.16	—	—	—	—	—
1994	3550	381.97	—	—	—	—	—

续表

年份	查处案件数(起)	罚没款(万元)	大要案(起)	涉烟网络案(起)	刑拘(人)	判刑(人)	劳教(人)
1995	6833	767.34	—	—	—	—	—
1996	5301	632.53	—	—	—	—	—
1997	4530	594.50	—	—	—	—	—
1998	4238	829.16	—	—	—	—	—
1999	5802	384.00	—	—	—	—	—
2000	6780	7953.00	—	—	—	—	—
2001	8191	547.53	—	—	—	—	—
2002	4577	396.20	—	—	8	2	9
2003	1029	188.40	4	—	12	—	—
2004	3739	151.72	9	—	16	4	—
2005	3462	774.48	15	—	31	9	—
2006	5905	597.02	19	2	32	2	1
2007	4395	244.32	26	2	25	15	—
2008	4567	367.76	22	4	39	5	1
2009	5477	399.26	34	5	42	2	11
2010	5793	332.12	39	4	51	20	5

说明:大要案是指5万元以上(含5万元)的违法卷烟案件。

历年利税

1991年,赣州烟草实现利润770.5万元,实现税利1737.3万元。1991年—2000年,赣州烟草行业利润从770.5万元增加至2589.97万元,税利从1737.3万元增加至5317.3万元。由于受省、地产烟计划分配、区域间不规范经营、销售价格大战、资金积压、费用增大、烟叶生产投资、网建投入增长等方面影响,有个别年份县公司出现亏损现象。1999年,有龙南、安远、大余、会昌、宁都、全南、上犹、信丰等8个县出现不同程度的账面亏损。从2001年起,全市烟草利润总额和税利均大幅度增长,2002年,税利首次突破亿元大关,达到17161.33万元。2010年,赣州烟草实现利润47464.18万元,实现税利82365.03万元。

1991年—2010年赣州烟草实现利税情况

表9-7-4　　单位:万元

年份	利润总额	利税额	年份	利润总额	利税额
1991	770.50	1737.30	2001	4530.09	8605.00
1992	704.00	2486.00	2002	7264.92	17161.33
1993	1154.89	3724.34	2003	9651.13	15751.00
1994	1175.00	2015.15	2004	9812.78	14145.00
1995	1575.98	2609.22	2005	12688.83	18747.00
1996	1928.00	4486.50	2006	19771.22	28672.00

续表

年份	利润总额	利税额	年份	利润总额	利税额
1997	1854.98	5561.00	2007	27564.36	38255.00
1998	1678.00	3751.92	2008	37050.28	51911.65
1999	4948.88	8166.62	2009	35514.45	62221.96
2000	2589.97	5317.30	2010	47464.18	82365.04

所属单位

1984 年 8 月，江西省赣州地区烟草专卖局、江西省烟草公司赣州分公司成立。翌年，除赣州市不设重叠机构外，辖区 17 个县相继成立烟草专卖局（公司）。其中：瑞金、南康两县经国务院批准，分别于 1994 年 5 月、1995 年 3 月相继撤县设市，随之更名为瑞金市、南康市烟草专卖局（分公司）。1996 年 4 月，章贡区烟草专卖局（分公司）成立。自此，下辖 15 县、2 市、1 区烟草专卖局（公司）。

1998 年，国务院撤销地区和县级赣州市，设立地级赣州市，市政府驻新设立的章贡区。翌年，原江西省赣州地区烟草专卖局（分公司）更名为江西省赣州市烟草专卖局（公司）；原赣州市烟草专卖局（公司）更名为江西省赣州市章贡区烟草专卖局（分公司）。2001 年 2 月，撤销章贡区烟草专卖局、章贡区烟草公司，成立赣州市烟草专卖局直属分局、赣州烟草分公司卷烟配送中心。2003 年，根据省局（公司）批复，撤销县（市）级公司法人资格，成立非独立法人营销机构，各县（市、区）级局（公司）更名为赣州市烟草公司××县营销中心，保留县（市、区）级烟草专卖局。2007 年 2 月，各县级营销中心更名为赣州市烟草公司××县（市、区）分公司。

2010 年，赣州烟草下辖 18 个县市区局（分公司）。

2010 年赣州烟草直属单位

图 9-7-1

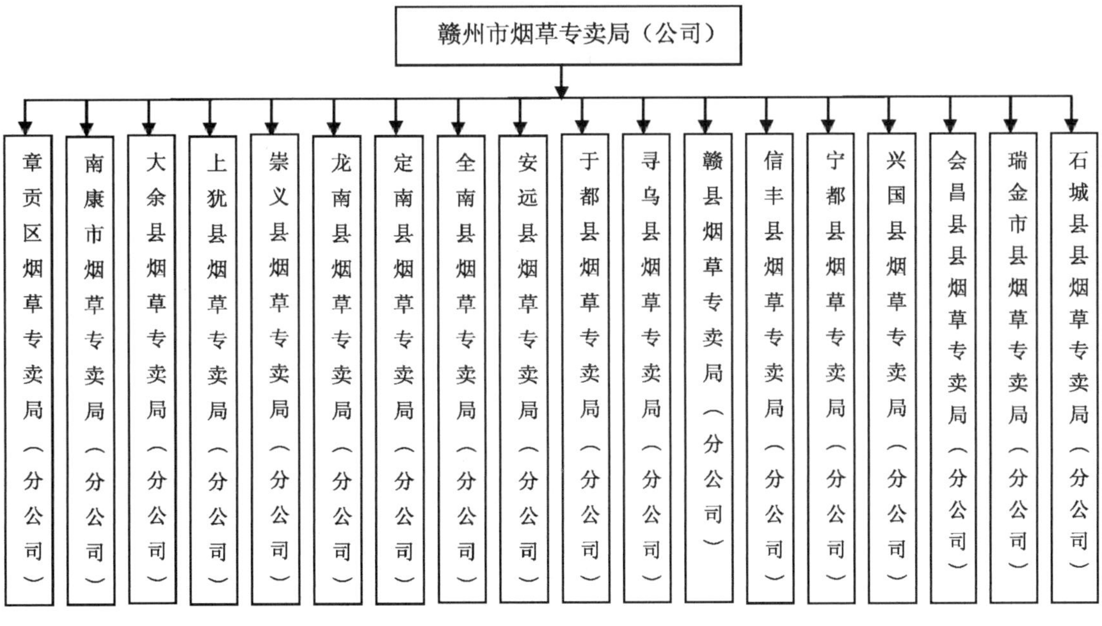

部门设置

1996 年底,赣州地区烟草专卖局(分公司)内设机构由成立之初的 8 个调整为 14 个:办公室(安保科)、人事劳资科、专卖监督管理科(专卖稽查支队)、财务管理科、审计科、监察科、业务科(网建办)、计划统计科、思想政治工作科(机关党支部)、烟叶科(烟叶经营部)、机关事务管理科、配送中心、金赣大酒店、金叶公司。其中金叶公司、金赣大酒店先后于 2000 年 1 月、2004 年 6 月被取消经营权和撤销法人资格。

内设机构几经调整,至 2009 年 7 月,赣州烟草机关内设机构为:财务科(审计办)、办公室、人事劳资(政工)科、纪检监察科、综合计划科(督察考评中心、投资管理办公室)、专卖监督管理科(稽查支队、内管派驻办、法规科)、安保科、信息中心、烟叶科(烟叶基础建设办公室、烟叶技术推广中心)、营销中心、物流配送中心。2010 年 4 月 30 日,单独设立法规科。是年 5 月 28 日,设立督查考评中心,与综合计划科合署办公,共内设 19 个部门。

2010 年赣州烟草机关部门设置

图 9-7-2

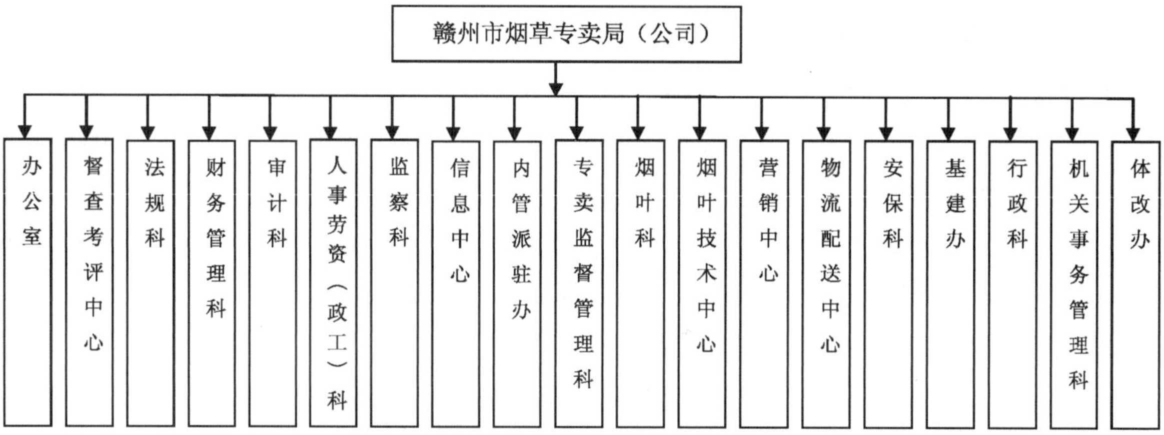

第八节　景德镇烟草

景德镇市位于江西省东北部,所辖乐平市、浮梁县、昌江区和珠山区,全市土地面积 0.53 平方千米,总人口 160 多万,其中非农业人口 59.6 万人。

景德镇市烟草专卖局(公司)(以下简称景德镇烟草)组建于 1985 年 1 月,是取消县(市)级烟草公司经营主体的试点单位。2001 年,改由市公司为经营主体,县(市)级局为执法主体,县(市)级公司为非法人实体运作模式,即营销中心,后更名为分公司。到 2010 年,辖区内共有零售户 7000 余户。有在岗员工 328 人,离退休 45 人;大学以上学历人员 53 人,大专学历 173 人;员工平均年龄为 33 岁;取得专业技术和职业技能资格人数为 143 人,卷烟销售网络从业人员 72 人,获得职业资格证书 64 人;专卖稽查从业人员 84 人,获得职业资格证书人员 76 人。

景德镇烟草企业文化遵循砺器悟道、器以载道的企业哲学,将创造价值、塑造品牌、成就员工、奉献社会作为企业的使命追求，以精品烟草，源远流长为企业愿景，演绎创新、诚信、和谐、发展企业精神，坚持心手相应、客我交融的服务理念，体现争先创优、精益求精、自强不息、追求永恒的企业核心价值观，发扬精工细作、精工巧做的企业作风，致力于打造精品企业、精致员工，树立精巧大气、奋发有为、流发溢彩、源远流长企业形象。

卷烟经营

1991 年—2010 年，景德镇烟草在省局（公司）的正确领导下，认真贯彻落实国家局（总公司）和省局（公司）的各项重大决策和工作部署，切实转变发展方式，提高经济运行质量和效益，着力抓好卷烟销售。经营业绩和竞争实力得到较快提升，实现平稳较好发展。20 年间，景德镇烟草共实现卷烟系统外销量 836486 箱、卷烟销售额 1335868. 16 万元。利润额 89447 万元、税利 124304 万元；资产总额由 1991 年的 1752 万元增长到 2010 年的 39341 万元，其中，固定资产由 1991 年的 238 万元增长到 2010 年的 22145 万元。

景德镇烟草组建初期，省产卷烟在市场滞销致使企业经营亏损严重，至 1994 年，省产烟亏损逾千万元。为了开创卷烟市场的新局面，贯彻省局（公司）坚持以销省产烟为主，立足本地市场，拓展农村市场的卷烟经营思想，景德镇烟草与南昌卷烟厂联合研制瓷都牌专销烟，在市场推广引导、卷烟品质和行政管理的保障下，瓷都专销烟在景德镇一炮打响，卷烟经营扭亏为盈，甩掉企业年年亏损的帽子。瓷都和其他品牌的专销烟销量不断增长，使企业经营利润大幅度提高，企业发展步入正常轨道。1995 年，景德镇烟草主要经营云南（红塔山、阿诗玛等）以及上海生产的品牌卷烟，1995 年之后，市场发生一些变化，省外烟主要经营浙江、湖南、上海等产地的卷烟。1996 年，金圣系列、南方系列市场逐渐走俏。至 2000 年，金圣、南方、海鸟、赣烟、红日五大品牌以及月兔系列卷烟在景德镇市场十分畅销。

1991 年—2010 年景德镇烟草卷烟销售情况

表 9-8-1　　单位：箱

年份	销售总量	省产烟	省外烟	年份	销售总量	省产烟	省外烟
1991	37213	20598	16615	2001	45000	19800	25200
1992	39339	20504	18835	2002	35300	25000	10300
1993	30223	15203	15020	2003	39664	28002	11662
1994	35015	15872	19143	2004	43197	32987	10210
1995	32504	15362	17142	2005	49670	35400	14270
1996	33205	17104	16101	2006	52191	34946	17245
1997	33042	16922	16120	2007	54690	36490	18200
1998	32714	12079	20635	2008	55166	34471	20695
1999	31947	18261	13686	2009	57100	34376	22724
2000	41376	17935	23441	2010	57930	33595	24335

网络建设

景德镇烟草网络建设工作,大致可分为三个阶段:第一阶段1985年组建至1993年底,设立经公桥、鹅湖等一批卷烟批发部,同时设立农村卷烟代批点;第二阶段1994年—1999年,景德镇烟草在1995年成立卷烟销售网络建设领导小组,组建网建办公室,设在业务部门。1997年,调整领导小组,下设网建科。网络建设从农村抓起,设立洪源、鸣山等农村网点。1998年根据全省统一部署,开展城市卷烟销售网络建设工作,建设城乡网络相互依存、相互促进的卷烟销售网络,先后在市区设立广场、光明等批发部。1998年,中国烟草总公司卷烟销售总公司副总经理吴庚宏等一行来景德镇烟草考察验收网建工作,景德镇烟草网建工作顺利通过国家局验收;第三阶段1999年以后。主要抓规范、上水平,提出两个网络建设工作概念,把销售、专卖纳入网络建设。

为提高网建工作水平,1999年,全市城乡网点实现微机开票。2000年,实现网点微机联网。2001年,建立信息中心,负责全市城乡两个网络建设的微机网络工作,年底全市两个网络建设验收顺利通过。2002年,全市网点全面推行访送分离。2003年,推行电话订货、网上配货、电子结算、现代物流网建模式,全市所有城乡网点全面实行电话订货,逐步实现访销员向客户经理过渡,提高访销工作质量。2004年,在城区分公司和乐平市分公司设立两个呼叫中心。2005年,成立市公司呼叫中心,对全市电话订货员实行集中统一管理。2006年,按照国家局(总公司)实行按订单组织货源的要求,成立各级卷烟需求预测领导小组,建立卷烟需求预测管理办法,明确市场需求预测流程。2007年,相继制订和完善按客户订单组织货源推广工作实施方案、按客户订单组织货源业务操作规范、货源供应管理办法、零售客户分类标准、紧俏货源供应管理办法等一系列规范性文件。2008年,坚持以市场为导向,推行订单供货营销模式,提高订单履行率,全市逐步开展对客户预测准确率的考核,对准确率高的客户在紧俏烟分配上适度给予倾斜。2009年,全面启动按客户订单组织货源工作。2010年9月,省公司确定景德镇烟草为网上订货试点单位。按照国家局(总公司)提出的"以品牌、市场、客户为中心,建设高水平、高起点、智能化的电子商务平台"工作要求,以提升网建软实力为工作目标,景德镇烟草经过一个半月的试点工作准备,于11月1日正式开通市公司新商盟网上订货平台,卷烟营销模式开始向现代化流通转变。

物流建设

2001年9月,景德镇烟草成立卷烟物流配送中心。2001年—2010年,卷烟物流从开始的几个人发展到2010年的上百人,从几辆的小推车发展到拥有几拾辆统一规格的送货车,从日配送10余箱卷烟发展到日配送200余箱卷烟,从本地区配送发展到跨地区代配送,从只有几间小仓库发展到2010年拥有现代化的物流配送中心,从上门订货发展到今天现代化的访销系统。至2010年,景德镇烟草有送货车20辆,物流配送人员61名,送货线路18条/天,承担着全市7000多经营户的卷烟分拣、送货任务以及上饶地区鄱阳县代配送卷烟任务。

2003年7月10日,景德镇烟草筹划在浮梁县金岭北大道边工业园区建设物流配送中心。2008年3月,新物流配送中心搬迁,总建筑面积8181平方米,仓储面积达2016平方米,可储存6400多箱卷烟,日分拣卷烟400多箱,年配送能力达到10万箱。新物流配送中心内设仓储区、出库扫码区、分拣区、发货暂存区、地下车库等区域,建成数字化仓储以及多层货架设施,引进半自动卷烟分拣线和先进配送管理理念。电动卷闸门、超音速灭火设施、视频监控安装到位。

仓储分拣　2005年引进手工分拣线,10月开始为上饶烟草的婺源县实施跨地区配送,并将卷烟送到婺源县的各个网点。2006年2月,调整优化送货线路,由3个网点卸货增加到5个网点卸货,即由景德镇烟草物流配送中心—赋春网点—清华网点—许村网点—县城网点—古坦网点。2007年,引进电子标签式分拣线。2008年引进半自动分拣线,半自动分拣线,分拣效率为40箱每小时,峰值时可达到56箱每小时。7月,增加鄱阳县分库,由鄱阳县局(公司)派车到景德镇烟草配送中心装运卷烟跨区域配送。至2010年,景德镇烟草卷烟仓储分拣能力9万箱/年,卷烟仓储采用的是3层窄巷道货架,1132个货位,可储存卷烟0.64万余箱。

物流管理　景德镇烟草注重加强分拣设备管理,开展技术革新和小发明,做好分拣线品牌管理、卷烟整形和分拣效率管理。通过优化线路的设计,配送车辆从原有的22辆精减到18辆。物流配送实现集仓储管理、地理信息优化、车辆卫星监控导航系统(GPRS)、RFID全程信息技术于同一个作业平台,现代物流作业模式转变。卷烟整形获得国家实用新型专利和发明专利。建立压力容器使用安全管理制度、场(厂)内专用机动车辆使用安全管理制度,严格按照制度规定进行设备的使用和日常维护。

专卖管理

1991年开始,先后成立景德镇市乐平市烟草专卖局、浮梁县烟草专卖局、城区烟草专卖局,负责辖区内专卖市场管理。将景德镇烟草专卖管理办公室改名为景德镇烟草专卖监督管理科,并成立烟草专卖稽查支队。1991年—2010年,全市烟草共查处各类违法违规案件7060起,查获违法卷烟203183.64箱,上交罚没款828.54万元。

证件管理　烟草专卖零售许可证发放从1992年开始执行,即《中华人民共和国烟草专卖法》实施后,当时由各县局和昌江分局、珠山分局是自行发放。2001年起,许可证办理由2000年以前零售户上门办理转变为送证上门。2002年,景德镇烟草发放烟草专卖零售许可证10331户,其中注销1116户,入网管理零售户9215户。全市零售户率平均为5.89‰,实现卷烟零售户全面持证经营。2003年,根据国家局工作部署,景德镇烟草对原持有1998版的卷烟零售户的烟草专卖零售许可证统一更换为2003版烟草专卖零售许可证。2006年,景德镇城区烟草专卖局成立,后景德镇市区卷烟经营户烟草专卖零售许可证由城区负责发放。2008年,因国家局对许可证版式进行修改,景德镇烟草对原持有的2003版卷烟零售户许可证统一换证。至2010年,全市发放烟草专卖零售许可证数9324户。

市场管理　1992年,乐平撤县建市后,乐平的赣东北大市场是乐平本地及德兴、鄱阳、万年的商品集散地,成为当时全省卷烟非法批发活动的重灾区,导致市场上假烟、走私烟猖獗,国家税收大量流失,消费者利益得不到保障,烟草企业发展举步维艰,阻碍执法、暴力抗法等现象屡见不鲜。2003

年,乐平市烟草专卖局联合市公安、市工商、市检察院、市法院、市技术监督局等多部门,持续开展专项整治取缔活动。查获各类违法案件327起,查获各类非法卷烟156.4箱,其中:假冒卷烟82.6箱;查获符合国家标准网络案件2起。经过一年多的市场整治,乐平的赣东北批发市场卷烟非法批发活动基本取缔。

案件查处　2006年11月21日,景德镇市城区烟草专卖局联合珠山区公安分局在景德镇市银曙路陶销宿舍402室和火车站邮政中心局包裹房内查获黄某购进的假冒卷烟1.03箱,涉案金额13.2万元。经查实,黄某自2004年下半年以来,多次从福建云霄方某处购进假冒商标的中华牌卷烟到景德镇市销售,交易次数达120余次,查实交易的假冒中华卷烟数量达20箱,查实账单交易金额40万余元,卷烟货值金额200万余元。2007年12月6日,涉案人员黄某被判处有期徒刑6年,并处罚金60万元;方某被判处有期徒刑1年,并处罚金20万元。

2007年12月17日,乐平市烟草专卖局根据举报,联合乐平市公安局经侦大队,在乐平市长途汽车站门口截获准备开往广州珠海的长途汽车。经现场勘查,该批卷烟涉及七匹狼、利群等6个品牌3.34箱卷烟。经省卷烟质量检测站鉴定为假冒卷烟。经调查,涉案卷烟176.37箱,涉案金额123.37万余元,涉案人员29人。其中6人被刑拘,4人被判刑。

2008年2月25日,乐平市烟草专卖局根据举报,联合乐平市公安局经侦大队在乐平市横路村路段郑某驾驶车辆及郑某家中当场查获假冒卷烟5.84箱。经调查,涉案卷烟72.62箱,涉案金额114.83万余元,涉案人员34人。其中7人被刑拘,6人被判刑。

2008年6月12日,乐平市烟草专卖局根据举报,联合乐平市公安局经侦大队在南昌市青山湖区文某家中当场查获假冒卷烟1.04箱,经调查,涉案卷烟373.32箱,涉案金额138.67万余元,涉案人员14人。其中4人被刑拘,4人被判刑。

2008年12月29日,浮梁县烟草专卖局根据举报,联合当地公安部门在济广高速赣皖桃墅收费站截获一辆从福建开往吉林的大货车。经现场勘查,车内装红山茶、黄红梅、长白山等品牌卷烟127.98箱。涉案金额137万余元。该案公告期满,仍无主前来认领卷烟,浮梁县烟草专卖局没收非法运输卷烟并公开销毁。

2008年12月31日,景德镇市城区烟草专卖局根据举报,与市公安局昌江分局禁毒大队在市西郊垦殖场园林分场庄房下村的两层居民出租房检查,当场查获贩藏假烟窝点2个,假冒注册商标卷烟芙蓉王、利群、红双喜、中华等19个品牌卷烟3.18箱,涉案金额7.89万元。经查实,该案涉及购进、储存、分销3个环节,假冒卷烟4箱,涉案金额102万余元,其中实物金额10.1万元。涉案人员11人,其中3人被刑拘,2人被判刑。

法规宣传　从2003年开始,景德镇烟草每年都积极参加"3·15"国际消费者权益日大型宣传咨询活动,发放《中华人民共和国专卖法》宣传资料,向消费者讲解真假卷烟的识别方法。2003年—2010年,全市烟草共发宣传资料30000余份。

1991 年—2010 年景德镇烟草专卖查处案件情况

表 9-8-2

年份	查处案件（起）	罚没款（万元）	大要案（起）	涉烟网络案（起）	刑拘（人）	判刑（人）
1991	386	13.16	—	—	—	—
1992	78	63.06	—	—	—	—
1993	81	28.80	—	—	—	—
1994	11	10.64	—	—	—	—
1995	22	35.38	—	—	—	—
1996	24	49.98	—	—	—	—
1997	53	9.32	—	—	—	—
1998	60	19.98	—	—	—	—
1999	81	45.59	—	—	—	—
2000	100	70.02	—	—	—	—
2001	431	112.00	—	—	—	—
2002	720	54.08	—	—	—	—
2003	86	30.42	—	—	—	4
2004	1269	100.55	—	—	—	2
2005	789	19.45	3	—	—	8
2006	632	37.85	5	1	—	8
2007	573	49.83	6	2	—	7
2008	438	25.41	8	1	22	6
2009	602	27.10	3	3	6	11
2010	624	25.92	8	3	9	2

说明：大要案是指 5 万元以上（含 5 万元）的违法卷烟案件。

历年利税

1991 年，景德镇烟草实现利润 134 万元，实现税利 190 万元。1996 年，实现利税额高达 1402 万元。2000 年开始，全市烟草税利逐步增长，2000 年税利 1364 万元、利润总额 898 万元。2006 年，实现税利首次突破亿元，达到 11354 万元。2007 年实现利润总额首次突破亿元，达到 13263 万元。2010 年实现税利 23898 万元、实现利润总额 13543 万元。

1991 年—2010 年景德镇烟草实现利税情况

表 9-8-3　　　　单位:万元

年份	利润总额	利税额	年份	利润总额	利税额
1991	134	190	2001	1782	2469
1992	109	185	2002	2096	2768
1993	289	395	2003	2242	3312
1994	521	545	2004	5092	6682
1995	947	976	2005	7470	9372
1996	1029	1402	2006	9030	11354
1997	446	618	2007	13263	16650
1998	609	749	2008	15440	19209
1999	315	865	2009	14192	21301
2000	898	1364	2010	13543	23898

所属单位

1985 年 1 月,江西省景德镇市烟草专卖局、江西省烟草公司景德镇分公司成立。同年 6 月,乐平县烟草专卖局(公司)成立。1991 年 6 月,浮梁县烟草专卖局(公司)成立。1997 年 1 月珠山区烟草专卖局(公司)、昌江区烟草专卖局(公司)成立。

2001 年 9 月,经省局批准,撤销乐平市烟草公司、浮梁县烟草公司,取消其法人资格,成立非独立法人营销机构,保留乐平市、浮梁县烟草专卖局。2006 年 12 月,成立景德镇市城区烟草专卖局,依照法定权限履行县级烟草专卖局专卖管理职责。2001 年,设立金叶大酒店。2010 年 1 月 1 日金叶大酒店停业改造。

2006 年 12 月,景德镇市烟草专卖局(分公司)更名为景德镇市烟草专卖局(公司),下设 3 个分公司,分别是:乐平分公司、浮梁分公司和城区分公司。同时,投资设立 1 个全资子公司,即景德镇市金叶大酒店。

2010 年景德镇烟草直属单位

图 9-8-1

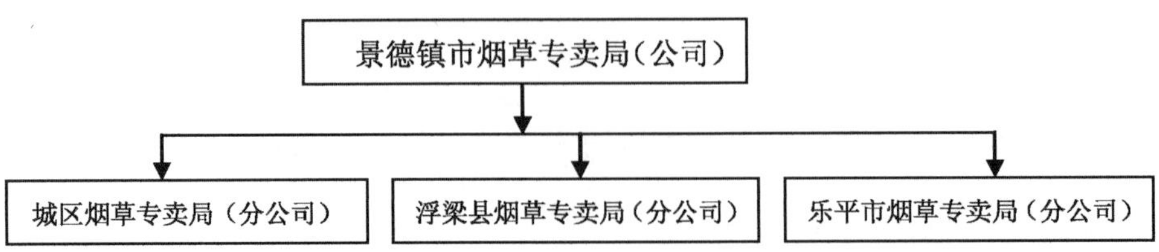

部门设置

1994 年，景德镇烟草设立办公室、业务科、专卖科、财务科、筹建办 5 个部门。1994 年 3 月，成立筹建办，撤销行政科并入办公室。1998 年 7 月，成立监察科。2001 年 9 月设立业务科、网建科（配送中心）。卷烟配送中心下设访销部、配送部。2005 年 6 月，撤销业务科、网建科；撤销审计科，其职能并入监察科；设立营销中心、物流配送中心、督察考评中心、信息中心。2006 年 2 月，将办公室与人劳科合并，设立人秘科。12 月，设置综合管理服务科（安全保卫科）、综合计划科（督查考评中心）。2008 年 7 月，撤销人秘科，设立办公室（督查考评中心）、综合管理服务科、人劳（政工）科、安全保卫科。

2010 年，景德镇烟草机关内设 12 个部门。

2010 年景德镇烟草机关部门设置

图 9-8-2

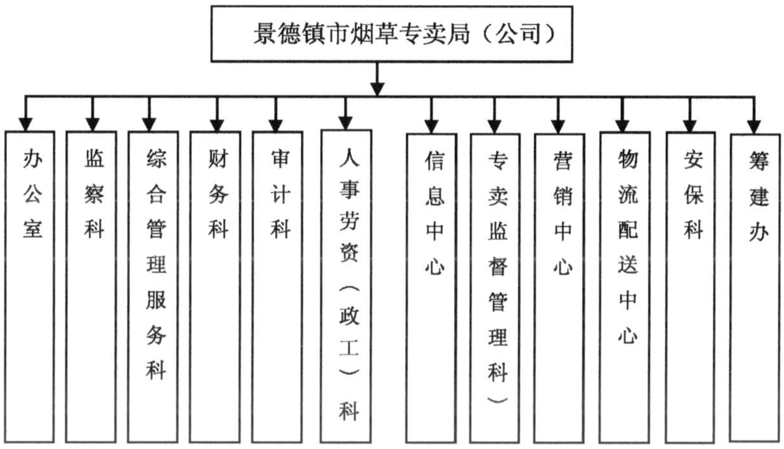

第九节　萍乡烟草

萍乡市位于江西省西部，所辖芦溪、上栗、莲花三县和安源、湘东两区及国家级经济开发区萍乡经济技术开发区。全市总面积 0.38 万平方千米，人口 187.40 万人。

萍乡市烟草专卖局（公司）（以下简称萍乡烟草）组建于 1985 年 1 月 22 日，2004 年，取消县（市）级烟草公司经营主体，改由市公司为经营主体，县（市）级局为执法主体，县（市）级公司为非法人实体运作模式，即营销中心，后更名为分公司。至 2010 年底，全市烟草有在职员工 364 人，其中：卷烟营销人员 160 人，专卖人员 96 人，中学以上学历 324 人，大专以上学历 164 人，研究生 2 人。

萍乡烟草践行国家利益至上，消费者利益至上的行业核心价值观和系责于心，履责于行的江西烟草企业文化理念，精心提炼厚德平实、敬业乐群的平实文化理念。厚德即品德操守，是为人之本、立企之基；平实即行为准则，倡导潜心做事、低调做人；敬业即工作态度，对工作专注于心，践诺于行；乐群即团队精神，旨在和谐相处、快乐工作。

卷烟经营

1991年—1992年,全市卷烟销售面临着库存大、资金紧缺、市场疲软、计划外卷烟冲击严重等困难,萍乡烟草疏通国合商业渠道,给予国合企业流动资金上帮助、价格上优惠、品种挑选上优先、经营上让利等优惠政策,促销省产烟,保证省产烟调拨任务的顺利进行。1991年—1992年,卷烟销量从27233箱增加到30268箱,省产烟销量从13414箱增加到16749箱。

1993年开始,卷烟市场混乱,卖大户、异地冲击销售等问题比较突出,如:湖南省产的卷烟冲击萍乡突出,卷烟销量和省产烟连年下滑,1992年—1996年,卷烟销量从30268下滑到22598箱,省产烟销量从16749下滑到9227箱,均为历史最低点。

1996年,萍乡烟草争取市政府支持,由市政府下文要求把金圣烟作为企事业单位的招待用烟,8月,与南昌烟厂开发地产烟安源烟并大力宣传,制定《萍乡烟草专销烟价格管理规定》,规定"两个统一"、"三个不准"。两个统一:专销烟由分公司统一调控,统一价格。三个不准:不准搭配销售,不准卖大户,不准互冲击市场。

1997年,萍乡烟草出台《严禁调入嘴芙蓉烟的规定》,减少对省产烟冲击。经过两年努力,卷烟销量和省产烟销量从1997年开始止跌回升,1997年,卷烟销量同比增长8.35%,省产烟销量同比增长8.05%。

1998年,省局(公司)提出以销售省产烟业绩论英雄的口号,萍乡烟草制定《省产烟宣传扩销方案》,把扩销工作的关键放在服务上。1999年,取消县级公司跨省经营权,鼓励县区公司采取适合于自己的宣传方法宣传省产烟,11月开发新品安源牌卷烟,全市销售安源烟180余箱。

2000年,萍乡烟草严格控制与省产烟有冲击的省外烟品牌,6月—8月实行停调投放长沙烟厂卷烟试点工作,为省产安源牌卷烟的销售腾出空间,为省产海鸟牌卷烟的试销做好准备。严格控制黄盖芙蓉、红月兔两品牌卷烟在本地市场的投放量,为绿盖安源卷烟的扩销奠定基础。

2001年,将所有省外卷烟、地方烟厂卷烟由分公司统一购进和控制销售,对省产直属烟厂的金圣、海岛、安源等品牌也实行分公司统一调控,为省产烟销售营造好的市场环境。同时,统一价格管理,实行所有卷烟牌号统一价制,执行卷烟调批差原则上不低于12.5%,批零差不低于10%的规定,确保销售利润。

2002年,南昌卷烟厂压缩低档烟生产,嘴安源品牌货源大为压缩,低档烟供需矛盾突出,萍乡烟草按照高档烟扩量、中档烟突破、低档烟限量的工作思路,在南昌成立办事处,大力开发以草本金圣、庐山烟、尊品金圣为重点的省产烟市场。开发庐山烟市场,把30元以上烟作为市场开发的重点,采取与经营户签协议、一价制试点和返利等多种办法,调控好庐山烟市场终端零售价。

2003年,按照联销计酬的原则,提高直属烟在三员(订单员、营销员、配送员)工资考核中的比重。加大宣传促销力度,让金圣、海鸟、南方、赣烟等一批名优烟在萍乡脱颖而出。针对省产盖金圣、精品庐山等卷烟销售连续下降的局面,压缩省外白沙等同档次卷烟的投放,下调任务基数,与厂方携手,采取积分投资、空盒回收等办法,对省产金圣、庐山卷烟予以政策支持。在考核上,按照联销计酬的原则,提高直属烟在三员工资考核中的比重,增强三员的省产烟意识;在经营方式上,采取积分返利的办法,对每月销量直属烟超过10条以上的经营户按照品牌计分,根据分数的高低给予相应的奖励,通过利的手段,鼓励经营户多卖省产烟,宣传直属烟。

2004年,坚持“三不原则”,即没有销售前景的烟不调、销售行情不好的烟不调,利润差价低的烟不调,针对烟厂压缩四、五类烟计划的实际调入低档烟,打破省产烟和30元以上重点品牌销售难题。提高考核比重,压缩省外同档次烟市场投放,对省产烟尤其是30元以上烟进行政策倾斜,开发好蓝金圣、珍品赣,省产烟销售突破2万箱,占比47%,30元以上烟4294箱,比上年增长42%。行业提出培育中式卷烟代表品牌,大力扶持现有名优品牌,制定100个卷烟牌号目录的调整方向。压缩甚至限制部分省外同档次烟的市场投放;对销售省产烟好的尤其是30元/条以上烟多的经营户进行政策倾斜,鼓励经营户多卖省产烟,卖好省产烟。

2005年,萍乡烟草以提高社会销量为主导,继续加大名优烟、百牌号的调控力度,考核上,把金圣等名优烟、百牌号品牌列为重点,科学合理地按月下发计划,把握市场销售动态,对销售好的经营户给予政策优惠。从4月份起,组织南昌、赣南、武汉、营口等8家烟厂联合举办百日宣传活动,提高品牌知名度和市场抗风险能力,月销量百箱以上的品牌由原来的8个增加至13个。

2006年,为巩固和做大金圣烟市场,市公司拿出专项资金,与南昌烟厂联合举办金圣促销宣传活动,较好扭转金圣烟销售不畅的被动局面。2006年,金圣烟销售1839.2箱,比2005年增长10.9%。为巩固加强与江西、湖南、浙江、广西、云南等中烟工业公司的联系,引进新品牌,调控低档烟,追加紧俏烟,组织南昌、青岛、昆明等家烟厂集中开展百日宣传活动,取得初步成效,哈德门、真龙骄子、大丰收等品牌卷烟逐步为消费者认可接受。

2007年—2009年,在百牌号的基础上,烟草行业进一步提出培育10多个重点骨干品牌的目标,通过加强考核、动态调控等方式成功培育黄果树(特醇)和甲天下(精品)等品牌。在积极走访、与工业公司建立战略合作伙伴关系的基础上,萍乡烟草相继与江西、福建、川渝等中烟公司联合召开联谊会、产品推介会,与红塔烟草集团协同举办培训班,组织109名营销人员赴湖北中烟培训,加强沟通交流,推进协同营销。

2010年,为坚决落实“保牌、稳价、规范、增效”方针,萍乡烟草在品牌培育上,加大与工业协同营销力度,进一步巩固与江西、湖南、浙江、云南等中烟公司的战略合作伙伴关系。同时,不断加强品牌管理,提高市场培育水平。制定《萍乡烟草2009年—2011年品牌发展规划》,成立品牌管理委员会和货源采购委员会,加强品牌货源管理,主动适应新形势要求,暂停2个中烟公司的订货计划,清理品牌规格16个,提高品牌集中度。加大品牌培育工作的力度,成功培育出新版利群、硬黄果树、豪情七匹狼、精品哈德门、经典红塔山等重点品牌。

1991年—2010年萍乡烟草卷烟销售情况

表9-9-1 单位:箱

年份	销售总量	省产烟	省外烟	年份	销售总量	省产烟	省外烟
1991	27233	13414	14819	2001	38218	12889	25329
1992	30268	16749	13519	2002	35469	20699	14770

续表

年份	销售总量	省产烟	省外烟	年份	销售总量	省产烟	省外烟
1993	29867	16093	13774	2003	41035	18524	22511
1994	22376	10857	11519	2004	46453	21862	24591
1995	21786	9556	12212	2005	50784	20746	30038
1996	22598	9223	13375	2006	51522	19120	31402
1997	24486	9965	14521	2007	56380	17976	38404
1998	25976	10878	15098	2008	57690	17868	39822
1999	28658	10576	18082	2009	59001	18584	40417
2000	32886	11684	21202	2010	61797	17613	44184

网络建设

1991 年—1993 年,萍乡烟草掌握卷烟一、二、三级批发业务,卷烟零售依然依靠国营商店和农村供销合作社及其所属的分店、代购代销店。随着供销社逐渐退出经营领域,烟草公司在一定程度上丧失经营主动权,行业迫于需要开始建立自身的卷烟批发网络。1994 年—2010 年,烟草营销网络建设经历农村网建(1994 年—1999 年 6 月)、城乡一体网建(1999 年 7 月—2005 年)、现代流通建设(2006 年—2010 年)三个阶段。至 2010 年底,全市有县区分公司 5 个,农村客户服务部门 3 个(莲花坊楼客户服务部、湘东东桥客户服务部、芦溪新泉客户服务部),直营店 1 个(平实烟号)。

1994 年,萍乡烟草以农村网建为主,组建城乡卷烟销售公司和上栗县烟草专卖局(卷烟经营部)。1996 年,建立芦溪自办点,1998 年组建芦溪县公司。1999 年下半年开始搞城乡一体销售网络建设,2001 年制定《萍乡烟草专卖管理、卷烟销售网络建设实施方案》,对机构设置、人员配备、考核指标、访销、送货、专管人员的职能及工作要求。在市、县区所在地老城区全面实行访销分离,农村地区实行访销结合,访销员按照 100~200 户配 1 名的标准配齐配强。

2002 年,萍乡烟草投入资金 100 余万元用于网点增车增设备,增聘三员(订单员、营销员、配送员),购置机动送货车辆、卷烟打码机、微机,卫星 C 类地面接收站,实现全省微机联网以及专卖户籍化管理软件、卷烟销售系统升级。

2003 年—2004 年,萍乡烟草撤销县区公司法人后,调整网建机构,设立网考科、专卖科(稽查支队)和访销、配送中心,实行访、送、管三线分设,垂直管理。下发《贯彻省局(公司)2003 年—2005 年网络建设规划》,推广实施电话访销、电子结算等新型运作模式。加强零售户分类管理和分级服务,按照省局(公司)标准,将客户分为 ABC 三类和 1~5 级,对不同级别和类型采取不同的服务管理模式。全面推广电话访销、电子结算和一库式配送建立全市统一电话呼叫中心,设在市局,升级局域网信息交换机,加装专卖换证新模块,下发《萍乡烟草 2004 年—2005 年网建规划》,对 7200 户零售户进行普查。加大访营销和送货线路整合力度,调整压缩访销、送货线路 12 条,精减人员 60

余人。

2005年，萍乡烟草以订单供货管理为重心，大力推进营销管理模式改革。按照农村130户、城镇150户的标准将全市7000余户经营户划分54个营销片区。全面试点推广订单供货和特殊业态管理。大力推广电话订货，全市订单供货面达100%，订单履约率为100%。

2006年，萍乡烟草对营销中心原有岗位机构设置进行重新调整，成立订单部、采供部和市场部，具体负责订单采集、货源采供、网建管理和品牌培育等工作。制定《萍乡烟草按订单供货管理规定》，对订单供货的时间、流程、制作要求和补货标准等作了详细规定，明令禁止营销员压销、摊销，制作人情订单或虚假订单等现象。开始现代流通建设电子结算工作，取得中国银行萍乡支行、邮政局的支持，一、二、三级户电子结算面超过80%。

2007年，出台《萍乡烟草卷烟销售网络建设岗位职责及管理规定》，从岗位职责、服务标准、操作规范和工作目标等多方面提出具体明确的要求，以过程化管理促网建服务质量的提高。加强订单供货过程化管理，完善订单操作流程和管理办法，全市订单供货面达100%，订单履约率为98%，订单预测准确率达到98%以上。

2008年，按照《萍乡烟草2003年—2005年三年网络建设规划》要求，将网建工作由督察考评中心划归营销中心管理，重视农村网络建设。按照布局合理、设施一流、管理到位的要求，新建莲花县坊楼农村客户服务部，使全市农网数量达到3个。重新梳理工作流程、服务标准和操作规范，下发《萍乡烟草农村网络建设指导意见》，每个客户经理选择5~10个有潜力的客户进行重点帮扶。强化客户投诉管理。公布800免费投诉电话，畅通客户诉求渠道。

2009年，开展按客户订单组织货源工作，坚决执行客户经理基本工作法，彻底改变套餐组合、搭配销售的做法，有效解决流程反向问题。下发《萍乡烟草2009年—2011年三年网建规划》，提出统一由计算机分配货源、统一分配订单、统一分配送货线路、统一打码配送的四个统一要求。

2010年，萍乡烟草开展信息采集网络建设试点工作，制定《市场信息采集点管理办法》《市场信息采集员管理办法》《市场信息采集网络管理办法》，精选100个客户作为信息采集点。7月，信息采集工作正式纳入日常销售管理中，11月底，采集的信息数据误差率已控制在15%以内，系统还原的数据基本能反映真实的销售情况。同时，在分析需求、制定策略时逐步参考和运用采集的数据，使数据更加实用。

物流建设

1994年以前，萍乡烟草以坐店经营为主，卷烟零售户上门购烟，部分省产卷烟组织送货上门。1994年开始，各县区建设自办网点，组织人员送货上门。1996年，全市自办网点各配备1辆送货车，卷烟零售户享受送货服务。1997年，全市自办网点、租用网点均配齐送货车辆，卷烟送货制度、送货车辆和经营设施管理制度健全。2001年，为实现省公司提出的“全面访销、全面送货、全面规范”要求，制订《专卖管理、卷烟销售网络建设实施方案（试行）》，对机构设置、人员配备、考核指标、访销、送货、专管人员职能以及考核监督机制明确规定，市区、各县（区）所在地的城区全面实行访销分离,农村地区实行访销结合,访销员按100~120户配1名的标准配齐配强。2002年4月,成立萍乡烟草物流配送中心,12底,撤销县级公司法人经营资格,实施"全面访销、集中配送"网建管理大配送模式,全面负责全市烟草的卷烟仓储、分拣、配送和货款回笼。2010年5月,新的卷烟物流配送中心建成投入使用,物流配送中心更名为卷烟配送中心,全面推进卷烟网上订货,货款结算方式采取网上批量代扣、POS机刷卡、现金等多种货款结算方式。新卷烟配送中心位于萍乡市经济开发区319国道旁,建筑面积7343平方米,总投资3460万元,使用面积2422平方米,其中卷烟仓库1363平方米、分拣区1059平方米,卷烟仓库存储量为4400箱。

仓储分拣　2002年以前,萍乡烟草卷烟仓储一直使用老旧仓库即安源区局(公司)办公位置,卷烟分拣以人工为主。2005年5月,市公司卷烟仓库搬至萍乡建设东路96号烟草办公大楼后院,各县公司卷烟仓储撤销,全市实行一库式的配送运作模式,卷烟分拣依靠半自动分拣机进行。2010年5月,新建卷烟配送中心投入使用,负责全市卷烟分拣送货工作,当日分拣、次日送货。新卷烟配送中心分拣作业采用1条普天半自动分拣线,通过运用数字化仓储管理、一号工程等系统,对全市零售户实行一户一码分拣到户。普天半自动分拣线分拣效率为48箱/小时。

物流管理　萍乡烟草按照ISO9001质量管理体系要求,建立健全仓储设备管理操作流程、卷烟配送应急预案等规范文件,加强分拣、仓储规范操作,特别是在2010年新卷烟配送中心投入使用后,全市实行一户一码分拣到户,并用激光打码,塑包膜打包,集中分拣配送。

专卖管理

证件管理　1991年—1995年,萍乡烟草取缔无证经营单位摊点6个,取缔卷烟委批点5个,换发各种许可证371份,持证经营率90%以上。1996年,对23个卷烟委批单位进行清理整顿,对不经营卷烟业务或违法经营及不经营省产卷烟业务的16个单位摘牌缴证。取缔无证经营摊点6个,吊销个体烟草专卖零售许可证1本,换发各种零售许可证1454份,其中集体零售许可证28份,个体零售许可证1426份。全市持证经营率达98%。1997年—2009年,卷烟零售许可证换发7071本。对换证、办证情况进行专项检查,通报整改人证不符等问题。

市场管理　1991年—2010年,萍乡烟草以打私打假为突破口,严厉打击各种违法生产、经营卷烟行为,全市烟草向国家财政上交罚没款1647.45万元,查处各类违法案件25770起,大要案91起,判刑56人。

1991年—1994年,全市专卖管理工作重点放在整治非法贩运、地下批发、计划外进烟等活动上,运用设卡检查、流动检查、群众举报等手段打击非法经营。1995年,采取边境堵、路上查、市场管等措施,在全市范围整治无证批发、乱渠道进货、卖大户、低价竞销及委批点长期不经营省产烟的行为。1996年,重点整顿不经营省产烟业务及违规经营卷烟扰乱市场秩序问题。1997年,根据省局《关于在全省开展打击制售假冒省产名优烟专项整治活动的紧急通知》要求,开展拉网式清理整顿,查处非法经营卷烟案件800余起,上缴国家财政罚没款32万余元。1998年,联合公安、工商等部门下发《加强烟草市场管理通告》,明令禁止摆卖20个与省产中低档烟有抵触的省外烟牌号。1999

年，采取“一抓二整三创”措施（一抓：抓专卖标志的普及；二整：整顿卷烟市场，配合专卖标志的推广和安源烟的开发，开展两次全市拉网式市场清理整顿活动；整顿专卖执法人员思想作风。三创：开展创建无假冒烟、无计划外烟、无走私烟乡镇），促进省产烟市场覆盖率上升到48%。

2000年，落实“五打一查”，即打击省外烟厂总代理、地方烟厂总代理、卖假烟大户、专营返销烟大户、跑轮子大户。从严查处内部卖大户行为，净化卷烟零售市场。2001年，注重户籍化管理，实行分片包干、责任到人、奖罚到位，提高市场净化率。2002年，制定《户籍化管理考核方案》，重新对10022户卷烟零售户分类，根据守法经营情况将客户分为A、B、C三类，A类为守法客户，B类为通过教育能守法的客户，C类为经常违法客户，建立统一零售户管理档案，对A类户进行培育、对B类户进行教育、对C类户进行打击。同时，联合公安、工商开展卷烟打假月活动，严查长期不服从专卖管理的12户经营户，将本市大小300余条与外省相通的道路、湖南及内地的几个重要出入口列为监控重点。

2003年，推行诚信管理。开展“你我同心、共铸诚信”的双诚信活动。做好卷烟零售户的调查、摸底和分级分类工作，实行标准化、差异化、个性化的服务管理。下发《开展卷烟零售诚信示范户活动的通知》，对2000份申报材料筛选、公示，确立29户零售户为首批诚信示范户。扎实推进合理化布局，全市持证户由年初10022户下降为8709户，零售户率4.9‰。

2004年，开展诚信示范户评选活动，通过民主评议、媒体公示，将161户卷烟零售户列为诚信示范户。推进合理化布局和许可证换发工作。按照《零售许可证管理实施方案》和《零售户合理布局实施方案》，换发新证7254份，缩减零售户1450户。推行专卖社区化和自律小组建设。建立试点社区3个，自律小组12个，覆盖零售户700户。

2005年，成立以政法委、烟草、公安、法院、检察院等部门为成员的打击烟草违法犯罪工作领导小组，定期不定期召开烟草执法协调会。为加强与边界省市的协调，7月—12月，分别在湖南礼陵和萍乡湘东召开湘赣边界打假打私工作座谈会，开展以“百日打假”“夏日风暴”“金秋飓风”为主题的打假打私专项行动，以破网络、端窝点、惩首犯、查无证、清市场为重点，出动执法人员18528人次，查处各类违法卷烟102箱，刑拘15人，判刑2人。推行社区化管理和自律小组建设，由政府下发《关于切实加强烟草专卖社区化管理的通知》，制定实施方案，建立专卖社区14个，占社区总数的23%；自律小组68个，小组经营户1382户，占乡镇以上总数3147户的44%。

2006年，开展打击制售假烟网络年活动。加强与政府司法部门和边界单位的联合，互通情报、研究个案、联合行动，统一办案奖励标准，变单一执法为联合执法，营造齐抓共管的良好氛围。

2007年，下发《萍乡烟草内部专卖管理监督实施方案》，要求各县区局全年必须查办1个、市局必须查处2~3个典型违规案件。开展员工家属从事卷烟经营情况自查，对营销、电访、送货、稽（巡）查人员的工作规范进行检查、抽查，劝退从事经营卷烟家属12户，查处违纪违规案件1起，开除1人。2008年，要求各县区局必须破获1个25万元以上的大要案，市局必须破获2个以上国家局和省局网络标准案件。组织开展端窝破网大会战和代号为“金网1号”“金网2号”专项行动，先后破获“1·21”“5·18”等国家局网络案件2个，省局标准网络案件2起。年底开展市场整顿月、打击大户控制小户专项行动。

2009年,联合公安部门,开展查源头、查市场、查大案三查行动、开展代号为“金网2号”“金网3号”和市场整治月等系列专项行动。配齐配全内管人员,市县两级局专职内管人员达到14人,占专卖人员总数的13.2%,制定下发《内管工作规范》《内管工作流程》以及监督举报等制度12项。

2010年,对稽查支队和各县区局下达大要案和网络案件任务,联合公检法等部门开展代号为“金网4号”打假专项行动,开展打击利用互联网等信息网络非法经营烟草专卖品的专项行动,加大对12313举报电话宣传力度,举报电话获得有价值案件信息8条。突出抓好专卖内管长效机制的有效运行。加大对5万元以上真烟案件、异地冲击案件的查处力度,严格查处收购倒卖卷烟行为和内外勾结问题,2月份,对卷烟外流事件的8名责任人给予相应处分。

案件查处　2008年9月11日,萍乡市烟草专卖局会同当地公安部门依法对位于湘东区下埠镇长春村由当事人租赁存放卷烟的房间进行检查,当场查获各类卷烟1.8箱,当日,执法人员又在另一当事人的住所查获假冒卷烟12箱,两处查获卷烟3.2万余元。经调查,该案涉及运输、仓储、分销、终端四个环节,涉案金额257余万元,非法运输烟草专卖品车辆2辆。涉案人员中,3人被判刑。

2008年11月22日,萍乡市烟草专卖局会同当地公安部门在湘东区安源镇依法查获当事人存放假冒卷烟6354箱,涉案金额7.8万余元。经调查,涉及分销、运输、仓储、零售四个环节,总涉案金额340余万元,非法运输烟草专卖品车辆4辆。涉案人员中,4人被逮捕。

2009年5月15日,萍乡市烟草专卖局会同当地公安部门在经历6个多月的调查取证,破获一起以萍乡本地人为主,勾结湖南长沙、江苏南京等地烟贩,从外地购入卷烟至本地销售的网络案件。经查实,该案涉及分销、运输、仓储、零售四个环节,牵涉湖南长沙、江西新余、安徽马鞍山等地,涉案金额150万余元。涉案人员中,3人被判刑。

2009年10月15日,萍乡上栗县烟草专卖局联合当地公安部门在市场检查中,发现李某经营店涉嫌售假,经调查,李某店内藏有假冒卷烟1.16箱,专案组于10月27日在广州将售假网络案主犯李某抓获。经调查,该案涉及运输、仓储、销售三个环节,涉案金额168万余元。涉案人员中,4人被判刑。

2010年4月5日,萍乡安源区烟草专卖局联合公安部门,在萍乡市城南市场加油站旁当场查获刘某正在交易的卷烟1.16箱。经审理,当事人交代供货上线的江某、鄢某,江某、鄢某分别在湖南、南昌抓获。该案涉及购进、运输、仓储、销售四个环节,查实金额800万余元。涉案人员中,3人被判刑。

法规宣传　1991年—2010年,萍乡烟草法规工作主要开展健全机构、建章立制、普法宣传、强化管理四项工作。2007年1月市局(公司)成立法规科,与专卖监督管理办公室合署办公。2010年法规科从专卖监督管理办公室独立出来,各县级局(公司)相继配备专职法规员,定期开展法律法规培训和考试,建立健全专卖零售许可、自由裁量权、行政处罚程序、行政复议、案卷评查等方面工作制度,规范专卖行政执法工作。加强烟草法律法规普法宣传,制订“三五”“五五”普法规划,在每年的“3・14”“12・4”法制宣传日,采取多种形式开展普法宣传教育工作,提高行政执法素养。依法审核单位相关业务合同,降低法律风险。出台经济合同管理办法,细化和规范合同管理,全程监督物资采购活动,防范法律风险。

1991 年—2010 年萍乡烟草专卖查处案件情况

表 9-9-2

年份	查处案件（起）	罚没款（万元）	大要案（起）	涉烟网络案（起）	刑拘（人）	判刑（人）
1991	568	25.80	—	—	—	—
1992	612	32.40	—	—	—	—
1993	1021	40.70	—	—	—	—
1994	1587	44.60	—	—	—	—
1995	539	43.20	—	—	—	—
1996	1041	37.00	—	—	—	—
1997	807	32.30	—	—	—	—
1998	1221	55.90	—	—	—	—
1999	1483	78.45	—	—	—	—
2000	839	102.10	—	—	—	—
2001	1781	120.00	—	—	—	—
2002	1233	86.00	—	—	—	—
2003	873	110.20	—	—	—	—
2004	2110	114.80	—	—	—	—
2005	1846	87.00	13	—	14	2
2006	1602	146.14	14	3	14	10
2007	2220	90.10	12	1	23	2
2008	1168	141.82	23	2	41	13
2009	1706	132.64	10	3	9	17
2010	1513	126.30	19	4	18	12

说明：大要案是指 5 万元以上（含 5 万元）的违法卷烟案件。

历年税利

1991 年—2000 年，萍乡烟草实现税利增长 230 倍，即从 1991 年的 100 万元，增加到 2010 年的 23140 万元。实现利润增长 218 倍，即从 1991 年的 58 万元增加至 2010 年的 12712 万元。企业保持稳步健康发展。

1991 年—2010 年萍乡烟草实现利税情况

表 9-9-3　　单位：万元

年份	利润总额	税利额	年份	利润总额	税利额
1991	58	100	2001	1121	1795
1992	54	104	2002	2033	3054
1993	90	204	2003	2261	3221
1994	24	93	2004	4068	5645
1995	239	540	2005	5607	7028

续表

年份	利润总额	税利额	年份	利润总额	税利额
1996	810	947	2006	7088	9655
1997	896	1254	2007	10928	14020
1998	774	1005	2008	13230	16196
1999	276	759	2009	12358	19191
2000	866	1316	2010	12712	23140

所属单位

2010年,全市烟草共有直属单位5个,为安源区烟草专卖局(分公司)、湘东区烟草专卖局(分公司)、芦溪县烟草专卖局(分公司)、上栗县烟草专卖局(分公司)、莲花县烟草专卖局(分公司)。

2010年萍乡烟草直属单位

图9-9-1

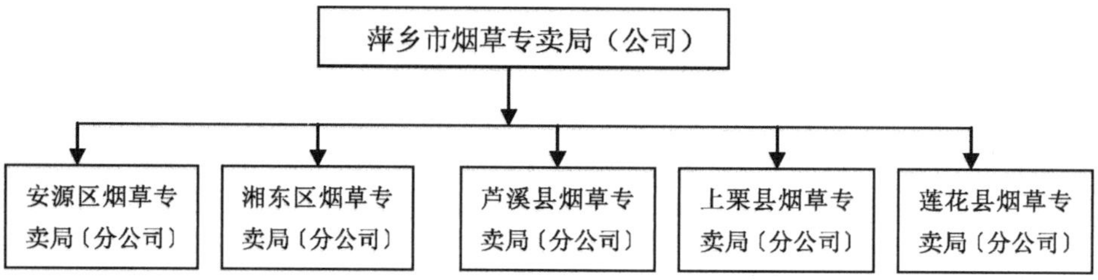

部门设置

1991年,市局机关下设人秘科、业务科、财务科、专卖办公室、纪检监察科、批发部、劳动服务公司。

2010年市局机关部门12个,设办公室、政工科、财务科、人事劳资科、营销中心、专卖监管管理科(内部专卖管理监督科、法规科)、物流配送中心、督查考评中心、监察审计科、信息中心、安保科、机关服务中心。

2010年萍乡烟草机关部门设置

图9-9-2

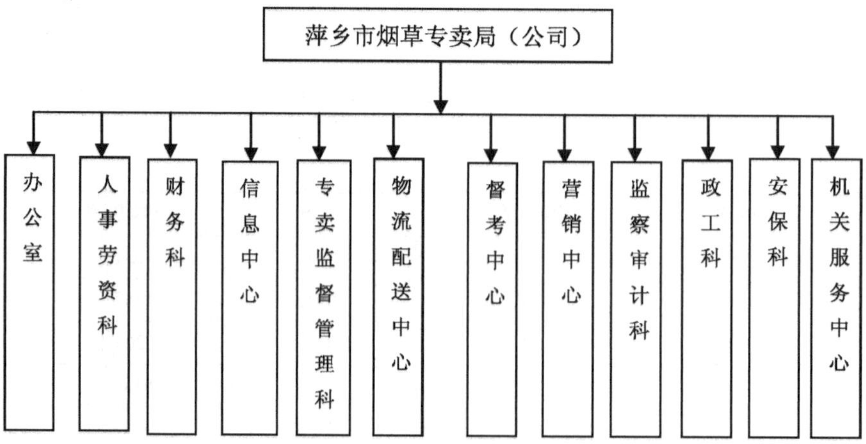

第十节　新余烟草

新余市位于江西省中部偏西，所辖分宜县、渝水区。全市总面积0.32平方千米，全市常住人口为113.89万人。

新余市烟草专卖局(公司)(以下简称新余烟草)组建于1984年12月13日。2001年，率先取消县级烟草公司经营主体，改由市公司为经营主体，县(市)级局为执法主体，县(市)级公司为非法人实体运作模式，即营销中心，后更名为分公司。至2010年，全市有职工256人，其中在册在岗职工132人，聘用在岗职工124人。1994年，新余市局被评为全国烟草专卖管理先进单位。2007年被国家局、公安部授予全国卷烟打假工作先进集体。

新余烟草在经营管理实践中，形成和谐包容、自强进取的"情"文化体系。情是新余烟草企业文化的主线，这种情是博大的，超越对自我的关注，体现的是对国家利益、对消费者利益的坚决维护；这种情是崇高的，以报效国家、回报社会、成就员工为抱负，以责任、诚信、创新、和谐为尺度。

卷烟经营

新余烟草1991年实现卷烟销量22248箱，实现税利149万元。2010年实现卷烟销量38963箱，比1991年增加0.75倍；实现税利1.5亿元，比1991年增加99.67倍，企业实现持续、跨越式发展。

20世纪90年代初，新余市场的省产卷烟处于单箱亏损、覆盖率不高的状态。100S庐山进价436元/件，销价236元/件，亏损200元/件；84赣叶进价397.1元/件，销价280元/件，亏损117.1元/件；八镜台进价367.18元/件，销价230元/件，亏损137元/件。仅有赣烟、百花洲等省产品牌(规格)实现盈利。1993年通过各项措施，平均单箱销售亏损额较1992年减亏100元以上。其中，天虹牌专销卷烟覆盖面达100%，为卷烟销售扭亏起到积极作用。

1991年—1994年主要是通过卖大户批发卷烟，省外卷烟调入主要渠道为云南。1991年，新余烟草卷烟销售22248箱，其中省产烟8130.9箱，省外烟14117.1箱。1996年，省产烟销售实现扭亏为盈。1998年，新余烟草向上海烟厂、玉溪烟厂、红河烟厂、长沙烟厂、常德烟厂、昆明烟厂、玉溪烟厂等16家烟厂采购中华、牡丹、玉溪、红河、白沙、云烟等42个品牌。2010年，全市卷烟销售38963箱，销量实现逐年平稳增长。

1991年—2010年新余烟草卷烟销售情况

表9-10-1　　单位：箱

年份	销售总量	省产烟	省外烟	年份	销售总量	省产烟	省外烟
1991	22248	831	13937	2001	29528	20172	9356
1992	35187	12855	22332	2002	21852	16988	4864
1993	29913	14510	15403	2003	26947	18272	8669
1994	33271	18541	14730	2004	28033	18149	9884

续表

年份	销售总量	省产烟	省外烟	年份	销售总量	省产烟	省外烟
1995	21832	9952	11880	2005	30362	19165	11197
1996	25976	10795	15181	2006	31050	20259	10790
1997	23238	9269	13969	2007	34342	20095	14247
1998	28613	8850	19763	2008	34745	18919	15826
1999	29901	11420	18481	2009	36275	17612	18662
2000	32480	16850	15630	2010	38963	17786	21176

网络建设

1994 年,新余烟草开始建农村网点,1996 年正式成立两个网络建设领导小组,1997 年建立城市网点。2001 年 2 月,设立下村批发部、姚圩批发部,批发部租赁当地房屋办公。2001 年 10 月 1 日,取消所有网点坐店经营,开始实行访销员上门访销送货,整合卷烟批发部,成立访送部,实行城区访送分离。2002 年 6 月,全市建 10 个农村网点批发部,分别是良山批发部、水北批发部、罗坊批发部、姚圩批发部、欧里批发部、下村批发部、杨桥批发部、双林批发部、松山批发部、新址批发部,其中良山、水北、双林、杨桥、松山批发部是自有产权,其余为租赁当地房屋办公。2003 年落实网建工作领导责任制和科室挂点制。2004 年,建立全市统一呼叫中心,实行电话访销、送货到户,年底,全市电话订货户达 3869 户,电话订货面 89.8%。营销模式由传统的坐店经商转为访送一体、访送分离模式,形成电话订货、网上配货、电子结算、现代物流的现代营销。至 2010 年,全市卷烟市场占有率达 100%,入网销售达 100%,送货率达 100%。

物流建设

1991 年—1993 年,新余烟草卷烟仓库使用原副食品公司的城南老仓库,设施陈旧、电器老化,安全隐患较多。1994 年在市赣新路口兴建金叶大楼,其中二楼为卷烟仓库,使用面积 300 平方米,可储存卷烟 1200 箱;2005 年,市局(公司)物流配送中心正式成立,12 月开始在新余市高新开发区建设卷烟配送中心,面积 3500 余平方米,投资 980 余万元。2010 年,位于高新区赛维大道新物流配送中心投入使用,面积 1455 平方米,可储存卷烟 5065 箱。

仓储分拣　1999 年—2004 年,根据卷烟零售户订单,按需分拣卷烟。2005 年,配送中心成立后实行全市一库式分拣、配送,购置 1 条香联手工电子标签分拣线,对全市卷烟进行分拣、喷墨打码。2010 年 12 月,新物流配送中心投入使用,配有 2 条分拣线(两条香联手工电子标签分拣线),对全市零售户实行一户一码分拣到户,并用激光打码,使用塑包膜打包,分拣速度平均约 32 箱/小时。卷烟库房采用三层铁质货架、统一使用托盘进行卷烟堆放,并使用数字化仓储系统对仓库卷烟出入库进行管理。

物流管理　1991 年—1994 年,全市卷烟销售为坐店开票、经营户上门购烟提货。1995 年,县区公司设立农村委托代批点,由所在的批发部到新余市公司仓库调拨卷烟再批发给经营户。1995 年开始推行农村卷烟销售网络建设战略。至2000年,各县、区烟草公司采取定人、定时、定线路、边访边送经营管理方式,同时开展电话预约送货和随要随送服务。2003年—2004年,全市开始统一实行电话访销,逐步开展卷烟货款电子结算,基本实行汽车送货。2005年,成立物流配送中心,全面负责全市卷烟仓储、分拣、配送,使用专业运输车辆、车载导航设备和GIS软件配送管理系统,解决均衡线路、安全监控问题。2007年,由每周6天送货制调整为每周5天送货制。2010年,全市配备送货车辆12辆,物流从业人员42人,物流配送由当日访隔日送,改为当日访次日送的经营管理。

专卖管理

新余市烟草专卖局成立之初,市、县两级下设专卖办公室,在渝水区设立渝水烟草专卖管理所,是烟草专卖的职能科室。分宜、渝水建立烟草警务区。2000年,组建成立稽查中队和专卖管理所,全市成立稽查中队4个(渝水区局3个,分宜县局1个),专卖管理所2个(水北1个,杨桥1个)。至2001年11月底,全市已组建稽查中队(专管所)10个(新增3个),共有专管员和协管员73名,配备汽车14辆,摩托车10辆,自行车16辆,各中队(所)的办公条件和生活设施相比以前都有较大改善。1991年—2010年全市烟草查处大要案43起,判刑和劳教人员41人,罚没款1379.6万元。2007年新余烟草被国家局、公安部授予全国卷烟打假工作先进集体的荣誉称号。

证件管理　1992年,新余烟草对准运证、许可证的管理采取定人、定职、定责的管理方式,各负其所办证件的档案存管。1992年,核发许可证495份。2002年6月,为响应市政府号召,新余烟草派专人进驻政府办证大厅办理卷烟零售许可证发放业务,年底暂停全市卷烟零售许可证的发放,为合理化布局夯实基础。2004年,开展2次整顿无证经营卷烟行为专项行动。2007年,修订完善《烟草专卖许可证管理规范性》,制定《烟草制品零售点合理布局规划》,落实办理烟草专卖零售许可证进政府办证大厅的服务。2008年,集中清理一批无证经营、人证不符、一证多摊、擅自买卖、租借、转让许可证的行为。2009年,开展烟草专卖零售许可证集中换证工作。2010年,印发《严格按照许可证地址送货、收货告知书》,并分发至各卷烟零售户手中。至2010年,新余烟草发放烟草专卖零售许可证5886份,其中正常营业4992户,停业89户,注销805户。

市场管理　1990年—2010年,新余烟草专卖管理人员每月上市场检查1~2次,主要检查无证摊点、无证经营进口烟和销售假冒卷烟行为。从1992年开始,逐步将专卖市场管理重点由路查转变为日常市场监管。1995年,清理整顿市区卷烟委托批市场,取消5个委批点并收回委批证件。1998年,开展为期4个月的打私、打假、取缔交易市场活动,发布《打击卷烟走私贩假取缔非法交易市场的通告》,散发《致全市卷烟经营户的公开信》,组织召开100多人参加的卷烟经营户座谈会,市政府分管领导主持召开市直有关单位负责人参加的取缔卷烟非法交易市场协调会,成立由烟草、公安、工商、法制、新亚新、技术监督局等单位人员组成的稽查大队,取缔新亚新卷烟非法交易市场,将交易市场内106个卷烟经营户减为24户。2003年,新余市局与市公安局,区、县烟草局与辖区公安部门签订协议,公安部门各派1名干警长驻烟草,参与市场整顿,大大提高烟草专卖执法的威力。2004年,全面推行诚信等级管理,开展"千家万户共铸诚信"活动,明确诚信等级、评定原则及划分标准等。开展诚信示范户创优活动,91名卷烟零售诚信示范户予以奖励。2007年上半年,市政府2次牵头组织有关执法部门搭建“冬季旋风”“百日攻坚”专项整治平台,全面有效整治全市卷烟零售市场。2007年,新余烟草与市公安刑侦支队建立警民共建关系,成立警务室,配备警车,长驻2名干警参与烟草专卖准军事化管理及市场监管。2008年,在15个社区成立卷烟零售户自律小组90个,参与零售户2810户,参与率达到64.1%。2010年,法规、内管两部分工作职能剥离。8月,法规科单设,内管科单设,年底更名内管派驻办。

案件查处　1998年8月27日,新余市烟草专卖局和渝水区烟草专卖局联合当地公安部门在站前西路的一个制售假冒卷烟窝点查获假冒商标卷烟7.64箱,缴获来路不明的烟草专卖防伪标识数1000余枚及假烟供货地点、名单。11月5日—9日,新余烟草、分宜烟草合力拔掉县城、洋江、高岚等地的8个卷烟经营大户及钉子户。涉案人员中,1人被刑事拘留,4人被行政拘留。

2003年1月9日,新余市烟草专卖局稽查支队在省局总队指挥下,在清宜公路罗坊路段截获一辆无证贩运假冒卷烟车辆,查获假盖中华1.4箱、假特庐山2箱,案值20多万元。涉案人员中,1人被刑事拘留。

2006年8月29日,新余市烟草专卖局会同市公安刑警支队三大队在新余市丰源南路一车库内查处朱某售假卷烟2.04箱,假冒卷烟品种有:盖芙蓉王、蓝盖芙蓉王、软中华86条、盖中华、盖红利群、软玉溪等,案值14.2万元。经调查,该案涉及湖南、浙江、江苏、江西四省,涉案人员28人(其中6个上线、21个下线),总涉案金额58.1万元。涉案人员中,罗某被网上通缉,王某、钟某被刑事拘留。

2007年1月6日,新余市渝水区烟草专卖局会同公安和检察部门在新余市城北汽车站当场查获当事人曾某非法经营卷烟0.64箱,其中盖555卷烟0.4箱、双叶、云烟、双喜等0.24箱,案值1.52万元。经审理,曾某供出同伙邹某和詹某。1月8日,专案组赶往湖南长沙,联合长沙市公安部门将犯罪嫌疑人詹某抓获,当场缴获非法卷烟10.32箱,其中:万宝路4箱、盖555烟4.2箱、广州双喜1.4箱、红利群1箱、黄芙蓉王0.4箱等,案值35.22万元。经调查,该案为非法经营卷烟网络案,符合国家局非法经营卷烟网络案标准,涉案总金额55.3万余元。涉案人员30人,其中主犯詹某、邹某、曾某被判刑。

2007年6月24日,新余市渝水区烟草专卖局会同公安部门在新余丰源南路超市后面一地下室查获牟某、陈某存放的盖芙蓉王卷烟1.48箱,涉案金额7.7万元。在当事人手提包中查获非法销售卷烟账册一本、销售卷烟赃款3.26万元。经调查,该案为非法经营卷烟网络案,符合国家局非法经营卷烟网络案标准。该案总涉案金额121万余元。涉案28人,主犯牟某、陈某被判刑。

2008年5月22日,新余市烟草专卖局会同市公安刑侦支队三大队在新余城区、分宜城区、分宜山砻3个藏假窝点当场查获假冒卷烟2.07箱,涉案金额9.2万元。缴获销售账册2本,抓获龙某、俞某等犯罪嫌疑人8人。经调查,该案为制售假烟网络案,符合国家局制售假烟网络案标准,该案涉案总金额117万余元。涉案32人,其中主犯张某被判处有期徒刑7年,龙某被判处有期徒刑3年,鄢某被判处有期徒刑3年缓刑4年,俞某被判处有期徒刑2年缓刑3年。

2009年2月15日,新余市烟草专卖局会同市刑侦三大队在人民北路查获陈某一售假窝点当场查获假冒卷烟 1.2 万元，涉假卷烟品种有芙蓉王、利群、软中华、硬黄鹤楼等。4 月 20 日，新余烟草和新余刑侦三大队在广州南海宾馆将陈某上线王某抓捕归案，当场查获假冒卷烟硬芙蓉王、软中华、软黄鹤楼 0.2 箱，涉案金额 2.9 万元，查明其涉案往来账 60 余万元。经调查，该案为制售假烟网络案，符合国家局制售假烟网络案标准，该案涉案总金额 340 万余元。涉案 46 人，其中主犯王某甲被判处有期徒刑 1 年，王某乙被判处有期徒刑 7 个月。

2010 年 12 月 20 日，新余市烟草专卖局根据省局稽查总队交办线索，会同新余公安部门在武吉高速仙女湖路段依法拦截一辆车牌号为渝 B28762 的蓝色大货车，车内藏有伪装运输的假冒卷烟 22 箱，涉案金额 38.03 万元。经调查，该案为制售假烟网络案，符合国家局制售假烟网络案标准，该案涉案总金额 415 万余元。涉案人员 14 人，其中主犯许某甲和廖某被判处有期徒刑 4 年零 4 个月，许某乙被判处有期徒刑 10 个月。

法规宣传　1990 年—2010 年，利用广播、电视、报纸、上街咨询、发宣传单等方式宣传《中华人民共和国烟草专卖法》，使之家喻户晓。在每年的“3・15”消费日和 9 月“产品质量宣传月”活动中，举办明明白白购香烟的宣传咨询活动，开展专卖法律法规讲座，将国家烟草专卖局“六条禁令”制成卡片散发到专卖行政执法人员手中，在行业外聘请烟草专卖执法监督员，印制 5000 余份 12313 烟草专卖品市场监管举报电话宣传单，逐一贴到辖区每位卷烟零售户店中，详细介绍拨打 12313 举报电话时的注意事项，以方便消费者和卷烟零售户拨打。2010 年 8 月，法规职能从专卖监督管理科划出，单独设立法规科。

1991 年—2010 年新余烟草专卖查处案件情况

表 9-10-2

年份	查处案件（起）	罚没款（万元）	大要案（起）	涉烟网络案（起）	刑拘（人）	判刑（人）
1991	867	94.64	—	—	—	—
1992	917	47.60	—	—	—	—
1993	600	30.00	—	—	—	—
1994	1090	36.00	—	—	—	—
1995	613	35.00	—	—	—	—
1996	660	40.00	—	—	—	—
1997	712	42.00	—	—	—	—
1998	695	36.19	—	—	—	—
1999	1171	69.08	—	—	—	—
2000	1454	71.14	—	—	—	—
2001	1418	95.45	—	—	—	—
2002	1288	90.09	—	—	—	—
2003	771	80.00	—	—	—	—
2004	1070	46.00	—	—	2	—

续表

年份	查处案件(起)	罚没款(万元)	大要案(起)	涉烟网络案(起)	刑拘(人)	判刑(人)
2005	775	70.00	—	2	4	3
2006	244	64.40	—	2	9	5
2007	1036	100.00	12	3	37	11
2008	662	66.00	12	2	13	8
2009	1176	167.00	11	4	14	9
2010	1214	99.00	8	2	12	5

说明：大要案是指5万元以上(含5万元)的违法卷烟案件。

历年利税

1991年，新余烟草实现利润82万元，实现销售收入9459万元。2010年实现利润总额8301万元，实现税利15074万元。2009年，实现税利首次破亿元，达到11863万元。2009年以后企业利税年年突破亿元大关。

1991年—2010年新余烟草实现利税情况

表9-10-3　　单位：万元

年份	利润总额	利税额	年份	利润总额	利税额
1991	82	99	2001	735	1208
1992	104	132	2002	1511	1991
1993	114	189	2003	1562	2467
1994	151	195	2004	2944	3733
1995	46	108	2005	3661	4597
1996	778	1044	2006	4405	5975
1997	509	714	2007	6390	8134
1998	729	982	2008	6949	8985
1999	29	215	2009	7446	11863
2000	395	667	2010	8301	15074

所属单位

新余烟草专卖局(分公司)于1984年12月13日经省局(公司)批准正式成立，1985年1月1日开始对外办公，实行两块牌子一套人马，统一管理经营全市卷烟、烟草专卖业务，接受省局(公司)与市政府的双重领导。1985年分宜成立分宜县烟草专卖局(公司)。1991年成立渝水区烟草专卖管理所。2003年，根据国家局(总公司)、省局(公司)批复，撤销县(市)级公司法人资格，成立非独立法人营销机构，各县(区)级局(公司)更名为新余市烟草公司××县营销中心，保留县(市、区)级烟草专卖局。2010 年 4 月组建新余市城区烟草专卖局。县(区)烟草专卖局(分公司)设立综合办、专卖办、稽查大队和稽查中队。

2010 年新余烟草直属单位

图 9-10-1

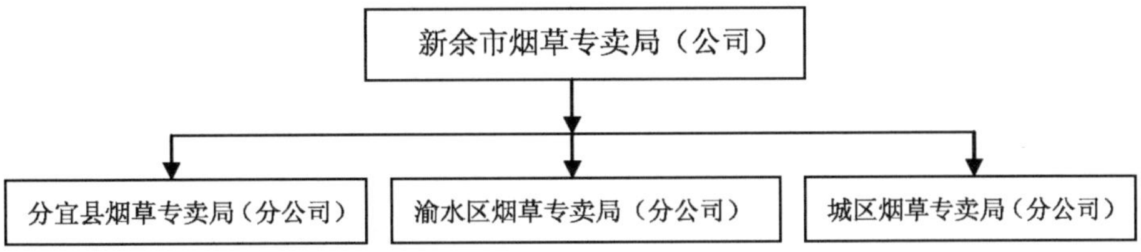

部门设置

1990 年新余烟草设人秘科、财务统计科、业务科、专卖办公室、保卫科、监察科、卷烟批发部。后内设机构几经调整,2008 年新余烟草共设置 11 个职能部门:办公室、安全保卫科、人事劳资科(政工、工会)、财务管理科、监察审计科、专卖监督管理科(稽查支队、内管派驻办)、法规科、信息中心、督查考评中心(网建办)、营销中心、物流配送中心。2010 年 8 月新设立法规科,共内设 11 个部门。

2010 年新余烟草机关部门设置

图 9-10-2

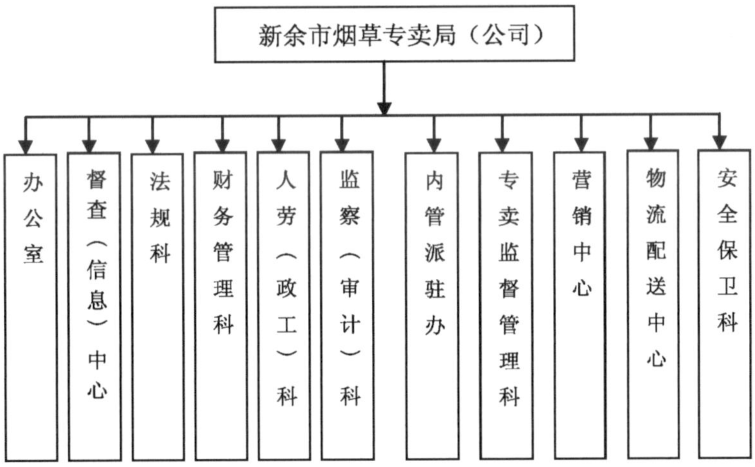

第十一节　鹰潭烟草

鹰潭市位于江西省东北部,所辖贵溪市、余江县、月湖区,全市总面积 0.36 平方千米,总人口 112 余万人。

鹰潭市烟草专卖局(公司)(以下简称鹰潭烟草)组建于 1985 年 3 月。2004 年,取消县(市)级烟草公司经营主体,改由市公司为经营主体,县(市)级局为执法主体,县(市)级公司为非法人实体运作模式,即营销中心,后更名为分公司。2010 年底,全市有零售户 3703 户,在职员工 243 人,具有行业专业岗位职业技能人员170人。

鹰潭烟草企业文化——鹰烟之道。鹰烟之道蕴含鹰潭烟草继承一代代鹰潭烟草人的宝贵精神财富,吸取先人的哲学思想,并借鉴先进的管理思想,遵循行业的发展规律,不断研究、探索、实践企业的经营之道、管理之道、发展之道。鹰烟之道落实科学发展观,体现鹰潭烟草对于未来的哲学思考,明确企业使命、愿景、经营管理思想,阐明企业的价值主张。

卷烟经营

1991年—2010年,鹰潭烟草在省局(公司)的正确领导下,企业保持持续健康稳定发展。1991年实现利润110.6万元,2010年利润增加到9545.89万元,比1991年增长85.31倍;1991年实现利税144.1万元,2010年利税增加到16569.65万元,比1991年增长113.99倍。1991年—2010年,卷烟销售52.17万箱、利润36927.54万元、税利89275.59万元。

1991年—2001年,鹰潭烟草经营模式为坐店经营。1992年—1995年,设立5个批发部,1995年年底,将委托批发单位增至14个。2001年开始实行访送分离。2003年,实行电话订货和电子结算业务。2006年实行按客户订单组织货源经营卷烟。1991年全市卷烟销量20623箱,2010年全市卷烟销售35651.4箱,增长73%。

1991年—2010年鹰潭烟草卷烟销售情况

表9-11-1　　单位:箱

年份	销售总量	省产烟	省外烟	年份	销售总量	省产烟	省外烟
1991	20623	9074	11549	2001	32954	19301	13653
1992	18638	5649	12989	2002	27266	19003	8263
1993	15368	9449	5919	2003	27355	19479	7876
1994	23099	9132	13967	2004	28174	20198	7976
1995	15349	6550	8799	2005	31097	21021	10076
1996	15587	8434	7153	2006	31846	20322	11524
1997	22808	13375	9433	2007	33308	21028	12280
1998	23737	10495	13242	2008	34139	20103	14036
1999	24813	12403	12410	2009	34640	20617	14023
2000	25727	14775	10952	2010	35651	20332	15319

网络建设

市、县烟草成立之初,卷烟销售主要委托国营部门和供销社代批发,至1995年,全市有14家代批点。1998年,鹰潭烟草抓住国家局(总公司)对江西农村网点验收这一契机,重点加强全市销售网点的建设。全市设立卷烟销售网点13个,自有房产权的网点6个,平均每个网点负责146户卷烟经营管理。2001年,为提升网络建设水平,全市城市网点开始在城区实行访送分离,农村网点实行访送结合试运行工作。2002年,全面推行访送分离,单设配送中心1个,访销部1个。2003年,在月湖区实行电话订货试点工作,配备3名电话订单员,开展区域的电话订货工作试点。2004年5月,全市实行集中电话订货,成立订单中心,订单中心设在原莲花路办公楼。2004年年底,全市电话订货面达100%,成功率达100%。2006年,探索按订单供货的经营模式。2007年,全市烟草网点统一更名为客户服务部。2009年,进一步推进按客户订单组织货源工作,按照《订单供货规范》和总公司《进一步规范卷烟订单采集和货源供应工作》的要求,对全市卷烟零售客户分类,按零售客户业态、市场类型、经营规模进行供货。至2010年,全市有月湖、雄石、邓埠、锦江四个客户服务部,其中:月湖客户服务部隶属于月湖区局(分公司),雄石客户服务部隶属于贵溪市局(分公司),邓埠、锦江客户服务部隶属于余江县局(分公司),4个客户服务部全部属于自有产权网点。

物流建设

1991年—1999年,鹰潭烟草物流配送采取市、县二级仓库储存卷烟,凭业务部门开票,到市、县二级仓库提货的模式。2000年,市公司成立配送中心,为市公司直属正科级单位,与业务科合署办公,采取边访边送模式。2003年,根据省局(公司)的要求和市局(公司)的安排,推行一库式配送,在市建设路主山仓库储烟,月湖区老仓库分拣,采取访送分离,打同码,集中配送。

2005年7月,由于月湖区老仓库仓容小,不适宜分拣工作的开展,租借鹰潭市粮食局仓库,并启用欧康分拣线,采取一户一码,分拣到户模式。2007年8月,启用普天分拣线,实行一户一码。2008年,将各县(市、区)配送人员的业务、人事和工资关系完全脱钩于县级局(公司),由配送中心对所有人员、车辆和配送业务实行统一集中管理,形成集中仓储分拣的统一集中配送模式。

2010年1月,新配送中心投入使用,位于鹰潭市经济技术开发区天洁西路16号,投资3890万元,建筑面积14235平方米(其中地下室1636平方米),库容卷烟7万箱,设有半自动分拣车间、数字化卷烟仓库、统一指挥调度室、高科技安全监控室、信息处理微机室等,整个配送中心分卷烟仓库、卷烟分拣、电话订货、装卸发货、配套服务5大功能区,各大区布局科学,设置合理各成体系,共同为物流配送中心发展提供软、硬件支持。

仓储分拣　2006年,鹰潭烟草制定《配送中心分拣暂行管理规定》,《规定》对分拣员、补货员、包装员、分拣库保管员、中转送货员工作职责及处罚作了明确规定。

物流管理　2008年,鹰潭烟草制定《卷烟营销、配送垂直管理实施方案》,主要内容为:在鹰潭烟草设立配送中心,设主任1名(正科级)、副主任1名(副科级)。配送中心下设区域分公司,贵溪市、余江县分公司副经理兼任区域中转站站长,工作人员人数为64人。各区域分公司卷烟配送工作按有关规定执行和落实,相关人员的人事关系与当地烟草专卖局(公司)脱钩,配送中心垂直管理。

专卖管理

1985年3月,鹰潭市烟草专卖局(分公司)正式成立,并设置专卖办公室。1997年,为进一步加强烟草专卖管理执法力度,组建成立鹰潭市烟草专卖局稽查大队。2000 年 8 月,更名为鹰潭市烟草专卖局稽查支队,与专卖办公室合署办公,两块牌子一套人马。2006 年专卖办公室更名为专卖管理科。2007 年 6 月,成立鹰潭市烟草专卖局内部专卖监督管理科,与鹰潭市烟草专卖局专卖管理科合署办公,名为专卖管理科(内部专卖监督管理科、稽查支队)。2008 年 6 月,专卖管理科更名为专卖监督管理科。至 2010 年,市局专卖组织机构没有变动。

证件管理　1991 年—2010 年,鹰潭烟草先后 4 次对全市卷烟零售户的烟草专卖零售许可证进行换发。1993 年,对全市 1154 户卷烟零售户的烟草专卖零售许可证进行换发。2003 年—2004 年,全市 2873 户卷烟零售户的烟草专卖零售许可证统一启用 2003 版许可证。

2008 年,鹰潭烟草重新规划布局全市烟草专卖零售点,进一步完善专卖零售许可证管理办法。2008 年—2009 年,全市 2863 户烟草专卖零售许可证换证。至 2010 年 12 月 31 日,全市有效卷烟零售户 3197 户。

市场管理　1991 年,全市开展 2 次大规模的整顿卷烟市场行动。1998 年会同公安、工商、技术监督等部门依法取缔鹰潭市赣东商城卷烟非法交易市场。2004 年—2010 年会同市公安局等部门在全市分别开展"百日联合""夏日风暴"卷烟打假专项行动;"春雷攻坚""百日攻坚"破假烟网络专项行动;"百日打假"端窝破网专项行动;"金网 1 号"卷烟市场整治专项行动;"金网 2 号""金网 3 号"打击制售假烟网络专项行动。20 年来,全市卷烟市场专项整治活动累计 20 余次。从 2001 年开始,对卷烟零售户实现户籍化管理。2003 年,户籍化管理提升为诚信等级管理,2005 年,开展烟草专社区化管理建设和以自愿参与、自主管理、自我约束、相互监督、共同发展为主旨的卷烟零售户自律小组建设。卷烟市场净化率得到有效提升。

案件查处　2009 年 9 月 12 日,余江县烟草专卖局根据举报,会同当地公安部门展开调查,发现经营户熊某从网络上购买假冒伪劣卷烟。经进一步调查,该案涉及江西、浙江等 30 个省市,涉案金额 2300 万元,涉案人员 1000 余人。涉案人员中,8 人被刑拘,4 人被批捕,主犯何某被判有期徒刑 4 年,并处罚金 22 万元;主犯同伙方某被判有期徒刑 2 年、缓刑 3 年,并处罚金人民币 11 万元;熊某因举报有功、涉案卷烟金额不大且积极配合破案,未被追责。

2008 年 4 月,贵溪市烟草专卖局根据举报,会同市公安局治安大队查获叶某销售假冒伪劣卷烟 8 万余元。经侦查,于 2008 年 5 月分别在浙江省、福建省抓获陈某(女)、邱某等犯罪嫌疑人,并确认青海西宁犯罪嫌疑人胡某。经公安机关查实,4 名犯罪嫌疑人系叶某销售假冒伪劣卷烟案中的同案人,涉案金额 200 余万元,涉案人员 20 余人。涉案人员中,胡某被判有期徒刑 2 年、缓刑 3 年,并处罚金人民币 19 万元;陈某被判有期徒刑 2 年,并处罚金人民币 22 万元;邱某被判有期徒刑 8 年;叶某被判有期徒刑 1 年。

2009 年 10 月 16 日,贵溪市烟草专卖局根据举报,会同市公安局治安大队在鹰潭市月湖区东二村沈某家中当场查获假冒注册商标卷烟 5 万余元。经调查,该批卷烟是其上线吴某从福建云霄,通过快递公司托运至鹰潭。专案组于 10 月 18 日前往福建省云霄县抓捕上线吴某,通过对吴某的审讯调查,发现吴某与江西、广东下线陈某、宋某等均有转账交易。该案涉案金额 62 余万元,涉案人员 10 余人。涉案人员中,吴某被判有期徒刑 3 年零 6 个月,沈某被判缓刑 2 年。

2010年2月20日，贵溪市烟草专卖局接举报称：朱某经常利用小轿车（浙JPR930）在鹰潭、贵溪等地销售无当地烟草专卖标识的卷烟。贵溪市烟草立即会同市公安部门展开调查，发现2010年4月—5月，潘某和朱某先后通过银行汇款进行卷烟现金交易，交易金额20余万元。2010年5月—7月，朱某与其下线阿福通过银行分14次汇款共计100余万元进行非法卷烟交易。该案涉案总金额400余万元。涉案人员中，朱某被判有期徒刑6年，潘某被判有期徒刑6个月。

法规宣传　1992年，鹰潭烟草在全市城镇、车站、码头和乡村广泛宣传烟草专卖法律法规，在经营卷烟的国营商业店、集体商业店、供销社、个体经营者门前张贴宣传标语。2001年，在《中华人民共和国烟草专卖法》颁布10周年之际，大力宣传《中华人民共和国烟草专卖法》及其实施条例、《江西省烟草专卖条例》。2004年—2009年，分别在“3·15”消费者权益日和“12·4”法制宣传日利用宣传车、广播、电视、横幅标语、报刊专栏、散发宣传单，开展法规咨询活动，开展法律法规普法宣传和教育工作。

2001年—2010年鹰潭烟草专卖查处案件情况

表9-11-2

年份	查处案件（起）	罚没款（万元）	大要案（起）	涉烟网络案（起）	刑拘（人）	判刑（人）
1991	351	60.15	—	—	—	—
1992	258	57.32	—	—	—	—
1993	42	13.33	—	—	—	—
1994	45	14.82	—	—	—	—
1995	89	21.56	—	—	—	—
1996	31	13.99	—	—	—	—
1997	42	14.23	—	—	—	—
1998	39	13.16	—	—	—	—
1999	49	112.40	—	—	—	—
2000	89	138.00	—	—	—	—
2001	89	142.00	—	—	—	—
2002	236	30.00	—	—	—	—
2003	600	137.48	—	—	—	—
2004	218	186.88	—	—	—	—
2005	174	4.25	—	—	1	1
2006	283	3.36	—	—	1	1
2007	136	4.16	1	1	1	1
2008	248	168.25	1	1	4	1
2009	284	38.27	4	1	14	2
2010	522	22.89	4	1	1	7

说明：大要案是指5万元以上（含5万元）的违法卷烟案件。

历年利税

1991 年鹰潭烟草实现利润 110.6 万元,实现税利 144.1 万元;1998 年全市利税首次突破千万元;2007 年全市利税过亿元。至 2010 年,全市实现利润 9545.89 万元,实现税利 1.66 亿元。

1991 年—2010 年鹰潭烟草实现利税情况

表 9-11-3　　单位:万元

年份	利润总额	利税额	年份	利润总额	利税额
1991	110.60	144.10	2001	1685.71	2313.49
1992	-259.71	-228.71	2002	2564.40	3268.35
1993	91.00	116.00	2003	2487.93	3207.69
1994	404.00	548.00	2004	4102.00	5295.13
1995	519.96	646.96	2005	5206.22	6716.83
1996	514.00	702.10	2006	6231.74	8081.45
1997	465.00	617.00	2007	8283.62	10464.90
1998	780.00	1029.00	2008	10798.10	13600.39
1999	262.00	544.00	2009	9765.70	14778.18
2000	621.38	861.08	2010	9545.89	16569.65

说明:1992 年鹰潭市烟草公司向地方税务部门上缴税金 31 万元。

所属单位

1985 年 3 月,鹰潭烟草专卖管理机构从原市副食品公司划出,组建成立江西省鹰潭市烟草专卖局江西省烟草公司鹰潭分公司,实行两块牌子、一套人马,并于 3 月 25 日正式对外办公。1985 年 4 月,组建余江、贵溪两县烟草专卖机构,同年 5 月,余江县烟草专卖局(公司)成立。1986 年 1 月,贵溪市烟草专卖局(公司)成立。1991 年 5 月,设立月湖区烟草专卖检查所,1994 年 3 月,设立卷烟业务第二经销部,1994 年 12 月,鹰潭市月湖区烟草专卖局、江西省烟草公司鹰潭市月湖区公司成立。

2000 年 8 月,月湖区局(公司)撤销,后成立鹰潭烟草专卖局直属分局,鹰潭市烟草公司直属公司。2001 年 8 月,根据国家局、省局批复,撤销县级烟草公司的法人资格,成立非独立法人营销机构,保留县烟草专卖局。2008 年 5 月,各县(市、区)局(分公司)调整内设机构,设综合办公室、专卖监督管理科(内管科、稽查大队)、卷烟营销部 4 个部门。

2010 年鹰潭烟草直属单位

图 9-11-1

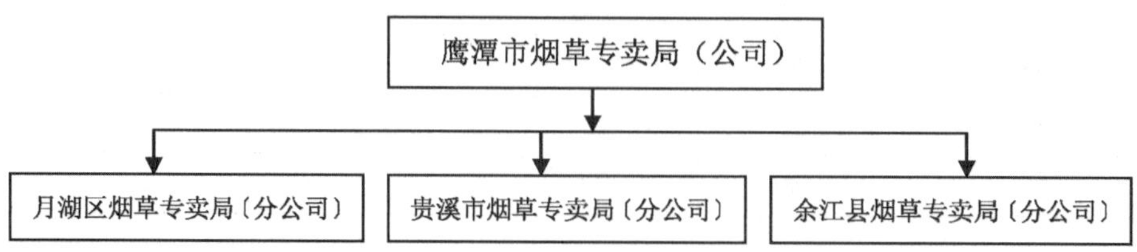

部门设置

1988 年后，鹰潭市局（公司）机关由人秘科、财务科、业务科和专卖办公室陆续调整为人秘科、账务科、业务科、计统科、总务科、监察科、安全保卫科、专卖办公室。

1995 年，设置为 5 个科室 1 个公司，即人事秘书科、账务科、业务科、专卖科、纪律监察科、劳动服务公司。

1996 年底撤销劳动服务公司。

2000 年 12 月，设立人秘科、监察科（合署办公），专卖办、稽查支队（两块牌子一套人马），业务科、配送中心（合署办公），账务科、审计科（两块牌子一套人马），安全保卫科、行政科（合署办公）、机关工会、雄鹰卷烟有限公司、机关党支部共 9 个部门。

2004 年 6 月撤销雄鹰卷烟有限公司。

2007 年 3 月更名为江西省烟草公司鹰潭市公司，江西省鹰潭市烟草专卖局。鹰潭烟草设置人秘科、综合计划科（督察考评中心）、专卖监督管理科（稽查支队、法规科）、财务科、监察科（审计科）、安全保卫科、综合管理服务科、信息中心、营销中心、物流配送中心 10 个内部机构。

2008 年 11 月，鹰潭烟草设置办公室、综合计划科（督察考评中心）、专卖监督管理科（稽查支队、内部专卖管理监督科）、法规科（与专卖监督管理科合署办公）、财务管理科、监察（审计）科、人事劳资科（政工科）、信息中心、营销中心、物流配送中心、安全保卫科 11 内部机构。撤销人秘科、综合管理服务科，其原有职能分别划归人事劳资科（政工科）和办公室。其他部门职能配置不变。

2010 年，鹰潭烟草机关内设 13 个部门。

2010 年鹰潭烟草机关部门设置

图 9-11-2

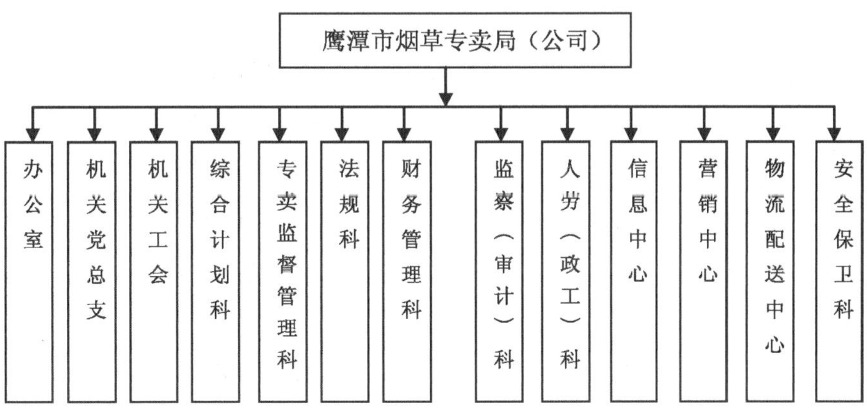

第十二节　驻南铁烟草

为了依法加强铁路辖区的烟草专卖管理，保护烟草专卖品在铁路系统的合法经营和运输，打击和查处违法行为。江西省烟草专卖局驻南昌铁路烟草专卖局于 1992 年 10 月成立，1993 年 10 月撤销。2001年6月,经省烟草专卖局与南昌铁路局共同协商,决定恢复江西省烟草专卖局驻南昌铁路烟草专卖局(以下简称驻南铁烟草),下设股份制卷烟经营部。

驻南铁烟草原负责南昌铁路局在江西境内各车站、客、货列车上及南昌地区铁路二、三村家属区的烟草执法管理,后扩大到对南昌铁路局管辖的货场、中铁快运行李、包房及直接为铁路运输服务的各类载体的烟草执法管理。

驻南铁烟草(卷烟经营部)工作人员组成有:省局派驻、南昌市局借调、南昌铁路局派出、外聘人员。2001年恢复之初,共有员工21人,至2010年末,共有员工38人。其中:正式员工19人(省局派驻2人、南昌市局借调11人、南昌铁路局派出6人),聘用员工19人。在岗人员中,中专及中技、高中18人,大专13人,大学7人。专业技术职称人员4人,其中:中级2人,初级2人;职业技能初级有6人,中级有4人,高级有1人。

驻南昌铁路烟草专卖局自恢复以来,主要负责辖区内《中华人民共和国烟草专卖法》、《中华人民共和国专卖法实施条例》和《江西省烟草专卖条例》等有关法律、法规的宣传贯彻;根据江西省烟草专卖局有关规定和要求,建立健全铁路烟草专卖管理具体规定和制度,依法行政。负责辖区内烟草专卖品的打私、打假和查处其他违反烟草专卖法律、法规的违法、违规行为。负责辖区内卷烟零售许可证的审查、发放和换证工作;负责辖区内的卷烟营销管理工作。

注重员工行为规范、操守培训教育,开展以强化企业管理为内容的岗位达标及创建学习型、节约型、安全型、清洁型、和谐型员工活动,努力培养员工爱岗敬业、团结友爱、拼搏进取精神。

卷烟经营

驻南铁烟草专卖局卷烟经营部根据经营区域小,销售品牌集中、互补性差等特点,坚持以市场导向为前提,以基础管理为抓手,以满足市场为己任,积极组织有效货源,不断优化、提升卷烟结构,取得明显效果。

每月组织召开零售客户代表座谈,根据可供货源情况和市场需求及零售客户代表提出的合理建议,制定切实可行的营销策略,所有有效品牌、高价位卷烟按公开、公平、公正原则及零售户经营能力等因素进行货源供应。

按照发展同向、工作同心、服务同步、利益同体的要求,落实电访、送货工作流程,发挥客户经理、品牌经理服务协调作用,坚持每周对辖区零售户进行走访,规范大户、扶助小户,提升零售户销售结构及盈利水平。

2001年—2010年驻南铁烟草卷烟销售情况

表9-12-1　　单位:箱

年份	销售总量	省产烟	省外烟	年份	销售总量	省产烟	省外烟
2001	394	267	127	2006	2186	882	1304
2002	2140	1312	828	2007	2371	780	1591
2003	2500	1346	1154	2008	2317	711	1607

续表

年份	销售总量	省产烟	省外烟	年份	销售总量	省产烟	省外烟
2004	2259	1334	926	2009	2211	855	1356
2005	2417	1301	1116	2010	2255	1063	1192

专卖管理

驻南昌铁路烟草专卖局设专卖管理科（烟草专卖稽查支队），有专卖人员 14 人。

证件管理　负责辖区内卷烟零售户许可证的审查、发放、换证及管理工作，特种零售许可证的审核工作，至 2010 年 12 月 31 日，全局有效零售户 84 户。

市场管理　负责辖区烟草专卖品经营企业专卖管理监督，查处违法违规生产经营烟草专卖品的案件，为合法的生产经营活动提供保障和服务；贯彻落实上级有关内部专卖管理监督的规定和要求，制定实施辖区内部专卖管理监督制度，查处行业内部发生的违法、违规案件；受理有关投诉、举报。

2002 年—2010 年，驻南昌铁路烟草专卖局共查处案件 922 起，其中，符合国家局、江西省局标准网络案件 7 起，罚没款 659 万元，拘留 34 人，判刑 21 人。

2001 年—2010 年驻南铁烟草专卖查处案件情况

表 9-12-2

年份	查处案件（起）	罚没款（万元）	大要案（起）	涉烟网络案（起）	刑拘（人）	判刑（人）
2002	68	184	1	—	—	—
2003	58	133	4	—	—	—
2004	119	60	2	—	—	—
2005	134	42	5	1	5	2
2006	111	31	5	2	10	10
2007	144	90	7	1	5	2
2008	77	56	7	1	10	3
2009	102	35	4	1	2	2
2010	109	28	5	1	2	2

说明：大要案是指 5 万元以上（含 5 万元）的违法卷烟案件。

历年利税

2001 年—2010 年，驻南昌铁路烟草专卖局卷烟经营部实现税利虽偶有徘徊，总体为平稳，最高峰为 2006 年，实现税利 902.93 万元。2010 年，实现利润 243.05 万元，实现税利 393.2 万元。

2001 年—2010 年驻南铁烟草实现利税情况

表 9-12-3　　　　单位:万元

年份	利润总额	利税额	年份	利润总额	利税额
2001	75.02	81.10	2006	697.20	902.93
2002	261.70	329.38	2007	430.83	658.99
2003	291.85	360.04	2008	177.74	352.30
2004	373.93	465.38	2009	205.78	301.82
2005	550.59	697.91	2010	243.05	393.20

部门设置

2001 年驻南昌铁路烟草专卖局成立以来,内设办公室、专卖管理科(烟草稽查支队)、卷烟经营部、财务科。

2010 年驻南铁烟草机关部门设置

图 9-12-1

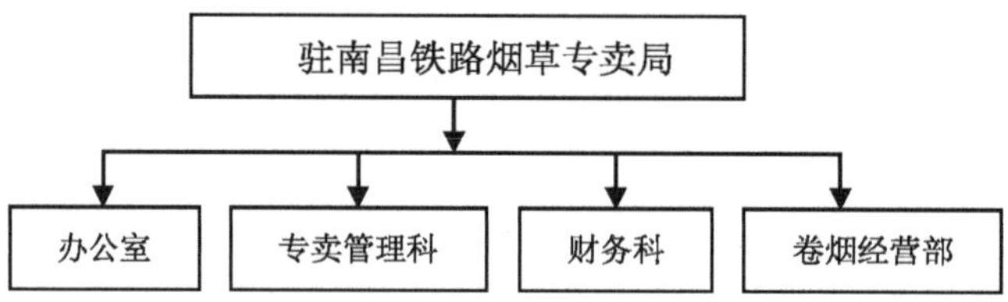

人　　物

一、主要领导简介

郭文华(1936.2—1997.5)　辽宁旅顺(今大连市旅顺口区)人,中共党员,中专学历,1956年7月毕业于沈阳有色工校采矿专业,1956年8月参加工作。1980年6月加入中国共产党。1981年3月—1982年1月,任江西省盘古山钨矿副矿长;1982年2月—1983年5月,任江西省铁山龙钨矿矿长;1983年6月—1990年8月,任赣州地委委员、常务副专员。1990年8月—1992年8月,任省烟草专卖局党组书记、局长、经理;1992年9月调赣州行署任巡视员。

在省烟草专卖局任职期间,为全力扭转省产烟销售困难局面,在省政府的支持下,在全省开展了一次大规模的烟草市场专项整治活动,有力地打击了卷烟非法运销、地下批发、倒买倒卖、非法经营、偷税漏税等行为,有效遏制了走私卷烟、假冒卷烟、计划外卷烟对市场的充斥。1991年烟叶种植、收购烟叶同比1990年分别增长45%、17%,卷烟产量同比1990年增长5%,卷烟销量同比1990年增长22%,实现税利同比1990年增长39.5%。

凌成兴(1957.10—　)　上高县人,中共党员,中央党校经济管理专业在职研究生学历。1977年1月加入中国共产党,1980年12月参加工作。1984年2月—1987年3月,任上高县委常委、副县长;1987年3月—1990年8月,任丰城市委副书记、市长;1990年8月—1992年8月,任省经委副主任;1992年8月—1995年10月,任省烟草专卖局(公司)党组书记、局长、经理;1995年7月任省政府省长助理,10月调离烟草。

在省烟草专卖局任职期间,1992年提出"一年打基础、两年卸包袱、三年上台阶"的工作目标。1993年以扭亏为盈为中心,突出改革调拨体制、调控专销烟、开展反腐败斗争,注重工业生产的基础、培育市场的基础、优质烟叶的基础、专卖管理的基础和凝聚人心的基础,组建了烟叶科研所。1994年围绕"增幅两位数、利税六亿五、人均增千元,全力卸包袱"的目标,实现税利同比增长34%;消化亏损挂账2.21亿元(包括技改还贷)。1995年按照"上台阶"的目标,即工业不亏、商业不赔,狠抓烟叶生产、网点建设、内部整治和经济效益,江西烟叶基本满足自身配方需要,在全国烟叶市场有了较好声誉,形成了档次齐全、结构优化的卷烟产品格局,经济效益快速增长,单箱税利从620元提高到882元,全年实现税利突破10亿元,江西烟草的产品水平、管理水平和效益水平登上了新台阶。

揭国雄(1948.2—　)　广昌县人,中共党员,中央党校本科学历,高级经济师。1966年7月毕业于江西宁都师范。1966年9月参加工作,1975年7月加入中国共产党。1984年9月—1987年6月,任广昌县委副书记、县长;1987年6月—1989年12月,任南城县委副书记、县长;1989年12月—1992年5月,任崇仁县委书记;1992年5月—1992年8月,任抚州行署副专员;1992年8月—1995年10月任省烟草专卖局(公司)党组副书记、副局长、副总经理,1994年5月—2000年6月兼任党组纪检组组长,1995年10月—2007年12月,任党组书记、局长、总经理;2007年12月,任中国烟草学会副理事长。

在省烟草专卖局任职期间,牢牢把握改革与发展两大主题,坚持以市场为取向,积极推动全省行业体制改革;以结构调整为主线,以规范为基础,以深化改革和科技进步为动力,商业企业扭亏增盈提前一年实现、网络建设水平显著提升、南昌烟厂易地技改顺利完成,实现了快速而又可持续的发展。"十五"时期,卷烟产量、卷烟销量、烟叶收购、实现税利分别比"九五"时期增长55.20%、61.96%、11.67%、140.34%。全省烟草行业具备了较坚实的发展基础,有了行业优势工业企业和知名品牌,较牢固地掌握了市场控制权和销售主导权,初步建成一支基本适应改革和发展形势要求的职工队伍,社会地位不断提高,行业形象不断改善,走出了一条符合江西烟草实际的发展路子。曾任中共江西省十一届委员会候补委员、十届全国人大代表。

郑　伟(1957.1.6—　)　南昌县人,中共党员,华中农业大学农学硕士,华中科技大学管理学博士,高级经济师、高级农艺师。1981年9月参加工作;1988年7月进入省烟草专卖局(公司)工作,先后任培训中心副主任、烟叶处副处长,南昌卷烟厂常务副厂长、党委副书记,南昌卷烟厂厂长、党委书记;2000年5月任江西省烟草公司副总经理,兼任南昌卷烟厂厂长;2004年9月任江西中烟公司党组副书记、副总经理(主持工作);2007年12月任江西中烟公司党组书记、总经理。享受国务院政府特殊津贴;当选为第十二届全国人大代表;曾获"江西年度十大经济人物""全国优秀创业企业家""新中国60年江西最具影响力劳动模范"称号。

在烟草任职期间,郑伟亲自主持了金圣品牌的研发工作,启动了金圣品牌在核心技术、品牌营销两大领域的"持续创新工程",用五年时间完成了省内烟草工业企业的合并重组、母子公司体制的建立和法人治理结构的完善,优化了江西卷烟工业的资源配置。金圣品牌逐步成长为烟草行业重点骨干品牌和本草香型卷烟的代表品牌,至2010年,品牌年销量达22.8万箱,累计实现税利203.77亿元。与2004年相比,江西卷烟工业生产规模由65.2万箱增长到111.8万箱,实现税利由27.8亿元增长到62.11亿元,其中上缴税金连续6年位居江西省工业企业第一名,为江西经济发展做出了突出贡献。

雷万春(1949.8—　)　兴国县人,畲族,中共党员,1985年7月毕业于华南工学院,大专学历,高级经济师。1969年9月加入中国共产党,1970年11月参加工作。

1982年8月—1987年8月,任兴国县糖厂党委书记;1987年8月—1989年2月,任赣南卷烟厂厂长、党委书记;1989年2月—2010年6月,先后任江西省烟草专卖局(公司)党组成员、副总经理,党组成员、副局长、副总经理(正厅级),党组书记、局长、总经理。2010年6月任省人大常委会农业委员会副主任。

在省烟草专卖局任职期间,带领江西烟草全体干部职工,全面落实国家局建设严格规范、富有效率、充满活力的中国烟草的目标要求,坚持"三个更大作为、四个更加注重"方针,以发展为中心,以规范经营和价格稳定为突出重点,以"订单供货"为主要抓手,以工商协同为重要保障,全面推进卷烟上水平。2008 年—2010 年,全省系统共销售卷烟 364.73 万箱,金圣品牌 43.04 万箱,收购烟叶 223.78 万担(其中,2008 年全省种植烟叶 26.7 万亩,收购烟叶 86.86 万担,亩单产 325 斤,创历史最高水平),实现税利 128.31 亿元,实现了烟叶生产总量、卷烟销售总量、税利总量"三个赶超",卷烟销量增长、税利增长、劳动效率提高"三个位次前移";税利增长、价格管理、费用下降、卷烟打假领先全国行业。

徐　瑄(1964.10—　)　瑞昌市人,中共党员,法学硕士,高级经济师。1988 年 7 月毕业于北京大学。1987 年 4 月加入中国共产党,1988 年 7 月参加工作。1992 年 12 月—1998 年 7 月,先后任国家烟草专卖局政策法规司副处长、处长;1998 年 7 月—2004 年 1 月,任国家烟草专卖局政策法规与体制改革司副司长;2004 年 1 月—2007 年 10 月,任云南中烟工业公司党组成员,副总经理;2007 年 10 月—2010 年 6 月,先后任浙江、湖北、湖南、广东中烟工业有限责任公司及浙江、湖北、湖南、广东、广西中烟工业有限责任公司董事长和国家烟草专卖局省级工业公司董事会工作办公室主任;2010 年 6 月—2012 年 7 月,任省烟草专卖局(公司)党组书记、局长、总经理;2012 年 7 月,任北京市烟草专卖局(公司)党组书记、局长、总经理。

在省烟草专卖局任职期间,坚持以科学发展为主题,贯彻行业"卷烟上水平"规划,提出切实把烟农、客户、员工放在心上的工作方针。实施了九项主要改革(即领导班子绩效考核、新增效益工资分配、卷烟调入计划分配、烟叶经营管理模式、营销管理体制、内部专卖管理监督体制、紧俏货源供应、用工分配制度、员工招录),形成了系统的发展理念、思路和工作方针。2011 年卷烟销量同比增长 6.36%,增幅列全国第 4 位;实现税利同比增长 29.56%。2012 年上半年卷烟销量同比增长 4.86%,高于全国平均增幅 2.31 个百分点;零售户毛利率达到 12.5%,排名列全国第 6 位,比 2010 年零售户平均毛利率提升近 4 个百分点;实现税利比 2010 年上半年增长 38.55%。

二、先进模范简介

罗鹏飞(1934.12—　)　南昌县人,中共党员,中南有色金属学校毕业。1951 年参加湖南中南地质局水口山勘探队工作,1952 年—1955 年在中南地质局担任助理技术员。1955 年进入中南 309 队(后改为 00276 部队)从事原子弹事业,1958 年加入中国共产党。1972 年担任科长室主任,同年进入 00272 部队。1984 年晋升为正团级工程师。1984 年 3 月进入南昌卷烟厂工作,担任烟叶科党支部书记。1994 年 12 月退休。

1957 年 8 月中旬,他带领的勘探小组在工作中发现了铀矿,为我国原子弹研发找到原材料做出突出贡献,他的名字被载入《中华兴国人物辞典》和《中华英模大典》之中。1993 年 12 月,中华人民共和国国家科学技术委员会为其颁发"科技进步二等奖"(证书号:矿-2-004-07,获奖项目:下庄花岗岩型铀矿发现发展和成矿规律研究)。

王英秀(1938.7—　)　女,南昌县人,中共党员。1948 年做童工,1950 年进入南昌卷烟厂当工人,后担任工段长、检验员。1956年加入中国共产党。1962年—1984年在中南309队11队和00272部队先后担任组织干事、副营级助理员、管理员。1984年,回到南昌卷烟厂担任分厂工会主席、六车间党支部书记。1993年9月退休。

1955年,王英秀在南昌卷烟厂车间从事撕烟工作期间,面对撕烟叶劳动强度大、费时费力、产量低下、易伤手指等问题,通过探索、总结和改进,创造出"铁梳撤烟叶法",既减轻了劳动强度又增加了产量、提升了质量、降低了损耗,同时提高了安全性,生产效率比原来的手工操作工艺提高了十几倍。"铁梳撤烟叶法"后流传到很多外地烟厂,得到了广泛认可和好评。1955年获得"江西省劳动模范""南昌市劳动模范"称号。1956年,获得"全国劳动模范""全国轻工业先进生产者""江西省轻工业厅先进生产者""南昌市优秀党务工作者""南昌市社会主义二级青年团青年突击手"等多项荣誉。在北京出席全国先进生产者会议期间,受到了毛泽东主席、周恩来总理等国家领导人的接见。1989年被南昌市委评为优秀党务工作者。

饶福娣(1946.10—) 女,临川县(今抚州市临川区)人,中共党员。1984年以来,历任分宜县烟草专卖局(公司)局长(经理)、新余市烟草分公司副经理、抚州地区烟草分公司副经理、景德镇市烟草专卖局(分公司)副局长(副经理)、鹰潭市烟草专卖局(分公司)党组书记、局长(经理)。中共江西省第八次代表大会代表。

由于工作表现突出,1984年被评为江西省"优秀共产党员"、江西省"三八红旗手",赴京参加建国35周年国庆观礼。1985年被评为江西省"企业管理能手"。在任鹰潭市烟草专卖局(分公司)党组书记、局长(经理)期间,努力克服烟草经营困难,1997年实现利润465万元,消化历史亏损挂账438万元,1998年实现利润881.2万元,使经营走上良性循环。她热衷于公益事业,帮助特困女工重振生活风帆,扶助10名困难家庭小孩完成学业。1999年,她的事迹和照片入选北京劳动人民文化宫"建国五十周年劳模风采展"和《中华巾帼大典》。2000年被江西省妇联授予江西省"三八红旗手"、"江西省巾帼英豪"、第二届江西省"十大女杰"。

吴兆樟(1947.1—) 广丰县人,中共党员,大专学历,1964年参加工作,1988年进入广丰烟丝厂工作,任生产管理科副科长。1992年5月,任广丰卷烟厂办公室主任。1998年8月,当选广丰卷烟厂工会主席。

在担任厂工会主席期间,充分发挥工会组织的桥梁纽带作用,切实关心员工的生活,定期走访慰问困难户,看望患病职工,通过工会建立员工心声交流的平台,形成良好的交流机制。1998年,被评为全国烟草系统优秀工会工作者。1998年10月,当选全国工会十三大代表,赴北京参加全国工代会,受到党和国家领导人的接见。2000年10月,当选上饶市第一届政协委员。

邓武明(1955.7—) 南城县人,1974年参加工作,2003年加入中国共产党,本科学历。1974年—1989年在南昌齿轮厂工作。1989年进入南昌卷烟厂工作。

由于工作表现突出,1998年,分别被国家烟草专卖局、江西省烟草专卖局授予"技术能手"称号;2001、2002年连续两年获得南昌市"五一劳动奖章";2002年,获得江西省"五一劳动奖章";2006年,获得江西省"劳动模范"称号;2006年,获得全国"五一劳动奖章"。2008年6月,取得维修工高级技师专业技术资格,实现南昌卷烟厂该专业等级"零的突破"。

魏　平（1956.5—　）　四川盐亭县人，中共党员，理学学士，高级经济师。1982年江西师范大学化学系毕业。1974年参加工作，1985年调入烟草行业，历任省烟草专卖局质检站副站长，萍乡市烟草专卖局（分公司）副局长（副经理），省烟草专卖局专卖处（稽查总队）副处长、处长（总队长），南昌市烟草专卖局（公司）局长（经理），省烟草专卖局副局长等职务。

因贡献突出，2002年获得第二届"中国烟草十大'金叶卫士'"荣誉称号，并被多次评为"烟草专卖管理先进工作者""打假专项斗争先进个人"荣誉称号，受到国家烟草专卖局表彰。

任省烟草专卖局副局长期间，狠抓打假破网、市场监管、专卖内管、专卖队伍建设和法规工作。进一步深化了卷烟打假长效协作机制，初步形成了现代市场监管体系思路，基层县级局"五化五统一"的工作模式得到有效推广，基层中队工作流程和规范进一步完善；顺利开展了国家烟草专卖局要求的专卖内管委派制试点，专卖内管委派制工作机制在全省系统初步建立并有效运行；大力开展了岗位技能竞赛，专卖人才队伍管理进一步加强；努力提升依法决策水平，积极推进依法行政。

2007年至2010年，全省系统共查处各类违法案件97598起，判刑401人，共破获符合国家局标准的制售假烟网络案件91起，其中有10起国家局、公安部督办案件。

温娓媛（1958.6—　）　女，湖南宁乡县人，大专学历，1974年参加工作，1985年加入中国共产党，1994年7月调入铜鼓县烟草专卖局任副局长，2005年任铜鼓县烟草专卖局（公司）局长（经理）、党组书记，2006年9月任宜春市烟草专卖局（公司）党组纪检书记，2013年6月退休。

在铜鼓县，温娓媛是有名的爱扶贫助困的好人，多次被评为全市"优秀共产党员""文明市民"，是江西省优秀思研会干部。2004年4月中华全国妇女联合会授予其全国"三八红旗手"称号，2004年10月央视十套《讲述》—《好人温嫂》说的就是温娓媛义救乞讨汉老杨一家的事迹。自温娓媛调入铜鼓县烟草专卖局以来，几十年如一日主动支持和关心部队建设和生活，一直倡导将烟草局与武警铜鼓县中队结成共建对子，积极开展军民双拥共建活动，被称为"兵妈妈"。2006年8月江西省委、省政府、省军区推选温娓媛为"江西省爱国拥军模范"，2008年1月经人事部、全国双拥工作领导小组办公室决定授予其"全国爱国拥军模范"称号。

刘玲玲（1959.2—　）　女，广东揭阳市人，中共党员，1977年参加工作，大专文化。1984年7月任赣南卷烟厂团委副书记、技改办副主任。1991年2月任赣南卷烟厂技改设备科科长。2007年12月任赣南卷烟厂生产管理科协理员。

任赣南卷烟厂技改设备科科长期间，在企业装备水平较落后的情况下，通过加强设备管理，设备有效作业率上升了20%。在技术改造工作中，共主持完成15项重大技术改造项目，使企业的生产装备水平明显提高，卷包生产能力达20万箱/年，制丝工艺水平处于同类企业中较先进水平，解决了多年来制约企业发展的设备"瓶颈"，为企业的长足发展奠定了扎实的硬件基础。2006年，刘玲玲被授予"全国五一劳动奖章""江西省劳动模范"称号。

黄　平（1962.8—　）　宁都县人，中共党员，硕士研究生，工程师。1981年参加工作。1989年任赣南卷烟厂车间主任；1992年任南昌卷烟厂副厂长，1997年任南昌卷烟厂党委副书记、常务副厂长；1999年起任赣南卷烟厂厂长、党委书记。

任赣南卷烟厂厂长、党委书记期间，带领赣南卷烟厂干部职工发扬"逆水行舟，不进则退"的企业精神,大胆创新、奋力开拓,使赣南卷烟厂由一个濒临倒闭的企业走出困境,发展成为江西省重点骨干企业、江西省税利突出贡献企业、江西省文明单位,为赣州经济发展和江西经济振兴做出了突出贡献。

因为贡献突出,黄平2000年获得“江西省劳动模范”称号,2001年被评为“赣州市十大杰出青年”,2002年被江西省委组织部、宣传部评为“新形象楷模”,2003年当选首届“江西省年度十大经济人物”,2005年被评为“全国劳动模范”。2001年当选江西省第十一次党代会代表。2002年、2007年分别当选江西省第九届、十届政协委员。2007年起任第十二届江西省党代会代表、第十届江西省政协委员。

熊建昌(1964.5—) 南昌县人,中共党员,大学文化,工程师。1985年7月参加工作。1998年7月任江西省烟草专卖局(公司)机关服务中心车队队长,2004年12月任机关服务中心副主任,2010年3月任物流建设管理办公室主任。

他善于独立思考,善于观察,敢于实践,先后于2003年12月和2009年6月获得国家实用新型专利《可识别矿泉水饮料瓶》(专利号200320116317)、国家发明专利《机械结构的减速路拱》(专利号200910115610)两项非职务发明,获得了江西省知识产权局的嘉奖。2010年3月,撰写的《江西省商业企业跨区设分库模式分析》论文,获得国家烟草专卖局电子商务与现代物流发展论坛二等奖;是月被聘任为中国烟草学会电子商务专业委员会委员,主持并参与了《烟草商业企业物流作业全程信息化管理系统》项目的研究与开发,该项目荣获国家局科学技术进步三等奖。

王建立(1966.3—) 安徽亳州市人,中共党员,大专文化,高级机修钳工。1992年参加工作,在兴国县建设公司从事水电安装工作。1993年在兴国县洪门塑料编织厂担任机修工。1994年起在兴国卷烟厂工作。

1996年在兴国卷烟厂第二期技改新制丝线安装调试中,他作为主要技术骨干参与其中,每天工作十多个小时,对该厂技改工作发挥了重要作用。在兴国卷烟厂动力车间工作期间,他负责车间设备的维修和保养,设备的完好率和有效作业率均达99%以上。十多年来,他在车间单箱耗电、机物料单箱消耗、技术革新等工作中成绩突出,为企业提升效益、节能降耗做出重要贡献。2005年,被授予“全国劳动模范”和“江西省劳动模范”称号。

倪风华(1974.1—) 广丰县人,1992年进入广丰卷烟厂工作,1997年7月加入中国共产党,大学学历。

作为一名车间修理工,他刻苦钻研,技术过硬。通过YJ14型机组的糨糊装置改为喷胶系统,使设备有效作业率由75%提高到93%以上,烟支爆口问题得到了根治;在研制扁包加长、低焦油安全型卷烟工作中,他和两位同事克服技术上的难题,成功改组、改装卷烟机,填补了当时的省内空白;对PROTOSE70机组进行了多项小革新,进一步推进了企业技术创新工作,在节能降耗、提高工艺制造水平方面做出了很大努力。

因贡献突出,2000年5月被授予“全国劳动模范”称号;2003年参加上饶市优秀共产党员典型事迹巡回报告,2004年获“上饶市青年岗位能手”称号,2006年获“江西省优秀师徒”称号,2007年参加全省烟草工业企业践行“两个至上”共同价值观巡回演讲。2008年1月,当选江西省第十一届人大代表。

三、人物名录

领导干部名录

姓　名	性别	单位	职　　务	级别	任职时间
郭文华	男	省局(公司)	党组书记、局长、经理	正厅级	1990. 9—1992. 8
黄向东	男	省局(公司)	党组成员、副局长	正处级	1988. 3—1994. 5
			调研员	副厅级	1994. 5—1996. 9
雷万春	男	省局(公司)	党组成员、副经理	正处级	1989. 2—1994. 5
			党组成员、副经理	副厅级	1994. 5—1997. 4
			党组成员、副局长、副经理	副厅级	1997. 4—2004. 8
			党组成员、副局长、副经理	正厅级	2004. 8—2007. 12
			党组成员、副局长、副经理(主持工作)	正厅级	2007. 12—2008. 5
			党组书记、局长、总经理	正厅级	2008. 5—2010. 6
凌成兴	男	省局(公司)	党组书记、局长、经理	正厅级	1992. 8—1995. 10
揭国雄	男	省局(公司)	党组副书记、副局长、副经理	副厅级	1992. 8—1995. 10
			党组纪检组组长(兼)	副厅级	1994. 5—2000. 6
			党组书记、局长、经理	正厅级	1995. 10—2007. 12
张正蝉	男	省局(公司)	党组成员、副局长	试用期	1995. 9—1996. 10
			党组成员、副局长	副厅级	1996. 10—2006. 7
			党组纪检组组长(兼)	副厅级	2000. 6—2003. 5
			巡视员	正厅级	2006. 7—2006. 9
罗年安	男	省局(公司)	党组成员、副经理	副厅级	1997. 4—2005. 6
			党组成员、副局长、党组纪检组组长(兼)	副厅级	2005. 6—2009. 4
			党组成员、副局长、党组纪检组组长(兼)	正厅级	2009. 4—
郑　伟	男	省局(公司)	党组成员、副总经理	副厅级	2000. 6—2004. 8
		江西中烟公司	党组副书记、副总经理(主持工作)	副厅级	2004. 8—2007. 12
			党组书记、总经理	正厅级	2007. 12—
郑　京	男	省局(公司)	党组纪检组组长	副厅级	2003. 5—2005. 6
			党组成员、副总经理	副厅级	2005. 6—
陈建辉	男	省局(公司)	总会计师	副厅级	2007. 8—
魏　平	男	省局(公司)	党组成员、副局长	副厅级	2007. 8—
徐　瑾	男	省局(公司)	党组书记、局长、总经理	正厅级	2010. 6—
顾厚武	男	省局(公司)	党组成员、副总经理	副厅级	2010. 6—
徐素珍	女	省局(公司)	党组成员、副总经理	副厅级	2010. 6—

续表

姓　名	性别	单位	职　　务	级别	任职时间
徐仲良	男	省局(公司)	助理巡视员	副厅级	2003. 4—2004. 8
		江西中烟公司	党组成员、副总经理	副厅级	2004. 8—2008. 11
王志彬	男	江西中烟公司	党组成员、纪检组长	副厅级	2005. 7—2008. 10
			党组成员、副总经理	副厅级	2008. 10—
于明芳	女	江西中烟公司	党组成员、副总经理	国家局部门副职级	2007. 12—2010. 10
任用镨	男	江西中烟公司	党组成员、纪检组长	副厅级	2008. 10—
张忠勇	男	省局(公司)	巡视员	副厅级	1995. 9—1998. 5
胡声宇	男	省局(公司)	助理巡视员	副厅级	2003. 4—2008. 7
罗建武	男	省局(公司)	副巡视员	副厅级	2009. 4—
辛焕荣	男	省局(公司)	副巡视员	副厅级	2009. 4—

国家级个人荣誉名录

姓　名	奖项名称	获得时间	所在单位
倪风华	全国劳动模范	2000 年	广丰卷烟厂
郑　伟	全国五一劳动奖章	2001 年	南昌卷烟厂
黄　平	全国劳动模范	2005 年	赣南卷烟厂
王建立	全国劳动模范	2005 年	兴国卷烟厂
邓武明	全国五一劳动奖章	2006 年	南昌卷烟厂
刘玲玲(女)	全国五一劳动奖章	2006 年	赣南卷烟厂
温娓媛(女)	全国三八红旗手	2005 年	铜鼓县局
	全国爱国拥军模范	2007 年	宜春市局
徐素珍(女)	全国“巾帼建功”标兵	2009 年	景德镇市局

国家级集体荣誉名录

获奖时间	奖项名称	颁奖单位	获奖单位
1998 年 4 月	全国五一劳动奖状	全国总工会	广丰卷烟厂
1999 年	全国精神文明建设工作先进单位	中央精神文明建设指导委员会	广丰卷烟厂
2000 年 10 月	全国质量管理小组活动优秀企业	中国质量管理协会、中华全国总工会、共青团中央、中华全国妇女联合会和中国科学技术协会	南昌卷烟厂
2002 年 3 月	送温暖工程先进单位	全国总工会	广丰卷烟厂
2002 年 4 月	全国五一劳动奖状	全国总工会	广丰卷烟厂
2002 年 10 月	全国精神文明建设工作先进单位	中央精神文明建设指导委员会	南昌卷烟厂
2003 年 4 月	全国五一劳动奖状	全国总工会	南昌卷烟厂
2003 年 6 月	全国青年文明号	团中央	南昌卷烟厂烟叶基地小组

续表

获奖时间	奖项名称	颁奖单位	获奖单位
2003 年 9 月	全国模范之家	全国总工会	赣南卷烟厂
2004 年 5 月	全国五一劳动奖状	全国总工会	赣南卷烟厂
2005 年	全国精神文明建设工作先进单位	中央精神文明建设指导委员会	南昌卷烟厂、赣南卷烟厂
2008 年 10 月	全国质量管理小组活动优秀企业	全国总工会、中国科协、团中央、中国质量协会	江西中烟公司
2009 年 9 月	全国三八红旗集体	全国妇联	南昌市局(公司)订单部
2010 年 10 月	全国质量管理小组活动优秀企业	中国质量管理协会、全国总工会、团中央、全国妇联和中国科协	南昌卷烟厂

省部级个人荣誉名录

姓　名	奖项名称	获得时间	所在单位
张守满	全国烟草系统优秀保管员	1991 年	靖安县局
钟正荣	江西省五一劳动奖章	1992 年	赣南卷烟厂
张水如	全国烟草专卖管理工作先进个人	1993 年	樟树市局
许　光	全国烟草专卖管理工作先进个人	1993 年	新干县局
赵国平	全国烟草行业劳动模范	1994 年	南昌卷烟厂
	江西省五一劳动奖章		
李仲良	江西省劳动模范	1994 年	赣南卷烟厂
汪德和	江西省五一劳动奖章	1994 年	广丰卷烟厂
	江西省劳动模范	1995 年	
刘　健	全国烟草系统打假先进个人	1995 年	赣州市局
赖大全	全国烟草系统打假先进个人	1995 年	赣州市局
	江西省五一劳动奖章	2004 年	
	江西省先进工作者	2005 年	
郑　伟	江西省科技进步奖	1995 年 1996 年 1998 年	南昌卷烟厂、省局(公司)
	“中国青年志愿者”行动贡献奖	2000 年	南昌卷烟厂
	江西省劳动模范		
	全国质量管理小组活动优秀推进者	2001 年	
	全国质量管理小组活动卓越领导者	2002 年	
	2005 年度江西工业十佳创业能人	2006 年	江西中烟公司
	江西省优秀企业家	2008—2010 年	

续表一

姓　名	奖项名称	获得时间	所在单位
王迪汗	江西省科技进步奖	1995 年	南昌卷烟厂
	全国烟草行业劳动模范	2000 年	
	全国食品行业质量管理优秀管理者	2001 年	
	全国烟草行业十五科技创新工作先进个人	2006 年	
	江西省优秀共产党员	2007 年	
范建辉	全国烟草系统打私先进工作者	1996 年	丰城市局
徐信国	江西省五·劳动奖章	1996 年	广丰卷烟厂
王志彬	江西省科技进步奖	1996 年 1998 年	省局(公司)
陈代龙	全国烟草系统专卖管理先进个人	1997 年	赣州市局
彭志勇	江西省劳动模范	1997 年	南昌卷烟厂
徐辉广	江西省五一劳动奖章	1997 年	广丰卷烟厂
张永娟(女)	江西省五一劳动奖章	1997 年	赣南卷烟厂
钟　翔	全国烟草系统打假先进个人	1998 年	赣州市局
邓武明	全国烟草技术能手	1998 年	南昌卷烟厂
杨　斌	江西省五一劳动奖章	1998 年	广丰卷烟厂
	98 时代人物全国优秀转业、退伍军人		
张胜健	企业档案工作目标管理国家二级工作突出贡献	1998 年	南昌卷烟厂
汪　剑	烟草行业质量管理先进工作者	1999 年	南昌卷烟厂
黄　平	江西省劳动模范	2000 年	赣南卷烟厂
梅志亮	江西省劳动模范	2000 年	广丰卷烟厂
吴信江	江西省劳动模范	2000 年	广丰卷烟厂
倪风华	江西省劳动模范	2000 年	广丰卷烟厂
刘孝强	江西省劳动模范	2000 年	广丰卷烟厂
饶福娣(女)	江西省三八红旗手	2000 年	鹰潭市局
	江西省巾帼英豪		
	江西省十大女杰		
胡　文	全国烟草行业卷烟打假标兵	2001 年	宜春市局
李　民	全国烟草行业卷烟打假标兵	2001 年	吉安市局
	全国卷烟打假先进个人	2005 年	

续表二

姓　名	奖项名称	获得时间	所在单位
李　红	江西省五一劳动奖章	2001 年	赣南卷烟厂
叶海水	江西省五一劳动奖章	2001 年	广丰卷烟厂
胡　勇	中国青年志愿服务奖	2001 年	南昌卷烟厂
邓武明	江西省五一劳动奖章	2002 年	南昌卷烟厂
	江西省劳动模范	2006 年	
李亦方	江西省五一劳动奖章	2002 年	广丰卷烟厂
罗　飚	江西省五一劳动奖章	2002 年	井冈山卷烟厂
魏　平	全国烟草行业十大金叶卫士	2003 年	省局(公司)
吴玉祯	全国卷烟打假先进个人	2003 年	景德镇市局
刘名桓	全国卷烟打假先进个人	2003 年	赣州市局
余小斌	江西省五一劳动奖章	2003 年	广丰卷烟厂
	江西省劳动模范	2005 年	
廖为彬	全国卷烟打假先进个人	2004 年	赣州市局
陈　烜	全国烟草行业信息化工作 2004 年—2007 年度先进个人	2008 年	南昌卷烟厂
何宽信	全国烟草行业劳动模范	2005 年	省局(公司)
牛卫国	全国烟草行业劳动模范	2005 年	南昌卷烟厂
刘一华	江西省劳动模范	2005 年	井冈山卷烟厂
	优秀党务工作者	2009 年	
李伟忠	江西省劳动模范	2005 年	兴国卷烟厂
王建立	江西省劳动模范	2005 年	兴国卷烟厂
季荣华	江西省劳动模范	2005 年	广丰卷烟厂
刘玲玲(女)	江西省劳动模范	2006 年	赣南卷烟厂
夏良俊	江西省五一劳动奖章	2006 年	广丰卷烟厂
徐素珍(女)	江西省三八红旗手	2006 年	景德镇市局
左荣华(女)	江西省三八红旗手	2006 年	省局(公司)
范艳萍(女)	江西省巾帼建功立业标兵	2006 年	南昌卷烟厂
林满贵	全国优秀客户经理	2007 年	湖口县局
张　菁(女)	全国质量管理小组活动优秀推进者	2007 年	江西中烟公司
叶福元	全国烟草行业劳动模范	2009 年	九江市局
万应发	全国烟草行业劳动模范	2009 年	抚州市局

续表三

姓　名	奖项名称	获得时间	所在单位
唐晓祥	全国烟草行业劳动模范	2009 年	南昌卷烟厂
饶小林	全国卷烟打假成绩突出个人	2009 年	抚州市局
陈水明	全国卷烟打假成绩突出个人	2009 年	鹰潭市局
陈小平	江西省五一劳动奖章	2009 年	鹰潭市局
李慧颖(女)	全国烟草技术能手	2010 年	宜春市局
李　芹(女)	全国烟草技术能手	2010 年	袁州区局
胡义强	江西省劳动模范	2010 年	赣州市局
熊也农	江西省劳动模范	2010 年	上饶市局
丁文彬	江西省劳动模范	2010 年	井冈山卷烟厂
唐庆丰	江西省劳动模范	2010 年	广丰卷烟厂

省部级集体荣誉名录

获奖时间	奖项名称	颁奖单位	获奖单位
1991 年	全国烟叶生产先进县	中国烟草总公司	石城县公司
1995 年 5 月	第二届全国烟草系统先进集体	国家烟草专卖局	丰城市烟草公司
1995 年 5 月	江西省突出贡献企业	省政府	赣南卷烟厂、广丰卷烟厂
1995 年 8 月	江西省企业思想政治工作先进单位	省委宣传部、省委组织部、省经贸委、省总工会	广丰卷烟厂
1997 年 4 月	江西省五一劳动奖状	省总工会	广丰卷烟厂
1998 年 2 月	江西工业十强企业	省政府	广丰卷烟厂
1998 年 4 月	江西省五一劳动奖状	省总工会	井冈山卷烟厂
1998 年 6 月	全省国有企业两个目标一面红旗表彰活动先进基层党组织	省委组织部	井冈山卷烟厂
1998 年	全省第六届文明单位	省委、省政府	宜春市局、广丰卷烟厂
1999 年 6 月	江西省工业优强企业	省政府	广丰卷烟厂
2000 年 4 月	江西省五一劳动奖章	省总工会	赣南卷烟厂
2000 年 4 月	全省第七届文明单位	省委、省政府	宜春市局、靖安县烟草公司、南昌卷烟厂、广丰卷烟厂
2001 年 4 月	江西省五一劳动奖状	省总工会	赣南卷烟厂
2001 年	1999 年—2000 年度江西省职工思想政治工作先进单位	省委宣传部、省委组织部、省经贸委、省总工会	南昌卷烟厂、广丰卷烟厂
2001 年 12 月	全国守合同重信用企业	国家工商行政管理总局	南昌卷烟厂
2002 年 3 月	全省第八届文明单位	省委、省政府	省局(公司)、永修县局、共青城市局、宜春市局、靖安县局、铜鼓县局、万载县局、新干县局、南昌卷烟厂

续表一

获奖时间	奖项名称	颁奖单位	获奖单位
2002 年 4 月	江西省五一劳动奖状	省总工会	广丰卷烟厂
2002 年 11 月	江西十大杰出青年志愿服务集体	团省委、省青年志愿者协会	南昌卷烟厂
2003 年 3 月	全国烟草专卖管理先进集体	国家烟草专卖局	赣州市局专卖科
2003 年 1 月	全国守合同重信用企业	国家工商行政管理总局	赣南卷烟厂
2003 年 8 月	江西工业崛起年度贡献状	省政府	南昌卷烟厂、赣南卷烟厂
2003 年 8 月	江西工业崛起十强企业	省政府	南昌卷烟厂、广丰卷烟厂
2004 年 2 月	十大爱心集体	江西省慈善总会、省工商业联合会	南昌卷烟厂
2004 年 5 月	2001 年—2003 年度部门包村先进单位	省委	省局(公司)
2004 年 7 月	江西工业崛起年度贡献奖	省政府	南昌卷烟厂、赣南卷烟厂、井冈山卷烟厂
2004 年 7 月	江西工业崛起十强企业	省政府	南昌卷烟厂、广丰卷烟厂
2004 年 9 月	2004 年度全国质量管理先进企业	国家质量监督检验检疫总局	南昌卷烟厂
2004 年	全省第九届文明单位	省委、省政府	省局(公司)、宜春市局、萍乡市局、鹰潭市局、石城县局、共青城市局、永修县局、上栗县局、靖安县局、上高县局、铜鼓县局、崇仁县局、金溪县局、南昌卷烟厂、赣南卷烟厂
2005 年 5 月	2004 年度江西工业崛起十强企业	省政府	南昌卷烟厂、广丰卷烟厂
	2002 年—2004 年度江西工业崛起三年翻番全面先进单位		赣南卷烟厂
			井冈山卷烟厂
	2004 年度江西工业崛起年度贡献奖		井冈山卷烟厂
2005 年 6 月	第四届全国烟草行业先进集体	国家烟草专卖局	景德镇市局(公司)、南昌卷烟厂制丝车间
2005 年	2003 年—2004 年度江西省职工思想政治工作先进单位	省委宣传部、省委组织部、省经贸委、省总工会	南昌卷烟厂、广丰卷烟厂
2005 年	2005 年度红十字会捐助博爱金奖	省红十字会	江西中烟公司
2005 年	全国卷烟打假先进集体	国家烟草专卖局	赣州市局稽查支队
2006 年 5 月	江西工业崛起年度贡献奖	省政府	南昌卷烟厂、井冈山卷烟厂
2006 年 5 月	江西工业崛起十强企业	省政府	南昌卷烟厂
2006 年 6 月	全省先进基层党组织	省委	广丰卷烟厂党委
2006 年 7 月	江西省企业文化建设优秀单位	省经贸委、省企业联合会、省企业家协会	南昌卷烟厂
2006 年 12 月	中华慈善事业突出贡献奖	中华慈善总会	江西中烟公司
2006 年 12 月	江西省首届十大爱心单位	江西省红十字会	广丰卷烟厂
2006 年 12 月	江西省首届杰出公益	江西省红十字会、江西省文明办	南昌卷烟总厂

续表二

获奖时间	奖项名称	颁奖单位	获奖单位
2006 年	全省第十届文明单位	省委、省政府	省局(公司)、九江市局、景德镇市局、萍乡市局、宜春市局、共青城局、永修县局、上栗县局、石城县局、宜丰县局、铜鼓县局、上饶县局、横峰县局、弋阳县局、永丰县局和南昌卷烟厂、赣南卷烟厂、兴国卷烟厂
2007 年 6 月	江西工业崛起十强企业 江西工业崛起年度贡献奖	省政府	南昌卷烟总厂
2007 年 12 月	履行联合国保护臭氧层公约中国烟草行业淘汰三氯一氟甲烷贡献奖	国家烟草专卖局、国家环保局、联合国工业发展组织	南昌卷烟总厂(原南昌卷烟厂)
2007 年	江西省首届杰出公益奖	江西省红十字会、江西省文明办	南昌卷烟总厂
2007 年	模范职工之家	省总工会	兴国卷烟厂
2008 年 5 月	全省第十一届文明单位	省委、省政府	省局(公司)、南昌市局、九江市局、景德镇市局、新余市局、鹰潭市局、宜春市局、上饶市局、吉安市局、抚州市局、安义县局、共青城局、永修县局、湘东区局、石城县局、铜鼓县局、万载县局、万年县局、婺源县局、吉水县局、永丰县局、宜黄县局
2008 年 8 月	江西工业崛起年度贡献奖	省政府	江西中烟公司
2008 年	江西十大慈善单位	江西省首届慈善双十评选活动	江西中烟公司
2009 年 2 月	江西工业“四率”先进企业	省政府	江西中烟公司
2009 年 4 月	第五届全国烟草行业先进集体	国家烟草专卖局	赣州市局专卖稽查中队
2009 年 7 月	中华慈善突出贡献(企业)奖	中华慈善总会	江西中烟公司
2009 年 12 月	江西工业优强企业	省政府	江西中烟公司
2009 年 12 月	江西工业崛起年度贡献奖	省政府	江西中烟公司
2009 年 12 月	党旗引领致富路携手共建新农村定点包扶贫困村工作年度先进单位	省委组织部、省扶贫开发领导小组办公室	江西中烟公司
2009 年 12 月	江西省青年志愿服务贡献奖	团省委、省青年志愿者协会	江西中烟公司
2009 年	全国打假工作特殊贡献单位	国家烟草专卖局	省烟草专卖局
2010 年 4 月	全省第十二届文明单位	省委、省政府	省局(公司)、江西中烟公司、南昌市局、进贤县局、安义县局、九江市局、共青城局、永修县局、景德镇市局、萍乡市局、湘东区局、莲花县局、上栗县局、鹰潭市局、龙南县局、宜春市局、铜鼓县局、万载县局、上饶市局、上饶县局、余干县局、万年县局、吉安市局、永丰县局、吉水县局、吉安县局、万安县局、抚州市局

续表三

获奖时间	奖项名称	颁奖单位	获奖单位
2010 年 12 月	2009 年度江西工业优强企业	省政府	江西中烟公司
2010 年	全国烟草行业工业文化建设先进单位	中国烟草总公司	南昌卷烟厂
2010 年	党旗引领致富路、携手共建新农村定点包扶贫困村工作年度先进单位	省委组织部、省移民扶贫办	江西中烟公司

高级经济师名录

姓　名	职称认定时间	认定单位	认定职称时所在单位
张忠勇	1996 年 10 月	国家烟草专卖局	省局(公司)
肖茂员	1996 年 10 月	国家烟草专卖局	省局(公司)
冯　文	1997 年 7 月	国家烟草专卖局	省局(公司)
雷万春	1998 年 9 月	国家烟草专卖局	省局(公司)
揭国雄	1999 年 9 月	国家烟草专卖局	省局(公司)
李　文	2003 年 10 月	国家烟草专卖局	省局(公司)
刘　莉(女)	2003 年 10 月	国家烟草专卖局	南昌市局
郑　伟	2007 年 11 月	国家烟草专卖局	江西中烟公司
章建华	2008 年 11 月	国家烟草专卖局	省局(公司)
黄剑文	2008 年 9 月	国家烟草专卖局	江西中烟公司
张胜健	2010 年 8 月	国家烟草专卖局	南昌卷烟厂

高级工程师名录

姓　名	职称认定时间	认定单位	认定职称时所在单位
游清香(女)	1999 年 5 月	国家烟草专卖局	省局(公司)
张　菁(女)	2000 年 11 月	国家烟草专卖局	省局(公司)
江今朝(女)	2004 年 8 月	国家烟草专卖局	省局(公司)
王迪汗	2007 年 11 月	国家烟草专卖局	南昌卷烟厂
易之兴	2010 年 9 月	国家烟草专卖局	江西中烟公司

高级会计师名录

姓　名	职称认定时间	认定单位	认定职称时所在单位
曾　旭(女)	1995 年 11 月	国家烟草专卖局	南昌市局
陈颖玲(女)	1999 年 10 月	国家烟草专卖局	省局(公司)
罗丽珍(女)	2002 年 8 月	国家烟草专卖局	省局(公司)

续表

姓 名	职称认定时间	认定单位	认定职称时所在单位
陈建辉	2004 年 3 月	国家烟草专卖局	省局(公司)
曾 平	2006 年 10 月	国家烟草专卖局	南昌卷烟总厂
王 珍(女)	2009 年 10 月	国家烟草专卖局	省局(公司)
洪 皓(女)	2010 年 9 月	国家烟草专卖局	省局(公司
邓雪梅(女)	2010 年 9 月	国家烟草专卖局	萍乡市局(公司)

高级政工师名录

姓 名	职称认定时间	认定单位	认定职称时所在单位
王绍强	1992 年 9 月	国家烟草专卖局	赣南卷烟厂
裴海峰	1996 年 7 月	国家烟草专卖局	新余市局
李珍珠(女)	1998 年 11 月	国家烟草专卖局	南昌县局
梁 平	2001 年 9 月	国家烟草专卖局	赣州市局
张正蝉	2002 年 8 月	国家烟草专卖局	省局(公司)
万 峻	2003 年 10 月	国家烟草专卖局	省局(公司)
叶华英	2003 年 10 月	国家烟草专卖局	南昌卷烟厂
罗年安	2007 年 6 月	国家烟草专卖局	省局(公司)
施受谦(女)	2010 年 9 月	国家烟草专卖局	省局(公司)

其他高级职称名录

职 称	姓 名	职称认定时间	认定单位	认定职称时所在单位
高级农艺师	郑 伟	1996 年 10 月	国家烟草专卖局	南昌卷烟厂
	王志彬	2001 年 8 月	国家烟草专卖局	省局(公司)
	何宽信	2002 年 8 月	国家烟草专卖局	省局(公司)
	李立新	2009 年 9 月	国家烟草专卖局	省局(公司)
	冯小虎	2010 年 9 月	国家烟草专卖局	抚州市局(公司)
高级审计师	万 峻	2007 年 12 月	国家烟草专卖局	省局(公司)
	揭 旻	2010 年 09 月	国家烟草专卖局	赣州市局(公司)
高级统计师	陈颖玲(女)	1995 年 10 月	国家烟草专卖局	省局(公司)
	舒春兰(女)	2000 年 12 月	国家烟草专卖局	省局(公司)
高级程序员	徐明发	2000 年 12 月	国家烟草专卖局	省局(公司)

附　录

一、江西省烟草专卖条例

1998 年 8 月 21 日江西省第九届人民代表大会常务委员会第四次会议通过，2002 年 9 月 27 日江西省第九届人民代表大会常务委员会第三十二次会议修正。

第一条　为加强烟草专卖管理，提高烟草制品质量，维护消费者权益，保证国家和地方财政收入，根据《中华人民共和国烟草专卖法》和《中华人民共和国烟草专卖法实施条例》，结合本省实际，制定本条例。

第二条　本条例适用于本省行政区域内烟草专卖品的生产、销售、运输和进出口。

第三条　省烟草专卖行政主管部门主管全省烟草专卖工作。设区的市、县（市、区）烟草专卖行政主管部门主管本行政区域内的烟草专卖工作，受上一级烟草专卖行政主管部门和当地人民政府的双重领导，以上一级烟草专卖行政主管部门领导为主。

各级公安、工商行政管理、质量技术监督、海关、商检、交通、铁路、民航、邮政等部门应当在各自职责范围内配合烟草专卖行政主管部门做好烟草专卖管理工作。

第四条　烟草专卖行政主管部门应当履行下列职责：

（一）宣传、贯彻《中华人民共和国烟草专卖法》和有关法律、法规，结合本地实际，制定烟草专卖管理的具体措施；

（二）依法组织实施烟草专卖许可证制度、烟草专卖品准运证制度和烟叶收购许可证制度，按照管理权限审核、发放和管理各种烟草专卖证件；

（三）监督检查《中华人民共和国烟草专卖法》和有关法律、法规在本行政区域内的执行情况，依法查处违反烟草专卖法律、法规的案件；

（四）承办上级烟草专卖行政主管部门、当地人民政府交办的其他有关烟草专卖方面的工作。

第五条　县级以上人民政府应当加强对烟草专卖工作的领导，维护烟草专卖品的生产、销售和运输秩序。

全社会应当开展吸烟危害健康的宣传教育活动，依法禁止在规定不准吸烟的公共场所吸烟，禁止中小学生吸烟。

第六条　烟草生产企业应当加强对烟草专卖品的科学研究和技术开发，提高烟草制品的质量，降低烟草制品的生产成本,提高烟草生产企业的经济效益。

第七条 烟草公司和烟叶种植者必须按照国家下达的烟叶收购计划和种植规划,签订烟叶生产收购合同,约定烟叶种植面积,确定双方的权利和义务。

烟叶产区的人民政府和烟草专卖行政主管部门应当加强烟叶种植规划和收购计划的管理,督促检查烟叶生产收购合同的履行,按质按量落实国家烟叶收购计划,推行产烟区域布局合理、品种优良化。

烟草公司应当为烟叶种植者提供必要的技术服务、扶持资金和物资。

第八条 烟叶种植者应当凭烟叶生产收购合同交售烟叶。

烟叶由当地烟草公司或者其委托单位依法统一收购,其他单位和个人不得收购。烟叶收购站(点)必须取得省烟草专卖行政主管部门核发的烟叶收购许可证。

烟叶收购站(点)必须在规定的区域按照国家规定的标准、价格,全部收购合同约定的种植面积生产的烟叶,不得压级压价或者擅自提级提价。

烟叶由当地烟草公司依法统一经营、调拨和管理,其他任何单位和个人不得经营。

禁止无销售许可证的单位和个人销售烟叶和烟丝。但未列入国务院烟草专卖行政主管部门规定的名晾晒烟名录的其他晾晒烟可以在集市贸易市场出售。

第九条 烟叶产区的烟草专卖行政主管部门应当会同质量技术监督部门成立烟叶等级质量监督组织。烟叶种植者对烟叶收购站(点)确定的烟叶等级有异议的,可以向烟叶等级质量监督组织申请复议。

第十条 托运或者自运烟草专卖品必须持有省或者国家烟草专卖行政主管部门签发的准运证,准运证核定的数量、品种、调入和调出单位与运达地点等内容与实际不符的,按无准运证运输处理。

第十一条 未经国家烟草专卖行政主管部门批准,任何单位和个人不得设立烟草专卖品交易市场。非法设立的,所在地县级以上人民政府应当予以取缔。不予以取缔的,依法追究当地政府有关领导的行政责任,并由上一级烟草专卖行政主管部门没收市场物业管理者的违法所得。

前款所称烟草专卖品交易市场,是指以形成批发、零售烟草制品集散地为特征的交易市场或调剂中心。

第十二条 批发、零售烟草制品的单位或者个人必须依照《中华人民共和国烟草专卖法实施条例》的规定,到当地烟草专卖行政主管部门申领烟草专卖许可证,并向工商行政管理部门申领营业执照后,方可营业。

依法取得烟草专卖零售许可证的单位和个人必须到发证机关指定的烟草专卖批发企业进货,不得非法购进烟草制品,并做到亮证、定点经营。

依法持有烟草专卖零售许可证的单位之间、个人之间,或者单位与个人之间不得以营利为目的,互相进行烟草制品购销活动。

第十三条 禁止非法销售、运输、存储、投递、走私烟草制品以及为其提供便利条件。

第十四条 禁止生产、运输、存储、投递、销售下列烟草制品:

（一）无烟草专卖生产企业许可证生产的；

（二）假冒他人注册商标的；

（三）无注册商标的；

（四）霉坏、变质的；

（五）以营利为目的，非法收购的卷烟、雪茄烟。

禁止明知是前款规定的烟草制品，仍为前款规定的烟草制品的生产、运输、存储、投递、销售提供便利条件。

第十五条 零售卷烟、雪茄烟实行加贴或者加注专卖标志的管理制度。烟草专卖标志由省烟草专卖行政主管部门统一监制。烟草零售单位或者个人经营的卷烟、雪茄烟，须有当地烟草专卖批发企业加贴或者加注的专卖标志，并限于专卖标志限定的范围零售。无专卖标志的卷烟、雪茄烟严禁销售。

禁止非法印制、销售、使用烟草专卖标志。

第十六条 烟草专卖行政主管部门或者会同有关部门可以在机场、车站、码头、商品交易市场和烟草专卖品存放地依法进行烟草专卖检查。

烟草专卖行政主管部门可根据举报线索对有非法运输烟草专卖品嫌疑的车辆或者船舶依法进行检查；烟草专卖行政主管部门可以参加省人民政府批准在与邻省交界地区设立的检查站，对有非法运输烟草专卖品嫌疑的车辆或者船舶依法进行检查。

第十七条 烟草专卖行政主管部门查处违反烟草专卖法律、法规案件时，可以查阅、复制与违法活动有关的合同、发票、账册、单据、记录、文件、业务函电和其他资料。在处理有关涉案物品时，对可能灭失或者以后难以取得证据的，可以依法先行登记保存；对有证据证明其有违法行为的，可以依法采取查封、扣押措施。

第十八条 违反本条例第八条第二款规定的，由烟草专卖行政主管部门处以违法收购烟叶总值20%以上50%以下的罚款，并按照国家规定的当地收购价的70%收购违法收购的烟叶；违法收购烟叶1000公斤以上的，依法没收其违法收购的烟叶和违法所得。

违反本条例第八条第三款规定的，由烟草专卖行政主管部门责令其改正，并对责任人员给予行政处分；情节严重的，吊销其收购许可证。

违反本条例第八条第五款规定的，由烟草专卖行政主管部门没收违法所得，处以违法经营烟叶或者烟丝货值金额20%以上50%以下的罚款，并按当时市场批发价格的70%收购违法经营的烟草制品。

第十九条 违反本条例第十二条规定的，分别按照以下规定予以处罚：

（一）无烟草专卖零售许可证经营烟草制品零售业务的，由工商行政管理部门或者烟草专卖行政主管部门责令改正，没收违法所得，处以违法经营烟草制品货值金额20%以上50%以下的罚款，其违法经营的烟草制品可由烟草专卖行政主管部门按照当时市场批发价格的70%收购。但对当事人的同一个违法行为，不得给予两次以上罚款的行政处罚。

（二）未亮证经营烟草制品的单位或者个人，由烟草专卖行政主管部门责令其限期改正；拒不改正的,处以50元以上100元以下的罚款。

(三)烟草制品零售单位或者个人未在发证机关指定的烟草专卖批发企业进货的,由烟草专卖行政主管部门没收违法所得,处以进货总额5%以上10%以下的罚款,并按市场批发价格的70%收购非法购进的烟草制品。

(四)依法持有烟草专卖零售许可证的单位之间、个人之间或者单位与个人之间以营利为目的,互相进行烟草制品购销活动的,由烟草专卖行政主管部门对进货方没收违法所得,可处以进货总额5%以上10%以下的罚款;对销售方没收其违法所得,并处以销售烟草制品价值50%以上1倍以下的罚款。

第二十条 违反本条例第十三条、第十四条规定的,由烟草专卖行政主管部门、工商行政管理部门依法按以下规定予以处罚:

(一)非法运输、存储、投递走私卷烟的,没收其走私卷烟和违法所得。

(二)销售走私卷烟的,没收其走私卷烟和违法所得,并处以违法销售烟草制品货值金额1倍以上3倍以下的罚款。

(三)无烟草专卖生产企业许可证生产烟草制品的,责令关闭,没收违法所得和生产设备,处以所生产烟草制品价值1倍以上2倍以下的罚款,并将其违法生产的烟草制品公开销毁。

(四)运输、存储、投递假冒他人注册商标、无注册商标以及霉坏变质的烟草制品的,责令停止运输、存储、投递,没收违法所得,并将非法运输、存储、投递的烟草制品公开销毁。

(五)生产、销售假冒他人注册商标、无注册商标以及霉坏变质的烟草制品的,责令停止生产、销售,没收违法所得以及用于生产、销售的原材料,处以违法生产、销售烟草制品货值金额50%以上3倍以下的罚款,并将非法生产、销售的烟草制品公开销毁。

(六)明知是走私卷烟和假冒他人注册商标、无注册商标以及霉坏变质的烟草制品,仍为走私卷烟和假冒他人注册商标、无注册商标以及霉坏变质的烟草制品的生产、运输、存储、投递、销售提供便利条件的,没收违法所得,可并处违法所得50%以上3倍以下的罚款。

(七)以营利为目的,非法收购卷烟、雪茄烟的,没收违法所得和非法收购的卷烟、雪茄烟。

上述行为违反其他法律、行政法规规定的,其他有查处权的部门或者机关可以依法进行查处。但对当事人的同一个违法行为,不得给予两次以上罚款的行政处罚。

第二十一条 其他依法享有查处违反烟草专卖法律、法规案件的执法机关,对依法查获的烟草专卖品,必须交由烟草专卖行政主管部门公开销毁或者依法收购拍卖,不得自行处理。

违反前款规定的,由其上级主管部门或者行政监察机关对直接负责的主管人员和其他直接责任人员依法给予行政处分。

第二十二条 持有烟草专卖批发企业许可证或者零售许可证的单位、个人违法经营,被烟草专卖行政主管部门处罚3次以上,或者以暴力手段抗拒烟草专卖行政主管部门的监督检查人员依法实施检查的,烟草专卖行政主管部门可以吊销其烟草专卖批发企业许可证或者零售许可证。

第二十三条 违反本条例第十五条第一款规定,销售的卷烟、雪茄烟未加贴或者加注当地烟草专卖批发企业专卖标志的,由烟草专卖行政主管部门没收违法所得和无当地烟草专卖标志的卷烟、雪茄烟，并处以50元以上1000元以下的罚款。

违反本条例第十五条第二款规定的，由烟草专卖行政主管部门责令其停止违法行为，没收违法印制、销售的烟草专卖标志和违法所得，以及其用于印制、销售烟草专卖标志的原材料，可并处1万元以上10万元以下的罚款。

第二十四条 查处违反烟草专卖法律、法规的案件，烟草专卖行政主管部门应当自立案之日起30日内作出处理决定；因案件复杂需延长时限的，须报经上一级行政主管部门批准。

经烟草专卖行政主管部门两次书面通知或者自查获之日起30日内当事人拒不到场，放弃申辩或者听证权利的，烟草专卖行政主管部门可以依法作出处理决定。

第二十五条 烟草专卖行政主管部门及其行政执法人员违法检查运输车辆、船舶或者违法查封，给当事人造成损失的，应当依法予以赔偿。

第二十六条 对检举烟草专卖违法行为有功的人员按照该案罚没收入10%以上20%以下的标准给予奖励；没有罚没收入的，可按涉案物品货值金额10%以内的标准给予奖励。

第二十七条 烟草专卖执法人员依法执行公务，不受非法干预。

拒绝、阻碍烟草专卖执法人员依法执行公务，或者对烟草专卖执法人员依法执行公务打击报复的，由公安机关依法处罚。

第二十八条 烟草专卖执法人员滥用职权、徇私舞弊、玩忽职守的，依法给予行政处分。

第二十九条 依照本条例规定，烟草专卖行政主管部门依法收购违法收购的烟叶，或者收购违法运输的烟草专卖品，收购价格按照该烟草专卖品当时市场批发价的70%计算。

第三十条 违反本条例的行为，构成犯罪的，依法追究刑事责任。

第三十一条 本条例所称烟草专卖品货值金额，是指按照同一品名的正品烟草专卖品同期市场销售价格计算的价格。

第三十二条 本条例自公布之日起施行。

二、江西省人民政府办公厅
关于开展烟草市场专项整治加强烟草专卖管理的通知

各行政公署,各省辖市、计划单列市人民政府,各县(市、区)人民政府,省政府各部门:

当前,我省烟草在卷烟非法运销、地下批发、倒买倒卖十分猖獗,非法经营、偷税漏税情况严重,走私卷烟、假冒卷烟、计划外卷烟充斥市场,严重破坏了国家的烟草专卖制度,扰乱了卷烟市场的正常流通秩序,侵害了国家和消费者的利益,引起了广大人民群众的不满。为了认真贯彻中央治理整顿的方针,维护国家烟草专卖制度,保护国家财源不致流失,保障消费者的正当利益,省政府决定:在全省开展一次整顿烟草市场、加强烟草专卖管理的专项整治。现将有关事项通知如下:

一、组织领导

成立江西省烟草市场专项整治领导小组(通知另发),负责对全省烟草市场整治工作的领导、协调工作。领导小组下设联合办公室,人员由有关部门抽调。

各地、市、县也要成立相应的领导机构和联合办公室。

省交通厅、南昌铁路分局单独成立整治机构,在工作上接受省专项整治领导小组的领导,主要负责整治利用交通、铁路运输工具进行非法贩运卷烟的行为。

二、整治内容

1. 打击非法运销、地下批发、倒买倒卖卷烟行为。

2. 打击走私、贩私进口卷烟,制造、销售假冒和手工卷烟的违法行为。

3. 取缔无证、无照经营和卷烟黑市交易。

4. 查处卷烟经营中偷漏税收、哄抬物价、欺行霸市等违法行为。

5. 查堵计划外卷烟。

6. 清理整顿卷烟批发、委批单位和零售单位及个体摊点。

三、整治方法

1. 在各级政府的统一领导和部署下,由烟草专卖部门牵头,工商、公安、物价、税务、交通、铁路等有关部门参加,充分发挥各自的职能,齐抓共管、共同治理。

2. 各地根据整治内容,确定本地区的工作重点,并制订具体的实施方案,注意整治的深度和广度,做到打击和教育相结合,重点和一般相结合。

3. 由各级烟草专卖部门会同有关部门对现有的卷烟批发、委托批发、零售单位和个体经营户进行一次全面清理整顿。对不符合烟草专卖管理要求的批发单位,包括批发网点重叠、多设,批发地点与许可证规定地点不符,以及转让给个人承包或租卖给他人的,要限期办理变更或吊销手续。所有持有卷烟经营证、照的批发、委托批发单位,不准转手倒卖提货单,不准擅自批发计划外卷烟,不准向无证单位和个体经营户提供烟源;有证、照的零售单位和个体经营户,必须在当地烟草专卖局(公司)指定的批发单位进货,不得购销进口卷烟,不得购销计划外卷烟,不准搞批发,不准出售假冒和手工卷烟。有

证、照的卷烟零售个体经营户必须有固定的门点，无固定门点的要限期清理并吊销营业证、照。

4. 凡涉及烟草违章案件，由烟草专卖局按《烟草专卖条例》、《烟草专卖条例实施细则》统一查处。对那些非法运销、地下批发、制造和销售假冒卷烟，牟取暴利，坑害消费者的不法分子，以及抗拒整治、妨碍执行公务甚至殴打执法人员的不法分子必须严厉打击，构成犯罪的，由司法机关依法惩处。

5. 各级烟草专卖部门要进一步强化专卖意识，严格内部管理，采取下管一级的办法，严肃查处系统内的违章行为。

6. 加强专卖管理力量，在条件成熟的城区、乡镇可设立烟草专卖管理所和烟草市场稽查队，受当地政府和烟草专卖局双重领导。根据需要，可在工商、公安、税务、物价、国合商业等部门聘请兼职烟草专卖检查员。

四、整治的时间、步骤

这次整治从一九九一年一月中旬开始至六月底基本结束，集中整治时间为半年。具体实施分三个阶段进行。

第一阶段：建立组织，进行宣传、发动、调查、摸底（一月份）

成立专项整治领导小组和联合办公室，抽调力量，落实人员；充分利用报纸、广播、电视等宣传工具，大力宣传国家烟草专卖政策，宣传整治的必要性，同时对经营卷烟的单位和个体户进行依法、守法经营教育，进行调查摸底，设立举报电话、举报信箱，发动群众举报不法烟贩，确定整治的重点打击对象。

第二阶段：整治打击阶段（二至四月份）

按照本通知的整治内容分别不同的整治对象全面开展打击、取缔、查处和查堵。同时，要注意选择典型，打击少数，教育多数，对大案要案可向社会公开曝光，以起震慑作用。

第三阶段：检查、验收和总结、表彰阶段（五至六月份）

六月下旬由省专项整治领导小组组织对全省各地市烟草市场的整顿工作进行检查、验收，凡达到要求的，要限期补课。在此基础上进行总结、表彰，对整治效果好的给予奖励。

五、验收标准

1. 取缔了黑市交易；无证、照经营。

2. 城乡市场基本上无走私、假冒卷烟，计划外卷烟的冲击得到了控制。

3. 对非法运销卷烟团伙和大宗倒卖烟贩给予了严厉打击。

4. 卷烟批发、委托批发和零售网点得到了整顿，布局合理，个体卷烟经营户有固定门点，挂证、照经营。

5. 国营商业、供销社发挥了经营卷烟的主渠道作用。

6. 烟草市场管理制度进一步完善，专卖管理力量得到了加强。

7. 卷烟市场秩序基本正常，省产卷烟销量有了明显增加，市场覆盖率有明显的提高。

一九九一年一月八日

三、江西省烟草专卖局关于改革省产卷烟营销管理体制的决定

各地、市局(分公司),南昌、赣南卷烟厂,驻南铁局,各计划单列市局(公司):

为了适应改革开放,建立社会主义市场经济的要求,根据国家局、总公司“上海会议”、“成都会议”精神,经研究,决定以调整税率,全面放开卷烟价格为契机,改革以计划调拨为焦点的生产经营运行机制,逐步放开省产卷烟调拨计划和出厂价格,引导烟草企业面向市场,积极调整产品结构,提高产品质量,搞活卷烟流通,扩大省产烟覆盖面。从而建起一种既有利于增强烟草企业活力,又有利于省产卷烟培育的经营机制。

一、压缩卷烟牌号,优化产品结构。本着限产压库,适销对路的方针,全年卷烟生产计划安排50万箱(含出口烟计划),其中:南昌卷烟厂30万箱,赣南卷烟厂20万箱,两烟厂咀烟比例要求分别占总量的60%、45%。要坚决淘汰一批消耗高、信誉差、效益低、批量小的产品。1993年卷烟品种安排由原49个牌号70种规格,压缩至26个牌号42种规格。近几年内,要着力培育省优牌号,扩大专销牌号,改造现有牌号,除全力开发“井冈山”牌卷烟外,原则上不再增加新的品种,对于确需开发的新产品,必须报经省局(公司)批准。要集中精力稳定和提高现有“赣”、“南昌”和“南方”、“白鹭洲”、“玉茗”、“鸳鸯喜”等专销产品的质量,逐步扩大批量,力求尽快实现由多品种、小批量向少品种、大批量的过渡。

二、改革调拨计划。1993年省产卷烟调拨计划实行“五、二、三”的管理体制,即50%为定点指令性计划;20%为选点指令性计划,允许在南昌、赣南两厂之间选择货源,面议价格,互抵计划;30%在专卖体制下,面向市场,放开经营。

三、放开卷烟出厂价、调拨价。考虑到目前省产卷烟产品水平和市场前景以及工商企业亏损挂账包袱较重等情况,本着工商共担风险,逐步解困的原则,50%定点指令性计划内的品种维持原定价格和销售政策不变,其余50%的产品出厂价、调拨价随行就市,全面放开。工商企业要加强市场调查,注重信息反馈,共同努力,逐步提高省产卷烟的信誉,不断提高省产卷烟的盈利水平。

四、改进结算方式。为了加快资金周转,彻底扭转系统内货款拖欠问题,确保卷烟生产经营的正常进行,从1993年1月1日始,按全年指令性计划月平均调拨量计算,先由烟厂给分、县公司垫付一个月的货款,作为商业环节的铺底周转资金。以后调烟,实行票汇结算,托收承付的,以厂家收到货款为准,款到发货。当年年底按规定时间全额清理归还,不得拖欠。对于1993年一季度前,仍不能归还烟厂历年旧欠货款的公司,烟厂不予供烟。为了配合结算方式的改革,现行由厂家负责的“送货制”同时取消,由商业企业自行承担运杂费用。

五、强化承包管理。要坚持和完善承包经营责任制,改进“工效挂钩”办法。按照“抓效益,促税金、保任务”的原则,1993年重点考核省产卷烟市场培育和盈利水平两大指标。要求南昌、九江、赣州、宜春、上饶、吉安、抚州七个地(市)分公司,各自重点培育一个在本地市场“打得响”的

专销牌号；景德镇、萍乡、新余、鹰潭等四市分公司共同培育“天虹”牌，作为四市的专销品种。为强化专销牌号的奖罚措施，决定以地（市）分公司和烟厂为单位，在完成指令性计划的前提下，全年专销烟品种不降价，单品种（不含“赣州桥”）总销量达到年计划（以50万箱计划分配基数为准，下同）的30%或1万箱以上，奖励分公司经理（下同）一级半效益工资；达到40%或2万箱，奖励三级；达到50%或3万箱，奖励五级。对烟厂专销烟单品种年销量，每达到1万箱，奖励厂长半级效益工资。以上奖励工资，连续两年稳定达标，浮升工资可以固定，若第二年减少或增加，则相应取消或增加浮动工资。如低于20%或1万箱以下的分公司，经理当年不得浮升效益工资。对因各种原因导致专销烟削价倒牌的分公司，其经理必须自行辞职。各烟厂一年内两个专销烟倒牌，厂长亦必须自行辞职。各地（市）公司、厂领导班子其他成员，视其政绩和贡献，比照主要领导的奖罚标准，由省公司给予相应的奖惩。对所属县（市）公司负责人的奖惩，由分公司依据上述精神，自行决定。

六、强化专卖管理。坚持依法办事，严格执行准运证制度，打击无证运输，配合有关部门查处假冒伪劣等违法犯罪活动。要维护专卖体制下的经营秩序，进一步疏通流通渠道，培育和发展卷烟经营市场体系，积极参与和有效调控已具规模的卷烟市场，鼓励支持烟草企业走向市场。要抓紧筹建省烟草贸易中心，有条件的地（市）、县城可以建立卷烟调剂市场，打破地区封锁，按照二级站面向全国，三级站面向全省的原则，开展卷烟经营活动。要发挥基层供销社与个体工商户营销省产卷烟的积极性，主动适应大市场、大流通的要求。

七、强化调控力度。省局（公司）要加强质量监督，加强宏观调控，发挥好协调、监督、管理和服务的职能，组织工商企业面向市场，均衡生产，均衡调拨。要重点抓好专产专销烟的管理，坚持一个“龙头放水”，做到“各找伙伴，统一对外（统一货源、价格、结算），利益分成（联系客户的单位和专销烟的分公司各抵50%的计划，各得50%的差价）”。为了防止“赣州桥”卷烟低价倒流，从今年1月1日始，统由赣州分公司调控，其出厂价、零售价选择时机每包上调0.04元。同时，要认真落实企业生产经营自主权，按照《条例》和即将出台的《实施细则》，省局（公司）要进一步简政放权，按照管好企业法人代表、工效挂钩办法、上缴利税总额、固定资产保值增值和下管一级的要求，给企业尤其是县（市）公司在人财物、产供销方面以更大的活力。

八、强化内部管理。搞活企业重要是要眼睛向内，从三项制度改革入手，从基础工作抓起。一要下决心打破工商企业同吃“大锅饭”和“亏损账上挂、工资平均加”的格局。工业要实行以考核设备有效作业率和质量、消耗为重点的岗位计件工资制；商业要实行以考核保税盈利为重点的销售提成工资制；机关要实行以考核服务效能为重点的定量管理责任制，大刀阔斧地进行内部分配制度改革。二要下决心加强现场管理，降低生产成本，提高设备有效作业率。要求单箱制造费，南昌烟厂控制在235元/箱以内，赣南烟厂控制在150元/箱以内，咀棒、烟丝等主要原辅材料比去年下降2%以上；进口设备平均有效作业率均达60%以上。三要下决心搞活卷烟销售，按照省委〔1991〕9号文件的规定提取销售费用，全面推行购销费用大包干等办法，保护和调动供销人员的积极性。四要下决心加强资金管理，盘活存量，加速周转千方百计拆借融通，减少利息，省外进货要推行“信用卡”制度，防止积压，方便经营。同时，要特别警惕假冒伪劣卷烟，谨防上当受骗，遭受损失。总之，在新的一年里,我们要在国家局、总公司和省委、省政府的领导下,认真贯彻落实党的“十四大”精神,同舟共济,奋力进取。咬紧五亿目标,力争扭亏为盈,为江西烟草进入良性循环迈出坚实的一步!

附件:1.《1993 年省产卷烟调拨计划表》(省略)

2.《1993 年省产卷烟调拨税金计划表》(省略)

3.《1993 年南昌烟定点指令性调拨计划品种表》(省略)

4.《1993 年赣南烟定点指令性调拨计划品种表》(省略)

一九九三年一月一日

四、关于印发《江西省烟草专卖局烟草专卖管理若干规定(试行)》的通知

各地(市)、县(市)烟草专卖局(公司)、卷烟厂:

现将《江西省烟草专卖局烟草专卖管理若干规定(试行)》印发给你们,请认真组织学习、贯彻执行。

附件:《江西省烟草专卖局烟草专卖管理若干规定(试行)》

一九九三年十月二十八日

附件

江西省烟草专卖局烟草专卖管理若干规定(试行)

第一章　总　　则

第一条　为了更好地贯彻执行《中华人民共和国烟草专卖法》(以下简称《专卖法》)和《国务院关于进一步加强烟草专卖管理的通知》(以下简称《七号文件》)以及国家烟草专卖局第2号令《烟草专卖行政处罚规定》(以下简称《处罚规定》),使我省烟草专卖管理尽早步入规范化、法制化轨道,促进我省烟草事业的健康发展,现根据国家的有关法律、法规和政策规定,并结合我省烟草专卖管理实际,特制定本规定。

第二条　全省各级烟草专卖局在烟草专卖行政执法活动中,必须按本规定执行。各地(市)局可根据本规定制订实施办法或实施意见,并报省局备案。

第三条　全省各级烟草专卖局要加强烟草专卖法律、法规、政策的宣传,通过各种不同形式的宣传活动,提高全社会的烟草专卖意识。

第四条　全省各级烟草专卖局应自觉接受当地政府的领导。在烟草专卖管理中,要主动汇报,取得政府领导的支持和重视。同时,要积极协调好横向关系,争取有关执法机关的支持和配合。

第五条　全省各级烟草专卖局要主动配合,积极参与有关部门的“打假、打私”活动和烟草零售市场的管理,严厉打击烟草违法犯罪活动。对构成犯罪的,要移交司法机关依法追究刑事责任。

第六条　全省各级烟草专卖局要加强组织纪律观念,做到令行禁止,政令畅通。决不允许任何人对上级专卖主管部门的决定拖延或推诿不认真执行。上级专卖主管部门对组织纪律观念不强或执行政令不力的下级单位领导,有权建议人事管理部门予以撤换或作有关行政处分。

第七条　全省各级烟草专卖局要加强烟草专卖管理队伍的建设,加强专卖管理力量,稳定专卖管理队伍,强化专卖管理手段,提高专卖人员的整体素质。为此,提出以下要求:

1. 地(市)局专卖人员的配备不得少于6人,县(市)局专卖人员的配备不得少于3人。

2. 要把思想作风好,政策观念强,工作扎实的人员调到专卖管理工作岗位上来,不得任意借用专卖管理人员做其他工作。今后专卖管理人员的调整,要事先征求专卖主管部门的意见;专卖管理部门负责人的调换,要事先征求上级主管部门的意见。

3. 禁止向烟草专卖管理部门下达罚没款指标和卷烟梢售任务,确保行政执法的严肃性。

4. 要从政治上、生活上关心,从工作上支持专卖管理人员,从而提高专卖管理人员的积极性。

5. 主管专卖管理工作的专职副局长要把主要精力放在抓专卖管理工作上,不应外出从事烟草经营活动。

第二章　烟草专卖品生产管理规定

第八条　烟叶产区种植烟叶,要严格按省局(公司)下达的烟叶生产、收购计划组织生产。烟叶产区的烟草公司一要认真贯彻“以销定购、以购定产”的原则,要根据计划和《专卖法》的规定,与烟农签订生产、收购合同。对按合同收购的烟叶,必须严格执行国家规定的价格和质量标准,不准抬级抬价和压级压价。对超计划或无计划交售的烟叶,要严格按《七号文件》规定处理。

未经产区烟草公司委托,任何单位和个人都不得从事烟叶收购业务,违者按《处罚规定》第七条论处。

第九条　业经国家局或省局批准的卷烟纸、滤嘴棒、烟用丝束、烟草专用机械(整机)生产企业和烟叶复烤企业,必须严格按《专卖法》的有关规定组织生产。未按规定批准的企业,不准生产上述产品。违者按《处罚规定》第九条论处。

烟机零部件的生产加工,由生产主管部门进行考察定点,报省局烟草专卖管理部门备案。卷烟生产企业对外加工生产零配部件,必须在定点单位进行。

第十条　业经国家局批准的卷烟(含雪茄烟)生产企业,要严格按《专卖法》的有关规定和省局(公司)下达的计划组织生产。不准超计划生产,不准生产不符合质量要求的卷烟、不准生产假冒他人商标的卷烟。未经省局(公司)批准,不准擅自扩大生产能力。违者分别按《处罚规定》第十二条、第十三条及有关规定论处。

对违法开办的各种地下烟厂和以营利为目的的手工卷烟窝点,坚决取取缔或予以打击。一经查获按《处罚规定》第九条或按《专卖法》第三十六条论处。

第十一条　卷烟生产企业要加强烟机设备管理。凡需报废的旧设备,必须向省局(公司)递交申请报废的报告。经批准后,由省局派员监督销毁。卷烟生产企业的烟机设备转让,必须按总公司有关规定办理。但不得向计划外卷烟厂提供。违法者按有关规定处理。

第三章　烟草专卖品销售管理规定

第十二条　持有专卖许可证生产和批发烟草专卖品的企业,只能把专卖品出售给有经营权的生产、经营企业或个人。不准向无生产、经营权的企业或个人提供专卖品,也不得从无生产、经营权的企业或个人手中购买专卖品。违者分别按《处罚规定》第九条、第十七条论处。

第十三条 领有专卖许可证经营烟草专卖品的企业和个人,必须按规定要求进行经营活动。卷烟经营者必须遵循以下规定:

1. 做到亮证经营,严禁无证经营。

2. 批发企业要遵循国家局(总公司)提出的"二级站面向全国,三级站面向全省,毗邻地区按照传统消费习惯开展业务往来"的原则开展经营活动。

3. 批发企业之间的业务活动,要签订购销合同。不准向系统外卷烟经营者提供合法手续,不准向无证户提供经营货源。

4. 不准经营霉变卷烟和假冒商标卷烟;不准经营计划外烟厂生产的卷烟和省外地方烟厂生产的卷烟。

5. 省产"专销烟"销售,按赣烟专〔1993〕11 号文件《关于进一步加强省产"专销烟"管理的通知》规定执行。

6. 罚没处理的走私:(含专供出口)卷烟,一律由当地烟草专卖局指定门点、挂牌定价出售,但不得对外批发,对罚没处理的走私卷烟,如数量较多(100 件以上)、当地难以销售,可采取逐级上报,由省局统筹安排销售。如需调往外省,必须报经国家局批准。

违反上述规定者,分别按《罚没规定》第十条、第十五条、第十六条、第十八条以及有关规定论处。

第十四条 无烟草专卖许可证的企业和个人,不得从事烟草专卖品的经营活动。违者分别按《处罚规定》第十条、第十一条以及《专卖法》第三十五条论处。

第十五条 业经省局批准的卷烟市场,积极鼓励烟草公司和烟厂入场登记注册,参与经营活动。

经省局批准面向全省卷烟经营者供货的卷烟市场,具体作如下规定:

1. 辖区外委托企业到市场进烟,必须持有当地烟草公司的证明,并签订购销公司。

2. 辖区外零售单位到市场进烟,一次(每天)不得超过 30 件卷烟。

3. 辖区外零售个人到市场进烟,一次(每大)不得超过 10 件卷烟。

4. 所在市场经营的省产"专销烟",按文件执行。但"专销烟"不得返销"专销烟"的专销地。违反上述规定,对市场负责人给予行政处分。

第四章 烟草专卖品运输管理规定

第十六条 烟草专卖品在途运输,具体规定如下:

1. 省际的烟用丝束和滤嘴棒运输,凭国家局开具的准运证和购销合同(含复印合同、总公司调拨单)通行。

2. 省际的烟叶、卷烟纸和烟草专用机械(整机)运输,凭调出省开具的准运证和总公司监章的合同(含复印合同、总公司调拨单)或调入调出两省开具的准运证和购销合同(含复印合同)通行。

3. 省际的走私(含专供出口)卷烟运输。凭国家局开具的准运证和发票通行。

4. 凡途经或调入我省的国产卷烟运输,凭调出省开具的准运证和总公司监章合同(含复印合同)或调入调出两省开具的准运证和购销合同(含复印合同)通行。

5. 调出省外的国产卷烟运输,凭省局开具的准运证和购销合同通行。

6. 省内系统内的国产卷烟运输,凭省局开具的"省内通行"准运证和合同(含调拨单)通行。

7. 省内系统内的进口、处理的走私(含专供出口)卷烟运输。凭省局开具的"省内特种卷烟通行"准运证和发票通行。

8. 卷烟市场向辖区外供应卷烟的运输,批发单位(含委批)凭省局开具的"省内通行"准运证和购销合同通行;零售单位和个人凭省局开具的"省内通行"准运证和本单位或个人的零售许可证通行。

第十七条 烟草系统内的专卖品在途运输,如出现准运手续不全,可允许补齐手续放行。对难以补齐手续的,包括涂改准运证、涂改合同、超规定量部分等,按《处罚规定》第八条论处。对在24小时内难以补齐手续的,可收取少量的专卖品保管费用(含各种费用),但每车专卖品最多收取保管费用不得超过500元。如在保管期间出现专卖品被盗和被雨淋坏,暂扣单位应全额赔偿经济损失。

第十八条 对系统外无准运手续运输卷烟或其他专卖品的单位和个人,一经查获,严格按《处罚规定》第八条论处;对构成犯罪的,应移交司法机关依法追究刑事责任。

对无证运输专卖品的承运人,按《处罚规定》第八条作罚款处理。

第五章 烟草专卖证件管理规定

第十九条 办理烟草专卖品准运证应遵循如下规定:

1. 办理国产卷烟调入准运证,第一要有省局(公司)下达的省外卷烟调入计划指标;第二要有购销合同或省外卷烟市场拍卖通知单。

2. 其他烟草专卖品的调入,除国家局直接开具准运证的专卖品外,一律凭购销合同开具准运证。

3. 烟草专卖品调出省外,除国家局直按开具准运证的专卖品外,一律凭购销合同开具"调出省外"准运证。

4. 省内系统内的购销活动。一律凭合同调拨单开具"省内通行"准运证;走私(含专供出口)卷烟,由省局开具调拨单和"省内特种卷烟通行"准运证。

5. 业经省局批准向辖区外经营单位和个人开具"省内通行"准运证的市场,开证不得超过规定要求。委批单位办证,凭当地烟草公司签订的购销合同开具准运征;零售单位凭本单位的介绍信和许可证开具准运证;零售个人凭本人的身份证和许可证开具准运证。

第二十条 各级烟草公司不准出卖准运手续(含合同、介绍信、账号、准运证),违者没收非法所得,并对公司责任领导和责任人给子党纪、政纪处分。

第二十一条 准运证的开具和管理由专卖管理部门指定专人负责。开具准运证必须手续齐全,并由局长、副局长或授权专卖管理部门的负责人审批、签发。对不符合规定的,不予办理。违者追究签发人和开证人的责任。

第二十二条 准运证的有效期作如下规定:

1. 开具省外卷烟调入准运证,有效期最长不得超过45天;其他专卖品不超过30天。

2. 开具调出省外专卖品准运证,有效期最长不得超过15天。

3. 开具省内卷烟运输准运证,有效期最长不得超过5天。

第二十三条 烟草专卖许可证的换发,按国烟专〔1993〕第28号文件《关于烟草专卖许可证管理的若干规定》执行。同时提出以下具体要求:

1. 委批许可证的换发,按国烟专〔1993〕第14号文件《下发(关于烟草制品流通中委托批发的规定)的通知》要求进行。

2. 零售许可证限于国营、集体商业和合资、独资商业以及有门店的个体商户。凡经营有毒有害物品的商业门店,在没有采取有效隔离措施之前不得领取许可证。

3. 特种零售许可证限于当地政府(有关部门)批准的涉外单位和经外汇管理局明确为收取外汇兑换券指定单位以及持有代销进口商品的证明(或持有经营寄售进口旅游商品必收外汇券许可证)的单位。

4. 限制发展路边摊点,防止一条路(街)的卷烟市场形成。

5. 烟草职工的直系亲属及在退离休两年内的职工不得领取烟草零售许可证。

6. 办理许可证的单位和个人,必须向当地烟草专卖局交纳一定数额的依法经营保证金,具体数额由当地烟草专卖局自定。

7. 各级烟草专卖局要严格发证规定。对符合办证条件和要求的,要给予方便,及时办理,搞好服务;对不符合条件和要求的,要坚持原则,不予办理。

8. 烟草专卖许可证实行年检制度。年检时间和年检收费标准,按省局下发文件执行。

第二十四条 烟草专卖管理检查证件的换发,按下列对象发给。

1. 烟草专卖局的局长、副局长;

2. 从事烟草专卖管理工作的在册人员;

3. 长期协助专卖管理部门搞外勤工作的本单位职工;(临时)

4. 外借从事专卖管理工作的人员;(临时)

5. 驻烟草专卖局的执法机关人员;(临时)

6. 乡镇烟草专卖管理机构的兼职人员。(临时)

持有烟草专卖管理检查证的人员,要依法行政,秉公执法。不准以权谋私,不准“乱查、乱扣、乱罚”。违者按有关规定从重处理。

第六章 烟草行政办案管理规定

第二十五条 各级烟草专卖局在办案时,要严格按国家局颁发的“办案程序”办案,认真使用和填写25种办案文书。结案要以事实为依据,以法律为准绳,决不允许以推测和猜测的方法断案。要做到事实清楚,证据确凿,定性准确,处理恰当、手续完备。对办案中使用文书不全的烟草专卖局,一经发现,给予通报批评。

第二十六条 各级烟草专卖局在结案时,要召集办案人员进行集体讨论,不能由个别人说了算。各审批案件部门要认真审阅案卷,把好审批关。对要更改案件结论的,要提出恰当理由和具体处理意见,并报主管局长审批。

第二十七条 全省各烟草检查站,包括接群众举报的临时上路检查,要认真履行职责,秉公执法,不得“乱查、乱卡、乱罚”。违者每天按所扣专卖品总值的千分之六赔偿经济损失,并由当事人和单位主管领导共同承担经济损失的50%;对影响极大的,要给予政纪处分。凡查扣整车烟草专卖品的案件,在36小时内,必须逐级上报省局备案。

第二十八条 各级烟草专卖局在办案中,不准超越案件的批准权限,不准“先斩后奏”,不准搞“以销(省产烟)代罚”,不准“以罚代刑”。对无经营权的违法者,要制止违法行为,不准搞罚款放行。对不按规定办案以及接受其他执法部门跨辖区移交的烟草案件的,一经查实,上划其罚没收入,并将处理决定通报全省。

第二十九条 办案人员要秉公执法,廉洁奉公,不准购买、私分罚没处理的卷烟,不准接受在案违法人员的财物。对徇私舞弊、失职渎职、贪赃枉法、包庇违法行为的办案人员,构成犯罪的,要移交司法机关追究刑事责任;不构成犯罪的,按党纪政纪处理。

第三十条 各级烟草专卖局对查处案件的罚没款,要按规定及时足额上缴当地财政,坚持收支两条线。

第三十一条 各审批案件局要在收到案件的十天内给予批复。逾期不批,立案局可按本局的处理意见下达处理决定。

第七章 附 则

第三十二条 本规定由省局专卖管理部门解释。

第三十三条 本规定自下发之日起执行。在实施中,如有与国家有关法规相抵触之处,按国家的有关法规执行。

五、关于印发《江西省烟草专卖局强化烟草行业内部专卖管理实施细则(试行)》的通知

各地(市)、县(市、区)烟草专卖局(公司),南昌、赣南卷烟厂:

现将《江西省烟草专卖局强化烟草行业内部专卖管理实施细则(试行)》印发给你们。此规定自1997年9月20日起执行。执行中有何问题,请及时报告。

附件:《江西省烟草专卖局强化烟草行业内部专卖管理实施细则(试行)》

一九九七年九月九日

附件

江西省烟草专卖局强化烟草行业内部专卖管理实施细则(试行)

第一章　总　　则

第一条　为认真贯彻执行国家局《关于强化烟草行业内部专卖管理的若干规定(试行)》,结合我省实际,制定本《实施细则》。

第二条　本《实施细则》只适用于烟草行业内部的单位和个人。

第三条　烟草专卖管理实行局长负责制。各级烟草专卖管理部门应严格按照有关法律、法规、规章制度和本《实施细则》的规定,加强烟草行业内部的专卖管理。凡需对违反烟草专卖管理有关规定的单位和个人做出处理的,由烟草专卖管理部门依据本《实施细则》和相关法律、法规和规章制度提出处理意见,按规定程序报批后执行。触犯刑律的,移交司法部门查处。

第四条　严禁为行业外单位或个人违法生产或经营烟草专卖品提供资金、账号、合同、许可证、准运证等方便条件或赊销卷烟和烟叶(包括在供货单或合同上弄虚作假)。

第五条　境外、省外烟草企业在我省境内举办烟草专卖品新闻发布会或开展有关促销活动,当地(市)烟草公司应提前将活动的主办、承办单位、参加人数、活动名称、时间地点及有关内容报省局业务和专卖管理部门,经审批同意后方可进行,并按批示做好监督管理工作。

第二章　烟叶、复烤烟叶管理

第六条　烟叶产区的烟草公司要按国家计划与烟叶种植者约定种植面积,签订烟叶产购合同。

第七条　卷烟厂和烟草进出口企业在省烟叶生产购销分公司统一安排下,可与烟叶产区的烟

草公司联合创办烟叶生产基地,但不得与行业外单位联合创办基地。基地生产的烟叶一律纳入计划管理。

第八条 县烟草专卖局(公司)可根据合理布局,便于烟农交售烟叶,节约费用,提高效益的原则,在先报地(市)烟草专卖局审查,再由省烟草专卖局批准发证后,设置烟叶收购站(点)。未经批准任何单位和个人不得设置烟叶收购站(点)或者变更收购地(点)。

第九条 烟叶收购站(点)或被委托单位收购的烟叶,必须交所在县级烟草公司或由省烟叶生产购销分公司按计划统一安排复烤、加工、调运。

第十条 烟叶产区的烟草公司不准跨地区收购烟叶;非烟叶产区的烟草公司不准收购和经营烟叶;烟厂、烟叶复烤厂、烟丝厂不准到烟叶产区直接收购烟叶。

第十一条 烟叶经营单位,卷烟厂或烟叶复烤厂必须按照上级下达的计划调出或调进烟叶,不准擅自调拨烟叶;不准从没有国家烟叶种植计划地区的烟草公司及行业外单位或个人处购进烟叶、复烤烟叶和烟丝;不得将烟叶、复烤烟叶、烟丝(含废旧的)销售给无烟草专卖生产企业许可证的单位或个人。卷烟厂只能购进自用的烟叶,不得转手倒卖烟叶。

第十二条 烟叶产区和卷烟厂因特殊原因需省际调剂烟叶的,须通过中国烟叶生产购销公司安排,并开具调拨调剂通知单;或经双方省级烟叶管理部门审查同意后交双方省级专卖管理部门审批后调剂;省内的由省烟叶生产购销分公司开具调拨调剂单后由省级专卖管理部门审批后调剂。

第十三条 与外商签订的出口烟叶合同,必须经省烟叶生产购销分公司同意后再由中国烟草进出口总公司审核签章后方可执行。

第三章 烟草制品的生产和经营管理

第十四条 烟草制品的生产企业必须严格按照国家计划组织生产,不得超产。在安排卷烟生产牌号时,必须向省局申报准产证,试销准产证或临时准产证,不得生产无准产证的牌号卷烟。

第十五条 卷烟厂的调拨站(销售公司),必须将卷烟调拨给县级以上烟草公司,不得为无烟草专卖批发企业许可证或委托代批的单位以及只有零售许可证的单位或个人提供货源。

第十六条 进入中国卷烟批发市场的烟草公司,必须持有国家烟草专卖局核发的烟草专卖批发企业许可证。在参加中国卷烟批发市场集中交易时,必须先经省局业务、专卖管理部门批准登记后方可正式签订合同;批发市场的平时交易原则上不参加,特殊情况需经省局同意后方可参加。

第十七条 持有国家烟草专卖局核发的烟草专卖批发企业许可证的企业,可在全国范围内开展卷烟购销活动。但需购入的省外卷烟,仅限省局确定的生产厂家和牌号,并且必须事先经地(市)局审查和按第十六条的规定办理手续。

第十八条 持有省烟草专卖局核发的烟草专卖批发企业许可证的烟草公司,只可在省内调剂余缺,严禁从省外购进卷烟。进入云南卷烟交易市场必须经省局批准。

第十九条 持有省烟草专卖局核发的烟草专卖批发企业许可证的烟草公司批发部(点)和委托代批发单位,只能从当地烟草公司进货。

第二十条 烟草公司的多种经营单位,只能开展卷烟零售业务,不得开展卷烟批发业务,并只限从其所在地烟草公司进货,严禁跨区购进卷烟。

第二十一条 卷烟经营企业必须严格按照规定的合法渠道购进卷烟进行销售。严禁购进或销售假冒商标卷烟、未经没收处理的走私卷烟、出省返销的卷烟、省外地方烟厂的卷烟和计划外烟厂的卷烟。

第二十二条 各级烟草公司的调拨或调剂的卷烟必须如数运回本公司销售,不得就地卖单或抛销,也不得途中抛销。

第二十三条 烟草公司的批发部和委托代批单位只能对本辖区领有烟草专卖零售许可证的单位和个人供货,并且必须严格准购证使用制度,做到凭证供货,填证登记。

第二十四条 严禁卖大户,对个体零售一次供货不得超过5件,集体零售一次供货不得超过10件。省产名优烟严格按赣烟稍字〔1995〕06号文件规定执行。

第二十五条 出口卷烟由省卷烟销售分公司按有关规定报批,各级卷烟生产企业不得直接对外联系卷烟出口业务。

第四章 烟草专用机械管理

第二十六条 烟机配件定点生产企业必须严格按照《烟草专卖法》及有关规定生产,不得生产和组装烟草专用机械,也不得为非法烟草专卖品生产企业或个人大修烟草专用机械。

第二十七条 烟草专卖品生产企业必须按国家计划购进烟草专用机械,不得在非国家局定点企业和省局未批准的企业购买烟草专用机械和零配件。

第二十八条 卷烟厂、复烤厂、滤嘴材料厂按规定程序报废的烟草专用机械,必须经省局主管部门批准和监督销毁,并报国家烟草专卖局备案;淘汰的烟草专用机械,必须由省局报国家烟草专卖局批准统一调剂,不许企业自行销售。严禁直接或间接出售给无烟草专卖生产企业许可证的单位。

第二十九条 烟草专用机械定点生产企业和卷烟厂要加强对技术资料和干部、职工(包括离退休职工)的管理,不得为非法烟厂提供技术服务。

第三十条 执法部门没收的烟草机械无使用价值或使用价值不大的,一律由省烟草专卖管理部门监督销毁;有使用价值的由省烟草专卖管理部门依据有关规定处理。

第五章 烟用滤嘴材料,卷烟纸的管理

第三十一条 烟用滤材成型加工企业(含卷烟厂成型车间),其丝束必须从省烟草物资分公司购进,不准擅自购进计划外或走私的丝束。

第三十二条 烟用滤材成型加工企业和卷烟纸生产企业的产品销售,其产销合同必须报经省烟草物资分公司审核签章后方能销给持有烟草专卖生产企业许可证的烟草制品生产企业(卷烟厂的成型车间的产品,只能供本厂使用,不准外销)。

第三十三条 滤嘴材料厂、卷烟纸厂和卷烟生产企业不得将滤嘴材料、卷烟纸(含报废)销售给无烟草专卖生产企业许可证的单位和个人;残次烟支、嘴棒、盒皮、条包、封签、盘纸、丝束等未经破坏性技术处理,不得销售。

第六章 处理没收走私烟草专卖品的管理

第三十四条 执法部门没收的走私烟草制品,可由当地烟草专卖局指定领有《处理没收走私卷烟定点企业》证照的合法单位收购;其余走私烟草专卖品均由省烟草专卖管理部门集中指定卖给有相关生产或经营权的烟草企业;各烟草生产、经营企业不得购买罚款放行的走私烟草专卖品。

第三十五条 没收走私烟的收购和拍卖单位必须严格按规定渠道凭合法手续进、供货。

第三十六条 省专卖管理部门对从省外调运没收走私烟的单位及调运数量实行严格控制,未经省专卖管理部门同意,任何单位均不得从省外调进没收走私烟。

第七章 烟草专卖品准运证的管理

第三十七条 托运或者自运烟草专卖品必须持有烟草专卖局签发的准运证。国家烟草专卖局签发的准运证在全国范围内有效;省烟草专卖局签发的准运证在全省范围内有效;只有调出省级专卖局核发的准运证则必须有国家烟草专卖局直属的各业务主管部门监章的购销合同;无监章合同的就必须持有调出调入双方省级烟草专卖局签发的准运证。无准运证不得运输。

第三十八条 省烟草专卖局是烟草专卖品准运证的签发机关,必要时,可以设办事处或授权地(市)烟草专卖局代签。

未经授权,任何单位和个人不得签发烟草专卖品准运证。

签发烟草专卖品准运证的单位在签发准运证时,必须严格审批制度,由专门机构专人负责办理,经办人应严格按要求审查,符合条件的,经领导复核批准后发给准运证;对调拨单或购销合同中已办理准运证部分,应当予以核销。

第三十九条 烟草专卖品准运证有效期由经办机构视路途距离在规定期限内确定,省外调进最长不得超过45天;调出省外3~7天,省内调剂1~3天。

烟草专卖品准运证只能一次使用,重复使用无效。

签发准运证的凭证和准运证存根由省局专卖管理部门统一存档备查。存根的保存期为五年。

第四十条 各级烟草专卖局对烟草专卖品的运输进行检查时,对持有合法、有效的烟草专卖品准运证运输烟草专卖品的,应当予以保护,不准无故扣留。

第八章 罚 则

第四十一条 对违反本《细则》第四条规定,为系统外单位或个人提供证明、资金、账号、合同、许可证、准运证或赊销卷烟和烟叶(包括在供货单位或合同上弄虚作假填假户名)的,没收非法所得,暂停其经营资格,并给予有关领导及责任人撤职以上行政处分。构成犯罪的,移交司法机关处理。

第四十二条 对违反本《细则》第五条规定的烟草公司,给予直接责任人和主管领导警告或记过处分。

第四十三条 对违反本《细则》第六、七条规定的烟草公司,给予直接负责的主管人员和其他责任人员警告处分。

第四十四条 对违反本《细则》第八条规定,未经省局批准,擅自设立,变更烟叶收购站(点)的,限期纠正,并给予直接责任人员警告处分。

第四十五条 对违反本《细则》第九条规定,擅自安排烟叶复烤、加工、调运的,取消烟叶收购站(点)的收购资格。

第四十六条 对违反本《细则》第十条规定收购和经营烟叶的,给予直接责任人和主管领导行政记过处分。

第四十七条 对违反本《细则》第十一、十二条规定擅自调拨购进、倒卖烟叶的,给子直接责任人和主管领导行政处分。

第四十八条 对违反本《细则》第十三条规定擅自组织烟叶出口的,给予直接责任人员和主管领导行政处分。

第四十九条 对违反本《细则》第十四条规定超计划生产的,给予企业法人代表行政处分,并由计划管理部门按超产数量的一倍核减下一年度的生产计划指标。无准产证生产的,对直接责任人和主管领导给予记大过以上处分。

第五十条 对违反本《细则》第十五条规定调拨、销售卷烟的,给予直接责任人和主管领导记大过以上处分。

第五十一条 违反本《细则》第十六条规定的,给予接责任人和责任领导记过以上,降级以下处分。

第五十二条 违反本《细则》第十七、十八、十九、二十条规定的,按无证批发处理,并给予直接责任人和主管领导记过以上,撤职以下处分。情节严重的,责令停业。

第五十三条 违反本《细则》第二十一条规定,销售假冒商标卷烟的,必须将所得全部货款退回原购货单位,并赔偿因此而造成的一切损失,视情节轻重,给予直接责任人开除留用以上处分,给予主管领导记大过以上处分;凡因重大失误或明知是假冒商标卷烟而购进的,给予直接责任人员开除公职,主管领导撤职以上处分;凡购进或销售计划外烟厂卷烟的,给予直接责任人和责任领导开除留用处分;凡购进或销售未经没收处理的走私卷烟,出省返销的省产卷烟,省外地方烟厂生产的卷烟的,给予直接责任人降级、责任领导撤职处分。

第五十四条 违反本《细则》第二十二条规定销售卷烟的,卷烟一律查扣,非法所得归办案单位;并给子直接责任人降级以上处分。是主管领导安排或批准的,给予主管领导降级或撤职处分。

第五十五条 对违反本《细则》第二十三、二十四条规定供货的,给予直接责任的主管人员和其他责任人记过处分,对零售单位或个人一次供货超过100件或价值超过5万元以上的,给予直接责任人降级以上处分。

第五十六条 违反本《细则》第二十五条规定擅自组织卷烟出口的,给予直接责任人和主管领导警告或记过处分。

第五十七条 对违反本《细则》第二十六、二十七条规定购买烟草专用机械和零配件的烟草专卖品生产企业,责令停止该企业技术改造2年—3年,并给予直接责任人和法人代表记大过以上处分。

第五十八条 对违反本《细则》第二十八条规定出售淘汰烟机或销毁报废烟机设备的,视情节轻重给予直接责任人和主管领导记过或记大过处分。

第五十九条 对违反本《细则》第二十九条规定为地下烟厂提供技术服务的,在职职工开除,离退休职工除名,包疵、纵容职工为制假提供技术服务的领导,给予记过以上撤职以下处分。

第六十条 对违反本《细则》第三十一、三十二条规定的,视情节轻重,给予直接责任人和主管领导记过以上处分。

第六十一条 对违反本《细则》第十一、二十八、三十三条规定,将烟叶、复烤烟叶、烟丝、烟机、滤嘴材料、卷烟纸、卷烟包装盒、烟支(均含废旧或报废的)销售给非法烟厂或系统外单位和个人的,对直接责任人开除留用以上处分,对主管领导给予记大过以上处分。

第六十二条 对违反本《细则》第三十四条规定购买罚款放行的走私烟草专卖品的生产经营企业,没收全部货物,并给予直接责任人和主营领导记过以上处分。

第六十三条 对违反本《细则》第三十五、三十六条规定的,视情节轻重,暂停其没收走私烟的经营资格,并给予直接责任人和主管领导警告以上,撤职以下处分。

第六十四条 对违反本《细则》第三十七条规定,无准运证运输烟草专卖品的,给予直接责任人和主管领导警告以上,记大过以下处分。

第六十五条 对违反本《细则》第三十八条规定,造成严重后果的,经办人调离工作岗位,并给予警告以上,记大过以下处分;批准人视情节轻重调换其领导职务,并给予行政处分。

第六十六条 对违反本《细则》第四十条规定,非法扣留烟草专卖品的,责令赔偿由此造成的经济损失,并由上级烟草专卖局视情节轻重给予直接责任人员和有关领导警告以上,撤职以下处分。

第九章 附 则

第六十七条 本《细则》由江西省烟草专卖局负责解释。

第六十八条 本《细则》自印发之日起执行。凡与本《细则》的相抵触的省局下发的其他规定同时废止。

六、江西省烟草专卖局、江西省工商行政管理局关于转发国家烟草专卖局、国家工商行政管理局《关于清理整顿卷烟批发交易市场的紧急通知》的通知

各地(市)烟草专卖局、工商行政管理局:

现将国家烟草专卖局、国家工商行政管理局《关于清理整顿卷烟批发交易市场的紧急通知》(以下简称《紧急通知》转发给你们,请遵照执行。

为了更好地贯彻执行国家烟草专卖局、国家工商行政管理局《紧急通知》精神,结合我省的实际,特作如下要求:

一、开办卷烟批发交易市场必须符合《烟草专卖法》及其《实施条例》精神并经国家烟草专卖局审批,其他任何单位都无权批准开办卷烟批发交易市场。

二、未经国家烟草专卖局批准开办的卷烟批发交易市场包括卷烟一条街均属非法市场,各级烟草专卖和工商行政管理部门要在当地人民政府的统一组织协调下,共同制定清理整顿具体方案并限期取缔。

三、对其他各类商品交易市场中的烟草经营者,必须按(紧急通知》中第三条规定的重点进行清理、整顿。清理整顿后,市场内从事卷烟经营业务的必须符合《紧急通知》中第五条要求。卷烟零售户必须符合烟草制品零售点合理布局的要求。

四、各级烟草专卖局、工商行政管理局及其干部职工不得包庇纵容擅自开办卷烟批发交易市场(或卷烟一条街),违者将依法追究其法律责任。

五、各地烟草专卖和工商行政管理部门在接此通知后立即行动起来,务必于2月底以前将清理整顿卷烟批发交易市场的情况上报省烟草专卖局和工商行政管理局。对重点地区、重点对象的清理整顿工作必须集中各方力量按要求进行清理整顿。省烟草专卖局和省工商行政管理局将组织力量对重点地区、重点对象的清理整顿工作进行监督检查。

附件:国家烟草专卖局、国家工商行政管理局《关丁清理整顿卷烟批发交易市场的紧急通知》(省略)

一九九八年二月五日

七、江西省烟草专卖局
关于印发《江西省烟草公司卷烟经营管理规定》的通知

各地(市)局(分公司)、县(市)局(公司),各卷烟厂:

为规范我省卷烟经营行为和经营秩序,不断提高卷烟市场占有率,扩大省产卷烟的销售,提高江西烟草经济运行的质量和整体效益,现将《江西省烟草公司卷烟经营管理规定》印发给你们,望认真贯彻执行。

附件:《江西省烟草公司卷烟经营管理规定》

二〇〇〇年三月二十七日

附件

江西省烟草公司卷烟经营管理规定

第一章　总　　则

第一条　为适应社会主义市场经济发展需要,深化卷烟流通体制改革,规范企业经营行为,提高综合经济效益,促进江西烟草经济持续、稳定、健康发展,依据《江西省烟草专卖局强化烟草行业内部专卖管理实施细则》(以下简称"《实施细则》"),制定本规定。

第二条　制定本规定的目的是逐步完善卷烟经营管理体制,将全省卷烟购销活动纳入制度化、规范化、科学化管理轨道。

第三条　本规定适用于全省烟草行业的单位和个人。

第二章　销售计划管理

第四条　省公司依据国家局下达的卷烟销售计划,综合考虑各地人口、购买力水平和传统销量等因素制定下达分公司销售计划,各分公司按此原则将计划分解下达县(市、区)公司。

第五条　直属烟厂卷烟指令性销售计划,各分公司必须严格执行。

第六条　工业企业要主动积极配合、支持各级商业公司完成调拨任务,工商联手,共同开拓、培育市场,还要建立相应的奖励激励机制,不断提高顺价销售的品牌和数量。

第七条　工商企业应加强产销衔接,提高购销合同执行率。因市场变化要调剂品种的,由工商协商后报省公司同意再执行。对擅自进行跨地区调剂的视为异地倒卖。

第八条　年终不得突击开票不提货,开票未提数不计当年完成计划数。

第三章　经营管理

第九条　加大经营管理力度。各单位必须高度重视经营管理，在改革创新中加大经营管理力度，有效调控、稳定市场，不断提高卷烟市场占有率。

第十条　严明销售纪律。工商企业一律不得向系统外、单位和个人提供介绍信、账号、合同和准运证。违反此规定按《实施细则》有关条款处罚。

第十一条　严禁乱渠道进货。县（市、区）公司只准从上级公司购进卷烟（从南昌、赣南烟厂购进卷烟除外），专卖店、批发部（网点）只准从上级县（市、区）公司购进卷烟。货源分配应坚持以市场为导向和“公平、公正、公开”的原则，实行统一购进，分流配送。违反规定给予直接责任人和主管领导行政警告以上处分。

第十二条　严禁卖大户。商业企业（含所属批发部、网点）必须按照规定限量批发销售卷烟，对零售户的一次供货最高限量：一类烟 40 条（金圣烟 20 条）、二类烟 60 条、三类及三类以下 80 条，三天内各品种累计供货不得超过 150 条。违反规定给予直接责任人和主管领导警告处分，情节严重的给予行政记过以上处分。

第十三条　严格区域销售管理。凡投放本地销售的卷烟（含省外烟），一律加贴专卖标识，未贴标识不得上市。对一些有市场潜力的专销牌号，经协商可有步骤地进行跨地区销售。对异地抛售或因在当地低价抛售而流入异地的视情节给予直接责任人及主管领导记过以上处分。

第十四条　实行凭证供货制度。严禁任何形式向无证商户批发销售卷烟；严禁以任何理由和形式向任何单位、个人赊销卷烟，杜绝“白条抵库”。

第十五条　加强入网销售管理。县级公司调入的卷烟必须全部入网销售，不得“以票代销”和“移库抵销”。违反规定给予直接责任人和主管领导行政警告以上处分。

第十六条　各县（市、区）批发部（网点）不准销售计划外流入的卷烟；不准销售假冒烟、走私烟和计划外烟厂卷烟。

第十七条　工业企业不得以任何形式给烟草公司的个人回扣，正常的销售折让（含省外烟）必须以明示方式给予和接受，商业企业须按规定如实入账。违反规定对当事人或责任人按有关规定处罚。

第四章　省外烟和地方烟厂卷烟管理

第十八条　严格执行省外卷烟调入计划。依据省局下达的调入计划，按规定的有关手续，由分公司统一组织购进。不准调进亏损烟；购进省外新品牌、新规格的卷烟（含评吸会、新闻发布会等），要经省局（公司）批准；任何单位未经省局（公司）批准，均不允许参加北京和其他卷烟市场的交易。违反上述规定给予责任人和主管领导行政记过以上处分。

第十九条　地方烟厂的产品由分公司经销，地方烟厂所在地的县（市、区）公司可凭分公司调拨单直接调拨,其他县级公司原则上不得从厂家直接进货。违反规定视情节给予直接责任人和主管领导行政记过以上处分。

第二十条 各地(市)分公司经营省外烟综合毛利不得低于500元/箱;广丰烟厂产品不得低于300元/箱;兴国、井冈山烟厂产品不得低于200元/箱。低于上述标准一律不准调入。

第五章 价格管理

第二十一条 实行最低保护价和中心指导价制度。为使卷烟价格贴近市场,促进顺价销售,省公司将定期召开价格协调会,确定全省主导、主销牌号卷烟的保护价或指导价,并作为行业自律的依据。对违反规定的单位,扣减该次低于保护价牌号的调拨量,情节严重的予以行政记过以上处分。

第二十二条 工业企业对新开发的产品要认真进行营销设计,合理确定出厂价、调拨价、公司批发价、市场条售价,保证各经营环节有一定的利润。

第二十三条 各地调批差价的认定,由省公司检查和工业企业检查综合而定,如有异议可提请申诉。

第二十四条 严禁不正当竞争。全省工商企业均不准开展有奖销售活动,更不允许借有奖销售形式变相降价销售。违反规定,收回该牌号准产证,扣减商业企业有奖销售牌号调拨量;变相降价使实际销价低于保护价的还要按第二十一条规定处罚。

第六章 信息管理

第二十五条 工商企业要切实加强商情信息共享工作,充实人员,增加投入,加大信息网络建设力度,加快微机联网,定期搜集、分析、预测卷烟市场发展态势,及时反馈市场动态和价格行情,指导销售业务开展,促进卷烟销售任务的完成。

第二十六条 各级单位生产经营信息必须做到真实、规范、及时,不得弄虚作假或以各种借口拖延、漏报。违反此规定给予单位通报批评;造成严重后果的给有关责任人和分管领导行政处分。

第七章 附 则

第二十七条 本规定自下发之日起执行,以前省局(公司)所有规定与本规定相抵触的,均以本规定为准。

第二十八条 本规定的解释权属江西省烟草专卖局(公司)。

八、江西省烟草专卖局关于印发《江西省烟草专卖局进一步推进企业内部工资分配制度改革的实施意见》的通知

各市局(分公司),南昌、赣南卷烟厂,井冈山基地:

现将《江西省烟草专卖局进一步推进企业内部工资分配制度改革的实施意见》印发给你们,请认真贯彻执行。各单位均应根据本实施意见,结合实际制定本单位的内部工资分配制度改革的具体办法,并报省局(公司)备案。

2000 年 5 月 30 日印发的《江西省烟草专卖局进一步深化企业内部工资分配制度改革的实施意见》同时作废。

附件:《江西省烟草专卖局进一步推进企业内部工资分配制度改革的实施意见》

二〇〇一年八月六日

附件

江西省烟草专卖局进一步推进企业内部工资分配制度改革的实施意见

为进一步贯彻落实《中共中央关于国有企业改革和发展若干重大问题的决定》的精神,坚持"一要规范,二要改革,三要创新"的工作重点,建立起与市场经济体制相适应的现代企业工资收入分配制度,加快江西烟草的发展。现根据《江西省烟草系统 2001 年生产经营管理目标及考核奖罚办法》(赣烟运〔2001〕41 号),就进一步推进企业内部工资分配制度改革制定如下实施意见:

一、建立健全企业内部分配的激励机制

(一)进一步完善岗位工资制度

坚持效益优化、兼顾公平的原则,坚持按劳分配同按生产要素分配相结合,坚持工资总量宏观调控下企业自主分配的行业管理机制。企业内部实行以岗位工资为主要内容的基本工资制度。在岗位评价的基础上确定各岗位之间的劳动差别和工资标准,要不断进行科学的岗位分类分析和劳动测评,明确岗位职责及岗位对劳动者的要求,真正做到以岗定薪、一岗一薪、岗变薪变。制定岗位工资标准要引入市场机制,参照劳动力市场价格情况和经济效益予以合理确定。要适当提高技术岗位、重要经营管理岗位和高素质短缺人才岗位的工资水平。要拉大关键岗位和一般岗位之间的收入差距。

(二)建立工资能增能减机制

实行岗位工资制不仅要与用工制度改革相结合,还要与实行灵活有效的工资支付形式相结合。企业内实行竞争上岗,人员能上能下,换岗换薪,做到两个能增能减,即企业工资总量根据经济效益好差能增能减,职工个人工资收入根据劳动贡献大小能增能减。岗位工资标准和工资实际支付要与企业经济效益相联系,经济效益下降时,相应降低工资实际支付标准。为此:

1. 全系统将实行岗位工资、效益工资(奖金)全额浮动,主要与企业经济效益、省产烟工作和市场控制力挂钩。

2. 工商企业要将本企业全年的工作任务、生产经营目标分解到科室、部门(车间),并责任到人,按月(季)考核,对无指标的人员重点考核工作表现和业绩,采取多种方式进行二次分配。

3. 工业企业工作重点应转移到市场和效益上来,应将各项经济技术指标分解、落实到车间和科室部门。各车间、科室部门的二次分配,应将岗位工资、奖金与实现税利、卷烟的产量、质量、销量、消耗等指标挂钩,具体实施办法由两烟厂自行制定。

4. 商业企业的岗位工资、效益工资要与卷烟市场控制力、直属烟厂卷烟销量、卷烟五大品牌销量、经济效益等各项指标挂钩,按月或按季考核,并按完成比例发放。

5. 工商企业的效益工资(奖金)基数每年调整一次。主要根据企业上年度生产、经营目标考核结果,及时调整工商企业的效益工资基数和奖金发放总额。主要分以下四个等级进行调整:

(1)未完成基本目标的企业;

(2)完成基本目标的企业;

(3)完成基本目标和部分加奖目标的企业;

(4)完成基本目标和全部加奖目标的企业。

上年度企业亏损,当年不发效益工资、奖金;工资储备不足、无承付能力的企业也应少发或不发效益工资、奖金。

二、建立健全企业内部工资分配约束机制

(一)加强工资总量的控制

要加强对全省烟草系统工资的宏观调控,适度减缓工资增长速度。要严格执行国家工资政策,进一步建立健全组织机构,完善工资内外收入的监督检查工作体系,在企业进行工资内外收入自查的基础上,各级主管部门对所属企业要进行检查或抽查,按规定严格执行岗位工资、效益工资(奖金)和津补贴发放标准并规范工资开支渠道。坚决查处工资收入分配的违纪行为。要突破工资的刚性特征,做到员工收入随企业经济效益好差和岗位变换而能增能减。工资水平根据劳动市场价位和企业经济效益的变化情况进行调整。各企业都要留足工资储备,以丰补歉。企业经济效益下滑时,可通过减薪等方法降低企业人工成本。

(二)实行人工成本约束

结合企业减员增效、扭亏脱困,逐步建立企业内部以人工成本管理为主要内容的约束机制。从有利于产品市场竞争、节约人工成本目的出发,加强人工成本的监控与管理,提倡实行“模拟市场核算、实行成本否决”的人工成本控制方法。

（三）建立健全职工民主参与决策和民主监督制度

进一步发挥工会和职工代表大会在民主管理、民主决策和民主监督中的积极作用。企业决定工资分配方案时，要征求职代会和工会的意见，并积极实行厂务公开制度。

三、建立健全卷烟销售网点内部分配机制

卷烟销售网络建设是江西烟草生存和发展的重要基础。建立健全卷烟销售网点内部分配的激励机制，是推进全省烟草系统卷烟销售网络建设的重大举措。各市局（分公司）要坚决而又认真地执行省局赣烟劳〔2000〕34号文件。各分县公司对网点都要明确年度责任目标，经严格考核后，对网点负责人可实行单独奖励；网点其他各类人员的收入要与网点的销量、经营户入网率、市场占有率、毛利额等网建质量指标挂钩。

销售网点各类人员应将岗位工资作为档案工资，对网点各类人员实行基本工资加计件工资制。条件成熟的，也可实行计件工资加奖金制。分县公司在分配上要向网点一线人员倾斜。

四、建立销售赣南卷烟厂卷烟的奖励机制

尽快使赣南卷烟厂摆脱困境，走上良性循环，是关系到江西烟草改革和发展的全局问题，是“十五”三件大事之一。为举全省之力，帮扶赣南卷烟厂脱困，继续建立销售赣南卷烟厂卷烟的奖励机制。全年没有完成赣南卷烟厂卷烟调拨量的企业不得分配新增效益工资，实行一票否决。对赣州市以外的分县公司，在全面完成所分配赣南卷烟厂卷烟销量的前提下，达到毛利指标和销售赣南烟整体不亏损的，每超销1箱赣南卷烟厂卷烟，由省局奖分公司正职和县公司正职各1元，副职按正职50%—70%的比例由各单位自行奖励。

五、进一步改进和完善新增效益工资分配办法

（一）省局（公司）对分公司和卷烟厂的分配办法

1. 年度新增效益工资剔除用于调控和兑现下属企业生产、经营目标管理奖外，按工商企业工资结构比例进行分配。

2. 工业企业新增效益工资以考核实现税利、卷烟产量、卷烟销量、卷烟产品省内销售毛利额四项指标进行分配，其中实现税利、卷烟产量、卷烟销量、卷烟产品省内销售毛利额各占新增效益工资的40%、20%、20%、20%。具体操作办法：一是各企业实现数占工业企业实现总数的比例分配50%；二是各企业较上年增加数按占全省工业企业较上年增长数的比例再分配50%。

3. 在完成赣南卷烟厂卷烟调拨量的前提下，商业企业新增效益工资以考核实现税利，直属卷烟厂卷烟销售量、直属卷烟厂毛利额、卷烟五大品牌销售量、卷烟市场控制力五项指标进行分配。其中：实现税利、直属卷烟厂销售量、毛利额、卷烟五大品牌销量、卷烟市场控制力各占新增效益工资的30%、20%、20%、15%、15%。具体操作办法：前三项指标一是各企业实现数按占全省商业企业实现总数的比例分配50%；二是各企业较上年增长数按占全省商业企业较上年增长总数的比例再分配50%。卷烟五大品牌销售量按各企业所占总销售量的比例分配。卷烟市场控制力对完成基本目标的企业，则按卷烟系统外销售量所占总销售量的比例分配，未完成基本目标的企业不予分配。

（二）各分公司要制定对所属县级公司的分配办法分公司对所属企业新增效益工资分配应重点考核五项指标：1. 卷烟市场控制力。2. 直属卷烟厂卷烟销售量。3. 卷烟五大品牌销售量。4. 效益指标:(1)税利总额;(2)直属卷烟厂卷烟毛利额。5. 卷烟库存。各项指标所占比例应视各分公司的实际情况自主决定,但其分配办法要报省局(公司)备案。

六、加强对企业内部分配的指导与监督

在充分尊重企业分配自主权的基础上,各市局(分公司)要进一步转变职能,加强对企业内部分配的指导与监督检查工作。通过建立和组织实施工资控制线制度、劳动力市场工资指导价位和人工成本预测预警制度,指导企业科学合理控制工资总额。严格执行国家关于工资支付的有关法律、法规和当地政府最低工资标准等,规范企业工资支付行为。加强国家有关法律、法规和政策的宣传,及时总结企业工资分配的典型经验并加以推广。同时,积极为企业提供咨询和信息服务。

九、江西省烟草专卖局 关于印发《江西省烟草专卖品准运证管理办法》的通知

各市烟草专卖局(分公司)、卷烟厂,驻南铁烟草局,各县烟草专卖局(公司),烟叶复烤厂,井冈山纸业有限公司,江西滤嘴材料厂:

现将《江西省烟草专卖品准运证管理办法》印发给你们,请认真遵照执行。

附件:《江西省烟草专卖品准运证管理办法》

二〇〇二年九月四日

附件

江西省烟草专卖品准运证管理办法

第一章　总　　则

第一条　依据国家烟草专卖局转发的《烟草专卖品准运证管理办法》(国家经贸委第 31 号令),结合我省实际,制定本办法。

第二条　省内跨县(市)运输卷烟、雪茄烟、复烤烟叶、烟丝、卷烟纸、滤嘴棒、烟用丝束、烟草专用机械,必须持有烟草专卖品准运证。无烟草专卖品准运证,不得运输烟草专卖品。

第三条　江西省烟草专卖局或江西省烟草专卖局委托的市级烟草专卖局为准运证的签发机关。准运证的签发机关应在专卖管理部门指定专人具体负责准运证的开具,准运证管理工作实行行政领导负责制。

第二章　烟草专卖品准运证的签发

第四条　省烟草专卖局有权签发所有省内运输烟草专卖品准运证;市级烟草专卖局有权在受委托范围内签发烟草专卖品准运证。

第五条　下列烟草专卖品的省内运输,应当由省烟草专卖局签发烟草专卖品准运证:

(一)省烟草公司有关业务主管部门调剂或业务经营部门经营的烟草专卖品;

(二)跨设区市(以下简称市)运输商商交易的烟草制品;

(三)跨市运输依法没收和强制收购的烟草专卖品;

(四)省内生产厂家调拨退货的烟草制品。

第六条　下列烟草专卖品的省内运输,可由省烟草专卖局委托市级烟草专卖局签发准运证:

(一)市内调剂的烟草制品;

(二)省内各计划内卷烟厂生产的烟草制品;

(三)省内收购的烟叶和复烤烟叶;

(四)井冈山纸业有限公司生产的卷烟纸;

(五)江西滤嘴材料厂生产的烟用嘴棒。

第三章　烟草专卖品准运证的申请条件和办理程序

第七条　申请办理烟草专卖品准运证应当具备下列条件:

(一)调出方和调入方是合法的烟草专卖品生产经营单位;

(二)申请运输的烟草专卖品必须符合法律、法规等有关规定;

(三)申办人应当持有申请人的委托书和本人身份证等合法证明;

(四)申请办理准运证时,必须按要求填写《烟草专卖品准运证申办单》;并持购销合同或者省局业务主管部门的调拨单原件以及其他应当具备的证明材料原件。

第八条　有权签发烟草专卖品准运证的市级烟草专卖局应当按照下列程序签发烟草专卖品准运证:

(一)对申请人提交的相关材料进行审核;

(二)符合办理烟草专卖品准运证条件的,经主管领导批准后,由专人负责办理;

(三)不符合办理烟草专卖品准运证条件的,不予签发,应当通知申请人,并说明理由。

第九条　县级以上(含县级)烟草公司申请烟草制品的跨市调剂准运证时,必须持有效的购销合同,并经市级烟草专卖管理部门和主管领导审查同意后方可到省局办理准运证。

第十条　南昌、赣南卷烟厂按省局计划调拨烟草制品,调入方必须是有合法经营权的烟草公司,凭出库单和交接单方可申请办理准运证。

第十一条　计划内地方烟厂按省局计划调拨烟草制品,必须持有购销合同原件,经调入方市级烟草专卖管理部门和主管领导审核同意后,方可派人到有关烟草专卖局申请办理准运证。

第十二条　申请烟叶、复烤烟叶、卷烟纸、滤嘴棒、烟用丝束等专卖品的跨市运输准运证,必须凭省公司有关业务部门的调拨单或鉴章的购销合同原件办理准运证。

第十三条　申请跨市运输罚没烟草专卖品准运证,必须凭办案单位的申办报告,并附提取物品清单或处罚决定书复印件办理准运证。

第十四条　对符合办理烟草专卖品准运证条件的,签发机关应当在收到全部申请材料之日起1个工作日内办理,并将烟草专卖品准运证交付申请人。

第十五条　烟草专卖品准运证的签发机关应当根据申请人申请运输烟草专卖品的运输距离、运输方式等情况,合理确定准运证的有效期限。跨区运输最长不得超过5天,区内运输最长不得超过2天。

第四章　监督管理

第十六条　签发烟草专卖品准运证的机关，应当依据本办法建立健全有关烟草专卖品准运证的管理制度，接受上级烟草专卖局的监督检查。签发烟草专卖品准运证的权限、条件、程序以及工作人员职责，应当公开、透明。

第十七条　烟草专卖品准运证是运输烟草专卖品必备的合法证件，应随货同行、证货相符，并只能在有效期限内使用1次。

第十八条　在运输烟草专卖品的过程中，运输货物的规格、等级、数量、发货地和到货地以准运证的数据和标注为准。

第十九条　使用烟草专卖品准运证运输的卷烟、雪茄烟货物抵达目的地时，调入方验货无误后，应及时在准运证上加盖“货已收讫”印章，同时收回烟草专卖品准运证随货同行联，并和入库单（复印件）一起转交同级烟草专卖管理部门存档备查。

第二十条　被委托开具准运证的市级烟草专卖局，应到省烟草专卖局专卖监督管理处领取烟草专卖品准运证，并在委托范围内开具烟草专卖品准运证。否则，所开具的烟草专卖品准运证视为无效。

第二十一条　省烟草专卖局对委托开具烟草专卖品准运证的单位，进行定期或不定期的检查，并加强对被委托签发准运证的机关进行指导和监督。

第五章　罚　　则

第二十二条　违反本办法签发烟草专卖品准运证的机关，省局视其情节轻重分别给予以下处理：

（一）通报批评，责令限期整改；

（二）取消受委托签发烟草专卖品准运证的资格；

（三）情况严重涉嫌犯罪的，依法移交司法部门处理。

第二十三条　经办人或者批准人未按照本办法签发准运证的，视其情节轻重分别给予以下处理：

（一）通报批评，责令限期改正；

（二）取消经办人或者批准人办理或批准签发烟草专卖品准运证的资格；

（三）行政处分；

（四）情节严重涉嫌犯罪的，依法移交司法部门处理。

第二十四条　申请人通过隐藏或者欺骗等手段非法取得烟草专卖品准运证，应当由原发证机关收回或者撤销其烟草专卖品准运证，并依法追究有关单位和个人的行政责任。情节严重涉嫌犯罪的，依法移交司法部门处理。

第二十五条 违反本办法第十九条的,通报批评,责令限期改正,并给有关责任人行政处分。

第二十六条 持有有效烟草专卖品准运证运输烟草专卖品,在全省范围内通行,不得无故扣留。非法扣留的,按有关规定对责任人及主管领导视情节给予行政处分,并要负责赔偿由此造成的经济损失。

第六章 附 则

第二十七条 签发烟草专卖品准运证的机关不得以任何形式收费或者变相收费。

第二十八条 省内卷烟准运证计算机网络管理系统正在开发之中,如启用卷烟准运证计算机网络管理系统再另行通知。

第二十九条 本办法自2002年10月1日起施行,省烟草专卖局原下发的《关于省内运输烟草专卖品准运证管理办法的通知》(赣烟专〔1998〕33号)同时废止。

第三十条 本办法由江西省烟草专卖局负责解释。

十、国家烟草专卖局关于井冈山卷烟厂上划问题的批复

江西省烟草专卖局(公司):

《江西省烟草专卖局关于井冈山卷烟厂上划为中央直属企业的请示》(赣烟法〔2003〕3号)收悉。经研究,批复如下:

一、同意井冈山卷烟厂上划为中央预算内企业。

二、井冈山卷烟厂上划以后,人财物和产供销实行以烟草系统为主的管理体制,党、团、工会组织的管理变更按照有关规定执行。

三、从2003年1月1日起,井冈山卷烟厂财务关系上划江西省烟草专卖局(公司)管理,卷烟厂现行纳税渠道不变。要严格按照国家有关规定,认真做好资产评估、财务审计和划转等工作。

四、要切实按照精简、统一、效能的原则设置井冈山卷烟厂内部机构。上划后的井冈山卷烟厂领导班子职数不得超过5人;要认真定编定员、减员增效,不得从系统外进入。

五、井冈山卷烟厂上划以后,要全面加强企业管理,不断提高干部、职工素质和劳动生产率,严禁超计划生产卷烟,自觉遵守专卖管理规定,积极参与烟草企业组织结构调整工作。

六、你局要积极稳妥地做好井冈山卷烟厂上划过程中的财政户头变更和生产经营等各项工作,加强对整个上划工作的组织领导,确保整个上划工作顺利完成。

请将井冈山卷烟厂上划情况及时报告国家烟草专卖局。

附件:国家烟草专卖局《关于成立江西中烟工业公司有关问题的批复》

二〇〇三年四月八日

附件

国家烟草专卖局关于成立江西中烟工业公司有关问题的批复

江西省烟草专卖局:

《江西省烟草专卖局关于工商管理体制改革的请示》(赣烟法〔2003〕33号》收悉。经研究,现批复如下:

一、原则同意《江西省烟草工商管理体制改革实施方案》和《江西中烟工业公司章程》,成立江西中烟工业公司。

二、江西中烟工业公司(以下简称工业公司)是在江西现有卷烟工业企业基础上,登记注册成立的国有企业。工业公司主要承担烟草制品生产和销售,烟草物资、烟机零配件经营及其他相关的生产经营任务。

工业公司注册资本为人民币2000万元,由中国烟草总公司出资。

三、工业公司与江西省烟草公司并列,由国家烟草专卖局(总公司)领导和管理。工业公司与江西省烟草专卖局(公司)脱钩,实行机构、职责、人员、财务“四分开”。

四、工业公司实行总经理负责制。公司领导班子成员由国家烟草专卖局(总公司)任免、考核、奖惩。

五、工业公司按照精简、统一、效能的原则,设置内部管理机构。工业公司定编40人(不含锦峰实业公司7名管理人员),所需人员从省局(公司)现有人员中调配解决,不准从系统外调入人员。工业公司成立后,省局(公司)内部管理机构要作相应调整,并报国家局(总公司)审批后实施。

六、工业公司领导和管理所属卷烟工业企业,按干部管理权限任免所属企业的领导班子成员。保留卷烟工业企业的法人资格和现行运行机制。

七、工业公司接受江西省烟草专卖局的专卖管理和执法监督。工业公司所属企业纳税渠道维持不变。

八、工业公司组建后,要加快企业联合兼并重组整合的步伐,落实小烟厂结构调整任务;要深化企业改革,转换经营机制;要强化内部管理,提高经济效益。

九、组建工业公司政策性强,涉及面广,要积极争取地方政府和有关部门的支持,及时办理工商注册、税务登记、资产划转、财务调账、专卖许可证等有关手续。

十、请严格按照实施方案、公司章程和本批复的精神组织实施。

工作进展情况及遇到的问题,请及时报告国家局(总公司)。

二〇〇三年十一月十日

十一、江西省烟草专卖局关于全省烟草系统商业企业组织结构调整的实施意见

各市烟草专卖局(分公司):

按照国家局企业组织结构调整的有关要求,结合江西烟草的实际,省局(公司)决定进一步加快商业企业组织结构调整的步伐,基本撤销全省县级公司法人资格,形成以分公司为经营主体的商业企业组织结构。为此,提出以下实施意见:

一、我国加入世界贸易组织已一年多了,世界卫生组织也于不久前通过了《控制烟草框架公约》,烟草行业面临发展的机遇和严峻的挑战。实现江西烟草做大做强,"十五"达到中等强省水平,不断提升网建水平,促使我们必须尽快通过组织结构调整,解决目前我省烟草商业企业数量多、规模小、经营主体分散、规范不到位、经营效益低等问题,走规模、结构、效益的道路,实现集约化经营,使人、财、物资源和市场资源得以优化配置、规模效应得以实现、整体竞争力得以增强。在全省范围内基本撤销县级公司法人资格,形成以分公司为经营主体的商业企业组织结构,由分公司统一管理全市卷烟购、销、调、存业务、会计和财务工作,减少经营管理层次,适应江西烟草目前生产力发展的要求,进一步发挥行业的整体优势,保证江西烟草持续、稳定、健康的发展。

二、全省烟草系统商业企业组织结构调整的指导思想是:认真贯彻国家局大市场、大企业、大品牌的发展战略,紧密结合江西烟草实际,抓住机遇,争取时间,从有利于控制市场,有利于提高效益,有利于更好地服务零售户出发,坚持发展和稳定、规范经营和科学管理,争取当地政府关心和支持,积极稳妥、深入细致地开展工作,确保 2003 年全省烟草系统撤销县级公司法人资格的改革基本到位。

三、全省烟草系统商业企业组织结构调整的任务是:尚未取消县级公司法人资格的分公司,撤销县级公司法人资格的工作,要在 2003 年底之前基本结束(除有特殊情况,经省局批准的以外)。已经撤销县级公司法人资格的分公司,要进一步理顺与当地的财税关系和内部管理关系,使分公司的统一管理落实到位。

四、县级烟草公司的法人资格撤销后,在原县级烟草公司管辖范围内(也可根据需要打破行政区划)成立县(市、区)烟草营销中心,其职能为负责卷烟营销、配送,市场调研,品牌培育等工作。下设访销部、配送部,访销部负责达成订货协议、推介卷烟品牌、采集市场信息、客户关系管理和市场分析等工作;配送部负责仓储管理,根据总出货单分拣配货,将零售户订购的卷烟送到指定的位置,并收缴货款,统计送货量,核对货款等工作。烟叶产区增设烟叶部,烟叶部负责烟叶生产、收购等工作。已成立第三方物流公司承担配送任务的,成立县(市、区)烟草营销部。县(市、区)烟草营销中心(营销部)注册登记为分公司的分支机构,不拥有法人资格和独立的经营权。机构名称为:××烟草分公司××县(市、区)营销中心(营销部)。

专卖执法继续实行属地管理,保留县级烟草专卖局;县级烟草专卖局局长可兼任县级烟草营销

中心(营销部)主任。下设专卖监督管理办公室(稽查大队)、综合办公室。专卖监督管理办公室(稽查大队)原职能不变;综合办公室负责文秘、后勤,与当地有关部门的协调、联络等工作。

五、分公司为全市统一的独立核算单位,对全市烟草经营实施统一管理。所属营销中心(营销部)在分公司领导下开展业务活动,在管辖范围内做好访销、送货工作,卷烟进货由分公司以直接移库或间接移库的方式进行,所销货款由各营销中心(营销部)集中后,统一汇交市局(分公司)财务。

六、市局(分公司)对全市烟草系统的会计和财务工作实施统一管理。原县级烟草公司的资产并入市局(分公司),债权、债务由市局(分公司)取得和承担。财务管理的办法是资产集中、统一核算、核定费用、全面考核、实行收支两条线。县级局、营销中心(营销部)的财务核算方式为报账制,报账员实行委派制,归市局(分公司)财务科管理。税赋的交纳由市局(分公司)与当地政府有关部门协商交纳办法解决,保证地方既得利益。县级局、营销中心(营销部)可根据自身实际需求,设置货款及其他收入只进不出的账号,费用支出周转金账号,专卖罚款上缴账号各一个。采取就地预缴税的单位,可设立纳税专户。市局(分公司)要加强对其账户的管理,严禁随意开户。对县级局、营销中心(营销部)的目标任务及费用水平进行科学的测算和严格的考核,依据各县(市、区)不同情况,核定其工资总额及奖金基数,核定其办公、经营各类费用基数,并与下达的目标任务挂钩考核。在核定的工资(奖金)和费用基数内,允许各县级局、营销中心(营销部)在工资(奖金)基数内进行二次分配,但工资(奖金)和费用不得相互挤占。新增基本建设和固定资产投资项目,由各县级局、营销中心(营销部)申报市局(分公司)视其具体情况及贡献度按规定审批,统筹安排实施。

七、原县级烟草公司人事、劳资、财务、统计等工作纳入市局(分公司)集中管理。各种报表由市局(分公司)对口部门归口上报。县级局、营销中心(营销部)的人员进出、干部任免、职工离退休、工资调整、职工奖惩等由市局(分公司)统一管理实施。党群组织,精神文明建设和思想政治工作按原管理办法不变。

八、有组织结构调整任务的市局(分公司)要充分认识商业企业组织结构调整的重要意义,高度重视这项工作。各市局(分公司)要切实加强对这项工作的领导,“一把手”是企业组织结构调整工作的“第一责任人”,班子其他成员也要积极关心,切实支持这项工作,完成好分工的任务。有关市局(分公司)要组织专门工作班子,明确任务和分工,制定工作纪律。市局(分公司)有关部门要在市局(分公司)党组(党委)的统一领导下,密切配合,积极工作,认真分析和解决企业组织结构调整中的各种问题,坚定调整信心,克服畏难情绪,采取有针对性的措施,按照省局(公司)的要求,积极稳妥地推进“撤销县级公司法人资格”的改革,确保商业企业组织结构调整任务的完成。

九、撤销县级烟草公司,必须经省局(公司)同意报国家局批准,撤销县级烟草公司后,成立非独立法人的营销机构,必须报省局(公司)批准。撤销县级公司法人资格,政策性强,情况复杂,工作任务重。有关市局(分公司)要加大力度,积极推进,深入细致地开展工作。要教育干部职工充分认识撤销县级公司法人资格的现实意义和深远意义,妥善处理好涉及县级公司广大干部职工切身利益的问题,认真做好企业组织结构调整过程中的安全稳定工作,营造良好的改革氛围。要认真进行调查研究,形成实事求是,具体细致的组织结构调整实施方案。要主动向市、县两级党委、政府的领导作专题汇报,积极争取当地党政及有关部门的支持。要特别重视协调撤销县级公司法人资格后的纳税问题,并同市、县两级税务部门,以发文的形式确定下来;要委托会计师事务所进行审计,以核实资产、清理往来,不留后患。市局(分公司)在审计工作结束后,要负责办理企业国有资产产权变动、注销登记。要十分注重建立健全科学合理的财务管理、经营管理等规章制度。要采取一切必要的措施,保证组织结构调整期间生产经营管理的顺利进行。

十、为了确保商业企业组织结构调整 2003 年基本到位,取得实质性突破,省局(公司)决定将企业组织结构调整情况列为年度经济运行考核的重要内容。对不能按时完成商业企业组织结构调整工作任务的市局(分公司),在年度考核时降低一个奖励等级。省局(公司)希望有关市局(分公司)的领导切实负起责任来,抓改革创新,促经营管理。并深入细致地做好思想政治工作,团结广大干部职工与时俱进、开拓创新,确保江西烟草持续、稳定、健康的发展,为做大做强江西烟草做出新的贡献。

二〇〇三年六月十日

十二、国家烟草专卖局关于赣南卷烟厂兴国卷烟分厂上划的批复

江西省烟草专卖局:

《江西省烟草专卖局关于赣南卷烟厂兴国卷烟分厂上划为中央直属企业的请示》(赣烟法〔2004〕7号)收悉。经研究,现批复如下:

一、同意赣南卷烟厂兴国卷烟分厂自2004年1月1日起上划为中央预算内企业。

二、赣南卷烟厂兴国卷烟分厂上划后,人财物和产供销实行以烟草系统为主的管理体制,党、团、工会组织的管理变更按照有关规定执行。

三、要切实按照精简、统一、效能的原则设置赣南卷烟厂兴国卷烟分厂内部机构。上划后的赣南卷烟厂兴国卷烟分厂领导班子职数不得超过5人;要认真定编定员、减员增效,深化三项制度改革,不断提高干部、职工素质和劳动生产率,不得从系统外进人。

四、赣南卷烟厂兴国卷烟分厂上划后,要尽快实施企业结构调整,全面加强企业管理,严禁超计划生产卷烟,自觉遵守专卖管理规定。

五、你局要积极稳妥地做好赣南卷烟厂兴国卷烟分厂上划过程中的财政户头变更等工作,加强对上划工作的组织领导,确保上划工作顺利完成。

请将赣南卷烟厂兴国卷烟分厂上划的情况及时报国家烟草专卖局。

二〇〇四年十二月七日

十三、国家烟草专卖局关于设立南昌卷烟总厂重组江西卷烟工业的批复

江西中烟工业公司：

《江西中烟工业公司关于南昌卷烟厂、井冈山卷烟厂、赣南卷烟厂兴国卷烟分厂实施联合重组的请示》(赣烟工法〔2005〕470 号)收悉。经研究，现批复如下：

一、同意将南昌卷烟厂更名为南昌卷烟总厂。南昌卷烟总厂与井冈山卷烟厂、赣南卷烟厂兴国卷烟分厂联合重组成为一个企业法人实体，取消井冈山卷烟厂、赣南卷烟厂兴国卷烟分厂法人资格。原井冈山卷烟厂、赣南卷烟厂兴国卷烟分厂成为南昌卷烟总厂的生产点，对外可分别称南昌卷烟总厂井冈山卷烟厂、兴国卷烟厂，实行内部核算和目标管理。

二、按规定报经有关部门批准后，将井冈山卷烟厂、赣南卷烟厂兴国卷烟分厂的资产、负债、权益划归南昌卷烟总厂统一管理，由南昌卷烟总厂对合并后的国有资产年承担保值增值责任。

三、按照资产、品牌、采购、销售“四统一”要求，南昌卷烟总厂井冈山卷烟厂、兴国卷烟厂的产供销、人财物，由南昌卷烟总厂实行集中统一管理。

四、南昌卷烟总厂要重组业务流程，整合内设机构，按照精简、统一、效能的原则，调整和设置企业内部管理机构，避免机构重叠、管理层次过多、运行效率低下。

五、按照江西省人民政府的意见和 3 厂联合重组协议，妥善处理 3 厂所在地政府的既得利益。

六、要妥善处理改革、发展和稳定的关系。加大联合重组力度，有效整合企业资源，切实提高经济效益。要深入细致地做好职工思想工作，保持企业稳定，促进企业健康发展。

七、在联合重组过程中，凡涉及烟草专卖品的处理和烟草专卖许可证的变更等，要按照《中华人民共和国烟草专卖法》及其《实施条例》和国家烟草组喊麦据的有关规定办理，不得出现违反烟草专卖管理的行为。

八、请接此批复后，按照有关规定抓紧办理工商注册变更，财政、财务、资产划转等报批手续。

请将联合重组情况及时报国家烟草专卖局。

二〇〇五年七月十四日

十四、江西省烟草专卖局印发《关于加强全省烟草行业内部专卖管理监督工作实施办法》的通知

各市烟草专卖局(分公司)、驻南铁烟草局:

为加强和完善全省烟草行业内部专卖管理监督工作,促进全省行业自律,保障全省行业全面协调可持续发展,根据国家烟草专卖局印发《烟草行业内部专卖管理监督实施意见》(国烟专〔2005〕377号)和《江西烟草行业内部专卖管理监督暂行规定》(赣烟专〔2005〕24号),结合我省实际,省局制定了《关于加强全省烟草行业内部专卖管理监督工作实施办法》,现印发给你们,请认真遵照执行,并将贯彻执行中的问题和建议及时上报省局专卖处。

附件:江西省烟草专卖局《关于加强全省烟草行业内部专卖管理监督工作实施办法》

二〇〇五年十一月四日

附件

江西省烟草专卖局关于加强全省烟草行业内部专卖管理监督工作实施办法

为全面加强和完善全省烟草行业内部专卖管理监督工作,促进全省行业自律,维护国家和消费者利益,保障全省行业全面协调可持续发展,巩固国家烟草专卖制度,根据《中华人民共和国烟草专卖法》、《中华人民共和国烟草专卖法实施条例》、国家局《烟草行业内部专卖管理监督实施意见》和《江西烟草行业内部专卖管理监督暂行规定》,结合全省烟草行业内部专卖管理监督工作实际,特制定本办法。

一、指导思想和基本原则

(一)指导思想

牢固树立国家利益至上、消费者利益至上的共同价值观,运用法律、行政手段,规范对烟草专卖品计划、生产、流通、价格、许可范围等环节的管理,对烟草行业内所有烟草专卖品生产经营行为实行事前、事中、事后全过程专卖管理监督,解决行业内部提高效率和注重自律两大课题,努力营造公开、公平、公正的良好市场环境,构建统一规范、竞争有序的大市场,巩固和完善烟草专卖制度,为烟草行业全面协调可持续发展提供有力保证。

(二)基本原则

1. 依法管理监督原则。坚持和维护烟草专卖制度,对烟草专卖品生产经营企业按照“依法管理,有法必依,执法必严,违法必究”的要求,管理监督到位。

2. 全过程管理监督原则。对卷烟、烟叶等所有烟草专卖品生产经营企业的生产经营活动进行

全过程管理监督。

3. 全员管理监督原则。在充分发挥专卖管理部门职能作用的同时,有效发挥销售、烟叶、计划、法规、财务、审计、纪检监察、整顿办等部门的综合作用,调动全行业干部职工积极参与管理监督。

4. 责任和效率原则。明确各级局管理监督的任务、目标和责任,增强责任意识,做到守土有责,确保烟草专卖法律法规和行业内部专卖管理监督制度得到有效落实;注重运用信息化手段,提高管理监督的效率和水平。

5. 保护与服务原则。加强行业内部专卖管理监督就是通过进一步规范行业生产经营行为,达到打击违法生产经营行为、保护合法生产经营行为的目的。寓管理于服务之中,真诚服务企业。

二、监督主体、监督对象和职责划分

(一)内部专卖管理监督主体和职责

全省各级局是实施内部专卖管理监督的主体。要把加强行业内部专卖管理监督工作摆在更加突出的位置,抓紧抓好。各级局局长负总责,分管局长切实负起责任,专卖管理部门具体执行,并接受上级局的依法监督。按照属地管理原则,实行内部专卖管理监督责任制,特殊情况可由上级局指定管辖。

1. 省局内部专卖管理监督职责

(1)贯彻落实国家局内部专卖管理监督的部署和要求,制定和实施全省内部专卖管理监督制度,建立全省内部专卖管理监督长效机制;

(2)督导、检查、考核下级局的内部专卖管理监督工作;

(3)对同级烟草专卖品生产经营企业实行事前、事中、事后专卖管理监督,查处全省行业内部发生的重大违法、违规案件;

(4)承办国家局交办和其他应当由省局直接办理的内部专卖管理监督工作。

2. 市级局内部专卖管理监督职责

(1)贯彻落实上级局内部专卖管理监督的规定和要求,制定和实施本辖区内部专卖管理监督制度,建立本辖区内部专卖管理监督长效机制;

(2)指导、检查、考核县级局的内部专卖管理监督工作;

(3)对本辖区烟草专卖品生产经营企业实行事前、事中、事后专卖管理监督,查处本辖区行业内部发生的违法、违规案件;

(4)承办省局交办和其他应当由市级局直接办理的内部专卖管理监督事项。

3. 县级局内部专卖管理监督职责

(1)贯彻落实上级局内部专卖管理监督的规定和要求,制定和实施本辖区内部专卖管理监督制度,建立本辖区内部专卖管理监督长效机制;

(2)对本县卷烟营销中心的市场营销活动实行事前、事中、事后专卖管理监督,查处其在市场营销活动中发生的违法、违规案件;

(3)承办上级局交办和其他应当由县级局直接办理的内部专卖管理监督事项。

（二）内部专卖管理监督的对象和责任

本办法适用的内部专卖管理监督对象为江西省所有从事烟草专卖品生产经营活动的企业。

1. 卷烟工业企业:江西中烟工业公司及其所属南昌卷烟总厂、南昌卷烟总厂井冈山卷烟厂、南昌卷烟总厂兴国卷烟厂、赣南卷烟厂以及广丰卷烟厂。

2. 烟叶生产经营和复烤加工企业:江西省烟叶生产购销分公司和赣州烟草分公司、抚州烟草分公司、吉安烟草分公司、上饶烟草分公司及各烤烟收购站(点);石城、峡江、鄱阳烟叶复烤厂。

3. 卷烟经营企业:江西省卷烟销售分公司和全省11个烟草分公司及各县级卷烟营销中心。

4. 相关烟草专卖品生产经营企业:江西滤嘴材料厂(江西天坤化纤有限责任公司)、井冈山纸业有限公司。

全省所有从事烟草专卖品生产经营活动的企业都应当严格遵守烟草专卖法律法规和国家局、省局有关规定,切实加强自律,自觉接受内部专卖管理监督,并履行以下责任:

(1)贯彻落实内部专卖管理监督工作的部署和要求,制定并实施本企业守法生产经营自律制度,建立守法生产经营自律长效机制;

(2)严格按照烟草专卖法律法规和国家局有关规定,及时办理许可证的申领、注销、变更等手续,妥善保管许可证,并按照许可证规定的范围、渠道生产、经营烟草专卖品;

(3)自觉按照烟草专卖法律法规和国家局有关规定及本办法从事烟草专卖品的购置、生产、调拨、运输、销售、仓储及报废处理;

(4)如实向专卖监督管理部门提供烟草专卖品生产经营活动的相关资料,并对所提供资料的真实性负责;

(5)积极配合专卖管理监督工作,主动接受专卖监督管理部门的管理监督。

三、内部专卖管理监督的主要内容

内部专卖管理监督的内容是烟草专卖品生产经营企业遵守烟草专卖法律、法规及有关规定的情况。

（一）卷烟工业企业专卖管理监督主要内容

1. 必须严格按国家计划组织生产,生产的卷烟必须按国家局1号工程要求100%打码,严禁超计划生产或瞒产。

2. 必须建立健全卷烟产、销、存明细账目,构建规范经营的内控机制,按照合同、准运证、调拨单等有关规定销售卷烟,严禁非正常渠道销售,进行体外循环。

3. 必须严格执行准运证管理制度,调拨出库的卷烟必须扫码;必须加强对卷烟携带的管理,严禁重复使用准运证、无准运证运输卷烟。

4. 在卷烟调拨过程中,必须严格遵守国家局、省局有关生产品牌、规格、价格等管理规定,以维护正常的卷烟生产秩序。

5. 在本省范围内的促销活动方案必须经省局批准;未经批准的一律不准进行。申报促销活动方案时,应详细说明活动时间、范围、形式等内容。

6. 在生产、调拨和促销行为中,不得向烟草公司及零售终端给回扣、提供样品烟,卷烟工业企业人员不得随同烟草公司员工进行访销、送货等活动。

7. 在新产品市场推介前,必须向省局和有关市、县局的专卖管理部门提供样品,作为市场管理的识别依据。

8. 必须严格按照烟草专卖法律法规及有关规定组织滤嘴棒的成型加工生产,处理报废的烟机、烟叶、滤嘴棒等烟草专卖品,并报相应烟草专卖行政管理部门批准,接受同级烟草专卖行政管理部门的监督,严禁擅自销毁、处置报废的烟草专卖品。

9. 在采购卷烟生产所需烟草专卖品时,必须严格按照烟草专卖法律法规及国家局相关规定签订烟草专卖品购买合同,禁止从无烟草专卖品生产许可证的企业或个人处购进烟草专卖品。

10. 新购置的烟草专用机械,在得到国家局正式批准后,须抄送省局专卖监督管理处备案。

(二)烟叶生产经营和复烤加工企业专卖管理监督主要内容

1. 烟叶生产经营企业必须按照国家有关部门下达的计划与烟农签订烟叶种植收购合同,约定烟叶种植面积,不得超计划种植,不得无合同收购;必须严格按照国家烤烟标准、价格收购烟叶,禁止跨区域收购,禁止压级压价、提级提价;必须按烟叶购销合同调拨烟叶,凭准运证运输烟叶,禁止向无经营权的单位和个人调拨烟叶。

2. 烟叶复烤加工企业不得无合同、超合同复烤加工烟叶,不得经营烟叶。

3. 必须应按月向企业所在地的市级局专卖监督管理部门报送生产和调拨统计报表。

4. 必须建立完善的烟叶仓储管理办法,切实做到调入调出手续完备、报表账册完整准确,并将烟叶的仓储地点、规模、等级、数量等列表报送所属市级局专卖监督管理部门核查。

5. 凡由省局授权开具省内烟叶运输准运证的市级局专卖监督管理部门,须严格按照烟草专卖法律法规和国家局有关规定及省局授权的范围,审批签发省内烟叶运输准运证,并分调出单位、调入单位、等级、数量按月进行汇总,报送省局专卖监督管理处核查。

6. 对收购合同剩余部分的烟叶,各烟叶产地的市、县局专卖监督管理部门要重点加强监控,严防其非法外流。

7. 对废弃烟草原料的管理,按照《江西省烟草专卖局废弃烟草原料管理办法》(赣烟专〔2005〕4号)的要求严格烟梗、烟末、碎烟等废弃烟草原料的管理,严禁未经批准和不按规定擅自处理。凡要处理的废弃烟草原料,必须纳入所在地烟草专卖局专卖监督管理部门的监管。

(三)卷烟经营企业专卖管理监督主要内容

1. 必须严格依照烟草专卖法律法规及有关规定的许可范围、渠道等签订卷烟购销合同,全部按统一批发价入网销售,严禁通过拆单分摊、假入网等形式进行卷烟体外循环。

2. 严格执行卷烟到货确认制度,购进的卷烟入库必须扫码,禁止虚假确认。未经到货确认、扫码的卷烟不得入库、不得入网销售。经营的卷烟必须做到100%入网、100%落地、100%落户销售。

3. 必须加强货源组织分配管理,公开货源供应。要向辖区内的卷烟零售户公开当月销售卷烟的品牌、数量、价格,全面实施货源公开、公平、公正的访销配送,严禁向无烟草专卖零售许可证的经营户供货及向大户超量供货。

4. 加强对罚没卷烟入网销售的管理。各县级局查获的罚没卷烟统一由市级烟草公司定价后,指定收购处理,全部入网销售。

5. 加强对三产公司的卷烟经营管理。三产公司销售卷烟必须严格遵守烟草专卖法律法规,只能领取烟草专卖零售许可证,从事卷烟零售业务,由所在地烟草公司按入网零售户对待;不得在卷烟品牌、价格方面给予特殊待遇,不得以任何形式进行批发活动。

6. 必须将每月的库存结构,分厂家、品牌、类别、数量、存放时间、地点等情况,向同级烟草专卖监督管理部门通报。

7. 必须将卷烟销售计划、价格、牌号等经营管理信息和各类报表应定期向同级烟草专卖监督管理部门抄送。

8. 不得以任何名义、任何理由收受和索要卷烟工业企业的钱款和财物,个人一律不得收受卷烟工业企业发放的各种奖金、补贴和贵重物品。

(四)相关烟草专卖品专卖管理监督主要内容

1. 各卷烟纸、丝束、滤嘴棒等烟草专卖品生产企业每月应向企业所在地市级局报送企业烟草专卖品生产、销售、库存统计报表。

2. 销售烟草专卖品必须签订购销合同,严禁向无烟草专卖生产企业许可证的企业和个人销售烟草专卖品。

(五)报废烟草专卖品专卖管理监督主要内容

凡列入国家局烟草机械名录的烟机需报废,有关卷烟工业企业须按规定履行审批程序,并报送省局专卖监督管理处、企业所在地市级局专卖监督管理部门备案。

烟叶、卷烟、卷烟纸、滤嘴棒及其他烟草专卖品报废且须销毁的,烟草专卖品生产经营企业应按规定履行审批手续,并报送所在地烟草专卖局专卖监督管理部门备案。

对所有烟草专卖品的报废处理必须在企业所在地市级局全过程监督下进行,处理过程必须留下文字、音像资料备案。

(六)运输烟草专卖品专卖管理监督主要内容

1. 运输烟草专卖品,必须开具准运证。签发准运证的专卖监督管理部门开证时需注明货运单位的名称,标明运输车辆的车牌号码、行车路线、有效期限,做到"一车一号一证"。烟草专卖品运输车辆到达目的地后,需方单位应及时协助办理到货确认手续。

2. 运输过程中,承运车辆出现车辆故障、交通事故等意外情形,无法继续运输烟草专卖品,应立即通知开具准运证的专卖监督管理部门,由专卖监督管理部门和需方或发货单位共同协调安排处理。未经专卖监督管理部门同意,不得擅自将所承运的烟草专卖品换车、落地、仓储、转运。

四、监督措施

(一)内部专卖管理监督的权限

1. 检查权限

各级局根据内部专卖管理监督职责的需要,在认为必要时,可以依法行使下列职权:

(1)进入被监督企业进行检查;

(2)询问被监督企业工作人员,要求其对有关事项做出说明;

(3)要求被监督企业提供、报送相关文件和资料。被监督企业应如实、及时提供有关文件和资料(对涉及企业商业机密的文件、资料,监管单位要严加保密);

(4)查阅、复制被监督企业有关的文件、资料(合同、发票、账册、单据、记录、业务函电等),对可能被转移、隐匿、销毁的文件、资料(合同、发票、账册、单据、记录、业务函电等)予以封存。

2. 许可权限

充分发挥准运证管理系统的作用,强化准运证开具的审核工作。

有下列情形之一的,不得开具准运证:

(1)未合法取得烟草专卖品生产企业许可证的;

(2)超计划生产的卷烟;

(3)无卷烟购销合同或未经打码的卷烟;

(4)无合同收购或无合同复烤加工的烟叶;

(5)具有卷烟生产使用功能或使用价值的报废烟草专卖品未按有关程序和要求处理的;

(6)其他不符合准运证管理办法的行为。

充分发挥许可证管理系统的作用,严格按照《烟草专卖许可证管理办法》,强化烟草专卖零售许可证的申请、审查和核发工作,依法查处不按照许可证规定的经营方式、经营范围、地域范围从事的经营活动。

3. 处罚权限

对被监督企业违反烟草专卖法律法规的行为,可以采取当场制止、责令限期改正、停开准运证等行政手段予以纠正;需要给予行政处罚的,依法按法定程序作出处罚决定。

(二)各级局应建立和完善的五项制度

1. 管理监督通报制度

各级局应定期向上级局报告内部专卖管理监督工作情况。县级局每月向市级局报告,市级局每季度向省局报告;省局每半年在全省行业内通报内部专卖管理监督情况,并报国家局。

各级局对辖区内烟草专卖品生产经营企业的生产经营决策享有知情权,应列席参加被监督企业年度工作会议、新产品投放会议、阶段性工作部署等影响企业生产经营的主要会议,全面掌握生产经营情况。

各级局应及时向烟草专卖品生产经营企业通报新出台的专卖法律法规、相关国家政策和管理规定;各烟草专卖品生产经营企业有关烟草专卖品价格变动、牌号增减、新产品推广、宣传促销等情况应及时向省局通报。

各级局应随时掌握烟草专卖品生产经营动态,及时调整和改进工作方法、措施,为企业提供优质服务,虚心接受企业的意见和建议,完善内部专卖管理监督工作。

各级局应将查处违反内部专卖管理的违法案件,及时向同级纪检监察、法规、财务、审计、销售、经济运行等部门通报。

2. 定期检查制度

各级局应建立和完善对辖区内被监督企业的定期检查制度,检查中要确保工作质量,每次检查结束后要形成书面材料,重点分析存在问题,帮助被监督企业进一步规范烟草专卖品的生产经营活动,不断完善各级局内部专卖管理监督工作。分析材料应存档。

省局每年对全省范围内被监督企业组织两次全面检查,市级局每季度对辖区内被监督企业组织一次全面检查,县级局每月对辖区内被监督企业组织一次全面检查。检查结论需存档。检查结束10日内,应将检查结果报上级局备案。

专项治理卷烟体外循环工作,按国家局规定执行。

3. 内部案件查处制度

各级局必须依法查处辖区内被监督企业违反烟草专卖法律法规的行为,认真核实上级局交办的重大案件线索。案件调查终结、做出行政处罚决定后,均应在24小时内报告上级局。查处过程中涉及严重违反烟草专卖法律法规的有关责任人员,应追究行政责任或刑事责任的,须及时移送纪检监察部门或司法机关。

4. 举报监督制度

各级局应公布专门的举报电话、举报信箱,及时处理内部专卖管理监督案件举报信息。一般案件举报信息应在24小时内安排调查,重大案件举报信息应当立即向分管领导直接汇报,由分管领导安排调查。对举报有功人员,要按照案件举报奖励标准给予奖励。

5. 烟草专卖法律法规培训制度

各级局应当建立完善的教育培训制度,加强对烟草专卖执法人员和生产经营管理人员烟草专卖法律法规及国家局有关政策规定的教育培训,不断提高其法律意识、自律意识和责任意识,教育、引导行业内企业依法经营、规范经营,有效防范各类违法违规行为的发生。

(三)建立和完善内部专卖管理监督机构体系

为适应行业体制变革,提高内部专卖管理监督有效性、长期性,各级局应从机构、人员、保障等方面,建立和完善内部专卖管理监督保障体系。

1. 建立组织机构

各级局应建立内部专卖管理监督领导小组。领导小组组长由各级局局长担任,副组长由各级局分管专卖的副局长担任,专卖、计划、法规、纪检监察、办公室等部门负责人为领导小组成员。领导小组下设办公室,办公室设在专卖管理部门,专卖部门主要负责人任办公室主任,配备1-2名内部专卖管理监督专职人员。

2. 设立内部专卖管理监督办公室

根据履行内部专卖管理监督职责及落实各项工作的实际需要,省局设立内部专卖管理监督办公室,与专卖管理处合署办公,一个机构,两块牌子,专门负责全省行业内部专卖管理监督工作。

3. 设立派驻专卖管理监督办公室,行使专卖管理监督职责

根据《中华人民共和国烟草专卖法实施条例》第48条有关规定和履行内部专卖管理监督职责的实际需要,省局设立江西省烟草专卖局驻江西中烟工业公司专卖管理监督办公室,在省局授权的范围内代表省局行使内部专卖管理监督职责,监督、检查烟草专卖品的生产、经营活动。

江西中烟工业公司及其所属卷烟工业企业应当为省局派驻的专卖管理人员提供办公场所和必

要的工作条件。

五、考核、责任和追究

(一)内部专卖管理监督考核

各级局应当制定内部专卖管理监督考核办法,定期对下级局的内部专卖管理监督工作进行考核。省局对市级局每半年考核一次,市级局对县级局每季度考核一次,县级局每月对卷烟营销中心的市场营销活动考核一次,考核结果存档,作为对各级局领导干部业绩评定、奖励惩处、选拔、任用的重要依据。

内部专卖管理监督考核主要包括以下内容:

1. 内部专卖管理监督长效机制的建立情况;

2. 内部专卖管理监督制度的制定和落实情况;

3. 内部专卖管理监督工作考核办法的制定和执行情况;

4. 本辖区行业内企业的依法依规生产经营情况;

5. 依法行政、规范内部专卖管理监督行为的情况;

6. 烟草专卖法律法规及国家局、省局有关规定的培训情况等。

(二)内部专卖管理监督的责任追究

各级局应当明确内部专卖管理监督的责任,并按照一级抓一级、层层抓落实的原则,从根本上解决行政不作为的问题,确保内部专卖管理监督职责的落实到位。必须明确:各级局的领导班子对本辖区内部专卖管理监督工作负全面领导责任;各级局的主要领导对本辖区内部专卖管理监督工作负总责;分管专卖监督管理工作的副局长负直接领导责任;专卖监督管理部门负责人负直接责任。

1. 各级局的主要领导、分管专卖监督管理工作的副局长没有认真履行本办法规定的内部专卖管理监督职责,具有以下情形之一的,追究其行政责任:

(1)没有建立本辖区内部专卖管理监督长效机制的;

(2)没有按要求制定内部专卖管理监督制度的,或没有严格按制度组织开展内部专卖管理监督工作的;

(3)内部专卖管理监督工作不到位,同级烟草公司(卷烟营销中心)或辖区内其他内部专卖管理监督对象发生严重的违法、违规生产经营问题的;

(4)没有制定内部专卖管理监督工作考核办法,或没有按要求组织对下级烟草专卖局内部专卖管理监督工作进行考核的;对下级烟草专卖局内部专卖管理监督机制不健全或工作失职、不作为等问题,没有及时发现、及时解决的;

(5)没有及时发现查处本辖区行业内企业违法、违规生产经营问题,而被上级烟草专卖局发现查处的;或对违法、违规生产经营责任人包庇袒护,不按规定进行严肃处理的;

(6)没有按要求组织开展烟草专卖法律法规及有关规定的培训工作的;

(7)对上级烟草专卖局交办的内部专卖管理监督工作不办理,敷衍塞责的;不接受上级烟草专卖局、同级纪检监察部门对内部专卖管理监督工作检查考核的。

2. 各级烟草专卖监督管理部门没有按本办法认真履行内部专卖管理监督职责,具有以下情形之一的,追究专卖监督管理部门负责人的行政责任:

(1)没有认真履行工作职责和内部专卖管理监督制度要求的;

(2)在内部专卖管理监督工作中不认真、走过场,没有及时发现违法违规问题的,或对发现的问题包庇隐瞒、不如实上报的;

(3)不接受上级烟草专卖局、同级纪检监察部门检查、考核、监督的。

3. 专卖监督管理部门工作人员不认真履行岗位职责,违背有关程序和纪律要求的;徇私舞弊,利用职务便利谋取不正当利益的,要按有关规定追究行政责任。构成犯罪的,移送司法机关,依法追究刑事责任。

4. 行业内企业的领导和工作人员有下列情形之一的,追究行政责任;构成犯罪的,移送司法机关,依法追究刑事责任:

(1)违反烟草专卖法律法规及有关规定并造成重大损失或影响的;

(2)不按专卖管理监督要求如实、及时提供、报送相关的文件、资料的,或转移、隐匿、损毁有关文件、资料的;

(3)拒绝、阻挠专卖管理监督人员履行专卖管理监督职责的。

5. 内部专卖管理监督责任追究工作,由纪检监察部门按有关工作程序负责办理。

本办法由江西省烟草专卖局负责解释,自印发之日起执行。

十五、国家烟草专卖局关于广丰卷烟厂上划有关事宜的批复

江西中烟工业公司：

《江西中烟工业公司关于广丰卷烟厂上划为中央预算内企业有关事宜的请示》(赣烟工法〔2006〕5号)收悉。经研究,现批复如下：

一、同意广丰卷烟厂上划为中央预算内企业。

二、广丰卷烟厂上划后,人财物和产供销由烟草行业统一管理,党、团、工会组织的管理变更按照有关规定执行。

三、从2005年9月1日起,广丰卷烟厂财务关系上划江西中烟工业公司管理。要严格按照国家有关规定,认真做好资产评估、财务审计和划转等工作。上划前广丰卷烟厂已剥离的债权债务,要办理相关法律手续,与上划后的广丰卷烟厂脱离关系。月兔集团的债权债务等遗留问题,由当地政府负责处理。

四、广丰卷烟厂上划的职工人数,要按照江西中烟工业公司与上饶市人民政府协议严格控制。要按照精简、统一、效能的原则设置广丰卷烟厂内部机构。

五、广丰卷烟厂上划后,要全面加强企业管理,不断提高干部、职工素质和劳动生产率,严禁超计划生产卷烟,自觉遵守专卖管理规定,积极参与烟草企业组织结构调整工作。

六、江西中烟工业公司要积极稳妥地做好广丰卷烟厂上划过程中的财政户头变更和生产经营等各项工作,加强对整个上划工作的组织领导,确保整个上划工作顺利完成。

请将广丰卷烟厂上划情况及时报国家烟草专卖局。

二〇〇六年五月十八日

十六、国家烟草专卖局关于中国烟草总公司江西省公司建立母子公司体制改革的批复

中国烟草总公司江西省公司：

《中国烟草总公司江西省公司关于建立母子公司体制的请示》(赣烟法〔2006〕5号)收悉。根据国办发〔2005〕57号文件精神,经研究,现批复如下：

一、原则同意《中国烟草总公司江西省公司建立母子公司体制改革的实施方案》和《中国烟草总公司江西省公司章程》。

二、中国烟草总公司江西省公司是中国烟草总公司的全资子公司。中国烟草总公司江西省公司投资设立11个市级全资子公司,分别是江西省烟草公司南昌、九江、上饶、宜春、抚州、吉安、萍乡、新余、赣州、景德镇、鹰潭市公司。市级公司在县级行政区划内已设立的营销部作为市公司的分公司,对外称:××市烟草公司××分公司。

三、中国烟草总公司江西省公司的出资人为中国烟草总公司。中国烟草总公司江西省公司各市级全资子公司的出资人为中国烟草总公司江西省公司。

四、中国烟草总公司江西省公司工商注册的经营范围为:卷烟经营、烟叶生产经营、资产经营和综合管理等。主要从事资产经营和综合管理,指导、服务、协调、监管全省卷烟销售和烟叶生产经营,指导全省卷烟销售网络建设,对卷烟销售价格、品牌、库存、结构等进行宏观监测与质量监督,推广普及科学种烟技术,增强烟草自主创新能力。

五、中国烟草总公司江西省公司的领导班子和领导成员由国家烟草专卖局、中国烟草总公司负责管理。要依照国家烟草专卖局、中国烟草总公司有关规定,充分发挥投资委员会、预算委员会、薪酬委员会的作用,明确职责,规范运作,实现科学决策、民主决策、依法决策。

六、中国烟草总公司江西省公司要按照实施方案明确的公司职责,切实转变职能,对其全资企业、控股企业、参股企业和国有股权行使出资人权利,依法经营、管理和监督并承担保值增值的责任。

七、中国烟草总公司江西省公司本级要停止卷烟和烟叶经营,同时要妥善做好卷烟、烟叶供销衔接工作,实现平稳过渡。有关资产收益的分配和管理办法,按照国家烟草专卖局、中国烟草总公司的有关规定执行。

八、中国烟草总公司江西省公司要按照实施方案、公司章程和本批复及国家烟草专卖局、中国烟草总公司有关文件精神组织实施,积极争取地方人民政府和有关部门的支持,及时办理工商注册、税务登记、专卖许可证变更和资产划转、财务调账等相关手续。

请将工作进展情况及遇到的问题及时报国家烟草专卖局。

附件:1.《中国烟草总公司江西省公司建立母子公司体制改革的实施方案》

2.《中国烟草总公司江西省公司章程》

二〇〇六年十月十三日

附件 1

中国烟草总公司江西省公司
建立母子公司体制改革的实施方案

为认真贯彻落实国办文件及《国家烟草专卖局关于贯彻落实国办文件的实施意见》和 2006 年全国烟草工作会议提出的改革任务，以理顺产权关系为主线，转变省公司职能，在商业系统建立母子公司体制，以全面落实科学管理、民主管理、依法管理，形成"归属清晰、权责明确、保护严格、流转顺畅"的现代产权制度，适应我国建立和完善社会主义市场经济的客观要求，实现江西烟草商业由数量型增长向质量效益型增长方式转变、由传统商业向现代流通转变的战略构想，切实提高江西烟草商业企业综合竞争实力和抵御风险能力。按照国家烟草专卖局、中国烟草总公司的安排部署，根据《烟草商业企业建立母子公司体制改革的指导意见》要求，结合江西烟草商业实际情况，制订中国烟草总公司江西省公司建立母子公司体制改革的实施方案。

一、指导思想

根据国烟办文件，按照"理顺产权、调整职能、规范运作、高效运行"的总要求，通过理顺产权关系，转变省公司职能，在中国烟草总公司、省公司、市级公司之间构建三级母子公司体制，尽快将市级公司培育成为充满生机和活力的市场经营主体，确保国有资产保值增值，实现江西烟草商业企业的全面、协调、可持续发展，真正为提高中国烟草的总体竞争实力作出应有的贡献。

二、基本原则

（一）坚持和完善烟草专卖制度。

（二）坚持以市场为取向的改革。

（三）坚持省公司"指导、服务、协调、监管"的基本职责，加强和改善宏观调控。

（四）坚持市级公司市场经营主体地位，增强其生机和活力。

（五）坚持依法管理，规范运作。

（六）坚持妥善处理好各方关系，保持稳定。

三、主要日标

在国家烟草专卖局、中国烟草总公司的正确领导下，通过理顺产权关系，调整管理职能，重组业务流程，加强企业经营管理和监督，构建中国烟草总公司、省公司、市级公司三级母子公司体制，推动省公司管理监督方式由行政管理监督为主向行政管理与资产经营管理并重转变，更好地履行"指导、服务、协调、监管"职能，更好地实现国有资产保值增值，更好地发挥卷烟销售网络培育品牌、服务客户的功能，强化市级公司市场经营主体地位，促进全国范围内的统一开放、竞争有序的"两烟"市场的形成和发展。

四、实施内容

（一）企业名称。

省公司的名称不变，仍称为：中国烟草总公司江西省公司，系中国烟草总公司的全资子公司。

市级公司的名称变更为:江西省烟草公司××市公司。市级公司是中国烟草总公司江西省公司的全资子公司。

中国烟草总公司江西省公司投资设立11个市级全资子公司,分别是江西省烟草公司南昌、九江、上饶、宜春、抚州、吉安、萍乡、新余、赣州、景德镇、鹰潭市公司。

市级公司在县级行政区划内已设立的营销部作为市公司的分公司,对外称:××市烟草公司××分公司。

各子公司注册资本应与国家烟草专卖局、中国烟草总公司批复的企业所有者权益中的实收资本数一致,营业地址不变。

(二)理顺产权关系。

1. 以企业经审计后的2005年12月31日决算数为准,省公司将本级及所属市级公司的净资产审核汇总后,一并划转到中国烟草总公司。

2. 中国烟草总公司将上划的原省公司本级及其所属市级公司的净资产投入到省公司,作为中国烟草总公司对省公司的长期投资,形成省公司的国有法人资本;省公司再将原所属市级公司的净资产投入到所属市级公司,作为省公司对所属市级公司的长期投资,形成各市级公司的国有法人资本。从而构建中国烟草总公司、省公司、市级公司三级母子公司体制,形成中国烟草总公司对省公司、省公司对市级公司的投资关系。

3. 中国烟草总公司与省公司、省公司与所属市级公司形成母子公司体制后,按规定及时办理资产划转、产权变动登记手续并将省公司、市级公司的国家资本变更为国有法人资本。

(三)明确省公司与市级公司职能。

1. 省公司职能:

建立母子公司管理体制后,省公司对所属市级公司行使出资人权利,依法对国有资产进行经营、管理和监督,行使资产收益、重大决策、选择管理者等权利,承担国有资产保值增值的责任。主要职能有:

(1)执行《中华人民共和国烟草专卖法》等法律、法规及行业政策,在"统一领导、垂直管理、专卖专营"的烟草专卖体制下,组织各市级公司依法开展生产经营活动,实现国有资产保值增值。

(2)依法从市级公司收取资产收益,有关资产收益的分配和管理办法,按照国家烟草专卖局、中国烟草总公司的有关规定执行。

(3)按照国家烟草专卖局、中国烟草总公司的总体规划和年度计划,制订全省烟草商业发展规划、年度目标计划,实行宏观调控,改善市场环境,保持经济运行健康发展。

(4)按照干部管理规定,选择和管理市级公司经营者,建立健全激励约束机制;制定全省烟草商业企业人事管理、劳动用工和分配制度,管理市级公司机构设置,规划和组织人力资源开发。

(5)通过财务管理、预算管理、会计核算、重大事项审批,对市级公司资产、重大投资和重要决策实施内部监督和风险控制;通过内部审计、监察督查等方式加强监督,保证市级公司国有资产保值增值。

(6)承担国家烟草专卖局、中国烟草总公司及有关部门交办的其他工作。

2. 市级公司职能：

市级公司作为省公司的全资子公司，依法独立自主经营、自负盈亏；依照烟草专卖法和行业宏观调控政策，实现订单统一采集、货源统一采购、卷烟统一配送。其主要职能有：

（1）依据国家法律、法规及行业政策，独立行使法人财产权、经营权，确保国有资产保值增值。

（2）依据烟草专卖法律、法规及行业政策，自主进行卷烟销售和烟叶生产经营，负责统一采集订单、统一采购货源、统一配送卷烟。

（3）负责企业内部管理，依据行业政策和省公司的有关规定，健全完善激励约束机制，自主选择分配方式，加强职工队伍建设。

（4）按照规定和程序组织实施投资项目。

（5）组织实施省公司制订的经营目标和计划，完成经营任务。

（6）执行国家烟草专卖局、中国烟草总公司及省公司的调控政策。

（7）承担省公司及有关部门交办的其他工作。

（四）省公司的机构设置。

根据国家烟草专卖局已批复的省公司职能配置、内设机构和人员编制，按照精简、统一、效能的原则，结合江西的实际情况，对建立母子公司体制后省公司内部机构设置进行调整，撤销江西省卷烟销售分公司和江西省烟叶生产购销分公司，分别更名为卷烟销售管理处和烟叶管理处，纳入内部机构管理。调整后省公司设职能处（室）13 个、专业部门 6 个。

职能处（室）为：

1. 办公室（外事办公室）；

2. 综合计划处（经济运行处）；

3. 专卖监督管理处（专卖稽查总队、驻南昌铁路烟草专卖分局）；

4. 政策法规与体制改革处；

5. 财务管理处；

6. 审计处；

7. 人事劳资处（离退休人员管理办公室）；

8. 监察处（与党组纪检组合署办公）；

9. 思想政治工作处（与机关党委合署办公）；

10. 科技处（经济信息中心）；

11. 安全保卫处；

12. 卷烟销售管理处；

13. 烟叶管理处。

专业部门为：

1. 烟草质量监督检测站；

2. 烟叶科学研究所；

3. 机关服务中心；

4. 烟草职工教育培训中心;

5. 职业技能鉴定站;

6. 烟草学会。

进一步建立和完善投资委员会、预算委员会、薪酬委员会,健全机构,明确职责,规范运作,严格按照程序规范决策行为,实现科学决策、民主决策、依法决策。

(五)党的组织和工会组织。

根据中国共产党章程的规定,在省公司中设立党的组织,开展党的活动。公司职工依法组织工会,开展工会活动,维护职工的合法权益。公司应当为党组织活动、工会活动提供必要条件。

(六)省公司总经理职权。

省公司设总经理1人,总经理为公司的法定代表人,由国家烟草专卖局、中国烟草总公司任免。省公司实行总经理负责制,公司的重大问题由公司领导班子按照程序集体研究决定。总经理行使下列职权:

1. 贯彻执行国家的法律、法规和方针、政策,按照国家烟草专卖局、中国烟草总公司的规定,主持省公司经营管理工作,组织实施国家烟草专卖局、中国烟草总公司决定并向国家烟草专卖局、中国烟草总公司报告工作。

2. 按照干部管理规定,聘任或者解聘负责管理人员。

3. 组织制订和实施公司发展规划。

4. 根据国家烟草专卖局下达的计划,组织制订和实施公司年度经营计划和投资计划。

5. 组织制订和实施公司的年度财务预算方案,编制公司的年度财务决算方案。

6. 组织审核公司内部的利润分配方案和制订弥补亏损方案。

7. 组织拟订公司内部管理机构设置方案并报国家烟草专卖局、中国烟草总公司审批。

8. 组织制定公司基本管理制度。

9. 根据国家烟草专卖局、中国烟草总公司的劳动工资政策,制订公司员工工资分配方案;建立公司员工的激励和约束机制。

10. 国家烟草专卖局、中国烟草总公司授予的其他职权。

(七)人力资源管理与收入分配。

省公司依据国家和行业有关规定,实行工资总量控制、协调监管,逐步建立健全企业收入分配的激励约束机制:

1. 对市级公司实施工效挂钩,编制全省烟草商业企业工资计划,调控市级公司的工资发放。

2. 对市级公司经营者收入实行统一管理,建立与工作业绩考核相联系的薪酬制度。

3. 制定人力资源规划,健全和完善相关制度,对职工培训、用工总量、人工成本等进行管理和指导。

4. 按照有关规定,发布劳动用工、工资水平、人工成本等人力资源管理信息,建立预测预警机制。

五、组织实施

江西烟草商业企业建立母子公司体制改革工作,在国家烟草专卖局、中国烟草总公司的领导下,有组织、有计划、按步骤进行。

(一)准备阶段。

1. 成立江西省烟草商业企业建立母子公司体制改革工作领导小组,负责改革的组织领导工作。

组长:揭国雄;

副组长:张正蝉;

成员:雷万春、罗年安、郑京、胡声宇、李定芳、陈建辉、章建华、李文、袁球、万峻、熊尚彬。

江西省烟草商业企业建立母子公司体制改革工作领导小组办公室设在法规处。

办公室主任:熊尚彬。

成员:刘在强、毛永强、洪皓、刘辉。

2. 召开省局(公司)党组会、办公会、体改领导小组会,认真学习国办发〔2005〕57 号文件及国家局领导的讲话、有关会议精神,进一步统一思想,明确工作思路。

3. 制订《江西烟草商业建立母子公司体制改革工作进度表》,明确各部门的职责并责成省局办公室专题进行督办,按时完成各阶段工作任务。

(二)制订方案阶段。

1. 制订江西烟草商业企业建立母子公司体制改革的实施方案、省公司章程、市级公司章程。

2. 制订资产划转方案、机构设置及职能调整方案等。

3. 召开市级公司座谈会,征求对各项方案、章程的意见。

4. 召开省公司办公会议研究确定整体方案、章程。

5. 上报中国烟草总公司江西省公司建立母子公司体制改革的实施方案、省公司章程、市级公司章程。

(三)资产划转阶段。

根据已审计的 2005 年 12 月 31 日决算数,迅速对各市级公司债权、债务、对外投资等事项进行全面清理。按照资产划转方案对资产进行划转。

(四)变更登记阶段。

根据国家烟草专卖局、中国烟草总公司的批复,办理工商、税务、专卖许可证、产权等变更登记手续,确保在 2007 年元月正式挂牌运作。省公司名称不变,出资人为中国烟草总公司,将国家资本变更为国有法人资本。市级公司名称统一变更为江西省烟草公司××市公司,出资人为中国烟草总公司江西省公司,将国家资本变更为国有法人资本。

(五)完善阶段。

1. 建立和完善新体制下的计划、劳动工资、劳动保障、人事、安全、经营、统计、投资、财务、资金、内部审计、绩效考核和分配等行业内部管理制度。

2. 针对实施中出现的问题,进行总结,进一步调整完善。

附件 2

中国烟草总公司江西省公司章程

第一章　总　　则

第一条　为确立中国烟草总公司江西省公司(以下简称公司)的法律地位和行为准则,保障公司的合法权益,规范公司的管理和运作,根据《中华人民共和国公司法》、《中华人民共和国烟草专卖法》及其实施条例等有关法律法规,结合烟草行业特点和公司实际情况,制订本章程。

第二条　公司名称为中国烟草总公司江西省公司。

公司的法定住所:江西省南昌市洪城路 298 号,邮政编码为 330009。

第三条　公司投资设立 11 个全资子公司,全资子公司名称为江西省烟草公司××市公司,分别是:江西省烟草公司南昌、九江、上饶、抚州、宜春、吉安、赣州、景德镇、萍乡、新余、鹰潭市公司。

第四条　公司经国家烟草专卖局批准,是在原江西省烟草商业企业基础上改建的,是中国烟草总公司的全资子公司。公司在江西省工商行政管理局依法登记注册,具有独立企业法人资格,以其全部财产对公司的债务承担责任,其合法权益受国家法律保护。

第五条　公司在国家烟草专卖局、中国烟草总公司的领导下,依据国家法律、法规及行业政策自主进行生产经营管理活动,照章纳税,遵守社会公德、商业道德、诚实守信,维护国家利益和消费者利益,接受人民政府和社会公众的监督,承担社会责任。

第二章　出资人、注册资本和经营范围

第六条　出资人名称及出资方式

出资人名称:中国烟草总公司

出资方式:中国烟草总公司以原中国烟草总公司江西省公司本级及所属市级公司的净资产作为出资。

第七条　公司的注册资本,应与国家烟草专卖局、中国烟草总公司批复的企业所有者权益中的实收资本数一致。

第八条　经国家烟草专卖局批准,公司经营范围为:卷烟经营、烟叶生产经营、资产经营和综合管理等。

第三章　组织机构与管理体制

第九条　公司接受省烟草专卖局的专卖管理和执法监督。江西省烟草专卖局、中国烟草总公司江西省公司实行“一套机构、两块牌子”的管理体制。

第十条 按照精简、统一、效能的原则，根据烟草专卖体制特点，设置内部机构。

第十一条 建立和健全投资委员会、预算委员会、薪酬委员会等决策机构，明确职责，规范运作，严格按照程序规范决策行为，实现科学决策、民主决策、依法决策。

第十二条 根据中国共产党章程的规定，在公司中设立党的组织，开展党的活动。公司职工依法组织工会，开展工会活动，维护职工的合法权益。公司应当为党组织活动、工会活动提供必要条件。

第四章 主要职能、权限和义务

第十三条 公司的主要职能：

1. 执行《中华人民共和国烟草专卖法》等法律、法规及行业政策，在“统一领导、垂直管理、专卖专营”的烟草专卖体制下，组织各市级公司依法开展生产经营活动，实现国有资产保值增值。

2. 依法从市级公司收取资产收益，有关资产收益的分配和管理办法，按照国家烟草专卖局、中国烟草总公司的有关规定执行。

3. 按照国家烟草专卖局、中国烟草总公司的总体规划和年度计划，制订全省烟草商业发展规划、年度目标计划，实行宏观调控，改善市场环境，保持经济运行健康发展。

4. 按照干部管理规定，选择和管理市级公司经营者，建立健全激励约束机制；制定全省烟草商业企业人事管理、劳动用工和分配制度，管理市级公司机构设置，规划和组织人力资源开发。

5. 通过财务管理、预算管理、会计核算、重大事项审批，对市级公司资产、重大投资和重要决策实施内部监督和风险控制；通过内部审计、监察督查等方式加强监督，保证市级公司国有资产保值增值。

6. 承担国家烟草专卖局、中国烟草总公司及有关部门交办的其他工作。

第十四条 公司的主要权限：

1. 依法对各子公司行使资产收益权，有关投资收益的分配和管理办法，按照国家烟草专卖局、中国烟草总公司的有关规定执行。

2. 按照干部管理规定，选择和管理各子公司的经营者；按照法定程序和出资比例，对其他控股企业和参股企业履行股东权利。

3. 根据国家法律法规及行业政策，在公司职权范围内，审批各子公司财务预算、重大投资（含对外投资）、资产抵押、内部机构设置、用工总量和工资总额，申报企业设立、合并、分立、终止和资产变动等重大事宜。

4. 组织、协调、指导和规范全省卷烟销售工作，指导全省卷烟销售网络建设，对卷烟销售价格、品牌、库存、结构等进行宏观监测。

5. 编制烟叶生产、收购、调拨计划，组织协调、指导和规范全省烟叶生产经营工作。推广、普及科学种烟技术，提高烟叶质量。

6. 审批各子公司章程。

7. 审查核定子公司的年度预算方案；对各子公司进行审计和监督。

8. 根据有关规定,统一管理公司及各子公司的涉外工作。

第十五条 公司对各子公司承担以下义务:

1. 维护各子公司的独立法人地位和法人财产权,支持其依法开展经营活动。

2. 建立各子公司共有的信息网络,为各子公司提供信息技术支持和数据处理咨询,汇集、分析、发布有关经济、技术和市场信息。

3. 建立统一的资金管理平台,为各子公司财务结算提供便利。

4. 指导子公司加强人力资源管理,提高队伍素质,控制人工成本,提高劳动生产率。

第十六条 各子公司的主要职能:

1. 依据法律、法规及行业政策,独立行使法人财产权、经营权,确保国有资产保值增值。

2. 依据烟草专卖法律、法规及行业政策,自主进行卷烟销售和烟叶生产经营,负责统一采集订单、统一采购货源、统一配送卷烟。

3. 依据行业有关规定,健全完善激励约束机制,自主选择分配方式,加强职工队伍建设。

4. 按照规定和程序组织实施投资项目。

5. 组织实施省公司制订的经营目标和计划,完成经营任务。

6. 执行国家烟草专卖局、中国烟草总公司及省公司的调控政策。

7. 承担省公司及有关部门交办的其他工作。

第十七条 各子公司的主要权限:

1. 行使国家法律、法规和行业政策规定的经营自主权。

2. 按照有关规定和程序,对中层级以下负责管理人员进行任免、考核、奖惩。

3. 根据省公司有关规定行使投资权和资产处置权。

4. 在省公司规定的工资总额范围内自主分配。

5. 根据省公司有关规定,实施劳动用工管理。

6. 编制财务预算方案,经公司批准后,享有预算范围内的费用开支权。

7. 对省公司的决策、监督、管理等事项提出建议。

第十八条 各子公司的主要义务:

1. 保证国有资产安全和保值增值,及时足额上缴资产收益。

2. 执行国家法律、法规及行业政策规定,接受省公司的监督和指导。

3. 接受政府、行业及省公司的审计、监督,及时上报财务、统计报表。

4. 承认并遵守本章程,执行省公司决议。

第五章 公司的法定代表人

第十九条 公司设总经理1人。总经理为公司的法定代表人,由国家烟草专卖局、中国烟草总公司任免。

第二十条 公司实行总经理负责制,公司的重大问题由公司领导班子按照程序集体研究决定。

第二十一条 总经理行使下列职权：

1. 贯彻执行国家的法律、法规和方针、政策，按照国家烟草专卖局、中国烟草总公司的规定，主持公司经营管理工作，组织实施国家烟草专卖局、中国烟草总公司决定并向国家烟草专卖局、中国烟草总公司报告工作。

2. 按照干部管理规定，聘任或者解聘负责管理人员。

3. 组织制订和实施公司发展规划。

4. 根据国家烟草专卖局下达的计划，组织制订和实施公司年度经营计划和投资计划。

5. 组织制订和实施公司的年度财务预算方案，编制公司的年度财务决算方案。

6. 组织审核公司内部的利润分配方案和制订弥补亏损方案。

7. 组织拟订公司内部管理机构设置方案并报国家烟草专卖局、中国烟草总公司审批。

8. 组织制定公司基本管理制度。

9. 根据国家烟草专卖局、中国烟草总公司的劳动工资政策，制订公司员工工资分配方案；建立公司员工的激励和约束机制。

10. 国家烟草专卖局、中国烟草总公司授予的其他职权。

第六章 财务会计和审计

第二十二条 公司依照国家法律、行政法规和国务院财政部门的规定建立本公司的财务、会计制度。

第二十三条 公司在每一会计年度终了时编制财务报告并经会计师事务所依法审计。公司的会计年度自公历 1 月 1 日起至 12 月 31 日止。

第二十四条 公司以人民币为记账本位币，根据经营需要，经批准可分别开设人民币账户和外汇账户。

第二十五条 公司按国家有关规定，建立内部审计机构，实行内部审计制度，对公司及所投资的企业的经营管理活动进行审计。

第二十六条 公司除法定的会计账册外，不得另立会计账册。对公司资产，不得以任何个人名义开立账户存储。

第七章 人力资源管理、收入分配和劳动保障

第二十七条 公司根据国家法律、法规及国家烟草专卖局、中国烟草总公司有关政策，结合生产经营需要，制订人力资源规划，健全和完善相关制度，对职工培训、用工总量、人工成本等进行管理和指导。

第二十八条 公司依据国家及国家烟草专卖局、中国烟草总公司有关规定，按照总量控制、协调监管的原则，建立健全企业收入分配激励约束机制。

第二十九条 公司遵守国家法律、法规及行业政策,规范劳动用工制度,制定劳动保障制度,保障劳动者的合法权益。

第三十条 公司按照有关规定,发布劳动用工、工资水平、人工成本等人力资源管理信息,建立预测预警机制。

第三十一条 公司按照有关规定提取福利费和工会经费。

第八章 附 则

第三十二条 本章程经国家烟草专卖局、中国烟草总公司批准后生效。

公司根据需要可修改本章程,报国家烟草专卖局、中国烟草总公司批准后执行。

第三十三条 本章程未尽事宜,按照国家有关法律、法规及行业政策执行。

十七、国家烟草专卖局关于江西卷烟工业企业合并重组和建立母子公司体制的批复

江西中烟工业公司：

《江西中烟工业公司关于江西卷烟工业企业合并重组、理顺产权和建立母子公司体制的请示》收悉。根据国办文件精神，经研究，现批复如下：

一、原则同意《江西卷烟工业企业合并重组、理顺产权和建立母子公司体制实施方案》和《江西中烟工业公司章程》。

二、同意南昌卷烟总厂与赣南卷烟厂、广丰卷烟厂合并重组为一个企业法人实体，保留南昌卷烟总厂的企业名称。赣南卷烟厂、广丰卷烟厂的资产、负债、权益一并划归南昌卷烟总厂统一管理。取消赣南卷烟厂、广丰卷烟厂的法人资格，原赣南卷烟厂、广丰卷烟厂成为南昌卷烟总厂的生产点，对外分别称：南昌卷烟总厂赣南卷烟厂、南昌卷烟总厂、广丰卷烟厂，实行内部核算和目标管理。

三、江西中烟工业公司是中国烟草总公司的全资子公司，南昌卷烟总厂是江西中烟工业公司的全资子公司。

四、江西中烟工业公司的出资人为中国烟草总公司，南昌卷烟总厂的出资人为江西中烟工业公司。

五、江西中烟工业公司经营范围为：烟草制品的生产、销售，烟用物资、烟机零配件的经营，与烟草制品生产销售相关的其他生产经营，多元化经营，资产经营等。

六、江西中烟工业公司的领导班子和领导成员由国家烟草专卖局、中国烟草总公司负责管理。要按照现代企业制度要求，探索建立法人治理结构。要充分发挥投资委员会、预算委员会、薪酬委员会的作用，明确职责，规范运作，实现科学决策、民主决策、依法决策。

七、江西中烟工业公司要按照实施方案和公司章程明确的公司职责，对其全资企业、控股企业、参股企业和国有股权使出资人权利，依法经营、管理和监督并承担保值增值的责任。在国家烟草专卖局、中国烟草总公司的宏观调控和监督管理下，江西中烟工业公司依法自主进行各项经营活动。

八、南昌卷烟总厂要理顺原赣南卷烟厂、广丰卷烟厂的产供销、人财物关系。在合并重组过程中，凡涉及烟草专卖品的处理和烟草专卖许可证的变更等，要严格按照《中华人民共和国烟草专卖法》及其实施条例和国家烟草专卖局的有关规定办理，不得出现违反烟草专卖管理的行为。

九、要按照江西省人民政府的意见，妥善处理原赣南卷烟厂、广丰卷烟厂所在地人民政府的利益关系。要切实做好职工的思想工作，妥善安置职工，保持企业持续稳定健康发展。

十、江西中烟工业公司要按照实施方案、公司章程和本批复及国家烟草专卖局、中国烟草总公

司有关文件精神认真组织实施,积极争取地方人民政府和有关部门的支持,及时办理工商注册、税务登记、专卖许可证变更手续和资产划转审批手续。

请将工作进展情况及遇到的问题及时报国家烟草专卖局。

附件:1.《江西卷烟工业企业合并重组、理顺产权和建立母子公司体制实施方案》(省略)

2.《江西中烟工业公司章程》(省略)

二〇〇六年十二月七日

十八、国家烟草专卖局关于印发《烟叶种植收购合同管理暂行办法》的通知

福建、广东、广西、山东、湖南、湖北、河南、陕西、云南、贵州、四川、重庆、黑龙江、安徽、辽宁、江西、吉林、内蒙古、河北、山西、宁夏、新疆、甘肃省(区、市)烟草专卖局(公司),浙江中烟工业公司:

为提升烟叶种植收购合同管理水平,提高烟叶种植收购过程控制能力,进一步规范烟叶生产经营秩序,切实做到以合同为主线组织烟叶种植收购工作,确保烟叶国家计划落实和烟叶生产规模稳定,现将《烟叶种植收购合同管理暂行办法》印发给你们,请认真贯彻执行。

附件:《烟叶种植收购合同管理暂行办法》

二〇〇七年一月十二日

附件

烟叶种植收购合同管理暂行办法

第一章　总　　则

第一条　为规范烟叶种植收购合同(以下简称合同)管理,维护国家利益和烟农利益,依据《中华人民共和国烟草专卖法》与《中华人民共和国烟草专卖法实施条例》、《中华人民共和国合同法》以及《财政部　国家发展改革委关于规范烟叶生产投入补贴若干问题的意见》的有关规定,制定本办法。

第二条　合同是烟草公司与种植烟叶(指生产烟草制品所需的烤烟和名晾晒烟,包括白肋烟和香料烟,下同)的农户签订的、明确双方权利义务的书面形式合同。合同须经双方盖章或签字后方能生效。

第三条　本办法适用于合同签订与履行全过程的管理与监督。

第二章　合同签订的依据、原则与程序

第四条　合同签订依据。

国家发展和改革委员会下达年度烟叶收购计划(以下简称国家计划),国家烟草专卖局以正式文件形式将国家计划转发到各省级烟草公司。

1. 省、地市、县级烟草公司要严格按照国家计划,以正式文件形式逐级分解落实烟叶收购计划,安排指导性种植面积。

2. 地市级烟草公司(或被授权的县级烟草公司)在上级烟草公司分解的国家计划和安排的指

导性种植面积总量内,与符合条件的种烟农户户主签订合同。

第五条 合同签订原则。地市级烟草公司(或被授权的县级烟草公司)为合同甲方,种烟农户为合同乙方,双方本着平等、自愿的原则协商签订合同。

第六条 合同签订程序。

1. 农户申请。种烟农户需向地市级烟草公司(或被授权的县级烟草公司)提出种烟申请,填写《种烟农户基本情况登记表》。《种烟农户基本情况登记表》由地市级烟草公司统一印制。

2. 资格审核。地市级烟草公司(或被授权的县级烟草公司)要认真核实申请种烟农户的土地条件、基础设施、技术水平及往年合同履约率等基本情况,建立种烟农户基础信息档案。

3. 签订合同。地市级烟草公司(或被授权的县级烟草公司)与通过资格审核的种烟农户签订合同,约定烟叶收购数量、种植面积及种植株数。

4. 建立档案。地市级烟草公司(或被授权的县级烟草公司)要将合同录入烟叶信息管理基础软件,建立合同档案。合同档案内容要包括户主姓名、身份证号、合同编码、IC卡号、种植面积、种植株数、收购数量、生产投入补贴标准等信息。

第三章 合同格式、编码与主要内容

第七条 合同格式。国家烟草专卖局统一制定合同式样(见附件1、附件2),省级烟草公司(或地市级烟草公司)统一组织印制本辖区合同。

第八条 合同编码。国家烟草专卖局统一制定合同编码规则,合同编码共15位,格式为:

(年度编码4位)+(省级编码2位)+(地市级编码2位)+(县级编码2位)+(流水号编码5位)。

省级编码号、地市级编码号、县级编码号执行《烟草行业组织机构代码编制规则》(YC/T190—2005),年际间不变;流水号在县级烟草公司范围内统一编码,按签订合同的顺序从00001开始,上限为99999。

合同签订时要保证合同编码号的连续性。未签与错签的合同编码号要统一注销。

第九条 合同主要内容。

1. 收购数量。根据上级烟草公司分解的当年收购计划及种烟农户条件,确定每个种烟农户的烟叶收购数量(其中包括出口备货数量)。

2. 指导性种植面积、种植株数。按照约定的收购数量和实际单产水平确定。

3. 种植品种。根据客户需求,从全国或省级烟草品种审定委员会审定的品种资源中确定。

4. 种烟地块所属基本烟田编号。根据基本烟田规划,按国家烟草专卖局确定的基本烟田编码规则对烟田进行编号。

5. 调制设施编号及其容量。根据基础设施建设规划,按国家烟草专卖局确定的烟叶基础设施编码规则对在用调制设施进行编号。

6. 收购烟叶的烟叶工作站名称及收购时间。约定种烟农户交售烟叶的烟叶工作站名称和交售时间。

7. 收购价格。执行国家发展改革委会同国家烟草专卖局制订的当年烟叶收购价格。

8. 烟叶生产投入补贴政策。省级烟草公司根据国家烟草专卖局的批复,制订具体补贴项目、补贴标准。地市级烟草公司根据省级烟草公司有关规定和本辖区烟叶生产实际情况,确定生产投入补贴兑现时间、兑现方式。

第十条 双方责任。

1. 甲方责任:向乙方有偿(或无偿)供应烟叶生产物资;兑现本年度烟叶生产投入补贴政策;提供生产技术培训和技术咨询服务;执行国家烟叶标准和收购价格,按合同收购烟叶;以现金方式、委托金融部门付款或电子结算方式支付乙方烟叶货款。

2. 乙方责任:按技术方案要求使用烟叶生产物资;按技术方案要求进行农事操作;按技术指导进行烟叶分级;按照约定的时间、地点、等级和数量向甲方出售烟叶,不跨站交售烟叶,不倒买倒卖烟叶,不转借合同或IC卡。

第十一条 违约责任。

1. 甲方未履行合同规定的相关条款,乙方有权如实向上一级烟草专卖局举报。甲方是地市级烟草公司,合同中要公布省级烟草专卖局举报电话;甲方是地市级烟草公司授权的县级烟草公司,合同中要公布地市级烟草专卖局举报电话。

2. 甲方不履行合同,要视后果适当赔偿乙方经济损失。

3. 乙方不履行合同,要返还甲方提供的本年度烟叶生产投入补贴物资或资金。

4. 乙方无正当理由,连续两年违约弃种,甲方将不再与之签订合同。

第四章 合同的管理与监督

第十二条 计划管理。烟叶产区各级烟草公司要严格逐级分解国家计划,不得以任何理由超计划安排。在合同签订之前,各级烟草公司必须逐级上报本单位分解国家计划的正式文件。

第十三条 合同管理。

1. 合同约定的烟叶收购总量不得突破上级烟草公司分解到本辖区的国家计划。要根据种烟农户实际单产水平约定种植面积,对合同履约情况进行评价并视考核结果对烟农给予差异化生产投入补贴。要建立完整的合同档案,合同签订与执行情况通过烟叶信息管理基础软件报上级烟草公司。

2. 地市级和县级烟草公司要切实加强合同监管,通过烟叶信息管理基础软件等手段,及时监控本辖区合同签订与执行质量,把加强合同监督检查作为行业内部管理监督工作的一项重要内容,突出过程控制,不断提高合同管理水平。

3. 烟草专卖、整顿办、烟叶等部门要加强合同的监督,在育苗、移栽、收购等环节,组成联合检查组对合同签订质量、执行情况进行专项检查,制止无计划、超计划签订合同以及先种后签、多种少签、少种多签合同等现象。

4. 合同签订时间。各产区合同签订必须在每年烟叶移栽开始前全面完成。

5. 合同签订之前,地市级、县级烟草公司要认真做好各项准备工作,与种烟农户充分协商沟通,确定种植面积和收购数量。合同一经签订,不得调整。

6. 合同解除。如确因不可抗力(如严重自然灾害等)造成烟叶绝收,甲乙双方可协商解除合同,收回种烟农户的合同文本,同时在烟叶信息管理基础软件中予以剔除。

第十四条 生产管理。

1. 以合同为主线,加强生产过程管理。严格按照国家计划和实际单产水平引导种烟农户预留烟地;严格按合同向种烟农户供应种子和其他生产物资;严格按合同组织育苗、移栽,杜绝无合同、超合同移栽;烟地预留、种子等物资采购供应以及育苗、移栽等基础数据要逐级上报。

2. 产区各级烟草公司要切实加强烟叶生产过程控制能力建设,加强辖区内烟叶生产过程监管,采取综合措施,及时发现并解决问题。

第十五条 收购管理。

1. 推行烟叶收购预检制,按合同进行预检,未经预检的烟叶不予收购。

2. 严格按合同收购,严禁超计划、无合同收购烟叶。确因丰产造成烟叶产量超出当年收购计划的,要推迟到下年度1月1日后收购并抵减下年度计划。

3. 按照工作流程组织好烟叶收购工作。产区各级烟草公司要加强烟叶收购过程监管,通过烟叶信息管理基础软件,监控本辖区烟叶收购量与国家收购计划完成进度情况,及时发现并解决问题。

第十六条 加强监督。在合同签订和烟叶收购结束后,烟叶工作站张榜公布所有种烟农户合同约定面积、约定收购量以及实际交售数量,接受社会监督。

第五章 罚 则

第十七条 凡出现以下问题的单位,国家烟草专卖局将给予通报批评并按有关纪律要求,对直接责任人、分管领导和主要领导进行严肃处理;违反《中华人民共和国烟草专卖法》及《中华人民共和国烟草专卖法实施条例》的,依法追究法律责任。

1. 没有严格按照国家计划分解计划;没有分解国家计划的正式文件。

2. 超出国家计划签订合同;签订虚假合同;强迫农民签订合同。

3. 没有建立合同管理档案,或合同管理档案内容虚假;没有建立烟叶生产各环节的检查制度和考核档案。

4. 因工作不得力造成超计划移栽、无计划移栽、超合同移栽、无合同移栽。

5. 超计划收购烟叶、无计划收购烟叶、超合同收购烟叶、无合同收购烟叶。

第六章 附 则

第十八条 本办法自发布之日起施行。

第十九条 本办法由国家烟草专卖局负责解释。

十九、国家烟草专卖局　中国烟草总公司关于江西卷烟工业企业管理体制改革的批复

江西中烟工业公司：

《江西中烟工业公司关于江西中烟与南昌卷烟总厂合并重组、与总公司建立二级母子公司体制的请示》收悉。根据国办文件精神，经研究，现批复如下：

一、原则同意《江西卷烟工业企业管理体制改革实施方案》和《江西中烟工业公司章程》。

二、同意江西中烟工业公司与所属南昌卷烟总厂合并重组为一个企业法人实体，继续使用“江西中烟工业公司”名称，直接从事卷烟生产经营。取消南昌卷烟总厂法人资格，其债权债务关系依法由江西中烟工业公司承继。

三、江西中烟工业公司是中国烟草总公司的全资子公司，其出资人为中国烟草总公司。

四、江西中烟工业公司投资设立5个不具有企业法人资格的卷烟生产厂和1个控股子公司。5个不具有企业法人资格的卷烟生产厂，分别是江西中烟工业公司南昌卷烟厂、赣南卷烟厂、广丰卷烟厂、井冈山卷烟厂、兴国卷烟厂。江西中烟工业公司对不具有企业法人资格的卷烟生产厂实行内部核算和预算管理。1个控股子公司的名称为“江西省锦峰实业有限公司”。

五、江西中烟工业公司的经营范围为：烟草制品的生产、销售，烟用物资、烟机零配件的经营，与烟草制品生产销售相关的其他生产经营，多元化经营等。

六、江西中烟工业公司要按照资产、品牌、采购、销售“四统一”的要求，理顺与卷烟生产厂的产供销、人财物关系，建立市场营销中心、生产制造中心、技术研发中心、物资采购中心，有效整合企业资源，推进技术进步，降低生产成本，切实提高经济效益，促进企业平稳健康发展。

七、江西中烟工业公司的领导班子和领导成员由国家烟草专卖局、中国烟草总公司负责管理。要按照现代企业制度要求，探索建立法人治理结构。要充分发挥投资委员会、预算委员会、薪酬委员会的作用，明确职责，规范运作，实现科学决策、民主决策、依法决策。

八、江西中烟工业公司要按照实施方案和公司章程明确的公司职责，对其全资自公司、控股企业、参股企业和国有股权行使出资人权力，依法经营、管理和监督并承担保值增值的责任，在国家烟草专卖局、中国烟草总公司的宏观调控和监督管理下，江西中烟工业公司依法自主进行各项经营活动。

九、在合并重组过程中，凡涉及烟草专卖品的处理和烟草专卖生产许可证的变更等，要按照《中华人民共和国烟草专卖法》及其实施条例及国家烟草专卖局的有关规定办理，不得出现违反烟草专卖管理的行为。

十、江西中烟工业公司要按照实施方案、公司章程和本批复及国家烟草专卖局、中国烟草总公司有关文件精神认真组织实施，积极争取地方人民政府和有关部门的支持，及时办理工商注册、税务登记、专卖许可证变更和资产划转的审批事宜。

工作进展情况及遇到的问题,请及时报告国家烟草专卖局、中国烟草总公司。

附件:1.《江西卷烟工业企业管理体制改革实施方案》

2.《江西中烟工业公司章程》

二〇〇七年十二月十二日

附件 1

江西卷烟工业企业管理体制改革实施方案

为认真贯彻党的十六大和十七大以及国办文件精神,根据国家烟草专卖局《关于贯彻落实国办文件的实施意见》,在江西卷烟工业前期联合重组取得阶段性成果的基础上,为在年底前完成构建中国烟草总公司与江西中烟工业公司二级母子公司体制的目标任务,不断增强江西卷烟工业竞争实力,特制定本实施方案。

一、指导思想

以国办文件、国烟文件和江西省经贸委《印发关于抓好"四个一"工作的意见的通知》文件精神为指导,坚持"深化改革、推动重组、走向联合、共同发展"的方针和"大企业、大品牌、大市场"的战略;坚持"理顺产权、调整职能、规范运作、高效运行"的总体要求;坚持做精做优、保持特色、缩小差距、增强实力的发展定位。构建中国烟草总公司与江西中烟工业公司二级母子公司体制,按照现代企业制度要求,探索建立法人治理结构,使之真正成为灵活高效充满生机的市场竞争主体,确保国有资产保值增值,切实提高江西卷烟工业综合实力,为参与更高层次、更高水平的重组奠定基础,为行业改革发展和地方经济建设做出贡献。

二、基本原则

(一)坚持和完善烟草专卖制度。

(二)坚持以市场为取向的改革,依法管理,规范运作,稳步推进。

(三)坚持以资产为纽带,以品牌为支撑,实现资产、品牌、采购、销售"四个统一"的集中管理。

(四)坚持"确保基数、比例分成、统一纳税、年终统算"的原则,妥善处理地方政府既得利益。

(五)坚持"尊重历史、承认差距、共享发展、体现公平"的原则,维护企业员工的合法权益。

三、主要目标

根据国办发 57 号、国烟办 126 号和赣经贸运行发 78 号文件精神,通过进一步理顺产权关系,构建中国烟草总公司与江西中烟工业公司二级母子公司体制,调整原江西中烟工业公司和所属企业经营管理职能,按照现代企业制度要求,逐步建立法人治理结构,确保国有资产的保值增值,切实提高江西卷烟工业综合实力。

四、实施内容

(一)公司名称

江西中烟工业公司与南昌卷烟总厂重组为一个企业法人实体,公司名称仍沿用"江西中烟工业公司",是中国烟草总公司的全资子公司。原南昌卷烟总厂(本部)、南昌卷烟总厂赣南卷烟厂、南昌卷烟总厂广丰卷烟厂、南昌卷烟总厂井冈山卷烟厂、南昌卷烟总厂兴国卷烟厂作为公司的卷烟生产点,对外分别称"江西中烟工业公司南昌卷烟厂、赣南卷烟厂、广丰卷烟厂、井冈山卷烟厂、兴国卷烟厂"。公司设立1个控股子公司,即江西省锦峰实业有限公司。

公司的注册资本与国家烟草专卖局、中国烟草总公司批复的企业所有者权益中实收资本数一致。注销原南昌卷烟总厂法人资格。

(二)资产划转

1. 按原江西中烟工业公司及所属南昌卷烟总厂的净资产(以2007年12月31日审计决算数为准)审核汇总后,划转到中国烟草总公司。

2. 中国烟草总公司以原江西中烟工业公司及所属南昌卷烟总厂的净资产总额投入到江西中烟工业公司,作为中国烟草总公司对江西中烟工业公司的长期投资,形成江西中烟工业公司的国有法人资本,从而构建中国烟草总公司与江西中烟工业公司二级母子公司管理体制。

3. 江西中烟工业公司依法承继南昌卷烟总厂的所有资产、负债和权益。按照有关规定及时办理资产划转、账务调整和产权变动登记手续,将江西中烟工业公司的国家资本变更为国有法人资本。

(三)江西中烟工业公司职能

江西中烟工业公司(以下简称"公司")依法对其国有资产进行经营、管理,承担国有资产保值增值的责任。主要职能有:

1. 执行《中华人民共和国烟草专卖法》等法律、法规及行业政策,在国家烟草专卖局、中国烟草总公司领导下,依法开展生产经营活动,提高烟草制品质量,维护消费者利益,保证国家财政收入,实现国有资产保值增值。

2. 制订公司的发展战略和中长期发展规划。

3. 按照规定权限办理行政许可项目、非行政许可审批项目以及内部管理项目的申报手续。

4. 负责公司的法律事务。

5. 制订公司财务管理制度,统一资金的筹集和运用;通过财务管理、预算管理、会计核算、内部审计与监督等方式,保障公司资产安全、平稳运行。

6. 制订公司的利润分配方案和弥补亏损方案,经审批后执行。

7. 对各种资源进行有效整合和合理配置,提高效率,降低成本。

8. 组织实施产品开发和重大科技攻关活动。

9. 按照管理权限,办理基础设施建设、技术改造等重大投资事项,并组织实施。

10. 按照管理权限,对投资项目进行决策和办理报批手续,并组织实施。行使出资人权利,对被投资企业形成的国有资产依法进行经营、管理,并承担保值增值责任。

11. 负责实施安全管理和保卫工作。

12. 制订公司的基本管理制度,并组织实施。

13. 按照干部管理规定,考核、任免由国家烟草专卖局、中国烟草总公司管理以外的负责管理人员,制订人力资源规划,负责公司职工的招聘、培训、考核、晋升工作,执行国家烟草专卖局、中国烟草总公司的劳动工资政策,建立和完善公司的激励和约束机制。

14. 执行国家烟草专卖局下达的生产经营等各项计划,并根据市场情况,组织生产经营活动。

15. 负责组织生产所需原材料和物资的采购和调配。

16. 负责组织产品的销售和市场拓展。

17. 加强思想政治工作和精神文明建设,推进公司的企业文化建设。

18. 承担国家烟草专卖局、中国烟草总公司及有关部门交办的其他工作。

(四)公司内部机构设置

(1)办公室(外事办公室);

(2)监察部(与党组纪检组合署办公);

(3)人力资源部;

(4)政治思想工作部(机关党委、团委、工会);

(5)法律与改革部;

(6)审计部;

(7)财务管理(投资管理)部;

(8)综合计划部;

(9)生产管理部;

(10)安全保卫部;

(11)原料供应部;

(12)物资供应部;

(13)技术中心;

(14)信息中心;

(15)市场营销中心;

(16)后勤服务中心。

按照现代企业制度要求,探索建立法人治理结构。建立和完善投资委员会、预算委员会、薪酬委员会等专业委员会,明确职责,规范运作,严格按照程序规范决策行为,实现科学决策、民主决策、依法决策。

(五)党的组织和工会组织

根据中国共产党章程的规定,设立党的组织,开展党的活动。公司职工依法组织工会,开展工会活动,维护职工的合法权益。公司应当为党组织活动、工会活动提供必要条件。

(六)公司治理

公司设总经理1人,副总经理若干人。总经理和副总经理按照干部管理规定,由国家烟草专卖局、中国烟草总公司任免。总经理为公司的法定代表人。

公司实行总经理负责制。公司的重大问题由公司领导班子按照程序集体研究决定。

总经理行使以下职权:

1. 贯彻执行国家的法律、法规和方针、政策，按照国家烟草专卖局、中国烟草总公司的规定，主持公司的生产经营管理和资产经营工作，组织实施国家烟草专卖局、中国烟草总公司决定，并向国家烟草专卖局、中国烟草总公司报告工作。

2. 按照干部管理规定，聘任或解聘负责管理人员。

3. 组织制订和实施公司发展规划。

4. 按照国家烟草专卖局下达的计划，组织制订和实施公司年度经营计划和投资计划。

5. 组织制订和实施公司的年度财务预算方案，编制公司的年度财务决算方案。

6. 按照有关政策规定，组织拟订公司的利润分配方案和弥补亏损方案。

7. 组织制订公司内部管理机构设置方案及职能，报国家烟草专卖局、中国烟草总公司审批。

8. 组织制订公司基本管理制度。

9. 根据国家烟草专卖局、中国烟草总公司的劳动工资政策，制订公司员工工资分配方案；建立公司员工的激励与约束机制。

10. 以公司的名义对外开展业务活动，行使法定代表人的职权。

11. 提出修改公司章程的建议。

12. 召集并主持总经理办公会议，副总经理和有关负责人参加。

13. 公司章程和国家烟草专卖局、中国烟草总公司授予的其他职权。

副总经理根据公司章程的规定和总经理的授权，履行相应的职责，协助总经理工作，并对总经理负责。

（七）公司运行机制

公司成立后，在国家烟草专卖局、中国烟草总公司领导下，按照统一高效的模式开展生产经营管理活动。

1. 计划管理

公司集中统一制订生产销售计划、原料物资供应计划等，统一采购调拨物资，统筹安排生产；公司统一规划和组织实施固定资产投资计划，包括基建、技改计划等。

2. 财务管理

公司财务实行统一管理，统一核算。地方利益分配坚持“确保基数、比例分成、统一纳税、年终统算”的原则，执行省政府、省财政厅有关规定。

3. 劳资管理

按照“尊重历史，承认差距，共享发展，体现公平”的原则，依法维护企业员工的合法权益。

4. 人事管理

公司员工按照分级管理权限进行管理、调配与考核。干部管理按照行业现行干部管理规定执行。

五、组织实施

江西卷烟工业企业管理体制改革工作，在国家烟草专卖局、中国烟草总公司的统一规划和指导下，有组织、有计划、按步骤进行。

（一）准备阶段

1. 成立江西卷烟工业企业管理体制改革工作领导小组。

组　长:郑　伟

副组长:徐仲良　王志彬

成　员:王洪宪　王迪汗　黄　平　余小斌　刘一华　廖新尧　赵明强　刘润发
缪　波　张志勇　任用镨　孙亚平　罗丽珍　冯　文

江西卷烟工业企业管理体制改革工作领导小组下设办公室,设在法律与改革部。

办公室主任:王洪宪(兼)

2. 组织动员,统一思想。

3. 制订方案。(2007 年 10 月 20 日前)

制订《江西卷烟工业企业管理体制改革实施方案(草案)》和《江西中烟工业公司章程(草案)》。

4. 省中烟公司通过一定形式审定管理体制改革实施方案和公司章程(10 月 31 日前)。

5. 省中烟公司将《江西中烟工业公司关于江西中烟与南昌卷烟总厂合并重组、与总公司建立二级母子公司体制的请示》及有关附件在向省政府报告后上报国家局审批(11 月 20 日前)。

6. 筹备召开“江西卷烟工业企业管理体制改革新闻发布会”(年底以前)。

(二)组织实施阶段

1. 完成资产划转申报手续。

2. 办理工商、税务变更登记手续。

根据财政部和国家烟草专卖局、中国烟草总公司的批复,办理相关变更手续。

3. 做好财务并账前的各项准备工作。

4. 公司正式挂牌运行。

(三)运行完善阶段

1. 公司应在新的管理体制下,完善公司组织架构,优化人员配置,不断完善计划管理、劳动工资、劳动保障、人事管理、安全保卫、生产经营、统计、投资决策、财务管理、资金营运、内部审计、绩效考核和利益分配等公司内部管理制度。

2. 在改革实施过程中,及时总结经验,进一步调整和完善。

附件 2

江西中烟工业公司章程

第一章　总　　则

第一条　为确立江西中烟工业公司(以下简称“公司”)的法律地位和行为准则,保障公司的合法权益,规范公司的管理和运作,根据《中华人民共和国公司法》、《中华人民共和国烟草专卖法》及其实施条例，结合烟草行业特点和公司实际情况，制订本章程。

第二条 公司全称：江西中烟工业公司。

公司英文全称：China Tobacco Jiangxi Industrial Corporation

公司简称：江西中烟。

公司住所：江西省南昌市高新开发区金圣工业科技园。

公司地址：南昌市高新开发区金圣路1号。

邮政编码：330096。

第三条 公司经国家烟草专卖局、中国烟草总公司批准，是由原江西中烟工业公司和南昌卷烟总厂合并组建，是中国烟草总公司的全资子公司。公司在江西省工商行政管理局依法登记注册，具有独立企业法人资格，以其全部财产对公司的债务承担责任，其合法权益受国家法律保护。

第四条 公司在国家烟草专卖局、中国烟草总公司的领导下，依据国家法律、法规及行业政策自主进行生产经营管理活动，照章纳税，维护国家利益和消费者利益。

第二章 出资者、注册资本和经营范围

第五条 出资者名称及出资方式。

出资者名称：中国烟草总公司。

出资方式：中国烟草总公司以原江西中烟工业公司和南昌卷烟总厂审计后的净资产作为出资。

第六条 公司注册资本与国家烟草专卖局、中国烟草总公司批复的企业所有者权益中实收资本数一致。

第七条 公司经营范围：烟草制品的生产、销售，烟用物资、烟机零配件的经营，与烟草制品生产销售相关的其他生产经营，多元化经营，资产经营等。

第三章 管理机构

第八条 公司设总经理1人，副总经理若干人。总经理和副总经理按照干部管理规定，由国家烟草专卖局、中国烟草总公司任免。

第九条 公司实行总经理负责制。公司的重大问题由公司领导班子按照程序集体研究决定。

第十条 总经理是公司的法定代表人，负责公司的全面工作，行使以下职权：

1. 贯彻执行国家的法律、法规和方针、政策，按照国家烟草专卖局、中国烟草总公司的规定，主持公司的生产经营管理和资产经营工作，组织实施国家烟草专卖局、中国烟草总公司决定，并向国家烟草专卖局、中国烟草总公司报告工作。

2. 按照干部管理规定，聘任或解聘负责管理人员。

3. 组织制订和实施公司发展规划。

4. 按照国家烟草专卖局下达的计划，组织制订和实施公司年度经营计划和投资计划。

5. 组织制订和实施公司的年度财务预算方案,编制公司的年度财务决算方案。

6. 按照有关政策规定,组织拟订公司的利润分配方案和弥补亏损方案。

7. 组织制订公司内部管理机构设置方案及职能,报国家烟草专卖局、中国烟草总公司审批。

8. 组织制订公司基本管理制度。

9. 根据国家烟草专卖局、中国烟草总公司的劳动工资政策,制订公司员工工资分配方案;建立公司员工的激励与约束机制。

10. 以公司的名义对外开展业务活动,行使法定代表人的职权。

11. 提出修改公司章程的建议。

12. 召集并主持总经理办公会议,副总经理和有关负责人参加。

13. 公司章程和国家烟草专卖局、中国烟草总公司授予的其他职权。

第十一条 副总经理根据本章程的规定和总经理的授权,履行相应的职责,协助总经理工作,并对总经理负责。

第十二条 建立和完善投资委员会、预算委员会、薪酬委员会等专业委员会,明确职责,规范运作,严格按照程序规范决策行为,实现科学决策、民主决策、依法决策。

第十三条 公司根据管理和发展需要,按照精简高效的原则,设置内部机构,并在总经理领导下开展工作。

第十四条 根据中国共产党章程的规定,设立党的组织,开展党的活动。依法组织工会,开展工会活动,维护职工的合法权益。公司应当为党组织活动、工会活动提供必要条件。

第四章 公司职能

第十五条 公司依法对其国有资产进行经营、管理,承担国有资产保值增值的责任。主要职能有:

1. 执行《中华人民共和国烟草专卖法》等法律、法规及行业政策,在国家烟草专卖局、中国烟草总公司领导下,依法开展生产经营活动,提高烟草制品质量,维护消费者利益,保证国家财政收入,实现国有资产保值增值。

2. 制订公司的发展战略和中长期发展规划,深化改革,积极探索公司在更高层次的联合重组,提升公司的核心竞争力。

3. 按照规定权限办理行政许可项目、非行政许可审批项目以及内部管理项目的申报手续。

4. 负责公司的法律事务。

5. 制订公司财务管理制度,统一资金的筹集和运用;通过财务管理、预算管理、会计核算、内部审计与监督等方式,保障公司资产安全、平稳运行。

6. 制订公司的利润分配方案和弥补亏损方案,经审批后执行。

7. 对各种资源进行有效整合和合理配置,提高效率,降低成本。

8. 组织实施产品开发和重大科技攻关活动。

9. 按照管理权限,办理基础设施建设、技术改造等重大投资事项,并组织实施。

10. 按照管理权限,对投资项目进行决策和办理报批手续,并组织实施。行使出资人权利,对被投资企业形成的国有资产依法进行经营、管理,并承担保值增值责任。

11. 负责实施安全管理和保卫工作。

12. 制订公司的基本管理制度,并组织实施。

13. 按照干部管理规定,考核、任免由国家烟草专卖局、中国烟草总公司管理以外的负责管理人员,制订人力资源规划,负责公司职工的招聘、培训、考核、晋升工作,执行国家烟草专卖局、中国烟草总公司的劳动工资政策,建立和完善公司的激励和约束机制。

14. 执行国家烟草专卖局下达的生产经营等各项计划,并根据市场情况,组织生产经营活动。

15. 负责组织生产所需原材料和物资的采购和调配。

16. 负责组织产品的销售和市场拓展。

17. 加强思想政治工作和精神文明建设,推进公司的企业文化建设。

18. 承担国家烟草专卖局、中国烟草总公司及有关部门交办的其他工作。

第五章　财务、会计和审计

第十六条　公司依照国家法律、行政法规和国务院财政部门的规定建立本公司的财务、会计制度。

第十七条　公司在每一会计年度终了时,按照国家烟草专卖局、中国烟草总公司的统一规定,编制财务会计报告,并依法经会计师事务所审计。公司的会计年度自公历 1 月 1 日起至 12 月 31 日止。

第十八条　公司以人民币为记账本位币,根据经营需要,经批准可分别开设人民币账户和外汇账户。

第十九条　公司按国家有关规定,建立内部审计机构,实行内部审计制度,对公司及所投资的企业的经营管理活动进行审计。

第二十条　公司除法定的会计账册外,不得另立会计账册。对公司资产,不得以任何个人名义开立账户存储。

第六章　利润分配与弥补亏损

第二十一条　公司分配当年税后利润时,按下列顺序进行:

1. 弥补以前年度亏损。

2. 按当年税后利润百分之十提取法定公积金。

3. 按照国家烟草专卖局、中国烟草总公司有关规定,提取任意公积金。

4. 公司弥补亏损、提取法定公积金、任意公积金后,剩余利润按照国家烟草专卖局、中国烟草总公司有关规定进行分配。

第二十二条　公司的公积金用于弥补公司的亏损,扩大公司生产经营或者转为增加公司资本。

第七章　人力资源管理、收入分配和劳动保障

第二十三条　公司根据国家法律、法规及国家烟草专卖局、中国烟草总公司有关政策，结合生产经营需要，制订人力资源规划，健全和完善相关制度，对职工培训、用工总量、人工成本等进行管理。

第二十四条　公司依据国家及国家烟草专卖局、中国烟草总公司有关规定，按照总量控制、协调监管的原则，建立健全企业收入分配激励约束机制。

第二十五条　公司遵守国家法律、法规及行业有关政策，规范劳动用工制度，制订劳动保障制度，保障劳动者的合法权益。

第二十六条　公司按照有关规定提取福利费和工会经费。

第八章　附　　则

第二十七条　本章程经国家烟草专卖局、中国烟草总公司批准后生效。

公司根据需要可修改公司章程，报国家烟草专卖局、中国烟草总公司批准后执行。

第二十八条　本章程未尽事宜，按照国家有关法律、法规及行业政策执行。

二十、江西省烟草专卖局关于印发《内部专卖管理监督责任追究暂行规定》的通知

各市局(公司)、驻南铁局:

现将《江西省烟草专卖局内部专卖管理责任追究暂行规定》印发给你们,请认真贯彻执行。

附件:《江西省烟草专卖局内部专卖管理监督责任追究暂行规定》

二○○八年九月十日

附件

江西省烟草专卖局内部专卖管理监督责任追究暂行规定

第一章　总　　则

第一条　为全面贯彻落实国家局关于《烟草行业内部专卖管理监督实施意见》要求,切实履行内部专卖管理监督职责,进一步规范我省行业内部烟草专卖品的生产经营行为,提高企业自律能力,根据烟草专卖法律法规、行纪行规、《烟草行业行政处分暂行规定》《烟草行业内部专卖管理监督工作规范》和内部相关制度,结合本省烟草系统实际情况,特制定本规定。

第二条　本规定适用于江西省烟草专卖局(公司)系统。

第三条　责任追究坚持有法必依、有错必纠、有过必罚、教育与惩戒相结合的原则。

第二章　责任追究种类

第四条　行业内部专卖管理监督责任追究分为行政处理、行政处分、经济处罚:

(一)行政处理分为:责令整改、通报批评、调离岗位。

(二)行政处分分为:警告、记过、记大过、降级、撤职、留用察看、辞退。

(三)经济处罚分为:扣发奖金和工资、赔偿损失。

(四)行政处理、行政处分与经济处罚可视情况合并适用。

第三章　卷烟经营不规范行为

第五条　有以下情形之一的,属卷烟购进环节不规范经营行为:

(一)订货计划未通过集体讨论的,或年度性(含半年度)订货计划未纳入运行流程监管的;

(二)到货确认未实行专人负责,或入库单、准运证、合同等原始凭证不相符,或帐、表、卡、单未按规定装订成册并汇总的;

(三)未按规定执行卷烟到货确认制度,造成卷烟到货未确认、逾期确认或无法确认的;

(四)卷烟到货实施虚假确认的;

(五)未经审批程序,变更或解除卷烟购销协议的;

(六)未按规定执行网上交易及相关规定的;

(七)未按规定执行国家局扫码入库制度的;

(八)从无资质单位购进卷烟的;

(九)无合同或超合同购进卷烟的;

(十)重复使用卷烟购销合同、准运证调入卷烟的;

(十一)其他不规范经营行为的。

第六条 有下列情形之一的,属卷烟批发(销售)环节不规范经营行为:

(一)客户经理、电访员、送货员等明知零售户为他人代订、代购卷烟,未采取内控措施的;

(二)对超市、大型商场、连锁总店供货,供货计划与实际需求严重不符的;(市公司营销策略有规定的除外)

(三)对卷烟零售户未执行营销政策规定限量供货,或未经备案程序擅自更改限量供货标准的;

(四)卷烟未落地销售;

因经营策略不当、非主观故意出现超过零售户经营能力投放卷烟引起卷烟被收购外流的;

因主观故意采取集中时间线路投放卷烟、组合销售、协议销售、滞销烟集中出库等形式,为非法烟贩收购卷烟提供方便等其他违规行为,即名义上访销配送、实际上通过烟贩倒卖卷烟的;

(五)应实行一库式管理,但未经上级批准备案设多库或账实不符的;

(六)打码分拣到户过程中,未保留打码原始记录,或违反打码规定,或打码量与实际销售量不符的;

(七)零售户为他人代订、代购卷烟,经专卖部门查证属实并已通知相关部门后,相关部门未调整客户分类等级的;

(八)零售户分类定级(新办证三个月后)不符合规定,或未经审批程序擅自修改零售户经营信息,对零售户分类、等级或实际供货量产生影响的;

(九)违反应急订单管理规定销售卷烟的;

(十)擅自调剂零售户卷烟的;

(十一)违反有关价格政策规定,变相降价销售卷烟的;

(十二)违反货源供应制度,向卷烟零售户及自营店倾斜供应紧俏卷烟的;(特殊卷烟除外)

(十三)二级配送点(代订、代送、补货点)的设立程序、主体资格或管理不符规定的;

(十四)参与拆单分摊销售卷烟的;

(十五)虚假订单销售卷烟的;

(十六)虚拟零售户销售卷烟的;

(十七)冒用零售户名义订购卷烟的;

(十八)代零售户在送货底单上签收的;

(十九)未按规定或有特殊情形而未经批准,将所配送的卷烟送至目标零售户经营地址以外地点,或克扣零售户卷烟、违反资金管理规定和货款未日清日结的;

(二十)超许可范围销售卷烟的;

(二十一)向无证零售户销售卷烟的;

(二十二)体外循环销售卷烟的;

(二十三)销售非法生产卷烟的;

(二十四)其他不规范经营行为的。

第七条 零售自营店有下列情形之一的,属零售环节不规范经营行为:

(一)账实严重不相符的;

(二)赊销、出借卷烟的;

(三)未设罚没、残损卷烟销售专柜,或未实行明码标价销售罚没、残损卷烟的;

(四)相互调剂(串换)卷烟的;

(五)低于卷烟零售指导价销售卷烟(特殊卷烟除外)、折让销售等变相降价销售的;

(六)无证批发即低于统一零售指导价一次性销售卷烟五十条以上的;

(七)未在当地烟草专卖部门指定的烟草批发企业进货的;

(八)其他不规范经营行为的。

第八条 有下列情形之一的,属特殊卷烟销售环节不规范经营行为:

(一)特供卷烟的供应对象不符规定的;

(二)特供卷烟供应价格不符规定的;

(三)罚没卷烟收购、核价或销售作价不符规定的;

(四)滞销、残损卷烟销售对象不符规定的;

(五)未按规定申报残损卷烟,或虚假申报残损卷烟的;

(六)未按规定对罚没、残损卷烟进行定点销售和管理的;

(七)其他不规范经营行为的。

第九条 有下列情形之一的,属其他相关环节不规范经营行为:

(一)无审批手续或超审批范围开展促销活动的;

(二)不配合内管监督检查,未及时、如实提供完整的文件、资料,或伪造、转移、隐匿、损毁有关文件、资料、证据的;

(三)拒绝、阻挠专卖管理监督人员履行内管监督职责的;

(四)回收、倒卖、串换或赊销卷烟牟取不正当利益的;

(五)其他不规范经营行为的。

第四章　烟叶生产经营不规范行为

第十条　有以下情形之一的，属烟叶生产种植计划环节不规范生产经营行为：

(一)计划总量分解超过上级计划的；

(二)代订代种的；

(三)超计划签订烟叶种植合同的；

(四)严重超计划面积种植烟叶的；(以1100株为一亩)

(五)无计划签订烟叶种植合同的；

(六)签订虚假合同的；(含种植、收购、调拨)

(七)无合同种植烟叶的；

(八)其他不规范生产经营行为的。

第十一条　有以下情形之一的，属烟叶收购环节不规范生产经营行为：

(一)收购未预检和入烤出烤未实行登记备案烟叶的；

(二)打白条拖欠烟农烟叶款的；

(三)超合同收购烟叶的；(因丰产因素，需烟叶处认同不超过合同订购量10%的除外)

(四)压级压价的；

(五)索拿卡要克扣烟农的；

(六)无合同收购烟叶的；

(七)跨区域收购烟叶的；

(八)与不法烟贩内外勾结进行烟叶收购的；

(九)为其他单位和个人提供账号和收购资金的；

(十)其他不规范生产经营行为的。

第十二条　有以下情形之一的，属烟叶调拨、运输环节不规范生产经营行为：

(一)超合同调拨烟叶的；

(二)超准运证运输烟叶的；

(三)无合同调拨烟叶的；

(四)无准运证运输烟叶的；

(五)其他不规范生产经营行为的。

第十三条　有以下情形之一的，属烟叶生产经营其他环节不规范经营行为：

(一)未按专卖部门监管程序或无审批部门审批手续擅自对废弃烟叶进行处理的；(违规销毁、销售的)

(二)拒绝、阻挠内管人员履行内管监督职责的；

(三)不配合、不接受或阻碍内管、纪检监察部门检查考核、监督的；

(四)不配合专卖内管监督检查，或未及时、如实提供完整的文件、资料，或伪造、转移、隐匿、损

毁有关文件、资料、证据的;

(五)回收、倒卖、串换或赊销烟叶牟取不当利益的;

(六)违反第一项规定,导致废弃烟叶流入地下烟厂的;

(七)其他不规范经营行为的。

第五章　内管监督过错行为

第十四条　有以下情形之一的,属内管监督过错行为:

(一)未按规定定期开展内部专卖管理监督检查的;

(二)未在规定时间内完成上级交办的内部专卖管理监督任务的;

(三)发现被监管单位或部门的问题未及时反馈,或未启动调查核实程序的;

(四)未按监管工作流程和标准开展同级监管、日常监督检查的;

(五)未及时发现和查处行业内单位、部门、人员不规范生产经营问题,或未按规定及时上报的;

(六)开展内部专卖管理监督工作不到位,或拖延造成同级、辖区内业务部门发生严重的不规范生产经营行为的;

(七)不配合、不接受或阻碍上级内管、纪检监察部门检查、考核、监督的;

(八)未制定内部专卖管理监督制度、未建立长效机制,或未履行内部专卖管理监督职责的;

(九)对不规范生产经营行为包庇袒护或阻碍、干涉职能部门查处的;

(十)内部专卖管理监督人员违反工作程序和纪律,利用职务之便谋取不当利益的;

(十一)其他内管监督过错行为的。

第六章　责任追究适用

第十五条　违反第五条第一项至第四项,第六条第一项至第三项,第七条第一项至第三项,第八条第一项至第二项,第九条第一项,第十四条第一项至第二项之规定,情节较轻的对责任人给予责令整改处理,情节较重的对责任人给予通报批评处理;情节严重的对责任人给予调离岗位处理。

第十六条　违反第五条第五项至第六项,第六条第四项第一款至第十三项,第七条第四项至第五项,第八条第三项至第四项,第十条第一项至第二项,第十一条第一项至第二项,第十三条第一项,第十四条第三项至第七项之规定,情节较轻的对责任人给予通报批评或警告处分;情节较重的对责任人给予记过处分;情节严重的对责任人给予记大过处分。

第十七条　违反第五条第七项,第六条第十四项至第十八项,第八条第五项至第六项,第九条第二项,第十条第三项至第四项,第十三条第二项至第三项,第十四条第八项之规定的,对责任人给予记过处分;情节较重的对责任人给予记大过处分;情节严重的对责任人给予降级处分。

第十八条　违反第六条第四项第二款,第六条第十九项至第二十项,第七条第六项至第七项,第九条第三项,第十条第五项,第十一条第三项至第四项,第十二条第一项至第二项,第十四条第九项之规定的,对责任人给予记过或记大过处分;情节较重的对责任人给予记大过或降级处分;情节严重的对责任人给予降级、撤职处分。

第十九条 违反第五条第八项至第十项,第六条第二十一项至第二十三项,第九条第四项,第十条第六项至第七项,第十一条第五项至第九项,第十二条第三项至第四项,第十三条第四项至第六项,第十四条第十项之规定的,对责任人给予降级处分;情节较重的对责任人给予撤职处分;情节严重的对责任人给予辞退处分。

第二十条 违反第五条第十一项,第六条第二十四项,第七条第八项,第八条第七项,第九条第五项,第十条第八项,第十一条第十项,第十二条第五项,第十三条第七项,第十四条第十一项之规定,属其他不规范生产经营行为、过错行为的经纪检监察部门、人劳部门、内管部门集体研究确定具体情节性质后,按以上条、项、款规定严肃处理。

第二十一条 有以下情形之一的可从轻、减轻或免予处分:

(一)主动承认错误并有悔改表现的;

(二)主动赔偿、退回不规范生产经营行为所得、减轻不规范经营行为所产生后果的;

(三)不规范生产经营行为轻微并及时纠正,没有造成危害后果的免予处分;

(四)其他可以从轻或减轻、免予处分的。

第二十二条 有以下情形之一的可以从重处分:

(一)超过整改期限未整改到位或整改不彻底的;

(二)行政处分解除之前又故意实施不规范生产经营行为的;

(三)在一次检查中发现行为人两次以上实施不规范生产经营行为的;

(四)强迫、指使、唆使、教唆他人实施不规范生产经营行为的;

(五)拒不交出、退出不规范经营所得的;

(六)串通、阻碍他人提供证据材料的;

(七)打击报复举报人、证明人、检查人的;

(八)其他可以从重处分的。

第二十三条 对同一不规范生产经营行为同时符合不同条款的,应适用从重原则。

第二十四条 被查出有不规范生产经营行为的单位、部门和个人除整改以外,对直接责任人处以行政处理、处分的同时,应当视情节扣发相应的当月(季、半年、全年)考核奖,不规范经营行为造成国有资产损失的,应当追究其赔偿损失的责任。

第二十五条 连带责任情况处理:单位、部门负责人在工作中存在失职、渎职行为的,造成单位、部门员工不规范生产经营行为严重,被处以行政处分的,相关单位、部门负责人要受相应的行政处分并给予经济处罚。

内部不规范生产经营行为严重,(被上级通报处理的单位和部门)对市局(公司)领导班子相关成员处以行政处理、处分,并给予经济处罚。

两人以上共同主观故意不规范生产经营的,对为首者,除此规定中另有规定的以外,从重处分;对其他人员,根据其在共同不规范行为中所起的作用和应负的责任,分别给予行政处分。

第七章　责任追究程序

第二十六条　各级局应设置举报邮箱、举报电话并公开。发现不规范生产经营行为的，按以下程序追究：

（一）专卖内管部门调查、核实不规范经营事实；

（二）纪检监察、人事或专卖内管部门提出处理意见；

（三）按干部管理权限，分管领导审核批准处理决定；

（四）纪检监察、人事或专卖内管部门将处理决定以书面形式通知相关部门和受处理本人。

不规范生产经营行为事实调查，由专卖内管人员（二人以上、含二人）实施。经调查取证确认有不规范生产经营行为的，除按照本规定处罚外，应对生产经营责任人追究党纪政纪责任的，移交纪检监察部门处理；应对责任人扣发奖金、调离岗位的，通知人事劳资部门执行；应对经营责任人或对专卖责任人责令整改、通报批评的，由专卖内管部门处理。

行政处分应按干部管理权限，经局（公司）领导班子讨论决定。

记过以上处分（含记过）应报上一级行政主管部门备案。

第二十七条　被处理的单位、部门和个人，对所认定的不规范生产经营事实有异议的，或对处分、处理、处罚决定不服的，可向上一级行政主管部门申诉，申诉期间行政处分、处理、处罚不停止执行。

第八章　附　　则

第二十八条　违反法律、法规，触犯刑法的，移交司法部门处理。

第二十九条　本规定与法律、法规、《烟草行业行政处分暂行规定》相抵触的，按法律、法规和《烟草行业行政处分暂行规定》规定执行。

第三十条　本规定由江西省烟草专卖局（公司）负责解释。

第三十一条　本规定自下发之日起执行。

二十一、国家烟草专卖局 中国烟草总公司关于江西中烟工业公司更名改制和建立董事会的批复

江西中烟工业公司:

《江西中烟工业公司关于更名改制和建立董事会工作的请示》(赣烟工法〔2009〕11号)收悉。经研究,现批复如下:

一、同意《江西中烟工业公司关于更名改制和建立董事会工作实施方案》和《江西中烟工业有限责任公司章程》。

二、同意江西中烟工业公司依法更名改制为“江西中烟工业有限责任公司”。原江西中烟工业公司的债务依法由江西中烟工业有限责任公司承继。

三、江西中烟工业有限责任公司要按照现代企业制度要求,建立董事会,设立监事,逐步完善法人治理结构。江西中烟工业有限责任公司董事会由7人组成,除1名职工董事须经民主选举产生外,其余董事由中国烟草总公司委派。

四、江西中烟工业有限责任公司董事会、监事、经理层要按照公司章程规定,充分发挥作用,认真履行职责,切实做到各司其职,规范运作,协调运转,有效制衡,促进发展。

五、在企业更名改制过程中,凡涉及烟草专卖品的处理和烟草专卖生产许可证的变更等,要按照《中华人民共和国烟草专卖法》及其实施条例和国家烟草专卖局的有关规定办理,不得出现违反烟草专卖管理的行为。

六、要按照实施方案、公司章程和本批复精神认真组织实施,积极争取地方人民政府和有关部门的支持,及时办理工商注册、税务登记、专卖许可证变更等事宜。

工作进展情况及遇到的问题,请及时报告国家烟草专卖局、中国烟草总公司。

附件:1.《江西中烟工业公司更名改制和建立董事会工作实施方案》

2.《江西中烟工业有限责任公司章程》

二〇〇九年九月四日

附件1

江西中烟工业公司更名改制和建立董事会工作实施方案

根据国办发〔2005〕57号文件精神,按照国家烟草专卖局、中国烟草总公司《关于省级工业公司建立董事会工作的指导意见》和《关于加强董事会建设的意见》,结合江西卷烟工业实际,制定江西中烟工业公司更名改制和建立董事会工作实施方案。

一、企业基本情况

江西中烟工业公司(以下简称公司)成立于2004年10月28日,是中国烟草总公司的全资子公司。公司注册资本30733.993905万元人民币,住所地址为江西省南昌市高新开发区京东大道201号金圣工业科技园。公司下辖南昌、赣南、广丰、井冈山、兴国5个直属非法人卷烟生产厂和按事业部制管理的市场营销中心、技术研发中心。公司经营范围:烟草制品的生产、销售,烟用物资、烟机零配件的经营,与烟草制品生产销售相关的其他生产经营,多元化经营、资产管理等。

公司实行总经理负责制,现设有办公室(外事办公室)、监察部(与党组纪检组合署办公)、人力资源部、政治思想工作部(机关党委、团委、工会)、法律与改革部、审计部、财务管理(投资管理)部、综合计划部、经济运行(安全保卫)部、原料供应部、物资供应部、信息中心等12个职能部门。

截至2008年12月31日,公司在岗职工5655人(含广丰卷烟厂1954人),内退职工900人,离退休人员1135人。

截至2008年12月31日,公司资产总额56.29亿元,资产负债率44.87%,所有者权益31.03亿元。

近年来,江西中烟工业公司在国家局和省委、省政府的正确领导下,始终坚持科学发展观,牢固树立"两个至上"行业共同价值观,紧紧围绕行业"深化改革,推动重组,走向联合,共同发展"的战略部署和"做精做优、保持特色、缩小差距、增强实力"的企业发展战略,不断深化内部改革,推动企业重组,加强企业管理,着力自主创新,妥善处理各方面关系,实现了江西中烟又好又快发展,各项工作取得了较好成绩。

公司卷烟品牌主要有"金圣""庐山"两大主导骨干品牌,其中"金圣"被评为"中国驰名商标"。

2008年公司累计生产卷烟100.8万箱,同比增长5.22%,销售卷烟99.4万箱,同比增长3.93%;实现销售收入74.89亿元,同比增长10.28%,实现税利48.15亿元,同比增长10.88%,实现利润7.8亿元,同比增长8.55%。两大主导骨干品牌集中度由2004年19.3%提高到2008年的82.94%,税利贡献度由60.6%提高到89.13%。

2009年公司卷烟生产计划预计将达到105万箱。今年1至7月份累计生产卷烟61.46万箱,同比增长5.24%;累计销售卷烟63.8万箱,同比增长9.4%,实现销售收入51.8亿元,同比增长13.65%;实现利税33.39亿元,同比增长13.44%,实现利润4.66亿元,同比增长1.99%。

二、主要目的

(一)按照《中华人民共和国公司法》规定,通过建立董事会,逐步形成符合现代企业制度要求,各司其职、有效制衡、高效运行的公司法人治理结构。

(二)通过明确董事会职权、义务,既实现出资人职责到位、加强对企业的管理和监督,又确保企业依法享有经营自主权。

(三)通过加强董事会建设,在企业建立有效的激励约束机制和责任传递机制,落实国有资产保值增值责任,提高企业的核心竞争力。

(四)通过建立和强化监事职责,依法加强对公司董事、高管人员的监管。

三、基本原则

(一)董事会建设要有利于巩固和完善烟草专卖制度,有利于发挥市场配置资源作用,有利于提高企业核心竞争力。

(二)将忠实代表出资人利益、对总公司负责,作为董事会建设的根本宗旨。

(三)公司董事会、监事按照公司法、烟草专卖法等相关法律法规和总公司授权履行职责。

(四)按照权利、义务、责任相统一原则,妥善处理公司董事会、经理层之间的相互关系。

(五)按照民主管理原则,董事会成员中要有职工代表参加。

四、实施内容

(一)公司名称:将江西中烟工业公司更名为江西中烟工业有限责任公司。

(二)公司类型:有限责任公司(国有独资)。

(三)公司治理结构:

公司设立董事会、经理层、监事,暂时不设股东会、监事会。

1. 董事会。董事会成员由7人组成,其中总公司委派董事6人(其中总公司本部3人,企业经理层3人),职工董事1人。职工董事由公司职工代表大会或其他形式民主选举产生,并由总公司聘任。

2. 经理层。由原江西中烟工业公司经理层人员改任。

3. 总经理为公司法定代表人。

4. 公司设立一名监事,由中国烟草总公司委派。

五、实施步骤

江西中烟更名改制和建立董事会工作,在国家烟草专卖局、中国烟草总公司的统一规划和指导下,有计划、有组织、按步骤进行。

(一)前期准备阶段:

1. 成立江西中烟工业公司董事会工作小组,配合国家烟草专卖局、中国烟草总公司建立董事会工作。

组长:郑伟;

副组长:王志彬、于明芳、任用镨;

成员:张志勇、王洪宪、罗丽珍、曾平、聂江宁、何善懋、孙亚平、缪波、付武军、赵明强、王迪汗、蒋捷、金翔。

工作小组下设办公室,办公室设在法律与改革部,负责完成工作小组交办的具体工作。

2. 认真学习领会国办发〔2005〕57文件及国家局《关于省级工业公司建立董事会工作的指导意见》等有关文件,统一思想认识,夯实思想基础。

3. 研究制定《江西中烟工业公司更名改制和建立董事会工作实施方案》,制定公司章程。

4. 确定公司注册资本。

5. 办理江西中烟工业有限责任公司名称工商预先核准登记。

6. 向国家局、总公司上报《关于江西中烟工业公司更名改制和建立董事会工作的请示》。

（二）组织实施阶段：

1. 根据国家局批复，办理工商登记、税务登记、许可证变更等有关手续。

2. 组建第一届董事会。

3. 召开第一届董事会第一次会议，通过董事会工作制度、董事会秘书工作制度，办理聘任总经理、副总经理等高级管理人员的法律手续，确定董事会办事机构，聘任董事会秘书。

4. 初步拟定2009年10月28日举行挂牌仪式。

（三）运行完善阶段：

1. 公司要不断完善董事会相关制度规定，规范运作，高效运行，逐步形成符合现代企业制度要求和烟草行业特点的法人治理结构。

2. 在实施过程中总结经验，将工作进展情况及遇到的问题及时向国家局、总公司汇报。

附件2

江西中烟工业有限责任公司章程

第一章　总　　则

第一条　为确立江西中烟工业有限责任公司（以下简称“公司”）的法律地位和行为准则，保障公司、出资人和债权人的合法权益，规范公司的管理和运作，依据《中华人民共和国公司法》、《中华人民共和国烟草专卖法》及其实施条例，结合烟草行业特点和公司实际情况，制订本章程。

第二条　本章程对公司、出资人、董事、监事和高级管理人员具有约束力。

第三条　公司中文名称：江西中烟工业有限责任公司，简称：江西中烟；

英文名称：China Tobacco Jiang Xi Industrial Co. ,Ltd. 简称：JXTI；

公司住所：江西省南昌市高新开发区京东大道201号金圣工业科技园；

邮政编码：330096。

第四条　公司的经营期限30年。经营期限自营业执照签发之日起计算，经营期满前6个月视情况办理继续经营或解散手续。

第五条　公司经国家烟草专卖局、中国烟草总公司批准并在江西省工商行政管理部门依法登记注册，是中国烟草总公司的全资子公司。公司类型为有限责任公司，具有独立企业法人资格，以其全部财产对公司的债务承担责任，其合法权益受国家法律保护。

第六条　公司依据国家法律、法规及行业政策自主进行生产经营管理活动，照章纳税，遵守社会公德、商业道德，诚实守信，接受人民政府和社会公众的监督，承担社会责任，维护国家利益和消费者利益。

第七条　公司根据中国共产党章程的规定，设立党的组织，开展党的活动。公司依法组织工会，开展工会活动，维护职工的合法权益。公司应当为党组织活动、工会活动提供必要条件。

第二章　出资人、出资方式、出资额、注册资本和经营范围

第八条　公司注册资本为人民币30733万元。

第九条　出资人名称及出资方式:

出资人名称:中国烟草总公司;

出资方式:中国烟草总公司以2008年原江西中烟工业公司经审计后的净资产出资。

第十条　经国家烟草专卖局、中国烟草总公司批准,公司经营范围为:卷烟生产、销售;烟叶、烟丝、复烤烟叶购进;卷烟纸、滤嘴棒、烟用丝束购进;烟草专用机械购进;联营加工所需烟草专卖品供应;其他相关的生产经营、资产经营等。

第三章　董事会

第十一条　公司设立董事会。

董事会是公司的决策机构。董事会由7人组成,其中1名职工代表。职工代表须经公司职工代表大会、职工大会或者其他形式民主选举产生并由中国烟草总公司聘任。其他董事会成员由中国烟草总公司委派。董事长由中国烟草总公司在董事会成员中指定。董事每届任期2年,期满后经委派或选举可以连任。

第十二条　董事会行使下列职权:

(一)向中国烟草总公司报告工作;

(二)依据中国烟草总公司发展规划,决定公司发展战略、中长期发展规划和卷烟品牌发展规划并对其实施监督;

(三)根据国家烟草专卖局下达的计划,审议批准公司年度生产经营目标并对其实施监督。主要目标包括:卷烟生产计划目标、品牌定向整合目标、品牌规模目标、销售计划目标、主要经济效益目标、节能降耗与节能减排目标、资产经营目标;

(四)审议公司的年度投资计划,报中国烟草总公司批准后执行。审议批准1000万元以上、3000万元以下的固定资产投资项目、信息化项目及其他项目。审议批准公司的融资方案;

(五)审议批准公司的年度财务预算方案、决算方案,其中重点控制的成本费用、重大资本性支出、对外捐赠总额须报中国烟草总公司批准后执行。审议批准公司的对外捐赠,包括捐赠范围和方向、超出捐赠范围的捐赠项目、捐赠范围内的100万元以上的捐赠项目等;

(六)按照中国烟草总公司有关规定,审议批准公司薪酬分配总体方案(不含公司高级管理人员薪酬分配),包括年收入增长水平、分配政策和分配方案等;

(七)审议公司的利润分配方案和弥补亏损方案,报中国烟草总公司批准后执行;

(八)制订公司增加或者减少注册资本的方案,报中国烟草总公司批准后执行;

(九)制订公司合并、分立、重组、解散或者变更公司形式的方案,报中国烟草总公司批准后执行;

(十)审议公司内部管理机构设置,报中国烟草总公司批准后执行;

(十一)根据国家烟草专卖局、中国烟草总公司的干部管理规定,办理聘任或者解聘公司总经理、副总经理等高级管理人员手续;

(十二)审议批准公司的基本管理制度;

(十三)制订公司章程草案和公司章程的修改方案,报中国烟草总公司批准后生效;

(十四)按照中国烟草总公司国有资产管理规定,审议批准公司资产处置事项;

(十五)公司章程规定的其他职权。

第十三条 董事会履行以下义务:

(一)对中国烟草总公司负责,完成中国烟草总公司交给的任务;

(二)对董事会决议中有关国有资产问题,承担相应的保值增值责任;

(三)确保烟草专卖法等法律、法规及国家烟草专卖局、中国烟草总公司的各项规定、决定在公司的贯彻执行;

(四)向中国烟草总公司报告公司重大事项及处理情况;

(五)根据中国烟草总公司要求,向中国烟草总公司提供真实、准确、全面的财务和经营信息;

(六)维护国家、企业和职工的合法权益。

第十四条 董事会定期会议原则上每年举行 2 次。公司因重大事项,可由中国烟草总公司、董事长、1/3 以上董事或总经理提议召开董事会临时会议。

第十五条 董事会会议由董事长召集和主持。董事长不能履行职务或不履行职务的,由董事长或者中国烟草总公司指定 1 名董事召集和主持。

每次会议应当于会议召开 10 日前书面通知全体董事。

第十六条 董事会会议应有 2/3 以上的董事出席方可举行。董事会决议分普通决议和特别决议:普通决议须经全体董事的过半数通过;特别决议须经全体董事 2/3 以上同意。

第十七条 董事会决议的表决,实行 1 人 1 票。董事会成员因故不能出席董事会,可书面委托 1 名出席会议的董事代为投票表决。

董事会应当对所议事项的决定做成会议记录,出席会议的董事应当在会议记录上签名。

第十八条 公司独立设立董事会办公室并配备相应工作人员。董事会办公室作为董事会常设工作机构,负责筹备董事会会议,组织董事会议案材料,反馈董事会决议的执行情况,与董事沟通信息,为董事工作提供服务,参加公司的重要会议,向董事会报告公司重大事项。

董事会设董事会秘书 1 名,负责领导董事会办公室的工作。董事会秘书由董事长提名,董事会决定聘任或解聘,对董事会负责。

第十九条 董事会设立投资、预算、薪酬等专门委员会,委员会由部分董事会成员、部分经理层成员、部分中层管理人员和专业人员组成并由董事会聘任。委员会设主任 1 名,副主任若干名。

第二十条 非董事总经理、副总经理等公司高级管理人员,董事会秘书及经董事长同意、与董事会会议议题有关的人员,可以列席董事会会议。

第二十一条 董事在任职期间享有下列权利:

(一)了解行使董事职权所需的公司有关信息;

(二)出席董事会会议,在董事会会议上发表意见,对表决事项行使表决权;

(三)对提交董事会会议的文件、材料提出补充要求;

(四)根据本章程的规定,提出召开董事会临时会议;

(五)向中国烟草总公司反映有关情况。

第二十二条 董事应履行下列义务:

(一)关注公司业务和事务,投入足够的时间和精力,谨慎、勤勉地履行职责;

(二)亲自出席董事会会议和其他董事会活动,及时了解和掌握充分的信息,独立审慎地表决;

(三)遵守法律、法规及公司章程和董事会决议,忠实履行职务,维护国家、企业和职工合法权益,保守公司的商业秘密;

(四)执行中国烟草总公司决定,向中国烟草总公司报告工作。

董事不再担任董事职务后,在一定期限内仍负有相关义务。

第二十三条 董事不得有下列行为:

(一)利用在公司的地位和职权谋取私利,泄露公司秘密;

(二)利用职权收受贿赂或者其他非法收入,侵占公司财产;

(三)自营或者为他人经营与公司同类的业务,或从事损害本公司利益的活动;

(四)为自己或者代表他人与本公司进行买卖、借贷以及从事与公司利益有冲突的行为;

(五)违反对公司忠实义务的其他行为。

第二十四条 董事应当对董事会决议承担责任。董事会的决议违反法律、法规或者公司章程规定,致使公司遭受严重损失的,对决议事项投赞成票和弃权票的董事,按照法律、法规及公司有关规定追究责任。但经证明在表决时曾对决议事项表明异议并记载于会议记录的投反对票的董事,可以免除责任。如董事不出席会议,也不委托代表、也未在会议召开之日或之前对所议事项提出书面意见,应视为未表示异议,不能免除责任。

第二十五条 董事长行使以下职权:

(一)负责董事会日常工作;

(二)确定董事会会议议题;

(三)召集和主持董事会会议;

(四)组织落实董事会运作的各项规章制度,协调董事会的运作;

(五)签署董事会重要文件及法律、法规规定的其他文件;

(六)督促、检查董事会决议的实施情况;

(七)代表董事会向中国烟草总公司报告工作;

(八)董事会授予的其他职权。

第四章　总经理

第二十六条 公司设总经理1人,副总经理若干人。总经理为公司的法定代表人。

第二十七条 总经理对董事会并对中国烟草总公司负责，行使以下职权：

（一）主持公司的生产经营管理工作，组织实施董事会决议；

（二）对公司投资形成的资产依法进行管理，承担保值增值责任；

（三）按照国家烟草专卖局下达的计划，制订公司年度生产经营计划和投融资方案，报批准后组织实施；

（四）组织制订和实施公司的年度财务预算方案，编制公司的年度财务决算；

（五）制订公司内部工资分配方案，建立公司员工的激励与约束机制；

（六）按照中国烟草总公司的规定，制订公司的利润分配方案和弥补亏损方案；

（七）制订公司内部管理机构设置方案；

（八）根据国家烟草专卖局、中国烟草总公司干部管理规定，办理聘任或者解聘除应由董事会决定聘任或者解聘以外的负责管理人员事项；

（九）制订公司基本管理制度和公司具体规章；

（十）提出修改公司章程的建议；

（十一）以公司的名义对外开展业务活动，行使法定代表人的职权；

（十二）公司章程和董事会授予的其他职权。

第二十八条 副总经理根据公司章程的规定和总经理的授权，履行相应的职责，协助总经理工作并对总经理负责。

第五章 监　　事

第二十九条 公司设立一名监事，由中国烟草总公司委派，监事每届任期 2 年，期满后经委派可连任。

第三十条 监事依照公司法和有关法律、法规履行职责。

第三十一条 监事应当列席董事会会议。

第六章 主要职责

第三十二条 公司是企业法人。其主要职责：

（一）按照《中华人民共和国烟草专卖法》等法律、法规及行业政策，在国家烟草专卖局、中国烟草总公司领导下，依法生产经营管理，提高烟草制品质量，维护消费者利益，保证国家财政收入，承担国有资产保值增值的责任；

（二）执行国家烟草专卖局下达的各项计划，组织生产经营活动，实施安全生产管理和监督；

（三）制订企业财务管理制度，通过财务管理、预算管理、会计核算、内部审计与监督等方式，保障公司资产安全、平稳运行；

（四）组织实施产品开发和重大科研攻关活动；对各种资源进行有效整合和合理配置，提高效

率,降低成本费用水平;

(五)按照投资项目管理权限,管理投资项目并组织实施;行使出资人权利,对被投资企业形成的国有资产依法进行管理并承担保值增值责任;

(六)按照规定权限办理行政许可项目、非行政许可审批项目、内部管理项目、人事管理项目和资产经营管理项目的申报手续;负责公司的法律事务;

(七)加强思想政治工作和精神文明建设,搞好公司的企业文化建设;

(八)承担国家烟草专卖局、中国烟草总公司及有关部门交办的其他工作。

第七章　财务、会计和审计

第三十三条　公司依照国家法律、行政法规和国务院财政部门的规定建立本公司的财务、会计制度。

第三十四条　公司在每一会计年度终了时,按照中国烟草总公司的统一规定,编制财务会计报告并依法经会计师事务所审计。公司的会计年度自公历1月1日起至12月31日止。

第三十五条　公司以人民币为记账本位币,根据经营需要,经批准可分别开设人民币账户和外币账户。

第三十六条　公司按国家有关规定,建立内部审计机构,实行内部审计制度,对公司及所投资的企业的经营管理活动进行审计。

第三十七条　公司除法定的会计账册外,不得另立会计账册。对公司资产,不得以任何个人名义开立账户存储。

第八章　利润分配与弥补亏损

第三十八条　公司分配当年税后利润时,按下列顺序进行:

(一)弥补以前年度亏损;

(二)按当年税后利润10%提取法定公积金;

(三)按照中国烟草总公司规定,上缴国有资本收益和投资收益;

(四)在弥补亏损、提取法定公积金、上缴国有资本收益和投资收益后所余净利润,全部转入未分配利润。

第三十九条　公司的公积金用于弥补公司的亏损,扩大公司生产经营或者转为增加公司资本。

第九章　人力资源管理、收入分配和劳动保障

第四十条　公司根据国家法律、法规及国家烟草专卖局、中国烟草总公司有关政策,结合生产经营需要,制订人力资源规划,健全和完善相关制度,对员工培训、用工总量、人工成本等进行管理。

第四十一条 公司依据国家及国家烟草专卖局、中国烟草总公司有关规定,按照按劳分配、注重公平、有效激励、严格考核的原则,建立健全企业收入分配激励约束机制。

第四十二条 公司遵守国家法律、法规及行业有关政策,规范劳动用工制度,保障劳动者的合法权益。

第四十三条 公司依照宪法和有关法律的规定,通过职工大会、职工代表大会或者其他形式,实行民主管理。

第四十四条 公司按照有关规定提取工会经费。

第十章 附 则

第四十五条 本章程由公司董事会制订,经国家烟草专卖局、中国烟草总公司批准后生效。

公司根据需要可修改公司章程。章程的修改方案由董事会通过后,报国家烟草专卖局、中国烟草总公司批准后执行。

第四十六条 本章程未尽事宜,按照国家有关法律、法规及行业政策执行。

二十二、江西省烟草专卖局关于印发江西省烟草专卖行政处罚听证制度的通知

各市局(公司)、驻南铁局:

现将《江西省烟草专卖行政处罚听证制度》印发给你们,请认真遵照执行,并将执行中存在的问题及时上报省局法规处。

附件:《江西省烟草专卖行政处罚听证制度》

二〇一〇年五月二十七日

附件

江西省烟草专卖行政处罚听证制度

第一章 总 则

第一条 为规范烟草专卖行政处罚听证行为,保护公民、法人和其他组织的合法权益,根据《中华人民共和国行政处罚法》、《烟草专卖行政处罚程序规定》等相关规定,制定本制度。

第二条 各级烟草专卖行政主管部门组织听证,适用本制度。

听证由拟作出行政处罚决定的主管部门负责组织。依照本制度具体办理听证事务的省级、市级局法规工作机构和县级局法规员为组织听证的具体责任部门(人)。

第三条 组织听证应当遵循公正、公开、便民的原则,充分听取行政相对人的意见,保障其陈述、申辩和质证的权利。除涉及国家秘密、商业秘密或个人隐私的案件外,听证应当以公开方式举行,允许公众旁听。

第四条 烟草专卖行政主管部门不得因当事人要求听证而加重处罚。

当事人不承担组织听证的费用。

第二章 听证程序的适用范围及条件

第五条 烟草专卖行政主管部门在做出下列行政处罚决定之前,应当告知当事人有要求举行听证的权利:

(一)1 万元以上的罚款;

(二)没收 1 万元以上的违法所得;

(三)没收违法烟草专卖品价值三万元以上;

(四)责令停产、停业,责令关闭;

(五)取消从事烟草专卖业务的资格。

第六条 当事人依照第五条之规定要求举行听证的,可以通过书面或者口头方式提出听证申请。口头申请的,烟草专卖行政主管部门应当当场记录申请人的基本情况、申请听证的主要理由以及申请时间等内容,并由当事人签字或者以其他方式确认。

第七条 行政处罚的当事人应在被告知听证权利之日起 3 日内提出听证要求。当事人在被告知听证权利后 3 日内通过口头放弃或者默示方式放弃,并不表明当事人丧失要求听证的权利。3 日期满后,当事人即丧失要求举行听证的权利。

第三章 听证人员

第八条 听证人员是指烟草专卖行政主管部门指定的非本案执法人员担任的听证主持人、听证员、书记员。

第九条 听证应设 1 名听证主持人主持。必要时,可以设 1 名~2 名听证员协助听证主持人工作。听证由 1 名书记员进行记录。听证主持人、听证员、书记员由主管局领导指定。

第十条 听证主持人应当具备下列条件:

(一)非本案执法人员;

(二)与当事人无直接利害关系的人员;

(三)熟悉本单位行政管理知识,具备一定的法律知识。

第十一条 听证主持人履行下列职责:

(一)决定举行听证的时间、地点和方式;

(二)主持听证会;

(三)就案件的事实、作出行政处罚的理由和依据进行询问;

(四)接受当事人提供的证据,决定本案执法人员是否回答当事人提出的问题;

(五)决定证人是否在听证会上作证;

(六)维护听证秩序,对违反听证纪律的行为予以制止;

(七)审查听证笔录。

第十二条 听证主持人、听证员、书记员有下列情形之一的,应当主动回避,当事人也可以申请上述人员回避:

(一)参与本案调查的;

(二)与当事人有直接利害关系的。

第十三条 听证主持人、听证员、书记员应当公正地履行职责,不得妨碍听证参加人行使陈述、申辩和质证的权利,不得徇私枉法,包庇违法行为,对听证中涉及的国家秘密、商业秘密和个人隐私负有保密的义务。

第四章　听证参加人

第十四条　听证参加人是指当事人及其代理人、本案执法人员、证人、鉴定人、翻译人员等。

第十五条　当事人享有下列权利：

(一)知晓拟作出具体行政行为的内容、依据和证据；

(二)要求或者放弃听证；

(三)委托1至2人代为听证，并出具授权委托书，明确代理人权限；

(四)申请听证人员的回避；

(五)进行陈述、申辩和质证；

(六)提出新的事实和证据；

(七)核对听证笔录；

(八)依法享有的其他权利。

第五章　听证程序的启动和准备

第十六条　烟草专卖行政主管部门应当在作出行政处罚决定前，向当事人送达听证告知书。听证告知书应当载明下列事项：

(一)当事人的姓名或者名称和地址；

(二)拟做出的行政处罚决定的事实、理由、依据和具体处罚意见；

(三)当事人依法享有的权利；

(四)当事人提出听证要求的法定期限；

(五)听证组织机关。

听证告知书应当盖有行政处罚实施机关的印章。

第十七条　当事人要求听证的，应当在收到听证告知书之日起3日内，向行政处罚实施机关提出听证要求。当事人以邮寄方式提出听证要求的，以寄出地邮戳日期为准。

第十八条　对以下不符合听证条件的申请，烟草专卖行政主管部门应制作不予受理听证通知书：

(1)申请人不是本案当事人或者无当事人委托；

(2)申请不是依照第五条之规定提出的；

(3)申请人没有在收到听证告知书后3日内提出听证申请；

(4)属于撤回听证要求后再次提出的；

(5)其他原因。

第十九条　当事人在法定期限内提出听证申请的，专卖部门应当通知本单位法规机构(员)，并同时向法规机构(员)移交案卷材料。承办听证事务的法规机构(员)应当做好听证准备工作。

第二十条　各级局应当在举行听证七日前，将听证时间、听证地点报告上一级烟草专卖局，同

时制作听证通知书将以下内容书面通知当事人,有第三人参加的,还应送达第三人:

(一)听证事由;

(二)听证举行的日期和举行场所;

(三)参与听证的听证人员;

(四)申请回避的权利;

(五)其他需要通知的事项。

第二十一条 当事人申请回避的,应当在听证举行前按照听证通知书的要求提出;有充分理由说明其无法按照听证通知书的要求提出回避申请的,可以在听证举行时的陈述、申辩之前提出。

听证主持人、听证员、书记员的回避由主管局领导决定。决定回避的,由市局法规部门依程序另行指定相应人员。

第二十二条 听证主持人应当认真阅卷,审核有关证据材料,明确听证需要解决的事实问题和法律问题。

第二十三条 各级局应设立公告栏。听证举行 3 日前,应发布听证公告,将听证的事由、听证的时间、地点等情况予以公开,以便公众旁听。

第六章 听证的组织及举行

第二十四条 当事人或者其代理人应当按照通知参加听证,无正当理由不参加的,或者未经听证主持人允许中途退场的,视为放弃听证权利。听证应当予以终止。

本案执法人员有前款规定情形的,不影响听证的进行。

第二十五条 当事人可以委托一至二名代理人参加听证。委托代理人参加听证的,应当于听证开始前向听证主持人提交由当事人签名或盖章的授权委托书。

第二十六条 听证按照下列程序进行:

(一)主持人查明到场的当事人或者其他参加听证人员的身份,说明案由,告知当事人的权利、义务,宣布会场纪律,询问当事人是否申请主持人回避,宣布听证开始;

(二)由执法人员指出当事人违法的事实,出示有关证据,提出处罚建议和依据;

(三)当事人进行陈述和申辩;

(四)有第三人的,由第三人进行陈述和申辩;

(五)执法人员与当事人相互辩论、质证;

(六)当事人进行最后陈述、申辩;

(七)有第三人的,由第三人进行最后陈述;

(八)执法人员进行最后陈述;

(九)主持人宣布听证结束。

第二十七条 有下列情形之一的,可以延期听证:

(一)因不可抗力的事由致使听证无法如期举行的;

(二)当事人按照本规则的规定申请回避,无法及时决定或无法及时指定相应听证人员的;

(三)其他应当延期听证的情形。

延期听证由烟草专卖行政主管部门决定。决定延期的,应及时告知当事人新的听证时间、地点。

第二十八条 有下列情形之一的,可以中止听证:

(一)主要证据需要检验、鉴定的;

(二)听证参加人因客观原因无法继续参加听证的;

(三)其他应当中止听证的情形。

中止听证由听证主持人决定。中止原因消除后,应当在五日内恢复举行听证,并提前告知当事人恢复举行听证的时间、地点。

第二十九条 有下列情形之一,致使继续举行听证没有意义的,可以终止听证:

(一)当事人放弃听证要求;

(二)当事人严重违反听证纪律,听证程序无法进行;

(三)其他应当终止听证的情形。

终止听证由听证主持人报主管局领导决定。

第三十条 听证书记员应当如实记录听证的全部活动,制作听证笔录。听证笔录应当载明以下事实:

(一)听证事由;

(二)当事人的姓名或者名称,法定代理人、委托代理人的姓名,承办具体行政行为工作人员的姓名;

(三)听证主持人、听证员、书记员的名单;

(四)举行听证的时间、地点;

(五)本案执法人员的意见;

(六)当事人陈述、申辩的内容;

(七)辩论和质证的内容;

(八)其他需要载明的事项。

第三十一条 听证笔录应当由听证主持人、听证员、书记员签名,并交由听证参加人确认无误后签名或盖章;对笔录有异议的,听证参加人有权要求补正。

听证参加人拒绝签字或盖章的,记明情况附卷。

听证主持人对听证笔录提出审核意见并签名或者盖章。

第三十二条 行政处罚听证结束后,听证主持人根据听证笔录及听证会上的有关情况制作听证报告,连同听证笔录、案卷材料报局领导决定。

第三十三条 听证报告应当载明下列事项:

(一)案由;

(二)当事人、本案执法人员的基本情况;

(三)听证的时间、地点;

(四)听证的基本情况;

(五)在事实认定、证据及对事实定性等方面的各方的共同点及分歧;

(六)听证认定的案件事实;

(七)处理意见和建议;

(八)听证主持人、听证员、书记员签名;

(九)听证报告制作日期;

(十)其他需要载明的事项。

第七章　责任追究

第三十四条　法律、法规和规章规定应当听证的事项,当事人要求听证而未组织的,对直接负责的主管人员和其他直接责任人员依法给予行政处分。

第三十五条　听证主持人、听证员、书记员在听证时玩忽职守、滥用职权、徇私舞弊的,依法给予行政处分;构成犯罪的,依法追究刑事责任。

第八章　附　　则

第三十六条　本规定中的"以上"包括本数。

第三十七条　本制度由江西省烟草专卖局负责解释。

第三十八条　本规定自印发之日起执行。

附件:1. 听证告知书(省略)

2. 听证通知书(省略)

3. 听证公告(省略)

4. 听证笔录(省略)

5. 听证报告(省略)

6. 不予受理听证通知书(省略)

二十三、江西省烟草专卖局关于继续深化用工分配制度改革的意见

各市局(公司)、驻南铁局、锦峰公司、井冈山基地、赣南烟叶复烤公司:

为进一步贯彻落实国家局《关于进一步深化行业收入分配制度改革的意见》精神,继续深化全省系统用工分配制度改革,加强岗位分类、工资总额、新进员工管理,严格绩效考核,提高人均劳动效率,提升员工队伍整体素质,激发全省系统广大员工的工作热情,促进全省系统用工分配科学化、规范化、制度化,特提出如下意见:

一、优化岗位设置,提高人均劳动效率

各单位要根据业务管理模式的发展和变化,进一步优化和调整岗位设置,严格控制岗位定员定编,尤其要加强机关部门人员编制管理,努力改变全省系统人均劳动效率偏低的现象,力争2010年全省系统人均劳动效率较2009年提高3.2%,2011年较2010年提高4.2%,2012年较2011年提高5.2%。

二、加强新进员工管理,提升员工队伍整体素质

新进员工指2008年7月1日以后经省局(公司)统一组织接收的高校毕业生、符合国家安置政策的复退军人和军转干部、面向社会公开招聘人员以及引进的特殊人才。

(一)新进员工招录管理

全省系统新进员工招录工作由省局(公司)统一管理。各单位根据自然减员、空缺职位和工作需要,认真研究编制年度员工招录计划,于上年年底前报省局(公司)人事劳资处。人事劳资处审核汇总后,根据各单位机构设置和人员编制情况研究确定招录岗位和人数,制定招录工作方案,报省局(公司)研究同意后组织实施。

近期内,在招录计划中拿出部分计划安置在册职工子女高校毕业生和复退军人。其中,招录在册职工子女高校毕业生,根据省局(公司)核定的招录计划,2010年按照60%比例,实行从高分到低分统一招录、统一分配。以后逐年降低职工子女招录比例,增加社会公开招录比例。2009年12月31日以前入伍的在册职工子女复退军人仍然按现行政策安置;2010年入伍的在册职工子女复退军人按照应届职工子女高校毕业生招录比例招录。2011年以后入伍的职工子女复退军人按市场化运作进行自主择业,由父母所在单位按照国家政策给予自主择业者一定的经济补偿。

各单位在省局(公司)下达人均劳动效率指标范围内,可根据岗位需要面向社会公开招聘员工。招聘计划须报省局(公司)备案后执行。未达到人均劳动效率指标的单位,原则上当年不得新增招聘人员。

(二)新进员工待遇与管理

新进员工初期工资待遇统一按《江西省烟草专卖局企业新进人员工资标准确定的通知》(赣烟人〔2008〕102号)执行。工作满一年后,经考核合格,按照国烟人〔2007〕204号文件精神,确定其岗位工资(见表),绩效工资由单位根据个人表现确定。

军转干部按其所在岗位"就近高套"原则确定岗位绩效工资标准及系数,进行工资套改。

单位:元

岗位	复退军人	大专生(含8年以上复退军人)	本科生	硕士研究生	博士研究生
专业管理类	1903年6月	1350	1485	1800	2475
专业技术类	1903年10月	1500	1650	2000	2750
生产操作、业务类	1904年3月	1650	1815	2200	3025

注:专业管理类的岗位工资与绩效工资比例为4.5∶5.5;专业技术类的岗位工资与绩效工资比例为5∶5;生产操作、业务类岗位的岗位工资与绩效工资比例为5.5∶4.5。

新进员工原则上充实到基层生产经营一线岗位。市局(公司)机关因工作需要充实人员,原则上采取公开选拔的办法从基层一线择优选调。

新进员工严格实行直系亲属回避制度。新接收的在册职工子女高校毕业生、复退军人原则上由省局(公司)在全省系统内统一交流安置。

三、实行管理一体化,全面打通员工晋升通道

(一)实行等级动态管理,实现等级能升能降

全面打通专业技术类岗位、业务类岗位、生产操作类岗位职级晋升渠道,通过专业技术职务评聘、职业资格认证以及工作业绩考核等实现等级"能升能降"。市级局(公司)可根据本单位实际情况,合理确定专业技术类岗位、业务类岗位、生产操作类岗位各等级人员比例,制定管理办法,报省局(公司)批准后执行。

(二)实行竞争上岗,建立优胜劣汰的用人机制

除市级局(公司)领导班子成员外,其他岗位原则上都要实行竞争上岗。各市级局(公司)要根据本单位实际情况制定具体的竞争上岗管理办法,原则上每三年进行一次全员竞争上岗。通过三年的时间,力争达到市级局(公司)副科级岗位任职人员聘用员工占5%以上、县级局(分公司)股级岗位任职人员聘用员工占20%以上。通过制度建设,建立"进得来、留得住、出得去"的用人机制,要在严格考核的基础上,对不胜任工作的员工实行待岗(转岗)或解除劳动合同,营造有利于人才脱颖而出的良好环境。

(三)合理确定工资标准,缩小各类人员收入差距

员工取得职称(资格),各单位可根据实际情况给予一定的奖励。取得职称(资格)并聘任到职称(技能)岗位的,工资标准可在原工资系数的基础上,上浮1档~2档。各单位必须严格实行职称(资格)评聘制度,并对聘任人员进行科学有效的绩效考核。按照国家局"承认历史、平稳过渡"的要求,市级局(公司)新增效益工资分配重点向一线员工倾斜,近期内聘用员工收入增长幅度要大于在册在岗职工增长幅度。

要加大职工社会保障力度,新进员工和原聘用员工按国家政策享受"五险一金"和单位福利。

用工分配制度改革工作政策性强,涉及面广,关系到每位员工的切身利益,各级领导要高度重视,做好深入细致的思想政治工作,保持队伍稳定,促进企业和谐发展。

二〇一〇年三月三十一日

二十四、国家烟草专卖局关于江西中烟工业有限责任公司赣州卷烟厂易地技术改造项目的批复

江西中烟工业有限责任公司：

《江西中烟工业有限责任公司关于申报赣州卷烟厂技术改造项目(赣南卷烟厂和兴国卷烟厂联合易地技术改造项目)的请示》及相关文件收悉。经研究,现批复如下：

一、同意你公司实施赣州卷烟厂技术改造项目(赣南卷烟厂和兴国卷烟厂联合易地技术改造项目)。要本着"谁投资、谁负责,谁受益、谁承担风险"的原则,进一步加强技术、市场和投资分析,防范投资风险,提高投资效益。

二、本次技术改造的宗旨是:围绕行业"卷烟上水平"及你公司发展规划,把赣州卷烟厂建设成为行业技术先进、设施齐全、管理高效的知名品牌定点合作生产厂。项目按300亿支(60万箱)/年制丝能力、200亿支(40万箱)/年卷包能力一次规划,分期实施。

三、同意在赣州开发区香港产业园北区购置土地730亩作为项目用地。要依法进行土地竞购并办理相关事宜。

四、项目主要内容

1. 购置土地730亩。

2. 新建联合工房78850平方米、生产管理用房9930平方米、后勤保障用房5950平方米、动力中心9560平方米、原料仓库19260平方米、综合库19260平方米、香精香料库720平方米、废料中转站980平方米、污废水处理站580平方米、大门及门卫190平方米。

3. 配置综合能力8000kg/h(分组加工)制丝生产线(兼顾向井冈山卷烟厂提供烟丝),建设生产物流系统,逐步更新配置卷接包机组及滤棒成形工艺设备。

4. 配置公用动力设施和节能、环保、消防、劳动安全、职业卫生等设施。

5. 建设全厂网络及信息化系统。

6. 建设室外管线、厂区道路、物流广场、停车场及绿化等工程。

项目总建筑面积15.63万平方米。

五、项目总投资控制在13.9亿元以内(含土地购置费,不含烟草专用机械投资)。项目所需资金由你公司自有资金解决。

六、要根据当地人民政府有关规定办理项目备案事宜。

七、项目初步设计报国家局审批。要严格执行国家和行业有关规定,注重使用功能的完整性和工艺技术的先进性、适用性,合理控制建设标准,做到实用、经济、节地、节能、节水、节材和环保;安全设施必须做到"三同时"。要合理安排工期,确保工程质量,控制项目投资。

八、要严格按照国家有关规定实行项目法人责任制、招标投标制、工程监理制、项目审计制。要建立健全招标采购、合同管理、安全质量管理、现场签证、项目结算、资金管理和责任追究等相关的

项目管理制度和流程并严格执行。要主动接受有关部门的管理和监督。

九、要加强与合作品牌输出方在工艺技术选择、装备配置和质量管理等方面的沟通和衔接。

请你公司据此批复及时申报年度投资预算，严格项目管理，依法办理有关事宜并及时将上述材料报国家局。

二〇一〇年十二月九日

编纂始末

省政府下发《第二轮江西省志编纂工作方案》后,江西省烟草专卖局、江西中烟工业有限责任公司党组对第二轮江西省志编纂工作及时进行了部署,并明确志书编纂工作挂靠省局(公司)、江西中烟公司办公室,由左荣华、张金泉同志分别牵头,组织实施。2012年4月,联合成立了《江西省志·烟草志(1991—2010)》编纂委员会。编纂委员会主要负责对《江西省志·烟草志(1991—2010)》工作的统筹规划、组织指导和《江西省志·烟草志(1991—2010)》内容的审定工作;主任分别由省局(公司)局长(总经理)徐瑺和江西中烟公司总经理郑伟担任;常务副主任分别由省局(公司)副局长胡义强和江西中烟公司纪检组长任用镨担任;副主任由省局(公司)和江西中烟公司的班子成员担任;编委会成员分别由省局(公司)和江西中烟公司的部门主要负责人和直属单位主要负责人担任。

《江西省志·烟草志(1991—2010)》编委会下设编纂室,具体承担《江西省志·烟草志(1991—2010)》的规划实施和编纂工作。主编分别由徐瑺和郑伟担任;副主编分别由胡义强和任用镨担任;常务副主编由陈速明担任,并兼任编纂办公室主任,负责志书的总纂工作;肖福元和张金泉为编纂办公室副主任,并担任副总纂;责任编辑及办公室成员由王萱(女)、章凤英(女)、肖茂员、施受谦(女)、彭中勤、揭李文、刘宇聪、郭磊、周平庭、夏晨娣(女)、李前进担任,主要承担志书编纂过程中的指导、督办和审稿、调整、充实、完善工作。

其间,根据领导和有关人员的工作变动和调整,志书编纂委员会人员同时作了相应调整。省局(公司)编纂委员会主任和主编先后调整为魏平、周恩海、王劲栋、姜凯;江西中烟公司编纂委员会主任和主编调整为姚庆艳、温东奇;省局(公司)编委会常务副主任和副主编先后调整为顾厚武和胡义强;江西中烟公司编委会常务副主任和副主编先后调整为周恩海和王迪汗;江西中烟公司潘静(女)调整为编纂办公室副主任,并担任副总纂。其他编纂委员会成员及撰写人员由于工作变动,也作了相应调整。

2012年7月,印发了《江西省志·烟草志(1991—2010)编纂工作实施方案》,同年12月,印发了《江西省志·烟草志(1991—2010)资料长篇条目及分工》;2013年12月,基本完成志书资料收集、整理工作;2014年12月,《江西省志·烟草志(1991—2010)资料长篇》撰写工作完成并付印成册;2015年8月,《江西省志·烟草志(1991—2010)》初稿基本形成,并请江西省委原常委、常务副省长,国家烟草专卖局原党组书记、局长,中国烟草总公司原总经理凌成兴同志作《序》。

《江西省志·烟草志(1991—2010)》主要记述1991年至2010年江西烟草事业改革与发展的历史和现状。章节依江西烟草实际情况所制定,起初全书设计10章59节。篇目制定后,由各部门和单位确定其篇目的撰写人，承担部分志书章节的资料收集、整理，资料长篇和志书初稿的编写。这次志书撰写涉及42个部门和19个直属单位，撰写队伍浩大，涉及撰写人员达100余人。主要编纂人员有：

第一章“烟叶生产与经营”由彭中勤、张正杨、徐庆凯、张福群、钟玉德、张春华、郭为民、雷云青（女）编纂；

第二章“卷烟生产”由雷云青（女）、秦娜（女）、雷茂华、周伟、雷建华（女）、魏江宁、范安平编纂；

第三章“卷烟经营”由章凌（女）、彭艳萍（女）、姜炜、付凯、罗汀编纂；

第四章“专卖管理”由温丽韫（女）、刘钢、周强、苏江琼（女）、刘金祥、邓秋平编纂；

第五章“科技教育”由李立新、王利兵、王力杰、何凡（女）、李雪冰（女）、袁泉、何燕（女）、刘庄秀（女）、胡超君（女）、严清生、王磊编纂；

第六章“综合管理”由黄昕、程伟来、刘为民、吴淑伶（女）、康永、邓小强、雷鸣、王郗、刘方明、孙航、王永群、胡宗治、明长庆、陈群（女）、魏江宁、李雄文、万云志、郑路、王强、徐振宇、李兆唐、王迪晨、李前进编纂；

第七章“企业文化”由李秋玲（女）、万科翀（女）、杨雪娜（女）编纂；

第八章“烟草机构”由罗州（女）、雷水秀（女）、何凡、陈小光、张帆、曾钰铭、肖明、郝慧娟（女）、李明、俞辉、周红珠（女）编纂；

第九章“设区市烟草及驻南铁烟草概况”由张华、辛磊、艾晓丽（女）、宁俊、蔡进幸、敖腾云、刘小良、鲍婕（女）、刘华、彭欣（女）、舒庆（女）、熊燕春编纂；

“图片”“编纂说明”“概述”“人物”“附录”“编纂始末”“大事记”由陈速明、王萱（女）、刘宇聪、胡超君（女）、夏晨娣（女）、李前进、付鹉编纂。

这次志书编纂工作，得到了省地方志办方志处编纂人员的精心指导，得到了很多退休老同志帮助，就资料缺失方面作了回忆，为我们顺利完成这部江西烟草发展的史书做出了贡献。编纂志书人员以认真负责的态度，不辞辛苦，不厌其烦，广泛搜集和考证资料，对志书稿反复修改、补充和完善。志书编纂历时8年，2015年8月底全面完成初稿，全书共10章56节，计80万余字，采用照片140幅、图表226张。2015年9月24日，《江西省志·烟草志（1991—2010）》编委会组织内审，同时将内审稿挂在内部网，广泛征求修改意见；2016年1月21日，省方志办会同《江西省志·烟草志（1991—2010）》编委会组织开展了初审工作，同时将成册的送审本下发各部门和直属单位，再次广泛征求意见，并根据初审意见，对相关章节和内容进行了相应删减、调整、补充、完善。修改调整后，全书共9章55节，计90万余字，采用照片140幅、图表226张；2016年8月25日，省方志办会同《江西省志·烟草志（1991—2010）》编委会组织开展了复审工作，就专家评委提出的修改意见和建议再次调整和补充、完善，修改调整后，全书共9章55节，计88万余字，采用照片118幅、图表228张；于2019年12月31日，全面通过验收，将于2020年下半年正式出版。

《江西省志·烟草志（1991—2010）》编纂是江西烟草行业的一项重要工程。其编修工作之所以能够顺利开展并提速完成，主要得益于省局（公司）和江西中烟公司党组的重视和关心，省方志办的有力指导,以及各部门、各直属单位的大力支持配合。在志书编纂期间,常务副主任胡义强,三次参加志书编纂工作会议,提出具体要求,经常过问编纂工作进度,勉励修志人员努力将《江西省志·烟草志(1991—2010)》修成精品之作;常务副主任任用镨几次在江西中烟编纂例会上提出具体要求。顾厚武副总经理在接任常务副主任的一段时间里,力抓志书编纂质量和进度,定期召开修志工作调度会,要求各部门通力配合,按质按时完成修志任务。领导的重视和关心,给予修志人员以极大的鼓励和鞭策。同时,各部门和直属单位均大力支持配合,选派得力人员参与志书编纂,主要负责人认真审阅志书稿件,对修志工作尽心尽力。通过上下和横向的齐心协力,《江西省志·烟草志(1991—2010)》按预期时间完稿,充分体现了江西烟草是一个团结协作、富于高效的团队。在此,谨向重视、关心、支持《江西省志·烟草志》编修工作的各位领导,向所有参与修志工作并为此付出辛勤劳动的全体修志人员表示衷心谢意。

由于《江西省志·烟草志(1991—2010)》涉及的时间较长,内容广泛,资料搜集和考证十分不易,尽管全体修志人员作了很大努力,仍难免有疏漏讹误之处,期望得到广大读者的批评指正,以便在今后的再版或第三轮修志中进行纠正。

编　者

图书在版编目（CIP）数据

江西省志．烟草志：1991—2010 / 江西省地方志编纂委员会编．-- 南昌：江西人民出版社，2020.10

ISBN 978-7-210-12397-2

Ⅰ．①江… Ⅱ．①江… Ⅲ．①江西—地方志②烟草工业—概况—江西— 1991-2010 Ⅳ．① K295.6 ② F426.89

中国版本图书馆 CIP 数据核字 (2020) 第 153647 号

江西省志・烟草志：1991—2010

江西省地方志编纂委员会　编

出版总监：张德意　陈世象
责任编辑：李陶生
书籍设计：同异文化传媒
出　　版：江西人民出版社
发　　行：各地新华书店
地　　址：江西省南昌市三经路 47 号附 1 号
编辑部电话：0791-86898054
发行部电话：0791-86898815
邮　　编：330006
网　　址：www.jxpph.com
E-mail:jxpph@tom.com
2020 年 10 月第 1 版　2020 年 10 月第 1 次印刷
开　　本：889mm×1194mm　1/16
印　　张：36
字　　数：880 千字
ISBN 978-7-210-12397-2
定　　价：560.00 元
承 印 厂：深圳市精彩印联合印务有限公司
赣版权登字—01—2020—376

图书在版编目（CIP）数据

太原年鉴．2019 / 中共太原市委党史研究室（太原市地方志研究室）编；杨云龙主编．-- 太原：三晋出版社，2019.9

ISBN 978-7-5457-1948-2

Ⅰ．①太… Ⅱ．①中… ②杨… Ⅲ．①太原—2019—年鉴 Ⅳ．① Z522.51

中国版本图书馆 CIP 数据核字（2019）第 289838 号

太原年鉴（2019）

编　　者：中共太原市委党史研究室（太原市地方志研究室）
主　　编：杨云龙
责任编辑：张仲伟

出 版 者：山西出版传媒集团·三晋出版社（原山西古籍出版社）
地　　址：太原市建设南路 21 号
邮　　编：030012
电　　话：0351-4922268（发行中心）
　　　　　0351-4956036（总编室）
　　　　　0351-4922203（印制部）
网　　址：http://www.sjcbs.cn

经 销 者：新华书店
承 印 者：山西基因包装印刷科技股份有限公司

开　　本：889mm × 1194mm　1/16
印　　张：34.75
字　　数：1260 千字
印　　数：1-1700 册
版　　次：2019 年 12 月　第 1 版
印　　次：2019 年 12 月　第 1 次印刷
书　　号：ISBN 978-7-5457-1948-2
定　　价：380.00 元

ISBN 978-7-5457-1948-2

9 787545 719482 >

太原比亚迪新能源汽
新车下线仪式
热烈祝贺
中欧班列（太原-列索西比尔斯克）
顺利开行
纪念太原解放70周年座谈会
知识竞赛
决赛
生 态 太 原

2019

●历史文化名城 ●全国优秀旅游城市 ●国家园林城市

2019 太原年鉴

TAIYUAN YEARBOOK

中共太原市委党史研究室（太原市地方志研究室） 编

山西出版传媒集团

三晋出版社

太原市地方志编纂委员会

主　　任：刘　鹓　　市委常委、秘书长、统战部部长
副 主 任：王素红　　市委常务副秘书长
　　　　　秦　琦　　市纪委常委、秘书长
　　　　　高义元　　市委组织部副部长、市委党建办主任
　　　　　杨云龙　　市委党史研究室（市地方志研究室）主任
成员单位：市委办公室（市档案局）　市委宣传部　市委政研室　市直工委
　　　　　市委老干部局　市委党校　市委党史研究室（市地方志研究室）　市教育局
　　　　　市民政局　市财政局　市文旅局　太原社科院（市政府发展研究中心）

《太原年鉴》编纂人员

主　　编：杨云龙
常务副主编：陈向荣
副 主 编：宋忠庆　张彩丽　薛红宣
执行副主编：张艳民
常务编辑：单　伟　刘　敏
编校人员：刘　莎　胡明强　王卫明　孙生杰　刘雁珍
　　　　　武天杰　张　楠　贺正丽　张宇飞
工作人员：张宝燕　韩　莉　张裕晋　马卓尔　张俊峰
　　　　　吕　蕊　武建平　张　勇
图片提供：宿晓健　郭勇智　梁　琛

办公电话：0351—4030228　　4942581
办公地址：太原市杏花岭区府西街88号（房地大厦5层）
邮　　编：030002
电子信箱：tynj4942581@163.com

太原市行政区划图

审图号：晋S(2018)043号

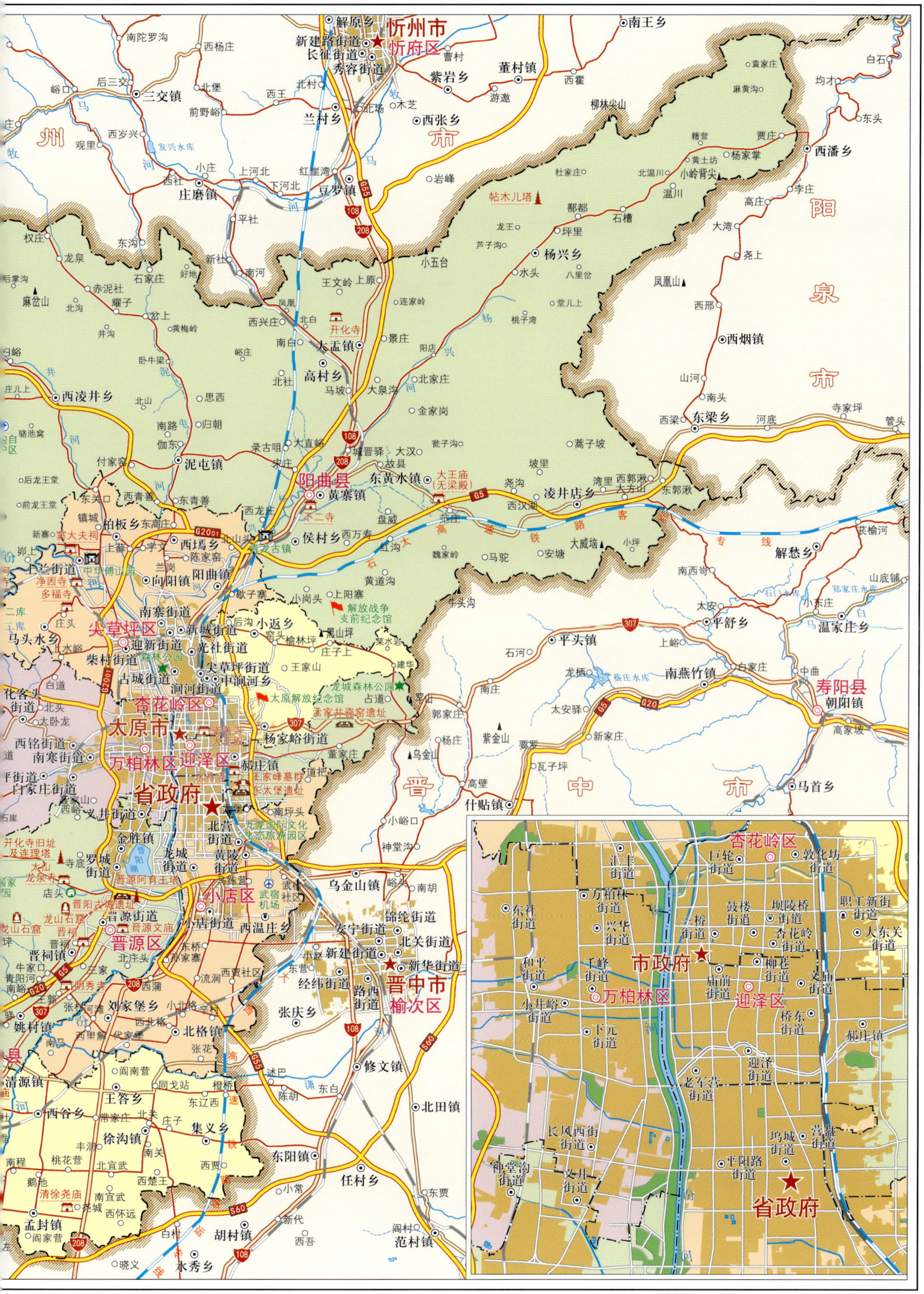

忻州市
忻府区
解原乡
新建路街道
长征街道
秀容街道
曹村
紫岩乡
董村镇
南王乡
西霍
游邀
南陀罗沟
西杨庄
后三交
三交镇
北堡
西王
北村
兰村乡
西张乡
前野峪
西岁兴
发兴水库
观里
小庄
上河北
下河北
红崖湾
豆罗镇
岩峰
庄磨镇
西社
平社
帖木儿塔
柳林尖山
袁家庄
麻黄沟
白石
均才
东头
西潘乡
贾庄
杨家掌
小岭背尖
温川
北温川
杜家庄
鄯都
石槽
坪里
杨兴乡
龙王
芦子沟
水头
八里岔
小五台
王文岭
上原
连家岭
桃子沟
堂儿上
凤凰山
西邢
西烟镇
山河
南头
东梁乡
西梁
河底
寺家坪
管头
李庄
高庄
大湾
尧上
阳
泉
市
权庄
东沟
龙泉
新社
南河
石家庄
好地
赤泥社
麻岔山
北沟
耀子
岔上
黄梅岭
西兴庄
北白
开化寺
南白
大盂镇
景庄
阳店
高村乡
北家庄
马坡
大泉沟
金家岗
北社
西凌井乡
思西
北山
南路
归朝
伽东
骆池窝
付家窑
泥屯镇
录古咀
大直峪
大汉
瓮子沟
蒿子坡
坡里
城晋驿
故县
东黄水镇
大王庙（无梁殿）
尧沟
凌井店乡
湾里
西郭湫
东郭湫
大方山
西汉岭
阳曲县
黄寨镇
不二寺
西龙庄
东关口
西青善
东青善
镇城
柏板乡
东高庄
寒大夫祠
西瑀乡
陈家窑
侯村乡
西万寿
盘威
范庄
大
高
速
铁
路
客
专
线
小坪
大威垴
解愁乡
红沟
魏家岭
马驼
安塘
黄道沟
南西寺
太安
平舒乡
郑家庄水库
山底铺
上阳寨
小岗头
解放战争支前纪念馆
牛头沟
石河
平头镇
上峪
温家庄乡
小东庄
龙栖
南燕竹镇
白家庄
中曲
寿阳县
朝阳镇
南庄
郭家庄
太安驿
新家庄
高家坡
紫金山
杨庄
要罗
乌金山
瓦子坪
晋
中
市
马首乡
高壁
什贴镇
小峪口
神堂沟
向阳镇
阳曲镇
净因寺
多福寺
南寨街道
新城街道
小返乡
榆林坪
庄子上
尖草坪区
迎新街道
光社街道
马头水乡
柴村街道
森林公园
尖草坪街道
中涧河乡
王家山
古城街道
涧河街道
太原解放纪念馆
龙城森林公园
杏花岭区
孟家井瓷窑遗址
太原市
杨家峪街道
西铭街道
南寒街道
董家庄
万柏林区
迎泽区
郝庄镇
王家峰墓群
东太堡遗址
白家庄街道
省政府
南坪头
义井街道
北营街道
金胜镇
开化寺旧址及连理塔
罗城街道
龙城街道
黄陵街道
龙泉寺
晋源阿育王塔
晋阳古城遗址
小店区
武宿机场
晋源街道
晋源文庙
小店街道
西温庄乡
晋源区
晋祠镇
明秀寺
王郭
刘家堡乡
北格镇
姚村镇
西里解
代家堡
张花
阎南营
同戈站
清源镇
王答乡
西谷乡
徐沟镇
集义乡
东辽西
南程
桃花营
北宜武
西贾
鹅地
清徐尧庙
西楚王
南宜武
西怀远
孟封镇
阎家营
乌金山镇
南胡
锦纶街道
安宁街道
北关街道
新建街道
新华街道
晋中市
榆次区
经纬街道
路西街道
张庆乡
修文镇
北田镇
东阳镇
任村乡
东贾
范村镇
胡村镇
水秀乡
晓义
西吾
新代
小常
汾
河
汇丰街道
巨轮街道
敦化坊街道
万柏林街道
东社街道
兴华街道
鼓楼街道
坝陵桥街道
职工新村街道
三桥街道
杏花岭街道
大东关街道
和平街道
千峰街道
市政府
柳巷街道
庙前街道
文庙街道
小井峪街道
桥东街道
下元街道
郝庄镇
迎泽街道
老军营街道
长风西街街道
坞城街道
营盘街道
神堂沟街道
文井街道
平阳路街道

二青会开幕式

2019年3月，市领导观摩督导京丰铁路电务器材制造有限公司轨道交通高端装备制造基地项目建设进展情况

阳煤集团太化新材料园区合成氨分公司氨库

2019年6月，市领导观摩汾河三期工程

北中环全景

晋阳湖公园

天龙山旅游公路

通达桥

晋阳桥

迎宾桥

地铁2号线一期施工现场

治理前的北沙河

治理后的北沙河

二青会场馆

改建后的滨河体育中心

太钢生产的“手撕钢”

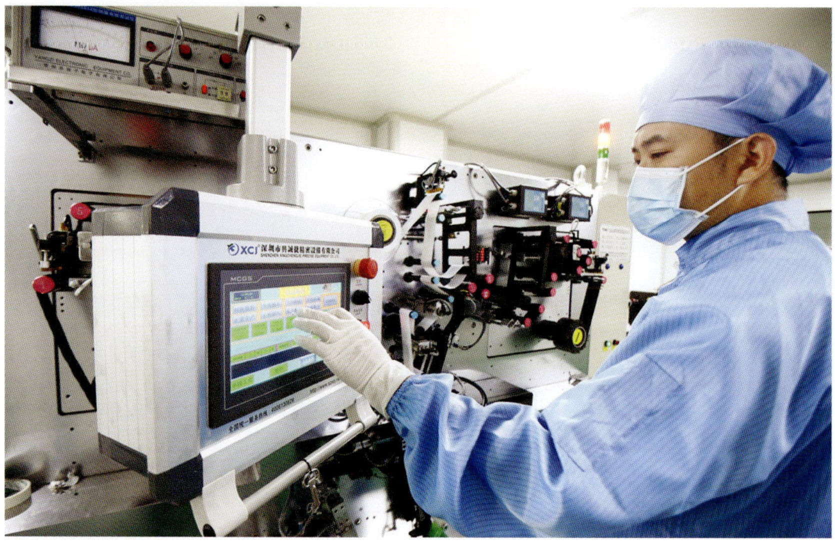

山西沃特海默新材料科技股份有限公司工作人员操作全自动卷绕机

太重制造的盾构机

太原比亚迪新能源汽车

2017年2月15日，山西首趟中欧班列从太原出发

山西沃特海默新材料科技股份有限公司铝材车间

2019环太原国际公路自行车赛暨中国太原国际自行车周闭幕式

离退休干部群众参观展览

风火流星

大型水上实景演艺《如梦晋阳》

第二届山西省艺术节·第十六届山西省“杏花奖”评比展演

马克思书房开展小小马克思活动

时代新人走进市图书馆马克思书房

社区老年餐桌

现代农业园

西山万亩生态秋色

娄烦县东山生态绿化

绿色出行

崛围红叶

东山绿化工程

杨兴20MWp光伏电站

汾河水库

汾河二库

沙滩排球场

武术散打比赛

乒乓球比赛

皮划艇比赛

志愿者招募活动启动仪式

志愿者培训

U站志愿者遍布大街小巷

U站志愿服务

闭幕式

农村新貌

产业扶贫

乡村通讯设施建设

温室产业

喜庆丰收

农村卫生室

村村通公交

香菇种植基地

机械化农耕

爱心超市

传统豆腐干制作

文化广场

敬老院阅览室

知青记忆墙

民俗表演

教育扶贫

健身器材进农村

参观国民革命军第八路驻晋办事处展览

纪念太原解放70周年敬献花篮仪式

数字太原 DIGITAL TAIYUAN

综合

地区生产总值	3884.48 亿元
第一产业	41.05 亿元
第二产业	1439.13 亿元
第三产业	2404.30 亿元
人均地区生产总值	88272 元

人口

常住人口	442.15 万人
男性	222.67 万人
女性	219.48 万人
出生人口	45804 人
死亡人口	19378 人
自然增长率	6.01‰

对外经济贸易

海关进出口总额	164.70 亿美元
出口总额	100.39 亿美元
进口总额	64.31 亿美元

能源

一次能源产量	2389.88 万吨标准煤
二次能源产量	4066.30 万吨标准煤
煤炭消费量	6440.79 万吨
全社会用电量	291.50 亿千瓦时
焦炭消费量	421.05 万吨

物价

城镇居民消费价格总指数	101.8
食品	102.0
衣着	100.3
居住类	102.8
城镇商品零售价格总指数	101.7
工业生产者购进价格指数	108.2
工业生产者出厂价格指数	101.0

社会从业人员和劳动报酬

社会从业人员	247.56 万人
第一产业	24.81 万人
第二产业	64.42 万人
第三产业	158.33 万人
城镇非私营单位在岗职工年平均工资	80827 元

固定资产投资增速

固定资产投资额	26.2%
第一产业	9.04%
第二产业	50.9%
第三产业	22.3%
房屋竣工面积	406.48 万平方米
住宅	298.60 万平方米

人民生活

城镇居民家庭人均可支配收入	33672 元
城镇居民家庭人均消费性支出	19912 元
农村常住居民人均可支配收入	16860 元
农村住户人均生活消费支出	12365 元

农村经济

农作物播种面积	82.53 千公顷
粮食面积	65.96 千公顷
粮食产量	29.23 万吨
油料产量	0.34 万吨
肉类产量	4.54 万吨

工业

规模以上工业企业单位	436 个
规模以上工业总产值	3127.09 亿元
原煤产量	3345.76 万吨
发电量	270.97 亿千瓦时
生铁产量	816.20 万吨
粗钢产量	1250.11 万吨
不锈钢产量	416.62 万吨
水泥产量	593.56 万吨

建筑业

建筑企业单位	1293 个
建筑企业竣工产值	836.97 亿元
建筑企业总产值	2750.71 亿元
建筑企业房屋建筑竣工面积	1923 万平方米

住宿、餐饮业和旅游

住宿、餐饮业营业额	441475.4 万元
国内旅游人数	8102.32 万人次
海外旅游人数	23.88 万人次
旅游总收入	995.57 亿元
旅游外汇收入	10702.7 万美元

财政、金融和保险

公共财政预算收入	373.23 亿元
公共财政预算支出	542.46 亿元
城乡居民人民币储蓄存款余额	4767.46 亿元
原保险保费收入	223.09 亿元

交通运输邮电通信业

铁路通车里程	4538.70 千米
公路通车里程	7516.69 千米
铁路货物周转量	63813.30 百万吨千米
铁路旅客周转量	6273.68 百万人千米
市话年末数	77.25 万户
农话年末数	1.85 万户
移动电话户数	737.32 万户

批发和零售业

社会消费品零售总额	1811.90 亿元
城镇消费品零售额	1737.90 亿元
乡村消费品零售额	74.00 亿元

教育科技

高等学校	46 所
高等学校在校学生数	53.28 万人
高等学校专任教师数	24496 人
中等职业学校	58 所
中等职业学校在校学生数	6.34 万人
中等职业学校专任教师数	4335 人
独立科学研究机构	113 个

文化体育卫生环保

群艺文化馆数	12 个
公共图书馆数	12 个
一级以上裁判员	1256 人
等级运动员	2324 人
广播电视台数	6 个
医院数	163 个
医疗床位	39917 张
市区空气质量二级以上天数	170 天

编 纂 说 明

一、《太原年鉴》是中共太原市委、太原市人民政府主办，中共太原市委党史研究室（太原市地方志研究室）编纂的市级年度资料性文献。创刊于1989年，《太原年鉴（2019）》为第29部。

二、《太原年鉴》坚持以马克思列宁主义、毛泽东思想、邓小平理论、“三个代表”重要思想、科学发展观、习近平新时代中国特色社会主义思想为指导，坚持辩证唯物主义和历史唯物主义的立场、观点、方法。

三、《太原年鉴（2019）》记述时限为2018年1月1日至12月31日，文献、彩版下延至2019年。

四、《太原年鉴（2019）》全面、客观、系统地记载太原境内自然、政治、经济、文化、社会和生态建设等各个领域的基本情况，反映年度重要事项与发展变化。

五、《太原年鉴（2019）》采用分类编排法，以类目、分目、条目组成主体部分，个别分目增加了次分目。全书共35个类目、164个分目、47个次分目和1558个条目，随文插图200余幅，统计报表38页。

六、《太原年鉴（2019）》首次制作了电子版优盘，读者可以通过扫描封底二维码阅读手机版《太原年鉴》，并在优盘中增加了“不忘初心　牢记使命，奋进新时代——太原市庆祝中华人民共和国成立70周年暨太原解放70周年展览”内容。

七、《太原年鉴（2019）》涉及的数据由各部门、各行业提供，由于统计口径不同，如有数据不一致，当以太原市统计局公开发布的统计数据为准。所有数据采用法定计量单位，个别遵从习惯。

八、《太原年鉴（2019）》稿件由太原市各党、政、军机关和企事业单位撰写，并经撰稿单位领导审核。图片除署名外的由太原日报社、市扶贫办提供。

总目

ZONG MU

comprehensive table of contents

目　录
CONTENTS

文　献

市情概览

大事记

2018 年太原市大事记

中国共产党太原市委员会

综　述

市委办公厅

组　织

宣　传

群众团体

太原市残疾人联合会

太原市慈善总会

太原市红十字会

法　治

人大立法

政法委及社会综合治理

法制政府建设

公　安

工 业

工业经济和信息化

煤炭工业

电力工业

中小企业

企业选介

·太原钢铁（集团）有限公司·

·中车太原机车车辆有限公司·

·太原煤炭气化（集团）有限责任公司·

商 贸

商 务

粮 食

供销合作社

金　融

金融监管

银行业

保险业

交通运输

交通运输管理

城乡建设

城乡管理

城市建设

· 市政建设 ·

· 城市供水 ·

· 城市供热 ·

· 城市照明 ·

房产管理

园林绿化

环境卫生管理

环境保护

文物　旅游

教　育

科学技术

科技管理

气　象

防震减灾

社科研究

经济发展研究

社会科学研究

文　化

文　化

新闻出版

图书馆

美术馆

医疗卫生

卫生管理

卫生监督

妇幼保健

公共卫生

疾控预防

急救中心

中医中药

献血供血

药品器械技术管理

医院选介

体　育

综　述

竞技体育

群众体育

青少年体育

体育设施

体育产业

社会生活

综　述

人口和人民生活

社会事务

劳动就业

社会保障

慈善事业

人 物

区县概览

附　录

在全市“改革创新、奋发有为”大讨论动员会上的讲话

（2019年2月18日）

中共山西省委常委、太原市委书记　罗清宇

根据省委十一届七次全会的部署，从2月中旬至4月底，在全省广大党员干部中开展以“改革创新、奋发有为”为主题的大讨论。今天上午，省委召开动员部署会，骆惠宁书记着眼于国内外发展大势、解决面临的短板和问题、对标一流创造佳绩，深刻阐述了开展大讨论的重大意义，具体部署了大讨论的主要任务和目标要求，强调这场大讨论是思想觉醒、革故鼎新的学习实践，是求真务实、拓展新局的学习实践，是守住底线、勇攀高峰的学习实践。要通过大讨论推动思想大解放，把全省党员干部的积极性调动起来，把全省人民和市场主体的活力调动起来，带动全省工作迈上新台阶。太原作为省会城市，是省委确定的七个类型单位之一，要带头学习贯彻骆惠宁书记重要讲话精神，带头落实省委决策部署，认真组织开展好大讨论，努力在解放思想上走在全省前列，以改革创新、奋发有为的精神状态，在“两转”基础上全面拓展各项事业新局面。下面，我就全市开展好大讨论讲几点意见。

一、提高政治站位，充分认识开展大讨论的重大意义

今年是新中国成立70周年，是全面建成小康社会关键之年。省委站在新的历史起点上，部署开展“改革创新、奋发有为”大讨论，并以此牵引全年工作开局，正当其时、十分必要、意义重大，承载了全省人民对美好生活的向往，体现了全省人民的长远和根本利益，对山西的现在及将来都将产生重要而深远的影响。

要深刻认识到，开展大讨论是深入学习贯彻习近平总书记在庆祝改革开放40周年大会上的重要讲话精神的重要部署。习近平总书记在庆祝改革开放40周年大会上的重要讲话，深刻总结了改革开放的伟大成就和宝贵经验，郑重宣示了改革开放只有进行时没有完成时、改革开放永远在路上、坚定不移将改革进行到底的信心和决心，明确提出了全面深化改革、扩大对外开放的目标要求，为我们在新时代把改革开放继续推向前进提供了根本遵循。省委放眼实现“两个一百年”奋斗目标的时代方位，肩负实现“三大目标”的重大使命，部署开展大讨论，全面贯彻了习近平总书记关于改革开放再出发和新时代新担当新作为的指示精神，是树牢“四个意识”、坚定“四个自信”、坚决做到“两个维护”的具体体现，充分彰显了省委在新时代勇立潮头、锐意开拓的奋斗姿态，充分诠释了省委在新的一年攻坚克难、奋发进取的坚定决心。

要深刻认识到，开展大讨论是推动全省“两转”基础上

全面拓展新局的重大举措。近年来省委提出并做到了“一个指引、两手硬”，推动全省实现了“两转”，并走上了全面拓展新局面的新征途。省委深刻把握国内外发展大势蕴含的机遇挑战，清醒认识现阶段全省在改革创新方面的差距、在奋发有为方面的不足，部署开展大讨论，就是要以对标一流、创造佳绩的责任感紧迫感，来一场学习的革命、思想的革命、工作的革命，来一场理念的大提升、本领的大提升、作风的大提升，进一步解放思想、更新体制，进一步锤炼过硬的本领和作风，高质量地推进各项工作，确保党中央和省委重大决策落地落实，实现全省工作的新突破，必将在三晋大地汇聚起追梦奋斗、振兴崛起的强大正能量。

要深刻认识到，开展大讨论是太原加快转型发展、实现振兴崛起的有效途径。当前，太原正处在改革发展的关键时期。全球范围内新的科技革命和产业变革迅猛发展，我们面临的国际环境更趋复杂；全国掀起新一轮改革开放热潮，我们发展面临的竞争更趋激烈；省委对太原提出“两个走在前列”“双提升”的目标要求，作为省会城市，在引领全省发展中责任重大；我市发展不充分不平衡特别是不充分的矛盾仍然突出，与先进城市还有较大差距。我们必须顺应发展大势，扛起使命任务，加快转型发展。省委部署开展大讨论，对我市具有很强的现实针对性。我们要通过大讨论，进一步对标一流、抢抓机遇，在改革创新中冲破各种羁绊，在奋发有为中打开发展通途。

全市上下一定要把思想和行动统一到中央精神上来，统一到省委的决策部署上来，扎实深入开展好大讨论，推动思想再解放、改革再深入、创新再发力、开放再提质、工作再抓实，为各项事业发展提供强大动力、营造良好氛围、筑牢政治思想基础，奋力谱写文明开放富裕美丽太原新篇章。

二、紧密联系实际，把省委部署要求落细落实

去年12月中旬，省委就全省大讨论实施方案征求各市意见，市委常委会专门进行了学习讨论。省委十一届七次全会对大讨论活动作出部署后，迅速召开全市干部大会，传达学习骆惠宁书记重要讲话精神，进一步统一了思想、提高了站位。根据省委确定的大讨论主题和任务，结合我市实际，制定了大讨论工作方案，将省委确立的10个“规定动作”，细化为39个工作环节，实化为82项具体安排。全市各级各部门要按照省委、市委的部署要求，扎实做好各项工作。

第一，增强思想自觉，准确把握大讨论的部署要求。此次大讨论在广大党员干部群众中开展，覆盖全市各领域各层级，党组织关系在太原的驻并单位也要一同参加。其中，以党政机关、企业、开发区、各类学校、科研院所、乡镇街道中层以上干部和农村社区“两委”班子成员为重点，县处级以上领导干部是重中之重。要坚持紧扣主题。紧紧围绕“改革创新、奋发有为”这一鲜明主题，聚焦“六个破除”“六个着力”“六个坚持”的主要任务，扎实开展好大讨论各项活动，既要完成各项规定动作，也要突出大讨论从解放思想破题带动各方面工作的作用，确保方向不偏、主题不散、内容不虚，真正以大讨论牵引全年工作的开局。要坚持问题导向。紧密结合各县（市、区）、各单位、各部门的实际情况，把坚持问题导向贯彻大讨论始终，引导各级领导干部针对存在问题进行自我革命，刀刃向内，逐一破题。密切联系领导干部的思想、工作、作风实际查摆整改，切实把思想解放体现在正视与发现问题、创造性地解决问题上。要坚持以上率下。各级领导干部特别是主要领导干部要带头解放思想，带头开展学习讨论，带头深入查摆问题，带头推动成果转化，把广大党员干部发动起来，带领广大党员群众一起参加大讨论，强力促改、主动求新、深入谋转、勇于任事，努力形成上下同心、砥砺前行的良好局面。要坚持从严从实。高标准部署、严要求组织、实举措推进，坚决防止形式主义、走过场，坚决防止坐而论道、徒托空言，用思想大解放促进全市高质量发展，以高质量发展的实际成效检验思想解放的程度和效果。要坚持统筹兼顾。把开展大讨论同深化改革开放各项任务结合起来，同立足本职岗位做好实际工作结合起来，努力使大讨论的过程成为凝聚思想共识、促进改革创新、激励奋发有为的过程。

第二，增强行动自觉，扎实做好规定动作和每个环节。要做好动员部署。市委成立了由我任组长、李晓波同志为副组长的大讨论领导小组，组建了办公室和专项工作小组，各县（市、区）、各部门也要成立相应工作机构。今天会议后，各地各部门要迅速开展动员部署，向干部群众讲清楚大讨论的意义和目标，讲清楚大讨论的主题和内容，讲清楚大讨论的方式和步骤，让大家明白为什么要开展大讨论，怎样搞好大讨论，切实把思想和行动统一到省委决策部署上来。这项工作要在一周内完成。要开展好学习讨论。以理论学习中心组、支部专题会议等多种形式，认真学习习近平新时代中国特色社会主义思想，重温习近平总书记视察山西重要讲话精神，认真学习省委十一届七次全会精神和近期一系列重要部署。对照省委提出的“六方面问题”，联系思想工作实际，着力解决思想观念上存在的突出问题，查摆具体表现，深刻剖析原因，制定整改举措，明确努力方向，打牢改革开放再出发的思想政治基础。要组织好改革开放先进典型报告会。

按照机关单位、转型企业、脱贫攻坚一线、街道（乡镇）社区（村）等行业、领域，从全市遴选先进典型，用身边人身边事强化正面引导，传递正能量。通过组织先进典型赴基层举行报告会，观看先进典型事迹视频，激励广大干部群众学习先进、见贤思齐。要开展好对标一流述职评议。市委常委会将听取20家市直部门的述职汇报，并进行评议。其他市直部门由市领导按照分工，随机抽取三分之一单位听取述职报告。述职评议结果要在一定范围内通报，并纳入年度目标责任考核，与评优评先、干部调整使用挂钩。要大力宣传表彰新时代新担当新作为领导干部典型。召开全市考核（表彰）大会，对2018年度考核优秀单位、好领导班子、优秀领导干部、担当作为先进典型、三晋英才、县（市、区）特色工作指标前三名进行奖励。深入推进个性化、差异化考核，科学设置评价指标，坚持正反向测评、多角度考察，切实发挥考核“指挥棒”“方向标”作用，着力建设新时代新担当新作为干部队伍。要开好民主生活会和专题组织生活会。县级以上领导班子要结合大讨论开好2018年度民主生活会，领导干部要主动对表对标，把自己摆进去、把职责摆进去、把工作摆进去，把问题找准、把根源挖深，积极开展批评与自我批评，把班子和个人的突出问题解决好。市委组织部会同市纪委监委机关做好督导工作。要推出一批促进改革发展的重大举措。全面贯彻落实中央、省委重大改革部署，结合我市实际，制定2019年改革工作要点，抓好改革总体设计。深入推进可持续发展议程创新示范区、国家创新型城市、军民融合创新基地等改革试点工作。切实抓好党政机构、市县财税体制、国企国资、人才体制机制、城市街道体制、综合行政执法体制、社会治理体制、城市房屋产权制度、困难职工帮扶救助体制等重点领域改革，实质性推动阳曲、清徐撤县设区，做好转型综改示范区改革试点经验的复制推广。要努力实现首季“开门红”。各级各部门要认真贯彻市委十一届六次全会暨经济工作会议的部署，全力做好一季度各项工作，扎实开展深化转型项目建设年活动，积极谋划和建设一批重大转型项目，认真落实市领导对接产业项目工作机制，加快项目签约、落地、开工，为全年经济发展打下良好的基础。要深入开展“万名干部入企进村服务”活动。各级领导干部要带头深入企业，了解发展现状、困难问题和职工思想动态等情况，积极宣传中央和省、市各项惠企政策措施，帮助企业牵线搭桥谋划新项目。深入包村联户点走访慰问，宣讲惠农政策，发挥市直帮扶单位优势，帮助贫困户销售农产品，推动脱贫攻坚、乡村振兴。要认真做好总结交流。4月底前，全市各级各部门要对大讨论情况进行全面总结，召开大讨论成果交流会，把大讨论形成的成果转化为指导和推动实际工作的办法、政策、制度，使大讨论的成果得以不断延续和拓展。市级领导要结合分管领域对落实情况进行专题督办。

第三，增强实践自觉，以大讨论带动全市整体工作的提升。各级各部门和广大党员干部要通过大讨论，深入查找制约太原转型发展的痛点难点堵点，既从工作层面找差距、查问题，更从思想层面找不足、挖根源，坚决破除一切不合时宜的思想观念和体制机制弊端，提高补短板、强弱项、抓发展的针对性和实效性。要着力强化改革意识，坚决破除僵化保守，在坚持以改革破解发展难题上有新突破。牢固树立“改革决不能落后”的理念，增强加快改革的责任感和紧迫感，用改革的思维和方法开展工作、推动发展。大力弘扬敢闯敢试、勇于探索的精神，创造性地贯彻落实好党中央和省委各项重大改革部署，推出一批立足太原实际、解决太原问题、体现太原特色的先行先试和重大改革任务，奋力跻身全国全省改革第一方阵，进一步发挥太原在全省改革大局中的示范作用。要着力增强创新精神，坚决破除因循守旧，在坚持以创新激发动力活力上有新作为。牢固树立抓创新就是抓发展，谋创新就是谋未来的理念，突出抓好以观念创新为先导、以科技创新为核心的全面创新，以建设国家可持续发展议程创新示范区为契机，大力实施创新驱动战略和人才兴市战略，加快技术创新体系建设，健全完善人才引进培养政策，打造全省创新中心，建设国家级创新型城市，进一步提升太原在全省创新驱动中的支撑作用。要着力全面扩大开放，坚决破除封闭狭隘，在坚持以开放促改革促发展上有新举措。强化内陆和沿海同处开放一线的理念，突出抓好与“一带一路”、京津冀等国家重大战略的对接融入，加大对外经贸合作和人文交流力度，瞄准国内外行业领军企业，主动出击，积极开展精准招商、全产业链招商，提升招商引资质量，努力在新一轮对外开放中抢得先机，打造内陆地区对外开放新高地，进一步提升太原在全省开放格局中的辐射作用。要着力强化市场理念，坚决破除资源依赖，在坚持以市场化推动发展上拓展新通途。牢固树立市场在资源配置中起决定性作用的理念，牢牢把握市场化改革方向，抢抓市场条件下资源要素配置的无限商机，让市场“无形之手”充分施展，政府“有形之手”更加有效。突出抓好服务型政府建设，不断深化“放管服效”改革，用行政权力的“减法”，换取市场活力的“加法”。充分利用国际国内两个市场、两种资源，承接好发达先进地区的产业转移，在更高层次上嵌入全国乃至世界产业链条，进一步提升太原在全省转型发展中的龙头带动作用。

要着力提升工作标杆，坚决破除随遇而安，在坚持以一流标准推进工作上创造新业绩。牢固树立争创一流的工作理念，自觉站在全省全国找坐标，自觉瞄准本系统本行业最高水平，把工作标准定在干就干到最好、干就干到最优上，使全市工作标准来一个大的提升，为全省当表率、作示范。各级领导干部要以精益求精的工作态度，紧扣全年工作目标，自加压力、自提标准、自我完善、自我革新，把每一件事情、每一项工作都做成最高标准。要着力转变工作作风，坚决破除慵懒散漫，在坚持以过硬作风强化落实上体现新担当。树立讲担当、重实效的鲜明导向，大力提倡"马上就办"的工作作风，大力弘扬"踏石留印、抓铁有痕"的劲头和"钉钉子"的精神，践行"一线工作法"，营造效率优先、担当干事的浓厚氛围，在推进工作落实中锤炼过硬作风，以良好作风推动工作落地见效。

三、加强组织领导，确保大讨论取得实效

开展大讨论是对各级党组织和广大党员干部的一场政治考试，是当前必须认真落实的政治任务。要严格按照省委要求和市委部署，政治上高点站位，思想上高度重视，行动上高效落实，确保大讨论始终沿着正确方向开展，取得实实在在的成效。

一要明确责任。各级各部门要把开展大讨论作为重要政治任务，加强组织领导，强化责任落实。党委（党组）要切实扛起主体责任，主要负责同志要担起第一责任，以上率下、亲自谋划，亲自部署，亲自推动，切实把大讨论活动摆上重要议事日程，列入党委（党组）主要负责同志抓基层党建述职和年度目标责任考核内容，完善工作机制和方案，精心组织实施，确保大讨论扎实有序推进。

二要提升标准。树立争创一流的工作理念，瞄准本系统本行业最高水平，主动学习借鉴，把工作标准定在干就干到最好、干到极致上，以精益求精的态度，自加压力、自提标准、自我完善，力争把每一件事情、每一个项目都要做成最高标准，展现省会水平。

三要营造氛围。宣传部门要围绕大讨论主题，运用多种形式、多种手段、多种载体，整合宣传力量，积极做好宣传报道、氛围营造和舆论引导工作。新闻媒体要充分发挥传播优势，全过程、全方位地开展宣传报道。尤其要注重发挥新媒体作用，利用微信、微博等新媒体平台，组织开展网上讨论活动，引导群众广泛参与。

四要强化督导。大讨论覆盖面广，既涉及党员干部，也涉及基层群众，既有机关单位，又有学校企业。要针对行业特点、单位性质和大讨论进展情况，结合省委确定的"大题"细化提出各自的"小题"，采取不同举措加以指导，防止大而化之，上下一般粗。市委将对各级各部门大讨论开展情况进行督促检查，对大讨论搞得好的及时总结推广经验，对发现的问题责成相关单位及时纠正、加强整改。

这里要特别强调，市县"两会"召开在即，要把大讨论的主题和要求贯穿到今年"两会"全过程，体现到各项工作报告中，体现到审议讨论中，体现到全年工作安排中。广大人大代表、政协委员要积极投身大讨论，以实际行动带动党内外、各行各业参与大讨论。

同志们，转型发展呼唤改革创新，振兴崛起需要奋发有为。我们要更加紧密地团结在以习近平同志为核心的党中央周围，高举习近平新时代中国特色社会主义思想伟大旗帜，解放思想、开拓创新，勇于担当、积极作为，奋力谱写文明开放富裕美丽太原新篇章，以优异成绩庆祝中华人民共和国成立70周年！

国家级非物质文化遗产·砖雕

早在夏商之前，清徐先民已经掌握制陶烧砖技艺。清徐砖雕的特点：一是土质特好，经久耐用；二是花样繁多，套路颇大；三是画工精细，刀工别致；四是谱系明确，传承有序。民国17年（1928）后，境内庙宇不断拆除，砖雕市场日见疲软，各地砖雕业主纷纷封窑，但清徐窑王堡砖雕仍然坚持烧造。21世纪以来因受土地政策限制，于2002年秋封窑。目前，一是砖雕产品并无多大市场，二是国家土地政策不允许烧砖用土，三是年轻人不愿意学习雕砖技艺。清徐砖雕正濒临失传危机。

2008年砖雕（山西民居砖雕）列入第一批国家级非物质文化遗产扩展名录。

太原市人民代表大会常务委员会工作报告
——在太原市第十四届人民代表大会第四次会议上
（2019 年 2 月 25 日）

太原市人大常委会副主任　刘　斌

各位代表：

我受市人大常委会委托，向大会报告工作，请予审议。

过去一年的主要工作

2018 年是全面贯彻党的十九大精神的开局之年，是谱写文明开放富裕美丽太原新篇章的起步之年。市十四届人大常委会在市委的坚强领导下，高举习近平新时代中国特色社会主义思想伟大旗帜，深入贯彻党的十九大精神和习近平总书记视察山西重要讲话精神，始终坚持党的领导、人民当家作主、依法治国的有机统一，紧扣市委决策部署和全市中心工作，充分发挥“宪法法律赋予各项职责的工作机关、同人民群众保持密切联系的代表机关”重要作用，召开常委会会议 10 次，主任会议 16 次，制定和修改地方性法规 4 件，听取和审议专项工作报告 25 项，开展执法检查、视察调研 45 次，作出决议决定 8 个，圆满完成了市十四届人大三次会议确定的各项任务。

一、坚持党的领导，践行“两个维护”，牢牢把握正确政治方向

一年来，常委会自觉坚持把党的领导贯穿人大工作全过程，牢固树立“四个意识”，坚定“四个自信”，坚决做到“两个维护”，确保人大工作沿着正确方向前进。

不断提高政治站位。坚持习近平新时代中国特色社会主义思想在人大工作中的指导地位，通过开展理论研讨、专题培训、经验交流等形式，深刻领会习近平总书记关于坚持和完善人民代表大会制度重要思想的丰富内涵，在新的起点上谋划和推动人大工作。市委作出建设文明开放富裕美丽太原新篇章战略部署后，常委会党组主动对表对标，认真研究工作的切入点结合点着力点，推动中央和省、市委重要决策部署贯彻落实。坚持向市委请示报告制度，就年度主要工作安排、立法计划及重要事项和重大活动，向市委请示、报告 50 余次，保证了人大工作始终体现市委领导、紧跟市委步伐，方向不偏、初心不变。

坚决贯彻市委决策。围绕推动市委“转型项目建设年”决策部署的贯彻落实，组织百名市人大代表专题视察媒体智慧云平台、美锦钢铁优质棒材、迎泽特色产业基地等重大项目实施情况，提出要牢固树立“抓发展必须抓项目、补短板必须补项目”的理念，提升发展内涵，优化发展环境，更好地发挥重大项目引领作用。配合创建全国文明城市行动，成立督导组，先后三轮对 19 个单位的“九乱”治理、6 个单位的问题整改情况进行督导检查，推动文明城市建设由集中整治向常态长效转变。组织“扫黑除恶”专项斗争视察，督促相关部门认真落实责任，深挖黑恶势力和“保护伞”，推动专项斗争向纵深发展。

依法进行决定任免。贯彻落实习近平总书记在民营企业座谈会上重要讲话精神，及时作出支持民营经济发展的决定，从政策落实、环境优化、用地保障、资金扶持等十二个方面提出措施要求，为破解民营经济发展难题、提振民营企业信心、激发民营企业活力发挥了积极促进作用。审查批准了“十三五”规划纲要部分指标调整方案以及年度财政决算和预算调整方案。坚持党管干部原则，依法任免干部，严格法律考试、表态发言、宪法宣誓等程序，依法任免国家机关工作人员 104 人次，全力支持机构改革，集中任免政府工作部门负责人 27 人次，为我市国家机关有效运转提供了强有力的组织保障。

二、突出良法善治，强化立法主导，不断提高地方法规质量

常委会认真学习贯彻习近平总书记关于立法工作的新理念新思想新战略，弘扬工匠精神，打造精品良法，发挥立法引领推动作用，为全市改革发展提供有力法治保障。

坚持立法原则，强化立法工作领导。牢牢把握党领导立法这一根本原则，坚持立法项目、重大立法问题主动向市委请示汇报，法规草案提请表决前及时报请市委审查，全年5次提请市委常委会研究立法工作。自觉将立改废法规事项置于全市工作大局中考量，根据经济社会发展形势，急需的及时列入立法计划，暂不需要的果断作出调整。因机构改革等原因，经市政府申请、市委批准，对制定轨道交通条例、修改旅游条例等立法项目予以暂缓审议；支持文明城市创建和二青会举办，提前审议通过道路交通安全管理条例，主动为市委重大决策部署提供法律支撑。

坚持问题导向，强化重点领域立法。深入贯彻习近平总书记关于改善人居环境的重要论述，制定生活垃圾分类管理条例，多措并举推动生活垃圾强制分类，促进生活垃圾处理减量化资源化无害化。制定道路交通安全管理条例，就交通规划、停车管理、综合治理等方面做出规定，着力营造安全通畅、文明和谐的道路交通环境。修改老年人权益保障办法，降低老年人享受社会优待服务年龄限定，扩大优待服务范围，满足群众养老服务需求。聚焦城乡统筹发展，三次审议城乡规划条例，落实多规合一、“放管服”改革事项，为优化城乡发展空间，明确城市发展方向、路径和定位奠定法治基础。及时启动生态环境保护地方性法规的清理工作，保持法规之间协调衔接，维护法制统一，确保地方立法更好服务改革发展大局。

坚持机制创新，强化科学民主立法。畅通立法渠道，建立“四部门＋专家”的法规起草模式，充分发挥立法咨询专家、基层立法联系点、立法研究咨询基地资源优势，80多人次直接参与法规制定，提出意见建议300多条，最大限度地发挥了专业人员的积极作用。强化调研论证，坚持吃透上情、摸准下情、了解外情，在制定生活垃圾分类管理和道路交通安全管理条例过程中，利用20多天时间，专题调研10县市区垃圾处理和交通管理情况，掌握了大量第一手资料。全年开展立法调研21次，召开论证会8次，为出台高质量法规奠定了良好基础。拓宽民主渠道，完善立法项目、法规草案公开征求意见制度，广泛征求人大代表、政协委员、专家学者等方面的意见，印发征求意见稿1300余份，收集意见建议700多条，使立法工作更好体现民情、汇聚民意、集中民智。

三、紧扣中心大局，加强经济监督，持续推动创新转型发展

常委会认真贯彻新发展理念，聚焦社会主要矛盾变化，强化经济监督责任，全力助推全市经济持续健康增长，稳中向好发展。

推动经济高质量发展。密切关注经济运行态势，认真做好计划、预算审查工作，督促政府大力实施创新驱动和工业强市战略，推动“供改”与“综改”深度结合。专题视察重点工程建设，促进优化投资结构、提高投资效益。深入东杰智能、中车集团等10余家企业，实地调研先进制造业基地建设、传统产业提档升级和现代服务业发展情况，建议市政府在夯实实体经济基础的同时，把经济发展增长点放在创新驱动上，增强市域经济发展活力与后劲。听取全市侨资侨属企业发展情况报告，提出保护促进华侨和港澳同胞投资，凝聚吸引侨智侨资侨力参与太原改革开放和创新发展，促进企业增强内生动力，更好服务我市经济增长。

推动产业多元化转型。围绕进一步深化改革、促进资源型经济转型发展，调研开发区改革创新发展情况，视察太原工具厂、国信新能源微电网等转型项目，推动政府加强规划引导和政策扶持，精准施策深化改革，为培育新产业新业态、构建多点多业新格局发挥积极作用。推动企业创新，调研优化科技创新发展环境、深化科技管理体制改革、出台科技创新扶持政策等工作，为“聚力创新”出谋划策、献计出力。以发展全域旅游为推动转型升级的重要抓手，督促政府深入探索“旅游＋”融合发展新模式，整合资源、创优品牌，为打造我市旅游集散目的地助添新引擎。

推动财政规范化运行。高度关注财政资金使用效益，建立健全全口径预决算审查监督机制，围绕经济转型、生态环保、民生等领域的财政资金投入，加强审查监督，促进预算安排更加精细、资金分配更加合理、财政管理更加规范。对省城环境综合整治等4个重点项目跟踪审查监督，开展预算支出项目绩效评价，逐步实现预算审查监督由宏观总预算向具体项目预算延伸，由平衡状态和赤字规模向支出预算和政策拓展。高标准完成人大与财政国库集中支付系统联网，更好规范财政行为，维护财经秩序，促进财政稳健运行。强化审计及整改监督，要求严肃追责问责，将整改任务落实到位。加强国有资产监管，建立市政府向市人大常委会报告国有资产管理情况制度，实现人大对国有资产监督的制度化、规范化。

四、践行为民宗旨，围绕民生监督，力促发展成果惠及百姓

常委会坚持以人民为中心，始终把人民对美好生活的向往作为履职目标，紧紧抓住人民群众最关心最直接最现实的利益问题强化监督，努力让人民群众有更多获得感、幸福感和安全感。

持续关注民生福祉。对疾病预防控制工作进行满意度测评，督促政府落实院士工作站运行和生活饮用水检测经费，加强完善疫苗管理，规范预防接种工作，提高疾控中心预防、控制、应急能力，做好保障群众生命健康的第一步。专题调研民办教育发展情况，促进公办与民办教育健康有序协调发展。听取社会救助工作情况汇报，加大对全市“厕所革命”工作情况的监督，提出要提高精细化管理水平，努力补齐影响群众生活品质的短板。加强对安全生产监管工作的监督，要求压实安全责任，提高监管质量，杜绝较大及以上安全生产事故发生。抓住餐饮食品安全热点问题组织专题询问，建议食品安全相关部门在“从田头到餐桌”的链条中找盲点、补漏洞，严管生产经营过程，严控食品安全风险，确保人民群众食之安心、食之放心。

持续聚焦生态改善。贯彻习近平生态文明思想，围绕市委打好污染防治攻坚战的指示要求，扎实开展“并州环保行”活动，紧盯生态文明重点项目建设和环境综合防治情况，结合环保督察组反馈问题，先后10多次进行集中检查和明察暗访，督促政府加快解决突出环境问题，推进省城环境质量持续改善。监督“八河”综合治理工作，要求进一步完善路网结构，提高防洪标准，消除黑臭水体，提升城市形象。围绕污染防治重点，听取和审议环境保护工作情况的报告，支持政府实行最严格的生态保护制度，全力打赢环境治理硬仗，以生态优先绘就“美丽太原”底色。

持续推动“三农”发展。聚焦打好精准脱贫攻坚战，跟踪审议意见落实，深入扶贫移民搬迁安置点、扶贫产业项目实施点进行视察调研，督促政府按照“高标准推进、高质量退出”的要求，坚持问题导向，明确整改方向，突出产业重点，完成摘帽退出，巩固脱贫成效。坚持以产业兴旺为基础，以构建现代农业体系、生产体系、经营体系为抓手，加强对推进农村产业兴旺工作的监督，全力推进乡村振兴战略，向市政府提出了创新农业产业发展模式，推动农村一二三产深度融合，提升农业综合生产能力，不断加快城郊型都市现代农业发展步伐等方面的意见建议。

五、维护公平正义，强化法治监督，积极促进社会和谐稳定

常委会积极适应深化全面依法治国实践新目标新任务新要求，紧紧抓住宪法实施精准发力，在监督检查中维护公平正义，在执法调研中捍卫法律尊严，努力促进依法行政公正司法。

强化法治政府建设监督。落实法治政府建设实施纲要要求，听取和审议法治政府建设工作情况报告，在增强法治意识、规范执法行为、加强权力监督、完善保障措施等方面提出建议，推进政府依法行政。关注普法教育，要求相关职能部门强化责任担当，抓好工作落实，不断提升法治太原建设成效。按照有件必备、有备必审、有错必纠的要求，对25件政府规范性文件合宪性、合法性、合理性进行严格审查。召开全市备案审查工作会议，理顺审查主体，完善审查程序，落实电子报备，强化机制衔接，推进备案审查工作全覆盖。

强化“法律巡视”利剑作用。采取实地调查、组织座谈、听取汇报、查阅资料等多种形式，组织开展大气污染防治“一法两例”和环境保护法执法检查，督促政府及相关部门围绕“天蓝地绿水清”目标，加强全程管控，严格考核问责，守住生态保护红线。组织汾河流域生态修复与保护条例执法调研，提出要完善河道保护机制，拓宽投资融资渠道，共同推动汾河流域生态环境逐步改善，以法律的武器治理污染，用法治的力量保卫蓝天。开展电动自行车管理条例执法检查，要求政府做好宣传动员、加大整治力度、加强统筹协调、强化源头控制，努力营造共建共享和谐文明交通环境。

强化司法和信访监督。服务经济新常态和供给侧结构性改革大局，听取市中级人民法院关于破产案件审理情况的汇报，提出要完善协调联动机制，规范破产案件审理，为我市企业破产工作和维护社会稳定提供司法保障。关注行政公益诉讼制度落实，建议市人民检察院提升公益诉讼队伍专业化程度，加大食品药品安全、国有财产保护等领域的办案力度，切实维护好社会公共利益。出台市人大代表反映转递群众信访事项办理办法，畅通信访渠道，强化督办力度，全年接待受理群众来信来访289件次，转办交办105件，为推动解决群众合理诉求发挥了积极作用。

六、聚焦履职主线，完善保障机制，充分发挥代表主体作用

常委会始终把代表工作摆在重要位置，完善联系群众制度，健全服务代表机制，提高代表培训质量，创新代表活动方式，使代表履职更接地气、更有底气，使代表活动富有生机、充满活力。

着力夯实代表履职基础。重视代表履职能力建设，利用微信学习群、公众号、微学堂、代表专用邮箱等资源，采取以会代训、专题座谈、参观考察、集中辅导等形式，多途径、多方式向代表推送学习内容，强化学习培训效果。组织市、县人大代表140余人赴全国人大北戴河培训基地集中学习，交流实践经验，提升履职能力。积极开展市人大代表向选举

单位履职报告、县乡人大代表向选区述职活动，建立健全代表履职档案登记，如实记录代表参加视察调研、提交议案建议、联系服务群众等情况，进一步增强代表依法履职的主动性、自觉性。

着力丰富代表履职形式。依托代表小组定期开展活动，围绕经济社会发展热点开展视察调研，宣传政策法规，广集社情民意。落实“双联系”制度，18名常委会驻会组成人员与186名代表建立联系，通过走访、座谈等形式，听取代表意见建议。组织代表接待选民、联系群众，常态化倾听民声，零距离化解民忧。邀请90多名代表列席常委会会议，160多名代表参加常委会组织的视察调研、执法检查、专题询问，组织代表120多人次参与“检察开放日”、旁听案件公开审理等活动，促进代表知情知政，支持代表参政督政。

着力改进代表建议督办。坚持把提高代表建议办理质量作为尊重支持代表行使职权的重要抓手，在解决落实率上下功夫。继续实施“五办联动”工作机制，加强协调指导，强化过程督办，促进办理实效。适时召开建议办理推进会，听取办理情况汇报，征询人大代表意见，协调解决难点问题，推动建议办理落地见效。市十四届人大三次会议上提出的4件议案、293件建议全部办理完毕，15件重点督办建议有效落实，建议解决落实率达72.7%，养老服务体系建设、汾河水污染治理、审批程序简化等群众普遍关注的问题，得到较好解决。

着力强化工作联系指导。深入10个县市区、15个乡镇街道、11个村社区进行专题调研，重点了解研究代表联系群众工作，形成调研报告。首次召开全市县乡人大代表工作推进会，观摩交流经验，总结安排部署，推动工作落实。指导县乡两级人大按照“六有”标准强化代表阵地建设，105个乡镇街道建立了人大代表活动室，566个村社区建立了人大代表联络站，基本实现了代表活动场所全覆盖。出台《关于进一步加强县乡人大代表工作的指导意见》，从强化学习培训、强化联系群众等10个方面提出要求，强力推动基层代表工作取得积极进展。

七、提升工作效能，激发工作活力，着力推进“两个机关”建设

常委会认真贯彻市委《关于进一步激励广大干部新时代新担当新作为的实施意见》，主动担当、积极作为，自身建设不断加强。

全面加强机关党建。深入学习贯彻习近平新时代中国特色社会主义思想和党的十九大精神，推进“两学一做”学习教育常态化制度化。突出抓好“三基建设”，严格落实“三会一课”，运用“清单式”工作法，扎实推进党组织建设制度化、规范化、科学化。建立完善机关党委和各支部“智慧党建”平台，积极开展“助力创城攻坚战”“参观马克思书房”主题党日活动，组织民主评议党员，通过党建工作的不断加强，切实把全体党员干部的智慧和力量凝聚到提升人大工作质效上来、聚焦到强化人大党组织战斗力上来、汇聚到贯彻中央和省市委重大决策部署上来。

不断提升履职能力。建立健全常委会党组、机关党组学习制度，常委会会议期间举办法律法规、意识形态、传统文化等专题讲座，利用干部在线和法宣在线等平台延伸学习，选派干部参加法治建设、财经监督、新闻宣传、信访业务等各类培训。全年组织召开专题学习会、研讨会和集体辅导70余次，汇编学习资料770余册，接待外地人大学习交流57批417人次，常委会组成人员和机关工作人员的政治素质、理论修养、知识眼界和履职能力进一步提升。

持续强化作风纪律。坚持把纪律规矩挺在前面，认真学习中国共产党纪律处分条例和廉洁自律准则。严格执行中央“八项规定”精神和省市委各项规定，持续推进“四风”整治。贯彻落实“一岗双责”，召开机关党风廉政建设工作会议，签订责任书，建立承诺制，定期开展警示教育，从严从实抓好干部监督管理。支持和保障市纪委监委派驻纪检监察组工作，深入推进正风肃纪。进一步规范办文办会办事制度，切实提高服务“三会”、服务代表、服务群众的质量水平。

更加注重宣传交流。精心策划对常委会重要会议、重点工作和重大活动的宣传报道，各类媒体报道人大工作600余次。举办改革开放40周年征文活动，展现改革开放以来全市民主法治建设的发展历程和成就经验。开展“新时代新作为新风采”宣传活动，宣扬代表履职事迹，展现代表履职风采。坚持新闻发言人制度，及时召开重要法规和重大活动新闻发布会，通过集体采访、媒体专访、新闻对话等方式，提高知晓度，扩大影响力。改版升级太原人大网站，提高《太原人大》办刊质量，不断加大信息公开力度，努力讲好人大故事，积极传播人大声音。

各位代表，过去一年市人大常委会成绩的取得，得益于市委的坚强领导、省人大的有力指导，得益于“一府一委两院”的密切配合、广大人民群众的大力支持，得益于全体人大代表和广大人大工作者的共同努力。在此，我代表市人大常委会表示崇高的敬意和衷心的感谢！

各位代表，过去一年市人大常委会成绩的取得，更得益于我们自觉践行习近平新时代中国特色社会主义思想，得益

于我们自觉践行习近平总书记关于坚持和完善人民代表大会制度的重要思想，得益于我们自觉践行习近平总书记视察山西重要讲话精神。深化认识永无止境，只有学得越懂、弄得越通、做得越实，人大工作才能更有底气、更富活力、更有生命力。我们要以更加强烈的政治责任感把学习习近平新时代中国特色社会主义思想引向深入，把真理的力量汇聚为建设文明开放富裕美丽太原新篇章的强大力量！

回顾过去一年的工作，我们清醒地认识到，面对新形势新任务新要求，工作中还存在一些亟待加强和改进的地方。主要是人大立法的主导作用还需要更好发挥；一些法律法规的执法监督还需要不断强化；督促审议意见落实、推动相关问题解决还需要持续发力；讨论决定重大事项还需要依法加强；代表联系群众以及建议督办工作还需要继续深化。这些都需要在今后的工作中高度重视，认真解决。

今后一年的主要任务

2019年是新中国成立70周年，是全面建成小康社会关键之年。新的一年，常委会工作总体要求是：以习近平新时代中国特色社会主义思想为指导，全面贯彻党的十九大和十九届二中、三中全会精神，深入贯彻习近平总书记关于坚持和完善人民代表大会制度重要思想和视察山西重要讲话精神，树牢“四个意识”，坚定“四个自信”，坚决做到“两个维护”，认真落实省委、市委全会精神，坚持“一个指引、两手硬”的工作思路，落实省委对太原提出的“两个走在前列”“双提升”的目标要求，坚持党的领导、人民当家作主、依法治国有机统一，自觉担负起新时代改革开放赋予人大的历史使命，改革创新，奋发有为，在推动人大工作与时俱进、充分发挥人大职能优势、全力服务改革发展大局上迈出更加坚实的步伐，推动在“两转”基础上全面拓展新局面、谱写文明开放富裕美丽太原新篇章取得新成效，以优异成绩庆祝中华人民共和国成立70周年。

一、坚持以思想引领理论武装为根本，积极展现人大工作新气象

把深入学习贯彻习近平新时代中国特色社会主义思想和党的十九大精神，特别是习近平总书记关于坚持和完善人民代表大会制度的重要思想紧密结合起来，一体落实、一体推进。按照“融会贯通、学以致用、全面覆盖”的要求，突出总指引，坚持下功夫，强化硬约束，把学习成效转化为干事创业的责任担当，转化为推动工作的强大动力。紧紧围绕打好“三大攻坚战”和创新转型发展、创建文明城市、深化机构改革等中心工作，精准发力，认真履职，扎实工作，在夯实履职基础上有新成效，在密切联系群众上有新举措，在服务发展大局上有新作为。

二、坚持以推进法治太原建设为目标，有效提升地方立法新水平

注重把发展改革决策同立法决策更好结合，扎实推进科学立法、民主立法、依法立法。为避免和减少城市内涝，降低径流污染，缓解水资源短缺，逐步改善城市水环境系统生态平衡，将制定海绵城市建设管理条例。助力文明城市创建，制定博物馆促进条例、修改养犬管理条例，回应群众对城市文明建设的需求。修改城市环境卫生设施管理办法和机动车排气污染防治办法，从法治层面提升城市综合管理水平，保障我市环境质量和人民身体健康。废止水资源管理办法等3件法规，对修改城市排水管理等5件立法项目进行调研。加强规范性文件备案审查工作，制定备案审查办法和工作流程。加强立法制度建设，制定基层立法联系点工作规定。适应机构改革需要，作出关于机构改革涉及地方性法规规定的行政机关职责调整问题的决定，确保机构改革在法治轨道上有序推进。

三、坚持以服务改革改善民生为己任，不断促进经济社会新发展

坚持正确监督、有效监督，强化问题导向、目标导向，综合运用多种方式，确保市委重大决策部署落地见效、经济社会持续发展、民生事业不断改善。聚焦经济发展强化监督。把握转型升级这一关键，在重点领域改革、推动项目建设、优化发展环境等方面依法加强监督，力求在推动经济转型升级中发挥更大的作用。关注计划执行和经济运行，持续深化全口径预决算审查监督，全面推开预算联网监督，不断完善国有资产管理监督，发挥好财政资金在经济转型发展中的重要作用。抓好支持民营经济发展决定的落实，专题询问决定贯彻执行情况，进一步激发民营企业创新创业的热情和活力。关注发展农产品电子商务、推进供销合作服务情况，带动农民增收致富。聚焦社会民生强化监督。听取促进就业、医疗卫生重点学科建设情况的报告，继续强化对健康、教育、就业、养老等民生热点的监督，不断提升民生保障质量。助力迎青运活动，监督“二青会”场馆及汾河三期工程建设，努力提升城市品位，塑造城市文明形象。开展创建全国“全民运动健身模范市”工作监督，支持督促政府及有关部门，多

办为民利民的实事好事。对政府部门履行安全生产监管职责情况进行跟踪监督，督促执法部门健全安全生产监管长效机制。开展物业管理条例贯彻执行情况执法检查，推动物业管理工作健康有序发展。聚焦生态文明强化监督。支持打好污染防治攻坚战，听取秋冬季大气污染综合治理情况的汇报，进一步巩固环境治理成果。继续关注乡村振兴战略，突出美丽乡村建设，围绕改善乡村人居环境、提升村容村貌强化监督，努力打造宜居宜业宜游、生态环境优美的农民幸福生活家园。聚焦法治建设强化监督。持续推进“一府一委两院”依法行政、依法监察、公正司法。听取和审议法治政府建设报告，支持和促进政府各项工作全面纳入法治化轨道。深入开展“扫黑除恶”专项斗争监督，确实保证人民安居乐业，社会安定有序。听取市检察院关于民事诉讼监督工作开展情况的报告，服务经济发展、保障民生民利。扎实开展执法调研，充分发挥执法检查这一“法律巡视”利剑作用，努力营造良好社会法治环境。

四、坚持以发挥代表主体作用为依托，全面探索履职保障新路径

充分尊重代表主体地位，积极为代表履职创造条件、提供支持。强化代表学习培训，精心组织实施，把代表在任期内参加培训情况纳入代表述职、接受选民监督的内容。搭建代表履职平台，扎实开展代表小组活动，切实组织好视察调研，保证代表依法履职。突出代表联系群众工作，坚持“双联系”制度，促进常委会组成人员联系代表、代表联系群众的常态化制度化实效化。着力提升代表建议办理质量和水平，创新代表建议办理机制，强化精准交办、过程督办、跟踪问效。积极探索开展网上办理建议，公开办理结果，完善考评机制。认真落实加强县乡人大代表工作指导意见，不断增强县乡人大代表工作活力。

五、坚持以加强“两个机关”建设为抓手，努力追求履职本领新提升

以党的政治建设为统领，坚定理想信念，增强宗旨意识，切实加强思想、组织、作风、纪律建设，把制度建设贯穿始终，做到持之以恒、常抓不懈。落实全面从严治党要求，坚定不移地把党风廉政建设引向深入。严格执行中央八项规定精神，持续开展“四风”整治，切实改进作风，确保各项工作更加高效规范。深入推进“三基建设”和基层党建制度化规范化科学化。切实搞好“不忘初心、牢记使命”主题教育。扎实开展“改革创新、奋发有为”大讨论，坚持紧扣主题，严格落实要求，确保规定动作不走样；坚持问题导向，紧密结合实际，努力体现人大系统特色；坚持示范引领，引导代表参与，充分发挥代表改革创新带动作用；坚持从严从实，抓住关键环节，确保活动取得显著效果，为全力开创我市改革开放新局面助推发力。

各位代表，新思想引领未来，新时代催人奋进，新征程任重道远。让我们更加紧密地团结在以习近平同志为核心的党中央周围，高举习近平新时代中国特色社会主义思想伟大旗帜，在市委的坚强领导下，不忘初心、牢记使命，砥砺奋进、扎实工作，为谱写文明开放富裕美丽太原新篇章作出更大贡献，以优异成绩庆祝中华人民共和国成立70周年。

国家级非物质文化遗产·风火流星

风火流星，俗称“火流星”，是一门融民间杂技与中华武术为一体的太原民间社火表演艺术。风火流星是武技类表演的一种，一般是在晚上，可单人或多人表演。通过两手做背花、馒头花等动作，使绳子两端的铁笼在空中由慢到快地旋转，笼中火花四溅，火借风势，风助火势，形成各种各样的图案。还可以做行、站、坐、卧、翻滚等多种动作，人在火中，火随人转。表演的套路与武术套路大致相似，有双龙开道、火龙十八滚等。其表演由小锣鼓来配乐，在不同鼓乐声中变换动作，时而紧凑，时而舒缓，时而高昂，时而低沉，扣人心弦。

2008年风火流星列入第二批国家级非物质文化遗产名录。

政府工作报告

——在太原市第十四届人民代表大会第四次会议上

（2019 年 2 月 24 日）

代市长 李晓波

各位代表：

现在，我代表市人民政府向大会报告工作，请予审议，并请政协委员和其他列席人员提出意见。

一、2018 年工作回顾

2018 年是全面贯彻党的十九大精神的开局之年，是谱写文明开放富裕美丽太原新篇章的起步之年，在市委坚强领导下，全市上下以习近平新时代中国特色社会主义思想为指导，深入贯彻党的十九大精神和习近平总书记视察山西重要讲话精神，认真落实党中央、国务院和省委、省政府以及市委决策部署，全力做好稳增长、促改革、调结构、惠民生、防风险工作，经济社会发展取得新进步。全市地区生产总值增长 9.2%，规模以上工业增加值增长 10.8%，一般公共预算收入增长 19.7%，固定资产投资增长 26.2%，社会消费品零售总额增长 8.1%，城乡常住居民人均可支配收入分别增长 7% 和 8.1%，城镇新增就业 9.5 万人，农村劳动力转移就业 1.32 万人，城镇登记失业率 3.33%，居民消费价格涨幅 1.8%。空气质量优良天数比例、煤炭产业占比降低率两项省考核指标虽未完成年度目标任务，但也取得较好成绩。其他约束性指标都圆满完成了年度目标。

一年来，我们主要做了以下工作：

*转型发展迈出坚实步伐。*开展转型项目建设年活动，完成转型项目投资 772.61 亿元，占全市固定资产投资的 63.4%。大力实施工业强市战略，富士康产值迈上 800 亿元新台阶，太钢双相不锈钢筋在港珠澳大桥批量应用，阳煤化工新材料、比亚迪动力电池、江铃重汽宽体驾驶室整车、太钢碳纤维二期等项目建成投产，清徐精细化工循环产业园开工建设，战略性新兴产业增加值增长 16.6%。华润万象城正式开业，青龙古镇对外开放，太山和天龙山基本完成景区提升改造，华夏文明主题公园 9 个项目完成主体工程。加快发展会展经济、金融服务、现代物流、商业综合体、高端酒店，初步形成现代服务业集聚态势，太原成为全国流通领域现代供应链体系建设试点城市。推进农业供给侧结构性改革，南部城郊农业示范区建设进展顺利，设施蔬菜、葡果种植面积分别增至 11.88 万亩、25 万亩，玉米种植面积调减 25 万亩。永丰禽业等 9 家企业在省股权交易中心“农业板”正式挂牌。农村集体产权制度改革试点工作得到中央农办的肯定。

*创新引领作用逐步增强。*太原市成为首批建设国家可持续发展议程创新示范区城市，在哥本哈根首届全球绿色目标伙伴 2030 峰会等国际平台介绍“太原经验”。成功举办全国首届军民融合发展高峰论坛，太原军民融合创新小镇揭牌。支持科研院所、高校和企业协同创新，智奇铁路、科达自控 2 家企业被列入国家智能制造试点，国家级企业技术中心达到 13 个，科技型中小企业、高新技术企业分别增至 1926 家、966 家。树立激励创新转型鲜明导向，设立 10 亿元科技创新资金和 10 亿元人才发展资金，重奖太钢 T800 研发团队、太原锅炉集团等，迁入各类人才及家属 4 万余人，新建院士工作站 14 个，引进两院院士 10 名，科技创新实力不断增强，科技支撑作用进一步显现。

*城市功能品质持续提升。*组织编制生态修复、城市修补专项规划和晋阳湖、西山、汾河等重点片区规划，在全省率先实施“五规合一”。加大城市路网改造力度，“九河”快速化改造全面完成，天龙山路等 59 项 207 千米市政道桥工程基本完工，地铁 2 号线一期实现“洞通”。环卫产业基地餐厨垃圾处理等项目建成投运。青运村、滨河体育中心等 9 个二青会场馆基本完工。启动 7 个城中村改造，拆除旧村 211 万平方米。新开工棚户区安置房 2.05 万套，基本建成 5.27 万套。深入开展全国文明城市创建活动，“九乱”整治成效明显，整治背街小巷 437 条、老旧小区 813 个、集贸市场 55 个，城市更加宜居宜业，城市品质进一步彰显。

*改革开放活力加快释放。*综改示范区 32 条改革经验向

全省复制推广。清徐经济开发区扩区、阳曲现代农业产业示范区获批。完成中央、省驻并国有企业“三供一业”分离移交。完成农村土地承包经营权确权颁证。国有土地二级市场改革试点通过国家验收。出台支持民营企业发展30条，实行市级领导干部联系民营企业工作制度，新增市场主体8.77万户，增长11.97%。组团参加“山西品牌丝路行”“津洽会”“海交会”等活动，建立10个海外工作联络站，与塔吉克斯坦胡占德市正式结为友好城市，与韩国顺天市签署友城意向书。成功举办城市能源低碳与可持续发展论坛、人民网2018大学校长论坛和2018《财富》CEO峰会。

*三大攻坚战扎实推进。*加强重大风险防范化解，坚决打击非法集资，守住不发生区域性金融风险的底线。决战决胜脱贫攻坚，深入开展对口帮扶，投入1.45亿元实施惠民项目516个，娄烦86.88兆瓦和阳曲10兆瓦光伏扶贫电站并网发电，惠及157个贫困村2487个贫困户，阳曲县脱贫成果不断巩固，娄烦县具备脱贫摘帽条件，社会扶贫“一网三超”经验在全省推广。持续改善省城环境质量，市区空气质量综合指数下降9.2%，PM2.5浓度下降10.6%，建成区基本消除黑臭水体，地表水优良断面率达55.56%，营造林完成43.7万亩，建成区绿化率、绿地率、人均公园绿地面积分别增加1.4个百分点、1.35个百分点和1.88平方米。狠抓中央和省环保督察反馈意见整改，完成配合中央和省环保督察“回头看”，33批822件群众反映问题整改完毕。

*在发展中保障和改善民生。*推进教育均衡优质发展，五中、成成中学等新校区基本建成，新建扩建幼儿园21所。加快城乡义务教育一体化改革，缩小城乡义务教育差距。在全省率先实施学校内涵提升工程，建设高素质专业化教师队伍。持续实施公办小学免费托管服务，27.9万学生家庭受益。推进医疗基础设施建设，市中心医院、人民医院、妇幼保健院等新院区基本完工。县域综合医改“阳曲样板”在全国推广。提升社会保障水平，康宁医院、儿童福利院、救助站完成主体工程，城乡低保标准、人均补差额度全省最高。加快文化体育事业发展，推出《于成龙》《关公》等一批精品力作，举办“紫禁风华——2018太原·故宫文物展”。成功承办第十五届省运会，太原代表团取得历史最好成绩，圆满完成二青会“带妆彩排”。推进平安省城建设，“扫黑除恶”专项斗争成果显著，在全国省会城市位列先进。坚守安全红线不动摇，各类生产安全亡人事故起数和死亡人数分别下降31.6%和33.6%，社会大局保持稳定。

*政府自身建设不断加强。*自觉接受人大依法监督、政协民主监督，办理人大代表建议286件、政协提案518件。全面推行企业投资项目承诺制。不动产房产交易流程精简30%。营业执照实现“三十证合一”，企业开办时间压缩至5个工作日。深化拓展“13710”工作制度，行政效能持续提高。深入推进“两学一做”学习教育常态化制度化，坚决贯彻中央八项规定精神，驰而不息纠正“四风”，干部队伍作风进一步转变，干事创业氛围更加浓厚。

各位代表，过去一年取得的成绩，是我们坚持以习近平新时代中国特色社会主义思想为指导，坚决贯彻落实党中央、国务院决策部署的结果，是省委、省政府坚强领导、大力支持的结果，是市委直接领导、正确决策的结果，是全市上下团结一致、奋力拼搏的结果。在此，我代表市人民政府，向全市人民，向各民主党派、工商联和无党派人士，向各位人大代表、政协委员，向驻并部队、公安民警和中央、省驻并单位，向所有关心支持太原改革发展的各界朋友，表示崇高的敬意和衷心的感谢！

在肯定成绩的同时，我们也清醒地认识到，我市发展仍面临一些困难和挑战，主要表现为：新产业新动能支撑作用有待加强，转型创新步伐还需加快；引领性改革亮点不多，开放的步伐还不够大；城市管理精细化水平有待提高，文明城市创建任务艰巨；民生领域短板亟待补齐，人民群众关心的热点、难点问题还需进一步破解；污染防治压力较大，生态环境保护任重道远；营商环境有待进一步优化等。对此，我们要坚持问题导向，采取有力措施，切实加以解决。

各位代表，问题是时代的声音，发展是时代的要求。越有风险挑战，越需要坚定信心；越是任务艰巨，越需要斗志昂扬。我们坚信，只要高举习近平新时代中国特色社会主义思想伟大旗帜，调动一切可以调动的积极因素，凝聚一切可以凝聚的智慧力量，团结一心，众志成城，就一定能够走出一条富有太原特色的率先发展、振兴崛起之路！

二、2019年工作安排

2019年是中华人民共和国成立70周年，是全面建成小康社会关键之年。今年大事多、喜事多，特别是第二届全国青年运动会将在我市召开，做好今年工作意义重大。今年政府工作的总体要求是：以习近平新时代中国特色社会主义思想为指导，全面贯彻党的十九大和十九届二中、三中全会精神，深入贯彻习近平总书记视察山西重要讲话精神，树牢“四个意识”，坚定“四个自信”，坚决做到“两个维护”，认真落实中央经济工作会议、省委十一届七次全会、省委经济工作会议和市委十一届六次全会暨经济工作会议精神，统筹推进“五位一体”总体布局，协调推进“四个全面”战略布局，坚持“一个指引、两手硬”的工作思路，落实省委对太原提出的“两个走在前列”“双提升”目标要求，在市委的坚强领导下，坚持稳中求进工作总基调，坚持新发展理念，坚持推动高质量发展，坚持把供给侧结构性改革与转型综改试验区建设相结合作为经济工作主线，坚持深化市场化改革、扩大高水平开放，加快构建现代产业体系，继续打好三大攻坚战，着力激发微观主体活力，统筹推进稳增长、促改革、调结构、惠民生、防风险工作，进一步稳就业、稳金融、稳外贸、稳外资、稳投资、稳预期，提振市场信心，保持经济持续健康发展和社会大局稳定，不断增强人民群众获得感、幸福感、安全感，在“两转”基础上全面拓展新局面，推动谱写文明开放富裕美丽太原新篇章取得新成效，为全面建成小康社会收官打下决定性基础，以优异成绩庆祝中华人民共和国成立70周年。

主要预期指标是：地区生产总值增长8%左右，规模以上工业增加值增长10%，固定资产投资增长10%，社会消费品零售总额增长7.5%，一般公共预算收入增长8%，城乡常住居民人均可支配收入分别增长6.5%和6.5%以上，居民消费价格涨幅控制在3%左右，城镇新增就业8万人，城镇调查失业率、城镇登记失业率分别控制在6.5%和4.2%以内。不折不扣完成省下达约束性指标任务。

做好今年政府工作，要把握好“六个必须”：

*必须坚持在党的领导下推动政府工作新发展。*坚持把党对一切工作的领导贯彻到政府工作各方面全过程，全面贯彻落实党中央、国务院和省委、省政府以及市委的各项决策部署，聚焦“示范区”“排头兵”“新高地”三大目标，自觉将太原工作纳入全省大局，找准定位，主动沟通，获取支持，推动转型，全面拓展党的建设和各项事业新局面！

*必须坚持在加快经济转型中抢抓新机遇。*把“巩固、增强、提升、畅通”八字方针贯穿经济工作始终，正确处理规模与质量、速度与效益、增长与转型、生产与生态等关系，在新一轮科技革命和产业变革中勇立潮头，唱响工业强市主旋律，重塑太原产业竞争新优势！

*必须坚持在加快创新发展中增添新动能。*创新是引领发展的第一动力。要下好创新“先手棋”，发挥省城创新资源集聚优势，建立以企业为主体、市场为导向、产学研深度融合的技术创新体系，塑造更多依靠创新驱动的引领型发展模式，为高质量发展注入源源不断的动力！

*必须坚持在深化改革开放中体现新担当。*改革开放是“关键一招”。要以敢为人先的改革意识、兼收并蓄的开放胸襟、攻城拔寨的责任担当，进一步解放思想，以改革促发展，以开放增活力，坚决扛起“补考”的历史责任，坚决担好“赶考”的时代使命！

*必须坚持在回应群众关切中展现新作为。*百姓笑脸是最美的画面。保障和改善民生是经济社会发展的出发点和落脚点，是人民政府的职责所在。要把人民群众关注的热点作为政府工作的重点，把人民群众的小事当作政府工作的大事，让民生更好地顺应民心，让市民生活一年更比一年好！

*必须坚持在提升行政效能中营造新环境。*营商环境就是生产力。牢固树立为市场主体和纳税人服务的理念，把市场主体满意度作为政府工作的衡量标尺，在更大范围、更宽领域先行先试一批改革举措，不断提升制度环境软实力，努力打造营商环境新高地！

今年，要重点抓好以下工作：

（一）全力实施创新驱动战略，推动制造业高质量发展

制造业是现代产业体系的支柱，也是推动实体经济高质量发展的关键。要深化转型项目建设年活动，以高端化、智能化、绿色化为方向，以推动集群化发展为路径，以转型综改示范区为主战场主引擎，持续引进和布局一批全局性、基础性、战略性、牵引性强的大项目好项目，全力提升制造业整体素质和竞争力。

*打造新兴产业集群。*按照龙头带动、链式布局、研发支撑、园区承载思路，推动产业规模化、集群化发展。要推进阳煤太化尼龙66、银邦金属材料等项目建设，确保太钢高端碳纤维千吨级三期项目年底前完成设备调试，镍基合金二期项目年内开工，打造以太钢、阳煤太化等为代表的新材料产业集群。要推进东杰智能装备、京丰电务等项目建设，确保明豪模具一期工程3月正式投产，加快推进二期建设，打造以太重、东杰、明豪等为代表的高端装备制造产业集群。要加快推进比亚迪新能源动力电池及电动客车、江铃重汽新能源重卡、威马新能源汽车等项目建设，积极对接宝能汽车板块和滴滴出行科技公司，推动宝能整车项目和滴滴共享汽车产业园尽快开工建设，打造以比亚迪、江铃重汽、威马等为代表的新能源汽车产业集群，初步形成新能源汽车研发、生产、销售完整产业链。要推进中车太原公司大养机械、城轨车辆造修、铁路重载造修等项目建设，支持晋西、智奇、太重轨道等企业提升车轴、高速轮对、齿轮箱及转向架等关键零部件研发能力，打造以中车、晋西、太重等为代表的轨道交通产业集群。要支持龙芯安全可靠信息产业基地引入华为、神州数码、方正国际等企业关键技术，集聚培育安全可靠信息产业生态。推进中科曙光先进计算中心二期、中电科电子

信息产业园等项目建设，打造以富士康、龙芯等为代表的新一代信息技术产业集群。要抓住我省成为国家通用航空产业发展示范省的新机遇，推进飞机拆解基地项目建设，与中国商飞深度合作，积极引进国产大飞机完工中心，打造通用航空产业集群。此外，要积极推进高端柔性显示屏、中化国际新能源电池和膜材料等项目尽快落地建设，加快培育人工智能、大数据、物联网等产业集群，逐步成长为新的优势产业，形成支撑转型的新动能。

*改造提升传统产业。*落实省委、省政府产业竞争力提升和环保提标的工作要求，通过装备升级换代、工艺流程再造、产品结构优化、绿色循环提升，促进传统产业转型升级。要加快推进太钢棒线材生产线、高端冷轧取向硅钢、中板生产线智能化升级改造等项目建设，提升冶金钢铁行业精深加工水平。要推进全面满足特别排放限值的清徐精细化工循环产业园建设，形成“煤焦气化”高端产业链，实现清洁化、循环化、智能化转型发展。

*提升科技创新能力。*加快建设国家可持续发展议程创新示范区，推进水、大气环境治理领域标准化体系建设，初步构建“标准化＋可持续”的“太原模式”框架。要加强对内对外交流合作，发挥山西煤化所、山西大学、太原理工大学等省城科技资源优势，加强与中科院、同济大学、中关村等省外科研院校、创新基地深度合作，加速产学研成果转化。扶持企业技术中心建设，谋划布局一批重点科技攻关项目，力争在氢能、碳材料等领域取得新突破。要全面落实人才兴市战略，用足用好专项资金，加快推进人才公寓、院士工作站、博士后流动站建设，激发引进一个高端人才、带来一个创新团队、做强一家企业、做大一个产业的链式效应。

*加快军民融合发展步伐。*习近平总书记把军民融合发展上升为国家战略，为我们加快高质量转型发展提供了新的历史机遇。要认真落实省军民融合发展推进大会安排部署，抓紧申报国家级军民融合创新示范区，打造特色鲜明的军民融合“太原模式”。要加快筹备设立军民融合产业引导基金，支持驻并银行设立军民融合专营支行，建立军民融合专家库，为军民融合技术成果转化和项目实施提供资金人才保障。要加快“一区两园”基础设施建设，推动总投资百亿元兵器集团国家级示范产业园签约落地，争取更多军民融合项目在太原布局建设。

（二）全力提升现代服务业有效供给，稳步扩大消费需求

习近平总书记指出，消费需求是国内最终需求，其规模扩大、质量提升将对投资需求起到引领和倍数作用。要紧紧抓住消费升级这一重要机遇，多渠道扩大服务供给，实现服务业整体提升，内需潜力持续释放。

*进一步推动生活性服务业向便民化和高品质转变。*要发挥食品街、中正天街、北美 N1 文创街等特色商业街引领作用，打造太原特色消费品牌。加快发展便利店、家政服务等社区商业，提升“十五分钟便民商圈”服务功能，让市民生活更加方便舒心。要发展数字商务，壮大贡天下、乐村淘等本土电商，推进学府园区国家级电商示范园、综保区跨境电商基地、小店区电子商务服务中心等发展。要培育中高端消费增长点，加快推进远大购物、苏宁广场、新城吾悦、宜家家居、奥特莱斯等城市综合体项目建设，满足多层次消费需求。

*进一步推动生产性服务业向专业化和价值链高端延伸。*要加快推进山西智用区块链中心、山西健康医疗云等数据中心建设，以大数据推动企业设计、生产、管理、服务全过程智能化。要加强消费品工业发展，推进益海嘉里项目建设，培育以锦波生物胶原蛋白为创新核心的生物和日化品产业，塑造消费品工业品牌。要加快发展金融科技、咨询中介、现代物流等高价值服务业，推进中海、信达、京东山西亚洲一号等项目建设，为实体经济提供质量更优、效率更高的服务支持。

*进一步推动文化旅游深度融合发展。*聚焦国家全域旅游示范区建设，参与全省三大旅游板块开发，整合文旅优质特色资源，推动康养产业发展，把文化旅游产业打造成战略性支柱产业。要加快“大景区”建设，以创建“晋祠——天龙山”国家 5A 级景区为重点，加快推进太原古县城、千年府衙、青龙古镇、华夏文明主题公园等项目建设。要高标准做好全省旅发大会配套服务，加强旅游公共服务设施建设，提升旅游服务质量和水平，扩大城市知名度。

（三）全力推动改革向纵深发展，持续提升对外开放水平

进一步推动四梁八柱性质的改革走深走实，以改革“一子落”带动转型“满盘活”，以高水平开放为转型发展提供强大动力，以改革铸就自信，以开放迎接未来。

*进一步推进重点领域改革。*要加快国资国企改革，推进混合所有制改革，做好“三供一业”分离移交后维修改造工作。要深化金融体制改革，加快资本市场发展，增加直接融资规模，完善普惠金融服务体系，推动更多企业上市挂牌。要深化财税体制改革，推进事权与支出责任划分改革，按照不低于 5% 的比例压减一般性支出，严格财政支出管理，用有限的财力办更多的民生实事。要全面完成机构改革，做好

人员转隶、资产处置等工作，确保改革期间有条不紊、扎实推进，改革后激发活力、提高效率。要实质性推动阳曲、清徐撤县设区。

进一步加快开发区改革创新。全面深化“三化三制”改革，做好园区承载、项目集聚、企业引领这篇大文章，加快形成产业配套、资源共享、效率倍增的发展新格局。综改示范区要完成第三轮内部改革，调整优化机构职能设置，提升完善“一网通办”，建设高效政务服务体系，再形成一批可复制可推广的制度成果。加快推进不锈钢园区、清徐经济开发区、阳曲现代农业产业示范区、西山生态文化旅游示范区改革发展。

进一步构建对外开放新格局。深度融入“一带一路”建设，主动参与和承办“山西品牌丝路行”“山西品牌中华行”，变“交通走廊”为“经济走廊”。要落实对外贸易主体培育三年行动计划，支持特色优势外贸企业做大做强。全面实施准入前国民待遇加负面清单管理制度，推动更多外资项目落地。要认真落实出口退税和信保保费补助等政策，开拓东南亚等海外市场。要完善太原武宿综合保税区功能，申建进境水果、冰鲜指定口岸查验场，拓展保税加工、保税物流、检验维修、国际结算等新业务。积极创建国家跨境电商综合试验区。

进一步加大招商引资力度。要着眼招大引强，积极参加“进博会”“中博会”“厦洽会”等招商活动，瞄准世界500强，开展“点对点”精准招商。要持续补链延链，进一步细化完善招商图谱，引进关键环节、核心企业、上下游配套，形成协同发展的“雁阵效应”。要狠抓跟踪服务，落实好市领导对接服务转型项目坐班及协调例会制度，及时研究解决突出问题，加快项目进度。

进一步深化“放管服效”改革。以企业投资项目承诺制为牵引推进审批服务便民化，全面推开“证照分离”“多证合一”改革工作，完善推广“双随机、一公开”智慧综合监管平台。引深“互联网＋政务服务”，重点领域和高频事项基本实现“一网一门一次”，市县两级审批服务事项80%以上可网上办理，打造“六最”营商环境，营商环境评估要走在全省前列。

进一步支持民营经济创新发展。要落实国家、省各项减税降费政策，坚决治理乱收费和乱罚款，让企业轻装上阵。要落实我市支持民营企业发展30条，完善配套举措，确保政策落地见效。要发挥好政银企合作平台作用，创新“助保贷”融资模式，切实解决民营企业融资难问题。要加大“小升规”培育力度，年内规上企业力争突破500家。引导中小企业走“专精特新”发展之路，打造一批民企“小巨人”。要依法保护民营企业、企业家的合法财产不受侵犯、合法经营不受干扰，设立民营企业政策性救助专项资金，帮助重点民营企业纾困，让民营企业家吃下定心丸，安心谋发展。

各位代表，习近平总书记在庆祝改革开放40周年大会上的重要讲话，发出了新时代改革开放再出发的动员令。要进一步提高改革开放的本领和能力，谋划发展新思路，出台改革新举措，开辟改革开放新天地，让人民群众共享更多改革开放成果！

（四）全力建设高品质城市，以崭新形象迎接二青盛会

坚持走以质取胜的路子，坚持“内”“外”互动，创新手段与制度，打造功能完善、绿色智慧、管理科学的高品质城市。

以先进理念完善城市规划。实施城市“双修”战略，围绕建设富有特色的国家区域中心城市，提升太原都市区的吸引力和辐射力，高起点编制新一轮城市发展战略规划。进一步优化城市空间布局，拉大城市框架，推动产城融合，促进生产空间集约高效、生活空间宜居适度、生态空间山清水秀。加强城市设计，着力打造重点片区，建设汾河活力轴、西山文化带，复兴府城历史风貌区，塑造城市新地标。

以精品标准推进城市建设。推进交通基础设施建设，提升太原国家级枢纽城市地位。地铁2号线年内实现“轨通”“电通”，确保2020年底开通运营，加快1号、3号线前期工作，做好太原都市区轨道交通线网规划。要推进太焦铁路建设，尽快实现太原至郑州两小时交通圈，开展太原至绥德铁路项目前期研究。加快西北二环高速公路建设，建成后将现有环城高速作为快速路服务城市交通。6月底前，完成108国道、新店街快速化改造、通达桥、古城桥、迎宾桥等市政续建工程，高铁南站东广场、太原站东广场、汽车客运东南站投入运营，合理设置过街天桥和地下通道，方便市民出行。要加强公共服务设施建设，提高水电气热供应保障能力，加快东峰热源厂等项目建设，新增集中供热能力800万平方米，加快推进长风西街、钢园路供水加压站和呼延水厂二期等建设，推进燃气居民用户设施升级改造，完成太原北500千伏输变电等19项重大电网工程。加强通信设施建设，落实全省通信基础设施三年行动计划，加快5G布局和商用进程，在二青会上进行标志性体验。

以“绣花”功夫做好城市管理。坚持以创建全国文明城市为引领，进一步提升市政设施运行和公共空间、交通、环境、应急管理水平，推动“九乱”专项整治重心由点上示范

转向面上治乱，成片区整治小街小巷，彻底清除卫生死角，打扫干净屋子迎宾客，展示美丽太原新形象。要统筹利用好地上与地下空间，推进海绵城市建设，加快晋源东区二期地下综合管廊建设。要推进“厕所革命”，抓好垃圾处理设施建设，解决停车难问题，加快老旧小区节能改造，持续改善居住环境。进一步提升市民文明素质，让“爱省会、建太原、树形象”成为全市人民的自觉行动。

以一流水平精心办好二青会。办好二青会，是省委、省政府交给太原的重大任务，我们要举全市之力、倾全城之情，既简约节约，又出彩出色，把二青会办成一届精彩、惠民、难忘的体育盛会。要加快比赛场馆建设收尾，完善场馆周边路网，做好配套设施安装调试，提前制定突发事件、应急救援、紧急避险等安全预案。要精心组织圣火采集、火炬传递、开闭幕式等大型活动，统筹做好参赛备战、竞赛组织、综合保障、青运村运营管理和志愿者服务等各项工作。要借势办好环太原国际公路自行车赛暨中国太原国际自行车周、太原国际马拉松赛、汾河龙舟公开赛等赛事，打造特色体育名片，积极创建全民运动健身模范市。

各位代表，城市是人民追求美好生活的有力依托，要以“功成不必在我”的精神境界和“功成必定有我”的历史担当，一张蓝图绘到底，一任接着一任干，更高起点、更高目标、更高层次绘好新时代“太原画卷”！

（五）全力实施乡村振兴战略，推动农业农村现代化

聚焦全面小康目标，统筹抓好“五个振兴”，突出城郊型地域特色，促进城乡融合发展。

大力发展城郊型都市现代农业。要全力推动南部城郊农业示范区、北部有机旱作特色农业示范区和西部特色农业示范区发展。要扶持壮大农业龙头企业，扩大清徐老陈醋、九牛鲜奶、晋源花卉、阳曲小米、古交榛子、娄烦马铃薯、晋祠大米等特色品牌市场影响力。加快发展“互联网＋现代农业”，培植一批电商产业园示范村镇。要实施乡村旅游精品工程，积极发展农耕体验、农业创意、乡村手工艺等新产业，规范有序发展田园综合体，打响省城休闲农业品牌。要严格落实粮食安全责任制和“菜篮子”市长负责制，确保市场供应和价格稳定。

全面改善农村人居环境。要学习浙江“千村示范、万村整治”经验做法，全力做好村庄风貌管控、拆违治乱、垃圾处理、污水治理和农村“厕所革命”等五项重点工作，文明城市创建向农村延伸，改善农村面貌，打造美丽乡村。积极推进“四好农村路”建设，巩固提升饮水安全。要毫不松懈抓好非洲猪瘟疫情防控工作，防范疫情复发反弹。要深入开展“大棚房”专项整治行动，完善标本兼治长效机制，严防死灰复燃。

不断深化农村各领域改革。继续完善农村承包地“三权分置”改革。稳慎推进农村宅基地改革，适度放活宅基地和农民房屋使用权。扎实推进农村集体产权制度改革，6月前基本完成清产核资任务，年底完成身份确认。鼓励和支持人才、政策、资金等向乡村流动，促进更多工商资本、社会资本投资农业农村。继续深化林权、水权等制度改革。

（六）全力打好三大攻坚战，为决胜全面小康打下坚实基础

打好三大攻坚战，事关经济发展质量和小康社会建设全局，必须全力攻坚，扎实推进，务求实效。

坚决防范化解重大风险。落实省委坚持底线思维着力防范化解重大风险专题研讨班会议精神，主动扛起防范化解重大风险的政治责任，坚持底线思维，增强忧患意识，提高防控能力，守土有责、守土负责、守土尽责。要防范金融市场异常波动，深入推进防范和处置非法集资专项行动，扎实开展互联网金融和各类交易场所专项整治，严格规范小额贷款公司和融资性担保公司经营行为。要防范化解政府债务风险，强化预算约束，严格规范政府举债行为，不碰红线、不越底线，完善统计报告和动态监控预警机制，重大项目开工前必须进行财政承受能力评估论证，坚决遏制隐性债务。

巩固提升脱贫成效。坚持精准扶贫精准脱贫基本方略，焦点不散、靶心不变、力度不减，确保全面打赢脱贫攻坚战。要持续开展“城区包乡、单位包村”对口帮扶，巩固提升阳曲脱贫成效，实现娄烦高质量脱贫摘帽，确保2个贫困村800贫困人口全面脱贫。要研究解决收入水平略高于建档立卡贫困户的群体缺乏政策支持等问题，及早谋划脱贫攻坚目标实现后的政策配套、返贫预警等工作，减少和防止脱贫人口返贫。

持续改善环境质量。树牢绿水青山就是金山银山的理念，坚决扛起生态环境保护政治责任，推动省城环境质量改善取得更大成效。要坚决打赢蓝天保卫战，持续推进治污、控煤、管车、降尘。推进工业企业污染深度治理，坚决关停不符合环保标准的工业窑炉等生产设施，以环保倒逼产业升级，支持太钢率先完成超低排放改造，为全市工业企业减排树立标杆；实施农村清洁供暖改造3万户以上；持续提升铁路货运比例，开展油品质量专项整治；严格落实建筑工地“六个百分百”，抓好城乡结合部道路扬尘整治。要坚决打赢碧水保卫战，细化河（湖）长制六大任务，加快建成区雨污分流、

老旧管网改造，汾东污水处理厂上半年投运，环卫产业示范基地污泥处理厂、垃圾焚烧电厂、污水处理厂8月投运，加强入河排污口监管，推动河湖水域环境持续好转。要坚决打赢净土保卫战，落实《土壤污染防治法》，加强农业面源污染防控，推进工业固废治理。要大力推进生态建设，汾河治理三期工程6月全段通航，打造河水清新明亮、景色美丽宜人、两岸绿树成荫的靓丽名片。加快东西北山造林绿化提档升级，积极推进晋阳湖景区、植物园、动物园、摄乐公园等公园绿地建设。要坚决打好秋冬防攻坚战，压实监管责任和属地责任，加强预警预判、精准治污，做好重污染天气应对，确保市区PM2.5平均浓度同比下降2.5%，坚决完成国家下达的改善任务。要以问题整改销号为最终目标，持续推进中央、省环保督察反馈问题整改。坚持环保倒逼转型不动摇，实现经济发展与环境保护协同共赢，努力让广大市民呼吸上新鲜空气、喝上干净的水，让绿色成为太原的底色！

（七）全力增进民生福祉，不断提升人民群众获得感幸福感安全感

坚持以人民为中心的发展思想，着力保障和改善民生，全力办好老百姓关心的事、身边的事。

实施就业优先政策。贯彻落实省政府《关于做好当前和今后一个时期促进就业工作的实施意见》及相关配套政策，积极争取和统筹使用好就业补助资金，确保新政策全面落地。完善稳就业的政策体系，扎实做好高校毕业生、就业困难人员、退役军人等重点群体就业工作。积极支持创业孵化基地和创业园区发展，鼓励以创业带动就业。开展全民技能提升工程，加强全方位公共就业服务，提高劳动力就业能力，确保零就业家庭动态清零。

办好人民满意教育。教育是民生，更是国计。要统筹推进各类教育协调发展，抓好五项重点工程。学前教育普惠发展工程，针对“公办园少、民办园贵”问题，做好幼儿园配建工作，建成34所普惠性幼儿园，新建小区配套幼儿园要办成公办园或普惠性民办园，学前教育普惠率达到85%。义务教育改革发展工程，统筹配置城乡教育资源，推进城乡义务教育一体化发展，认真落实“局管校聘”改革任务，加快乡镇寄宿制学校建设，办好乡村小规模学校，大力推进办学模式改革，促进公办民办学校协调发展，持续增加优质学位，缩小城乡校际差距，着力化解“大班额”“择校热”难题。普通高中提升发展工程，积极推动高中特色化、多样化办学，加快推进新校建设，五中、成成中学等新校区9月投入使用，外国语学校、第二外国语学校新校区全面竣工。职业教育整合发展工程，结合太原产业发展和高技能人才需求，推进职业教育规模化发展，启动建设职教园区，大力培育实用技能型人才。高等教育提速发展工程，对标先进城市，加快市属高校建设步伐，推进太原学院专业优化调整，城市学院实训楼年内投入使用，提高本科教育水平。同时，持续加强教师队伍建设，不断提高教师待遇，让尊师重教蔚然成风。通过三年努力，加快教育现代化，建设教育强市。

提升全民健康水平。加快医疗卫生基础设施建设，市中心医院、妇幼保健院新院区7月投入运行，人民医院一期10月建成。深化医药卫生体制改革，持续推动县乡医疗机构一体化改革走在全省前列。加大高层次医疗卫生人才引进和专家队伍建设，开展改善医疗服务新三年行动计划，健全预约诊疗、远程诊疗、临床路径管理等制度，切实提升人民群众就医获得感。

提升公共文化服务水平。扎实推进媒体融合向纵深发展，不断提高太原媒体的传播力、引导力、公信力。加快推进丁果仙大剧院改扩建项目。深入推进文化惠民工程，继续做好文化消费试点工作，持续开展免费送戏下乡、农村电影放映、全民阅读等活动，丰富精神文化产品，满足人民美好生活需要。

健全住房保障体系。坚持房子是用来住的、不是用来炒的定位，构建多主体供给、多渠道保障、租购并举的住房制度。继续加大城中村、棚户区改造力度，新开工保障房5913套，加快回迁安置房建设和分配，持续改善市民居住条件。培育租赁市场，规范住房开发企业、中介机构销售行为，简化、优化流程，解决房产证办证难问题。

做好社会保障工作。继续实施全民参保计划，稳步提高各项社会保险待遇水平。研究出台加强城市特殊困难群众救助帮扶的政策措施，提高低保、特困人员供养标准，保障下岗失业、就业困难等群体基本生活。加快老年福利院建设，儿童福利院、康宁医院年内建成投用。持续引深全国居家和社区养老服务改革试点工作，全力打造以居家为基础、社区为依托、机构为补充、医养相结合的养老服务体系。严格落实治欠保支各项制度，保障劳动者合法权益。

抓好安全稳定工作。全面贯彻总体国家安全观，提高风险预知预警预判能力，紧盯重大敏感节点，做到“零懈怠”“零疏漏”“零失误”。要严格落实各类安全生产责任制，重点落实好省下放8座煤矿属地监管职责，抓好瓦斯和水害防治，建立安全生产长效机制，坚决遏制重特大事故。要深入开展扫黑除恶专项斗争，维护社会和谐稳定。要深化双拥共建，落实好退役军人接收安置、教育培训、抚恤优待等服务管理保障政策。要完善应急管理体制机制，不断增强应急保障和处置能力。要进一步强化市场监管，保障食品药品安

全，让老百姓吃得放心、穿得称心、用得舒心。

各位代表，民之所盼，政之所向。要从人民群众关心的事情做起，从让人民满意的事情抓起，面对群众心声和美好期盼，真心回应，倾心投入，在发展中补齐民生短板、促进社会公平正义，努力交出一份群众满意的民生答卷！

三、全面加强政府自身建设

新时代政府工作要有新气象新作为。要把民心作为最大政治，把人民满意作为最高追求，不辱时代使命、不负人民重托，更加注重加强自身建设，提升政府治理能力现代化水平，打造为民务实清廉高效政府。

坚持正确政治方向。旗帜鲜明讲政治，树牢“四个意识”，坚定“四个自信”，坚决做到“两个维护”，自觉在政治立场、政治方向、政治原则、政治道路上同以习近平同志为核心的党中央保持高度一致。强化政府党组政治建设，严格执行新形势下党内政治生活若干准则，增强党内政治生活的政治性、时代性、原则性、战斗性。落实民主集中制，提高科学决策、民主决策水平。

全面加强依法行政。弘扬宪法精神，自觉运用法治思维、法治方式开展工作，努力把政府各项工作纳入法治化轨道。落实国家机关“谁执法谁普法”责任制，完善公共法律服务体系，建立健全行政规范性文件管理制度和合法性审查机制，依法办理行政复议和行政应诉案件。严格执行人大及其常委会的决议决定，认真办理人大代表建议、政协提案，自觉接受人大、政协监督以及社会、舆论监督。全面推进政务公开和政府信息公开，重点领域实现“应公开、尽公开，应上网、尽上网”，确保权力在阳光下运行。

提升政务服务水平。以本次机构改革为契机，优化政府机构设置和职能配置，形成职责明确、依法行政的政府治理体系，增强政府公信力和执行力。把“用户思维、客户体验”理念融入政府治理和服务全链条，更多地从群众和企业角度想问题、办事情、定政策、抓落实，不断提高市民对政府服务的认同度和美誉度。要发挥行政审批管理局“一局两中心”职能作用，实现“一枚印章管审批”，推动审批智能化、服务自助化、办事移动化。进一步整合各类政务服务热线，打造全国一流的12345热线便民服务平台。

持续推进廉政建设。全面落实从严治党主体责任，认真履行“一岗双责”，以自我革命的精神持续推动政府系统党风廉政建设。持之以恒落实中央八项规定精神，时刻防范“四风”问题隐形变异新动向，坚决破除形式主义、官僚主义。坚持用制度管权管事管人，加强党风廉政教育，推进廉政文化建设，坚持严字当头，全面从严、一严到底，让铁规铁纪成为政府工作人员的自觉遵循，以清正清廉为干事创业添锐气、增底气。

各位代表，一分部署，九分落实。要认真开展“不忘初心、牢记使命”主题教育，用党的创新理论武装头脑、指导实践、推动工作，努力打造忠诚干净担当的干部队伍。要扎实开展“改革创新、奋发有为”大讨论，按照省委、市委的部署要求，聚焦“六个破除”“六个着力”“六个坚持”，不断增强改革决不能落后的信念、创新驱动发展的理念和勇于担当作为的自觉，努力达到理念的大提升、本领的大提升、作风的大提升，带动整体工作取得“六个新突破”，在并州大地汇聚起追梦奋斗、振兴崛起的强大正能量。要保持斗争精神、增强斗争本领，不断在重大斗争中增强党性、磨练意志、砥砺品格，始终保持共产党人勇于斗争的风骨、气节、操守、胆魄。要增强抓落实的刚性，大力推行一线工作法，持续深化“13710”工作制度，坚持网络节点管理，构建横向到边、纵向到底的责任体系，紧盯重点领域和关键环节，以“钉钉子”精神，以“踏石留印、抓铁有痕”的韧劲，抓住不放、一抓到底、抓出成效，确保各项工作见根见果、见实见效。

各位代表，“我们都在努力奔跑，我们都是追梦人”。让我们更加紧密地团结在以习近平同志为核心的党中央周围，按照省委、省政府的决策部署，在市委的坚强领导下，迎难而上、锐意进取，只争朝夕、真抓实干，以新时代奋斗者的开拓精神，奋力谱写文明开放富裕美丽太原新篇章，以优异成绩庆祝中华人民共和国成立70周年！

中国人民政治协商会议第十三届山西省太原市委员会常务委员会工作报告

——在政协第十三届太原市委员会第三次会议上（2019 年 2 月 23 日）

太原市政协主席　张明星

各位委员：

我代表政协第十三届太原市委员会常务委员会，向大会报告工作，请予审议。

一、2018 年工作回顾

一年来，中共太原市委全面贯彻以习近平同志为核心的党中央和省委的决策部署，切实加强对政协工作的全面领导，常委会多次研究政协工作，省委常委、市委书记罗清宇同志就政协工作作出 19 次重要批示。一年来，在中共太原市委的坚强领导下，市政协深入学习贯彻习近平新时代中国特色社会主义思想和中共十九大精神，高举爱国主义和社会主义旗帜，团结政协委员和各参加单位，紧紧围绕全市工作大局，全面履行政治协商、民主监督、参政议政职能，始终坚持建言资政和凝聚共识双向发力，为太原市在“两转”基础上全面拓展新局面，奋力谱写文明开放富裕美丽太原新篇章作出新的贡献。

（一）深入学习贯彻习近平新时代中国特色社会主义思想和中共十九大精神，在“学懂弄通做实”上取得新成效

我们坚持把习近平新时代中国特色社会主义思想作为统揽政协各项工作的总纲，着力在“学懂弄通做实”上下功夫，大力夯实团结奋斗的共同思想政治基础。

*强化思想理论武装。*牢牢把握旗帜鲜明讲政治这一人民政协的本质要求，始终把加强理论学习、提高政治站位、增进政治共识摆在首要位置。坚持党组带头学，市政协全年召开党组（扩大）会议、中心组学习会议 13 次，党组成员参加市级以上举办的政治理论培训班 12 人次，重点学习习近平新时代中国特色社会主义思想，不断强化思想理论武装，不断增强思想行动自觉，带动思想理论武装不断往深里走、往实里走、往心里走。坚持常委专题学，组织召开常委会专题学习会，围绕《新时代加强人民政协工作》《新时代的宪法共识》等主题，邀请专家作专题讲座，增强常委融会贯通、学用结合的能力。坚持委员集训学，年初举办市政协委员培训班，对 354 名委员分两期用一周时间在市委党校进行了集中培训。通过培训，委员们加深了对习近平新时代中国特色社会主义思想和中共十九大精神的理解，“四个意识”更加强化、“四个自信”更加坚定、“两个维护”更加自觉。

*开展学习研讨活动。*按照全国政协和省政协的安排部署，落实市委书记罗清宇同志“提高政治站位、深入学习研讨、走在全省前列”的批示要求，从去年 5 月开始，集中半年时间，经过动员学习、查改问题、研讨交流 3 个阶段，在全市政协系统深入开展了习近平总书记关于加强和改进人民政协工作的重要思想学习研讨活动。我们采取专家“讲”学、交流“研”学、活动“丰”学、领导“督”学等多种方式，不断引深学习研讨活动。通过学习研讨，取得良好的思想成果，对人民政协坚持党的领导、把握性质定位、聚焦中心履职、紧扣民生出力加深了理解，对人民政协搞好协商民主、加强民主监督、广泛凝心聚力、提升履职能力增强了自觉。取得良好的实践成果，市政协党组通过召开专题民主生活会，共查摆出 8 类 20 个突出问题，逐条列出清单，逐项整改落实，促进了政协工作提质增效。取得良好的理论成果，全市政协层层召开理论研讨会，共征集到研讨论文 152 篇，评选出优秀论文 45 篇，集结成册，给予奖励。在全省政协理论研讨会上，市、县政协共有 6 篇论文作了大会交流发言，其中我市 2 篇，占到三分之一。在全国政协理论研讨会上，10 位同志作了大会口头交流发言，其中太原市政协作为全国副省级城市、省会城市、地级市政协的唯一代表，作了题为《关于“懂政协”的实践与思考》的大会发言，得到与会同志的好评。

*推进政协党建工作。*坚持以政治建设为统领，全面推进政协党的建设。组织专题调研，深入 10 个县（市、区）政协，调研全市政协系统党的建设情况，形成我市政协系统党的建设情况的《调查报告》，掌握了基本情况，总结了特色经验，查找了主要问题，提出了对策措施。制定《实施意见》，

认真贯彻落实中办关于加强新时代人民政协党的建设工作的《若干意见》和晋办《实施意见》，结合太原实际，协助市委制定我市《实施意见》，提出7个方面共25条具体举措。突出政治建设，我们着力提高政治站位、坚决维护党的核心，着力把握政治方向、自觉坚持党的领导，着力履行政治责任、大力夯实党建基础，着力强化政治担当、积极助推党的事业，取得良好效果。去年6月，在全国政协系统党的建设工作座谈会上，太原市政协书面交流了《着力加强政治建设，不断提高工作水平》的做法经验，得到全国政协和与会同志的好评。

（二）围绕谱写文明开放富裕美丽太原新篇章，在服务大局上展现新作为

我们坚持把全面建成小康社会作为工作主线，在推进文明开放富裕美丽太原建设中贡献政协力量。

大力推进文明太原建设。我们给力文明交通治理，充分发挥牵头作用，重点推进习惯养成等素质治理、人脸识别等科技治理、小街小巷等系统治理、健全法规等依法治理；充分发挥带头作用，创建政协委员建议网络平台，336名委员通过“钉钉”网平台提出交通治理意见建议216条，其中67%被交管部门采纳落实；充分发挥职能作用，召开《太原市道路交通管理条例（草案）》立法协商座谈会，提出意见建议88条。通过上下左右共同努力，交通状况得到改善，市内高峰期通行率提高18%。我们给力文化强市战略，注重使历史文化“活”起来，围绕“挖掘特色旅游资源、推动建设文化强市”开展深入调研，进行专题协商，提出加快旅游资源开发、挖掘经典文化灵魂等针对性建议;注重让当代文化“强”起来，围绕践行社会主义核心价值观、深化“担复兴大任、做时代新人”、强化“爱省会、建太原、树形象”，组织委员视察调研，为文化强市贡献力量;注重把鲜活文化“存”起来，围绕太原实践，征集文史资料，编纂《宜居宜业幸福城》丛书，编印6期《太原政协》，推动太原市文化发展繁荣。我们给力文明城市创建，组织170多人次委员，开展15次督查调研，提出21条工作建议。抓住筹办二青会契机，召开专题协商座谈会，提出27条具体建议，不断推进创城活动。

积极推进开放太原建设。开放太原呼唤营商善境。为此，我们开展优化营商环境、建立新型政商关系专题调研，深入中化二建集团、富士康科技集团等企业实地调研，听取政府15个相关部门有关情况，征求委员意见建议，形成《关于我市优化营商环境的调研报告》，促进了有关政策法规的出台实施。市委书记罗清宇同志作出重要批示，要求结合实际，落地落实。开放太原呼唤优秀人才。为此，我们开展我市人才强市政策落实情况专题调研，借鉴杭州、武汉、西安等引进创新创业人才的先进经验，提出注重本土人才培养、发挥人才主体作用、完善相关配套政策等意见建议，有力促进了人才工作，有效服务了太原市经济社会发展。开放太原呼唤“双提升”。为此，我们到波兰参加联合国气候变化大会“中国角”系列边会，会上全面介绍了太原建设国家可持续发展议程创新示范区的探索实践，重点推介了太原生态修复治理“西山模式”和绿色交通体系发展模式，同时介绍了在脱贫攻坚中推进可持续发展的阳曲实践，有效地在国际平台上宣传了太原的新变化，扩大了太原的影响力，提升了太原的知名度。

重点推进富裕太原建设。我们紧跟市委市政府项目建设的步伐，组织100多名政协委员对全市转型项目建设进行了两次专项调研视察，分别形成调研报告，重点提出8条建议，市委书记罗清宇同志作出重要批示，充分肯定调研报告问题找得准且建议可行可操作，高度评价政协委员对太原发展负责的强烈意识和积极的工作态度，明确要求相关职能部门和县（市、区）要梳理问题，改进工作，这些举措推进了项目建设。我们紧跟市委市政府工业强市的步伐，围绕在转型综改中加快工业强市进行深入调研，通过常委会议协商议政，提出打造产业集群、改善营商环境、建立评价体系、优化资源配置、强化激励机制等意见建议，并以建议案报送市委市政府，主要领导都作出重要批示，这些举措推进了工业强市。我们紧跟市委市政府军民融合的步伐，围绕加快推进太原军民融合创新示范区建设，深入相关企业和科研单位进行调研，组团赴青岛、天津等先进城市学习考察，召开专题会议进行协商议政，提出促进军民技术资源共享、加快构建军民融合服务体系、支持民营企业参与军民融合发展等38条意见建议，这些举措推进了军民融合。同时，我们还组织委员围绕国企改革进展情况、安全生产情况、项目包联制度落实情况、互联网大数据发展情况等广泛进行调研，这些举措推进了转型综改。

主动推进美丽太原建设。我们主动聚力“治空气”，组织调查研究，召开常委会议专题议政协商，形成1个主报告和5个副专报，提出绿色再造加快产业转型、源头防控多渠道治理、精准执法监管常态化等建议，为推动我市蓝天行动贡献了力量;我们主动聚力“治八河”，就我市黑臭水体治理、河长制落实、固体废弃物治理等开展调研视察。同时，还配合省有关单位开展“汾河水库饮用水水源地生态保护”专题调研，针对水源地污染治理、库周绿化、塌岸治理等提出建议，为推动我市碧水行动贡献了力量；我们主动聚力“治九乱”，组织委员实地查验和暗访调查347个场点，形成督查报告6份，反馈问题520余个，召开督查反馈会12次，提出整改建议36条，为推动太原市创城行动贡献了力量。

（三）顺应人民群众对美好生活的新期待，在助力民生上做出新贡献

我们坚持以人民为中心的发展思想，紧扣保障改善民

生贡献政协力量。一是致力于把握民“需”。市政协十三届二次会议以来，共收到提案604件，立案554件，办复率100%。深化提案办理协商，聚焦民生、贴近民心，把转型发展、人才兴市、污染治理、卫生医疗、职业教育等12件提案确定为重点，进行带案视察，协商督办，推进民生热点难点问题解决。强化社情民意信息工作，积极拓宽信息渠道，不断提高信息质量。全年共征集社情民意信息1867篇，编发844期（篇），其中全国政协和省政协采用61期（篇），省、市级领导批示42期（篇），省、市部门反馈32期（篇），我市政协社情民意信息工作取得良好成绩。二是致力于助解民“困”。推进脱贫攻坚，着力在“面”上献策，围绕乡村振兴和脱贫攻坚，成立专题调研组，深入尖草坪、清徐、阳曲、娄烦等地调研，组织赴杭州、德清等地专题考察，学习借鉴先进经验，召开专题协商座谈会，提出突出项目支撑、优化产业结构、推动要素流动、实施人才兴农等意见建议。着重在“点”上发力，千方百计推进市政协扶贫联系点实现脱贫，选派得力干部驻村，开展全员入户对接帮扶，筹措50多万元项目资金，组织政协委员入村义诊。开展“扶贫爱心超市募捐”活动，146名政协委员和32名机关干部共募集物资63箱4000余件，现金1.1万元，速度快、品种多、数量大，受到市扶贫办好评。三是致力于服务民“改”。聚焦“教改”，召开“关于推进县域内城乡义务教育一体化均衡发展”议政性常委会，提出基础教育资源供给、新建学校硬件配建、城改后学生分流等方面的建议。聚焦“医改”，召开“县域内医疗卫生机构一体化改革暨家庭医生签约服务落地见效”协商座谈会，提出加快医保制度改革、提升医疗服务能力、提高签约服务效能等方面的建议。聚焦“农改”，省、市、县三级政协联动，围绕科学制定规划，推动产业、人才、文化、生态、组织全面振兴和体制机制创新等问题，深入座谈交流并提出具体建议。

（四）坚持团结和民主两大主题，在凝心聚力上做出新探索

我们坚持把建言资政和思想政治引领作为履职的中心环节，紧扣两大主题，坚持双向发力，积极探索创新。积极创设学习课堂，在理论讲台上凝心聚力。围绕学习贯彻习近平新时代中国特色社会主义思想和中共十九大精神，结合委员全员培训，重点进行“走进新时代要有新作为”的专题教育，引导委员充分认识新时代内涵丰富、新时代标志鲜明、新时代贵在作为，进一步武装思想，增进共识；围绕学习贯彻习近平总书记关于加强和改进人民政协工作的重要思想，召开学习培训会，邀请全国政协原冬平同志做专题辅导报告，进一步强化责任，增强自觉；围绕学习贯彻新修订的政协章程，邀请市委党校有关专家做专题讲解，深入学习人民政协的基本理论和基本知识，切实掌握协商民主的要义方法，进一步提升能力，提质增效。积极创办书画展览，在艺术平台上凝心聚力。金秋十月，我们在太原美术馆举办了“携手新时代·谱写新篇章”书画艺术展，展出来自各县（市、区）政协、各民主党派、各艺术家委员的281幅精美作品。这些作品，集中展现了习近平新时代中国特色社会主义思想在太原的新实践，集中展现了新时代建设文明开放富裕美丽太原的新举措，集中展现了太原各项事业发展的新成就，集中展现了各界人士携手奋进的新形象。这次活动，有力凝聚了各民主党派团结奋进的合作力量，有力凝聚了政协委员服务大局的资政力量，有力凝聚了干部群众“建太原”的行动力量，被大家点赞为“高举旗帜、凝心聚力、成果丰硕”的活动。积极创新履职方式，在转型舞台上凝心聚力。围绕助力我市转型项目建设，开展两次集中调研视察，深入明豪模具等18个重点项目建设现场，在火热的工地，委员们既提出建议，更受到教育，深刻感受到习近平新时代中国特色社会主义思想的威力、省市委重大决策的效力、全市干部群众的努力、太原转型发展的潜力。

（五）适应新时代政协工作的新要求，在自身建设上实现新加强

我们坚持以习近平总书记的指示要求为指针，大力加强政协自身建设。一是进一步加强了思想政治建设。坚持不懈用习近平新时代中国特色社会主义思想武装政协委员和机关干部头脑，指导政协工作实践。全面贯彻新时代党的建设总体要求，深入推进机关政治、思想、组织、作风、反腐倡廉和制度建设。政协党组认真落实主体责任，着力解决突出问题，深入落实整改措施。认真落实从严治党要求，充分发挥市纪委监委驻市政协机关纪检监察组的作用，按照省政协党组关于某市政协干部违纪问题的通报精神，举一反三，针对性地实施《外出温馨提示》卡，明确8条纪律，做到委员外出既带行李也带纪律，强化了日常管理。积极开展参观“马克思书房”“重温入党誓词、坚定理想信念”等主题党日活动，强化了党性观念。认真开展巡视整改“回头看”，强化了整改落实。二是进一步加强了履职能力建设。积极践行习近平总书记关于提高四种能力的指示精神，强化一线意识，树立一流标准，用重要指示引领了能力提升。深入开展“建言献策质量提升年”行动，有力促进了工作提质增效，研究制定进一步加强委员队伍建设的《实施意见》，用有效办法推动了能力提升。以“五项任务”为重点，扎实开展委员年度履职述职，加大力度，改进考核，通报结果，用履职考核促进了能力提升。三是进一步加强了后勤保障工作。扎实推进政协机关“三基”建设，完善落实各项管理制度。切实加强信息化建设，机关办公楼无线信号完成覆盖并投入使用，机关网站和会务政务系统改造有序推进。积极改善机关办公条件，增配了必要的办公设施，提高了机关工作效率。上一年度，市政协机关被评为年度考核优秀单位、市级文明单位标兵、市双拥先进单位，各项工作有了新进步。

各位委员，过去一年取得的成绩，是习近平新时代中国特色社会主义思想科学指引的结果，是中共太原市委正确领导、省政协有力指导的结果，是市人大、市政府和社会各界大力支持的结果，是市政协各参加单位、广大委员和政协机关干部团结奋进的结果。在此，我代表市政协常委会，向大家表示崇高的敬意和衷心的感谢！

在肯定成绩的同时，我们也清醒地认识到，政协工作还存在不少差距和不足。主要是，政治思想建设仍需不断加强，委员主体作用仍需充分发挥，政协党的建设仍需进一步加强，提质增效要求仍需进一步落实，这些问题，我们将认真研究解决。

二、2019 年工作部署

2019 年是新中国和人民政协成立 70 周年，也是决胜全面建成小康社会的关键之年。在新的一年里，市政协工作的总体思路是：高举习近平新时代中国特色社会主义思想伟大旗帜，深入学习贯彻中共十九大和十九届二中、三中全会精神，树牢“四个意识”，坚定“四个自信”，坚决做到“两个维护”，在中共太原市委领导下，认真落实省委重大决策部署和市委十一届五次、六次全会精神，紧紧围绕统筹推进“五位一体”总体布局和协调推进“四个全面”战略布局，落实省委“两个走在前列”和“双提升”的目标要求，聚焦市委、市政府中心任务，始终坚持团结和民主两大主题，充分发挥人民政协协商民主重要渠道和专门协商机构的作用，认真履行政协职能，全面落实协商计划，深入开展“改革创新、奋发有为”大讨论，重点突出“五个坚持”，为奋力谱写文明开放富裕美丽太原新篇章作出新贡献，以优异成绩庆祝中华人民共和国和人民政协成立 70 周年。

（一）坚持学用结合，进一步在“学懂弄通做实”上迈出新步伐

坚持把习近平新时代中国特色社会主义思想作为统揽政协各项工作的总纲，坚持系统学、跟进学、联系实际学，着力在学懂弄通做实上下功夫，重点做好“五个一”工作。一是开展好一个主题教育。就是深入开展“不忘初心、牢记使命”主题教育，统筹抓好党组中心组学习、常委会集体学习、机关党委学习，坚持和完善委员学习制度，引导委员深刻领会习近平新时代中国特色社会主义思想的精神实质和丰富内涵，自觉用习近平新时代中国特色社会主义思想来坚定理想信念，指导工作实践。二是组织好一个大讨论。就是开展“改革创新、奋发有为”大讨论，组织各党派团体和各族各界人士，聚焦省市委提出的“六个破除”“六个着力”“六个坚持”“六个作用”，进一步破除僵化保守、因循守旧、封闭狭隘、资源依赖、随遇而安、慵懒散漫等不合时宜的思想观念和做法，进一步解决改革意识不强、创新精神不足、扩大开放不够、市场理念不浓、工作标杆不高、作风不实等问题，推动思想再解放、改革再深入、创新再发力、开放再提质、工作再抓实。三是举办好一次委员培训。就是以深化习近平总书记关于加强和改进人民政协工作重要思想的学习贯彻为主题，对委员进行一次集中培训，进一步强化思想政治引领，提高履职水平。四是落实好一个文件精神。就是认真贯彻落实中办关于加强新时代人民政协党的建设工作的《若干意见》和省委、市委《实施意见》，着力推进“三个全覆盖”，着力发挥党组把方向、管大局、保落实的作用，着力探索党员委员组织关系一方隶属、参加双重组织生活的有效方式。适时召开全市加强人民政协党的建设工作推进会。五是完成好一个课题研究。就是重点完成“习近平总书记关于加强和改进人民政协工作的重要思想的哲学基础、理论品格、实践要求”的课题研究。通过学用结合，引导广大委员努力做到学思用贯通、知信行统一，进一步增强“四个意识”，坚定“四个自信”，践行“两个维护”，进一步夯实团结奋斗的共同思想政治基础。

（二）坚持服务大局，进一步在助建文明开放富裕美丽太原上做出新贡献

切实坚持聚焦党和国家中心任务履职尽责，始终做到与党委和政府想在一起、谋在一起、干在一起，深入贯彻市委十一届六次全会暨经济工作会议精神，主动助建文明开放富裕美丽太原。重点助推工业强市。紧扣我市培育壮大制造业产业集群、推动实体经济高质量发展的工业强市战略部署，组织委员就工业强市中突出制造业发展开展调查研究，召开专题议政会，积极建言献智，为加快构建具有太原特色的现代产业体系贡献力量。重点助创文明城市。紧扣我市创建全国文明城市和举办二青盛会，组织委员围绕创城进行专题督查调研，提出意见建议，贡献政协力量；组织委员围绕完善我市文化资源开发利用规划进行调研，召开常委会进行专题议政；组织委员围绕引深交通治理保障二青盛会开展深入调研。重点助解民生问题。紧扣我市民生改善中的难点和短板，聚焦乡村振兴战略，围绕巩固脱贫攻坚成果、推进乡村振兴发展和在乡村振兴中办好乡村学校等课题提出意见建议。聚焦就业医疗热点，围绕职业教育发展、用好本土人才、加快公立医院改革等课题开展深入研究，积极建言献策。聚焦民生关切问题，围绕改建新建公共厕所、加装老旧楼房电梯等进行深入调研，召开协商座谈会议，提出有价值的意见和建议，努力增加人民群众的获得感、幸福感和安全感。重点助力开放太原。紧扣我市打造“六最”营商环境、提升“放管服效”水平，开展监督性视察；围绕落实省委、省政府和市委、

市政府关于支持民营经济发展的政策措施，组织市、县（市、区）两级政协联动，开展专项视察监督；充分发挥政协优势，积极为我市招商引资引智牵线搭桥。重点助破环保难题。紧扣我市打赢蓝天保卫战，充分发挥政协人才荟萃、智力密集的优势，组织委员就我市在蓝天保卫战中重点防治 PM10 开展课题研究，为破解我市大气污染防治难题贡献力量。

（三）坚持双向发力，进一步在凝心聚力上力求新拓展

坚持团结和民主两大主题，着力加强思想政治引领、广泛凝聚人心和力量。要在强化理论认知中凝心聚力。政治上的坚定源自理论上的清醒。深入开展“不忘初心、牢记使命”主题教育，积极举办委员讲堂，重点学习习近平新时代中国特色社会主义思想和中共十九大精神，不断增进广大委员和各族各界人士对中国特色社会主义的政治认同、思想认同、理论认同和情感认同。要在强化实践感知中凝心聚力。说千道万不如亲眼一见。继续组织委员到我市项目建设和转型发展的第一线视察调研，从中拓宽新视野、感受新成就、感知新思想、领悟习近平新时代中国特色社会主义思想的新境界。要在强化相联相知中凝心聚力。只有相联相知才能凝心聚力。强化同党派团体的联动，进一步在定期走访、联合调研、联席会议中增进相知。强化各界别委员的联系，进一步在突出界别活动特色、丰富界别活动内容、完善界别活动机制中增进相知。强化与各界人士的联谊，搭建文化交流平台，成立政协书画院。以庆祝新中国和人民政协成立 70 周年、喜迎二青盛会为契机，举办系列主题活动。加强中共委员联系非党委员工作，主动和党外人士广交朋友、深交朋友。通过双向发力，进一步增强信心、凝聚人心、共筑同心，广泛汇聚起推进太原改革发展的强大正能量。

（四）坚持提质增效，进一步在深化协商民主上探索新途径

协商民主是我国社会主义民主政治的特有形式和独特优势，人民政协是协商民主的重要渠道和专门机构，实现政协工作提质增效，必须创新发展协商民主。一要创新协商方式，建设政协云平台，迈向委员“掌上履职”新时代。主动适应国家治理体系和治理能力现代化要求，积极打造“大而实”“小而精”的多层、开放协商平台。以“移动互联网+大数据技术”为支撑，统筹市、县两级力量，加快建设太原智慧政协云平台，提升委员履职能力。同时，要进一步加强机关信息化建设，使政协云平台成为学习平台、宣介平台、履职平台、考核平台。二要创新协商办法，建设政协人才库，促进建言献策高质量。充分发挥政协联系面广、代表性强和人才荟萃、智力密集的优势，一方面，进一步引深建言献策质量提升年行动，把政协委员的智慧充分凝聚并发挥出来，着力做好委员提案和社情民意信息工作；另一方面，要借助“外脑”，依托专委会，启动建设政协智库，集聚省城内外专家学者和高层次人才，就协商议政重点课题开展应用型研究，就事关我市发展的长期性、战略性、基础性重大问题开展前瞻性研究，就人民政协理论和实践问题开展深层次研究，为高质量建言资政和政协工作创新发展提供智力支持。三要创新协商机制，建设政协制度体系，推动委员履职经常化。坚持把提质增效贯穿于政协工作全过程，探索建立政协工作务虚会制度、重要建言材料预选择优制度、委员履职质量评估和考核激励制度，进一步加大制度落实力度，充分调动委员履职积极性，促进建言献策高质量。

（五）坚持担当作为，进一步在加强自身建设上实现新提升

新时代是人民政协担当作为的时代。担当看肩膀，作为要能力。我们要按照习近平总书记“懂政协、会协商、善议政”和提高政治把握能力、调查研究能力、联系群众能力、合作共事能力的要求，紧密结合“改革创新、奋发有为”大讨论，进一步全面加强自身建设。要进一步加强政治建设。把政治建设摆在首位，加强思想政治引领，强化思想理论武装，引导参加市政协的各党派团体和广大委员树牢“四个意识”、坚定“四个自信”、增进“四个认同”，做到“两个维护”。自觉坚持党的领导，坚决贯彻中央和省市委的重大决策部署，严格执行向市委请示报告工作制度，确保政协工作正确的政治方向。要进一步加强队伍建设。加强委员队伍建设，制定落实市政协《关于加强委员队伍建设发挥委员主体作用的实施意见》，完善履职考核办法。加强机关干部队伍建设，坚持从严治党，强化党建引领。改进工作作风，树立一线意识。选好配齐干部，强化组织保障。改进后勤工作，提高工作效率。努力打造一支信念坚定、为民服务、勤政务实、敢于担当、清正廉洁的政协干部队伍。要进一步加强制度建设。建立政协党组学习习近平新时代中国特色社会主义思想座谈会制度，完善机关党组和专委会党组织工作制度，制定中共委员与非党委员联系制度，探索中共委员参加政协专委会党组织生活制度。出台实施《太原市政协提高建言献策质量实施办法》，修订政协提案工作条例，制定进一步提高提案质量和办理质量的实施意见。

各位委员，携手时代不停步，同心筑梦再出发！让我们更加紧密地团结在以习近平同志为核心的中共中央周围，在中共太原市委的坚强领导下，以习近平新时代中国特色社会主义思想为指导，深入学习贯彻中共十九大精神，紧紧围绕全市大局，奋发有为，扎实工作，为奋力谱写文明开放富裕美丽太原新篇章作出新贡献，以优异的成绩庆祝中华人民共和国和人民政协成立 70 周年！

坚持稳中求进　突出精准有效 推动太原全面从严治党取得更大战略性成果

——在中国共产党太原市第十一届纪律检查委员会第四次全体会议上 （2019年1月24日）

中共太原市纪律检查委员会书记　李吉山

同志们：

我代表中共太原市第十一届纪律检查委员会常务委员会，向第四次全体会议作工作报告，请予审议。

这次全会的主要任务是：深入学习贯彻习近平新时代中国特色社会主义思想，全面贯彻落实党的十九大、十九届二中、三中全会和中央纪委三次全会精神，按照省纪委四次全会和市委六次全会的部署要求，回顾总结2018年工作，研究部署2019年任务。今天上午，省委常委、市委书记罗清宇同志对太原市深入推进全面从严治党作出总体部署，为推动新时代太原纪检监察工作高质量发展提出明确要求。我们要认真学习领会、坚决贯彻落实。

一、2018年工作回顾

2018年是具有重要意义的一年。这一年，市委带领全市上下认真学习贯彻党的十九大精神，持续深入落实习近平总书记视察山西重要讲话精神，奋力推动习近平新时代中国特色社会主义思想在太原落地见效；这一年，十九届党中央首轮巡视山西，扫黑除恶专项斗争全面打响，生态环境保护力度持续加大，脱贫攻坚进入决战决胜阶段，高质量转型发展负重前行，市委抓住中央巡视对照整改这一重大契机，奋力推动党的建设和党的事业在太原互促共进；这一年，我们迎来改革开放40周年，全面深化改革持续推进，市县党和国家机构改革谋篇启动，市委落实主责首责全责，领导支持纪检监察机关全面落实党章和宪法赋予的双重职责，奋力把深化监察体制改革引向深入，为各领域改革提供坚强保障。一年来，在省纪委监委和市委的坚强领导下，市纪委常委会坚持稳中求进工作总基调，自觉在大局中谋划工作，始终践行“两个维护”不松劲，推深做细改革不停步，正风肃纪反腐不手软，突出“六个导向”做好工作。

（一）突出使命导向，做到“两个维护”，始终站在落实党中央决策部署第一线

坚决维护习近平总书记核心地位、维护党中央权威和集中统一领导，是纪检监察机关肩负的特殊历史使命和重大政治责任。只要总书记有要求、党中央有部署，我们就自觉站在最前线、主动挺在最前面。一年来，紧紧围绕党中央重大决策部署，重点抓好习近平总书记重要批示指示精神的贯彻落实。针对“大棚房”问题，我们积极督促农委、国土和有关县区党委全面排查、集中整治，主要负责同志带队逐一检查、确保整治到位；针对娄烦县农村改厕有关问题，市委召开专题民主生活会反思剖析，市纪委监委对15名党员干部严肃问责，持续跟进检点，督促彻底整改；针对形式主义、官僚主义和领导干部利用名贵特产类特殊资源谋取私利等问题，督促各级党组织自查自纠，着力在监督中发现问题、深化整治。重点抓好中央巡视反馈意见对照整改。市纪委监委主动查摆出自身存在的8个方面21条问题，制定整改方案、逐条推动落实。集中精力办理中央巡视交办信访问题，实行通报跟进制度，对办理进度较慢、质量较低的纪检监察机关主要负责同志会议通报、专门约谈，既保证办理进度，又坚决防止“办而不结”“结而复访”。截至目前，中央巡视交办信访问题办结率95.8%，复访率7.6%。重点抓好扶贫环保领域监督执纪问责。紧盯问题不放过，压实党委主体责任，督促阳曲县全面落实2017年底专项监督检查反馈问题整改，确保稳步退出贫困县。启动对娄烦县专项监督检查，重点了解国考反馈问题整改情况，延伸发现和督促整改5个方面10个具体问题。对中央和省环保督察移交的问题，认真做好问责处置工作，全年问责138人，其中县处级干部35人。重点抓好对关键领域党组织的政治巡察。党的十九大后，市委三轮巡察剑指关键领域、直击要害部门。先后围绕落实党的十九大精神，完成对发改、经信等13个经济社会管理服务部门党组织的巡察；围绕群众身边腐败问题专项整治，上下

联动完成对市县两级教育卫生系统580个党组织的巡察；围绕保障市县党和国家机构改革，启动对工商、质监、食药等9个涉改部门及其所属党组织的巡察，坚决防止把老问题带进新机构，以严明的纪律和作风保障改革。

（二）突出改革导向，加强党的领导，把制度优势和治理效能充分发挥出来

市委坚决落实省委和省纪委监委要求，成立市委书记任组长的反腐败领导小组，加强党对反腐败工作的集中统一领导。罗清宇同志始终挑起“施工队长”的担子不卸，一以贯之深化改革的力度不减，全年16次主持召开会议研究深化纪检监察体制改革，推动全市全面从严治党；分11批审阅684件市管干部问题线索处置意见，对市纪委监委作出批示147次；市委常委会每半年听取一次市纪委监委工作情况汇报，市委书记专题会议定期听取轻处分案件汇报，随时研究重大问题、重要情况和重处分案件。在党的集中统一领导下，反腐败斗争在战略上迅速形成攻势。市委反腐败领导小组第一次会议就明确部署，重点核查中央巡视交办线索，重点整治群众身边腐败问题，重点查处涉黑涉恶腐败和“保护伞”。成立后的9个月内，全市各级纪检监察机关处置问题线索数、处分人数、留置人数和移送司法机关人数，分别同比增长60.8%、50.7%、400%和104.8%。反腐败斗争在战术上有效定点突破。得益于更加统一的决策部署指挥，更加集中的资源力量整合，更加协同的措施手段运用，审查调查效率大幅提升。2018年市纪委监委查处的案件，从立案到作出处分平均时长40.8天，平均留置时长32.5天。尤其是按照省委、省纪委监委和市委要求，协同省市两级公安、国安、人行等部门，集中力量、劝打结合、全面施压，成功劝返“百名红通人员”胡玉兴，促其回国投案自首。赵乐际、杨晓渡同志分别批示，“好，再接再厉”“此事办得好”。目前全市首批摸底排查出的12名在逃人员，已追回8人，追逃追赃工作取得重大进展。反腐败斗争在防御上织密防控体系。健全和完善党委反腐败领导小组架构内的协调机制，加强纪检监察机关与公安、检察、审判机关的信息通报。2018年司法机关向纪检监察机关移交涉嫌违纪违法问题线索222件，我们在审判机关判决前全部作出党纪政务处分。纪在法前、纪严于法的防控机制更加严密。

（三）突出发展导向，激励担当作为，在纪检监察实践中统筹推进“两种革命”

市委在全面从严治党中坚决贯彻新时代党的组织路线，激励干部担当作为，鼓励干部干事创业，不断以党的自我革命来推动党领导的伟大社会革命。我们落实党章规定，找准站位、用好手段，协助市委推进全面从严治党，旗帜鲜明地鼓励有为、支持能为、问责无为、惩治乱为。严肃整治不作为慢作为，拧紧“紧箍咒”。专门研究制定《太原市党员干部不作为慢作为问题监督问责办法》。2018年，全市共查处失职渎职、违反工作纪律问题556人，其中县处级干部18人。对滨河西路部分路段环境问题启动问责调查，严肃问责晋源区、市城乡管委和有关企业14名党员干部，并在全市通报。审慎执纪调查问责处置，打出“组合拳”。坚持实事求是、宽严相济、惩戒并举，区分不同事实、界定不同责任，统筹运用多种问责方式作出处理。特别是对农村改厕、污染防治等问题问责调查中，落实市委要求、亮出鲜明态度，该担的责任要担，该问的责任必问，但坚决防止问责随意化、扩大化，坚决反对层层加码、求全责备，真正让党员干部明是非、知廉耻，充满激情、富于创造、勇于担当。2018年，全市问责管党治党不力党组织27个，党员干部86人，其中采取通报、诫勉和组织处理的76人，占88.4%。严肃党内政治生活，烧旺“大熔炉”。把加强党性锻炼作为基础性工作来抓，把严肃的批评与自我批评作为经常性工作来做。2018年全市运用谈话函询方式处置问题线索2465件，其中涉及县处级干部628件。全部在采信了结7个工作日内通报所在党组织，督促召开党组织会议，及时查摆剖析。协同市委组织部制定规范民主生活会若干措施，专门向市管领导班子通报全年谈话函询、问责处置、监督检查情况，督促全方位查摆，实行全覆盖监督。强化宣传教育通报，传播“正能量”。围绕学习宣传宪法、监察法和新修订的党纪处分条例，组织宣讲活动4500余场，覆盖党员、公职人员20余万人。选取近年来查处的105起典型案例编印警示录，部署开展主题警示教育活动，营造全面从严治党的良好氛围。2018年，人民群众对党风廉政建设和反腐败工作满意度达到96.1%。

（四）突出问题导向，做实做细监督，推动监督机制从全覆盖向有效性迈进

保持试点先行的自觉，拿出先行先试的行动，在2017年基本完成组织机构覆盖的基础上，率先推动组织覆盖向工作覆盖拓展，工作覆盖向责任覆盖深化。研究制定《太原市纪委监委监督检查工作规程（试行）》，对监督检查室和派驻纪检监察组履行监督职能作出全面规定，探索构建纪律监督、监察监督、派驻监督、巡察监督分工协作、同向发力，环环紧扣、四位一体的监督格局。常规监督在探索中起步，取得重要突破。市纪委监委七个监督检查室，完成两轮常规监督检查，覆盖5个县区和41个市直部门，发现管党治党方面突出问题279个，问题线索37件，全部记入监督台账。经监督检查专题会议集体研究后，按意见建议类、问责整改类、问题线索类作出分类处置，逐项督促整改。中国纪检监察杂

志专门刊发报道，介绍有关做法。派驻监督不断深化拓展，走向严细深实。市县纪委监委派驻纪检监察组全部开展清一次底、谈一批话、建一本账、督一回责、解决一批问题“五个一”工作，全面履行监督执纪问责和监督调查处置职责。2018年，全市派驻机构处置问题线索1339件次，立案279件，处分271人，全面消除“零立案、零处分”现象。巡察监督利剑作用进一步彰显，发挥引领作用。2018年完成的两轮市委巡察共发现党的领导弱化、党的建设缺失、全面从严治党不力问题218个，移交问题线索87件。常规监督、派驻监督紧盯巡视巡察反馈意见不放，延伸了解、滚动检查，压实纪委监委整改监督责任。

（五）突出战略导向，保持政治定力，奋力推动反腐败斗争取得压倒性胜利

党中央指出，当前反腐败斗争取得压倒性胜利。太原主要表现在，防腐拒变的防线正在越筑越牢。2018年全市各级纪检监察机关运用监督执纪“四种形态”处理干部4778人次，依次占71.9%、22.7%、2.9%和2.5%，分布更加趋于合理，从“好干部”滑向“阶下囚”的中间地带正在得到有效管控。正风反腐的高压态势持续巩固。2018年全市各级纪检监察机关受理初次举报4609件，同比增长62%。我们加快节奏步伐，处置问题线索4963件次、同比增长63.5%，立案1384件，处分1303人，留置33人，移送司法机关53人，同比分别增长38.4%、42.7%、450%和152.4%，始终保持了有效遏制、足够震慑。特别是严肃查处市热力公司原党委委员、总经济师马琦云，太原工业学院校园规划与建设处原副处长何兆凯，山西省煤炭地质水文勘查研究院原党委副书记、院长李新民，市商务局人事处原处长孙德政等严重违纪违法案件，严肃查处迎泽区、晋源区“棚改”“城改”中的腐败窝案。进一步巩固拓展作风建设成果，查处违反中央八项规定精神问题93起，处理126人，处分98人，分15批通报曝光典型案例37起。基层反腐惩恶取得重大进展。聚焦扶贫、民生、扫黑除恶三大领域，查处群众身边腐败问题360个，党纪政务处分486人，移送司法机关26人，分别同比增长119.5%、131.4%、85.7%。先后对省纪委监委“5·17”专案、“8·28”专案中涉黑涉恶腐败、“保护伞”和党员干部失职失责问题进行严肃查处，问责25人，处分23人。

（六）突出律己导向，正人必先正己，在新的历史起点上锤炼过硬干部队伍

市纪委常委会身负党的信任，肩负监督之责，深感责任重大，丝毫不敢松懈。我们时常警醒自己，纪检监察机关不是天然的保险箱，权力越大风险就越大。对待纪检监察干部，越有感情越要严管，管得越严越是厚爱。在政治上严格要求。坚持集体学习制度，认真学习习近平新时代中国特色社会主义思想，努力在思想上政治上行动上同以习近平同志为核心的党中央保持高度一致。专门组织干部赴左权、右玉接受党性教育，班子成员每周至少参加一次分管部门室务会（党支部会），打通学习贯彻上的“最后一公里”。在法治上严格要求。邀请法律顾问和有关专家学者开展集中培训21批8845人次，自觉运用法治思维和法治方式开展工作。坚持先立后破、不立不破，全面加强建章立制和制度执行，主动把纪检监察权力关进制度笼子。坚持依纪依法安全文明办案，时刻绷紧安全之弦，全面加强医疗保障，配齐配强留置陪护队伍，启动标准化留置场所建设，开展四轮全覆盖检查，及时消除隐患，确保办案安全。全年未发生办案安全事故。在作风上严格要求。进一步深化“三转”，带头整治形式主义、官僚主义，实行纪检监察系统领导干部季度例会制度，大幅压缩会议数量、提高会议质量。以经常性的调查研究代替运动式的督导检查，班子成员带队走访11个乡镇（街道）纪检监察机构，发现纠正问题73个。着力改进监督检查方式，努力避免、坚决防止为应付检查补材料、抄笔记、弄虚作假，注意纠正、坚决反对有的纪检监察干部说话办事趾高气昂、口大气粗等问题。在纪律上严格要求。自觉接受人大监督、民主监督、司法监督、群众监督、舆论监督。落实“补短板、强作风”要求，开展全员家访、谈心谈话，强化对纪检监察干部8小时外的监督；梳理完善541名纪检监察干部个人廉政档案，实行动态管理；严防“灯下黑”，全年共处置反映纪检监察干部问题线索97件次，党纪处分3人，组织处理11人。

同志们，过去的一年是坚定而自信的一年，是繁忙而从容的一年，更是行稳而致远的一年。市纪委常委会认为，2018年工作最鲜明的特点是忙而不乱、稳中求进，精准履职、务求实效。这一年，省纪委监委和市委领导我们精准监督检查，紧紧盯住问题一抓到底，坚决防止抓空抓虚抓散，努力推动全市形成心往一处想、劲往一处使，狠抓落实、善抓落实的强大合力。精准执纪调查，稳妥审慎处置线索，党纪案件突出政治效果，涉法案件凸显法治权威，努力把审查调查对干部对单位对一个地区的不良影响降到最低。精准问责处置，把握尺度、掌握力度，努力让党员干部认识到失责必问已经成为常态，有责必担更要进入状态。一年来的纪检监察工作，推动全市全面从严治党取得新的重大成果，推动太原反腐败斗争取得压倒性胜利。这得益于党的坚强正确领导，特别是党中央的集中统一领导；这得益于广大纪检监察干部的辛勤努力，特别是一线基层干部的默默付出；这更得益于全市广大党员干部和人民群众，对纪检监察工作的支持，对纪检监察干部的理解，对全面从严治党的高度认同。各位委员恪尽职守、认真履职，始终是我们最坚强的后盾。在此，我代表市纪委常委会向各位委员和关心支持参与纪检监察工作的各界人士致以真诚的谢意。

不要人夸颜色好，只留清气满乾坤。面对成绩必须冷静，只有冷静才能清醒。要清醒地认识到，全面从严治党永远在路上，反腐败斗争形势依然严峻复杂，决不能麻痹大意、掉以轻心。从信访举报情况看，全市纪检监察机关受理检举控告量再次攀升高位，既有增量问题的禁而不绝，更有存量问题的反复发酵，消除存量、遏制增量的任务十分艰巨。从监督检查情况看，管党治党压力传导还不到位，有的领导干部在能力、作风、表率上有差距，有的党组织和主要负责同志从严治党、履职尽责、坚持原则、公道正派、抓班子带队伍不够，形式主义、官僚主义较为突出，党的领导弱化、党的建设缺失、全面从严治党不力问题没有彻底解决。从审查调查情况看，侵害群众利益问题易发多发，滋生腐败的土壤尚未铲除，仍有一些人不收敛不收手，甘于被“围猎”。从我们自身情况看，有的纪检监察机关对履行监督职责认识不到位，存在畏难心理，方法手段欠缺，不想监督、不敢监督、不善监督；有的纪检监察干部作风不实、能力不足，做好思想政治工作的意识和本领不强，运用法治思维和法治方式开展工作的能力和水平不够，有的甚至跑风漏气、以案谋私、执纪违纪；有的纪检监察工作底数不清、基础不牢，缺乏预见性，会议报表材料督查名目繁多、形式大于内容，审查调查安全形势比较严峻，等等。问题是时代的声音，实践的起点。我们一定要高度重视、认真解决。

二、做好新时代纪检监察工作的认识

2018年是改革开放40周年，也是党的纪律检查机关恢复重建40周年。40年来，党带领人民走过波澜壮阔的历程，我们风雨同舟；40年来，党带领人民实现举世瞩目的成就，我们亲历见证；40年来，党带领人民披荆斩棘、砥砺奋进，克服了多少艰难险阻，战胜了多少风险挑战，我们始终坚定忠诚。在新时代新的历史起点，我们要擦亮忠诚干净担当的底色，与党中央一起撸起袖子加油干，奋力推动纪检监察工作高质量发展，努力取得全面从严治党更大战略性成果。一定要自觉运用好习近平总书记总结的“五个必须”宝贵经验，一定要深刻把握好中央纪委三次全会“五个始终”的认识体会。

*要把握其中的时代论要求，朝着“两个百年”奋斗目标，以坚定的“四个自信”投身中国特色社会主义伟大实践。*改革开放40年来，从真理标准大讨论出发，我们这个曾经希望回答社会主义何去何从的大党，成功开辟出中国特色社会主义道路；我们这个曾经面临被开除球籍危险的国家，用几十年时间走完发达国家几百年走过的工业化历程；我们这个近代以来矢志伟大复兴的民族，终于实现从赶上时代到引领时代的伟大跨越。当今世界，我们党、我们国家、我们中华民族，最有理由自信。做新时代纪检监察干部，必须把“四个自信”铭刻到骨子里，无论何时何地，都要理直气壮讲，挺直腰板干，一往无前地冲。自信者自觉，必须认真学习贯彻习近平新时代中国特色社会主义思想，学出许党报国的忠诚、拿出管党治党的担当、做出履职尽责的自觉。自信者自强，必须真正增强本领、提升能力，善于在复杂环境中应对挑战考验，敢于在实践锻炼中磨砺斗争精神。自信者更要自律，先做“铁打的人”，再做“打铁的人”，带头在约束中工作，习惯在监督下干事，自觉在革故鼎新、守正出新中实现自身跨越。

*要把握其中的主体论要求，践行“两个维护”历史使命，以牢固的“四个意识”推动党中央大政方针在太原落地。*改革开放40年的宝贵经验，第一条就是必须坚持党对一切工作的领导。我们依然清晰地记得，6年前的深圳，是习近平总书记庄严宣示，改革不停顿、开放不止步；5年前的十八届三中全会，是以习近平同志为核心的党中央决定全面深化改革；特别是2017年6月，习近平总书记亲临山西视察，再次踏上太原这片土地，勉励我们要全面深化改革、推动经济转型发展；也是那一年，我们肩负党中央信任，全面推进深化监察体制改革试点。改革无坦途，特殊节点总有掌舵者举旗定向，紧要关口总能见证领路人的勇毅担当。面对当今世界百年未有之大变局，增强“四个意识”，比任何时候都更为紧迫，践行“两个维护”，就在关键时刻方显忠诚。形式主义、官僚主义是党的路线方针政策和党中央决策部署贯彻落实的“大敌”，绝不仅仅是简单的作风问题，而是严肃的政治问题。我们要以党的政治建设为统领，拿出管用有效的整治举措，旗帜鲜明地向形式主义、官僚主义宣战，决不能让这堵无形的墙把我们党和人民群众隔开，决不能让我们党失去根基、失去血脉、失去力量。

*要把握其中的实践论要求，促进“两种革命”深度互动，在协助党委推进全面从严治党中有效提升“四个自我”。*改革开放40年的实践证明，中国共产党不仅能够领导人民进行伟大的社会革命，而且能够领导全党进行伟大的自我革命。尤其是党的十八大以来，全面从严治党成效卓著，推动党

和国家事业取得历史性成就，发生历史性变革。一年来，市委带领全市各级党组织落实管党治党政治责任，一以贯之、接续奋斗，推动全面从严治党向纵深发展；一线施工、统筹推进，深化监察体制改革效能持续释放；既强严管、更重厚爱，多策并举激励干部担当作为。如今的太原，党员干部心情舒畅、人心思进，各项工作踏踏实实、稳步向前，全市大局万象更新、蓄力迸发。不断以自我革命推进社会革命，是我们党的优势所在。对于太原这个曾经发生严重腐败问题的地区，我们都深有感触，更是深信不疑。市委十一届六次全会再次吹响新时代进军的号角，我们要自觉围绕中心做工作，自觉把监督责任担起来，自觉把协助职责摆进去，以改革创新的精神，把党和国家的监督体系在太原搞得更严密、抓得更有成效。坚决破除一切阻碍党和国家事业发展的障碍，坚决同一切影响党的先进性、弱化党的纯洁性的问题作斗争，使我们党不断自我净化、自我完善、自我革新、自我提高。

*要把握其中的方法论要求，聚焦“两个持久”持续用力，在推动纪检监察工作高质量发展中运用好“四种形态”。*实现“两个持久”，是习近平总书记在山西改革发展关键时期作出的谆谆教诲，更是殷殷期望。“持”就要持续用力，“久”就要久久为功。市委“治”不忘“危”、“兴”不忘“忧”，对反腐败斗争的长期性复杂性艰巨性，始终保持清醒认识。这一年，我们按照市委、市政府要求，集中查处一些地区一些领域存在的突出问题，有的在党的十八大后甚至十九大后，仍然不收敛、不收手，有的涉案人数之多、金额之大，触目惊心。这充分印证了党中央的判断，反腐败斗争形势依然严峻复杂，实现“两个持久”任重道远。我们必须深刻认识到，“两个持久”是应然而绝非已然，决不能有差不多了，该松口气、歇歇脚的想法，决不能有打好一仗就一劳永逸的想法，决不能有初见成效就见好就收的想法。“两个持久”是全局而绝非一域，全市各级党组织书记都要强化政治担当、履行主体责任，把每条战线、每个领域、每个环节的全面从严治党抓具体、抓深入。“两个持久”是长久也绝非一时，必须有效运用监督执纪“四种形态”，充分发挥标本兼治综合效应，既善用“治标”的利器，又夯实“治本”的基础，一体推进不敢腐、不能腐、不想腐，巩固发展反腐败斗争压倒性胜利。

三、2019 年工作任务

2019 年是中华人民共和国成立 70 周年，是全面建成小康社会的关键之年。做好今年的纪检监察工作，总体要求是，以习近平新时代中国特色社会主义思想为指导，深入贯彻党的十九大和十九届二中、三中全会精神，深入贯彻习近平总书记视察山西重要讲话精神，全面落实中央纪委三次全会和省纪委四次全会部署，按照省委、省纪委监委和市委要求，不忘初心、牢记使命，增强“四个意识”，坚定“四个自信”，践行“两个维护”，忠实履行党章和宪法赋予的职责，坚持稳中求进工作总基调，以党的政治建设为统领，持续深化纪检监察体制改革，健全监督体系、提升监督效能，推动新时代纪检监察工作高质量发展，一体推进不敢腐、不能腐、不想腐，巩固发展反腐败斗争压倒性胜利，努力取得全面从严治党更大战略性成果，为决胜全面建成小康社会、谱写文明开放富裕美丽太原新篇章提供坚强政治和纪律保障。

2019 年，重点做好以下七个方面工作：

（一）持续在落实“两个维护”上下功夫，进一步破除形式主义、官僚主义问题

坚持以党的政治建设为统领，充分发挥政治监督作用，强化对全市各级各部门党员干部践行“四个意识”、贯彻党章和其他党内法规、执行党的路线方针政策情况的监督，强化对贯彻落实党的十九大精神、习近平总书记重要批示指示精神、视察山西重要讲话精神情况的监督，强化对“三大攻坚战”、市县党和国家机构改革等中央和省委、市委重大决策部署落实情况的监督，确保落到实处、掷地有声。要严肃党内政治生活，加强对新形势下党内政治生活若干准则等法规制度执行情况的监督检查，着力纠正党内政治生活不严肃不认真的问题，着力发现坚持民主集中制、开展批评和自我批评、选人用人等方面存在的突出问题，切实增强党内政治生活的政治性、时代性、原则性、战斗性。要严明党的政治纪律和政治规矩，坚决纠正上有政策、下有对策，有令不行、有禁不止行为，严肃查处党员干部政治上离心离德、思想上蜕化变质、组织上拉帮结派、行动上阳奉阴违等“七个有之”问题。要集中整治形式主义、官僚主义，聚焦 6 大方面 26 类具体表现，紧盯对党中央和省委、市委重大决策部署不敬畏、不在乎、喊口号、装样子的错误表现，严肃查处空泛表态、应景造势、敷衍塞责、出工不出力等突出问题，既要管住乱用滥用权力的渎职行为，又要管住不用弃用权力的失职行为。督促领导机关和领导干部发挥主体作用，主动查摆、带头整改，以“关键少数”带动大多数。

（二）持续在深化纪检监察体制改革上下功夫，进一步推动制度优势转化为治理效能

深入开展“改革创新、奋发有为”大讨论，把自己摆进去，坚定不移走好新时代改革创新之路。要加强党对反腐败工作全覆盖全方位全过程领导，认真落实“3 项机制、7 项

制度”和实施细则，精准把握、正确发挥党委反腐败领导小组作用，更好地保障纪委监委相对独立地行使监督权，使反腐败斗争在决策部署指挥、资源力量整合、措施手段运用上更加协同高效。要强化上级纪委对下级纪委的领导，坚持落实各级纪委书记、副书记的提名考察以上级纪委会同组织部门为主，重点围绕线索管理、审查调查、处分处置等环节，健全完善查办腐败案件以上级纪委领导为主的工作机制。认真履行协助党委推进全面从严治党的职责，强化上级纪委对下级党组织的监督，推动主体责任与监督责任相互贯通、形成合力。要深化派驻机构改革，结合市县党和国家机构改革，配套调整机构设置，承接制定工作规则和考核办法，全面加强对派驻机构的统一管理。探索加强对市属企业、市属学校、市属医疗单位纪检监察机构的领导和管理。推进乡镇村居监察覆盖工作。要全面贯彻监察法、党的纪律检查机关监督执纪工作规则和新出台的系列法规制度，整合规范工作流程，健全完善配套制度，强化内部权力运行监督制约机制，健全统一决策、一体运行的执纪执法工作机制。探索建立纪委监委、检察院、法院办理职务犯罪案件联席会议制度，建立健全纪委监委与司法执法机关问题线索移送机制、缺席审判协调机制、技术调查配合机制，不断增强反腐败工作合力。认真贯彻落实中央纪委国家监委信息化规划和省纪委监委工作意见，加快推进步伐，提高执纪监督监察和机关信息化水平。

（三）持续在履行“第一职责”上下功夫，进一步推动监督更加聚焦、更加精准、更加有力

各级党组织和党员领导干部要严肃、认真、具体地抓好日常监督，同志之间要经常地善意地相互提醒，提高近距离发现问题能力，切实做到日常监督从严、常在、常态。各级纪检监察机构要把监督作为基本职责、第一职责，敢于监督、善于监督、规范监督，实实在在把日常监督做起来、做到位。要健全监督机制，结合实践修订完善《太原市纪委监委监督检查工作规程（试行）》，进一步推进纪律监督、监察监督、派驻监督、巡察监督协调衔接，推动党内监督同国家机关监督、民主监督、司法监督、群众监督、舆论监督有效贯通，形成监督合力。要改进监督方式，加强信访受理、线索处置、约谈提醒、谈话函询、专项监督检查、提出纪检监察建议、追责问责等工作，抓住“关键少数”、强化“靶向治疗”，管好关键人、管到关键处、管住关键事、管在关键时。要持续督促贯彻落实中央八项规定精神，严格执行中央关于禁止插手特殊资源的有关规定，深挖“四风”隐形变异表现和问题，一个节点一个节点盯住，从严查处顶风违纪行为，通报曝光典型案例，坚持不懈、注重实效，促进规范、化风成俗。要贯通运用监督执纪“四种形态”，把第一、第二种形态精准运用到位，抓早、抓小、抓准，在“治未病”上积极作为。注重谈话和函询相结合，注重函询的针对性和实效性，加大对函询结果抽查核实力度。把握政策界限，健全转化机制，防止以纪律处分代替法律制裁、以刑事处罚代替党纪处分，确保违纪者受到党纪处分、违法者受到法律制裁，惩治极少数、管住大多数，实现监督效能最大化。要加强纪律建设，把适用纪律和适用法律结合起来，消除权力监督的真空地带。从严从实唤醒党员干部、公职人员的党章党规党纪和宪法法律法规意识，使其知敬畏、存戒惧、守底线，推进纪法双施双守。要坚持严管和厚爱结合、激励和约束并重，旗帜鲜明为那些敢于担当、踏实做事、不谋私利的干部撑腰鼓劲，严肃追查处理诬告陷害行为，形成激浊扬清、干事创业的良好政治生态。

（四）持续在深化巡视整改和政治巡察上下功夫，进一步彰显全面从严治党利剑作用

中央第十五巡视组对我省的反馈意见，是党中央对山西工作的要求。全市各级党组织必须自觉对照整改，既要巩固拓展“当下改”的成果，更要细化“长久立”的措施，以实际行动体现对党忠诚。要落实巡视巡察整改监督责任，日常监督、专项监督、派驻监督、巡察监督都要紧盯巡视巡察整改情况，提标对表、延伸了解，顺藤摸瓜、查找表现，滚动推进、确保实效。要深入贯彻中央巡视方针，落实省委工作部署，按照“六围绕一加强”和“五个持续”深化政治巡察，着力发现违反党的“六项纪律”、搞“七个有之”，在推进“五位一体”“四个全面”、打好“三大攻坚战”等方面存在的政治问题、腐败问题。要认真落实十一届市委巡察全覆盖规划，坚持有形覆盖和有效覆盖相统一，统筹安排常规巡察、专项巡察、交叉巡察、提级巡察。把巡察与了解掌握政治生态状况相结合，与整治群众反映强烈的问题相结合，与解决日常监督发现的突出问题相结合，高质量推进巡察全覆盖。要完善巡察反馈通报机制，加强纪检监察机关、党委组织部门对整改情况的日常监督，形成有序衔接、互为补充、协调一致的整改监督链条，对整改责任不落实、敷衍整改、边改边犯的严肃问责。要健全完善上下联动监督网，加强巡察队伍建设，健全完善市县党委巡察办公室职能设置和工作制度，加快推进巡视巡察数据管理系统运用，不断提升巡察工作质量和效率。

（五）持续在巩固发展反腐败斗争压倒性胜利上下功夫，进一步削减存量、遏制增量

我们党长期执政，党员干部时刻面临被“围猎”、被腐蚀的风险，必须相当清醒、相当有意志力。坚持有贪肃贪、有腐反腐，保持战略定力，持续强化不敢腐的震慑，扎牢不能腐的笼子，增强不想腐的自觉。要突出重点、精准有力，紧盯事关全局的重大工程、重点领域、关键岗位，紧盯权力集中、资金密集、资源富集的部门和行业，依法查处贪污贿赂、滥用职权、玩忽职守、徇私舞弊、重大责任事故等职务违法和职务犯罪，坚决清除甘于被“围猎”的腐败分子，坚决防范各种利益集团拉拢腐蚀领导干部。要加大力度整治影响市场主体健康发展的腐败和作风问题，既要查清问题、惩治腐败，也要保障企业的合法经营和合法权益，为经济发展创造健康环境，推动构建亲清新型政商关系。要提高审查调查法治化规范化水平，推动全市纪检监察系统检举举报平台建设，加强和改进信访工作；精准处置问题线索，做深做细做实初核工作，夯实审查调查基础；严格按照刑事审判的要求和标准收集、固定、审查、运用证据；强化案件审理工作，严把事实关、程序关、法律适用关。要牢牢把握审查调查的政治属性，坚持思想教育、政策感化、纪法威慑相结合，让审查调查对象从思想深处认识错误，唤醒党纪国法意识，使其感党恩、跟党走。坚持一案一总结，剖析腐败产生原因，以案为鉴、以案促改，推动加大改革力度，完善权责清单制度，促进权力公开透明运行，补齐制度短板、夯实法治基础，发挥查办案件的治本功能。要强化安全办案、文明办案意识，提高审查调查特别是“走读式”谈话安全防范能力，积极推进市纪委监委留置场所建设，加强留置陪护队伍教育管理，坚决守住安全底线。

（六）持续在整治群众身边腐败和作风问题上下功夫，进一步增强人民群众获得感幸福感安全感

人民群众反对什么、痛恨什么，就坚决防范和纠正什么，不断夯实党的执政基础。要深入开展扶贫领域腐败和作风问题专项治理，高度关注扶贫工程、产业项目和对口帮扶中存在的问题，以作风攻坚促进脱贫攻坚。开展民生领域腐败和作风问题专项整治，切实解决教育医疗、环境保护、食品药品安全等方面侵害群众利益的问题。严查小官大贪和“微腐败”，对基层干部贪污侵占、虚报冒领、截留挪用、优亲厚友的绝不手软。要深挖黑恶势力“保护伞”，坚决清除包庇、纵容黑恶势力的腐败分子，严肃查处党员领导干部和公职人员助长黑恶势力坐大成势、阻挠案件调查处理等问题，严肃查处“村霸”、宗族恶势力和黄赌毒背后的腐败行为。扎实开展人防系统腐败问题专项治理。要紧盯重复信访量大的问题，明确群众身边问题必须靠身边党组织解决，有什么问题就解决什么问题，什么问题突出就集中整治什么问题，督促负有管理责任的党组织分类解决问题、逐项推进化解。群众反映强烈的问题要深入排查、优先调查，对典型案件要督查督办、直查直办、通报曝光，对查结的问题线索要抽查复核，对问题频发多发、工作失职失责的要从严追责问责，让群众感到身边的事情有人管、利益有人护。

（七）持续在提升政治素质和专业化能力上下功夫，进一步打造忠诚干净担当的纪检监察铁军

打铁必须自身硬。面对新形势新考验，全市各级纪检监察机关要认真落实中央纪委“三个带头”的要求，始终做党和人民的忠诚卫士。坚持以党的创新理论武装头脑，扎实开展“不忘初心、牢记使命”主题教育，坚定信仰信念信心，进一步学懂弄通做实习近平新时代中国特色社会主义思想。坚持贯彻执行民主集中制，加强纪委监委领导班子建设，充分发挥各级纪委委员和基层纪检委员作用，全面提升履职能力和水平。坚持好干部标准，拓宽选人用人视野，加大选拔调配、轮岗交流力度，注重培养锻炼干部特别是年轻干部，选齐配强纪检监察干部队伍。坚持开展集中培训和以岗代训活动，加大教育培训力度，注重提升纪检监察干部执行政策水平、执纪执法水平、思想政治工作水平。坚持抓好“三基建设”，认真落实市纪委监委领导班子成员每周参加分管部门室务会（党支部会）制度，提升全系统对新思想新部署新要求学习领会、理解贯彻、狠抓落实的能力和水平。坚持严管和厚爱相结合，从严教育监督管理，重点关心关爱在基层一线的纪检监察干部，注重帮扶困难干部职工，做好离退休干部工作，充分体现组织的关怀和温暖。加强作风和纪律建设，落实“三严三实”要求，深入开展“补短板、强作风”专项行动，带头反对形式主义和官僚主义。自觉接受党内监督和其他各方面监督，对执纪违纪、执法违法者“零容忍”，坚决防范被“围猎”，坚决防止“灯下黑”，努力做立场坚定、意志坚强、行动坚决的表率。

同志们，一切伟大成就都是接续奋斗的结果，一切伟大事业都需要在继往开来中推进，惟不忘初心者进，惟改革创新者强，惟砥砺奋进者胜。让我们更加紧密地团结在以习近平同志为核心的党中央周围，在省纪委监委和市委的坚强领导下，不忘初心、牢记使命，奋发进取、奋力前行，以永远在路上的坚韧和执着，巩固发展反腐败斗争压倒性胜利，努力取得全面从严治党更大战略性成果，以优异成绩庆祝中华人民共和国成立70周年。

关于太原市 2018 年国民经济和社会发展计划执行情况与 2019 年国民经济和社会发展计划草案的报告

——在太原市第十四届人民代表大会第四次会议上（2019 年 2 月 24 日）

太原市发展和改革委员会主任　阴海锁

各位代表：

受市人民政府委托，现将太原市 2018 年国民经济和社会发展计划执行情况与 2019 年国民经济和社会发展计划草案提请市十四届人大四次会议审议，并请市政协委员和其他列席人员提出意见。

一、2018 年国民经济和社会发展计划执行情况

过去的一年，在市委的坚强领导下，全市上下以习近平新时代中国特色社会主义思想为指导，深入贯彻党的十九大和习近平总书记视察山西重要讲话精神，认真落实省委"两个走在前列""双提升"的要求，依据市十四届人大三次会议批准的国民经济和社会发展计划，坚持稳中求进工作总基调，坚持新发展理念，全面实施创新驱动、转型升级战略，统筹推进稳增长、促改革、调结构、惠民生、防风险各项工作，计划执行情况总体良好。

2018 年，地区生产总值（GDP）完成 3884.48 亿元，比上年增长 9.2%；规模以上工业增加值完成 765.30 亿元，增长 10.8%；固定资产投资完成 1217.82 亿元，增长 26.2%；社会消费品零售总额完成 1811.90 亿元，增长 8.1%；一般公共预算收入完成 373.23 亿元，增长 19.7%；城镇常住居民人均可支配收入 33672 元，增长 7.0%；农村常住居民人均可支配收入 16860 元，增长 8.1%；城镇新增就业 9.5 万人，城镇登记失业率 3.33%；居民消费价格指数（CPI）上涨 1.8%。2018 年《计划报告》提出的 9 项主要预期性指标全部完成或超额完成年度目标任务；万元地区生产总值能耗、万元地区生产总值水耗、主要污染物减排等主要约束性指标中，除市区空气质量优良天数比例外，均可完成省下达任务。

（一）坚定不移推进供给侧结构性改革，高质量发展迈出坚实步伐

转型项目建设年成效明显。坚持把项目作为构建现代产业体系的着力点，出台了《太原市转型项目建设年（2018）行动方案》，明确了"三个千亿元"的产业投资目标任务，实施市党政领导对接服务转型项目坐班及协调例会制度，建立协调调度、全过程代办服务等常态化工作机制和观摩评比等推进机制，全市持续掀起项目开工建设的热潮，投资总量和结构实现"双提升"。固定资产投资增速达到 26.2%，其中，转型项目投资增长 23.7%，占全市投资的比重达到 63.4%，拉动全市投资增长 15.3 个百分点；工业投资增长 53.1%，拉动全市投资增长 7.4 个百分点，技改项目和高技术制造业投资分别增长 40.6% 和 219.3%。

经济结构持续优化。阳煤化工新材料、比亚迪动力电池、江铃重汽宽体驾驶室整车、太钢碳纤维二期、国营金阳高性能永磁材料一期、东杰智能装备和工业机器人等项目建成投产，战略性新兴产业增加值增长 16.6%，占规模以上工业增加值的比重由上年的 14.5% 提高到 14.9%。多元化增长态势初显，化学原料和化学制品制造、炼焦、汽车制造三大行业对工业增长的贡献率分别由上年的 −2.3%、−0.6%、5.3% 提高到 7.9%、4.0% 和 10.0%，美锦、山西天然气集团产值突破百亿元，百亿级企业数量增加到 6 户。前 12 个月，规模以上工业企业实现利润和利税分别增长 12.5% 和 8.5%，资产负债率由上年同期的 74.47% 下降为 73.09%。阳光城洲际酒店、华润万象城投入运营，晋祠景区、青龙古镇、太原古县城、双塔景区等不断提升和完善，"紫禁风华—2018 太原·故宫文物展"盛大开幕，太原成为全国流通领域现代供应链体系建设试点城市和陆港型、生产服务型、商贸服务型国家物流枢纽承载城市，服务业增加值完成 2404.30 亿元，增长 8.8%；实现旅游总收入 995.57 亿元，增长 21.1%，增速比上年加快 0.9 个百分点。

创新引领作用不断增强。充分发挥政府在创新发展中的推动作用，制定出台《关于科技创新推动转型升级的若干意见》《关于深化人才发展体制机制改革加快推进创新驱动转型升级的实施意见》及配套政策，设立 10 亿元科技创新资

金和10亿元人才发展资金，加大人才引进力度，支持科研院所、高校和企业融通创新，扶持高新技术产业化发展。全市院士工作站达到68个，各级企业技术中心达到172个，太钢双相不锈钢筋在港珠澳大桥工程首次批量化应用，太重250吨智能铸造起重机实现关键核心部位的完全智能化，打破国外垄断；高新技术企业和科技型中小企业数量分别由2017年的626家、321家增加到966家和1926家；2018年6月《关于放宽人才户口迁入政策的通知》下发以来，累计迁入各类人才及家属4万余人，科技创新能力不断增强。军民融合创新基地起步区启动建设，20个签约项目10个已开工，成功举办首届军民融合产业发展高峰论坛，军民融合创新小镇揭牌。

（二）加大城市建设管理力度，城市品质不断提升

城市基础设施不断完善。轨道交通2号线一期基本实现“洞通”，太长高速、二广高速太原段改线进展顺利，天龙山路、滨河东路南延、西中环南延以及迎宾桥、通达桥、古城桥等59项道桥工程完工或基本完工，青运村、滨河体育中心改造、水上运动中心等9个二青会比赛场馆基本完工。“九河”治理工程全面完成，治理河道69千米，建成快速路138千米，实现了中心城区与东西山地区的快速通达。稳步推进海绵城市、综合管廊和供热、供水等市政基础设施建设，新建改造供热管网269千米，供水管网196.85千米，环卫产业基地餐厨垃圾处理、晋阳污水处理厂一期等项目建成投运。

城市文明创建深入推进。制定出台《太原市创建全国文明城市工作规划（2018—2020年）》，把背街小巷、老旧小区、集贸市场等“九乱”专项整治作为创城工作的重要突破口，治理背街小巷437条、老旧小区813个、集贸市场55个，城市面貌明显改观。深入开展文明交通综合治理，交通事故4项指标全面下降，道路交通畅通情况持续向好，高峰通行速度提升18%。

（三）决战决胜脱贫攻坚，乡村振兴步伐加快

农业供给侧结构性改革扎实推进。大力实施“一减五增”行动，调减籽粒玉米种植面积25万亩，新发展设施蔬菜0.91万亩、果园2.6万亩、杂粮16.32万亩、药材2.96万亩、花卉4.3万亩。优化“退户入园、出城进沟、规模健康”的养殖业生产布局，禁养区内32家畜禽养殖企业全部退出。农业品牌建设成效显著，“娄烦山药蛋”“清徐铺红薯”荣获国家地理标志产品认证。蝙蝠蛾被毛孢菌丝醋口服液、保健醋、藜麦3个保健功能食品入选全省功能农产品20强。南部城郊农业示范区、北部有机旱作特色农业示范区建设实施方案编制完成，小店区“互联网＋产地市场”、晋源区“晋祠大米”田园景观区等项目加快推进，阳曲县种植有机旱作谷子10万亩。实施休闲农业与乡村旅游精品工程，乡村旅游接待游客突破400万人次。

脱贫攻坚实现决战决胜。市财政投入资金1.36亿元，并采取转移支付方式为娄烦县、阳曲县解决教师、医生和农林科技人才188名；投入1.26亿元，对娄烦县库区实施生态补偿。城六区、综改示范区、不锈钢园区投入对口帮扶资金1.45亿元，实施惠民项目516个。社会扶贫“一网三超”经验在全省推广，“一村一品一主体”产业扶贫取得明显成效，健康养殖、设施蔬菜、脱毒种薯、乡村旅游等特色产业快速发展，娄烦县马铃薯产业实现全覆盖，阳曲县“全域旅游目的地”建设初见成效，娄烦县86.88MW、阳曲县10MW光伏扶贫电站全部并网发电。全市29个村、3546户、9988人实现脱贫，阳曲县脱贫成果不断巩固，娄烦县具备脱贫摘帽条件。

美丽乡村建设实现新突破。扎实推进农村人居环境整治三年行动，以“三清一改”为主攻方向，大力开展“百村示范、千村整治”活动，推动美丽乡村连线成片、组群发展，累计创建省级美丽宜居示范村30个、市级美丽宜居示范村51个，打造了历史文化、绿色生态、休闲旅游、工矿一体、移民搬迁、脱贫攻坚等六大不同类型、内外兼修的美丽宜居乡村。

（四）加快推进绿色发展，生态环境持续好转

大气环境质量稳定改善。开展打赢蓝天保卫战、秋冬季大气污染综合治理等攻坚行动，替代拆除20吨以下燃煤锅炉168台，完成农村清洁供暖改造8.22万户；西峪煤矿关停退出，钢铁、焦化、化工等行业37项特别排放限值改造任务全面完成，太钢焦化运煤专线铁路改造完成，二电厂铁路运煤专线主线建成；严格落实“六个百分百”防治标准，开展柴油货车和散装物料运输车污染治理，查处货车各类违法3.4万起，扬尘和机动车尾气污染得到有效控制。全年市区空气质量优良天数170天，空气综合污染指数比上年下降9.2%，6项监测指标中，除PM10和臭氧浓度略有上升外，PM2.5、CO、SO2、NO24项指标浓度均实现不同程度的下降。

水和土壤污染治理力度持续加大。高起点、高标准推进黑臭水体治理，建成区黑臭水体基本消除。加快推进汾河综合整治，汾河治理美化三期水利工程和绿化工程接近尾声，清徐县白石南河、阳曲县杨兴河流域水环境综合治理工程基本完工。开展工业废水治理提标改造，全市12个行业159家重点工业企业80%以上实现达标和减量排放。以重点行业企业调查和试点修复为抓手，有序开展土壤污染防治工作，小店区污灌区重金属污染农田、市妇幼保健院新建项目和太化等污染土壤修复试点项目通过验收。

生态建设进一步加强。实施百万亩森林围城工程，完成营造林43.7万亩。完成铁路沿线、八河景观改造等31条道路绿化工程，迎泽公园、金桥公园、小东流公园、和谐公园等相继建成对外开放，晋阳湖景区、太原植物园、滨河体育

公园等项目正在加紧建设，建成区绿化覆盖率、绿地率分别比上年提高1.4和1.35个百分点，人均公园绿地面积增加1.88平方米，建成区公园500米半径覆盖率由75%提高到80%。

（五）聚焦重点持续发力，改革开放取得新成效

重点领域改革实现多点突破。获批建设国家可持续发展议程创新示范区，在哥本哈根首届"全球绿色目标伙伴2030峰会"、波兰《联合国气候变化框架公约》第24次缔约方会议等国际平台上介绍了"太原经验"。制定出台《关于支持民营经济发展的若干意见》，实行市级领导干部联系民营企业工作制度，全市新增市场主体8.77万户，增长11.97%，民间投资增长27.1%。开发区改革创新发展步伐加快，清徐经济开发区扩区、阳曲现代农业产业示范区获批。探索开发区与县（市、区）共享发展机制，推进开发区数据在地统计改革，不锈钢产业园区与尖草坪区融合发展迈出实质性步伐。国资国企改革不断深化，晋东资产管理集团、田和饮食集团等企业混合所有制改革有序推进，中央、省驻并企业"三供一业"分离移交工作全部完成。深化"放管服效"改革，企业投资项目承诺制全面推开，在全省率先实行"三十证合一"，一般经营条件企业开办实现5个工作日内办结，不动产交易（抵押）普通事项办理实现"最多跑一次"和5个工作日办结，全年为企业减税降费213.99亿元。医药卫生体制改革稳步推进，阳曲县被国务院评为全省唯一的县级公立医院综合改革成效明显县。

对外开放合作水平不断提高。积极融入"一带一路"、京津冀协同发展等国家战略，组团参加山西品牌丝路行、津洽会、海交会等系列活动，建立10个海外工作联络站，与塔吉克斯坦胡占德市正式结为友好城市，与韩国顺天市签署友城意向书。围绕产业集群发展和产业链延伸，绘制招商地图和招商图谱，精准对接威高集团、龙芯中科、华侨城、宝能集团等知名企业，全市招商引资签约项目140个，当年签约当年开工率52.1%。外贸新业态加速发展，跨境电商平台入驻企业近百家，在线商品2000余种，全市外贸进出口总额完成1086.29亿元，增长18.7%；出口总额完成663.25亿元，增长15.9%。成功举办"城市能源低碳与可持续发展论坛"、人民网2018大学校长论坛、2018《财富》CEO峰会、国际汽车展览会等论坛和展会，太原在国内外的影响力和美誉度有效提升。

（六）坚持共建共享，民生福祉明显改善

就业和社会保障体系不断完善。全面落实各项创业就业政策，全市城镇新增就业9.5万人，农村劳动力转移就业1.32万人，分别完成全年任务的105.5%和110.0%；城镇登记失业率3.33%，低于4%的年度控制目标。城乡居民基本医疗保险制度、机关事业单位养老保险与职业年金制度实现并轨，城乡低保、城乡居民养老保险基础养老金等标准进一步提高。加快养老服务体系建设，新建社区养老服务中心50个、城市社区日间照料中心34个、农村日间照料中心10个。

社会事业全面进步。太原幼儿师范高等专科学校正式获准设立，五中、成成中学、外国语学校等新校区建设基本完工，新改扩建幼儿园21所，幼儿园普惠率由75%提高到83.8%。开展庆祝改革开放40周年群众文化系列活动暨文化惠民消费季活动4132场，惠及群众278万人次；晋剧《起风街》《关公》首演，《斩黄袍》等文化艺术作品荣获国家级奖项13项、省级奖项40项。市人民医院、市妇幼保健院等"百院兴医"工程进展顺利，市中心医院、市精神病医院成为山西医科大学附属直属医院和医学院。在全国省会城市首家推出"溶栓地图""胸痛地图"，形成覆盖全市的心脑血管疾病快速救治网络。成功承办太原国际马拉松赛、全国BMX冠军赛、第十五届省运会等重要赛事，二青会各项筹备工作有序推进。

其他重点民生工作扎实推进。采煤沉陷区综合治理新建集中安置住房竣工7496套、入住1885户，竣工率和入住率分别为84.5%和20.9%；货币补偿及回购存量房安置协议签订11671户，签约率93.8%，综合排名居全省第一。全力做好天然气保供工作，年度供气合同签署气量18亿立方米，提前锁量锁价2.43亿立方米，群众温暖过冬得到有力保障。棚户区住房改造新开工2.05万套、基本建成5.27万套，城镇保障性安居工程完成投资180.59亿元，均超额完成省下达的任务。非洲猪瘟疫情防控处置取得阶段性成效，主要经验做法在全国推广。安全生产形势稳定向好，各类生产安全亡人事故起数和死亡人数分别下降31.6%和33.6%，未发生较大及以上生产安全事故。

在肯定成绩的同时，也要清醒地看到，我市发展仍面临不少困难和挑战。一是新产业新动能对经济增长的支撑引领作用有待加强。电子信息、新能源、新材料等新兴产业尚未形成产业集群效应，科技研发、商务和信息服务等生产性服务业发展滞后，对工业经济发展的支撑作用有限。二是投资不足与结构不优并存。大项目好项目不足问题依然突出，固定资产投资总量和工业投资比重与中部其他省会城市仍有较大差距。三是改革开放力度还不够大。国资国企、投融资等重点领域和关键环节改革进展不快、成效不大，"放管服效"改革亟待深化，营商环境仍需改善。四是民生短板仍然较多。环境质量改善形势依然严峻，城镇居民收入低于全国平均水平，就业、教育、医疗、住房等工作与群众期望还有差距。

二、2019年经济社会发展的总体要求和主要目标

2019年是中华人民共和国成立70周年，是全面建成小

康社会关键之年。做好今年工作至关重要。

（一）经济社会发展计划安排的总体要求

以习近平新时代中国特色社会主义思想为指导，全面贯彻党的十九大和十九届二中、三中全会精神，深入贯彻习近平总书记视察山西重要讲话精神，树牢“四个意识”，坚定“四个自信”，坚决做到“两个维护”，认真落实中央经济工作会议、省委十一届七次全会、省委经济工作会议和市委十一届六次全会暨经济工作会议精神，统筹推进“五位一体”总体布局，协调推进“四个全面”战略布局，坚持“一个指引、两手硬”的工作思路，落实省委对太原提出的“两个走在前列”“双提升”的目标要求，在市委的坚强领导下，坚持稳中求进工作总基调，坚持新发展理念，坚持推动高质量发展，坚持把供给侧结构性改革与转型综改试验区建设相结合作为经济工作主线，坚持深化市场化改革、扩大高水平开放，加快构建现代产业体系，继续打好三大攻坚战，着力激发微观主体活力，统筹推进稳增长、促改革、调结构、惠民生、防风险工作，进一步稳就业、稳金融、稳外贸、稳外资、稳投资、稳预期，提振市场信心，保持经济持续健康发展和社会大局稳定，不断增强人民群众获得感、幸福感、安全感，在“两转”基础上全面拓展新局面，推动谱写文明开放富裕美丽太原新篇章取得新成效，为全面建成小康社会收官打下决定性基础，以优异成绩庆祝中华人民共和国成立 70 周年。

（二）经济社会发展的主要目标

预期性指标：地区生产总值增长 8% 左右，规模以上工业增加值增长 10%，固定资产投资增长 10%，社会消费品零售总额增长 7.5%，一般公共预算收入增长 8%，城乡常住居民人均可支配收入分别增长 6.5% 和 6.5% 以上，居民消费价格涨幅控制在 3% 左右，城镇新增就业 8 万人，城镇调查失业率、城镇登记失业率分别控制在 6.5% 和 4.2% 以内。

约束性指标：万元地区生产总值能耗下降 3.2%，万元地区生产总值二氧化碳排放量下降 3.8%，城镇棚户区住房改造新开工 5913 套，达到或好于Ⅲ类水体比例为 55.56%、劣Ⅴ类水体比例控制在 33.33%，万元地区生产总值水耗、农村贫困人口脱贫人数、市区空气质量优良天气率、PM2.5 浓度下降比例和二氧化硫、化学需氧量、氨氮、氮氧化物 4 项主要污染物减排幅度，全面完成省下达任务。

经济增长速度确定为 8% 左右，主要基于以下考虑：一是发展不平衡不充分仍是我市经济发展面临的主要问题，而且在短期内难以有效改观，必须在提高发展质量的基础上保持一个相对较快的发展速度，才能在周边城市竞相发展中逐步赶上，才能更好地满足人民群众日益增长的美好生活需要。二是 2019 年外部环境的不确定性加大，国家、省对经济增长预期目标进行了适当下调，我市继续按照 8% 左右的预期来安排，既体现了稳中求进和省会城市自我加压、率先发展的担当，又符合近年来的经济运行走势，是一个通过努力可以实现的目标，更是实现“十三五”规划目标的必要保障。三是从三次产业的支撑看：第一产业随着乡村振兴战略的全面实施，有望保持平稳增长态势，预计增长 3.5% 左右。第二产业中，江铃重汽整车及发动机、比亚迪新能源汽车、阳煤化工新材料、兴能电厂三期等项目进入达产达效期，同时全力推动东风原野新能源汽车、京丰铁路轨道交通电务装备制造基地、国科晋云超级计算基地、太重风力发电整机、金能移动能源产业园等项目建成投产，通过努力，规模以上工业增加值有望增长 10% 左右；在深化转型项目建设年的带动下，建筑业增加值预计可增长 6.0% 左右，合计可拉动 GDP 增长 3.2 个百分点左右。第三产业中，晋阳湖景区、太原古县城、双塔景区、青龙古镇、华夏文明主题公园等文化旅游项目不断完善并对外开放，信达国际金融中心、绿地中央广场等项目建成投运，特别是二青会对服务业的带动作用，预计服务业增加值增速可达到 8.0% 左右，拉动 GDP 增长 4.8 个百分点左右。三次产业合计可拉动 GDP 增长 8.0% 左右。

总的来说，上述指标的安排，是在统筹考虑我市经济社会发展面临的外部环境和阶段性特征，综合分析需要与可能、当前与长远、积极与可行，按照实事求是、科学合理的原则确定的。

三、2019 年经济社会发展的主要任务和措施

（一）深化供给侧结构性改革，助推经济高质量发展

全面落实“巩固、增强、提升、畅通”八字方针，加快推动新旧动能转换和融合发展，加快构建具有太原特色的现代产业体系，努力打造制造强市。

坚定不移实施工业强市战略。以高端化、智能化、绿色化为目标，以先进装备制造、新材料合成加工、信息技术产业为主攻方向，加快太钢碳纤维三期、银邦金属材料、明豪模具、东杰智能装备、京丰电务装备、中车城轨车辆造修、比亚迪新能源动力电池及电动客车、江铃重汽新能源重卡、中电科电子信息产业园等项目建设，推进威马新能源汽车、宝能新能源汽车、滴滴共享汽车、中科曙光先进计算机二期、龙芯中科、韩国合金材料、高端柔性显示屏、中化国际新能源电池和膜材料等项目尽快落地开工，强龙头、补缺项、延链条、建集群，打造若干支撑引领转型发展的新兴产业集群，推动制造业高质量发展。加快传统产业提升改造，持续化解煤炭、钢铁行业过剩产能，提高先进产能占比；积极推进太钢取向硅钢、清徐精细化工循环产业园、阳煤太化尼龙 6 和尼龙 66 等项目建设，加紧做好古交镁铝合金产业园建设前期工作，把传统产业基础优势转变为竞争优势。

*加快开发区创新发展步伐。*综改示范区进一步加大机制创新、要素投入和招商引资力度，在确保一批项目今年建成投产的基础上，再集中上马一批具有示范引领作用、占领产业链高端、辐射带动力强的标志性项目，凸显转型发展的主引擎作用。不锈钢产业园区加快与尖草坪区融合发展步伐，以不锈钢深加工为主攻方向，积极引进国内外知名不锈钢加工企业，延伸产业链条，拓展加工领域，打造集设计、研发、制造等为一体的高端产业集聚区。清徐经济开发区加快推进精细化工循环园区建设，推动企业集中布局、资源集约利用、功能集合构建，打造能源革命和动能转换的排头兵。西山生态文化旅游示范区和阳曲现代农业产业开发区加快组建机构，完善运行机制，重点在观光旅游、健康养老、休闲度假产业发展和农产品深加工集群建设上实现突破。军民融合创新示范基地加快推进“一区两园”建设，落实好省与中国兵器工业集团和船舶重工集团合作成果，筹备设立军民融合产业引导基金，支持驻并银行设立军民融合专营支行，深度谋划引进和落地建设一批重大项目，努力打造国家级军民融合创新示范区。

*提升现代服务业发展水平。*以创建“晋祠—天龙山”国家5A级景区为重点，大力推进旅游景区体制机制创新，基本完成晋阳湖大生态体系建设，水秀“晋阳传奇”5月首演，形成以晋祠、晋阳湖、天龙山、太山、蒙山、双塔景区、太原古县城、青龙古镇、华夏文明主题公园等为支撑的文化旅游产业基本框架。依托中国（太原）煤炭交易中心、太原会展中心等会展设施和“低碳发展高峰论坛”等会展品牌，打造全省会展核心区和具有较强影响力的展会中心城市。加快传化物流、京东山西亚洲一号、山西（阿里巴巴·颐高）国际电子产业园等项目建设，合理布局物流网络和物流业态，构建智慧物流云平台，支持电子商务和快递物流协同发展。大力发展康养产业，建设一批康养基地，打造“清凉太原”的康养品牌。系统谋划生产性服务业发展，以大数据服务、现代物流、研发设计、会展培训、检验检测等为重点，配套引进和建设一批生产性服务业项目，形成生产性服务业与制造业产业集群融合发展、协同共生的产业生态。

（二）狠抓转型项目建设，着力扩大有效需求

充分发挥投资对经济发展的关键性作用和消费的基础性作用，推动三大需求协同发力，促进经济平稳健康发展。

*精准扩大有效投资规模。*持续深化转型项目建设年活动，在产业转型、基础设施、科技创新、生态环保、民生改善等领域，谋划实施一批打基础、利长远、增动能、补短板的新项目、大项目、好项目，落实好市领导对接服务转型项目坐班及协调例会制度，开展土地、资金、环保、审批和政策落地等专项行动，更大力度推进转型项目建设，确保在项目落地建设和投产达效上实现更大突破。切实加强重大项目谋划策划力度，建立重大项目谋划储备联席会议制度和前期工作制度，形成“投产一批、建设一批、签约一批、储备一批、谋划一批”的梯次跟进格局。积极扩大投融资渠道，争取地方政府专项债券额度，充分发挥技改引导资金和新兴产业发展投资基金的杠杆作用，规范有序推广政府和社会资本合作（PPP）模式，引导更多的金融资本、社会资本投向我市重点发展的产业和领域。

*积极推动消费扩量提质。*全面落实国家《关于完善促进消费体制机制实施方案（2018—2020年）》《进一步优化供给推动消费平稳增长促进形成强大国内市场的实施方案（2019年）》，制定出台针对性的落实举措。主动适应消费升级趋势，积极发展消费品工业，加快企业引进、产品开发、品牌建设和集群发展，着力抓好益海嘉里、锦波生物胶原蛋白等项目建设，推动贡天下、乐村淘等本土电商主体做大做强，引进国内外知名电商，扩大本土产品消费。加快推进奥特莱斯、苏宁广场、宜家家居、远大购物等项目建设，提升食品街、中正天街、北美N1等商业服务功能，打造一批智慧商圈、特色商业街和高品位步行街。以二青会召开为契机，全面提升吃、住、行、游、购、娱水平，大力培育健身休闲、竞赛表演、场馆服务、中介培训等体育服务业，推动体育与信息科技、旅游、健康、养老、教育、文化创意等融合发展，加速服务业提档升级。

*全力促进对外贸易稳定发展。*大力培育外贸主体，加强对外贸易平台建设，努力消除外贸主体“空白县”；积极推动外贸企业做大做强，支持重点企业扩大先进装备、新材料等优势产品出口。完善武宿综合保税区功能，拓展保税加工、保税物流、国际结算等新业务，加快跨境电商产业园区建设，打造现代物流和跨境电商示范基地，积极创建国家跨境电子商务综合试验区。密切关注中美贸易战动向，强化对受影响企业的动态监控，分类制定应急措施，落实好出口退税和信保保费补助等政策，鼓励和引导企业开展产品创新研发，开拓“一带一路”新兴市场和东南亚市场，多措并举推动对外贸易稳中提质。

（三）强化创新引领，加快培育发展新动能

充分发挥省城创新资源集聚优势，最大限度释放政策红利，全力打造创新高地和人才洼地，以科技创新引领全面创新。

*加强创新载体建设。*围绕建设国家可持续发展议程创新示范区，与绿色技术银行加强合作，集聚技术、资本、人才、管理等要素，通过产学研合作转移转化一批绿色技术和成果。深化与中科院、中关村、同济大学等国内外知名高校和科研院所的合作，充分发挥国家、省驻并科研院所、骨干企业的引领带动作用，对接国家重大科技专项或工程，在装备制造、节能环保、新一代信息技术、新材料等领域打造一批协同创

新中心、工程（技术）研究中心、产业技术创新战略联盟，加快企业技术中心、院士工作站等创新载体建设，推动产业高端化发展。

强化企业技术创新主体地位。调整优化财政科技投入方式，综合运用事前引导性资助、后补助、政府购买服务、风险补偿等方式，支持企业创新发展。组织实施企业技术创新能力提升、科技成果转化促进、创新平台载体建设“三大工程”，鼓励企业加大研发投入，建立技术创新平台，梯度培育发展科技型中小企业、高新技术企业，不断壮大高新技术企业数量和规模。加快中北大学、山西大学、太原理工大学科技园等“双创”基地建设，拓展市场化、专业化众创空间，着力打造“双创”升级版。

提高人才引进和服务精准化水平。建立以创新创业绩效为标准的价值取向，用足用好科技和人才专项资金，对在科技创新、成果转化、行业引领方面成效显著的企业、高校、科研团队、领军人才等进行重奖，在全社会树立尊重知识、鼓励创新的鲜明导向。完善人才引进保障政策体系，拓展人才激励方式，解决好编制、职称、发展空间、住房、家属子女就业入学等问题，以最大的诚意把各类人才引进来、用起来、留下来，吸引更多创新要素和各层次人才向太原集聚。对急需引进的高精尖缺人才及团队，实施“领军人才＋创新团队＋创新项目”的精准引才模式，在技术路线选择、经费使用、收益分配等方面，赋予科研机构和领军人才更多自主权。

（四）加强规划建设管理，提升城市功能品质

扎实开展城市修补和生态修复，强化城市设计，增强城市功能，传承历史文脉，坚持以质取胜，建设功能完善、绿色智慧、管理科学、宜居宜业的高品质城市。

高起点做好城市规划设计。加快编制新一轮城市发展规划，推动城市空间南北延伸、东西拓展，阳曲、清徐撤县设区取得实质性进展。加快太原晋中同城化步伐，推动基础设施、产业布局、生态保护、文化旅游、公共服务一体化发展。科学规划晋阳湖、西山、汾河等重点片区，统筹规划汾河沿线整体布局和环境，调整延伸汾河两岸建设，打造地标性建筑群和标志性景观，形成人与自然和谐共生、历史与现代相互交融的生态长廊。

高品质推进城市建设。加快推进太焦铁路和西北二环高速公路建设，开展太原至绥德铁路项目前期研究，高铁南站和太原站东广场、汽车客运东南站6月底前建成投用。加快地铁2号线建设，年内实现“轨通”“电通”，积极推进1号、3号线前期工作。着力抓好迎泽大街东延、新建路改造、滨河东路南延二期等重大道路工程建设，继续实施背街小巷改造，108国道、新店街快速化改造、通达桥、古城桥、迎宾桥等续建工程6月底前竣工通车。扎实推进海绵城市、水电气暖及各类地下管网建设，加强公共停车场、公共厕所、人行天桥等民生设施建设，开工建设太原北500千伏输变电工程，汾东污水处理厂一期、3000吨/日生活垃圾焚烧发电、500吨/日污泥处理一期和300吨/日餐厨处理二期等项目建成投运。加快二青会比赛场馆建设收尾，做好配套设施安装调试，确保高质量按期投用；加快5G布局和商用进程，在二青会上进行标志性体验。

高标准加强城市管理。深化城管体制改革，统筹配置行政执法职能和执法资源，探索跨部门、跨行业综合行政执法，重心下移，事权下放，建立权责明晰、服务为先、管理优化、执法规范、安全有序的城市管理体制，提高执法和服务水平。加快新型智慧城市建设，强化城市精细化管理，深入推进文明交通、背街小巷、老旧小区、集贸市场、铁路沿线等专项整治，不断提升市政设施运行和公共空间、交通、环境、应急管理水平，营造整洁有序、文明和谐的生活居住环境。

（五）实施乡村振兴战略，提高农业农村发展水平

全面落实各项强农惠农富农政策，深化农业供给侧结构性改革，抓好农村人居环境整治工作，加快补齐农村基础设施和公共服务短板，巩固发展“三农”持续向好形势。

推动农业高质量发展。调整优化农业种植结构，城六区籽粒玉米基本退出。推动养殖企业向规模化、标准化、园区化发展，坚持不懈抓好非洲猪瘟等疫情防控工作。以南部城郊农业、北部有机旱作特色农业和西部特色农业示范区建设为突破口，加快构建以马铃薯、杂粮、葡果、蔬菜、花卉、中药材、养殖、食醋等为支撑的特色农业产业体系，培育壮大清徐老陈醋、九牛鲜奶、晋源花卉、阳曲小米、古交榛子、娄烦马铃薯、晋祠大米等特色品牌，建设一批功能食品龙头企业。大力发展“互联网＋现代农业”，深入实施休闲农业与乡村旅游精品工程，推动农业文化旅游“三位一体”的田园综合体建设，促进农村一二三产业深度融合。

持续改善农村人居环境。深入学习浙江“千万工程”经验，扎实推动农村人居环境“百村示范、千村整治”，突出抓好农村风貌管控、拆违治乱、生活垃圾处理、生活污水治理、“厕所革命”五大专项行动，开展创建农村人居环境整治示范县、示范乡（镇）和示范村庄活动。积极推进“四好农村路”建设，巩固提升饮水安全水平。继续实施农村危房改造，力争年底基本完成改造任务。积极做好传统村落保护与开发利用，加快青龙镇村、店头村、陈家峪村古院落保护修复工作。

深入推进农村改革。积极推进农村“三块地”改革，发展多种形式适度规模经营，盘活用好闲置农房和宅基地等农村资源资产。推广杏花岭区、晋源区农村集体产权制度改革试点经验，有序推进农村集体产权制度改革。顺利完成农村

承包地确权登记颁证扫尾工作，完善并规范县、乡农村产权流转交易市场运行，统筹推进农业水价、农田水利设施产权制度、林权制度等各项改革，不断激活农村发展新动力。

（六）稳步推进重点领域改革，全面提升开放发展水平

牢固树立“改革决不能落后”的理念，积极推进具有基础性、牵引性的重大改革，深度对接国家开放战略，以改革焕发新动能，以开放集聚新优势。

突出抓好重点领域和关键环节改革。深化国资国企改革，理顺国有资产管理体制，完善现代企业制度，健全法人治理结构，大力发展混合所有制经济，积极开展“三供一业”分离移交后的维修改造工作，推动国有企业提质增效。积极推进金融体制改革，加快农信社改制步伐，培育民营银行和社区银行，支持企业拓展直接融资渠道，鼓励优质中小企业和高新技术企业在科创板、创业板、新三板上市，增强金融服务实体经济发展的能力。深化财税体制改革，明晰市县两级财政事权与支出责任划分，建立完善全方位、全过程、全覆盖的预算绩效管理体系，提高财政资金使用效率。全力打造“六最”营商环境，全面实施市场准入负面清单制度，继续深化“证照分离”和企业投资项目承诺制改革，完善推广“双随机、一公开”智慧综合监管平台，引深“互联网＋政务服务”，重点领域和高频事项基本实现“一网一门一次”，市县两级审批服务事项80%以上实现网上办理；持续有效推进降本减负，迅速跟进落实国家、省新一轮税费优惠政策，切实降低企业运营成本。统筹推进事业单位、行政体制和民生领域改革，让改革成果更多更公平惠及全市人民。

全方位提升开放发展水平。深度融入国家开放大战略，以产能合作、贸易互通、友城共建为重点，发挥装备制造、不锈钢、煤化工等产业优势，助力优势企业开拓“一带一路”沿线国家和地区市场。认真落实国务院《关于支持山西省与京津冀地区加强协作实现联动发展的意见》，建立多领域、多形式的合作机制，积极主动融入京津冀协同发展。差异化承接发达地区产业梯度转移，加大与中部和周边地区的交流合作，促进区域经济协同发展、融合发展。聚焦重点产业、龙头企业、研发机构和配套企业，实施精准招商和产业链延伸招商，持续谋划引进一批世界500强企业项目、央企合作项目、产研结合项目、民营优秀项目，形成转型发展的蓬勃势头和强劲动力。

全力推动民营经济做大做强。全面贯彻落实省、市支持民营经济发展“30条”和市人大常委会关于支持民营经济发展的决定，健全企业家参与涉企政策制定机制，确保政策落地见效。制定支持金融机构信贷向民营企业倾斜的激励奖励政策，积极为民营企业和中小微企业开展融资增信服务，鼓励企业上市直接融资，着力解决融资难融资贵问题。推进法治太原和信用太原建设，完善守信激励和失信惩戒机制，开展“打击恶意阻工扰工”“红顶中介”专项整治，保障民营企业家合法的人身和财产权益，保障企业合法经营，营造尊重、激励和保护企业家干事创业的社会氛围。

（七）切实加强生态文明建设，推进环境质量持续改善

牢固树立绿水青山就是金山银山的理念，聚焦突出问题，拿出超常举措，坚决打好污染防治攻坚战，着力构建人与自然和谐共生的发展格局。

坚决打赢蓝天保卫战。持续推进散煤治理，完成农村清洁供暖改造3万户以上，农村地区清洁供暖覆盖率达到70%以上。深化工业污染治理，坚决关停不符合环保标准的工业窑炉等生产设施，太钢烧结完成超低排放改造。有效控制机动车污染，持续提升铁路货运比例，打好柴油货车治理攻坚战，建成区新增公交车、环卫车全部为新能源车。强化扬尘综合治理，开展裸露地面、渣土建筑垃圾清运、拆迁和土方作业、工地扬尘管控等专项行动。全力推进“秋冬防”攻坚，强化重点区域联防联动，有效应对重污染天气。

持续打好碧水和净土保卫战。全力推进饮用水源、黑臭水体、工业废水、城镇污水、农村排水“五水同治”，加快清徐县域水污染治理、太原汾河排污口治理、城市建成区雨污分流改造等工程建设，全面完成汾河治理美化三期、汾河水库岚河湿地和汾河干流湿地工程建设，饮用水源地水质达标率持续保持100%，地表水劣Ⅴ类断面控制在33.33%。稳步推进土壤污染防治，开展一电厂和南堰污水处理厂污染土壤修复治理工作，加快推进太化、煤气化污染土壤修复治理。

进一步加强生态保护与修复。加快推进生态保护红线划定和勘界定标工作，加强采煤沉陷区和矿山环境治理，完成西山前山四矿生态修复。高标准推进国土绿化，全面提升东西北山造林绿化和市区园林景观绿化水平，启动摄乐公园、龙城公园、太原海洋公园等项目和30个街头游园建设，晋阳湖景区一期、太原植物园一期、太原古县城护城河公园、天龙山景区、太山景区综合服务区等建成开放，建成区绿化覆盖率、绿地率分别提高0.5个百分点，人均公园绿地面积新增0.3平方米，建成区公园500米半径覆盖率达到85%。

（八）筑牢民生保障底线，增强人民群众获得感幸福感安全感

坚持以人民为中心的发展思想，统筹做好保障和改善民生各项工作，不断增进民生福祉。

积极做好扶贫和就业增收工作。坚持机制不变、力度不松、保障不减，持续做好后续政策配套、返贫预警等工作，研究制定针对收入水平略高于建档立卡贫困户群体的扶持政策，巩固和提升脱贫攻坚成果，减少和防止脱贫人口返贫。

深入实施全民技能提升工程，统筹做好高校毕业生、退役军人、转岗安置职工等重点群体就业工作，千方百计扩大就业规模，确保零就业家庭动态清零。全面落实机关事业单位工资制度，加强企业工资分配调控，稳步提高最低工资、低保标准等保障水平，促进城乡居民收入持续增加。

不断提升社会保障水平。完善城乡居民医疗保险政策，将残疾人医疗康复逐步纳入基本医疗保障范围，建立针对低收入人群等的基本药物免费供给制度。适时调整城乡低保和特困人员供养标准，稳步提高农村特困人员救助供养水平，加快市老年福利院、光荣院建设，儿童福利院、康宁医院和救助站具备使用条件。完善住房保障体系，持续推进城中村、棚户区改造，棚户区住房改造新开工5913套，城镇保障性安居工程建设年度投资111亿元。

全面提升基本公共服务供给能力。抓好新建小区配建幼儿园、小学“交钥匙”工作，统筹规划城中村和进城务工人员密集地区中小学建设，完成农村薄弱学校改造任务，进一步扩大公办和普惠性幼儿园覆盖面，努力满足就近入学、就近入园需求。加快推进五中、成成、一外、二外等学校新校区配套设施建设，争取职业教育园区早日开工建设，力争五中、成成中学新校区9月份交付使用。加速推进“百院兴医”工程，市妇幼保健院、中心医院新院和人民医院一期建成投用。持续深化县乡医疗卫生机构一体化改革，全面推行家庭医生签约服务，鼓励社会力量提供多样化医疗服务。扎实推进国家文化消费试点城市工作，加快丁果仙大剧院改扩建、群众艺术馆与非物质文化遗产传习展示中心等项目建设。高标准承办好二青会，办好环太原国际公路自行车赛暨中国太原国际自行车周等体育赛事，规划建设太原体育训练中心和国家篮球（太原）训练基地，广泛开展全民健身系列活动，推动全民健身和全民健康深度融合。

千方百计防范和化解各类风险。健全政府举债融资机制，建立不良贷款通报制度，严厉打击非法集资等违法行为，有效防范化解金融风险。建立科学完善的食品药品安全治理体系和检验检测体系，保障人民群众“舌尖上的安全”。全面落实安全生产责任，加强重点行业领域安全生产监管和隐患排查，坚决杜绝重特大事故发生，努力减少一般性事故。加强和创新社会治理，切实做好信访维稳工作，深入开展“扫黑除恶”专项斗争，维护省城社会大局和谐稳定。

四、2019年市级政府性投资项目建设计划

根据经济形势和社会发展的需求，考虑我市财政支出能力，今年市级政府投资计划建设项目201项，总投资1553.3亿元，2019年计划投资406.4亿元。

（一）二青会项目

计划投资项目14项，总投资93.3亿元，2019年计划投资28.7亿元。主要包括二青会八大场馆扫尾建设、通达桥改造、二青会城市景观照明亮化美化、高速出口通道绿化、二青会及创城城市道路维修养护等工程。

（二）基础设施项目

计划投资项目119项，总投资1185亿元，2019年计划投资255.9亿元，分为城市道桥、城市配套、城市园林景观、城市轨道、公路和场站建设六大类。主要包括108国道改造、镇城大街建设、公园南街建设、中心城区雨污分流改造、燃气燃煤热电厂适应性改造、太原古县城护城河公园、动物园提质扩容（含散放区）、空白街巷配套绿化、黑臭水体整治绿化、轨道交通2号线一期建设、自行车赛道、“四好农村路”建设、汽车客运东南站等工程。

（三）社会民生项目

计划投资项目68项，总投资275亿元，2019年计划投资121.8亿元，分教育、医疗卫生、体育、民政、生态、文物、文化、政法和保障房建设九大类。主要包括五中新校、外国语新校、市职业教育园区、市中心医院迁建、市人民医院迁建、太原牛驼寨公墓建设、太原市社会（儿童）福利院、汾河干流核心区堤外湿地、太原市太榆退水渠改扩建、晋祠环境综合整治、千年府衙综合整治、丁果仙大剧院改扩建、太原市廉政教育基地建设、保障房建设等工程。

各位代表，做好2019年经济社会发展各项工作，任务艰巨，责任重大。让我们高举习近平新时代中国特色社会主义思想伟大旗帜，在市委的坚强领导下，自觉接受市人大的监督，虚心听取市政协的意见和建议，开拓创新、砥砺前行，全力促进经济社会持续健康发展，奋力谱写文明开放富裕美丽太原新篇章，以优异成绩迎接中华人民共和国成立70周年！

关于太原市2018年全市和市本级预算执行情况与2019年全市和市本级预算的报告

——在太原市第十四届人民代表大会第四次会议上

（2019年2月24日）

太原市财政局局长 王国柱

各位代表：

受市人民政府委托，现将太原市2018年全市和市本级预算执行情况与2019年全市和市本级预算草案提请市十四届人大四次会议审议，并请市政协委员和其他列席人员提出意见。

一、2018年全市和市本级预算执行情况

2018年，在市委的坚强领导下，全市各级各部门坚持以习近平新时代中国特色社会主义思想为指导，深入学习贯彻党的十九大精神和习近平总书记视察山西重要讲话精神，紧紧围绕市委十一届三次、四次、五次全会确定的谱写文明开放富裕美丽太原新篇章的奋斗目标、实现路径和重点任务，认真执行市人大各项决议，坚持稳中求进总基调，贯彻新发展理念，按照高质量发展要求，全面落实积极财政政策，优化财政支出结构，奋力推进经济转型发展和民生改善，持续深化财税体制改革，较好完成了市十四届人大三次会议确定的目标任务，全市财政运行稳步向好，财政改革发展各项任务扎实推进。

（一）2018年全市预算执行情况

1. 一般公共预算执行情况

2018年全市预算经市十四届人大三次会议审查批准后，各县（市、区）人民代表大会相继批准本级预算，市政府于7月将汇总的全市预算报送市人大常委会备案。备案预算为：全市一般公共预算收入预算341.52亿元，支出预算487.90亿元。预算执行中由于新增上级补助收入、省转贷政府债券等因素，支出预算变动为578.98亿元。实际执行结果，全市一般公共预算收入373.23亿元，为备案预算的109.3%，增长19.7%；一般公共预算支出542.46亿元，为变动预算的93.7%，增长13.2%。

2018年，市本级和各县（市、区）均实现当年收支平衡，略有结余。除按规定结转下年专款36.52亿元外，净结余和超收等47.84亿元全部建立预算稳定调节基金。年末全市预算稳定调节基金余额67.02亿元。

主要收入项目完成情况：税收收入296.93亿元，增长19.8%。其中，增值税107.04亿元，增长17.1%；营业税0.63亿元，增长6.4%；企业所得税39.56亿元，增长4.5%；个人所得税14.43亿元，增长18.5%；资源税6.32亿元，增长36.8%；城市维护建设税25.15亿元，增长21.2%；房产税15.64亿元，增长48.5%；印花税9.35亿元，增长23.3%；城镇土地使用税6.74亿元，增长24.4%；土地增值税39.80亿元，增长33.6%；车船税6.74亿元，增长9.3%；耕地占用税2.03亿元，增长45.7%；契税22.83亿元，增长16.1%；环境保护税0.66亿元。非税收入76.30亿元，增长19.4%。

主要支出项目执行情况：教育支出80.81亿元，为预算（即变动预算，下同）的95.8%，增长10.7%；科学技术支出25.04亿元，为预算的83.3%，增长35.2%；文化体育与传媒支出21.27亿元，为预算的93.0%，增长135.8%；社会保障和就业支出72.39亿元，为预算的94.0%，同口径增长11.0%；医疗卫生和计划生育支出41.02亿元，为预算的96.8%，增长22.0%；节能环保支出19.02亿元，为预算的90.1%，同口径与上年持平；城乡社区支出114.44亿元，为预算的98.1%，增长16.5%；农林水支出27.64亿元，为预算的86.7%，增长18.7%；交通运输支出17.11亿元，为预算的96.7%，增长55.3%。其中，教育、医疗卫生、社会保障和就业等民生支出433.64亿元，比上年增长11.2%，民生支出占一般公共预算支出的比重继续稳定在80%左右的较高水平。

转移支付执行情况：2018年，省对我市转移支付120.35亿元，增长11.3%。其中，一般性转移支付69.39亿元，增长38.5%；专项转移支付50.96亿元，下降12.3%。市对县（市、区）转移支付108.95亿元，增长30.2%。其中，一般性转移

支付47.14亿元，增长48.2%；专项转移支付61.81亿元，增长19.2%。

2. 政府性基金预算执行情况

2018年，全市政府性基金收入374.26亿元，为备案预算的103.9%，增长26.9%。其中，国土收入363.64亿元，城市基础设施配套费收入9.46亿元，污水处理费收入1.32亿元。政府性基金支出424.55亿元，为变动预算的92.1%，增长31.1%。

3. 国有资本经营预算执行情况

2018年，全市国有资本经营预算收入1.05亿元，国有资本经营预算支出5.58亿元。

4. 社会保险基金预算执行情况

2018年，全市社会保险基金收入315.01亿元，社会保险基金支出278.62亿元，当年收支结余36.39亿元。

5. 政府债务情况

2018年，省转贷我市政府债券118.31亿元。其中，新增债券75.43亿元，主要用于二青会场馆、医院重点建设项目等社会事业类基本建设方面，迎宾路、古城桥、通达桥和滨河东路南延等城市基础设施建设方面，土地收储和脱贫攻坚等方面；置换债券42.88亿元，全部用于置换非政府债券形式的存量政府债务和部分到期债券。省转贷政府债券对我市落实积极财政政策、优化政府债务结构、降低政府利息负担和防范化解财政金融风险发挥了积极作用。

省财政厅核定我市2018年政府债务限额为484.54亿元，截至2018年底，全市政府债务余额464.82亿元。其中，市本级（含开发区）政府债务余额445.12亿元，县（市、区）政府债务余额19.70亿元。全市政府债务余额低于政府债务限额，政府债务风险总体可控。

（二）2018年市本级预算执行情况

1. 一般公共预算执行情况

2018年，经市十四届人大三次会议审查批准市本级一般公共预算收入预算176.80亿元，支出预算245.23亿元。预算执行中由于新增上级补助收入、省转贷政府债券（预算调整方案于2018年8月经市十四届人大常委会第十四次会议审查批准）等因素，支出预算相应变动为264.05亿元。实际执行结果，市本级一般公共预算收入183.62亿元，为预算的103.9%，增长14.2%；一般公共预算支出249.78亿元，为变动预算的94.6%，增长15.4%。收支相抵，除按规定结转下年专款14.27亿元外，净结余和超收等9.8亿元全部建立预算稳定调节基金。年末市本级预算稳定调节基金余额17.94亿元。

主要收入项目完成情况：税收收入131.35亿元，增长14.2%。其中，增值税39.84亿元，增长14.6%；营业税0.11亿元，减少53.2%；企业所得税30.10亿元，增长7.2%；个人所得税8.29亿元，增长11.0%；资源税3.74亿元，增长9.8%；城市维护建设税12.21亿元，增长11.8%；房产税6.39亿元，增长83.0%；印花税3.14亿元，增长3.0%；城镇土地使用税2.18亿元，增长22.9%；土地增值税4.82亿元，增长15.4%；车船税0.19亿元，减少21.8%；契税20.05亿元，增长15.4%；环境保护税0.29亿元。非税收入52.27亿元，增长14.2%。

主要支出项目执行情况：

教育支出31.54亿元，为变动预算（下同）的95.5%，增长20.5%。其中，保障义务教育、职业教育和学前教育等方面支出专项经费6.16亿元，新校建设支出7.07亿元，校舍维修和教学设施设备的信息化建设等方面支出2.07亿元。

科学技术支出6.77亿元，为预算的99.4%，增长435.9%。其中，科技创新等方面支出5.73亿元，重点支持了建立产业投资基金、支持科技研发和补助院士工作站建设等。

文化体育与传媒支出19.49亿元，为预算的93.2%，增长209.3%。其中，公共文化服务体系建设支出2.44亿元，太山景区文物保护、晋祠博物馆景区塑像壁画、千年府衙综合整治配套工程项目建设方面支出3.94亿元，滨河体育中心改造及网球中心建设等二青会比赛场馆建设项目支出6.91亿元。

社会保障和就业支出27.89亿元，为预算的92.0%，同口径增长14.6%。其中，机关事业单位养老保险改革及缺口补助支出7.10亿元，各项就业创业政策落实支出5.49亿元，社区惠民项目支出4361万元。

医疗卫生和计划生育支出24.52亿元，为预算的98.4%，增长32.3%。其中，各类人员参加医疗保障支出4亿元，对基本医疗保险基金的补助支出8.68亿元，医院重点工程项目建设支出9.25亿元，食品药品监督管理等方面专项经费支出3991万元。

节能环保支出6.74亿元，为预算的93.1%，与上年持平。主要用于“煤改气”“煤改电”供热改造工程、黑臭水体专项整治等环境治理项目。

城乡社区支出58.27亿元，为预算的98.1%，增长8.0%。其中，重点支出项目有滨河东路南延、西中环南延、古城桥建设工程等城市路网建设工程。

农林水支出4.33亿元，为预算的94.0%，增长49.9%。主要用于精准扶贫、乡村振兴战略、林业生态建设和汾河太原段综合治理三期工程建设等。

交通运输支出12.16亿元，为预算的97.4%，增长76.7%。

其中，城市公交及公共自行车运营补贴支出 5.61 亿元。

住房保障支出 5.84 亿元，为预算的 98.7%，同口径与上年持平。主要用于推进保障性住房建设和棚户区改造等。

2. 政府性基金预算执行情况

2018 年，市本级政府性基金收入 327.35 亿元，为预算的 130.7%，增长 16.3%。其中，国土收入 318.75 亿元，城市基础设施配套费收入 7.61 亿元，污水处理费收入 1.19 亿元。市本级政府性基金支出 213.85 亿元，为变动预算的 89.0%，增长 46.2%。其中，国土收入安排支出 195.37 亿元、城市基础设施配套费安排支出 6.41 亿元，主要用于城中村改造成本性支出及城市基础设施建设。

3. 国有资本经营预算执行情况

2018 年，市本级国有资本经营预算收入 1 亿元，国有资本经营预算支出 4.80 亿元。

4. 社会保险基金预算执行情况

2018 年，社会保险基金收入 250.61 亿元。其中，企业职工基本养老保险基金收入 131.42 亿元；机关事业单位基本养老保险基金收入 26.40 亿元；职工基本医疗保险基金收入 61.99 亿元，居民基本医疗保险基金收入 14.24 亿元；失业保险基金收入 7.54 亿元；工伤保险基金收入 5.04 亿元；生育保险基金收入 3.97 亿元。社会保险基金支出 226.13 亿元。其中，企业职工基本养老保险基金支出 142.32 亿元；机关事业单位基本养老保险基金支出 17.01 亿元；职工基本医疗保险基金支出 46.93 亿元;居民基本医疗保险基金支出 10.37 亿元;失业保险基金支出 3.35 亿元；工伤保险基金支出 3.53 亿元；生育保险基金支出 2.62 亿元。各项基金当年收支结余 24.48 亿元。

（三）2018 年开发区预算执行情况

1. 综改示范区预算执行情况

2018 年，综改示范区（太原市域，下同）一般公共预算收入 33.44 亿元，为预算的 102.1%，增长 12.3%；一般公共预算支出执行 42.45 亿元，为变动预算的 90.2%，增长 3.8%。

综改示范区政府性基金收入 39.51 亿元，为预算的 39.5%，增长 350.1%；政府性基金支出 53.24 亿元，为变动预算的 96.7%，增长 7.7%。

2. 不锈钢园区预算执行情况

2018 年，不锈钢园区一般公共预算收入 2.10 亿元，为预算的 116.9%，增长 29.0%；一般公共预算支出执行 1.54 亿元，为变动预算的 86.0%，增长 31.0%。

不锈钢园区政府性基金收入 2.61 亿元，为预算的 79.0%，增长 246.5%；政府性基金支出 4.12 亿元，为变动预算的 89.1%，增长 419.4%。

（四）落实市十四届人大三次会议预算决议情况

严格落实市十四届人大三次会议预算决议和市人大财政经济委员会的审查意见，充分发挥积极财政政策作用，加大财政支出优化整合和执行力度，服务全市重大发展战略，加快推进财政体制改革，大力提升资金使用绩效，全年预算目标任务顺利完成，财政的基础性、调控性、支撑性作用进一步彰显。

1. 严格规范预算收支管理，确保财政持续稳定运行

加强经济形势分析和收入预测，密切财税合作，强化上下联动，全力组织好依法治税、规范征管工作。全市一般公共预算收入增长 19.7%，增速位居中部省会城市第一。积极争取上级转移支付资金和省转贷政府债券资金，持续盘活存量资金，不断夯实财政保障能力。优化集中支付流程，加快项目资金审核下达，确保在财政环节速率提升。密切关注重点项目工作进度，强化与部门的沟通联系，压实支出责任，提高资金使用效益。大力优化支出结构，进一步压减一般性支出，严控“三公经费”，对创新驱动、产业升级、人才兴市、民生改善等重大战略和关键领域给予资金政策倾斜，全力保障全市经济社会持续健康发展。

2. 全面推进“供改”和“综改”相结合，助推经济高质量转型发展

进一步减税降费，全面落实小微企业增值税、企业所得税优惠政策，取消、停征或减免部分行政事业性收费，切实减轻实体经济税费负担。加大对转型综改重点领域政策支持，实施开发区税收倾斜政策，充分发挥其引领带动作用。大力推动科技创新，安排科技创新和人才发展专项资金，支持我市与同济大学、中科院等知名高校、科研院所在战略决策、人才干部培养等方面合作。支持培育发展高新技术企业和企业创新平台载体建设，引导鼓励企业加大研发投入。推动设立总规模 100 亿元产业投资基金，聚焦主导产业，瞄准先进装备制造、新材料合成加工、信息技术三大方向，吸引撬动社会资本，促进我市产业转型升级。安排“双创”专项资金 3066 万元，对小微企业双创基地、众创空间等双创载体进行奖励。支持国企国资改革，有序推进中央、省属驻并国有企业“三供一业”分离移交，切实减轻企业负担，促进国有企业轻装上阵。

3. 强化政策资金保障，支持打好“三大攻坚战”

防范化解政府债务风险。按照中央、省、市关于防范化解地方政府债务风险的一系列政策精神和安排部署，切实规范举债融资行为，强化政府债务限额管理和预算管理；出台政府性债务风险防控管理办法，加强政府债务风险监控；积极争取新增政府债券，妥善处置存量债务，合理延长偿债时

间，切实降低偿债利率支出，债务结构得到优化；制定政府隐性债务化解方案，建立政府债务风险应急处置机制，构建覆盖地方政府债务管理各个环节的管理体系，有效发挥了政府债务管理对“稳增长”和“防风险”的积极作用。大力保障脱贫攻坚。落实扶贫资金投入“双增长”要求，市本级安排扶贫专项资金1.4亿元，增长10.6%。推动涉农资金整合，最大限度统筹资金，形成合力。对财政扶贫项目资金实施绩效管理，绩效目标基本实现全覆盖。进一步加强扶贫资金监管力度，实施财政扶贫资金动态监控，切实加强各类扶贫资金管理，提高资金使用效益。加大财政投入，大力支持实施乡村振兴战略，着力推进农业产业化发展、高标准农田建设、种养殖业结构调整，支持农村基础设施建设，推进城乡一体化发展。积极支持污染防治。加大生态环保投入力度，解决大气、土壤和水污染防治等突出环境问题。安排下达资金19亿元，重点用于“控煤、治污、管车、降尘”，积极推进清洁供暖试点工作、散煤燃烧、扬尘污染、企业排污治理等工作顺利开展，支持黑臭水体治理、土壤污染防控修复、城乡清洁提档升级等项目，推动省城环境质量持续改善。

4. 倾力保障和改善民生，不断增强人民群众获得感、幸福感和安全感

坚持教育优先发展战略，全面落实义务教育阶段学生补贴各项政策，重点保障新校建设、学前教育办学条件改善。坚持就业优先，切实保障公益性岗位、技能培训等各类就业再就业政策的资金需求。坚持民生兜底，出台了一系列提高优抚对象待遇和社会保障救助政策，建立居民基本养老保险待遇确定和基础养老保险正常调整机制。坚持推进公立医院改革，加快医院重点项目建设，完善城乡医疗救助体系，进一步缓解群众“看病难、看病贵”问题。

千方百计筹措资金，推进城市扩容提质。滨河东路南延、西中环南延等路网建设顺利实施，水廊路网项目提质改造工程、地铁2号线、太山植物园等PPP项目有效推进，迎泽公园改造、汾河三期等生态园林工程顺利实施，城中村、棚户区改造加速推进，城市管理水平进一步提升，市容市貌焕然一新。

加大文化体育事业投入，全力保障滨河体育中心、水上运动中心等二青会比赛场馆建设，确保了第十五届省运会成功举办。重点支持健全公共文化服务体系，深入实施文化惠民工程，有力促进现代文化旅游产业的繁荣发展。支持推进天龙山、太山、双塔等景区综合改造和千年府衙整治修缮等项目建设。

进一步加大“三基建设”财政投入，提高乡镇人员工作补贴和扶贫工作队员生活待遇，实施乡镇办公用房填平补齐，支持发展壮大村集体经济，促进村级组织正常运转。全力保障创建文明城市、“担复兴大任，做时代新人”主题活动和“扫黑除恶”等战略任务实施，确保社会文明和谐稳定。

5. 持续深化财税体制改革，不断提高依法理财水平

按照中央和省财税改革方面的要求，对我市现行市对县（市、区）财政体制进行了调整和完善。进一步理顺了税收征管格局，规范了市县两级财政分配关系，消除了体制性障碍，建立了市县两级财政收入共同增长机制，充分调动了县（市、区）政府发展经济、培植财源的积极性。进一步梳理规范业务流程，完善集中支付运行机制，简化政府采购流程，在保障资金安全的基础上，提高了资金拨付的效率。全面实施绩效管理，进一步扩大重点绩效评价范围，引进第三方评价机构，将绩效管理贯穿预算编制、执行、监督全过程。严格遵循《预算法》的规定，自觉接受人大依法监督、政协民主监督和审计监督检查，积极推进预决算公开，切实加快法治财政建设。强化内部控制管理，修订完善内控制度，着力扎牢织密制度笼子。加强监督检查，开展各类专项资金、会计监督管理等专项检查，不断提高依法理财水平。

在肯定成绩的同时，我们也清醒地认识到，财政运行中还存在一些突出矛盾和问题。比如，财政持续稳定增收基础尚不牢固，财源建设亟需加强；预算编制有待细化，精细化管理水平仍需提高；预算绩效激励约束作用还不够强，部门和预算单位资金使用效益不高的情况依然存在，加强预算绩效管理十分紧迫等等。针对不足，我们将直面问题、深入研究、下功夫解决，更好地为全市经济社会发展提供坚实的财政保障。

二、2019年全市和市本级预算草案

（一）编制2019年预算草案的指导思想和原则

2019年全市财政预算编制的指导思想是：以习近平新时代中国特色社会主义思想为指导，全面贯彻党的十九大和十九届二中、三中全会精神，深入贯彻习近平总书记视察山西重要讲话精神，树牢“四个意识”，坚定“四个自信”，坚决做到“两个维护”，认真落实中央、省委和市委关于经济工作的总体部署，坚持“一个指引、两手硬”的工作思路，落实省委对太原提出的“两个走在前列”“双提升”的目标要求，在市委的坚强领导下，坚持稳中求进工作总基调，坚持新发展理念，坚持推动高质量发展，坚持供给侧结构性改革和转型综改试验区建设相结合为主线，加力提效落实积极的财政政策，实施更大规模的减税降费；优化财政支出结构，牢固树立政府带头过“紧日子”的思想，严格压缩一般性支

出，支持打好“三大攻坚战”，加大对中心工作和重点领域的保障力度；加快推进财政体制改革，全面实施预算绩效管理，加强地方政府债务管理，防范化解地方政府债务风险，为全市经济社会高质量发展提供坚实的保障，推动在“两转”基础上全面拓展新局面，谱写文明开放富裕美丽太原新篇章取得新成效，为全面建成小康社会收官打下决定性基础，以优异成绩庆祝中华人民共和国成立70周年。

落实上述指导思想，贯彻《预算法》，2019年全市财政预算编制遵循以下原则：一是收入预算要实事求是，科学预测，与经济社会发展新情况相适应，与财政政策相衔接，充分考虑减税降费等因素影响。二是支出预算要统筹兼顾，着力优化结构，突出支出重点，政府要带头过“紧日子”，严格控制和压减一般性支出，加大对重点领域和关键环节的保障力度，增强对全市经济社会发展大局的支撑能力。三是增强财政可持续性，强化预算硬约束，建设项目开展财政承受能力评估论证，做到量力而行，精打细算。四是全面实施预算绩效管理，完善预算绩效管理流程，加强评价结果应用，提高财政资金配置效率和使用效益。五是有效防范财政风险，强化政府债务管理，稳妥化解政府隐性债务风险。

（二）2019年全市预算草案

1. 一般公共预算

综合分析今年财政收支形势以及全市经济社会发展对财政的需求，2019年全市一般公共预算收入安排403亿元，增长8%。这样安排主要是考虑虽然宏观政策背景是进一步加大减税降费力度，但是我市在实施工业强市战略，构建具有太原特色的现代产业体系，做大做强开发区，加快创建国家级军民融合创新示范区，全力推动消费扩量提质，激发全社会创新创业活力等方面的重大改革举措和政策效应将陆续释放，发展的新动能、新增长点将加速形成，为财政收入持续增长提供了一定支撑，8%是一个较为积极稳妥的预期目标。全市各级财税部门将迎难而上、积极作为，全力以赴做好收入组织工作。

按照2019年收入计划和现行财政体制计算，2019年全市一般公共预算当年财力约为496亿元。按照收支平衡的原则，一般公共预算支出相应安排496亿元，由市县两级财政分别安排。

中央和省提前安排我市2019年一般公共预算转移支付71.84亿元，其中，一般性转移支付60.55亿元，专项转移支付11.29亿元。市本级提前下达县（市、区）2019年转移支付49.19亿元，其中，一般性转移支付42.02亿元，专项转移支付7.17亿元。市县两级财政已按《预算法》要求将上级提前安排的转移支付编入本级预算。

2. 政府性基金预算

2019年，全市政府性基金收入预算安排367.43亿元。政府性基金支出预算安排362.43亿元，由市县两级财政分别安排，按规定用途使用。

中央和省提前安排我市2019年政府性基金专项转移支付1.75亿元，市本级提前下达县（市、区）2019年专项转移支付0.05亿元。市县两级财政已按《预算法》要求将上级提前安排的转移支付编入本级预算。

3. 国有资本经营预算

2019年，全市国有资本经营收入预算安排9815万元，支出预算相应安排9815万元。

4. 社会保险基金预算

2019年，全市社会保险基金收入预算安排313.17亿元，支出预算安排301.92亿元，当年收支结余11.25亿元，年末滚存结余261.62亿元。

上述全市预算草案为代编预算，各县（市、区）预算待同级人民代表大会批准后，市政府将汇总全市预算报市人大常委会备案。

（三）2019年市本级预算草案

1. 一般公共预算

2019年，市本级一般公共预算收入安排同口径增长8%，为202亿元。按现行财政体制计算，市本级一般公共预算当年财力为208.85亿元，加上预算稳定调节基金调入17.5亿元，从政府性基金收入中调入15亿元，共计调入32.5亿元纳入年初一般公共预算统筹安排。因此，2019年市本级当年一般公共预算可用财力为241.35亿元，较上年增加28.85亿元。按照收支平衡原则，市级一般公共预算支出相应安排241.35亿元。

按照政府收支分类科目，一般公共预算支出预算安排情况为：

——一般公共服务支出安排10.92亿元，同口径比上年增加1.02亿元，增长10.3%。主要包括市委、人大、政府、政协等基本公共服务与管理部门的支出。

——国防支出安排1552万元，与上年持平。主要包括太原警备区等方面的补助支出。

——公共安全支出安排15.60亿元，同口径比上年增加1.83亿元，增长13.3%。主要包括公安、司法等部门维护社会公共安全方面的支出。重点安排公安部门业务费2.43亿元，公安部门公共视频图像建设运维及警务云建设资金7976万元，交警监控信号及标线维护7166万元等。

——教育支出安排33.89亿元，比上年增加2.26亿元，增长7.1%。主要包括教育部门及所属各类学校普通教育、职业教育、特殊教育等方面的支出。重点安排新校建设5亿元（连同盘活存量资金共计8.8亿元）、校舍维修、教育教学设备购置和信息化建设2.35亿元等。

——科学技术支出安排10.65亿元，与上年持平。主要包括科技、科协等部门科学技术管理、技术研究开发、科学技术普及等方面的支出。重点安排科技专项经费10亿元，用于企业创新能力提升工程，高水平创新载体建设工程，科技成果转移转化促进工程，建设电脑安全可靠科研攻关与技术应用示范基地，培育发展科技型产业、高新技术产业和战略新兴产业等。

——文化旅游体育与传媒支出安排6.25亿元，比上年增加1.82亿元，增长41.1%。主要包括文化旅游、文物、体育、广播电视等方面的支出。重点安排了二青会场馆建设经费2亿元，农村文化体育设施配套资金、文化产业资金、文物维修保护费等专项经费等。

——社会保障和就业支出安排30.07亿元，比上年增加3.43亿元，增长12.9%。主要包括人力资源和社会保障管理事务、民政管理事务、企业改革补助、就业补助、残疾人事业、最低生活保障、机关事业单位养老保险等方面的支出。重点安排机关事业单位养老保险缴费及基金缺口补助资金15.82亿元，就业补助配套资金1.68亿元，市属国有企业“三供一业”分离移交1亿元，社区办公经费及社区干部补助1.41亿元，社区惠民资金5438万元，城乡养老配套资金3371万元，企业养老金做实个人账户2311万元等。

——卫生健康支出安排8.04亿元，同口径比上年增加2868万元，增长2.4%。主要包括卫生健康管理事务、计划生育、公立医院、公共卫生和行政事业单位医疗等方面的支出。重点安排机关事业单位医疗保险3.23亿元，离休干部医药费及特困企业离休干部“两费”8114万元，城乡居民医保配套资金9163万元，计划生育家庭奖励扶助资金1914万元，基本公共卫生配套资金2345万元，公立医院改革补助1500万元等。

——节能环保支出安排5.94亿元，与上年持平。主要包括环保部门的运行支出以及污染防治、节能减排等方面的支出。重点安排省城环境综合整治专项资金5亿元（连同政府性基金、中央和省补助专款，共筹集11.7亿元）。

——城乡社区支出安排32.76亿元，比上年增加5.17亿元，增长18.8%。主要包括城建系统各部门运行支出及城市基础设施维护养管方面的支出。重点安排供热企业补贴5.5亿元，污水处理厂运行费2.84亿元，城乡清洁工程1.2亿元等。

——农林水支出安排8.1亿元，同口径与上年持平。主要包括农业、林业、水利、扶贫等方面的支出。重点安排乡村振兴资金3亿元，精准扶贫资金1.5亿元，造林资金1亿元等。

——交通运输支出安排7.16亿元，同口径比上年增加1200万元，增长1.7%。主要包括交通运输管理和公共交通运营补贴等方面的支出。重点安排公交公司公交车及公共自行车运行补贴5.7亿元等。

——资源勘探信息等支出安排8.69亿元，比上年增加4.37亿元，增长101.3%。主要包括工业和信息产业监管、支持中小企业发展管理等方面的支出。重点安排技改引导资金（工业转型升级资金）5亿元，富士康等企业政策性奖励资金2亿元，大众创业万众创新资金1亿元等。

——商业服务业等支出安排887万元，同口径与上年持平。主要包括商业服务业等方面的支出。

——金融支出安排1亿元。即安排政府性融资担保机构注册资本金1亿元。

——自然资源海洋气象等支出安排2.02亿元，比上年增加1312万元，增长6.9%。主要包括用于自然资源、气象等公益服务事业方面的支出。重点安排国土整治资金5000万元，建设三维国土调查数据库资金1412万元等。

——住房保障支出安排2.19亿元，同口径与上年持平。主要是保障房支出。重点安排保障性安居工程支出1亿元等。

——粮油物资储备支出安排4709万元，与上年持平。主要包括粮油事务、重要商品储备方面的支出。重点安排粮食风险基金2900万元等。

——灾害防治及应急管理支出安排1.90亿元，同口径比上年增加2020万元，增长11.9%。主要包括安全生产监管、应急管理事务、消防事务、煤矿安全和自然灾害防治等方面的支出。重点安排消防业务费1.3亿元，安全生产专项工作经费1300万元等。

——预备费安排2.09亿元，比上年增加2385万元，按照《预算法》的要求，按市本级一般公共预算支出的1%设置预备费。

——其他支出安排47.38亿元，比上年增加9.64亿元，增长25.6%。重点安排技改引导资金（产业投资基金）10亿元，人才专项经费10亿元，社会事业类建设项目2.4亿元，促进民营经济发展应急还贷资金2亿元，创城奖补资金5亿元，三基建设资金1亿元等。

——债务付息支出安排6亿元，比上年增加3亿元，增长100%。主要安排到期省转贷一般政府债券付息资金。

中央和省提前安排市本级2019年一般公共预算转移支付共计22.64亿元。其中，一般性转移支付18.52亿元，专项转移支付4.12亿元。主要包括教育0.35亿元，社会保障3.60亿元，节能环保0.79亿元，自然资源气象等0.32亿元。

经汇总，2019年市本级行政事业单位使用一般公共预算资金安排的“三公”经费预算为12432万元，较上年减少85万元，下降0.6%。其中，因公出国（境）费280万元，增长32.7%，增加的原因主要是从促进对外交流，开拓国际视野和加快国际合作的角度出发，根据2019年工作需要在历年安排基数较低的基础上适当增加69万元；公务接待费1665万元，下降1%；公务用车购置及运行维护费10487万元，下降1.3%。

2. 政府性基金预算

2019年，市本级政府性基金收入预算安排287亿元。其中，国土收入280亿元、城市基础设施配套费收入6亿元、污水处理费收入1亿元。

按照收支平衡原则，剔除调入一般公共预算资金5亿元（另从上年结余的国土收入调入一般公共预算资金10亿元），市本级政府性基金支出预算安排282亿元，主要内容如下：

——国土收入安排支出275亿元。其中，征地拆迁等成本性返还177.8亿元、到期政府专项债券还本付息20亿元、债务化解45.4亿元、城市基础设施建设31.2亿元等。

——城市基础设施配套费安排支出6亿元，统筹用于城市基础设施建设。

——污水处理费安排支出1亿元，统筹用于省城环境综合整治。

中央和省提前安排市本级2019年政府性基金专项转移支付1.70亿元，主要用于残疾人事业、体育事业等彩票公益金项目。

3. 国有资本经营预算

2019年，市本级国有资本经营收入预算安排9300万元，全部为利润收入和股利股息收入。支出预算安排9300万元，用于资本金注入9000万元，其余用于市属国有企业“三供一业”分离移交。

4. 社会保险基金预算

2019年，市本级社会保险基金收入预算安排246.48亿元。其中，企业职工基本养老保险基金收入141.62亿元；机关事业单位基本养老保险基金收入15.65亿元；职工基本医疗保险基金收入57.31亿元；城乡居民基本医疗保险基金收入15.17亿元；失业保险基金收入6.42亿元；工伤保险基金收入5.67亿元；生育保险基金收入4.65亿元。支出预算安排243.67亿元。其中，企业职工基本养老保险基金支出157.84亿元；机关事业单位基本养老保险基金支出15.82亿元；职工基本医疗保险基金支出48.30亿元；城乡居民基本医疗保险基金支出11.50亿元；失业保险基金支出3.62亿元；工伤保险基金支出3.23亿元；生育保险基金支出3.36亿元。当年收支结余2.81亿元，年末滚存结余202.01亿元。

5. 省提前下达政府债券资金情况

2018年12月，省提前下达我市2019年新增政府债券限额49.50亿元，其中：一般债券限额23.70亿元，专项债券限额25.80亿元。按照政府债券分配的有关要求并结合市级预算统筹安排压力较大的实际情况，将提前下达的49.50亿元新增政府债券全部用于市级项目。

一般债券资金安排情况如下：

——卫生健康支出安排10亿元，全部用于医院重点建设项目及医院设施设备采购项目。

——农林水支出安排1亿元，全部用于汾河太原段综合治理三期水利工程。

——交通运输支出安排3.10亿元，全部用于环城旅游公路及公路自行车赛道项目。

——其他支出安排9.60亿元，重点安排二青会场馆建设3亿元，文物、民政等其他社会事业类基本建设项目6.60亿元等。

专项债券资金安排情况如下：

——城乡社区支出安排25.80亿元，重点用于符合专项债券使用要求的棚户区改造、土地储备等公益性项目及有一定收益的续建、新建基本建设项目。

（四）2019年开发区预算草案

1. 综改示范区预算

2019年，一般公共预算收入安排40.98亿元，同口径增长10%；按现行财政体制计算，当年财力为44.74亿元，按照收支平衡原则，一般公共预算支出相应安排44.74亿元。

政府性基金收入预算安排50亿元。按照收支平衡原则，政府性基金支出预算安排50亿元。

2. 不锈钢园区预算

2019年，一般公共预算收入安排3.50亿元，同口径增长10%；按现行财政体制计算，当年财力为1.73亿元。按照收支平衡原则，一般公共预算支出相应安排1.73亿元。

政府性基金收入预算安排4.01亿元。按照收支平衡原则，政府性基金支出预算安排4.01亿元。

根据《预算法》规定，预算年度开始后，在本级人民代表大会批准预算前，可安排下列支出：上年度结转支出；参照上年同期的预算支出数额安排必须支出的本年度部门基本支出、项目支出，以及对下级政府的转移性支出；法律规定必须履行支付义务的支出，以及用于自然灾害等突发事件处理的支出。根据上述规定，截至2019年1月底，市本级一般公共预算支出累计执行 20.20 亿元。

三、2019 年财政工作的主要任务

2019 年是新中国成立 70 周年，是全面建成小康社会的关键之年，是我市在“两转”基础上拓展新局面的攻坚之年。市委十一届三次全会确立了谱写文明开放富裕美丽太原新篇章的奋斗目标，四次、五次、六次全会进一步明确了实现路径和重点任务，全市上下思想更加统一，方向更加明确，斗志更加昂扬。我们将坚持稳中求进工作总基调，贯彻新发展理念，落实高质量发展要求，实施积极的财政政策，强化预算执行，优化支出结构，深化财税体制改革，确保全年预算目标和财政各项工作任务顺利完成。

（一）充分发挥财政职能作用，坚决支持打赢“三大攻坚战”

进一步提高政治站位，加强财政支撑保障，针对突出问题精准施策、扎实推进。

坚持底线思维，全力打好防范化解重大风险攻坚战。开好合法合规举债“前门”，下大力气争取省转贷政府债券，为全市经济社会发展筹集更多的资金；强化政府债务风险的管理管控，确保政府债券资金安全和使用效益。严堵违法违规举债“后门”，坚决制止违法违规融资担保行为，严禁变相举债，稳妥有序化解存量债务，严控隐性债务增量，强化预算约束，严格项目审核，坚决守住不发生系统性区域性政府债务风险的底线。

坚持精准理念，全力支持打好脱贫攻坚战。继续加大扶贫资金投入，市本级安排扶贫专项资金 1.5 亿元，增长 10%。深入推进涉农资金整合，完善财政扶贫资金动态监控机制，推进扶贫项目资金实施全过程绩效管理，精准对接资金项目和受益人口。积极推进易地扶贫搬迁，落实好教育、健康、就业培训等扶贫需求，支持改善贫困县交通基础设施和公共服务体系。加大扶贫资金的公开和监督检查力度，确保扶贫资金安全高效使用。推动做好脱贫攻坚与乡村振兴战略的衔接，加快发展城郊型都市现代农业，学习浙江“千村示范、万村整治”经验，扎实推进农村人居环境整治专项行动，加快美丽乡村建设步伐。

坚持绿色发展，全力支持打好污染防治攻坚战。继续加大大气、水、土壤污染防治的投入力度。落实好清洁取暖补贴、节能减排等奖补政策，促进“治污、控煤、管车、降尘”多管齐下，推进空气质量持续改善；开展好汾河治理三期工程和黑臭水体治理工作，加快污水处理、雨污分流和老旧管网改造，推动河湖水域环境持续好转；加大生态文明建设与修复资金投入，积极推进东西北山造林绿化提档升级和市区园林绿地建设，全面提升省城生态环境质量。

（二）加力提效实施积极的财政政策，不断增强经济高质量发展后劲

落实好“巩固、增强、提升、畅通”八字方针，全力保障中央和省市重点战略实施。

进一步加大减税降费力度。坚持普惠性减税和结构性减税相结合，全面落实降低增值税税率，对小微企业和科技型初创企业实施普惠性税收减免，提高小规模纳税人起征点，个人所得税专项附加扣除等减税政策。继续清理规范收费项目，加大对乱收费的查处和整治力度。同时，落实好开发区发展税收优惠政策，支持开发区基础设施建设和招商引资引智。

加大产业项目扶持力度。紧紧围绕市委、市政府确定的全力实施工业强市战略、构建现代产业体系、加快军民融合发展等重大部署，加大财政政策支撑和资金保障。安排技改引导资金，推动培育壮大先进装备制造、新材料合成加工和信息技术产业，加快煤焦冶电等传统产业改造升级，促进产业迈向价值链高端。继续支持加快产业基金运作，发挥财政资金的引导示范作用，撬动更多社会资本投入先进制造业、现代服务业等产业项目。加快推进军民融合创新示范基地建设，促进军民融合技术成果转化和项目实施。

支持创新驱动战略。加大科技创新和人才引进投入，支持科研院所、科技创新基地和科技人才队伍建设。继续支持与中科院、同济大学、中关村等科研院校、创新基地的深度合作，加速推动产学研成果转化。支持与龙芯中科、中科曙光和百信信息等高新技术公司合作，对企业参与重大科技专项或重点研发计划给予补贴或奖励。全面落实人才兴市战略，加大人才支持力度。

支持民营经济和小微企业发展。全面落实市委、市政府制定的支持民营经济发展 30 条政策和市人大出台的支持民营经济发展的决定，积极组建我市中小企业融资再担保公司，推动全市政府性融资担保体系建设。加快建立降低小微企业融资担保成本奖补机制和民营企业贷款风险补偿机制，引导鼓励金融机构加大对民营企业和小微企业的信贷支持力度，缓解融资难融资贵问题。采取税收优惠、财政奖励、专项补助、出口信用保险等方式，鼓励民营企业创新发展、转型升级和开拓市场。

（三）全力做好民生保障，不断提高人民群众幸福指数

强化财政兜底保障功能，着力解决人民群众普遍关心的现实问题。

支持发展公平优质教育。继续巩固落实城乡统一、重在农村的义务教育经费保障机制。安排落实新校建设资金，支持新改扩建公办幼儿园，改善乡村学校办学条件，推进我市教育资源优质均衡配置。进一步完善生均拨款制度，健全学生资助制度，加大对高等教育财政投入，加强新时代教师队伍建设。

促进就业创业。落实国家普惠性就业创业政策，保障就业资金稳定持续投入。优化就业资金支出结构，在重点支持解决高校毕业生、农民工、退役军人等群体就业的基础上，多方面保障促进创业。

提高社会保障标准。继续提高低保、优抚对象、残疾军人等群体的补助标准，提高社会散居和福利机构供养的孤儿养育标准，兜牢困难群众基本生活底线。继续提高退休人员基本养老金标准，提高城乡居民基础养老金最低标准。积极推进政府购买基本健康养老服务。

提升全民健康水平。继续加大公立医院重点建设项目资金保障力度，积极争取政府专项债券资金保障医院重点建设项目和医疗设备购置。足额安排资金确保公立医院取消药品加成补助政策落实到位，继续提高基本公共卫生服务经费和城乡居民医疗保险财政补助标准，筹集安排更多的资金，保障医疗卫生事业的健康发展。

推进城市品质提升。抓住二青会展示城市美好形象的机遇，进一步统筹财力，加大基础设施和公共服务设施建设投入力度。加快推进二青会场馆建设改造，全力保障二青会成功举办。安排专项资金，做好环太原国际公路自行车赛暨国际自行车周等赛事活动经费保障。继续支持城中村、棚户区改造和保障性安居工程建设，加快建立多主体供应、多渠道保障、租购并举的住房制度。积极推进垃圾污染处理、综合管廊建设和老旧小区节能改造，全面提升城市承载力和宜居度。

提升公共文化服务水平。支持完善公共文化服务体系，深入实施文化惠民工程，加强文物保护和文化遗产保护传承，努力增强城市软实力。全力保障“扫黑除恶”、文明城市创建、治安综合治理和宣传阵地建设等经费，确保社会和谐稳定。

（四）进一步深化财税体制改革，不断强化财政监督管理

加快建立现代财政制度，落实推进重点领域改革的要求。

继续深化财税体制改革。紧密结合我市实际情况，根据各项基本公共服务事项的重要性、受益范围和均等化程度等因素，合理划分市级与县（市、区）财政事权和支出责任。要及时解决市对县（市、区）财政体制调整后出现的新情况、新问题，保证新的财政管理体制平稳运行，充分调动县（市、区）发展的积极性，促进全市经济社会高质量发展。

健全预算管理制度。进一步细化预算编制，提高年初预算批复率，提升预算的科学性、合理性和可执行性。完善部门预算项目库管理制度，加强项目评审论证，提高入库项目质量，推进支出标准体系建设。落实机构改革方案要求，做好机构改革涉及单位经费划转、预算调整、资产管理、债权债务移交等预算管理工作。深入抓好政府综合财务报告、国有资产报告等财政数据基础管理工作。

加强财政监督管理。努力发挥财政监督的重要作用，进一步严肃财经纪律，重点关注扶贫、科技、产业等财政资金管理使用情况，坚决查处各种违反财经纪律的行为。进一步加大预决算公开力度，拓展公开内容和范围，提高支出预算和政策透明度，认真落实国有资产管理情况向市人大常委会报告制度，扎实推进财政法治建设。

（五）全面实施预算绩效管理，进一步提升财政管理效能

加大预算绩效管理推进力度。加快构建全方位、全过程、全覆盖的预算绩效管理体系。建立重大政策和项目事前绩效评估机制，将审核和评估结果作为预算安排的重要参考依据。强化绩效目标管理，所有纳入预算管理的项目资金都要设定绩效目标，推动绩效与预算一体化管理。健全和完善绩效运行监控机制，加大对重大政策、项目资金的绩效监控力度，确保高质量实现绩效目标。注重评价结果反馈和应用，将绩效评价结果与预算安排和政策调整挂钩，削减低效无效资金，腾退重复错位支出。

强化预算执行管理。牢固树立政府过“紧日子”思想，按照不低于5%的比例压减一般性支出，切实加大对脱贫攻坚、民生改善等领域的保障力度。加强重大项目财政可承受能力评估和论证，始终紧绷财政可持续这根弦，切实增强财政运行稳定性和风险防控有效性。健全财政资金动态监控机制，保障财政资金使用安全规范。加大结转结余资金清理力度，盘活财政存量资金，全面提升财政资源配置效率和使用效益。

各位代表，全面完成全年收支预算和财政改革发展工作，任务艰巨、使命光荣。我们将高举习近平新时代中国特色社会主义思想伟大旗帜，全面贯彻落实市委决策部署，自觉接受人大监督，认真听取政协意见建议，坚持网络节点管理，振奋精神、迎难而上，改革创新、奋发有为，为谱写文明开放富裕美丽太原新篇章作出新的更大贡献！以优异成绩庆祝中华人民共和国成立70周年！

太原市中级人民法院工作报告

——在太原市第十四届人民代表大会第四次会议上
（2019年2月25日）

太原市中级人民法院院长　侯晓东

各位代表：

现在，我代表太原市中级人民法院向大会报告工作，请予审议，并请市政协委员和列席会议的同志提出意见。

2018年，全市法院高举习近平新时代中国特色社会主义思想伟大旗帜，在市委的坚强领导、市人大和上级法院有力监督指导，市政府、市政协大力支持下，认真履行审判职责，深化司法体制改革，全面加强队伍建设，践行司法为民宗旨，服务保障经济社会发展大局，各项工作取得新进展新成效。

一、认真履行审判职责，服务保障发展大局

全市法院共受理各类案件82564件，同比增加12068件，增长17.12%，审（执）结77488件，同比增加15512件，增长25.03%，占全省法院案件总量的18.07%，结案率93.85%。两级法院员额法官人均结案222件，同比增加51件，受理案件数、审结数、人均结案数均创历史新高并位列全省法院首位。市中院受理各类案件14733件，同比增加3059件，增长26.20%，审（执）结14011件，同比增加2764件，增长24.58%，员额法官人均结案156件，同比增加36件，在全省高中级法院亦占首位。小店区法院法官人均结案436件，高居全省基层法院之首。审判任务持续加重，审判态势稳中向好。

依法惩治刑事犯罪，推进平安省城建设。全市法院全年共受理各类刑事案件8243件，审结8026件，审结率97.37%，同比分别增长10.61%、12.58%、1.69%。其中，市中院受理各类刑事案件2926件，审结2892件，审结率98.84%。审结故意杀人、故意伤害、抢劫、绑架等严重暴力犯罪案件590件，判处五年以上有期徒刑145人。审结毒品犯罪案件734件，判处无期徒刑以上35人。审结危害食品药品安全犯罪案件159件173人，审结破坏环境资源犯罪案件14件30人。坚决按照党中央、省市委、上级法院要求部署，扎实推进“扫黑除恶”专项斗争。一审受理涉黑恶犯罪案件54件362人，审结39件，判处218人，依法审结了张志勇、李有贵黑社会性质组织犯罪案件。审理贪污贿赂、渎职等职务犯罪案件72件91人。市中院审结了百名红通人员胡玉兴滥用职权、单位受贿案，一审审理了河北省人大常委会原副主任张杰辉受贿案，进一步推进巩固良好政治生态。审理非法集资等涉众型犯罪案件251件，涉案金额132.92亿余元，受害群众、集资参与人2.76万余人。对涉案金额33亿余元、受害群众1.2万余人的山西“光彩慈行”集资诈骗案主犯王宁威、李衍华一审依法判处无期徒刑。认真贯彻宽严相济、认罪认罚等刑事审判政策，依法对1866名罪犯判处缓刑、管制和免予刑事处罚。坚持以审判为中心，依法对4名被告人宣告无罪。对1085名有悔罪或立功表现的服刑人员，依法予以减刑、假释。审理未成年人犯罪案件116件187人，切实体现教育感化挽救。

妥善审理民商事案件，促进经济社会健康发展。依法平等保护各类民事主体合法权益，维护诚实信用、公平竞争的市场秩序和人民群众良好的生产、生活秩序。全年共受理民商事案件45191件，审结42867件，结案率94.86%，同比分别增长12.71%、19.63%、5.49%。市中院受理一、二审民商事案件8306件，审结7922件，同比分别增长23.88%、23.17%。两级法院审理一审民商事案件35768件，审结33975件。审结婚姻家庭、赡养抚养、继承纠纷等家事案件5138件，审结医疗、住房、交通事故、损害赔偿以及涉军人军属权益保护等侵权纠纷案件5390件。审结土地承包、土地流转、农民工工资、农资买卖等涉农权益纠纷案件106件。审结金融借款、民间借贷、仓储物流、房屋租赁、证券期货、房地产开发、建筑施工等合同类纠纷商事案件8239件。审结涉军队全面停止有偿服务案件48件。及时出台全市法院《依法服务保障民营企业健康发展实施意见》，切实保护民营企业健康发展和民营企业家人身、财产安全，

审结各类涉民营企业纠纷案件3200余件，依法对2名民营企业法定代表人一审宣告无罪。加强知识产权“三审合一”审判，优化营商法治环境，审结知识产权案件633件，其中著作权224件，商标权302件，专利权107件。化解过剩产能，力促企业重整，受理申请破产案件29件，审结19件。学习推广新时代“枫桥经验”，构建完善多元化矛盾纠纷解决机制，推广行业调解、社区化解、律师参与等与司法确认相结合的经验做法，诉前化解矛盾纠纷6500余件，加快推进基层社会治理现代化。坚持送法下乡，促进乡村振兴，市中院帮扶阳曲县北小店乡海子湾村整村脱贫通过省级第三方评估验收并受到表彰。

*坚持监督支持并重，营造优良法治环境。*全市法院强化监督规范理念，优化行政审判机制。创建实施行政机关法务联络员、行政审判联席会、行政机关负责人出庭应诉通报反馈、行政公益诉讼案件审判等制度措施，拓展引深行政审查白皮书、司法建议书、审判指导意见书的监督职能，促进行政机关依法行政、规范履职、积极作为。全市法院共审理行政案件1825件，审结1766件，审结率96.77%。其中，申请撤销行政机关行政行为701件，申请确认行政机关行政行为违法226件，申请行政机关依法履行行政行为178件。行政机关负责人出庭应诉率达到52%，居全省前列。受理非诉行政审查案件195件，准执率96.4%，支持行政机关依法履职。行政机关败诉率14.2%，切实保障行政相对人合法权益。坚持合法性审查和实质性解决行政争议相结合，化解城市建设、重点工程、拆迁改造、公益民生等行政性矛盾纠纷1100余起，夯实法治社会基础。审理国家赔偿案件12件，判决义务机关赔偿61万余元。市中院审理行政案件722件，审结711件，审结率98.48%。

*全面决胜执行攻坚，合力破解执行难。*2018年是“用两到三年时间基本解决执行难”的兑现之年，全市法院紧紧依靠市委的坚强领导，充分发挥主力军作用，举全院之力，多措并举、攻坚克难，健全各类规章制度，强化执行联动机制，营造社会舆论氛围，综合治理执行难大格局基本形成。两级法院全面建立完善了执行指挥中心，电子卷宗生成、执行节点公开、网络司法拍卖、案款规范管理、财产处置变现等全流程实现公开、透明、留痕，规范化的执行权运行机制基本确立。三年来，累计发布失信被执行人名单17523人次，限制高消费35876人次，司法拘留1101人，“拒执罪”判处27案30人，失信被执行人信用惩戒机制基本建立。2016年至2018年，全市法院共受理执行案件52318件，执结49820件，执结率95.23%。全国法院基本解决执行难第三方专家评估组对我市两级法院进行了全面严格的考核评估，基本解决执行难核心指标全部达到评估标准，为切实解决执行难长效机制建设奠定了坚实基础。2018年全市法院受理执行案件25039件，同比增加5034件，执结22576件，同比增加6480件，执结率90.16%。市中院受理执行案件1779件，同比增加451件，执结1497件，同比增加302件，执结率84.15%。

二、全面加强党的建设，打造过硬法院队伍

全市法院以党的政治建设为统领，牢固树立“四个意识”，坚定“四个自信”，自觉与以习近平同志为核心的党中央保持高度一致，严守政治纪律和政治规矩，坚决做到“两个维护”，确保全市法院工作坚定正确的政治方向。全面加强党的建设，扎实推进“三会一课”和“三基建设”。严格落实意识形态工作责任制，持续推进“两学一做”常态化制度化，筑牢理想信念根基。坚持新时期好干部标准，优化干部队伍结构。紧紧围绕政治业务素质建设，两级法院组织理论教育、综合素养、集中轮训、专题研修、庭审观摩等能力提升活动70余批次。坚持学习型法院建设，多层次开展综合能力、审判实务、信息化应用等学习培训3200余人次。认真落实全面从严治党主体责任和党风廉政建设“两个责任”，以问题为导向，以整改强落实，深入开展纪律作风整顿、政治督察、司法巡查和政法队伍集中整肃等专项活动。认真开展“担复兴大任，做时代新人”主题活动，强化典型示范引领作用，全市法院全年共有15个集体和18名个人获得省级以上表彰。市中院荣获全国法院知识产权审判工作先进集体、全省法院党建工作先进集体、行政审判工作先进集体和立案诉讼服务先进集体。迎泽区法院荣获全国法院审判管理优秀单位，阳曲县法院荣获全国法院司法宣传先进单位，8个基层法院被评为“市级文明标兵单位”，全市法院以审判为中心的各项工作实现了新跨越。深入推进“以案为鉴，筑牢防线”警示教育活动，持之以恒正风肃纪，以零容忍态度预防和惩治司法腐败，全年谈心谈话150人次，函询38人次，通报批评3人，诫勉谈话2人，党政纪处分20人，通报批评单位集体3个。

三、着力完善配套机制，扎实推进司法改革

2018年，全市法院严格落实司法改革相关规定部署，人财物体制进一步理清理顺，第二批70名员额法官遴选推荐工作全部完成。为规范完善司法责任制，市中院制定出台了

员额法官绩效考核、主审法官专业会议、审判委员会议事规则、统一裁判标准等一系列制度办法，监督促进规范司法权运行、提升案件质量效率。准确把握司改精神，探索破解案多人少，以政府购买服务招聘法官事务助理300名，全市首批54名实习律师到法院实习以及公证机构参与审判辅助事务等做法，为补充法官助理岗位短缺、缓解法官办案压力、提升审判质效发挥了积极作用。最高人民法院司法改革督导调研组给予充分肯定，省高院以“新做法新路径”列入司改案例。坚持以审判为中心的刑事诉讼制度改革，推进庭审实质化。迎泽区、晋源区法院内设机构改革试点有序推进，小店区法院团队化分流速裁方式、万柏林区法院要素式审判方式等改革提质增效显著。全市法院繁简分流、诉调对接、家事审判等配套试点改革经验全面铺开。两级法院院、庭长共承办案件49709件，同比增长68.89%，占办结案件总数的60.21%，员额法官裁判文书签发率100%，司法责任制全面落实。

四、践行司法为民宗旨，不断提升司法公信

坚持以人民为中心，积极回应新时期人民群众司法需求新关切，创新推进司法公开，切实保障人民群众的知情权、参与权、表达权和监督权。强化宗旨意识，进一步健全完善岗位责任、首问负责、服务承诺、公开便民、文明接待等制度机制，强化现场服务、远程服务、网络服务相结合，着力诉讼服务提档升级，努力兑现法官多辛苦、信息多跑路、群众少跑腿的一站式服务承诺。全市法院当场立案率98%。迎泽区法院交通事故直调中心、万柏林区法院保险纠纷先行赔付中心、阳曲县法院乡镇法官工作站、杏花岭区法院街道法官工作室等司法服务前置，矛盾纠纷快处成效显著。引深司法公开，方便群众监督，全市法院审判执行流程信息实现全公开，网上公开裁判文书55562份，互联网直播庭审7764件，观看量239万余人次，市中院荣获全国优秀直播法院。大力推行民商事案件简易程序和简案快审，节约诉讼资源，减少群众诉累，全市基层法院民商事案件简易程序适用率60.03%。坚持和谐化解，案结事了，全市法院民商事案件调撤率36.30%。强化对追索抚养费、赡养费、人身伤害赔偿金、劳动报酬等涉民生类案件快立快审快执，增强人民群众权益保障司法便捷获得感。对农民工、下岗职工、孤寡老人、残疾人等特殊困难群体依法实施诉讼费缓、减、免2277.6万余元，司法救助88件189万余元，切实让困难群众感受到司法的温暖。畅通信访渠道，重视申诉诉求，来信有回音、申诉有结果。市中院接待群众来访1236人次，审查解决初信初访案件1174件，法官答疑1088人次，律师免费提供法律服务1742人次，申诉信访工作受到省高院记功表彰。

五、自觉主动接受监督，努力改进各项工作

全市法院始终把牢固树立主动自觉接受人大、政协和人民群众监督意识，坚持将审判权置于监督之下，完善接受监督机制，确保审判权依法规范行使，作为改进和提高法院工作的重要途径。2018年，全市两级法院认真贯彻落实市十四届人大三次会议决议，全面提升各项工作水平。认真向市人大常委会专题报告司法改革、执行攻坚、破产案件审理等工作，办结人大信访督办案件52件，办复代表意见建议29件，邀请全国、省、市人大代表视察两级法院179人次，旁听庭审、见证执行、专题座谈等方式听取代表意见142人次，邀请代表15人次评查案件20件。主动走访听取代表意见建议316人次。依法接受检察机关诉讼监督，审理抗诉案件141件，改判34件，发回重审28件，认真对待检察建议，共同维护司法公正。强化审级监督意识，不断提升审判工作水平。以公开促公正，以公开强监督，引深信息化四大公开平台建设，充分发挥各类新媒体作用，及时发布法院重大活动、审判工作、法律法规等信息，传播司法正能量。广泛接受政协民主监督、社会各界和人民群众监督，认真吸纳各方意见，畅通民意沟通渠道。

各位代表，2018年全市法院所取得的成绩，是市委的坚强领导，市人大及其常委会的有力监督，市政府、市政协和社会各界关心支持的结果。在此，我代表全市法院表示衷心的感谢和崇高的敬意！

在看到成绩的同时，我们也清醒认识到，面对新时代、新要求，全市法院工作中仍然存在一些困难和问题：少数干警研究新情况解决新问题的意识不强、能力不足；案多人少矛盾依然凸显，法官办案任务繁重、压力巨大；司法改革配套措施需进一步完善，审判监督管理仍然存在薄弱环节；信息化建设与一流智慧法院标准仍有较大差距；裁判不公、违规违纪现象仍有发生。对此，我们勇于直面，将采取有力措施加以缓解解决。

2019年，是新中国成立70周年，是全面建成小康社会关键之年。全市法院要坚持以习近平新时代中国特色社会主义思想为指导，全面贯彻党的十九大和十九届二中、三中全

会精神，深入贯彻习近平总书记视察山西重要讲话精神，树牢“四个意识”，坚定“四个自信”，坚决做到“两个维护”，认真落实中央和省委、市委各项决策部署，统筹推进“五位一体”总体布局，协调推进“四个全面”战略布局，坚持“一个指引、两手硬”的工作思路，落实省委对太原提出的“两个走在前列”“双提升”的目标要求，以扎实开展“改革创新、奋发有为”大讨论为契机，牵引全年工作新开局。坚持以改革思维深化全市法院各项工作，立足审判工作更好服务于全市改革发展、创新驱动发展的理念，突出目标导向、问题导向、实践导向，促进社会公平正义，保障人民安居乐业，为推动在“两转”基础上全面拓展新局面、谱写文明开放富裕美丽太原新篇章取得新成效提供有力司法保障，以优异成绩庆祝中华人民共和国成立70周年。

*一是在服务发展上展现新作为。*紧紧围绕市委中心工作，以改革创新举措，对标对表一流，充分发挥审判职能，严格依法惩处各类刑事犯罪，持续深化“扫黑除恶”专项斗争，构建和谐平安太原。妥善审理民商事案件，规范经济发展秩序，优化生产要素结构，防范化解金融风险，加大服务保障民营企业发展，着力创优营商环境。切实将实质性化解行政争议作为行政审判践行以人民为中心的重要标准，推进国家治理体系和治理能力现代化。巩固基本解决执行难攻坚成果，加快建立完善切实解决执行难长效机制，引深构建诚信太原建设。加大生态司法保护力度，推动太原绿色发展。

*二是在司法为民上体现新举措。*牢固树立以人民为中心司法为民新理念，紧紧围绕人民群众对美好生活向往的司法新需求，深入践行落实新时代“枫桥经验”，加快提升基层社会治理能力水平。高度重视涉民生案件审理，切实增强人民群众司法权益保障获得感。不断强化诉讼服务中心建设，推进网上立案、12368司法热线服务，完善两级法院信息“阳光”公开机制，坚持主动公开、依法公开、及时公开、全面公开、实质公开，让司法公开成为密切联系群众的互动平台、桥梁纽带。要在着力为人民群众提供更加精细化司法服务上求创新，在主动接受监督上求突破，不断创建完善司法便民利民新举措新机制。

*三是在深化改革上迈出新步伐。*秉持以创新的方法，改革的理念，勇于破解制约审判工作的深层次体制机制的问题。以强化规范监督审判权运行机制为核心，深化司法责任制各项制度措施建设，努力做到“放权不放任，监督不缺位”。坚持遵循司法规律，把深化司法改革和现代科技应用相结合。坚定不移推进以审判为中心的刑事诉讼制度改革，拓展诉前调解、诉调对接、简案快审、繁案精审等诉讼纠纷解决改革成效，提升改革纵深效能。要在员额法官管理、审判权配置、团队化审判方式、评估考核机制、多元解纷机制等制约司法改革深化上求突破。要积极大胆探索尝试方便快捷、依法科学的审判工作新方式，加快推动落实“以案定额”统编改革进程，根本缓解解决案多人少矛盾，减轻法官压力。

*四是在智慧法院建设上实现新跨越。*要善于运用现代科技手段破解难题，推进信息化和人工智能在审判中的深度应用，大力提升一流智慧法院建设水平。以电子卷宗随案同步生成和深度应用为抓手，加快司法大数据的生成整合。加速对信息化基础设施升级、移动办公办案、便捷智能审判、审判节点公开、网络执行查控、信用惩戒系统等建设完善。着力提高信息化应用意识和水平，提升审判质效，促进司法公正，加快推进审判体系和审判能力现代化。

*五是在队伍建设上实现新提升。*坚持以党建促队建，以队建强工作。牢牢把握新时代党的建设总要求，认真履行全面从严治党“两个责任”，不忘初心，牢记使命，以严明纪律、过硬作风彰显担当作为。切实加强理想信念、履职能力、综合素质等教育培训，全力打造政治过硬、业务精湛、作风务实的革命化、正规化、专业化、职业化法院队伍。始终保持正风肃纪的高压态势，确保干警清正、队伍清廉、司法清明。

各位代表，新时代开启新征程，新使命呼唤新作为。全市法院将坚定不移以习近平新时代中国特色社会主义思想为指导，在市委的坚强领导下，坚决贯彻落实市委十一届六次全会精神和本次大会决议，积极发挥省城法院“改革创新、奋发有为”大讨论示范引领作用，锐意进取，永不懈怠，开拓创新，扎实推进各项工作，为全市经济社会发展提供优质的司法服务和保障，以优异成绩迎接中华人民共和国成立70周年！

太原市人民检察院工作报告
——在太原市第十四届人民代表大会第四次会议上
（2019年2月25日）

太原市人民检察院检察长　宁建新

各位代表：

现在，我代表太原市人民检察院向大会报告工作，请予审议，并请市政协委员和其他列席人员提出意见。

2018年，在市委和上级检察机关的正确领导下，在市人大及其常委会的有力监督下，在市政府、市政协和社会各界的大力支持下，全市检察机关以习近平新时代中国特色社会主义思想为指导，深入学习贯彻党的十九大精神，围绕“服务发展大局、深耕检察监督、深化司法改革”三条工作主线，全面履行法律监督职责，各项检察工作取得新进展。

一、以服务全市大局为出发点，努力提供坚强司法保障

积极服务创优发展环境。认真落实省委、市委关于打造“六最”营商环境要求，与市工商联共同建立服务民营企业常态化联络机制，出台服务企业八个方面26条意见，实行“1+7”工作机制，助力企业家创新创业。多次深入企业实地调研，了解企业法律需求，积极推动法律服务“入企入会”，发放法律知识手册1万余册，开展法律宣讲25场次，帮助企业答疑解惑、提供法律服务5000余人次。平等保护民营经济合法权益，严厉打击影响民营经济发展的职务侵占、挪用资金等犯罪，批捕32人，起诉43人。加强产权司法保护，批捕侵犯企业知识产权犯罪嫌疑人41人，起诉43人。清徐县检察院针对冯某等生产、销售假冒紫林醋业产品问题，提起刑事附带民事公益诉讼，切实保护了我省名优品牌的合法权益。办理的卢某侵犯商业秘密案等4个案件被评为全省十大精品公诉案例，宋某职务侵占案等2个案件被评为全省检察机关“支持和服务企业家创新创业、营造良好法治环境”专项工作十大典型案例。

严厉打击破坏经济秩序犯罪。积极维护公平竞争的市场环境，严厉打击串通投标、非法经营、强迫交易等扰乱市场秩序犯罪，批捕142人，起诉160人。严厉惩治生产、销售假冒伪劣商品犯罪，批捕107人，起诉183人。突出惩治非法吸收公众存款、金融诈骗等犯罪，批捕204人，起诉377人。尤其对受害群众多、涉案金额大的，依法严格把关，快捕快诉。对“晋商贷”非法集资案批捕28人，并及时向侦查机关提出引导取证意见。连续奋战四个半月，对涉嫌集资诈骗3亿余元、受害群众1100余人的犯罪嫌疑人张某等46人及山西慧诚创业、汾府酒业两家公司，依法提起公诉，被告人当庭认罪悔罪，主犯张某、阴某一审分别被判处无期徒刑和有期徒刑15年，通过办案为群众挽回损失700余万元。小店区检察院在审查起诉陈某挪用资金案过程中，发现遗漏主要犯罪嫌疑人后，要求继续补充侦查并追加起诉，涉案200万元企业资金全部追回。

加强民生领域检察监督。积极回应人民群众关切，严惩破坏环境资源类犯罪，批捕35人，起诉42人。从严打击食品药品领域犯罪，批捕95人，起诉177人。针对网络餐饮、小饭桌存在的食品安全隐患问题开展专项整治，发出公益诉讼诉前检察建议553件，对一起未整改到位的案件提起行政公益诉讼。督促相关部门下线网络餐饮问题商户841家，整改322家，拒绝上线申请830家。开展扬尘专项治理活动，发出检察建议71件；开展涉汾河流域污染专项监督活动，发出检察建议8件，监督清除河堤垃圾2000余吨。在疫苗事件和非洲猪瘟疫情发生后，及时提出检察建议4件，监督配合相关部门进行了严格防控，并防止不良影响进一步扩大。

二、以维护社会稳定为着眼点，积极促进平安省城建设

严厉打击黑恶势力犯罪。坚决按照中央、省委、市委和

上级检察机关要求部署，全力推进扫黑除恶专项斗争。出台涉黑涉恶案件线索管理等制度，规范案件办理及线索流转，形成较为完善的黑恶案件专办、挂牌督办等制度。组建28个专业化办案团队，集中办理涉黑涉恶犯罪案件。严格依法提前介入涉黑涉恶案件58件，确保案件办准办实。及时与侦查机关沟通、研究，参与案件分析会、协调会50余次，提出引导侦查取证意见1200余条。坚持依法快捕快诉，批捕涉黑涉恶犯罪嫌疑人792人，审查起诉711人。市检察院对任爱军、李金才涉黑案件提起公诉66人;成功公诉张志勇、李有贵两个涉黑组织犯罪案件，主犯分别被判处有期徒刑25年、20年。准确把握法律政策界限，严把事实关、证据关、程序关、法律适用关，在检察环节依法对3起案件改变定性。省委督导组对扫黑除恶工作给予高度评价，两次组织相关单位和人员到市检察院学习观摩。

依法惩治各类刑事犯罪。加强与公安、法院的配合，严厉打击各类刑事犯罪，共批捕5020人，起诉6895人。全力维护公共安全，批捕放火、非法制造爆炸物等严重危害公共安全犯罪嫌疑人141人，起诉214人。严厉打击故意杀人、绑架、强奸、故意伤害等严重暴力犯罪，批捕647人，起诉901人。严厉打击黄赌毒犯罪，批捕788人，起诉701人。严厉打击“两抢一盗”等多发性侵财犯罪，批捕1869人，起诉2280人。积极开展介入命案现场侦查工作，介入38件，提出引导侦查意见208条。

积极参与社会综合治理。成立12309检察服务中心，推进社会矛盾化解。受理各类信访2292件，处理群体访46件。受理刑事申诉案件71件，立案复查62件，公开审查50件。切实做好司法救助工作，救助129人，发放救助金65.4万元。万柏林区检察院通过异地视频接访，对在交通肇事中造成残疾导致生活极度贫困的尹某进行救助，被救助人足不出户就领到了救助款，该案被评为全省检察机关司法救助十大典型案例。积极开展普法宣传，通过打造微信公众号、《龙城检察》电视节目、门户网站等，营造学法尊法守法用法氛围。

加强未成年人司法保护。建立未成年被害人“一站式”办案救助机制，积极推行“捕、诉、监、防、帮”一体化检察模式。晋源区检察院在办理岳某虐待案件过程中，向相关部门发出检察建议，督促解决了相关未成年人就学、生活窘迫等问题。探索未成年人检察工作新领域，在市公安局、市第二看守所分别设立未成年人检察室、未成年人工作室。联合市教育局编印《以案说法》4万册，向全市中小学生发放。深入70余所中小学开展“法治进校园”宣讲活动；邀请人大代表、政协委员参加“关爱祖国未来、擦亮未检品牌”主题开放日活动。市检察院被确定为全国未成年人检察工作创新实践基地。

三、以维护公平正义为根本点，强化法律监督质量效果

深化刑事诉讼监督。贯彻宽严相济刑事政策，对犯罪情节轻微、社会危险性较小的初犯、偶犯、未成年犯等依法不批捕463人，不起诉259人。强化立案和侦查活动监督，监督侦查机关立案217件，撤案197件。监督立案后对171人已作出有罪生效判决。监督行政执法机关移送案件26件27人。公安机关对重大疑难案件主动听取检察机关意见114件，有效提升了侦查质效。在山西汉波食品公司涉嫌非法吸收公众存款5亿元案件中，检察机关积极引导公安机关收集固定证据，提出的侦查意见被全部采纳。追诉漏罪、漏犯452人，纠正刑事审判活动违法情形278件，提出抗诉129件，法院采纳抗诉意见80件。持续加强刑事执行检察，强化对财产刑执行、交付执行和监管活动的监督，办理刑事执行违法案件551件，被监督机关已纠正541件。加强刑事被执行人合法权益保障，办理羁押必要性审查案件368件，提出建议后，办案机关改变强制措施304人。

强化民事行政诉讼监督。受理各类民事行政监督案件1080件，结案1052件。对生效裁判依法监督，提出抗诉、再审检察建议31件，提请省检察院抗诉42件。迎泽区检察院办理的借款合同纠纷案再审检察建议书，被最高人民检察院评为优秀说理检察法律文书。对审判程序违法行为提出检察建议146件，法院采纳145件。对执行活动违法行为提出检察建议158件，法院采纳146件。积极开展虚假诉讼专项监督活动，办理该类案件13件。办理支持起诉案件267件，维护弱势群体合法权益经验做法被最高人民检察院推广。

深入推进公益诉讼工作。加大公益诉讼办案力度，立案审查行政公益诉讼案件750件，提出诉前检察建议742件，有效发挥了促进依法行政的积极作用。通过公益诉讼督促回收和清理生产类固体废物7500余吨，督促收回欠缴的城镇国有土地使用权出让金1300万元。办理刑事附带民事公益诉讼案件6件，涉及金额87万元。办理的家电下乡、知名品牌保护公益诉讼案件，被最高人民检察院作为新时代检察监督办案政治效果、社会效果、法律效果有机统一的典型案例专刊发布。拍摄的公益诉讼题材微电影《起飞》，获“亚洲微电影艺术节”最佳作品奖、中政委平安中国“十大微电影奖”等多个奖项;宣传片《保护公益——太原检察在行动》，获全国电视法制节目创优评析三等奖。

四、以创优工作机制为切入点，大力推进检察改革创新

探索建立合理高效工作新机制。积极适应司法责任制改革，全面推行捕诉一体办案新机制，办案责任进一步明确，审前引导侦查作用明显增强，案件质量进一步提高，审查起诉阶段退回补充侦查率降低19%，办案周期平均缩短17%。捕诉一体改革做法受到最高人民检察院张军检察长充分肯定。创新信访案件评查机制，邀请人大代表、专家学者、律师通过阅卷、研讨会等形式全程参与，听取各方专业意见，收到良好效果。阳曲县检察院助推建立重点行业领域执法机关主要执法信息定期报备机制，不断拓宽公益诉讼线索来源，增强检察监督效果。

深化职务犯罪案件衔接机制。认真贯彻监察法和办理职务犯罪案件衔接办法。规范《监察委员会移送案件审查逮捕意见书》，对意见书中的案件事实认定、证据分析等内容进行细化，审查文书样式被省检察院在全省推广学习。受理监察机关移送案件60件69人，其中贪污贿赂案件29件34人，渎职侵权案件5件5人，职务侵占等案件26件30人；决定逮捕28人，起诉50人。成功公诉了最高人民检察院交办的河北省人大常委会原副主任张杰辉受贿案，受到省委政法委商黎光书记等领导批示肯定。

五、以增强司法公信为落脚点，主动接受内外监督制约

主动接受外部监督。自觉接受人大监督和社会各界监督。向市人大常委会主任会议专题汇报了全市检察机关开展行政公益诉讼工作情况。认真梳理人大代表提出的意见和建议，全部“一对一”作了书面答复。充分利用“两微一端”等平台，不断加强与人大代表、政协委员的联络工作。邀请人大代表及社会各界代表参加“走进12309、检察为民新体验”等主题开放日，省检察院组织市级检察院观摩学习。邀请人民监督员参加案件公开审查听证会9次，对2件拟不诉案件进行监督评议。在互联网公开案件程序性信息9729条、法律文书4769份，信息公开数和文书公开比例全省最高。组建专家咨询委员会和法律专家人才库，聘任24名专家学者参与重要业务问题和重大案件论证评查。

持续强化内部制约。加强智慧检务建设，不断丰富大数据平台内容，推进“206系统”进入实质性应用，并通过刑事智能辅助办案系统强化内部监督。我市检察机关被确定为全省刑事案件智能辅助办案系统试点单位。积极开展案件质量内部评查、专项业务检查工作，评查案件1174件、专项抽查1066件。加强对办案流程的全程、实时、动态监督，有效开展流程监控5889件。开展督察检查30余次，通报6次，并对4个基层检察院开展了巡察。

六、以提高履职能力为着力点，全面打造过硬检察队伍

突出政治建检，强化能力建设。深入学习贯彻党的十九大精神，准确把握新时代对法治建设、检察工作提出的新要求。不断加强机关党的建设，积极开展多种形式的集中学习、讨论交流和微党课评比竞赛等活动，组织开展主题党日活动160余次，道德讲堂、争做合格党员大讲堂等18次。强化“三基”建设，市检察院检务管理部党支部被评为全省检察机关“两学一做”学习教育先进集体。积极开展“大学习、大调研、大落实、大提升”活动，深入学习习近平新时代中国特色社会主义思想，认真学习贯彻修改后刑事诉讼法和检察院组织法，完善常态化培训机制，组织业务实训、业务能手评比、优秀检察文书评选等50余批次。市检察院被确定为国家检察官学院教学实践示范基地。

落实“两个责任”，强化廉政建设。增强责任意识，推进全面从严治党、全面从严治检向纵深发展。认真整改省检察院巡视反馈的36个问题，特别是市委罗清宇书记对落实整改意见的批示要求，制定了问题清单、责任清单和整改清单，按照整改方案切实推进整改落实。着力抓好队伍集中整肃专项活动，针对收集到的68条意见建议，进行了认真整改。始终保持正风肃纪高压态势，通过谈心谈话、警示教育、督察检查、调查处理等措施，筑牢廉洁防线。

各位代表，一年来，全市检察机关27个集体、18名个人受到省级以上表彰奖励，市检察院周艳同志被评为全国模范检察官，市检察院在全省检察业务综合考评中名列首位。这些成绩的取得，是市委和上级检察机关正确领导的结果，是市人大及其常委会有力监督的结果，是政府、政协、社会各界和全市人民关心、支持、帮助的结果。在此，我代表太原市人民检察院表示衷心的感谢！

同时，我们也清醒地认识到，与市委和上级检察机关的要求相比，与人民群众日益增长的司法需求相比，当前检察工作还存在短板和弱项：一是法律监督主责主业发展不平衡，民事、行政、公益诉讼检察工作开展得还不够充分；二是司法责任制综合配套改革措施还有待跟进，改革的整体性、协调性需要进一步增强；三是队伍素能亟需进一步提升，服务

大局、监督履职能力和水平还不能完全适应新时代的需要；四是纪律作风建设还存在薄弱环节，规范司法行为的监督机制还需进一步强化。对这些问题，我们将采取务实措施，认真解决。

2019年是新中国成立70周年，是全面建成小康社会关键之年。全市检察机关要以习近平新时代中国特色社会主义思想为指导，全面贯彻党的十九大精神和十九届二中、三中全会精神，深入贯彻习近平总书记视察山西重要讲话精神，树牢“四个意识”，坚定“四个自信”，坚决做到“两个维护”，认真落实中央和省委、市委各项决策部署，统筹推进“五位一体”总体布局，协调推进“四个全面”战略布局，坚持“一个指引、两手硬”的工作思路，落实省委对太原提出的“两个走在前列”“双提升”的目标要求，紧紧围绕全市经济社会发展大局，以“立足新时代、争创新业绩”为目标，坚持“讲政治、顾大局、谋发展、重自强”检察工作总体要求，强化司法办案，深化改革创新，打造过硬检察队伍，不断提升检察公信力，为推动在“两转”基础上全面拓展新局面、谱写文明开放富裕美丽太原新篇章取得新成效提供有力司法保障，以优异成绩庆祝中华人民共和国成立70周年。

*一是更加自觉抓好政治建设。*坚持党对检察工作的绝对领导，始终把检察工作置于市委工作全局中谋划推进，确保党的路线、方针、政策和重大决策部署在检察工作中不折不扣贯彻执行。认真抓好《中国共产党政法工作条例》的贯彻落实，进一步加强和改善党对检察工作的领导，推动新时代检察工作在继续改革创新、奋发有为上迈出新步伐，实现新突破，取得新进展。

*二是更实举措服务经济社会发展大局。*坚持以服务全市中心工作为宗旨，实化细化服务举措，以更有力行动服务经济高质量发展。平等保护各类市场主体，特别要关注民营企业和企业家合法权益，为创新驱动、转型升级营造良好的法治环境。着力服务和保障打好“三大攻坚战”，严厉打击非法集资等违法违规金融活动，全力抓好保护生态环境专项行动，积极服务脱贫攻坚战略，提升人民群众获得感、幸福感。

*三是更加坚决维护安全稳定。*坚持严密防控各类风险，牢固树立总体国家安全观，切实加强政治风险防范工作。不断巩固拓展扫黑除恶成果，按照“深挖根治”的总体思路，推进专项斗争向纵深发展。始终保持对各类严重刑事犯罪严打高压态势，坚决惩治多发性侵财犯罪，依法严惩侵害公民人身权利等犯罪，切实保障人民群众合法权益，提升社会安全感。立足司法办案参与社会治理，积极预防和妥善化解检察环节矛盾纠纷。

*四是更大力度强化法律监督。*坚持以一流标准创造一流业绩，推动各项法律监督工作全面协调充分发展。做优刑事检察工作，积极探索监督新机制，提升刑事侦查、审判和执行活动监督质效。做强民事检察工作，做实行政检察工作，做细未成年人检察工作。创新开展检察公益诉讼工作，全力维护国家利益和社会公共利益。坚持问题导向，提高检察建议质量效果。

*五是更加深入推进改革创新。*坚持以改革破解发展难题，以创新激发动力活力。认真落实司法体制综合配套改革措施，推动司法责任制全面落地见效。完善职务犯罪检察机制，进一步优化监察机关调查与检察机关刑事诉讼程序有效衔接。深化内设机构改革，优化职权配置，不断推动检察工作向专业化方向平衡发展。继续推动“智慧检察院”建设，以信息化手段为检察业务高效开展提供有力保障。

*六是更严措施强化队伍建设。*坚持以过硬作风彰显担当作为，认真贯彻落实新时代全面从严治党新要求，持之以恒正风肃纪。全面深化司法公开和规范化建设，努力提升检察工作质效和司法公信力。坚持人才强检，大力提升检察人员业务能力和综合素养。深入开展“改革创新、奋发有为”大讨论活动，充分调动干警干事创业、担当作为工作热情。强化基层检察院建设，让基层更有活力，基础更加扎实。

各位代表，风劲帆满正当时，策马扬鞭再奋蹄。全市检察机关将在市委和省检察院的坚强领导下，在市人大及其常委会的有力监督下，认真贯彻落实本次会议精神，锐意创新、忠诚履职，努力为谱写文明开放富裕美丽太原新篇章作出新的更大贡献！

市情概览

A General Introduction of Taiyuan

历史溯源

【建置沿革】 太原简称“并”，古称晋阳、并州。国家级历史文化名城，全国园林城市。古交遗址、东六度西遗址、石千峰遗址等证明，旧石器时代太原就有人类生息繁衍，义井遗址、思西遗址、都沟遗址等证实，新石器时代太原先民创造了辉煌灿烂的文化，东太堡文化遗址、“许坦型文化”遗址分别展现了太原地区夏、商时期的文化。周景王四年（前541），晋国荀吴率兵北征，太原地区始入晋国版图。周敬王二十三年（前497）前，晋卿赵简子命董安于修筑晋阳城（今太原市晋源区古城营村一带），所以太原又称晋阳。周贞定王十六年（前453），晋卿智伯率韩、魏军队攻打并水灌晋阳城，反被赵襄子的谋士张孟谈以“唇亡齿寒”之喻，说服韩、魏与赵联合，大败智伯军，擒杀智伯，并三分其地，奠定了“三家分晋”的基础。周威烈王二十三年（前403），周天子册封赵、韩、魏三家为侯，史称“三家分晋”，被认为是中国古代历史从春秋时代进入战国时代的重要标志之一。战国初期，晋阳为赵国都城，是赵国的政治、经济、文化、文化、军事中心。秦庄襄王三年（前247），秦国设立太原郡，为太原设郡之始。秦统一中国后，太原郡为全国36郡之一。西汉元封五年（前106），汉武帝分天下为13州刺史部治，并州刺史部为其中之一。这是太原简称“并”的渊源。东汉末年，匈奴南下，晋阳先后被太原地区称“五胡”的匈奴、羯、鲜卑、氐、羌等少数民族创建的后赵、前燕、前秦、西燕、后燕交替占领，太原虽然处于各种权力的争战之中，却也为民族整合和文化交流做出了积极贡献。故而太原历史上也有“并州杂胡”一说。南北朝时，北魏、北齐以晋阳为下都、别都，“军国政务，皆出高氏，精兵宿将，咸萃晋阳，士马精强，远胜邺都”，史称晋阳为“霸府”。隋末，李渊父子起兵太原，攻克长安，建立唐朝。唐代，修筑了晋阳的东城和“跨水联堞”的中城，晋阳（太原）城形成东城、西城、中城3座城，“周四十二里，东西十二里，南北八里三十二步，门二十四”。规模之大，气势之壮，为晋阳城的鼎盛时期。唐代以太原为“北都”“北京”，与京都长安、东都洛阳并称“三京”。唐玄宗开元十一年（723），改并州大都督府为太原府，治所晋阳，领辖晋阳、阳曲等13县，为太原设府之始。五代十国时期，后唐、后晋、后汉、北汉等都以太原为国都或陪都，因此，在民间太原素有“龙城”之称。宋太平兴国四年（979），赵光义率兵灭北汉，降太原府为并州，移州治所于榆次县。七年，又将治所迁至唐明镇，并在唐明镇新建太原城，“罗城周十里二百七十步”。嘉祐四年（1059），改并州为太原府。元代设太原路（后改为冀宁路），明代复称太原府，辖5州20县，并扩建太原城，城周24里。清时为太原府。宣统三年（1911）辛亥太原起义，推翻清王朝在太原的统治。明清时期太原为晋商都会。民国10年（1921）设太原市自治行政公所。民国16年，正式设省辖太原市。1949年4月24日太原解放后，为山西省省会，是山西省的政治、经济、文化中心。（陈向荣）

【行政区划】 1972年，太原市辖南城区、北城区、河西区、南郊区、北郊区、古交工矿区（1988年改为古交市）、清徐县、阳曲县、娄烦县。1997年，撤销南城区、北城区、河西区、南郊区、北郊区，改设小店区、迎泽区、杏花岭区、尖草坪区、万柏林区、晋源区。（陈向荣）

自然地理

【位置】 太原市位于山西省中部、晋中盆地北部地区，其自然地理坐标为北纬37°27′~38°25′，东经111°30′~113°09′。北、东、西三面群山巍峙，北靠系舟山、云中山，东据太行，西依吕梁，南接晋中平原，汾水自北向南纵贯全境。古昔有“襟四塞之要冲，控五原之都邑”之称誉。太原市东、东北与榆次区、寿阳县、盂县为邻，南与交城县、文水县、祁县、太谷县接壤，西、西北与岚县、方山县毗连，北与静乐县、忻府区、定襄县交界。（陈向荣）

【面积】 太原市轮廓呈簸箕形。最北端为阳曲县天翅垴，最南端为清徐县韩武堡，东端为阳曲县贾庄，西端为娄烦县大村沟。东西宽114.25千米，南北长107千米，周长约560千米。总面积6988平方千米，约占山西省总面积的4.50%。（陈向荣）

【地质地貌】 地质。太原地处山西断隆中部，位于吕梁断拱、大宁台陷、五台台拱、沁水台陷的交汇处，新生代晋中断陷盆地的北端，包括西山凹陷的大部。区内构造较为简单，构造线大体呈北东—南西向，盖层向东或东南缓倾斜。其中西山凹陷赋存有西山煤田，是山西省六大煤田之一。境内出露地层有中太古界前五台系，上太古界五台系，中元古界长城系，古生界寒武系、奥陶系、石炭系、二迭系，中生界三叠系，新生界第三系及第四系。岩浆岩有太古代、元古代及中生代三期。

地貌。太原市东、西、北三面群山合抱，中南部为汾河河谷平原，整个地势北高南低。地貌类型可分为山地、丘陵、平原、盆地、谷地五种。山地4528平方千米，占总面积的64.79%；丘陵904平方千米，占12.94%；平原1093平方千米，占15.64%；盆地279平方千米，占3.99%；谷地184平方千米，占2.63%。境内地势起伏较大，高低悬殊，位于境西北娄烦县的赫赫岩山主峰，海拔2708米，为全市最高峰；位于清徐县西青堆的汾河漫滩，海拔760米，为全市最低处，高差1948米。（陈向荣）

【气候】 太原市地处大陆内部，属于暖温带大陆性季风气候，冬寒夏热、春秋短促、昼夜温差大、降水少且集中。冬季受西伯利亚冷气团控制，夏季受东南海洋湿热气团影响。随着季节的推移，两大气团在太原交互进退、此消彼长，发生着规律性的周期更替，形成冬季干冷漫长，夏季湿热多雨，春季升温急剧，秋季降温迅速，春秋两季短暂多风，干湿季节分明的气候特点。年平均太阳总辐射量为每平方米4927.90兆焦耳，全年日照总时数为2285～2587小时，年平均降水量390～423毫米，气温8.10℃～11℃，积温2375℃～3121℃，地面温度10.50℃～13.40℃，风速为每秒1.40～2.20米，地面气压887.10～927.80百帕，相对湿度为54～58.20%，蒸发量为1459～1991毫米。无霜期153～178天。（陈向荣）

【土壤植被】 土壤。太原总土壤面积629367公顷。类型有山地草甸土、棕壤土、褐土、潮土、水稻土、石质土、粗骨土、新积土、盐土9个土类、15个亚类、37个土属、155个土种。其中，褐土356438公顷，约占土壤总面积的56.63%；粗骨土172721公顷，占27.44%；潮土面积60646公顷，占9.64%；石质土面积31674公顷，占5.03%；其他7888公顷，占1.25%。

植被。太原市植被分为16个植被型，含65个主要群系。主要有森林植被、灌丛植被、灌草丛和草丛植被、草甸植被、沼泽植被、水生植被。（陈向荣）

资　源

【土地资源】 据调查，太原市土地利用总面积为691246公顷。其中耕地116598公顷，占利用土地总面积的16.90%；园地18101公顷，占2.60%；林地278073公顷，占40.20%；草地168062公顷，占24.30%；城镇村及工矿用地64659公顷，占9.40%；交通运输用地13779公顷，占2%；水域及水利设施用地16467公顷，占2.40%；其他土地15507公顷，占2.20%。（陈向荣）

【矿产资源】 太原矿产资源丰富，主要有铁、锰、铜、铝、铅、锌等金属矿和煤、硫黄、石膏、钒、硝石、耐火粘土、石英、石灰石、白云石、石美砂等非金属矿。在矿物资源中以煤蕴藏最丰，铁矿次之，石膏居三。山西以盛产煤而有“煤海”之称。太原处在“煤海”中部，地质上称太原的煤藏为“太原系煤”，基础储量居全省第四位，是山西煤炭资源的主要组成部分。太原系煤不仅储量丰富，而且煤种齐全，焦煤、肥煤、瘦煤、贫煤、气煤、无烟煤应有尽有。市域含煤面积1368平方千米，占全市土地总面积的19.58%。已探明储量主要分布在太原市东、西山及古交市、阳曲县、清徐县、娄烦县境内。分属沁水、西山、宁武三大煤田，东山、阳曲、西山、古交、清交、龙泉六大矿区。据2008年年底《山西省矿产资源储量简表》，太原市累计查明煤炭储量186.77亿吨，保有资源储量172.24亿吨，其中基础储量105.54亿吨，占全省的10.18%。太原煤炭资源具有含煤面积较广，储量丰富，煤种齐全，煤质优良；构造简单，倾角平缓；大部分地区瓦斯含量低，含煤地层及煤层稳定，埋藏较浅，利于开采等特点。（陈向荣）

【水资源】 汾河由北向南纵贯全市，其间有大小几十条支流汇入，流域面积6331平方千米，占全市流域总面积的90.60%；依阳曲县轿顶山、文昌山、水头岭、两岭山一线以北温川河、乌河和泥屯镇岔上北部及高村乡西北部区域属海河水系滹沱河流域。流域面积657平方千米，占全市流域总面积的9.40%。太原市的水资源总量包括河川径流量3.09亿立方米和地下水资源量5.66亿立方米，扣除地表水和地下水相互转化的重复计算水量2.15亿立方米，共计水资源总量6.60亿立方米/年。（陈向荣）

【植物资源】 据调查，太原市有维管束高等植物140科、658属、1347种。其中，蕨类植物13科、15属、25种，种子植物127科、643属、1322种，具有植物资源丰富、植物起源古老、单种属植物较多等特点。（陈向荣）

【动物资源】据普查，太原野生动物资源，有鸟纲16目、37科、173种，其中国家一级保护鸟类4种，国家二级保护鸟类27种、中日保护候鸟80种、山西省重点保护鸟类8种；哺乳纲6目、17科、42种，其中国家一级保护兽类1种、国家二级保护兽类5种、山西省重点保护兽类3种；爬行纲动物3目、4科、8种；两栖纲1目、2科、5种；鱼纲2目、4科、21种；甲壳纲动物1目、2科、2种；昆虫纲13目、70科、177种；蛛形纲2目、3科、10种。（陈向荣）

民族宗教

【民族】太原市是一个多民族散杂而居的城市。据2010年人口普查统计，全市有46个民族，其中少数民族45个，2.40万人，占全市总人口的0.57%。在少数民族中，回族最多（11725人），其次是满族（5685人），蒙古族（1660人）。（陈向荣）

【宗教】太原市宗教历史悠久，有道教、佛教、伊斯兰教、天主教、基督教。东汉建安年间（196—220）兴建的普光寺，是太原市现存最早的佛寺。北魏时道教兴起，唐代道教、佛教达到鼎盛时期。唐朝中叶伊斯兰教传入太原，现存的清真古寺据说建于唐代。明崇祯七年（1634），比利时耶稣会金尼格来太原建堂，设立会口，传播天主教。清光绪三年（1877），英国传教士李提摩太在太原设立基督教浸礼会，传播基督教。（陈向荣）

国民经济和社会发展

【经济总量及结构】2018年，太原市实现地区生产总值（GDP）3884.48亿元，比上年增长9.20%。其中：第一产业增加值41.05亿元，增长0.70%；第二产业增加值1439.13亿元，增长10.30%；第三产业增加值2404.30亿元，增长8.80%。第三产业中，交通运输、仓储和邮政业增加值191.57亿元，增长10%；批发零售和住宿餐饮业增加值515.68亿元，增长5.40%；金融业增加值522.52亿元，增长1%；房地产业增加值210.99亿元，增长4.80%；营利性服务业增加值576.94亿元，增长25%；非营利性服务业增加值384.77亿元，增长5%。

人均地区生产总值88272元，比上年增长8.20%，按2018年平均汇率计算达到13339美元。（崔晰）

【劳动就业状况】2018年，太原市全社会从业人员247.56万人。分城乡看，城镇从业人员200.39万人，乡村从业人员47.17万人。分三次产业看，第一产业从业人员24.81万人，第二产业从业人员64.42万人，第三产业从业人员158.33万人。三次产业从业人员结构比为10.80∶28.20∶61。城镇新增就业9.50万人，其中创业带动就业2.41万人。4.53万名城镇失业人员实现再就业，其中就业困难人员再就业1.15万人。年末城镇登记失业率3.33%。（崔晰）

【农业与农村经济】2018年，太原市农林牧渔业总产值79.59亿元，比上年增长0.80%。粮食总产量29.23万吨，下降8.90%。全年油料产量0.34万吨，增长2.60%；蔬菜及食用菌产量61.53万吨，增长4.60%；水果产量6.87万吨，下降23.80%。肉、蛋、奶产量分别为4.54万吨、3.40万吨、9.45万吨。

全年农作物种植面积8.25万公顷。粮食种植面积6.60万公顷。其中：夏粮种植面积70公顷，秋粮种植面积6.59万公顷。蔬菜种植面积1.11万公顷。药材种植面积1760公顷。年末全市农业机械总动力46.21万千瓦。全年农用化肥施用量（折纯）25527吨。

全年造林面积1.73万公顷。零星植树1259万株。新增育苗面积290公顷。（崔晰）

【工业和建筑业】2018年，太原市规模以上工业增加值比上年增长10.80%。其中：中央企业增加值增长9.90%；省属企业增加值增长8.50%；市属及以下企业增加值增长19.30%。从行业看，规模以上工业前10大行业增加值均实现增长。

从经济类型看，国有企业增长19%；集体企业增长6.50%；股份制企业增长11%；股份合作企业下降27.10%；外商及港澳台商投资企业增长18.90%；其他经济类型企业增长13.40%。分轻重工业看，轻工业增长

2018 年分行业固定资产投资增速

指　标	比上年增长（%）
总　计	26.20
农、林、牧、渔业	3.70
采矿业	−16.80
制造业	137.50
电力、热力、燃气及水的生产和供应业	5.30
建筑业	−81.50
批发和零售业	−60.60
交通运输、仓储和邮政业	193.70
住宿和餐饮业	−62.40
信息传输、软件和信息技术服务业	3.10
房地产业	9.80
房地产开发	11.20
租赁和商务服务业	52.30
科学研究和技术服务业	25.10
水利、环境和公共设施管理业	35.30
居民服务和其他服务业	424.90
教育	91.10
卫生和社会工作	106.20
文化、体育和娱乐业	150.10
公共管理和社会组织	−34.30

4.80%；重工业增长 13.70%。

从前 10 大行业看：钢铁行业增长 10%；通信及计算机设备制造业增长 20.80%；黑色金属冶炼和压延加工业增加值 74.22 亿元，下降 5%；煤炭开采和洗选业增长 4.10%；燃气生产和供应业增长 7.40%；炼焦业增长 12.70%；电力、热力生产和供应业增长 5.60%；交通运输设备制造业增长 2.10%；金属制品业增长 14%；汽车制造业增长 155.20%。

主要工业产品产量：原煤产量 3345.76 万吨，增长 13.90%；洗煤产量 2625.23 万吨，增长 10%；焦炭产量 1150.46 万吨，增长 8.70%；生铁产量 816.20 万吨，增长 5%；粗钢产量 1250.11 万吨，增长 5.70%；发电量 270.97 亿千瓦小时，增长 4.80%；水泥产量 593.56 万吨，增长 17.60%；食醋产量 41.63 万吨，下降 7.50%；卷烟产量 149 亿支，下降 0.70%。

规模以上工业主营业务收入 3075.81 亿元，增长 9.40%。利税总额 238.82 亿元，增长 8.50%。利润总额 94.08 亿元，增长 12.50%。规模以上工业企业每百元主营业务收入中的成本 84.65 元，下降 0.74 元。

具有建筑业资质等级的总承包和专业承包建筑业企业总产值 2750.71 亿元，增长 12.70%。建筑业企业房屋建筑施工面积 11066.65 万平方米，竣工面积 1923.71 万平方米。　（崔　晰）

【固定资产投资】 2018 年，太原市固定资产投资增速为 26.20%。其中：中央项目投资下降 3.70%；省属项目投资增长 36.60%；市属及以下项目投资增长 27.20%。

分产业看，第一产业投资增长 8%；第二产业投资增长 50.90%，其中：工业投资增长 53.10%；第三产业投资增长 22.30%。三次产业投资比重为 0.80%、16.80% 和 82.40%。

分经济类型看，国有投资增长 33.20%；非国有投资 5 增长 17.90%，其中：民间投资增长 27.10%。

全年在建固定资产投资项目 849 个。其中：5 亿元以上项目 167 个，占全市固定资产投资的比重为 36.30%；10 亿元以上项目 90 个，占全市固定资产投资的比重为 27.80%。

全年转型项目投资占全市固定资产投资的比重为 63.40%；增长 23.70%，其中，新兴产业投资增长 22.80%；传统产业升级改造投资增长 70.10%。

全年房地产开发投资 531.76 亿元，增长 11.20%。住宅投资 399.24 亿元，增长 19.10%，其中：90 平方米以下住房投资 77.79 亿元，占住宅投资的比重为 19.50%。商业营业用房投资 38.81 亿元。全年商品房竣工面积 383.61 万平方米，商品房销售额 930.25 亿元。

（崔　晰）

2018 年社会消费品零售总额

指　标	零售额（亿元）	比上年增长（%）
社会消费品零售总额	1811.90	8.1
分地域：城　镇	1737.90	8.0
其中：城　区	1577.61	8.1
乡　村	74.00	11.4
限额以上消费品零售额	886.95	4.1
限额以下消费品零售额	924.95	12.3

【能源】2018年，太原市一次能源生产折标准煤2389.88万吨，比上年增长17.90%；二次能源生产折标准煤4066.30万吨，增长8.80%。

全年全社会用电量291.50亿千瓦时，增长7.80%。其中：农业用电量2.25亿千瓦时，增长8.60%；工业用电量（含电厂自用电）186.07亿千瓦时，增长7.50%，其中：占工业用电量71.60%的煤炭、炼焦、化工、建材、冶金、电力等高耗能行业用电量133.16亿千瓦时，增长7.10%；建筑业用电量5.63亿千瓦时，增长31.30%；第三产业用电量52.99亿千瓦时，增长8.40%；城乡居民生活用电量40.31亿千瓦时，增长10.70%。

（崔　晰）

【国内贸易】2018年，太原市社会消费品零售总额1811.90亿元，比上年增长8.10%。其中：城镇消费品零售额1737.90亿元，增长8%；乡村消费品零售额74.00亿元，增长11.40%。

（崔　晰）

【对外经济】2018年，太原市外贸进出口总额1086.29亿元，比上年增长18.70%。其中：出口额663.25亿元，增长15.90%；进口额423.04亿元，增长23.30%。

出口商品中，不锈钢材、机电产品分别为121.68亿元、512.61亿元，占出口额的95.60%。煤炭、焦炭、金属镁分别为0.11亿元、1.02亿元、3.61亿元，占出口额的0.70%。

全年新设立外商投资企业13家。实际利用外商直接投资额863.13万美元。

有贸易往来的国家和地区161个。年进出口额在千万美元以上的国家和地区50个，比上年增加3个。（崔　晰）

2018年外贸进出口总额

指　标	绝对数（亿元）	比上年增长（%）
进出口总额	1086.29	18.70
出口额	663.25	15.90
其中：一般贸易	87.16	18.80
加工贸易	566.27	13.90
其中：机电产品	512.61	21.70
高新技术产品	478.23	21.60
其中：国有企业	135.76	1
外商投资企业	476.90	20.80
进口额	423.04	23.30
其中：一般贸易	71.00	46.90
加工贸易	347.03	19.40
其中：机电产品	281.60	10.50
高新技术产品	246.31	9.60
其中：国有企业	135.62	61.60
外商投资企业	276.55	12.40

【交通、邮电和旅游】2018年，太原市公路线路里程累计达到7517千米，其中高速公路287千米。公路密度107.60千米/百平方千米。太原地区铁路客运量2966.24万人次，增长7.60%；铁路货运量3596.82万吨，增长5.30%。航空客运量1358.84万人次，增长9.60%；航空货运量5.34万吨，增长10.30%。

年末全市民用汽车保有量155.30万辆，比上年末增长8.10%，其中私人汽车138.78万辆，增长7.20%。本年新注册汽车14.63万辆，下降20.80%。年末轿车保有量96.48万辆，增长7.20%，其中私人轿车89.72万辆，增长6.50%；本年新注册轿车7.71万辆，下降23.20%。

全年邮政业务总量36.90亿元，比上年增长51.40%；电信业务总量152.46亿元，增长13.20%。年末市话到达77.25万户。农话到达1.85万户。移动电话用户737.32万户，其中：4G移动电话用户为594.29万户。每百人拥有电话185部，其中：移动电话普及率达到167部/百人。计算机互联网宽带用户197.08万户。

全市接待海内外游客8126.19万人次，比上年增长19.80%。其中：国内游客8102.32万人次，增长19.90%；海外游客23.88万人次，增长4.10%。海外游客中：外国人16.88万人次，香港同胞3.89万人次，澳门同胞0.49万人次，台湾同胞2.62万人次。全年旅游总收入995.57亿元，增长21.10%。其中：国内旅游收入985.30亿元，增长20.80%；旅游外汇收入1.07亿美元，增长7%。

（崔　晰）

【财政、金融和保险】2018年，太原市一般公共预算收入373.23亿元，比上年增长19.70%，其中：税收收入296.93亿元，增长19.80%。

全年一般公共预算支出542.53亿元，比上年增长13.20%。其中教育、医疗卫生、社会保障和就业、住房保障、交通运输、节能环保、城乡社区事务等民生支出433.64亿元，增长11.20%。

年末全市金融机构本外币各项存款余额12317.27亿元，比年初增长3.30%；本外币各项贷款余额12684.21亿元，增长10.70%。人民币各项存款余额12019.50亿元，增长3.40%，其中：住户存款余额4767.46亿元，增长8.70%。

人民币各项贷款余额12491.74亿元，增长10.10%，人民币贷款中，中长期贷款余额9106.93亿元，增长15.50%；短期贷款余额2673.87亿元，下降6.10%。

年末上市公司达到19家，其中：主板16家，中小板2家，创业板1家。“新三板”挂牌企业达到52家。

全年原保险保费收入223.09亿元，下降4.70%。其中：寿险业务保费收入126.30亿元，下降17.20%；健康险业务保费收入24.65亿元，增长25%；意外伤害保险业务保费收入6.46亿元，增长19.70%；财产险业务保费收入65.67亿元，增长16.40%。

支付原保险赔款与给付63.63亿元，增长11.30%。其中：寿险业务给付27.72亿元，增长3.30%；健康险业务赔款及给付5.74亿元，增长18.90%；意外伤害保险业务赔款1.53亿元，下降0.60%；财产险业务赔款28.65亿元，增长19.50%。（崔　晰）

【城市建设和绿化】2018年，太原市完工41项道桥工程建设，完工里程164.70千米。小店桥、十号线桥、迎宾桥三桥建设快速推进，“网红路”天龙山旅游通道建成通车，西中环南延绵延蓄势、新店街五层立交四通八达，108国道改造、滨河东路南延等道桥项目通车在即，轨道交通2号线一期工程有序推进。为了确保“二青会”胜利召开，太原学院足球场、旅游学院排球馆、国际体育交流中心、滨河体育中心、水上运动中心、沙滩排球场等新建场馆和旧馆改造项目全部建设完工。启动7个城中村改造，拆除旧村211万平方米。新开工棚户区安置房2.05万套，基本建成5.27万套。

2018年末全市城镇燃气供应量11.26亿立方米。集中供热面积扩网1089万平方米。年末城市公交运营车辆2521辆。公交运营线路网长度3376.80千米，年客运量36775.20亿人次。

迎泽公园提升改造、金桥公园、东篱公园、太山龙泉寺景区、和谐公园、小东流公园、桃杏园等22项新建、改造公园项目竣工并向社会开放；太原市植物园、动物园提质扩容、狄仁杰文化公园、牛驼寨景区、督军府景区建设加快推进，摄乐公园、太原海洋馆及游乐场、南寨公园、双塔景区4个公园项目前期工作顺利开展。创建省级园林单位3个，省级园林小区4个。全市共有综合性公园51个，专类公园11个，带状公园6个，街头游园253个，社区游园53个，街旁绿地194块。建成区绿化覆盖面积达到1.52万公顷，园林绿地面积1.34万公顷，公园绿地面积4492.80公顷。建成区绿化覆盖率42.78%，绿地率37.74%，人均公园绿地面积12.48平方米。（崔　晰）

【科学技术和教育】2018年，太原市技术市场登记技术合同1449项，成交金额143.22亿元。拥有国家级技术中心13家，省级技术中心108家。截至年末累计建成省级及以上重点实验室76个、省级工程技术研究中心75个、省级及以上科技企业孵化器27个、省级及以上众创空间105家，拥有院士工作站68个。年末累计认定高新技术企业966家，科技型中小企业1926家。1个技术项目获国家科技进步二等奖。全年发明专利申请量5087件、授权量1602件，有效发明专利拥有量8318件。

年末转型综改示范区共有入区企业11450家，营业收入3685亿元。

年末共有普通高等院校46所（其中高职院校23所），成人高等学校7所，中等职业教育学校48所，普通高中90所，普通初中137所，小学441所，幼儿园724所。

全市学前三年毛入园率95.70%；小学学龄儿童入学率，初中生入学率、巩固率均达到国家标准；2018年高考一本、二本达线率和录取率在全省继续名列前茅。（崔　晰）

【文化、卫生和体育】2018年末，太原市共有各类专业院团及具备规模的民营艺术表演团体21个。群艺文化馆12个，博物馆14个。公共图书馆12个，馆藏图书732.21万册。国家综合档案馆12个，馆藏档案资料210.51万卷（件、册）。在全国首创马克思书房。成功举办城市能源低碳与可持续发展论坛、人

2018年各类教育学生数

指　标	招生（人）	在校生（人）	毕业生（人）
高等教育	159121	532822	155565
研究生	10506	29004	7886
普通高等学校	128586	444121	122054
成人高等学校	20029	59697	25625
中等职业教育	21554	63421	23130
中等技术学校	14136	44066	16872
成人中等专业学校	4269	9957	3024
职业高中学校	3149	9398	3234
普通高中	23408	76883	27244
普通初中	41229	122367	35568
普通小学	57891	310437	45506
幼儿园	35745	112007	39541
特殊教育	286	1561	235

民网 2018 大学校长论坛。举办“紫禁风华——2018 太原 · 故宫文物展”。广播人口覆盖率 100%，电视人口覆盖率 100%。新创晋剧剧本《公瑾祭》《使命》，首演历史题材晋剧《关公》，拍摄完成晋剧数字电影《于成龙》。市艺校《林冲夜奔》获第二十二届“中国少儿戏曲小梅花荟萃”地方戏专业组金花称号，晋剧《起风街》入选 2019 年度国家艺术基金资助项目，剧本《泥火情》入选文化和旅游部 2018 年度剧本孵化计划，《晋剧剧本集萃》入选文化和旅游部数字化扶持工程。年末列入国家级非物质文化遗产保护项目 17 项、省级保护项目 83 项、市级保护项目 195 项。

全市年末共有卫生机构 2748 个（不含村卫生室），医疗床位 39917 张。每千人拥有医疗床位 9 张。各类卫生技术人员 61269 人，其中：执业（包括执业助理）医师 23018 人，注册护士 29489 人。每千人拥有医生 5.20 人。推进医疗基础设施建设，市中心医院、人民医院、妇幼保健院等新院区基本完工。在全国率先引入“PBM”慢病管理项目并在尖草坪区、万柏林区试点，在中部地区率先将乡村医生纳入社保体系，在全省率先成立社会心理服务专家团队。县域综合医改“阳曲样板”在全国推广。

太原市承办第十五届省运会开闭幕式及 11 个竞技体育项目、2 个群众体育项目的比赛，所获金牌数、奖牌数在 11 个参赛城市中位列第一。打造出“五张城市特色体育名片”，太原国际马拉松赛升级为国际田联银标赛事，获 2018 山西体坛风云年度十佳品牌赛事和十大体育新闻奖；龙城龙舟赛连续六年举办；成功申报环太原国际公路自行车赛；持续打造汾河体育健身长廊，汾河景区西岸中隔堤新建健身步道；作为全国十五个“篮球城市”之一，发挥中国男子篮球职业联赛、中国女子篮球甲级联赛主场优势掀起全民篮球运动热潮。全年销售中国体育彩票 10.33 亿元，居全省第一。（崔　晰）

【环境保护和安全生产】 2018 年，太原市区全年空气质量二级以上天数 170 天，全年 PM2.5 达标 264 天，空气质量综合指数 7.07。全年 PM2.5 浓度下降 10.60%，市区空气质量综合指数下降 9.20%。集中式饮用水水源地水质达标率保持 100%，地表水国家和省考核断面水质优良比例 55.56%。市区区域环境噪声年均值 55.70 分贝、交通噪声年均值 69.70 分贝。

全年平均气温 10.50 ℃，降水量 450.90 毫米。地下水水位平均上升 0.51 米。全社会用水量 7.82 亿立方米，其中：生活用水 2.98 亿立方米，农业灌溉用水 1.70 亿立方米，工业生产用水 2.73 亿立方米，生态用水 0.40 亿立方米。

推进平安省城建设，“扫黑除恶”专项斗争成果显著，在全国省会城市位列先进。坚守安全红线不动摇，全年各类安全生产事故发生数比上年下降 31.60%，未发生较大及以上生产安全事故。（崔　晰）

国家级非物质文化遗产 · 莲花落

莲花落由“晋中落子”发展演变而来，是一种流传于太原的古老的民间说唱形式，起源于佛教，流行在宋代。莲花落表演者常为一人，自说自唱，自打七件子伴奏。所谓七件子为分执于两手的竹板，因其右手所执两片大竹板，左手所执五片小竹板，大竹板打板，小竹板打眼，相互配合有板有眼，说唱之词则随着板眼节奏进行表演，所以俗称此为“七件子”。莲花落的传统曲目，多以当地人熟知的历史故事、民间传说为主要内容。

2011 年莲花落列入第三批国家级非物质文化遗产名录。

机构设置和负责人名录

中共太原市委

书　　记　罗清宇
副书记、市长　耿彦波
副 书 记　李新春
常　　委、纪委书记、监委主任，省纪委监委
　　正厅级纪检监察员　李吉山
常　　委、政法委书记　魏　民
常　　委、娄烦县委书记　薛东晓
常　　委、副市长　王立刚
常　　委、组织部长　赵忠保
常　　委、秘书长、统战部长　刘　鹓
常　　委、警备区政委　张文广*
常　　委　李　浓（女）*
常　　委、宣传部长　张　璐（挂职）

太原市人大常委会

主　　任、党组书记　弓　跃
副 主 任、党组成员　刘　斌
副 主 任　王爱萍（女）
副 主 任、党组成员　郭建发　郭治明　李增锁
党组成员、秘 书 长　冯润春

太原市人民政府

市　　长、党组书记　耿彦波
副 市 长、党组副书记　王立刚
副 市 长　王爱琴（女）
副 市 长、党组成员　张齐山　马润生　卢秋生　车建华
党组成员、秘书长　薛维柱

政协太原市委员会

主　　席、党组书记　张明星
副 主 席、党组副书记　冯　霞（女）
副 主 席　陈远新　李俊林
副 主 席、党组成员　张建刚
副 主 席　陈继光
副 主 席、党组成员　郝宝清　王建堂
党组成员、秘书长　刘建中

太原市纪律检查委员会、监察委员会

纪委书记、监委主任，省纪委监委
　　正厅级纪检监察员　李吉山
纪委常务副书记、监委副主任　杨万生
纪委副书记、监委副主任　杨天玉　魏福臣
纪委常委、市监委委员，市纪委监委秘书长　秦　琦*
纪委常委，市纪委监委秘书长　秦　琦
纪委常委、监委委员　常继德*
监委委员　常继德
纪委常委　孔崇明
纪委常委、监委委员　杨　昆
监委委员　张巨保*　刘忠勇*
常　　委、监委委员　张巨保　刘忠勇
监委委员　田宝平
纪委监委调研员　李丽芳（女）*
纪委监委副调研员　康建丰

太原市中级人民法院

党组书记、院长　侯晓东
党组副书记、副院长　段培林
党组成员、副院长　郭　旗*　任有会
　　　　　　　　　李晓涛*　王利生
党组成员、执行局局长　赵晋虎*
党组成员、市纪委监委
　　驻市中级人民法院纪检监察组组长　郭　昕
党组成员、副院长　周雪松
党组成员、政治部主任　张文华（女）*　吕征平
党组成员、副院长　李雄飞
党组成员、副调研员　王效林
审判委员会专职委员　王润树
审判委员会专职委员　韩利民
副县级审判员　陈荣克　张建农　刘三娃

太原市人民检察院

党组书记、检察长　宁建新
党组成员、常务副检察长　李南明
党组成员、副检察长　江　晨
党组成员、市纪委监委
　　驻市人民检察院纪检监察组组长　尚阿涛
党组成员、副检察长　李南明*　韩少锋

路效国　王金华
党组成员、检察委员会专职委员　任　萍（女）
党组成员、副调研员　祝积岐
党组成员、检察委员会专职委员　韩少峰＊
检察委员会专职委员　王宏亮
调 研 员　刘爱林
副调研员　董立新　訾红专　白　林
贾旭民（女）　马　江

市委工作部门和派出机构

市委办公厅

秘 书 长　刘　鹓
常务副秘书长　李京京
副秘书长　王栋梁　雷世昌　赵宏亮
赵德学　盛维华（挂职）
市纪委监委驻市委办公厅纪检监察组组长　武晓英（女）
副 主 任　郭仲毅　丁晋峰
调 研 员　张炎魁　王瑞文　孙玉文

市委组织部

部　　长　赵忠保
常务副部长　李发平
副 部 长　王富旺　郝明俐（女）
市纪委监委驻市委组织部纪检监察组组长　李云竹
副 部 长　雷学义　高义元　赵志远（挂职）
部务委员　赵建春　张爱琴
调 研 员　高保民
调 研 员、市委考核办副主任　李俊英
正县级组织员　翟光耀＊
副调研员　吴宇平
市非公经济组织和社会组织工委专职副书记　赵建春＊　杨红梅

市委宣传部

部　　长　张　璐（挂职）
常务副部长　胡建林
副 部 长　詹玉梅（女）　马竣敏　曹俊清
市纪委监委驻市委宣传部纪检监察组组长　李　富
副调研员　刘建光　郝少杰　边素庭

市委统战部

部　　长　刘　鹓
常务副部长　张树明
副 部 长　王贵云＊　王莎莎（女）
市纪委监委驻市委统战部纪检监察组组长　叶兴发
副 部 长　吴一兵
副调研员　张志宏

市委政法委员会

书　　记　魏　民
常务副书记　张守斌
副 书 记　朱天晓　吕静英（女）　白晋虎
政治部主任　徐剑平
调 研 员　周茂玉
副调研员　王长征＊　刘帅红（女）　王红娟（女）
综治办副主任　杨　静
市委法治办专职副主任　冯少华（女）

市委政策研究室

主　　任　张农寿
副 主 任　栗继东　郭小娟（女）　王海云　贾林春
副调研员　李　红（女）＊　吴新德　王红进（女）

市机构编制委员会办公室

主　　任　郑旭东
副 主 任　范振会　王建功　王　琳（女）
副调研员　冯寅卯　吴春福　贾瑞琦（女）

市直属机关工委

书　　记　孙锁刚
副 书 记　崔雪岭　郭　炳　王世斌
纪工委书记　张立军
调 研 员　薛玉军
副调研员　王世斌＊　张彦林＊　童　滢（女）

市委巡察工作领导小组办公室

主　　任　梁永明
副 主 任　贾毅倩　李日东
调 研 员　阎生华
副调研员　骆军强
巡查组巡察专员　王春祥　吕东来　吕玉刚
郝全成　张维宏　焦宝平

市委市政府接待办公室

主　　任　雷世昌
副 主 任　焦　岗　李高儒
调 研 员　澹台应兵

市委市政府信访局

局　　长、党组书记　赵宏亮
副 局 长、党组成员　于学刚＊　雷治平　李卫斌
副调研员、党组成员　曹昶民　陈爱军
副调研员　董建平

市委老干部局

局　　长　郝明俐（女）
副 局 长　侯丽芬（女）　安建斌　曹　宇

调 研 员　解建国
副调研员　倪明利

市委台湾工作办公室

主　　任　李志民
副 主 任　贾时钟　黄定发
副调研员　刘　凯

市委防范办

主　　任　王学明
副 主 任　汪志宏
副调研员　陈增云

市文明办

主　　任　詹玉梅（女）
副 主 任　肖善才　谷兰杰

市委讲师团

副 团 长　张云雁（女）

市新闻中心

副 主 任　侯晋娟（女）

市委机要局

局　　长　戴耀生
副 局 长　韩志刚

市国家保密局

局　　长　赵　静（女）

市委直属事业单位

市委党校（行政学院）

校　　长　李新春（兼）
常务副校长　雷学东*
副校（院）长　王晓东　王宝进　张　忠
教 育 长　邓翠香（女）
副校（院）长　刘纪平　张晓平

太原日报社（太原日报报业集团）

党委书记、社长、董事长、太报传媒公司
　　董事长　宋立纲
党委委员、董事、副社长　张向明
党委委员、副社长　赵安林
副总编辑　杨　松　董　豪　徐大为

市委党史研究室

主　　任　杨云龙
副 主 任　宋忠庆
副调研员　薛红宣

太原市老龄办

主　　任　李并敏
副 主 任　于　兰（女）　王建平

市人大及其常委会工作机构

市人大常委会办公厅

秘 书 长、机关党组书记　冯润春
副秘书长　李恩庆*　王小明*
市纪委监委驻市人大常委会机关纪检
　　监察组组长、机关党组成员　杨琳岚（女）
副秘书长　段建忠
副秘书长、机关党组成员　罗　辉　史瑞泉
调 研 员　刘　跃*　裴丽娜（女）　冯晋生　李恩庆
　　　　　王小明　安新平（女）　王春生　刘国伟
副调研员　何柱喜　倪小毅

市人大法制委

主任委员　孟凡政
副主任委员　车晓蓓（女）　安新平（女）*
　　　　　庞　娟（女）

市人大内务司法委

主任委员　李晓伟
副主任委员　李　平（女）

市人大财政经济委

主任委员　朱永平
副主任委员　冯健胡　燕　君（女）

市人大教育科学文化卫生委

主任委员　王培仁
副主任委员　刘　婧（女）

市人大城市建设委

主任委员　孟小勇
副主任委员　景德奎　冯利峰

市人大农业与农村委

主任委员　王　瑾
副主任委员　彭生全　张一平

市人大人事代表委

主任委员　赵雁萍（女）
副主任委员　李发平（兼）　袁洪建
原主任委员　左　伟

市人大常委会民宗侨务外事工委

主任委员　邢德谦
副主任委员　石　钧（女）

市人大常委会研究室

主　　任　张　刚
副 主 任　孙　安

市人大常委会信访局

局　　长　张志佩

副 局 长　刘国伟 *　彭德军

市政府工作部门

市政府办公厅

市政府办公厅党组书记、主任　薛维柱
市政府副秘书长、市政府办公厅
　　党组成员　常跃平　牛　亮　师旭东
党组成员、市纪委监委
　　驻市政府办公厅纪检监察组组长　张国栋
市政府副秘书长、市政府办公厅
　　党组成员　张　耀　潘　侠　刘　飞
党组成员、副主任　魏源巍　崔疆红（女）
　　刘　飞 *
党组成员、调研员　安龙柱
调 研 员　毋青松　贾立进　胡琦伟
副调研员　王跃进 * 桂荣伶（女）　吴良俊

市发展和改革委员会

党组书记、主任　阴海锁
党组成员、副主任，市综改办专职副主任　王世瑛 *
党组成员、副主任　卫建业　崔效荣　王晓东
　　侯维国　张美霞（女）
党组成员、总经济师　王世忠
党组成员、市纪委监委
　　驻市发改委纪检监察组组长　郭润喜
党组成员、总工程师　赵爱忠
党组成员、副调研员　侯维国 *　张权斌　李申华 *
调 研 员　张耀民 *　史铁成 *　王振宇
副调研员　倪福田　赵春生　郭绍华
正县级稽查特派员　曹燕金　朱力佳（女）
副县级稽查特派员　殷节花（女）　韵贞香（女）
　　刘剑勇

市经济和信息化委员会

党工委书记、主任　薛新福
党工委副书记　罗鸿飞
党工委委员、副主任　刘书林　王　镭　杨灵生
　　吴光昭　李跃文
党工委委员、总工程师　谢禄雪
党工委委员、总经济师　胡春耕
党工委委员、市纪委监委
　　驻市经信委纪检监察组组长　张学刚
党工委委员、副调研员　李建忠
调 研 员　原云生　吕川美 *　赵新春 *
副调研员　郭铁生 *　关敏远 *

市农业委员会

党委书记、主任、市委农工办主任　康宝林
党组成员、副主任　郭树生　南红卫（女）
　　郭志鸿（女）
　　王青书 *　陈晋忠
党委委员、总农艺师　巩天奎
党组成员、市纪委监委
　　驻市农委纪检监察组组长　滕悦茹（女）
党委委员、总畜牧师　武济顺
党委委员、副调研员　孙德武　王　峰
调 研 员　郝锁业 *

市教育局

工委书记、局长　梁宏宇
工委副书记　霍丽萍（女）
党委委员、副局长　荆俊杰　王树红
工委委员、市纪委监委
　　驻市教育局纪检监察组组长　王临庆（女）
工委委员、副局长　苏建伟　尹　骏
党委委员　张秋柱
调 研 员　赵长虹
副调研员　刘耀禹　沈庆伟（女）　刘坤生

市科学技术局

党组书记、局长　庞　虹（女）
党组成员、副局长　张兴民　徐　华（女）　田宝华
调 研 员　樊怀林
党组成员、副调研员　李保现　张浩明
副调研员　陈培忠

市公安局

党委书记、局长　马润生
党委副书记、常务副局长　韩迷中
党委副书记、政治部主任　米炳生 *
党委委员、副局长　武　润　仇跃勇　刘贵虎
　　白安平　常丹飞
党委委员、市纪委监委
　　驻市公安局纪检监察组组长　王振军 *
党委委员、政治部主任　王振军
党委委员、副局长　史水鸿 *　薛晓峰　秦书伟 *
党委委员、副局长，市公安局交警支队
支队长、党委书记　秦书伟
党委委员、警卫处处长　郭建文 *
党委委员、消防支队支队长　王　政 *
党委委员、武警支队政委　马金标 *
调 研 员　王宏柱 *　康文智　李三庆 *
　　姜占锁　王向东

副调研员　刘永胜　刘晓波　张玉海　赵鸿天
　　　　　王　璠　刘永胜

市民政局

党组书记、局长　李亚江
党组成员、副局长　张世明　程顺安
党组成员、市纪委监委
　驻市民政局纪检监察组组长　赵文江
党组成员、调研员　周　强＊
党组成员、副调研员　王　龙　张　仪
党组成员、市双拥办副主任　续鲜珍（女）
副调研员　龚妙玲（女）＊　武双林＊　杨　娟（女）＊

市司法局

党组书记、局长　张　彤
党组成员、副局长　韩　飞
党组成员、市纪委监委
　驻市司法局纪检监察组组长　张　军
党组成员、副局长　程　莉（女）　刘　强
党组成员、政治部主任　王建勇
党组成员、副调研员　丁忠泽＊
调 研 员　鹿建平

市财政局

党组书记、局长　王国柱
党组副书记、调研员　崔崇恩
党组副书记、副局长　王清雨
党组成员、副局长　强培东　杨桂梅（女）
　　　　　　　　　张艳红（女）
党组成员、市纪委监委
　驻市财政局纪检监察组组长　成晓平（女）
总会计师　张文玲（女）
党组成员、副调研员　唐春玉＊
调 研 员　阎保丰
副调研员　李怀瑾（女）＊　张彬（女）＊
　　　　　刘玉仙（女）＊

市人力资源和社会保障局

党组书记、局长　王富旺
党组成员、副局长　张晓林　赵　军　韩武雁
　　　　　　　　　赵　俭
党组成员　李德彪
党组成员、副调研员　欧阳湘晋　李保亮
　　　　　　　　　　秦崇年　陈胜军
副调研员　雷万春　段晓宇

市环境保护局

党组书记、局长　窦力奋
党组成员、副局长　许德茂　孔向明　郭　玺
　　　　　　　　　刘永慧
党组成员、总工程师　夏玉林
党组成员、调研员　侯小将

市住房和城乡建设委员会

党委书记、主任　姜　波
党工委副书记　傅　立
党（工）委委员、副主任　王清河　梁晓岗
　　　　　　　　　　　　石永明　白　皓
党委委员、总经济师　陈志强
党工委委员、市纪委监委
　驻市住建委纪检监察组组长　孙建祁
党工委委员、总工程师　尹　强
党委委员、调研员　董克平＊
党委委员、副调研员　张晋生　强力军
调 研 员　胡丽丽（女）　崔学锋
副调研员　赵海江＊

市城乡管理委员会

党工委书记、主任　张　利
党工委副书记　高喜跃＊　武卫华
党委委员、副主任、调研员　段　洪
党委委员、副主任　张　红（女）　张志杰
　　　　　　　　　孙玉锋　　　耿炤宇
党工委委员、市纪委监委
　驻市城乡管委纪检监察组组长　李跃强
党工委委员、总工程师　赵有仁
党委委员、副调研员　蒙晓禄
调 研 员　高喜跃　刘作铭＊
副调研员　杨俊拴　王小春　牛岩皓

市交通运输局

党组书记、局长　张晓军
党组成员、副局长　张则福　高海林
党组成员、市国防动员交通战备办主任　梅玉光
党组成员、副局长　张智弘　马剑峰（兼）＊
　　　　　　　　　董　刚（兼）
党组成员、市纪委监委
　驻市交通运输局纪检监察组组长　任晓艳
党组成员、总会计师　姜原祯
党组成员、总工程师　孟永红（女）
党组成员　任选平
党组成员、副调研员　张海萍（女）
调 研 员　尚跃峰　王　剑
副调研员　董　菁（女）

市水务局

党组书记、局长　王守清

党组成员、副局长　张怀玉　郭志强
党组成员、调研员　王家亮
党组成员、副调研员　侯俊林
调 研 员　董国芬（女）*　赵树林*　刘新平*

市林业局

党组书记、局长　王素红（女）
党组成员、副局长　张爱文　王书宏
副 局 长　任金旺
党组成员、总工程师　郭文林
党组成员、副调研员　乔文清
副调研员　刘建平　陈一平（女）*
调 研 员　蒋光中*

市商务局

党组书记、局长　薛建明
党委副书记　李建民
党委委员、副局长　杜淑婵（女）
党委委员、总经济师　王之峰
党组成员、市纪委监委
　　驻市商务局纪检监察组组长　王霁红
党委委员、调研员　梁世斌
党委委员、副调研员　张宏玉
调 研 员　高庆霞（女）　赵伟民*　陈西林*
副调研员　郝晓静（女）*

市文化局（版权局）

党组书记、局长　姚晓蓉（女）
党组成员、副局长　张广亮　安俊跃
　　李红星　董晓英（女）
党组成员、市纪委监委
　　驻市文化局纪检监察组组长　闫继华（女）
党组成员、总工程师　胡彦清
党组成员　夏宝刚
调 研 员　李元红　程晋生　曹永明
副调研员　郭桂红（女）　安仰谊

市卫生和计划生育委员会

工委书记、主任　宫殿元
工委副书记、市爱卫办主任　郝淑贞（女）
工委委员、副主任　孙慧生　张　泽　赵宏英（女）
工委委员、市纪委监委
　　驻市卫计委纪检监察组组长　李　彬
副 主 任　黄建宏
调 研 员　温跃春　安鲜平（女）　袁　琳
副调研员　胡亚书（女）　张永杰　米跃亮　董钰柱

市审计局

党组书记、局长　连金会
党组成员、副局长　李德明*
副 局 长　杨　玲（女）
党组成员、总审计师　何　茜（女）
党组成员、调研员　李贵生
党组成员、副调研员　徐国强
副调研员　马晋达
山西转型综改示范区审计分局局长　元继光

市外事侨务办公室

党组书记、主任　潘保欢
党组成员、副主任　尉　韬（女）　李　岩
党组成员、副调研员　刘勤儿
调 研 员　赵晓平　畅绍德*

市煤炭工业局

党组书记、局长　张晓峰
党组成员、副局长　王双斗　曹玉田　张　峰
总工程师　刘建平
党组成员、副调研员　郭树林　席金生
调 研 员　李春生

市国有资产监督管理委员会

党委书记　张宝军
党委副书记、主任　刘军华
党委副书记　章晓煜（女）
党委委员、副主任　李振忠　韩东来　阎树亮
党组成员、市纪委监委
　　驻市国资委纪检监察组组长　刘建平*　刘建国
党委委员、副调研员　孟永宁
副调研员　赵国琦*　杨怀贵*　宋雅君（女）*

市工商行政管理局

党组书记、局长　崔　燕（女）
党组成员、副局长　陈广龙　赵　勇　任建国
党组成员、非公经济组织和
　　社会组织工委副书记（兼）　耿　威
党组成员、市纪委监委
　　驻市工商局纪检监察组组长　李卯生
党组成员、调研员　贺福锁
调 研 员　郝震宇　赵丽萍（女）
副调研员　孔韦宝
不锈钢产业园区分局党组书记、局长　师中军
不锈钢产业园区分局原党组书记、局长　关宝清

市质量技术监督局

党组书记、局长　郭德魁
党组成员、副局长　孙乃俊　张效良　李红旺
党组成员、总工程师　李友芬（女）
党组成员　王晋生

副调研员　武旭龙
不锈钢分局党组书记、局长　崔星梅（女）

市食品药品监督管理局

党组书记　宋晓丽（女）
党组成员、局长　魏元平
党组成员、副局长　连　波　李文军
党组成员、食品总检验师　段新民
党组成员、副调研员　高俊常　赵　伟
副调研员　李晶晶＊　刘丽萍＊

市体育局

党组书记、局长　高　波
党组副书记、调研员　孟广昭
党组成员、副局长　裴红霞（女）　李永昌　何文平
党组成员、副调研员　毕宗敏

市统计局

党组书记、局长　何爱萍（女）
党组成员、副局长　戴陆寿　岳国平　梁永昭
党组成员、总统计师　马亚晓
党组成员、省统计局太原调查监测中心专职副主任　李拥权
党组成员、副调研员　王振军　张太生＊
调 研 员　张太生　陈亚萍（女）＊
原党组成员、纪检组长　李栓英（女）
副调研员　邸彦林（女）＊

市安全生产监督管理局

党组书记、局长　刘剑明
党组成员、副局长　李亚瑾　张永宽　吴国岗
党组成员、总工程师　赵永强
调 研 员　梁福云
副调研员　李东峰　任丽军（女）＊　温俊山

市旅游发展委员会

党组书记、主任　齐宏明
副 主 任　芦国庆（女）
党组成员、调研员　宁克强
党组成员、副主任　任　瑛（女）　王少华
党组成员、副调研员　刘小平　张建斌

市民族宗教事务局

党组书记、局长　李　波
党组成员、副局长　张升万　边军红
党组成员、调研员　孙世文

市文物局

党组书记　康建斌
局　　长　于振龙

党组成员、副局长　曹维明　冀晓峰
党组成员、副调研员　谷立新　秦建军　吴春明

市粮食局

党组书记、局长　郑文明
党组成员、副局长　岑　杰　李殿彪
党组成员、总经济师　李春瑞
党组成员、副调研员　董韵雷
调 研 员　凌长明＊

市人民防空办公室

党组书记、主任　冀克平
党组成员、副主任　崔　嵬　张志强
副 主 任　令狐小静（女）
党组成员、副调研员　陈　海　聂守跃

市人民政府法制办公室

党组书记、主任　常跃平
党组成员、副主任　温建国　李　峥　禹　强
党组成员、副调研员　陈江峰

市城乡规划局

党组书记、局长　邵社教
党组成员、副局长　白树栋　段建生　王建廷　杨迎旭
党组成员、总工程师　王　牧
党组成员、副调研员　李学昌　梁云龙
副调研员　白　宏
山西转型综改示范区规划分局局长　汪　艳（女）

市房产管理局

党组书记、局长　王东立
副 局 长　强建林
党组成员、副局长　耿国胜　张屹东
党组成员、市纪委监委驻市房管局纪检监察组组长　周永乐
党组成员、总经济师　张屹东＊　钱国栋
党组成员、副调研员　钱国栋＊　赵　义　李玉东
调 研 员　刘　朋
副调研员　唐天竹（女）＊

市园林局

党组书记、局长　赵学军
党组成员、副局长　田双保　李定生　郝建忠
党组成员、总园艺师　张跃虎
党组成员、市纪委监委驻市园林局纪检监察组组长　窦凤明
党组成员、调研员　张世隆
党组成员、副调研员　许济民　程清太
调 研 员　吕从标＊　荣锁平＊

市政府直属事业单位

太原广播电视台（市文化广播电视集团）

党委书记、台长（总裁） 陈晓红（女）
党委副书记、副台长（副总裁） 姬发军
党委委员、副台长（副总裁） 王俊伟 申根成 赵 欣（女）

市档案局

党组书记、局长 宋建平
党组成员、副局长 崔国铭* 冯 刚 赵国清
调 研 员 崔国铭*

市防震减灾局

党组书记、局长 高二虎
副局长兼总工程师 张晓峰
党组成员、副局长 邓子平 续 渊（女）
党组成员、副调研员 师 菁（女）
副调研员 王晓东

市市容环境卫生管理局

党组书记、局长 侯 森
党组成员、副局长 段耀辉 时中瑛 刘芝茂
党组成员、总工程师 雷生贤
党组成员、调研员 陈立盛* 王保定

市政府金融工作办公室

负 责 人 许 强
副县级干部 孙 炜

市政府发展研究中心

党组书记、主任 魏建庭
党组成员、副主任 王志仙（女） 张五堂
调 研 员 任德胜
副调研员 李 芳（女）* 区桂恒（女）*

市农业机械发展中心（市农机局）

党组书记、主任（局长） 马雪峰
党组成员、副主任（副局长） 李瑞春 卫 华
党组成员、副调研员 王三保
调 研 员 李恩科*
副调研员 张双福

市城镇集体工业联合社

党组书记、主任 张俊杰
党组成员、副主任 吴同义 裴志红 涂 超
副 主 任 张国宏

市供销合作社联合社

党组书记、主任 刘照升
党委委员、副主任 武怀诚 白 威
副 主 任 高 伟
副调研员 李更新*

市中小企业局

党组书记、局长 高屹城
党组成员、副局长 房保富 王晋昌 李建军
调 研 员 郭文斌*
副调研员 丁家振

市国有资产经营公司（市工商业国资监管办公室）

党委书记、董事长 崔俊林
党委副书记、副董事长、总经理 李德明
党委副书记 张润玲（女）
党委委员、董事、副总经理 张 援 张裕林
党委委员、调研员 冯信信*
副调研员 庞跃龙

市住房公积金管理中心

党组书记、主任 王晋章
党组成员、副主任 黄火平 刘建红 相似锦
副 主 任 武卫东

市慈善职业技术培训中心

主 任 李 越
副 主 任 何 中 成旭波

市城市建设国有资产经营公司

党委书记、董事长 澹台宏亚
党委委员、副总经理 张春贵 李 宏
董 事、财务总监 李 博（女）
董 事、总工程师 韩 柏
党委副书记、董事、工会主席 刘玉刚*

市经济建设投资公司（市高速铁路投资有限公司）

党组书记、总经理 李同立
党组成员、副总经理 王晓东 刘元林 高志敏 陈迎光 张 丽（女）
党组成员、财务总监 宁振华

太原市龙城发展投资有限公司

党委书记、董事长 张耀东
总 经 理 薛江炤
党委副书记、副总经理 郭志强
副总经理 郭志强* 谭晋生 孟 琦
纪委书记 杨冬林
党委委员、副总经理 张建军
党委委员、总会计师 黄贵荣

市地方志办公室

党组书记、主任 安 捷
党组成员、副主任 陈向荣 张彩丽（女）

太原学院

党委书记　李大公
党委副书记、院长　张瑞君
党委副书记　马皖东　康晓红（女）
党委委员、纪委书记　张正书
副 院 长　徐秋琴（女）　荆在京
党委委员、副院长　郑其芳　孙华东

太原社会科学院（太原市社会科学界联合会）

党组书记、院长　王耀武
党组成员、副院长　张　明　赵晋君　张晨强

市政府采购中心

主　　任　李宏毅

市政协工作机构

市政协办公厅

秘 书 长、机关党组书记　刘建中
机关党组成员、市纪委监委
　　驻市政协机关纪检监察组组长　刘越凤（女）
副秘书长、机关党组成员　齐春林　王淑娟（女）
　　丁利春
调 研 员　金　钢　崔守成　严卫星*
　　何宏伟　曹亮亮（女）
副调研员　石拉芳（女）*　韩云龙　王静恩

市政协研究室

主　　任　胡祖泉
副 主 任　王文斌　张丽珍（女）

市政协提案委

主　　任　王秀丽（女）
副 主 任　田　瑞　王静芸（女）

市政协学习文史委

主　　任　岳骁骏（女）
副 主 任　杜海柱

市政协台港澳联络委

主　　任　武映文
副 主 任　贾　环（女）　贺引钏（女）

市政协经济科技委

主　　任　霍凤鸣
副 主 任　王永红（女）　王昕云

市政协人口资源环境和城乡建设委

主　　任　张振国
副 主 任　马　莉（女）　任勇恒

市政协教文卫体委

主　　任　畅志刚
副 主 任　曹亮亮（女）*　王贵斌

市政协社会和法制委

主　　任　张志强
副 主 任　曹晓冬　侯伟英（女）

市政协民族宗教委

主　　任　吕大成
副 主 任　刘　辉　贾月有

市政协农村工作委

主　　任　吴玲玲（女）
副 主 任　田久东

群众团体

市总工会

党组副书记、常务副主席　张　霞（女）
党组成员、副主席　薛　跃　郎学军（女）
　　樊小高　韩铁柱
党组成员、调研员　鲁欢晓*
党组成员、副调研员　黄小飞
副调研员　张永亮　安　宏*　董晋源*

共青团太原市委员会

党组书记、书记　杜志强
党组成员、副书记　李　琦（女）　郝晓军（女）
　　张晋松　王朝伟
　　王　强（挂职）
党组成员、少工委主任　马　斌*　许　超

市妇女联合会

党组书记、主席　李　颖（女）
党组成员、副主席　康一萍（女）　米丽萍（女）
　　王国华（女）

市工商联合会

党组书记　王贵云*
主　　席　郭太林
党组成员、副主席　王书颖（女）　白建红（女）
党组成员、副调研员　张增辉
调 研 员　乔瑞生
副调研员　彭晋爱*

市科学技术协会

党组书记　郭晋龙
主　　席　阎美蓉（女）
党组成员、副主席　李　相
副 主 席　曹慧彬（女）*
党组成员、副主席　尹效军　张文华
党组成员、调研员　杨　波
调 研 员　曹慧彬（女）*

市归国华侨联合会

党组书记　李　锦（女）

党组成员、副主席　郑　勇

党组成员、副调研员　白劲松

市文学艺术界联合会

主　　席　王爱琴（女）

党组书记、提名为主席候选人　张体仁

党组成员、提名为副主席候选人　王宏伟　韩　莹（女）　韩喜登　张林虹（女）

市残疾人联合会

党组书记、理事长　高金虎

党组成员、副理事长　薛晓峰　贺秀斌

党组成员　贺秀斌

市关心下一代工作委员会办公室

副调研员　张爱生

市贸促会

党组书记、会长　郭海燕（女）

党组成员、副会长　刘勇刚

副 会 长　王军威

副调研员　王军威＊

党组成员、副调研员　李占才

市红十字会

会　　长　王爱琴（女）

专职副会长　李东山

副调研员　吴兰成

省转型综改示范区

党工委书记、管委会主任　张金旺

党工委副书记、管委会副主任　尤天拴＊

党工委委员、管委会副主任　胡志峰＊　赵瑞雪

党工委委员、纪工委书记　刘　伟

党工委委员、管委会副主任　董　良　仝清雷　薛江炤　刘　勇

党工委委员、总规划建筑师　白勇强

党工委委员　李明亮

纪工委副书记　刘永华　薛运中

太原不锈钢产业园区

党工委书记、管委会主任　李贵增

党工委委员、管委会副主任　张俊一＊

党工委委员　张俊一

党工委委员、管委会副主任　许　涛　王承江＊

党工委委员、纪工委书记　韩涛峰

党工委委员、管委会副主任　郭宏强

党工委委员、管委会副调研员　张　健

党工委委员　王志义

清徐经济开发区

党工委书记　王剑峰

党工委副书记、管委会主任　陈永哲＊

党工委委员、管委会副主任　王国庆　董笑龙

太原市政府驻外办事处

北京联络处主任　胡琦伟＊

上海联络处主任　李　忠＊

上海联络处副调研员　郭晋强

广州办事处主任　李　刚

海口办事处主任　杨俊贤

厦门办事处副主任　朱　华

青岛办事处副主任　周　雷

其他单位

太原市政务服务管理中心

党组成员、调研员　郭跃平＊

党组成员、副主任　王锁柱　郑润林

太原市纪检监察审计中心

主　　任　郑丽芳（女）＊　王雅卿（女）

副 主 任　董维玲（女）

太原市委信息化中心

主　　任　杨志忠

太原市委组织部信息中心

主　　任　杜志坚

太原市互联网信息办公室

主　　任　刘晓斌

太原市事业单位登记管理局

副 局 长　冀晓军

中共太原市信访服务中心

副 主 任　田贵清（女）　李　琰（女）

太原市老干部活动中心

主　　任　王瑞珍（女）

太原市老年大学

校　　长　解建国（兼）

副 校 长　张晋英（女）

太原市人大常委会机关服务中心
主　　任　张靖武
太原市机关服务中心
主　　任　张韶文
副 主 任　高玉明
太原市机关事务管理中心
主　　任　张旺喜
副 主 任　赵文强
并州饭店
党总支书记、总经理　王中华
副总经理　杜　坚　郭瑞萍（女）
太原市建设项目招标服务中心
主　　任　任志地 *
太原市经济信息中心
副 主 任　魏景芬（女）　薛虎林　董爱荣（女）
总经济师　王雪梅（女）
工会主席　刘定荣
太原市节能监察支队
副支队长　兰瑞明
总工程师　杨　青（女）
太原技术转移促进中心
主　　任　李国忠
副 主 任　梁　飞
太原市电子研究设计院
党支部副书记、院长　韩红远
太原市塑料研究所
所　　长　武六旺
太原市高新技术创业服务中心
主　　任　宁慧青（女）
太原双塔革命烈士陵园
主　　任　唐文波
太原市军用饮食供应站
党支部书记　孟庆武
站　　长　焦建平
太原市军队离退休干部第一休养所
党委书记　刘树茂
所　　长　吕捍军
太原市军队离退休干部第二休养所
党委书记　杨荣清 *
所　　长　赵正平
太原市军队离退休干部第三休养所
党委书记　耿开文
太原市军队离退休干部第四休养所
党委书记　贾静艳（女）
所　　长　韩秀清
原 所 长　王宏杰 *
太原市军队离退休干部第五休养所
党委书记　张广远 *　邓　彪
所　　长　班　东
太原市军队离退休干部第六休养所
党委书记　李嘉瑞（女）
所　　长　张德勇
太原市军队离退休干部第七休养所
党委书记　程跃进
所　　长　刘海霞
太原市救助管理站
站　　长　郭宏伟
太原市社会福利院
党支部书记　王玉珉
院　　长　张毅敏
太原市社会福利精神康宁医院
党总支书记　邓　彪 *　班　兵
院　　长　王　玲（女）
太原市殡葬管理中心
主　　任　郭永红 *　梁志强
太原市龙山殡仪馆
主　　任　班　兵 *　郭永红
太原市永安殡仪馆
主　　任　刘小平 *　张文义
太原市永安园
主　　任　张红飞
太原市福利彩票发行中心
主　　任　刘进武
太原市社区服务中心
主　　任　夏同杰
太原市最低生活保障管理中心 *
主　　任　张宏伟
太原市社会救助管理中心
主　　任　张宏伟 *
太原市福利生产管理中心
主　　任　董建生
太原市龙山墓园
主　　任　靳昌茂
山西省太原市城北公证处
主　　任　张丽宏
山西省太原市城南公证处
主　　任　陈秀峰
党支部书记兼副主任　燕翠萍（女）

山西省太原市城西公证处

主　　任　张立刚＊

副 主 任　阎晓梅（女）　张晋德

太原市非税收入稽查中心

主　　任　宁　捷

太原市财政国库支付中心

主　　任　郭晓英（女）

太原市财政局预算评审中心

主　　任　吕红梅（女）

山西中财投资评审中心

主　　任　王清雨

副 主 任　刘抱为　史雁萍（女）＊

太原市建设项目投资评审中心

主　　任　郭永东

太原市人才交流服务中心

主　　任　葛世杰

副 主 任　苗　丁　刘　坚　李荣爱（女）

太原市人事考试中心

主　　任　张国华

太原市职业培训技术指导中心

主　　任　雷学文

太原市就业指导中心

主　　任　张子儒

副 主 任　李建平

太原市医疗保险管理服务中心

主　　任　范　利

太原市企业养老保险管理服务中心

副 主 任　刘全合＊　刘耀轩　汤奇伟

太原市机关事业单位社会保险管理服务中心

主　　任　程生锋

太原市失业保险管理服务中心

主　　任　宁迫青

太原市劳动保障监察执法队

队　　长　刘建军

太原市城乡养老保险管理服务中心

主　　任　李永贵

太原市环境监测中心站

站　　长　温彦平

太原市环境科学研究院

党支部书记　张三龙

太原市环境监察支队

支 队 长　李吉生

党支部书记　武元原＊

太原市汾河景区管理委员会

主　　任　张建民

党支部书记　蔡小林

副 主 任　苏广同　张　东　王海霞（女）　张　立

太原市建筑工程招标投标管理办公室

主　　任　叶　奋

副 主 任　黄富国　孟　涛

太原市城市给水工程建设处

处　　长　张智弘＊

党支部书记　高云龙

副 处 长　郝俊芳（女）　王旭波

太原市城中村改造建设管理中心

主　　任　夏宝良

副 主 任　秦李林　冀丽君（女）

总工程师　申怒涛

太原市市政公用工程质量监督站

站　　长　谢耀岗

党支部书记　柴增定

副 站 长　辛俊红　杜红燕（女）

太原市市政建设开发中心

主　　任　张耀东＊

副 主 任　牛　凯　杜建文　李　钧

太原市建设工程质量监督站

站　　长　郭　轶

太原市建筑企业劳动保险费用统筹管理中心

主　　任　杨瑞锋

太原市住宅保障中心

主　　任　郭秉刚

太原市长风商务区管理中心

主　　任　张秀生

太原市市政公共设施管理处

处　　长　刘志猛

党委书记　郝晓华（女）

党委副书记、纪委书记　穆　毅＊

副 处 长、工会主席　段俊玉

副 处 长　邢晚祥　王晓毅　郝旭青　王小平（女）
　　　　　于文哲　武志高

太原市城市照明管理处

处　　长　张冠华＊

副 处 长　李新茂　张俊虎　李胜奎　屈　健

太原市排水管理处

处　　长　杨晓峰

副 处 长　潘会友　任秀林　王小如（女）

张建臣　宋正光

太原市市政公用设施建设中心

主　　任　朱建军

太原市市政池渠设施管理处

处　　长　刘建文*

党总支书记　赵宇光*

太原市数字化城乡管理指挥中心

主　　任　王海滨

太原市供水节水管理中心

主　　任　李世军

副 主 任　谷太华　张　敏

太原市供热管理中心

主　　任　葛跃强

太原市城市排水监测站

站　　长　赵平法

党支部书记　宋　威

太原市燃气管理中心

主　　任　尹爱军

太原市汽车客运管理办公室

党委副书记、主任　任选平

党委副书记　马少峰

副 主 任　刘春生*　贺雪梅（女）

党委委员、副主任　王晓光　冯志林

太原市道路运输管理局

局　　长　牛宏伟

太原市公路管理处

处　　长　周纪平

太原市水资源管理委员会办公室

主　　任　陈　杰

太原市水利勘测设计院

院　　长　韩建忠

太原市晋祠泉域水资源管理处

处　　长　赵惠滨

太原市兰村泉域水资源管理处

处　长　陈拉才

太原市水工程移民工作办公室

主　　任　周新春

太原市防汛抗旱指挥部办公室

主　　任　张秀生

太原市水土保持监督监测总站

站　　长　梁计萍（女）

太原市农业科学研究院

院　　长　程　升

太原市农产品质量安全检测中心

主　　任　冯桂平（女）

太原生态工程学校

党委副书记、校长　张　明

党委书记　夏双秀

党委委员、副校长　马根全　吴　洪（女）　李晋萍（女）

太原市人民政府绿化东西山办公室

主　　任　田　勇

太原市林业科学研究所

所　　长　樊明瑞

太原市森林资源监测中心

主　　任　王金潮

太原市林木种子站

站　　长　郎东升

太原市林业工作站

站　　长　武慧安*

市商务经济信息研究所

所　　长　路　晶

太原市商务局综合服务中心

主　　任　李吉海*

太原市晋剧艺术研究院

党总支书记、院长　宋建国

党总支副书记、副院长　陶　臣

副 院 长　武凌云　冯素荣　张艳春（女）

太原市艺术研究院

党支部书记、院长　宋　萍（女）

太原市群众艺术馆

馆　　长　常　峰

太原市图书馆

党支部委员、馆长　郭欣萍（女）

党支部书记　赵晋明

太原市文化市场行政综合执法大队

原党支部书记　董贵江*

市广播电视传输网络管理中心

副 主 任　牛彦英　王根林　陈　强　汤永商

太原市矿山救护大队

党支部书记、大队长　张志良

太原市煤炭安全纠察支队

支 队 长　黄　强

太原市产权交易中心

主　　任　李永杰

太原市消费者协会

秘 书 长　卞传志

太原市个体劳动者协会
秘 书 长　薛风香（女）
太原市民营企业协会
秘 书 长　郭志强
太原市质量技术监督局稽查分局
局　　长　王晋生
太原市标准计量质检院
院　　长　侯鹏翔
太原市食品药品稽查队
队　　长　王军生
政　　委　郭晓敏（女）
太原市食品药品检验所
党总支书记　闫安明
太原市体育工作队
党支部书记、队长　朱　渊
太原市体育科学研究所
党支部书记、所长　李殿林
太原市农村社会经济调查队
队　　长　阎瑞玲（女）
太原市安全生产监察支队
支 队 长　许小刚
太原市晋祠博物馆
党支部委员、馆长　王新生
党支部书记　郝教信
太原市晋祠公园
党支部书记、主任　李继东
太原市文物考古研究所
所　　长　周富年
太原市天龙山文物保管所
党支部书记、所长　于　灏
太原市双塔寺文物保管所
党支部书记、所长　冀美俊（女）
太原市粮食市场监督稽查队
队　　长　霍　英
太原市粮油交易管理中心
经　　理　尹继虎
太原市人防工程管理中心
主　　任　张晋萍（女）*
原 主 任　张晋萍（女）
太原市城乡规划设计研究院
院　　长　胡纯杰
党支部书记　武　辉
副 院 长　卫长乐　史一东
总工程师　邢超文
太原市建筑设计研究院
院　　长　蒲　净
党总支书记　上官安星
副 院 长　赵清晨　张　晨
总建筑师　严　平
党总支副书记　梁向宏
总工程师　单建春
太原市政工程设计研究院
院　　长　毕晓东
党委书记　曹京哲
副 院 长　梁俊峰　宋殿科　栗江鹏
总工程师　刘丽娟（女）
太原市城乡建设档案馆
副 馆 长　徐鸿斌　王战林
太原市城市雕塑研究院
院　　长　梁秀庭
太原市勘察测绘研究院
院　　长　畅开狮
总工程师　高锁义
副 院 长　茹朝阳
太原市公共租赁住房保障中心
主　　任　刘　朋*
副 主 任　孔利民　朱　洁（女）　郭天顺　罗荣取
太原市公房租赁管理中心
主　　任　郄新明
副 主 任　李朝平　张松华　郝丽华（女）　阎继萍（女）
太原市房产交易服务中心
主　　任　牛焕德
太原市非住宅房产管理中心
主　　任　王更生
太原市迎泽公园
主　　任　王　洪
太原市龙潭公园
主　　任　张保平
太原市文瀛公园
主　　任　郭润明
太原动物园
主　　任　杨引亮
太原市晋阳湖管理处
主　　任　孟晋平
太原市园林植物研究中心
主　　任　石红旗
太原市社情民意研究中心
主　　任　张瑞峰

副 主 任　张瑞峰＊

太原市中级人民法院法庭科学研究中心

主　　任　田　宇

太原工人文化宫

主　　任　李　雅

党总支书记　王云鸿

太原工人北文化宫

主　　任　郭　明

太原工人俱乐部

党支部书记　李润果（女）

太原职工技术交流站

党支部书记　王克俭

太原工会困难职工帮扶中心

主　　任　常彦忠

太原市总工会资产监督管理部

部　　长　梁　巍（女）

太原工会机关服务中心

主　　任　张树新

太原市招生考试管理中心

党支部书记、主任　张秋柱

副 主 任　王毅敏

党支部委员、调研员　王泽红　张青林

副调研员　房晓玉（女）　曹晓雪（女）

太原市教研科研中心

党支部副书记、主任　赵学昌

党支部委员、副主任　钱学锋（女）　解腊梅（女）

太原教育电视台

党支部副书记、台长　贾天理

党支部委员、副台长、总工程师　赵　原

太原市中小学学生卫生保健所

党支部书记、所长　窦路明

太原市大中专毕业生就业指导中心

党支部书记、主任　周玉强

太原市教育装备中心

党支部书记、主任　毕俊卿

太原市劳动技术教育中心

党支部书记、主任　康建清（女）

太原市青少年活动中心

党支部书记、主任　田　丰

太原市示范性综合实践基地

党支部副书记、主任　牛　锋

党支部书记　姚　昕

党支部委员、副主任　牛晋涛

市属企业单位

太原市公共交通控股（集团）有限公司

党委书记、董事长　周　齐

党委副书记、副董事长、总经理　郝铭生

党委副书记　翟奇伟（女）

党委委员、董事、工会主席　贾　珊（女）

党委委员、监事会主席　孙年生

党委委员、副总经理　于　军

董　　事　李　博（女）（兼）

董　　事、副总经理　李文胜

党委委员、纪委书记　乔晓梅（女）

副总经理　孟建华　霍雁朝

董　　事、总会计师　籍建伟（女）

太原物产集团有限公司

党委书记、董事长、总经理　贾学敏

副总经理　赵瑞平＊

副总经理、董事　武建平＊

党委委员、工会主席　王东明

党委委员　程亚青（女）

董　　事　王文庆

总会计师　周鲁静（女）

太原市龙城电影发展（集团）有限公司

党委委员、财务总监　刘培宏

太原市饮食服务集团有限公司

党委书记、董事长　王中华

党委委员、常务副总经理　原满红

党委委员、副总经理　袁晋江

党委委员、纪委书记　孟先成

太原市供水集团有限公司

党委书记、董事长　阎继忠

党委副书记、总经理、董事　宋尚孝

党委副书记　付华伟

党委委员、副总经理　武建刚　杨怀军　商　杰

党委委员、董事、副总经理　贾洪钢

党委委员、纪委书记　王仲强

党委委员、总经济师　陈　莘

党委委员、董事、总工程师　周　茜（女）

党委委员、董事、工会主席　武　洁（女）

党委委员、总会计师　邓　军（女）

党委委员　霍长平

太原市热力集团有限责任公司

党委书记、董事长　张建伟

党委副书记、副董事长、总经理　李建刚
党委书记　王建宏＊
党委副书记、监事会主席　王建宏
副 经 理　郭清亮　王又星　吴建琪　李双奎
党委副书记、纪委书记　王春夯
副 经 理、总会计师　李小忠
工会主席　贾桂芬（女）
总工程师　樊　敏
总经济师　马琦云＊
经理助理　王林文

太原市轨道交通发展有限公司

党委书记、董事长　白晓平
党委副书记、总经理　刘建文
党委副书记、纪检书记、副总经理　曹宏伟
党委委员、总规划师　王凤莲（女）
党委委员、副总经理　樊日广　李旭东　刘宏伟

院　校

太原城市职业技术学院

党委书记　张　勇
党委副书记、院长　杨志家
党委副书记　刘洪海
党委委员、纪委书记　李树人
党委委员、副院长　谢振芳　王蒙田
综合办公室主任　赵　林
人事处处长　刘吉太
教务处处长　刘天义
学生处处长　刘绍君
后勤管理处处长　赵正宣
招生就业办主任　张　杰
财务处处长　吕素香（女）
网络信息中心主任　张志杰
科研实验中心主任　张育生（张键）
图书馆馆长　王晓红（女）
工程经济系党支部书记　李建伟
管理工程系党支部书记　郝　杰（女）
中专部主任　赵红义
管理工程系主任　李　艳（女）
艺术设计系党支部书记　孙德林
机电工程系党支部书记　李　忠
财会系党支部书记　李瑞萍（女）
信息工程系主任　吴文利
基础教学部党支部书记　相跃进
基础教学部主任　张荣钰
成人教育部主任　李月梅（女）
城建系主任　张雪莲（女）
财会系主任　李恩哲
信息工程系党支部书记　周树勇
城建系党支部书记　邢小瑞

太原旅游职业学院

党委书记　白玉明
党委副书记、院长　马兆兴
党委副书记　王　蓉（女）
党委委员、纪委书记　耿越平
党委委员、副院长　耿寅杰　张立芳　韩一武
党建处处长　王志强
后勤管理处处长　原　兵
院长办公室主任　郅永诚
科研处处长　段　颖（女）
饭店管理系党总支书记　张江涛
中专部主任　王建国
纪检监察室主任　白　玫（女）
教务处处长　李青松
学生处处长　郭　涛
招生就业中心主任解光和电教中心主任　乔艳虎
工会主席　张正熙（女）
保卫处处长　田铁亮
旅行社管理系主任　贾雪梅（女）
旅行社管理系党总支书记　王晓岗
饭店管理系主任　任翠瑜（女）
外语系主任　王文改（女）
现代信息技术系主任　丁元祖
基础部主任　苏巧梅（女）
旅游规划系主任　陆　霞（女）
原成教部主任　刘　坚

太原广播电视大学

党总支书记　白宏武
党总支副书记、校长　时耐敏
党总支委员、副校长　徐松山　郭建勇　景建明

太原市财贸学校

党总支副书记、校长　张学锋
党总支书记　王秀峰（女）
党总支副书记　王彦飞
党总支委员、副校长　李保林　郭改莲（女）

太原市卫生学校

校　　长　郜宏漪
党委书记　韩根浒

党委委员、副校长　郝文斌　王　宇（女）　闫卫民

太原幼儿师范专科学校

党委副书记、校长　范永丽（女）

党委书记　陆克祥

副 校 长　杨建福

党委委员、副校长　李咏梅（女）

党委委员、工会主席　王星星（女）

太原广播电视中等专业学校

党总支副书记、校长　贾志宏

党总支书记　翟海录

党总支委员、副校长　韩红兰（女）　郭超愚

太原市财政金融学校

党委副书记、校长　栾桂秋（女）

党委书记　张建明

党委副书记　王建秀（女）

党委委员、副校长　张　健　冀承红（女）　张　新（女）

党委委员、纪检书记　薛存喜

党委委员、工会主席　孟中华

太原职工大学

校　　长　李　雅

副 校 长、党支部委员　王全福

太原工会干部学校

校　　长　张全民

太原市青年宫

主　　任　刘银河＊　姚为民

太原市少年宫

主　　任　马　斌

副 主 任　姚为民＊　程俊生　刘银河

太原市科技进修中心

主　　任　崔素娟（女）

太原市文学院

副 院 长　张守耀（女）　畅建康　赵少琳

太原市交通学校

党总支副书记、校长　郭雪梅（女）

党总支书记　张晋林

副 校 长　王淑梅（女）

党总支委员、副校长　汤德宝

太原市第二中学校

党总支副书记、校长　韩书林

党总支书记　王　军

党总支委员、副校长　张　良　李志红（女）

太原市成成中学校

党委副书记、校长　聂惠娟（女）

党委书记　武春福

党委副书记　牛燕斌

党委委员、副校长　季　禾　赵红军（女）　刘　琦（女）

党委委员、纪检书记　米建华（女）

党委委员、工会主席　杨　勇

太原市第四中学校

党总支副书记、校长　杨翠云（女）

党总支书记　蔡世臣

党总支委员、副校长　赵忠牛　韩树威

太原市第五中学校

党委副书记、校长　杨向东

党委书记　曲向平

党委副书记　刘志强

党委委员、副校长　王　娟（女）　李　杰　王凤龙

太原进山中学校

党委副书记、校长　吴裕民

党委书记　苏建民

党委副书记　郎雁荣（女）

党委委员、副校长　张寅生　周建华

党委委员、纪检书记　刘琮丽（女）

党委委员、工会主席　赵维尚

太原第十一中学校

党总支副书记、校长　樊晓东

党总支书记　马新生

党总支委员、副校长　张海滨　马梅样（女）

太原第十二中学校

党委副书记、校长　冯国雷

党委书记　陈卫华

党委副书记　马宝峰

党委委员、副校长　柴有茂　王布宁

党委委员、纪检书记　陈友业

副 校 长　姚永峰

党委委员、工会主席　杨泽明

太原第十三中学校

党总支副书记、校长　王怀敬

党总支书记　齐越峰

党总支委员、副校长　高连昇　张建军

太原第十五中学校

党委副书记、校长　林　玮（女）

党委书记　银　军

党委副书记　陈东胜

党委委员、副校长　李　煌　贾晓琴（女）

党委委员、纪委书记　胡海红（女）

党委委员、工会主席　张　云

太原第十六中学校

党总支副书记、校长　吕向群（女）
党总支书记　王宝林
党总支委员、副校长　文　凯　陈　平
党总支委员、工会主席　王维良

太原第十八中学校

党委副书记、校长　雷　晟
党委书记　闫文龙
党委委员、副校长　陈　晨（女）许昀丽（女）贾俊峰
党委委员、工会主席　郭玉萍（女）

太原第十九中学校

党总支副书记、校长　张代军
党总支书记　畅建保
党总支委员、副校长　刘宏晋　贾文英（女）

太原第二十中学校

党总支副书记、校长　弓建茂
党总支书记　宋鸿明
党总支委员、副校长　刘光巨　刘乐义

太原第二十一中学校

党总支副书记、校长　孟引变（女）
党总支书记　马燕芹（女）
党总支委员、副校长　张爱忠　汪劲峰

太原第二十四中学校

党总支副书记、校长　许　丽（女）
党总支书记　田志伟
党总支委员、副校长　白玉宝　王　涛

太原市育英中学校

原党支部副书记、校长　侯荣臻
党总支副书记、校长　黄步选
党总支书记　许继生
党总支副书记　张吉峰
党总支委员、副校长　边保军

太原第二十七中学校

党总支副书记、校长　史建如
党总支书记　张兴宏
党总支委员、副校长　阎卫东　靳明保

太原第二十九中学校

党总支副书记、校长　李　明（女）
党总支书记　吴长绪
党总支委员、副校长　沈庆东　梁美红（女）

太原第三十中学校

党总支书记　郭力山
党总支委员、副校长　郭素卿（女）郭俊明

太原综合高级中学校

党总支副书记、校长　杜利平
党总支书记　孟金陵（女）
党总支委员、副校长　翟福平　吕新华（女）

太原外语科技实验中学

党总支副书记、校长　付红艳（女）
党总支书记　郭　涛
党总支委员、副校长　梁变然（女）王卫东

太原第四十八中学校

党委副书记、校长　王更生
党委书记　郭明思（女）
党委副书记　李素华（女）
党委委员、副校长　田巧丽（女）潘国礼　尹永志
党委委员、纪检书记　李建军
党委委员、工会主席　张喜新

太原市第四十九中学校

党总支副书记、校长　周延青
党总支书记　闫茂珍
党总支委员、副校长　张银龙　温国荣

太原市第五十二中学校

党总支副书记、校长　崔同喜
党总支书记　程全顺
党总支委员、副校长　靳翔光　彦　强

太原市第五十三中学校

党支部副书记、校长　张卫民
党支部书记　郭玉玲（女）
党支部委员、副校长　王本进　弓　英（女）

太原市第五十五中学校

党委副书记、校长　唐丽达（女）
党委书记　张　枢
党委委员、副校长　牛拖怀　张万平

太原市第五十六中学校

党支部书记　李春青（女）
党支部委员、副校长　杨旭宏　张万才

太原市第五十八中学校

党总支副书记、校长　戴震宇（女）
党总支委员、副校长　张云峰

太原市第五十九中学校

党总支副书记、校长　陈文斌
党总支书记　李延茂
党总支委员、副校长　刘国华　郭志红（女）

太原第六十中学校

党支部副书记、校长　史瑞霞（女）
党支部书记　舒增满
副校长　刘美蓉（女）
党支部委员、副校长　武锡盛

太原市第六十一中学校
党总支副书记、校长　张立平（女）
党总支书记　刘会强
党总支委员、副校长　李宝成　吴莉萍（女）
太原市第六十二中学校
党支部副书记、校长　李军生
党支部书记　何振庆
党支部委员、副校长　张雅新
太原市第六十三中学校
党支部副书记、校长　李大军
党支部书记　张兴凤（女）
党支部委员、副校长　王旺民　邢雪梅（女）
太原市第六十四中学校
党支部副书记、校长　王秀中
党支部书记　任新明
党支部委员、副校长　王惠山　王云霞（女）
太原市第六十五中学校
党总支副书记、校长　景　涛
党总支委员、副校长　李志德　武宏平
太原市第六十六中学校
党支部副书记、校长　刘　薇（女）
党支部书记　李朝晖
党支部委员、副校长　王志隆　李海波
太原市第六十七中学校
党支部副书记、校长　黄胜勇
党支部书记　孙琪华
党支部委员、副校长　马保全　孟文军
太原市外国语学校
党委副书记、校长　武翻旺
党委书记　姚培吉
党委委员、副校长　冯　娟（女）　刘伟波
党委委员、纪检书记　袁万银
党委委员、工会主席　吕　政
太原市实验中学校
党委副书记、校长　孔韦忠
党委书记　陈育红
党委副书记　郭振江
党委委员、副校长　刘凤兰（女）　麻耀东
党委委员、纪检书记　姚澍民
党委委员、工会主席　董贵成
太原市第二实验中学校
党委副书记、校长　苏建伟
党委书记　温贵宝
党委委员、副校长　田文华（女）　洪天喜
党委委员、工会主席　王健民
太原市第三实验中学校
党总支副书记、校长　常宝成
党总支书记　曹吉明
党总支委员、副校长　王爱武（女）　田瑞民　兰进徐
太原市第四实验中学校
党委副书记、校长　杜效林
党委书记　安彩虹（女）
党委委员、副校长　侯少龙　王　刚
太原市第五实验中学校
党支部副书记、校长　姚世敏
党支部书记　褚永生
党支部委员、副校长　郝永胜　杨文宏
太原市聋人学校
党支部副书记、校长　付晋蔚
党支部书记　李冬梅（女）
太原市盲童学校
党支部副书记、校长　赵　谨
党支部书记　张　媛（女）
太原市明德学校
党支部副书记、校长　王春生
党支部书记　白　强
党支部委员、副校长　赵陆生　陈新民
太原市第二实验小学校
党支部副书记、校长　徐艳红（女）
党支部书记　朱香玲（女）
太原市第三实验小学校
党支部副书记、校长　史春元
党支部书记　刘红军（女）
太原市第四实验小学校
党支部副书记、校长　聂三敏（女）
党支部书记　武宇红（女）
太原市第五实验小学校
党支部副书记、校长　李国强
党支部书记　王萍萍（女）
太原市育杰幼儿园
党支部书记、园长　徐晓梅（女）
太原市育蕾幼儿园
党支部书记、园长　张晓红
太原市育红幼儿园
党支部书记、园长　张伟宏（女）
太原市育英幼儿园
党支部书记、园长　王　林（女）

太原市体育运动学校

党总支书记　韩　平

党总支委员、副校长　刘贵福　王　勇

太原市重点业余少年体育学校

副 校 长　郭银香（女）

太原市第二少年业余体育学校

党支部委员、校长　杨建军

党支部书记　史秋生

太原市第三少年业余体育学校

党支部委员、校长　冯瑞卿

太原市业余游泳运动学校

党支部书记、校长　高建生

太原市慈善职业技术学校

校　　长　林建华*

副 校 长　刘　杰

副 校 长　赵　清（女）　任原生

太原市高级技工学校

校　　长、党总支副书记　李德彪

党总支书记、副校长　徐雪梅（女）

副 校 长、党总支委员　张　宏　张建农

太原市农业广播电视学校

党支部书记、校长　王与蜀

太原市文化艺术学校

党支部副校长、校长　张朝阳

党支部书记　王小东

党支部委员、副校长　赵尚明　牛丽娟（女）

副 校 长　杨永兰（女）

太原市粮食技工学校

党支部书记、校长　冯学亮

医疗卫生机构

市中心医院

党委书记　赵永生

党委委员、院长　李新华

党委委员、副院长　薛伟珍（女）

副 院 长　王计良

党委委员、总会计师　韩　宏（女）

党委委员、副院长（挂职）　刘师伟（女）

市人民医院

党委委员、院长　裴伟俭

党委副书记（主持工作）　徐计宏

党委委员、副院长　许　彬（女）　马玉林　赵鸿凌（女）

党委委员、纪检书记　赵　敏（女）

市第二人民医院

党委副书记、院长　李玉杰

党委书记　陈援农

副 院 长　李羚萍（女）　赵丽芹（女）

党委委员、副院长　杨玲萍（女）

党委委员、纪检书记　岳瑞芝（女）

市第三人民医院（传染病医院，市肝病研究所）

党委副书记、院长　陈　刚

党委副书记　刘　刚

党委委员、副院长　张青平　周　宏

党委委员、纪检书记　张　虹（女）

市第四人民医院（结核病医院）

党委副书记、院长　郭永芳（女）

党委书记　李晋保

党委委员、工会主席　吴　丰

党委委员、副院长　董永康

党委委员、纪检书记　张　燕（女）

市精神病医院（市第五人民医院）

党委副书记、院长　任笑异

党委书记　郝俊彪

党委委员、工会主席　张生才

党委委员、副院长　路　兵　王斌红

党委委员、纪检书记　贾艳焕（女）

市妇幼保健院（市妇幼保健计划生育服务中心、市第六人民医院）

党委副书记、院长　郭进升

党委书记　刘秀萍（女）

党委委员、工会主席　张　燕（女）

党委委员、副院长　张国强　邓　洋　郑艳梅（女）

党委委员、纪检书记　杨胜辉

市第八人民医院（市老年病医院）

党委副书记、院长　王宝迎

党委书记　孟庆禾

市第九人民医院

院　　长　要王义

市中医医院（市中医院研究所）

党委副书记、院长　郭江泽

党委书记　贾金霞（女）

党委委员、副院长　刘克勤　赵　伟

党委副书记、纪检书记　李尉红（女）

党委委员、工会主席　王　岚（女）

市疾病预防控制中心

党委副书记、主任　孟德权

党委书记　杨丛明
党委委员、工会主席　李茂栋
党委委员、副主任　李　宏　郭建娥（女）
党委委员、纪检书记　钱月红（女）

市卫生局卫生监督所

党委副书记、所长　李跃光
党委书记、副所长　段朝军　金雪龙　刘世保

市红十字血液中心

党委副书记、主任　白　林
党委书记　许　虹（女）

市急救中心

党总支副书记、主任　唐新宇
党总支书记　程要红（女）
党总支委员、副主任　张吉平

县（市、区）

小店区

中共小店区委

书　　记　刘振华
副 书 记、区长　李卫平
副 书 记　王建文
常　　委、副区长　杜小灵
常　　委、纪委书记、监委主任　霍存柱
常　　委、政法委书记　王建文＊　王成周
常　　委、宣传部长　张　耀＊　张志中
常　　委、组织部长　丁晓旭＊　白进联
常　　委、统战部长　任效杰＊　梁根会
常　　委、人武部政委　张建春＊　周继全
常　　委、区委办主任　张志中＊

小店区人大常委会

主　　任　陈其武
副 主 任　李林福　潘富娃　宋毅方＊　侯继保

小店区人民政府

区委副书记、区长　李卫平
常　　委、副区长　张振鹏＊杜小灵
副 区 长　宋毅方　荣杰峰　张俊兵　王成周＊
　　　　　郭国权　梁根会＊

政协小店区常委会

主　　席　李恩星
副 主 席　弓连中　　　李跃文＊
　　　　　李伟仙（女）郭丽霞（女）
党组成员　张　汶（女）＊

迎泽区

中共迎泽区委

书　　记　冯原平
副 书 记、区长　李　慧（女）
副 书 记　杨敦勤
常　　委、政法委书记　贾津生
常　　委、宣传部长　孙劲松
常　　委、区委办主任　曹　炬
常　　委、组织部长　赵树文
常　　委、统战部长　王国栋＊　闫晓琴（女）
常　　委、副区长　闫晓琴（女）＊
常　　委、纪委书记　马子龙
常　　委、人武部政委　尹亮君＊
常　　委、副区长　王国栋

迎泽区人大常委会

主　　任　侯富田＊
副 主 任　韩石俊（女）尹晓平　秦宇星　孟晋忠

迎泽区人民政府

区委副书记、区长　李　慧（女）
常　　委、副区长　闫晓琴（女）＊　王国栋
副 区 长　杨永生　薛　凯
副 区 长、公安迎泽分局局长　魏　毅
副 区 长　岳旭强　周靖华

政协迎泽区常委会

主　　席　张志勤
副 主 席　赵利军　王晓燕（女）裴存锁　王素云（女）

杏花岭区

中共杏花岭区委

书　　记　张　磊
副 书 记、区长　李文权
副 书 记　田文浩
常　　委、统战部长　刘晓黎（女）
常　　委、副区长　梁　勇
常　　委、纪委书记、监委主任　王富强
常　　委、宣传部长　马彦明
常　　委、区委办主任　岳志强
常　　委、组织部长　郭俊明
常　　委、政法委书记　潘　侠＊
常　　委、人武部长　杜　燕＊

杏花岭区人大常委会

主　　任　程有录
副 主 任　高义胜　白　亮　连会银　张荣义（女）
党组成员　李景旺＊

杏花岭区人民政府
区委副书记、区长　李文权
常　　委、副区长　梁　勇
副 区 长　王同化
副 区 长、公安杏花岭分局局长　宋文广
副 区 长　赵联庆　陈向琰（女）　张　喆
政协杏花岭区常委会
主　　席　施国立
副 主 席　张立亚　韩富存　李晔军　薛萍萍（女）

尖草坪区

中共尖草坪区委
书　　记　李贵增
副 书 记、区长　卢俊峰
副 书 记　金林平
常　　委、政法委书记　李崇斗
常　　委、副区长　孙　泉
常　　委、统战部长　朱　蓉（女）
常　　委、宣传部长　祁向东
常　　委、组织部长　荆　峰
常　　委、纪委书记、监委主任　刘光辉 *
常　　委、人武部政委　王国权
尖草坪区人大常委会
主　　任　王国卿 *
副 主 任　牛东全　马高明　史金俏（女）　李　刚
尖草坪区人民政府
区委副书记、区长　卢俊峰
常　　委、副区长　孙　泉
副 区 长　康国奇　高三生
副 区 长、公安尖草坪分局局长　续卫东
副 区 长　侯　岳　王丽芬（女）
政协尖草坪区常委会
主　　席　王春龙
副 主 席　胡福明　王毅仁　殷守逵　郑庆华
党组成员　杨志梅（女）

万柏林区

中共万柏林区委
书　　记　杨俊民
副 书 记、区长　袁尔铭
副 书 记　张振鹏
常　　委、统战部长　岳元春
常　　委、纪委书记、监委主任　刘贵江
常　　委、政法委书记　杨宏林
常　　委、副区长　李　蓉（女）
常　　委、人武部部长　戴　刚
常　　委、宣传部长　赵晓红（女）
常　　委、区委办主任　刘爱国
常　　委、组织部长　常　青
万柏林区人大常委会
主　　任　侯　安
副 主 任　刘团园　孔一龙　李石宏　王立学
万柏林区人民政府
区委副书记、区长　袁尔铭
常　　委、副区长　李　蓉（女）
副 区 长、公安万柏林分局局长　高乃勇
副 区 长　高建军　梁红根　陈俊峰　李宏文
政协万柏林区常委会
主　　席　马金安
副 主 席　阎全鲁　王跃礼　王宝同　阴　燚

晋源区

中共晋源区委
书　　记　杨继承
副 书 记、区长　李永强
副 书 记　刘锦春（女）
常　　委、政法委书记　相　辉
常　　委、宣传部长统战部长　姜保牛
常　　委、副区长　李福贵
常　　委、纪委书记、监委主任　陈　晋
常　　委、区委办主任　李茂生
常　　委、组织部长　霍晓勇
常　　委、人武部部长　梁晓明 *　冯新华
晋源区人大常委会
主　　任　张奇峰
副 主 任　荣春贵　江金魁　张　仕　师　超
晋源区人民政府
区委副书记、区长　李永强
常　　委、副区长　李福贵
副 区 长　刘　冰　张青贵　钮宝林
温志勇　杜俊霞（女）
政协晋源区常委会
主　　席　董云飞
副 主 席　靳玉琴（女）　黄　巨　朱永军　贺建国

古交市

中共古交市委
书　　记　贾慕权

副书记、市长　翟永清
副书记　乔建伟*
常　　委、政法委书记　张　军（女）
常　　委、纪委书记　郝虎生*
常　　委、纪委书记、监委主任　郝虎生
常　　委、组织部长　张吉祥
常　　委、副市长　张　麒
常　　委、人武部部长　许　军
常　　委、统战部长　李宏刚
常　　委、宣传部长　赵晋胜

古交市人大常委会

主　　任　阎亮娥（女）
副主任　班春芳（女）冯海龙
　　　　康香香（女）李广银

古交市人民政府

市委副书记、市长　翟永清
常　　委、副市长　张　麒
副市长　弓梅梅（女）闫　伟　邢武晓
　　　　刘爱民　王家林

政协古交市常委会

主　　席　程顺旺
副主席　赵乐中（女）马锁宝*
　　　　冀所平　李秀峰（女）
党组成员　赵晓霞（女）

清徐县

中共清徐县委

书　　记　王琳玉
副书记、县长　王剑峰
副书记　邢蕴武
常　　委、纪委书记　李秀斌*
常　　委、纪委书记、监委主任　李秀斌
常　　委、副县长　李凤梅
常　　委、宣传部长　卫向东
常　　委、统战部长　吴英志
常　　委、政法委书记、县委办主任　陈晓勇
常　　委、组织部长　白进联（女）*
常　　委、人武部长　王京明*　郑泽海
常　　委、组织部长　王黄林（女）

清徐县人大常委会

主　　任　张晋涛
副主任　梁宝贵　李树明　李年贵　武威飚

清徐县人民政府

县委副书记、县长　王剑峰
常　　委、副县长　李凤梅（女）
副县长、县公安局局长　郝大伟*
副县长　杨兴海　岳兔立　武晓俊　赵四顺
副县长、县公安局局长　刘金亮

政协清徐县常委会

主　　席　杨保恒
副主席　龙万青*　赵宗虎　王献国　王小鹏

阳曲县

中共阳曲县委

书　　记　刘晋萍（女）
副书记、县长　裴耀军
副书记、政法委书记　常红勤
常　　委、副县长　李建国
常　　委、纪委书记、监委主任　刘玉伟
常　　委、人武部长　杨　波*
常　　委、宣传部长　王志勇
常　　委、组织部长　刘　斌
常　　委、统战部长　张小军
常　　委、人武部长　刘　中

阳曲县人大常委会

主　　任　韩　勇
副主任　赵袁华（女）赵虎牛
　　　　裴云峰　张　峥（女）

阳曲县人民政府

县委副书记、县长　裴耀军
常　　委、副县长　李建国
副县长、县公安局局长　王向东*
副县长　王黄林（女）*　于文成　王庆丰　周　飞
副县长、县公安局局长　王树仁

政协阳曲县常委会

主　　席　白海林
副主席　裴润兰（女）马润明　王秀生　刘　冬（女）
党组成员　郭红拴

娄烦县

中共娄烦县委

市委常委、县委书记　薛东晓
副书记、县长　李树忠
副书记　李贵军
常　　委、纪委书记、监委主任　尹达恒
常　　委、宣传部长、统战部长　任同珍（女）
常　　委、副县长　赵生魁
常　　委、人武部部长　刘仍雁*

常　　委、组织部长　王文生
常　　委、政法委书记　郭建生
常　　委、人武部部长　梁云刚

娄烦县人大常委会

主　　任　冯永魁
副 主 任　白巨明　梁俊杰　段润义　李贵书

娄烦县人民政府

县委副书记、县长　李树忠
常　　委、副县长　赵生魁
副 县 长、县公安局局长　姜占锁 *
副 县 长　孙晋生　李永强　席艳强　李亚晋（女）
副 县 长、县公安局局长　王晓光

政协娄烦县常委会

主　　席　武润生
副 主 席　马存海　侯尚德
雷爱婵（女）　武玉琴（女）

县（市、区）法院

小店区法院院长　陈荣克 *
小店区法院党组书记、副院长、代院长　王成万
迎泽区法院院长　田志勇
杏花岭区法院院长　张建农 *
杏花岭区法院党组书记、副院长、代院长　王晋斌
尖草坪区法院院长　张　嵩 *
尖草坪区法院党组书记、副院长、代院长　张福平
万柏林区法院院长　王成万 *
万柏林区法院党组书记、副院长、代院长　张　康 *
晋源区法院院长　周雪松 *
晋源区法院党组书记、副院长、代院长　王　晋
古交市法院院长　刘三娃 *
清徐县法院院长　张福平 *
清徐县法院党组书记、副院长、代院长　银威威
阳曲县法院院长　杨效熙
娄烦县法院院长　王　晋 *
娄烦县法院党组书记、副院长、代院长　王玉文

县（市、区）检察院

小店区检察院检察长　王宏亮
迎泽区检察院检察长　陈加林
杏花岭区检察院检察长　路效国
尖草坪区检察院检察长　孙向荣
万柏林区检察院检察长　田树平
晋源区检察院检察长　孙中杰
古交市检察院检察长　郭　刚
清徐县检察院检察长　马　江 *　赵正斌
阳曲县检察院检察长　王金华
娄烦县检察院检察长　马　强

县（市）公安局

古交市公安局局长　梁华峰 *　闫玉斌
清徐县公安局局长　郝大伟 *　刘金亮
阳曲县公安局局长　王向东 *　王树仁
娄烦县公安局局长　姜占锁 *　王晓光

县（市、区）委党校

小店区委党校常务副校长　张　汶（女）*
杏花岭区委党校常务副校长　李景旺 *
尖草坪区委党校常务副校长　杨志梅（女）*
古交市委党校常务副校长　赵晓霞（女）*
阳曲县委党校常务副校长　郭红拴 *

备注：姓名后出现 * 表示 2018 年内退休或者调离岗位。

2018年太原市大事记

1月

1日

《太原日报》报道，太原市尖草坪区光社街道建工街第二社区党支部书记兼居委会主任辛变兰入选中央电视台“感动中国2017年度人物”候选人名单。

1日至3月8日

由太原市人民政府主办、自贡灯彩文化产业集团承办、晋源区人民政府协办的2018太原古县城灯彩文化活动在太原古县城举行，主题为“拥抱新时代，点亮太原城”，活动为期70天。

3日

太原市政协主席张明星带队，到市政协包点帮扶村和市政协机关扶贫点——娄烦县米峪镇乡郭家庄村调研。市政协副主席冯霞、李俊林、张建刚、郝宝清参加。

太原酒厂有限责任公司挂牌。该公司是太原市唯一“中华老字号”白酒酿造国有企业，由始建于1950年的国企太原酒厂改制而成。

4日

太原市轨道交通产业联盟成立。

5日

山西转型综改示范区与山西高等创新研究院、山西高研院科技发展集团签署合作协议。

6日

太原市首家“互联网+”便利店在清徐县康乐街亮相。

7日

《太原日报》报道，民政部官方网站公布2017年全国综合减灾示范社区名单，晋源区晋祠镇晋祠社区、迎泽区桥东街道双塔寺街一社区、杏花岭区巨轮街道胜利西街社区、尖草坪区古城街道赵庄社区、万柏林区和平街道前进路北社区位列其中。

太原市消协、小店区消协获中国消费者协会评为“2016—2017年度全国消协组织先进集体”，太原市消费者协会秘书长卞传志、副秘书长原晋惠被评为“2016—2017年度全国消协组织先进个人”。

《太原日报》报道，阳曲县大盂镇召开迎新重点产业项目招商会，大盂镇与山西恒圆星投资集团等公司达成签约意向2.3亿元。

8日

全国总工会副主席、书记处书记阎京华一行，在太原重型机械集团和太原市困难职工帮扶中心开展走访和送温暖慰问活动。省人大常委会副主任、省总工会主席田喜荣，市委副书记李新春参加。

《太原日报》报道，由太重集团自主设计、制造、运输、安装及调试的中国首台套9000吨/小时排土机（含卸料车）设备在太钢岚县袁家村铁矿正式交付使用。

清徐县、阳曲县入选山西省首批农业双创典型县。

9日

山西大医院确定为国家药品不良反应监测哨点单位之一。

10日

《太原日报》报道，山西省发改委发布消息称，省发改委、省卫生计生委、省人社厅决定在省级公立医院开展按病种收（付）费改革，首批推出100个病种，医疗机构可在10%的范围内向下浮动。

《太原日报》报道，国家卫生计生委办公厅发布《关于公布2016—2017年度国家慢性病综合防控示范区建设评估和复审结果的通知》，晋源区位列其中。

10日至11日

人民网、新华网、央视网等20余家中央重点网络媒体和省级新闻网站记者先后在太原市图书馆、太原古县城、“时代新人说”演讲大赛现场实地采访，全方位、多角度地记录和感受太原经济社会发展的新成就、新状态。市委常委、宣传部长张璐介绍活动情况等。

11日

市委副书记、市长耿彦波在太钢调

研产业延伸发展、多元发展、绿色发展情况。

12日

按照山西省贫困退出办法标准统计，太原市线下实际脱贫74个贫困村、22285人，分别完成目标任务的134.50%、114.30%，阳曲县实现摘帽退出。

14日

全市2017年度目标责任考核会议召开，省委常委、市委书记罗清宇主持。省委考核组组长、省政协常委于若洁对做好考核工作提出要求。耿彦波代表太原市党政领导班子作工作总结并进行个人述职。

《山西日报》报道，国家能源局与国务院扶贫办联合下达“十三五”第一批光伏扶贫项目计划，娄烦县列人国家第一批光伏扶贫项目计划。

《太原日报》报道，娄烦县2017年有44个贫困村脱贫摘帽，16151人脱贫。至此，娄烦县已有78%的贫困人口脱贫。

16日

《太原日报》报道，由太原市民政局起草的《社区养老机构服务规范》《社区养老机构等级划分》《社区养老机构等级评定》《社区养老机构基本条件》4个地方标准发布，对社区养老机构的资质、从业人员、设施设备、服务质量等提出具体要求，填补山西省社区养老服务领域标准化工作的空白。

山西医科大学与太原理工大学举行医工战略合作框架协议签约仪式。

太原市导游协会成立。

18日

2017年度太原市院士工作站授牌会议召开，太原重工股份有限公司、山西奥盟传动科技发展有限公司、山西增材制造研究院有限公司、山西省疾病预防控制中心、山西春泥农业科技有限公司、山西省农业科学院作物科学研究所、山西百信信息技术有限公司、山西省交通科学研究院、太原市轨道交通发展有限公司设立的9家院士工作站授牌。至此，太原市设立的院士工作站达54家，引进院士65名、院士团队专家280名，签订合作项目200多个。

19日

国务院副总理刘延东在阳曲县人民医院、大盂乡中心卫生院、首邑学校等地视察。

太原军民融合阳曲创新基地项目发布会暨新晋商．阳曲发展论坛举办，共23个项目签约，达成3个合作协议，资金达351.65亿元。

《太原日报》报道，太原市医保中心确定，山西省肿瘤医院等8家定点医院为市首批价格昂贵医保药品门诊购买定点医院，国药集团山西公司零售一部药房等6家定点零售药店为市首批价格昂贵医保药品购药定点药店。

古交市人民政府与山西中晋交能数据科技有限责任公司签署战略合作协议，总投资40亿元的中晋交能大数据产业聚集区落户古交，标志着古交经济转型迈出实质性步伐。

20日

《山右丛书·二编》发行会在太原召开，这是一部荟萃历代晋人著述精粹的新版集成性古籍。

22日

市委十一届四次全体会议暨经济工作会议召开，罗清宇受市委常委会委托向全会报告工作，耿彦波作安排部署。会议深入学习贯彻十九大精神和中央、省委经济工作会议精神，落实市委十一届三次全会部署，总结2017年全市经济工作，分析面临的形势，安排2018年的经济工作。

太原市人民政府出台《关于统筹推进县域内城乡义务教育一体化改革发展的实施意见》。

23日

太原市妇幼保健院郎景和院士工作站获“省级示范院士工作站”称号。

山西首家无人便利店——金虎便利新零售智能体验店正式营业，该店位于太原市五龙口街与经园路交叉口东北角。

24日

太原市获“全国地市级防震减灾工作综合考核先进单位”称号。

25日

《太原日报》报道，市委常委、组织部长赵忠保在万柏林区兴华街道漪汾苑社区、东社街道下庄村、山西九润现代都市农业园和大众电子信息产业集团调研。

26日

山西省环境监测中心站、太原城南污水处理厂、太原市同舟能源有限公司的环保设施入选全国环保设施开放名单。

28日

《太原日报》报道，中国兵器工业集团晋西集团晋西车轴公司与中车物流签订南京中车浦镇城轨车辆有限公司杭州AH车轴项目合同，承接地铁轴2400根，这是晋西车轴取得的地铁项目最大单笔订单。

29日

《太原日报》报道，太原市完成了19条黑臭水体的综合治理工作。2016年至2017年，太原市通过截污纳管、生物治理、河道整治等方式，对建成区内的19个黑臭水体进行整治，整治河渠总长度126千米，缓洪池面积5.8万平方米，实现了在建成区范围内消除黑臭水体的目标。

太原国际马拉松赛连续五年获中国马拉松金牌赛事称号。

30日

山西综改示范区推进“证照分离”改革。

31日

晋剧司鼓大师贾炳正入选第五批国家级非物质文化遗产代表性项目代表性传承人名单。

是月

太原铁路局太原客运段职工刘豫泉、太原市灵星社区服务中心负责人李小姣入围“中国好人榜”。

2月

1日

市委常委会（扩大）会议召开，罗清宇主持。会议传达学习了省十三届人大一次会议、省政协十二届一次会议精神和省委书记骆惠宁参加太原代表团审议时的重要讲话精神。会议强调，全市上下聚焦建设“示范区”“排头兵”“新高地”，结合太原城市定位，加快建设文明开放富裕美丽太原。

太原市六城区范围内所有派出所均可办理跨省居民身份证异地受理业务。

太原站、太原南站开通运行“刷脸”进站。

3日

市委出台《关于深化人才发展体制机制改革加快推进创新驱动转型升级的实施意见》。

5日

山西省副省长、省公安厅厅长刘新云在太原市公安局调研大数据警务工程建设工作，先后察看市局指挥调度大厅、110接警大厅、“雪亮工程”视频调度中心、反欺诈中心、合成作战中心等。

中国兵器工业集团晋西工业集团与北京理工大学签署战略合作协议。

太原市公安杏花岭分局三桥派出所金刚里社区民警杨蓉当选第十三届全国人大代表。

6日

市委常委会会议召开，听取市人大常委会、市政府、市政协、市中级人民法院、市检察院党组工作汇报，传达贯彻全国、全省组织部长会议精神。

太原市“时代新人说——平凡的力量”大型讲述活动在山西大剧院大剧场举行。2017年11月以来，太原市先后组织“时代新人标准”大讨论、“时代新人说”大型讲述活动、“时代新人我先行”实践活动。活动分27个赛区，组织近500场比赛，共有4000余名演讲者参赛，网络直播观看达370余万人次，最终挑选出20名时代新人宣讲者参加此次“时代新人说——平凡的力量”大型讲述活动。

国家邮政局公布2017年快递服务满意度调查结果，在公众满意度得分居前15位的城市中，太原排名第10位。

7日

市委宣传部与中国青年报社签署战略合作协议，市委常委、宣传部长张璐，中国青年报社党委书记、社长、总编张坤出席签约仪式。张坤一行并赴太原日报报业集团、太原市图书馆调研。

7日10时15分59秒，清徐县（北纬37.57度，东经112.45度）发生3.40级地震，震源深度10千米。震中距清徐县城9千米。截至晚10时，无人员伤亡及财产损失报告。

8日

太原市人民政府办公厅印发《太原市推动非户籍人口在城市落户实施方案》，全面放开“三县一市”城镇落户限制，放宽城六区落户条件。

市委常委、政法委书记魏民一行在古交市信访接待中心、古交市公安局等地，了解信访维稳工作情况，对开展扫黑除恶专项斗争进行部署。

“拥抱新时代·点亮太原城”“时代之光”城市亮化宣传活动启动。春节期间，全市“八街七路八桥四广场”以及公园绿地、旅游景区、交通枢纽等地，采用各种景观灯饰对绿地、树木、桥梁、临街建筑等进行亮化，增强照明效果，营造喜庆、热烈的节日氛围。

9日

市委、市政府出台《太原市深化综合行政执法体制改革实施方案》。市政府办公厅印发《关于创新体制机制壮大新产业新业态加快发展城郊型都市现代农业的实施意见》。

李新春一行先后在万柏林区兴华街道、晋西车轴有限公司车轴分公司、漪汾街欢乐迪KTV等处，了解全区安全生产监管责任落实、日常安全生产工作、安全生产运行管理、应急处置能力建设等情况。

万柏林区人民政府与万科集团签订城边村改造建设项目合作协议，双方联手打造西铭文旅小镇。

10日

中共太原市第十一届纪律检查委员会第三次全体会议召开，罗清宇作重要讲话，李吉山（市委常委、市纪委书记、监委主任）主持会议，并作题为《以习近平新时代中国特色社会主义思想为指导，坚定不移推动太原全面从严治党向纵深发展》的工作报告。

13日

国务院批复同意太原市建设国家可持续发展议程创新示范区，批复称，同意太原市以资源型城市转型升级为主题，建设国家可持续发展议程创新示范区。

太原首批30辆纯电动公交车投入运营，标志着太原市公交车进入“纯电动时代”。

14日

《太原日报》报道，罗清宇在娄烦县走访看望贫困群众，先后到贫困户张乃武、闫白连和梁顺青家，了解经济来源、家庭收入、脱贫帮扶等情况，与村“两委”干部进行座谈，了解村里脱贫攻坚、美丽乡村建设等进展情况。

15日至16日

刘新云先后在太原市全国重点文保单位崇善寺、省看守所、太原市交警支队天龙岗执勤点和市公安消防支队特勤二中队，就消防安全、大型群众性活动安保及重点目标应急值守工作进行实地检查。

23日

市委常委会议召开。会议传达学习全国、全省宣传部长会议，中央、省委政法工作会议，全国、全省扫黑除恶专项斗争电视电话会议，全国、全省统战部长会议精神，研究太原市贯彻落实意见；审议《太原市扫黑除恶专项斗争实施方案》。

23日至24日

“2018年毕业生大型招聘会”在太

原人才大市场召开。招聘涉及医药、金融、教育等14个行业，研发类、管理类等30余个专业，全省各地采取线上线下同步进行，近70家省内外企业参会，提供就业岗位2170个。

24日

省委农村工作暨脱贫攻坚会议在太原召开，省委书记骆惠宁讲话，省委副书记、省长楼阳生作具体安排，省委副书记、省政协主席黄晓薇主持有关会议。各市市委书记、市长等参加会议。

尖草坪区50片棚户区全面拆除，在太原市率先完成棚户区清零工作。50片棚户区共涉及居民10573户。

25日

《太原日报》报道，中国成长型旅行社“互联网+”转型升级高峰论坛暨中国云旅天下旅业联盟成立大会在太原举行。

26日

《太原日报》报道，南寨公交车场站充电桩完成送电，这是太原市首个公交充电场站。

28日

首届太原非遗元宵晚会闭幕，太原市有列入国家级名录的非物质文化遗产17项，列入省级名录的83项，列入市级名录的135项，列入县级名录的310项。国家级非物质文化遗产项目代表性传承人12人，省级57人，市级141人，县级207人。

3月

1日

《太原市文明行为促进条例》施行，太原成为山西省首个文明行为立法城市。条例于2017年10月24日经市十四届人大常委会第六次会议审议通过，2017年12月1日经省十二届人大常委会第四十二次会议批准。

副市长、市公安局局长马润生在太原市企业检查安全生产工作，到文化活动现场检查安保工作。

4日

《太原日报》报道，从2017年开始，尖草坪区新建社区活动场所全部按1000平方米以上设计规划。66个社区活动场所已有50%达到1000平方米以上，最大的达到5000平方米。

全市首套抓拍车辆鸣笛“声呐采集系统”开始测试。

5日

太原广播电视台音乐广播小橘灯爱心联盟获命名为第四批全国学雷锋活动示范点。

6日

罗清宇在清徐县柳杜乡成子村蔬菜生产基地调研，并主持召开座谈会，听取清徐县经济社会发展情况汇报。之后赴太原孔雀油墨有限公司、太原酒厂有限责任公司、太原工具厂有限责任公司调研。

太原市地震科普馆正式对外开放，该馆位于太原市青年宫。

9日

全省首届“大槐树杯”百名金牌导游大赛太原选拔赛落幕，产生20名金牌导游，包括一等奖1名、二等奖3名、三等奖6名，优秀奖10名。

11日

市委、市政府办公厅出台《太原市转型项目建设年（2018）行动方案》，计划实施“三个千亿元”项目（综改示范区新型产业项目1000亿元以上，转型创新升级产业项目1000亿元，高端服务业项目1000亿元）。

12日

太原地铁标志启用，标志为中国印“太”字。

14日

市委常委会议召开。会议学习习近平总书记在中央农村工作会议上的重要讲话精神，传达中央农村工作会议和省委农村工作暨脱贫攻坚会议精神，研究全市贯彻落实意见；听取关于全市环境保护、造林绿化工作情况汇报；审议《关于进一步引导和鼓励高校毕业生到基层工作的实施意见》。

太原市人民政府第一次全体会议召开。会议讨论拟提请太原市第十四届人民代表大会第三次会议审议的《政府工作报告》；听取报告起草情况汇报和简要说明，对进一步修改完善报告提出建设性意见建议。耿彦波主持召开。

15日

太原市住房公积金管理中心住房公积金综合服务平台上线运行。

16日

刘新云在太原市公安局专案组，听取在侦涉黑专案进展汇报，与专案工作人员座谈，研究解决存在的困难与问题。

《太原日报》报道，杏花岭区作为全国农村集体产权制度改革试点县区之一，完成土地确权1049.62公顷，确权数据库成果汇交工作和各村的清产核资工作已完成，28个村全面完成界定工作。

万柏林区举行高端装备制造产业园区管委会筹备组揭牌仪式，启动东社片区产业转型示范区、西铭（化客头、王封）片区文化旅游特色区、白家庄（杜儿坪）片区生态修复样板区、神堂沟片区温泉休闲度假区“四大片区”建设工作。

17日

市委常委会议召开。会议听取2018年城市建设管理重点工作情况、十一届市委巡察工作开展情况、太原市承办第十五届省运会情况、市“两会”筹备情况汇报。

20日

李新春在太原钢铁（集团）有限公司、太原锅炉集团、中北大学等地，就尖草坪区和不锈钢园区“区区融合”改革、军民融合发展及军民融合项目情况进行调研。

21日

太原市首个高校法律援助工作站落户中北大学。

23日

国家可持续发展议程创新示范区建

设情况发布会举行，科学技术部副部长徐南平，太原市、桂林市、深圳市负责人分别介绍国家可持续发展议程创新示范区建设有关情况。市委副书记、市长耿彦波代表太原市介绍情况，市委常委、常务副市长王立刚参加。

省委常委、政法委书记商黎光在太原市就扫黑除恶工作进行专题调研。市领导魏民、马润生参加调研。

24日

故宫博物院院长单霁翔在太原作题为“坚持文化自信——做中华传统文化忠实守望者”的专题报告，罗清宇主持并讲话。单霁翔一行还对五一路历史街区、省政府旧址、太原博物馆进行考察，耿彦波陪同。

省人大常委会副主任李悦娥带领部分省人大常委会委员就监察工作在太原市进行调研。市人大常委会副主任刘斌一同调研。

24日至4月2日

太原市经贸团带领11家优秀企业参加在马来西亚、泰国、柬埔寨举办的2018山西品牌丝路行（东盟站）活动。

25日

省城首现“立体阅读”体验书店，该店由商务印书馆山西大学阅读体验店·李提摩太沙龙打造，集经典阅读、学术论坛、非遗展演、餐饮休闲、文创开发于一体。

26日至29日

太原市政协十三届二次会议召开。会议通过《关于政协太原市委员会常务委员会工作报告的决议》《关于市政协十三届二次会议提案审查情况的报告》《政协第十三届太原市委员会第二次会议政治决议》。

27日至30日

太原市十四届人大三次会议召开。会议通过《关于太原市人民政府工作报告的决议》《关于太原市2017年国民经济和社会发展计划执行情况与2018年国民经济和社会发展计划的决议》《关于太原市2017年全市和市本级预算执行情况与2018年全市和市本级预算的决议》《关于太原市人民代表大会常务委员会工作报告的决议》《关于太原市中级人民法院工作报告的决议》《关于太原市人民检察院工作报告的决议》。

28日

太原市在上海举办“太原·长三角地区”高校（同济专场）人才招聘会，678人次签订招聘意向，其中硕士以上学历619人次，本科学历59人次。

29日

2018年厦门旅游推介会全国巡销第一站在太原举行。

30日

“更山西”媒体矩阵上线仪式在太原市举行，这是二更视频在国内启动的第27个城市站。

31日

太原卫星发射中心以一箭三星的方式，将高分一号02、03、04卫星成功送入预定轨道。

《太原日报》报道，国家发改委公布全国1331家国家企业技术中心2017—2018年评价结果，太钢技术中心以93分的成绩被评为优秀，位列全国第14位，居冶金行业和山西省第一位。

尖草坪区、太原不锈钢产业园区2018“转型项目建设年”重点项目集中开工，总投资1600亿元的90个项目全面启动。

4月

1日

清徐县地税局开出太原市首张环境保护税税票，征收税款101214.79元，标志着绿色税收在太原市顺利实施开征，施行近40年的排污费退出历史舞台。

2日

市委常委会议召开。会议研究《中共太原市委党建工作领导小组2018年工作要点》，听取太原市建设国家可持续发展议程创新示范区工作进展情况汇报和全市文明交通综合治理工作情况汇报。

全国人大常委会委员、全国人大农业与农村委员会副主任委员王宪魁带队的专题调研组一行在山西水塔醋业股份有限公司重点调研醋产业发展情况。省人大常委会副主任、省总工会主席高卫东，市人大常委会副主任王爱萍、郭建发，副市长车建华陪同调研。

3日

罗清宇在太钢转型发展的重点项目——高端电工钢，太原市京丰铁路电务器材制造有限公司，国药集团山西有限公司物流中心，华洋吉禄、金山磁材、宝恒建材市场调研。

4日

省文明办、省教育厅、省少工委、市文明办主办，山西省未成年人素质教育基地、山西文化书院承办的“文化根脉·红色传承——2018年省城千名少先队员清明祭英烈活动”在牛驼寨革命烈士陵园举行。

娄烦县举行51.98兆瓦联村光伏扶贫电站项目开工仪式，标志着该县产业项目转型升级迈出重要一步。

5日

4日傍晚至4月5日早晨，全市普降雨雪或雨夹雪，最低气温普遍下降到0℃以下。4月6日全市遭受五六级大风，短时七级以上大风及低温寒潮灾害天气。

6日至10日

2018中国（山西）国际房车露营博览会在山西太原煤炭交易中心开幕，现场售出各式房车360台，成交额1亿多元，参观人次超过10万。

8日

太原市青龙古镇挂牌“中国华侨国际文化交流基地”。

《太原日报》报道，太钢双相不锈钢应用于世界顶级船舶制造（中船工业沪东中华造船（集团）有限公司承建的某著名船运公司定制的4艘世界在建最大吨位——4.90万吨级化学品船），标志着太钢双相不锈钢制造技术跻身世界先进行列。

9 日

罗清宇、耿彦波带队在工业产业园区、项目建设现场，实地观摩督导全市转型项目建设进展情况。

全国总工会副主席、书记处书记尹德明一行就“夯实基层基础，增强基层工会活力”专题调研。先后在山西转型综改示范区阳曲产业园区穗华物流园和新和实业，了解基层特别是民营企业工会组织建设现状及增强基层工会活力、发挥基层工会作用情况。

9 日至 10 日

骆惠宁在娄烦县云昇昌专业合作社、下静游村等地调研。他强调，要抓好春耕生产，调整种植结构，深入推进农业供给侧结构性改革。强化质量导向，坚持综合施策，抓好易地扶贫搬迁，推进产业扶贫，坚决打好精准脱贫攻坚战。

10 日

魏民一行先后在平阳路人民法庭、市中级人民法院审判大楼及综合羁押室、诉讼服务中心等处，了解法庭建设使用情况和远程庭审直播工作情况。

太原市考古研究所发布最新考古发掘报告：在太原晋祠村发现一座后晋时期的古墓葬，根据出土的墓志称作“王氏小娘子”墓，其墓葬形制、出土器物等都具有重要价值，是太原迄今发现唯一的后晋时期古墓葬，为研究唐五代时期腰坑墓及道教文化发展提供实物资料。

全国首台超大型 1900 千焦双作用式全液压海上打桩锤，在太重天津滨海重装基地成功完成打桩试验，标志着太重填补全国在超大型液压打桩锤技术领域的空白，打破国外同类产品长期垄断的局面。

北美 N1 文创商业街获评“山西省特色商业街”。

太原市园林部门首次运用“石硫合剂”治理飞絮。

11 日

骆惠宁等省领导集体在太原市阳兴大道滨河东路绿化带，与省城干部群众一起参加义务植树活动。

山西省副省长贺天才在太原市汾东污水处理厂、清徐垃圾焚烧发电厂实地督导建设进度，并调研装配式建筑示范、干热岩地热利用、住房租赁等项目。

13 日

市委常委会议召开。会议审议《中共太原市委理论学习中心组 2018 年学习计划》，研究太原市军民融合发展有关事宜。

国务院妇儿工委办公室副主任张立带领的调研组一行就太原市实施妇女儿童发展纲要、规划情况调研。实地考察杏花岭区三桥街办金刚里社区妇女儿童维权工作站（杨蓉警务室）和太原市贝亲好家政服务有限公司。副市长王爱琴参加。

13 日至 17 日

2018 中国·天津投资贸易洽谈会暨 PECC 博览会在天津梅江会展中心举行。太原市水塔醋业、宁化府益源庆醋业、山西帷幄智能、培行高科、中创光玻、亨力晨不锈钢制品 6 家名优食品、高科技企业和特色产品企业参展。

13 日至 24 日

“金字塔·不朽之宫——古埃及文明特展”在山西博物院举行，该展由山西博物院、意大利都灵埃及博物馆主办。

14 日

山西医科大学附属太原中心医院、山西医科大学第九临床医学院在市中心医院挂牌，标志着太原市医教研工作迈向一个新阶段。

15 日

《太原日报》报道，由美锦、梗阳、亚鑫三家焦化集团公司共同出资 400 亿元，在清徐经济开发区规划建设煤焦及化产深加工循环园区，园区按照集约化、高端化、绿色化、循环化定位来打造，是全市 3 个千亿元产业集群的重要组成部分。

17 日

罗清宇先后在北涧河道路快速化改造及综合治理现场、杏花岭区中华老字号酿造产业特色小镇、杏花岭区党群服务中心、平民中学等地调研。

19 日

赵忠保在娄烦县天池店乡、马家庄乡、杜交曲镇、米峪镇乡部分贫困村调研。市委常委、娄烦县委书记薛东晓一同调研。

杏花岭区谷旦、窑头、东沟、耿家庄、庄子上、南坪梁、小枣沟、下岭共 8 个村（社区）召开成员（代表）大会表决通过章程，选举理事会、监事会，挂牌成立股份经济合作社。

19 日至 20 日

省委统战部副部长、省工商联党组书记杨临生带队，对太原市落实省委、省政府《山西省营造企业家健康成长环境弘扬优秀企业家精神更好发挥企业家作用的若干措施》进展情况展开专项督查调研。督查调研组一行先后在太原市政务服务中心、太原锅炉集团、山西春光锻造有限责任公司调研。市委常委、秘书长、统战部长刘鹣参加。

20 日

李新春在晋源区青运村、晋农之窗农业博览园、晋源街办赵家山村、太原传化公路港物流项目中心，就重点项目建设、运行情况及乡村振兴、农村集体产权制度改革工作等情况进行调研。

张明星带领政协委员在太原华夏历史文明传承园、山西明豪模具制造有限公司、国药集团山西有限公司、东杰智能物流装备股份有限公司、中车太原机车车辆有限公司、富士康太原并州智能制造研究院等 11 个重点建设项目建设现场调研。

共享新能源汽车亮相太原街头，这些车辆来自首汽集团旗下 GoFun 共享汽车平台，太原是该共享汽车平台在山西省开通的第一个城市，首批投放 300 辆最新款奇瑞 eQ1 纯电动汽车。采用“千米 + 分钟”的计费方式，实行 1 元 / 千米、0.10 元 / 分钟的计费标准。

22 日至 27 日

中央统战部副部长、全国工商联党

组书记、常务副主席徐乐江带领全国工商联调研组，在山西就民营企业高质量发展情况进行调研。其间，先后召开4场民营企业家、政府部门座谈会，并赴太原等4地12家企业走访调研。

23日

市委、市政府印发《关于科技创新推动转型升级的若干意见》，激励以企业为主体的产学研协同创新，提升企业技术创新能力和核心竞争力，加快创新驱动、转型升级。

大型文旅散文《走进山西》系列丛书首发式暨作者见面会在太原旅游职业学院举行。

气象数值模拟技术与应用联合研究中心在太原成立，该中心由山西国科晋云先进计算有限公司、中国科学院大气物理研究所及大气科学和地球流体力学数值模拟国家重点实验室联合成立。

太原交警支队车位免费对外错时开放，机关停车位向社会实行错时开放在省城尚属首家。

24日

太原市建设国家可持续发展议程创新示范区推进会举行，罗清宇、副省长王一新、科技部社会发展科技司司长吴远彬分别讲话。耿彦波主持会议。

25日

太原市人民政府召开电动自行车登记上牌工作动员部署会议，下发《关于电动自行车登记上牌的工作方案》。至6月11日，全市10693辆电动车登记上牌。

26日

省政协副主席席小军带领的调研组一行先后在杏花岭区大气网格化监测调度平台，太古供热项目的中继能源站调研。副市长车建华汇报全市空气质量改善工作情况。

太原市十四届人大常委会第十二次会议举行。会议听取市人民政府《关于太原市生活垃圾分类处理条例（草案）》的起草说明和市人大城建环保委《关于条例草案审议意见的报告》；听取市中级人民法院《关于破产案件审理情况的报告》；听取人事任免事项的有关报告。表决通过了人事任免名单，并向新任命人员颁发任命书。

27日

纪念“五一”国际劳动节暨“时代新人·晋阳工匠”命名大会召开，市委、市政府命名樊志勤等30人为太原市“时代新人·晋阳工匠”，石秀峰等30人获太原市“时代新人·晋阳工匠”提名。

太原市召开第二届全国青年运动会筹备委员会大型活动暨青运村运行管理工作会议，副市长、二青会太原执委会副主任兼秘书长王爱琴出席。

太原市谢涛、王辉绵、梁磊获2017“感动山西”十大人物，山西蓝天救援队获2017“感动山西”特别奖。

28日

市委常委会议召开。会议传达贯彻全国网络安全和信息化工作会议及省委常委会会议精神，听取《关于全省整治群众身边腐败问题工作推进会的贯彻落实意见》、全市文物保护工作、二青会和省运会筹备情况等汇报，审议《关于强化实施创新驱动发展战略进一步推进大众创业万众创新深入发展的实施意见》。

5月

1日

楼阳生在江铃重型汽车有限公司、太原市政公司八河治理冶峪河项目部、山西传媒学院调研，慰问一线职工和青年师生。

《太原市电动自行车管理条例》《太原市建筑废弃物管理条例》《太原市大气污染防治条例》《太原市生态环境保护条例》等四部地方性法规施行。

2日

罗清宇在国家火炬计划迎泽特色产业基地、同舟能源有限公司、台骀山景区调研。

3日

太原市首个“青年之家”示范点揭牌，示范点位于小店区亲贤社区党群服务中心。

3日至4日

中华全国总工会副主席、书记处书记、党组副书记邓凯在晋源区、太钢集团、市总工会调研。省领导高卫东、市领导李新春参加调研。

4日

太原市第二个“互联网+”义务植树基地在阳曲县红崦山基地启动，为全省乃至全国提供构建人人参与国土绿化长效机制的“太原经验”。截至5月4日，太原市“互联网+全民义务植树”网上尽责通道访问点击量达到22万人次，通过网络捐资尽责和实体植树尽责等形式，全市累计参加植树达40万余人，完成义务植树200万余株。

5日至6日

骆惠宁任组长，薛延忠（全国政协农业和农村委员会副主任、省政协原主席）、罗清宇、张瑞鹏（省政协副主席、省委常务副秘书长）任副组长的省委第一督导检查组对太原市进行督导检查。并召开督导检查见面汇报会，骆惠宁就搞好督导检查工作提出要求，罗清宇代表市委、市政府作工作汇报。

水西关街3.50米管径、单次顶进距离747米雨水顶管工程右线一次性顶进完成，顺利出洞，与泵站成功连接。这是太原市有史以来实施的最大地下管网顶进工程。其管径之大、距离之长，在华北地区城市基础设施工程建设中名列第一，全国排名第五。5月23日，水西关街雨水主线顶管工程双线贯通。

6日

阳曲县人民医院成为国内首家通过CARF认证的县级综合医院。

9日

山西省首款“税宝宝”APP在迎泽区上线，是一款税企点对点沟通服务人工智能APP。

10日

“马克思书房”在太原市图书馆揭牌，市领导李新春、赵忠保、张璐出席揭牌仪式。

太原市颁发首批农村土地承包经营权证，万柏林区的18户农民领到农村土地承包经营权证。

11日

太原洲际酒店在晋源区开业，是全省首家洲际酒店。

12日

山西智慧医疗产业园项目慧通医疗器械生产基地开工，基地占地面积23345平方米，是集研发和生产于一体的高端医疗器械及大型医疗器械核心部件的生产平台。省人大常委会副主任卫小春调研项目进展情况，山西转型综改示范区管委会党工委书记、主任张金旺，市领导刘鹓一同调研。

14日

市委常委会议召开。会议传达学习习近平总书记在纪念马克思诞辰200周年大会上的重要讲话和在十九届中央政治局第五次集体学习时的重要讲话精神；传达贯彻骆惠宁在省委第一督导检查组专题研究分析会上的讲话精神，研究太原市贯彻落实意见。审议《太原市贯彻落实山西打造全国能源革命排头兵行动实施方案》《关于完善产权保护制度依法保护产权实施方案》《太原市殡葬综合改革试点方案》等。听取关于2018年度全省目标责任考核工作会议精神及太原市贯彻落实意见的汇报。

15日至17日

市委组织部、市委宣传部、市委党史研究室组织机关中层以上干部到右玉干部学院学习考察，市领导赵忠保、张璐参加学习培训。

18日

罗清宇在小北关棚户区、下元社区、亲贤社区调研棚户区、城中村改造建设情况。

市委、市政府出台《太原市贯彻落实山西打造全国能源革命排头兵实施方案》。

太原不锈钢产业园区、山西金融职业学院、江苏京东信息技术有限公司政校企产教融合战略合作协议在太原签约，并举行全国首家“京东学院”揭牌仪式，探索学校与企业协同发展的新型合作模式。

晋剧数字电影《于成龙》在太原不锈钢园区举行开机仪式。

太原市成立警企打假联盟。

21日

“可触摸体验文物精品展”在太原市盲童学校开展。

22日

由市政协副主席张建刚带队的调研组一行先后到晋源区山西梅芝园艺有限公司、赵家山村，清徐县清泉山庄葡萄采摘园、成子村，小店区王吴村、河滩村、西柳林村调研太原市推动乡村振兴战略情况。

《太原日报》报道，太原师范学院与太原数字城管指挥中心签署高校城市管理教学实习基地战略合作协议，山西省首个高校城市管理教学实习基地在太原数字城管指挥中心挂牌。

小店区图书馆成为国家一级县级公共图书馆。

23日

罗清宇会见中国国民党前主席洪秀柱一行。

第十三届世界王氏恳亲联谊大会在太原市晋祠举行，来自菲律宾、马来西亚、缅甸、泰国、新加坡、印度尼西亚、柬埔寨、法国等8个国家和香港、台湾地区及部分省市王氏社团组织负责人和代表300余人参加本次大会。

青岛啤酒太原公司“新增易拉罐生产线”项目在太原投产，这是山西省首条易拉罐啤酒生产线。该项目从立项到投产，仅用了5个多月时间，创造青岛啤酒全国同类项目的最快速度。

25日

太原市人民政府出台《进一步深化基本医疗保险支付方式改革实施方案》。

26日

中国（豪德）北方交易中心项目在阳曲县大盂工业园奠基，该项目是太原市首个商贸物流城智慧园区，由香港豪德集团与山西省五金机电商会联合打造，是华北地区规模最大的工业品交易中心。

29日

省委常委、统战部长徐广国在太原清控创新基地、山西清众科技股份有限公司、山西乐村淘网络科技有限公司、山西综改示范区公共服务平台、智奇铁路设备有限公司、山西双良再生能源产业集团等地进行走访调研。市领导刘鹓一同调研。

31日

省委第一督导检查组督导检查太原市贯彻落实习近平总书记视察山西重要讲话精神情况意见反馈会召开。骆惠宁主持会议，薛延忠代表省委第一督导检查组反馈意见，罗清宇作表态发言，张瑞鹏出席会议。

首个闸机式“公车”移动服务站在太原建成。

《太原日报》报道，截至5月底，太原公共自行车在全国创出免费率、周转率、租用率、建设速度四个第一。

6月

1日

“中华慈善总会培训基地”揭牌仪式在太原慈善职业技术学校举行。

2日

市委常委（扩大）会议召开。会议传达贯彻全国生态环境保护大会、国务院脱贫攻坚专题会议、省委第一督导检查组督导检查太原市贯彻落实习近平总书记视察山西重要讲话精神情况意见反馈会精神；审议《关于落实〈省委第一督导检查组对太原市贯彻落实习总书记视察山西重要讲话精神督导检查反馈意见〉的责任分解》《关于学习推广新时代“枫桥经验”提升全市城乡基层社会治理现代化水平的实施方案》《关于开展打击破坏生态环境违法犯罪专项行动的实施方案》；研究太原市创建全国文明城市工作。

2日至3日

晋源区首届“晋之韵”插秧文化节

在北大寺村举行，主题为“千年厚礼晋祠大米”。

5日

罗清宇在古交市马兰镇西塔社区安置点、山西晋禄达能源有限公司调研。

6日

耿彦波在滨河体育中心改造（扩建）工程项目、市妇幼保健院迁建工程项目和西中环南延工程项目工地现场办公，察看工程进度，了解项目推进过程中遇到的困难和问题，并现场提出具体指导意见。

清徐县首届油菜花文化节在徐沟镇西怀远村举行。

8日

江铃重汽——北京建工山西公司战略合作协议签署暨首批专用重卡交车仪式在山西综改区江铃重汽举行。

10日

太原地铁2号线大南门站主体完工，成为首个完成封顶的换乘站。

12日

太原市创建全国文明城市推进会召开，罗清宇向10县（市、区）主要负责人发放责任书。李新春宣读《关于调整太原市创建全国文明城市指挥部的通知》《关于建立太原市创建全国文明城市市领导包联督办制度的通知》。市委、市政府印发《太原市创建全国文明城市工作规划（2018—2020年）》。

山西建投“双创”基地在山西转型综改示范区科技创新孵化基地挂牌，这是山西省首家产创融合平台。

13日

市委、市政府办公厅印发《关于放宽人才户口迁入政策的通知》，太原市实行“先落户、后就业”政策，同时可办理配偶、子女、父母户口随迁等。市财政预算安排10亿元人才专项资金用于引进人才补贴。

14日

马润生在太原市第四（女子）看守所和太原煤气化股份有限公司炉峪口煤矿调研。

15日

太原市二青会、省运会筹备工作推进会举行，罗清宇、张复明（副省长、二青会省筹委会副主任兼秘书长）出席会议并讲话。耿彦波安排部署工作。

太原经衡阳至海口航线开通。

15日至18日

首届中部六省（山西）合唱展演在太原举办，主题为“唱享黄河、长城、太行山”。

15日

庆祝改革开放40周年群众文化系列活动开展，活动包括26项主题展演、展示、展览活动，活动为期3个月。

17日

省城千人古琴齐奏古曲“鹿鸣”挑战大世界吉尼斯世界纪录在太原举办。

19日

郴州市委副书记、市长刘志仁带队，调研太原市建设国家可持续发展议程创新示范区工作开展情况。市领导王立刚陪同。

20日

市委常委会议召开。会议传达学习全国城市基层党建工作专题培训班精神、全省攻坚深度贫困现场推进会精神，研究太原市贯彻落实意见；审议《太原市党务公开实施方案》。

21日

《太原日报》报道，罗清宇在娄烦县娄烦镇南山生态扶贫创森项目现场、天池店乡南岔村新青林水貂养殖项目、联系帮扶点天池店乡河北村调研。

22日

市委、市政府出台《太原市推进农村集体产权制度改革实施方案》，明确太原市杏花岭区和晋源区两个农村集体产权制度改革试点区到2018年10月基本完成试点任务，其他县（市、区）到2021年全部完成改革任务。

22日至23日

2018年国际摔联女子摔跤积分赛中国站公开赛在山西省体育中心体育馆举行。

23日

太原市决战决胜脱贫攻坚推进会举行。会议要求深入学习贯彻习近平总书记在深度贫困地区脱贫攻坚座谈会上的重要讲话精神，对做好太原市脱贫攻坚工作再安排再部署。罗清宇讲话，耿彦波主持会议。

25日

娄烦县34个村级光伏扶贫电站全部并网，标志着太原供电完成“十三五”第一批光伏扶贫项目计划建设任务。

26日

罗清宇、耿彦波带队并邀请太原市部分十九大代表、基层党代表和人大代表、政协委员、劳模代表，一同调研“八河”综合治理及道路快速化改造工程。

太原市人民政府办公厅获“全国公共机构能效领跑者”称号。

太重轨道交通齿轮箱升级改造项目顺利竣工并正式投产，可满足批量制造80—350千米/时不同速度等级各种轨道交通车辆用齿轮箱的现代化柔性生产线，产品覆盖高速动车、城轨车辆、各种牵引机车、工程作业车等用齿轮箱，具备年生产和检修各种轨道交通齿轮箱5000套以上的能力。

26日至27日

首届军民融合发展（中国·太原）高峰论坛在太原举行，主题为“变革、机遇、创新、融合”。活动中，山西转型综合改革示范区阳曲产业园区、中国国防工业企业协会军民融合产业联盟、武汉湛赢投资有限公司、太原银嘉新兴产业孵化器投资基金签订太原军民融合创新小镇合作协议。阳曲产业园区还与无锡银邦防务科技有限公司、武汉依迅电子信息技术有限公司、江苏中宏环保科技有限公司签订合作协议。

27日

市委办公厅出台《关于进一步激励广大干部新时代新担当新作为的实施意见》。

第一届全省中小企业服务对接活动在太原清控创新基地举行。

29日

骆惠宁在太原市看望慰问老党员杨焕炳、困难党员闫静茹，在小店区坞城东社区了解社区加强基层党建、真情服务居民情况，并检查“三基建设”情况。

30日

市委、市政府出台《太原市完善产权保护制度依法保护产权实施方案》，基本形成归属清晰、权责明确、保护严格、流转顺畅的现代产权制度和产权保护法律框架。

7月

1日

太原市举行二青会工程建设攻坚誓师大会，要求二青会场馆建设于11月30日前全面完成。

太原新增到长沙、杭州高铁。

2日

《太原日报》报道，罗清宇走访慰问老党员张健、生活困难党员武建烈，并到新建南路第二社区、解放南路第一社区调研“三基建设”情况。

3日

太原代表团在省十五届运动会跳水比赛中获团体总分第一，太原代表团摘得7枚金牌。

全国首个脑血运重建青年医师培训中心落户山大一院。

清徐县发布首个区域公用品牌，即清风徐来、无醋不在，以此为突破口实施农村电商强县工程。

3日至4日

省委常委、常务副省长林武先后在太原重工轨道交通设备有限公司、中国电子科技集团公司第三十三研究所、富士康（太原）科技工业园、江铃重汽、山西钢科碳材料有限公司、太钢集团调研转型项目建设工作。市领导耿彦波、张金旺、王立刚一同调研。

4日

太原军民融合创新小镇在阳曲产业园区揭牌成立。

太原民警任飞试制成功“地沟油检测卡”。

5日

太原市国家税务局、太原市地方税务局合并为国家税务总局太原市税务局，并举行挂牌仪式。耿彦波为国家税务总局太原市税务局揭牌。

太原市中国电子科技集团公司第二研究所“集成电路封装关键设备远程运维标准与试验验证”、太原重工轨道交通设备有限公司“高速列车关键零部件智能工厂”两个项目入选国家“2018年智能制造综合标准化与新模式应用”项目。

6日

国内最大的奥特莱斯主题购物公园落户晋源区，由晋源区人民政府与山西能源交通投资有限公司、王府井集团股份有限公司三方联合打造。

9日

市政协主席张明星先后在古交市、娄烦县政协机关，调研深入开展习近平总书记关于加强和改进人民政协工作的重要思想学习研讨有关情况。

太原至莫斯科直飞航班开通。

10日

刘新云在太原市迎泽区朝阳社区、迎泽分局迎泽派出所、万柏林分局和平南路派出所和交警支队小店二大队车管所，调研指导山西公安审批服务“一网通一次办”平台运行情况和社区戒毒、公安信息化建设等工作。

太原市人民医院与美国麻省医疗国际集团签署战略合作协议。

11日

国务院副秘书长、国家信访局局长舒晓琴在太原市小店区、迎泽区等地调研信访工作，并回访信访人，走访慰问贫困户。

12日

罗清宇一行调研桃园片区、国师街片区、兴华南小区、太航小区和平阳路亲贤街口、体育西路、丽华北街沿线交通状况，并在市交警支队主持召开全市文明交通综合治理座谈会。

太原市面向高考生订单培养城市轨道交通人才，培养城轨运营管理、城轨车辆、城轨机电等7个专业，共240名学员。

13日

市委常委会议召开。会议学习习近平总书记与团中央新一届领导班子成员集体谈话精神，传达学习省委坚决打赢全省脱贫攻坚战三年行动实施意见精神和全省开发区改革创新发展推进会精神，研究太原市贯彻落实意见，听取市纪委监委2018年上半年工作情况汇报，安排部署太原市庆祝改革开放40周年活动等。

太钢不锈位列2018年《财富》中国500强第119位，雄踞山西企业第一名。

14日

市委常委会议召开。会议传达贯彻习近平总书记在中央政治局第六次集体学习和在全国组织工作会议上的重要讲话精神，传达贯彻全省推进“三基建设”座谈会精神，研究全市人才工作和就业工作。

16日

罗清宇会见浪潮集团董事长孙丕恕一行，市领导王立刚、刘鹨参加会见。

国家体育总局副局长赵勇一行先后在山西体育中心国际体育交流中心、青运村、山西体育中心射击射箭训练基地及滨河体育中心、汾河体育健身长廊管线桥健身区等地调研。市领导王爱琴一同调研。

太原市文化艺术学校学生李晨阳以98.69的高分，获得第二十二届中国少儿戏曲小梅花荟萃活动全国地方戏专业A组金花奖第一名。

太原开通宜昌经太原至满洲里航线。

17日

罗清宇先后在公安万柏林分局和平南路派出所、闫家沟社区走访调研，听取全市扫黑除恶有关情况汇报。

18日

太原新开通直飞越南芽庄和巴厘岛

的航线。

19 日

罗清宇、耿彦波带队观摩督导古交市、晋源区、清徐县重点工作进展情况。先后在山西媒体智慧云平台项目、中晋交能大数据产业聚集区、山西立业制药有限公司项目，西山华通水泥熟料生产线搬迁改造项目、山西晋禄达能源有限公司，西中环南延项目、清徐榆古路口景观绿化民生综合项目了解相关项目、工程推进情况。

20 日

市委、市政府出台《关于深入实施创新驱动发展战略进一步推进大众创业万众创新的实施意见》。

太原市侨青委、太原市海归协会成立。

22 日

山西省于成龙廉政文化研究会在太原成立。

23 日

山西大医院成为全国“儿童早期发展运动与健康指导项目”示范基地。

文化和旅游部副部长李金早带领文旅企业代表、金融机构代表、高校和科研机构代表等 50 余人的考察团，在娄烦县开展文化旅游扶贫工作——启动旅游企业帮扶、金融机构帮扶、旅游培训帮扶、旅游规划帮扶、景区提升帮扶五项帮扶措施。市领导张复明、薛东晓、王爱琴参加活动。

24 日

科技部党组成员周长奎带队的调研组一行在汾河治理美化二期工程、晋阳污水处理厂、虎峪河综合治理工程、玉泉山城郊森林公园等地调研。

太原市上兰水站、温南社水站和汾河水库出口三大水质自动监测站投入试运行。

25 日

太原市人民政府与龙芯中科、中标软件、山西百信共建安全可靠科研攻关与技术应用示范基地协议签约仪式举行，省委常委、市委书记罗清宇、市委副书记、市长耿彦波，工信部巡视员李颖、李新春，省经信委副主任马运侠，省保密办主任，省国家保密局局长张华，省国投集团公司总经理李涛，市领导王立刚、刘鹓等出席。

迎泽区“新的社会阶层人士活动站”成立，是太原市首个“新的社会阶层人士活动站”。

25 日至 28 日

2018 年场地自行车国际一级赛在山西体育中心自行车馆举行。

26 日

山西立业制药项目正式投产运行。该项目位于西中环路义井段西侧，总投资 5 亿元，占地面积 4 万平方米，总建筑面积 2.60 万平方米，在原太原制药厂厂址分三期改建，建设期为两年。

27 日

莫斯科茹科夫斯基至太原航线正式开通，这是太原机场开通的第二条直飞莫斯科的洲际客运航线。

28 日

市委常委会议召开。会议传达学习中央第十五巡视组巡视山西情况反馈会议精神，对全市整改工作提出要求。市委常委，市人大常委会、市政协党组负责人就牢固树立“四个意识”、坚决做到“两个维护”、认真抓好学习贯彻整改落实工作作交流发言。并研究了双拥共建、妇联换届、扫黑除恶等工作。

太原市人民政府印发《太原市社会信用体系建设行动计划（2018—2020 年）》，到 2020 年基本建立政务诚信、商务诚信、社会诚信、司法公信等四大重点领域诚信体系。

28 日至 30 日

“怀袖清风——首届山西扇子书画艺术展”在太原美术馆展出。

31 日

太原北部现代农业公园开园。公园位于尖草坪区，是一个集观光、体验、休闲、健身、科普、示范于一体的公园。

8 月

1 日

罗清宇慰问驻并武警某部二中队官兵，耿彦波到驻并部队某部慰问基层官兵，李新春到小店区走访慰问退伍军人代表，张明星到阳曲县慰问解放战争伤残军人代表。

1 日至 4 日

2018 年中国场地自行车联赛总决赛在太原举行。

2 日

市委常委（扩大）会议召开。会议学习习近平总书记在中央政治局会议研究当前经济形势和经济工作时的重要讲话精神，贯彻落实省委常委会对下半年全省经济工作的决策部署，分析太原市上半年经济形势，部署下半年经济工作，传达全省生态环境保护大会精神，研究太原市贯彻落实意见。

市委印发《关于成立深化党政机构改革领导小组的通知》，罗清宇任组长。

4 日

市委、市政府出台《关于加快推进乡村振兴战略的实施意见》。

太原不锈钢产业园区循环经济标准化试点通过国家验收。

5 日

《太原日报》报道，根据国家发改委等 5 部门发布的“2017—2018 年（第 24 批）国家企业技术中心名单”，山西新华化工有限责任公司、中铁三局集团有限公司、赛鼎工程有限公司 3 家企业技术中心名列其中。至此，太原市国家企业技术中心达到 13 户，数量居全省第一。

太原市与中国科学院等共同组建“健康大数据研究院”，将对健康数据进行专业化处理和再利用。

6 日

罗清宇先后在迎泽区新海巷、小店区南环三巷、万柏林区双拥路、尖草坪区兴华北巷、阳曲县文明街等背街调研督导背街小巷整治情况，副市长张齐山汇报全市背街小巷整治工作情况。

高卫东一行先后到西山煤电集团保障房建筑工地、西山煤电工人文化宫广场、太原工会困难职工帮扶中心调研困难职工解困脱困工作。市领导李新春参加。

太原日报报业集团全媒体指挥中心落成启用仪式在新闻大厦举行，标志着太原日报报业集团建立“报、网、微、端、屏”为一体的全媒体报道格局。

7日

30名在晋全国人大代表赴阳曲县医疗集团（阳曲县人民医院）调研县乡医疗卫生机构一体化改革工作，实地察看集团医学检验病理中心、远程消毒供应中心、康复中心及信息中心。

太原市首支20名自行车巡警队正式上路执勤。

8日

罗清宇一行先后在省运会现场安保指挥部、主席台、安检点等重点区域，看望慰问一线执勤民警和工作人员，检查安保措施落实情况，现场研究分析和协调解决存在的问题。

8日至18日

山西省第十五届运动会田径、游泳、体操、举重、摔跤、乒乓球、篮球、武术套路、自行车（场地）、自行车（山地）、拳击等11个竞技体育项目和职工组拔河、老年人组门球两个群众体育项目在太原举办。

9日

山西建筑产业现代化园区在山西综改示范区潇河产业园区开工建设。该园区由山西建投集团和太原煤气化集团联合打造，迈出向“国家级分布式能源智能综合利用示范园区”和“全国建筑产业现代化园区”进军的重要一步。园区占地面积67.80公顷，拟投资36.50亿元。

10日

2018年度太原“身边好人”名单揭晓，40名爱心人士光荣上榜。阳曲县阳兴小学的李秀梅等12名爱心人士上榜“敬业奉献”；文庙派出所的晋勇等9名爱心人士上榜“助人为乐”；中铁三局的李娟等8名爱心人士上榜“孝老爱亲”；山西省电力公司检修分公司的王毅等7名爱心人士上榜“见义勇为”；太原公共交通控股有限公司的张旋等4名爱心人士上榜“诚实守信”。

13日

全国政协港澳台侨委员会副主任于迅带队的全国政协海外列席侨胞回国考察团在太原考察，以“引进海外资源，构建内陆地区对外开放新高地，助力山西转型发展和脱贫攻坚”为主题。省、市领导王一新、席小军、张明星、张齐山、冯霞等一同实地考察并参加专题座谈。

14日

市委常委会议召开。会议传达全省扫黑除恶专项斗争推进会、全省扫黑除恶专项斗争领导小组第六次会议精神，研究太原市贯彻落实意见；审议《太原市“新时代堡垒工程”三年行动方案》《关于加快推进城市基层党建工作十二条措施》《关于深化街道管理体制改革进一步加强城市基层党建工作的实施方案》。

16日

太原家庭教育联盟（太原市关工委家庭教育中心）成立大会举行。

16日至17日

2018数字出版与数字图书馆融合发展国际研讨会在太原召开。

17日

太原市举办首个中国医师节表彰会，马登峰等10人获评为“太原市十佳医师”，孟晋平等10人获评为“太原市十佳基层医师”。

18日

第二届全国青年运动会开幕倒计时一周年活动开启，同时，二青会会徽、吉祥物、主题口号发布。会徽“山河”由汉字山西的书法形态构成，吉祥物是以褐马鸡为创意元素的“青青”，主题口号为“青春的约会，拼搏的舞台”。

武宿综保区永大不锈钢法兰项目投产，这是中国首个引进智能制造系统的法兰加工项目。

18日至11月17日

“地球瑰宝——中国地质博物馆百年精品展”在山西地质博物馆开展。

21日

王爱琴一行先后在体育南路、国师街片区和小东门集贸市场，随机进入双合成、神剪造型、红星浴池等十余家“五小”（小食品店、小餐饮店、小洗浴、小理发、小旅店）店面，督查“五小”门店和集贸市场专项整治工作情况。

22日

罗清宇在太原市鸿新农产品有限公司、茂林农庄城郊农业示范园、王吴村等地调研种植业结构调整及土地流转等情况。

22日至23日

晋英兴晋博士团一行在太原市实地参观考察。考察后，博士团举行总结交流座谈会，市领导李新春、王立刚、赵忠保、车建华等出席。

23日

罗清宇与哈佛大学麻省总医院高等医学计算和分析中心主任李全政教授一行举行工作对接会。市领导张金旺、王立刚、刘鹓参加。

24日

市委、市政府办公厅印发《太原不锈钢产业园区与太原市尖草坪区融合发展改革方案》，在北至尖草坪区界，南至新店街，西至西山脚下和新兰路，东至尖草坪区界规划范围内，起步建设“一区两园”，即不锈钢园区基础区、军民融合科技创新园、军民融合转型产业园。

27日

骆惠宁等现场观摩太原不锈钢产业园东杰智能装备及工业机器人、综改示范区阳曲产业园银邦铝合金及多金属高端复合材料、明豪汽车整车模具制造等转型项目。

28日

太原市初中阶段初一新生实现均衡

编班常态化。

市级公证机构司法辅助中心迎泽法院分中心在迎泽区法院挂牌，这是山西省首家公证司法辅助中心入驻法院，开展公证机构参与人民法院司法辅助事务工作。

30 日

市委常委会议召开。会议传达学习省委十一届六次全会精神，研究太原市贯彻落实意见，传达贯彻全省推进转型项目建设现场会精神，传达学习中央和省委关于军民融合发展重要精神、全省党委系统法律顾问和公职律师工作会议精神，传达贯彻全省政法队伍集中整肃专项活动动员部署会议精神，审议《全市重点领域工作调研方案》，听取省运会工作总结暨二青会筹备工作情况汇报，听取《太原市生活垃圾分类管理条例（草案）》《太原市城乡规划条例（草案）》《太原市人民代表大会常务委员会关于修改〈太原市老年人权益保障办法〉的决定（草案）》三部地方性法规的情况汇报等，同意提请市人大常委会会议审议。

太原市人民政府、晋源区人民政府与华侨城集团三方签订“太原华侨城大型文化旅游综合开发项目”一期项目合作协议。根据协议，三方将在城中村改造、文化旅游发展、乡村振兴战略等领域开展广泛深入合作。

太原市 2800 余名正科级干部参加中共十九大精神集中轮训，这是太原市第一次以市委名义对全市正科级干部进行大规模集中轮训。

太原市选手马亚男与搭档孙梦雅组成的中国组合，在 2018 年雅加达亚运会皮划艇静水比赛中以 2 分 02 秒 512 获得女子双人划艇 500 米决赛冠军，实现了山西省水上运动项目的历史性突破。

9 月

1 日

太原开通 12 部工商注册登记局长服务电话。

2 日

太原市人民医院与同济大学附属同济医院签署战略合作协议。

太原市胸痛地图启动发布会举办，全市 11 家医疗机构，与 120 急救院前救治体系结合，形成覆盖全市 437.97 万人口的胸痛疾病快速救治网络。这是全国首家省会城市推出胸痛地图。

清徐县完成首例跨省异地就医住院费用直接结算。

3 日

全市中小学同上开学第一课，主题为“奋斗新时代，创造向未来”。

4 日

全国空手道 U18 锦标系列赛（山西站）在太原开赛。

4 日至 12 日

第六届全国青年美术作品展在太原美术馆巡展，该展由中华全国青年联合会、中国文学艺术界联合会、中国美术家协会共同主办，中国美术馆、中华艺文基金会支持，太原美术馆承办。

5 日

赤桥村至晋祠公园东门的下穿通道主体完工，全长 1435 米，这是太原最长下穿通道。

太原不锈钢产业园区循环经济标准化试点项目和山西喜跃发路桥建筑材料有限公司承担的国家级建筑垃圾资源化利用循环经济标准化试点项目通过国家专家组评估验收。

6 日

中央扫黑除恶第二督导组在太原市督导，督导组由组长李学勇、副组长许群杰带队。罗清宇汇报工作，商黎光随同督导。督导组分三路分别对小店区、古交市、清徐县进行下沉督导。

2018《财富》CEO 峰会在太原举行。峰会由太原市人民政府、《财富》（中文版）和阳光控股有限公司共同举办。

太原市举行大型超市设立太原名优特农产品展示销售专区签约暨挂牌仪式。绿恒常等农产品加工企业（农民专业合作社）分别与美特好、山姆士、唐久、永辉等大型超市达成合作协议。

7 日

省委省政府环境保护督察“回头看”太原工作动员会召开，罗清宇作动员讲话，耿彦波主持会议。督察组在城南退水渠分流改造工程、汾东污水处理厂一期建设工程、娄烦集中式生活饮用水水源地、太原市生活垃圾焚烧发电厂等地，展开现场督察。

山西省人民政府批准阳曲县退出贫困县。

山西省委常委、副省长、省政府党组副书记林武一行在晋能电力集团嘉节燃气热电分公司、华能太原东山燃机热电有限责任公司调研太原市冬季天然气保供及供热情况。市领导李新春一同调研。

太原书院揭牌暨“莲现莲成——迦陵诗词中意与象荷生刘波书画展”启动仪式在太原市图书馆举行。

8 日

2018 太原国际马拉松赛在中国（太原）煤炭交易中心开赛，罗清宇、段世杰（中国田径协会主席）、张复明、李新春、张明星、刘鹓、王爱萍、王爱琴等共同为比赛鸣枪发令。肯尼亚选手伊泽基尔·科姆波伊·欧姆勒以 2 小时 15 分钟 36 秒的成绩，获得男子马拉松冠军。肯尼亚选手爱丽丝·杰普科米波伊·科姆塔以 2 小时 31 分钟 54 秒的成绩，获得女子马拉松冠军。

9 日至 13 日

2018 年全国场地自行车锦标赛暨全国场地自行车青年锦标赛在太原举行。

10 日

罗清宇、耿彦波分别在太原市第五中学、太原学院、太原市进山中学、太原市交通学校看望慰问教职员工。

省城军民欢送新兵入伍大会在太原工人文化宫举行，省军区副司令员邱月潮，市委副书记李新春，省军区动员局局长张太平，市委常委、太原警备区政委张文广等和太原市六城区 2018 年入伍的新兵和新兵家长及接兵部队代表出席欢送大会。

12 日

罗清宇一行在人行景观桥及景观绿化工程和 1 号闸坝建设施工现场，二青会水上运动中心施工现场，调研汾河治理美化三期工程和二青会水上运动中心。

13 日至 16 日

山西（太原·阳泉）特色农产品北京展示展销活动在北京全国农业展览馆开展。展示展销会上，太原市达成投资贸易协议 17 个，总投资额为 147.70 亿元。

15 日

太原论坛圆桌会议召开。会议由骆惠宁主持，他与前来参加 2018 年太原能源低碳发展论坛的外方嘉宾代表，就共同关心的重大问题进行探讨交流。

罗清宇、耿彦波就太原华润万象城的发展规划、商业定位及建设运营等进行调研。

16 日

2018 年太原能源低碳发展论坛开幕式暨高峰论坛举行，全国人大常委会副委员长吉炳轩致辞。论坛主题为“能源革命、造福人类”。

17 日

2018 中国（太原）国际能源产业博览会开幕，吉炳轩出席开幕式，骆惠宁宣布开幕。博览会以“低碳引领、智慧能源、创新发展”为主题，以技术成果展示、项目合作为重点，旨在打造国际能源交流与合作的新平台。

2018 年太原能源低碳发展论坛分论坛四在太原举行，由太原市人民政府、中国 21 世纪议程管理中心、瑞典马尔默市政府、凤凰网共同主办，主题为“城市能源低碳与可持续发展”。罗清宇作主旨演讲。

18 日

举行重大项目签约仪式，共有 42 个重大项目成功签约，项目总投资额达 625.20 亿元。其中，太原市有 4 个项目签约成功，即不锈钢园区的水下机器人项目和综改示范区的新能源汽车及零部件生产、铝镁合金全产业链、高性能高铁制动闸片项目，总投资额 160.20 亿元。

19 日

“紫禁风华——2018 太原·故宫文物展”推介会在北京故宫建福宫花园举行，故宫博物院院长单霁翔、常务副院长王亚民，市领导耿彦波、王立刚、张璐等参加。

19 日至 23 日

阳曲县首届“中国农民丰收节”暨第三届特色农产品展销会在省展览馆举办。

20 日

市人大常委会主任弓跃带队的市人大常委会调研组一行在市交警支队开展立法调研。

20 日至 27 日

清徐县首届农产品展销会在省展览馆举办。

21 日

市委常委会议召开。会议传达学习习近平总书记在中央全面依法治国委员会第一次会议上的重要讲话精神、全国宣传思想工作会议精神、全国教育大会精神和全省组织工作会议精神、全省深入推进改革督察工作会议精神，研究太原市贯彻落实意见，听取太原市打好三大攻坚战、创建全国文明城市工作情况汇报，审议通过《关于搭建人才事业平台推动转型发展的若干政策措施》。

22 日

山西轨道交通产业技术联盟成立。

娄烦县首届中国农民丰收节庆祝活动在城北村御史梁生态园举行。

26 日

中共太原市委十一届五次全体会议召开。会议指出，一年多来，市委始终坚持以习近平新时代中国特色社会主义思想和视察山西重要讲话精神统揽全局，与学习贯彻中共十九大精神紧密结合，一体落实、一体推进。坚持用讲话精神武装头脑、指导实践、推动工作，全市上下思想统一，目标明确，以习近平总书记视察山西重要讲话精神为指引确定的发展导向、思路举措、工作着力点转化为广大干部群众的生动实践。全市保障发展的工作机制健全，三次产业的协调性增强，经济持续向好的态势形成，全面从严治党向纵深推进，广大干部干事创业积极性有效调动，政治生态优化。

太原市人民政府出台《山西省国家标准化综合改革试点太原市工作方案》。

26 日至 28 日

第二十届全国救生锦标赛在太原举行。

2018 首届太原市越野行走比赛在杏花岭区东山生态园举行，主题为“强健体魄·阳光生活·共享青运”。

27 日

罗清宇、中国兵工集团公司董事长温刚一行先后在中国兵器工业集团所属的晋西工业集团有限责任公司和山西北方兴安化学工业有限公司考察调研。

27 日至 28 日

山西省军民融合科技成果交易洽谈会在中国（太原）煤炭交易中心展览中心举行。

28 日

全市组织工作会议召开，罗清宇出席会议并讲话，赵忠保安排部署全市组织工作。

罗清宇在娄烦县天池店乡河北村、娄烦镇四家坪村调研。

太原张志勇涉黑案终审宣判，同案 41 人均受严惩，最高获刑 25 年。

30 日

骆惠宁、楼阳生等省党政军领导在太原市牛驼寨烈士陵园，与省城社会各界代表一起，向烈士纪念碑敬献花篮。敬献花篮仪式由罗清宇主持。太原市党政军领导耿彦波、李新春、李吉山、魏民、张文广、薛东晓、王立刚、赵忠保、刘鹓、张璐、马润生、车建华、宁建新等参加。

副省长曲孝丽先后在太原河西农副产品市场、太原市政务服务中心、太原清控众创空间调研市场监管、压缩企业开办时间等工作。

10月

1日

2018太原·故宫文物展在太原博物馆开展，此次展览历时半年，分清代万寿盛典展、故宫博物院藏宫廷珐琅器精品展、明代御窑瓷器展、傅山及明末清初名家行草书特展、明清官式建筑展、故宫博物院藏老照片展、数字故宫·万象紫禁数字展等7个专题进行展示，共展出上千件故宫珍贵文物藏品。这是故宫博物院历史上规模最大的一次外展。

太原市万柏林区小井峪街道闫家沟社区、小店区平阳路街道亲贤社区、尖草坪区向阳镇南翟村获第七批“全国民主法治示范村（社区）”称号。

太原金桥公园开园。公园占地面积达9.30万余平方米，是太原市北部区域新建的一座综合性城市公园，绿地率达到总面积的70%，栽植包括白玉兰、白蜡、银杏等乔木以及丁香、樱花、珍珠梅等灌木300余种。

阳曲县青龙古镇正式开业运营，2017年青龙古镇被评为全国传统古村落，并成为全省十大新锐景区之一。

2日

《太原日报》报道，古交电厂三期工程二号机组一次顺利通过168小时满负荷运行，标志着三期工程投产运营。

3日

国家高端装备制造业（重型机械）标准化试点在太重启动，工作实施期为3年，承担建立完善科研、标准制定、产业化实施三个环节的创新机制建设等六项试点任务，试点期满后，国家标准委与工信部将对试点项目考核评估。

1日至7日

“十一”黄金周期间，太原市共接待游客870.83万人次，同比增长20%。其中接待过夜游客476.21万人次，同比增长21.32%；接待一日游游客394.62万人次，同比增长18.45%。旅游总收入71.05亿元，同比增长21.20%。全市游客总量和旅游总收入再创历史新高。

8日

《太原日报》报道，太原市优化企业开办流程，压缩开办时间，实现一般经营条件企业开办5个工作日内办结（企业登记3日、申领税票1日和印章刻制1日），比国务院要求的8.50日内办结缩短3.50个工作日。

太原十号线桥主桥面成功合龙，十号线桥是太原市横跨汾河的第19座桥梁。

《人民日报》报道，2018年中国中小城市科学发展指数研究成果发布，小店区位列全国投资潜力百强区第51名，清徐县清源镇上榜全国综合实力千强镇。

9日

2018年全国大众创业万众创新活动周山西分会场活动启动仪式在山西转型综合改革示范区科技创新孵化基地举行。

《太原日报》报道，娄烦县入选2018年全国电子商务进农村综合示范县名单。

10日

山西省首个农业特色产业孵化平台——循味农业科技园在小店区西温庄乡成立运营。

11日

罗清宇在羊市街28号院、城南热源厂、太古供热管线中继能源站调研供热工作。

晋源区西寨公园正式建成开园。公园位于西寨旧村中央，一期面积37269平方米，二期面积2.40万平方米，共计占地面积6万余平方米，采用“一环、十六点、两分区”的总体空间布局，形成鲜活又具有记忆感的公园。

15日

罗清宇在阳曲县东黄水镇吉家岗村、凌井店乡安塘村、西凌井乡庄儿上村调研脱贫攻坚、乡村旅游等工作。

李新春一行先后到百岁老人刘江、孟碧峰家中走访慰问。截至2018年10月，太原市共有百岁老人121名，女性89人，男性32人。全市60岁以上老年人约70.40万人。

16日

市委常委会议召开。会议传达学习习近平总书记在十九届中央政治局第八次集体学习时的重要讲话精神，研究太原市贯彻落实意见；传达贯彻全省秋冬季大气污染防治攻坚行动电视电话会议精神；审议通过《太原市农村人居环境整治三年行动实施方案》《关于坚决打赢脱贫攻坚战推动乡村振兴三年行动的实施意见》《关于防范化解金融风险推动金融服务实体经济健康发展的实施意见》《太原市质量提升行动实施方案》《太原市2018—2019年秋冬季大气污染综合治理攻坚行动方案》。

市委、市政府办公厅出台《关于推进审批服务便民化加快营造“六最”营商环境的实施方案》。

18日

太原市医改暨县乡医疗卫生机构一体化改革工作（清徐）现场会召开，与会人员先后前往清徐县孟封镇齐南安村卫生室、清徐县柳杜乡卫生院、清徐县医疗集团观摩学习。

19日至20日

王立刚率团参加出席在丹麦首都哥本哈根召开的“全球绿色目标伙伴2030（P4G）”峰会。通过参加“P4G”峰会，太原市与世界14个可持续发展城市建立友好关系，与30多个可持续发展机构和组织达成合作意向。

19日至23日

中国法学会会长王乐泉在太原等地就法学会工作调研。

太原市国土资源局在太原市为民服务中心召开新闻发布会，宣布正式启动互联网+申请办理不动产登记业务工作，标志着太原市不动产登记服务实现“智能化”。

首届于成龙文化创意论坛在太原举办，由三晋文化研究会主办。

20 日

太原市被列为国家首批 26 个生活垃圾分类示范城市（区）。

23 日

山西国信投资集团有限公司与山西转型综改示范区阳曲产业园区战略合作协议签约仪式在太原举行。

古交市成立教育发展基金会，原始注册基金 400 万元，这是古交市人民政府 2018 年确定的为民所办十件实事之一。

24 日

罗清宇会见柬埔寨工业和手工业部国务秘书兴索贡带队的柬埔寨人民党青年干部考察团一行。

25 日

人民网“2018 大学校长论坛”在太原煤炭交易中心举行，以“回归·创新·育人”为主题，由人民日报社指导，人民网、太原市委、市政府联合主办。

市委印发《关于调整市委深化党政机构改革领导小组组成人员的通知》，罗清宇任组长。

26 日

山西转型综改示范区政府采购全流程电子平台运行，这是全省首个实现政府采购全流程电子化交易的平台。

太原市开启智能化苗木灌溉模式。

28 日

《太原日报》报道，智奇铁路设备有限公司的高铁轮轴智能制造试点示范和山西科达自控股份有限公司的矿山装备远程运维服务试点示范项目，入选工信部 2018 年智能制造试点示范项目名单。

29 日

太原市召开督导检查汇报会，楼阳生就开展好督导检查工作提出要求。

太原市南宫献血屋获评“全国最美献血屋”。

30 日

“志愿城市 · 太原”专项基金启动，这是中国志愿服务基金会首次与国内省会城市合作设立的志愿服务专项基金。

31 日

太原学院足球场完工，占地面积约 2.43 万平方米，总建筑面积约 4790 平方米，设有 2476 个座位。用于承担第二届全国青年运动会部分足球赛事。

山西省首家县级自助图书馆在小店区投入使用。

11 月

1 日

李新春与中国中化集团化工事业部暨中化国际（控股）股份有限公司党委书记、总裁刘红生一行举行工作对接会，双方就投资发展环境、合作愿景等进行沟通洽谈。

2 日

耿彦波、车建华在太原分会场收听收看全省非洲猪瘟防控工作电视电话会议。

3 日

罗清宇、耿彦波在天龙山景区、太山景区修缮保护工程建设现场及太原五中新校区观摩督导民生领域重点项目进展情况。

4 日

市委常委（扩大）会议召开。会议传达中央政治局会议关于当前经济形势和经济工作的精神，分析前三季度全市经济形势，研究部署当前工作。

5 日

太原国际邮件互换局（交换站）启动运营，实现当年审批、当年建设、当年验收、当年运行。

5 日至 8 日

全国政协副主席卢展工率领全国政协京昆室调研组先后在太原的艺术学校、文艺团体，调研支持戏曲传承发展政策贯彻落实情况。

太原市森林防火灭火应急队成立。

太原市神经内科专科联盟成立。

7 日

太原市人民政府印发《太原市优化工业用地配置促进转型升级试行办法》，鼓励闲置厂房、仓库用于养老、流通、服务等转型产业。

8 日

全市环保督察整改推进会召开。会议传达中央第二环保督察组对山西省开展“回头看”工作动员会精神。罗清宇出席并讲话，耿彦波部署工作。

《太原日报》报道，山西省确定太原航空仪表有限公司等 6 户企业为 2018 年省级智能制造示范企业，确定山西美原齿科器械有限责任公司等 13 户企业为 2018 年省级智能制造试点企业。确定山西省高性能碳纤维及其复合材料制造业创新中心为省制造业创新中心试点，山西省微电子智能制造装备创新中心等 5 家为省制造业创新中心试点（培育）。

9 日

骆惠宁对太原市小店区北张退水渠黑臭水体治理工程和群众反映的清徐县王答乡同戈村潇河南侧生活垃圾及工业固废堆积问题，进行实地检查，对认真整改提出明确要求。

10 日

罗清宇在山西旭航环保新型材料有限公司、西中环南延施工现场、晋源区晋祠镇赤桥村就散乱污企业整治、扬尘污染防治和农村环境综合治理进行督导检查。

11 日

贺天才在太原调研中央环保督察交办问题整改情况。

12 日

耿彦波带领市财政局、住建委、文物局、园林局、晋源区、园林院及设计、施工单位负责人在晋祠大景区改造施工现场办公，要求有关方面密切配合、精益求精、加快进度，把晋祠大景区打造成全市第一座 AAAAA 级景区。

《2018 年太原市创建国家生态园林城市实施方案》出台。

赵忠保带队对山西转型综改示范区、不锈钢产业园区落实中央环保督察“回头看”情况进行检查，并先后到综改示范区中泽纯境建筑工地、山西脑瘫康复医院、不锈钢园区污水处理厂建设工地、天朗美域建筑工地实地督导检查中央环保督察交办问题整改完成、巩固情况。

《太原日报》报道，由中国质量协会主办的“2018全国质量标杆”授牌仪式和经验交流会在山东济宁市举行。太钢不锈获“2018年全国质量标杆”称号。

13日

王爱琴带领二青会市执委会有关部门负责人检查市执委会和青运村集中办公情况，并到青运村进行现场办公，指导各服务中心功能布局和运动员公寓的设施配置工作。

天龙山路具备通车条件，该路由太原市市政集团二公司承建。天龙山路改造工程西起战备路，东至西中环南延，全长1.50千米，规划红线宽30米，是太原市实施的一条直通天龙山景区的旅游快速路。

14日至15日

市委、市政府办公厅出台《太原市配合省委省政府环境保护督察“回头看”协调保障工作方案》，成立太原市配合省委省政府环境保护督察“回头看”协调保障工作领导小组，罗清宇任组长。

张璐带队的督导组一行先后在北沙河快速路南岸的杏花岭区星火小区、马道坡街，就杏花岭区落实中央环保督察“回头看”和环保问题整改情况进行督导。

太原国投集团精准扶贫示范项目——娄烦县杜交曲镇新建村粉条和粗粮加工厂举行揭牌仪式。

市文联副主席、曲艺团团长李晋平等人创作表演的小品《一封家书》获全国公安系统相声小品大赛最佳表演奖及创作三等奖。

15日

王立刚带队的督导组一行在古交市生活垃圾无害化卫生填埋场、马兰镇姬家庄村石阶沟配煤场、东曲煤矿原煤场封闭工地、古交市银泰矿业，就古交市落实中央环保督察“回头看”和环保问题整改情况进行督导检查。

清徐县发生里氏3.10级地震。

16日

太重集团与中北大学军民融合战略合作协议暨“智能化武器系统”项目合作协议签约仪式在中北大学举行。

太钢焦化全火车运煤系统正式投入使用。

17日

骆惠宁出席太原市城市规划与设计专家咨询座谈会，与国内城市规划设计领域的著名专家深入交流，听取意见建议。

18日

山西帷幄智能科技有限公司投入5000万元、自主研发并拥有完全自主知识产权的“城市级静态交通大数据平台”在太原上线，这是截至目前国内唯一投入实际使用的城市级智慧停车平台。

19日

市委、市政府办公厅出台《太原市农村人居环境整治三年行动实施方案》，提出到2020年，全市农村人居环境明显改善，村民环境与健康意识普遍增强，村庄环境基本实现干净整洁有序。

20日

山西省人民政府同意清徐经济开发区扩区。扩区后清徐经济开发区总规划面积为29.99平方千米，以新型煤化工、新能源、新材料、装备制造业为主导发展产业。

山西省人民政府公布太原市9处省级文物保护单位保护范围及建设控制地带，分别为南高庄城址、明泰大师塔、轩辕庙、中共阳曲县委旧址、文殊塔、徐沟城隍庙和文庙、宝梵寺、东街秦氏民宅、延圣寺。

21日

“辉煌的历程奋斗的时代”——太原市庆祝改革开放40周年成就展在太原美术馆开展，市领导罗清宇、耿彦波、张明星观看展览。此次展览由市委宣传部、市统计局主办，太原日报社、市委党史研究室、市财政局、市文化局、市委外宣办、市档案局、太原美术馆协办，展出时间至12月31日。

22日

市委、市政府出台《关于全面加强生态环境保护坚决打好污染防治攻坚战加快建设美丽太原的实施意见》。

旅游微电影《汾河》上线发布。这是市旅发委继《印象太原——青山绿水梦之城》《梦回晋祠——穿越三千年的情缘》《醋味罗曼史》《乡愁——魂牵梦绕山西面》之后拍摄的第5部微电影。

小店区在全国率先实现治超移动办公平台，小店区治超工作进入云时代和移动办公时代。

23日

骆惠宁在太原市检查清徐县城吴柳退水渠黑臭水体污染治理工作。

全市生态环境保护大会召开，对全面加强生态环境保护、坚决打好污染防治攻坚战进行再动员再部署。罗清宇出席会议并讲话，耿彦波作具体部署，李新春主持。

24日

现代晋剧《泥火情》在太原市青年宫演艺中心首演。

26日

《太原日报》报道，山西医科大学附属第二医院成为全国首批通过房颤中心认证的单位。

27日

李新春在杏花岭区桃园区域党群服务中心、大东关街道社区党群服务微站、望府广场商业综合体、小窑头非遗文旅小镇产业园等地，调研党建工作和特色小镇建设。

28日

太原师范学院书法博物馆新馆开馆。

29日

《太原市2018年创建全国文明城市工作实施方案》出台。

30日

太原市首座悬索桥——通达桥改造项目主桥合龙。通达桥，原小店桥，始建于 1994 年，是小店区连接汾河东、西两岸的一座桥梁。改造完成后，通达桥将成为太原市跨汾河大型桥梁中首座悬索桥。

是月

《太原市志（1978—2011）》出版。该志书由太原市地方志办公室编纂委员会编纂，记载太原改革开放的历程，全书共 5 册，635 万字。

12 月

1 日

马文蔚纪念馆在阳曲县建成并开放，马文蔚曾为人民币书写“中国人民银行”等字。

2 日

《太原日报》报道，清徐县知识产权科技综合服务平台采用“互联网+知识产权服务”的模式，集知识产权创造、保护、运用、管理、服务为一体，搭建起全方位服务网络。这是全省上线的首家县级知识产权科技综合服务平台。

山西大学钱宇华教授入榜 2018“全球高被引科学家”名录。

3 日

山西省副省长陈永奇在太原市娄烦县我家村、凤凰村调研农村改厕情况。市领导薛东晓、车建华一同调研。

4 日

山西省首个宪法教育基地在港澳中心成立并对外展出。

5 日

市委常委会议召开。会议传达学习习近平总书记在民营企业座谈会上的重要讲话精神和全省支持民营企业发展大会精神，审议通过《关于支持民营经济发展的若干意见》《关于深入开展领导干部联系民营企业工作的通知》；传达学习全国、全省党委秘书长会议精神，研究太原市贯彻落实意见。传达全国城市基层党建工作理论研讨会精神。传达省委常委（扩大）会议听取全省重大项目谋划情况汇报的会议精神。审议通过《关于落实党委（党组）意识形态工作责任制实施细则》。

6 日

太原市十四届人大常委会第十八次会议举行。会议决定任命卢秋生为太原市副市长。

7 日

《太原日报》报道，中国宋庆龄基金会下发《第二届“宋庆龄最美基层呼吸医生”奖获奖通知》，全国共有 10 名医生获“宋庆龄最美基层呼吸医生”奖。晋源社区卫生服务中心主任张桂芳位列其中，是山西省唯一获此荣誉的医生。

太原首推“阅读时光”文化消费信用卡。

9 日

太原市晋剧艺术研究院新创大型舞台晋剧《关公》在青年宫演艺中心首演。

10 日

晋源区晋祠镇赤桥村入选第五批中国传统村落名单，是太原市唯一入选的传统村落。

11 日

山西乐游国际旅行社有限公司在太原成立，这是继上海、重庆、天津等 11 个城市之后，乐游旅游集团成立的第 12 家分公司。

12 日

中国（太原）煤炭交易中心 2019 年度煤炭交易大会启幕，主题为“创新、转型、共享、共赢”。

13 日

太原平板玻璃厂退城入园项目开工，该项目总投资约 17.30 亿元，建设期 2 年。

15 日

深圳市国资委党委书记、主任彭海斌带队的深圳市国资国企考察组来并，考察太原市八河治理和山西综改示范区太重轨道交通有限公司。市领导耿彦波、李新春、卢秋生参加。

由山西国投体育产业集团承办的昆仑决世界极限格斗大赛在太原举行。

16 日

全国著名劳动模范李双良因病于 2018 年 12 月 16 日 19 时 29 分在太原逝世，享年 96 岁。李双良，第八届、第九届全国人大代表，全国著名劳动模范、全国优秀共产党员、联合国环境规划署“保护环境及改善环境卓越成果全球 500 佳金质奖章”获得者、原太钢冶渣顾问。

17 日

太原市阳曲县、尖草坪区非洲猪瘟疫区解除封锁。

18 日

中国黄河网在太原上线。

19 日

小店区平阳路街道党建工作协调委员会在亲贤社区成立。该区 7 个街道办事处全部成立基层党建工作协调委员会，在全市率先实现全覆盖。

21 日

太原市《关于支持民营经济发展的若干意见》出台。

清徐县公交车在全市率先实行“扫码支付”。

22 日

《山西日报》报道，工业部公布第二批国家工业遗产名单，山西北方机械公司工业遗址“太原兵工厂”入列。“太原兵工厂”位于杏花岭区胜利街 101 号。

山西北方机械公司现保留有清朝、民国、新中国成立后不同时期的近万种工业实物遗存。工业遗产保护区占地面积 23 万平方米，保留厂房建筑 62 栋和职工活动场所——星火俱乐部，机器设备 223 台套，刀具、量具、夹具、辅具等 5540 件，办公家具及用品 213 件，武器装备实物 27 台 / 件，档案、图纸、文件、书籍资料 615 册，不同历史时期照片 1200 余幅，其中 45 件物品被国家列为可移动文物遗产。

23 日

“雪海流香”华夏文化人物赵梅生艺术人生印迹展在赵梅生美术馆展出，由省委宣传部、中国美术家协会、中国画学会、华夏文化促进会、省文联、省文化和旅游厅、省教育厅、省文物局、市委宣传部主办。

25日

市委常委（扩大）会议召开，传达学习习近平总书记在庆祝改革开放40周年大会上的重要讲话精神、中央经济工作会议精神和习近平总书记在中央政治局第十次集体学习时的重要讲话精神，研究太原市贯彻落实意见。审议通过《关于统筹规范督查检查考核工作的实施办法》。听取太原市贯彻落实《地方党政领导干部安全生产责任制规定》巡查情况的汇报。审议通过《太原市国民经济和社会发展“十三五”规划纲要实施情况中期评估报告》。审议通过《关于建立市政府向市人大常委会报告国有资产管理情况制度的意见》。审议通过《太原市道路交通安全管理条例（草案修改稿）》。

26日

《太原市实施湖长制工作方案》出台。到2020年底，完成湖泊的确权划界，划定湖泊保护范围和控制范围；完成湖泊保护总体规划和生态保护规划，明确湖泊功能定位。

27日

罗清宇在娄烦县社会扶贫管理服务中心，罗杨线、羊圈沟村易地扶贫搬迁安置项目现场，盖家庄村、马家庄村、下石家庄村检查指导娄烦县脱贫攻坚工作。

罗清宇会见宝能集团常务副总裁、宝能汽车有限公司董事长陈琳一行。

《太原改革开放实录》出版发行。该书由市委党史研究室组织编撰，中共党史出版社出版发行。全书分专题和回忆两卷。

28日

山西东辉新能源汽车研究院有限公司、日本株式会社e-GIe轮毂电机合作项目签约仪式在山西综改示范区举行。

太原铁路枢纽西南环线东晋隧道盾构区间顺利贯通，标志着国内铁路复合地层最长距离、最大直径盾构隧道实现贯通。

29日

052D型驱逐舰“太原号”服役，编入驱逐舰第一支队。该舰满载排水量7500吨，搭载64个垂发单元，可发射反舰、对地、对空等型号的导弹。此外，还具有防空、防导、反潜等功能。

30日

《太原日报》报道，市纪委监委、市委宣传部面向全市所有党员开展新修订的《中国共产党纪律处分条例》宣讲活动。此次宣讲活动为期一个半月。共组织宣讲活动2000余场，覆盖全市1万余个党组织22万余名党员。

本年度

2018年武宿机场旅客吞吐量达1350余万人次，较上年增长9.57%。

（赵志英）

国家级非物质文化遗产·清徐老陈醋酿制技艺

山西老陈醋是中国四大名醋之一，主产地在清徐县孟封、清源、徐沟、西谷等乡镇。清徐老陈醋是以当地种植的红高粱为主要原料，以各种皮糠为辅料，以红心大曲为发酵剂并以曲代料，经合理配料、蒸料，采用稀醪厌氧酒化，固态醋酸人工翻醅，按需人为变温发酵，经高温熏醅、高密度淋滤、高标准陈酿而成。这种具有明显地方特色的技艺在清徐世代相传，经不断改进、完善，形成一套具有北方风格的高级食醋酿制技艺流程。与西方长期食用果醋不同，中国先民主要食用由谷物发酵而成的食醋，这使中国食醋含有更多的氨基酸等人体必需营养成分。山西老陈醋色泽亮丽，入碗挂壁，集酿香、料香、醇香、酯香为一体，在民间素有“透瓶香”的雅号。它的酸味纯正柔和、口感醇厚、微甜爽口、回味绵长，具有断腥、去膻、除膻、杀菌之独特功效，是烹煮各种美味佳肴的精制调料。

2006年清徐老陈醋酿制技艺列入第一批国家级非物质文化遗产名录。

中国共产党太原市委员会

Taiyuan Municipal Committee of the Communist Party of China

综　述

【概况】2018年，太原市委坚持以习近平新时代中国特色社会主义思想为指导，深入学习贯彻中共十九大精神和习近平总书记视察山西重要讲话精神，统筹推进“五位一体”总体布局，协调推进“四个全面”战略布局，按照省委“一个指引、两手硬”思路和要求，全面落实对太原“两个走在前列”“双提升”目标要求和“五个扎实”工作要求，不忘初心、牢记使命，开拓进取、顽强拼搏，奋力谱写文明开放富裕美丽太原新篇章。（马　鉴）

【政治站位提高】2018年，太原市委坚持以习近平新时代中国特色社会主义思想统揽全局，努力在融会贯通、学以致用、全面覆盖下功夫。持续引深学习，对全市3800余名正科级实职干部进行集中轮训，联合中央和国家机关工委开展“送党课到基层”活动，与人民网共同制作开设“百集微党课”，在全国引起强烈反响。领航发展实践，高点谋划太原发展定位方位站位，大力推动实施工业强市、人才兴市、环境立市、创新驱动、城市“双修”、军民融合、乡村振兴等重大战略，重点任务和实现路径进一步明确。推动工作落实，认真落实习近平总书记对山西工作提出的总体要求和重大任务，深入贯彻省委两个《实施意见》，市委常委会负总责，常委、副市长分工负责，狠抓工作落实，确保中央大政方针和省委决策部署落到实处。（马　鉴）

【经济工作领导加强】2018年，太原市委常委会坚持每月统筹调度、每季分析研判、及时研究推进重大经济工作。建立市委常委、副市长对接产业项目制度和对接服务转型项目坐班及协调例会制度，组织开展4次项目建设观摩督导活动。2018年全市地区生产总值增长9.20%，规模以上工业增加值增长10.80%，固定资产投资增长26.20%，社会消费品零售总额增长8.10%，一般公共预算收入增长19.70%，城乡居民人均可支配收入分别增长7%、8.10%，主要经济指标增速在中部省会城市名列前茅，经济发展稳中向好的势头进一步巩固。（马　鉴）

【构建现代产业体系】2018年，太原市委实施工业强市战略，正确处理“老饭碗”和“新饭碗”的关系，设立100亿元产业发展基金，瞄准产业发展方向，改造提升传统产业，加快发展新兴产业，产业结构进一步优化。深入推进军民融合发展，积极创建国家军民融合创新示范区。加快发展都市现代农业，大力发展现代服务业，三次产业协调性进一步增强。（马　鉴）

【有效投资扩大】2018年，太原市委全产业链谋划布局、全产业链招商引资，进一步把精力和资源集中到项目建设上来。2018年共安排转型项目722个，总投资10518亿元。始终保持狠抓项目建设的战略定力，阳煤太化新材料、古交电厂三期等重大项目建成投产，一批投资百亿元以上具有引领性、带动性的项目取得积极进展。（马　鉴）

【科技创新】2018年，太原市委制定出台关于科技创新推动转型升级的政策及配套措施，设立10亿元科技创新资金和10亿元人才发展资金，支持科研院所、高校和企业融通创新，扶持高新技术产业化发展。全市各级企业技术中心达172个，科技型中小企业由2017年的321家增加到1926家。主动融入国家创新战略，国务院批复太原建设国家可持续发展议程创新示范区，在联合国介绍“太原经验”。加大招才引智力度，累计迁入各类人才及家属4万余人，其中博士173人、硕士3114人；建立院士工作站68个，引进院士75名，签定合作项目264项，人才集聚效应进一步发挥。（马　鉴）

【重点领域改革】2018年，太原市委坚持“规定动作”与“自选动作”相结合，全面完成国家14项和省13项改革试点任务及太原市部署的改革事项，可持续发展议程创新示范区、西山生态建设市场化机制、农村集体产权制度、县乡医疗卫生一体化、“大学区管理制”等多项改革在全国具有影响力，打造太原品牌；“一网通办”“三化三制”、财税管理体制、人才体制、科技体制等改革走在全省前列，发挥省会示范带动作用。（马　鉴）

【对外开放水平提高】 2018年，太原市委抓住国家实施“一带一路”“京津冀协同发展”等重大战略机遇，深化国际交流合作。加强与中科院、北京航空航天大学、同济大学等国家级智库和著名高校的交流合作。举办大学校长论坛，全国68位大学书记、校长齐聚太原，共谋创新发展。2018年全市招商引资签约项目140个，总投资2398.32亿元；外贸进出口总额1086.29亿元、同比增长18.70%。（马　鉴）

【民营经济发展】 2018年，太原市委制定出台《关于支持民营经济发展的若干意见》《关于支持民营经济发展的决定》，建立市级领导干部联系民营企业工作制度，27名市级领导干部联系54家民营企业，新增市场主体8.77万户、同比增长11.97%。（马　鉴）

【脱贫攻坚】 2018年，太原市委持续加大脱贫攻坚投入力度，市财政投入扶贫资金1.36亿元，为娄烦县、阳曲县解决教师、医生和农林科技人才188名。投资1.26亿元，对娄烦县库区实施生态补偿。深入开展“城区包乡、单位包村”对口帮扶，投入1.46亿元，实施帮扶项目516个。全年退出29个村、3546户，脱贫人口9988人，贫困发生率下降至0.18%。（马　鉴）

【生态环境改善】 2018年，太原市委出台大气污染防治、生态环境保护、建筑废弃物管理等条例，全方位、全地域、全过程开展生态环境保护。坚持空气质量改善优先原则，组织开展大气环境整治百日攻坚大会战和采暖季蓝天保卫战，“控煤、治污、管车、降尘”多管齐下，全年市区空气质量综合污染指数同比下降11.90%，PM2.5浓度同比下降13.60%。加强水环境整治，“八河”治理任务全面完成，投资258.40亿元，整治河道69公里，同步建设快速化道路138公里，建成区黑臭水体基本消除。

（马　鉴）

【宜居城市打造】 2018年，太原市委召开高规格省城城市规划与设计专家咨询座谈会，以质取胜、“内”“外”互动、创新手段与制度的城市规划理念进一步树立。完善城市路网建设，天龙山路、滨河东西路南延、迎宾桥、通达桥等59项207公里道桥工程基本完工。青运村、滨河体育中心、水上运动中心等9个二青会场馆项目基本完工。加快美丽太原建设，人均公园绿地面积达到12.48平方米。实施创建文明城市三年行动计划，深入开展“九乱”专项整治和文明交通综合治理，城市品质进一步提升。

（马　鉴）

【民生事业发展】 2018年，太原市委着力推动城乡义务教育一体化，投资7.60亿元，新改扩建学校项目30个；为全市公办小学提供免费托管服务，29.80万名学生受益。投资13亿元积极推进医疗基础设施建设，市中心医院、市人民医院、市妇幼保健院等项目基本完工；建成25个医疗联合体，家庭医生签约服务165.40万人。成功承办第十五届省运会，取得历史最好成绩。坚持就业优先，全市城镇新增就业8.90万人，城镇登记失业率3.35%。（马　鉴）

【安全生产工作】 2018年，太原市委牢固树立总体国家安全观，全市安全生产形势平稳，各类生产安全亡人事故同比下降31.60%，死亡人数同比下降33.60%。开展公共安全整治和严打整治，刑事警情、“两抢一盗”警情、群体性事件同比分别下降11.80%、21%、29%。深入开展扫黑除恶专项斗争，将扫黑除恶专项斗争与全面从严治党、基层“拍蝇”、创建良好营商环境紧密结合，广泛宣传发动、依法严厉打击，人民群众安全感进一步提升。（马　鉴）

【发展民主政治】 2018年，太原市委充分发挥市委总揽全局、协调各方的领导核心作用，广泛凝聚思想共识、汇集各方智慧力量。支持市人大及其常委会依法行使职权，制定和修改城乡规划条例、生活垃圾分类管理条例、道路交通管理条例等4件地方性法规。发挥政协协商民主重要渠道和专门机构作用，围绕全市中心工作建言献策，更好履行职能，太原市作为省会城市唯一代表，在全国政协理论研讨会上作交流发言。巩固和发展最广泛的爱国统一战线，坚持和深化双月座谈会制度，促进多党合作事业健康发展。（马　鉴）

【政治建设】 2018年，太原市委教育引导各级党组织和广大党员干部进一步树牢“四个意识”，坚定“四个自信”，坚决践行“两个维护”，始终与以习近平同志为核心的党中央保持高度一致。依托太原红色资源，加强理想信念教育，努力营造风清气正的政治生态。加强对意识形态工作的领导，牢牢把握舆论工作话语权，关闭违法违规网站30余家，中央主要新闻媒体刊（播）发有关太原的正面报道1000余篇。依法管理宗教事务，完成中央宗教工作督查迎检任务，全市宗教工作总体平稳有序。（马　鉴）

【履行主体责任】 2018年，太原市委带头落实全面从严治党主责、首责、全责，市委书记认真履行“第一责任人”职责，班子成员自觉履行“一岗双责”。市委常委会对中央巡视反馈意见整改工作进行专题研究，各项整改工作扎实推进。市委常委会专题听取人大常委会、政府、政协、法检“两院”党组和纪委监委全面从严治党情况汇报，开展县（市、区）、市直部门党（工）委书记落

实主体责任述责测评，从严管党治党的责任进一步压实。（马　鉴）

【干部队伍建设】 2018年，太原市委坚持把政治标准作为第一标准，制定出台《太原市干部政治素质考察评价办法（试行）》《关于进一步激励广大干部新时代新担当新作为的实施意见》，坚持严管厚爱并重，定期与干部谈心谈话、交心交底，实行个性化、差异化考核，推动形成想作为、能作为、善作为的良好氛围。（马　鉴）

【"三基"建设】 2018年，太原市委制定出台"新时代堡垒工程"三年行动方案和加快推进城市基层党建工作十二条措施，深化街道管理体制改革，市县两级财政投入10亿元，构建重心下移、力量下沉、保障下倾的工作机制。全市500平方米以上社区活动场所占83.10%，社区工作人员工资由每人每月2892元提高至4427元，达到中部省会城市领先水平，被中组部评为城市基层党建示范市。（马　鉴）

【正风反腐】 2018年，太原市委聚焦"四风"新动向新表现，集中整治形式主义、官僚主义突出问题，全市党员干部作风持续好转，社风民风日趋良好。始终保持惩治腐败的高压震慑，市委成立反腐败领导小组，实现对反腐败工作全过程常态化制度化长效化领导，监察体制改革成效充分显现、治理效能明显提升，风清气正的良好政治生态得到进一步净化。（马　鉴）

市委办公厅

【概况】 2018年，太原市委办公厅以习近平新时代中国特色社会主义思想为指导，围绕市委中心工作，在提高政治站位、强化理论武装、积极担当作为、加强作风建设上作表率，高层次服务决策、高效率统筹协调、高质量督办落实、高标准运行保障，建设让市委放心、让人民满意的模范机关，完成年度各项工作任务。（张晓茜）

【思想建设】 2018年，太原市委秘书长班子把旗帜鲜明讲政治作为一切工作的生命线、立足点，始终把对党绝对忠诚作为首要政治原则、政治本色、政治品质，树牢"四个意识"，坚定"四个自信"，坚决做到"两个维护"，牢牢把握"三服务"工作的正确方向。

强化理论武装，夯实思想基础。把深入学习贯彻中共十九大精神和习近平总书记视察山西重要讲话精神作为首要政治任务，持续在学懂弄通做实上下功夫，内化于心、外化于行，切实做到学而信、学而用、学而行。全年共组织厅中心组理论学习18次，各支部集中学习交流20余次，为全厅各党支部订阅《人民日报》《求是》等党报党刊，为每名干部配发马克思主义经典著作，组织成立青年读书会，开展"时代新人说"演讲比赛等集体活动。全厅上下通过支部学习、个人自学、党课辅导、讨论研学等方式，理论功底夯实，思想基础筑牢。

加强党性锻炼，坚定理想信念。把坚定理想信念作为党的思想建设的首要任务，教育和引导全厅广大党员干部学习新思想，贯彻新要求，提高党性修养。组织开展重温入党誓词、集中收听收看纪念马克思诞辰200周年大会、到河南林州学习红旗渠精神、参观马克思书房、参观周恩来家风图片展等主题党日活动，弘扬优良传统，传承红色基因，补足精神之钙，以实际行动做共产主义远大理想和中国特色社会主义共同理想的坚定信仰者和忠诚实践者。

增强政治自觉，做到"两个维护"。把践行"两个维护"作为必须恪守的最高政治原则和根本政治规矩，贯彻落实到"三服务"工作的各环节各方面，切实当好"风向标""催化剂""把关人""监督员"，做到在办文办会办事上坚持政治标准、体现政治要求、考虑政治因素、注重政治效果，明大势、谋大局、抓大事，确保各项工作都能紧跟党的需要、适应市委要求。组织10县（市、区）、市直有关部门完成全市政治类有害信息清理工作，以正确的认识和行动带头践行"两个维护"。（张晓茜）

【规范工作模式】 2018年，太原市委办公厅提升工作标准，建立规范工作模式。按照市委书记罗清宇"要以一流的标准创造一流的业绩""进一步提高'三服务'规范化、制度化、流程化、标准化水平"的指示精神，全厅组织开展为期四个月的全面提升工作标准活动，并组织召开全市办公厅（室）主任会议，在四大班子办公厅和全市党委办公室中延伸推广。重点对原有工作制度进行全面梳理、科学评估，形成总计20余万字、涵盖全厅11个方面工作108项内容的《中共太原市委办公厅制度流程汇编》。对岗位职能、工作内容、办公流程、服务时限等逐一进行精确定位，量化标准、明确责任，使笼统规定变细致，原则表述变具体，模糊标准变明确，逐步建立起"标准统一、程序严密、规范有序、协调高效"的科学管理模式，为市委高效运转、衔接有序提供保障。（张晓茜）

【参谋服务】 2018年，太原市委办公厅以文稿和信息为载体，为市委决策提供有价值的意见建议和决策参考，成为市委信赖的"参谋部"。

文稿服务体现思想性。围绕中央和省、市委工作重点，注重将上级要求、领导意图和工作实际有机结合起来，增强文稿的思想性、严肃性、针对性。2018年，组织起草市委全会、市委常委会会议、全市干部大会等文稿500余篇及情况报告200余篇近千万字，全年制发各类文件265件，合格率100%，发挥以文辅政作用。向省委报备规范性文件55件，太原市党内法规制度建设工作受到中办党内法规制度建设督查组充分肯定。

信息服务体现前瞻性。发挥信息服务党委的“烽火台、瞭望哨、智囊团”作用，全年上报中办信息100余篇，上报省委办公厅信息300余篇，121篇被《山西信息》采用，连续15年在全省党委系统信息工作积分考评中名列第一。

舆情服务体现群众性。坚持群众利益无小事，发挥社情民意“党委群众—连心桥”作用，提高网民留言办理质量和效率。全年累计办理网民给省委书记留言744件、给市委书记留言1454件，推动解决一批事关群众利益的民生问题，连续9年获人民网“全国网民留言办理工作先进单位”称号。（张晓茜）

【综合协调】2018年，太原市委办公厅发挥运转中枢作用，履行承上启下、沟通内外、协调左右的工作职责，协助市委总揽全局、协调各方。

强化会务组织。协助省委完成全省推进转型项目建设现场会、省委全会、省委经济工作会等重要会议活动的服务保障，组织4次全市转型项目建设观摩督导活动，完成市委十一届四次、五次全会及市委常委会、市委专题会议60余次，服务市委主要领导开展调研、会见等活动80余次。

强化公文办理。承办各类请示报告790余件，中央、省委来文610余件，转办市委领导批示9500余件，收发各类文件9万余份，做到即收即办，提高工作时效性。做好《中办通讯》和《秘书工作》的学用工作，获中办秘书局颁发的二等奖。

强化事务协调。健全完善市四大班子办公厅和各级党委办公室协调协商协作机制，确保政令统一、任务明确、步调一致。健全完善全市党委系统值班工作机制，编发《值班快报》1223期，妥善协调处置各类值班要情600余起，编制完成全市党委系统值班通讯录并下发全市。（张晓茜）

【督促检查】2018年，太原市委办公厅贯彻落实中央关于加强新形势下党的督查工作的新任务新要求，把督查作为推进中央和省委、市委决策部署落实的重要手段，提高督查工作权威性，确保政令畅通。

抓好督查统筹。建立健全大督查工作格局，出台太原市《关于统筹规范督查检查考核工作的实施办法》，增强督查考核工作的科学性。制定《市委常委会2018年工作要点责任分解方案》《关于落实〈中共山西省委关于贯彻中央巡视工作要求做到边巡边改的重点任务和责任清单〉的通知》等六个责任分解方案，明确督查任务、统筹督查力量，推动工作落实。

聚焦督查重点。围绕中央和省委、市委决策部署，紧扣省委两次对太原市开展督导检查提出的反馈意见整改落实工作、创建全国文明城市和全国第二届青年运动会筹备情况等重要事项开展督查活动67项，督办市委常委会会议议定事项176件，市委书记批示事项497件，推动市委决策部署落地生根。

务求督查实效。坚持以人民为中心的思想，对事关群众切身利益的热点难点问题，加大督查督办力度，就国企国资改革历史遗留事项、部分军队退役人员信访事项、完善市政道路及基础设施项目用地手续等问题重点督办。

（张晓茜）

【机关基础设施建设】2018年，太原市委办公厅开展机关事务管理标准化建设，推进后勤服务社会化改革，优化食堂管理。加强巡检巡查，做好基础设施维护保障，营造舒适整洁的办公环境，确保机关大院安全有序。严格日常财务管理，配合市审计局对2016年至2017年财务状况及专项资金进行审计，完善财务制度建设。加强信息化、机要和保密工作，保障市委各类视频会议，推进市委电子政务内网和信息化设备的维护更新，严格密码安全管理和保密管理，加强保密、机要自查自评专项检查和保密业务骨干培训，全厅干部职工保密意识增强，涉密人员的保密技能提升。

（张晓茜）

【机关作风建设】2018年，太原市委办公厅全面落实新时代党的建设总要求，从政治和全局的高度充分认识遵规守纪的极端重要性，打造一支忠诚干净担当的高素质干部队伍，当好“坚强前哨”和“巩固后院”。

全面从严治党。市委秘书长班子主动扛起全面从严治党的重大职责，履行“一岗双责”，层层传导压力、逐级落实责任。市委秘书长会议多次专题研究全厅党风廉政建设和反腐败工作，全方位支持保障派驻纪检监察组开展工作。严肃党内政治生活，认真落实“三会一课”、民主生活会、组织生活会等制度，省委常委、市委书记罗清宇以上率下，带头以普通党员身份多次参加所在党支部组织生活会，为市委办公厅作出表率，给全体党员干部巨大的鼓舞和激励。严格执行民主集中制，坚持“三重一大”事项经市委秘书长班子集体研究决定，全年市委秘书长会议召开27次，研究重大议题91个。加强党员干部日常教育监管，做到明法纪、知敬畏、守底线。2018年，全厅没有发生任何逾规失矩、违反党规党纪的行为，始终保持风清气正的良好氛围。

干部队伍建设。按照新时代好干部标准，在上年提拔调整中层干部和交流轮岗年轻干部的基础上，对27名优秀共产党员和3个优秀基层党组织表彰，选派40余名业务骨干参加各类研修、培训、轮训，到复旦大学、武汉大学、同济大学等知名高校参加专业能力培训，提振全厅广大党员干部的精神状态。落实干部职工福利待遇和离退休人员“两项待遇”。组织厅机关广大干部职工到娄烦县国练村开展包村扶贫活动，爱心购买贫困户农产品，受到帮扶群众的好评。做好全厅精神文明创建、双拥建设、工青妇等群团工作，市关工委连续22年获得全国“中华魂”主题教育读书活动先进集体。干部队伍结构优化，团结向上氛围浓厚，工作运转顺畅，在上年目标责任考核中被评为优秀单位，其中，单位内部测评名列全市第一。

作风建设。把纪律和规矩挺在前面，贯彻习近平总书记关于纠正“四风”、加强作风建设的重要批示精神，贯彻落实中央八项规定精神和省、市实施细则，在厅机关开展集中整治形式主义、官僚主义工作，打牢越往后执纪越严的思想基础。出台《关于严格控制和减少文件制发数量的实施办法》，减少文件数量、提高发文质量。坚持“五个倡导、五个反对”，做到雷厉风行、紧抓快办、案无积卷、事不过夜，确保各项工作“适应得上、跟进得快、落实得好”，广大干部职工担当作为的思想自觉和行动自觉增强。（张晓茜）

组　织

【概况】2018年，太原市委组织部深入学习贯彻习近平新时代中国特色社会主义思想和中共十九大精神，落实习近平总书记视察山西重要讲话精神和省委十一届六次全会、市委十一届四次五次全会精神，按照全国全省全市组织工作会议要求，践行新时代党的组织路线，抓培训提素质、选干部配班子、育人才聚贤能、强基层打基础、转作风树形象，全面推动组织工作取得新成效、展现新气象。（樊宇航）

【政治建设】2018年，太原市委组织部坚持以党的政治建设为统领，把高举旗帜、维护核心作为根本性政治任务，把讲政治要求贯穿到组织工作的各方面全过程，确保组织路线更好地服从服务于政治路线。

坚决做到“两个维护”。坚持核心的唯一性，坚决维护党中央权威和集中统一领导，把树牢“四个意识”、坚定“四个自信”、坚决做到“两个维护”作为考察考核干部、日常管理监督、推动基层党建等工作的首要内容，引导全市党员干部始终同以习近平为核心的党中央保持高度一致。

推动学习贯彻党章和准则落实落地。坚持把党章和准则作为党员干部教育培训的重要内容，纳入各类主体班次。开展学习贯彻党章和准则情况专项检查，利用3个月时间，分集中学习、专项检查、理论测试三个阶段进行，有力督促各级党组织和党员干部把学习贯彻党章党规融在日常、抓在平常、落在经常。

严肃党内政治生活。创新思路举措、精心组织实施，出台《关于全面推行党支部主题党日活动推动“三会一课”制度长效化的实施意见》，坚持一月一通知、一月一主题，通过主题党日活动的周期性、常态化开展，促使“三会一课”制度落到实处。制定《关于进一步提高民主生活会质量的措施》，从强化主体责任、把好关键环节、抓好督导把关等三方面提出14条具体举措，确保各级党组织民主生活会开出高质量、开出新气象。（樊宇航）

【思想建设】2018年，太原市委组织部把学习贯彻习近平新时代中国特色社会主义思想作为最重要最紧迫的政治任务，弘扬理论联系实际的马克思主义学风，在学深悟透、把握要义、融会贯通上下功夫，引导各级党组织和党员干部始终与以习近平同志为核心的党中央在思想上同心同德。

理论武装。在市县两级党校全部开设学习贯彻习近平新时代中国特色社会主义思想读书班，引导党员干部原原本本读原著、原汁原味学原文、深入系统悟原理。举办学习贯彻中共十九大精神集中轮训班23期，实现市管干部和正科级干部全覆盖。把学习贯彻习近平总书记视察山西重要讲话精神作为重中之重，在集中轮训班专门开设讲话精神辅导课程，在各类主体班次中大幅提升讲话精神学习比重，指导各级党组织召开专题组织生活会和专题研讨分析会，确保习总书记对山西提出的各项部署要求得到贯彻落实。

党性教育。始终把坚定理想信念作为党的思想教育的首要任务，探索“党性教育+时代精神”教育培训新模式，在右玉干部学院举办太原市弘扬“右玉精神”党性教育示范培训班2期，为“不忘初心、牢记使命”主题教育启动后大规模培训党员干部做好准备。设立“同济大学马克思主义学院硕士研究生太原办学点”，提升党员干部特别是优秀年轻干部的马克思主义理论素养。注重强化廉政教育，在各类主体班次中增加警示教育内容，在专题研修和联合培训计划中增加廉洁教育课程和现场教学点，提高各级领导干部拒腐防变能力。

能力提升。围绕习近平总书记视察山西时提出的五大任务，扎实开展高端培训、联合培训及专题研修，对全市干部进行精准化培训。在复旦大学、浙江大学、哈尔滨工业大学等国内知名院校举办培训班36期、培训干部2700余名。与同济大学签订合作协议、制定三年高端培训计划，举办专题培训15期，培训干部1041人。制定《关于做好“不忘初心、牢记使命”主题教育准备工作的八条措施》，实施打造党性教育阵地、讲好“太原故事”等一系列务实举措，为全市开展主题教育做好准备。

（樊宇航）

【党建责任落实】2018年，太原市委组织部在太原市委领导下，全市各级党委（党组）书记抓基层党建责任意识不断增强，履行“第一责任人”职责更加自觉。召开“三基建设”和基层党建重点任务专题分析会、城市基层党建工作专题分析会，挑选工作有魄力、有亮点的书记作交流发言，促进各级书记比学赶超浓厚氛围形成。开展述职评议考核驱动责任落实。年初，开展2017年度书记述职评议反馈，直指问题并明确整改时限。年中，开展书记书面述职，对新任职正县级干部进行任职谈话、纪律谈话、集体谈话，对拟提拔使用干部全部廉政审查，层层传导履责压力，推动各级党组织把全面从严治党主体责任扛在肩上、抓在手上、落到实处，推进管党治党更加严、更加实、更加硬。

（樊宇航）

【“三基”建设】 2018年，太原市委组织部着眼“关键点”，责任落实到位。建立“三基建设”联系点制度，市委常委分别包联县（市、区），各县（市、区）委领导、市县单位也全部包联联系点。先后组织召开工作安排会、分析研判会、协调推进会，会商解决问题，推动工作落实。建立“一卡两清单”工作机制，实行“月报送、季督查”，确保工作有序推进。找准“突破口”，任务推进到位。推进“并村简干提薪招才建制”，撤并行政村10个，建立本土人才台账52个、在列人才2646人。夯实基础工作，完成100个市直单位评估工作，完成9个市直单位的效能建设试点评估。提升基本能力，市直各单位岗位专业能力测评全部完成，普遍建立干部职工个人能力提升档案；开展“六大培训工程”。稳定“补给线”，经费保障到位。市县财政安排资金7亿余元，为乡村两级运转经费、改善基层基础设施和干部工作生活条件提供保障。全市乡镇运转经费平均达126万元，村级组织运转经费（含党建经费）平均达18.87万元，村“两委”主干基本报酬平均达3.15万元。

（樊宇航）

【城市基层党建】 2018年，太原市委组织部出台《关于加快推进城市基层党建工作十二条措施》和《关于深化街道管理体制改革进一步加强城市基层党建工作的实施方案》，立起城市基层党建的“四梁八柱”。以机构改革为契机做强街道，推进街道管理体制改革，建立全市统一的街道党工委和办事处职责清单，集中下放6项权力，按照“4+2”模式优化街道内设机构，推动街道聚焦主责主业。以强化保障为抓手做优社区，加强工作支持，保障每个街道年运转经费不低于120万元，每个社区每年党建经费平均14.5万元、惠民项目资金20万元。社区工作人员工资提高到每人每月4427元左右，达到中部省会城市领先水平。全市500平方米以上社区活动场所占比83.10%，其中1000平方米以上占比50.10%。以共建共享为重点做实系统，依托社区建设工作领导小组建立沟通协调机制，区委、街道党工委、社区党组织分别建立党建工作协调委员会，形成以上带下、以下促上，一贯到底、强劲有力的城市基层党建“动力主轴”。以服务群众为落脚做活治理，全市探索推行乡镇（街道）派出所所长兼任乡镇（街道）党（工）委副书记，建立“街巷长”和“小巷管家”制度，增强街道、社区党组织综合治理能力。

（樊宇航）

【各领域基层党建】 2018年，太原市委组织部实施“新时代堡垒工程”三年行动计划，分类别具体指导、分领域统筹推进基层党建工作。

强化农村党建这一固本之举。对全市81个软弱涣散农村基层党组织集中整顿，制定《关于进一步加强信教群众聚居村基层党组织建设十条措施》，增强党在基层的政治领导力、思想引领力、群众组织力、社会号召力。举办农村“领头雁”示范培训班20个，培训农村党员干部3100余人次。印发《关于认真做好“农村干部学历提升工程”的实施方案》，力争用三年时间实现每村一名大学生村干部。发展壮大村集体经济，全市集体经济年收入5万元以上村达到819个、占比98.08%。开展扶持村集体经济试点专项工程，确定清徐县和阳曲县为省级试点，晋源区为市级试点，市财政投入1000万元大力扶持试点工作。助力脱贫攻坚，制定《关于全面打好脱贫攻坚战切实加强干部驻村帮扶工作的实施方案》，整合四级帮扶力量，配齐配强驻村工作队。针对娄烦县驻村帮扶工作开展中期考评，提升驻村帮扶工作成效。助力扫黑除恶，将扫黑除恶专项斗争纳入全市2018年度综合考核指标体系，全面摸排涉黑涉恶问题线索，排查出涉案村（社区）干部26名，及时作出处理。

推进非公经济组织和社会组织党建两个覆盖。市县两级工商系统全部成立非公企业党委，民政系统全部成立社会组织综合党委。开展“双强六好”党组织创建活动，打造88个示范党组织。通过专题调研、召开会议、建立场所、组织活动等方式，扩大园区、律师、互联网、民办学校等重点领域党的组织和工作覆盖。

突破机关、国企、事业单位党建三个难点。召开全市机关党的工作会议，

2018年5月15日，太原市委组织部在右玉县南山公园绿化丰碑现场教学点重温入党誓词

（太原市委组织部供图）

2018年9月28日，太原市组织工作会议召开　　（太原市委组织部供图）

全市617个单位建立岗位责任书制度，326个单位建立部门间协作机制，全面完成党政群机关事业单位基础工作达标验收工作。组织开展“双保障”行动，推动209家企业将党组织研究讨论作为企业决策重大问题前置程序、232家企业将党建工作经费列入年度预算，开设各类培训班79期，培训党组织书记2314名。（樊宇航）

【党员队伍建设】2018年，太原市委组织部把政治标准放在首位，确保发展质量，全年发展党员2669名。开展习近平新时代中国特色社会主义思想专题辅导和党员管理业务专题培训，提升党务干部业务能力和水平。实施清单式管理法，推动全年12项重点任务顺利完成。召开全市党员涉嫌违纪违法信息通报和及时处理工作联席会议第一次会议，研究建立6项工作制度。全市6325名失联党员经查找取得联系，600名失联党员按组织程序停止党籍。（樊宇航）

【干部队伍建设】2018年，太原市委组织部从党的事业需要出发，落实好干部标准，系统推进干部选育管用各环节工作，打造一支能够担当重任的高素质干部队伍。

制定《太原市干部政治素质考察评价办法（试行）》，对干部全方位“政治体检”，精准识别、坚决清除政治上的“两面人”。突出事业为上，以事择人、人岗相适，全年共调整干部9批454人次，其中，提拔150人。

对市委直接管理的66个领导班子开展考核调研，开展“激励干部担当作为”专题调研，配合省委组织部开展建设高素质专业化干部队伍专题调研和年轻干部工作调研。健全制度体系。制定《市管干部任用工作流程》《党政领导干部选拔任用纪实工作实施办法（试行）》《市管领导干部任职试用期实施办法》《市直单位干部人事处处长备案管理办法（试行）》等文件。创新管理手段，建立和完善干部信息管理系统和干部档案管理信息系统，完成干部职数数据库、年轻干部数据库和备案管理干部数据库的建设。

坚持“一盘棋”思想，拓宽选人用人视野，把党政机关、高等院校、科研院所和企事业单位干部人才整合起来、统筹使用，激活干部队伍整体效能。

在全省率先出台《关于进一步激励广大干部新时代新担当新作为的实施意见》，提出7方面具体措施，为激励全市干部新时代新担当新作为作出制度性安排。一手抓从严管理。全年对164名干部开展“六查”、征求意见58批258人，因发现问题而终止提名资格的25人。开展选人用人工作专项检查，发现选人用人问题124条、提出整改建议143条。对386名干部的个人有关事项报告进行了重点查核，对186名市管干部个人有关事项进行随机抽查，对存在问题的干部，函询127人、批评教育120人、责令作出检查26人、诫勉53人。一手抓正向激励。调整使用非领导职数61个。开展“两优一先”表彰工作，对全市100名优秀共产党员、98名优秀党务工作者、98个先进基层党组织表彰；选树46名敢于担当、奋发有为先进典型；推荐“山西最美基层干部”20名。建立考核工作专家评审库和考核工作人才库，在浙江大学举办考核工作专题研修班。实施差异化考核，市级财政发放考核奖励资金2.53亿元，重点向年度考核优秀的干部倾斜，向承担任务重、工作业绩好、综合表现突出的干部倾斜。

研究起草《关于适应“两个走在前列”需要大力发现培养选拔新时代优秀年轻干部的实施办法》，实施“三个一批”计划和“五个一批”工程，选派31名市县级机关试用期满选调生到基层挂职、73名非定向选调生到村（社区）任职。加强源头储备，加大基层公务员、事业单位工作人员特别是选调生招录力度，明确每年选调生数量占本年度公务员考录计划的比例不低于20%。全年共招录党群系统公务员192名、选调生73名。（樊宇航）

【人才队伍建设】2018年，太原市委组织部始终坚持人才“第一资源”理念，实施人才强市战略，推进人才发展体制机制改革，优化人才发展生态环境，发挥人才集聚效应，推动太原市高质量转型发展。

健全政策招人才。按照“1+X”思路，以《实施意见》为总纲，系列推出《关于搭建人才事业平台推动转型发展的若干政策措施》《关于放宽人才户口迁入政策的通知》《太原市引进优秀毕业生补贴发放实施办法（试行）》等20余项配套措施，市委专门拿出10亿元用于集聚人才、项目和产业，为人才工作提供了雄厚的资金支持。

引用结合聚人才。创新补贴办法引人才。累计迁入人才及家属4万余人，其中，162名博士、3017名硕士、183名归国留学人员。为4090名2018年度高校毕业生（高技能人才）发放补贴费用3378万余元。搭建事业平台用人才。立足转型需要，打造高层次人才创新、企业技术创新、校企合作、社会事业人才培育四大平台，同步出台10余项过硬举措，新建院士工作站14个、新认定国家企业技术中心3户、省级国家企业技术中心9户，推动人才与项目精准对接、产业与人才互联互促。

强化合作育人才。深化校地合作，与同济大学签署互派干部挂职锻炼、干部培训合作等5项协议，建立人才引进、科技成果转移转化等6项机制，设立年额度100万元的“同济大学太原奖学金”，举办两届太原·长三角地区高校人才招聘会（同济专场），开展学生暑期来并挂职实践、晋英兴晋博士团并州行、上海高校太原行等系列活动，全年有195位“双一流”大学毕业生在太原落户，新能源、新材料等10余个产业合作项目在太原落地，开创来并与在并人才双向交流新局面。

创优环境留人才。出台《关于进一步加强党委联系服务专家工作的实施意见》，开展专家人才医疗保障、休假疗养、宣传表彰等工作，启动建设人才公寓，打造市、县（市、区）、开发区一站式人才服务窗口13个，营造起尊重人才、见贤思齐的良好氛围。（樊宇航）

宣　传

【概况】2018年，太原市宣传思想文化战线以习近平新时代中国特色社会主义思想为指引，贯彻落实全国和全省宣传工作会议精神，自觉肩负起五项使命任务，为建设文明开放富裕美丽太原提供有力的思想保证和精神支撑。

（李　强）

【时代新人活动】2018年，太原市委宣传部把时代新人活动作为学习贯彻习近平新时代中国特色社会主义思想的重要载体持续深化。

打造“时代新人说”传递新能量。在开展时代新人标准大讨论和“时代新人说”演讲比赛的基础上，举办的“时代新人说——平凡的力量”大型讲述活动，全国首播当天视频浏览1800万人次，同时在线观看310万人。基层持续开展“时代新人说”讲述活动，时代新人走进机关、企业、学校、社区和党校课堂、新公务员培训等，召开“时代新人”大会再动员，“时代新人说”第二季全面展开。以“发现平凡力量，唱响奋斗旋律”为主题，面向全国“时代新人说”大型征文活动吸引80多万青年学生参加，覆盖300余万人。大学校长论坛发布《培养担当民族复兴大任的时代新人太原宣言》，人民网“强国论坛杯—时代新人说”全国演讲大赛把太原作为第一站，凸显“太原样板”的标杆作用，时代新人走向全国。

践行“奋斗幸福观”为活动铸魂。“奋斗幸福观”点亮时代新人，时代新人实践诠释“奋斗幸福观”，实现“奋斗幸福观”与时代新人的有效结合。“新时代奋斗者之歌”《我的热爱，大声说出来》数十万人广为传诵，新浪微博点击量逾400万次。山西省第十五届运动会开闭幕式文体展演上“奋斗新时代、幸福新征程”主题贯穿其中，在全社会引导“在奋斗、能奋斗、爱奋斗”的时代风尚，“新时代奋斗者之城”成为城市新名片。

发布“时代新人榜”引领时代新风尚。推出108名时代新人优秀宣讲者，“时代新人榜”有90名时代新人代表上榜，评选出“时代新人·晋阳工匠”“时代新人·脱贫先锋”“时代新人·统计先锋”，制作时代新人精品微视频，开展时代新人深度访谈，一线劳动者站上“时代C位”，发挥榜样示范力量。

创新“时代新人思政课”培养接班人。与山西师范大学合作共建第一个“时代新人培育研究基地”；以成成中学为试点，推出40余堂时代新人思政课，做法在全市教育系统推广，组织开展“时代新人思政课”评选、观摩活动；全市大中小学53万名师生在春、秋季开学第一课中收看“时代新人说”视频和《奋斗新时代》视频；以“时代新人”和“奋斗”为主题的考试内容进入大中学生试卷；开设全国首创的马克思书房，开放100天接待读者6万余人，参观学习团体500余批次，举办主题活动200余场次，成为当代中国马克思主义大众化传播的新阵地、党性教育主题活动的新平台。依托马克思书房实施培养“小小马克思”行动计划，邀请时代新人讲述自己立足本职的奋斗故事。组建马克思书房联盟，组织高校、社科单位等开展马克思主义大众化精品课程开发。

（李　强）

【庆祝改革开放40周年系列活动】2018年，太原市委宣传部围绕庆祝改革开放40周年，摄制的微视频《改革开放40年太原纪事》入选中宣部举办的伟大的变革大型展览百城纪事，开展中宣部确定的庆祝改革开放40周年百城调研活动，形成《以破解资源型城市结构性污染难题为着力点，探索具有太原特色的可持续发展之路》调研成果。联合市总工会、团市委、市妇联开展“将改革开放进行到底——百姓基层宣讲”30余场受众近4000人，网络宣讲8场覆盖近16万人。举办主题为“辉煌的历程美好的时代”的成就展、时尚·回响实物展、书法美术摄影展、国资委系统庆祝改革开放40周年书画摄影展。以“引领时代风采·共享文化盛宴”为主题，开展“太原市庆祝改革开放40周年群众文化系列活动暨文化惠民消费季活动”，带动全市3388支群众文化队伍、近12万人共同参与，组织4132场活动，惠及群众278万人次。举办山西省纪念改革开放40周年群众文化活动季开幕式“鼓舞山西”大型鼓乐表演和“传承·创新·弘扬山西艺术创作”并州论坛。组织开展“我与改革开放共成长”大型征文活动。与全国城市联盟合作，拍摄系列专题片《四十年四十城——太原专题》。（李　强）

【省运会宣传工作】2018年，作为第二届全国青年运动会的“带妆彩排”，山西省第十五届运动会是山西自新中国成立以来规模最大的一次体育盛会。市委宣传部承担开闭幕式和新闻宣传任务，协调全市30多个部门和单位，全力以赴做好服务保障工作。市教育系统1500余名师生参加开闭幕式的演出，市公安局投入公安及安保人员3500余名，市卫生系统投入医务人员94名，电力、交通、环卫及食品安全、志愿服务等各部门通力协作，保障开闭幕式的圆满成功。开幕式文体展演运用高科技把山西文化元素现代“包装”，实现技术和主题完美融合，“奋斗新时代”和“幸福新征程”贯穿始终。统筹策划全媒体宣传，协调中央和省、市等各级媒体，组织200余名记者对开闭幕式盛况报道。（李　强）

【意识形态工作】2018年，太原市委宣传部加强组织领导，及时调整意识形态工作领导小组、网络安全和信息化领导小组成员；召开5次意识形态工作领导小组会议、2次网络安全和信息化领导小组会议；健全工作制度，制定《关于落实党委（党组）意识形态工作责任制的实施细则》《中共太原市委意识形态工作领导小组工作规则》《太原市贯彻落实党委（党组）网络意识形态工作责任制的责任分解方案》《太原市贯彻落实党委（党组）网络安全工作责任制的责任分解方案》。推动责任落实，坚持每季度分析研判，及时通报意识形态领域形势，开展意识形态工作责任制落实情况专项督查。

2018年，太原市委宣传部组织开展“清朗”、网上“扫黄打非”“清网”、暑期社会文化环境集中专项治理、打击整治网上涉枪爆违法犯罪有害信息、社会治安风险隐患工作大排查等专项行动，全年删除各类有害信息300余条，关停公众号2个，禁言公众号1个，清理谣言、低俗信息630余条，约谈网站4次，向省网信办申请关闭网站32个，联合公安部门对6名涉嫌传播影响社会稳定的网民依法落地处置。完善互联网信息内容管理机制，全年共报送有害信息30万余条，全省排名第一。（李　强）

【对外宣传】2018年，太原市在国内影响力大的知名媒体刊（播）报道近千条，位居全省前列。“太原发布”获澎湃新闻2018年最佳政务传播中心城市奖和最佳政务传播奖，在山西政务微博城市竞争力指数中位列第1名，进入人民日报政务微博指数前100强，位列第58位。3D形象片《感知太原》获博鳌旅游奖（TC奖）年度宣传片榜（形象片榜）大奖。与新华社联合摄制的中英文版太原城市宣传片《锦绣龙城》在25家各大主流媒体推出。杏花岭区重点打造“我家住在杏花岭”文化品牌，拍摄《晋府故韵盎然杏花》《我家住在杏花岭》系列微视频。清徐县联合央视拍摄纪录片《中国影像方志·清徐》，塑造新时代太原新形象。（李　强）

【理论建设】2018年，太原市委宣传部发挥龙头带动，加强党委（党组）理论学习中心组学习，组织领导干部深入学习习近平新时代中国特色社会主义思想和习近平总书记视察山西重要讲话精神，配发《习近平新时代中国特色社会主义思想三十讲》近23万册。市委中心组集中学习11次。组织全市各级党委（党组）理论学习中心组开展“奋斗幸福观”专题学习。开展高层研讨，联合中国社会科学院马克思主义研究院、中央党校报刊社举办“奋斗幸福观”研讨会，阐明“奋斗幸福观”的深刻内涵，推动习近平新时代中国特色社会主义思想大众化传播。与人民网共同举办以“回归创新育人”为主题的2018大学校长论坛，国内68位大学书记和校长齐聚太原，探讨时代新人的精神内涵与培养路径，共商育人大计，凝聚思想共识，推动转型发展。注重理论调研，《太原市市属新媒体人才队伍建设调查报告》《不断开创新时代宣传思想文化工作新局面——关于实现“三者六转变”的调研报告》获得山西省委宣传部优秀调研报告一等奖、二等奖，《太原开展“担复兴大任、做时代新人”主题活动》获评为山西省委宣传部优秀部刊稿件。创新基层宣讲，联合中央国家机关工委开展“送党课到基层——党的十九大精神太原宣讲活动”，做法在全省推广。组织开展省委宣讲团太原宣讲、高校“百千万”师生面对面行动、市委宣讲团和基层宣讲员队伍深入基层宣讲等各类宣讲3220场，受众28.40万多人。在线发布126集“学习习近平新时代中国特色社会主义思想微党课”系列视频，推动党课宣讲从线下走向线上。（李　强）

【舆论建设】2018年，太原市委宣传部完善相关制度，制定《中共太原市委宣传部新闻宣传工作制度》《太原市融媒体宣传激励办法》，召集新闻宣传专题会议、新闻通气会39次。推动媒体融合，实施“融合九条”；整合全市470多个“两微一端”新媒体账号，建立拥有500余万粉丝的太原市融媒体协同平台，启动太原日报社全媒体指挥中心，推出全省第一份AR视频报纸《时代新人特刊》，广播新闻文稿系统建成使用。开展主题宣传，围绕“学习宣传贯彻十九大精神、谱写文明开放富裕美丽太原新篇章”“担复兴大任、做时代新人”“新时代新作为新篇章”“壮阔新东方、奋进新时代、庆祝改革开放40年”“扫黑除恶进行时”等开设19个主要专题，与凤凰网合作举办太原能源低碳发展论坛。强化网上引导，完善互联网信息内容管理机制，全年共报送有害信息30万余条，全省排名第一，关闭违法违规网站32家、约谈2人次。对

外宣传报道量位居全省各市前列，市委宣传部连续8次获中宣部舆情信息工作优秀单位。 （李　强）

【文明建设】 2018年，太原市委宣传部推进社会主义核心价值观宣传教育，加快社会主义核心价值观示范点建设，举办“辉煌的历程美好的时代”——数说太原市改革开放40年成就展。制定《太原市创建全国文明城市三年行动规划》，举全市之力推进创建全国文明城市工作；针对背街小巷、老旧小区、集贸市场、农村环境、交通违规、窗口单位服务、“五小”门店、占道经营、违法小广告张贴等乱象，开展“九乱”治理工作；以迎接2019年元旦、春节为契机，集中开展“文明创建·百日迎新”主题活动，对齐补强创建工作中的短板弱项，开展包括清洁家园行动、文明交通行动、满意窗口行动、志愿太原行动、扮靓太原行动、街道提升行动、文明践行行动、“民心工程”评选活动等“7+1”专项行动，提升全国文明城市创建工作水平。开展2018年“我推荐、我评议身边好人”活动，组织道德模范进基层巡讲报告会45场。全市开展各级志愿服务活动2950多场，参与活动的志愿者达12.58万人次、30万余小时，受助人群达20万人。设立中国志愿服务基金会“志愿城市·太原”专项基金，具备在全国范围广泛募集用于支持太原市志愿服务事业发展资金的资格，成为全国首个设立志愿服务专项基金的省会城市。推进乡村学校少年宫建设，开展“扣好人生第一粒扣子”主题教育实践活动，命名表彰年度美德少年。 （李　强）

【文化建设】 2018年，太原市委宣传部出台《太原市当代文学艺术创作工程规划（2018—2021年）》。摄制晋剧数字电影《于成龙》，新创晋剧《关公》《起凤街》，提升晋剧《高君宇与石评梅》，筹拍电影《一颗子弹》和《幸福金刚里》。晋剧《于成龙》、舞剧《千手观音》、话剧《北魏风飏》等在全国展演巡演。魔术情景剧《晋商儿女情》晋级第十届中国杂技金菊奖决赛。开展“深入生活、扎根人民”主题活动，组织325场各类惠民文艺演出；实施好“免费送戏下乡”“广播电视户户通”“农村电影放映”“数字图书馆”“电子阅览室”等重点惠民工程；举办2018中国·太原“一带一路”民歌邀请赛；在太原市图书馆举办2018年首届“太图读书节”，省城出版界、文化界、媒体、阅读推广机构全城联动，营造全民阅读节日氛围；组织开展“拥抱新时代·点亮太原城”“春暖新时代、万家幸福年”龙城春晚、曲苑迎春、“晋乡雅韵”“书香太原”“诗约春天”、欢度中秋国庆重阳节等系列文化活动。推动“太原文化云”建设。强化文产专项资金扶持项目绩效评价，扶持项目更趋严谨科学，共扶持30余家文化企业40余个项目。 （李　强）

统　战

【概况】 2018年，太原市委统战部深入学习贯彻习近平新时代中国特色社会主义思想和中共十九大精神，坚持大团结大联合主题，围绕市委中心工作，发挥统一战线重要法宝作用，凝心聚力谋发展、团结合作促和谐，全市统一战线呈现蓬勃发展、开拓进取的良好局面。获全国统战信息工作二等奖、全省特等奖，全国统战宣传工作先进单位，全省统战理论政策研究先进单位，保持“省级文明单位”和“市双拥工作模范单位”等称号。 （刘慧资　郭　平）

【共同思想政治基础巩固】 2018年，太原市委统战部以中共中央发布“五一口号”70周年、庆祝改革开放40周年为契机，在全市统一战线中开展一系列主题教育活动，全市统一战线“四个意识”更加牢固，“四个自信”更加坚定，“两个维护”更加坚决，与党同心同德、同心同向、同心同行的政治共识达到新高度。 （刘慧资　郭　平）

【多党合作事业发展】 2018年，太原市委统战部按照年度政党协商计划，组织召开6次党外代表人士双月座谈会，全年共提出200余条意见建议，其中86%获采纳落实。形成一批有价值的调研成果，其中《各民主党派关于推进军民融合深度发展的调研报告》获市委、市政府的高度重视，政党协商更加务实高效。 （刘慧资　郭　平）

【宗教工作法治化水平提升】 2018年，太原市委统战部制定《关于落实宗教工作督查精神全面加强宗教工作整改的实施意见》《关于进一步加强信教群众聚居村基层党组织建设的十条措施》等，较好解决信教群众聚居村党组织不够坚强有力、基督教私设聚会点、大型露天宗教造像等问题，实现全市240个宗教活动场所“四进”全覆盖，获中央督查组、省委统战部的肯定。

（刘慧资　郭　平）

【非公有制经济发展环境优化】 2018年，太原市委统战部牵头建立市领导联系民营企业制度，筹备召开市委支持民营企业发展座谈会，出台《关于支持民营经济发展的决定》《关于支持民营经济发展的若干意见》，政策供给更加有力。先后召开3次政企对话座谈会，帮助解决企业发展中存在的融资、土地、人才等30余项具体问题，促进全市非公有制经济发展打开新局面。

（刘慧资　郭　平）

【党外知识分子和新的社会阶层人士统战工作】 2018年，太原市委统战部修订太原市《新的社会阶层人士统战工作联席会议制度》，召开太原市新的社会阶层人士联谊会成立大会，在全市创建10个活动站，在综改示范区创建实践创新基地。获中央统战部确定为全国34个新的社会阶层人士统战工作创新推广城市之一。 （刘慧资　郭　平）

太原市委召开2018年第二次党外代表人士双月座谈会（太原市委统战部供图）

【海外联谊渠道拓宽】 2018年，太原市委统战部开展与海内外友好社团的联谊交往，举办第十三届世界王氏恳亲联谊大会，建立首批10个海外工作联络站。会同有关部门，举办世界唐氏招商引资推介会、太原市招商引资推介会等，在青龙古镇挂牌中国华侨国际文化交流基地，促进中国（豪德）北方交易中心项目落地，为推进太原市对外开放、交流合作作出贡献。

（刘慧资　郭　平）

【脱贫攻坚】 2018年，太原市委统战部整合统一战线力量，开展“百千百”工程暨“百企帮百村”帮扶行动。通过项目帮扶、助学帮扶、就业帮扶等形式，流转土地20公顷，为贫困村民提供就业岗位1259个，帮助销售农产品、资助贫困子女等共计130万余元，在全市脱贫攻坚中发挥统一战线的优势作用。

（刘慧资　郭　平）

【统战工作基础夯实】 2018年，太原市委统战部推进统战干部和党外代表人士队伍建设，全年培训各级统战干部300余人次、党外代表人士750余人次，提升其理论修养、政治素养和统战涵养；加强廉政教育，全市统战系统保持良好氛围。（刘慧资　郭　平）

【全市统战工作会议】 2018年2月26日上午太原市统战工作会议召开。会议以习近平新时代中国特色社会主义思想为指导，传达学习全国、全省统战部长会议精神和省委常委、市委书记罗清宇关于做好全市统战工作的重要批示精神，回顾总结上年工作，安排部署2018年任务。市委常委、秘书长、统战部部长刘鹓出席会议并讲话。会上，尖草坪区委统战部、清徐县委统战部、娄烦县委统战部作大会交流发言。

刘鹓就推进2018年全市统一战线工作创新发展提出“1161”工作思路。强化政治思维，紧扣深入学习宣传贯彻中共十九大精神这个首要任务和工作主线，用习近平新时代中国特色社会主义思想统领统战工作。强化创新思维，抓好提升政党协商实效、维护民族宗教领域和谐稳定、促进非公有制经济“两个健康”、党外知识分子特别是新的社会阶层人士统战工作、海外统战、党外代表人士队伍建设六个方面工作。加强统战部门自身建设，夯实新时代统战工作创新发展的基础，为贯彻落实省委“两个走在前列”目标要求和“五个扎实”工作要求，谱写文明开放富裕美丽太原新篇章作出新的贡献。

（刘慧资　郭　平）

机构编制

【概况】 2018年，太原市机构编制委员会办公室以习近平新时代中国特色社会主义思想为指导，贯彻习近平总书记视察山西重要讲话精神，围绕“两个走在前列”总目标，全面落实省委十一届六次全会、市委十一届五次全会精神和市委、市政府重大决策部署，以及全市机构编制工作目标，为提升太原市在全省的首位度、在全国的知名度提供体制机制保障。（王　琳）

【机构改革】 2018年，太原市机构编制委员会办公室将太原市党政机构改革作为全年重点工作，提早介入学习调研，围绕省市委中心工作，科学预判，全面夯实机构改革前期基础工作。学习和领会中央《深化党和国家机构改革方案》和《山西省机构改革实施方案》，统筹考虑太原市机构编制实际情况，提早召开专题会议研究讨论，提前明确工作方向和重点，先行着手摸清全市机构

第十三届世界王氏恳亲联谊大会　（太原市委统战部供图）

太原市伊斯兰教协会代表全市穆斯林群众向市委统战部赠送锦旗

（太原市委统战部供图）

编制底数基数。通过全面汇总梳理，分析预测全市机构设置方向，科学谋划市级机构设置趋势，形成供市委领导决策参考的详尽数据和问题清单，制定改革工作的相应预案。参与由市领导牵头的全市领导干部大调研，领题专项调研全市机构编制设置情况，从切实加强组织领导、科学设置党政机构、优化配置编制资源、解决历史欠账四方面提出针对性强、可操作性强的工作建议，向太原市委提供《全市机构编制情况调研报告》。确立市编办当前“一切行动听指挥，各项工作保中心，严格防止失泄密，确保改革任务完成”的工作思路，根据改革任务侧重，精选业务骨干，组建工作专班，成立市直改革组、县区改革组、综合行政执法和事业改革组，明确责任分工、工作任务、责任领导和工作纪律。对太原市市县机构改革工作倒排工期、细化任务和完成标准等方面制定工作计划，为实施“挂图作战”，制作《太原市党政机构改革工作计划表》。做好向上沟通请示省编办，掌握好党政机构改革的最新指示精神和具体内容；居中做好向市委领导请示汇报和解释工作，在细致研究全市机构设置的基础上科学制定符合实际的改革方案；及时全面细致向下部署传达，加强指导各县（市、区）完成党政机构改革的前期准备和方案制定，督促引导改革的任务要求在县乡层面的全面贯彻和细化执行，推进党政机构改革各项任务落实。

太原市编办面对时间紧、范围广、任务重等困难，成立深化综合行政执法体制改革领导小组，围绕10大领域对市县两级执法机构进行深入调研，按照重心下移、关口前移的改革要求，分领域召开各相关部门协调会，拟定《太原市深化综合行政执法体制改革的实施方案》《关于〈太原市深化综合行政执法体制改革的实施方案〉的说明》等重要文件。

太原市编办按照“精简、统一、高效”原则，结合街道办事处工作特点，注重合理优化机构编制资源，突出党建引领基层治理，科学设置机构，推动重心下移、力量下沉、服务基层。推进《关于深化街道管理体制改革进一步加强城市基层党建工作的实施方案》，在党政机构改革中通盘考量，将街道管理体制改革覆盖到10个县（市、区），为提升城市精细化管理提供体制机制保障。以建立简约精干的组织框架、务实高效的用编用人制度和适应经济发达镇实际的管理模式为目标，制定清徐县徐沟镇改革实施路线图，审核修改《清徐县徐沟经济发达镇行政管理体制改革工作实施意见》。该实施意见已经省编办审批，并以市委办公厅、市政府办公厅名义印发执行。推进县乡医疗机构一体化改革。全市10个县（市、区）医疗集团全部挂牌运行，提前实现省委、省政府提出的医疗一体化改革的阶段性目标。根据对医疗集团运行效果的监测评估和后续调研，引导县区医疗集团依照法人治理结构，完善组织架构、内部治理和监督管理。2018年1月20日，国务院副总理刘延东调研阳曲县人民医院等医疗机构，对太原市通过县乡医疗机构一体化改革，推动优质资源下沉，提升基层医疗服务能力的做法给予肯定。

（王　琳）

【事业单位改革】 2018年，太原市机构编制委员会办公室在对太原市直从事生产经营活动事业单位开展摸底调查的基础上，多方征求意见、反复沟通修改，以市委办公厅、市政府办公厅名义印发《太原市从事生产经活动事业单位改革的实施方案》。组织各单位认真填报《承担行政职能事业单位梳理表》，理清90个市政府部门所属事业单位共承担行政职权1213项，其中主要承担行政职能有4个，部分承担行政职能有86个，对职能调整后的事业单位，重新明确职责、划定类别，对职责任务不足的事业单位予以撤销或并入其他事业单位，统筹考量市直机构编制管理现状、事业单位履职情况和未来发展方向等各方面因素，为形成改革路径和制定改革方案提供准确依据。贯彻执行《事业单位登记管理暂行条例》，做好事业单位设立登记和变更登记、年度公示、登记档案管理和监督检查工作。按照“双随机”的方式，对市直事业单位实地进行抽查，健全事业单位网上登记管理系统电子档案，完成好中文域名和网站标识的工作，网站挂标工作实现100%。推进机关群团统一社会信用代码赋码工作，做好国家质检总局直属检验检疫系统、税务系统换证工作。（王　琳）

【行政审批制度改革】 2018年，太原市机构编制委员会办公室5次承接国务院、省政府关于取消、下放和调整行政职权事项任务。按照征求意见、汇总上报、指导督促的工作思路，把好对接关、公布关、落实关，确保各类事项“取”得彻底、“接”得到位、“清”得规范。修订《太原市政府部门权责清单动态管理办法》，根据经济社会的发展情况、法律法规的调整情况、机构职能调整情况等，及时跟进对权责清单的维护与调整。制定《关于印发〈2017年度太原市市级行政审批中介服务事项清单〉的通知》，动态调整20项行政审批中介服务事项。针对已经公布的市、县两级政府部门权责清单中的行政许可、行政处罚、行政确认等9类行政职权事项按照统一标准予以规范和逐项审核，实现同一行政职权事项在省、市、县三级名称、类型、依据、编码等要素基本一致，同层级政府同一工作部门的行政职权数量基本相近。坚持“应放尽放，能放尽放，能授尽授”的原则，按照广“明权”、细“梳权”、严“商权”、稳“确权”的“四步走”工作思路，赋予不锈钢产业园区市县两级行使的行政管理事项397项，为园区的高速发展提供政务支撑。印发《关于积极推进山西转型综合改革示范区相对集中行政许可权改革试点工作的通知》，以“强化1个主体、完善6个机制、加强2个建设、打造1个平台”系列举措，确保试点改革符合中央和省的要求、依法合规有序推进。（王　琳）

【机构编制资源配置】 2018年，太原市机构编制委员会办公室印发《太原市机关事业单位编制使用核准入编备案流程（试行）》，对公开招录和市场调剂人员实行“计划使用、年度申报”的编制使用核对校准制度。取消机关事业单位编制使用通知单，变具体性前置管理为总量性后置监管，开辟编制使用绿色通道。制定太原市机关事业单位实名制系统台账核对情况表，定期对机构、编制、领导职数等信息数据形成统计分析报告。制定《太原市机关事业单位人才引进编制周转池管理实施意见（试行）》，在全市范围调剂出200个事业编制作为人才引进专用编制，整合形成全市科学合理、统一调配的引进人才使用编制的周转池，形成需求引领、基数不变、存量整合、动态供给的编制管理新模式。

运用《机构编制监督检查宣传手册》等资料，利用“三基建设”督导检查等，开展机构编制管理政策法规及纪律要求宣传。对个别市直部门未贯彻执行相关改革精神的行为问责整改，维护机构编制纪律的刚性约束。将市级整改台账全部录入机构编制实名制系统，切实压实责任、跟踪督办，做到一事一账、全程留痕、动态更新、定期对账。按照机构设置“只减不增，撤一建一”和人员编制“总量控制、动态调整”的原则，侧重基层学校教育，支持成立山水城小学校等7所县区亟待设置的小区配套建设学校，将原由综改示范区管辖的教育机构交由地方管理。促进医疗事业发展，促进医院人才队伍培养，支持医院教育事业发展，设立清徐县120急救中心，完善县域医疗急救服务体系。服务经济社会发展，落实房产档案登记，理顺不动产登记工作，提高办理房产交易和登记相关业务的效率。实现行业协会商会与行政机关脱钩，促进行业协会商会规范发展。规范社会救助服务，及时落实更名工作，提升社会救助经办服务能力。促进全市旅游发展，成立山西府衙博物馆和太原市古城公园，调整晋阳湖管理处机构编制事宜。（王　琳）

太原市编办督导检查“三基建设”工作（太原市机构编制委员会办公室供图）

【“三基”建设】 2018年，太原市机构编制委员会办公室作为“三基建设”工作主要牵头单位，始终站在政治高度谋划推进，迅速成立协调联络组、工作保障组，建立6个推进评估组，对应服务督导10县（市、区）及100个市直单位，将咨询指导、资料报备和达标验收工作全部细化分解到所有业务处室和所属事业单位。通过提升站位、把握进度、统一标准，重点按照评分细则对市直部门（单位）打分评估，形成通报反馈至各单位。组织各部门开展“对标找差距，提标上水平”活动，开展基础工作“回头看”。市编办以申报中央机构编制管理研究会课题为契机，探索资源型地区转型发展的新方式和新动能，推动机构编制工作与时俱进、创新发展提供理论支撑和智力支持，为全市乃至全省的开发区建设及资源型地区转型发展推进改革把脉问诊，提出更有针对性、前瞻性和实践性的理念思路、方法举措。

（王　琳）

【机构编制云平台建设】 太原市为全国首批“机构编制云平台5+50”试点城市，按照“分步实施、统一标准、数据共享”原则，2018年，太原市编办推进“机构编制云平台”建设，实现“用数据说话、用数据决策、用数据管理、用数据创新”的工作目标。注重“机构编制云平台”创新管理，转变工作理念和工作方法，更好地发挥“机构编制云平台”在机构编制工作中的应用，从全市涉及调整的权责清单入手，严把数据采集和录入修改过程，严格全市权责清单信息录入。太原市权责清单信息全部调整审核完毕。探索利用权责清单管理系统建立“线上审批，线下备案”模式，各单位部门可通过子项账户登陆云平台提交调整申请，修订权责清单事项，实现权责清单及时调整和公示。深化保密意识，制定保密措施，做好信息系统数据的安全管理，确保信息网络系统的安全稳定运行。（王　琳）

【依法行政水平提升】2018年，太原市机构编制委员会办公室树立依法行政、服务大局的法治观念，将法治建设与机构编制工作实践紧密结合，实现依法治办、依法兴办、依法强办。紧扣法治建设的关键环节，紧盯重点领域的改革举措，落实行政机关重大行政决策合法性审查机制，重大行政决策依照相关法律法规进行合法性审查把关，听取法律顾问意见建议，经办主任会议讨论通过后决定。组织全市70余名机构编制业务骨干赴浙江大学开展为期一周的培训，对行政审批制度改革、法治国家法治政府法治社会创建等问题进行系统学习。通过定期召开主任会、中心组扩大会，重点对《宪法》《行政法》《太原市行政规范性文件管理办法》及《山西省机构编制委员会办公室工作规则（试行）》等内容开展法治专题学习，推动机构编制管理工作规范化、制度化、法治化。组织全办党员干部开展“法治政府建设实施纲要（2015—2020）”知识竞赛、学法用法无纸化考试，提高党员干部的法治意识和依法行政水平。

（王　琳）

政策研究

【概况】2018年，太原市委政研室（市委改革办、市综改办）以习近平新时代中国特色社会主义思想和习近平视察山西重要讲话精神统揽全年工作，落实省委、市委决策部署，围绕全市中心工作和重点任务，履行职责，创造性开展工作，高质量完成市委领导交办的重要文稿和重大调研任务，服务决策水平提升，全面深化改革纵深推进，作风氛围持续向好，发挥参谋助手和智囊团的重要作用。（肖　凯）

【以文辅政】2018年，太原市委政研室把服务市委工作大局，服务领导科学决策作为工作的出发点和落脚点，撰写和参与起草一批领导讲话、工作汇报、重点课题等各类文稿80余篇，110余万字，为推动中央、省委、市委重大战略部署、重要工作举措和重点工作任务落实见效发挥重要作用。

起草重要讲话，推动重大决策部署。注重把握大局，突出思想性、实践性和指导性，先后参与市委十一届四次全会暨经济工作会议、五次全会、三季度经济工作会、全市转型项目建设年动员大会、全市农村工作暨脱贫攻坚推进会议、全市组织工作会议等重大会议上的领导讲话。牵头起草市委书记罗清宇在十一届五次全会上的讲话，对指导全市上下引深学习贯彻习近平总书记视察山西重要讲话精神情况进行再安排、再部署。通过一些列战略部署，2018年太原市主要经济指标增幅在全省乃至中部省会城市居于前列，建设文明开放富裕美丽太原打开良好局面。

撰写工作汇报，总结重大任务进展。梳理全市工作进展情况，撰写《太原市落实全面从严治党主体责任的情况报告》《太原市贯彻落实省委重大决策部署的情况汇报》《全市开展万名干部大调研活动总体情况汇报》，牵头完成《中共太原市委关于贯彻落实省委十一届六次全会精神及系列专项部署情况的报告》《市委纠正“四风”专题报告》《省委大督查太原市汇报材料》《太原市全面深化改革工作情况报告》等，及时总结经验做法，如实汇报工作情况，为展现太原市良好形象发挥积极作用。

注重调查研究，破解城市发展难题。围绕市委中心工作，聚焦制约太原市经济社会发展的突出问题，开展形式多样的调查研究，分5批次到深圳、广州、杭州、海口、重庆、淄博等先进城市考察，学习外地先进经验。参与全市组织的重点领域工作专题调研，完成《太原市关于优化高速路网布局促进城市发展的调研报告》《理顺市县两级财税体制调研报告》《全市五项重点领域工作专题调研报告》《市区无产权房屋办证问题调研报告》《新型智库建设考察报告》《深化农村集体产权制度改革试点工作进展情况专题报告》等多篇重要调研报告。报告注重实效，以较短的时间，创新的方式方法，为市委领导提供决策参考，市委书记罗清宇对多篇报告作出批示，许多对策建议被采纳，一些制约太原市多年发展的难题得到解决。

组织专题培训，推动转型升级发展。9月份与市委组织部、同济大学联合举办“太原市创新驱动转型升级专题研修班”，全市53个单位80人参加，从产业转型升级、创新驱动发展、营造良好营商环境、深化改革扩大开放、构建生态文明和城市建设管理、全面从严治党等6个方面专家辅导，增强领导干部转型升级、履职尽责的能力，为助推太原市更好实现“两个走在前列”和“双提升”的奋斗目标发挥积极作用。

加强信息服务，提供决策参考。坚持把做好领导决策信息服务作为发挥参谋助手作用的重要抓手，全年刊发《决策研究与信息》12期、编发《前沿信息》5期，及时捕捉新视点、反映新情况、提出新建议，为领导决策提供“短平快”服务。（肖　凯）

【重点领域改革】 2018年，太原市委政研室履行市委改革办职能，以供给侧结构性改革为主线，以改革项目化推进为抓手，推进重点领域改革持续深化，一批重大改革事项进展顺利。

加强顶层设计，高位推进改革。制定《中共太原市委全面深化改革领导小组2018年度工作要点及责任分工》，全年召开10次深改领导小组会议，审议通过《关于强化实施创新驱动发展战略进一步推进大众创业万众创新深入发展的实施意见》等16个重大改革方案，出台相关配套文件222个，实现上级改革方案对接落实"零缺失"，改革任务分解"无遗漏"，改革工作指导"全覆盖"。

完善体制机制，统筹推进改革。建立健全日常管理机制。出台《太原市委改革办全面深化改革工作年度考核办法（试行）》等5个指导性文件，强化改革工作的系统性、整体性、协同性。探索建立跟踪评价体系。引入第三方机构对全市改革工作日常管理和综合评估，探索建立全面深化改革信息管理平台。

加强台账管理，分项推进改革。市级党政主要负责同志抓改革台账中，列出书记、市长亲自抓的14项和15项重点改革事项，按季度汇总进展情况，除推进党政机构改革，其余各项均已完成年度目标任务。市直部门主要负责同志抓改革台账中，列出年度改革要点中66个牵头部门承担的217项具体改革任务，按季度汇总进展情况，绝大部分完成年度目标任务。

全面梳理评估，摸清改革底数。对中共十八大以来中央及省级层面在太原市开展的改革试点情况、中央及省委部署的需太原市贯彻落实的改革事项进行全面梳理评估，理清改革底数，形成全市改革的"大盘子"，做到底清数明、推进有序。经梳理，中央及省委部署的需太原市贯彻落实的改革事项共399项，合并同类项之后248项，其中，完成年度目标的239项，正在积极推进的5项，需待省出台方案后跟进落实的4项。

强化督察调研，推进改革落实。按照省委要求，对太原市落实"3·22"会议精神、12项人民群众普遍关心的突出问题、贯彻落实习近平总书记视察山西期间提到的重点改革任务等进行专题督察，召开全市深入推进改革督察工作会议，印发《太原市开展改革督察工作的实施方案》，汇总整理自查报告和印证资料。围绕市委中心工作和省考指标等重点改革任务，赴外学习先进经验，深入基层、一线实地调研，完成《关于落实全面深化改革省考指标情况的调研报告》等多篇改革报告，得到市委领导的肯定。

加大改革宣传，营造良好氛围。建立改革信息报送制度，全年印发《太原改革信息》50篇，其中9篇被省委《改革信息》《调查与分析》刊用，1篇获农村农业部刊用。选树山西钢科碳材料有限公司T800研发团队等6家改革创新先进典型，树立上下一心抓改革的积极导向。与《太原日报》、太原电视台合作，开设"新时代改革先锋"专栏，拍摄《壮阔改革路奋进新时代》改革专题片，为全市勠力同心促改革营造良好氛围。（肖　凯）

市直机关党建

【概况】 2018年，太原市直属机关工作委员会以习近平新时代中国特色社会主义思想为指导，学习贯彻落实中共十九大精神和习近平总书记视察山西重要讲话精神，落实新时代党的建设总要求，以党的政治建设为统领，全面推进机关党的政治建设、思想建设、组织建设、作风建设、纪律建设，把制度建设贯穿其中，推进反腐败斗争，提高市直机关党的建设质量，求真务实，积极创新，重点工作整体推进，完成各项工作任务。（办公室）

【政治建设】 2018年，太原市直机关工委教育引导党员干部严守党的政治纪律和政治规矩，严格遵守党章，树牢"四个意识"，坚定"四个自信"，对违反政治纪律和政治规矩的问题敢于亮剑，做到"零容忍"，确保每位党员始终做到坚决维护习近平总书记党中央的核心、全党的核心地位，坚决维护党中央权威和集中统一领导，确保每位党员把"两个维护"作为一切工作的生命线和首要政治原则，自觉在思想上政治上行动上同以习近平同志为核心的党中央保持高度一致。

学习贯彻《关于新形势下党内政治生活的若干准则》和《中国共产党支部工作条例（试行）》，从严肃党的组织生活抓起，严格执行"三会一课"、民主生活会等制度，增强党内政治生活的政治性、时代性、原则性和战斗性。

贯彻落实市委加强党内政治文化建设意见，弘扬忠诚老实、清正廉洁等共产党人价值观，旗帜鲜明抵制和反对庸俗腐朽的政治文化，形成健康的党内同志关系。弘扬太行、吕梁和右玉精神，选树身边先进典型，讲好政治文化建设的"太原故事"。"七一"期间，向市委组织部推荐选树先进基层党组织14个、优秀党员14名、优秀党务工作者14名。

落实《意识形态工作责任制》和《网络意识形态工作责任制》，各直属党组织全部建立健全党委（党组）意识形态工作责任制，工委每季度对市直机关意识形态领域工作情况研讨分析，向市委宣传部及时报告。加强网络意识形态管理，注重计算机、微信群、网络媒介的安全保密管理，牢牢掌握意识形态工作的主动权。（办公室）

【思想建设】 2018年，太原市直机关工委印发《关于2018年市直机关理论学习中心组暨干部学习的安排意见》，明确学习任务，提出具体要求。各直属党组织制定相应学习安排，加强学习有效性、针对性。不定期对各中心组学习情况督导检查并进行通报，总参学率达

98.50% 以上，发挥中心组理论学习的示范引领作用。

为广大党员购买《习近平新时代中国特色社会主义思想三十讲》《新时代面对面》等学习资料 3.20 万余册，坚持读原著、学原文、悟原理，真正做到学懂弄通做实。

通过集中学习、专题研讨、专家解读等形式学习领会中共十九大精神实质，学习领会习近平总书记视察山西重要讲话精神内涵，坚持理论联系实际，指导实践，实现学习工作两促进双丰收。开展“学习党的十九大精神答题活动”，3 万余名党员干部参加答题活动，推动中共十九大精神学习的深化。

按照市委组织部要求，从 7 月 2 日至 8 月 3 日，历时 1 个多月分 5 期对市直机关和各县（市、区）、不锈钢园区正科级干部学习宣传贯彻中共十九大精神进行集中轮训，2875 名正科干部参加轮训，提高参训人员的理论层次和履职能力。（办公室）

【作风建设】 2018 年，太原市直机关工委聚焦解决“七个有之”问题，严明党的政治纪律和组织纪律，带动廉洁纪律、群众纪律、工作纪律、生活纪律严起来，使铁的纪律转化为党员干部的日常习惯和自觉遵循。

严格执行中央八项规定和实施细则精神，大力整治形式主义、官僚主义，持之以恒纠“四风”，转作风。坚持问题导向，加大监督检查，2018 年查处违反中央八项规定精神案件 3 起，推进机关作风建设常态化、长效化。

深化运用监督执纪“四种形态”，强化对权力的监督和制约。查办顶风违纪、以权谋私、失职渎职等违纪违法案件。2018 年，共提醒谈话 62 人次，审理违纪案件 24 件，处理违纪党员 24 人，通报 10 起违纪典型案例，发挥案件查处的治本功能。

举办市直机关纪检干部培训班，共培训 151 人。严把市直机关纪委书记人选关，先后对调整的 12 个机关纪委书记人选考察。深入 61 个基层党组织就加强机关纪委和专（兼）职纪检干部队伍建设进行调研，针对存在的 3 方面问题，制定 3 项具体整改措施，彰显机关纪检队伍“打铁必须自身硬”的忠诚与担当。（办公室）

【“三基”建设】 2018 年，太原市直机关工委强化党建主体责任，健全部门党委（党组）负总责、主要负责同志为第一责任人、班子成员“一岗双责”、机关党委统筹推进、党支部具体落实的机关党建工作责任体系，构建机关党建工作与业务工作同频共振的“一盘棋”格局。贯彻落实省委书记骆惠宁提出的“四要”“四个经常问问自己”和市委书记罗清宇的批示精神，落实《市直机关党的工作责任制的规定》，召开 2018 年基层党组织书记述职评议考核会议，切实推动各基层党组织书记把管党治党的政治责任真正担在肩上、抓在手上。加强基层服务型党组织建设，各基层党组织通过亮明身份、志愿服务、结对帮扶、党员示范岗等多种方式，丰富服务型党组织建设的内容。春节期间，开展走访慰问生活困难党员、老党员和老干部活动，共慰问 996 人。抓好基层党组织换届选举工作，2018 年，共指导 12 个直属机关党组织完成换届选举，调整书记、副书记 14 名，专职书记 11 名，理顺党组织隶属关系 3 个，新成立党委 5 个，使基层党组织建设进一步规范，活力进一步焕发。

抓好党建制度的落实，完善各项党内制度，严格党内政治生活，市直机关 1352 个基层党支部全部建立起“主题党日”活动台帐。做好党费管理使用工作，印发《关于进一步规范市直机关党费收缴使用及党组织党建工作活动经费管理的通知》，规范党费的收缴、使用和管理。做好发展党员工作，落实“5+1”工作制度，确保发展的新党员标准高、质量好。2018 年发展党员 215 名，预备党员转正 220 名。做好党员管理信息化工作，组织 1520 个基层党组织进行信息维护完善工作，按时完成 2018 年党内统计工作。推进市直机关“山西智慧党建”推广应用，召开动员会和推进会，下发指导意见，进行业务培训。市直机关党员录入率和支部入驻率实现全覆盖，运行良好。

建立健全党务干部轮训制度，按照《太原市 2015—2018 年党员教育培训工作落实意见》，结合机关实际制定基层党组织书记轮训制度。加大对党务干部的培训力度，工委在右玉干部培训学员举办 2 期党务干部培训班，培训党务干部 166 名；各基层党组织全年培训党务工作者 1745 人，提高党务干部的素质和履职能力。（办公室）

【精神文明建设】 2018 年，太原市直机关工委按照《太原市文明单位创建管理规定》，加强日常管理，推进市直机关文明单位创建工作。2018 年向市文明办推荐 2018 年至 2019 年度省级文明单位标兵 8 个、省级文明单位 37 个；新申报省级文明单位标兵 2 个，新申报省级文明单位 2 个。

组织市直机关各单位开展推荐选树、学习宣传道德模范活动，推选全国道德模范候选人物 10 人。开展道德讲堂 620 场和文明礼仪大讲堂活动 310 场，组织开展“我推荐、我评议身边的好人”活动，推荐 65 人，在市直机关形成崇尚先进、人人争先氛围。

开展“我们的节日”系列主题活动。在太原美术馆举办市直机关庆祝改革开放 40 周年“改革的力量”摄影展活动。组织开展《厉害了，我的国》《李司法的冬暖夏凉》观影活动。开展志愿服务活动，全年共有 3 万余名党员参加各类志愿服务。

举办“时代新人说”研讨会共 70 场，演讲比赛共 30 场，举办“时代新人说”大型讲述活动第二季演讲市直机关专场决赛，发挥时代新人优秀宣讲者的作用，深入基层一线宣讲20场，推荐时代新人67人。

对各文明单位在办公区域、公共场所悬挂创城标识、海报等作出明确要求，发放《太原市民文明手册》《太原市创建全国文明城市应知应会手册》等书籍1万余册，组织市直机关200余个文明单位参加创城“文明交通安全出行志愿服务”活动，在市直机关营造“创城我参与，创城我先行”氛围。（办公室）

【群团建设】 2018年，太原市直机关工委学习贯彻中央和省、市委统战工作会议精神。推进市直各单位领导干部与民主党派、无党派人士结对交友工作，听取统战人士的意见和建议，注重培养、教育、选拔党外代表人士，努力搭建党外人士专家服务平台，引导他们为全市发展建言献策。

参加省总、市总组织的各类培训，共120人次，举办市直机关工会干部培训班，培训65人次。履行帮扶救助职能，市直属单位困难职工解困脱困率达96%。开展“送温暖献爱心”慈善救助活动，救助困难职工34人，发放救助款9.90万元。做好全总十七届会议代表和市总工会十三届的代表候选人的推选工作。组织开展一年一度的“8·8健步行”活动，活跃机关干部职工的业余文化生活。

坚持党建带团建，坚持以社会主义核心价值观引领青年团员。组织开展“书载青春、厚学养德”2018年世界读书日系列活动等特色鲜明的主题活动。强化团组织建设，指导1个基层团组织进行按期换届，新成立团组织2家，“五四”期间新入团329名，扩大团组织在市直机关的影响力和感召力。

根据《关于加强效能建设的实施意见》，工委牵头负责市直单位效能建设的督促检查和评估考核工作，工委对此项工作高度重视，印发《市直单位效能评估试点工作方案》，在10个试点单位认真开展为期2个月的试点工作。试点工作结束后，多方征求意见，制定《市直单位效能建设评估办法（试行）》，效能建设评估工作在市直单位全面推开。（办公室）

信　访

【概况】 2018年，太原市信访局贯彻落实习近平总书记视察山西重要讲话精神，践行习近平总书记关于加强和改进人民信访工作的重要思想，坚持党组总揽全局、协调各方，抓党建、带队伍，做好信访稳定工作，全市信访形势平稳可控，信访秩序持续好转，做到“三个坚决不发生，”确保三级“两会”、中非合作论坛北京峰会等重大活动期间的社会稳定。成立驻京临时党支部，国家信访局到太原市驻京工作组调研，商黎光书记批示肯定并向全省推广。（陈美琴）

【信访业务工作】 2018年，太原市信访局坚持村（社区）每周、乡镇（街道）每半月、县（市、区）每月矛盾纠纷排查制度。全年排查矛盾纠纷73件，化解33件，化解率45%。市级领导共接访60余次。各县（市、区）和市直重点单位每周一开展主要领导大接访活动。全年共接访1782批次12796人次，化解1318批次，化解率74%。组织市、县两级信访干部赴浙江举办“新时代枫桥经验专题培训”，印发《关于学习推广“枫桥经验”，创造性开展信访工作的通知》，对各县（市、区）学习“枫桥经验”情况专题督导，做到“小事不出村、大事不出镇、矛盾不上交”。

2018年，市委、市政府成立市委常委、政法委书记魏民任组长的信访矛盾化解攻坚领导组，出台《深入开展“重点领域、重点群体、重点问题、重点人员”信访矛盾化解攻坚战实施方案》。市、县两级将排查出的970件越级上访信访事项，全部纳入“四个重点”信访矛盾化解攻坚战进行化解。共交办赴省市5次以上重复访78件，化解57件，化解率73%。对人数多、诉求反映激烈的信访问题，启动督办函交办，定期汇报化解进度直至息诉罢访。全年共交办集体访信访事项138件，办结率100%。通过实地督查、带案督查等方式，邀请律师、专业人士参加，具体分析研判信访事项40余次110余件。2018年，“四个重点”信访矛盾化解攻坚战，中央交办45件，办结45件，办结率100%；省交办56件，办结56件，办结率100%；市交办566件，化解487件，化解率86%。（陈美琴）

【规范信访基础业务】 2018年，太原市信访局按照省联席办、省信访局的安排部署，市、县两级信访部门开展“信访基础业务规范化建设年”活动。组织全市开展两次大型信访宣传活动；组织网上信访操作人员进行专题培训；选拔业务骨干参加全省信访基础业务规范化竞赛活动，获1个“优秀组织奖”和2名个人“三等奖”。与阳泉市就信访基础业务规范化开展交叉大检查，针对查找出五个方面存在的问题，及时制定整改方案，限期整改到位。太原市创新出台“五督工作法”。即网络督办有痕迹、微信督办有截屏、电话督办有台账、书面督办有要求、约谈督办有记录，提升网上信访事项的办理质量和效果，全市网上信访“三率”水平均位列全省前三。11月，全市“五督工作法”在全省信访基础业务规范化建设大同现场会上交流经验。年初就视频接访系统建设进行专项安排部署，市、县两级按标准、按步骤通过招投标程序逐步推动，于2018年底前实现市、县两级与中央、省级视频信访系统互联互通，多次接收中央、省组织的视频工作会议。（陈美琴）

【信访重点工作】 2018年，太原市联席办制定“五项制度”、采取“六项措施”，确保办理工作取得实效，办结率达到99.50%，获中央第十五巡视组和省联席办的发函表扬。太原市信访局成立扫黑除恶专项斗争领导小组，印发《2018年市信访局扫黑除恶专项斗争重点工作任务实施方案》，对十县（市、区）信访系统扫黑除恶工作专项督查。中央扫黑督查组移交太原市非涉黑涉恶类信访事项办结率达到81.8%。市信访部门排查疑似涉黑涉恶线索201件，移交本级公安机关和扫黑除恶办公室。2018年11月，针对进京、赴省集体访居高不下的态势，太原市开展进京、赴省集体访大排查大化解活动。进京到省集访信访事项化解率达到87.80%。年初制定出台《太原市驻京工作办法》，成立驻京临时党总支，完善市驻京信访工作一系列制度，受到省驻京信访工作组的肯定，省驻京工作组两次驻京现场会在市驻京处召开。（陈美琴）

【法治信访】2018年，太原市信访局牢固树立用法治思维和法治方式化解信访难题的工作理念，提升信访法治化水平。市信访局聘请律师开展每日坐班接访，为来访群众提供精准有效的法律服务。全年共派驻值班律师63人次，接待上访人员153批次269人次。在来信、来访、网上投诉件办理过程中，按照《太原市依法分类处理信访诉求清单汇编》，精准分流、优化流程、跟踪督办，实现信访问题依法及时有效化解。太原市信访局与市司法局联合印发《太原市开展人民调解参与信访矛盾化解试点工作方案的通知》，在全市开展人民调解参与信访工作活动，设立市、县（市、区）访调接待室，建立访调对接工作机制。共调解信访矛盾纠纷19件，成功调解6件。市委、市政府两办印发《关于建立太原市人民信访接待中心的通知》，明确9个市直部门和10个县（市、区）入驻接待中心，接待中心装修、改造和设备采购等工作进入招投标阶段。（陈美琴）

【党建工作】2018年，太原市信访局坚持把深入系统地学习领会习近平新时代中国特色社会主义思想和中共十九大精神，作为信访工作的着力点，努力在学懂弄通做实上下功夫。严格落实“三会一课”制度，全年共组织20次中心组专题学习。贯彻习近平总书记视察山西重要讲话精神和《关于进一步完善体制机制强化信访责任落实的实施意见》，坚持每周五下午学习例会制度，开展“人民满意窗口”创建活动，组织干部职工到右玉进行党性教育，邀请省委党校呼旭光教授举办《宪法》专题讲座，组织全体干部参加无纸化学法用法考试，参试率、合格率均为100%。把党的政治建设摆在首位，坚决维护习近平总书记党中央的核心、全党的核心地位，坚决维护党中央权威和集中统一领导，确保信访工作正确的政治方向。召开全局建党97周年表彰大会，开展党员干部“五问自己”活动，发挥党员模范带头作用。优化选人用人导向，按照“人岗相适、人事相宜”的原则，提拔2名正科级干部，交流使用3名正科级干部，提拔事业单位3名副科级干部，招聘4名事业单位工作人员，新提拔的办信处长受到省信访局的发函表扬。

2018年，太原市信访局坚持把党风廉政建设作为全年工作的重中之重，与业务工作同安排、同部署。自觉接受派驻纪检监察组的监督，召开全局党风廉政建设大会，印发《2018年度市信访局党风廉政建设工作要点》，市信访局局长与班子成员、班子成员与分管处室负责人签订2018年党风廉政目标责任书。组织全局干部职工观看《厉害了，我的国》等教育片。局班子成员之间，局班子成员与分管处（室、中心）负责人之间，开展谈心谈话；下发《太原市信访局关于开展廉政风险点排查的通知》，排查出5个风险点，制定相应防控措施，全年无任何违纪案件或违法行为发生。

在意识形态方面，注重理论武装，重点抓好中共十九大和习近平新时代中国特色社会主义思想等理论知识的学习，提升全局干部职工的理论水平。精神文明创建工作也步入常态化，开展党员自愿者、反邪教签名、慈善日捐款等活动。安全、保密工作逐步加强，设立专门的机要保密室，对全局计算机保密自查，逐人签订保密承诺书。全年未发生一起安全、泄密事件，档案管理工作获得省级表彰。（陈美琴）

老干部工作

【概况】2018年，太原市委老干部局以学习习近平新时代中国特色社会主义思想为主线，以党的政治建设为统领，紧扣“不忘初心、牢记使命”主题教育，突出把握老干部工作的政治性和创新性，在离退休干部“三项建设”方面取得有力推进，在信息化、精准化服务方面实现“两化并进”。习近平总书记在全国组织工作会议上鲜明提出新时代党的组织路线，强调“以组织体系建设为重点”“把党员组织起来、把人才凝聚起来、把群众动员起来”，为城市基层党建工作的创新指明方向。（办公室）

【基层党建工作】2018年，太原市委老干部局在老年大学和老干部活动中心共设立86个临时党支部，通过成立马克思书屋、开设习近平新时代中国特色社会主义读书班、开展“五进校园”“五个一”活动等，强化离退休干部基层组织建设，做到党的组织全覆盖，党的工作全覆盖。

市委老干部局以市老干部党校为平台，在重要时间节点组织全市离退休干部党支部书记及理论骨干进行培训，全年举办“不忘初心、牢记使命”专题党课和新党章专题辅导3次，培训400人次。为全市400多个离退休干部党支部发放《学习参考》2000份，发放新党章等250册。为市级老领导送去《习近平总书记关于老干部工作的重要论述（选编）》等书籍82册，通过培训和送学上门使离退休干部思想政治建设得到加强。为市直194个行政事业离退休干部党总支（党工委）和23个国有企业改制为非国有控股企业或破产企业的离休干部党支部发放工作经费108.50万元，调研督促指导十县（市、区）落实离退休干部党组织书记工作补贴，通过经费保障使离退休干部党支部建设加强。（办公室）

【政策学习】 2018年，太原市委老干部局编印《习近平总书记关于老干部工作的重要论述（选编）》700余册，发放到全市老干部工作部门，让大家准确领会习近平总书记对老干部工作的指示精神并准确把握有关老干部工作的政策精神。对（并办发〔2017〕34号）文件的贯彻落实情况和存在的问题困难督查调研30多次，协调解决问题8个。以最快的速度为老同志办最急的事，以最实的作风为老同志办最难的事；对不符合政策规定的，耐心做好疏导和解释工作。（办公室）

【关爱老干部】 2018年，太原市委老干部局按照中央省委的政策要求，调整离休干部护理费标准；为县区14名老同志解决10多年没有解决的提高待遇问题；为3000余名国有企业职教幼教退休教师审批待遇；为市直3511名离退休干部体检；举办全市离退休干部电影招待会。做好离退休干部帮困解难工作，共救助特困离退休干部667人次，发放救助金193.20万元。走访慰问易地安置离退休干部11名，市级老同志及遗孀99名，副省级以上医疗待遇离休干部及遗孀16名。

从市委书记到组织部长都倾情关心老同志，在尊老敬老爱老方面率先垂范做表率。重阳节前，市委书记罗清宇安排连夜磨好新小米，第二天送到老同志餐桌上；入冬供暖开始后，又关心老同志暖不暖和，安排老干部局牵头，联合有关部门调研走访4个老同志集中居住老旧小区的供暖问题。市委组织部部长赵忠保多次对老干部工作作出批示，多次全程陪同市级老同志调研，深入老干部局下属单位调研对正在筹建的大数据平台提出建议等。在领导们的关怀下，市级老同志的慰问品和慰问金从2018年起列入财政预算。（办公室）

【主题教育活动】 2018年，太原市委老干部局通过举办形式多样的“不忘初心、牢记使命”主题教育活动，把主题教育与老干部工作相结合，与老干部的特点相结合，实现“两促进”“两不误”。与市委组织部、市老龄办等单位联合举办“不忘初心、牢记使命”离退休干部文体艺术节，历时半年，演出400余场次，全市离退休干部约3万人次参与。与《老友导报》联合举办“不忘初心、牢记使命”主题征文，收到投稿100多篇，评选出24篇优秀刊出专版。举办“我们的节日重阳节”系列主题活动。承办全省“践行十九大精神，助力脱贫攻坚”老干部巡回宣讲报告会，激励广大离退休干部为脱贫攻坚贡献力量。

（办公室）

太原市委老干部局在太行干部学院举办培训班　（太原市委老干部局供图）

【老干部志愿服务】 2018年，太原市委老干部局组织市级老领导以“我看改革开放新成就”为主题进行调研。全年组织市级老同志到太原军民融合创新基地、“八河治理”工程、紫禁风华2018太原故宫文物展进行8次调研，他们提出意见建议40多条。整合53支老年志愿服务团队和老年社会团体，成立太原离退休干部正能量志愿服务队。通过下基层、入社区、进工厂、到农村，打造全市离退休干部“下基层、惠民行”志愿活动品牌，全年共进行志愿活动200余次，义务演出90余场，在全市离退休干部中营造为党和人民事业增添正能量的浓厚氛围。（办公室）

【老干部工作理念方式创新】 2018年，太原市委老干部局创新理念方式，用心用情真诚服务，采取“四对工作法”，即像敬重长辈一样、像对待亲人一样、像关爱父母一样、像呵护孩子一般对待老同志；推行“四全服务理念”，即服务全方位、联系全天候、关爱全身心、履责全过程；实施“四个一工程调研”，即提供“一对一”关怀服务、保证“一月一”调研活动、给予“一条龙”医疗服务、树立“一站式”调研保障，让老同志安心、舒心、暖心。（办公室）

【干部培训】 2018年，太原市委老干部局建立干部学习长效培训机制，在太行干部学院和右玉干部学院举办两期素质能力提升培训班，共120人次参加。全面提升老干部工作人员的素养。机关党委注重思想上关怀、工作上激励、生活上帮扶。节日期间走访慰问局机关困难党员和离退休干部65人次，送去慰问金49500元；组织干部职工参加全市的“健步行”“一日捐”“志愿者服务”等活动，在“脱贫攻坚”“双拥共建”“市级文明单位标兵”“创建全国文明城市”方面取得实效。（办公室）

【老干部信息服务工作】 2018年，太原市委老干部局借助大型科技公司信息技术优势，与民政、卫计等多部门共享数据、互通资源，打造"1网1库1平台、2级4端N服务"的全市老干部信息服务平台，5.70万名离退休干部的基本数据完善采集入库，通过互联网大数据分析，满足老同志多元化养老服务需求，让他们更有尊严感、获得感、幸福感。

整合资源形成助力，在服务离退休干部精准化方面出实招，经市政府批准，联合市卫计委共同搭建太原市离退休干部康养中心，以市人民医院新院为依托，结合该院康养特色定位和地处晋源历史文化旅游区的绝佳位置，为老同志提供一站式健康养老、文化养老、生态养老、智慧养老服务。该项目分三期进行，一期工程进入尾声，二期工程开始。

（办公室）

党校教育

【概况】 2018年，太原市委党校（太原行政学院、太原国防教育学院、太原社会主义学院）深入学习、研究、宣传、贯彻习近平新时代中国特色社会主义思想和中共十九大精神，学习贯彻习近平总书记视察山西重要讲话精神，学习贯彻宪法和党章党规党纪，加强理论教育和党性教育，增强"四个意识"，坚定"四个自信"，围绕中心、服务大局，勤奋工作、积极探索，完成全年各项任务。

（霍永刚）

【党校教学培训】 2018年，太原市委党校完成各级各类干部培训任务。共培训学员392人。上半年，第1期全市党建工作主要负责人学习贯彻习近平新时代中国特色社会主义思想读书班，培训学员41人。第2期全市党建工作主要负责人学习贯彻习近平新时代中国特色社会主义思想读书班，培训学员48人。第3期全市党建工作主要负责人学习贯彻习近平新时代中国特色社会主义思想读书班，培训学员40人。第42期中青年干部培训班，培训学员41人。第5期青年干部培训班，培训学员39人；下半年，第4期全市党建工作主要负责人学习贯彻习近平新时代中国特色社会主义思想读书班，培训学员39人。第5期全市党建工作主要负责人学习贯彻习近平新时代中国特色社会主义思想读书班，培训学员50人。第43期中青年干部培训班，培训学员50人。第6期青年干部培训班，培训学员44人。落实全市党校工作会议精神和太原市干部培训计划，先后与市委组织部、市直工委、市委统战部、市文明办、市政协、市公安局、市妇联、市审计局、市财政局、市教育局、市民政局、综改示范区等单位联合，举办道德模范先进典型培训班，培训学员110人；太原市政协委员培训班2期，培训学员347人；太原市公安局处级领导干部学习贯彻中共十九大精神政治轮训班2期，培训学员240人；太原市2018年度农村"领头雁"示范培训班，培训学员97人；太原市第十一届村委会主干示范培训班，培训学员180人；太原市审计局县、区（市）审计质量提升培训班，培训学员109人；全市妇联系统学习宣传贯彻全国"两会"、市"两会"精神报告会，培训学员210人；太原市2018年统战调研宣传信息培训班，培训学员70人；市教育系统基层党组织书记培训班2期，培训学员430人；太原市扫黑除恶专项斗争培训班，培训学员150人；新任市管领导干部学习宣传贯彻十九大精神专题研讨班，培训学员108人；全市正科级干部学习宣传贯彻十九大精神集中轮训班5期，培训学员2812人；太原市公安局交警、巡警、特警党务干部专题培训班，培训学员70人；市民政局基层党组织书记、党务工作者培训班，培训学员80人；市综改示范区2018年度入党积极分子培训班，培训学员30人；市综改示范区党务干部培训班，培训学员135人；太原市民政系统"三基建设"工作推进暨县（市、区）民政局领导班子成员能力提升培训班，培训学员55人；太原市党外领导干部培训班，培训学员80人；太原广播电视台基层党组织党务干部培训班，培训学员80人；新疆阜康市基层干部专题轮训班2期，培训学员100人；新疆昌吉州村（社区）党组织书记示范培训班，培训学员90人。全年累计举办短期培训21个班次，共29期，培训学员5583人。充分发挥党校培训轮训各级各类干部的主阵地作用。

（霍永刚）

【党校科研】 2018年，太原市委党校在各级各类刊物发表论文43篇。其中，部委、全国性学会刊物7篇，省级单位主办刊物8篇，《太原日报》9篇（以党校理论组名义发表3篇）；在推进21项校级课题研究的同时，承担市级以上课题19项，12项完成结项。其中，省规划办课题结2项立2项，省社科联结2项立1项，省党校（行院）结4项立4项，市级单位课题结6项；在国家行政学院出版社出版专著1部。在这些成果中，有2篇论文获部委、全国性协会奖项，3篇论文获全省党校系统第九届科研基金优秀成果奖。全市党校系统20项合作课题完成。在刊物建设上，《中共太原市委党校学报》围绕宣传解读中共十九大精神和习近平新时代中国特色社会主义思想，全年出版6期，刊发96万余字。《学报》出色完成年检，与市58家职能部门和全国240多家大专院校、党校建立交流学习渠道；《领导参阅》围绕人才工作、精准扶贫、民营经济等主题，编发10期，在党校智库建设上进行积极探索；在图书工作方面，支持太原马克思主义书房前期建设工程，支援市图书馆有关珍贵书籍整理前期工作，拓宽党校在马克思主义宣传方面的途径，增进图书单位间的交流合作，得到市委宣传部和市图书馆的肯定和感谢；2018年共采编上架新书2300余册，整架15000余册，提供知网、万方3个专题数据库资源，为更好地服务

教研工作和丰富职工文化生活提供基础资料。（霍永刚）

【教学培训创新】2018年，太原市委党校坚持用马克思主义中国化最新成果武装全党是党校教学的中心任务，围绕这一中心创新培训形式、改进教学方法、强化师资培训，推进教学统筹，提高教学水平。

2018年，为系统深入地学习宣传贯彻马克思主义中国化最新成果——习近平新时代中国特色社会主义思想和中共十九大精神，市委和市委组织部决定在党校开设习近平新时代中国特色社会主义思想读书班。在市委领导同志和市委组织部的指导下，认真研究，精心设计，加强读书班组织管理。在教学主题方面，聚焦习近平新时代中国特色社会主义思想和中共十九大精神，突出政治能力培养；在教学方式上，采取领读、导读、集中自学、小组讨论等方式，坚持“读原著、学原文、悟原理”;在学员考核上，突出政治考核，加强学风考核，严格纪律考核；在组织管理上，突出学员主体地位，坚持规范化、科学化，严格管理，热情服务，为读书班提供了较好保障。2018年，举办五期全市党建工作主要负责人学习贯彻习近平新时代中国特色社会主义思想读书班。

2018年，太原市委党校在努力办好读书班的同时，注重提升其它班次的培训质量。在中青班、青干班的培训中，加强马克思主义理论教育，把马克思主义经典导读作为重要课程，将马克思主义中国化最新成果作为核心内容，开设《马克思主义社会发展理论及当代价值》《习近平新时代中国特色社会主义思想中坚持的马克思主义立场观点方法》等课程，帮助干部提升马克思主义理论水平。加强党性教育，坚持把党风党纪教育贯穿培训全过程，开设《让理想信念引领人生》《学习落实党章加强党性修养》《全面从严治党永远在路上》等课程，进行社会主义核心价值观、党的历史、法治思维、审计保密等培训，组织学员到延安、右玉、武乡等地接受红色教育，增强干部党性修养，提高纪律规矩意识。（霍永刚）

【教师队伍建设】2018年，太原市委党校落实“学术研究无禁区、讲坛论坛有纪律”的要求，杜绝错误观点和言论进课堂。实行集体备课、新专题试讲制度，加强教师周二继续教育和社会实践调研工作。加大师资培训力度，1月，举办由国家行政学院教师授课、全校教师参加的“行动学习专题研修班”，系统学习新的教学方法。8月，组织市委党校和各县区（市）分校骨干教师80多人到复旦大学开展为期1周的教学能力提升专题培训。支持教师深入县区、机关、企业、学校等对重大理论和中央、省市有关精神进行宣讲解读，锻炼教师，扩大教育面，弘扬正能量。7月和8月初，组织杏花岭分校共同承办5期全市正科级领导干部学习宣传贯彻中共十九大精神集中轮训班，培训干部2800多人。鼓励青年教师承担新专题，新专题经过教研室、教研部、全校教师一起参加的三轮集体备课，集中大家智慧，丰富教学内容，提高备课质量，提升教学水平。（霍永刚）

【教学方法改革】2018年，太原市委党校以促进教学互动、实现教学相长为目标，引入行动学习理念和方法，围绕中心工作确定学习主题，通过理论讲授、专家辅导、小组调研、结构化研讨、总结交流和撰写调研报告等方式，提高学员分析解决问题的水平。在调研环节，围绕“提升城市管理水平”“实现经济转型发展”“促进垃圾分类处置”等六个专题调研，通过集体调研、小组讨论、学员论坛等形式，引导学员围绕一个问题深入企业、农村、社区进行调研、讨论，激发学员分析、研究和解决实际问题的兴趣，增强教师与学员、学员与学员之间的互动交流与学习借鉴。课题结束时，各组提交课题研究报告，每位学员提交调研报告。围绕这些调查研究，学校为各班编辑出版《教学信息》《关注与交流》。开展案例式、情景式、模拟式、团队式教学，开设“提高领导干部引导舆论能力”和“提高青年干部预防处置群体性事件能力”等团队教学课程，促进学员能力的提升。（霍永刚）

2018年，太原市委党校秋季学期主体班开学典礼（太原市委党校供图）

【推进教学统筹】2018年，太原市委党校贯彻落实市委办公厅印发的《关于推进县级党校（行政学院）办学体制改革的指导意见》，对各县区（市）分校的办学方针，班次、学制、课程设置、教学科研、队伍建设、基础设施建设等工作进行调研、指导和协调。协调市人社局，完成各县区（市）分校教师专业技术职务申报和评审工作。组织各县区（市）分校10余人参加省委党校的师资培训。抽调各县区（市）分校33人，到复旦大学进行为期一周的培训学习，提升教师的教学能力。加大对各县区（市）分校的教学指导力度，2018年十个分校全部开设规范的主体班次。加大对分校读书班的指导协调，促进县级党校读书班顺利举办。全市10个分校总计举办读书班18期，参训学员750余人。统筹师资力量，推荐安排优秀师资到各分校授课，加大交流力度，充实分校教学力量。组织市县两级党校系统教师开展赛讲和教学经验交流活动，促进教师理论水平和教学技能的提升。

（霍永刚）

【教学科研咨询一体化建设】 2018年，太原市委党校注重发挥教师科研的主动性、创造性，面向教学需求，围绕中心工作，多方位开展科研工作，提高科研质量、科研能力。

强化党校在意识形态领域的“话语权”，落实中央关于重要节点有声音、重大问题亮观点、重大时段搭平台的要求，及时跟进和宣传中央、省市委重大精神。以市委党校理论组名义在《太原日报》发表理论文章，宣传马克思主义中国化最新成果。与市电视台合作，组织多名教师在《太原新闻》《新闻对话》等栏目阐释宣讲习近平新时代中国特色社会主义思想和中共十九大精神。召开全市党校系统纪念改革开放40周年理论研讨会，会议由校委成员、市党校全体教师、中层负责人、支部书记，及分校常务副校长、教师代表参加，会议提交论文50余篇，从不同的角度对改革开放的有关问题进行研究，并结合太原实际，提出对策建议。在全系统召开“庆祝改革开放理论研讨会”，是全市理论界最早的一家，也是全省党校系统行动最早的一家，发挥党校在意识形态领域的宣传和引领作用。

市委党校以课题研究为抓手，服务党校教学、推进学科建设、开展学术探讨。修订《校级课题管理办法》，以制度为依据，在全校大规模开展校级课题研究，确立重点课题4项，一般课题17项，总共21项，其中，学科建设研究9项，基础工作研究7项，重点工作研究5项。学科课题研究由常务副校长亲抓、分管科研教学校委参加，以学科分类为基础，以课题负责人为主将，以本校中青年教师、干部为骨干，选调县区分校部分对口专业教师参与，组成由教研室主任或教研管理人员牵头，市委党校教师、青年干部和分校科研骨干三方面70余人参加的课题组。各课题组认真收集学习资料，反复研究修改，完成研究报告，最后编辑成册，形成《学科建设和党校教育研究》成果。这对于建设体现党校特色的科研和教学工作具有创新意义，对于培养适应党校高素质要求的中青年教师和干部队伍具有探索价值。

市委党校发挥校（院）在党委政府决策中的智囊团和思想库作用，面向教学科研咨询一体化发展，推进教学培训出题目、科研咨询做文章、优秀成果进课堂、咨询建议进决策，形成教学、科研、咨询“三位一体”，相互促进、协调发展的新格局。一些教师积极参与市委宣传部、市党建研究会、市法学会、市社科联等部门的课题研究和决策论证；一些教师主动开展调查研究，撰写改进工作的意见建议；一些教师受邀参加市委、市人大、市政府、市政协和市直有关部门召开的咨询研究性会议，提出问题和对策。利用《领导参阅》等平台，积极建言献策，发挥好党校智库作用。通过多种渠道，在服务大局上发挥作用。

2018年全国党校工作会议提出党校系统要加强统筹工作，市级党校要对所辖区域的县级党校加强业务指导。市县党校科研统筹应为县区党校教研人员搭建科研平台，调动县区党校教研人员进行科学研究的积极性、主动性，增强县域研究活力，补齐基层党校科学研究的短板。太原市委党校在市县统筹工作上积极谋划，贯彻落实会议精神，以科研统筹为突破口，全面推进市县党校统筹工作。通过市党校系统科研课题为县区党校搭建科研平台。由市委党校提出课题指南，通过对课题的组织申报、督促指导、结项验收等环节加强对县区党校科研的指导与管理，增强市县两级党校的科研联系。组织市县党校合作课题研究、学科建设课题研究，共计立项结项课题20项；通过各类科研工作会议为县区党校搭建科研平台。通过研讨交流、通报信息、集体学习、征文评奖等形式加强市县两级教研人员交流合作、提升科研水平，加强党校系统重大节点及时发声、合作研究的集体优势；通过党校学报、微信公众号等载体搭建优秀科研成果展示平台，以调动县区教研人员的积极性、主动性，提升县区党校科研整体活力。

（霍永刚）

同济大学马克思主义学院硕士研究生太原办学点签约仪式

（太原市委党校供图）

党史研究

【概况】2018年，太原市委党史研究室围绕“服务中心工作、建设党史队伍”的核心任务，学习贯彻习近平新时代中国特色社会主义思想和中共十九大精神、学习省委十一届六次全会精神和市委十一届五次全会精神，抓好党史编研、党史宣教、党支部建设和纪念改革开放40周年等相关工作任务，推动构建太原市“大党史”格局，展现党建工作新气象、新作为、新成效，为建设文明开放富裕美丽新太原作出党史人的贡献。（孙生杰）

太原市委党史研究室开展“主题党日+”活动（太原市委党史研究室供图）

【党史主责主业】2018年，太原市委党史研究室把研究宣传习近平新时代中国特色社会主义思想作为首要任务，着眼重要时间节点，组织实施一批具有战略性、权威性、唯一性、“高”“厚”“重”“深”的重大项目。围绕纪念改革开放40周年，深入全市相关部门调研，组织市直部门和各县（市、区）撰写专题文章46篇，邀请市级老领导撰写回忆文章32篇，以专题形式全面记录太原改革开放以来经济建设、政治建设、社会建设、生态文明建设和党的建设取得的成就和经验，编撰出版《太原改革开放40年实录》。全书100万字，由中央党史出版社出版。以日记体的形式记录上年中共执政太原的重要事项，全面反映党执政太原过程中落实中央决策以及制定的路线方针政策情况，编撰出版《执政太原日记·2017》。全书38万字，由中央党史出版社出版。完成《太原城中村改造实录》送审稿。组织人员对文稿进行补充完善，突出2015年以来城中村改造的进程和经验。协助市委宣传部等部门举办《辉煌的历程奋斗的时代——太原市庆祝改革开放40周年成就展》，承担展览大纲编写任务。向省委党史研究院报送改革开放40周年专题文章30余篇，其中28篇稿件编入《山西改革开放口述回忆史料》丛书，受到省里的通报表彰。根据市领导的有关指示和要求，承担山西督军府旧址《热血山河——山西军民抗战史陈列》布展，完成《山西抗战》《山西解放》大纲的撰写、资料收集和审定任务。

（孙生杰）

2018年7月31日，市委党史研究室慰问武警中队（太原市委党史研究室供图）

【党史理论学习】2018年，太原市委党史研究室坚持以理想信念、党性教育为根本，坚持“党史姓党”的政治方向，牢牢把握党史工作的主题主线，紧紧扭住“以史鉴今，资政育人”的根本任务，把学习贯彻习近平新时代中国特色社会主义思想和中共十九大精神作为首要政治任务，切实在学懂、弄通、做实上下功夫，全面领会、准确把握精神实质和丰富内涵。组织党员干部认真学习《习近平新时代中国特色社会主义思想三十讲》《习近平谈治国理政》（第二卷）等书籍和习近平总书记关于党史工作的重要论述。学习《中国共产党章程》《关于新形势下党内政治生活的若干准则》《中国共产党廉洁自律准则》《中国共产党纪律处分条例》《中国共产党支部工作条例（试行）》等一系列党内法规制度。结合党史工作实际，学习习近平总书记在纪念周恩来同志诞辰120周年、刘少奇同志诞辰120周年座谈会，纪念马克思诞辰200周年、庆祝改革开放40周年大会上的讲话。室领导分批参加学习贯彻习近平新时代中国特色社会主义思想读书班，室中层干部参加全省党史系统学习中共十九大精神专题培训班、全市正科级干部学习贯彻习近平新时代中国特色社会主义思想培训班和中青年干部培训班等。充分发挥党史部门优势和业务专长，党史干部多次深入县（市、区）和相关单位宣讲中共十九大精神、宣传党在太原的光辉历史。（孙生杰）

精神文明建设

【概况】2018年，太原市文明办以习近平新时代中国特色社会主义思想为指导，全面贯彻中共十九大精神，贯彻落实中央、省文明委重要部署和全国宣传思想工作会议精神，把培养担当民族复兴大任的时代新人、弘扬共筑美好生活梦想的时代新风作为出发点和落脚点，紧紧围绕市委中心工作，坚持培育和践行社会主义价值观，以争创全国文明城市为龙头，以群众性文明创建活动为依托，以“担复兴大任，做时代新人”活动为载体，加强公民道德建设，深化“五大创建”活动，加强未成年人思想道德建设，推进学雷锋志愿服务建设，培育社会文明风尚，文明创建各项工作有序推进。（办公室）

【精神文明创建工作】2018年，太原市文明办学习习近平总书记系列重要讲话特别是关于精神文明建设的重要论述，中共十九大关于“新时代中国特色社会主义思想和基本方略”相关内容，夏卫东在全国文明办主任会议上的讲话，罗清宇、耿彦波在市委十一届四次全会暨经济工作会议上的讲话等，学习领会中央、省委和市委的重大决策部署，了解和掌握党中央最新理论，用以指导实践，推动工作。贯彻落实中央、省委关于加强精神文明建设的部署要求，印发《太原市2018年精神文明创建工作安排》，从顶层设计上指导太原市群众性精神文明创建活动，努力推动太原市精神文明建设取得新成就。

（办公室）

【社会主义核心价值观宣传教育】2018年，太原市文明办推动“讲文明树新风”公益宣传活动的深入开展。春节、元宵节、端午节等节日期间和创城重要时间节点，全市2300余辆公交车车尾电子显示屏不间断全天滚动播放公益广告。在机场、车站等交通枢纽，旅游景点、出入境窗口、宾馆饭店、旅行社、商贸核心区等重点场所播放文明旅游公益广告视频，张贴宣传挂图。全年300多个建筑工地围挡发布“图说我们的价值观”等公益广告2000多幅，《太原日报》《太原晚报》刊登公益广告共计205.25个整版，太原广播电视台播发公益广告约874小时。巩固社会主义核心价值观的宣传阵地建设。利用道德讲堂、善行义举榜等宣传社会主义核心价值观和公民道德基本规范，推动社会主义核心价值观融入市民文明公约、行业规范、居民公约、村规民约等。在全市积极建设社会主义核心价值观主题公园8个。组织实施《太原市文明行为促进条例》宣传及践行活动。太原市文明办全程参与起草、制定《太原市文明行为促进条例》。3月1日施行前夕，组织市直20多个单位集中开展宣传践行《条例》活动，47块展板在市政府门口集中展示1个月。在全市形成践行核心价值观、讲文明、学《条例》、守规范热潮。牵头开展创建全国文明城市《太原市文明行为促进条例》联合执法工作，确定工作责任，安排具体的执法部门开展联合执法。开展太原市“创建全国文明城市卡通形象”征集活动。共征集到98名作者提交的120幅设计作品，经过大众投票、专家评审、审批使用、公示公布等工作环节，确定“双双、塔塔”卡通形象为太原市“创建全国文明城市卡通形象”。组织编撰《太原市民文明手册》等宣传资料。修改印刷《太原市民文明手册》2.90万册、创城宣传折页1万份；印制《太原市创建全国文明城市应知应会手册》《太原市民文明礼仪读本》各6万份，在全市广泛散发；编写《未成年人创建文明城市应知应会手册》，印发到各中小学校。通过资料手册的发放，在全市普及创城知识，传播文明礼仪规范，提升市民文明素质和城市文明程度。（办公室）

【全国文明城市创建】2018年，太原市文明办召开全市文明办主任会议，传达中央和省文明办主任会议精神，对创城工作进行安排部署。参加省文明办举办的全省精神文明创建工作培训班，学习创建全国文明城市工作应注意把握的问题等相关知识，与兄弟城市经验交流。制定《2018年太原市创建全国文明城市当前任务分解》；细化测评体系，出台《太原市创建全国文明城市2018年实地指导手册》和《太原市创建全国文明城市2018—2020年网上申报指导手册》；聘请第三方测评机构对城六区进行模拟实地测评，发现问题、寻找差距。

2018年，太原市委调整太原市创建全国文明城市指挥部，市委书记亲自挂帅，统筹推进创城工作。设立六个分指挥部和综合协调办公室等工作机构，有力推动创城工作。制定《太原市创建全国文明城市工作规划（2018—2020）》，科学设计目标任务，使创城工作有目标、有理念、有机制、有办法、有奖惩、有特色，成为贯穿太原市第六届全国文明城市整个创建周期的指导性文件。6月12日，召开全市创建全国文明城市推进会，与各县（市、区）和相关责任单位签订创城工作责任书，吹响举全市之力创建全国文明城市的号角。市委建立决策部署、责任落实、督导检查、考核通报、奖惩兑现“五位一体”运行机制和市领导包联督办、三级会议等一系列制度，市委书记、市长亲自包联督办问题最突出、整治难度最大的背街小巷、老旧小区两个重点项目，为全市作出表率。所有市领导都确定包联项目和包联县区，实行一月一检查，一月一点评，并带头对各自分管领域的创城工作开展督导检查，有力地促进了创城各项工作的落实。把“九乱”专项整治作为推动创城工作的重要突破口，重点整治背街小巷、老旧小区、集贸市场等方面的乱象。按照开展模式建设的要求，高起点谋划，高标准打造“九乱”整治示范点。2018年确定的所有示范点全部建成，由点向面推广工作全面展开。全市1062条背街小巷，586条开展整治，495条基本完成；3083个老旧小区，1566个开始整治，813个完成整治。市属媒体统一开设“举全市之力创文明城市”宣传专栏，集中力量进行全方位、多视角、高密度的新闻宣传报道。开设“文明城市创建曝光台”“文明亮剑”等专题专栏，对城市不文明行为集中曝光，对身边不文明现象批评监督，对存在问题的整改情况跟踪报道。市创城指挥部综合协调办公室设立督查组、考核组、执纪组，发挥督导考核的指挥棒作用，确保创城各项工作落到实处。通过市领导带头督导检查，市创城办联合市人大、市政协专项督查，开展第三方测评等手段，及时发现问题，市创城办以督办单的形式下发到各相关责任单位，限期进行整改。全年下发督办单（函）175份，处理问题2300余个。（办公室）

【文明单位先进典型命名】2018年，太原市文明办对2016年至2017年精神文明创建活动典型命名表彰。经单位申报、审核推荐、测评考核、征求意见、公示公布等工作环节，印发《关于命名2016—2017年度文明县城文明单位的通报》《关于命名2016—2017年度精神文明创建活动先进典型的决定》。在全市开展文明单位进社区（村）结对帮扶活动，把开展城乡结对共建活动列入文明单位、文明村镇的工作责任和考评内容。向省文明委推荐太原市申报省级文明县城、文明单位、文明乡镇、文明社区、文明景区等。印发《太原市县级文明城市创建工作规划（2018—2020年）》。

市文明办印发《太原市农村精神文明建设指导意见》，研究制定加强农村精神文明建设的规划和实施方案，对今后一个时期的农村精神文明建设作出宏观规划和战略部署。通过召开座谈会、实地调研和入户访谈相结合的方式，深入尖草坪、阳曲县等专题调研，编写《太原市实施乡村振兴战略之农村精神文明建设调研报告》。

2018年，太原市文明办印发《太原市深化家庭文明建设的实施意见》。与市妇联配合，构建组织推荐、媒体寻访、群众发现“三措并举”的文明家庭创建格局，在农村开展星级文明户、最美婆媳、最美妯娌、最美邻里创评等特色家庭创建活动。与太原广播电视台录制大型访谈类栏目《家风家训》，每周在太原电视台播放一期，得到社会各界的广泛好评和热烈反响。

2018年，太原市文明办按照申报、推荐、公示、评选等程序，120所学校被评为太原市文明校园。向省里推荐“山西省文明校园”和“创建省文明校园先进学校”24所，其中4所被省文明办推荐为“创建全国文明校园先进学校”公示名单。起草《太原市文明校园管理办法》。（办公室）

【道德模范评选】2018年，太原市文明办在第十六个全国“公民道德宣传日”，在全市组织开展以“尊道德、讲文明、有礼貌、守秩序”为主要内容的“公民道德宣传日”系列活动。印发《关于开展2018年“我推荐、我评议身边好人”活动的通知》，通过层层选拔，共收集推荐材料400多份。通过网络投票、微信投票、事迹初选等程序，选出166名候选人。组织人大、政协、工会、共青团、市妇联相关领导组成评审组，评审确定李秀梅等40人为2018年太原身边好人。

由市财政拨款，免费为187名获得市级以上荣誉的道德模范和身边好人办理市内景区旅游一卡通、体检卡和公交卡，元旦春节期间，慰问生活困难的道德模范和身边好人，在全社会倡导“好人好报”价值导向，营造崇尚模范、学习模范、关爱模范、争当模范的良好风尚。每个月第二周开展一个主题形式的宣讲，全年共举办巡讲报告会45场次，报纸、电视、网络以及微信等报道巡讲活动，引起社会各界强烈反响，直接或间接受益人近万人，取得良好的社会舆论效果。组织开展道德模范和身边好人培训，培养优秀典型。

2018年，太原市文明办共收到推荐材料73份，经审核评选，孟小平等10名候选人为“第七届山西道德模范”推荐对象，公示后向省活动组委会推荐。向省文明办报送孟小平等四名同志山西省第七届道德模范候选人事迹材料。

（办公室）

【文明志愿者服务】2018年，太原市文明办开展学雷锋志愿服务站点建设。组织编撰太原市《学雷锋志愿服务站点建设资料汇编》，全市共建设站点1800余个，其中有85个市级示范站点，15个省级示范站点。全年提供志愿服务4900余场。开展“三关爱”学雷锋志愿服务活动。全市组织开展关爱“空巢老人”“残疾人”“农民工”等内容的志愿服务活动2950余场，参与志愿者达到12.58万人次，为全社会提供志愿服务时长达30万余小时，受助人群达20万人次。开展“担复兴大任做时代新人”系列志愿活动150余场，在全市掀起做时代新人，做学雷锋志愿者的热潮。

2018年，太原市文明办出台《太原市志愿服务激励回馈办法》，明确志愿服务激励回馈的工作责任，实现政策类、公共服务类和社会服务类等三大类32个项目的的激励回馈内容的落实。开展太原市学雷锋志愿服务先进典型宣传推选活动，经过基层推荐、专家评审、公示公布等工作环节，共推选出2018年太原市志愿服务先进典型70个。

出台《关于推进太原市志愿服务项目化运作的通知》，将原有的全市18个重点行业志愿服务项目扩展至26个，并对具体工作提出明确要求。筹备成立“中国志愿服务基金会‘志愿太原’专项基金”，可以在全国范围广泛募集用于支持太原市志愿服务事业发展的资金，为全市开展学雷锋志愿服务活动筹集保障资金，争取中央政策和支持，也为全市创城工作打下基础。（办公室）

【“新时代好少年”活动】2018年，太原市文明办开展“新时代好少年”学习宣传活动。评选出32名市级“新时代好少年”，其中李品一等4名同学被评为山西省“新时代好少年”。持续开展美德少年评比，2018年命名145名美德少年。组建“文明宣传小大使”“文明调研小专家”“文明行为小记者”三支队伍，引导全市中小学生从我做起，影响家人，带动社会。开展“共创文明城市、争做新时代好少年活动”，近60万师生参与文明城市创建活动。

（办公室）

【中华优秀文化传承活动】2018年，太原市文明办开展中华优秀文化传承活动。举办太原市第七届少儿国学经典诵读活动，全市30余所学校的600余名少先队员参加；广泛开展戏曲进校园活动，文化志愿者深入校园7000余人次；举办非遗报告会36场，受众师生近6万人；组织8万余名中学生参观名人故里、历史建筑等。开展阳光成长心理健康教育活动。举办17期面向中小学心理健康老师的专业培训，培训1500余人次；举办58场心理健康知识普及巡讲活动，惠及11000余人次；在17所学校开展“助你成长”考生心理公益辅导活动。举办2018年太原市未成年人心理健康辅导骨干培训班。

市文明办共收到童谣稿件135首，经过评审，选出10首推荐至省文明办，参加全省、全国优秀童谣评选。其中《小脚丫》等8首被评为山西省优秀童谣。参加2018全国第七届优秀童谣音视频作品创作征集活动，编排制作5首优秀童谣上报中央。将太原市2018年度优秀童谣汇编成书，开展推广传唱。

（办公室）

【营造良好社会风尚】2018年，太原市文明办在全市组织开展诚信行业、诚信单位、诚信示范街区、诚信经营示范店、诚信网店等主题实践活动，加强行业自律，形成不愿失信、不能失信、不敢失信的社会环境。9月，组织召开太原市社会信用体系推进会，引导社会力量广泛参与，共同推进，形成合力，推动太原市社会信用体系建设再上新台阶。

市文明办利用春节、元宵节、清明节、端午节、七夕节、中秋节、重阳等重要传统节日，开展民俗文化活动，引导人们传承优秀文化、践行社会主义核心价值观。端午节举办“创建全国文明城市，致敬城市脊梁”活动，近800名参建人员参加活动，通过电视和网络媒体直播，向全市400多个建筑工地10万余名建设者传递浓浓端午情、爱国情。

市文明办组织讲师志愿者在全市社区、机关、学校、厂矿开展文明礼仪规范的宣讲活动，截至2018年底累计开展培训课程2300余场，受教育人次达21余万人次。

2018年，印发《太原市文明交通倡议书》和《太原市2018年“文明交通安全出行”志愿服务活动实施方案》。与市交警支队共同组织“2018年太原市文明交通志愿服务活动”，培训500余个市级以上文明单位和200余名志愿者带队人，为4000余名志愿者提供志愿者服装、交通指挥旗、人身保险等保障工作，在全市80多个主要交通路口，为市民群众提供6.20万余小时的志愿服务。

市文明办坚持每年召开2次文明旅游联席会议，布置安排各个节点的文明旅游工作。坚持境内游和境外游相结合、宣传教育与规范管理相结合，抓好文明旅游工作。（办公室）

【文明信息网络建设】2018年，太原市文明办建立网络文明传播志愿者工作微信群，将太原市注册的900余名网络文明传播志愿者都加入群中，全年通过微信群推送新闻稿件200多篇。组织开展“文明创建我代言”有奖征文活动，对优秀作品进行奖励。打造品牌栏目《文明游戏厅》，制作完成《56个民族共筑中国梦》《幸福是奋斗出来的》等6个文明小游戏。以“我们的节日”活动为契机，制作《承先烈遗志，抒爱国豪情》等宣传专题，在新浪官方微博上发布“拥抱省运会，点亮新时代”等12个微话题。面向全市中小学校学生和幼儿园小朋友，开展“童画新时代手绘价值观”——社会主义核心价值观主题儿童画征集展示活动，经过专家评选，从230余幅征集到的作品中选出近100幅优秀作品，在文明网进行展示。利用“两微一端”，以特定的节日及文明进展大事记为节点，全年整理编辑279条图文信息，阅读点击量近20万。制作《纪念马克思诞辰200周年》等5篇H5，发布8篇微信美篇，总点击量达到23万多人次。推出《迎接省运会创建文明城》等专题活动，参与人数达41万人次。推出《2018年太原市身边好人事迹展播》专题，对新一届太原市“身边好人”的事迹宣传；编写2018年太原市《身边好人》书籍，传播好人的善行义举，培育崇德向善的社会风气。继续开展网络文明传播志愿活动，发布“拥抱省运会点亮新时代”等微话题，全年在文明创建信息报送系统发布新浪博客8100篇，新浪微博38700篇。（办公室）

【“迎接省运会·创建文明城”全民健身节主题活动】2018年，太原市文明办组织市直机关20余个单位及活动现场的市民群众共1200余人参加“迎接省运会·创建文明城”全民健身节的主题活动。活动增强全民共创文明城市意识和体育运动精神，将“争创文明城市，共享文明成果”的精神传达到每一个人。组织开展“当好青运东道主，争做文明好市民”主题实践活动，为太原市承办二青会营造社会氛围。（办公室）

综　述

【概况】 2018年，太原市人大常委会高举习近平新时代中国特色社会主义思想伟大旗帜，深入贯彻中共十九大精神和习近平总书记视察山西重要讲话精神，始终坚持党的领导、人民当家作主、依法治国的有机统一，紧扣市委决策部署和全市中心工作，充分发挥“宪法法律赋予各项职责的工作机关、同人民群众保持密切联系的代表机关”重要作用，召开常委会会议10次，主任会议16次，制定和修改地方性法规4件，听取和审议专项工作报告25项，开展执法检查、视察调研45次，作出决议决定8个，完成市十四届人大三次会议确定的各项任务。（崔　佳）

人民代表大会会议

【太原市第十四届人大第三次会议】 2018年3月27日至30日召开。会议应出席市人大代表353人，第一次全体会议出席330人，第二次全体会议出席320人。会议主席团成员共计57人。列席163人，20名公民旁听大会。会议共安排一次党员大会、一次预备会议、一次代表团召集人会议、三次主席团会议、三次全体会议、三次代表团全团会议、两次分组会议、一次财经委员会会议和一次议案审查委员会会议。

大会议程共7项：听取和审议太原市人民政府工作报告；审查和批准太原市人民政府关于太原市上年国民经济和社会发展计划执行情况与2018年国民经济和社会发展计划（草案）的报告，批准太原市2018年国民经济和社会发展计划；审查和批准太原市人民政府关于太原市上年全市和市本级预算执行情况与2018年全市和市本级预算（草案）的报告，批准太原市2018年市本级预算；听取和审议太原市人大常委会工作报告；听取和审议太原市中级人民法院工作报告；听取和审议太原市人民检察院工作报告;其他。（崔　佳）

太原市第十四届人民代表大会第三次会议主席团会议　（太原市人大常委会供图）

常务委员会会议

【太原市第十四届人大常委会第九次会议】 2018年2月27日召开，会议安排两次全体会议。会议应出席组成人员40人，实出席35人。

会议议程：审议市人民政府关于环境保护工作情况的报告；审议市人民政府关于2017年度法治政府建设情况的报告；审议市人民政府关于太原市上年国民经济和社会发展计划执行情况与2018年国民经济和社会发展计划（草案）编制情况的汇报；审议市人民政府关于太原市上年全市和市本级预算执行情况及2018年全市和市本级预算（草案）编制情况的汇报；审议市第十四届人民代表大会常务委员会代表资格审查委员会关于个别代表的代表资格的报告；人事任免及其他。

2018 年 2 月 7 日，太原市人大常委会主任弓跃带队，走访慰问劳模、党员和困难群众　　（太原市人大常委会办公室供图）

会议听取市环保局局长窦力奋作的关于环境保护工作情况的报告，市法制办主任常跃平作的关于 2017 年度法治政府建设情况的报告，市发改委主任阴海锁作的关于太原市上年国民经济和社会发展计划执行情况与 2018 年国民经济和社会发展计划（草案）编制情况的汇报，市财政局局长王国柱作的关于太原市上年全市和市本级预算执行情况及 2018 年全市和市本级预算（草案）编制情况的汇报，市人大人事代表委员会主任委员赵雁萍作的关于个别代表的代表资格的报告；书面听取市人大常委会关于接受常青辞职请求的决定（草案）和市人大常委会主任会议关于人事任免的议案。

会议表决通过市第十四届人民代表大会常务委员会代表资格审查委员会关于个别代表的代表资格的报告，市人大常委会关于接受常青辞职请求的决定；通过了人事任免事项，向新任命人员颁发任命书。按照《太原市组织实施宪法宣誓办法》，新任命人员依法进行宪法宣誓。（崔　佳）

【太原市第十四届人大常委会第十次会议】 2018 年 3 月 10 日召开，会议安排两次全体会议。会议应出席组成人员 39 人，实出席 32 人。

会议议程：审议太原市人民代表大会常务委员会关于召开太原市第十四届人民代表大会第三次会议的决定（草案）；人事免职事项；其他。

会议听取市人大常委会秘书长冯润春作的关于太原市人民代表大会常务委员会关于召开太原市第十四届人民代表大会第三次会议的决定（草案）的说明；副市长张齐山作的关于人事免职事项的提请报告，市中级人民法院侯晓东作的关于人事免职事项的提请报告，市人大人事代表委员会主任委员赵雁萍作的关于人事免职事项提请报告的审议报告。

会议表决通过太原市人民代表大会常务委员会关于召开太原市第十四届人民代表大会第三次会议的决定（草案）和人事免职名单。（崔　佳）

【太原市第十四届人大常委会第十一次会议】 2018 年 3 月 21 日召开，会议安排两次全体会议。会议应出席组成人员 39 人，实出席 30 人。

会议议程：听取太原市第十四届人民代表大会第三次会议筹备工作的报告；审议太原市第十四届人民代表大会第三次会议议程（草案）；审议太原市第十四届人民代表大会第三次会议主席团和秘书长名单（草案）；审议太原市第十四届人民代表大会第三次会议列席人员名单（草案）；审议太原市第十四届人民代表大会第三次会议议案审查委员会组成人员名单（草案）；审议太原市人民代表大会常务委员会工作报告（稿）；审议市第十四届人民代表大会常务委员会代表资格审查委员会关于个别代表的代表资格的报告；其他。

会议听取市人大常委会秘书长冯润春作的关于市十四届人大三次会议筹备工作情况的报告，市人大人事代表委员会主任委员赵雁萍作的关于市十四届人大三次会议列席人员范围及人数的说明，市人大常委会代表资格审查委员会副主任委员、市人大人事代表委员会主任委员赵雁萍作的关于个别代表的代表资格的报告；书面听取太原市十四届人大三次会议议程（草案）、主席团和秘书长名单（草案）、议案审查委员会组成人员名单（草案）和市人大常委会工作报告（稿）。

会议表决通过太原市第十四届人民代表大会第三次会议议程（草案）、太原市第十四届人民代表大会第三次会议主席团和秘书长名单（草案）、太原市第十四届人民代表大会第三次会议列席人员名单（草案）、太原市第十四届人民代表大会第三次会议议案审查委员会组成人员名单（草案）、太原市人民代表大会常务委员会工作报告（稿）、太原市第十四届人民代表大会常务委员会代表资格审查委员会关于个别代表的代表资格的报告。（崔　佳）

【太原市第十四届人大常委会第十二次会议】 2018 年 4 月 26 日召开，会议安排两次全体会议。会议应出席组成人员 39 人，实出席 30 人。

会议议程：审议市人民政府关于提请审议《太原市生活垃圾分类处理办法（草案）》的议案；听取市中级人民法院关于破产案件审理情况的报告；人事任免事项。

会议听取市市容环卫局局长侯森代表市人民政府作的关于《太原市生活垃圾分类管理条例（草案）》的起草说明，

市人大城市建设环境资源保护委员会主任委员孟小勇作的关于《太原市生活垃圾分类管理条例（草案）》审议意见的报告，市中级人民法院常务副院长段培林作的关于破产案件审理情况的报告；会议还听取市中级人民法院常务副院长段培林作的关于人事免职事项的提请报告，市人民检察院检察长宁建新作的关于人事任免事项的提请报告，市人大人事代表委员会主任委员赵雁萍作的关于人事任免事项提请报告的审议报告。26日下午，举行专题讲座，市人大常委会副主任郭治明主持。太原科技大学法学院院长郭相宏讲解《中华人民共和国宪法》《中华人民共和国监察法》。

会议表决通过太原市人民代表大会常务委员会免职名单和太原市人民代表大会常务委员会任免名单。（崔 佳）

【太原市第十四届人大常委会第十三次会议】 2018年6月25日召开，会议安排两次全体会议。会议应出席组成人员39人，实出席31人。

会议议程：审议《太原市城乡规划条例（草案修改稿）》；审议市人民政府关于太原市疾病预防控制工作情况的报告并进行满意度测评；人事任免事项。

会议听取市人大法制委员会主任委员孟凡政作的关于《太原市城乡规划条例（草案）》审议结果的报告，市卫计委主任宫殿元代表市人民政府作的关于太原市疾病预防控制工作情况的报告。会议还听取市中级人民法院副院长段培林作的关于人事免职事项的提请报告，市人民检察院检察长宁建新作的关于人事任职事项的提请报告，市人大人事代表委员会主任委员赵雁萍作的关于人事任免事项提请报告的审议报告。

会议对市人民政府关于太原市疾病预防控制工作情况的报告进行满意度测评，测评结果满意；表决通过太原市人民代表大会常务委员会免职名单和太原市人民代表大会常务委员会任命名单。（崔 佳）

【太原市第十四届人大常委会第十四次会议】 2018年8月27日召开，会议安排两次全体会议。会议应出席组成人员39人，实出席30人。

会议议程：人事撤职事项；审议市第十四届人民代表大会常务委员会代表资格审查委员会关于个别代表的代表资格的报告；其他。

会议听取市中级人民法院院长侯晓东作的关于人事撤职事项的提请报告；市人大人事代表委员会主任委员赵雁萍作的关于人事撤职事项提请报告的审议报告；市人大人事代表委员会主任委员、市人大常委会代表资格审查委员会副主任委员赵雁萍作的关于个别代表的代表资格的报告。

会议表决通过《太原市人民代表大会常务委员会关于撤销李晓涛、赵晋虎职务的决定（草案）》；表决通过市第十四届人民代表大会常务委员会代表资格审查委员会关于个别代表的代表资格的报告。（崔 佳）

【太原市第十四届人大常委会第十五次会议】 2018年8月30日至31日召开，会议安排三次全体会议。会议应出席组成人员39人，实出席31人。

会议议程：审议市人大常委会关于修改《太原市老年人权益保障办法》的决定（草案）；审议《太原市城乡规划条例（草案三次审议稿）》；审议《太原市生活垃圾分类管理条例（草案修改稿）》；审议市人民政府关于太原市2018年国民经济和社会发展计划上半年执行情况的报告；审议市人民政府关于太原市2017年市本级财政决算（草案）及2018年上半年全市和市本级预算执行情况的报告；审议市人民政府关于太原市2017年度市本级预算执行和其他财政收支的审计工作报告；审议市人民政府关于2018年市本级预算调整方案（草案）的报告；审议市人民政府关于“八河”综合治理工程情况的报告；其他。

会议听取市发展和改革委员会主任阴海锁作的关于太原市2018年国民经济和社会发展计划上半年执行情况的报告；听取市财政局局长王国柱作的关于太原市上年市本级财政决算（草案）及2018年上半年全市和市本级预算执行情况的报告，关于2018年市本级预算调整方案（草案）的报告；听取市审计局负责人连金会作的关于太原市2017年度市本级预算执行和其他财政收支的审计工作报告；听取市人大内务司法委员会主任委员李晓伟作的《太原市人民代表大会常务委员会关于修改〈太原市老年人权益保障办法〉的决定（草案）》的说明；听取市人大法制委员会主任委员孟凡政作的关于《太原市城乡规划条例（草案修改稿）》修改情况的汇报；

2018年5月11日，太原市人大常委会召开太原市第十四届人大三次会议代表建议暨重点督办建议交办会（太原市人大常委会办公室供图）

听取市人大法制委员会副主任委员庞娟作的关于《太原市生活垃圾分类管理条例（草案）》审议结果的报告；听取市城乡管理委员会主任张利作的关于“八河”综合治理工程情况的报告。

会议表决通过《太原市人民代表大会常务委员会关于修改〈太原市老年人权益保障办法〉的决定（草案）》；表决通过《太原市城乡规划条例（草案）》；表决通过《太原市生活垃圾分类管理条例（草案）》；表决通过《太原市人民代表大会常务委员会关于批准上年太原市本级财政决算的决议（草案）》；表决通过《太原市人民代表大会常务委员会关于批准2018年太原市本级预算调整方案的决议（草案）》。（崔　佳）

【太原市第十四届人大常委会第十六次会议】 2018年10月25日至26日召开，会议安排两次全体会议。会议应出席组成人员39人，实出席31人。

会议议程：审议市人民政府关于提请审议《太原市道路交通管理条例（草案）》的议案；审议市人民政府关于太原市餐饮食品安全监督管理工作情况的报告并进行专题询问；审议市人民政府关于太原市贯彻落实乡村振兴战略推进产业兴旺工作情况的报告；审议市第十四届人民代表大会常务委员会代表资格审查委员会关于个别代表的代表资格的报告；其他。

会议听取市公安局副局长、交警支队支队长秦书伟作的关于《太原市道路交通管理条例（草案）》的起草说明；听取市人大内务司法委员会主任委员李晓伟作的关于《太原市道路交通管理条例（草案）》审议意见的报告；听取市食品药品监督管理局局长魏元平作的关于太原市餐饮食品安全监督管理工作情况的报告；听取市农业委员会主任康宝林作的关于太原市贯彻落实乡村振兴战略推进产业兴旺工作情况的报告；听取市人大人事代表委员会主任委员、市人大常务会代表资格审查委员会副主任委员赵雁萍作的市第十四届人民代表大会常务委员会代表资格审查委员会关于个别代表的代表资格的报告。

25日下午，举行联组会议，市人大常委会副主任王爱萍主持。16位常委会组成人员围绕太原市餐饮食品安全监督管理工作开展专题询问，副市长王爱琴带领市食药监局有关负责人到会应询，并作表态发言。26日上午，举行专题讲座，市人大常委会副主任郭建发主持。山西省委党校教授兰喜并就中国传统文化特质进行专题讲授。

会议表决通过市第十四届人民代表大会常务委员会代表资格审查委员会关于个别代表的代表资格的报告。

（崔　佳）

【太原市第十四届人大常委会第十七次会议】 2018年11月30召开，会议安排两次全体会议。会议应出席组成人员39人，实出席29人。

会议议程：审议《太原市人民代表大会常务委员会关于支持民营经济发展的决定（草案）》。

会议听取市人大财政经济委员会主任委员朱永平作的关于《太原市人民代表大会常务委员会关于支持民营经济发展的决定（草案）》的说明。会议表决通过《太原市人民代表大会常务委员会关于支持民营经济发展的决定（草案）》。

下午举行专题讲座，市人大常委会副主任郭建发主持。山西大学原党委副书记、教授、博士生导师鲍善冰就意识形态工作面临的形势任务及其应对战略进行专题讲授。（崔　佳）

【太原市第十四届人大常委会第十八次会议】 2018年12月6召开，会议安排两次全体会议。会议应出席组成人员39人，实出席31人。

会议议程：人事任命事项。

会议听取市政府常务副市长王立刚受市长耿彦波委托作的关于提请市人大常委会会议决定任职的报告；听取市人大人事代表委员会主任委员赵雁萍作的关于对耿彦波市长提请人事任职报告的审议报告。

会议表决通过人事任命事项，并向通过任命人员颁发任命书，组织新任命人员举行宪法宣誓仪式。（崔　佳）

【太原市第十四届人大常委会第十九次会议】 2018年12月26日至27日召开，会议安排两次全体会议。会议应出席组成人员39人，实出席31人。

会议议程：审议《太原市道路交通安全管理条例（草案修改稿）》；审议《太原市人民代表大会常务委员会关于召开

2018年6月29日，太原市人大常委会机关各党支部联合开展“新时代新担当新作为”主题党日活动（太原市人大常委会办公室供图）

太原市第十四届人民代表大会第四次会议的决定（草案）》；审议市人大常委会执法检查组关于检查《中华人民共和国大气污染防治法》及《山西省大气污染防治条例》《太原市大气污染防治条例》实施情况的报告；审议市人民政府关于《太原市国民经济和社会发展第十三个五年规划纲要》实施中期评估报告；审议市人民政府关于太原市2017年度市本级预算执行情况和其他财政收支审计结果整改情况的报告；审议市人民政府关于市十四届人大三次会议代表提出的建议、批评和意见办理情况的报告；审议市第十四届人民代表大会常务委员会代表资格审查委员会关于个别代表的代表资格的报告；书面审议市人大教育科学文化卫生委员会关于市十四届人大三次会议主席团交付的第3002号议案审议结果的报告；书面审议市人大城市建设环境资源保护委员会关于市十四届人大三次会议主席团交付的第3001号、第3003号和第3004号议案审议结果的报告；人事任免事项。

会议听取市人大法制委员会主任委员孟凡政作的关于《太原市道路交通安全管理条例（草案）》审议结果的报告；听取市人大城建环保委员会主任委员孟小勇作的关于市人大常委会执法检查组检查《中华人民共和国大气污染防治法》及《山西省大气污染防治条例》《太原市大气污染防治条例》实施情况的报告；听取市人大人事代表委员会主任委员、市人大常委会代表资格审查委员会副主任委员赵雁萍作的关于太原市第十四届人民代表大会常务委员会代表资格审查委员会关于个别代表的代表资格的报告；书面审议市人大教育科学文化卫生委员会关于市十四届人大三次会议主席团交付的第3002号议案审议结果的报告和市人大城市建设环境资源保护委员会关于市十四届人大三次会议主席团交付的第3001号、第3003号和第3004号议案审议结果的报告；听取市监察委员会副主任杨万生受主任李吉山委托、市中级人民法院院长侯晓东、市人民检察院检察长宁建新作的关于人事任免事项的提请报告；听取市人大人事代表委员会主任委员赵雁萍作的关于对李吉山、侯晓东、宁建新提请人事任免报告的审议报告；听取市人大常委会秘书长冯润春作的关于《太原市人民代表大会常务委员会关于召开太原市第十四届人民代表大会第四次会议的决定（草案）》的说明；听取市发展和改革委员会主任阴海锁作的关于《太原市国民经济和社会发展第十三个五年规划纲要》实施中期评估的报告；听取市审计局负责人连金会作的关于太原市2017年度市本级预算执行情况和其他财政收支审计结果整改情况的报告；听取市政府秘书长薛维柱作的关于市十四届人大三次会议代表提出的建议、批评和意见办理情况的报告。

2018年8月，太原市第十四届人大常委会第十五次会议召开

（太原市人大常委会办公室供图）

会议表决通过《太原市道路交通安全管理条例（草案）》；表决通过《太原市人民代表大会常务委员会关于召开太原市第十四届人民代表大会第四次会议的决定（草案）》；表决通过太原市人民代表大会常务委员会关于批准《太原市国民经济和社会发展第十三个五年规划纲要》部分指标调整的决议；表决通过市人民政府关于市十四届人大三次会议代表建议、批评和意见办理情况的报告；表决通过市人大教育科学文化卫生委员会关于市十四届人大三次会议主席团交付的第3002号议案审议结果的报告；表决通过市人大城市建设环境资源保护委员会关于市十四届人大三次会议主席团交付的第3001号、第3003号和第3004号议案审议结果的报告；表决通过市第十四届人民代表大会常务委员会代表资格审查委员会关于个别代表的代表资格的报告；表决通过人事任免名单，并向通过任命人员颁发任命书，组织新任命人员进行宪法宣誓。（崔　佳）

人事任免

【市人大工作机构人员任免】 2018年，太原市十四届人大常委会第九次会议任命史瑞泉为市人大常委会副秘书长、庞娟为市人大法制委员会副主任委员、胡燕君为市人大财政经济委员会副主任委员、景德奎为市人大城建环保委员会副主任委员、彭德军为市人大常委会信访局副局长；免去李恩庆的市人大常委会副秘书长职务、王小明的市人大常委会副秘书长职务、安新平的市人大内务司法委员会副主任委员职务、景德奎的市人大财政经济委员会副主任委员职务、王春生的市人大城建环保委员会副主任委员职务、刘国伟的市人大常委会信访局副局长职务。（崔　佳）

【监察委员会人员任免】 2018年，太原市十四届人大常委会第十九次会议任

命田保平为太原市监察委员会委员。免去秦琦的太原市监察委员会委员职务。（崔　佳）

【市政府部门人员任免】2018年，太原市十四届人大常委会第十次会议决定免去陈向阳的太原市副市长职务。

第十八次会议决定任命卢秋生为太原市人民政府副市长。（崔　佳）

【法院检察院人员任免】2018年，太原市十四届人大常委会第十次会议免去韩育兵的山西省太原市中级人民法院副院长、审判委员会委员、审判员职务。

第十二次会议任命李晓燕、陈丽丽、戴海忠、张健、李卓英为山西省太原市人民检察院检察委员会委员；免去杨效熙的山西省太原市中级人民法院审判监督庭庭长、审判委员会委员、审判员职务、杨莉的山西省太原市中级人民法院审判员职务。批准任命赵正斌为清徐县人民检察院检察长，批准免去马江的清徐县人民检察院检察长职务。

第十三次会议任命苏智淙为山西省太原市人民检察院检察员；免去赵立平的山西省太原市中级人民法院民事审判第三庭庭长、审委会委员、审判员职务。

第十四次会议撤销李晓涛的山西省太原市中级人民法院副院长、审判委员会委员、审判员职务、撤销赵晋虎的审判委员会委员、审判员职务。

第十九次会议任命周雪松为山西省太原市中级人民法院副院长、审判委员会委员、审判员，李雄飞为市中级人民法院副院长，张剑为市中级人民法院立案一庭庭长、审判委员会委员，刘卫为市中级人民法院立案二庭庭长、审判委员会委员，王文皓为市中级人民法院刑事审判第一庭庭长，裴宪武为市中级人民法院刑事审判第二庭庭长、审判委员会委员，杨晓宇为市中级人民法院刑事审判第三庭庭长、审判委员会委员，张玉根为太原市少年法庭庭长，刘光为市中级人民法院民事审判第一庭庭长、审判委员会委员，景铜柱为市中级人民法院民事审判第二庭庭长、审判委员会委员，徐治国为市中级人民法院民事审判第三庭庭长，李瑜为市中级人民法院民事审判第四庭庭长、审判委员会委员，赵琍为市中级人民法院民事审判第五庭庭长，高保民为市中级人民法院行政审判庭庭长，康翻身为市中级人民法院审判监督庭庭长，陈荣克为山西省太原市中级人民法院审判员，张建农为市中级人民法院审判员，刘三娃为市中级人民法院审判员。任命路效国为市人民检察院副检察长、检察委员会委员，王金华为市人民检察院副检察长、检察委员会委员，王宏亮为市人民检察院检察委员会委员。

免去郭旗的市中级人民法院副院长、审判委员会委员、审判员职务，张文华的市中级人民法院审判委员会委员职务，王改玲的中级人民法院立案一庭庭长职务，康翻身的市中级人民法院立案二庭庭长职务，贾仑的市中级人民法院刑事审判第一庭庭长职务，王文皓的市中级人民法院刑事审判第二庭庭长职务，高保民的市中级人民法院刑事审判第三庭庭长职务，郭立新的市少年法庭庭长职务，徐治国的市中级人民法院民事审判第一庭庭长职务，李雄飞的市中级人民法院民事审判第二庭庭长职务，李辉的市中级人民法院民事审判第四庭庭长、审判委员会委员、审判员职务，张玉根的市中级人民法院民事审判第五庭庭长职务，张康的市中级人民法院行政审判庭庭长、审判委员会委员、审判员职务，张剑的市中级人民法院立案一庭副庭长职务，裴宪武的市中级人民法院刑事审判第二庭副庭长职务，刘光的市中级人民法院民事审判第一庭副庭长职务，刘卫和市中级人民法院民事审判第一庭副庭长职务，景铜柱的市中级人民法院民事审判第四庭副庭长职务，杨晓宇的市中级人民法院审判监督庭副庭长职务，田春圃的市中级人民法院审判员职务，郭秀华的市中级人民法院审判员职务。免去景宝福的市人民检察院检察员职务。（崔　佳）

监　督

【“一府两院”工作报告审议】2018年，太原市人大常委会审议市政府及其部门、市中级人民法院、市人民检察院的工作报告25项。（崔　佳）

【规范性文件备案审查登记目录】2018年，太原市人大常委会审查市政府规范性文件26件，分别是：《太原市人民政府办公厅关于全面取消二手车迁入限制的通知》（并政办发〔2018〕3号）；《太原市人民政府关于承接落实晋政发〔2017〕45号文件取消和下放一批行政职权的事项》（并政发〔2018〕1号）；《太原市人民政府关于承接落实省政府晋政发〔2016〕17号3号19号文件下达事项的通知》（并政发〔2018〕4号）；《太原市人民政府办公厅转发市林业局关于开展集体公益林委托国有林场管理工作实施意见的通知》（并政办发〔2018〕8号）；《太原市人民政府办公厅关于印发太原市推动非户籍人口在城市落户实施方案的通知》（并政办发〔2018〕11号）；《太原市人民政府关于承接落实晋政发〔2017〕56号取消一批行政职权事项的通知》（并政发〔2018〕7号）；《太原市人民政府办公厅关于太原市国有建设用地使用权交易税费优惠暂行办法的通知》（并政办发〔2018〕15号）；《太原市人民政府办公厅转发市公安局关于太原市电动自行车登记上牌工作方案的通知》（并政办发〔2018〕19号）；《太原市人民政府关于印发太原市全民技能提升工程实施方案的通知》（并政发〔2018〕16号）；《太原市人民政府办公厅关于印发太原市国有建设用地使用权抵押登记试行办法》（并政办发〔2018〕22号）；《太原市人民政府办公厅关于印发进一步深化基本医疗保险支付方式改革实施方案的通知》（并政办发〔2018〕28号）；《太原市人民政府办公厅关于印发柴油货车和工程机械污染管控综合治理行动方案的通知》（并政办发〔2018〕32号）；《太原市人民政府关于赋予太原市不锈钢产业园区部分市级行政管理事项权限的通知》（并政发〔2018〕29号）；《太原市人民政府办公厅关于印发太原市国有划拨土地使用权出租经营管理试行办法的通知》（并政办发〔2018〕37号）；《太原市人民政府关于印发太原市职工生育保险实施细则的通知》（并政发〔2018〕33号）；《太原市人民政府办公厅关于印发太原市发展住房租赁市场实施方案的通知》（并政办发〔2018〕44号）；《太原市人民政府办公厅关于促进全市奶业发展的意见》（并政办发〔2018〕50号）；《太原市人民政府办公厅关于进一步促进农产品加工业发展的实施意见》（并政办发〔2018〕51号）；《太原市人民政府办公厅关于印发太原市优化工业用地配置促进转型升级试行办法的通知》（并政办发〔2018〕58号）；《太原市人民政府关于取消市政府和市政府办公厅规范性文件设定证明事项的通知》（并政发〔2018〕43号）；《太原市人民政府办公厅关于印发太原市地下空间国有建设用地使用权管理暂行办法的通知》（并政办发〔2018〕61号）；《太原市人民政府办公厅关于进一步加强文物工作的实施意见》（并政发〔2018〕44号）；《太原市人民政府办公厅关于印发太原市企业技术中心管理办法的通知》（并政办发〔2018〕72号）；《太原市人民政府关于承接落实晋政发〔2018〕38号文件取消和下放一批行政职权事项的通知》（并政发〔2018〕47号）；《太原市人民政府关于承接落实晋政发〔2018〕39号文件取消一批行政职权事项的通知》（并政发〔2018〕48号）；《太原市人民政府办公厅关于印发太原市加快发展和规范住房租赁市场实施方案的通知》（并政办发〔2018〕77号）。

（崔　佳）

【大气污染防治“一法两例”执法检查】 2018年，按照执法检查工作安排，太原市人大常委会成立以副主任郭治明为组长的执法检查组。11月下旬，执法检查组分别赴阳曲县、万柏林区等县（市、区）开展执法检查工作。检查组通过听取汇报，深入实地对工业企业大气污染治理、扬尘污染治理、秸秆综合利用、农村煤改气等项目进行检查，召开人大代表、企业代表、基层执法人员、专家学者座谈会，问卷调查等多种形式，深入了解大气污染防治“一法两例”的落实情况。委托其他8个县（市、区）人大常委会开展自查，实现全市执法检查全覆盖。期间，执法检查组听取市人民政府及有关部门实施大气污染防治“一法两例”情况汇报。

从检查情况看，太原市社会生态环境保护的意识增强，大气污染防治的保障措施强化，依法推进大气污染治理工作力度加大，但全市的大气环境质量不容乐观，环境空气质量综合指数在全国城市排名依然靠后，形势依然严峻，在贯彻实施大气污染防治“一法两例”中还存在结构性污染问题突出、有的县区政府及部门执法监管责任落实不到位、部分企业履行大气污染防治主体责任的主动性还不是很强的问题。执法检查组针对问题提出坚决贯彻落实习近平生态文明思想、严格实施大气污染防治“一法两例”、加强对法律法规实施的监管、强化科技支撑的建议。（崔　佳）

太原市人大常委会机关各党支部联合开展主题党日活动

（太原市人大常委会办公室供图）

代表工作

【代表议案建议办理】 2018年，太原市十四届人大三次会议期间，市人大代表提出建议、批评和意见293件，共向市政府系统提出建议286件，占全部建议数的97.60%。截至年底，市政府系统承办的286件代表建议已全部答复，答复率100%。其中，已落实解决的208件，占72.70%；落实中的52件，占18.20%；因政策、资金等原因暂时不具备条件未能落实的26件，占9.10%。

（崔　佳）

【代表履职程序保障】 2018年10月30日，太原市县乡人大代表工作推进会举行。市委副书记李新春出席会议并讲话。市人大常委会副主任刘斌主持会议。市人大常委会副主任李增锁分析总结太原市县乡人大代表工作建设和开展情况，安排部署下一阶段工作。省人大常委会人事代表工委主任张高宏到会指导并发表讲话。李新春指出，要进一步深化对县乡人大代表工作重要性的认识，始终坚持党的领导、人民当家做主、依法治国的有机统一，牢牢把握县乡人大工作和建设的正确政治方向，自觉担负起做好代表工作的政治使命，推动人大工作与时俱进，切实把人大的制度优势转化为发展动能。要切实发挥人大代表的积极作用，组织人大代表把监督的着力点放在推动市委重大决策部署的贯彻落实上，围绕重点工作，开展有针对性、指导性的调研，及时发现存在的问题和不足，督促加快整治整改，推动各项工作全面上水平、见成效。要切实提高县乡人大代表的履职能力和工作水平，通过强化机构建设、加大经费投入、强化代表活动场所建设、加强培训等举措，着力提升代表的履职能力和履职水平。要为做好县乡人大代表工作提供坚强保证，自觉把党的领导贯穿于人大工作的各环节、各领域，确保中央、省委和市委的决策部署得到全面贯彻落实，为决胜全面建成小康社会、谱写文明开放富裕美丽太原新篇章作出更大贡献。

（崔　佳）

太原市人大机关组织干部职工参加“健步行”活动

（太原市人大常委会办公室供图）

【代表履职能力保障】 2018 年，太原市人大常委会为学习宣传贯彻中共十九大精神，促使代表主动适应新形势，提高自身能力素质，提升服务群众本领，增强依法履职能力，为新时代加强“两个机关”建设提供新的思路与对策，6 月 28 日至 7 月 4 日，市人大常委会在全国人大北戴河培训基地举办市十四届人大代表履职学习班。全市 10 个县（市、区）和市人大常委会机关的人大代表 140 余人参加培训。市人大常委会副主任郭建发、李增锁参加并分别作开班和总结讲话。全国人大有关部门负责人，中央党校和部分高校知名法学专家教授应邀作了辅导，重点围绕中共十九大精神、坚持和完善人民代表大会制度等内容作专题讲座。培训期间，市人大常委会机关及 10 县（市、区）部分人大代表围绕如何更好发挥人大代表作用进行座谈，交流学习心得体会。

（崔　佳）

【代表与群众联系】 2018 年，太原市人大常委会依托代表小组定期开展活动，围绕经济社会发展热点开展视察调研，宣传政策法规，广集社情民意。落实“双联系”制度，18 名常委会驻会组成人员与 186 名代表建立联系，通过走访、座谈等形式，听取代表意见建议。组织代表接待选民、联系群众，常态化倾听民声，零距离化解民忧。邀请 90 多名代表列席常委会会议，160 多名代表参加常委会组织的视察调研、执法检查、专题询问，组织代表 120 多人次参与“检察开放日”、旁听案件公开审理等活动，促进代表知情知政，支持代表参政督政。

（崔　佳）

国家级非物质文化遗产·中医养生（药膳八珍汤）

药膳“八珍汤”（俗名“头脑”），是一种对养生健体有十分功效的清真食品，自明崇祯年间由傅山先生创立以来，在太原地区已传承了370多年，是太原地区独具特色的地方名吃。“八珍汤”制作时选料讲究，工艺程序复杂，方法技巧要求十分严格。在选料备料时，要达到备料全、选料精的要求。精选成块的肥嫩上等羊肉做原料，经过清洗、净肉、加铺料煮炖、出锅晾存等诸道工序将肉煮熟，并将羊汤、羊油撇出备用，同时将诸种辅料严格按照既定制法或煨、或腌、或煮、或蒸，做好备用。制作“八珍汤”就是将上述材料按照既定的程式、比例，上火熬煮，并加入黄酒调制而成。

2008 年中医养生（药膳八珍汤）列入第二批国家级非物质文化遗产名录。

太原市人民政府

People's Government of Taiyuan Municipal

综　述

【概况】2018年，太原市以习近平新时代中国特色社会主义思想为指导，贯彻中共十九大精神和习近平总书记视察山西重要讲话精神，落实党中央、国务院和省委、省政府以及市委决策部署，全力做好稳增长、促改革、调结构、惠民生、防风险工作，经济社会发展取得新进步。全市地区生产总值增长9.20%，规模以上工业增加值增长10.80%，一般公共预算收入增长19.70%，固定资产投资增长26.20%，社会消费品零售总额增长8.10%，城乡常住居民人均可支配收入分别增长7%和8.10%，城镇新增就业9.50万人，农村劳动力转移就业1.32万人，城镇登记失业率3.33%，居民消费价格涨幅1.80%。（杨晓云）

【转型发展】2018年，太原市开展转型项目建设年活动，完成转型项目投资772.61亿元，占全市固定资产投资的63.40%。实施工业强市战略，富士康产值迈上800亿元新台阶，太钢双相不锈钢筋在港珠澳大桥批量应用，阳煤化工新材料、比亚迪动力电池、江铃重汽宽体驾驶室整车、太钢碳纤维二期等项目建成投产，清徐精细化工循环产业园开工建设，战略性新兴产业增加值增长16.60%。华润万象城正式开业，青龙古镇对外开放，太山和天龙山基本完成景区提升改造，华夏文明主题公园9个项目完成主体工程。加快发展会展经济、金融服务、现代物流、商业综合体、高端酒店，初步形成现代服务业集聚态势，太原成为全国流通领域现代供应链体系建设试点城市。推进农业供给侧结构性改革，南部城郊农业示范区建设进展顺利，设施蔬菜、葡果种植面积分别增至0.79万公顷、1.67万公顷，玉米种植面积调减1.67万公顷。永丰禽业等9家企业在省股权交易中心“农业板”挂牌。农村集体产权制度改革试点工作得到中央农办的肯定。（杨晓云）

【创新引领作用】2018年，太原市成为首批建设国家可持续发展议程创新示范区城市，在哥本哈根首届全球绿色目标伙伴2030峰会等国际平台介绍“太原经验”。举办全国首届军民融合发展高峰论坛，太原军民融合创新小镇揭牌。支持科研院所、高校和企业协同创新，智奇铁路、科达自控2家企业被列入国家智能制造试点，国家级企业技术中心达到13个，科技型中小企业、高新技术企业分别增至1926家、966家。树立激励创新转型鲜明导向，设立10亿元科技创新资金和10亿元人才发展资金，重奖太钢T800研发团队、太原锅炉集团等，迁入各类人才及家属4万余人，新建院士工作站14个，引进两院院士10名，科技创新实力增强，科技支撑作用显现。（杨晓云）

【城市品质】2018年，太原市组织编制生态功能修复、城市修补专项规划和晋阳湖、西山、汾河等重点片区规划，在全省率先实施“五规合一”。加大城市路网改造力度，“九河”快速化改造全面完成，天龙山路等59项207千米市政道桥工程基本完工，地铁2号线一期实现“洞通”。环卫产业基地餐厨垃圾处理等项目建成投运。青运村、滨河体育中心等9个二青会场馆基本完工。启动7个城中村改造，拆除旧村211万平方米。新开工棚户区安置房2.05万套，基本建成5.27万套。深入开展全国文明城市创建活动，“九乱”整治成效明显，整治背街小巷437条、老旧小区813个、集贸市场55个，城市更加宜居宜业，城市品质彰显。（杨晓云）

【改革开放活力释放】2018年，太原市综改示范区32条改革经验向全省复制推广。清徐经济开发区扩区、阳曲现代农业产业示范区获批。完成中央、省驻并国有企业“三供一业”分离移交。完成农村土地承包经营权确权颁证。国有土地二级市场改革试点通过国家验收。出台支持民营企业发展30条，实行市级领导干部联系民营企业工作制度，新增市场主体8.77万户，增长11.97%。组团参加“山西品牌丝路行”“津洽会”“海交会”等活动，建立10个海外工作联络站，与塔吉克斯坦胡占德市结为友好城市，与韩国顺天市签署友城意向书。举办城市能源低碳与可持续发展论坛、人民网2018大学校长论坛和2018《财富》CEO峰会。

（杨晓云）

【三大攻坚战】 2018年，太原市加强重大风险防范化解，坚决打击非法集资，守住不发生区域性金融风险的底线。决战决胜脱贫攻坚，开展对口帮扶，投入1.45亿元实施惠民项目516个，娄烦86.88兆瓦和阳曲10兆瓦光伏扶贫电站并网发电，惠及157个贫困村2487个贫困户，阳曲县脱贫成果巩固，娄烦县具备脱贫摘帽条件，社会扶贫“一网三超”经验在全省推广。持续改善省城环境质量，市区空气质量综合指数下降9.20%，PM2.5浓度下降10.60%，建成区基本消除黑臭水体，地表水优良断面率达55.56%，营造林完成2.91万公顷，建成区绿化率、绿地率、人均公园绿地面积分别增加1.40个百分点、1.35个百分点和1.88平方米。狠抓中央和省环保督察反馈意见整改，完成配合中央和省环保督察“回头看”，33批822件群众反映问题整改完毕。

（杨晓云）

【民生保障】 2018年，太原市推进教育均衡优质发展，五中、成成中学等新校区基本建成，新建扩建幼儿园21所。加快城乡义务教育一体化改革，缩小城乡义务教育差距。在全省率先实施学校内涵提升工程，建设高素质专业化教师队伍。实施公办小学免费托管服务，27.90万学生家庭受益。推进医疗基础设施建设，市中心医院、人民医院、妇幼保健院等新院区基本完工。县域综合医改“阳曲样板”在全国推广。提升社会保障水平，康宁医院、儿童福利院、救助站完成主体工程，城乡低保标准、人均补差额度全省最高。加快文化体育事业发展，推出《于成龙》《关公》等一批精品力作，举办“紫禁风华——2018太原·故宫文物展”。承办第十五届省运会，太原代表团取得历史最好成绩，完成二青会“带妆彩排”。推进平安省城建设，“扫黑除恶”专项斗争成果显著，在全国省会城市位列先进。坚守安全红线不动摇，各类生产安全亡人事故起数和死亡人数分别下降31.60%和33.60%，社会大局保持稳定。

（杨晓云）

【政府自身建设】 2018年，太原市人民政府自觉接受人大依法监督、政协民主监督，办理人大代表建议286件、政协提案518件。全面推行企业投资项目承诺制。不动产房产交易流程精简30%。营业执照实现“三十证合一”，企业开办时间压缩至5个工作日。深化拓展“13710”工作制度，行政效能持续提高。深入推进“两学一做”学习教育常态化制度化，坚决贯彻中央八项规定精神，驰而不息纠正“四风”，干部队伍作风转变，干事创业氛围浓厚。

（杨晓云）

重要政事

【行政职权取消和下放】 2018年，太原市政府印发《关于承接落实晋政发〔2017〕45号文件取消和下放一批行政职权事项的通知》，涉及太原市市本级需承接事项共23项，其中取消4项、部分取消3项、承接下放16项。通知要求：各县（市、区）人民政府、市直各有关部门要积极衔接协调，主动与上级部门沟通，原则上在30个工作日内完成承接落实工作。对取消的行政职权事项，市县两级同时取消对应的初审、复审、审核等职权事项，制定加强事中事后监管措施，落实监管责任，防止出现管理真空。不得再以任何形式变相审批。所涉及的行政审批中介服务事项相应取消。对下放管理层级的行政职权事项，在做好承接工作的同时，及时完善行政职权运行流程图，优化审批流程，提高审批效率。按照“谁审批、谁监管”原则，强化后续监管，落实监管责任，制定监管措施。市县两级审改办建立回执单制度。市直有关部门和各县（市、区）于本通知下发之日起2个月内将回执单提交市审改办。各级政府要组织相关部门对承接落实情况督促检查，对违规审批行为坚决查处。（杨晓云）

【非户籍人口落户】 2018年，太原市政府根据《国务院办公厅关于印发推动1亿非户籍人口在城市落户方案的通知》（国办发〔2016〕72号）和《山西省人民政府办公厅关于印发山西省推动非户籍人口在城市落户实施方案的通知》（晋政办发〔2017〕28号）精神，结合太原市实际，制定《太原市推动非户籍人口在城市落户实施方案》。主要目标是“十三五”期间，加速破除城乡区域间户籍迁移壁垒，完善相关配套政策体系，全市户籍人口城镇化率至2020年提高到81.20%，缩小户籍人口城镇化率与常住人口城镇化率之间的差距。

贯彻落实户籍制度改革政策和措施。按照《太原市人民政府关于深化户籍制度改革的实施意见》（并政发〔2016〕40号）和《太原市人民政府关于补充修订深化户籍制度改革的实施意见相关条款的通知》（并政发〔2016〕62号）精神，全面放开“三县一市”城镇落户限制，放宽城六区落户条件。以农村学生升学和参军进入城镇的人口、在城镇就业居住5年以上和举家迁徙的农业转移人口以及新生代农民工为重点，促进有能力在城镇稳定就业和生活的农业转移人口举家进城落户。全面放开四类人员落户限制。对高校毕业生、技术工人、职业院校毕业生、留学归国人员，在太原市城镇区域内有合法稳定就业或有合法稳定住所（含租赁）的，可以在居住地申请登记常住户口。实行农村籍高校学生来去自由的落户政策。高校录取的农村籍学生可根据本人意愿，将户口迁至高校所在地；毕业后可根据本人意愿，将户口迁回原籍地或迁入就（创）业地。放宽持有《商品房买卖合同》人员的落户政策，取消按照国家规定在太原市参加城镇社会保险满一年的条件。在城六区取得《商品房买卖合同》（网签合同）并实际居住，本人及共同生活的配偶、未婚子女、父母可在居住地申请常住户口登记。（杨晓云）

【奶业发展】 2018年，根据中央关于“优化养殖业空间布局，发展绿色生态健康养殖，做大做强民族奶业”的部署要求，结合太原市实际，经市人民政府同意，太原市人民政府办公厅提出《关于促进全市奶业发展的意见》。《意见》指出到2020年，奶业产业结构和产品结构优化，供给水平和消费需求契合；现代奶业产业体系、生产体系、经营体系、质量监管体系、支持保障体系健全；奶业综合生产能力、质量安全水平、产业竞争力、可持续发展能力迈上新台阶。全市泌乳牛年均单产达到7吨以上，奶类产量达到12万吨以上，生鲜乳抽检合格率、规模奶牛场机械化挤奶率、大型规模化奶牛养殖场粪污处理设施装备配套率达到100%。

主要任务：发展奶牛标准化规模养殖。培育奶牛养殖新型经营主体。壮大龙头乳品加工企业。打造地方乳业知名品牌。推进优质饲草料生产。推进奶牛粪污综合利用。加强奶牛疫病防控。各部门做好相应的保障措施：健全工作机制。市农业、财政、发改、国土、环保、商务、农机、食药、电力、金融、保险等部门按照责任分工，加强协调配合，形成工作合力。加大财政扶持。市县两级财政每年预算的现代农业发展资金或乡村振兴专项资金中，要统筹安排奶业发展资金。综合运用财政支农政策，对奶业经营主体当年新建生产项目贷款予以贴息（最高不超过银行贷款利息的50%）。提升金融服务。落实农业部和山西省奶牛保险政策，为投保的农户、养殖企业、专业合作经济组织提供奶牛保费补贴，调动其奶牛养殖积极性。强化科技支撑。坚持良种良法配套、设施工艺结合、提质增效并重、生产生态协调，建立健全奶牛标准化生产体系。从严质量监管。强化属地管理，落实生产者质量安全主体责任和政府部门监管责任，构建饲料兽药、养殖管理、产品加工、运输销售等全过程质量安全监管体系和追溯体系，保障乳制品质量安全。加强宣传引导。发现总结靠奶牛养殖发家致富、靠奶业加工发展壮大的龙头企业典型，强化实例宣传，激发社会投入奶业的积极性。（杨晓云）

【农产品加工业发展】 2018年，太原市人民政府办公厅提出《关于进一步促进农产品加工业发展的实施意见》。到2020年，全市农产品加工业销售收入达到268亿元，年均增长7%，农产品加工转化率达到65%。行业整体素质提高，企业农产品加工业结构布局优化，带动农民增收作用提升，满足城乡居民消费。到2025年，农产品加工转化率达到75%，农产品加工业与农业总产值比提高，自主创新能力增强，转型升级发展能力提升，辐射带动能力提高。

发展重点：科学规划产业企业布局。在综改示范区和现代农业产业示范区规划出农产品加工业（含冷链配送）集聚发展园区，逐步调整优化农产品加工业产业布局。大力发展主食加工业。支持太原市四个主食加工重点企业积极发展中央厨房，发展主食加工业。全面提高农产品精深加工水平。引导支持农产品加工企业开发引进先进适用技术、现代加工设备、工艺流程和先进管理方法，向农产品精深加工发展。发展功能性食品和健康食品。立足太原市农产品特色资源，依托重点龙头企业，加强与科研院校的合作，大力开发功能食品、保健食品等高附加值产品。支持农产品初加工发展。争取农产品产地初加工补助项目。帮助娄烦县和阳曲县实施国家农产品初加工补助项目，以马铃薯、小杂粮和中药材等贫困地区特色产业为重点，鼓励农户、农民专业合作社和农业产业化龙头企业等经济实体，新、改、扩建农产品储存、烘干、清洗、分级、包装等产地初加工设施和装备。加强农副产品综合开发利用。围绕太原市酿醋、油料、主食、畜禽等优势加工业，开展农副产品综合循环加工利用。开发酿醋企业废弃物发电项目，使醋糟变废为宝，提高酿醋企业综合循环利用水平。引导企业向园区化集聚发展。引导农业产业化龙头企业进入园区，形成集聚发展优势。创新企业发展模式。培育农业产业化联合体。支持发展以农产品加工龙头企业为核心、农民专业合作社为纽带、专业大户和家庭农场为基础的农业产业化联合体，促进企业转型升级。到2020年，力争在全市培育8个现代农业产业联合体。促进农村一二三产业深度融合发展。引导农产品加工企业向前端延伸带动广大农民建设原料生产基地，向后端延伸建设销售网点和冷链物流营销，发展产供销一体化全产业链农业产业化龙头企业。

政策措施：加大财政金融支持力度。各级财政采取以奖代补、贷款贴息、信贷担保等方式，加大对农产品加工企业的支持力度。切实保障加工项目用地。各县（市、区）在土地利用总体规划修改或调整完善时将农产品加工企业用地列入总体规划，优先安排农产品加工企业和园区用地，保障农产品加工项目合理用地需求。提升企业科技创新能力。支持农产品加工企业申报国家级、省市级科技项目和科技创新专项资金。鼓励龙头企业开展新品种、新技术、新工艺开发，开展农产品加工关键技术和生产设备研究、开发、推广。加快人才培养。采取“引进来、走出去”的办法，加强农产品加工企业各类管理人员培训，培养一批农产品加工企业领军人物。对农产品加工企业董事长、总经理和各类管理技术人员进行全方位、多层次培训，努力提升加工企业的经营管理水平。加强品牌建设。鼓励和支持农产品加工企业创优企业和产品品牌，为企业发展奠定坚实基础。促进农产品流通。组织农产品加工企业参加全国各级各类商品交易展览会，宣传企业形象和名优特产品，提高市场知名度，扩大市场占有率，为企业发展壮大创造条件。强化招商引资。鼓励和支持农产品加工企业积极开展多种形式的招商引资活动。落实税收及用电政策。根据国家最新税收政策，统一整理发布涉及农产品加工企业的税收政策，加大税收优惠政策落实力度，确保农产品加工企业享受到各类税收优惠政策。引导农业企业承担社会责任。农产品加工企业承担起带领广大农民调整结构、发展生产、增加收入的社会责任，完善利益连接机制，发展订单农业，带动农户增加收入。（杨晓云）

【文物保护】 2018年，为加强文物工作，全面推进太原市文物保护利用和文化遗产保护传承，根据国务院、省政府有关文件要求，结合太原市文物工作实际，太原市人民政府提出《关于进一步加强文物工作的实施意见》，《意见》指出加强文物保护管理需要做好：统筹推进文物重点工作。突出抓好文化遗产保护和文物景区建设，提升文物工作的宏观格局，展现中华文化永久魅力和唐风晋韵风采。做好古建筑保护工作。结合实际、统筹规划、逐项逐步实施全国重点文物保护单位和省级文物保护单位保护工程，到“十三五”末，配合国家文物局和省文物局，将所有全国重点文物保护单位、省级文物保护单位古建筑维修养护到位。重视岁修，减少大修。做好城市建设中的文物保护工作。高度重视城市改造和新农村建设中的文物保护，坚持原址保护原则，对全市各级文物保护单位周边建设加强管控，统筹协调好城乡建设与文物保护的关系，配合城建重点工程、城中村改造等建设项目，进行考古调查、勘探、发掘工作，当好城市建设中的文物“守护人”。全面开展红色及抗战文化遗存保护工作。探索红色及抗战文化遗存保护利用工作，分步骤有计划做好散存在各县（市、区）的红色文化遗存，提升红色及抗战文化遗存类博物馆展示水平，激发人民群众爱国热情。推动社会力量参与文物保护工作。继续“文明守望工程”，拓宽文物保护融资渠道，动员社会力量参与市级以下文物建筑保护利用。做好可移动文物保护工作。重点做好书法绘画、古籍图书、碑帖拓本、金属文物、红色文物等易损文物保护修复工作。加强预防性保护工作，对展陈珍贵文物配备具有环境监测功能的展柜，对珍贵文物配备柜架囊匣。（杨晓云）

重要会议

【市政府第1次常务会议】 2018年2月7日召开，市长耿彦波主持，传达《山西省人民政府办公厅关于“双告知”认领和涉企信息归集公示工作情况的通报》，研究《太原市贯彻落实山西省委省政府第一环境保护督察组反馈意见整改方案》，听取《太原市2017年国民经济和社会发展计划执行情况与2018年国民经济和社会发展计划（草案）编制情况的汇报》《太原市2017年财政收支运行情况及2018年市本级财政预算安排情况的汇报》《“双告知”认领和涉企信息归集公示工作情况汇报》、全市环境保护工作、上年全市安全生产工作情况及2018年工作建议汇报。

（会议礼宾处）

【市政府第3次常务会议】 2018年3月12日召开，市长耿彦波主持，传达学习中央农村工作会议、省委农村工作暨脱贫攻坚会议精神，安排部署太原市贯彻落实意见。研究讨论《政府工作报告》，听取2018年城市建设管理重点工作安排及全市造林绿化工作情况汇报。（会议礼宾处）

【市政府第4次常务会议】 2018年3月14日召开，市长耿彦波主持，审议并原则通过《太原市2017年国民经济和社会发展计划执行情况与2018年国民经济和社会发展计划（草案）的报告》《太原市2017年全市和市本级预算执行情况及2018年全市市本级预算（草案）的报告》。（会议礼宾处）

【市政府第5次常务会议】 2018年3月29日召开，市长耿彦波主持，审议并原则通过《太原市殡葬综合改革试点方案及2018年工作计划》。

（会议礼宾处）

【市政府第6次常务会议】 2018年4月26日召开，市长耿彦波主持，听取2018年大气、水污染防治行动计划及中央和省环保督察交办问题整改有关情况及二青会、省十五运会筹备工作情况汇报，研究《关于提高太原市2018年城乡低保标准的请示》，审议并原则通过《关于加强和完善城乡社区治理的实施意见》《关于完善产权保护制度依法保护产权实施方案》。（会议礼宾处）

【市政府第7次常务会议】 2018年5月10日召开，市长耿彦波主持，传达学习省属国有企业深化改革转型发展推进会、全省剥离国有企业办社会职能和解决历史遗留问题攻坚会议精神，研究太原市剥离国有企业办社会职能工作，审议并原则通过《太原市全面贯彻落实山西打造全国能源　革命排头兵的实施方案》《太原市事业单位公务用车制度改革实施意见》《太原市市属国有企业公务用车制度改革实施方案》。

（会议礼宾处）

【市政府第8次常务会议】 2018年6月28日召开，市长耿彦波主持，听取各位副市长分管领域安全生产工作情况汇报，学习贯彻习近平总书记关于生活垃圾分类的重要指示精神。研究《山西省生态红线划定方案（太原市部分征求意见修改稿）》的反馈意见，审议并原则通过《太原市2018年散煤治理工作实施方案》《太原市加强耕地保护和改进占补平衡工作实施方案》《太原市煤矿减量重组实施方案》。（会议礼宾处）

【市政府第9次常务会议】 2018年7月25日召开，市长耿彦波主持，听取全市上半年经济运行情况、上半年改善省城环境质量进展情况、城市排水防涝工作情况、“三供一业”维修改造项目相关手续办理情况的汇报。

（会议礼宾处）

【市政府第10次常务会议】 2018年9月12日召开，市长耿彦波主持，传达京津冀及周边地区大气污染防治领导小组第一次全体会议、全省企业投资项目承诺制改革现场推进会议、全省实施乡村振兴战略暨改善农村人居环境现场推进会议精神，研究部署太原市贯彻落实意见。听取污染防治攻坚战进展情况、2018年基础设施建设情况。审议并原则通过《关于防范化解金融风险推动金融服务实体经济健康发展的实施意见》《关于坚决打赢脱贫攻坚战推动乡村振兴三年行动的实施意见》《太原市农村人居环境整治三年行动实施方案》《关于开展质量提升行动的实施方案》。

（会议礼宾处）

【市政府第11次常务会议】 2018年10月16日召开，市长耿彦波主持，传达贯彻全省秋冬季大气污染防治攻坚工作电视电话会议精神和市委常委会精神，听取太原市2018—2019年秋冬季大气污染综合治理攻坚行动工作安排、非洲猪瘟防控工作情况汇报，审议并原则通过《关于全面加强生态环境保护坚决打好污染防治攻坚战的实施意见》《太原市贯彻落实〈地方党政领导干部安全生产责任制〉实施办法》《太原市从事生产经营活动事业单位改革的实施方案》《太原市道路交通管理条例（草案）》。（会议礼宾处）

【市政府第12次常务会议】 2018年11月2日召开，市长耿彦波主持，听取全市非洲猪瘟疫情防控处置工作情况汇报，安排部署太原市防控工作。

（会议礼宾处）

【市政府第13次常务会议】 2018年12月4日召开，市长耿彦波主持，听取各位副市长分管领域安全生产工作情况汇报，太原市环境空气质量分析及下一步工作建议、太原市迎峰度冬天然气保供情况、全市创建全国文明城市工作进展情况、太原市2018年今冬明春火灾防控工作情况及近年来全市体育工作情况汇报。审议并原则通过《关于太原市贯彻落实〈地方党政领导干部安全生产责任制规定〉巡查情况报告》《关于调整市对县（市、区）财政管理体制的通知》《关于支持民营经济发展的意见》《关于推进防灾减灾救灾体制机制改革的实施意见》。（会议礼宾处）

市政府办公厅

【概况】 2018年，太原市人民政府办公厅以习近平新时代中国特色社会主义思想为指导，贯彻中共十九大精神和习近平总书记视察山西重要讲话精神，落实省委十一届五次、六次、七次全会精神和市委十一届三次、四次、五次全会精神，以“五个坚持”为根本遵循，提高政治站位、提升工作质量、提振精神状态，围绕全市中心工作，高起点谋划、高标准落实、高水平服务，各项工作任务完成圆满，“三服务”水平提升。

（李晓光）

【政务理论】 2018年，太原市人民政府办公厅坚持深学笃用习近平新时代中国特色社会主义思想，把坚决维护习近平总书记核心地位、坚决维护党中央权威和集中统一领导作为根本的政治任务，自觉砥砺对党绝对忠诚的政治品格。坚持把学习贯彻习近平新时代中国特色社会主义思想、中共十九大精神、习近平总书记视察山西重要讲话精神紧密结合起来，统筹安排，一体推进。编印发放各类学习资料2500余册，采取集中学习、专题辅导、讨论交流、网上课堂等多种形式，深入学习、反复学习、经常学习。厅领导以身作则、以上率下，带头学习、带头宣讲，深入机关基层讲党课搞宣讲42次。组织厅党组中心组学习18次，所属党委、党总支、党支部学习累计500余次。深入开展“维护核心、见诸行动”主题教育，精心准备“不忘初心，牢记使命”主题教育，有力地推动了习近平新时代中国特色社会主义思想入心入脑，党员干部“四个意识”更加牢固，“四个自信”更加坚定，“两个维护”更加自觉。（李晓光）

【政务服务】 2018年，太原市人民政府办公厅政务服务精准到位。围绕贯彻中央、省、市重大决策部署，推动全面深化改革、创建全国文明城市、转型项目建设、生态环境保护、军民融合创新、创建国家可持续发展议程创新示范区、服务二青会等全市重点工作落实，狠抓重要文件的起草、重要会议的筹备、重要工作的协调、重大事项的督查落实。全年累计组织各类会议、调研等政务活动1200余次，起草审核各类文稿1100余篇，发布各类政务信息1.10万余条，编发《并政信息》普刊92期。办理请示报告7920件，来文来电2872件，机要文件、明传电报1116件。严把标准质量，制发市政府、市政府办公厅文件310件，比上年减少1%。严格落实保密制度，开展保密教育，对全厅近5年来的各类档案资料进行整理，形成档案24034卷（件），实现电子化管理，档案室获省档案局评为山西省档案工作目标管理省二级单位。（李晓光）

【督办落实】 2018年，太原市政府办公厅坚持用好督查“利剑”，下大力气抓督查、促落实。全年分解省政府重点工作238项、市政府重点工作166项，对每项目标任务提出要求，定期督办，推进落实。督办中央和省环保督察事项1000余项，审计署特派办整改事项164项，省考核指标29项，市委常委会、市政府常务会议定事项29项，承办省政府"13710"落实事项84项，交办市政府"13710"落实事项1310项，组织开展全市性专项督查9次，有力地推动相关工作的落实落地。全年办理省人大代表建议18件、省政协提案26件、市人大代表建议286件、市政协提案518件，办复率100%，《2018年市人大代表建议意见办理情况报告》在市人大常委会上全票通过。（李晓光）

【应急管理】2018年，太原市人民政府办公厅统筹推进全市应急预案体系建设，形成较为全面的应急指挥管理体系。组织"太原市应急管理专题研修班"，开展经常性的应急演练，严格执行24小时带班值班制度，节假日和敏感时期坚持双人值班，市领导、厅领导双带班。填写报送《值班要情》108期，协助市领导处置各类突发事件90余起。全年没有出现迟报、谎报、瞒报、漏报等情况，获省政府通报表扬。（李晓光）

【服务群众】2018年，太原市人民政府办公厅发挥政府网站作为信息公开第一平台的作用，及时发布各类天气预警、道路施工通知、县区领导接访等重要政府公告，政务公开栏目获"2018年政府网站信息公开类精品栏目奖"。积极开展全市12345便民热线整合工作，对市级22条热线整合，同时升级改造全媒体智能呼叫系统，确保平台高效安全运行。累计受理市民来电48.1万件，办结率98%。办理人民网与市长信箱网民留言1.45万件，进行群众满意度调查回访4.70万余次，连续6年获人民网评为全国网民留言办理工作先进单位。（李晓光）

【政务信息化建设】2018年，太原市46个政府部门网站全部完成集约化工作，实现"统一技术平台、统一安全保障、统一运维管理"的目标，形成上下联动的政府网站工作机制。市政务云完成建设，46个单位近200余个业务系统迁移上云，基本完成部门存量业务系统上云。依托政务微信，推进政务协同办公系统升级，实现请示报告、收文发文、通知管理、信息报送、请假值班等核心功能。全面开通"我的太原"APP和公众号，提供全程全时民生服务，群众获得感提升。（李晓光）

【"放管服效"改革】2018年，太原市人民政府办公厅全面推行企业投资项目承诺制，公示《太原市企业投资项目审批服务流程图》《投资项目审批服务事项办事指南》，对转型项目、军民融合等重点项目实行限时办结、并联审批、专人负责，开辟绿色通道。设置不动产（房产）登记综合窗口，精简申报材料30%，实现"一窗通办"。完善政务服务平台，推进审批服务标准化建设，组织梳理编制、核实确认市级公共服务事项清单435项，公布"马上办、网上办、就近办、一次办"事项清单433项，审批流程优化，服务更加便捷。（李晓光）

【金融服务实体】2018年，太原市人民政府办公厅推进以信用社改制农商行为重点的金融改革工作，组建农商行的体系建设和制度建设取得重大突破。围绕转型项目建设，全面拓宽融资服务渠道，全年股权、债权融资554亿元，本外币贷款余额前三季度累计1.22万亿元。坚决打好防范化解金融风险攻坚战，不断完善金融管理政策，全面加强地方金融机构监管。扶贫小额信贷、马铃薯目标价格保险、"保险+期货"玉米目标价格保险等扶贫项目全面完成，金融助推脱贫攻坚深入扎实。（李晓光）

【后勤服务保障】2018年，太原市人民政府办公厅做好省政府旧址的接收管理及改造修缮等工作。开展公共机构"能效领跑者"创建工作，获全国"能效领跑者"称号。落实公务用车管理规定，为全市各部门提供车辆保障1300余趟次，安全行驶120余万千米。出工2000余人次，完成机关职工宿舍区公共设施的维修维护。改造机关大院主楼供热管道和窗户，升级消防监控系统，做好安全工作。工会积极发挥职能作用，丰富干部职工文化生活。落实好老干部"两个待遇"，做好老干部工作，组织参加中央国家机关工委老龄办等单位联合举办的"不忘初心，牢记使命"学习贯彻中共十九大和十九届一中全会精神知识竞赛活动，获优秀组织奖。与娄烦县天池店乡东沟塔村精准对接、积极扶贫，具备脱贫摘帽条件，进行评估验收。（李晓光）

【厅属（代管）单位管理】2018年，太原市政府采购中心执行财政采购预算6.66亿元和委托金额31.30亿元，节约资金分别为0.96亿元和3.30亿元。机关事务管理中心完成事业单位公务用车改革工作。机关服务中心全年实现经济收入555万元，超额完成任务。并州饭店完成省市多次重要接待任务，做好二青会青运村筹备运营工作，全年营业收入突破亿元大关。公报编辑室编发《政府公报》24期，发行3.90万余册。国防教育训练中心完成5000余人次的学生军训和国防教育任务。各驻外办事机构拓宽外联渠道，完成工作任务，在招商引资方面的作用显现。（李晓光）

【政治建设】2018年，太原市人民政府办公厅认真履行主体责任。始终把政治建设放在首位，坚决把全面从严治党责任要求落到实处，狠抓党的建设工作，把党的政治建设融入到办公厅各方面各环节，把党的全面领导体现到办公厅各方面各环节，建强党组班子，抓好干部队伍。全面落实意识形态工作责任制，坚决用习近平新时代中国特色社会主义思想凝心聚力。落实党组管党治党主体责任，坚决负好主责、首责、全责，班子成员自觉履行“一岗双责”，层层传导压力，逐级压实责任。严格遵守党章和党内制度规定，全面执行新形势下党内政治生活若干准则，认真贯彻民主集中制原则，提高抓党建的政治能力和政治自觉。持续推进“两学一做”学习教育常态化制度化，依托红色教育基地，加强理想信念教育，党员干部牢记宗旨，努力工作的思想和行动更加自觉。

全面加强“三基”建设。起草《太原市效能建设综合考核评估办法（试行）》，编制《办公厅（室）系统行业基础工作目录》，组织全市办公室负责人进行行业系统业务培训，牵头完成全市相关岗位2722人的专业能力测评。建立《干部能力提升档案》，全程记录学习、培训、考核等情况。依托“法宣在线”平台，开展依法行政、建设法治政府专题辅导，进行法律知识学习培训，法治稳定工作全面加强。补选调整基层党组织各类委员21名，落实“三会一课”“主题党日”、组织生活会、民主评议党员等制度。积极推进无纸化办公和文书档案电子化管理，完善OA协同办公系统，全面夯实工作基础。（李晓光）

外事侨务

【概况】 2018年，太原市人民政府外事办公室全面贯彻落实中共十九大精神，以习近平新时代中国特色社会主义思想为指引，准确把握中共十九大报告提出的外交新使命、新目标、新要求，结合山西省委十一届六次全会和太原市委十一届五次全会精神，高起点谋划太原市对外开放的定位、方位、站位，统筹推进各项工作，取得新进展。

（武虹慰）

【新时代中国特色外交思想贯彻】 2018年，太原市人民政府外事办公室学习贯彻中央、省委外事工作会议精神，贯彻习近平新时代中国特色外交思想，落实中央《关于加强党对地方外事工作领导体制改革的实施意见》，把加强党对对外工作的集中统一领导贯彻到对外工作体制机制改革各方面，明确地方党委对本地区外事工作的主体责任。完善党管外事工作领导体制机制基础上，太原市委外事工作领导小组发挥牵头抓总、统筹协调的作用。山西省委常委、太原市委书记、太原市委外事工作领导小组组长罗清宇对外事工作给予高度重视，领导小组办公室加强统筹协调和督促落实，组织全市各县（市）区、开发区及有关部门，4月26日，召开太原市外事侨务工作会议，及时传达全省外侨工作会议精神，梳理并细化全省外事工作思路，领悟其精神实质，安排各县（市）区完善党委外事工作领导体制，明确分管外事侨务工作的领导及联系人，印发《市外侨办贯彻落实2018年山西省外事侨务工作目标责任书及责任分解方案》；对省外侨办下达的全年工作目标任务进行细化分解。并及时协调解决工作中遇到的问题，确保各项目标任务如期完成。（武虹慰）

【国际交流合作】 2018年，太原市与10个国家的城市结为11对国际友好城市，分别是俄罗斯瑟克特夫卡尔市、萨拉托夫市、英国纽卡斯尔市、日本姬路市、澳大利亚朗塞斯顿市、德国开姆尼茨市、美国纳什维尔市、喀麦隆杜阿拉市、法国圣但尼市和乌克兰城市顿涅茨克市、塔吉克斯坦胡占德市。在增加友城数量的同时，更加注重质量，坚持全方位、多层次、宽领域推动并深化与友城间在经贸、科技、文化、教育等方面的交流与合作，对交流内容丰富、成效显著的友城逐步向深度和广度延伸。

1月21日，应国际友城德国开姆尼茨市的邀请，太原市组派太原团干合唱团，到德国开姆尼茨市参加该市建市875周年庆典活动。太原市美学学会和太原青年宫组成的团干合唱团一行34人，与20多个国家的合唱团和1500多名演职人员、6000多名当地市民欢聚在一起，用歌声传递大国外交思想，表达太原人民热情好客、开放包容、合作共赢的美好愿景，提升太原市国际化的品质。

2月17日至3月2日，太原市育英中学生代表团到美国友城纳什维尔市开展为期两周的交流学习活动，7月4日至11日到日本友城姬路市开展为期一周的住访交流活动。日本姬路市也选派中学生代表团，8月2日到8日到太原市进行为期一周的家庭住访交流。通过开展丰富的寄宿家庭体验、学习交流、参观考察等活动，传播中华传统文化，加强双方联系，深化两市间的友谊。

5月12日，太原市邀请俄罗斯友好城市萨拉托夫市副市长涅司杰林克女士、萨拉托夫市外事局局长巴维尔·格里辛科先生访问。与太原市经信委、旅发委、卫生局、教育局、体育局、市外国语学校等部门和单位进行友好座谈。双方就互办旅游推介会、建立姊妹学校、师生联谊、文体交流等方面达成共识。太原市人民政府外事办公室会同市外宣办等单位，10月14日至22日回访俄罗斯，跟踪落实相关合作框架协议内容，并顺访哈萨克斯坦，运用图片展览、媒体宣介等形式，以“太原视角”在访问地举办改革开放40周年成果展，展览在当地民众当中引发广泛共鸣，中国印象、太原故事在当地的影响力加深。

（武虹慰）

【融入国家“一带一路”战略】 2018年，太原市人民政府外事办公室结合太原地缘因素，资源禀赋，以发展优势互补为突破口，努力寻求与“一带一路”沿线国家高效对接，全力打造高质量外资集聚地，拉高标杆对接“一带一路”各活动站点，持续加大“走出去”步伐。

太原市人民政府外事办公室会同商务局于2018年4月间组派100余家市属企业，参加2018年山西品牌丝路行新加坡—马来西亚站商务活动。以展会为平台，通过产品推介、洽谈对接，促推产业与项目的转化。

太原市与“一带一路”重镇塔吉克

斯坦胡占德市在上年签署结好意向书基础上，持续跟踪推进，加强沟通协调，2018年10月中旬，利用李克强总理到塔参加上合组织成员国首脑（总理）理事会第十七次会议之机，在两国总理见证下，驻塔大使受托代表太原市与胡占德市市长穆哈马德佐夫签署缔结国际友好城市协议书。

8月25日至9月2日，副市长王爱琴率太原市政府代表团赴日本姬路市、韩国顺天市进行文化教育访问。太原市代表团与顺天市政府领导、企业代表在经贸、文化、教育、旅游、生态等多领域进行探讨交流，双方就深化文化、教育、旅游合作及建立友城等达成共识，签署建立友城意向协议书。

斯里兰卡作为海上丝绸之路的节点，具有十分重要的战略地位，近年来与太原市交往日益密切。斯里兰卡文化交流团一行6人，于2018年5月29日来访太原市，与市文化局、商务局、旅发委、文物局、外侨办、市文联、市美术馆等单位进行友好会谈，太原市美术馆与斯里兰卡龙华书院签订战略合作协议。9月间，斯里兰卡康提市正式提议，与太原市缔结友城关系，在强化两市实质性交流的基础上，签署建立友城意向协议书。（武虹慰）

【推进国家可持续发展议程创新试验区建设】 太原市建设国家可持续发展议程创新示范区，是经国务院批准，落实联合国2030年可持续发展议程的重大战略举措，对太原市转型升级发展，起到重要的推动作用。为进一步发挥外事工作在服务太原市建设可持续发展议程创新示范区的作用，与国家外交部国际经济司建立联系，邀请外交部国际经济司相关负责人，参加太原市可持续发展议程创新示范区相关会议；选派1名办领导到驻日使馆工作，1名中层干部到外交部工作，借助外交资源，推进太原市走出一条具有太原特色的可持续发展之路，在推动落实联合国2030年可持续发展议程方面提供可复制、可推广、可分享的太原方案。2018年9月，太原市举办2018中国（太原）能源低碳发展论坛“城市能源低碳与可持续发展”分论坛，按照会议统一安排，邀请世界低碳先进城市韩国江陵市和太原市国际友城美国纳什维尔市政府代表等数名外宾，到太原出席城市能源低碳与可持续发展分论坛。

2018年10月18日至25日，市委常委、常务副市长王立刚率团出席在丹麦首都哥本哈根召开的“全球绿色目标伙伴2030（P4G）”峰会，到瑞典学习可持续发展城市的成功经验、技术和案例，了解垃圾、污水、大气处理状况和北欧可持续智慧城市模式，通过参加“P4G”峰会，太原市与世界14个可持续发展城市建立联系，与30多个可持续发展机构和组织进行交流。通过与丹麦科技大学、瑞典环境科学研究院的交流洽谈，了解世界先进可持续发展城市的成功经验、技术和案例，为太原市建设国家可持续发展议程创新示范区工作夯实基础。

11月初，市外事办组织邀请山西凯美特科贸有限公司、太原富商经贸有限公司等多家知名企业及负责人，赴上海参加首届上海国际进口博览会。与会企业根据自己的需求，与参展商进行咨询、了解及对接。12月10日至18日，省委常委、市委书记罗清宇率经贸代表团到瑞士、匈牙利、捷克等国进行友好访问。（武虹慰）

【规范外事礼宾工作细则】 根据中央和省有关文件精神，按照《中共山西省委办公厅、山西省人民政府办公厅关于印发〈山西省外事礼宾工作实施细则〉的通知》要求，结合国际惯例和太原市外事工作实际，2018年，太原市制定《太原市外事礼宾工作实施办法》，印发各县（市、区）、相关院校及涉外单位，严格贯彻执行。

坚持“外事无小事”原则，主动对接，靠前服务，年内先后接待柬埔寨、捷克、日本、韩国、俄罗斯、斯里兰卡、海外华文教师、海外侨商侨领、驻华使节团，以及联合国官员、英国新能源汽车公司总裁等各类来访宾客300余人次。9月17日，市委常委、宣传部部长张璐会见马来西亚部分主流媒体记者采访团一行，对太原市城市建设和工业发展等方面进行宣传介绍。10月24日，省委常委、市委书记罗清宇会见柬埔寨人民党青年干部考察团一行，考察团一行参观综改区，了解太原市因地制宜推动经济发展提质增效的有关情况。（武虹慰）

【涉外管理】 2018年，太原市人民政府外事办公室落实中央“八项规定”，坚持以事定人，提高因公出国（境）团组审核的严谨性与实效性。杜绝无实质性内容的考察性出访、照顾性出访和借出访之机绕道旅游。无一例违规出访事件。

依据《太原市涉外突发事件应急预案》《太原市突发公共事件总体应急预案》和《太原市外国记者管理联席会议机制》，会同相关单位处置“1·17”山西银畔餐饮管理有限公司朝籍员工出走事件，“4·20”韩国人非法拍摄事件；协调解决太原博物馆建设工程拖欠法国保罗安德鲁建筑师事务所设计合同款事件；核查并核实联合国所谓“国际人权救助机构的官方组织”给市委主要领导来信事件；对加拿大籍人员WEN JUN DONG采取刑事强制措施事提出处置建议。

根据外交部《外国人来华签证邀请函管理办法》，从4月16日起，外交部统一将所有设区的市级外事主管部门授权为“核实主体”，核实主体负责审发属地单位及个人的《邀请核实单》。做好核实备案工作，将未能提交交易证据的邀请单位记录在案，不再为其办理第二批邀请核实，从源头上最大限度防范输入型安全风险。

太原市人民政府外事办公室以外交部《中国领事保护和协助指南（2015）》为基础，编印3000余份《中国领事保护和协助指南》宣传册，将“领事直通车微信”和“中国领事服务网”二维码附在册后，现场政策讲解、提醒扫码、发放手册的方式，普及领事保护知识，提高公民境外维权意识和能力。

（武虹慰）

【侨务工作】 2018年4月28日，由太原市外侨办主办、太原市侨资企业投资协会协办的“全市侨资企业会员大会”举行。全市168家侨资企业会员代表参加会议，省城部分兄弟商会、协会领导及其他企业家应邀列席会议，省外侨办、省侨联、市侨联等涉侨部门的有关领导应邀出席会议。会议全面总结太原市侨资企业发展情况，更高起点规划下一步发展蓝图，为侨资企业发展壮大明确路径，指明方向，助推侨资企业高质量发展。

太原市人民政府外事办公室利用“新时代海外侨胞晋城市文化交流活动”交流平台，主动对接并邀请有影响力的海外侨商、侨领来太原访问，与太原市相关部门、侨界友好人士及侨资企业代表座谈交流，并召开太原市与海外侨商侨领商洽会，与会双方就侨资企业高质量发展等相关问题进行深入探讨并达成有关共识。经太原市委外事领导小组同意，在侨胞聚集度较高的欧美发达国家及“一带一路”沿线国分别建立10个海外侨务工作联络站，聘请15名海外联络员。

按照国侨办有关工作要求，市外事办选拔出5名“政治清、业务精、自律严、目的纯、能吃苦、口碑好”的优秀华文教师赴印尼、泰国、菲律宾任教，增强海外华校华文教育力量，有效增进中华文化海外传播。11月5日至11月14日，协助山西省外办开办2018海外华文教师山西培训班，接待来自10个国家的20余位华文教师赴晋祠参观，了解山西悠久的历史和厚重的文化底蕴。

7月14日至23日，太原市人民政府外事办公室举办第二届“中国寻根之旅”华裔青少年夏令营活动，接待来自西班牙、美国和加拿大的100余名海外华裔青少年营员代表来太原参加活动，以“感知太原乡土人情、体现山西文化特色”为主题精心策划活动内容，增进海外华裔青少年对中国文化的了解，培养海外华裔青少年学习中国语言文化的兴趣，促进中西文化和教育的交流互补。（武虹慰）

政府采购

【概况】 2018年，太原市政府采购中心以习近平新时代中国特色社会主义思想为指导，学习贯彻中共十九大精神和习近平总书记视察山西重要讲话精神，按照省委十一届六次全会、市委十一届五次全会安排部署，提高政治站位，坚决践行“两个维护”，全力服务太原市发展大局，为太原市保持“两个走在前列”作出应有贡献。

全年，太原市政府采购中心共接收财政计划15个，执行采购预算总额6.66亿元，签订合同金额5.70亿元，节约资金0.96亿元，节约率约14%。全年共接收各单位委托计划41个，累计市场总价约31.30亿元，政府采购总价约28亿元，与市场价相比节约资金约3.30亿元，节约率为10.50%。全年共组织各类招标采购447次，其中公开招标采购186次、邀请招标2次、竞争性谈判采购40次、竞争性磋商采购117次、单一来源采购84次、协议采购3次、询价采购7次。组织现场勘查及答疑会74次，组织现场考察4次，发布招标（采购）公告355份、变更（补充）通知56份、结果公告355份，在中国政府采购网、山西省政府采购网和太原市政府采购网累计发布各类公告共计2336次。中心采购能力、采购效率提升，各项工作保持稳中有进的良好态势，中心连续5年获评为“全国十佳集采机构”。（办公室）

【工程类项目采购】 2018年，太原市政府采购中心对市政道桥建设所需工程材料实施采购，如钢筋混凝土管、塑钢复合电力管、石材、沥青、人行道砖及盲道砖、雨水泵站设备（水泵、格栅、闸门、阀门）等品目，为太原市实现跨越发展做出贡献。在全省全市备战“二青盛会”的进程中，中心集中优势兵力全身心投入二青会部分场馆设备采购工作中，通过严格执行采购需求专家论证制度，完成太原市旅游学院排球馆电梯、滨河体育中心电梯的采购工作，采购预算560万元。全年，中心克服技术难关对太原市98万户居民灶前连接用不锈钢波纹软管、灶前自闭燃气阀项目实施采购，采购预算1.96亿元。统筹安排“百院兴医”项目设备采购工作，多次与医院代建部门太原市长风商务区管理中心召开专题对接会，研究讨论新院建设拟纳入政府采购的采购品目，明确项目时间节点，确保采购工作有条不紊。如太原市中心医院迁建项目所需空调机组及末端设备项目采购工作，采购预算3700万元，合同金额2940万元，助力太原市整体医疗水平再上新台阶。

（办公室）

【服务类项目采购】 2018年，太原市委市政府将省运会开闭幕式总体方案及执行团队项目交付中心实施采购。面对无参考事例、无可借鉴经验的情况，中心多次与市委宣传部进行讨论研究，制定科学采购方案，对该项目实施采购，采购预算4950万元，合同金额4630万元，为全省人民呈现精彩缤纷的开闭幕式表演做出应有贡献。太原市纪律检查委员会、太原市公安局、太原市建设工程预结算审核中心所需会计审计、工程造价、资产评估第三方服务机构定点采购项目同样是一项要求极高、专业性极强的首次采购项目，面对近百家供应商报名投标，中心统筹协调、积极探索、全员参与，通过全面比较、优中选优，

最终确定15家服务团队，为各单位选择优秀的第三方服务团队提供决策参考依据。（办公室）

【货物类项目采购】2018年，太原市政府采购中心完成一系列“百校兴学”项目采购工作，支持太原市教育事业实现跨越发展，如太原幼儿师范新校区剧场及报告厅灯光音响设备、太原市第五中学校智慧校园信息化设备、成成中心安防系统及核心设备、太原学院学生公寓单体床等项目采购，采购预算合计2840万元，合同金额2562万元。太原市公安局、太原市民政局、太原市防汛办等单位是保障太原市公共安全、实施应急救援的主体单位，中心对涉及此项工作的相关项目实行定期汇报、集中研讨、节点推进，完成一批重大项目的采购工作，如太原市公安局新业务技术用房会议中心系统设备及办公家具、太原市监所管理支队监控系统升级改造、太原市交警支队所需560名辅警人员和太原市车管所90名辅警人员、太原市人民政府防汛抗旱指挥部办公室视频监控及照明设备、太原市民政局医疗救助购买第三方服务及太原市市政工程管理处垂直供排水抢险车等项目采购工作，采购预算合计8855万元，合同金额4277万元，为平安太原建设增砖添瓦。（办公室）

【政府采购标准化建设】2018年，太原市政府采购中心从签订委托代理协议、核实采购需求、制定采购文件、组织招标采购到签订中标合同各个环节入手，严格把控每个细节，全面推进政府采购标准化建设。

推进委托代理协议标准化。根据工作实际，中心重新制定委托代理协议，增加细化多条内容，邀请法律顾问对委托代理协议进行审定，确保委托代理协议合法合规，力促委托代理协议更加标准化规范化合理化。推进采购需求标准化。中心在采购需求模板库的基础上，组织业务骨干对分别制定完善物业管理、系统集成、机电设备、印刷服务、装饰装修工程采购需求模板，不断丰富采购需求模板库，提高采购需求准确率及核实采购需求工作效率。

推进采购文件标准化。对照87号令、94号令等新规定，编制完成以联合体和非联合体两大投标主体为划分标准的3大类采购品目5种采购方式共22份采购文件标准文本，并针对采购公告、评分细则、同品牌产品等13处进行细化简化，更便于各供应商准确理解采购文件要求，大幅减少因理解歧义而引发的质疑。

推进采购组织程序标准化。分别对开标会的参加人、签到表修改、评审过程语音对讲系统运用、投标人资格审查主体修改、有效业绩的具体规定及统计标准、质疑受理通知书和多轮报价唱标监督方式等方面制定详细的标准化流程，避免因项目负责人的工作经验、工作方式差异导致采购人、供应商对政府采购工作产生流程不统一、随意性大的误解，全面提高采购效率。（办公室）

【采购工作创新】2018年，太原市政府采购中心针对部分采购人、供应商反映较多的疑难问题，狠抓信息化建设，坚持以创新管理不断降低内外工作风险，全面提升采购效率和服务水平。实现中心网站全面升级。针对原网站版面冗乱、操作复杂，及时对网站进行改版升级，使新网站页面更加简洁、内容更加丰富、操作更加简便。11月1日新网站启用，增设党建工作、反腐倡廉、文明创建、职工风采等多个模块展示中心文化，树立中心阳光、高效的良好形象。实现多环节数字化信息化管理。制作《供应商登记明白卡》，列明工作流程及注册所需资料，实行中标供应商信息复审制度，做到“让数据多跑腿，让群众少跑腿”，全面提高供应商注册效率。启用评审现场智能语音系统，避免评审专家与投标供应商“面对面”交谈对话，减少评审专家与投标供应商之间的联合串通。通过对评审现场进行全程录音录像，实现评审过程电子档案与纸质档案一并归入档案室保存。实现外部风险持续降低。针对部分评审专家存在利益联盟联合供应商牟取非法中标的问题，将抽取评审专家由提前一天改进为当日抽取，压缩评审专家之间信息流转时间；将评审专家名单升级为密函打印机自动密封，严防评审专家名单提前泄密，降低评审环节工作风险，构建起公平、公正、有序的政府采购市场。（办公室）

地方志编纂

【概况】2018年，太原市地方志办公室贯彻落实国务院和山西省地方志工作条例、地方志事业发展规划纲要，以服务经济建设和社会发展为主题，以编修本级志鉴和方志丛书为主线，推进县区修志编鉴“两全”目标如期实现，统筹推进“志、鉴、网、库、馆、用、会、刊、研”等九位一体事业发展新格局，持续推进太原市地方志事业“十三五”规划如期实现，二轮《太原市志》出版问世，《太原年鉴（2018）》出版付印，太原数字方志馆上线运行，为文化强市建设作出积极贡献。《太原年鉴（2017）》获全国综合一等奖。（刘雁珍）

【《太原市志》出版】2018年，在庆祝改革开放40周年之际，由省委常委、市委书记罗清宇，市长耿彦波共同作序的第二部《太原市志》出版问世，太原市在全省11个市级二轮修志工作中第四个完成任务。该志上限1978年，下限2011年，限外辑要至2016年，翔实完整记述改革开放以来，全市自然、政治、经济、文化、社会的历史与现状，是一部记载着太原改革开放历程，饱含着太原方志人艰辛奋斗的鸿篇巨制。全书5册，共36卷、215章、852节，630余万字，彩版图片235幅、随文插图1300余幅。随书附有全书电子版光盘。《太原日报》头版醒目进行配图报道，太原电视台新闻快车进行专题报道、新闻对话栏目专访播报，《太原晚报》《方志山西》报道。此外，《太原市晋源区志》出版问世，《娄烦县志》出版。

（刘雁珍）

【县区志评审】2018年是县区二轮修志的评审攻坚年和综合年鉴达标年，太原市督促、指导完成七部县区志评审稿的编纂工作，评审通过《阳曲县志》《万柏林区志》《迎泽区志》《清徐县志》《尖草坪区志》五部，《古交市志》《杏花岭区志》进入评审阶段，总体完成县区评审攻坚年的艰巨任务，为2020年完成县区二轮修志任务奠定基础，持续推进终审攻坚和出版攻坚，确保如期实现“两全”目标。（刘雁珍）

【方志资料征集】2018年2月，太原市政府办公厅印发《太原市地方志资料年报和大事月报制度》，以政府文件的形式，规范地方志资料年报和大事月报工作，使太原市地方志资料收集整理工作步入制度化、规范化、长效化轨道，为地方志、地方史、地方综合年鉴和“资政月志”的编纂提供资料保障。该《制度》实施以来，太原市地方志办公室以《太原地方志》期刊为载体，采用以文为主、图文并茂的形式，宣传展示全市各部门、各单位工作成绩和突出亮点，翔实记录太原人民建设新太原的精神风貌和奋斗历程。（刘雁珍）

【《太原年鉴（2018）》出版】2018年，太原市地方志办公室首次采取全员参与的方法编纂《太原年鉴（2018）》。在编纂中积极践行“3月完成组稿、6月完成编纂、9月完成印制”的“三六九”编纂出版流程。《太原年鉴（2018）》完成编纂工作，通过省志办审核和三晋出版社审稿，2019年1月经市政府耿彦波市长、王爱琴分管副市长批准出版，交付印制。全书约130万字，随文插图290余幅，全彩设计印制，制作随书和单行电子版光盘。（刘雁珍）

【县区部门年鉴审核】2018年，太原市地方志办指导推进县区实现“三六九”编纂出版流程，以审核会的形式创新规范审核县区综合年鉴，审核备案部门专题年鉴，确保10部县区综合年鉴做到一年一鉴、公开出版、常编常新、编以致用。太原市10部县（市、区）综合年鉴中，《古交年鉴》公开出版，《迎泽区年鉴》《杏花岭区年鉴》《万柏林区年鉴》《阳曲年鉴》通过市地方志办召开的审核会议审核，《小店区年鉴》《尖草坪区年鉴》《清徐年鉴》《晋源区年鉴》进入审核阶段，《娄烦年鉴》完成编纂工作。《太原公安年鉴（2018）》《太原供电分公司年鉴（2018）》通过审核。

（刘雁珍）

【方志信息化】2018年，太原市地方志办公室完成“太原方志网”站撤销备案工作，在太原市政府网站增设“太原方志”专栏，设置栏目27个。探索创新“太原数字（手机）方志馆”，以仿真阅览的形式，首批将40余部市、县地方志书，在太原市政府网站“太原方志”专栏和“方志太原”微信公众号同步上线，方便读者阅读使用。编发“方志太原”微信公众号30余期90余篇，制作志书电子版光盘1万张。向省地方志办“方志山西”报送信息20余篇，按时完成市、县两级“每周一域”栏目供稿任务。（刘雁珍）

【方志学会】2018年，太原市地方志办公室按时完成期刊年度检查工作，全年完成四期组稿、编校和设计、出版工作，围绕中心、服务大局，增设卷首语、增加“大事月报”栏目，刊载稿件80余篇。全年编发《太原方志简讯》35期。

筹备学会换届工作，多次对接市民政局办理年检手续，向市政府、市委组织部呈报新一届拟任会长人选，起草学会换届报告，修改完善学会章程，组织发展新会员，统筹拟任副会长、秘书长、常务理事、理事人选，成立学会党小组，基本完成学会换届筹备工作。进一步规范学会用车，完善《学会公车管理制度和车辆使用流程》。（刘雁珍）

【方志资源开发利用】2018年，太原市地方志办公室开展“读市志、知市情、爱太原”主题系列活动，持续推进方志成果“进机关、进社区、进乡村、进学校、进军营、进企业”，让方志文化更加广泛地惠及人民群众，让城乡居民更为便捷地共享方志成果。全年收集收藏各级各类地方志书400余部。（刘雁珍）

2018年7月27日至28日，《太原市迎泽区志》评审会召开

（太原市地方志办公室供图）

档　案

【概况】2018年，太原市档案局（馆）学习贯彻习近平新时代中国特色社会主义思想和中共十九大精神、习近平总书记视察山西重要讲话精神，积极履行"为党管档、为国守史、为民服务"的职责，加强档案的收集征集、科学保管和开发利用工作，围绕全市中心、始终贴近民生、弘扬优秀文化，较好地发挥了档案工作服务文明开放富裕美丽太原建设的基础作用，取得了新的成绩，被评为省级爱国主义教育基地，全市档案工作综合排名列全省首位，较好发挥了省会城市的引领作用。（宋佩璋）

【服务党政中心】2018年，由太原市档案局（馆）牵头负责"山西历史博物馆（山西省政府旧址）"布展大纲的拟写论证、档案资料的征集复制和布展指导工作。围绕"表里山河、千年府衙"的历史文化特征，成立6个工作组，全力梳理山西（太原）大事记、职官录、名人录等内容17万字，组织专家撰写展纲67万字；提供抗战、民国、通史图片3500余张，筛选实物1000余件；制作山西通史PPT570幅，全程跟进、校对民国山西老照片展览设计大纲；举办"老物件、老照片等展览资料征集活动"新闻发布会，征购、接收捐赠200余件，为打造山西文化旅游新名片贡献档案智慧和力量。围绕"不忘初心，牢记使命"主题教育，深入挖掘档案史料，多方征集历史文献，起草完成"永远跟党走"档案文献展览大纲，透过历史档案，全面阐释中国共产党人的初心和使命、家风和政统。围绕纪念改革开放40周年，召开座谈会，征集档案资料13122件；举办"档案见证改革开放"国际档案日活动，编纂《太原改革开放实录·太原档案体系建设的成就》。拍摄留存全市两会、太原马拉松比赛照片720张，全面记录两会风采，留存城市记忆。（宋佩璋）

【重大活动重点领域档案管理】2018年，太原市档案局（馆）深入贯彻落实《山西省重大活动档案管理办法》（以下简称《办法》），汲取太原市重大活动档案管理的新特点，适应全面深化改革的新需要和档案事业发展的新变化，在深入调研论证的基础上，以市委、市政府两办文件印发《关于加强太原市重大活动档案管理工作的实施意见》（以下简称《意见》），印发《第二届全国青年运动会太原市执行委员会档案管理实施方案及文件材料归档范围》，建立全市重大活动档案规范管理的遵循和模范。为推动《办法》和《意见》的贯彻落实，太原市档案局（馆）联合市委督查室、市政府督查室组成两个工作组，就各级领导班子研究部署重大活动档案工作情况、宣传贯彻落实情况、重大活动申报备案情况等4个方面，对10县（市、区）党委、政府及二青会执委会、市委"三基办"、市农委等12个市直单位开展专项督查，摸清问题和现状、督进重大活动档案管理。太原市档案局（馆）将市重点工程项目、政府投资项目档案验收工作纳入城建档案管理工作流程，与市城建档案馆共同开展重点工程项目档案验收工作，打开监管难的死结；靠前服务指导，摸底掌握全市重点工程项目、政府投资项目205个，主动与18个主管部门联系，对93个项目开展登记指导服务。为加强农业农村档案工作，确保农村土地承包经营权确权登记颁证、脱贫攻坚等档案的完整与安全，市档案局主持召开土地确权登记档案工作研讨会，联合市民政局、市农委印发《关于贯彻落实村级档案管理办法的通知》，开展精准扶贫档案工作调研指导，主动服务"三农"。（宋佩璋）

2018年，太原市档案局（馆）民生档案查阅利用服务　（太原市档案局供图）

【档案规范化建设】2018年，太原市档案局（馆）运用"清单式"管理确保各项任务落到实处、责任到人，先后制定《"三基建设"2018年度重点工作任务清单》《关于贯彻落实全省推进"三基建设"座谈会精神的方案》，建立覆盖全局各项工作内容的"一目录三手册一流程"，在市编办基础工作验收评估中获得好成绩。全面开展档案服务效能建设试点工作，制定工作方案，设置投诉电话、邮箱；创新党员活动服务效能建设制度，落实岗位责任制、服务承诺制、首问负责制等制度，制定《效能建设制度汇编》；年中组织全市110余个单位召开太原市"三基建设"·档案工作效能提升现场推进会，督促各有关单位加快档案规范化管理工作步伐。优化档案利用服务，深化国家档案局8号令、10号令的落实，完成市政府办公厅、市公积金中心、南郊公路段等15家单位的规范化管理认定工作，审核备案市中心医院、市卫生学校、市经济建设投资公司、市卫生监督所4家单位的《企业文件材料归档范围和档案保管期限表》。推行1+N指导模式，在小店区、阳曲县、清徐县、迎泽区等7个区县举办“民政系统档案专项培训”等市级机关企事业单位专题业务培训12次，先后为市委组织部、市旅发委、太原环境检测中心等158个单位1395人次提供档案业务指导。聚焦服务民生，力推函电代查、跨馆出证等便民举措。汇集全市民生档案数据，制作《市县两级档案馆民生档案查阅利用服务指南》，录入民国人名卡片20.50万张，做到全市民生数据、馆藏民国人物一键查询，全面提升服务效率，群众满意度达100%。（宋佩璋）

2018年，太原市档案局（馆）优化馆库管理 （太原市档案局供图）

【档案安全体系建设】 2018年，太原市档案局（馆）为适应智慧城市建设要求，制定《太原市档案信息化建设规划（2018—2022年）》《电子档案接收基本要求》，为构建管理科学高效、资源丰富多样、平台共享便捷、信息安全可靠的现代化档案管理体系提供指导和依据。“档案数字化管理系统”上线试运行，同步完成馆藏档案数据库历史数据的迁移工作，实现电子档案政务网在线移交接收，完成200万页/条馆藏档案目录录入及全文扫描工作，档案安全便民通道铺就。落实落细安全责任，2018年与10县区档案局、机关各处室签订《档案安全管理责任书》，组织全市档案安全专项检查；确保档案实体安全，抢救保护1100余份吴家堡地契。围绕信息安全，对18个全宗进行档案鉴定划控。全国两会期间，实行网络与信息安全日报制度；出台《太原市档案行业网络与信息安全信息通报工作规范》《太原市档案局（馆）电子档案管理规定（暂行）》，保障档案信息网络安全，规范电子档案管理。稳固档案法治建设，对全市48家单位进行档案执法监督检查，提前完成省档案局“执法检查三年全覆盖”任务要求；召开上年执法检查和考核落后单位督促评点专题会议，督进20家单位的档案基础建设和规范化进程；专项督查阳曲县档案馆安全隐患问题，通报当地党委政府，责令限期整改落实。强化行政执法证件日常监督，实现对执法人员的动态监管。

全面落实权责清单制度，编送《市、县档案部门行政职权事项标准清单（初稿）》。落实政府法律顾问制度，对涉及“三重一大”和对外公开的11项合同、协议、公告提请法律顾问专题审核把关，确保科学合理决策。加强法治宣传教育，邀请市纪委、省委党校、法律顾问团队等专家举办《宪法》《监察法》等专题讲座4场，开展无纸化学法用法活动，实现法律学习不间断、不脱节。（宋佩璋）

【馆藏资源】 2018年，太原市档案局（馆）围绕“档案资源建设年”活动，高标准勘验接收市委办公厅、市政协、市财政局、市司法局等20个单位13余万卷/件档案；接收《历史荣光——“两航”起义纪念文集》《山西古建二十年》等各类31种67册资料进馆。开展名人建档服务，征集李学花、许一友、谢涛、张泽宇等11位名人建档，档案资料5000余件。其中李学花向太原市档案馆捐赠个人档案4000余件，内容涵盖工作笔记、科研成果、照片光盘、荣誉证书等，照片近2000张。征集到晋源区吴家堡村1100余份清朝及民国时期的地契档案。征集山西钢科碳材料有限公司T800研发团队、太原锅炉集团、太重轧钢设备分公司、富士康并州研发中心、玉泉山城郊森林公园、刘家堡乡垃圾中转站6家创新转型深化改革先进典型单位的先进典型140件档案资料进馆。征集到山西籍著名的书画家、国防大学军事文化学院寒石教授的《太原赋》巨制书法作品。围绕“传承发展优秀传统文化”“深入开展抗日战争研究”的国家战略，以馆藏资源为依托，以合作共用为补充，实施开展“国家重点档案数据库”“晋商文化系列丛书”“山西抗战实物陈列展览”3个国家项目。编纂出版《馆藏晋商史料概览》《晋商生意经》；完成“山西抗战实物陈列展览”布展工作；推进《抗日战争档案汇编·太原卷》编撰工作，完成19册山西抗战日文史料译审和梳理工作，补充扫描2册200余页《阵中日记》。修订版《城市解放纪实·太原解放》出版发行。开展“一五”期间重要工业档案筛查工作。接待百余家单位、上千人次参观“太原城市记忆”“晋商文化”等精品展览，获太原电视台、山西晚报等媒体报道。（宋佩璋）

中国人民政治协商会议太原市委员会

Taiyuan Municipal Committee of the Chinese People's Political Consultative Conference

全体委员会会议

【十三届二次会议】 2018年3月26日至29日，中国人民政治协商会议第十三届山西省太原市委员会第二次会议，在太原工人文化宫开幕。大会应到委员354名，实到委员337名，符合规定人数。审议通过张明星代表政协第十三届太原市委员会常务委员会，作的市政协常委会工作报告。冯霞受政协第十三届太原市委员会常务委员会委托，作的提案工作报告。

提案工作报告指出，市政协十三届一次会议以来，共收到提案588件。经提案委员会审查，立案537件，未立案转为来信处理51件，立案率为91.32%。经市政协常委会审议通过，形成建议案2件。截至上年12月底，所有立案的提案已经办复，办复率为100%。报告强调，2018年市政协提案工作，将聚焦中心任务，提高提案质量；深化办理协商，推进提案监督；强化重点督办，增强提案办理实效；加强自身建设，提升提案工作水平。

截至2018年3月28日上午12时，大会共收到提案545件。其中，各民主党派、工商联集体提案107件，委员提案438件。根据《太原市政协提案工作条例》有关规定，经提案委员会审查，立案521件，作为意见和建议转送有关部门研究参考的24件。（刘　蓉）

常务委员会会议

【十三届四次常委会议】 2018年3月15日，太原市政协十三届四次常委会议召开，市政协主席张明星出席并讲话，副主席、秘书长参加。会议应出席常委69人，实到50人，符合规定人数。会议审议通过关于召开政协第十三届太原市委员会第二次会议的决定；政协第十三届太原市委员会第二次会议议程（草案）和日程；政协第十三届太原市委员会第二次会议邀请人员、列席人员名单；政协第十三届太原市委员会第二次会议全体会议执行主席及主持人名单；政协第十三届太原市委员会第二次会议大会秘书长、副秘书长和工作机构负责人名单；提交政协第十三届太原市委员会第二次会议审议的政协太原市委员会常务委员会工作报告及报告人名单；提交政协第十三届太原市委员会第二次会议审议的政协太原市委员会常务委员会关于市政协十三届一次会议以来提案工作情况的报告及报告人名单。会议还审议通过有关人事事项，书面审议市委办公厅、市政府办公厅2017年度提案办理情况通报和市政协各专委会、社情民意研究中心2017年度工作总结。（刘　蓉）

【十三届五次常委会议】 2018年3月

2018年3月26日，太原政协十三届二次会议在太原市工人文化宫开幕

（太原市政协供图）

2018年3月26日，太原市政协主席张明星在十三届二次会议上作常委会工作报告
（太原市政协供图）

28日晚，太原市政协十三届五次常委会议召开。市政协主席张明星，副主席、秘书长出席会议。会议应到常委68人，实到62人，符合规定人数。会议审议通过政协第十三届太原市委员会第二次会议关于政协太原市委员会常务委员会工作报告的决议（草案）、政协第十三届太原市委员会提案委员会关于市政协十三届二次会议提案审查情况的报告（草案）、政协第十三届太原市委员会第二次会议政治决议（草案），决定提交市政协十三届二次全体会议。
（刘　蓉）

【十三届六次常委会议】 2018年6月27日，太原市政协十三届六次常委会议召开。市政协主席张明星出席并讲话，副市长车建华通报全市关于统筹推进县域内城乡义务教育一体化改革发展的情况。市政协副主席、秘书长参加。会议应到常委68人，实到51人，符合规定人数。会议学习习近平总书记关于加强和改进人民政协工作的重要思想；审议通过关于统筹推进县域内城乡义务教育一体化改革发展情况的调研报告。6月，市政协教文卫体委员会、市民主促进会、市农工民主党组织部分市政协委员就太原市统筹推进县域内城乡义务教育一体化情况调研，形成《太原市政协关于统筹推进县域内城乡义务教育一体化改革发展情况的调研报告》。（刘　蓉）

【十三届七次常委会议】 2018年9月10日，太原市政协十三届七次常委会议召开。市政协主席张明星出席并讲话。市委常委、常务副市长王立刚应邀出席并通报太原市关于推进转型综改加快工业强市的有关情况。市政协副主席、秘书长参加。会议应到常委68人，实到56人，符合规定人数。会议审议通过《关于推进转型综改加快工业强市的调研报告》，并通过有关人事事项。
（刘　蓉）

专门委员会工作

【提案委员会】 2018年，太原市政协十三届二次会议以来，共征集提案604件（会议期间554件，会后50件），其中经济建设方面161件（立案119件）；政治建设方面31件（立案26件）；文化建设方面44件（立案41件）；社会建设方面345件（立案345件）；生态建设方面23件（立案23件）。合计立案554件，转为意见和社情民意50件，立案率91.72%。围绕提高提案质量，从健全完善工作制度机制入手，起草《太原市政协提高提案质量的意见》讨论稿；参与起草《太原市政协建言献策质量提升行动实施办法》初稿。提案委与太原综合广播9.20圆桌对话节目共同策划，围绕“创建文明城市、学前教育、国家可持续发展创新议程示范区——铁腕治污”等专题录播40余期。（刘　蓉）

【学习文史委员会】 2018年，太原市政协组织政协委员在全市政协系统开展“学习习近平总书记关于加强和改进人民政协工作的重要思想”研讨活动，以理论学习思想武装促进工作质量提升。举办学习“习近平总书记关于加强和改进人民政协工作的重要思想”培训会，邀请中国政协《理论研究》杂志执行主编原冬平，从习近平总书记关于加强和改进人民政协工作的重要思想的主要内容和核心要义、新修订政协章程的主要亮点等方面作专题辅导报告。向十县（市区）下发学习及征集论文通知，筹备理论研讨会。共征集论文152篇，选送10篇高质量的论文上报省政协。邀请专家评选出优秀论文一等奖五名，二等奖十名，三等奖二十名。编辑出版《习近平总书记关于加强和改进人民政协工作的重要思想》理论研讨论文专刊。邀请相关专家作题为《新时代的宪法共识》《新时代加强人民政协工作》等专题讲座。征订《人民政协报》《山西政协报》，利用机关网络学习园地平台，发布最新理论热点，供政协委员和机关工作人员学习参阅。8月下旬，由市政协副主席冯霞、李俊林带队，市政协学习文史委员会牵头，组织部分市、县两级政协委员就人才强市政策落实情况，深入市委组织部、市中心医院、公安派出所等单位进行实地走访、座谈。10月中旬，召集市委宣传部、市委统战部等15家相关职能部门座谈交流；与杭州、武汉、西安等城市联系，学习借鉴兄弟城市引进创新创业人才的经验。征集出版《宜居宜业幸福城》丛书。制定《宜居宜业幸福城》丛书的编辑方案及提纲任务分解，召开全市文史工作暨征集《宜居宜业幸福城》启动大会，全书拟分3册约100余万字。编辑出版《太原政协》4期，约30万字，图片70多幅。（刘　蓉）

2018 年 6 月 25 日，太原市政协十三届十六次主席会议举行

（太原市政协供图）

【港澳台侨和外事委员会】 2018 年，太原市政协组织政协委员与相关部门就“充分发挥海外侨领社团桥梁纽带作用，促进对外开放和转型发展”，配合省政协港澳台侨和外事委员会开展联合调研。为促进海内外经济和文化交流，太原市创建首批海外工作联络站；创建首家高校侨联组织和首家中国华侨国际交流基地；创建太原市海归协会等，推进海内外交流深度。加大招商引资，组织项目招商会，为企业牵线搭桥和推介项目。发挥政协委员主体作用，开展联谊活动，发挥政协港澳台侨和外事委员会密切联系港澳台和海外的优势，创新工作方式，采取多种方式，拓展联络海外渠道，开展各种联谊活动，增加共识、凝聚人心。利用互联网，建微信群；召开座谈会，征集委员建议，保持经常性联系，提高协商议政效果。发挥委员主体作用，组织市侨联、台胞台属、对外友好和妇联界别委员，访民生、知民情，深入基层了解情况，反映问题，有针对性提出意见和建议。专委会按照市政协的统一安排，负责全委会的小组会议签到、分组讨论、讨论意见记录整理收集和管理及编发简报工作，反映会议进展情况。组织委员参加会议发言和讨论，完成撰写提案和社情民意，为委员参政议政搭建平台。组织委员参加各种扶贫和公益活动，热心帮扶、捐款捐物，深入农村帮助脱贫致富，慰问困难群众等工作。（刘　荟）

【经济科技委员会】 2018 年，根据太原市政协年度协商计划安排，由副主席冯霞、陈远新带队，分别于 5 月 8 日和 10 日对太原市国企改革进展情况调研视察。5 月 15 日由冯霞、陈远新带队组织部分市政协委员就“太原市安全生产重点工作推进情况”视察。

根据市政协年度协商计划安排，《推进转型综改，加快工业强市》是市政协第三季度常委会议政课题，该课题由陈远新、李俊林负责，市政协经科委、市民盟、市民建、市工商联组织部分民盟、民建、工商联、侨联、科技、经济等界别的 28 名委员实地视察，与 8 位企业家进行深入座谈交流。调研报告经反复酝酿修改，提交十三届七次常委会议审议，5 位政协委员围绕主题作大会发言，调研报告以政协 2 号建议案报送市委、市政府供参考。市委书记罗清宇、市长耿彦波、副市长王立刚作批示，由市政协冯霞、陈远新带队，市政协经科委牵头、各民主党派市委、市工商联参与，就《加快我市军民融合创新示范区建设》组织部分政协委员、专家、学者深入调研。到天津、青岛等地考察学习。

2018 年大会发言组工作由经济科技委和农村委负责，截至收稿日期共到稿件 53 篇，从中选出 39 篇编入大会发言汇编，有 14 篇稿件作口头发言。

（刘　荟）

【人口资源和环境委员会】 2018 年，太原市政协与民革太原市委、九三太原市委组成议题调研组，于 11 月 15 日邀请市环保局、城乡管委、水务局、环卫局召开座谈会，通报太原市污染防治、黑臭水体治理、推行河长制工作、固体废弃物治理等情况。副主席陈继光、王建堂对环保态势、PM2.5 降幅达 25% 以上给予肯定，要求加大调研力度，提出合理建议。

11 月 27 日，调研组到北涧河、太钢、太化视察太原市黑臭水体、大气、土壤污染治理情况，立足政协视角，形成 1 个主报告和 5 个副专题的调研成果。12 月中旬市政协召开第八次常委会，围绕“持续推进污染防治，努力改善环境质量”协商议政。民革太原市委《关于推动大气污染防治，提高环境空气质量的建议》的调研报告提请主席会议、常委会议审议，形成建议案报送市委、市政府，推动污染防治和环保工作再上台阶。

11 月 1 日，由副主席陈继光、王建堂带队，对重点工程道桥项目进展情况进行视察。视察组深入实地，现场察看天龙山路和十号线桥工程，召开座谈会，听取市住建委报告城建重点工程项目进展情况，委员们通过视察，围绕如何更好地推进重点工程建设提出意见建议。在此基础上，人口资源和环境委员会形成《关于我市市政道桥重点项目进展情况的视察报告》，报市政府，为太原市城市发展建设建言献策。

8 月 15 日，在副主席郝宝清、王建堂带领下，人口资源和环境委员会会同社法委组织 40 余名委员到迎泽、杏花岭、小店区等交通治理街巷、“微循环”改造项目、指挥调度中心等进行视察。通过察看线路、图片展示等方式，重点了解太原市城市交通数字智能管控、交通畅通改造工程建设情况，针对问题谋

划交通治理有效办法、长效措施，推动太原市交通治理工作不断引向深入，形成《关于我市文明交通综合治理情况的调研报告》报市委、市政府供领导决策参考。十三届二次全会大会秘书处安排人口资源和环境委员会负责联组讨论工作。大会联组讨论共征集稿件29篇，人口资源和环境委员会严格把关、集体讨论，选出《大力发展新材料技术和产业，促进太原产业结构转型》等9篇稿件。

4月26日，省政协副主席席小军带领“加强大气污染防治，坚决打赢蓝天保卫战”专题调研组，对太原市大气污染防治工作调研。调研组视察杏花岭区大气网格化监测调度平台、太古供热项目中继能源站，了解空气质量精细化管理系统运行情况，听取车建华副市长关于太原市空气质量改善的工作情况汇报。

8月14日，省政协人资环委联合省环保厅、水利厅调研“汾河水库饮用水水源地生态保护”工作。调研组一行深入汾河水库，详细了解水源地污染、库周绿化和塌岸治理现状，听取水源地生态保护情况的报告。省调研组一行对汾河水库水源地保护工作给予充分肯定，并要求今后要不断提升水源保护能力和水平，切实保障省城水源安全。

（刘　蓉）

【教文卫体委员会】 2018年，太原市政协组织实施十三届二次会议的联组讨论工作。3月27日，市政协十三届二次全会联组讨论会议在并卅饭店召开。参加会议的有文化艺术、教育、体育、新闻、医药卫生、社会救济福利、农林界别和民革、民盟、民进、农工、无党派委员，会上有十三位委员就养老，医疗卫生，非遗保护，人才培养，精准扶贫，强力推进体育、旅游、民办教育事业发展、学生心理健康、加强用药安全监管、加快广电媒体融合发展等方面提出很有价值的意见和建议。4月，教文卫体委员会与农工就推进“县域内医疗卫生一体化改革暨家庭医生签约服务落地见效”这一课题进行调研。首先明确调研思路，制定方案和协商内容，进行实地调研视察。4月25日，组织部份政协委员深入阳曲县人民医院、大盂镇中心卫生院、录咕咀村卫生所等地了解情况，分析问题，认真听取汇报，走访群众，提出意见和建议。5月9日，召开协商座谈会，市委、市政府相关的七个部门主要负责人参加。6月，就“关于推进县域内城乡教育一体化均衡发展情况”教文卫体委员会与民进，农工进行视察调研。6月14日，由副主席李俊林带领部分市政协委员对新建路小学、富力城华庭分校、杏花岭五一路小学、太原市二十七中、三十六中等进行实地视察，听取市教育局工作汇报。委员们详细了解近年来太原市县域内城乡教育一体化均衡发展的基本情况并开展调查研究，多次与市教育局组织召开各（市）县区分管教育领导、校长、教师参加的座谈会，听取基层呼声。7月11日，在副主席李俊林、郝宝清带领下，组织部份政协委员实地参观山西体育国际交流中心、青运村、滨河体育中心、网球中心并召开座谈会，听取市体育局和二青会组委会的工作汇报，同时听取市住建委、市城管委、市文明办、市交通运输局和市园林局筹备情况汇报。7月24日召开主题为“以积极筹办二青会为契机，推进精神文明城市创建活动，促进体育发展”协商座谈会，副市长王爱琴参加，会上有6名市政协委员围绕主题进行发言。8月，教文卫体委员会与九三学社就挖掘特色旅游资源，推动文化强市进行专题协商。8月13日至15日，课题组由市政府副市长王爱琴、市政协副主席李俊林、张建刚带队到西安考察学习，8月17日，组织市政协委员对太山景区、晋阳湖、明太原城、双塔寺视察，8月31日，召开协商座谈会，市政府常务副市长王立刚参加。会上委员们勇跃发言，针对旅游资源开发，挖掘景点文化灵魂，进入文化强市提出可行性建议，报市委、市政府。举办市政协“携手新时代谱写新篇章”书画艺术展。此项活动由中国书画报山西新时代艺术中心、太原企业对外交流协会承办于10月15日至23日在太原美术馆举办，共征集到书画作品325幅，经过专家筛选入展作品281幅，其中书法作品160幅，绘画作品121幅，历届政协委员的作品171幅。同年，教文卫体委员会先后接待全国各地政协考察团5批计66人次。就基础教育资源供需平衡，小升初、民办培训机构及义务教育均衡发展、提升文化软实力与地区旅游融合发展、戏曲（晋剧）传承文化等方面情况进行调研，陪同参观9所中小学校、1所戏校、1个剧团，召开6次座谈会。

（刘　蓉）

2018年7月9日，太原市政协主席张明星到娄烦县米峪镇乡郭家庄村调研督导脱贫攻坚工作

（太原市政协供图）

【社会和法制委员会】 2018年，太原

市政协组织开展关于优化发展营商环境暨建立亲清新型政商关系的一系列调研活动。3月6日，由共青团、工会和青联界别21名委员组成的调研组，深入中化二建集团、富士康科技集团，同企业就优化发展营商环境进行深入交流；5月上旬，调研组通过市政协短信平台广泛征求市政协委员对优化发展营商环境的意见建议；5月15日，组织市各民主党派、工商联以及部分市政协委员深入市政务服务中心座谈交流，听取市发改委等15个政府部门关于太原市优化发展营商环境情况的工作通报，市政协委员与政府部门的同志进行面对面的交流。综合以上各次调研座谈成果，结合市政协主席会议成员和市级各民主党派、工商联，市政协委员及各有关单位等多方面的意见建议，6月12日，形成“关于太原市优化发展营商环境的调研情况报告”。6月27日，出台《太原市政务服务管理办公室关于推进优化营商环境的工作方案》，10月16日，出台《关于推进审批服务便民化加快营造“六最”营商环境的实施方案》，印发各县（市、区）委、人民政府，市委各部委（工委），市直各委、局、办，各人民团体遵照执行。

8月15日，由市政协副主席郝宝清、王建堂带队，市政协人资环城委、社法委牵头，会同市政协提案委结合重点提案办理工作，组织市政协各专委会、市各民主党派、工商联、部分市政协委员先后深入到杏花岭区国师街、小店区太行社区、万柏林区丽华片区和市交警支队指挥中心等地对太原市文明交通综合治理情况进行专题调研，并召集市住建、城管等12家市文明交通综合治理成员单位负责人进行座谈交流。形成《关于对我市文明交通综合治理情况的调研报告》。

5月中旬市政协与市公安交警支队共同构建文明交通综合治理的市政协委员建议网络平台。成立以市政协郝宝清副主席为组长，市公安局副局长兼市公安交警支队队长秦书伟以及市政协办公厅和社法委的有关领导为副组长的领导组。确保市政协委员提交意见建议的网络平台24小时全天候开通。社法委还将市文明交通综合治理的动态工作在钉钉网各平台和委员微信平台及时发布，以便政协委员能了解和掌握全市文明交通综合治理工作的最新情况。市政协委员共提交意见建议216条，其中，综合类82条，交通规划类60条，交通设施类51条，交通组织类15条，其他类8条。

《太原市道路交通管理条例》是太原市2018年确定的地方立法协商项目。9月中旬，在市政协分管副主席李俊林、郝宝清带领下，邀请市人大法制委、市政府法制办、市公安交警支队和部分市政协委员赴济南、长春两市进行学习调研。10月，在对《太原市道路交通管理条例（草案）》立法协商工作中，借鉴济南、长春的经验和做法，广泛征求各方面的意见建议。11月21日，组织市级各民主党派、工商联代表、相关界别市政协委员、城区代表，邀请市人大法制委、政府法制办和公安交警部门的同志来市政协进行面对面的听取意见建议。（刘　蓉）

【民族宗教委员会】 2018年，太原市政协召开由第十三届少数民族和宗教界别的政协委员、市民族宗教局、市民盟负责人参加的学习研讨专题动员部署会议。传达《太原市政协深入开展习近平总书记关于加强和改进人民政协工作的重要思想学习研讨会实施方案》，全文学习习近平总书记《在庆祝中国人民政治协商会议成立65周年大会上的讲话》和新修订的《中国人民政治协商会议章程》，对建言献策质量提升年活动提出具体要求。民宗委到所联系的民盟太原市委机关，对民盟界别的政协委员传达学习市政协深入开展习近平总书记关于加强和改进人民政协工作的重要思想学习研讨的安排部署，并提出具体要求。按照《太原市政协深入开展习近平总书记关于加强和改进人民政协工作的重要思想学习研讨实施方案》的要求，坚持每周二、五下午对《习近平总书记关于加强和改进人民政协工作的重要思想专题学习摘编》学习研讨，按照所联系界别政协委员的实际情况，采取个人自学、集中学习研讨、培训辅导、记学习笔记、撰写心得体会等多种形式督促推进学习研讨活动，利用伊斯兰教“开斋节”，深入市伊斯兰教协会，进行宣讲、座谈、研讨。民宗委协同省政协民宗委开展专项调研。按照省政协民宗委调研课题组的要求，组织部分宗教界别的政协委员，协调有关部门，通过召开座谈会，走访市基督教协会、太原清真古寺，开展关于“以社会主义核心价值观为引领，坚持我国宗教中国化方向，积极引导宗教与社会主义社会相适应”为主题的专题调研工作，形成《坚持中国化方向，引导宗教与社会主义社会相适应》的调研报告。围绕市委、市政府中心工作和社会热点、难点问题认真选题、深入调研、积极撰写社情民意。民族、宗教界别的政协委员先后撰写《关于治理佛教、道教商业化的几点建议》《关于加强文物保护工作的建议》《创新养老模式、健全养老服务体系、加快推进养老产业发展》《非物质文化遗产进校园》等多篇社情民意或政协提案。民宗委参加少数民族、宗教界别委员年度“双岗履职”述职考核工作。（刘　蓉）

【农村工作委员会】 2018年4月，太原市政协制定《关于推进乡村振兴，加快脱贫攻坚协商视察调研工作方案》，召开工作部署会议，并成立课题组，课题由市政协副主席张建刚、陈继光负责，市政协农村工作委员会、民革太原市委会具体组织承办。8月1日，市政协举行推进乡村振兴，加快脱贫攻坚座谈会，邀请省农业厅副厅长赵志杰，就中央关于乡村振兴和脱贫攻坚的精神及山西省委的部署要求作专题的辅导。8月19日至24日，市政协副主席张建刚、陈继光率领部分委员和市民革党员等课题组成员到湖州市、杭州市、潍坊市进行考察学习。9月4日至5日，市政协副主席张建刚带领部分政协委员及市民革党员到阳曲县、尖草坪区、娄烦县进行视察调研，形成《关于推进乡村振兴加快脱贫攻坚调研报告》。9月25日，市政协举行“推进乡村振兴加快脱贫攻坚”协商座谈会。

配合省政协开展“科学制定规划，推动乡村振兴战略”省、市、县三级政协联动调研。5月22日，市政协副主席张建刚带领部分政协委员，就科学制定规划、推动乡村振兴战略情况进行视察调研。11月，市政协农村工作委员会多次参加市农委召集的《太原市乡村振兴战略总体规划》征求意见会议并提出可行性建议。完成市政协全会大会发言会议的组织工作。市政协十三届二次会议召开第二次全体会议，农村委承担大会发言组织征稿、编辑、校对等工作。完成市政协“特约社情民意信息员”人选推荐工作，反映社情民意信息20多篇。其中《关于加大“阳曲小米”国家地理标志农产品品牌建设力度的建议》《关于发展经济和增加人口必须双管齐下携手并进的建议》等多篇信息，被省、市相关单位采用和领导作出批示。

（刘　荟）

【社情民意研究室】 2018年，太原市政协十三届二次全会期间，征集信息445篇，编发信息39（期）篇，其中报送省政协18（期）篇，印制普发信息3（期）篇，转送市委、市政府领导18(期)篇，市领导批示17（期）篇，相关部门反馈7（期）篇。坚持每个月对征集到的信息进行综合分析研究，形成分析报告专报市委罗清宇书记；坚持每个月精选编印2至3篇普刊信息，报送每一位市委常委，人大主任、副主任，副市长，政协主席、副主席。全年经综合统计编制信息分析报告11期，编印普刊25期。坚持召开各信息报送单位季度工作例会制度。每季度，适时组织十县（市、区）政协、各民主党派工商联、市政协各专委会召开社情民意信息工作例会，及时传达上级政协指示精神，集中学习有关重要文件；总结通报当前工作的开展情况，分析、改进工作中发现的问题，明确今后信息报送走向，安排部署下一阶段工作重点。严格落实委员考核制度。

按照市政协《委员考核工作方案》要求，及时整理、统计2018年政协委员撰写社情民意信息情况，共征集社情民意信息1689篇，经筛选、编辑和综合，共编发627期（篇），其中：编报省政协547（期）篇，报送市委、政府领导80（期）篇。按照省政协三季度通报统计，政协社情民意信息被全国政协采用3（期）篇，省政协采用45（期）篇，被省级领导批示5（期）篇，省级部门反馈4(期)篇。市领导批示29(期)篇，市级部门反馈28（期）篇。坚持精品引路。印制《太原市政协社情民意信息精品选编》，发送给每个报送单位和界别小组；将省政协以上采用的社情民意信息和省、市领导做出重要批示的信息及时发布在太原市政协社情民意专栏，为各报送单位和全体政协委员了解精品信息提供范例和引导。太原市政协报送的信息中，《对第二类疫苗流通和使用的几点建议》《高速公路违章逆行应当加重处罚》《尽快修订初中〈思想品德〉课本内容》等3（期）篇信息被全国政协采用；副省长曲孝丽等省级领导对《建议我省解决医院医保基础用药缺失问题》《关于有条件放开我省婴儿脐带血干细胞采集业务的建议》《关于推进分级诊疗制度落地的建议》《关于将“山西省全民健身中心”改建为体育公园的建议》《建议在当前煤机行业重组中打造山西煤机上市公司》等5（期）篇信息做出批示；省级部门对其中的4（期）篇做出反馈回复；《建议消除岚河污染对汾河水库水源造成的安全隐患》《关于强化农民职业教育服务乡村振兴战略的建议》《关于加强影视从业人员税收管理工作的建议》《建议在当前煤机行业重组中打造山西煤机上市公司》《跨境电商发展中应注意的几个问题》等45（期）篇信息被省政协以单篇、综合、转送或上报全国政协等形式采用。

（刘　荟）

重要活动

【市政协委员培训班】 2018年1月9日，太原市政协十三届委员培训班在市委党校开班。市政协主席张明星参加开班仪式并讲话。市政协副主席冯霞、李俊林，秘书长刘建中一同参加。

开班仪式上，张明星以“走进新时代要有新作为”为题，从新时代内涵丰富、新时代标志鲜明、新时代贵在作为三个方面，与政协委员们就深化中共十九大精神的学习宣传贯彻，做好政协工作，作深入交流。要求大家通过培训，系统学习人民政协的基本理论和基本知识，精心把握政协工作的特点和规律，提升履职能力和水平。特别是要认真学习宣传贯彻中共十九大精神，要原原本本学，在“学懂”上下功夫，切实武装头脑；要融会贯通学，在“弄通”上下功夫，切实指导实践；要联系实际学，在“做实”上下功夫，切实做到推动工作。他希望大家做维护核心的表率、做服务大局的表率、做凝心聚力的表率、做本领过硬的表率、做作风优良的表率，更加紧密地团结在以习近平同志为核心的中共中央周围，在市委的坚强领导下，高举习近平新时代中国特色社会主义思想伟大旗帜，不忘合作初心，继续携手前进，围绕全市大局，努力做好工作，在新时代建设文明开放富裕美丽太原的新征程中不断谱写人民政协事业新篇章。此次委员培训分两期举行，学习内容将涉及中共十九大精神、提案工作、社情民意工作、政协《章程》等。

（刘　荟）

【提案暨重点提案交办会】 2018年4月19日，太原市政协召开提案暨重点提案交办会，交办市政协十三届二次会议以来收到的提案，部署2018年提案办理工作。市政协主席张明星出席并讲话，市委常委、常务副市长王立刚，市政协副主席、秘书长参加。会议通报市政协十三届二次会议以来提案工作情况，宣读《关于做好2018年提案办理工作的通知》及重点提案。市发改委、市城乡管委、市卫生计生委主要负责人就办理提案工作作表态发言。（刘　蓉）

【学习“习近平总书记关于加强和改进人民政协工作的重要思想”培训会】 2018年6月19日，太原市政协举办学习“习近平总书记关于加强和改进人民政协工作的重要思想”培训会。市政协主席张明星主持，市政协副主席、秘书长及近300名政协委员参加。此次培训会主要任务是贯彻全国政协、省政协部署要求和市委指示精神，学习领会习近平总书记关于加强和改进人民政协工作重要思想，引深太原市政协系统学习研讨活动。会议邀请全国政协理论研究会常务理事、中国政协《理论研究》杂志执行主编原冬平，从习近平总书记关于加强和改进人民政协工作的重要思想的主要内容和核心要义、新修订政协章程的主要亮点、十三届全国政协的工作基调等方面作专题报告。

（刘　蓉）

【推进“文明城市创建”协商座谈会】 2018年7月24日，太原市政协举行“积极筹办第二届全国青年运动会着力推进文明城市创建”协商座谈会。市政协主席张明星主持，副市长王爱琴、市政协副主席李俊林、郝宝清参加。会前，市政协近日成立由教文卫体委员会、民盟太原市委员会及部分市政协委员组成课题调研组，对山西国际体育交流中心、青运村、滨河体育中心、万柏林区网球中心等地进行实地调研，并形成专题调研报告。会上，高波、韩莹、杨瑞国、武旭锦、马永红、张志强6名市政协常委及委员先后发言。从全面推进筹办、加强文化构建、提升文明水平、树立美丽形象、加大宣传力度等方面建言献策。

（刘　蓉）

【转型项目建设情况视察】 2018年8月3日，太原市百名人大代表、政协委员对转型项目建设情况开展视察。市政协主席张明星，市人大常委会副主任刘斌、王爱萍、郭建发、李增锁，市政协副主席冯霞、张建刚、郝宝清、王建堂参加。

50名全国、省、市人大代表及50名省、市政协委员，先后到山西立业制药有限公司、山西媒体智慧云平台项目、山西美锦钢铁有限公司年产70万吨优质棒材项目、山西百信信息技术有限公司、国家火炬计划迎泽特色产业基地项目、台骀山滑世界农林科技游乐园、中华老字号酿造产业特色小镇项目等地实地查看。2018年全市上下聚焦创新、突出转型、狠抓项目，经济发展取得明显成效，并从坚持创新驱动，突出人才建设，促进技术成果产业化，加大招商引资力度，加快项目建设速度，强化服务保障等方面提出意见建议。

（刘　蓉）

【“携手新时代谱写新篇章”书画艺术展】 2018年10月15日，由太原市政协主办，中国书画报山西新时代艺术中心、太原企业对外交流协会承办的“携手新时代谱写新篇章”书画艺术展在太原美术馆开展，展期一周。省政协副主席席小军应邀出席开展仪式。市政协主席张明星致辞。市委、市人大、市政府有关领导，市政协班子成员，省、市级有关老领导，参与创作的书画艺术家，以及市直有关部门领导，各县（市、区）政协、市各民主党派、工商联、新闻媒体的负责同志，书画作品作者、市政协常委和机关人员参加开展仪式。

本次书画展征集书画作品325幅，经过专家遴选，入展作品281幅。其中书法作品160幅，绘画作品121幅；历届政协委员作品171幅，占入展作品的60%。书画作品既有习近平总书记的“金句”、政协工作的格言，又有描绘城市新变化、展现人文历史锦绣山河的佳作。作品集中反映习近平新时代中国特色社会主义思想在太原的新实践、新时代建设文明开放富裕美丽太原的新举措以及太原各项事业发展的新成就。

（刘　蓉）

【《太原市道路交通管理条例（草案）》立法协商座谈会】 2018年11月21日上午，太原市政协组织召开《太原市道路交通管理条例（草案）》立法协商座谈会，副主席李俊林出席并讲话，郝宝清主持。

市政府副秘书长、法制办主任常跃平作《条例（草案）》起草过程中政府常务会讨论情况说明；市人大法制委主任孟凡政作《条例（草案）》市人大一审讨论情况说明；与会的市级各民主党派、工商联、市政协委员、城区代表就完善《条例（草案）》发表意见建议88条，涵盖《条例（草案）》的全部章节，为科学立法、民主立法提供智力支持。

（刘　蓉）

【军民融合创新示范区建设专题议政会】 2018年11月30日，太原市政协召开加快推动太原军民融合创新示范区建设专题议政会。市委副书记李新春出席并讲话，市政协主席张明星主持，副市长王爱琴，市政协副主席、秘书长参加。

市政协将太原军民融合创新示范区建设，作为年度协商计划重要课题，围绕《加快推动太原军民融合创新示范区建设》课题，多次组织政协委员和专家学者座谈调研、考察学习，在广泛了解情况的基础上，针对太原市军民融合现状、产业特色、存在问题、发展路径等情况，提出针对性强的意见建议。会上，冯霞作专题调研报告，各民主党派、工商联代表作议政发言，与会人员还展开座谈交流。（刘　蓉）

中国共产党太原市纪律检查委员会 太原市监察委员会

Taiyuan Municipal Committee for Discipline Institution of Communist Party of China

综　述

【概况】 2018年，太原市纪委监委和全市各级纪检监察机关学习习近平新时代中国特色社会主义思想，坚持稳中求进工作总基调，自觉在大局中谋划工作，突出使命导向，做到“两个维护”，始终站在落实党中央决策部署第一线；突出改革导向，加强党的领导，把制度优势和治理效能充分发挥出来；突出发展导向，激励担当作为，在纪检监察实践中统筹推进“两种革命”；突出问题导向，做实做细监督，推动监督机制从全覆盖向有效性迈进；突出战略导向，保持政治定力，奋力推动反腐败斗争取得压倒性胜利；突出律己导向，正人必先正己，在新的历史起点上锤炼过硬干部队伍。以永远在路上的坚韧和执着，不断推动全面从严治党向纵深发展，人民群众对党风廉政建设和反腐败斗争满意率达96.10%，为全市“两转”基础上开创党的建设与党的事业互促共进新局面提供了坚强有力的政治、纪律和作风保障。（饶文波）

【中央八项规定精神落实】 2018年，太原市纪委监委坚定不移落实中央八项规定精神，坚决防止“四风”回潮复燃，党委带头执行中央八项规定及实施细则精神，坚决纠正形式主义、官僚主义等突出问题，反对特权、纠正特权。

运用“大数据”加“天眼”的方式有效遏制公车私用问题。坚持一个节点一个节点坚守，一个问题一个问题解决，在全面整治的基础上，加强对隐藏在单位食堂内部大吃大喝和居民小区“一桌餐”等隐形变异问题的监督检查，始终保持对“四风”问题的足够震慑。全年全市各级纪检监察机关共查处违反中央八项规定精神问题93起，处理126人，处分98人，分15批通报曝光典型案例37起。（饶文波）

【“两个维护”】 2018年，太原市纪委监委围绕中央重大决策部署，重点抓好习近平总书记重要批示指示精神的贯彻落实。针对“大棚房”问题，督促农委、国土和有关县区党委全面排查、集中整治，主要负责人带队逐一检查、确保整治到位；针对娄烦县农村改厕有关问题，市委召开专题民主生活会反思剖析，市纪委监委对15名党员干部严肃问责，持续跟进检点，督促彻底整改；针对形式主义、官僚主义和领导干部利用名贵特产类特殊资源谋取私利等问题，督促各级党组织自查自纠，着力在监督中发现问题、深化整治。重点抓好中央巡视反馈意见对照整改。市纪委监委主动查摆出自身存在的8个方面21条问题，制定整改方案、逐条推动落实。集中精力办理中央巡视交办信访问题，实行通报跟进制度，对办理进度较慢、质量较低的纪检监察机关主要负责同志会议通报、专门约谈，既保证办理进度，又坚决防止“办而不结”“结而复访”。重点抓好扶贫环保领域监督执纪问责。紧盯问题不放过，压实党委主体责任，督促阳曲县全面落实上年底专项监督检查反馈问题整改，确保稳步退出贫困县。启动对娄烦县专项监督检查，重点了解国考反馈问题整改情况，延伸发现和督促整改5个方面10个具体问题。对中央和山西省环保督察移交的问题，认真做好问责处置工作，全年问责138人，其中县处级干部35人。重点抓好对关键领域党组织的政治巡察。中共十九大后，太原市委三轮巡察剑指关键领域、直击要害部门。先后围绕落实十九大精神，完成对发改、经信等13个经济社会管理服务部门党组织的巡察；围绕群众身边腐败问题专项整治，上下联动完成对市县两级教育卫生系统580个党组织的巡察；围绕保障市县党和国家机构改革，启动对工商、质监、食药等9个涉改部门及其所属党组织的巡察，坚决防止把老问题带进新机构，以严明的纪律和作风保障改革。（饶文波）

【干部队伍建设】 2018年，太原市纪

委常委会坚持集体学习制度，学习习近平新时代中国特色社会主义思想，在思想上政治上行动上同以习近平同志为核心的党中央保持高度一致。专门组织干部到左权、右玉接受党性教育，班子成员每周至少参加一次分管部门室务会（党支部会），打通学习贯彻上的“最后一公里”。在法治上严格要求。邀请法律顾问和有关专家学者开展集中培训21批8845人次，运用法治思维和法治方式开展工作。坚持先立后破、不立不破，全面加强建章立制和制度执行，主动把纪检监察权力关进制度笼子。坚持依纪依法安全文明办案，时刻绷紧安全之弦，全面加强医疗保障，配齐配强留置陪护队伍，启动标准化留置场所建设，开展四轮全覆盖检查，消除隐患，确保办案安全。全年未发生办案安全事故。在作风上严格要求。深化“三转”，带头整治形式主义、官僚主义，实行纪检监察系统领导干部季度例会制度，压缩会议数量、提高会议质量。以经常性的调查研究代替运动式的督导检查，班子成员带队走访11个乡镇（街道）纪检监察机构，发现纠正问题73个。改进监督检查方式，避免、坚决防止为应付检查补材料、抄笔记、弄虚作假，注意纠正、坚决反对有的纪检监察干部说话办事趾高气昂、口大气粗等问题。在纪律上严格要求。自觉接受人大监督、民主监督、司法监督、群众监督、舆论监督。落实“补短板、强作风”要求，开展全员家访、谈心谈话，强化对纪检监察干部8小时外的监督；梳理完善541名纪检监察干部个人廉政档案，实行动态管理；严防“灯下黑”，全年共处置反映纪检监察干部问题线索97件次，党纪处分3人，组织处理11人。

（饶文波）

纪检监察重要会议

【市纪委十一届三次全会】 2018年2月10日，中国共产党太原市第十一届纪律检查委员会第三次全体会议召开。出席会议的市纪委委员29人，列席100人。山西省委常委、太原市委书记罗清宇出席全会并讲话。市委常委、市人大常委会、市政府、市政协领导出席会议，有关方面负责人参加会议。

全会由太原市纪律检查委员会常务委员会主持。学习贯彻习近平新时代中国特色社会主义思想和中共十九大精神，学习贯彻省纪委十一届三次全会精神和市委十一届三次、四次全会精神，全面总结上年纪检监察工作，研究部署2018年工作任务，审议通过李吉山代表市纪委常委会所作的《以习近平新时代中国特色社会主义思想为指导，坚定不移推动太原全面从严治党向纵深发展》的工作报告。

全会明确，2018年抓好6项重点任务。以政治建设为统领全面加强党的建设。坚决维护党中央权威和集中统一领导，严肃党内政治生活，加强党内政治生态建设，压实全面从严治党政治责任。推动深化监察体制改革试点工作走在全省前列。党委负主责，纪委监委负专责，全面落实省委“三步走”“八个围绕”和市委“八个进一步深化”的安排，构建党统一领导、全面覆盖、权威高效的监督体系，更好地将制度优势转化为治理效能。巩固拓展落实中央八项规定精神成果。关注“四风”新动向，查处享乐主义和奢靡之风隐形变异、改头换面等行为，坚决防止反弹回潮、卷土重来。在反对形式主义、官僚主义上下功夫，抓住典型、坚决问责、形成震慑。全面加强党的纪律建设。抓好日常监督和经常性管理，深化运用监督执纪“四种形态”，开展经常性纪律教育，发挥先进典型示范作用和查办案件的治本功能。整体提升市县党委巡察工作水平。深化政治巡察定位，强化巡视巡察成果综合运用，建立市县巡察统筹联动格局，发现问题扭住不放，坚决督促整改落实。巩固反腐败斗争压倒性态势。坚持无禁区、全覆盖、零容忍，坚持重遏制、强高压、长震慑，坚持受贿行贿一起查，强化不敢氛围。坚决惩治群众身边腐败问题，坚决惩治涉黑腐败及黑恶势力“保护伞”，加大集中整治和督查督办力度，切实推动解决问题。

（饶文波）

2018年4月16日，太原市纪委监委召开第一季度全市纪检监察系统领导干部工作例会

（太原市纪委监委供图）

纪检监察

【案件审查调查数量质量“双提升”】 2018年，太原市纪委监委学习贯彻十九届中央纪委二次全会和省纪委十一届三次全会精神，保持惩治腐败高压态势，坚持问题导向，坚持挺纪在前。太原市

各级纪检监察机关共处置问题线索4963件次、同比增长63.50%，立案1384件，处分1303人，留置33人，移送司法机关53人，同比分别增长38.40%、42.70%、450%和152.40%。其中，市纪委监委机关共处置问题线索594件次、同比增长81.10%，立案85件，处分73人，留置5人，移送司法机关9人，同比分别增长150%、102.80%、150%和350%，全年案件数和处分人数为改革开放40年之最。（饶文波）

【管党治党政治责任】2018年，太原市纪委监委用好问责利器，做到失责必问，问责必究。全年问责党组织27个，问责党员领导干部86人，党纪处分10人。市县两级纪委监委共分38批通报曝光95起违反中央八项规定精神、群众身边腐败问题和党内问责典型案例。深入开展廉政教育和警示教育。编印《警示录——发生在群众身边的不正之风和腐败问题案例选编（三）》，用身边事教育身边人。（饶文波）

【腐败问题查处】2018年，全市各级纪检监察机关受理初次举报4609件，同比增长62%。加快节奏步伐，处置问题线索4963件次、同比增长63.50%，立案1384件，处分1303人，留置33人，移送司法机关53人，同比分别增长38.40%、42.70%、450%和152.40%，始终保持有效遏制、足够震慑。特别是严肃查处市热力公司原党委委员、总经济师马××，太原工业学院校园规划与建设处原副处长何××，山西省煤炭地质水文勘查研究院原党委副书记、院长李××，市商务局人事处原处长孙××等严重违纪违法案件，严肃查处迎泽区、晋源区“棚改”“城改”中的腐败窝案。先后对省纪委监委“5·17”专案、“8·28”专案中涉黑涉恶腐败、“保护伞”和党员干部失职失责问题进行严肃查处，问责25人，处分23人。

太原市纪委监委按照《关于2018年至2020年开展扶贫领域腐败和作风问题专项治理的工作方案》，加强基层党风廉政建设，持续开展专项治理，推动全面从严治党向基层延伸。

全年，全市纪检监察机关共查处群众身边腐败问题360个，同比增长119.50%，处理556人，同比增长126%。其中：党纪政务处分486人，同比增长131.40%，组织处理73人，同比增长102.80%，移送司法机关26人，同比增长85.70%。共查处扶贫领域腐败和作风问题69个、同比增长102.90%，处理101人、同比增长44.30%，其中：党纪政务处分81人、同比增长32.80%；组织处理21人、同比增长110%。深化扫黑除恶专项斗争，共查处涉黑涉恶腐败和“保护伞”问题8个，处理38人，其中：党纪政务处分31人，组织处理8人。（饶文波）

【形式主义官僚主义整治】2018年，太原市纪委监委坚决贯彻落实习近平总书记关于集中整治形式主义、官僚主义重要批示指示精神，按照中央纪委和山西省纪委要求，全方位开展集中整治。对中央环保督察和省环保督察交办问题，问责党员干部138人。围绕贯彻落实习总书记集中整治“大棚房”的重要指示精神，太原市委常委、市纪委书记、市监委主任李吉山带队到尖草坪区、阳曲县实地督导检查，督促有关部门和属地党委落实整改责任，问责党员干部4人；围绕贯彻习近平总书记对娄烦县“尬厕”问题的重要批示精神和山西省委、太原市委要求，对15名党员干部进行严肃问责。根据中央环保督察交办的迎泽区康乐片区供暖有关问题，市纪委监委按照市委要求，迅速启动对该问题的问责调查，处分县处级干部1人；对滨河西路部分路段环境问题启动问责调查，对晋源区、太原市城乡管委和有关企业14名党员干部严肃问责，全市通报。（饶文波）

【政治巡察】2018年，太原市纪委监委深化政治巡察定位，强化巡视巡察成果综合运用，发现问题扭住不放，坚决督促整改落实。推动中央巡视反馈意见整改，制定《关于对中央巡视反馈意见中涉及纪检监察机关自身问题进行整改的工作方案》和《中共太原市委巡视巡察整改任务清单》，以自身问题整改抓好监督督促整改。中央巡视交办信访举报件办结率达到95.80%。其中，立案174件，党纪政务处分211人，移送司法机关10人；深化政治巡察，采用“一拖N”的方式，完成对市教育和卫计系统13个党组织、75个市管直属单位的专项巡察；10个县（市、区）委组建36个巡察组，同步完成对县级教育和卫计系统491个党组织的专项巡察。全年市县两级党委组织完成的两轮巡察，共发现三大问题3138个，发现问题线索219件，立案95件，处分89人，移送司法机关4人。（饶文波）

【发挥制度优势和治理效能】2018年，太原市委落实山西省委和省纪委监委要求，成立市委书记任组长的反腐败领导小组，加强对反腐败工作的集中统一领导。市委书记罗清宇深化改革的力度不减，全年16次主持召开会议研究深化纪检监察体制改革，推动全市全面从严治党；分11批审阅684件市管干部问题线索处置意见，对市纪委监委作出批示147次；市委常委会每半年听取一次市纪委监委工作情况汇报，市委书记专题会议定期听取轻处分案件汇报，随时研究重大问题、重要情况和重处分案件。在党的集中统一领导下，反腐败斗争在战略上迅速形成攻势。市委反腐败领导小组第一次会议就明确部署，重点核查中央巡视交办线索，重点整治群众身边腐败问题，重点查处涉黑涉恶腐败和“保护伞”。成立后的9个月内，全市各级纪检监察机关处置问题线索数、处分人数、留置人数和移送司法机关人数，分别同比增长60.80%、

50.70%、400% 和 104.80%。反腐败斗争在战术上有效定点突破，得益于更加统一的决策部署指挥，更加集中的资源力量整合，更加协同的措施手段运用，审查调查效率大幅提升。2018 年市纪委监委查处的案件，从立案到作出处分平均时长 40.80 天，平均留置时长 32.50 天。按照省委、省纪委监委和市委要求，协同省市两级公安、国安、人行等部门，集中力量、劝打结合、全面施压，成功劝返“百名红通人员”胡玉兴，促其回国投案自首。目前全市首批摸底排查出的 12 名在逃人员，已追回 8 人，追逃追赃工作取得重大进展。反腐败斗争在防御上织密防控体系。健全和完善党委反腐败领导小组架构内的协调机制，加强纪检监察机关与公安、检察、审判机关的信息通报。2018 年司法机关向纪检监察机关移交涉嫌违纪违法问题线索 222 件，在审判机关判决前全部作出党纪政务处分。（饶文波）

监察体制改革试点

【监察体制改革】 2018 年，太原市纪委监委深化监察体制改革试点工作，推动制度优势更好地转化为治理效能。制定《太原市纪委监委监督检查工作规程（试行）》，指导 7 个监督检查室首轮完成对 3 个县（区）和 22 个市直部门的常规监督检查，共发现问题 120 个，全部计入台账分类处置。在派出机构部署清一次底、谈一批话、建一本账、督一回责、解决一批问题的“五个一”工作中，发挥派的权威和驻的优势。通过改革，创新方式，政治巡察实现新突破。探索开展上下联动、县力量市统筹的交叉巡察和提级巡察，破解熟人社会监督难题，提升监督效果。执行省纪委监委“四个一”工作制度，推动纪法贯通、法法衔接顺畅高效。（饶文波）

【“四种形态”运用】 2018 年，太原市纪委监委共运用“四种形态”处理党员干部 4778 人次，其中：第一种形态 3436 人次、占 71.90%、同比增长 77.50%；第二种形态 1082 人次、占 22.70%、同比增长 46.60%；第三种形态 139 人次、占 2.90%、同比增长 12.10%；第四种形态 121 人次、占 2.50%、同比增长 36%。其中，市纪委监委机关共运用“四种形态”处理党员干部 551 人次，其中：第一种形态 476 人次、占 86.40%、同比增长 77.60%；第二种形态 63 人次、占 11.40%、同比增长 117.20%；第三种形态 4 人次、占 0.70%、同比增长 100%；第四种形态 8 人次、占 1.50%、同比增长 166.70%，激发出党员干部干事创业的热情。（饶文波）

【激励干部担当作为】 2018 年，太原市委在全面从严治党中坚决贯彻新时代党的组织路线，激励干部担当作为，鼓励干部干事创业，以党的自我革命来推动党领导的伟大社会革命。市纪委落实党章规定，找准站位、用好手段，协助市委推进全面从严治党，旗帜鲜明地鼓励有为、支持能为、问责无为、惩治乱为。严肃整治不作为慢作为。专门研究制定《太原市党员干部不作为慢作为问题监督问责办法》。（饶文波）

【监督问责】 2018 年，太原市共查处失职渎职、违反工作纪律问题 556 人，其中县处级干部 18 人。对滨河西路部分路段环境问题启动问责调查，严肃问责晋源区、市城乡管委和有关企业 14 名党员干部，并在全市通报。审慎执纪调查问责处置。坚持实事求是、宽严相济、惩戒并举，区分不同事实、界定不同责任，统筹运用多种问责方式作出处理。特别是对农村改厕、污染防治等问题问责调查中，落实市委要求、亮出鲜明态度，坚决防止问责随意化、扩大化，坚决反对层层加码、求全责备，真正让党员干部明是非、知廉耻，充满激情、富于创造、勇于担当。全年，全市问责管党治党不力党组织 27 个，党员干部 86 人，其中采取通报、诫勉和组织处理的 76 人，占 88.40%。严肃党内政治生活。把加强党性锻炼作为基础性工作来抓，把严肃的批评与自我批评作为经常性工作来做。全年全市运用谈话函询方式处置问题线索 2465 件，其中涉及县处级干部 628 件。全部在采信了结 7 个工作日内通报所在党组织，督促召开党组织会议，及时查摆剖析。协同市委组织部制定规范民主生活会若干措施，专门向市管领导班子通报全年谈话函询、问责处置、监督检查情况，督促全方位查摆，实行全覆盖监督。强化宣传教育通报，传播“正能量”。围绕学习宣传宪法、监察法和新修订的党纪处分条例，组织宣讲活动 4500 余场，覆盖党员、公职人员 20 余万人。选取近年来查处的 105 起典型案例编印警示录，部

在中国共产党成立 97 周年纪念日之际，太原市纪委监委开展主题党日活动

（太原市纪委监委供图）

署开展主题警示教育活动，营造全面从严治党的良好氛围。全年，人民群众对党风廉政建设和反腐败工作满意度达到 96.10%。（饶文波）

太原市纪委监委机关党员干部参观马克思书房（太原市纪委监委供图）

【监督机制全覆盖】2018 年，太原市纪委监委保持试点先行的自觉，拿出先行先试的行动，在上年基本完成组织机构覆盖的基础上，率先推动组织覆盖向工作覆盖拓展，工作覆盖向责任覆盖深化。研究制定《太原市纪委监委监督检查工作规程（试行）》，对监督检查室和派驻纪检监察组履行监督职能作出全面规定，探索构建纪律监督、监察监督、派驻监督、巡察监督分工协作、同向发力、环环紧扣、四位一体的监督格局。常规监督在探索中起步，取得重要突破。市纪委监委 7 个监督检查室，完成两轮常规监督检查，覆盖 5 个县区和 41 个市直部门，发现管党治党方面突出问题 279 个，问题线索 37 件，全部记入监督台账。经监督检查专题会议集体研究后，按意见建议类、问责整改类、问题线索类作出分类处置，逐项督促整改。中国纪检监察杂志专门刊发报道，介绍有关做法。派驻监督不断深化拓展，走向严细深实。市县纪委监委派驻纪检监察组全部开展清一次底、谈一批话、建一本账、督一回责、解决一批问题“五个一”工作，全面履行监督执纪问责和监督调查处置职责。全年，全市派驻机构处置问题线索 1339 件次，立案 279 件，处分 271 人，全面消除“零立案、零处分”现象。巡察监督利剑作用进一步彰显，发挥引领作用。全年完成的两轮市委巡察共发现党的领导弱化、党的建设缺失、全面从严治党不力问题 218 个，移交问题线索 87 件。常规监督、派驻监督紧盯巡视巡察反馈意见不放，延伸了解、滚动检查，压实纪委监委整改监督责任。（饶文波）

国家级非物质文化遗产·传统面食制作技艺

山西传统面食是在几千年黄土高原农业经济的基础上产生、发展、创造出来的具有山西地域性特征的家常食品。山西面食经过长期制作经验的积累、制作方式和技艺的不断提高、改进和创新，并与副食品、调味品相搭配，形成了今天技艺精湛、品种繁多、风味各异、美味可口的各色品种。明清时期山西面食已经成为一个独立种类，开始进入市井酒肆。至清代末期，传统山西面食的品类已拥有 300 多个，成为中华民俗饮食文化中一颗灿烂夺目的明珠。

山西传统面食，从选择原料到制作流程再到面食成品，都有相当的讲究。其中包含着独特的手工技艺和山西面食文化内涵。山西面食百面百吃，味形俱佳，其中尤以杂粮面最具特色。制作的技艺也成为一种独特的表演形式，具有观赏性和审美价值。

2008 年传统面食制作技艺（龙须拉面和刀削面制作技艺、抿尖面和猫耳朵制作技艺）列入第二批国家级非物质文化遗产名录。

民革太原市委会

【概况】 2018年，民革太原市委会高举习近平新时代中国特色社会主义思想伟大旗帜，贯彻中共十九大精神和习近平总书记视察山西重要讲话精神，落实太原市委和民革山西省委会的决策部署，团结带领全市民革党员，坚定信念，凝智聚力，履职尽责，推进各项工作迈上新台阶、取得新进展。（岳　佳）

【思想建设】 2018年，民革太原市委会把打造学习型政党作为思想政治建设的固本之基、培元之道。开办太原"民革大讲堂"，把学习贯彻习近平新时代中国特色社会主义思想和中共十九大精神常态化、制度化、规范化，用理论学习的成果指导实践，推进工作。组织开展习近平总书记关于加强和改进人民政协工作的重要思想研讨活动，以理论大学习、思想大武装让广大民革党员更加深刻理解多党合作制度的独特优势。召开纪念中共中央发布"五一口号"70周年座谈会，赴西柏坡参观学习，夯实多党合作的思想政治基础。召开专题座谈会，及时传达学习习近平总书记在民营企业座谈会上的重要讲话精神，把牢政治方向。

坚持以深入开展"不忘合作初心，继续携手前进"主题教育活动为主线，组织开展具有民革特色的优良传统教育活动。举办主题知识竞赛诗诵会活动，推荐基层支部参加省委会主题知识竞赛，分获一等奖和二等奖。开展主题征文活动，组织民革党员撰写理论征文和心得体会。《重温"五一口号"，铭记合作初心》等5篇理论文章在《团结报》《太原日报》等媒体发表。开展"观故居，走多党合作之路"，追寻民革前辈历史足迹，传承弘扬民革优良传统。

巩固完善《太原民革》期刊、网站、微信公众号"三位一体"的宣传新格局，全面反映太原民革履职活动，展现党员风采。《支部主委述职：实打实的考核——民革太原市委会创新支部建设纪实》等多篇专题活动报道在《团结报》"团结网"发表，营造浓厚的舆论氛围。完成《民革基层支部工作研究》编撰工作，为基层支部建设科学化、规范化、制度化提供理论指导。（岳　佳）

【组织建设】 2018年，民革太原市委会完成基层支部换届。出台《基层支部换届工作方案》，修订《民革太原市委会基层支部工作制度》，31个基层支部（含总支、小组）圆满完成换届，新任基层支部班子成员平均年龄比上届下降4岁，本科以上学历增加20%。做好组织发展工作。全年发展新党员53人，其中，博士研究生1人，享受国务院津贴专家1名，硕士研究生10名，正高级职称1人，副高级职称3人，中级职称9人，副县级1人，县区政协委员1人，有民革特色19人，新社会阶层19人。2018年市委会共有党员1103人，其中有民革特色的491人，占44.50%；女党员453人，占41.10%；本科以上学历645人，占58.50%；中级以上职称440人，占39.90%；各级人大代表22人，各级政协委员103人。

强化领导班子建设，完善工作机制，开展达标支部和示范支部创建活

民革大讲堂——宪法宣讲　　（民革太原市委会供图）

动，经市委会初步考核评价，30个支部（小组）基本达标，11个支部基本达到示范支部标准。开展“民革党员之家”创建，建成“民革党员之家”1个，在建2个。在全省各民主党派率先开展基层支部主委述职，挖掘基层支部自身建设的好经验好做法。从查找问题角度总结工作方法成效，从回应问题角度查找症结原因，从解决问题角度提出工作举措，被《团结报》以“创新支部建设，增强组织凝聚力”进行专题报道。加强党员培养教育，支持党员“双岗履职”，对2017年度工作成绩突出的15个先进支部和75个先进个人表彰。（岳　佳）

2018年台情报告会　（民革太原市委会供图）

【参政议政】 2018年，民革太原市委会认真参加太原市委双月座谈会，氢能、碳材料、打造国家AAAAA级景区、发展职业教育等建议上升为城市战略，纳入到政府工作报告。“两会”期间，提交集体提案25件，民革党员人大代表、政协委员提交个人提案74件，市委会取得集体提案和党员提案双过全会提案总数20%的好成绩。市委会与省社科院共同起草的《关于完善地方环保法规体系，推进生态环境持续改善的建议》被省委会采纳并作为省政协全会大会发言。《关于在公共场所配置体外自动除颤仪的建议》受到市领导现场肯定，市急救中心专门邀请党员现场办理。《关于彰显城市文化魅力，增强城市竞争力的建议》等在市政协全会的大会发言，受到好评。

组建专题调研团队，围绕乡村振兴、军民融合、科技创新、大气环境整治、氢能产业发展等重大课题领域开展现场专题调研30余次。到南京、广州、深圳等先进地区民革组织就提案工作、参政议政、祖统工作等内容进行学习交流。创新工作模式，建立与省直属支部和市直部门上下联动、横向联系的参政议政工作新机制，先后10余次到中科院煤化所、市科技局就“氢能产业发展”“推动科技成果转化落地”等课题进行调研交流，让建言献策成果更加科学有效。社情民意信息和统战信息工作成绩显著。全年共收集社情民意信息307篇，报送190篇，其中2条建议被报送全国政协，市政协单篇采用72篇，省政协单篇采用1篇，市领导批示3篇。（岳　佳）

【社会服务】 2018年，民革太原市委会按照精准扶贫工作要求，坚持精准发力。增派扶贫队员，组织市委会机关干部与66户贫困户逐一对接，推进对娄烦县步斗村帮扶工作。拓展帮扶渠道。养殖业、光伏发电、双孢菇种植等产业帮扶多头并进，助力步斗村脱贫攻坚。发挥文化科技、党员爱心等力量，提升帮扶质量。运用贫困户微信群发布扶贫政策信息，线上线下联动宣传脱贫政策。开展农业科技培训和暖冬慰问活动，捐赠学习用品、生活物资300余件，各类图书1200余册，帮助贫困户销售小米1500斤。驻村第一书记马志桃被授予全市“优秀第一书记”荣誉称号和娄烦县委“改革创新、奋发有为”先进典型。

抓好助力攻坚深度贫困“百千百”工程，组织民革企业家捐资4.10万元，对接阳曲县、娄烦县13名贫困生开展捐资助学和智力扶贫。省市民革组织中山艺术院、书画院连续6年到山西省未成年犯管教所进行帮教慰问，捐赠有关生活用品和书画作品。中山法律援助中心连续多年为阳曲县搭建公益法律服务平台，开展“送法进企业”活动。组织举办第四届“见青杯”社区（村）法律知识竞赛，影响范围增至18个社区（村）近20万人。组织基层支部和中山品牌团队到古交、娄烦等地开展义讲、义诊、义演等活动28次，慰问贫困、特教学校和儿童福利院18次，扩大民革组织社会影响力。（岳　佳）

【促进祖国统一】 2018年，民革太原市委会组织全市党员深入学习领会习近平总书记在《告台湾同胞书》发表40周年纪念会上的讲话精神。市委会邀请中国现代国际关系研究院涉台中心主任、研究员郭拥军教授解读台海形势和两岸关系现状，展望未来两岸关系和平发展远景。来自基层支部的主委、祖统委员及部分党员共计120余人参加台情报告会。组织台胞台属参加“迎中秋、盼团圆”联谊会，接待台湾政治、经济、文化交流团队4批16人次。组织基层支部到台湾高雄开展经济文化交流，围绕幼教事业、河川湖泊净化除臭等开展合作洽谈，打造太原高雄两地合作工作平台，探寻内陆城市祖统工作新格局。

（岳　佳）

民盟太原市委会

【概况】2018年，民盟太原市委会坚持以习近平新时代中国特色社会主义思想为指引，团结带领凝心聚力，各项工作都取得新进展。（孟秀君）

【思想政治建设】2018年，民盟太原市委会团结带领全市盟员深入学习贯彻中共十九大精神和习近平新时代中国特色社会主义思想，深入学习贯彻骆惠宁书记对民主党派工作的指示精神，深入学习贯彻统一战线和多党合作理论，教育引导广大盟员牢固树立“四个意识”，坚定“四个自信”，做到“两个维护”，坚持同中国共产党在思想上同心同德、目标上同心同向、行动上同心同行。

重视发挥新媒体的宣传教育功能。发挥盟市委网上智能盟务系统优势，在钉钉办公平台开通“学思践悟”“信息发布”“组织活动”“电子表单”等应用，学习、宣传和思想教育活动实现移动化、在线化。累计上传各种学习资料222篇，发布公告、快讯297篇，转载信息429篇，盟员撰写并分享日志266篇。通过线上发起活动17次，线上开展知识竞赛、问卷调查各1次，线上直播、录播6次。盟市委智能盟务办公系统的在线化指数由2017年的297分提高到530分。

探索多媒体融合的宣教新模式。整合智能盟务系统、太原民盟微信公众号、《太原民盟》季刊等自媒体和多个对外报送渠道，建立线上线下融合的“综合宣传报道系统”。盟员通过智能盟务系统的“信息报送”功能，启动综合宣传报道审批流程，完成宣传报道工作，提高宣传报道工作效率。《太原民盟》完成全新改版，如期完成全年编印计划。

按照盟省委和市委统战部的安排，将“不忘合作初心，继续携手前进”主题教育活动作为全年开展思想教育活动的主线，制定计划方案并精心组织实施，开展征文、知识竞赛、书画展、参观红色教育基地等主题教育活动。（孟秀君）

【组织建设】2018年，民盟太原市委会按照民盟省委组织发展计划和市委统战部要求，在组织发展和组织建设上贯彻新理念，适应新时代，展示新形象。组织发展更加重视质量，入盟审批标准提高。按照《中国民主同盟组织发展条例》，在保持民盟特色的基础上，严把关，以重点界别为主，拓宽发展领域，吸收一批政治素质好、知识层次高的优秀分子入盟。全年新发展盟员63人，盟员总体结构优化。

支部整合重建提升基层组织活力。针对基层支部发展不平衡的状况，按照盟章规定的组织程序，更名组建市直第九支部和万柏林第二支部，在解决支部发展不平衡问题上作出有益探索。

开展“走基层、大调研”并指导支部完成换届。走访调研8个基层支部，指导15个支部完成换届。选优配强基层支部领导班子，注重选拔政治坚定、业务突出、热心盟务、盟员认可、作风正派的盟员作为领导班子组成人员，基层组织增强。

加大培训学习力度。组织常委、基层支部主委和机关干部参加盟省委和市委统战部在复旦大学、重庆大学等地的学习培训。民盟太原市委会组织《不忘初心，牢记使命，纪念“五一口号”发布70周年》等3场大型培训会。（孟秀君）

【参政议政】2018年，民盟太原市委会加强领导，完善机制，发挥先进典型的示范引领作用，在参政履职上展现新作为。出台《民盟太原市委会加强参政议政工作的若干意见》，加大社情民意信息工作的考核力度，提高参政议政稿酬发放标准，批准并成立参政议政智库。利用钉钉平台实时发布社情民意信息采用情况，鼓励和指导更多盟员撰写社情民意信息。

调研报告的质量提升。按照市政协2018年“质量提升年”的有关要求，民盟市委会对年度计划安排的议政课题早安排、早启动、早动手，完成《积极筹办第二届全国青运会，着力推进文明城市创建》《关于推进转型综改，加快工业强市调研报告》两个主报告。其中《关于推进转型综改，加快工业强市调研报告》得到罗清宇书记和耿彦波市长的批示。高质量地完成“加快推动太原军民融合创新示范区建设专题议政会”分调研报告。

社情民意信息工作突破。共编辑报送社情民意信息238件，其中向盟省委报送226件，向市政协报送182件。在盟省委、市政协2018年度考核统计中，盟市委均排名第一。杨瑞国撰写的《我省医院医保基础用药缺失问题亟待解

民盟太原市委会举办“不忘合作初心，继续携手前进”主题教育活动座谈会

（民盟太原市委会供图）

民盟太原市委会慰问武警中队　（民盟太原市委会供图）

决》信息被省政协采用后得到曲孝丽副省长批示。这是盟市委社情民意信息工作的一个新突破。

履职水平提高。太原市盟员108人（次）担任各级人大代表和政协委员。人大代表和政协委员担当作为，履职尽责，所提交的建议案、提案质量和数量均有提高，参与视察调研、大会发言、大会联组发言、议政会发言、专题活动的人次数均有提高。省人大代表李力海《关于我市特色小镇建设的建议》被列为重点督办的建议案，由副省长领办。盟市委向市政协提交“习近平总书记关于加强和改进人民政协工作的重要思想”学习研讨论文4篇，阎美蓉、张卫东两位委员撰写的论文被评选为优秀论文。市两会期间，盟市委向市政协提交集体提案15件，立案14件。26位政协委员向大会提交提案50件，立案50件，在县区两会上，盟员中的人大代表、政协委员均展现出参政履职的良好风貌。

跟踪调研工作取得新进展。经盟市委常委会研究，民盟太原市委员会成立“六个一”调研工作领导组，制定《民盟太原市委开展“六个一”调研工作方案》。盟市委确定迎泽区郝庄镇沟北村、小店区北营街办、山西浪涛影视文化传媒有限责任公司、阳曲县首邑学校、汇丰街办槐园社区、太原“明太原城”景区作为盟市委长期调研点。（孟秀君）

【社会服务】2018年，民盟太原市委会推进各项社会服务活动，拓展社会服务新领域，号召基层组织开展形式多样的社会服务活动，开展扶贫工作和“百千百”对口帮扶工作，取得较好成绩，赢得社会赞誉。

坚持把品牌活动开展好。继续开展“黄丝带”帮教活动，深入山西省未成年犯管教所开展帮教演出。坚持“同心民盟林”植树活动，深入阳曲首邑学校调研，开展教育帮扶。基层支部开展多种形式的社会服务活动：美术研究院组织书画家下乡送春联；文艺支部参加“6·26”禁毒帮教演出；晋源区支部走进敬老院慰问老人；法律支部、市直第九支部举办普法公益讲座；盟市委机关支部参加文明交通志愿服务；市中心医院支部组织盟员参加义务献血等等。

继续做好对阳曲县西郭湫村的脱贫帮扶工作。克服机关人手紧张的困难，派驻驻村第一书记和扶贫队员各一名。由盟市委协调扶贫资金建成的光伏发电站，年返还电费5万元，用于贫困户发放补贴；为西郭湫村提供1万元支持文艺下乡，提升农村精神文明建设水平。

推进山西省委统战部和太原市委统战部“百千百”工程对口帮扶工作。盟市委承担阳曲县4位贫困家庭小学生和娄烦县9名贫困家庭大学生的对口帮扶任务。通过入户走访、调研摸底，制定《民盟太原市委对口帮扶“百千百”贫困家庭学生工作方案》和《民盟太原市委会“10·17”全国扶贫日活动方案》，启动社会扶贫“爱心捐”活动。共有30个支部500多名盟员参与捐款。

（孟秀君）

民建太原市委会

【概况】2018年，民建太原市委会坚持以习近平新时代中国特色社会主义思想和中共十九大精神为指导，团结带领全市会员，紧紧围绕全市工作大局，加强自身建设，积极履职尽责，展现新气象，实现新作为，市委会各项工作取得新成绩。（郝亚婷）

【思想政治建设】2018年，民建太原市委会把学习贯彻习近平新时代中国特色社会主义思想和中共十九大精神作为首要政治任务，以新思想武装头脑，教育会员，夯实共同思想政治基础。

强化思想理论武装。坚持开展集中学，全面系统学习习近平新时代中国特色社会主义思想和中共十九大精神，及时跟进学习习近平总书记关于改革开放、生态文明、创新发展、多党合作和关于加强和改进人民政协工作的重要思想，联系实际学习中央、省市各种会议精神，全年市委会、各支部及专委会举行集中学习共42次，通过学习，强化会员思想理论武装。坚持开展专题培训学，紧密结合新时代新实践，市委会举办培训班，参加民建中央、民建省委、市委统战部等举办的培训班，主要围绕“学习右玉精神，提升履职能力”、继承民建优良传统、新型政党制度等内容开展专题培训，共计10个班次，累计300余人次参加，提升会员理论素养。坚持机关带头学，需要会员学习的首先机关学习，把职责摆进去，把工作摆进去，围绕《宪法》《监察法》等主题，共集中学习24次，通过学习坚定机关人员理想信念。

开展主题教育活动。紧扣“不忘合

作初心，继续携手前进”主题，举办纪念中共中央发布“五一口号”70周年系列活动，召开新老会员座谈会，组织青年会员赴娄烦开展主题教育活动，举办“春暖民建、书香并州”公益摄影，市委会班子成员参加市委统战部组织的纪念活动等。经济委员会、市直一支部、市直三支部、市直四支部、古交总支、迎泽区支部、杏花岭区支部、综改区学府支部及尖草坪区支部分别赴太原解放纪念馆、武乡八路军纪念馆等地开展多形式的纪念活动。通过主题明确、多层次纪念活动共同追忆70年来民建与中国共产党通力合作历程，激励会员重温再励志，携手勇前行。举办主题鲜明的教育活动，先后举办400余名会员参加的“纪念黄炎培诞辰140周年大会”“庆祝改革开放40周年——民建太原市委会迎春联谊会”、参观太原市图书馆“马克思书房”、太原美术馆“改革开放40周年成就展”等系列活动，增进会内凝聚力，展现会员新风采。继续发挥市委会教育基地作用，全年百余人次赴水峪村实地参观崔一生故居和“水峪事件”原址，传承红色精神，砥砺合作初心。在开展主题教育的同时进行主题征文活动，会员积极参与纪念中共中央发布“五一口号”70周年等主题征文比赛，共评选出10篇优秀征文，其中许世英、韩芸2人征文获民建中央优秀征文奖。

提高宣教成效。全力打造好“民建太原市委公众号”和《并州民建》（季刊）两个宣传平台。加强信息员队伍建设。建立各支部、专委会专人信息报送负责制，注重指导培训，强化表彰奖励，对会务动态全覆盖报导，全年共编辑信息157篇，推动主题活动开展。丰富宣传内容，发挥公众号新媒体的优势，通过大量图文并茂的报道，增加信息的全面性、可读性、学习性。优化《并州民建》栏目设置，在参政议政、会员和企业风采、优秀原创文稿等版块上，宣传民建新作为，展现会员新气象。加强宣传影响力。全年外宣上报276篇（次），民建中央报道41篇，《山西政协报》报道2篇、民建山西省委报道103篇，《太原市统一战线》报道10篇。“民建太原市委公众号”在民建全国各地市公众号影响力排名位居前列。《并州民建》共编印4期3200余册，除会员领取外，还发往省内外各级民建组织23个单位，以及太原市委统战部和市级各兄弟党派单位。宣传影响力逐渐扩大，宣教成效的提升为市委会思想政治教育工作奠定了良好基础。（郝亚婷）

【组织建设】 2018年，民建太原市委会坚持“支部为本，会员为根”的工作理念，充分发挥制度在自身建设中的保障作用，推进组织建设的规范化进程。

规范议事规则。坚持开好全委会议、常委会议、主委会议、机关办公会议等，明确议事规则、范围，严格落实民主集中制，进一步规范市委会各项工作程序。全年召开全委会议1次，常委会议5次，主委会议7次，机关工作会议18次。

提升支部、专委会工作。坚持班子成员分工联系、机关各处室对口联系支部、专委会制度，定期参加活动，指导学习，提升支部、专委会工作水平。坚持推进市委会定期走访支部机制，分别到太钢集团和赛鼎公司开展支部调研，并与会员及企业统战部负责人座谈，了解企业支部工作，促进企业支部发挥作用。坚持鼓励支部、专委会开展丰富多彩活动，加强对支部、专委会开展活动情况的考核工作，并给予活动经费和场地支持，市委会的会议室、陈列室及活动室面向所有支部和专委会开放，全年支部、专委会开展活动共84次，形成良好活动氛围。

重视会员工作。坚持严格组织发展程序，严把“入口”关，加强入会考察工作，注重代表性人士的重点发展工作。举行3次入会前培训，召开2次新会员座谈会及2次新会员颁发会员证仪式，会员发展工作不断规范。2018年新发展会员66人，包括1名教授（博士），1名市政协委员。2018年全市会员为1218人，平均年龄在51.70岁，大学本科489人占40%，硕士研究生97人占8%，博士研究生12人占1%；中级以上职称440人占36.10%，经济界1059人占比86.90%。企业高级管理人员175人占14.40%，在政府部门任职137人占3%，担任各级人大代表、政协委员136人次。全市会员的年龄结构、学历结构、职称结构得到改善和优化。坚持建设温暖组织，书画院举办2期“会员免费书法培训班”、妇委会举办“迎三八节专题论坛”并组建旗袍队、青委会积极承办2018健步行和拔河比赛、法制委员会举办《监察法解读》专

2018年2月12日，民建太原市委会组织学习习近平在同党外人士座谈会上的讲话精神　　（民建太原市委会供图）

2018年11月4日，民建太原市委会到阳曲县首邑学校开展帮困助学活动

（民建太原市委会供图）

题讲座，通过系列活动不断提高会员专业素养。高度关注老会员和困难会员，市委会召开了重阳节敬老茶话会。2018年首次开展对特需会员的慰问工作，春节前还对老领导、老会员以及困难会员进行集中慰问，古交总支、杏花岭区支部、万柏林区支部、小店区一支部坚持春节慰问老会员，广泛征求老同志对市委会及支部工作的意见和建议，传承民建优良传统。坚持关注会员思想动态，持续开展会员思想动态调研分析，全年完成对全市基层组织建设暨会员思想动态的问卷调查，形成调研报告，为市委会支部工作提供依据，夯实支部基础工作。

完善制度体系。坚持推进制度完善工作，在制定修改四大类34项制度的工作基础上，出台《民建太原市委会春节特需慰问工作办法》，实现慰问会员工作制度化，拟定陈列室管理、机关工会工作及经费管理等有关规定，进一步形成各项工作的制度体系，通过制度建设推进各项工作的规范化。（郝亚婷）

【参政议政】2018年，民建太原市委会做好政党协商工作。参加太原市委召开的双月座谈会。围绕太原市委常委会工作要点、市政府工作报告、医疗卫生体制改革、上半年经济运行情况和安全生产工作情况、扶贫攻坚、党风廉政建设和反腐败工作等议政建言，针对不同领域成立相应调研组，反复研讨，在太原市委双月座谈会上提出“注重产业可持续发展战略，持续推动太原市经济高质量转型发展”“切实解决燃煤电厂固废的安全存放”等15条建议，得到市委、市政府的采纳。

履行政协议政工作。参加市政协召开的专题协商会、视察调研等，围绕《推进转型综改，加快工业强市》《精准发力，做好军民融合“大文章”》《落实项目包联制度，促进实体经济发展》等课题深入开展省内外调研，民主监督，议政建言。做好提案工作，全年在市政协十三届二次全会上提交组织提案14件，政协委员中民建会员提交个人提案39件。市委会提交的《高度重视工业固废综合利用大力推进高强石膏产业化步伐》大会发言产生较大社会影响。

开展课题调研工作。推进课题工作的程序化管理，全年共立项17个，涉及脱贫攻坚、污染防治、营商环境、科技创新、文化教育、文化旅游、医疗改革、工业强市等主题，课题由经济委员会、迎泽区支部、晋源区支部、科大南校区支部及参政议政骨干会员负责实施，其中《精准发力，做好军民融合“大文章”》等四项重点调研课题由市委会领导牵头，重点课题组先后到绵阳、柳州、朔州进行调研，其他课题组也多次到相关部门调研座谈，扎实推进课题调研工作。在经过中期推进、专家组评审验收等环节，形成《2018年调研报告汇编》，其成果转化成多篇高质量的社情民意和组织提案。参政议政基础工作强化。

加强社情民意工作。探索信息工作新思路，加强信息员骨干队伍建设，注重数量，提高质量。全年向民建山西省委、太原市政协、太原市委统战部、市委社情民意办公室报送社情民意信息139篇。《重视工业固废延期污染防治》等3篇被民建中央采纳，《关于推动共享铁塔在山西落地的建议》1篇被省政协采纳，《关于调整阳兴大道限速的建议》等35篇被市政协采纳，《关于文明城市创建中屋顶美化的建议》等2篇获市领导批示并得到市级相关部门回复，《关于加强国有企业参与衍生品交易风险管理的建议》转化为组织提案提交到全国政协，社情民意信息工作成效不断提升。（郝亚婷）

【“共建共扶”】2018年，民建太原市委会始终坚持社会服务是民主党派的重要社会职能，广泛凝聚智慧力量，不断拓展社会服务新领域。

定点扶贫取得新突破。高度重视扶贫点的帮扶工作。市委会多次开会专题研究帮扶工作，市委会领导带队多次深入水峪村考察调研，并与娄烦县领导、庙湾乡领导一同召开脱贫攻坚工作座谈会，研究精准脱贫工作。先后向村里捐建文化活动室、设立“励志奖学金”，为娄烦县针对贫困户设立的爱心超市捐赠60件全新家用商品，春节慰问全村93户贫困户，积极参与和推进水峪村晋绥三分区革命烈士陵园项目建设、代养育肥羊项目、光伏项目、旅游示范村申报等工作。机关派出第一书记坚持驻村开展工作，机关人员继续做好“一对一”结对帮扶工作，全年走进水峪村面对面帮扶6次。年底水峪村参与全县的大光伏项目正式实施，山西省旅游示范村获批，发展之路越走越宽，脱贫成效不断巩固。

“共建共扶”取得新进展。高度重视“共建共扶”工作，依托微店代销模式，对水峪村农副产品进行代销帮扶，全年帮销农副产品土豆、小米等共计价值11万余元，切实帮助村民提高收入。企业委员会、书画院、市直二支部、市直三支部、市直六支部、万柏林区支部、迎泽区支部等积极组织，百余名会员积极参加，以送鸡苗、送药义诊、送春联、免费拍照送照片、免费水质检测、捐资助学、慰问老党员、订购农副产品等形式多样的活动直接参与到扶贫工作中，为水峪村脱贫攻坚做出努力，庙湾乡党委和政府、水峪村“两委”分别向市委会以及捐赠企业赠予感谢锦旗。市直二支部、市直三支部、古交总支及科大南校区支部积极开展情系贫困生“六一”助学，走进“特教”学校、养老院、长途汽车站和乡村等丰富多彩的社会服务活动，“共建共扶”效应不断扩展。

社会服务取得新拓展。高度重视“百千百”工程，在市委统战部召开的助力攻坚深度贫困“百千百”工程动员大会上，民建太原市委会代表各民主党派作表态发言。薛建荣、焦传忠、魏斌、张宏等13名会员积极参与，结对帮扶娄烦县9名贫困大学生和阳曲县4名贫困中小学生。拓展“百千百”帮扶工作，在市直六支部、晋源区支部的大力支持下，扩展帮扶阳曲县首邑学校14名中小学生，先后在首邑学校开展2次扶贫助学活动，捐赠学习生活用品和助学金累计2万余元，帮扶工作获阳曲团县委和县教育局肯定，向市委会授予锦旗。《山西政协报》对此次活动专门报道。

（郝亚婷）

民进太原市委会

【概况】2018年，民进太原市委会坚持以习近平新时代中国特色社会主义思想为指导，坚持把思想政治教育作为年度主题，深入开展“不忘合作初心，继续携手前进”专题教育活动，发挥界别优势，主动担当作为，认真履职尽责，切实做到日常管理上有硬约束、工作推进上有硬任务、业绩考核上有硬指标，不断提升省会党派地方组织的全省“首位度”和全国“知名度”。2018年市委会被民进中央评为“民进全国宣传思想工作先进集体”。

2018年，民进太原市委会现有基层支部61个、1个总支，教育界别支部30个，医卫界别支部6个，其它类别支部25个。太原民进共有会员1500名，平均年龄51.60岁。在职会员1032人，占68.80%，离退休会员468人，占31.20%。博士生2名，硕士研究生69名，大学本科882名；中高级职称1096名；高等教育界别101名，基础教育777名，科学技术24人，医药卫生167人，文化艺术27，出版传媒3人，公有制经济79人，非公经济79人，新的社会阶层102人，人大政协机关、政府机关、司法机关、党派机关151人。太原民进在职会员中市管干部10名，县处级以上干部15名。在职会员担任正处级3名，副处级13名，正科级25名，副科级33名。有省人大代表1名，省政协委员3名，市人大代表4名，市政协委员19名，县级人大代表和政协委员89名。

（郭 潮）

【思想建设】2018年，民进太原市委会学习贯彻中共十九大和民进十二大精神，巩固“不忘合作初心，继续携手前进”专题教育成果，组织市委委员和骨干会员、机关干部赴重庆、延安接受红色文化传承教育。二十七中支部、晋源总支一支部、新会员二支部等基层支部赴支前纪念馆、国师纪念馆、彭真纪念馆、高君宇故居、清太徐抗日民主政府旧址参观学习，通过以红色教育传承优良会风，自觉接受中国共产党的领导，提高政治把握能力；以纪念“五一口号”发布70周年、改革开放40周年和全市开展的“担复兴大任做时代新人”活动为契机，举办纪念中共中央发布“五一口号”70周年经典诵读比赛，晋源总支、十二中支部举办专题讲座，参观西柏坡、李家庄等革命旧址。与小店区委统战部联合举办“奋斗新时代共圆中国梦”纪念改革开放四十周年大型书画展，与晋源区委统战部联合摄制全国扶贫状元马恩正专题片《高风存大地，赤诚在涓滴》，大力宣传老会员模范事迹，弘扬科技扶贫精神，发挥示范引领效应。周倩作为宣讲人参加民进山西省委会在吕梁、临汾等地举办的“学习十九大精神、做时代新人先进事迹宣讲报告会”。与民进南京市委会、杭州市委会、韶关市委会开展走访交流活动，隆重举办迎新迎春联谊会、“美丽体验健康生活”三八妇女节主题活动、重阳节座谈会，尤其是“担当时代新人歌颂时代园丁”教师节交响音乐会近五百人参会，高雅大气，盛况空前，通过系列主题活动，传承民进优良传统，展现会员时代风采，提升党派归属感和凝聚力。

（郭 潮）

【组织建设】2018年，民进太原市委会加强与县区统战部门的联系，以太原市6个城区和1个县区为基础，将61个基层支部按行政区域进行“网格化”管理，市委会班子成员和机关专职干部分别指导联系1个县区的支部建设，推动基层组织条块管理、有机结合、规范发展；开展基层支部星级创建活动，召开星级基层组织检查验收暨星级创建活动推进会，编印《民进太原市委会星级基层组织创建资料汇编》，晋源总支、市八院支部、太原学院一支部被民进山西省委会评定为五星级基层组织，市中心医院支部、徐沟中学支部被评定为三星级基层组织，王滨等14名会员获“五优会员”称号；开展新一轮基层组织星级创建工作，22个基层支部按照标准积极申报，市委会将统一支部牌匾、档案资料，为规范化管理、标准化建设打下坚实基础。支部活动机制创新，呈现“横向联合、上下联动”活动模式。机关二支部、机关四支部、迎泽区综合支部、杏花岭区综合支部联合举办迎新春联欢会令人耳目一新，机关二支部、机关四支部“会员之家”正式挂牌成立，小店区二支部与山西大医院支部多次开展义诊进社区活动，市八院支部与省二院支部“结对共建”取得新成绩；严把“入会关”，保证发展质量，举办新会员培训1期、入会积极分子培训2期，批准新会员96名，成立新会员二、三支部，对新会员实行“动态＋双培养”管理模式，从参政议政、会务活动、宣传报道、社会服务、履行义务和本职工作等方面进行全面考核，推动老支部带动新支部发展、老会员培养新会员成长。立足双岗建功，展现会员风采。

（郭　潮）

【宣传工作】2018年，民进太原市委会坚持网站、会刊、简报、公众号“四位一体”对外宣传模式，创办《太原民进》半年刊，将《太原民进》报纸升级为内部刊物，填补太原民进没有会刊的历史空白。编辑出版《太原民进》会刊2期，发布微信公众号50期，报送工作信息420条，编印《太原民进工作简报》12期，微信公众号关注人数突破500人，成为普通会员的“掌上手机报”。参加民进中央和民进山西省委会纪念中共中央发布“五一口号”70周年征文活动中，2篇获民进中央优秀奖，1篇获民进山西省委会一等奖，2篇获民进山西省委会二等奖。参加民进山西省委会纪念改革开放40周年征文活动中，6篇获得一等奖，8篇获得二等奖，5篇获得优秀奖。参加民进山西省委会参政党理论研究征文活动中，2篇获得一等奖，8篇获得二等奖，19篇获得三等奖，获奖数量和质量位居全省民进地方组织第一。各级民进界别政协委员参加“习近平总书记关于加强和改进人民政协工作得重要思想”理论研讨活动，提交论文数十篇，其中市委会《不忘初心，共推政协工作》和张守耀《发挥民主党派在政协参政议政工作中的重要作用》、杜海柱《政协委员要加强与人民群众的联系》获得市政协理论研讨论文三等奖。组织开展参政党理论研究，出台《民进太原市委会参政党理论研究奖励办法》，开展新时代参政党理论研究征文活动，精选理论研究文章69篇结集出版《有思有行——太原民进新时代参政党理论研究文集》。党派宣传拓展，《建议在学校教室安装新风系统减少疾病传播》《关于推进农村“厕所革命”助推精准扶贫的建议》在《团结报》刊登，《关于建设山西职业教育园区的建议》《十年调研为改善太原城市交通状况持续建言》《我的高考我的梦》被《山西政协报》采用，《奋力谱写多党合作新篇章》在《太原日报》发表。2018年，通过各种媒体发布简讯共计206条，其中162条被《团结报》《太原日报》《太原晚报》《山西民进》《太原统一战线》以及民进中央、山西民进、太原统战官网和今日头条、腾讯新闻、网易新闻等新媒体采用，扩大太原民进的传播力和影响力。民进太原市委会先后获民进中央和民进山西省委会评为“宣传思想工作先进集体”、周倩获“民进全国宣传思想工作先进个人”，霍润农获聘为民进全国新闻宣传特约通讯员；市八院支部等6个基层支部获“民进山西省宣传思想工作先进集体”，刘海霞等30名会员获“民进山西省宣传思想工作先进个人”称号。

（郭　潮）

民进太原市委会政协委员培训暨民进界别市政协委员述职会

（民进太原市委会供图）

【参政议政】2018年，民进太原市委会创新参政议政工作思路，以7个专委会为主体、61个基层支部为补充，积极与市教育局、市文化局、市卫计委、市旅发委、市城乡管委对接沟通，深入太原市新能源发展有限公司、山西奇色环保科技有限公司、榆次太铁中鼎物流园区和岚县“祥源种养专业合作社”开展调研活动，通过举办座谈会、实地调研、发放调查问卷等形式，在提高参政议政质量上下功夫，形成31篇高质量的调研报告。在市政协第十三届二次会议上提交集体提案15件，其中《大力发展职业教育，助推我市经济转型发展》被列为重点督办提案。深入开展调研活动，与民进中央、民进山西省委会联合开展城乡教育一体化发展、婴幼儿早期教育等调研活动；与市政协联合开展太原市统筹推进县域内城乡义务教育一体化情况、提升提案质量工作、优化军民融合发展环境的视察调研活动。加强业务培训力度，举办参政议政骨干会员培训和市、县（区）政协委员专题培训，邀请市政协社情民意研究中心原主任王晓光和提案委主任王秀丽进行专题讲座，马永红等5名会员被市政协聘为社情民意特约信息员。全年共收到会员提交的社情民意信息295条，入会积极分

民进太原市委会组织纪念中共中央发布“五一口号”70周年经典朗诵比赛

（民进太原市委会供图）

子提交的社情民意信息79条，上报市政协社情民意201条、民进山西省委会163条、市委统战部83条。《关于消除汾河水库水源安全隐患的建议》《关于出台〈山西省独生子女护理假制度〉的建议》被省政协单篇采用，《对治疗癌痛药物重监管更要重使用》《建议将“禁止向未成年人提供纹身服务”写入〈未成年人保护法〉》被转送全国政协，市政协单篇采用55条，社情民意信息工作继续走在各民主党派前列。苏兵获得省委统战部“2017年度党外人士《零讯》建言献策优秀奖”，民进太原市委会获民进山西省委会2017年度参政议政先进集体一等奖，4篇调研报告获参政议政成果二等奖，张本等5名会员获信息工作先进个人。（郭　潮）

【民进助力脱贫】 2018年，民进太原市委会突出民进特色，精准服务社会。创新社会服务方式方法，结合自身特色优势，找准定位，讲求实效，以家庭教育为指引，举办“开明家长课堂”6期；参与民进中央“书香彩虹－安龙行动”图书捐赠活动，赴清徐县都沟小学、阳曲县首邑学校捐赠冬衣50套、课外读物3000本共计价值3万余元。民进太原市教育专委会举办第二届“新思维、新理念”教育教学研讨会。太原民进名师讲学团组织骨干教师会员30多名到阳泉市杨家庄学校、晋源区实验中学、尖草坪区汇丰中学、晋源区冶峪小学、树人学校等地开展支教帮扶活动达20场次，受益师生5000人次。市中心医院支部、市人民医院支部、市二院支部、市八院支部等医卫支部和会员单位山西省煤炭中心医院深入岢岚县富家洼村、万柏林区九院社区和纺织苑西社区、小店区汾东社区、迎泽区新南二社区、杏花岭区伞儿树村、阳曲县安塘村开展义诊活动和科普讲座近30场，现场接待就诊3100人次，发放宣传资料3000份，赠送日常药品价值6000元。太原民进开明画院开展“春联万家”进社区、进农村、进军营、进机关书写春联达1560幅，举办书画笔会4场；11名会员书画作品入选“携手新时代谱写新篇章”市政协纪念改革开放四十周年书画艺术展。徐晓梅在晟源艺术中心举办“一缕梅香”书法作品展，史彦鹏在太原美术馆举办“杏花飘香”五人书画联展，李婕在南宫剧场举办《时间·念》个人演唱会。

围绕脱贫攻坚工作，在阳曲县安塘村实施定点精准扶贫，组织科技专委会开展科技支农，邀请马恩正老师彻底解决蔬菜病虫害问题。组织村支两委党员干部参观高君宇故居纪念馆，在中秋、春节期间开展扶贫慰问活动，发放米面油等生活必需品共计5000元，利用会内资源帮助当地村民销售土特农产品达2.20万元。积极参与全市统一战线助力脱贫攻坚“百千百”工程，动员全体会员募集资金1.94万元、衣物445件捐赠给岢岚县付家洼村、阳曲县安塘村、娄烦县孔家峪村，经济界会员与13名贫困家庭的大学生和小学生结对帮扶，资助3.60万元学费和价值1000元学习用品。市委会被阳曲县委、县政府授予“脱贫攻坚帮扶优秀单位”称号。

（郭　潮）

农工党太原市委会

【概况】 2018年，农工党太原市委会坚持以习近平新时代中国特色社会主义思想为指导，深入学习贯彻中共十九大和农工党十六大精神，认真贯彻山西省委十一届六次全会精神和太原市十一届四次全会精神，以及山西省委书记骆惠宁和太原市委书记罗清宇的讲话精神。认真开展“不忘合作初心，继续携手前进”主题教育活动，围绕太原市委、市政府中心工作，履行参政党职能，顺利完成年初预定的各项工作任务。

（办公室）

【组织建设】 2018年，农工党太原市委会加强政策理论学习，提高个人综合素质。领导班子成员分别参加中央社院培训班，参加太原市委统战部举办的民主党派骨干成员培训班等，坚持正确的政治方向和坚持正确的职责定位，思想力、领导力、执行力不断提升。注重发挥班子的集体作用。通过召开全委会、常委会议、主委办公会议等，重大事项决策经集体研究讨论做出决定。班子成员遇事勤沟通、多商量，互相配合、互相帮助，坦诚磊落、清正廉洁，完成农工党太原市委会的各项工作。（办公室）

【参政议政】 2018年，农工党太原市委会把思想和行动统一到太原市委、市政府的决策部署上来，发挥在医药卫生、人口资源和生态环境领域的独特优势，以推进健康太原、美丽太原建设为主线，助力打好三大攻坚战，围绕坚决打好精准脱贫攻坚战、乡村振兴战略的实施、特色优势产业的发展，积极参政议政、建言献策，助力太原市经济社会发展。

农工党市委会先后完成《关于提高军民融合协同创新能力的建议》《关于我市“县乡医疗卫生机构一体化”及家庭医生签约落地的调研报告》《关于我市污灌导致土壤污染的调研报告》3篇调研报告。共提交市政协集体提案11件，编辑报送115篇社情民意，其中农工省委采用23篇，太原市政协采用21篇，副省长批示1篇，全国政协转送1篇，中央统战部《零讯》采用1篇，其中，武润德“分级诊疗落地的建议”得到省领导的批示，韩飞“养老金基数核算期间也应支付企业退休职工养老金的建议”得到《零讯》采用，武润德、刘艳菊撰写的“多措并举遏制医保欺诈骗保行为”被农工党中央采用。（办公室）

【社会服务】 2018年7月6日，农工党太原市委会基层支部联合在杏花岭区职工新村街道迎春社区开展送健康义诊活动；9月19日在对口扶贫点——娄烦县红崖头村开展送健康义诊活动；10月11日，农工党太原市第二人民医院支部党员代表走进医院医养结合示范基地“源缘圆”老年公寓开展“重阳节”助老月主题志愿服务活动，为老人们进行义诊、知识讲座；10月17日重阳节，农工党古交总支协同市直二支部、市第三人民医院支部在古交桃园街道办梁庄村卫生院联合开展以“重阳佳节义诊行，感恩天下父母情”为主题的义诊活动；11月23日，农工党太原市尖草坪区支部、市中医院支部联合在尖草坪区新城街道赵道峪村开展送健康义诊活动。

农工党太原市委会自2015年帮扶娄烦县红崖头村以来，以产业扶贫、健康扶贫为切入点，根据精准帮扶“一户一策”的帮扶原则，将全村19户贫困户42人按照因学、因病、因技术、因劳力等致贫原因进行分类制定帮扶措施，做到一户一策，逐户落实帮扶责任人、帮扶措施。结合帮扶村产业结构的特点，确定以政策帮扶为主导，以养殖产业为龙头，以种植业全覆盖为载体的帮扶思路，按照相关要求，通过建阵地、找项目、捐物资等多项措施，从解决群众生产、生活的实际困难出发，出实招，做实事，确保定点帮扶工作收到实效。

制定《农工党太原市委会助力攻坚深度贫困“百千百”工程的实施方案》，成立以主委魏元平为组长的领导组，对娄烦县5名贫困大学生、阳曲县4名小学生进行一对一帮扶。帮扶组详细了解所帮扶学生的家庭情况、学生学习情况、所学专业知识、家庭收入来源以及他们所面临的家庭困难和诉求，给予每名大学生4千元的资助，为每名小学生购买了价值1千元的学习用品。

（办公室）

【政治学习】 2018年，农工党太原市委会始终把学习放在重要位置，政治定力不断增强。通过常委会议、机关学习会、专题学习会等方式展开集体学习。组织广大党员开展学习贯彻中共十九大精神、习近平重要讲话精神和全国“两会”精神活动。通过学习，自觉在思想上政治上行动上同以习近平同志为核心的中共中央保持高度一致。引导广大党员牢固树立“四种意识”，坚定“四个自信”，坚持把握正确舆论导向。充分发挥新媒体优势，运用微信公众号微信群等新媒体，在贴近党员、增强互动、提高时效、扩大信息量等方面取得成效，正面、及时宣传党的重点工作、重大活动，传播社会正能量。（办公室）

【主题教育】 2018年，农工党太原市委会组织举办专题座谈会、征文活动等一系列活动。开展以“以不忘合作初心，继续携手前进”为主题的纪念“五一口号”70周年纪念征文活动。5月3日，农工党太原市委会组织到全国爱国主义教育示范基地彭真生平暨太原支部旧址纪念馆开展纪念中共中央发布“五一口号”70周年活动，在文瀛公园管委会会议室进行纪念中共中央发布“五一口号”70周年座谈。

在“三学一讲”专题活动中，农工党太原市委会领导班子成员带头，基层组织负责人跟进，广大党员积极参与。8月23日，农工党太原市委会组织召开“三学一讲”专题会议，主委魏元平以《不忘合作初心，做新时代合格的党派成员》为题，从学党史，不忘初心，坚定政治立场；尊党章，维护党章权威，坚定思想自觉；重履职，树立良好形象，坚定行动自觉三个方面结合自身学习、工作体会深入浅出的为党员讲党课。山西省总工会副主席、农工省委驻会副主委张李锁为党员讲《党章》，从农工党的初心，从革命党到参政党的转变，从党的性质、职能、定位、历史使命到对多党合作的贡献等方面对党章进行详尽的解读。各支部也结合实际进行“三学一讲”专题活动的动员和学习。通过集中学习，强化党员思想教育，不断深化政治交接，夯实多党合作共同思想政治基础。

9月1日至3日，农工党太原市委会组织领导班子、市委委员及支部主委等20人前往中国红色教育基地——延安、梁家河开展“不忘合作初心，继续携手前进”主题教育活动。（办公室）

【支部党建】 2018年，农工党太原市委会按照省委会的要求在全市开展创建星级基层组织工作，印发《开展星级基层组织创建活动工作方案》《星级基层组织创建考评表》，下发通知并召开基层组织负责人会议，对星创工作进行详尽安排。11月2日，召开星级支部创建交流座谈会，10个基层支部进行交流发言，通过互相交流，总结经验、补齐短板，调动基层组织创先争优的积极性和主动性。

严把党员发展入口关，按照省委

会制定的《党员发展工作暂行办法》《2018年组织发展规划》，新发展党员38人；党员结构更趋优化；珍惜每一个党员发展指标，加强做好新党员的入党前联系人“一对一”交流培训，市委会每年集中组织新党员培训，确保新党员入会，思想上同时入党，新党员的素质得到提高。

各专委会积极进行调研，撰写调研报告，专委会作用日益发挥。12月14日，召开专委会经验交流总结座谈会，加强专委会的凝聚力和主观能动性，达到相互学习、相互促进的目的，促进专委会工作开展。（办公室）

九三学社太原市委员会

【概况】 2018年，九三学社太原市委员会坚持以习近平新时代中国特色社会主义思想武装头脑，深入学习贯彻中共十九大精神、十九届二中、三中全会精神，及省市重要会议精神，以“不忘合作初心，继续携手前进”主题教育活动和纪念“五一口号”发布70周年系列活动为抓手，围绕太原市委、市政府工作大局，认真开展政治理论学习，全面提高参政议政能力，努力做好社会服务，加强自身能力建设，各方面工作都取得了突出的成绩。（梁树春）

【组织建设】 2018年，按照太原市委统战部的指示和安排，九三学社太原市委员会机关先后赴民革、民进及民进晋源支部等兄弟党派学习借鉴机关建设和基层组织建设先进经验。上级社组织提出要开展机关建设交叉检查，借此外出交叉检查之际，学习其他地市九三机关建设经验和做法，开始着手对机关建设进行了全方位的提档升级。7月11日，接受社省委组织，九三运城市委、晋城市委联合交叉检查。九三省委又挑选省内打分最高两个组织太原和临汾，接受社中央组织广西区委、黑龙江省委的联合交叉检查。通过走出去、引进来，市委会机关建设走上了快车道，迈上新台阶：精心打造社员之家，购置图书资料、投影设备；设置会客、交流、阅览、观影等功能专区；专门腾出房间，建设档案室，布置荣誉墙、购置档案柜、请专业档案公司对历年档案进行专业整理；还在机关楼道两侧精心布置“九三文化走廊”，追寻九三起源，展示九三形象。社中央检查组通过对社市委制度建设、发文处理、机关运转规范、档案管理、用语规范、机关能力建设、机关工作活动成效七个方面细致检查后，认为社太原市委机关人手少，工作扎实，机关工作、组织发展、制度建设、支社建设、参政议政等工作有特色、有亮点，反映出领导重视、班子团结及机关较强的执行力，各项工作扎实开展确实不易。社市委获社省委评为“机关能力建设先进集体”。

九三学社太原市委员会在组织发展工作中坚持“三个一直”。分别是：一直坚持数量服从质量，宁缺毋滥原则；一直坚持“五个一”（要求入社积极分子必须完成手写一份入社申请，学习一份社员手册，填答一份调查问卷，参加一次组织活动，撰写一件社情民意）；一直坚持入社程序和入社标准，入社积极分子一定要经历半年考察期，经基层组织研究上报，必须经社市委组织部去所在单位党组织考察，最后经社市委常委会审批同意等程序。新社员入社后，每年都要进行“入社教育集中培训”，在会上举行入社仪式，重温成立宣言，优秀老社员代表介绍经验、交流心得，新社员做表态发言，通过入社教育，促使新社员尽快进入角色，明确社员责任和义务。

发展22名社员中，本科11人，研究生11人；中级职称16人，占72.70%，高级职称5人，占22.70%。在基层组织换届中，从2017年9月份开始基层支社换届，至2018年5月份换届工作圆满结束。将一批热爱组织，能力突出的社员选拔到领导岗位，加强基层组织的凝聚力、战斗力。各基层组织按照社市委“三个三”要求，主动开展工作，发挥基层组织战斗堡垒作用。

以尖草坪支社为示范和引领，在太原市十一个基层组织中推行“六个有”，要求做到有场所（有属于支社的活动场所）、有牌子（有基层组织的牌子）、有展板（有展示墙）、有桌椅（办公桌椅）、有柜子（存放档案的柜子）、有档案（有档案积累并系统整理）。太原各民主党派基层组织中，尖草坪支社率先完成“六个有”建设，被社中央评为“先进集体”。

结合专题教育活动，春节前夕，社市委对太原市八十岁以上老社员进行慰问，并送去社市委慰问信，让广大老社员感受到社组织温暖。元宵节前，社市委举办“贺新春、庆元宵”观影团拜活动。作为对社市委机关建设全方位检阅，社太原市委承办“纪念九三学社山西组织成立六十周年大会”。在纪念六十周年大会上，3个支社被评为“优秀基层组织”，16名社员被评为“优秀社员”，11名社员被评为“优秀社务工作者”，21名社员被评为“荣誉社员”，2名社员被评为“荣誉社务工作者”。各专委会、各支社分别按“三个一”和“三个三”的要求，积极开展活动，妇委会开展了“时尚女性、芳华人生”主题花艺沙龙，老龄委组织老社员在重阳节登高赏菊，医药委组织医药下乡活动，文教委举办义务教育系列讲座。（梁树春）

【参政议政】 2018年，九三学社太原市委员会在市政协全会上提交16篇团体提案，并全部立案。其中一篇提案作为大会发言，提案《关于规范和完善我市电动汽车发展环境的建议》被定为市领导重点督办提案，在9月份进行专题办理；组织班子成员赴西安和太原市内（晋阳湖、太原县城、双塔景区、东山汉墓、太山等地）景区开展实际考察，在调研基础上，撰写《挖掘特色旅游资源，推动建设文化强市》调研报告，参加市政协组织的协商议政会，会后综合委员们的建议，修改完善调研报告，提交太原市委市政府决策参考；组织委员赴太原市部分军工企业开展“加快我市军民融合创新基地建设”调研，撰写《加快“民参军”服务体系建设的几点建议》调研报告，在太原市政协专题议政会上，向市委市政府建言献策；组织委员围绕防治大气污染深入调研，撰写《高度重视工业园区废气排放，加大园区废气整治力度》调研报告，在政协常委会上发言；应社省委的要求，通过实地考察，完成《汾河流域太原段水生态建设与可持续发展》调研报告。向社省委提交2篇高质量的省政协团体提案；在深入调研基础上，完成3篇政府部门重点调研课题；社市委参加市委双月座谈会6次，围绕《政府工作报告》《常委会工作报告》、经济运行、脱贫攻坚和乡村振兴、反腐倡廉和廉政工作，提出建议意见20余条；参加1次市政协立法协商会，为《太原市道路交通管理条例（草案）》提出多条有价值的建议。为《太原市城乡规划条例（草案）》《太原市生活垃圾分类管理条例（草案）》等多条法律法规提出10余条修改意见。

（梁树春）

【社会服务】 2018年，九三学社太原市委员会社会服务工作重点放在脱贫攻坚主战场，概括为“265”工程。主委王爱琴帮扶的娄烦县尹家窑村，社市委共帮扶2个村，其中社市委定点帮扶村阳曲县北小店乡北小店村，2018年派出一名第一书记，派驻一名扶贫队员，阳曲县整体脱贫，处于巩固提高阶段；“6”是指6名社员参加社省委“百千百”扶贫工程，其中有一名社员负责对五寨县一名贫困家庭大学生进行帮扶，每年3000元；其余5名社员在市委统战部组织的“百千百”工程中，负责对娄烦县5名贫困家庭大学生进行帮扶，每人每年4000元。帮扶责任人还从生活上、学习上关心被帮扶学生；“5”是指5名社员在市委统战部组织的“百千百”工程中，负责对阳曲县5名贫困家庭小学生进行帮扶。在太原市脱贫攻坚主战场上，尽最大努力贡献九三学社的力量。社市委获“太原市2018年度脱贫攻坚帮扶先进单位”称号。

（梁树春）

【政治学习】 2018年，九三学社太原市委员会通过每月一次专题学习平台，组织社市委委员深入学习中共十九大精神，中共十九届二中、三中全会精神，全国“两会”精神，深刻领会习近平新时代中国特色社会主义思想，以及习近平总书记2018年以来关于多党合作“四个新”“三个好”和新型政党制度及关于人民政协工作的重要论述，认真学习中共山西省委十一届六次全会精神，中共太原市委十一届五次全会精神。在每次学习会上，参加学习的委员都要做交流发言，会后要写心得体会，使大家在学思践悟中融会贯通，在“学懂、弄通、做实”狠下功夫，加强理论素养，提高政治站位。

九三学社太原市委员会结合主题教育活动，组织开展纪念“五一口号”发布七十周年系列活动，举办专题征文、社史社章知识竞赛，主委王爱琴在《太原日报》上发表纪念性文章；组织骨干社员认真参加民主党派骨干成员培训班、参政议政专题培训、专题讲座等学习；组织骨干社员赴延安、梁家河开展红色主题教育，组织社市委委员赴太钢参观学习，感受企业文化，学习双良精神；结合纪念抗日战争和九三学社建社纪念日，组织全体社员赴忻口战役遗址，开展爱国主义教育；基层组织还组织社员赴刘胡兰纪念馆、高君宇故居、百团大战纪念馆、岚县革命老区、汾阳贾家庄等地开展优良传统教育。

通过组织活动和学习，引导全市广大社员，尤其是领导班子成员，以习近平新时代中国特色社会主义思想为指引，增强“四个自信”，牢固树立“四个意识”，做到思想上拥戴核心、政治上维护核心、行动上紧跟核心，与以习近平为核心的中共中央保持高度一致，维护以习近平为核心的中共中央的权威和集中统一领导，巩固多党合作的思想政治基础，承担起中国特色社会主义事业的亲历者、实践者、维护者、捍卫者的政治责任，从而深化主题教育，引深政治交接，提高政治站位，加强“五种能力”。社市委论文《完善民主党派在政协中发挥作用机制》在2018年太原市政协关于“习近平总书记关于加强和改进人民政协工作的重要思想”理论研讨活动中获得三等奖。

（梁树春）

太原市工商业联合会

【概况】 2018年，太原市工商联以习近平新时代中国特色社会主义思想为指引，深入学习贯彻中共十九大精神和习近平总书记在11月1日民营企业座谈会上的重要讲话精神，贯彻落实市委十一届五次全会精神和全市经济社会发展总体部署，坚持政治建会、团结立会、服务兴会、改革强会，在推动构建亲清政商关系，营造良好营商环境，促进非公有制经济“两个健康”发展中发挥积极作用。

（王丽娟　李维秀）

【组织建设】 2018年，太原市工商联加快会员队伍建设，优化会员结构，新兴产业、电子商务、文化教育产业以及年轻一代非公有制经济人士占比不断提高。推进“五好”县级工商联建设，组织10县（市、区）工商联全体干部开展能力素养提升培训，强化基层工商联工作能力。杏花岭区、万柏林区2家县级工商联获全国工商联授予“五好”县级工商联称号。加强与外地工商联交流合作，带领企业家赴青岛、深圳、南安等地工商联考察调研，学习经验，提升工商联工作水平，与衡水市总商会签订友好商会协议。

落实中共中央办公厅、国务院办公厅《关于促进工商联所属商会改革和发展的实施意见》，召开商会座谈会、研讨会，对落实意见精神进行动员部署。深入商会开展调研，掌握商会运行情况，了解商会改革发展中面临的困难和问题。带领商会负责人赴福州、泉州等商会工作开展好的地区进行学习、借鉴经验。推进“四好”商会建设，积极组织市工商联直属商会参与“四好”商会评比工作，开展互查互访、评比推荐。加强商会与县区工商联联系，促成原平商会与尖草坪区工商联、阳曲县工商联签订战略合作协议。成立太原市青年企业家商会，引导青年企业家们积极发展壮大企业，参与构建亲清政商关系、助力精准脱贫。

全面加强从严治党，认真履行“两个主体”责任，做实做细“一岗双责”，自觉执行八项规定。强化“三基”建设，健全“一目录一流程三手册”，开展“变革环境下的管理新思维与职业化素养”干部能力素养提升培训。连续多年被评为太原市“文明单位标兵”，2018年被评为“双拥先进单位”。

（王丽娟　李维秀）

【参政议政】 2018年，太原市工商联围绕太原市工业强市、军民融合、创新驱动战略，以及创建文明城市、营造良好营商环境、支持民营企业发展等中心工作，组织工商联界别政协委员开展视察、考察、调研，积极参加市政协军民融合专题议政会、工业强市协商议政会，完成协商议政课题2件，提交政协理论研讨论文10篇、政协全委会大会发言3篇、团体提案11件、个人提案16件、社情民意31件。发挥工商联参政议政职能，为党委、政府深化改革、支持民营经济发展提供决策参考。

与市委统战部共同开展营造构建亲清政商关系专题调研，深入县（市、区）工商联和商会、会员企业走访、召开座谈会、发放调查问卷，详细了解当前太原市政商关系的现状、问题，分析影响太原市构建亲清政商关系的制约因素，在对标杭州、西安、济南等地的基础上，起草形成《关于太原市构建亲清新型政商关系的调研报告》，为推动全市构建亲清政商关系提出意见建议，市委书记罗清宇对调研报告作出专门批示，给予充分肯定。（王丽娟　李维秀）

【思想政治建设】 2018年，太原市工商联强化班子思想政治建设，邀请国内知名专家学者、省委党校教授、市人大负责人以及知名民营企业家等，就学习宣传贯彻习近平新时代中国特色社会主义思想和中共十九大精神以及习近平总书记民营企业座谈会等一系列重要讲话精神，省市支持民营经济发展的政策措施等，开展分层分行业分主题的专题辅导、主题研讨、政策解读等多种形式的学习宣传活动。通过学习，工商联班子树牢“四个意识”，坚定“四个自信”，做到“两个维护”，促进非公有制经济“两个健康”发展。

开展引深非公有制经济人士“跟党走、谋发展、做贡献”主题活动，组织100名企业家“进课堂学知识”，先后赴青岛、深圳学习培训，参观考察海尔、华为、腾讯等知名企业，学习和感受世界一流企业的先进理念和经营管理经验；组织50名企业家“走进西柏坡”，接受革命传统教育，提升责任使命；组织100名企业家“进农村访贫苦”，开展帮扶行动。（王丽娟　李维秀）

【营商环境优化】 2018年，太原市工商联积极向太原市委反映民营企业发展难题，配合市委统战部召开2次政企对话座谈会，协调30余个问题得到解决。协助会员企业做好项目对接、跟踪、落地服务工作，多次深入企业实地调研，与省综改示范区及市县有关部门沟通协调，持续帮助企业推进项目落地手续，为加快项目建设发挥作用。

落实省、市支持民营经济发展要求，推动破解民营企业融资难题。与市建行、邮储银行签订战略合作框架协议，并以“支持民营经济发展，推进富裕太原建设”为主题，先后与建行太原分行、邮储银行太原分行和市金融办共同组织近400家民营企业参加银企座谈会和金融新产品培训会。发放贷款达4932.70万元。通过开展一系列活动，宣传太原市支持民营经济发展的政策举措，促进金融机构与企业之间的沟通交流，为合力解决民营企业融资难、融资贵，助推民营企业高质量发展搭建融资服务平台。

太原市工商联与市税务局、司法局和2家律师事务所分别开展“入企入会普法宣讲”活动，与检察院共同出台《关于建立共同服务企业家创新创业营造良好法治环境常态化联络机制的意见》，印制并发放3000余册《发挥检察职能支持和服务企业家创新创业法律知识手册》，配合市检察院出台《关于发挥检察职能支持和服务企业家创新创业营造良好法治环境的意见》，与市人社局、市综治办等7部门联合出台《关于进一步加强劳动人事争议调解仲裁完善多元化处理机制的意见》，为解决企业人事劳动争议，维护社会和谐稳定提供制度保障。参与诚信企业认定的积极性明显提高。2018年，新增84家会员企业参与太原市中小微企业诚信认定，其中29家一次性通过认定。

（王丽娟　李维秀）

【“百企帮百村”精准帮扶】 2018年，太原市工商联创新帮扶模式，引导100个民营企业和商会，召开民营企业“百千百”工程暨“百企帮百村”精准帮扶行动推进大会，确定100个民营企业和商会组织，对娄烦县27个贫困村开展结对帮扶。依托会员企业山西清创天下互联科技有限公司平台，对娄烦县27个贫困村开展结对帮扶，在全市率先举办“消费扶贫进企业”活动，帮助贫困地区销售农产品70万斤超过百万元，购买爱心消费卡26.60万元。为贫困地区提供就业岗位1259个，为考取大学本科的26名贫困新生每人资助2000元。

（王丽娟　李维秀）

太原市总工会

【概况】 2018年，太原市各级工会组织坚持以习近平新时代中国特色社会主义思想为指导，深入学习贯彻中共十九大精神和习近平总书记视察山西重要讲话精神，认真贯彻落实中央和省委、市委的各项决策部署，紧紧围绕全市中心工作和重点任务，在着力强化职工思想引领，着力打造高素质职工队伍，着力满足职工群众对美好生活多样化、多层次、多方面的需求，着力深化工会改革等各个方面均取得突出成效。全国总工会、山西省总工会领导莅临太原市检查指导调研工作近30次，对太原市工会组织深入开展十九大精神宣讲、选树“时代新人·晋阳工匠”、开展职工职业技能大赛、实施会员普惠制试点、服务去产能转岗分流职工等方面的工作均给予高度评价，全市各级工会在建设文明开放富裕美丽太原进程中展现出工会组织的新作为。 （办公室）

【工会改革】 2018年，太原市总工会改善领导班子结构。根据改革实施方案要求，太原市总工会在十四届十三次全委（扩大）会议上按比例选举产生兼（挂）职副主席，工会领导机构的代表性得到提高。市总十四届经费审查委员会第十七次全体会议完成市总经审委主任的选举任务。市总委员和常委中，劳模和基层一线人员分别占41.50%和25%，均高于改革方案要求的比例。推动“互联网＋工会”建设。为构建“互联网＋工会”工作新模式，太原市总工会成立工会网络建设工作领导组，派专人赴郑州、合肥、上海等地，就工会网络信息化及平台建设等情况考察学习。出台《网上工会建设工作方案》，完成《太原市智慧工会建设项目可行性研究报告》，形成围绕“一网、一库、一卡、三平台和九类应用”进行开发的总体框架。推动各级工会改革，在推进10个县（市、区）全部以县（市、区）委文件出台工会改革方案的基础上，加强与各县（市、区）委组织部门的沟通协调，着力选优配强工会领导班子，各县（市、区）全部按比例配备兼挂职副主席或向同级组织部门提出建议考察人选。10个县（市、区）全部按要求配备经审会主任，有8个符合条件的设置党组书记。76个乡镇（街道）工会完成换届，配备专兼挂工会主席245名。市总直属基层工会中，劳模和一线职工也陆续进入工会领导班子和委员会中，工会组织的政治性、先进性、群众性得到体现。加强工会“三基”建设。指导综改区成立总工会并选举产生第一届领导班子。组织开展“工会组建月”活动暨“货车司机入会集中行动”，联合市交通局共同推进物流园区和龙头企业建会，并逐步扩大对中小微货运企业和货车司机的有效覆盖，职工在25人以上的物流园区和具有独立法人资格的货运企业全部依法成立工会。综改区阳曲产业园区工会以“货车司机入会”集中行动为题材拍摄的微电影《我的路》在第五届全国职工微影视大赛中获五项大奖。深入推进“会、站、家”一体化建设，全市建立44个“会、站、家”一体化建设示范点。大力培养选树先进典型，太钢集团获全国模范职工之家红旗单位称号，9个基层工会和6名个人得到全总表彰，28个基层工会和30名个人受到省总表彰。加强工会干部队伍建设，全年组织各级工会干部参加相关培训达2000多人次，工会干部的整体素质和能力提升。

（办公室）

【工会思想建设】 2018年，太原市总工会制定《全市职工思想引领工作方案》，从“演、讲、读、答”等方面组织职工学习习近平新时代中国特色社会主义思想和中共十九大精神，引领职工听党话，跟党走。“演”就是组织文艺宣传队深入企业、车间、班组开展宣传活动。太原市总工会“中国梦·劳动美”十九大精神文艺宣传队分别在滨河体育中心改造工程和迎宾桥建设工程登场，劳模和晋阳工匠代表参与演出，得到一线职工的欢迎。“讲”就是通过开展“人人说谈五分钟”、谈“我与改革开放共成长”实践体会等活动提升思想引领效果。太原市总工会连续举办“时代新人说”“巾帼建新功共筑中国梦”等演讲比赛，开展“工匠精神”宣讲活动，为一线职工提供共享心得感悟、共践工匠精神的学习交流平台。“读”就是引导职工充分利用各类学习平台，开展网上读书、专题学习等活动，把“建设学习型组织，争当知识型职工”活动引向深入。太原市总工会以《太原职工e家》微书屋为平台，举办“阅读悦美”读书活动，各类书籍期刊阅读量达40余万册，阅览人数达400万人次。“答”就是开展“省城职工十九大精神网上竞答”活动，全市参与答题活动的职工达5.70万人，太原市总工会对成绩优秀的前500名职工给予奖励。加强新媒体在思想引领方面的应用，举办的演讲比赛、宣讲十九大精神文艺演出、职工大讲堂等活动，均在“乐直播”手机客户端进行同步直播，观看职工达93万人次。（办公室）

太原市总工会“七一”主题活动——慰问老党员 （太原市总工会供图）

【工会服务】2018年，太原市总工会将会员普惠制试点作为完善工会服务体系的一项创新工作，为参加试点的10万名会员在文化、医疗、生活、维权等方面提供普惠服务。《太原日报》头版头条以《我市工会普惠制试点让近10万会员受益》为题，对此项工作给予报道。举办会员普惠服务南宫行、太钢行和西山行活动，与龙城电影集团合作，免费放映电影14场，惠及职工达2万余人。抓好工会精准帮扶各项工作落实，做强服务职工品牌。积极服务全市供给侧结构性改革，全年投入80余万元，在太钢、太重、东山煤电等7家企业举办23个培训班，培训转岗分流职工3800人次。开展两节送温暖活动，全市各级工会发放慰问款物共计809.60万元，慰问职工家庭9754户，慰问一线职工1.20万人。“金秋助学”活动发放助学金144.50万元，直接资助289名困难职工子女上大学。加大城市困难职工脱困解困工作力度，全年实现脱困解困的职工达5000余户。以“安康杯”竞赛为载体，提升职工的安全生产素质。职业安全健康知识普及教育覆盖职工20万人，“查隐患·防事故”排查治理活动制止违章行为1758人次，共计查出各类安全隐患1.53万项，督促整改1.42万项，整改率达92.80%。太原市总工会获“全国安康杯竞赛优秀组织单位”称号。采取巩固成果、突出特色的方法推动定点扶贫工作，太原市总工会联系的杨兴乡坪里村如期实现达标摘帽，太原市总工会获评为“山西省扶贫帮扶模范单位”，在市直单位中是唯一一家。（办公室）

【“晋阳工匠”选树活动】2018年，太原市总工会联合市直有关单位开展“时代新人·晋阳工匠”选树活动。《太原日报》《太原晚报》《山西工人报》在头版开辟《寻访：时代新人·晋阳工匠》专栏，刊发报道30篇，太原电视台连续报道太原市各个行业的技术领军人物34期，中央及省外媒体报道或转载140多条，扩大活动影响力。太原市召开“纪念‘五一’国际劳动节暨‘时代新人·晋阳工匠’命名大会”，市委、市政府命名30名“晋阳工匠”，30名同志获得提名奖，太原市拿出150万元对获奖人员给予重奖。推荐优秀代表参加全国和省五一表彰评选，全市获全国五一劳动奖章2个，全国工人先锋号2个，山西省五一劳动奖状7个，山西省五一劳动奖章30个，山西省工人先锋号11个。举办全市第十一届职工职业技能大赛。本次大赛共设40余个工种，是太原市历届比赛涉及工种和项目最多的一次。大赛共涌现出“太原市技能标兵”22名、“太原市技术（职业）能手”267名，“优秀选手”1181名。组队参加全省职工职业技能大赛，太原市取得团体第一名。深入开展“五小”创新竞赛活动，全市共征集“五小”竞赛成果1360项，200项成果获奖，创经济效益10.90亿元。制定《关于进一步推动产业工人队伍建设改革工作责任落实到位的实施方案》，共提出31条具体举措推进产业工人队伍建设改革。（办公室）

共青团太原市委员会

【概况】2018年，共青团太原市委员会深入学习宣传贯彻习近平新时代中国特色社会主义思想和中共十九大精神，认真学习习近平总书记视察山西重要讲话、同团中央新一届领导班子成员集体谈话时的重要讲话精神和团十八大精神，按照市委十一届四次全会有关工作部署，坚持强“三性”、去“四化”、促创新，持续加强青少年思想政治引领，服务党政中心工作和青少年成长发展，深化改革攻坚，全面从严治团，全市共青团各项工作取得了新成绩。（傅启航）

【共青团改革】 2018年，共青团太原市委员会做好市县两级共青团改革。落实改革方案要求，经市编办审批精简团市委所属事业单位编制10个。完善代表大会和委员会制度，印发《共青团太原市代表大会代表履职工作规则》《共青团太原市委员会工作规则（试行）》《共青团太原市常委会工作规则》，推动代表履职、委员议事、常委会发挥作用。打造专职、兼职、挂职相结合的团干部队伍，团市委机关各部室配备挂职干部11名、兼职干部8名，挂职、兼职干部比例达到50%。各县（市、区）团委打造“一县一品”改革示范项目，各学校团组织打造“一校一品”亮点工作。截至2018年底，市县两级共青团改革任务已基本完成。

省级改革示范点建设。探索“网上共青团工作”模式，建成太原共青团新媒体工作室，组建青年传播工作小组，优化内容供给，提升编创能力。推动“青年之声”线下服务联盟建设，建立“青年之声”九大服务联盟，举办各类线下主题服务活动12场，覆盖600余人次。开展“智慧团建”工作，构建共青团工作信息系统，建设全市共青团系统智慧团建“组织树”，全年录入团组织5675个、学校团组织223个、11个团的领导机关团干部信息，85380名团员在智慧团建“组织树”中找到了对应，力促团的工作实现信息化、扁平化。

推动中学共青团、青联、学联和少先队改革。推动中学共青团改革，出台《太原市中学共青团改革实施方案》，分别召开学联学生会改革推进会和学校共青团改革工作推进会，建立中学共青团改革试点8个。推进青联改革，优化委员结构比例，加强青联代表性和广泛性建设，新增海外学人港澳台及特邀人士界别、社会组织和社会中介界别，加强基层和一线委员的占比，在全体委员和常委会中达到75%和70%。推进少先队改革，市、县两级少工委全部完成换届，并按要求配备挂职、兼职副主任。扎实推进市青年志愿者协会、青年企业家协会等团属协会换届工作，延伸工作手臂，把工作对象转变为工作力量。

（傅启航）

【组织建设】 2018年，共青团太原市委员会加强机关党的建设。完善团市委中心组学习、领导干部述学、机关党员干部学习考核等学习制度，组织全体党员干部认真学习中共十九大精神、习近平总书记视察山西重要讲话精神和省委、市委有关会议精神，全年进行中心组集中学习20余次，专题学习重要会议、文件、讲话精神40余次，每名党员干部都撰写3篇以上学习体会。推进“三基建设”工作，召开专题会议，完成“一目录三手册”，开展团市委系统三基建设“标准问题讨论”；落实“三会一课”、民主生活会等制度，全年开展主题党日5次，观看专题纪录片4次，组织专题培训3次。坚持把纪律和规矩挺在前面，召开党风廉政建设专题会议，进行廉政谈话，签订廉政责任书；持续发送廉政小故事、家风家训、廉政提醒短信，建设机关廉政文化墙，开展党风廉政警示教育活动。

基层团组织建设。加强“青年之家”建设，全年创建“青年之家”53家，举办活动200余场，服务青少年7000余人次；推动“青年之家”与“青年之声”九大联盟对接，建立“青年之家·学习社”，在6个社区探索开设暑期课堂；推动团市委班子成员和机关干部下基层帮助“青年之家”建设及开展活动，组织团代表委员、青联委员定点定期开展“青年之家”驻点工作，强化“青年之家”党的青年工作阵地作用。规范基层团组织建设，核查全市81家直属团组织情况，定期汇总上报市、县（区）两级团干部配备情况；推动民办学校团建工作，与全市22所市属民办学校建立联系。规范发展团员工作，解决团员比例过高、团员发展标准不严、程序不规范等问题，全年发展新团员1.10万名；开展违规发展团员核查工作，全市共核查并整改无编号团员5431名。

团干部队伍建设。加强团干部学习教育，联合市委组织部在杭州、上海共同举办实施“乡村振兴”战略创业创新青年骨干培训班和深化共青团改革工作培训班，培训团干部115人；举办全市基层团干部培训班3期，集中培训团干部200余人次；开展团学干部培养教育活动，培养团学干部650名；全年组织市、县两级团委书记11人参加团省委三级团干部培训、7人参加团中央县级团委书记培训。严格团干部管理，建立健全考评激励机制，通过集中述职、普查互检的形式对县市区和企业、学校系统团组织开展考核工作，通报表扬全市24家共青团工作先进集体并给予6万元工作经费支持，充分调动基层团干部的工作积极性和创造性。深入开展团干部直接联系青年工作，建立完善“1+100”工作机制，团市委机关、县区和大中专学校等127名团干部直接联系青年12535人，开展线上线下活动507场。出台《关于建立团市委领导班子和机关干部“青年之家”驻点制度的通知》，推动市县两级团的领导班子一年中分别用1/2、2/3的时间深入基层，切实改进机关工作作风，树立大抓基层的鲜明导向。（傅启航）

【青少年思想引领】 2018年，共青团太原市委员会深入学习宣传贯彻习近平新时代中国特色社会主义思想。开展中共十九大精神学习宣传贯彻活动，响应市委“担复兴大任做时代新人”号召，开展“时代新人”标准大讨论、演讲比赛113场，参加人数近5000人次；选送3名优秀青年参加市委“时代新人说—平凡的力量”大型讲述活动，“时代新人说平凡的力量”网络直播累计观看人次10.80万人次，微博话题讨论28.50万人次；开展“青春朗读者——《我的热爱，大声说出来》音视频作品征集”活动，倡导广大青年争做“时代新人”。开展习近平总书记“7·2”重要讲话和团十八大精神学习宣传活动，通过召开团市委全委（扩大）会、团十八大代表宣讲、基层团干部培训班等方式，市本级开展专题学习活动55场，基层团组织开展主题活动200余次，有效覆盖青少年近10万人次。扎实开展“青年大学习”行动，举办“并州智库·青年论坛”活动2期，吸引400余名青年参加；基层开展青年大学习活动31次，覆盖青少年6万余人次；在全市各级团组织及各类青年组织中成立习近平新时代中国特色社会主义思想青年学习小组5000余个，培养新时代的青年马克思主义者，进一步坚定广大青少年跟党走中国特色社会主义道路的理想信念。

弘扬社会主义核心价值观。坚持典型引领，开展“争做新时代向上向善好青年”主题活动，从全市各行各业基层青年中推选100名优秀青年并开展分享活动；联合太原日报开设专栏开展“奋斗的青春最美丽”优秀青年成长经历展示活动。以改革开放40周年为契机，深入社区、学校、企业、军营、众创空间开展“时代新人说—将改革开放进行到底”百姓宣讲活动5场，覆盖青少年2000余人次。清明期间，开展“清明祭英烈共铸中华魂”缅怀先烈祭扫活动，近千名团员青年参加。五四期间，组织全市1万余名团员青年开展“永远跟党走”规范化集中入团仪式主题团日活动。六一期间，组织全市各级少先队组织开展“争做新时代好队员”“我讲习爷爷的故事”等社会主义核心价值观教育活动592场，覆盖青少年50余万人次。

坚持用网络新媒体引导青少年。持续深化网络宣传引导，“青春太原”微信公众号发布信息近1500余条，“太原共青团”官方微博发布信息2000余条，阅读转发量300余万次，2018年团市委获市委宣传部颁发的“太原市融媒体协同平台优秀账号”和“优秀单位”称号。推进新媒体矩阵建设，在青少年聚集的抖音平台、QQ空间开辟团属阵地，抖音＆青春太原围绕省运会、创城、时代新人及励志青年典型事迹等话题发布原创内容，推送114条内容，吸引1.70万粉丝，点赞量66.20余万，总阅读量2463.30余万人次。（傅启航）

【经济社会建设】 2018年，共青团太原市委员会围绕全市乡村振兴战略，持续深化脱贫攻坚行动。加大定点扶贫工作力度，在对口帮扶村梁儿上村开展特色养殖——野鸡养殖项目，整合社会资源，投资100余万元建成野鸡养殖基地，带动全村贫困户脱贫增收。深化共青团“暖冬行动”和“圆梦龙城”捐资助学品牌活动，“暖冬行动”慰问贫困家庭青少年235名，发放慰问金及慰问品价值近10万元；“圆梦龙城”助学行动共募集助学金29万元，帮助58名贫困家庭大学新生顺利入学。培育乡村振兴青年力量，创建农村青年创业示范（培训）基地10家，发放创业扶持基金10万元；开展农村青年电商创业培训，培训农村青年300多名。做好对口援疆工作，发挥青联资源优势筹集援疆资金4万元。

打造青年创新创业品牌。举办第四届太原青年创业创新大赛，与晋马空间阿里巴巴创新中心合作，依托腾讯等国内有影响力的媒体，面向全国征集引进优秀创业创新项目，选拔参赛项目132个，产生优秀获奖项目36个，在创业扶持基金、入住创业孵化基地、创业辅导、风投融资等方面给予关注和扶持；推荐项目参加省级、国家级大赛，获得省级奖项4个、全国铜奖1个。联合市“双创”示范办、太原广播电视台录制创业电视栏目《创业梦想秀》，共征集36个团队144名创业青年参与，其中两个项目分别获得500万元和100万元天使投资。举办2018省城青年创新创业交流展示会，展示太原近年来“双创”成果，展示各类众创空间、政策文件、企业及公共平台，同时提供1万余个岗位服务青年择业就业。举办太原市第二届中学生创新商业模拟挑战赛，太原市10所中学的100余名优秀中学生参赛。

开展“学子归巢”行动。加强与在外太原籍学子的沟通联系，发布“致外乡太原籍学子的一封信”，召开“学子归巢”恳谈会，建立外乡太原籍学子微信群。宣传太原市人才引进政策，赴北京、上海、天津等地的15所“双一流”高校，召开见宣会8场，建立“太原学子工作站”15个，拓展微信交流群10个，发放人才政策宣传材料近1000份。开展大学生暑期实践活动，组织230余名省内外“双一流”高校学子在太原市党政机关、社区等近196个岗位上开展为期一个月的暑期实践，了解太原市经济社会发展情况和人才政策，吸引青年学子来并创业就业兴业。

开展青少年文明提升行动。深化青少年生态文明实践教育，开展“保护母亲河”行动、青年林建设活动，全年建设青年林5个，栽植树木5000余株，参与植树人数1000余人，开展环保大讲堂3次。做好赛会志愿服务工作，招募1093名省运会赛会志愿者，圆满完成山西省第十五届运动会青年志愿服务工作。积极筹备开展2019年二青会太原赛区志愿者招募、培训工作，建设志愿者招募管理信息系统。与省筹委会沟通，草拟《第二届青年运动会太原赛区志愿者招募方案》和《第二届青年运动会太原赛区志愿者培训方案》。（傅启航）

【服务青少年成长】 2018年，共青团太原市委员会服务青年创业就业。全年开展就业专场招聘会94场，提供岗位2万余个，服务青年1万余人次。举办第六届“让梦想启航”大型青年招聘会，近6000人进行就业登记，1500余人达成就业意向；举办省展览馆大型人才招聘会3场，吸引企业1230家，提供岗位5300余个，参加青年人数近5万人，初步达成就业意向15700余人。开展第三届大中专学生“寻找千里马”职场精英选拔活动，提供就业岗位500余个，培训、服务3000余名高校毕业生。

维护青少年权益。承接“2018—2020年中央专项彩票公益金支持‘助力计划’山西省困境青少年服务项目”，成立重点青少年禁毒防艾宣传教育志愿服务队84支，“阳光自护”困境青少年心理健康和安全教育服务，申请团体心理辅导班1038个，心理健康与安全教育课1540节。太原12355青少年服务台累计受理各类青少年求助信息1400多条，解答回复2000人（次）。开展学校、农村、网络“面对面”活动5次，解答回复120余名青少年代表提出的问题300余条。

服务青少年多样化需求。服务青年社会参与需求，做好青年社会组织的培育服务和规范引导，与35个社会组织、社会工作机构以及130余个企业、学校志愿服务队、社会自组织建立联系，在新南二社区“青年之家”搭建青年社会组织孵化培育平台，指导30余家青年社会组织。推荐13个志愿服务项目参加首届山西省青年志愿服务项目大赛，获金奖1个、银奖2个；服务青年交友联谊需求，开展“青春相约，爱在龙城”七夕交友联谊活动，服务机关、企事业单位青年400余名。依托太原青年交友联谊服务中心开展交友联谊活动40余场，服务青年600余人次。（傅启航）

太原市妇女联合会

【概况】2018年，太原市各级妇联组织认真学习贯彻中共十九大精神，深入学习贯彻习近平总书记视察山西重要讲话精神、中国妇女十二大精神、省委和市委全会精神，牢牢把握增强政治性、先进性、群众性要求，着力做好服务大局、服务妇女群众的各项工作，着力深入推进妇联系统改革，各项工作取得新的突破和进展。（曹素玲）

【市妇联十一届八次执委会议】2018年3月8日，太原市妇联召开十一届八次执委（扩大）会议暨第108个“三八”国际劳动妇女节纪念大会，选举产生李颖为太原市妇联主席。太原市委副书记李新春，山西省妇联副主席李菲出席大会并讲话。太原市人大副主任刘斌，太原市政协副主席冯霞出席大会。市妇联副主席康一萍主持会议，市妇联十一届执委、市第十一次妇女代表大会代表、部分妇女工作者300余人参加会议。

（曹素玲）

【中国妇女十二大精神宣传】2018年11月5日，中国妇女十二大代表、全国妇联第十二届执委，太原市妇联主席李颖从大会盛况、大会精神、代表风采、会议花絮、体会感悟五个方面向机关干部职工详细介绍大会概况，就如何学习宣传和贯彻落实全国妇女十二大精神对广大机关干部提出“三个结合”的要求。11月6日，市妇联组织机关及下属单位全体干部职工、十县（市、区）妇联主席、开发区妇工委负责人共50余人，召开全市妇联系统中国妇女十二大精神宣讲报告会。11月8日上午，太原市政协妇联界别委员会议在市妇联会议室召开，市妇联主席李颖宣讲了中国妇女十二大精神。11月9日，“中国妇女十二大·大宣讲”第三站在太原市亿汇酒店举行。中国妇女十二大代表、全国妇联第十二届执委、太原市妇联主席李颖，中国妇女十二大代表、省实验小学校长贾嵘作宣讲。市女企协会长、副会长、会员以及部分县（市、区）妇联干部共90余人参加。11月13日，太原市妇联主席李颖一行来到太原市巾帼家政示范基地——山西红马甲集团股份有限公司进行实地调研。李颖一行实地查看了该家政公司的培训教室、实操室，与企业负责人进行了座谈。11月15日上午，太原市妇联在机关会议室举办市妇联系统贯彻落实妇女十二大精神交流座谈会。来自十县（市、区）的妇联主席，开发区妇工委主任、负责人，市妇联机关各部门负责人参加了座谈会。

（曹素玲）

【《山西省家庭教育促进条例》宣讲】2018年8月30日，《山西省家庭教育促进条例》在太原市妇联系统率先开讲，市妇联家庭教育巾帼志愿者讲师团讲师肖彤、张小燕授课，市妇联机关、下属事业单位全体人员，市妇联家庭教育巾帼志愿者讲师团部分讲师参加。

9月1日是《山西省家庭教育促进条例》实施日。省、市妇联共同在太原市工人文化宫举办《山西省家庭教育促进条例》宣传咨询日活动。山西省人大

太原市人大常委会副主任王爱萍（左）、市政协副主席冯霞（右）参加《山西省家庭教育促进条例》启动仪式及宣传活动（太原市妇女联合会供图）

副主任李悦娥，山西省政协副主席谢红，山西省妇联主席张葆，太原市人大副主任王爱萍、太原市政协副主席冯霞、太原市妇联主席李颖等出席活动。省妇联副主席李菲主持活动仪式。

9月7日，市妇联召开《山西省家庭教育促进条例》宣讲“八进”活动座谈会。同日，“家庭教育幸福快车”《山西省家庭教育促进条例》宣讲“八进”活动在尖草坪区率先开讲。9月13日，“家庭教育幸福快车”宣讲“八进”活动在阳曲县泥屯镇人民政府开讲。9月14日，“家庭教育幸福快车”宣讲“八进”活动在迎泽区开展。9月19日，《山西省家庭教育促进条例》宣讲“八进”活动在清徐县基层妇联开展。9月20日，在娄烦县开展“家庭教育幸福快车”宣讲“八进”活动两次。（曹素玲）

【妇女维权服务】2018年11月22日，第19个国际反家庭暴力日，太原市妇联、太原市公安杏花岭分局、杏花岭区妇联在太原市杏花岭区敦化坊街道胜利东街社区联合举办“反对家庭暴力，构建和谐家园”宣传咨询活动。活动向全市广大家庭成员发出“消除家庭暴力、共促家庭和谐”的倡议，发放《中华人民共和国反家庭暴力法》宣传手册等各类反家暴宣传资料5000余份。

12月4日，市妇联走进尖草坪区汇丰街办兴华东社区，悬挂条幅、搭设咨询台、设置宣传展板，为过往群众发放宣传资料、现场讲解宪法精神、普及法律知识、提供婚姻家庭指导等，引导群众理性表达利益诉求，增强了普法教育的吸引力。

12月12日，市妇联委托社会组织服务项目签约仪式在市妇联会议室举行。市妇联主席李颖与太原市婚姻家庭建设协会会长田德芳签署“平安家园”反家暴维权支持项目和婚姻家庭矛盾纠纷调解与心理疏导项目委托协议书。

（曹素玲）

【妇女儿童关爱活动】2018年2月9日，太原市妇联举办“全国贫困妇女两癌救助金”发放仪式。发放仪式中，市妇联副主席康一萍、米丽萍为来自清徐、娄烦、古交、阳曲的18名受助妇女发放救助金，每人1万元，共18万元。

太原市第三届家庭文化节参赛队伍合影　（太原市妇女联合会供图）

4月22日，在“世界读书日”来临之际，太原市妇联在小店区汾东文体中心举办以“相伴共读书香润德”为主题的“书香飘万家”家庭亲子阅读活动启动仪式暨亲子阅读体验家庭读书经验交流会。十县（市、区）的妇联主席、亲子阅读体验家庭成员及小店区家庭教育指导站负责同志共80余人参加活动。

5月12日，在母亲节和国际家庭日来临之际，太原市妇联携手太原市中心医院生殖中心举办“爱与温暖，带宝宝回家”关注女性生殖健康首届大型公益活动。市妇联主席李颖、副主席康一萍、市中心医院副院长王水、生殖中心主任杨晓丽出席活动，孕妈及宝妈代表共计100余人参加活动。

5月13日，母亲节当天，太原市妇联携手山西省实验小学、商务印书馆山西大学阅读体验店在山西大学举办“送给妈妈的唐诗课”活动。山西省实验小学、商务印书馆山西大学阅读体验店相关负责人出席活动，家长和学生共计100余人参加活动。

5月15日，以“担当复兴大任，传承优良家风，共建美丽家园”为主题的太原市第三届家庭文化节在湖滨广场拉开帷幕。太原市政协副主席冯霞，山西省妇联副主席刘一平，太原市委宣传部副部长、文明办主任詹玉梅，市妇联兼职副主席、六味斋实业有限公司董事长阎继红出席，市妇联主席李颖讲话。

5月29日，市妇联副主席康一萍带领相关人员前往阳曲县首邑学校开展“六一”儿童节慰问活动，与少年儿童一起欢庆节日。5月30日上午，市妇联副主席米丽萍一行到迎泽区第三实验小学，参加学校的“六一”儿童节活动，并给孩子们送去节日的祝福和礼物。

“六一”国际儿童节，太原市妇联、太原市卫计委、太原市中心医院携手来到太原市社会（儿童）福利院开展献爱心慰问活动。市妇联主席李颖、市卫计委副主任郝淑贞、市妇联副主席康一萍、市中心医院副院长薛伟珍，太原市妇联兼职副主席、市中心医院神经内科主任李伟荣等出席活动。

6月12日，市妇联在双塔西街一社区开展以“生命至上，安全发展”为主题的宣传活动，市妇联主席李颖带领全体机关干部职工和部分巾帼法律志愿者参加活动。

6月14日，市妇联在太原市禁毒教育基地开展了以“健康人生、绿色无毒”为主题的禁毒教育活动，来自全市的各级妇联干部代表和社会各界妇女代表、最美家庭代表、平安家庭示范户代表，80余人参加活动。

7月4日，市妇联、太原市农委妇工委在太原市第一强制隔离戒毒所开展

以“感恩父母及时行孝”为主题的道德讲堂活动，为80多名女戒毒学员送上一堂“道德分享会”。（曹素玲）

【巾帼助学行动】 2018年8月24日，太原市妇联举办2018年“巾帼助学行动”助学金发放仪式。市妇联主席李颖，副主席康一萍、米丽萍，以及受助学生、家长等50多人参加此次活动。9月18日，举办“紫气东来，幸福起航”帮扶患病妇女救助金发放仪式。（曹素玲）

【妇女职业培训】 2018年4月13日，由太原市妇联主办，太原市妇儿活动中心承办的来自娘家的培训——市妇联“妇乐坊”妇女创业就业技能培训在杏花岭区三桥街道办事处五楼会议室举行。来自社区的40余名大中专毕业生、下岗失业妇女参加此次培训。

10月8日，市妇联2018年SYB创业培训班在太原旅游职业学院开讲。本次培训由太原市妇联与太原旅游职业学院联合举办，太原市妇女儿童活动中心承办。

10月18日至19日，市妇联在山西省妇女儿童发展中心举办家庭教育骨干能力提升培训班。来自全市的170个家庭教育服务指导站负责人、30个市妇联家庭教育巾帼志愿者讲师团讲师参加此次培训。山西省妇联副主席王玉花、山西省妇联家庭和儿童工作部部长周黎圆、太原市妇联主席李颖出席开班仪式。

（曹素玲）

【妇联专题活动】 2018年1月22日，太原市妇联在机关举行“下基层、访妇情、办实事”暨2018“巾帼关爱·温情行动”慰问活动启动仪式。启动仪式由市妇联副主席米丽萍主持并发表讲话。市妇联主席萧芬芬宣布“温情行动”正式启动。

3月5日，市妇联在双塔西街一社区开展以“巾帼建功新时代志愿服务暖人心”为主题的巾帼志愿服务活动，市妇联党组书记李颖带领全体党员干部和部分巾帼志愿者参加活动。活动共发放宣传资料3000余份，服务群众200余人次。

3月7日，山西省妇联副主席李菲到太原市妇幼保健院，颁发“山西省三八红旗集体”牌匾，把省级荣誉送到白衣天使手中，并慰问看望坚守在工作岗位上的一线医护人员，向她们送去节日的问候和祝福。

8月20日，由太原市妇联、太原市文化局、太原市城镇联社共同主办，太原市非遗中心、太原市工艺美术协会、太原市收藏艺术家协会协办的庆祝改革开放40周年暨传承“传统文化·匠心手作”剪纸作品展在市工美馆开幕，剪纸作品展颁奖仪式于9月3日在太原市图书馆报告厅举行。（曹素玲）

【妇联工作调研】 2018年4月13日，以国务院妇儿工委办副主任张立为组长的国务院妇儿工委办调研组一行莅并，就太原市实施妇女发展纲要、规划的重难点问题进行调研。省政府妇儿工委办公室主任任晋阳，市政府妇儿工委主任、副市长王爱琴，市政府妇儿工委副主任、市妇联主席李颖陪同调研。

5月15日，国务院妇儿工委办副主任宋文珍、救助儿童会战略发展总监钱霄峰等一行6人莅并，就太原市“儿童权利倡导和儿童保护”项目进行督导。山西省政府妇儿工委办主任任晋阳，省政府妇儿工委办常务副主任李敏，太原市政府妇儿工委副主任、市妇联主席李颖等陪同。

8月9日，山西省妇联主席张葆一行，在太原市妇联主席李颖陪同下，赴娄烦县、古交市进行妇女工作综合调研。娄烦县委书记薛东晓、古交市委书记贾慕权参加了此次调研。张葆主席表示，太原市妇女工作牢牢把握“党政所需、妇女所需、妇联所能”的工作定位，积极工作，主动作为，发挥作为党和政府联系妇女群众的桥梁纽带作用。（曹素玲）

太原市文学艺术界联合会

【概况】 2018年，太原市文联系统以习近平新时代中国特色社会主义思想为指导，贯彻习总书记视察山西重要讲话精神，贯彻落实市委、市政府决策部署，团结引领广大文艺工作者围绕中心、服务大局，深入生活、扎根人民，深化改革、履职尽责，精品创作取得新突破，文艺惠民塑造新形象，品牌活动迈上新高度，人才队伍焕发新活力，推动文艺事业繁荣发展。（李增明）

【文联工作会议】 2018年4月3日，太原市文联召开2018年全市文联工作会议，传达学习全国及省市宣传部长会议精神，市文联党组书记张体仁作题为《担负繁荣文艺崇高使命，奋力开启文联崭新征程》的工作报告，回顾总结上年文艺工作成绩，对2018年工作进行部署安排。（李增明）

【纪念毛泽东延安文艺讲话76周年活动】 2018年5月23日，太原市文联在市群众艺术馆组织纪念毛泽东《在延安文艺座谈会上的讲话》发表76周年座谈会暨《康湘坪音乐作品选》首发式，组织部分音乐家深入学习习近平文艺思想，研讨新时代音乐创作的新思路、新经验、新模式。

5月24日，太原市文联组织文联机关工作者以及部分文艺家骨干赴右玉县参观调研，太原市文联、朔州市文联举办纪念毛泽东《在延安文艺座谈会上的讲话》发表76周年座谈会，参观“右玉精神”主题艺术馆、右玉展览馆、中央美术学院右玉写生基地等，调研学习右玉县文联“油画风景中的右玉现象”成功经验。（李增明）

【文学艺术活动】 2018年1月26日，太原市文联主办，市书法家协会、市美术家协会承办，在山西转型综合改革示范区举办“讴歌新时代、书画进万家”活动，为一线建设者写春联、送“福”字、创作书画作品。2月，太原市文联、市书法家协会在太原美术馆、沃生园美术馆、杏花岭区域党群服务中心、太原钢铁集团等开展“送万福、进万家”活动，为市民群众和一线职工写春联、送福字。2018年，市文联文艺志愿服务队获命名为太原市优秀志愿服务组织。

2月，太原市文联、市文明办在太原美术馆主办“中华好家训书法作品展”。

2月8日，太原市文联、市书法家协会、市美术家协会在太原警备区举办“讴歌新时代、书画进军营”文化拥军活动。2月10日，太原市文联、太原广播电视台在梅兰芳剧场举办“时代新人颂”2018年太原市文学艺术界迎春联欢会，文学、戏剧、书法、美术、摄影、音乐、舞蹈等14个门类的文艺工作者，以“百花迎春”“时代新人”“不忘初心”三个篇章，展演展示反映太原建设成就和文艺发展的优秀文艺作品，表达对全市人民的新春祝福。2月27日，太原市文联、市舞蹈家协会、太原广播电视台移动电视频道在青年宫演艺中心举办2017年度“太原追梦、舞动并州”群众舞蹈展演。10月，太原市文联主办、市舞蹈家协会承办2018年“太原追梦·舞动并州”广场舞展演，全市300余支群众舞蹈队伍7000余人参赛，12月24日在青年宫演艺中心举行决赛。2018年，“太原追梦、舞动并州”广场舞展演活动被命名为太原市优秀志愿服务项目。

4月16日，太原市文联在太原育英中学举办中华优秀传统文化进校园主题教育活动启动仪式，中华优秀传统文化进校园主题教育活动涵盖文学、戏剧、音乐、美术等14个文艺门类，由山西教育联盟通过手机端、PC端和电视台等平台立体交叉式播出。

5月6日，太原市文联、迎泽区人民政府在太原工人文化宫举办2018“诗约春天”歌吟新时代朗诵音乐会。朗诵音乐会由序幕“春晓”，“春雨”“春望”“春归”三个篇章以及尾声“春潮”组成，省城演播朗诵、话剧表演、歌舞艺术等30多位优秀艺术家亮相舞台。

6月，太原市文联、太原日报社、太原文学院组织“我与改革开放共成长”征文活动，至12月底，在《太原日报》副刊刊出25篇以小见大、以实见情的作品。

8月25日，山西文学院、太原文学院、《都市》编辑部主办“大时代与小人物：手指小说作品研讨会”，《人民文学》编辑马小淘、《小说选刊》编辑李昌鹏等40余位来自全国的作家、评论家、诗人参加会议，对手指近年来在小说创作中的探索和成绩给予充分肯定。

8月28日，太原市文联、南宁市文联主办，太原市书法家协会、南宁市书法家协会、太原美术馆在太原美术馆举办“太原南宁书法联展”，展出两市130幅书法作品，太原南宁两地参展作者、新闻媒体和书法爱好者等约300余人出席开幕式，太原市书法家协会还向太原市美术馆捐赠部分书法作品。

9月22日，太原文学院在三晋国际饭店举行2018年名刊名家对话太原作家座谈会，《中篇小说选刊》编辑部主任刘晓闽、《长江文艺·好小说》资深编辑深海与太原市作家交流座谈。

10月14日，太原文学院主办“新时代都市诗歌创作与走向研讨会”，梁志宏、邢昊等省城70多位诗人就都市诗歌的定义、地位、性质、建构，以及当前创作走向展开研讨。

11月21日，山西省委常委、市委书记罗清宇，市委副书记、市长耿彦波等四大班子领导集体观看“辉煌四十年，奋斗新时代”庆祝改革开放40周年书法美术摄影作品展。展览由太原市文联主办，市书法家协会、市美术家协会、市摄影家协会、太原美术馆联合承办，展出103幅书法作品、105幅美术作品以及232张摄影作品，集中反映了广大文艺工作者“深入生活，扎根人民”主题艺术实践的优秀创作成果。

11月5日至9日，太原市委宣传部、市文联在四川大学干部教育培训中心举办“2018年太原文艺研修培训班”。

12月18日，太原文学院召开《都市》“庆祝改革开放40周年专刊”出版座谈会。

12月29日，太原市委宣传部、市文化局、市文联、省曲艺家协会主办，市文化艺术学校、市曲艺家协会承办，在太原工人文化宫剧场举办第六届省城“曲苑迎春”文艺晚会。

2018年，太原市文联组织举办“山西民俗文化保护与发展”“如何学习篆书”“如何学好书法”“民族民间舞名家

2018年5月6日，市文联在太原工人文化宫举办2018诗约春天“歌吟新时代”朗诵音乐会

（太原市文联供图）

讲座”等四场专题文化讲座。组织举办以书法、摄影、美术为主题的12场“机关业务学习季”讲座。（李增明）

【文学艺术创作】 2018年，太原市文联坚持以人民为中心的创作导向，聚焦中国梦、改革开放40周年等重大现实题材，以传承中华优秀传统文化为使命，编辑出版两卷本《太原戏剧选》，集中反映近70年来太原市戏剧事业取得的丰硕成果；编辑整理三卷本《太原文艺评论选》，引导创作、提高审美、引领风尚，以文艺评论推进文艺精品创作；同太原师范学院合作，启动两卷本《太原文学史》编纂工作，把握太原文学发展的历史脉络，总结太原文学发展的内在规律，探讨太原文学文体流派的源流与演变，山西省作家协会授予太原市文联2018年度“文学创作成绩奖”。

2018年《都市》首发的徐桢霞作品获得第八届冰心散文单篇奖，中篇小说《门房》、短篇小说《土卫七十的七天》《玉色》、评论《有感于斯文——印象蒋殊》组诗《人间十二行诗》被《光明日报》《小说月报》《长江文艺·好小说》《诗选刊》转载。2018年度，《都市》首发并被国内主要文学选刊转载文学作品13篇。

市文联深入万柏林区、太钢、娄烦县举办讲座、召开研讨会，与市文旅委联合撰写太原名胜景点解说词，与市文物局联合组织撰写古迹说明，指导基层作者和文学爱好者进行创作实践，受到基层作者的欢迎；推出“太原作家作品文库”，出版短篇小说集《乡韵渐远》。

唐晋创作《国保惊天》等三部长篇儿童文学作品，陈驰创作出版长篇小说《龙城春晓》，杨红光创作出版长篇小说《世界的窗户纸》，蒋殊创作出版纪实文学《重回1937》，闫海育创作出版诗集《摩羯鱼》，崔昕平创作出版评论专著《出版传播视阈中的儿童文学》，孟志平创作出版长篇小说《太山飞虎》，苏二花创作出版中短篇小说集《社火》，等等。

王宏伟创作话剧《阳曲奶奶》、微电影《渡人》等；高璟创作的评论《浪漫主义者的向死而生与以退为进——李衔夏中短篇小说印象》《曲径通幽、欲辨忘言——艾玛短篇小说〈歧途〉赏析》《随物赋形，不拘一格——高满航近作印象》在《莽原》《湘江文艺》以及《十月》微信平台发表；曹永红创作的诗歌《紫荆花的倾诉》获得纪念香港回归祖国20周年第二届世界华文诗歌大赛优秀奖。（李增明）

【文联协会】 2018年，太原戏剧家组织参加公益性惠民演出131场，下乡演出185场；创作演出现代晋剧《起凤街》；晋剧数字电影《于成龙》举行开机仪式；晋剧《布衣于成龙》参加“春华秋实”国家艺术基金资助剧目展演，话剧《北魏风飚》《红军东征》、二人台小戏曲《走西欧》、民族管弦乐《山西印象》入选2018年国家艺术基金资助剧目；晋剧《烂柯山下》入围“2018年全国梆子声腔优秀剧目展演”活动展演剧目；贺燕茹、赵雯、郝晓辉、任舒静获得2018年山西省青年戏曲演员展演最佳演员奖，商永吉获得优秀演员奖。

太原市美术家协会深入山西省女子强制隔离戒毒所开展文化帮教活动；在山西芦芽子美术馆举办2018太原市迎春美术作品展暨艺术品鉴会，“新时代、新家园”少儿书画大赛暨优秀作品展；协办农工党中央书画院理事五人书画展；与省城有关单位联合主办王俊山水画展，“回望”张翔洲中国画展，“虚室清歌”韩瑞龙、王琥、孔祥宇书画印三人作品展，“南腔北调”刘祥顺、李贵文中国画作品展，“知山乐水”刘刚山水画写生展。

太原市音乐家协会举办群星民乐团庆祝建团10周年专场音乐会；成立市音乐家协会口琴艺术委员会，举办口琴专场演出；陶小卫获得第十五届“星星火炬”全国青少年艺术英才全国推选活动全国优秀指导奖，第十四届中国少年儿童卡拉OK电视大赛山西金牌导师奖，2018魅力新星艺术素质教育系列活动全国优秀指导教师奖。

太原市舞蹈家协会在青年宫演艺中心举办“社区美少年”青少年舞蹈展演；组织广场舞队伍参加山西省第十五届运动会闭幕式表演；在迎泽公园协办第七届中国舞蹈节暨“9·15”群众舞蹈展演。张平创作编导的舞蹈《麦场欢歌》获华北五省市舞蹈大赛创作一等奖。太原市曲艺家协会举办第二届“曹强杯”太原莲花落大赛。

太原市民间文艺家协会组织参加太原市春节、元宵节两节文化惠民活动；组织参加中国第十三个文化遗产日展演，举办非物质文化遗产进校园系列活动；在阳曲县南刘南村建立庙前高跷传承基地；组织非物质文化遗产传承人赴毛里求斯、埃及开展文化交流。

太原市电视艺术家协会策划、推出、承办“2018龙城春晚”“童心飞扬新时代”六一联欢会、“七一晚会”“八一双拥晚会”“同心邀明月”中秋诗会以及山西省第十五届运动会开幕式和闭幕式等多台晚会。

《“春暖新时代、万家幸福年”2018龙城春晚》获2018年春节晚会、春节特别节目讲评春节文艺晚会好作品奖；《筑梦新丝路·圆梦莫斯科》获2017年度山西广播影视奖电视专题二等奖；《血铸山河·穿越封锁线》《创业者说》获山西省第二十一届优秀电视艺术作品推选活动优秀纪录片奖；王君获2017—2018年度全国电视法制节目创优评析全国十佳主持人节目提名奖；吴恩东、武佳瑜、吴婷获得2017年度山西广播影视奖电视播音主持一等奖。

太原市楹联家协会举办三期《三晋联墨大讲堂》活动；组织“礼赞改革开放”巧联撰写活动。

太原市锣鼓艺术协会组织锣鼓艺术家参加2018中国首届非遗春节联欢晚会录制，参加山西省第十五届运动会开幕式、闭幕式表演，参加山西省庆祝改革开放40周年群众文化系列活动“鼓舞山西”锣鼓艺术展演；太重鼓乐团获得河南新乡中原非遗展演“最佳表演奖”，参加第十四届中国民间文艺“山花奖”展演。

太钢文联举办“学双良、做主人，新时代、再奋斗”征文活动；编辑出版《太钢文苑》“太钢特级劳模报告文学专辑”；组织举办《撇捺人生王秀春》《王秀春曲艺作品集》首发座谈会；举办庆祝改革开放四十周年“不锈之歌”合唱比赛、“太钢杯”全国冶金行业职工美术书法展览；组织“迎春座谈会”文艺演出、“2018年制造业用材与加工延伸交流会”专场文艺演出、“矿业分公司运动会”开幕式文艺演出、“不锈之春”元宵灯展等文化活动。

西山文联开展“迎新春、送祝福”活动，为16个基层单位义务书写春联10000余幅；深入矿山基层开展书法、美术、摄影及文学创作培训活动；召开《七色花》创新工作座谈会议；组织宋树德《漏雨堂诗草》诗集出版座谈会；举办“迎新春元宵戏曲演唱活动”以及京剧票友演唱会和专场演出。

太原书法院在古交市岔口乡席麻沟村举办“迎新春、写春联、送温暖”活动，为贫困村民书写春联200余幅。

太原诗词学会开展“走东征路、吟大河美、抒田园情”采风活动；举办“歌吟祖国、唱响未来”诗歌朗诵会，主办董耀章诗词研讨暨诗词作品朗诵会；办好《并州诗汇》《光线》诗刊、学会古体诗词微刊、学会新诗微刊四刊；在山西林业职业技术学院、山大商务学院南内环二社区开展诗词讲评并朗诵会；梁志宏获中国诗歌学会首届全国绿风诗歌奖三等奖；项常啸获第十届华鼎诗词大赛金奖；王茂华获“天籁杯”第十五届中华诗词大赛金奖；常永生获“诗兴开封”国际诗歌大赛一等奖。

太铁公安处文联开展“筑梦新时代，万福进万家”书画惠警活动；组织“崇尚英模”“勇当先锋”微视频展示，“颂党恩、跟党走、党在我心中”演讲合唱比赛；组织“践行总要求·铁警展风采”主题摄影大赛，“走进新时代·展示新作为”征文比赛，“逐梦新时代”书法绘画作品展。（李增明）

【书法摄影展览】2018年，太原市摄影家协会举办摄影艺术交流沙龙，开展专题讲座交流活动；开展为贫困户免费拍婚纱照、儿童写真照、全家福等公益活动；制作《为时代留影》影像专题片；完成古太原城、靓丽太原城摄影创作任务；组织《大美古交》画册摄影创作活动；承办“唐风晋韵、魅力晋源”纪念晋源改革开放成就摄影展。杨晓勇作品《庭燎》系列获得“郎静山杯”新中国画意摄影双年展优秀展览奖。

市书法家协会组织100余位书法家，开展“送万福、进万家”送春联惠民活动；参加中国书法家协会“书写中国”公益活动；组织参加“放歌新时代”改革开放40周年山西省书画作品展、第七届山西省群众书法展；在加拿大蒙特利尔、埃德蒙顿举办“袁门书翰”袁旭临、袁筠书画巡展；参与举办“杏花飘香”刘新恩、史彦鹏等五人书画联展，“笔下乾坤”梁志文、张嘉杰等五人书展、“怀抱古今”温鹏飞书法展等个人书法展；张明智获中国书法家协会2018年度“送万福进万家”先进个人称号。

（李增明）

【“遇见@在华外国艺术家”国际艺术交流展】2018年9月16日，太原市文联、市文化局、市外侨办在沃生园美术馆举办“遇见@在华外国艺术家”国际艺术交流展，展出来自美国、俄罗斯、委内瑞拉、加拿大、澳大利亚、马其顿、哈萨克斯坦、肯尼亚、印度等10余个国家20余位艺术家，代表世界最前沿当代艺术水准的200余幅油画、雕塑、涂鸦、视觉图像等现代艺术作品，这是中国大陆首次举办大规模的以在华外国人为主体的当代艺术交流活动。

（李增明）

【左中一在太原市调研】2018年7月13日，中国文联党组成员、副主席、书记处书记左中一，中国文联国内联络部主任刘尚军等莅临市文联，同太原基层文艺工作者座谈，山西省委常委、宣传部部长廉毅敏，太原市委常委、宣传部部长张璐等领导陪同调研，中国文联领导听取市文联近年来工作汇报，部分太原文艺界代表作交流发言，中国文联和省市领导充分肯定太原文联各项工作。11月16日，中国文联权益保护部主任暴淑艳在市文联机关同太原基层文联负责人座谈，调研地市级文联新一轮深化改革情况，对市文联深化改革工作给予充分肯定。（李增明）

2018年9月16日，“遇见@在华外国艺术家”在沃生园美术馆举办

（太原市文联供图）

太原市科学技术协会

【概况】 2018年，太原市科学技术协会以习近平新时代中国特色社会主义思想为指导，认真学习宣传贯彻中共十九大和十九届二中、三中全会精神，贯彻落实习近平总书记视察山西重要讲话精神和山西省委十一届六次全会、市委十一届五次全会决策部署，按照“四个服务”职能定位，勇于担当、主动作为，实施深化改革、助推创新发展、提升科学素质、促进人才成长，为建设文明开放富裕美丽太原作出积极的贡献。

（任铁强）

【院士工作站建设】 2018年，太原市科学技术协会落实太原市委人才政策，推进院士工作站建设，新建院士工作站14个，新引进两院院士10名和院士团队专家72名，与院士团队共签订合作项目44项，超额完成原定的9个建站目标，完成率达到156%。完善建站管理长效机制，出台《太原市院士工作站、“千人计划”专家工作站建设管理实施细则》，与市财政局联合印发《太原市院士工作站建设补助资金管理办法》，对已建立的院士工作站实行制度化、规范化、动态化管理。开展对建站单位工作考核，对建站3年以上考核合格的24家院士工作站给予奖励。在建站单位中开展标准化认证工作，截至2018年底，太原市32家院士工作站通过中国科协标准化认证。在《太原日报》开设专版对太原市院士工作站成效进行典型宣传，配合太原电视台在新闻对话栏目专题宣传太原市院士工作站取得的成效。太原市已建立院士工作站68个，引进院士75名，引进院士团队专家352名，与院士团队签订合作项目264项。院士工作站已成为太原市引进高端人才、转化科研成果、提升自主创新能力的重要平台。太原市院士工作站的建站数量已占到全省建站数量的60%以上，发挥省会城市示范带头作用，此项工作成为全省科协系统的品牌工作。（任铁强）

【群众性技术创新活动】 2018年，太原市科学技术协会组织企业科协科技工作者开展以技术创新为内容的“讲理想、比贡献”活动，共完成项目立项2024项，提出合理化建议43998条，实施合理化建议36143条，在提高企业技术创新能力、培养创新科技人才、提升职工科学素质等方面发挥重要作用。完成“金桥工程”项目8项。推荐太原市6个企业的7个创新项目参加“2018中国创新创业成果交易会”，组织科技工作者参加全省农业农村领域“五小竞赛”活动，申报太原市参赛成果5个大类18个优秀项目，在全市农业农村领域进一步营造良好“双创”氛围。

（任铁强）

【科技信息推广应用和创新方法培训】 2018年，太原市科学技术协会围绕太原市传统产业和战略性新兴产业，开展技术创新方法培训，组织举办3期培训班，为企业培训科技人员350多人。帮助和支持太原市创新方法试点企业组建创新小组，培养创新方法应用人才，提高企业科技人员应用创新方法的能力。在全国企业创新方法大赛山西分赛区总结表彰会上，太原市科协获优秀组织单位奖，太原市企业的6个项目入选参加全国总决赛，分获一等奖1项，三等奖4项和优胜奖1项。开展科技信息推广应用工作，提高太原市企业利用国外发明专利进行技术研发、技术创新的水平，举办3期推广应用培训班，集中培训600多名企业科技人员，为太原市230余家企业进行数据库应用注册，对35家企业开展精准服务。（任铁强）

【学会和学术交流】 2018年，太原市科学技术协会创新学会治理结构和治理方式，通过清理整顿等一系列工作，基本实现政府部门与主管学会政社分设。将学会依法依章程履职纳入社会组织信用体系建设。鼓励符合条件的市级学会参与民政部门的考核评估。在太原市建立7个省级学会服务站，鼓励有条件的市级学会组建技术团队，服务企业技术需求。积极引导市属学会承接政府转移职能，创建学会服务品牌，太原市心理学会、太原市医学会、太原阳光狮语听障儿童康复中心等社会组织在承接政府转移职能工作方面初见成效。组织太原市市级学会围绕太原市转型发展，特别是科技、民生、环保等领域问题，开展学术交流活动170余场次，参与科技工作者4.3万余人次，学术交流质量和实效不断提高。举办“医药行业如何实现高质量增长”研讨会、“新时代、新媒体、新作为”山西新媒体高峰论坛、“助力创新驱动、争做时代先锋”实践调研、“太原市第六届超声医学学术会议”等学术活动，促进学科交叉融合，为助推太原市全面创新打下学术基础。

（任铁强）

【全民科学素质提升工作】 2018年，太原市科学技术协会发挥市全民科学素质领导小组办公室的职能作用，组织31家成员单位和各县区，结合自身工作职能开展咨询、展览、报告会、讲座等各类全民科学素质工作，不断扩大科普受众覆盖面，逐步形成“党委重视、政府推动、部门协作、全民参与”的工作机制。市科协定期在全市14个公园的320余块科普画廊开展科普知识宣传，全年展出宣传版面达到1229个。在市级主流媒体、中国科协网、山西科协网等宣传报导科协工作信息100余条。《太原科协》期刊、太原科协微信公众号和科协网站也及时宣传发布各类工作动态消息，扩大科协工作影响力。全年共向省考核平台上报工作信息865条，图片508张。在全省全民科学素质工作年度考核中，太原市名列全省第一，取得五连冠的好成绩，成为全省各地市科协学习的样板。

面向各类重点人群开展科普工作。面向青少年学生开展太原市青少年科技创新大赛、青少年机器人竞赛、宋庆龄少儿发明奖评选、科学表演大赛、高校科学营、“科学与健康进校园”系列讲座、校园e站研讨交流会等科普活动，激发了青少年的科学兴趣和创新实践能力。太原市科协获全国第33届青少年科技创新大赛基层赛事优秀组织单位奖。针对城市社区居民，除利用社区科普e站、社区科普大学、社区活动室等平台开展科普活动外，在太原市社区、公园等地举办“我为太原蓝天出份力”环保宣传、“科学抗癌，关爱生命”肿瘤防治宣传、防灾减灾科普宣传、全民营养周宣传、“科普大讲堂走进社区”系列讲座等主题科普活动。

面向领导干部和公务员，开展科普进机关活动，先后在太原市中级人民法院、太原市食药监局等单位举办“科普中国健康心态与智慧司法大讲堂”“组织文化建设与管理”等讲座活动。在农村继续推进科普惠农计划深入实施，扶持科普示范基地建设，以科普惠农中心服务站为引领，广泛开展农业新技术、新成果推广应用，大力普及农业科普知识，为带动农民增收致富发挥积极作用。

（任铁强）

【科普信息化建设】 2018年，太原市科学技术协会组织实施“科普中国·百千万行动”，开展社区e站、校园e站和乡村e站建设，在上年试点建设工作的基础上，总结经验、制定标准、精准施策、稳步推进，截至2018年底共建设社区e站47个，校园e站59个，乡村e站9个，逐步构建完成科协系统线上线下相结合的科普服务新阵地。推进“科普中国”品牌落地应用，在太原电视台、太原市广播电台、太原日报手机客户端和4个县（市）电视台全部开设《科普中国》专题栏目。实施“科普每一天”工程，在太原市3000多台公交移动电视和400多台楼宇电视中滚动播放科普视频节目，日均受众达100余万人次。制作15秒科普中国公益宣传片，通过市直部门开展的多项科普活动进行广泛宣传。向公众推广“科普中国”微信、微博、官方网站及科普网络书屋等科普电子平台。开展“云课程”互动培训，受众人数达15000余人次。2018年，太原市科协获中国科协评为“科普中国·百千万行动”优秀组织单位，万柏林区丽华社区的科普e站建设获评中国科协“百千万行动”优秀典型案例。

（任铁强）

【群众性科普活动】 2018年，太原市科学技术协会在全国科普日期间，围绕“创新引领时代·智慧点亮生活”主题，组织各县（市、区）科协、科普示范社区、科普e站、科普示范基地和全民科学素质成员单位等开展一系列科普日活动，共举办重点活动17项，展览展示73项，现场咨询20余场，各类科普讲座90余场，展出科普版面1000余个，发放科普资料近12万份，播放科普影片227场次，举办网络科普活动47次，直接参加活动总人数10万余人。开展2018年科技周系列活动，全市科协系统共举办各类讲座、报告会、展览、科技咨询服务活动等40余场次，设置宣传展板（橱窗）400余块，发放科普宣传资料4.50万余份，受众人数达3.50万余人次。太原市第二届科普剧表演大赛、市科协科普e站平台创客教育活动分别被中国科协和山西省科协通报表扬；尖草坪区科协、万柏林区科协、杏花岭区科协、清徐县科协科普日工作获得中国科协和山西省科协表扬肯定。

（任铁强）

2018年7月20日，太原市科协在太原中西医结合医院开展科普讲座活动

（太原市科学技术协会供图）

【科技工作服务】 2018年，太原市科学技术协会加强对科技工作者的团结引领，通过讲座培训、座谈交流、在线学习等形式，利用各种平台和手段，组织太原市广大科技工作者深入学习贯彻十九大精神、习近平总书记视察山西重要讲话精神和省、市重要会议精神以及太原市改革开放40年成就等内容，把太原市广大科技工作者的思想和行动统一到中央和省委、市委重大决策部署上来。

召开科协常委会和全委会，传达《习近平总书记在中国科学院第十九次院士大会、中国工程院第十四次院士大会上的讲话》精神，举办“一带一路战略与山西开放发展”“我国周边安全形势与国防现代化建设”等专题讲座，在太原科协网站、微信平台上开设专题，深入报道太原市各领域科技工作者和县（市、区）、市级学会等学习贯彻中共十九大精神和习近平总书记视察山西重要讲话精神的动态消息，在全市科技界兴起学习贯彻的热潮。开展太原市2018年全国科技工作者日系列活动，分别看望慰问市中心医院神经内科主任李伟荣、中科院山西煤化所副所长吕春祥等17位太原市优秀科技工作者代表。组织市属学会和企事业科协开展各类科技工作者日庆祝活动30多项，增强太原市广大科技工作者对科协组织的认同感、满意感和归属感。

完善科协会员制度，在太原师范学院成立高校科协，批复成立2个新的学会组织和3家企业科协，科协组织的覆盖面和影响力不断扩大，联系服务的科技工作者数量也不断增长。由市科协担任业务主管单位的学会达到33个，联系的学会达到35个，企业科协数量达到140家，高校科协2家。加强对优秀科技工作者的宣传报导，以《让创新成为企业发展的不竭动力》为题，在《太原日报》开设专版，宣传太原市上年新建立的9个院士工作站，以及进站院士和科技工作者在开展科技创新方面的典型事迹；在市科协微信平台、网站等新媒体刊发《发挥人才第一资源作用，为我市实施创新驱动战略提供人才支撑》文章，宣传太原市9名获第八届、第九届山西省优秀科技工作者称号的科技工作者先进事迹，激励更多的科技工作者勇担重任，勇攀高峰。开展网上科技工作者之家建设工作，动员2000余名科技工作者入驻“中国科协科技工作者之家（科猫）”平台，充分利用现代网络信息技术为科技工作者提供高质量服务。（任铁强）

太原市归国华侨联合会

【概况】 2018年，太原市归国华侨联合会坚持以习近平新时代中国特色社会主义思想为指导，以党建带侨建，全面推进改革，认真履行职能，市侨联先后获全国侨联系统先进集体、太原市文明单位标兵、双拥模范单位等称号，实现太原市侨联工作新发展。（于　丹）

【基层组织建设】 2018年，太原市侨联贯彻落实党中央关于群团改革、侨联改革的决策部署，出台《太原市侨联改革实施方案》，组织干部职工参加业务培训和学习调训，推进落实机构调整、职能优化和人员素质提高。将所创建的105家“侨胞之家”、13家“侨法宣传角”“全国侨务先进社区”等与市、县侨联组织一起，形成为侨服务组织三级网络。在太原旅游职业学院成立山西省首家高校侨联组织，与省城9所大学统战部、侨联建立广泛联系。各类组织建设有机结合、上下联动，在开展侨情摸底、组织新宪法和侨法学习宣传、整合各方资源优势、丰富侨界活动中作用显著。重视网上侨联工作，将现有“一网一号一群”加入太原市“政务融媒体”阵营，面向海内外归侨侨眷、留学生及海归群体、侨资企业和创业者、侨联系统机关干部和热心侨务事业干部群众，推送发布大政方针和重要新闻动态、展示工作成果、发送节日问候、宣传投资政策，引领侨界群众思想，鼓励侨胞传播正能量。制作的《侨约晋阳》“春、夏、秋、冬”系列短片和向改革开放40年献礼的《侨之晋阳》形象片一经发布便广受好评，累计点击率近100万人次，向海内外展示太原之美，侨乡之韵，展示侨联工作的发展成就及为太原改革做出的贡献。（于　丹）

【新侨创新创业】 2018年，太原市侨联成立太原市侨青委及太原海归协会，开设公众号及海归商讯平台，宣传人才和项目资讯。与来访侨商对接人才、项目、资金信息。深入新侨企业广泛调研，支持创建山西省新侨创新创业基地3处，推荐新加入山西省新侨创新创业联盟理事单位3家。组织带领新侨海归赴全国各地开展商务考察、招商推介、创新交流等近20次，海归青年自主开发的专利技术产品远销至新加坡、马来西亚等地。组织省城高校和民营企业开展“产、学、研”对接研讨会，探索长期合作机制。引导广大新侨积极践行习近平总书记“奋斗幸福观”，4名侨界青年登上时代新人榜，成为新时代奋斗者典范。（于　丹）

【海外联谊拓展】 2018年，太原市侨联充分发挥晋籍海外侨社团及华人华侨资源优势，建立太原市首批海外工作联络站10个，聘请海外联络员15人。举办海外王氏、唐氏寻根及商务交流活动，系牢海外同胞的乡土亲情纽带。服务外国企业来并考察对接交流；组织海内外侨商参加太原市的发展论坛、军民融合产业大会等。为中关村创新企业开发的激光项目落地完成选址考察服务；会同市外专局组织新加坡商会理事为太原旅游职业学院开展讲学活动。（于　丹）

【中华文化弘扬】 2018年，太原市侨联持续开展中国华侨国际文化交流基地申报工作，阳曲县青龙古镇作为太原首家基地开展多次宣传交流活动。“亲情中华”夏令营山西太原营首次开营，来自世界各地华侨少年及省城的侨界青年通过特色课堂感受山西文化底蕴、参观传统企业及新侨创新企业感受祖国发展变化。参加全国“时代楷模”黄大年先进事迹报告会。在太原市图书馆挂牌全国首家“益空间”爱心公益基地，举办公益讲座2次，开创公益文化新模式。结合“我们的节日”开展知识讲座、读书会、朗诵音乐会、包粽子包饺子、文艺晚会、书画摄影、革命教育、海归论坛等20余次；推荐4位“时代新人”先进事迹在太原日报刊登；组织参加“改革开放40周年”作品征集活动，上报书画、摄影、征文等各类20多件。各类群众性活动覆盖省城基层侨联组织、侨界群众、海归群体、留学生家属、高校统战干部、侨资企业和侨商代表、侨胞之家单位、双拥共建军民等，受众超过500人次，在省城侨界群众中反响热烈。（于　丹）

【公益扶助】 2018年，太原市侨联在传统节日开展走访联系，了解所需所求、协助解决困难、共话乡土亲情、共谋发展契机。发动海内外华人华侨、留学归国人员、归侨侨眷、新侨企业、侨胞之

青龙古镇“中国华侨国际文化交流基地”揭牌仪式

（太原市归国华侨联合会供图）

家、众创空间、侨联机关干部等开展慰问侨界困难群众、为侨界空巢老人擦玻璃、大病救助、老归侨免费体检。开展“不忘初心·同心公益进社区”“侨爱心·光明行”等公益活动205场，慰问扶助金额45.50万元，受益群众12500人。

（于　丹）

【“中国华侨国际文化交流基地”挂牌】 2018年4月8日，“中国华侨国际文化交流基地”揭牌仪式在太原市阳曲县青龙古镇举行。中国侨联文化交流部副部长邢砚庄，山西省侨联党组书记、主席王维卿，太原市委常委、秘书长、统战部部长刘鹓，阳曲县委副书记、县长裴耀军，市政协台港澳侨外事委主任武映文出席揭牌仪式。太原市侨联党组书记李锦主持仪式。与会领导共同为太原市阳曲县青龙古镇“中国华侨国际文化交流基地”揭牌。太原市侨联机关、各县区侨联负责人、阳曲县侨界群众、明城文创旅游发展有限公司及晋祠博物馆、晋商博物馆、双塔永祚寺、国民师范旧址、窦大夫祠、傅山文化园、山西省博物院、阳曲店子底纪念馆等8家创建单位150余人参加揭牌仪式。

（于　丹）

【首家高校侨联组织成立】 2018年5月17日，太原旅游职业学院隆重召开归国华侨联合会和留学归国人员联谊会成立大会。学院党建处处长王志强主持会议，山西省侨联副主席范安龙、太原市侨联党组书记李锦、省侨联经济科技部副调研员薛鹏国、市侨联党组成员副调研员白劲松出席会议，省市欧美同学会、山西医科大、中北大学、省海归协会等相关部门应邀参加成立仪式。山西省侨联副主席范安龙代表省、市侨联对太原旅游学院侨联的成立表达祝贺并提出期望。

（于　丹）

【全国首个“益空间”爱心公益基地挂牌】 2018年6月10日，中国华侨公益基金会全国首家“益空间”爱心公益基地启动仪式在太原市图书馆举行。旨在弘扬中华文化和深入开展华侨历史研究，促进海内外文化艺术等方面的交流，推动创新公益文化的“图书馆+公益”形式，为太原市图书馆充实人文公益内涵。中国华侨公益基金会侨爱心工程部主任矫江莉，山西省侨联副主席李德增，太原市文化局局长姚晓蓉，太原市侨联党组书记李锦、副主席郑勇，太原市图书馆馆长郭欣萍、书记赵晋明以及市侨联委员、侨界群众、市海归协会代表、市民群众200余人参加启动仪式。

（于　丹）

【“亲情中华”夏令营】 2018年8月12日，由中国侨联文化交流部指导，山西省侨联主办，太原市侨联承办的“亲情中华”夏令营山西太原营开营，开营仪式在华夏晋道汾河艺术馆前举行。山西省侨联副巡视员、秘书长陈蕾，太原市侨联党组书记李锦，市侨联党组成员、副主席郑勇，市侨联党组成员、副调研员白劲松出席开营仪式。此次夏令营为期一周，来自加拿大、英国、美国、香港及省城的侨界青少年、志愿者共40名营员参加活动。“亲情中华”夏令营是中国侨联文化交流部指导的一项品牌活动，首次在山西太原办营，有游览古迹、学习传统文化、参观高新企业及老字号企业等内容。

（于　丹）

【海外工作联络站设立】 2018年5月25日，太原市委常委、秘书长、统战部部长刘鹓到太原市侨联调研工作，听取

中国华侨公益基金会“益空间”启动仪式在太原市图书馆举行

（太原市归国华侨联合会供图）

市侨联在拓展海外联谊、扩大对外宣传等方面的工作，出席设立太原市海外工作联络站和聘请海外联络员的活动仪式并讲话。

市侨联与市外事侨务办共同发起设立海外侨务工作联络站和聘请海外联络员代表活动。此次命名俄罗斯晋商总商会、晋商加拿大总商会、欧美工商业联合会等首批10个海外友好侨团作为太原市海外工作联络站，聘请赵向东、高先中、汪晓波、高滢等15位海外侨领及海外代表人士作为海外工作联络员。（于　丹）

【侨联青年委员会和海归协会成立】2018年7月20日，太原市侨联以“奋斗新时代”为主题，在并州饭店举行太原市侨联青年委员会、太原市海外归国人员协会成立仪式。全市侨界青年、海归青年300余人参加会议，来自非海外、俄罗斯、塞内加尔的海外委员以及澳晋山西会、香港海晋会来宾专程赶来参会。太原市侨青委主要由归侨、侨眷、海归和侨联专兼职干部组成，35岁以下青年占到63%，硕士、博士学历的委员占50%。太原市海外归国人员协会由海外归国人士、海外学子、山西籍在外人员以及热心海归事业的青年组成，覆盖海归民营企业家、创业带头人、各行业协会负责人，吸收国企和高校的青年创新人才，多数是引领各领域前沿的优秀青年；中国欧美同学会海外分会负责人、省青联成员、省内教授专家等担任海归协会顾问和监事。（于　丹）

【创建“侨胞之家”突破100家】2018年7月20日，太原市侨联以“奋斗新时代”为主题，在并州饭店举行第二批“侨胞之家”授牌仪式。全市基层侨联组织、涉侨单位及团体及侨界群众300余人参加会议。省侨联党组书记、主席王维卿，市委常委、秘书长、统战部长刘鹅，省侨联副巡视员、秘书长陈蕾，市民政局局长李亚江出席会议。“侨胞之家”是为深化拓展新侨、拓展海外，为加强侨联三基建设在全省侨联系统而发起的，太原在上年创建59家的基础上，2018年按照提升品质的原则持续开展基层组织、社团组织、新媒体组织和固定场所四个类型的侨胞之家创建，在力争实现侨胞之家全覆盖的同时，让“侨胞之家”真正发挥服务侨胞、凝聚侨胞、组织侨胞、团结侨胞和维护侨益的作用。太原市创建“侨胞之家”达105家，位列全省第一。（于　丹）

2018“亲情中华”夏令营·山西太原营开营　（太原市归国华侨联合会供图）

太原市残疾人联合会

【概况】2018年，太原市残疾人联合会坚持以习近平新时代中国特色社会主义思想为指导，全面贯彻落实中共十九大和十九届二中、三中全会精神，瞄准残疾人脱贫致富达小康这一总目标，围绕全市中心工作，认真贯彻落实省残联工作会议精神，重点实施省政府民生实事和精准康复服务项目，统筹抓好各项业务工作，全市残疾人工作取得明显成效。（郝嘉艳）

【全市残联工作会议】2018年4月23日，太原市残联召开全市残联工作暨党风廉政建设会议，在回顾总结上年工作的基础上全面安排部署2018年工作任务，提出“以习近平新时代中国特色社会主义思想为指导，深入学习贯彻中共十九大精神，围绕加快推进残疾人小康进程一条主线，突出精准康复、就业创业、社会保障三个重点，统筹推进残联各项业务工作，完成省残联和市委、市政府下达的各项任务指标，努力提升残联组织自身建设和全市残疾人工作总体水平”的全年工作思路。（郝嘉艳）

【残工委全体会议】 2018年5月10日，太原市政府残工委召开第24次全体会议，市政府分管副市长王爱琴与32家残工委成员单位签订2018年残疾人工作目标责任书，明确各成员单位的残疾人工作职责任务。 （郝嘉艳）

【残疾人精准康复服务行动】 2018年，山西省政府将实施“4万名残疾预防重点干预和残疾儿童抢救性康复项目”作为2018年省政府民生实事之一。省下达太原市任务数4630名，实际完成5022名，任务完成率达108.46%。其中：儿童残疾阳性筛查、诊断服务项目，任务数240名，完成382名；疑似残疾人残疾评定服务项目，任务数3800名，完成3922名，残疾儿童抢救性康复项目，任务数590名，完成712名。为满足新时期残疾儿童康复需求，提高定点康复服务机构服务能力和水平，市残联举办全市定点康复机构师资进修培训班，对12个机构的30名特教老师进行为期10天的培训。通过培训，为科学规范开展残疾儿童康复服务奠定基础。

通过市、县两级残联的共同努力，太原市有需求的残疾儿童和持证残疾人接受基本康复服务的比例总体达到91.10%；有需求的建档立卡以及因病致（返）贫残疾儿童和持证残疾人接受基本康复服务的比例分别达到99.81%和100%；有需求的农村建档立卡贫困持证残疾人基本辅助器具免费适配率达到100%；有需求的精神残疾人得到基本康复服务的比例达到94.79%；残疾人精准康复服务行动是年度重点工作，通过辅助器具适配项目，为全市2600余名有辅助器具需求的残疾人配发辅助器具；为200个公共服务场所配备了轮椅。 （郝嘉艳）

【残疾人教育、就业培训】 2018年，太原市新增城镇残疾人就业901人，完成省下达任务的106%；新增农村残疾人就业421人，完成省下达任务的112%，新增残疾人培训967人，完成省下达任务的126%；残疾人城乡新增培训实名制录入1130人，完成省下达任务的130%；残疾人就业服务机构工作人员培训78人，实名制统计管理员培训80人，全面超额完成省下达的年度任务。7月，太原市举办“2018年山西省第六届残疾人职业技能暨岗位精英技能竞赛太原市选拔大赛”，并在7月26日省残联举办的“2018年中国技能大赛——全国残疾人岗位精英职业技能竞赛山西选拔赛”三个单项比赛项目中，获得了二个单项比赛第一名，一个单项比赛第二名的好成绩。12月6日，在省残联第六届残疾人职业技能大赛中，太原市代表队展现出良好的技能风采，取得三金、二银、五铜的优异成绩，获团体总分、金牌总数、奖牌总数三个第一，为太原市赢得了荣誉。

特殊教育。太原市残联组织完成2018年“十三五”期间残疾人事业专项彩票公益金助学项目（学前教育），对山西省康蕾幼儿园等8家学校和康复机构的共195名学生进行资助，救助资金58.5万元。实施彩票公益金资助贫困残疾大学生及残疾人家庭子女大学生（2018年度）项目，共救助42名贫困残疾大学生及贫困残疾家庭子女大学生，救助资金16.50万元。协调各县（市、区）残联完成残疾人青壮年扫盲工作共112人，及时准确地完成79名被高校录取的残疾高考生的信息录入工作。

农村贫困残疾人实用技术培训。中央、省、市、县共配套资金8.15万元，帮助163名残疾人家庭年人均纯收入低于省或本地贫困标准的农村贫困残疾人进行实用技术培训，确保每名贫困残疾人掌握1—2项农村实用技能，提高自我发展和创收、增收能力，其中，阳曲县完成培训82人，娄烦县完成培训81人。 （郝嘉艳）

【社会保障】 截至2018年11月底，太原市参加城乡居民养老保险的残疾人44702人，享受政府代缴政策8007人；参加城乡居民医疗保险的残疾人53479人，享受政府代缴政策31972人，其中：重度残疾人19153人，建档立卡残疾人3494人，低保残疾人8088人，未成年人1237人；全市13845名城乡残疾人已享受低保，其中城市6468人，农村7377人。全年全市残疾人基本服务状况和需求动态更新工作走访慰问贫困残疾人2177人（次）以上，发放慰问金（品）112.70万多元。

残疾人重度护理补贴发放。省级配套资金996.42万元和市级586万元已全部下达到各县（市、区），各县（市、区）配套资金陆续到位，并已完成重度残疾人护理补贴的申报、审核、审批、发放。全年，累计发放资金1873.43万元，惠及36576名残疾人。截至2018年10月底困难残疾人生活补贴发放145237人（次），发放资金734.69万元。

农村基层党组织扶贫。山西省残联下达太原市的农村基层党组织助残扶贫工程年度任务为83户，其中，阳曲县43户、娄烦县40户。阳曲县开展“春蜂得益”贫困残疾人养蜂产业项目，为帮扶对象每户免费发放3箱30脾蜜蜂和3个蜂箱价值共计3300多元，当年可收到1—2倍的收益。娄烦县采取资金扶持的方式，已将帮扶资金打卡发放到位。

残疾人托养服务。太原市残联制定《太原市“阳光家园计划”——精神、智力和重度残疾人政府购买残疾人托养服务实施办法〈试行〉》；通过实地调研、召开托养工作推进会的形式，培育指导定点机构开展托养服务，有计划地为建档立卡贫困户中就业年龄段的智力、精神和重度肢体残疾人提供托养服务。采用“互联网+”的服务模式，依托定点机构，建设互联网平台，定制托养服务套餐，服务对象通过在网上预约或拨打电话定购的方式，向服务平台下订单，由服务平台转接线下（或第三方）提供服务，服务平台对服务项目、内容和服务质量进行追踪评估等。下达中央、省

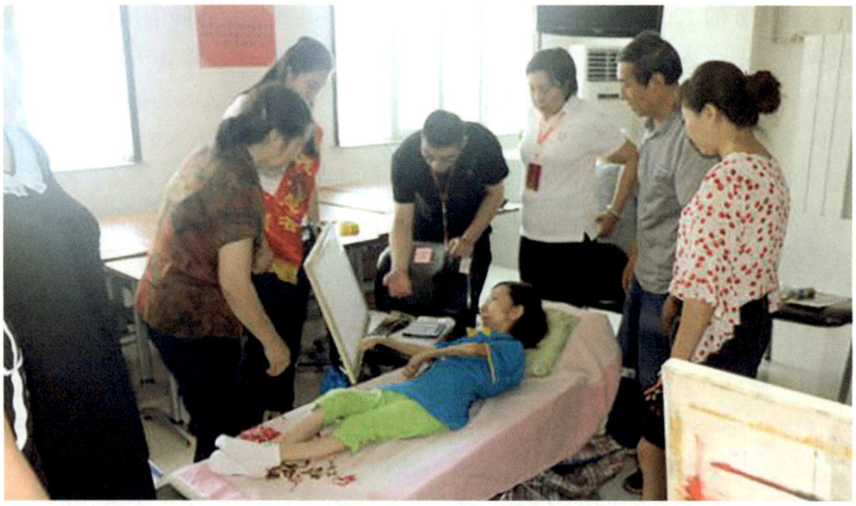

山西省第六届残疾人职业技能暨岗位精英技能竞赛太原市选拔大赛现场

（太原市残疾人联合会供图）

托养项目资金617.65万元，其中：阳光家园计划136.65万元、中央彩票公益金试点180万元，省彩票公益金试点280万元（含2017年70万元），市级试点21万元。太原市2016—2017年度1376名托养服务的任务，已全部完成；2018年阳光家园911名、省彩金试点700名、中央彩金试点600名，全部正在服务中；市级试点70名，已开展服务，预计2019年6月底前全部完成。（郝嘉艳）

【基层组织】 2018年，太原市107个乡镇（街道）残联配齐配强理事长，配备75名乡街残疾人专职委员，其中公益性岗位安置残疾人57名。全市835个行政村和684个社区成立村（社区）残疾人协会，共配备残疾人专职委员1372名（500人以下的合并配备），其中公益性岗位安置残疾人71名。

市残联举办太原市全国残疾人基本服务状况和需求信息数据动态更新工作培训班，对此项工作进行安排部署，对全市各县（市、区）残联工作人员、乡镇（街道）理事长和残疾人专职委员培训。各县（市、区）残联结合当地实际，对基层调查员分期分批进行集中培训，精心组织开展入户登记。全市应登记残疾人85189人，实际登记80186人，其中：入户登记77727人、电话登记2459人、未完成登记5003人（其中：查无此人1165人、已搬迁1244人、空挂户292人、外出755人、死亡注销1547人），入户调查率96.93%。全市各县（市、区）信息数据动态更新办公室全部提前完成残疾人的入户登记、登记表自查和复查、质量验收、数据的录入和上报工作。

开展能力提升培训。太原市残联分别于2018年8月21日至24日和9月9日至9月15日在清徐县和西安交大举办“2018年度全市残联系统工作人员业务能力提升培训班”，市、县、乡（街）、村（社区）四级近300名残疾人工作者参加培训，选派40名残疾人工作者参加中残联举办的支持性就业辅导员示范培训班，市残联还选派30余人参加有关部门组织的党务、财务、人事、统计、档案、康复等专项业务培训，有效提升残疾人工作者的综合业务素质。

（郝嘉艳）

【信访维权】 2018年，太原市残联本级共接待各类残疾人259人次，其中来访179人次，来电80人次。办理中残联、省残联转交网上信访9件，“12385”转办信访23件，山西省信访信息系统转办信访3件，公益彩票金对贫困残疾人的法律救助案件24例，有效地维护残疾人群体的稳定。律师接待残疾人法律法规和政策问题咨询共118人次。

全年，太原市残疾人、残疾人亲友、残疾人工作者在市、县两级人大和政协中的代表、委员人数较以往有所增加，目前有人大代表16名，政协委员11名。

市残联完成2018年度残疾人机动轮椅车燃油补贴申报、审批工作，全市共有908辆车附合申报条件，下拨资金23.6万余元；完成对2019年的燃油补贴预申报工作。

2018年市本级安排改造资金13万元对99户贫困重度残疾人家庭进行无障碍改造。市、县（市、区）两级共投入79.80万，完成改造181户。

10月，太原市残联邀请市政协领导和部分市政协委员对太原市无障碍环境建设情况进行视察调研。9名残疾人通过培训考试合格取得驾照，其中C2本1人，C5本8人。（郝嘉艳）

【残疾人文体宣传活动】 2018年5月18日，太原市残联组织开展主题为“全面建成小康社会，残疾人一个也不能少”的第二十八次“全国助残日”活动，太原市妇幼保健院等4个单位为200名残疾儿童进行健康义诊、为初筛查残疾阳性儿童提供复筛诊断服务；太原市残疾儿童教育中心、杏花岭特殊教育中心学校的孩子们和中国移动的志愿者队伍表演文艺节目，智障学生开展体育活动。“助残日”期间，市残联安排对全市100名贫困残疾人进行慰问，发放慰问金3万元。全年各级新闻媒体共发表宣传太原市残疾人工作的稿件240余篇（条），协调电台、电视台播出103期残疾人专题节目；中残联、省残联、市委、市政府共采用信息157条，通过市残联网站、公众号、微博发送530余条残疾人工作动态信息，扩大残疾人事业的社会影响，在全社会营造浓厚的扶残助残氛围。

残疾人文化体育活动。2018年，市残联组织残疾人文化周、健身周、全国特奥日等活动，组队参加全省第十一届残疾人运动会，获得金牌 26 枚、银牌 9 枚、铜牌 2 枚，并获得体育道德风尚奖。2018 年代表山西省参加全国残疾人运动会和各种体育比赛共 13 次，多个赛事取得团体优异成绩，获得金牌 5 枚，银牌 3 枚，铜牌 7 枚；参加全国艺术类比赛 3 次，美术作品获得一等奖 15 件，二等奖 15 件，三等奖 11 件；参加全国文艺汇演比赛 2 次，取得优异成绩。

（郝嘉艳）

太原市慈善总会

【概况】 2018 年，太原市慈善总会坚持以习近平新时代中国特色社会主义思想为指导，认真贯彻落实中共十九大和十九届二中、三中全会精神，紧紧围绕全市民政工作要点，开展慈善捐助公益活动，动员社会各界参与慈善、奉献爱心，在扶贫济困、改善民生、弘扬中华民族传统美德和社会主义核心价值观等方面充分发挥作用，推进慈善事业发展再上新台阶，为促进社会和谐做出积极贡献。（办公室）

【扶贫慈善救助】 2018 年，太原市县两级慈善组织支出慈善款物 1231.86 万元。其中：市慈善总会支出款物 832.02 万元；10 个县（市区）慈善会支出款物 399.84 万元。技能扶贫助学，召开全省慈善学校招生工作会议，面向各县（市、区）贫困家庭和全省 21 个贫困县的农户和建档立卡户，招收初高中应届毕业生 500 名。学生在校期间一切费用全免，通过全部免费的职业教育，培养贫困学子掌握一技之长、顺利实现就业、摆脱家庭贫困。慈善圆梦助学，支出 6.4 万元救助 16 名考取大学的孤儿。吉利集团定向扶贫救助 100 万元;爱心人士“家人”、吴建亭定向助学救助 5500 元；救助四川洪灾灾区 3000 元等。慈善助医救助，中华慈善总会“血友病”助医项目支出费用 70 万元，救助 45 名血友病患者。中华慈善总会“爱必妥”直肠癌项目支出费用 585.37 万元，救助直肠癌患者 165 人次。开展“慈善关爱、送医下乡”活动，组织 7 家爱心医院到娄烦县静游镇和马家庄敬老院为孤寡老人免费体检和送医送药。开展“慈善康明目光工程”“幸福晚年有口福”等助医活动，免费为贫困老年人进行口腔疾病的检查和诊疗。物资救助支出 66.05 万元，分别扶贫救助娄烦县、阳曲县等地。

（办公室）

【慈善宣传】 2018 年，太原市慈善总会协调新闻媒体，围绕慈善捐助活动开展宣传，在省市各类新闻媒体刊发新闻稿件 90 多篇，营造良好的社会氛围。

太原慈善职业技术学校是中华慈善总会培训基地，6 月 1 日挂牌，中华慈善总会秘书长边志伟等领导出席挂牌仪式，宣传太原慈善，提升太原慈善影响力。

（办公室）

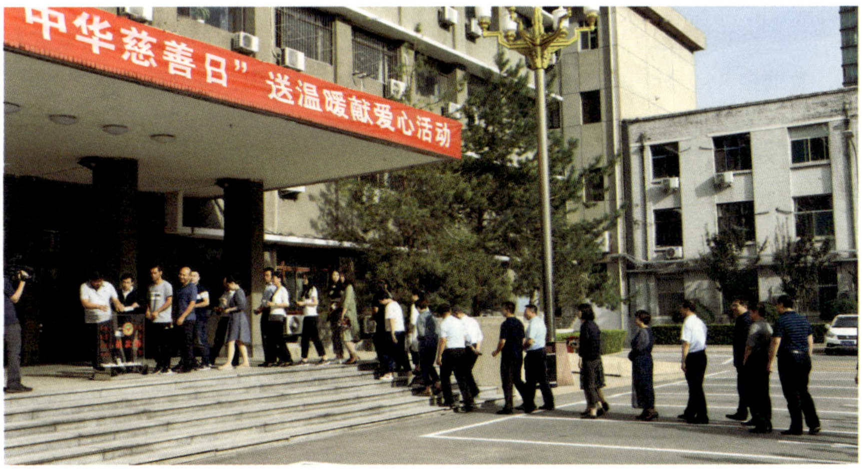

市慈善总会举行“中华慈善日”送温暖献爱心活动 （太原市慈善总会供图）

太原市红十字会

【概况】 2018 年，太原市市红十字会坚持以习近平新时代中国特色社会主义思想为行动指南，突出全面从严治党这一主线，全面落实省红十字会六届三次理事会工作部署，履职尽责，扎实工作，充分发挥了党和政府在人道领域的助手作用。

（吴兰成）

【核心业务】 2018 年，太原市红十字会应急救护培训依托彩票公益金关爱生命健康教育项目来展开，4 月 20 日举办市红十字会彩票公益金“关爱生命健康教育”项目启动培训班，细化分解省红十字会下发的任务，全市各级红十字会积极响应项目要求，全力开展应急救护培训工作。全年完成救护员培训 5116 人次，普及性宣传培训 65118 人次，其中公益性讲座 172 场，32333 人次，各项指标均超额完成。成立领导小组，制定《太原市红十字会彩票公益金“红十字关爱生命健康教育”项目救护培训相关工作执行标准》《太原市红十字会彩票公益金“红十字关爱生命健康教育”项目救护培训财务实施细则》等，为项目开展提供制度保障。召开项目启动会，建立双月例会、中期督导制度。已召开前期工作会议 1 次、项目启动会 1 次、双月例会 3 次，会领导赴县区督导 3 次，电话微信督导多次，就项目的具体实施、执行困难、阶段性成果等方面做出部署安排和总结汇报。制定《各县（市、区）红十字会 2017、2018 彩票公益金“红十字关爱生命健康教育”项目救护培训任务分解表》。要求保障高标准培训质量。要求救护员班容量不突破 100 人次，配备师资不少于 4 人次，严格 16 学时，心肺复苏人人过关，严肃理论答题。将公益性讲座单独列出，做为考核指标，确保数据上报的真实性和可依据性。制定《太原市红十字会应急救护师资注册申请表》、《太原市红十字应急救护师资考核表》，对太原市县两级师资全部完成了个人表格申请注册及电子注册工作，全方位提升市县两级师资理论与授课水平，登记注册的师资48人次。项目资金为中央专项彩票公益金，坚持公益性属性，严把资金使用范围，将资金落脚点着重放在学校、机关、农村、社区、军营等非营利性单位和个人，建立项目专项科目，由专人负责项目财务。制定便于分类统计的《太原市红十字会月报表》、《装订样本》，培训资料逐期装订成册，包括每次活动的计划、考勤、试卷、总结、图片资料等，档案清楚规范、方便查看。在完成项目的同时，开展服务性红十字急救护员培训工作，为太钢集团、理工大学电力培训班、步长药业、宏全食品包装公司、蒙牛乳业太原公司等5家企业完成救护员取证培训260人。（吴兰成）

【应急备灾】 2018年，太原市红十字会按照市应急办、民政局、地震局工作要求，修订完善《太原市红十字会自然灾害应急预案》、《太原市红十字会地震应急预案》，指导县（市、区）红会做好修订工作，市、县红会全部纳入政府应急、地震救援体系，形成市红十字系统备灾救灾网络。市本级人道应急储备金46万元，仓储物资有帐篷、棉被、折叠床等，价值40万元。能够坚持经常检查备灾库房制度，发现问题及时处理，确保备灾物资完好。增强太原市红十字赈济救援队队伍能力建设，派出3名队员参加总会在全省举办的红十字赈济救援队大演练，举办市红十字赈济救援队应急能力建设培训班，着重进行灾情需求及评估、灾害管理信息系统及操作、救灾物资发放管理以及帐篷搭建演练。组织太原市卫生学校学生参加省城纪念第19个世界急救日应急救护暨防震减灾大演练活动，组织开展“交通安全一救在身边”红十字应急包捐赠活动，为太原公交控股（集体）有限公司下设的8条公交线路公交车配备应急包200个，发放宣传手册200份，并开展了2场应急救护公益性讲座。（吴兰成）

【募捐救助】 2018年，太原市红十字会联合市文明办下发《关于继续开展2018年“博爱一日捐”募捐活动的通知》，市县联动，实施项目募捐和非定向募捐相结合的做法，注重发挥平台大额定向救助资金代管作用，全市共接收捐款204.39万元，其中市本级接收44.60万元，参与募捐单位191个。坚持公平、公开、公正原则，开展博爱助医、助困、助学、助公益等救助活动，着力开展红会系统“博爱送万家”活动。全市共筹措物资81.60万元（市本级35万元）对全市10000余户（市本级3000户）贫困家庭进行慰问救助活动。紧扣市委市政府中心任务，改变以往全覆盖模式，重点倾向国贫娄烦县和省贫阳曲县，小店区等好的城区市一级不在发放补缺。开展会长、副会长及理事“送爱心上门，送温暖到家”慰问活动；联合20多个市直机关开展“关爱困难职工”和定点扶贫村困难群众慰问活动；联合市文明办开展“关爱困难志愿者和道德模范”慰问活动；联合市妇联开展“关爱失独单亲家庭”慰问活动；联合高新区总工会开展“关爱困难职工”慰问活动；还开展党员干部进社区5项专项慰问活动。全市博爱助学大中学生29.60名，救助金86万元，市本级救助大学生37名、救助金18.50万元，助莘莘学子圆梦起航。贯彻项目改革，规范救助管理，以“小天使基金”等总会、红基会、省红会公益金救助项目申请规范为契机，推进我市人道救助项目申报的规范管理，筛查上报红基会小天使基金申请20人，天使阳光8人，争取到红基会小天使救助16人、救助资金48万元；筛查上报省红会“博爱幸福”救助项目10人。（吴兰成）

【组织宣传】 2018年4月1日，太原市红十字会在天龙山仙居园举办太原市遗体捐献纪念日活动，今年的纪念活动受到了央视新闻频道、国际频道、中国国际电视台、人民日报、中新社等媒体的广泛大篇幅报道关注，遗体捐献咨询络绎不绝，实现人数逐年增加，遗体捐献工作已经成为市红十字会耳熟能详的名片。5月8日，围绕“人道为了你的微笑”这一主题，组织市直团体会员单位和志愿者在玉门河公园举行纪念第71个世界红十字日活动。现场举行征集微笑活动、进行了心肺复苏技能表演、急救小品表演、家庭实用急救知识宣讲。各县区红十字会设立分会场同步开展宣传活动，各市直团体会员单位制作宣传展板等24块，现场进行红十字运动、“三献”知识的宣传、义诊、咨询活动，现场义诊500余人次，发放10种红十字宣传资料2万余份。9月9日，与省红十字会联合举办“关爱生命、你我同行”省城纪念第19个“世界急救日”应急救护暨防震减灾大演练活动。活动由省、市有关部门等单位相关负责人、省红十字会理事、团体会员单位负责人及志愿者代表、高校红十字会大学生志愿者代表、省红十字会蓝天救援队队员、市卫校学生共计近1000人参加活动。旨在树立安全发展理念，弘扬生命至上、安全第一的思想，健全公共安全体系，提升防灾减灾救灾能力，彰显红十字会在人民群众生命安全健康教育中的主体作用，切实加强增强公众灾害预防和应对意识，提升防震避险能力。中央电视台、新华社、中国新闻社、山西电视台、黄河电视台等中央、省市主流媒体在现场进行了网络直播和采访报道，数十万人通过网络、手机等观看演练并参与互动。12月1日，市红十字会联合太原科技大学体育学院在体育馆多功能厅举办关于“主动检测，知艾防艾，共享健康”的防艾宣传主题活动。为学生发放并佩戴红十字会纪念徽章、宣传资料和纪念品，介绍艾滋病的相关知识、临床病状、传播途径，提出要洁身自好的要求，全体人员在活动条幅上进行签名。本次宣传活动，加强大学生对艾滋病认知，提升预防艾滋病意识，促使养成良好的生活习惯，有效预防艾滋病流行蔓延，营造健康良好的校园环境。市卫校、各县区也开展了相关活动。市红十字会为搞好宣传工作，印制应急救护宣传折页5.4万张，制作大信封10000个、宣传手袋10000个，制作会旗11面，业务展板4块，党建展板4块，宣传展板12块。（吴兰成）

【“三献”宣传】 2018年6月14日，太原市红十字会在玉门河公园开展第15个“世界献血者日”纪念活动，启动“文明山西、关爱生命——省直机关公务员无偿献血暨造血干细胞捐献月活动”，对太原市78名“无偿献血超过百次先进个人”进行了表彰。活动现场43人完成献血，全市395人献血153400毫升，74人捐献机采血小板，捐献118个单位。全市共实现造血干细胞捐献3例，累计64例。坚持开展对造血干细胞捐献者慰问活动，即实施采集的当日，会领导带上慰问品到采集现场进行慰问，并为捐献者颁发证书。9月15日“世界骨髓捐献者日”组织太原市部分实现造干捐献的同志，参加省红十字会组织的“造血干细胞捐献者，你还好吗”主题分享活动。新登记遗体（器官）捐献志愿者115人次，实现捐献35例，实现角膜捐献1例。历年累计登记873人次，实现165例，角膜捐献37例。（吴兰成）

【志愿养老服务】 2018年，太原市红十字会以太原市长跑协会为载体，成立红十字运动应急志愿服务队，该服务队在九月举办的“太马”赛事中发挥积极作用，30名志愿者作为急救跑者，在赛道内提供红十字应急救护服务工作。组织协调市二院、比家美、山投颐佳、精神病医院等四家养老机构，3次参加省红十字会组织开展的养老护理员培训，按要求及时统计报送有关养老服务机构相关资料。（吴兰成）

【机构改革】 2018年11月18日，太原市红十字会收到省红十字会转发总会《关于贯彻落实〈中国红十字会总会改革方案〉精神的通知》，第一时间将通知在县区微信群里进行转发，并要求认真学习，领会精神实质。组织会机关全体人员集中传达学习《总会改革方案》，组织所属10个县区负责人、以及红十字会员单位领导，集中进行传达学习，并就《总会改革方案》开展研讨，将根据省红十字会部署安排，结合太原市红十字会工作实际，制定太原市红十字会改革方案，推动改革，落实改革，促进红十字事业更好的、更健康的发展。

（吴兰成）

国家级非物质文化遗产·清徐彩门

清徐彩门起源于唐代。当时清徐县城叫清源县，交通便利，商铺林立，经济繁荣。逢年过节人们为了祈盼自己来年商铺兴旺，“祛除百邪”，即在附近边山采回柏叶绑在竹竿和木棍上，插在自己家房顶的最高处。“祛除百邪”到宋代发展为用几根门杆搭在自家门前，上边绑上柏叶枝，两边写上对联的柏叶门楼，年年造型不同，极具观赏价值。再后来历经许多商家的改进，由最初的柏叶门楼发展到柏叶彩门楼、扭彩彩门楼、彩绘彩门楼，到今天的喷绘彩门楼。它的发展和创新生动地体现了经济的发展、社会的进步、人类智慧的进步和科技的提高。具有较高的历史价值、科研价值、经济价值和时代价值，是民间古建筑技艺、民间美术、民间彩绘、民间手工技术相结合的综合产物，多少年来受到广大民众的高度赞扬和喜爱。

2011年清徐彩门列入第三批国家级非物质文化遗产名录。

法　治

Legal System

人大立法

【地方性法规制定】 2018年，太原市人民代表大会常务委员会制定一批地方性法规，主要有：《太原市城乡规划条例》《太原市生活垃圾分类管理条例》《太原市道路交通安全管理条例》。（尚　瑛）

【地方性法规修正】 2018年，太原市人民代表大会常务委员会修改的地方性法规主要有《太原市老年人权益保障办法》。（尚　瑛）

政法委及社会综合治理

【概况】 2018年，太原市委政法委把学习贯彻习近平新时代中国特色社会主义思想和中共十九大精神，特别是习近平总书记视察山西重要讲话精神作为首要政治任务，树牢"四个意识"，增强"四个自信"，做好"两个维护"。按照中央和省、市委关于政法综治工作的决策部署，勠力同心、开拓进取，全市政治安全稳定，社会大局平稳有序，人民群众安全感持续提升，圆满完成各项工作任务。（邹　浩）

【"扫黑除恶"专项斗争】 2018年，太原市委政法委以高度的政治自觉和站位，开展扫黑除恶专项斗争。先后组织召开12次全市扫黑除恶专项斗争领导小组会议，分阶段对专项斗争进行安排部署，共打掉黑恶势力犯罪团伙103个，抓获犯罪嫌疑人1042人，依法查封冻结涉案资产10.90亿余元，移送保护伞线索和腐败线索72条，打击数量和质量居全省首位，在全国省会城市位居前列，工作成效和方法举措受到中央督导组充分肯定。特别是侦破李金才涉黑案，摸排出涉及全国30个省市，2299名聋哑人违法犯罪线索，受到公安部高度评价。（邹　浩）

【新时代"枫桥经验"】 2018年，太原市委政法委依靠群众就地化解矛盾，共调解各类矛盾纠纷21006件，调解成功20348件，成功率为96.87%，防止群体性上访214件3811人，防止"民转刑"10件14人。在全市确定"一十百"先行先试示范点，打造、培育有区域特色、重实效、可复制、易推广的基层社会治理先进典型，涌现出郝庄、亲贤社区等一大批基层先进治理典范，被中央和省委政法委收录到《基层典型经验选编》,《长安》杂志、《山西日报》等中央、省市媒体对此进行宣传报道。（邹　浩）

【社会安全稳定维护】 2018年，太原市委政法委抓住涉军维稳、晋商贷等重大敏感案事件，开展重大社会矛盾风险防范化解专项行动，对全市综治安保维稳工作部署落实情况进行全面督导检查，共排查交办信访事件970件。圆满完成全国"两会"、中非论坛等重点时段以及中央第十五巡视组和第2扫黑督导组驻并期间的信访维稳任务，实现"零群访""非接待场所零涉访"，信访秩序持续好转，取得近年来的最好成绩。（邹　浩）

【"雪亮工程"建设】 2018年，太原市作为全国公共安全视频监控建设联网应用（雪亮工程）示范城市，全市共整合接入公共安全视频资源9.80万余路，完成示范城市项目建设，初步实现公共安全视频城区全覆盖、农村基本覆盖，市直有关部门横向互联，各县（市、区）纵向贯通的格局，提升社会治安防控体系的信息化、智能化水平。（邹　浩）

【试点实习律师到法院实习机制】 2018年，太原市委政法委在司法体制综合配套改革中，由太原市委政法委牵头，协调推动54名实习律师进入市中级人民法院、迎泽区法院实习，累计协助法官办理案件5000余件，缓解法院案多人少、审判辅助力量不足的问题，提高审判质量和办案效率，促进法律职业共同体的建设和发展。在市县两级法

院推开实施属全省首家，市深改办专程赴市中级人民法院进行调研，对该做法给予认可。 （邹 浩）

【法律服务工作新模式】 2018年，太原市报送的《太原市创建“法治诊所”推进信访法治化建设报告》入选《法治山西建设年度报告（2018）》蓝皮书。探索“三级法律服务平台”工作机制，10月，中国法学会会长王乐泉一行在考察调研时，对太原市做法给予肯定，省法学会决定将该做法在全省推广。太原市法学会获全省唯一的（中国法学会五年表彰一次）“全国地方法学会先进集体”称号。 （邹 浩）

【平安省城建设】 2018年，太原市委政法委推进综治领导责任制落实，推动市县乡村四级主要领导以及相关成员单位负责同志层层签订责任书，狠抓《2018年度全市综治（平安建设）工作考评办法》落实。深入推动“平安社区（村）”“平安单位”“平安校园”等基层平安创建活动，创新工作模式，探索心理服务疏导和危机干预工作。在全市铁路护路联防工作中，实现“四防止四实现”目标，铁路交通事故等八项指标全部为零，履行好保一方平安的重大政治责任。

综治基层基础工作，推进综治中心标准化建设和规范化运行，公共安全视频资源全部接入综治中心。全市105个乡镇（街道）全部建成综治中心，达标率100%；1498个社区（村）中有1446个建成综治中心，达标率96%。加强网格化建设，协调全市5905名网格长工作补助纳入县级财政予以保障。全市各级综治中心共受理各类案事件31.14万余件，处置29.01万余件，处置率93.20%，在维护基层社会稳定、服务群众方面发挥积极作用。

开展矛盾纠纷排查多元化解，引导社会各方面力量参与排查化解，及时发现苗头隐患，将矛盾纠纷消除在源头和萌芽阶段。坚持集中排查调处和经常性排查调处相结合，落实矛盾纠纷排查调处会议制度。组织召开全市矛盾纠纷排查调处工作例会12次，对440件重大矛盾纠纷进行评估研判、预测预警，其中调处162件。

加强特殊人群预防犯罪工作，与660名严重精神障碍患者签订“以奖代补”责任书，统筹资金123.50万余元；开展禁毒严打整治专项行动，全市吸毒人员社区戒毒执行率99.50%，社区康复执行率100%；做好社区矫正和刑满释放人员安置帮教工作，刑满释放人员重新犯罪率连续五年控制在1%以内，全市未发生重点人群重特大案（事）件。 （邹 浩）

【法治太原建设】 2018年，太原市委政法委推动法治建设责任制落实，全年召开全市法治建设领导小组会议9次，推动法治建设6个方面30项重点工作和任务指标落实。推进“市级法治创建示范点”建设，提升社会治理法治化水平。聚焦与群众生产生活密切相关领域，确定《审批服务便民化改革》等5个法治惠民实事项目。对村级两委主干实施法治轮训，压实乡村法治建设“一把手”领导责任，选取10个农村（社区）、1个乡镇为试点，推动法治乡村建设向纵深发展，为全面推进乡村振兴战略提供法治保障。

深化司法体制综合配套改革。统筹政法各单位全力配合监察体制改革，协调解决职务犯罪侦办中的相关问题；积极探索用政府购买服务招聘法律事务助理从事审判辅助性事务工作；继续推动以审判为中心的刑事诉讼制度改革，完善员额法官检察官遴选、补充、退出机制，启动第2批员额遴选工作。目前全市两级员额法官356人，员额检察官228人。

推进涉法涉诉信访工作改革。加大积案清理活动力度，完善涉法涉诉导入，全年依法导入法律程序信访事项942件；加大律师参与化解涉法涉诉信访案件的工作力度；认真落实国家司法救助制度，审批申报救助71件115人次275.60万余元；依法打击进京非访行为，共处理违法人员156人次；随机抽选34个案件，指定市直法、检、公开展交叉评查，提升执法规范化水平。

加强新时代法学理论探讨研究。组织参加中国法学青年论坛等高端学术交流活动，上报论文157篇。其中，在第十一届“中部崛起矛法治论坛”中，上报论文55篇，获奖9篇，太原市获评为“优秀组织单位”奖。在全市开展“十佳法学工作者”评选活动，遴选优秀法律人才建立起法学法律专家库，入库专家78人，推荐法律顾问15人，有效发挥法律参谋和智囊作用。 （邹 浩）

【政法智能化建设】 2018年，太原市委政法委高度重视政法领域意识形态工作，坚持问题导向，准确把握政法系统意识形态领域的新变化，加强分析研判的政治性、针对性和指导性。努力提升网络治理能力，建立起网络政治安全监测预警机制，全面落实网上防范、管理、打击等措施，最大限度挤压网络政治谣言和有害信息滋生空间。2018年，未发生涉太原市重大网络炒作事件。

新时代政法自媒体建设。提高政法宣传舆论传播力、引导力和公信力。太原市长安网发布稿件668篇，晋阳剑微信公众号推送稿件460条，关注粉丝7300余人，官方微博关注人群近2000人。在第三届平安中国微电影微视频微动漫比赛中，太原市委政法委选送的微电影《起飞》获全国“十大微电影奖”，《太原爱路护路动漫宣传片》获得平安山西优秀作品奖。

舆情监测和处置工作。坚持每日舆情监测，加大预测预警和分析研判力度，全年印发《政法舆情双周分析》24期。围绕“三同步”工作法，全面落实负面舆情处置工作责任制，完成“2·04”“4·28”等重大敏感案件审判保障任务。太原市部分“三同步”处置案例被中央和省委政法委选录《政法法系统“三同步”案例选编》，其做法在全国、全省推广。

全面推开“206”系统试点工作。作为全国刑事案件职能辅助办案系统建设第一批试点城市，太原市完成市县两级硬件配置和人员培训，全年完成市县两级应用全覆盖。系统运行良好，初步实现各政法机关之间的司法协同与数据共享。其中，全市法院系统利用平台流转案件100余件，办结30件；检察系统办理案件311件。（邹　浩）

【综合整治】 2018年，太原市委政法委围绕“创城”目标开展综合治理，组织开展中重型运输车辆专项整治，查处货车各类违法行为50717起，有效整治沿街抛撒、违章驾驶、环境污染等问题。开展文明交通综合治理，对244条小街巷进行综合治理，打造一批精细化管理示范片区、示范街（巷）。积极开展社会治安志愿者服务，成立志愿者队伍1529支，志愿者66495人，累计开展服务6万余小时，化解矛盾纠纷9600余起，消除隐患8500余个，刑事、治安类警情分别下降11.10%、0.20%，群众安全感和满意度进一步提升。（邹　浩）

【助力脱贫】 坚决打赢脱贫攻坚战。强化帮扶村党支部阵地建设，开展“主题党日+”活动，推动党的扶贫政策精准落实到位。组织机关干部职工深入全村154户贫困户家中慰问走访，协调拨付专项补助资金63万元，完成35户年久失修土窑洞改造。结合帮扶村实际，统筹帮扶资金用于光伏发电项目，全年分红30余万元，惠及全体贫困户。太原市委政法委脱贫攻坚工作顺利通过省第三方评估组评估验收。

破解“执行难”问题。按照中央、省、市的统一部署和要求，加强统筹协调，形成部门联动，协调公安、不动产、工商等部门开通查人、扣财产的绿色通道，优化外部环境。强化研判分析，通过召开专题点评会、发函、通报等形式，督促全市64件涉党政机关未执结案件的执行，力求出实招求实效，目前已执结完毕52件，其余12件已达成解决意向，真正让人民群众感受到公平和正义。

打击环境污染犯罪专项行动。按照“一把手负责三平台落实”的模式，通过动员部署会、领导小组会、办公室成员会议一抓到底。全年办理生态环境类违法犯罪案件411件（刑事21件，行政390件），移送起诉20件39人，审结6案13人，名列全省前列，初步形成全民动手、共同治理、共享环境的良好局面。（邹　浩）

【队伍建设】 2018年，太原市委政法委落实党风廉政建设责任制，签订《2018年度党风廉政建设责任书》。高度重视党建工作，落实“一岗双责”，推进“三基”建设，强化理论学习，提升廉洁自律意识。全年召开书记办公会研究党建工作2次，召开机关党建工作会2次，党委会议12次。严肃党内组织生活，狠抓“三会一课”落实，开展谈心谈话、民主评议活动，全年未发生违法违纪案件，太原市委政法委第三党支部获“全市先进基层党组织”称号。

政法队伍集中整肃活动。以“八查八整”为抓手，在全市政法系统组织开展“以案为鉴、筑牢防线”警示教育活动。开展纪律作风大检查和授权执法巡查工作，重点检查贯彻落实中央八项规定精神和廉洁从政各项规定、法定节假日和重大节点值班执勤、窗口单位和基层所队服务管理、警风警纪及工作人员在岗情况，有力推动政法工作开展，太原市授权执法巡查工作被省委政法委通报表扬。

整治“四风”专项行动。以反对形式主义、官僚主义为重点，认真梳理问题、责任、整改“三清单”，从14个方面明确22项具体整改任务，制定整改措施22条，坚决整治不担当、不作为、慢作为、假作为，在导向上发力，在监督上强化，在作风上引导。通过专项行动，机关作风好转，形成激浊扬清、支持干事的良好生态。

党性和职业技能培训。持续抓好“大学习”“大培训”，组织市管干部和中层正职参加学习贯彻十九大精神专题研讨班，举办全市政法干部理想信念暨党性教育专题培训班。根据培训计划和工作需要，分别举办全市法治建设、扫黑除恶和学习推广新时代“枫桥经验”培训班等业务培训，增强党性、拓宽视野，提高政治和业务素质。（邹　浩）

法制政府建设

【概况】 2018年，太原市人民政府法制办公室认真贯彻落实中共十九大精神，按照《法治政府建设实施纲要（2015—2020年）》和省、市法治建设年度工作要点，围绕全市中心工作，依法履行政府职能，创新管理体制机制，深入推进依法行政，稳妥落实各项举措，建设职能科学、权责法定、执法严明、公开公正、廉洁高效、守法诚信的法治政府，为促进全市经济健康发展和社会和谐稳定奠定坚实的法治保障。

（张　涛）

【政府立法】 2018年，太原市人民政府法制办公室改进政府立法工作程序。认真贯彻科学立法、民主立法、依法立法和立改废并举的基本要求，出台《太原市人民政府拟定地方性法规草案和制定规章程序规定》，进一步健全完善立项、论证、协调、审议等工作机制，推进立法工作纳入法制化、规范化的轨道，提升政府立法质量。

重点领域立法。全年提请太原市人大常委会审议地方性法规草案2件，即《太原市生活垃圾分类管理条例》《太原市道路交通管理条例》；开展对政府规章《太原市电梯安全管理办法》修订工作，为加强太原市生态环境保护、提升城市管理水平发挥积极作用。立法工作中，着力加强起草单位、政府法制机构和市人大法制委员会、有关委员会的沟通交流与工作衔接，推动社会公众参与立法工作，通过书面征询、网络收集、专题调研等方式，征求各方意见，充分听取民意、集中民智，有效增强立法工作的科学性、针对性、可行性。

加强规范性文件管理。为提高行政规范性文件审查效率，印发《关于进一步做好行政规范性文件制定和监督管理工作的通知》，重点从严格行政规范性文件制定权限、严格行政规范性文件制发程序和加强行政规范性文件监督管理三个方面对太原市行政规范性文件的制定和监督管理工作进行规范。深入贯彻《太原市行政规范性文件管理办法》，全面落实“三统一”“两编号”制度。全年太原市政府法制办公室审查文件391件，其中规范性文件105件、一般文件286件；备案审查市政府各部门和各县（市、区）政府规范性文件25件，向省政府、市人大报备规范性文件23件，有效确保审查率、备案率、合格率、及时率达到100%。执行《太原市行政规范性文件管理实施细则》，实现规范性文件从定期清理向动态管理的转变，确保太原市规范性文件能够根据国家法律法规和上级政策的变动而及时调整，有效提升规范性文件管理水平。

开展地方性法规规章和规范性文件专项清理。按照省、市工作部署，对太原市地方性法规规章和规范性文件进行多次专项清理。涉及非公有制经济相关制度的清理，废止相关规范性文件11件。涉及著名商标相关制度的清理，经过清理，太原市没有属于清理范围的地方性法规规章和规范性文件。涉及产权保护相关制度的清理，太原市涉及产权保护的规范性文件2件，予以保留。涉及生态环境保护相关制度的清理，涉及生态环境保护的市政府规范性文件有20件，予以保留；各县（市、区）、市直各部门涉及生态环境保护的规范性文件有164件，保留61件，废止103件。涉及证明事项的清理。为贯彻落实国家和省优化服务工作要求，组织各县（市、区）政府、市直各部门对现行有效的证明类材料开展清理工作。太原市政府办公厅、法制办多次下发文件，安排部署并督促清理工作。9月17日，组织召开由各县（市、区）政府、市直各部门法制机构分管领导及处室负责人参加的全市证明事项清理工作推进会，传达学习国务院办公厅、省政府办公厅和省政府法制办关于证明事项清理工作有关文件精神，着重对司法部推进证明事项清理工作电视电话会议的要求进行了传达部署。经过清理，共取消证明事项44项，其中立即取消的26项，拟保留至2018年底的18项，印发《太原市人民政府关于取消市政府规章设定的证明事项的通知》和《太原市人民政府关于取消市政府及办公厅设定的证明事项的通知》，并将清理结果向社会公布。　（张　涛）

【依法行政】 2018年，太原市人民政府法制办公室落实行政决策制度规定。把公众参与、专家论证、风险评估、合法性审查、集体讨论决定作为重大行政决策工作程序，有效提高决策质量。执行《太原市政府重大行政决策合法性审查规定》，决策过程由法制机构参与审核把关，对于专业性较强的，组织专家或专业机构进行论证。依托政府门户网站，广泛征求公众意见，及时反馈情况，增强政府决策的科学性、民主性。

发挥政府法律顾问作用。太原市政府聘任5位专家律师作为法律顾问，市直各部门和各县（市、区）政府及开发区管委会普遍建立政府法律顾问制度，全部选聘政府法律顾问，政府法律顾问在全市范围内实现全覆盖。完善政府法律顾问制度，制定印发《太原市政府法律顾问工作考核办法》，这是继《太原市政府法律顾问管理办法》之后，在完善政府法律顾问制度上的又一重要举措。该《办法》共分为履职考核、规范执业考核、树立形象考核和加分项目四项考核内容，每一项考核内容均针对政府法律顾问具体从事的工作进行量化规范，并明确政府法律顾问考核程序、续聘条件和奖惩措施。印发《关于在报送市政府发文材料中增加法律顾问意见的通知》，完善绩效考核机制，加强政府法律顾问管理。加大对政府法律顾问的培训力度，7月25日召开太原市法律顾问培训会，通过两名优秀法律顾问的工作经验介绍，加强全市法律顾问学习交流，促进服务水平再提升。8月3日召开市政府法律顾问述职会暨首次年度考核会，总结市政府法律顾问工作情况，对今后工作任务、目标、质量提出新的要求，加强政府法律顾问考核管理，推动政府法律顾问在参与重大决策、服务依法行政、推动经济社会发展等方面发挥更加积极的作用。　（张　涛）

【行政执法监督】 2018年，太原市人民政府法制办公室加强行政执法队伍管理。按照《山西省行政执法条例》《山西省行政执法责任制规定》等规定，强化对行政执法主体资格的管理。对全市执法主体和人员情况进行梳理统计，将有关情况向省政府法制办报送。按照《山西省行政执法证件管理办法》，开展行政执法人员资格审查和资格认证考试工作。全年对太原市申领行政执法证件的2452人资格认证考试，对考试合格人员信息进行审核并报送省政府法制办，核发行政执法证件1753个。组织开展年度行政执法证件审核注册工作，经过对2013年1月1日至2017年12月31日颁发的“山西省行政执法证”和“山西省行政执法监督证”情况全面审查，10个县（市、区）、1个开发区管委会和34个市直行政执法主体对所申领的行政执法（监督）证件进行注册年审，现全市注册数量为6040个（07版证件为1143个，15版证件为4897个）。建立健全行政执法人员常态化培训机制，行政执法单位对所属执法人员每年至少组织一次培训，培训计划报政府法制机构备案。要求各行政执法机关将本部门行政执法人员上年度年终考核结果，于每年6月1日前报本级政府法制机构备案。通过加强行政执法人员培训、考核管理，提升执法人员法治意识和能力水平。

行政执法方式改进。为推进法治政府建设，促进太原市各级行政执法机关严格规范公正文明执法，根据《山西省人民政府办公厅关于进一步规范行政执法工作的意见》精神，出台《关于进一步规范行政执法工作的实施意见》，健全完善行政执法工作制度，夯实规范行政执法工作基础，加快推进法治政府建设。为规范行政执法机关文明执法，促进合法、合理行政，优化执法环境，保护公民、法人和其他组织的合法权益，出台《太原市行政执法文明行为规范（试行）》，重点从适用范围、职责分工、场所要求、人员资格、仪容仪表、执法形象等方面对文明执法进行规范，在行政执法机关中推广运用说服教育、劝导示范等非强制性执法手段，规范行政执法言行，推行行政指导和说理式执法。要求各级行政执法机关将文明执法作为岗前培训和日常教育管理的重要内容，纳入行政执法工作考核，全面推动文明执法，做到有法必依、执法必严、违法必究，确保各项法律法规有效实施。为加强对行政执法人员动态监管，建立健全执法主体、执法人员等执法信息数据库，太原市政府法制办公室印发《关于对全市行政执法主体及行政执法人员基本信息采集备案的通知》。全年对涉及到的相关单位信息及其所属的10942名行政执法人员信息进行审核备案。

推进落实行政执法三项制度。1月召开行政执法三项制度座谈会，总结工作推进过程中的经验，分析遇到的困难与问题，听取各试点单位对推行行政执法三项制度的意见建议。为加强对行政执法的日常监督，落实行政执法责任制，印发《关于开展行政处罚案卷评查工作的通知》，利用4个月时间，在全市部署开展行政处罚案卷评查工作。各县（市、区）、综改示范区、不锈钢园区管委会、市直各有关单位按照《太原市行政处罚案卷评查标准》要求，围绕行政处罚案卷在行政处罚主体、权限、程序、依据等方面是否合法，在文书规范方面是否符合标准等方面开展自查，全市有行政处罚案卷的23家行政执法单位对4851本行政处罚案卷进行了评查。在全面评查的基础上，对其中31本案卷进行了随机抽查，并根据抽查结果，结合各单位案卷评查工作报告，对本次案卷评查情况进行总结通报，推动行政执法责任制的落实。

行政执法水平提升。组织开展《法治政府建设实施纲要（2015—2020年）》及省、市《贯彻落实〈法治政府建设实施纲要（2015—2020年）〉的实施方案》知识问答竞赛活动，太原市19453名行政工作人员积极参加。为总结经验，鼓励先进，对迎泽区等22家优秀组织单位和196名先进个人予以通报表扬。按照《山西省重大行政处罚决定备案办法》要求，加强对重大行政处罚行为的监督，畅通审查备案渠道，确保应当报送备案的重大行政处罚决定及时报备。进一步强化行政执法监督力度，全面梳理市直各单位行政执法委托手续，认真完成行政执法委托审核登记等工作。

（张　涛）

【行政纠纷化解】 2018年，太原市人民政府法制办公室深化行政复议委员会试点工作。坚持“以人为本、复议为民”，深入推进行政复议委员会试点工作，依法化解社会矛盾纠纷，为加快推动法治政府建设发挥积极作用。全年市县两级政府共办理行政复议案件425件，其中市政府办理169件，市级公安机关办理68件，县级政府办理188件。

行政复议规范化建设。按照《行政复议实施条例》推进听证制度落实，经办案件90%以上均以听证方式审理，凡涉及第三人的一律追加，充分听取当事人的意见，查清事实，明辨是非，以理服人，有效提高案件办理质量，切实增强行政复议公信力。落实行政复议申请登记制度，凡申请行政复议一律予以登记，符合受理条件的，及时予以受理；不符合受理条件的，根据案件实际情况，予以一次性告知，畅通行政复议受理渠道。

行政应诉工作。出台《太原市人民政府关于进一步加强和改进行政机关负责人出庭应诉工作的通知》，把行政机关负责人出庭应诉工作作为推进依法行政能力建设的重要内容，强化行政机关负责人出庭应诉制度，加强和改进行政应诉工作。太原市政府办公厅、市政府法制办、市中级人民法院、阳泉中级人民法院共同组织召开行政复议和行政审判工作联席会议。省高级人民法院、市中级人民法院、阳泉中级人民法院相关负责同志出席会议，市政府办公厅、市国土、规划、住建、城管、人社、环保、工商、食药、房管、信访等部门和10县（市、区）政府法制工作分管领导及法制机构负责人参加会议。结合太原中级人民法院、阳泉中级人民法院反馈情况对2018年每季度行政机关负责人出庭应诉情况向各有关单位进行通报，推进行政机关负责人出庭应诉制度的严格落实。全年市政府本级行政应诉一审案件共60件。根据市中级人民法院《关于建立行政审判法务联络员制度的建议》，在全市各级政府、各行政机关内部建立法务联络员制度，形成纵向到底，横向到边，全覆盖联络机制。

（张　涛）

【法治政府建设】 2018年，太原市人民政府法制办公室加强党对法治政府建设的组织领导。充分发挥党总揽全局的领导核心作用，始终把党的领导贯彻到法治政府建设的全过程和各方面。坚持在市委的坚强领导下，按照市委、市政府印发的《太原市贯彻落实〈法治政府建设实施纲要（2015—2020年）〉的实施方案》要求，认真谋划落实年度法治政府建设各项工作。落实主要负责人推进法治建设第一责任人职责，不断完善主要领导负总责，分管领导亲自抓，业务部门具体抓，人人有责任，层层抓落实的工作机制，稳步有序推进工作，切实把法治政府建设目标任务落到实处。

提高领导干部法治意识。落实领导干部学法制度，市政府领导通过召开政府常务会议带头学法，增强法治意识，全面提高法治思维和依法行政能力。领导干部带头学法用法守法，有效增强依法行政的主动意识和工作水平，为推动法治政府建设提供强有力的保障。

安排部署法治政府建设工作。印发《太原市2018年法治政府建设工作计划》，重点从加快职能转变、健全决策机制、加强政府立法和规范性文件管理、规范行政执法、依法化解社会矛盾纠纷、强化监督机制、加大教育培训、强化工作保障8个方面，细化明确56项具体举措，对年度法治政府建设工作进行全面部署，全面回顾2017年度全市法治政府建设工作情况，重点安排部署2018年度工作任务。

开展法治政府建设第三方评估。2018年7月太原市首次聘用第三方评估机构（山西初心律师事务所）对自2015年以来到2018年上半年法治政府建设情况进行全面评估。开展此次评估工作是重大决策科学化、民主化的重要一步，也是推进依法行政工作、深化治理方式改革的重大举措，充分彰显市委、市政府建设法治政府的决心和信心。此次评估共分为8个一级指标，下设43个二级指标、105个三级指标，从不同侧面反映太原市法治政府建设的推进情况。根据各参评单位特别是牵头单位报送的自评报告和印证资料、实际调研座谈记录、政府网站信息以及调查问卷数据分析，评估组严格按照指标体系进行认真地梳理，形成《太原市法治政府建设评估报告》，客观评价太原市法治建设情况。

健全法治政府建设考核工作机制。印发《太原市2018年法治政府建设工作计划评分细则》，科学设置考核指标，进一步完善考核评价体系，特别是把行政机关负责人工作重视程度、法制机构建设情况、行政应诉案件出庭应诉情况、规范性文件报备情况等纳入考核指标，充分发挥考核评价对法治政府建设的推动保障作用。

加大法治宣传教育力度。组织政府工作人员进行法治培训，开展“依法行政宣传月”和“宪法宣传周”活动。太原市政府法制办公室组织全市相关单位法制机构负责人参加法治理论培训4次，会同市委组织部与哈尔滨工业大学联合举办为期一周的法治专题培训班，在全市范围内开展行政人员广泛参与的依法行政知识竞赛活动。在“宪法宣传周”活动之际，在《太原日报》连续两日刊发“法制工作”专版，回顾总结20年来太原市政府法制工作的发展历程，全面展示在推进依法行政、建设法治政府工作中所取得的显著成绩。太原市司法局组织“七五”普法讲师团，在全市掀起宪法学习热潮，全市开展宪法主题讲座、法治培训560余场次。拍摄宪法宣传片，组织参加“我与宪法”优秀微视频征集活动。太原市委办公厅、市政府办公厅印发《关于深入贯彻落实国家机关“谁执法谁普法”普法责任制的实施意见》，探索建设“谁执法谁普法”普法责任制电子监管平台，推进落实普法责任制。全市各级各部门均积极行动、创新举措，开展形式多样的法治宣传教育工作。（张　涛）

公　安

【概况】2018年，太原市公安局以习近平新时代中国特色社会主义思想为指导，以对党对人民高度负责的政治责任感，全面贯彻总体国家安全观，深化反颠覆反渗透反分裂反邪教斗争，深入开展扫黑除恶专项斗争和反恐怖斗争，持续深化各类专项打击整治行动，忠实践行对党忠诚、服务人民、执法公正、纪律严明的总要求，顽强拼搏、扎实工作，公安机关的履职能力和水平有较大提升，全局主要业务工作指标呈现“五降五升”的良好态势，即：刑事类警情、“两抢一盗”类警情、刑事立案数、八类案件发案数、群体性事件数同比分别下降11.80%、21%、6.80%、19%和29%，刑事破案数、现行案件破案数、抓获作案成员数、查处治安案件数、治安拘留数同比分别上升10.90%、7.50%、16.80%、15.60%和11.20%，维护省城政治安全和社会大局稳定。（刘春生）

【思想政治建设】2018年，太原市公安局政治建警的首要地位不动摇，全市公安机关“两个维护”的政治定力更加坚强。把“两个维护”作为政治建警的最高原则和第一要求，坚决贯彻落实各项政治要求和制度安排。出台《太原市公安局党委“两个维护”十条规定》，修订《太原市公安局党委工作规则》，把党对公安工作的绝对领导、全面领导充分体现在全市公安工作和队伍建设的方方面面。更加注重理论武装。把学习贯彻习近平新时代中国特色社会主义思想和中共十九大精神作为忠诚使命的必修课，市局党委中心组集体学习探讨12次，37个直属党组织开展集体学习研讨558次，举办4期领导干部政治轮训班，培训全局处级领导干部913人次，树牢“四个意识”，增强“四个自信”，坚定“两个维护”，打牢高举旗帜、听党指挥、忠诚使命的思想根基。切实抓住“关键少数”。出台《2018年市局党委班子落实党风廉政建设党委主体责任清单》，围绕“三重一大”和执纪问责等召开33次市局党委会议，市局党委书记与直属党组织书记签订主体责任书，各级党组织召开民主生活会、组织生活会，贯彻整风精神，开出新的气象，全面管党治警的主体责任不断落实、不断强化、不断深入。持续开展正风肃纪。坚持迎着问题上、盯着问题改，持续推进全市公

安队伍集中整肃专项活动和“两整治一教育”活动，查纠整改队伍管理方面存在的问题。（刘春生）

【反恐维稳安全】2018年，太原市公安局在有效应对一系列重要会议、重大活动和敏感节点叠加积累的严峻挑战和维护政治稳定、筑牢安全屏障的繁重任务中，全市公安机关和全体民警以忠诚的政治品格，强烈的担当精神，顽强的战斗意志，做到担得起、冲得上、打得赢。主动把信访稳控的担子挑起来，坚持情报先导，及时掌握汇总研判各类风险隐患和不稳定因素，及时实地核查稳控，妥善开展现场处置，年内重大事件预警率100%，处置各类群体性事件，实现法律效果、社会效果和政治效果的统一，推动全市稳定形势持续向好，实现全国“两会”、上合组织青岛峰会、中非合作论坛北京峰会等一系列重大活动赴京“零上访、零滞留、零事故”。维护政治安全，严密防范、严厉打击敌对势力的捣乱破坏活动，侦办一批部督大要案件；严厉打击防范网上政治谣言，深入开展网上意识形态斗争，及时侦破一起蓄意制造传播政治谣言的案件，切断境内外联系，得到公安部、省厅领导表扬。

建立防暴恐事件网络，主动与有关公安机关建立反恐怖情报交流机制，开展广泛的交流协作，在全市组建反恐最小作战单元，开展反恐实战演练，切实提高快速处置恐怖事件的能力和水平；广泛宣传《反恐怖主义法》，对全市反恐重点目标单位开展明察暗访，对存在问题的20余家单位主要负责人进行约谈；主动出击、以打促防，开展反恐案件侦办，查处涉案嫌疑人。

控制网络舆论阵地，提升舆论引导和危机应对能力，牢固树立“舆情就是警情”的工作理念，成立工作领导组和涉警舆情处置组，对涉警舆情第一时间发现、第一时间处置、第一时间报告，及时还原真相，正确引导网络舆论，阻断不实信息的蔓延和传播，舆情保持整体平稳。（刘春生）

【社会治安平稳】2018年，太原市公安局以“扫黑除恶”为龙头，以“更好控发案、更多破小案、更快破大案、更准办好案”为目标，网上网下齐发力，迅速形成对黑恶势力犯罪的压倒性态势，各个打击战场多点开花、战果突出，社会治安形势明显好转，刑事警情数显著下降，群众安全感持续提升。年内全市公安机关破获各类刑事案件16760起，提请逮捕6055人；查处治安案件154085起，治安拘留12770人。扫黑除恶专项斗争夺取阶段性胜利。成功打掉黑恶势力犯罪团伙103个，其中黑社会性质犯罪组织9个、恶势力犯罪集团28个，恶势力犯罪团伙66个，打击数量和质量居全省首位，位列全国省会城市公安机关先进行列。

8月28日，全国扫黑除恶专项斗争推进会在太原市召开。禁毒严打专项整治得到持续深化。坚持情报引领与联合查缉相结合，适时开展情报研判和专案经营，努力做到全环节、全链条打击。年内办理毒品违法犯罪案件4035起，办理部、省督毒品目标案件4起，缴获各类毒品54.63公斤，查处吸毒人员3626人次，强制隔离戒毒1366人次，社区戒毒609人次。“盗抢骗”等群众关注的民生案件得到有效遏制。破获“盗抢骗”等多发性侵财案件6292起，其中破获电信网络诈骗案件768起。联合新闻媒体，建立以预防多发性侵财类犯罪为重点的预防刑事犯罪宣传中心，提升群众自防能力。打击文物犯罪。组织警力，异地作战，成功打掉山西省忻州、运城等地6个盗掘古墓贩卖文物的恶势力犯罪团伙，破获文物犯罪案件74起，抓获各类文物逃犯20人，追缴文物1772件组，保护珍贵的历史文物遗产。对经济犯罪特别是涉众型经济犯罪发起主动进攻。破获各类经济案件1855起，挽回直接经济损失2400余万元。敢于担当、主动排雷，成功侦破“10·11”专案，积极化解金融领域风险隐患；深入推进“猎狐2018”专项行动，抓捕、劝返6名境外逃犯归案，超额完成省公安厅下达的目标任务。打击食品药品和环境犯罪活动。以“破大案、捣网络、除源头”为主攻方向，坚持全链条打击食药环犯罪，侦办案件274起，保障群众舌尖上的安全，确保省城碧水蓝天。开展“净网”行动，营造清朗和谐的网络环境。全面部署开展“净网2018”专项行动，年内办理网络违法犯罪案件4402起，特别是侦破涉及境外的部督“5·08”山西新闻网被入侵案件、部督“4·16”特大传播淫秽物品牟利案等一批大要案件，受到公安部、省公安厅的肯定。（刘春生）

【社会治理】2018年，太原市公安局把握推进国家治理体系和治理能力现代化的总要求，坚持专项治理与系统治理、综合治理、依法治理、源头治理相结合，公安机关社会治理社会化、法治化、智能化、专业化水平显著提升。文明交通综合治理的纵深推进，有力助推文明城市创建活动。构建党委领导、政府主导、综治协调、各部门齐抓共管、社会力量积极参与的工作格局，持续发力，久久为功，创新开展“四警联勤”（交警、巡警、特警、及派出所民警“四警”联勤联动机制）、小街巷综合治理、标志标线提档升级、电动自行车登记上牌等一系列举措，拥堵指数持续下降，道路交通秩序明显好转。新时代“枫桥经验”的全面推广融洽了社会氛围。全面开展社会矛盾纠纷排查化解工作，通过健全“四个机制”（免疫机制、防御机制、预警机制、威慑机制），完善“六项制度”（服务承诺制度、首问负责制度、限时办结制度、一次性告知制度、否定报备制度、同岗替代制度），基本实现“三不”（矛盾不上交、平安不出事、服务不缺位）“三少”（矛盾纠纷、越级上访、进京非接待场所上访人员减少）"三降"（群体性事件、"民转刑"案件、公共安全事件下降）"三升"（群众安全感、获得感、幸福感上升）的总目标。年内，排查矛盾纠纷23822起，化解22635起，化解率95.20%。公共安全管理服务中心的成立有效填补了安全监管的盲区。

主动作为，不等不靠，扩大太原市公安局消防安全管理中心职能，增加社会治安综合治理、交通隐患治理、安防教育宣传、应急处置等职能，全面提升公安机关公共安全综合治理能力和水平。年内全市未发生重特大公共安全事故。全面监管危爆物品，实现不流失、不炸响的工作目标。对枪支弹药、易制爆化学品等重点物品，严格落实源头管理、异常报告等制度，全环节、全流程、全时空监管，确保底数清、动态明、控得住。严格落实寄递物流"三个100%"制度（100%收寄验视、100%实名收寄、100%过机安检），按照"属地管理、分级指导"的原则，将寄递物流企业全部纳入管控，逐一明确责任民警，建立基础档案，切实提升寄递物流行业安全管理的能力水平。（刘春生）

【科技信息化运用】 2018年，太原市公安机关始终把公安大数据战略作为创新发展的大引擎、培育战斗力生成的新增长点牢牢抓在手中，打造数据警务、建设智慧公安，全面推动公安工作质量变革、效率变革、动力变革，努力实现公安机关战斗力的跨越式发展。平台大整合。按照"建、管、服、采、录、比"的要求，整合采集500余种220亿条数据，建立大数据合成研判指挥作战平台，实现"指挥部、作战部、参谋部"的功能定位。视频全覆盖。推进雪亮工程建设，在全国省会城市率先实现符合SVAC标准200万像素高清摄像机的大规模应用，新建卡口抓拍一体机2800余套，整合联网各类视频9万余路，全市"雪亮工程"总体建设方案在全国首批50个示范城市综合评审中名列第一，实现视频资源的联网共享，实战化视频治安防控体系初步形成。"三标"全铺开。以信息化标准分局、标准派出所和标准掌上警务室建设为抓手，将云计算、大数据、立体化视频、人脸识别等一批先进信息化成果广泛应用于社会治安防控，全面提升智能感知、立体防控和精准打击能力。（刘春生）

【"放管服效"改革】 2018年，太原市公安局深入贯彻落实中央《关于深入推进审批服务便民化的指导意见》，围绕群众与企业密切相关的领域和事项，接地气，应民生，着力提升人民群众的便利感、获得感和幸福感。"一网通一次办"上线运行。主动适应网络信息化发展趋势，配合省厅研发山西公安审批服务"一网通一次办"平台，6月13日，平台率先在本市上线运行，192项公安审批服务事项实现网上办理，搭建公安机关和人民群众的联心桥。打造"六最"（审批最少、流程最优、体制最顺、机制最活、效率最高、服务最好）营商环境。以便民利企为总目标，225项公安审批服务事项实现"最多跑一次"；出台便民利企双十五条举措和服务民营企业25条措施，推出"先落户后就业"人才新政、无犯罪记录证明自主查询打印、建设覆盖全市的警务自助服务站等一系列服务民生新举措，优化全市营商环境。行政处罚日趋规范。建立涵盖治安、交警、消防、网安的行政处罚裁量标准，规范行政裁量的范围、种类和幅度，减少人为因素干预，坚决杜绝滥用权力和随意执法。（刘春生）

【执法规范化建设】 2018年，太原市公安局适应社会主义民主法治建设进程，全面贯彻依法治国方略，坚持不懈狠抓执法规范化建设，全市公安执法工作取得长足进步，广大民警的执法素养和执法能力提升，公安机关的执法水平和执法公信力提高。推进"一平台、一系统"建设。执法全流程智能管理平台和刑事案件智能辅助办案系统的建设应用全面推开，完成4G执法记录仪平台和市局110指挥中心系统建设改造工程，将系统与接处警、视音频证据、涉案财物等系统关联对接，实现全流程管理，大数据共享，全方位服务。加强内外执法监督。推行"一案一评查"和年终执法质量考评工作，对所有案件，包括警综平台内的警情录入情况，进行评查督办；在全市持续推行警务活动监督员工作，在便民服务在线平台开设专栏，自觉接受群众对公安机关的执法监督。提升规范执法能力。开展执法全流程智能管理平台及刑事案件智能辅助办案系统的运用培训；利用网上学法平台、无纸化学法手机APP、学法公众号、法宣在线APP等新阵地，拓宽学习渠道；建立公安机关公职律师和社会律师交流学习、跟班作业培训模式，提升公职律师的法律素养。（刘春生）

【公安队伍正规化建设】 2018年，太原市公安机关从制度建设、干部任用、硬件保障等方面，加强公安队伍正规化建设，树立正确的待警导向，激发民警职业认同感和归属感，全市公安队伍风清气正，充满活力。想方设法，克服困难，解决三大历史遗留问题。停滞近10年的干部选拔任用工作稳步推进，配齐10个县级公安机关、5个直属分局领导班子，配齐市局机关9个警种部门一把手和城六区147个基层所队长、政治教导员，推动3个县级公安机关主要领导担任政府副县长，11个分局政治委员、政工室主任履新；在市委、市政府和省公安厅及有关部门的大力支持下，解决困扰多年的413名工作人员编制待遇问题，并举行授衔仪式；坚持高起点谋划、高标准设计、高水准建设，市公安局业务技术用房投入使用。不断加强基层基础建设，充分整合看守所资源，改造古交市看守所，建立太原市第四女子看守所，解决女犯关押难的问题。太原公安医院、泥屯综合警务基地和新车管所等建设项目顺利推进。多措并举，争取支持，全面提升警务保障服务能力。在“医、食、住、行”等方面为民警、职工和离退休人员办实事、解难题，积极创造更加舒适温馨的工作、生活环境。积极协调财政、采购部门，按时保质完成各项采购任务，全年办理装备采购1.3亿元。实行车辆统一调配，集中管理，倾斜基层，保障一线，车辆运行成本大幅下降。强化培训，严格奖惩，激发民警干事创业热情。以“三基建设”为契机，把提升队伍基本能力素质作为突破口，聚焦实战、面向全警、分级分类、各有侧重，持续推进大培训、大轮训、大提升行动，培训民警46550人次；组织完成全局5886名民警专业能力测评，测评率98%。加大考核奖惩力度，为105个集体和539名民警记功嘉奖。31个集体和35名民警受到中央、省、市党委政府的表彰，选树杨蓉、任飞等一批先进典型，对标一流，赶超先进的氛围愈加浓厚。从优待警，严管厚爱，增强公安队伍活力。通过建立健全民警合法权益保障制度，第一时间跟进侵害民警案（事）件侦办工作，为民警依法行使职权撑腰打气；圆满完成全局民（辅）警的健康体检工作，多次组织心理健康培训活动，增强民警的健康保护意识，消除顾虑，轻装上阵。（刘春生）

·消　防·

【概况】2018年，太原市消防支队秉持“改革不改向、变革不变色”的宗旨，坚持以服务地方经济发展和社会稳定为根本，以“守土有责、守土尽责”的职责使命感，攻坚克难、砥砺前行，扎实推进以火灾防控和灭火救援为核心的各项工作的开展，确保社会面火灾形势和队伍内部的“两个稳定”，为消防救援事业的新发展奠定坚实基础。

10月9日，全国消防部队正式退出现役并脱离公安，成立国家综合性消防救援队伍，受应急管理部直接管理。11月9日习近平总书记对消防救援队伍授旗并致训词。12月27日，太原市消防支队隆重举行迎旗、授衔和换装仪式，支队党委书记、政治委员王治平带领全体人员面向队旗庄严宣誓，支队机关全体消防救援人员，各大队、中队主官参加此次仪式。

全年，太原市消防支队接警出动2991起，出动车辆6216辆，出动警力32319人，抢救被困人员669人，疏散被困人员1455人，抢救财产价值1961.33万元。其中发生火灾1147起，死亡11人（含刑事5人），受伤5人，直接财产损失1286.19万元，过火面积19894.40平方米，受灾户数68户，受灾人数31人；抢险救援865起；公务执勤41起；社会救助284起；虚假警614起。（孟名彦）

【消防实战演练】2018年3月29日，太原市消防支队在省消防总队培训基地举行全市公安消防部队2017—2018年冬春实战化练兵比武竞赛活动。此次比武采取现役与混编分组的创新模式进行，比武竞赛项目有：背负空呼5000米跑、负重攀登十楼、400米疏散物资救人、60米肩梯跑、单杠卷身上、绳索攀爬、两车三枪操。

5月9日，消防支队联合海粤物业开展防震救灾应急宣传和疏散演练活动。社区居民、志愿者、巡逻队等50余人参加此次演练。

6月13日，市消防支队在太化工业园区开展实地踏查熟悉和实战演练工作。此次熟悉演练活动，支队全勤指挥部共调集市区特勤一中队、特勤二中队、兴华中队、晋祠中队、罗城中队和高新区中队5个执勤中队，3台消防车，官兵24人参加。

市消防支队组织全市211名现役官兵开展灭火救援职业技能鉴定体技能考核，组织全市192名现役官兵参加总队2018年度士兵灭火救援职业技能鉴定理论考核。本次初、中、级职业技能鉴定分设四个考点，高级职业技能鉴定设一个考点。参谋长王强亲临考核现场进行督导。

7月18日，市消防支队组织执勤中队在太原市汾河北固碾水域开展防汛抗洪抢险救援实地培训活动。参谋长王强到场指导此次培训。培训内容主要为抛投器使用、手抬泵、浮艇泵操作、冲锋舟、皮划艇组装、舟艇救援、入水姿势救援、急流救援、绳索救援、冲锋舟、皮划艇驾驶等技能。

9月13日，市消防支队在华润万象城组织开展大型城市综合体多部门联合应急处置实战演练。此次演练共计出动5个执勤中队，15台消防车、90余名消防官兵。司令部参谋长王强、战训科科长杨祎涛、战训科高级工程师王晋全程参与实战演练。

太原市119消防宣传月活动启动仪式（太原市消防支队供图）

9月17日，市消防支队组织开展2018年夏季比武竞赛活动。副支队长赵煜峰、参谋长王强出席开幕式。此次比武打破以往惯例，练兵比武活动根据全年计划和夏训训练内容，设置三个模块单兵科目、技能科目、操法科目，共计11个科目：5000米跑、双杠一练习、原地攀登挂钩梯上四楼、多功能训练模块综合实战运用、利用液压扩张钳搬运兵乓球、初战快速出水控火操、枪炮协同灭火操、纵深灭火救人操、百米障碍救助操、两车三枪操、攀登15米金属拉梯操。为确保比武顺利进行，支队制定方案，并设置裁判组、器材保障组、宣传组、后勤保障组等相关保障。

9月20日，市消防支队组织东南战区所辖6个执勤中队、14辆消防车，71名官兵深入地下建筑沃尔玛深国投百货有限公司太原长风街分店组织开展灭火救援实战拉动演练。

12月，市消防支队完成省消防总队组织实施的全省跨区域地震救援实战拉动演练任务。作为本次演练行动的辖区主战队伍，太原消防支队充分发挥龙头作用主动担当、主动作为，自8时30分接到命令，太原消防支队迅速出动1支重型地震救援队，共计指战员61名、消防车11辆、装备762件套，搜救犬5只保障物资600余件（箱），火速赶往现场。（孟名彦）

太原市消防救援支队迎旗、授衔和换装仪式　　（太原市消防支队供图）

【火灾防控】 2018年5月14日，太原市消防支队防火监督处处长昝宏波带领监督管理科、验收科、法制科、火调科、宣传科等相关科室深入亲贤街茂业集团提供专业的技术服务指导，帮助解决消防技术难题。消防支队结合全市重点项目建设实际，抽调骨干力量，对全市有涉及消防审批的重点项目实行专人指导、提前介入、跟踪服务，对在法律许可的范围内，对重点建设项目实行“绿色通道”审批机制，简化审批报表资料，简化审核程序，优化消防建筑工程审核、验收和开业检查申报等各个环节，全面提高项目审批速度，努力为全市重点项目建设提供优质高效的消防服务保障。

5月16日，太原市人民政府组织召开2018年全市消防工作会议暨《消防安全责任制实施办法》宣贯会。太原市副市长、公安局局长马润生，市政府副秘书长牛亮，太原市公安局副局长刘贵虎、太原市公安消防支队政委王治平出席会议。综改区、各县（市、区）政府分管领导、公安分局分管消防工作的负责人、各公安消防大队大队长、市消防安全委员会29个成员单位负责同志参加会议。

5月19日，由山西省房地产业协会主办、太原市公安消防支队等单位承办的山西省第二届“滨汾杯”物业管理行业职业技能竞赛暨全国物业管理行业职业技能大赛选拔赛在山西建筑职业技术学院举行开幕式。山西省房地产业协会会长于世玮、太原消防支队防火处处长昝宏波等出席开幕式。来自大同、晋城、临汾、长治、运城、阳泉、晋中、太原8个市共430名从业人员参加竞赛。本次竞赛设置消防管理员、物业管理员和电工竞赛三个项目，消防管理员竞赛内容分为理论知识考试：消防流程（操作、报警等）、法律法规、消防系统（消火栓、喷淋、灭火器、防排烟、自动报警、标记标识、消防照明等）；和实际操作考核：灭火器辨识、水带对接、快速穿戴灭火服、佩戴防毒面具（原地着装）。获得消防管理员、物业管理员和电工竞赛项目的前三名，将代表山西参加全国物业管理行业职业技能大赛。

山西公安审批服务“一网通·一次办”平台于6月13日启动上线，6月14日上午，消防支队组织基层各大队窗口受理工作人员召开“一网通·一次办”工作培训会。

7月24日，太原市消防支队对大型商业综合体消防安全负责人进行消防安全约谈。8月14日，集中对华宇百花谷、华宇购物中心、王府井等大型商业综合体消防安全负责人进行消防安全约谈。支队长马晓彬出席会议并做重要讲话。会议由防火处处长昝宏波主持。

12月4日，太原市消防支队组织全市国有企业及防火处管辖重点单位在煤炭交易中心召开2018年太原市国有企业和重点单位今冬明春火灾防控消防安全培训会。会议由监督管理科科长任海平主持，张香萍高级工程师授课。

（孟名彦）

【杏花岭区、晋源区消防安全管理中心成立】 2018年2月8日，太原市杏花岭区消防安全管理中心举行揭牌启动仪式。副市长、市公安局局长马润生，杏花岭区区委书记张磊，区长李文权、市公安局副局长刘贵虎，消防支队政委王治平等领导出席揭牌仪式。杏花岭区消防大队全体干部、各街办（乡）分管

太原市消防支队水域救援培训　　（太原市消防支队供图）

消防副主任、各派出所分管消防工作的副所长参加仪式。杏花岭区消防安全管理中心于2017年10月下旬正式开班成立，区政府共投资700.23余万元。杏花岭区消防安全管理中心现位于太原市胜利东街东延杏花岭区武装部办公大楼。2月8日，晋源区消防安全管理中心召开揭牌启动仪式。太原市副市长、公安局长马润生、副局长刘贵虎、消防支队政委王治平、晋源区区委书记杨继承、区长李永强、区委政法委书记相辉、副区长温志勇、晋源区公安分局局长曹挺、市公安局消管中心办公室副主任刘永胜、市局消管中心办公室副主任王名瑞和张忠等领导出席。晋源区消防安全管理中心全体成员、晋源区消防大队全体官兵和晋祠中队官兵参会。（孟名彦）

【消防官兵慰问】2018年2月7日，山西省委常委、市委书记罗清宇一行深入消防支队亲切慰问全市消防官兵，为官兵送上春节的祝福和问候，并鼓励全市消防官兵再接再厉，为龙城太原的和谐稳定和经济发展做出更多更大的贡献。2月12日，山西省公安消防总队总队长王勇一行深入消防支队阳曲产业园区中队、特勤二中队看望慰问全市消防部队基层官兵，祝福全体官兵新春愉快，勉励全体官兵牢记职责使命、确保安全。政治委员王治平、政治处主任张军陪同慰问。

在第91个“八一”建军节到来之际，太原市副市长、公安局长马润生，市公安局党委副书记、政治部主任米炳生、市公安局副局长刘贵虎一行亲切慰问全市消防官兵。7月31日，中国移动太原分公司为坚守在执勤一线的太原消防官兵送来节日问候和祝福。支队司令部参谋长王强陪同慰问。太原市总工会党组成员、调研员鲁欢晓一行在“八一”建军节到来之际，深入消防支队亲切慰问全市消防官兵。在“八一”建军节即将来临之际，太原市安监局局长刘剑明一行深入太原市公安消防支队亲切慰问全市消防官兵。（孟名彦）

【消防后勤保障】2018年，太原市消防支队累计投入930余万元购置数字对讲机、4G单兵图传、音视频布控球等大量应急通信设备，并建立支队级城市重大事故及地质性灾害事故应急通信系统，成立应急通信保障分队、升级改造灭火救援指挥中心，构建全时段、可视化的远程指挥调度体系。

新建或改扩建古交、万达、科创园区和阳曲县等4个消防站，加速推进119指挥中心及特勤大队、北营特勤消防站及附属用房等7个项目，逐步解决城市消防站点的历史欠账问题。

购置各类灭火救援车辆和大型机械车辆13台，维修保养各类器材装备2000余件套，并对116名一线骨干开展装备器材和工程机械操作使用方面的专业化培训。（孟名彦）

【消防宣传】2018年，太原市消防支队根据公安部消防局、省消防总队《关于开展“红门荣耀·辉煌新篇”主题微电影作品评比展映活动的通知》要求，积极部署安排，选取官兵先进典型为题材，以自排、自演、自导的形式顺利完成微电影《选择》拍摄工作。为扩大宣传阵地，借助寓教于乐的短视频方法宣传消防知识，太原市消防支队于6月下旬正式入驻抖音平台，以小视频撬动大传播。

6月16日，太原市消防支队与多部门联合开展“安全生产宣传咨询日”宣传活动。活动以“生命至上，安全发展”为主题，在南宫广场设立宣传会场，宣

物业管理行业职业技能竞赛　　（太原市消防支队供图）

火灾救援现场　　（太原市消防支队供图）

传普及应急管理、安全生产和防灾减灾等公共安全知识。11月7日，山西省太原市2018年119消防宣传月活动启动仪式在太原市华润万象城西广场拉开帷幕。省委常委、常务副省长林武出席启动仪式。省应急管理厅党组书记、厅长薛军正，党组成员、副厅长、消防总队政治委员彭建宏，太原市委常委、常务副市长王立刚，太原市消防支队支队长马晓彬、政治委员王治平等相关领导以及山西省第四届119消防奖获得者、社区消防宣传大使代表、消防志愿者代表、社会各界群众及新闻媒体记者参加此次活动。启动仪式由省政府王延峰副秘书长主持。（孟名彦）

【消防案例举要】 2018年6月30日14时许，太原市龙城大街局部区域突降暴雨，龙城大街太榆路立交桥下突发洪水，有人员被困，情况十分危急。太原市公安消防支队119指挥中心接到报警后，先后调集15个中队31辆消防车160名指战员赶赴现场处置。支队长马晓彬率参谋长王强、处长昝宏波等领导及全勤指挥部立即赶往现场，组织指挥抢险救援工作。经过12个小时的全力抢险，共营救被困人员4名，抢救被困车辆19辆，赢得党委政府和人民群众的高度赞誉。

9月3日晚22时许，太原市119指挥中心接到报警，位于山西省太原市清徐县的吴村智新材料生产车间发生火灾，指挥中心迅速共调集15个执勤消防中队，42辆消防车，246名指战员赶往火灾现场开展扑救。在警情发生的第一时间，太原消防支队副支队长赵煜峰、参谋长王强及支队全勤指挥部人员随行出动，赶赴现场参与灭火指挥。

11月24日20时15分，太原市消防支队119指挥中心接到报警称太原市东峰路某施工工地，一名19岁女子不慎坠入一地基竖井，生命垂危。接警后，119指挥中心迅速调集大东关中队、特勤一中队等4个消防中队7辆消防车50名消防员赶赴现场进行救援，参谋长王强带领全勤指挥部赶赴现场进行组织指挥，成功施救。

12月24日9时54分，太原市119指挥中心接到报警，位于山西省太原市东社乡南寨村福军洗煤厂旁，存有液化天然气的两个罐体发生火灾，指挥中心迅速调派南社中队1部城市主战车、1部泡沫车、1部抢险车及15名指战员赶往火灾现场开展扑救。在警情发生的第一时间，太原消防支队参谋长王强及支队全勤指挥部人员随行出动，赶赴现场参与灭火指挥。经过近10个多小时的鏖战，在18时39分火势得到控制，为防止发生意外，支队全勤指挥部命令南社中队继续监护火场现场，其余作战中队返回。于20时35分，大火彻底熄灭。

（孟名彦）

·交通管理·

【概况】 2018年，太原市公安局交通警察支队坚持“高标准、严要求、强素质、快节奏、求实效”工作原则，围绕“抓班子、带队伍、创一流、争第一”工作思路，以全市文明交通综合治理为主线，转作风、树形象，挖潜力、提效能，实现“交通违法整治能力、交通组织和交通设施优化能力、科技信息化应用能力、事故预防和快处能力、交管工作服务能力、交警管理素质能力”全面提升目标。全市文明交通综合治理领导组办公室组织支队相关处（室），会同城六区、综改示范区及相关成员单位，对城六区和综改示范区申报治理完成的244条小街巷（计划内申报187条，计划外申报57条）逐条现场验收，验收合格216条。完成《太原市道路交通管理条例》起草工作。在整治重点交通违法工作中，在公安部交管局10月、11月各地推进重点工作任务进展情况通报中，交通违法查处量等4项重点工作数据，太原市1项数据排名全国第五，3项数据同比增幅分别位居全国第三、第四、第五，受到部局通报表扬。全市连续两年未发生一次死亡3人以上较大道路交通事故。“太原交警移动警务”APP，全年采集违法数据34.69万起，开具法律文书25.57万起，在全省率先迈入移动警务“新时代”。完成49名特警、巡警民警挂职交流接收工作。15个集体、141名个人受到省、市表彰奖励。

（郭晓娟）

【太原市交通综合管理委员会成立】 2018年，太原市编办批复市政府成立太原市交通综合管理委员会的请示，由分管公安的副市长任组长，分管副秘书长任副组长，市发改委、市教育局、市公安局、市民政局、市财政局、市住建委、市城乡管委、市交通运输局、市商务局、市卫生计生委、市工商局、市质监局、市法制办、市城乡规划局、市市容环卫局、市邮政管理局、市园林局等部门为成员单位。委员会下设办公室，办公室设在市公安局交警支队，解决长期以来太原市没有道路交通综合管理议事机构问题。（郭晓娟）

【文明交通综合治理】 2018年，太原市委办公厅、市政府办公厅联合印发《太原市加强和引深文明交通综合治理实施方案》。《方案》将全年工作分4个步骤实施，明确33个成员单位72项工作任务。市文明交通综合治理领导小组办公室先后印发《关于加强小街巷交通综合治理的意见》《太原市加强和引深文明交通综合治理督导工作机制》《关于建立工程运输车长效联动管理机制的意见》《关于盘活停车资源实行车辆错时停放的意见》《关于进一步强化工程运输车、渣土车等中重型载货车交通安全管理工作的指导意见》《太原市路面作业车辆管理办法（试行）》《关于贯彻落实罗清宇同志调研全市文明交通综合治理重要讲话精神的实施意见》《关于贯彻落实魏民同志调研讲话精神的工作意见》等相关指导性文件。

太原市文明交通综合治理领导小组办公室在原组织机构的框架下，由市委政法委牵头强化对全市文明交通综合治理工作的组织领导和统筹协调，市委常委、政法委书记魏民担任加强和引深文明交通综合治理工作领导组常务副组长。市文明交通综合治理领导小组下发《关于调整文明交通综合治理工作领导机构的通知》，要求各县（市、区）统一成立由县（市、区）委书记任组长、政法委书记任常务副组长、其他相关领导任副组长的领导组。县（市、区）委办公室设立本级文明交通综合治理办公室，主任由县（市、区）委办公室一名副主任担任。太原市领导小组办公室印发《太原市文明交通综合治理考核办法》，7月1日起，按照《考核办法》对各成员单位进行督导考核。

太原市领导小组办公室印发《关于进一步加强小街巷交通综合治理的通知》。9月15日起，对城六区和综改示范区文明交通综合治理工作进展情况进行“回头看”，并对各区申报治理完成的小街巷进行考核验收。截至2018年10月31日，全市申报的第一批244条小街巷，经逐条实地验收，有216条合格。11月23日，市领导小组办公室下发《关于开展第二批小街巷文明交通综合治理申报工作的通知》，由各区申报第二批亟待治理的小街巷。

太原交警支队按照市公安局“四警联动”文明交通综合治理工作要求，与特警、巡警、派出所建立“四警联勤”工作机制，形成“交警主要负责快速路、主干路静态交通秩序管理，巡警、特警主要负责次干道静态交通（停车）秩序管理，派出所在所辖行政管理区域，负责小街小巷（支路）静态交通秩序管理”无缝对接一体化工作模式，联合开展交通综合治理。机制建立以来，在小街巷治理、违法停车整治、严重交通违法整治、突发事件应对等各方面工作中发挥了积极作用。支队组织民警在全市68个派出所安装非现场录入系统108套，培训相关操作人员132人次，后期保障维护50余人次。

太原交警支队印发《关于省级环境保护督察反馈问题整改工作方案》等文件通知20余件，开展中重型载货车专项行动150余次，全年查处货车各类违法190463起（现场处罚98553起，非现场处罚91910起），其中：闯禁行118102起、尾气排放不合格2497起，抛洒8065起。（郭晓娟　王中威）

【交通秩序管理】 2018年，太原交警支队查处各类违法405.51万起，较上年335.86万起，同比提升20.74%（全国36个大城市增幅排名第5）。现场处罚82.63万起，较上年39.64万起，同比提升108.45%（全国36个大城市增幅排名第4）；非现场查处322.88万起，较2017年296.22万起，同比提升9%。

全年，太原交警支队起草静态交通管理文件58件，办理停车场备案登记证333个；采取释放道路停车资源、规范非机动车停放、落实错时停车等措施缓解停车矛盾，全年取缔地锁341个，释放停车资源218处，协调错时停车场94个，施划非机动车停放点399处。4月23日，支队率先对外开放机关大院，夜间限时向社会提供免费停车场（位）。组织带动全市（含三县一市）累计错时开放停车场197处10438个车位。以小街巷治理为契机，挖掘停车潜力，新增路内停车位9526个，新建公益服务型停车场43处，规划非机动车停放区5510处。回复各类提案、情况反映219起。

文明交通志愿服务　（太原市交警支队供图）

全年，太原交警支队加强对行人、非机动车管理，城区主干道主要路口，特别是无警力值守时段，行人、非机动车养成自觉看灯通行良好习惯；支队率先在公交车和出租车行业开展“礼让斑马线”活动，不断扩大监控设备覆盖面，治理力度得到显著提升。

2018年春运期间，太原市参加春运重点车辆2142辆、驾驶人2124人，其中公路客运569辆、驾驶人680人，旅游客运763辆、驾驶人778辆，危化品运输车810辆、驾驶人666人。期间，支队出动警力3万余人次，警车1.80万余台次，查处各类违法309487起（现场66504起、非现场242983起），其中超速5824起、超员3起、涉牌涉证590起、闯禁行216起、饮酒424起、醉酒57起、毒驾2起。“国庆”长假期间，出动警力4823人/次，警车1489辆/次。查处各类违法12321起，其中现场查处6752起、非现场查处5569起;酒驾87起、醉酒14起；涉牌涉证违法18起；各类中重型货车违法1505起。（郭晓娟）

太原市公安局交警支队做客太原广播电台《行风热线》节目

（太原市交警支队供图）

【“警保联勤”快速处置启动仪式举行】 2018年，太原市道路交通事故“警保联勤”快速处置启动仪式在湖滨山西国际会议中心北广场举行。交警、巡警支队，及全市25家保险公司、市公交公司、120急救中心、康培集团、旅行社、客运企业、代驾公司、外卖平台、出租公司、环卫部门等1500名代表参加。道路交通事故“警保联勤”快速处置机制，通过“交管12123”在线处理交通事故处理平台和“警保联勤”机制，实现轻微道路交通事故快速撤离现场，减少因事故原因造成的道路交通拥堵。（郭晓娟）

【交通设施完善】 2018年，太原交警支队审批建设施工道路173条，其中封闭道路施工53条（已完工26条，未完工27条）；临时占道施工120条（已完工112条，未完工8条）。对擅自封闭道路施工单位进行集中约谈（纺织街、义井南三巷）；对设置围档不合理，安全视觉距离不够，安全防护设施不全的，下达“责令整改通知书”；施工中存在安全隐患的，责令限期消除隐患（地铁二号线晋阳街口、解放路口、南内环路口）。

太原市设置各类交通标志29579面，交通标线116万平方米，隔离护栏280公里；增设行人、非机动车隔离护栏92公里，设置阻车设施31处。支队围绕全市85个交通拥堵节点，重点对快速路出入口、信号灯控路口采取规范主辅路进出口、增加导向车道数量、调整车道配置、实施可变车道等方式，分类制定交通组织优化措施。在山西大医院周边、龙城大街等区域组织优化98项，增加车道45条，实施可变车道3条，单行片区14个59条道路。全年优化信号相位、相序205个路口，实现交替放行2处，绿波协调道路22条，新增行人二次过街路口33个。全市实现联网路口273个，联网率提高30.90%。联合同济大学交通运输学院完成高速环内所有主次干路交通标志标线排查，完成创建文明城市124个主要交通路口、201条主干路及“九纵九横加一环”主要道路标志标线优化和设施完善工作。在“八河治理”工作中，完成“八河”灯控路口67处，安装标志1810块，施划标线约15万平方米，安装交通护栏10公里，基本完成以“八河”改造为主的改扩建道路交通标志、标线建设工作。以小街巷治理为契机，规划机动车泊位1.20万个，非机动车停放处680个，有效缓解部分区域“停车难、停车乱”等问题。（郭晓娟 张宇军）

【交通安全宣传】 2018年，太原交警支队发送提示警示手机短信92类4270.87万条；报纸、广播、电视等媒体刊发、报道文明交通综合治理稿件、新闻4400余条；邀请媒体随警作战944次，曝光典型违法512条。通过太原交警网、太原公安便民服务在线、“双微”平台等网络媒介，发布新闻、信息8800余条，答复群众咨询1266件，转办网络舆情151起。太原交警微博（新浪、腾讯、人民）粉丝119.20万人，太原交警微信公众号粉丝30.13万人，今日头条粉丝11.50万人，获2018年最具影响力交警头条号之一。组织全市6.64万驾校学员开展“体验式教学”活动。在全市设立交通安全宣传教育点28个，教育违法人员17.58万人次。《清明返程平安回家》《快乐五一节平安回家路》等大型融媒体直播节目，在社会上引起强烈反响和关注。

2018年，太原交警支队在全国第23个中小学生安全教育日，联合市文明办、共青团少工委以及教育部门，在晋阳街小学进行安全教育和演练。召开电动自行车上牌管理工作新闻发布会，通报全市电动自行车上牌管理进展情况，就全市电动自行车登记上牌工作方法、路面通行秩序管理措施，及广大市民关注的电动自行车登记标准、登记方式、登记网店等情况进行解读。参加太原市农村道路交通安全工作现场会暨第二季度道路交通安全工作会议。指挥中心连续组织两次“警营开放日”活动，小学生和幼儿园小朋友观看《小学生安全教育微电影》《交通安全教育警示录》、参加知识问答等，教导孩子们在日常出行中自觉遵守交通法规。

9月，交警支队与太原日报报业集团举行战略合作签约仪式。双方就新闻宣传、公告公示、专版专栏、关联业务等方面合作展开交流，签订《战略合作协议》。（王　艳）

【122工作】 2018年2月，太原交警支队与巡警、特警、武警太原支队、六城区分局联合开展全市巡逻防控力量关于“两节”前维护省城治安秩序处置各类突发事件应急拉动演练。3月，支队按照省厅交警总队《关于切实加强交警辅警执法执勤安全防护的通知》和《关于学习〈山西省高速公路交通安全应急预案〉的通知》要求，全体民警、辅警开展执勤执法安全防护及交通安全应急演练。4月23日，邀请公安部交管局专家组和省厅交管局领导，对城市交通问题“症结”和部分交通节点“把脉会诊，开方下药”，开展辑查布控演练。

4月，太原公安交通集成指挥平台122接处警系统完成调试，进入测试阶段。10月29日起，122接处警系统指挥中心和各分指挥室上线试运行。

4月20日，太原交警支队邀请山西昌龙鑫土石方工程有限公司、山西雅润建筑工程有限公司企业负责人和司机，开展“警营开放日”活动。零距离了解交警工作，学习交通安全知识。4月26日，指挥中心与万柏林一大队携手，邀请山西汇众汽车服务有限公司40余人走进指挥中心，开展“礼让斑马线”主题交通安全宣传活动。4月28日，“4·30”山西省道路交通安全日宣传周期间，邀请公交公司驾驶人、滨河公园工作人员，开展警营开放宣传活动。5月18日，指挥中心与省交通广播联合组织部分电动自行车骑车人走进交警，学习交通安全知识、了解电动自行车上牌流程，参观122报警服务台及指挥大厅各项功能，观看《交通安全教育警示片》。民警现场针对电动自行车上牌照相关问题答疑解惑。

6月7日至8日高考期间，太原交警支队共出动警力3013人次，出动警车1515辆次（其中出动摩托车1114辆次，警车401辆次），设立17个救助点。共救助考生136人，各大队集中护送考生共5047人次。（王　艳）

【车辆和驾驶人管理】 2018年，太原市机动车保有量1569814辆。驾驶人保有量1759063人。机动车业务办结量1423391件，驾驶证业务受理量，384810件。752152人/次参加驾驶人各科目考试，平均合格率46.37%。互联网中心个人面签2356010人；单位面签525家。互联网选号24601件。一网通、一次办车驾管业务办理90306笔。机动车、驾驶人档案入库419849份。配合相关部门办理锁定业务10659份。六类社会代办机构专网办理18078笔。

太原交警支队全面落实“马上办、网上办、就近办、一次办”等服务便民要求。8月7日，省交管总局在支队召开全省公安交警推广应用暨“放管服”改革现场推进会，向全省推广经验。8月底在全省率先完成公交管20项“放管服”改革举措。全年，太原交警支队组织专人梳理全部车驾管业务流程，审批车驾管服务便民化改革事项17大项，77小项，实现一次办理72项，其中实现全网全流程办理16项，通过科技及数据支撑实现全网全流程办理33项，无法实现网上办理23项；非一次办5项。

全年，太原交警支队各大队累计督导检查辖区内重点道路运输企业645家次，约谈存在隐患重点企业396家次，向辖区相关部门送达隐患抄报告37份，排查发现隐患1807个，督促整改隐患1406个，限期整改隐患401个，督促告知办理检验业务车辆8453台次，督促告知办理报废业务1497台次，督促告知清理违法9660台次，缉查布控系统录入隐患车辆6318台。

2018年，太原交警支队召开新闻发布会，推进电动自行车上牌工作，在全市分批设置16个上牌点，5月7日上牌工作启动，全年为65800辆电动自行车

电动自行车登记上牌宣传　（太原市交警支队供图）

上牌。

太原交警支队调整车管所分布，在6城区设置7个车管所（三县一市现有模式不变），在11个勤务大队交管业务大厅开设办理车驾管业务窗口（不含验车），确保6城区及3县1市都有标准车管所。9月26日，东山车管所恢复办理车管业务。（韩智勇）

【交通信息化建设】2018年，太原交警支队自行研发的“太原交警移动警务”APP，采集违法数据34.69万起，开具法律文书25.57万起，在全省率先迈入移动警务“新时代”。完成声纳禁鸣监控系统、人脸识别行人闯红灯系统、警用车载视频记录取证系统、警用无人机等多项新型违法抓拍系统测试工作，装备警用车载视频记录取证系统11套、智能移动布控球11套、智能云镜80套、警用无人机2套，安装声纳禁鸣监控系统1套、人脸识别行人闯红灯系统1套。“创城”工作124个重要点位视频监控的排查工作全部完成，修复97处。智能交通系统运行监管平台，实现智能交通在网设备监控、实时报警、派单、维护。

太原交警支队将大数据分析研判平台与各综合应用系统对接，加强交通状态感知、信号控制等基础系统建设，实现勤务管理、车辆轨迹流量数据分析、卡口数据分析、视频巡查、警员定位等各类信息汇总、分析、研判。以此为依托，通过“一个平台、两级指挥”和“两级视频巡检”等制度落实，实现交通指挥“可视化、流程化、快速化”，在“交通勤务安保、重点车辆管控、突发事件应对”等方面发挥巨大作用。对122接警处硬件设备及软件系统进行开发升级，通过超融合可视化指挥调度系统，实现“交通事故点位在视频上自动生成、实时录像；地图上直接叠加高德事件检测系统与视频流，精确判断路况信息”等功能，大幅提升交通管理智能化、信息化水平。

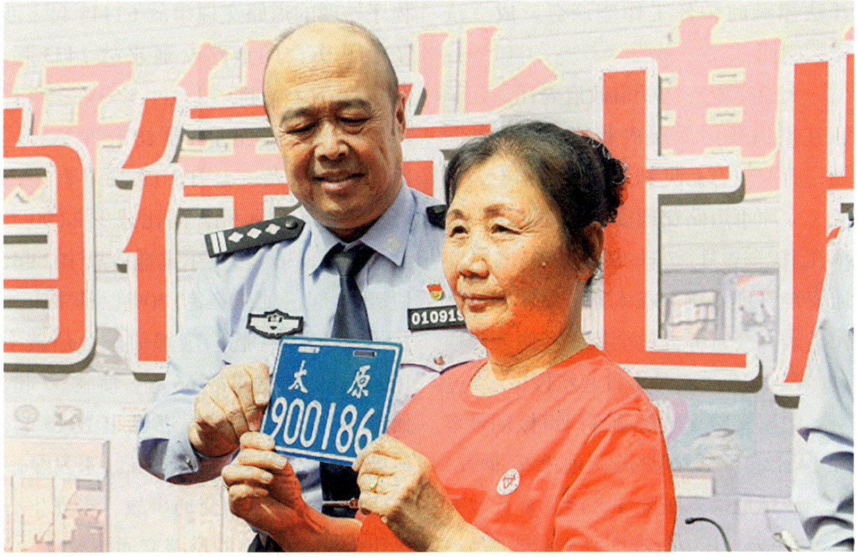

2018年5月7日，太原市电动自行车上牌工作启动　（太原市交警支队供图）

太原交警支队探索创新勤务管理模式改革提高勤务管理效能。7月初开始进行太原交警勤务管理考核系统开发。该系统具有勤务部署、勤务监督、勤务研判、勤务考核等功能，可支持对投放路面的勤务力量精准定位，责任区灵活派警，日常勤务和专项行动任务安排。通过电子围栏、视频巡逻、执法记录仪、执法数据等多种管理和监督手段，实现对全市勤务力量的有效掌控和扁平化指挥。12月完成。

太原交警支队与中星技术、银江股份、华为、百度、东方网力等12家高新技术、互联网企业签订合作协议，警企共建太原市公安局交通警察支队警企联创中心。打造公安交通管理工作“升级版”。

太原交警支队安排民警及工作人员赴10个直属勤务大队安装警用摩托车北斗定位系统440套，夜班警车66套。按照省公安厅、市公安局钉钉软件“山西公安”搭建工作要求，完成“太原市公安局交通警察支队”独自框架搭建工作，并开启办公自动化向钉钉段转移相关事项。（王中威）

【交警队伍建设】2018年，太原交警支队召开全市公安交警党风廉政建设暨纪律作风教育整顿部署会议。邀请山西省委党校王晓军教授举办《党章》专题辅导讲座。在“全国助残日”来临之际，组织民警到迎泽区特殊教育学校，通过文艺表演、陪孩子们游戏等方式，表达公安交警对特殊孩子的尊重和关爱。举办“走进马克思书房”主题党日活动，全体党委成员及各党支部书记、副书记前往太原市图书馆“马克思书房”，重温入党誓词，缅怀马克思的伟大人格和历史功绩。支队领导及各处室、大队、三县一市负责人前往岢岚参观学习。在岢岚县易地扶贫搬迁集中安置点宋家沟村、全省爱国教育基地“毛主席路居馆”、太原卫星发射中心、基地军史站等参观学习。支队政委王毅带队前往武警山西省总队直属支队和总队训练基地进行慰问并召开双拥共建座谈会，就进一步促进军警和谐共建关系进行深入交流。（李　欣　李建德）

【交通安全管理】2018年，太原交警支队出台《查处酒后驾驶机动车违法行为实操手册》《办理醉驾刑事案件实操手册》《办案区使用和管理实操手册》《燃油和电动三轮、四轮电动车（包括老年代步车）等不符合国家标准的电动车认定和处罚标准》《太原市公安局交通警察支队出庭应诉制度》和《太原市公安局交通警察支队旁听庭审制度》等执法制度，方便民警执法操作。召开法律顾问聘任工作座谈会，成立法律顾问团。

太原交警支队受市政府委托，在了解基层执法中深层次和热点、难点问题，听取地方意见和建议的基础上，完成《太原市道路交通安全管理条例》起草工作。12月27日，《太原市道路交通安全管理条例》在太原市第十四届人民代表大会常务委员会第十九次会议通过，自2019年5月1日起施行。

太原交警支队法制部门审核刑事案件1461起（其中涉嫌交通肇事罪181起、涉嫌危险驾驶罪1280起）；行政案件1708起，其中行政拘留588起、吊销机动车驾驶证1120起；审核内部规范性文件、各类合同和协议87件。办理行政复议案件133起，其中：维持原行政处罚决定71起，撤销原行政处罚决定15起、终止行政复议案件41起、不予受理行政复议案件3起。

4月7日，太原交警支队印发《太原市公安局交通警察支队法制教育培训活动实施方案》。全年开展法制专题培训6次。通过支队网页公告栏目制定每个季度法制学习计划，并组织警辅人员对《执法记录仪使用管理工作规范》《道路交通事故处理工作规范》等内容进行考试，考试合格率98.15%。

（杜原珍）

【交通事故处理】 2018年，太原市处理道路交通事故63918起，其中，简易程序处理的道路交通事故62445起；涉及人员伤亡的道路交通事故1473起，同比增加198起，上升15.53%；死亡271人，与上年持平；受伤1509人，同比增加150人，上升10.92%；直接财产损失425.72万元，同比减少28.90万元，下降6.36%。发生逃逸事故102起，侦破92起，侦破率90.20%，其中，死亡逃逸事故21起，全部侦破，侦破率100%；伤人逃逸事故66起，侦破57起，侦破率86.36%；财损逃逸事故15起，侦破14起，侦破率93.33%。未发生一次死亡3人以上的交通事故，未发生一次死亡10人以上的道路交通事故。

“交管12123”在线快速处理交通事故系统启动。通过“交管12123”平台处理事故43392起，其中民警版处理31407起，占72.38%；辅警版处理9586起，占22.09%；自助服务机处理2107起，占4.86%。全市辖区内六家交通事故快处中心运行良好，全年受理交通事故20206起，其中保险直接理赔或自行协商解决16624起，快处快赔中心出具简易程序认定书3997起。

道路隐患排查整改工作。排查出事故多发（频发）路段3处、临崖临水隐患1处、长大下坡路段2处。3处事故多发（频发）路段一处整改完成（尖草坪区滨河东路北沿北固碾村口路段无中心隔离设施），另两处市政府办公厅对其挂牌督办，并抄告该两处路段管养部门，整改小店区太太线、清徐县太太线全线沿线防炫目遮光板、高位爆闪警示灯、反光标识、标线等不完善问题。

农村道路安全即“两站两员”工作启动。全市3县1市与城区6个大队63个乡镇，建成57个乡镇交管站，配有65名交通管理员；建成520个劝导站，配有527名交通劝导员。交管站及劝导站覆盖率90%以上。乡镇定期召开道路交通安全工作会议，对管理员和劝导员进行业务培训，建立劝导台账，排除道路隐患。“两员”长期活跃在农村大街小巷、乡间道路，按照“七必上”的要求，对各种违法乱现象进行劝导，向群众发放安全宣传资料。劝导次数61952次，宣传教育2255次，排查道路隐患288处。在“压整保”与“百日安全行动”中，发挥积极作用。

全年，太原交警支队公安司法鉴定中心受理案件2048起，血液中酒精含量检测达醉酒案件1407起，饮酒案件178起，均出具检验报告；法医科完成道路交通事故尸体检验鉴定175具，轻重伤鉴定71人次，参与交通事故现场勘查30余起，排除他杀、自杀案件5起，为20余起交通事故逃逸案件提供侦破方向，为10余起涉及伤病关系、驾驶员认定、人员行为方式等疑难案件出具法医学结论。

（马海桃）

四警联动　　（太原市交警支队供图）

检　察

【概况】 2018年，太原市人民检察院以习近平新时代中国特色社会主义思想为指导，深入学习贯彻中共十九大精神，围绕“服务发展大局、深耕检察监督、深化司法改革”三条工作主线，全面履行法律监督职责，各项检察工作取得新进展。

（李爱军）

【服务创优环境】 2018年，太原市人民检察院认真落实省委、市委关于打造“六最”营商环境要求，出台《全市检察机关发挥检察职能支持和服务企业家创新创业营造良好法治环境的意见》，出台服务企业8个方面26条意见，与市工商联共同建立服务民营企业常态化联络机制，实行“1+7”工作机制，助力企业家创新创业。深入企业实地调研，了解企业法律需求，推动法律服务“入企入会”，发放法律知识手册1万余册，开展法律宣讲25场次，帮助企业答疑解惑、提供法律服务5000余人次，切实为企业解难题、办实事。平等保护民营经济合法权益，打击影响民营经济发展的职务侵占、挪用资金等犯罪，批捕32人，起诉43人。加强产权司法保护，批捕侵犯企业知识产权犯罪嫌疑人41人，起诉43人。清徐县检察院办理全市首例食品药品领域刑事附带民事公益诉讼案件，针对冯某等生产、销售假冒紫林醋业产品问题，提起刑事附带民事公益诉讼，保障广大人民群众的切身利益，有效打击食醋行业的害群之马，切实保护省名优品牌的合法权益。办理的卢某侵犯商业秘密案等4个案件获评为全省十大精品公诉案例，宋某职务侵占案等2个案件获评为全省检察机关“支持和服务企业家创新创业、营造良好法治环境”专项工作十大典型案例。

（李爱军）

【民生领域检察监督】2018年，太原市人民检察院坚决整治群众身边腐败问题，制定《关于发挥检察职能，做好民生领域腐败和不正之风专项整治工作方案》。开展自然保护区、集中式饮水水资源保护区、国有文物保护等5个专项活动。回应人民群众关切，严惩破坏环境资源类犯罪，批捕35人，起诉42人。从严打击食品药品领域犯罪，批捕95人，起诉177人。针对网络餐饮、小饭桌存在的证照不全、无证经营等食品安全隐患问题开展专项整治，对“饿了吗”等三大网络餐饮运营平台进行详细调查，发出公益诉讼诉前检察建议553件，对一起未整改到位的案件提起行政公益诉讼。督促相关部门下线网络餐饮问题商户841家，整改322家，拒绝上线申请830家。开展扬尘专项治理活动，发出检察建议71件；开展涉汾河流域污染专项监督活动，发出检察建议8件，监督清除河堤垃圾2000余吨。在疫苗事件和非洲猪瘟疫情发生后，及时提出检察建议4件，监督配合相关部门防控，防止不良影响扩大。（李爱军）

【打击黑恶势力犯罪】2018年，太原市人民检察院坚决按照中央、省委、市委和上级检察机关要求部署，全力推进扫黑除恶专项斗争。出台涉黑涉恶案件线索管理等制度，规范案件办理及线索流转，形成较为完善的黑恶案件专办、挂牌督办等制度。组建28个专业化办案团队，集中办理涉黑涉恶犯罪案件。严格依法提前介入涉黑涉恶案件58件，确保案件办准办实。及时与侦查机关沟通、研究，参与案件分析会、协调会50余次，提出引导侦查取证意见1200余条。坚持依法快捕快诉，批捕涉黑涉恶犯罪嫌疑人792人，审查起诉711人。太原市人民检察院对任爱军、李金才涉黑案件提起公诉66人；成功公诉张志勇、李有贵两个涉黑组织犯罪案件，主犯分别被判处有期徒刑25年、20年。准确把握法律政策界限，严把事实关、证据关、程序关、法律适用关，在检察环节依法对3起案件改变定性。

（李爱军）

【依法惩治各类刑事犯罪】2018年，太原市人民检察院加强与公安、法院的配合，严厉打击各类刑事犯罪，共批捕5020人，起诉6895人。维护公共安全，批捕放火、非法制造爆炸物等严重危害公共安全犯罪嫌疑人141人，起诉214人。严厉打击故意杀人、绑架、强奸、故意伤害等严重暴力犯罪，批捕647人，起诉901人。严厉打击黄赌毒犯罪，批捕788人，起诉701人。严厉打击“两抢一盗”等多发性侵财犯罪，批捕1869人，起诉2280人。开展介入命案现场侦查工作，介入38件，提出引导侦查意见208条。

太原市人民检察院维护公平竞争的市场环境，严厉打击串通投标、非法经营、强迫交易等扰乱市场秩序犯罪，批捕142人，起诉160人。严厉惩治生产、销售假冒伪劣商品犯罪，批捕107人，起诉183人。突出惩治非法吸收公众存款、金融诈骗等犯罪，批捕204人，起诉377人。尤其对受害群众多、涉案金额大的，依法严格把关，快捕快诉。对“晋商贷”非法集资案批捕28人，并及时向侦查机关提出引导取证意见。对涉嫌集资诈骗3亿余元、受害群众1100余人的犯罪嫌疑人张某等46人及山西慧诚创业、汾府酒业两家公司，依法提起公诉，被告人当庭认罪悔罪，主犯张某、阴某一审分别被判处无期徒刑和有期徒刑15年，通过办案为群众挽回损失700余万元。小店区检察院在审查起诉陈某挪用资金案过程中，发现遗漏主要犯罪嫌疑人后，要求继续补充侦查并追加起诉，涉案200万元企业资金全部追回。

（李爱军）

【社会综合治理】2018年，太原市人民检察院成立12309检察服务中心，推进社会矛盾化解。受理各类信访2292件，处理群体访46件。受理刑事申诉案件71件，立案复查62件，公开审查50件。切实做好司法救助工作，救助129人，发放救助金65.40万元。万柏林区检察院通过异地视频接访，对在交通肇事中造成残疾导致生活极度贫困的尹某进行救助，被救助人足不出户就领到了救助款，该案获评为全省检察机关司法救助十大典型案例。开展普法宣传，通过打造微信公众号、《龙城检察》电视节目、门户网站等，营造学法尊法守法用法氛围。（李爱军）

【未成年人司法保护】2018年，太原市人民检察院建立未成年被害人“一站式”办案救助机制，推行“捕、诉、监、防、帮”一体化检察模式。晋源区检察院在办理岳某虐待案件过程中，向相关

2018 年 4 月 19 日，省检察院检察长杨景海在太原市人民检察院调研指导工作

（太原市人民检察院供图）

部门发出检察建议，督促解决相关未成年人就学、生活窘迫等问题。探索未成年人检察工作新领域，在市公安局、市第二看守所分别设立未成年人检察室、未成年人工作室，设立了工作台账。探索建立未成年被害人"一站式"办案救助机制，联合市公安局、市教育局等单位制定救助方案。联合市教育局编印《以案说法》4 万册，向全市中小学生发放。深入 70 余所中小学开展"法治进校园"宣讲活动；邀请人大代表、政协委员参加"关爱祖国未来、擦亮未检品牌"主题开放日活动。市检察院被确定为全国未成年人检察工作创新实践基地。（李爱军）

【刑事诉讼监督】 2018 年，太原市人民检察院贯彻宽严相济刑事政策，对犯罪情节轻微、社会危险性较小的初犯、偶犯、未成年犯等依法不批捕 463 人，不起诉 259 人。强化立案和侦查活动监督，监督侦查机关立案 217 件，撤案 197 件。监督立案后对 171 人作出有罪生效判决。监督行政执法机关移送案件 26 件 27 人。公安机关对重大疑难案件主动听取检察机关意见 114 件，有效提升侦查质效。在山西汉波食品公司涉嫌非法吸收公众存款 5 亿元案件中，检察机关积极引导公安机关收集固定证据，提出的侦查意见被全部采纳。追诉漏罪、漏犯 452 人，纠正刑事审判活动违法情形 278 件，提出抗诉 129 件，法院采纳抗诉意见 80 件。加强刑事执行检察，强化对财产刑执行、交付执行和监管活动的监督，办理刑事执行违法案件 551 件，被监督机关已纠正 541 件。加强刑事被执行人合法权益保障，办理羁押必要性审查案件 368 件，提出建议后，办案机关改变强制措施 304 人。市检察院刑事检察三部被最高检执检厅确定为全国首批刑事执行检察工作联系点，为全省唯一入选单位。（李爱军）

【民事行政诉讼监督】 2018 年，太原市人民检察院受理各类民事行政监督案件 1080 件，结案 1052 件。对生效裁判依法监督，提出抗诉、再审检察建议 31 件，提请省检察院抗诉 42 件。迎泽区检察院办理的借款合同纠纷案再审检察建议书，被最高人民检察院评为优秀说理检察法律文书。对审判程序违法行为提出检察建议 146 件，法院采纳 145 件。对执行活动违法行为提出检察建议 158 件，法院采纳 146 件，阳曲县检察院办理全省首例涉国土领域的非诉执行监督案件。开展虚假诉讼专项监督活动，办理该类案件 13 件。办理支持起诉案件 267 件，维护弱势群体合法权益经验做法被最高人民检察院推广。（李爱军）

【公益诉讼】 2018 年，太原市人民检察院加大公益诉讼办案力度，立案审查行政公益诉讼案件 750 件，提出诉前检察建议 742 件，有效发挥促进依法行政的积极作用。通过公益诉讼督促回收和清理生产类固体废物 7500 余吨，督促收回欠缴的城镇国有土地使用权出让金 1300 万元。办理刑事附带民事公益诉讼案件 6 件，涉及金额 87 万元。办理的家电下乡、知名品牌保护公益诉讼案件，获最高人民检察院作为新时代检察监督办案政治效果、社会效果、法律效果有机统一的典型案例专刊发布。拍摄的公益诉讼题材微电影《起飞》，获"亚洲微电影艺术节"最佳作品奖、中政委平安中国"十大微电影奖"等多个奖项；宣传片《保护公益——太原检察在行动》，获全国电视法制节目创优评析三等奖。（李爱军）

【智慧检务建设】 2018 年，太原市人民检察院制定《智慧检察院建设规划方案（2018—2020）》，系统谋划，分阶段实施，推进智能化信息系统从"建起来"到"用起来"。互联网视频接访、智能案卡填录、远程案件讨论、远程庭审、未成年人帮教、文书纠错等智能化应用系统已完成部署和实测，运行良好。全面完成两级院"206"系统的硬件配置和人员培训。建立 12309 检察服务中心，推进智慧控申建设，建立远程视频接访室、检察长接待室、心理疏导室和听证室，开发信访指挥平台、全天候互联网接访平台、检务公开查询机，智能排号录入系统、实现信访群众足不出户就可以通过计算机或手机 APP 与检察官面对面交流。省人大领导与驻晋全国人大代表、全国政协委员一行来市检察院开展"走近 12309，检察为民新体验"。省委政法委确定市检察院为山西省智能化辅助协同办案试点单位之一。（李爱军）

【"捕诉一体"机制建立】 2018 年，太原市人民检察院适应司法责任制改革，全面推行捕诉一体办案新机制，办

案责任明确，审前引导侦查作用明显增强，案件质量提高，审查起诉阶段退回补充侦查率降低19%，办案周期平均缩短17%。“捕诉一体”工作机制在全省检察工作推进会上作经验交流，小店区院“捕诉一体”做法在最高检“走进基层院”栏目中展播。捕诉一体改革做法受到最高人民检察院检察长张军充分肯定。创新信访案件评查机制，邀请人大代表、专家学者、律师通过阅卷、研讨会等形式全程参与，听取各方专业意见，收到良好效果。阳曲县检察院助推建立重点行业领域执法机关主要执法信息定期报备机制，拓宽公益诉讼线索来源，增强检察监督效果。（李爱军）

【职务犯罪案件衔接】 2018年，太原市人民检察院认真贯彻监察法和办理职务犯罪案件衔接办法。规范《监察委员会移送案件审查逮捕意见书》，对意见书中的案件事实认定、证据分析等内容进行细化，审查文书样式被省检察院在全省推广学习。受理监察机关移送案件60件69人，其中贪污贿赂案件29件34人，渎职侵权案件5件5人，职务侵占等案件26件30人；决定逮捕28人，起诉50人。成功公诉最高人民检察院交办的河北省人大常委会原副主任张杰辉受贿案，受到省委政法委书记商黎光等领导批示肯定。（李爱军）

【外部监督机制】 2018年，太原市人民检察院自觉接受人大监督和社会各界监督。向市人大常委会主任会议专题汇报全市检察机关开展行政公益诉讼工作情况。认真梳理人大代表提出的意见和建议，全部“一对一”作书面答复。利用“两微一端”等平台，加强与人大代表、政协委员的联络工作。邀请人大代表及社会各界代表参加“走进12309、检察为民新体验”等主题开放日，省检察院组织市级检察院观摩学习。邀请人民监督员参加案件公开审查听证会9次，对2件拟不诉案件监督评议。在互联网公开案件程序性信息9729条、法律文书4769份，信息公开数和文书公开比例全省最高。组建专家咨询委员会和法律专家人才库，聘任24名专家学者参与重要业务问题和重大案件论证评查。（李爱军）

【内部制约机制】 2018年，太原市人民检察院加强智慧检务建设，丰富大数据平台内容，推进“206系统”进入实质性应用，通过刑事智能辅助办案系统强化内部监督。太原市检察机关被确定为全省刑事案件智能辅助办案系统试点单位。开展案件质量内部评查、专项业务检查工作，评查案件1174件、专项抽查1066件。加强对办案流程的全程、实时、动态监督，有效开展流程监控5889件。开展督察检查30余次，通报6次，并对4个基层检察院开展巡察。（李爱军）

【检察队伍建设】 2018年，太原市人民检察院深入学习贯彻中共十九大精神，准确把握新时代对法治建设、检察工作提出的新要求。加强机关党的建设，开展多种形式的集中学习、讨论交流和微党课评比竞赛等活动，组织开展主题党日活动160余次，道德讲堂、争做合格党员大讲堂等18次。基层党组织17个微党课、11个时代新人强检故事在省、市评比表彰中获奖；推荐选拔5个时代新人强检故事在全省检察机关“争做合格党员大讲堂”上交流宣讲，《找准点位求融合，开展党建新格局》调研文章，获全省检察机关党建工作创新奖。强化“三基”建设，市检察院检务管理部党支部被评为全省检察机关“两学一做”学习教育先进集体。开展“大学习、大调研、大落实、大提升”活动，深入学习习近平总书记新时代中国特色社会主义思想。在“大调研”中，市院领导多次深入清控创新基地、康培集团等民营企业开展调研，了解企业法律需求，听取意见建议；多次深入基层院就司法体制改革后配套措施不完善等问题及智慧检务建设等重点工作进行专题调研，帮助解决实际问题。市检察院院领导带头完成《新时代检察工作创新发展调研报告》《检察机关内设机构改革研究》《检察机关扫黑除恶专项争斗调研报告》等14个调研课题，基层院院领导完成66个调研课题。认真学习贯彻修改后刑事诉讼法和检察院组织法，完善常态化培训机制，组织业务实训、业务能手评比、优秀检察文书评选等50余批次。市检察院被确定为国家检察官学院教学实践示范基地。（李爱军）

【专业化职业化建设】 2018年，太原市人民检察院组织全市检察机关160余名干警在四川大学、上海交通大学举办综合素能提升专题培训班，组织开展侦查监督、公诉、未成年人检察、政工纪

2018年6月14日，太原市检察院、市公安局在市第二看守所举行未检驻所工作室揭牌仪式（太原市人民检察院供图）

2018 年 10 月 9 日，太原市检察机关开展“扫黑除恶”宣传周活动

（太原市人民检察院供图）

检等部门专业培训 20 余次。组织所有员额检察官参加“中国检察教育培训网”培训，完成三个业务专题学习；组织 17 名干警参加国家检察官学院各类培训。全年，全市检察机关 27 个集体、18 名个人受到省级以上表彰奖励，在全国检察机关第九届“双先”评选表彰活动中，市检察院周艳获评为全国模范检察官，省检察机关恢复重建 40 周年暨全省检察机关先进集体和先进个人表彰会上，迎泽、小店、万柏林区检察院及市检察院机关党委被评为先进集体，樊士彪等 7 人被评为先进个人。2 名干警在全省检察机关刑事执行检察业务竞赛中获“业务标兵”称号，3 名干警在全省检察机关 2018 年度公诉业务竞赛中获“全省公诉业务标兵”称号，2 名干警获“全省十佳检察官助理（公诉）”称号，市检察院在全省检察业务综合考评中名列第一。（李爱军）

法　院

【概况】 2018 年，太原市中级人民法院深入学习宣传贯彻中共十九大精神，以习近平新时代中国特色社会主义思想为指导，忠实履行宪法法律职责，全面落实“政治建院、公信立院、改革兴院、从严治院、科技强院”工作方针，牢固树立首位意识，勇于强化责任担当，审判履职、执行攻坚、扫黑除恶、司法改革等各项工作稳中有进，整体工作持续向好。全市法院共受理各类案件 82564 件，同比增加 12068 件，增长 17.12%；审（执）结 77488，结案率 93.85%，同比增加 15512 件，增长 25.03%；员额法官人均办案 222 件，同比增加 51 件。太原市中级人民法院受理各类案件 14733 件，同比增加 3059 件，增长 26.20%；审（执）结 14011 件，同比增加 2764 件，增长 24.58%；员额法官人均办案 156 件，同比增加 36 件。

（张晓华）

【刑事审判】 2018 年，太原市中级人民法院共审理刑事案件 8243 件，审结 8026 件，审结率 97.37%。太原市中级人民法院审理 2926 件，审结 2892 件，审结率 98.84%。全市法院判处 10 年以上有期徒刑刑罚的 412 件 549 人，重刑率 5.13%。依法惩处危害国家安全、危害群众生命财产和社会治安犯罪。审理涉枪、涉爆案件 56 件。审理故意杀人、抢劫、盗窃等犯罪案件 2119 件。审理强奸、非法拘禁、故意伤害等侵犯公民人身权利案件 1223 件，审理寻衅滋事、聚众斗殴等扰乱社会秩序案件 311 件。审理涉毒案件 743 件，市中级人民法院新收毒品犯罪案件 25 件 58 人，涉案毒品数量总计 900 公斤，案件数量、查获毒品数量、涉案人数均大幅增长，涉毒犯罪形势严峻。严惩危害食品药品安全犯罪，加大惩治力度，审结相关案件 156 件，努力保障人民群众生命健康。

积极开展“扫黑除恶”专项行动，两级法院受理涉黑涉恶案件 54 件，涉黑恶罪犯 362 名。宣判以被告人张志勇为首的 41 人犯组织、领导、参加黑社会性质组织罪涉黑案件，首要分子张志勇被判处有期徒刑 25 年。依法惩处破坏市场经济秩序犯罪。两级法院审理集资诈骗、非法吸收公众存款犯罪案件 251 件，对涉案金额 33 亿元，受害群众 1.19 万余人的山西光彩慈行集资诈骗案主犯王宁威、李衍华一审依法判处无期徒刑。审理贪污、贿赂等职务犯罪案件 72 件，审理原河北省人大常委会副主任张杰辉受贿一案。审理减刑、假释案件 1085 件。受理涉未成年人刑事案件 138 件 212 人，其中，受理侵害未成年人案件 22 件 25 人，受理未成年人犯罪案件 116 件 187 人。（张晓华）

【民事审判】 2018 年，太原市中级人民法院坚持依法保护产权、尊重契约自由、平等保护当事人双方权利义务、程序公正与实体公正等原则，探索创新多元化矛盾纠纷解决机制，着力构建社会诚信体系。全市法院受理民商事案件 45191 件，审结 42867 件，审结率 94.86%。市中院受理民商事案件 8306 件，审结 7922 件，审结率 95.38%。妥善审理涉民生案件，保障民生权益。以多元化思路化解矛盾、解决纠纷为主导，综合利用诉前调解、诉中调解、委托调解等机制，积极联系民政、妇联、教育、共青团、社区等有关部门和基层组织，在社区、街办、商业区、乡镇、企业设立法官工作室、工作站，实现社会组织调解和法院诉讼调解的优势互补，努力将大量矛盾纠纷化解在诉讼前。审理教育、医疗、交通事故等纠纷案件 3276 件。依法审理农业承包、宅基地使用、土地征用等涉农纠纷案件 106 件。审理劳动争议、拖欠工资、工伤赔偿、人事争议等案件 1834 件，依法保护了劳动者的合法权益。审理婚姻

家庭、继承纠纷等案件5138件。尖草坪区人民法院与村委、居委会建立联动机制，共同化解家事纠纷，推行“离婚证明书”、心理干预、婚姻冷静期制度，弘扬良好家风，化解恩怨弥合亲情，构建和谐家庭。审理金融、民间借贷等该类型案件8239件。推进证券期货纠纷多元化解决机制，市中级人民法院会同省证监局、省国资委在对全国法院类似案件分析研判的基础上，多方沟通，数次协调，成功调解范某某诉太原化工股份有限公司证券虚假陈诉系列案11件。（张晓华）

【行政审判】 2018年，太原市中级人民法院审理行政案件1823件，审结件1766件，审结率96.87%。市中级人民法院审理722件，同比增长216件，审结711件，审结率98.48%。监督、支持行政机关依法行政，出台《关于在行政机关建立行政审判法务联络员制度的实施意见》，促进法治政府建设。推动落实行政机关负责人出庭应诉制度，全市法院发出行政机关负责人出庭应诉率52%，居全省前列。定期发布行政审判白皮书，助推法治政府建设。制定《行政案件审判繁简分流实施细则》，提高行政案件审判质量与效率。与太原市检察院联合印发《关于办理行政公益诉讼案件相关问题的意见》，公开开庭审理太原市首例行政公益诉讼案件，依法判决太原市盐务管理分局履行责令停止销售、警示、召回、无害化处理等职责，保护消费者合法权益。坚持合法性审查和实质性坚决行政审议相结合，化解城市建设、重点工程、拆迁改造、公益民生等行政性矛盾纠纷1100余起。

全年，太原市中级人民法院审理国家赔偿案件12件，判决义务机关赔偿总计61万元。其中，市中级人民法院受理10件，结案10件，决定义务机关赔偿数额18万余元。（张晓华）

【审判执行攻坚】 2018年，太原市中级人民法院认真落实中央决策部署，开展“破冰迎春”“雷霆行动”等执行攻坚大会战，重点打击有能力而拒不履行行为，推动构建全市基本解决执行难工作大格局。由太原市委政法委牵头，联合46家市直单位，在市级层面建起综合治理执行难工作协作小组。与太原市检察院、太原市公安局联合制定《关于打击拒不执行判决、裁定罪的规定》。对接最高法院“总对总”和全省“点对点”网络查控系统，有效覆盖16大类、50余项被执行人财产和身份信息。全年通过网络查控系统成功查询房产、土地等不动产信息21337件。限制高消费35876人次，依法对490案562名被执行人实施罚款、拘留措施，以“拒执罪”移送公安机关27案30人，因拒不履行义务以“拒执罪”判处刑罚17案20人。公开曝光失信被执行人17523名，晋源区人民法院首家与太原电视台法制频道联合推行执行悬赏公告，对40案40人进行公开悬赏，公告发布后16案16人主动来院履行义务，结案标的达160余万元。强化执行公开，执行文书全部上网公开，主动向申请执行人短信推送节点信息。建立完善网络司法拍卖机制，坚持“网拍优先、执拍分离”的原则，有效祛除权力寻租空间，对符合网拍条件的案件实现100%全覆盖，促进财产处置变现公开、透明、公正、高效、安全。对照“三个90%”和“一个80%”核心指标精准施策，两级法院已全部达标。

全年受理执行案件25039件，同比增加4980件；执结22576件，同比增加6480件，执结率90.16%。市中级人民法院受理执行案件1779件，同比增加451件；执结1497件，同比增加302件，执结率84.15%。集中强制执行“山西富某房地产经营有限公司”名下59套房产及102个车位，强制腾退41套房屋、协商解决102个车位，涉案标的近1.20亿元。（张晓华）

【审判管理监督】 2018年，太原市中级人民法院发挥审判委员会总结重大、疑难、复杂案件法律适用问题的作用，太原市中级人民法院共召开审判委员会会议21次，讨论各类案件242件，确保案件质量。充分发挥审判监督作用，把握好再审案件依法纠错和维护生效裁判稳定性、权威性的平衡度，受理再审案件120件；受理再审审查案件301件，审结297件，其中驳回129件、撤诉6件，在有效保护当事人申请再审权利的同时维护生效裁判的既判力，达到依法纠错、终局解纷的目的。对人民检察院依照审判监督程序提出抗诉、检察建议案件予以审查，市中级人民法院审结检察机关抗诉案件141件。利用专业法官会议制度，集中“会诊”疑难复杂案件，对二审改判和发回重审案件进行分析讨

2018年11月12日，太原市中院对山西富某房地产经营有限公司名下的59套房产及102个车位强制执行（太原市中级人民法院供图）

论，防止“同案不同判”。严格落实上诉发还改判案件重点评查制度、第三方案件评查等制度，以评查促公正，以评查纠瑕疵，以评查改错误，对发现确有问题的能补正的积极采取补正措施，市中级人民法院组织省市人大代表、资深律师等各界人士评查案件3件，组织自行评查76件、交叉评查12件。开展审判流程管理、审判质效考核，加强对立案、分案、开庭、裁判、执行等各个节点的监控，及时做好对案件流程的预警、催办、督办等工作，对法官办案控制指标实施动态管理，实时掌握每名法官的审判质效。按时发布审判质效季分析、月通报、周通报及长期未结案通报。

（张晓华）

【服务大局】 2018年，太原市中级人民法院深入贯彻新发展理念，自觉将审判工作融入大局，为经济社会发展营造良好的法治环境。保障和服务供给侧结构性改革，妥善审理涉国企案件，防止国有资产流失、国有经济利益受损，依法处置“僵尸企业”，审理破产案件44件。围绕建设国家创新型城市，服务创新驱动发展，完善知识产权审理机制，审结专利权、商标权、著作权纠纷等知识产权民事案件625件，同比增加164件。继续加大产权司法保护力度，依法审理各类涉产权案件，从严惩治损害企业家、创业者合法权益和强买强卖、敲诈勒索等违法犯罪行为，坚决纠正涉产权冤错案件，平等保护各类市场主体合法权益，制定《依法保障和服务民营企业健康发展的实施意见》，召开新闻发布会，表达全市法院着力营造平等有序、充满活力法治营商环境的信心和决心。坚持和发扬“枫桥经验”，针对审判中发现的新情况新问题，及时提出司法建议，促进社会风险防控。以生态文明建设为统领，提前介入，协调处置，不断完善环境公益诉讼审判机制，开展为期两年的“打击破坏生态环境违法犯罪专项行动”，受理破坏环境资源刑事案件14案30人，全力保障美丽太原建设等中心工作有序推进。高度重视扶贫工作，市中级人民法院班子成员深入定点帮扶村蹲点帮扶指导工作，制定出切实可行、落地生根的精准扶贫计划，帮扶村代表北小店乡迎接省第三方交叉评估验收。

（张晓华）

【司法为民服务】 2018年，太原市中级人民法院坚持以人民为中心的发展思想，满足人民群众日益增长的多元司法需求，践行“最多跑一次”的大服务格局，让人民群众对司法服务有更多满足感。强化诉讼服务中心功能建设，推行导诉分流系统、自助立案系统、案件查询系统、短信通知系统为一体的全方位、零距离、无障碍的人性化服务机制。设置自助立案区，当事人可自行提交立案材料、点击立案，法官网上审核，大大减少当事人等候时间；在立案大厅安装电子显示屏和触摸查询机，方便当事人查询案件进展情况。创新立案方式，万柏林区人民法院审核网上立案申请853件（次），通过申请予以立案的523件，为当事人提供了便捷的线上线下诉讼服务。设立“判后答疑窗口”，加强和规范人民法院裁判文书释法说理工作，提高裁判的可接受性。

完善诉访分离，推行律师代理申诉案件工作机制，逐步引导信访人委托律师代理民事、行政申诉，努力破解当事人无序申诉、无效申诉的难题。全市法院共受理非诉保全审查案件1236件，已结1171件，结率94.74%。严格落实涉诉信访依法终结制度要求，对法律问题解决到位、执法责任追究到位、解释督导教育到位、司法救助到位的案件，依照规定及时提出终结申报意见。围绕“事要解决”的终极目标，继续完善“三位一体”抓初访工作机制，市中级人民法院接待群众来访咨询1236人次，初信初访案件1174件，占总量的的95%，资深法官答疑1088余人次，律师免费提供法律服务1742人次。全市法院共有最高法院交办的信访案件50件，其中办结47件，报请核销3件。依法为140案困难群众缓、减、免交诉讼费1732.80万余元，司法救助2277.60万余元。

（张晓华）

【司法体制改革】 2018年，太原市中级人民法院压实主体责任，发挥党组统筹引领作用，从讲政治、顾大局的高度谋划推进改革，各项改革任务落地见效。推进以司法责任制为核心的司法体制改革，按照时间节点，完成第二批员额法官遴选、首批司法雇员招录、新型审判团队组建、人员分类管理考核等工作。启动员额法官退出、补充遴选机制，有22名同志退出程序。探索争取党委、政府支持，用政府购买服务招聘法律事务助理充实审判辅助力量的新路径，全市法院陆续完成近300名法律事务助理招聘工作。基本确立审判权运行机制，推行院庭长办案常态化，院庭长办案数占全部案件数的60%以上。推进以审判为中心的刑事诉讼制度改革，严格落实刑事审判庭前会议制度。积极支持控辩双方申请证人、鉴定人、侦查人员和有专门知识的人出庭参加诉讼，庭审实质化全面推进。

推进以提升审判效率为重心的繁简分流改革。在优化团队设置基础上，设立速裁组，大量的简单案件在立案前端导入诉前调解，民事案件经调解达成协议的当场进行司法确认或出具调解书。对被告人认罪认罚的轻微刑事案件，由速裁组法官适用简案快审方式，综合运用远程视频开庭，做到当庭宣判，简化文书，当庭释明，当庭送达，使得大量的简单案件化解在前端。推进以科技兴院为目标的信息化建设，按照省高院试点工作要求，2018年主抓电子卷宗随案生成与深度应用工作，全部新收案件实现电子卷宗同步生成，“死档案”变成“活资源”，实现传统档案管理模式向信息主导模式的转变，全市法院电子卷宗随案生成52865件，随案生成率99.97%。

（张晓华）

【法院司法公开】 2018年，太原市中

太原市中院开展道德讲堂活动　（太原市中级人民法院供图）

级人民法院围绕最高院“全面深化司法公开”任务，发挥四大平台的功能，网上庭审直播案件7464件，裁判文书上网55562份，基本形成开放、动态、透明、便民的阳光司法机制。把大要案办理过程变成全民普法教育公开课，各类新闻报刊、新闻网站刊发稿件252篇，其中省级以上226篇，一批重大有影响的稿件被广为转发、传播，在促进提升司法为民、公正司法能力以及弘扬法治精神、讲好法治故事等方面发挥了重要作用。

加强法院自媒体建设，太原市中级人民法院门户网站点击数达334万次，点击数排在全国中级法院第16名，发稿数达1106篇，排在全国中级法院第63名。分析和把握新媒体环境下的舆论发展态势，组建111名网络阅评员队伍，认真及时舆情监测和舆论引导，针对舆情传播的新特点，及时管控、研判、核实网络舆情。向太原市网信办、太原市委政法委、山西省法院新闻中心核实上报舆情专报28份，发生的一般舆情均得到及时处理。抓好对外委托司法鉴定、评估工作，保障鉴定当事人行使知情权、参与权、选择权，定期排查、催办对外委托案件，做好鉴后答疑工作，将119家社会中介机构纳入太原市中级人民法院对外委托司法技术专业机构库，在“人民法院诉讼资产网”进行公告公示，依法为审判执行工作提供服务。全年受理对外案件119件，评估类案件87件。（张晓华）

【法院队伍建设】2018年，太原市中级人民法院牢固树立“四个意识”，坚定“四个自信”，准确把握“五个过硬”总要求，坚持把思想政治建设放在首位，深入开展中共十九大精神学习、“两学一做”学习教育，引导干警提高政治素养和思想理论水平。深化“担复兴大任、做时代新人”“主题党日”等活动，制定《太原市中级人民法院“新时代堡垒工程”三年行动方案》，确保用习近平新时代中国特色社会主义思想武装全体党员干部，用党的光荣历史和革命传统涵养党性、坚定理想信念。加大对违纪违法行为的查办力度，建立党员干部廉政档案，多渠道严查问题线索。组织监督检查组对10个基层法院进行明查暗访，发现问题及时纠正，共收到各类问题线索332件。强化“一案双查”，让失责必问、问责必严成为常态，加大对隐形变异“四风”问题的查处力度，坚持对司法腐败零容忍。自觉接受社会各界监督，树立全市法官队伍良好形象。主动向地方人大及其常委会报告工作，市中级人民法院邀请全国、省、市人大代表、政协委员视察法院、旁听评议、监督执行30余人次，办结省法院、市人大的督办案件及人大代表关注的案件33件。向市政协和各民主党派、工商联、知联会通报了全市法院司法改革工作情况，广泛听取意见建议。拓展人民陪审员参审渠道，一审普通程序案件陪审率98.40%。（张晓华）

司法行政

【概况】太原市司法局主管全市司法行政工作，主要承担法律服务、法律保障、法治宣传三大职能，具体涵盖普法和依法治理、律师、公证、司法鉴定、基层法律服务、法律援助、司法考试、人民调解、社区矫正、安置帮教、强制隔离戒毒等工作。局机关内设14个处室，包括办公室、政治部（警务部）、法制处、行政审批处、研究室、法制宣传处、律师管理处、公证管理处、司法鉴定仲裁管理处、基层工作处、社会工作处、计财装备处、强制隔离戒毒管理处、机关党委。直属单位有太原市强制隔离戒毒所、市直三家公证处（城北公证处、城南公证处、城西公证处）、太原市法律援助中心、司法干警培训中心（拟撤销，已停止一切日常工作和对外业务，正在办理核产清资及相关手续）。

2018年，太原市司法局机关69人，太原市强制隔离戒毒所311人，太原市法律援助中心18人，城北公证处31人，城南公证处31人，城西公证处27人。（介晋芳）

【“扫黑除恶”斗争】2018年，太原市司法局先后召开10次党组会、8次调度会、2次推进会，出台指导性文件22份，及时传达上级部署，研究推进工作落实。通过组织7次调研，2轮督导，2轮与三级干部的履责谈话，推动落实中央第二督导组的指示、省委“十个进一步”“十个不断强化”的部署和市委边督边改十个工作方案的要求。组织全系统队伍宣讲党中央开展扫黑除恶专项斗争的重大意义，组织制作《扫黑除恶专项斗争普法进行时系列访谈节目》，增强群众法治观念。组织律师进社区、进场所开展法治讲座，利用国际马拉松赛、省运会、健步行等好时机，开展扫黑除恶知识有奖问答活动，累计50余万人次参与，促进形成全市上下万众一心的舆论攻势。

加强律师办理涉黑涉恶案件的思想政治教育和业务培训，组织6期专题培训共800余名律师参加。指导律师事务所建立律师办理黑社会性质组织案件接案审查、请示报告、集体研究和档案管理等制度，加强对律师办案的督导检查，组织市律协4个督导小组督导个案242件，专项督导“李金才”（聋哑人）法律援助案件和“任爱军”“王永明”“李俊文”重点督办案件。全年太原市共有108个律师事务所316名律师代理涉嫌黑恶势力犯罪案件322起，没有发生违法违纪行为。

全年，太原市在册管理社区服刑人员1895人，全市衔接管理安置帮教对象7538人，其中刑满释放人员4839人，解除社区矫正人员2699人。建立“两类”人员数据库及重点人员台账，教育引导他们签订不参与黑恶势力的保证书。加强“四涉”摸排，在社区服刑人员中摸排出涉黑罪名1人，涉枪罪名10人，涉爆罪名5人；在安置帮教对象中摸排出涉黑罪名14人，涉恶罪名2人，涉枪罪名18人，涉爆罪名15人。从严管控“四涉”人员，分类造册，实时掌握动态，防止被黑恶势力再次引诱拉拢。强化分类管理，坚持重大节日、重要节点实施风险隐患摸排日报告，坚持开展走访和谈心谈话，鼓励检举揭发犯罪线索。加强与公安派出所、监狱的工作衔接，对重点人员凡出必接，做好刑满释放人员的信息核查和教育帮扶工作。抓紧建设“互联网＋社区矫正”视频督察系统，用好社区矫正智能管理系统、风险评估和心理矫正系统，加强电子监管和再犯罪风险预判，坚决杜绝发生脱管、漏管、虚管。

全年新收治强戒人员698人，解除强戒人员662人，目前在册管理强戒人员1051人。深挖犯罪线索，摸排出受过刑事处罚的285人，转递有效线索85条，其中有3人被公安采取强制措施。加强戒毒人员教育矫治和职业技能培训，开展文体活动和亲情帮教，提升了教育矫治质量。加强禁毒宣传教育，基地挂牌两年来累计接待35000余人次。对2013年到2017年间出所的1805名太原籍解戒人员大回访。积极参与社区戒毒康复，派驻干警在万柏林区试点工作。加强场所警戒安防和安全生产管理，严格落实隐患排查整改，市强戒所实现第14个“六无”年。

坚决预防和打掉“关系网”“保护伞”，组织全体干警职工签订不做黑恶势力保护伞的承诺书，全系统没有发生涉黑涉恶腐败问题和党员干部充当“保护伞”的情况。（介晋芳）

【“三大攻坚战”】2018年，太原市司法局认真落实全市推广新时代“枫桥经验”提升城乡基层社会治理现代化水平动员会精神，创新多元化解矛盾纠纷机制。主动服务转型综改示范区，组织律师、公证等为管委会和园区企业提供招商引资、知识产权、企业治理、企业改制等一揽子法律服务。继续服务好城中村改造，坚持做到事前针对性开展宣传，参与风险评估；事中全程衔接，参与案件会商，提供专业服务；事后继续跟进，参与攻坚收尾，保障工作效果。

实施“三所联动”（公安派出所、司法所、律师事务所），配合驻地派出所开展省委、省政府和市委市政府门前上访群众的疏导工作。律师参与化解和代理涉法涉诉信访案件734件，当事人签订息诉罢访保证书3件。实施“实习律师进法院实习机制”，派遣首批54名实习律师进市中院和迎泽区法院，协助法官办案5000余件。在迎泽区法院设立全省首个市级公证机构司法辅助中心，8月份以来共办理公证送达文书2377件，受理调解案件436件，调解成功70件。在万柏林区公安派出所、交警大队试点建立人民调解室，成功调处226件，司法确认224件，涉及赔偿800余万元。在迎泽区、万柏林区、晋源区、阳曲县试点开展人民调解参与信访矛盾化解工作，受理信访案件19件，成功调处6件。在小店区、迎泽区试点开展律师驻队服务城市管理执法，化解城管执法过程中的对立情绪。指导建筑、口腔医疗、异地商会等行业成立人民调解委员会，在这些领域都是全省唯一的专业性调解组织。大力开展“千名金牌调解员化解千起重大疑难纠纷”活动，组建人民调解专家库，健全县、乡、村三级矛盾纠纷排查机制，全市人民调解员全年调解案件21006件，调解成功20348件，预防民转刑案件4件6人，防止群体性上访214件3811人。

太原市司法局与娄烦县政府联合印发《太原市司法局公共法律服务助力娄烦县脱贫攻坚行动方案》。优选12家律师事务所主动对接阳曲县、娄烦县等12个贫困县，大力开展法律援助，重点为贫困群众上学、就业、劳动争议等提供服务。加大对阳曲县龙泉村的帮扶力度，因地制宜地发展养殖牲畜、种植中草药、太阳能光伏发电、小磨坊等项目，帮助村委会硬化大院、亮化路灯，动员全局系统人员帮助村民销售农产品，巩固脱贫成果。

开展打击破坏生态环境违法犯罪专项法治宣传，与市环保局联合印发《公共法律服务助力污染防治攻坚战实施方案》，组织团队围绕污染防治攻坚战大力开展法治宣传、政策性文件法律论证、法治培训、公证绿色通道、重点领域矛盾纠纷排查化解等公共法律服务。

（介晋芳）

【公共法律服务体系建设】2018年，太原市司法局经太原市政府批准，以市法律援助中心为基础，整合律师、公证、人民调解等资源，建成1700平方米的太原市公共法律服务中心。县、乡、村的实体平台按标准提档，完成验收，在全市基本形成公共法律服务网络体系。全系统干部和法律服务队伍以群众需求为导向，积极开展法律事务咨询、矛盾纠纷化解、困难群众维权、法律服务指引和提供。“12348”热线电话坚持全天24小时值班，配合“12345”调处纠纷，解答“110”转接咨询。建设“太原掌上12348”微信公众平台，及时回应群众线上需求。搭建“司法行政微信群管理平台”，重点对1494个一村（居）一法律顾问工作微信群和350个社区矫正微信工作群及服务群进行管理。（介晋芳）

【律师工作】 2018年，太原市司法局重点加强律师行业党建工作，经太原市委组织部批准，率先完成律师行业党建领导体制的调整，由局党组直接领导和管理，并圆满完成律师行业党委的换届工作，受到省司法厅表扬。12月14日，与市委组织部联合召开“太原市律师行业党建工作推进会”，对律师行业进一步加强党建工作进行部署。截至2018年底，太原市建立了40个律师事务所党支部，向103个无党员律师事务所指派29名党建指导员。

一村（居）一法律顾问工作实现全面覆盖。140个律师事务所600余名律师服务全市1519个村（社区），深入村（社区）1883人次，提供法律咨询3589次、普法宣传652次、法律援助61件、协助处理信访问题17起、调解纠纷124起。

服务民营企业发展。召开律师行业助推民营经济发展动员会，成立全省首家“民营企业公共法律服务中心”，组织40余家律师事务所100余名律师对31家民营企业法治体检。编印《企业法律法规政策汇编》，正式运营“太原法律服务在线”网络平台，努力为民营企业提供法律服务和保障。（介晋芳）

【公证服务】 2018年，太原市司法局加快推进公证体制机制改革，深入开展公证家事法律服务，全年共办理各类公证事项14.90万件，免费办理5000元以下小额继承公证292件，为小微企业创业创新服务1000余件。市直三家公证处完成在线平台和业务系统的部署，24项业务实现网上申办，真正让群众少跑路。（介晋芳）

【法律援助】 2018年，太原市司法局拓展法律援助工作站点建设。与市公安局联合印发《太原市看守所法律援助值班律师工作规则》，制定看守所法律援助值班律师工作联席会议制度。在中北大学设立法律援助工作站，与市总工会组建百人律师志愿服务团。完善法律援助值班制度。全年受理法律援助案件2702件，接待群众19796人次，“12348”热线咨询21088人次。（介晋芳）

【人民调解】 2018年，太原市司法局加强行业性、专业性人民调解组织建设。指导推动行业性、专业性人民调解委员会向重点行业领域延伸，行业性、专业性调委会增至95个，其中年内新增太原市建筑企业纠纷人民调解委员会、太原市口腔医疗纠纷人民调解委员会、山西省广东商会人民调解委员会。太原市行业性、专业性人民调解组织覆盖到道路、医疗、保险、商事调解等10多个领域。不断加强与基层法院、公安派出所、公安交管部门、信访等部门的配合协作，在基层人民法院、派出所、信访等部门设立人民调解工作室和人民调解窗口23个，基本做到“哪里有人群，哪里就有调解组织”。（介晋芳）

【司法鉴定】 2018年，太原市“四大类”司法鉴定机构9家，司法鉴定人125名（其中兼职司法鉴定人102名），完成司法鉴定业务1102件。（介晋芳）

【普法依法治理】 2018年，太原市司法局以领导干部及国家工作人员为重点对象，推进“七五”普法。太原市委办公厅、市政府办公厅印发《关于深入贯彻落实国家机关“谁执法谁普法”普法责任制的实施意见》。建立“谁执法谁普法”普法责任制电子监管平台，印发《太原市重点单位普法责任清单》，推动全市落实党政主要负责人履行法治宣传教育工作职责。在市委常委、政法委书记魏民和副市长、市公安局局长马润生领导下，牵头迎接并做好上级对太原市的督导检查工作，9月接受省普法依法治理领导组对“七五”普法的中期督导检查，11月接受省人大常委会对“七五”普法决议执行情况的执法检查，太原市工作获得充分肯定。

弘扬宪法精神，组织“七五”普法讲师团，拍摄宪法宣传片，组织参加“我与宪法”优秀微视频征集活动。省司法厅厅长、省委督导检查组组长薛永辉专项督查时给予肯定。组织开

山西省司法厅督导太原市司法行政系统“扫黑除恶”专项斗争工作

（太原市司法局供图）

展“12·4”国家宪法日宣传周活动，重点领域执法单位上街现场宣传。打造全省首个“宪法宣传教育基地”，举办“弘扬宪法精神共创文明城市”书画摄影作品征集评选展出活动，制作“盛世·宪法颂”诗歌朗诵节目并展播，开展“人人学宪法”全民知识问答（39.50万人次参与），在“太原普法”微信公众号和市直各单位微博、微信和官方网站进行“百微联动”新媒体宪法宣传，掀起全市上下学习宪法的热潮。认真做好“以案释法”工作，建设法治文化阵地，开展法治文艺演出等活动，以寓教于乐的形式教育引导群众尊法学法守法用法，推动形成办事依法、遇事找法、解决问题用法、化解矛盾靠法的良好社会风尚。

（介晋芳）

【国家司法考试】 2018年，太原市司法局完成首次国家统一法律职业资格考试组织实施工作，获司法部评为国家司法考试工作先进单位和首次国家统一法律职业资格考试工作表现突出单位。太原考区客观题考试报名人数为4498人，设75个考场（约占全省考生、考场数量的31%），主观题考试共有2157人报名参加考试（占全省主观题报名人数的51.09%）。

（介晋芳）

【行政审批】 2018年，太原市司法局依法高效开展行政审批工作。初审上报省司法厅申请授予法律职业资格922人，律师执业申报312人，“两公”律师执业申报19人，律师事务所设立22家，司法鉴定所设立7家，全部无超时、无差错、无投诉。

（介晋芳）

2018年12月4日，太原市司法局在西海子公园开展“12·4”国家宪法日宣传周活动 （太原市司法局供图）

【基层法律服务】 2018年，太原市司法局印发《基层法律服务所外观形象标识及业务规范》，加强基层法律服务所规范化建设，按要求完成32家基层法律服务所和296名基层法律服务工作者的考核换证工作。组织开展10年来的首次基层法律服务工作者年度培训，全面整治基层法律服务所小、散、乱怪象以及群众投诉告状不满意的顽疾。通过下达整改通知并验收，全市32家基层法律服务所面貌焕然一新，全部达到外形统一、规范运营，受到省司法厅的充分肯定。

（介晋芳）

【基层司法所建设】 2018年，太原市司法局对全市105个立户列编的司法所从党建、组织机构、队伍建设、基础设施、经费保障、信息化、人员福利待遇、工作成效8个方面进行信息采集和调研摸底，为开展工作奠定扎实基础。推动建设成规范化司法所90个，占全市司法所85%以上。开展省级示范司法所创建活动，先后两批共16个司法所被省司法厅命名为“省级示范司法所”。

（介晋芳）

【司法体制改革】 2018年，太原市司法局下发《太原市人民陪审员选任工作实施方案》，指导全市完成897名人民陪审员选任工作。做好人民监督员工作，全年共抽选人民监督员21人34人次，参加案件监督评议2件、公开听证7件、论证2件、检察开放日1次。

（介晋芳）

太原警备区

【概况】 2018年，太原警备区各级以习近平强军思想为引领，着眼实现“当全省窗口、走全国前列”奋斗目标，坚持强根固本铸军魂，真抓实备谋打赢，重心下移打基础，全面从严正风气，创新驱动抓落实，上下同心、奋力作为、锐意进取，部队呈现出新面貌新气象。

（邓守义　黄承明）

【思想政治建设】 2018年，太原警备区按照“学懂弄通做实”的要求，突出抓牢习近平新时代中国特色社会主义思想和强军思想的学习贯彻，巩固“六个一遍”学习成效，深化“党委集体领学、讨论交流深学、基层宣讲送学”等措施，落实党委中心组带机关理论学习制度，官兵“四个意识”更加牢固、“四个自信”更加坚定。坚决贯彻军委主席负责制，狠抓常态学习、党课辅导、反思整改、制定措施等环节；以房峰辉、张阳案件为反面教材扎实开展警示教育，引导官兵自觉践行“三个维护”。持续开展“传承红色基因、担当强军重任”主题教育和庆祝改革开放40周年系列活动，主动融入太原市“担复兴大任、做时代新人”实践活动，联合市委宣传部、共青团市委举办“时代新人说——将改革开放进行到底”活动，宣传退伍老兵张俊平绿化荒山先进事迹，新华社《国内动态清样》做了专题报道。清理整治军队人员参加社会组织、发表错误言论等问题，坚决打好意识形态领域斗争主动仗，确保部队绝对忠诚、绝对纯洁、绝对可靠。（邓守义　黄承明）

【战备训练】 2018年，太原警备区坚持把备战打仗作为警备区党委的第一责任，先后4次专题议战议训；加强党委对阶段性大项活动的把控统揽，确保主要精力用在备战打仗上；聚力深入纠治和平积弊，对照“八查”问题清单逐级制定党委整改措施。狠抓战备规范化建设，形成3大类46种战备方案体系；在全区推广尖草坪区、万柏林区人武部战备物资建设“体系化、模块化、车载化”新模式，基本实现快速装载、快速出动、快速展开。组织全体干部参加省军区两期首长机关集中轮训，分别取得单位总评第一名、第四名，迎泽区人武部政委刘仍雁、保障处处长张杰分别取得个人综合成绩第二名、第六名，战备建设处参谋范旭宇参加省军区群众性岗位练兵比武竞赛取得综合成绩第五名。全年完成85名专武干部集训、1518名基干民兵基地化轮训、18名预编预备役士兵返岗复训。突出使命课题研练，组织应急应战能力检验评估，同场竞技、现场打分，《中国国防报》头版头条进行专题报道。全年累计出动3000余人次，遂行“五救一反”任务42次，完成3个批次过境部队保障任务。完善训保配套建设，升级改造民兵训练基地，组建专业训练教研室，配套新型指挥帐篷、就便伪装器材、班组炊事保障单元、小型宿营帐篷和单兵野营装备，提升野战保障的便捷性、灵活性和实用性。

（邓守义　黄承明）

【国防动员准备】 2018年，太原警备区贯彻《关于推动完善国防动员体系的实施意见》，修订完善3大类10个国防动员方案预案；3次组织国防动员潜力调查，完成4大类35种数据核查；狠抓民兵调整改革，压减民兵××万，编实建强××万人的应急、专业、特殊三支队伍，基干民兵党员、退役军人、专业对口率比例分别达到25.30%、28%、73.70%；控制非公有制经济组织设立基层武装部，对7家非公有制企业武装部重新考察并上报审批撤销。扎实做好兵员征集工作，深入宣传发动，严格体检政考，“七方”集体定兵，组织役前训练，守牢廉洁底线，高标准完成了全市××名新兵、××名直招士官征集任务，入伍大学生和大学毕业生比例居全省第一，“五率”量化综合考评全省排名第二。（邓守义　黄承明）

【部队建设】 2018年，太原警备区认

真学习贯彻国防动员部“三个一线”集训精神和省军区基层会议精神，运用“一个规范、两个手册”抓帮建，制定《关于推进警备区“三个一线”建设的措施》和《“三个一线”建设考评实施细则》。运用高铁动车原理，实行层级抓建、精准帮建，落实常委分片包点帮建责任制，并结合宣布任职命令和指导民主生活会，重点帮理思路、帮教方法、帮带队伍、帮解难题，迎泽区、万柏林区人武部被评为全省先进人武部，全区上下争先创优、比学赶帮的氛围日益浓厚。万柏林区人武部先后16次迎接上级首长机关视察以及兄弟单位参观见学，受到好评。扎实开展“贯彻落实新条令、塑造军队好样子”、安全大检查、百日安全等活动，制定《机关管理规范》，正规“四个秩序”。以迎接军委国防动员部安全大检查为契机，狠抓隐患排查治理，分阶段推进重点领域安全整治、重要时节安全管控、重大活动安全监管，压实党委抓安全的主体责任和主官第一责任，全年“无事故、无案件”。（邓守义　黄承明）

【军民融合】　2018年，太原警备区严格落实党管武装工作制度，市委常委会3次召开会议，研究涉及国防动员、双拥共建、停止有偿服务等工作，有效解决部队发展难题。配合市政府规划建设“军民融合创新基地”，举办首届军民融合发展（中国.太原）高峰论坛，在阳曲产业园区成立太原军民融合创新小镇，搭建军地合作交流平台。创新推动双拥工作，协调安排21名随军家属随调工作，安排19名军人子女进入本辖区优质中小学，全市138名转业干部全部安置到满意岗位。高标准承办“省城首届军营开放日暨第十八个全民国防教育日宣传活动”，狠抓国防教育示范校、示范村镇（社区）、主题公园和国防教育街道建设，修缮娄烦县米峪镇战斗纪念碑亭，组织“庆八一”双拥主题晚会，全市崇军尚武、爱国拥军的国防观念更加牢固。投身精准扶贫攻坚战，深化“小康路上不让一户军烈属和伤残军人掉队”工作，巩固康家沟村整村脱贫成效；在阳曲县大盂镇三畛村开展“三下乡”活动，在大泉沟学校开展“冬季送温暖”走进贫困学校活动，取得良好效益。（邓守义　黄承明）

【干部队伍建设】　2018年，太原警备区第一时间传达学习军委党的建设会议精神，观看《回望延安》专题纪录片，对照“四个不纯”“七个弱化”自下而上查找问题，逐级逐层召开专题组织生活会剖析反思，制定落实军委《决定》的具体措施，列出6类19个具体问题开展清理整治。持续深化“两学一做”，扎实开展“三会一课”、谈心谈话、履诺践诺、主题党日、组织生活等活动，围绕“六个必须”召开党委常委专题民主生活会，领导干部带头进行“党性体检”、接受官兵监督，党内政治生活更加严肃认真。牢固树立政治选人、实绩用人的鲜明导向，2018年提升使用5名干部、文职人员，转改士官3人，反映良好。认真抓好党的纪律教育，及时用上级《通报》和“微腐败”典型案例教育警示部队，组织党委、纪委领导上党课；认真学习贯彻中央八项规定、军委十项规定实施细则，制定警备区党委贯彻落实《措施》，下大力纠治形式主义、官僚主义问题，全年受理和处置信访举报问题线索5件，依纪依规给予撤销评残资格1人，行政警告1人，诫勉谈话3人。（邓守义　黄承明）

【综合保障】　2018年，太原警备区围绕新体制新使命抓保障，突出指挥、力量、储备建设。聚力打赢全面停止有偿服务攻坚战，在市停偿领导小组的坚强领导下，军地联合采取逐项研究、现场办公、综合执法等方式深入推进，全市416个有偿服务项目全部停止，先后两次接受军委国防动员部现场检查，受到好评。依法依规抓好经适房超面积整治和财务、油料检查整改，有效应对柴村农场、综合楼监理费纠纷和个别缠访户涉法诉讼等疑难棘手问题，取得明显成效。率先完成3类5种60万余发（枚）报废弹药调运任务。统筹推进机关综合办公楼建设，加强两个小区物业规范化、社会化管理。强化服务意识，落实职工个人住房公积金，组织全区干部健康体检，改善官兵工作、生活条件。干部转业、老干部移交、机要保密等工作取得成效。（邓守义　黄承明）

【征兵工作“五率”量化考评获全省第二名】　2018年1月至9月，太原警备区把征兵工作作为重要任务来抓。扎实开展征兵宣传“进学校、进企业、进乡镇、进社区”活动，累计发放各类宣传资料10万余份，兵役登记在全省率先达到100%。组织市征兵领导组成员

2018年9月10日，省城军民欢送新兵入伍大会　（太原警备区供图）

单位和各县（市、区）征兵办公室35名业务骨干参加全省征兵业务培训考核，获得三个第一的好成绩。组织全市双合格人员进行随机抽检、交叉复查××人，筛查不合格人员××人。重点把好“初检初审、体检政考、役前教育训练、集体审批定兵”四个关口，严格落实廉洁征兵纪律规定，高质量完成××名新兵和××名直招士官征集任务，其中大学生占73.97%，超出征集指导比例4.97个百分点，入伍大学生和大学毕业生居全省第一，在全省征兵工作“五率”（报名率、上站率、合格率、择优率、退兵率）量化考评中排名第二。（蔡鹏勇）

【有偿服务任务停止】2018年1月至10月，在太原市停偿领导小组的坚强领导下，针对驻军停偿工作存在的难点问题，市领导小组先后12次召开专题会议，采取逐项研究、现场办公、联合执法等方式扎实推进，截至5月底，全市416个有偿服务项目全部停止，10月底，善后遗留问题全部解决。狠抓警备区停偿项目落实，积极协调地方政府、省市县法院、公安消防等部门合力攻坚，本级20个停偿项目，终止收回完成率、委托管理整改协议签订率均达100%，先后两次接受军委国防动员部现场检查，受到好评。（韩铁军）

【党委全体（扩大）会议】2018年2月2日，太原警备区召开党委全体（扩大）会议，深入学习贯彻习近平新时代中国特色社会主义思想，传达学习上级党委扩大会议精神，总结上年工作，部署2018年任务。省委常委、市委书记、太原警备区党委第一书记罗清宇出席并讲话。罗清宇对太原警备区上年工作取得的成绩给予充分肯定，对完成2018年工作任务提出明确要求。太原警备区党委书记、政治委员张文广作党委工作报告。太原警备区党委副书记、司令员王志校讲话。太原警备区党委常委、副司令员兼纪委书记王一军作纪委工作报告。会议还对2017年度先进单位和个人表彰。市委常委、秘书长、统战部长刘鹓，太原警备区党委常委房小洪、顾晓亮，太原警备区党委委员，机关全体干部参加会议。（肖艳华）

【战备规范化建设】2018年2月至7月，太原警备区下力抓好战备规范化建设。围绕可能担负的作战任务，修订形成师、团两级3大类46种战备方案体系。制订下发《战备物资装载标准》，指导尖草坪区人武部按照“装载快、到位快、展开快”的要求，在原有“箱子化、架子化、标签化”的基础上，研究探索战备物资器材“体系化、模块化、车载化”管理使用新模式。7月31日，在尖草坪区人武部组织召开全区战备规范化建设培训会议，省军区战备建设局闫天兵副局长，警备区首长机关干部、10个县（市、区）人武部主官，共计47人参加。此次培训，出动兵力120人、车辆26台，在2个现场，从战备秩序、实案拉动、综合保障等3个方面进行了演示。（荀 伟）

【“传承红色基因、担当强军重任”主题教育】2018年3月至12月，太原警备区根据军委国防动员部和省军区部署，组织开展“传承红色基因、担当强军重任”主题教育。按照动员部署、专题教育、检查验收、总结讲评四个阶段，区分四个专题（坚定维护核心，做到绝对忠诚；聚力备战打仗、提高打赢能力；贯彻从严要求、锤炼党性作风；赓续基因血脉，永葆初心本色），结合党委中心组带机关理论学习、党委民主生活会一并推进。扎实开展“和平积弊大起底大扫除”活动，围绕军委明确的“八查”对照反思，召开讨论辨析会、组织生活会、党委议训会等，聚焦问题列出清单，制订措施认真整改。组织参观军民融合发展成果，观看红色电影《血战湘江》，增强教育效果。引导大家聚力主责主业，促进战备训练、国防动员和征兵任务完成。（肖艳华）

【专武干部集训】2018年3月13日至22日，太原警备区组织全市85名专武干部在阳曲县民兵训练基地进行集中培训考核。采取“封闭式、连队化”管理，重点突出国防动员、征兵、整组、战备训练、非军事行动训练5个重点，安排政策法规、军事理论、基本技能（含体能）、组织指挥4个专题19个课目的业务培训考核，对10名优秀学员表彰。期间，结合兵役登记和民兵整组等工作，组织集训队人员到阳曲县黄寨镇和高村乡实地观摩民兵营连部规范化建设，组织整组点验示范和演练观摩，提升专武干部的业务能力和素质，经验做法被省军区要讯刊发。（蔡鹏勇）

【参加省军区首长机关集中轮训】2018年4至6月，警备区、人武部首长机关干部，分三个批次，共计46人，参加省军区组织的首长机关集中训练考核。集训中，首长和参训人员加班加点、刻苦训练，在省军区组织的考核竞赛中，先后取得集中轮训单位综合成绩第一名、第四名和比武竞赛单位综合成绩第三名。（荀 伟）

【基干民兵基地化轮训】2018年4月至9月，太原警备区组织8个县（市、区）基干民兵在太原市民兵训练基地分8个批次进行集中轮训，完成入队、共同基础、专业和任务行动4个课题、24个科目、96个训练日、960个训练课时，动用枪支184支、高炮6门，消耗弹药44660发，提升组织动员力、快速反应力、支援保障力，实现民兵分队不间断集中轮训和常态备勤，达到随时准备遂行反恐维稳、抢险救灾和支援保障作战等任务的要求，太原市基干民兵基地化轮训经验做法被省军区要讯刊发。（蔡鹏勇）

【山西省大学生征兵宣传启动】2018年5月19日，山西省、太原市、尖草坪区三级征兵工作领导小组，在中北大学行知广场举行2018年山西省大学生征兵宣传启动仪式。在警备区政治工作处具体指导下，尖草坪区人武部科学筹划，认真准备，从场地设置、氛围营造等方面做了大量工作，受到与会领导的好评。六城区人武部精心编演文艺节目，展示改革强军的良好精神风貌，为在场学生奉献精彩的文化大餐，调动大学生参军报国的积极性。省军区政治委员郭志刚出席并讲话，省军区副司令员邱月潮、太原警备区司令员王志校、政治委员张文广、太原市副市长车建华等参加活动。（肖艳华）

2018年7月30日，太原警备区、太原市双拥办举行“八一”双拥晚会

（太原警备区供图）

【“八一”双拥主题晚会】 2018年7月31日，由太原警备区、太原双拥办主办，太原广播电视台承办的“军民一家亲，共筑中国梦”2018年太原市“八一”双拥主题晚会在青年宫演艺中心举行。晚会节目形式多样、内涵丰富，充分展示太原市双拥模范城“八连冠”的优异成绩，赞颂太原军民团结一心、富国强军的豪情和丰硕成果。山西省军区副政委刘兴安，太原市委副书记李新春，太原警备区司令员王志校、政委张文广等领导，驻并部队以及各界群众800余人观看演出。（肖艳华）

【《太原军事年鉴》（2017）获全国二等奖】 2018年9月14日，中国地方志指导小组印发《关于对第五届全国地方志优秀成果（年鉴类）的通报表扬》，太原市军事年鉴编纂委员会编印的《太原军事年鉴》（2017）获二等奖。自2009年以来太原警备区军志办坚持每年编印一部《太原军事年鉴》，至2018年底已连续编印10部。在编纂军事年鉴中，严格执行全军军事志指导小组《军事年鉴编纂细则》，积极改进完善，使年鉴质量不断提升，先后多次受到省军区军志办和太原市地方志办的表扬。（肖艳华）

【省城军营开放日活动】 2018年9月15日，在第十八个全民国防教育日到来之际，“走进火热军营，汇聚强军力量——省城军营开放日暨第十八个全民国防教育日宣传活动”在山西省武警总队机动支队举行。太原11所大中小学学生、部分企事业单位干部职工、部分新兵家长，共1300余人参加活动。山西省军区副司令员邱月潮，太原市委常委、太原警备区政委张文广，太原市副市长车建华参加。活动中，人们通过现场观看军事技能演示、国防教育展板，阅览宣传资料，体验军营生活等方式，了解国防和军队建设的成就，强化国防意识，汇聚强国兴军的正能量。（肖艳华）

2018年11月23日，太原警备区组织军事演习（太原警备区供图）

【应急应战能力检验评估】 2018年11月3日，太原警备区以联合防空作战为背景，在山西省军区综合训练基地组织开展太原市后备力量应急应战能力检验评估活动。6个县（区）23支实兵分队，依据作战预案展开演练，同场竞技，动用兵力800余人，出动各类装备器材1000余件（套），8名军内专家依据《太原警备区应急应战能力检验评估实施细则》，从侦察预警、筹划决策、快速反应等8个方面126个得分点进行现场打分、量化评估，全面锻炼提升全区后备力量应急应战能力。山西省军区韩司令员、邱副司令员以及省军区各局办领导、太原市常务副市长王立刚和各县（市、区）有关领导参加活动。《中国国防报》头版头条做专题报道。（荀伟）

【参加山西省国防动员课题演练】 2018年11月19日至23日，太原市国动委组织市县两级国动委、各专业办公室、专业力量以及民兵分队，采取上导下演、异地同步、实案牵引、情况诱导、临机处置、检验评估的方法，参加山西省国防动员课题演练。此次演练，开设野战指挥所11个，参训人员763人，动用车辆176台辆，各类专业器材1260件（套），上交作业文书1265份，落实63个训练课时，处置突发情况3类47种，提升市县两级国动委和专业办公室的战时动员组织指挥能力。 （荀　伟）

武警山西省总队太原支队

【概况】 2018年，武警山西省总队太原支队始终坚持以习近平强军思想为指导，紧跟总部、总队党委决策部署，着眼建设与强军目标相符合、与维护社会稳定需要相适应、与当好“形象窗”和“代表队”相匹配的全面过硬先进支队目标，维护核心讲政治，凝聚军心迎改革，围绕中心强能力，聚焦中心强战备，紧盯重心夯基础，瞄准靶心正风气，部队保持了稳中求进、向上向好的发展态势。2018年获总队表彰为“基层建设先进支队”，执勤一中队被武警部队表彰为“基层建设十大标兵中队”；特战中队指导员胡育泽、执勤十中队中队长王海波分别获总部评为优秀“四会”政治教员、标兵教练员；支队去年参加总队教练员比武和狙击专业集训均获得团体第1名。

1月9日，担负省委机关警卫勤务执勤一中队处置一起上访人员服毒自杀事件，并将自杀者移交公安机关；4月9日，担负市委、市政府机关警卫勤务执勤三中队处置一起上访人员服毒自杀事件，将自杀者移交公安机关，控制事态影响。 （政治工作部）

【“两会”安保执勤任务】 2018年1月24日至1月31日，太原支队完成山西省十三届人大第一次会议和山西省政协十二届第一会议主会场现地备勤任务。会议期间，300名执勤官兵克服大会持续时间长、天气寒冷、昼夜温差大等多种不良影响，依法、文明、理性、柔和执勤，展示了威武之师、文明之师良好形象。 （政治工作部）

【监管羁押对象转移警戒】 2018年2月8日上午，太原支队阳曲中队、执勤六中队协同目标单位，圆满完成“2·8”阳曲县看守所向太原市第一看守所转移监管羁押对象途中押解和监门警戒任务。任务中，支队首长一线指挥，全体参勤官兵积极克服各种不利因素，严格遵守相关规定，坚持依法执勤、文明执勤。 （政治工作部）

【突发事件处置】 2018年5月2日16时许，执勤十四中队联勤武装巡逻两组官兵成功抓捕一名网上在逃人员，成功处置一起一名地方人员企图撞车自杀事件。担负联勤武装巡逻任务的官兵，能够坚决贯彻武警部队“3+1”战备值班力量体系建设方案，严格落实“三员一兵一组一班”组勤模式要求，始终保持戒备状态，仅用2分钟就将犯罪嫌疑人抓获，用20秒挽回一条年轻生命，展示武警官兵威武之师、文明之师形象。 （政治工作部）

【涉军群体上访事件处置】 2018年6月25日上午，执勤三中队处置一起太原区域160多名对越反击战、老山战争退伍老兵集体上访事件;7月24日上午，执勤二中队处置一起襄汾县110余名退伍军人聚众上访事件；8月21日，执勤三中队成功处置一起太原区域120余名“两参战争”退伍老兵群体性上访事件。处置涉军群体上访事件中，当班哨兵反应迅速、汇报及时，支队党委高度重视、全程指挥，中队官兵始终坚持依法执勤、文明执勤，确保了处置任务的圆满完成，维护了地方党委政府机关的正常办公秩序，确保了目标单位的绝对安全。 （政治工作部）

【参加总队教练员比武】 2018年7月17日至19日，总队教练员比武在训练基地举行。太原支队参加比武的4名队员，取得了团体第一，个人组第一、第二名、第三名的好成绩，充分体现了支队教练员的良好形象和过硬素质。在竞赛期间，全体参赛队员为强化素质放弃休息时间，对照细则紧密准备，不畏困苦严格训练；正式竞赛中，参赛队员不惧挑战、顽强拼搏、直面竞争、取得了优异成绩，为支队争得了荣誉。

（政治工作部）

【武警战士救助车祸伤者】 2018年7月18日，正在休假的执勤十三中队战士吴亚琦在项城市南屯薛桥附近，救起一名因车祸受伤的男子，紧急送往医院救治，为其办理入院手续并垫付1000元医药费。事后，获救司机及其家人多方打听，找到吴亚琦同志的联系方式，并赶赴中队为其赠送了“救人不留名，彰显军民情”的锦旗。官兵纷纷为吴亚琦见义勇为的先进事迹点赞，表示要以他为榜样，学习他“践行服务人民的宗旨、品德高尚外化于行的自觉、爱岗奉献尽职尽责”的优秀品质，争做“四有”新时代革命军人。 （政治工作部）

【商场抢劫事件处置】 2018年3月13日，太原市茂业天地商场发生一起抢劫他人财物事件。支队联勤武装巡逻小组动用4名兵力，依法抓捕犯罪嫌疑人，并将犯罪嫌疑人移交亲贤街派出所民警，平息事态，恢复正常社会秩序。

（政治工作部）

【持刀械斗事件处置】 2018年4月9日，支队担负迎泽大街长途汽车站联勤武装巡逻官兵，成功处置一起持刀械斗事件。4月9日16时26分，巡逻小组正在车站售票厅门口执勤，小组长发现旁边超市内有人持刀砍人，现场混乱。小组长第一时间判明情况，迅速带领两名组员冲入械斗的超市内，同时利用支队 PTT 对讲机向支队值班室进行汇报。16 时 28 分执勤官兵到达现场，小组长迅速将持刀斗殴人员制服，并用手铐将其扣押，组员对现场群众进行疏散，阻止事情升级恶化，用执法记录仪对现场取证，之后将相关人员移交至长途汽车站派出所民警。（政治工作部）

【嫌疑人脱逃事件处置】 2018 年 4 月 20 日 19 时 50 分，支队执勤六中队成功处置一起犯罪嫌疑人趁民警办理入监手续期间脱逃事件。事发后，支队张陆军支队长、马金标政委第一时间赶往作战勤务值班室实施坐镇指挥，值班首长赵卫刚副政委、张郭平副参谋长全时席位值守，赵勇参谋长带参谋部相关人员前出一线组织现地勘察，模拟追逃场景回放，分析研判战法手段，反思战斗进程，借助实战砺练垒砌中心工作安稳后墙。

（政治工作部）

【涉黑集中调犯武装押解】 12 月 11 日至 19 日，支队出动 ×× 名兵力，完成 7 省集中调犯火车站接站及乘火车武装跨省武装押解勤务。任务中，参勤官兵服从命令、听从指挥，忠实履行职责使命，努力克服周边环境复杂、押解路途远、执勤时间长等不利因素，始终保持高度戒备状态，展现武警官兵昂扬的精神风貌、顽强的战斗作风和良好的军政素质，确保任务完成，受到各级领导的高度赞誉。（政治工作部）

人民防空

【概况】 2018 年，太原市人民防空办公室认真学习贯彻中共十九大会议精神和习近平总书记视察山西重要讲话精神，深入领会省委十一届六次、七次全会精神，进一步树牢“四个意识”、坚定“四个自信”、坚决做到“两个维护”。进一步夯实基层基础、提升核心能力、加强班子队伍建设。在市委、市政府、太原警备区的领导下，深化改革创新，推进军民融合，增强发展潜力，提高建管水平，破解人防发展难题，全面提升履行“战时防空、平时服务、应急支援”使命任务能力。（高　鹏　许亚飞）

【省市人防跨区协同演练】 2018 年 5 月至 7 月，太原市人民防空办公室根据山西省人民防空办公室《2018 年全省人防工作要点》《山西省人防指挥通信系统跨区拉动协同演练总体方案》和年度工作计划安排，分别与西安市、郑州市人防办共同组织“长安—2018”人防机动指挥通信系统跨区支援拉动协同演练，演练从 5 月初开始筹备，至 7 月 7 日演练结束，历时近 3 个月。演练分两个阶段进行，第一阶段“长安—2018”人防机动指挥通信系统跨区支援拉动协同演练 6 月 22 日开始，6 月 27 日结束，历时 7 天；第二阶段“砺兵—2018”全省人防指挥通信系统跨区拉动协同演练 6 月 30 日开始，7 月 7 日结束，历时 8 天。全办上下积极参加演练活动，办党组书记、主任冀克平主要负责并全程带队组织指挥演练，办领导、机关、指挥信息保障中心 63 人次参加演练活动；为保障演练圆满成功，还有相关保障人员 20 余人间接参加这次活动。演练中，市人防办共出动各种车辆 14 台次，累计行程 3000 余千米。先后完成人防指挥部组织指挥及野战指挥所开设、人防机动指挥信息系统联调联试和联战联训、野外适应性训练及综合保障、野战条件下通信的互联互通、人防应急指挥队伍机动能力检验、演练活动突发情况应急处置等内容的演练。（高　鹏　许亚飞）

【人防工程应急抢险】 2018 年 8 月 25 日，太原市人民防空办公室工程管理中心在建设南路早期人防工程回填检测过程中，发现道路水稳层底下存在多处面积较大的空洞，深度约 3 米至 5 米。经与太原市政公用设施管理处现场勘查，确定相关位置需应急抢险施工。经会议议定，选定此处应急抢险施工为工程管理二科，施工单位为河南华特建设工程有限公司，监理单位为山西晋投建设监理有限公司。为确保安全，人防办工程管理中心采取多处空洞一并灌浆加固处理，及时排除险情，为广大市民出行安全提供有力保障。（高　鹏　许亚飞）

【人防审批试行承诺制】 2018 年，根据山西省政府、太原市政府承诺制改革试点工作的安排部署，太原市人民防空办公室多次修改审定承诺制改革试点人防工程建设流程、事项清单以及施工图设计文件联合审查、容缺处置管理、监管服务等配套制度，印发执行。7 月 1 日开始，市人防办驻市政务服务中心审批窗口，开始按照承诺制有关要求执

人防机动指挥通信系统跨区支援协同演练　（太原市人民防空办公室供图）

行。有 9 个项目按照承诺制流程办理，方便开发商审批流程，提升人防审批高效率。（高　鹏　许亚飞）

【人防工程建设技术培训】 2018 年 7 月，太原市人民防空办公室邀请山西省人民防空办公室质监站工程师徐广鹏为太原市有关人防工程监理人员授课，通过讲解人防工程基本知识、人防工程施工要点、人防工程施工质量通病的预防等知识，增强参训人员对人防建设的了解，业务知识得到加强，为太原市人防在工程建设、监理方面开辟新思路。

（高　鹏　许亚飞）

【参加“9·18”全省人民防空警报试鸣】 2018 年 9 月 18 日，依据山西省人防办的要求，经市政府批准，太原市人民防空办公室参加全省统一的人民防空警报试鸣工作。试鸣前，市人防办制定试鸣方案、成立领导组、召开全市人防试鸣专项工作会议，对全市防空警报设施进行全面检查测试，及时排除隐患问题；组织各县（市、区）人防办对本辖区内的防空警报设施，重点围绕防空警报安全管理、警报完好率、档案更新等方面进行大检查，组织相关人员对防空警报设施进行重点巡检，发现问题及时维修。进行防空警报使用及维护知识的培训，确保防空警报试鸣工作顺利完成。（高　鹏　许亚飞）

【人防工程质量监督】 2018 年，太原市人防工程质量监督管理站接收审批项目 56 项，人防报图建筑面积约 49.80 万平方米，开工项目 30 项，建筑面积约 28 万平方米，配合城改、棚改等项目 31 项，建筑面积约 33 万平方米。完成验收项目 502 项，验收面积约 36 万平方米，专项验收合格率达到 100%。已完成初验项目 13 项，面积约 11.60 万平方米，合计完成验收 63 项，面积 47.60 万平方米。验收项目数和验收面积较去年同期提高了 50% 多。地铁兼顾人防项目，与地铁建设相关部门积极配合，保证对质量行为有效监管。

（高　鹏　许亚飞）

【国防教育】 2018 年，太原市人民防空办公室以“4·15”全民国家教育安全日、“5·12”普法宣传日、“9·18”警报试鸣日等重大节日为契机，创新形式，有声有色地开展人防宣传系列活动，大力宣传人防知识。9 月 18 日，组织机关和各直属企事业单位在太原市政府和新建路上开展大型宣传活动。在宣传活动现场，主要以宣传展板、人防标语、发放宣传资料、设置法律咨询台、现场扫描微信公众号等方式进行人防宣传。展示以“团结一心，凝聚合力”“建设人防，人人有责”“关注人防，关爱生命”“和谐中国，魅力人防”“平战结合，造福为民”“不忘初心，牢记使命”等主题，反映人防历史变革、发展建设、平战结合、防空演练等的宣传版面 100 余块。发放宣传资料 3 万余份，悬挂人防宣传标语 80 余条，发放防空防灾知识手册 8500 余本；设置人防法律、法规咨询台，向过往居民发放人防政策法规读本，接待人防法律咨询市民 3000 余人。提前 5 天通过《太原日报》《太原晚报》《山西晚报》、太原电视台及中国移动、联通、公交公司、微信公众号、太原火车站、太原武宿机场等媒体发布太原市人民政府公告，保障防空警报试鸣工作顺利进行。试鸣当天，山西广播电台、山西都市 110、太原广播电视台等媒体进行现场采访、宣传报道，引起广大市民的高度关注，提高全市人民群众的人防观念和国防意识。

（高　鹏　许亚飞）

国家级非物质文化遗产·六味斋酱肉传统制作技艺

六味斋是始创于清乾隆三年（1738）的著名的中华老字号，位于太原市，其生产的酱肉是三晋名吃，曾作为皇宫贡品享誉京师。六味斋酱肉“熟而不烂、甘而不浓、咸而不涩、辛而不烈、淡而不薄、香而不厌、肥而不腻、瘦而不柴”的特点正体现了“以和为美”的中国食文化。为保持传统特色、六味斋至今还承袭着 260 多年的生产工艺，选料、分割、煮制均按照传统制法进行生产。

2008 年六味斋酱肉制作技艺列入第二批国家级非物质文化遗产名录。

经济管理

Economic Administration

宏观经济管理

【概况】2018年，太原市发展和改革委员会学习宣传贯彻习近平新时代中国特色社会主义思想和中共十九大精神，团结协作，真抓实干，开拓进取，不断创新。全年全市实现地区生产总值3884.48亿元，增长9.20%，连续两年保持7.50%平稳增长，是2015年上半年以来连续15个季度的最高点。分别高于全国（6.60%）2.60个百分点、全省（6.70%）2.50个百分点，在全省11市中居第1位。三次产业同向发展，对经济增长的贡献率分别为0.10%、41.70%和58.20%，分别拉动GDP增长0.01、3.83和5.36个百分点。三次产业增加值占GDP的比例由上年的1.20：37.60：61.20变为1.10：37：61.90。（刘丽宏）

【市场信用体系建设】2018年10月25日，由太原市发改委具体组织，以市政府名义召开全市社会信用体系建设联席会议暨工作部署会，各成员单位、各县（市、区）政府分管领导及相关机构负责人共130余人参加会议，会议全面安排部署信用体系推进工作。

10月，太原市发改委研究起草《太原市关于在市场体系中建立公平竞争审查制度的实施意见》，建立太原市公平竞争审查工作联席会议制度，在市发改委设太原市公平竞争审查联席会议办公室，指导全市各部门开展公平竞争审查工作。（刘丽宏）

【民营经济发展】2018年12月，太原市发改委牵头起草《关于支持民营经济发展若干意见》，以市委、市政府文件印发，意见围绕规范市场准入、降低企业成本、破解融资难题、鼓励创业创新、支持做大做强、优化营商环境、亲清政商关系、完善政策执行、强化服务保障等9个方面，共提出30条具体政策意见，为鼓励支持民营企业发展壮大，推动民营经济高质量发展提供了政策依据。

12月7日，市十四届人大常委会第十九次会议听取市政府关于《太原市国民经济和社会发展第十三个五年规划纲要》实施中期评估报告，会议表决通过市人大常委会关于批准《太原市国民经济和社会发展第十三个五年规划纲要》部分指标调整方案的决议。（刘丽宏）

【资源型城市转型升级】2018年2月，国务院批复太原市以资源型城市转型升级为主题建设可持续发展议程创新示范区。太原市发改委起草的《太原可持续发展规划（2017—2030年）》以太原市政府文件下发。（刘丽宏）

【大众创业万众创新】2018年7月20日，太原市发改委牵头制定《关于深入实施创新驱动发展战略推进大众创业万

2018年，太原市发改委代销蔬菜　（太原市发展和改革委员会供图）

众创新深入发展的实施意见》，以市委、市政府文件印发。10月9日至15日，市发改委牵头承办的“2018年全国大众创业万众创新活动周山西分会场”，在山西转型综改示范区科技创新孵化基地举办。12月3日，太原市人民政府办公厅下发《关于成立太原市推进大众创业万众创新工作领导小组的通知》，办公室设在市发改委。

按照《山西省人民政府办公厅关于建设省级大众创业万众创新示范基地的实施意见》精神，市发改委经过认真筛选，确定小店区、万柏林区被评为区域双创示范基地，分别获得省补助资金400万元。（刘丽宏）

【转型项目建设】 2018年3月，太原市成立转型项目建设工作领导小组，领导小组下设办公室，设在市发改委，阴海锁同志兼任办公室主任，《太原市转型项目建设年（2018）行动方案》以市政府文件印发，市转型办进驻市政务中心开始运行。市转型办牵头制定市党政领导对接服务转型项目坐班及协调例会制度、市领导包联项目制度、县区及部门主要领导项目挂牌推进制度。省委常委、市委书记罗清宇联系17个重点项目，其他市领导包联46个重点项目，各级各部门主要领导对48个项目挂牌重点推进。

市转型项目办出台日常管理制度、工作例会制度，牵头编印《太原市招商引资项目汇编》《太原市建设项目服务指南》，出台《太原市重大转型项目“快速审批通道”制度（试行）》。为推进市转型项目建设年工作，太原市建立投资项目并联审批机制、相关职能部门责任机制、项目化管理机制、协调调度机制、省市县三级联动机制、监督考核机制等固定资产投资项目建设常态化工作机制。组织开展“前期手续集中办理月”“项目集中开工月”“进工地到一线解难题”“打击恶意阻工扰工”等专题活动，推动转型项目建设。

娄烦县西会村300兆瓦村级光伏电站　（太原市发展和改革委员会供图）

全年安排转型项目722项，总投资10528亿元，年度计划投资1620亿元，已开复工项目703项，开复工率97.40%。其中，新建项目开343项，开工率95%；续建项目全部复工。2018年全市固定资产投资1217.82亿元，增长26.20%，全省排名第一；工业投资完成206.06亿元，增长53.10%，全省排名第一；转型项目投资完成772.61亿元，增长23.70%，占固定资产投资的比重达到63.40%，完成省考核目标；重点工程完成投资占固定资产投资比重30.50%，完成省考核目标；招商引资当年签约当年开工率52.20%，超过省考核目标26.20个百分点；项目储备占2017年固定资产投资完成额的5倍。2018年共审批、核准、备案、上报、转发479项，其中：政府投资项目审批246项，企业投资项目核准93项，企业投资项目备案140项。（刘丽宏）

【规范行政事业收费】 2018年，太原市发改委公布《太原市行政事业性收费目录清单》《太原市涉企行政事业性收费目录清单》《太原市执行的山西省政府性基金项目目录清单》《太原市免征小微企业收费项目目录清单》《太原市考试考务费目录清单》5个清单。（刘丽宏）

【军民融合发展】 2018年1月19日至20日，太原市发改委协办的“太原军民融合阳曲创新基地项目发布会暨新晋商·阳曲发展论坛”在阳曲县城举办。香港豪德集团投资的豪德商贸物流城项目、中国能源建设集团投资的惠然嘉泰康养幸福小镇项目、青岛特锐德投资的光伏领跑者项目等23个项目现场签约，签约金额达351.65亿元。6月7日，太原市委军民融合发展委员会成立，委员会办公室设在市发改委。6月27日，太原首届军民融合产业发展（中国·太原）高峰论坛暨中国国防工业企业协会军民融合产业联盟首届年会召开。6月28日，太原军民融合创新小镇在阳曲产业园区揭牌，市发改委主任阴海锁致辞。9月27日至28日，市发改委协办“山西省军民融合发展推进大会暨科技成果交易洽谈会”，大会共签约15个重大项目，其中，太原市签约11个项目。（刘丽宏）

土地资源管理

【概况】 2018年，太原市国土局深入开展“维护核心见诸行动”主题教育和“两学一做”学习教育常态化制度化，全系统党员干部“四个意识”增强，“两个维护”更加自觉，广大党员干部群众创业创新活力凸显。提升管理水平，推进干部队伍和党风廉政建设，落实太原市委、市政府与省自然资源厅的各项决

策部署，为全市经济发展提供有力的规划和自然资源保障。（邢云鹏）

【拓展用地空间】2018年，太原市国土局在全省率先完成太原市及10县（市、区）土地利用总体规划调整完善工作。调整后太原市建设用地规模增加1.36万公顷。合理安排山西转型综改示范区、太原至焦作铁路客运专线、太原二环高速、军民融合创新示范基地、二青会相关项目、轨道交通、太榆退水渠、滨河东路南延、太长高速收费站南移、太原植物园等重点项目及开发区用地。土地利用总体规划“十三五”实施中期评估工作已全面完成。建设用地总规模83558.22公顷，达到规划总规模的89.09%。规划新增指标总体充足，剩余规划新增建设用地指标11427.57公顷（包括规划新增指标和流量指标），占总指标的71.30%。《太原市土地整治规划（2016—2020）》经市政府批准发布实施；太原市历史遗留工矿废弃地复垦利用试点古交市完成专项规划报批；村级土地利用规划编制工作已全面展开。

2018年，太原市国土局与统计局等部门协作完成太原市单位GDP建设用地消耗年度下降测算及“十三五”中期工作实施评估。2017年度太原市单位GDP建设用地下降率为11.50%（当年价）。完成省下达的“十三五”期间年均下降率不低于3.66%的目标。全年报批建设用地0.25万公顷，是2017年的4倍之多；供应土地0.21万公顷，同比翻了一番，供地率同比提高22个百分点；全市完成国土收益444.31亿元，同比增长54%，创近五年新高。（邢云鹏）

【耕地保护】2018年末，太原市实有耕地保有量11.58万公顷，耕地保护率达113.09%。划定保有永久基本农田8.70万公顷，均超额完成省政府下达的保护任务。市委、市政府印发《太原市加强耕地保护和改进占补平衡工作实施方案》，报请市政府印发修订后的《县级政府耕地保护责任目标考核办法》；会同市农委、市统计局向各县（市、区）政府分解下达年度耕地保护目标任务，并组织对县级政府耕地保护责任履行情况进行检查，高质量上报太原市耕地保护责任目标履行情况报告，获省国土厅肯定。

太原市国土局累计为转型建设重点项目、民生工程等项目用地补充耕地47个批次，落实补充耕地811.87公顷，为万水搬迁等重点项目建设并补充水田13.37公顷，赴临汾、运城等地协调易地补充耕地指标205.93公顷。全年累计建成高标准农田1599.40公顷，通过项目报备形成一大批新增粮食产能指标。太原市采煤沉陷区重点复垦项目在全省率先全面完成，其中政府投资太钢尖山铁矿复垦项目于9月在全省率先竣工验收，晋源区和清徐县4个自行复垦项目也按期全面完成，完成尖草坪区增减挂钩项目拆旧复垦验收。指导阳曲县、娄烦县开展新一轮增减挂钩项目申报及实施，鼓励两县将节余指标在省域内流转交易，全面助力脱贫攻坚和乡村振兴。

（邢云鹏）

【科学管矿用矿】2018年，太原市国土局利用运用“高分三维扫描仪”对全市23座非煤矿山储量核查；组织实施绿色矿山战略，编制《太原市科技管矿工作方案》，构建太原市科技管矿监管平台。落实环保督察任务，变更退出53座与各类保护区重叠的采矿权，做好太原市煤炭供给侧改革工作，关闭注销5座煤炭采矿权，共计退出煤炭产能195万吨；全年办理采矿权登记57个，催缴、补缴采矿权价款9.50亿元。完成全市采矿权登记管理工作。全年办件57件，对全市矿山企业进行六部门核查，共计向有关部门发送核查函69份，向省厅上报核查报告31份。完成全市矿业权核查信息公示系统填报和核查工作。公示134座，现场核查共37座矿山企业。开展2018年矿产资源开发利用“三率”考核工作。（邢云鹏）

【执法监察】2018年，太原市查处358宗违法用地案件，收缴罚没款1207.68万元，拆除违法占地建筑面积18.50万平方米，没收违法占地建筑面积25.68万平方米，党政纪责任追究4人。开展全市废弃矿井专项整治、安全生产大检查等一系列严打非法违法采矿行为专项工作12次，排查废弃矿井口2697个，投资1100万元重新整治关闭废弃井口618个，树立严打非法违法采矿行为警示牌515个；核查部矿产卫片图斑12个，制作开发废弃井口电子监管台账系统；对非法采矿、非法储煤（矿）场进行查处取缔，从源头上消除非法超载现象。办理网上信访事项208件，已按时办结192件。化解案件65件，受理复查信访事项15批次并全部进行复查答复，化解矛盾纠纷7件。

（邢云鹏）

【民生工作】2018年，太原市国土局加大精准扶贫力度，助力脱贫攻坚，在娄烦、阳曲投入建设资金835.90万元；在娄烦垦造高等级耕地23.82公顷，为当地财政增加“耕地指标转让”收益1429.50万元。在娄烦、阳曲两县布局城乡建设用地增减挂钩指标66.67余公顷，可产生流转收益1.30亿元。太原市国土局脱贫攻坚帮扶工作获得“优秀单位”称号。

2018年办理各类不动产证书、证明13.81万件，同比增长53%。协助各类企业与个人办理抵押融资金额达3427亿元。全年化解信访事项83件；受理群众来信、来访140件，全部给予有效回复。地质灾害防治实现全年零伤亡，农村地质灾害搬迁工作中，阳曲、清徐的项目已全部入住；古交市未入住的194户中，140户具备搬迁条件。

（邢云鹏）

【法治国土建设】2018年，太原市国土局参与草拟国有建设用地二级市场5项配套改革制度、优化工业用地配置和地下空间国有建设用地等管理制度；对市国土局名义出台的规范性文件进行清理，保留规范性文件共31件，废止规范性文件43件。全年办理各类涉法案件127件，其中行政诉讼案件90件，行政复议案件36件，仲裁案件1件，化解争议成效明显，达到案结事了的效果，被原国土资源部评为“全国国土资源系统行政复议行政应诉工作成绩突出单位”。（邢云鹏）

【审批流程优化】 2018年，太原市国土局简化规范行政审批前置条件，形成《市国土局行政审批事项前置申请材料清单》。清理后，申请材料由原来的745项，减少到现在的599项，减少19.50%，达到减证便民，方便群众办事的工作效果。深入推进互联网＋审批服务工作，将涉及行政审批服务21个事项（行政许可5项，14项其他行政职权，2项行政确认）全部录入太原市政务服务事项动态管理系统，将审批服务对外公开工作落到实处。

推进企业投资项目承诺制改革试点工作，完成市企业投资项目承诺制改革试点工作中涉及市国土局的压覆重要矿产资源相关工作，编写承诺书样本、承诺制工作流程、实施细则和操作细则，完成压覆重要矿产资源工作流程再造。在市投资项目审批平台上，对40家企业信息进行收集报送，并为其提供一次性告知服务。为84家企业提供用地情况核查。（邢云鹏）

【土地利用】 2018年，太原市国土局办理供地209宗，涉及用地580.77公顷，比上年增加51.70%（2017年土地供应384.17公顷）。按照类型分，划拨供地82宗，土地面积145.82公顷，项目涉包括省人民医院新区、汾东中学、客运南站出租车充电塔、汾东污水处理处厂、轨道交通一期工程等，为太原市公共服务和公共设施建设项目建设提供保障；出让土地127宗，土地面积434.94公顷，其中城改项目用地56宗，涉及用地135.02公顷，涉及城六区22个城中村。

2018年，太原市列入二级市场试点后，先后出台（《建设用地使用权转让办法》《已出让建设用地分割转让规定》《国有建设用地抵押操作办法》《土地交易税费减免优惠暂行办法》）等办法。太原市在推进建设用地使用权转让出租抵押二级市场试点工作中，全面完成试点任务。制定《优化工业用地配置促进转型升级的实施意见》，经市政府批准正式发文；起草《太原市地下空间国有建设用地使用权管理办法》，经市政府批准正式发文。按照市政府批复的《关于加快清理批而未用、提高已批准征收土地批后供地率的实施意见》文件精神，2018年先后为大西铁路、石太客运专线、京昆高速、太中银铁路等10个大型线路工程办理供地手续，土地供应866.37公顷，供地率同比提高22个百分点，批后供地率由原来的37%上升到59%。（邢云鹏）

【地籍管理】 2018年，太原市国土局组织开展太原市的三调工作，起草印发三调实施方案，召开三调工作部署会5次、推进会和电视电话会议3次，传达上级精神。印发《关于开展第三次土地调查工作的通知》，完善市调查办各项规章制度。组织260余人参加国家、省培训，组织完成市级培训，将培训延伸到乡镇国土所，完成全市三调管理人员的政策和技术要求准备工作。结合太原市工作需求，完成新增的建设用地实际用途及手续办理情况、耕地分等定级和建设三维数据库三项任务实施方案的制定工作。完成三调共13个子项目采购需求的制定和论证工作。积极协调市财政局，组织落实三调经费，市本级共落实经费4500万元。协调督促三县一市落实经费2318.15万元。完成2017年度土地变更调查工作。在全省率先圆满完成全市县级城镇国有建设用地使用权和房屋所有权的存量现势登记数据整合验收及汇交工作，受到省国土厅表扬。配合完成15个批次农地转用地类图斑的会审及与省厅相关处室沟通工作，保证了农地转征批次顺利上报。配合完成14件违法用地的破坏耕地审核工作，涉及耕地面积31.10公顷。（邢云鹏）

【测绘信息管理】 2018年，太原市国土局编制专题工作用图图册400本，绘制城区影像图30余张。推进数字太原服务平台成果应用，对34家应用系统进行调研，完善更新数字太原服务平台基础地理信息数据900平方千米、专题数据5类。完成太原市现代测量控制基准建设及似大地水准面精化项目，建立统一的太原市现代测绘基准体系，开发1980西安坐标系、太原城市独立坐标系与2000国家大地坐标系相互转换的软件，完成太原市全市域6988平方千米似大地水准面精化计算，实现GPS高精度转换。

抽查测绘地理信息生产单位13个，组织对10个县区的测量标志抽查，检查测量标志18个。对2017年地图市场大检查工作中存在问题的重点区域进行全面清查，抽查检查地图销售单位7个，查看各种图册、地图制品39份，发现存在问题2个，督促问题单位按要求进行整改。抽查测绘单位8家，对1家受检单位存在的问题，督促其进行完善、改正。安排部署全市保密检查工作，抽查涉密成果生产单位7个。全年完成36个测绘资质申请单位申请材料的审查、上报工作。审核发放测绘作业证79个，完成63个测绘作业证注册工作。督促完成全市173家测绘资质单位年度报告的审查、上报工作。

根据《“美丽中国”国家版图知识竞赛和少儿手绘地图大赛通知》要求，组织参加网络答题和纸质答题6310人次，组织开展以“美丽中国”为主题的地图绘画活动，遴选参赛作品260幅参加全省少儿手绘地图大赛，参赛作品获得一等奖1名、三等奖1名、优秀奖8名。（邢云鹏）

【政务信息公开】 2018年，太原市国土局依法落实政务信息公开申请61件，全部提前答复。回答回复官方微博群众留言21条；参加政风行风热线活动2次，解答听众问题10余条。加强政务信息审核工作，提升报送信息质量，累计审核在局内网、局门户网站和官方微博分别发布1303条、400条和48条信息，向上级各部门报送政务信息200余条，《太原信息》采用45条，《并政信息》采用27条，市委、市政府信息通报中分别排名第二和第七。强化宣传舆论引导，积极发挥新闻媒体在引导舆论、推动工作中的积极作用，对外刊发各类稿件75篇，其中，在中国自然资源报头版头条刊发太原市土地二级市场试点工作一文，与太原广播电视台联合，完成50期“阳光国土”的摄制、播出。

（邢云鹏）

【不动产管理】 2018年，太原市国土局成立“红马夹导办服务队”、科长值班岗，设立“最后一公里办公室”，开展“十佳窗口评选”等活动，不动产登记环境得到进一步优化。起草《关于商业类房屋不动产登记历史遗留问题的处理意见（暂行）》。化解太原供电分公司、龙投公司、西山煤电、太重、六味斋等20家单位和2000余个人的不动产登记难题。

全年业务量达到211684件（核发证书145369本、证明43261本、查封10098件、注销12956件），从10月1日起，一般不动产登记最长只需5个工作日，抵押登记只需3个工作日，查封登记、注销登记实现当日办结。在全省率先达到这一目标。

（邢云鹏）

【地质灾害防治】 2018年，太原市国土局共发放地质灾害防治工作明白卡736份，避险明白卡3582份。建立总人数1414人的地质灾害隐患点群测群防队伍，实现群测群防网络的全覆盖。对全市地质灾害防治人员和群测群防员进行普遍轮训，参训人数达1694人。组织国土、住建、气象、防汛等相关部门就2018年度地质灾害趋势进行2次预测会商，通过全市各类显示设备发布三级（黄色）预警52次；二级（橙色）预警20次，发送预警短信6430余条。全年应急处置灾情1起、险情1起，均未造成人员伤亡。确保全市人民生命财产的安全，保障太原市经济社会稳定发展。

全年，太原市实施地质环境治理立项的项目共有10个，投入各级资金共1.64亿。10个项目主体工程年底前全部完成，项目的实施对矿山在开采过程中形成的有可能发生的崩塌、滑坡、泥石流、地面塌陷等地质灾害和对生态环境的损毁，进行工程治理，植被得到恢复，生态环境得到明显改善，提高矿区居民的生活质量。由地环处牵头的环境保护督察整改任务先后5批17件群众举报案件全部办结，办结率100%。

（邢云鹏）

国有资产管理

【概况】 2018年，太原市国资委坚持以习近平新时代中国特色社会主义思想为指引，深入学习贯彻中共十九大精神，坚决贯彻落实上级党委决策部署，以党建工作为引领，不断催发向上务实的实干精神，并在实干中凝聚共识、汇集力量，推动国资国企改革、国有资产监管迈上新台阶，各项工作均取得较好成效。

（芦笑坷）

【国有企业改革】 2018年，太原市国资委先后出台《关于市国资委监管国有企业发展混合所有制经济的实施意见》《太原市国资委出资企业功能界定与分类的实施意见》《太原市国资委出资企业负责人经营业绩考核试行办法》，拟定《关于理顺太原市国有资产管理体制的建议》《太原市党政机关与所办企业脱钩改革工作方案》，为深化国企国资改革搭好“四梁八柱”。至6月30日，太原市国资委与省企、央企正式签约率100%。至12月10日，173万户驻并中央、省属国有企业职工家属区全部完成移交，完成量位列全省第一。传统企业建立股权激励机制，新设企业引进行业高端人才，分层分类多模式推进混合所有制改革。晋东集团转让所属晋东资产经营公司49%股权，引进民营经济；饮食集团以“清和元”注册商标与聚宝行企业策划有限公司，共同出资设立太原市清聚餐饮管理有限公司。重新界定67户市属企业厂办大集体，制定实施方案，确定3户试点企业，有序推进厂办大集体改革。以净资产为负、停产、营业执照吊销3项指标确定监管各级僵尸企业86户（含二级及以下企业），以2户为试点推动僵尸企业清理工作。大力推进市属国有企业公车改革，22家市直部门已进行车改备案，涉及企业113户、企业负责人251人、公车1034辆、司勤人员224人，年节支930万元，节支率19%。

（芦笑坷）

【国有企业产业转型】 2018年，太原市国资委根据企业实际制定发展战略，以年初确定的12个项目为引领，帮助企业寻求合作伙伴，推动混合所有制改革，做好传统产业改造升级，推动企业转型发展。田和集团“建设一流冷链物流园区打造百亿田和食品市场”项目有序推进，蔬果批发市场已于7月份正式营业，完成生产配送中心项目主体建设，完成5000吨清真专用冷库基础施工，9000吨冷库制冷系统更新改造即将完成。田和集团与太原市牛羊肉类加工厂重整组合基本完成，正在进行工商登记变更。锦地集团以“三供一业”移交为契机，与国网山西公司、晋西集团等70余家移交单位对接，与33家移交企业签署分离移交正式合同，共计42315户。太原锅炉集团投入5000万元，深度研发循环流化床低碳清洁燃烧技术，建立技术中心产品处项目管控平台，自主研发“合同交付信息平台”并投入使用，“采油污水回用燃煤注汽锅炉技术开发与应用”项目获山西省科技进步一等奖，产品年销售额超15亿元。太原无线电一厂与北京众曼科技公司合作，研发并完成TD2A型探空仪检测箱样机生产，参与中国气象局北斗平漂项目一、二期试验任务。山西联运集团建立全省首个电召“96568绿色综合服务平台”，接受全省9地市交通客运管理部门委托，开展交通部全国官方95128统一电话约车服务项目。太原市保安服务公司全年为第十五届省运会等大型活动承担安保任务170余次，押运公司服务银行和客户网点2236个、40多万次，市场占有率达100%。晋东集团新建22万平方米的商业综合楼投入使用，新增商户1000余户，招商引资3000余万元。迎春楼完善品牌特许经营体系，成立品牌加盟店。产权事务所与青年企业家协会、晋商协会和拍卖行业建立长期战略合作，营业收入同比增长142.90%。

（芦笑珂）

【国有资产监督管理】 2018年，太原市国资委针对企业公司化改制、监管层级变更后出资人信息改变等情况，着重理顺太原饮食服务集团、锅炉集团、东山煤电有限公司等企业产权关系，明晰产权。对14户直接监管的国有独资及控股企业进行对外投资专项清查，对各企业投资决策、管理、监督情况，房产租赁情况等摸底，针对问题研究制定投资管理办法，规范企业投资行为，防止国有资产流失。同企业签订年度经营业绩考核指标责任书，“一企一策”分层分类实施业绩考核，灵活运用考核结果，确定企业负责人的基本薪酬和绩效薪酬，落实国有资产保值增值责任。完善产权变动监管程序和标准，加强对企业国有资产产权转让、企业增资和资产转让行为的监管。

全年国有产权进场交易16宗，其中监管企业12宗，增值率达9.90%。完成2017年度17户国有独资、控股企业国有资本收益申报，7户企业确定上交年度国有资本收益110.60万元。建立法律顾问制度，所聘法律事务所全年提供法律咨询、规范性文件和合同审查、纠纷处理等法律服务12次。完善审计、纪检和监事会“三位一体”监督体系，狠抓企业重点部门、重点岗位和重点决策环节的监督，加大对企业领导人员履行经济责任情况审计力度，强化对重大决策部署、重点投资项目、重要专项资金的跟踪审计。推进企业财务等重大信息披露和国资监管信息公开，提升监管效能。

（芦笑珂）

【国有企业安全稳定】 2018年，太原市国资委严格落实安全生产责任制，通过安全知识宣讲、组织应急演练、开展知识竞赛等方式，提高企业干部职工“红线”意识。坚持把安全生产与转方式、调结构、促发展结合起来，“一企一策”差异化制定隐患排查标准，突出重点单位、重点行业、重点区域、重要节点狠抓安全，监管企业保持了生产安全平稳态势。突出重点群体、疑难案件，以“四项攻坚战”为抓手，严格落实“五包”责任，及时有效解决信访突出问题。全年共受理信访案件382件，全部办结；市交办特殊疑难案件16件，化解12件，化解率75%，信访总量下降85%，有效维护社会稳定。

（芦笑珂）

工商行政管理

【概况】 2018年，太原市工商行政管理局全面贯彻落实中共十九大精神，省、市全委会精神，围绕市委、市政府中心工作，以深化“放管服效”改革为主线，按照市委“六最”营商环境建设年活动要求，深推改革，力抓监管，树优形象，服务太原高质量发展，推动各项工作取得新成绩。市工商局在省工商局和市委年度考核中均获得优秀等次，广告工作被国家工商总局评为先进单位，人力资源市场秩序清理整顿工作受到人社部、市场监管总局表彰，压缩企业开办时间至5日内工作受到市场监管总局、省政府表扬。

（办公室）

【商事制度改革】 2018年，太原市工商行政管理局紧紧抓住注册登记便利化改革这个“牛鼻子”，坚定改革信心，加强组织领导，坚持高位推进，抓好“放”的工作，推动形成新的改革热点。

全市工商系统通过深入学习、反复讨论、走访调研、认真梳理，牢固树立用情用心服务理念，构建“亲”“清”新型政商关系，服务和支持民营经济高质量发展。推行“容缺受理制”、实施品牌战略、教育引导支持民营企业诚信经营、对民营企业轻微违法行为全面实行“首违不罚”“双随机、一公开”监管全覆盖和牵头推进对106项涉企行政审批事项进行“证照分离”改革等六项新措施全力支持民营企业发展。

通过设立新办企业服务大厅、建立新办企业服务平台、优化企业开办各个环节流程，“三措并举”，实现新开办企业线下“一窗通办”、线上“集成服务”，开办时间“全面提速”。开办企业由原来5个环节压减为3个环节（企业登记、印章刻制和申领税票），申请材料由43个简化为16个，办结时间由原来平均26天压缩至5天内，比国务院要求的8.50内办结缩短3.50个工作日。截至2018年11月6日，已办理新设企业1865户。

在“十七证合一”的基础上，再将14项涉企证照事项整合到营业执照中，全面实行“三十证合一”，真正做到信息多跑路、群众少跑腿。2018年7月4日，新华社以《“多证合一”让信息多跑路群众少跑腿》为题，报道太原市“多证合一”工作取得新的进展。

将注册登记窗口前移到银行网点，实现营业执照办理到银行开户的“一站式”需求。全市所有投资者可就近选择当地银行网点申领执照，区域范围涵盖太原市六城区，扩大就近登记注册覆盖面。在中国银行、中国建设银行的10个网点推行，办理业务185个。

全方位构建“互联网+登记注册”

服务体系，全面推进全程电子化登记、不见面审批制度，推行企业名称网上自主申报、网上登记发照，实现全程无纸化、零收费、不见面、零跑路。太原市共10979户企业自主网上申请名称核准和企业登记，全市通过全程电子化登记设立的企业有3924户。

将市局负责登记的注册资本500万元以下的企业所有登记事项权限下放至各城区分局，减少企业办事往返路程，降低时间成本和经营成本，极大提高企业注册登记办事效率，为企业提供快捷高效的服务。

随着营商环境优化，太原市市场主体持续活跃增长。全年全市实有市场主体449123户，与上年同期385252户相比增长63871户，增长16.58%；全市新增市场主体78633户，与上年同期72003户相比增长6630户，增长9.21%。其中：企业30230户，与上年同期28445户相比增长1785户，增长6.28%。

（办公室）

【市场监管】 2018年，太原市工商行政管理局坚持“宽进”与“严管”并重，通过“互联网+”技术创新监管方式，构建以信用监管为核心的新型监管体系，加强诚信体系建设，加强涉企信息归集共享和失信联合惩戒。

在全省率先建立联席会议制度，通过实施半月通报、13710督办等长效机制，“双告知”认领率由最初3.88%上升至99.89%；全市涉企归集共享信息由最初的13456条增加至486992条。其中市工商行政管理局涉企归集共享信息111588条，占市直部门数据量208667条的53.40%，数据位居市直部门第一。

开展“诚信太原、放心消费”示范创建活动，在提高消费者满意度和经营者诚信度上下功夫。制定出台创建评估标准，在全省率先推行消费环节经营者首问制度，率先发布消费环节赔偿先付公约、无理由退货公约，全方位立体式开展宣传活动，开通“诚心太原、放心消费”微信公众平台，召开创建推进会、现场观摩会，营造浓厚的创建氛围，有力推动太原市社会诚信体系建设。评选出太原居然之家家居有限公司等34家“诚信太原、放心消费”示范建设单位和1条示范建设街。

印发《“双随机、一公开”监管工作手册》，健全完善“一单两库一细则”，组织全市各级工商和市场监管部门开展13批次“双随机”抽查检查任务，共完成抽查检查14229户，并及时通过国家企业信用信息公示系统向社会公示检查结果公开。积极推进“双随机、一公开”跨部门联合抽查，对太原市市场领域食品生产企业及超市实施“双随机、一公开”联合抽查。

落实企业信息公示、经营异常名录、严重违法企业名单等制度，强化市场主体年报信息公示、信息共享、信用约束。开展企业年报工作，全年实现企业年报并公示131403户、年报率93.23%，高标准完成省局既定目标。市局列入经营异常名录的企业9545户。对被列入经营异常名录、严重违法失信企业名单、失信被执行人的市场主体及其相关责任人，进行信用约束和惩戒。构建“一处违法、处处受限”的联合惩戒机制和信用监管格局。（办公室）

【专项执法检查】 2018年，太原市工商系统深入开展各类市场专项执法行动，突出“六个强化”，即强化不正当竞争专项执法、强化网络交易市场监管、强化违法广告专项整治、强化冒用商标专用权专项整治、强化合同格式条款专项整治、强化无照经营专项执法，有力净化市场环境，市场秩序更加规范有序。全市工商系统共办结行政处罚案件653件、罚没款2429万元，同比增长356%。

开展农资市场和成品油市场定向监测工作，全年共抽检油品364个批次，车用尿素63个批次，抽检化肥26个批次；不断引深扫黑除恶专项斗争行动，依据排查重点深入走访社区村庄124个、摸排市场754家、经营户33700户、企业2024家，移送涉黑涉恶线索18件，配合政法机关调取各类企业信息739户，协助冻结资产31户；引深文明交通综合治理，组织全市工商系统执法人员对销售燃油电动三轮机动车、四轮机动车专业市场开展专项执法检查；开展大气环境保护工作，扎实开展成品油经营企业整治和柴油货车、工程机械污染管控、散装物料运输车综合治理行动。

（办公室）

【工商服务】 2018年，太原市建立由市工商局牵头的太原市消费者权益保护工作局际联席会议制度，全面推行“诉转案”工作机制，提升消费维权执法效能。开展声势浩大的“3·15”系列宣传活动。开展主题为“诚信太原、放心消费”的消费者权益保护集中宣传月活动，其中，市工商局主办的省城3·15晚会在山西科教频道播出，引起巨大的社会反响。强化流通领域商品和服务质量监管。加强对节日期间重点商品、重点区域的执法检查。加大侵害消费者权益案件查处力度，对一批假冒伪劣、商标侵权、虚假宣传等经营行为进行立案查处，对家用小电器类、日化用品类、电线电缆等与人民生活息息相关的商品109个批次进行抽检。消协组织作用发挥。开展消费教育宣传活动，及时发布节假日、重要商品消费警示信息和典型案例。围绕社会热点问题开展调查监督，开展对农村集贸市场调查体验等活动。消费投诉渠道更加完善。加大12315平台建设，积极受理消费者咨询、投诉、举报，共受理18512件，已办结175482件，办结率为94.40%，为消费者挽回经济损失965.67万元。

制定出台五个岗位行为规范和六项服务制度，即《登记窗口岗位行为规范》《窗口咨询帮办岗位行为规范》及《首问责任制》《服务承诺制》《一次性告知制度》等，以制度管理促进服务水平的提高。加大对企业的帮扶力度，落实全程指导，指派专人负责代办协办，提供上门服务、预约服务、无休日服务、菜单式服务。定期开展企业走访活动，聚焦重点、难点，尽可能为企业解决实际问题，不断营造高效优质服务环境。

全市工商系统把重大项目建设和招商引资作为"一把手工程"，围绕"招大商、引大资"理念，把转型项目建设、招商引资作为全局重点工作抓实抓好。对国家、省、市确定的重大投资项目、国企改制以及企业上市等推行"保姆式"服务，采取事前主动介入、事中做好服务、事后挂钩指导，助推项目尽快落地达效。

2018年，太原市共有微型孵化园类企业114个，入驻企业14489户。通过引导培育，收获一批双创成果，特别是一些科技含量高、市场前景好的企业和项目开始涌现。累计为入驻企业申领商标数724个、知识产权专利数105个。开展创业培训、创业指导、法律培训共1612次。带动就业51369人。

全年全市共办理动产抵押登记81件，抵押物价值859702万元，主债权金额2997721万元；变更登记7件，抵押物价值342814万元，主债权金额65575万元；注销登记67件，抵押物价值646835万元，主债权金额238588万元。

（办公室）

【商标注册登记】 2018年太原市新申请商标件数14413件，注册商标件数8919件，拥有有效注册商标46873件；"国家工商总局商标局太原商标受理窗口"自2017年3月1日启动，共受理商标申请注册1445件；培育发展地理标志商标、驰名商标，在上年申报"阳曲小米"地理标志商标的基础上，引导帮助涉农企业、经营者运用农产品商标和地理标志增产增收。（办公室）

【文明创建】 2018年，太原市工商行政管理局认真贯彻落实全市创建全国文明城市推进会议精神，提高政治站位，严格责任，完善措施，确保全面完成创建任务。加强组织领导。召开党组扩大会、全市工商系统创建文明城市推进会，迅速传达全市会议精神，对创建工作进行详尽周密的部署安排。全市各级工商部门均成立领导机构，抽调精兵强将，确保工作任务落到实处。全市系统心往一处想、劲往一处使，全身心投入到创城工作中。建立工作制度。制定《太原市工商局创建全国文明城市工作实施方案》《太原市工商局创建全国文明城市"九乱"专项整治行动方案》，建立各分管领导包联制度、督查制度。根据工商牵头职责，草拟《2018年太原市创建全国文明城市整治集贸市场乱象行动方案（送审稿）》，确定整治工作重点，明确各部门责任分工，形成部门联动配合、社会共治的工作格局。多措并举开展创建工作。加大宣传力度，营造创建氛围。开展示范市场创建活动，推动有条件的市场主办方对市场硬件进行改造升级，创建标准示范市场，发挥示范引领作用，规范引导其他市场对标提升。着重做好文明窗口、消费维权、整治虚假违法广告、打击传销、信用监管、督促文明经营等重点工作，助力创建活动开展。

通过采取走访摸排、集中整治、建立制度、完善机制、升级改造、督导检查等工作措施，着重解决集贸市场设施老旧缺失、管理秩序混乱、环境卫生差、消防隐患大、布局不合理、周边环境混乱等问题。规范摊位427户，规范清理"伸舌头"摊位230余户，督促市场清理垃圾20余吨，引导各类集贸市场主体自行投资1400余万元对市场进行升级改造。通过整治全市集贸市场环境卫生、配套设施、经营秩序、周边环境等状况显著提升。（办公室）

【非公企业党建】 2018年，太原市工商行政管理局推进各县（市、区）非公企业党委的组建工作，全市10个县（市、区）非公企业党委已全部批复成立。将组织建设覆盖与工作覆盖相结合，与助推企业发展相结合，发挥党建联系点示范带动作用，涌现出金龟、昌陆、服装城集团等一批先进示范党组织。发挥"互联网＋党建"优势，推广省非公党建公众号，太原市关注量达到1万多，位居全省第一。全年，在全市正常经营的非公企业中建立党组织2090个，其中党委24个，党总支68个，党支部1998个，党员总数1.80万名，覆盖率达86.30%。（办公室）

质量技术监督局

【概况】 2018年，太原市质监系统全面贯彻落实中共十九大精神和习近平总书记视察山西重要讲话精神，按照市委十一届五次、六次全会暨全市经济会议安排部署，坚持以质量强市战略为中心，强化标准引领，坚守特种设备和产品质量"两个安全"底线，筑牢计量、认证、检验检测等基础惠民工作，助推太原经济转型升级。同时，积极担当，主动作为，发挥优势，全面融入全市创城工作，纵深推进扫黑除恶专项斗争工作，助力打赢蓝天保卫战，助推打赢全市扶贫攻坚战，为建设文明开放富裕美丽太原做出积极贡献。（办公室）

【标准化改革】 2018年，太原市质量技术监督局为使《山西省国家标准化综合改革试点工作方案》在太原落地，印发《山西省国家标准化综合改革试点太原市工作方案》，完善全市标准化改革发展的顶层设计。出台《太原市2018年标准化工作要点》，重点从产业振兴、创新驱动、乡村振兴、文化兴市、环保优先及民生保障等多个方面发力，凸显标准在助推经济转型上的引领作用。开展五大试点示范项目建设（国家循环经济标准化试点项目、国家高端装备制造业（重型机械）标准化试点项目、"百城千业万企对标达标提升专项行动"对标达标工作项目、省级有机旱作农业标准化示范区项目、休闲观光农业国家级服务业标准化试点项目），发挥标准在

企业提质增效上的催化剂作用。组织开展地方标准制修订工作，打造一批极具太原特色的地方标准。（办公室）

【质量提升】2018年，太原市质量技术监督局贯彻落实中央和省关于开展质量提升行动的意见，印发《中共太原市委市政府关于开展质量提升行动实施方案》,《关于加强质量认证体系建设促进全面质量管理的实施意见》，为深入推进太原质量强市战略提供具体路径和措施。制定《太原市“十三五”质量发展规划》，2017、2018连续两年撰写《太原市质量分析报告》，为市委市政府经济发展决策提供重要参考依据。品牌培育连创佳绩，全市2家企业获中国质量奖提名奖，5个组织及个人获第二届山西省质量奖，40个产品获山西省名牌产品称号。推进“晋祠大米”“太原高粱酒”地理标志产品保护申报工作，努力为太原市地方特色产品擦亮名片。成立“太原市质量讲师团”，深入企业、学校、机关开展质量宣讲主题活动。贯彻落实中央和省市支持民营企业发展壮大的精神，制定出台太原市质监局服务民营企业发展十项措施。（办公室）

【质量安全监管】2018年，太原市质量技术监督局始终把安全工作作为各项工作的重中之重。在特种设备安全监管方面，以市政府的名义印发《特种设备目标任务书》，各级各部门齐抓共管的特种设备监管长效机制已经形成。“反三违”专项行动扎实开展，锅炉、电梯、游乐设施、压力管道等各类专项治理同步推进。针对山西省近期事故频发的情况，从8月22日起持续到年底的特种设备安全大检查正在积极推进。出动执法人员1537人次，检查企业680家，排查一般隐患211条，已整改170条，限期整改41条，从源头上彻底消除安全隐患。在产品质量监管方面，以“双打”和“质监利剑”行动为抓手，严厉打击农资、建材、环保相关产品等领域的产品质量违法行为。同工商等部门开展联合执法行动，打击电子商务领域产品质量违法行为。以“双随机、一公开”的市场监管方式，开展以电线电缆为重点的生产许可证和3C企业专项检查，狠抓危化品、电气火灾、高层建筑消防安全综合治理，督促企业落实安全主体责任。共检查消防产品生产企业8家，危化品生产单位11家，生产许可证和3C企业25家，提出整改意见15条，立案查处8起，涉案货值100余万元。组织对全市的车用汽柴油、煤焦产品、电线电缆等四大类21种产（商）品226批次进行监督抽查，倒逼企业产品质量提升。（办公室）

【计量惠民工程】2018年，太原市质量技术监督局深入实施计量惠民工程，民用“四表”首检实现全覆盖。全面免除强检计量器具检定费用，实实在在减轻企业负担。免费为集贸市场配备公平秤，维护公平交易的市场秩序。对全市集贸市场电子秤免费检定，确保计量的准确可靠。全市共免费检定6069台在用计量器具。加大力度帮扶小微企业，免费开展业务培训、提供咨询指导。继续简政放权，厘清市质量技术监督局权力清单187项。对2018年受理的3300余件投诉举报咨询事项，办结率达100%，做到事事有回音、件件有落实。采取“输血＋造血”措施精准扶贫，投资5万元支持帮扶娄烦县康家沟村修建“连心桥”，解决村民的生产、生活必需；多方联络技术支持，为村民寻求增收脱贫的有效路径。（办公室）

【营商环境优化】2018年，太原市质量技术监督局营造“六最”营商环境，优化行政审批程序。全面落实“两集中两到位”，将所有行政许可事项统一集中到行政审批处办理，全部入驻市政务大厅。缩短行政审批时限，将所有事项的审批时限全部压缩到5个工作日，大幅精简申请材料，方便群众和企业办事。顺利承接省局38类工业产品生产许可证工作的委托办理，降低企业生产经营门槛。发挥标准化主管部门的职能优势，强化行政审批标准化建设，对行政许可事项中的名称、类型、依据等要素按照标准化要求进行重新编制；强化服务指南标准化建设，将审批事项从事项编码、设立依据、办理条件、流程、时限、投诉监督等十八个方面进行标准化规范，制定标准的服务指南。

（办公室）

【质量监管改革】2018年，太原市质量技术监督局连续两年尝试开展工作研究和创新，每年确定6个方面的创新课题和10件具体惠民实事（2018年6个创新课题：执法体制改革新模式的探索、检验检测机构市场化运作探索、特种设备分类安全评价研究、浅论以质量提升推动品牌建设、探索标准化助力太原市工业与农业旅游点发展的对策和建议、集贸市场计量器具创新监管方式的探索）。并以此为抓手，将全局工作提升到一个新水平，取得较好的效果。如《质监诚信“红黑榜”制度》的出台，有效推动区域性质量问题集中整治，促进区域经济结构优化和整体质量提升；《社区养老服务标准化建设探索研究》，为做好养老服务业工作奠定基础。特种设备网上告知、网上登记的推行，气瓶二维码信息化管理的应用，依托信息化的手段提升特种设备监管效率和水平。全市电梯信息化标识牌更换升级，提升太原文明城市形象和电梯应急救援水平。推行电梯维保单位分级管理和电梯维保质量信用等级评价，从电梯维保环节极大提升电梯使用安全水平。探索电梯责任险，发展“保险＋维保服务”的新模式，增强电梯安全隐患的事后补救能力。

修订《太原市电梯管理办法》。积极配合《太原市电梯监督管理条例》制定，从法律层面构建完善的权责明晰、安全有序的电梯安全社会治理体系。稳步推进电梯物联网应急处置服务平台

"95009"建设，构建"乘客、使用单位、维保单位、应急处置中心、管理部门"五方立体式的沟通桥梁，提升电梯应急处置能力。（办公室）

【环境污染治理】 2018年，太原市质量技术监督局开展商品煤提质行动，督促企业严格按标准组织生产；上半年检查煤焦生产企业12家，监督抽检150个批次的车用汽柴油及车用尿素，为改善全市大气环境质量、打赢蓝天保卫战积极发挥质监职能作用。开展锅炉节能攻坚战，对全市锅炉开展能效测试，不符合节能环保的坚决不允许投入使用。按照市委市政府的部署，全力配合环保部门淘汰20吨/小时及以下燃煤锅炉，实现清洁能源替代。配合市委市政府"煤改气""煤改电"工程，对其中涉及的特种设备开辟绿色通道，以最快的速度、最便捷的方式办理使用登记和检验手续。（办公室）

审　计

【概况】 2018年，太原市审计局围绕全市中心工作，盯热点、突重点、扫盲点、全覆盖，加强对重大政策措施落实情况的跟踪审计；加强对执行中央八项规定精神和重大项目推进情况的审计；加强对重点、盲点单位的审计；加强对民生项目、民生工程、民生资金的审计；加大"三大攻坚战"推动力度；加大重大风险隐患和结构性矛盾的揭示力度；加大审计整改和督促落实的力度；加大对领导干部和被审计单位的审计法律法规知识培训力度；加强意识形态、精神文明、双拥创建和"三基建设"工作，全力高标准完成各项任务。共审计及延伸审计单位535个；查出违法违规、损失浪费和管理不规范金额248.50亿元，非金额计量问题787个；收缴及原渠道上缴资金34.38亿元，审计期间整改金额56亿元；移送案件线索66件；提出审计建议174条；配合有关部门开展市管干部"六查"38批次201名。

2018年，太原市审计局实施的太原市国土资源局2016年度预算执行及其他财政财务收支情况审计项目、太原市饮食服务集团有限公司原经理（2008年10月至2013年10月）经济责任审计项目分别获得全省优秀审计项目和表彰审计项目。连续获得全省审计系统目标责任考核优秀单位，连续6年被评为全市目标责任考核优秀单位和好班子，连续保持省级精神文明和市双拥标兵单位。（韩翠峰）

【重大政策措施落实跟踪审计】 2018年，太原市审计局组织10县（市、区）开展全市2018年重大政策措施落实情况跟踪审计，共抽查单位300个，抽查项目249个，涉及资金总量216.36亿元；发现问题110个，涉及资金54.79亿元。对2017年第四季度以来跟踪审计发现问题整改情况进行持续跟踪，已整改问题79个，占发现问题数的90%，建立完善制度28项，整改资金30多亿元，有力推动各项政策落地生根。（韩翠峰）

【财政审计】 2018年，太原市审计局开展对市财政局等11个单位的预算执行审计、市房地局等9个单位的财政财务收支审计、古交市、清徐县等7个县（市）区2016年和2017年的财政决算审计。共延伸审计单位201个；查出违法违规、损失浪费和管理不规范金额134.70亿元，非金额计量问题144个；收缴及原渠道上缴资金27亿元；提出审计建议93条，为盘活存量财政资金，优化财政资源配置起到积极作用。（韩翠峰）

【经济责任审计】 2018年，太原市审计局对近年来全市市管干部经济责任审计情况进行调查摸底，拿出全覆盖对策建议，经市委罗清宇书记批示同意，对各类市管干部经济责任分别采取有效的全覆盖措施，对市中心医院院长李新华、太原日报社原社长李树人两名领导干部进行经济责任审计。开展对阳曲县县委书记、县长的自然资源资产经济责任审计，查出6方面50个问题，涉及资金2837万元，提出建议6条。（韩翠峰）

【固定资产投资审计】 2018年，太原市审计局按照上级审计机关安排，完成对吕梁环城高速公路竣工决算草案审计。查出主要问题金额5.88亿元，移送征地拆迁、招投标等事项14项，其中移送纪检监察机关7项，核减投资额1708万元。（韩翠峰）

【民生资金（项目）审计】 2018年，太原市审计局开展大同市2017年保障性安居工程审计，重点检查项目69个，入户调查1188户，查出主要问题金额63.48亿元，移送有关问题13个，审计工作成果获省审计厅肯定。开展宁武县、柳林县、汾西县2017年度扶贫专项资金审计，延伸审计单位73个，共查出违法违规、损失浪费和管理不规范

山西省审计厅厅长王亚调研太原市审计局汾西扶贫审计工作（太原市审计局供图）

太原市审计局举办太原市各县（市、区）审计局审计质量提升培训班

（太原市审计局供图）

金额 7744 万元；收缴资金 1663 万元；移送案件线索 11 件；提出审计建议 9 条。省审计厅厅长王亚赴汾西审计现场调研时，对审计一线严格规范的管理、过硬的作风和吃苦奉献精神给予高度评价和表扬。（韩翠峰）

【专项资金审计】 2018 年，太原市审计局组织市县两级审计人员，对晋中市 2015 年至 2017 年大气环境保护和污染防治情况进行专项审计，涉及项目 161 个、财政资金 15.52 亿元，查出管理不规范金额 4.98 亿元，提交专题报告 3 篇，促进地方政府出台方案、办法 5 项，为守护山西省碧水蓝天和服务当地改革、发展作出贡献。（韩翠峰）

【审计调查】 2018 年，太原市审计局开展对市教育系统"公参民"学校、市直卫生机构"百院兴医"建设工程、市委 10 部门财务情况等专项审计调查，查出主要问题金额 4904 万元，非金额计量问题 38 个，提出建议 11 条，为解决群众最为关心关注的教育和医疗问题等发挥了积极作用。开展全市供热系统 2016 至 2017 年建设运营管理情况审计调查，对区域内 11 户供热企业、54 个管网建设项目进行审计调查，查出主要问题金额 6.93 亿元，提出审计建议 8 条，为改善城市环境和大气质量、落实节能减排要求起到积极作用；开展山西转型综合改革示范区政策合规性、可行性及执行情况专项审计调查，揭示政策体系不够完善等问题 6 大类 40 多个，采纳审计建议出台内部管理制度和细则 5 项，修改不适宜的政策制度（条款）10 多处，发现违法违纪线索 6 条。有关做法被审计署网站、新浪网等媒体报道。（韩翠峰）

【审计队伍建设】 2018 年，太原市审计局以习近平中国特色社会主义思想武装审计人员头脑，弘扬集体主义和牺牲奉献精神，提出并贯彻"不批评人的领导是不合格的领导"的理念，开展青年干部的思想作风教育，号召年轻干部职工争做有信仰、有追求、有担当、有能力、有定力、有血性的时代新人，对纪律执行不严、执行力不强的个人严肃批评教育，把创新理论转变为全局同志的过硬作风和担当作为的实际行动。整治活动不走过场。组织开展纪律作风专项整治月、集中整训和集中整治"形式主义、官僚主义"等活动，以"小整风"的形式，围剿"极端个人主义"和"四风"问题，集中整治审计队伍一定程度存在的浮、浅、粗、低、慢、松、懒、散、疲、拖等不良作风。管理从严从细。从记录工作日志、签订履职承诺书入手实行精细管理、量化考核，从上下班、请销假等小处入手严明纪律、抓好养成，确保全局在爬坡过坎的特殊条件下，思想不散、纪律不松、作风更硬。（韩翠峰）

【审计能力提升】 2018 年，太原市审计局提出审计人员没有休息日，只有"审计"和"准备审计"两种状态的理念。局领导带头参加上级审计机关和全市举办的各类培训。市县两级联动开展全员岗位练兵，对 7 个课题进行案例教学，全市审计系统 200 余人参加；对县区 106 名审计人员进行为期 2 天的封闭式审计能力和审计质量培训；对县区 125 人次组织以会代训，切实增强县（市、区）审计人员的业务条管意识和审计业务能力。除一年两度的集中整训外，开展战术小结、以师带徒、学用《中国审计报》等多种形式的培训活动。（韩翠峰）

【审计质量提升】 2018 年，太原市审计局健全风险防控机制，落实《审计业务流程规范和审计项目审理办法》《审计质量分级责任控制制度》等制度要

太原市审计局开展太原市供热行业审计调查　（太原市审计局供图）

审计人员实地察看扶贫项目（大棚）建设运营情况　　（太原市审计局供图）

求，开展项目复审和多波次审计质量检查，严格执行请示报告、延伸审计审批、审计会商、审计报告展评和审计现场“三抓十有”等制度，加强对审计质量的全过程监控。（韩翠峰）

【审计工作创新】 2018年，太原市审计局在审计理念和审计管理手段上创新，在信息化审计和大数据运用上下工夫，投入40多万元完善内网设施；对102个市直部门及所属单位进行财务电子数据采集和数据分析；对2个单位进行信息化审计；在人员十分紧张的情况下，派出3名同志参加审计署计算机中级培训；成立科研小组，拨付专项资金支持课题研究，3篇研究论文获评全省优秀，其中《新形势下打造审计铁军途径研究》一文获全省科研论文评比第一名。（韩翠峰）

【审计效益提升】 2018年，太原市审计局把“三个区分开来”要求贯彻始终，把依法查处问题和容错纠错、鼓励担当作为统一于改革、发展、稳定大局。加大对被审计单位法规知识培训力度，努力把错误消灭在萌芽状态，全年开展各类培训1000余人次。通过审计会商和反复征求意见，充分调查研究、吃透情况，掌握发生问题的背景、动机，依法合理容错纠错，较好地发挥审计在引导干部担当作为上的指挥棒作用。针对发现的问题加强后续调研，促进成果转化，全年编发审计信息140余份，各类信息、报告被批示、刊发近60篇次。（韩翠峰）

统计管理

【概况】 2018年，太原市统计局深入学习习近平新时代中国特色社会主义思想和中共十九大精神，全面贯彻习近平总书记视察山西重要讲话精神，坚持“党建引领贯穿始终，五大任务高位落实，统计执法严保质量”的总体部署，围绕全市转型发展、创新发展的时代要求，以“党建统全局统计做实功”为支撑点，以“聚力新时代·统计谱华章”系列活动为发力点，全面推进从严治党，为全市“转型项目建设年”提供了坚强的统计保障。（耿丹丹）

【全国经济普查】 2018年，太原市统计局作为第四次全国经济普查的牵头单位，以“精心组织、超前谋划、务实高效、协调推进”的工作思路强势铺开。组建由市委常委、常务副市长王立刚为组长，市政府办公厅、宣传部、发改委、财政局等33个成员单位组成的领导小组，构建起“政府统一领导、部门齐抓共管”的工作格局；选聘6465名有丰富基层经验的人员组成普查队伍；以“经普杯”命名的系列活动强势助力经普宣传，各大报纸媒体、“太原统计”微信公众平台等新老媒体相互结合，多种形式推动宣传落地见效；全市2400余辆公交车、20余块户外LED广告大屏循环播放经普标语口号，悬挂经普道旗标语近万条，发放宣传资料20余万份，营造配合经普的良好氛围；完成近四千张电子地图的绘制和46.58余万户法人单位、产业活动单位及个体户的清查工作。（耿丹丹）

【区域经济转型考核】《山西区域经济转型升级考核办法》的出台是山西省推进创新驱动转型升级的一项重要措施。2018年，山西省委省政府对该考核办法的指标体系进行两次优化调整，指标体系由10项内容16个指标构成。为尽快适应调整后的指标体系，积极与省局沟通对接，时时跟踪考核进展，提早对接每一项指标的完成情况，及时发现数据报送中存在的不利因素，做到重要指标早监测、早发现、早完善;在4月、9月，考核指标体系两次进行调整后，将新动向、新情况及时反映给市委考核办，确保太原市在区域经济转型考核评价方面早研究、早部署、早落实。每项指标的五级责任制、联席会议机制、深入基层的专题辅导、解读手册的大面积发放、及时有效的文件下发，都给区域经济考核工作提供保障，将区域经济转型升级考核评价引向深入。（耿丹丹）

【转型项目监测】 2018年是太原市的“转型项目建设年”。以“四个同步”为全市转型做足功课。部门同步，对接省市重点项目、转型项目、工业及技改项目，明确口径范围，实行动态监测；市县同步，开展专题业务培训，将项目建设年的监测体系、考核指标口径、范围精确传导至县区，市县两级同向发力；程序同步，编制与转型项目建设年相关的监测体系，实现所需指标“一键出单”；核查同步，展开拉网式项目清查起底，确保手续齐备、主体开工的项目

应统尽统，统必合规。（耿丹丹）

【统计服务】2018年，太原市统计局从“全行业、长周期、多角度、精确定位、提前预警”五个维度着手，升级打造“五维一体”的经济运行监测新模式，实现从“数库”向“智库”的升华。《两会服务专刊》《统计公报》《统计提要》《统计年鉴》《统计报告》《太原经济运行监测》系列统计产品分年度、区域、行业构建了全市经济社会发展的监测体系；《领导参阅》聚焦全市转型项目建设等热点、难点、焦点问题，成为服务党政领导决策的拳头产品；《企业项目入统指南》为夯实统计基础、做实源头数据提供坚实保障；《“十三五”中期聚焦太原社会事业发展》从研发创新、改革成就、妇儿两规、数据资料四个角度展示了全市社会事业发展的成就；“太原统计”微信公众平台推送工作动态、指标解读、运行分析、经普情况等，将“开门办统计”理念扩展至社会大众。

（耿丹丹）

【统计创新改革】2018年在“统计执法月”中，太原市统计局对200多家企业进行严格的统计执法监督检查，建立政府法律顾问制度，深入推进统计法治建设。结合开发区改革进程，对《太原经济运行监测》中涉及县（市、区）、开发区的5类指标设计新的监测表式，首次实现对潇河片区、科创城片区的投资运行监测，各县区指标按照全域口径公布，各开发区主要统计指标数据单列，圆满实现开发区在地统计，为准确反映开发区建设、县（市、区）发展提供优质统计服务保障。

市统计局用创新的思路推动“三基建设”的步伐。在基层组织方面，为打通统计工作“最后一公里”，推进“首席统计员”制度，在全省率先实现全覆盖。在基础工作方面，以“十项考核”为内容推进各县区提档升级工程，以“六有标准”为内容推动乡街统计站补齐短板工程，目前所辖的10个县（市、区）全部验收达标，按照省局基层基础工作规范化建设验收标准创建完善。加强“一企一档”管理，规范企业统计台账；完成统计调度指挥平台建设，实现省市县三级同步调度指挥。在基本能力提升方面，对内：局里搭台，职工唱戏，展现自我，实现价值，人人争当全科专家；对外：敞开大门，促进交流，共享数据，主动服务，处处体现统计作为。年初举办包括“首席统计员”在内的市县乡三级业务培训；创设“周末学堂”，全局人员共同学习；开展“统计业务巡讲周”，人人登台授课，激发统计活力；组建“统计业务巡讲团”走部门、下县区宣讲统计口径、政策制度，促进业务开展；在市委党校主体班开展《统计法》培训，使机关干部对统计法律心存敬畏。

（耿丹丹）

【统计文化建设】2018年，太原市统计局联合多部门开展“聚力新时代·统计谱华章”系列活动。开展“时代新人我誓言”主题演讲比赛，让“担复兴大任做时代新人”的承诺根植于心。与市委宣传部联合举行“数海扬帆谱华章——‘时代新人·统计先锋’说”，将来自基层乡街、村、社区、企业的10名“时代新人·统计先锋”推向“时代新人榜”的演讲舞台，社会反响极其强烈。与市总工会联合，在全市近五千名统计从业人员中组织开展“经普杯”统计师职业技能大赛，首次将“统计师”这一队伍纳入全市的职工技能竞赛平台。与太原广播电视台联合举办“经普杯”统计法律法规知识竞赛，让统计法律法规以及第四次全国经济普查在更广的媒介得以宣传推广，有力推动了全市法治政府建设的步伐。与市委宣传部联合举办“辉煌的历程美好的时代——数说图解太原市改革开放40年成就展”，用新老照片的对比、滚动的数据图表、公众的切身感受再次展示太原40年来的改革历程。组织开展“经普杯”统计教育师资大赛和新媒体新应用设计大赛，建立“培训师资库”和“应用设计人才库”。七大活动的深入开展，全面提升了全市统计系统投身改革创事业、撸起袖子加油干的士气，以新视角、新手段、新方式展现了统计人的新风貌。

（耿丹丹）

太原市统计局主办的“经普杯”统计法律知识竞赛（太原市统计局供图）

·国家统计局太原调查队·

【概况】2018年，国家统计局太原调查队贯彻落实中共十九大精神、中央《关于深化统计管理体制改革提高统计数据真实性的意见》精神，围绕统计调查中心工作，加强党建工作，夯实业务基础，各项工作均取得新进展、新成效。

（范育明　高悦怡）

【统计调查管理】2018年，国家统计局太原调查队严格执行调查方法制度，规范业务流程，筑牢基层基础，抓好调

"经普杯"统计师职业技能大赛巡查组巡查考场 （太原市统计局供图）

查管理，确保调查数据真实可信、调查能力全面提升。完善规章制度，规范业务管理。结合本队工作实际，完善访点、访户常态化管理制度。推进调查工作规范化。执行国家调查制度和《山西国调系统业务规范化标准》，同时结合各专业特点，对数据生产的关键点和风险点防控，确保调查数据真实可信。按照总队规范台账建设要求和各专业特点，对关键环节统一建立台账，做到记录完整、规范、详细。把控源头质量，加强数据质量检查。加大访点、访户力度，实行各专业访点、访户工作常态化。开展数据质量检查，通过对调查样本进行定期或不定期的数据质量检查，提升源头数据质量。严格数据审核，科学开展评估。各专业在数据整理阶段对报表进行全面核查和疑点扫描，检查数据的逻辑性和合理性，实时掌握奇异数据、错报漏报数据、规格品调整等信息，发现疑点及时进行沟通确认。在报表期由分管领导召集评估小组人员对居民收入、工业生产者价格、居民消费价格等专业数据进行评估，对因奇异值或特殊因素造成的数据异常变动科学分析研判。完成新增调查任务。工业商业调查处根据《山西省局队分工调整实施方案》要求，组织开展劳动力调查前期摸底调研、观摩学习、业务培训，6月初全面接手太原市月度劳动力调查工作，实现工作的顺利交接，保障首月数据的平稳过渡。居民收支调查处深入调查社区组织召开电子记账专项培训会，现场指导安装手机记账软件，推进住户调查电子记账工作。全年有50%以上的记账户注册账号开始使用电子平台记账，超额完成总队全年40%普及率的要求。

（范育明　高悦怡）

【统计调查服务】 2018年，国家统计局太原调查队以提供优质服务为切入点和落脚点，牢固树立调查队"品牌"意识。以居民收支、居民消费价格、工业生产者价格和房地产价格等主要调查数据为重点，以情况解读、简要分析、直观图表等为主要内容，采取专报的方式，在国家数据反馈后，及时编发《国家统计局太原调查队主要数据专报》，送达太原市委、市政府主要领导。完成月度《太原经济运行监测》、2017年度《统计公报》《统计提要》《统计年鉴》相关数据的整理工作，与市统计局共同组织2017年度和2018年四个季度太原市经济运行情况新闻发布工作。积极针对百姓关心、领导关注的社会热点、难点问题，深入开展调查研究，撰写调查分析与约稿，服务党政决策和民生改善。以改革开放40周年发展成就为主题，结合报表数据和专业实际，从收入、价格、畜牧业发展三个方面，通过丰富详实的数据和全面深入的分析，反映太原改革开放40年来翻天覆地的历史性巨变，展示太原经济社会发展和民生改善新亮点、新成就。

全年共编写经济信息192篇，被国家局领导批示10篇次、国家两办采用6篇次、国家局内网采用39篇次、总队内外网采用75篇次、省两办采用64篇次、太原市两办采用37篇次。继续加大专题调研及约稿信息编写力度。紧扣经济运行和社会发展出现的新情况、新问题，快速反映国家重大政策落实情况、民生改善和企业经营变化情况以及经济社会发展新常态，为党政领导决策提供可靠依据。全年共完成总队布置的各种调研任务51项，上报约稿51篇，国家局采用33篇次、国家局领导批示10篇次、国家两办采用6篇次、总队采用48篇次、省两办采用64篇次。

（范育明　高悦怡）

安全生产监督管理

【概况】 2018年，太原市安全生产监督管理局坚持以习近平新时代中国特色社会主义思想为指导，贯彻落实中共十九大精神和习近平总书记视察山西重要讲话精神，提高政治站位，坚决扛起管党治党主体责任，突出依法治安，铁面执法，三基建设、扫黑除恶和扶贫工作与业务工作同步推进，全市安全生产形势持续平稳向好。

2018年，太原市安全生产实现"双杜绝"、"双下降"，即：连续十年杜绝重大及以上生产安全事故，2018年杜绝较大生产安全事故，全市共发生各类生产安全亡人事故80起，死亡85人，同比事故起数减少37起，下降31.62%；死亡人数减少43人，下降33.59%。太原市安全生产监督管理局直管行业实现年度零死亡。

（张保生）

【安全监督】 2018年，太原市政府与市安委会40个主要部门、10个县（市、区）、综改示范区和不锈钢园区分别签订2018年安全生产责任书，落实各级各部门安全生产责任。根据市政府《关于做好2018年安全生产工作的通知》，结合太原市46项安全生产领域改革发展任务，市安委办印发文件，将全年重点任务细化分解，逐项明确目标、责任单位和完成时限。

《地方党政领导干部安全生产责任制规定》印发后，组织学习贯彻，成立巡查机构，对全市各县（市、区）、开发区党委政府和市直有关部门落实情况巡查，共巡查62个单位195名党政领导干部，督查整改258条问题。印发《太原市贯彻落实地方党政领导干部安全生产责任制实施办法》，借助太原电视台专题采访各级有关部门党政主要领导和分管安全领导，宣传报道落实情况、典型做法和问题曝光，形成压实责任的高压态势。

太原市安全生产监督管理局严把许可准入，按时办结各类行政审批事项174件，否决5家加油站改扩建事项。严查问题隐患，共下达行政执法文书2284份，责令限期整改企业1387家，责令停产停业整顿企业58家，暂扣吊销证照企业4家。严追事故责任，查处工矿商贸一般事故15起，建议给予政纪处分21人，刑事处分5人，行政罚款417.55万元。市安委办对5起事故提级联合调查，对3起事故挂牌督办。特别是对小店区、晋源区等地的12家非法储存甲醇窝点进行执法检查，协调驻地公安、街办、新闻媒体跟踪督查报道，依法查处违法行为，移送公安部门行政拘留6人。

完成2017年度全市安全生产目标责任考核工作，对全市安全生产模范单位、优秀单位和先进单位予以通报表彰，共有47个先进集体和390名先进个人受到表彰，市政府拨付900万元用于安全奖励。接受省政府对太原市2018年度安全生产目标考核，并获全省第一名的好成绩，顺利完成太原市全年重点任务。（张保生）

【安全生产防控】2018年，太原市安全生产监督管理局发挥综合监管作用。全力开展隐患排查、专项检查和安全督查，6项挂牌督办隐患全部治理。加大隐患治理和工作协调力度，与住建委联合推行建筑领域安全承诺全覆盖，破解建筑事故高发频发、失管失控难题，牢牢掌握安全监管主动权。推行双重预防机制试行和推广工作，近900余家高风险企业制定风险数据库、绘制全市安全风险分布图和应急管理作战图。

全年开展五大专项行动，共出动检查人员350余人次，对非煤矿山企业进行全覆盖检查，发现并整改问题隐患230条，下达执法文书24份。推进安全生产标准化建设，45家非煤矿山企业达到三级以上标准化，超额完成全年任务。

对危险化学品加强管控，推进危险化学品安全风险排查，加强突击检查，深化危险化学品专项整治，对全市21家重点危险化学品生产经营企业进行安全检查和复查，发现并整改问题隐患180余条，行政罚款18万元。推进安全生产标准化建设，114家企业达到安全生产三级标准化，超额完成全年任务。

开展钢铁、有色冶炼企业重大隐患排查治理专项行动，粉尘防爆、有限空间作业专项整治。推进安全生产标准化建设，73家企业达到三级标准化，35家达到二级标准化，超额完成全年任务。

面对职能调整的实际，工作标准不降、干劲不减，结合职业健康执法年活动，督促企业落实职业病防治主体责任，用人单位参训人员达1840人，为历年最多，监管单位职业危害因素申报率达100%，全市未发生职业危害事故，全面完成省、市下达的目标任务。（张保生）

【安全管理宣传】2018年，太原市安全生产监督管理局修订完善效能建设九项制度、健全工作岗位设置，职责明确到人，夯实基础工作。召开行业系统“三基”建设工作推进会，制定领导联系点制度，开展标准问题大讨论。梳理出10项工作中的薄弱环节，明确对标提标事项，逐一落实，及时修订“一目录三手册”。将讨论成果转化成推进“三基建设”新引擎，切实带动全市安监系统各项工作能力全面提升。

制定“扫黑除恶”专项斗争工作实施方案及边督边改工作方案，成立“扫黑除恶”专项斗争工作领导组及办公室，设立专用办公场所，全力做好宣传发动、督导谈话、线索摸排、信息报送等工作。在媒体发布信息28篇，印发信息简报12期、工作通报5期，梳理典型案例2起，梳理上报涉黑涉恶线索22条。

开展安全发展主题宣讲、安全生产宣传咨询、新闻访谈、安全隐患有奖举报和安全随手拍等十项活动。6月16日，与省政府安委办在南宫广场联合举办安全生产咨询日活动，展示先进的救援装备，首次采用全媒体直播，现场咨询达到1万人次。“山西太原安监”微信公众号受到各界好评，获融媒体建设先进单位。组织全市72名安全生产监管干部，到重庆大学开展“提高履职能力”专题培训。开展“万人大培训活动”，共计3619名领导及安监干部、2362名企业负责人和安全生产管理人员、12000多名从业人员接受集中专题培训，安全生产培训考试基地挂牌并有效运行。全年共培训“三项人员”29475人。同时，开展安全隐患有奖举报活动，共兑现举报奖金3.60万元，形成安全隐患人人喊打的浓厚氛围。（张保生）

食品药品监督管理

【概况】2018年，太原市食品药品监督管理局以习近平新时代中国特色社会主义思想为引领，全面贯彻落实中共十九大、十九届一中、二中全会精神，深入贯彻落实市委十一届六次全体会议暨经济工作会议和全省食品药品监管工作会议精神，坚持以人民为中心的发展思想，强化政治意识、省会意识、问题意识和率先意识，大力实施食品药品安全战略，深入践行“监管为民，保障安全，服务发展，争创一流”监管工作理念，防控安全风险，解决突出问题，优化发展环境，提升食品药品安全保障水平，坚决守住不发生区域性系统性风险、不发生较大食品药品安全事故、不发生较大舆情事件三个底线，保障人民群众饮食用药安全，开创新时代食品药品监管工作新局面。全年各项工作顺利推进，全市食品药品安全形势持续稳中向好，没有发生较大及以上食品药品安全事故。（办公室）

【监管合力提升】2018年，太原市食品药品监督管理局落实省局工作会强调的“各级要明确监管事权，不能‘上下一般粗’，做同样的事情”工作要求。健全完善《太原市食品药品监督管理事权划分办法》，确定市级层面主要权责：全面准确分析掌握全市食品药品安全和监管形势，及时出台相应指导政策和意见，组织专项整治，开展督查考核，把定期督查、专项检查、季度汇总分析和年终考评相结合，推进各项工作落实；市局各业务处室要制定风险清单，列出重点企业名单，按照风险类别，明确检查标准和频次，加强对重点企业跟踪检查、问题核查、飞行检查、随机抽查等方式，掌握基层日常监管情况。县级层面主要权责：强化日常检查和案件查办，认真落实市局工作安排，自觉接受市局指导。全市监管工作的系统性、整体性、协同性和统一性增强。（办公室）

【食药风险防控】2018年，太原市食品药品监督管理局开展食品药品安全风险隐患排查治理专项行动，建立风险隐患清单，由领导班子成员带队开展“拉网式”排查，共检查37180家次，发现问题隐患5736个，全部整改到位。运用“太原市食品药品安全质量追溯平台”，全市277家食品企业全部建立基础信息电子档案；乳、肉、酒、醋等重点行业企业全部建立“四环一链”的追溯信息管理系统，推动企业质量安全主体责任的落实。加强监督抽检，完成食品抽验1245批次、药品抽验610批次、医疗器械专项监督抽检81批次。发布抽检信息公告9期、公告食品抽检信息636批次。创建16家“放心肉菜示范超市”，启动“放心肉菜超市”消费者评价系统（试行），消费者只需用手机扫描二维码，即可了解放心肉菜超市的评价标准、参与示范创建活动综合评价。完善风险分析研判，通过对隐患排查、日常监管、监督抽检、案件查处、投诉举报、舆情监测等情况和数据的汇总分析，完成每月和一、二、三季度安全风险分析报告。强化药品不良反应监测，上报药品不良反应监测报表4438例，其中：严重报表204例、新的一般452例，新的和严重的比例14.80%，每百万人口数达到1032例；器械报表670例，严重报表27例，每百万人口数达到160例。加强应急管理，实施领导带班和处长带班双重管理，政务应急值班管理得到加强；针对食品药品突发事件，确定专人负责、专业应对，保证情况早掌握、问题早处置。（办公室）

【食药问题整治】2018年，太原市食品药品监督管理局开展包装饮用水整治，检查企业15家，下达《责令整改通知书》15份。对酒类企业开展监督检查，监督抽验114批次，不合格1批次，并已予立案查处。查扣无标签白酒240公斤。严查非法添加滥添加食品添加剂行为，加大对牛羊肉中使用“瘦肉精”、鲜活鱼中孔雀石绿和硝基呋喃代谢物等禁用化合物非法添加、滥添加的违法违规行为的查处，抽检生鲜肉和调味品共计25批次；抽取牛白叶、鸭血、小龙虾，进行不定期的随机抽检，检测双氧水14批次，甲醛12批次，洗虾粉3批次，快检结果全部合格。以方便食品、糖果、膨化食品、“五毛小食品”等为重点，检查学校周边经营户1342家次，快检筛查171批次，责令限期整改食品店41家，约谈食品经营者147户次。聚焦小餐饮无证经营、管理不规范等突出问题，以《山西省食品小作坊小经营店小摊点监管条例》出台为契机，采取13项措施，检查小餐饮4116家，纳入备案管理1522家，取缔或劝停1163家，督促整改1431家。以保健食品欺诈和虚假宣传为重点，检查保健食品生产经营企业742家次，取缔无证经营企业2家，注销1家经营企业；以规范化妆品市场为重点，检查美容美发机构624家，建档美容美发机构621家，抽检100批次，发现问题43条，立案10起。以药品品种处方工艺核查、药品品种风险评估为重点，强化药品源头专项检查，检查药品生产企业18家次，下达《责令改正通知书》1份，诫勉谈话企业2家，责令停产1家。对全市持有第二类精神药品批准文号的7家生产企业和63家定点经营企业进行全覆盖检查；开展药品类易制毒化学品及麻醉药品和精神药品生产经营企业专项检查行动，检查企业76家次，对2家经营企业下达《责令改正通知书》并给予警告。开展药品流通环节基本药物、疫苗、含特殊药品复方制剂、中药材中药饮片等专项检查，下达《责令改正通知书》49份。开展无菌植入产品等医疗器械专项检查，下达《责令改正通知书》82份。

（办公室）

【食药安全案件查处】2018年，太原市食品药品监督管理局认真落实国家总局、公安部联合印发的食品药品违法行为处罚到人的规定，从行政处罚、行政拘留、禁业限制三个方面，对19种情形依法追究相关人员行政法律责任。加强行政执法与刑事司法衔接、行政执法与公安机关行政拘留衔接，加强信息互通和联合办案，涉刑案件及时移送，防止以罚代刑。发挥稽查的利剑作用和“指挥棒”“风向标”作用，严厉打击违法犯罪行为。

全年全市共查处各类违法违规案件1092起，罚没款861.80万元，与上年同期相比，罚没款上升36.40%。向公安部门移送线索2起，出具认定意见书154份。严格依法办案，强化案件审核，召开11次案审会，审核案件76件。圆满完成省市两会等重大活动食品安全保障34次，全部实现零事故、零风险、零投诉。（办公室）

【食药示范创建】 2018年，太原市食品药品监督管理局以市委办公厅、市政府办公厅名义印发《太原市落实食品安全党政同责的实施意见》，加强全市各级党委政府对食品安全工作的组织领导。开展食品安全"一征集三巡回"提升行动，培训县乡两级干部和监管人员4000余人次。组织食品安全工作巡回督查，下达督办函10份，促进食品安全示范城市创建。把食品安全示范城市创建与文明城市、卫生城市创建和二青会筹备工作有机结合，开展餐饮质量提升、明厨亮灶等专项行动。完成42家重大活动接待单位的食品安全风险评估和1860家明厨亮灶创建。开展社会宣传教育，推进食品药品安全社会共治，营造浓厚的食品安全示范城市宣传氛围。杏花岭区、古交市获命名为"省级食品安全示范县"。（办公室）

【食药审批服务】 2018年，太原市食品药品监督管理局将药品零售经营现场验收与GSP认证现场验收合二为一，一次进行，同时办理。零售药店办理第三类医疗器械经营许可和食品经营许可，取消现场核查环节。对部分连锁食品经营企业试行"申请人承诺制"，即对太原市范围内具有同一法人（负责人）、使用统一商号，并做到统一采购配送食品、统一经营管理规范的连锁食品经营企业（不包括中央厨房、集体用餐配送单位和单位食堂）在办理食品经营许可时，仅需通过网上提交申报资料和《食品经营许可承诺书》，即可办理《食品经营许可证》，无需经过现场核查环节。将食品经营审批系统由原来的流通类和餐饮类两个系统合并为一个系统。食品生产企业在原有申证单元内增加新的品种以及变更法人、企业名称等，做到即来即办、即办即走。对同时申请第三类医疗器械经营许可和第二类医疗器械经营备案的企业由原来分别提交两套纸质材料，网络上传两次电子文档，优化为提交一套纸质材料，上传一次电子文档，一并申请。在时限要求上，药品零售经营新开办由原来筹建30个工作日、验收15个工作日，分别压缩为现在的5个、7个工作日。（办公室）

国家级非物质文化遗产·郭杜林晋式月饼制作技艺

郭杜林晋式月饼是山西特殊地域条件下产生的反映山西民间文化习俗的特产，其形制古朴，口味淳厚，酥绵爽口，甜而不腻，以"酥、绵、利口、甜香、醇和"的口感特征著称于世。

郭杜林晋式月饼纯手工制作技艺和口传身授的传承方式，保留着明清以来山西民间制饼业的传统技艺。而"以面为馅"的特殊工艺，具有北方制饼技艺的特征。作为"郭杜林"晋式月饼技艺的正宗传承，太原双合成食品有限公司为"郭杜林"的成名、延续作出过重要的贡献，并且为继承、发展、保护"郭杜林"晋式月饼技艺积极申报国家级非物质文化遗产名录。由于近年来作物种植结构的调整，小麻、白小麦等作物退出农民的种植范围，导致"郭杜林"晋式月饼所需原料来源缺乏；"郭杜林"晋式月饼同汉民族"中秋节"传统习俗紧密相关，由于近年来人们对传统节日风俗的淡忘，月饼的受众群体越来越狭窄；传统的手工制作，使其难以机械化批量生产，使这种工艺的生存空间和生产规模难以扩展。

2008年，郭社林晋式月饼制作技艺列入第二批国家级非物质文化遗产名录。

财　政

【概况】2018年，太原市财政局深入学习贯彻中共十九大精神和习近平总书记视察山西重要讲话精神，紧紧围绕市委十一届三次、四次、五次全会确定的谱写文明开放富裕美丽太原新篇章的奋斗目标和实现路径、重点任务，坚持稳中求进工作总基调，全面落实新发展理念，按照"两个走在前列""双提升"要求，加力实施积极的财政政策，奋力推进经济转型发展和民生改善，全面深化财税体制改革，各项任务扎实推进，财政的基础性、调控性、支撑性作用彰显。（张建云）

【预算收支管理】2018年，太原市财政局始终加强经济形势分析和收入预测，密切财税协作，强化上下联动，落实工作责任，规范收入秩序，确保应收尽收，收入目标任务圆满完成。全市一般公共预算收入完成373.20亿元，增长19.70%，增收61.40亿元，增幅位居中部省会城市第一。收入质量提升，全市税收收入296.90亿元，增长19.80%，占一般公共预算收入的79.60%。在抓好一般公共预算收入的同时，积极争取上级支持，全年争取到上级转移支付资金120.40亿元，争取到省转贷政府债券资金75亿元，努力做大可用财力。

围绕中心、服务大局，加快财政支出进度、提高财政资金使用效益。聚焦全市中心工作和重点项目，大力优化支出结构，压减一般性支出，严控"三公经费"，对创新驱动、产业升级、人才兴市、民生改善等重大战略和关键领域给予资金政策倾斜。优化集中支付流程，加快项目资金审核下达，确保在财政环节速率提升。密切关注重点项目工作进度，强化与部门的沟通联系，压实支出责任，加快支出进度。全市一般公共预算支出执行542.50亿元，首次突破500亿元大关，同比增长13.20%，为全市经济社会健康发展提供财力保障。（张建云）

【财政政策落实】2018年，太原市财政局认真贯彻"新发展理念"和"高质量发展"要求，全力保障市委、市政府各项战略决策落实到位。减税降费，全面落实小微企业增值税、企业所得税优惠政策，取消、停征或减免部分行政事业性收费，全面实行财政票据电子化管理，清理整治涉企"乱收费"行为，切实减轻实体经济税费负担。加大对转型综改重点领域政策支持，实施开发区税收倾斜政策，发挥其引领带动作用。推动科技创新。全年安排10亿元科技创新资金和10亿元人才发展资金，支持太原市与同济大学、中科院等知名高校、科研院所在战略决策、人才干部培养等方面战略合作，支持科研院所、高校和企业融通创新。拨付资金2.16亿元，支持培育发展高新技术企业和企业创新平台载体建设，引导鼓励企业加大研发投入。筹措资金支持产业转型升级。推动设立总规模100亿元产业投资基金，聚焦主导产业，瞄准先进装备制造、新材料合成加工、信息技术三大方向，发挥财政资金的示范引领作用，吸引撬动社会资本，促进太原市产业转型升级。拨付政府引导资金3亿元，及时完成向威马新能源汽车公司首期注资，推动项目尽快落地。充分发挥"双创"提振经济发展、增添转型动能的积极作用，下达"双创"专项资金3066万元，破解小微企业发展瓶颈，支持民营企业和小微企业发展壮大。助力国企国资改革，拨付11.40亿元支持国企改制，推动国有企业"三供一业"分离移交。（张建云）

【财政政策资金保障】2018年，太原市财政局坚决打好防范化解重大风险攻坚战。提高政治站位，把有效防范化解政府债务风险作为财政工作的重中之重。执行政府债务限额管理，开好举债"前门"，争取省转贷政府债券，推进存量债务置换，筹措更多资金用于城市基础设施、医院改扩建、二青会场馆等重大项目建设。坚决遏制增量债务，制止违法违规融资担保行为，严禁变相举债，堵住“后门”。积极防范化解政府隐性债务风险，出台《政府性债务风险防控管理办法》，进一步规范全市政府性债务管理。积极开展政府性债务摸底统计工作，摸清隐性债务底数，认真落实审计整改，切实有效防范化解债务风险。

市财政局全力支持打好脱贫攻坚战。落实扶贫资金投入“双增长”要求，市本级安排扶贫专项资金1.40亿元，增长10.60%。加大扶贫资金统筹力度，印发《太原市涉农资金统筹整合实施方案》，最大限度的统筹政策、资金，形成合力。加强扶贫资金监管力度，出台相关制度，赴贫困县实地督查，实施财政扶贫资金动态监控，切实加强各类扶贫资金管理，提高资金使用效益。拨付资金2.60亿元，支持乡村振兴战略，深入推进农村供给侧结构性改革，推进都市现代农业、设施蔬菜、规模化畜禽养殖和美丽乡村建设。及时拨付各类惠农补贴资金，确保退耕还林、农机具购置、农业支持保护等惠农政策落实到位。

市财政局全力支持打好污染防治攻坚战。把打造良好生态环境作为公共财政支撑的重要方向，全面落实空气质量优先的原则，安排下达资金17.10亿元，重点用于“控煤、治污、管车、降尘”，积极推进国家北方地区清洁供暖试点工作、散煤燃烧、扬尘污染、企业排污治理等工作顺利开展。支持黑臭水体治理、土壤污染防控修复、城乡清洁提档升级等项目，推动省城环境质量持续改善。（张建云）

【财政保障改善民生】2018年，太原市财政局始终坚持“以人民为中心”的发展思想，全市八成以上财政支出投向就业创业、教育医疗、社会保障、城市建设等一大批重点民生工程。全力支持教育优先战略。下达新校建设资金7.10亿元，推进太原市教育资源标准化、均衡化、优质化发展；下达5.50亿元落实义务教育及中等职业教育等各项政策补助；拨付2.30亿元支持城乡义务教育一体化、校舍维修、教学设施信息化建设；拨付6561万元学前教育资金，支持新改扩建幼儿园，改善学前教育办学条件。

全面推进社会保障工作。城乡居民养老保险基础养老金提高到每人每月113元；企业退休人员基本养老金“十四”连增，人均提高6.50%；机关事业单位退休人员养老金人均提高5%。全年拨付就业补助经费5.30亿元，保证公益性岗位、技能培训、大学生求职补贴等各类积极就业政策的落实。医疗卫生保障支出41亿元，支持公立医院改革、基本公共卫生服务提升和医院重点项目建设，缓解群众“看病难、看病贵”问题。大幅提高社区办公经费，下达社区惠民资金5438万元，全面提升社区为民服务水平。促进文化体育文物事业繁荣发展。累计拨付资金10.40亿元，保证滨河体育中心、水上运动中心等二青会比赛场馆建设顺利进行。下达资金7098万元，保障第十五届省运会举办。安排资金2.80亿元支持太山景区文物保护、晋祠、天龙山景区综合改造和千年府衙整治修缮等项目。向太原文化旅游有限公司注资1.10亿元，推动太原市文化旅游产业进一步发展。

加快城市基础设施建设。下达城市基础设施建设和“八河治理”资本金176亿元，用于通达桥、滨河东路南延等路网建设，加快迎泽公园改造、汾河景区三期、金桥公园等园林建设，推进地铁二号线、太原植物园等PPP项目建设。安排棚户区改造、公廉租房回购和危房改造资金19.10亿元，支持建立多主体供应、多渠道保障、租购并举的住房制度。安排城中村改造返还资金114.80亿元，加快城中村改造步伐。拨付资金10亿元，保障“扫黑除恶”、创建文明城市、文明交通治理和社会治安综合整治等战略任务实施，确保社会文明和谐稳定。（张建云）

【财政体制改革】2018年，太原市财政局完成市对县（市、区）财政体制调整工作。根据市委、市政府部署，对太原市现行市对县（市、区）财政体制进行调整和完善。印发《关于调整市对县（市、区）财政管理体制的通知》，进一步理顺和完善税收征管格局，明确各项税收收入一律属地征管，厘清市县纠缠多年的管户交叉问题。明确市与县（市、区）财政分配关系，消除体制性弊端，探索建立市县两级财政收入共同增长机制，增强财政保障能力，促进基本公共服务均等化，调动县（市、区）政府发展经济、培植财源的积极性。梳理规范业务流程，提高资金拨付效率。出台《关于进一步优化国库集中支付流程的通知》和《规范政府采购工作管理办法》，完善集中支付运行机制，简化采购流程，在保障资金安全的基础上，提高资金运行的效率，在放管服改革上迈出坚实步伐。全面实施绩效管理。扩大重点绩效评价范围，引入负面清单，引进第三方评价机构，完善智库建设，在编制2019年预算时，积极运用评价结果，加快构建全方位、全过程、全覆盖的预算绩效管理体系。严格政府投资评审。全年安排评审额662.80亿元，核减214.90亿元，核减率32.40%，有效地节约了财政资金，提高了财政资金使用效益。（张建云）

税　务

【概况】2018年，太原市税务局以习近平新时代中国特色社会主义思想和中共十九大精神为指引，认真贯彻习总书记视察山西重要讲话精神，落实省委十一届六次全会精神和市委十一届五次全会精神，坚持把党的政治建设摆在首位，以不断深化国税地税征管体制改革为主题，加强组织收入，推进依法治税，提升征管质效，优化纳税服务，求真务实，集成创新，较好地完成各项工作，为地方经济社会

发展做出积极贡献。（卫　宇）

【组织收入】 2018年，太原市税务局按月召开税收分析例会，强化对组织收入工作的督导指导，坚决制止有税不收或“收过头税”的行为，切实做到应收尽收。全年全市累计组织收入680.65亿元，同比增长14.70%，增收87.22亿元。其中，税收收入累计完成657.47亿元，同比增长14.68%，增收84.18亿元，剔除原综改区国税部分，全市税收收入累计完成602.60亿元，同比增长17.52%，增收89.84亿元；非税收入累计完成23.19亿元，同比增长15.07%，增收3.04亿元，在完成的税收收入中，市县地方级收入累计完成270.18亿元，比上年同期增长21.52%，增收47.86亿元，高质量地完成省局“全年税收收入控制数不能超605亿”的调控收入目标和市委市政府“市县级收入270亿奋斗目标”，有力支持了太原经济社会转型发展。

（卫　宇）

【减税降费】 2018年，太原市税务局落实好各项减税降费政策，用税收红利提升经济主体活力。落实好增值税减税各项优惠政策。5月1日降低增值税税率以来，全市每月直接减税企业约2万户。统一小规模纳税人标准政策执行以来，全市有1980户一般纳税人转登记为小规模纳税人，简化企业财务核算。全年对先进制造业、研发等现代服务业、电网企业一次性退还留抵税额11.28亿元，缓解企业资金压力；落实好企业所得税税收优惠政策。针对研发费用加计扣除、高新技术企业减税优惠等促进大众创业和科技创新的税收优惠政策，筛选重点税源企业开展“一对一”精准辅导，全年全市享受所得税优惠政策的企业共有2.70万户，比上年增加7787户，增长39%，减免税额共计56.44亿元，比上年增加34.57亿元，增长116.55%；落实好“费改税”优惠政策鼓励企业节能减排。水资源税、环境保护税开征一年来，绿色税制促进绿色发展的效应开始显现。全年企业用水结构优化，市辖企业主动关闭自备井99眼，超采地区取用地下水642.57万立方米，保护地下水资源；环保税优惠政策激发企业治理环境污染的自觉性和主动性，涉及企业增加环保设备投入，实现新标准的达标排放，2018年减免环保税6230万元。（卫　宇）

【税收领域改革】 2018年，太原市税收领域各项改革稳步实施。国税地税征管体制改革推进。全市税务系统面对巨大的改革考验，严格贯彻党中央决策部署，落实“四个确保”要求，推进各项改革任务落地落细，各项工作走在全省前列，所有改革序时任务全部完成。国家税务总局太原市税务局于7月5日挂牌成立，全市县乡级税务机构也于7月20日挂牌。挂牌至今，太原市税务系统征期平稳运行、组织收入井然有序，市县两级“三定”有关工作全面落实到位，干部思想稳定，税收工作和改革工作实现“两不误，两促进”。个人所得税改革稳妥实施。个税改革涉及太原市12.70万个税扣缴义务人、128.50万纳税人的切身利益，全市税务系统认真组织政策宣传、基础信息采集、专项附加扣除政策解答等工作，改革后，全市有5.60万工薪纳税人不再缴纳个人所得税。改革实施首月，全市个税工资薪金所得较上月减少入库税额9795万元，减税幅度达41.29%，工薪阶层普遍受益。社保费和非税收入征管职责平稳划转。全市税务系统积极与财政、人社等部门沟通协调，与社保、医保中心等保险经办机构无缝对接，完成社保数据清洗工作，摸清城乡居民基本养老保险缴费底数，进行金税三期社保费征管信息系统联调联试。税制改革与太原市财政体制调整同频共振。市委市政府对太原市财政体制改革工作做出明确部署，目的是理顺市县两级财政分享机制。全市税务系统积极落实好属地管理原则，于11月30日前完成“管户”调整工作，从原国税、地税市直分局下放“管户”至各基层局近2万户，明确派出机构和基层局征管职责，实现同一纳税人和缴费人的主管税务机关、主管税务科（所）和税收管理员“三一致”的目标，确保太原市税制改革与财政体制改革步调一致，受到市委市政府的肯定。（卫　宇）

【税务政务公开】 2018年，太原市税务局深化政务公开，坚持公正执法，依法治税水平提高。保障纳税人的知情权。通过办税大厅宣传栏、微信公众号等多平台详细公开各类涉税事项的执法依据、办税流程、办理时限、所需文书

2018年7月5日，国家税务总局太原市税务局挂牌

（太原市税务局供图）

太原税务干部到中小学开展普法宣传教育活动　（太原市税务局供图）

资料。继续完善税法公告、欠税公告、纳税人信用等级评定、税款核定、减免退税等公开制度，全年发布税法公告12期，欠税公告4期。加强干部法治教育培训。组织开展“宪法在心中，我们在行动”主题征文活动和“弘扬宪法精神共创文明城市”书画摄影作品征集评选活动；参加由司法部、国家网信办和全国普法办联合组织的“我与宪法”优秀微视频征集展播活动，报送作品《征纳同心、与法同行》获得太原市唯一的全国优秀奖。推进严格规范公正文明执法。严格按照6类48项行政处罚执行基准规范行使行政处罚裁量权，确保税收执法的横向公平。针对个体工商户定期定额征收、企业所得税核定征收等纳税人关注度高的税收执法事项开展专项核查，逐户核实情况、研究财务数据、分类比较分析，确保核定结果理性公平。加强和创新事中事后监管。

全年共完成各类风险应对91批次2万户次，查补税款共计2.80亿元。建立覆盖全市税务系统的内控监督平台，编印4类工作手册，推出3张清单，出台2个指引。全年执法差错率全省最低，内控建设工作绩效考核全省第一，13篇内控专报、经验材料和案例被省局采纳，其中《日通报季考核四降两升显成效》被国家税务总局转发，受到省局领导表扬性批示。开展“打虚打骗”。健全增值税风险快速反应机制，加大对虚开增值税发票、骗取出口退（免）税案件的打击力度，加强虚开发票“买方市场”整治工作。制定增值税发票风险快速反应工作实施方案，实行风险应对周报制度。2018年，全市税务系统增值税风险应对总计补缴税款1753万元，其中增值税1543万元，所得税210万元，加收滞纳金279万元，抵减留抵税额253万元。推进扫黑除恶专项斗争取得实效。成立扫黑除恶专项领导小组，在市县两级设立工作专班，核查发现及接收公安机关、各级扫黑办转办的涉黑涉恶线索47条，经摸排确定立案检查24户，向公安机关移送涉嫌虚开增值税发票线索5户，移送偷漏税款并涉黑的企业3户。

（卫　宇）

【税务服务】 2018年，太原市税务局以优服务为抓手，以促发展为己任，税收营商环境优化。深化纳税信用等级评定，完善增值应用。完成全市27.70万余纳税户数据采集，评出A级纳税人3022户，B级纳税人4.80万户，M级纳税人6.60万户，374家中小微企业被认定为诚信企业。与金融机构联合开展“银税互动”，破解企业融资难、融资贵难题，累计为4223户纳税人发放无抵押信用贷款22.80亿元。助力民营企业发展，开展干部驻厅入企活动。出台《全市税务系统支持民营企业发展十条措施》，邀请民营企业代表召开座谈会30场次，深入115户民营企业调研服务，解决各类问题65个。市局41名科级以上领导干部深入27个基层办税服务厅调研收集税收政策、纳税服务、征收管理等方面问题及建议45条，全部予以解决。

搭建多维一体化税收政策培训平台。搭建线下实体、线上直播、点对点入企等多种形式的政策服务一体化平台，围绕纳税人关注的热点涉税问题进行权威解答，2018年举办税收大讲堂26期，在线直播课程15期，“税干谈新政”专题栏目6期，“优化营商环境直通车进办税服务厅活动”2期，借助广播电台、手机平台以及传统媒体实现音视图文四位一体的融合直播，培训辅导效果不断提升。四是拓宽渠道优化资源配置，创新举措提升办税便利。优化“税宝宝”手机APP，新增“掌上预约”功能，推进预约办税全市全覆盖，截至2018年底，纳税人通过“税宝宝”手机预约叫号24.20万次，日均叫号2144次；与7家金融机构签订合作协议，全省首创采用互联网数据直联方式，在11个银行网点布设20台自助办税终端，为纳税人提供自助领票、自助缴税等服务；与太原邮政合作建成太原市税邮合作服务中心，截至2018年底，为4.58万户次纳税人配送发票310万份，为1042户次纳税人代开发票2010份。

（卫　宇）

山西转型综改示范区

【概况】 2018年，山西转型综合改革示范区以习近平新时代中国特色社会主义思想和习近平总书记视察山西重要讲话精神为指引，全面加强党的建设，坚持对表中央、对标先进、对接国际，围绕营造“六最”营商环境，精心打造特色改革亮点，取得了一批可复制可推广的经验和成果。通过构建现代产业体系，强力推进项目落地开工，示范区各项经济指标实现快速增长，完成省、市下达的目标任务。

全年完成地区生产总值474.80亿元，同比增长13.80%；规上工业总产值1187.10亿元，增长15%；规上工业增加值261亿元，增长17.70%；固定资产投资154.70亿元，增长102.80%；工业投资100.80亿元，增长303.60%；一般公共预算收入33.40亿元，增长12.30%。

（刘　鹰）

【高效治理体系建立】 2018年，山西转型综合改革示范区持续引深大部制、扁平化机构改革。在完成大部制机构整合的基础上，根据示范区发展需求和新机构实际运行情况，及时调整完善机构职能，形成投资合作、项目建设、创新发展、物业保障等“一条龙”服务机构，涵盖项目引进、建设、经营、创新全流程，深度推进“权力型结构”向“服务型结构”转变。

引深“三制”改革。在完成领导班子任期制、全员岗位聘任制和绩效工资制的基础上，建立容错机制和改革创新引领人才培养办法等细化配套制度，健全考核机制，实现薪酬分配、岗位聘用、考核奖励与转型成效、企业评价、廉洁从政直接挂钩，有效调动了员工干事创业的积极性，激发了内生动力。

推进政策创新。将“1+2+26”体制机制政策制度体系的顶层设计，细化、规范为普惠类、培育类、协议类三种兑现模式，构建了扶持政策、实施细则（操作规程）、兑现模式、“一网通办”四个层面的扶持政策和兑现实施体系。其中“一网通办”作为国内首个为企业服务的专业化平台，实现服务企业内容最多、量化最深、服务最全，走在了全国前列。

强化风险防范。以加强内部管控为重点，探索建立了合法性审查、法律顾问、流程控制、台账管理、重点审核等综合性风险防控制度和措施，严密防范招商引资、建设管理、经济发展过程中的各种风险，确保政策落实公开透明、权力运行严格规范。（刘　鹰）

【“六最”营商环境打造】 2018年，山西转型综合改革示范区推动省市下放事权工作的规范化管理。在上年省市下放1176项事项授权到位的基础上，2018年重点推进承接事权的规范化管理工作。经过精简、梳理，形成示范区行政管理权事项清单794项，精简各类行政管理权事项382项，编制《山西转型综改示范区各单位行政管理权事项清单》及运行流程图、风险防控图、办事指南等配套文件，建立集中审批、分类监管、综合执法有机结合的权责分配体系。

深化“双承诺制”审批服务改革。制定《示范区深化企业投资项目承诺制改革工作方案》，完善承诺制改革工作相关配套制度和实施细则，编制承诺制管理节点信息表。从优化流程、减少环节、强化协同共享、加强过程管理入手，对“政府服务+企业信用”双承诺制进行深化、拓展，完善项目会商、联审、联勘和事中事后监管机制，企业投资项目从立项到竣工验收全流程审批时限由要求的45个工作日以内缩短为31个工作日以内，企业开办时间压缩至3个工作日以内，有效降低制度性成本，提升投资效率。

创新“四个一”管理新模式。在持续推进一颗印章管审批、一个大厅管服务、一支队伍管执法“三个一工程”的基础上，大力推进一网通办管效能，形成“四个一”服务管理新模式。“一网通办”从11月1日起全面实施，150项事项全部纳入“一网通办”政务服务系统，实行“前台综合受理、后台分类审批、统一窗口出件”的审批模式。通过建立“互联网＋政务服务”系统，实现网上投资审批、网上企业开办、网上政策兑现、网上项目管理、网上企业服务，网上招标采购、网上智慧办公、网上公车服务，做到行政管理事项办理能上网尽上网，实现审批服务高效便捷，公开透明。

拓展深度服务企业平台体系。加强“一网一线”综合服务平台、科学仪器共享服务平台、科技成果转化服务平台、咨询中介服务平台管理运营，制定管理办法，提升服务效能。借鉴深圳经验，在生物医药、电子信息、新能源汽车和新材料等主导产业领域加快开放式公共科技创新平台建设，山西高等创新研究院、中国工程科技发展战略山西研究院已正式进入运行阶段。推动金融服务平台建设，借鉴重庆、青岛等地经验成立山西潇河产业金融研究院，搭建金融综合服务平台，为企业提供更多深度服务。

推进国际化创业宜居环境建设。秉持“产业为基、生态为本、文化为魂”和“园区即景区、产业即旅游”的理念，精心打造潇河生态文化景观带，编制完成概念规划和中心区概念性城市设计方案，抓紧启动建设前期工作。与世界接轨的国际医院、国际学校引入合作方，启动部分项目建设前期准备工作。在已建设大学生就业廉租房的基础上，抓紧建设人才住房。

推动园区集约节约绿色发展。认真践行绿色发展理念，抓好示范区“五规合一”和《规划建设十五条》的实施，推动新入区企业屋顶光伏发电全覆盖，率先推广SD建筑保温与结构一体化等节能建筑新技术。探索环保“督查＋巡查”双监管新模式，通过专业环保队伍和第三方环保组织，实现环境管理高标准、常态化。盘活土地存量，创新工业用地供地方式，探索先租后让和缩短出让年期的供地方式，实行“整体规划、分期供地”。鼓励支持企业建设多层厂房，刚性约束建设地下车库，规划建设中小企业园和专业产业园，实现土地集约利用、资源共享。（刘　鹰）

【特色现代产业体系】 2018年，山西转型综合改革示范区推动招商引资项目落地实现新突破。全面落实省政府《关于改革和创新招商引资工作的若干意见》，制定示范区《招商引资导则》和《2018年项目手册》，研究梳理出招商的重点地区、重点产业、重点行业、重点企业，编制招商引资地图，开展精准招商、产业链招商。全年签约项目89个，计划总投资约1183亿元，预计年产值约2090亿元。

按照“转型项目建设年”安排部署，建立招商引资项目管理系统，利用信息化平台，实现项目对接、落地、建设全流程网上手续办理、信息采集统计和进度跟踪督办，加快项目开工建设进程。全年新开工新兴产业项目66个，完成全年目标的106.40%。其中，开工投资额超30亿元项目10个，10～30亿元项目10个。26个重点技改项目进展顺利。中电科第三十三所电磁防护材料等9个项目已建成投产。

推动现代产业体系加速形成。根据产业布局和示范区实际，聚焦打造体系完整的特色产业集群，针对性引进培育龙头企业、关键配套企业和研发机构，初步搭建电子信息、先进制造、生物医药及食品、新材料及加工等4个千亿级产业集群以及大数据等新兴产业未来框架，为示范区转型发展奠定了坚实基础。

推动科技创新资源快速集聚。持续加大国家级科技创新载体建设力度，2018年，示范区被科技部火炬中心授予“国家火炬山西转型综合改革示范区网络信息安全特色产业基地”和“国家火炬山西转型综合改革示范区煤机装备特色产业基地”。

实施《示范区新兴产业培育计划》，通过建立动态扶持机制，引导企业向技术研发、技术改造、科技成果转化和人才引进等方向发展，帮助企业提质扩能，推动符合产业发展导向的战略性新兴产业扩大规模。全年共有42家企业纳入新兴产业培育库。全年新增国家级企业技术中心1家，总数达到4家。全区经认定的高新技术企业达550家，占到全省的1/3。

推动存量企业加快提质扩能。锦波生物Ⅲ型人源胶原蛋白、阳煤现代煤化工装备、中电科三十三所电磁防护材料等26个重点技改项目进展顺利。蒙牛5条高端奶生产线等4个项目建成投产。青岛啤酒太原公司新上易拉罐生产线从立项到投产仅用5个月时间，创造了青啤集团全国同类项目的最快速度。

推动跨境电商新业态蓬勃发展。建立健全跨境电商政策体系，制定出台《示范区跨境电子商务发展扶持办法》，积极配合省、市加快申报国家跨境电子商务综合试验区。在武宿综合保税区内已建成我省唯一的跨境电商公共服务平台。太原飞机拆解基地建设项目和航空仓储保税物流中心项目等一批重大服务贸易、加工贸易及跨境电商项目正式落地。（刘　鹰）

【党建工作】 2018年，山西转型综合改革示范区建立实施常态化后审核制度。在党工委组织领导下，制定《对表中央、对标先进、对接国际的年度重点工作重大事项后审核制度》，每年3月对上年度重点工作和改革举措开展第三方评估、合法性审核、专业审计，并在项目建设、招标投标、政府采购等重点领域探索建立“本质廉洁”机制，坚决把加强党对经济工作的集中统一领导有机融入示范区经济社会发展的各领域、各环节，始终保持改革创新的正确航向，实现示范区更高质量、更有效率、更加公平、更可持续的科学发展。

推动“三基建设”。深入落实省委《关于在推进“两学一做”学习教育常态化制度化中加强“三基建设”的实施意见》，增强抓好“三基建设”的思想自觉和行动自觉。完善《民主生活会制度》《党支部组织生活会制度》《民主评议党员制度》，制定了《党员汇报制度》《谈心谈话制度》《党群联席会议制度》《非公党建示范点奖励办法（暂行）》。加强基层党组织建设，整顿软弱涣散党组织6个。成立非公党建联盟，建立非公党建工作经费经常性保障机制。创新党员管理教育模式，推行“互联网+党建”，设立“综改党建e家”微信公众号，实现党员线上移动式学习、交流和管理新模式。

探索开展作风建设督察。借鉴巡视巡察工作制度，制定示范区《作风建设督察工作规划（2018—2020年）》，启动首轮作风建设督察，完成对2个园区党组织的督察、整改、收效，部署第二轮对4个部门党组织的督察。聚焦转型项目建设年中心任务，实施重大项目专项督察，深挖彻查项目进展中存在的问题，提出专项整改建议，促进干部担当作为和作风转变，逐步构建起党内监督长效机制。（刘　鹰）

太原不锈钢产业园区

【概况】2018年，太原不锈钢产业园区深入贯彻落实中央、省、市各项决策部署，牢固树立新发展理念，担当作为抢抓机遇，真抓实干攻坚克难，持续推进园区经济社会各项事业稳步发展。（郭　微）

【主要经济指标】2018年，太原不锈钢产业园区坚持稳中求进的工作总基调，主要经济指标保持平稳增长，全年规模以上工业增加值完成15.51亿元，增速22.70%；固定资产投资完成13.86亿元，同比增长21.70%；一般公共预算收入完成2.10亿元，同比增长28.90%；工业投资增长速度15.80%；入区企业数增长率91%；工业增加值增长速度22.70%；非煤产业产值增长速度15%；高新技术企业数增长率50%；实际利用外资实现“零突破”。（郭　微）

【招商引资】2018年，太原不锈钢产业园区坚持问题导向，创新招商引资方式，招商引资工作迈上新台阶。完善政策，打造招商洼地。先后出台《金融振兴实施意见》《招商引资优惠办法》等一系列优惠政策和扶持办法，形成涵盖落户奖励、贡献奖励等系列政策保障体系，投资环境优化。创新方式，全面构建招商新格局。通过制定产业招商地图，实行精准招商、产业招商、以商招商，基本形成北上广深的产业招商布局。全年对接项目27个，总投资545亿元。新引进签约项目18个，总投资124亿元。补齐短板，外资引入取得新突破。瞄准外资企业不足的短板，精准对接，与4个项目达成投资意向，包括德国安许茨枪械山西生产基地项目、丰树新加坡物流项目、普洛斯太原智慧物流园项目和高端宠物粮项目等，总投资约2.60亿美元，占地36.67公顷，推动项目落地。（郭　微）

【项目建设】2018年，太原不锈钢产业园区坚持重点导向，深入开展“转型项目建设年”工作，项目建设稳步推进。零距离服务，全面推行无审批承诺制，配套实行项目代办服务制、专业论证制、周例会考核制等工作制度。全年共有总投资9.33亿元的9个项目实施无审批承诺制，极大缩短企业从落地到开工的时间。硬措施推进，深化项目包联制度，园区领导班子、部门负责人全部认领项目，并制定年度目标、序时进度，落实项目责任单位、责任人。严格跟踪督办，建立考核督查制度，将重点项目纳入园区“13710”督办平台和绩效考核，强化责任，建立台账，明确时限，倒排进度，确保目标任务按时按序推进。聚合力保障，建立建设管理综合行政执法部、综合执法队、派出所等多部门联动机制，打击强揽工程、强行堵门、断水断电等阻碍项目建设的行为，营造和谐稳定的施工环境。全年转型项目39个，总投资162亿元，其中21个项目于3月底集中开工，总体开工率于8月底达到100%。（郭　微）

【基础设施建设】2018年，太原不锈钢产业园区坚持目标导向，推进基础设施建设，承载能力提升。基建工程方面，完成京丰场地土方平整工程、广立护坡工程和交易中心次干道工程。水电配套方面，完成10kv阳铁线、10kv东方线和10kv浏河线3项迁改工程；完成钢园路电力管沟工程、丰润街西段电力管沟招标工作；完成京丰、国药、东杰等10个项目的自来水接入事宜。园林绿化方面，完成三期公园绿地、小返河东路道路、横河北抢险路道路3个绿化工程，新增绿化面积5.80万平方米；完成兴安南二巷和丰源西路行道树补栽补种工作，补栽树木215株；加强园林精细化管理，养护面积达16.80万平方米。征地拆迁方面，全年拆除建筑面积8.40万平方米，征收土地43.33公顷，共支付征地补偿款2.18亿元，为京丰、荣兴伟业等项目的实施奠定基础。（郭　微）

【营商环境优化】2018年，太原不锈钢产业园区坚持服务导向，精简审批事项，创新服务方式，打造“六最”营商环境。优化审批流程，按照“最多跑一次”的目标，全部行政审批事项纳入政务大厅办理，对窗口充分授权，实行首问负责、一次性告知、限时办结、超时问责等制度。入企解决难题，深入开展“进工地、到一线、解难题”活动，对企业手续办理、建设进展以及生产经营过程中存在的困难和问题进行全面梳理和跟踪督导，及时予以解决。全年现场服务2950人（次），发现问题192个，基本解决完毕。拓宽融资渠道，通过与银行、基金公司、担保公司等金融机构密切联系，全年融资1.47亿元。充分发挥投资担保平台作用，为日德泰兴融资900万元。通过参股方式分别向融盛、龙翔杭萧注资500万元，帮助企业顺利落地。推动科技创新，全年共投入科技创新研发资金7700万元，培育高新技术企业18家，科技型中小企业20家，科技型小微企业19家。院士工作站、省级重点实验室等研发机构达到8个，搭建创新服务平台5个，打造成果转化基地1个，获得专利数240件。积极争取上级科技创新补贴资金，10家企业已获批1808万元。（郭　微）

【“三化三制”改革】2018年，太原不锈钢产业园区始终把深化改革作为二次创业、转型升级的唯一路径，不断强化使命担当，创新机制体制改革，激发园区核心竞争力和发展活力。“三化”改革稳步实施，按照“国际化、市场化、专业化”的要求，与全球十大专业咨询服务机构之一的德勤公司建立战略合作联盟，委托其制定发展战略规划（2018—2025）。完成《不锈钢产业规划及招商地图（初稿）》，明确不锈钢产业将采取“短期从中段深加工起步，长期向下游逐步延伸”的发展思路，聚焦三大方向，主攻七大领域，将园区建设成为全球最具影响力的高品质不锈钢工业制品深加工基地和中国中部最大的不锈钢制品贸易流通中心。“三制”改革继续深化，在全面完成编制人员聘任制改革的基础上，重点对购买服务人员进行聘任制改革，通过“招录招聘为主，市场调剂补充”的形式，经过严格程序，冗余精简率20%以上。全员实行差异化绩效考核，严格奖惩兑现，激发工作人员干事创业的激情。对未聘人员设置过渡性岗位，并制定学历提升方案，做到队伍不散、人心不乱、工作不断。（郭　微）

【“融合”改革】2018年，区区融合、军民融合作为太原不锈钢产业园区工作的重中之重，是推动高质量发展的重大举措。《园区与尖草坪区融合改革发展方案》于2018年8月经市委、市政府正式批复，“三个统一”已基本落实，“六个平台”建设推进，“一区两园”各项工作进展顺利。基础区重点推动军工企业与民营高新技术企业的深度合作。通过提供厂房、推介投资等方式，打造“1+1+1”（军工企业＋民营高新技术企业＋民间资本）的模式，充分发挥军工企业的科研设备及军方供货资源优势、民营高新技术企业的人才技术优势和民间资本的资金运作优势，助力企业做大做强。融盛无人潜航器项目落户A区，中试研发厂房投入运行，企业已与中科院声学所东海站、上海美多（原上海无线电三厂）、晋西集团签署战略合作协议。科技创新园一期81公顷用地详细规划完成，土地征拆启动，三纵三横（15千米）道路基础设施启动立项、设计工作。军民融合项目储备28个，总投资160亿元，其中包括中北大学科研成果转化项目12个。转型产业园以“火工区退城安置，预留发展空间，原址土地释放，集聚军民融合产业，实现产城融合发展”为路径，重点推动军工企业火工区及火工仓库搬迁。（郭　微）

【安全形势稳定】2018年，太原不锈钢产业园区出台《贯彻落实〈规定〉的实施细则》《党政同责、一岗双责、失职追责管理办法》等制度，创新安全监管模式，集中帮扶企业开展标准化建设，全年共有61家企业创建达标。扎实开展安全生产大检查和专项检查，累计排查安全隐患1300余条，已全部整改销号，整改率100%。全年各类安全生产事故及死亡人数均为零。（郭　微）

【生态环境优化】2018年，太原不锈钢产业园区严格落实环保工作“党政同责、一岗双责”，抓好大气污染防治、水污染防治等重点工作，严查环境违法行为，环境质量改善。全年共对15家违法排污企业和建筑工地实施行政处罚，对3家“散乱污”企业进行取缔。按照中央环保督察和环保部强化督查要求，倒逼环保问题整改，交办案件整改率100%。（郭　微）

【社会环境稳定】2018年，太原不锈钢产业园区稳妥处理好群众信访、征地拆迁、社会舆情等各种突发事件，提升人民群众安全感。加大欠薪查处力度，保障农民工合法权益，获“全国模范劳动关系和谐工业园区”称号。及时缴纳被征地农民养老保险，全年共缴纳470余万元，保障人数125人。累计缴纳1.29亿元，保障人数6637人，基本实现被征地农民全覆盖。（郭　微）

农　业

【概况】 2018年，太原市农业委员会坚持以习近平新时代中国特色社会主义思想为指引，全面贯彻落实中共十九大和习总书记视察山西重要讲话精神，按照中央和省、市委的决策部署，以实施乡村振兴战略为总抓手，以打好脱贫攻坚战为首要任务，以推进农业供给侧结构性改革为主线，加快推进城郊型都市现代农业多功能示范区建设，启动美丽乡村“典型示范、全面整治”行动，深入推进农村各项改革，全市乡村振兴开局良好、农业发展呈现喜人局面。全年全市农村常住居民人均可支配收入完成16860元，增幅8.10%；第一产业增加值完成41.05亿元，增速0.70%。

（办公室）

【农业农村振兴】 2018年，太原市委常委会、市政府常务会及时传达学习十九大、中央农村工作会议、全国扶贫开发工作会议、省委农村工作暨脱贫攻坚会议精神。省委常委、市委书记罗清宇多次深入到清徐、娄烦等县区，就实施乡村振兴战略、打好脱贫攻坚战，进行专题调研并提出具体指导意见。3月15日，太原市召开市委农村工作暨脱贫攻坚会议，罗清宇书记、耿彦波市长对全市实施乡村振兴战略作出安排部署。出台《太原市加快推进乡村振兴战略的实施意见》《关于坚决打赢脱贫攻坚战推动乡村振兴三年行动的实施意见》《太原市关于创新体制机制壮大新产业新业态加快发展城郊型都市现代农业的实施意见》等文件。按照罗书记“边谋划、边规划、边动手、干起来”的要求，委托上海同济大学编制全市乡村振兴战略总体规划，太原南部城郊农业示范区、北部有机旱作特色农业示范区实施方案，年底前全部编制完成。充分发挥财政资金“四两拨千斤”作用，市财政分别拿出3亿元、1.36亿元专项资金，为实施乡村振兴、决战决胜脱贫攻坚提供强有力的财力支撑。（办公室）

【脱贫攻坚】 2018年，太原市农业委员会把脱贫攻坚作为首要任务、第一民生和头号工程，罗清宇书记、耿彦波市长以上率下、以身作则，全面压实脱贫攻坚主体责任、帮扶责任、组织责任、实施责任，32名市领导和法检两长签订脱贫攻坚帮扶责任状书。开展“城区包乡、单位包村”对口帮扶，城六区、综改区、不锈钢园区投入对口帮扶资金1.45亿元，实施惠民项目516个。成功举办以“时代新人·脱贫先锋”为主题的“一改五会一展”系列活动，掀起再学习、再领会、再推动、再落实习总书记6·23重要讲话精神的热潮。夯实产业扶贫基点，娄烦县86.88MW（兆瓦）、阳曲县10MW（兆瓦）光伏扶贫电站全部并网发电，惠及157个贫困村、2487户贫困户。落实好“一村一品一主体”产业扶贫政策，推动健康养殖、设施蔬菜、脱毒种薯、乡村旅游等特色产业快速发展。积极发展电商扶贫新动能，申请注册“首邑田园”电商公共品牌，通过“互联网+”模式，带动500名贫困群众脱贫致富。培育乡村旅游新业态，阳曲县通过开展“回村踏青、回村采摘、回村避暑、回村过年”系列活动，培育农家庄园（客栈）1000个、吸纳就业1700人，带动3800户贫困户户均增收4600元。探索政府、企业、银行、媒体和消费者等五个主体有机整合，娄烦县构建起“五帮一”社会扶贫联动机制，在“中国社会扶贫网”的贫困人口注册率、爱心人士注册率均位列全省前茅。9月7日，省政府批准阳曲县退出摘帽。娄烦、阳曲两县累计脱贫155个村、15684户、43727人，贫困发生率下降至0.18%。全市脱贫29个村、3546户、9987人，娄烦县脱贫攻坚领导小组向省脱贫攻坚领导小组提交《关于贫困县脱贫退出的申请报告》。（办公室）

【农业农村工作优化】 2018年，太原市农业委员会实施减玉米、增蔬菜、增葡果、增杂粮、增药材、增花卉“一减

云顶牧归 （太原市农业委员会供图）

五增”行动，调减籽粒玉米种植面积1.67万公顷，减幅达33.40%。新发展设施蔬菜558.87公顷、果园0.17万公顷、杂粮0.80万公顷、药材（含沙棘）0.20万公顷、花卉0.15万公顷，有机旱作蔬菜达到0.67万公顷，改造老旧果园0.20万公顷。秉承农业产业化、产业园区化、园区科技化、科技高效化的理念，农业园区发展到130多个，农业产业化龙头企业达到228家。全年，农产品加工销售收入预计可完成234.25亿元，同比增长8%。优化“退户入园、出城进沟、规模健康”的养殖业生产布局，禁养区内32家畜禽养殖企业全部退出，众和、五丰等一批乳（畜、蛋）龙头企业带动养殖企业向规模化、标准化、园区化发展。 （办公室）

【农业示范区建设】 2018年，太原市农业委员会立足太原—晋中省域中心城市现代都市农业圈定位，重点抓好太原南部城郊农业示范区和北部有机旱作特色农业示范区建设。成立推进南部城郊农业示范区建设工作协调指导组，统筹推进南部城郊农业示范区建设工作有序开展。小店区互联网＋产地市场建设、王吴—西柳林生态廊道及配套设施、晋源区“晋祠大米”田园景观区、康培现代农业科技园、清徐县大圣万亩设施蔬菜产业园等项目推进有力。阳曲县以创建省级现代农业产业园为契机，打造太原北部有机旱作特色农业示范区，拿出真金白银对谷子种植进行奖补，新增0.67万公顷有机旱作谷子，创建泥屯、东黄水两个万亩示范区、8个乡镇级核心示范点，2个现代化小米杂粮加工区建成，阳曲小米电子商务区开始运营。尖草坪区整合以向阳村为核心的三个村土地186.67公顷，打造“农业生产＋历史文化＋休闲旅游＋新农村”的北部现代农业公园，形成一个集休闲、观光、体验、科普于一体的“世外桃源”。 （办公室）

【农旅融合发展】 2018年，杏花岭区酿造小镇、清徐县醋都小镇、王吴村田园综合体、山西九润现代都市农业园等一大批重点项目顺利推进，尖草坪区北部现代农业公园、晋源区花卉小镇开门迎客，“田园变景观、村庄变景区、民房变客房”变为现实。实施休闲农业与乡村旅游精品工程，提升山水人文、田园风光、黄土风情、汾河流域、绿色生态等六条精品休闲线路建设水准，打造“一小时车程”休闲旅游圈。打响省会城市休闲农业品牌，承办全省首届“中国农民丰收节”系列活动启动仪式，陈永奇副省长亲临现场，同广大农民朋友一起“庆丰收、晒丰收、话丰收、享丰收、助丰收”；举办“太原市乡村旅游精品线路景点推介会”等一系列休闲观光农业和乡村旅游节庆系列活动。全市乡村旅游接待游客预计将突破400万人次，同比增长9.30%，营业收入完成4.10亿元，同比增长10%，呈现出蓬勃发展的强劲势头。 （办公室）

【农村改革】 2018年，杏花岭区、晋源区两个中央农村集体产权制度改革试点推进有力，成效明显，两区139个村全部完成清产核资、成员身份确认工作，138个村挂牌成立（股份）经济合作社，受到农业农村部的肯定和表扬，近期将通过中央、省委试点工作验收。其余8个县（市、区）农村集体产权制度改革全面铺开，将最大程度实现“资源变资产、资金变股金、农民变股东、收益有分红”。承包地“三权分置”改革扎实推进，县、乡农村产权流转交易市场实现全覆盖，十个县（市、区）都设立土地承包经营纠纷法定受理机构，所有乡镇都建立土地流转服务站。土地确权工作进展顺利，完成土地确权面积9.17万公顷，完善土地承包合同15.04万份，土地承包经营权确权登记证书正陆续发放到农民手中。土地承包经营权流转加快。

2018年全市新增土地流转面积0.67万公顷，土地流转总面积达3.67万公顷，占全市已确权家庭承包耕地的40.04%，流转比例超过全国5%，继续领跑全省。新型经营主体成为带动农民增收致富的重要载体，全市农民专业合作社总数发展到4188家，合作社成员5.86万户，带动非成员农户5.20万户，登记注册家庭农场262家。累计创建国家级示范社14家、省级示范社176家、市级示范社433家；省级示范农场14家、市级示范农场22家。 （办公室）

【美丽乡村建设】 2018年，太原市农业委员会结合改善农村人居环境整治三年实施方案，启动美丽乡村“典型示范、全面整治”行动，连线成片，组群发展，筛选确定的12个省、市级美丽宜居示范村、2个集中连片、7个公共浴室试点村建设项目有序推进。各县（市、区）

依据自身发展基础、区位条件、资源禀赋，全力推进美丽宜居乡村建设。小店区按照每年10个亿的投入，启动三年时间完成38个美丽乡村建设工程；晋源区全力实施“百村景区化”工程，聘请杭州火石品牌策划、中国美院等一流设计团队进行美丽乡村规划设计，赵家山、窑头等10个试点村全部开工建设，三年内形成乡村振兴“晋源版”农旅融合新格局；阳曲县、娄烦县作为全省改善农村人居环境整治示范县，大力开展村容村貌整治。全市累计创建省级美丽宜居示范村30个，市级美丽宜居示范村51个，打造历史文化、绿色生态、休闲旅游、工矿一体、移民搬迁、脱贫攻坚等6大不同类型、内外兼修的美丽宜居示范村，为太原市开展美丽宜居乡村建设找到多条成功路径。（办公室）

【质量兴农战略】 2018年，太原市农业委员会以农业农村部开展“农业质量年”行动为契机，深入实施农业标准化战略。围绕太原市蔬菜、葡果、杂粮、畜产品、中药材等特色优势产业，制定出台55个农业技术规程和1个日光温室建设标准。推进“三园一场”标准化示范创建，在农产品质量安全县、“菜篮子”大县、规模种养基地、新型生产经营主体和现代农业示范园区率先推行全程标准化生产。让绿色优质成为太原市食用农产品的金字招牌，全市10余家农业产业化企业、20余种产品纳入省农产品质量安全追溯平台，“三品一标”认证面积达3.68万公顷，占到全市总耕地面积的31.50%。新申报“三品”企业76家、“三品”产地面积0.67万公顷、产品数量100余个、规模养殖主体10个。无公害农产品和绿色食品证书到期换证率达80%，获证产品抽检合格率100%。认真落实“四个最严”要求，农畜产品抽检合格率达98%，未发生一起农产品质量安全事故。加快发展阳曲小米、娄烦土豆、清徐葡萄、晋祠大米等地方特色产业，培育水塔老陈醋等中国驰名商标企业5个、六味斋等中华老字号企业5个、双合成等非物质文化遗产称号企业4个、省著名商标企业19个。“娄烦山药蛋”“清德铺红薯”获国家地理标志产品认证。蝙蝠蛾被毛孢菌丝醋口服液、保健醋、藜麦3个保健功能食品入选全省功能农产品20强。精心筛选35家合作社和加工企业参加山西（太原·阳泉）特色农产品北京展示展销活动，17个项目达成投资意向，总投资额近148亿元，51个贸易项目签约，总签约额3.35亿元。牵线搭桥，康乐欣等5家农产品加工企业在美特好、山姆士等大型超市设立30个专柜、20个专区。信息进村入户工程进展顺利，全市536个益农信息社建设年底前全部完成。与阿里云计算、山西青创天下签署“扶贫农场”战略合作协议，创造性开展“扶贫农场”认领帮扶，预计可解决贫困劳动力就业8600人，人均增收3000元以上。（办公室）

【非洲猪瘟疫情防控】 2018年，太原市阳曲县、尖草坪区发生“非洲猪瘟”疫情后，市委、市政府高度重视，市委书记罗清宇、市长耿彦波第一时间作出批示，市委常委会、市政府常务会及时传达学习国务院和农业农村部有关会议精神，分析当前形势，提出具体贯彻意见。及时成立市非洲猪瘟防控应急指挥部，启动非洲猪瘟疫情应急预案，下达疫区封锁令，强化联防联控机制，每日例会商讨研判，扎实推进各项防控措施，非洲猪瘟疫情防控处置取得决定性胜利，顺利通过省农业农村厅组织的专家评估验收，12月17日太原市解除上述两地非洲猪瘟疫区封锁。（办公室）

林　业

【造林绿化】 2017年，太原市政府提前下达2018年营造林任务2.05万公顷，其中省级考核任务1.13万公顷，市级提档升级0.92万公顷；四旁植树1200万株，村庄绿化13个；2018年9月市政府追加高标准造林任务0.27万公顷；2018年11月省林草局下达造林任务0.60万公顷。截至2018年12月，完成营造林任务2.92万公顷，占总任务的100%。市级提档升级任务完成0.92万公顷，占市级任务的100%；完成四旁及义务植树1200万株；完成村庄绿化13个。

2018年2月，全国绿委正式批准太原市作为山西的第一个试点城市，开展“互联网＋全民义务植树”试点工作。全年山西全民义务植树网访问点击量达到250万人次，募集社会各界捐资绿化资金约22万元，捐赠绿化机械和物质，折合1万余元。（温　祺）

【森林资源管护】 2018年，太原市林业局牵头的中央环保督察涉及自然保护区的整改任务共计27项，截至12月，完成整改销号6项，已经申报销号15项，剩余6项任务积极推进中，高于全省平均水平。先后启动打击涉林违法犯罪“双六”行动、打击破坏生态环境违法犯罪专项行动，“绿剑2018”专项行动，2018年共立刑事案件10起；处理林业行政案件57起，行政处罚57人次，与上年相比，林业刑事案件增加2起，林业行政案件增加40起，林业系统配合扫黑除恶工作开展的各类专项行动效果初步显现；完成2017年度林地变更工作；积极开展森林督查工作，对涉及太原市共1095个疑似图斑全部完成内、外业工作，各县（市、区）林业部门正在全力推进森林督查后期工作，依法严厉打击了破坏森林资源和野生动植物违法犯罪活动，保障了森林资源安全和林区社会治安稳定。

实行森林防火24小时值班和领导带班制度，积极开展安排部署、督察检查、调度应急、火情处置等工作。全年发生6起森林火情，没有发生森林火灾，处理肇事者2人，责任人5人。在全市范围内共救助野生动物30余次，救护国家重点保护动物28只，其他具有重要观赏与经济价值动物40余只。配合国家林业局和省林草局完成对太原市4户象牙贸易场所的检查工作。针对2018年太原市发现的非洲猪瘟疫情，积极开展野生动物疫源疫病监测工作，落实责任，全力做好全市野猪非洲猪瘟防控工作。

天保工程二期全市有12个县级实施单位，管护森林总面积36.45万公顷。各实施单位按照“目标、任务、资金、责任”四到县层层落实责任制，进行有效管护。按时完成山西省永久性公益林区划界定工作，全市6.10万公顷国家级公益林和7.06万公顷地方公益林共计13.16万公顷划定为省级永久性公益林。各县（市、区）和市级各有林单位编制完成永久性生态公益林保护实施方案。

（温　祺）

【林业转型发展】 2018年，太原市林业局全力推进国有林场改革工作。在国有林场功能定位、林场定性、定职定编、财政支持等重点改革任务上实现突破，在森林资源保护和培育上取得较大进展。国有林场改革工作以满分的成绩通过省级验收。全市五大国有林场积极推进集体公益林托管，签订托管协议面积总计0.24万公顷。其中，古交市阁上林场签订托管协议面积0.18万公顷；阳曲县西山林场签订托管协议面积0.05万公顷；阳曲县东山林场签订有林地托管协议面积0.01万公顷，正在签订托管协议的有林地面积65.33公顷。加快推进集体林地确权发证工作，娄烦县、迎泽区、古交市出台集体林地确权发证实施方案；阳曲县、古交市、晋源区、清徐县向不动产登记部门移交林权发证台账。推进政策性森林保险工作，完成森林保险保单签订和保额调整工作，全市政策性森林保险参保公益林13.40万公顷，合计保费361.85万元。（温　祺）

【林业有害生物防检】 2018年，太原市林业局科学制订防治方案，推广应用无公害防治技术，控制森林病虫害的传播和蔓延，保护森林资源。全市防治面积0.56万公顷，完成无公害防治面积0.56万公顷，无公害防治率100%（指标值≥83%），做好太原市松材线虫病和美国白蛾的防控工作，全市未出现林业有害生物成灾情况，成灾率为0（指标值≤3.70‰）。对专职植物检疫员集中培训，规范植物检疫办理程序和植物检疫执法行为，加强种苗产地检疫和调运检疫力度，严把检疫关。全年共检疫调运苗木13491932株，木材23立方米，木胶板405张，开具检疫证书557份。

（温　祺）

【林业生态扶贫】 2018年，太原市林业局把林业生态扶贫作为一项政治任务和一把手工程来抓，联动实施造林务工、退耕奖补、管护就业、经济林提质增效和产业富民“五大项目”。积极引导贫困县采取议标制，委托扶贫攻坚造林专业合作社参与造林绿化。将娄烦、阳曲县的国家、省级造林任务通过议标方式全部安排给造林合作社实施，将市级提档升级任务优先安排给造林合作社实施，确保建档立卡贫困人口在参与造林过程中获得劳务性收入。2018年两县参与造林的扶贫攻坚造林专业合作社68个，应承揽造林绿化工程0.66万公顷，实际共承揽营造林任务0.63万公顷（其余0.03万公顷由省林业厅安排国有林场实施）。

按照国家新一轮退耕还林政策和要求，重点向扶贫村倾斜，在尊重农民意愿的基础上，推进种植结构调整，鼓励农民在条件适宜的退耕地上优先发展经济林，使农民既能获得国家补助，又能增加林业产业收入。全年全市新一轮退耕还林任务0.31万公顷，全部安排在娄烦县，工程涉及8个乡（镇）、58个村、6902户农户，其中贫困户2990户、贫困人口9867人。已完成合同签订面积0.31万公顷，完成造林0.24万公顷。积极引导有能力、有意愿的贫困群众就近、就地成为森林管护员，确保管护工资足额发放，提高贫困人口收益水平和林业扶贫成效，全年娄烦、阳曲两县共聘用贫困人口管护人员567人，占管护人员总数的62.24%。

全年，太原市实施经济林提质增效0.07万公顷，市财政投入210余万元，惠及贫困户2054户。娄烦、阳曲两县组建共155人的技术服务队，为林农提供全方位技术服务和指导，完成全部干果经济林修剪任务，开展技术培训270人次，经济林产量和效益明显提高。鼓励农民在条件适宜的退耕地上优先发展经济林；发展林下经济产业，提高林地利用率，通过典型示范、科技支撑、政策扶持，实现农民收入和森林资源“双增长”。娄烦、阳曲两县发展林下中药材种植350公顷，其中娄烦县216.67公顷、阳曲县133.33公顷，总投资345万元。娄烦县引进太原市汾河牡丹产业开发有限公司，将油用牡丹栽植与退耕还林相结合，发展栽植油用牡丹0.13万公顷，实现政府、企业、农户共赢。

驻村扶贫以巩固脱贫成效为工作核心，拓宽农民增收渠道，提升产业扶贫水平。开展低保、医疗、教育、住房、农业补贴等各项惠农政策宣传和落实工作；继续在退耕地内发展林下中药材种植产业，共种植林下中药材40公顷；完成马铃薯种植全村全覆盖，由合作社统一经营；带领村民发展西梅、大果榛子产业，完成西梅基地10.67公顷，大果榛子基地6.67公顷。（温　祺）

【科技兴林】 2018年，太原市林业局制定《太原市林业工程作业设计技术评审工作制度》（试行）；成立全市林业工程作业设计技术评审领导组，建立技术评审专家库。组织林业工程作业设计技术评审会议17次，评审作业设计与方案共63份，提高作业设计的质量与可行性。

在森林公园开展科普宣传活动，呼吁市民爱鸟护鸟，宣传生态文明理念；在清徐、古交进行野生动物保护和救助科普宣传，提高群众保护野生动物意识；开展科技周、食用林产品安全周活动；开展特色经济林良种、林菌丰产技术培训，以科技创新服务精准扶贫，促进林业先进实用技术与林农精准对接。

（温　祺）

农业机械

【概况】 2018年，太原市新增玉米收获机74台，马铃薯机械111台。农作物综合机械化率达到69%，玉米综合机械化率85%。玉米全程机械化面积达3.88万公顷，马铃薯全程机械化面积达0.61万公顷。建成综合示范县1个、示范乡2个、示范村4个。培育农机示范合作社2个，培育机械化家庭农场1个，创建农机大户1个。新增机械化保护性耕作面积0.03万公顷，农机深松整地作业面积0.60万公顷，补贴面积0.50万公顷。实施机械化秸秆还田面积4.32万公顷，秸秆转化28.80万吨。新增农副产品加工机械62台，油磨坊升级改造示范点2个，高标准农产品处理加工示范点4个，新装备新技术培训162人。新技术新机具培训710人，新技术新机具现场会12次，建立农机新技术示范推广点4个。

开展"3·15"农机维权宣传和打假活动，对县（市、区）农机补贴工作和机具质量情况进行检查，积极受理农机质量咨询投诉，认真开展中型轮式拖拉机质量调查。新注册拖拉机联合收割机343台，新注册拖拉机联社收割机全部配备驾驶员，太原市农机事故死亡率控制在省市下达的控制指标之内，千台重伤率控制在1.30以下，杜绝重特大农机事故。农机科技开发创新项目1项。完成新型职业农民培训110人，报送农机化信息86条。创建丘陵山区机械化示范点1个。

（马孙威）

【农机生产作业】 2018年，在农机化生产中，太原市农机系统做到"三早""三到位"，既早安排、早行动、早落实和领导到位、责任到位、措施到位，确保全年农机生产的高质量完成。开展服务，组织农机技术人员深入乡村和农户，指导和帮助农民机手维护、保养、检修、调试各类农机具，培训驾驶操作人员和修理工。着力抓好生产组织，发挥农机专业合作社和农机大户主力军作用，开展规模连片作业和跨区机耕、机播、机收等作业，扩大机械作业面积，加快作业进度。推广农机化新技术新机具，强化项目管理，加大实施力度，提高农机作业的经济效益。高度重视安全生产，组织管理人员深入乡村，宣传安全法规和农机安全常识，进行农机安全生产检查督查，消除事故隐患，确保安全生产。工作中把好的做法、经验和典型通过省市新闻媒体进行交流和宣传，为农机生产工作营造氛围。

（马孙威）

【农机购置补贴】 2018年，太原市农机局党组把农机购置补贴工作做为推动全市农机化快速发展的主要抓手，召开党组专门会议，研究安排部署农机购置补贴工作。贯彻落实省局2018年农机购置补贴政策培训班政策精神，结合太原市实际，制定《太原市2018—2020年农业机械购置补贴实施细则》和《太原市农机购置补贴产品核验工作规程（试行）》文件。组织召开有全市农机和财政部门参加的全市农机购置补贴工作培训会，认真全面安排部署太原市2018年的农机购置补贴工作。太原市农机局和10县（市、区）农机局（农委）签订工作责任书。领导带头，加大监督检查力度，科学分析数据，确保农机补贴工作规范廉洁。做好信息公开，及时准确公布相关信息，主动接受社会监督。对巡察出的问题，制定整改措施，积极进行整改，确保农机购置补贴高效实施。

（马孙威）

【农机服务体系建设】 2018年，太原市农机局认真制定2018年农机化服务项目建设实施方案，重点培育、扶持一批农机合作社作为开展农机社会化服务示范主体。争取市财政资金15万元，用于支持太原市农机合作社机库棚建设。召开太原市农机社会化服务管理培训会，安排部署和培训全市社会化服务体系建设工作。争取到山西省农机局资产收益性扶贫资金25万元，将国家级贫困县阳曲县、娄烦县两个县区作为试点。结合太原市具体情况，制定太原市农机示范社场户培育活动工作计划，制定工作目标，引导区域内农机合作社向"五有"型农机合作社发展。认真开展新型职业农民（农机操作手）培训工作，制定《2018年新型职业农民培育（农机操作手培训）工作实施方案》。下达培训计划资金30万元，培育新型职业农民农机操作手300人。

（马孙威）

【农机科技推广】 2018年，太原市农机局根据山西省农机局要求，结合太原市实际，制定2018年度太原农机推广、农产品加工工作要点，将任务责任分解落实到各县（市、区），把工作任务落到实处。精心组织2018"第十三届北方现代农业装备推广展示交易会"，组织全市农机技术人员和农机手到现场参观展览。在全市范围开展玉米规范种植行距，深入基层进行技术指导，促进机艺结合。对2018年度太原市承担省级高粱生产、胡麻生产、马铃薯生产、谷子生产等全程机械化解决方案示范区建设项目、丘陵山区农机化提升示范区建设项目等农机新技术示范推广项目，加强项目管理，加大技术指导，对项目全程开展检查督查。开展基层农机推广人员和农机操作手技术培训工作，计划培训400人次，实际培训710人次。计划培训农产品加工人员155人次，实际培训162人次。太原市举办全省高粱生产全程机械化技术现场培训会。全年计划举办各类农机推广新技术新机具现场会6场次，实际举办12场次。结合太原市农业生产实际，开展调查研究，撰写完成农机推广调研报告2篇。加快推进中国农技推广手机APP的推广使用，着重与基层农机技术推广能力建设和示范基

地项目建设相结合，为基层农机推广工作注入新的活力。（马孙威）

【保护性耕作和深松整地工程】2018年，太原市农机局在充分调研的基础上，将农机深松和保护性耕作项目任务全部落实到了县（市、区），责任到人。政府重视，作业进度快。娄烦、阳曲、清徐三县制定农机深松整地作业补助项目的实施方案，严格按方案要求开展作业，整村整乡推进，提高作业机具使用效率。搞好配套服务，充分发挥“互联网+监管”信息化技术在远程监控农机深松整地作业面积、作业质量方面的作用，深松作业全部实现远程监测全覆盖，提高监测效率，太原市监测终端达到92台。保护性耕作项目在没有资金的情况下，在太原市阳曲县下达0.03万公顷目标任务，任务已全部完成。

（马孙威）

【农机安全生产】2018年，太原市农机局全面落实安全责任，做到常抓不懈。召开太原市农机安全监理工作培训会议，切实落实“党政同责、一岗双责、齐抓共管”要求，印发《关于落实安全生产工作“党政同责、一岗双责”分工负责制的通知》和《太原市农机局安全生产“党政同责、一岗双责、失职追责”暂行办法的通知》，将农机安全生产履职情况纳入年度综合考核，形成全局上下高度重视农机安全、狠抓农机安全的浓厚氛围。做好责任书签订，建立健全安全监管体系。市局与各县（市、区）农机局签订安全生产目标责任书，县与乡、县与农机合作社以及县与农机户层层签订安全生产责任书的工作。坚持做到农机安全“一信三书”，真正做到农机安全责任一级抓一级，层层抓落实。落实安全生产督查计划工作，下发《太原市农机局安全生产监督检查计划办法》，结合农机实际，落实监督检查计划工作开展。严格把关，依法加强牌证管理。规范牌证的核发，公开行政审批事项依据和办事流程，做到行政审批公开透明、阳光操作。狠抓培训考试管理，结合农时季节作业的特点，把容易发生的安全隐患作为培训重点，切实提高农机手操作水平、安全意识和事故防范能力。采取多种形式，完善年度技术检验工作。深入田间地头、作业场所、农机合作社和养机户，开展农机技术检验宣传发动，严格检验标准，有安全隐患的车辆及时告知并整改。成立农机安全生产领导组，下发专门文件，深入乡村农机作业场所，对重点区域、重点时段、重点人群开展安全执法检查，查处违法违章行为。加强节日值班力度，严格遵守安全生产24小时值班和领导干部带班制度。扎实开展农机安全生产大检查、隐患排查、“打非治违”及专项整治大检查活动，由主要领导带队，组成四个农机安全督导检查组，深入太原市农机生产一线开展检查督导工作，确保农机安全生产工作在全市得到有效开展落实。按照省、市要求，落实安全生产企业挂牌责任制工作，全市挂牌69家。认真组织做好“安全生产月”活动。发放宣传资料2500份，解答农民群众提出咨询问题750人次，营造注重农机安全的舆论氛围。（马孙威）

【农业机械化示范县乡村创建】2018年，太原市农机局全局统筹规划，部门协作，明确市县两级职责任务，实现高起点开局，高标准开展，高质量推进。严格制度，规范程序，申报清徐县为2018年度农业机械化综合示范县建设项目实施主体，争取省农机局项目资金90万元。结合实际，市县两级制定《太原市率先实现农机化示范乡建设方案》和《清徐县率先实现农机化示范村建设方案》，推动示范乡村各项建设顺利推进。成立清徐县农机化综合示范县建设领导组，明确分工职责，建立健全程序流程，规范项目管理。推进农机社会化服务体系建设，建设服务规范和功能完善的农机合作社和农机维修网点。清徐县拥有农机合作社23个，平均每乡达到2.60个的较高水平；农机维修网点拥有12个，平均每乡达到1.30个。积极创建完成农业机械化示范乡2个，示范村4个。开展形式多样的培训活动，为农机化综合示范县乡村创建打造高素质队伍。抓实常态化监督检查，织密扎牢农机安全监理体系，打造平安农机。

（马孙威）

【农机技术教育培训】2018年，太原市农机局党组把建设高素质农机队伍当作推进乡村振兴战略的重要支点，列入重要议事日程，与业务工作同研究同部署同安排。组织召开太原市农机培训工作会议，对农机教育培训工作进行认真详细的安排部署，下发专门文件，确保教育培训工作任务责任要求落实到位。坚持把教育培训与农机化工作紧密结合起来，在农机生产、服务体系建设和农机推广工作中，适时对农机合作社、农操作手和农机技术人员开展培训，使两者形成相互促进共同提高的良好效果。开展农机安全监理人员和安全驾驶操作的培训，提高农机管理服务和安全生产水平。邀请省市农机专家、厂家技术人员前来讲授农机技术知识，提高参训人员的农机技术水平。采取举办培训班、新兴职业农民培训、现场会培训、外出考察调研等多种形式，进行各类农机技术管理人员的培训工作，全市共培训各类农机人员1800余人次。（马孙威）

水　利

【概况】2018年，太原市下达水利建设资金57805.35万元，其中：中央资金13927.06万元，省级资金14179.79万元，市级资金29698.50万元。全年用水总量7.82亿立方米，低于8.58亿立方米控制目标，万元地区生产总值用水量下降率12.48%，超额完成9.80%；水土流失综合治理面积1.30万公顷，为目标任务的106.50%；新增节水灌溉面积0.13万公顷、贫困县农村饮水“四项指标”、渔业增殖放流300万尾、河道堤防保安率

90% 均实现年度目标。（赵文平）

【水务重点工程】2018 年，太原市水务局推进汾河流域太原段生态修复保护，以东西两山和汾河干支流水生态建设为着力点，重点推进九河上游生态综合治理、水库改造等工程。汾河南延三期（水利）工程累计完成投资 18.21 亿元，已完成工程总量的 95% 以上；晋阳湖水库除险加固改造工程清淤 50 万立方米；马庄、南坪头水库、九河上游生态治理工程可研已全部批复，正在进行招投标；汾河干流核心区清徐段堤外湿地工程，按计划有序组织推进。

（赵文平）

【防汛抗旱】2018 年汛期，太原市平均降雨量为 382.10 毫米，比多年同期平均降雨量（345.70 毫米）偏多 36.40 毫米，是多年同期平均降雨量的 111%。据统计，汛期全市农作物受灾面积 0.06 万公顷，倒塌房屋 14 间，堤防 4 处发生险情，因洪涝灾害造成经济损失约 1145.34 万元，其中水利工程经济损失 202.50 万元。汛期，罗清宇书记、耿彦波市长就防汛工作多次作出批示，及时会商研判汛情。市防指先后 7 次发出关于做好强降雨防范工作的通知，指导各级各部门严格落实防汛责任和应急措施。据统计，汛期共出动人员 15000 余人次，车辆机械 2743 台（次），使用编织袋 11000 余条，沙石 1190 余方，完成 57 处水毁工程修复。由于领导重视，高位推动，全市上下共同努力，实现“三确保，一减少”目标。（赵文平）

【河（湖）长制推行】2018 年，太原市水务局根据《太原市全面推行河长制实施方案》要求，建立由党政领导担任河长的市、县、乡、村四级河长管理体系，全市共设立河（湖）长 1162 人。各级河长通过认河、巡河、护河、治河等工作方式，加大对责任河段的巡查力度，第一时间发现问题、第一时间交办问题、第一时间处置问题。据统计，各级河长共巡河（湖）10117 次，发现问题 947 个，整改 929 个，整改率达 98.10%。河长制配套制度全部出台，太原市总河长耿彦波适时组织召开全市河长制工作暨河长办联席会议；及时通报河长制工作落实动态，印发工作简报 13 期；对 10 个县（市、区）和 5 个成员单位河长制工作情况进行验收，达标率 100%。全年清理违章垃圾堆积物 14.60 万方；清理河道内阻水林木及高杆作物 217.53 公顷，清理违章建筑物 95 平方米，清理非法采砂点 11 处，河道淤积物 97.40 万方，河湖面貌明显改观。

（赵文平）

【民生水利】2018 年，太原市投资 6775 万元，完成农村饮水安全巩固提升工程 190 处，受益人口 1700 余人。投资 2550 万元，实施高效节水灌溉面积 0.13 万公顷，同步实施农业水价综合改革，项目实施后，年节水 50 万立方米，预计年收入增加 800 万元；投资 246 万元，完成小型节水灌溉工程 10 处，发展节水灌溉面积 108.67 公顷；投资 189 万元，完成渠道防渗 0.70 千米，改善灌溉面积 113.33 公顷。社会各界完成水土流失综合治理投资 2.77 亿元，为年初下达投资任务的 101.09%。渔业经济总产值预计 4079.50 万元，一般渔船事故发生率为零，产地水产品药残抽检合格率为 100%，“二库鱼”获全省第一家“水产品养殖有机产品”认证证书。

（赵文平）

【依法治水】2018 年，太原市水务局持续推进法治创建工作。出台《行政执法全过程记录实施办法》等 8 项制度；组织法律法规考试 6 次，参加人次达 1359 人。组织开展全市河湖执法检查，出动执法人员、车辆 5496 人（台）次，巡查河道 8318.34 千米，巡查水域面积 77.97 平方千米，巡查监管对象 363 个，查处水事违法行为 40 起，罚款 80.50 万元。支持项目建设，推进承诺制无审批工作，优化审批流程，缩短审批时限，完成四批 81 个项目的承诺制一次性告知；办理行政审批件 97 件，全部按规定时间办结。（赵文平）

【水资源管理保护】2018 年，太原市水务局关闭水井 99 眼，完成年度计划的 110%，压采地下水量 1500 万立方米。建设水资源水量、水位监控设备 820 套，对晋祠泉域内所有在产的 38 座煤矿取水、排水实施在线监控全覆盖；开展晋祠、兰村泉域保护区划界标识建设工作，核查建设项目用地、采矿与泉域保护区重叠情况 503 余件。12 月 31 日晋祠难老泉水位 800.98 米，距泉口 1.61 米，全年回升 2.19 米。（赵文平）

【环保督察反馈问题整改】2018 年，中央、省环保督察组反馈问题共涉及太原市水务局 9 项任务（中央 2 件、省 7 件），所有整改事项按时序进度已完成。晋祠泉域重点保护区内的 19 座煤矿，关闭 1 座，其余 18 座均完善涉水审批手续、编制“一矿一策”报告，切除重点保护区范围内井田面积，并结合保护煤柱实际外推一定距离的禁采面积，重新划定开采范围；开展入河排污口整治。对全市排污口逐个摸排，细化分解，落实责任，深入倒查排污口污染来源，坚决封堵违法入河排污口，严格取缔不达标排污口。精准施策，制定“一口一档”整治方案，原有入河（渠）排污口共有 316 处，经整治后现有 269 处，比原来减少 15%；开展非法采砂排查专项行动并建立长效机制，通过环保督察验收组验收，完成销号。（赵文平）

工业经济和信息化

【概况】 2018年，太原市经信委把学习宣传贯彻中共十九大精神和习近平总书记视察山西重要讲话精神作为重大政治任务，开展多种形式的学习活动，班子的整体素质和工作作风都有较大提升。全面从严治党，加强系统党建和党风廉政建设，不断提高依法行政水平，全委呈现风清气正的良好局面。

（师秋娟）

【工业经济总体态势】 2018年，太原市规模以上工业增加值五年来再回两位数增长区间，全年增速10.80%，高于全国、全省的平均增速，在中部省会城市位列第二。规模工业企业实现利润增长12.50%，工业经济实现速度和效益同步提升。深入落实“转型项目建设年”部署，全年在建工业项目348项，新开工项目较上年增加117项；完成工业投资206.10亿元，增长53.10%，工业发展后劲不断增强。加快推进工业转型升级，随着阳煤化工新材料、比亚迪、江铃重汽等一批新兴产业项目相继投产，非传统产业增加值增长17.80%，比上年加快8.30个百分点；高新技术产业增加值增长19.20%，加快8.10个百分点，多元支撑增长的格局更加稳固。坚持创新驱动发展，高性能碳纤维及其复合材料制造业创新中心等4个项目列入省制造业创新中心试点，智奇铁路、科达自控2户企业列入国家智能制造试点，中科曙光、中电科创新产业园等57个电子信息产业重点项目加快推进，太原迈入国内先进计算一线城市，工业经济的增长动力加速转换。

从速度看，2018年太原市规模以上工业增加值一直保持两位数增长，全年增速为10.80%，高于全国、全省的平均增速。装备制造业、材料与化学工业、能源工业、消费品工业以及其他工业累计都保持正增长，五大行业同向发力，多元支撑增长的格局更加稳固。

从效益看，全市规模工业企业实现利税238.80亿元，同比增长8.50%。亏损企业103个，同比减少1.85%。资产负债率73%，同比下降1.38个百分点。综合效益指数224.50%，提高26.90个百分点。

从结构看，随着阳煤化工新材料、比亚迪、江铃重汽等项目相继投产，2018年非煤工业增长14.70%，非能源工业增长15.90%，非传统工业增长17.80%，增速和贡献率比上年都有提高，工业增长动力加速转换。

从后劲看，2018年在建工业项目达到348项，其中新开工项目185项，较上年增加117项。随着新开工项目的数量和质量回升，全年完成工业投资206.10亿元，增长53.10%。转型项目建设年取得明显成效，工业发展后劲增强。

从动力看，信息化支撑作用增强，新一代通信基础设施建设远超目标任务，3户企业入围全国大数据产业发展试点项目，国科晋云先进计算产业基地、中电科创新产业园等57个电子信息产业重点项目加快推进，太原迈入国内先进计算一线城市。企业技术创新成效明显，高性能碳纤维及其复合材料制造业创新中心等一批项目列入省试点，2户企业列入国家智能制造试点，6户企业列入省智能制造试点示范。

从质量看，2018年全年万元GDP能耗完成全年目标任务。培育一批资源综合利用项目，全年大宗固废综合利用率达到71.20%。对钢铁、焦化、水泥、铸造等高排放行业的52户工业企业实施“一厂一策”的差别化错峰生产，坚决打好污染防治攻坚战。

总体上，2018年太原工业在速度、质量、效益、动力等方面都有新的提高，保持较好的发展态势。（师秋娟）

【工业经济发展】 2018年，太原市面对经济持续下行压力，培育新的增长点，加强生产要素保障。提高工业经济运行监测质量，建立运转高效顺畅的运行监测体系，调整重点监测企业名单，聘任10名行业分析员和62名信息报送员。建立完善服务企业常态化机制，成立 11 个帮扶小组，对 53 户重点企业和 16 个重点项目加强服务，深入企业现场积极解决企业存在的困难和问题，受理问题 152 个，办结 150 个，办结率 98.60%。全市规模工业增加值增速 10.80%，比上年加快 1.80 个百分点，比全国（6.20%）高 4.60 个百分点，比全省（4.10%）高 6.70 个百分点，跃居全省首位；增速在中部六省省会城市中仅次于合肥，升至第二；增速连续两年超过全市 GDP 增速。规模以上工业企业实现利税 238.82 亿元，同比增长 8.50%；工业经济综合效益指数 224.51%，同比提高 26.92 个百分点。（师秋娟）

【工业经济结构调整】 2018 年，太原市坚持新型工业化发展道路，阳煤化工新材料、比亚迪、江铃重汽等项目相继投产，太原市工业增长动力加速转换，非煤、非能源、非传统工业增速加快。全市非煤工业增加值同比增长 14.70%，同比加快 7.10 个百分点，贡献率 94.90%，同比上升 12.60 个百分点。非能源工业增加值同比增长 15.90%，同比加快 7.80 个百分点，贡献率 85.40%，同比提高 11 个百分点。非传统产业（除煤焦冶电行业外）增加值同比增长 17.80%，同比加快 8.30 个百分点。其中，战略性新兴产业增加值同比增长 16.60%，同比加快 2.60 个百分点；占比为 14.90%，比上年提高 0.40 个百分点。高技术产业增加值同比增长 19.20%，比上年加快 8.10 个百分点；占比为 11.30%，比上年提高 1.10 个百分点。五大行业同向发力，累计均保持正增长，其中，装备制造业增加值同比增长 19.80%，占比 31.80%，居五大行业之首，对全市的贡献率达 48.30%；材料与化学工业增加值同比增长 13.80%，占比 28.70%，贡献率 30.60%；能源工业增加值同比增长 6.20%，占比 30.60%，贡献率 14.60%；消费品工业增加值同比增长 4.70%，占比 7.10%，贡献率 2.80%；其他工业增加值同比增长 31.60%，占比 1.80%，贡献率 3.70%。全市工业投资结构优化，新兴产业完成投资 134.60 亿元，占全市工业投资的比重为 65.30%。其中，装备制造、信息技术、新能源和新材料四大产业完成投资 106.10 亿元，占新兴产业投资的比重达到 78.80%，占到全市工业投资的 51.50%，对全市产业结构优化都起到重要的支撑作用。（师秋娟）

【工业项目建设】 2018 年，太原市经信委深入落实“转型项目建设年”各项要求，按照“三个一批”推进部署，加快工业项目建设。2018 年谋划的清徐精细化工循环产业园和古交“煤—电铝—材”一体化工业园项目有序推进；太钢 T800 高端碳纤维二期、国营金阳高性能永磁材料一期工程、东杰智能装备和工业机器人等项目完工投产；国科晋云超级计算基地、太重风电整机、富士康新一代智能移动通信终端制造维修、金能铜铟镓硒薄膜太阳能等项目进入设备安装阶段。

全市在建项目 348 项，新开工工业项目 185 项，较上年同期增长 86 项；新开工项目总投资 394.20 亿元，是上年同期的 2.40 倍；新开工项目中，总投资 10 亿元以上项目 8 项，比上年同期多 5 项，总投资 1—10 亿元项目 66 项，比上年同期多 33 项。随着新开工项目的数量和质量大幅回升，全市工业投资持续增长，全年工业投资完成 206.10 亿元，同比增长 53.10%，其中技术改造项目完成投资 59.90 亿元，同比增长 40.60%，占全市工业投资比重为 29.10%。（师秋娟）

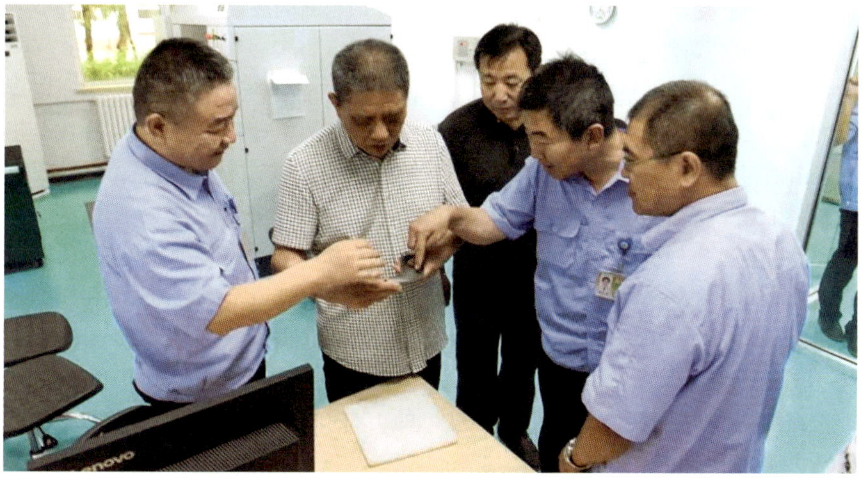

太原市经信委主任薛新福一行到航空工业太航仪表有限公司调研

（太原市经信委供图）

【工业发展方式转变】 2018 年，太原市坚持能源消费“双控”原则，狠抓节能降耗，全市节能工作成效显著。积极推进资源综合利用，培育 10 个资源综合利用项目，全年大宗固废综合利用率 71.20%。重点对对钢铁、焦化、水泥、铸造等高排放行业的 52 户工业企业实施“一厂一策”的差别化错峰生产，坚决打好污染防治攻坚战。新能源汽车生产企业 13 户，新能源汽车推广总量为 29476 辆，在全市公共服务领域新增或更新的车辆中，新能源汽车数量占比达 63%，远高于 30% 的考核指标。

（师秋娟）

【工业信息化建设】 2018 年，太原市加快新一代通信基础设施建设，全年新建 3G/4G 通信基站 795 个，新铺设光缆 24055 皮长千米，信息基础各项指标在全省遥遥领先。编制完成《太原市 5G 建设专项规划》。改善重点区域移动通信网络运营质量，圆满完成十五届省运会的通信应急保障工作。发展大数据产

太原市经信委组织全体干部职工到晋源区检察院廉政教育基地参观学习

（太原市经信委供图）

业，国科晋云先进计算产业基地、中电科创新产业园等57个重点项目有序推进，3户企业入围全国大数据产业发展试点项目，太原市迈入国内先进计算一线城市。以互联网、云计算、大数据等先进信息技术为基础，搭建“工业互联网云平台”，促进云计算在工业企业的应用。（师秋娟）

【工业技术创新】 2018年，太原市实施创新驱动战略，支持企业建设技术中心，开展关键共性技术攻关，促进产学研用协同，技术中心建设取得新的突破。全年新申报市级企业技术中心27户，3户企业获得2017年至2018年度国家级企业技术中心，9户企业获得省级企业技术中心。太原市企业技术中心达到171户，其中国家级13户，省级107户，市级51户。制造业创新中心建设稳步推进，太钢碳科和中科院煤化所、省交通科学研究院、中北大学共同建立高性能碳纤维及其复合材料制造业创新中心，获省经信委认定为山西省制造业创新中心（第一批）试点。中电二所“微电子智能制造装备创新中心”、太重集团“重型装备智能制造创新中心”、美锦能源“储能炭材料创新中心”被认定为山西省制造业创新中心（第一批）试点培育企业。实施智能制造工程，支持引导企业开展智能装备、智能生产线、数字化车间等智能化改造，太原市智奇铁路、科达自控2家企业获国家智能制造试点，太航仪表、美原齿科等6家企业获省级智能制造试点示范企业。中电二所“集成电路封装关键设备远程运维标准与试验验证”、太重轨道“高速列车关键零部件智能工厂”入选“工信部2018年智能制造综合标准化与新模式应用”项目。引导创新型企业规范化发展，仁达药业、青峰信息工程技术等5家企业挂牌“企业创新板”，助力企业解决创新资金难题。（师秋娟）

【工业体系改革】 2018年，太原市经信委实施主要领导抓改革台账制度，建立分工明确、责任到位、运行高效的工作体系。深化电力体制改革，培育多元化售电主体，扩大电力直接交易规模。全年申报直接交易电厂8户、独立用户39户、售电公司数量为78户（占全省的49%）。全年共交易电量61.30亿千瓦时，降低工业企业用电成本2.21亿元。山西科技城综合能源供应和太原工业新区110千伏输变电工程2个增量配电业务试点工作加快推进。坚定不移化解过剩产能，淘汰二电厂1台20万千瓦机组、国电华北电力太原一电厂2台30万千瓦机组、国电太一发电2台30万千瓦机组，全部通过省级验收。推进清洁供暖“煤改电”工作，完成14806户的“煤改电”改造任务。编制《太原市创建“中国制造2025”国家级示范区实施方案》，积极申报“中国制造2025”国家级示范区。建立网格化监管体系，严防“地条钢”死灰复燃。推进军民融合深度发展，促进军民深度发展和技术双向转化。（师秋娟）

【重大项目进展】 2018年，太原市在建工业项目348项，新开工工业项目185项。新谋划的清徐精细化工循环产业园和古交“煤—电铝—材”一体化工业园项目有序推进；太钢T800高端碳纤维二期、国营金阳高性能永磁材料一期工程、东杰智能装备和工业机器人等项目完工投产；国科晋云超级计算基地、太重风电整机、富士康新一代智能移动通信终端制造维修、金能铜铟镓硒薄膜太阳能等项目进入设备安装阶段。（师秋娟）

煤炭工业

【概况】 2018年，太原市煤炭局深入学习贯彻中共十九大精神和习近平新时代中国特色社会主义思想，认真落实省委十一届六次全会和市委十一届五次全会精神，紧紧围绕省、市决策部署和全局工作安排，深化煤炭供给侧结构性改革，狠抓煤矿安全生产、行业管理和环境保护工作，立足新方位，彰显新作为，全市煤矿安全生产形势平稳发展，各项工作取得新的成效。（申鹏程）

【煤矿安全生产】 2018年，太原市煤矿建设推进。建成6座矿井，完成全年建设目标。煤矿安全生产标准化建设有序展开。全市正常生产13座煤矿全部达到二级安全生产标准化（其中，1座达到一级安全生产标准化）。瓦斯抽采超额完成。煤矿瓦斯抽采5848.10万立方米，完成全年指标（5500万立方米）的106.30%；瓦斯利用947.70万立方米，完成全年指标（800万立方米）的118%。水害防治步入常态。批准正常生产和建设矿井全部完成水患补充调查和“三区”划分工作。安全培训实现全覆盖。启动并实施煤炭系统万人安全培训工程，全年累计培训各类人员2.10万人次。劳动用工管理推进。全市批准生产、建设矿井全部实现“5个100%”；建设项目职业危害防护设施实现“三同时”，从事接触职业危害从业人员职业健康体检率及作业场所职业病危害申报率均达到100%。全年共出动执法人员和专家6398人次，检查煤矿1105座次，查出问题21004条，全部整改，整改率100%。全市共实施行政处罚738.30万元。

（申鹏程）

【煤质工业绿色发展】 2018年，太原市煤炭局认真贯彻太原市大气污染防治规定，强化环境综合治理，提高煤矿资源回收率和煤矸石、矿井水、矿井瓦斯和煤层气等资源综合利用率，减少污染物排放，建设绿色矿山，坚决打好蓝天保卫战。

强化劣质煤管控，加大煤炭生产加工企业民用散煤、劣质煤销售管控力度，严禁煤矿违规开采高灰高硫煤层，严禁煤炭生产经营企业违法违规销售散煤和劣质煤，打击违法违规生产销售行为。通过不定期抽查和用煤高峰期的专项检查等形式加大对辖区152家洗选（储）煤企业向禁煤区销售散煤、劣质煤的检查力度，全年累计检查42次，查出各类问题95条，提出建议46条，逐步形成常态化管控的工作机制，深入有效地助力太原市大气污染防治攻坚工作。在全市设立6个洁净煤供应点，统一挂牌，并向全市进行公示，保障农村洁净用煤需求。完成25座矿井涉及岩溶大泉泉域、森林公园等保护区范围与矿界范围重叠的摸底工作和各级环境保护督察组反馈意见整改销号工作。

加强洗储企业行业管理，鼓励现有煤炭企业与社会民营洗储企业整合，实现社会资源合理高效利用。按照环保优先的原则，理顺煤矿开采与环境保护的关系，按政策要求该退出的要尽快退出，快速降低因采煤引起的生态环境压力。大力推广矿井地面煤层气和井下瓦斯抽采利用一体化技术，提高煤矿瓦斯综合利用水平，全面完成瓦斯抽采任务。

（申鹏程）

【煤炭工业改革】 2018年，太原市煤炭局扎实推进煤炭供给侧结构性改革，煤炭过剩产能化解，推进煤矿减量置换工作。累计完成产能置换煤矿11座，化解过剩产能169.20万吨/年。推进退出煤矿关闭工作，省政府下达太原市6座关闭矿井任务，6座矿井按时间节点要求实施关闭，并全部通过省、市、县验收。深入推进煤矿减量重组。编制《太原市煤矿减量重组实施方案》，全市拟减量重组煤矿6座，减量退出矿井3座，重组后总产能从390万吨/年减至240万吨/年，核减产能150万吨/年，核减比例38.50%，方案已经市政府审议通过后报省。

深化行政审批制度改革，打好规范行政审批系列“组合拳”，完善实用管用有效、约束力强的制度体系；按照“六最”营商环境建设年活动的总要求，做好行政审批事项集中统一办理工作，开创引进服务、引进管理的新境界；落实好“13710”工作制度，及时办理有关事项，提高行政效能、提高执行能力。

贯彻落实国务院、省、市关于资源型经济转型发展有关要求，多做利长远、管长远的事情，把创新绿色理念贯穿于行业发展全过程，指导煤炭行业有序发展。结合省政府发布的《关于推进煤矿减量重组的实施意见》，对照太原市淘汰一批、重组整合一批、减量置换一批、搁置延缓一批的思路，做好引导、鼓励，科学谋划产能化解工作。

按照下放要求做好8座矿井的监管工作。下放煤矿要主动与属地煤炭部门做好沟通，确保行业监管、安全监管事项的有效衔接。尽快渡过管理层面、管理制度的“磨合期”“适应期”，全面落实安全监管责任，确保管理到位、责任落实。

推动落实市委、市政府关于重点产煤县（市）煤炭管理体制改革的意见，努力做好安监、煤炭职能分离和职能配置工作，配齐配强领导班子，选好、用好专业技术人员，强化煤矿安全管理，全面适应加强煤矿安全管理的现实要求。

（申鹏程）

【煤矿安全监管】 2018年，太原市煤炭局在强化宣传教育，提高安全生产意识的基础上，建章立制，严格落实煤炭安全责任，夯实煤矿安全基础。

全系统各级各类安全培训累计2.10万余人次，完成年度2万人次安全培训目标的105%。太原市煤矿安全监控系统联网运行31座，产量监控系统联网运行17座，执法网和人员管理系统联网运行29座，工业视频联网运行31座，可视化交互联网运行的县区、主体、煤矿39家。累计发送煤矿事故警示信息4300余条，发送极端天气预警信息22750条。11月底，8座省属煤矿安全监管工作下放太原市，12月3日，太原市组织召开属地安全监管对接会，12月5日至13日，组织对8座煤矿进行综合安全检查，累计查找问题及隐患476条（含重大安全隐患4条），下达执法文书11份，依法对4座煤矿实施停产整顿，对2座煤矿各一个采煤工作面实施停产整顿，对8座煤矿共处450万元罚款。

修订《太原市煤矿分类监管办法》，完善煤矿分类监管措施，落实安全监管责任，增强煤矿安全监管的针对性，着力构建“政府统一领导、部门依法监管、企业全面负责”的工作格局。

总结过去的经验和做法，把技术服务体系的建立用制度的形式固化下来，鼓励煤矿与煤炭科研机构开展战略合作，通过购买安全管理和技术服务，多方位引进煤矿瓦斯、防治水等高素质队伍，参与太原市煤矿的安全管理活动，带动和提升全市煤矿安全管理水平。

全市生产建设矿井要认真组织开展风险分级管控和隐患排查治理，年内全部完成双控机制建设。建立风险清单，绘制安全风险空间分布图、设立安全风险公示栏和告知卡，落实安全风险管控措施，推动安全生产关口前移、重心向下，强化针对性管控措施，消除风险演变、隐患升级导致的事故发生，借助煤炭监管信息平台，拓展系统应用，全面提升煤矿安全生产整体预控能力。

在瓦斯防治方面，健全和完善煤矿瓦斯治理工作体系。强化通风系统管理，建立健全煤矿通风调度机构和制度；强化抽采达标，建立健全瓦斯抽采达标评判体系；强化《防突规定》的贯彻落实，严格煤与瓦斯突出矿井鉴定程序，从严高突矿井管理；强化瓦斯“零超限”目标管理，以瓦斯零超限目标管理倒逼瓦斯防治措施落实；强化煤矿安全信息监控，健全和完善瓦斯超限预警体系，实现超前断电；强化现场管理，从制度、设计、监管上健全和完善盲巷管控体系，在现场采掘活动中落实盲巷管控措施。在水害防治方面，严格执行煤矿年度采掘计划和防治水分区“双红线”管理，明确年度采掘计划和防治水“可采区”红线，严禁超采掘计划范围进行采掘作业，严禁在防治水“可采区”外进行采掘作业，把规章制度、行业标准落实到安全管理的最前沿，牢牢把握安全管理的主动权。

抓好应急救援仓储物资储备和人员强化培训，加强应急预案管理及预案衔接，强化应急分队必要物资的储备、装备，加大井下作业人员应急避险技能的强化培训力度，提高自救互救、安全避险及应急装备使用能力和应对能力。

（申鹏程）

【煤矿建设项目管理】 2018 年，太原市煤炭局加强煤矿建设项目管理，协调指导煤矿依法依规加快建设进度，积极推进煤炭先进产能建设，提升煤炭供给质量。全市正常生产煤矿 13 座，总产能 1390 万吨 / 年，其中：先进产能煤矿 5 座，产能 670 万吨 / 年，先进产能占比 48%。太原市符合条件的 4 座煤矿已申报一级安全生产标准化矿井，验收达标后，先进产能占比将提升。

（申鹏程）

【煤炭产业队伍建设】 2018 年，太原市煤炭局依法开展安全培训，做到全员培训、持证上岗。开展全市煤炭系统万人安全培训工程，强化对各级领导干部、监管执法人员，特别是煤矿企业主要负责人、安全管理人员及关键岗位人员的素质提升培训，全年完成煤炭系统各级各类安全培训 2 万人次。加强培训机构和考试点建设，提升师资素质，创新培训方法，建立“逢查必考”制度，以考促培，提高培训质量。

加强煤矿劳动用工管理，提升从业人员素质。严禁非法违法用工，规范煤矿用工管理秩序，加强煤矿职业健康管理，推进建立安全生产和职业健康一体化监管执法体制，推进煤矿用工矛盾纠纷专项治理，促进煤矿从业人员劳资关系和谐稳定。

推进具有产业特色的企业文化建设，以提高职业道德素质和业务素质为目标，举办职工文化节、趣味运动、安全知识竞赛等形式多样的文体活动，开展“五小”竞赛活动，丰富职工的精神文化生活。开展技术比武、技能竞赛活动，表彰奖励安全管理活动中涌现出的模范先进个人，以劳模精神引领时代精神、价值取向和社会风气。

（申鹏程）

电力工业

【概况】 2018 年，国网太原供电公司（以下简称“太原公司”）坚持“一个指引、两手硬”工作思路，按照“两个走在前列”“双提升”目标要求，把发展作为第一要务，在“两转”的基础上全面拓展新局面，对安全、可靠、优质供电提出新要求。贯彻落实市委、市政府决策部署，争当服务太原市高质量发展的表率，履行社会责任，优质高效完成营商环境优化、“煤改电”、光伏扶贫、供电保障等任务。截至 2018 年底，太原市全社会用电量 263.04 亿千瓦时，同比增长 8.78%；太原公司售电量 214.22 亿千瓦时，同比增长 13.70%；最大负荷 438 万千瓦，同比增长 7.07%；安全生产长周期累计 3763 天。先后获得山西省五一劳动奖状、“第一批社会主义核心价值观建设示范点”，连续 10 年获得全国“安康杯”竞赛优胜单位，1 人获太原市“时代新人晋阳工匠”称号。

（办公室）

【安全供电】 2018 年，太原公司设立安全总监，规范安全生产例会管理，完成全员安全责任清单编制。加强“三类现场”闭环管理，设置 10%“投入产出率红线”，整改违章 194 项。市、县两级带电作业实现全覆盖，业扩带电接火

2018 年 1 月 25 日，太原供电公司在恶劣天气下保障电网安全稳定

（国网太原供电公司供图）

2018 年，国网太原供电公司加快推进电网建设 （国网太原供电公司供图）

率达到 72.83%。构建“三维立体风险预警”体系，彻底消除四级及以上电网风险，全面解决云顶山至古交通道“梗阻”问题。固化高危施工区域“双准入、双监护”制度，编制“一线一档一规”96 份，110 千伏及以上线路外破停运下降 39%。主动了解重大活动、重要场所保电需求，绘制重要及高危客户供电路径图 94 张，编制“一考点一方案”100 余份，圆满完成省运会、能博会、中高考及重要节假日等各类保电 253 次。

（办公室）

【重点工程建设】 2018 年，太原公司积极配合“八河治理”、地铁 2 号线施工和太山植物园建设等重点建设项目，完成 78 条、117.80 千米线路迁改入地。提前着手“二青会”配套电网项目建设，下达首批 110 千伏配套工程 5 项、10 千伏外电源配套工程 7 项计划，涉及资金 2.83 亿元。投资 7 项输变电工程和 100 多项配电网工程，供暖期前高效完成 1.52 万户“煤改电”配套电网建设任务。完成 3 座城市站新建和 9 座高速公路充电站扩建工程，实现太原市城区范围均有充电站、70% 县域建有充电设施。围绕构建可靠性高、互动友好、经济高效的一流现代化配电网目标，省内率先启动一流城市配电网建设。完成中环内 16 个网格目标网架规划项目储备，为打造一流配电网示范区域奠定坚实基础。 （办公室）

【民生保障】 2018 年，太原公司完成 115 家中央和省属企业供电设施移交改造协议签署和市国资委下达的年度接收划转任务。摸排制定老旧小区“一户一表”改造计划 69 个、资金 1.58 亿元，提升居民用电安全、降低用电成本。发挥企业优势，投资 4.7 亿元，连续三年高效完成“煤改电”配套电网工程建设，惠及 5 区 4 县 1 市“煤改电”居民 4.10 万户，保障居民温暖度冬。积极争取项目资金 1933 万元，实施全省唯一一家由电网公司投资的 110 千伏配套光伏扶贫送出工程，提前并网娄烦乔家洼 51.98 兆瓦联村电站等 3 项光伏扶贫项目，惠及 1.48 万户贫困户。发挥驻村工作队作用，助力定点村发展养殖产业，推进“盐市崖村机加工厂”等产业项目，引导特色农产品上架“国网商城”，多渠道增加贫困户收入，助力打赢脱贫攻坚战。 （办公室）

【供电服务】 2018 年，太原公司站在“讲政治”高度，推进一般工商业电价降价和临时接电费停收退费，累计让利一般工商业客户 1.55 亿元。配合政府清理规范转供电环节收费，发放《清理规范转供电环节收费告知书》1.20 万份，转发太原市发改委《转供电降价》短信通知 2 千余条。细分客户种类，多角度分析客户诉求，积极帮助政府部门、发电企业和用电客户解决实际问题。协助 1454 户高压客户做好设备隐患排查，发现用电隐患 1146 户并提出整改建议。建立电网资源信息公开机制，实行客户申请“当日上机”、供电方案“一日会审”、客户申请“一日答复”、验收意见“一次告知”。开展报装接电专项治理行动，高低压客户所需资料分别减少至 3 件和 2 件，10 千伏及以上新装（增容）同比缩短 12.69 个工作日，用电报装在国务院大督查和国家统计局营商环境调查中排名前列。 （办公室）

中小企业

【概况】 2018 年，太原市中小企业局坚决贯彻山西省委、省政府“一个指引，两手硬”和太原市委、市政府“两个走在前列”的重要指示，落实促进民营经济发展的各项方针政策，按照“创新驱动、转型升级”的战略部署，以双创示范为契机，不断优化发展环境，完善服务体系，加大扶持力度。在经济下行压力持续增大的情况下，民营经济仍保持平稳增长的发展态势，为全市经济社会发展做出突出贡献。

全年全市中小企业实现营业收入 5150 亿元，同比增长 7.86%；上交税金完成 295.84 亿元，同比增长 6.46%。

（周 睿）

【“小升规”企业培育】 2018 年，太原市中小企业局以省考目标任务为基础，结合上年各县（市、区）、开发区入库企业数量，共向各县（市、区）、开发区分解 43 户的考核任务。根据常务副市长王立刚安排，牵头成立“推进全市‘小升规’企业培育工作小组”，工作小组办公室设在太原市中小企业局。印发《关于建立 2018 年度“小升规”企业培育库的通知》，要求各县（市、区）、开发区中小企业主管部门以努力目标 1 ∶ 2 的比例建立 2018 年度“小升规”企业培育库，对入库企业实施动态监测，通过确定培育目标、建立跟踪培育机制、采取有针对性的帮扶措施、定期调研等方式，确保完成培育任务。

全年全市10个县区共72户企业上报资料并通过太原市统计局审核，其中，有70户企业通过省统计局审核并上报国家统计局，完成30户省考目标的233.30%。（周　睿）

【公共服务保障】2018年，太原市中小企业局为优化民营企业发展环境，以改革创新为引领，健全公共服务体系，优化政策环境、政务环境和服务环境。深化商事制度改革。全面推行“五证合一”，全市新登记注册的私营企业数量达到3.35万户。完善社会化公共服务，提升服务企业能力。以建设“双创”示范服务中心为重点，完善服务中小微企业公共服务体系，双创示范服务中心占地近1万平方米的工程正在内部装修。2018年举办两期“三送一进”暨法律知识讲座，受益企业达500家。根据《山西省中小企业局省级中小企业公共服务示范平台认定管理办法》，开展示范平台的认定。认定太原市中小企业培训服务中心、太原明启联合金融服务外包有限公司、太原新程培训学校为“太原市中小企业公共服务示范平台”称号，其中太原市中小企业培训服务中心、太原新程培训学校被认定为省级中小企业公共服务示范平台。

加强政策宣传，宣传新修订的《中华人民共和国中小企业促进法》，通过采取线上和线下多种宣传手段，加强政策解读，推动政策落实，营造舆论氛围。开展中小企业管理咨询诊断服务活动，强化中小企业股改挂牌、融资服务、管理咨询、法律服务、财税服务、科技成果转化服务，推动中小企业提质量、扩规模、强素质、转方式，带动企业形成新的竞争优势。开展“专精特新”中小企业认定工作。推荐符合国家和省产业政策的战略性新兴产业的中小企业69家参加省级认定并申请省级奖励，获批42家，共得奖励840万元。开展“诚信企业”认定工作。2018年的认定工作从9月份开始，经第三方服务机构财政采购方式审批，按程序展开，共有374家中小企业获得诚信认定，经媒体公示后已全面结束。（周　睿）

【民营企业融资】2018年，太原市中小企业局为破解太原市民营企业融资难、融资贵的难题，多措并举。截至2018年底，省市两级财政累计投入政府风险补偿铺底资金15200万元，累计为1053户企业融资28.79亿元。开展股份制改造辅导工作，提升企业股改认知度。对完成股改的优秀企业，积极推动其在山西股权交易所挂牌上市，并落实省、市股改及上市奖励政策。

2018年，全省公示股改企业74家，其中太原市44家，占全省的59%，获得奖补资金1320万元。组织“专精特新”企业开展规范化股份制改造和区域股权市场知识培训、“助保贷”池内优秀企业金融知识和规范化股份制改造培训和普及金融知识及股份制改造培训及资本助力中小企业创新发展论坛及优质企业路演活动，参训企业253户，超额完成153户，通过系统培训，加深企业对资本市场接受理解程度，推动一批优秀企业积极开展规范化股改工作。为持续增强担保机构抗风险能力，鼓励担保机构扩大中小企业担保业务规模，助力全市中小微企业贷款融资，为符合条件的担保公司争取省级担保补偿金，2018年为山西省融资再担保有限公司等5家担保机构，申请获得省级信用担保补助资金430万元。（周　睿）

【人才队伍建设】2018年，太原市中小企业局为切实帮助中小企业缓解人才难题，在抓好省局“3个1”培训工作的同时，积极推荐、组织一批中小企业董事长参加山西省“专精特新”中小企业优秀董事长北京大学专题研修班、清华大学研修班、2018年度工信部中小企业经营管理领军人才高级研修班、全省民营企业、中小企业优秀董事长以色列双创高级研修班。完成100人总经理班、500人工匠型专业技能人才培训任务和3000余名专业技术人员能力建设专题培训。并与浙江大学合作开办“浙江大学——太原市中小微企业总经理综合能力提升研修班”，提高中小企业高层管理人员素质。全年累计培训各类人才4481人，完成太原市非公有制企业中级技术职务任职资格评审工作，最终有5551名非公有制企业专业技术人员通过中级任职资格评审。（周　睿）

【“双创”示范】2018年，太原市中小企业局作为“双创”示范工作的主任单位、牵头部门，把“双创”示范工作抓好、抓实、抓出成效，发挥主任单位的牵头作用，积极协调各部门，强化改革攻坚，破解发展难题，促进各项工作有序推进，“双创”示范取得阶段性成效。为把“双创”示范工作抓实、抓好、抓出成效，太原市积极适应大众创新创业的需求和特点，建设低成本、便利化、全要素的创业服务社区，初步形成“平台＋服务”“政府＋市场”“政策＋资金”等“双创”新业态。

全年全市新增市场主体8.77万户，其中小微企业3.35万户。引进北京大学创业训练营，建立“创业教育、创业研究、创业孵化、创业基金”四位一体的综合创业扶持平台，为小微企业提供全方位、高质量的服务。举办2018年省城青年创业创新交流展示会，进一步调动全社会创业创新的积极性。截至年底，全市共有各类创业创新空间324个，其中国家级空间29个，省级空间111个，孵化企业2.48万户，解决就业11.24万人；共有创业基地17家，其中国家级1家，省级13家，市级3家。

（周　睿）

【宣传舆论引导】2018年，太原市中小企业局召开百名企业负责人“太原市民营企业主动承担社会责任，为创建文明城市做贡献”座谈会，提升民营企业家的社会责任意识。完善太原中小企业网，2018 年登载各类信息 2000 余条；在《太原日报》开设“民营经济之窗”专栏，从政策支持、舆论引导、企业创新等方面多角度、全方位地对全市民营经济在发展过程中的亮点给予连续报道；上报省局、市委、市政府信息达 60 余条，排名位于全市前列；完成市人大、政协建议提案工作。（周 睿）

【《中小企业促进法》宣传贯彻】2018 年，太原市中小企业局组织学习宣传落实新修订的《中华人民共和国中小企业促进法》，落实主体责任，出台贯彻落实措施，制定配套实施细则，确保各项规定落实到位。加大对新《中小企业促进法》的宣传和解读力度，通过领导访谈、专家解读、专题宣讲等形式，在各类媒体广泛宣传新《中小企业促进法》的立法精神和实质内涵，扩大法律知晓面及影响力。以太原市人大《关于支持民营经济发展的决定》为契机，推动依法建立和完善中小企业促进工作协调机制，会同相关部门落实财税支持、融资促进、创业扶持、创新支持、市场开拓等方面的支持措施，形成支持、推动全市民营经济发展的强劲合力。

（周 睿）

企业选介

·太原钢铁（集团）有限公司·

【概况】太原钢铁（集团）有限公司（简称太钢）是集铁矿山采掘和钢铁生产、加工、配送、贸易为一体的特大型钢铁联合企业，也是全球不锈钢行业领军企业，具备年产 1200 万吨钢（其中 450 万吨不锈钢）的能力。

太钢以创新引领发展，依托国家级技术中心、先进不锈钢材料国家重点实验室等科技创新平台，形成以不锈钢、冷轧硅钢、高强韧系列钢材为主的高效节能长寿型产品集群，重点产品应用于石油、化工、造船、集装箱、铁路、汽车、城市轻轨、大型电站、“神舟”系列飞船等重点领域和新兴行业，双相钢、耐热钢、铁路行业用钢、车轴钢等 20 多个品种国内市场占有率第一，30 多个品种填补国内空白、替代进口。

太钢坚持绿色发展，倡导节约、环保、文明、低碳的生产和生活方式，成功实施干熄焦、煤调湿、焦炉煤气脱硫制酸、烧结烟气脱硫脱硝制酸、高炉煤气联合循环发电、高炉煤气余压发电、饱和蒸汽发电、钢渣处理、膜法工业用水处理、城市生活污水处理、酸再生等节能环保项目，主要节能环保指标居行业领先水平。

太钢坚持改革开放，加快转型发展。建设资源保障基地和钢材延伸加工基地，构建具有国际竞争力的上下游产业链；发展新材料、工程技术、金融服务、国际贸易等相关多元产业，形成新的效益增长点；推进国际化经营，同美、德、法、英、日、韩、澳大利亚等 80 多个国家和地区保持稳定的经济贸易关系，不锈钢材出口量保持国内第一。

太钢先后获“中国工业大奖”“首届中国政府质量奖提名奖”“全国质量奖”“全国循环经济先进单位”“全国自主创新十强”“国家技术创新示范企业”“全国最具社会责任感企业”“全国模范劳动关系和谐企业”“全国企业文化建设先进单位”“全国绿化模范单位”等称号。

2018 年，太钢实现营业收入 785 亿元，比上年下降 3%；实现税金 46.60 亿元，比上年增长 23.80%；实现利润 52.88 亿元，比上年增长 21.50%。

（岳耸屹）

【钢铁生产】2018 年，太钢钢材产品产销两旺。全年产粗钢 1070.39 万吨，比上年增长 1.92%，其中不锈钢 416.60 万吨，比上年增长 0.72%；产坯材 1000.70 万吨，比上年增长 3.18%，其中不锈钢材 380.97 万吨，比上年增长 1.49%。钢材产销率 100.46%，67% 的重点产品销量增长。其中，T4003 独家用于大秦铁路 8000 辆 C80B 不锈钢货车制造，销量增长 214.50%；双相不锈钢应用领域进一步扩大，销量增长 95.50%；新能源汽车驱动电机用系列硅钢批量供应比亚迪等公司，销量增长 270%；高等级管线钢成为中石油、中石化重大项目的首选产品，销量增长 17.10%。克服国际贸易摩擦影响，拓展“一带一路”市场，出口钢材 109.59 万吨，其中不锈钢 88.1 万吨。

高端品种开发。攻克不锈钢超精密制造技术，全球独家生产出超宽超薄极限规格软态不锈钢箔材。突破多项关键技术，研制出新一代环保型笔头用不锈钢材料。开发成功核电 CFR600 快堆用

太钢部分党支部书记重温入党誓词活动（一） （太钢供图）

316H。特种不锈钢批量用于国际热核聚变（ITER）项目、中微子探测大科学实验装置和国内首架蛟龙-600大型水陆两栖飞机。成功开发薄规格高磁感硅钢产品、高牌号高磁感系列产品、极薄带系列产品。成功开发高铁齿轮钢、时速400公里变轨距试验车车轴钢。

创新驱动力增强。完善科研激励机制，重奖科技质量人员和团队。在全国1331家国家企业技术中心2017—2018年评价中，太钢技术中心位列第14位，居冶金行业和山西省技术中心行列第一位。太钢主持和参与的“不锈钢冷轧带钢全连续生产线技术集成与创新”“高品质双相不锈钢系列板材关键制备技术开发及应用”等3项成果获冶金科学技术奖一等奖，1项成果获三等奖。

延伸加工能力增强。不锈钢工业园引进9家优势企业，发展薄壁不锈钢水管、汽车用排气管等业务，不锈钢转化量大幅提升。太钢大明不锈钢深加工二期项目有序推进。深化与战略伙伴的合资合作，打造山西综改示范区钢材保税加工样板工厂。

实物质量和品牌价值提升。解决影响合同兑现和客户使用的突出质量问题。太钢不锈通过全国质量奖连续三年评选认定，再次获“全国质量标杆”称号。集团公司再次入选“中国500最具价值品牌”榜单，品牌价值增幅达151%。

“一核两海”战略稳健推进。采用世界先进工艺技术和装备，启动不锈钢棒线材生产线智能化升级改造项目、高端冷轧取向硅钢项目，加快打造本部核心精品制造基地。理性推进太钢不锈重大资产重组，实施国内铬铁合作项目，谋划国际产能合作，启动海外资源项目前期工作。（岳耸屹）

太钢部分党支部书记重温入党誓词活动（二）（太钢供图）

【多元业务开展】2018年，太钢资源产业迈上新水平。全年产精矿粉1215.37万吨、球团421.37万吨，实现营业收入88.81亿元，均超预算目标。冶金辅料实现全面保供。质量改进有效推进，关键质量指标显著提高，质量指标进步率达87.50%。峨口铁矿新建尾矿库、尖山铁矿选矿厂全磁流程改造、袁家村铁矿绿色升级资源综合利用改造等78项重点工程有序推进，矿山可持续发展能力进一步增强。多项科技成果获冶金矿山科学技术奖。

金融服务业。拓展融资渠道，优化融资模式，融资成本有效降低。推进金融产品和服务创新，拓展产业链金融业务，获得DFI储架发行资质，成为省属企业第一家获此资质的企业。

医疗健康产业。总医院烧伤院区改造工程完工，医疗重点学科建设加速推进，尖草坪院区成为国家级胸痛中心、脑卒中中心，超声科成为山西省重点学科。对外技术合作高效开展，推进康健整形美容医院筹建工作，烧伤专家夏照帆院士工作站挂牌成立。

新材料产业。碳纤维系列产品研制取得新成果，聚丙烯腈碳纤维入选航天型号配套物资合格供应商目录。钢科公司通过国家高新技术企业认定，获准建设高性能碳纤维及其复合材料制造业创新中心，成为山西省制造业唯一试点单位。纳米晶超薄带质量攻关成效显著，销量和收入分别比上年增长35.90%和24.30%。镍基耐热合金研发生产达到国际水平，产品出口欧洲市场。耐火材料外销收入占比持续提高，高端碱性耐火材料项目开工。

贸易板块发展。改善贸易结构，贸易收入和利润稳步提高。拓展业务领域，国贸公司取得工程建设项目、政府采购招标代理业务资质。充分发挥协同作用，进口成本有效降低。

其他多元业务。粉煤灰制品形成品牌效应，墙材成为太原市建筑市场主要开发商指定用材。工程技术输出和总包能力加强。电气修造业务在设备抢修检修中发挥重要作用，为集团生产稳定运行提供保障。不锈钢瓦斯管业务稳步拓展。酒店管理持续改善。（岳耸屹）

【“三大攻坚战”】2018年，太钢风险防控全面强化。完善全面风险管理体系，强化生产经营活动重点关注事项风险提示、预警和控制。加强合规性建设，制度体系完善。合理控制融资规模，持续优化债务结构，加大应收款项和存货资金清理力度，集团公司资产负债率下降到59.95%。及时研判、科学应对，汇兑风险得到有效规避。

精准扶贫。坚定扛起脱贫攻坚重大政治责任，轮值省直驻娄烦县帮扶工作队大队长单位，承担娄烦县5个、保德县10个行政村定点帮扶任务，选派17名第一书记、45名驻村帮扶队员投身脱贫攻坚事业。投入761万元资金，用于产业扶贫和基础设施建设，在娄烦县建设太钢公路，实施西洋参种植等项目，在保德县建设饮水入户系统和太钢爱心磨坊，所有帮扶村均脱贫摘帽。

绿色发展。强力压实逐级环保责任，强化源头、过程、末端协同控制，主要环保指标水平保持行业领先，颗粒物排放对周边大气环境平均影响同比下降57.90%。制定超低排放实施方案，确定提前1年达到国家超低排放标准要求、实现排放总量降低50%的总目标，明确实施路径和进度安排。焦炉烟道气脱硫脱硝、焦化厂全火车运煤系统改造项目建成投运。二次料场封闭、低参数余热利用改造、工业废水处理系统升级改造工程节水减排改造等项目按计划推进。推进清洁公路运输。实施33项矿山污染治理提标改造项目，矿山生态环境恢复治理任务超额完成。（岳耸屹）

【重点改革计划实施】2018年，太钢三项制度改革深化。深化岗位定员精准管理，用工规模有效压缩控制。研究推行工业机器人、无人行车，促进劳动生产率提升。优化干部考核管理机制，试行子公司经营班子任期制。创新激励机制与模式，实施精准激励、差异化激励，价值创造导向进一步确立。完善市场化质量评价体系，质量即时激励力度进一步加大。试点开展国有控股科技企业股权激励改革，形成耐火材料公司股权激励方案。

治僵脱困实现突破性进展。助力临钢脱僵脱困，临钢资产负债率大幅下降。临钢脱困转型迈出新步伐，中板产线增产增效，闲置资产处置、不动产租赁高效推进，都市型生产和生活服务业快速发展，土地开发利用步伐明显加快，物业服务市场有效扩展，亏损额大幅降低。

“两办”改革迈出实质性步伐。按照年度预定目标，完成“三供一业”分离移交，“三库一池”、靶场移交市政管理，完成峨口、尖山和临钢消防机构撤编报备，剥离企业办学前教育、厂办大集体改革等工作推进。（岳耸屹）

【和谐企业建设】2018年，太钢安全生产稳定向好。严格执行国家安全生产法律法规，强化安全生产合规性建设，安全管理基础夯实。落实违章计分管理办法，推进有限空间、检修维修、承包方安全整治和“三反”歼灭战，开展消防、交通、要害部位与工程现场、民爆危险化学品、治安专项整治，安全生产形势持续稳定。

各类人才培育。完善人才工作机制，加大高端人才培养力度，1人入选科技部中青年科技创新领军人才，2人成为山西省学术技术带头人。修订首席师队伍建设管理办法，打通高级首席师成长通道，在聘首席师88人；新申报首席师70人，其中高级首席师12人。深化职工敬业度评估和职业技能测评，开展职工技术比武，职工素质素养稳步提升，1人成为享受省政府津贴高级技师，5人成为三晋技术能手。在第九届全国钢铁行业职业技能竞赛、第二届全国冶金矿山行业职业技能大赛中，均获得团体第二名好成绩。

公众透明度增加。持续开展“公众开放日”活动，全年接待9500余人。及时、真实、完整公告财务、投资、环境等重大信息。高水平发布社会责任报告，集团社会责任报告再次获评五星级社会责任报告。太钢企业社会责任发展指数列金属行业第二名，居重点钢铁企业首位。太钢不锈履行信息披露义务，充分保护投资者权益。

民生福祉增进。共享改革发展成果，在岗职工收入显著增长。呼应职工期盼，提高职工福利待遇，实施集体福利项目，职工满意度提升。优化困难职工帮扶救助体系，全年发放帮扶救助金1341万元。解决历史遗留问题，试点开展房改房不动产登记。发挥“在线倾听”舆情平台作用，及时回应职工关切，解决职工诉求。（岳耸屹）

【党建工作】2018年，太钢坚持把学习宣传贯彻习近平新时代中国特色社会主义思想和中共十九大精神作为首要政治任务，开展专题学习研讨和集中轮训，太钢上下掀起学习热潮。把习总书记视察山西重要讲话精神作为推动高质量发展的制胜法宝和不竭动力，持续深入推进贯彻落实。把思想政治工作作为企业稳定发展的有力武器，运用敬业度评估成果科学分析职工思想动态，实现解决思想问题与解决实际问题的有机结合。太钢在省委改革开放40年企业思想政治工作经验交流会上作典型发言。

坚持党要管党、全面从严治党，真抓真管，严肃问责，党建工作责任制落实落地。加强“三基建设”，制定专题实施方案，形成总体部署、梯次推进、持续深化的整体工作布局。坚持把党支部作为党的全部工作和战斗力的基础，强化政治功能，建设强化党支部书记队伍，改善党员素质和结构，支部核心化、学校化、堡垒化建设成效显现。

层层压实管党治党政治责任，对履行党委主体责任和纪委监督责任不力的相关责任人给予党纪处分和组织处理，让“两个责任”进一步落地见效。坚持“靶向治疗”，围绕生产经营核心任务精准发力，实现纪律建设与生产经营的深度融合。坚持挺纪在前，突出抓早抓小，集中整治职工群众身边的腐败和不正之风，推动全面从严治党向纵深发展、向基层延伸。（岳耸屹）

·中车太原机车车辆有限公司·

【概况】2018年，中车太原机车车辆有限公司全部职工人数3123人，其中在岗职工2693人；专业技术人员931人（含非在岗人员53人），具有高级技术职称者194人（含非在岗人员19人）、中级职称407人（含非在岗人员28人）。固定资产原值165839万元、净值126820万元。新厂区一期规划用地约112公顷。拥有设备3897台，其中机械动力设备2258台。公司设有行政职能部门27个、分厂3个、公司4个。公司牢牢把握提升经营质量和效益中心，内强管理、外拓市场，保持稳中向好的经营态势。全年完成电力机车检修128台，实现营业收入4.30亿元；货车新造完成2058辆，实现营业收入7.03亿元；货车检修完成3574辆，实现营业收入2.17亿元；工程车造修完成71台（辆），实现营业收入1.80亿元；相关配件、物流、出口市场及其他业务实现营业收入3.70亿元。全年累计实现营业收入19亿元，实现归母净利润1.85亿元，较上年同期增加利润3.27亿元，全面完成股份公司指标。总资产收益率实现9.12%的增长，EVA回报率达到16.03%，“两金”占用合计减少3.36亿元，资产负债率较年初94.66%降低至80.97%，剔除递延收益影响后为64.86%。（苏小良）

【规划发展】 2018年是中车集团业务整合，成立长江子集团，并将太原公司业务整合归属其中的变革之年，同时也是建厂120周年，开启全新征程的蜕变之年。为全面推进提质增效工作，先后召开提质增效专题会和干部大会，并举行绩效目标责任书签字仪式，对绩效指标进行细化和量化，公司各单位签订《效绩目标责任书》，确保效绩目标落地实施，公司特困企业治理工作从管理思路转变为实施方案。全力拓展产业发展空间，配合国家疏解非首都职能，与株洲所宝鸡时代机械公司合作，成立太原中车时代轨道工程机械有限公司，力争在承接二七机车公司原有工程车业务和大型养路机械业务后，三年时间实现接触网综合检修作业车、工务轨道车、接触网专用平车、绝缘子水冲洗车、接触网放线车、地铁钢轨打磨车、96头钢轨打磨车、边坡清筛车等项销售收入稳步提高。与中车内部企业强强合作，促进太原地铁太原中车城轨造修基地建设完成，力求最终形成包括地铁、轻轨、现代有轨电车、城际动车组等轨道交通装备车辆全系列制造、售后服务、日常维保及大修、架修生产能力。（苏小良）

【企业改制】 2018年，中车集团针对职工医院经营每况愈下，医护人员流失严重问题，与中航集团太航医院联系，经过多次友好沟通协商，商定以股权变更形式将资产及人员无偿划转到太航医院，实现与优势医疗机构合作，2月24日太行医院北院区正式挂牌营业；“三供一业”在集团公司资产管理中心的精心指导下，知难而上，与接收企业反复谈判、共同努力，坚持先移交后改造或边移交边改造的方式强力向前推动开展工作。供水项目交由太原供水集团草坪营销分公司实施管理；4583户小区业主供电管理正式易主，供电项目被列为太原市驻并央企“三供一业”供电分离移交成功样本，成为太原市首个“三供一业”供电分离移交项目；供热项目受太原市“三供一业”维修改造标准及费用测算指导意见尚未出台影响，前期意向接收主体不愿进行实质性接触，致使许多环节诸如可研、设计、预算、造价审核、维修改造明细等工作都难以开展。年内，太原市国资委将公司列为第一批供热分离移交试点单位，并向其他单位进行推荐，6月27日在太原市各大企业和接收方谈判陷入僵局一筹莫展之时，中车太原实业公司率先完成供热分离移交协议的签署，2018年10月完成职能移交工作；物业项目于2017年12月26日与太原杏花园有资产经营有限公司签署物业分离移交框架协议后，由于政策要求接收主体发生变更，增加正式协议签定的不确定性。经太原杏花园有资产经营有限公司引荐和担保，最终和山西建投建安物业管理有限公司达成共识，使前期开展的物业移交相关工作得以延续，6月27日签署正式协议，为完成职能及实物资产移交工作奠定基础。将国家、省、集团、本公司有关厂办大集体改革的12个文件汇编成册下发至各集体企业进行系统的学习，对3户厂办大集体企业进行认真摸底调研，年内厂办大集体改革方案的初稿已完成。

（苏小良）

【经营管理】 2018年，中车集团开展以“提高品质、降本节支”为核心的提质增效活动，按照年中签订的《绩效目标责任书》，细化分解落实，确保责任目标全面实现。强化预算管理，从严控制费用支出，可控期间费用同比降低3.40%；降低采购成本，通过扩大合格供应商范围、高价分单采购、低价集中采购等多种措施，全年自采项目降低采购成本53万元；处置低效无效资产，全年累计盘活资产4248万元；压减检修成本，通过优化方案设计、开展修旧利旧等方式，全年累计降低检修成本857.50万元；增强治安管理工作，强化重点部位管理，公司废有色金属销售量较上年同期增加40余吨；完善内部审计工作，全年共审减金额260.77万元；深入依法治企，强化重大风险预判，有效规避经营风险，禁止融资性贸易开展，合规经营水平持续提升。（苏小良）

【科技创新】 2018年，中车集团推动产业发展，做优核心业务，迅速完成HXD3、HXD3C型电力机车检修技术消化，夯实批量检修准备基础，成功实现交直流并举重大跨越；完成机车检修数据管理系统研发工作，实现18类大部件信息数据与铁路机务管理信息系统的对接，增强机车检修信息化水平。充分发挥货车技术主导厂优势，参与完成铁路总公司重点课题“货车图谱表方案研究”；完成70吨级有盖漏斗车设计和KH70型粉煤灰漏斗车的研制工作；开展铁路漏斗车轻量化技术和全寿命周期健康管理研究工作，提升漏斗车服役的可靠性。完成对台湾KTMC-2型吊杆车设计工作，解决列尾连挂的难题，实现整车性能的重大突破；深化地铁市场技术储备，完成对重庆地铁环线接触网维修作业车、地铁平板车、地铁放线车适应性改进设计工作。继续保持国家高新技术企业称号，通过省级企业技术中心、山西省铁路漏斗车工程技术研究中心年度评价。全年累计取得HXD3、HXD3C型电力机车（C6修）维修许可、C70C型敞车维修许可等项行政许可资质；获得微机主控单元等8大类36项机车部件高级修资质；全年累计申报国内专利57件，其中发明专利27件，申请海外专利3件；主持编制1项铁道行业标准，参与编制2项国家标准与4项中车企业标准；全年合计获得省市区各级政府补贴7316万元。（苏小良）

【生产运营】 2018年，中车集团结合中车精益管理现场评价手册，编制下发《公司精益管理实施细则》，对评价手册155个项点，确定主管责任部门，明确各项点的输入输出，为指导公司精益管理工作开展提供依据。深化载体建设，编制下发《公司精益载体建设实施方案》，明确公司精益车间、示范线、标准工位建设指南。整理下发标准工位管理表单，统一模板，对日常生产管理实施动态管控。通过强化指标管控、规范交接、调整工序内容、多能工培训等多种措施，实现电力机车精益解体，解决解车作业周期长、配件拆损率高、现场作业环境差等突出问题，和谐车拆解时长由4天压缩至1.50天，机车配件周转由6天降低至4天，拆解配件损耗率明显下降，生产平衡率由70%提升至83%。和谐型电力机车C6修也创造三天落车10台、单日落车4台的新记录。通过节拍生产设计、多能工人才育成、优化物流配送等措施，C70C型车辆批量检修克服改造项目作业量大、人力资源短缺、交期时间紧的不利因素，生产节拍由240分钟缩减至60分钟，产能由1—2辆提升至8辆并稳定保持，生产平衡率由51.20%提升至79.50%。持续开展安全生产。严格执行目标责任考核制度，建立分线、分级管理责任体系，确保安全管控指标全面完成，全年无工亡事件、无一类火灾、爆炸事故、无新增现岗职业病；持续开展隐患排查治理，累计完成1273项隐患整改；落实环境保护责任制，推广水性漆涂装工艺，从源头消除涂装作业对环境质量造成的影响，全年无限产停产，保证生产经营活动正常开展。（苏小良）

【市场营销】 2018年，中车集团在机车检修方面，牢固树立市场意识，全力拓展发展空间。稳步扩大直流机车市场份额，抢占和谐型交流机车C6修先机。在和谐机车投入使用，直流机车保有量下降幅度较大的情况下，通过密切关注铁总综合排名，下功夫做好各路局相关工作，与招标用户深入沟通，选择有利车型，中标72台，占全年检修招标总数790台近10%份额，中标合同金额为29086万元，比上年同期中标数量93台，合同金额28508万元，合同金额增长2%。在要求所有到大修期的地方铁路机车在黄骅港基地检修的政策背景下，开拓机车中修市场，与地方铁路用户探索机车全寿命检修管理理念，拓展机车检修空间。全年地方铁路签订机车大中修合同25台，合计金额共计6723万元。年内，经与数家产生和谐机车C6修的重点路局进行沟通，签订和谐机车C6修合同27台，合同金额为15846万元。

新造货车方面，随着铁路货运形势好转及货运专线对重载货车需求的增加，尤其是国家“公转铁”大政方针的推出及落实，中国铁路总公司（以下简称“铁总”）在铁路新造货车的采购上根据市场需求大力度调整需求品种，加大对敞车品种的采购量。年内公司签订C70E型敞车1600辆，占铁总全年采购27000辆的6%；签订C80B型敞车300辆，占铁总全年采购12600辆的2.40%。加上与地方铁路签订的KZ70型石砟漏斗车、加盖粉煤灰漏斗车等车型，全年合同签订数完成公司下达1700辆新造货车指标的119%。货车检修方面，前期公司搬迁因素，造成公司累计数量份额受到较大影响，经过全力争取，年内基本恢复到原有比例份额，全年共签订各型货车检修3574辆，其中国铁货车厂修2850辆、承揽企业自备车检修724辆。

铁路工程作业车方面，3月26日铁总下发《关于暂停在建项目工电维修装备采购工作的通知》导致国铁市场不景气。公司加大路外市场营销力度，在神华集团取得5台高空作业车订单。重庆地铁环线项目再次中标，路外市场稳步扩大。4月，公司响应集团号召，前往北京二七公司开展承接二七机车轨道工程装备业务前期准备工作。通过与株所合作，对二七公司原有业务进行摸底，并对合同进行重新梳理。结合二七公司原有销售合同，完成大型养路机械未来销售市场和大修市场测算。这次承接二七机车轨道工程装备主要是国铁供电系统的接触网多功能综合作业车，工务系统的96头打磨车、边坡清筛车、路基处理车和城轨地铁系统用16头打磨车、铣磨车及接触网作业车等共计166台。国际业务运作能力持续增强，年内出口阿根廷米轨转向架4台、出口澳大利亚货车配件296套、出口德国双层小汽车运输车钢结构42组、签约印尼煤炭漏斗车项目2589辆，为台湾地区制作吊杆车2台，年内出口阿根廷TS02型钢轨探伤和线路测量车1组，成功填补南美市场空白。（苏小良）

【基建与技改】 2018年，中车集团对新厂区硬件基础配套进行完善，协调城管委、建管中心和市政修路单位（中铁六局、中铁大桥局、中交一公司）市政道路施工，确保修路施工期间物流、人流畅通，保障生产经营的有序进行。完成10千伏电力线路迁改、自来水管线迁改、天然气管道整修等工作，完成新厂区车辆分厂西侧污水管网改造，车辆分厂东侧雨水、污水管网改造。机车分厂东侧雨水管网改造。将中水、雨水排放接入市政管网体系。完成新厂区新厂铁路专用线与新修市政道路平交道口房等安全设施的施工。完成消防报警系统施工，组织三个标段完成全厂外墙面整修和天车轨道整修。针对国资委党委巡视整改提出的“新厂区未完成已摘牌79.72公顷土地的国有土地使用证办理”以及“项目建设手续不全”问题。完成第一批次五块宗地约39.49公顷“国有土地使用证”办理，第二批次土地开展协调相邻的三给村确定土地址界工作，确认后办理土地证。剩余待摘牌土地向太原市国土局发函，待国土局向市规划局行文落实规划延期手续。完成全部土地摘牌后办理“国有土地使用证”等建设手续。针对国资委党委巡视整改提出的“项目建设未及时办理工程结算”问题。公司造价组完成工程结算一审工作，于8月将结算资料全部移交股份公司指定外审机构审计。年内完成的结算审计有：A标段（12局）合同内的土建安装；B标段（3局）设备基础；C标段煤机厂房和铁路专用线工程。要求外审机构2019年上半年完成全部新厂建设工程结算审计工作。对新厂建设以来涉及的各项合同费用与股份公司概算批复进行详细的梳理和对比分析。并就土地出让金资金缺口问题向股份公司申请2.75亿元资本金注入。旧厂区土地处置工作，9月与太原市国土资源局土地储备中心签订《国有土地使用权收（回）购合同》，2.74公顷土地成为政府待出让用地，落实“权属土地按照实际交易出让金的80%返还”政策。并与杏花岭区政府签订“房屋征收补偿协议”额外申请到500万元拆迁补偿款。旧厂区最后一宗约2.69公顷权属土地向规划局申请规划延期，并向太原市国土资源局土地储备中心申请储备。棚户区改造在中车集团公司领导的关心帮助与支持下加快进行，配合中车置业于4月2日在太原市土地市场顺利摘牌老厂区14地块，并获取65%土地出让金返还公司。随后与中车置业公司签订《机车厂宿舍区（危旧房）改造项目一期（老厂区14地块）委托开发合同》，使困扰公司和拆迁职工家属多年的“老大难”民生问题得以解冻。（苏小良）

【人力资源管理】 2018年，中车集团为主动适应市场与经营环境变化对人力资源管理提出新挑战，加快构建适应公司实际的人力资源管理体系。经过充分调研，精心筹备，公司于10月10日正式启动人力资源管理改革的前期项目咨询，为在2019年重塑新的人力资源管理体系奠定坚实基础。根据国资委党委巡视组、集团第三巡视组提出的整改要求和集团公司中层干部规定，按时完成副总师层级人员专项清理工作，使公司副总师层级人员由原来的12名减少到7名；结合公司中层干部管理工作，开展专门的中层干部交流工作，共对22人进行岗位交流。至年末，公司共有中层干部162人。其中，副总师级领导7人，中层正职82人，中层副职73人，全体中层干部平均年龄47.06岁、具有本科以上学历人员占比85.19%。全年职工培训工作围绕公司生产实际和培训计划，举办精益研发体系，C80B不锈钢焊接、RAMS、中车文化理念品牌建设、能源管理体系等培训班，共举办技术、管理人员培训班39个，培训员工2495人次。举办C70E敞车、标准工位建设、关键工序特殊过程、TY5作业车大修、精益生产、和谐C6、和谐C80检修、MAG焊接操作法等技术工人培训班83个，举办转岗培训11个，培训员工6581人次。探索多样化用工模式，外送内部冗余生产力。鉴于2018年下半年工程机械分厂生产任务不足，为提升职工实际工资收入，与株洲时代公司沟通，采用集团公司内部借调的方式，根据株洲时代公司的岗位需求，选派工程机械分厂26名职工临时到时代公司工作，首次实现集团公司内部冗余生产力共享机制。根据中车对轨工产业重组整合的统一部署，经过与株洲时代公司轨道事业部多次磋商，就接收312人达成一致意见。并于年底完成92人集团内成建制调出及劳动合同主体变更所有手续。（苏小良）

【质量管理】 2018年，中车集团推进中车质量管理体系标准落地实施工作，根据实际情况制定《落地实施方案》，主要内容为标准学习、数据积累、专项诊断、核心业务过程试点等。先后组织开展质量问题的初步诊断、数据积累诊断和专项诊断，围绕标准确定的八个核心业务过程，分析查找公司存在的“急、难、顽、痛”主要问题，编制、撰写公司管理诊断报告。为真实反映公司管理现状并进行客观诊断，多次组织进行分析讨论，对管理诊断报告进行初审、修改、再审核等环节，最终形成公司管理诊断报告，并按时间节点要求上报公司领导和中车股份公司。为持续提高机车检修质量，按照上级部门要求，围绕“对标活动”“数据化检修”“提升布管布线检修水平”“加强出厂车质量控制”“抓‘零千米整备问题’”等主题，质量保证部组织开展大修机车质量年提升专项活动。通过完善检修标准和局段技术协议，优化电线路布接线工艺，检修数据采集和记录，消灭“小而广”问题，建立零千米信息反馈渠道。对供应商现场审核和惯性质量问题攻关等，实现大修机车杜绝C类及以上质量事故，无大部件破损，零千米整备得分超950分，无客户投诉等的活动目标。开展质量安全“大反思、大检查、大整改”活动，对产品质量进行专项检查和整治，加强供应商产品质量控制等，强化全公司质量安全主体责任意识，解决突出质量问题，为确保铁路安全形势持续稳定筑牢思想基础。为提高公司的产品质量，提高员工工作质量和积极性，根据中车公司要求，9月组织开展以“落实主体责任，建设质量强企”为主题的“质量月”活动。在宣传教育活动、群众性质量活动、电线路专项检查问题回头看、产品质量安全检查等方面开展工作。通过活动，提高公司经营各环节、各岗位员工的质量和诚信意识，形成

"人人关心质量"的氛围，使质量管理水平得到提升，产品质量得到控制。组织"降低电力机车上部拆解拆损率"和"提高新造车制动管焊接一次交检合格率"两个项目的挂牌督办工作，针对每个项目现状，确定项目开展的目标值，制定主要措施，确定计划完成时间、责任单位、项目负责人等，通过日常检查、指导和督促，促进相应质量问题有效整改。（苏小良）

【建厂120周年庆祝活动】 2018年，中车集团太原公司为纪念建厂120周年，举办一系列庆典活动。8月8日，全国第十个"全民健身日"上午，在机车分厂隆重举行"展风采 庆华诞 聚力量 谱新篇"为主题的庆祝建厂120周年职工广播操比赛。8月31日，公司在新厂区办公楼前花池，将由新中国成立后第一任铁道部长吕正操亲自题写碑文的"建厂百年纪念碑"掩埋入土。9月3日晚上，公司庆祝建厂120周年文艺汇演在机车宿舍体育场举行。来自公司（包括已经改制分离的原子弟中学、小学、幼儿园以及职工医院等）各单位300余名演员为职工家属及周边群众送上一场丰富多彩的文艺节目。公司邀请原铁道部长傅志寰为120厂庆书写"横穿越双甲子，再辟新征程"题词。9月28日上午，以《奋斗新时代迈向新征程》为主题的公司建厂120周年庆祝大会在机车分厂和谐厂房举行。公司老领导、老劳模、退休职工，以及公司职工家属近千人应邀参加本次大会。（苏小良）

·太原煤炭气化（集团）有限责任公司·

【概况】 太原煤炭气化（集团）有限责任公司（以下简称太原煤气化）是由原煤炭工业部和山西省政府合营的国内首家煤炭综合利用大型企业。公司股权结构为：山西省国资委51%、中煤能源集团公司35.39%、中国信达公司11.15%、中国华融公司2.46%。2011年4月，省国资委将太原煤气化51%股权委托晋煤集团管理。

经过30多年的努力，公司形成煤—焦—气—化—电煤炭综合利用产业格局，主要产品有煤炭、焦炭、燃气、二甲醚、甲醇、焦油等煤化工产品。城市燃气事业取得长足发展，在太原、晋中、临汾等7个地市拥有燃气特许经营权，建成运营高中低压燃气管网近6000千米，拥有燃气用户150余万户，太原城市气化率达98%以上，位居全国大中型城市前列；形成燃气生产、输配销售、应急抢险、燃气工程建设及配套的设计、施工安装、检测、培训、燃气输配设施器具的生产销售为一体的燃气全产业链，在山西省城市燃气输配领域具有显著优势。（冯妙慧）

【生产经营】 2018年，太原煤气化集团公司均衡稳定组织生产，合理部署采掘衔接，抓好安全稳定供气，深挖潜能、提质增效，降低费用、节支降耗，生产经营呈现稳中向好态势。全年生产原煤966.90万吨，完成年计划的102.90%；燃气销量为9.84亿立方米，完成年计划的102%。华苑煤业公司、华胜煤业公司通过国家一级安全生产标准化矿井验收，龙泉能源公司产能测试任务完成，嘉乐泉煤矿、长沟煤矿、清河一煤矿通过省化解过剩产能煤矿关闭验收组验收，同世达公司"退城入园"工作稳步推进。（冯妙慧）

【安全生产】 2018年，太原煤气化集团公司安全工作围绕年初制定的总体思路，按照上级有关安全工作的指示精神，结合企业实际，采取措施，开展矿井防治水、"一通三防"、机电运输、顶板管理、燃气输配、煤化工和地面安全生产等各项安全监管工作；开展煤矿属地监管对标、安全绩效考核、安全技术会诊等工作；推进"双重"预防机制建设，完善安全管理体系，开展安全主题活动，使重大灾害得到有效防治，安全基础夯实，原煤安全生产能力稳步提升，冬季安全供气推进，安全工作总体平稳。（冯妙慧）

【企业改革】 2018年，太原煤气化集团公司完成以简政放权、提高管理效率为目标的公司机关大部制改革工作，机关部室由原来的34个精简为17个；对非主业且持续经营不善、扭亏无望的基层公司通过关停、注销、合并、调整等方式实施瘦身健体压缩管理层级工作；实施三项制度改革，建立起多元化选人用人机制，开展中层管理人员无任职方向公开竞聘、优秀年轻管理人员挂职锻炼、大学生市场化招聘；快速推进厂办大集体和企业分离办社会"两办"改革，厂办大集体超计划完成省改革办下达的任务；华杉物业成为全省"三供一业"物业管理服务职能接收平台之一和太原市国资委确立的市属物业管理接收平台之一，按照经营权和所有权相离的原则与深圳长城物业成立合资公司，对所接收的6.20万户物业进行市场化经营改革；职工医院对标省内一流，成立山西华佑医院有限责任公司，为下一步与省内实力雄厚的医疗机构进行股份制重组奠定坚实基础；编制《太原煤气化法人治理结构工作实施方案》，按照有关要求在集团公司本部和下属32家单位进行法人治理相关工作。（冯妙慧）

【重点项目建设】 2018年，太原煤气化集团公司龙泉铁路专用线项目环评取得太原市环保局批复，复工，龙泉能源公司向太钢尖山铁矿矿井水输送管线通水成功；三交一号矿井及选煤厂项目获准开工建设；山西建筑产业现代化园区（一期项目）通过环评审批，获得入区批准，具备享受政府扶持政策的条件；华腾高端燃气一期项目完成；神州煤业下组煤项目全年完成进尺4810米，华胜煤业下组煤项目完成前期手续办理，晋牛2#煤配采工程初步设计通过评审，

燃气设备维护　　（太原煤炭气化公司供图）

荣康煤业矿建一期工程完工，二期工程有序推进；工厂区拆除工作推进；长沟煤矿家属区土地清零工作收尾，棚户区拆迁工作移交政府。（冯妙慧）

【燃气用户服务】2018年，太原煤气化集团公司做强燃气产业，放大产业优势，以山西燃气集团挂牌为契机，在燃气产业争取话语权，在太原、晋中、临汾三市四县等地区实施点供项目，为市场开发提供新模式。太原天然气与阳曲产业园区签订供气合作框架协议，完成新增城边村清洁供暖改造任务；左权燃气引入晋煤蓝焰煤层气气源，弥补气源紧张局面；华腾公司生产物联网燃气表投放市场5000余块。推进用户服务，太原天然气首家燃气具销售部亮相，抓好居民自有设施升级改造，更换窄带物联网燃气表，推广智能安检管理系统，"太原天然气"APP正式上线；晋中燃气移动终端智能安检系统闪亮登场，"网格化"服务精准零距离，互联网短信服务平台正式上线，左权燃气96577服务热线上线；临汾燃气推行"燃气＋差异化服务"运行模式，平阳广场营业厅和福利巷营业厅修缮一新、全面开放，"福气宝"APP平台上线。各燃气单位开展增值服务活动，收到良好效果。（冯妙慧）

【科技创新】2018年，太原煤气化集团公司把科技创新工作放在事关企业长远发展的重要地位，实施科技兴企战略，以科技创新提高运行效率、改善运营质量。集团公司召开科技创新动员会，成立科技创新战略委员会，制定印发《集团公司科技创新管理办法》，为科技创新工作搭建平台；出台《集团公司工程系列专业技术人员聘任考核管理办法（试行）》，制定激励措施，首次对工程系列高级专业技术人员和中级专业技术人员进行聘前考核，让想干事、能干事的专业技术人员得到实惠，形成科技创新氛围。（冯妙慧）

国家级非物质文化遗产·晋剧

晋剧是山西省四大梆子剧种之一，因产生于山西中部，故又称中路梆子，外省称之为山西梆子，主要流布于山西中北部及陕西、内蒙古和河北的部分地区。

晋剧传统剧目丰富，经常上演的有200多出，包括《渭水河》《打金枝》《临潼山》《乾坤带》《沙陀国》《战宛城》《白水滩》《金水桥》《火焰驹》《梵王宫》《双锁山》等。在发展过程中，晋剧保留了蒲州梆子慷慨激昂的艺术特色，同时形成婉转细腻的抒情风格。晋剧唱腔丰富，包括乱弹、腔儿、曲子几种，板式多变，表现力强。作为山西省的代表性剧种，晋剧在山西地方戏剧、音乐、民俗、历史等的研究中占有重要地位。目前由于商品经济的影响和现代生活方式的冲击，上演剧目迅速减少，城市观众大量流失，农村观众则以老年群体为主，晋剧的前途令人忧虑。

2008年晋剧（太原市）列入第一批国家级非物质文化遗产扩展名录。代表性传承人为郭彩萍、武忠、高翠英、李月仙、阎慧贞、谢涛。

商　贸
Commerce and Trade

商　务

【概况】 2018年，太原市商务局机关总编制为99名（其中行政人员编制90名、工勤人员编制9名）。2018年接收军转干部5名，新录用公务员3名，年末实有公务员76名，工勤人员10名。内设处室为25个、局直属事业单位7个。

机关党委下辖3个党总支（含7个党支部）、30个直属党支部（含22个机关支部、4个协会支部、3个非公企业支部、1个国有企业支部），管理的党员共418名。（路　晶）

【主要指标】 2018年，太原市社会消费品零售总额实现1811.90亿元，同比增长8.1%，增速比上年（6.10%）加快2个百分点，超过年目标任务（7.50%）0.60个百分点，顺利实现年初确定的目标。从区域看，城镇消费品零售额1737.90亿元，增长8%；乡村消费品零售额74亿元，增长11.40%。从规模看，限额以上消费品零售额886.95亿元，增长4.10%；限额以下消费品零售额924.95亿元，增长12.20%。从消费形态看，餐饮收入88.02亿元，增长10.30%，商品零售1723.88亿元，增长8%。

对外贸易进出口总额实现1086.29亿元，同比增长18.70%。其中，出口663.25万元，占全省出口总额的81.80%，同比增长15.90%；进口423.04亿元，占全省进口总额的75.60%，同比增长23.30%。

招商引资新签约项目140个（其中转型项目138个），签约项目总投资2398.30亿元。新批外商直接投资企业13个，实际利用外商直接投资863.13万美元。（路　晶）

【国内贸易】 2018年，太原市被商务部等8部门确定为“全国供应链创新与应用试点城市”，被财政部、商务部确定为“流通领域现代供应链体系建设试点城市”，获专项资金8000万元。为做好试点工作，太原市商务局组织编制《太原市流通领域现代供应链体系建设实施方案》，拟建设家居供应体系建设、太原市医药流通供应链体系建设、太原市多仓共配现代供应链体系建设3条供应链项目。

强化市场运行监测和成果统计，定期召开各县市区运行分析调度会，每周通过《太原商务预报》网站发布生活必需品价格信息和波动情况，每月对市场运行情况进行综合分析与专题分析，在市场遇到异常波动时，及时提出市场预警和预测。

做好春节、国庆黄金周期间节日市场保障供应工作，适应消费升级需求，开展促消费活动。6月至8月和9月至11月，在全市范围内分别开展以“品质消费美好生活”“提升生活品质满足美好生活”为主题的“消费促进月”和“2018太原购物季”活动，组织全市30家大型商贸企业开展促消活动，商品涵盖家具、家电、汽车、百货、特色餐饮、酒类、农副产品等近10万种。

推动特色商业街区建设，食品街、中正天街、青龙古镇、北美N1文创街获评“山西省特色商业街”称号。

（路　晶）

【对外贸易】 2018年，太原市外贸新业态加速发展。太原跨境电子商务平台入驻跨境电商企业约100家，平台线下配套实体建成山西进口商品展示体验中心、山西跨境电子商务产业孵化基地和跨境电子商务保税仓，约有入驻企业80家，开展对外口径电商业务的电商企业43家，签约美国海外仓15个，在线商品数2000余种。推进建设山西出口品牌产品展示交易中心、国际邮件和快件分拣中心等。全市认定2个省级跨境电商示范园区、6户省级跨境电商示范企业、1个省级公共海外仓、2户外贸综合服务试点企业、2户外贸综合服务企业培育对象。开展申报国家跨境电子商务综合试验区。

承接加工贸易产业转移取得成果。太原“富士康公司全球手机及主板模组区外保税维修项目”获商务部和海关总署批复，实现从手机进料、制造到维修全产业链覆盖，标志着太原市外贸创新发展取得政策新突破。2018年，该项目完成手机主板原产地及下厂仓库、产线等相关核查，主板模组维修专用电子帐册由海关审批通过，正式进入实质运行阶段。富士康精密电子（太原）有限公司开展手机维修业务以来，共计维修并出口手机约860万台，申报出口总额约29亿美元。

市级出口信用保险补贴覆盖面进一步扩大。为应对中美经贸摩擦等严峻复杂的国际形势，减轻企业负担，将原有市级出口信用保险补助范围由出口额500万美元以下扩大至1500万美元（含1500万美元）以下，可覆盖晋西车轴股份有限公司、山西索立得工贸有限公司等约20户市外贸骨干企业，涉及铁路装备、玻璃器皿、五金铸件、活性炭等行业，可增加外贸企业保险金额3500万美元，进一步助力外贸企业开拓国际市场。（路　晶）

【开发区建设】2018年，太原市商务局贯彻落实全省开发区改革创新发展推进会议精神和省深改组第十七次会议精神，全面深化改革，全力推进项目，加速培育转型升级新动能，充分发挥开发区对外开放的“桥头堡”作用。推进开发区改革创新发展，以规划为引领，开发区产业布局更趋合理，初步实现“产业集聚、功能互补、错位发展、区域平衡”；赋予示范区行政管理事项1143项，实现“应放尽放”管理审批权限；制定《太原市市县两级拟赋予不锈钢产业园区行使的行政管理事项清单》，共计行政管理事项397项，全部赋予不锈钢园区。开发区的营商环境持续优化，综改示范区出台“1+2+26”政策，106条优惠政策全部实现“窗口式”兑现；在综改示范区和太原不锈钢产业园区试点率先试行企业投资项目承诺制，实行无审批管理，开工前审批事项减少86%，审批时间由107天缩短至43天，推广复制示范区“三个一”管理模式，一个大厅管服务，一颗印章管审批，一个队伍管执法。（路　晶）

【招商引资】2018年，太原市商务局成立以市政府分管领导为组长的太原市招商引资工作领导小组，建立重大招商引资项目领导联系制度，出台一系列制度举措。建立健全招商引资通报、项目对接、情况统计跟踪、13710督办、投资项目合作信息发布、目标责任考核等多项招商引资工作推进机制。编印《太原市招商引资项目汇编》《太原招商地图》《太原招商图谱》，建立太原市招商引资专家库、客商信息库、晋商晋才库等各类招商引资信息库。编印《太原市招商引资政策汇编》《太原市招商引资政策要点摘编》和《利用外资政策汇编》等。招商方式更加精准，高位推动成为招商引资的主要亮点，围绕产业抓招商、围绕项目抓招商、依托园区抓招商成为招商引资的主要特点。市委市政府主要领导亲自考察对接十多次，一批有影响力和带动力的项目相继签约落地。综改示范区、各开发区依据产业布局特点产业链延伸集群招商取得积极成效。点对点、回归招商、以商招商等精准招商方式提升招商引资的质量和水平。（路　晶）

【电商扶贫】2018年，太原市商务局推动电子商务进农村综合示范工作，娄烦县电子商务进农村综合示范项目获批。制定《太原市2018年电商扶贫行动计划》，抓住商务部打造深度贫困地区产业扶贫重要平台的有力契机，打造娄烦、阳曲农特产品品牌，依托电商扶贫频道拓展农特产品上行途径，打造娄烦县马铃薯和小米两个“电商扶贫优秀农特产品”和“电商扶贫重点扶持农特产品”品牌。组织大型超市到扶贫一线开展“买产品、献爱心、促脱贫”帮扶活动，为贫困村土特产品销售搭建平台。（路　晶）

【重点项目】2018年，太原国际会展中心建设项目有序推进，完成项目立项审批、“两评一案”审批、项目概念设计征集及深化设计、设计方案，社会资本方招标，项目设计、合同谈判等事项，以及涉项用地拆迁、收储、土壤治理、环评、地勘、临水、临电接入等前期准备工作。组织、参与召开协调会13次，项目专题工作会、蹉商谈判会议等10多次。（路　晶）

【安全生产】2018年，太原市商务局抓好商务系统安全生产工作，努力提升流通行业食品安全保障能力，配合市食安办开展食品、保健食品欺诈和虚假宣传整治工作。开展太原市肉菜流通追溯体系运维管理，推进索证索票、购销台账的电子化。开展成品油市场安全生产检查工作，对成品油企业的经营资质、管理制度、安全运营方面认真检查。加强非洲猪瘟疫情的市场监测分析预警，即时印发《关于做好非洲猪瘟疫防控工作期间猪肉市场监测有关工作的通知》，安排专人负责猪肉市场日报监测工作，做好猪肉市场预测预警工作。（路　晶）

粮　食

【概况】2018年，太原市粮食局学习贯彻中共十九大精神、习近平总书记视察山西重要讲话精神，学习贯彻山西省委十一届六次全会和太原市委十一届五次全会精神，以习近平新时代中国特色社会主义思想为统领，以贯彻落实“五个扎实”“两个走在前列”为核心，以建设“文明、开放、富裕、美丽”太原为己任，严格落实“13710”督办制度，对重点工作实行限时办结，确保中央、省委、市委的决策部署在粮食系统落地生根，围绕粮食安全和粮食产业经济发展持续发力，各项目标任务完成。

（办公室）

【行业自身建设】2018年，太原市粮食局以“三基建设”为抓手，强化基层组织建设，基层组织凝聚力和向心力增强，战斗堡垒作用得到发挥。以强化教育为抓手、以制度建设为基础、以绩效考评为依据、以效能监察为手段、以职能部门为主体，推进机关“效能建设”，宗旨意识明显增强、机关管理明显改善、工作作风明显好转、工作效率明显提升、执行能力明显提高。强化宣传阵地建设。开通“太粮党建”和“太原粮食”微信公众号，宣传党的路线方针和政策，普及党史党建知识，引领政治理论学习，宣传报道粮食工作；推进“山西智慧党建”推广应用，70个基层党组织全部完成入驻平台工作，全年发布信息548条，宣传形式更加多样、宣传时效更加及时、宣传阵地更加稳固。按照“接地气、聚人气、扬正气”的原则，设立党建活动室和职工活动室，为基层组织建设打造理论学习的平台、交流活动的平台和展示风采的平台。推行党建工作“三维工作法”，以时间为主轴，对党建工作实行全过程管理，提高党建工作质量，保证党建工作目标任务有计划、无遗漏、高标准、高质量的落实。加强干部队伍建设，打造一支忠诚干净、善作为敢担当的干部队伍。坚持新时期好干部标准，对7个单位8名领导干部进行调整，营造能者上、平者让、庸者下的用人环境和氛围。通过民主推荐、党组研究的方式选拔后备干部74名，建立后备干部库，为粮食事业发展提供人才储备。以“当好主人翁、建功新时代”为主题，组织开展劳动竞赛，弘扬劳模精神和工匠精神，调动广大粮食职工建功立业的劳动热情和创造活力，引导广大粮食职工增强新时代工人阶级的自豪感和使命感，营造劳动光荣的社会风尚和精益求精的敬业风气。为全局系统16名企业军转干部发放慰问金及困难补助30余万元，组织25名企业军转干部进行体检，开展困难救助、金秋助学等日常帮扶和大病专项救助等立体式帮扶活动，对贫困职工及时进行救助，困扰职工多年的饲料小区房产证问题得到解决，面粉三厂棚户区建设取得实质性进展，争取资金390余万元解决退役军人的欠薪欠保问题，粮食职工的获得感、幸福感显著提升。

2018年，太原市粮食局严格履行党风廉政建设“两个责任”，严格落实党风廉政建设“一岗双责”，坚持党风廉政建设与经济工作同部署同检查同考核，层层分解任务、层层压实责任、层层传导压力，把党风廉政建设工作作为主责主业抓实抓好。在元旦、春节、中秋、国庆等关键节点组织督查组，对直属单位进行明察暗访；坚决防止“四风问题”和违反中央八项规定精神问题出现反复和回潮。运用“四种形态”，加大监督执纪问责和调查处置力度，对元旦期间发生的1起公车私用问题进行严肃问责，始终保持对“四风”问题和违反中央八项规定精神问题的高压态势。突出决策落实。以降低公务交通成本实行公务用车社会化服务为目标，对直属企事业单位实施公务用车制度改革，共取消各类公务用车46辆，从源头上堵塞公车管理漏洞、防止公车私用现象的发生。利用机关走廊，建设廉政文化走廊，宣传弘扬传统廉政文化，树立以廉政为核心的文化价值和实践理念，将廉洁的道德操守，润物细无声地渗透转化为普遍的“廉荣贪耻”的价值规范，为拒腐防变教育、推进反腐倡廉工作提供科学的人文动力。坚持即知即改、立行立改、边巡边改的原则，对市委巡察组在巡察过程中指出的政治理论学习不够深入、管理制度不够健全等五个问题进行整改，制定整改方案，明确责任人和整改时间，逐条落实，整改工作取得初步成效。　（办公室）

粮食丰收　（太原市粮食局供图）

【安全保障】2018年，太原市粮食局对照年度目标任务和评分标准，逐项梳理，查漏补缺、补齐短板。加强对直属单位和县（市、区）粮食部门的督促指导，保证考核任务落地、落实。强化创新意识，自觉运用新发展理念，在已有工作上自我加压，高标准推进任务落实。

发挥考核领导组办公室的作用，在明确任务、落实责任、细化措施、督促检查、沟通协调、补齐“短板”等方面持续发力，形成粮食安全责任制考核工作合力，县（市、区）政府和市直工作部门的粮食安全工作责任意识进一步加强，考核“风向标”“指挥棒”作用初见成效，在山西省政府组织的粮食安全责任制考核中，太原市被确定为优秀等次。

督促粮食收购企业严格执行国家“五要五不准”的收购政策和山西省粮食收购“八项规定”，指导国有粮食收购企业筹措资金、腾仓并库，敞开收购农民余粮，鼓励引导各类主体入市收购粮食，守住“种粮卖得出”的底线。加强与粮食主产区的合作，组团参加首届中国粮食交易大会及全省粮食产销衔接会，与焦作市粮食局达成战略合作框架协议，15个涉粮经营企业参加粮油产品技术展，一批具有太原特色的名特优、老字号产品精彩亮相，深受参展群众欢迎。全年粮食收购2.80亿斤，产销衔接省外调入5亿斤，销售14.70亿斤，省城粮食市场货源充足、品种丰富、价格稳定。

对22个放心粮油店（点）实施示范工程建设，以点带面，促进“放心粮油”经销网络产品品质升级、经营管理升级、服务功能升级，改造建设任务全面完成。

组织清徐县、阳曲县、娄烦县申报“中国好粮油”行动示范县、产后服务体系以及杂粮仓储设施建设项目，依托当地优势企业，实施“一县一品”，精心打造太原市特色杂粮品牌。清徐县入选“山西好粮油”行动示范县，得到389万元省级财政资金扶持；粮食产后服务体系得到150万元专项资金支持。清徐县、阳曲县3个小米加工企业争取杂粮加工仓储设施项目资金支持200万元，推动太原市“优质粮食工程”建设的深入开展。

消除粮食市场价格波动等不利影响，通过网上公开竞价交易的方式，完成39455吨市级储备小麦和3790吨市级储备食用油的轮换任务。下达54380吨市级储备小麦轮换计划，51880吨市储小麦出库。轮换采取成本重置的方法进行，减轻承储企业负担。争取省级财政资金130万元，对12家粮食仓储企业实施粮食仓储设施维修和提升改造。其中，改造化验室4家、改造应急成品库3家、仓储新技术应用1家、采购检化验设备及粮食仓储设备58台（套），粮食仓储能力和安全储粮水平提升。争取中央、省、县财政资金1125万元，对13家粮食仓储企业实施“粮安工程”智能化粮库升级改造，实现粮食仓储企业的智能化、信息化、科学化、规范化管理。根据全国首例球形仓近几年的储粮实践，草拟气膜球形仓安全储粮作业与管理标准，为建立系统内首个企业标准创造条件。

以加强市场主体事中事后监管、加快粮食系统社会信用体系建设、开展协同监管工作、探索智能监管方式为抓手，打造“人防”“技防”“法防”“群防”四防一体的粮食流通监管立体框架，构筑粮食安全防护网，粮食流通执法督查能力加强，太原市粮食局被国家粮食和物资储备局确定为首批全国粮食流通执法创新示范单位。全年采取“双随机”方式开展各类检查473次，检查企业927个（次），维护省城粮食市场流通秩序。（办公室）

【物流园区建设】 2018年，太原粮食物流产业园区开展一期工程建设，推进项目规划总用地面积44公顷，计划投资51839.90万元，建设35万吨仓容的原粮储备库房和12000吨的应急成品粮储备库房。为加快工程建设步伐，尽快投产达效，太原市粮食局举全局之力，打好项目建设攻坚战，太原市政府批准立项，完成安评环评工作，下达《建设项目选址意见书》《地块设计条件通知书》，用地手续获批复，推进项目设计和勘察工作，开展临水、临电施工，项目建设取得阶段性成果。（办公室）

【安全检查】 2018年，太原市粮食局严格落实党政领导干部安全生产责任制，按照“全覆盖、零容忍、严执法、重实效”的要求，采取“四不两直”“随机抽查”等方式，开展安全隐患排查整治，2018年累计检查单位（部门）69家，发现隐患162个，整改隐患162个，整改率100%。建立完善安全风险分级管控和隐患排查治理双重预防机制，确定安全生产风险点213个，制定双重防控措施277条，全局系统安全生产双重预防机制更趋完善。

组织开展粮食库存大检查和春秋两季储粮安全大检查，对各级储备粮的存储状况进行全面清查，储备粮油数量真实、质量良好、储存安全。通过签订责任书、推行“一线工作法”和强化现场管理的方式压实储备粮管理主体责任，采取巡查和专项检查相结合的方式加强储备粮监管，储备粮油监督管理体系更加健全，管理更加科学规范。出台《太原市市级储备粮油轮换实施方案》，强化对储备粮油轮换工作的全过程监管，挤压权力寻租空间、避免暗箱操作，防止“转圈粮”现象发生，储备粮管理制度体系日趋完善。（办公室）

供销合作社

【概况】 2018年，太原市供销合作社联合社以习近平新时代中国特色社会主义思想为指导，学习贯彻中共十九大精神和习近平总书记视察山西重要讲话精神，贯彻落实全国、全省、全市深化供销合作社综合改革工作会议精神，以构建功能完备、活力充沛、运转高效的新型农业社会化惠农服务体系、新型基层组织体系和现代化经营服务体系三大体系为目标，在业态创新增效、规范社会管理和推动联合合作上取得新突破，增强为农服务的能力和水平，为太原市农业增效、农民增收和全面建成小康社会做出新贡献。（李　丹）

【供销社综合改革】 2018年，太原市供销合作社联合社综合改革目标任务有序推进。所属9个县（市、区）在6月底前全部出台供销社综合改革方案，走在全省前列；争取国家政策支持，以389万元回购全系统5500余万元的历史债务工作取得实质性进展；筹措资金324.50万元对全系统16个项目给予支持；探索智能回收垃圾新模式，新增公共机构回收渠道，改造提升基层社、建设为农民提供一站式服务的惠农服务中心，建设庄稼医院，做好政府防震救灾储备物资管理，做大做强“乾和祥”百年老字号品牌，进一步探索老品牌的经营模式，完善延伸品牌+互联网营销模式等各项任务全面完成。（李　丹）

【为农服务】2018年，太原市供销合作社联合社围绕乡村振兴战略，强化基层社与农民在组织上和经济上的联结。因地制宜，改造基层社3个。至2018年底，实际完成改造提升基层社4个，其中阳曲县2个：重建黄寨供销社、提升高村供销社；古交市2个：完成梭峪供销社和岔口供销社的改造任务。创新为农服务模式，加快健全农业社会化服务体系，实施“农业社会化服务惠农工程”。建设为农民提供一站式服务的惠农服务中心2个。2018年，阳曲县供销社建成和提升黄寨、高村2个惠农服务中心及黄寨、高村2个庄稼医院，清徐县供销社建成清源镇吴村惠农服务中心和集义乡集义村庄稼医院。在为农民生产提供测土配方、防虫防害等技术服务发挥作用。太原市农业生产资料公司通过和有机肥生产厂家合作，以及为农民提供测土配方施肥技术，引导农民合理用肥，科学施肥，推广各类有机肥，2018年销售有机肥1100吨，完成年度工作任务。（李　丹）

【物资管理】2018年，太原市供销合作社联合社做好政府防震救灾储备物资管理，完好率达到100%。承担该任务的市土产日杂公司完成政府储备和自储物资240多个品种，总价值1200余万元，确保储备物资常储常新。通过解放北路和义乌小商品防震减灾物资展销中心、店中店和参加各类展销会，以及10月份在亲贤北街新开设300平方米防震救灾物资展示销售中心旗舰店，全年实现销售额650余万元。（李　丹）

【脱贫攻坚】2018年，太原市供销合作社联合社开展网上电子商务和电商扶贫工作。以“阳曲小米”为农业部地标产品名片，市、县两级供销社创建的“首邑田园”公共品牌，线上与“天猫、淘宝、拼多多、贡天下”等10多家平台展开合作，6大类40多种农产品实现网上销售，线下在省城太原开通10家首邑田园土特产超市和若干直销店，实现机场、高铁、主要商业街区产品全覆盖。中央电视台焦点访谈栏目和农业栏目对“阳曲小米”进行两次报道。积极探索推进“农村电商+精准脱贫”等工作模式，确保贫困户农产品优先采购，推动贫困户变万元户，贫困村变小康村。清徐县供销社农资公司与好朋友配送有限公司合作成立清徐县新高供销服务有限公司，2018年投资200万元新建2000平方米的县级分拣中心，新增配送车辆9辆，建设电商网点40个，截至年底分拣量达52万件，营业额2022万元。做好对口扶贫村阳曲县移动新村的脱贫工作。市社系统32名党员干部职工与该村63户贫困户开展结对帮扶。争取和落实扶贫政策，使村集体经济年收入达到33万元，顺利实现整村脱贫。（李　丹）

【资产管理】2018年，太原市供销合作社联合社制定相关制度加强资产租赁管理。太原市土产日杂公司伊清园大厦年租金由140万元增至225万元；收回尖草坪诚和家园项目2000平方米住宅，使持续10年之久的历史遗留问题取得实质性进展；太原市粮油公司收回汽配市场经营权，收入由原每年300万元增至750万元。太原市果品茶叶副食总公司百年老字号“乾和祥”南肖墙茶叶店完成升级改造；“一品香”新建路茶叶店扩大经营面积，增加VIP贵宾茶室，开放茶台4组。两个茶庄年内发展8个微信群，销售收入大幅增长。（李　丹）

【安全生产】2018年，太原市供销合作社联合社强化安全生产“红线意识”和“底线思维”，落实“党政同责、一岗双责、齐抓共管、失职追责”。2018年召开安全生产例会16次，累计培训160余人次。开展“安全生产月”“安全生产大检查”等各项活动，排查各类隐患21起，全部完成整改，确保全系统无事故发生。高度重视信访稳定工作，社主要领导和分管领导多次接待来访人员，及时化解矛盾，维护稳定。2018年接待13起来信来访，均及时转办。化解1起中央巡视组交办案，4起市信访局交办案（包括土产公司一起8年信访积案，1起市委、市政府挂号的复转军人信访案），维护正常工作秩序和大局稳定。（李　丹）

金融

Finance

金融监管

·中国人民银行太原中心支行·

【概况】 2018年，中国人民银行太原中心支行学习贯彻习近平新时代中国特色社会主义思想和中共十九大精神，履行央行工作职责。执行稳健中性的货币政策，引导金融机构优化信贷结构，加大对经济重点领域和薄弱环节的支持；加强金融风险监测与防控，切实维护全市金融稳定；优化提升金融服务和管理水平，支持太原市经济稳定向好发展。

（办公室）

【金融运行】 2018年，太原市金融业总体保持平稳健康的运行态势，改革创新推进，服务实体经济能力提升。2018年底，太原市本外币各项存款平稳增长，财政性存款增势有所回落；各项贷款总体增长较快，中长期贷款保持快速增长态势，短期贷款有所下降。

各项存款平稳增长，财政性存款增幅收窄。截至2018年底，太原市金融机构本外币各项存款余额12317.27亿元，比年初增加391.54亿元，增长3.28%。其中，住户存款余额为4828.62亿元，比年初增加383.96亿元，增长8.64%；非金融企业存款余额为4537.70亿元，比年初增加78.45亿元，增长1.76%；广义政府存款余额为2679.54亿元，比年初增加37.23亿元，增长1.41%。住户存款中，定期及其他存款余额为3474.31亿元，比年初增加329.72亿元，增长10.49%。非金融企业存款中，定期及其他存款较年初减少10.53亿元，下降0.45%。广义政府存款中，财政性存款余额为722.86亿元，比年初增加111.32亿元，同比少增52.76亿元，增幅较上年收窄18.47个百分点；机关团体存款余额为1956.68亿元，较年初减少74.09亿元，下降3.65%。

各项贷款增长较快，中长期贷款保持快速增长态势。截至2018年底，太原市金融机构本外币各项贷款余额12684.21亿元，比年初增加1224.58亿元，增长10.69%。其中，住户贷款余额为1928.45亿元，比年初增加299.39亿元，增长18.38%；非金融企业及机关团体贷款余额为10755.40亿元，比年初增加928.92亿元，增长9.45%。住户贷款中，短期贷款余额为220.37亿元，比年初减少20.11亿元，下降8.36%；中长期贷款余额为1708.08亿元，比年初增加319.50亿元，增长23.01%。非金融企业及机关团体贷款中，短期贷款余额为2605.69亿元，比年初减少108.22亿元，降低3.99%，中长期贷款余额为7438.97亿元，比年初增加940.97亿元，增长14.48%。

（办公室）

【稳健中性货币政策】 2018年，中国人民银行太原中心支行贯彻落实货币信贷政策。强化“窗口指导”的针对性，准确传导货币信贷政策意图，指导金融机构保持信贷合理增长，满足实体经济发展需求。先后出台《关于全面落实宏观信贷政策更好地服务山西实体经济发展的实施意见》《关于推动山西省绿色金融发展的指导意见》等10多份指导意见，落实货币信贷政策，引导金融机构优化信贷结构，加大对经济重点领域和薄弱环节的支持。2018年，高端制造业、煤炭先进产能和基础设施建设得到有力支持，相关领域贷款余额8145.20亿元，占全部行业贷款的67.60%。保障性住房开发贷款余额较年初增加177亿元，同比多增101.50亿元。发挥利率定价自律机制作用，规范金融机构定价行为，引导贷款利率稳中有降，让利实体经济。实施定向降准政策，定向降低晋商银行存款准备金3个百分点，太原辖区7家县域法人银行业金融机构存款准备金1个百分点，释放流动性2.75亿元。全年为太原市辖金融机构办理再贴现140.40亿元，为法人金融机构办理常备借贷便利10亿元。持续深化金融精准扶贫工作，指导督促金融机构全面加大扶贫信贷投放，2018年向太原市下达扶贫再贷款限额0.90亿元，全年累计发放金融精准扶贫贷款0.89亿元。

改善民营和小微企业金融服务。建立小微企业金融服务联席会议制度，召开全省深化小微企业金融服务工作推动会。联合印发《关于深化山西省小微企业金融服务工作的实施意见》，出台20项具体措施优化小微企业金融服务。出台《关于切实加强民营企业金融服务的实施意见》，落实总行“三支箭”政策要求，提出13条工作措施。引导省利率定价机制出台减息降费9条措施，降低民营企业小微企业融资成本。申请增加支小再贷款、再贴现规模134亿元，并下调支小再贷款利率0.50个百分点。通过支小再贷款“先贷后借”模式，将支小再贷款核定额度与贷款利率加点幅度挂钩执行，督导金融机构将央行低成本资金政策优惠传导至小微企业。组织开展“进企业、送政策、送产品、送服务”的“一进三送”银企对接活动，加大政策宣传力度。制定太原市民营、小微企业融资洽谈会工作方案，并摸底企业融资需求相关信息，择机举办民营、小微企业融资对接会。截至2018年底，太原市小微企业贷款余额1581.54亿元。

（办公室）

【金融风险监测】 2018年，中国人民银行太原中心支行加强风险监测与评估。修订印发《山西省金融机构重大事项报告制度》，督导金融机构严格执行重大事项报告制度，落实风险分析和提示工作机制，汇总分析重大事项报告执行和风险情况。完善金融风险动态情况报送制度，列出金融风险报送清单，规范金融机构报送内容、流程及审签要求，落实风险“早报告”。建立地方法人金融机构发行金融债券风险评估工作机制，稳妥开展金融债券风险评估工作。密切关注太原市金融风险状况，围绕对金融风险类型、风险等级、紧迫程度的分析梳理，探索制定路线图、时间表和优先序。做好辖区银行业压力测试工作，对太原市4家法人银行机构开展压力测试。

强化存款保险风险监测、识别和处置工作。成立央行金融机构评级委员会，全年按季对太原市13家投保机构和4家非银机构开展央行评级工作。按季对全辖投保机构、按月对问题投保机构开展风险监测，加大保费基数、风险状况现场核查力度，发挥风险差别费率机制正向激励和风险约束作用。针对辖区投保机构的风险状况，通过约见谈话、下发风险警示函等形式提示风险，督促机构稳健经营。修订完善《山西省人民银行综合执法检查管理办法》《太原中心支行金融机构综合评价办法》，完成对太原市38家金融机构的综合评价工作。

（办公室）

【金融服务】 2018年，中国人民银行太原中心支行加强金融生态环境建设。联合印发《对真抓实干成效明显地方加大激励支持力度的实施办法》，并制定评价指标体系，启动金融生态评价工作。推进绿色金融发展，开展绿色信贷专项统计，督促金融机构建立绿色信贷考核评价体系。

深化金融消费权益保护工作。开展金融知识普及教育纳入国民教育体系工作，开展金融广告治理，制作“抵制非法金融广告”和“五招帮您守住钱袋子”公益宣传片。联合太原市教育局开展“金融与诚信”知识主题教育活动。探索推进金融消费纠纷多元化非诉解决机制建设，加强12363投诉咨询电话管理，通过采取增加接听坐席、实行领导跟班接听制度、增加满意度测评功能、加强业务培训和咨询投诉过程管理等措施，提高服务水平。

支付结算服务优化。按照“三级示范、城乡并进”的模式，统筹推动移动支付便民示范工程，试点推进“移动支付进农村”，改善受理环境、拓展应用场景。截至2018年底，全国性示范城市太原市商户银联手机Pay或二维码改造率为98.75%，37家机构改造率100%。落实“放管服”工作要求，优化企业账户服务。企业平均净开户时间为2.87个工作日，企业满意度达95%。加强支付结算监管，严格支付服务市场准入，开展支付结算现场执法检查。严格按照相关制度规定，规范办理人民币结算账户的开立、变更、撤销和联网核查等业务。截至2018年底全市单位人民币结算账户达345827户，其中当年开立67846户、撤销36684户、变更31531户。非现金支付工具业务稳步发展，截至2018年底，全市银行卡在用发卡量4248.69万张，联网活动商户数165216户，ATM机具数量5952台。农村支付环境建设持续深化，创新开发农村支付业务监管系统，加强农村地区支

金融安全知识宣传　　（中国人民银行太原中心支行供图）

付业务安全稳定运行水平，维护农村支付服务市场健康秩序。

加强货币发行管理。科学调拨发行基金，全市现金投放保持平稳。2018年，太原市中心支库净回笼59.59亿元，较上年减少2.58%。加大残损人民币回收、销毁力度，2018年共回笼残损人民币105亿元，提高流通中人民币整洁度。开展反假货币宣传，全市没有发生假人民币大量集中出现的情况，反假币工作处于常态。破解重点行业现金供需、流转难题，指导金融机构为太原市公交公司解决零钞积压问题。

加强反洗钱监管，开展扫黑除恶专项斗争。开展反洗钱分类评级和法人机构洗钱风险评估工作，督促义务机构加强反洗钱合规管理和洗钱风险管控。根据风险状况实施差别化监管，综合运用质询、约谈、督导走访等方式，督促义务机构履行反洗钱职责，提升反洗钱工作有效性。严格执行以案倒查及穿透式监管原则，开展反洗钱执法检查，保持监管高压态势。开展反洗钱调查和协查，在反恐、反腐、禁毒、涉税、扫黑除恶等领域协助侦查机关开展案件线索调查，为线索排查、案件侦破提供支撑。成立扫黑除恶专项斗争工作领导小组，履行行业监管职能，对支付结算、征信管理、外汇管理、互联网金融等业务领域存在的行业乱象，加大监管力度，依法依规从严监管、从重处罚。（办公室）

【人民银行工作会议暨外汇管理工作会议】 2018年2月11日，中国人民银行太原中心支行组织召开2018年全省人民银行工作会议暨外汇管理工作电视电话会议，贯彻落实全国金融工作会议、中央经济工作会议和总分行工作会议精神，总结2017年全省人民银行主要工作，分析当前形势，安排部署2018年重点工作任务。会议强调做好2018年全省人民银行工作的重点：围绕支持实体经济发展这个根本，不断提升金融服务质量和水平。围绕防控金融风险这个重点，不断强化对金融机构特别是法人机构的监管。围绕落实全面从严治党这一重大政治任务，持续改善基层央行政治生态。围绕工作业绩提档进位这一目标，不断推动业务建设上水平。会议提出2018年主要工作任务：贯彻执行稳健中性的货币政策，支持山西深化供给侧结构性改革。加强金融风险防范处置，防止发生系统性金融风险。加强金融基础设施建设，提升金融服务质量和水平。加强外汇管理和服务，提高服务实体经济水平。严格内部管理，夯实发展基础。（办公室）

【人民银行货币信贷工作会议】 2018年3月22日，中国人民银行太原中心支行组织召开2018年全省金融机构货币信贷工作会议，对2018年货币信贷工作提出具体要求：坚持区别对待、有扶有控，支持山西省经济结构转型升级。发展金融市场业务，推动金融市场改革创新。推动跨境人民币业务发展。加强信贷风险、流动性风险、债券违约风险的防范。加强协同配合和分析研究。（办公室）

【小微企业金融服务推动】 2018年9月28日，中国人民银行太原中心支行组织召开全省深化小微企业金融服务工作推动电视电话会议。会议总结当前全省小微企业金融服务总体情况，深入分析小微企业金融服务工作中存在的差距和不足，明确下一阶段重点任务，要求实施“五个抓好、五个突破”，深化小微企业金融服务工作，为推动山西省小微企业发展、促进经济实现高质量发展做出金融部门应有的贡献。工商银行山西省分行、中国银行山西省分行、潞州农商行、人民银行长治市中心支行、晋城银监分局等五家单位现场交流工作经验和特色做法。（办公室）

【马文蔚纪念馆开馆暨《抗币烽烟》首映】 2018年12月1日，马文蔚纪念馆开馆暨《抗币烽烟》首映仪式在人民银行阳曲县支行举行。在仪式上，人民银行货币金银局副局长陈建新强调，马文蔚纪念馆开馆暨《抗币烽烟》首映仪式是中国人民银行成立70周年的重要活动之一，希望太原中心支行和山西省钱币学会以组织建设马文蔚纪念馆和拍摄《抗币峰烟》为契机，按照总行副行长范一飞提出的“坚持学术导向、服务导向、发展导向”的钱币研究工作要求，以习近平新时代中国特色社会主义思想为指引，牢固树立“四个意识”，坚定“四个自信”，坚持服务金融、服务央行中心工作，进一步加强货币文化研究和红色金融资源保护挖掘，以史鉴今、古为今用，更好地为货币发行、货币政策、金融稳定等工作服务，为国家研究制定经济金融政策提供支撑。

（办公室）

·山西银保监局·

【概况】 2018年，山西保险监管工作坚持以习近平新时代中国特色社会主义思想为指导，贯彻落实山西省委省政府和中国银保监会党委决策部署，按照全面从严治党的总要求和稳中求进的工作总基调，进一步突出党的建设，聚焦金融工作“三大任务”，服务“三大攻坚战”，防风险、治乱象、补短板和服务实体经济等各项工作取得进展。全年，山西保险市场运行总体平稳，主要指标处于正常区间，行业承保保额、赔付支出的增速高于保费收入增速，保障领域明显拓宽，财产险和人身险业务结构持续优化。（李　鹏）

【保险业运行情况】 2018年，山西省银保监局推动保险业发展态势符合结构调整导向。全年，山西保险业为社会提供各类风险保障31.91万亿元，同比增加8.98%；实现保费收入824.88亿元，同比增加0.12%，累计增速由负转正。分险种看，财产险市场非车险业务增速较车险快42.74个百分点，财产险业务

（不包括财产险公司承保的意外险、健康险）保险金额 6.93 万亿元，同比增加 37.50%。人身险市场保障型业务增速快于储蓄型业务（不包括财产公司承保的投资型家财险）26.18 个百分点。

保险市场组织体系日趋完善。截至 2018 年底，全省共有保险公司 49 家（含 1 家法人机构——中煤财险），其中财产险公司 26 家、人身险公司 23 家，各类保险公司分支机构 2550 家；保险专业中介机构网点 1170 家（含华泰财险 EA 门店 178 家）、保险兼业代理机构网点 7922 家；保险公司员工 3.15 万人，执业登记保险销售、经纪、公估从业人员 47.25 万人。

保险业损失补偿作用发挥明显。2018 年，全省各保险公司发生赔款与给付支出 267.35 亿元，同比增长 2.38%，较保费收入增速高出 2.26 个百分点。其中，包括城乡居民大病保险在内的健康险业务赔付支出 34.67 亿元，同比增加 46.28%；意外险业务赔款支出 4.58 亿元，同比增加 19.66%；保证保险赔款支出 2.81 亿元，同比增加 192.90%；信用保险赔款支出 5804.06 万元，同比增加 339.01%；农业保险赔款支出 6.91 亿元，同比增加 47.51%。　　（李　鹏）

【服务经济社会发展】 2018 年，山西省银保监局支持资源型经济转型发展。贯彻《国务院关于支持山西省进一步深化改革促进资源型经济转型发展的意见》和山西省《关于发挥保险作用支持创新驱动转型升级的若干意见》，引导保险业积极支持资源型经济转型发展和综改试验区建设。印发《关于加快推进绿色保险服务体系建设工作的通知》和《关于推进环境污染强制责任保险试点工作的指导意见》，组织行业改进产品条款，引导保险业服务污染防治攻坚战。主动对接“快递小哥进言总理”有关保险诉求，生鲜快递保险“两会”前在临猗县落地。持续推动首台套重大技术装备保险，保险业为中车大同、太原重工和阳煤化工等企业首台套设备提供风险保障 18.19 亿元。继续协调推进险资入晋，2018 年以来，保险资金通过各类途径投资潞泽电力、阳煤集团、山西焦煤等企业转型综改项目 230.22 亿元，累计投资余额达 1164.48 亿元。推动出口信用保险参与“一带一路”建设，举办“走出去”风险管理论坛，探索形成服务出口龙头企业的“太钢模式”，一般贸易出口渗透率和出口企业覆盖率持续保持全国第一。

推进保险精准扶贫。推广临县保险扶贫经验，“两减四推一倾斜”保险精准扶贫模式覆盖全省 10 个深度贫困县和临汾隰县，累计减免 20.53 万户次贫困户政策性农业保险个人自缴保费 434.49 万元。开展农险扶贫工作，保险机构为全省 26.56 万户次贫困户提供了 105 亿元特色农险的风险保障，累计支出赔款 1.36 亿元，受益贫困户 12.15 万户次。稳步推动“五位一体”扶贫小额信贷保证保险发展，2018 年累计撬动贷款逾 4.51 亿元，帮助 9059 户贫困户实现增收，走在了全国各省市前列。按照《山西省农村建档立卡贫困人口医疗保障帮扶方案》要求，推动落实基本医保经办、大病保险和贫困人口补充医疗保险“一站式”健康保险扶贫政策。2018 年保险业承办 209.67 万农村建档立卡贫困人口的补充医疗保险，累计赔付 20.75 万人次 9118.65 万元。联合山西省卫健委实现省级定点医疗机构住院费用一站式结算，切实减轻贫困人口就医负担。保险业还积极创新扶贫模式，通过返贫责任险、扶贫“一保通”等产品设计，为贫困户构筑脱贫保障网。

发展农业保险。持续推进农险扩面、提标、增品。主要险种承保数量不断扩大，2018 年玉米、小麦、马铃薯、能繁母猪、奶牛、育肥猪和森林保险承保数量分别增长 9.71%、1.54%、52.39%、5.81%、50.54%、156.94%、1.75%。中央财政补贴品种持续增加，与省财政厅和省农业农村厅联合下发《关于在全省开展政策性育肥猪保险的通知》，将育肥猪纳入到中央政策性补贴品种范围，山西省中央政策性补贴品种达到 7 个，基本覆盖省内主要食畜产品。政策性农业保险保障程度逐年提升，2018 年在不提高保费的基础上，将中央政策性森林保险金额由原来的每亩 600 元提高到每亩 800 元，费率由原来的 3‰降低到 2.25‰。地方政策性农业保险产品日益丰富，2018 年保险业在全省 75 个县市区开展 33 个品种的地方政策性农业保险试点，实现保费收入 1.58 亿元，累计承担风险保障 118.32 亿元，参保农户达到 46.95 万户次，累计支付赔款 2.50 亿元，简单赔付率达 158.23%，受益农户 20.86 万户次。

2018 年 12 月 17 日，山西监管局正式挂牌

（山西银保监局供图）

重大自然灾害面前保障有力，面对清明期间低温冰冻灾害，组织相关保险公司第一时间排查承保和受灾情况，开通理赔服务绿色通道，全力做好受灾地区接报案及查勘理赔服务工作，保险业受理各类报案 1694 件，支付赔款 1.64 亿元，简单赔付率达 300%，受益农户 11.42 万户次。

参与社会保障体系建设。维护大病保险良好运营环境。与省市医保部门就保费拨付时间节点达成一致，2018 年度保费到账率达 80% 以上；联合人社、财政等部门，明确 2018 年居民医保人均财政补助标准增加的 40 元中，20 元用于大病保险；指导保险公司加大医疗费用巡查力度，2018 年发现不合理医疗费用 3383 笔 579 万元、虚假医疗费用 8 笔 30 万元，保障医保基金的安全高效使用。梳理汇总大病保险检查发现的 5 大类 62 项问题，对 3 家大病保险承办公司提出相关整改要求，提高大病保险承办水平。制定保险业落实《山西省人民政府办公厅关于加快发展商业养老保险的实施意见》工作方案，持续跟进《山西省人民政府办公厅关于加快发展商业健康保险的实施意见》落实情况，开展数据监测与窗口指导。加强与相关部门的沟通协调，持续推进忻州、长治两地的基本医保经办试点工作。

助力社会管理体系创新。配合省安监局拟定《关于在全省高危行业领域实施安全生产责任保险的通知》，指导公司配套制定区域性安责险条款费率。参与电梯质量安全工作，调研电梯责任保险发展状况，研究“保险 + 服务”具体措施。联合省教育厅部署 2018 年校园方责任保险工作，实现校园方责任保险全覆盖。起草地震巨灾保险工作方案，探索符合省情的地震巨灾保险机制。

（李　鹏）

【市场乱象整治】 2018 年，山西银保监局细化安排部署。将保险市场乱象整治工作作为防范金融风险的一项重要任务来抓，成立山西省深化保险业市场乱象整治工作领导组，制定《山西保监局关于进一步深化保险业市场乱象整治工作的实施意见》（晋保监办〔2018〕46 号），明确主要工作任务及职责分工，统筹监管力量，形成工作合力。下发《关于深化整治保险业市场乱象工作的通知》（晋保监办〔2018〕38 号），及时传达有关工作精神，要求各保险机构进一步提高认识，落实主体责任，采取措施深化乱象整治工作。把督导工作作为促进保险业治乱象的重要手段，先后开展不同层级的治乱象督导。由原保监局领导带队组成督导组，对部分省级保险公司及保险中介法人机构开展深化整治保险业市场乱象专项工作督导，深入了解和评估治乱象工作开展情况，提出工作要求。由山西银保监局筹备组成员带队，组成 7 个督导组对 10 个地市的 17 家保险机构进行专项督导，针对发现的问题和不足，向全行业下发文件进行通报。对问题突出的 4 家保险机构，约见其省级机构负责人进行谈话，明确对存在的问题进行“补课”，限时提交整改报告。

开展专项治理。对 6 家机构开展车险市场专项检查，对 5 家机构开展农险专项检查，打击向投保人赠送保险合同外利益、编制提供虚假报告等违法违规行为，整顿基层财产险市场秩序。开展人身保险治乱打非专项行动，人身险公司自查揭示乱象问题 1475 项，现场检查 2 家保险机构发现销售乱象、产品乱象等 5 大类 15 项问题。现场检查中介机构 28 家次，查实违规开展互联网保险业务、虚构中介业务和经济事项套取资金等 29 项违法违规行为。开展扫黑除恶专项斗争相关工作，与公安部门探索建立沟通协作机制，将扫黑除恶相关要求纳入行政许可、市场准入和退出等工作中，组织行业摸排涉黑涉恶线索 3 起。严厉打击非法商业保险活动，发现风险隐患 62 处，清除非法广告 52 项，取缔非法机构 7 家，移送问题线索 1 条。开展保险反欺诈“安宁 2018”专项行动，公安机关立案 4 起，向省公安厅移送案件线索 4 件，刘新云副省长对案件办理作出批示。根据银保监会工作安排，对阳光人寿、利安人寿开展公司治理、偿付能力风险管理监管评估，完成调查取证与事实确认工作，提出整改意见。

加大行政处罚力度。提高案件审理的效率和质量，严格行政处罚裁量标准，坚持机构个人双罚原则，2018 年下发行政处罚决定书 23 件，对 4 家保险公司分支机构、14 家保险中介机构及 23 名高管人员罚款 159.87 万元，吊销 1 家保险专业代理机构业务许可证，给予终身禁入保险业处罚 1 人次。（李　鹏）

警保联动数据共享座谈会　（山西银保监局供图）

【行业风险防控】 2018 年，山西银保监局健全完善风险防控机制。修订《风险定期排查报告制度》，出台《风险处置内部规程》，围绕风险排查与处置，细化工作要求与职责分工，建立风险防控措施与排查结果周报制度。约谈制度执行不到位、走过场的6家保险机构主要负责人。出台《合规管理工作方案》，明确合规监管评价标准，从落实合规责任、“三道防线”建设、合规管理成效等4个方面设定13项评价指标和31个评分标准。开展保险业高级管理人员培训，按照分级分类、全员参训的原则，创新培训方式，培训内容更加突出风险防控，全省1884名高管人员分18批次参加集中培训。以“防范金融风险”为主题，派出25名巡查人员对10个地市21个县区进行巡查，通过明查暗访、调阅资料、个别座谈等方式，宣导防控风险相关精神，针对排查出的6大类风险隐患及时采取防控措施。

开展重点领域风险防控。做好安邦保险风险防范工作，成立应对工作领导组，制定七项应急措施，主动向省政府报告工作，与相关部门建立联络协调机制；详细了解业务情况，约谈省级公司主要负责人及班子成员，建立日报和旬报制度，2018年安邦保险山西各分支机构运行平稳。严密防范非正常满期给付和集中退保风险，建立年初预测、定期监测与联合防控机制，着重从风险排查、舆情监测、消费投诉处理入手，做到抓早抓小，全年退保与给付业务符合预期，未发现风险苗头。组织开展案件风险管理自查评估，约谈考评不合格、自查不到位的5家机构负责人；强化司法案件报送渠道与时限要求，持续跟踪问责整改情况，2018年保险业报告司法案件13起，涉案金额648.20万元，保险机构针对4起案件责任追究17人。按照郭树清主席对泰康人寿有关司法案件的批示精神，督促公司及时处置整改，进行通报开展警示教育，组织行业排查风险。

严防风险跨行业传递。密切联系省互联网金融风险整治领导组、处置非法集资领导组，与省政府金融办、工商局等部门建立良好合作关系。通过加强外部协调联动与内部分工合作，织紧织密金融风险防控网。组织防范和处置非法集资宣传月活动，将非法集资风险排查融入日常监管工作。对3家机构开展非法集资专项检查，针对发现的33个问题，要求相关机构完善制度、强化执行。组织保险机构排查打着国家战略旗号开展违法违规的金融活动，排查与宝盈中天、延保系等公司的合作情况。妥善处置涉嫌非法经营互联网业务风险1起、以网络互助形式非法从事保险业务风险2起。（李　鹏）

【保险消费者权益保护】 2018年，山西银保监局切实推进保险纠纷多元调处机制建设。参与我省道路交通事故损害赔偿纠纷“网上数据一体化处理”改革工作，及时总结晋中市道路交通事故损害赔偿纠纷“网上数据一体化处理”的经验，指导保险行业协会积极推动诉调对接工作向县区延伸。2018年全省累计调解案件1510件，调解成功1129件，成功率达74.77%；其中，经诉讼对接机制进行调解的案件828件，同比增加130.23%，调解成功495件，成功率达59.78%。

妥善处理保险消费投诉和矛盾纠纷。充分发挥12378热线主渠道作用，做好人员轮换和工作衔接，加强业务技能培训，优化转办处理流程，加大保险公司考核通报力度，妥善解决保险消费者合理诉求。2018年，12378分中心共接听保险消费投诉电话21528通，同比增长27.99%；消费者来电满意度达99.63%。加强对投诉案件的分析研判，及时介入复杂矛盾纠纷处置工作，“3·15”、全国“两会”等敏感时期，处置多起矛盾纠纷。开展保护消费者合法权益“精准打击行动”，坚持个案检查和专项检查相结合，对1家保险公司和1家银邮代理机构进行现场检查，检查发现的违法违规问题进入后续处理流程。

推进消费者权益保护基础性工作。3·15期间围绕“品质时代　诚信保险”主题，组织全行业开展保险消费者权益保护系列活动。紧盯保险知识普及的重点人群和薄弱环节，9月联合相关部门组织开展“金融知识普及月”活动，形成宣传声势。调研了解保险销售行为可回溯管理制度执行中存在的问题，加强窗口指导，督促整改落实。加强自媒体保险营销宣传行为管理，组织保险机构开展官方自媒体及个人自媒体保险营销行为风险排查和整改工作。推进信用体系建设，落实“双公示”工作要求，理顺局机关内部信用信息归集、使用机制。指导被国家发改委列入《失信关联黑名单》的7家保险公司分支机构做好失信信息核查及整改工作。（李　鹏）

【保险业改革创新】 2018年，山西银保监局稳步推进商业车险三次费改。组织各财产公司根据监管部门审批的费率调整方案，确定系统切换时间；在开展调研的基础上，预测市场可能发生的变化；研究确定14项重要月度监测指标，对车险市场运行情况进行逐月监测；针对社会公众对“三次费改”的关注，组织省内广播电视台、广播电台等重要新闻媒体，以答疑形式对费改工作进行宣传，通过正面引导形成良好的舆论氛围，防止消费误导情况发生，保护消费者权益。改革后我省商业车险均单保费实现较大幅度下调，“双70”占比、续保客户降价比例逐步提升，大部分消费者享受到改革红利。

推行车险电子化保单。与山西省公安厅交通管理局签署交通管理与保险服务信息化战略合作协议，进一步推动保险业与公安交管部门的深度合作，实现双方数据互联互通。组织保险行业协会开展可行性研究论证，明确电子保单生成、批改、推送等环节验收标准，组织完成信息系统联调测试，9月末起，26家财产险公司全部上线车险电子保单服务，消费者可根据需要选择纸质保单和电子保单，保险业绿色便民服务水平得到提升。（李　鹏）

【保险监管部门机构改革】根据国务院机构改革安排，原中国保监会与原中国银监会合并成立新的中国银保监会，省级设银保监局，地市级设银保监分局。2018年10月20日，山西银保监局筹备组正式成立，朱金渭同志任组长，成员为原山西保监局、山西银监局其他局领导，筹备期间统一以山西银保监局筹备组的名义对外开展工作。12月17日，山西银保监局正式挂牌。（李　鹏）

·山西证监局·

【概况】2018年，山西证监局认真学习贯彻习近平新时代中国特色社会主义思想和中共十九大精神，提高政治站位，增强“四个意识”，坚定“四个自信”，坚决做到“两个维护”，紧紧围绕中国证监会党委决策部署，扎实推进全面从严治党，坚持稳中求进工作总基调，讲忠诚、讲干净、讲担当，以“强监管、防风险、促发展”为主线，保持定力，持续推进依法全面从严监管，资本市场防范化解重大风险和服务实体经济发展取得新成效，促进辖区资本市场持续稳定健康发展。（张　军）

【资本市场监管】2018年，全省资本市场继续保持平稳健康、稳中有进的发展态势。上市公司资本运作能力进一步提升，再融资和并购重组活跃，对资源和产业整合的带动作用显著提升。辖区证券期货经营机构资本实力增强，代理交易规模同比实现大幅增长。其中，证券交易额增速明显，在中部六省排名第一，高于全国增速；证券公司业务创新业务有所发展，依赖经纪业务的盈利模式有所改善。证券期货投资者数量稳定增加，投资者权益得到较好保护，市场秩序良好。（张　军）

【资本市场领域风险防范化解】全年将防风险作为全局工作重点，持续开展对辖区资本市场股票、债券、期货、基金等领域全方位的风险隐患排查，强化主动研判、动态监测和实时预警，综合施策。推进上市公司退市风险治理，成功化解山西三维、南风化工、安泰集团和狮头股份等4家上市公司退市风险；推动山西省发起组建50亿元政策性纾困救助基金，通过市场化方式纾解重点风险公司融资困境，妥善化解上市公司股权质押风险；对存在债券违约情况的永泰能源和龙跃集团，通过高频现场督导、密集通报风险、督促公司及其控股股东积极自救、提请地方政府协调金融机构给予流动性支持等方式，有效控制风险外溢和蔓延；建立“日跟踪、周监测、月汇报”的工作机制，持续督促和合期货合理控制资管业务规模；快速反应，迅速立案，仅用44个工作日依法查处山西三维环保信息披露违法违规案。2018年度全省资本市场未出现群体性事件、无一家上市公司质押股票被强制平仓、债券违约风险未发生蔓延、感染，风险防范化解工作成效显著，维护辖区资本市场安全稳定运行。（张　军）

【证券业监管】山西证监局履行监管职责，严格落实依法全面从严监管要求，恪尽职守开展各类监管工作，维护市场稳定和投资者合法权益。全年开展现场和非现场检查工作，用足用尽监管手段。累计开展各类现场检查107家次，同比增加52.80%，检查对象和检查业务类型实现监管对象全覆盖；针对检查中发现的问题累计采取日常监管措施85件，同比增加7.60%；采取各类行政监管措施21件，同比减少2件，监管对象自觉适应监管、规范运作程度提高。按照审批行政许可事项严谨，换发证券期货经营机构许可证及时，审核备案报告事项规范的标准，累计核准证券期货经营机构行政许可事项12件，换发证券期货经营机构许可证96件，审核备案报告事项984件。（张　军）

【行政执法力度加强】2018年，山西省累计办理证券期货市场各类案件33起，涵盖内幕交易、信息披露、违法经营等多类案件，涉案主体包括上市公司、大股东、新三板挂牌公司、期货公司、会计师事务所等。开展山西辖区非法证券投资咨询专项整治活动，开展防非宣传，实现对投资者的宣传全覆盖，摸排涉非线索1条。完善案件认定标准，探索案件提前介入，充分保障当事人的程序权利，加大执法成果运用等方式，案件审理质效提升。全年累计审结案件4起（3起案件被证监会作为典型案例宣传），处罚当事人36名，平均结案时间16个工作日，案件类型涉及从业人员违法买卖股票、期货公司违反风险监管指标、信息披露违法违规和内幕交易，罚没款359万元，全部执行完毕。（张　军）

【投资者保护】2018年，山西省证监局始终坚持以强化信息披露监管和现金分红为抓手，保护中小股东的合法权益。2018年辖区累计18家上市公司共派发现金分红120.29亿元，同比增长88.92%。成立中证中小投资者服务中心山西调解工作站，与山西省高院联合召开诉调对接工作座谈会，组织辖区证券期货经营机构、私募基金机构签订投资者投诉处理承诺书，构建辖区证券期货纠纷多元化解体系。调解站全年受理案件152件，成功调解116件，涉及金额536万元。提升证券期货市场信访投诉事项办理规范性，修订完善内部规则制度。全年共接收投诉事项233件，225件完成通过和解和撤诉得到妥善解决。开展“理性投资 从我做起”为主题的专项投资者教育宣传活动，持续充实“投资者保护专栏”、投教微讲堂，全年推送投资者保护案例、信息90篇，编制涉及证券期货投资知识、风险防范、依法维权等内容的宣传海报、折页5万份向市场经营机构和社会公众发放。（张　军）

【多层次资本市场体系完善】2018年，山西证监局持续加强辖区多层次资本市场体系建设，配合省地方金融监管局做好辖区上市挂牌后备企业资源库入库企业筛选培育工作，召开上市辅导备案企业培训会，充实扩大上市后备资源，支持区域性股权市场发展。推动山西股权交易中心获得省政府正式批文，并在证监会进行合法运营备案。截至2018年底，辖区共有A股上市公司38家，其中主板31家，中小板4家，创业板3家。新三板挂牌公司89家，本年度新增10家。省股权交易中心挂牌企业175家，新增101家；展示企业1569家，新增79家；股份（股权）托管公司430家，新增197家。在局辅导备案的拟上市企业共12家，新增4家；大运汽车上市申请处于证监会审核中。（张　军）

【证券期货经营机构监管】　截至2018年末，辖区有山西证券、大同证券2家证券公司、35家证券分公司和185家证券营业部，比上年新增3家分公司、新增7家营业部。辖区证券经营机构投资者资金账户总数为417.84万户，客户总资产3107.21亿元，累计代理证券交易总额46159.83亿元，同比分别增长10.04%、-24.21%、9.47%。辖区证券公司创新业务有所发展，依赖经纪业务的盈利模式有所改善。辖区有和合期货、晟鑫期货、三立期货3家期货公司、5家分公司和25家期货营业部，比上年增加3家分公司。期货经营机构投资者开户数5.49万户，客户保证金余额20.30亿元，期货市场累计成交额为25306.64亿元，分别同比增长8.79%、15.60%、13.60%。辖区期货公司总资产、净资产均有所增长，资本实力（增资1000万元）有所增强。辖区2家法人证券公司、3家法人期货公司的各项风险控制及流动性指标均符合监管要求，未发生较大的风险事件。（张　军）

【基金管理行业发展】　2018年辖区公私募投资基金均取得较快发展。截至12月末，山西证券共管理4只公募基金，存续规模34.61亿元。在中基协登记的私募基金管理人59家，新增10家。其中，私募股权、创业投资基金管理人49家，私募证券投资基金管理人10家；在中基协备案的正在运作的私募基金85只，新增34只，实缴规模122.69亿元。各类投资基金服务实体经济的能力日益增强、社会投资活力激发。（张　军）

【直接融资管理】　2018年，山西证监局坚持资本市场服务实体经济的工作理念，支持公司做大做强，引导辖区上市公司、挂牌公司及非上市企业利用非公开发行、公司债等融资工具，优化资本结构，补充营运资金，化解财务风险。全年辖区累计实现资本市场直接融资1485.31亿元，同比增长37.40%。其中，上市公司增发股份融资86.15亿元，公司债融资394.01亿元，企业债融资24亿元，地方政府债融资681.92亿元，证券公司柜台市场融资192.12亿元，证券业务创新融资2.19亿元，资产支持证券（ABS）融资7.40亿元，私募股权、创投基金融资80.99亿元，新三板挂牌公司定向增发融资8.31亿元，区域性股权市场为企业实现直接融资8.19亿元。（张　军）

【资本市场服务国企改革】　2018年山西资本市场围绕服务国企改革有效作为，推动省属国企利用资本市场进行再融资和并购重组，为国企国资改革提供新动能。支持山西焦化非公开发行融资42.92亿元、阳煤化工非公开发行融资20亿元；支持山西焦化成功实施重大资产重组，助力企业实现脱困转型，打造能源革命排头兵；支持*ST三维成功化解退市风险，并通过重大资产重组转型为高速公路上市公司；支持汾酒集团实现混合所有制改革样板落地；支持山西汾酒在辖区国有上市公司中率先开展股权激励试点。6家上市公司并购重组规模累计137.03亿元，同比增长215.52%，其中山西焦化、*ST三维、大同煤业、山煤国际4家国企重组规模达112.36亿元，占比81.90%。积极推动国有企业发行公司债券，助力国企产能化解和存量盘活，截至12月末，阳泉煤业、蓝焰控股、山西证券3家上市公司发行公司债融资107亿元，8家非上市国企发行公司债融资285.01亿元。（张　军）

【资本市场支持民营企业】　2018年，山西证监局党委落实习总书记在民营企业座谈会上重要讲话精神和山西省支持民营企业发展大会精神，全年累计开展民营企业调研工作11家次，推动民营企业化解退市、股权质押、债券违约等重点领域风险，引导民营企业利用多层次资本市场拓宽融资渠道。全年辖区共有3家民营上市公司非公开发行融资66.15亿元，13家民营挂牌公司进行定向增发融资8.28亿元，1家民营企业发行公司债融资2亿元，2家民营上市公司开展并购重组。（张　军）

银行业

·中国工商银行山西省分行·

【概况】　2018年，中国工商银行山西省分行坚持以习近平新时代中国特色社会主义思想为指导，深入贯彻中共十九大精神和习近平总书记视察山西重要讲话精神，坚持稳中求进工作总基调，经济保持稳中向好、结构优化、动力增强，高质量转型发展迈出坚实步伐。工行山西省分行紧紧围绕“一个指引、两手硬”重大思路和要求，贯彻落实工总行工作会议精神和监管部门工作要求，坚持“创造价值，以贡献者为本”的基本价值观，坚持“服务实体、担当普惠、助力山西、晋善晋美”的业绩观和发展观，围绕“三增三降三优化、三亮三比三评价”的工作目标和工作机制，聚焦本源，主动作为，攻坚克难，夯实根基，推动各项重点工作落地，经营的“稳定性、可靠性、可持续性”显著增强。

2018年，实现拨备前利润63.07亿元，较同期增加4.83亿元，增幅8.29%；实现净利润36.90亿元，较同期增加1.27亿元，增幅3.57%。净利息收益率（NIM）较同期增加11BP，较系统平均水平高3BP，对全行盈利增长起到重要作用。本外币全部存款余额4363.28亿元，时点增量235.08亿元，是近五年来增量最多的一年，四大行占比30.70%，连续两年位列同业第一。其中，储蓄存款（人行口径）时点增量171.15亿元，总行系统内排第16位；增量同业占比达34.05%，比年初提4.17升个百分点。公司存款时点余额536.09亿元，较年初净增61.67亿元，同比多增76.22亿元，日均余额529.37亿元，较上年净增13.28亿元。机构存款余额897.04亿元。本外币各项贷款（含贴现）余额2475.24亿元，较年初增加175.65亿元，一般贷款较年初增加253.59亿元，超过前4年增量的总和，四行占比32.40%，排名同业第一。公司贷款时点余额净增120.33亿元，创近5年最好水平。个人贷款净增133.26亿元，是上年同期的1.84倍，创历史新高，四大行占比排第2位。小微企业贷款（监管口径）余额325.74亿元。实现存款净收入56.98亿元，占营业净收入的55.03%，较同期增长10.84%；实现贷款净收入34.47亿元，占营业净收入的33.28%，较同期增长9.08%；实现中间业务（未含银行卡还原收入）收入19.02亿元，四大行占比32.87%。截至2018年末，不良贷款余额29.40亿元，较年初减少22.38亿元，不良贷款率1.19%，较年初下降1.06个百分点；连续6个月低于系统平均水平，为2015年以来的最好水平，系统排名分别较年初提升8个位次和17个位次，分别排第16名（从低到高）和第14名（从低到高）。（赵晓红）

【信贷服务】 2018年，中国工商银行山西省分行统筹好“大、小、新、优”信贷布局，坚持“不唯所有制、不唯大小、不唯行业、只唯优劣”的公平信贷原则，建立重点项目储备库、优质目标客户拓展蓝图、优质客户拓展图谱、典型案例示范库，筛选确定核心领域重点项目，推进“1+3”信贷结构调整，做强信贷主业。发挥基础产业“主动力”。继续将支柱产业作为支撑贷款规模的压舱石，全年累计投放交通、煤炭、电力贷款624.60亿元，净增183万元，满足重点企业资金需求；审批完成交控集团651亿元银团贷款，创历史上单笔单户最高业务金额；裕光2×100万千瓦火电项目历经十年完成20亿元贷款审批，是近三年审批的唯一一个火电项目；为“腾笼换鸟”振兴地方经济、重点引进的第一家外阜入晋大型集团企业——苏晋能源以及山西燃气集团、航空集团等新四梁八柱企业提供工行智慧和金融服务，助力地方经济转型发展。打造市场“新引擎”。在稳定煤、电、路等传统产业的基础上，聚力开拓城市基础设施、城市公共事业、产业聚集区、教育、医院、文化旅游板块金融服务领域，立足信贷新市场，优化信贷结构。全年新市场累投174亿元，同比多投20.90亿元；开展幸福产业市场专项营销活动和县级医院提质活动，攻克短板，实现幸福产业贷款净增3.50亿元。深化“全渠道”服务。创新供应链场景化服务模式，供应链实现投放21户43笔，投放金额3993万元；首次办理实现国内信用证项下福费廷业务2051万元，实现业务零的突破；办理福盛钢铁eucp 6000万元，填补BOLERO电子交单业务全省业务空白。打造“全融资”格局。开展债券承销、代理投资、投贷联动，为同煤、山煤发行43亿元短融，票面利率创发行人同品种债券最低记录；为交控集团办理理财融资37亿元；山西国电4亿元理财直接融资工具获批，汾酒集团期酒、中铁三局ABS业务达成合作意向，引导理财资金更好地支持实体经济发展。（赵晓红）

【普惠金融】 2018年，中国工商银行山西省分行坚定履行大行普惠金融责任担当，成立普惠金融执行委员会，拓展普惠金融全产品综合服务能力，明确“二级分行普惠金融事业部与直营支行合署办公、城区小微信贷业务直营、县域支行业务分类管理”的经营思路，推动普惠金融业务持续稳健发展。创新产品服务模式，率先在银行业中开展众创空间暨普惠金融实验室启动筹建、“创新创业大赛”首期创客招募选拔系列活动，创新打造“融资+融智”双创服务模式。借助“一体两翼双网”服务平台架构开展场景化合作，在服务民生领域翻开崭新一页。全辖人行定向降准口径贷款余额13.43亿元，较年初净增4.23亿元，完成年度计划的423%。全辖银监普惠口径贷款余额19.31亿元，较年初净增5.05亿元，完成年度计划的505%。针对新的扶贫形势和监管要求，探索扶贫小额贷款的投放模式，提出“龙头企业+合作社+贫困户”“致富带头人+合作社+贫困户”“合作社+贫困户”“直贷”四种扶贫小额贷款投放模式。全辖扶贫小额贷款余额4.21亿元，累计投放30000.50万元，完成年度计划的100%；产业扶贫贷款余额10.02亿元，贷款累计投放8.06亿元；项目扶贫贷款余额5.93亿元，贷款累计投放2.23亿元。涉农领域贷款余额6.15亿元，较年初净增2.54亿元，完成年度计划的84.69%。全面把好新增入口、存量管控、不良处置“三道闸口”，完善风险管理制度、流程和标准，严防系统性风险和区域性风险。小微企业不良贷款余额较年初下降1019万元，不良率较年初下降0.83个百分点；剪刀差余额为0，较年初下降511万元。（赵晓红）

【对公业务拓户工程】 2018年，中国工商银行山西省分行抓源头、用平台、提质量，拓户工作呈现全新气象。围绕对公基础业务转型发展主线，全年新增有效对公结算账户18149户，同比增长671户，完成计划125%。自主创新研发“融易拓”平台，营销客户5680户，成为扩大客户规模、优化客户结构的重要渠道和手段。推广便捷开户和智能开户服务，开户时间较传统模式缩减80%，智能开户量列全行第8位，预约开户客户达到5953户，占当期开户总量的70%。金融资产5万元以上公司客户净增1642户，完成计划的273.67%。全量个人客户净增96万户，较年初增幅6%，成为10家完成拓户必保目标分行之一；有效客户净增64万户，较年初增幅5.54%。聚焦两大重点资金富集型版块，坚持代发工资两个不变政策，新增代发营销奖励政策不变、“两个进场”维护存量客户模式不变，启动代发工资72万户批量签订薪金溢薪火计划，提升代发工资资金留存。净增单位1119户，增幅15.27%；个人客户净增6.79万户，增幅2.87%；代发额累计870.60亿元，同比净增57.44亿元。召开社保市场拓展专项工作部署动员会、社保信息中心负责人座谈会，抓住互联网+人社线上发展机遇，传统+创新双渠道发力，实现“五个第一”的突破，成为人社“民生山西”线上项目的唯一合作行，同业首家设立社保补换卡一站式服务网点，打造全省首家社保一站式服务样板行，同业首家获批并发行三代社保卡，全国首家社保卡在公交领域应用。从合作破局以来发行社保卡83万张，同比多发52万张，社保客户新增37万户，布设一站式服务网点94个，通过一站式服务为6.50万客户补换社保卡，社保合作地域从两家扩展到11家。系统内首家启动“外拓宝”零售外拓营销智能平台建设，成为基层目标市场管理、外拓过程管理和营销业绩管理的利器，截至2018年底，外拓宝用户3335人，累计外拓1.98万次，外拓客户1.15万户，月外拓次数已达4500次，平均每个网点月外拓10次，对大零售转型发展提供助力。依托网点阵地营销和互联网渠道，信用卡有效客户全年净增38.30万户，完成总行计划的137%，排名全国第2。将私人银行客户、财富客户以及金融资产20万元以上的高中端客户作为市场攻坚重点对象，打通客户晋升通道，提升客户星级和综合贡献，建立分层服务、全产品营销、综合化服务机制，私人银行时点客户较年初净增269户，排名全国第6。依托网格化营销管理，夯实“财政、社保、住房、军队”四大核心板块，加大行政事业单位、教育、医疗、公检法、社团、工会组织等传统类客户群体以及住宅维修资金、公共资源等新市场营销力度，全年新增机构客户1561户，完成年度计划的156.10%，新增客户存款创历史同期最好水平。其中工会及社团组织拓展占比达到80%以上，存款占比达到85%。日均金融资产5万元客户较年初增加259户；三方存管新增客户14.27万户，完成全年计划的83.28%，同业排名继续保持第一位。（赵晓红）

【稳固存款业务】　2018年，中国工商银行山西省分行储蓄存款坚决稳固传统领先位次，围绕代发工资、大学生、普通商户、重点对公客户四大目标市场，储蓄存款确定为建设第一零售银行的首要突破口，建立核心竞争力积分制，推进“给工具”促存款，储蓄存款实现更强更稳，储蓄存款时点净增168亿，连续七个季度同业第一；日均净增95亿元，连续七个月同业第一；储蓄存款增量对全部存款贡献达72%。公司存款实行有贷户打包认领，紧盯传统大户和贷款客户，在月末季末关键节点锁定重点企业资金动向，综合运用大额资金监控平台等系统，提前预警和督促各行严控重要时点走款，上下联动多维实施策略挽留，最大限度实现派生存款体内循环，坚持量价协调促发展，实现抓存工作常态化，公司存款余额净增68.50亿元，同比多增55.20亿元，创近9年最好水平；日均净增42.30亿元，同比多增13亿元，创近8年最好水平。机构存款打赢重点领域改革营销攻坚战，推进公共资源交易领域以点带面，快速投产交管局规费线上缴费项目，法院一案一账号项目初尝胜果，机构存款余额达897.04亿元。按照总行“大同业”战略部署，先后与民生、广大、兴业、广发等4家银行开展合作，累计办理非结算性同业存放14笔，共计105亿元，为全辖利润贡献500余万元，拓宽新的利润增长点。（赵晓红）

【中间业务发展】　2018年，中国工商银行山西省分行以提升中间业务组织收入能力为重点，集思广益加强研究分析，加快重点产品线转型，统一思想，明确目标定位，多措并举狠抓措施落地，打造基础产品支撑、重点领域拉动、新型业务创收的收入格局。全年实现中间业务（含银行卡还原）收入19.70亿元，四大行占比32.87%。投行业务，探索“非标转标”路径，成功落地全国首单能源行业供应链ABS项目;完成两单、5.80亿元并购贷款落地，实现并购顾问业务零的突破。实现投行中间业务收入25662万元。资管业务，开展专项营销、优化业务考核，实现养老金与资产托管业务收入7707万元，养老金理财产品累计销售72.65亿元，系统内排名第四;托管业务营业贡献合计1.01亿元。零售业务，在观念认识迭代、体制机制重构、营销模式创新等方面取得突破，个人金融资产实际净增162亿元，较年初增幅4.39%；个金营业贡献37亿元，同比增3.30亿元，占零售贡献96%；其中储蓄存款实现量价协同，规模拉动1.13亿元，利率拉动1.07亿元。贵金属业务，推出区域银元宝系列产品，累计销售342.38公斤，实现中间业务收入70余万元；重点开展场景化营销，创造销售12.50公斤金砖20个、单笔订单100公斤金条等多项销售记录。私行业务，对内开展综合化服务，对外探索集群外拓营销，实现中间业务收入14099万元，规模排名系统内第13位，同比提升2

个位次；私银客户综合贡献达到14.60亿元，同比增长1.10亿元。网络金融业务，以“融e行、融e联、融e购”三大平台为核心，融e行、融e联新客户渗透率分别高于全国平均水平4.60和2.80个百分点。融e联在信用卡客户等八大客群渗透率均列全国前10位。信用卡业务，实现中间业务收入6.28亿元，较同期增加2.02亿元，占据全辖中间业务收入的31.90%。票据业务，实现零风险运营，全年共办理票据直贴479.08亿元，系统内排名前十，实现票据净收入2.26亿元，同比净增0.42亿元。（赵晓红）

【资产质量管控】 2018年，中国工商银行山西省分行发挥大型银行金融骨干核心作用，将资产质量管控工作锁定为全年工作头等大事，履行风险防范的主体责任，推进“信贷资产质量工程”和“信贷基础管理工程”建设，坚决守住资产质量红线，全辖信贷资产质量管控取得突破性进展，不良贷款大幅度“双降”，风控能力持续增强，信贷资产质量在系统内排位稳步提升，达到2015年以来最好水平。落实“大户团队制”，推进不良资产重点大户的清收处置。对不良资产大户实行省分行行领导挂帅清收工作机制。累计清收处置不良贷款31.62亿元，完成清收处置任务的183%，较上年同期多清收15.05万元。按照“坚持管理、防范与清收并重”风险管理思路，以现金清收、资产扣收、贷款重组等多种手段化解不良贷款，信用卡不良贷款余额4.12亿元，较年初下降816万元；不良率3.71%，较年初下降0.86个百分点。推进各项风险管控措施落到实处，通过清存量、控增量双线着力，对存在产能过剩、不符合行业政策、担保代偿等风险信息的31户新增准入融资客户进行预警提示，管控新增融资质量；加强监测预警，化解风险贷款，潜在风险融资客户户数较年初减少30户、余额较年初减少28.40亿元；统筹信贷资源配置，推动信贷资源向优质客户、重点领域、战略板块迁徙，全年贷款存量移位391.77亿元，实现对信贷结构的前瞻调整和资产质量的主动管控。不良贷款余额29.41亿元，较年初减少22.37亿元，控制在总行年初计划54亿元内，系统排名第16名（从低到高），较年初提升8个位次；不良率较年初下降1.06个百分点，低于系统平均水平（1.52%）0.33个百分点，系统内排名第14名（从低到高），较年初提升17个位次。全年累计劣变8.80亿元，同比少劣变12.85亿元。剪刀差余额2.34亿元，较年初减少0.69亿元，控制在总行年初计划内（7亿元）。其中，公司客户剪刀差首次实现零余额的目标。（赵晓红）

【内控案防管理】 2018年，中国工商银行山西省分行围绕内控合规“固本强化年”主题活动，推动主体责任、监督责任、整改责任“三大责任”的有效落实，深入推进合规文化建设，加强对重要业务领域的风险治理，提升内部管理水平和风险防控能力。省分行和各二级分行分别组建了“合规标兵”巡讲团，开展巡讲91场，7616人聆听身边合规榜样故事。以“合规文化大讲堂”为载体，组织各层级主要负责人讲授“履职担当 践行责任”合规课181场，推动“合规从高层做起”。组织省分行本部高级经理以上人员和信贷业务条线人员观看省纪委监委制作警示教育片《刮骨疗毒》。聚焦重点领域，做实案件风险排查治理。将信贷、账户管理、印章管理等11个领域确定为案防重点。对照“十大重点领域”，开展闲置房屋类固定资产、个人按揭贷款等15项检查和监测，以及48项经济责任审计。加强屡查屡犯专项治理，对1545笔风险事件进行责任认定，责任追究2136人次。结合全年检查、监测、核查中存在的问题，及时下发风险提示14份，并跟踪落实整改问责结果。反洗钱系统甄别异常交易报告104512份，补录交易明细和大额交易71693笔，调整客户风险等级35464户，发送内部协查3767份，发送风险提示718份。全球特别控制系统甄别报警信息2981笔，发送尽职调查308笔，协助研判3笔，涉敏审批18笔，移交人行15篇重点可疑报告。（赵晓红）

【网点服务】 2018年，中国工商银行山西省分行以优化服务工作为核心，提高服务管理考核权重；分解服务中存在的各类问题，针对性开展专项治理；开展服务达标“创星”争优，提升网点服务规范水平。探索提升网点服务能力的新路径，开展网点精益管理聚变行动试点项目，对现场管理、动线设置、业务流程、产品营销等实施精益管理，将优化服务工作融入到网点经营管理中，本着问题导向、过程管控、源头治理的推进思路，重点开展五个服务类项目：客户超时占比压降、降低客户抱怨率、网点柜员机劳动组合优化、客户服务动线流程优化、网点环境设施改善。结合全辖旺季营销整体工作安排，协同个体金融业务等相关部门，聚焦客户抱怨多、服务体验差、服务效率低和能力不足等痛点问题，以“暖心服务”为竞赛主题，营造“人人比贡献、人人讲服务”氛围。组织开展三次网点服务规范度非现场检查，网点覆盖面达30%，限期整改服务规范问题400余条；聘请第三方公司以神秘顾客调研方式对辖内五家重点二级分行的288家网点进行服务规范度测评，发现典型问题第一时间通知相关二级分行和网点，及时整改纠偏。业态优化（含新增旗舰店）16家，完成总行奋斗目标15家的106%；网点布局优化15家，完成总行奋斗目标10家的150%；网点标准化装修59家，完成总行奋斗目标58家的102%。全年超时等候客户占比8.95%，较上年减少0.70个百分点；网均抱怨率2.53件，较上年减少4.33，压降63%。全年微博舆情35件，较上年减少40件，压降53%。整体满

意客户占比全年99.26%，较上年提升2.39个百分点。（赵晓红）

·中国农业银行股份有限公司山西省分行·

【概况】 2018年，中国农业银行山西省分行（以下简称农行山西分行）紧紧围绕省委、省政府工作部署，贯彻落实农总行党委治行兴行“六维方略”和省分行党委提出的“稳、调、精、严、进”五字要求，坚持以党建为统领，坚定履行服务“三农”的政治责任，支持实体经济，全面提升服务效率，积极履行社会责任，充分发挥金融支持经济的国家队和主力军作用，实现全省农行全面进步高质量发展。截至年末，全行各项存款余额3370亿元，比年初增加148亿元；各项贷款余额1736亿元，比年初增加189亿元，同比多增127亿元，是近年来增长最多的一年。（田喜成）

【实体经济服务】 2018年，农行山西分行围绕国家产行业政策和山西省经济工作会议部署，立足“重、新、补”，主动服务实体经济，加大对地方经济建设的金融服务力度。截至年末，法人实体贷款余额1451.95亿元，较年初增加133.24亿元。一“重”是聚焦山西重大战略规划、重点改革领域，围绕2018年山西省重点项目名单，支持太原热力公司“大温差”项目10亿元、支持山西国新能源集团有限公司9.45亿元，为国家电投集团盂县东方新能源发电有限公司发放贷款3.30亿元。二“新”是抢抓省经济建设转型综改示范区、打造能源革命排头兵、构建内陆地区对外开放新高地中的机遇，加大对国企改革新主体的支持力度。争取总行支持，率先完成交控集团450亿元授信审批，投放170亿元，在参团行中审批最快、出贷最早、投放最多。三“补”是支持基础设施建设“补短板”。围绕山西省“东融南承西联北拓”战略，支持“铁、公、机”和“岸、港、网”建设，向太焦客专、蒙西华中铁路、准朔铁路、太原铁路枢纽西南环线等放贷41亿元，交通设施贷款余额达到268亿元。（田喜成）

【绿色金融】 2018年，农行山西分行发展绿色金融业务：加快绿色信贷投放效率。绿色信贷重点投放在铁路、太阳能和风电项目等方面，其中铁路方面主要投放在太焦城际铁路、晋豫鲁铁路通道、太原铁路枢纽西南环线等项目，累计投放55.46亿元；太阳能和风电方面主要投放在大同中电光伏发电有限公司、国家电投集团寿阳清洁能源有限公司等项目。构建多元化绿色金融服务体系。重点围绕国家打好大气、水、土壤污染防治三大战役，落实中央“大气十条”、“水十条”、“土十条”部署要求，完善专项信贷政策，支持纳入国家和各省规划的生态保护修复、水污染防治、北方地区清洁取暖、农业面源污染防治、农村人居环境综合整治、固体废弃物和垃圾处置等绿色项目，支持节能环保产业、清洁生产产业、清洁能源产业发展壮大。丰富绿色信贷产品。发展能效信贷、绿色信贷合同能源管理收益权质押贷款，探索开展基于碳排放权、排污权、节能量（用能权）等环境权益抵质押融资。发挥农业银行集团综合经营平台优势，加快建立涵盖绿色债券、绿色资产证券化、绿色投资、绿色基金、绿色租赁、绿色保险等在内的多元化绿色金融服务体系。截至年末，全行绿色信贷余额279.26亿元，较年初增加41.41亿元。（田喜成）

【普惠金融服务】 2018年，农行山西分行做好普惠金融服务。按照“服务到位、风险可控、商业可持续”三项原则，持续加大信贷投入，解决民营企业“融资难”问题。到年末，完成央行降准口径普惠贷款计划，贷款余额32亿元，比年初增加19亿元，增幅146%；完成银保监会“两增两控”监管要求、“三个不低于”监测要求。履行国有大行社会责任，主动采取有效措施为企业减费让利。截至2018年底，共为97户单位减免服务收费，涉及金额2924.03万元；减免小微企业各项服务费用360多万元，降低其融资成本。突出创新引领，构建适应民营企业需求的产品体系与服务模式。截至年末，发放“科创贷”1000万元、“简式贷”4020万元、“微捷贷”28000万元。

为支持合理自住购房需求，农行山西分行以特色产品“农民安家贷”为抓手，为农民进城购房提供更好的普惠金融服务。至年末，全行个人住房贷款比年初增加66.44亿元。其中“农民安家贷”累计投放8883笔、24.37亿元，余额51.95亿元，较年初增加21.19亿元。（田喜成）

【“三农”服务】 2018年，农行山西分行围绕乡村振兴战略和美丽乡村建设以及金融扶贫要求，就“三农”服务、精准扶贫、创新惠农服务持续发力。到年底涉农贷款余额达498.35亿元，较年初净增19.73亿元，增速4.12%。在支持大、新、特“三农”方面，通过持续加大信贷投入，支持全省农村基础设施建设、水利民生工程、县域旅游业务和特色农业发展。做好以“百优特色”产区为代表的特色产业金融服务，对“清徐醋”“晋中肉牛”等11个特色产区的各类主体提供贷款40127万元，较年初增加15859万元。（田喜成）

【惠农业务创新】 2018年，农行山西分行做好“三农”服务，注重惠农业务创新发展。抓好“惠农e贷”。按照“一县一快贷”“一特色产业一快贷”的思路，发展惠农便捷贷、特色产业贷、政府增信贷、信用村信用户贷、产业链贷、电商贷6大模式，创新推出果e贷、蔬菜贷、药材贷、烟商贷、养殖贷等25个特色产品。“惠农e贷”余额从27.40万元增长到8.24亿元，带动整体农户贷款净增 11.15 亿元，余额 19.10 亿元，创历史最高水平，总量当年翻番。推广“惠农 e 付”。惠农 e 通农户版客户达到 43.60 万户，排名系统第 9；26383 个惠农服务点完成互联网化升级，比年初增加 19246 个，实现金融交易 728.87 万笔、78 亿元；“铺天盖地”推进“贴码”“绑卡”，在 23913 个服务点上线聚合扫码功能，丰富农村地区支付方式。发展“惠农 e 商”。围绕核心企业、专业市场、县域批发商、惠农通服务点和农户五大客群，搭建本地化电商通道，推动“惠农 e 商”做大规模、做实流量、扩大覆盖、提升质量。年末惠农 e 通核定商户 7.56 万户，排名系统第 13 位；电商平台交易 31.56 万笔、22.46 亿元，客户规模和交易规模双创新高。（田喜成）

【农行系统精准扶贫】 2018 年，农行山西分行在狠抓“三农”主体业务的同时，积极聚焦精准扶贫：一是把区域精准、客户精准和路径精准作为金融扶贫基本要求，重点抓好建档立卡贫困户小额扶贫贷款投放，发展光伏扶贫、政府增信扶贫等模式，加大与牧原集团、九牛牧业等龙头企业的产业扶贫合作力度，全年累放扶贫小额贷款 13658 笔、6.38 亿元，贷款余额 9.31 亿元，超额完成省政府下达计划，投放额居四行第一。加大国定贫困县信贷投放，围绕贫困县重点项目、重点产业、重点企业，打造基建项目带动、支柱产业带动、龙头企业带动三大模式，全年国定贫困县贷款净增 19.10 亿元，完成总行下达计划的 147.60%。其中，与省属企业合作，介入全省光伏扶贫电站项目，支持大同左云、晋中榆社、忻州偏关等 10 个项目 22 亿元；通过支付土地租金和组织生产就业等，带动贫困户 6300 余户增收；围绕产业扶贫项目，支持乳业、中药材、小杂粮等特色产业，充分发挥其带动作用。其中，支持乳业发展，向山西古城乳业集团发放贷款 8300 万元，兴建合作奶站 89 个，辐射奶牛养殖户 2300 户、5000 多人，通过吸纳就业和权益分红可带动建档立卡贫困人口 486 人增收，人均增收 2000 元以上。到年底，全行精准扶贫贷款余额达 40 亿元，比年初增加 12.80 亿元；带动或服务建档立卡贫困人口 87674 人，增加 39586 人。（田喜成）

【全行服务】 2018 年，农行山西分行持续加强和改进全行服务，加快渠道建设和服务创新步伐，推进农行服务品牌提升。全年通过上线自助设备统一开发平台、新一代自助设备管理系统、增设营业场所自助设备刷脸取款功能和大堂机器人智能简答与引导服务等功能及场景建设，探索全行“智能化、轻型化”等智慧网点建设。推动“线下 + 线上”立体化信用业务发展，丰富和优化线上信用产品。“网捷贷”白名单客户新增 62 万户，成功上线长治公积金直连项目；准入代发工资、分行特色模型优势单位合计 1139 家；“网捷贷”余额 3.63 亿元，较年初增加 1.71 亿元。“微捷贷”上线当日实现系统首笔发放，到年末达余额 1.79 亿元。在创新服务方面，组织实施新客户、新资金专项营销活动、教师专享理财产品营销活动；面向驻地武警、军队开展拥军慰问和金融服务活动；开展“迎金秋进校园”综合营销活动以及“缤纷校园 七彩青春”借记卡卡面设计大赛等客户营销服务活动，满足客户多样化的金融需求。通过加快渠道建设和服务创新步伐、开展零售业务和网点战略转型，推进农行由传统零售大行向现代零售强行的转变。（田喜成）

【消费者权益维护】 2018 年，农行山西分行为做精做细消费者权益保护：制订《中国农业银行山西省分行 2018 年消费者权益保护工作计划》，为稳步推进全行消保工作奠定基础。制订《中国农业银行山西省分行消费者权益保护宣传教育实施细则》，为全省规范消保宣传教育提供制度依据。做精做细消费者权益保护。其中，与省消协联合开展“服务三农　送金融知识进农村”现场宣传活动，举办“3·15 消费者权益保护日宣传”活动、“普及金融知识，守住钱袋子”“金融与诚信”“金融知识万里行金融知识进万家，提升金融素养争做好网民”等系列活动，得到监管部门和广大消费者一致好评。做好电信诈骗冻结资金返还。加强与全国横向、纵向的联系与沟通，全年依法办理冻结返还 439.79 万元。（田喜成）

·中国银行太原分行·

【概况】 2018 年，中国银行太原地区各分支机构深入贯彻中共十九大精神，坚决落实党中央各项大政方针，以及山西省委、太原市委各项决策部署和具体要求，坚持科技引领、创新驱动、转型求实、变革图强，立足太原实际，强化责任担当，聚焦金融服务重点，提升金融服务能力，助推太原经济高质量转型发展。

2018 年太原地区各二级分支行实现经营收入 23.84 亿元，同比增加 2.80 亿元，增幅 13.33%。实现拨备前利润 18.27 亿元，同比增加 2.68 亿元，增幅 17.17%。实现净利润 13.07 亿元，同比增加 1.46 亿元，增幅 12.56%。

太原地区各二级分支行人民币各项存款日均余额 961.32 亿元，较年初新增 19.41 亿元。人民币各项贷款时点余额 708.28 亿元，较年初新增 48.57 亿元。

太原地区各二级分支行全年累计发行债券 185 亿元，承销规模 135 亿元，同比增加 105 亿元，增幅 350%；分销规模 139 亿元，较上年同期增长 30.5%。累计办理国际收支业务 58.88 亿美元，较上年新增 17.64 亿美元，增幅 43%。票据贴现发生额 42.71 亿元，余额 14.91 亿元。

太原地区各二级分支行全年叙做标准银团业务 1 笔、债务优化银团 4 笔。办理中银全球智汇 GPI 产品 10979 笔，产品使用率45.92%。移动支付（二维码）

月均活跃户达到1.93万户。实现电子汇总征税保函在省内首发；与太原市工商行政管理局签约启动工商注册登记帮办服务。

2018年，太原地区各二级分支行普惠金融定向降准口径贷款余额10.79亿元，较年初新增5.92亿元，在人民币各项贷款新增中的占比3.26%，达到人民银行定向降准第一档标准（1.50%）。

（高 歌）

【实体经济服务】 2018年，中国银行太原地区各分支机构围绕"以客户为中心"的总体思路，从源头入手，挖掘核心客户上下游，细化客户梳理，全方位了解客户需求，加大对重点领域、战略地区、重大项目、薄弱环节的信贷投放力度，将贷款资源投向政府重点支持的，符合总分行授信指引、综合收益高的教育、医疗、卫生、文化、旅游、民生、现代服务业等重点行业。2018年太原地区人民币公司贷款累计投放354.01亿元。其中，制造业占比16.60%，交通运输、仓储和邮政业占比10.90%，房地产业占比7.26%，租赁和商务服务业占比6.30%，电力、热力、燃气及水生产和供应业占比10.26%，建筑业占比6.62%，水利、环境和公共设施管理业占比1.70%。从具体项目看，主要支持太焦城际铁路、太原铁路枢纽西南环线、山西阳大铁路、太原龙城绿地植物园等重点项目；支持山西国际能源集团、山西建筑工程（集团）总公司、山西建设投资集团有限公司、启迪（太原）科技园投资发展有限公司等重点企业；支持山西天然气、太原天然气、山西煤层气（天然气）集输有限公司、太原广播电视台等公共民生行业。

坚持"创产品+降成本"双管齐下，为进一步缓解企业融资难问题做出应有贡献。根据太原企业实际需求和融资痛点，打造代销私募债券、DFI发债注册、资本项下境外直接投资增资等一系列创新产品模式。2018年累计帮助太原市大型企业发行非金融企业债务融资工具185亿元，同比提升516.67%。规范金融服务收费行为，全年累计减免企业服务收费68户，金额1719.27万元。对新发放的普惠型小微企业（除商住房贷款外）实施4.86%的贷款利率。

2018年，贯彻省委省政府以及市委市政府《支持民营经济发展的若干意见》要求及总、分行工作部署，将民营企业及普惠金融纳入全行重点战略业务。坚持对各类市场主体同等对待、一视同仁，邀请省内百余家民营企业，举办支持民营经济发展合作签约大会，发布《中国银行山西省分行支持民营企业发展措施30条》，与17家太原地区民营企业现场签订业务合作意向协议。

传导并促进省分行《支持民营企业发展措施30条》的落实。将支持民营企业发展纳入绩效考核，制定激励政策，进一步传导支持民营企业的发展导向。建立民营企业白名单库，明确责任到人，加大营销力度，通过全方位的金融服务，争揽优质民营企业客户。

（高 歌）

【金融安全保障】 2018年，中国银行太原地区各分支机构防范化解金融风险，坚持底线思维，持续完善各项风险管理长效机制，加大对重点领域的风险排查，及时化解各类风险隐患。

充分认识当前外部形势的复杂性，选取有代表性的地区和企业，不断加强市场和客户调研，盯紧市场风险变化动态，深入了解客户面临困难和金融服务诉求，进一步强化风险管理前瞻性。完善债权银行沟通联系机制，完善议事规则，结合实际情况，一户一策，共担风险、共享信息，推动风险化解。坚持与企业共渡难关的工作理念，从实际出发帮助遭遇风险事件的企业摆脱困境，对暂时遇到困难的企业，不抽贷、不断贷、不压贷，全力帮助企业融资纾困，最大程度化解流动性风险。

筑牢新增不良"防火墙"。持续做好潜在不良防控工作，打好存量清降"组合拳"，推动大户清收督导，实现现金还款1576万元。全年通过调整授信品种、延长贷款期限、调整还款计划、变更授信主体等方式，累计化解潜在不良资产7.53亿元，实现表内全口径不良清收2.02亿元。

抓"关键少数"，一级抓一级，层层抓落实，通过管人员、管行为、管成长、管专业、管履职五管齐下，不断提升风险管控水平。抓"关键环节"，根据总行新版"50条措施"制定2018年"50条措施"及相关配套制度，将"50条措施"印制成"口袋"书，将关键环节及主要风险点绘制成图，开展"大讲堂""创意50条"评比、每月"100"测、"上门送教"等活动，直接到基层，打通制度落实"最后一公里"。抓"关键风险"，组织开展"防范非法集资宣传月"及规范民间借贷行为宣传教育活

太原漪汾支行与太原市工商行政管理局签约仪式 （中国银行太原分行供图）

中国银行山西省分行举办支持民营经济发展合作签约大会

（中国银行太原分行供图）

动。严格按照监管部门和总分行要求，开展进一步深化整治市场乱象专项治理活动，坚持以问题为导向，开展“全面体检”，提升全行内控合规水平。深入剖析问题成因，对问题集中领域和突出问题重点整治，立足长远、举一反三，从机制、流程、系统等方面入手，完善制度建设，提升内部控制有效性，提升内外部风险交叉传染的防范能力。

（高　歌）

【金融改革转型】 2018年，中国银行太原地区各分支机构推动科技与业务的深度融合，加快向高质量发展模式转变。坚持科技引领，以手机银行为统一入口整合场景，推动场景建设，实现金融场景与生活场景互促，丰富完善全省人民消费渠道，提升惠民、便民金融服务能力。2018年太原地区手机银行月均月活客户数较上年增长114.10%；交易金额较上年增长139.34%。加快智能柜台在山西的覆盖面，将低风险、高频率的一些业务，迁移至移动智能设备，大幅缩短客户等待时长，提升客户体验。2018年太原地区共计投放智能柜台151台，网点覆盖率98.53%（68家网点投产67家）；投放移动柜台18台，实现二级机构全覆盖；智柜业务迁移率达96.63%。完成2018年各类纪念钞、纪念币兑换工作。精密部署、协同作战，确保各类纪念钞币调入和配送工作的安全性和时效性；通过微信公众号、手机银行、网页、现场预约等多渠道，完善纪念币预约方式，满足市民多重约币需求；视频监控与现场抽查相结合，确保兑换合规。2018年先后完成太原地区四个品种纪念币（钞）的发行工作，调入和配送的各类纪念币（钞）总计10402万元、2702箱，重量高达26吨，服务公众约33.71万人次。坚持创新驱动，探索建立由分行财务管理部、信息科技部联合牵头，多部门协同联动的“2+N”创新工作机制，搭建创新管理平台，引导员工直接参与全行各项经营管理，全行“勇于创新、敢于创新、积极创新”的良好氛围初步显现，形成业务发展和经营管理提升的新动能。2018年，共有13个产品创新、17项管理创新成果相继落地，直接或间接带动创新收益近1亿元。

（高　歌）

·中国建设银行山西省分行·

【概况】 2018年，建设银行山西省分行共有营业机构418个。其中，一级分行1个，二级分行11个，综合型支行15个，城区单点、网点型支行227个，县域支行155个，城区储蓄所、分理处3个，县域储蓄所、分理处6个。员工10080人，平均年龄42.80岁；党员6206人，党支部478个。

全年，各项贷款余额2205亿元，新增190亿元，新增额居金融机构第一，连续三年居同业首位。

（麻林楠）

【经营理念创新】 2018年，中国建设银行山西省分行以“有质量有效益”（“有质量”包括资产质量、管理质量、服务质量、队伍质量。“有效益”包括社会效益、经营效益、客户效益、员工效益）为发展理念，紧扣“党建引领、结构优化、质量管控、价值创造”工作主线，强化“支持实体经济、主动防范风险、深化改革创新”能力建设，实施零售优先战略，巩固对公发展优势，确保员工收入总量更好增长，以“二类行”为经营目标，打造转型发展新优势。

（麻林楠）

【业务经营提质增效】 2018年，中国建设银行山西省分行各项贷款余额2205亿元，新增190亿元，四行第一。核心存款余额3168亿元，日均新增94亿元，其中对公存款日均新增四行第一，个人存款四行第二。中间业务净收入19亿元，保持四行首位。单位人民币结算账户总量、基本结算账户数均为同业第一；对公加权有效客户新增1.30万户；个人加权有效客户新增191万户，增速系统第一。资产质量不良贷款余额71亿元，不良贷款率3.21%，逾期不良持续负“剪刀差”。经营效益实现主营业务收入87亿元，同比增加1.70亿元，增幅1.50%；实现拨备前利润52.60亿元。

（麻林楠）

【金融社会服务】 2018年，中国建设银行山西省分行以普惠金融、住房租赁、金融科技“三大战略”推进为抓手，以纾解社会痛点难点问题为导向，服务民生，助推全省安居乐业。

普惠金融深化发展新模式。出台“支持民营经济28条”，以“大数据+平台经营”模式累计支持小微企业3.20万户，贷款余额344亿元，四行首位，当年投放93亿元，普惠范畴新增16亿元，四行占比达67%；上线“惠懂你”

智能 APP，帮助 2200 户小微企业高效获取资金 5 亿元；降低融资成本，“信用快贷”年利率降幅达 32%，使用 APP 享受 95 折价格。

住房租赁贡献建行方案。签署《住房租赁综合服务平台全面合作协议》，参与方案制定；建行系统内首批上线监管、公租房、监测分析、企业、共享五个系统，已导入企业房源上线 8200 套、公租房 7.80 万套，注册用户 4.60 万户，多个地市在线交易破零。

金融科技打造智慧银行新生态。将 14 个业内先进平台技术推向社会。“智慧政务”平台支持“互联网 + 数字山西”建设；“智慧政法”打造出全国独一无二的监狱系统生态圈，“区块链”为外向型企业拓展开放新空间，“同业合作”平台为农信社等 37 家中小型金融机构提供定制化技术支持，以“善行宗教”“安心养老”“公益教育”等智慧生态推动金融资源共享共建。（麻林楠）

【实体经济支持】 2018 年，中国建设银行山西省分行紧扣“深化转型项目建设年”活动，围绕“两改”主线，抓住政府在基础设施领域补短板的窗口期和综改、供改的机遇，紧跟国家在房地产领域的最新政策和城中村改造等机遇，重点储备交通、电力、市政基础设施和房地产等领域重点项目。对公大中型项目储备 1438 亿元，增长 346 亿元。为山西交控集团、大西铁路、吕临铁路等优质客户发放贷款 227 亿元。开展“存量挖潜增效、移位再贷”，通过减额、提价、增信等手段，集中支持优质行业、优质客户，移位再贷 249 亿元。提供融智服务，为五大煤企重点国有企业，通过银行间债券市场直接融资 187.62 亿元，四行第二。认购承销地方政府债 52 亿元，沉淀存款 126.83 亿元。（麻林楠）

【重点领域改革支持】 2018 年，中国建设银行山西省分行助力深化国企国资改革。邀请五个省份的煤炭龙头企业到晋，组织举办“全国煤炭行业债转股业务研讨会”，为可持续发展蓄力。在落地市场化债转股资金 118 亿元的基础上，与国投、同煤、汾酒、交控等省属重点国企签署 350 亿元的综合化降杠杆及并购重组框架协议，签约和落地规模均为同业之首。优化煤炭行业信贷资源配置。对省属七大煤企确定分户施策、积极支持策略，授信全部获得总行批准，为晋煤、阳煤集团新增 5.34 亿元流动资金贷款；落实差别化信贷政策，对所有煤炭客户建立正面清单。做好钢铁行业去产能。建立风险客户台账，钢铁行业客户信贷减少 3.20 亿元。支持电力新能源领域。以“增速适度、着眼集团、以新代旧、多元服务”策略，降低火电信贷占比，增加新能源（风电、太阳发电）贷款支持，三年新增 32 亿元，绿色能源贷款占比提升至 22.80%，成效显著。国际业务践行“本币优先”理念，跨境人民币业务全年实现 31 亿元，是四行中唯一正增长的行；创新“开证融链通”“福费廷”等产品为实施“走出去”的企业跨境融资 20 亿元人民币。

（麻林楠）

【零售业务发展】 2018 年，中国建设银行山西省分行增强服务优质客户能力。深耕司法监狱系统，取得监狱系统全面合作，开立基本账户 41 户，新增存款 20 亿元，发放贷款 9.40 亿元，新增 2 万狱警职工代工业务，年代发量 15.50 亿元；为正华集团搭建“资金融通系统”；全国首家上线监狱服刑人员“一指通”系统。深化武警业务突破落地，实现武警系统所有基本户全部落户，存款新增 20 亿元。创新资产服务模式。为华融晋商发行全国建行系统及同业首单 15.60 亿元公募型资产支持票据；创新“金额动态调整债务融资工具”为阳煤集团发行 10 亿元私募债券；与建行子公司联动合作为同煤子公司设立债权融资计划。丰富多层次定制化金融服务。贴合生活缴费、车主消费、大型商圈等高频消费场景，发展快贷、信用卡分期、个人住房按揭等便捷易用的消贷产品，新增 300 亿元，同业第一。抓实场景化生态圈建设。生态圈数量达到 15 个。巩固社保、校园等传统领域，加大龙支付应用场景建设，拓展充电桩、智慧停车等项目，以“裕农通 +”服务新模式，打造农村金融生态。打造支付结算首选银行。以精细化管理提高服务质量，以智能化运营提升服务效能，以创新型产品提供解决方案；单位人民币结算账户总量、新增均居银行业第一；网上银行、手机银行客户规模突破 750 万户、同业第一。（麻林楠）

【扶贫助推】 2018 年，中国建设银行山西省分行印发《加大金融精准扶贫信贷支持力度开展止降清零行动工作方案》《金融助推山西深度贫困地区脱贫攻坚工作实施方案》；金融精准扶贫贷款新增 2 亿元，余额 20 亿元，增速高于对公贷款平均增速；个人扶贫贷款新增 3.30 亿元，超额完成监管计划，带动脱贫人口 9300 余人。拓宽农民增收渠道。打造直达田间地头的“裕农通 +”村口银行，服务点总量 1.50 万个，覆盖农民 48 万户。推动特色农产品“善融商务”网上行，收到扶贫订单 2.80 万笔，交易额 9 亿元。开展公益扶贫。设立“扶贫爱心超市”，组织捐赠活动，开展定向慰问，携手第二人民医院送医送药下乡等，投入 110 万元资金进行公益资助。2018 年建设银行山西省分行获“全省干部驻村帮扶工作模范单位称号”。（麻林楠）

【业务发展】 2018 年，中国建设银行山西省分行开展系列营销活动。以大额存单、聚财系列存款以及传统定期等存款产品为抓手，开展“定存美好 新福生活”“抓大聚小”以及个人存款“吸金王”等多层级存款竞赛活动，优化存款结构，提升资金稳定性。抓好重点源头资金。坚持代发工资业务“一把手工程”

定位，加强源头客户和基本户、有贷户营销。建立“省分行—二级行—网点”三级联动业务直通车机制。累计代发799.12亿元，同比多增75亿元。紧盯煤炭、烟草、铁路等系统性客户和大型房地产客户，带动存款日均新增13.20亿元。推进存款过程管理。紧盯到期资金、循环资金、CTS资金、县域资金等四类资金。建立“横向到边、纵向到底”工作机制，协同联动，加强督导，抓紧抓实存款增存稳存工作。（麻林楠）

【金融风险管控】2018年，中国建设银行山西省分行发挥党委对风险管控决策把关作用，全面管、主动管、党委管，三管齐下，明确“摸清底数、准确分类、提足拨备、加快处置”的总体思路，强化信用风险化解处置，通过资产质量调度会、风险项目诊断会，多角度、多层面深入分析风险问题客户的经营形势和经营趋势，做实分类，逾期不良持续负“剪刀差”。完善风险全流程管控。健全管理机制，印发《主动全面风险管理实施细则》，配套细化66项工作任务，责任到条线、责任到岗位，按季督办、反馈报送；修订《风控委员会议事规则》，发挥风控委对风险研究、协调、决策的平台作用；出台《加强全面风险管理轨迹督察》，涵盖全面风险管理的关键基础环节；强化贷后管理，逐户审核重大风险项目贷后方案，实现贷后管理从形式化完成规定动作向实质性风险和商机管理转变。加快不良处置。严格实施对省分行本部和二级机构的信贷主体责任考核，强化层级和条线的双线管控责任，压实不良处置责任，确保完成目标任务。全年处置不良贷款34.44亿元，处置额创历史新高，为减轻企业财务负担、腾挪更多信贷规模支持地方企业融资创造良好条件。（麻林楠）

【金融管理】2018年，中国建设银行山西省分行优化财务资源配置。坚持激励价值创造，深化员工费用精细化管理，工资侧重激励约束，福利费侧重普惠，业务管理费保障基本运营。强化过程管控，健全资源配置机制，实行按季考核和滚动计划管理。加强经济资本全流程管理。突出“增量管控、回报约束”，明确贷款经济资本占用底线标准。坚定结构调整的定力，优先发展零售业务、普惠金融等轻资本、轻资产业务。制定结构调整利益补偿方案，引导退出低效、无效经济资本占用。对公非贴贷款经济资本占用比例下降0.99个百分点，个人贷款经济资本占用系数下降0.57个百分点。加强产品定价管理。调整定价授权权限，对重要议价客户实行差异化定价授权政策；调整小微企业贷款内外部价格，优化普惠金融贷款定价审批流程，支持普惠金融业务发展。（麻林楠）

【业务管理】2018年，中国建设银行山西省分行加强过程管理。开展对个人住房贷款档案管理、房地产贷款项目“四证”合规性、单位账户对账、理财产品销售合规、存单质押贷款、现金类自助设备管理查、信息安全管理等8项合规性检查；开展信贷领域专项治理，重点对500万以上民营企业开展排查；开展关键岗位员工行为管理，盯紧关键人、关键岗位。统筹把控监管风险。把整治银行业市场乱象及信贷领域专项治理相结合，作为常态化重点工作推进，整治过程中同步强化问题整改落实到位。开展客户身份信息完善攻坚战，成立工作领导小组，制定工作方案，加强督导、协同联动，对私客户身份信息完整率86.35%，对公客户身份信息完整率95.39%，完成工作目标。强化违规处置。对监管发现、内审发现、合规检查发现的违规问题进行分级管理和处置，并下发相关风险提示，做好警示教育，增强员工合规意识。2018年处置违规事件99个。（麻林楠）

【人力资源建设】2018年，中国建设银行山西省分行加强队伍建设。持续推进“213人才工程”“百人工程”，调整优化人员结构，人力资源配置与业务发展需求相匹配。加强人员培训精细化管理，合理分配优质资源，开展多样化教育培训，发挥培训激励导向作用。连续三年以“建晋党发1号”文落实关爱员工“十件事”，以“10+30”模式认真关爱员工。召开职工代表大会，完善民主管理制度，带动工会、共青团、女工、老干部等群团组织充分发挥政治性、先进性、群众性。发挥典型引领。举办庆“七一”表彰大会，评选表彰在“党员+普惠金融”“党员+信用卡分期”集中营销活动中表现突出的党员突击队、先锋党支部、党员先锋示范岗，以先进典型为榜样，营造党员带头爱岗敬业、带头争创佳绩的良好氛围。开展丰富多彩文体活动。开展各级机构文化墙、文化长廊建设，创立“建晋文化”公众号，累计推送图文150次，营造浓厚的文化氛围；自拍微电影《父亲的卡片》，入选总行优秀作品展示平台。举办全系统羽毛球比赛、本部机关工会牵头成立8个文体协会，活跃职工业余生活。

（麻林楠）

【小微企业服务】2018年，中国建设银行山西省分行以金融科技助力推进普惠金融战略，打通金融服务“最后一公里”。“大”数据挖掘“小”信息，创新服务普惠金融“五化”模式，批量化获客、精准化画像、自动化审批、智能化风控、综合化服务，破解信息不对称难题。以“双小”承接“双大”，网络供应链融资当年累计投放35亿元，批量带动上下游小微客户435户。打造平台经营新模式，“一分钟”融资、“一站式”服务、“一价式”收费，有效解决小微企业融资难、贵、慢。全流程线上“小微快贷”实现秒申、秒审、秒放，通过银税系统直连为诚信小微客户提供纯信用贷款14.60亿元，“惠懂你”APP帮助2200户小微企业获取资金5亿元。智能风险管控，大数据选客控险、模型化系

统排险、智能化预警避险，提升可持续服务能力。（麻林楠）

·交通银行山西省分行·

【概况】 2018年，交通银行山西省分行下辖10个省辖分行，覆盖山西省所有地级城市。全辖经营网点共104家，其中，传统型网点58家、普惠型网点46家。2018年，交通银行山西省分行坚持以习近平新时代中国特色社会主义思想和中共十九大精神为统领，深入贯彻落实总行党委各项决策部署和监管单位的各项工作要求，紧紧围绕总行新“三增三降”工作目标，围绕山西转型发展需要，推进分行“三次创业”，改革创新促转型，攻坚克难保质效，经营管理工作取得新的进步，获总行2018年度经营管理优胜单位。（李丽霞）

【金融业务】 2018年，交通银行山西省分行全辖本外币资产规模1318亿元，较上年增加41亿元，增长3.20%。人民币各项存款时点余额1161亿元，增加73亿元。其中，对公存款时点余额706亿元，增加37亿元；储蓄存款时点余额455亿元，增加37亿元。人民币各项贷款余额856亿元，增加111亿元。全年实现经营利润21亿元、经济利润11亿元。顺利获总行2018年度经营管理优胜单位，排名第8。其中，综合绩效考核排名第12，综合竞争力排名第22，内控评价排名第8，服务提升排名第6，幸福指数排名第2。（常永波）

【服务实体经济】 2018年，交通银行山西省分行落实中央回归本源服务实体经济要求，严格落实货币信贷政策，围绕山西发展战略，结合总行投向指引，引导经营单位将分行资产业务的转型发展与国家、山西产业政策导向、市场发展趋势和监管各项新规等紧密联系起来，对接国家战略和地区规划，支持山西高质量发展；把握山西资源型经济转型机遇，助力消费升级，深挖民生合作领域合作；坚决贯彻落实服务普惠金融的相关精神和监管各项要求，履行国有大行责任。（宋向阳）

【资产质量】 2018年，交通银行山西省分行进一步传导稳健经营理念，逐步建立风险监测和风险处置体系，进一步完善全面风险管理，分行资产质量持续保持稳定，守住不发生系统性区域性风险的底线，全面风险管理持续向好。持续弘扬“指示服从制度，发展符合规范”的主旋律，严格落实内控管理各项要求，强化员工行为管控，保持案防高压态势，全辖运营稳健平安。（宋向阳）

·中国邮政储蓄银行山西省分行·

【概况】 2018年，中国邮政储蓄银行山西省分行贯彻集团公司、总行决策部署和监管工作要求，经营管理取得良好成绩。中国邮政储蓄银行山西省分行下辖11个二级分行、2个直属单位、96个一级支行，1214个网点，其中，67%的网点分布在县域。从业人员6579人。总资产规模2579.72亿元，较增长143.21亿元，增幅5.88%。省分行机关连续第10年获“省直文明标兵”荣誉称号，太原市分行获省金融工委“金融系统五一劳动奖状”。（杨宏东）

【资产业务】 2018年，中国邮储银行山西省分行坚持零售银行战略定位，加大信贷投放力度，持续优化资产业务结构。2018年末，全行各项贷款结余762.37亿元，较上年增长134.43亿元，增幅21.41%。发展小额信用贷、扶贫小贷，全年发放个商及小额贷款60.09亿元，贷款余额69.84亿元，净增9.81亿元；全年投放精准扶贫贷款20.33亿元，结余28.73亿元，列全国系统内第2位、省内同业第2位。支持房地产去库存和消费升级，发放消费贷款49.21亿元，贷款结余145.77亿元，余额净增22.05亿元；加大小微企业贷款投放，发放小企业法人贷款25.72亿元，结存余额25.51亿元，余额净增5.13亿元，圆满完成“两增两控”监管考核目标。坚持规划引领、项目驱动、产品联动发展策略，全年发放公司贷款249.01亿元，贷款结余321.10亿元，较上年增长26.76%。办理票据直贴244.50亿元，同比增幅30.10%，结余142.18亿元，较2017年增长47.98%。实现供应链金融破冰，累计办理融资租赁保理及中企云链再保理业务2.23亿元。（杨宏东）

【负债业务】 2018年，中国邮储银行山西省分行拓展负债业务，保持负债规模持续增长。各项存款结余2436.31亿元，较上年增长98.70亿元，增幅4.22%。个人金融坚持旺季营销与重点客群分类开发，发挥网络优势，加快网点转型，提升客户体验，突出联动发展，拉动储蓄存款稳定增长，储蓄规模达到2142.82亿元，较年初增长75.32亿元，10.53%，在同业排名第3位。公司金融业务坚持项目引领，持续拓展客户行业范围，集中发力财政专项资金、代收付类资金，年末存款余额291.37亿元，增长21.94亿元，增幅8.14%，市场占有率2.04%。（杨宏东）

【中间业务】 2018年，中国邮储银行山西省分行以提升中间业务收入能力为重点，打造基础产品支撑、重点领域拉动、新兴业务创收的格局。做优做强基础及结算业务，开展代发工资、代发养老、非税收缴、国库集中支付、烟草资金归集、电力资金归集等业务。发挥大资管引擎拉动作用，推动资产管理转型，全年销售销售个人理财类产品322.02亿元、全年销售机构理财102.86亿元；年末托管业务总规模达到295亿元，同比增长35%，其中证券投资基金和理财托管分别新增66亿元、4.10亿元。实施新的信用卡三年规划，发放信用卡

30.51 万张，列系统第 11 位，结存卡量 88.91 万张，不良率 1.23%，在系统内排名第 4 位。（杨宏东）

【资产质量】 2018 年，中国邮储银行山西省分行发挥授信政策导向作用，加强授信政策调研和特色行业授信政策指引。发展绿色金融，助力打好污染防治攻坚战，支持转型升级企业和项目，有序退出僵尸企业，挤出低效、无效占用的信贷资金，为新兴产业发展腾出空间。出台绿色银行三年建设规划，推进绿色银行建设。强化审查审批把关，精益求精持续信审质量和信审效率。持续监测行业与重点客户，定期开展监督检查。强化风险限额管理，完善考核评价机制，管控能力进一步提升。健全监测、预警体系，加快不良资产处置。推动业务规模较快增长，资产质量持续优化，保持同业前列。全行贷款不良率 0.68%，较上年下降 0.04 个百分点，分别低于总行限额目标 0.27 亿元、0.11 个百分点。

（杨宏东）

【渠道建设】 2018 年，中国邮储银行山西省分行顺应互联网金融发展趋势，打造线上线下综合金融服务渠道。加快智能化网点建设，促进网点转型，提升客户体验。投放新型智能自助设备 184 台，其中 ITM 157 台、现金出纳机 27 台。ITM 累计布放数量 263 台，实现全省自营网点全覆盖。试点上线 ATM、CRS “刷脸取款”功能，真正意义上实现金融服务“无介质化”。实现柜面交易通过手机银行、微信银行、ITM 三个渠道的远程自助填单功能。现金类自助设备均实现无卡无折取款功能。年内新拓展电子银行客户 127 万户，电子银行客户规模 829 万户，渗透率 52.96%、交易替代率 91.50%，其中手机银行结存客户 637 万户，位列同业第 3 位。进一步丰富互联网金融生态场景，新增电子支付商户 41 户，列系统第 3 位。“邮储银行山西分行”微信公众号平台关注客户达到 11.32 万户，成为营销服务客户新平台。（杨宏东）

【科技支撑】 2018 年，中国邮储银行山西省分行科技系统稳定运行，在邮储银行全国安全运行年考核中保持第一名成绩，全年未发生信息科技操作风险事件。热力费代收、城乡居民养老保险批量代收、ETC 无线发卡等 10 项业务系统开发上线。新增“双平台”功能模块 9 个、报表 119 张，减轻基层报表任务。启动大数据分析平台建设。依托网点 WLAN 平台，开展客户关系管理和数字营销主题分析，新增固化报表 126 张，月均推送客户数据 800 余万条，支撑业务发展，降低管理成本。强化外包风险防范，出台信息科技外包管理办法、信息安全保密制度，落实外包人员的保密管理，完善外包供应商考评机制。

（杨宏东）

【营运管理】 2018 年，中国邮储银行山西省分行持续推进业务流程和柜面作业组织调整，开展 7 项业务处理流程优化项目。加快集中营运步伐，实现公司类贷款放款等集中上收，个人业务集中授权交易数拓展 108 支，达到 360 支。营运中心集中处理效率提升，个人业务排队时长、资金清算类退回率、公司结算业务平均处理时长和等待时长等指标持续改善。38 个营运指标中多项营运指标均在系统内排名前列，资金备付金率较上年下降 2 个 BP。（杨宏东）

【风险防控】 2018 年，中国邮储银行山西省分行发挥风险与内控委员会牵头作用，健全风险政策与限额管理制度，完善条线、机构风险管理履职评价指标体系，强化结果应用。持续强化内控制度和合规文化建设，邮银同步开展“内控提升年”活动，合规知识竞赛获全国系统内二等奖。加大风险排查力度，发挥内审作用，深化市场乱象整治，强化监管通报和专项考核问题整改。狠抓案防责任落实，提升案防考核权重，建立“一把手”案防述职制度，督促代理机构建立检查队伍、落实上岗资格认证，推进安防达标建设，建成安全管理标准化达标网点 48 个，获得总行“平安邮储”建设优秀单位荣誉称号。（杨宏东）

·中国农业发展银行山西省分行·

【概况】 2018 年，中国农业发展银行山西省分行坚持以习近平新时代中国特色社会主义思想和中共十九大精神为指导，围绕高质量发展根本要求，以党的建设为统领，统筹推进信贷支农、业务经营、风险防控、基础管理、管党治行等各项工作，高质量发展实现良好开局。全年累计投放各类贷款 300 亿元，年末贷款余额 904 亿元，较年初增加 176 亿元，增幅 24%，分别高于全国农发行系统、金融机构平均增幅 14、12 个百分点；贷款加权平均利率 4.79%，比银行业平均利率低 110 个基点；全年对公存款日均余额 466 亿元，较上年增加 129 亿元，增量全国农发行系统第 5，增幅 38%、全国农发行系统第 1；实现经营利润 9.55 亿元，较上年增盈 3.71 亿元，创历史最好水平。（席晓军）

【乡村振兴战略服务】 2018 年，中国农业发展银行山西省分行坚持把服务乡村振兴战略作为新时代履行支农职责的总抓手，贯彻关于实施乡村振兴战略的一系列方针政策和决策部署，聚焦棚户区改造、“四好农村路”、农村人居环境、生态环保等农业农村重点领域和薄弱环节，加大信贷支持力度，打造服务乡村振兴品牌银行。集中开展首季开门红和项目对接月“两项活动”。召开动员大会，制定实施方案，明确目标任务，强化考核奖励，以专项活动为抓手，抓早抓紧抓实，全年累放农业农村基础设施类贷款 254.20 亿元，同比多放 12.50 亿元，累计支持 181 个工程项目建设。年末贷款余额 656.10 亿元，较年初增加

185.40亿元，增长率39.40%，增幅全国农发行系统第5，增量第9，增量与增速均超过全国平均水平。以棚户区改造为重点，支持城乡融合发展。加大对纳入年度棚改计划项目的支持力度。全年累计审批棚改贷款187.40亿元，审批额位居金融系统首位，投放221.20亿元，年末余额444亿元，支持新建和改扩建安置住房593万平米，惠及全省33.10万人。支持建设美丽乡村。审批贷款7.40亿元，支持“四好农村路”、污水处理等省市级重点项目建设。加快业务创新步伐。主动适应国家政策变化，推动业务创新转型，探索推进PPP、公司自营等业务模式，全年累计审批项目7个、金额14.70亿元，支持四好农村路、供水、环境整治等省市重点项目建设。

（席晓军）

【脱贫攻坚】 2018年，中国农业发展银行山西省分行继续以服务脱贫攻坚统揽全局，坚持精准方略，聚焦深度贫困地区，充分发挥扶贫主力银行作用，持续加大服务脱贫攻坚力度。全面推广产业扶贫。建立绿色通道，完善办贷流程，加快审批投放，年末贷款余额达到4.65亿元，支持企业65户，实现13个县域全覆盖，涵盖红枣、小米、油脂、核桃、野生沙棘、奶牛和生猪养殖等特色农业产业。支持企业直接吸纳7605名建档立卡贫困人口就业，并与25731名建档立卡人口签订帮扶协议。推进扶贫过桥贷款。将扶贫过桥贷款作为服务脱贫攻坚新的发力点和增长点，加强与政府的沟通协调，明确各贫困县按需向农发行申请扶贫过桥贷款。全年累计审批扶贫过桥贷款25笔、27.60亿元，实现投放15.80亿元，重点支持贫困村提升工程、光伏扶贫、交通扶贫等。推进旅游扶贫审批列入文化和旅游部、国务院扶贫办旅游扶贫重点支持项目名单项目贷款10.80亿元并投放2亿元，实现在旅游大省旅游扶贫贷款零突破。探索推进扶贫周转金贷款。全年共发放周转金委托贷款9048万元，支持企业28户，撬动农发行自营贷款2亿元。支持定点扶贫。帮扶工作列入全行重要日程，系统融智融力、出资出物。省分行机关争取捐赠指标、挤出党费，助力脱贫减贫。选派35名优秀干部挂职贫困县副县长或驻村第一书记，驻村工作队实现机构全覆盖。扶贫干部扎根贫困地区吃苦耐劳、摸爬滚打、不辱使命，不少同志获得党政表彰，展现新时期农发行人尽职担当的良好形象。

（席晓军）

【区域粮食安全维护】 2018年，中国农业发展银行山西省分行始终把粮食信贷业务作为履行农业政策性银行职能的首要任务，立足粮食产销平衡区实际，统筹做好政策性收储和市场化收购工作，累放贷款16.30亿元，同比增加6.10亿元，在保障区域粮食安全的同时巩固粮食信贷银行主导地位。保储备，支持各级储备轮换任务完成。全年累放粮油储备10.16亿元，轮入粮食16.39亿斤；累收22.04亿元，轮出数量18.71亿斤。保收购，市场化收购业务有新突破。适应粮食收储制度重大改革，投放1.19亿元夏粮收购贷款支持运城3家国有购销贸易企业收购小麦，秋粮收购贷款在介休以全额存单质押方式实现投放500万元，年末市场化收购贷款余额1亿元。保安全，推广保障收购资金封闭运行新模式。与中华联合财险签订合作协议，与人保财险、国寿财险达成合作意向，协调建立粮食信用保证基金。中储粮去库存和挂账工作在全国系统率先一次性无差错完成、异地库存监管顺利通过飞行检查。增客户。加强客户群建设，出台粮油客户群体建设实施方案，与大型国有粮食企业、粮食上市公司等战略性和优势客户对接，全年新增客户10户，客户结构进一步优化。

（席晓军）

【防控金融风险】 2018年，中国农业发展银行山西省分行坚持降不良、防风险、促合规，提升信贷质量，消除风险隐患。清降存量。召开专题会议，研究制定清收方案；坚持班子成员包片挂户，加强督导；推动诉讼执行，加大绩效挂钩；强化高层对接，重点推动大户清降。全年现金清收1.03亿元。统筹安排，集中力量完成10.60亿元不良贷款批量转让，整体回收率创历史新高。严密防控新增。组织自营性客户风险专项排查，加大风险监测预警；讲政治与防风险并重，做好续贷工作。与政府领导对接，促成7笔共1.30亿元风险基金提前回购，确保基金无不良。提前安排，主动介入地方政府隐性债务清理工作，全行共列入项目432个、649.40亿元，占建议列入项目数量和金额的91%、89%；对未列入项目，促请政府明确还款来源和化解期限，保障资产安全。强化内控合规。开展市场乱象整治、内控合规综合治理，发现问题整改完成率达94%，并对长期整改问题进一步明确要求、压实责任。开展扫黑除恶专项斗争，加强反洗钱工作，全面上收县支行印章等，防控操作风险、合规风险。强化案件防控。召开案件防控分析会，开展案件风险排查，对员工轮岗、办贷管贷、诉讼案件、印章使用、员工行为等进行全覆盖排查，发现问题，堵塞漏洞，夯实基础。

（席晓军）

【经营质效提升】 2018年，中国农业发展银行山西省分行牢固树立“履职靠贷款、效益靠存款”的理念，紧盯企业存款和财政存款两个重点，聚焦用力，精准发力，开展存款组织工作。在企业存款营销上聚焦“资金支付链”，对项目主管单位、项目承建单位及项目末端资金流入单位进行存贷一体化营销，争取项目涉及的保证金、建设基金、待拨付款等，推动贷款客户的单位存款有序增长。强化上下游客户联动营销，充分利用信贷支持的有利条件，拓展上游、延伸下游、营销周边、追本溯源，重点对与业务有关的扶贫、水利、棚改、农村路网、农村基础设施等专项资金，开展全方位、立体化、联动式营销，最大化实现支付链条延伸拓展。年末企业单位存款余额365.70亿元，比年初增加134.70亿元，增幅58.30%。在财政存款营销上聚焦“四金”，即易地扶贫搬迁项目资金、采煤沉陷区补助资金、地方债资金、“吕梁模式”风险补偿基金。充分利用近年来服务脱贫攻坚和信贷支农搭建的代理财政支农资金主办行平台，发挥县域机构全覆盖的组织优势，上下联动，成功营销省扶贫公司基本账户开立，成为易地扶贫搬迁项目资金分支行唯一结算行，有易地扶贫搬迁任务的86个县全部开设资金共管账户，累计承接各类易地扶贫搬迁资金90亿元左右。主动向政府领导汇报支持采煤沉陷区治理情况，成功将营销采煤沉陷区补助资金36亿元。制定地方债资金营销实施意见，紧密跟踪发债进度，营销易地扶贫搬迁政府债券置换资金近40亿元。利用打造“吕梁模式”支持产业扶贫的契机，营销市县两级政府风险补偿基金1.18亿元。年末对公存款余额435.30亿元，较年初增加10.60亿元，存款对利润的贡献率高达84%。在农发行总行存款工作推进视频会上作为四个省级分行之一作典型经验介绍。以非贷客户为重点，努力拓展国际业务，全年结算量达4500多万美元，是总行下达任务的1.30倍，全国系统第7。（席晓军）

·华夏银行股份有限公司太原分行·

【概况】2018年，华夏银行太原分行全面贯彻中共十九大精神，以习近平新时代中国特色社会主义思想武装头脑，坚定落实华夏银行董事长“大而强、稳而优”理念，以总行四年规划为总目标，以“搭平台、建机制、做推动”为措施，立足当地经济，全体干部员工迎难克艰、奋力拼搏，努力开拓稳存增存新渠道、消化逾欠贷款历史包袱、积极应对利差收窄难题，全面推进新发展规划实施，各项经营目标稳步向前推进。2018年，累计实现拨备前利润106亿元，成长为较有影响力的金融力量。太原分行员工971人。其中，正式员工890人，派遣制员工81人，员工平均年龄36岁。共有44个党支部，党员395人，占全部员工总数的44.13%。对外固定营业机构共计30个（含5个社区支行），完善以太原为中心、辐射全省的金融服务体系。

2018年，华夏银行太原分行坚持稳中求进工作总基调，全体干部员工凝心聚力、上下同欲，推进各项经营目标稳步向前。

资产总额实现较快增长，年末资产总额达到512亿元，超过年度增长目标，其中下半年增量是全年增量的114%。对公一般性存款日均、个人一般性存款日均、个人基础型存款日均均完成计划，为近三年来完成最好的一年。逾欠贷款继续下降，资产质量压力持续缓解。逾欠贷款和偏离度指标连续两年下降。贷款偏离度下降到129%，控制在总行要求的150%以内。“双90”贷款和现金清收，均完成总行计划。受利率市场化和信贷投向政策影响，营业收入和拨备前利润同比有所下降。克服贷款规模收缩、净利差收窄、资产收益率降低、付息成本上升等不利因素，全年实现拨备前利润8.64亿元，经营情况整体上符合预期。“两增”监管目标全面完成。小微条线单户授信1000万元以下（含）贷款余额和小微条线单户授信1000万元以下（含）贷款户数同比增加、增速高于平均水平的监管目标。

坚持“存款立行、客户立存款”战略导向，打牢基础、发挥优势。公司业务全年工作以客户和市场为中心，一手抓重点突破，一手抓基础管理。围绕总行“3-3-1-1”客户定位，启动分行对公客户“核裂变”三年发展计划，带动分行“3-3-1-1”客户合作达到67户，合作覆盖率47%，省级地方国企开户覆盖率更是高达87.50%。全年狠抓融资客户提质增效工作，分行正常类融资客户存款日均较上年增加6.01亿元；日均存款沉淀率达到50.60%，对夯实存款基础起到作用。债务融资工具承销发行量在区域和系统内继续保持市场领先地位，品牌形象逐步树立。

以机制建设为抓手，公司业务优势更加巩固。以“搭平台、建机制、做推动”为措施，优化公司金融业务体系建设，提高整合能力和运行效率。建成“四部一中心”的内部组织架构，加强营销的综合策划、组织推动和协调管理，实现板块间统筹、高效的运行。以客户需求为先导，加大与证券、信托、基金、保险、租赁、资产管理等金融同业合作的深度与广度，创新合作模式，搭建综合金融服务平台。全年重点产品运用总量425亿元，系统内排名第三，带动公司产品类中间业务收入实现1.91亿元。（韩　雪）

【零售业务发展】2018年，华夏银行太原分行开展多层次主题营销。以“消费信贷、财富管理、收单支付、普惠金融”四大客群为目标，突出“金融+生活”场景模式，搭建“金融+旅游”平台，开展第二期“山西好风光 华夏银行伴您游”活动，推广“放薪管家”代发工资平台，全年新增客户123户，其中成功营销太重集团等3家“3-3-1-1”客户，代发金额2959万元。

强化个人业务基础管理，激发营销人员内生动力。以业务转型为目标，先后修订并下发四个办法（客户经理考核办法、营销客户经理考核及转正办法、目标评价办法、销售奖管理办法），抓住营销过程中的关键人员和关键环节，强化激励机制，月月有竞赛、季季有考核。加大对大额存单、慧盈、定活通等重点产品的支持，年末个人金融资产总量达239亿元，较年初增加15亿元。全年实现信用卡中间业务净收入1.41亿元，同比增长25%，对全行利润的贡献持续增大。（韩　雪）

【资产质量管理】2018年，华夏银行

太原分行问题贷款清收转化效果明显，资产质量得到改善。坚持“资产质量就是生命线”，面对资产质量压力，倒排处置计划，扭住关键问题和重点环节不放松，转化清收工作取得实效。全年通过授信转化、现金清收、申报核销、办理以资抵债等手段处置20亿元，承接“联盛系”留债0.52亿元，清收新增非逾期贷款欠息10.19亿元，缓解资产质量压力。逾欠贷款和偏离度指标连续两年下降，控制在总行要求内。“双90”贷款和现金清收均完成总行计划。

（韩　雪）

【风险管理】 2018年，华夏银行太原分行完善全面风险管理架构，加强重点领域风险防控。加强操作风险三大管理工具运用和业务连续性管理，全年累计堵截各类风险事项163件，完成包括同城灾备、防抢防爆、舆情应急等23项应急演练。严格执行信贷与投融资政策，坚持业务发展与风险防控协同并重，全年新增客户授信未发生新增逾欠。深化案件防控工作，持续保持高压态势，全年实现“零案件”目标。加强反洗钱统筹管理，推进深化整治、防范和打击非法集资、非法放贷及金融诈骗、扫黑除恶专项治理、“七五”普法宣传等工作，风险防控和合规管理能力进一步提升。（韩　雪）

·山西省农村信用社联合社·

【概况】 2018年，山西省农村信用社共有四级机构3182个。资产总额11427亿元，较年初增加856亿元；各项存款余额7678亿元，较年初增加609亿元；各项贷款余额4765亿元，较年初增加642亿元。资产总额、存贷款余额均居金融机构之首。（夏广朝）

【地方经济服务】 2018年，山西省农村信用联社坚持“深耕三农，细作小微，精准扶贫，倾力重点”的服务定位，助力乡村振兴、精准扶贫和转型综改，地方金融主力军作用充分凸显。深耕三农，持续推进普惠金融服务。始终牢记根本宗旨，落实山西农信金融助力乡村振兴战略行动计划，引导各级农信社找准目标客户，夯实主体定位，拓展基础类客户，加大信贷投放。涉农贷款余额达3944亿元，较年初净增363亿元，增幅10.13%，占各项贷款82.76%，约占金融机构的40%。累计建成农村金融服务站10248个，建设自助银行网点2362个，安装自助设备3709台，拓展特约商户24107户，布放POS机具32002台以及流动银行服务车31辆，积极填补金融服务空白区，攻克农村金融服务“最后一公里”难题，满足客户专业化、多元化、个性化的金融需求，以实际行动助农、惠农、支农，真正发挥农村金融主力军作用。细作小微，支持小微企业发展。将小微客户作为农信社的长期战略核心客户，组织万名客户经理对城镇所有小微企业再进行“三个全覆盖”，推广小微专营机构，动员全系统机构网点全面开展上门授信，创新服务模式和产品，提升服务质量。农信社小微企业贷款余额2665亿元，占全部贷款的56%，约占金融机构的43%，高于各项贷款同比增速13.33个百分点，小微企业贷款户数15.24万户，高于2017年同期3.41万户，实现“两增两控”工作目标。全年为小微企业减免服务收费641.47万元，节约利息支出2.27亿元。印发《山西省农村信用社进一步支持民营经济助力小微企业健康发展的实施意见》，制定积极的信贷投放规划和目标，加快信贷产品的推广和研发，拓宽客户增信渠道，逐步扩大民营企业金融服务覆盖范围，缓解民营经济融资难题。农信社累计支持太原市康培园林绿化工程有限公司、山西东方资源发展有限公司、山西亚宝投资集团有限公司等民营企业10417户，余额2554亿元，占全部企业贷款余额的90%以上。精准扶贫，积极履行扶贫社会责任。农信社精准扶贫贷款余额254亿元，较年初净增3.23亿元。其中，单位扶贫贷款余额为162亿元，个人扶贫贷款余额为92亿元。个人扶贫贷款中“5321”扶贫小额信贷余额为64亿元，占各银行业机构的一半以上。三级农信社勇担社会责任，共选派126名优秀干部驻村帮扶，对26个脱贫摘帽县累计投放金融扶贫贷款74亿元，助推贫困地区脱贫摘帽。倾力重点，推进重点项目落地。通过依法合规参与银团（社团）贷款，向山西

2018年10月9日，联社领导赴驻村扶贫点临县开展金融扶贫工作

（山西省农村信用社供图）

交通控股集团有限公司、山西省国有资本投资运营有限公司、山西能源交通投资有限公司和晋阳资产管理股份有限公司等融资需求额度较大的590个实体企业投放贷款总额达到704亿元，较年初增加180亿元；通过投资债券支持省内企业融资余额达到295亿元。（夏广朝）

【改制化险】2018年，山西省农村信用联社按照“成熟一批、改制一批、一社一策、因地制宜”的原则，推进改制化险工作，完成全年改制目标。推动14家县级机构成功改制，改制机构数量超过前两年总和。108家县级机构中，累计召开创立大会71家，挂牌开业67家。按照银保监会对加快职能转换和加强行业审计监督的要求，改制组建成立2家审计中心。（夏广朝）

【风险防控】2018年，山西省农村信用联社将风险防控工作作为第一责任来抓，通过风险排查、不良压降、问题整改等多种举措，遏制各类风险隐患的发生，坚决守住不发生系统性金融风险的底线。完善全面风险排查机制。建立“网点日排查、县级机构周排查、市级机构月排查、省联社季检查”的常态化工作机制，并通过上线科技系统、加强预警监测、紧盯问题整改、强化责任落实等措施，严密防控资金业务风险、流动性风险、市场风险、操作风险、案件风险等各类风险。推进全面风险管理，基本建成覆盖省、市、县三级机构的全面风险管理架构，初步构建起多层次、全方位、立体式的风险防控机制。加大不良贷款清处力度。始终将压降不良贷款作为全部工作的重中之重，坚持问题导向，强化责任担当，上下联动，发动全员，全力清收处置。建立全省农信社不良贷款压降调度制度，每旬召开一次调度会，每月召开一次分析会，每季最后十天实行日报制度，督促所有机构挂图作战，大打不良贷款压降“攻坚战”，取得明显成效。在做实农商银行资产质量形态的基础上，采取多种强力措施，全力压降不良贷款，持续保持不良贷款余额、占比“双降”。提高各类问题整改质效。以深入开展“整治市场乱象”和“制度执行年”活动为抓手，加大风险排查力度、制度执行力度、问题整改力度和追责问责力度，重点围绕高风险投资、逾期贷款、借冒名贷款、违规担保等领域，深挖问题，查深查透，不留死角，对审计、监管、内部检查等各方面发现的问题，提高整改率，加大问责力度。对拒不整改、虚假整改、敷衍整改、屡改屡犯的行为严肃问责。持续开展党建、审计、巡视和监管发现问题整改四个“回头看”工作，建立问题台账，紧盯各类问题整改，促进合规经营，取得成效。（夏广朝）

2018年10月23日，农信社资金服务协同平台正式启动

（山西省农村信用社供图）

【服务平台建设】2018年，山西省农村信用联社提出并倾力构建“小银行、大平台”的管理体制和运行机制，加快完成改制农商银行法人治理、经营模式、资本管理、内部控制等方面的机制转换，并依靠以省联社为中枢的大平台，为辖内小法人机构提供科技建设、资金营运、客户服务、资金清算、电子银行、教育培训、战略合作、产品研发及推广等一揽子综合服务。电子渠道交易额和用户数成倍增长，统一的客户服务中心投入运营，资金营运服务协同平台正式启用，大额存单业务系统、财务管理及大总账系统成功上线，科技信息平台、资金清算平台等各大平台加快建设，新一代柜面系统等一大批科技系统将陆续投产，省联社成功通过CMMI（即能力成熟度模型集成）3级认证，标志着山西农信全系统软件研发标准化流程等方面达到行业相关标准，研发管理能力获得国际认可，成为省内首个通过CMMI认证的金融机构。一系列重大举措的落地，保障各项业务的健康快速发展，提升全省农信服务基层、服务客户的能力。（夏广朝）

保险业

·中国人寿保险股份有限公司山西省分公司·

【概况】中国人寿保险股份有限公司山西省分公司（简称中国人寿山西省分公司，以下称省公司），全辖机构总数达623个。其中，省级分公司1个；市级分公司机构11个；县级公司机构128个。共有4179名员工。2018年，深入贯彻中共十九大、全国经济及金融工作会议及中国人寿系统工作会议精神，全面加强党的建设，统筹推进公司改革创新、

转型升级，坚持稳中求进、加快发展，公司经营取得良好成效。（宋向阳）

【公司业务发展】2018年，中国人寿山西省分公司总保费达到173.63亿元，同比增长7.96%，增速超过全行业11.70个百分点；市场份额29.38%，较上年提高3.10个百分点。长期险首年标保和首年期交保费两项指标总量均排全系统第13位，保持较高的贡献度。保障型保费实现6.15亿元，同比增长14.70%，公司增速在30%以上。

续期保费达到124.98亿元，同比增长25.07%，占总保费的71.98%，同比提高9.90个百分点；保费继续率保持较好，续期拉动效应进一步显现。特定保障型业务占10年期及以上期交保费比重达57.60%，较上年提高26个百分点。主销产品“国寿福”件均保费达到3830元，较上年提高1306元。

大短险保费达到6.70亿元，预算执行率103.90%，同比增长17.56%。掌上保险突破性实现5321.95万元，同比增长55.29%。寿代产、寿代养老分别达到3.91亿元和13.31亿元。推荐广发银行联名卡2.66万张。电销、网销新单保费收入分别达到542.64万元和8668万元。

全年理赔20.70万人次，支出11.11亿元，同比增长18.40%。全年承办城乡居民大病保险项目11个，服务人数达到1113.31万人。统筹帮扶联系点128个，投入扶贫资金198万元；大病扶贫覆盖35个县区53.58万建档立卡扶贫人口。推进集团公司与省政府战略合作协议落地，累计投资达228.80亿元。（宋向阳）

【销售转型】2018年，中国人寿山西省分公司个险渠道坚定推进销售转型战略项目落地，特别是下半年以来，固化周经营模式，周标保平台达到2360万元。坚持内学外比，学习借鉴湖北孝感、重庆等公司转型经验，深化转型实践。省市两级同步成立收展发展部；银保渠道深入推广“五自”标准化体系；团险渠道推广3S管理和掌上保险行销模式。

个险持证人力达43575人，个险长险举绩率、一年内新人长举率、三晋率分别增长7%、3.26%和9.62%。个险主管考核达标率62.80%，季均达标主管3110人，分别较上年增长4.11%和4.68%。收展队伍增员9414人，收展月均增员率在8.50%以上。银保规划师人力达7865人，月均增员率9%；客户经理队伍953人，同比增长81%。团险季均有效人力1375人，同比增长25%。

建成标准化营业部227个，较年初增加86个；功能组月均考核达标率较上年提升18.40个百分点；智能参会系统实现全覆盖，日均刷脸人力达到1.60万人；月度参会率60%以上的人力达到2.10万人。e职场绑定人数达到2.90万人，全年拜访客户数突破100万人次。全年批复24个基层营业用房，34个柜面和职场办公环境得到明显改善。

三级公司培训部岗位人员达到220人，星级导师达到2926人；市级培训基地达到6家，县支公司培训教室覆盖率达到44%。全年累计举办各类创业、启航、晋阶培训3251期，培训7.80万人。（宋向阳）

【管理服务】2018年，中国人寿山西省分公司实施个险、团险、银保三大渠道分级分类管理；启动“千帆竞发”专项社会招聘，定向为县支公司引进254人；探索费用直投基层机制，下拨基层各项绩效奖励达9200万元，较上年增长41.50%；连续第三年设置百万创新基金，助力销售插上科技的翅膀。

保全e化率达94%，同比提高23个百分点；核保自动化通过率达到87.30%，同比提高21个百分点。理赔全流程智能化作业率达59.30%，小额理赔时效降至0.50天，同比减少2.25天。客户自主回访替代率达到87.91%，人脸识别应用率达到69.93%，“智能语音导航”系统服务客户89.30万人次，微信在线服务客户1.20万人次。

国寿e店累计开通人数5.17万人，月均活跃人数达到2.52万人，服务访问量达到5000万次。无纸化投保累计出单32.17万件，使用率达92.58%，位居全系统第二。完成516个职场网络建设，建成作战指挥中心169个，完善或新开发个性化应用系统50余个，累计自有应用系统总数达73个，名列全系统前茅。（宋向阳）

【风险防范】2018年，中国人寿山西省分公司贯彻监管机构和总公司安排部署，认真组织治乱打非、防范化解重大风险排查等专项工作。对涉及违规的2713名销售人员、348名管理人员进行查处和追责，102个反洗钱问题全部整改落实到位。对50多家县支公司开展现场突击检查和审计工作。客户投诉总量同比下降14.70%；全年满期给付和年金给付8.60万余件，未发生一起重大投诉和群体性事件。公司已经连续多年没有发生一起外部处罚，风险评级结果保持A类。（宋向阳）

·中国人民财产保险股份有限公司山西省分公司·

【概况】2018年，人保财险山西省分公司围绕贯彻落实中国人民保险集团公司“3411工程”各项重大决策部署，坚持“两个融合”，聚焦发展动力、效率和质量，强化渠道建设，优化组织架构，构筑发展平台，升级客户服务，提升竞争能力，持续“赶队进位、创先争优”，为经济发展、城乡社会稳定、人民福祉提升提供全方位、高品质风险保障服务。全年为204.20万名客户提供风险保障8.25万亿元，同比提升12.86%；实现保费收入79.74亿元，同比增长13.61%，创十年来同期新高；实现利润1.61亿元，同比增加5000万元；市场份额34.75%，同比提升0.53个百分点；增量保费9.55亿元，增量份额39.25%，保持行业第一；为8900户企业，56.62

万户家庭，359.93 万公顷农作物提供 8.25 亿元风险保障，处理赔案 103.36 万件，支付赔款 49.60 亿元，同比增长 14.68%；上缴税金 10.24 亿元，同比增长 7.79%。（宋向阳）

【商业保险模式变革】 2018 年，人保财险山西分公司落实集团“去中介、降成本、优服务、强黏性”要求，把握商车费改市场竞争趋势，深化渠道专营，变革商业模式，车险对标发展差距缩小。复制推广“南京模式”，开展基于获客渠道的组织架构变革，深化渠道清分，科学渠道布局，逐步建成以“送修 + 费用 + 增值服务”的 4S 店渠道获取模式，以“费用市场化投入、送修资源协同、客户真实信息获取为核心”的二网渠道获取模式、以“地面电销 + 互联网销售为核心”的电商渠道获取模式；战略性发展家自车业务，加快续保团队、车商团队和地面电销团队建设，构建车险销售过程管理模式，扭转家自车发展开局不利局面，市场份额 24.56%；战略性推进续保团队建设，团队增员 905 人，产能 2.82 亿元，占比家自车 11.3%，同比上升 8.30 个百分点，人均月产能提升到 8.66 万元;推广人保 V 盟，加快商业模式变革与技术变革融合，V 盟会员突破 6 万人，超额完成总公司目标，保费规模近 7000 万元。（宋向阳）

【商业保险模式升级】 2018 年，人保财险山西分公司以政企互动为抓手，强化保险供给和对标意识，提升重点险种和分散性业务拓展能力，全年商非保费收入突破 13.04 亿，同比增长 50.77%。强化大项目续保责任落实，加大创新支持力度，传统商非与新兴商非同向发力，传统大客户续保率 100%；强化非车险专业团队建设和管理。成立光伏保险项目组，保费收入 672 万元；成立助贷险专营机构 12 家，实现全覆盖。成立商非专营机构数量 25 个，商非专业团队 134 个，商非专营机构平均产能 1871 万元，完成专营机构和专业团队非现场验收。绘制展业地图，制定推进计划。完成财产险重要客户保源地图、特险市场地图、光伏项目市场地图、货运险市场地图。加大新兴市场拓展力度，创新“保险 + 服务”模式，新兴商非保费 8.64 亿元，增速 88.12%，市场份额 27.95%，提升 3.66 个百分点；货运险保费收入 8869 万元，同比增长 35.90%。安责险保费收入 3114 万元，同比增速 135%，一改连续三年的负增长局面，实现良好开端。首台（套）综合保险获得突破，实现保费收入 6475.43 万元，同比增速 3838%。全年助贷险保费收入 2.30 亿元，增速 265.90%，完成总公司挑战目标。意健险保费收入 1.90 亿元，市场份额 24.77%，同比回升 1.77 个百分点。渠道创新互联网保险、综治保险、政府扶贫救助保险、雇主责任险、法律类保险、医疗责任险、金融机构贷款损失信用保险、关税保证保险等新产品持续突破。（宋向阳）

【社保服务平台】 2018 年，人保财险山西分公司充分利用社保平台，对接多层次社保体系建设，全力拓展社保业务，加大系统对接投入，提升“一站式”即时结算服务效率。全年社保保费收入 10.81 亿元，同比增长 66.76%，保费规模跨越 10 亿元大关，超额完成总公司 7.90 亿元计划目标，发展指标位居系统前列；开展城乡居民大病保险业务，服务人群 1213 万参保人群提供风险保障 5.40 万亿元，支付赔款 10.72 亿元，受益 51.40 万人次；市开展建档立卡贫困人口补充保险，为 154 万人次贫困人口提供风险保障 6180 亿元，支付赔款 1.80 亿元，收益贫困人口达 3.70 万人次；拓展多种补充保险、意外险、门诊等新项目；形成涵盖大病保险、补充医疗保险、扶贫医疗救助保险、重大疾病保险、意外伤害保险等一体化业务格局。（宋向阳）

【经济转型发展】 2018 年，人保财险山西分公司为山西潞安矿业集团、太钢集团、山西焦煤集团、大同煤矿集团、中煤平朔集团等国有大型企业提供企财险风险保障 1420 亿元。各级开展政企互动 1573 次，同比增长 155%，实现互动成果 202 个；与中国人保武装警察部队山西省总队签订《军民融合战略发展合作协议》；助力国家治理现代化，深入推动“保险 + 科技 + 服务”等创新模式，开发 ERA 环境风险评估系统，试点校园预计风险管理系统，发展环境污染责任险、安责险、医责险、校

救援直升机护航洪洞寻根祭祖节　　（人保财险山西省分公司供图）

2018年4月11日，山西省分公司组织员工参观百团大战纪念馆，重温革命峥嵘岁月，接受爱国主义教育　　（人保财险山西省分公司供图）

责险，加快发展首台套综合保险、新材料保险、专利保险，推进综治保险、巨灾保险、电梯保险，创新拓展关税保证保险、司法类保险，累计提供风险保障4323.08亿元，同比增长26.40%。

（宋向阳）

【保险服务】2018年，人保财险山西分公司复制推广“南京模式”，加快“以管理为中心”向“以客户为中心”转变，对内，持续转变机关作风，深化全员营销，简化请示报告流程，实施服务基层时效承诺制；对外，坚持服务直达客户，整合线上线下资源，强化在线理赔团队建设，推广微信理赔、极速理赔和小额案件快处等新工具，开展警保联勤、心服务站、理赔夜市、电动车主干道巡查、VIP客户“全程托付”、空中120救援服务等多项优化客户体验举措，加大微信公众号绑定考核，推广俱乐部系统管理平台，深化客户经理制，整合增值服务，万元以下理赔周期7.78天，同比提速26.60%，总公司亿元保费投诉量为0.58件，同比下降21.62%；保监会服务评级“AAA”级，系统排名第三；理赔案件结案率96.41%，系统排名第一；监管机构服务评价90.48分，评级AA。

（宋向阳）

【县域保险“九大工程”】2018年，人保财险山西分公司落实总公司县域“九大工程”建设项目，提升综合竞争能力。扩大基层授权，区县支公司定位为经营单位，设立理赔部门，差异匹配权限，提高经营自主权。注重后备人才培养，开展机关与基层双向交流锻炼，逐步改善基层队伍结构，2018年为县域支公司招录100名销售人员，个人代理营销员拟纳编33名。加大基层帮扶指导，制定公司领导班子和部门主要负责人对口包点制度，现场办公、现场调研、现场指导成为工作新常态。深化“县域长青”行动，制定农村销售队伍建设方案，明确农村销售渠道建设指导意见，稳步推进县域差异化业务获取模式。落实总公司“鸿雁计划”相关工作安排，为三农营销服务部配备专职三农营销服务部经理岗。

（宋向阳）

【三农保险助力脱贫攻坚】2018年，人保财险山西分公司以保险助推脱贫攻坚为切入，加大政府营销力度，持续提升覆盖面和渗透度。全年农业保险保费收入4.80亿元，市场份额51.03%，为226.79万参保农户提供农业风险保障332亿元，赔款支出3.83亿元，受益农户达到59.14万户次。坚持“金融扶贫、保险先行”，深入基层走访调研，结合当地优势农业资源，打造“一县一品”农业发展新模式。农险产品已接近百种，共承保11个市100余区、县的农业保险，涉及目标价格保险，收入保险、期货保险等创新型产品。坚持“保险扶贫，人保先行”，推广“两减四推一倾斜”保险扶贫模式，为44个贫困县提供风险保障。撬动扶贫贷款资金4.55亿元，带动9059户贫困户实现增收脱贫。战略性推进农村销售队伍建设，着手建立协保员+营销员+地面电商、产寿健协同展业模式，完善三农服务站、点建设，全年建成97个三农营销服务部，服务部经理选聘到位率101.47%，系统排名第3，协保员队伍5954人，净增1200人。履行社会责任，扶危济困、热线公益、汇报社会。深化“中国人保助学公益行”，捐助国学希望教室8所，捐赠助

2018年3月11日，山西省分公司组织机关全体员工观看电影纪录片《厉害了，我的国》　　（人保财险山西省分公司供图）

学用品 20 余万元。（宋向阳）

·中国太平洋人寿保险股份有限公司山西分公司·

【概况】 2018 年，中国太平洋人寿保险山西分公司秉持“专业、务实、落地、升级”的工作要求，持续优化和调整业务结构，累计实现原保险保费收入 91.26 亿元，以同比增长 11.70% 的良好成绩继续保持稳固的市场地位，总体规模保费在山西省保险市场位居第 2 名。

全年共计处理各类赔案 4.03 万件，累计给付理赔金 4.02 亿元，理赔数额大幅增长。（刘志平）

【个人保险业务】 2018 年，中国太平洋人寿保险山西分公司贯彻总公司业务推动基本策略，坚持以客户需求为导向，以“按月达成目标”为基本要求，完美实现“两个固化”，持续落地“两个坚持”，通过“练内功、提产能、铸铁军”，夯实队伍基础，优化队伍结构，走出一条太平洋保险特色的产能提升之路。

新标任务跑赢大盘。个人业务新保保费达成 20.87 亿元，全司排名第 6 名，新保达成率 102.80%；短意险达成率 104.40%，健康合作险达成率 205.90%。

队伍结构稳定调整。大个险条线营销人力达 54472 人，较上年同期提升 2%；各业务条线月均健康人力、绩优人力，月均收入均实现较大幅度同比提升；各条线总体长险举绩率、新人长险举绩率实现同比提升；坚持基本法推动，坚持架构增员，各条线基本法架构稳定增长。

创新客户经营活动。在推动落地总公司“保障升级”“法定转指定”等日常客户经营活动的基础上，山西分公司根据业务节奏，开展 3 个季度的“忠诚行动”客户经营活动，通过服务评价、孤儿单客户服务、智能面访推动等线上活动提升客户体验，提高公司信誉及知名度，获得广大客户的欢迎和认同。

培训助力营销。用基本法思维做基础培训，推动追踪一年内新人持续获薪、获得更高奖励；围绕一年内新人，扎实落地岗前培训、衔接训练、新人大练兵，重点追踪训后评估效果；落地最佳实践典范案例，建立萃取师梯队，通过典范挖掘和萃取，树立标杆，打造学习型团队。（刘志平）

【寿险业务发展】 2018 年，中国太平洋人寿保险山西分公司渠道业务和健康养老条线在总公司“寿险业健康稳定发展的引领者”的目标指引下，立足供应短期保障，探索创造长期价值，全面推进跨系统、跨条线间的协同发展格局，致力打造“产品 + 系统 + 服务”一体化客户需求解决方案，落地同山西省政府签署的“战略合作协议”，提升专业支持，加大风险管控，确保业务可持续健康发展。

渠道业务围绕“固本培元”的经营主线，聚焦业务目标和利润目标达成，夯实渠道基础，开拓创新项目。不断加强外部渠道合作的深度与广度，实现互联互通；内部持续优化业务模式，严控经营风险，推动业务转型多元发展。健康养老业务围绕“员福业务发展为主线，重点项目推动为抓手，医保业务突破为方向”的战略举措，通过专业赋能和协同联动，夯实业务发展基础。

渠道业务和健康养老业务在对内创造利润价值的基础上，发展成为公司长期获客的重要来源，坚持发挥品牌服务和社会效益，强化重大企业客户经营能力，实现经营价值和社会保障的双重体现。

渠道业务累计实现短险保费 1.39 亿元，市场份额 18.90%，市场排名第二位，健康养老业务累计新保达成 0.71 亿元，实现员福大客户有效突破。（刘志平）

【技术提升客户服务】 2018 年，中国太平洋人寿保险山西分公司利用新技术应用优化作业模式，提升客户体验，保险金实时到账：个人客户的教育金、养老金、贷款、理赔金审核完成后，实时支付到客户银行账户。高端客户尊享服务：黄金及以上个人会员享受高端出行、三甲医院专家预约、住院及手术安排、特需医疗、海外就医、全球救援等 11 项尊享服务；企业员福尊享客户享受名医直通、癌症早期筛查 / 基因检测服务、住院及手术安排、特需医疗、全球救援、慢病管理、齿科服务等多种尊享服务。为进一步加强太平洋保险 APP 录单的规范性，避免代签名情况发生，在现有的投保流程中增加“人脸识别”功能，客户在投保单上进行电子签名时，需要先进行活体检测、公安校验，人脸识别通过后进行后续投保流程（人脸识别不通过的将由人工进行审核）。太 e 赔上线：“太 e 赔”借助太平洋寿险“神行太保”“太平洋寿险”APP 等企业级服务平台，依托太平洋寿险强大的后台智能审核，通过客户自助报案，索赔资料拍扫上传，后台集中作业，轻松三步，打造客户足不出户、赔款实时到账的自助理赔服务新体验。“云调查”上线：通过云地图、GPS 签到，视频互动等新技术，实现常规案件单人查勘，调查任务智能管理、提升调查效率，降低作业成本。

组织系列客户服务活动：5 月 13 日至 6 月 30 日，中国太保寿险 2018 年客户服务节围绕“有温度的服务 遇见有态度的你”，聚焦健康和公益，开展“1+2+6+N”系列主题服务活动。太有爱丨寻找保险金主人：为已到期未领取客户提供上门保单检视、权益讲解和领取服务，为被遗忘的保单寻找主人。太有爱丨唯爱受益：为未指定受益人的客户提供上门保单检视、权益讲解和受益人变更服务，让“您”的爱，不再有遗憾。（刘志平）

【合规经营防范风险】 2018 年，中国太平洋人寿保险山西省分公司守住“一守三全”经营目标，保障公司健康快速发展：以“风控能力最强”为指导，以“一守三全”为合规经营目标，站在转型2.00高度，坚守风险底线、禁触合规红线、严密内控防线，坚持三道防线协同，坚持依法合规经营，强内控、防风险，持续、强化以往各种内控管理举措，完善风险防控体系，提升防范化解重大风险的能力，实现年度合规内控责任目标，为公司构建“行业健康稳定发展的引领者”保驾护航。

开展“治乱打非”“四反一防范”及乱象整治工作，有效防范案件风险：以“治乱打非”“四反一防范”及乱象整治工作开展为抓手，持续推进条线负责制，开展“治乱打非”“乱象整治”、非法集资风险排查、反洗钱、反欺诈、反舞弊等专项治理活动；加强对营业场所风险管控，开展宣传与警示，强化一、二道防线全防全控、联防联控、重防重控，深入推进案件防控与处置，控制风险，预防风险，2018年未发生风险案件。

（刘志平）

·中国太平洋财产保险股份有限公司山西分公司·

【保险业务发展】 2018年，太平洋产险以服务地方经济为前提，以合规经营为红线，以提升客户体验，满足客户需求为生命线，结构调整增活力、转型创新谋长远，实现可持续价值增长的战略目标。11家地市中心支公司，75家县级支公司。公司业务的发展和经营水平的提升，为地方经济发展做出应有的贡献。

太平洋产险山西分公司连续多年承保焦煤集团、晋能集团、太钢集团中电投、潞安集团、华润置地等保险业务，为大企业、大客户提供保险保障服务。

（宋向阳）

【新产品服务客户】 2018年，太平洋产险山西分公司结合市场需求，创新开发新险种。太平洋产险山西分公司相继推出“太健康”百万全家桶、“太享贷”“家政雇佣责任险”“诉讼财产保全责任保险”“驾乘人员意外伤害保险”“食品安全责任险”“环境污染责任险”“个人信用保障保险”等，为客户的“衣、食、住、行”提供全方位保险保障。为方便客户投保，简化投保流程，推出“车险电子保单”，客户在投保时只需提供手机号及电子邮箱即可马上投保，实现投保流程的“移动化”“通用化”“去纸化”，便于客户快速查找自己的投保信息。太平洋产险山西分公司推出电子发票，方便客户实时查阅和接收。

太平洋产险山西分公司在注重产品开发的同时，提升服务质量。“以客户需求为导向”创新客户服务模式，推出“太贴心”微信自助理赔服务，客户可以通过微信自主报案理赔，在半小时之内就可收到赔款，为客户提供更加快捷、方便、周到的服务，提升车险理赔时效。太平洋产险山西分公司还推出“太好陪”系列服务，针对女性客户，推出太保“蓝朋友”专属守护，全程陪伴服务；针对三年未出险客户、女性客户，提供金钥匙服务，上门接车、送车修理、修复结算、出险期间代步服全程包办。针对三年未出险客户，人伤纠纷一纸委托，不再困扰。涵盖探视、慰问、接送、跟踪、陪同鉴定、调解、收单等服务，全程无忧。2018年，太平洋产险山西分公司在行业协会公布的上半年车险理赔服务质量评价中名列行业第一名。

（宋向阳）

·中国平安人寿保险股份有限公司山西分公司·

【保险业务发展】 2018年，平安人寿山西分公司下辖太原本部12个营业区、10个地市三级机构和55个县域四级机构。分公司紧跟总公司经营节奏，整体实现健康发展，分公司累计实现总保费收入70.84亿元，同比增长23.80%，其中个人代理保费59.45亿元，同比增长20.90%，银行代理渠道年累计实现保费收入40053.71万元，同比增长43.60%。针对保险市场的多元化渠道销售，分公司积极发展直销业务，直销业务累计实现保费收入73745.29万元，同比增长39.50%。营销员人数站上25500人的平台，保持稳定发展。

（王　琛）

【社会经济支持】 2018年，平安人寿山西分公司客户保障方面，保障额度大幅增长，累计为近172万客户提供7735亿元的保险保障，同比增长44.90%。在赔付方面，死伤医疗赔款支出29600.37万元，同比增长21.20%；满期、年金给付支出55018.52万元，其中年金给付27105.41万元，同比提升464.20%，为广大人民群众送去充足的保险保障，充分发挥保险的风险保障功能和损失补偿功能。

纳税方面，分公司共上缴各项税款28777.34万元，其中上缴公司增值税2925.46万元，占总缴纳税款12.89%；实现营改增后，流转税转入国税增值税，税收贡献体现了较高的水平，为经济和社会建设，为服务民生做出应有的贡献。

保险资金投资方面，分公司累计投资已达98.50亿元，其中债权累计投资额51.60亿元；基础设施投资方面，向太焦高速公路项目投资额23.46亿元；新能源开发方面，风电累计投资额达1.50亿元，支持经济建设和基础建设。

（王　琛）

【业务多渠道发展】 2018年，平安人寿山西分公司综合开拓业务在监管、总公司、分公司各级领导的指导和支持下，利用集团综拓多元化产品，助力队伍无压力获客，先服务后销售，实现从用户到客户“双圈双户”经营模式的转化和再升级。个销产及个销养保费平台持续增长，其中个销产保费同比增长8.10%，累计达成83458万元；个销养保费同比增长20.30%，累计达成11545万元。

分公司综拓渠道围绕综拓助力队伍获客、助力留存、收入提升三方面进行重点关注，并且通过绩优经营、综拓功能组运作致力于推动业务目标达成。

（王　琛）

【客户体验服务】 2018年，平安人寿山西分公司进一步推动“智慧客服”服务，依托生物认证、大数据、人机交互和远程视频等技术，客户通过金管家APP等移动入口，即可随时随地办理理赔申请和保单信息确认等传统需要到柜面亲办的保险业务，90%以上的业务客户足不出户自助完成。智慧核心能力覆盖从业务申请到智能推荐全流程，方便客户业务办理，提升客户体验。

以“阅读与分享”为主题开展各类加值服务。关注PGC质量与体验、UGC培育与运维及服务口碑传播，发挥关键纽带作用，承担回馈客户，与客户高频互动、提升体验、树立口碑、支持获客、展现企业责任等重要使命。少年读书说TED演讲比赛、VIP高尔夫沙龙等客户回馈活动及各类线上线下阅读服务，吸引客户参与体验，触点NPS值达88%，服务口碑凸显，获得广大客户一致好评。

维护客户正当权益，提升客户体验，分公司开设亲访、电话、信函、网络等多种投诉渠道，并在各营业场所公布投诉处理流程，便于客户咨询、投诉。对受理的各类投诉案件，及时妥善处理，化解客户纠纷。公司在全省定期开展总经理接待日活动及客户座谈会，组织开展贬损客户录音听取工作，配合前线管理部门制定投诉宣讲计划等，提高服务水平和业务品质。（王　琛）

【理赔服务】 2018年，平安人寿山西分公司始终秉承“信守合约，为客户寻找理赔的理由”的服务理念，积极努力地为客户提供简单、便捷、友善、安心的理赔服务，重点从服务时效和服务品质两方面做好理赔服务，同时开展爱心文化建设，履行企业社会责任，及时响应各类重特大事故、公众事故、高额意外医疗事故，为事故中的出险客户提供慰问关爱和及时便捷的理赔服务，用实际行动兑现保险承诺。

通过一系列的服务创新举措的落实，逐步打造高效优质的理赔服务，树立公司品牌形象，增强客户信任度，引领行业理赔服务持续升级。（王　琛）

【风险防范】 2018年，平安人寿山西分公司围绕合规风险属地管理原则，结合实际情况，为全面提升分公司合规经营管理水平，加强对各流程的合规管控，促进分公司员工履行合规尽职义务，在外部监管机关及总公司的指导与帮助下，分公司开展各项基础性合规工作，积极配合监管机关及总公司的各项法律合规事宜，并取得一定成果。

（王　琛）

国家级非物质文化遗产·晋祠庙会

晋祠庙会传承至今已有近千年的历史。北宋年间，晋祠周边村庄就开始了酬神演戏的迎神赛社活动。自明洪武二年（1369）给圣母加封号后，七月初二日为祭祀圣母的活动，已形成传统盛典。《太原县志》载：“农历七月初二为圣母诞辰。”

晋祠农历七月初二传统庙会，古称“赛神会”。传统赛神会从农历七月初一开始，在水镜台演戏酬神。自正日起，水镜台演戏五日。从七月初四起，是圣母出行日，县城南关龙王庙、古城营九龙庙是出行的行宫。县城绅耆率领四街百姓举办迎圣母出行仪式，四街组织社火表演。初五日迎东关龙王神像17尊，奉于南关龙王庙，至此，七月初二赛神会活动基本结束。在庙会期间，商贾云集，各种民间传统风味小吃、工艺、玩具、杂耍纷至沓来，十分红火热闹。

2008年晋祠庙会列入第二批国家级非物质文化遗产名录。

交通运输

Traffic and Transportation

交通运输管理

【概况】 2018年，太原市交通运输局全面贯彻落实中共十九大精神，围绕建设交通强国使命任务，践行脱贫攻坚、乡村振兴战略部署，全力推动综合交通运输体系建设。全市规模以上交通运输仓储和邮政业营业收入155.71亿元，增速为32.60%，完成市委下达的目标责任考核指标。受到交通运输部、公安部、国安局、中华全国总工会表彰，被评为“2018年绿色出行宣传月和公交出行宣传周活动成绩突出集体”。（赵　元）

【现代综合交通运输体系规划研究】2018年，太原市交通运输局抓住太原市委、市政府与同济大学“校地合作”战略契机，全面开展《太原市现代综合交通运输体系发展战略规划研究（2018—2035年）》总课题及《太原市现代综合交通枢纽建设规划》《太原市交通与旅游融合发展规划》《太原城市公交发展规划》3个专项课题的编制工作，从打造交通强国示范城市、提升全国性综合交通枢纽地位、融入“一带一路”“京津冀一体化”“雄安新区”等国家重大发展战略层面，为太原市交通运输发展绘就蓝图。（赵　元）

2018年2月14日，省委常委、市委书记罗清宇在太原公交公司胜利桥东停车场慰问一线职工（太原市交通运输局供图）

【基础设施建设】 2018年，太原市交通运输局在高速公路建设方面，推动太原西北二环高速公路建设。项目规划选址获山西省建设厅批复，土地预审报告报山西省国土厅审查，凌井沟自然保护区功能区调整报省政府批转省环保厅审查，相关专项规划加速推进。项目初步纳入国高网“十三五”中期调整规划，将获得国家车购税补助资金69亿元。

推动“古交—娄烦—方山”及“阳曲大盂—盂县六岭关”高速公路项目建设。太原市政府向山西省交通运输厅申请纳入省高网规划，邀请交通运输部规划院、中交公路规划院、省交通勘察设计院等机构推进项目规划和工可编制工作。

在市域高速路网优化方面，推进环城高速公路有序推进城市主城区，对接交通运输部规划研究院，启动绕城高速公路网调整规划研究。2018年10月31日，山西省交通运输厅就绕城高速线位调整迁移、有序退出城市主城区的问题专题上报交通运输部。推动太长高速公路太原段改线工程，取得进展，7月8日起，二广高速小店互通至东阳互通段封闭，改线工程推进实施。

在综合客运枢纽场站建设方面，汽车客运东南站主项目有序推进，完成调度中心及司乘公寓地下室至四层主体施工，五层主体施工完成30%。客运站房施工推进，完成投资约2.10亿元。娄烦县汽车客运站项目开工建设。7月5日，太原市政府会议明确由太原市交通运输局负责自行车赛道公路建设任务。为加快推进项目建设，成立由局长任组长的项目建设领导小组，设立项目指挥部，迅速完成工可、初步设计、施工图编制、批复、施工单位招标等工作。铺设沥青路面107千米，完成工程总量的91.50%，完成投资2.98亿元。

农村公路建设。坚持把农村公路建设作为践行脱贫攻坚、乡村振兴战略和美丽乡村建设的重大民生工程，认真贯彻落实习近平总书记关于“四好农村路”的指示精神，围绕“四个强化”，高起点谋划、高品质规划、高质量建设“四好农村路”和“3+1”旅游公路。经报请市政府批准，组建全市“四好农村路”和“3+1”旅游公路建设领导组织机构，编制完成《2017—2020年“四好农村路”建设专项规划》，制定出台《太原市“四好农村路”建设工作方案》，制定下发《关于加快推进“四好农村路”建设的实施意见》。申请中央车购税资金3345万元，省补资金2869万元，市级配套资金2905万元，各县（市、区）采取财政拨款和PPP模式，确保建设资金落实。制定下发《太原市“四好农村路”建设品质工程示范创建活动实施方案》，在全市开展“示范县（区）”“示范路”创建工程，打造兼具家园美、田园美、生态美、生活美的农村公路“升级版”。出台《太原市“四好农村路”监督管理办法》，累计巡察在建项目42次，发现问题5类136项，下发工程质量整改意见书42份，基本消除构造物和路面混凝土工程常见质量问题，抽检合格率普遍达到90%以上，原材料抽检合格率达到97%，确保农村公路建设高质量、高品质运行。全市农村公路开工建设278项，开工里程711千米，完工262项，完成建设里程678千米，完成投资9.28亿元，在全省排名第一。阳曲县被山西省交通运输厅命名为省级“四好农村路”示范县。娄烦县脱贫攻坚村通公路实现全覆盖，完成建设里程186千米，完成投资2.50亿元。坚持把“3+1”旅游公路作为“四好农村路”建设的重中之重，推动环城旅游公路暨公路自行车赛道建设，天龙山旅游公路、太古旅游公路、西山旅游通道支线（王封一线天）、阳曲县棘三线、大阪线、红崦山旅游公路、三郎洞等旅游公路基本完工，完成投资20.30亿元。（赵　元）

【道路运输保障】2018年，太原市交通运输局深化“放管服效”改革，加大“简政放权”力度，梳理和编制193项行政职权事项和13项公共服务事项清单，承接3项审批事项，下放2项，办理行政许可事项31件，审批窗口接待群众8000余人次，信用信息“双公示”工作完成率始终排名全市前五。注重提升行政效能，严格落实“13710”交办事项，推行一线工作法、重点工作督办制度，全年办理人大、政协提案27件，办理市长信箱转办件、12345便民热线交办单、人民网留言、互联网信息、门户网站留言1642件，12328服务监督电话受理92494起，及时答复率98%，交通运输服务保障能力提升。严格落实降本增效“十件实事”，推进营运性普货车辆检验检测制度改革，实现安检、综检结果互认和异地检测结果互认，全市11户综检站中有9家实现安检、综检一次上线、一次检测、一次收费，共检测车辆6500辆，确认在异地检测的本地车辆共1500辆。积极培育多式联运、无车承运等市场主体，山西快成物流有限公司、山西新晋中交兴路信息科技有限公司等5家企业全部通过交通运输部审核，签约承运人6802户、车辆251871辆，有效释放市场运力运能。加大打击非法营运力度，共出动执法人员17715人次，出动执法车辆4759车次，检查车辆17799台次，查处非法营运车辆90台，规范营运市场秩序。围绕“春节”和“十一”期间“保畅通、保安全、保疏运”要求，调配运力，共发班车47410趟次，运送旅客123.90万人次；城市公交日均投入营运车辆2620标台，共运送旅客4467.60万人次；客运出租汽车日均投入营运车辆8135辆，共运送乘客1711.30万人次，完成重大节日道路运输保障工作。市公交集团公司第四汽车分公司一车队被交通运输部、公安部、应急管理部、中华全国总工会、共青团中央评为“2018年春运情满旅途活动”成绩突出集体。（赵　元）

市交通运输局举办太原市交通运输系统庆祝建国69周年暨“纪念改革开放40周年唱响交通强国主旋律”歌咏比赛和纪念改革开放40周年成就展活动

（太原市交通运输局供图）

【行业信息法治建设】2018年，太原市交通运输局推动行业信息化建设力度，与山西省交通运输厅达成初步共识，按照“省市共建共享”模式，启动太原市综合交通运行指挥调度中心建设工作，布局综合业务管理、运行状态监测、应急指挥管理、综合决策分析和公众信息发布5个平台，实现“两客一危”、公交、出租车、船舶、共享单车、网约车平台等信息有机融合，提升行业一体化监管水平。开展普法宣传活动，组织577人次参加宪法知识和执法证考试；严格行政执法证件审核注册和规范行政执法文明行为，强化执法监督；建立公平竞争审查机制，清理审核存量文件2083件。充分发挥协天成律师事务所驻局律师团队的作用，要求“三重一大”事项法律顾问全程介入提供法务支持，出台《太原市交通运输局关于贯彻落实在报送市政府发文材料中增加法律顾问意见的实施办法》，实施行业法规出台前进行法律审查。受理行政诉讼案件2起，行政复议案件1起，研究论证征求意见函14份，强化依法行政、依法决策能力建设。（赵　元）

太原市交通运输系统庆祝建国69周年暨“纪念改革开放40周年唱响交通强国主旋律”歌咏比赛（太原市交通运输局供图）

【安全生产和道路治超】2018年，太原市交通运输局树立安全发展理念，贯彻落实《中华人民共和国安全法》《地方党政领导干部安全生产责任制规定》和《山西省安全生产条例》等法律法规，坚持“党政同责、一岗双责、齐抓共管、失职追责”的工作原则，健全完善《安全生产监督检查工作制度》《安全生产隐患排查制度》等一系列法规制度，持续开展“道路客运安全年”“安全生产大检查”“安全生产月”等专项活动，突出“两客一危”重点，严格落实“三关一监督”职责，严把危险货物道路运输企业及其车辆和从业人员的资质、资格审核关口，完成对44户危货运输企业的质量信誉考核和危货运输车辆审验工作，对不符合要求的56辆危货运输车辆吊销营运手续，强化危货行业的管理。突出重点领域、重点时段、重要环节、重要岗位等，采取主要领导每月查、分管领导重点查、主管部门经常查和四不两直、明察暗访、交叉检查的方式，深入部门企业一线，直插基层末端，实施问题隐患登记、整改、反馈、销号闭环管理，确保隐患苗头发现在萌芽、防患于未然，保持行业良好的安全发展势头，市交通运输局被交通运输部评为“道路运输平安年”活动先进单位。坚持源头企业监管和路面超限超载治理相结合，强化“路警联合执法”，共检测货车1272917辆，查货非法超载货车220辆，抄告案件216起，将62辆超载车辆、170名驾驶员列入源头治理“黑名单”，有效遏制超限超载问题，超限超载率控制在0.20%的目标以内。（赵　元）

【生态环境治理】2018年，太原市交通运输局坚持“铁腕治污”常态化，打好“蓝天保卫战”，结合行业实际，重点开展农村公路扬尘污染专项治理、营运柴油车尾气治理、油罐车油气回收治理、营运类老旧车、黄标车淘汰等工作，牵头组织开展“柴油货车和散装物料运输车联合执法专项整治行动”和“大宗物料错峰运输专项行动”；结合中央环保督察组反馈问题整改，出台《太原市船舶污染事故应急预案》等6项法规制度。加大新能源车辆的推广应用，为省城环境质量改善作出贡献，太原市被确定为全国首批22个“绿色货运配送示范工程创建城市”之一。（赵　元）

【文明交通综合治理】2018年，太原市交通运输局将创城工作、文明交通综合治理、宣传贯彻“文明条例”有机结合，发挥行业面向大众、服务民生的特点，围绕“以人为本、微笑服务”的宗旨理念，开展“礼让斑马线、让出生命线”“心离乘客有多近，车离站台有多近”等系列活动，以行业的率先垂范，形成广泛的社会效应。出租车行业开展的“的哥的姐在路上，时代新人在行动”实践活动，被《光明日报》《新华网》《晋政信息》等中央、省、市主流媒体和刊物多次报道转载。山西宝利出租汽车公司驾驶员李志军荣登太原市“时代新人榜”。把共享单车治理作为文明交通综合治理的重点，坚持总量控制原则，对未经允许擅自投放的哈罗、青桔2家共享单车企业进行约谈并责令清理擅自投放的车辆。加强停放秩序管理，协调各城区城管部门施划停车区域，要求各共享单车企业加大车辆巡查规整力度，督促摩拜单车加装车位道钉蓝牙装置，在太原市城六区内设立7条共享单车示范街，对12567辆违规投放、停放且不予规整的共享单车予以清理归集，遏制共享单车停放乱象。（赵　元）

【运输车辆能源消费结构升级】2018年，太原市交通运输局开展运输车辆能源消费结构升级工作。严把燃料消耗量限值标准关，在道路运输行业贯彻以转变道路运输发展方式为主线，以优化道路运输能源消费结构为核心，鼓励倡导新能源、新技术、新设备、新材料在道路运输领域的应用。燃料消耗不符合标准、尾气排放不达标、安全技术检验不合格的柴油车不得进入道路运输市场，对未通过年度环保检验和年度安全技术检验的在用道路运输柴油车，未按规定安装污染控制装置的柴油车不予通过道路运输证年审，不予核发道路运输证。2018 年，共淘汰营运类老旧车 533 台，共淘汰营运柴油车 1599 台。新增和更新的营运车辆鼓励优先使用纯电动和燃气货运车辆，鼓励具备条件的客货运输企业开展营运车辆的更新改造，推进 LNG、CNG、混合动力等汽车在道路运输中的应用。2018 年全市新增营运车辆 18262 台，其中清洁能源车辆 2822 台，（天然气车辆 2514 台，纯电车辆 308 台），占总车辆数 15.50%。（赵　元）

【交通运输保障】 2018 年，太原市交通运输局把二青会期间交通运输保障工作作为重要政治任务，邀请交通运输部规划院，开展《市域高速公路优化调整规划》及《市域普通国省干线公路优化调整规划》编制工作。牵头组织交警、民航、铁路、高速等相关单位研究编制完成《第二届全国青年运动会交通运输服务保障筹备工作总体方案》，倒排筹备工作任务。按照优中选优的原则，完成对全市旅游客车和从业人员的摸底，预征 1150 辆客运大巴，200 辆七座商务车、100 辆轿车。将山西省十五届运动会的保障作为 2019 年二青会的带妆彩排，累计调集 292 辆（旅游大巴 65 辆、太原公交 206 辆、清徐公交 21 辆）保障车辆，完成省运会开闭幕式期间 19 个单位约 5000 余名工作人员的运输任务。

（赵　元）

【春运工作检查调研】 2018 年 1 月 9 日，山西省交通运输厅党组书记闫晨曦、副厅长交战办主任唐晋、副厅长王晋、副巡视员郭全英、省运管局长杨吉平、厅办公室主任杨斌、综运处长吴秀武、安监处长李新杰、主任科员赵军刚一行 9 人，先后对太原客运西站、中石油山西运输分公司、太原长途汽车站、省汽运集团进行春运前的安全督导检查和货运安全检查。副市长张齐山，市交通运输局副局长张则福、主任梅玉光陪同检查。

2 月 5 日，山西省副省长王一新一行莅临迎宾汽车站调研春运工作。山西省交通厅、山西省运管局及能投公司、汽运集团、晋龙捷泰公司相关领导陪同调研。副省长王一新一行先后到迎宾汽车站三品安检区、畅行旅游公司、停车场、出站口等重点区域实地查看，详细询问春运工作部署情况及应急方案。

2 月 8 日，太原市委常委、市政府常务副市长王立刚视察太原市客运西站春运工作。太原市交通运输局局长张晓军、太原市交警支队支队长仇跃勇等领导同志陪同检查。太原市交通运输局副局长张则福、客运办主任任选平、综运处处长杨华忠、安全处处长崔跃龙和市道路运输管理局客运处处长宋泰山等领导参加工作检查。（赵　元）

【网络预约出租汽车经营许可】 2018 年 4 月 3 日，太原市城市客运管理办公室下发《关于许可神州优车（福建）信息技术有限公司太原分公司、蓝海科技有限责任公司太原分公司、山西潞安太行来回网络科技有限公司、先锋智道（北京）科技有限公司太原分公司在太原市从事网络预约出租汽车经营服务的决定》，首批批准神州优车（福建）信息技术有限公司太原分公司、蓝海科技有限责任公司太原分公司、山西潞安太行来回网络科技有限公司、先锋智道（北京）科技有限公司太原分公司四家企业在太原市行政区域内从事网络预约出租汽车客运经营，经营许可有效期 8 年，标志着太原市网络预约出租汽车经营许可工作正式拉开帷幕。（赵　元）

【执法检查组检查更换纯电动出租汽车及充电桩建设情况】 2018 年 5 月 16 日，全国人大常委会副委员长王晨率全国人大常委会《大气污染防治法》执法检查组来到长风商务区 2 号停车库充电站，对太原市更换纯电动出租汽车及充电桩建设情况进行实地检查，听取太原市交通运输局落实《大气污染防治法》、推动出租汽车电动化的工作汇报。副委员长王晨对太原市高度重视大气污染综合整治，把治污减霾作为全市头号民生工程，坚持"绿色"发展理念，全面贯彻落实《大气污染防治法》，以更换纯电动出租汽车为切入点，对全市机动车尾气污染防治起到的引领作用和取得的成效给予充分肯定。肯定太原市采取"政府主动推动、国有企业引领示范、民营企业跟进参与"方式建设充电桩取得的经验，对太原市依托充电站建设配套建设综合服务区的做法给予积极评价。（赵　元）

【交通潜力数据统计】 2018 年 6 月，按照太原市国动委办公室国防动员潜力数据统计汇总工作会议安排部署和《关于组织国防动员潜力数据统计汇总的通知》要求，太原市交战办组织开展全市国防动员交通潜力数据统计汇总工作，印发《关于组织国防动员交通潜力数据统计汇总的通知》，进行专题任务部署，提出有关具体要求。协调太原市交通战备系统以及铁路、水路、公路和航空等 21 个单位和部门通力协作配合，完成审核汇总工作任务，为国防交通保障工作提供了准确详实的潜力数据资源。

（赵　元）

·城市交通·

【公共交通服务】 2018 年，太原市交通运输局坚持公交优先发展战略，调整公交线路 110 条次，优化调整线路 18 条，新开线路 5 条，全市公交线路达到 205 条；新购置 400 台纯电动公交车，于 8 月底在 23 条城市主干道线路上全部实施投放，拉开全市公交车纯电动化的帷幕。公交智能化建设基本具备实施条件，定制公交项目软件系统测试及云平台等硬件搭建基本完成，公交一卡通建设在部分线路进行测试。启动新城、柴村、长风东、省体育中心、明珠、嘉节、长风西、唐槐园、松庄9个公交场站建设，在南寨、圪僚沟、九丰路等5个公交场站建成充电桩213个，公交服务市民出行的能力进一步提升。稳妥做好巡游出租车新一轮经营许可工作，开展市场秩序整顿，制定《飞机场、火车站、火车南站失信出租汽车“列管”管理制度》，下发《关于对出租汽车拼客、议价、拒载、违章停车等违规行为实施从严管理的通知》，累计查处各类违规经营出租汽车4745台次，查扣各类非法营运车辆949台次，形成强大震慑，重点区域营运秩序改善。加快网络预约出租车合规化步伐，密切配合公安、交警部门，许可滴滴、易到等10家网络预约出租车平台，严格审核发放《网络预约出租车驾驶员证》1752本，审验发放《网络预约出租车运输证》2274本，联合太原市公安局直属二分局对网约车平台实施安全生产、维稳防控、从业人员公安背景审查、不合规人员车辆清退等工作，促进网约车企业规范运营，保持行业稳定。（赵　元）

【“的哥的姐在路上，时代新人在行动”实践活动】 2018年2月5日，由市委宣传部、市交通运输局主办的“的哥的姐在路上，时代新人在行动”实践活动启动仪式，在太原工人文化宫举行。启动仪式上，市客运办、市出租汽车协会向全市出租汽车驾驶员发出倡议：争当优质服务驾驶员、争当城市文明守护者、争当城市形象代言人。出租汽车企业代表、出租汽车驾驶员代表分别作表态发言。市委宣传部副部长马竣敏作重要讲话并宣布实践活动正式启动。市客运办执法人员、19家出租汽车企业负责人、17支文明车队队长及骨干、新闻媒体记者90余人参加启动仪式。（赵　元）

“的哥的姐在路上，时代新人在行动”实践活动启动（太原市交通运输局供图）

【“爱心送考生”第13次大型公益活动】 2018年6月4日，由太原市客运办、山西晚报、山西交通广播（FM88）共同主办“爱心送考生”第13次大型公益活动启动。太原市客运办副主任刘春生、山西晚报社副总编辑房华、山西交通广播（FM88）副总监汪娴等领导出席启动仪式并讲话。全市19家出租汽车企业负责人、出租汽车行业19支文明车队队长及骨干近百人参加启动仪式。启动仪式上，共赢车队队长李志军代表爱心“的哥的姐”向社会做出承诺，主办单位领导向出租汽车企业、文明车队颁发“爱心送考生”标识和一对一送考考生名单。6月7日、8日高考期间，太原市城市客运管理办公室连续第13年与山西晚报、山西交通广播电台联合开展“爱心送考生”公益活动，全市19家出租汽车企业和19支文明车队的2000余辆出租汽车报名参加，并在太原市主要路段、重点居民小区附近设立15个“爱心送考生”服务点，通过一对一服务、定点接送、路面拉载等方式共免费接送考生5000余人次，受到社会各界及考生和家长的广泛赞誉。（赵　元）

【省政府考核太原市公共交通优先发展工作】 2018年1月31日，为落实国家城市优先发展公共交通战略，持续推动城市公共交通快速发展，以省交通运输厅综合运输管理处处长吴秀武为组长的省交通运输厅城市公共交通优先发展工作考核组一行6人，代表省政府对太原市公共交通优先发展工作进行考核。市交通运输局局长张晓军主持会议，副局长高海林汇报太原市公共交通优先发展工作，市客运办主任任选平和太原公共交通控股（集团）公司副总经理李文胜分别就省客运办目标责任制完成情况作汇报。会后，省交通运输厅考核组在下元公交停保场、公共汽车站，开展公共交通满意度测评，向候车的市民现场发放并回收调查问卷50份。

（赵　元）

【刘新云检查客运西站安全生产工作】 2018年2月9日，副省长、公安厅厅长刘新云一行来太原市客运西站检查安全生产工作，太原市交警支队仇跃勇、万柏林公安局、万柏林交警二大队等领导同志陪同检查。副省长刘新云重点查看车站旅客行包“三品”及车辆安全例检工作，和当班人员亲切交谈，仔细询问了工作流程，要求工作人员一定要严格把关，保障旅客生命财产安全。

（赵　元）

公　路

【概况】 山西省公路局太原分局管养着太原地区497千米11条国省道干线公路，包括国道5条（G108京昆线、G208二浙线、G307黄山线、G241呼北线、G339 滨榆线），省道 6 条（双阳线、太小线、太高线、宁白线、岚马线、岚古线），桥梁 136 座，隧道 2 座，其中一级公路 96 千米，二级公路 351 千米，三四级公路 50 千米。2018 年底，分局在职职工 865 人，退休职工 367 人。

（师彦晋）

【公路养护】 2018 年，山西省公路局太原分局坚持“养护为本”理念，总结“八比八看”活动三年经验做法，推进活动向“线”“面”引申。针对管养干线公路路况衰减明显，养护压力较大现状，制定“一路一主题、一路一特色”工作思路和切实可行的路况提升方案，分阶段召开养护工作布置会、动员会和观摩交流会，强化责任、制度落实考核，采用集中统筹（15%）加自筹资金投入形式，实行精准养护。全面开展“生态公路、示范公路、平安公路”创建活动，投资 1991 万元优质高效完成 10 项养护工程，管养干线公路综合服务功能得到进一步提升，年末实现“优良路率不下降、中等路要提升、次差路要减少、杜绝砂砾路、PQI（路面质量指数）不低于 83.70”的总体目标，整体路况保持在良等水平。（师彦晋）

【公路建设】 2018 年，山西省公路局太原分局调动清徐、阳曲县政府完成 G307 线清徐段 6.40 公里、省道双阳线 4KM 两项路面大修工程，完成投资 5170 万元。分局监管 G307 线清徐县城绕城段顺利通车，G307 清徐段交通拥堵、污染严重问题得到缓解。四个重点新改建项目前期取得明显进展。G241、省道岚马线汾河水库段改线工程、太原地区国省干线公路路况提升改造工程，项目全部批复立项，正在按照 PPP 项目如期推进。分局机械化养护中心、G108 太原绕城段（太原石岭关至榆次）项目，均得到省局和市政府支持，前期计划均下达，分别开展优化方案和进行项目咨询采购工作。（师彦晋）

【路政管理和超限治理】 2018 年，山西省公路局太原分局路政执法与养护工作协同促进机制进一步建立。结合太原市创建文明卫生城市、青运会召开以及“蓝天保卫战”，深入开展公路用地及建筑控制区路域环境综合整治。积极推行“四个一”审批模式，启用路政管理信息系统及路政管理政务公开网，建立行政许可事项全过程监管制度，推进路政执法规范化。截至年底累计发生路政案件 45 起，结案率、查处率、赔偿率为 100%，收赔偿费 79.20 万元。

2018 年，山西省公路局太原分局加强治超队伍建设，完成 8 个检测站领导干部交流轮岗，统一超限检测站内部机构设置和岗位职责，开展专题业务教育培训、执法专项整治、工作督查等活动，治超队伍管理水平、工作精神状态焕然一新。加大投入进一步完善各站职工办公、生活基础设施，全面改善环境，按照上级要求自筹资金 250 余万元，初步建成治超信息管理指挥平台，初步实现治超数据省、市、分局、检测站四级联网。全年 8 个固定超限检测站共检测车辆 392 万余辆，查处超限车辆 566 辆，卸载 8075 余吨，实现 2018 年比 2017 年多检测 143 万辆货车的情况下，超限率仍控制在 0.01% 的较好成绩。

（师彦晋）

公路标线施工作业　（公路局太原分局供图）

【内控管理】 2018 年，山西省公路局太原分局强化法治思维和精细化管理意识，落实省局党委“三基建设”、内控建设和效能建设安排，以制度建设为重要抓手，促进基础工作实起来，完成分局“一目录三手册”和《内控手册》《机关效能建设八项制度》编制工作，开展业务培训并完成专业能力测评。强化财务预算管理和审计监督，在提高预算执行率基础上，严格支付程序和报销制度，严控“三公经费”限额。建立审计整改问题台帐制，努力实现公共资金、国有资产、重大项目和领导干部履行经济责任等审计全覆盖。（师彦晋）

【重点工作改革】 2018 年，山西省公路局太原分局高度重视科技在养建活动中的促进作用，利用建成的分局路网信息指挥管理平台，整合 12 处路网监控，实现对全路网重点路段的实时监测。推广应用沥青冷再生、彩色陶瓷颗粒防滑路面处理技术等新技术新工艺。开展品质工程创建，组织全系统 60 余名技术骨干赴太原东二环项目、中铁六局太原市新店跨公铁特大立交桥项目、太原货运枢纽西北环线地铁盾构施工现场参观学习品质工程建设，开展重载交通路面设计、施工和管理的培训，在全系统形成学习先进技术和管理理念的良好氛围。

推进重点工作改革，按照要求如期完成分局机关及所属事业单位、企业公务用车改革，完成太原路桥移交省交控集团。跟踪研究事业单位改革和交通执

应急保通队伍组建　（公路局太原分局供图）

法体制改革政策动向，做好干部职工思想稳定，上报分局所属行政执法治超人员情况以及《太原公路分局分类改革实施意见》，推动并完成分局789人养老保险登记和基础数据申报审核，为职工消除“后顾之忧”。（师彦晋）

【公路安全发展】2018年，山西省公路局太原分局牢固树立安全红线意识和底线思维，从严落实企业主体责任和管理部门监管责任，加强全系统安全生产、风险防控和稳定工作。推进“平安公路”“平安工地”深入开展，强化重点时段、重点路段、重点环节的安全生产实时监管，尤其是做好春运、汛期、节假日等重要时段的安全保畅和应急处理等工作，累计排查治理各类隐患23处，全年没有发生安全责任事故。加强预防和化解矛盾纠纷机制建设，依法处理岚古线合同纠纷、龙堡街职工团购房信访活动，维护单位和谐稳定发展大局。（师彦晋）

铁　路

【概况】2018年，中国铁路太原局集团有限公司是依照《公司法》注册、由中国铁路总公司出资的一人有限责任公司。现有干部职工10.50万人，是全国铁路货运量最大，重载技术最先进，唯一运输主业整体改制上市的铁路局集团公司，是国家AAAAA级综合服务型物流企业。路网纵贯三晋南北，横跨晋冀京津两省两市，主要担负着山西省客货运输任务和周边冀、京、津、蒙、陕等省市区的部分货运任务，在全国铁路网和山西省综合交通运输体系中处于重要地位。

2018年，中国铁路太原局集团公司管辖大西高铁、石太客专、南同蒲、北同蒲、大秦、侯月、侯阎、石太、太中银、韩原、太兴、瓦日、京原、京包、太焦、迁曹等干线和支线。与4个铁路局集团公司交界：京包线K225+000处（郭磊庄站）、京原线K234+000处（灵丘站）、石太线K117+000处（赛鱼站）、石太客运专线K222+400处（太原东站）与北京局集团公司分界；南同蒲线K849+500处（风陵渡站）、侯阎线K76+650处（禹门口站）、太中银线K1173+650处（吴堡站）、大西高速线K686+048处（永济北站）与西安局集团公司分界；太焦线K190+700处（夏店站）、侯月线K147+273处（嘉峰站）、瓦日线K501＋417处（长子南站）与郑州局集团公司分界；京包线K380+500处（古店站）与呼和浩特局集团公司分界。线路总延展里程11841.73千米，营业里程4538.70千米。其中客运专线534.57千米，双线营业里程3501.01千米，电气化营业里程4246.80千米。道岔10739组，道口120处，桥梁3895座，隧道535座，明洞23座。配属机车1154台，客车1821辆，动车组54组。（孙淑环）

【公司制改革】2018年，中国铁路太原局集团公司搭建完成法人治理架构，建立现代企业制度，推进企业法治化市场化经营，非运输企业由12个重组整合为9个，并全部完成公司制改革。改革优化集团公司机关经营管理机构，设职能机构26个，生产机构1个，附属机构30个，派出机构3个，内设机构、人员编制分别精简45.90%、25.60%。（孙淑环）

【安全管理】2018年，中国铁路太原局集团公司加强安全基础建设，清单化构建制度、指标和评价体系，完善安全管理制度，全员建立健全岗位安全生产责任制，出台安全巡查、红线管理等办法，规范站段安全管理制度体系，先后清理废止“僵尸”文件639个、“土政策、土规定”117项，车间班组台账和工作量化指标同比精简47%和38.60%。开展高铁“普速化、普铁化”整治，排查高铁轨旁设备和沿线环境，推进大西高铁综合维修生产一体化建设，高铁和客车安全得到有效保证。加大安全投入，完成大秦、同蒲等铁路16次集中修、综合修施工，10组2A型动车组、50台和谐机车，以及道岔打磨车等新装备投入运用，有效防控摩天岭隧道基底涌水等重大隐患。全年，集团公司消灭一般A类及以上事故，高铁、重载未发生责任行车作业事故；责任铁路交通事故同比减少28件、降幅30%；集团公司累计奖励有功人员1118人、233.50万元。（孙淑环）

【货物运输】2018年，中国铁路太原局集团公司深入贯彻中央调整运输结构的战略部署，制定实施货运增量三年行动方案。紧盯市场，访煤企、赴港区、进电厂，抓网格化营销，盯“公转铁”货源，为货运增量提供货源支撑。坚持北打大秦、中攻瓦日，构建路港联动机制，拓展下游接卸市场，大秦线年运量完成4.51亿吨，创历史新高。瓦日线年运量完成3395万吨，比上年增长75.60%。实施专项提效措施，两级调度阶段计划平均兑现率由不足50%提升到80%以上，货车周转时间、技术速度等主要运输效率指标均创历史最好水平。全年，货物发送量比上年增加7972万吨，占全路增运总量的29.30%。

（孙淑环）

【旅客运输】 2018年，中国铁路太原局集团公司实施站车畅通工程，开展客运基本服务专项整治，大西高铁18个高铁车站全部实现持二代身份证直接进站，常旅客积分、网上订餐等便民举措得到旅客好评。落实“一日一图”要求，错峰安排动车整修，先后增开杭州、长沙等方向动车组，全年旅客发送量比上年增加341.90万人，增长4.70%，自2016年来，首次完成旅客发送任务。履行社会责任，心系革命老区，开行“蔡家崖号”旅客列车，吕梁至太原实现乘火车一日往返。举办“山西全域旅游铁路行”主题推介活动，开发十大旅游精品线路，全年开行普速旅游专列44列、动车旅游专列11列，引流入晋102列。

（孙淑环）

【现代物流】 2018年，中国铁路太原局集团公司铁路口岸作业区开通试运营，开行出口俄罗斯等国家的6列中欧中亚班列，开辟辐射广州等地的4条国内直达专线，促成到达天津、日照等港口的多个铁水联运项目，中欧班列累计开行51列，比上年翻两番。截至2018年底，中鼎物流园入园企业60余家，仓库运用率达85%，货物吞吐量完成265万吨，收入1.48亿元。完善中鼎云平台功能，注册客户1.20万个，成交金额1.50亿元，成为国内首家自动生成公铁联运解决方案、实现“铁路＋公路”物流轨迹追踪等功能的互联网物流平台。举办“第二届山西中鼎物流论坛”，应邀出席铁路运输与现代物流融合发展论坛、中国（太原）物流产业展览会，获得“中国物流社会责任贡献奖”“国家多式联运示范工程”等多项荣誉。

（孙淑环）

【企业管理】 2018年，中国铁路太原局集团公司实施全面预算管理，加强过程控制，坚持降本增效，落实货运承运清算办法，推进定额查定工作，引入苏宁、京东电商采购方式。坚持规范经营，开展自查自纠，清理风险债权858笔。坚持创新管理，31个劳动组织改革项目顺利实施，设备修程修制改革逐步深入，大秦公司收购唐港公司国铁股权、太原通信段资产和投资蒙华公司顺利完成。注销辅业国有资产管理中心，33个非运输企业全部剥离28个站段管辖，资产资源向核心业务、优势企业集中。

（孙淑环）

【资产经营开发】 2018年，中国铁路太原局集团公司坚持产学研一体化开发，电动液压转辙机开辟城市地铁和巴基斯坦铁路市场，全路市场占有率70%以上，制造业创效占全路工业板块40%以上。设计旅游精品线路，完善五大旅游列车停留基地，吸引地方政府投资，全年开行、接入旅游列车90列，定制冠名12列，创收5230万元。推进商贸物流业转型，商品汽车物流量15.90万台，商品汽车物流量等创造多个全省第一。加强土地综合开发，高架桥下土地利用、无轨物流基地、电动汽车充电站、快捷酒店等一大批社会化经营项目得到拓展。

（孙淑环）

【铁路工程建设】 2018年，中国铁路太原局集团公司着眼路网整体布局，克服工程瓶颈制约，抓住建设进度质量，打通高铁重载运输新通道，大西高铁原平西至太原南段9月28日顺利开通运营，朔州至准格尔铁路、朔山联络线和东港站改造工程有序推进，太原枢纽西南环线路基工程、全线架梁施工全部完成，太原站增建“两线一台”，瓦日线南吕梁山、石楼、华子节隧道病害整治完成阶段任务。启动22个短平快扩能改造项目，开工8项、完成3项。严格质量安全红线管理，杜绝工程质量一般以上事故。全年，累计完成建设投资170.06亿元，兑现年度计划。（孙淑环）

【科技创新】 2018年，中国铁路太原局集团公司瞄准重载运输领域，成立全路首家重载铁路技术研究中心，5个领域11项课题在总公司立项。聚焦安全运输，有序推进安全大数据应用和数据服务平台建设，智慧物流云平台、基于G网的STP传输技术等成果应用取得实质性突破；投资960万元开展重点课题攻关，34项成果得到推广运用；投入627万元奖励57项科技成果和854项合理化建议。评选集团公司级优秀QC成果211个，推荐铁道行业优秀QC小组19个，获得山西省级优秀QC小组79个，奖励29.25万元。（孙淑环）

【风险防范】 2018年，中国铁路太原局集团公司严控安全生产风险。加强安全风险研判和隐患排查治理，主动防范太原枢纽动客货混跑等突出风险，集中排查整治高铁外部环境隐患，对重载设备设施、运营环境等开展系统评估和综合评定，推进施工安全等专项整治，加大安全红线管控力度，强化应急处置“五个第一时间”，安全风险得到有效控制。严控经营管理风险。坚持把规范管理作为提升经营质量和效益的基本前提，突出领导人员“四个亲自”，开展规范经营管理行为专项治理和审计问题整改，形成真查、真纠、真改的态势。严控铁路建设风险。健全质量安全红线、提前介入、信用评价等7项管理制度，严把隧道质量、工程验收、问题整改、开通运营等关键，有效防范工程质量、安全、进度、稳定等问题。严控廉政风险。注重源头治理，以物资采购、货物运输为突破口，深化廉政风险防控机制建设，形成管理环节、管理部门、措施要素全覆盖的廉政风险防控格局。

（孙淑环）

【获山西省“五小”竞赛成果奖】2018年1月8日至10日，山西省“五小”竞赛成果精品展在山西省展览馆举办。本次成果精品展共设16个展区，展出成果400余项。中国铁路太原局集团公司展出代表性成果32项，6项“五小”成果分别获得第一、二、三等奖，集团公司获得“优秀组织单位”称号。（孙淑环）

【瓦日铁路万吨重载运输线开通】2018年1月17日8时30分，由两台HXD型机车牵引110辆货车组合而成的万吨重载列车，自瓦日铁路兴县站驶向山东滕州站和邹城站。这是中国铁路太原局集团公司继大秦铁路之后，开辟的又一条重载运输通道。它与大秦、侯月共同形成集团公司煤炭运输的新格局。（孙淑环）

【大秦线集中修施工】2018年4月7日至4月30日、9月29日至10月23日，大秦线完成两次集中修施工。此次集中修施工是在大秦线日运量持续保持130万吨高位的运输形势下，开展的一次线长、点多、工作量大、参加人员多的综合性施工。集中修施工期间，中国铁路太原局集团公司成立施工盯控小组，从施工前合理扣车，施工调度命令审核、下发，到施工开通后轨道、列车运行秩序恢复、施工期间非正常处理全方位、全过程跟踪指导，保证施工安全。运输部门提升集中修条件下的运输组织效率，强化重车运行秩序，压缩空车线运行密度，增强机车保障能力，优化机班配置，瞄准重点施工前后的关键节点，合理安排列车停扣，最大化开行一站直达的2万吨列车，确保施工、运输“双赢”。（孙淑环）

【“蔡家崖号”旅客列车首发】2018年6月21日7时20分，在习近平总书记到山西省兴县蔡家崖村考察满一周年之际，冠名为“蔡家崖号”的K7823/2次旅客列车首次从蔡家崖站驶出，开往省会太原，方便老区人民火车出行，为助力当地红色旅游发展，实现百姓精准脱贫再添快捷通道。（孙淑环）

【太原至长沙、杭州开行高铁动车组】2018年7月1日，中国铁路太原局集团公司开行太原至长沙、杭州高铁动车组。太原南至长沙南动车组途经石家庄、郑州、武汉等城市，每日10时46分从太原南站始发，18时18分终到长沙南站，总计运行里程1500余千米。太原南至杭州东动车组途经石家庄、济南、南京等城市，每日12时52分从太原南站始发，21时10分终到杭州东站，总计运行里程1400余千米。太原到长沙、杭州的旅程由原来的26小时、20小时缩短至8小时左右，均实现“当日达”，方便区域经济文化交流和沿线百姓出行。（孙淑环）

大秦线集中修施工现场　（中国铁路太原局公司供图）

【“中国根·黄河魂”主题动车组旅游专列开行】2018年7月21日，中国铁路太原局集团公司与临汾市政府、山西省文旅集团、山西电视台黄河频道瞄准“黄河、长城、太行”山西旅游三大板块，联合开行“中国根·黄河魂”主题动车组旅游专列。这趟旅游专列是集团公司探索供给侧结构性改革、实施客运提质、服务山西全域旅游的具体行动，开创铁路与地方政府、旅游企业、新闻媒体融合发展的新模式，实现车站、列车与景点间无缝对接，旅客与游客身份的无过渡转换，提高旅游体验的舒适度和满意度。（孙淑环）

【“山西全域旅游铁路行”启动】2018年8月21日，太原南开往运城北的D9225次“黄河号”旅游列车开行，中国铁路太原局集团公司正式启动“山西全域旅游铁路行”主题活动。作为大型驻晋央企，集团公司发挥铁路连通全国、安全便捷、绿色低碳等优势，瞄准京津冀、长三角、珠三角、环渤海经济圈，扩大动客车开行范围，提升省会城市高铁通达率，让更多的“复兴号”奔驰在三晋大地，构建畅游山西、通达全国的旅游大通道。围绕“三大板块”，设计黄河风情、长城边塞、太行山水、红色经典、根祖文化等10条旅游精品线路，常态化开行“黄河号”“长城号”“太行号”等主题旅游列车，推出周末游、团队游、自助游、众筹游等系列旅游新产品，让“坐火车游山西”成为旅游新时尚。坚持“火车开到哪里，就把山西旅游宣传到哪里”，用好员工、站车、网络等各类资源，培养千名山西旅游宣传员，打造近百个旅游宣传示范站车，在12306网站开展山西旅游专题展示，打造宣传推介山西旅游的“靓丽窗口”。坚持开放、合作、共享理念，与全路17个铁路局集团公司建立旅游合作机制，每年开行入晋旅游列车

中国铁路太原局集团有限公司实施货运增量行动（中国铁路太原局公司供图）

100列以上；融入“夏养山西”康养品牌，完善“吃、住、行、游、购、娱”等旅游配套服务；组建“山西全域旅游铁路联盟”，实施百家企业商品铁路站车销售计划等，助力山西旅游产业链加快发展。（孙淑环）

【太原能源低碳发展论坛分论坛】2018年9月16日至17日，以“能源输送方式的变革”为主题的2018年太原能源低碳发展论坛分论坛在集团公司举办。2018年太原能源低碳发展论坛是经国务院批准的国家级论坛，由山西省人民政府与科技部、商务部、国家能源局共同主办。分论坛由太原局集团有限公司、山西国新能源发展集团有限公司、山西阳泉煤业（集团）有限责任公司、美国燃气技术研究院联合主办。作为举办方之一，此次分论坛是太原局集团公司服务全国能源基地，置身全球产业升级背景之下，发挥铁路优势，促进运输领域交流合作，推动共商合作发展大计，共建绿色低碳发展平台，共享生态文明成果的具体行动。（孙淑环）

【大西高铁原平西至太原南段开通运营】2018年9月28日，大西高铁原平西至太原南段开通运营。大西高铁原平西至太原南段全长111千米，设计时速250千米，自北向南新建原平西、忻州西、阳曲西3个车站，汇入太原南站后与石太客专、大西高铁（太原南至西安北）接续，链入全国高铁网络，并在忻州西站建设预留京太铁路（雄安至忻州段）接口。线路的开通，对于完善山西客运网，满足人民出行需求，落实客运提质计划，推动山西全域旅游发展具有重要意义。（孙淑环）

【“中国重载铁路技术交流暨大秦重载铁路运营三十周年论坛”】2018年10月26日至27日，“中国重载铁路技术交流暨大秦重载铁路运营三十周年论坛”在太原举行。论坛全面总结大秦重载铁路运营三十周年的运营经验。论坛以主会场论坛、圆桌论坛和分会场论坛形式举办多场重载铁路学术交流。主会场论坛做《我国重载发展研究思考》《国际重载协会未来战略发展方向：重载运输运营从优异到卓越》《重载列车关键控制技术研究》《大秦线集疏运体系的发展与实践》等学术报告；圆桌论坛进行深化大秦铁路重载技术研究项目研讨；分会场论坛围绕重载铁路移动装备设计制造与运用维护技术，重载铁路固定设备设计建造与运用维护技术，重载铁路运营管理、节能环保及新材料进行学术交流。论坛期间，“重载铁路技术研究中心”在中国铁路太原局集团有限公司正式揭牌，该中心将从事“重载机车自动驾驶”“下一代移动通信（LTE-R）”“抑尘技术”等前瞻性重载技术的课题研究。论坛同时举办中国重载铁路发展成就展览、装备展览以及《奋斗大秦 重载脊梁》大秦铁路开通运营三十周年主题摄影展。（孙淑环）

民用航空

【概况】2018年，山西航空产业集团有限公司坚持以问题为导向，以改革求发展，以构建“机场、通航、实业”三大板块为发展目标，梳理内部治理结构，完善现代化企业管理，推进各项工作。

2018年，集团公司实现营业收入7.69亿元，同比增长7.30%，其中主营业务收入7.62亿元，其他业务收入0.07亿元。主营业务收入中航空业务收入4.47亿元，非航空业务收入3.15亿元，分别占比58.70%和41.30%。（郭　静）

和谐号列车　　（中国铁路太原局公司供图）

【航空运输生产】2018年，山西航空产业集团公司所辖五个机场共完成运输起降13.34万架次，旅客吞吐量1599万人次，货邮吞吐量5.60万吨，分别同比增长10.88%、13.12%、10.43%，旅客吞吐量完成全年计划的104.50%；其中太原机场完成运输起降10.73万架次，旅客吞吐量1358.84万人次，货邮吞吐量5.34万吨，分别同比增长6.89%、9.57%、10.27%。开通航线154条，通航城市84个。

2018年，在全国240个定期航班通航机场（不含港澳台地区）吞吐量排名中，太原机场排名29。（郭　静）

【航空安全】2018年，山西航空产业集团公司按照民航局确保民航安全运行平稳可控26条措施，细化分解为56条工作任务清单，印发《贯彻落实民航局二十六条措施实施方案》，确保各项工作任务落实到位。细化分解上级部门下达的安全生产控制指标，逐级签订《安全目标责任书》，压实安全责任。制定集团公司《安全生产责任制》，明确集团本部、各成员企业的安全生产责任；修订完善《质量/环境/职业健康安全生产目标考核暂行办法》，组织开展年度考核，强化考核结果运用，持续提高安全管理质量。

建立法定自查制度和“自查事项清单”，具备2019年全面落实法定自查工作的条件。组织安全绩效管理专题培训，普及机制运用办法，初步建立安全绩效指标。制定《安全生产风险管理工作制度》《安全生产事故隐患排查治理工作制度》《安全风险分级管控和隐患排查治理双重预防机制实施办法（试行）》，规范集团公司安全生产风险管理和隐患排查治理工作，为全面强化风险管控工作奠定基础。开展安全生产大检查、中小机场专项整治等专项行动，共发现隐患1070项，整改完成1050项，整改率98%，未整改完成项均制定整改措施。建立航务专业化管理队伍，提升空管保障能力。

开展“平安民航”“平安货运”建设，对标安全保卫设施标准，各机场均加大安全投入，升级或新增安检信息系统人脸识别功能，改造或升级安检通道。通过安保措施手段完善，安保管理水平得到提升。

明确机场净空保护区内建、构筑物审核工作流程。加强机场净空保护区巡查和超高障碍物处置工作。督促各机场建立净空管理联席会议制度，完善相关应急预案，加大净空保护法律法规和相关民航安全知识的宣传力度，普及机场净空保护常识，增强全社会保护机场净空环境的自觉性。

加强信息分析研判，强化敏感信息报送工作，做到早发现、早预警、早处置。各机场共处置围界周边火情68次，处置危重旅客转诊74人次。有计划、有重点的组织消防、急救等应急队伍进行业务培训，提高应急队伍的快速反应和应急处置能力。开展多种类型的应急演练，实现多部门信息共享、联合指挥、协同救援，提高联合防范、联合处置、联合保障能力。

2018年，山西航空产业集团公司所辖各机场未发生重特大运输航空责任事故，未发生劫机、炸机等机上恐怖事件，未发生空防安全严重责任事故，未发生重大航空地面事故和特大航空维修事故。（郭　静）

【旅客服务】2018年，山西航空产业集团公司开展“民航服务质量体系建设”专项行动，持续提升服务品质，所辖各机场旅客投诉率控制在百万分之三以内。

集团公司所辖机场平均放行正常率84.23%，超出行业平均水平。太原机场持续推进Ⅱ、Ⅲ类盲降系统的建设、A-CDM系统的建设及机坪管理移交工作，地面运行效率和保障能力进一步提高，地面保障资源调配管理得到优化。

对标民航法规规章和标准，完善服务管理手册和员工业务操作手册，建立系统完善的企业服务质量管理体系，实现服务质量全闭环管理。

健全完善行李运输服务标准，规范行李运输流程，加大对合约方装卸工的培训力度，开展行李运输装卸专项整治活动，太原机场安装行李装卸监控系统，实现旅客行李全流程可视监控。

餐饮商户执行同城同质同价，杜绝候机楼餐饮服务乱收费的现象。配餐公司推出山西特色餐食，并将儿童餐、无糖餐以及低卡路里餐等进行推广，进一步提升旅客满意度。

相继完善军人及特殊旅客服务标识并实施设施设备改造工作，针对特殊旅客成立服务队，建立服务标准，制定作业指导书。

结合自身实际，通过制定投诉管理制度、完善投诉处理机制等措施，解决引发投诉根源问题，旅客投诉明显降低，未发生有效投诉。（郭　静）

【航空市场】2018年，山西航空产业集团公司结合山西旅游市场需求加大航空市场开发力度，多措并举拉动客源。太原机场启动国内中转联程服务，实现中转旅客无缝转机衔接；深化与国内各大在线旅游公司、基地公司以及铁路局的“空铁联运”合作；优化升级现有阳泉城市航站楼服务功能，新增平遥城市航站楼，延伸航站楼服务范围；加大与第三家基地航空公司昆明航的沟通合作力度，昆明航在太原机场落户第三架飞机。

国内航线：太原机场新增到克拉玛依、茅台、临沂、十堰等9个城市的航线航班，加密25条航线。

国际（地区）航线及口岸开放工作：太原机场新增太原—海口—悉尼、太原—成都—圣彼得堡、太原—莫斯科3条洲际航线，太原—浦东—芝加哥航线已通过美方TSA安保考察。新增太原—昆明—芭提雅、太原—昆明—合艾航线，加密太原—普吉航线。完成国际及地区运输起降共计2847架次，出

入境旅客 32.63 万人次，分别同比增长 11.04% 和 1.72%。（郭　静）

【经济效益】 2018 年，山西航空产业集团公司推进多项措施，整体经营效益和资产质量改善。完成公务用车改革，出台集团公司《公务用车管理办法》，严格公车管理，公务用车费用较前三年平均额下降 35.15%。推进“处僵治困”，完成房地产公司、物业公司、建设公司、客货销售代理公司的清算和工商注销工作。完成“三供一业”分离移交工作，太原、长治、大同共计完成 1073 户移交协议的签订工作，投入改造资金共计 3449.33 万元。加大应收账款清收力度，2017 年底存量应收账款收回 13662 万元，余额下降 5%。有效降低企业负债率，完成资产负债率 25.50% 的目标值，同比降低 2.90 个百分点。筹措中央、省级财政民航发展基金、航线补贴等资金共计 4.80 亿元。严格控制行政车辆、办公、维修、水电、差旅等各项费用，降低可控成本。（郭　静）

【基础建设】 2018 年，山西航空产业集团公司机场建设全年完成投资约 2 亿元。完成太原国际邮件互换局兼交换站项目。太原机场启动三期改扩建前期工作，机坪扩容、国际服务设施改造、桥载设备替代 APU 项目、1 号航站楼高架桥平台拓宽、飞行区安防系统建设、飞行区排水系统改造项目有序推进。

太原机场民航小区建设项目积极推进，完成三个地块的规划条件审批工作，已进入土地收储阶段。（郭　静）

【通航集团成立】 2018 年，为贯彻省委省政府通航强省建设目标，山西航空产业集团公司与航空工业集团旗下航空工业建投合资成立山西通用航空集团有限公司，参与全省通航发展谋划布局，推进山西通用机场规划建设等前期工作，推进山西低空空域管理改革试点，协助省发改委完成山西省通用航空业发展示范省申报工作。参加山西（深圳）招商引资推介会，向粤港澳大湾区专题推介山西通航，开拓通航项目引进、招商渠道。与晋中开发区拟定山西转型综改示范区晋中开发区项目入区投资协议，与中航材、中航油、省体育局、山西文旅集团、中体飞行（北京）公司签署战略合作协议，在产业园区开发、通航制造、通用机场建设及运营等方面达成合作意向，为山西通航发展奠定基础。（郭　静）

【参加第二十四届世界航线发展大会】 2018 年 9 月 16 日至 18 日，第二十四届世界航线发展大会在广州召开，集团公司受邀参加并设立展台，集中展示改革开放以来山西机场发展进步的新风貌。集团公司董事长、总经理郝孝义带队，航空市场部、规划部、财务部及太原机场、长治机场、大同机场、吕梁机场、五台山机场相关人员一同参加。

郝孝义与芝加哥民航局副局长、大阪关西国际机场亚太地区负责人就即将开通的太原—浦东—芝加哥和太原—烟台—大阪航线进行座谈。与英国博闻公司、广东省机场管理集团有限公司、内蒙古民航机场集团公司、成都双流国际机场、天津滨海国际机场等就航线互通、航空业务往来、航线优化等事宜进行交流。郝孝义接受多家国内外媒体的采访，就近年来集团公司发展情况及省内机场现有航线网络布局及发展规划进行详细介绍。（郭　静）

【太原—海口—悉尼国际航线开通】 2018 年 10 月 30 日，太原—海口—悉尼航线开通。这是山西省开通的第一条通往澳洲的远程洲际航线，至此，太原机场开通国际航线 11 条。（郭　静）

【参加中国国际航空航天博览会】 2018 年 11 月 5 日至 11 日，第十二届中国国际航空航天博览会在广东省珠海市举行，集团公司首次亮相。党委书记、董事长、总经理郝孝义，副总经理梁洪逵，总工程师郭福林及党委工作部、航空市场部相关人员参加。

按照民航局统一部署，集团公司作为全国机场集团中唯一受民航局邀请的参展商，积极参展并设立展台，以图文展板、专题视频短片、宣传手册等形式，集中展示航产集团的三大产业板块（机场、通航、实业）、山西省三大旅游板块（黄河、长城、太行）和省内各机场航线分布图，展台大屏幕滚动播放“中国民航带您看山西”“山西航空产业集团有限公司”及“省内各机场”等系列宣传片。集团公司获得第十二届中国国际航空航天博览会民航展区展台“优秀奖”。

2018 年 11 月 5 日，中国民用航空局局长冯正霖、副局长王志清带领民航局相关司局领导一同参观山西航空产业集团展台，详细了解山西航空产业集团

2018 年 10 月 30 日，太原—海口—悉尼航线开通（山西航空产业集团公司供图）

发展概况。11 月 7 日下午，民航局副局长董志毅到展区进行参观。

展会期间，集团公司展台吸引国内外、业内外专业人士的关注和洽谈，重点是通航方面的相关业务内容，与捷克飞机制造企业就落地山西进行生产制造细节进行更深层次的商榷；与北京航空航天大学就无人机应用，业务领域拓展达成共识，意向引入山西省进行研发制造，并在机场校飞等业务进行合作实验洽谈；就山西省发展通勤飞行、短途运输拟选用的机型进行了解与调研，为通航集团后期发展奠定基础。（郭　静）

2018 年 11 月 9 日，航产集团成功举办“我与改革共成长”主题文化展演

（山西航空产业集团公司供图）

【太原国际邮件互换局项目】 2018 年 11 月 5 日，太原国际邮件互换局兼交换站（一期）举行运营启动仪式。山西省委常委、常务副省长林武发表讲话并为太原国际邮件互换局兼交换站揭牌，山西省交通厅、太原海关、山西省邮政管理局、山西省发改委、山西航空产业集团、中国邮政山西省分公司等相关单位领导出席启动仪式。（郭　静）

【省民航业旅客服务职工职业技能大赛在太原举办】 2018 年 12 月 6 日至 7 日，由山西省总工会直属基层工委主办，山西航空产业集团有限公司工会承办，东方航空山西分公司工会、山西航空有限责任公司工会协办的主题为“优服务，提升品质强技能，勇创一流”全省民航业旅客服务职工职业技能大赛在太原举办，来自全省六个机场、两个驻场航空公司共八个单位的 30 名选手同台竞技，一展风采。山西省总工会副主席张亚琳出席大赛开幕式并讲话、山西航空产业集团有限公司董事长、党委书记、总经理郝孝义致欢迎辞。民航华北地区管理局工会副主席赵志强，山西省总直属基层工委常务副主任郭化，民航山西监管局局长任超忠等领导观看指导比赛。省总直属基层系统部分单位观赛嘉宾、各参赛单位工会主席、太原地区各民航单位观赛代表现场观赛并为选手加油鼓劲。长治机场、大同机场、吕梁机场、五台山机场的部分干部职工以视频（会议）形式观赛。（郭　静）

国家级非物质文化遗产·老陈醋酿造技艺（美和居）

“山西老陈醋”为中国四大名醋之首，其工艺源于自西周以来的制醋工艺。山西老陈醋生产工艺有特定的原辅料，有经典的原材料配方，特别是有一条独特的工艺技术路线。如采用了“低温酒醪液体发酵”“高温接种引火，熏淋醋醅结合制醋”“夏伏晒，冬捞冰、贮陈老熟”等工艺。这套技艺在中国酿醋技术上独树一帜，而且是最富科学内涵、大有发掘潜力的传统技艺。可以说它是中国传统技艺传承并不断发展的一个典型代表。正如中国酿造业泰斗秦含章所说：“东湖（山西老陈醋）的酿造工艺是中国最好的酿造工艺。”

2008 年老陈醋酿制技艺（美和居）列入第一批国家级非物质文化遗产扩展名录。代表性传承人为郭俊陆。

通　信

·太原电信分公司·

【概况】 2018年，中国电信太原分公司秉承“用户至上、用心服务”的服务理念，以高品质、大容量、高速率的现代通信网络为基础，借助“太原电信”微信公众平台推出宽带提速、取消流量“漫游”费、“当当慢”服务升级、翼支付购物补贴等多项“提速降费”举措，全年惠及手机用户100余万人，翼支付人均补贴200余元，宽带提速用户12万户，服务惠及宽带用户50余万户。通过微信公众平台，2018年拉粉24.10万人，共推送32期图文宣传，累计宣传覆盖人数1793933人。（范　艳）

【网络建设】 2018年，中国电信太原分公司网络建设移动质量提升，聚焦“五高一地”重点区域；提升光宽能力，快速扩大网络覆盖；夯实网络承载基础，支撑云改及网络演进。加快基础网络建设，改善基础设施能力，加强共建共享、促进节能降耗。

围绕“移动和光网质量双提升”工作开展网络运营建设，移动补短板、光网固优势，网络品质得到提升。通过网络评估、客户感知、服务对标多维度重点关注深度弱覆盖区域，持续优化4G网络质量，全力保障VOLTE商用；根据网络建设规划，推进5G建设落地实施。（范　艳）

【运行维护】 2018年，太原电信完成336处背街小巷整治工作中的电信业务整治工作。该项工作分三个阶段：2018年8月31日前整治初见成效；2019年8月31日前整治基本达标；2020年8月31日前整治全部达标。全市共有背街小巷1048条，包括示范街巷118条。

对于创城线路整治，太原电信积极应对，采取各项有效措施确保通信服务质量，并制定《太原电信积极应对背街小巷通信线缆整治的安排部署》。通过与街道、社区、市政、城管等部门实时掌握街办计划，提前进行线路改迁，主动配合街办开展工作，创建多个差异化网络优势小区、街巷，得到用户认可，服务口碑提升，为前端客户营销提供强有力支撑。该创城工作获得小店等街办的认可和表扬信。

2018年，中国电信太原分公司秉持高度的社会责任感，勇担通信畅通使命，契合太原市区发生的各类重要政府会议、展会、活动，开展应急通信保障工作36场，其中政府会议保障6场，社会活动（省运会、明星演唱会、博览会等）保障14场，节假日保障11场，内部保障5场，共计出动30余次应急通信车辆及发电保障车辆，保障期间实时不间断前后台联合监控值守，确保零故障、零异常，最大限度地满足用户通信业务续期，完成各项应急保障工作。（范　艳）

【客户服务】 2018年，中国电信太原分公司搭建“以客户为中心”的服务体系，围绕差异化开展各项服务工作，始终秉承“用户至上、用心服务”的理念，以服务达标、客户体验和服务运营智慧化为抓手，通过多项措施提升服务，持续推进客户服务能力、服务水平的转型升级。

开展以“细心、精心、用心、尽心，服务品质永葆称心”为主题的服务品牌宣传活动，提升社会公信力。围绕差异化服务举措、关爱空巢老人的社会话题、快速响应紧急抢修保障人民网络服务的主题，传递正能量，突出公司社会化效益。线上加线下宣传，拓宽展示渠道，包括官微、大V群、朋友圈、天翼周刊、太原晚报、人民邮电等，共完成40余篇文稿，充分利用传统媒体和新媒体有效结合进行太原电信的服务品牌传播。（范　艳）

·太原联通·

【概况】 2018年，太原联通公司坚持“深化聚焦战略，建设‘五新’联通”，

推动企业互联网化转型，多举措保障，各方面发展，为全面推动公司发展迈上新台阶而不懈努力。（办公室）

【业务收入】2018年，太原联通公司在移动业务方面，聚焦冰激凌、2I产品，进一步释放流量，提升发展。移网收入累计同比提升6.78%，贡献主要收入增量。宽带业务方面，坚持推进互联网化转型，全面聚焦冰激凌融合产品，攻坚阵地，提升价值。宽带融合渗透率全省第1；宽带新增质态指标持续提升，融合占比、新增200M占比全省前列。创新业务方面，紧盯"物大云移智"创新市场，全力打造铁三角营销模式，聚焦政务云、医疗云、"云光慧企"等重点项目和活动，深入贯彻云网一体化营销战略，创新业务收入大幅增长。轻渠道拓展方面，开展"县域振兴"等重点专项工作，推进大农突破，部署轻渠道拓展，有效提升渠道能力。（办公室）

【服务改善】2018年，太原联通公司在移动网方面，聚焦深度覆盖，加快基站建设，深度覆盖水平大幅提升。完成基站设备替换工程，改造完成后4G日均业务量增长20.56%；负荷下降3.02%，单用户速率提升18.25%。

宽带网方面，聚焦市场需求精准投资，重点加快光纤未覆盖小区建设，对疑难小区开展宽带合伙制项目试点，新增接入能力较持续提升。

网络维护方面，开展网络春检、机房整治、大带宽治理、光衰整治、市政迁改等重点工作，关键指标整体趋势向好。

服务感知提升方面，建立CQO管理机制，强化问题治本解决力度。强化痛点管控，持续短板攻坚，将NPS指标纳入管理人员考核内容，宽带NPS全面转正，提升目标完成率排名跃居全省前列。关注客户感知，开展美誉度提升，开展客户维系活动，通过线下开展第六届"乒乓在沃"中国联通乒乓球挑战赛、中秋节红色快闪、客户观摩等活动，线上开展"幸运大转盘""砸金蛋""流量赠送"以及双微同步发布"匠心网络万里行""乒乓在沃""中秋节红色快闪"实况等，及时传递公司信息，正向引导客户感知，促进客户感知改善。（办公室）

【工作责任管理】2018年，太原联通公司统筹组织公司全生产场景划小改革工作，围绕"增量分享"机制，通过方案制定、试点承包、全面推广等阶段性工作，营销类单元划小承包工作全部完成。结合双效提升和三基管理工作，率先开展基层单元、机房、铁塔等的效能评价工作，通过一单元一表、一机房一表的形式，展现基层单元的收支、毛利情况，展现机房、铁塔的成本耗费情况。（办公室）

【体制优化】2018年，太原联通公司优化人岗匹配，合同制瘦身减员、非合同制员工减员超省公司目标值；完成年度晋升激励评价工作和非合同制员工定向招聘工作。（办公室）

邮　政

·太原市邮政管理局·

【概况】2018年，太原市邮政管理局以习近平新时代中国特色社会主义思想和中共十九大精神为指引，牢固树立以人民为中心的发展思想和新发展理念，按照"打通上下游、拓展产业链、画大同心圆、构建生态圈"工作思路，围绕太原市委市政府确定的目标要求和工作部署，狠抓关键、主动作为，全市行业保持总体平稳、稳中有进的良好态势。全年全市邮政行业业务总量完成36.90亿元（占全省比重为39.23%），同比增长51.42%；业务收入完成24.33亿元（占全省比重为32.80%），同比增长10.95%。其中，快递业务量完成14950.57万件（占全省比重为49.29%），同比增长11.31%；业务收入完成15.98亿元（占全省比重为41.45%），同比增长18.96%。快件收投量达到3.84亿件，支撑零售交易额达到600亿元。（郭燕妮）

【企业发展】2018年，太原市邮政管理局推动全市2043辆末端配送三轮车实现车辆型号、车体外观、行业标识、企业编号"四统一"，为实现全市快递末端配送车辆规范通行奠定良好基础。落实国家邮政局快递"三上"部署，支持中通快递山西公司与中铁快运太原公司达成战略合作，开通"太原—乌鲁木齐"专线，实现快件固定仓位、固定线路稳定运输；指导圆通"承诺达"做好规范运营工作，鼓励企业面对行业高端市场拓展业务，带动行业整体提质增效。推动寄递企业自动化分拣项目建设，完成中通、韵达等4家寄递企业半自动化分拣设备配置工作。（郭燕妮）

【企业服务和营业网点标准化建设工程】2018年，太原市邮政管理局推进专业化快递物流园区建设，结合《国务院办公厅关于推进电子商务与快递物流协同发展的意见》出台有利契机，支持申通快递太原物流科技产业园项目纳入山西省商务厅"十大挂牌"重点督办项目；支持天天快递山西省分拨中心易地扩建。完成48个一线快递网点门店的规范改造，充分发挥示范作用，全面推动企业网点提档升级。（郭燕妮）

【"放管服"改革】2018年，太原市邮政管理局落实中央简政放权要求，严格企业许可、备案审批时限，按期受理企业许可、分支机构设立核查事项27项，全市许可企业总数达到53家，分支机构总数达到434个。推进末端网点备案工作，全市备案末端网点数达到103个。严格落实邮政普遍服务"两项规定"，审批完成3个局所撤销申请和受理核查27个局所备案。（郭燕妮）

【行业安全发展】2018年，太原市邮

政管理局增强企业安检能力。辖区企业安检机配置数量达到60台，同比增长10%，安检人员持证上岗人数达到97人，同比增长32%，其中，古交安检机实现品牌全覆盖。全市实名收寄率稳定保持在95%以上。遴选快递安全标杆门店11个，发挥标杆示范作用，督导快递企业全面提升安全综合管理意识。（郭燕妮）

【行业监管】2018年，太原市邮政管理局充分发挥寄递渠道联合监管机制作用，会同公安、国安等相关部门开展联合执法检查，推进寄递渠道涉枪涉爆隐患排查整治、危化品防治、电气火灾综合治理、安全生产大检查、扫黄打非、寄递渠道非洲猪瘟疫情防控等工作，督导寄递企业开展隐患排查整治，切实提升行业安全生产水平。实现8家省级快递企业分拨中心视频接入。强化应急管理，妥善处置快捷快递突发事件。完成上合组织青岛峰会、中非合作论坛北京峰会、首届中国国际进口博览会等重大活动和快递业务旺季服务保障工作。全年累计出动执法检查人员716人次，检查企业297家，排查一般安全隐患103起，重点隐患1起，整改完毕104起，行政约谈企业72家，实施行政处罚6笔，处罚金额12.70万元。（郭燕妮）

【民生工作】2018年，太原市邮政管理局开展建制村直接通邮情况调研和实地考察，巩固直接通邮率100%成果。持续改善末端投递服务，推进快递入校工作，规范校园寄递服务，方便师生用邮，太原理工大学、太原工业学院等高等院校实现智能快递柜入驻。巩固快递下乡成果，引导快递企业继续结合实际有序拓展服务网络，推动快递农村服务网络更加完善，乡镇网点覆盖率稳定保持在100%。服务“乡村振兴战略”，开展“一市一品”工程服务乡村振兴战略，推进清徐县早黑宝葡萄作为工程项目，全年全市农特产品进城配送量489.90吨，交易额822.25万元。此外，推广阳曲县小米、娄烦县土豆等农特产品项目，带动农产品进城，促进农民致富增收。实施“放心消费工程”，开展“不着地、不抛件、不摆地摊”专项整治，依法查处企业不按规定分拣案件，保障消费者合法权益。提高绿色发展水平，落实国家局《关于协同推进快递业绿色包装工作的指导意见》，推广环保袋、中转箱、笼车等物料设备应用，推动韵达等快递企业累计投入可循环中转袋8万余个，电子面单使用率超过94%，全年可减少一次性编织袋使用约900万条。（郭燕妮）

【楼阳生调研太原国际邮件互换局（交换站）】2018年12月6日，山西省委副书记、省长楼阳生到太原国际邮件互换局（交换站）进行专题调研。副省长王一新、省政府秘书长王纯、副秘书长孙海潮，省邮政管理局、省财政厅、省交通运输厅、省国资委、山西航产集团等部门负责人参加调研。太原国际邮件互换局（交换站）于2018年11月5日正式启动运营，实现当年审批、当年建设、当年验收、当年运行。运行一个月，国际邮件日最高处理量由3000件提升至1.50万件、年处理量可达400万件。省长楼阳生实地查看国际邮件处理中心安检、查验、分拣等设施，询问进出口邮件处理流程，了解近期运营效益和未来发展规划。建设太原国际邮件互换局（交换站），对山西打造内陆地区对外开放新高地具有标志性意义。激发平台功能、释放平台潜力，加快延伸产业链、构建生态圈，促进跨境电商发展壮大，集聚外贸竞争新势能，开创高水平对外开放新格局。（郭燕妮）

山西省副省长王一新调研太原邮政业发展情况　（太原市邮政管理局供图）

【王一新调研太原邮政业发展情况】2018年8月17日，山西省副省长王一新深入太原调研邮政业发展情况，省公安厅、商务厅及省邮政管理局主要负责人陪同调研。王一新一行首先来到太原邮区中心局，实地参观邮件包裹分拣、转运、仓储场地，详细听取企业负责人关于企业运营基本情况、生产作业流程、近期重点规划等相关情况，并就企业目前发展过程中存在的问题和困难提出建设性的意见；随后前往山西顺丰速运有限公司青年路分公司，查看操作场地，了解业务构成、进出口比例等业务发展情况，与企业负责人就“快递＋电商”和助农惠农等方面取得的成绩及下步规划进行深入交流。王一新指出，邮政业是现代服务业的重要组成部分，在刺激消费、拉动内需、扩大就业、改善流通、服务三农、普惠百姓等方面有着重要作用，省政府将会在政策、资金等方面给予支持。（郭燕妮）

·山西省邮政公司太原市分公司·

【概况】 2018年，中国邮政集团公司太原市分公司围绕省邮政分公司和太原市委、市政府工作部署，全面落实企业健康发展和员工幸福提升两大任务，坚定推进经营转型和改革创新，加快金融和寄递发展，渠道和客户拓展，突出产品和活动创新，强化服务和能力提升，加强党建引领，完成2018年的各项经营目标任务。（王　飞）

【营业收入】 2018年，全市邮政实现业务收入6.79亿元，完成省分公司预算目标87.05%，排名全省第9；同比增长-8.68%，排名全省第10；有效收入48679.89万元，较上年减少4520万元；实现利润6710万元，未达预算目标。四大业务板块中，渠道平台实现收入2071万元，完成预算目标107%，同比增长19.78%。其中，分销业务实现收入1786万元，同比增长42.08%，增幅排名全省第5位，高于全省平均水平6.41个百分点。全年新增金融总资产34.52亿元，其中，新增储蓄余额3.63亿元，新增保费10.82亿元，新增理财类资产20.07亿元。2018—2019年度代理金融跨赛一阶段，累计净增储蓄价值余额7.26亿元，净增储蓄余额8.94亿元；10个县区分整体向好，全市提前52天完成三台阶目标。（王　飞）

【重点项目推进】 2018年，全公司43个网点开办“双代”业务，收入突破百万；“月满中秋”营销活动落幕，实现收入700万元，较上年翻了一番；新邮预订业绩突出，预约量、总收入两项全省排名第一，进度排名全省第三；报刊大收订完成目标，流转额同比增幅达14%，进度排名全省第二；ETC业务发展目标顺利完成，累计发展客户15218户，提前完成省分下达目标；外拓渠道再建新功，分别与太原市铁塔分公司、太原市联通分公司成功签订战略合作协议，资源共享、合作共赢的发展模式得到践行和深化。（王　飞）

【邮政能力建设】 2018年固定资产投资331万元。改善税邮合作中心条件，新增电梯1部；邮运仓储能力持续提升，配置伸缩皮带机3台、电动堆垛机1台、驱鼠设备2台，购置普服汽车9辆、投递电动三轮车72辆；金融网点能力建设加强，更新和新增CRS、叫号机、UPS、移动展业终端设备、空调等设施设备105台；安防保障投入持续加大，安装联动门25套、防护仓13个、防盗门20个；信息技术创新升级，实施完成综合网机房改造。“三供一业”工作按集团要求稳步推进，分离移交家属区21处，协议签订率100%。

投资2529万元推进投递改革，投递能力、作业组织、投递质量、生产环境、队伍素质、社会形象等方面明显提升，实现普遍服务全面达标、商业投递支撑有力的预期目标。全市11个空白乡镇实现邮政局所全覆盖，其中3个局所转为自办，建制村通邮率达100%。重点开展“一封信，一颗心”主题教育和全面提升邮政投递服务质量暨“三大歼灭战”等专项整治活动，按季开展四项基本业务开办情况测试，增设普服网点远程视频调阅日常检查，投递质量和普服水平明显提升。（王　飞）

【《戊戌年》特种邮票首发式暨山西省首届生肖集邮展览】 2018年1月5日，由太原市邮政分公司与山西省收藏家协会共同主办的《戊戌年》特种邮票首发式暨山西省首届生肖集邮展览在龙城国际酒店举办。为充分满足广大集邮爱好者的需求，本次首发10个县区分公司联动进行，分别开展喜庆的活动。首发仪式上，省邮协副会长谢孜学、省收藏家协会会长许若军、山西晚报社社长尹长虹、太原日报社社长宋立钢等领导共同为《戊戌年》生肖邮票揭幕。省邮政分公司总经理张宗梁，省邮协秘书长何成宏，市美术馆馆长王鼎，省剪纸协会会长郭梅花等领导出席仪式。市邮政分公司总经理张俊卿发表致辞。首发现场，市邮政分公司专门设置生肖邮票销售区、珍邮销售品鉴区、生肖典藏产品预约区、集邮协会会员招募区，为到场客户提供现场服务。开设临时邮局，启用“狗肉巷”临时邮局邮戳、“狗肉巷”邮资机宣传戳及邮票首发纪念戳供集邮爱好者加盖。市邮政分公司准备生肖类邮集115框，吸引众多集邮爱好者参观，赢得许多市民的青睐。（王　飞）

万柏林区邮政分公司义井支局为客户提供热情服务　（太原邮政公司供图）

投递员使用智能包裹柜投递邮件　（太原邮政公司供图）

知识竞赛活动中，有21个基层党支部参加，经过前期4场初赛的激励角逐，古交市分公司、小店区分公司、晋源区分公司、投递局、运营管理部、人力资源部等6个党支部的参赛队脱颖而出。决赛在庄严的重温入党誓词中拉开序幕。6个党支部经过必答题、选答题、抢答题、风险题四个环节的精彩对决，最终晋源区分公司党支部拔得头筹。知识竞赛结束后，党委书记刘建天专门围绕《学习贯彻习近平新时代中国特色社会主义思想》上一堂生动的党课。（王　飞）

【“家邮驿站”社区服务“1号店”运营】 2018年4月28日，太原邮政精心打造的“家邮驿站”社区服务“1号店”在富力城辰栖谷小区正式运营，标志着太原邮政投递终端改革迈入新的阶段。2018年以来，市分高度重视投递终端改革，借鉴合肥模式，紧紧围绕“社区好邻居”这条主线，与普邮投递终端改革相结合，与包快业务发展相结合，与社区便民服务相结合，与金融服务延伸相结合，与业务创新发展相结合，优选社区建点，解决服务延伸和专业融合发展的难题。从3月30日改革启动会召开后，社区服务点选址、人员招聘、设施设备提上市分公司重要日程。市邮政张俊卿总经理每周亲自召开督导推进会，各相关部门认真罗列人员清单、工作清单和责任清单，加快各项工作的全面落地。经过一个多月的扎实推进，“家邮驿站”社区服务“1号店”精彩亮相。（王　飞）

【“马克思书房”主题邮局成立】 2018年5月10日，太原邮政与太原市图书馆合作成立“马克思书房”主题邮局。启动仪式上，市委常委、宣传部部长张璐和市邮政公司总经理张俊卿共同为“马克思书房”主题邮局揭牌，并亲自为纪念封加盖章戳。张璐部长对主题邮局的设立给予高度肯定和赞扬。市邮政公司副总经理王晓军参加揭牌仪式。（王　飞）

【金融业务发展】 2018年6月9日，太原邮政召开金融起航动员大会。旨在贯彻省分总体部署，认清形势任务，把握机遇挑战，采取得力措施，加快余额发展。动员全市金融条线干部职工树信心、鼓干劲，聚焦转型不动摇；有担当，真作为，打胜余额翻身仗。8月3日，为更好地促进金融业务发展，市分召开8月份金融发展专题会。会议对近期重点工作作通报总结，并就下一步发展进行安排。公司领导，相关职能部门、经营部门、支撑部门负责人，各县区分公司相关领导及中心网点支局长、包联人员代表参加会议。（王　飞）

【“喜迎七一庆祝建党97周年”系列活动】 2018年6月20日下午，太原邮政隆重举行“喜迎七一庆祝建党97周年”学习宣传贯彻中共十九大知识竞赛和党委书记讲党课活动。太原市分公司领导班子成员，四级副以上领导干部和各基层党支部党务干事，共计100余人参加系列活动。在十九大

【税邮合作服务运行】 2018年8月11日，由太原市分公司与太原市税务部门携手打造的全省首家税邮合作服务中心正式运行。该中心占地约1400平方米，包括自动处理终端设备区、发票库房区、档案归集区、物流办公区、综合办公区等。中心主要受理（代开）发票网上申领、邮政配送业务和全市基层单位发票配送业务。该中心的运行，将使纳税人发票领用时间全面提速，彻底打通发票“最后一公里”，太原市25.10万户纳税人足不出户即可领到所用发票，可节省近30%的办税时间。

8月30日，太原邮政与太原市税务局就深度合作联合开展税邮合作推进会。市税务局副局长秦海宏、赵和成，总经济师焦永康，市分总经理张俊卿、副书记冀文，副总经理卫青强、王晓军等领导出席会议。会议期间，与会人员共同观看税邮合作专题宣传片，合作工作组负责人就双方业务范围、业务流程、配送时间与方式、税邮中心基本情况、下一步工作安排等事宜作明确介绍。会后，双方各层级负责人还走进税邮合作中心进行实地观摩。（王　飞）

城乡规划

【概况】 2018年，太原市城乡规划局坚持以习近平新时代中国特色社会主义思想为指导，深入学习贯彻落实中共十九大和十九届二中、三中全会精神，深刻领会贯彻省委骆惠宁在太原市城市规划与设计专家咨询座谈会上的重要讲话精神，围绕建设文明开放富裕美丽太原中心工作，提升全市城乡规划编制管理水平，发挥规划对城市发展的引领作用，完成各项工作任务。 （办公室）

【城乡规划编制】 2018年，太原市城乡规划局组织太原市城市规划与设计专家咨询座谈会，听取吸纳国内城市规划设计领域的著名专家意见建议，起草实施方案，优化太原城市整体规划与设计，提升城市品质。与同济大学合作，开展《太原市城市发展战略暨总体规划前期课题研究》工作，完成初步方案编制，近期战略规划及各专题专项涉及城市发展战略层面的主要问题将向省市领导汇报。研究采用“1＋10＋6”的课题框架，包括《太原市城市发展战略规划》和太原市城市战略定位、发展目标及策略研究等10个重要专题，太原市现代产业体系发展规划等6个专项规划编制工作，围绕城市战略定位、资源型城市转型、军民融合发展、产业结构调整等关系太原发展的重大主题，深化太原城市战略定位、发展目标、重大任务和政策措施研究，拉大城市发展框架，优化整体布局和发展方向，为太原市“十四五”规划、新一轮总体规划编制提供支撑和依据。配合开展太原武宿机场三期改扩建工程前期研究，京太延高铁太原段及第三客运站选线选址等工作，对涉及城市发展方向和城市功能布局的重大问题进行谋划，主动对接京津冀协调发展规划，提高对外开放水平，融入国家发展战略。

太原市城乡规划局科学、规范推进中心城区建设用地以外地区城乡统筹规划管理工作，制定《关于贯彻落实乡村振兴战略、加强城乡统筹规划管理的实施意见》和城乡统筹规划及镇乡（街办）总体规划编制、美丽宜居村庄规划编制、外围地区控制性详细规划编制、特色小镇规划编制4个技术导则，为城市外围地区规划管理全覆盖工作提供技术和政策支撑。制定《太原市外围地区控制性详细规划编制导则》，科学有效引导城市外围地区的土地使用和开发建设。指导乡镇、村庄以及特色乡镇、村庄的规划编制工作。督促“三县一市”推进总体规划修编工作，引领县市发展。

太原市城乡规划局将国土部门新批复的土地利用总体规划成果和环保部门生态保护红线最新划定成果纳入太原市市域空间总体规划。对五规合一信息平台功能和数据进行扩容提质，拓展五规合一系统功能模块应用范围。配合市政务办推进审批流程再造工作，加强与信息平台的衔接。完善五规合一制度标准体系，正式发文试行。督促指导三县一市全面完成五规合一各项工作任务。

太原市城乡规划局按照城市发展的新理念、新要求，社会行业发展的新动态、老百姓的新诉求，对现有专项规划进行梳理，明确专项规划编制过程中存在的短板和缺项，及时完善专项规划门类以及各专项规划内容。推进5G基站专项规划、物流市场专项规划、供电设施专项规划的编制和审查工作。加强控规修改工作的精细化管理，制订操作细则，推进控规修改工作制度化、标准化、精细化。开展北部军民融合创新基地（中北大学板块）、太化工业遗址公园、职业教育园区、晋阳湖地区、双塔景区等规划编制。开展控规编制工作1项，控规修改53项，完成30项，完成控规维护工作71项，批复市政道路两侧用地技术性深化方案38项，办结24项。

太原市城乡规划局与同济大学合作，组织编制太原市总体城市设计。编制完成《太原市城市设计编制技术导则》和《太原市城市设计编制技术导则编制研究》，为城市设计提供技术指引。编制完成《太原市建筑设计专项引导（试行）》，提升太原建筑文化品位，塑造太原城市风貌特色。开展面向新时代的汾河两岸整体重塑城市设计，统筹规划汾河沿线整体布局。对山西转型综改示范区潇河生态文化景观带概念规划及潇河产业园区中心区概念性城市设计方案进行研究，提出意见。落实城市“双修”战略，组织编制太原市生态修复城市修补专项规划。为万柏林区实施城市美化、靓化、精细化“三化”工程提供技术指导，对“五街四路”整治方案进行研究，共完成设计方案1484个，推进美丽太原建设。

太原市城乡规划局推进《太原历史文化名城保护规划》报批工作。组织编制完成《明太原县城历史街区保护规划修改》，并报市政府批准。制定《太原市历史建筑修缮暂行规定》，为太原市历史建筑的装修、翻修、拆除等提供制度支撑。核查太原市城六区历史建筑数目、分布、特征等基本情况和保护情况，对被登记为文物的具有双重身份的历史建筑进行核查，经过核实研究，分类提出意见，并上报市政府批准。完成五个历史街区、86处历史建筑信息的录入工作。推进太矿宿舍、太重苏联专家楼、东三道巷等历史文化街区保护规划审批工作。推进太化工业遗址公园城市设计及核心区景观规划、建筑设计工作。完成八路军办事处旧址、太原工程队旧址和晋阳古城遗址保护的规划意见和选址意见出具。（办公室）

【城乡发展规划】2018年，太原市城乡规划局成立转型项目领导组，建立转型项目管理工作台账表、每周信息上报制度、责任落实到人制度等，实行局领导包区制度，主动服务，与六城区政府和相关部门多次对接，在局长办公会多次安排转型项目事宜。开展“进工地、到一线、解难题”活动，建立“进工地调研、专题会研究、各部门联动、提前对接建设单位规范报批”的工作机制。在研究项目的同时，制定《关于太原市转型项目控制性详细规划修改程序并联的实施办法》。推动威马汽车太原基地、中华老字号酿造特色小镇、铁路轨道交通及兵器装备扩产、太原北部军民融合创新示范基地、丈子头农产品物流园二期、阳曲镇建材市场、姚村工业园、国家火炬计划特色产业基地、爱琴海城市综合体、宜家家居太原商场等转型项目规划落地。

太原市城乡规划局做好国际公路自行车赛道选线工作，完成《2019年中国·太原国际公路自行车赛选线方案》《太原环城旅游公路暨公路自行车赛道沿线整治方案》编制报批。完成北部军民融合创新基地、马庄片区和省人防周围等的用地梳理，梳理用地面积共计746公顷。组织完成太山游客服务中心、天龙山景区圣寿寺旁的游客服务区、窑头村与天龙山游客服务中心规划研究，塑造文化产业精品。做好二青会场馆规划建设，多次组织召开协调会、专家会，对青运村项目、足球场项目、水上运动项目、沙滩排球等项目进行规划服务。为滨河体育中心改造项目、网球中心、省国际体育交流中心、青运村建设项目等办理规划手续。研究确定奥体中心滨河西路立交工程、滨河体育中心周边道路、奥森体育公园冶峪河西延等道路方案，推进青运会配套道桥项目建设。开展奥申西山城郊森林公园等选址研究工作，推进场馆建设。

太原市城乡规划局主动服务太原市学校、医院和民政工程等惠民工程项目建设。为太原科技大学、中北大学、太原市实验中学、五育中学、山西财经大学等办理选址、用地手续；为半山国际花园小学、吴家堡城中村小学、山西戏剧职业学院附属中等办理方案批复；为山西大学商务学院、半山国际花园小学、太原小镇（A区）二期小学等办理建筑许可；为山西省人民医院新院区、太原市第三人民医院、太原市第九人民医院、太原市人民医院等提供技术服务，办理规划手续；积极推进双塔景区、晋阳湖地区、太原市和平公园二期、太原动物园二期、唐槐公园、迎泽公园规划建设。对成成中学晋源校区、二十中、五中周边道路方案进行审查，服务省人民医院、省儿童医院新址、市人民医院新址项目，进行道路开口、供电等市政基础设施方案审查。

优化城中村和棚户区改造项目规划服务，推行审查制度改革，在城中村改造方案编制阶段由原总平面审查制度转变为承诺制，缩短城中村项目审批周期。2018年，完成城中村控规批复21个；为殷家堡、后北屯、大东流等9个城中村出具规划条件；为杨家峪、南上庄、吴家堡、下元等城中村办理规划手续共460余件。完成市建一公司片区、五龙口地块、天地坛等棚户区改造安置住房项目的前期规划手续，为金刚里地块、职工新村、王家峰等棚户区改造安置住房项目办理规划手续。

太原市城乡规划局完成《海绵城市专项规划》的报批工作，出台《太原市城乡规划局海绵城市规划管理暂行规定》，加强海绵城市规划管理。编制完成《太原市2018年停车设施年度实施规划》，落实公共及补充配建停车设施规划选址70处，停车泊位约2.5万泊。牵头制定《太原市城乡规划局关于加强和引深文明交通综合治理的工作方案》，协调推进文明交通综合治理工作，研究起草《太原市交通影响评价规划管理暂行规定（征求意见稿）》。完成中环外共约10200千米管线普查工作，实现地下管线的信息化管理和资源共享；完善《太原市地下管线综合规划》编制，为地下管线规划、建设、管理提供基础支撑。研究确定通达桥、十号线桥、迎宾桥、滨河东路南延三桥一路和太长高速退出方案，组织完成东峰路南延、西中环南延、龙城大街东延等94条道路方案审查工作，为太白路、玉兰大道、马练营西路等105条道路办理规划手续，构建方便快捷的骨架路网体系。审查确定滨河西路迎泽桥南、马练营社区人行天桥方案，启动人行过街设施实施方案编制工作。推进八河治理，加强城市防洪排涝、雨污分流、供水、供电、供热等市政基础设施规划建设，提高城市承载力，推进生态文明建设。

太原市城乡规划局编制完成《太原市建筑立面整治指导手册》《太原市户外广告整治指导手册》《太原市背街小巷整治指导手册》《太原市老旧小区整治指导手册》《太原市城区河道景观风貌整治指导手册》《太原市景观照明美化亮化指导手册》，为全市开展立面及户外广告综合整治提供有力抓手。起草《太原市户外广告设施设置集中整治实施方案》，提出具体要求。完成太原武宿机场周边建筑第五立面整治工作，整治面积487万平方米，整治工作初见成效。起草《关于太原市建筑第五立面加强管控的通知》，加强对全市范围内建筑第五立面的管控，提升城市景观效果。落实省、市关于做好建筑立面风貌管控工作和开展第二届全国青年运动会比赛场馆周边区域城市风貌整治工作要求，绘制完成二青会场馆周边区域、高速路出入口两侧、风景名胜区、“千村示范村”等共计80个重要区域的建筑立面风貌管控重点区域范围图，为开展筑立面风貌管控工作提供重要依据，完成摸底面积约742万平方米，整治完成面积约325万平方米。完成二青会倒计时牌设计设置工作。

太原市城乡规划局完成《山西转型综合改革示范区唐槐产业园区、学府产业园区、科技创新城整治提升行动计划》，开展阳曲产业园区基础区、阳曲产业园区赵庄片区、唐槐产业园区杨庄周边区域集中改造区域控规修编工作。组织开展《不锈钢园区总体规划》编制。推进不锈钢园区18.36平方千米规划范围内的控规全覆盖工作，开展太原北部军民融合创新基地产业发展研究，统筹布局不锈钢园区与尖草坪区两区融合范围内产业发展。综改示范区分局为江铃重汽研究院、浪潮大数据项目、科技城高中、山西太原飞机拆解基地和航空包税仓储物流中心项目等重大产业项目落地提供优质规划服务，为35家招商项目出具规划要求，为人民路、真武路、大运路等市政基础设施项目和益海嘉里、太原重工新能源装备有限公司等企业办理规划手续。不锈钢园区规划分局组织召开规划审查会11次，研究项目37个。 （办公室）

【“放管服效”改革】 2018年，太原市城乡规划局按照《太原市企业投资项目承诺制改革试点工作方案》要求，结合事项清单和流程图，对清单中各事项制定审批操作细则。推进信息化建设，新规管系统上线试运行，提升工作效能。组织召开规委办公室会议38期，审议项目246个，业务联审会77期，审议项目446个，组织专家论证会181期，审查项目213个。核发规划条件80件，核发“一书两证”1935件、规划条件认可478件。完成选址技服务86项，审查建筑设计方案154件，核发市政建设工程规划许可证54件。

太原市城乡规划局进行“走出去”调研活动，组织人员赴上海、西安、武汉、长沙、宁波等国内多个先进城市学习，学习开展城市发展战略、城市设计、片区规划控制性详规以及规划管控中的经验做法，在相应瓶颈下的突破策略和机制，为太原市高质量开展城市规划工作、提升城市品质提供思路和借鉴。把优秀专家团队“请进来”。同济大学战略规划研究团队70余人到太原市集中调研，组织召开《太原市城市发展战略暨总体规划前期课题研究》中期方案研讨座谈会14场，邀请国内知名专家召开规划咨询会、座谈会，集聚智慧，共同为太原市发展问诊把脉、献计献策。

太原市城乡规划局严格落实13710工作制度，建立13710电子台账，通过系统和日常督办加快事项办理，纳入13710管理的事项，按时办结率100%。2018年以来办理来文来函3800余件。按时按标准办结省人大建议2件，省政协提案5件，市人大建议22件，市政协提案56件。

太原市城乡规划局局属各单位健全技术标准体系，完善技术管理制度，加强技术质量全过程管理，突出科技进步和人才使用，提高核心竞争力。与同济大学、悉地国际、北京清华同衡规划设计研究有限公司、上海市政工程设计研究总院（集团）有限公司等国外内知名高校、企业开展合作交流，提升设计水平。2018年，为北部军民融合创新基地等30余个转型项目提供技术服务；完成青龙古镇、市动物园、西山奥申二青会体育公园等重点工程设计；完成11个城中村“133”安置用地划定、22个城中村城改用地调整，王家峰等10余个城中村改造项目和晋东五号等10余个棚户区改造项目设计，服务民生工程；完成羊圈沟整体搬迁项目、五台鹞子村新农村改造项目以及赵家山、寺底村新农村改造项目，小店区美丽乡村建设规划设计等，服务美丽新农村建设；为省体育博物馆广场等创作设计雕塑方案，完成5套“二青会”倒计时牌设计。累计完成道路设计长度323千米、各类桥梁设计42座、各类管线设计1200多千米。完成1 ∶ 500地形图测绘入库98.3平方千米、太原市0.50正射影像图面积约2670平方千米。完成2019年中国·太原国际公路自行车赛选线测绘服务，1 ∶ 2000地形图测绘6.60平方千米，1 ∶ 500地形图3.36平方千米。市规划院获“山西省五一劳动奖状”“山西省五四红旗团支部”等。市建院被山西省建设厅评为“山西省装配式产业基地”。市政院在山西省工程咨询协会的咨询成果评优工作中，申报的19项省市重点工程全部获奖，向国家知识产权局申请递交实用新型专利3项，申请国家发明

专利 1 项。（办公室）

【依法规划管理】 2018 年，《太原市城乡规划条例》通过市人大三审。完成法律顾问选聘工作，协调组织法律顾问参与业务研究。开展普法工作，制定公布实施普法责任清单，履行普法责任制。组织参加法制在线学习、宪法日等各类法治活动。组织行政复议和行政诉讼工作，组织参加行政复议案 5 件，组织参加行政诉讼案 6 件，并严格履行行政复议决定或行政诉讼裁定。出台《太原市城乡规划局建设工程规划批后管理制度》《国有土地上临时建筑规划审批管理规定》，规范规划管理。

太原市城乡规划局以加强城市管理水平，提升城市品位为目标，按照源头治理、严查重罚的原则，进一步推进联动执法体系建设。推进建成区违法建设专项治理工作，化解存量违法建设 329.74 万平方米，化解率达到 59.30%。发挥规划督查执法指挥平台的作用，共受理各类举报投诉件 5000 多件，受理的举报投诉件全部及时转办并按要求督办回复，回复率、满意率、办结率均达 93% 以上。起草《太原市国有土地上违法用地违法建设遗留问题专项整治实施意见（送审稿）》。强化规划权威，推进城市违法建设治理，共组织召开案件审理会 17 期，研究处理违法案件 59 件。配合做好中央环保督查"回头看"工作，受理转办案件 32 批 110 件，全部按时按要求办结。

太原市城乡规划局制定《2018 年化解疑难信访事项工作计划》《关于深入开展"重点领域、重点群体、重点问题、重点人员"信访矛盾化解攻坚战活动的实施方案》，细化任务，明确责任。2018 年以来，共组织召开局党组会、规办会、信访专题会、信访协调会等 70 余次，研判信访问题，提出化解方案，督促责任单位抓紧落实化解矛盾。中央巡视组交办的信访事项 8 件全部办结，办结率 100%；"四个重点"攻坚战事项 8 件，完成办结 7 件，办结率 88%。共受理信访案件 45 件，按时答复 42 件，3 件推动办理工作。信访事项及时受理率、按期答复率、处理群众满意率均达 100%。

太原市城乡规划局科学合理规划，提升城市安全，组织编制《太原市城市公共安全与综合防灾系统规划研究》，五规合一工作中划定城市安全控制线，服务城市防洪排涝、供热、供水、供电安全等基础设施规划，保障城市安全。印发《关于 2018 年安全生产工作任务分解的通知》《关于落实太原市 2018 年安全生产领域改革发展 46 项重点任务清单的通知》《关于开展规划系统安全生产大检查工作实施方案》，明确安全职责，齐抓共管，在管业务同时加强安全生产管理。开展隐患排查整治专项行动和钢结构建设项目专项整治行动，针对压占燃气的违法建设，改线 6 处、拆除 6 处；针对钢结构、网架结构安全隐患下达责令改正通知书 50 余份，并依法上报市政府强制拆除；针对基坑安全隐患，责令建设单位尽快消除安全隐患。开展安全生产大检查行动，出动检查 60 人次，检查 20 个部门，全面排查安全风险点和隐患，完成 7 个一般安全隐患整改。（办公室）

城乡建设

【概况】 2018 年，太原市住建委以习近平新时代中国特色社会主义思想为引领，深入贯彻落实中共十九大精神和习近平视察山西重要讲话精神，围绕市委十一届五次全会决策部署和市委、市政府下达的重点工作，坚持把党的政治建设摆在首位，扶犁耕种，创新前行，完成各项工作任务。（办公室）

【住建项目建设】 2018 年，太原市住建委将重点建设项目全都贴上"二青会"的标签，全委上下以"功成不必在我，建功必须有我"的担当精神，攻坚克难，保质量、保安全、保进度，大小百余项工程竣工，用实际行动诠释新时代住建人的新担当、新作为。

太原市住建委实施 50 项道桥工程建设，41 项完工，完工里程达 164.70 千米，完成投资 168.33 亿元。小店桥、十号线桥、迎宾桥"三桥横跨"，汾河两岸生机盎然；"网红路"天龙山旅游通道"一跃上天龙"，天堑变通途；西中环南延绵延蓄势、新店街五层立交四通八达、推动 108 国道改造、滨河东路南延等道桥项目通车工作。轨道交通 2 号线一期工程推进。这些市政道桥项目的实施，拉大城市框架，提升城市承载力，内通外联的作用将为太原市经济发展提供新的动能。

太原学院足球场、旅游学院排球馆、国际体育交流中心、滨河体育中心、水上运动中心、沙滩排球场等 6 个场馆是市住建委建设项目的重中之重，特别是滨河体育中心，除新馆建设外兼有旧馆改造，工期紧、标准高、工序复杂、作业面小、施工难度大。为确保建设进度，市住建委严格执行工程周例会制度、重点问题专题协调会制度，全年召开工程例会 126 次，及时对存在的问题加以协调解决。全体参建人员五加二、白加黑，连续奋战、昼夜施工。去除环保橙色预警及极端恶劣天气影响，有效工期只有 467 天，累计完成投资 9.34 亿元，高峰期单日施工产值 604 万元。所有场馆全部建设完工，完成投资 18.10 亿元，这些场馆的建成为"二青会"的胜利召开奠定坚实基础，为全民健身提供良好环境，成为太原市城市建筑的又一亮丽名片。

太原市住建委承担 12 所学校、7 所医院以及"汾河三期"的建设工作。其中，太原市示范性综合实践基地、幼师新校已交付使用，五中、成成中学、一外、二外基本完工，累计完成投资 25 亿元。市中心医院、市妇幼保健院等项目土建部分全部完工，室内外装饰完成 95%，累计完成投资 32.70 亿元。"汾河三期”进展顺利，水利工程完成投资18亿元，景观工程完成投资8.50亿元，累计完成工程总量95%。

太原市住建委完成农村危房改造662户，投资1223.60万元；编制《农村人居环境整治三年行动实施方案》；完成“五村一镇”的村容村貌提升工作，晋源区赤桥村入选第五批中国传统村落；完成古交市黑龙庙、马氏祠堂等传统建筑的调查挂牌工作。

全市7个村启动整村拆除，拆除建筑面积211.10万平方米，投入改造资金277.70亿元。加快剩余城中村改造，做好98个整村拆除村手续办理和遗留问题调处工作。15个村基本完成改造任务（完成整村拆除并回迁入住），98个村货币化安置房屋12.90万套、1289.70万平方米，实物安置5.60万套、649.10万平方米，在建回迁房4.50万套、494万平方米。（办公室）

【住建服务规范】2018年，太原市住建委深化“放管服效”改革，打造“六最”营商环境。完成网上审批信息系统，承诺制改革等工作，核发《建筑工程施工许可证》1388件，办理资质类审批1926件，办理《安全生产许可证》审批608件，办理建筑工程竣工验收备案456件；完成工程招投标756次；受理施工图审查备案1322件，审查备案率100%。

太原市住建委建立横向到边、纵向到底的网格化监管模式，推进标准化工地创建和星级标化工地评选，倒逼企业落实各项安全措施。开展安全大检查，对112项在建市政工程及634项房建工程进行拉网式、全覆盖监督检查，问题整改率达100%。全年监督房屋建筑工程1190项、1588.64万平方米，市政工程115项、监督覆盖率、一次竣工验收合格率、工程质量责任永久性标牌设置率均为100%，实现安全生产零死亡的目标。（办公室）

【住建行业发展】2018年，太原市住建委引导企业向专业化、技术型承包企业转变，鼓励有条件的企业借助资本市场加快发展。推广工程总承包模式，加强工程担保工作，开展入企服务，确定60家企业为重点服务对象，委领导对口包联，帮助企业解决困难。扶持企业做大做强，2家总承包企业资质升为一级，7家总承包企业资质升为二级。建立建筑业产值统计月报系统，多措并举督促企业报送产值及时入统，1—11月太原市建筑业产值为2400.56亿元，同比增长18.10%，严厉打击违法违规行为，完成双随机核查企业77家，对存在违法转包分包的5家企业进行行政处罚。

太原市住建委强化资质批后管理，对四级以上房地产开发企业开展资质动态考核及信用评价工作，及时处理各类信访投诉，规范整治市场秩序，促进房地产市场平稳健康发展。截至11月底，太原市720家持证房地开发产企业累计完成投资491.56亿元，同比增长12.90%。（办公室）

【住建技术改革】2018年，太原市住建委开发完成建设工程监管信息平台，基本具备上线试运行条件。在智慧工地建设方面取得新成效，质量安全现场监管APP上线运行，在全市168处工地安装视频在线监控系统，完成GIS地图及双随机抽查功能，实现行政审批及安全生产远程视频会议。完成网站集约化建设和信息系统整合，初步实现全委一张网、信息共享、互联互通。

太原市住建委不断加大建筑工地扬尘污染管控治理力度，编印安全文明标准化管理手册，实行工程开工前标化方案报备制度。对建筑工地扬尘和噪声实行实时监控，规模以上工地安装扬尘污染在线监控系统763台，接入大平台数据715台。开展计取市政基础设施建设工程扬尘防治措施费工作，为企业做好扬尘污染管控创造条件。建立问责机制，对事故隐患较大、文明工地责任落实不到位的责任单位和责任人进行讲评问责，拉入黑名单，高限计罚，对31个项目的责任主体记入黑名单，对不符合“六个百分百”的38个施工工地，向执法局发建议处罚函15份，共计罚款210万元。

太原市住建委严格执行新建建筑节能率65%的节能标准，执行率达100%。新建项目节能设计备案面积达1325.27万平方米，验收面积1221万平方米。新增绿色建筑设计备案项目1100万平方米，竣工验收504.68万平方米，获得绿色建筑星级标识项目3个，建筑面积65.40万平方米。设计应用可再生能源系统项目1041.28万平方米。

太原市住建委将海绵城市建设指标纳入行政许可审批流程，为全面开展海绵城市建设奠定基础。全年续建改建海绵城市建设项目49个，用地面积共计约39.20平方千米，超额完成省市下达的目标要求。在省住建厅专题会上，太原市作为海绵城市建设的先进典型进行交流发言。

太原市住建委印发《加快推动太原市装配式建筑发展的通知》，明确各类建筑应满足的最低装配率，将装配式建筑列入建设工程审批流程，实行装配式建筑评价管理制度。已培育1个省级装配式建筑产业基地，建设2个装配式建筑示范项目，新建装配式建筑221.50万平方米。（办公室）

城乡管理

【概况】2018年，太原市城乡管理局系统深入贯彻中共十九大精神和习近平总书记视察山西重要讲话精神，强化“学习、引领、服务、监管”，推进城乡管理各项工作，城市精细化管理水平提升，重点工程建设进展顺利，城管综合执法推进，市政公用设施安全运行，为民便民服务水平得到新的提升。

（安　峰）

【道桥设施管养】2018年，太原市城乡管理局强化市政设施的管养，共检测

玉门河道路快速化改造及综合治理工程　　（太原市城乡管理局供图）

道路长度46千米，测线长1030千米，发现处置脱空、空洞隐患94处；监测桥梁217座；科学制定养护计划，大面积养护道路65条、210072平方米；小修保养道路4464处、63756平方米，路面沥青灌缝5258米；疏通管道156.20万米，清掏检查井60851座，清掏进水井92664座，更换检查井盖101套、85个；更换进水井箅99套、216个，升降井2032座；改造排水管网3313米，清洗污水管道546米，安装进水井立箅122套，立箅改平箅40套，安装防坠网13484个，砖砌检查井10座，砖砌进水井9座；大型管涵清淤10007立方米，维护加固检测桥梁275座；维修人行便道72975平方米；补无主井盖1009套（个），掘路修复4558平方米。（安　峰）

【城市照明设施维护】 2018年，太原市城乡管理局共计处理各类照明故障5210起，着灯率达98.51%、设施完好率达98.54%、及时处理率100%；积极推进景观亮化提升工程，完成长风街21幢楼体的29处亮化施工和汾河八桥亮化工程；持续做好老旧设施及无灯街巷改造工作，共计更换老旧电缆18千米，更换高压钠灯653套，更换高压隔离开关等配套设施4处；开展无灯街巷摸排工作，对8条街道实施照明改造。共计安装金属灯杆12基，LED照明灯具69套，敷设照明电缆2310米。

（安　峰）

【池渠设施管理】 2018年，太原市城乡管理局做好设施维护管理工作，共计完成清淤量6203立方米，除草27825平方米，清运垃圾2060立方米，护坡片石治理263.60立方米；积极推进马庄排洪沟覆盖等设施治理工程建设，完成新建方涵808米，拆迁面积约907平方米，拆除围墙454米；完成“三库一池”移交接管工作。（安　峰）

【管道燃气居民用户自有设施升级改造】 2018年，太原市管道燃气居民用户自有设施升级改造计划完成30万户，实际完成安装30万户（其中小店区改造任务24万户，完成安装7.21万户，完成率为30.04%；迎泽区改造任务17万户，完成安装4.39万户，完成率为25.82%；杏花岭区改造任务16.30万户，完成安装6.15万户，完成率为37.73%；尖草坪区改造任务11.50万户，完成安装2.93万户，完成率为25.48%；万柏林区改造任务22.60万户，完成安装7.56万户，完成率为33.45%；晋源区改造任务2.80万户，完成安装8380户，完成率为29.93%；综改区改造任务3.80万户，完成安装4962户，完成率为13.06%，全市改造安装率为30.61%），取得阶段性成效。据不完全统计，全年通过更换不锈钢波纹软管和灶前燃气自闭阀门用户，避免4起室内燃气燃爆事故发生。

（安　峰）

【市容环境整治】 2018年，太原市城乡管理局以创建全国文明城市为契机，开展序化工程整治，细化工作方案，完善整治标准，强化督导考核，注重统筹协调，抓好占道经营、露天烧烤整治，全年共进行占道经营普查31轮次，露天烧烤30轮次，发布考核通报7期，经过集中整治，占道经营明显得到遏制，全市建成区实现露天烧烤“清零”。

（安　峰）

【黑臭水体治理】 太原市于2015年完成建成区内黑臭水体排查、治理方案和清单编制、向社会公开等工作；从2016年开始，根据黑臭水体地形分布的特点、群众反映及黑臭水体的成因，确定以入汾河排污口治理与黑臭水体治理相结合、河道综合治理与专项工程治理相结合、工程措施与技术性措施相结合的工作思路并开展整治。经过几年的持续治理，太原市20处黑臭水体2018年年底全部完成截污纳管，19处实现消除黑臭。（安　峰）

【燃气管理】 2018年，太原市城乡管理局在管道燃气居民用户自有设施升级改造项目推进中，深入研究现行城镇燃气管理法规及《家用燃气燃烧器具安全管理规则》（GB/T 17905-2008）《燃气用具连接用不锈钢波纹软管》（CJ/T 197-2010）《建筑用手动燃气阀门》（CJ/T 180-2014）、《管道燃气自闭阀》（CJ/T 447-2014）等14部燃气产品行业标准规范，借鉴其他城市经验和做法，深度调研产品生产工艺流程，大胆应用新材料、新技术、新工艺，创新管理。创新工作模式。在全国省会城市中由政府主导、部门组织、财政补助、政府采购、企业安装、居民配合的民生民心工程尚属首例。创新产品标准。在全国燃气行业内独创性地提出超柔型不锈钢波纹软管和锻铜灶前燃气自闭阀门两项“太原采购标准”，推动燃气产品标准创优，得到住建部燃气标准委员会和国家燃气用具质量监督检验中心的充分肯定。创新管理方式。在现行燃气法规

北涧河整治成果　　（太原市城乡管理局供图）

规定的居民用户自有设施部分，推行阀、管、灶一体化升级改造，三重预防确保长治久安。创新设计理念。充分考虑实际应用，对阀、管、灶三种不同产品强制采用螺纹连接方式，管与灶连接采用独特的弯头设计，有效固定灶具，阀门整体设计、整体安装，防止和减少漏气环节。创新生产工艺。在不锈钢波纹软管的生产工艺上，以限定有效长度波数、一定内外径波高、同色被覆层控制指标，确保产品的质量、性能、柔韧度、外观、保持一致，且易检易测。在灶前燃气自闭阀门的生产工艺上，以满足最低基本功能、外形尺寸、材质、整体设计、不增加任何辅助件的情况下整体安装等控制指标，确保不同标准的产品通用化、同质化、微型化。由此实现产品可推广，经验可复制，安全可保障，山西省住房和城乡建设厅专门发文向全省各市推广太原经验做法。　（安　峰）

【供热技术推广应用】 大温差技术推广应用在全国同行业中位于前列。为促进太古长输大温差供热技术的推广应用，2018 年 12 月 13 日至 14 日，由住房和城乡建设部科技与产业化发展中心与中国城镇供热协会联合主办的“太原（太古）大温差长输供热示范工程”项目科技成果评估会、供热长输管网关键技术研讨会在太原市召开。

太古项目获“北方城镇供暖最佳实践案例”。太古项目科技成果评估会、供热长输管网关键技术研讨会，太古项目被专家组认定为：达到国际领先水平，是世界上第一个成功实施的大规模余热长距离供热工程。在第十五届“清华大学建筑节能学术周”上，太古项目被清华大学建筑节能研究中心评为“北方城镇供暖节能最佳实践案例”。

燃气热电厂适应性供热技术的研究与中试为全国首例。基于对热价联动机制与体制的创新，鼓励并引导燃气热电厂进行跨主体多学科的产学研集约化协同科技攻关，提供供热能力，最大限度满足城市供热需求，推进嘉节燃气热电厂适应性供热技术研究与工程示范，主要通过减温减压器技术切除蒸汽轮机解列运行，突破机组固有热电产出比，有效克服因电网负荷限制、燃气限制等问题，保障供热安全稳定运行。示范工程完成后，嘉节燃气热电厂的供热能力可提高 20—38%，极大缓解太原市南部热源缺口，减轻城市燃气调峰热源厂生产压力，全面降低城市供热综合成本。　（安　峰）

【八河综合治理工程】 太原市于 2017 年 5 月份开始实施“八河”综合治理工程。工程主要建设内容包括河道综合治理、水系雨污分流、道路交通立体改造、绿化提质升级以及地下管线建设等内容，其中河道整治总长 69 千米，新建快速路 138 千米、雨水管线 145 千米、污水管线 110 千米；共有 24 座高架桥、136 处下穿通道和 84 座跨河桥；拆迁总面积 183.06 万平方米（北沙河 36.30 万平方米、北涧河 41.11 万平方米、玉门河 29.50 万平方米、虎峪河 20.30 万平方米、九院沙河 10.28 万平方米、北排洪沟 19.57 万平方米、冶峪河 21 万平方米、风峪河 5 万平方米），土方量 2600 余万方，总投资 258.40 亿元。各

虎峪河道路改造及综合治理工程　　（太原市城乡管理局供图）

条河具体情况分别为：（1）北沙河道路快速化改造及综合治理工程：西起滨河东路，东至307国道，河道长10千米，道路规划红线宽15米、绿线宽30米。（2）北涧河道路快速化改造及综合治理工程：西起滨河东路，东至牛驼村东侧1千米，河道长10千米，道路规划红线宽15米、绿线宽30米。（3）玉门河道路快速化改造及综合治理工程：东起滨河西路，西至西山煤电厂，河道长11千米，道路规划红线宽15米、绿线宽30米。（4）虎峪河道路快速化改造及综合治理工程：东起滨河西路，西至白家庄路，河道长8.6千米，道路规划红线宽15米、绿线宽30米。（5）九院沙河道路快速化改造及综合治理工程：东起滨河西路，西至白家庄路（西局二中处），河道长10千米，道路规划红线宽15米、绿线宽30米。（6）冶峪河道路快速化改造及综合治理工程：东起滨河西路，西至西山旅游公路，河道长7千米，道路规划红线宽15米、绿线宽30米。（7）风峪河道路快速化改造及综合治理工程：东起滨河西路，西至植物园北门，河道长6.4千米，道路规划红线宽15米、绿线宽30米。（8）北排洪沟道路快速化改造及综合治理工程：东起滨河西路，西至上庄街，河道长6千米，道路规划红线宽15米、绿线宽30米。经过一年多的日夜奋战，"八河"道路于2018年5月至7月陆续通车。

（安　峰）

【汾东污水处理厂一期工程】 太原市汾东污水处理厂一期工程，是中央环保督察重点督办项目，省、市重点工程，位于小店区刘家堡乡东里解村，占地13.71公顷，地上式污水处理厂设计，设计规模35万吨/日，采用两种工艺：MBR工艺（20万吨/日）和AAO+NCE+深度处理工艺（15万吨/日），服务范围包括汾河以东、南环过境高速路以南的太原市界内区域。根据小店区南部区域现有污水量，先行实施一期工程第一步15万吨/日，采用AAO+NCE+深度处理工艺，出水水质主要指标达到地表类Ⅳ类标准，由太原康晋水务有限公司投资建设运营管理，投资额4.20亿元。项目于2017年12月28日开工，截至2018年11月底，土建施工基本完成，初沉池、生物池、二沉池及集配水井、高效沉淀池、V型滤池、粗格栅及进水泵房、废水池、1#、2#、3#变电站、NCE变配电室、投加间、贮液池、鼓风机房、消防泵房、调节池及巴氏计量槽、贮泥池、综合楼主体结构完成施工。设备安装于2018年10月开始穿插进行，截至2018年12月底，设备安装全部完成，具备通水条件。

（安　峰）

【供热工程】 供热工程包括大温差技术实现太原市集中供热联网、扩容改造、太古中继能源站高海拔区域集中供热、老旧供热管网改造工程。新建改造供热管网247千米，老旧管网161千米。2018年，太原市完成投资10.08亿元。

（安　峰）

【供水工程】 2018年，太原市新建和改造供水管网196.85千米，完成投资3.08亿元。其中，紧密结合城市道路建设，配合天龙山及太山景区建设、城中村及棚户区改造、产业园区扩容提质等重点工作，新建天龙山路、天龙山景区规划路、西中环南延、新晋祠路南延和滨河西路南延等DN300—DN1200供水管网191.96千米，完成投资3.02亿元；提高城市供水安全可靠性，减少管网漏失水量，改造水西关街、康乐街、新开路、兴华北街和桃园正街等DN300—DN600供水管网4.89千米，完成投资0.06亿元；完成三给、焦化和西山供水厂站升级改造工作，东峰路加压站建成投产，缓解东西山区域水量水压不足问题，社会效益显著提升。（安　峰）

【道桥工程】 2018年，太原市开复工建设纬三路、古城大街、实验路、马练营北延、龙城南北街、西机路道路改造、滨河西路南延道路改造工程。实施劲松北路等32项雨污分流小街巷改造工程。

（安　峰）

九院沙河道路快速化改造及综合治理工程　（太原市城乡管理局供图）

城市建设

·市政建设·

【道桥工程建设】 2018年，太原市市政公共设施管理处负责实施多项重点工程建设项目。工程时间紧、任务重、要求高，各指挥部牢固树立安全意识和效率意识，超前谋划、合理安排，规范开展各项工作，在保障安全和质量的前提下，创造条件加快推进。

九院沙河道路快速化改造及综合治理工程。道路起点为桃杏二中桥，终点为滨河西路。道路单侧长约10千米，规划红线宽15米。包括白家庄路（虎峪河—九院沙河），长约900米，规划红线宽度30米。建设内容包括道路、桥隧、排水、照明、交通工程、电力、河道治理、再生水、供水、供热、联建、绿化、景观治理等，可研批复总投资约33.90亿元。工程于2017年5月9日开工，2018年全线通车，完成投资11.60亿元。

虎峪河道路快速化改造及综合治理工程。道路起点为白家庄路，终点为滨河西路。道路单侧长约8.60千米，规划红线宽15米。建设内容包括道路、桥隧、排水、照明、交通工程、电力、河道治理、再生水、供水、供热、燃气、通信、绿化、景观治理等，可研批复总投资约37.60亿元。工程于2017年5月9日开工，2018年全线通车，完成投资13.63亿元。

晋阳污水厂南侧规划路，道路全长713米，宽30米。建设内容为道路、排水、电力、照明、供水、供气、供热、交通设施、绿化及弱电工程等，可研批复总投资4919.19万元。工程于7月4日全线通车，完成投资约3000万。

亲贤路道排工程。结合黑臭水体治理实施亲贤路道排工程（亲贤北街—八一街），工程全长1.20千米，宽20米，包括狄村渠覆盖。工程于6月19日全线通车，完成投资3860万元。

并州路微循环道排工程。并州路、坞城路（迎泽大街—南中环街）微循环道排工程共36条道路，2013年7月开工，截至2018年底完工27条，1条（东岗巷）推进建设。其他道路中，5条为政府同意缓建项目；3条为片区改造后施工项目。自开工累计完成投资约20192.56万元。东岗巷（桥东街—东岗街段）在建工程，道路长334.11米，红线宽20米，年内完成水稳铺筑工作，完成投资263万元。

寇庄西路大修工程。北起南内环街，南至北园街，全长1362米，红线宽20米，建安投资2500万元。道路于9月2日道路封闭。年内完成水稳铺筑工作，完成投资1000万元。

龙城大街临时绕行道路工程（龙城大街—太榆界），工程全长2840米，龙城大街—环城高速段长1400米，宽6–8米；环城高速—太榆界长1440米，宽18米。年内完成省看守所至车管所段施工，完成投资270万元。

敦化巷改造续建工程。敦化巷道口道路工程设计道路总长279.42米，2008年10月1日开工，2011年完成180.46米，因拆迁问题剩余98.96米未实施。在2018年完成拆迁后，响应民意，按照市城乡管委指示对敦化巷道口道路工程未完成段进行续建，续建工程于2018年6月开工，10月完工。完成投资约550万元。（王志刚　李婧玉）

【市政配套工程建设】 2018年，太原市市政公共设施管理处推进雨污分流治理（背街小巷综合改造）工程。针对区域内排水系统老旧的现状，按照市城乡管委“以水带路”的治理思路，结合雨污分流治理工作对背街小巷实施综合治理。先后组织实施青年路片区雨污分流改造工程，其中包括规划路一、规划路二、规划路三、东陵里、东陵里街、新南一条、草市街、青年北街和并州西街9条道路的改造，及青年路污水管线改造；南沙河流域雨污分流改造工程，其中包括郝家沟街、朝阳街北二巷、新开路和红沟中街道排工程。推进迎新南二巷改造工程、南海街道路改造工程、桃园正街道路改造工程等，年内完成管线和路面结构施工。

黑臭水体整治工程。2018年是对黑臭水体整治工程的“大考”之年，迎接了中央环保督察组对黑臭水体治理工作的督查和巡查，针对督查、巡查期间提出的问题和群众举报的问题逐一研究，查缺补漏，完善整治工程，补齐短板。通过采取一系列技术和工程措施，改善太原市的水环境，守住环境生态底线。为进一步改善太原市的水环境，杜绝污水排口直排汾河的现象，对汾河两侧的胜利桥西泵站、漪汾桥西泵站等部分泵站和十三冶退水渠等设施进行改造。年内所有整治工作均完工。实施北张退水渠实施截污纳管工程、清水河中游和下游进行黑臭水体整治工程、西干渠（环保街—迎泽西大街）周边排水系统进行黑臭水体整治工程和许坦渠嘉节村节点改造工程、太钢南线排洪渠、化工排洪渠北支和阳兴河向阳店泵站节点改造等。其中化工排洪渠北支、阳兴河向阳店泵站节点改造、西干渠和许坦渠节点改造均完工，清水河中游和下游污水主干管完工。北张退水渠和太钢南线排洪渠年内展开，紧张推进。

水环境应急治理。市区水环境应急治理工程经过前期配套工程，2018年度继续推进，重点加强9座一体化应急处理站、阳光污水厂一级A及强化一级的运营管理和石墨烯光催化技术的水治理、北张退水渠优化方案的实施及监督，做好下游排污口治理和相关手续的跟进等。在应急处理站及阳光污水厂运营方面，各应急处理站点正常运营并逐步提高解决突发问题的能力，9个站点及阳光污水厂截至2018年底累计处理水量3715万吨。推进北张退水渠下游排污治理工作，完成石墨烯光催化网北张退水渠优化方案现场施工，采用“悬浮链曝气+高效生物发生器+生物载体+石墨烯光催化氧化网”工艺，实施以来渠内水质有所改善。

（王志刚　李婧玉）

【道排桥梁养护】 2018年，太原市市政公共设施管理处对全市道路、排水、桥梁等市政设施进行拉网式排查，科学制定养护计划，提高养护及时性。重点抓便道铺装、坑槽修补、综合养护、掘路修复、排水疏浚等关系民生的热点难点问题。年度完成设施养护工作量1.22亿元。全年共完成道路养护208275平方米，小修保养66472平方米，路面沥青灌缝5258米，人行便道维修71373平方米，掘路修复4266平方米，水毁工程修复1901平方米；疏通管道

149.30万米，清掏检查井68165座，清掏进水井80379座，更换检查井盖178套（个），更换进水井箅300套（个），升降井2063座；排水管网进行改造950米，砖砌检查井22座，砖砌进水井59座；管涵清淤10094立方米。应急工程完成139处道路和排水管道抢修，抢修管道3047米，恢复路面11153平方米，恢复便道3617平方米，清洗污水管道546米，安装进水井箅337套，安装防坠网15050个，清淤泥4434立方米；维修及更换、补盖无主井具、非标准井具1012套（个）。维修桥梁129座，检测、监测桥梁46座。（王志刚　李婧玉）

【城市防汛】2018年，太原市市政公共设施管理处突出防汛重点，确保设施平稳运行。为确保市政设施在汛期平稳运行，汛前以管网清掏和改造为重点，加强防汛设备维护，狠抓易积水地段的治理，做好汛期准备工作。共清掏检查井、进水井46588座，疏通连管12.40万米、主管11.10万米，安装防坠网547个，清理伸缩缝6433米、泄水孔2913个，共清掏淤泥2.30万立方米。完成对52座泵站的控制柜、电气设备和运行设备的清扫和维护保养，对30座泵站进行清淤，对25台固定发电机3台电源车进行维护保养，对46座泵站进行预防性试验，并对各泵站水泵及其他设备进行检查和维保，对41座泵站超声波液体报警装置进行检查维护。对应急抢险车辆、设备、机具进行保养和检修，为防汛抽排水设备储备接头、管箍、进水管等易损配件，确保召之即来、来之能战。结合管网清掏疏浚和对老旧破损排水管线的维修更换工作对全市市政管网进行排查，进一步集中解决好易积水地段问题。对管道堵塞、带压运行、检查井深陷、管道渗漏等问题进行处置。对检查井内防坠网进行检查，对丢失、损坏的防坠网进行补装、更换；对排水管道尤其是连管完好进行检查等。先后对南中环街、光华街、旧晋祠路、西中环街、上庄街等道路排水管网进行改造；对滨河西路、长风西街等安装进水井立箅等。对市区桥梁、涵洞进行全面排查，充分了解存在的隐患和问题，制定相应处置措施，汛期在全市易积水桥梁及通道安装水位标尺522套，切实提高设施服务保障能力。加强防汛组织领导和队伍建设工作，开展防汛应急演练以及井下救援应急演练，提升防汛抢险人员的实战能力以及井下救援技能，整体提高下井作业人员的自我防护和救援意识。加强应急抢险的组织管理，充分利用数字管理指挥平台和微信等新的管理方式，建立部门互通、信息共享的防汛机制，各类渠道收集的线索及时对发生的各类险情进行处置，确保市政设施安全运行。雨中加强设施巡查，做好道路、桥梁、排水设施的排查维护和应急处置；加强积水路段和其他防汛重点路段的值守，及时抽排道路积水；全部开启所辖泵站，确保泵站设备运行正常。对受降雨影响造成的井具堵塞、管网淤堵、路面下沉、塌陷等各类设施病害和安全隐患展开维护，做到雨不停、水不退、人不撤，确保车辆行人安全，实现平安度汛。

（王志刚　李婧玉）

【道路塌陷隐患排查治理】2018年，太原市市政公共设施管理处加大所辖城市道路的专业检测力度，采取日常检测与应急检测相结合、常规检测与专业检测相结合的办法开展道路空洞探测排查工作。对天成路、新沟路、长风东街等重点道路部分路段的空洞雷达周期检测，对府东街、纺织北街、千峰南路等道路部分路段进行隐患排查，对东城巷、新建路等道路部分路段进行应急检测，共检测道路长度48千米，布设测线890条，测线长1182千米，覆盖道路面积207万平方米，发现并处置道路脱空、空洞隐患108处，消除安全隐患。

（王志刚　李婧玉）

【市政公用服务进社区】2018年，太原市市政公共设施管理处引深开展“市政公用服务进社区”活动，在全覆盖、常态化上下功夫，坚持对口联系、主动服务等长效管理机制，主动帮助群众解决道路、排水等方面的困难。把市政公用服务进社区活动与转变工作作风、提升管养水平有机结合，在服务中深化管理，在管理中体现服务，实现服务机制的创新和服务水平的提升。全年共投入52万余元先后深入金刚里、杏花岭、新建路、下元社区等几十个社区及街道进行道路及排水管网养护服务76次，疏通管道28820米，清掏检查井795座，清掏进水井960座，维修路面及人行便道23平方米。（王志刚　李婧玉）

·城市供水·

【概况】2018年，太原供水集团有限公司深入学习贯彻习近平新时代中国特色社会主义思想和中共十九大精神，围绕“建设文明开放富裕美丽太原”目标要求，全力保障城市安全优质供水，为太原市经济社会持续健康发展做出供水企业应有的贡献。全年供水总量2.74亿立方米，日均供水量74.97万立方米，同比增长11.49%。销水量2.49亿立方米，同比增长11.14%。全市有8座水厂和13座供水加压站。（冯　玲）

【安全供水】2018年，太原供水集团有限公司修复、维护兰村、三给地垒等水源地的部分水源井，对兰村、枣沟、西张等水厂供水设施设备进行扩容改造，提升产、供水能力及供水安全可靠性。防控水质安全风险，在新城、向阳和三给（北厂）水厂安装3台插入式在线浊度仪，增设柴村、西中环2个管网水质在线监测点，全市在线监测点数量达30处。针对夏季用水高峰，果断采取科学调配地下、地表水源，优化调度系统，合理调整供水厂站运行机泵等措施，全力保障城市用水需求。坚持开展安全隐患排查，落实整改措施；出台《城市供水安全突发事件信息报告与应急处

置管理办法》，完善安全应急处置机制。（冯 玲）

【供水市场拓展】 2018年，太原供水集团有限公司紧跟市政道路建设、二青会等重点项目安排，如期完成“八河治理”“明太原古县城”供水工程，同步实施汾东商务区、双塔南北路、天龙山景区等新建、改造供水管网196.85千米；东峰路供水加压站投产运行，西山、焦化、三给水厂（北厂）供水厂站扩容提质，城市供水保障格局日臻完善，保障能力提升。陆续完成柴村、草坪、民营区供水厂站供水生产设施更新改造、标准化建设。持续改善清徐县城供用水环境，重点完成307国道、美锦大街等主干道供水管网、水厂区域内管线和井泵设施改造等工程，供水管网损耗率显著下降。发展新接单位用水户458户。累计关闭16个单位31眼自备井，置换水量0.60万立方米/日。（冯 玲）

“心系群众、水润万家”优质服务活动现场 （太原供水集团公司供图）

【供水企业管理】 2018年，太原供水集团有限公司深入落实财务等重大信息公开办法和企务公开制度。实施公务用车改革。修订营销分公司作业指导书，制订计量仪表管理办法等规章制度，从完善制度、强化管控全方位提高管理水平。继续强化财务管理，严格控制“三公”费用支出。加大分项用水排查力度，非居民用水比例较上年提高2.18%；着力推进物资管理信息化建设，有效提高物资管理水平；加大打击偷盗用水稽查力度，全年累计追缴水费329.38万元。修订企业年金实施办法、企业补充医疗保险实施方案；完成工人技术工种技能标准、培训教材初编工作。搭建“数字供水”平台，智慧协同办公系统基本建立，移动办公系统具备启用条件，户表合同电子会签开通；新建管网测压点5个，全市范围内共计达70个；狠抓计量管理职能，完成73个小区、84393户智能水表远传、调试工作，实现在线远传功能。（冯 玲）

【民生供水服务】 2018年，太原供水集团有限公司客服热线系统高效处理城市供水各类问题1.50万件，办结率、及时率、满意率均为100%。答复、办理网民留言及人大代表建议、政协委员提案、各级政府或部门转办件610件，办复率达100%。“心系群众 水润万家”“优质服务进社区”等服务活动覆盖130个小区、企事业单位；“太原供水集团”微信公众号功能多元、亲民便捷。全年主流媒体正面宣传报道22次。高效、保质完成供水抢修任务；开展送水、设置移动公厕等措施，提高抢修停水后的供水服务水平；开展二次供水设施、盗用及转供城市公共供水专项排查工作。完成“一户一表”改造5.62万户；做好“三供一业”供水业务接收改造工作，相继出台接收实施方案、供水设施改造工程管理和施工管理办法，与220个驻并央企、省属及市属国有企业签订正式移交协议，移交改造户数36万户。（冯 玲）

户表维修 （太原供水集团公司供图）

·城市供热·

【概况】 2018年，太原热力集团有限责任公司供热总面积达1.50亿平方米以上，规模稳居全国供热企业第一方阵，排在第二位。公司围绕年初确立的计划和目标，落实“五企”发展要求，全体职工发扬积极拼搏、勇于奉献的热力精神和太古精神，各项工作取得新的成绩。其中太古项目达到国际领先水平，是世界上第一个成功实施大规模余热长距离供热工程。在第十五届“清华大学建筑节能学术周”上，太古项目被清华大学建筑节能研究中心评为“北方城镇供暖节能最佳实践案例”。

全年各项集中供热建设项目的完成，减少锅炉房和煤灰占地43.44公顷，每年可节约标煤28.96万吨、减排灰渣9.66万吨、二氧化硫排放量0.79万吨、烟尘排放量0.79万吨、减排一氧化碳1.62万吨、氮氧化物0.40吨，环保效益显著。

（办公室）

【供热扩网工程】2018年，太原热力集团有限责任公司完成扩网808万平方米，为年度计划的101%，新建热力站64座，其中完成10项城中村改造项目，共计132.98万平方米。同步完成西中环南延、明太原城周边等管线敷设111千米，为目标任务的317%。（办公室）

【“绿色多能型”企业建设】2018年，城南热源厂实施“煤改气”工程，安装建设2台116兆瓦燃气锅炉，替代燃煤供热440万平方米。小店热源厂实施完成扩建工程，新增1台116兆瓦的燃气锅炉，供热面积增加220万平方米。同步推进东峰燃气调峰热源厂的前期筹备、城西燃气调峰热源厂的规划选址工作。新增分布式燃气调峰热源项目21项，安装燃气锅炉40台，总装机容量达142.67兆瓦，供热面积237.99万平方米。

（办公室）

【供热设施升级改造】2018年，太原热力集团有限责任公司完成老旧管网改造19.35千米，其中一次网9.87千米，二次网9.48千米。新增计量收费面积325.20万平方米。改造大温差热力站58座，涉及供热面积371.90万平方米。无人值守热力站达1327座，占热力站总数的87%，各项措施的落实有效提升供热效率。（办公室）

【“三供一业”供热分离移交工作】2018年，太原热力集团有限责任公司结合实际，细化工作措施，分解目标任务，与各级国有企业签订正式供热移交协议219份，涉及用户312636户，面积2393万平方米。推进改造设计、立项、招标等前期工作，同步开展分户供热合同的签订。根据市政府“三供一业”移交要求，公司于8月紧急接收西山煤电区域的原供热系统，负责白家庄电厂热源范围内的运营管理工作。原供热系统年久失修、跑冒滴漏严重、设施条件差，公司及时成立第七供热分公司，快速理顺管理职能，开展供热设施接收改造工作，开创集团公司零资产接收供热设备、自主运营的先河。（办公室）

【耿彦波在集团公司调研】2018年2月14日，太原市委副书记、市长耿彦波带队到集团公司第二供热分公司迎晖苑热力站调研慰问，市政府秘书长薛维柱、市政府办公厅副主任刘飞、市城乡管委主任张利陪同。市城乡管委副主任耿炤宇，公司总经理张建伟，副经理吴建琪、李建刚和相关负责人参加此次调研慰问。

耿彦波指出：供热工作是重要的民生工作，关系到千家万户的冷暖。希望市热力集团公司全体干部职工继续发扬奉献精神，春节期间要进一步加强实时监测和分析研判，做好值班应急工作，强化安全稳定生产、优质服务，确保百姓的用热需求，让百姓过个一个暖暖和和的春节。（办公室）

【山西省中央环保督查整改领导小组到公司调研】2018年4月12日，由山西省国土资源厅副厅长袁同锁带领的省中央环保督查整改领导小组一行5人，在太原市环保局局长窦力奋陪同下，到公司太古项目中继能源站调研。市城乡管委副主任耿炤宇，太原热力公司党委书记、董事长张建伟，经理助理王林文，市城乡管委供热处和太古项目相关负责人参加此次调研。（办公室）

【李吉山在公司调研】2018年6月27日，太原市委常委、市纪委书记、市监委主任李吉山到太原热力公司进行调研，市监委委员张巨保，市城乡管委党工委书记、主任张利，市纪委监委驻市城乡管委纪检监察组组长李跃强，市纪委监委第六执纪监督室副主任张卫兵陪同调研。公司12名班子成员全部参加。

（办公室）

【罗清宇调研供热工作】2018年10月11日，山西省委常委、太原市委书记罗清宇到太原市热力公司城南热源厂和太古供热管网中继能源站视察调研供热工作。市委常委、秘书长、统战部部长刘鹓，副市长张齐山，市城乡管委主任张利等领导陪同调研。集团公司党委书记、董事长张建伟，副书记、副董事长、总经理李建刚，党委委员、总工程师樊敏，党委委员、经理助理王林文和第一供热分公司、城南供热分公司、太古供热分公司相关负责人参加此次调研。罗清宇强调：“煤改气”工程，要进一步加快进度，要关注市场变化，加强气源组织，进一步拓展清洁供热覆盖面，保障群众冬季取暖需求。供热运行中要科学指挥调度，强化保障措施，切实提升群众对供热工作的满意程度。（办公室）

【热力集团与山西省建行战略合作】2018年8月17日，太原市热力集团公司党委书记、董事长张建伟，副书记、监事会主席王建宏，副书记、副董事长、总经理李建刚，副经理郭清亮，副经理兼总会计师李小忠等在中国建设银行山西省分行太原并州分行与中国建设银行山西省分行签署战略合作协议，中国建设银行山西省分行党委书记江文波、省分行副行长兼并州支行行长冯占文等14位建行领导参加此次签约仪式。

（办公室）

【东峰燃气调峰热源厂项目】根据《山西省冬季清洁取暖实施方案》《太原市集中供热专项规划（2013—2020）》，

按照山西省委、省政府全面改善省城环境质量的指示，2018年初启动东峰调峰热源厂项目，完成规划选址、管线路由、能评批复，市发改委并于9月25日批复项目可研。东峰燃气调峰热源厂项目于2018年开工建设。（办公室）

【21世纪创新型示范城市项目启动】根据太原市城乡管委安排，由太原市热力公司承担国家可持续发展议程创新示范项目“高品质再生水制造及利用供热管网输配水工程”，2018年8月7日，太原市热力公司党委会议研究决定，由第六供热分公司承担供热管网输送中水项目的具体管理和组织实施。（办公室）

【城南热源厂“煤改气”一期续建工程启动】根据《城南热源厂“煤改气”可行性研究报告》，2018年12月26日太原市热力公司党委会议研究决定，启动实施城南热源厂“煤改气”一期续建工程，扩建2台116兆瓦燃气锅炉，要求加快组织完成前期工作。（办公室）

【城西热源厂“煤改气”项目启动】根据太原市政府2018年工作报告要求及城市热源发展需要，2018年12月26日太原市热力公司党委会议研究决定，启动城西热源厂“煤改气”清洁能源替代项目。（办公室）

【参加首届中国供热学术年会】2018年8月15日至17日，由中国城镇供热协会技术委员会主办的“首届中国供热学术年会（2018）”在吉林省吉林市开幕。参加会议的有：中国工程院院士、清华大学教授江亿，中国建筑科学研究院建筑环境与节能研究院院长徐伟，全国供热技术标准化委员会秘书长杨健等来自全国各地供热相关知名院校教授、专家、学者，设计院、研究院、供热或能源供应企业专业技术人员以及会议论文作者近700人。太原市热力集团公司总工程樊敏作为专家主持人带领太古供热分公司副经理石光辉、陈鹏等共6人参加此次学术年会。（办公室）

【太古供热工程亮相城博会】2018年10月11日，第十八届中国国际城市建设博览会在北京·中国国际展览中心（新馆）开幕，太原市热力集团有限责任公司太古供热工程全景沙盘精彩亮相。太古供热工程全景沙盘，长6.50米宽3米，完整地展示出太古长输供热工程全貌，展示太古供热工程所属的三座中继泵站、中继能源站及站内主要设备和工艺流程。沙盘还系统地展示太古供热工程中的管道敷设方式，包括直埋、架空、隧道等，将太古供热工程的建设路由完整的展现在观众面前。（办公室）

【太原（太古）大温差长输供热示范工程项目科技成果评估会】2018年12月13日至14日，由住房和城乡建设部科技与产业化发展中心与中国城镇供热协会联合主办的“太原（太古）大温差长输供热示范工程”项目科技成果评估会、供热长输管网关键技术研讨会在太原市召开。

会议邀请中国工程院院士、清华大学原副校长倪维斗，中国工程院院士、中国建筑股份有限公司首席专家肖绪文，中国工程院院士、中国船舶工业总公司第七研究院第七〇三研究所闻雪友，北京建筑设计研究院原院长吴德绳等共12位评审专家对太原（太古）大温差长输供热示范工程项目科技成果进行评估。中国工程院院士、清华大学教授、中国城镇供热协会副理事长江亿，协会副理事长、住房和城乡建设部科技与产业化发展中心评估推广处副处长梁洋，中国市政工程华北设计研究总院有限公司副总经理王昭、总工程师王淮，北京市热力集团有限责任公司副总经理张群等专家学者、领导和太古长输供热项目课题组的相关人员以及来自全国各地供热行业同仁共计150余人参加会议。集团公司党委书记、董事长张建伟参会，并主持相关会议。

评估会专家组形成最终评估意见：该工程达到国际领先水平，同意通过评估。该工程是世界上第一个成功实施的大规模余热长距离供热工程，全面替代太原市燃煤供热锅炉，为中国北方地区供热开辟了新途径，应作为城镇清洁供热的主流方式，全面推广可节约标煤1亿吨以上。（办公室）

·城市照明·

【概况】2018年，太原市城市照明管理处对标一流服务，弘扬工匠精神，立足改善民生，切实完成功能照明运行稳定。全年处管照明设施着灯率达98.51%、设施完好率达98.54%，超部颁标准0.50个百分比，及时处理率100%（李 钧）

【主次干道管养】2018年，太原市城市照明管理处以主动排查维护为主导，坚持精细化管理，结合“文明创城”“九乱整治”等专项活动，巩固设施管养水平，保证市民夜间出行安全，提升社会美誉。全年主动排查迎泽大街、府东府西街、滨河东西路、五一路等654条次主要街道及迎新东二条、菜园街、西宫东街等1411条次小街小巷，共计处理灯杆、灯具、配变电等各类照明故障6452起，更换电缆6900余米，整理架空线缆1.90万余米。（李 钧）

【照明设施改造】2018年，太原市城市照明管理处围绕建设美丽太原，继续开展老旧设施改造工作，结合“市政公用服务进社区”活动，授理并回复各类照明问题668件。对全市范围内设施老旧、故障频发且易发生安全隐患的街巷进行排查整治。全年集中改造长风西街、大同路、狄村街等老旧街道5条，共计更换老旧电缆27.30千米，更换高压钠灯653套，更换LED灯具88套，更换金属灯杆44基，配套设置维修照明检查井64基，更换高压隔离开关等

长风街长风高架桥　　（太原市城市照明管理处供图）

配套设施4处。（李　钧）

【新建工程移交】2018年，太原市城市照明管理处按照绿色节能、规范照度、保障质量的原则，切实完成新建道路照明工程验收、移交等各项工作。对接道路施工单位，完成卧虎山公路、阳兴大道、五一路等34条街道的新建照明设施进行验收工作，并将验收过程中所发现问题及时汇总，要求建设单位限时整改。其中，阳兴大道、新晋祠路、西中环等25条街道的新建照明设施正式移交至太原市城市照明管理处进行运行维护，共计接收照明灯具10234套，照明线路380.20千米，配变电设施84台。（李　钧）

【照明重点工程】2018年，太原市城市照明管理处作为甲方业主单位，采取EPC总承包的建设方式，在不影响改造楼体正常营业的前提下，快速高效完成长风街（体育西路至平阳路）两侧21幢楼体的29处亮化施工点任务。共计安装LED点光源17万颗，轮廓灯3000米，线条灯5800米，投光灯880套，灯带2000米，壁灯400套，灯箱50套。经改造后长风商圈夜间环境更加协调统一，凸显出国内一流城市夜景风貌。

2018年，太原市城市照明管理处为迎接"二青会"、文明创城等多项活动，针对迎泽桥、漪汾桥等桥梁照明设施老旧，灯具光衰严重，控制混乱等实际情况，严格落实指示精神，对迎泽桥、漪汾桥、胜利桥等3座跨河桥梁以及滨河东西路5座人行天桥的桥体亮化光源进行升级改造。全年共计安装LED点光源灯3832套，投光灯897套，LED灯管1000套，线条灯2.40万余米，敷设各种电缆、电线10万余米，安装三遥控制系统17套。本次"八桥亮化"工程受到百姓极高赞誉，桥体夜间焕然一新。（李　钧）

房产管理

【概况】2018年，太原市房产局以习近平新时代中国特色社会主义思想为指导，深入贯彻中共十九大精神，圆满完成各项工作，被评为全省城建工作优秀单位。（办公室）

【棚户区改造】2018年，太原市房产局通过分解工作任务，强化协调指导，狠抓征收关键，督导督查跟踪，确保项目落地和拆迁建设进度。破解融资难题。全年获得国家政策性银行棚改贷款授信102.50亿元，获得商业银行贷款授信136.21亿元，为棚改工作提供资金保障。太原市房产局为规范棚改工作，印发《棚户区住房改造项目认定办法》，指导各县（市、区）科学合理确定棚户区住房改造项目。完成2017年度保障性安居工程建设和棚户区清洁供暖改造审计整改工作，棚户区清洁供暖改造整改工作任务顺利销号。2018年，全市棚户区改造新开工20477套，开工率118.60%，棚户区住房改造基本建成51395套，建成率102.38%，公共租赁住房基本建成1340套，城镇保障性安居工程完成年度投资180.59亿元，完成率112.87%，各项任务指标完成稳居全省前列，开工任务超额完成，为山西省完成国家任务做出突出贡献。（王　峰）

【房地产市场发展】2018年，太原市房产局加强市场调控，出台《关于加强房地产市场调控工作的实施意见》，从限购、限贷、限转等9个方面采取有效措施，遏制投机炒房。加强预期管理，编制《太原市住房发展规划（2018—2022年）》，确保市场稳定。加强市场监测，建立新建商品住房销售面积及成交均价的监测制度。优化预售审批流程，建立商品房预售许可与商品住房销售价格相挂钩的动态调整机制。规范经纪行为，取消房地产经纪机构备案，8757名经纪人员挂牌上岗，157家经纪机构建立信用档案，促进中介行业诚信建设。加强市场监管，开展房地产市场秩序专项整治和打击侵害群众利益违法违规行为、治理房地产市场乱象专项行动，全年检查房地产项目160个、经纪机构111家，对2个涉嫌合同诈骗、非法经营和1个涉嫌炒卖房号的线索移送公安部门处理，保护购房人合法权益。2018年，全市商品住房成交1267.81万平方米，同比增长74%，成交均价9674元/平方米，同比增长20.30%。5月份调控政策实施后，连续8个月太原市城区新建商品住房成交量保持在115万平方米左右，成交均价保持在9900元/平方米左右。商品住房累计可售面积1186万平方米，消化周期11.20个月，房地产市场保持健康稳定。（李晓冬）

【房屋租赁试点】太原市作为全省2018年发展住房租赁市场的试点城市，

筹备成立领导组，确立试点城区，出台实施方案，加快构建住房租赁市场体系；培育租赁企业17家，多渠道筹集近万套房源投放市场；通过租赁管理、租购同权等8个方面措施，加大政策扶持力度；从租赁住房平台建设、组建行业协会、市场监管服务、信用管理、开展租赁行为检查等方面入手，逐步规范租赁市场秩序。截至2018年底，试点城市考核指标全部超额完成，通过省住建厅的目标责任考核验收。（刘文惠）

【“互联网＋房产交易”】2018年，太原市房产局突破效能瓶颈。组织专人加班加点，实现7.30万多盒房产档案、1.50万幢楼的测绘信息的数据化，并与国土、税务、公积金等部门实现数据共享，提取公积金、办理税务无需到房产局开证明；再造工作流程。取消交易确认书，不动产交易和登记涉及市房产局环节的工作日缩短至最多1天，办事群众不再跑路，单项核档业务也由原来3个工作日缩短为1—2个工作日，二手房合同备案、资金监管、房源核验等其它各项业务均实现立等可取，方便群众办事；与公积金管理中心联合，在府西街光大银行开设二手房交易公积金贷款服务大厅，在全省首倡多元化数据融合创新助力业务，多部门集中互联办公，效率大幅提升，多个地市学习调研；保障交易安全。逐步推行存量房自行成交资金监管业务，2018年监管2717套、金额19.50亿元，为年目标的26倍，保障了购房资金安全。全年累计完成房产交易、抵押、备案、核档等各类业务63.99万件，公房出售5338套、面积36.70万平方米，交易任务指标均超额完成，群众认可度大幅提升。（牛焕德）

【公共租赁住房保障】2018年，太原市房产局严格审核标准，保障家庭中6753户。其中，低收入家庭租赁补贴1946户，新就业高校毕业生和高技能人才租房补贴3409户，实物配租（复核）保障1398户，保障住房民生底线，促进社会稳定。全年统筹用于棚改过渡周转分配795套，累计分配9828套，分配率90.84%，超额完成省定任务。

（齐聪文）

【物业行业管理】2018年，太原市房产局在取消物业企业资质之后，创新工作思路，开展物业承接查验、物业管理区域备案、信用等级考核和服务标准备案等工作，加强物业企业行为监管，规范行业诚信建设；强化维修资金管理，全年收缴13.22亿元，同比增长94%，使用1497万元，同比增长12%，改善小区居住质量。（刘宏伟）

【直管公房管理】2018年，太原市房产局投入1000万财政资金用于维修，汛期及时抢险解危，保护住户安全。着力攻坚清欠工作，20个拆迁单位涉及22份协议已全部或部分履行完毕，共计清欠4.18万平方米，避免国有资产流失。（温永刚）

市房产局召开太原市治理房地产市场乱象、开展市场交易管理自查自纠推进大会（太原市房产局供图）

【房屋征收指导管理】2018年，太原市房产局加强对城区工作指导，全年启动国有土地上房屋征收项目8个、面积88万平方米。建立健全房屋征收管理信息化系统，完成录入5万余户。为1144户住户解决逾期未安置问题，完成年初目标任务1000户的114%。全年接收房源10191套，下拨城区政府房源10160套，支持重点项目、重点工程。

（张晓明）

【历史街区保护项目】2018年，太原市12处历史文化街区（民居）、文物修缮（复）保护项目全部开工，大多数工程进入彩塑、壁画、彩绘等扫尾工程阶段。（张凤鹏）

【文明城市创建】2018年，太原市房产局加大创城工作力度，与各城区联合推进老旧小区改造，出台房屋专项维修资金支持老旧小区治理的具体规定，全市老旧小区共3082个，开工整治1566个，完成整治860个，小区环境整治后焕然一新，得到市创城办的表扬。

（刘宏伟　孙淑芳　郭立峰　苏建国）

园林绿化

【概况】2018年，太原市园林局以习近平新时代中国特色社会主义思想为指引，坚持从严管党治党、全面落实“两个责任”，以创建国家生态园林城市为目标，强力推进园林重点工程项目建设，提升城市宜居水平，为建设文明开放富裕美丽太原做出贡献。

太原市建成区绿化覆盖率、绿地率、人均公园绿地面积计划新增0.50个百分点、0.50个百分点、0.30平方米，实际实施绿化面积832.96公顷，其中建成区内新增绿地面积478.56公顷，建成区绿化覆盖率、绿地率、人均公园绿地面积分别新增1.40个百分点、1.35个百分点、1.88平方米。完成园林绿化工程招标金额85.60亿元，完成固定资产投资85.25亿元，完成太原市委、市政府和山西省住建厅下达的任务。太原市园林建设规模、固定资产投资均名列全省第一。（冀子俊）

【园林项目建设】 2018年，太原市园林局推进公园绿地项目建设，全年续建公园项目20项，启动新建公园项目16项。迎泽公园、金桥公园、东篱公园、太山龙泉寺景区综合整治工程、和谐公园、小东流公园、桃杏园等22项改造、新建公园项目竣工并向社会开放，全年建成小游园60个。太原市建成区公园500米半径覆盖率由上年底的75%提高到80%。

坚持绿随路建、有路皆绿的原则，高质量完成八河改造景观工程、铁路沿线综合整治景观绿化、环湖北路、迎宾路绿化等31项新建和续建道路绿化工程；推进滨河东路南延、西中环南延等14项道路绿化工程。按照太原市提出的“拥抱新时代点亮太原城”亮化主题，负责实施2018年“春节”“元宵节”两节期间园林亮化工程，对11路12街和局属公园、机场、车站等20余处固定地点实施节日亮化，为省城太原营造喜庆、祥和气氛。（冀子俊）

【社会绿化】 2018年，太原市园林局组织开展省城党政军民义务植树活动，有275个家庭、60个团体约3000市民参加群众性纪念林植树活动，提高省城市民植绿、爱绿、护绿意识。申报清控（太原）创新基地等6个单位，恒大御景湾等5个居住区，北中环路等6条道路为省级园林单位、小区、道路。（冀子俊）

【绿地养护管理】 2018年，太原市园林局结合城市管理全面提升行动，对38条道路进行补栽补种，补栽乔木8940株；对道路重要景观节点进行提档增绿，共栽植乔木3.40万株、灌木2.69万株、绿篱色块8.90万平方米、花卉3.17万平方米、地被5.80万平方米；对27.70万株乔灌木进行修剪。落实河（湖）长制工作，县级河长巡河16次，乡级河长巡河151次，推进公园景观水体水质改善，完善湖水周边生态环境。开展智慧公园建设和数字管理模式，形成务实、高效的管理机制，提升公园管理工作水平。（冀子俊）

迎泽公园（太原市园林局供图）

【公园文化】 2018年，太原市园林局组织以“美丽公园，伴您同行”为主题的2018年太原市公园“一园一品”活动。举办海棠、荷花等八大花事活动展出各类花卉60余万株，举办园林科普知识讲座等系列活动600余场次，服务群众500余万人次。发布公园花讯及活动信息，阅读量达15万人次。举办以“喜迎国庆、菊舞龙城”为主题的太原市第28届菊花展，摆放大型立体造型景点18个，摆放各色花卉200多个品种50余万盆，游客量超过100万人次。参加第十一届中国（郑州）国际园林博览会，“太原园”获“室外展园综合类金奖”。第十二届中国（南宁）国际园林博览会“太原园”在南宁建成开园。（冀子俊）

【法治建设】 2018年，太原市园林局建立领导干部法制学习常态化机制，组织园林干部职工参加全省无纸化学法用法及考试工作。举办领导干部法制专题培训。开展“依法行政宣传月”和“12·4国家宪法日”等宣传活动。落实政府法律顾问工作制度。开展“双随机、一公开”工作，专项抽查结果向社会予以公示。全年受理行政审批事项233件、查处违章毁绿事件161起，办结率均达100%。（冀子俊）

【安全稳定】 2018年，太原市园林局推进扫黑除恶专项斗争工作。把扫黑除恶工作摆到重要议事日程，出台实施方

和平公园　（太原市园林局供图）

案，进行宣传。开展“边督边改”工作，党组与局属单位负责人进行履责督导谈话，摸排案件线索2条，切实把扫黑除恶工作引向深入；按照“三必管”和谁主管谁负责的要求，全面加强园林行业及重点工程领域的安全监管，及时排查和整改安全隐患，全年无重大安全生产责任事故，太原市园林局被评为安全生产先进单位。（冀子俊）

环境卫生管理

【概况】 2018年，太原市市容环境卫生管理局以习近平新时代中国特色社会主义思想为指导，落实山西省委“一个指引、两手硬”重大思路，立足环卫实际，攻坚克难，完成既定的工作目标任务。（贾景钰）

【生活垃圾分类】 太原市被列为国家首批46个生活垃圾分类示范城市（区）以来，太原市市容环卫局制定《太原市生活垃圾分类实施方案》，加快建立生活垃圾分类投放、分类收集、分类运输、分类处理的体系，形成以法制为基础，政府推动、全民参与、城乡统筹、因地制宜的生活垃圾分类制度，取得一些实效。

示范引领，快速推进。开展垃圾分类示范片区创建工作，通过精细化的建设标准、考核验收、运行管理和监督考评，规范垃圾分类示范片区创建工作，探索适应经济社会发展的新模式。按照每县（市、区）一个的原则，共选定15个生活垃圾分类示范片区，区域面积21.20平方千米，覆盖人口8.90万人。各县（市、区）按照示范先行的原则，推进示范片区创建工作，从容器配置、车辆配置、人员配备、宣传发动入手，全方位推进。截至2018年底，15个示范片区共配置垃圾分类收集容器1027个、分类收车辆22台、劝导员58名。通过示范先行，典型引路，连线成片，持续完善，垃圾分类覆盖范围不断扩大。截至年底，开展党政机关534个、居民小区256个，覆盖居民13.30万户；共配置垃圾分类投放容器8396个，分类回收亭248个。

法制管理，夯实基础。把垃圾分类治理纳入立法项目，起草《太原市生活垃圾分类管理条例》，通过太原市人大审议，报山西省人大批准正式出台，使垃圾分类的建设和管理纳入法制化管理。除顶层设计、法律规范的制定和完善，太原市市容环卫局夯实垃圾分类设施基础，建成一期日处理200吨的餐厨垃圾处理厂，启动焚烧发电、餐厨垃圾处理二期、污泥处理、粪便处理等各类垃圾处理设施。

完善体系，强化监督。按照先易后难、分类治理的思路，初步建立垃圾的专项收集、运输和处理体系。初步建立餐厨垃圾、大件垃圾、装修垃圾、建筑垃圾、废旧衣物和废旧电池六类垃圾的专项收集、运输、处理体系，每日可处理餐厨垃圾180吨、收运处置大件垃圾80吨、收运处置装修垃圾115吨，实现变废为宝、循环利用、无害化处理。为有效促进垃圾分类工作，出台《太原市生活垃圾分类工作考核暂行办法》，组织相关成员单位人员，邀请人大代表、政协委员成立考核小组，以县区为单位进行定期考核，并向社会发布。考核围绕示范片区创建、体系建设、容器配置、宣传发动等工作展开，旨在通过考核排名通报鼓励先进、鞭策落后，进一步强化责任部门的积极性和主动性，开展市域范围内的交流合作，对标先进、补齐短板，加快推进生活垃圾分类。

加强宣传，全民参与。为推进垃圾分类工作，营造全社会参与的氛围，开展形式多样的宣传活动。上门宣传。与太原大学经贸系百名学生共同展开垃圾分类宣讲；深入新建路小学开展垃圾分类宣讲；组织环保志愿者协会、山西百川森泰公司等，在天音幼儿园、育蕾幼儿园、通宝育杰幼儿园等开展“小手拉大手”活动；联合“我爱我家”，在150个门店开展分类宣传。主题宣传。组织市人大、市政协、文明办、法制办、爱卫办、环保局、商务局、旅发委、供销社等在长风商务区举办以“践行垃圾分类、唱响文明新风”为主题的大型宣传活动。媒体宣传。建立三个垃圾分类工作群，及时宣传垃圾分类进展。在太原电视台新闻对话、聚焦行风、电台行风热线等制作专题节目，山西经济日报刊登垃圾分类专版。（贾景钰）

【道路清扫保洁作业】 2018年，太原市市容环卫局制定道路清洗保洁作业规范和检测标准，改进作业模式，大幅提升道路机扫冲洗作业频次，进行“全方位、无盲区”式管理，确保道路清洗保洁实现“全覆盖、无间隙”，道路洁净度有了明显提升。（贾景钰）

【渣土运输管理】 2018年，太原市市容环卫局严肃查处渣土运输违法违规行为，市容环卫执法与交警部门协调，实现运输车辆资源共享、互通，通过网上网下联防联控，全面开展巡查、夜查，在规范渣土运输管理的同时，重点打击无资质渣土车辆乱堆乱倒、运输抛洒等污染行为，一律按上限处罚，情节严重的，取消其渣土运输资格。所有工程渣土、建筑垃圾必须采用新型环保渣土车辆进行密闭运输，并按照规定路线运行，倾倒至指定渣土场，严禁乱倾乱倒。加强对渣土消纳场的规范管理，按照环保部门的要求安装扬尘在线监测系统。编制完成《太原市余泥渣土处置设施布局专项规划（2016—2030年）》启用列入规划的渣土场12个。（贾景钰）

【垃圾清运】2018年，太原市市容环卫局从时间上要求清运工作做到定点定时，确保日产日清，从质量上要求密闭收运，做到不撒、不漏、保证安全，杜绝二次污染。截至2018年11月，太原市生活垃圾（含三县一市县城）清运总量为162.81万吨。其中，焚烧处理52.28万吨；卫生填埋108.61万吨；一般处理1.92万吨。建成区生活垃圾无害化处理率达100%；收运医疗废物5000吨，收集后处置率无害化100%；收运、处置建筑垃圾、工程渣土4000万余吨。（贾景钰）

【餐厨废弃物管理】2018年，太原市市容环卫局要求各区县强化对餐厨废弃物的收运管理，印发10多个文件专项进行部署，非洲猪瘟防控以来，加大对餐厨废弃物收集、转运、无害化处理的网格化管理。多次组织区县市容环卫部门、执法队伍、相关单位召开专题会议安排部署，第一时间传达国家、省、市相关文件精神，协调市防控指挥部印发《关于进一步强化餐厨废弃物网格化管理实施办法》，按照属地管理原则，夯实各区县主体责任；执行《太原市餐厨废弃物管理条例》和餐厨废弃物网格化管理有关规定，做好本辖区餐厨废弃物的投放、收集、运输监督管理工作，严禁泔水流入饲喂生猪环节。防控工作开展以来，要求各区县高度重视，迅速行动，持续强化餐厨废弃物收运管理，印发非洲猪瘟防控相关方案，组建相应领导机构，建立餐厨废弃物收运管理台账，向各餐饮单位下发《关于禁止随意处置餐厨废弃物的告知书》。太原市共有餐饮单位13874家，其中天润公司收运3128家，环卫部门收运10746家。市、区两级市容环卫执法队伍全员出动，对餐饮企业密集区、餐厨废弃物流向点进行巡回设卡检查，持续加大对擅自收运餐厨废弃物和私拉泔水等违法行为的打击力度，形成餐厨废弃物收运执法严防紧守的高压态势。（贾景钰）

【环保督察整改】2018年，根据中央环保督察整改任务台账，太原市市容环卫局的整改任务有7项，其中4项任务完成整改并通过销号验收，3项任务推动整改。根据山西省委省政府环保督察整改任务台账，太原市市容环卫局的整改任务有8项，其中，属于牵头的责任单位任务5项，属于配合单位任务3项，2项完成整改，6项推动整改；中央生态环境保护督察“回头看”交办案件第一时间办理完毕。（贾景钰）

【主次干道背街小巷环境整治】2018年，太原市市容环卫局针对主次干道、背街小巷、犄角旮旯乱张贴、乱涂写、乱设广告牌，环境卫生脏、乱、差等问题进行专项整治。把此项工作作为打通城市“微循环”，解决“最后一公里”问题，按照“辖区治理、软硬同步、一巷一策”的原则，提高清扫保洁标准，确保生活垃圾日产日清，无积存暴露垃圾、无卫生死角，环境整洁有序；消除城区道路地面、两侧建筑立面乱张贴、乱涂写和小广告等有碍城市市容观瞻的问题；解决老旧小区垃圾清运不及时、清扫不彻底的问题，取得实效。（贾景钰）

【全国文明城市创建】2018年，太原市市容环卫局在全国文明城市创建工作中负责环境卫生综合整治和小广告整治两方面工作。先后制定创建全国文明城市环境卫生综合整治、违法小广告综合整治、背街小巷环境卫生综合整治等一系列工作方案，组织环卫部门累计出动人员67.20万人次，车辆21.90万车次，累计更新果皮箱、垃圾桶2.80万个，清理卫生死角、各类垃圾累计13.40万处、27.20万吨，清理小广告6735万平方米清理粉刷面积达228万平方米，市容环境卫生得到有效改观，小广告张贴乱象得到基本遏制。（贾景钰）

【环卫基础设施建设】2018年，太原市市容环卫局推进示范基地建设。餐厨废弃物资源化利用和无害化处理项目二期设备调试完成；生活垃圾焚烧发电项

洒水降尘（太原市环卫局供图）

目完成工程量的65%，年底完成一台焚烧炉试运行；污泥处理项目土建工程完成100%、装饰工程完成95%、安装工程完成90%，进入设备调试，进入试运行；污水处理项目推进调节池施工。

（贯景钰）

【公厕建设管理】 2018年，为进一步解决太原市公厕存在的供给数量少、分布不均衡、标准档次低、管理不到位等问题，太原市市容环卫局按照新建一批、改造一批、开放一批、购置一批的思路，结合赴呼和浩特、西安、大同学习考察"厕所革命"的经验，起草太原市"厕所革命"方案，从规划、建设、管理入手，统筹推进太原市公厕建设管理工作。2018年太原市新建、改造公厕66座。（贯景钰）

【乡村清洁工程】 2018年，太原市市容环卫局继续抓好三县农村垃圾治理示范县建设，完善农村垃圾收集运输处理体系。强化农村"四堆"整治，完成非正规垃圾堆放点整治181处，完成率89.60%。落实配套资金1464.80万元，健全管理体制，掀起农村环境卫生综合整治革命，乡村垃圾乱倾乱倒和环境"脏乱差"现象得到改善。（贯景钰）

【建成区生活垃圾无害化处理】 太原市有五个终端处理场和两座大型转运站，形成区县清运、市级转运，焚烧处理与卫生填埋相结合的生活垃圾收处模式。2018年建成区生活垃圾收运处理总量为163.97万吨。其中，焚烧处理57.32吨，卫生填埋106.65吨，建成区生活垃圾无害化处理率100%。（贯景钰）

【黑臭水体河岸垃圾整治】 2018年，太原市市容环卫局组织召开太原市黑臭水体河岸垃圾整治工作推进会，印发《太原市黑臭水体河岸垃圾整治方案》，明确太原市黑臭水体现阶段存在问题、整改要求及责任单位，并对整治工作作出具体安排。太原市黑臭水体河岸垃圾整治坚持属地管理原则，建立完善垃圾收集、转运、处理处置机制。强化排查治理，做到垃圾日产日清，收集容器干净整洁，严禁保洁人员向河道内清扫、倾倒垃圾，加强督导检查，提高监管标准，建立长效管理机制，实现预期整治目标。（贯景钰）

【整治违法小广告】 2018年，太原市市容环卫局制定违法小广告整治方案，开展整治违法小广告行动。针对全太原市范围内道路两侧墙体、地面、建筑物等各类设施及居民楼院等处张贴的违法小广告，采取停机、查处、打击等多种形式进行清理。重点地区、主次干道两侧的违法小广告随时清理；商业街区、交通枢纽、旅游景区等地的违法小广告存留时间不得超2小时；背街小巷、居民区、城乡接合部等地的违法小广告不超过4小时；夜间涂写、刻画、张贴的违法小广告，最迟于次日上午9点前清理完毕。除在行动期间整治违法小广告外，通过太原市环卫局六城区环卫部门成立的专业清理队伍，对主次干道、重要街区等地区进行每天日常清理，确保随有随清。定时巡查、联合物业共同管理，建立长效的清洁管理机制。

（贯景钰）

【清雪除冰】 2018年，太原市容环卫部门紧急动员、周密安排，以雪为令随下随清。降小雪时，雪停后4小时内除尽；中雪在雪停后24小时内除尽，重点街道48小时内运出，其他街道72小时内运出；大雪在雪停后48小时内除尽，重点街道72小时内运出，其他街道96小时内运出，及时保障群众出行。2018年累计出动清雪融雪车辆209辆，作业539趟，使用融雪剂颗粒1542吨，融雪剂溶液2175吨。（贯景钰）

【省运会保障】 2018年，太原市市容环卫局安排部署，抢抓时间、增派人员、增添车辆，打造干净整洁的道路环境。开展省运会期间移动公厕保障、餐厨垃圾收运、会展垃圾清理等各项前期准备工作。为实现主场馆山西体育中心周边环境卫生干净整洁，太原市环卫机械清洁队严格落实"夜间机扫水洗、白天洗路保洁"作业模式，全面实现主干道路、周边道路每日精细化作业，确保区域内道路路见本色、道路保洁无死角。省运会期间，太原市环卫机械清运队全员上岗、24小时保洁制度，做到垃圾无暴露、随产随清；在山西体育中心周边人流密集区域部署7辆公交式移动公厕；晋源区市容环卫园林绿化局安排垃圾清运车辆专项负责垃圾清运工作，做到垃圾日产日清；针对会场所产生的餐厨垃圾，及时收集进行无害化处置。（贯景钰）

【关爱环卫工人】 2018年，太原市市容环卫局呼吁社会各界关注环卫工作、关爱环卫工人，全年协调组织开展捐赠、捐助、慰问等活动20次。与文明办、总工会、民政局、广电总台一起发动门店、单位设立"爱心接力站"800多个，方便基层环卫工人躲风、避雨、休息、歇脚、喝水、热饭等问题。协调技师学院、永东驾校、商务学院、城乡建设学校等开展爱心助学、方便考驾照等问题。不定期组织环卫工人观看电影、欣赏戏剧、观赏灯展，丰富业余文化生活，增强环卫工人凝聚力，提高环卫工人幸福感和获得感。（贯景钰）

环境保护

Environment Protection

综　述

【概况】 2018年，太原市环境保护局以中共十九大精神和习近平视察山西重要的讲话精神为指导，牢固树立生态文明发展理念。落实党中央、国务院和省委、省政府关于生态建设和环境保护的重大决策部署，始终坚持把打好污染防治攻坚战摆在全市工作的突出位置，全力推进。全年工作以改善环境质量为核心，以打好大气、水、土壤污染防治三大攻坚战为重点，制定出台一系列政策、措施和方案，推进省城环境质量持续改善。（办公室）

【环境质量】 2018年，太原市区优良天数170天，优良率为47.75%；环境空气质量综合指数为7.07，比上年下降9.24%。城市集中式饮用水水源地水质达标率稳定保持100%，地表水水质优良（达到或优于Ⅲ类）断面比例为55.56%，劣Ⅴ类断面比例为44.44%，达到省年度考核比例，市区黑臭水体消除比例为94.70%，达到国家要求的重点城市基本消除黑臭水体的目标要求。2018年全市化学需氧量和氨氮排放量分别较2015年下降55.17%、39.28%，均好于省下达的12.81%、9.96%的年度目标任务。（办公室）

【环保法规与标准】 2018年，太原市环境保护局稳步推进行政处罚工作。行政处罚案件数共557件，按日连续处罚10件，查封扣押60件，限产停产58件，移送行政拘留25件，涉嫌污染犯罪移送公安机关5件，处罚总数额为3844.717万元，处罚决定全部按要求向社会进行公开公示。

根据《太原市人大常委会2017年立法计划》，配合太原市人大常委会起草《太原市大气污染防治条例（草案）》《太原市生态环境保护条例（草案）》两部地方性法规，现《太原市大气污染防治条例》《太原市生态环境保护条例》由山西省第十三届人民代表大会常务委员会第二次会议批准通过，自2018年5月1日起施行。（办公室）

【环保科技与财务】 2018年，太原市环境保护局先后争取中央和省级各类环境保护专项资金近10亿元，结合市财政预算安排，累计下达（含预拨）13.40亿余元专项资金，用于散煤治理、农田秸秆利用及重点行业挥发性有机物综合整治和城镇污水处理厂保温提效等重点工程建设，保障全面改善省城环境质量各项重点工作推进。2018年太原市大气重污染成因与治理攻关“一市一策”跟踪研究工作组完成《太原市大气污染防治三年作战计划科技支撑报告》《太原市2017—2018年采暖期颗粒物源解析报告》《太原市2018年臭氧浓度升高的原因分析》等报告编制。专家组与太原市环境监测中心站、太原市气象局专家一起分析研判重污染过程，提出应对措施和管控建议。（办公室）

【环境影响评价】 2018年，太原市环境保护局推进行政审批制度改革，彻底清理行政审批事项前置申请材料、年检事项、政府指定培训。根据生态环境部新的建设项目环境影响评价分类管理名录，及时调整审批权限，编制印发2018年太原市环境保护局建设项目环境影响评价文件审批目录。推进全市转型项目建设年行动，先后10次与国土、规划、商务等会签招商引资的112个项目，对处于环境敏感区或不符合产业政策的6个项目予以否决。全年，全市市、县两级环保部门共审批建设项目551项，其中环评报告书37个，环评报告表514个。（办公室）

【政务信息及环境信访】 2018年，太原市环境保护局加强政务信息的管理与报送，共向中央、环保部、省报送各类政务信息876篇，生态环境部采用90篇。通过太原环保网站发布信息1283条，政府信息报送平台发布信息391条。

2018年，太原市环境保护局共受理环境举报9668件：其中举报热线共接听群众举报电话25654个，电话受理各类环境污染举报案件7550件，微信举报受理1725件，网络举报受理393件，均全部办结。（办公室）

环境管理

【环境执法】2018年，太原市环境保护局全力配合环保部强化督察、黑臭水体、饮用水源地、清废行动等专项检查，组织开展打击破坏生态环境违法犯罪专项行动、扫黑除恶专项斗争、焦化行业环保整改达标排放“回头看”专项行动、秋冬防污染攻坚等多项专项行动，通过开展专项行动加大执法力度，严打严查各类环境违法行为。全年出动检查115000人次，检查企业45000厂次，发现违法行为3600余起，对311起违法行为立案处罚，处罚金额1930万元，对其中137起重大环境违法案件按照环保法四个配套办法进行处罚（按日连续处罚7件，查封扣押56起，限产停产54家，移送拘留16起，涉嫌环境违法犯罪移送公安机关4起）。强化监管模式创新，进一步提升环境执法监管效率。共安装污染源在线监测仪器83家企业400余套，视频监控71套，治理设施过程参数监控系统13套，建成420平方米监控大厅并投入使用，初步形成具有太原市特色的环保天眼工程。

（办公室）

【排污许可】2018年，太原市环境保护局按照国家和省有关排污许可管理工作的统一安排和布署，保持保量完成许可证核发任务，被纳入国家2018年度应核发排污许可证的屠宰及肉类加工、污水处理等6个行业的18个排污单位申领全国统一编码的排污许可证，做到持证排污。在国家排污许可证核发平台上，组织完成全市69个单位的排污许可证核发工作。通过核发排污许可证，对排污企业的生产单元、公辅设施、污染防治设施、自行监测情况、管理台帐、排污口、执行标准和总量控制等进行全面梳理，倒逼主要排污口全部安装在线监测设施，为实现“核发一个行业，清理一个行业，达标一个行业，规范一个行业，全面提高固定污染源管理效能”奠定坚实基础。（办公室）

【环保宣传教育】2018年，太原市环境保护局坚持唱响主旋律，打好主动仗，讲好环保故事为总基调，先后组织开展“4·22”世界地球日、“6·5”世界环境日、“9·22”无车日、“12·4”国家宪法日等大型环保主题活动。组织“共建生态文明共享绿色未来”大型环保公益晚会、“践行垃圾分类唱响文明新风”太原市生活垃圾分类大型公益宣传活动、“跟着垃圾去旅行”“探寻污水净化之旅”百位市民看环保、“小手拉大手，共筑碧水蓝天”等系列活动。建成37个绿色文明家庭、2座环境教育基地，评选出30名“魅力环保小卫士”、106位“环保好市民”。紧紧围绕中央生态环保督察“回头看”、环保部强化督察、省环保督查“回头看”、建设可持续发展议程创新示范区、太原秋冬季大气污染综合治理攻坚行动、查处违法排污百日专项行动、全国第二污染源普查、扫黑除恶专项行动等重点工作，全年共召开新闻发布会、新闻通气会、记者座谈会15次，每周在新闻媒体通报各县（市、区）环境空气质量排名；每季度向市民和媒体通报全市环境空气质量状况和工业污染治理情况等，每周组织至少2次伴随式采访活动；建立健全市、县（区）环保政务“双微”矩阵，起到“上下联动，同频共振”的效果。全年共在国家、省、市主流媒体刊登播发太原环保报道5416篇（条）。其中，报纸2269篇，电视485条，电台790条，互联网495条，新媒体播发1377条（微博782条，微信595条）。（办公室）

污染防治

【大气环境管理】2018年，太原市坚持环境空气质量改善优先原则，推进大气污染防治攻坚战，取得明显成效。全年完成农村清洁供暖改造8万户以上，替代拆除20吨以下燃煤锅炉168台，年减少燃煤56万吨。2018年10月1日起，钢铁、焦化、化工、有色金属、水泥行业全面执行特别排放限值要求，其中焦化行业比国家要求提前一年执行特别排放标准，太钢焦化在全省率先完成超低排放试点改造。太钢焦化运煤专线铁路全面完成改造，二电铁路运煤专线主线完成建设，工程实施后年可减少公路运煤400万吨。在规模化建筑工地安装扬尘污染在线监控设备730台；将36个工地列入城建黑名单；因扬尘污染强制停工72家；对198起扬尘污染工地实施立案，执行罚款469万；查处违章渣土车辆437台次；因违法强揽土石方业务，移送公安机关案件8起，行政拘留5人，推进扬尘污染防治工作。全年抽检柴油货车43159辆，劝返车辆134715辆，查处货车各类违法33939起；淘汰老旧车14733辆，超额完成国家下达的淘汰任务（1551辆）。在23家销量超5000吨的加油站安装油气回收在线监控设备。以“减煤、抑尘、治企、控车”为重点，以“九大”攻坚战为抓手，开展为期两个月的打赢蓝天保卫战攻坚行动，实现PM10浓度和NO_2浓度同比双下降目标，为完成全年和“秋冬防”工作目标奠定良好基础。按照生态环境部和省政府安排部署，以产业、能源、运输和用地结构调整优化为着力点，以清洁取暖、企业提标改造和柴油货车整治等为手段，开展综合治理攻坚行动。2018年10月1日至12月31日，PM2.5平均浓度为75微克每立方米，同比下降6.50%，阶段性工作目标到达国家考核下降2.50%的目标要求。（办公室）

【土壤生态环境管理】2018年，太原市投资1000万元开展太原市疑似污染工业场地调查工作，市级有关部门及各县（市、区）建立重点行业企业联系人信息系统名单。配合省厅开展农用地土壤污染状况详查点位核实工作，为下一步土壤污染状况详查工作奠定基础。稳步推进4个土壤修复与综合治理重点项目。制定《太原市污染地块名录》。

（办公室）

【固体废物与化学品环境管理】 2018年，太原市环境保护局共处置废物14946.38吨。全年发放4000余份危险废物转移联单，监督全市200余家危险废物产生单位的14946.38吨危险废物进行安全处置，对全市2500余家医疗卫生机构产生的6865.90吨医疗废物进行安全处置。（办公室）

【重污染天气治理】 2018年，太原市环境保护局完成《太原市重污染天气预警应急预案》的修编工作，制定太原市重污染天气应急预案工业源减排清单，846家企业制定"一企一策"重污染天气应急操作方案。秋冬防期间共启动重污染天气应急预警11次。其中，黄色4次、橙色7次，红色0次，预警时间长达73天，缓解重污染天气影响，重污染天气应急预警措施得到切实加强。（办公室）

【农业农村环境治理】 2018年，太原市环境保护局根据《关于转发〈全国农村环境综合整治"十三五"规划〉及报送农村环境综合整治计划的通知》，确定农村环境综合整治村庄45个，37个村完成环境综合整治工作。（办公室）

【辐射安全监管】 2018年，太原市环境保护局共办理核技术利用项目38家，其中，新发"辐射安全许可证"核技术利用单位8家，许可证重新领取（增项）申请20家，许可证变更（法人、名称）申请9家，许可证延续申请9家，许可证注销申请2家。组织举办6期辐射工作人员上岗资质培训班，1228人通过培训取得辐射工作人员上岗证。

（办公室）

生态环境保护

【生态环境保护督查】 2018年太原市环保督察主要对生态环境部强化督察跟踪督办、中央第二环境保护督察组反馈意见整改销号、中央生态环境保护督察"回头看"督察协调保障、山西省委省政府环境保护督察"回头看"反馈意见整改督办等工作。2018年4月，山西省整改办牵头对上年完成的8项整改任务进行销号验收；对2018年应销号的1项、2020年完成及中长期坚持的8项整改任务进行阶段验收。6月11日，生态环境部再次启动蓝天保卫战强化督查，向太原市反馈11批次606个环境保护方面存在问题。太原市坚持问题导向，加强统筹调度，通过立行立改、边督边改，反馈的606个环境问题已全部完成整改。（办公室）

【自然生态保护】 2018年，太原市环境保护局对中央环保督查反馈第五十一项整改任务的16项整改任务进行实地销号核查。完成对太原市自然保护区遥感监测实地核查，对保护区内人类活动、煤矿的开发建设情况及违法违规问题情况进行摸底汇总，重点对中央第二环境保护督察组督察中发现的问题进行摸底及跟踪办理，建立起自然保护区违法违规问题台账。（办公室）

【水生态环境管理】 2018年，太原市完成省政府下达太原市水环境质量改善目标和水污染减排约束性指标。取缔不符合国家产业政策的小型洗煤、造纸、制革、印染、染料、炼焦、炼油、电镀、农药、有色金属冶炼等严重污染水环境的"十小"生产项目；对综改示范区、不锈钢园区、清徐经济开发区3个省级以上工业集聚区按规定建成污水集中处理设施安装自动在线监控装置，对现有污水处理设施进行提标改造，外排废水化学需氧量、氨氮、总磷三项主要污染物达地表水V类标准；完善城镇污水处理及配套管网，太原市推进杨家堡、北郊、城南、金世纪阳光、清徐县五座污水处理厂保（提）温提效改造项目，完成省、市下达的保（提）温提效改造要求。（办公室）

【生态环境监测】 2018年太原市全面完成水、气、声等各项环境质量例行监测任务，共获取环境空气质量有效监测数据约100万个，发布空气质量日报、预报365期，发送空气质量信息短信、微信11万余条，获取温室气体监测数据约2.60万个，获取730余个大气环境中降尘、降水和硫酸盐化速率监测数据，获取260余个公共场所环境空气质量监测数据。完成地表水汾河太原段等3个国控、6个省控、4个市控断面（点位），晋阳湖、汾河水库、汾河水库上游支流、汾河景区、排污渠及地表饮用水源地汾河水库、呼延水厂、地下饮用水源地等监测任务，共获取监测数据13760余个。完成市区各功能区噪声、道路交通噪声、区域环境噪声监测，获取噪声环境质量监测数据10300余个。完成农村监测，获取监测数据640余个。共编制和上报国家总站、省站、市局各类环境质量报告110余期，数据传输300余次。为环境管理、执法和决策提供科学依据。

（办公室）

【生态环境应急】 2018年，太原市环境保护局开展环境风险源排查，排查太原市焦化、电镀等高危、高风险行业及涉重金属单位、危废产生和处置单位风险源，建立环境安全大检查台账。开展全市涉危企业应急预案专项检查，通过检查，规范企业突发环境事件应急预案的管理，强化报备工作。完成全市环境移动执法系统建设，提高执法水平和执法效率。联合太原钢铁（集团）有限公司在太钢焦化厂共同组织"2018苯罐泄漏突发环境事件应急演练"，演练取得成功并得到省市政府及环保部门的充分肯定。（办公室）

文　物

【概况】2018年，太原市文物系统以习近平新时代中国特色社会主义思想为指引，深入贯彻落实中共十九大精神，着眼新时代新征程，把握新部署新要求，加强文物保护利用和文化遗产保护传承，致力展现中华文化永久魅力和唐风晋韵风采，科学高效开展全市文物保护利用工作，取得丰硕成果。（陈雅彬）

【重点文物工程】2018年，晋祠、太山等重点文物景区提档升级。晋祠环境综合整治工程晋文公祠、东园、潜园60余处建筑主体工程全部完工，中湖、围墙、园区园林景观工程及相关配套设施建设加紧实施，晋祠圣母殿塑像“亮化”工程推进，晋祠景区文化内涵更为丰富。太山龙泉寺东坪新寺复建项目及其增加项目全面完工，新建大雄宝殿、望都阁等建筑15处，改造停车场，新建游客中心，恢复山体植被，完成周边环境整治，太山景区品质大幅提升。天龙山景区内不协调建构筑物全部拆除，“天龙山石窟造像复原展示”项目74件造像3D复原完成，复建、新建千佛楼、鼓楼等仿古建筑，完成白龙洞正殿屋面的保护修缮、天龙寺大雄宝殿和药师殿塑像重塑及壁画彩绘，新建平台游客服务中心，天龙山景区面貌焕然一新。双塔寺景区内不协调建构筑物基本拆除，完成永祚寺240余通碑刻展示的内容设计和形式设计，启动实施展馆改造工程，开展双塔变形观测工作。龙山童子寺遗址抢险加固工程及皇姑洞石窟技防工程、龙山童子寺通水工程全面竣工。

太原市文物局梳理督军府旧址发展历程和历史脉络，开展千年府衙保护性修复，启动实施督军府旧址环境综合整治工程。渊谊堂等3处建筑将恢复清代大堂及六部风貌，东花园将恢复民国时期建筑格局及风貌，勤远楼等6处建筑将陈列以山西历史为主题的展览。游客服务中心改造工程、园林绿化及管线敷设同步跟进。加快皇庙修复等府城历史片区保护工作，对皇庙戟门、前殿进行建筑基址考古发掘，完成可研编制和立项工作。

晋阳古城遗址完成2号建筑基址1000平方米发掘，出土夯土台基3座及石雕残件、吻兽、脊头瓦、莲花纹瓦等大量建筑构件，研判为晚唐寺院。完成内城城墙的解剖发掘，研判为不晚于北朝时期的内城西城墙。完成《晋阳古城出土遗物精粹》资料整理。东山古墓对恒大悦龙台M6墓室开展室内考古发掘，出土各类漆木器、金属器、陶器、玉石器66件（组）。其中，出土汉简为山西省首次发现。出土重要文物送往北京大学进行保护修复。大型墓室完整搬迁室内进行精细化考古为山西省首例。（陈雅彬）

【文物保护】2018年，太原市文物局落实文物保护资金3.33亿元，为历年之最。实施太山龙泉寺复建工程、皇庙保护修缮工程、督军府修缮保护利用等15项文物保护修复工程。编制完成清徐尧庙帝尧殿、尖草坪耄仁寺、晋祠水镜台等37处文物保护维修方案。完成小店延圣寺、赤桥观音庙、太原大关帝庙部分建筑等以及古交南海寺、娄烦兴旺庄戏台、小店西蒲甘露寺南配殿等10处文物抢险工程。遴选12处市级文保单位申报第六批省级文保单位，启动第八批国保单位遴选申报。

太原市博物馆预防性保护项目完成验收。国师纪念馆预防性保护项目方案完成报批。双塔文管所金属器文物、晋源区金属器、木器文物修复方案完成报批。完成太山五重棺椁、太原生态工程学院出土的唐墓壁画、160件陶器、350枚钱币、39件铜器锡器以及晋源81件金属修复。对晋祠鱼沼飞梁、献殿等古建筑进行数字化采集。

太原市文物局选定太原市社会力量参与文物保护供选项目名单，有三处文物被签约认养。对第一个文物认养人刘建月和琉璃瓦模范捐赠人苏跃林进行表彰，并分别授予“文物保护人”和“文物传承人”荣誉奖牌，积极推动社会力量参与文物保护。搭建文创产业平台，筹备举办太原文化创意产品精品展。晋祠博物馆新推出“子乔像卷轴”、晋祠元素充电宝在山西省第二届文创产品展、山西文创新品发布会等会上成功亮相，获得公众好评。

太原市文物局当好城市建设中的文物“守护人”，配合城建重点工程、城中村改造，对保利海德公园等30项建设项目246万平方米进行考古调查，对太铁南站地产置业项目等16项建设项目136万平方米进行考古勘探，对武警干部士官公寓等7项建设项目进行考古发掘，发掘古墓葬50余座，下发文物保护意见25份，纠正城建中文物违法现象1起。做好西中环南延施工区域的文物保护，清理汉、唐、明和清代墓葬84座，窑址1处，寺院遗址1处。其中7座唐代壁画墓，出土唐三彩6件、墓志、壁画若干，具有较高的历史研究价值。

太原市文物局压实安全生产责任，出台《太原市文物局安全生产“党政同责、一岗双责、齐抓共管、失职追责”实施方案》，明确系统内各级领导干部职工安全职责，层层签订安全生产责任书，定期召开文物安全工作例会，专题学习部署安全生产工作。与市政法委联合下发《太原市城乡社区文物安全网格化管理实施方案》，将文物安全纳入网格化管理体系，全面提升城乡社区文物安全管理的社会化、精细化、信息化水平。开展文物行业“扫黑除恶”专项斗争、安全生产大检查和文物景区安全消防演练、培训。实现文物保护点常态化巡查和动态监控，巡查文保单位160处、建设工程项目25处，出动车辆280余次、260余人次。加大文物违法案件查处力度，行政处罚2起。实现全年文物安全生产零事故。

太原市文物局实施“讲太原故事扬晋韵唐风”太原市“价值研究与传播计划”项目，面向社会为全市166处尚无解说词的文物保护单位公开征集解说词，近200名各界人士报题，收回稿件300余篇，评选优秀作品25篇，并在太原日报连续刊发。在市政府官网开设“太原市文物专栏”，开通“太原文博”官方微信公众平台。与太原电视台合作策划“赏珍鉴宝”文物专题片；在太原晚报推出“文物太原”专栏，讲述太原国保背后的故事。（陈雅彬）

【2018太原·故宫文物展】 2018年10月1日“紫禁风华——2018太原·故宫文物展”在太原博物馆盛大开幕，展出故宫博物院985件（套）院藏珍贵文物。展览涵盖书画、瓷器、珐琅、织绣、篆刻、雕塑等多个类别，绝大部分都是上等级的珍贵文物，部分文物首次走出故宫，是故宫历史上规模最大的院外文物展。为太原人民提供高品质的文化盛宴，受到广大公众喜爱，开展一个月接待观众25万余人次。（陈雅彬）

2018年10月1日，“紫禁风华——2018太原·故宫文物展”在太原博物馆开幕

（太原市文物局供图）

【展览交流】 2018年3月30日，晋祠博物馆与宁夏固原博物馆联合举办的《唐风华彩——晋祠博物馆唐代名碑拓片展》在宁夏固原博物馆展出。展览为期两个月。展览共选取晋祠博物馆藏唐代碑刻的典型代表《晋祠之铭并序》《晋祠藏华严石经》《郭公庙碑铭》等碑刻拓片73幅（组）。展览共分三个单元，以拓片配合图片的形式，力图细致呈现碑刻字里行间蕴藏的历史风云和艺术价值。

5月6日，太原市晋祠博物馆、太原市晋祠公园和连云港市博物馆联合举办的《珠联玑对—连云港市博物馆藏当代书法名家楹联展》在晋祠公园赵梅生美术馆开幕，展品60组，展期两个月。本次展览的展品由连云港市博物馆从馆藏千余件楹联作品中精心遴选，其中不乏林散之、启功、沙孟海、费新我、李苦禅、谢稚柳、杨仁恺、吴作人等大师名作。

5月18日，山西国民师范旧址革命活动纪念馆和江苏省淮安市周恩来故居管理处联合举办的《周恩来家风图片展》在山西国师纪念馆开展。该展览分为“家教篇”“家事篇”“家庭篇”三个篇章，以详实的图片文字介绍周恩来同志修身齐家的家国情怀、言传身教的崇高风范以及廉洁自律的做人操守。

6月6日，晋祠博物馆与东莞可园博物馆联合举办的《岭南风·名园韵——东莞可园博物馆藏岭南书画精品（高仿）展》在太原市晋祠博物馆开幕，展品57组，展期一个月。本次书画精品（高仿）展囊括可园张氏家族、居巢、居廉等岭南画派画家的精品力作，集中反映岭南画派书画艺术的风格和水平。

2018年6月15日，晋祠博物馆和呼伦贝尔民族博物院联合举办《唐风华彩——晋祠博物馆藏唐代名碑拓片展》　（太原市文物局供图）

6月25日，晋祠博物馆和呼伦贝尔民族博物院联合举办的《唐风华彩——晋祠博物馆藏唐代名碑拓片展》在呼伦贝尔民族博物院正式展出，展期一个月。晋祠博物馆现存历代碑碣400余通。展览选取晋祠唐代碑刻精品拓片74幅（组），主要内容有《晋祠之铭并序》《晋祠藏华严石经》《郭公庙碑铭》。

8月17日至9月16日，晋祠博物馆和山西省艺术博物馆联合推出的《丝路遗珠——珐琅精品展》在晋祠博物馆内傅山纪念馆正式展出。展览分珐琅的由来、珐琅器的种类、珐琅与生活、珐琅的影响四个单元，清代和民国时期的精品珐琅器60余件，承载的是民族的历史、文化与情感，代表着中国工匠们的坚守、传承和创新。

9月21日，晋祠博物馆与西安半坡博物馆联合举办的《远古回声——半坡遗址与半坡文化展》在晋祠博物馆傅山纪念馆正式展出，展品99套（102件），展期1个半月。展览通过对话的形式，向观众讲述距今大约6000多年前的一处典型的新石器时代母系氏族聚落的故事，让观众能够了解当时的社会组织、经济形态、生产生活、文化艺术、婚姻状况、风俗习惯等丰富的半坡文化。

11月6日至11月30日，晋祠公园和晋祠博物馆联合举办的《唐风华彩——晋祠博物馆藏唐代名碑拓片展》在赵梅生美术馆开展。展出晋祠馆藏唐代精品碑刻拓片70余件。从内容上可分唐太宗李世民御制、御书《晋祠之铭并序》系列、武则天主持翻译、镌刻的《晋祠藏华严石经》系列、唐代名臣、著名书法家颜真卿的真迹《郭氏家庙碑》系列拓片展。

晋祠公园举办《雪海流香——华夏文化人物赵梅生艺术人生印迹展》在赵梅生美术馆开幕，93岁高龄的赵梅生老先生出席展览，并表示“这是对改革开放40周年的一份献礼。”展览以赵梅生先生自1978年改革开放以来40年的艺术追求为主线，精选其不同时期的代表作品150余件及有关实物930余件，讲述赵梅生先生在改革开放以来新的历史时期，在艺术道路上不断完善自我、求索创新、攀登高峰的创作历程。

12月30日，由太原市晋祠博物馆主办，山西省博物馆协会协办的《传承文脉创享生活——首届晋祠文创产品展》在晋祠博物馆傅山纪念馆正式展出，展期一个半月。展览由山西、陕西、四川等省的九个单位联手打造，通过新颖的展示方式，展出建筑模型、彩塑、书画、生活用品等文创产品一百余件。展览是对各参展单位近年来在文创工作方面所取得成果的集中检阅。（陈雅彬）

【宣传惠民服务】 2018年2月15日是一年一度的“年三十儿”，太山举办“除夕撞金钟祈福迎新年”迎新活动。除夕夜的太山，人们走过火盆，洒过柏叶水，与家人一起走过象征着幸福的“福路”，来到龙泉寺大殿之前，绕着古树转三圈，摸一摸古树，再亲手写一根福条，点燃一盏智慧灯，财运滚滚来，幸福又安康。中国年离不开一顿丰盛的年夜饭，大家品尝到象征着安康顺意的“罗汉斋”。时间走向新春节点，宾朋纷纷来到龙泉寺金钟之前，伴随着倒数，0时钟声准时响彻山谷，迎接犬年祥瑞。

新春佳节之际，第三届“双塔文化中国年”活动如期举行。此次活动主要以传统民俗活动为主线，并融入新时代元素，丰富多彩的民俗文化表演、“太极迎春”活动、百家民间剪纸展、“经史讲堂”古文字书法研修班书法小品展、永祚寺藏明代古钟展，给广大游客带来一场视觉盛宴。

4月26日至5月6日“第五届牡丹游园会”期间，开展以“相约牡丹亦真情”为主题的学雷锋志愿服务活动，共80余名志愿者将参与到此次活动当中。活动中，志愿者们以牡丹看护、秩序维护、咨询答疑、文明旅游宣传册发放等为主要工作，对于个别游客在牡丹园中的入园拍照、采摘花朵等行为进行文明劝导，为牡丹花期的延续提供有效保障。由于西中环南延项目的实施导致游客入园游览线路变更，为游客提供旅游线路指导，为游客提供热水、简单医疗处理等便民保障服务。

5月20日，太原市双塔寺文管所举办传统文化教育活动。木木学堂的新进学子们身穿汉服齐聚双塔之一的文峰塔下，通过传统礼仪，正衣冠、朱砂启智、击鼓明志、感恩鞠躬等，体验中国传统文化。

7月25日，晋祠博物馆组织党团员及志愿者赴武警驻晋祠宾馆连队，开展以“同庆建军佳节，共叙鱼水深情”为主题的双拥慰问活动。活动中，晋祠博物馆“晋心远洋”志愿宣讲小分队为现场官兵带来舞蹈《礼仪之邦》《洋溢的青春》、小品《芳华》、快板《守望文明》、讲解《唐碑》等文艺节目，并赠送慰问品。

晋祠博物馆于8月以"携手感受历史文化的魅力"为主题，在青少年社会实践活动教育基地举办丰富多彩的活动。通过进行2场拓制碑刻课程活动，先后有60多名青少年踊跃参加。此次举办的拓制碑刻活动意在向青少年们展示传统文化魅力，唤起大家对中华文化的关注。晋祠博物馆在成立青少年社会实践活动教育基地以来，面向社会上广大青少年举办实践教育活动，以期寓教于乐，知行合一。山西国民师范旧址革命活动纪念馆积极承担社会教育的职能，免费接纳未成年人来馆参观学习，在暑假期间开展"雏鹰展翅"革命旧址暑期研学行活动。7月23日上午，迎泽双西小学的小学生们在老师和家长的带领下来馆参加这一活动。国师纪念馆作为全国爱国主义教育基地，利用自身独特的红色资源，与学校结对共建，形成教育联动机制，此次"雏鹰展翅"革命旧址暑期研学行活动包含"红色五个一"即：读一本红色书籍、看一部红色影片、讲一个红色故事、唱一首红色歌曲、做一名红色传人"，旨在铭记光辉历史、缅怀革命先烈、充分发挥"第二课堂"的作用，让红色基因象种子一样在未成人心中落地生根、代代相传。

12月22日上午，太山文物保管所举办"第五届太山花样饺子节"主题活动。太山文物保管所的同志们与莅临嘉宾一起包饺子话冬至。（陈雅彬）

【学术科研】 2018年，太原市文物局编辑完成《太原市文物局改革开放40年实录》，出版《晋阳古城研究》《天龙山千佛楼之碑铭释读》等文物著作近10册。

"全国重点文物保护单位（部分）第28次业务研讨会暨旅游景区文创产品展示推介会"于11月20日至11月21日在江苏扬州举行，28家全国重点文物保护单位的93名业务代表相聚于此，晋祠博物馆副馆长连颖俊带队参加研讨会。研讨会期间，各单位以"推动新时代文化遗产的高质量保护与传承"为主题，就新常态下文化遗产保护及文化创意产品研发的先进经验进行广泛、深入的交流。晋祠博物馆傅山纪念馆主任郭蕾，在大会上就晋祠博物馆文化创意方面的工作情况进行介绍，并对近年来文创产品的研发工作及今后发展的方向进行交流。向大会提交专业学术论文三篇：《晋祠之铭并序与初唐文明》《晋祠博物馆"旅游+"背景下的研学之旅探索》《浅析山西文博创意产品开发现状及对策——以晋祠博物馆为例》。

（陈雅彬）

旅　游

【概况】 2018年，太原市旅游行业广大干部职工以习近平新时代中国特色社会主义思想为指导，深入贯彻中共十九大、十九届二中、三中全会精神和习总书记视察山西重要讲话精神，全面落实中央和省、市的各项重大战略部署，积极作为、认真履职，推进旅游产业健康发展，完成各项工作任务。（高　强）

【旅游产业发展】 2018年，太原旅游发展委员会以把旅游业培育成为战略支柱产业为目标，按照"硬件标准化、服务温馨化、产品多样化、安全稳健化"的优质旅游发展要求，参与和推动三大旅游板块开发建设，加快全域旅游示范区建设步伐，持续提升"唐风晋韵·锦绣太原"城市品牌形象，旅游产业实现健康快速发展。全年实现旅游总收入986.70亿元，增长20.05%，总量全省第一。

（高　强）

【旅游供给侧改革】 2018年，太原旅游发展委员会推动蒙山等景区完成改制，彻底实现"两权分离"，全市景区市场化步伐持续加快。制定《深化旅游综合行政执法体制改革实施方案》，旅游执法机构和执法行为进一步规范，职责关系进一步明晰，执法主体监管责任进一步明确，相关部门对旅游市场的监管合力初步形成。对蒙山等4家景区的旅游服务质量整改进行督导检查，顺利通过省旅发委的评定复核。指导巴克创奇梦工厂等2家景区申报创建国家AAAA级景区，评审通过玉泉山等9家国家AAA级景区，创建太原老车文化博物馆等15家工农业旅游点。按市领导指示要求，经过专家研讨、实地调研、专题论证、数易其稿，初步完成晋祠等全市八个重点旅游景区导览词的重新撰写工作，提升全市旅游景区的软硬件水平。完成《清徐县全域旅游发展规划》论证和《大汇嘉园旅游景区总体规划》评审，支持娄烦、阳曲制定旅游扶贫行动计划，依托当地特色资源优势，建设一批农家庄园、农家客栈和农家乐，并多渠道进行宣传推介。组织县、乡、村三级旅游管理和服务人员300余人次参加国、省组织的旅游扶贫培训，当地村民参与旅游发展的热情提高，服务质量提升。编印《太原乡村游导览手册》，实现对十县（市、区）乡村旅游资源的"全覆盖"。（高　强）

【旅游宣传营销方式创新】 2018年，太原旅游发展委员会到国内外传统客源市场开展主题宣传推介十余次。举办第四届国际房车露营博览会，成交额破亿元。完成王氏宗亲联谊大会、省运会等大型活动和展会的综合保障和宣传推介任务。在电视台开设《文欣带你游太原》栏目，在新闻频道《晚间新闻》前15秒播放太原旅游宣传广告，在太原日报和晚报开设《旅游天地》专版，继续与太原广播电台合作播出《龙城旅游》栏目，对太原市改革开放40年来旅游事业的发展成就进行多角度、全方位的专题展示。在太原南站高铁旅游博览会开设展区，打造永不落幕的旅游博览会，宣传太原市的自然风光、历史文化和特产美食，为搭乘高铁的乘客提供专业的旅游咨询和服务。创意策划编印全域旅游县（市、区）宣传导览册，与网络营销APP扫码营销活动相融合，达到游客参与互动、景区营销扩大的双赢效果，在全省率先形成宣传营销全域覆盖格局。拍摄完成以“汾河”为主题的第五部旅游微电影并在搜狐、优酷等门户网站上线，点击率到达600万人次。在12306手机APP投放开屏广告，向乘坐高铁抵达太原的旅客发送欢迎短信20余万条，实现对入并旅客的精准信息推送。举办第二届“社群经济促进旅游发展”高峰论坛暨“群主大会”，大会实况和太原旅游专题推介同时在近1000个微信群中实时互动直播，观看人次超过50万人，太原旅游在微信端的信息受众度持续提升。探索“旅游信息一键查询”新模式，全年共在太原旅游信息网和政务网发布旅游资讯信息和通知文件近1000条，太原“智慧旅游”发展步伐明显加快。持续扩大营销中心覆盖面，总数超过30家，召开推介会150余场、受众3万余次。不断加强与西安等高铁直通城市的旅游营销合作，对接“一带一路”旅游大通道沿线城市，成功开通太原至悉尼、圣彼得堡和芝加哥直飞航线，太原旅游的影响力持续提升。

（高　强）

【旅游产业协调引导】 2018年，太原旅游发展委员会深入落实“项目建设年”各项要求，推进华侨城集团投资200亿元的晋祠大景区项目首期签约落地。协调有关县（市、区）和部门，为重点旅游项目在用地审批、规划开发、基础设施建设等方面给予支持，汾河三期整治、华夏文明主题公园、明太原县城、晋阳湖等项目建设推进。天龙山旅游公园及景区提升、太山景区建设基本完成。落实国家“厕所革命”新三年行动计划，全年共新建、改建厕所59座，完成年度目标任务。全方位开展招商引资，丰富旅游项目库，引资金额超过100亿元，太原旅游进入各类资本高效投资的时代。充分发挥旅游产业引导资金“四两拨千斤”的作用，通过“以奖代补”的形式，对标识牌、厕所、景区导览图等公共服务设施建设突出的单位予以补助，加快弥补旅游公共服务设施的短板。对在包机、专列和大型团队招徕方面表现突出的旅行社和成功申报国家A级旅游景区、工农业旅游示范点的企业给予奖励，激发社会各界投身参与旅游产业发展的积极性和主动性。

（高　强）

【旅游市场监管】 2018年，太原旅游发展委员会共受理国家12301热线诉转案件29起，行政处罚案件12起，全部依法依规结案，办结率100%。实施旅游投诉“源头治理”工程，坚持每季度对投诉排名前10名的旅行社负责人进行约谈，全年共受理旅游投诉138件，共为游客挽回经济损失20万元，游客投诉受理率、答复率均达100%。开展旅游市场秩序专项整治“利剑行动”，重点对强迫游客消费、随意变更行程等违法行为予以严厉打击，全年共出动检查人员1664人次、车辆112台次，检查旅行社797家次、导游117余名、旅游景区10家，开具《责令整改通知书》23份，处罚旅行社12家。拓展旅游从业人员培训方式和渠道，初步形成“线下集中定期培训＋线上分散不定期培训”的模式，举办并组织参加全省全市导游大赛，包揽全省金牌导游前三名，全市旅游从业人员的职业道德素养和综合素质能力全面提升。

（高　强）

【旅游安全生产】 2018年，太原旅游发展委员会严格贯彻落实习近平总书记总体国家安全观，坚持底线思维，强化红线意识，牢固树立安全发展理念，履行“一岗双责”，用好“一票否决”利剑。全年召开安全生产专题分析会30余次，旅游安全管理责任体系持续健全，24小时领导带班值班、应急处置等各项安全生产制度和安全生产目标责任测评体系得到全面落实。强化宣传，在6·16安全宣传咨询日组织十县（市、区）旅游管理部门和旅游企业设立安全宣传咨询点20余处，接受咨询3000余人次，发

旅游景区农家乐　　（太原市旅游发展委员会供图）

民俗旅游　（太原市旅游发展委员会供图）

放宣传资料2万余份，人民群众的安全出游意识持续提升。开展安全生产大检查、百日安全生产无事故等活动，抓好重点时段、领域和环节的监管，加大特殊天气、节假日、旅游旺季等时段的安全预警力度，委领导带队检查企业40余次，旅游企业和从业人员的安全意识增强，夯实全市旅游安全生产基础，全年未发生旅游安全生产责任事故。

（高　强）

【文明旅游】 2018年，太原旅游发展委员会多次组织召开联席会议，明确责任和任务，督促全市53家星级酒店、310家旅行社、1000家左右旅行分社网点按照创城要求进行点位上报，并将10万余份宣传资料全部上墙。加大检查力度，对涉及旅游不文明行为的企业和个人第一时间予以通报，并督促整改，完成创城要求的各项任务，在全市形成"文明旅游，人人参与"的良好氛围。

（高　强）

【依法治旅】 2018年，太原旅游发展委员会完成《太原市旅游条例》（修订草案）起草和征求意见工作，印发《太原市旅发委2018年依法行政年度计划》，完成年行政执法证件审核注册、学法用法考试、重大行政执法决定法制审核工作实施方案编制、"七五"普法中期工作检查文件资料汇总等工作。梳理上报委机关行政权责清单事项4项，三个直属单位行政职能29项，权责进一步明晰。对单位2012年至2018年的文件进行公平竞争汇总审查，建立公平竞争审查保障机制，依法治旅工作氛围得到进一步巩固。

（高　强）

国家级非物质文化遗产·清徐徐沟背铁棍

清徐徐沟背铁棍艺术是一种极具地方特色的民间舞蹈艺术形式，它吸纳了民间手工技艺、民间美术、民间音乐、民间口头文学、民间戏剧、民间杂技等兄弟艺术形式的艺术特色，被誉为"空中舞蹈""无言戏剧""活动雕塑""流动杂技"。

徐沟背铁棍作为一项民俗活动，起源可以追溯到金大定二年（1162），由抬神求雨活动演化而来，于明嘉靖年间最终形成，至今已盛行400余年。它内容上取材于民间传说、戏曲故事及现实生活，一根棍反映一出戏或一个故事，一支采枝悬挂一人，一根弓弦要站一人……上下一体，同歌共舞，魅力无限。徐沟背铁棍是该地区历史文化的积淀，是对其他艺术形式的巧妙借鉴和利用，有着很深的历史研究价值、艺术价值和科研价值，同时也有很高的时代价值。

2008年清徐徐沟背铁棍艺术列入第二批国家级非物质文化遗产名录。

教育管理

【概况】2018年，太原市教育局学习贯彻习近平新时代中国特色社会主义思想和中共十九大精神，全面落实全国教育大会精神，全面贯彻党的教育方针，落实立德树人根本任务，加强教育系统党的建设，办好新时代人民满意的太原教育。（办公室）

【教育质量提高】2018年，太原市教育局深化中国特色社会主义和中国梦宣传教育，推动习近平新时代中国特色社会主义思想进校园、进课堂、进头脑。开展培育和践行社会主义核心价值观"五个一"系列主题活动，参与学生21万名。开展德育"六化"工作成果博览，参加观摩教师3.70万名。社会实践育人共同体联盟举办活动1265场，受益学生56万人次。在全省率先实施"小小马克思"培养行动计划，600名学生进入"马克思书房"学习，推动马克思主义中国化时代化大众化。

太原市教育局围绕学生核心素养，提高教学质量。2018年，太原市高考成绩稳居全省前列，不含体育、艺术类考生，一本达线率17%，二本达线率39%；清华大学、北京大学录取太原考生61名，约占全省的三分之一。中考600分以上考生分布在全市86%的初中学校。获得国家级教学成果奖3项。参加全国和山西省职业院校技能竞赛，获得一等奖87个；参加第13届全国青少年未来工程师博览与竞赛总决赛，获得各类奖项52个。

太原市教育局优秀文化艺术进校园"双百工程"举办157场，受益师生15万名，新华社进行报道。举办第二十八届艺术教育活动月，参与学生10万余名，7个节目参加全国展演。开展阳光体育系列活动，10万余名学生参与。新增全国足球特色学校18所，举办三级联赛900余场，参与学生4万余名。第二外国语学校女子排球队获得全国排球联赛亚军。第五十三中学校参加全国掷球锦标赛获得4项团体冠军、8项个人冠军，9名队员入选国家集训队。（办公室）

【教育改革】2018年，太原市教育局召开全市"时代新人"思政课建设推进会，确定示范校14所，80%以上学校启动思政课建设。以成成中学打造的45节时代新人思政课为样板，打造覆盖全市各级各类学校主题鲜明、特色突出的时代新人思政课，推动学校教育回归育人本位。

太原市教育局落实市政府《关于统筹推进县域内城乡义务教育一体化改革发展的实施意见》，确定22项重点任务，实施12大计划（工程）项目，投入专项资金3000万元，缩小城乡义务教育差距。古交市和万柏林区"县管校聘"改革取得成效。太原市第十二中学校教育集团运行良好，杏花岭区和小店区办学模式改革成效明显。城六区14所小学建成并投入使用，新增学位3150个，尖草坪区、古交市基本消除大班额。

太原市教育局委托第三方机构，在全省率先实施义务教育质量监测，形成报告26个。召开2017年全市义务教育质量监测结果反馈会，运用监测结果，发挥诊断功能，推动义务教育向均衡优质迈进。对全市小学四年级和初中八年级进行监测，覆盖728所义务教育学校，9万名学生和万余名教师参与，指导迎泽区率先申报全国义务教育发展优质均衡县（市、区）督导评估。

太原市教育局扩大幼儿园阳光招生范围，35所公办幼儿园电脑派位入学。初中学校首次实行公办、民办同时招生，努力化解民办学校"择校热"。全市公办小学、初中就近入学率均达100%。将优质高中招生计划指标60%分配到全市各级初中学校，指标完成率达99%。强化考试管理，优化考试流程，35万名考生参加的9大类教育考试平安顺利完成。

太原市教育局贯彻新修订的课程标

准，总结13所试点学校开展综合素质评价、选课走班、学生生涯规划教育等改革经验，举办“新高考研究共同体中期展示”交流会，组织全市高中课程标准培训，应对选课走班背景下的教学组织形式和班级管理方式变革。（办公室）

【教育惠民发展】2018年，太原市教育局推进学前教育普惠发展，实施第三期学前教育行动计划，下达奖补资金1000万元，新改扩建幼儿园13所，认定普惠性民办幼儿园49所，全市幼儿园普惠率达83.80%。推进义务教育均衡优质发展，组织义务教育基本均衡发展市级核查；实施“特色学校创建计划”，认定特色小学示范校166所、项目校15所，初步形成“一校一品牌、一校一特色、一校一风格”的办学格局。推进高中教育特色发展，实施航天科技拔尖人才培养工程，投入1000万元，打造以进山中学为示范的全国一流航天科技特色学校；举办“上海高校太原行”活动，18所高中成为上海高校优秀生源基地。推进职业教育提速发展，职教园区规划用地209.67公顷，完成《建设项目选址意见书》，16个省级重点专业、14个省级实训基地获准建设；太原幼儿师范高等专科学校获准设立并招生，太原旅游职业技术学院成为省级示范校；8所学校入选省级中等职业学校改革示范校建设名单，9个专业确定为山西省首批现代学徒试点专业。推进继续教育品牌发展，举办全民终身学习大讲堂253场，举办全民终身学习天天课堂2.10万场，走在全国前列。

太原市教育局推进新校建设，完成投资7.60亿元，五中、成成中学、外国语学校、第二外国语学校等新校区全面完工，新增优质学位2万个。实施中小学校体育运动场地塑胶化改造工程，22所项目学校进入招标程序。为全市所有公办小学提供免费托管服务，受益学生27.90万名。为普通高中毕业班学生提供节假日辅导服务和在校生寄宿托管服务，受益学生1.90万名。为全市义务教育阶段学校学生投综合保险，受益学生52万余名。实施第二期特殊教育提升计划，三类残疾儿童少年义务教育入学率达95%。全市随迁子女在校生达14万名，保障外来务工人员子女接受教育权利。

太原市教育局实施《太原市2018年度教育扶贫行动计划》，对市属学校建档立卡贫困学生进行数据核查，确保教育扶贫各项政策落地见效。娄烦县、清徐县分别新增改薄资金350万元、400万元，两县中小学校设施设备明显改善。阳曲县、娄烦县优质高中定向生指标增加至40名。落实学生资助政策，投入资金5.65亿元，惠及学生百万余名，把党和政府的温暖送到千家万户。

（办公室）

太原市10万中小学生传承君宇精神红色研学首航　（太原市教育局供图）

【教育服务水平提升】2018年，太原市教育局坚持把师德师风建设摆在教师队伍首要位置，严格落实新时代教师职业行为十项准则，建设政治素质过硬、业务能力精湛、育人水平高超的教师队伍。面向社会招聘教师143名，从同济大学引进人才7名，签约免费师范生128名，为阳曲县、娄烦县招聘特岗教师49名，推荐教育系统“三晋人才”160余名，申报名师工作室47个。实施学校教育内涵提升工程，与北京师范大学合作，完成15个项目、3205名干部教师培训。组织太原市第十一届职工职业技能大赛，30名教师授奖记功；开展第三届“成长杯”新课堂教学竞赛，近万名教师参与。提高教师待遇，教师绩效工资提高20%，增加班主任津贴每人每月500元，让广大教师安心从教、热心从教。

太原市教育局在全省率先实现教育系统法律顾问全覆盖，法律顾问为学校提供服务100余次。引深宪法学习教育活动，实施“百校千师万生”禁毒教育基地参观学习系列活动，提高广大青少年学生的法治意识和法治观念。开展校外培训机构专项治理行动，摸排校外培训机构1466所，公布黑白名单，取缔602所，减轻中小学生课外负担。

太原市教育局健全完善“一岗双责”安全生产责任体系，制定《关于推进全市学校安全工作改革发展实施方案》，编制太原市中小学校应急预案，投入7520万元，整改学校重大安全隐患56个。投入300余万元，培训各类安全管理人员2696名。扎实开展扫黑除恶专项斗争，确定25项重点工作任务，完成五级“一把手”督导谈话，梳理问题线索4条、治安乱点55个。持续开展文明交通综合治理、学校及周边综合治理、校园欺凌防治等工作，全市“平安校园”达1256所，占全市学校总数的87%，确保校园成为最阳光、最安全的地方。（办公室）

【党建工作】2018年，太原市教育局坚持把政治建设摆在首位，以习近平新时代中国特色社会主义思想统领教育工作，严格执行新形势下党内政治生活若干准则。坚持把学习宣传贯彻习近平新时代中国特色社会主义思想作为最紧迫最重要的政治任务，推进"两学一做"学习教育常态化制度化，教育引导广大党员干部，树牢"四个意识"、坚定"四个自信"、坚决做到"两个维护"。制定《加强大中小学校意识形态建设的意见》，加强网络安全工作，牢牢掌握意识形态工作主动权。举办"担复兴大任做时代新人"主题活动952场，选树太原市"时代新人"12名，走在全市前列。

太原市教育局党工委履行主体责任，支持驻局纪检组履行监督责任，班子成员落实"一岗双责"。落实新时代党的建设总要求，党工委专题研究党建工作42次，组织中心组集中学习研讨24次，召开教育系统党建工作推进会8次，组织基层党组织书记述职评议2次，组织督导检查2轮，23项年度党建重点任务全部完成。修订完善《关于进一步贯彻落实中央八项规定精神的实施细则》，推动全面从严治党向纵深发展。制定《"新时代堡垒工程"三年行动实施方案》，实施党支部整体建设提升工程，推进基层党组织标准化、规范化建设，把教育系统建设成为坚持党的领导的坚强阵地。

太原市教育局党工委自觉扛起巡察整改主体责任，召开局党工委会议5次，召开系统会议3次，研究部署巡察整改工作。研究制定机关整改方案和"三个清单"，梳理问题32个，制定措施78条，29个问题整改到位。建立巡察整改调度例会制度和领导包片制度，既抓机关又管系统，指导直属学校、单位制定整改方案和"三个清单"，参加基层民主生活会，教育系统巡察反馈问题90%整改到位。

太原市教育局强化基层组织，完成41个基层党组织换届，发展党员343名；在民办学校集中开展"两个覆盖"攻坚行动，党支部由35个增至100个，党员由400名增至1078名，实现党的组织和工作全覆盖。夯实基础工作，修订完善"一目录三手册"，机关通过市委评估验收，79个直属学校、单位的评估验收全部完成。提升基本能力，分六批次对971名党组织书记、正科级干部、青年干部进行培训，1万余名党员教师通过能力测试。"三基建设"20项重点任务全部完成。

"红色教育基地"参观学习　　（太原市教育局供图）

太原市教育局严格执行《太原市教育局党工委工作规则》，制定"三重一大"事项集体决策实施办法，完善领导班子重大事项民主集中、科学决策机制。树立正确选人用人导向，制定《干部选拔任用工作实施办法（试行）》和《中层干部备案审批工作流程（试行）》，调整机关干部8名，审核备案学校中层干部150名，激发干部干事创业活力。印发《直属学校（单位）干部到局机关挂职锻炼的实施方案（试行）》，建立干部培养交流长效机制。

太原市教育局坚持把纪律和规矩挺在前面，用好监督执纪"四种形态"，全年收到问题线索130个，办结95件，办结率73%。开展教育领域腐败和不正之风专项整治，收到举报线索173件，调查核实140件。严格落实中央八项规定精神，紧盯节日节点，强化日常监督，严肃查处"四风"问题，坚决整治形式主义、官僚主义，确保教育系统风清气正。　（办公室）

院校选介

·太原学院·

【概况】2018年，太原学院以习近平新时代中国特色社会主义思想为指引、提高政治站位和政治自觉，牢固树立"四个意识"，明晰学院办学定位和办学目标，结合省委巡视九组巡视工作，加快推进学院实质性融合整合。（赵　荣）

【本科教学管理】2018年，太原学院围绕完成本科教学合格评估工作，以合格评估为抓手，强化专业内涵建设，开展教育教学改革与创新，夯实基础平台。加强产学研合作，努力实现合作办学、合作育人，全面做好本科人才培养工作。全面落实新时代高校本科教育工作会议和全省教育工作会议精神，加快内涵式发展，实现跨越式提升，明确应用型大学的发展方向。教育思想观念大讨论的过程，是思想大解放、观点大碰撞的过程。太原学院于2018年5月至7月在各教学单位开展教育教学思想观念大讨论，并形成教育思想大讨论成果材料。大讨论紧紧围绕以培养应用型人才为根本，全面深化教育教学改革，全面创新人才培养模式，全面提高人才培养

升国旗仪式　　（太原学院供图）

质量和水平；大讨论凝聚共识、坚定信心，统一广大师生的思想认识和行动，全体教师结合高校教学工作上存在的一些问题，提出转变教育观念，改革教学方法，并把教育观念的转变看成是教育改革的先导，以达到提高教学质量的目的。取得阶段性成果，并形成讨论机制，为提升本科办学水平继续努力。

（赵　荣）

【师资科研发展】 2018年，太原学院拟定《太原学院专业技术人才引进方案》，并根据文件精神在6月付诸实施。2018年引进优秀硕士毕业生19名（其中3名入职手续办理完毕，剩余16名体检完毕，相关手续推进办理工作）；教授1名，总计20名优秀人才。在11月22日组成太原学院赴同济大学专项招聘领导组参与由太原市委组织部人才办牵头的上海同济大学专场招聘会，太原学院提供13个专业共计15个就业岗位。2018年晋升职称评审，晋升副教授15人，讲师19人，实验室2人。助教1人。

组织国家级课题项目申报17项；部级课题项目申报3项；省级科研课题申报58项、立项26项；省级各类评奖3项。教学改革创新项目：校级立项13项，省级立项5项；大学生创新创业项目：校级立项37项，省级立项21项，从中又推荐7项参加国家级立项。根据山西省教育厅《山西省教育厅关于公布2017年山西省教学成果奖（高等教育）获奖成果名单的通知》文件通知，太原学院教师主持的三项课题获得省级教学成果奖，其中一等奖二项，二等奖一项。

学报社科版，月均收稿量达150篇，不仅有北大、复旦、南开、上交大等名校硕士研究生自投稿件，博士研究生、副教授以上高校教师自投稿的比重提高。在此基础上，社科编辑室加强约稿工作，在2018年第3、4、5期分别推出“儿童文学研究”“山西艺术发展四十年”“外国文学研究”专栏，特约教授、研究员、博士作栏目主持，约发博导、资深研究员、新锐博士的专业论文，6月13日至15日成功举办社科版重点作者研讨会。来自省内外8位受邀专家、编辑部全体人员、学院主管领导，在滨河校区畅谈。大家一致认为，作为作者、读者、编者的“学术命运共同体”，《太原学院学报（社会科学版）》办得“有贡献”“有个性”“有尊严”。

（赵　荣）

【学科专业建设】 2018年，太原学院持续推进本科专业申报工作。新增7个本科专业：应用心理学、化学工程与工业生物工程、视觉传达设计、环境设计、人力资源管理、国际商务、秘书学。太原学院本科专业达到28个，为优化生源和学科布局，2018年本科招生专业26个。在学院专业布局会议后，结合师资配比，基本确定本科、专科的校区分布。教务处明确要求和修订方案，各教学单位在广泛调研的基础上，科学合理编制2018年各招生专业培养方案。

申报本科专业，压缩专科招生专业。各系在重点打造原有专业的基础上，为适应学院发展的需要，根据学院专业发展规划，积极申报新专业，为学院专业群和学科发展奠定基础。制定《太原学院本科专业优化调整实施方案》启动学院专业优化调整工作。组织各系完成专业情况摸底工作。

以“1331”为突破，太原学院与上海同济大学签署长期合作协议，主要涉及范围有师资培训、科研课题的帮扶合作、科研成果的转化等。推进三个平台

教学楼　　（太原学院供图）

秋日校园　　（太原学院供图）

建设，即科研平台建设（给排水综合实验中心的建设）、特色教学平台建设（BIM 实训室的建设、“泵（风机）与泵站”和“建筑环境与能源测试技术”的建设）、特色课程群的建设。（赵　荣）

【基础设施建设】 2018 年，太原学院搬迁至新校区，由于历史原因，各项功能还不完善。为进一步提升学院的功能布局，给学生提供良好的求学环境，破解住宿的瓶颈，学院多方筹措资金先后启动学生公寓二期、图书馆、全国第二届青年运动会足球场项目和 1331 实训中心建设工作。

学生公寓二期 4 栋建筑，于 2018 年 9 月完成全部的建安工程并交付使用。图书馆建设项目于 2018 年 5 月完成该项目的详勘工作，该项目的招投标工作并力争开工建设。全国第二届青年运动会足球场项目 2018 年 10 月基本完成足球场项目全部建安工程。

经过不懈的努力，学院办学空间得到拓展，功能日趋完善，招生规模扩大，学院发展将步入快车道。首次启动数字迎新 APP，共面向全国 24 个省份招生，计划招生 5010 人。本科共计 26 个专业招生，计划招生 3014 人，实际招生 3014 人（含专升本招生 104 人），专科实际招生 1995 人，其中 10 个本科专业放在山西省 2A 批次录取。太原学院各批次的录取分数线均高出全省二本控制线。（赵　荣）

【文体活动】 2018 年，太原学院组织全院学生开展青年马克思主义者培养工程暨第十九期学生干部培训班，培训学生干部 480 余名；组织全院团总支、团支部开展以“雷锋”精神永存、聚焦“两会”、一往无前的奋斗姿态—大国青年、以青春的名义，弘扬传统文化为主题的团日活动；组织学生参加由团市委组织的“2018 年“担复兴大任，做时代新人——我的热爱，大声说出来”诵读大赛”；一年来太原学院学子各级各类大赛中均取得较好成绩，展示太原学院新时代新青年的精神风貌。在机械创新设计大赛、全国大学生数学建模竞赛、全国大学生物流仿真设计大赛、“第十四届全国大学生‘新道杯’沙盘模拟经营大赛”、第四届山西省“互联网+”大学生创新创业大赛、山西建筑学专业第二届联合建造竞赛、全国定向越野锦标赛、全国健美操总决赛、第九届蓝桥杯软件大赛和全国大学生电子设计大赛均取得优异成绩。获“山西省第十五届运动会承办单位先进集体”。（赵　荣）

【思政教育管理】 2018 年，太原学院贯彻全国高校思政工作会议精神，把思想政治工作贯穿教育教学全过程，先后制定《关于加强和改进新形势下高校思想政治工作的实施方案》《太原学院推进思想政治工作“思政品牌”建设方案》《太原学院建立健全师德建设长效机制实施方案》等 10 多项工作方案。开展“学习新思想千万师生同上一堂课活动”，把学习习总书记在北京大学师生座谈会和全国教育大会精神不断引向深入。

坚持以思政课教师队伍素质提升为基础，推进思政课程全面改革，制定《加强和改进思政部内部建设工作方案》探索以思政课为核心，全课程共同发力的大思政教育课程体系；加强辅导员队伍建设，通过业务培训、经验交流、职业能力大赛等活动，提升辅导员服务学生、引领学生的能力和水平。加强对学术报告、研讨会、讲座、论坛等的管

足球场　　（太原学院供图）

理，抓好主阵地建设和主流文化的宣传引导，打造维护主流意识形态的坚强阵地。学院大思政教育格局基本建设完成。启动汾东大讲堂，实施品牌战略，抢占育人新高地。先后在彭真生平暨太原支部旧址纪念馆、静乐县扶贫点、阳曲县店子底村等地建立思想政治教育基地，构建“三全育人”新格局，回归立德树人的教育本真，保障和推动学院育人事业的健康发展。（赵　荣）

·太原城市职业技术学院·

【概况】 2018年，太原城市职业技术学院坚持立德树人根本任务，深入学习习近平新时代中国特色社会主义思想，全面贯彻落实中共十九大精神，以“两学一做”学习教育常态化、制度化为抓手，落实从严治党要求，深入推进“三基建设”，深化改革，坚持狠抓落实，以优质校建设为目标，以高等职业院校创新行动计划为抓手，统筹推进重点工作，拓展校企合作工作深度和广度，推进人才培养模式改革，以重点专业建设带动教育教学整体质量稳步提升，推进校园基础建设和校园文化建设，以“扫黑除恶”专项行动为抓手狠抓校园安全综合治理，提升办学实力，人才培养水平明显提升，社会影响力和美誉度提高。成立同济大学BIM创新应用中心，签署合作共建太原轨道交通培训基地协议，与华为公司合作成立华为信息与网络技术学院；实训大楼工程项目如期封顶。获得山西省优质校培育校、全国高等职业院校体育工作“一校一品”示范基地等称号。（田　宁）

【教育教学改革】 2018年，太原城市职业技术学院抢抓山西省优质高职院校建设这一重大发展机遇，结合“十三五”发展规划谋划、制定综合改革方案，认真编制《学院山西省优质高职院校建设规划方案》，如期完成山西省优质高等职业院校申报，被评为山西省优质高等职业院校培育建设院校。编制完成《山西省优质高等职业院校建设方案》及《山西省优质高等职业院校建设任务书》，并按照方案启动为期三年的优质院校建设。（田　宁）

【产教融合发展】 2018年，太原城市职业技术学院积极组织申报省级高职院校骨干专业，并争取“山西省高等职业教育百强骨干专业”称号，城市轨道交通运营管理、工程造价、电子商务专业被教育厅列为山西省骨干专业建设项目。围绕太原市经济发展的需求，申报4门新专业，基本实现专业建设长线与短线、常规与紧缺专业的有机结合，进一步优化专业结构。经学院教学指导委员会评审，3门优质网络资源课程建设通过验收。（田　宁）

【人才选拔引进】 2018年，太原城市职业技术学院提高引进人才质量，在上海同济大学招聘2名硕士研究生，在省内公开招聘19名教师，硕士研究生以上学历人员在专任教师中占比超过65%。多种方式培养教师，划拨22万元专项经费，全年选派120余名教职工外出参加国培、联盟培训。学院院长杨志家教授入选2018年度山西省“三晋英才”支持计划“拔尖骨干人才”。坚持开展形式多样的教学活动，通过教学督导组听课、职业技能大赛等形式，促进教师成长成才。（田　宁）

【校企协同育人】 2018年，太原城市职业技术学院与太原市轨道交通发展有限公司签订合作共建“太原轨道交通培训基地”框架协议。成为太原轨道交通公司2018年全国唯一订单培养合作院校，与轨道公司合作订单培养城轨运营管理、城轨车辆、城轨机电等7个专业共240名学员。与同济大学和太原市轨道公司共同成立BIM技术创新应用中心，共同完成“以运营为导向的全生命周期BIM技术应用”项目，该项目是太原市政府在同济大学设立的“太原研究院”第一个落地项目，学院成为中国建设教育协会全国BIM应用技能报名考试点，成功举办BIM技术创新应用高端论坛。扩大与优质企业的合作共建，成功与华为技术有限公司合作成立华为信息与网络技术学院，为计算机网络技术专业人才培养搭建平台。

通过全院教职员工的不懈努力，学院优质教育质量和办学水平成效彰显，举办山西省第十二届高等职业院校轨道交通、电子商务和计算机网络应用技术三项技能大赛，学生组共获得5项一等奖、6项二等奖和10项三等奖；学院教师在山西省职业院校信息化教学大赛中，获得3项二等奖、1项三等奖；财务处参加太原市第十一届职工技能大赛会计电算化大赛获得三等奖。服务社会

同济大学BIM技术创新应用中心　　（太原城市职业技术学院供图）

的能力和水平日渐提升，成功申请承接山西省教育厅、人社厅开展的全民技能提升工程18个培训项目，共计1800人，收入190万元，实现历史性突破。

优良的办学声誉和质量为学院招生和就业工作奠定坚实基础。在全省生源日趋减少的情况下，招生1923人，报到率98.10%。录取分数线连续多年位居全省同类院校前列。2018届毕业生就业率92.48%，毕业生就业率和专业对口率达90%以上，毕业生整体素质逐年上升，得到用人单位、学生家长赞誉。

加大办学条件建设力度，建筑面积达3.30万平方米的新实训楼工程主体如期封顶。模具、数控、汽车、焊接、网络等实训设备成功验收。 （田 宁）

【思政教育】 2018年，太原城市职业技术学院高度重视意识形态领域工作，党委书记坚持做到“三带头”“三亲自”，明确要求班子成员根据职责分工，按照意识形态工作“一岗双责”要求，抓好分管范围内的意识形态工作。把思想政治工作贯穿教育教学全过程，将立德树人作为中心环节，发挥好思想政治课主渠道作用，开展思政理论课教学质量提升专项工程。召开思想政治工作专题座谈会5次，邀请专家开展学术报告、专题讲座4次。推行思政教师读书学习活动，组织8名思政教师赴华南师大教育部思政课教师研修基地进行为期7天的培训。在大学生中倡导社会主义核心价值观，在校生知晓率达95%以上，在娄烦县米峪镇乡娄儿上村建立思想政治教育工作基地。 （王 晋）

【文明和谐校园建设】 2018年，太原城市职业技术学院按照太原市文明城市创建工作的总体安排部署，充分发挥共青团组织的管理育人功能，现有学生社团20个，注册在校生1200余人，召开各类大型校园文化活动近20次，开展社会主义核心价值观、中国梦主题教育活动，继续举办心理健康教育宣传月、“十佳百优”宿舍创建、暑期“三下乡”社会实践等活动。在校生参与各类大型志愿服务活动30余场次，教职工开展志愿服务活动10次，师生志愿者注册率均达到90%以上。关心关注教职工生活，工会全年帮扶慰问教职工50余次，生日慰问406人，完成全院教职工及离退休职工464人的健康体检工作，全年投入职工活动4万余元。 （王 晋）

【文体活动】 2018年，太原城市职业技术学院持续关心关注退休职工，山西省老年大学城市学院分院得到赞誉。与万科集团合作，成功举办学院廉政文化书画摄影展。打造具有全国影响力的校园文化品牌，成功申报“太原城院足球”项目为全国高等职业院校体育工作“一校一品”示范基地。定向越野队在全省比赛中取得多个单项第一名；学生足球队在全省大学生足球比赛中获第二名；健美操队在全国“啦啦操”竞标赛中获第二名。 （田 宁）

【法制校园、平安校园建设】 2018年，太原城市职业技术学院所有教职工参加太原市普法考试，合格率100%。各系均开展“普法用法”主题班会、主题板报评比等活动。高度重视校园安全工作，将扫黑除恶工作纳入学院安全工作统一部署，健全学院扫黑除恶治乱长效机制，党委召开安全工作工作会议10余次，全年对在校生进行安全教育30余次，加强实训楼施工期间巡防工作，深入开展隐患排查整治，排查学院及周边安全隐患90余处，整改率100%。 （王 晋）

·太原旅游职业学院·

【概况】 2018年，太原旅游职业学院及早准备、创新思路，主动挖掘中职、普通高中生源，走进生源基地校重点宣讲，在合作院校挖掘生源，开展专项招生宣传，强化媒体报道和新闻工作，扩大社会影响力，完成2018年初制定的招生目标任务，高职注册1641人，中职注册121人，共1762人。学院共为2018届毕业生组织各类招聘活动83场。2018届毕业生1671人，就业人数1560人，总就业率为93.36%。

太原旅游职业学院成功入选山西省首批优质高等职业院校建设单位、山西省首批现代学徒试点单位，接受太原市委考核连续第三年获“优秀”。 （李晓阳）

【设施建设】 2018年，太原旅游职业学院发力软硬件建设，打造省级优质院校。学院党委以2018年初确定的“十件实事”为抓手，逐步改善办学基础

2018年5月13日，太原旅游职业学院FOX啦啦操队在2017—2018全国啦啦操联赛（临汾站）中斩获所报全部六个项目的冠军 （太原旅游职业学院供图）

条件。近5亿元的建设项目，包括二青会排球馆项目、4.50万平方米新建教学实训楼项目、AAAA级景区校园绿化改造项目等有序推进。二青馆项目主体工程完成封顶，基本竣工。办学基础夯实。（李晓阳）

【专业建设】2018年，太原旅游职业学院在2017年申报的城市轨道交通运营管理等3个专业全面开始招生；2018年新申报机场运行专业等9个新兴专业；酒店管理、导游专业、旅游管理3个专业被评为省级骨干专业；八个旅游类核心专业在全国旅游高职高专院校核心专业竞争力排行榜稳居前六名；导游专业成功入选山西省首批现代学徒制试点。2018年在职业技能比赛中获国家级一等奖5、二等奖3项、三等奖2项，省级一等奖5个、二等奖4个、三等奖1个；在山西省信息化技能大赛中获一等奖1个、二等奖5个，并有一个团队代表山西参加国赛；在山西首届金牌导游大赛的前10名中，太原旅游职业学院毕业选手与在校选手占4个，并囊括冠亚军；学院成功承办山西省第十二届中高职院校技能大赛导游、英语导游、物流三个项目大赛，组织山西省旅游类专业对口升学技能考试，以此深化专业建设和教学改革。（李晓阳）

【师资队伍建设】2018年，太原旅游职业学院按照全市统一安排，公开选拔招聘32人，其中研究生30人，本科2人；组织2017年新进5名教师培训学习；推行新一轮绩效改革和教职工全员聘任、辅导员职级评定等工作，加强队伍建设。师资职称结构优化，2人获评教授职称，4人获评副教授职称，10人获评讲师职称。（李晓阳）

【教科研项目】2018年，首届“青年教师研修班”结束，“骨干教师研修班”推进。4个项目入选国家旅游局“万名旅游英才计划”，1个项目入选全国教育科学研究学校艺术科研项目，1个项目入选2018年度全国旅游职业教育教学指导委员会科研项目，5个项目入选山西省教育科学“十三五”规划“1331工程”研究专项课题，3个项目入选2018年山西省高校哲学社会科学研究一般项目，1个项目入选2018年度山西省哲学社会科学规划课题，2个项目入选山西省教育科学“十三五”规划2018年度规划课题，6个院级课题立项，其中“工作问题研究化”专项课题3项。截至11月底，教职工全年发表学术论文67篇（其中核心期刊3篇），获授权国家专利1项，专著6部。教科研项目继续稳步增加，质量有所提升。（李晓阳）

【实习管理】2018年，太原旅游职业学院在4.50万平方米新建项目中，8000平方米规划的实训基地项目随整体项目同步推进；学院在巴克创奇、太原老车博物馆、蒙山景区等多家单位挂牌成立实训基地，实训实习工作体系继续完善。

全年实习人数1819人，其中一年期实习1574人，半年期实习245人，大专实习生1695人，中专实习生124人。这些学生在297家单位开展实习。学生顶岗实习全面采用“优职途”平台进行信息化管理。（李晓阳）

【校际校企交流合作】2018年7月，太原旅游职业学院牵头成立山西省“1+11”旅游职教共同体联盟，探索中高职贯通衔接；与太原理工大学合作，向外国留学生输出茶艺等中国旅游特色专业课，打造对外交流品牌。国内，全面对标国内一流高职院校浙江旅院，并建立交流生培养制度，累计有4批共40名同学到浙学习。国际交流方面，在与德国北黑森应用技术大学构建“3+2”人才培养模式的基础上，联合发起“美丽山西·中德同行”研学之旅活动，探索海外研学旅行模式，签署《“云游山西”汉语课堂》协议，将山西旅游文化推向世界，拓宽对外交流合作渠道。

学院坚持走产教融合、校企合作特色发展之路。在国际金钥匙学院太原地区中心分院的基础上，开展校园金钥匙培训，先后为两批74名学生授予校园金钥匙徽章，并成立金钥匙特色班；10月30日，与合作十年的北京广慧金通教育科技有限公司共建旅游交通学院，深化校企混合所有制的办学模式；6月26日，成立研学旅行研究中心，首批签约五台山风景名胜区管委会等13家研学旅行基地；引进2个国家级烹饪大师工作室落户太原旅游职业学院，探索现代学徒制人才培养模式；筹备5个非物质文化遗产大师工作室，组建工匠学院；与深圳腾邦集团、太原老车博物馆、

捷克大学副校长兼运营部主任菲利普·扬可夫斯基（Fillip Jankovsky）与太原旅游职业学院副院长张立芳签署合作协议谅解备忘录（太原旅游职业学院供图）

山西航天信息有限公司等企业签订校企战略合作协议，开展订单班、冠名班人才培养，拓展校企合作深度。（李晓阳）

【社会服务】 2018年，太原旅游职业学院为晋源区乡村旅游600名从业人员提供培训服务，组织140名学生服务省运会，服务地方政府；为太原著名的八大景区撰写标准导游词，为太原铁路局1000余名乘务员进行导游业务专题培训，助力行业服务水准提升；为五台山景区晋旅集团580员工进行素质提升培训，助力地方企业快速发展。为县区旅发委、景区、高校及党政机关和事业单位通过讲座、微课等形式开展导游技能、管理能力、礼仪培训等近万人次，全面服务地方经济社会发展，全面丰富社会服务形式。（李晓阳）

【校园活动】 2018年，太原旅游职业学院开展学生活动。成立全省高校中第一个以退役复学军人为骨干的学生社团——“绿色能量”；举办2018年度学院秋季运动会；组织学生参加山西省第21届大中学生运动会并取得一金、两银、一铜的好成绩；成功中标中国计生协2018年青春健康高校行项目，完成30班次同伴教育活动，3场大型校园宣讲活动；开展12场心理健康教育讲座，96次团体心理辅导活动，组织1766名学生参加线上心理综合素质测查；举办4期魅力女生课堂，前后开设34个课堂，共计1700名同学参加学习；举行毕业典礼仪式，温暖送别2018届毕业生。

太原旅游职业学院成立山西省高校中第一个以退役复学军人为骨干的学生社团——绿色能量社团（太原旅游职业学院供图）

太原旅游职业学院开展校园文化建设。组织4000名师生共同启动“担复兴大任，做时代新人”主题系列活动，先后开展“时代新人标准”主题讨论会和4次“时代新人”学习讨论活动；先后举办“时代新人”主题技能大赛、公益募捐等系列活动，并参加市教育局、团市委的演讲比赛；学院规划艺术系学生陈佳媛入选太原市委宣传部发布9月“时代新人榜”；马兆兴院长应邀参加全市“时代新人标准”讨论会；微信公众号推送“时代新人”主题内容8期；组织开展“我是文明旅院人，我为‘二青’添光彩”等系列主题活动；9场汾东讲堂邀请名校院长、企业名师专家开讲创新创业主题。（李晓阳）

国家级非物质文化遗产·琉璃烧制技艺

山西是中国琉璃的主产地，其琉璃艺术有悠久的历史传统。千余年来，这一行业相承不衰，留下许多优秀作品，其分布之广、匠师之多，在全国居于前列，被誉为琉璃艺术之乡，其中以太原、阳城、河津、介休等地的影响较大。太原至迟在明代万历年间就已生产琉璃，之后一直没有间断，当地烧琉璃以苏姓家族最有影响。

2008年琉璃烧制技艺列入第二批国家级非物质文化遗产名录。

科学技术

Science and Technology

科技管理

【概况】 2018年，太原市科技局学习贯彻中共十九大精神，实施创新驱动发展战略，围绕全市经济社会发展大局，按照融入国家战略抓科技、对标一流抓科技、跳出科技抓科技的工作思路，科学谋划部署，明确责任分工，建立改革台账，健全督查机制，狠抓工作落实，发挥科技创新的支撑引领作用，推动经济社会实现转型发展。 （张拾见）

【国家可持续发展议程创新示范区建设启动】 2018年2月13日，国务院正式批复同意太原市以资源型城市转型升级为主题建设国家可持续发展议程创新示范区，全国仅有三个城市入选（深圳市、太原市、桂林市），太原是唯一一个省会城市。根据《太原国家可持续发展议程创新示范区建设方案（2017—2020年）》提出的两大行动52项工程项目中，2018年，16项按期完工，其余36项按计划持续推进。太原市市区空气质量综合污染指数同比下降9.20%，城市建成区黑臭水体基本消除，全市地区生产总值增长9.20%，转型发展的“含金量”“含新量”“含绿量”提升，示范区建设实现良好开局。

（张拾见）

【科技考核指标】 2018年，太原市科技局承担省考核指标一项，即要求高新技术企业数量不低于695家。通过采取政策激励、梯度培育、保量挖潜等措施，在既有高新技术企业数量基础上，2018年，共向省科技厅组织推荐申报高新技术企业616家，太原市高新技术企业由上年底的626家增加到966家，增长54%，是近10年来增幅最高的一年。

太原市科技局承担市考核指标两项，均超额完成任务。考核指标要求企业有效发明专利拥有量占比46%。全市有效发明专利拥有量8318件，其中企业有效发明专利拥有量3939件，比上年（3241件）增长21.50%，占比由上年的45.30%上升到47.40%。考核指标要求农业实用技术培训服务7万人次，比上年增长11.80%。2018年，全市组织开展各类农业实用技术培训1191余期，培训服务71732人次，比上年（6.26万人次）增长14.60%，超额完成2.80个百分点。

太原市科技局累计建成省级及以上重点实验室和工程技术研究中心151个、众创空间105个、科技企业孵化器27个。累计认定高新技术企业966家。2个技术项目获国家科技进步二等奖。全年发明专利申请量5087件、授权量1602件，有效发明专利拥有量8318件。

（张拾见）

【科技体制改革】 2018年，太原市科技局制定出台《中共太原市委太原市人民政府科技创新推动转型升级的若干意见》以及配套实施细则，引导企业持续提升科技创新能力。制定出台《太原市市级科技创新项目和经费管理使用办法（试行）》，提升管理绩效。落实市委《关于深化人才发展体制机制改革加快推进创新驱动转型升级的实施意见》，支持人才创新创业。

太原市科技局修订并以市政府办公厅名义印发《太原市科技创新券实施管理暂行办法》。2018年发布两期创新券，面向全市500余家中小微企业和创客团队发放2500余万元科技创新券，降低企业创新成本，激发企业创新活力。

太原市科技局改革科技项目管理方式，实现“三个转变”：政府科技管理部门从抓科技项目管理的具体事务性工作，转变为重点抓战略、抓规划、抓政策，强监督，将项目管理工作委托第三方专业服务机构办理。由专家评审转变为专业队伍评估和专家评审相结合。由以“先投入、后研发”为主的事前立项支持方式转变为以“先实施、后拨款”为主的后补助方式。以上措施的实施，推动“放管服”改革，优化科技项目立项、实施、管理全过程，提高科技资金使用的科学性、合理性和使用效

率，促进科技资源配置的公开、公平、公正。（张拾见）

【科技政策激励】2018年，太原市财政拿出科技专项资金落实市委六号文件，支持1806家（次）企业科技创新，政策激励效应显现。支持1339家（次）创新型企业发展，科技型中小企业由上年的321家增长到1926家，增长500%，实现井喷式发展；2018年全市高新技术企业数达到国家开始认定高企以来增幅最高的一年。

以引导企业加大研发投入和鼓励企业创新产出为目标，对316家（次）企业进行研发投入补助，填补国内空白重大新产品41项，撬动企业研发投入48.86亿元，实现销售收入843.93亿元。

支持16项科技成果中试熟化项目，推动高端装备制造、新材料、电子信息等领域的科技成果转化为现实生产力，培育太原市新的经济增长点。

支持27家（次）企业的科技创新产出，其中支持成为国家知识产权优势企业2家；支持获得国家科技进步二等奖企业2家；支持23家（次）企业，在高端装备、新材料、化工、节能环保、医疗卫生等行业领域，主导制定国家、行业和地方标准等各级各类技术标准34项。

支持108家（次）企业技术创新平台、众创空间、科技企业孵化器创新能力提升。通过政策引导扶持，全市各类国家级、省级科技创新平台数量均居全省首位。（张拾见）

【科学研究成果】2018年，太原市专利申请量首次突破1万件，达到12108件，同比增长35%。其中，发明5087件，同比增长35.90%，占总申请量的42%；全市专利授权量为6784件，同比增长23.30%，其中发明1602件，同比增长-6.50%，占总授权量的23.60%；2018年，全市有效发明专利拥有量8318件，比上年底增长11.50%，万人发明专利拥有量达19件（人口按上年太原市常住人口437.97万人计算）。

8月，太钢集团生产出中国最薄不锈钢，该不锈钢厚度0.02毫米，仅有A4纸四分之一厚度，也叫“手撕钢”。这种超薄的不锈钢主要应用在航空航天、石油化工、汽车、电子、家电、计算机等领域。这是太钢集团继上年的“笔尖钢”之后，又一项自主研发的、可替代进口的产品。在此之前，该产品因工艺控制难度大，长期被日本、德国等国家垄断。

2月，科技部基础研究司与科技部基础研究管理中心发布2017年度中国科学十大进展。其中，由中科院山西煤炭化学研究所联合北京大学、大连理工大学、中国科学院大学研究团队研究的成果“实现氢气的低温制备和存储”入选。该研究工作构建新的化学高效储放氢体系，为含碳资源高效清洁转化利用提供新的方向，实现从含碳资源到无碳能源的高效温和转化，为氢能制备、存储及安全利用提供新的思路，并有望作为下一代高效储放氢新体系得到应用。该研究成果获得中组部青年千人计划、中科院百人计划、山西省百人计划、山西省创新人才团队及国家基金委等资助，并分别发表于《Nature》和《Science》。

太钢集团《不锈钢冷轧带钢全连续生产线技术集成与创新》《高品质双相不锈钢系列板材关键制备技术开发及应用》两项成果获国家冶金科学技术奖一等奖。其中，《不锈钢冷轧带钢全连续生产线技术集成与创新》项目获授权专利48项，其中发明专利26项，开发品种36个。《高品质双相不锈钢系列板材关键制备技术开发及应用》申请发明专利10项，其中授权6项，制定国家标准1项，其“连续化大变形热连轧工艺”属国际首创，产品填补了国内多种双相不锈钢的空白，国内重点工程市场占有率达90%以上，对国民经济发展具有重要的战略意义。（张拾见）

【科技成果转化】2018年4月，全省最大的科技成果转移转化交易平台——“太原科技资源信息服务平台”基本建成。太原科技资源信息服务平台由“一库三网六中心”构成，包含科技大数据库、创新公共服务网、创业公共服务网、技术合同管理工作网、信息中心、用户中心、培训中心、评估中心、权限中心和科技需求中心。集信息采集、展示发布、撮合匹配、交易拍卖、登记认定于一体，是解决小微企业科技需求的一站式服务平台。服务平台网罗中科院、清华大学等高校和科研机构科技成果75万项；汇聚两院院士、科学家等高端专业技术人才8546名；整合科技成果转化基金、天使投资等金融投资机构236家；落实国家、省、市、示范区支持科技成果转移转化的政策70余项；链接高新企业培育、知识产权、科技成果评估评价等科技中介服务机构568家。“这将有效解决供需信息不对称、科技资源碎片化、成果转化率不高等问题。（张拾见）

气　象

【概况】2018年，太原市气象部门坚持以习近平新时代中国特色社会主义思想为指导，深入学习贯彻中共十九大精神，贯彻落实习近平总书记视察山西重要讲话精神，按照省委第十一届六次全会和市委第十一届五次全会要求，坚持把党的政治建设摆在首位，坚持党的集中统一领导，凝心聚力、砥砺奋进，加快落实“十三五”重点建设项目，全面提升气象服务保障能力，各项工作有序推进。

全年太原市气温略偏高，降水略偏多，光照正常。降水分布不均，阶段性旱涝明显；春夏季气温持续偏高，平均气温创历史同期极值。对农业、环境、水利等行业和人民生活有利，农业气候年景为偏丰年。

太原市年平均气温为10.50℃，较

常年均值（10℃）偏高0.50℃，正常略偏高。各地年平均气温为8.60℃（娄烦）—11.70℃（清徐），与常年同期相比，各站偏高0.10℃—1℃。年极端最低气温为-23.10℃（阳曲）—-18℃（尖草坪），尖草坪出现在12月8日，其余各站出现在12月29日、30日。年极端最高气温为33.40℃（娄烦）—37.20℃（小店），小店、尖草坪、阳曲出现在6月27日，清徐出现在7月5日，娄烦出现在7月1日和8月24日，古交出现在6月10日和7月1日。

太原市年平均降水量为450.90毫米，较常年（414.80毫米）偏多1成。各县（区、市）年降水量为364.80毫米（观象台）—565.30毫米（尖草坪），阳曲、小店、尖草坪较常年偏多2—3成，其余各站偏少0—1成。

日降水量≥50毫米暴雨日数：阳曲、尖草坪各1天。

日降水量≥25毫米大雨日数：尖草坪7天，小店、清徐各5天，观象台、阳曲、古交、娄烦各4天。

日降水量≥0.10毫米降水日数：尖草坪81天，娄烦77天，小店71天，清徐71天，古交69天，阳曲65天，观象台72天。（赵　佳）

【重大天气过程预报】2018年，太原市气象局准确预报3月15日至20日降温雨雪天气过程、4月12日至13日、4月20日至22日两场春播期好雨过程。准确预报出7月7日至8日较强降水天气过程以及9日至13日入汛以来最强降水天气过程，做到重大灾害性、关键性、转折性天气不漏报。并根据天气形势变化及时向市防汛指挥部、市领导提供雨情和最新预报，各级政府根据预报及时采取措施防汛减灾，保障太原市将灾害损失降到最低。高质量的气象服务得到市领导肯定和表扬。（赵　佳）

【决策气象服务】2018年，太原市气象局报送《重要气象报告卡》14期（其中得到市委市政府领导批复11期）、《重要气象信息》15期、《每周气象要讯》52期。发布农气旬报36期、月气候评价12期、季度气候评述4期、雨情快报69期。发布年、季、月气候预测13期。发布《气象信息专报》4期，《设施农业专题报》4期，发布春季适播期、大白菜收获期、春耕春播、秋收秋种等为农服务专报共18期。发布《春运气象服务专报》8期。

完成山西省第十五届运动会、2018太原国际马拉松赛、太原能源低碳发展论坛暨中国（太原）国际能源产业博览会、山西省军民融合科技成果展等重大活动气象保障服务工作，受到市领导的点赞和好评。为山西省第十五届运动会开幕式提供现场气象监测预报保障服务，赛事期间又为各个比赛场馆提供精细化天气预报预警信息，太原市气象局被评为“山西省第十五届运动会先进集体”。太原市气象台被山西省气象局评为重大气象服务先进集体。

《〈太原市大气污染防治条例〉气象材料》《我市持续高温少雨天气，对大秋作物生长不利》被省气象局、省气象学会评为2017年全省气象部门优秀气象决策服务材料二等奖和三等奖。

（赵　佳）

【气象灾害信息预警】2018年，太原市气象局发布（解除）各类气象灾害预警信号185次，发布（解除）不同级别城市内涝气象风险预警52次，发送短信415024条，为政府科学防御气象灾害提供决策依据。1月至11月，预警信号提前量为66分钟，预警信号覆盖面达到92%。气象服务公众满意度达到92%。研发的《太原城市气象服务系统》2018年投入业务运行，提高城市内涝、地质灾害气象监测预警能力和服务时效，取得明显社会效益。（赵　佳）

【专业气象服务】2018年，太原市气象局成立太原市专业气象服务台，挂靠太原市气象台，特色领域确定为城市防灾减灾气象服务。面向农业、林业、水利、国土、环保、环卫、园林、交通、民政、旅游、住建、城管委和规划等部门开展相关领域的专业气象服务。每日与市环境监测站进行环境空气质量会商，联合开展重污染天气预警研判，审定签发《太原市重污染天气预报会商意见》24次，为市政府治理雾霾天气、及时启动重污染天气应急响应命令提供科学的气象决策依据。在太原电视台播放森林火险天气等级预报、农作物病虫害防治预报、地质灾害防御等各类影视节目263期。开展高速交通、森林防火、地质灾害气象服务，通过短信平台发布服务短信145316条，提供专业气象服务材料182期。为参加财产保险的企事业单位及个人开具气象数据保险证明材料36份。每月为园林局提供城市热岛效应强度计算结果，为太原市改善生态环境创建国家生态园林城市提供科学依据。（赵　佳）

【人工影响天气】2018年，太原市新增晋源区南张、娄烦县雷家庄两套火箭作业点、晋源黄冶高炮作业点和尖草坪区马吉掌、娄烦北山城郊植物园两套烟炉作业点。人工增雨防雹作业总计23次，作业量分别为：“3·7”高炮炮弹217发、火箭弹134枚、碘化银烟条157根，调（租）用省政府人工增雨作业飞机46架次，累计飞行时间83小时07分钟，抛洒碘化银29673克，年增雨量达1.87亿立方米。（赵　佳）

【气象基础设施建设】2018年，国家气象自动站数据资料传输及时率达99.97%，区域气象观测站资料传输及时率达98.89%，城镇天气预报资料传输及时率达99.89%。完成“气象格点预报数据存储系统”建设。分两年完成87套区域自动观测站的升级改造。

2018年，推动太原市气象“十三五”重点项目建设。太原新型多普勒天气雷达和太原市气象监测预警中心建设项目主体工程均完工，投资额分别完成100%、70.60%。

太原（清徐）农业气象试验站推动实验用房内装修工作，进行多种蔬菜试种植，从7月开始，该农试站对全省23个县的种植土壤进行凋萎湿度测试，预计2019年3月底完成。在阳曲、清徐、娄烦县开展面向新型农业经营主体的直通式气象服务。重点在娄烦县开展“三农”气象服务专项建设。（赵　佳）

【气象安全生产】2018年，太原市气象局严格执行安全生产责任制，全年召开安全生产会议18次，组织安全生产检查12次。班子成员严格贯彻落实《地方党政领导干部安全责任制》要求，切实履行安全监管职责。年初，与责任单位分别签订安全生产责任书。3月至4月，开展气象安全隐患排查整治专项行动。5月，开展全市气象部门安全生产专项检查督查。6月，开展“安全生产月”和“安全生产万里行”活动。8月至年底，开展气象安全大检查、督查工作。

3月至4月，太原市气象局邀请专家对全市所有中天火箭、“3·7”高炮进行年检。5月至10月，对220家市县防雷重点企业开展双随机执法检查，抽检率达到59%。动态更新全市气象防雷重点单位信息库。11月至12月，对全市18家防雷检测资质单位进行全覆盖专项整顿。加强与防汛、安监、交通等部门的沟通合作，全力做好气象服务保障地方安全生产工作。

5月，市气象局对太原市所有人工影响天气作业人员进行安全技能培训。9月，对全市行政执法人员进行法治培训。10月，参加全省人工影响天气管理培训班和地面作业装备培训。11月，参加全省人工影响天气作业竞赛，获团体第三名。结合气象实际，组织乡镇（街道）气象协理员进行安全教育培训。（赵　佳）

【气象法治化建设】2018年，太原市气象局推进“承诺制”改革工作，动态调整并公布市县权责清单，梳理公布气象公共服务事项清单，开展“依法行政宣传月”等普法宣教活动，利用“法宣在线”平台组织开展无纸化普法考试等。（赵　佳）

【气象科研创新】2018年，太原市气象局注重科研创新工作，申报获批2019年省气象局、中国气象局科研项目6项。一般性期刊发表论文11篇。6篇论文获市科协2015—2016年度自然科学优秀学术论文评选二等奖、三等奖、优秀奖。1篇论文获省气象学会2018年年会论文交流二等奖。自主研发的《太原城市气象服务系统》参加全省气象部门科技创新成果展览。（赵　佳）

防震减灾

【概况】2018年，太原市防震减灾局坚持以习近平总书记系列重要讲话精神为指引，深入学习贯彻习近平新时代中国特色社会主义思想和中共十九大精神，贯彻落实习近平总书记视察山西重要讲话精神，全面贯彻落实党中央、国务院，省委、省政府和市委、市政府决策部署，落实省委第十一届六次全会和市委第十一届五次全会精神，始终坚持把党的政治建设摆在首位，全面从严治党；坚持预防为主、“防抗救”相结合的防震减灾工作方针，增强“两个意识”，推进“三个转变”，加快落实太原市防震减灾“十三五”规划各项任务。各级各部门通力协作、勠力奋进，使地震监测预测体系进一步完善，城乡防震减灾基础逐步夯实，地震应急救援能力有效提升，防震减灾宣教效应逐渐显现，防震减灾“三大体系”建设逐步完善，全社会抵御灾害的综合防范能力逐步增强，向2020年防震减灾事业发展目标迈进更为坚实的一步。（许梨花）

【地震监测】2018年，太原市防震减灾局升级改造台站监测网络，将晋机和重机防震观测站的传输网络升级为光纤直连，提升数据传输速度和准确率。优化前兆观测项目，实现电磁类、流体类、地应力类仪器全覆盖。加强仪器维护，进行46次巡检，确保监测数据的连续性、完整性、可靠性。加强数据库文件备份工作，确保监测数据的客观性、连续性和可用性。纳入省、市级网的监测台站运行率均在95%以上，运行管理更加高效。建设县级地震监测信息平台，完成古交市、娄烦县地震监测信息平台建设，基本具备本辖区内地震观测台站数据汇聚、数据处理、数据分析及数据共享等功能，基层基础逐步夯实。落实周、月、年会商制度，全年进行周会商48次、月会商12次，年中会商和年度会商各1次。参加省局组织的震情趋势会商会，提交《2019年度山西省及太原盆地震情趋势研究报告》。震情会商水平提升。严格震情监视跟踪工作。按照《太原市2018年度震情监视跟踪工作方案》要求，做好宏微观异常的收集、跟踪、落实与报送工作。全年共收到1例地下水异常报告，经第一时间调查研究后，排除地震异常，将调查报告上报省地震局，并向举报人反馈，及时消除群众恐慌心理，有效维护社会稳定。实现“异常落实不过夜、异常报送零差错”。加强对地震监测台站观测环境的保护工作。依法将地震监测设施和观测环境保护范围内建设工程的审批纳入太原市固定资产联合审批流程，加强现场巡查，共巡查52人次。全年未发生破坏观测环境事件。

配合省局做好《国家地震烈度速报与预警工程》（山西分项）工作。根据省地震局统一部署，在娄烦、小店、杏花岭、万柏林各选取1处、尖草坪选取2处作为太原地震预警基本站建设点，配合完成这6处场地的土地租赁等工作。（许梨花）

【“一县一台”建设】2018年，太原市防震减灾局完成古交市和娄烦县的

"一县一台"建设任务。至此，太原市十县（市、区）均建成至少一个地震前兆监测台（项），提前完成"十三五"规划中"一县一台"建设任务。

（许梨花）

【抗震设防】 2018年，太原市防震减灾局落实《太原市抗震设防要求监督管理工作制度（试行）》《太原市防震减灾局"双随机一公开"工作实施方案》和《太原市防震减灾局"双随机一公开"工作细则》要求，完善制度规范，推进"两库"建设，推动"双随机一公开"工作开展。依法对建设工程的抗震设防要求落实情况，及建设工程对地震监测设施和观测环境干扰情况进行监督检查。建立市场主体名录库和行政执法检查人员名录库，每季度末汇总一次市场主体信息，并从中随机抽取检查对象，列入执法计划安排中，实现公平监督、精准监督和智慧监督。深化行政审批制度改革，加快推进"放管服"改革，简政放权，减少审批环节，优化审批流程，压缩审批时限，提升审批效率。结合全市防震减灾工作实际，制订《抗震设防要求行政审批事项承诺书》《太原市防震减灾局关于企业投资项目承诺制改革试点抗震设防要求行政许可类审批事项审批操作细则》等工作办法，推动太原市企业投资项目承诺制改革试点工作。完善行政权责清单动态管理机制。全年共审批建设工程13个，随机抽查行政执法事项达100%，项目设计阶段均满足抗震设防要求。随机抽取对象按要求控制在3%。

市教育局按要求落实中小学校舍抗震加固工作，实现将学校建成最安全场所的目标。市住建委分批次对城市老旧房屋进行抗震加固及改造工作，对30个城中村进行拆除改造，662户危房中的635户完成改造任务。（许梨花）

【新一代地震区划图宣传贯彻】 2018年，太原市防震减灾局加大宣传《中国地震动参数区划图》力度，出台贯彻实施要求及任务分解，开展重大建设工程和人员密集场所落实情况检查，编制《中国地震动参数区划图》（太原部分）应用手册，引导、推动有关部门在城乡规划与建设中降低地震风险的意识提高与责任落实。（许梨花）

【减隔震技术运用】 2018年，太原市防震减灾局引导各建设单位推进高烈度区新建学校、医院等人员密集场所减隔震技术的应用。2018年全市12个"新校建设"续建、新建项目，以及太原市红十字业务楼新建项目，均在设计和施工中均采用减隔震技术。（许梨花）

【地震应急】 2018年，清徐县发生两次有感地震，分别是2月7日的3.40级地震，和11月15日的3.10级地震，地震均未造成人员伤亡和财产损失。地震发生后，市委、市政府及省地震局高度重视，市领导第一时间作出指示，太原市防震减灾局迅速启动应急响应，全局干部第一时间到岗应急，按照预案分工各负其责，协调配合，加密震情观测，实时组织震情会商，开展现场工作，及时、完整收集震情、灾情，及时新闻、信息发布，动态监测舆情，采取系列措施，保持社会生产生活稳定。（许梨花）

【地震应急队伍建设】 2018年，太原市防震减灾局持续加强地震专业救援队伍建设，完成第6期抗震救灾抢险队员轮训。至此，60余名抢险队员完成国家地震紧急救援专业培训，抢险队的软实力得到实质性提升。组织40余名全市地震应急管理干部赴云南大学培训，全面提升应急管理能力。分批分期进行抢险队装备优化及补充工作，确保应急抢险装备适应新时期抢险救灾要求。

（许梨花）

【地震应急演练】 2018年，为进一步理顺部门间应急协调联动机制，检验应急预案的可操作性，在汶川地震10周年之际，太原市防震减灾局与市民政局、市发改委和市卫计委联合组织大型综合联动演练，省民政厅和省地震局领导现场观摩。演练设置7个科目，首次使用高科技手段传输信息，首次吸纳民间机构"山西五爱防科技有限公司"参与，参演人数达350人。全年组织2次全市地震系统应急演练；全市中、小学校组织在校学生应急避震演练；部分成员单位组织以地震为背景的应急救援演练；部分街道、社区组织居民应急避震演练。全年组织各类应急演练共计1165次，参演者逾15万人次，对提高民众防震意识，扩大防震减灾工作社会影响力作用显著。（许梨花）

【应急物资储备】 2018年，太原市防震减灾局逐步完善以政府储备为主的生活救助品应急物资动态储备机制，安排150万元用于应急帐篷、折叠床等生活救助品储备。逐步完善以社会市场储备为主的生活必需品应急物资动态储备机制，安排150万元用于企业储备生活必需品补贴，与太原唐久超市、金虎便利等12家企业签订物资储备责任书，常年储备食品及饮用水等9类、26种生活必需品。建立市级应急医药储备机制，由市卫计委牵头，以市急救中心为依托，建立辐射全市的16个医疗救援站（点），有救护车45辆。市中心医院、市人民医院等10家医疗机构均储备必要的急救药品及设备。（许梨花）

【应急避难场所】 2018年，太原市防震减灾局完成和平公园国家Ⅰ类应急避难场所全部建设项目，开放运营过程顺利，社会反响良好。消防验收尚未完成，暂未进行应急避难场所认定验收。迎泽公园国家Ⅰ类标准应急避难场所提质改造工作进入尾声，和谐公园国家Ⅱ类标准应急避难场所主体建设完成，其余工作进展顺利。巩固室内应急避难场所建设工作，完善已挂牌的3个室内应急避难场所的应急功能设施，逐步达到设置科学、功能

齐备、可用性强的目标。（许梨花）

【其他应急工作】2018年，太原市防震减灾局开展地震应急准备工作监督检查和重点部位隐患排查工作。3月6日，向各县（市、区）政府和市抗震救灾指挥部成员单位，印发《关于开展2018年地震应急准备和抗震设防工作检查的通知》，安排部署全年地震应急准备和抗震设防检查工作任务。各县（市、区）、抗震救灾指挥部成员单位分别按要求完成自查。市抗震救灾指挥部办公室选取重点部门进行抽查，以保证各项应急准备落实到位，将次生灾害风险降到最低限度。加快推进市县地震灾害风险评估工作。按照省地震局要求，高标准开展市县地震灾害风险评估工作。出台《太原市市县地震灾害风险评估工作实施方案》，明确任务要求，于6月5日至6月6日组织全市地震灾害风险评估工作培训。太原市小店区、晋源区、清徐县和阳曲县的地震灾害风险评估工作全部完成。升级改造地震灾害风险评估系统，使其更加适应科技、社会发展及实际应用的要求。加强地震应急信息交换平台及视频会议系统的管理与维护，全部更新视频会议系统终端，与省局视频会议连通率达到100%。（许梨花）

【防震减灾宣传】2018年，太原市防震减灾局加强重要时段宣传。抓住重要时段宣传的“点”，扩大防震减灾社会影响的“面”。统筹全市力量全力做好“5·12”“7·28”宣传周活动，按照市县同步、着力效果、各有侧重、凸显特色要求，开展15种形式的大型宣传。主要包括，中小学校“三个一”活动、初高中生防震减灾知识大赛、“票友风采”文艺汇演、《太原日报》专栏连载、官网及“两微一端”推送、太原日报微信公众号防震减灾知识有奖问答活动、免费放映防震减灾影片、公共交通移动电视宣传、“912圆桌对话”广播栏目宣传、公共场所LED电子屏幕宣传、地震科普知识宣讲队伍专题讲座、防震减灾安全教育夏令营活动等。尤其是针对农村和社区居民“量身定制”的防震减灾“票友风采”活动，受到民众的广泛欢迎。“票友风采”由村、乡镇（街办）发起，县（市、区）进行比赛选拔后，由市防震减灾局统筹组织会演活动。全部节目均由民众自编自演，以“担复兴大任，做时代新人”为主题，以防震减灾为背景，在丰富民众生活娱乐的同时，使防震减灾意识扎根民众心中。日常宣传。制作30块流动宣传展板，内容立足防震减灾“三大体系”，侧重科普知识，深入浅出，使民众易于接受、乐于接受。全年共发放各类科普宣传品24余万件（份），接受群众咨询近万人次，制作太原日报防震减灾专栏54期，组织专家讲座60余场，免费放映防震减灾主题影片411场，公交移动车载电视宣传受众300万余人次，通过官网、官微发布信息2000余条。开展主题宣传5次，包括“5·12”防灾减灾日大型主题宣传、“6·16”安全生产月防震减灾主题宣传、“7·28”太原市优秀少年儿童地震科普夏令营防震减灾主题宣传、防震减灾科普基地开放日活动、8月法制宣传月防震减灾主题宣传活动等。组织“第七届平安中国”系列公益活动，扩大“平安中国”防灾宣导系列公益活动影响力，使防震减灾知识“六进”活动深入人心。（许梨花）

【防震减灾示范创建】2018年，太原市新建成省级防震减灾科普示范学校10所，省级综合减灾示范社区15个。全市共建成国家地震安全社区3个，国家防震减灾科普示范学校1个，省级防震减灾示范县4个，省级防震减灾科普示范学校26所，省级防震减灾示范社区43个，市级防震减灾科普示范学校345个，市级防震减灾示范社区256个。全市科普示范学校达标率为60%，科普示范社区达标率为50%。防震减灾知识知晓率在城市达到80%，在农村达到60%。发挥防震减灾科普教育基地作用，推广、引导广大市民进入市域内的国家级、省级、市级防震减灾科普教育基地参观学习。太原市唯一省级防震减灾科普教育基地——巴克创奇梦工厂，年入馆参观人次逾100万。（许梨花）

【防震减灾文化氛围创建】2018年，太原市防震减灾局在省地震局支持下，出版一部由职工自创的弘扬防震减灾文化主旋律的小说《听蟾》，印刷2000册向县（市、区）发放。在局官方微博连载，点击量达30万次。自主拍摄制作防震减灾宣传动漫短片，以适应人们阅读方式改变的需求。组织初、高中生参加“全国地震科普大会——山西省防震减灾知识竞赛”太原选拔赛，遴选出的初中组和高中组代表队，在全省比赛中均获得团体三等奖。在新浪微博联合人民日报综合整理的2018年前三季度《人民日报·政务指数微博影响力报告》中，官方微博“晋阳震事”荣登全国十大地震微博榜，连续两年蝉联全国地市级地震微博第一名。（许梨花）

【《太原市地震志》编撰启动】太原市防震减灾工作自1980年有专门部门负责管理已有近40年历史，但一直没有一部专门记述的志。2018年启动《太原市地震志》编撰工作，预计2019年完成。（许梨花）

【防震减灾科研】2018年，太原市防震减灾局与国家台网中心及北京数字空间共同研发的速报机器人项目（一期）业完成，将应急产品产出时间从震后20分钟提前到3分钟内，实现一、二号震情速报自动处置。与中科院、省地震局部分专家及太原美信达科技公司共同研发的磁扰动前兆观测项目建设进展顺利。（许梨花）

社科研究

经济发展研究

【概况】 2018年，太原市人民政府发展研究中心秉承“创新求是、当好参谋”的宗旨，围绕太原市经济社会发展中的重点、难点、热点问题开展大量的课题研究，提升研究水平和服务能力，在工作中取得一定成效，发挥参谋智囊和决策咨询作用。（孟燕梅）

【课题研究】《太原市经济高质量发展初步研究》。本课题剖析太原市经济高质量发展存在的主要问题和面临的挑战，研究推动太原市经济高质量发展的总体思路和具体对策，提升太原市经济高质量发展相关研究水平，具有创新性和实用性。

《太原市近年来财政收入实证分析》。本课题根据太原市2011—2017年财政收入实际情况，以时间为维度，从财政总量、结构、财政负担等方面入手，深入研究影响太原市财政收入的主要因素，找出太原市财政收入负担率不断提高的现象，剖析原因，提出对策建议。

《太原市文化产业发展现状和对策建议》。为贯彻落实中共十九大关于推动文化事业和文化产业发展的精神，本课题拟通过深入了解太原市文化产业发展现状及存在问题，剖析太原市发展文化产业的优势和劣势、面临的机遇和挑战，提出推进太原市文化产业发展的对策建议。

《太原吸引高端人才体制机制研究》。本课题从构建具有国内竞争力的引才用才机制和推进全市人才管理体制改革两方面进行研究，提出健全引才工作和服务平台，扩大人才对外交流，转变政府人才管理职能，健全市场化、社会化的人才管理服务体系等建议。

《太原推进医养结合存在问题及对策建议》。太原医养结合养老模式已初步具备市场、政策、基建等条件，但在实际推进中仍未取得预期成果。本课题拟通过对太原医养结合发展情况进行实地调研，在归纳总结存在问题的基础上，提出进一步推进太原市医养结合的对策建议。

《太原市2018年上半年经济分析与工作建议》。在国内经济转向高质量发展的背景下，本课题分析太原市2018年上半年经济运行情况，提出经济运行过程中存在的若干突出问题，并对当前太原经济工作提出几点建议。

《〈太原市尖草坪区国民经济和社会发展第十三个五年规划纲要〉实施情况中期评估报告》。受尖草坪区发改局委托，太原市人民政府发展研究中心承担为尖草坪区“十三五”规划中期实施情况进行第三方评估的重要任务，该报告比较全面、客观地反映尖草坪区《纲要》实施两年半以来的情况。（孟燕梅）

【交流合作】 2018年，太原市人民政

太原市发展研究中心开展主题党日活动　　（太原市发展研究中心供图）

府发展研究中心在召开课题评审会的基础上，总结专家意见，对课题进行修改。3月6日召开2017年课题总结会，对2017年的课题进行全方位的总结，抓住突出矛盾，为2018年的研究打下思想基础；延续以往传统，进行每季一次的政策分享，各处研究人员把各自分别关注和掌握的最前沿的信息、最新的理论成果共同分享，使大家的知识结构达到成倍累积的效果；为研究人员开扩眼界、更新知识。组织领导和研究人员参加各类培训、论坛，如全国政策咨询会议、京都论坛、长江经济带论坛、十三五规划实施中期评估培训等，并且请参加培训人员回单位后进行培训分享，达到共同进步；按照计划有条不紊地对单位职工进行有针对性的培训，请外宣办人员进行有关新闻发布会的培训，举办十九大知识竞答，请范世康做文化产业培训，请王晴作题为《面向对象的思想方法》的培训等，从不同角度使研究人员的思路拓宽，更好完成太原市委市政府的决策咨询工作。

单位全体学员网上在线学习全部达到50学时以上。组织参加外地业务培训共计13次，涉及36人次，真正做到学有所思、学有所得、学有所用，促进研究人员为市委、市政府提出有利于加快太原市经济社会发展更多更好地政策建议。

太原市人民政府发展研究中心主任魏建庭、工作人员杨爱萍、孟燕梅2月赴南宁参加2018年全国政策咨询工作会议，4月，主任魏建庭、调研员任德胜、工作人员郭晋在西安参加第八届中国西部国际物流产业博览会。5月国务院发展研究中心副主任张军扩一行7人到并调研当前宏观形势和新旧动能转换情况，主任魏建庭作专题汇报。6月主任魏建庭、副主任王志仙、工作人员陈媛、秦玲、孟燕梅赴杭州参加“十三五中期评估”培训。8月主任魏建庭、副主任王志仙、工作人员杨树婷赴腾冲参加知网培训。 （孟燕梅）

【政策咨询】 太原市人民政府发展研究中心主任魏建庭、处长周志强多次接受电视台采访，解读太原市经济工作会精神；参加多个“十三五”专项规划的评审工作；为市党校县处班、中青班，全市新提拔中层干部进行十九大精神宣讲和关于太原市经济社会发展情况和发展思路的讲座。 （孟燕梅）

社会科学研究

【概况】 2018年，太原社科院、太原市社科联坚持以习近平新时代中国特色社会主义思想为指引，学习宣传贯彻中共十九大精神，贯彻落实全国、全省、全市宣传思想工作会议精神，紧紧围绕市委、市政府中心工作和全市经济社会发展大局，充分发挥智库作用，积极开展基础理论研究和应用对策研究，为奋力谱写文明开放富裕美丽太原新篇章提供理论支持和智力支撑。 （张　青）

【科研工作】 2018年，太原社科院（联）党组坚持向改革要效益、抓开放促发展，研究确立“努力建成党委政府用得上、人民群众信得过、国内知名新型智库”的奋斗目标，全院上下在党组的坚强领导下，牢固树立求实、求是、求新的理念，全面履行政策解读、决策咨询、对策研究的职责，切实担当服务中心、服务发展、服务民生的使命，开展基础理论研究和应用对策研究，取得较好的成绩。

太原社科院（联）党组高度重视、支持科研部门开展社会科学调查研究。通过组织动员省、市20余所高等院校和省委、市委党校及省社科院等研究机构，按照“无实务部门参与的课题不立项，未实现成果转化的课题不结题”的原则，坚定不移推进“理论研究供给侧改革”，共确立《太原市军民融合协同创新发展战略研究》《物流业跨境冷链运营绩效评价及影响因素研究》《新时代背景下提升基层党组织组织力问题研究》《“时代新人”成长规律与培养机制研究》等10项创新资金资助课题，取得初步成果。由院领导带队，完成《推进太原装备制造业研究》《推进太原经济高质量发展研究》《太原市中小学创建防控校园暴力长效机制对策研究》《太原文化旅游产业融合发展及实现路径研究》等8项市情调研课题。组织编写《2018太原经济社会发展蓝皮书》，为全市经济社会发展大局做好服务。

与太原市脱贫攻坚领导小组、山西日报社与山西农业大学共同举办“聚焦深度贫困实施乡村振兴”理论研讨会，汇集山西大学、太原理工大学、山西农业大学、山西财经大学、北京大学、尚

并州智库·青年论坛 （太原社科院供图）

浓智库等省内外专家十余位到阳曲、娄烦开展集中调研，形成论文31篇，近15万字；完成市委宣传部委托课题《太原市公共文化服务调研报告》。

太原社科院（联）树立开放办院思维，围绕文明开放富裕美丽太原建设目标任务，通过与中国人民大学公共管理学院和山西师范大学联系联合，建立“并州智库”工作站，在信息搜集、科研协作、人才培养、招商引资、形象展示和智库建设方面开展深度合作。（张 青）

【科研成果】 2018年，太原社科院（联）组织科研人员发表各类文章20余篇，其中，在《光明日报·光明网》《山西日报》《太原日报》刊发《准确理解和把握习近平奋斗幸福观》《推进太原经济高质量发展的思考》《推进体制机制创新打造人才聚集高地》和短评文章《提升基层医疗服务能力》《“老年网购”更需理性》等理论文章。（张 青）

【社科联建设】 2018年，太原社科院（联）贯彻中央《关于加快构建中国特色哲学社会科学的意见》和省委市委有关文件精神，紧紧围绕党委政府中心工作，全面加强管理，开拓创新，推动社科联工作实现大发展。

为深入贯彻习近平总书记关于加强网络工作的指示，太原社科院实施“2111工程”，即两微（微信微博）、一网（官网）、一刊（《并州智库》）和一个移动短信科普平台，其中《并州智库》在2017年围绕市委罗清宇书记提出的10大课题开展研究之后，2018年聚焦“文明太原、开放太原、富裕太原、美丽太原”开展政策解读和对策研究，得到市委、市政府领导肯定与市直部门的支持，多位部门主要负责人主动投稿，使新型智库建设搭上网络快车，更好地服务中心、服务发展、服务民生，为文明开放富裕美丽太原建设贡献力量。

为更好发挥社科联职能作用，太原社科院（联）组织开展“十百千工程”，即通过三至五年努力，建设“10个社会科学论坛、100家社会科学普及基地、1000个社会科学共享书屋”。“开启文明开放富裕美丽太原新征程”是市委十一届三次全会作出的战略决策，市社科联聚焦“文明开放富裕美丽”四个主题词，与文明办、团市委联合举办“文明太原”论坛（并州智库青年讲座），与市外办、市侨联共同举办“开放太原”论坛（并州智库干部讲座），与市工商联共同举办“富裕太原”论坛（并州智库晋商讲座），与市环保局、市环卫局联合举办“美丽太原”论坛（并州智库市民讲座），首批16家社科普及基地、26家社会科学共享书屋在严格审核公示后挂牌运行，提升科普宣传工作能力和开放水平。

太原社科院（联）借鉴近年来开展的“百校兴学”和“百院兴医”，提出并推行“百会兴联工程”，即通过三至五年的努力，建立100家左右的社科学会组织。动员组织相关行业专家与专业人士申请开办社科类学会协会研究会，所属学会由原来的7个增加到15个，推动全市哲学社会科学的繁荣发展。（张 青）

国家级非物质文化遗产·太原锣鼓

太原锣鼓是由历史久远的“社鼓”演变传承而来的，流行于太原地区及晋中、吕梁部分地区。其节奏雏形可追溯到先秦时期，最早结构的形成可追溯到宋代庆元年间(1195-1200)。号称铙钹之乡的太原锣鼓在击镲方面有着惊人非凡的技巧，不仅能用各种手法，还能在演奏中边击边舞，矫健威武的英姿和铙钹上下翻飞，一片金色海洋的场景令人振奋。太原锣鼓的演奏形式多种多样，最能表现山西浓厚的乡土气息。20世纪50年代盛行的演奏“双一二五”鼓曲给“大家具”声部配以口哨声，更是民间锣鼓中绝无仅有的。

2008年太原锣鼓列入第二批国家级非物质文化遗产名录。代表性传承人为刘耀文。

文　化

【概况】2018年，太原市文化系统坚持以习近平新时代中国特色社会主义思想为指导，全面贯彻落实中共十九大和十九届二中、三中全会精神，树牢"四个意识"，坚定"四个自信"，坚决做到"两个维护"，坚持"以人民为中心"工作导向，勇于改革创新、奋力开拓进取，推动文化事业和文化产业全面发展，为谱写文明开放富裕美丽太原新篇章贡献力量。（办公室）

【全面从严治党】2018年，太原市文化局（版权局）坚决落实管党治党主体责任和监督责任，推动全面从严治党向基层延伸，主动开展为期三个月的基层党组织建设自查整改工作以及整改落实回头看，对发现的8大类21个问题开展整改工作。举办局系统党务干部培训班，增强新形势下开展党建工作的能力和水平，为文化事业发展提供坚强保障。聚焦"三基建设"，召开局系统"三基建设"工作推进暨标准问题讨论会，进一步梳理"一目录三手册"，并建立局领导"三基建设"联系点制度，把基层党组织自查、目标责任制、文明创建等联系制度进行统筹，有效解决基层单位多头领导的问题。深入落实意识形态工作责任制，召开局系统意识形态形势分析研判会议，形成4份分析研判材料，各项产品、剧目、活动的政治把关、价值把关、导向把关更加严格。持续正风肃纪，开展"治陋习、树新风，深化作风建设年"活动，推动中央"八项规定"及其实施细则落地生根，制定局党组《进一步落实中央"八项规定"实施细则》和《两个责任清单》，严格依纪依法办案，办理函询6件，初核1件，立案2件。对2名违纪干部作出严肃处理，一人开除党籍、一个党内警告，将巡视整改作为推进全面从严治党、全面加强管理的重要抓手，推动各项任务有序落实。（办公室）

【艺术精品生产】2018年，太原市文化局（版权局）推出一系列有筋骨、有道德、有温度的文艺作品，现实题材大型晋剧《起风街》和历史题材晋剧《关公》首演深受观众好评，晋剧数字电影《于成龙》拍摄完成，新创作晋剧剧本《公瑾祭》《使命》。市艺校《林冲夜奔》在第二十二届"中国少儿戏曲小梅花荟萃"地方戏专业组获金花称号，晋剧《起风街》入选2019年度国家艺术基金资助项目，剧本《泥火情》入选文化和旅游部2018年度剧本孵化计划，《晋剧剧本集萃》入选文化和旅游部数字化扶持工程，全年新编创戏曲小品、杂技曲艺等作品共计50余部，创作歌曲30首，各类文艺作品共获国家级奖项13项、省级40项。"两节"期间，开展"共筑中国梦，同贺三晋春"新春文艺演出18场，举行第六届曲苑迎春文艺晚会，举办"一带一路"民歌邀请赛，8个"一带一路"沿线国家的48名歌手同台献艺。先后赴埃及、俄罗斯、意大利、希腊等国文化交流6次，参加埃及开罗第六届国际鼓乐与传统艺术节，与俄罗斯联邦萨拉托夫市和圣彼得堡市签订人文合作备忘录，为繁荣社会主义文艺，传播和弘扬中国优秀传统文化做出积极贡献。（办公室）

【公共文化服务】2018年，太原市文化局（版权局）夯实公共文化服务体系基础，加强基层公共文化服务效能建设，做好"两馆"免费开放工作。市群众艺术馆全年共举办主题文化活动40余场、专题文化讲座20期，开展各类文化艺术展览25期，文化辅导培训万余人次；市图书馆全年共接待读者406万人次，日平均接待读者1.20万人次，全年举办1032场阅读推广活动，吸引200万读者参与，举办图书类国际会议1次、全国性会议3次；太原美术馆举办60余场8大类别美术作品展览，各种形式的"纪念改革开放40周年"主题展览深受欢迎，参观人数82万人次；

丁果仙大剧院建设项目进展顺利，完成现场场地平整、临时用水接通、地基试桩等工作。乡镇综合文化站专项治理、基层综合性文化服务中心和全市图书馆、文化馆总分馆制建设多头推进、全面发力，尤其是对未实施免费开放、未挂牌、功能设施不完善、设备管理不到位的乡镇综合文化站提出具体整改要求并监督落实。（办公室）

【文化惠民工程】 2018年，太原市文化局（版权局）开展“太原市庆祝改革开放40周年群众文化系列活动暨文化惠民消费季活动”，系列活动以26项主题展演、展示、展览活动为示范，带动全市3388支群众文化队伍、近12万人共同参与，组织4132场活动，惠及群众278万人次。承办山西省纪念改革开放40周年群众文化活动季开幕式“鼓舞山西”大型鼓乐表演、“传承·创新·弘扬山西艺术创作”并州论坛，以及省运会开闭幕式暖场文艺演出等重大活动的组织实施任务。继续开展免费送戏下乡活动，组织全市专业、民营艺术院团，深入乡间地头为百姓送上晋剧、话剧、歌舞、曲杂等形式多样的剧（节）目，全市共演出1192场，超额演出342场。实施农村电影放映工程，一村一月放映一场电影，全年共放映电影11976场，并完成农村寄宿制学校504场电影放映任务。继续开展“书香太原·全民阅读”系列活动，以“4·23”世界读书日为契机，举办太原市首届读书节，以“涵养城市文明·培育时代新人”为主题，继续深化“担复兴大任·做时代新人”活动，以全新的时代服务内涵，推出“时代新人·阅读者”示范项目。（办公室）

【文化产业发展】 2018年，太原市文化局（版权局）探索文化消费试点新途径，注重发挥“国家文化消费试点城市”示范引领作用，初步实现太原文化产业的创造性转化与创新性发展。梳理全市文化企业，确定“文化赋能、产业联动、知本创业、互联网+”的工作方向，策划并筹建文化消费惠民云平台“文惠天下”。推进文化与金融等业态深度融合，以“惠阅读”“惠演艺”“惠市集”为抓手，推出全国首张文化主题信用卡，整合优秀舞台艺术资源，采用“先消费，后补贴”的方式，市民消费项目由被动变为主动，由政府端菜变为群众点菜，提高文化消费补贴资金利用率。贯彻落实中央“31条惠台措施”，举办首场“海峡两岸（并台）文创市集”，邀请台湾20家文创企业、山西本土80家文创企业以及广州美术学院等数十家专业高校参与，参展产品1300余种，参观人数达36280人次。创新文化产业发展新模式，构建太原市文化产业人才库、项目库，成立太原市文化产业协会；培育骨干龙头文化企业，扶持中医药文化产业园等文化产业园区。申报中央财政文化产业发展专项资金以及太原市文化产业扶持资金，为太原市文化产业实现快速发展奠定良好基础。（办公室）

【文化行业监管】 2018年，太原市文化局（版权局）加强文化市场监督管理，深入推进互联网上网服务、文化娱乐行业转型升级。网络文化市场内容自审得到推广。网络表演等文化市场专项整治、“黑名单+备忘录”的信用体系监管制度初步确立，对新业态的规范引导有力有效，行业自律意识明显增强。实现现场检查执法与网络线索追踪双管齐下的现代文化市场执法体系。持续推进“商事制度改革”，规范行政审批服务行为，努力营造“六最”营商环境。企业审批登记“双告知”工作持续推进，全年办结率100%。推进游戏游艺场所开放工作，与公安、工商部门联合出台《规范游戏游艺场所监管促进行业健康发展的实施方案》，逐步建立适合新形势的管理机制。法制建设深入推进，《公共文化保障法》《公共图书馆法》加快实施。深入开展“扫黑除恶”专项斗争和“扫黄打非”斗争，开展“净网”“清源”“秋风”“护苗”等专项行动，全年共出动执法人员1700余人次，检查各类娱乐场所1280家（次），处罚网吧接纳未成年人84家，收缴侵权盗版音像制品4200张、非法出版物5000多册，确保太原市文化市场规范有序健康发展，震慑黑恶势力。执法大队获得全省“扫黄打非”先进集体，清徐县柳杜乡被评为“全国‘扫黄打非’进基层”示范先进单位，太原市文化局（版权局）被评为全国“扫黄打非”先进集体。以“隐患就是事故”为工作理念，健全安全生产责任体系，落实领导干部安全生产责任制，全年印发安全文件36份，上报信息60份，未发生安全责任事故。（办公室）

【传统工艺振兴】 2018年，太原市文化局（版权局）实施中国传统工艺振兴计划，开展省级第五批非物质文化遗产代表性传承人评审认定工作，将清和元头脑传统制作技艺等9个类别61项代表性项目列入太原市第六批非物质文化遗产代表性项目名录。参加首届山西非物质文化遗产博览会，筛选太原市代表性非遗项目赴忻州雁门关、晋城司徒小镇、临汾壶口进行非遗展示，太原市文化局（版权局）获优秀组织奖。举办“文化和自然遗产日”系列活动，开展“民间民俗文化展示活动”“非遗在我们身边”“中国功夫武耀龙城”等主题活动；开展“乡村文化记忆工程”和“太原市声记忆工程”，在傅山园设立太原非遗综合传习展示中心，依托文化馆、乡镇综合文化站建立全面生动、翔实、准确的县域历史文化资料数据库。推进晋阳文化生态保护区建设，非遗传承实践日趋活跃，保护非遗成为社会自觉。（办公室）

【广电监督管理】 2018年，太原市文化局（版权局）加强安全播出管理，完成2018年春节、全国两会、上合组织青岛峰会、中非论坛北京峰会、国庆等期间广播电视安全播出监管工作，全年广播电视安全播出无事故。开展打击

"黑广播"违法犯罪和违规设置使用广播调频专项行动，维护太原市广播电视事业健康发展和良好的传播秩序。继续整治虚假违法广告，开展打击新闻敲诈和假新闻专项行动，持续整治非法卫星地面接收设施。完成省城6家广播电视台、24家企事业广播电视站、200家广播电视节目制作单位检查及换证工作。加强对网络视听节目、户外大屏幕、手机台、微信公众号等新媒体业务和网络剧、微电影等网络视听节目管理，促进新媒体健康发展。强化全市电影市场管理，全市新增城市影院5家，县级影院1家，新增银幕31块，2018年全市电影票房3.43亿元，占全省票房总额的38%，同比增幅7.50%。（办公室）

【新闻出版发展】 2018年，太原市文化局（版权局）开展46种连续性内部资料性出版情况检查，编发《太原审读通讯》8期，通报审读意见和建议，把握和引导报刊舆论。组织全市6家报刊单位、6家市（县）广播电视台和3家驻并新闻机构年度核验初审。落实全市连续性内部资料性出版物行政审批管理进驻市政府服务中心综合代办窗口事宜。组织印刷复制暨内部资料性出版物管理专项督查，对51家企业进行实地调研和检查。开展"4·26世界知识产权日"版权宣传周"六进"活动，提高公众保护版权、运用版权的意识。开展"剑网2018"专项行动，对全市2681家备案网站进行人工网络巡查，查处由国家版权局督办的"西瓜电影网"涉嫌侵犯著作权案，以及山西舶奥动画制作有限公司宣扬淫秽及危害社会公德案，严肃处理相关单位和个人，净化太原市网络文化环境。（办公室）

新闻出版

·太原日报报业集团·

【概况】 太原日报报业集团于2009年4月组建成立，正处级单位。实行党委领导下的社长（董事长）负责制，集团党委、董事会为一套人马两块牌子。下设总编辑委员会和太原日报传媒集团有限公司。总编辑委员统筹集团新闻采编业务，办好"三报一网""两微一端"。太原日报传媒集团有限公司负责组织开展各项报业经营活动，管理广告公司、印务公司、发行公司、物业公司、电子商务公司、蓝海拓展文化公司和闻韬科技公司。（刘卫萍）

【新闻宣传】 2018年，太原日报报业集团"三报一网""两微一端"聚焦服务太原市委中心工作，既充分发挥传统媒体优势，又整合运用视频、VRAR技术、微视频、H5等融媒传播形式，对习近平新时代中国特色社会主义思想和中共十九大的贯彻落实、改革开放40年、市"两会"、转型项目建设年系列宣传、"担复兴大任、做时代新人"、铁腕治污、建设国家可持续发展议程示范区、省运会、创建文明城市、扫黑除恶进、脱贫攻坚、治理群众身边腐败宣传等进行重点报道，完成各项宣传报道任务。太原市"两会"期间推出新闻专版40多块，图片50多幅，报道总字数23万字，制作40多个融媒体作品，并首次在澎湃、新浪等第三方平台发布。许多"两会"稿件被中央、省的新闻网站转载。利用AR技术，策划推出《时代新人特刊》和《乌拉世界杯特刊》，使报纸活起来、动起来，成为省内首张可自动上线演示并通过AR技术同步观看视频的报纸。作为二青会新闻报道"带妆彩排"的省运会报道取得成功。本着"项目先试、机制先行，打破壁垒、畅通渠道，整合资源、多元发布，以点带面、全面运行"的原则，报社抽调精干力量组成融媒体报道组，统一步调、实兵演练、协同作战，累计见报文字稿件286条，图片266幅，视屏65条，新媒体产品33部，合计策划制作专题对开整版13块，四开整版16块，完成省运会"会前倒计时一个月""开闭幕式盛况""会期赛事专题动态""会后反响综述宣传""二青会倒计时启动"等五个方面的报道任务。（刘卫萍）

【报业经营】 2018年，太原日报报业集团优化经营结构，提升竞争能力和产业素质，提高报业经济发展质量。实施太报传媒有限公司法人治理，以引商引智为重点，建立健全实体经济、金融机构和经营体系，使之成为拉动集团经济发展的三驾马车。推进全媒体电子商务。掌握一批形之有效的经营项目，争取各项资金支持，力争全年债务建立在合理区间。适应报业经营形势需要，将山西太报传媒公司更名为太原日报传媒集团有限公司，实行经济目标责任书和党建目标责任书双签。加快推进广告、发行、印务、物业等分公司调整结构、主动转型，新成立太报电商公司和闻韬科技公司，使经营结构更趋合理。传媒公司与山西潞安集团、六味斋实业有限公司、中广上洋科技公司、市贸促会、太原市公安交警支队等实行战略合作。及时动手，组织召开全市党报征订工作会，举全集团之力抓好2019年党报征订发行。（刘卫萍）

【科研成果】 2018年，太原日报报业集团建成启动太报集团全媒体指挥中心。3月成立"全媒体指挥中心建设领导小组"和招标小组，以345万元的中标价，由北京中广上洋施工建设。6月底完成整体装修、物理空间和设备安装调试，同步启动人员操作培训。8月6日组织举办以"全媒体聚焦省运会"为主题的全媒体指挥中心落成启动方式，标志着太报集团全媒体指挥中心正式建成。太原市委常委、宣传部长张璐称，太报全媒体指挥中心集中报社的传统优势、上洋的技术优势、中青报的融合优势和协作平台的技术优势，成本低，见效快。8月9日省委常委、宣传部长廉毅敏到报社调研时对中心建设给予充分肯定。9月先行上线5套非编软件，对“两报一网”新媒体人员实战培训。对市政府提供10台服务器进行入网并网调试。以庆祝改革开放40年为视角，组织人员拍摄制作8集网络视频节目——《生活的印记—太原新闻网百姓访谈录》，以实战锻炼全媒体队伍。筹划与市直部门、各县（市、区）新闻中心对接，推进和服务县域融媒体建设事宜。10月份51名全媒体采编人员集中入驻办公，初步打通报网端融合通道。制定以融媒体生产为导向的综合考评办法和激励措施，建立具有太报特色的全媒体融合的组织机构、流程管理、绩效考核、人员技术配置等体制机制，实现传统媒体与新兴媒体的深度融合。

（刘卫萍）

·太原广播电视台·

【概况】 2018年，太原广播电视台坚持以习近平新时代中国特色社会主义思想为指导，深入学习贯彻中共十九大精神和习近平总书记视察山西重要讲话精神，严格贯彻落实全国、全省、全市宣传思想工作会议精神，按照省委对太原提出的“两个走在前列”目标要求、“五个扎实”工作要求，着眼太原市实现在全省首位度和在全国省会城市综合排名“双提升”的科学定位，以“改革创新建章立制”年为抓手，深入开展“树正气树新风促创新促发展”主题活动，推进“三基建设”，在新闻宣传、节目创新、文艺演出、事业建设、产业发展等方面都取得新成绩，获2016—2017年度省级文明单位、2016—2017年度太原市文明单位标兵、太原市双拥先进单位、山西省第十五届运动会先进集体等荣誉称号。

（赵　亮）

【新闻宣传】 2018年，太原广播电视台围绕国家、省、市重大会议、重要活动和节点，市委、市政府的中心工作深入宣传习近平新时代中国特色社会主义思想和中共十九大精神、庆祝改革开放40周年、“不忘初心牢记使命”主题教育、省市两会、“担复兴大任做时代新人”、转型建设项目年、可持续发展议程创新示范区、脱贫攻坚、扫黑除恶、铁腕治污、中央生态环保督查回头看、文明城市创建、持续提升太原人民的满意感获得感幸福感等重大主题，完成山西省第十五届运动会、能博会、“2018太原·故宫文物展”、人民网2018大学校长论坛等重要活动的宣传报道。开设《在习近平新时代中国特色社会主义思想指引下新时代新作为新篇章》《牢记习近平总书记嘱托谱写新时代山西新篇章》《担复兴大任做时代新人》《幸福是奋斗出来的时代新人说——我奋斗我幸福》《铁腕治污进行时》《脱贫攻坚在行动》等新闻专栏40多个，播发稿件4000多条。这些报道集中反映全市改革发展的新举措、新发展、新变化，全面展现出太原市各项事业全面进步的新风貌。截至10月底，在中央广播电视总台发稿50余条，省台发稿420余条，在各城市台间传输新闻400余条。其中，央广中国之声播出的《太原市民为美丽太原点赞，寄语全国两会》、央视《新闻联播》播出《山西：以更大决心打赢污染防治攻坚战》《各地干部群众热议习近平总书记在生态文明大会讲话精神》等新闻，展现山西新形象，传递太原好声音。与全国各城市台联制联播《中国城市四十年——太原汾河水阅尽繁华四十里》不仅在全国各城市台播出，首次被推送到“新华社客户端”进行展播，有利于提升主流媒体的传播效果，扩大太原的城市影响力和美誉度。由市委宣传部和太原广播电视台联合摄制的诗朗诵《我的热爱大声说出来》被输送到广州、石家庄、西安、沈阳等城市台播出，在全国起到很好的引领作用。

（赵　亮）

【节目创新】 2018年，太原广播电视台栏目改创成绩显著。从新角度、新传播、新声音、新活力等方面入手，对《新闻对话》《并州之剑》《行风热线》等名牌栏目进行改版升级，采用融媒体形式，让普通百姓参与到新闻节目当中，真正实现与市民观众零距离接触。从新内容、新形式、新方向、新境界等方面构思，推出反映时代新人的周播节目《时代先锋》；与太原市各个基层法院共同打造庭审节目《庭审，我在现场》；推出首档集“广播声音特色＋网络音视图文输出”为特色的融媒直播节目《先声夺人》；打造全新公路益智节目《挑战老司机》；新增面对中老年人群的广播创新节目《说房时间》《楚月帮帮你》等。2018年，太原广播电视台的大型活动精彩纷呈。丰富频率频道线下活动，推出“爱的小桔灯”蓝丝带行动，关爱自闭症人士。举办持续一个月的太原交广采薇星空音乐节，为假期休闲的市民奉献精彩的视听盛宴。集合全台之力举办“2018龙城春晚”“童心飞扬新时代”六一联欢会、“七一晚会”“八一双拥晚会”“同心邀明月”中秋诗会等大型活动，精美新颖的节目编排和绚丽多彩的舞美设计，受到社会各界的高度评价，展示出新时代太视人的崭新面貌，扩大太原广电的传播力和影响力。小桔灯爱心联盟还被中共中央宣传部评为“全国学雷锋示范点”。

（赵　亮）

【文艺创作】 2018年，太原广播电视台加强广播电视主题化创作。专题制作中心摄制完成改革开放大型纪录片《四十年四十城》，太原市夜景航拍形象片《点亮太原城》，创建全国文明城市活动专题片《创建全国文明城市“九乱整治”纪实》，山西省综改区专题片《迈步新征程》。广播电视剧中心参与制作动画电影《赵氏孤儿》、电影《山无棱天地合》在央视电影频道播出。并创作完成10集系列纪实短片《创业者说》。加快文艺演出市场化步伐。市话剧团创排的大型历史话剧《北魏风飏》获评国家艺术基金2018年度传播交流推广资助项目，并在全国巡演18场；太原舞蹈团舞剧《千手观音》全国巡演获得成功。与延安文化投资集团合作大型红色主题剧目《红秀·延安延安》在延安驻场演出400余场，掀起红色信仰浪潮。市歌舞杂技团携手沈阳杂技团打造大型杂技剧《炫彩中国——龙城“醉”美》在国内巡演，安排赴南美洲演出。9月7日至9日，该团杂技演员随省委书记骆惠宁率领的中国共产党代表团对葡萄牙进行友好访问，参加葡萄牙共产党《前进报》节、中国山西旅游（葡萄牙）推介会文艺演出。三团深入太原市各县（市、区）社区、学校、农村，开展近百场“免费送戏下乡”等文化惠民演出。（赵　亮）

【媒体融合】2018年，太原广播电视台融媒建设全面推进。太原手机台客户端完成再升级，新增微信通道直播功能，全年累计完成融媒直播70多场。其中省运会开幕式融媒体直播，观看人次达到62.60万，为历史最高。投资1000多万元的融媒体中心，完成内部装修。全台微信公众号矩阵已经组建完成，并以“太原广播电视台”命名入驻央视新闻+、新华社现场云、头条号等内容分发平台，大大延伸太原广电的触角。太原有线融合平台建设推进，在全市开通互动业务的片区实现融合业务全覆盖，以终端智能化为基础，推进对4K超高清、智能语音、多屏互动等新技术的应用，用户数量达16000户。（赵　亮）

【事业建设】2018年，太原广播电视台以先进技术为引领，为全台创新发展提供驱动力。广播电视方面，投资946万元，完成600平方米大演播室的灯光改造工程；投资760万元，改造完成新闻综合频道《太原新闻》《新闻快车》演播室；投资1876万元，建设完成广播电视云媒资和云制作系统项目。太原有线方面上线综合运营网管系统，提升综合服务能力。（赵　亮）

【产业发展】2018年，太原广播电视台面对传统媒体整体经营下行压力较大的严峻形势，全台上下群策群力，以多元发展应对。做好主营项目。广告收入方面，提升服务、开发广告新品种、新业务，全年实现广告收入1.42亿元。网络公司方面，在市政务服务中心设置广电窗口，推出“一站式”便捷服务，全年完成经营任务2.05亿元。拓展全新业务。集中全台演艺资源，利用节庆等时间节点和重要活动举办的机会，先后策划、推出或承办“2018龙城春晚”等5台晚会或活动，实现全台晚会广告冠名零的突破。涉足第三产业。推出“魔豆”“银发无忧”“107观天下酒”等多个项目，拓宽全台营收的渠道。全年经营创收稳中向好，实现营收4.50亿元。（赵　亮）

【安全播出】2018年，太原广播电视台坚持把安全播出作为广播电视的生命线和头号政治任务来抓，健全安全播出责任体系，修订完善《太原广播电视台安全播出应急预案》《太原广播电视台网络安全事件应急预案》，进一步健全安全播出应急体系；坚持实行“一岗双责”制，落实安全生产主体责任和安全监管责任。按照“2018网络安全执法检查和网络安全等级保护工作推进会”要求，开展7个广播电视信息系统的第三方检测评估工作，确保重要系统运行安全。按照“管行业必须管安全、管业务必须管安全、谁主管谁负责”的要求，落实安全责任，强化目标考核，保证全年安全播出无事故。（赵　亮）

图书馆

【概况】太原市图书馆馆舍面积56066平方米，地上6层，地下二层。馆内设有社科借阅区、自科借阅区、数字阅览区、亲子阅读馆等60个服务区域、阅览坐席3816个、供读者使用的计算机300余台、应用RFID技术和无限网络全覆盖。

2018年全年总接待量406万人次，日均接待读者11123人。有效读者证共计473100个，2018年累计新增读者证82941个。书刊外借册次202.09万册。24小时图书馆全年无休，自修室、茶书吧、读者餐厅延时开放，在闭关日仍向有需求的读者开放，每周累计开放时间达108.50小时。

太原市图书馆在传统图书采购方式的基础上，开通“图书荐购”等读者需求平台，加快新书入库，缩短分类、整架、修补、上架等工作环节。全年完成馆藏12万余册过报过刊整理、入库上架工作；开展对保存本阅览区2011年以前的图书书目数据的录入和修改工作。完成普通古籍、特藏文献回迁，整理上架工作。并在两个月时间里，完成普通古籍、特藏民国文献、

2018年2月16日，太原市图书馆举行新春馆长送书活动（太原市图书馆供图）

2018年4月21日，首届太图读书节启动　（太原市图书馆供图）

小人书及碑帖字画等的拆包、整理、核对，上架工作。

馆藏文献总量153.56万册，其中图书126.70万册，古籍9.39万册，报刊12.73万册，视听文献4.73万册，数字资源304.88TB。2018年新增馆藏109295册件。

全年组织举办展览25场、112万人次参观。组织开展主题讲座、市民课堂等98场；开展品牌太图讲坛、太原文化大讲堂等63场；各类阅读推广活动共参加读者42305人次。2018年获得首届公共图书馆创新创意大赛最佳创新奖、最佳创意大奖、第三节“水滴奖”全国科幻作品征集大赛优秀组织奖等国家级奖项四项。获得2018年太原图书馆学会全民阅读先进单位、2017年“同筑中国梦，共度书香年”春节主题活动优秀组织单位称号、山西省庆祝改革开放四十周年群众文化系列活动——基层文化创新团队省级奖项三项。（信息部）

【网络化数字化建设】 2018年，太原市图书馆开展资源联建政府公开信息项目信息报备、资源加工；开展推广工程“网络书香过大年”系列活动；做好数字资源库的采购建设及读者推荐等相关工作。加强网站及微信公众平台创新建设。2018年底新版网站访问量达124万人次，官方微信开设微信办电子证件、人脸识别的借阅功能，微信关注人数达12万余人次。太原市图书馆微信公众号获2018年度太原市融媒体协同平台工作优秀帐号三等奖。（信息部）

【公共文化服务】 2018年，太原市图书馆共有馆外流通分馆21家，电子图书借阅机服务点6个。2018年筹建太原警备区图书室、中国人民解放军海军某部图书室。全年17家分馆配送图书6673册，调拨图书3000余册，捐赠图书3200余册。

4月23日世界读书日期间，与太原新华书店跨界合作推出“你选书、我买单”之馆中店活动；与京东商城跨界合作推出“太图飞书”活动；采用支付宝蚂蚁金服旗下芝麻信用打造“信用+阅读”公益借阅新模式；开通“太图之声·太图网上读书会”阅读推广微电台；“新时代”朗读亭正式向读者开放。2018年市图书馆先后打造并开放全国首创的“马克思书房”“太原书院”两个品牌特色空间。截至2018年底，马克思书房接待参观团体932批次，读者人次约103280人次。发挥公共图书馆的阵地作用和社会教育功能。

承办“太原市图书馆新馆提升服务水平”专家研讨会、“民国时期文献保护计划宣传推广活动——太原站”系列活动、“2018数字出版与数字图书馆融合发展国际研讨会”“经典亲近边疆·边远·边关行”第五站”等国家级、国际级大型会议。（信息部）

【业界太图开讲】 2018年，太原市图书馆新馆为提升馆员素质，了解新时期图书馆业务研究新动态，促进各项工作的顺利开展，多次邀请国内知名图书馆界专家、学者来馆开讲。3月16日下午，浙江图书馆馆长褚树青，为全体馆员作“新业态+新服务+新方向——全球化背景下公共图书馆的创新与发展”讲座。太图职工和太原图书馆学会各会员馆代表近200人聆听讲座。讲座从广泛的合作共享、空间再造、馆员职业拓展三个方面为与会者描述图书馆发展的远景规划，并在IFLA“全球愿景”的大背景下，指导大家通过“总分馆”建设、“信用”制度、跨界融合等方式，建立一个共建、共享、共管、开放、共用的无边界图书馆服务体系。

3月26日下午，南开大学商学院信息资源管理系教授，博士生导师，南开大学公共文化创新研究中心主任，中国图书馆学会编译出版委员会副主任、阅读推广委员会经典阅读推广委员会副主任徐建华对太图职工进行培训。讲座的题目是“他山之石砥砺前行——图书馆阅读推广活动开展分析”。讲座辨析阅读推广的概念，指明阅读推广是公共图书馆的根本任务，“阅读是天职，推广是使命”。并结合国内外公共馆，高校馆的阅读推广实例，归纳总结阅读推广通常的做法和要点，阅读推广活动中存在的问题，提供阅读推广活动的经验借鉴。

4月20日下午，国家图书馆魏大威馆长在太图作《贯彻落实公共图书馆法推动数字图书馆创新发展》的报告，报告内容包括：继续以科技创新为支撑，不断拓展和实现公共数字文化信息化建设新形式；继续以实际需求为导向，坚持突出公共数字文化服务效能；继续加强统筹协调，形成任务清晰权责明确推进有序的工作格局。太原图书馆学会会员、十县区公共图书馆馆长及全体太图

职工参加。 （信息部）

【太图读书节】 2018年4月21日，首届太图读书节在太原市图书馆一层问道厅宣布启动。国家图书馆副馆长魏大威、太原市委常委、宣传部部长张璐出席启动仪式。读书节以“涵养城市文明，培育时代新人”为主题，由太原市文化局主办，太原市图书馆、太原图书馆学会承办，以公共图书馆作为主导、省城出版界、文化界、媒体、阅读推广机构全城联动，营造全民阅读节日氛围。发布“新时代阅读榜”推荐书目，推出“时代新人·阅读者”系列读书活动，实施“新时代图书馆+”系列阅读推广活动，包括“时代新人·阅读者”活动、“时代新人·读书说”活动、“时代新人·少年行”活动。开设“马克思主义”书房，深入学习研究新时代、新思想，实施“新时代图书馆+”系列阅读推广活动。太图讲座、市民课堂、书香雅集等活动近百场。其中，太图之声·网上读书会、芝麻信用借还、太图飞书等创新活动受到市民好评。市民足不出户，即可在手机端点击借阅，送书上门，阅读体验又一次得到提升。“首届太图读者节”开展4个多月，最大限度发挥公共文化服务场馆的功能，公共文化服务效能提升。 （信息部）

【马克思书房开放】 在马克思诞辰200周年之际，为帮助广大干部群众更加深入地了解马克思主义，推动习近平新时代中国特色社会主义思想大众化、通俗化，市委宣传部精心策划、直接领导，在书香浓郁的太原市图书馆开设“马克思书房”，2018年5月10日，太原市图书馆马克思书房正式开放。马克思书房是全国首创、独具特色、功能多样的马克思主义中国化时代化大众化学习交流研讨空间。收藏关于马克思主义、列宁主义、毛泽东思想、邓小平理论、习近平新时代中国特色社会主义思想等相关文献20000余册。定期举办当代中国马克思主义系列研讨交流活动，包括但不限于相关文献阅读活动、交流研讨会，马克思主义论坛，举办马克思生平展览；与省内各大高校马克思学院合作，建立的马克思主义学习小组，在马克思书房进行专业授课、讨论；为全市中小学生提供思想品德课外课堂，包括参观马克思书房、举办故事会、抄写诵读马克思经典语录等形式的马克思主义课外教育活动。马克思书房文献整合、空间叠加，突出当代中国马克思主义即习近平新时代中国特色社会主义思想的传播。理念先进、设计时尚，实现功能的时代化大众化。发挥马克思书房的社会教育功能，开展丰富多彩的活动，在青少年心中埋下一粒马克思主义的种子。截至2018年底，共接待参观团体932批次，读者人次约103280人次。 （信息部）

2018年5月18日，马克思书房开展小小马克思活动 （太原市图书馆供图）

【全国民国时期文献保护计划宣传推广活动】 2018年7月4日至7月5日，2018年全国民国时期文献保护计划宣传推广活动——太原站系列活动在太图成功举办。本次活动由文化和旅游部公共文化司指导，国家图书馆、中国图书馆学会和山西省文化厅联合主办，山西省图书馆学会、太原市图书馆承办。来自全国180余名业界代表参会。宣传推广活动由“民国时期文献保护计划”系列展览和民国时期文献保护工作高级研修班两大版块组成。此次研修班主要针对全国各级各类图书馆民国时期文献保护工作主管领导、业务骨干、专业人员开展。陈力讲授“民国时期文献保护计划”概况，山西大学近代中国研究所副教授柳德军讲授“从民国文献读民国文化”，国家图书馆研究馆员刘小玲讲授“民国图书著录”，国家图书馆副研究馆员杨静和延卫平分别讲授“民国连续出版物的著录”和“全国联合编目系统民国时期图书联机上载与馆藏编制”。讲授专家用丰富的案例和详细的专业理论讲解让与会学员受益匪浅。7月4日19时，由太原市文化局主办，太原市图书馆承办，以“引领时代风采·共享文化盛宴”为主题在太图报告厅上演。省市文化系统领导、省市图书馆学会成员、“民国时期文献保护计划”推广项目太原站的专家学者共180余人观看演出。演出节目涵盖古典诗歌朗诵、中华名族传统乐器演奏、古典汉服展示、戏剧吟唱等多种文化表演形式。内容丰富，精彩演绎，现场观众尽享传统文化带来的视觉和听觉盛宴。 （信息部）

【数字出版与数字图书馆融合发展国际研讨会】 2018年8月17日，“2018数字出版与数字图书馆融合发展国际研讨会（CDPDL）”的海内外图书馆界专家学者共200余人在太原市图书馆进行学术参观及交流研讨。国内外专家学者就数字资源共建共享、图书馆总分馆建设、高校图书馆与公共图书馆合作共建等问题进行学术交流与研讨。通过此次学术参观交流活动的开展，部分海外图书馆馆长期待与太原市图书馆建立友好合作关系。美国昆山杜克大学专家表示参与此次交流研讨受益匪浅，对太原市图书馆留下深刻印象，对太图优美典雅的馆舍环境、架构一流的文献资源、精彩纷呈的读者活动给予高度评价，并对太图交流研讨活动的周密安排和精心服务表示感谢。太原市图书馆集中展示中国公共图书馆界中新改扩建图书馆的典范，从馆舍空间设计、文献资源、服务理念、服务成效等方面为中国的图书馆界与海外图书馆之间搭建起一座与世界交流的彩虹之桥、友谊之桥，为更多国际友人了解中国、了解山西、了解太原市打开一个新窗口。太原市图书馆以其开放、合作、共享的积极态度和理念，打开越来越宽广的国际平台。此次参观交流活动的举办，为增进山西、太原和海内外国家公共图书馆的互相了解，促进中国和全球公共图书馆的交流、合作做出贡献。（信息部）

【太原书院开放】 2018年9月7日，太原书院在太原市图书馆正式揭幕。宣传文化艺术界嘉宾、代表及市民读者数百人，共同见证太原书院的开幕，参观首展“莲现莲成——迦陵诗词中意与象丨荷生刘波书画展”，聆听两场文化沙龙《诗思寄苍穹——从叶嘉莹和范曾先生的诗教说开去》《文化产业漫谈》。此次系列活动由太原市文化局主办、太原市图书馆承办。

为发挥公共图书馆的阵地作用和社会教育功能，太原市图书馆在新馆五层开设集文化沙龙、传统雅集、书画展览、传统文化教育、艺术品展示等多种艺术体验、文化艺术传承推广的人文空间——太原书院。太原书院是市图书馆继马克思书房之后，又一次创新文化空间，丰富文化内涵的重要举措。

太原书院是开设集文化沙龙、书画展览、传统文化教育、艺术品展示等多种艺术体验、文化艺术传承推广的人文空间。当日，太原书院展出画家刘波根据叶嘉莹教授诗词创作的书画作品60余幅，举办以《诗思寄苍穹——从叶嘉莹和范曾先生的诗教说开去》为主题的文化沙龙。开设太原书院是太原市图书馆用实际行动促进中华传统文化的弘扬与传承，坚定文化自信，继马克思书房开设之后的又一重要举措。（信息部）

【“经典亲近边疆·边远·边关行”第五站活动】 2018年10月13日，在太原市图书馆新馆开放一周年之际，由中国图书馆学会指导，中国图书馆学会阅读推广委员会主办，经典阅读推广专业委员会、儿童与青少年阅读推广专业委员会、太原图书馆学会、太原市图书馆、朔州市图书馆承办的“经典亲近边疆·边远·边关行”第五站活动在太图举办。北京大学信息管理系教授李国新、华东师范大学商学院信息学系教授范并思、南开大学图书情报专业学位中心主任柯平、南开大学信息资源管理系教授博士生导师徐建华及经典阅读推广专业委员会、儿童与青少年阅读推广专业委员会委员共十余人参加。李国新教授在报告中指出中国中西部图书馆以及基层图书馆如何发展、如何站在时代背景下满足读者的需求和期待、如何解决图书馆发展的供需矛盾、如何更好地促进文旅融合，太图的理念、经验值得推广。范并思教授重点解读儿童阅读推广的三种方式，为少儿阅读推广提供思路与借鉴。柯平教授从目录学视角解读经典阅读的推广。从经典阅读的思想性、科学性、局限性等几个层面分析并强调经典阅读推广的重要意义。徐建华教授认为太图马克思书房紧跟新时代发展要求，是图书馆界发展的创举，并从图书编目角度对马克思书房面临缺乏唯一性、排他性的瓶颈以及如何突破同质化发展等问题给出可行性建议。（信息部）

市民了解信用借还图书服务 （太原市图书馆供图）

美术馆

【概况】 2018年，太原美术馆坚持以习近平新时代中国特色社会主义思想为指导，团结奋进；在繁荣发展太原美术事业，提升扩大太原文化影响力，丰富省城文化生活，满足人民对美好生活的向往等方面取得长足进步和发展，完成各项目标任务。全年举办大中小型展览74场，丰富市民文化生活；关爱未成年人，全年举办37场公共教育活动；传统文化节日活动丰富多彩；开展学雷锋志愿服务活动，获“省级学雷锋志愿服务站”称号。太原美术馆获得“文明单位”“双拥先进单位”称号。

（李锦　连越）

【美术专业培训】 2018年，太原美术馆干部职工参加培训学习，培训主题多样化，包括“全国美术馆专业人员培训班”“美术馆管理高级研修班”“山西省基层美术工作者能力提升培训班”“山西特色产业人才能力提升培训班”“太原市文化干部能力素质提升培训班”“太原市文化局党务干部培训”“太原市公共文化服务培训班”等，旨在形成一支政治素养过硬、精通业务技能的人才队伍。

（李锦　连越）

【优质展览策划】 2018年，太原美术馆本着“高水平、高规格、高品质”的办展理念，共举办74场展览，参观人数达80多万人次。

举办“庆祝改革开放40周年”群众文化系列活动。太原美术馆立足人民群众对美好生活的新期待，举办9场精彩纷呈的艺术活动，充分展示改革开放40年来丰硕的文化发展成果，丰富群众文化生活。自主策划举办“庆祝改革开放40周年时尚回响大型实物展”，经过一年的筹备，展出太原市民自发捐赠、提供的3000余件承载着记忆与故事的老物件，涵盖40年百姓生活的诸多方面，通过情感互动，增强市民在展览中参与感、获得感，成为一大现象级展览。观展人数达15万人次。

自主展览学术性、实践性加强。2018年度自主策划的展览，在主题、学术深度方面精益求精、提质增效。精心策划的“美在新时代——太原美术馆迎新春大型系列展览”，通过十大展览，为市民奉上文化盛宴，营造喜庆祥和的新春佳节氛围，弘扬中华优秀传统文化。“追寻瑰宝——天龙山石窟流失海外佛造像绘画作品展”，展览具有较高的艺术价值和文献价值，对启迪当代艺术发展的原生动力，增强文化自信有着示范和启发作用。

承办高规格、高水平国家级展览。太原美术馆承办第六届全国青年美展、“永远的怀念——纪念周总理诞辰120周年书画作品展巡展”，受到美术工作者和青年艺术家和艺术爱好者的称赞。对外文化交流成果显著。2018年，太原美术馆对外文化交流成果丰硕，太原美术馆成为“山西省对外文化交流基地。斯里兰卡龙华书院与太原美术馆签订文化合作意向书；自主策划的“美丽太原·幸福龙城——太原市摄影艺术作品赴斯里兰卡交流展”在斯里兰卡举办；澳门文化交流协会、“中国寻根之旅”华裔青少年前来参观学习；策划并成功举办“羁旅乡思—旅美画家李民水墨山西邀请展”。

示范引领山西美术发展。太原美术馆发挥示范引领性作用，关心新生代青年艺术家的发展，为青年艺术家提供充分展示、交流、互鉴的平台，举办“梦从这里出发——第三届山西省高校毕业季美术作品展”“山西省首届青年油画提名展”等多场展览。（李锦　连越）

【社会美育服务】 2018年，太原美术馆作为社会美育的重要场所，承担着“以文化人、以美育人”的使命和责任。挂牌成为“海外华裔青少年中华文化培训基地”。共完成5个项目37场公共教育活动。其中“馆校共建”美育共同体项目，走进先后走进13所学校，服务太原市学生千余人次，受到来自学生、家长、一线教师、校领导的一致赞扬。

（李锦　连越）

【文创产品开发】 2018年，太原美术馆开发文创产品，组织各类文创活动。研发方面取得数量与质量上的突破；成功举办“山西省第二届文创产品展暨文化创意设计大赛”和2017年度山西文创新品发布会；3月，太原美术馆文创产品首次亮相全国全国美术馆文创成果展示交流活动；初步建立文创基地。

（李锦　连越）

【典藏与学术研究】 2018年，太原美术馆在典藏与学术研究方面，制定未来库区装修建设方案；新增六大典藏类别，新增藏品390件，确立典藏胡桢版画、李夜冰国画典藏意向；举办“与时代同行”太原美术馆馆藏精品展；编辑出版《袁旭临书碑刻选辑》《新写意中国花鸟画13人交流展集》等画册。

（李锦　连越）

【媒体宣传】 2018年度太原美术馆发布各类新闻通稿400余篇；积极联络各大媒体，累计外宣500余篇；开通太原美术馆官方微博，实现网站、微信、微博“两微一端”全方位宣传；建立艺术家信息库，初步建立小型演播室，开展艺术家访谈栏目；初步实现数字化美术馆展示，建立“力群版画艺术馆”“吴为山雕塑馆”“壁画展”等展览的360度全景美术展。（李锦　连越）

【志愿者服务】 2018年，太原美术馆志愿者队伍日益壮大，志愿者平台注册志愿者达1466人，志愿服务时间12837小时。组织开展义务讲解、展厅管理、参观引导及各种交流活动等志愿服务活动80余次，服务群众数万人次。太原美术馆志愿服务站获“省级学雷锋志愿服务站”称号，与太原科技大学、山西财经大学、太原理工大学等志愿服务队签订志愿服务长期合作协议。

（李锦　连越）

卫生管理

【概况】 2018年，太原市卫生计生工作坚持以党的建设为统领，以健康太原建设为主线，统筹推进卫生健康事业得到长足发展，群众看病就医获得感增强。太原市连续11届22年获全国无偿献血先进城市，获批全国社会心理服务体系建设、基层高血压医防融合、医疗机构高压灭菌效果在线监测应用试点城市；县域综合医改的“阳曲样板”在全国推广、“清徐模式”省内领先，率先出台城区一体化改革指导意见，为全省贡献“太原方案”；基层卫生工作经验全国交流，国家基本公卫服务项目绩效考核全国第六，基层艾滋病管理模式、卫生健康信息化建设得到国家卫健委充分肯定；率先在全国省会城市建设“溶栓地图”“胸痛地图”，搭建形成心脑血管疾病紧急救治“全市一张网”，急救综合实力走在全国前列。在2018年全省卫生计生目标责任考核中，再次被评为优秀市。

太原市域范围内共有各级各类医疗卫生机构3705所。其中，医院163所、基层医疗卫生机构3490所、专业公共卫生机构40所，其他卫生机构12所。全市医疗卫生机构共有床位39917张，千人口床位9.10张；各类卫技人员61269人。其中，执业（助理）医师23018人，千人口执业医师5.26人；注册护士29489人，千人口执业护士6.73人。 （李双平 王 菲）

【医疗改革】 2018年，太原市统筹实施城市公立医院综合改革，科学控制医疗费用不合理增长，39所二级及以上公立医院推行临床路径管理，选取102个诊断明确的病种实行按病种收（付）费改革；完成国务院医改办2017年度综合改革效果评价考核工作，4项医改核心指标合理向好；加快推进现代医院管理制度建设，在11所医院推进章程试点，在市妇幼保健院试点人事薪酬制度改革。将市急救中心发展空间受限问题和市第九人民医院发展困境难题，纳入深化医改大局统筹考虑，推进实行融合发展，实现扬长避短、资源共享、协同共赢。持续深化县乡医疗卫生机构一体化改革。位列全省第一方阵的阳曲、清徐提前完成10项年度重点任务，阳曲县被国务院评为全省唯一的县级公立医院综合改革成效明显县；位列第二方阵的古交、娄烦和第三方阵的城六区改革推进。压茬拓展分级诊疗制度建设。落实城市医院功能定位，巩固实施265个病种分级诊疗，完善双向转诊程序，实行差别化的医保支付政策，引导群众首诊在基层。建成25个医联体、8个专科联盟，引导优质医疗资源下沉；持续推行“1+1+X”家庭医生签约服务模式，并借助北京全科医生专家团队，精准提升家庭医生履约能力，全市共组建签约团队1482个，签约居民165.40万人，签约重点人群78.70万人，均高于省定标准。以尖草坪、万柏林为试点率先在全省引入“PBM”慢病管理项目，让利20%药品费用给社区居民。

（李双平 王 菲）

【医疗质量和医疗安全】 2018年，太原市以二级以上医院和县级医疗集团为重点，实施改善医疗服务行动计划，狠抓5项制度11项重点工作，新增16个专科质控部，组织4项技能大赛、3个专项检查，改善医疗服务，提升医疗质量；推进卒中中心、胸痛中心建设，建成覆盖全市的心脑血管疾病“黄金3小时急救圈”；42所医院医学检查结果实行“一单通”互认，减少重复检验，减轻患者负担；率先在全省建成全民健康信息平台和16大业务系统，接入54所省、市级医疗卫生机构、1645所基层机构，实现居民健康档案和就诊信息互联互通，并通过“健康太原”APP、“就医一卡通”“云医院”“12320热线”服务273万人次，使老百姓享受到智慧医疗带来的便捷和实惠。

（李双平 王 菲）

【“百院兴医”工程基础设施建设】 2018年，太原市完成投资10亿元，市中心医院、市人民医院、市妇幼保健院、市疾控中心迁建项目和市第四人民医院结核病防治楼基本完工。申请财政资金4亿元和德促贷款2.45亿元用于设备更新；抓住政务云建设契机，加强医院信息化建设。（李双平　王　菲）

【人才学科建设】2018年，太原市借力人才兴市战略制定出台高层次卫生人才引进、名医工作室、重点学科专科建设实施办法，专项补助18名高层次卫生人才、74个重点学科（专科）2126万元；启动医学重点学科高端人才培养计划，首批确定72人；累计完成全科医生转岗培训9批291人，多渠道培养基层适宜人才2000余人次；市级医院招录300余人，县级医疗集团与4800人达成就业意向；8个院士工作站引领带动42个重点专科、52个重点学科建设取得明显成效；市中心医院、市精神病医院成为山医大附属医院，市人民医院、市妇幼保健院与麻省医疗国际集团达成战略合作。（李双平　王　菲）

【医院内涵建设】2018年，太原市强化医疗质量和医疗安全，二级以上医院全部实行预约诊疗和临床路径管理，优质护理、运营评价实现全覆盖，市妇幼保健院医务科被国家卫计委评为优质服务示范科室、盆底康复科获中国妇女盆底功能障碍防治项目先进集体，市第二人民医院获评“全省优质护理服务表现突出医院”。（李双平　王　菲）

【卫生信息化建设】2018年，太原市搭起一个云平台，推进互通共享建设。全省率先搭建起的全民健康信息平台上联省卫健委、下联各级医疗卫生机构、外联市政府、民政、公安、人社、教育、金融、医药公司等部门；铺设起覆盖省市县乡村五级机构的卫生专网；集中省城1404所医疗卫生机构就诊和健康数据，形成电子病历、健康档案、全员人口、卫生资源四大数据库，实现就诊记录和健康档案信息跨院调阅11631人次。用好一种新模式，加快区域信息建设。采用云模式，在全市110所基层医疗卫生机构推行全科医生工作站；改扩建基本公共卫生信息系统，解决健康档案不互通、重复率高、规范率低的问题，在上年国考中初显成效；实现妇幼信息系统整合，解决同一个新生儿多系统录入、信息各异的现象；通过信息化助力区域分级诊疗、家庭医生签约、两票制监管、DRGS医院评价等医改任务迅速有效落地。信息中心张哲慧被中国科技核心期刊《中国卫生信息管理杂志》吸收为新一届编委会委员。（李双平　王　菲）

【12320卫生热线建设】2018年，太原市12320加强服务能力建设，推进电子工单转办、分级分类管理、例会制度等管理模式，提供各类服务394.88万人次，办结率100%，满意率99.50%以上；实现多元化服务，服务职能从6项增至14项，与省、市电台、北京、江苏合作开展专家在线606场次；以12320新媒体为载体，向百姓开放健康档案、检验报告查询、自助预约挂号、在线支付等服务30万人次，进一步增强群众获得感。（李双平　王　菲）

【健康扶贫】2018年，太原市坚持“靶向治疗”，累计救治25种大病贫困患者638人，“双签约”“三保险”“三救助”服务实现全覆盖，报销比例达92%；“光明扶贫工程”免费救治白内障患者112名；培训“山西护工”1453人；娄烦县134个村卫生室全部达标；市财政转移支付为娄烦招聘卫技人员37人，248人与阳曲、娄烦两县医疗集团达成初步就业意向。（李双平　王　菲）

【医养结合】2018年，太原市取消养老机构内部设置医疗机构行政审批，推行备案管理，缩短备案时限，促进医养结合创新发展，全市50%以上的三级综合医院（含中医医院）、20%以上的二级综合医院开设老年科，80%以上的医疗机构开通老年人就医绿色通道。通过政府推动、机构探索、社会协作等方式，依托首批13所市级医养结合示范单位，初步形成五种服务模式，广受群众好评。（李双平　王　菲）

【医改工作受到国家领导认可】2018年1月，国务院副总理刘延东考察阳曲县人民医院、大盂乡中心卫生院，详细了解健康扶贫工程实施情况，看望贫困患者和医务人员，强调在建设紧密型医联体方面形成许多好做法，要总结推广县乡医疗机构运营、服务、技术等一体化管理经验，运用“互联网+”和远程医疗，推动优质资源下沉，提升基层医疗服务能力。（李双平　王　菲）

【科研成果】2018年，太原市获国家

爱眼日健康讲座进校园　（太原市卫生计划委员会供图）

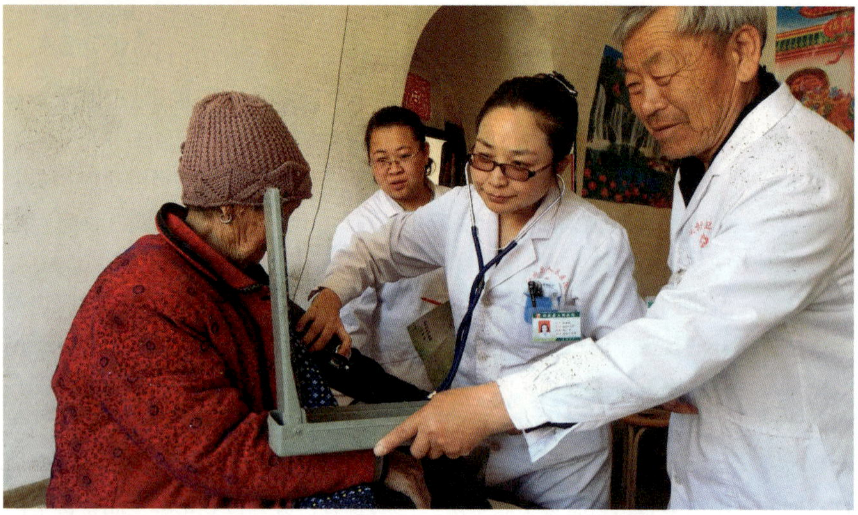

为群众上门体检　　（太原市卫生计划委员会供图）

自然科学基金立项1项：太原市中心医院——不同表达状态的EDIL3介导的皮肤间充质干细胞在银屑病血管新生中的作用及机理；吴阶平医学基金会立项1项：太原市妇幼保健院——育龄女性FMR、SMN基因的必要性调查研究；中国冶金医学会立项5项：太钢总医院——超声心动图多模态技术对急性右心室心肌梗死的研究；太钢总医院——DNA甲基化和单核苷酸变异在调控焦炉工外周血多环芳烃代谢酶异常中的交互作用；太钢总医院——低剂量的泛素蛋白酶抑制剂硼替佐米对鼠颈总动脉血管成形术后再狭窄的影响；太钢总医院——骨髓间充质干细胞与胎鼠皮肤组织块共培养影响其分化的试验研究；太钢总医院——NOS1AP基因多态性与冠脉再次血运重建的相关性研究。

省级立项13项：太原市中心医院——基于奥马哈系统的脑卒中居家鼻饲营养管理模式构建与应用研究（山西省卫健委）；太原市精神病医院——山西省精神卫生专科护理评估单的研制及应用效果的研究（山西省卫健委）；太原市疾病预防控制中心——2018年太原市流感样病例的病毒病原谱及时空进化动力学研究（山西省卫健委）；太原市中心医院——肠道微生物对OSA糖尿病足溃疡影响的研究（山西省科技厅）；山西省煤炭中心医院——“互联网+医学科普”应用于舒适医疗下的消化内镜诊疗和早癌筛查（山西省科技厅）等省级项目13项。发表论文SCI8篇，中华级11篇，国内核心期刊261篇。2018年度全市共开展新技术、新项目149个。被国家卫生健康委评为全国流动人口动态监测优秀单位。（李双平　王　菲）

卫生监督

【概况】2018年，太原市卫生计生综合监督工作围绕卫生计生重点工作，坚持“全市卫生监督一盘棋”发展理念，以社会关注、市民关心的民生问题为切入点，以“三心工程”为引领，着力提升队伍素质，加大执法力度，积极开展专项整治和双随机工作。全市卫生计生监督机构统一思路，整体部署，共同进步，卫生监督工作再上新台阶。

全市共监管各类单位11819家，监督总户次数达15342户次，涉及医疗卫生机构、公共场所、供水单位、学校、放射诊疗机构等十大类专业，各专业被监督单位全年监督覆盖率达100%，建档率100%。全年查处各类违法案件665件，罚款金额总计98.29万元，通过投诉举报受理案件45起，案件查处数和罚没款金额均位列全省第二，所有案件均全部执行到位。全市监督队伍全面推开“双随机、一公开”监管，对监管对象名录库和执法检查人员名录库实行动态管理，实时更新，做到任务到人。全市全年双随机任务单位1094户，全部完成抽查，完结率100%。加大行政处罚、黑名单等负面信息的披露力度，定期在市卫计委官网和信用山西网络平台上进行曝光公示，从制度上和实际工作中促进宽进与严管无缝对接，促进全市各卫生监管行业自律意识的提高，营造了依法执业、诚信经营的良好风气，完成各项工作任务。（李　岩）

【就医环境规范】2018年，太原市卫生局卫生监督所在总结以往监管经验的基础上，结合实际，调整工作方式，在日常卫生监督的基础上，加强对医疗行业的监督检查力度。严格贯彻市卫生计生委提出的“严管医疗机构应当监督先行”的要求，源头把关，参与全市医疗机构现场校验和审核。结合现场校验工作，从医疗执业和传染病防治两方面入手重点开展整治非法行医、非法医疗美容、临床用血、医疗废物管理、消毒隔离管理、消毒产品生产使用、中医医疗机构传染病防治和感染防控等一系列专项检查。根据国家、省、市卫生计生委要求，结合太原市实际，完成传染病防治分类监督综合评价工作。将精麻药品和抗菌药物管理纳入医疗监管之中，使医疗机构的量化分级管理更加全面合理。加强放射卫生和职业卫生监管。协助山西省卫生监督协会组织完成全市放射工作人员岗前、在岗期间的法律法规及防护知识培训工作；完成80个放射性职业病危害放射防护预评价审核及控制效果的现场验收工作。开展职业健康检查和诊断机构的监督检查工作，组织完成12例职业病鉴定工作。做好规范医疗市场工作，加强对中医药卫生和计划生育的监管工作。选派专业人员多次参加国家卫生计生委监督中心举办的全国医疗卫生执法监督骨干培训班，学习和掌握最新知识，积极推进相关工作。（李　岩）

卫生监督检查　　（太原市卫生计划委员会供图）

【公共卫生安全】 2018年，太原市卫生局卫生监督所稳步提升公共场所卫生监管水平。以“创建文明城市”活动为契机，在一手抓监督检查，一手抓许可管理的基础上，结合监管的薄弱环节，加强对公共场所集中空调通风系统和顾客用品用具卫生的监管，重点开展公共场所控烟、高考期间考生住宿场所的公共卫生安全保障、沐浴理发美容行业专项整治、游泳场专项检查等一系列专项整治工作，保障场所的卫生安全。推进饮用水卫生监督工作。对直管集中式供水和二次供水单位进行监督检查，针对“两节”“两会”、中高考和夏季汛期等关键时间节点，开展市政供水单位饮水卫生专项、考点附近生活饮用水卫生专项行动和汛期突发饮用水污染事件卫生应急演练，确保防患于未然。监督员利用专业知识，为预备役高炮旅义务开展水质检测服务，使双拥工作落到实处。强化学校卫生的督导检查。针对学校传染病疫情的人群特征和季节特征，2018年开展春季学校传染病防控专项行动。对全市627所学校的突发公共卫生事件管理、传染病防控、生活设施、生活饮用水卫生管理和突发事件应急处置等情况进行监督检查，强化校领导第一责任人的防控意识。多次对县区的学校卫生监督工作进行专项培训督导，使全市学校卫生监管水平得到提升。在接到有学校传染病疫情信息的第一时间，快速反应，及时赶赴现场，做好监督，控制疫情。开展餐饮具集中消毒单位的监管。针对现存餐饮具集中消毒单位加工间面积小，卫生条件差，自身管理不规范，工商部门只登记注册，卫生监管力度不够的问题，主动出击，多次与市工商局协调，了解全市餐饮具集中消毒服务单位的底数情况，并组织牵头，与10县（市、区）联动，统一展开监督检查，依法严厉查处违法行为。要求在今后的监管中要建立、健全餐饮具集中消毒服务单位卫生监督档案，强化责任、严格检查，探索和创新监管方式，全面规范生产经营行为。（李　岩）

【应急处置保障】 2018年，太原市卫生局卫生监督所随时做好应急准备，使队伍保持强有效应急处置能力。应急物资的管理，实行专人负责，专库管理，定期更新和维护，做到常备不懈。结合全年不同时期的特点，组织举办传染病、公共场所、游泳场所、放射卫生、学校卫生五个专业的应急培训与演练。在8月举行的省第十五届运动会期间，全市卫生监督队伍团结协作，统一行动，赛前全面排查，消除卫生隐患，赛中全程跟踪，每日督导检查，对赛场敏感指标进行快检，完成赛事的保障任务，为2019年“全国第二届青年运动会”的卫生监督保障积累宝贵经验。（李　岩）

水污染应急演练　　（太原市卫生计划委员会供图）

【卫生执法监督】 2018年，太原市卫生局卫生监督所在全市卫生监督队伍中树立“一盘棋”理念。针对区县监督员不足，办案经验缺乏的情况，专门成立两个监督科室直接深入各区县与基层监督员一道开展业务工作，“手把手”地指导如何查办案件；组织基层监督人员参加全市、全省乃至全国召开的各类卫生监督专题培训；派出区县业务骨干担任成员参加省卫生计生综合监督交叉检查，学习兄弟单位同仁在工作中好的理念和做法，探索适用于各所的工作方法，取长补短、共同进步。通过比拼办案，提高办案能力。2018年承办“太原市卫生计生行政处罚案卷评查评优竞赛活动”，将案卷评查与技能竞赛相结合，对2017年全市市、区两级卫生计生监

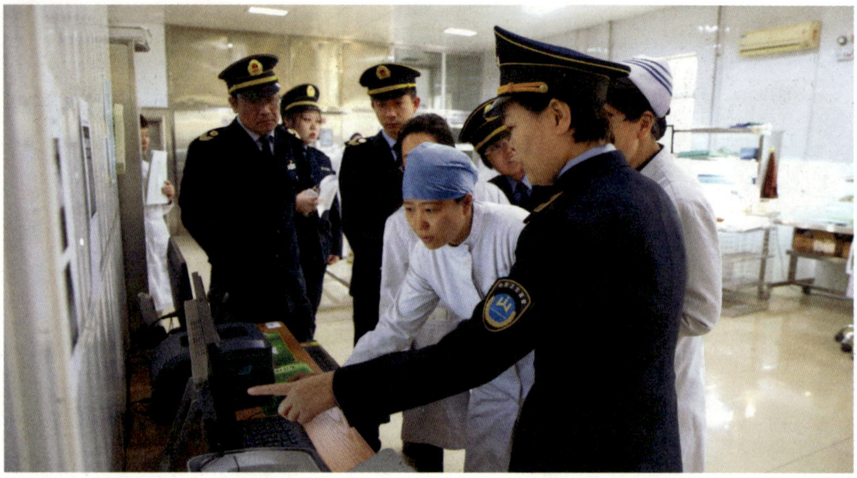

传染病防治专项督查　　（太原市卫生计划委员会供图）

督队伍办理的754份行政处罚案卷进行评查评优。通过评查发现问题，督促纠错，提高监督员执法办案能力；通过听取优秀案例承办监督员的现场汇报，剖析案例中的亮点、办案思路，交流学习案例中的先进经验和做法，真正达到以赛促学、以赛促练、共同学习、共同提高的目的，充分激发和调动队伍的工作热情和积极性。

太原市卫生局卫生监督所为进一步规范行政执法活动，加强行政权力的制约和监督，维护当事人和卫生计生行政执法人员合法权益，率先在全省卫生监督队伍中配置执法记录仪、数据采集器，建立、完善《执法全过程记录制度》《执法全过程记录设备使用管理规定》等相关制度，并在全市监督员中进行使用培训。通过一段时间的试运行，执法记录仪在各基层监督所和市所各监督科室推行使用。通过对现场执法过程视频记录的查看，及时发现并规范卫生监督员着装、示证等执法程序的不足，及时弥补监督员现场执法取证的缺陷，避免执法风险，提升监督员的依法行政能力，使执法全过程记录工作走向深入，防止行政纠纷，促进卫生监督执法工作更加阳光、高效。（李　岩）

【卫生信息化监管】 2018年，太原市卫生局卫生监督所以小店区为试点，率先协助指导该区开展此项试点工作，并在省运会前完成选点、安装、调试和试运行工作，在省运会保障中发挥重大作用。卫生监督员通过监测中心数据随时掌握各监测点的水质变化情况，第一时间通过手机短信收到早期预警信息，迅速、准确应对异常情况，结束实验室检测周期长、费用高、响应不及时的历史，实现信息时代实时、动态、精准的监管模式，监管方式快速转型。不仅在全省监督工作中走到前列，进入全国先进监督队伍之列。（李　岩）

【卫生监管“放管服”改革】 2018年，太原市卫生局卫生监督所本着“监督与指导并重，执法与服务同行”的原则，“培训重心下沉”。深化太原市医疗机构卫生监管“放管服”改革，助推太原市县级医疗集团医联体建设持续健康发展。通过对清徐县、阳曲县医疗集团县、乡、村三级医疗机构的相关负责人开展依法执业培训，对太原仁和诊所连锁管理有限公司近百名管理者进行的授课培训，将监督与服务、执法与普法有机结合，使医疗机构管理者和从业人员对违规执业情形有了更深刻的认识，对助推县乡医疗卫生机构一体化改革步伐、规范医疗集团和民营医疗机构依法执业行为起到促进作用。“执法力量联动”。通过市、县两级监督员开展联合执法检查，深入医疗集团县、乡、村三级医疗机构，坚持以问题为导向，以监督促改革、以检查促改进，提高执法效能，使两级卫生监督员共同丰富实战经验，加强执法水平，全面提升医疗集团依法执业水平，对基层医疗卫生机构在保护人民生命安全和服务健康方面发挥作用。（李　岩）

【卫生监督科研项目】 2018年，太原市卫生局卫生监督所继续被国家卫生计生委监督中心选中，参加全国医疗机构压力蒸汽灭菌效果在线监测应用试点第二阶段工作，项目涉及25家不同类别的医疗机构，省及太原市各区县监督所共同参与。数据实现实时上传，辅助监督员实地督导，试点单位将监测数据应用于单位的消毒管理中，真正实现执法与服务结合，惩戒式监督与引导式管理相结合。

太原市卫生局卫生监督所参与由国家学校卫生标准专业委员会牵头的《中小学校传染病预防控制管理工作规范》（GB 28932-2012）和《学生宿舍卫生要求及管理规范》（GB 31177-2014）两个学校卫生国家标准评估项目。作为全国七个参与机构之一，太原市卫生局卫生监督所准备，通过访谈专家、征求意见、科学选点、完善问卷、培训人员、调查填表等一系列工作，完成调查问卷回收工作。通过评估工作，可分析评价标准贯彻执行中存在的问题，标准修订提出合理建议，有效促进学校卫生监督工作，改善学校宿舍条件，防止中小学校传染病的爆发流行，对保护学生健康、促进健康中国有十分重要的意义。（李　岩）

妇幼保健

【概况】 2018年，太原市妇幼保健计划生育服务中心、太原市妇幼保健院（太原市儿童医院）以习近平新时代中国特色社会主义思想为指引，按照新时代新要求，推进各项工作取得新成效，推动医院发展新进程。门急诊人数为37.72万人次；手术例数5311例；固

定资产总额11810.60万元；卫材占比16.96%；平均住院日6.10天；药占比22.14%。（秦　钰）

【妇幼保健职能优化】2018年，太原市代表山西省迎接国家基本公共卫生绩效考核，基本公共卫生孕产妇及儿童健康管理工作在“国考”中受到专家的肯定，取得较好成绩。落实新版妇幼卫生调查制度。对10个县级妇幼保健机构，107个乡级监测点，1103个村级监测点重新进行安排部署。规范全市高危孕产妇管理，加大保障母婴安全工作力度。强化二级以上医疗机构妊娠风险评估，落实孕产妇五色评估管理，对风险等级为橙色、红色、紫色的孕妇建立专案管理，跟踪随访，避免不良妊娠结局发生。2018年，建立专项管理档案7569例。做好孕产妇HIV、梅毒、乙肝初筛检测和母婴阻断工作。全市十县（市、区）109家医疗保健机构向所有接受产前保健的孕产妇提供一次免费HIV、梅毒和乙肝表面抗原的检测工作，达到100%全覆盖。2018年，孕产妇HIV、梅毒、乙肝检测率为99.99%，感染孕产妇及所生儿童干预率98.09%（国家要求95%以上）。

推进实施重大公共卫生妇幼项目。2018年，为12671名农村妇女免费增补叶酸，完成率126.84%；为10509名城镇妇女免费增补叶酸，完成率97.16%；为28345名农村妇女进行免费宫颈癌筛查，完成率100.12%；为8456名农村妇女进行免费乳腺癌筛查，完成率101.74%；贫困地区儿童发放营养包11762个，发放率为83.27%。

开展新生儿遗传代谢疾病筛查的宣教工作。严格按照新生儿筛查规范技术服务，有效提高全市新筛率。2018年，全市筛查数为65841人，筛查率为91.10%（国家要求80%以上）。（秦　钰）

【医疗质量管理】2018年，太原市妇幼保健计划生育服务中心、太原市妇幼保健院（太原市儿童医院）强化医疗质量管理。健全三级质控，制定《医疗质量管理制度》，重新调整加强医疗质量与安全管理委员会，开展规范管理活动，对出现的问题进行追踪整改，进行PDCA循环共5项，将医疗质量工作指标纳入绩效考核。强化临床路径管理，共有27个病种实行临床路径管理。2018年，管理病种患者共7861人，进入路径6550人，入径率82.30%，完成路径6474人，完成率98.80%，临床路径覆盖率44.30%，为全市之首。

持续全覆盖的开展优质护理服务。制定《2018年优质护理实施方案》，修订优质护理工作制度、工作流程27项，考核奖惩标准，发挥护理质控三级网络全员参与管理的作用，持续提高护理质量。2018年，共组织院内学术讲座24次，参加人数9600人；派出进修学习人员122名，其中长期17名，短期参会学习105名；招收儿科住院医师规范化培训生14人。

引才引智，加强国际国内学术交流。在太原市妇幼保健计划生育服务中心、太原市妇幼保健院（太原市儿童医院）联合举办“首届全国妇科内分泌高级培训班”，全国各地业内精英28人参会，扩大院知名度和影响力。与麻省医疗国际集团签署战略合作协议。加强国际接轨，邀请美国、德国4名专家到院进行学术交流，对医院的学科建设、人才培养、科技创新等方面起到推动作用。

落实“三基”培训。巩固医务人员的“三基”理论知识，确保18项核心制度得到落实，加强医务人员执业管理。首次采用个人手机端在线考试方式，医务人员共241人进行考试，参考率98%，合格率100%；2018年，护理培训课程68节，进行理论操作考试，合格率为100%。

做好应急工作。完善应急流程和防控预案，加强应急培训，2018年组织开展医疗应急演练8次，提升应对各种突发事件的能力。院产科代表太原市在全省会议上进行产后出血应急示范演练。（秦　钰）

【妇幼医改政策】2018年，太原市妇幼保健计划生育服务中心、太原市妇幼保健院（太原市儿童医院）执行两票制。按照药品和耗材“两票制”采购要求实行。推行药品阳光分类采购，药品在山西省药械集中竞价采购网采购，网采率达97.55%，基本药物采购使用金额占比达28%；推行体外诊断试剂、高值医用耗材网上阳光采购。

推进分级诊疗。原有医联体不间断，专科联盟建设新发展。在原有全省范围内的医联体继续进行的情况下，建立太原市儿童妇幼医疗保健专科联盟；与太原市中西医结合医院、太原爱尔眼科医院签署医疗联合体协议，医联体总数达25所。2018年，共派出专家出诊316人次，诊疗患者4565人次；开展学术讲座13次，教学查房22次。加强巡回医疗和对口帮扶社区卫生机构工作。2018年，接收基层进修2人，医联体2人；共派出专家329人次，开展业务讲座培训7次，义诊13次，健康讲座60次，共服务9522人次；参与“千医千村牵手”医师共45人，派专家下基层198人次，共服务群众1878人次，培训101人次。（秦　钰）

【妇幼医疗服务能力提升】2018年，太原市妇幼保健计划生育服务中心、太原市妇幼保健院（太原市儿童医院）提升领导干部专业化能力。出台《中层干部能力提升培训方案》《中层干部管理培训实施方案》，举办“团队建设和干部执行力”“学习十九大精神提高干部执行力”等专题讲座，中层干部的管理能力和业务能力均得到提高；通过干部能力提升测试，“三大群体”综合能力得到提升，即：领导班子管理水平提升、党员干部综合素养提升、专业技术人员业务能力提升。全年管理培训5次，共500余人参加。

投身医改，探索薪酬制度改革。2018年，太原市妇幼保健计划生育服务中心、太原市妇幼保健院（太原市儿童医院）参加各项医改工作，并被确定为薪酬制度改革试点单位，学习引进科学的绩效改革方案，探索新形式下建立适应院特点的公立医院薪酬制度。

创新引进人才之路。2018年，外聘专家3名，有一名专家享受政府津贴；引进卫生专业技术人员共55名，其中医师26名、护士22名、医技7名；引进主任医师1名、副主任医师3名、研究生15名，柔性引进博士1名。

改善医疗服务行动。开通"手机在线支付"功能，实现手机在线挂号、在线缴费、在线查询检验结果等，方便患者就医；上线院感系统、物资管理系统，人力资源管理系统等；各项安全制度相对完善，逐步加强信息化建设。

（秦　钰）

【妇幼医疗品牌建设】2018年，太原市妇幼保健计划生育服务中心、太原市妇幼保健院（太原市儿童医院）关爱职工，丰富职工业余生活。为全院职工健康体检；举办各种活动共20次。开展献血、慈善捐款、扶贫等爱心公益活动。获省级社会主义核心价值观示范点，党委书记刘秀萍代表太原市在全省经验交流大会中作交流发言。"小丑医生志愿服务项目"作为全国医院文化亮点特色优秀案例进行交流；省市文明办推荐"欢乐天使，小丑医生"申报全国"四个一"优秀志愿服务项目。参加创城活动，开展扫黑除恶专项工作，狠抓安全生产，营造安全、稳定、秩序良好的就医环境。（秦　钰）

【免费产前筛查与诊断服务】2018年，作为山西省政府"免费产前筛查和诊断服务"民生实事之一，太原市妇幼保健计划生育服务中心、太原市妇幼保健院（太原市儿童医院）督导全市20所医疗机构，协调全市开展此项工作。截至年底，全市完成产前筛查56561例，完成全年任务数的118.58%。院内完成产前筛查17916例，占全市的40%，位居全省第一。

拓展妇幼保健功能。开展宫颈癌疫苗接种、0—18月婴幼儿开展运动发育评价指导、膳食营养成分评价指导、婴幼儿睡眠量表应用指导工作等。

为患者提供8种预约诊疗服务、自助机服务及在线支付服务。2018年预约率达到70.30%，较同期增加10.20%，居全市21家医疗机构首位；自助机挂号量达到97375人次，使用率达到25.90%。

（秦　钰）

【妇幼医疗学科建设】2018年，太原市妇幼保健计划生育服务中心、太原市妇幼保健院（太原市儿童医院）大力开展科研和人才培养工作。开展临床科研，新开展国家级科研1项、省级2项，准入新技术新项目42项。加强学科建设。儿内科新增神经、泌尿、内分泌系统3个亚专业的24个病种。PCR实验室通过验收，达到分子诊断水平，向精准医疗迈进。

院士郎景和工作站等全国一流专家团队，2018年，来院手术31例，会诊疑难病症5例，共服务患者110人；服务山西、幅射沈阳、天津、四川、贵州、内蒙、河南等省市。太原市妇幼保健计划生育服务中心、太原市妇幼保健院（太原市儿童医院）在2018年全市院士工作站大会上作经验交流。

2018年，太原市妇幼保健计划生育服务中心、太原市妇幼保健院（太原市儿童医院）成为山西预防医学会生命早期与疾病预防专业委员会主委单位；成为山西医科大学教学基地，承担儿科系学生的实习带教工作。建立妇幼保健中医药适宜技术（专病）培训基地；成为全国出生缺陷产前超声培训基地协同单位；成为山西省眼科专科联盟理事单位。正式启动危重新生儿院前急救转运服务，为全市及周边2小时时限内的地市，提供危重新生儿转运和救治专业技术保障，转运110人次。

参与太原市儿童妇幼医疗保健专科联盟。太原市妇幼保健计划生育服务中心、太原市妇幼保健院（太原市儿童医院）作为"太原市儿童妇幼医疗保健专科联盟"的牵头单位，以联盟为依托，建立起覆盖全市的妇女儿童医疗保健服务网络，坚持资源共享、优势互补、相互支持、共同发展的原则，积极为联盟成员单位提供技术共享和管理服务。

（秦　钰）

公共卫生

【卫生健康治理】2018年，太原市紧扣省运会、二青会医疗卫生保障，编制卫生应急预案，完善突发事件联防联控机制，强化市级7大类17支卫生应急队伍建设管理，组织开展培训演练20余次；同步加强卫生计生综合监管，共检查15342户次，查处案件692件，罚款105万元，日常监督覆盖率、"双随机"完成率均达100%，率先试点推进水质在线监测进入全国先进行列，传染病防治分类监督综合评价提前两年完成省定任务。实施法治建设规范年行动，创成省级法治创建示范行政部门1个、机构3个、窗口10个。

（李双平　王　菲）

【人口计生】2018年太原市出生39557人，人口自增率5.64‰，符合政策生育率99%，出生人口性别比102.93，生育水平持续保持稳定适度；在全省率先统一7大类15项计划生育特殊情况政策认定口径，取消生育服务证，推行计生证件办理"三个一"服务（一次性告知、一次性办结、最多跑一次），最大限度方便群众；以市政府名义印发《太原市职工生育保险实施细则》，解决产妇计生奖励假期间的待遇问题，建成公共场所和用人单位母婴设施133个；开展村级计生员专项督查，清理清退206人，并利用节余资金通过市、县两级配套等方式，解决部分离岗计生员退养补贴问题；支持2479名计生员参与家庭医生签约服务。严格落实孕产妇高危筛查、专案管理、危重救治等制度，在全省率先启动危重新生儿转运服务，完善危重孕产妇和新生儿救治网络；融合开展婚前、孕前、产前服务，前移出生缺陷防治关口，推进优生优育全程服务，产前筛查与诊断率名列全省第一，超额完成省政府民生实事；消除艾滋病、梅毒、乙肝母婴传播项目成效显著，孕期检测医疗机构覆盖率100%，成为全省免检单位。巩固联系人制度、就医“绿色通道”和家庭医生签约服务“三个全覆盖”；投入115.50万元实施“康乃馨关爱暖心工程”，提供生日祝福、红色党建、集体秋游、家庭保洁等11项第三方服务；为1444名“失独家庭”成员免费健康体检，走访慰问2408人、发放慰问金100余万元，并提高意外伤害险、住院陪护险标准，7年来首次实现全年赴省进京“零上访”。在全省率先开展“把健康带回家”关怀关爱进社区专项行动，建成流动人口健康教育基地16个，开展健康讲座、义诊咨询等1948场，服务18.36万人；建成国家级流动人口均等化服务示范区1个，国家级流动人口健康教育和促进示范企业2家、学校2所、家庭3个；完成流动人口动态监测工作，跨省流出人口有效核查率全省第一。（李双平　王　菲）

【爱国卫生】2018年，太原市创建国家卫生城市活动有声有色。太原、古交、清徐、阳曲继续保持省级卫生城市（县城）称号；农村“厕所革命”有序推进。落实习近平总书记关于开展“厕所革命”的指示要求，对2015年市政府重大民生改厕项目11000座任务进行大排查，娄烦县出台地上部分的技术指南，建立“一厕一档”，实行挂牌编号管理，成立8个乡级管护站，组建村级管护队伍，制定运行制度，清徐县出台以奖代补支持政策；完成省运会病媒生物防制保障任务。组织省市专家分八个检查组，检查14个比赛场馆和17个接待酒店，现场下达整改通知35份。对省运会病媒生物生态环境及潜在危害进行分析评估，为2019年“二青会”的医疗保障工作奠定的坚实基础；健康城镇建设试点活动深入开展。制定印发《太原市健康城市健康村镇建设试点工作规范（试行）》。对县（市、区）遴选推荐的9个省级健康试点村、48个市级健康试点进行调研检查、评估调整。完成全国爱卫办环境卫生整洁行动中期评估迎检工作。（李双平　王　菲）

·太原市计划生育协会·

【概况】2018年，太原市计划生育协会按照省协会工作要点要求，围绕全市卫生计生中心工作，以引导群众按政策生育，营造家庭友好社会环境、促进人口长期均衡发展为主题，以推进计生协改革创新为主线，以推进服务项目和品牌建设为抓手，落实“六项重点任务”，在重点项目上下功夫、求突破，增强计生协组织的生命力和凝聚力，在推进健康太原建设中发挥生力军作用。

（范世康　韩秦平）

【群众性宣传教育】2018年，太原市计划生育协会以“会员心向党，建功新时代”为主题，举办形式多样的群众性宣传教育活动。联合迎泽区卫计局、计生协，以“会员携手新时代爱心伴我回家路”——“用心点亮爱”为主题，举办“5·9无走失日”黄手环行动，提高社会对走失人群，特别是对患有阿尔茨海默病（俗称老年痴呆）和有走失风险的老年人群体的关注，现场共发放由中国人口福利基金会提供的黄手环和定位贴1000个，省计生协专职副会长李汝德、秘书长高执英等领导参加活动。各级计生协健康宣传教育活动如火如荼，市、县、乡、村四级计生协共开展各种宣传活动1196场次，宣传人数13万余人，服务活动386场次，慰问人数3566人，其他服务186场次，服务群众7500余人次。5·29期间，万柏林区举办的“五宣讲五走访唱响服务群众幸福之歌”活动，在《中国人口报》上专题刊发；迎泽区、杏花岭区先后举办健步走活动，计生协会工作者、会员、志愿者近500人参加活动；小店区携手和谐体检中心，在西吴社区开展健康知识大讲堂，讲解心血管疾病的预防和治疗、优生优育知识、生殖保健知识等。

（范世康　韩秦平）

【青春健康教育项目】2018年，太原市计划生育协会在上年培训和聘请一批青春健康教育主持人，建立11个青春健康教育基地的基础上，在师资管理规范化、基地活动经常化方面下功夫，又新建青春健康俱乐部3个。太原旅游职业学院和山西医科大学晋祠学院成功中标中国计生协2018年青春健康高校项目，各获得10000元的项目资金支持。这两所高校通过举办青春健康校园文化节、开展主题活动、入班参与式活动等多种形式，使全院师生对青春健康教育工作有较为全面的认知和了解，青春健康教育工作实现质的飞跃。太原旅游职业学院举办青春健康舞台剧大赛，并对2017年青春健康同伴社活动的积极分子进行表彰，20位同学获得每人500元的奖励。2018年，全市举办青春健康参与式活动或培训145场次，参与人数35520人，其中青春健康俱乐部开展活动47场次，参与人数24072人，中标高校活动30场次，参与学生7000余人次。（范世康　韩秦平）

【生育关怀行动】2018年，太原市计划生育协会成功申请到国家计生特殊家庭帮扶项目经费25万元，并按照项目文本开展主题联谊活动、党员引领活动、电话慰问、心理疏导、家政服务、紧急救助、走访慰问、保险保障等多方面、个性化、专业化的服务，实现常态化、精准化帮扶。安排部署，召开特殊家庭帮扶项目培训会。组织召开计生特殊家庭帮扶项目培训班，就志愿者队伍组织及活动开展、计生特殊家庭心理特点及工作技巧、计生特殊家庭帮扶项目信息管理系统等进行专业辅导和培训。电话随访和入户调查相结合，力求帮扶项目和内容精准。对特殊计生家庭户进行入户调查，了解服务对象的年龄、生产、生活、经济、身体健康状况和需求，填写调查问卷，并将个案信息录入中国计生协特殊家庭系统，为开展精准化帮扶提供依据。在入户调查基础上，志愿者不定期进行电话随访，全年不少于6次，随时了解帮扶对象情况。开展心理辅导。通过多方面了解有心理疏导需求的服务对象，联合专业心理辅导机构对需要心理辅导的个人或家庭进行心理正向引导工作，全年个案心理辅导共计40人次。2018年，组织51名计划生育特殊家庭成员开展以“寻找内心新力量、点燃生命新希望”为主题的团体心理辅导，帮助他们缓解压力、放松心情、认识自我、探索自我，调整和改善与他人的关系，最终以良好的生活态度与行为方式逐步融入社会、积极生活。节日关怀慰问和大病救助。针对郊县区的人数少、分布广、成分简单等特点，对晋源区、清徐县、阳曲县、古交市、娄烦县的特殊家庭以上门入户慰问的形式进行关怀，根据服务对象自愿原则，在中秋节期间共上门慰问79户特殊家庭，给他们带去温暖与祝福。为部分大病的计生特殊家庭进行紧急救助，共救助4人，每人3000元。党员引领活动。组织近百位党员及其家属参加在长治武乡县举办的“抓党建、促和谐，永远跟党走”党员引领活动，发挥党员的先锋模范带头作用，在计生特殊家庭群体中传播正能量。主题联谊活动。2018年分别在服务对象多、人员相对集中的小店区、迎泽区、杏花岭区、尖草坪区、万柏林区开展以“爱在金秋快乐采摘”“常家庄园晋商文化之旅”“榆次官道巷民俗文化小镇体验”“走进王家大院、领略晋商文化”“我和金秋有个约会”“紫禁风华——太原·故宫文物展参观活动”等主题联谊活动，全市共有特殊家庭成员877人次参加活动。通过主题联谊活动，丰富计生特殊家庭的日常生活，促进协会与服务对象的良性互动，扩大服务对象与外界交流的空间，帮助他们敞开胸怀走出阴影，重新融入社会。提供家政服务。为小店区、迎泽区、杏花岭区、尖草坪区、万柏林区、晋源区的65周岁以上特殊家庭提供打扫家、清洗油烟机、冰箱除味、清洗洗衣机、空调等家政服务，共计服务200户。通过一年的项目运作，关爱帮扶计划生育特殊家庭系列活动，取得较好社会反响，精准帮扶计划生育特殊家庭。使计生特殊家庭在心理上得到疏导、生活上得到照顾、经济上得到帮扶、社会上得到关怀。

（范世康　韩秦平）

【计生家庭保险保障】2018年，太原市计划生育协会与太原市卫生计生委联合下发《关于进一步做好计划生育家庭保险保障工作的通知》，4月与中国人寿保险太原公司联合召开全市计划生育家庭保险工作会议暨培训会，安排部署保险工作并提出具体要求。为全市五类人群共38074户计生家庭办理计生家庭意外伤害保险，帮助他们提高抵御意外风险的能力。与太平洋人寿保险公司太原分公司协作，为失独家庭1453人、计生伤残家庭2572人办理家庭住院护理保险，使这些计生特殊家庭在住院就医后能得到一些经济帮助。

（范世康　韩秦平）

【走访慰问活动】2018年，太原市计划生育协会投入5万余元对全市200户特殊困难计生家庭发放米面油等慰问品和宣传品。市计生协会长范世康和市卫计委分管领导还对困难计生家庭代表进行走访慰问，每户送去米面油和1000元慰问金，人寿太原分公司一并送上保额为10万元的意外伤害保险保单、牛奶、鸡蛋以及棉被等慰问品。全市各级计生协共慰问救助计生家庭4857户，累计投入157万余元。

（范世康　韩秦平）

【优生优育促进项目】2018年，在省计生协的支持和市卫计委帮助下，太原市优生优育指导中心项目获得中国计生协批准，中国计生协支持30万经费用于该项目建设，项目实施方案报中国计生协。按照省计生协唇腭裂儿童公益项目的安排，全市共统计符合条件的唇腭裂儿童28人，列入省协会公益手术名单。各级计生协配合卫生计生行政部门开展优生优育知识宣传培训，杏花岭区举办“优养千日　优护一生”孕前优生健康讲座，迎泽区计生协举办“关爱母亲健康创建幸福家庭”女性保健知识培训，小店区计生协与区妇幼计生中心联合开展免费产前筛查、免费新生儿疾病筛查等服务活动，从2018年开始为小店户籍新生儿提供85元/人的政府专项补助。

（范世康　韩秦平）

疾控预防

【概况】太原市疾控中心占地面积6989平方米，建筑面积5960平方米，2018年中心共有职工184人，其中专技岗154人。

2018年，通过山西省质量技术监督局计量认证非食品类10大类，37小类，401个参数；食品资质认定：4大类，73小类，130个参数。

（张　静）

【疫情报告】2018年，太原市共报告16起突发公共卫生事件相关信息及事件，其中1起定级为一般；共报告传染病17736例，较上年同期（22290例）下降20.43%；共处理传染病自动预警信号990条，及时响应率为99.80%。

太原市艾滋病疫情呈蔓延趋势，男男性行为人群（MSM）感染率2018年为21.50%，较上年下降21.50%。截至年底，全市新发现艾滋病人及感染者612例（较上年同期上升2.70%），首次随访完成率99.80%；累计进行抗病毒治疗1749例，在治1511例；当年死亡25例；对高危人群开展37605人次的行为干预。

布病散发病例得到控制。2018年，

发生布病病例73例，较上年同期（55例）上升32.73%。全年无布病暴发疫情。（张　静）

【免疫规划】 2018年，太原市疾控中心加快儿童预防接种信息化建设，完成全市十县（市、区）儿童预防接种信息管理系统及疫苗流通管理系统升级服务培训，为全市产科接种单位、乡级接种门诊配发扫描枪，提升工作效率；重新调整“太原市预防接种异常反应调查诊断专家组”，规范调查诊断流程；开展适龄儿童脊髓灰质炎灭活疫苗查漏补种活动，对部分市属学校及私立学校开展传染病防控、入学查验接种等工作专项督导检查，确保一类疫苗无漏种；推进预防接种规范化管理年活动，规范疫苗接种门诊，确保疫苗接种质量；推广“妈妈课堂”，普及疫苗防病知识。（张　静）

【慢性病防治】 2018年，太原市疾控中心强化基本公共卫生服务报表管理，制订2018年太原市老、高、糖健康管理工作计划、实施方案；2018年，太原市健康管理老年人302398人，高血压患者259281人，糖尿病患者93852人。继续强化慢性病综合防控示范区建设指导，对完成国家级和省级示范区的县区督促其完成相关续展工作，万柏林区提请省级示范区验收。（张　静）

【结核病防治】 2018年，太原市肺结核患者治疗成功率达到93.07%（2017年同期93.11%）。病原学检查阳性肺结核患者的密切接触者筛查率100%（2017年100%）。报告肺结核患者和疑似肺结核患者的总体到位率96.46%（2017年同期97.21%）。结核病痰检EQA覆盖率达100%。（张　静）

【地方病防治】 2018年，太原市碘盐覆盖率为95.50%，杏花岭区、清徐县未达标准要求，太原市合格碘盐食用率为89.77%，略低于碘缺乏病消除标准（＞90%），杏花岭区、阳曲县、清徐县未达标准。按要求完成太原市10例境外输入性疟疾疫情的处置工作。（张　静）

【疾控应急处置】 2018年，太原市疾控中心加强突发公共卫生事件应急监测和预警，严格节假日应急管理，重点关注节假日疫情态势，落实值班值守，确保通讯畅通；进一步细化完善应急预案和当地主要传染病和突发事件信息报告的预警指标；针对6月份太原市“输入性基孔肯雅热”疫情，加强与海关等部门的联防联控。强化教学实践基地作用，指导山西医科大学在首届全国大学生公共卫生综合技能大赛中获三等奖。9月29日，太原市疾控中心联合各县（市、区）疾控中心开展二青会疾控工作应急演练。（张　静）

【艾滋病防治】 2018年，太原市疾控中心通过哨点监测、自愿咨询检测、重点人群宣传干预等措施，加大艾滋病人发现力度；艾滋病感染者和病人定点全部实现定点医院管理、治疗，疾控督导指导的新模式，通过定点医院督导指导和培训，强化定点医院工作质量确保，按要求完成国家“十三五”、综治委考核指标；开展艾滋病综合防治示范区建设，规范管理干预和治疗；强化对县级疾控中心技术指导，提高肺结核患者的管理率和规则治疗率；强化学校结核病防治工作，提高防控意识，规范处置程序，指导基层对53个学校的散发师生病例开展密切接触者的筛查工作，最大限度遏制校园传播。（张　静）

2018年9月29日，市疾控中心组织开展全市疾控系统“二青会保障2018”卫生应急演练 （太原市疾控中心供图）

急救中心

【概况】 2018年，太原急救中心以中共十九大精神和习近平新时代中国特色社会主义思想为指导，坚持“文化引领、制度保障，全面形成氛围管理”，打造“百姓最可信赖的120”，开创立体急救新局面，完成各项任务。全年出诊71313次，无一例医疗安全事故，心肺复苏、抢救成功率大幅提升，综合实力在全国名列前茅。12月10日，按照《关于成立市急救中心、市第九人民医院融合发展筹备组的通知》成立市急救中心、市第九人民医院融合发展筹备组。深化医药卫生体制改革，整合现有医疗资源，推动医疗卫生工作重心下移、医疗卫生资源下沉，解决好基层群众看病难、看病贵问题。（杨　凯）

【医疗服务】 2018年，太原市急救中心以承办“太原市第十一届职工职业技能大赛院前急救技能竞赛”为契机，提升急救技能，进一步、全方位提升太原市院前急救人员的服务能力和水平。

行政考核小组与医疗质控小组每月深入各站交叉考核，着重对集结时间、反应速度、沟通交流、医疗处置等进行全面、综合考核，检查结果会在每月的中层干部“安全生产专题”例会上予以公示、点评、排名并与绩效挂钩；创新护士质控收费反馈，护士第一时间从“收费终末结果”进行反向检查，能够及时提醒医疗行为记录是否完善、收费

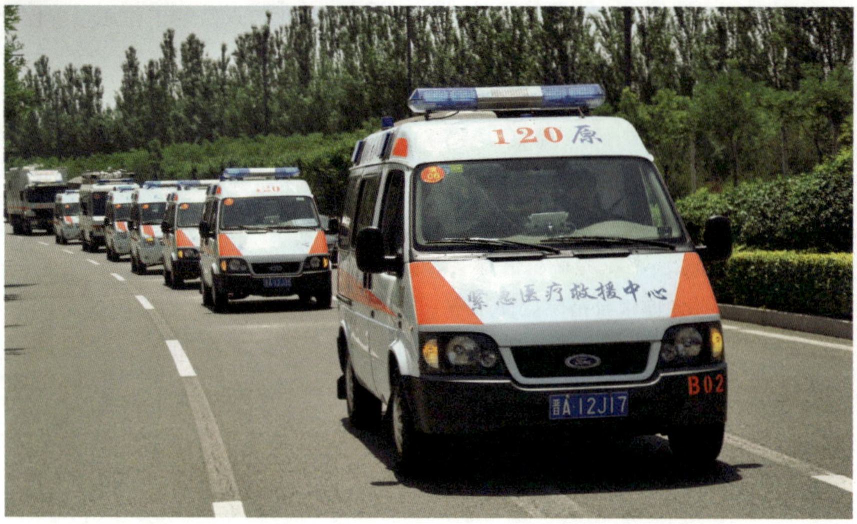

救护车赶往演习现场　　（太原市急救中心供图）

是否合理，确保一年7万余趟诊的急救规范运行。

开通残疾人报警系统，能够实时定位，协助他们及时得到120救治，完成录入1.80万残疾人信息，800名残疾人享受该服务；开通“二维码”付款服务，便于各种方式支付，研究对接，实现资金归集，方便查询与统计；推进“搭把手献爱心急救志愿者就在你身边”活动开展，与山西中医药大学合作，配备100余名急救抬担志愿者，缓解急救抬担难问题，更好地满足百姓抬担需求；研发并推进四点式肩带保险带在救护车使用，便于搬运患者时快速捆绑，检查诊断时快速解锁，避免患者在车辆行驶过程中出现二次损伤隐患。（杨　凯）

【立体急救】2018年，太原市急救中心初步实现立体急救，医疗、教学、科研一体化发展。通过引入航空救援，打破时间、空间、地域禁锢的限制，缩短急危救治时间，填补交通不便情况下的救援空白。

太原市急救中心申请财政1520万元支持，即将更新19辆救护车及移动ICU级4G网络传输的车载医疗设备，实现所有在线救护车辆的信息化建设；“以急救为开端的绿色通道”建设成果显著，全国首家省会城市“胸痛地图”“卒中地图”亮相太原，推进“黄金3小时急救总动员”暨卒中中心建设，急诊急救融合发展迈出坚实的一步，借助“山西省医院协会急救管理专业委员会”“太原市医学会急诊专业委员会”召开，诚邀国内急诊急救专家、11个地市急救中心负责人、急诊急救应急管理以及危重症救治骨干人员、太原市急诊专业骨干人员300余人齐聚一堂，针对危重病人救治方面的不足建立各种专业救治工作坊，反复进行情景模拟训练，针对多发伤复合伤、胸痛、卒中等专科建设方面的问题，进行时间节点把控、流程衔接、病例书写等现场交流与“桌面推演”。（杨　凯）

【急救教学】2018年，太原市急救中心经过与山西医科大学的沟通汇报，筹备建立急救医学院，成功申请为山西医科大学教学基地，通过专门的院前急救医疗教育，逐步培养更多专业、稳定、规范的急救人才；山西省卫生应急基地规划落户太原急救中心，建设培训装备精良、训练有素、反应迅速、处置高效的卫生应急队伍；建立培训基地，进行全市住院医师规范化培训，全市急救人员岗前培训、各级医院医师以及市民急救知识与技能培训等。（杨　凯）

中医中药

【概况】2018年，太原市持续完善中医药服务体系，创成基层中医药工作先进单位国家级3个、省级3个，创建省级中医药特色基层医疗卫生机构15个，建成县级中医馆21个；实施国家基本公卫服务中医药健康管理项目，共为20.10万名65岁以上老年人，9.20万名0—36月儿童提供中医健康管理服务。李玉兰获评全国老中医药专家学术经验继承指导老师，3人获评首批省级指导老师。（李双平　王　菲）

【医联体建设】2018年，太原市中医医院有职工686人，编制床位400张、临床科室21个，医技科室5个。太原市中医医院有王永炎院士院士工作站1个，国家、省、市中医、名老中医工作室16个，国家级、省级重点专科5个。引入国家级科研课题1项，独立承担省、市级科研课题10项，完成科研成果鉴

航空救援演练　　（太原市急救中心供图）

定2项，研发医疗机构院内制剂8种。医院有一院五区二部，即总院；玉河、平阳、长风、经济技术开发区、阳光汾河湾5个分病区，及富士康和为民服务中心2个门诊部，形成辐射太原市内五个城区的中医药服务网络。

太原市中医医院为北京中医药大学东直门医院中医战略联盟的合作单位，医院现外聘北京、上海以及省级名优专家15人定期来院坐诊，并开展带教、查房、会诊疑难杂症，使重点学（专）科的学术水平、医疗服务水平等有较大提升。

通过“中医战略联盟”“省级对口支援”“农村巡回医疗”“千医千村牵手”多种形式，促进优质中医药资源下沉。2018年省级对口支援单位有阳曲县中医院、离石区中医院、娄烦县人民医院；巡回医疗单位有古交岔口乡镇卫生院、泥屯中心卫生院、西凌井中心卫生院、晋祠镇卫生院，对对口支援与医联体单位以长期派驻、巡回等多种方式进行帮扶；与阳曲县泥屯镇卫生院实现“VPN隧道”数据连接，以“互联网＋医疗精准扶贫”新模式助力对口支援；定期对社区、卫生院医务人员进行适宜技术培训、学术讲座、病历书写规范指导及科室筹建。全年共计开展中医药适宜技术诊疗培训项目39项，培训基层骨干人员共计5100人次。（办公室）

【分级诊疗】2018年，太原市中医医院分级诊疗制度实现“基层首诊、双向转诊、急慢分治、上下联动”，把上转率、下转率均纳入每月医疗质量考核中。医院与太原市16所医疗机构签订医联体合作协议，形成三级医院＋若干二级医院＋若干社区卫生中心（站）和乡镇卫生院。医院肺病科与山西省医科大学第一医院呼吸科“专科联盟”的医联体模式，从而形成上下联动、衔接互补、分工明确的医疗服务体系。在医疗联合体建设工作的基础上，健全转诊工作。（办公室）

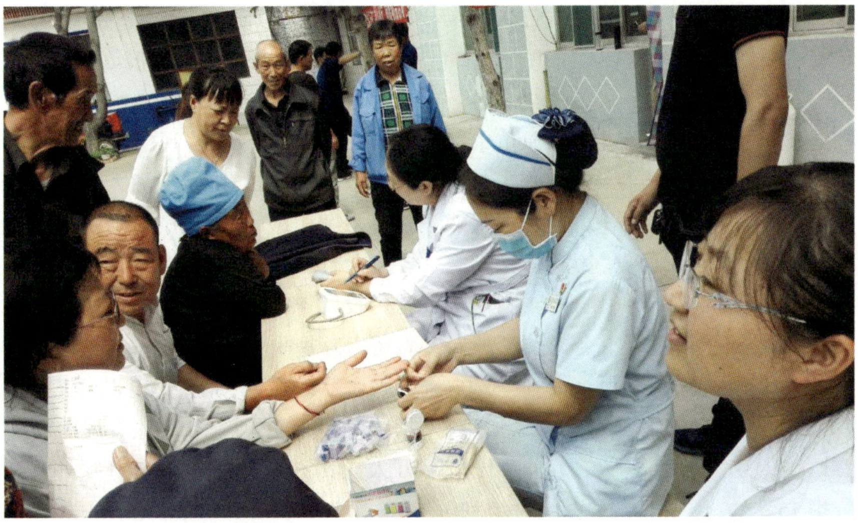

为群众体检　　（太原市中医院供图）

【医养结合】2018年6月，太原市中医医院完成德国促进贷款项目现场评估工作，并签署《德国促进贷款谅解备忘录》。德国促进贷款的相关设备到位后，医院的医养结合工作将获得良好的发展机遇，更好地满足康复/养老的社会需求，形成“有病治病、无病养老”的新格局，履行公立医院的社会责任。（办公室）

【临床路径】2018年，太原市中医医院按照“按病种收付费”工作精神，建立完善的制度。结合医院实际，共推行50种中医临床路径，全年完成临床路径1883例，覆盖率23.80%、入组率54.50%，完成率93.59%，变异率9.69%、控制在15%以内。按照市发改委、市卫计委、市人社局的相关通知要求，推行开展市医保16种疾病的单病种付费工作。（办公室）

【科教人才工作】2018年，太原市中医医院在名医传承方面，儿科主任李玉兰被确定为第六批全国老中医药专家学术经验继承指导老师，开展学术传承工作。院内3名专家（李玉兰、董晓丽、曲安平），作为首批山西省老中医药专家学术经验继承指导老师，以“一对二、师带徒”模式开展学术传承。开展山西省名优专家柴瑞霁医学经方传承工作、三晋王氏妇科学术流派传承工作和太原市名老中医药专家、学术流派传承工作。

全年外派25名专业技术人员赴省内外知名医院进修学习；1人成为第三期全国中医药行业会计领军人才；4名专业技术人员经选拔成为山西省第四批中医临床优秀人才；13名专业技术人员经选拔成为首批成员入选太原市医疗卫生人才库；8名专业技术人员经选拔成为太原市医学重点学科高端人才。19名专业技术人员完成为期2年的山西省住院医师规范化培训；举办市级继续教育项目11项，培训院内外专业技术人员2000余人次；全院共发表学术论文39篇，其中国家级期刊论文6篇。（办公室）

【护理队伍建设】2018年，太原市中医医院开展辨证施护和中医特色护理，优化并推广《中医护理方案》，实施的方案达29项。在全院范围内开展具有个性化的中医特色健康教育和康复指导；成立“心肺复苏普及进万家精准健康工程”小组，不定期向社会各人群演示及讲解心肺复苏知识。（办公室）

【科研项目】2018年，太原市中医医院参与国家级科研课题1项：心脑科参与2015年中医药行业专项，进入临床研究阶段。独立承担省级科研课题4项：儿科、妇科、腹针科、康复科，各承担

1项山西省中医药科研课题，进入临床研究阶段。（办公室）

【工作室建设】2018年，太原市中医医院开展王永炎院士工作站工作，与太原市中心医院交流合作，申报国家自然基金课题。开展山西省名优专家柴瑞霁医学经方传承工作、三晋王氏妇科学术流派传承工作和太原市名老中医药专家、学术流派传承工作。

医院为山西中医药大学教学医院，有硕士研究生导师19人，培养硕士研究生15人。（办公室）

献血供血

【采血业务指标】2018年，太原市红十字血液中心采集全血96620人次，采血量185507单位，同比增长9%，创中心成立以来历史新高；临床用血186964单位，同比增长7.80%；机采血小板采集16125治疗量，同比增长4.70%；根据国家卫生健康委公布的数据，太原市千人口献血率达22.50‰，名列全国省会城市及直辖市前3名；单位总收入10247.20万元，同比增长14.10%，总支出10117.49万元，同比增长11.50%。（宋利斌）

【无偿献血宣传】2018年，太原市红十字血液中心借助媒体、微信、微博和网站等自有宣传平台，发送招募短信息100余万条，微信200万条。接受中央、省、市电视台、电台采访报道90余次，通过电台发布无偿献血公益宣传广告2200条（次），各类报刊登载190余篇，宣传报道同比增长2%。加大专刊专版宣传力度。2018年共在省市各大报刊、各类杂志刊登近200个专版，在200个社区设置400个无偿献血科普宣传栏，宣传内容每季度更新一次；“6·14”世界献血者日活动邀请太原电视台进行现场拍摄，网络同步播出，收看观众超10万人次。侧重节假日宣传力度。以春节、国庆节、“5·8”红十字日、“6·14”世界献血者日等节假日、纪念日为契机，集中开展“完美百城千店万人公益献血”等13次大型无偿献血专题宣传招募活动。自2016年12月“太原志愿者”微信平台成立以来，太原市红十字血液中心共注册志愿者258人，注册率达100%，开展无偿献血等志愿服务活动41次，扩大无偿献血的知晓率、覆盖率、参与率，在全社会营造献血氛围。（宋利斌）

【临床供血】2018年，太原市红十字血液中心采取多种举措，确保临床供血。加大外采工作力度，通过延长工作时间、主动上街宣传等方式，挖掘工作潜力，完成工作任务，确保临床供血安全、有效、充足。保证省城临床供血，支援北京、内蒙等地5000多单位红细胞，1324治疗量血小板，为全国“两会”胜利召开作贡献。南宫献血屋获全国最美献血屋荣誉称号，献血服务一科获全国表现突出采血班组称号。加大团体招募力度。以《太原市献血条例》为依据，以献血服务科、党员义务宣讲队为平台，认真落实《太原市2018年无偿献血工作计划》，主动上门与机关、企事业单位和大中专院校、社区服务中心及村委会等单位联系沟通。2018年共开展43次专题讲座，累计35423人次参加团体献血，占总献血量33.20%，扩大无偿献血在全社会的影响力，未出现血液短缺情况，确保临床供血需求。（宋利斌）

太原市红十字血液中心党委扶贫“爱心超市”捐赠活动

（太原市红十字血液中心供图）

【血液质量管理】2018年，太原市红十字血液中心规范行业行为，按时开展质量管理体系文件评审修订与培训考核工作。全年修订12个程序文件、6个质量手册章节、3个安全手册章节、160个操作规程、89个各类表单，删除9个操作规程，新增2个紧急预案，确保质量体系持续改进。邀请北京、上海血液质量管理专家参加中心内审工作，促进和提高中心的血液质量安全工作。持续加强血液检测。全年酶免检测标本106567人份，合格率97.89%；上报抗-HIV初筛阳性标本共200例，确证阳性26例；继续对大同、朔州、忻州、吕梁、晋中5个市中心血站的血液标本进行核酸集中检测，检测核酸标本104229份，检出阳性样本39份，不合格率0.037%，用血安全性持续提升。做精做细质量监控。全年关键设备质检1518台次，实施血液审核报废483批次，各类终产品质量抽检1699袋，血液安全性指标抽检合格率100%。各种产品合格率均符合国家要求，根据全血成分血相关指标的趋势分析，检测结果较为稳定。（宋利斌）

【献血服务】2018年，太原市红十字血液中心设置街头固定献血屋18个，固定献血点3个，建立起覆盖全市六城区及三县一市的较为完善的采血网络，

全国最美献血屋——南宫献血屋　（太原市红十字血液中心供图）

方便群众就近献血。发挥呼叫中心功能。利用信息化优势，提高献血服务的测评率，针对反馈结果及时跟进有关服务，2018年献血者满意率、临床用血医院满意率均达95%以上，献血者重复献血率达53%。做好血费报销工作。设立血费审核一站式报销窗口，继续在省城用血量大的临床医院和街头献血屋开展血费直报工作，使血费报销更便捷。全年共报销血费119.05万元，同比增长15%，其中为献血者本人报销266人次，共34.60万元，报销率29%，为献血者直系亲属报销851人次，共84.45万元，报销率71%。一人献血，全家受益，体现国家对无偿献血者无私奉献行为的回报。加强临床用血指导工作。2018年分3批对临床用血医疗机构111人次进行临床输血实验技术操作培训，先后10余次组织业务人员前往各临床用血医院介绍血液新产品、推广新项目，做好临床医院的用血预约咨询工作，成分血使用率达99.99%以上。（宋利斌）

【信息化建设】2018年，太原市红十字血液中心完善无偿献血社会化招募平台，通过统一的视觉内容，建立统一、权威的移动互联网形象；动态新闻实时更新，让献血者第一时间知晓、传播相关信息；献血指引实时展示血液库存动态需求，对过量与急缺的情况起到调控作用。新建输血研究信息系统，满足输血研究实验室信息化办公需求，实现同中心主业务系统的血液、财务等信息无缝对接，建立快捷高效的现代信息化系统。新建后勤平台管理系统，改变原来以手工管理或简单的信息化管理为主的管理方式，建立一套以后勤管理理念为基础，功能完备、智能化的后勤系统，实现与业务系统的数据对接，形成完整的信息链。（宋利斌）

【科研建设】重视科教工作。2018年，太原市红十字血液中心共举办各类培训21期，申报并完成省级（Ⅰ类）继续医学教育项目4项，市级（Ⅱ类）继续医学教育项目11项；完成卫生专业技术人员继续医学教育年度考核工作，合格率100%；国家级核心刊物发表论文1篇，省级刊物发表论文14篇。提升输研水平。引进全自动DNA提取仪、台式高速冷冻离心机、台式空气浴摇床、紫外分光光度计等设备，及时准确地完成全省35家临床医院和各市血站送检的疑难标本，其中ABO和RhD血型鉴定963例，ABO基因检测15例，RhD基因检测32例；抗体鉴定、红细胞配血和血小板配血5624人次，产前检测、新生儿溶血病检测、封闭抗体检测以及血型不合的肾移植效价检测1097人次；完成中华骨髓库下达的2000人份HLA基因高分辨检测任务；制备省临检中心血型鉴定项目所需的质控品，完成对全省340家医院输血科血型鉴定项目的省级室间质评工作，并增加Rh血型鉴定项目，为进一步提高全省的血型检测水平作出应有贡献。（宋利斌）

药品器械技术管理

【药品耗材采购监督管理】2018年1月，太原市卫生计生委药品器械技术管理中心对全市168所各级各类医疗卫生机构药品采购“两票制”完成情况开展专项督查。梳理出药品网采中存在的问题4项、配送过程中存在的问题4项、药品采购“两票制”执行过程中存在的问题7项，收集整理完善《网采平台短缺药品目录》《网采平台与实际采购价格不符的药品目录》《暂不能实现“两票制”的药品目录》，上报市卫计委。通过督查，了解全市公立医疗卫生机构执行药品采购“两票制”工作进度及存在问题，明确整改方向，推动药品耗材管理工作落地见效。7月对78所公立医院和10所基层医疗卫生机构开展药品、耗材和体外诊断试剂网上阳光采购及“两票制”工作开展情况进行专项督查，形成专项报告上报市卫计委。

开展全市公立医院药品、耗材（试剂）网采备案和“两票制”备案工作，定期汇总上报市卫计委，并将执行情况与省药政处、省药品器械招标采购中心及时沟通，帮助基层单位解决工作中的实际问题，规范公立医院药品、医用耗材管理工作流程。

中心组织召开由太原市26所公立医院分管院长、药剂科主任、设备科主任参加的药品耗材阳光采购管理工作约谈会，沟通药品耗材采购管理工作动态和信息，提出工作要求，促进药品管理工作的开展。

狠抓未按要求开展药品耗材阳光采购的公立医院问题，向山西省平台申请并下发账号密码；针对药品耗材阳光平台网采中出现的问题，召开专题讲座；对实行代采和企业化管理的医疗单位进行分类，申报省平台及委医政医管理处，取消采购账号。

召开全市第二次药品、高值耗材、体外诊断试剂网上阳光采购工作的约谈会，对于采购工作开展不力的单位，给予通报批评，不良执业记12分的处罚。

（综合办公室）

【监控药品汇总统计】2018年，太原市卫生计生委药品器械技术管理中心抽调专人开展全市各公立医院重点监控药品统计上报汇总工作，做好分析预警、品种监控等工作，为实现控制药费不合理增长、减轻患者负担多做工作。利用全市公立医院药品管理微信群及时发布药品采购预警提示，为基层医院开展好药采工作做好服务。

（综合办公室）

【药械管理】2018年，太原市卫生计生委药品器械技术管理中心面向全市公立医院开展短缺药品备案工作。收集整理太原市6区3县1市卫计局在基药采购配送使用管理方面存在的问题，汇总常用短缺药品，形成书面报告上报委医政医管处。与省药政处、省药品招标采购平台沟通，促进解决全市公立医院药管工作实际问题。

全年完成医用设备技术鉴定任务1028万余元，出具图文完整的技术鉴定报告，上报市卫计委、市财政局。

（综合办公室）

医院选介

·太原市中心医院·

【概况】2018年，太原市中心医院有职工2154人，病床1076张，设置职能科室25个，临床医技科室49个。皮肤科、神经内科为省重点学科，心血管内科、神经内科、护理学为省重点专科，心内科为省重点建设学科。全院完成门急诊529550人次，比上年增长8.97%；出院人数28211人次，比上年增长4.56%；完成手术18881例，增长10.83%，其中三四级手术6517例，增长8.62%；实现业务收入6.37亿元，增长8.30%；收支结余1209.90万元，比上年净增长2302.70万元；资产负债率35.86%，比上年下降15.06个百分点。

（李新华　刘婷　韩春霞）

【医疗学科建设】2018年，太原市中心医院打造技术品牌，以重点专科建设为龙头，做大做强优势学科，整合传统学科资源，实施“7135”学科建设工程计划，成立皮肤疾病诊疗中心、神经疾病诊疗中心、心血管疾病诊疗中心、妇产生殖医学中心和内分泌疾病代谢中心五大医学中心，形成省内有较大影响力的学科群。皮肤疾病诊疗中心为山西省医学重点学科、免疫性皮肤病干细胞山西省重点实验室和国家级皮肤医疗美容示范基地；神经疾病诊疗中心是山西省重点专科、中国卒中中心联盟高级卒中中心；心血管疾病诊疗中心是山西省重点专科、院士工作站、国家级胸痛中心和胸痛中心示范中心、主动脉夹层急救绿色通道；妇产生殖医学中心是山西省首家正式运行的辅助生殖中心，其开展的腹腔镜、宫腔镜微创治疗达到国内先进水平；内分泌疾病代谢中心是太原市首家以糖尿病综合病区、糖尿病足病区、腺体疾病病区、糖网病区（眼科）、中心实验室组成的专业化一流学科。

学科体系初步成型。按照“7135学科建设”总体规划，建立和完善多学科诊疗中心，重点推动优势学科形成核心学科群，七大医学中心初步成形。皮肤疾病诊疗中心是省重点学科、省重点实验室、全国皮肤美容示范基地、省皮肤病远程医疗中心。心脏疾病诊疗中心是省重点专科，国家级胸痛中心（示范中心）、国家级房颤中心和心衰中心通过国家认证，葛均波院士工作站建站单位。神经疾病诊疗中心成为省重点学科，更新扩展太原市卒中地图，通过国家卫计委高级卒中中心的审核认证，进入全国高级卒中中心综合实力百强。其他几个中心走差异化发展道路，在全省影响力增强。

优势学科形成集群。11个学科成为太原市医学重点学科，3个学科成为太原市重点建设学科。新建心脏外科、儿科等10个科室，补足综合医院的短板。

新技术项目层出不穷。2018年开展新技术新项目50项，并有30项技术在全省形成规模和影响力，其中辅助生殖技术等8项达到国内领先水平，激光美容等16项技术为省内领先水平，椎间孔镜下治疗技术等3项技术达到市内领先水平。医技科室的微小组织穿刺活检技术和心脏影像技术打破省级大医院病理和影像技术独占鳌头的局面，支撑和促进全院医疗技术的整

慰问老党员　　（太原市中心医院供图）

体发展。（李新华　刘婷　韩春霞）

【医疗基础建设】2018年，太原市中心医院配合政府区域卫生规划调整，在小店区贾家寨村西建设太原市中心医院新院区。新院区占地面积20.50公顷，净用地面积18.90公顷，建筑面积287739.48平方米，建设风格凸显“流程合理”和“以人为本”的医用建筑设计理念，按照国家三甲医院标准建设，设置床位1500张。门急诊医技住院综合楼土建工程基本完工，开展室内外精装修、园林景观、智能化洁净工程和医用气体等工程，科研教学行政综合楼主体工程完成。新院区拥有大型医用空气加压氧舱群、CT（256排以上）超高端3.0T磁共振成像系统（MRI）、正电子发射型断层扫描仪（PET/CT）等医用设备。建成后将成为省城占地面积最大、具有较高医疗水平和较强周边辐射力的现代化区域性医疗中心。

（李新华　刘婷　韩春霞）

【医疗人才建设】2018年，太原市中心医院落实党的人才政策，坚持引进与培养并重原则，多措并举加强人才梯队建设。完善人才激励政策，继续开展各类人才及百千万人才培养，鼓励临床医师硕士博士化，全年派出49名人员到国内外培训进修；广开渠道引进高端技术人才和紧缺人才，招聘“双一流”院校的毕业生和优秀大学生来院工作，并结合新园区开展合理储备人才。加强骨干人才选拔培养，重点选拔任用优秀年轻干部，部分业务能力强、有一定组织管理能力的高学历人才，及时担任科室负责人和学科带头人，在出国深造、评先选优、学科带头人申报推荐方面，优先安排、优先推荐，为他们的成长开通“快车道”。（李新华　刘婷　韩春霞）

【医疗服务】2018年，太原市中心医院制定印发《进一步改善医疗服务行动计划实施方案》，推进医疗服务水平提升。开展医疗核心制度和病历手写专项整治行动，加强医疗标准化、规范化水平；强化多学科会诊，解决疑难病症诊疗。稳步开展临床路径管理工作，全院临床路径病种管理达100个以上。建立健全预约诊疗、远程医疗、检验结果互认等五项制度，充分利用信息技术，实现微信、支付宝缴费和费用清单查询，方便群众就医。开展优质护理和志愿服务，推行“品管圈”活动，成立南丁格尔志愿护理团队，设置雷锋岗，服务志愿者达247人，提供志愿服务23000多人次。（李新华　刘婷　韩春霞）

【医疗公益帮扶】2018年，太原市中心医院坚持公立医院公益性质，承担政府指令性对口支援任务。全年对口支援三个乡镇卫生院五个社区卫生服务中心，有85名医师通过千医千村活动与村医牵手，服务基层群众。拓展医联体建设，实现优质资源下沉。坚持“立足太原、辐射全省”的经营战略，缔结由32家不同地域、不同级别、不同体制的医疗机构组成的医共体。重点帮扶娄烦县、小店区、杏花岭区、万柏林区医疗集团区域医联体工作，与娄烦县医院、杏花岭医院、万柏林医院、小店区医院签署区域医联体建设目标责任书，支持基层医院加快发展。成立专科联盟，发挥优质医疗资源辐射引领作用。牵头成立太原市呼吸内科、心内科、神经内科、皮肤科四个专科联盟，强化对口帮扶、技术协作、远程会诊、双向转诊协同发展，整体提升基层单位的医疗服务能力，促进分级诊疗的实施。

（李新华　刘婷　韩春霞）

【科研成果】2018年，太原市中心医院组织申报国家自然科学基金4项、山西省科技厅项目26项、山西省卫生厅各类项目7项。获批国家自然科学基金青年项目1项，省科技厅项目5项，省卫生厅公共卫生项目2项。

国家自然科学基金青年项目结题1项，山西省科技厅项目结题验收4项，其中省自然项目1项、社发项目2项、国际合作项目1项。

专业技术人员发表医学论文110余篇，其中SCI定稿收录杂志5篇。

按照医院“7135学科建设工程”，2018年开展新技术新项目50项，并有30项技术在全省形成规模和影响力。30项重点打造及推进的技术中辅助生殖技术、急性心肌梗死绿色通道救治技术、双镜联合治疗胆系结石技术、肠梗阻导管使用及低位肠瘘治疗技术、疝外科技术、脑血管介入治疗技术、糖尿病足诊治技术、耳内镜技术等8项为国内领先水平，每年技术应用成功病例数居全省前四强，在全省形成一定影响力。激光美容技术、银屑病综合治疗技术、心律失常的综合治疗技术、重症心衰的救治技术、复杂冠脉介入治疗技术、妇科腔镜技术、消化内镜下治疗技术、上消化道出血紧急救治技术、足踝外科治疗技术、关节腔镜下治疗技术、泌尿系结石综合治疗技术、外周动脉疾病腔内治疗技术、主动脉疾病腔内治疗技术、静脉血栓栓塞症诊治技术、乳腺肿瘤麦默通微创手术技术、肛周疾病的综合治疗技术等16项技术为省内领先水平，技术科室均与省内相关专业建立专科联盟，共同进步、协同发展。椎间孔镜下治疗技术、膝髋关节手术治疗技术、白内障超声乳化治疗技术等3项技术属市内领先水平，作为中心医院已成熟的技术，每年应用病例虽较少，发展空间巨大。减重技术是太原市中心医院内分泌科自主提出的从限食疗法、运动处方、中西医结合治疗、药物治疗、综合评估、教育指导六位一体的全方面治疗技术，作为科室品牌技术项目重点推广。医技科室的微小组织穿刺活检技术和心脏影像技术打破省级大医院病理和影像技术独占的局面，促进太原市中心医院整体发展。（李新华　刘婷　韩春霞）

·太原市人民医院·

【概况】2018年，太原市人民医院全

体干部职工提振信心，积极进取，真抓实干、奋力赶超，以习近平新时代中国特色社会主义思想为指引，紧抓深化医药卫生体制改革和“百院兴医”建设发展机遇，以党的建设为引领，聚焦学科和人才建设，狠抓质量安全，优化服务模式，改善基础环境，医院凝聚力增强，综合服务能力提升，患者就医感受改善，医院的影响力和知名度提高，为建设三级医院发展目标奠定坚实基础。

（裴伟俭　徐计宏　史新燕）

【学科人才建设】2018年，太原市人民医院精准引智，提升学科发展能力。与麻省医疗国际集团、上海同济医院建立战略合作关系，与瑞金医院心内科、华东医院骨科建立专科联盟，为患者建立远程会诊和绿色转诊通道。聘请15名全国、全省知名专家为市人民医院特聘专家，定期坐诊、教学、查房、指导手术，医疗服务能力提升。

开展CT脑血管造影、瘢痕妊娠介入治疗、肠梗阻支架植入等新技术新项目16项。心脏支架术，冠脉造影技术250余例，骨科关节镜下膝关节清理术90余例。心衰超滤脱水、小儿推拿技术、瞬感扫描式葡萄糖监测系统、中医特色诊疗等技术项目日趋成熟。膝关节置换术、全麻下鼾症鼻腔扩容术填补专业空白。

搭建平台，助力成长成才。与浙大一院、上海瑞金、同济、华东医院、北医三院、解放军总医院、宣武医院等达成长期进修培训合作，利用三年时间选派全部医务人员进修学习。派出医务人员长期进修66人，短期进修72人。围绕学科建设紧缺人才，多渠道补充招聘人员106名。开展市级继教项目13项，省级2项，举办院内培训讲座53次。组织参加太原市第三届医师岗位知识技能竞赛，获二、三等奖及团体组织奖。

拓展业务，扩大服务外延。经市委市政府批准，医院增挂“太原市老年康养中心”“太原市老干部康养中心”，与市老干局合作为全市老干部及老年人提供医疗康复养老的一体化服务；与太原市公安监管支队签约，承接全市入监人员体检工作，2018年完成5000余人次。在太原市拘留所、第二看守所、监察委设立门诊部提供医疗服务。加强健康教育工作。以健康促进医院创建工作为载体，深化“健康教育六进”，通过组织专家义诊、健康讲座咨询等，将健康教育的触角伸向农村、社区、学校。与太原公交三公司建立首家“健康教育基地”。医院健康教育工作被国家、省、市多家媒体宣传报道。深入100多个社区、学校、企事业单位、农村，健康讲座义诊200余场，覆盖人群5万余人。

（裴伟俭　徐计宏　史新燕）

【医疗服务】2018年，太原市人民医院保障安全，让患者放心。严格落实各项核心制度，完善三级医师查房，重点推广临床路径，规范临床用血，加强临床合理用药，加大临床危重病人的管理。年内制定《临床路径工作实施方案（2018—2020）》，开展12个专业，67个病种。组织全院危重、疑难病例多专业、多学科大会诊10次。药品比例25.57%，较上年下降16.43%。

优化流程，让患者省心。开展“畅通就医通道，为健康保健护航”活动，对制约医院快速发展的制度、影响患者畅通就医的流程进行全面梳理完善，提升服务能力，引入“全过程优质护理服务”；开通计生特殊家庭成员就诊绿色通道，提供免费体检390人次；对门诊医生站、住院医生站、门诊收费系统进行优化升级；推进预约诊疗，上线健康山西预约挂号系统，开展分时段预约；配备自助机8台，提供自助挂号、缴费、打印报告等一站式服务，方便患者就医。

美化环境，让患者舒心。坚持“以人为本”，设计医院环境整体改造方案，多方筹措资金1900万元改造门诊楼、住院楼、综合楼、手术室、ICU等重点区域。打造心血管科“关爱心脏”特色病区，将废弃的锅炉房改造为具有中医特色的康复治疗病区。更新必备医疗设备，更换病房床垫被褥，安装温馨背景音乐系统，开展“靓丽星期五”活动，院内车位全部让给患者，努力营造安全、温馨、舒适的就医环境。

（裴伟俭　徐计宏　史新燕）

【医院文化传承】2018年，太原市人民医院投入专项资金扩建院史馆，以创建文明城市和时代新人选树活动为契机，加强社会主义核心价值观、行业精神、医德医风等文化教育，增强职工爱院兴院的情怀。

加大宣传力度。投入50万元，与省市主流媒体合作，利用公众号、网站、LED屏，宣传医院特色、名医专家、医务人员感人事迹，弘扬正能量，提升医院影响力。全年共编发院讯152期，院报4期，微信89条次，新闻媒体报道138条次。“太原市人民医院官微”获市融媒体协同平台优秀账号。

（裴伟俭　徐计宏　史新燕）

·太原市第二人民医院·

【概况】2018年，太原市第二人民医院占地面积1.10万平方米，建筑面积2.90万平方米，在岗职工889人，卫技人员745人，占职工总数83.80%，其中高级职称104人，中级职称168人，初级职称473人。编制床位710张，科室设置65个，临床医技科室36个。

（张建子）

【医疗业务指标】2018年，太原市第二人民医院出院人数10017人次，比上年同期9666人次增幅3.63%；门急诊人次278013人次，比上年同期245901人次增幅13.06%；手术例数2937例，比上年同期2343例增幅25.35%；出院人员平均住院日10.77天，比上年同期11.08天降幅0.31天；病床使用率49.29%，比上年同期55.29%降低6%；次均门诊医药费201.28元，比上年同期212.54元降幅5.30%；次均住院医药费11167.59元，比上年同期11798.16元降幅5.34%；药占比30.16%，比上年同期30.30%降幅0.46%；入院三日确诊率99.53%，比上年同期99.12%增长0.41%；危重病人抢救成功率86.12%，比上年同期88.67%降低2.55%；出院与入院诊断符合率99.98%，比上年同期99.96%增长0.02%；医疗赔款占业务总收入比重0.15%，比上年同期0.06%增幅150.00%；抗菌药物处方合格率99.78%，与上年同期持平；卫生材料占比23.04%，比上年同期20.62%增幅10.13%。（张建子）

【老年友善医院创立】 2018年第四届中国老年医学与科技创新大会暨中国老年健康与养老产业博览会于4月21日在太原煤炭交易中心盛大开幕。太原市第二人民医院作为大会承办服务单位，组织参与大会各项议程，通过老年专业峰会、高层次主题学术论坛等形式，与来自国内外顶级老年医学专家在老年医疗、护理、康复、医养结合及养老产业等方面进行交流合作，提升全院医护人员在老年医学方面的认知水平和专业服务能力，为创立老年友善医院打下坚实基础。（张建子）

【重点学科建设】 2018年，太原市第二人民医院老年病科作为市级重点学科是集诊断、治疗、保健预防为一体的老年病综合学科，该科拥有床位106张，针对老年人多病共存的特点，通过医养结合模式，实现多学科综合治疗。

超声诊断科作为太原市医学重点学科，拥有高素质专业人才队伍和现代化超声诊断设备，在医、教、研、学术等各个方面均走在前列，部分项目属国内先进、省内领先水平，成为全省有一定学术地位及社会影响力的品牌科室。

护理部作为太原市临床护理重点专科，引入科学管理理念，形成闭环式管理模式，持续推进优质护理服务，运用PDCA方法完成“降低住院患者身体约束率”质改项目，填补人工气道管理空白，1项科研项目通过省卫计委审核。

远程心电云平台通过互联网加心电技术，覆盖本市46个社区卫生服务机构、医院及2所社区日间照料中心、1个养老院和太原市第二人民医院援疆医院，年发送上传静态心电、动态心电、动态血压报告2万余份，目前拥有基层上传心电数据16.70万份（人次）。（张建子）

【医疗工作】 2018年，太原市第二人民医院制定多学科会诊实施方案及工作流程，成立专家组，确定工作职责，全院启动多学科会诊（MDT）；严格按照国家卫健委《医疗质量安全核心制度要点》相关要求，确保医疗安全，夯实医疗质量；筹备老年友善医院的创建工作；建立完善高风险、医疗、手术分级管理目录，开展重大手术78例；开展按病种付费；加强临床路径管理；通过抗菌、特殊药物使用及处方点评强化临床合理用药量化考核；组织义诊20次，派医务人员进行各种医疗保障，体检111次；先后组织临床医师参加医疗技能比赛，获团体三等奖；经市卫计委质控中心现场验收，成为老年病质控部主任单位；顺利通过国家级安全检查，评审专家对太原市第二人民医院工作成效给予肯定。（张建子）

【护理服务】 2018年，太原市第二人民医院加强重点环节、时段、人群、部门护理质量与安全管理，全年修订、完善、增加护理工作制度4项、护理常规1项、工作流程8项、质控标准3项等；按照国家卫健委要求重新构建护理质量敏感指标，上报准确性和正确性得到上级医院肯定；开展老年住院患者综合评估、简易精神状态（MMSE）护理干预措施；加强入职、分层规培、专科护士、危重症护理资质、操作培训及考核；根据护理应急预案演练要求，共进行68次演练；推进优质护理服务，全年护理满意度99.20%；获太原市第十一届职工职业技能大赛护士岗位技能竞赛优秀组织奖等。（张建子）

【人才建设】 2018年，太原市第二人民医院坚持“人才强院”战略目标，对来院工作优秀医学本科生和研究生提供优厚待遇和条件。为神经外科、呼吸消化、心内科、风湿免疫科和120急救等科室招录医师14名，护士30名；引进主任医师2名；聘任具备正高级职称资格人员3名、副高级职称资格人员8名、中级职称资格人员19名。（张建子）

【科教工作】 2018年，太原市第二人民医院筹备建立俞梦孙院士工作站、谷涌泉名医工作站；创建“太原市第二人民医院科教信息”微信群；组织承办“太原市母婴安全知识技能竞赛”和“太原市第四期继续项目进基层”活动；举办各类学术会议47场，外派参加学术会议38人次，选派中医科、风湿科、普外科、心电医学科12名医疗骨干到国内及省级医院进修学习；继续医学教育覆盖率100%；开展新技术、新项目11项；进行科研项目4项；接收各协议院校实习生113人。（张建子）

【基层卫生服务】 2018年，太原市第二人民医院派驻12名医生深入东于镇卫生院，开展巡回医疗90次，共接诊患者13675人次；与阳曲县、清徐县37名村医进行牵手服务总人数5616人次。社区指导服务方面：派驻37名医务人员分别到三桥、兴华、涧河、民航四个社区卫生服务机构进行帮扶，接诊患者5699人次。（张建子）

【医疗保障】 2018年，太原市第二人民医院对各诊疗价格及时公示，确保财务工作规范运行；实行医院内部成本核算，降低医疗服务成本，加强药品、材料、设备等物资管理，基本实现全员全程成本控制；强化后勤管理，在创建公共节能示范单位的过程中取得96.50分成绩，通过国家能管局的验收；加强职工食堂建设，提升服务质量。加强治安保卫，定期组织开展安全教育与消防演练，排除火险隐患，为医院建设提供坚实后勤安全保障。（张建子）

【信息化建设】2018年，太原市第二人民医院推进医院信息化工作。形成HIS、LIS、CIS、PACS、自助机、远程医疗、物资管理、智慧医疗八大系统为支撑的信息化格局。借助“互联网＋医疗”，就诊患者通过登录健康山西手机APP、医院官网或微信公众平台进行门诊预约挂号，住院一日清单查询及检验报告单查询等。将健康档案浏览器嵌入门诊、住院医生站，方便调阅患者健康档案，实现全息对症诊疗。开展微信服务，将医院新闻、科普宣教、先进技术等动态及时发布，共发送微信136次，文章291篇。（张建子）

·太原市第三人民医院·

【概况】2018年，太原市第三人民医院有职工800名，卫技人员600余名，床位555张，有省级临床重点专科1个（肝病科），市级临床重点专科2个（肝病科、感染性疾病科），市级医学重点学科1个（肝病科）。医院在病毒性肝炎、肝硬化、重型肝炎及流行性出血热等疾病的医疗救治以及乙型肝炎母婴垂直传播的阻断等方面达到国内同类医院先进水平，各类肝病检验、检查和治疗处于全省领先水平，是省城唯一收治麻疹、水痘、猩红热、手足口等传染病的医院。（院党办）

【医疗工作成果】2018年，太原市第三人民医院坚持“大专科、小综合”的发展理念，逐步成为国家综合医院中医药工作示范单位、国家中医药传染病临床基地、全国肝胆病防治技术示范基地、中国慢性乙型肝炎临床治愈（珠峰）工程项目示范基地医院、首都医科大学附属北京地坛医院感染性疾病专科联盟成员单位、山西省医疗质量控制中心传染病质量控制部主任单位等，并挂牌成立庄辉院士工作站，相继开展腹腔镜下胆囊取石术、胆囊切除术、脾切除术、肝脏部分切除术等各类外科及介入手术千余例，其中“经颈内静脉肝内门体静脉分流术”“载药微球在肝癌TACE术中的应用”等介入手术在治疗肝癌患者方面居于省内领先地位。

太原市第三人民医院门诊接诊93782人次，较上年同期增加6.35%；住院人数9791人次，较上年同期减少3.86%；出院患者9832人次，较上年同期减少4.01%；手术例数653例，较上年同期减少5.22%；开放床位555张，病床周转次数17.70次，较上年同期减少0.80次；病床利用率106.40%，较上年同期降低12.64%；平均住院天数22天，较上年同期缩短2.20天。

太原市第三人民医院总收入为21546.89万元，较上年同期减少3.57%；医疗收入19492.82万元，较上年同期减少4.84%，其中药品收入7771.23万元，占业务收入的39.87%，较上年同期降低6.99%；门诊次均费用475.48元，较上年同期减少3.98%；出院患者平均住院费用15368.82元，较上年同期减少2.64%；固定资产总额9214.89万元，较上年同期增加3.71%。（院党办）

【改善医疗服务】2018年，太原市第三人民医院推进“互联网＋健康医疗”服务模式。基本实现患者网上预约、网上问诊、检验检查结果查询、健康教育、饮食干预、出院随访等信息化服务。全年门诊非现场预约挂号量为57024人次，达到60.63%。推广检验检查结果互认。为方便患者看病就医，太原市第三人民医院开展医学检验结果互认项目46项，医学影像检查结果项目4项。加强对慢性病患者的跟踪随访。为加强慢病随访工作，医院将原慢病随访科与患者服务部职能进行优化整合。年内开展一级随访5036人，随访率为51%；二级随访2221人，随访率达50%。做好免费产前筛查及社区老年人体检服务。2018年，太原市第三人民医院被确定为产前筛查采血机构，全年共采集标本332人次，为降低新生儿出生缺陷风险、提高出生人口素质发挥积极作用。为社区老年人体检352人次，检测生化项目10项352次、血液分析352次、尿液分析343次，检验费用共计47024元，完成各项任务指标。

加强临床营养服务水平。为进一步提高患者饮食健康，促进患者康复，全年共开展营养知识宣教13次，营养会诊361例，辩证施膳指导361例，对405名患者进行肠内营养治疗，配制营

2018年2月9日，太原市第三人民医院领导深入临床一线部署春节前安全生产工作

（太原市第三人民医院供图）

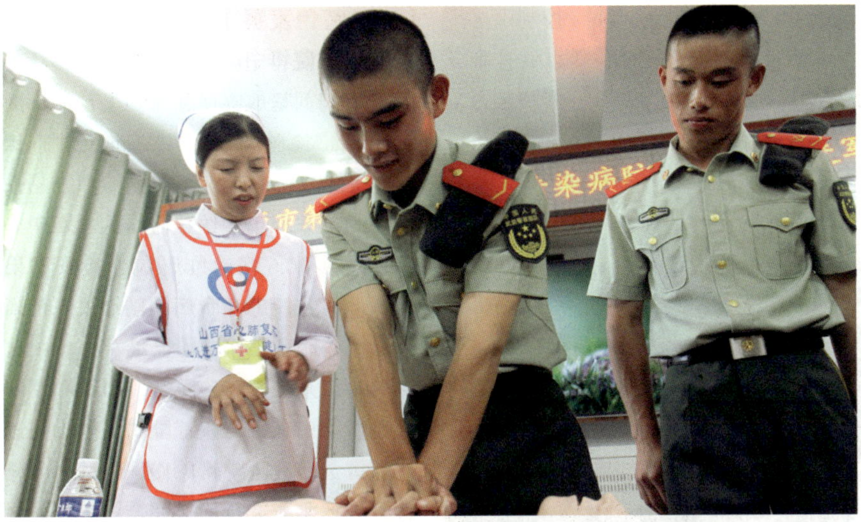

2018 年 7 月 25 日，太原市第三人民医院开展“心肺复苏普及培训”进军营活动
（太原市第三人民医院供图）

养液 3565 人次，营养风险筛查 361 例，发挥临床营养的治疗和支持作用。深化优质护理服务。全年召开“优质护理服务专题座谈会”4 次，各部门协调会 4 次，通过经验交流、多部门参与的形式，以点带面，推出护理新举措 31 项，开展优质护理资源下沉工作 3 次，将先进的护理理念及护理技能带入基层，使更多患者受益。落实健康扶贫工程。2018 年累计派出 30 余名医务人员，共计开展 8 次义诊活动，发放宣传资料 200 余份，“一站式”医疗救助 40 人次，减免 95763.94 元，切实将诊疗服务、用药知识送到基层，把国家各项济民帮扶政策落到实处。加强院内外健教宣传。2018 年共发放《肝病养生堂》60000 余册，组织开展健康讲堂 115 次，利用公众微信、QQ 群等平台宣教健康知识百余条，投入健康教育资金 87328 元，充分保障全民健康知识的普及和宣教工作的顺利开展。（院党办）

【医疗公共职能】 2018 年，太原市第三人民医院加强对医联体合作单位的技术支持。共安排 39 名医务人员参与清徐县人民医院、阳曲县人民医院医联体工作，共派送医务人员 300 人次，接诊患者 1000 余人，参与疑难重症患者会诊 60 余人次，开展健康讲座 24 次，培训乡镇医生 200 余人。开展“巡回医疗”及“千医千村牵手”工作。选派 36 名医生参加“巡回医疗”534 次，接诊患者 1800 余人，开展讲座 24 次，培训 241 人；安排 11 名医生参加“千医千村牵手”工程，与村医“一对一”结对帮扶，建立微信平台，全部医师参与到“医医通”平台回复答疑。全年现场诊疗 115 人次，培训 25 人次，带动基层卫生服务能力提升。开展健康教育“六进”活动。全年活动进家庭 7 次、进社区和农村 13 次、进学校 4 次、进医院 5 次、进机关和事业单位 5 次、进公共场所 2 次，累计服务 1657 人。开展省级继教下基层活动。2018 年组织 10 县区集中传染病专题培训 6 次，培训人数 1000 余人，落实点对面的传染病医疗帮扶。（院党办）

【医疗安全保障】 2018 年，太原市第三人民医院强化医疗核心制度落实，加强对重点部门、关键环节的监督检查，定期对危重患者危急值、医患沟通、三级查房等核心制度的执行情况进行督查。全年共督查危重患者 90 人，抽查住院＞30 天患者病例 1968 份、转入或转出 ICU 病例 70 余份、非生物型人工肝病例 240 份、督导手术 5 台。对全院医师进行《病历书写规范》培训 2 次，对运行病历质控结果进行一对一反馈。健全质量管理组织体系，规范质量安全评价流程，每季度对医疗质量相关指标进行分析评价，全面、准确地反映医院运营过程中的实际情况，为解决好医疗质量问题提供科学合理的意见和建议，逐步建立起科学化、规范化、精细化的运行管理体系。

太原市第三人民医院加快推进临床路径管理信息化建设，信息管理系统完成电子路径功能，实现对应入路径人数、平均住院费用、平均住院日等数据的分析和管理。纳入临床路径管理的共 4 个专业 15 个病种，年内临床

2018 年 7 月 28 日，太原市第三人民医院举办“7·28 世界肝炎日”主题宣传教育活动
（太原市第三人民医院供图）

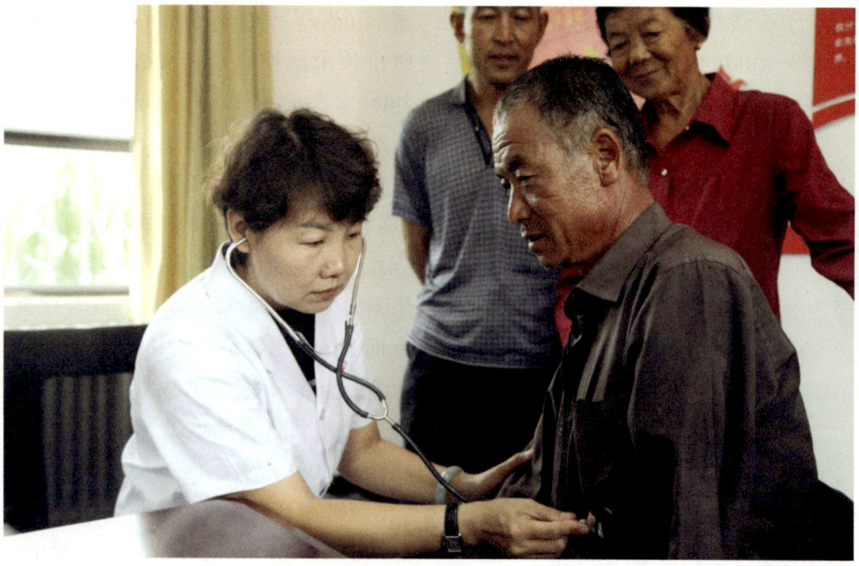

2018年8月9日，太原市第三人民医院赴娄烦县天池店乡圪垛村开展扶贫义诊活动 （太原市第三人民医院供图）

路径病种收治3562人，入径人数2046人，完成人数1229人，变异人数68人，入径率57.44%，完成率60.07%，变异率3.32%。

完善医院感染管理信息化建设，对医院感染的风险因素实行实时监控，对13项医院感染管理质量控制指标进行全面监测，并对监测结果按季度进行分析反馈。2018年医院感染发病率为1.77%，医院感染现患率为0.59%，呼吸机相关肺部感染率为0‰，中心静脉导管相关性血流感染率为1.23‰，导尿管相关性尿路感染率为0‰，I类切口手术部位感染率为0%，I类切口手术抗菌药物预防使用率为33.33%，医务人员手卫生依从率为96.20%，住院患者抗菌药物使用率为12.99%，消毒效果监测合格率为100%，各项指标均达到国家规定标准。

太原市第三人民医院开展合理用药专项整治，处方点评工作组对免疫调节剂、中药注射剂、质子泵抑制剂、营养支持类和神经营养类等5大类15个品种重点监控药品使用进行专项点评；对进入药品使用金额排名前30位的辅助类用药及使用此类药品的医师、科室的不合理用药比例进行统计分析，并将点评结果公示通报。加大监督考核奖惩力度，对不合理用药比例较高的医师和科室进行诫勉谈话，并与绩效考核挂钩。加大对百元医疗收入耗材的管控力度，严格执行“两票制”和网上阳光采购，每月对耗材使用情况进行数据统计及使用评价分析，发现不合理现象，及时约谈责任科室负责人；要求在确保患者安全的前提下，尽量选用国产耗材进行手术；确保医务人员个人薪酬不得与药品、耗材、大型医用设备检查治疗等业务收入挂钩，根据患者病情开具检验检查项目，不得诱导患者再开展其他同类检查。 （院党办）

【中医特色发展】 2018年，太原市第三人民医院将中医药特色和专科诊疗相结合，制剂室成立一年来，生产制剂成品33批次，在产15批次，全年制剂销售额达1471.84万元。开展外加工品种合作，与太原市中医医院、太原市中心医院等多家医院合作开展制剂品种研发，研发生产的7个产品均通过工艺质量验收，制剂工作取得长足发展。

为提升医疗服务质量，2018年9月太原市第三人民医院成立中医科，引进具有针灸研究生学历的中医人才，并相继开展针刺、艾灸、按摩、耳穴、放血疗法、拔罐、指压点穴、杵针、提针、中药穴位敷贴、三伏贴、三九贴、中药熏蒸、梅花针、中药灌肠等10余项中医治疗方法，在4个月时间内共接诊4888人次，推动太原市第三人民医院中医诊疗技术的临床应用。 （院党办）

【科研成果】 2018年，太原市第三人民医院申报山西省科技厅科研项目2项，分别为“肠道微生态制剂对病毒性肝炎患者肠粘膜屏障功能和免疫功能的作用”及“太原市第三人民医院患者交流平台”；申报国家级科研课题4项，分别为“基于盐酸达拉他韦的治疗方案在中国慢性丙型肝炎患者中的安全性监测研究”“中国慢性乙型肝炎临床治愈（珠峰）工程项目”“中国肝炎防治基金

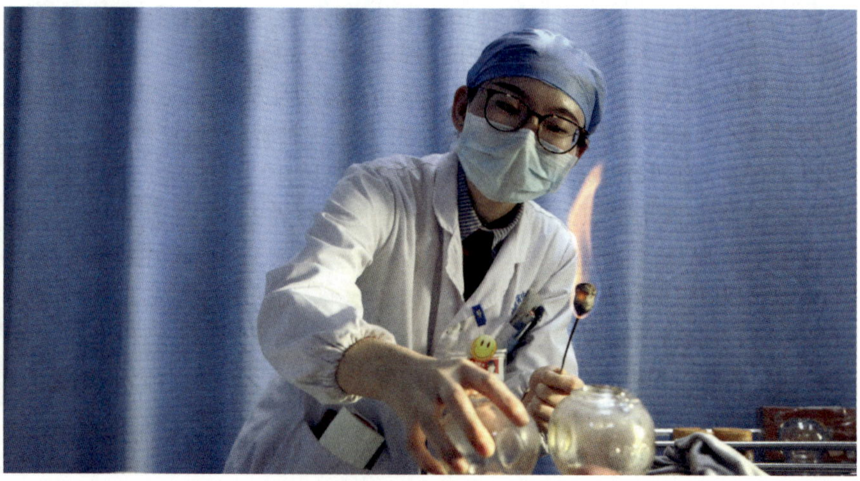

2018年9月4日，太原市第三人民医院中医科开展针灸拔火罐技术 （太原市第三人民医院供图）

会中国丙肝临床注册（CURE）项目”及吴阶平医学基金会临床科研课题“替诺福韦酯片治疗慢性乙型肝炎患者疗效及安全性评价的真实世界研究”。撰写论文64篇。

太原市第三人民医院与北大医学部签订《关于肝炎病毒流行病学相关研究课题合作实施方案》，庄辉院士工作站团队——北京大学医学部教授王玲、博士王麟定期来院指导工作，院主任医师王倩晖参与撰写SCI论文1篇，进一步推动庄辉院士工作站相关工作的开展。

为中国乙肝随访与临床科研平台（CR-HepB）录入患者信息1000余人次，通过大数据解读，为慢乙肝治疗策略及临床诊疗方案提供科学指导，太原市第三人民医院随访录入工作多次获得好评。（院党办）

【新技术新项目应用】2018年，太原市第三人民医院开展“血清淀粉样蛋白（SAA）检测”“肝脏穿刺活体组织检查术”等新技术新项目8项，并成功申报中国肝炎防治基金会“乙肝母婴零传播工程项目医院”。1月15日，经山西省食品药品监督管理局审查，同意太原市第三人民医院中药制剂“二甲软坚胶囊”再注册。（院党办）

·太原市第四人民医院·

【概况】2018年，太原市第四人民医院以习近平新时代中国特色社会主义思想和中共十九大精神为指导，落实新时代卫生与健康工作方针，院领导班子团结协作，带领全院干部职工深入贯彻“实施健康中国战略”决策部署，把实现好、维护好、发展好人民群众健康权益作为工作的出发点和落脚点，以把握政治核心、围绕工作中心、突出要点亮点、服务职工患者为重点开展工作，聚力抓重点、补短板、增活力，在基本建设、医院管理、专科引领、医疗服务水平等方面取得一定成效。2018年获中华医学会结核病学分会2018年学术大会优秀承办单位奖和优秀组织奖；全国结核护士微电影大赛三等奖和优秀奖；被中华医学会、中华医学会结核病学分会授予“全国结核病健康教育宣讲团”团长单位；第四轮全国结核病分子诊断技术能力验证合格单位；第九轮抗结核药物敏感性试验熟练度测试成绩优秀单位；山西省临床检验室间质量评价优秀单位；全省艾滋病检测实验室质量考评优秀单位。（闫利勤）

【医疗服务】2018年，太原市第四人民医院实行医疗服务全过程无缝对接，全年安全护送患者入院及提供陪检服务1800余人次，随访结核病慢病患者8914人次，随访率86.64%；开展出院患者三级回访，全年回访1849人次，回访满意率99.60%。落实“以患者为中心”的责任制整体护理工作模式和继续教育培训与考评制度。落实惠民利民政策，减轻患者负担1.71万元，减免困难患者医疗费6979元，救助无主患者12人次，垫付费用65万元。收治建档立卡贫困患者48人次，报销比例达到92%。开展惠民医疗、基层卫生对口帮扶及健康义诊等多形式公益性社会活动，实施“千医千村牵手”工程。（闫利勤）

【质量建设】2018年，太原市第四人民医院推进等级医院评审。对标《等级医院评审标准》，出台《医疗质量安全核心制度实施方案》，完善三级质控管理，健全完善质量管理运行机制。

加强医疗质量管理。加大医疗核心制度监督和落实力度。强化临床路径管理。年内无新增医疗纠纷与差错事故发生。在全市卫生系统第三届医师岗位知识技能训练和竞赛活动中，获团体二等奖，3位参赛医师分获个人二、三等奖。

加强院感指标监测。强化重点部门、高危科室、高危人群监测指导工作；医务人员手卫生依从性较上年提高11.06%；医院感染漏报率为0；I类切口手术部位感染率为0；现患率为1.10%；院感发生率为0.93%，较上年下降0.41%。各项院感检测指标均低于控制线标准。

加强监区医疗管理。2018年为市公安局看守所在押人员体检3666人次。认证1名全科医师资质，逐步从专科医疗向全科医疗过度，并为在押人员提供心理咨询卫生服务。根据上级卫生部门要求，完成市二看卫生所交接工作。（闫利勤）

【应急能力建设】2018年，太原市第四人民医院健全应急组织体系。修订完善《传染病医疗救治预案》，全年开展专业培训和组织开展消防疏散、地震应急、信息系统、院感控制、公共卫生实战演练12次。

加强传染病管理。修订完善转诊制度及管理办法，完成各项任务指标。2018年5项网络报告3990张，传染病卡3957张，肺结核占传染病报卡总数的78.46%，法定传染病网络直报率达100%，漏报率为零。

承担防艾救治责任。太原市第四人民医院派出专家参加第五届全国艾滋病学术大会交流，就艾滋病与结核病专题共同分析探讨新挑战与新趋势。年内收治艾滋病住院患者306例，门诊患者4000人次。在12·1“世界艾滋病日”之际，派专家参加省城红丝带大型艾滋病宣传活动，参与太原及周边县区艾滋病治疗点联动，主动承担艾滋病防治社会责任，在艾滋病防治工作中发挥主力军作用。（闫利勤）

【改善医疗环境】2018年，太原市第四人民医院在“百院兴医”建设方面，纳入“百院兴医”五项工程中，3项（感染性疾病楼、结核病疾病防治楼、南寒社区卫生服务中心）竣工验收，2项（艾滋病诊治楼、室外工程及污水处理站升级改造项目）投入使用，申报立项结核病防治综合楼建设项目。在信息化建设方面，完成住院医生和护士工作站、医疗质量结构化电子病历系统建设，实现预约挂号管理系统和物资管理系统中普通材料与固定资产两个模块上线运行，实施质控系统建设，完成新机房的基础装修。在设施设备建设方面，争取上级资金支持，完成财政拨款购置的悬吊 DR、医用电动病床、麻醉机等设备的招采验收安装和调试，新增 900 万元医疗仪器设备，改善诊疗设施设备条件。在局部改造配置方面，启动门诊楼装修改造工程。配合市政府玉门河快速路改造，完成拆房让地工作。完成“百院兴医”项目配套办公家具、电器、灶具、病房卧具、视频会议系统招采等共计 571.17 万元。实施“百院兴医”工程公共区域绿化改造。（闫利勤）

【内部规范管理】 2018 年，太原市第四人民医院加强运营管理。成立医院履约监督机构，制定《规范基建修缮外审工作流程》《医院社会公开招标工作流程》《规范物资采购、验收、入库工作流程》；下发《关于重点岗位和关键岗位人员实行长期轮岗的通知》《内部审计规定》《劳动纪律管理办法》，落实《“三公经费”管理办法（暂行）》严格公务用车管理，严格公务就餐审批。严肃财经纪律。严格落实阳光采购询价制度，年内组织阳光采购询价 10 次；开展基建及维修工程专项审计 7 项，审减资金 1.89 万元。加强院内收费管理，严格报销审批流程，“三公”经费较上年同期下降 16.94%。加强平安医院建设。医院实行“首诉责任制”，建立投诉信息上报系统及处理反馈机制。聚焦安全生产重点任务，落实安全生产挂牌责任制。强化“三防”系统建设，建立警务室，以“零容忍”的态度和“除恶务尽”的决心，实施“扫黑除恶”专项斗争。（闫利勤）

【医疗改革】 2018 年，太原市第四人民医院推动落实医改工作。适应医改付费方式改革，落实取消药品加成、药品分类采购、阳光采购和“两票制”，基药采购比达 42%，药品阳光采购率达 98.20%。建立医药购销领域商业贿赂不良记录制度。深化人事制度改革。公开、公平、公正实施专业技术职务申报和聘任工作，落实《聘用制人员管理制度》和考勤制度。探索人力资源薪酬改革、全面预算管理、全成本核算，加强人员编制和绩效工资总量管理，完善医院绩效考核内容和奖惩措施。（闫利勤）

【人才学科建设】 2018 年，太原市第四人民医院成功承办 2018 年全国结核病学术大会，参与协办新时期结核病创新防治技术高端论坛暨华北五省结核病防治学术会议。耐药结核科、结核外科被确定为山西省临床重点专科，开展重点建设工作。柔性引进 2 名国内知名结核病学专家定期进行学术讲座、临床带教。全年共举办 13 期市级、4 期省级、15 期远程继续医学项目，4 名医师确定为 2018 年度太原市医学重点学科高端人才培养对象。开展 2 项重大专项课题研究，申报科研课题 1 项，开展新技术、新项目 6 项，发表论文 131 篇。（闫利勤）

·太原市精神病医院·

【概况】 2018 年，太原市精神病医院在医改工作、严重精神障碍管理项目工作、医疗服务、改善就医环境和平安医院创建方面取得一定成绩。参加中华护理学会精神科护理专业委员会青年学组演讲比赛，获“优秀奖”；参加中华护理学会精神科专业委员会青年学组微课大赛，获“优秀创作奖”。参加山西省护理学会精神卫生专业“传承、创新”演讲比赛，获“一等奖”。在太原市第十一届职工职业技能大赛中，1 人获“护士岗位技能竞赛标兵”荣誉称号。1 人获太原市“最美护士”荣誉称号。（葛瑞芳）

【医疗改革】 2018 年，太原市精神病医院完成公立医院综合改革四项核心指标，四项核心指标均达标。医院药品采购全部实行“两票制”。推进专科联盟建设。建立省级区域精神卫生专科联盟，成立太原市精神卫生专科联盟。（葛瑞芳）

【严重精神障碍管理项目】 2018 年，太原市精神病医院提高“医院—社区”一体化的精神卫生服务意识。共下转 592 名严重精神障碍患者，由基层精防人员为确诊患者建立健康档案，并录入严重精神障碍管理信息系统。2018 年，山西省严重精神障碍患者报告患病率为 4.22‰、规范管理率为 83.83%、服药率为 79.49%、规律服药率为 65.10%、精神分裂症服药率为 78.68%、面访率为 85.14%；太原市严重精神障碍患者报告患病率为 4.18‰、规范管理率

山西医科大学附属精神卫生医院、精神卫生学院挂牌仪式

（太原市精神病医院供图）

2018 年山西省突发事件心理危机干预培训班　（太原市精神病医院供图）

为 80.14%、服药率为 78.18%、规律服药率为 69.92%、精神分裂症服药率为 76.15%、面访率为 78.21%。

承担各类培训。开展“山西省县级医院精神科转岗医师强化班”，培训 91 人。举办“山西省 2018 年严重精神障碍管理治疗工作质量控制培训班”，培训全省 11 个市 119 个县（市、区）业务管理员 138 人。对太原市基层医疗卫生机构 420 名精防人员进行规范化服务培训。举办第六期“山西省精神科医师转岗培训”，培训 95 人。

开展精神卫生支援工作。派出 25 名医疗专家，对全市 10 个县（市 / 区）15 家社区卫生服务中心开展支援 300 余次，指导社区康复患者 446 人，其中，指导高风险患者 34 人；开展健康教育 4 次，宣传、义诊 9 次，下发资料 1000 余份。个性化家庭医生签约严重精神障碍患者 138 人。

对贫困精神障碍患者实施门诊治疗补贴救助 1614 人次，救助金额约 24 万元。

规范严重精神障碍信息管理系统使用。网络质控 8140 例，发现问题数据 1748 例，更新数据 1574 例。（葛瑞芳）

【医疗质量提升】 2018 年，太原市精神病医院加强制度化管理。全年共制定、修改和完善各类制度 17 项，每月制作《医院医疗质量管理工作简报》，印制并下发 10 期。加强管理工具的使用。针对医院医疗不良事件、疑难危重病例讨论数量较少，及危重症病人抢救成功率低的问题，专门召开医院质量管理会议和医院医疗质量管理会议。组织相关科室运用管理工具（鱼骨图）进行原因分析，运用 PDCA 管理推进工作持续改进。加强临床路径管理。修订、完善临床路径制度和规范，持续扩大病种范围和路径，2018 年扩大至 20 个病种 66 条路径，实施临床路径的病例数占医院出院病例数的 48.80%，较上年增长 41%，临床路径管理更加规范化、制度化。（葛瑞芳）

【学科建设】 2018 年，山西医科大学附属精神卫生医院、山西医科大学精神卫生学院正式挂牌。精神科被评为省级重点建设学科，精神卫生学科被评为市级重点学科。医院成为山西省护理学会精神卫生专业委员会主委单位，会员覆盖全省精神病专科医院和综合医院精神科 45 家单位。新增检验科“精神类药物基因检测”和精神康复科“OT（作业）治疗”新技术、新项目各 1 项。全院共 28 名医技人员参加山西医科大学师资培训，均获得结业证书。成为山西中医药大学本科实践教学基地。（葛瑞芳）

【科研项目】 2018 年，太原市精神病医院与北京大学第六医院合作的科研课题进展顺利，继续签订新的合作科研项目。自主承担的省卫健委科研课题 3 项。与山西中医药大学合作科研课题。成功组织申报省卫健委科研课题 5 项，通过形式审查。成功申报并批准太原市优秀卫生科研项目 1 项。组织召开 2019 年度国家基金项目申报动员大会，并组织申报国家自然科学基金 9 项。（葛瑞芳）

【医学教育】 2018 年，太原市精神病医院卫生技术人员继续医学教育实现全覆盖。申报并举办Ⅰ类继续医学教育项目 3 项，Ⅱ类继续医学教育项目 12 项。完成全院卫生技术人员继续医学教育新系统注册。举办施琪嘉博士完形治疗三阶培训，培训 100 余人；承办《2018 年山西省突发事件心理危机干预培训班》，培训 200 人。邀请国内外知名专家来院授课 13 次，培训 1900 余人次；院内常规学习 14 次，参加学习 1600 余人次。外派进修学习 117 人次。接收进修及实习人员 200 余名。（葛瑞芳）

【平安医院建设】 2018 年，太原市精神病医院完善保卫制度 8 项，医院与各科室签订“消防安全”与“综合治理”的两个目标责任书。通过太原市迎泽公安局反恐应急验收，并代表迎泽公安分局对辖区“创安单位”进行检查验收，12 月 6 日接受“省级平安医院”创建工作检查。按照“警医联动”，医院被列为市公安迎泽分局长风东派出所的“巡逻必到点”，邀请“反扒能手”在院内抽点巡逻，确保患者就诊安全。为财务科、药库、计算机房等重点部门安装红外线防盗报警系统，为病案室、档案室及有贵重医疗设备的科室安装防盗窗、防盗门，有效增强安全系数。

全年开展消防、应急培训 10 次。更换烟感探测器 5 只，增设消防安全出口标志 14 块，安装应急灯 46 个。及时化解医疗纠纷。共参与处理医疗纠纷 3 起，医疗投诉 10 次，无二级及以上医疗事故发生。（葛瑞芳）

·太原市第八人民医院·

【概况】 2018 年，太原市第八人民医院坚持贯彻中共十九大精神，以习近平新时代中国特色社会主义思想为指导，

山西省人民医院医疗联合体、太原市第八人民医院体检中心迁新址

（太原市第八人民医院供图）

创新医院发展模式，引进人才发展学科，提升医疗质量和技术水平，推动医联体上下联动，逐步加快基础设施改造和建设，各项指标均向好发展。

全年，医院总收入5390.45万元，同比增长38.35%；业务收入4754.45万元；资产负债率207.99%；门诊人数35154人，同比增长21.15%；入院人数4654人，同比增长30.12%；床位周转次数13.44次；床位使用率55.83%；平均住院日12.39天；手术例数564例，同比增长53.26%。药品收入占业务收入的比例为33.33%。（董　慧）

【医疗服务】 2018年，太原市第八人民医院老年病科开展安宁疗护，被多家兄弟单位借鉴。与德国KFW银行签署医养结合贷款备忘录。增挂“市八院社区服务指导中心”牌子，2018年承担社区1万多名老年人员体检工作。引进1.5T核磁一台并投入使用。建立医疗纠纷第三方调解机制，完善医疗纠纷投诉管理办法，严格执行首诉负责制。2018年为全体医务人员参投医疗责任保险。

八院中医科、妇产科、骨科、心内科各聘请外院专家一名，外科提拔科室副主任一名，弥补八院学科带头人不足的问题；引进研究生5人，补充后备力量。被评为迎泽区0—6岁儿童健康管理服务工作先进单位。医院在医养结合方面做出成效，被市卫健委评为医养结合示范单位。（董　慧）

【重要会议】 2018年，太原市第八人民医院承办省级继续教育项目传承中医针调药治临床经验学术论坛，由国内外多名专家学者出席论坛，参会人员共计442人，对于宣传八院中医技术力量起到很大的帮助。（董　慧）

·太原市第九人民医院·

【概况】 太原市第九人民医院占地面积23615.80平方米，建筑面积11283平方米，医疗辐射半径覆盖面达尖草坪地区的83%，担负着周边67个村、12个乡镇街办、7个工厂约40万居民的基本医疗服务任务。（张国卉）

【“百院兴医”项目】 2018年，太原市第九人民医院按太原市政府办公厅《关于审批太原市第九人民医院住院综合楼及配套工程建设项目可行性研究报告有关事宜的请示》的文件精神，由于财政资金困难，建议太原市第九人民医院“百院兴医”项目暂缓实施。鉴于九院面临的实际发展困难，原住院楼拆除，收治住院病人处于过渡阶段，为促进九院整体转型发展，经太原市委政府、市卫计委等多部门沟通协调，11月30日获得市政府批复予以支持九院住院综合楼及配套工程建设项目重新启动，12月26日取得市发改委对九院项目的重新立项可研批复，太原市第九人民医院百院兴医——住院综合楼及配套工程建设项目进入办理阶段。（张国卉）

【医疗管理机制】 2018年，太原市第九人民医院健全完善双向转诊机制及流程，执行按病种分级诊疗，取消药品加成，建立医疗安全不良事件信息系统，加强医疗质量管理，开展按病种收付费工作。组织29名医师参与“千医千村牵手”活动，开展免费产前筛查与诊断服务，完成率52.50%。加强人才培养，派送5名护士、1名检验士到三级医院进修学习，引进专业技术人员7名，其

太原市第九人民医院党支部开展“不忘初心 牢记使命”主题党日活动

（太原市第九人民医院供图）

中医生 2 名，护士 4 名，其他专业 1 名。推进平安医院建设，妥善处理医患纠纷，保证信访渠道畅通。建立医院应急管理体制，强化技能培训，提高防范和处置突发公共事件能力。（张国卉）

【基层义诊服务】2018 年，太原市第九人民医院深入基层开展义诊服务 17 次，门诊体检（含社区老年人）1645 人，承接太原市卫计委流动人口促进健康示范企业流动人口健康咨询及义诊活动任务，对太原市 6 城区及阳曲县、清徐县、古交市共 14 家厂矿企业员工及流动人口进行健康知识培训及免费义诊活动，共培训人员约 3800 人，免费义诊 2800 人，发放宣传资料 4500 余份，为流动人口健康体检总人数达 1240 人。以“送关怀、送健康”为重点，对各大企业的员工普及卫生计生法律法规和健康保健知识，开展健康体检巡诊工作，促进流动人口家庭发展能力和健康水平，增强适应城市生活能力和幸福感。（张国卉）

·太原市健康教育中心·

【概况】2018 年，太原市健康教育中心贯彻执行党的卫生计生方针政策，开展多种形式的健康促进与教育工作，引领全省健康教育工作。先后开展创建国家卫生城市，幼儿和中、小学生健康教育、农民健康促进行动、相约健康社区行、健康促进学校项目、世界银行贷款卫生Ⅸ项目、中央补助地方经费健康素养促进行动项目、糖尿病患者自我管理现况调查、中医养生健康素养项目、工矿企业健康教育与健康促进、重大疾病预防控制及重点人群健康教育和控烟活动等，全市健康促进与教育工作取得明显成效。先后编印《农民健康教育读本》《健康知识与行为指南》《传染性非典型脑炎防治知识手册》《中小学科学防治 SARA 指导手册》《青年人健康指南》《优生优育知识手册》《新农合“分级诊疗制度”宣传读本》《艾滋病健康教育知识手册》等健康教育书刊和宣传资料；拍摄制作《不辱使命》《预防流行性感冒》《吃街头食品要当心》《太原市儿童计划免疫工作概况》等专题片；制作多期街头健康教育专栏及展版。《行动起来向“零”艾滋迈进》公益广告获省一等奖。（罗　英）

【业务教育培训】2018 年，太原市健康教育中心在山西省职工活动中心举办“太原市 2018 年健康素养技能培训会”，90 余人参会。在山西省职工活动中心举办“太原市控烟能力建设培训会”。来自各县（市、区）卫生计生局疾控（健康教育）科科长，委直属各单位负责健康教育的业务科长，各县（市、区）疾控中心（健康教育）分管主任、健康教育科科长及业务骨干，各健康促进医院、示范单位、基地健康教育分管人员，全市社区卫生服务中心（乡镇卫生院）负责控烟工作人员及市健康教育中心领导和专业技术人员共 130 余人参加本次培训会。

太原市健康教育中心举办“太原市 2018 年健康教育讲座、巡讲技能培训班”，200 余人参会。在太原市卫生培训中心举办“太原市健康素养监测项目实施及评价培训班”，92 人参会。承办市直卫生计生系统第十三期综合能力培训。特邀中国健康教育中心培训部主任、中国健康教育中心主任医师、医学博士、硕士生导师田向阳主讲。200 余人参会，为学员授予省级Ⅰ类继续医学教育学分。（罗　英）

【健康教育宣传】2018 年，太原市健康教育中心与《太原日报》《太原晚报》联合开设“健康教育专栏”，每 1—2 周刊发一期，全年刊发专版 2 期、科普文章与亮点展示文章近 50 篇；健全健康教育工作网络，发挥聘任的 67 名市级健康教育专家特长，开展健康巡讲和工作指导。参加全省卫生计生系统举办的首届微电影大赛。由太原市疾控中心程晓光和太原市健康教育中心罗立洁共同制作的动画片《全面禁烟》，获全省卫生计生系统举办的首届微电影大赛优秀奖。完成信息简报 70 期，有部分刊登在“健康太原官微”。（罗　英）

【“三减三健”健康理念】2018 年，太原市健康教育中心在太原市汾河公园组织举办“2018 年健康中国行科学健身主题宣传活动启动暨山西省纪念毛泽东 6.10 题词 66 周年活动周示范活动”。中国健康教育中心副主任吴敬，省体育局副局长杜荣、省卫生和计划生育委员会副主任冯立忠，太原市卫生和计划生育委员会主任宫殿元、调研员安鲜萍和新闻媒体及志愿者 600 余人参加。在龙潭健康主题公园联合举办太原市 2018 年“科学健身暨全民健康生活方式行动日”主场宣传活动。市卫生计生委副主任孙慧生和志愿者 1000 余人参加。指导、验收健康社区 / 村 43 个场所，市级健康支持性环境 11 个。（罗　英）

【健康讲堂】2018 年，太原市健康教育中心根据省卫计委的要求，按时报送各季度二级以上公立医院健康讲堂开展情况，完成三个季度的汇总上报，共有 39 家医院上报大讲堂报表，三级 8 家、二级 31 家，开展科室共 461 个，次数 1233 次，受众约 4.50 万人次。太原市健康教育中心专业技术人员不定期对全市二级以上公立医院健康讲堂开展情况进行督导。

中心深入基层群众中开展多次健康知识讲座。在阳曲县侯村乡赵庄村委会、平阳景苑、万柏林区太白街小学等多个场所开展健康知识讲座 10 次，受众约 700 人。通过面对面讲座，并发放相应的宣传资料，让广大群众掌握防病知识，覆盖人群广，效果良好。中心专业技术人员走进山西大学的各大院系，为 600 余名师生讲解艾滋病的相关知识 5 场。（罗　英）

综 述

【概况】 2018年，太原市体育工作紧抓承办第二届全国青年运动会（以下简称“二青会”）这一历史机遇，以“全力抓好12256工程”为目标，以“打好省运会、备战二青会”为统领，群众体育、竞技体育、体育产业全面推进，体育的综合功能和社会价值充分彰显，被太原市委、市政府通报表扬，评为山西省十五运会承办工作先进集体。（刘潇涵）

【品牌赛事】 2018年，太原市体育局继续精心打造太原国际马拉松赛、龙城赛龙舟、篮球城市、汾河体育健身长廊四张体育名片，太原国际马拉松赛，从2013年起连续六年被评为“中国马拉松金牌赛事”，2017年2月被国际田联评为国际铜标赛事。（刘潇涵）

【体育工作会议】 2018年3月15日下午，太原市体育工作会议召开。山西省体育局党组书记、局长赵晓春出席会议并作讲话。会议先后传达全国体育局长会议精神、全省体育局长会议精神和副市长王爱琴对全市体育工作的批示，宣布2017年度太原体育十大新闻评选结果。太原市体育局党组书记、局长高波作工作报告，市纪委驻文化局纪检组组长阎继华、市体育局领导班子成员、市纪委驻文化局纪检组副组长，各县（市、区）文化局局长、分管体育工作副局长及相关工作负责人，市体育局机关处长、副处长、直属单位党政一把手、办公室负责人，教练员、运动员、市属单项体育协会、体育经营单位、体育彩票销售网点代表共100余人参加会议。（刘潇涵）

【太原国际马拉松赛研讨会召开】 2018年2月5日，太原国际马拉松赛研讨会在龙城国际饭店举行。太原市副市长王爱琴，太原市政府副秘书长、法制办主任常跃平，山西省体育局群体处副处长白晓强，太原市体育局局长高波，乐视体育副总裁陈欣，新华社高级记者、首都媒体跑团创始人汪涌，太原国际马拉松赛组委会各成员单位代表，各个跑团及友好单位代表、中央及省市媒体界的记者参加此次研讨会。（刘潇涵）

山西体育中心（太原市体育局供图）

【山西《国家体育锻炼标准》测试达标赛太原站启动】 2018年12月1日，山西省《国家体育锻炼标准》测试达标赛·太原站在山西省全民健身中心启动。《国家体育锻炼标准》测试达标赛首次落地山西，吸引400余人参与。活动由山西省体育局主办，太原市体育局、山西省全民健身中心、山西省田径协会承办，太原市六城区文化局和山西企大体育文化有限公司、泽宇文化传媒有限公司协办，山西博维文化体育发展有限公司、山西雄哥体育文化

有限公司执行。 （刘潇涵）

【第二十五届“晋阳杯”中国象棋锦标赛新闻发布会】2018 年 12 月 12 日，第二十五届“晋阳杯”中国象棋锦标赛新闻发布会在太原召开。太原市第二十五届“晋阳杯”中国象棋锦标赛暨 2018 年“红河谷杯”太原市中国象棋赛将于 12 月 28 日至 31 日在太原红河谷茶文化街举办。赛事由太原市体育局、太原市体育总会、太原市棋类运动协会联合举办，累计吸引 15 支队伍 300 余人参赛。 （刘潇涵）

山西省第十五届运动会开幕仪式 （太原市体育局供图）

竞技体育

【概况】2018 年 8 月 8 日至 18 日，山西省第十五届运动会在太原市举行，按照二青会“带妆彩排”要求，太原市承办开闭幕式及 11 个竞技体育项目和 2 个群众体育项目的比赛，为全省人民奉献一届高水平体育盛会。太原体育代表团参加省运会 21 个竞技体育项目和 19 个群众体育项目的比赛。竞技体育取得金牌 202 枚、银牌 149 枚、铜牌 128 枚的优异成绩；群众体育取得团体第一名 4 项、单项第一名 11 项、团体一等奖 9 项，总计 24 项第一或一等奖的好成绩。太原市所获金牌数、奖牌数在 11 个参赛城市中位列第一，创造太原市参加省运会的历史最好成绩。

太原市运动健儿马亚男、裴蕊娇、刘祉彤等在国内外各项大赛中捷报频传、勇创佳绩。太原市体育局组建太原市承办的 19 个项目单项竞委会竞赛组织核心团队，拟定测试赛计划。加大办赛人才培养力度，组织相关人员参加 20 多场专题培训。通过承办 2018 全国 BMX 冠军赛（第二站、第三站）、全国青少年武术套路锦标赛，锻炼队伍，积累经验。以“巩固传统优势项目、努力提升薄弱项目、大力发展新兴项目”为目标，通过引进人才、联合培养、委托训练、内部选拔等方式组建参赛队伍，各项目训练工作进入备战状态。

（刘潇涵）

太原市运动员马亚男获雅加达亚运会皮划艇静水双人 500 米冠军

（太原市体育局供图）

【组队参加国际大赛】2018 年 3 月 8 日（当地时间），在墨西哥瓜达拉哈拉市举行的 2018 国际射联世界杯比赛中，代表中国国家队参赛的太原市运动员裴蕊娇在女子步枪 3 种姿势项目（跪、卧、立）比赛中，发挥稳定，连克强手，在资格赛中以 1178 环的优异成绩排名第一，在最后决赛中夺得金牌并创造新的世界纪录。这是近年来太原市射击项目在国际大赛上取得的又一突破性成绩。

北京时间 8 月 30 日，2018 年雅加达亚运会皮划艇静水比赛在巨港体育中心展开第二日争夺。由太原市培养输送国家队的运动员马亚男和队友孙梦雅出战女子双人划艇 500 米，并在决赛中发挥出色，以 2 分 02 秒 512 的成绩夺得冠军，为中国代表团争得荣誉。

11 月 2 日至 4 日，国际泳联游泳世界杯赛（北京站）在国家游泳中心“水立方”举行。来自 40 个国家和地区的 244 位专业运动员参加比赛。太原市选派刘祉彤和刘海雲两名队员代表山西省参赛。18 岁的刘祉彤首次参加国际大赛即获得女子 800 米自由泳项目的铜牌，刘海雲获得女子 200 米仰泳第七名并达到国际健将标准。 （刘潇涵）

【组队参加全国比赛】 2018年1月13日，全国皮划艇静水冠军赛在贵州六盘水市六枝特区牂牁江开赛，比赛打响中国皮划艇项目备战2020年东京奥运会比赛的“第一枪”，包括太原市运动员马亚男在内的6名选手代表山西省参赛。赛事为期4天。1月13日1000米划艇比赛中，马亚男以4分51秒的成绩夺得冠军；14日，在女子500米划艇比赛中，马亚男以2分11秒的成绩获得冠军，创造个人参加全国比赛的最好成绩。本次比赛汇集全国20个省市的300余名运动员、教练员参加。

4月12日至15日，全国女子举重锦标赛在浙江省江山市举行。太原市体育工作队派出5名运动员参加四个级别的角逐，其中张倩获69公斤级第三名；张凯莉获75公斤级第四名；杜鹃获90公斤级第七名；王鲁平获69公斤级第八名。

4月18日，“汾酒杯”2018年全国游泳冠军赛暨亚运会选拔赛决出最后五项个人赛冠军和一项集体项目冠军。至此，本次比赛赛程全部结束，孙杨独揽4金，东道主山西队获2银2铜。在为期6天的比赛中，山西各有关部门通力协作，保障赛事顺利进行。

4月29日至5月1日，2018年全国BMX自行车联赛（第二、三站）在太原市举行，来自全国11支代表队的100余名运动员参加。本次比赛由中国自行车运动协会、山西省体育局、太原市人民政府主办，太原市体育局承办，太原市第三少体校协办。

5月14日，在贵阳结束的全国国际跳棋个人锦标赛上，太原队李成浩，连续战胜多名全国冠军，以6胜3和的不败战绩勇夺男子64格个人冠军，江洋获第八名，女子64格张志慧获第六；超快棋赛项目：男子组李成浩获得第四名、封超获得第六名，女子组张智慧获得第六名。李成浩同时获得国际跳棋大师称号。

7月21日，中国手指滑板大赛在太原万达广场一层举行。本次赛事由太原市体育总会主办。比赛设新手公园赛、最强三连招和手指之王争霸赛3个项目。参赛选手需在乒乓球桌大小的迷你滑板场，操控手指滑板在U形池、台阶、双杠等障碍物上，完成各种旋转、跳跃动作。

9月5日，第十六届全国篮球城市体育交流活动在广东省深圳市龙岗大运中心体育馆落下帷幕。经过三天的激烈对决，太原代表队获二等奖。本次活动由中国篮球协会、龙岗区人民政府主办，龙岗区文体旅游局、龙岗区篮球协会、深圳侨报文化传播有限公司承办，全国14个篮球城市代表队的300多名篮球爱好者参加。

2018年9月15日至21日，全国U系列青少年蹦床冠军赛资格赛在天津举行，山西代表队共派出18名运动员参赛，其中14名运动员为太原市选派。太原市小将共为山西省斩获15枚金牌、7枚银牌和4枚铜牌。

10月2日，“山西文旅·康养杯”暨2018第二届“龙城杯”全国羽毛球混合团体公开赛在太原市万柏林区体育馆举行。比赛是由太原市体育局、太原市体育总会主办，太原市羽毛协会承办，山西文旅旗下山投康养集团冠名的世界级羽毛球公开赛。来自印尼、马来西亚、台湾等国内外36支参赛队伍，近400名顶尖运动员参赛。山西省体育局副局长、山西省羽毛球协会主席王福，太原市体育局局长、太原市体育总会主席高波，山西省球类运动管理中心主任王永清及太原市体育局领导嘉宾出席开幕式。

10月14日，全国U系列青少年蹦床冠军赛总决赛在吕梁市落幕，比赛吸引来自河北、天津、陕西、广西、山西、西安等地的50名运动员参加。山西省共派出18名运动员参赛，其中14名由太原市体育运动学校选派。太原市运动员共夺得22枚金牌、6银牌、3枚铜牌。

（刘潇涵）

【太原国际马拉松赛五获“金牌赛事”称号】 2018年1月25日，2017年中国马拉松年会上，太原国际马拉松赛再一次获中国田径协会评为“金牌赛事”，这是“太马”连续第五年获得“金牌赛事”称号。 （刘潇涵）

【“台球风云酒”杯中式九球大师邀请赛】 2018年1月17日至21日，太原市体育总会主办，太原市台球协会和山西酒天仙女网电子商务有限公司共同承办的“台球风云酒”杯中式九球大师邀请赛在太原市怡佳·天一城举办。此项赛事围绕“强健体魄·阳光生活·共享青运”主题，进一步贯彻落实《太原市全民健身实施计划（2016—2020年）》。参赛选手方面，石鑫、代勇、陈强、石汉青、郑宇伯、杨帆等15名中国中式

2018太原国际马拉松赛 （太原市体育局供图）

山西省第十五届运动会柔道比赛　　（太原市体育局供图）

台球顶尖球员与迈克尔·希尔等3名国际著名球员共计18人组成的大师阵容受邀参加本次赛事。　（刘潇涵）

【“晋阳杯”围棋升段赛】 2018年太原市“晋阳杯”围棋升段赛，2月3日至4日在太原市十九中举行。比赛由太原市体育局、太原市体育总会主办，太原市棋类运动协会、太原市青年宫、太原市十九中承办，分为定级组、定段组、1段组、2段组四个组别，参赛人数达到1177人。每个组别共赛7轮，参赛棋手中年龄最小的4岁，最大的16岁。　（刘潇涵）

【太原国际马拉松赛晋升为国际银标赛事】 2018年5月8日，太原国际马拉松赛通过国际田径联合会认定，晋升为“银标赛事”，标志着太原国际马拉松赛成为展示太原历史文化和城市底蕴的平台，在国内外具有较高的知名度和美誉度。　（刘潇涵）

【“尚品天香杯”健美健身锦标赛】 2018年5月25日，“尚品天香杯”太原健美健身锦标赛在青年宫演艺中心完美落幕。赛事是太原市首次举办的高规格健美健身锦标赛，是对二青会的一次热身。比赛分为传统健美、男女健身、男子健体、女子健身比基尼、男女健身模特、男女单人健身瑜伽六个项目，24个组别。大赛吸引太原市健美健身职业选手、业余选手以及河南省、山东省等地的健美选手和各大专院校、健美健身爱好者300余人报名参赛，年龄最大的73岁，最小的17岁。历时两天四场比赛的激烈角逐，最终范友志先生获全场总冠军。竞赛由太原市体育总会主办，太原市健美运动协会、太原市社会体育管理中心承办。　（刘潇涵）

【第六届半程马拉松赛】 2018年5月27日上午8时，九牛牧业·2018太原国际马拉松赛前热身赛暨太原市第六届半程马拉松赛开赛，1220名跑步爱好者在森林公园活力开跑。赛事由太原市体育局、太原市体育总会主办，太原市田径协会、太原市田径协会长跑分会承办，共吸引1387人报名参赛。活动旨在响应全民健身号召，是2018太原国际马拉松赛的热身赛。　（刘潇涵）

【二青会、省运会筹备工作推进会举行】 2018年6月15日，全市二青会、省运会筹备工作推进会举行。山西省委常委、太原市委书记、二青会市执委会主任罗清宇，副省长、二青会省筹委会副主任兼秘书长张复明出席会议并讲话。市委副书记、市长、二青会市执委会执行主任耿彦波作安排部署。省政府副秘书长、二青会省筹委会副秘书长丁纪岗，省体育局局长、二青会省筹委会副秘书长赵晓春出席会议。市委副书记、二青会市执委会副主任李新春主持会议。　（刘潇涵）

【参加山西省第十五届运动会】 2018年6月30日，山西省第十五届运动会跆拳道比赛在运城市落幕。太原市共派出40名运动员参赛，共取得5枚金牌、8枚银牌、6枚铜牌，并以团体总分166.5位列该项目第一名。

省运会群众体育项目于6月初开赛，太原市组队参加全部19个项目的比赛。在老年组中，太原市代表队取得

山西省第十五届运动会游泳比赛太原代表团斩获金牌42枚（太原市体育局供图）

太极拳（剑）比赛4个单项一等奖和团体三等奖；乒乓球比赛获得男、女团体一等奖；网球比赛获得女双第一名、男双第三名和团体二等奖；健身球操比赛获得男、女集体规定套路一等奖，集体自选套路女子二等奖、男子三等奖。在职工组中，桥牌比赛获得混合团体第一名、女团第一名、男团第二名；台球比赛获得斯诺克第一和第二名、中式台球团体赛冠军；柔力球比赛获得集体规定套路三等奖。农民组象棋比赛获得团体第三名。

7月4日，省运会公路自行车比赛在左权县结束，太原市代表队夺得3枚金牌、1枚银牌、4枚铜牌。比赛共有来自全省145名运动员参加并最终决出8枚金牌。

7月3日至4日，省运会跳水比赛在晋城市游泳学校举行，来自太原、阳泉、运城、晋城等4市的35名运动员参加此次比赛。太原市业余游泳运动学校派出11名运动员参加三个组别16枚金牌的争夺。最终夺得7枚金牌、10枚银牌、3枚铜牌，团体总分位列该项第一。

7月7日，省运会射箭比赛在阳泉市体育中心落幕，来自太原、大同、长治、临汾、晋城、朔州、阳泉等7支代表队近200名运动员、教练员、裁判员参加本次比赛。太原市第二少年业余体育学校派出20余名运动员征战，共收获2枚金牌、3枚银牌、11枚铜牌，并以201分位列团体总分第一名。

7月28日，省运会网球比赛在长治落幕。太原代表队勇夺女子甲组单打、双打，女子乙组单打、双打冠军，共计4枚金牌，金牌数位列第一，实现网球项目在省运会上的新突破。

7月27日至29日，省运会蹦床比赛在吕梁市体育馆举行，来自太原、大同、阳泉、长治、晋城等代表队的110余名运动员参加22个项目的角逐。太原市体育运动学校蹦床队最终获得金牌13枚、银牌11枚、铜牌9枚、总分位列该项第一的成绩。太原代表队同时被授予体育道德风尚奖。

8月8日晚，山西省第十五届运动会在太原开幕。山西省委书记、省人大常委会主任骆惠宁出席开幕式并宣布运动会开幕。开幕式举行精彩的文体表演。省运会设竞技体育项目（青少年组）和群众体育项目两部分。竞技体育（青少年组）共设21个大项，497个小项的比赛。群体项目共设5个组别，21个大项，110个小项。太原市代表团共派出700余名运动员参加21个竞技体育项目的比赛；派出300余名运动员参加19个群众体育项目比赛。

山西省第十五届运动会体操比赛颁奖　　（太原市体育局供图）

8月9日，省运会群体项目职工组拔河比赛在省全民健身中心举行。共有来自太原、大同、阳泉、晋中等9个地市的120余名运动员参加。太刚体协派出12名运动员参加。同日，游泳、场地自行车、体操、篮球、摔跤等项目在太原开赛。8月10日，场地自行车比赛在山西省体育中心自行车馆落幕，太原运动员获得11枚金牌、7枚银牌、5枚铜牌，并以团体总分237位列该项目第一名。8月12日，游泳比赛在山西体育中心游泳馆结束，太原代表团以金牌42枚、银牌24枚、铜牌16枚、团体总分718的优异成绩位列该项目第一名。体操比赛在太原市体育运动学校体操馆落幕。太原市最终收获金牌14枚、银牌10枚、铜牌10枚，并被大会授予体育道德风尚奖。8月14日，篮球比赛太原市夺冠。摔跤比赛，太原市以5金6银7铜的成绩称雄古典式摔跤，并获得组委会授予的“体育道德风尚奖”。

8月11日，省运会山地自行车比赛在太原市太钢钢盛森林公园举行，来自太原、大同、临汾、晋中、长治等5市50余名运动员汇聚龙城，比赛为期2天。

8月15日，省运会举重比赛在阳曲一中落幕。太原代表队斩获10枚金牌、9枚银牌、3枚铜牌，并被组委会授予“体育道德风尚”奖。同日，拳击比赛在太原市第六十七中结束。太原健儿共摘得4金、2银、4铜，获金牌榜第一名，并被组委会授予“体育道德风尚奖”。8月17日，乒乓球比赛在山西省体育博物馆结束。太原市代表队获4金、6银、5铜，创下历届最好成绩。同日，田径比赛在山西体育中心落下帷幕。太原市共获得34枚金牌、15枚银牌、9枚铜牌。武术（套路）比赛在综改示范区体育馆结束。太原代表队共摘得7金4银6铜。（刘潇涵）

【参加2018汾河龙舟公开赛】 2018年7月8日，汾河龙舟公开赛完美落幕。

2018汾河龙舟公开赛　（太原市体育局供图）

经过3天激烈角逐，最终产生公开组、青少年组2个组别的4个单项冠军和两个总分第一名。太原市新组建的太原市体育局龙舟队获青少年组200米直道竞速第三名、500米直道竞速第三名及总分第三名。　（刘潇涵）

【2018年山西省“三晋友谊杯”乒乓球比赛】 2018年8月23日至26日，由山西省体育总会主办，太原市体育局、山西省乒乓球协会、山西大同大学体育学院、大同市体育总会承办的2018年山西省“三晋友谊杯”乒乓球比赛在大同大学体育馆举行。太原市代表队市级组县处级男子、女子团体第一名；混合双打第一、第二、第三名；男子单打市级领导组第二名、第五名；女子单打县处级组第五名的优异成绩并获体育道德风尚奖。　（刘潇涵）

【2018太原国际马拉松赛开赛】 2018年9月8日，九牛牧业·2018太原国际马拉松赛在中国（太原）煤炭交易中心举行。来自全球8个国家的34名特邀运动员及国内33个省市的3万余名跑者参加比赛。山西省委常委、太原市委书记罗清宇、中国田径协会主席段世杰、山西省副省长张复明、太原市领导李新春、张明星、刘鹓、王爱萍、王爱琴，以及省市体育部门负责人出席起跑仪式。王爱琴致欢迎辞。罗清宇等省市领导为2018太原国际马拉松赛鸣枪开赛。

本届九牛牧业·2018太原国际马拉松赛男子全程冠军由肯尼亚选手Ezekial Kemboi OMULLO（伊泽基尔·科姆波伊·欧姆勒）以2：15：36获得冠军，同样来自肯尼亚的Slyvester Kimeli TEIMET（斯勒威斯特·凯米力·特米特）以2：16：21获得亚军，季军则由埃塞俄比亚选手Samuel Getachew DEMIE（萨姆勒·哥它彻乌·得梅以2：17：06摘得。女子前三名全部来自肯尼亚，AliceJepkemboi KIMUTAI（爱丽丝·杰普科米波伊·科姆塔）以2：31：54获得女子全程组冠军，Chemtai RIONOTUKEI（晨泰·瑞诺图克）曾是上一届太马的冠军，也是太马记录的保持者，而本次比赛她以2：32：44摘得亚军，季军是Flomena Chepchirchir CHUMBA（佛罗门那·柴普车车·春巴）以2：37：20获得。　（刘潇涵）

2018年山西省“三晋友谊杯”乒乓球比赛　（太原市体育局供图）

【2018首届太原市越野行走比赛】 2018年9月22日，由太原市体育总会主办，太原市体育产业协会承办的“强健体魄·阳光生活·共享青运”2018首届太原市越野行走比赛在东山举行。太原市政协原副主席毛志鸣、山西省体育局经济处处长武锐强、山西省体育产业管理中心主任康兰福、太原市体育局局长高波、太原市体育局副局长何文平等领导出席起跑仪式。近千名越野行走爱好者参加比赛。　（刘潇涵）

【焦志强获“山西棋王”】 2018年10月9日，“江阴周庄”中国体育彩票全国象棋业余棋王赛暨“晋绥印象杯”山西赛区总决赛在兴县落幕。本次赛事分成人组（74人）和老年组（18人）。经过两天半九轮电脑编排积分制的激烈角逐，太原选手焦志强以六胜三和的骄人战绩勇夺成人组桂冠，获得“山西棋王”称号。太原选手韩强、梁辉分别包揽亚军与季军。　（刘潇涵）

【九牛牧业·龙城100太原国际越野跑挑战赛开跑】 九牛牧业杯2018龙城100太原国际越野跑挑战赛于10月

20日在尖草坪区开跑。由山西雄哥体育主办，太原市尖草坪区委区政府协办。比赛设100千米、60千米和20千米三个组别。（刘潇涵）

【“鹏达杯”2018年太原城市社区（三人制）篮球联赛总决赛落幕】 2018年10月27日，以“强健体魄·阳光生活·共享青运”为主题的“鹏达杯”2018年太原城市社区篮球联赛（三人制）总决赛落幕，DOUBLE POWER 2队、DOUBLE POWER队、闹他队分获冠、亚、季军。比赛由太原市全民健身指导中心和六城区文化局共同主办，自9月中旬开始，每周末进行，经过预赛、分段赛、总决赛，最终决出前三名。共有来自全市32支队伍参加。（刘潇涵）

【参加山西省首届击剑锦标赛】 2018年11月3日至4日，太原市二体校击剑队参加在华润万象城举行的“山西省第一届击剑锦标赛暨俱乐部总决赛”。比赛由山西省体育局主办，山西省自行车击剑运动管理中心、山西省击剑协会承办，太原奥特迈击剑运动俱乐部协办，共有来自太原、大同、晋城、忻州、长治、朔州、运城等市的187名运动员参加比赛。市二体校运动员杨敬棉、郝悦茹分获女子甲组个人冠、亚军；李颖、崔思楠分获女子乙组个人冠、亚军；李颖、崔思楠、李明华、段思雨夺得女子乙组团体冠军；李帅达、应隆新、刘晓宇、王熠帆获得男子乙组团体亚军。（刘潇涵）

【参加2018年山西省游泳锦标赛】 2018年11月11日，山西省游泳锦标赛在吕梁游泳馆落下帷幕，来自全省11支代表队的418名运动员参加本次比赛，太原市运动员最终以81金、58银、45铜的好成绩，夺得团体总分和金牌总数双第一。（刘潇涵）

【“我爱足球”足球比赛】 2018年11月11日，由太原市体育局主办的“我爱足球”足球比赛在汾河体育健身长廊足球场正式拉开帷幕。本次比赛历时2个月，设社会组5人制、社会组8人制、少年组5人制、娃娃5人制、个人足球秀和家庭足球秀6个组别，共有52支队伍630余人参加。（刘潇涵）

群众体育

【概况】 2018年，太原市体育工作围绕筹备二青会，在新春体育健身大拜年、迎新春登高、机关健步行等传统系列活动的基础上，开展以“强健体魄·阳光生活·共享青运”“全民健身与青运同行”为主题的全民健身系列活动，全年共组织活动258次，直接参与人数近14万人。更新二代全民健身路径120套，维修公共体育健身器材259件，完成长风桥、管线桥区域公共体育设施的改造。指导十县（市、区）成立全民健身工作领导协调机制，加强社会体育指导员管理，完成12名国家级社会体育指导员申报，93名二级社会体育指导员审批，培训二级社会体育指导员174名。完成国民体质监测5000余人次，举办科学健身讲座，让群众了解健身常识，进行科学锻炼。开展创建“全民运动健身模范市”工作。（刘潇涵）

【迎新年登高活动】 2018年1月1日，“强健体魄·阳光生活·共享青运”2018年山西省城群众迎新年登高活动在中北大学举行。苏亚君致新年贺词，山西广播电视台台长刘英魁、中北大学校长刘有智等领导出席活动。本次活动由山西省体育局、山西省体育总会主办，山西省社会体育管理中心、太原市体育局、山西广播电视台公共频道、太原市体育总会、中北大学承办。（刘潇涵）

【迎新年冬泳入水活动】 2018年，为增强人民群众的健身意识和健康水平，推进健康山西建设，“强健体魄·阳光生活·共享青运”2018年山西省群众迎新年冬泳入水活动在太原市汾河公园举行。本次活动由山西省体育局、山西省体育总会主办，山西省游泳运动管理中心、山西省游泳协会、太原市体育局承办。来自太原市、晋中市、临汾市的300余名冬泳爱好者一同参加本次活动，其中年龄最小为30岁，最大达70岁。（刘潇涵）

【体育大拜年系列活动】 2018年2月至3月期间，太原市体育局以“强健体魄·阳光生活·共享青运”为主题，开展一系列形式多样、喜闻乐见的群众体育活动，丰富省城人民春节期间的业余文化生活。活动期间，健身气功、篮球、足球、乒乓球、羽毛球、门球、毽球、

小轮车比赛（太原市体育局供图）

中国象棋、风筝、健身跑等活动相继举行，逾3000名省城人民参与其中。

（刘潇涵）

【太原市全民健身社区行活动】 2018年4月25日，以“强健体魄·阳光生活·共享青运”“全民健身与青运同行”为主题的全民健身社区行活动在太原市小店文化馆广场启动。太原市体育局局长高波、副局长何文平，小店区副区长段燕临等出席启动仪式。本次社区行活动自4月25启动至9月底结束。本着“因地制宜、贴近百姓、群众受益、注重实效”的原则，在太原市小店区、迎泽区、杏花岭区、尖草坪区、万柏林区、晋源区六个城区的40个大中型社区，利用每周末开展以健身展示、技能培训、趣味运动会、科学健身讲座、国民体质监测为主的全民健身进社区活动。

（刘潇涵）

【承办群众体育赛事交流活动】 2018年，为备战山西省第十五届运动会，迎接二青会挑战。太原市在五一期间组织开展大型体育赛事交流活动。4月28日，太原市骑游协会参加公益骑行联盟组织的2018首届“守护绿水青山，践行环保公益”全国大型公益骑行活动。19名骑者带着宣传二青会展示太原形象的任务骑上征程。4月29日至30日，由太原市体育总会主办，太原市毽球协会承办的2018“泰普尔杯”全国毽球邀请赛在东方红体育馆举行，来自天津、陕西、内蒙、河南、河北、山西等6省12市50多支代表队的200多名毽球高手参加比赛。5月1日，太原市第十一届武德杯青少年武术锦标赛在万柏林体育场举行，来自全国多所知名武校、周边省市及省内各地181支队伍共2378人参加。5月3日至4日，山西省“全民健身与青运同行”柔力球培训下基层活动在太原市老年健身中心举行。本次活动由山西省体育局、山西省社体中心主办，太原市体育总会、太原市社体中心承办，太原市老年体育协会协办。培训特别邀请省内柔力球项目知名教师、教练进行现场指导和授课，来自全市十县（市、区）、厂矿、企业柔力球习练站点优选出的近百名运动员参加。

（刘潇涵）

【冯建中带队在太原调研】 由全国政协委员、教科卫体委员会副主任冯建中带队，全国政协委员、教科卫体委员会驻会副主任丛兵，全国政协常委、民盟中央副主席、北京市政协副主席程红等13位同志组成的全国政协教科卫体委员会调研组一行莅晋，就“加强体育社会组织建设推动全民健身”进行专题调研。2018年9月18日，调研组一行来到太原市小店区小马社区，对社区健身活动进行实地调研。市体育局局长高波、副局长何文平陪同调研。（刘潇涵）

青少年体育

【参加2018年全国青少年“未来之星”冬季阳光体育大会】 2018年全国青少年“未来之星”冬季阳光体育大会于2月5日至10日在黑龙江省哈尔滨市举办。在哈尔滨体育学院进行的蹦床项目比赛中，太原市运动员敢打敢拼、不畏强手，共获得1枚金牌、3枚银牌、1枚铜牌的优异成绩。本次比赛共有来自全国8支代表队的80余名运动员参加4个组别的角逐。

（刘潇涵）

【全国青少年武术套路锦标赛】 2018年5月9日，全国青少年武术套路锦标赛暨第七届世界青少年武术锦标赛选拔赛在太原落幕。山西省代表队最终获得三金三银三铜的好成绩。5月5日至9日，全国青少年武术套路锦标赛暨第七届世界青少年武术锦标赛选拔赛在省体育博物馆举行。比赛按照年龄段分A、B、C三组，设拳术、短器械、长器械、对练、集体基本功项目，吸引全国各省市区、行业体协、有关体育院校、武术基地等45支代表队的392名青少年习武爱好者参赛。作为东道主的山西队，在此次比赛中派出男、女各5名队员参加20个项目的角逐。最终，李政翰、王宁、徐嘉藤分别摘得男子B组棍术、男子A组刀术、女子A组枪术金牌。（刘潇涵）

【傅宇甜夺得ISSF德国青年世界杯比赛团体冠军】 2018年6月26日，在ISSF青年世界杯比赛中，太原射击小将傅宇甜和队友发挥出色，最终夺得女子50米步枪三种姿势团体冠军。这是2018年太原市射击项目获得的第二个世界冠军。

（刘潇涵）

【参加山西省青少年体操锦标赛】 2018年11月23日至25日，山西省青少年体操锦标赛在省体育中心体操馆举行，共有来自全省各地市6支代表队的90余名运动员参加。太原市运动员最终以32枚金牌的佳绩位列总分第一，为太原市争得荣誉。

（刘潇涵）

体育设施

【概况】 2018年，太原市新建沙滩排球场、水上运动中心、网球中心、太原学院足球场、太原旅游职业学院排球馆、综改示范区综合体育馆、奥申体育城郊森林公园足球场，改造滨河体育中心、小轮车场、钢盛城郊森林公园山地自行车场等一批二青会场馆，在满足赛事需求的同时，太原市体育基础设施得以大幅提升。经过多年的努力和争取，市政府同意启动太原体育训练中心和国家篮球（太原训练基地）项目的规划建设，既解决体育训练场馆不足的问题，又为市民提供更多的体育公共服务。

（刘潇涵）

【耿彦波视察滨河体育中心场馆改造（扩建）项目】 2018年6月6日，太原市委书记、市长耿彦波视察滨河体育中心场馆改造（扩建）项目工地。太原市住建委主任姜波、太原市体育局局长高波、副局长李永昌等有关部门负责人陪同视察。

（刘潇涵）

【赵晓春调研二青会场馆建设】 2018年9月28日，二青会筹委会副秘书长、山西省体育局局长赵晓春先后来到太原旅游学院、太原学院、西山奥申体育森林公园足球场、滨河体育中心改造工程、网球中心建设项目施工现场，调研太原市二青会场馆建设情况。山西省体育局副巡视员李润民、太原市体育局局长高波、二青会太原市执委会、太原市住建委等部门单位相关领导一同调研。

（刘潇涵）

太原市市长耿彦波视察滨河体育中心场馆改造（扩建）项目

（太原市体育局供图）

体育产业

【概况】 2018年，太原市体育产业市场发展完善。太原国际马拉松赛、汾河龙舟公开赛、全国篮球城市、汾河体育健身长廊城市特色体育名片，对宣传太原、展示太原、推介太原发挥重要作用，太原国际马拉松赛升级为国际田联银标赛事，连续6年蝉联“中国马拉松金牌赛事”，获山西体坛风云年度十佳品牌赛事和十大体育新闻奖。实施品牌战略，在提升办赛水平的同时，紧抓产业发展机遇，从多角度、多元化的开发思路，拉动体育赛事产业发展。以马拉松为契机和切入点打造2018（太原）体育产业博览会，举办2018“传奇归来”世界全明星足球嘉年华—太原站比赛，组织中国足球名宿辅导团进校园活动。加强体育彩票销售工作力度，全年销量10.33亿元，全省排名第一。（刘潇涵）

【体育健身场所和游泳场馆星级评定标准培训】 2018年1月26日，太原市体育局在山西财经大学学术交流中心举行为期一天的全市体育健身场所和游泳馆星级评定标准培训会。各县（市、区）文化局分管体育的局长，各体育健身场所、游泳场馆经营单位负责人近50人参加培训。（刘潇涵）

【全省体育产业（太原）培训】 2018年11月28日，由山西省体育局和太原市体育局联合举办的全省体育产业（太原）培训工作会，在太原市老年健身（培训）中心举行。山西省体育产业管理中心副主任巩青峰、太原市体育局副局长李永昌参加培训会。市体育局体育产业经济处和行政审批处负责人，各县区文化局分管局长、体育产业管理人员，体育协会、体育俱乐部、体育经营单位等产业管理人员近百人参加培训。

（刘潇涵）

省级非物质文化遗产·高跷（集义高跷）

踩高跷起源于春秋时期，经过历史发展，因其独特的“凌空”优点，逐步成为民间盛行的一种群众性技术表演形式，是中国古代百戏种之一。清徐集义高跷分为高跷、中跷、跑跷三种，其表演有“文跷”和“武跷”之分。文跷重在扮相与扭逗，武跷则强调个人技巧和绝招。高跷的花样繁多，难度较大，有“跳桌子”“跳双蹬”“单腿跳”“双腿跳”“盍拐”“碰拐”“翻跟头”“鹞子翻身”“大劈叉”“编骆驼”等难险动作。表演者脚踩高跷生动活泼，逗人取乐，如履平地。

2011年高跷（集义高跷）列入第三批省级非物质文化遗产名录。

综　述

【民政工作概况】2018年，太原市民政局坚持以习近平新时代中国特色社会主义思想为指导，深入学习中共十九大精神，贯彻省委十一届六次全会和市委十一届五次全会精神，践行“民政为民、民政爱民”工作理念，围绕文明开放富裕美丽太原建设，突出兜底保障、养老事业、三基建设、平安省城建设和法制太原建设几项重点，强弱项、补短板、建机制、增活力，全方位打造省城首善民政，各项目标任务完成。

（杨永亮　李俊武）

【人社工作概况】2018年，太原市人力资源和社会保障系统坚持以“民生为本、人才优先”为主线，以“保障改善民生、增进民生福祉”为职责，统筹推进就业创业、社会保障、人才队伍、人事改革、收入分配、劳动关系等“六大板块”工作提质升级，提升人社事业全省首位度、全市转型发展贡献度和人民群众民生幸福度，各项工作推进顺利。

全面推进事业单位岗位聘用工作，加大岗位设置管理，优化岗位结构，全市事业单位岗位设置完成率达98%，市直事业单位共聘任3.30万人。坚持公开招聘，全年共招聘事业单位工作人员969人，完成各项人事考试任务12.90万人次。实施人才扶贫，为娄烦县补充招聘事业单位工作人员41人。深化推进人才分类评价，深化职称制度改革，档案和图书资料系列打破“以考代评”，注重实践操作能力评价，工程系列注重对参评者进行创作性和指导性的评价，中小学一级教师系列实施县区自己“量身”制定评价标准。（张守峰）

【机构改革】2018年，太原市民政局根据中央、省、市机构改革工作有关要求，启动机构改革工作，市民政局双拥、优抚、安置、军休等涉军工作、救灾工作、医疗救助工作移交其他部门，对其余民政业务进行全方位整合，改革后民政工作聚焦脱贫攻坚，聚焦特殊群体，聚焦群众关切，履行基本民生保障、基层社会治理、基本社会服务等职责。局直属事业单位太原市最低生活保障管理中心更名为太原市社会救助管理中心。

（杨永亮　李俊武）

【服务水平提升】2018年，太原市人力资源和社会保障系统围绕全市人力资源和社会保障的中心工作，坚持“民生为本、人才优先”的主线，充分发挥各级党组织服务中心、推动发展、促进和谐的重要作用，学习贯彻中共十九大精神，以习近平新时代中国特色社会主义思想为指导，狠抓机关思想作风建设、精神文明建设、党风廉政建设，践行“忠诚可靠、团结和谐、勤政为民、担当作为、风清气正”的要求，人社部门自身建设明显增强，干部队伍整体素质显著提高，促进各项工作健康发展。

（张守峰）

【工资分配调控】2018年，太原市人力资源和社会保障系统发挥职能作用，加大工资分配调控，进一步加强对企业执行最低工资标准的监督检查，保障劳动者的基本权益。合理调控企业薪酬，出台《太原市深化市属国有企业负责人薪酬制度改革实施方案》，发布2018年度劳动力市场工资指导价位和2018年企业工资指导线，督促指导企业合理安排职工工资增长。落实机关事业单位工资政策，完成2017年度考核增资和2018年绩效工资总量审批工作，落实市直机关（参公单位）值班（带班）报酬、未休年休假工资报酬，兑现调整全市机关事业单位工作人员基本工资标准，完成公立医院薪酬制度试点改革。

（张守峰）

【军民融合发展】2018年，太原市民政局双拥优抚政策全面落实。8408万元资金拨付及时，保障全市11157名优抚对象政治生活待遇。退役士兵安置公开透明。符合条件的136名退役士兵，全部安置到位。帮助退役士兵自主就业，免费技能培训482人。军休军供服务保障有力。军休经费及时下拨，“两个待

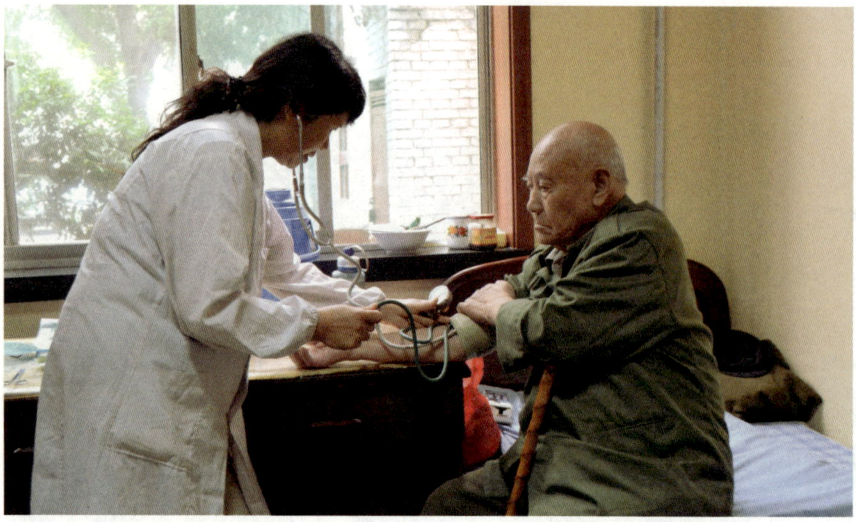

光荣院医务人员为住院老人测量血压　　（太原市民政局供图）

遇”全部落实；军供保障提升技能、改进服务、广受好评。全力化解历史遗留问题。落实“三个到位”，困难救助应救尽救，开展走访慰问，待安置期间生活费足额发放，信息采集有序推进，协调解决退役士兵技术等级认定和欠薪欠保问题，重点人员专题研究妥善安排，维护军队退役人员的合法权益，民政局真正成为退役士兵的娘家。

（杨永亮　李俊武）

人口和人民生活

【人口总量】 据2018年人口抽样调查，年末全市常住人口442.15万人，比上年末增加4.18万人。其中：城镇人口375.27万人，增加4.31万人；乡村人口66.88万人，减少0.12万人。城镇化率84.88%，比上年提高0.18个百分点。男性人口222.67万人，女性人口219.48万人，性别比为101.45 ∶ 100。

全年出生人口4.58万人，人口出生率10.41‰；死亡人口1.94万人，死亡率4.40‰；自然增加人口2.64万人，自然增长率6.01‰。　（崔　晰）

【人民生活】 2018年，全年居民人均可支配收入31031元，比上年增长7.20%。按常住地分，城镇居民人均可支配收入33672元，增长7%，城镇居民人均消费支出19912元，增长9.20%；农村居民人均可支配收入16860元，增长8.10%，农村居民人均消费支出12365元，增长7.10%。城乡居民收入比为2.00 ∶ 1，比上年缩小0.02个百分点。

（崔　晰）

社会事务

【惠民便民举措】 2018年，太原市民政局基本殡葬服务进入全民免费时代，惠及11723人，支出1104.40万元；综改方案顶层设计，公墓专规开创先河；环保改造、统一焚烧、生态安葬，绿色殡葬成果明显；专项整治部门联动，四大类问题得到解决；三大祭扫节日服务保障有力，文明安全平稳有序。边界联检消除隐患，共同谱写平安边界；整改地名普查数据，完成国家验收，成果转化成效显著；小街巷地名路牌整治推进，力促文明城市创建取得实效。健全机制、规范管理，DNA采集、人脸识别助力寻亲返乡，加强巡查、引进社工、夏送清凉、冬送温暖，全年救助10440人次。婚姻登记便民服务。信息共享，简化程序，免费登记群众满意，全年办理50602对。收养登记规范流程。全年国内收养登记54件，涉外收养登记41件。

（杨永亮　李俊武）

【“三社联动”】 2018年，太原市民政局创新社区治理模式，推进“1236+N”城乡社区治理体系；打造智慧社区，实现多领域服务智能化；加强社区设施建设，83%的社区达到500平方米以上；50%达1000平方米以上；公开招聘300余名专业社工，社区干部素质明显提升。以“3·15”“7·15”检查日为重点，农村党务、村务、财务公开工作全面实施量化考核；成立社会组织党建处、组建综合党委，社会组织党建“两个覆盖”全面提升。开展社会组织评估、信用体系试点建设，完成行业协会商会与行政机关脱钩任务，营商环境优化；清理规范社会组织52个，打击整治非法社会组织43个，社会组织发展

2018年12月4日，太原市民政局宪法宣传日活动　（太原市民政局供图）

更加健康有序。扫黑除恶专项斗争取得实效。明确任务，压实责任，全面排查，从源头上建立健全遏制黑恶势力滋生蔓延的长效机制，共计排查整治问题线索42条，清理村委会干部10人。社会工作发展保持良好态势。各类培训提升能力，婚姻家庭社工试点注重实践，社工专业化程度显著提高；志愿者注册蔚然成风，31万人再创新高；省运会志愿服务获得好评，成为美丽太原风景线。

（杨永亮　李俊武）

2018年6月1日，市社会福利院欢度六一儿童节　　（太原市民政局供图）

劳动就业

【就业创业】 2018年，太原市人力资源和社会保障系统坚持就业优先战略，促进创业、稳定就业，全市城镇新增就业9.50万人，完成省目标任务的121.80%，城镇登记失业率完成3.33%，控制在目标任务内，就业形势总体保持稳定。推进创业带动就业，深入实施“创业行动计划”“大学生创业引领计划”等专项计划，向山西省人社厅推荐41个创业项目，实现全市创业带动就业2.40万人。以高校毕业生、就业困难人员为重点，开展就业援助，采取多种形式帮助1.20万名就业困难人员实现就业，落实困难应届毕业生求职补贴282.20万元，发放公益性岗位人员岗位补贴及社会保险补贴资金3.70亿元，全市实现下岗失业人员再就业4.50万人，零就业家庭基本实现动态清零。做好农民工就业工作，4.60万名家庭服务业从业人员成为新型职业群体。实施全民技能提升工程，出台《关于印发太原市全民技能提升工程实施方案的通知》，对农村转移劳动力、城镇失业人员、企业在岗职工进行大规模职业技能培训和职业能力评价，累计完成培训11.70万人，完成全年目标任务的128.10%。强化公共就业服务，精心组织实施现场招聘会350余场，有12万余人通过市场实现就业，为富士康输送劳动力2.1万人，为1382个企业发放稳岗补贴1.90亿元，完成化解淘汰过剩产能的6户企业1834名职工分流安置任务，支持全市经济转型发展。

（张守峰）

【人才保障】 2018年，太原市人力资源和社会保障系统贯彻太原市委《关于深化人才发展体制机制改革加快推进创新驱动转型升级的实施意见》精神，改革人才计划管理模式，取消机关事业单位进人计划卡；改革人才评价制度，实施职称评聘“四个一律取消”；改革人才流动机制，充分体现用人单位的用人自主权。落实各项引才落户政策，对来太原就业的4090名高校毕业生和高技能人才发放工作生活补助和租房补贴3378万元，人才集聚效应明显。与同济大学开展人才战略合作，先后于3月和11月成功举办两届太原·长三角地区高校（同济专场）人才招聘会，参加2018山西·太原人才智力交流大会，为太原市引进一批急需紧缺人才。加强技能人才队伍建设，健全和完善高技能人才工作体系，培养技能人才2.60万人，新增高技能人才0.90万人。

（张守峰）

【劳动关系管理】 2018年，太原市人力资源和社会保障系统强化劳动关系管理，推动用工单位与劳动者依法建立劳动关系，全市企业劳动合同签订率达到99%。加强劳动保障监察，开展治欠保支三年行动计划，强化欠薪突发事件应急处置，加大欠薪违法行为惩戒力度，全市累计预存工资保证金12.30亿元，落实政府应急周转金近5000万元，主动检查用人单位4941户，涉及劳动者13.90万人，协调处理案件280件，移送涉嫌拒不支付劳动报酬犯罪案件8起，为1732名农民工追发工资2587万元，案件数量、涉及人数、涉及金额分别同比下降76%、82%、75%，实现欠薪案件“三个清零”目标。在2018年山西省对太原市2017年度保障农民工工资支付情况工作考核中，取得综合排名A等级的好成绩。做好信访和争议调处，全年接待来信来访5668件，涉及人数6993人次，信访形势保持总体平稳。加强仲裁机构效能建设，全市劳动人事争议仲裁案件结案率达99.50%。做好部分军队退役人员欠薪欠保清理、培训就业帮扶等工作，维护全市军队退役人员稳定。

（张守峰）

社会保障

【养老保险】 全市企业职工参加养老保险（不含离退休人员）92.84万人，参加基本医疗保险359.54万人，参加失业保险97.62万人，参加工伤保险110.43万人，参加生育保险106.75万人。年末城市低保覆盖人口2.35万人，农村低保覆盖人口3.49万人，3753人纳入农村五保供养，全年发放最低保障资金3.46亿元。全市各类收养类单位29个，床位5745张，收养4240人。年内新建

城乡日间照料中心94个。（崔　晰）

【城乡低保】2018年，太原市完善救助体系建设。继阳曲县脱贫摘帽后，娄烦县脱贫摘帽民政相关指标全部完成。社会救助、社会福利、社会事务、慈善救助与扶贫政策有效衔接，民政助力脱贫攻坚成效显现。低保提标完成，城市低保平均594元/月，农村低保平均542元/月，分别比全国平均标准高出19元和145.80元。全市城乡标准全省领先，农村低保标准位居中部六省之首。全年累计支出低保资金3.50亿元，救助约72.90万人次；探索医疗救助体制机制创新，社会救助购买第三方服务团队全部进驻市、县两级民政部门，医疗救助支出7118万元，救助9.10万人次；临时救助支出4265万元，救助7.80万人次；提高农村特困人员供养标准，集中供养率76%，全省领先全国前列；救助信息化建设提档升级。城乡低收入信息核对系统16部门32项数据即时共享，为实施社会救助提供强有力的技术支撑，全国领先地位更加巩固。多部门联合开展自然灾害应急演练，出台《太原市综合防灾减灾规划（2016—2020）》，科学规划合理安排，防灾减灾工作规范有序；下拨救灾资金630万元，4万余受灾群众生活得到保障。

（杨永亮　李俊武）

【社会保障体系建设】2018年，太原市人力资源和社会保障系统实施全民参保计划，全市城镇职工基本养老、城乡居民基本养老、城镇职工基本医疗、城乡居民基本医疗、失业、工伤、生育七项保险参保分别达到150.42万人、75.22万人、159.95万人、199.59万人、97.62万人、110.43万人和106.75万人，基本实现社会保障由制度全覆盖到法定人群全覆盖。提高养老保险待遇水平，完成全市企业退休人员待遇调整，月人均增加173元；提高城乡居民基础养老金最低标准，由每人每月90元提高至113元。深化社会保障制度改革，完成机关事业单位集中参保登记，全市机关事业单位养老保险与职业年金实现并轨；实现机关事业单位和城乡居民社会保险费移交税务部门征收。降低社会保障费率，阶段性降低企业职工基本养老保险缴费比例，由20%降低至19%，为企业减负约3亿元；失业保险单位缴费比例由1.50%再降低0.50%；工伤保险费率以现行费率为基础下调50%，总费率按0.39%执行，减轻参保企业负担。完善失业、工伤保险政策，对符合条件的困难企业拨付失业保险补贴、岗位补贴和技能提升补贴；以建筑业参保为重点，扩大工伤保险覆盖面，提升工伤待遇水平，累计支付各项工伤保险待遇2.30亿元。优化社保服务，社保经办机构统一入驻市为民服务中心办公，为人民群众提供优质服务；开发微信公众号“太原人社12333”，累计发放社保卡368.20万张，全市社保服务水平得到进一步提升。（张守峰）

慈善事业

【福利和慈善】2018年，太原市新建社区养老服务中心50个，城乡日间照料中心44个，“1+10”公办养老机构建设进展顺利，养老院服务质量提升专项行动成效显著；3900万元支持全国居家和社区养老服务改革试点项目快速发展；政府购买居家养老服务城区全覆盖，累计服务69万人次；高龄津贴、失能补贴制度全面落实；社区养老四个服务标准填补山西省空白。儿童福利事业发展成效显著。特教学校新建改造居住楼，开辟寄养基地，有效缓解院内居住压力；农村留守儿童关爱保护有力，困境儿童保障服务到位。残疾人福利水平提高。残疾人两项补贴信息系统跨部门联动共享，实时审批、按月发放；康宁医院和按摩医院医疗服务能力显著提升；福利企业转型发展，保持基本稳定。福利彩票挖潜促销，全年销量12亿元，筹集公益金3.40亿元。开展送温暖、献爱心“中华慈善日”捐助活动，共募集款物2975.50万元，慈善理念深入民心，慈善学校全年招生442人，慈善教育彰显大爱精神。

（杨永亮　李俊武）

【慈善捐助】2018年，太原市、县两级慈善组织共募集慈善款物和项目费用2394.78万元。其中，市慈善总会募集款物和项目费用1768.96万元，10个县（市区）慈善会募集款物625.82万元。

太原市慈善总会组织开展“中华慈善日”送温暖、献爱心活动。市委办公厅、市政府办公厅印发《关于开展2018年“中华慈善日”送温暖、献爱心活动的通知》，市民政局、市慈善总会印发《2018年“中华慈善日”送温暖、献爱心活动实施方案》。9月5日，市委、市人大常委会、市政府、市政协机关分别举行“中华慈善日”送温暖、献爱心活动，四大班子领导带头捐款，机关干部职工奉献爱心。市直机关和企事业单位

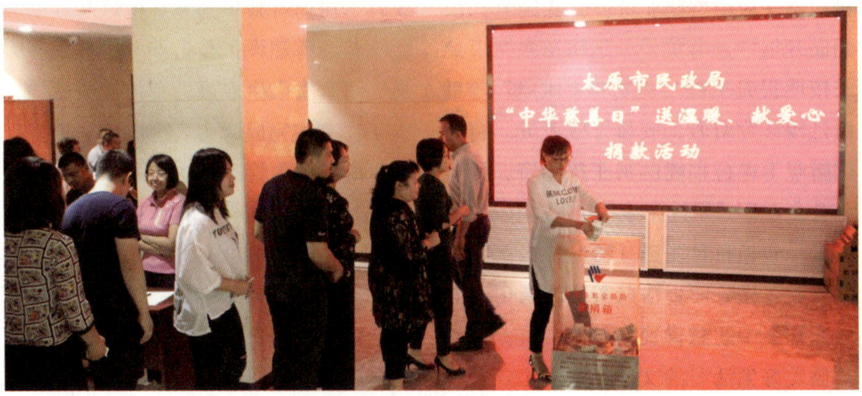

太原市民政局举行“中华慈善日”捐款活动（太原市民政局供图）

捐款，太钢集团捐款100万元；西山煤电集团捐款70万元；山西百圆裤业捐赠物资210万元等。还有许多爱心人士参与，申春相老人捐款5万元、慈善学校200多名走上工作岗位的学生爱心捐款1.74万元等。

太原市“中华慈善日”送温暖、献爱心活动，市县两级慈善组织共募集慈善款物和项目费用1552.84万元。其中，市慈善总会接收捐款335.47万元，捐物241.55万元，助医费用350万元；10个县（市、区）慈善会接收捐款625.82万元。为提高慈善组织的公信力和影响力，10月31日市慈善总会通过太原日报，用两个整版对所有捐款单位和个人进行公示。（办公室）

【“送温暖、献爱心”活动】2018年，太原市民政局、市慈善总会印发《关于开展2018年“送温暖、献爱心”慈善救助活动的通知》。在元旦、春节之际，市县两级慈善组织安排慈善款物1625万元，支出43万元，对低保贫困家庭、环卫职工、血友病患者等予以救助。2018年12月25日，市民政局、市慈善总会举行“送温暖、献爱心”活动启动仪式，现场对小店区环卫清运队100名环卫职工，每人发放价值200元的米面油，对8名血友病患者每人发放1万元的慈善救助金。对市关爱学校的贫困学生给予3万元的粮油救助。其余救助活动由捐款企事业单位、局属福利企业提出申请，市民政局、市慈善总会联合审批后给予救助。安排助医费用200万元，用于开展“慈善关爱，送医下乡”，“慈善康明目光工程”，“爱心手术室”等助医活动。物资救助安排223万元。将百圆裤业等单位捐赠的裤子等物资，用于部分企业困难职工和各县区贫困家庭的救助。专项扶贫救助。按照民政部办公厅《关于做好“中华慈善日”有关工作的通知》中“慈善聚焦精准扶贫，携手共创美好生活”的文件精神。市慈善总会安排600万元善款，对阳曲县、娄烦县分别支持300万元，用于脱贫攻坚。安排100万元善款，由市直机关各捐款单位提出申请，分别定向用于市直单位扶贫点贫困人群救助。县（市区）慈善会计划支出慈善款物359万元，结合县区实际情况，开展慈善救助活动。（办公室）

民族宗教

【概况】2018年，太原市民族宗教事务局坚持以学习贯彻中共十九大精神和习近平新时代中国特色社会主义思想为根本遵循，贯彻落实党的宗教工作基本方针，依法管理宗教事务，引导宗教与社会主义社会相适应，维护太原市宗教领域的和谐稳定。（智建凯）

【民族团结】2018年，太原市民族宗教事务局持续开展民族工作进社区活动。指导各县（市、区）民宗局创建试点社区，根据《关于加强少数民族人员服务和管理工作的实施方案》搭建信息平台、援助平台、服务平台、宣传平台、互动平台、协作平台，试点社区的民族工作效果基本呈现。开展民族团结教育活动。指导山大附中西藏班、山西大学新疆班和尖草坪区民族艺术幼儿园开展民族团结教育工作，始终把社会主义核心价值观教育和爱国主义教育融入到学生们的教育工作中。推进回民公墓建设。太原市政府就此项工作多次组织召开工作协调会，立项工作完成，项目设计、可研等方案形成。推进民族宗教数据信息库建设工作，涉及少数民族人员、清真食品生产经营单位等数据的录入工作基本完成，为实现民族宗教基础信息的数据化管理提供有效保障。（智建凯）

【“三支队伍”建设】2018年，太原市民族宗教事务局组织各级党政领导干部、宗教工作干部、宗教界代表人士开展专题培训和座谈，共计参加600余人次。组织参加国家民委、国家宗教局、省委统战部、省宗教局及市委党校举办的各类专题培训班20余次，为县（市、区）培训授课10余次。加强全市民族宗教系统干部能力建设，举办“学习党的十九大精神、落实新修订《宗教事务条例》专题培训”。强化宗教界代表人士政治学习、培训教育工作，指导五大宗教团体举办宗教界代表人士学习十九大精神和贯彻学习《条例》培训班，进一步提升宗教界代表人士和教职人员综合素质。（智建凯）

【宗教界自身建设】2018年，太原市民族宗教事务局在全市宗教界开展以“学习”为主题的和谐寺观教堂创建活动，指导各宗教活动场所创新活动载体，开展各类创建活动，指导各宗教团体建立健全会议、财务、述职等各项规章制度，推进各宗教团体的规范化管理，通过创建活动，全市宗教界人士的政治意识、大局意识、法治意识、公民意识得到明显增强。强化思想政治引领，深入挖掘宗教教义中符合社会主义核心价值观的内容，指导市级各宗教团体举办讲经交流活动，佛教举办讲经说法交流、道教举办玄门讲经、伊斯兰教举办“卧尔兹”演讲活动，支持天主教界民主办教、基督教界神学思想建设。支持各宗教团体开展弘扬优秀传统文化活动，指导部分有条件的寺庙宫观设立阅览室、讲堂、活动室、书画院、养生馆、武术馆等公共文化机构来传承发展中华优秀传统文化。太原市挑选出13处管理规范、富有特色的佛道教、民间信仰活动场所向省宗教局申报“中华优秀传统文化传承发展工程示范寺庙（宫观）”。（智建凯）

【宗教重点工作】2018年，太原市民族宗教事务局以“去商业化”为重点，做好太原市佛道教工作，及时制止迎泽区新沟卧佛寺未经登记审批，私自建设大型佛教活动场所的违法行为，对非法建设进行查封。与市统战、宣传等十三个部门联合下发《太原市关于进一步治理佛教道教商业化问题的实施方案》，成立太原市佛教道教商业化问题专项治理工作组，开展佛教道教商业化问题专项治理工作。推动伊斯兰教"去极端化"。依托清真寺筹建太原市伊斯兰教文史室和太原穆斯林文化讲堂，深入挖掘伊斯兰教优秀文化。巩固天主教独立自主自办基础，加强对教职人员的教育培训，多方位引导宗教人士爱国爱教。依法遏制基督教非法传教活动。通过层层摸排，建立"一案一策"，掌握私设聚会点情况，通过联合执法先后查处多起基督教私设聚会点。推进民间信仰纳入依法管理。加强关于推进民间信仰管理的探索，通过座谈、走访、交流，起草《关于加强我市民间信仰管理的实施意见》。加强网络宗教工作。与网信办等部门建立协调机制和工作机制，逐步加强和规范互联网宗教活动和虚拟宗教活动场所的日常监管。（智建凯）

【民族宗教领域安全稳定】2018年，太原市民族宗教事务局坚持把民族宗教领域的安全稳定作为做好全局工作的一项重要内容，与各县（市、区）民宗局签定安全稳定责任书，要求各县（市、区）民宗局做到动员部署、责任落实和监督检查到团体、到场所、到个人，在"两节、两会"等重要节点期间对民族宗教领域安全稳定工作提前进行安排部署。以宗教活动场所为重点，不定期深入太原市各宗教活动场所进行安全督查，各县（市、区）结合实际对辖区宗教团体、宗教活动场所开展安全检查，各宗教团体、宗教活动场所开展自查自纠，针对督查发现的问题建立台账，立查立改，对号销账。做好民族宗教领域矛盾纠纷的排查和化解工作，充分发挥三级网格作用，对于苗头性矛盾隐患做到及时排查化解，确保伊斯兰教"三大节日"、天主教板寺山"三大瞻礼"以及天主教、基督教圣诞节等大型宗教活动期间的安全稳定。（智建凯）

【民族宗教事务法治化建设】2018年，太原市民族宗教事务局建立法律顾问工作制度。清理核查民族宗教事务方面的行政审批事项，由行政审批处牵头将行政事权归并进入政务服务中心综合代办窗口集中办理，实行"台前综合受理、后台分类审批、统一窗口出件"的办理模式，实现民族宗教行政服务事项的"两集中两到位"。严格执行宗教工作执法人员持证上岗和资格管理制度、执法全过程记录制度，在行政许可、行政处罚等重点领域完善工作规范，推进规范、公正、文明执法。（智建凯）

老龄工作

【概况】2018年，太原市老龄委深入学习习近平新时代中国特色社会主义思想，贯彻落实中共十九大精神，以"两学一做"学习教育常态化，落实从严治党要求，推进"三基建设"，坚持狠抓落实，完成全年各项工作。

（综合处）

【老龄工作会议】2018年4月24日，太原市老龄工作会议在太原市老年大学七层会议室召开。太原市老龄委常务副主任郝建业，副主任刘新春、庞琨、李瑞瑜，市老龄办主任李并敏，副主任于兰、王建平，以及老龄委成员单位联络员，十县（市、区）老龄办主任，大型企业离退部（处）长，涉老组织秘书长，新闻记者以及市老龄办全体工作人员，共计100余人参加会议。

太原市老龄办主任李并敏与10个县（市、区）老龄办主任签订2018年度工作《目标责任书》。市老龄办副主任王建平传达山西省老龄办2018年工作要点精神。市老龄委常务副主任郝建业做2017年全市老龄工作情况和2018年工作安排的《工作报告》。市老龄办副主任于兰介绍65—69周岁老年人免费乘坐公交车工作落实情况。会上向市社区服务中心和市公交公司IC卡管理中心赠送锦旗。（综合处）

【老年教育现场观摩】2018年9月21日，太原市老龄委（办）在万柏林区兴华街办千峰北路社区召开"太原市老年教育现场观摩暨'敬老月·我们的节日—重阳节'部署会"。市老龄委常务副主任郝建业，老龄办主任李并敏，市广播电视大学书记白宏武，市委老干部局副局长曹宇，市老龄办副主任于兰、王建平，万柏林区委副书记、老龄委主任张振鹏，10个县（市、区）老龄办主任，大型企业离退部（处）长，太原市直、万柏林区区直有关部门、相关街办和社区领导、部分老同志代表、新闻记者和市老龄办机关工作人员，共计80余人参加会议。

市老龄办副主任王建平对2018年

重阳节前慰问百岁老人　（太原市老龄办供图）

太原市“敬老文明号”总结表彰大会　　（太原市老龄办供图）

敬老月活动做出安排部署，市老龄委常务副主任郝建业做人口老龄化国情教育宣讲。（综合处）

【重阳节百岁老人慰问活动】 2018年10月15日，在重阳节来临之前，太原市委副书记、市老龄委主任李新春，市老龄委常务副主任郝建业，市老龄办主任李并敏到迎泽区刘江和孟碧峰两位百岁老人家中亲切慰问，并为他们送上节日问候和祝福。

太原市共有百岁老人121名，其中女性89人、男性32人，年龄分布呈金字塔结构，年龄最大的为万柏林区的郭炯老人（女，114岁）。从分布情况来看，除娄烦外全市其他县（市、区）均有百岁老人，迎泽区最多为30人，小店区18人、清徐县15人、杏花岭区19人、万柏林区13人、古交8人、尖草坪区7人、晋源区4人、阳曲县6人、经济开发区1人。（综合处）

【“敬老文明号”总结表彰】 2018年10月16日，太原市老龄办与市文明办等5家单位，在太原市群艺馆共同举办“敬老文明号”总结表彰大会暨庆重阳文艺演出活动。市老龄委成员单位联络员，各县（市、区）老龄办主任，大型企业离退处负责人，受表彰的“敬老文明号”先进单位、“敬老助老模范”优秀个人和优秀为老服务志愿者代表，新闻单位记者，特邀十九大代表、太原红十字托老中心主任李丽珠，太原比家美托老院院长杨喜风，共计100余人参加会议。

市老龄办副主任于兰宣读“敬老文明号”表彰决定，授予小店区坞城街办坞城路东社区、迎泽区文庙街办双塔寺二社区、中科同昌大数据股份有限公司等32家单位“敬老文明号”先进集体，石云生、董伟红、宋菲等105人“敬老助老模范”优秀个人，高燕、王俊杰、张建中等30名同志优秀为老服务志愿者称号。表彰结束后，老年艺术团队为现场观众奉献精彩的庆重阳文艺演出。（综合处）

【老龄化国情教育培训】 2018年11月，太原市老龄办依托天津南开大学，组织举办一期全市老龄工作干部能力培训班。太原市老龄委常务副主任郝建业，太原市老龄办副主任于兰、王建平，各县（市、区）老龄办主任及老龄工作干部、部分企业离退部（处）负责人、市老龄办机关干部，共计50人参加。（综合处）

住房公积金管理

【概况】 2018年，太原市住房公积金管理中心以习近平新时代中国特色社会主义思想和中共十九大精神为指引，牢固树立“四个意识”，坚定“四个自信”，做到“两个维护”，按照“两个走在前列”的要求，围绕“房子是用来住的、不是用来炒的”定位调整公积金使用政策，引导百姓“房住不炒”的正确住房消费理念；坚持以人民为中心思想，深化“放管服效”改革，疏解百姓办事堵点痛点难点，解决服务群众“最后一公里”问题。

3月20日，太原住房公积金管委会四届委员会换届会议暨四届一次会议在中心综合服务大楼召开。新任四届管委会委员参加会议。省财政厅综合处、省住建厅监管处及市公积金中心相关人员列席会议。换届会后，新当选的主任委员、太原市副市长张齐山主持召开管委会四届一次会议。（单宁辉）

【公积金业务发展】 2018年，太原市住房公积金管理中心新增住房公积金缴存职工121591人，归集住房公积金119.36亿元，同比增长8.18%；全年办理各类住房公积金提取72.07亿元，同比增长63.02%，当期提取率60.38%；全年发放个人住房公积金贷款15860户，金额77.59亿元，同比增长20.82%，当期个贷率65.01%。

太原市住房公积金管理中心实有住房公积金建制单位10772个、实缴单位9935个，建制职工128.31万人、实缴职工90.11万人；累计归集住房公积金906.05亿元，提取178.81万人次534.28亿元，提取率58.97%，归集余额371.77亿元；累计为136877户家庭发放个人住房公积金贷款441.72亿元，贷款余额320.67亿元，个贷率86.25%。（单宁辉）

【住房公积金年度结息】 2018年6月30日，太原市住房公积金管理中心对职工缴存的住房公积金进行年度结息，共为10036个单位1240779名职工结息472123392.78元。职工住房公积金账户存款利率按一年期定期存款基准利率1.50%执行。利息划入每位住房公积金缴存职工的个人住房公积金账户，个人住房公积金利息收入免缴个人所得税。（单宁辉）

【住房公积金归集管理】2018年5月21日，太原市住房公积金管理中心下发《太原市住房公积金管理中心关于新增灵活就业人员住房公积金业务承办机构的公示》，新增山西海浦人力资源服务有限公司、山西柔和人力资源服务有限公司、山西佳鑫人力资源管理咨询服务有限公司、山西全联人力资源有限公司为灵活就业人员住房公积金业务承办机构。

7月1日，太原市住房公积金缴存基数和缴存比例进行调整：职工住房公积金缴存基数调整为2017年1月至12月职工本人月平均工资；本年度缴存基数实行上下限控制，上限不得超过18030元，下限不得低于太原市最低工资标准（迎泽区、尖草坪区、杏花岭区、万柏林区、晋源区、小店区、古交市1700元;清徐县1600元;阳曲县1500元;娄烦县1400元）；企业住房公积金缴存比例下限为5%，最高不得超过12%，单位可在上下限区间内，自主确定住房公积金缴存比例。

10月29日，太原市住房公积金管理中心下发《关于在并就业创业的港澳台同胞住房公积金缴存使用有关事项的通知》，对在并就业创业的港澳台同胞住房公积金缴存及使用作出规定，保障在并就业创业的港澳台同胞享有同等的住房公积金权益。（单宁辉）

【住房公积金使用政策调整】2018年3月1日，太原市住房公积金管理中心下发《关于在提取业务中实行诚信承诺的通知》，在住房公积金提取业务中实行诚信承诺，住房公积金失信行为将被记入住房公积金信用档案。

5月4日，太原市住房公积金管理中心印发《住房公积金个人贷款贷后管理操作规程的补充规定》，对扣划住房公积金偿还住房公积金个人贷款做出相关规定。

5月4日，太原市住房公积金管理中心印发《关于印发〈关于住房公积金个人贷款相关业务的解释〉的通知》，对办理住房公积金个人贷款中的19个问题进行明确。

5月16日，太原市住房公积金管理中心与市住建委、市房产局、市财政局、市国土局联合印发《关于维护住房公积金缴存职工购房贷款权益的实施方案的通知》并发出《关于房地产开发企业和房屋销售中介机构不得拒绝购房人使用住房公积金贷款的通告》，联合打击房地产开发企业和各类房屋销售中介机构拒绝公积金贷款的违规行为，维护住房公积金缴存职工使用住房公积金购房贷款的权益。

7月10日，太原市住房公积金管理中心印发《关于免除部分房地产开发企业为其购房客户提供保证期间缴纳保证金义务的通知》，为有一定实力的房地产开发企业减负，同时解决购房职工的担保难题。

8月10日，太原市住房公积金管理中心印发《关于调整住房公积金业务有关政策的通知》，对现行政策做出调整，支持缴存职工在缴存地或户籍地购买自住住房提取住房公积金；放宽解除或终止劳动关系提取住房公积的申请条件；提高提取业务审核的效率和质量；调整异地转移接续业务办理条件。自2018年8月20日起执行。

8月16日，太原市住房公积金管理中心印发《关于进一步规范住房公积金个人贷款相关业务的通知》，2018年9月30日后购买住房申请住房公积金个人贷款的不再将贷款资金直接支付给借款人；停止受理自2018年9月30日以后购买新建商品房时全额付清房款的购房职工提交的住房公积金贷款申请；停止受理本地缴存职工在缴存地行政辖区范围外购买住房的贷款申请；停止受理自2018年9月30日以后商业银行发放的商业住房按揭贷款转公积金贷款及部分转公积金贷款申请；停止受理2018年9月30日后完成交易过户的六城区范围内二手房贷款申请；借款人购买的房屋具备预抵押条件的，应办理预抵押登记手续。（单宁辉）

【住房公积金“放管服效”改革】2018年，太原市住房公积金管理中心贯彻落实习近平总书记“以人民为中心”新发展理念，深化“放管服效”改革，疏解百姓办事堵点痛点难点，有效解决服务群众“最后一公里”问题。省政府副省长贺天才，住建部公积金监管司司长张其光、副司长姜涛先后来中心调研，国务院督查组督查山西时听取太原市住房公积金管理中心“放管服效”改革经验介绍，省发改委将太原市住房公积金管理中心改革事例作为全省典型上报国家发改委，省住建厅专门召开全省住房公积金深化“放管服效”改革推进会，将中心的做法向全省住房公积金行业推广。北京、西安、南宁、珠海等40余家兄弟公积金中心来太原市住房公积金管理中心考察学习。省政府政策研究室深入太原市住房公积金管理中心实地进行专题调研，调研结果刊发在内参《决策咨询建议》上，山西省委主办的《山西工作》《前进》杂志刊发太原市住房公积金管理中心典型经验文章《深化公积金“放管服效”改革精心打造“指尖”上的公积金》。

2月28日，太原市住房公积金管理中心印发《关于简化住房公积金按月冲还贷业务条件、调整业务规则的通知》，冲还贷职工办理“按月冲还贷”业务时，须通过个人网厅、手机APP等渠道进行申请。

3月12日，太原市住房公积金管理中心开通互联网渠道办理物业费提取。

3月19日，太原市住房公积金管理中心开通互联网渠道办理与单位解除劳动关系且账户封存两年提取。

5月10日，太原市住房公积金管理中心实现太原住房公积金信息与房产信息互联共享，开通互联网渠道办理职工购买自住住房、租赁商品住房和支付物业费提取住房公积金业务。

5月14日，太原市住房公积金管理中心开通互联网渠道办理住房公积金异地转移接续转入业务。

5月21日，太原市住房公积金管理中心开通互联网渠道办理偿还商业银行住房贷款提取住房公积金。

5月21日，太原市住房公积金管理中心印发《关于全面推进办理住房公积金个人贷款“最多跑一次”的通知》，申请保证类贷款的借款职工和保证人到承贷部门提交全部申请手续后，发放贷款时职工不需到现场办理。

6月25日，太原市住房公积金管理中心与太原市房产管理局、太原市国土资源局、太原市地方税务局、光大银行太原分行共同建设的“太原市二手房交易、公积金贷款服务大厅”试运行。

（单宁辉）

【公积金综合服务平台上线运行】 2018年3月5日，太原市住房公积金管理中心住房公积金综合服务平台正式上线运行，形成以门户网站、网上业务大厅（单位网厅和个人网厅）、12329服务热线、短信平台、触摸屏自助服务终端、手机APP客户端、微信公众号等多个服务渠道为核心的服务体系，为缴存单位和缴存职工提供政策发布、信息查询、消息推送、业务办理、房贷计算器、还款及逾期催收提示等便民服务工具。缴存职工可通过手机APP、个人网厅办理公积金无变更汇缴核定，职工离退休提取，按月冲还贷、提前还本、提前结清、偿还逾期贷款等多项业务，全天候24小时“零资料、零审批、零跑路”线上实时办理；可以在线提交住房公积金个人贷款申请。

（单宁辉）

【二手房交易公积金贷款服务大厅启用】 2018年7月4日，太原市住房公积金管理中心与太原市房产管理局、太原市国土资源局、太原市地方税务局、光大银行太原分行多部门合作共同建设的“太原市二手房交易、公积金贷款服务大厅”正式启用，办事群众“进一扇门”即可“一厅式”办理二手房交易、登记、纳税、公积金贷款等服务，可根据自身需要在该服务大厅“一厅式”办理二手房自有资金交易、二手房公积金贷款、二手房公积金+商业“组合贷款”、二手房商业贷款等业务，无需再像以往那样在多个部门间来回跑、重复跑，提高二手房交易过户、抵押登记、公积金贷款的办理效率，打通服务群众的“最后一公里”。

（单宁辉）

【住房公积金综合服务平台通过部省两级联合验收】 2018年7月17日，由住建部和省住建厅组成的住房公积金综合服务平台联合检查验收组对太原市住房公积金管理中心综合服务平台建设使用情况进行检查验收。检查验收组通过听取汇报、现场检查、质询答疑和专家合议等方式，对太原市住房公积金综合服务渠道开通和功能实现情况、综合管理系统和安全保障体系建设情况、运行绩效分析功能以及取得的成效进行检查验收，一致同意太原市住房公积金综合服务平台以优秀等次通过验收，使太原市成为山西省首家通过住房公积金综合服务平台验收的中心，标志着太原市住房公积金综合服务平台的建设使用步入全国先进行列。

（单宁辉）

省级非物质文化遗产·狄仁杰的传说

狄仁杰，字怀英，唐代并州太原（今山西太原）人，唐代初期杰出的政治家，武则天称其为“国老”。狄仁杰为官清正廉洁，如老子所言“圣人无常心，以百姓心为心”。为了拯救无辜，敢于拂逆君主之意，始终保持体恤百姓、不畏权势的本色，始终是居庙堂之上，以民为忧，后人称之为“唐室砥柱”。由此在太原民间流传着许多神奇的民间传说，为后人乐道。其中的不怕鬼怪、勇救雷公、针灸治瘤、花七偶文、智救晋祠、自叹弗如、劝主戒色、白云生处、命中注定、公正无私、放纵死囚、狄公下棋、受命于天等传说，广泛流传于太原民间，世代口头相传，起到惩恶扬善、教化民众的作用，是珍贵的文化遗产。

2011年狄仁杰的传说列入第三批省级非物质文化遗产名录。

太原市当选和提名第七届山西省道德模范者选介

陈 勇

陈勇，男，汉族，1972 年 7 月出生，群众，太原市小店区北营街道南坪头村人，就职于山西勇跃健康管理咨询有限公司。太原市小店区非物质文化遗产陈氏传统修脚术第四代传承人、山西勇跃健康管理咨询有限公司总经理兼技术总监、勇跃修脚创始人。2003 年开始从事修脚工作，认真学习家族修脚技术，拜中国修脚顶尖大师王建生为师，拓展自己的技能。从业十余年，获得一个又一个荣誉，屡次在全国性的竞赛与评选中获得奖项，被誉为“扬州名师”。从业以来热衷公益事业，从未间断为孤寡老人义务修脚，2017 年担任中商联沐浴委修脚分会副会长。2018 年当选第七届山西省道德模范“助人为乐模范”。

陈树民

陈树民，男，汉族，1955 年 10 月出生，群众，太原市人，太原第一机床厂退休工人。2018 年 1 月 1 日上午 11 时，当日太原最低气温降至零下 7 摄氏度，陈树民带着孙子在龙潭公园游园，听到有人落水的喊叫声，陈树民奋不顾身赤身跃进 2 米多深的湖中，向落水妇女游去。陈树民用胳膊撑破冰面，锋利的冰碴子将陈树民的身体多处划伤，但他并没有顾及身体的疼痛，依然全速向女子靠拢，从冰窟窿向落水妇女处“开辟”出一条通道。落水妇女身穿厚重羽绒服，遇水后身子更加沉重，给施救带来很大困难。在陈树民的坚持不懈下，一边拽着妇女，一边拽着群众给的牵引绳和木棍，最后在众人的接应下，落水妇女得救。2018 年当选第七届山西省道德模范“见义勇为模范”。

孟小平

孟小平，男，汉族，1972 年 10 月出生，中共党员，大专学历，清徐人，就职于太原铁路局太原车务段后勤办公室。孟小平和爱人从 2005 年义务献血至 2018 年，累计献血 17000CC，夫妻二人分别于 2007 年和 2009 年签写捐献造血干细胞志愿书。孟小平于 2016 年 11 月 30 日在山大二院捐献 160ml 造血干细胞，成功挽救一名徐州籍女患者的生命。2013 年组建自己的第一支公益团队——山西孟子爱心雷锋团，2016 年组建中国公益在线孟子后裔爱心工作网站与太铁佳苑公益爱心团，团队共组织各种公益活动 70 余次。2018 年获第七届山西省道德模范提名奖。

张俐丽

张俐丽，女，满族，1958 年 10 月出生，中共党员，大专学历，辽宁鞍山人，太原市果品茶叶副食总公司乾和祥茶庄经理。2006 年 8 月，张俐丽出任乾和祥茶庄经理，正值茶庄由计划经济转型时的低谷期。危难之时，她勇于担当，悉心经营，使乾和祥冲出低谷，成为全省茶叶零售经销的龙头企业，商务部重新认定的“中华老字号”，为全国仅有的八家百年专营茶叶的茶庄。作为乾和祥茉莉花茶融淬技艺第四代传人，经过潜心钻研提高该技艺的核心价值，对该技艺作出历史性贡献。该技艺列入山西省非物质文化遗产名录，申报国家级非物质文化遗产技艺。2018 年获第七届山西省道德模范提名奖。

2018年太原市时代新人选介

任 飞

任飞，男，中共党员，汉族，高级工程师，太原市公安局刑侦支队六大队副大队长兼理化中队长。兼任中国人民公安大学食品药品犯罪研究中心研究员、山西省委联系专家、山西省青科协副秘书长、全国刑事技术青年人才、公安部技术革新宣讲团成员、太原市十三届政协委员。全国最美奋斗者候选人，经公安部批准荣立个人一等功一次，获全国、全省公安机关改革创新大赛金奖各一次，太原市优秀共产党员，太原市时代新人优秀宣讲者。

任飞发明的地沟油中液质联用仪辣椒碱检测方法，被国家卫计委确定为地沟油检测法，并向国家11个部委推广使用，并在多起公安部督办的“地沟油”炼制食用油案件中起到关键证据作用。

2017年1月，该方法获得全国公安机关改革创新大赛金奖，成为公安部科技应用推广项目。2018年11月，第五代地沟油快速检测试纸条研发成功，并通过公安部一所技术验证。任飞将成果无偿转让，并量产推广。新华社、《人民日报》《光明日报》《中国青年报》和央视新闻联播等中央媒体多次报到其个人事迹，受到社会广泛关注。

高思恩

高思恩，女，汉族，中共党员，1994年出生，山西大学政治与公共管理学院研究生，太原市时代新人，山西省自强模范、中华人民共和国第二届青年运动会开幕式火炬手，国家二级运动员。获三届山西省残运会短跑金牌、全国第十届残运会800米银牌、全国大学生“自强之星”提名奖、全国残疾大学生励志提名奖、山西大学学业优秀奖学金、校三好学生，优秀研究生等。高思恩是左臂有先天性残疾的孤儿，被一位叫高占仙的孤身老人收留，并含辛茹苦将她抚养成人。她以坚强乐观的心态考上大学，参加体育运动，代表省市参加体育比赛多次获得奖牌。

李玲义

李玲义，男，汉族，1958年12月出生，中共党员，大专学历，山西太原人，太原市市场监督管理局离退休科科长，娄烦县庙湾乡扶贫工作队队长，双井村第一书记。李玲义协调国网娄烦公司为村里更换大功率变压器，解决全村多年的用电难问题；与娄烦县市场和质量监督管理局积极协调，为建生加工厂申请就“双井村”SC认定，申报为山西省著名商标；建成原生态磨坊，村民们不用再去异地碾米磨面；为村民武九花鉴定精神疾病，确定精神分裂且开具认定证书；三下云南，帮云南籍村民田春香找到失散20多年的家人，为其恢复身份，并以证婚人的身份帮其办理结婚证，享受党和国家的扶贫政策；20万元全部购买优质土豆籽种和有机肥料，全村土豆亩产由原来的750千克左右跃升到1500千克，全村土豆总产量达到250吨；成立村企合一的娄烦县双井村扶贫开发有限公司，双井村扶贫爱心超市建成运营；开展庭院式种植活动，家家户户的小院中都种植绿色环保的蔬菜，瓜果；2017年两次省市第三方评估中，村民满意度达到两个百分之百的好成绩；2017年9月1日，娄烦县庙湾乡党委作出《决定》，号召全乡党员干部及扶贫队员向李玲义同志学习。获2017年娄烦县优秀第一书记、2017年太原市“时代新人”宣讲者、2018年山西省五一劳动奖章、2018年太原市优秀党员、2018年太原市脱贫先锋，2018年5月获太原市“时代新人”。

赵 旭

赵旭，女，1980年6月出生，毕业于山西师范大学汉语言文学专业，就职于太原五中，是一名优秀的高中语文老师，先后被评为山西省“三晋英才”，太原市“时代新人”，太原市“向上向善好青年”，太原市优秀班主任等。

赵旭对语文教学有独到研究，其研究性论文获得山西省教科研论文三等奖；多次获得全国语文报杯、叶圣陶杯作文大赛指导教师特等奖和一等奖；生动的课堂，被评为太原市优质示范课；2018年被“语文报社”聘请为“争做时代新人”全国征文大赛评委。

2016年赵旭开始探索“互联网＋教育”的新模式，在互联网上开办自己的教育公众号“语文可以这样学”，有近百万名“粉丝”关注。2016年前往新疆五家渠市二中援疆支教，为“维汉文化”的交流作出贡献，被评为优秀援疆工作者。

2018年，赵旭把“思政课堂”搬进太原市图书馆“马克思书房”，为祖国培养“小小马克思”。她的“思政课”被评为太原市“优秀思政课”。

樊志勤

樊志勤，男，中共党员，太原重型机械集团有限公司（太原重工理化焊接技术培训中心）高级技师、国际技师。樊志勤从车间的一名普通电焊工干起，从事过钢结构焊、压力容器焊等，逐步成长为技能教师、省级职工创新工作室带头人、国家级技能大师工作室领办人。他先后参与国家重点项目上百个，为企业的发展和国家的建设做出突出贡献。在开展创新技能活动中，他带领团队研制的《衬套》技术革新项目，连接强度、质量和工艺方法达到国际领先水平，成本降低56%，每年节约成本千余万元，成功实现以焊代铸的新型工艺。发明的《不锈钢复合板的焊接方法》满足不锈钢复合焊管的制造条件，并获得国家发明专利；发表的《超厚壁缸体对接焊新工艺技术》《CO2气体保护焊插入式管板垂直（水平）固定焊》《超大型（35000吨挤压机）铸钢件出砂孔焊接工艺优化》等创新工艺法在省、市五小竞赛中获奖。

樊志勤28岁晋升为高级技师，同年获得国际焊接技师的证书，被授予"全国五一劳动奖章""全国技术能手""全国事迹特别感人的百姓学习之星""山西省五一劳动奖章""三晋技术能手""太原市技术状元"享受国务院和省政府特殊津贴、"山西省质量提名奖"等多项荣誉称号。2016年被国家、省、市、集团公司评为工匠精神的代表人物，相继有国家、省、市多家新闻媒体对其事迹进行报道，还被推荐为中央电视台新闻联播"中国梦，劳动美"，山西电视台新闻联播"匠心筑梦"等栏目的宣传典范；2017年6月，他作为山西省唯一代表在中国浦东干部学院参加由中组部首次举办的"大国工匠"国情研修班。

王润梅

王润梅，女，太原市市政公共设施管理处第二道排养护管理所水道三组组长。18岁开始从事水道清掏工作，一干就是26年。

王润梅带领的三组在日常工作中担负着太原市最繁华、最低洼地段的一百多条街道、一万多座下水井的清掏任务。按照养护周期，主干道的排水设施需每三个月清掏、疏通一次，次干道和小街小巷的排水设施每个月要清掏、疏通一次。每年汛期，除完成正常的养护工作，还要24小时待命，随时准备防汛。

2005年，王润梅带领水道三组率先开展"市政服务进社区惠万家"活动，主动深入到不属于市政管辖范围、没有物业管理的老旧小区，对堵塞的管道进行维修疏通，这项活动持续开展14年，深受百姓欢迎，成为全国市政行业的一个品牌。

26年来，王润梅从一个水道清淘工一步步成长为省、市党代表、全国劳动模范、全国人大代表，并代表一线工人走进人民大会堂。

张翠鱼

张翠鱼，女，汉族，中共党员，1980年出生，太原公共交通控股集团有限公司849路驾驶员。

2011年4月13日，太原公共交通控股集团有限公司成立华北地区唯一一条公交女子线路——"849女子线路"，被全国妇联授予"巾帼文明岗"等称号。张翠鱼自参加工作以来，坚守在平凡的岗位上，在"以人为本微笑服务"基础上，率先推出站立服务、手语服务、双语报站、党的十九大精神进车厢等服务新方法。她以女子线路靓丽的形象，平稳的驾驶技能，热情、周到、细致地服务，赢得广大市民、各级部门认可和赞誉。在"不忘初心，牢记使命"全国公交巡讲报告会中展示太原公交良好的窗口形象，形成示范带头作用。

吴艾祥

吴艾祥，男，1967年11月出生，2001年放弃左权县林业局工作，携家人来到晋源区五府营蔬菜种植基地，开始全身心研究不用农药种菜的方法。经过18年的研究，吴艾祥坚守初心，用自己的实际行动让农业科技还原蔬菜本色，在用生物杀虫的理论和实践应用方面，取得较大成绩。2006年，自主培养的厌氧微生物菌制剂获得实用新型专利。

2017年12月，晋源区总工会举办首届职工创新大赛，吴艾祥取得第一名，并作为太原市唯一的民营企业代表，经市总工会推荐，参加山西省举办的"五小"精品展。2018年9月，第二届"三晋新农人"创业创新竞赛活动中荣获二等奖；2018年，在晋源区农委的项目资金支持下，用生物方法取代农药防治韭菜韭蛆取得成功，种出的韭菜，经太原市农产品安全检测中心检测，农药残留为0.044%，符合国家安全标准（1%），这项技术获得2018年度太原市"五小"岗位创新农业项目一等奖。

张俊平

张俊平，男，汉族，1959年出生，中共党员，山西晋峰供热有限公司总经理，1998年从部队转业后，从事烧锅炉和节能减排研究工作。曾经供热服务给数十万人，供热面积1000多万平方米。挣到钱以后，2009年决定治理太原的玉泉山。10年来充分发挥军人不怕困难，敢打硬仗的顽强作风，克服种种困难和阻力，利用10时间使12平方千米的荒山披上绿装，治理废矿200多座，治理大型垃圾场7个，共133.33多公顷，栽树530万棵，山上修路105千米，安装喷灌钢管420千米。为生态建设做出突出贡献，是践行习近平总书记的“绿水青山”思想的典型代表。获得“山西绿化奖章证书”，入选山西省“三晋英才”支持计划，被太原市委授予“创新转型，深化改革”先进典型。

赵东会

赵东会，男，中共党员，太原市尖草坪区司法局汇丰司法所所长。扎根基层35年，化解各种矛盾纠纷6300余件，帮扶特殊家庭青少年1420人，创新特殊人群管理模式，时刻牢记时代新人的初心使命。工作创新得到司法部、中央综治办、最高人民法院、全国妇联、中关工委等部门的好评。工作事迹先后在中央电视台、《党建》《工人日报》等媒体报道。先后获得全国最美志愿者、全国未成年人思想道德建设先进工作者、全国人民调解能手、全国人民调解工作先进个人、全国法制宣传教育先进个人、全国维护妇女儿童权益先进个人、全国最美志愿者、全国未成年人思想道德建设先进工作者、全国关心下一代先进工作者、全国模范司法所所长、山西省劳动模范等称号。

去世人物

李双良

李双良，男，（1923年9月—2018年12月），山西省忻州市解原乡北赵村人。第八、九届全国人民代表大会代表。2018年12月16日19时29分在太原逝世，享年96岁。

李双良同志自1947年进入太钢工作，1955年加入中国共产党，曾担任过班组长、车间党支部书记、工段长、加工厂副厂长等职。后任太钢（集团）有限公司治渣顾问，太钢关心下一代工作委员会副主任，第八、九届全国人民代表大会代表。

李双良早在20世纪50年代就是闻名全国冶金行业的“工业炉渣爆破能手”。1983年，年近花甲的李双良主动请战，不要国家一分钱投资，带领渣场职工发扬愚公移山的精神，把沉睡半个多世纪的高23米、占地面积2.30平方千米、总量达1000万立方米的渣山搬掉，累计回收废钢铁130.90万吨，还自创设备，生产各种废渣延伸产品，创造经济价值3.30亿元。此后，他又带领职工在原地建成绿树成荫、环境优美、景色宜人的大花园。他的贡献，不仅从根本上解决太钢的倒渣难题，更走出一条“以渣养渣、以渣治渣、自我积累、自我发展、综合治理、变废为宝”的治渣新路子，为治理污染、改善环境、循环经济、科学发展作出贡献，被誉为“当代愚公”。1988年，联合国环境规划署把他列入《保护及改善环境卓越成果全球500佳名录》，并颁予“全球500佳”金质奖章；1989年、1995年两次获全国劳模称号；1993年被全国关工委授予“先进工作者”称号；1994年，是全国“五一”劳动奖章获得者；1996年又被授予全国“优秀共产党员”称号。1996年李双良档案馆建成。建馆13年来，接待国内外参观的各界人士35万余人次，发挥档案保管基地、爱国主义教育基地和环保教育基地等多种作用。

1990年，江泽民总书记视察太钢时，高度评价李双良精神和业绩，题写“学习李双良同志一心为公、艰苦创业的工人阶级主人翁精神，把太钢办成第一流的社会主义企业”的题词；1995年，李鹏总理在全国人大《政府工作报告》中，列出李双良等8位英雄模范，号召全国人民向他们学习。李双良多次得到党和国家领导人的亲切接见，治渣十年创效近3亿多万元，接待国内外各界人士参观近30万人次，他的精神不仅对太钢职工，而且对全国乃至世界都产生着巨大的影响。

2018年太原市获全国、全省五一表彰名单

全国五一奖章

胡雄彪　男　59岁　党员　太原聚兴劳务有限公司施工队队长
贾　嵘　女　49岁　党员　山西省实验小学校长

全国工人先锋号

太钢不锈热轧厂连瑞钢创新工作室
山西晋缘电力防污作业部

山西省五一劳动奖状

太原重型机械集团有限公司太原重工轧钢设备分公司
山西鸿翔一心堂药业有限公司
太原市社会（儿童）福利院
山西清徐农村商业银行股份有限公司
阳曲县农业委员会

太原市城乡规划设计研究院
太原市第十二中学校

山西省工人先锋号

山西钢科碳材料有限公司杨晗创新工作室
山西焦煤集团有限责任公司屯兰矿高彩峰劳模创新工作室
大唐太原第二热电厂热工工程部机控班
中车太原机车车辆有限公司郭世江职工创新工作室
富士康（太原）科技工业园张锦江创新工作室
太原市热力集团有限责任公司太古供热分公司太古中继能源站
山西煤矿机械制造股份有限公司铆焊分厂装焊一组
迎泽区人民政府办公室迎泽区政务服务中心
中国建筑第六工程局有限公司王家峰棚户区改造安置及开发项目 H25 地块工程
江铃重型汽车有限公司整车厂焊装车间冲压操作组
中国邮政集团公司太原市分公司小店区北格支局

山西省五一劳动奖章

王清洁　太原钢铁（集团）有限公司能源环保部部长
吴建平　山西西山煤电股份有限公司马兰矿工程一队队长
张　明　太原重型机械集团有限公司太原重工包装储运分公司制模工
任　鹏　太原煤碳气化（集团）有限责任公司太原天然气公司生产部部长
张丽明　太原矿山机器集团有限公司技术中心设计员
张翠鱼　太原公交第四分公司一车队驾驶员
时炜杰　山西太水市政工程有限公司项目经理
梁建荣　太原东山五龙煤业有限公司调度中心主任
张晋峰　太原市第一建筑工程集团有限公司项目经理
李志宏　山西云时代太钢信息自动化技术有限公司首席工程师
温国强　太原市万柏林区市容环境卫生队工长
王全德　太原市小店区环卫清运队司机
王张龙　山西会馆面食总监
李新威　太原供水集团有限公司小店营销分公司经理
王贵明　太原市杏花岭区杨家峪乡东沟村党支部书记、村主任
张　丽　太原市尖草坪区柏板乡镇城村昱含养殖场农民
梁永强　太原市晋源区晋源街道要子庄村农民
丁拖保　清徐县日前果业专业合作社理事长
张爱生　娄烦县庙湾乡水峪村农民
刘志荣　太原市杏花岭区后小河小学校长
李　文　太原市第三十七中学校党总支书记兼校长
田肉虎　古交市种子管理站站长
张平国　太原市政建设集团有限公司党委书记、董事长
王　荣　太原四联重工股份有限公司董事长
裴伟俭　太原市中医医院院长
刘志刚　太原市晋源区总工会主席
陈姜兵　富士康（太原）科技工业园工会联合会党委副书记
赵冰峰　山西省古交市人民检察院副检察长
李玲义　太原市工商行政管理局老干处处长
许希武　山西转型综合改革示范区阳曲产业园区企业服务中心主任

2018 年太原市“时代新人·晋阳工匠”命名名单（共 30 名）

樊志勤　大原重型机械集团有限公司太原重工理化检定中心电焊工
牛国栋　山西太钢不锈钢股份有限公司冷轧厂轧钢工
杨　斌　山西太钢工程技术有限公司自动化操作员
连瑞钢　山西太钢不锈钢股份有限公司热轧厂电工
李志超　山西太钢不锈钢股份有限公司冷轧厂维修电工
陈　宾　太原重型机械集团有限公司太原重工矿山设备分公司车工
张立森　太原矿山机器集团有限公司数控编程加工员
郭世江　中车太原机车车辆有限公司铆工
吕　涛　山西太钢不锈钢股份有限公司炼钢二厂炼钢工
洛亮亮　太原矿山机器集团有限公司车工
何忠平　西山煤电（集团）有限责任公司机电厂钳工
孙文权　中化二建集团有限公司电气调试员
曾建明　中车太原机车车辆有限公司无损检测员
高彩峰　西山煤电（集团）有限责任公司屯兰矿通风一队瓦检工
宁志文　山西百一机械设备制造有限公司铣工
苏永军　太原市山头孔蓝琉璃制品有限公司工艺师
王张龙　山西会馆餐饮文化有限公司面点师
李永庆　太原重型机械集团有限公司太原重工轨道交通设备有限公司钳工
马黎明　山西西山煤电股份有限公司镇城底矿通风科监控队安全监测员
李永健　国网太原供电公司输电专工员
张　龙　太原重型机械集团有限公司太原重工轧钢设备

分公司钳工

刘彦生　山西西山煤电股份有限公司马兰矿锚喷工

王　琦　大唐太原第二热电厂车工

白建芳　太原市鸿宾楼烤鸭店中式烹调师

武丽爱（女）太原重型机械集团有限公司太原重工齿轮传动分公司制齿工

郝卫华　山西大众电子信息产业集团有限公司数控车工

巩宝亮　太原六味斋实业有限公司豆制品加工员

马　强　太原天然气有限公司管道维修工

李治文　西山煤电公用事业分公司古交给排水分公司净化水厂管道工

武俊威　山西水塔醋业股份有限公司制醋工

2018 年太原市取得副高、正高职称人员名录

序号	姓　名	性别	出生年月	工作单位	从事专业	专业技术职称
1	王明霞	女		太原市教研科研中心	中小学教育	高级教师
2	孟延锋	男		太原市中心医院	医学医疗	副主任医师
3	王桂青	女	1970 年 8 月	太原市人大工作编辑室	马克思主义哲学	助理研究员
4	齐　悦	男	1981 年 10 月	太原广播电视大学	计算机应用技术	副教授
5	左丽敏	女	1982 年 11 月	太原广播电视大学	经济法学	副教授
6	郭　帅	女	1984 年 9 月	太原广播电视大学	中国古代文学	副教授
7	岳　君	女	1988 年 5 月	太原广播电视大学	社会学	副教授
8	任智星	女	1983 年 5 月	太原广播电视大学	儿科学	副教授
9	王俊杰	男	1971 年 10 月 26 日	古交市原相乡卫生院	中医内科	基层主任医师
10	孙献勋	男	1970 年 11 月 23 日	古交市中心医院	中医内科	基层主任医师
11	裴战军	男	1964 年 1 月 19 日	太原市尖草坪区疾病预防控制中心	卫生管理	基层主任医师
12	张桂梅	女	1969 年 1 月 16 日	太原市晋源区晋祠镇中心卫生院	妇产科	基层主任医师
13	王来荣	男	1969 年 11 月 6 日	太原市晋源区晋祠镇中心卫生院	普通外科	基层主任医师
14	张桂芳	女	1967 年 11 月 7 日	太原市晋源区晋祠社区卫生服务中心	全科医学	基层主任医师
15	王彩萍	女	1970 年 11 月 13 日	太原市晋源区姚村镇卫生院	眼科	基层主任医师
16	王　莉	女	1971 年 3 月 30 日	太原市小店区疾病预防控制中心	传染性疾病控制	基层主任医师
17	赵铁云	女	1968 年 11 月 28 日	太原市小店区平阳路社区卫生服务中心	普通内科	基层主任医师
18	李　珏	女	1968 年 3 月 6 日	太原市迎泽区疾病预防控制中心	传染性疾病控制	基层主任医师
19	张　英	女	1972 年 9 月 11 日	太原市小店区平阳路社区卫生服务中心	内科护理	基层主任护师
20	杨　霞	女	1976 年 1 月 27 日	古交市中医医院	中西医结合内科	基层副主任医师
21	韩淑琴	女	1971 年 3 月 12 日	娄烦县妇幼保健计划生育服务中心	儿童保健	基层副主任医师
22	王计存	男	1961 年 10 月 17 日	娄烦县娄烦镇卫生院	普通内科	基层副主任医师
23	段德奎	男	1962 年 6 月 6 日	娄烦县娄烦镇卫生院	全科医学	基层副主任医师
24	王建婵	女	1969 年 7 月 12 日	娄烦县娄烦镇卫生院	中医内科	基层副主任医师
25	李怀德	男	1965 年 6 月 6 日	娄烦县人民医院	麻醉学	基层副主任医师
26	马进生	男	1967 年 9 月 23 日	娄烦县人民医院	普通外科	基层副主任医师
27	郭志荣	女	1977 年 12 月 16 日	清徐县第二人民医院	普通内科	基层副主任医师
28	李彩萍	女	1976 年 10 月 24 日	清徐县人民医院	消化内科	基层副主任医师
29	杜利斌	男	1973 年 6 月 5 日	清徐县人民医院	泌尿外科	基层副主任医师
30	王晓光	男	1976 年 10 月 15 日	清徐县人民医院	放射医学	基层副主任医师

续表

序号	姓 名	性别	出生年月	工作单位	从事专业	专业技术职称
31	贾亚珍	女	1970年12月16日	清徐县徐沟镇高花卫生院	普通内科	基层副主任医师
32	李桂萍	女	1966年8月22日	清徐县中医院	中医内科	基层副主任医师
33	杨富友	男	1975年11月29日	太原经济技术开发区富友诊所	中医内科	基层副主任医师
34	董金兰	女	1964年1月23日	太原市尖草坪区妇幼保健计划生育服务中心	计划生育	基层副主任医师
35	陈拉弟	女	1965年4月16日	太原市尖草坪区卫生局卫生监督所	卫生管理	基层副主任医师
36	卢瑞平	女	1972年7月16日	太原市晋源区地方病防治办公室	妇女保健	基层副主任医师
37	范会琴	女	1967年12月20日	太原市晋源区妇幼保健所	儿童保健	基层副主任医师
38	王粉梅	女	1973年6月23日	太原市晋源区妇幼保健所	妇女保健	基层副主任医师
39	康建芳	女	1974年5月10日	太原市晋源区妇幼保健所	超声医学	基层副主任医师
40	张莉琴	女	1972年2月25日	太原市晋源区金胜乡卫生院	全科医学	基层副主任医师
41	闫晋霞	女	1965年8月9日	太原市晋源区晋源社区卫生服务中心	妇产科	基层副主任医师
42	张海文	男	1961年12月15日	太原市太航医院	放射医学	基层副主任医师
43	张美云	女	1972年1月13日	太原市万柏林区小井峪社区卫生服务中心	妇产科	基层副主任医师
44	徐建军	男	1970年8月25日	太原市万柏林区小井峪社区卫生服务中心	全科医学	基层副主任医师
45	郭光明	男	1974年10月24日	太原市万柏林区小井峪社区卫生服务中心	中医内科	基层副主任医师
46	孟惠敏	女	1980年10月3日	太原市小店区北营社区卫生服务中心	妇产科	基层副主任医师
47	连俏仙	女	1966年10月1日	太原市小店区妇幼保健院	妇产科	基层副主任医师
48	梁德宇	男	1970年3月25日	太原市小店区黄陵社区卫生服务中心	全科医学	基层副主任医师
49	郝云洁	女	1975年8月10日	太原市小店区疾病预防控制中心	卫生管理	基层副主任医师
50	梁丽娟	女	1977年8月18日	太原市小店区家庭医疗服务站	中医妇科	基层副主任医师
51	李太一	男	1970年10月1日	太原市小店区人民医院	全科医学	基层副主任医师
52	郑芝林	男	1967年11月15日	太原市小店区人民医院	骨外科	基层副主任医师
53	王亚军	男	1964年9月29日	太原市小店区人民医院	口腔医学	基层副主任医师
54	胡俊利	女	1974年4月16日	太原市杏花岭区妇幼保健计划生育服务中心	妇女保健	基层副主任医师
55	武美兰	女	1966年7月30日	太原市杏花岭区妇幼保健计划生育服务中心	妇女保健	基层副主任医师
56	贾红珠	女	1968年12月23日	太原市杏花岭区疾病预防控制中心	传染病疾病控制	基层副主任医师
57	张秀春	女	1963年11月4日	太原市杏花岭区疾病预防控制中心	传染病疾病控制	基层副主任医师
58	宋小平	男	1966年8月21日	太原市杏花岭区精神康复医院	精神病	基层副主任医师
59	高 霞	女	1972年5月17日	太原市杏花岭区卫生监督所	学校卫生与少儿卫生	基层副主任医师
60	齐爱萍	女	1974年12月8日	太原市杏花岭区卫生监督所	学校卫生与少儿卫生	基层副主任医师
61	王增伟	男	1974年4月7日	太原市杏花岭区卫生监督所	学校卫生与少儿卫生	基层副主任医师

续表

序号	姓　名	性别	出生年月	工作单位	从事专业	专业技术职称
62	严　韵	女	1966 年 12 月 12 日	太原市杏花岭区卫生监督所	学校卫生与少儿卫生	基层副主任医师
63	张文钢	男	1967 年 12 月 16 日	太原市杏花岭区卫生监督所	学校卫生与少儿卫生	基层副主任医师
64	张小莉	女	1974 年 3 月 11 日	太原市杏花岭区卫生监督所	学校卫生与少儿卫生	基层副主任医师
65	白　蓉	女	1968 年 9 月 20 日	太原市迎泽区妇幼保健计划生育服务中心	儿童保健	基层副主任医师
66	王慧萍	女	1964 年 10 月 20 日	太原市迎泽区妇幼保健计划生育服务中心	儿童保健	基层副主任医师
67	王志红	女	1973 年 9 月 22 日	太原市迎泽区疾病预防控制中心	传染性疾病控制	基层副主任医师
68	续伟明	男	1967 年 6 月 26 日	太原市迎泽区疾病预防控制中心	传染性疾病控制	基层副主任医师
69	赵艳红	女	1971 年 2 月 24 日	太原市迎泽区疾病预防控制中心	传染性疾病控制	基层副主任医师
70	王玉花	女	1963 年 9 月 17 日	太原市迎泽区疾病预防控制中心	结核病	基层副主任医师
71	张叶静	女	1967 年 1 月 13 日	太原市迎泽区疾病预防控制中心	学校卫生与少儿卫生	基层副主任医师
72	王家旭	男	1968 年 12 月 3 日	太原市迎泽区解南社区卫生服务中心	普通外科	基层副主任医师
73	崔　岩	男	1968 年 5 月 7 日	太原市迎泽区卫生局卫生监督所	传染性疾病控制	基层副主任医师
74	潘立志	男	1966 年 1 月 27 日	太原市迎泽区卫生局卫生监督所	传染性疾病控制	基层副主任医师
75	杨　光	女	1970 年 7 月 24 日	太原市迎泽区卫生局卫生监督所	传染性疾病控制	基层副主任医师
76	陈　文	男	1967 年 3 月 27 日	太原市迎泽区卫生局卫生监督所	卫生管理	基层副主任医师
77	郝晓红	女	1968 年 11 月 15 日	太原市迎泽区卫生局卫生监督所	卫生管理	基层副主任医师
78	温润辰	男	1961 年 7 月 23 日	太原市迎泽区卫生局卫生监督所	卫生管理	基层副主任医师
79	闫慧清	女	1972 年 2 月 26 日	太原市迎泽区医卫工作者学会	卫生管理	基层副主任医师
80	孟兰成	男	1959 年 3 月 30 日	太原市迎泽区中心医院	中医内科	基层副主任医师
81	张永红	男	1979 年 3 月 1 日	太原糖尿病专科医院	全科医学（中医类）	基层副主任医师
82	南利民	男	1977 年 6 月 15 日	太原显微手外科医院有限公司	骨外科	基层副主任医师
83	王建中	男	1973 年 11 月 28 日	太原显微手外科医院有限公司	骨外科	基层副主任医师
84	田　丰	男	1973 年 4 月 6 日	太原市杏花岭区卫生局卫生监督所	学校卫生与少儿卫生	基层副主任医师
85	韩铁璋	男	1964 年 9 月 9 日	西山煤电（集团）有限责任公司古交矿区总医院马兰分院	普通内科	基层副主任医师
86	员百社	男	1964 年 4 月 5 日	西山煤电（集团）有限责任公司古交矿区总医院马兰分院	骨外科	基层副主任医师
87	席莉娟	女	1967 年 8 月 3 日	西山煤电（集团）有限责任公司古交矿区总医院马兰分院	妇产科	基层副主任医师
88	高　翔	女	1969 年 2 月 1 日	阳曲县安康医院	精神病	基层副主任医师
89	苗根兔	男	1963 年 12 月 27 日	阳曲县安康医院	精神病	基层副主任医师
90	于　瑞	男	1963 年 3 月 31 日	阳曲县安康医院	精神病	基层副主任医师
91	张守亮	男	1963 年 4 月 9 日	阳曲县安康医院	精神病	基层副主任医师
92	孟建华	女	1965 年 1 月 13 日	阳曲县妇幼保健计划生育服务中心	计划生育	基层副主任医师
93	石文生	男	1969 年 12 月 24 日	阳曲县妇幼保健计划生育服务中心	全科医学	基层副主任医师
94	孙巧玲	女	1969 年 9 月 12 日	阳曲县妇幼保健计划生育服务中心	全科医学	基层副主任医师

续表

序号	姓　名	性别	出生年月	工作单位	从事专业	专业技术职称
95	王海平	男	1970 年 10 月 15 日	阳曲县妇幼保健计划生育服务中心	中医肛肠科	基层副主任医师
96	牛双龙	男	1970 年 1 月 27 日	阳曲县侯村乡卫生院	普通内科	基层副主任医师
97	杨彩萍	女	1971 年 9 月 8 日	阳曲县黄寨镇卫生院	妇产科	基层副主任医师
98	韩映璘	男	1961 年 2 月 28 日	阳曲县疾病预防控制中心	传染性疾病控制	基层副主任医师
99	贾艳萍	女	1972 年 7 月 15 日	阳曲县疾病预防控制中心	传染性疾病控制	基层副主任医师
100	张志鼎	男	1963 年 5 月 7 日	阳曲县疾病预防控制中心	健康教育与健康促进	基层副主任医师
101	安富栓	男	1970 年 10 月 25 日	阳曲县人民医院	急诊医学	基层副主任医师
102	魏　霞	女	1964 年 2 月 16 日	阳曲县人民医院	耳鼻喉（头颈外科）	基层副主任医师
103	郝建军	男	1962 年 8 月 8 日	阳曲县人民医院	超声医学	基层副主任医师
104	庞美玲	女	1969 年 8 月 27 日	阳曲县中医医院	妇产科	基层副主任医师
105	李　俊	男	1971 年 1 月 26 日	阳曲县中医医院	全科医学	基层副主任医师
106	郑彩双	女	1971 年 6 月 3 日	阳曲县中医医院	超声医学	基层副主任医师
107	黄爱英	女	1977 年 9 月 21 日	阳曲县中医医院	中医内科	基层副主任医师
108	张巧玲	女	1968 年 6 月 18 日	阳曲县中医医院	中医内科	基层副主任医师
109	段文秀	女	1973 年 7 月 5 日	古交市妇幼保健计划生育服务中心	医院药学	基层副主任药师
110	李存莲	女	1973 年 12 月 7 日	娄烦县娄烦镇卫生院	医院药学	基层副主任药师
111	冯美清	女	1970 年 6 月 26 日	娄烦县人民医院	中药学	基层副主任药师
112	王　文	女	1970 年 10 月 26 日	山西焦化集团有限公司职工医院	中药学	基层副主任药师
113	张红霞	女	1973 年 9 月 22 日	太原市晋源区金胜乡卫生院	医院药学	基层副主任药师
114	李　娟	女	1974 年 3 月 7 日	太原市万柏林区小井峪社区卫生服务中心	医院药学	基层副主任药师
115	李翠萍	女	1973 年 4 月 30 日	太原市小店区平阳路社区卫生服务中心	医院药学	基层副主任药师
116	王小捷	女	1972 年 3 月 8 日	太原市杏花岭区精神康复医院	中药学	基层副主任药师
117	王变琴	女	1972 年 5 月 8 日	太原市迎泽区解南社区卫生服务中心	中药学	基层副主任药师
118	张俊莲	女	1976 年 12 月 20 日	古交市妇幼保健计划生育服务中心	儿科护理	基层副主任护师
119	弓艳萍	女	1976 年 9 月 11 日	古交市妇幼保健计划生育服务中心	妇产科护理	基层副主任护师
120	刘秀峰	女	1976 年 10 月 22 日	古交市妇幼保健计划生育服务中心	妇产科护理	基层副主任护师
121	马小素梅	女	1977 年 4 月 19 日	古交市妇幼保健计划生育服务中心	妇产科护理	基层副主任护师
122	王爱芳	女	1978 年 3 月 24 日	古交市桃园社区卫生服务中心	内科护理	基层副主任护师
123	王素香	女	1982 年 5 月 9 日	古交市桃园社区卫生服务中心	儿科护理	基层副主任护师
124	李亮珍	女	1976 年 3 月 26 日	古交市中心医院	外科护理	基层副主任护师
125	曹凤莲	女	1976 年 10 月 1 日	古交市中心医院	外科护理	基层副主任护师
126	康俊仙	女	1972 年 5 月 4 日	古交市中心医院	外科护理	基层副主任护师
127	李林爱	女	1977 年 1 月 28 日	古交市中心医院	外科护理	基层副主任护师
128	吕海燕	女	1972 年 6 月 2 日	古交市中心医院	外科护理	基层副主任护师
129	温巧林	女	1974 年 5 月 14 日	古交市中心医院	外科护理	基层副主任护师
130	杨学青	女	1977 年 10 月 12 日	古交市中心医院	外科护理	基层副主任护师
131	曹志仙	女	1975 年 9 月 3 日	古交市中心医院	内科护理	基层副主任护师
132	弓彩萍	女	1973 年 7 月 10 日	古交市中心医院	内科护理	基层副主任护师

续表

序号	姓　名	性别	出生年月	工作单位	从事专业	专业技术职称
133	郭丽霞	女	1979 年 8 月 4 日	古交市中心医院	内科护理	基层副主任护师
134	李锦英	女	1974 年 11 月 27 日	古交市中心医院	内科护理	基层副主任护师
135	吕雅洁	女	1973 年 8 月 19 日	古交市中心医院	内科护理	基层副主任护师
136	雷凤梅	女	1975 年 11 月 24 日	古交市中心医院	妇产科护理	基层副主任护师
137	刘志红	女	1972 年 10 月 7 日	古交市中心医院	妇产科护理	基层副主任护师
138	刘志华	女	1977 年 10 月 5 日	古交市中心医院	妇产科护理	基层副主任护师
139	温春叶	女	1967 年 3 月 28 日	古交市中心医院	妇产科护理	基层副主任护师
140	张建红	女	1976 年 9 月 27 日	古交市中心医院	外科护理	基层副主任护师
141	张新爱	女	1973 年 2 月 9 日	古交市中心医院	外科护理	基层副主任护师
142	张玉英	女	1977 年 1 月 10 日	古交市中心医院	外科护理	基层副主任护师
143	赵建荣	女	1969 年 9 月 16 日	古交市中心医院	外科护理	基层副主任护师
144	刘爱香	女	1978 年 2 月 13 日	古交市中心医院	妇产科护理	基层副主任护师
145	欧红艳	女	1977 年 12 月 15 日	娄烦县妇幼保健计划生育服务中心	妇产科护理	基层副主任护师
146	巩继莲	女	1973 年 2 月 2 日	娄烦县娄烦镇卫生院	外科护理	基层副主任护师
147	刘俊兰	女	1976 年 2 月 27 日	娄烦县娄烦镇卫生院	护理学	基层副主任护师
148	段文先	女	1974 年 9 月 30 日	娄烦县娄烦镇卫生院	内科护理	基层副主任护师
149	李亮仙	女	1969 年 2 月 13 日	娄烦县人民医院	妇产科护理	基层副主任护师
150	段亚芬	女	1973 年 3 月 20 日	娄烦县人民医院	外科护理	基层副主任护师
151	李美珍	女	1973 年 10 月 29 日	娄烦县人民医院	外科护理	基层副主任护师
152	武利云	女	1971 年 7 月 10 日	清徐县妇幼保健院	妇产科护理	基层副主任护师
153	王银秀	女	1971 年 1 月 25 日	清徐县人民医院	外科护理	基层副主任护师
154	乔美琴	女	1970 年 12 月 6 日	清徐县人民医院	内科护理	基层副主任护师
155	席　蓉	女	1973 年 6 月 30 日	清徐县人民医院	内科护理	基层副主任护师
156	车保红	女	1970 年 7 月 26 日	清徐县人民医院	妇产科护理	基层副主任护师
157	高冬梅	女	1972 年 10 月 12 日	清徐县人民医院	妇产科护理	基层副主任护师
158	董建果	女	1970 年 11 月 21 日	清徐县人民医院	外科护理	基层副主任护师
159	马玉华	女	1973 年 5 月 4 日	清徐县人民医院	外科护理	基层副主任护师
160	孟晋丽	女	1969 年 1 月 5 日	清徐县人民医院	外科护理	基层副主任护师
161	武凤安	女	1969 年 9 月 29 日	山西焦化集团有限公司职工医院	外科护理	基层副主任护师
162	安俊梅	女	1969 年 8 月 10 日	太原市尖草坪区中心医院	外科护理	基层副主任护师
163	赵雪飞	女	1975 年 12 月 30 日	太原市晋源区金胜乡卫生院	护理学	基层副主任护师
164	王玉茹	女	1972 年 9 月 1 日	太原市晋源区金胜乡卫生院	内科护理	基层副主任护师
165	薛利花	女	1973 年 12 月 4 日	太原市晋源区金胜乡卫生院	内科护理	基层副主任护师
166	王改萍	女	1978 年 12 月 1 日	太原市晋源区晋祠镇中心卫生院	妇产科护理	基层副主任护师
167	武丽萍	女	1971 年 3 月 30 日	太原市晋源区晋祠镇中心卫生院	外科护理	基层副主任护师
168	马庆梅	女	1971 年 9 月 2 日	太原市晋源区晋祠社区卫生服务中心	外科护理	基层副主任护师
169	杨俊碧	女	1969 年 11 月 28 日	太原市晋源区晋祠社区卫生服务中心	外科护理	基层副主任护师
170	郝爱仙	女	1972 年 12 月 3 日	太原市晋源区人民医院	儿科护理	基层副主任护师
171	芦仙花	女	1976 年 6 月 25 日	太原市晋源区人民医院	护理学	基层副主任护师
172	赵红燕	女	1973 年 6 月 15 日	太原市晋源区人民医院	外科护理	基层副主任护师
173	郭丽仙	女	1972 年 1 月 30 日	太原市晋源区人民医院	妇产科护理	基层副主任护师

续表

序号	姓　名	性别	出生年月	工作单位	从事专业	专业技术职称
174	张瑞芳	女	1973 年 11 月 23 日	太原市晋源区姚村镇卫生院	内科护理	基层副主任护师
175	杜淑红	女	1977 年 10 月 28 日	太原市迎泽区老军营社区卫生服务中心	内科护理	基层副主任护师
176	闫　东	女	1973 年 3 月 23 日	太原市万柏林区小井峪社区卫生服务中心	妇产科护理	基层副主任护师
177	韩亚男	女	1983 年 1 月 6 日	太原市小店区北营社区卫生服务中心	护理学	基层副主任护师
178	郝彩霞	女	1978 年 4 月 5 日	太原市小店区妇幼保健院	妇产科护理	基层副主任护师
179	胡玉静	女	1981 年 5 月 16 日	太原市小店区妇幼保健院	妇产科护理	基层副主任护师
180	义小娟	女	1966 年 5 月 5 日	太原市小店区妇幼保健院	妇产科护理	基层副主任护师
181	朱彩香	女	1977 年 2 月 1 日	太原市小店区妇幼保健院	妇产科护理	基层副主任护师
182	郝改萍	女	1977 年 10 月 26 日	太原市小店区黄陵社区卫生服务中心	护理学	基层副主任护师
183	殷丽梅	女	1972 年 1 月 15 日	太原市小店区平阳路社区卫生服务中心	护理学	基层副主任护师
184	王佩凤	女	1965 年 11 月 13 日	太原市小店区人民医院	内科护理	基层副主任护师
185	闫武兰	女	1966 年 9 月 5 日	太原市小店区人民医院	内科护理	基层副主任护师
186	李红霞	女	1977 年 5 月 18 日	太原市小店区人民医院	妇产科护理	基层副主任护师
187	马永芳	女	1972 年 4 月 26 日	太原市小店区人民医院	妇产科护理	基层副主任护师
188	侯敬霞	女	1978 年 8 月 24 日	太原市杏花岭区妇幼保健计划生育服务中心	妇产科护理	基层副主任护师
189	巩晓英	女	1978 年 1 月 17 日	太原市杏花岭区精神康复医院	护理学	基层副主任护师
190	郭艳春	女	1977 年 10 月 10 日	太原市迎泽区产科医院	妇产科护理	基层副主任护师
191	赵雅玲	女	1971 年 8 月 13 日	太原市迎泽区妇幼保健计划生育服务中心	儿科护理	基层副主任护师
192	温　丽	女	1968 年 3 月 5 日	太原市迎泽区棉花巷社区卫生服务中心	护理学	基层副主任护师
193	高丽霞	女	1969 年 8 月 13 日	太原市迎泽区文庙社区卫生服务中心	护理学	基层副主任护师
194	康　慧	女	1978 年 10 月 14 日	太原市迎泽区中心医院	外科护理	基层副主任护师
195	张建萍	女	1978 年 6 月 29 日	太原市迎泽区中心医院	外科护理	基层副主任护师
196	张丽萍	女	1969 年 1 月 16 日	太原市迎泽区中心医院	外科护理	基层副主任护师
197	孙亚红	女	1970 年 6 月 27 日	太原市迎泽区中心医院	妇产科护理	基层副主任护师
198	王伟彤	女	1971 年 8 月 14 日	太原市迎泽区中心医院	妇产科护理	基层副主任护师
199	赵晓燕	女	1979 年 7 月 21 日	太原市迎泽区中心医院	妇产科护理	基层副主任护师
200	陈喜萍	女	1972 年 8 月 22 日	太原市迎泽区中心医院	护理学	基层副主任护师
201	刘海鹰	女	1971 年 12 月 17 日	阳曲县妇幼保健计划生育服务中心	妇产科护理	基层副主任护师
202	何爱凤	女	1970 年 11 月 27 日	阳曲县疾病预防控制中心	妇产科护理	基层副主任护师
203	侯海娥	女	1973 年 6 月 8 日	阳曲县人民医院	外科护理	基层副主任护师
204	戴妍春	女	1978 年 2 月 22 日	阳曲县人民医院	妇产科护理	基层副主任护师
205	王淑花	女	1977 年 6 月 3 日	阳曲县中医医院	外科护理	基层副主任护师
206	张淑青	女	1965 年 7 月 1 日	太原市小店区营盘社区卫生服务中心	临床医学检验临床基础检验技术	基层副主任技师
207	刘旺丽	女	1976 年 2 月 17 日	太原市杏花岭区疾病预防控制中心	微生物检验技术	基层副主任技师
208	李红梅	女	1973 年 5 月 24 日	太原市迎泽区疾病预防控制中心	理化检验技术	基层副主任技师
209	吴春莲	女	1971 年 12 月 3 日	阳曲县中医医院	微生物检验技术	基层副主任技师

小店区

中共区委书记	刘振华
区人大常委会主任	陈其武
区长	李卫平
区政协主席	李恩星
区人民法院院长	陈荣亮*
	王成万
区人民检察院检察长	王宏亮

【概况】 太原市小店区位于太原市汾河东部，市区东南部，总面积295平方千米，建成区63万平方千米，下辖1镇2乡，7个街道办事处，123个社区，38个行政村。旅游资源有汾河城市生态景观公园、延圣寺、东山城郊森林公园等。

2018年，小店区地区生产总值完成919亿元，增长9.30%。服务业增加值完成453亿元，增长4.40%。社会消费品零售总额完成593亿元，增长9.10%。规模以上工业增加值完成266.20亿元，增长16.40%。固定资产投资完成280.40亿元，增长51.30%。一般公共预算收入完成30.40亿元，增长11.70%。城镇居民人均可支配收入达到34889元，增长7.20%。全区综合实力稳居全省前列，荣膺全国百强区第94位。 （侯盼洁）

【转型发展】 2018年，小店区实施“百项千亿”（按照省委“转型项目建设年”活动要求，梳理102项重点项目，总投资2198亿元，简称“百项千亿”）行动计划，完成投资120亿元。中电智云、苏宁广场等投资体量大、牵引力强的转型项目取得实质性进展。建设招商产业园、电商产业园、阿里巴巴创新中心、奥美产业园等产业园区。智林科技、东驰振业、安信恒创等为代表的新能源、智能设备等高新科技项目正式入驻。打造85家双创载体，入驻1.30万户小微企业，获评省级双创示范基地。市场主体达到12万户。新建华豹新材料、永磁电机院士工作站。引进恒大天宸、融创等3家10亿元以上的重大项目，招商引资签约195亿元。电子商务、大数据、物联网、云计算等新业态全产业加速渗透，线上线下融合、跨境电商、智慧医疗等新兴经济壮大。发展苏宁小店157家。亲贤北街、体育南路等餐饮、商贸企业实现转型升级。长风街、南中环、晋阳街等新兴现代商圈辐射带动作用增强，区域品牌影响力提升。“互联网+服务业”发展迅猛，登记注册电子商务公司达到500余家，物流企业突破200家。推进农业供给侧结构性改革，推进“一减五增”（省委、省政府落实中央农业供给侧结构性改革而实施的“调减籽粒玉米、实施增葡果、增蔬菜、增花卉、增杂粮、增牧草”改革措施），调减籽粒玉米0.52万公顷，完成土地流转0.14万公顷。土地承包经营权确权0.39万公顷。启动97个村（居）清产核资、成员身份确认工作。培育乐村淘、美菜网等农业企业146家。“互联网+农业”发展迅速，依托维客家族等农村电商产业园，增设15个社区惠民蔬果直通车。通过国家级农产品质量安全区创建验收。建成杜家寨、监军庄等10个美丽乡村，打造25.40千米生态廊道，建成农村无害化厕所1020座。新建8处日处理能力500吨的污水处理设施，11个农村生活污水实现无害化处理。 （侯盼洁）

【城乡建设】 2018年，小店区推进亲贤、龙保等17个城改项目手续办理，引入华润、富力等知名房企参与城中村改造。完成嘉节、殷家堡等7个城中村扫尾清零69万平方米，清运建筑垃圾208万立方米。开工建设回迁安置房和商品房105万平方米。田和食品集团西院平房棚改项目顺利推进。棚户区新开工改造2123套。服务山西转型综改示范区建设，完成征地拆迁0.19万公顷，如期保障15个入园项目和7条规划道路开工建设。保障“三桥一路”（通达桥、迎宾桥、十号线桥，滨河东路）、汾东污水处理厂等重点项目顺利推进，累计拆除85万平方米。自主实施建设

通达桥　　（太原市小店区供图）

针织中路、聚华路、亲贤路等6条道路。完成武宿—南王名“四好农村路”建设。新建130千米县乡公路升级养护、生命防护工程。亮化农村公路126.80千米。创建文明城市，营造创城氛围，170余家文明单位、2万余名志愿者开展文明志愿服务5000余次，安装公益广告3.2万平方米。21万人次参与创城线上问卷调查。开展文明交通综合治理，打造太航片区等9个交通示范片区，设立8个交通安全宣传教育点和20个“两站两员”（为加强文明交通建设，在主要路段设立交通管理站和交通安全劝导站，并配备专职交通安全员、交通安全协管员）交通安全劝导站。以“九乱整治”（市委、市政府创建全国文明城市的重要举措，即开展背街小巷环境乱象、老旧小区环境乱象、集贸市场乱象、窗口单位服务乱象、“五小”门店乱象、占道经营乱象、违法小广告张贴乱象、交通违规乱象、农村环境乱象等整治行动）为重点，完成70条背街小巷、214个老旧小区、22个集贸市场、38个农村整治。　（侯盼洁）

【民生事业】 2018年，小店区实施就业政策，多渠道促进就业创业，新增就业1.77万人。九一小学中正校区、第四实验小学万科城校区建成投入使用，新增优质学位2400个。育才、李家庄小学扩建完工，新增学位1800个。继续推进学前教育集团化办园，新认定普惠性幼儿园22所。医药卫生体制改革加速推进，医疗集团管理模式和运营机制基本建立。紧密型医联体试点建设深入推进。免费产前筛查1.92万例，免费孕前优生健康检查实现全覆盖。家庭医生签约30万人。高标准推进14个社区卫生服务站建设，获评省级健康促进示范区。城乡居民基本养老、医疗保险参保47万人，城镇失业保险、工伤保险、生育保险参保17.40万人。落实军队退役人员政策，3988名退役军人发放各类补助金7914万元，托底安置退役军人140人。新建27个社区养老中心。49个“村改居”纳入城市社区管理。医养结合养老模式稳步推广，省老年公寓、太航馨悦养护院、亲贤社区卫生服务站被确定为市级医养结合示范点。举办文化惠民演出150余场。建成图书馆分馆、文化馆分馆各10个，年服务群众30万人次。完成30千米老旧小区二次管网、2150户供水管网和7.20万户管道燃气设施改造。“双违”管控压倒性态势基本形成，累计拆除20万平方米。露天烧烤基本实现“动态清零”。机扫冲洗扩展到84条道路815万平方米。165条道路1.20万个门店实现垃圾收集全覆盖。完成“第五立面”整治190万平方米。

（侯盼洁）

【生态环境保护】 2018年，小店区创新环保管理机制，成立生态环境保护委员会。环保应急综合指挥平台投入运行，布设176个大气污染物监控微观站、全项站、小型站，69个建筑工地在线监测实现全覆盖。开展柴油货车和散装物料运输车污染治理、工业企业提标改造、面源污染整治等专项行动。中央环保督察组、生态环境部、山西省环保督察组反馈问题全部整改到位。688个“小散乱污”企业实现“动态清零”。汽车4S店、汽修厂喷漆房等挥发性有机物处理装置安装达到100%。3500家餐饮单位安装油烟净化装置。秸秆综合利用实现全覆盖。落实“河长制”，划定4个集中饮用水源地保护区，清理清淤河道51千米。完成25个重点行业土壤信息采集。流涧村污灌区重金属污染农田土壤修复项目顺利通过验收。环保综合指数同比下降率和完成率、优良天数同比增加数城区排名第一。深入实施造林绿化美化，绿化面积达到0.24万公顷，建成区绿化覆盖率、绿地率分别达到39.30%、25.80%，人均公园绿地面积提升至9.23平方米。东篱、和谐公园如期开园。新建易城等5个游园和体育北路等5条林荫路。平阳路、康宁街等道路补植苗木6万株。完成潇河北岸、208国道孙家寨段景观绿化。　（侯盼洁）

【社会治理】 2018年，小店区加强和创新社会治理，高度重视民主法治建设，支持区人大、区政府、区政协及司法机关依法履职，组织引导统一战线成员始终坚定正确的政治方向、服务全区发展，支持工会、共青团、妇联等群团组织依章程独立自主开展工作。加强党管武装工作，深入开展“双拥”活动，推动军地深度融合。完善责任传导、常态督导、执法监督、宣传发动、考核问责等制度机制，加强对社会综合治理工作的组织领导。创新发展新时代“枫桥经验”，打造营盘、坞城示范建设点，基层治理体系完善。支持法院依法行使审判执行职权，推动解决执行难问题，案件执行率由47.94%提高到87.64%，审判执行质效大幅提升。牢固树立安全发展理念，落实安全生产责任制，开展“百日攻坚战”等专项整治行动，检查生产经营单位2.60万次，安全生产事故起数和死亡人数实现“双下降”。持续加大交通安全设施投入，开展“礼让斑马线”等活动。防控非洲猪瘟。打造体育西路、真武路等13条食品安全示范街，“明厨亮灶”覆盖200家，8000余家食品生产经营企业纳入可追溯体系，食品安全形势稳步向好。推进“扫黑除恶”专项斗争，开展“禁毒严打整治”“净网2018”等七大行动，排查重点场所5.50万个，入户摸排34万户，摸排线索206条，打掉14个黑恶势力犯罪团伙，抓获110名犯罪嫌疑人。集中整治8个社会治安重点区域，整治51个治安乱点。350个“雪亮工程”点位投入使用，社会综合治理智能化水平提升。把握维护社会稳定主动权，积极推行领导包案化解社会矛盾工作机制，开展信访矛盾化解攻坚战，突出抓好“季末清零”和重点领域源头化解，坚决守住“三个不发生”工作底线。全年化解案件881件次，受理答复国家、省、市案件2974件，调处化解民间纠纷2958件。　（侯盼洁）

【党的建设】 2018年，小店区委坚持正确方向，推动中共十九大精神和习近平总书记视察山西重要讲话精神落地落实。强化理论武装，严格落实学习制度，区委中心组带头学习22次，带动各级理论学习中心组集中学习200余次。旗帜鲜明地站在意识形态工作第一线，每季度召开意识形态研判会，加强舆情监测收集、分析研判。将意识形态工作纳入民主生活会、党建工作责任制考核和年度目标责任考核，强化意识形态领域的宣传引导和责任落实。制定出台《关于全面推行“双报双查”制度严格落实“三会一课”的实施办法》《关于进一步规范落实党员领导干部“双重组织生活”制度的实施办法》《关于规范开展党支部主题党日活动的实施意见》，推动全区各级党组织严肃党内生活。统筹全区干部资源，充实重点领域、关键岗位、基层一线工作力量，共调整干部9批次109人次，全区领导班子结构进一步优化。选派26名干部赴上海同济大学进修培训，举办科级干部培训班5期，培训648人，党员干部引领创新发展能力提升。加强对优秀干部和年轻干部的培养选拔，选用1名优秀社区党组织书记担任街道党工委副书记，选任2名80后干部担任街乡正职，各街道全部配备80后基层党建副书记。建立激励干部担当作为“1+N”制度体系，制定完善年轻干部培养、容错纠错、关爱干部“五个一”等配套制度，调动全区广大党员干部干事创业的积极性和主动性。高标准谋划城市基层党建，推行街道“大工委”、社区“大党委”制，建立区、街、社区三级党建协调委员会，吸纳全区187个驻地单位签订《共驻共建协议》，打造3个区域性党群服务中心试点和2个社区治理创新试点。加强“三基建设”，集中推动社区活动场所和公益性服务设施达标改造，除部分实施片区改造的社区外，全部完成“500平方米以上达标、1000平方米以上50%”的目标任务。在巩固、延伸、拓展中央巡视整改效果的同时，组织开展区委第五轮巡察，发挥巡察巡视监督的利剑作用，持续保持惩治腐败的高压态势，确保全区政治生态风清气正。　（侯盼洁）

小店区24小时自助图书馆　（太原市小店区供图）

迎泽区

中共区委书记	冯原平
区人大常委会主任	侯富田*
区长	李　慧（女）
区政协主席	张志勤
区人民法院院长	田志勇
区人民检察院检察长	陈加林

【概况】 迎泽区位于山西省太原市汾河之东，市区中部，城区东与晋中市榆次区、寿阳县相邻；西隔汾河与万柏林区相望；南连小店区；北接杏花岭区，总面积117平方千米，总人口52.30万余人，是太原市面积最小、人口密度最大的城区。

2018年，全区地区生产总值首次突破700亿大关，完成768.60亿元，增长8.90%，绝对值继续保持全市10县（市、区）第一。服务业增加值完成670.50亿元，增长9.10%。社会消费品零售总额完成409.50亿元，增长8.50%。规模以上工业增加值完成40亿元，增长12.10%。一般公共预算收入完成20.10亿元，增长31.60%。固定资产投资完成92.20亿元，下降5.60%。（杨水云）

【产业结构转型升级】 2018年，迎泽区推动商贸服务业集聚化、生产性服务业专业化、生活性服务业品质化，构建与城市化进程相协调、与城乡居民需求相适应的现代服务业体系。结合产业结构优化，调整招商引资方向，签约万科城市之光、万豪广场等17个项目，引进资金238.30亿元。加快特色小镇建设，森栖谷休闲农业山庄初具规模。以转型项目建设年为契机，全年储备项目80个，累计完成投资67亿元。发展文化旅游事业，全年旅游收入达165.10亿元。培育高新技术企业，投入“双创”资金1302万元，打造省级众创空间8家、科技孵化器1家、工程技术研究中心6个，省级及以上重点实验室16个，新推荐认定国家高新技术企业29家，纳入国家科技型中小企业信息库63家，发明专利申请量435件，高铁非金属声屏障等3项新产品填补国内空白，新兴产业对经济增长的贡献进一步增强。

（杨水云）

【城乡宜居建设】2018年，迎泽区完成双塔北路、火车站东广场等全市重点工程房屋征收，累计征收5.90万平方米。推进城中村改造，拆迁“清零”25万余平方米，新建安置房26.50万平方米。做好棚户区回迁安置工作，分配安置房5224套。松小线（松庄—水峪段）市政道路建成通车，孟家井—柳沟等4条“四好农村路”推进建设，东祁家山凿井工程完成，东部地区基础设施日趋完善。推进城市管理执法体制改革，成立全市首家执法便民服务中心，实现立案、审理、处罚“三集中”。积极推进垃圾分类，创建示范小区22个，辖区党政机关垃圾分类实现全覆盖。持续打击违法用地、违法建设，完成“大棚房”清理整治。举全区之力创建全国文明城市，以“九乱”整治为抓手，累计投入2亿余元，打造文明交通街巷59条，综合整治背街小巷66条、老旧小区231个、集贸市场8个、“五小”门店1170个，新建公厕5座。开展农村环境综合整治，9个村完成绿化升级，15个村建立垃圾收运体系，城乡宜居度、美誉度、认同度提高。

（杨水云）

【生态环境管理】2018年，迎泽区深入践行绿水青山就是金山银山理念，落实河长制，持续管控扬尘、治理散煤，推进工业企业提标改造，坚决取缔“散乱污”企业，持续强化农业面源污染防治，蓝天碧水净土保卫战成效显著，环境空气质量综合指数、SO_2、PM2.5同比下降7.70%、38%和13.80%。围绕空气质量精细化管理，创新“网格化布点+数据分析”监管模式，打造“智慧环保”系统，构建覆盖全区、责任到人、实时监控的环境监管网络。中央环保督察“回头看”反馈问题全部办结。推进城乡绿化美化，东部地区提档造林146.67公顷，建成区新建小游园小绿地10个。

（杨水云）

【民生事业发展】2018年，迎泽区坚持以人民为中心的发展思想，区财政83.50%的财力用于改善民生和发展社会事业，10件惠民实事基本完成。基本公共服务水平稳步提升，全年新增就业17567人，城镇登记失业率控制在4%以内；推进社会保障全覆盖，各类保险参保人数超额完成年度计划；提升托底保障能力，最低生活保障标准每人每月提高40元，临时救助年封顶线由1万元提高到5万元。坚持教育优先发展，完成36中、37中、39中等学校一期改扩建工程，东岗小学、并州路小学、双东小学、37中东校迁入新址；新建15个智慧教室和10个创客实践基地；国家统编义务教育教材使用和幼儿园责任督学挂牌督导工作，受到教育部好评。深化县乡医疗卫生机构一体化改革，推进家庭医生签约服务，重点人群签约率达60.10%；基本公共卫生服务项目代表全省接受国家考核，获全国第六名。实施文化惠民工程，郝庄镇获评省级文化艺术之乡；开展全民健身活动，人民群众健康水平稳步提高。完成对口精准帮扶任务，娄烦县静游镇8186人脱贫。

（杨水云）

【社会治安管理】2018年，迎泽区深化安全生产领域改革，在全市首家推行企业负责人安全履职述职，试点实施建筑业领域安全承诺制，开展安全生产大检查和各类专项整治，事故起数、伤亡人数、直接经济损失实现“三下降”。学习新时代“枫桥经验”，开展社会矛盾化解年活动，全年调处矛盾纠纷2477起，成功率达96%。推进扫黑除恶专项行动，打掉犯罪团伙15个，社会治安综合治理能力全面加强。创新食药监管模式，建立食品安全追溯体系，开展“食品安全你点我检”活动1800余次，完成270家餐饮单位“明厨亮灶”改造，保障群众舌尖上的安全。狠抓非洲猪瘟疫病防控，有效预防疫情发生。

（杨水云）

【其他工作】2018年，迎泽区深入学习习近平新时代中国特色社会主义思想和中共十九大精神，贯彻落实习近平总书记视察山西重要讲话精神，严格执行中央八项规定及其实施细则，狠抓“四风”整治，推动“两学一做”学习教育常态化制度化。落实区人大及其常委会各项决定，主动接受区政协民主监督，全年办理人大代表建议111件，政协提案159件，办结率100%。坚持依法行政，完善政府法律顾问工作制度，重大事项合法性审查实现全覆盖；积极落实行政负责人出庭应诉制度，行政诉讼案件同比下降43%，胜诉率达89.70%。推动政务公开，主动公开各类政务信息2665条，保障人民群众知情权。深入推进“放管服效”改革，企业开办时间压缩到3.50个工作日。认真贯彻全面从严治党新要求，强化党风廉政建设，严肃查处一批违纪违法案件。

双拥工作深入开展，退役士兵安置和权益保障政策全面落实。坚持依法管理宗教事务，确保宗教领域和谐稳定。审计、统计、档案、史志、防震减灾工作取得新成效。侨务、对台工作得到加强。妇女儿童、青少年、老龄、残疾人、慈善事业等工作取得新成绩。（杨水云）

杏花岭区

中共区委书记	张　磊
区人大常委会主任	程有录
区委副书记、区长	李文权
区政协主席	施国立
区人民法院院长	王晋斌
区人民检察院检察长	路效国

【概况】 太原市杏花岭区位于山西省中部，太原市区东北部，晋中盆地北端，是太原市六个主城区之一。全区总面积170.20平方千米，辖2个乡，10个街道办事处，共35个村民委员会，113个社区居民委员会。

2018年，杏花岭区地区生产总值完成672.84亿元，增长9%。服务业增加值535.70亿元，增长9.10%。固定资产投资87.33亿元，增长25.70%。规模以上工业增加值11.04亿元，下降6.80%。社会消费品零售总额276.78亿元，增长10.30%。一般公共预算收入18.67亿元，增长21.70%。城镇居民人均可支配收入3.46万元，同比增长7%。（刘彩秀）

【旅游资源】 杏花岭区历史悠久，北宋之前是古晋阳城东北30里的唐明村（史书也称唐明镇），主城区一直是宋太原城、明太原府城所辖主要区域，也是明晋王府的所在地，民国时期也是山西省府的主要办公场所。新中国成立后，杏花岭区成为山西省政协、省军区、太原市委、市政府所在地。悠久的历史留下博大丰厚的历史遗存。2018年底，全区有文物单位106处，其中，全国重点文物保护单位有唱经楼、天主教太原教区主教座堂2处；省级文物保护单位有督军府旧址、山西国民师范革命活动旧址、赵树理旧居、山西省立川至医学专科学校旧址等5处；市级文物单位有太原旧城墙遗址、古圆通寺、关帝庙、城隍庙、阎氏家宅、徐永昌旧址、山西省议会旧址、牛驼寨战斗遗址等22处，挂牌文物保护单位有军人俱乐部等77处。全区有太原市动物园、东湖醋园2个4A级旅游景区，采薇庄园1个3A级旅游景区，有薰衣草庄园、龙角山生态园、长沟生态园等6个农业旅游示范基地；有太原解放纪念馆、国民示范旧址2家全国爱国主义教育基地暨全国百家红色旅游基地。（刘彩秀）

【产业转型】 2018年，杏花岭区共谋划各类项目132项，总投资1270亿元。转型项目投资完成67.03亿元，占固定资产投资的89.60%，全市排名第二；市重点工程投资完成12.66亿元，完成全年目标任务的128.14%。全区固定资产投资总量和结构实现双提升。中华老字号酿造特色小镇、春光锻造扩产、望府广场、一号车市、丈子头物流园二期等重点转型项目加快推进。推进“双创”工作，建成众创空间国家级1家、省级5家、区级4家，科技企业孵化器省级1家。服务春光锻造、元工电力、惟创广告等民营企业加速发展，支持万达、富力、美特好等重点企业稳健运行。发展小窑头非遗文化村、谷旦汽车真空助力刹车片生产线等优质转型项目。持续推进特色种养农业，扶持推动水沟村葡萄基地、大红果基地、河里头大樱桃基地、洪子峪设施农业基地、榆林坪城郊森林公园海棠湾5个精品农业园建设。（刘彩秀）

【深化改革】 2018年，杏花岭区深化改革，完成中央、省、市下达的7个领域46项改革任务。完成农村集体产权制度改革试点任务，全区44个村（社区）全部成立股份经济合作社。举办全省农村集体产权制度改革试点杏花岭现场推进会。窑头村作为全省唯一代表获得农业农村部首批颁发的农村集体经济组织登记证书。改革经验得到全国农村集体产权制度改革部际联席会议、农业农村部政策与改革司充分肯定，并以专题信息刊发供全国各地学习借鉴。推行“大学区制”教育体制改革，新增优质学位9332个。全区普惠性幼儿园达到33所，占到幼儿园总数的81%。推进医改工作，挂牌成立区医疗集团，组建家庭医生服务团队193个，签约服务惠及居民17.6万人。完成10户国有、集体企业改制。对外开放、招商引资取得新进展。先后赴上海、深圳等地，与宜家、红星美凯龙、传化、香港奇盛等40多家知名企业对接招商，13个项目达成合作意向，投资总额达361.08亿元。（刘彩秀）

【城乡建设】 2018年，杏花岭区加大城中村和棚户区改造力度，南窑、谷旦、柏杨树3个村的133用地划定并确权。2017年启动的棚户区改造项目5个实现“清零”，新启动玛钢厂、营西街东等棚户区改造项目。加快推进太原动物园二期、牛驼公园等改造项目的房屋征收工作，市重点项目千年府衙改造拆迁工作全部完成。全年累计完成动迁3411户118.24万平方米。开展文明城市创建活动，紧盯“九乱”狠抓亮点带动，高标准完成国师街、半坡街、五龙口、胜利东街四大重点片区整治。启动北沙河、北涧河“两河”沿线景观设计改造。实施102条背街小巷和454个老旧小区整治。发动社会力量，形成背街小巷整治“四步工作法”、老旧小区“四方联动”“三级管理”、占道经营网格化管理新模式，国师街片区率先实现摊贩“零占道”。交通秩序明显改善，拥堵指数同比下降10.90%，高峰期通行速度提升13.40%。集贸市场整治成效明显，测评成绩全市第一。（刘彩秀）

【环境建设】 2018年，杏花岭区447件中央、省环保督导事项、54件生态环境部强化督查事项和236件“回头看”交办案件全部整改完毕。在全市率先建立大气污染源解析监控和实时监测网络，加密布设133个微观站点，辖区内大气污染源监测实现全覆盖，全年发现响应环保事件4381次，现场制止污染行为1055次，整改核实3326件。开展散煤、扬尘污染治理攻坚，完成 385 户“煤改电”、101 户“煤改气”扫尾工作。取缔“散乱污”企业 18 家。全年 PM2.5 指数同比下降 19.10%；SO_2 指数同比下降 44.70%。推进河长制，区内 4 条河全部编制“一河一策”方案，所有排污口实现一口一档，封堵取缔入河排污口 13 处。加快推进农村污水治理，新建窑头村、南坪梁村等 6 个生活污水处理站。完成东山绿化提档升级 200 公顷，建设窑头村、杨家峪村两个绿色示范村。新增省、市级园林式居住区 5 个、小游园 5 个、居住区绿地 10.17 万平方米。

（刘彩秀）

尖草坪区

中共区委书记	李贵增
区人大常委会主任	王国卿*
区委副书记、区长	卢俊峰
区政协主席	王春龙
区人民法院院长	张　嵩*
	张福平
区人民检察院检察长	孙向荣

【概况】 太原市尖草坪区位于东经 112°20′~112°38′，北纬 37°52′~38°04′。地处太原市区北部，东与阳曲县为邻，东南与杏花岭区相连，南、西南、西与万柏林区毗邻，西北、北、东北与阳曲县相连。尖草坪区人民政府驻柴村街道柴村迎宾路 9 号，距太原市政府约 9.50 千米。辖区东西最大距离 26 千米，南北最大距离 22 千米，总面积 295.70 平方千米。人口密度为每平方千米 1416.64 人。辖马头水、柏板、西墕 3 个乡，向阳、阳曲 2 个镇，柴村、汇丰、光社、尖草坪、迎新街、古城、南寨、上兰、新城 9 个街道，共 14 个乡级政区；下设 58 个居民委员会、85 个村民委员会。辖区总人口 344419 人。

2018 年尖草坪区生产总值完成 327.56 亿元，同比增长 10.80%。服务业增加值完成 118.68 亿元，同比增长 10.60%。规模以上工业增加值同比增长 8.70%。固定资产投资（不含园区）完成 106.83 亿元，同比增长 51.90%。社会消费品零售总额完成 112.07 亿元，同比增长 10%。城镇居民人均可支配收入完成 33746 元，同比增长 6.80%。一般公共预算收入从“十二五”末期的 6.65 亿元跃升至 2018 年的 13.51 亿元，实现翻番。2018 年共获国家级荣誉 9 项、省级荣誉 28 项、市级荣誉 101 项。

（朱永钢）

金桥公园　　（太原市尖草坪区供图）

【新农村建设】 2018 年，尖草坪区人文生态休闲区实现新发展，乡村振兴战略推进。制定“三年三步走，三年大变样”发展规划，实施“美丽乡村创建、新农村建设、生态文明建设、产业兴旺”四大工程，重点打造南下温、中下温、南翟村三个美丽宜居示范村，启动梁背后寺港子自然村社会主义新农村建设，推进中华中医药康养文旅小镇建设。投资 1.23 亿元完成 26 条、累计里程达 49.24 千米的“四好农村路”建设工程，在太原市范围内率先实现建制村通硬化路率达 100%。探索农村环卫服务市场化改革，实行“一村一站式”收集，建设各类垃圾中转站 45 个，清理垃圾 7.50 万吨。实施农村饮水安全工程，马头水乡 10 村新建集中供水工程全面展开。

（朱永钢）

【三园共建】 2018 年，尖草坪区打造山上城郊森林公园、山下太原北部现代农业产业园、汾河湿地公园“三园共建”格局，做足“山水田文林”的大文章，助推全域旅游快速发展。西山城郊森林公园朝着“一园一主题、一园一特色”的发展格局迈进，窦大夫祠、多福寺、土堂大佛、中华傅山园等特色景区景点持续发力，国信体育小镇初具规模。老龙头至柴村桥段汾河湿地公园项目，建设方案通过上级审核，进入筹备实施阶段。投入 5000 余万元推进太原北部现代农业产业园建设，产业园以农业为基础，延伸产业链，拓展“观光、休闲、科普、健身、体验、示范”六大功能，于 2018 年 7 月 31 日正式开园。开展“尖草坪区首届农民文化艺术节”，推出“荔枝节”“西梅采摘节”等农游活动，累计接待游客 6 万余人次。成功举办 2018 崛围山“绿宇杯”山西滑翔伞邀请赛、2018 龙城 100 太原国际越野跑挑战赛、“迎青运，健身跑”助力二青会等体育活动，区域知名度得到提升。（朱永钢）

【农业产业发展升级】 2018 年，尖草坪区扩大特色产业发展规模，完成 0.15 万公顷籽粒玉米的调减任务，九牛、老智、金大豆等龙头企业逐步发展壮大。打造以呼延村为中心的“崛围山品牌食用菌生产基地”，新增金花葵、秋花葵、樱桃西红柿等稀特蔬菜种植。城乡居民的“菜篮子”“果盘子”“奶瓶子”日益丰富。推进“互联网 + 现代农业”，确定农业信息服务项目50余个，农业综合效益稳步提升。按照“崛围山增红、全域增绿”的总体思路，开展植树造林、植被恢复等工程，全年完成崛围山增红0.25万公顷、提档增绿近0.27万公顷。

（朱永钢）

【生态文明建设】 2018年，尖草坪区配合中央黑臭水体专项督查和中央环保督察“回头看”工作，督查期间发现的82件问题全部整改到位。严格落实“河长制”，完成杨兴河、柏板河、北部退水渠、北排洪渠等8条河道的清淤疏浚任务，总长度达62千米。二级以上优良天数达220天，全年空气质量持续位居全市第一。（朱永钢）

【工业经济】 2018年，尖草坪区以融合发展为契机，创新转型产业区实现新跨越传统企业稳中向好。推动太钢高端冷轧取向硅钢等6个项目建设，山西天之辰等6家企业申报高新技术企业，山西小隐农业科技有限公司成功申报众创空间，推动三关、警鹰、路邦等本土企业与中北大学、太原工业学院等高校进行产学研合作。整合现有资源，盘活闲置土地，推动行业集群化、产业化、园区化发展，打造出百发、卓林、柳氏等5个小微工业园。全区有效发明专利拥有量达1699件，小微企业拥有授权专利数159件。推动“区区融合”发展道路，从土地保障、项目招引、协助征拆等方面，支持不锈钢园区发展壮大。新编制的“区区融合”发展方案获太原市委市政府正式批复，两区融合在体制机制上取得重大突破。改革“区区融合”统计方法，实现尖草坪区和不锈钢园区部分经济指标的统一核算。

推进“军民融合”深度发展，编制《军民融合基地概念规划方案及起步区的规划方案》，为“军民融合”项目落地实施提供有力支撑。落实建设用地275公顷，储备“军民融合”项目17个，总投资达1055亿元。推进军民融合创新科技园起步区周边道路等基础设施和硬件服务设施建设，结合中北大学资源优势，打造军民融合产学研创新集聚基地。

深化“放管服效”改革，1.30万平方米的税政大厅投入使用，压缩服务环节和服务时限，一次性办结率达87%。深化财税体制改革，推行企业集中收银、统一结算制度，实现应收尽收。深化“三供一业”改革，完成区建筑公司改制工作，帮助国有企业松绑减负。

（朱永钢）

【城乡建设】 2018年，尖草坪区以城市化建设为方向，现代宜居都市区实现新突破北部新城建设。以城中村改造和安置房建设为重点，改建并举，集中攻坚太原北部新城建设。用不到两个月的时间完成三给片区拟出让土地挂牌前所有手续的办理，实现两年手续两个月完成，创造全市城改手续办理新速度。新城、下兰、南固碾、北固碾、南寨、圪垛等城中村测算、摸底等前期筹备工作全部完成，赵庄、光社等城中村安置项目快速推进，完成回迁安置21.50万平方米。中下温、沟南安置项目具备入住条件，西张、杨家等重点工程安置项目均启动建设。七平房、怡和天润园等7项工程进展顺利，棚户区新开工建设6345套，基本建成6277套，完成投资30.29亿元。

以“干净整洁、规范有序、美丽靓丽、完善宜居”为目标，以兴华片区为标杆，统筹推进柴村片区、迎新片区、汾东片区城乡人居环境综合整治工作。投入资金2.52亿元，对涉及的35条背街小巷、33个老旧小区和所有集贸市场、“五小门店”、窗口单位进行全面整治，全部达标。2749个点位中2331个达标，兴华片区创城工作群众满意度全市第一。结合“农地非农化”和“土地卫片”执法工作，在全区范围内开展打击“两违四抢”百日攻坚行动，共整治“两违四抢”141处，拆除99处，拆除面积4.50万平方米。2015—2018年土地卫片违法图斑全部清零，累计拆除20万平方米。新增道路机械清扫车辆35台，全区机械清扫率提升至90%。开展“公厕革命”，对100处公厕进行维修改造。数字城管工作连续2年稳居全市第一。城市配套设施完善。强力推进重点工程建设，快速完成多福路、太白路等10条道路工程的征拆任务，共拆除27万平方米，城市主干路网延伸17.20千米。加快公园建设步伐，金桥、小东流、新村、千峰北路等4个综合性公园建成投入使用，新增城市绿地26.40万平方米。金桥公园水幕电影及音乐喷泉的开放成为新景观，仅国庆期间接待游客人数达10万余人次。（朱永钢）

中华傅山园（太原市尖草坪区供图）

崛岵红叶　　（太原市尖草坪区供图）

【民生事业】2018年，尖草坪区顺利通过国家义务教育均衡发展复查工作。万科实验小学、融创外滩实验小学、富力实验小学开工建设，恒大实验小学投入使用。招聘260名劳务派遣教师、撤并8个教管中心，充实一线教师队伍。“一所高中、四所初中、十所小学”的金字塔式优质示范校建设稳步推进。

深化医卫体制改革，推进区域医联体建设。统筹医疗资源，成立8个管理中心，组建7个业务中心，实现医疗、公卫、医保等信息互联互通。提升基层医疗基础设施建设，柴村、阳曲、西墕等3所乡镇卫生院投入使用，马头水、柏板卫生院主体完工，区中心医院和汇丰社区卫生服务中心建设项目进展顺利。

开展“百姓大戏台”、送戏下乡等群众喜闻乐见的文体活动2946场，举办群众文化培训557课时。公布第三批区级非遗保护项目10个，成功申报市级非遗项目5个。重点打造30个村级综合文化服务中心，新建优山美郡社区、宇文村等18个文化馆和图书馆分馆。

社会保障制度和社会分配制度改革，社保基金征缴3.70亿元，发放、享受各项社会保险10.02亿元，领取社会保险待遇达10万余人次。实施“农村高龄津贴制度”，为全区80岁以上农业人口每人每月发放50元。做好退役军人和其他优抚对象信息采集工作，及时足额发放优抚款600余万元。持续开展娄烦县马家庄乡扶贫工作，助力完成脱贫任务。在全省率先提出社区建设“千平米工程”，54个社区党群服务中心达标，占全区总数的82%以上。

对1469家重点监管单位实施清单化管理，以执法检查促进企业安全主体责任落实。“非洲猪瘟”疫情防控处置成效显著。推进“扫黑除恶”专项斗争，完成公安业务技术用房和向阳、南寨、新城3个基层派出所建设。国防动员和后备力量建设、应急管理、优抚安置、民族宗教、司法、审计、地方志、气象、供电、档案、质监、工商、治超、防震减灾等工作，都取得新的进展。2018年承诺为全区人民办好的十件实事全部兑现。（朱永钢）

万柏林区

中共区委书记	杨俊民
区人大常委会主任	侯　安
区　　长	袁尔铭
区政协主席	马金安
区人民法院院长	王成万*
	张　康*
区人民检察院检察长	田树平

【概况】太原市万柏林区总面积304.80平方千米，辖1个乡、14个街道办事处、18个行政村、135个社区，年末户籍人口577997人，城镇人口550789人。2018年，万柏林区地区生产总值450.46亿元。一般公共预算收入24.17亿元。继续稳居全省“第一方阵”，较好完成区五届人大三次会议确定的目标任务，推动全区经济社会各项事业迈上高质量发展新征程。（武超龙）

【经济转型】2018年，万柏林区以转型项目促进有效投资，深入开展转型项目建设年活动，围绕全区总投资2284亿元的119个重点项目，在山上山下两个主战场同步发力，狠抓经济运行调度管理，严格落实领导包联机制，深入企业走访调研，提供全方位要素保障，成为全市最早实现新建续建项目全部开复工的县区。传统产业焕发生机，大众年产50亿粒不锈钢圆珠笔尖、汾机船用直流组网电力推进系统、中车铁路装备制造等重大产业项目稳步推进，规模以上工业企业增加15%。现代服务业加快推进，华润万象城如期开业，信达国际金融中心核心筒封顶，远大购物广场、新城吾悦广场等城市综合体项目进展顺利，服务业增加值占比提高，商业氛围日益浓厚。创新创业提质增速，成功获批省级双创示范基地，完善并推出一系列优惠政策和改革措施，明确环理工大学创新创业集聚带“一环四功能区”发展思路，省级以上科技企业孵化器、众创空间分别达到3家和17家，新增市级高新技术企业30家，有效促进新技术、新业态、新模式加快发展。

（武超龙）

【“四大片区”建设】2018年，万柏林区坚持把“四大片区”建设作为推动经济转型发展的重大战略，结合片区特点，发挥区位优势，找准功能定位，整合资源，将“四大片区”作为招商引资的主战场，召开项目对接会、洽谈会、签约会等100余次，为全区实现经济高质量发展注入生机和活力。东社产业转型示范区成立高端装备制造产业园区管委会筹备组，整合西山石膏矿及城边村改造腾退出的土地资源，引入的无人机、新能源汽车和5G网络等项目稳步推进；西铭（化客头、王封）文化旅游特色区与万科集团签约建设“文旅小镇”，成为全市首家签约的城边村改造项目，首期占地26.67余公顷的“田园牧歌”农业综合体项目完工，“春和景明”项目累计投资达10.80亿元。王封一线天旅游景区项目与山西华岳普瑞集团达成合作意向，总体规划完成论证。成功申报桃花沟、偏桥沟、玉泉山三个AAA级景区；白家庄（杜儿坪）生态修复样板区与中核华兴集团、无锡市政集团正式签约，启动建设煤炭产业新旧动能转换示范基地；神堂沟温泉休闲度假区与山西光信地产达成一致，项目前期准备工作进展顺利。（武超龙）

【城乡统筹发展】2018年，为促进西山地区与主城区融合发展，万柏林区主动争取太原市政府支持，启动虎峪河、九院沙河快速路西延工程，拆除各类建筑6.50万平方米。先后完成“三河”道路快速化改造，西铭路等12条道路续建工程，纺织街等6条道路改造升级，太原国际自行车赛道万柏林段整治任务以及13.70千米神堂沟连接线等四项安全生命防护工程。城中村改造完成大井峪等7个村扫尾清零任务，回迁安置房完工316.85万平方米。城边村改造启动圪僚沟村整村拆除，桃杏、南寨、风声河拆迁补偿安置方案初步完成。成立太原市柏林宝地建设开发有限公司，承接西山石膏矿棚户区改造项目。采煤沉陷区综合治理完成涉及5个乡街27个村2万余人的移民搬迁工作。开展农村环境综合治理，高标准完成九院新村和小西铭村整治任务，逐步形成整洁优美、功能完善、管理有序的农村环境。

（武超龙）

【人居环境质量】2018年，万柏林区坚持“向创新要动力，向改革要活力”，在太原市率先启动“三化工程”，先后召开13次调度例会，形成“统筹推进、上下联动”的工作机制，调动全社会力量投身“三化工程”，文明交通综合治理、小广告治理、垃圾分类等工作均位列城六区第一。累计拆除违建18.70万平方米，整治广告牌匾3.90万处，立面粉刷241.98万平方米，清运垃圾18.61万吨，彩绘喷绘变电箱520个，新增亮化景观1216处，清除小广告58万余处，实现中环内废品收购站清零，打造九州、玉河等12个集贸市场整治示范点，完成71条背街小巷、118个老旧小区整治任务，有效治理40条小街巷的交通乱象，城乡面貌得到改善。在太原市率先推行城市精细化管理模式，创新管理体制机制，强化数字平台调度管理，推行街路长制和“门前三包”责任制，城市管理综合考核排名在全市跃升前列。推进清扫保洁社会化改革，实现“管干分离”。在全市率先开展渣土整治专项行动，部门联动，打防并举，查处违规案件157起，罚款27万元，渣土运输、倾倒乱象得到遏制。地质灾害隐患有效治理，排查隐患点70余处，完成白家庄支沟、玉门河、虎峪河3个地质灾害治理项目，全年无因灾伤亡人员。完成0.07万公顷造林任务，栽植各类苗木51.53万株。推进万柏林生态园聂家山、黄坡垃圾场综合整治，新增两处40多公顷大型游园。建成区新建游园7个、街头绿地13块，新增园林绿地75.76万平方米，人均公共绿地达11.80平方米，绿地率、绿化覆盖率分别达37.70%、43.80%，公园游园500米服务半径覆盖率达81%以上。治理黑臭水体清淤清障3.60万余立方米。中央环保督察“回头看”群众举报问题86件全部立行立改，强化“散乱污”企业排查整治，严防死灰复燃。PM2.5浓度绝对值城六区最低，空气质量综合指数位列城六区第二，全区环境质量进一步改善。

（武超龙）

【群众幸福指数提升】2018年，万柏林区坚持以人民为中心的发展理念，“集中财力办大事”向民生领域累计投入25.50亿元，教育、医疗、社保、就业、住房等事业迈上新台阶。推动教育事业发展，中考成绩名列太原市第二，新建凤凰双语小学、公园路万科紫郡小学、万柏林区第三实验小学投入使用。医疗卫生体制改革实现新突破，开创城区区域医疗一体化改革新路径，成立山西医科大学第一医院万柏林分院，为全面提升医疗保障能力奠定坚实基础。实施全民技能提升工程，培训1.39万人次，全区城镇新增就业1.75万余人，城镇登记失业率为3.36%，同比下降0.28个百分点。实施引智引才战略，赴上海同济大学引进全国双一流高校9名专业技术毕业生。采煤沉陷区移民搬迁困难群众获临时救助725.90万元，为参保的城乡居民购买意外伤害保险投入600万元，其他各项救助资金发放到位。新改建社区22个，全区500平方米以上社区达94.60%，1000平方米以上社区达67.60%。保障性住房新开工3371套，基本建成25526套。完成第四次全国经济普查清查阶段的工作。为全市唯一一家获得全国体育先进（县）区荣誉称号，举办“美丽万柏林”大型灯光节、西铭万科“希望的田野”大型文艺晚会、万柏林区第三届全民运动会等系列文体活动，丰富人民群众的精神文化生活。双拥、物价、人防、档案、商粮、地方志、民族宗教、防震减灾等工作取得新成绩，妇女、儿童、老龄、对台、文联、残疾人、红十字、慈善等事业取得新进步。（武超龙）

【安全稳定工作】2018年，万柏林区牢固树立“生命至上、安全第一”的理念，落实政府监管责任、压实企业主体责任。推行建筑领域安全生产挂牌责任制，非煤矿山、道路交通、燃气安全、食品药品等领域专项整治行动成效明显，全区安全生产形势总体平稳向好。疫情防控及时有效，成功阻断非洲猪瘟疫情向万柏林区蔓延。高度重视人民群众来信来访，坚持问题导向，强化源头防范，解决人民群众反映的各类突出问题，化解信访案件571件。深入推进扫黑除恶专项斗争，全民动员、重拳出击，打掉涉黑涉恶团伙18个，破获各类刑事案件211起，各专项工作位列城六区前列。创新工作模式，建立黑恶势力线索召集人会商联动机制，拓宽线索收集渠道，持续保持扫黑除恶的高压态势。应急和安全风险防范能力进一步加强，全区和谐稳定的社会局面更加稳固。（武超龙）

【其他工作】 2018年，万柏林区政府接受区人大及其常委会法律监督和区政协民主监督，办结人大代表建议169件、政协委员提案104件。打造“六最”营商环境，“放管服效”改革初见成效，基层政务公开标准化规范化试点工作位列全省第一。坚持依法行政，完善政府法律顾问制度和管理考核机制，发挥法律顾问在政府工作中的参谋助手作用。推进审计监督全覆盖，做到应审尽审、凡审必严。成立区财政预算评审中心，完善项目立项、招投标等程序。完善“13710”督查机制，强化督查力量，累计督办事项54件，约谈4次，移交1起。坚持把纪律和规矩挺在前面，履行政府党组全面从严治党主体责任，严格落实中央八项规定精神，政府自身建设取得长足进步。2018年，万柏林区供给侧结构性改革初现成效，退出高耗低效煤炭产能225万吨，退出比例较上年度增加25%。西山煤电、晋西等大型企业技改项目有序推进，和平老工业区搬迁改造项目顺利实施。科技创新取得阶段性成果，太重与科大产学研协同合作进展顺利，中车集团城市轨道交通等重大项目稳步推进。现代服务业发展初具规模，华润万象城等一批城市综合体在万柏林建成，九润现代都市农业园区建设提质增效，“王封一线天”景区等文旅项目全面启动。100个重点工程项目成为全区经济的重要支撑，完成投资129亿元。产业结构更趋合理，三次产业比重达到0.10∶53.90∶46。（武超龙）

【山西医科大学第一医院万柏林分院成立】 2018年12月27日，山西医科大学第一医院万柏林分院揭牌仪式在万柏林区中心医院举行。山西省卫健委副主任武晋，山西医科大学第一医院院长王斌全，市卫生计生委工委书记、主任宫殿元，区委书记杨俊民，区委副书记、区长袁尔铭等领导出席揭牌仪式。山西医科大学第一医院万柏林分院以学科共建、项目共建的方式，通过山大一院管理输出、技术输出、品牌输出、学术输出、教学输出，以点带面，在线在位相结合，共同努力探索卫生健康事业的新模式，在推动全省医疗体制改革征程上迈出重要一步，使万柏林区人民群众在家门口就能享受到省级专家的诊疗，让更多的人共享医改发展成果，为推动万柏林区医联体建设，提升医疗服务能力和管理能力，提供良好的经验借鉴。（武超龙）

【外国使节考察万柏林区“三北”工程建设】 2018年是“三北”防护林工程建设40周年，国家林业和草原局在山西省组织开展“走近中国林业·外国使节看三北”考察活动，万柏林区玉泉山城郊森林公园“三北”工程建设是此次考察活动的第一个考察点。6月4日，考察团队实地考察玉泉山城郊森林公园。参与考察活动的有乌拉圭等12个国家的驻华大使外国使节，国家林业和草原局、省林业厅、省政府外事办领导。玉泉山曾经因矿产企业生产严重破坏生态环境近100万平方米，大型自然垃圾场存量达2000多万立方米。通过近10年的建设，累计投资10.50亿元，完成林业治理面积13平方千米，生态环境逐步恢复和改善。（武超龙）

【无人机基地建设】 2018年5月3日，万柏林区无人机基地生产车间主体在万柏林区高新技术产业园封顶，设计三层的行政办公楼建至二层。万柏林区高新技术产业园位于东社街道石膏厂街72号，南临兴华西街，东接西中环城市快速路，西靠环城高速公路，紧临东社高速口。无人机基地是万柏林区引进园区的产业转型重点项目，与山西航友科技有限公司签署战略合作协议，依托院士工作站的研发优势，打造的无人机产业示范基地。该基地分为两期建设，其中一期工程用地面积为8929平方米、二期工程占地5762平方米。总投资达1.50亿元，规划建设研发中心、培训中心、

有机蔬菜　　　　（太原市万柏林区供图）

院士工作站、生产车间、组装车间、材料库、成品库、生产及行政办公管理用房等。（武超龙）

晋源区

中共区委书记 杨继承
区人大常委会主任 张奇峰
区长 李永强
区政协主席 董云飞
区人民法院院长 周雪松*
王晋
区人民检察院检察长 孙中杰

【概况】 2018年，太原市晋源区坚持以习近平新时代中国特色社会主义思想为指导，深入贯彻中共十九大和十九届二中、三中全会精神，落实省委“一个指引、两手硬”重大思路和要求，按照市委“两个走在前列”“双提升”目标部署，迎难而上，勇于担当，全区经济和社会各项事业呈现出创优争先态势，活力晋源、宜居晋源、魅力晋源、法治晋源建设取得成绩。

2018年，晋源区主要经济指标稳步增长，跑出全市“加速度”。其中，一般公共预算收入、固定资产投资、服务业增加值3项指标增速名列全市第一，地区生产总值增速名列全市第三。地区生产总值完成73.36亿元，增长13.30%。服务业增加值完成42.30亿元，增长11.90%。固定资产投资完成152.79亿元，增长63.50%。一般公共预算收入完成15.15亿元，增长63.70%。规上工业增加值完成3.07亿元，增长7%。社会消费品零售总额完成49.91亿元，增长9%。（王利明）

【实体经济转型升级】 2018年，晋源区围绕4个核心产业圈，开展“转型项目建设年”活动，实施“三个百亿级”项目群，设立转型项目引导资金1000万元，确定项目110个，总投资2200亿元，开复工率达100%，完成投资56.91亿元，有效促进产业的转型升级。招商项目签约9个。阳光城环球金融中心、化建大厦、鸿升时代广场等总部经济带动效应凸显，长风国贸六馆效益持续提升，太原洲际酒店开业达效，太原国际会展中心征拆保障任务全部完成，以长风文化商务区为龙头的楼宇经济提档升级。山西国际体育交流中心基本建成，国内最大的园林式奥特莱斯商业综合体项目落地，万科、恒大、保利、富力等一批品牌房企投资持续扩大，意大利奇柯商业综合体意向签约，以晋阳湖公园为中心的地标经济加快发展。大强伟业、家盛纸业转型提质增效加快，跃通电力、康培石材城、万国物流搬迁项目完成选址，远东水泥构件开工建设，圆通速递、万水物贸土地手续有序推进，以姚村新兴产业园区为中心的传统优势产业和新兴产业集群壮大。美佳矿业和申海机械两项研发填补国内技术空白，太原药业被评为省级技术中心，立业制药当年投产、当年达效，旭航环保、瑞豪生物等规上企业规模持续扩大，鑫思创软件等4家企业被认定为国家高新技术企业，耀源节能等13家企业进入国家科技型中小企业信息库，晋源家居等7家生产企业获“山西省名牌产品”称号，景辉能源科技和企特电气成功入围省级“专精特新”中小企业项目，全区小微企业新增1000余个，市级双创基地达到10个，技术合同交易额达到6632万元，可持续发展议程创新示范区建设迈出坚实步伐。全区产业结构优化、效益改善，呈现高质量运行态势，第三产业占比达到57.70%。（王利明）

【“三农”工作】 2018年，晋源区推进农业供给侧结构性改革，实施“一减五增”，籽粒玉米调减1299.40公顷，水稻、花卉等特色农作物新增810.13公顷。晋祠大米品鉴会成功举办，国家地理标志保护产品申报有序推进。晋源花卉小镇开园，种植决明子、百日菊等各类花卉113.40公顷，1.22万平方米连栋温室主体建成，成为太原花卉产业一张新名片。实施“百村景区化、三年大变样”工程，店头、花塔、洞儿沟等17个村完成规划编制，赵家山、寺底等10个试点村改造基本完工。“四好农村路”累计完成68条、87千米，完成条数、里程数、投资率3项指标均居全市前列。农村集体产权制度改革试点完成，全区95个行政村完成清产核资和成员确认，94个村完成股权量化、成立集体经济组织，得到中央评估调研组的充分肯定，工作经验在农业农村部《农村集体产权制度改革情况》第24期刊发推广。农村土地承包经营权确权颁证43个村，承包户确权1万余户、0.29万公顷，完成率102.90%。小型农田水利灌溉工程完成0.52万公顷，治理水土流失0.09万公顷，北瓦窑西干渠泵站等4处水利工程建成，改善灌溉面积93.33余公顷。“大棚房”问题专项清理整治取得良好成果，农地非农化得到治理。非洲猪瘟防控工作取得阶段性成效，“五方监管网格体系”全市推广。（王利明）

【旅游建设】 2018年，晋祠大景区品质实现再跨越，晋文公祠、东园、潜园基本竣工，初步达到AAAAA级景区标准。天龙山防火旅游通道建成30千米，确保西中环南延与天龙山景区全互通，实现“城景通、景景通”。太山龙泉寺复建工程收官，游客服务中心加快建设，文化厚重、殿阁宏丽、园林深邃的仿古建筑群屹立太山之巅，盛唐风采跃然眼前。蒙山景区水系一期、景观绿化和道路提质等工程高标准竣工，青龙洞、观音殿等“九窑十八洞”历史建筑群修复完成，八角凉亭、长廊、木栈道等基础设施提档升级，景区品质显著提升。太原古县城城墙夜景照明工程、金牛湖、护城河建设工程完工，历史建筑修缮完成80%，晋阳农耕文化陈列馆基本建成，振翅高翔的凤凰城呼之欲出。

晋阳湖周边综合治理和晋阳里等配套项目快速推进，璀璨明珠光芒初现。华侨城大型文化旅游综合开发项目东区板块启动。晋农之窗农业文化博览园运行良好，销售额实现3000万元，增长42%。赤桥村入选第五批中国古村落，为全市唯一入选村庄。乡村旅游示范点达标验收4个，晋源花卉小镇、赵家山怡荷园、康培现代农业科技园、圣沅佳昕观光园列为全市10家工农业旅游点。举办花海蒙山·魅力晋源、百名导游话蒙山、晋祠大米插秧节、北庄头油菜花赏花月等系列旅游推介活动，晋源旅游知名度和影响力持续提升。全年共接待游客1417.90万人次，旅游总收入168.98亿元，分别增长35.27%和19.90%。

（王利明）

【城市品质提升】 2018年，晋源区城中村改造稳步推进，北河下、南瓦窑、鹅归店完成招商引资，罗城、东街、西街等5村完成整村拆除，古寨村进入扫尾阶段，共拆迁1507处、33.01万平方米。安置房开工111栋、275.27万平方米，木厂头、西寨、北堰等12个村实现回迁，晋阳湖西岸董茹、金胜等6村安置方案确定，集中安置区具备开工条件。城中村改造实施细则出台，全区城改工作迈入制度化轨道。省市75项重点工程保障完成，累计征拆4111处、189.50万平方米。西中环南延仅45天征拆全线17.60千米。晋阳湖及新城周边道路共改造18条、64.95千米，跨汾河通达、古城、迎宾“三桥”主体完工，全区路网密度和发展框架实现“双提升”。公路自行车赛道、水上运动中心、奥申足球小镇、青运村等建设加快推进，“二青会”各项筹备工作进展顺利。全国文明城市创建取得实效，全区65家机关单位、农村（社区）被评为省、市文明单位（标兵）。“九乱”整治开展，老旧小区提档完成41个，背街小巷改造完成46条，占道经营取缔741处，“五小”门店排查整治879家，新城便民市场打造为全市标杆，绿地社区停车场建成投用，文明交通综合整治成效明显。“智慧晋源”“云端视角”等平台功能完善，数字城管和综治平台并轨运行。垃圾分类试点走在全市前列，覆盖76个党政机关和43个试点小区，晋阳湖、姚村两个垃圾中转站建成，三级城乡垃圾处理体系全面建立。厕所革命稳步推进，新改建公厕12座。太原植物园加快建设，健康北街等5处游园和西寨公园全部开放，人民群众生活环境改善。

（王利明）

【生态文明建设】 2018年，晋源区空气质量综合指数达到7.62，同比下降7.41%；PM2.5平均浓度值下降至67微克每立方米，同比下降2.90%；SO_2平均浓度值下降至33微克每立方米，同比下降45%；空气质量优良天数达到153天。中央环保督察组“回头看”整改任务完成。燃煤锅炉、“散乱污”企业整治成效进一步巩固，14家混凝土制品企业安装视频监控。大气环境监测微观站点建设112个，大气质量网格化监控平台投用。工地整治严格落实“六个百分百”，“765”工作成效全市推广。重污染天气“一厂一策”减排清单修订完成，非道路移动机械管控143台。对化工排洪渠、清水河和南部退水渠黑臭水体进行整治，对晋祠泉域保护区取水行为实行严控，对5眼水井进行关井压采。土壤危险废物管理得到加强，危废收集、转运、处置实现“三个100%”，太化氯碱分公司004地块完成修复。天龙山生态保护红线范围确定，新增改造“煤改电”716户和“煤改气”619户，禁养区内5家养殖企业全部关停取缔。城市造林提档升级0.01万公顷，天然林保护工程绿化0.55万公顷，未成林地抚育管护0.13万公顷，洞儿沟等3个村庄完成绿化。全区蓝天、碧水、净土三大攻坚战取得成效。（王利明）

【群众生活改善】 2018年，晋源区为民承诺的十件实事全部兑现，全年民生投入21.80亿元，占比86.20%，增长64.70%，创历史新高。教育事业全面发展，新增市实验小学合作办学，优质教育资源累计落实10个，完成“三年引进10个”目标任务。成成中学、市二外、区第五实验小学基本建成，青年路小学吴家堡校区、太师四附小北堰校区开工建设，城北、贾家庄等10村配建小学建设推进。新招录教师43名。省儿童医院具备开诊条件，市妇幼保健院、市区人民医院合建项目基本建成，区医疗集团与山西大医院医联体挂牌成立，区中医医院独立设置运行，3个基层健康体检中心投入运营，为全区50—60周岁2.80万群众提供健康体检，国家级慢病示范区巩固。招聘乡村医生19名，家庭医生累计签约10.70万人。新增市级非遗项目5项，区美术馆展示非遗项目31项，《太原市晋源区志》出版发行。组织开展“昂首阔步新征程、欢乐祥和过大年”“庆祝改革开放40周年”及“迎二青”等文体活动111场，丰富群众文化生活。全民技能提升培训1.34万人。城镇新增就业3786人，失业人员再就业2330人，登记失业率控制在4%以内。城乡居民基本医疗参保15.18万人，发放各类保险金2.73亿元、低保金3647.39万元。二次管网改造11.50千米，升级燃气设施8380户。新建农村公共浴室7个、老年餐厅10个。改造农村危房100户。保障性安置房完成4920套，开工率、基本建成率、投资率均超额完成。阳曲县东黄水镇6个村脱贫巩固工作推进。民族宗教、档案工作取得新进展，妇女儿童、老龄、残疾人、慈善救助和红十字事业取得新成绩。

（王利明）

【社会安全管理】 2018年，晋源区落实《地方党政领导干部安全生产责任制规定》，率先出台实施细则和领导干部任务清单，31家单位划定安全生产职责。安全监管村级网格建立125个，企业全员安全生产责任制等“六项制度”有效落实。安全生产领域改革率先启动，改革事项完成56项。建筑领域安全生产第三方监管和双重预防机制全市推广，安全生产责任险投保工作走在全省前列，太原日报进行专题报道。安全执法检查力度全面加强，22家单位施行年度计划执法。安全生产隐患排查治理深入推进，派出检查组1523个，排查治理隐患12436条，全区安全生产事故起数、死亡人数实现双下降。食品药品安全监管、网络信息安全管理加强。诚信晋源建设加快推进。信访工作形势持续向好，各级信访活动量实现“四下降”。平安晋源建设深入推进，各类警情和刑事案件发生率下降。扫黑除恶专项斗争纵深推进，全区社会局面保持稳定。

（王利明）

【政府效能提升】 2018年，晋源区加强党的领导，以建设法治政府为目标，坚持依法全面履行政府职能，自觉接受人大监督、纪检监察和政协监督，支持各民主党派、工商联、无党派代表人士参政议政，办理人大代表建议221件、政协委员提案154件，办复率100%。推进“七五”普法和法律“七进”工作，“谁执法谁普法”责任清单全面建立，全区普法机制更加健全，法治氛围更加浓厚。规范政府行为，法律顾问和公平竞争审查保持常态化、制度化，审计整改实现无禁区、全覆盖。区级项目预算评审、绩效评价全面实行，国库集中支付面持续扩大，政府性债务应急处置机制建立，债务风险得到有效防范。持续深化“放管服效”改革，“双随机、一公开”工作推进，国地税机构重组，“一厅通办”有效降低纳税成本。行政审批制度改革稳步推进，工商登记等一批审批流程持续优化，140个事项实现“马上办”“网上办”“就近办”“一次办”。企业投资项目承诺制改革深入推进，7个项目实行承诺制管理，“六最”营商环境巩固。加大督查力度，“13710”工作制度落实，机关办事效率明显提高，干事创业氛围更加浓厚。 （王利明）

古交市

中共市委书记　贾慕权
市人大常委会主任　阎亮娥（女）
市长　翟永清
市政协主席　程顺旺
市人民法院院长　刘三娃*
市人民检察院检察长　郭刚

【概况】 古交市位于太原市境西部，吕梁山脉关帝山东翼与云中山南端交接处。四周危峰环峙，境内层峦起伏。旧志云：“近带娄烦，远襟河曲，跨东西之峪，会汾孔之流，非惟晋省屏障，抑亦神京保障”。古交市东与太原市万柏林区接壤，西与娄烦县相连，南与交城县、清徐县为界，北同阳曲县、静乐县毗邻。全境总面积1584平方千米，辖邢家社、原相、常安、岔口、阁上、嘉乐泉、梭峪7个乡，马兰、河口、镇城底3个镇，西曲、东曲、桃园、屯兰4个街道办事处，53个社区居委会，116个行政村。总人口21.70万人。

2018年，古交市抢抓能源革命发展机遇，落实生态文明时代要求，扛起安全稳定政治责任，解决民生关切热点难题，谋划构建支撑未来转型发展的产业体系和城乡格局，实施涉及煤焦、电力、制造业、新能源、大数据等一批重大产业项目，开展太克线综合整治、棚户区改造拆迁、天然气置换等一批重点工作，推动西山五大矿等13户驻地企业税收征管权限落地古交，彻底解决古交建市30年来城矿“条块分割”、财政“小马拉大车”的局面，经济发展走出长期低位运行的困境，开始朝着转型发展、高质量发展的方向迈进。全市获山西省卫生城市、省级平安县市荣誉称号，各级各部门受到国家、省和太原市级各类表彰57项。

全年地区生产总值完成36.61亿元，增长17.30%。服务业增加值18.27亿元，增长6.70%。规模以上工业增加值14.04亿元，增长45.60%。社会消费品零售总额57.34亿元，增长8.40%。固定资产投资23.75亿元，下降15.30%。一般公共预算收入9.32亿元，增长63.70%。城镇常住居民人均可支配收入31178元，增长6.90%；农村常住居民人均可支配收入15963元，增长7.50%。地区生产总值、规模以上工业增加值、一般公共预算收入等指标实现近十年来历史性、突破性增长，进一步巩固“稳”的基础，积蓄“进”的力量，古交经济社会发展后劲明显增强。 （赵志英）

【转型体系建设】 2018年，古交市持续推进煤焦传统产业提升改造，激活优势产能，完成原煤产量838万吨，同比实现翻番；完成原煤洗选567万吨、焦炭产量近100万吨；加强煤焦产品集中统一管理销售工作，共销售煤焦产

古交全景 （古交市史志研究室供图）

品1700余万吨，经济增长存量优势释放。强化重大项目牵引，启动实施中晋交能大数据产业聚集区项目，推进国盛恒泰煤层气开发、中电投一期等项目建设，西山发电公司三期低热值煤发电项目建成投产，西山华通水泥公司搬迁改造项目实现试运行，谋划煤电铝材一体化项目落地，转型发展增量优势进一步显现。发展沙棘、大果榛子、中药材等特色农业，建成谷子、马铃薯2个有机旱作标准化基地，完成农产品种植结构"一减五增"和"三品一标"认证任务，连续两年通过全省农产品质量安全县市综合考评验收。休闲观光农业、大型商超服务业、煤焦物流产业等业态稳步发展，转型发展产业格局初步形成。

（赵志英）

【改革创新】2018年，古交市持续推进供给侧结构性改革，淘汰煤炭落后产能205万吨，消化商品房库存12万余平方米，库存消化周期更趋合理。税收体制改革取得重大突破，西山五大矿等13户驻地企业税收实现属地管理。深化"放管服效"改革，承接上级下放行政职权29项，取消9项，推进审批服务便民化，对国新燃气管道建设等5个项目实行投资承诺制审批，加快项目建设进度。强化创新驱动发展，建成3400平方米的科技企业孵化器，成立技术转移服务中心，完成技术合同成交额1342万元。农村改革稳步推进，土地确权登记颁证工作通过省、太原市验收。国有林场改革工作完成。招商引资成效明显，签约4个项目，完成签约资金41.25亿元，落地开工率100%，其中3个项目已竣工投产。

（赵志英）

【城乡建设】2018年，古交市完成中心区域控制性详细规划编制和城镇开发边界划定等工作，加快新型城镇化建设规划编制。推进旧城改造和新城开发，签订8个棚户区改造项目征收补偿协议1430户，完成房屋拆除4.30万平方米，启动安置点建设及配套工程，完成投资1390万元；火山新区回迁安置小区投入使用，8条新城道路招标工作全部完成，中医院、东部新城第一幼儿园、第一小学等新建项目推进，环卫转运设备服务站一期工程基本完成。加强市政基础设施建设，涉及3万户居民的天然气置换工程全面铺开，实施市区路灯节能改造和桥梁桥面修缮。推进"三供一业"分离移交工作。开展交通路网建设，编制完成市域公路网规划，主动配合太原市做好"西二环"高速公路建设前期工作，加快推进241、339国道过境公路项目手续办理，完成"四好农村路"建设任务。推进文明城市创建，开展"十乱"整治和农村人居环境综合治理，实施太克线沿线环境综合整治，拆除临建1.10万平方米，整理土地面积3.20万平方米，道路沿线环境得到提升。

精密铸件生产线　（古交市史志研究室供图）

加强生态建设，持续推进"三环生态圈"战略，完成绿化造林0.30万公顷，实施市民广场、水泉寨公园西园、金牛森林公园等提档升级工程，森林覆盖率和城市建成区绿化覆盖率分别达到28.15%和42.82%。汾河景区景观提升和汾河河道生态修复工程完工，御道川水库建设和屯兰川上游段中小河流治理工程取得明显进展。加大污染防治力度，围绕实施"蓝天""碧水""净土"三大保卫战，累计投入涉气、涉水等环保治理、企业提标改造各类资金6.27亿元。黑臭水体治理成效明显，工业企业全部实现中水回收、废水闭路循环，汾河出口断面水质得到明显改善。推进土壤污染状况详查工作，实施矸石堆场规范化整治。完成全市94家涉煤涉尘企业68万平方米新建物料堆场全封闭，有效遏制源头污染，全年空气质量二级以上优良天数达248天，空气质量综合指数在太原市排名第二。

（赵志英）

【安全监管】2018年，古交市健全完善安全生产责任体系，对全市工商注册的11323家生产经营单位，按属地、部门和单位进行监管责任划分，重点企业和场所实行挂牌监管，责任真正具体落实到政府和部门主要负责人、分管负责人、责任科室和具体监管人员头上，做到日常照牌监管，失职照牌追责。全市组织开展4次安全生产大检查，1次隐患排查专项整治行动，2次地质灾害排查专项整治，1次"反三违"专项行动，1次"打非治违"和专项整治行动，1次防洪防汛专项整治，组织4次安全生产重点工作督查检查。接受国务院督查检查1次，省督查检查2次，太原市督查检查4次，各级督查均对古交市安全生产工作给予肯定。

（赵志英）

【社会事业】2018年，古交市坚持民生导向，持续加大民生投入，全年各项社会民生事业投入14.51亿元，占一般公共预算支出的82.37%。统筹发展各

新农村建设　　（古交市史志研究室供图）

项事业，深化办学模式、育人模式、绩效工资等教育体制综合改革，持续优化师资队伍结构，建成首家民办学校，成立教育发展基金，教育改革发展成效显著，高考成绩实现连年跃升。持续深化医药卫生体制改革，健全完善分级诊疗等制度，推进医联体建设和医疗卫生资源下沉，国家、省级知名专家坐诊实现常态化，实施县乡医疗卫生机构一体化改革，县域内就诊率达 91.60%。组织开展“文化惠民基层行”文艺演出和庆祝改革开放 40 周年系列活动，满足群众精神文化生活需求。落实创业就业优惠政策，完成就业技能培训 6626 人，新增城镇就业、创业就业、下岗再就业人数 7311 人。推进社会保险“全覆盖”，健全完善社会救助体系，城乡“低保”分别提高到每月 600 元和 480 元；新改建老年人日间照料中心 4 所、社区养老服务中心 1 所，为 80 岁以上老年人发放高龄津贴 285 万元。抓好采煤沉陷区综合治理工作，全年共建设安置房 3858 套，竣工 2074 套；涉及自主选择安置 9932 户，发放货币补助 5995 户、3.74 亿元，完成矿山地质环境治理 635 万平方米，综合治理工作进度处于全省上游。

贯彻总体国家安全观和“三个坚决防止”要求，落实“党政同责、一岗双责、齐抓共管、失职追责”责任制，开展煤矿、非煤矿山、危化品、道路交通、消防等领域安全生产大检查和隐患排查治理，2018 年未发生较大安全生产事故。严厉打击私挖盗采行为，完善“一张图”监管体系，累计投入 825 万元，标准化整治废弃矿井 202 处。加强传染病防控和突发公共卫生事件应急处置，打好非洲猪瘟防控攻坚战，食品药品安全监管工作走在全省前列。推进扫黑除恶专项斗争，成功打掉 5 个恶势力团伙，提升人民群众安全感。重视群众来信来访，解决一批反映强烈的热点难点问题，营造和谐稳定的社会环境。　（赵志英）

【政府效能建设】 2018 年，古交市落实政府系统全面从严治党主体责任，推进党风廉政建设和反腐败斗争，排查整治形式主义、官僚主义突出问题，纠正“四风”，营造风清气正的良好政治生态。持续推进法治政府建设，完善法律顾问制度，开展“七五”普法宣传活动，健全重大行政决策机制，实施重大决策预公开，加强审计监督，依法接受市人大及其常委会的监督，自觉接受市政协的民主监督，办理人大代表建议和政协提案 223 件，办结率 100%。增强政府系统执行力，健全抓落实工作机制，做好“13710”信息督办系统各项工作，全年完成上级督办任务 50 件，办结率 98%；下派督办事项 136 件，其中涉及采煤沉陷区治理、火山片区拆迁、地质环境治理等重大民生事项 90 件，办结率 100%。　（赵志英）

清徐县

中共县委书记　王琳玉
县人大常委会主任　张晋涛
县长　王剑峰
县政协主席　杨保恒
县人民法院院长　张福平＊
　银威威
县人民检察院检察长　马　江＊
　赵正斌

【概况】 2018 年，清徐县委落实省委对太原市提出的“两个走在前列”“双提升”目标要求和“五个扎实”的工作要求，把“在更高层次上实现更高质量的发展”作为第一要务，深入开展“四个主题年”活动，以“十大工程”为抓手，以“一年初见成效”为着力点，各项工作都取得新进展新成效。

2018 年，全县地区生产总值完成 173.66 亿元，同比增长 14.30%。服务业增加值完成 56.88 亿元，同比增长 11.90%。规模以上工业增加值完成 74.36 亿元，同比增长 25.50%。固定资产投资完成 32.18 亿元，同比增长 48.20%。社会消费品零售总额完成 67.84 亿元，同比增长 11.80%。一般公共预算收入完成 13 亿元，同比增长 61.10%。城镇常住居民人均可支配收入达到 32407 元，同比增长 7.10%；农村常住居民人均可支配收入达到19143元，同比增长7.60%。主要经济指标均实现两位数的增幅且超目标增速，其中地区生产总值、规上工业增加值、一般公共预算收入3大指标的总量和增速均达2013年以来最好水平。（杨宇霆）

【政治建设】2018年，清徐县委坚持把学习贯彻习近平新时代中国特色社会主义思想、中共十九大精神和习近平总书记视察山西重要讲话精神作为首要政治任务和长期重大战略任务，集中围绕《习近平新时代中国特色社会主义思想三十讲》和"奋斗幸福观"开展交流研讨，与浙江大学联合举办"学习习近平新时代中国特色社会主义思想、贯彻中共十九大精神暨转型升级专题培训班"，开展"八校联合百班万人"教育培训活动，全县1.10万余名干部在山西干部学院注册进行网络学习。（杨宇霆）

【从严治党】2018年，清徐县委履行主体责任，制定《十四届县委巡察全覆盖工作规划（2016—2021）》《关于党风廉政建设"两个责任"落实情况定期报告的通知》，14个单位的16名领导干部因落实主体责任不到位被约谈，各级党委（党组）主体责任意识明显增强。加强"三基"建设，出台《清徐县软弱涣散党组织整顿提升两年行动实施方案》，年度"三基建设"30项任务全部完成，新成立党组织46个，撤销党组织16个，更名基层党组织8个。社区场所面积500平方米以上的达到79%，1000平方米的占一半，占比50%。66个村的村集体经济收入达到5到10万元，56个村达到10万元以上。乡镇干部周转房建设经费、乡镇伙食补助、乡镇干部补贴等经费全部落实到位。建设过硬干部队伍，制定《清徐县推进领导干部能上能下实施办法（试行）》《清徐县关于纠治党员干部不担当不作为的暂行办法》，选树30名敢于担当、奋发有为的先进典型。调整干部2批44人，其中提拔20人，平调23人，免职1人。推进正风肃纪反腐，印发《关于进一步贯彻落实中央八项规定精神的实施细则》，重要节假日期间共出动人员475人次开展监督检查，发现问题122个，给予党政纪处分7人，组织处理19人，约谈17人。（杨宇霆）

【基础设施建设】2018年，清徐县以"一河两中心"城镇布局为蓝图，编制完成县域空间发展战略规划、县城概念性城市设计及重点地区详细规划、县城主要街道风貌整治规划、徐沟中心片区总体城市设计系列规划，科学确定"国际休闲慢城、中华醋都葡乡、三晋文化水镇、太原花园客厅"的大县城发展战略，完成"五规合一"编制及信息平台建设。全面实施29项打基础、利长远的强弱项战略工程。一体推进美锦大街改造、紫林路改造、西关大街南延、307国道改线、榆古路拓宽改造、建设街、拥军路等配套工程，实施强弱电入地、老旧管网改造、管沟建设等，彻底解决县城雨季退水、管线管网老化等难题。基本完成美锦大街立面整治，建成4个停车场、4座星级公厕，清泉湖菜市场、白石河公园完工。花篮主题公园加快建设，县展览馆和智慧城市指挥中心设计方案优化，县城承载力有效提升。推进"四好农村路"建设，完成3条县级公路改造22.32千米，完成2条乡级公路改造15.92千米，完成23条村级公路改造21.35千米，全县农村公路优良率达到85%。（杨宇霆）

【园区建设】2018年，清徐县以经济开发区为工业经济主战场。完成"三制"改革、扩区报批工作，开发区扩展至29.99平方千米。加快推进"三化"改革，编制完成整体规划体系，明确"两轴、两心、两区"空间布局，构建"6+2"产业体系，对接梳理41项行政审批事项，签约项目20个，新增入园企业17家。主要经济指标全面提升，固定资产投资达19.72亿元，占全县61.30%。推进总投资400亿元、年产值600亿元的清徐精细化工循环产业园开工建设，加快打造"全国能源革命新样板、全省转型升级示范园"。高起点谋划建设清徐高新技术产业园，培育新的经济增长点。紧密对接山西综改示范区发展规划，主动协调服务，完成土地收储506.76公顷，助力潇河产业园加快建设，清徐大道等基建工程推进，清徐境内8个产业项目落地。加快推进教育文化产业园区内重点院校土地收储工作。（杨宇霆）

【项目建设】2018年，清徐县开展"转型项目建设年"活动，建立一事一议、

省道榆古线拓宽改造工程　（清徐县史志研究室供图）

调度例会、巡查观摩等8项工作机制，实施113项年度重点工程项目建设，开工68项，竣工投产26项，累计完成投资26.90亿元。美钢70万吨优质棒材、水塔保健醋口服液、三强炭黑等项目实现当年设计当年建成当年投产。开展招商引资，签约项目43个，计划投资额797亿元；落地项目28个，预计投资687.26亿元；达成投资意向的储备项目55个，拟投资额达638.17亿元。引导传统产业转型升级，东于、李家楼、麦地掌煤矿转为正式生产矿井，锦富、赵家山煤矿完成联合试运转等待验收，小回沟煤矿基建进入收尾阶段。暖气片行业继续改造提升，市场份额逐步稳定。煜昊源工业固废综合利用、华盛丰贵金属材料等项目投产达效，产业链条进一步拉长。搭建全省首家县级知识产权科技综合服务平台，申报发明专利46件，16家企业纳入国家科技型中小企业信息库，认定高新技术企业8家。天禄丰公司成功挂牌晋兴板。（杨宇霆）

【乡村振兴】 2018年，清徐县围绕创建太原南部城郊农业示范区，采取财政奖补和贴息贷款政策，"减玉米、增葡果、扩杂粮、强设施"，减少玉米种植0.68万公顷，高粱种植增至0.53万公顷，在全省率先实现高粱生产全程机械化。开展马庄、北宜武等5个美丽乡村建设。培育2个省级蔬菜标准化示范基地、10个千亩标准化特色种植专业村、10个百亩高标准特色种植示范园。成功申报全国农村综合性改革试点试验县，争取中央资金1.50亿元。探索土地经营权收储机制，推进"三变改革"和农村集体产权制度改革。实施智慧农业工程，搭建智慧农机调度平台，推进农业生产物联网试验示范，完善冷链物流和现代经营服务网络。申报"三品一标"认证产品23个，农民专业合作社达到814家，家庭农场达到195家。财政资金补助355万元，实施玉米保险0.98万公顷、葡果保险0.14万公顷，农业抗风险能力增强。争取农业部奖补资金1154万元，实施徐沟农业产业示范镇项目。整合2242万元扶持西怀远等10个村发展集体经济。成立县城乡建设投资发展有限公司，帮助38个农业企业融资4000余万元，农产品加工企业发展到87个。突出培育全域旅游经济，投资5600万元扶持紫林、水塔、六味斋等重点企业研发生产功能产品和开发文旅产业，建成休闲观光旅游农业点47个，成功申报国家AAA级旅游景区5个，市级工农业旅游点2个。与山西文旅集团签约，加快推进醋都小镇建设。引入社会力量，初步完成"甜蜜小镇"设计方案。2018年接待游客215万人次，旅游综合收入2.26亿元。制定互联网发展规划及电子商务强县三年行动计划，发布"清风徐来无醋不在"县域公用品牌，先后举办"我爱吃醋"清徐红人节、清德铺红薯插秧节、西怀远油菜花旅游节、清徐首届农产品展销会等节庆活动。电商交易额11.64亿元，同比增长19.50%。推进"互联网+公交"金融科技创新便民服务，在全市率先实现"扫码支付"。（杨宇霆）

【美丽清徐建设】 2018年，清徐县严格执行环保政策法规，倒逼企业绿色发展。制定七类65项投资项目负面清单，划定红线，严把准入关。关停违法和不符合规划企业32家。东城雨污水管网完工，解决雨污分流、雨季排水不畅难题。北城污水系统及提升泵站建成投用，污水厂外管网建设、城吴柳总退治理等工程完工，实现雨污分流，基本解决污水明渠收集问题。落实河长制，开展入河排污口调查摸底、规范整治及清河行动，完成汾河生态修复中游核心区蓄水工程及61个平川村健康水站建设，推进县城污水处理厂二期扩建工程，开展徐沟、孟封、东于三个乡镇污水处理项目前期准备工作。完成集中供热锅炉环保除尘、脱硫、脱硝升级改造，完成83个农村（社区）2.30万户居民"煤改气"改造工程，完成验收17个村9630户"煤改电"供暖改造工程。强化水土流失治理，推广测土配方施肥2.67万公顷，实施无人机统防统治0.10万公顷。生态廊道、西关大街南延绿化初步完成设计方案，2436.87公顷创森工程完工。加快农村垃圾治理PPP项目建设，引进专业公司，实行环卫保洁市场化运行。规范清理23家城乡结合部废旧物资回收站点，启动再生资源回收利用网络建设。持续加大城乡环境综合治理力度，"九乱"整治等创城工作取得阶段性成效。（杨宇霆）

【改革创新】 2018年，清徐县推进政府职能转变，加快简政放权。严格落实"两集中、两到位"要求，26个部门207项行政审批服务事项纳入县政务大厅集中办理，全年办件59269件，按时办结率100%。推进企业承诺制改革

国道307清徐改线工程（清徐县史志研究室供图）

试点，明确承诺制事项，实行并联审批和企业投资项目报建审批，时限压缩至法定的 50% 以下。推进商事制度改革，企业开办时间压缩至 3 个工作日。开展“双创”工作，新增各类市场主体 6974 户，新增规上企业 10 户。完成税务机构改革，建立税务征管新机制。对接财政事权和支出责任划分改革事项，优化平衡财政预算支出，提高资金使用效率。成立土地经营权储备中心和不动产交易平台，完善公共资源交易平台运行监管，规范完成 25 项工程建设项目及 6 项土地使用权交易。徐沟镇列为全省 11 个经济发达镇行政管理体制改革试点。根据群众意愿和发展需要，划分四大棚改片区，完成北部、西北坊、新庄、北关、东范庄、西关 6 个村及东湖片区共 9187 户 4110 处院落 165.46 万平方米建筑的入户调查摸底工作。万科、恒大、富力、碧源等知名房企踊跃参与棚改。开展违法用地清查工作，拆除 28 宗违法占地建筑，规范城乡建设秩序。开展“大棚房”清理整治，拆除 42 处超标占地建筑。创新体制机制，落实用地计划指标 260.50 公顷，收储土地 858.79 公顷，上报批准 377.36 公顷，落实补充耕地指标 195.23 公顷，出让土地 13 宗 66.37 公顷，保障发展用地需求。树立“企业至上”理念，开展“民营企业发展年”活动，组织企业家和机关干部赴浙江大学脱产学习，拓宽发展思路。坚决落实中央、省、市支持民营经济发展的部署要求，帮助 15 家企业、21 个项目申报获取省市技改和转型升级专项资金扶持。开展“助保贷”和小微企业帮扶工作，帮助企业申报“双创”载体项目 12 个，融资 1300 余万元，全力营造最优营商环境。（杨宇霆）

【民生建设】2018 年，清徐县全年民生支出 16.60 亿元，占财政总支出的 86.60%。推进学前教育省级改革试点，实施“县管校聘”、教师绩效工资，集团化、学区化教学改革。“全面改薄”专项行动推进，校园设施设备达标率和学校内涵发展能力提升。太原青少年综合实训基地、华阳双语学校建成运行。中高考成绩继续保持全市领先。王答乡卫生院、妇幼保健院综合楼、120 急救中心主体完工，实行医保打包付费，调整服务，加强社会救助兜底保障，落实优抚安置政策。县老年福利院新建工程主体完工、西沟山公益性公墓项目基本完工。清泉宜居 611 套经济适用房完成选房工作，采煤沉陷区安置房基本完工，3 个乡镇 16 个村庄 1515 户群众签订搬迁安置协议。“西二村”鑫盛苑安置小区具备入住条件。清徐县汽车站升级改造，县城公交车实现免费乘坐。实施“全民文化行动战略”，组织开展丰富多彩的群众性文体活动，打造“醋都之春”“清凉夏日”等活动品牌，获“全国全民阅读朗读大会”最佳组织奖。柳杜乡获“全国扫黄打非示范单位”称号。清徐粑饼制作技艺等三项传统技艺入选市级非遗名录。实施全民技能提升培训工程，建成 4 个省级众创空间，新增就业 4155 人。建立完善安全生产“四个清单”，构建双重预防机制，落实企业主体责任，狠抓煤矿、危化、冶金、食品药品等重点行业领域安全监管。有效防控非洲猪瘟疫情。开展扫黑除恶专项斗争，健全完善矛盾排查调解机制，推进平安清徐建设，社会大局和谐稳定。（杨宇霆）

阳曲县

中共县委书记	刘晋萍（女）
县人大常委会主任	韩　勇
县　　长	裴耀军
县政协主席	白海林
县人民法院院长	田志勇*
	杨效熙
县人民检察院检察长	王金华

【概况】阳曲县位于东经 112.12°～113.09°，北纬 37.56°～38.09°，地处山西省中部，是省会太原的北大门，县城距省城 23 千米。东连盂县，西接静乐县和古交市，南与尖草坪区、万柏林区、杏花岭区交界，北与忻州市相邻，东北、东南分别与定襄、寿阳县接壤。境内山多川少，全县总面积 2070 平方千米，占太原市总面积的三分之一。土地面积 20.71 万公顷，其中耕地 2.77 万公顷，宜林地 7 万公顷、宜牧地 3.67 万公顷。2018 年底，辖 4 镇 6 乡，124 个行政村；1 个社区建设管理办公室，11 个社区居民委员会。全县总人口 152402 人。

2018 年全县地区生产总值完成 47.89 亿元，增速 11.90%。服务业增加值完成 13.66 亿元，增速 10.70%。规模以上工业增加值完成 16.68 亿元，增速 12.10%。固定资产投资完成 52.34 亿元，增速 31.50%。社会消费品零售总额完成 16.96 亿元，增速 12%。一般公共预算收入完成 6 亿元，增速 19.80%。城镇居民人均可支配收入完成 24698 元，增速 7.40%；农村居民人均可支配收入完成 9509 元，增速 11.90%。社会消费品零售总额和城镇居民人均可支配收入增速十县区排名第一；服务业增加值增速十县区排名第三；农村居民人均可支配收入增速三县一市排名第二。（崔振刚）

【调整农业产业结构】2018 年，阳曲县实施“一减五增”工程，调减玉米种植面积 0.50 万公顷，新增优质谷子 0.27 万公顷、葡果 0.07 万公顷、中药材 0.03 万公顷、花卉 0.03 万公顷、蔬菜 0.10 万公顷。推广农机技术，土地深松作业 0.20 万公顷，完成农机购置补贴 665 万元。两个万亩有机旱作谷子示范区、8 个乡镇级核心示范点建设顺利推进，2 个现代化小米杂粮加工区相继建成。“百千百万”养殖工程稳步实施，全县家禽和肉牛饲养量同比增长 8.20% 和 11.20%。引进九牛牧业，壮大永丰禽业、桦桂农业、七峰山养殖，宝迪 100 万头生猪屠宰项目投产。第一产业实现增加

值 6.58 亿元，增长 3.80%。（崔振刚）

【工业转型升级】2018 年，阳曲县实施“三去一降一补”，淘汰 7 家僵尸企业，提标改造焦化、水泥等一批传统工业企业，14 家新能源企业入驻，4 家企业进入“新三板”项目库，新增 7 家规上企业，初步形成以钢科碳纤维、喜跃发彩色沥青等为主的新材料产业，以国新能源天然气、中广核为重点的新能源产业，以鑫拓煤机、昊瑞机械为重点的装备制造业，以博奥检测、华普检测为重点的生产性服务业，以穗华、大福通、万事兴为重点的现代物流业，以和仁堂、振兴制药为重点的现代医药业等主导产业体系。（崔振刚）

【全域旅游提质】2018 年，阳曲县青龙古镇 2018 年国庆期间正式开业运营。方特欢乐世界 11 个场馆及配建区主体基本完成，累计完成投资约 7.29 亿元。建成农家庄园 60 余个，农家客栈 600 余家，投资 1.90 亿元建设县乡公路 250 千米。完成全县 720 度文物旅游景区全景 APP 及智能二维码智慧旅游项目。首届“中国农民丰收节”活动异彩纷呈，“回村系列”活动深入人心。全年接待游客 200 万人次，同比增长 17.60%，旅游总收入 1.21 亿元，同比增长 18.60%。（崔振刚）

【乡村振兴战略工程项目】2018 年，阳曲县投资 12.55 亿元。与阿里巴巴、贡天下、环球捕手等大型网络平台成功牵手，阳曲小米走进央视，登上焦点访谈，阳曲特色农产品正式吹响规模化、集中化、品牌化进军电子商务的号角。重点培育种养大户、家庭农场、合作社等新型经营主体 100 多个。马驼花海、西沟果岭等 48 个农旅融合示范点成功打造。思西小镇农贸大市场顺利建成，23 家乡村旅游公司 +500 家扶贫客栈的特色民宿产业初具规模。获全国和全省农村创业创新典型县称号。（崔振刚）

【农村人居环境改善工程】2018 年，阳曲县高村乡北白村、凌井店乡安塘村美丽宜居乡村建设推进。南留南、北家庄等 13 个园林村庄增美添绿。投资 1.70 亿元建成 44 条 120 千米“四好农村路”。农村人居环境整治行动有序推进，完成农村“治乱”1063 处，裸地绿化 2.88 万平方米，污水减排 1122 吨。农村生活垃圾治理工程高标准运行，率先在全省建立清扫保洁、垃圾收集、清运处置为一体的农村环卫作业体系。获改善农村人居环境国家级试点县和省级试点县称号。（崔振刚）

【脱贫攻坚巩固“三年行动”】2018 年，阳曲县整合财政资金 1.85 亿元，实施特色产业、基础设施建设、金融扶贫、综合保障等项目 165 个。11 个易地搬迁集中安置点 3062 人全部入住。采取“种养加村企融合”“村建户租”等多种利益联结模式，带动 12902 名贫困人口人均增收 3000 元以上。建立 41 个电商扶贫服务站。扶贫攻坚造林 1.11 万公顷，吸纳贫困人口 996 人。向 936 户贫困户发放小额信贷资金 4667 万元。所有贫困村经营性收入均达到 20 万元。获全省特色产业精准脱贫范例县称号。（崔振刚）

美丽的土豆花（太原市阳曲县供图）

【招商引资】2018 年，阳曲县出台招商引资“新十条”。引进并快速落地阳曲万科金域蓝湾项目。成功举办第二届中国小米产业发展大会、第三届农产品展销会。2018 年，签约重点项目 18 个，总投资约 194.79 亿元，当年签约项目开工 8 个，开工率达 44%，签约完成率全市第一。（崔振刚）

【创新驱动】2018 年，阳曲县新建小微企业园二期、双创基地、双创示范村等科技基地，万事兴创业基地入驻企业 27 家，阳兴众创空间新入驻企业 35 家。七峰山种养殖有限公司成立院士工作站。山西钢科建立全省唯一的高性能碳纤维及其复合材料制造业创新中心；昊业研发的“特殊钢快速更换水口装置”填补国内空白；穗华物流喜获 2018 年中国物流创新奖。全县有 15 家企业成长为高新技术企业。（崔振刚）

【城乡基础设施建设】2018 年，阳曲县投资 5500 万元完成阳兴公园等县城绿化提档改造工程，阳兴公园音乐喷泉成为标志性景观。总投资 20 亿元的 108 国道快速化改造工程（阳曲县段）完成 80%。大西客运专线阳曲西站正式运营，阳曲迈入高铁时代。融资 2 亿元升级改造朝阳北路、文明街等 12 条县城背街小巷。东北街社区 1000 平方米党群服务中心正式投入使用，县城公共服务水平和承载能力增强。（崔振刚）

【创城创卫】2018 年，阳曲县投入 3.90 亿元，开展“九乱”专项整治，完成东北街、商贸街等主要街道8.80万平方米建筑物立面和门头牌匾改造，完成66个老旧小区35万平方米的立面地面整治修缮。县城新改建水冲式公厕11座，改造公共停车场4个，施划道路停车位1271个。选树"时代新人""诚信阳曲人"等先进人物35人，创建国家、省、市、县级"文明村镇"69个，"文明单位"135个，"文明家庭"23972户。

（崔振刚）

【生态环保建设】2018年，阳曲县坚持铁腕治污，取缔"散乱污"企业3家。集中开展"柴油货车和散装物料运输车污染治理联合执法专项行动"，全市10县（市）区考核排名第三。隆辉、三兴烟气脱硫脱硝工程及煤场全封闭建设全部完成，2家建材、11家石料企业除尘配套设施更加完善。严把"规划、审批、准入"三道关口，县政府常务会审议通过"十三五"期间全县范围内不再新增非煤矿山采矿权的决定。实行河长制，河道巡河"清洁保洁"进入常态化。青龙污水处理厂一期项目开工建设，大盂工业园区污水管网和园区供水工程基本完工，杨兴河人工湿地工程开始试运行，城市集中式饮用水水源地水质达标率稳定保持在100%。实施林业"六大"工程，完成营造林0.60万公顷，植树300万株，森林覆盖率由22%上升至26%。12740户农民彻底告别"靠煤取暖"。全年空气质量二级及以上天数完成245天，超过预定目标11天；PM2.5平均浓度为每立方米48微克，同比下降5.90%，是太原市市唯一完成目标任务的县区。

（崔振刚）

【民生事业发展】2018年，阳曲县完成20所中小学校改造升级，完成青少年活动中心配套建设，打造阳曲一中红旗区，高考成绩实现大文大理和体艺类"双百"达线目标，阳曲二中被确定为全国教育信息技术"十三五"重点课题实验基地校。县乡医疗卫生一体化改革推进，县域居民个人医疗费用负担降至27.10%，患者外转率下降21.50%，满意度达到99.80%，为山西医改提供"阳曲模板"，县人民医院获全国卫生计生系统先进集体称号。建设450平方米的非物质文化遗产传习所，马文蔚纪念馆正式开馆，全民健身活动中心项目主体完工，文化惠民工程实现123个行政村全覆盖。

（崔振刚）

【社会保障】2018年，阳曲县城乡低保应保尽保，为4290户7652名低保对象发放低保金4210万元。全县临时救助5095户9568人，拨付救助金489万元。推进住房保障工程，建成安置房108套，分配公租房50套。新建老年日间照料中心18所。建立"三心基金"制度，全县70岁以上农村老人基础养老金达到每人每月390元以上。全年城镇新增就业人数1605人，失业人员再就业311人，转移农村劳动力1928人，城镇登记失业率控制在4%以内。

（崔振刚）

【平安阳曲建设】2018年，阳曲县深入开展扫黑除恶专项斗争，破获各类刑事案件117起，其中"九类涉恶案件"30起，抓获嫌疑人139人，打掉黑恶势力团伙5个，维护全县社会稳定。公安执法全流程平台和办案中心升级改造工程完成。建立安全生产权力责任清单156项，责令停产停业整顿企业8家，实施行政处罚110次，罚款415.31万元，全年工矿商贸零事故，其他行业领域未发生较大及以上安全生产事故。（崔振刚）

娄烦县

中共县委书记	薛东晓
县人大常委会主任	冯永魁
县长	李树忠
县政协主席	武润生
县人民法院院长	王　晋*
	王玉文
县人民检察院检察长	马　强

【概况】2018年，娄烦县政府坚持以习近平新时代中国特色社会主义思想为指导，贯彻落实中共十九大精神和习近平总书记视察山西重要讲话精神，按照省委"一个指引、两手硬"的重大思路和要求，围绕市委"两个走在前列"和"双提升"的目标，以脱贫统领全局，主动作为，攻坚克难，砥砺奋进，经济社会持续健康发展，社会大局和谐稳定。2018年全县地区生产总值完成22.41亿元，增长0.30%。一般公共财政预算收入增长22.60%；固定资产投资增长23.50%；社会消费品零售总额增长11.50%；城镇居民人均可支配收入增长7.10%；农村居民人均可支配收入增长12.60%，位居全市第一。脱贫28个村3252户9435人，贫困发生率降至0.80%。城镇登记失业率3.20%，空气质量综合指数4.85，各项主要指标完成年度目标。（张宪平）

【脱贫攻坚】2018年，娄烦县聚焦脱贫攻坚，实行战区作战，层层落实"双签"责任，逐级签订"军令状"。把产业作为主攻方向，实施项目177个，马铃薯、光伏两个产业覆盖所有贫困村、贫困户，7个特色产业惠及7500户2万余人，贫困户户均2个以上增收项目。按照"尊重民意、遵循自然、突出特色、兼顾产业"的思路，实施"六环联动"，统筹"七方面问题"，完成"十三五"期间25个村1706户4160人的易地扶贫搬迁任务。制定支出型贫困家庭社会救助、农业产业发展脱贫扶持奖励等多项利好政策。建立利益联结机制，政府扶持资金折股量化到贫困户，户均增收1500元。出台自主脱贫综合奖励办法，奖补1300余万元，激发群众内生动力、率先脱贫。成立全省首支产业扶贫基金，总规模10亿元，助力全县脱贫摘帽；构建"1+3"社会扶贫模式，成功举办全省社会扶贫现场推进会，"娄烦经验"在全省推广。累计117个贫困村退出，12143户37362人脱贫，14项县退出指标全部达标，脱贫攻坚取得决定性胜利。

（张宪平）

娄烦县娄烦镇四家坪村光伏发电（娄烦县史志研究室供图）

【生态建设】2018年，娄烦县贯彻习近平总书记生态文明思想，抓实生态创建，深化综合整治，拓展生态保护，推动绿色富民。推进植绿增收，全年造林0.70万公顷，森林覆盖率32.80%，绿化率57.20%，带动5000余户1.50万人增收。开展生态补偿机制，库区群众每人每年补助800元，3万多人享受到生态保护红利。改善生态环境，开展蓝天、碧水、净土保卫战，整治突出问题150余项，取缔燃煤锅炉43台，清洁能源替代35台，实施农村清洁供暖399户，修复整治矿山生态100公顷。推进工地扬尘、餐饮油烟、秸秆垃圾禁烧等专项治理，打击各类环境违法违规行为，污染防治攻坚战取得阶段性成果。推进水源地保护，18个整改事项全部完成，汾河水库水源地保护区调整已经省政府批复。汾河水库生态环境保护治理项目稳步推进，岚河、汾河水质改善工程主体基本完成，入库水质、出境断面水质均达地表水三类标准。（张宪平）

【产业转型】2018年，娄烦县开展转型项目年建设，优化产业结构，转变发展方式，以产业转型推动高质量发展。有机旱作农业特色彰显，抓住山西省首批有机旱作农业示范县创建契机，实施马铃薯、中药材、有机菜、小杂粮等特色产业，尤其是“中国好土豆、娄烦山药蛋”地域品牌效应初显，进入太原20多个万人小区。建设特色养殖场31个，新青林畜牧、宇辰农牧被认定为省级扶贫龙头企业。新兴产业蓬勃发展，88.48兆瓦光伏扶贫电站建成，带动村均集体经济收入10万元，户均收入5000元。马头山、隆顺、沛丰、上旭4个风电项目相继获批。成功申报全国电子商务进农村综合示范县，成立县级电商中心，建立乡镇服务站、村级服务点，初步形成“1+8+N”电商服务体系。全域旅游势头良好，成功承办文化和旅游部娄烦旅游扶贫对接活动，宣传推介旅游扶贫项目47个，启动15个乡村旅游扶贫示范点，开设携程网线上专区，发布2条旅游线路，编制全域旅游发展规划。汾河、岚河湿地公园，汾河水库下游风光带项目有序推进，文旅产业稳步发展。（张宪平）

【城乡建设】2018年，娄烦县坚持综合治理、整体推进，补短板，强弱项，创特色，优环境，城乡面貌明显改观。改善农村人居环境，出台三年整治方案，启动六个专项行动，实施农村基础设施建设PPP项目，提升安全饮水87处，硬化村公路155千米，新（改）建农村卫生室99个，开工新建村级文化活动中心66个，改造危房和危险土窑洞986户，完成农村改厕1139座。加强县城基础设施建设，完成北大街童子崖段、医院后街道路建设工程和姚罗村片区集中供暖改造，实施县城二级汽车站建设，推进采煤沉陷区搬迁治理项目。探索提升治理能力，启动智能交通管理和社会应急联动服务“两个平台”，提升社会管理智能化、专业化水平。实施环卫一体化、市场化运营，改善城乡环境质量。（张宪平）

【效能政府建设】2018年，娄烦县坚持依法行政，狠抓制度建设，全面深化改革取得重要进展。深化行政审批改革，推进“互联网＋政务服务”，拓展“两平台、一张网”功能，实行全流程电子化招投标，推进审批事项“全程网办”，实现统一受理、同步评估，统一审核、并联审批。深化“放管服效”改革，及时承接下放行政职权事项37项，取消18项，159项行政审批、服务事项共压缩审批时限463天，减少审批环

汾河水库水利枢纽风景区（娄烦县史志研究室供图）

娄烦县杜交曲镇东山生态园　　（娄烦县史志研究室供图）

节19个，服务效率和质量提高。深化商事制度改革，全面实行企业“多证合一”、个体工商户“两证整合”，加强“双随机、一公开”监管。河长制全面推开，农村土地承包经营权确权登记颁证工作通过省级验收，教育、卫生等民生领域改革稳步推进。狠抓政府制度建设，汲取“尬厕”教训，开展各领域风险隐患大起底、大排查，进行政府各项制度“回头看”，推进政府系统标准化建设。

（张宪平）

【民生保障】 2018年，娄烦县树立以人民为中心的发展思想，持续保障和改善民生。坚持优先发展教育，总投资1.30亿元的第三实验学校开工建设，娄家庄、三元村2所公办幼儿园投入使用，成功创建市级特色示范校7所，招聘特岗教师20名全部充实到乡村，教育发展更加均衡。推进医药卫生体制改革，组建以县医院为核心，8个乡镇卫生院为支撑的紧密型医疗集团，促进优质资源共建共享。县综合医院投入使用，群众就医环境得到改善。“双签约”服务惠及1537户4114名贫困人口，覆盖率100%。全面提升社会保障水平，继续巩固和扩大城镇职工养老保险、基本医疗保险、城乡居民养老保险覆盖面，完善城乡居民最低生活保障和农村“五保”供养制度。贫困人口新农合参合率100%，农村低保提标幅度16%，全县4818名贫困户享受低保金1699万元。开展农村低保专项治理，清退1484户1866人，确保民生资金真正惠及于民。狠抓社会和谐稳定，开展重点行业和领域安全综 合治理，安全形势稳定向好，全年没有发生重大安全生产事故，信访考核位居全市第一。扫黑除恶专项斗争深入推进，基层社会治理水平提高，群众安全感、幸福感进一步提升。

（张宪平）

省级非物质文化遗产·拔花花

拔花花是一项集竞技性、锻炼性、娱乐性、趣味性于一体，比体力、比技巧、比身姿，与生产劳动技能紧密相关的单人表演竞技活动，流行于太原城北门外一带。活动方法是在人群之中地面宽阔的位置，如村口、十字路口等，搭起一个拔花花的木架，先用木椽搭起一个高七八米的架子，中间一根横木约一尺粗细，横木下中间位置固定一个滑轮，轮上穿一条麻绳，横木上方约两米高位置再固定一根横木，木上插着各式各样的绢花。游戏时，活动者要由地面拉住麻绳爬上中间的横木，想方设法把身体翻上去，再站起来，便可任意拔下一支鲜花，嘴叼着再由横木上翻下来回到地面。整个动作既要迅速灵活，又要姿势优美，没有过人的臂力和矫健的身手是难以达到拔取鲜花的目的的。活动时会有许多观众在旁围观，不时传来阵阵喝彩。

2009年拔花花列入第二批省级非物质文化遗产名录。

法规选登

·太原市大气污染防治条例·

（2017年12月26日太原市第十四届人民代表大会常务委员会第八次会议通过 2018年3月30日山西省第十三届人民代表大会常务委员会第二次会议批准）

目 录

第一章 总 则

第一条 为了改善大气环境质量，建设文明开放富裕美丽太原，根据《中华人民共和国大气污染防治法》、《山西省大气污染防治条例》等法律法规，结合本市实际，制定本条例。

第二条 本条例适用于本市行政区域内大气污染防治及其监督管理。

第三条 大气污染防治坚持源头治理、规划先行，突出重点、防治结合，政府主导、公众参与，强化监管、损害担责的原则。

第四条 市、县（市、区）人民政府应当将大气污染防治工作纳入国民经济和社会发展规划，加大对大气污染防治的财政投入，优化产业结构，调整能源结构，控制污染物排放。

第五条 市、县（市、区）人民政府对本行政区域大气环境质量负责。

市、县（市、区）人民政府环境保护主管部门对本行政区域大气污染防治实施统一监督管理。

市、县（市、区）人民政府其他部门根据各自职责，对大气污染防治实施监督管理。

乡（镇）人民政府、街道办事处按照上级人民政府及有关部门的工作安排，做好大气污染防治工作。

第六条 市、县（市、区）人民政府实行大气环境质量目标责任制和考核评价制度，考评结果应当向社会公开。

第七条 市、县（市、区）人民政府及有关部门应当鼓励和支持大气污染防治的科学技术研究，推广先进实用的大气污染防治技术和装备。

市、县（市、区）人民政府及有关部门应当加强大气环境保护宣传，普及大气污染防治法律、法规和科学知识，提高公众的大气环境保护意识。

市、县（市、区）人民政府应当对主动开展技术改造、设备更新、能源替代的排污单位，给予扶持和帮助；对在防治大气污染、保护和改善大气环境方面成绩显著的单位和个人给予奖励。

鼓励社会资本参与大气污染防治。

第八条 单位和个人都有保护大气环境的义务，应当自觉践行绿色、节俭的生产、生活和消费方式，共同改善大气环境质量。

倡导公众和社会团体参与大气污染防治工作和公益活动。

第二章 监督管理

第九条 市人民政府根据重点大气污染物排放总量控制指标，制定重点大气污染物排放削减计划。

市、县（市、区）人民政府应当依据全市削减计划，将重点大气污染物排放年度总量控制指标分解到排污单位。

第十条 市人民政府应当按照有关规定发布大气污染物排放清单。

第十一条 市、县（市、区）人民政府应当建立大气污染网格化监管制度，明确网格管理对象、管理标准和责任人。

第十二条 市、县（市）人民政府环境保护主管部门负责组织建设与管理本行政区域大气环境质量和大气污染源监测网，开展大气环境质量和大气污染源监测，统一发布本行政区域大气环境质量状况信息。

第十三条　市、县（市、区）人民政府环境保护主管部门和其他负有监督管理职责的部门应当将企业事业单位和其他生产经营者的大气环境违法信息纳入社会诚信档案。

第十四条　鼓励单位和个人对污染大气环境的行为进行举报。举报线索经查证属实的，市、县（市、区）人民政府环境保护主管部门和其他负有监督管理职责的部门应当按照有关规定对举报人给予奖励。

新闻媒体应当加大对大气环境保护法律、法规的宣传，加强对违法行为的舆论监督。

第十五条　大气污染防治专项资金实行专款专用，禁止随意改变专项资金支出用途和截留、挤占、挪用专项资金。

大气污染防治专项资金的使用应当接受审计、财政、环保等部门的监督和检查。

第十六条　向大气排放污染物的企业、事业单位和其他生产经营者，应当按照有关规定设置大气污染物排放口及其标志。

排污单位不得破坏、损毁或者擅自拆除、闲置大气污染物排放自动监测设备，不得篡改、伪造监测数据。

重点排污单位应当按照有关规定设置永久性监测点位和采样监测平台，配合环保部门或者其他监督管理部门开展监督性监测。

重点排污单位应当通过电视、报刊和网络等便于公众知晓的渠道公开环境信息，并在单位门口等显著位置公开实时污染物排放种类、浓度、数量、环保设施运行情况等信息，接受公众监督。

第三章　防治措施

第十七条　钢铁、石油、有色金属、电力、焦化、建材、冶金、化工等企业生产过程中排放粉尘、硫化物和氮氧化物的，应当采用清洁生产工艺，配套建设除尘、脱硫、脱硝等装置，或者采取技术改造等其他控制大气污染物排放的措施。

第十八条　化工、涂装、印刷、油墨、橡胶制品制造等重点行业排放挥发性有机物的企业应当记录原辅材料的挥发性有机物含量、使用量、废弃量，记录生产设施以及污染控制设备的主要操作参数、运行情况和保养维护等事项，作为污染物排放核算和环境信息公开的依据，相关原始记录应当按规定保存。

第十九条　施工工地应当安装扬尘在线监控系统，实时监控扬尘污染情况，及时采取措施防治扬尘污染。未安装的，不得开工建设。安装扬尘在线监控系统的施工工地的目录，由市人民政府确定。

暂时不能开工的建设用地，建设单位应当对裸露地面进行覆盖；超过三个月的，应当进行绿化、铺装或者遮盖。

第二十条　储油储气库、加油加气站及使用油罐车、气罐车的单位应当安装油气回收设施并保持正常运行，每年应当向市、县（市、区）人民政府环境保护主管部门报送油气排放检测报告。

第二十一条　排放油烟的餐饮服务和经营场所，应当按照要求安装并正常使用高效油烟净化装置，油烟达标排放。

第二十二条　运输煤炭、垃圾、渣土、砂石、土方、灰浆等散装、流体物料的车辆应当采取密闭或者其他措施防止物料遗撒造成扬尘污染，并按照规定的时间、路线行驶。

装卸物料应当采取密闭或者喷淋等方式防治扬尘污染。

第二十三条　排气污染物超过标准的机动车和非道路移动机械，由市机动车排气污染管理机构和县（市、区）人民政府环境保护主管部门责令机动车所有者停止使用，限期维修。复检合格后，方可上道路行驶。

第二十四条　在省人民政府划定区域内禁止露天焚烧秸秆、落叶等产生烟尘污染的物质。

禁止在人口集中地区和其他依法需要特殊保护的区域内焚烧沥青、油毡、橡胶、塑料、皮革、垃圾以及其他产生有毒有害烟尘和恶臭气体的物质。

第二十五条　市人民政府可以根据大气污染防治的需要，确定禁止燃煤旺火的区域和时间。

第二十六条　市人民政府应当按照主体功能区规划和环境保护要求，制定规划，统筹安排，对重污染企业实施关停搬迁。

第二十七条　市人民政府应当鼓励、支持制造和使用以清洁能源为动力的机动车，推进配套设施建设。

市人民政府应当优先发展城市公共交通，完善公共自行车服务体系。提倡市民选择公共交通、轨道交通、自行车、步行等低碳、环保出行方式，减少机动车排放污染。

运输垃圾、渣土、砂石、土方、灰浆等散装、流体物料的车辆应当逐步使用清洁能源。

第二十八条　实施煤炭消费总量控制。

市人民政府应当制定能源结构调整规划，确定燃煤总量控制目标，制定削减燃煤和清洁能源改造计划。

市、县（市、区）人民政府应当采取有利于燃煤总量削减的经济、技术政策和措施，改进能源结构，鼓励和支持清洁能源的开发利用，引导企业开展清洁能源替代。

第二十九条　市、县（市、区）人民政府应当加强道路、广场、停车场和其他公共场所的清扫保洁管理，推行清洁动力机械化清扫等低尘作业方式。

第三十条　市、县（市、区）人民政府应当加强城中村、城乡结合部和农村地区散煤治理，制定使用清洁能源的优惠政策，推行清洁能源替代原煤散烧。

第三十一条　市、县（市、区）人

民政府应当限期淘汰不符合国家规定的燃煤锅炉。燃煤锅炉和燃煤工业窑炉应当使用清洁燃料。

第三十二条　市、县（市、区）人民政府应当引导公民文明、绿色祭祀，加强对祭祀活动的监督管理，确定焚烧祭祀品的时间和地点。

第三十三条　市、县（市、区）人民政府应当将重污染天气应对纳入突发事件应急管理体系，编制并完善重污染天气应急预案。

市、县（市）人民政府应当依据重污染天气的预警等级，及时启动应急预案，根据应急需要可以采取责令有关企业停产或者限产、限制部分机动车行驶、禁止燃放烟花爆竹、停止工地土石方作业和建筑物拆除施工、停止露天烧烤、停止幼儿园和学校组织的户外活动、组织开展人工影响天气作业等应急措施。

第三十四条　市、县（市、区）人民政府启动重污染天气应急预案后，大气污染物排放企业应当及时启动重污染天气应急响应操作方案。

大气污染物排放企业应当根据市、县（市、区）人民政府制定的重污染天气应急预案，制定重污染天气应急响应操作方案，并向所在地的市、县（市、区）人民政府环境保护主管部门备案。

第四章　法律责任

第三十五条　违反本条例规定，法律、法规已有法律责任规定的，从其规定。

第三十六条　有下列行为之一的，由市、县（市、区）人民政府环境保护主管部门责令改正或者限制生产、停产整治，处十万元以上三十万元以下的罚款；情节较重的，处三十万元以上一百万元以下的罚款；情节严重的，报经有批准权的人民政府批准，责令停业、关闭。企业事业单位和其他生产经营者受到罚款处罚，被责令改正，拒不改正的，依法作出处罚决定的行政机关可以自责令改正之日的次日起，按照原处罚数额按日连续处罚：

（一）超过大气污染物排放标准或者超过重点大气污染物排放总量控制指标排放大气污染物的；

（二）通过逃避监管的方式排放大气污染物的。

第三十七条　有下列行为之一的，由市、县（市、区）人民政府环境保护主管部门责令改正，处二万元以上二十万元以下的罚款；拒不改正的，责令停产整治：

（一）侵占、损毁或者擅自移动、改变大气环境质量监测设施或者大气污染物排放自动监测设备的；

（二）未按照规定对所排放的工业废气和有毒有害大气污染物进行监测并保存原始监测记录的；

（三）未按照规定安装、使用大气污染物排放自动监测设备或者未按照规定与环境保护主管部门的监控设备联网，并保证监测设备正常运行的；

（四）重点排污单位不公开或者不如实公开自动监测数据的；

（五）未按照规定设置大气污染物排放口的。

第三十八条　机动车驾驶人驾驶排放检验不合格的机动车上道路行驶的，由公安机关交通管理部门依法予以处罚。

第三十九条　建设单位未对暂时不能开工的建设用地进行覆盖，或者未对超过三个月不能开工的建设用地的裸地面进行绿化、铺装或者遮盖的，由市、县（市、区）人民政府住房城乡建设主管部门按照职责责令改正，处一万元以上十万元以下的罚款；拒不改正的，责令停工整治。

第四十条　运输煤炭、垃圾、渣土、砂石、土方、灰浆等散装、流体物料的车辆，未采取密闭或者其他措施防止物料遗撒的，由县级以上地方人民政府确定的监督管理部门责令改正，处二千元以上二万元以下的罚款；拒不改正的，车辆不得上道路行驶。

第四十一条　以拒绝进入现场等方式拒不接受环境保护主管部门及其委托的环境监察机构或者其他负有大气环境保护监督管理职责的部门的监督检查，或者在接受监督检查时弄虚作假的，由县级以上人民政府环境保护主管部门或者其他负有大气环境保护监督管理职责的部门责令改正，处二万元以上二十万元以下的罚款；构成违反治安管理行为的，由公安机关依法予以处罚。

第四十二条　地方各级人民政府、县级以上人民政府环境保护主管部门和其他负有大气环境保护监督管理职责的部门及其工作人员滥用职权、玩忽职守、徇私舞弊的，依法给予处分；构成犯罪的，依法追究刑事责任。

第五章　附　则

第四十三条　本条例自2018年5月1日起施行。

·太原市道路交通安全管理条例·

（2018年12月27日太原市第十四届人民代表大会常务委员会第十九次会议通过

2019年3月22日山西省第十三届人民代表大会常务委员会第九次会议批准）

目　录

第十章　附　则

第一章　总　则

第一条　为了加强道路交通安全管理，预防和减少道路交通事故，保障道路交通安全、有序和畅通，提高道路通行效率，根据《中华人民共和国道路交通安全法》等有关法律法规，结合本市实际，制定本条例。

第二条　本市行政区域内车辆驾驶人、行人、乘车人以及与道路交通活动有关的单位和个人，应当遵守本条例。

第三条　道路交通安全管理工作坚持以人为本、安全第一、科学规划、依法管理、绿色发展、协同共治、高效便民的原则。

第四条　市、县（市、区）人民政府应当加强对道路交通安全管理工作的领导，制定并组织实施道路交通总体规划，建立健全道路交通安全管理协调机制，将道路交通安全管理所需经费纳入同级财政预算。

公安机关交通管理部门负责道路交通安全管理工作。

发展改革、教育、财政、生态环境、住房和城乡建设、城乡管理、交通运输、应急管理、城乡规划等部门应当按照各自职责，共同做好道路交通安全管理的相关工作。

第五条　市、县（市、区）人民政府应当加强道路交通文明建设，通过多种形式的宣传教育，引导公民树立尊法守法和绿色、安全、文明出行的理念，提高公民的道路交通安全意识。

学校应当定期开展道路交通安全教育活动，将道路交通安全知识纳入法制教育课程。

第六条　市、县（市、区）人民政府应当对在道路交通安全管理工作中做出突出贡献的单位和个人予以表彰、奖励。

任何单位和个人应当依法履行道路交通安全义务，对违反道路交通安全法律法规的行为有权劝阻或者举报。

第二章　交通规划与建设

第七条　根据道路交通总体规划，城乡规划部门应当会同公安机关交通管理、交通运输、城乡管理等部门编制道路交通专项规划；交通运输部门应当会同城乡规划、公安机关交通管理等部门编制公共交通专项规划；公安机关交通管理部门应当会同城乡规划、交通运输、城乡管理等部门编制道路交通安全管理规划。

编制控制性详细规划应当与道路交通相关专项规划相衔接，并征求交通运输管理部门、公安机关交通管理部门以及专家和公众的意见。

第八条　编制道路交通总体规划、道路交通专项规划、公共交通专项规划、道路交通安全管理规划应当遵循道路交通安全、有序、畅通的原则，优先发展公共交通，保障各种出行方式合理使用道路交通资源，建立以轨道交通为骨干，常规公交为主体，出租车为补充，慢行交通为延伸的一体化公共交通网络。

第九条　新建、改建、扩建道路，应当科学合理规划设计，保障通行安全，提高通行效率。

坚持慢行优先，改善慢行交通环境，保障慢行交通通行空间。优化交叉路口设计，完善非机动车和行人的过街通道；优化非机动车标志、标线配置，完善系统、连续的非机动车道网络；加强轨道交通站点、公交站点以及换乘枢纽非机动车道、步行通道的建设和管理。

城市道路应当保障非机动车和行人安全通行。机动车和非机动车、行人混合通行且存在交通安全隐患的道路，应当设置道路交通安全设施。

新建、改建、扩建城市快速路、主干路交叉路口应当主要采用立体行人过街方式。

第十条　新建、改建、扩建道路应当按照国家标准和规范，同步规划、同步建设、同步验收、同步使用道路交通安全设施以及交通安全管理设备。

国道、省道、县乡道路应当按照相关标准，规范设置道路交通安全设施。

第十一条　公安机关交通管理部门、住房和城乡建设部门、城乡管理部门、交通运输管理部门、城乡规划部门应当按照各自职责合理设置公交专用车道、非机动车车道、人行步道、公交站点、出租车停靠点、公共停车泊位和行人过街等公共交通设施。

公交站点设置应当方便乘客候车、乘车，方便公共汽（电）车停靠，方便路面公共交通与轨道交通等交通方式的换乘。

第十二条　新建、改建、扩建大型建筑项目，应当由市、县（市、区）人民政府组织城乡规划、公安机关交通管理部门以及其他有关部门进行道路交通影响评价。对道路交通有不利影响的，应当提出改进措施，消除不利影响；对道路交通有重大不利影响，又无法消除的，不予批准。

第三章　车辆和驾驶人

第十三条　机动车和电动自行车、残疾人机动轮椅车依法经公安机关交通管理部门注册登记后，方可上道路行驶。

尚未办理登记手续临时上道路行驶的机动车，依法应当向公安机关交通管理部门申领临时牌证，并在规定时间内办理注册登记手续。

第十四条　申请残疾人机动轮椅车注册登记应当符合下列条件：

（一）年满十六周岁，且具有本市常住户籍或者取得本市居住证；

（二）下肢残障且上肢功能正常，并持有《中华人民共和国残疾人证》；

（三）无妨碍安全驾驶的其他疾病或者身体缺陷；

（四）残疾人机动轮椅车符合国家技术标准；

（五）法律法规规定的其他条件。

注册登记的车辆转让、灭失或者报废的，公安机关交通管理部门应当注销登记。牌证无法收回的，应当公告作废。

第十五条　禁止下列车辆上道路行驶：

（一）不符合国家标准的电动车、燃油车以及残疾人机动轮椅车；

（二）非法拼装、加装、改装的带有动力装置的二轮、三轮车；

（三）带有动力装置直立驾驶的单轮、二轮平衡车；

（四）法律法规规定的其他车辆。

第十六条　不得擅自在车辆上改装、使用不合格的排气管、高音喇叭、大功率音箱、遮阳蓬以及其他妨碍交通安全的装置。

不得违反规定改变车身颜色、使用镜面反光遮阳膜、加高或者降低机动车底盘等机动车外形和技术数据。

第十七条　禁止替代他人记分或者组织、介绍替代他人记分，处理道路交通违法行为，非法牟取利益。

第十八条　机动车驾驶人吸食、注射毒品或者长期服用国家管制的精神药品或者麻醉药品成瘾尚未戒除的，不得驾驶机动车。

第十九条　机动车所有人、管理人和驾驶人应当及时处理交通违法记录；登记的通讯地址、电话等联系方式发生变更的，应当在变更之日起三十日内向公安机关交通管理部门备案。

第二十条　校车、客运车辆、危险化学品运输车辆和重型载货汽车应当安装、使用符合国家标准的具有行驶记录功能的卫星定位装置和转向提示装置，并接入相关动态监控系统。

第二十一条　交通技术监控设备记录的违法行为录入道路交通违法信息管理系统后，公安机关交通管理部门应当提供查询服务。

公安机关交通管理部门可以在报纸、公安机关交通管理网站等媒体上公告下列事项：

（一）车辆被扣留，逾期不接受处理的；

（二）机动车所有人应当办理车辆注销登记的；

（三）机动车逾期未办理注销登记，其登记证书、号牌、行驶证作废的；

（四）机动车驾驶证停止使用或者作废的；

（五）其他可以公告的事项。

第四章　道路通行条件

第二十二条　新建、改建、扩建道路，应当同步建设交通安全设备所需的专用供电设施。

供电企业确需对交通安全设施采取停电措施的，应当及时通知公安机关交通管理部门。公安机关交通管理部门接到通知后应当采取疏导、管控等措施。

禁止任何单位和个人从道路交通用电设施上取电。

第二十三条　公安机关交通管理部门负责道路交通安全设备、设施的设置、使用、维护和管理。

由于道路原因，易导致交通拥堵或者交通事故的，公安机关交通管理部门应当向同级人民政府报告并提出优化改进建议。

第二十四条　损坏道路交通安全设施的责任人应当承担恢复原状或者赔偿责任。

责任人要求自行恢复原状的，应当征得公安机关交通管理部门同意，并经公安机关交通管理部门验收合格后方可安装。

责任人缴纳赔偿费用的数额，应当依据评估机构出具的评估报告和成本进行赔偿。

第二十五条　任何单位和个人不得有下列影响道路通行或者损毁道路交通安全设施的行为：

（一）在道路及道路交通安全设施上搁置物品；

（二）在道路上设置与交通安全设施相混淆的招牌、符号、图案和影响指引交通行为的设施；

（三）在道路上擅自设置、占用、涂改、损毁、移动、拆除道路交通安全设施；

（四）在道路上设置干扰驾驶人视觉的灯源或者其他容易产生眩光、反光效果的物品；

（五）在道路上擅自设置地桩、地锁、石墩或者其他障碍物；

（六）其他影响道路通行或者损毁道路交通安全设施的行为。

第五章　道路通行规定

第二十六条　公安机关交通管理部门可以根据道路交通状况需要，依法对机动车采取限制区域、限制时间行驶的交通管理措施。采取交通管理措施，应当提前向社会公告。

对货运车、摩托车等机动车采取限制通行措施应当向社会公告。

第二十七条　禁止下列车辆在快速路、高架道路或者上跨式立交桥通行：

（一）特型机动车、中型和重型专项作业车、轮式专用机械车以及运输危险物品的车辆；

（二）悬挂教练汽车号牌和试验用临时行驶车号牌的机动车；

（三）铰接式客车、拖挂施工机具的车辆、专项作业车；

（四）非机动车；

（五）根据道路通行管理需要禁止通行的其他车辆。

第二十八条　机动车上道路行驶，有下列情形之一的，不得使用远光灯：

（一）照明状况良好时；

（二）可能影响同向机动车行驶时；

（三）与对向行驶的车辆会车时；

（四）临时停止行驶时。

第二十九条　机动车上道路行驶，驾驶人和乘坐人员应当按照规定使用安全带。

十二周岁以下或者身高低于 1.4 米的儿童不得乘坐前排座椅。

四周岁以下或者身高低于1米的儿童乘坐非营运的小型载客汽车时应当使用儿童安全座椅。

第三十条　驾驶机动车应当遵守下列规定：

（一）不得使用可变式、可更换号牌装置；

（二）不得使用变形、残缺、褪色以及字迹模糊的号牌，影响辨认的，应当及时申请换领；

（三）不得加装、改装不符合国家标准的外部照明装置；

（四）不得以手持方式接打电话、浏览电子设备；

（五）不得在车辆号牌上安装、喷涂、粘贴反光材料；

（六）不得在城市快速路停车上下乘客、装卸货物；

（七）摩托车不得安装棚架装置；

（八）法律法规规定的其他情形。

第三十一条　机动车驾驶人遇有下列情形之一的，应当减速、让行：

（一）行经人行横道；

（二）通过没有交通信号的路口；

（三）经过泥泞或者积水道路；

（四）中小学、幼儿园学生上、下校车；

（五）老年人、儿童、孕妇、携婴者、盲人以及其他行走不便的残疾人横过道路；

（六）法律法规规定的其他情形。

第三十二条　机动车驾驶人应当遵守下列规定：

（一）不得转借或者借用他人机动车驾驶证；

（二）不得违反规定进入非机动车道、人行道行驶；

（三）开关车门不得妨碍其他车辆或者行人通行；

（四）不得在禁鸣区域内鸣喇叭；

（五）不得在网状线区域、设置禁止停车标线的路口或者路段停车；

（六）不得在禁行或者限行时间内上道路行驶；

（七）不得在限制通行区域内上道路行驶；

（八）主动避让校车和执行任务的警车、消防车、救护车、工程抢险车；

（九）不得向窗外抛撒、投掷物品；

（十）驾驶载货机动车时应当防止货物脱落、泄漏、遗撒；

（十一）载运危险物品的机动车不得牵引故障机动车；

（十二）注册登记的轮式专用机械车上道路应当按照公安机关交通管理部门指定的时间和路线行驶；

（十三）法律法规规定的其他情形。

第三十三条　非机动车驾驶人应当遵守下列规定：

（一）有非机动车道的在非机动车道内行驶，无非机动车道的靠道路右侧行驶；

（二）在夜间或者遇有雾、雨、雪、冰雹、沙尘等低能见度情况下，驾驶电动自行车、残疾人机动轮椅车应当开启照明灯光；

（三）进入环形路口时，应当按照交通信号指示方向行驶，并让已在环形路内的车辆先行；

（四）不得驾驶残疾人机动轮椅车从事营运；

（五）非下肢残疾的人不得驾驶残疾人机动轮椅车；

（六）驾驶残疾人机动轮椅车应当随身携带本人残疾人证，不得另载他人或者违反规定载物；

（七）不得超过国家规定的行驶速度；

（八）不得擅自拆除限速装置；

（九）推拉式人力车不得在城市主干路上行驶；

（十）驾驶中不得以手持方式接打电话、牵引动物；

（十一）法律法规规定的其他情形。

第三十四条　机动车驾驶培训教练员应当遵守下列规定：

（一）在教学期间不得搭乘与教学无关的人员；

（二）饮酒后不得教练学员驾驶机动车。

第三十五条　行人应当遵守下列规定：

（一）有人行道的在人行道内行走，无人行道的靠路边行走；

（二）行人通过路口或者横过道路，应当走人行横道或者过街设施；通过有交通信号灯的人行横道，应当按照交通信号灯指示通行；通过没有交通信号灯、人行横道的路口或者在没有过街设施的路段，应当在确认安全后通过；

（三）不得跨越、倚坐、踩踏、污损道路隔离设施；

（四）法律法规规定的其他情形。

第三十六条　乘车人应当遵守下列规定：

（一）不得妨碍驾驶人安全行驶；

（二）不得向车外抛撒、投掷物品；

（三）开、关车门不得妨碍其他车辆、行人通行；

（四）在机动车道上停车时，不得从车辆左侧上、下车；

（五）机动车行驶中，不得将身体任何部位伸出车外；

（六）法律法规规定的其他情形。

第六章　停车管理

第三十七条　市人民政府应当组织城乡规划、城乡管理、住房和城乡建设、公安机关交通管理等部门建立城市停车场和道路停车泊位的信息平台，建立工作联动机制，加强工作协调，实现城市停车场规划、建设、管理、运营等信息共享。

第三十八条　城乡规划部门应当会同城乡管理、公安机关交通管理、交通运输管理等部门对公共停车场规划设计方案和交通影响评价进行审查。

第三十九条　鼓励国家机关、企事业单位、居住区采取错时停车等方式向社会开放其所属的停车场（库）。鼓励单位和个人投资建设公共停车场（库）。

鼓励有条件的单位和住宅小区，建设立体停车设施。

停车场（库）的规划和建设应当符合道路通行条件和车辆停放要求。

第四十条　公安机关交通管理部门在不影响道路交通安全、畅通的情况下可以在城市非机动车道、人行道内规划、设置临时停车泊位，并设置明显标志。未设置临时停车泊位的城市非机动车道、人行道，禁止停放机动车。

公安机关交通管理部门应当定期对城市道路施划设置停车泊位路段的交通状况进行评估，根据道路交通状况、周边停车需求情况，对道路停车泊位进行及时调整。

在道路上停放机动车应当停放在停车泊位内。

经营性城市道路停车泊位应当缴纳城市道路占用费，由市、县（市、区）人民政府确定的管理部门收取，并按照相关规定上缴财政，用于改善本地城市交通。

第四十一条　有下列情形之一的，公安机关交通管理部门可以设置时段性道路停车泊位：

（一）停车泊位与停车需求矛盾突出的住宅小区，其周边道路具备夜间等时段性停车条件的；

（二）停车需求集中但现有停车资源无法满足的中小学、幼儿园和医院，其周边道路条件允许的；

（三）夜间停车需求集中但现有停车资源无法满足的商业街区，其周边道路条件允许的；

（四）停车资源严重不足区域的人行道范围内，条件允许且不影响行人正常行走的；

（五）时段性临时停车需求突出的路段，可以设置禁止长时停车泊位。

第四十二条　道路停车泊位停放机动车，不得超过限时停车标志、标线标明的时间。在没有限时停车标志、标线的道路停车泊位上，机动车持续停放时间不得超过十日。

违反前款规定的，公安机关交通管理部门应当对机动车停放情况拍照取证、粘贴车位使用时限提示，并以电话、短信等形式通知机动车所有人在二十四小时内将机动车驶离。经通知逾期不驶离，或者机动车所有人未按规定提供联系方式信息导致无法通知的，可以将超出停放时间的机动车拖移至指定的地点，并告知当事人停放地点。

第四十三条　机动车在未设置禁止停车或者禁止长时停车标志、标线的路段临时停车，不得影响其他机动车、非机动车、行人的正常通行，应当紧靠道路右侧。机动车驾驶人不得离车，上下人员或者装卸物品后应当立即驶离。

第四十四条　市、县（市、区）人民政府应当指定专门管理部门设置非机动车道路停放点。

在道路上停放非机动车，应当使用非机动车道路停放点，不得在停放点以外区域停放。

第四十五条　鼓励利用移动终端应用软件等多种媒介，方便社会公众出行前查询停车泊位信息和预订车位，实现自动计费支付等功能。

第七章　交通事故预防和处理

第四十六条　市、县（市、区）人民政府应当建立交通事故应急救援体系，组建道路交通事故应急救援专业队伍和专家队伍，健全公安、生态环境、交通运输、卫生健康、应急管理等部门联动的交通事故应急救援机制。

第四十七条　遇有自然灾害、恶劣天气、突发事件或者重大交通事故等严重影响道路交通安全的情形，市公安机关交通管理部门依法决定实行道路交通管制的，应当及时通过广播、电视、互联网等媒体发布信息。

第四十八条　道路运输单位应当由其法定代表人负责道路交通安全管理工作，并建立交通安全工作机构，配备交通安全专职人员，建立和实施道路交通安全管理责任制和交通事故防范责任制，并做好以下工作：

（一）教育本单位人员遵守道路交通安全法律、法规；

（二）建立本单位经营使用的机动车的日常使用、保养、维修、检查制度，保持车辆符合国家安全技术标准；

（三）聘用驾驶人员驾驶机动车的，应当查验其驾驶资质和道路交通安全培训情况；

（四）接受公安机关交通管理部门对履行道路交通安全管理责任制和交通事故防范责任制情况的监督检查。

第四十九条　发生道路交通事故后，当事人应当主动接受公安机关交通管理部门的调查。当事人无正当理由不接受公安机关交通管理部门调查处理的，公安机关交通管理部门根据收集到的证据材料，在法定时限内作出交通事故认定书。

因调查需要，公安机关交通管理部门可以向有关单位、个人调取行驶记录仪、车载事件数据记录仪、卫星定位装置、技术监控设备的记录资料以及其他与事故有关的证据材料，经调查证实后，可以作为认定交通违法行为的证据。

第五十条　禁止在道路上放养家禽、家畜以及宠物。家禽、家畜以及宠物在道路上通行时，应当由管理人看管。

家禽、家畜以及宠物在道路上引发交通事故，管理人应当承担全部责任。有证据证明车辆驾驶人有引发交通事故的违法行为的，应当承担相应责任。

第五十一条　实行轻微道路交通事故快速理赔工作机制。公安机关交通管理部门应当合理设置快速理赔服务站点，方便交通事故处理。

公安机关交通管理部门通过互联网交通安全综合服务平台适用简易程序处理的道路交通事故，当事人收到相关通知并确认后即视为已送达。

发生可以自行协商处理的财产损失事故，当事人可以通过互联网交通安全综合服务平台自行协商处理。

当事人自行协商达成协议的，制作道路交通事故自行协商协议书，并共同签名后按照有关规定到投保的保险公司或者道路交通事故保险理赔服务场所办理事故损害赔偿事项。

第五十二条　道路交通事故社会救助基金管理机构负责依法筹集、使用、管理道路交通事故社会救助基金。

第五十三条　公安机关交通管理部门因处理交通违法以及交通事故需要扣留车辆的，所产生的费用由市、县（市、区）人民政府财政保障。

公安机关交通管理部门通知当事人领取扣留的车辆，逾期不领取的，自逾期之日起的车辆保管费用由当事人承担。

第八章　综合治理

第五十四条　市、县（市、区）人民政府应当建立部门协调联动、社会共同参与的道路交通综合治理机制，推进文明交通综合治理工作。

市、县（市、区）公安机关交通管理部门应当通过优化道路交通组织、推进城市智能交通建设、开展多警联勤联动机制、推行交通事故快速处置一站式综合服务等措施，提高道路交通安全管理水平。

第五十五条　市人民政府交通安全议事协调机构应当根据城市建设规模、道路交通发展状况和交通需求，组织协调政府相关职能部门，通过专家论证、风险评估、合法性审查、集体讨论决定等程序，对本市道路交通综合治理重大事项进行组织协调、指导和监督。

第五十六条　市人民政府应当制定交通安全诚信管理制度以及配套的交通失信联合惩戒制度，将交通违法行为信息纳入个人信用记录。

第五十七条　市、县（市、区）人民政府应当组织制定自然灾害、恶劣气象条件、环境污染以及其他影响道路交通安全的突发事件应急预案。相关部门应当根据应急预案制定本部门的具体实施方案。

第五十八条　本市推广运用先进科技手段，创新交通管理工作模式，提升交通管理工作水平。

公安机关交通管理、城乡管理、交通运输、市场监督、应急管理等有关部门应当建立信息共享制度。

第五十九条　公安机关交通管理、交通运输管理等部门的执法人员应当严格履行法定职权和执法程序。任何单位和个人都应当尊重执法人员，对其依法履行职务的行为予以配合。

第六十条　公安机关交通管理部门应当对车辆所有人、管理人、驾驶人进行道路交通安全法律法规的教育。

第六十一条　经市、县（市、区）人民政府批准，公安机关交通管理部门可以聘用警务辅助人员。警务辅助人员应当在交通警察的指导和监督下，履行下列职责：

（一）协助维护道路交通秩序，劝阻、纠正交通违法行为；

（二）采集交通违法信息，经核实后可以作为公安机关交通管理部门作出行政处罚的证据材料；

（三）协助监控、看管酒驾、毒驾等违法犯罪嫌疑人和交通肇事人员等；

（四）协助维护交通事故现场秩序，勘验、保护、清理事故现场，抢救受伤人员，配合查找事故当事人和证人；

（五）法律法规规定的其他情形。

警务辅助人员应当经公安机关交通管理部门培训考核合格后上岗。

第六十二条　有下列情形之一的，公安机关交通管理部门应当向社会提供查询服务：

（一）交通技术监控设备记录的违法行为；

（二）逾期未办理驾驶证审验、换发手续的；

（三）逾期未办理车辆安全技术检验手续的；

（四）机动车临近报废期的；

（五）其他需要告知的事项。

第六十三条　公安机关交通管理部门应当通过互联网、新闻媒体等途径向社会公告道路交通安全管理措施，提供道路交通安全咨询，发布相关道路交通安全信息。

第六十四条　机关、企业、事业单位、社会组织应当加强对所属车辆和驾驶人的交通安全管理，并履行下列义务：

（一）组织制定本单位的交通安全制度，落实交通安全责任制目标，开展职工交通安全宣传教育活动；

（二）定期进行车辆安全检查，及时排除车辆故障，保障车辆安全性能，制止不符合运行安全技术条件的车辆上道路行驶；

（三）建立对所属车辆驾驶人的交通安全教育学习制度，督促车辆驾驶人遵守道路交通安全法律法规以及相关规定；专业运输单位和机动车较多的非专业运输单位，每月应当对所属驾驶人开展不少于一次的交通安全教育；

（四）专业运输单位和车辆较多的非专业运输单位应当配备交通安全专职人员，并加强车辆营运安全管理和营运场所秩序管理；

（五）道路交通运输单位发现驾驶人有吸食、注射毒品或者长期服用国家管制的精神药品或者麻醉药品成瘾尚未戒除的，不得安排其从事机动车驾驶，并向公安机关报告；

（六）法律法规规定的其他交通安全管理义务。

第九章　法律责任

第六十五条　违反本条例规定，法律法规已有法律责任规定的，从其规定。

第六十六条　对于道路交通安全违法行为情节轻微，未影响道路通行和安全的，应当指出违法行为，给予口头警告，及时纠正后放行。

第六十七条　非机动车驾驶人有下列行为之一的，由公安机关交通管理部门处二十元以上五十元以下罚款：

（一）进入环形路口时，未按照交通信号指示方向行驶或者未让已在环形路内的车辆先行的；

（二）驾驶残疾人机动轮椅车未随身携带本人残疾人证或者违反规定载人、载物的；

（三）推拉式人力车在城市主干路上行驶的；

（四）在夜间或者遇有雾、雨、雪、冰雹、沙尘等低能见度情况下，驾驶电动自行车、残疾人机动轮椅车未开启照明灯光的；

（五）驾驶未注册登记的残疾人机动轮椅车上道路行驶的；

（六）超过国家规定的行驶速度的；

（七）擅自拆除非机动车限速装置的；

（八）进入城市快速路、高架桥或者上跨式立交桥的；

（九）驾驶中以手持方式接打电话、牵引动物的。

违反前款规定，非机动车驾驶人拒绝接受罚款处罚的，公安机关交通管理部门可以扣留其非机动车。

驾驶残疾人机动轮椅车从事营运活动的，由交通运输管理部门依法处罚。

第六十八条　机动车驾驶人有下列行为之一的，由公安机关交通管理部门处一百元以上两百元以下罚款：

（一）未按规定使用远光灯的；

（二）未按规定减速、让行的；

（三）在限制区域或者限行时间内上道路行驶的；

（四）载运危险物品的机动车牵引故障机动车的；

（五）使用变形、残缺、褪色以及字迹模糊的号牌，影响辨认的；

（六）在机动车号牌上安装、喷涂、粘贴反光材料的；

（七）在城市快速路停车上下乘客、装卸货物的；

（八）机动车未按规定停放或者超出规定时限停放的。

（九）加装、改装不符合国家标准的外部照明装置的；

（十）法律法规规定的其他情形。

第六十九条　违反本条例规定，乘车人在车辆行驶中妨碍驾驶人安全行驶且扰乱公共交通秩序的，由公安机关按照《中华人民共和国治安管理处罚法》的规定处罚；构成犯罪的，依法追究刑事责任。

第七十条　违反本条例规定，擅自改变已注册登记的机动车外形和技术数据的，由公安机关交通管理部门责令恢复原状，并处五百元罚款。

第七十一条　违反本条例规定，替代他人记分处理道路交通违法行为并从中牟取利益的，没收违法所得，处暂扣六个月机动车驾驶证，并处一千元以上二千元以下罚款。

组织、介绍替代他人记分处理道路交通违法行为并从中牟取利益的，没收违法所得，并处二千元以上五千元以下罚款。

第七十二条　违反本条例规定，吸食、注射毒品或者长期服用依赖性精神药品成瘾尚未戒除的，由公安机关交通管理部门注销机动车驾驶证。

第七十三条　违反本条例规定，机动车驾驶培训教练员饮酒后在道路上教练学员驾驶机动车的，由公安机关交通管理部门处一千元罚款，暂扣六个月机动车驾驶证；情节严重的，并处吊销机动车驾驶证。

第七十四条　公安机关交通管理部门和其他有关部门及其工作人员玩忽职守、滥用职权、徇私舞弊的，由其所在单位或者上级主管机关对直接负责的主管人员和其他直接责任人员依法给予处分；构成犯罪的，依法追究刑事责任。

第十章　附　则

第七十五条　本条例所称道路交通安全设施，是指道路交通信号系统、交通标志、交通标线、交通隔离物、安全岛等设施和服务于交通管理的辅助设施。辅助设施包括交通监控系统、交通信息诱导系统、交通通讯系统、非现场执法系统以及地下附属管线设施、交通岗亭等。

城市快速路，是指在城市内的，设有中央分隔带，全部采用立体交叉与控制出入，供车辆以较快速度行驶的城市道路。

第七十六条　快递专用电动三轮车的管理，按照国务院《快递暂行条例》的规定执行。

第七十七条　本条例自2019年5月1日起施行。

·太原市生活垃圾分类管理条例·

（2018年8月31日太原市第十四届人民代表大会常务委员会第十五次会议通过

2018年11月30日山西省第十三届人民代表大会常务委员会第七次会议批准）

目　录

第一章　总　则

第一条　为了加强生活垃圾分类管理，改善城乡环境，保障公众健康，促进经济社会可持续发展，根据《中华人民共和国固体废物污染环境防治法》

《城市市容和环境卫生管理条例》等有关法律、法规，结合本市实际，制定本条例。

第二条　本条例所称生活垃圾，是指单位和个人在日常生活中或者为日常生活提供服务的过程中产生的固体废物，以及法律、行政法规规定视为生活垃圾的固体废物。

本条例所称生活垃圾分类，是指将生活垃圾按照不同成分、属性、利用价值、对环境的影响以及处理的要求进行分类。

法律、法规对建筑废物、餐厨废物、医疗废物、危险废物等固体废物的管理已有规定的，从其规定。

第三条　本市行政区域内生活垃圾的减量与分类投放、收集、运输、利用、处置以及相关管理活动适用本条例。

实施生活垃圾分类管理的具体区域，由市、县（市、区）人民政府按照稳步推进的原则确定，并向社会公布。

第四条　生活垃圾分类管理应当遵循减量化、资源化、无害化的原则，实行政府主导、属地管理、市场运作、全民参与、社会监督。

第五条　市人民政府应当将生活垃圾分类管理工作纳入本市国民经济和社会发展规划，确定生活垃圾分类管理目标，建立生活垃圾分类协调机制，统筹生活垃圾的减量与分类投放、收集、运输、处置设施的规划和建设，保障生活垃圾分类管理的资金投入与人员配置。

县（市、区）人民政府负责本行政区域内生活垃圾分类管理工作，组织落实市人民政府确定的生活垃圾分类管理目标，保障生活垃圾分类管理的资金投入。

乡（镇）人民政府、街道办事处负责本辖区内生活垃圾分类的日常管理工作，指导督促单位和个人履行生活垃圾分类义务。

村（居）民委员会应当做好生活垃圾分类管理的宣传、落实等工作，指导将生活垃圾减量与分类投放纳入村规民约、居民公约，组织、动员和督促村民、居民开展生活垃圾减量与分类投放工作。

第六条　市市容环境卫生管理机构主管生活垃圾分类管理工作，负责生活垃圾分类管理工作的组织实施、指导协调、考核监督等工作。

县（市、区）市容环境卫生管理机构负责组织实施本行政区域内生活垃圾的减量与分类投放、收集、运输、利用、处置和监督管理等工作。

市、县（市、区）其他部门，按照各自职责做好生活垃圾分类管理的相关工作。

第七条　本市按照“谁产生、谁负责、谁付费”的原则，由市人民政府按照国家和省相关规定，逐步建立差别化的生活垃圾处理收费办法。

产生生活垃圾的单位和个人应当缴纳生活垃圾处理费。

第八条　鼓励和支持生活垃圾减量与分类的科技创新，利用互联网技术和信息化等手段推动生活垃圾分类以及再生资源利用，提高生活垃圾再利用和资源化水平。

第九条　报刊、广播、电视和网络等媒体应当加强对生活垃圾分类管理的宣传，普及相关知识，增强社会公众的生活垃圾减量与分类意识。

教育行政管理部门应当将生活垃圾减量与分类的知识，作为学校教育和社会实践内容。

业主委员会、物业服务企业应当开展生活垃圾分类宣传工作，引导居民分类投放生活垃圾。

商场、集贸市场、机场、车站、码头、旅游景点、公园等场所的经营者或者管理者，应当采取多种形式进行生活垃圾减量与分类的宣传教育。

第十条　市、县（市、区）人民政府可以通过多种奖励方式，鼓励单位和个人开展生活垃圾减量与分类。

鼓励社会组织和志愿者参与生活垃圾减量与分类活动。

第二章　规划和设施建设

第十一条　市市容环境卫生管理机构应当会同有关部门组织编制生活垃圾分类专项规划，经市人民政府批准后实施。

第十二条　生活垃圾分类专项规划确定的生活垃圾分类收集、转运、处置设施用地，未经法定程序，不得改变用途。

第十三条　市、县（市、区）人民政府应当根据生活垃圾分类专项规划，制定生活垃圾分类收集、转运、处置设施的年度建设计划，并组织实施。

第十四条　市容环境卫生管理机构应当根据生活垃圾分类专项规划，合理布局生活垃圾分类转运站和分拣中心。

商务行政管理部门应当根据生活垃圾分类专项规划布局再生资源回收网点。

第十五条　市市容环境卫生管理机构应当会同有关部门，根据国家和省有关规定，按照便民、环保、经济、高效等原则，组织制定建设工程配套生活垃圾分类设施建设规范。

新建、改建、扩建建设项目，应当按照建设规范要求配套建设生活垃圾分类设施。

建设工程配套生活垃圾分类设施应当与建设项目主体工程同步设计、同步建设、同步验收；竣工后，建设单位应当向县（市、区）市容环境卫生管理机构备案。

第三章　源头减量

第十六条　市、县（市、区）人民政府应当建立涵盖生产、流通、消费等领域的生活垃圾源头减量工作机制，制定激励措施，引导、鼓励单位和个人在生产生活中减少生活垃圾的产生。

鼓励单位和个人投资生活垃圾资源化和再生产品应用项目。

党政机关、学校、广播电视、体育场馆等公共机构应当优先采购可以循环利用、资源化利用的办公用品，推行无纸化办公。

第十七条　县（市、区）人民政府应当结合经济社会发展和自然条件，确定农村生活垃圾分类管理模式，推进农村生活垃圾就地分类减量和资源回收利用。

第十八条　各类商品的生产者和销售者应当严格执行国家、省和本市对限制产品过度包装的标准和要求，减少包装材料的过度使用和包装性废物的产生。对列入国家强制回收目录的产品和包装物按照规定予以标注并进行回收。对其中可以利用的，由生产企业负责利用；因技术或者经济条件不适合利用的，由生产企业进行无害化处置。

第十九条　鼓励商场、超市、便利店等经营者或者管理者就地设立便民回收点，采用以旧换新、网购送货回收包装物、押金返还等方式回收再生资源。

第二十条　鼓励单位和个人购买、使用再利用产品、再生产品以及其他有利于生活垃圾减量化、资源化的产品，减少使用或者不使用一次性用品。

第二十一条　推行净菜上市、洁净农副产品进城。

果蔬批发市场、集贸市场的经营者或者管理者，应当配置果蔬垃圾就地处置设施。

第二十二条　园林绿化、林业管理单位应当建设处置设施，对产生的枝条、树叶、枯树等垃圾进行资源化利用，不得混入生活垃圾投放。

第四章　分类投放

第二十三条　生活垃圾分为以下四类：

（一）可回收物，是指适宜回收和可循环再利用的固体废物；

（二）有害垃圾，是指对人体健康、自然环境造成直接或者潜在危害的固体废物；

（三）易腐垃圾，是指在普通存放条件下容易腐烂变质的有机物固体废物；

（四）其他垃圾，是指前三项以外的生活垃圾。

市市容环境卫生管理机构负责制定公布城乡生活垃圾分类的具体标准，引导城乡居民分类投放垃圾。

第二十四条　市市容环境卫生管理机构应当制定生活垃圾分类指南，明确生活垃圾分类的标准、标识、投放规则等内容。生活垃圾分类指南应当向社会公布。

县（市、区）市容环境卫生管理机构应当组织乡（镇）人民政府、街道办事处制定适合本行政区的生活垃圾分类管理实施方案并组织实施。分类管理实施方案应当包括生活垃圾的投放方式、收集时间、运输线路等内容。

第二十五条　单位和个人应当按照规定的时间、地点，使用符合要求的垃圾袋或者容器分类投放生活垃圾。

分类投放生活垃圾应当遵守下列规定：

（一）可回收物应当投放至可回收物收集容器或者交售给再生资源回收站点、个体回收人员；

（二）有害垃圾、其他垃圾应当分别投放至相应标识的生活垃圾回收站点或者生活垃圾收集容器；

（三）易腐垃圾应当投放至易腐垃圾收集容器；

（四）家具、废旧电器等体积大、整体性强，或者需要拆分再处理的大件垃圾，应当放置于指定区域；（五）禁止将工业固体废物、建筑废物、医疗废物、危险废物混入生活垃圾。

第二十六条　实行生活垃圾分类管理责任人制度。生活垃圾分类管理责任人应当按照下列规定确定：

（一）党政机关、企业事业单位、群团组织等单位的办公管理区域和自管住宅区，本单位为责任人；

（二）实行物业管理服务的住宅区，物业服务企业为责任人；未实行物业管理服务的住宅区，居民委员会为责任人；

（三）集贸市场、商场、宾馆、酒店、商铺等经营场所，经营管理单位为责任人；

（四）机场、车站、公交站场、文化场馆、体育场馆、公园、河湖水域、旅游景点等场所，管理单位为责任人；

（五）建设工程的施工现场，施工单位为责任人；

（六）公路、城市道路以及人行过街通道等附属设施，清扫保洁单位为责任人；

（七）农村地区，村（居）民委员会为责任人；

（八）其他不能确定生活垃圾分类管理责任人的，所在地乡（镇）人民政府、街道办事处为责任人。

第二十七条　生活垃圾分类管理责任人负责以下工作：

（一）建立责任区内生活垃圾分类投放日常管理制度，公告不同类别生活垃圾的投放时间、投放地点、投放方式等；

（二）在责任区内进行生活垃圾分类宣传，对生活垃圾分类投放活动进行指导；

（三）监督检查责任区内生活垃圾分类投放情况，纠正不符合生活垃圾分类投放要求的行为；

（四）保持收集容器完好及周边环境整洁；

（五）除可回收物可以直接交售外，有害垃圾、易腐垃圾和其他垃圾应当移交给有资质的运输单位进行收运；

（六）建立管理台账，记录生活垃圾的种类、运输者、去向等情况，留存备查；

（七）法律法规规定的其他工作。

第五章　分类收集、运输和处置

第二十八条　生活垃圾分类管理责任人应当按照标准合理设置生活垃圾分类收集站点，配置符合要求的生活垃圾收集容器。收集容器的设置不得妨碍其他公共设施的使用。

住宅区以及单位应当设置可回收物、有害垃圾、易腐垃圾、其他垃圾四类收集容器。

其他公共场所应当设置可回收物、有害垃圾、其他垃圾三类收集容器，但餐厨垃圾产生量较多的公共场所，应当增加设置餐厨垃圾收集容器。

第二十九条　生活垃圾收集单位应当遵守下列规定：

（一）按照生活垃圾收集量、分类方法、作业时间等，配备收集设备以及符合要求的人员；

（二）按时分类收集生活垃圾至规定场所，不得混装混运、随意倾倒、丢弃、遗撒、堆放；

（三）收集车辆保持密闭、完好和整洁；

（四）清理作业场地，保持生活垃圾收集设施和周边环境干净整洁；

（五）建立管理台账，记录生活垃圾的来源、种类、数量、去向等，并定期向县（市、区）市容环境卫生管理机构报告；

（六）国家、省和本市有关生活垃圾分类管理的其他规定。

第三十条　生活垃圾运输单位应当遵守下列规定：

（一）根据生活垃圾类别、运输量、作业时间等，配备相应的运输设备和作业人员；

（二）按照规定的时间、频次、路线和要求分类运输，不得沿途丢弃、遗撒生活垃圾；

（三）运输车辆具有清晰标志，保持密闭整洁并具有防异味扩散、防遗撒、防渗沥液滴漏等功能；

（四）及时清运中转站的生活垃圾，生活垃圾在中转站存放时间不得超过二十四小时；

（五）及时清理作业过程中产生的废渣、废水，保持转运设施和周边环境整洁；

（六）运输有害垃圾应当遵守国家有关危险废物转移和危险货物运输管理的相关规定；

（七）其他应当遵守的规定。

第三十一条　生活垃圾处置单位应当遵守下列规定：

（一）按照有关规定接收生活垃圾；

（二）按照相关标准对已分类的生活垃圾进行分类处置；

（三）按照规定配备处置设施设备，并保持处置设施设备正常运行；

（四）配备合格的管理人员和操作人员；

（五）按照规定处理处置过程中产生的废水、废气、废渣、粉尘等，定期进行水、大气、噪声、土壤等环境影响监测，防止周边环境污染；

（六）建立环境信息公开制度，定期向社会公开年度环境报告书、生活垃圾处置设施主要污染物排放数据、环境检测等信息。

第三十二条　生活垃圾应当按照以下方式进行分类处置：

（一）可回收物应当由依法设立的再生资源回收企业进行再生处置；

（二）有害垃圾应当进行无害化处置，其中经过分类的危险废物，由取得危险废物经营许可证的单位进行无害化处置；

（三）易腐垃圾应当按照规定进行就地就近生化处置或者交由符合规定的单位集中处置；

（四）其他垃圾应当按照规定进行无害化、资源化处置。

第三十三条　生活垃圾分类管理责任人发现生活垃圾投放不符合分类规定的，可以要求生活垃圾分类投放人按照规定进行分拣后再行投放；投放人不按照规定分拣的，管理责任人应当报告市容环境卫生管理机构处理。

生活垃圾收集、运输单位发现收集、运输的责任区交付的生活垃圾不符合分类规定的，应当及时告知该区域生活垃圾分类管理责任人，要求其按照规定进行分拣；责任人不分拣的，生活垃圾收集、运输单位应当报告市容环境卫生管理机构处理。

生活垃圾处置单位在接收生活垃圾收集、运输单位交付的生活垃圾时，发现不符合分类规定的，可以要求生活垃圾收集、运输单位进行分拣;生活垃圾收集、运输单位不分拣的，生活垃圾处置单位应当报告市容环境卫生管理机构处理。

第六章　监督管理

第三十四条　市、县（市、区）人民政府应当建立和完善生活垃圾分类管理的考核制度，并将考评结果纳入政府绩效考核体系。

精神文明创建活动应当将生活垃圾分类工作纳入评选标准。

第三十五条　实行生活垃圾分类管理社会监督员制度。

社会监督员承担下列职责：

（一）生活垃圾分类宣传、指导；

（二）对生活垃圾分类投放情况进行检查；

（三）对违反规定投放和收集生活垃圾的行为进行劝阻；对不听劝阻的，报告市容环境卫生管理机构。

第三十六条　市容环境卫生管理机构应当建立生活垃圾分类全流程监管制度，建立生活垃圾分类投放、收集、运输、处置作业全流程监管信息系统，并与其他有关部门的管理信息系统实现互联互通。

第三十七条　市容环境卫生管理机构可以会同有关部门通过报刊、广播、电视、互联网等媒体，对违反生活垃圾分类规定的行为予以曝光。

第三十八条　违反本条例规定，有下列情形之一的，由市容环境卫生管理机构或者有关部门依法将相关信息纳入社会信用信息共享平台：

（一）违反生活垃圾分类有关规定且拒不改正的；

（二）阻碍执法部门履行职责的；

（三）打击、报复投诉举报人的；

（四）法律、法规规定的其他情形。

前款规定的行为人可以申请通过参加生活垃圾分类志愿服务活动，将相关信息移出社会信用信息共享平台。

第三十九条 市容环境卫生管理机构应当会同有关部门制定生活垃圾分类管理应急预案，建立生活垃圾应急处置机制。

生活垃圾收集、运输、处置单位应当根据应急预案的规定，编制本单位生活垃圾收集、运输、处置应急预案，并报所在地的市容环境卫生管理机构备案。

第四十条 对违反生活垃圾分类规定的行为，任何单位和个人有权向市容环境卫生管理机构、有关部门投诉举报。

市容环境卫生管理机构、有关部门应当畅通投诉举报渠道，向社会公布投诉举报的方式、处理流程和时限，并及时将处理结果告知投诉举报人。

第四十一条 产生生活垃圾的县（市、区）跨区域处置生活垃圾的，应当遵循“谁受益、谁补偿”的原则，按照进入生活垃圾终端处理设施的垃圾处置量，向生活垃圾终端处理设施所在县（市、区）进行补偿，用于周边环境治理、公共服务设施建设和维护等。具体办法由市人民政府制定。

第七章 法律责任

第四十二条 违反本条例规定，法律、法规已有法律责任规定的，从其规定。

第四十三条 违反本条例规定，生活垃圾分类投放人有下列情形之一的，由市容环境卫生管理机构责令改正；拒不改正的，予以处罚：

（一）未将生活垃圾分类投放到指定的收集点或者收集容器内的，对单位处五千元以上五万元以下罚款；对个人处五十元以上二百元以下罚款；

（二）未将家具、废旧电器等垃圾投放到指定区域的，对单位处一万元以上五万元以下罚款；对个人处五十元以上二百元以下罚款；

（三）擅自将工业固体废物、建筑废物、医疗废物、危险废物投放到生活垃圾收集容器内的，对单位处一万元以上五万元以下罚款；对个人处五十元以上二百元以下罚款。

第四十四条 违反本条例规定，生活垃圾分类管理责任人有下列情形之一的，由市容环境卫生管理机构责令改正；拒不改正的，予以处罚：

（一）未建立日常管理制度并公告投放时间、投放地点和投放方式的，处五百元以上一千元以下罚款；

（二）未按照规定配置生活垃圾分类收集容器的，处一千元以上五千元以下罚款；

（三）未保持生活垃圾收集容器完好和正常使用的，处一千元以上三千元以下罚款；

（四）未能尽到监督职责，致使生活垃圾未按规定分类投放的，处一千元以上五千元以下罚款；

（五）将有害垃圾、易腐垃圾和其他垃圾移交给没有资质的收运单位进行收集、运输的，处二千元以上一万元以下罚款；

（六）未建立生活垃圾分类管理台账或者建立台账后不及时录入相关信息的，处一千元以上五千元以下罚款。

第四十五条 违反本条例规定，生活垃圾收集、运输单位有下列情形之一的，由市容环境卫生管理机构责令限期改正，逾期不改正的，予以处罚：

（一）未按时分类收集生活垃圾至规定场所或者将生活垃圾混装混运，随意倾倒、丢弃、遗撒、堆放的，处五千元以上三万元以下罚款；

（二）将分类收集的生活垃圾混合运输的，处五千元以上二万元以下罚款；

（三）运输车辆未标识运输垃圾类别的，处五百元以上二千元以下罚款；

（四）在运输过程中沿途丢弃、遗撒生活垃圾的，处五千元以上五万元以下罚款。

第四十六条 违反本条例规定，生活垃圾处置单位有下列情形之一的，由市容环境卫生管理机构责令限期改正，逾期不改正的，予以处罚：

（一）未按照处置规范对已分类的生活垃圾进行分类处置的，处三万元以上五万元以下罚款；

（二）未制定应急预案的，处五千元以上三万元以下罚款。

第四十七条 违反本条例规定，市容环境卫生管理机构和其他有关部门的工作人员在生活垃圾分类监督管理工作中玩忽职守、滥用职权、徇私舞弊，尚不构成犯罪的，依法给予处分；构成犯罪的，依法追究刑事责任。

第八章 附 则

第四十八条 本条例自 2019 年 2 月 1 日起施行。

太原市委关于优化市域高速路网布局促进转型发展的调研报告

中共十九大明确提出建设交通强国的宏伟目标。省委提出了建设“排头兵”“示范区”“新高地”三大目标，把建设内畅外联大通道作为先行领域和战略支撑。骆惠宁书记要求我市要扎实推进太原都市区发展，努力建成国家中心城市和内陆重要开放城市、国家新兴产业基地和能源创新中心、国家重要的交通枢纽和物流中心，在国内外发展版图中构造新的竞争优势。太原要实现省委对我市提出的“两个走在前列”的目标要求和“五个扎实”的工作要求，实现在全省的首位度和全国省会城市的综合排名“双提升”，必须构建支撑转型发展的大交通格局。为此，我市就太原高速路网现状、规划开展调研，深入分析对太原发展的影响和制约，并对进一步优化市域范围高速路网提出建议。

一、全市高速路网及国道现状

（一）市域高速路网情况。太原市域内高速公路总里程为287千米，其中，国家重点高速公路3条，省高速公路2条。国家3条重点高速公路分别为：京昆高速（G5，南北方向，北京至昆明）在太原分为4段，即太阳段、绕城高速北段、绕城高速西段、大运段；二广高速（G55，南北方向，二连浩特至广州）在太原分为4段，即原太段、绕城高速东段、绕城高速南段、太长段；青银高速（G20，东西方向，青岛至银川）在太原分为3段，即太旧段、绕城高速南段、大运段。省2条高速公路分别为：太佳高速、太古高速。以绕城高速为核心圈形成“一环七放射”高速路网布局。

现状的太原绕城高速公路总里程84千米，其中，西北环为京昆高速一段、东环为二广高速一段、南环为青银高速一段，互通出入口目前为16个。西北环2002年建成通车，采用双向四车道标准建设，设计速度80千米/小时，路基宽度24.50米，通车运营时间已达16年，日平均交通量为3.60万辆标准小客车。东环1996年建成通车，采用双向四车道标准建设，设计速度80千米/小时，路基宽度24.50米（局部路段已经扩建），通车已达22年，日平均交通量达5.10万辆标准小客车。南环位于太原都市区核心位置，1999年12月建成通车，采用准双向六车道标准建设，设计速度120千米/小时，路基宽度28.50米，通车运营达19年，日平均交通量4.90万辆标准小客车。目前，太原绕城高速交通量已达饱和或超饱和状态，国高网大通道的作用明显降低。

（二）市域国道情况。国道太原过境线路共有3条，均穿越中心城区，分别为国道108（北京到昆明）、国道208（二连浩特到广州）、国道307（河北黄骅港到银川）。其中，国道108从阳曲县石岭关进入，为南北走向，途径大盂镇、青龙镇接市政钢园路，沿建设北路过迎泽大街接建设南路、太榆路至武宿通往晋中市榆次区；国道208从阳曲县石岭关进入，为南北走向，途径大盂镇、青龙镇接市政钢园路，沿大同路、新建路过南内环街平阳路、小店高速口向南延展经清徐县小武村通往晋中市；国道307从东山罕（kan）山进入，为东西走向，途经孟家井、杨家峪接市政迎春街、建设北路、迎泽大街、新晋祠路接王郭村，过清徐县城，经西高白村通往吕梁市。

二、现有高速路网对太原发展的制约和影响

交通线路走向决定着产业和城市的空间分布及发展方向，交通线路的空间组合状况决定着产业和城市的空间组织结构，主要交通方式的效率决定着产业和城市空间布局的灵活性与高效性。太原城区三面环山，是构建大交通格局的天然阻力。现有绕城高速路网局限在东西12千米，南北30千米的狭长范围内，环内规划建设用地面积约305平方千米。随着城市规模的不断扩大，现有路网已经不能满足城市发展需求，在很大程度上制约了太原的发展。

（一）降低了流通效率。高速路网是运送人流、物流的重要通道，是推动城市发展的主要动力。但我市现状绕城高速通车时间久远，设计标准低，城市车辆与过境车辆相互混行（部分时段货车比例高达57.20%），最拥堵的东段日平均交通量达5.10万辆，基本处于饱和或超饱和状态，经常出现交通拥堵现象，通行效率低，高速路网服务水平降至五级甚至六级（一般为三级），无法实现高效内畅外联，且安全隐患突出，环保压力增大。

（二）限制了产业发展。运输条件是产业区位选择和产业布局调整的重要影响因素，运输条件的改变往往直接导致产业布局的形成与改变。一是目前太原城市规模已经大大超过了现有绕城高速的范围，由于历史原因，大量流通依存度高的传统产业聚集在狭窄现状高速周边，受空间制约，既不利于当前产业的提档升级，也不利于城市功能疏解和高端产业项目的引进，影响产业结构升级；二是随着环保要求的提

升，限货圈不断扩大，且我市国道108、208、307与城市路网重叠，导致货物运输形成断头路，大宗货物运输承载和通行能力弱化，物流成本居高不下；三是割裂了区域发展空间布局，特别是太长高速穿我市最具经济活力的南部新区、综改示范区而过，影响了产业布局和发展。

（三）影响了城市形象。高速公路及其收费站是展示城市形象和对外开放的重要窗口。现有绕城高速的大部分路段及出入口已处于建成区内，与市政路网缺乏必要的缓冲，极易引发拥堵，造成交通秩序混乱；且高速路出入口周边地物密布，一些出入口脏乱差问题突出，既影响了市容市貌，也易造成外界对城市的不良印象。

（四）制约了空间布局。现状高速无法有效连接阳曲、清徐、太榆中心城区、综改示范区等新的城市组团，对融入一带一路、京津冀协同发展，推进乡村振兴、脱贫攻坚等重大战略缺乏有力支撑，同时也限制了太原都市区核心引领和辐射带动作用的发挥。

三、太原市当前高速路网规划和实施情况

《太原都市区规划（2016—2035年）》于2017年11月1日获省政府批复，将形成“一环、八射、七连”高速公路网布局。其中，“一环”为太原都市区高速公路环线（即拟建的太原二环高速），现有的绕城高速调整为城市外环快速路；“八射”包括向北放射的大运高速（大同方向），向东放射的太阳高速、太旧高速、青银二通道，向东南放射的太长高速，向西南放射的大运高速（运城方向）、太汾高速，向西放射的祁离高速、太佳高速。“七连”为二环高速与现有绕城高速之间的连接线，包括大运高速两个方向、太阳高速、太旧高速、太古高速、太佳高速、规划东部连接线（国道307走廊）。规划的太原二环高速由东二环、北二环、西二环及南二环（即已建成的龙城高速，起点晋中龙白，终点祁县城赵）组成。建成后二环高速总里程280千米，环内规划用地面积约660平方千米。

（一）太原二环高速规划建设情况。拟建西北二环起点位于太原市阳曲县凌井店，以枢纽形式与京昆高速太阳段相接，路线向西北至阳曲县大盂镇与二广高速原太段相交，继续展线至阳曲县西凌井，利用已建成太佳高速公路至静乐县赤泥洼，经古交后终于交城县夏家营，接义望枢纽与青银高速相连，总长183千米，其中，新建路段共计154千米，投资估算约239.85亿元。目前西北二环已完成工程可行性研究报告的编制、社会投资人招标等前期工作，预计2021年年底建成通车。西北二环与现有绕城高速西北环的垂直距离最近约13千米，最远距离约44千米。

拟建东二环起点位于太原市阳曲县凌井店，以枢纽形式与太阳高速立体交叉，向南延伸，终点位于榆次区龙白村，全长33千米，投资估算约39.30亿元，全线均采用双向六车道高速公路标准建设。目前，东二环已经开工建设，预计2020年年底建成通车。

规划中的南二环全部利用已建成的现有高速路，起点位于榆次区龙白村，经龙城高速东阳、城赵与大运高速相连，终点位于交城县夏家营，与西二环衔接。

（二）太原市域国道拟改线方案。将国道108、208、307市区路段外移，建设一条国道共线，形成东过境线、南过境线，减少货运、客运过境车辆对城区交通和环境的影响。国道共线改线工程建设总里程146千米，投资匡算140亿元（太原市区过境段96千米，投资匡算94.50亿元）。改线后国道108太原市区过境段起点位于阳曲县石岭关，途径红沟、马坡、红湾、孟家井至榆次区东阳与现有的国道108衔接，采用一级公路标准建设。改线后国道307太原市区过境段起点位于孟家井，利用拟建的国道共线至榆次区东阳，向西经高花、徐沟、集义，至清徐县东于与现状国道307衔接。改线后国道208全部利用拟建国道共线，太原市区过境段起点与改线后国道108起点相同，经榆次区东阳在清徐县徐沟与现状国道208衔接。

四、优化路网需要解决的问题与建议

（一）关于太长高速公路太原段改线问题。2004年，山西太长高速公路有限责任公司承诺在南部新区发展需要时，拆除太长高速公路（城市段）护栏作为市政道路使用。2014年2月，省政府已对我市上报的《关于太长高速公路太原段改线的请示》作出批示，并多次召开协调会加以研究推进。从近期看，2019年8月，全国第二届青年运动会将在我省举行，我市作为主赛区，承担着60%以上的比赛项目。但由于太长高速太原起点段位于水上项目赛场东岸，与规划的水上项目主赛场及配套的“三桥一路”重大基础设施工程冲突路段长约5千米，导致相关项目建设无法开展，如太长高速太原段不于4月底前启动改线，将影响整个赛事的筹办。从长远看，太长高速太原段斜穿综改示范区核心区域，对示范区产业落地、“内畅外通”造成重大影响，加快改线有利于更好发挥示范区引擎带动作用。

建议：1. 由省交通运输厅牵头，太原市配合，尽快完成太长高速太原段改线报批程序，争取4月底前关闭小店收费站。2. 将太长高速公路起点南移至东阳枢纽。

（二）关于二环高速路建设问题。目前，太原二环高速已列入省高速公路网调整规划，南段已建成（龙城高速），东段已开工建设、西北段正在积极推进，预计3年内建成通车。实施过程主要存在以下问题：一是二环高速建设项目未列入“十三五”国家高速路网调整规划，无法争取国家高速公路补助资金；二是二环高速与城市外环快速路高速连接线

规划只有7条（其中规划东部连接线尚未列入省高速路网规划），数量偏少，不能满足车辆快速进出城需要，需统筹考虑增加新建高等级连接线。

建议：1.积极争取交通运输部国高网投资补助，同时提升设计标准，在通过产业聚集区域时更多采用高架，减少对空间布局的影响。2.在二环高速建设中，统筹考虑增加与城市外环快速路的高等级连接线，加强城市外环快速路与二环高速之间的互联互通，提升城市综合交通承载能力。3.在二环高速公路建设期间，启动现有绕城高速调整为城市快速路的相关工作，并研究制定移交方案。

（三）关于新建市域高速公路问题。规划实施“古交—娄烦—方山”“阳曲大盂—盂县六岭关”（通往雄安新区）两条高速公路项目建设是打通我省西部和东部出省通道、形成“大交通，大格局”的高速路网体系的有力抓手，对加快推进贫困地区发展和融入京津冀具有重要意义。其中“古交—娄烦—方山”高速公路项目全长73.57千米，连接线36.80千米，投资匡算110亿元；“阳曲大盂—盂县六岭关”高速公路项目全长89千米，投资匡算129亿元。目前两条高速公路还处于规划阶段，未列入省“十三五”高速路网规划。

建议：将古交—娄烦—方山高速公路、阳曲大盂—盂县六岭关高速公路纳入“十三五”省高速公路网调整规划，并按照交通运输部的相关政策争取补助投资，尽快启动项目建设。

（四）关于推进国道108、208、307改线工程建设问题。目前上述三条国道从太原穿城而过，在《太原都市区规划》中，我市已将穿城而过的三条国道规划至城市外围。但新建国道108、208、307共线尚未列入山西省公路网建设规划。

建议：1.将国道108、208、307太原市区过境段改线工程列入山西省公路网建设规划，争取交通运输部补助投资，同时给予省级资金配套支持。2.加大对城市快速路网建设支持力度，形成高速公路、国道、城市快速路高效融合的交通体系，将最具发展活力的示范区、开发区有效连接，增强对产业的支撑作用。

（市委政研室）

太原市深化农村集体产权制度改革试点工作进展情况专题报告

积极稳妥推进农村集体产权制度改革是以习近平同志为核心的党中央作出的一项重大部署，也是实施乡村振兴战略的重要抓手，推进这项改革对完善农村治理、保障农民权益、探索形成农村集体经济新的实现形式和运行机制具有重大意义。太原市委、市政府把农村集体产权制度改革工作摆在重要战略地位，全面落实中央和省委的部署，加强组织领导，强化统筹谋划，聚焦改革创新，着力激发活力，积极推动杏花岭区、晋源区先行先试，总体来看推进有序，成效明显，收官在望，受到了农业农村部及省农业厅的充分肯定和认可。

一、基本情况

2017年9月，农业农村部、中央农办确定了全国100个县（市、区）为2017年度农村集体产权制度改革试点单位，其中山西包括太原市杏花岭区、晋源区和长治市襄垣县。杏花岭区、晋源区以试点为契机，勇于攻坚克难，着力破解体制机制难题，充分结合实际，积极推进改革试点工作取得阶段性成效。

截至2018年12月，杏花岭区、晋源区试点所涉及的139个村（社区）全部完成清产核资工作，完成率100%，量化经营性资产29.35亿元；138个村（社区）完成成员身份确认，共5.99万户、18.68万人，完成率99.30%；138个村（社区）成立了股份经济合作社，完成率99.30%（见表1）。其中，杏花岭区44个村（社区）中，44个村（社区）基本完成清产核资工作，完成率100%，量化经营性资产3.56亿元；44个村（社区）完成成员身份确认，共1.43万户，3.92万人，完成率100%；44个村（社区）完成资产量化和股权设置，成立股份经济合作社，完成率100%。晋源区95个村（社区）中，95个村（社区）基本完成清产核资工作，完成率100%，量化经营性资产25.79亿元；94个村（社区）完成成员身份确认，共45571户、147512人，完成率98.90%；94个村（社区）成立了股份经济合作社，完成率98.90%。特别是5月23、24日，全省农村集体产权制度改革试点现场推进培训会在太原市召开，杏花岭区被确定为培训会的观摩点，得到了省农村集体产权改革领导组和与会人员的高度肯定，为下一步全省深入推进农村集体产权制度改革提供了可借鉴可复制可推广的改革经验。

二、主要做法

太原市牢牢把握正确改革方向，树立“改革决不能落后”的工作理念，把完成好试点工作作为强化“四个意识”的具体体现、作为必须完成的政治任务来推进落实，严格遵循上级规定，严把工作程序，蹄疾步稳推进改革试点工作。

（一）加强顶层谋划，精心组织领导

按照中央和省委相关部署和要求，太原市紧紧围绕加快推进城乡一体化进程的目标，着力强化顶层设计，不断完善体制机制，统筹上下协调各方，积极宣传做好培训，准确把握工作节奏，确保改革扎实稳妥有序推进。

一是成立领导小组，高位推动改革。试点工作开展以来，市委市政府高度重视，成立了由市委书记、市长为双组长，市委副书记、副市长为副组长，发改、财政、国土等部门为成员的农村集体产权制度改革工作领导小组，下设领导小组办公室，统筹协调改革各项工作。同时，杏花岭区、晋源区也分别成立了领导小组，协调解决改革工作中存在的重大问题。通过签订改革责任书，制定工作职责清单，细化考核办法等，倒逼改革深入开展。全市上下形成了上下联动、部门协同的工作机制，为圆满完成产权制度改革工作奠定了基础。

二是完善工作机制，强化安排部署。太原市在认真学习中央和省相关文件精神的基础上，结合工作实际，出台了《太原市推进农村集体产权制度改革实施方案》(并发〔2018〕10号)，明确了改革的目标任务、总体安排、关键环节和责任落实等。杏花岭区、晋源区分别出台了《农村集体产权制度改革试点实施方案》《改革资料汇编》等配套文件，具体指导改革试点工作。同时，配套下发各类文件材料模板，规范填报流程，实现材料报送和审批的规范化、标准化和科学化。特别是晋源区专门划拨区财政预算400万元用作改革试点工作经费，有力地推动了试点工作的开展。制定出台《晋源区农村集体产权制度改革工作示范村奖励办法》，再预算1000万元对参与改革的行政村按核心示范村、示范村、先进村三个等次进行表彰奖励。拟定核心示范村6个，每村奖励20万元；示范村18个，每村奖励10万元；先进村若干个，每村奖励6万元，强化激励、创新推进，鼓励先进、鞭策后进，营造了干事创业、深化改革的良好氛围。

三是召开专题会议，统筹协调推进。太原市坚持将改革试点工作放在改革发展全局的高度给予大力支持，年初在市委农村工作会议上对此项工作进行了安排部署，并列入到全市年度目标责任制考核内容。7月23日，召开了全市农村集体产权制度改革推进会，杏花岭区先后召开各级工作会议122次，分级分层讨论解决改革过程中遇到的问题，目前已讨论问题18000余条，解答问题5200多个，归纳总结出236个问题并汇编成册，成为解决改革问题的活字典。晋源区召开区委常委会、区政府常务会和领导小组会议10余次、组织现场观摩会5次、召开工作例会22次，每次会议均要求镇（街）村主要负责同志参加，切实把中央和省市关于改革试点工作的各项政策和有关安排部署直接传达到基层、贯彻到基层、落实到基层。

四是广泛宣传动员，抓紧业务培训。按照中央、省级相关文件精神，太原市印制了“改革政策图”“改革流程图”“改革文件汇编”等相关资料，科学宣传政策，加强舆论引导，切实提高改革政策知晓率。同时邀请农业部和省级专家就产权制度改革工作进行多次专题培训，重点抓好县级分管领导、乡镇党政“一把手”及基层业务人员的培训工作，做到改革的参与者全员培训，不留死角。7月31日，太原市再次召开由10个县（市、区）基层农经人员参加的农村集体产权制度改革暨清产核资工作培训会，进一步提升了业务水平，为开展试点工作提供有利条件。杏花岭区采取集中培训、以会代训、外出学习等形式，累计开展各类培训26次、集中交流6次，基层工作人员参训1630人次，涌现出了中涧河乡娘子军团队、小返乡傻小子团队等优秀改革队伍。特别是在中涧河乡柏杨树社区成立了全省首个关于农村集体产权制度改革的农民讲习所，通过一线干部讲改革、一线干部抓改革，用农民的话说改革，使理论不再枯燥，政策深入民心。晋源区持续加大教育培训力度，举办大型培训会5场，深入镇（街）轮训干部12次，结合赴外考察学习、开展专题培训等形式，培育了一支懂政策、知业务、能操作的改革工作队伍，为改革提供了人才支撑和智力支持。

（二）摸清资产底子，全面清产核资

清产核资是推进农村集体产权制度改革的基础和前提。太原市严格按照工作程序和要求，通过理顺权属关系、理清集体资产，把清产核资做细做实，确保账证相符、账实相符、账账相符，坚决打好农村集体产权制度改革的第一场硬仗。杏花岭区按照城中村、城边村、新农村三种类型分类施策，

全市农村集体产权制度改革试点工作进展情况表

名　称	村（社区）（个）	完成清产核资情况		完成成员身份确认情况		成立股份经济合作社情况	
		村（社区）（个）	完成率（%）	村（社区）（个）	完成率（%）	村（社区）（个）	完成率（%）
杏花岭区	44	44	100	44	100	44	100
晋源区	95	95	100	94	100	94	98.90
全　市	139	139	100	138	99.30	138	99.30

围绕“底子清”“运营清”“收益清”的原则，认真抓实“四个六”，即：严格遵守清查、登记、核实、公示、确认、上报“六程序”，突出盘资源理合同、盘资产清家当、盘资金理库存、盘在建清工程、盘旧账理债务、盘投资明产权“六重点”，实施明确村界、核准面积、分类清查、面询函证、理清账务、抽样调查“六措施”，开展账物、账证、账表、各类用地、林业资源、政府投资资产“六比对”，确保了集体资产账实相符，不遗不漏。晋源区坚持保证量准、保证核准、保证评准的原则，对资源性资产、非资源性资产进行分类清查。创新核查方式，通过统一招投标，聘请4家有资质的审计事务所，对所有村及村属公司、村办企业的账内资产资金、债权债务和村级资源等清查核实，做到账目清、资产清、类别清。压实工作责任，要求各镇（街）、各村均成立专门清产核资工作小组，层层传导压力，确保责任到人。实行公示制度，清产核资报告一律公示，杜绝暗箱操作，全程公正透明，真正实现了账据、账账、账款、账表、账实“五相符”。

（三）明确基本标准，确认成员身份

成员身份确认是推进农村集体产权制度改革的关键。太原市坚持“尊重历史、兼顾现实、程序规范、群众认可”的原则，以户籍登记为基础，以法律法规为依据，以村规民约为参考，以民主评议为结果，统筹做好集体经济组织成员身份确认工作。杏花岭区在成员身份界定过程中，做到“三个注重”，保证操作科学规范，成员一人一处。注重规范流程，严格按照明确组织、制定方案、发布公告、核实登记、公示确认、上报备案、结果应用“七个流程”进行成员身份确认，全区有26村进行3榜公示，16村进行2榜公示，确保成员界定准确无误。注重“七个用心”（保持公心、贯穿耐心、工作细心、满怀爱心、彰显民心、凝聚人心、村民安心），坚持公平公正公开，理清问题、化解矛盾、定纷止争，让村民放心致力改革。注重梳理总结，通过梳理各村（社区）成员身份复杂多样的情况，归纳出60种成员界定类型，总结提出“七保留七丧失”工作意见，为下一步工作提供了指导。晋源区本着“有法依法、无法依规、无规依民”原则，做到依法定条件、民主定成员、酌情定身份，为改革工作顺利推进奠定了牢固基础。完善工作制度，出台《晋源区农村集体经济组织成员资格认定指导意见》，对成员身份确认时点和成员身份的取得、保留、丧失等作出原则性规定。细化工作规则，指导各村结合本村实际，制定成员资格认定办法，经村成员资格认定小组初审，村“四议会”讨论，入户征求意见、获得多数群众认可后，张榜公示，予以实施。实行特事特办，充分发挥民间智慧和力量的作用，推动更好解决疑难问题。比如，金胜镇新村200余村民多年前与太原一电厂签订过劳务协议，后因电厂搬迁失业，但每月尚领有900元生活补贴，该村在讨论这部分人员身份时，发动广大群众、广泛征求意见，最终确定这些人可以确定成员身份，但规定其权益为，如果村集体经济组织分红低于900元/人，该部分人不享受分红，如果分红超过900元/人，该部分人享受超出部分。这一处理办法，得到该村全体成员一致好评。

（四）合理量化股权，明确股权份额

股权设置是推进农村集体产权制度改革的重点。太原市因村制宜确定资产量化范围，原则上对经营性资产全额量化，资源型资产产生收益时追加量化，非经营性资产暂不量化，着力唱好农村集体产权制度改革的重头戏。杏花岭区按照成果成员共享、兼顾村情民愿的原则，在资产量化、股权设置、股权管理三个方面细化分类、综合施策，实现收益分配依法依规，公平合理。在资产量化中，坚持尊重历史、符合现实、依法依规、科学确定原则，通过中介评估数值、已有账面原值、政府核定价值等方式，将经营性资产以份额形式量化到本集体成员。在股权设置中，综合考虑户籍、土地、村龄、贡献等因素，归纳出38种股权设置依据，最终将股权设置为基本股、贡献股、特色股三种类别。在股权管理中，提出了不设集体股、只设个人股，股权实行“生不增、死不减”静态管理，实行“量化到人、确权到户、户内共享、社内流转”闭环运行模式三个建议。晋源区严格折股量化和股权管理程序，要求各村科学设置股权分配比例，以股份形式量化到本集体成员。对有经营性资产的村，根据村“四议会”或成员会议表决确定的比例，确定成员股的总股份数，再将可量化的经营性资产以股份或者份额形式量化给本集体经济组织成员。对无经营性资产的村，根据村“四议会”或成员会议表决确定的比例，确定成员股的总股份数，只登记每个集体经济组织成员所持有的股份数。对有未承包到户的资源性资产的村，成员只按照所持有的股份数，享受资源性资产带来的运营收益。

（五）建立经济组织，强化资产运营

农村集体经济组织是推进农村集体产权制度改革的有效实现形式。太原市着力在政策指导、法律法规、理顺关系方面抓好挂牌立社工作，同时，强化运营管理，创新合作模式，实行股份化运营，确保集体资产保值增值。杏花岭区围绕充分激发集体经济组织活力，改革成果持续保值增量的目标，突出抓好建章立制、民主选举、资产运营“三个环节”，实现集体经济权能完整、流转顺畅。在建立组织方面，指导各村（社区）制定《股份经济合作社章程》，入户同意率95%以上，成员大会表决通过率99%以上，为股份经济合作社起步腾飞奠定了扎实的群众基础。在民主选举方面，参照《村民委员会组织法》等法律法规，提出成员大会直接选举和成员代表大会间接选举两种指导意见。在资产运营方面，积极探索集体经济发展模式，理顺村（居）民委员会与集体经济组织之间的关系，搭建起既富百姓又强集体的经济载体。晋源区制定出台《晋源区农村集体（股份）经济合作社成立的指导意见》，鼓励村“两委”成员与集体经济组织理事会交叉任职、村务监督委员会与监事会交叉任职。每村另设立独立理事一名，由镇（街）包村干部担任，做到“一参三不”，即“全程参与理事会工作，但不发言、不决策、不分红”。新成立的集体经济组织将充分依托晋源区的“百村景区化、三年大变样”工程，作为特殊法人积极参与到市场运营中，推动农旅融合，发展美丽经济，走“农业＋旅游”特色发展之路，不断壮大集体经济，让广大农民群众享受更多的红利。

三、存在问题

目前，太原市农村集体产权制度改革试点各项工作虽然取得了一定成绩，但在推进过程中，也遇到一些疑难复杂问题，需要坚持问题导向，找准问题症结，重点研究解决。

一是清产核资工作尚未完全底清数明。主要体现在固定资产盘亏处理方面的问题亟待解决。一方面，“账有实无”和“实有账无”的资产难以处理。有的现任村干部对原任村干部有意见，不想替人担责。有的村干部对历史原因造成的债务问题不想接手，不愿承担责任。另一方面，部分集体资产难以定损处理。比如，原先部分村的村办企业非常兴盛，在村委会账面上资产也非常多，但经过多年的演变，这些村办企业现已全部倒闭，资产全部不知去向，因为资产数额较大，村里召开“四议会”定损处理时，现任村干部和村民代表既存在不敢处理，怕交代不了老百姓的思想；也存在有些村考虑到今后面临拆迁征地等情况，可以参照账面资产数额争取补偿款的思想，因此难以达成一致，给有关问题的解决带来困难。

二是成员身份确认尚未全部覆盖。主要体现在部分特殊人群的成员资格亟待认定。一方面，个别成员存在“两头占”“两头空”问题。根据目前成员界定的办法，户籍和承包土地都是成员身份认定的主要依据。目前，个别成员的户籍和承包地分属不同地区，有可能在某区某村认定为成员，但在其他地方也认定为成员，造成“两头占”的情况；同时，个别村民户籍迁移次数较多，或未能及时处理户籍问题，导致成员身份难以确定，容易造成“两头空”的情况。比如，外嫁女及其子女离异后，原户籍地（娘家）和现户籍地（婆家）都有可能不确定其为成员。另一方面，部分村民身份难以核实。比如，在银行、信用社等单位上班及退休人员，能够享受正常工资待遇及退休费，这部分人是否能享受成员身份，进行股权分红，村里不好界定。再如，在其他省、市、区工作的人员或已退休人员，本区人社部门只能核实本区内机关事业单位交五险一金的人员，以及城六区范围内的国企人员，跨区、跨市甚至跨省的人员身份无从核实。另外，由于成员身份核实缺少部门监督和制度约束，各地改革时点又不尽相同，这些情况在实现全国联网审核前很难杜绝。

三是相关体制机制尚未完全理顺。主要体现在股份经济合作社与基层组织、旧经济组织之间的关系亟待明晰。一方面，股份经济合作社与村民委员会、村居党组织之间的关系仍需探讨。根据试点改革的要求，农村集体产权制度改革工作由党支部领导、村民委员会支持予以推进，但是尚未明确改革后新成立的股份经济合作社与村委会之间的关系，现有法律规定在两者职责权限上存在交叉重叠的问题，既可能造成工作中推诿扯皮现象，也可能产生违法犯罪和腐败问题。另一方面，股份经济合作社与原有村办经济组织之间的关系尚未理顺。原村委会成立的一些企业，特别是城中村改造过程中成立的房地产、物业、工贸等公司，均占用着部分集体资产，如果与股份经济合作社同时运行，会造成集体资产在两处登记，不便于下一步的管理。

四、下一步工作打算

按照中央和省委的要求，农村集体产权制度改革试点工作将在10月底前完成。太原市将深入贯彻落实习近平新时代中国特色社会主义思想，以高度的政治责任感，抓好改革试点工作，按照时间表、路线图，细化任务，倒排工期，强化扫尾攻坚，做好验收准备，确保如期完成改革任务。

一是进一步完善清产核资工作。坚持实事求是、客观公正原则，统筹考虑历史原因和现实情况，重点清查“账有实无”和“实有账无”的资产，以及债权债务、经济合同等，理清债权债务关系，分类登记造册，实行台账管理。结合村级财务审计监督工作，依法清理规范各类承包合同，明确集体资产权属关系，为化解村级债务奠定基础。对于部分复杂资产，鼓励引入会计师事务所和法律顾问，开展清产核资专项审计，协助资产清查工作。第三方协助清查工作必须吸收群众参与，征求群众意见，接受群众质询，清查结果公开公示。

二是进一步细化确认成员身份。坚持以人为本、兼顾公平原则，针对部分特殊人群，统筹考虑其户籍关系、土地承包关系、生产生活历史、履行村民义务和享受集体分配等情况，充分发挥人民群众的智慧和力量，由村民代表大会讨论决定是否赋予其成员身份，防止多数人侵犯少数人权益，切实保护妇女儿童等弱势群体合法权益。探索建立成员信息管理平台，将成员基本信息、股权量化、资产管理、收益分红等改革要素纳入信息平台，并推动全省、全国联网，逐步实现管理信息化、流转规范化和监督制度化，杜绝“两头占”“两头空”的情况，切实维护村民的财产权益。

三是进一步理顺相关体制机制。坚持政企分开、政资分开原则，理顺村居党组织与村委会、股份经济合作社之间的关系，通过严格执行“四议两公开”等方式，发挥好党在村民自治和集体经济发展中统揽全局、协调各方的领导核心作用。理顺村委会与股份经济合作社之间的关系，条件成熟的城中村，逐步把社区服务、公益事业纳入城市社区统一管理，实现居委会与合作社职能剥离，使股份经济合作社集中精力发展壮大集体经济；条件暂不具备的村，鼓励村居党组织、“两委”负责人通过合法程序，竞选兼任股份经济合作组织领导职位，“三套机构、一班人马”，健全制度、规范运营，统筹推进集体经济发展和社区管理服务。理顺新旧经济组织之间的关系，对于原有的村办企业，在清产核资的基础上，该撤销的撤销，该合并的合并，充分盘活集体资产，明确股份经济合作社法人地位，规范运营管理，提升市场竞争力，努力实现集体经济保值增值、群众红利持续增加。

四是努力探索可复制可推广的经验做法。农村集体产权制度改革任务艰巨，使命光荣。太原市将在试点区开展“回头看”，夯实改革基础，突出改革成效，探索股份权能，确保10月份完成试点任务。同时，及时总结推广改革试点经验，进一步提高工作标尺，扩大覆盖面，高标准高质量完成好太原农村集体产权制度改革工作。积极推动其他8个县（市、区）尽快成立各县（市、区）农村集体产权制度改革领导机构和办事机构，广泛进行宣传培训，确保2019年6月完成清产核资工作；同步开展成员身份确认工作，确保2019年底完成；逐步探索股份权能改革，争取在2020年前全市基本完成改革任务，真正让农业成为有奔头的产业，让农民成为有吸引力的职业，让农村成为安居乐业的美丽家园，为乡村振兴注入强大活力，为谱写文开放富裕美丽太原新篇章做出贡献，向党中央、省委交上一份满意的答卷。

（市委政研室）

社会和经济发展统计资料

太原市行政区划

单位：个

指　标	街道办事处	社区居委会	乡政府	镇政府	村民委员会	自然村
总　计	53	696	31	21	824	1424
小店区	7	123	2	1	38	41
迎泽区	6	97		1	17	17
杏花岭区	10	120	2		28	36
尖草坪区	9	71	3	2	77	86
万柏林区	14	135	1		18	23
晋源区	3	45		3	77	94
清徐县		24	5	4	188	203
阳曲县		11	6	4	123	360
娄烦县		6	5	3	142	217
古交市	4	53	7	3	116	347
综改示范区		11				

太原市主要年份国民经济主要指标

指　标	1985	1990	1995	2000	2005	2010	2015	2017	2018
年末户籍常住人口（人）	2344452	2612087	2827710	3087491	3403874	3654990	3673857	3691706	3767165
按性别分									
男性	1258322	1384876	1490281	1607655	1766902	1867963	1858619	1858108	1891805
女性	1086130	1227211	1337429	1479836	1636972	1787027	1815238	1833598	1875360
按城镇、乡村分									
城镇人口	1425235	1636344	1832597	2039240	2389268	2630159	2919276	2925693	2988468
乡村人口	919217	975743	995113	1048251	1014606	1024831	754581	766013	778697
社会从业人员（人）	1377500	1592200	1773000	1611200	1616195	1760476	2227500	2371200	2475600
按三次产业分									
第一产业	235500	248400	258000	276800	271587	242519	251700	248700	248100
第二产业	770000	853400	872000	611500	530983	569339	649200	658800	644200
第三产业	372000	490400	643000	722900	813625	948618	1326700	1463700	1583300
按职工、非职工分									
城镇非私营单位职工	989000	1111000	1124000	884117	757996	846286	1050453	1044066	1040361
#国有	756000	892000	919000	533148	458206	460685	462583	434969	316999
集体	233000	219000	205000	119411	62939	47730	34621	29553	29123
城镇私营企业和个体从业人员	8000	61000	127000	217056	355324	422952	682044	841834	694239
农村从业人员	351000	385000	434000	503753	502875	491238	495003	485300	471700
城镇非私营单位在岗职工工资总额（万元）	115920	257007	609421	724376	1378220	3147504	6229561	7269789	8228510
#国有单位职工	94900	220674	529353	441159	828598	1705528	3204005	3678961	2831299
城镇集体单位职工	21020	35909	67586	60029	54590	83962	122401	126719	136872
城镇非私营单位在岗职工年平均工资（元）	1199	2351	5538	8394	18547	38838	60515	72114	78904
#国有单位职工	1279	2510	5788	8460	18375	37684	71070	87636	89320
城镇集体单位职工	938	1696	3371	5285	9192	18255	37637	44704	46508
城镇居民人均可支配收入（元）	646	1573	3939	6019	10476	17258	27727	31469	33672
城镇居民人均消费性支出（元）	585	1357	3409	5341	7806	12106	15455	18234	19912
#食品	308	653	1588	1750	2412	3710	3585	3783	4229
衣着	112	241	514	564	1050	1234	1589	1664	1617
居住		36	194	388	857	1172	3355	4530	5008
农村常住居民人均可支配收入（元）	526	763	1444	2643	4402	7611	13626	15595	16860
农民人均生活消费支出（元）				1634	2601	3879	10124	11546	12365

续表

指　标	1985	1990	1995	2000	2005	2010	2015	2017	2018
# 食品				696	909	1312	2578	2809	3105
衣着				204	350	493	893	941	962
居住				225	334	642	2787	3077	3091
地区生产总值（万元）	442126	939154	2339397	3990686	9100593	18065086	27800811	33821819	38844778
第一产业	28885	58755	118405	154936	201903	302806	373954	400191	410524
第二产业	295782	520827	1106205	1679353	4325421	8051911	10521400	12722181	14391278
工业	239985	453958	923523	1319688	3301355	5941668	7200419	8622303	9613324
建筑业	55797	66869	182682	359665	1024066	2110243	3320981	4099878	4777954
第三产业	117459	359572	1114787	2156397	4573269	9710369	16905457	20699447	24042976
人均生产总值（元/人）	1905	3648	8364	13113	26600	46883	64521	77536	88272
地区生产总值指数（%）	105.4	109.1	113.1	109.1	115.7	111.4	109.0	107.5	109.2
第一产业	91.7	126.8	102.6	106.8	101.1	104.9	101.3	103.0	100.7
第二产业	105.5	107.9	113.5	108.2	116.3	111.5	106.1	107.0	110.3
工业	106.4	102.0	116.2	108.9	117.8	111.2	105.9	108.9	110.7
建筑业	99.5	150.1	99.9	105.1	112.2	112.5	106.9	103.0	109.4
第三产业	108.2	109.3	113.3	111.1	115.9	111.4	111.5	107.9	108.8
全社会固定资产投资额（万元）	194510	262924	701894	1047702	4385077	9164811	20256080		
全社会竣工房屋面积（平方米）	3585900	2870100	2848000	4420700	6064048	7795531	7002156	4799700	4064832
全社会新增固定资产（万元）	126292	212335	517719	876782	1193234	4114718	9597538	5480513	6572701
商品零售价格总指数（以上年价格为100）	112.0	100.7	114.5	96.0	100.2	102.6	98.6	101.7	101.7
食品类		99.7	124.2	93.8	103.7	108.2	100.3	99.2	101.9
服装鞋帽类		106.9	119.1	100.6	96.3	96.9	103.3	100.3	100.3
纺织品类		106.9	120.1	94.9	98.0	109.6	98.4	100.1	100.0
中西药品及医疗保健用品类		99.1	114.3	101.3	98.7	105.8	101.0	101.5	100.4
文化和体育用品类		93.3	104.0	99.3					
文化办公用品类					99.4	97.6	97.4	100.3	100.2
体育娱乐用品类					99.1	97.9	99.1	100.6	100.4
日用品类		99.8	109.0	98.0	100.7	99.0	99.4	100.1	103.0
家用电器类		93.1	102.2	95.6	97.3	92.6	97.6	96.7	96.7
燃料类		119.9	105.9	107.6	112.8	117.0	88.1	118.3	110.2

续表

指　标	1985	1990	1995	2000	2005	2010	2015	2017	2018
建筑装璜材料类	112.0	100.4	102.8	99.4	102.1	97.7	98.0	101.1	100.5
居民消费品价格总指数（以上年价格为100）		101.7	116.8	103.6	101.1	103.0	100.4	101.8	101.8
食品类		99.7	123.4	93.2	103.8	108.4	100.3		
衣着类		106.9	116.8	99.6	96.2	97.2	103.4		
家庭设备用品及维修服务类		99.8	106.5	98.6	100.0	100.8	100.0		
医疗保健和个人用品类		99.1	113.7	101.1	101.6	102.6	100.3		
交通和通讯类		147.7	94.9	97.8	96.3	97.7	98.7		
娱乐教育文化用品及服务类		93.3	112.3	96.4	101.9	101.8	100.4		
居住类		105.9	111.9	107.0	102.4	101.2	99.8		
食品烟酒								99.4	102.0
衣着								100.4	100.3
居住								101.3	102.8
生活用品及服务								100.1	100.7
交通和通信								101.8	101.5
教育文化和娱乐								103.0	102.2
医疗保健								111.9	101.6
其他用品和服务								102.4	100.4
服务项目类价格总指数（以上年价格为100）		110.2	107.3	162.1	102.9	102.4	100.6	104.1	102.4
农林牧渔业总产值（万元，按当年价格计算）	38744	73925	193432	246156	344060	560634	739124	794015	795895
农业产值	28489	47608	120504	163107	199305	336794	428567	451016	472363
林业产值	2266	1877	4382	4020	12088	49426	69118	81492	85809
牧业产值	7942	22069	66859	77344	114172	154140	202345	219411	194261
渔业产值	47	662	1687	1685	2689	3063	3060	3097	3097
农林牧渔服务业产值					15806	17210	36035	39000	40365
农林牧渔业总产值指数（以上年价格为100）	99.6	108.3	102.2	106.9	101.3	104.9	101.8	103.0	100.8
农业产值		107.9	95.9	110.1	99.6	102.6	100.2	103.3	104.2
林业产值		93.0	106.8	102.4	74.7	105.5	103.4	109.7	105.3
牧业产值		110.8	112.8	102.8	104.9	106.9	103.9	102.2	91.5
渔业产值		116.5	103.6	103.7	107.6	119.7	99.3	103.6	96.6
农林牧渔服务业产值					100.8	127.0	106.5	102.6	103.5

续表

指　标	1985	1990	1995	2000	2005	2010	2015	2017	2018
主要农作物播种面积（千公顷）	145.34	145.72	139.23	136.82	118.56	113.55	100.33	84.86	82.52
粮食	107.61	116.25	107.93	100.35	83.48	84.78	75.57	71.34	65.96
棉花	0.23	0.12	0.86	0.83	0.22	0.08	0.01	0.003	0.001
油料	22.70	13.52	13.90	11.05	5.05	3.11	2.31	0.95	1.76
主要农产品产量									
粮食（吨）	304534	387806	334171	294557	291865	321585	299327	320963	292283
棉花（吨）	133	96	849	998	276	105	14	6	1
油料（吨）	16756	13882	6636	10557	3845	2721	2995	1299	3404
肉类（吨）	12001	17109	33603	47606	65135	49975	56011	54859	45388
禽蛋（吨）	7428	20003	35272	44361	43165	36412	29920	34256	33991
工业企业单位数（个）	1560	1981	2033	383	489	480	408	376	436
按经济类型分									
国有经济	289	331	335	178	95	37	19	8	7
集体经济	1270	1638	1601	89	60	40	16	13	13
其他	1	12	97	116	334	403	373	355	416
按轻重工业分									
轻工业	713	877	727	128	111	107	81	83	88
重工业	847	1104	1306	255	378	373	327	293	348
工业企业总产值（万元，按1990不变价格计算）	620037	1276457	2588265	3105189	9213954	20003397	21592702	27148208	31270927
按经济类型分									
国有经济	536776	1063635	2008511	697609	715540	662004	1215862	9373800	9765104
集体经济	81674	204830	443982	197970	164977	147631	60132	61485	69095
其他	1587	7992	135772	2209610	8333437	19193762	20316708	17712923	21436728
按轻重工业分									
轻工业	150649	334579	449580	528811	703205	1400948	1470754	1638607	1476100
重工业	469388	941878	2138685	2576378	8510749	18602449	20121948	25509601	29794827
主要工业产品产量									
原煤（万吨）	2140	2840	3133	2544	4482	3775	3988.88	2837.11	3345.76
发电量（万千瓦时）	347800	367800	873200	1135500	1594000	2038000	2574800	2586500	2709700
粗钢（万吨）	152.73	190.24	238.82	249.90	353.34	850.00	1078.60	1182.81	1250.11
生铁（万吨）	110.97	160.00	241.00	292.00	394.22	696.90	777.37	777.7	816.20
焦炭（万吨）	152.56	386.33	893.24	836.00	1201.00	1268.00	1029.40	1057.98	1150.46
水泥（万吨）	76.20	73.94	148.70	170.00	272.65	582.50	478.07	468.96	593.56

续表

指　标	1985	1990	1995	2000	2005	2010	2015	2017	2018
太原地区铁路货运量（万吨）	2398	3295	3735	4278	6113	5064	4414	3415	3597
太原地区铁路客运量（万人次）	814	878	992	864	1074	2210	2598	2756	2966
邮电业务总量（万元）	1470	3890	36723	238105	540873	1452903	1072137	1430480	1524617
社会消费品零售总额（万元）	229781	456637	1116123	1894200	3840302	8258458	15407962	16760964	18119042
外商直接投资（万美元）	43	141	4500	7280	16490	58501	85049	10713	863
接待海外旅游人数（人次）	9695	13519	23594	47886	100859	283194	210065	229451	238822
接待国内旅游人数（万人次）	173	277	462	860	1408	1995	4892	6758	8126
一般公共预算收入（万元）	50872	92130	134263	214828	569525	1384809	2742403	3118503	3732275
一般公共预算支出（万元）	32519	61055	146653	245873	718390	1896358	4199913	4790558	5424589
#基本建设支出	4657	4674	11529	5392	25197				
文教科卫支出	7645	15259	35510	53994	141640	532802	1086343	1341675	1681493
#教育事业费支出				35688	92774	359491	620878	730005	808097
学校数（所）	2057	2009	1967	1890	1400	1003	792	811	808
#普通高等学校	9	12	13	12	32	42	43	44	46
中等专业学校	41	46	48	47	28	30	32	32	32
普通中学	278	223	235	237	251	230	224	220	227
小学	1664	1646	1575	1503	1003	607	416	441	441
在校学生数（人）	451732	442897	518546	649236	980584	1154723	1158152	1149691	1151639
#普通高等学校	26976	32463	44480	72689	265535	329712	546581	532209	532822
中等专业学校	17711	29323	43323	83107	53475	76540	56392	47725	44066
普通中学	151704	126591	131401	173635	222462	239953	206557	197281	199250
小学	241219	232653	269039	295062	317752	267325	275621	298725	310437
专任教师数（人）	31419	36427	39028	43109	55733	63377	65596	68255	70057
#普通高等学校	4910	6031	6056	6669	16223	20912	23771	23903	24008
中等专业学校	2369	3221	3543	3373	1623	2266	2689	2670	2631
普通中学	10159	11203	11663	13775	16005	17134	18792	19365	19689
小学	12526	13415	14747	16637	17388	17079	16379	17810	19014
毕业生数（人）	96239	102370	111805	131606	223103	323154	313479	300437	301803
#普通高等学校	4997	8088	12421	12572	53735	97398	151583	152757	155565

续表

指　标	1985	1990	1995	2000	2005	2010	2015	2017	2018
中等专业学校	4956	10037	11635	15027	16252	26875	24587	17505	16872
普通中学	36732	40519	32638	44537	64141	71310	73908	69343	62812
小学	45648	37058	45576	48260	49201	52792	36073	42852	45506
卫生机构数（个）	932	998	972	1002	1954	2527	2791	2779	2748
# 医院	194	220	221	131	194	191	185	175	163
卫生机构床位数（张）	18332	22944	24082	24817	23652	27771	36760	38318	39917
# 医院	16721	21248	22174	19317	21736	24703	34828	36566	37296
卫生技术人员（人）	24328	27780	30101	28418	29549	39930	52662	57348	61269
# 医院	15732	19429	21594	21855	22728	28529	39463	42915	43904

注：1. 2015 年以前城镇、乡村人口数分别为农业、非农业人口数。

2. 本表地区生产总值、社会消费品零售总额 2005 年至 2008 年为第二次经济普查调整后口径。

3. 2014 年以前农村常住居民人均可支配收入为农民人均纯收入。

4. 2016 年国家对城镇居民消费品价格指数八类指标进行调整。

5. 工业企业单位数、工业企业总产值 2000 年以前为乡及乡以上口径，以后为规模以上工业口径，2005 年起为当年价。

6. 2011 年起固定资产投资起点由计划总投资 50 万元以上的项目提高到 500 万元以上，且没有全社会固定资产统计指标；2017 年国家统计局确定山西为投资改革试点省份，固定资产投资额的统计方法由原来的以形象进度法为主改为以财务支出法为主。

7. 2011 年邮电业务总量采用新口径计算。

8. 2005 年起社会消费品总额不含未通过市场直接向消费者出售的产品。

9. 2005 年以前外商直接投资包括间接投资。

10. 教育指标中不包括幼儿园。

11. 卫生指标中不含村卫生室数。

乡镇、村通公路、通油路情况

指　标	单　位	数　量
乡镇总数	个	52
通油路乡镇数	个	52
乡镇通油路率	%	100
行政村总数	个	824
通公路行政村数	个	824
行政村通公路率	%	100
通硬化路行政村数	个	824
行政村通油路率	%	100

旅游人数及收入

指　标	2018	2017
海外旅游人数（人次）	238822	229451
外国人	168770	162061
香港同胞	38931	37628
澳门同胞	4901	4440
台湾同胞	26220	25322
国内旅游人数（万人次）	8102.32	6757.77
旅游外汇收入（万美元）	10702.70	9998.73
国内旅游收入（亿元）	985.30	815.72

保险业基本情况

单位：万元

项　目	原保险保费收入		原保险赔款与给付支出	
	金额（万元）	增长（%）	金额（万元）	增长（%）
合　计	2230863.72	12.10%	636332.75	11.29%
中国人民财产保险股份有限公司太原市分公司	140283.45	12.27%	80019.39	21.42%
中国太平洋财产保险股份有限公司太原中心支公司	55303.08	14.61%	27165.79	26.52%
永安财产保险股份有限公司太原中心支公司	10690.66	25.59%	3564.06	-17.14%
天安财产保险股份有限公司太原中心支公司（虚拟）	204242.42	32.78%	68180.05	25.97%
天安财产保险股份有限公司太原中心支公司	8389.14	21.88%	3800.42	25.25%
中国大地财产保险股份有限公司太原中心支公司	23694.00	39.31%	8822.20	5.81%
太平财产保险有限公司太原中心支公司	19406.98	9.59%	7973.74	46.83%
华安财产保险股份有限公司太原中心支公司（虚拟）	19457.68	1.44%	7713.90	11.57%
安邦财产保险股份有限公司太原中心支公司	923.92	-80.86%	2578.40	145.42%
永诚财产保险股份有限公司太原中心支公司	6250.99	26.47%	1902.31	-31.66%
阳光财产保险股份有限公司太原中心支公司	22284.11	27.43%	7499.17	21.77%
中国人寿财产保险股份有限公司太原市中心支公司	38362.36	14.76%	19516.13	-7.89%
渤海财产保险股份有限公司太原中心支公司	2117.57	-30.74%	1166.57	51.90%
都邦财产保险股份有限公司太原中心支公司	2070.94	-20.94%	1548.10	-17.46%
华泰财产保险有限公司太原中心支公司（虚拟）	6304.70	-21.92%	3998.75	-4.16%
中国出口信用保险公司太原中心支公司（虚拟）	6285.02	6.17%	2868.01	284.22%
安盛天平财产保险股份有限公司太原中心支公司（虚拟）	7805.75	-37.88%	4349.49	-29.81%
安诚财产保险股份有限公司太原中心支公司（虚拟）	3143.09	-52.42%	3230.87	27.25%
国任财产保险股份有限公司太原中心支公司（虚拟）	10194.38	43.95%	2682.73	4.56%
中银保险有限公司太原中心支公司（虚拟）	9701.50	-7.54%	5617.22	-19.87%
中煤财产保险股份有限公司太原中心支公司	24741.37	40.77%	11954.57	37.62%
英大泰和财产保险股份有限公司太原中心支公司（虚拟）	16751.24	-8.46%	9666.82	1.37%

续表

项目	原保险保费收入		原保险赔款与给付支出	
	金额（万元）	增长（%）	金额（万元）	增长（%）
紫金财产保险股份有限公司太原中心支公司（虚拟）	6206.42	-11.58%	2815.71	-9.94%
中华联合财产保险股份有限公司太原中心支公司（虚拟）	11829.96	36.76%	6729.05	10.35%
华农财产保险股份有限公司太原中心支公司（虚拟）	22666.54	18.46%	6077.18	138.94%
诚泰财产保险股份有限公司太原中心支公司（虚拟）	6477.44	13.07%	3567.96	473.45%
众安在线财产保险股份有限公司太原中心支公司（虚拟）	10181.28	103.55%	2481.35	16.38%
中国铁路财产保险自保有限公司太原中心支公司（虚拟）	872.61	-73.22%	254.61	-61.26%
泰康在线财产保险股份有限公司太原中心支公司（虚拟）	4431.93	130.39%	689.24	209.99%
阳光渝融信用保证保险股份有限公司太原中心支公司（虚拟）	102.70	2708.46%	52.30	246201.70%
安心财产保险有限责任公司太原中心支公司（虚拟）	1.72	-54.81%	1.60	371.33%
易安财产保险股份有限公司太原中心支公司（虚拟）	0.16	14.04%	0.00	0.00%
众惠财产相互保险社太原中心支公司（虚拟）	0.00	-100.00%	0.00	0.00%
中国人寿保险股份有限公司太原分公司	223793.10	-0.40%	68475.66	-25.80%
中国太平洋人寿保险股份有限公司太原中心支公司	126440.56	7.23%	31401.78	42.96%
中国平安人寿保险股份有限公司太原中心支公司（虚拟）	361057.39	22.41%	48100.37	38.57%
新华人寿保险股份有限公司太原中心支公司	61516.40	11.63%	64235.94	75.70%
泰康人寿保险有限责任公司太原中心支公司（虚拟）	140352.62	7.87%	26372.50	5.06%
平安养老保险股份有限公司太原中心支公司（虚拟）	11198.45	9.44%	3300.99	-8.55%
太平人寿保险有限公司太原中心支公司	90546.06	13.75%	18565.22	54.58%
中国人民人寿保险股份有限公司太原中心支公司（虚拟）	50583.93	4.68%	19707.44	-38.03%
农银人寿保险股份有限公司太原中心支公司（虚拟）	11929.78	-19.39%	4965.07	-10.04%
中国人民健康保险股份有限公司太原中心支公司	17873.95	-43.09%	12386.47	23.64%
英大泰和人寿保险股份有限公司太原中心支公司（虚拟）	34105.06	165.75%	2925.50	-13.26%
合众人寿保险股份有限公司太原中心支公司（虚拟）	7857.94	-49.35%	980.16	-17.88%
民生人寿保险股份有限公司太原中心支公司（虚拟）	7774.50	-25.79%	2783.06	-19.80%
阳光人寿保险股份有限公司太原中心支公司（虚拟）	26111.91	-66.58%	6125.02	-32.20%
富德生命人寿保险股份有限公司太原中心支公司	46590.38	-26.22%	3774.78	-48.53%
光大永明人寿保险有限公司太原中心支公司（虚拟）	34839.33	73.70%	1971.34	16.75%
国华人寿保险股份有限公司太原中心支公司（虚拟）	78273.30	-27.22%	1841.68	-45.97%
幸福人寿保险股份有限公司太原中心支公司（虚拟）	28535.25	-46.71%	2714.30	16.86%
泰康养老保险股份有限公司太原中心支公司（虚拟）	16899.70	28.08%	1581.85	24.11%
中信保诚人寿保险有限公司太原中心支公司（虚拟）	13383.33	152.20%	251.67	55.45%
安邦人寿保险股份有限公司太原中心支公司（虚拟）	740.54	-99.63%	1252.39	90.40%
百年人寿保险股份有限公司太原中心支公司（虚拟）	58989.52	17.76%	3708.50	-1.52%
工银安盛人寿保险有限公司太原中心支公司（虚拟）	80295.62	-23.11%	423.36	40.45%

小店区国民经济主要指标

指　标	单　位	2018
基本情况		
行政区域面积	平方千米	295
乡个数	个	2
镇个数	个	1
街道办事处个数	个	7
人口与就业		
户籍户数	万户	195908
户籍人口	万人	665365
综合经济		
（一）地区生产总值	万元	9188828.466
第一产业增加值	万元	82611
第二产业增加值	万元	4576179
第三产业增加值	万元	4530038.466
（二）财政、金融		
一般公共预算收入	万元	303548
一般公共预算支出	万元	407680
农业		
（一）生产条件		
耕地面积	公顷	9866.61
设施农业占地（水面）面积	公顷	236.0
耕地灌溉面积	公顷	7520
（二）农作物播种面积	公顷	7356.1
粮食作物播种面积	公顷	4204.3
其中：小麦	公顷	46.5
玉　米	公顷	363.3
大　豆	公顷	1236.6
油料播种面积	公顷	270.9
蔬菜播种面积	公顷	1601.7
（三）农产品产量		
粮食总产量	吨	26986.1

续表

指　标	单　位	2018
其中：小麦	吨	287.1
玉　　米	吨	3034.6
大　　豆	吨	3074.4
油料产量	吨	1464.9
园林水果产量	吨	554.5
肉类总产量	吨	4008
其中：猪肉产量	吨	2235
禽蛋产量	吨	4400
奶类产量	吨	42760
蔬菜产量	吨	83850
水产品产量	吨	15
（四）农产品质量		
“三品一标”农产品个数	个	53
“三品一标”农产品基地面积	公顷	1028
工业		
规模以上工业企业单位数	个	34
规模以上工业总产值	万元	450320
其中：农产品加工业产值	万元	20179.2
交通、通讯		
公路里程	千米	357
贸易、外经		
社会消费品零售总额	万元	5240352.7
其中：限上社会消费品零售总额	万元	3104975.7
出口总额	万元	66795
固定资产投资		
固定资产投资增速	%	29.7
房地产开发投资	万元	1107361
教育、科技、文化、卫生		
普通中学	所	42
小学校数	所	72

续表

指 标	单 位	2018
普通中学专任教师数	人	4246
小学专任教师数	人	3587
普通中学在校学生数	人	44634
小学在校学生数	人	77492
全年专利授权数	件	1884
公共图书馆图书总藏量	千册	136
剧场、影剧院个数	个	9
体育场馆个数	个	12
医疗卫生机构床位数	床	7022
医疗卫生机构技术人员	人	10374
其中：执业（助理）医师	人	4138
居民生活		
城镇居民人均可支配收入	元	34889
社会保障		
各种社会福利收养性单位数	个	1
各种社会福利收养性单位床位数	床	200
城镇职工基本养老保险参保人数	人	100606
城乡居民基本养老保险参保人数	人	89006
城乡居民基本医疗保险人数	人	385654
失业保险参保人数	人	55575
城镇居民最低生活保障人数	人	689
农村居民最低生活保障人数	人	589
附记指标		
森林面积	公顷	1247
污水处理厂数	座	3
垃圾处理站数	个	12

迎泽区国民经济主要指标

指　标	单　位	2018
基本情况		
行政区域面积	平方千米	117
镇个数	个	1
街道办事处个数	个	6
人口与就业		
户籍户数	万户	160020
户籍人口	万人	540607
综合经济		
（一）地区生产总值	万元	7685868
第一产业增加值	万元	1929
第二产业增加值	万元	979059
第三产业增加值	万元	6704880
（二）财政、金融		
一般公共预算收入	万元	200976
一般公共预算支出	万元	255465
农业		
（一）生产条件		
耕地面积	公顷	698.98
耕地灌溉面积	公顷	170
（二）农作物播种面积	公顷	127.2
粮食作物播种面积	公顷	120.9
其中：玉米	公顷	24
大　豆	公顷	13
油料播种面积	公顷	0.4
蔬菜播种面积	公顷	5.6
（三）农产品产量		
粮食总产量	吨	171.8
其中：玉米	吨	48.6
大　豆	吨	18.4

续表

指　标	单　位	2018
油料产量	吨	0.5
园林水果产量	吨	2.1
肉类总产量	吨	167.77
其中：猪肉产量	吨	101.5
禽蛋产量	吨	220
蔬菜产量	吨	364
水产品产量	吨	27
（四）农产品质量		
“三品一标”农产品个数	个	1
“三品一标”农产品基地面积	公顷	60
工业		
规模以上工业企业单位数	个	7
规模以上工业总产值	万元	726699
交通、通讯		
公路里程	千米	81
贸易、外经		
社会消费品零售总额	万元	4094915.1
其中：限上社会消费品零售总额	万元	1948617.4
出口总额	万元	136652
固定资产投资		
固定资产投资增速	%	-5.6
房地产开发投资	万元	715853
教育、科技、文化、卫生		
普通中学	所	19
小学校数	所	37
普通中学专任教师数	人	2605
小学专任教师数	人	2029
普通中学在校学生数	人	28075
小学在校学生数	人	34352

续表

指　标	单　位	2018
全年专利授权数	件	746
公共图书馆图书总藏量	千册	113
剧场、影剧院个数	个	5
体育场馆个数	个	1
医疗卫生机构床位数	床	9152
医疗卫生机构技术人员	人	14407
其中：执业（助理）医师	人	5029
居民生活		
城镇居民人均可支配收入	元	34633
社会保障		
各种社会福利收养性单位数	个	1
各种社会福利收养性单位床位数	床	20
城镇职工基本养老保险参保人数	人	65541
城乡居民基本养老保险参保人数	人	27289
城乡居民基本医疗保险人数	人	195619
失业保险参保人数	人	30541
城镇居民最低生活保障人数	人	1340
农村居民最低生活保障人数	人	333
附记指标		
森林面积	公顷	1760
垃圾处理站数	个	11

杏花岭区国民经济主要指标

指 标	单 位	2018
基本情况		
行政区域面积	平方千米	170
乡个数	个	2
街道办事处个数	个	10
人口与就业		
户籍户数	万户	186304
户籍人口	万人	608534
综合经济		
（一）地区生产总值	万元	6471094.245
第一产业增加值	万元	5176.9
第二产业增加值	万元	1314686.765
第三产业增加值	万元	5151230.58
（二）财政、金融		
一般公共预算收入	万元	186670
一般公共预算支出	万元	261602
农业		
（一）生产条件		
耕地面积	公顷	923.5
设施农业占地（水面）面积	公顷	5.0
耕地灌溉面积	公顷	30
（二）农作物播种面积	公顷	504.2
粮食作物播种面积	公顷	453.5
其中：玉米	公顷	75.5
大　豆	公顷	67.1
油料播种面积	公顷	3.1
蔬菜播种面积	公顷	47.6
（三）农产品产量		
粮食总产量	吨	746.2
其中：玉米	吨	132.8
大　豆	吨	61.6
油料产量	吨	3.3
园林水果产量	吨	715.2
肉类总产量	吨	1264.18
其中：猪肉产量	吨	1029.23
禽蛋产量	吨	447.49
蔬菜产量	吨	1841
（四）农产品质量		
“三品一标”农产品个数	个	6
“三品一标”农产品基地面积	公顷	120

续表

指　标	单　位	2018
工业		
规模以上工业企业单位数	个	21
规模以上工业总产值	万元	393547
交通、通讯		
公路里程	千米	141
贸易、外经		
社会消费品零售总额	万元	2414672.9
其中：限上社会消费品零售总额	万元	1075112.1
出口总额	万元	193910
固定资产投资		
固定资产投资增速	%	26.8
房地产开发投资	万元	725208
教育、科技、文化、卫生		
普通中学	所	37
小学校数	所	57
普通中学专任教师数	人	3378
小学专任教师数	人	2661
普通中学在校学生数	人	31406
小学在校学生数	人	48568
全年专利授权数	件	495
剧场、影剧院个数	个	4
体育场馆个数	个	3
医疗卫生机构床位数	床	11621
医疗卫生机构技术人员	人	18507
其中：执业（助理）医师	人	6530
居民生活		
城镇居民人均可支配收入	元	34583
社会保障		
各种社会福利收养性单位数	个	5
各种社会福利收养性单位床位数	床	601
城镇职工基本养老保险参保人数	人	69608
城乡居民基本养老保险参保人数	人	37524
城乡居民基本医疗保险人数	人	176310
失业保险参保人数	人	37519
城镇居民最低生活保障人数	人	3526
农村居民最低生活保障人数	人	1164
附记指标		
森林面积	公顷	1687
垃圾处理站数	个	15

尖草坪区国民经济主要指标

指　标	单　位	2018
基本情况		
行政区域面积	平方千米	285
乡个数	个	3
镇个数	个	2
街道办事处个数	个	9
人口与就业		
户籍户数	万户	112606
户籍人口	万人	331434
综合经济		
（一）地区生产总值	万元	3275626.763
第一产业增加值	万元	34675
第二产业增加值	万元	2054174
第三产业增加值	万元	1186777.763
（二）财政、金融		
一般公共预算收入	万元	135102
一般公共预算支出	万元	207011
农业		
（一）生产条件		
耕地面积	公顷	4642.2
设施农业占地（水面）面积	公顷	76.7
耕地灌溉面积	公顷	4370
（二）农作物播种面积	公顷	4838.3
粮食作物播种面积	公顷	4127.3
其中：玉米	公顷	3190.6
大　　豆	公顷	228.2
油料播种面积	公顷	40.3
蔬菜播种面积	公顷	594.1
（三）农产品产量		
粮食总产量	吨	14538.7
其中：玉米	吨	12541.2

续表

指　标	单　位	2018
大　　豆	吨	473.4
油料产量	吨	54
园林水果产量	吨	22316.6
肉类总产量	吨	3067.7
其中：猪肉产量	吨	2436
禽蛋产量	吨	1472
奶类产量	吨	17788.5
蔬菜产量	吨	42703.9
水产品产量	吨	115
（四）农产品质量		
“三品一标”农产品个数	个	12
“三品一标”农产品基地面积	公顷	737
工业		
规模以上工业企业单位数	个	55
规模以上工业总产值	万元	9294914
其中：农产品加工业产值	万元	3583.4
交通、通讯		
公路里程	千米	205
贸易、外经		
社会消费品零售总额	万元	1120684.4
其中：限上社会消费品零售总额	万元	82587.6
出口总额	万元	1153679
固定资产投资		
固定资产投资增速	%	47.7
房地产开发投资	万元	446702
教育、科技、文化、卫生		
普通中学	所	22
小学校数	所	40
普通中学专任教师数	人	1548
小学专任教师数	人	1635

续表

指　标	单　位	2018
普通中学在校学生数	人	13656
小学在校学生数	人	24794
全年专利授权数	件	814
公共图书馆图书总藏量	千册	134
剧场、影剧院个数	个	5
体育场馆个数	个	6
医疗卫生机构床位数	床	2682
医疗卫生机构技术人员	人	3498
其中：执业（助理）医师	人	1497
居民生活		
城镇居民人均可支配收入	元	33746
社会保障		
各种社会福利收养性单位数	个	1
各种社会福利收养性单位床位数	床	230
城镇职工基本养老保险参保人数	人	56256
城乡居民基本养老保险参保人数	人	76559
城乡居民基本医疗保险人数	人	204738
失业保险参保人数	人	21623
城镇居民最低生活保障人数	人	4605
农村居民最低生活保障人数	人	3419
附记指标		
森林面积	公顷	4993
污水处理厂数	座	2
垃圾处理站数	个	13

万柏林区国民经济主要指标

指　标	单　位	2018
基本情况		
行政区域面积	平方千米	305
乡个数	个	1
街道办事处个数	个	14
人口与就业		
户籍户数	万户	171943
户籍人口	万人	577997
综合经济		
（一）地区生产总值	万元	4504581
第一产业增加值	万元	2859
第二产业增加值	万元	2443604
第三产业增加值	万元	2058118
（二）财政、金融		
一般公共预算收入	万元	241702
一般公共预算支出	万元	337940
农业		
（一）生产条件		
耕地面积	公顷	1727.28
设施农业占地（水面）面积	公顷	22.7
耕地灌溉面积	公顷	750
（二）农作物播种面积	公顷	318.4
粮食作物播种面积	公顷	289.1
其中：玉米	公顷	79.6
大　豆	公顷	17
蔬菜播种面积	公顷	25.9
（三）农产品产量		
粮食总产量	吨	750
其中：玉米	吨	270
大　豆	吨	31
园林水果产量	吨	179.3
肉类总产量	吨	421.92
其中：猪肉产量	吨	380.4
禽蛋产量	吨	229.8
奶类产量	吨	124
蔬菜产量	吨	600.5
水产品产量	吨	13.5
（四）农产品质量		
“三品一标”农产品个数	个	3
“三品一标”农产品基地面积	公顷	130

续表

指　标	单　位	2018
工业		
规模以上工业企业单位数	个	19
规模以上工业总产值	万元	3360208
交通、通讯		
公路里程	千米	192
贸易、外经		
社会消费品零售总额	万元	2184323.8
其中：限上社会消费品零售总额	万元	1077243.1
出口总额	万元	56677
固定资产投资		
固定资产投资增速	%	18.8
房地产开发投资	万元	1533630
教育、科技、文化、卫生		
普通中学	所	25
小学校数	所	61
普通中学专任教师数	人	2557
小学专任教师数	人	3858
普通中学在校学生数	人	25736
小学在校学生数	人	51877
全年专利授权数	件	1349
公共图书馆图书总藏量	千册	47
剧场、影剧院个数	个	5
体育场馆个数	个	13
医疗卫生机构床位数	床	5006
医疗卫生机构技术人员	人	8890
其中：执业（助理）医师	人	3466
居民生活		
城镇居民人均可支配收入	元	33585
社会保障		
各种社会福利收养性单位数	个	2
各种社会福利收养性单位床位数	床	90
城镇职工基本养老保险参保人数	人	51231
城乡居民基本养老保险参保人数	人	61202
城乡居民基本医疗保险人数	人	282470
失业保险参保人数	人	31799
城镇居民最低生活保障人数	人	2056
农村居民最低生活保障人数	人	1678
附记指标		
森林面积	公顷	4620
垃圾处理站数	个	28

晋源区国民经济主要指标

指　标	单　位	2018
基本情况		
行政区域面积	平方千米	288
镇个数	个	3
街道办事处个数	个	3
人口与就业		
户籍户数	万户	67408
户籍人口	万人	210668
综合经济		
（一）地区生产总值	万元	733574
第一产业增加值	万元	44562
第二产业增加值	万元	265963
第三产业增加值	万元	423049
（二）财政、金融		
一般公共预算收入	万元	151495
一般公共预算支出	万元	253342
农业		
（一）生产条件		
耕地面积	公顷	4574.6
设施农业占地（水面）面积	公顷	201.2
耕地灌溉面积	公顷	4200
（二）农作物播种面积	公顷	2844.3
粮食作物播种面积	公顷	1338.1
其中：稻谷	公顷	138.4
玉　米	公顷	1005.9
大　豆	公顷	87
油料播种面积	公顷	504.5
蔬菜播种面积	公顷	967.4
（三）农产品产量		
粮食总产量	吨	11024.4
其中：稻谷	吨	907.8

续表

指　标	单　位	2018
玉　　米	吨	8819.3
大　　豆	吨	321.5
油料产量	吨	470.8
园林水果产量	吨	2515.2
肉类总产量	吨	3614.91
其中：猪肉产量	吨	2214
禽蛋产量	吨	6091.5
奶类产量	吨	11981.2
蔬菜产量	吨	70018.1
水产品产量	吨	231
（四）农产品质量		
“三品一标”农产品个数	个	3
“三品一标”农产品基地面积	公顷	400
工业		
规模以上工业企业单位数	个	20
规模以上工业总产值	万元	189207
其中：农产品加工业产值	万元	7433.2
交通、通讯		
公路里程	千米	197
贸易、外经		
社会消费品零售总额	万元	499065.6
其中：限上社会消费品零售总额	万元	468346.6
出口总额	万元	75605
固定资产投资		
固定资产投资增速	%	63.5
房地产开发投资	万元	585155
教育、科技、文化、卫生		
普通中学	所	15
小学校数	所	45
普通中学专任教师数	人	1286

续表

指　标	单　位	2018
小学专任教师数	人	1039
普通中学在校学生数	人	12240
小学在校学生数	人	19093
全年专利授权数	件	119
公共图书馆图书总藏量	千册	32
体育场馆个数	个	2
医疗卫生机构床位数	床	699
医疗卫生机构技术人员	人	1441
其中：执业（助理）医师	人	628
居民生活		
城镇居民人均可支配收入	元	34015
社会保障		
各种社会福利收养性单位数	个	1
各种社会福利收养性单位床位数	床	108
城镇职工基本养老保险参保人数	人	21316
城乡居民基本养老保险参保人数	人	83657
城乡居民基本医疗保险人数	人	151878
失业保险参保人数	人	10766
城镇居民最低生活保障人数	人	1026
农村居民最低生活保障人数	人	5900
附记指标		
森林面积	公顷	4840
自然保护区面积	公顷	2866.7
污水处理厂数	座	1
垃圾处理站数	个	3

古交市国民经济主要指标

指　标	单　位	2018
基本情况		
行政区域面积	平方千米	1584
乡个数	个	7
镇个数	个	3
街道办事处个数	个	4
人口与就业		
户籍户数	万户	79487
户籍人口	万人	216967
综合经济		
（一）地区生产总值	万元	366075
第一产业增加值	万元	25422
第二产业增加值	万元	157986
第三产业增加值	万元	182667
（二）财政、金融		
一般公共预算收入	万元	93226
一般公共预算支出	万元	176208
年末金融机构各项存款余额	万元	1853733
其中：居民储蓄存款余额	万元	1470397
年末金融机构各项贷款余额	万元	1009724
农业		
（一）生产条件		
耕地面积	公顷	20646.37
设施农业占地（水面）面积	公顷	108.9
耕地灌溉面积	公顷	780
（二）农作物播种面积	公顷	7943.7
粮食作物播种面积	公顷	6741.9
其中：玉米	公顷	1378
大　　豆	公顷	1314
油料播种面积	公顷	384
蔬菜播种面积	公顷	417.9
（三）农产品产量		
粮食总产量	吨	10967

续表

指　标	单　位	2018
其中：玉米	吨	3252
大　　豆	吨	1355
油料产量	吨	495
园林水果产量	吨	209.9
肉类总产量	吨	5036
其中：猪肉产量	吨	2709.6
禽蛋产量	吨	4946
奶类产量	吨	279
蔬菜产量	吨	29614.3
水产品产量	吨	170
（四）农产品质量		
“三品一标”农产品个数	个	37
“三品一标”农产品基地面积	公顷	2031
工业		
规模以上工业企业单位数	个	14
规模以上工业总产值	万元	462573
其中：农产品加工业产值	万元	
交通、通讯		
公路里程	千米	724
固定电话用户	户	25552
移动电话用户	户	258170
互联网宽带接入用户	户	41689
贸易、外经		
社会消费品零售总额	万元	573411.9
其中：限上社会消费品零售总额	万元	10847.4
出口总额	万元	8
固定资产投资		
固定资产投资增速	%	-15.3
房地产开发投资	万元	28885
教育、科技、文化、卫生		
普通中学	所	21
小学校数	所	29

续表

指 标	单 位	2018
普通中学专任教师数	人	1045
小学专任教师数	人	1346
普通中学在校学生数	人	11218
小学在校学生数	人	16662
全年专利授权数	件	26
公共图书馆图书总藏量	千册	57
剧场、影剧院个数	个	3
体育场馆个数	个	2
医疗卫生机构床位数	床	1399
医疗卫生机构技术人员	人	1840
其中：执业（助理）医师	人	720
居民生活		
居民人均可支配收入	元	27164
城镇居民人均可支配收入	元	31178
农村居民人均可支配收入	元	15963
社会保障		
各种社会福利收养性单位数	个	1
各种社会福利收养性单位床位数	床	504
城镇职工基本养老保险参保人数	人	30010
城乡居民基本养老保险参保人数	人	56556
基本医疗保险参保人数	人	137411
其中：城乡居民基本医疗保险人数	人	112766
失业保险参保人数	人	31542
城镇居民最低生活保障人数	人	2716
农村居民最低生活保障人数	人	3382
附记指标		
森林面积	公顷	27167
污水处理厂数	座	4

清徐县国民经济主要指标

指　标	单　位	2018
基本情况		
行政区域面积	平方千米	609
乡个数	个	5
镇个数	个	4
人口与就业		
户籍户数	万户	124670
户籍人口	万人	337134
综合经济		
（一）地区生产总值	万元	1736571
第一产业增加值	万元	139005
第二产业增加值	万元	1028774
第三产业增加值	万元	568792
（二）财政、金融		
一般公共预算收入	万元	130044
一般公共预算支出	万元	241183
年末金融机构各项存款余额	万元	2575970.83
其中：居民储蓄存款余额	万元	1731722.91
年末金融机构各项贷款余额	万元	1856957.73
农业		
（一）生产条件		
耕地面积	公顷	25291.6
设施农业占地（水面）面积	公顷	444.0
耕地灌溉面积	公顷	24000
（二）农作物播种面积	公顷	23534.6
粮食作物播种面积	公顷	17631
其中：小麦	公顷	19.3
玉　　米	公顷	11814.6
大　　豆	公顷	20.5
油料播种面积	公顷	42.9
棉花播种面积	公顷	0.5
蔬菜播种面积	公顷	5636.5
（三）农产品产量		

续表

指　标	单　位	2018
粮食总产量	吨	107785.1
其中：小麦	吨	119.3
玉　　米	吨	71064.8
大　　豆	吨	33.9
油料产量	吨	83.1
棉花产量	吨	1.2
园林水果产量	吨	38599.1
肉类总产量	吨	16675.9
其中：猪肉产量	吨	11006
禽蛋产量	吨	4958
奶类产量	吨	7493
蔬菜产量	吨	308550
水产品产量	吨	1485
（四）农产品质量		
“三品一标”农产品个数	个	56
“三品一标”农产品基地面积	公顷	9613
工业		
规模以上工业企业单位数	个	57
规模以上工业总产值	万元	2880353
其中：农产品加工业产值	万元	21720.9
交通、通讯		
公路里程	千米	532
固定电话用户	户	12282
移动电话用户	户	418700
互联网宽带接入用户	户	90700
贸易、外经		
社会消费品零售总额	万元	678395.7
其中：限上社会消费品零售总额	万元	81112.7
出口总额	万元	17202
固定资产投资		
固定资产投资增速	%	48.2
房地产开发投资	万元	11669

续表

指　标	单　位	2018
教育、科技、文化、卫生		
普通中学	所	23
小学校数	所	73
普通中学专任教师数	人	1744
小学专任教师数	人	1645
普通中学在校学生数	人	18098
小学在校学生数	人	22019
全年专利授权数	件	91
公共图书馆图书总藏量	千册	121
剧场、影剧院个数	个	1
体育场馆个数	个	1
医疗卫生机构床位数	床	826
医疗卫生机构技术人员	人	1024
其中：执业（助理）医师	人	536
居民生活		
居民人均可支配收入	元	22166
城镇居民人均可支配收入	元	32407
农村居民人均可支配收入	元	19143
社会保障		
各种社会福利收养性单位数	个	5
各种社会福利收养性单位床位数	床	720
城镇职工基本养老保险参保人数	人	36150
城乡居民基本养老保险参保人数	人	169736
基本医疗保险参保人数	人	285743
其中：城乡居民基本医疗保险人数	人	261480
失业保险参保人数	人	17401
城镇居民最低生活保障人数	人	1211
农村居民最低生活保障人数	人	4079
附记指标		
森林面积	公顷	5993
污水处理厂数	座	1

阳曲县国民经济主要指标

指 标	单 位	2018
基本情况		
行政区域面积	平方千米	2059
乡个数	个	6
镇个数	个	4
人口与就业		
户籍户数	万户	63820
户籍人口	万人	152402
综合经济		
（一）地区生产总值	万元	457077
第一产业增加值	万元	65771
第二产业增加值	万元	255499
第三产业增加值	万元	135807
（二）财政、金融		
一般公共预算收入	万元	60019
一般公共预算支出	万元	160817
年末金融机构各项存款余额	万元	844976
其中：居民储蓄存款余额	万元	607839
年末金融机构各项贷款余额	万元	420851
其中：农业及支农贷款余额	万元	228674
农业		
（一）生产条件		
耕地面积	公顷	28031.26
设施农业占地（水面）面积	公顷	336.2
耕地灌溉面积	公顷	4230
（二）农作物播种面积	公顷	24883.5
粮食作物播种面积	公顷	22364.3
其中：玉米	公顷	13816.4
大 豆	公顷	728.5
油料播种面积	公顷	115.9
蔬菜播种面积	公顷	1583.8
（三）农产品产量		
粮食总产量	吨	101370.6

续表

指　标	单　位	2018
其中：玉米	吨	80095.5
大　　豆	吨	1059.5
油料产量	吨	220.4
园林水果产量	吨	2182.4
肉类总产量	吨	8495.71
其中：猪肉产量	吨	4481.23
禽蛋产量	吨	10200.36
奶类产量	吨	14116.25
蔬菜产量	吨	66889.2
水产品产量	吨	44
（四）农产品质量		
“三品一标”农产品个数	个	33
“三品一标”农产品基地面积	公顷	3500
工业		
规模以上工业企业单位数	个	27
规模以上工业总产值	万元	952487
其中：农产品加工业产值	万元	31407
交通、通讯		
公路里程	千米	741
固定电话用户	户	10368
移动电话用户	户	153120
互联网宽带接入用户	户	29589
贸易、外经		
社会消费品零售总额	万元	169571.6
其中：限上社会消费品零售总额	万元	39527.2
出口总额	万元	9010
固定资产投资		
固定资产投资增速	%	20.0
房地产开发投资	万元	25361
教育、科技、文化、卫生		
普通中学	所	15
小学校数	所	17

续表

指　标	单　位	2018
普通中学专任教师数	人	846
小学专任教师数	人	723
普通中学在校学生数	人	9198
小学在校学生数	人	8820
全年专利授权数	件	52
公共图书馆图书总藏量	千册	57
剧场、影剧院个数	个	2
体育场馆个数	个	1
医疗卫生机构床位数	床	1176
医疗卫生机构技术人员	人	911
其中：执业（助理）医师	人	292
居民生活		
居民人均可支配收入	元	14500
城镇居民人均可支配收入	元	24698
农村居民人均可支配收入	元	9509
社会保障		
各种社会福利收养性单位数	个	1
各种社会福利收养性单位床位数	床	1269
城镇职工基本养老保险参保人数	人	17547
城乡居民基本养老保险参保人数	人	80256
基本医疗保险参保人数	人	133403
其中：城乡居民基本医疗保险人数	人	121207
失业保险参保人数	人	7108
城镇居民最低生活保障人数	人	3649
农村居民最低生活保障人数	人	4003
附记指标		
森林面积	公顷	38820
自然保护区面积	公顷	24920
污水处理厂数	座	1

娄烦县国民经济主要指标

指　标	单　位	2018
基本情况		
行政区域面积	平方千米	1276
乡个数	个	5
镇个数	个	3
人口与就业		
户籍户数	万户	53137
户籍人口	万人	126057
综合经济		
（一）地区生产总值	万元	224124
第一产业增加值	万元	23971
第二产业增加值	万元	91525
第三产业增加值	万元	108628
（二）财政、金融		
一般公共预算收入	万元	37885
一般公共预算支出	万元	185634
年末金融机构各项存款余额	万元	494293
其中：居民储蓄存款余额	万元	359148
年末金融机构各项贷款余额	万元	295121
其中：农业及支农贷款余额	万元	61525
农业		
（一）生产条件		
耕地面积	公顷	19423.49
设施农业占地（水面）面积	公顷	293.6
耕地灌溉面积	公顷	1170
（二）农作物播种面积	公顷	10174.7
粮食作物播种面积	公顷	8690
其中：玉米	公顷	1440
大　　豆	公顷	642.5
油料播种面积	公顷	402
蔬菜播种面积	公顷	206.1

续表

指　标	单　位	2018
（三）农产品产量		
粮食总产量	吨	17943.3
其中：玉米	吨	4190.3
大　豆	吨	1078
油料产量	吨	611.6
园林水果产量	吨	1455.2
肉类总产量	吨	2636.1
其中：猪肉产量	吨	1283.5
禽蛋产量	吨	1026
蔬菜产量	吨	10891.4
水产品产量	吨	402
（四）农产品质量		
“三品一标”农产品个数	个	48
“三品一标”农产品基地面积	公顷	2726
工业		
规模以上工业企业单位数	个	8
规模以上工业总产值	万元	159185
交通、通讯		
公路里程	千米	429
固定电话用户	户	5863
移动电话用户	户	97407
互联网宽带接入用户	户	29085
贸易、外经		
社会消费品零售总额	万元	52319.9
其中：限上社会消费品零售总额	万元	13673.8
固定资产投资		
固定资产投资增速	%	23.5
教育、科技、文化、卫生		
普通中学	所	8
小学校数	所	10

续表

指　标	单　位	2018
普通中学专任教师数	人	434
小学专任教师数	人	491
普通中学在校学生数	人	4989
小学在校学生数	人	6760
全年专利授权数	件	13
公共图书馆图书总藏量	千册	52
医疗卫生机构床位数	床	334
医疗卫生机构技术人员	人	377
其中：执业（助理）医师	人	182
居民生活		
居民人均可支配收入	元	13021
城镇居民人均可支配收入	元	21232
农村居民人均可支配收入	元	7541
社会保障		
各种社会福利收养性单位数	个	5
各种社会福利收养性单位床位数	床	1096
城镇职工基本养老保险参保人数	人	11869
城乡居民基本养老保险参保人数	人	63802
基本医疗保险参保人数	人	113109
其中：城乡居民基本医疗保险人数	人	103730
失业保险参保人数	人	5271
城镇居民最低生活保障人数	人	2662
农村居民最低生活保障人数	人	10382
附记指标		
森林面积	公顷	19980
自然保护区面积	公顷	50029
污水处理厂数	座	1

索 引

说 明 （1）本索引以人名、地名、机构名称、活动名称、事件（事物）名称等为主题词进行检索。（2）本索引按主题词首字汉语拼音字母顺序排列（数字开头主题词另排序），主题词后面的数字和字母分别表示所在页码和分栏位置（abc 表示本页码左中右三栏）。（3）本索引主题词主要选自本年鉴正文部分，文献、大事记、附录以及图表、照片不在索引范围内。

D

E

F

G

K

L

M

N

P

Q

R

S

T

W

X

Y

Z

太原年鉴撰稿人员名单

（以姓氏笔画为序）

于　丹　卫　宇　马孙威　马海桃　马　鉴　王　飞　王中威　王志刚　王丽娟
王利明　王　艳　王　晋　王　菲　王　琳　王　琛　牛焕德　介晋芳　邓守义
申鹏程　田　宁　田喜成　史新燕　冯妙慧　冯　玲　邢云鹏　师秋娟　师彦晋
朱永钢　任铁强　刘卫萍　刘文惠　刘志平　刘丽宏　刘宏伟　刘春生　刘彩秀
刘雁珍　刘　婷　刘　蓉　刘潇涵　刘慧资　刘　鹰　齐聪文　闫利勤　安　峰
许亚飞　许梨花　孙生杰　孙淑芳　孙淑环　芦笑坷　苏小良　苏建国　杜原珍
李　丹　李双平　李丽霞　李　岩　李　欣　李建德　李　钧　李俊武　李晓冬
李晓光　李晓阳　李爱军　李婧玉　李维秀　李　强　李　锦　李　鹏　李新华
李增明　杨水云　杨永亮　杨宇霆　杨宏东　杨　凯　杨晓云　连　越　肖　凯
肖艳华　吴兰成　邹　浩　宋向阳　宋利斌　宋佩璋　张凤鹏　张宇军　张守峰
张　军　张　青　张国卉　张建子　张建云　张拾见　张保生　张宪平　张晓华
张晓明　张晓茜　张　涛　张　静　陈向荣　陈美琴　陈雅彬　武虹慰　武超龙
范世康　范育明　范　艳　尚　瑛　罗　英　岳　佳　岳耸屹　周　睿　单宁辉
孟名彦　孟秀君　孟燕梅　赵　元　赵文平　赵志英　赵　佳　赵　荣　赵　亮
赵晓红　郝亚婷　郝嘉艳　荀　伟　侯盼洁　饶文波　秦　钰　耿丹丹　贾景钰
夏广朝　徐计宏　高悦怡　高　强　高　鹏　高　歌　郭　平　郭立峰　郭晓娟
郭　微　郭　静　郭　潮　郭燕妮　席晓军　黄承明　曹素玲　常永波　崔　佳
崔振刚　崔　晰　麻林楠　梁树春　葛瑞芳　董　慧　韩春霞　韩秦平　韩铁军
韩　雪　韩智勇　韩翠峰　智建凯　傅启航　温永刚　温　祺　路　晶　蔡鹏勇
裴伟俭　樊宇航　霍永刚　冀子俊